JN436420

제3판

쟁점 행정법특강

Schwerpunkte des Verwaltungsrechts

3. Auflage

김 병 기

박영사

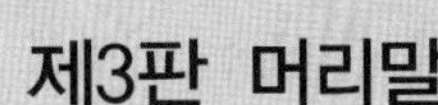

제3판 머리말

'쟁점행정법특강'이 처음 세상에 나올 때 품었던 원칙은 명확했습니다. 행정법이라는 거대한 미로 속에서 길을 잃지 않으려면, 개별 쟁점들을 파편적 구슬로 외우는 것이 아니라 하나의 유기적인 체계로 꿰어내야 한다는 것입니다. '이해를 바탕으로 한 행정법 체계 정립'은 이 책의 확고한 정체성입니다. 맥락 없는 암기는 휘발되기 쉽습니다. 반면 원리를 관통하는 지식은 흔들리지 않습니다.

초판과 개정판을 거치며 독자들께서 보내주신 뜨거운 격려와 날카로운 조언은 이 책을 더욱 단단하게 만드는 밑거름이 되었습니다. 과분하게도 〈개정판〉이 조기 소진되는 성원을 보내주신 덕분에, 막중한 책임감을 느끼며 제3판 작업을 서둘러 진행하게 되었습니다. 특히 쟁점 사이의 공백을 메워달라는 목소리와 판례를 통한 실무적 변화를 즉각 반영해달라는 요청을 적극 수용하였습니다. 이번 제3판은 실질적인 내실과 수험 적합성에 초점을 맞추어 다음과 같이 새로움을 더했습니다.

✔ **편제의 체계적 완결성 추구**
→ '행정조직법·공무원법의 주요 쟁점' 제하에 제43강 신설

✔ **최신 법제 환경과의 동기화(同期化)**
→ 2025년 3월 시행된 개정 「행정기본법」의 내용과 문제점 검토

✔ **판례를 통한 법리의 입체적 투영**
→ '원고의 동의에 따른 처분사유의 추가·변경' 등 최근 판례의 상세 논증

✔ **서술의 명징성(明澄性)과 정확성 제고**
→ '집행정지기간' 관련 서술 등 표현의 모호함에서 비롯한 내용적 오류 시정

행정조직법과 공무원법은 고유한 가치를 지닙니다. 행정주체 내부의 조직원리와 공무원 근무관계의 특수성을 다루기 때문입니다. 행정작용법의 틀로 설명하기 어려운 이질적 쟁점들을 선명히 부각하고자 별도의 '강(講)'을 신설하여 그 핵심 내용을 체계적으로 정리했습니다. 그 밖에 제3판을 통해 새롭게 접하게 될 주요 쟁점은 다음과 같습니다.

①「행정기본법」 제2조 제1호에 따른 법령의 범위(제5강)
② 인·허가의제 시 절차집중의 예외(제15강)
③ 조합설립인가처분의 쟁송취소와 조합설립변경인가처분의 효력(제16강)
④ 철거명령과 이행강제금부과처분 간 하자의 승계(제18강)
⑤ 사업종류(변경)결정의 하자승계와 처분성(제18강, 제34강)
⑥ 이의신청으로 '처분이 변경된 경우'의 소의 대상(제30강)
⑦ 신규 약국개설등록처분 취소소송과 기존 약국개설자의 원고적격(제32강)
⑧ 행정재산 위탁운영계약(해지)의 법적 성질에 따른 소송 유형(제34강)
⑨ 이의신청에 따른 개별공시지가 정정결정과 소의 대상(제34강)
⑩ 거부처분취소재결 취소소송의 소의 이익(제34강)
⑪ 원고의 동의에 따른 처분사유의 추가·변경과 기속력의 범위(제38강)

이번 개정으로 행정법의 거의 모든 영역을 아우르는 데에 한 걸음 더 가까워졌음을 느낍니다. 지난 시절 약속했던 '열린 마음'은 제3판을 통해 더욱 깊어졌습니다. 독자 여러분의 성원에는 감사로, 따끔한 질책과 비판에는 정익구정(精益求精)*의 자세로 임하여 더 정교하고 완벽한 개정으로 보답하겠습니다.

견고하고 아름다운 집으로 고쳐 짓겠다는 일념으로 매달린 이번 개정 작업에 힘을 보태주신 박영사 안종만 회장님, 임재무 전무님 그리고 김선민 이사님께 사의(謝意)를 표합니다. 원고 집필 과정에서 수시로 소통하며 조언과 격려를 아끼지 않은 지동도합(志同道合)의 동료 조성규, 안동인, 김길량 교수님께 고마운 마음을 전합니다. 아울러 초판 발간을 도왔던 제자 황선훈, 김동균 박사가 2025년 각각 교수로 임용되었다는 기쁜 소식에 박수를 보냅니다.

* "지금으로도 나쁘지 않지만, 거기에 만족하지 않고 끊임없이 더 나은 결과를 위해 노력한다"는 의미의 사자성어입니다.

곁에서 힘이 되어준 어머니 정진경 여사와 아내 김유진에 대한 사랑의 마음을 이 책에 담아둡니다. 이제 변호사 시험 합격자 발표를 앞두고 있는 딸 가현이 법조인으로서 첫발을 무사히 내딛고, 사회적 책임을 다하는 법률가로 거듭나길 응원합니다.

끝으로, '쟁점행정법특강'과 함께 호흡하며 쉼 없이 달려온 독자 여러분의 앞날에 빛나는 성취가 함께하기를 축원합니다.

2026년 2월

흑석동 연구실에서

김 병 기

개정판 머리말

이 책을 세상에 내보일 때의 소박한 바람은 개정판에서도 유지하였는데, '쟁점 행정법특강을 통한 쟁점의 체계 정합적 이해'가 그것입니다. 충분한 이해를 수반하지 않은 단순 암기는 사상누각에 지나지 않아 지속 가능한 지식이 될 수 없기 때문입니다.

초판 발간 후 경향 각지에서 독자들의 과분한 격려와 성원이 이어졌고, 부족한 부분에 대한 보완 요구도 적지 않았습니다. 특히, 행정법의 중요 쟁점을 위주로 한 교과서인 점을 고려하더라도, 횡적 측면에서 기술하지 않은 사항들에 대한 아쉬움의 말씀이 비등(沸騰)하였습니다. 이런 요청을 경청하며 노마십가(駑馬十駕)*의 정성을 기울인 개정판은 다음의 네 가지 기조를 바탕으로 합니다.

① 초판에서 다루지 못한 항목의 추가와 기존 쟁점의 내용적 보완 ② 최근의 것을 중심으로 한 판례의 보완(50여 개 판례 추가) ③ 「행정소송규칙(일부개정 2024.2.22)」의 규정 내용을 적소(適所)에 반영 ④ 표현상 불명확하거나 오류에 해당하는 사항의 시정

개정판에서 새롭게 추가한 쟁점은 공물법의 주요 쟁점(제11강, 제15강), 영조물책임의 배상책임자(제26강), 환매권(제28강) 등입니다. 그리고 판례에 기초하여 내용적으로 보완한 사항으로는 판례상 무하자재량행사청구권(제4강), 법령보충규칙의 인정 범위(제5강), 재

* "둔한 말이라도 열흘 동안 열심히 달리면 빠르게 잘 달리는 말이 하루 동안 가는 거리를 갈 수 있다"는 뜻의 사자성어로서, 타고난 재능이 없더라도 포기하지 않고 성실하게 노력하다 보면 재능 있는 사람과 어깨를 나란히 할 수 있음을 의미합니다.

량행위의 일부취소(제12강), 인 · 허가의제의 각론적 사항(제15강), 국가에 대한 행정처분과 행정절차법(제21강), 절차상 하자와 실체적 위법의 견련성(제21강), 이의신청의 기각결정과 항고소송의 대상(제30강), 경원자소송의 원고적격이 부인되는 경우(제32강), 제소기간 특례규정의 적용 범위(제35강), 당사자소송의 민사소송으로의 소 변경(제36강), 집행정지기간(제37강), 기속 · 재량행위 간 처분사유의 추가 · 변경(제38강), 당사자소송과 항고소송(제40강) 등을 들 수 있습니다.

편집을 통하여 총 면수의 증가는 크지 않았지만, 개정 작업으로 실질적 기술 분량이 다소 늘었습니다. 분량 증가로 독자의 심리적 부담이 가중된 점 양해를 구하며, 향후 쟁점의 종적 · 횡적인 범위를 확장하더라도 기술 밀도의 제고를 통해 분량의 과도한 증가를 피하도록 힘쓰겠습니다.

이 책의 존재 이유는 바로 독자 여러분입니다. 애정 어린 질타와 조언에 대한 겸허한 수용의 다짐은 변함없이 유효합니다.

흡사 집을 고쳐 짓는 작업이었던 개정판이 나오기까지 큰 도움을 주신 안종만 회장님과 임재무 전무님을 비롯한 박영사 임직원과 편집진에 감사합니다.

사랑하는 어머니 정진경 여사와 아내 김유진께 고마움의 진심을 전합니다. 딸 가현에게도 로스쿨의 마지막 1년, 계속 정진하여 우리 사회에 이바지하는 법률가로 성장할 것을 응원합니다.

독자 여러분의 건승을 기원합니다.

2025년 2월

흑석동 연구실에서

김 병 기

머리말

25년여의 강의를 거름 삼아, 주저와 두려움 속에 이제 '쟁점 행정법특강'을 세상에 내보입니다. 법학전문대학원생 또는 각종 국가고시를 준비하는 수학자(受學者)에게 행정법 과목은 여전히 쉽지 않게 다가옵니다. 이는 행정법학을 둘러싼 행정법령과 판례의 급속한 진화와 급변하는 세상에 조응(照應)하는 행정실무의 역동성에서 일차적 원인을 찾을 수 있습니다. 이와 함께 한국 행정법학이 자리매김하고 발전하는 과정에서, 횡적으로 지나치게 많은 정보를 엄청난 분량과 함께 제공한 점에도 일부 기인합니다. 법학의 정수(精髓)인 치열한 논증을 도외시한 채 수많은 사항에 대한 학설과 판례의 결론만을 암기하는 학습 방법론이 유행처럼 번지는 것은 아닌지 우려되는 상황입니다. 교육 현장에서 체감한 바로 이런 환경이 이 책을 집필하게 된 직접적 동인(動因)입니다.

이 책은 기존 행정법 교과서의 큰 체계를 따르면서도 그들과는 사뭇 다른 형식과 내용적 밀도에 기반하는데, 구체적으로는 아래 사항을 거론할 수 있습니다

학자들에 의한 최고 수준의 연구물을 분석하기보다 강의나 수험 준비를 위한 교재 내지 기본서를 주된 지향점으로 하여, 독자의 현실적 고충을 해결하는 것을 최우선 과제로 삼았습니다. 기존 행정법 교과서상의 목차 전부에 대한 기술 방법을 대신하여, 실제 행정실무나 수험법학 차원에서 문제되는 쟁점에 집중하였습니다. 그러나 엄선한 42개의 강목(綱目)으로도 행정법의 쟁점 대부분을 아우르기에 부족하지 않을 것입니다. 그 과정에서 행정작용법과 행정구제법 간 체계정합적 논리 구성이 가능하도록 정성을 다했습니다. 특히, 완전한 이해를 위해 유기적·심층적 분석을 요구하는 주제에 대해서는 경우의 수를 망라하여 상세한 논증 과정을 제시하였습니다. 이를 통해 해당 쟁점에 대한 전방위적이고 현장밀착형 학습이 가능할 것을 기대합니다.

독일법제를 중심으로 하는 비교법적 고찰은 우리 행정법 이론의 이해를 위해 필요

한 최소한의 범위로 한정하였는데, 그 내용은 이미 우리의 학설이나 판례에 상당 부분 용해되어 일반적으로 논의되는 것들입니다. 반드시 학습해야 할 사항을 가장 쉬운 방법으로 기술하였으므로 독자들이 품었던 의문이 이 책을 통해 해소되기를 희망합니다.

행정기본법, 행정절차법 및 지방자치법 등 최근의 입법적 변화를 반영하였으며, 유의미한 최근 판례도 최대한 소개하였습니다. 또한, 판례의 판결주문만을 암기하고 자족(自足)하는 트렌드를 시정하는 방편으로, 판결문에 담겨 있는 법리적 함의(含意)를 분석하여 이를 독자들과 공유하기 위해 힘썼습니다.

책을 펴내는 것은 무거운 책임의 시작을 뜻합니다. 그리고 이 책에 대한 평가와 가치 부여는 오롯이 독자 여러분의 판단에 따르는 것도 명확합니다. 내용과 형식 등 모든 면에서의 질타와 조언을 겸허히 받들어 향후 개선된 '쟁점 행정법특강'을 약속합니다.

흡사 집을 짓는 것 같았던 출간 작업은 여러 고마운 분들의 도움으로 가능하였습니다. 선배·동료 교수님들의 주옥같은 학문적 업적은 집필의 주된 원동력이었습니다. 각주를 통해 담지 못한 죄송함과 더불어 깊이 감사합니다. 박영사 안종만 회장님과 임재무 전무님을 비롯한 박영사 임직원 여러분께도 고마운 마음을 전합니다. 교정 작업 등 성가신 일을 마다치 않고 담당해 준 현준원 박사, 황선훈 박사, 김동균 박사의 학문적 발전을 응원합니다.

끝으로 사랑하는 어머니 정진경 여사와 아내 김유진, 그리고 로스쿨에 입학하여 법률가가 되기 위한 힘든 여정에 접어든 딸 가현과 이 책의 의미를 나누려 합니다.

2023년 3월
흑석동 연구실에서
김 병 기

목 차

제 4 강 | 개인의 주관적 공권 · 65

제13강 | 행정행위의 부관 · 307

제14강 | 행정행위의 공정력 등 · 335

제15강 | 행정행위의 내용 · 359

제26강 | 영조물의 설치·관리상의 하자로 인한 국가배상책임 · 673

제27강 | 손실보상의 의의와 법적 근거 · 695

제1강

행정법의 개념

제1강
행정법의 개념

1. 행정의 속성과 사법과의 구별

행정 개념은 프랑스 계몽주의 정치학자인 몽테스키외의 삼권분립 개념을 바탕으로 하는 근대입헌국가의 성립과 궤를 같이합니다. 행정법적 측면에서는 프랑스의 콩세유데타(Conseil d'Etat, 행정재판소)의 설립을 기원으로 한다고 해도 과언이 아닙니다. 콩세유데타(이를 국참사원이라 번역하는 경우도 있습니다)는 앙시앙레짐(ancien régime)에 대한 반기로서 행정부 내에 설치한 재판소로서, 이른바 '블랑코(Blanco) 판결'에서 불법행위 책임과 관련하여 공역무 개념을 바탕으로 사적 법률관계와 다른 공법상 법률관계 개념을 창안한 판례를 산출한 곳입니다. 비록 행정부 내 설치하였지만, 그 조직구성과 판결절차 등은 독립성이 보장되어 사법재판소와 내용적으로 큰 차이가 없다는 것이 일반적인 평가입니다.

이러한 행정 개념은 특히 사법과의 비교로서 그 개념적 징표가 부각되는데, 아래 〈표〉를 살펴봅시다.

	행정(行政)	사법(司法)
본질	• 법의 테두리 내에서 공공복리의 실현 • 합목적성에 치중(적극적 성격) • 법령의 흠결(공백 또는 미비)의 경우 법으로부터 자유롭게 행동하려는 경향 → 법치주의 및 사법적 통제에 의한 제한	• 법의 실현 자체가 궁극적 목적 • 정의의 지향(소극적 성격) • 사법의 본질상 행정에 대한 통제의 한계(예컨대, 不當에 대한 통제 불가, 의무이행소송의 부인) → '부당'은 재량행위 영역에서 문제되는데, 부당한 처분에 대해서는 행정심판을 통해서만 통제 가능(행정심판법 제1조 및 행정소송법 제1조 참조)
예외	• 재량의 일탈·남용에 대한 재판통제(특히, 비례원칙)	• 법관에 의한 법발견(예컨대, 손실보상의 법적 근거)
• 양자의 접근 현상 : 절차적 법치주의로서의 행정절차제도, 준사법절차로서의 행정심판제도		

공익을 추구해야 하는 행정의 속성상 행정은 효율성을 바탕으로 하는데, 그럴 경우 국민의 권리가 침해될 가능성이 높습니다. 그래서 법치주의 개념이 등장하는 것입니다. 즉, 행정권 발동은 법에 근거하여야 하며 해당 행정작용은 내용적으로 법이 정하는 바에 배치되어서는 안 된다는 이념이 바로 그것입니다. 그럼에도 불구하고 입법 내지 법조항의 추상적 성격상 해석의 여지는 있을 것이고, 따라서 행정은 그 해석 과정에서 되도록 합목적성 이념하에 법으로부터 자유롭고자 하는 경향이 강합니다. 그럼에도 불구하고 궁극적으로 행정은 법치주의하에 놓여야 하므로 그 최후의 보루인 사법에 의해 통제의 대상이 되는 것입니다.

예를 들어보지요. 행정법의 중요 개념 중에 재량이 있습니다. 일반적 용례로서 부모님이 용돈을 주시면서 용처는 "네 재량이다"라고 말씀하시는 것을 상정합시다. 이에 따라 예컨대 50만 원의 월 용돈 중 후배들에게 밥 사는데 10만 원을 쓴 경우 다소 과하다고 생각되지만, 그 이유로 부모님께 혼나지는 않지요. 이게 바로 재량입니다. 그러나 만약, 50만 원의 용돈을 하룻밤에 카지노에서 다 써버렸다면 이는 비난의 대상이 되겠지요. 즉, 행정은 그 목적 달성을 위해 입법자로부터 일정 범위 내에서 재량권이 부여되지만, 이는 '임의'를 의미하는 것은 아니며 일정 한계 내에서의 형성의 자유를 뜻하는 것입니다. 그리고 그러한 재량 범위를 양적으로 넘거나 질적으로 남용하는 경우에는 재량의 일탈·남용(혹은 재량하자)이라고 일컬으며, 법원에 대한 재판통제의 대상이 되는 것입니다. 또한, 재량하자의 기준으로 비례원칙 등이 대두되는데, 비례원칙은 행정법을 지배하는 가장 중요한 일반원칙으로 통용되며, 그만큼 매우 중요한 개념입니다. 현행 행정소송법은 제27조에서 그러한 취지, 즉 "재량의 일탈·남용에 해당하는 행정처분은 취소한다"라고 하여 이를 명확히 규정하고 있습니다. 또한 행정기본법 제10조에서도 행정법의 기본원칙으로서의 비례원칙의 내용을 제시하고 있습니다. 동조 각호는 그간 학설상으로 논의되던 비례원칙의 내용, 즉 적합성원칙, 필요성원칙 및 상당성원칙을 명문으로 규정합니다.[1)]

이에 비해 사법은 법 적용이라는 점에서는 행정과 유사하지만, 법 실현 자체가 그 목적이므로 정의 지향성이 행정보다 강합니다. 양형기준 등 약간의 예외는 있지만 행정에 비해 재량 여지가 매우 협소한 것이 일반적입니다. 그러나 법치주의의 최후의 보루인 사법도 그 활동 영역에 있어 제도적 한계는 존재합니다. 예컨대, 행정심판을 통해서는

---

1) 제10조(비례의 원칙) 행정작용은 다음 각 호의 원칙에 따라야 한다.

1. 행정목적을 달성하는 데 유효하고 적절할 것
2. 행정목적을 달성하는 데 필요한 최소한도에 그칠 것
3. 행정작용으로 인한 국민의 이익 침해가 그 행정작용이 의도하는 공익보다 크지 아니할 것

부당한 행정처분에 의한 권리침해를 구제받을 수 있지만 행정소송에 의해서는 불가능합니다(행정소송법 제1조 및 행정심판법 제1조 참조). 이를 정확히 이해하기 위해서는 부당의 개념을 알아야 하는데, 여기서는 단지 위법하지는 않지만, 즉 재량행위에 있어 재량의 일탈·남용에 해당하지 않아 재량하자 내지 위법은 아니지만 그렇다고 하여 선택 가능한 범주 중 최적의 선택도 아닌 행정작용(행정처분) 정도로만 정의합시다. 이러한 부당한 처분(위법하지는 않으므로 개념적으로는 여전히 적법한 처분입니다)에 대해서 사법이 관여하여 당해 행정처분을 취소한다면 행정은 사법에 종속하게 되고 그야말로 법관국가가 될 우려가 있는 것입니다.

다른 예는 의무이행소송을 들 수 있습니다. 현행법제는 행정청의 부작위 내지 거부에 대해 일정한 쟁송상(행정쟁송이라 할 경우 이는 행정심판과 행정소송을 합하여 칭하는 개념입니다) 권리구제 수단을 두고 있습니다. 행정청의 거부에 대한 행정심판상 권리구제수단으로는 거부처분취소심판과 의무이행심판이, 부작위에 대한 행정심판으로는 의무이행심판이 허용됩니다. 부작위위법확인심판은 부작위위법확인소송의 경우와는 달리 행정심판법상 허용되지 않습니다. 한편, 행정청의 거부에 대한 행정소송상 권리구제수단으로는 거부처분취소소송만이, 그리고 부작위에 대해서는 부작위위법확인소송만이 가능합니다. 왜 그럴까요? 물론, 독일이나 일본 법제는 의무이행소송을 인정합니다. 대만과 중국도 허용합니다. 그러나 현행 행정소송법은 여전히 행정청의 거부나 부작위에 대한 소송은 각각 거부처분취소소송과 부작위위법확인소송만 가능하지요. 결국 의무이행소송을 인정하는 경우 사법부가 행정부에 지나치게 간섭하여 권력분립 취지가 훼손된다는 우려가 표출된 것이라 할 수 있습니다. 그러나 권력분립의 취지가 국가권력이 한 곳에 집중하는 것을 방지하여 국민의 권리보호에 충실하자는 데에 있다면 국민의 권리구제의 용이를 위해 행정청의 위법한 거부나 부작위에 대해 보다 직접적인 소송형태로서의 의무이행소송을 인정하는 것은 오히려 권력분립의 본연에 충실한 것이라고도 할 수 있습니다. 그러나 우리 판례는 의무이행소송을 불허하고 있습니다. 다만, 2000년대 중반에 들어 활발해진 행정소송법 개정안들에서는 - 비록 입법화되지는 못하였지만 - 공히 의무이행소송의 도입을 규정한 바 있습니다.

위 〈표〉의 내용 중 양자의 접근현상이라 표현된 부분이 있는데, 내용적으로는 행정절차와 행정심판을 들고 있습니다. 행정절차는 행정청이 종국적인 행정작용, 특히 처분을 행하기 전에 거치는 청문, 공청회 등을 말하는바, 이는 행정작용의 일종입니다. 그러나 이러한 의견제출절차 등 행정절차를 거치게 되면 실체적 진실에 부합하는 결정에 이를 가능성이 높기 때문에 국민의 권리침해를 미연에 방지할 수 있겠지요. 이런 점에서 행정절차를 사전적 권리구제절차라 하고, 바로 그 점에서 행정과 사법의 접근현상이라고 말하는 것입니다. 또한 행정심판은 행정쟁송절차로서 국민의 권리구제와 행정통제에 기여하는 제도입니다. 행정심판은 행정청 내부에 설치된 행정심판위원회의 관할이라는 점에서 행정적 측면을, 위법·부당한 행정처분에 대한 권리구제절차라는 점에서 사법의 성격을 가집니다. 행정심판의 산물로서 재결은 행정처분의 성격과 사법적 판단의 성격을 겸유하는 이른바 준사법절차의 산물로 성격지우는 것도 같은 맥락입니다.

2. 통치행위

다음은 행정의 특수한 유형으로서 통치행위인데, 미국에서는 정치문제(political issue), 독일에서는 통치행위(Regierungsakt)라 칭합니다. 우리의 경우 통상 통치행위라 칭하면서, 국가행위 중 고도의 정치적 성격이 강하여 사법적 통제(헌법재판 포함)가 제한되는 행위를 뜻합니다. 특별권력관계 논의에서와 같이 과거 통치행위 개념 자체를 인정할 수 있는가의 문제는 더 이상 논의의 실익이 없습니다. 이미 현실적으로 통치행위가 통용되고 있기 때문입니다.

관건은 통치행위의 범위 내지 한계를 설정하는 것입니다. 그러나 이 역시 구체적이고 명확한 기준을 가지고 구획할 수 없는 것이어서, 결국은 판례의 입장을 정확히 이해하는 것이 중요하다 할 것입니다. 예컨대, 판례상 남북정상회담의 개최는 통치행위이지만, 남북정상회담 개최 과정에서의 H상선의 대북송금행위는 통치행위성이 부인되는 것(대판 2004.3.26, 2004도7878) 등입니다. 또한, 대통령의 긴급재정·경제명령은 통치행위에 속하지만, 그것이 국민의 기본권 침해와 직접 관련되는 경우에는 헌법소원의 대상이 된다는 것이 헌법재판소의 입장입니다.

3. 행정의 개념

행정은 그야말로 방대하고 활발히 움직이는 생물이므로 적극적인 개념 정의는 일부 영역을 만족시킬 수는 있어도 행정의 범주 모두를 아우를 수 없는 단점을 안고 있습니다. 행정이 방대하다는 것은 대한민국 법률 중 민법, 형법 등 일부를 제외한 대다수가 행정법이라는 사실이 잘 입증합니다. 또한 민법(전), 형법(전) 등과는 달리 '행정법'이라는 법률이 없다는 점도 이를 반증합니다. 광범위한 행정 내지 행정법 영역을 포괄하는 단일 법률을 상정하기 힘들기 때문입니다. 이러한 현상은 독일, 미국, 일본 등의 경우에도 크게 다르지 않습니다. 다만, 수많은 행정 관련 법률들의 공통적인 사항을 추출하여 행정절차법, 행정규제기본법, 행정심판법, 행정소송법 등의 영역별 기본법으로 표현할 수밖에 없는 것이었습니다. 그러나 행정구제법(국가배상, 손실보상, 행정심판, 행정소송) 영역을 제외한 행정실체법의 기본 규정들을 단일 법전화하려는 시도가 2021년 3월의 행정기본법 제정으로 결실을 맺었습니다.

다시 행정의 개념으로 돌아와서, 여러 학설에도 불구하고 전기한 이유로 행정의 개념 정의를 '공제설'에 의하여야 한다는 주장이 힘을 얻고 있습니다. 국가작용 중 입법, 사법을 제외한 나머지 모두가 행정이고, 이를 규율하는 법이 행정법이라는 학설이 그것입니다. 그러나 행정의 개념은 일의적으로 정의할 수 없더라도 그 개념적 징표는 몇 가지로 열거할 수 있을 것이며, 이를 통해 행정법의 특성도 부분적으로는 규명됩니다. 이러한 점을 독일의 행정법학자 포르스트호프(E. Forsthoff)는 "행정은 설명할 수 있지만, 정의할 수는 없다"라고 표현한 바 있습니다(Die Verwaltung läßt sich beschreiben, aber nicht definieren).

먼저, 행정은 사회형성적 기능을 담당합니다. 공공복리라는 말에서 그러한 성격이 잘 드러납니다. 또한, 그 과정에서 행정청의 재량이 인정되어야 하는 이유이기도 하지요. 재화는 한정적이고 달성하고자 하는 영역이나 범위는 확대되는 경향에 있으므로 행정의 결정재량과 선택재량의 중요성이 강조되는 것입니다. 다음은 행정의 공익지향성입니다. 물론 그 과정에서 개인의 권리가 공익 앞에 무조건적으로 희생되어서는 안 됩니다. 그래서 비례원칙 중 공·사익의 비교형량을 강조하는 상당성의 원칙이 중요한 것입니다. 공·사익의 비교형량으로서의 비례원칙은 행정법 전반을 지배하므로 여러 곳에서 등장하는데, 대표적으로는 신뢰보호원칙, 취소권 제한의 한계, 행정계획, 행정소송상 사정판결(행정소송법 제28조 참조) 등이 그것입니다. 행정은 또한 적극적이며 미래지향적 성격이 강합니다. 끝으로, 행정은 주로 개별·구체적 성격의 행정처분을 행위형식으로 한다는 점입니다. 행정작용 중 가장 중요하고 빈도수가 많은 것이 행정처분인바 입법의 경우처럼 일반·추상적 법률제정을 행하는 것이 아니라 행정목적 달성을 위해 수범자의 권리의무에 직접, 곧바로 영향을 미치는 행정행위 내지 처분을 매개로 행위하는 점이 행정의 또 하나의 특징이며, 이런 점에서 행정법 이론이 행정행위론을 중심으로 전개되는 것을 이해할 수 있을 것입니다.

4. 행정의 종류

행정의 종류는 그 구분의 기준에 따라 여러 가지 방법으로 분류할 수 있지만, 행정법적으로 유의미한 종류는 침익적·수익적·복효적 행정과 기속·재량행정입니다. 양자는 공히 후에 다루게 될 행정행위에서 특히 문제가 되므로 여기에서도 침익적 행정행위 내지 재량행위 등으로 표현합니다.

행정행위는 상대방에게 침해적 효과를 가져오는 침익적 행정행위와 상대방에게 이익을 부여하는 수익적 행정행위 그리고 상대방에는 이익, 제3자에게는 침해를 혹은 상대방에게는 침해, 제3자에게는 이익을 초래하는 복효적(이중효과적) 행정행위로 구분할 수 있습니다. 각각에 대한 행정쟁송수단을 항고쟁송과 관련하여 살펴보면, 침익적 행정행위의 상대방은 자신에게 가해진 불이익을 제거하기 위한 수단으로 취소심판과 취소소송, 무효확인심판과 무효확인소송 등을 제기할 수 있습니다. 이에 반해 수익적 행정행위의 경우는 상대방의 수익적 행정행위의 신청에 대한 거부를 신청자가 다투는 경우의 문제입니다. 전술한 바와 같이 현행법상 인정되는 쟁송 유형으로는 거부처분취소심판, 의무이행심판, 거부처분취소소송, 부작위위법확인소송 등이 있습니다.

특히, 문제되는 것은 복효적 행정행위입니다. 행정행위가 상대방에게는 수익적 효과를 제3자에게는 침익적 효과를 가져올 경우, 행정행위의 상대방은 자신에게 수익적 효과를 가져오는 행정행위를 쟁송상 다투지 않을 것입니다. 관건은 그로 인해 침익적 효과를 받는 제3자가 쟁송을 제기할 수 있느냐의 문제인데, 이는 구체적으로 행정심판에서는 청구인적격, 행정소송에서는 원고적격의 문제로 나타납니다. 또한 우리 쟁송법제가 주관적 쟁송, 즉 권리침해를 요건으로 하므로 원고적격은 개인에게 공법상의 권리가 인정됨을 전제로 합니다. 환언하면, 어떤 경우에 원고에게 주관적 공권이 인정되어 원고적격이 긍정되는가의 문제가 행정법에서 중요한 쟁점으로 등장합니다.

행정행위는 법률에의 구속의 정도에 따라 기속행위와 재량행위로 구분합니다. 기속행위는 법 규정의 위반 자체가 위법을 의미하여 - 사인의 공권침해를 전제로 - 사법적 통제가 이루어집니다. 이에 반해 재량행위는 입법자가 의도적으로 독자적 판단권한을 행정청에 부여한 것이지만, 이는 결코 '임의'를 뜻하는 것이 아니라 재량의 수권범위 내에서 행위할 것을, 즉 재량의 일탈·남용을 행해서는 안 될 의무를 부담하는 경우입니다.

많이 오해하는 점은 행정청에게 재량권이 부여된 경우 당해 행정청은 행정작용을 행함에 있어 일정 의무를 부담하지 않는다고 판단하는 것입니다. 행정청은 재량하자에 의한 결정을 하지 않도록, 즉 '의무에 합당한 재량 행사'의 의무가 있음을 기억해야 합니다. 따라서 행정청에게 재량권을 부여한 수권규정은 임의규정이 아니라 강행규정입니다. 임의규정은 해당 규정의 사실관계에의 적용 여부가 강제되지 않는 규정을 의미합니다. 이에 반해 재량규정은 재량의 일탈·남용에 이르지 않고 재량수권의 범위와 취지(목적)에 부합하도록 행위하여야 할 의무를 행정청에게 부과하는 강행규정입니다. 한편, 행정을 기속행정과 재량행정으로 구분할 때 '법으로부터 자유로운 행정'을 제3의 유형으로 드는 경우가 있지만, 오늘날 그 빈도수가 많지 않으며 법적으로는 법률유보와 관련한 행정유보 사항이라 할 수 있습니다. 예컨대, 지역축제의 명칭, 개최시기 등은 국민의 권리의무에 직접 영향을 미친다고 볼 수 없으므로 법의 구속으로부터 자유로운 영역에 속합니다.

행정상 법률관계를 구분할 때 내부법과 외부법으로 나누는 경우를 흔히 발견합니다. 원칙적으로 행정은 행정권(국가, 지방자치단체 등)과 국민과의 관계를 규율합니다. 즉, 공법상 권리의무주체 사이의 법률관계를 규율하는 것이지요. 이를 외부법관계라고 하고 행정법의 대부분을 차지합니다. 문제는 내부법 관계입니다. 행정법의 규율 영역은 각론적으로 볼 때 공무원법, 행정조직법 등을 포함하는데, 행정기관 상호 간의 관계 내지 국가 등과 공무원의 관계는 권리의무주체, 즉 법인격을 전제로 하는 것이 아니라 상급행정기관과 하급행정기관, 혹은 행정청과 공무원 등 행정 내부에서의 법적 문제를 규율하는 것을 의미합니다. 이들 내부법관계의 규율 법리로는 구체적으로 행정규칙과 특별권력관계를 들 수 있는데, 전자는 행정규칙의 법규성 인정 여부, 후자는 특별권력관계 내 행정작용의 처분성 인정 여부와 관련하여 쟁점화됩니다.

5. 헌법과 행정법의 관계

헌법과 행정법의 관계와 관련한 독일 학자의 표현을 살펴보면 다음과 같습니다.

* F. Werner : "Verwaltungsrecht als konkretisiertes Verfassungsrecht"
  (헌법의 구체화 법으로서의 행정법)
* L. v. Stein : "tätig werdende Verfassung" (활동하는 헌법)
* O. Mayer : "Verfassungsrecht vergeht, Verwaltungsrecht besteht"
  (헌법은 사라져도 행정법은 존재한다)

헌법은 국가권력의 일환으로 행정권을 규율하지만, 정치적·선언적 성격이 상대적으로 강합니다. 따라서 행정권력을 구체적으로 행사하기 위해서는 개별법에 의한 구체화가 반드시 필요합니다. 권리구제와 관련하여서도 마찬가지입니다. 헌법 제107조 제2항, 제3항 등에 나타난 행정쟁송상 권리구제는 그 자체만으로는 구현될 수 없고 행정소송법, 행정심판법 등의 존재를 필수로 합니다. 기타 환경권과 관련하여서도 대기환경보전법 등의 개별 행정법률의 존재가 없으면 헌법상의 환경권은 무익하겠지요. 나아가 예컨대 정치적으로 헌법파괴 내지 헌법정지 상황하에서도 국민의 행정법적 법률관계는 지속되어야 하므로 헌법규범이 실질적으로 기능하지 않더라도 행정법관계는 여전히 지속합니다. 이런 점들을 감안하여, "행정법은 구체화된 헌법 내지 활동하는 헌법, 헌법은 사라져도 행정법은 존재한다"는 명제가 거론되는 것입니다.

6. 행정법의 체계

다음 쟁점은 행정법의 체계 내지 구성입니다.

<table>
<tr><td rowspan="9">행정법총론
(I 혹은 (上)으로도 표현)</td><td>행정법총칙</td><td colspan="2">법치행정, 행정법의 법원, 개인의 주관적 공권 등</td></tr>
<tr><td rowspan="4">광의의
행정작용법</td><td>협의의 행정작용법
(행정의 행위형식론)</td><td>행정행위, 행정입법, 행정계획, 행정상 사실행위, 행정지도, 행정계약, 확약 등</td></tr>
<tr><td>행정절차</td><td>행정절차법</td></tr>
<tr><td>정보공개</td><td>공공기관의 정보공개에 관한 법률</td></tr>
<tr><td>행정강제</td><td>행정대집행법 등 개별 법률
(행정기본법 제30조 내지 제33조)</td></tr>
<tr><td rowspan="4">행정구제법</td><td rowspan="2">국가책임법</td><td>국가배상제도 : 국가배상법</td></tr>
<tr><td>손실보상제도 : 공익사업을 위한 토지 등의 취득 및 보상에 관한 법률</td></tr>
<tr><td rowspan="2">행정쟁송법</td><td>행정심판제도 : 행정심판법</td></tr>
<tr><td>행정소송제도 : 행정소송법</td></tr>
<tr><td>행정법각론
(II 혹은 (下)로도 표현)</td><td colspan="3">행정조직법, 공무원법, 지방자치법, 공물법, 공용부담법 등
(여기서의 '법'은 법률명이 아니라 '제도'를 의미합니다)</td></tr>
</table>

위 〈표〉에 의한 행정법총론과 행정법총칙은 개념적으로 다릅니다. 전자는 다기화된 개별 행정법 내지 행정법 각론에 공통적으로 적용 가능한 제도 내지 법리를 영역별로 분류한 것입니다. 행정법총론은 위에서 보듯이 행정작용론, 행정절차론, 행정강제론, 행정구제론 등으로 세분되는데, 예컨대 행정청의 매우 다양한 행위형식을 행정행위, 행정입법 등으로 유형화하여 그 요건, 효과 등을 탐구하는 분야를 행정작용법론이라 합니다. 이에 비해 행정법총칙은 법치행정원칙, 행정법의 법원, 개인의 주관적 공권 등 행정법의 이해를 위해 그 기초를 형성하는 개념 내지 도그마틱을 추출한 것으로서 이들에 대한 분석은 좁게는 행정법총론, 넓게는 행정법각론을 포함하여 행정법 전체를 아우르는 법리를 정리하는 작업이라 이해하면 됩니다. 한편, 행정법총론은 내용적으로 볼 때 행정법총칙을 포함합니다.

행정작용론 중 행정행위론의 내용을 이루는 재량행위 이론은 그 통제가 주요 쟁점인데, 재량하자의 통제는 행정법 총칙상의 비례원칙을 원용할 수밖에 없습니다. 또한, 재량하자의 통제 및 재량하자로 인한 권리구제는 궁극적으로 행정소송의 방법에 의하는데, 여기에서 행정작용법과 행정소송법의 유기적 관련성을 발견할 수 있습니다. 나아가, 이렇듯 재량행위의 일반 법리를 이해한 후에는 공무원법상 공무원에 대한 징계처분 개별 행정법 영역에서 재량행위론의 적용 예를 확인할 수 있습니다.

제2강

법치행정원칙
(행정의 법률적합성원칙)

법치행정원칙(행정의 법률적합성원칙)

1. 의의

법치주의는 헌법의 기본원리 중 하나로서 헌법 개정의 한계를 이루는 점은 주지의 사실입니다. 또한, 법치주의는 행정법 성립의 전제조건이자 행정의 지도원리 내지 이념으로 자리합니다. 이를테면, 행정법의 본향(本鄕)인 셈입니다. 법치주의가 행정법에 투영되면 '법치행정', '행정의 법률적합성원리' 등으로 표현되면서 행정법의 가장 기본이 되는 개념으로 기능합니다.

법치주의를 설명하면서 흔히 "법과 원칙에 따라 집행하겠다"라는 말을 사용합니다. 주의해야 할 것은 이 말이 법치주의 내지 법치행정의 의미를 정확하게 표현하는 것이 아니라는 점입니다. 화자는 위 표현을 통해 "법을 엄정하게 적용하여 궁극적으로 준법하도록 유도하겠다"는 의미를 상당 부분 포함합니다. 그러나 법치주의는 그 발생 연혁에 비추어 볼 때 준법을 의미하는 것이 아니라, - 특히, 행정법 영역에서는 - 행정권력의 발동과 그 내용을 법 아래에 둔다는 의미입니다. 이는 곧 법치행정원리가 자의적인 행정을 방지하여 국민의 기본권 내지 권리를 보호하겠다는 헌법적 명령의 실천명제의 위상을 지닌다는 뜻입니다. 즉, 법치행정은 적극적인 국가권력의 최대화(최적화)를 위한 이데올로기가 아니라, 국가권력의 소극적 제한원리임을 기억해야 합니다. 같은 맥락에서 법치주의는 민주주의원리보다는 자유주의원리에 상대적으로 근접한 개념입니다.

현행 헌법상 법치주의를 표현하는 직접적인 명문의 규정은 없지만, 널리 알다시피 권력분립규정, 의회주의, 기본권 보장 규정, 규범통제제도 등을 통해 구현되고 있습니다. 이에 비해 독일 기본법(Grundgesetz, GG) 제20조 제3항은 "입법은 헌법질서에, 행정과 사법은 법률과 법에 구속된다"라고 하여 명문으로 법치주의 내지 법치행정원리를 표현하고 있습니다. 한편, 법치행정원리는 행정법의 지도이념이므로 모든 개별 행정법령은 법치행정 구현의 도구로서 기능하지만, 법률 차원에서 법치행정원칙을 명문으로 규정한 예가 과거 존재하지 않았습니다. 그러나 행정기본법은 '행정의 법 원칙'의 장에서 "행정작용은 법률에 위반되어서는 아니 되며, 국민의 권리를 제한하거나 의무를 부과하는 경우와 그 밖에 국민생활에 중요한 영향을 미치는 경우에는 법률에 근거하여야 한다"라고 하여 후술하는 법률우위원칙, 법률유보원칙 등 법치행정원칙을 명문으로 규정하였습니다(행정기본법 제8조).

2. 연혁

법치행정원리는 대륙법계와 영미법계에 따라 법치주의원칙(Rechtsstaatsprinzip)과 법의 지배(rule of law, due process of law)로 발현되면서 그 발전과정이 상이했습니다. 그러나 이러한 현상은 최근 대륙법계가 영미법계의 특징을 수용하는 경향, 즉 절차적 정의 내지 절차적 법치주의의 강화를 통해 양자의 구분이 상대화되었음에 유의하여야 합니다.

제2차 세계대전 이후에는 과거 히틀러가 행한 '합법적 불법'의 반성으로 행정을 기계적으로 법률하에 두는 차원을 넘어, 그 법률의 합헌성, 즉 '법률'이라는 외연과 함께 법률의 규율 내용의 정당성도 법치행정원리에 포함시키는 이른바 실질적 법치주의의 일반화가 주목할 만합니다. 한편, 실질적 법치주의로의 전환에는 영국의 공법학자 다이시(Albert V. Dicey)로 대표되는 영미의 '법의 지배원칙'이 큰 영향을 끼쳤습니다. 의회입법이라는 형식을 갖춘 규범을 중시한 독일식의 법치행정원칙과는 달리, 거기에서는 특정한 법 형식에 의존하지 않고 불문법과 판례법에 의하더라도 실질적인 기본권 보장을 중요시한 점에서 이를 이해할 수 있습니다.

3. 법치행정원칙의 내용

법치행정원칙이 행정법의 기본원리인 점에서 행정작용이 동 원칙에 위반할 경우 위법한 행정임을 면치 못함에는 의문의 여지가 없습니다. 그러나 실무 등에서 곧바로 법치행정원칙 위반을 들어 처분 내지 행정행위 등의 위법을 말하는 경우는 거의 없습니다. 보다 직접적인 위법의 근거가 있는 경우 그것을 위법 사유로 삼아야 합니다. 예를 들면, 재량의 남용에 해당한다든지 비례원칙 위반이라고 표현하는 경우가 그것입니다.

또한, 내용적으로는 후술하는 법률우위원칙 내지 법률유보원칙 위반에 해당하지만,

직접 이를 원용하기보다는 '□□법 제○○조 위반' 혹은 '법률의 근거 없이 행해진 처분이므로…' 등으로 표현하는 것이 일반적입니다. 그러나 그 바탕에는 항상 법치행정원칙이 내재합니다. 앞서 언급한 비례원칙 위반의 경우도 마찬가지입니다. 비례원칙은 기속행정에서는 문제되지 않고 행정에 재량권이 부여된 경우에 구체화됩니다. 행정이 행사하는 재량권은 입법자의 의사에 따라 법률에 의해 수권되는 것이고, 이를 행사함에는 재량의 한계를 준수해야 한다는 제한이 수반합니다(행정소송법 제27조 참조). 이러한 재량권 부여의 취지가 해당 수권규정에 함유되어 있는 것이고, 따라서 재량의 일탈·남용에 해당하는 경우에는 해당 재량규정을 위반한, 환언하면 법률우위원칙의 위반이라고 할 수 있습니다.

1) 법률의 법규창조력

국민의 권리의무에 영향을 미치는 법규는 의회가 제정하는 법률에 의하여야 한다는 원칙입니다(헌법 제40조). 특히, 초기 행정작용이 경찰행정, 질서행정, 규제행정 등 침익적 행정 중심이었음을 고려할 때, 국민이 직선한 의회만이 국민을 규제하는 법률을 제정할 정당성이 부여되고 행정은 이에 근거하여서만 행위해야 함을 의미하는 것으로 이해할 수 있습니다. 그러나 법률의 법규창조력은 유신헌법상의 긴급조치·비상조치, 현행 헌법상 긴급명령, 행정부에서 제정하는 시행령·시행규칙 등 법규명령의 일반화 등으로 인해 더 이상 과거의 의미에만 머무를 수 없는 상황입니다.

2) 법률우위원칙

행정작용은 내용적으로 법률에 위반해서는 안 된다는 원칙으로서, 이미 발령된 행정작용을 전제로 함에 비추어 이를 '소극적 의미의 법률적합성원칙'이라고도 합니다. 이는 침익적 행정뿐만 아니라 수익적 행정에도, 즉 원칙적으로 모든 행정작용에 적용됩니다. 수익적 행정이 제3자에게는 침익적 효과를 초래할 수 있기 때문인데, 홈쇼핑사업자 선정을 위한 甲, 乙, 丙의 신청에 대해 甲에 대해서만 승인처분을 발령하는 경우를 상정하면 됩니다. 또한, 수익적 처분인 재난지원금 지급 신청에 대한 거부가 상대방인 신청인에게 침익적 효과를 야기하는 경우를 고려한다면 이를 쉽게 이해할 수 있습니다.

3) 법률유보원칙

법률유보원칙은 '적극적 의미의 법률적합성원칙'이라고도 하는바, 행정권의 발동에는 법적 근거를 필요로 한다는 의미입니다. 초기 행정이 침익적 행정 위주였으므로 법률유보를 요하는 행정의 범위는 침해유보설을 중심으로 논의가 발전하지만, 시간의 흐름에 따라 법률유보의 범위에 대한 다양한 견해가 전개됩니다. 원칙적으로 법률유보는 작용법적 수권이 필요하다는 의미로 이해합니다. 즉, 행정작용의 발동을 위해서는 개별적 법적 근거를 요한다는 것이지요. 따라서 단순히 일정 행정작용이 소관 행정청의 전반적인 업무범위 내에 속한다는 조직법적 의미의 수권만으로는 법률유보원칙을 준수한 것이 아니라 할 것입니다. 또한 여기서의 법률유보의 충족 여부는 엄격히 해석해야 하는바, 음주운전의 이유만으로는 운전면허가 실제 취소되지 않는 이상 개인택시운송사업면허를 취소할 수 없다는 판례에서 이를 잘 알 수 있습니다.

> * **대판 2008.5.15, 2007두26001** : "구 여객자동차운수사업법(2007. 7. 13. 법률 제8511호로 개정되기 전의 것, 이하 '법'이라고 한다) 제76조 제1항 제15호, 법 시행령 제29조에는 관할관청은 개인택시운송사업자의 운전면허가 취소된 때에 그의 개인택시운송사업면허를 취소할 수 있도록 규정되어 있을 뿐 그에게 운전면허 취소사유가 있다는 사유만으로 개인택시운송사업면허를 취소할 수 있도록 하는 규정이 없으므로, 관할관청으로서는 비록 개인택시운송사업자에게 운전면허 취소사유가 있다 하더라도 그로 인하여 운전면허 취소처분이 이루어지지 않은 이상 개인택시운송사업면허를 취소할 수는 없다 할 것이다.

4. 실질적 법치주의

초기 형식적 법치주의는 행정에 대한 법적 통제라는 원래의 이념에서 벗어나, 필요에 따라 법률의 내용은 도외시한 채 행정활동에 외관상 법률의 형식을 부여함으로써 그 정당성을 유지하게 한 권력의 법적 승인에 불과한 부작용을 초래하게 됩니다. 즉, 권력의 통제보다는 국민의 준법정신을 기초 지워주는 원리로 전락하는 경우가 발생한 것이지요. 히틀러 시대의 '수권법(Ermächtigungsgesetz)'의 폐해를 경험한 독일의 경우 제2차 세계대전 이후 형식적 법치주의가 실질적 법치주의로 변모하게 되며, 오늘날 법치행정을 말하는 경우 이는 통상 실질적 법치행정을 의미합니다. 형식적 법치주의의 내용이 실질적 법치주의를 통해 어떠한 변화에 직면하는지 아래에서 살펴봅시다.

법률의 법규창조력은 특히, 행정입법 중 대외적 효력·법규적 효력을 가지는 법규명령의 일반화 현상을 통해 위기를 맞습니다. 오늘날 법규명령은 행정효율성 등을 고려할 때 불가피한 현상이고, 이런 점을 고려하여 우리 헌법도 제75조, 제95조에서 이를 규정화하고 있습니다. 그러나 아무런 한계 내지 제한원리 없이 이를 허용한다면 의회주의, 국민주권 및 법치주의는 형해화될 것입니다. 따라서 헌법은 법규명령을 헌법적으로 허용하되, '구체적으로 범위를 정하여'라고 하여 그 한계를 설정하고 있습니다. 결국, 법률의 법규창조력은 오늘날 법령의 법규창조력으로 변모되어 나타난다고 할 수 있습니다. 그러나 법령의 법규창조력 원칙이 확대되어 원칙적으로 행정 내부적 효력, 즉 법규적 효력이 인정되지 않는 행정규칙도 일부 법규적 효력을 보유하는 경우가 있는데, 이런 현상이 무제한적으로 확대되는 것은 법치행정원칙의 위험요소라 할 수 있습니다.

법률우위원칙도 유의미한 변화를 경험합니다. 행정작용이 형식적으로 법률(이제 법률보다는 법령, 즉 법률과 법규명령을 포함하는 의미의 사용이 정확하겠지만, 편의상 법률로 표현합니다)에 위배되지 않으면 법치행정원칙을 준수한 것이라는 명제는 법률 내용이 위헌적일지라도 그 규율 내용에 저촉되지 않는 행정작용은 적법한 것이어서 그 내용적·실질적 위헌·위법성을 통제할 수 없는 결과에 이릅니다. 그 부당성은 다언을 요하지 않지요. 이런 점을 반영하여 실질적 법치주의하에서는 '합헌적 법률우위원칙'이 일반화되었습니다. 이를 제도적으로 뒷받침하기 위해서는 위헌법률 내지 위헌적 명령의 통제를 가능케 하는 위헌법률심사제도(헌법 제107조 제1항) 및 법원에 의한 위헌명령·규칙심사제도(헌법 제107조 제2항)의 확립이 중요함은 주지의 사실입니다. 결국 이들은 실질적 법치주의를 보장하는 제도적 장치로서의 역할을 담당합니다.

한편, 실질적 법치주의로의 전이 과정에서 가장 역동적인 변화는 법률유보 범위의 확대를 도모하는 다양한 논의로 나타납니다. 국민의 행정 의존도가 증대함에 따라 침익적 행정과 함께 수익적 행정의 빈도나 중요성이 강조되고, 이에 따라 법률유보 범위의 확대 시도가 일반화되는 추세라 할 수 있습니다. 이와 관련하여 법률유보의 범위에 관한 다양한 학설이 등장하는데, 고전적인 침해유보설을 비롯하여 급부행정유보설, 권력행정유보설, 전부유보설 및 중요사항유보설(본질성설, Wesentlichkeitstheorie)이 그것입니다.

그들 중 우리 판례가 취하는 중요사항유보설 내지 본질성설에는 각별한 관심을 요합니다. 이는 행정작용 중 본질적이고 중요한 사항은 법률의 근거를 요한다는 학설인데,

여기에서 중요사항 내지 본질적 사항의 의미가 또한 문제됩니다. 이는 일률적으로 말할 수 없고 구체적인 규율 영역별로 달리 판단해야 한다는 일반론을 제기할 수 있으며, 이를 '유동성의 원칙'이라고 합니다. 본질성설을 유동성의 원칙에 터 잡아 이렇게 정의하는 경우에도 법률유보의 구체적 범위에 관한 척도를 여전히 일의적으로 확정할 수 없지만 몇 가지 기준은 제시할 수 있는데, 국민의 기본권에 영향을 미치는 정도가 강한 영역, 국가안전보장 등 국가적 이익과 직결되는 영역, 민주적 정당성이 상대적으로 약한 기관이 정립하는 규범의 경우, 전문성·과학적 요청이 약한 영역 등에는 법률유보가 더 강화되어 적용된다고 일응 얘기할 수 있습니다.

* **대판 2020.9.3, 2016두32992(전합)** : " … 헌법상 법치주의는 법률유보원칙, 즉 행정작용에는 국회가 제정한 형식적 법률의 근거가 요청된다는 원칙을 핵심적 내용으로 한다. 나아가 오늘날의 법률유보원칙은 단순히 행정작용이 법률에 근거를 두기만 하면 충분한 것이 아니라, 국가공동체와 그 구성원에게 기본적이고도 중요한 의미를 갖는 영역, 특히 국민의 기본권 실현에 관련된 영역에 있어서는 행정에 맡길 것이 아니고 국민의 대표자인 입법자 스스로 그 본질적 사항에 대하여 결정하여야 한다는 요구, 즉 의회유보원칙까지 내포하는 것으로 이해되고 있다. 여기서 어떠한 사안이 국회가 형식적 법률로 스스로 규정하여야 하는 본질적 사항에 해당되는지는, 구체적 사례에서 관련된 이익 내지 가치의 중요성, 규제 또는 침해의 정도와 방법 등을 고려하여 개별적으로 결정하여야 하지만, 규율대상이 국민의 기본권과 관련한 중요성을 가질수록 그리고 그에 관한 공개적 토론의 필요성 또는 상충하는 이익 사이의 조정 필요성이 클수록, 그것이 국회의 법률에 의하여 직접 규율될 필요성은 더 증대된다. 따라서 국민의 권리·의무에 관한 기본적이고 본질적인 사항은 국회가 정하여야 하고, 헌법상 보장된 국민의 자유나 권리를 제한할 때에는 적어도 그 제한의 본질적인 사항에 관하여 국회가 법률로써 스스로 규율하여야 한다. 헌법 제75조는 "대통령은 법률에서 구체적으로 범위를 정하여 위임받은 사항과 법률을 집행하기 위하여 필요한 사항에 관하여 대통령령을 발할 수 있다."라고 규정하고 있다. 따라서 대통령은 법률에서 구체적으로 범위를 정하여 위임받은 사항과 법률을 집행하기 위하여 필요한 사항에 관하여만 대통령령을 발할 수 있으므로, 법률의 시행령은 모법인 법률에 의하여 위임받은 사항이나 법률이 규정한 범위 내에서 법률을 현실적으로 집행하는 데 필요한 세부적인 사항만을 규정할 수 있을 뿐, 법률에 의한 위임이 없는 한 법률이 규정한 개인의 권리·의무에 관한 내용을 변경·보충하거나 법률에 규정되지 아니한 새로운 내용을 규정할 수는 없다. 법외노조 통보는 적법하게 설립된 노동조합의 법적 지위를 박탈하는 중대한 침익적 처분으로서 원칙적으로 국민의 대표자인 입법자가 스스로 형식적 법률로써 규정하여야 할 사항이고, 행정입법으로 이를 규정하기 위하여는 반드시 법률의 명시적이고 구체적인 위임이 있어야 한다. 그런데 노동조합 및 노동관계조정법 시행령(이하 '노동조합법 시행령'이라 한다) 제9조 제2항은 법률의 위임 없이 법률이 정

하지 아니한 법외노조 통보에 관하여 규정함으로써 헌법상 노동3권을 본질적으로 제한하고 있으므로 그 자체로 무효이다."

* **헌재결 1999.5.27, 98헌바70** : "오늘날 법률유보원칙은 단순히 행정작용이 법률에 근거를 두기만 하면 충분한 것이 아니라, 국가공동체와 그 구성원에게 기본적이고도 중요한 의미를 갖는 영역, 특히 국민의 기본권실현과 관련된 영역에 있어서는 국민의 대표자인 입법자가 그 본질적 사항에 대해서 스스로 결정하여야 한다는 요구까지 내포하고 있다(의회유보원칙). 그런데 텔레비전방송수신료는 대다수 국민의 재산권 보장의 측면이나 한국방송공사에게 보장된 방송자유의 측면에서 국민의 기본권실현에 관련된 영역에 속하고, 수신료금액의 결정은 납부의무자의 범위 등과 함께 수신료에 관한 본질적인 중요한 사항이므로 국회가 스스로 행하여야 하는 사항에 속하는 것임에도 불구하고 한국방송공사법 제36조 제1항에서 국회의 결정이나 관여를 배제한 채 한국방송공사로 하여금 수신료금액을 결정해서 문화관광부장관의 승인을 얻도록 한 것은 법률유보원칙에 위반된다."
* **헌재결 2012.4.24, 2010헌바1** : "토지등소유자가 도시환경정비사업을 시행하는 경우 사업시행인가 신청시 필요한 토지등소유자의 동의는 개발사업의 주체 및 정비구역 내 토지등소유자를 상대로 수용권을 행사하고 각종 행정처분을 발할 수 있는 행정주체로서의 지위를 가지는 사업시행자를 지정하는 문제로서, 그 동의요건을 정하는 것은 국민의 권리와 의무의 형성에 관한 기본적이고 본질적인 사항이므로 국회가 스스로 행하여야 하는 사항에 속하는 것임에도 불구하고, 사업시행인가 신청에 필요한 동의정족수를 토지등소유자가 자치적으로 정하여 운영하는 규약에 정하도록 한 것은 법률유보원칙에 위반된다."

☞ 동 결정에 따라 현행 도시 및 주거환경정비법은 토지등소유자가 사업시행자인 경우 사업시행인가 신청 전에 득해야 하는 토지등소유자의 동의정족수를 명문으로 규정하고 있습니다.

또한 법규명령의 일반화를 고려할 때 법률유보는 법령유보로 변화되어 나타나는데, 결국은 법률에서 규율해야 하는 정도의 문제, 즉 규율밀도의 문제로 구체화합니다. 즉, 법률상 근거가 존재하느냐의 차원을 넘어, 법률에서 예측 가능한 범위에서 구체적으로 범위를 정하여 위임한 법규명령에 의한 행정인 경우에만 법령유보원칙을 준수한 것이고, 그 정도는 규율영역별로 달리 나타나며, 이가 곧 규율밀도의 문제라는 논리전개가 가능합니다. 즉, A, B 두 영역 중 A가 국민의 기본권에 미치는 영향이 B보다 큰 경우 등에는 A 영역에서 법률이 규율해야 하는 정도가 상대적으로 크다고 얘기할 수 있는 것이지요. 여기에서도 결국 유동성의 원칙이 적용되는 결과에 이릅니다.

또한, 주의해야 할 점은 민주적 정당성과 관련하여 법률이 대통령령(시행령)으로 위임하는 경우보다 총리령·부령(시행규칙)으로 위임하는 경우의 법률에서의 규율밀도가 강해야 합니다. 다만, 전자의 경우에도 구체적으로 범위를 정하여 위임해야 한다는 헌법

규정은 적용됩니다. 그러나 조례로 위임하는 경우에는 조례의 자치법적 성격을 고려하여 포괄적 위임도 가능하다는 것이 판례의 입장입니다.[1] 그러나 조례 규율 사항이 아닌 기관위임사무에 있어 법률의 명문 규정에 따라 조례로 위임하는 이른바 위임조례의 경우에는 포괄적 위임은 불가하고 구체적 위임이 전제되어야 합니다.

* **대판 2019.10.17, 2018두40744** : "헌법 제117조 제1항은 지방자치단체에 포괄적인 자치권을 보장하고 있으므로, 자치사무와 관련한 조례에 대한 법률의 위임은 법규명령에 대한 법률의 위임과 같이 구체적으로 범위를 정하여서 할 엄격성이 반드시 요구되지는 않는다. 법률이 주민의 권리의무에 관한 사항에 관하여 구체적으로 범위를 정하5지 않은 채 조례로 정하도록 포괄적으로 위임한 경우에도 지방자치단체는 법령에 위반되지 않는 범위 내에서 각 지역의 실정에 맞게 주민의 권리의무에 관한 사항을 조례로 제정할 수 있다."
* **대판 2000.5.30, 99추85** : "지방자치법 제15조, 제9조에 의하면, 지방자치단체가 자치조례를 제정할 수 있는 사항은 지방자치단체의 고유사무인 자치사무와 개별법령에 의하여 지방자치단체에 위임된 단체위임사무에 한하는 것이고, 국가사무가 지방자치단체의 장에게 위임된 기관위임사무는 원칙적으로 자치조례의 제정범위에 속하지 않는다 할 것이고, 다만 기관위임사무에 있어서도 그에 관한 개별법령에서 일정한 사항을 조례로 정하도록 위임하고 있는 경우에는 위임받은 사항에 관하여 개별법령의 취지에 부합하는 범위 내에서 이른바 위임조례를 정할 수 있다."
* **대판 2000.11.24, 2000추29** : "지방자치법 제9조 제1항과 제15조 등의 관련 규정에 의하면 지방자치단체는 원칙적으로 그 고유사무인 자치사무와 법령에 의하여 위임된 단체위임사무에 관하여 이른바 자치조례를 제정할 수 있는 외에, 개별 법령에서 특별히 위임하고 있을 경우에는 그러한 사무에 속하지 아니하는 기관위임사무에 관하여도 그 위임의 범위 내에서 이른바 위임조례를 제정할 수 있지만, 조례가 규정하고 있는 사항이 그 근거 법령 등에 비추어 볼 때 자치사무나 단체위임사무에 관한 것이라면 이는 자치조례로서 지방자치법 제15조가 규정하고 있는 '법령의 범위 안'이라는 사항적 한계가 적용될 뿐, 위임조례와 같이 국가법에 적용되는 일반적인 위임입법의 한계가 적용될 여지는 없다."

중요사항유보설과 관련하여 그 내용적 범위에 포함된다고 평가할 수 있는 '의회유보'와의 관계도 논의의 대상입니다. 중요사항의 정도가 상대적으로 더욱 강한 일정 영역은 구체적으로 범위를 정하더라도 행정입법으로의 위임이 불가한 사항이 존재하는바, 이

1) 원칙적으로 조례 제정이 가능한 대상 사무는 해당 지방자치단체의 자치사무와 단체위임사무에 한정됩니다. 국가사무의 일종인 기관위임사무는 법률의 위임이 있는 경우에만 예외적으로 조례제정의 대상으로 삼을 수 있습니다.

를 의회유보라 일컫습니다. 판례상으로는, 앞서 살펴본 공영방송의 수신료 금액을 한국방송공사로 하여금 정하게 함은 법률유보원칙에 위반한다는 헌재 결정(헌재결 1990.5.27, 98헌바70), 도시환경정비사업시행인가 신청을 위한 필수사항인 토지등소유자의 동의정족수는 의회유보 사항임에도 이를 법률이 아닌 자치규약으로 정하도록 한 관련 법률 규정의 위헌을 선언한 헌재 결정(헌재결 2012.4.24, 2010헌바1), 지방의회에 유급보좌인력의 설치는 의회유보사항이지 조례로 규율할 성질이 아니라는 판례(대판 2013.1.16, 2012추84) 등에서 관련 법리를 찾을 수 있습니다.

＊ **대판 2013.1.16, 2012추84** : "(갑 광역시의회가 '상임(특별)위원회 행정업무보조 기간제근로자 42명에 대한 보수 예산안'을 포함한 2012년도 광역시 예산안을 재의결하여 확정한 사안에서,) 위 근로자의 담당 업무, 채용규모 등을 종합해 보면, 지방의회에서 위 근로자를 두어 의정활동을 지원하는 것은 실질적으로 유급보좌인력을 두는 것과 마찬가지여서 개별 지방의회에서 정할 사항이 아니라 국회의 법률로 규정하여야 할 입법사항에 해당하는데, 지방자치법이나 다른 법령에 위 근로자를 지방의회에 둘 수 있는 법적 근거가 없으므로, 위 예산안 중 '상임(특별)위원회 운영 기간제근로자 등 보수' 부분은 법령 및 조례로 정하는 범위에서 지방자치단체의 경비를 산정하여 예산에 계상하도록 한 지방재정법 제36조 제1항의 규정에 반하고, 이에 관하여 한 재의결은 효력이 없다."

☞ 2022년 1월 시행된 전부개정 지방자치법 제41조가 지방의회의원의 의정활동을 지원하기 위하여 지방의회의원 정수의 2분의 1 범위에서 정책지원 전문인력을 두는 조항을 마련함으로써, 오랜 기간 논란이 되었던 지방의회의원에 대한 유급 보좌 인력 문제가 입법적으로 해결되었습니다.

고전적 논의에 속하지만, 조례와 법률유보원칙의 관계도 고찰의 대상입니다.[1)] 헌법

---

1) 한편, 조례와 법률우위원칙의 관계는 오늘날 조례 제정권의 범위를 확대하려는 시도의 일환인 '수정법률선점론'으로 설명 가능합니다. 즉, 어느 사항에 관해 법률의 규율이 있다고 해서 지방자치단체가 조례로써 달리 규율하는 것이 모두 허용되지 않는 것도 아니고, 반대로 어느 사항에 관해 법률의 규율이 없다고 해서 언제든지 조례로써 자유로이 규율할 수 있는 것도 아닙니다. 이미 법률의 규율이 있는 사항에 대해서도 조례가 법률과는 다른 목적으로 규율하여 그로 인해 법률이 규율하는 목적이나 효과를 저해하지 않는 경우, 양자가 동일한 목적으로 규율할지라도 법률의 취지가 반드시 전국적으로 동일한 내용의 규제를 가하려는 것이 아니라 각 지방자치단체가 그 지방의 실정에 맞게 특별한 규율을 하는 것을 용인하는 취지인 경우 등에는 조례로써 법률의 규정과 달리 정할 수 있습니다. 반면에 법률의 규율이 없는 사항의 경우에도, 만일 그 취지가 해당 사항에 관해서는 전국적 범위에서 통일적으로 아무런 규제를 하지 않고 방임하는 것이라면 이에 대해서는 조례로 규율하는 것은 허용되지 않습니다; 대판 2007.12.13, 2006추52 : "지방자치단체의 조례는 그것이 자치조례에 해당하는 것이라도 법령에 위반되지 않는 범위 안에서만 제정할 수 있어서 법령에 위반되는 조례는 그 효력이 없지만, 조례가 규율하는 특정사항에 관하여 그것을 규율하는 국가의 법령이 이미 존재하는 경우에도 조례가 법령과 별도의 목적에 기하여 규율함을 의도하는 것으로서 그

제117조 제1항이 "법령의 범위 안에서 자치에 관한 규정을 제정할 수 있다"라고 하여 조례 제정권의 범위와 한계에 관한 법률우위원칙만을 규정함에 비하여, 지방자치법 제28조 제1항 단서가 "주민의 권리 제한 또는 의무 부과에 관한 사항이나 벌칙을 정할 때에는 법률의 위임이 있어야 한다"고 규정함으로써 동 조항이 헌법이 정한 조례 제정권의 범위와 한계를 위헌적으로 제한한다는 비판이 과거 제기된 바 있습니다. 그러나 현재 통설과 판례의 일관된 입장은 주민의 권리 제한 또는 의무 부과를 규정하는 조례에 법률의 위임 근거를 요구하는 것이 제도보장으로서의 지방자치제도보다 상위에 위치하는 기본권 제한의 법률유보(헌법 제37조 제2항) 취지에 부합하므로 위헌이 아니라고 합니다. 한편, 헌법 규정에 따라서는 '법령의 범위 안에서'와 '법률에 저촉되지 아니하는 범위 안에서' 문구를 병렬적으로 사용하는 점(예컨대, 제114조 제6항)도 합헌설의 입장을 뒷받침합니다. 후자가 법률우위원칙을 의미함에 의문의 여지가 없다면, 전자의 '법령의 범위 안에서'를 법률우위원칙과 함께 법률유보원칙까지 포함하는 용례로 해석 못 할 바 아니기 때문입니다. 다만, 조례의 자치법규성을 고려할 때 그에 대한 법률의 위임은 구체적으로 범위를 정하지 않은 포괄적 위임으로도 가능하지만, 기관위임사무에 대해 예외적으로 제정할 수 있는 이른바 위임조례의 경우에는 범위를 정한 구체적 위임일 것을 요합니다.

* **대판 2000.11.24, 2000추29** : "지방자치단체는 원칙적으로 그 고유사무인 자치사무와 법령에 의하여 위임된 단체위임사무에 관하여 이른바 자치조례를 제정할 수 있는 외에, 개별 법령에서 특별히 위임하고 있을 경우에는 그러한 사무에 속하지 아니하는 기관위임사무에 관하여도 그 위임의 범위 내에서 이른바 위임조례를 제정할 수 있지만, 조례가 규정하고 있는 사항이 그 근거 법령 등에 비추어 볼 때 자치사무나 단체위임사무에 관한 것이라면 이는 자치조례로서 지방자치법 제15조가 규정하고 있는 '법령의 범위 안'이라는 사항적 한계가 적용될 뿐, 위임조례와 같이 국가법에 적용되는 일반적인 위임입법의 한계가 적용될 여지는 없다."

적용에 의하여 법령의 규정이 의도하는 목적과 효과를 전혀 저해하는 바가 없는 때 또는 양자가 동일한 목적에서 출발한 것이라고 할지라도 국가의 법령이 반드시 그 규정에 의하여 전국에 걸쳐 일률적으로 동일한 내용을 규율하려는 취지가 아니고 각 지방자치단체가 그 지방의 실정에 맞게 별도로 규율하는 것을 용인하는 취지라고 해석되는 때에는 그 조례가 국가의 법령에 위배되는 것은 아니라고 보아야 한다."

제3강

행정법의 일반원칙

제3강 행정법의 일반원칙

1. 평등원칙

1) 의의

평등원칙은 헌법으로부터 도출되는 법의 일반원칙으로서 헌법적 효력을 가지는 것으로 이해합니다. 베르너(F. Werner)의 '헌법의 구체화 법으로서의 행정법' 표현을 실감할 수 있습니다. 행정기본법은 평등원칙을 행정법의 일반원칙으로 규정합니다.[1] 다만, 평등원칙이 행정기본법 등 법률의 규정이 없더라도 불문의 법 원리로서 행정법의 법원으로 인정된다는 의미에서는 여전히 행정법의 일반원칙에 속한다고 해석할 수 있습니다. 평등원칙 위반은 대개의 경우 행정법적 쟁점으로 취급되지 않고 헌법 사안으로 쟁점화되는 경향입니다. 이런 점에서 행정법의 법원으로서의 평등원칙이 문제되는 것은 헌법에서의 평등권 침해 등에 관한 내용이 아닙니다. 행정법 영역에서는 특히 '재량준칙의 법규성' 및 '행정의 자기구속법리' 등과 관련하여 문제됩니다.

2) 행정법과 평등원칙 : 재량준칙에 따른 관행에 위반한 처분의 위법 여부

오늘날 제재적 처분을 발하는 구조는 통상 다음과 같습니다. 법률에서 영업자 등의 준수사항을 열거하고 다른 조항을 통해 이를 위반한 경우 허가 취소, 영업소폐쇄 또는 ○개월 이내의 기간을 정하여 영업정지를 명할 수 있다고 하면서, 같은 조 다른 항에서 처분의 구체적 기준을 시행령 내지 시행규칙에 위임합니다. 이에 따라 시행령, 시행규칙에서는 "법 제○○조에 의한 구체적인 처분기준은 [별표△△]와 같다"라고 규정합니다. 이에 따라 그 [별표]에서는 처분의 일반기준과 함께 각 위반사항 및 위반 횟수별로 나누

---

1) 행정기본법 제9조(평등의 원칙) 행정청은 합리적 이유 없이 국민을 차별해서는 아니 된다.

어 제재적 처분의 구체적 내용을 〈표〉로 구성합니다. 아래는 하나의 예입니다.

• 식품위생법

제44조(영업자 등의 준수사항) ② 식품접객영업자는 「청소년 보호법」 제2조에 따른 청소년(이하 이 항에서 "청소년"이라 한다)에게 다음 각 호의 어느 하나에 해당하는 행위를 하여서는 아니 된다.

4. 청소년에게 주류(주류)를 제공하는 행위

제75조(허가취소 등) ① 식품의약품안전처장 또는 특별자치시장·특별자치도지사·시장·군수·구청장은 영업자가 다음 각 호의 어느 하나에 해당하는 경우에는 대통령령으로 정하는 바에 따라 영업허가 또는 등록을 취소하거나 6개월 이내의 기간을 정하여 그 영업의 전부 또는 일부를 정지하거나 영업소 폐쇄(제37조제4항에 따라 신고한 영업만 해당한다. 이하 이 조에서 같다)를 명할 수 있다. <단서 생략>

13. 제44조제1항·제2항 및 제4항을 위반한 경우

⑤ 제1항 및 제2항에 따른 행정처분의 세부기준은 그 위반 행위의 유형과 위반 정도 등을 고려하여 총리령으로 정한다.

• 식품위생법 시행규칙

제89조(행정처분의 기준) 법 제71조, 법 제72조, 법 제74조부터 법 제76조까지 및 법 제80조에 따른 행정처분의 기준은 별표 23과 같다.

[별표23] 행정처분기준

Ⅰ. 일반기준

15. 다음 각 목의 어느 하나에 해당하는 경우에는 행정처분의 기준이, 영업정지 또는 품목·품목류 제조정지인 경우에는 정지처분 기간의 2분의 1 이하의 범위에서, 영업허가 취소 또는 영업장 폐쇄인 경우에는 영업정지 3개월 이상의 범위에서 각각 그 처분을 경감할 수 있다. <각목 생략>

Ⅱ. 개별기준

3. 식품접객업

위반사항	1차 위반	2차 위반	3차 위반
청소년에게 주류를 제공하는 행위(출입하여 주류를 제공한 경우 포함)를 한 경우	영업정지 2개월	영업정지 3개월	영업허가취소 또는 영업소폐쇄

이렇듯 정형화된 오늘날의 입법구조와는 달리, 과거에는 모법에서 제재적 처분의 법적 근거만을 규정하고 그 구체적인 처분의 기준을 하위 법규명령에서 규정하지 않는 경

우가 있었습니다. 이 경우 행정청은 시행령, 시행규칙 등 법규명령에서의 처분기준 규정의 흠결에 대응하여 훈령, 예규, 지침 등 원칙적으로 법규적 효력이 인정되지 않는 행정규칙의 형식으로 제재적 처분의 기준을 정하게 됩니다. 이는 행정의 원활한 수행을 위해 불가피한 현상이었다고 볼 수 있습니다. 구체적으로는 제재적 처분의 발령을 위한 행정청 내부의 준칙을 정하기 위해 행정규칙의 형태로 위반 횟수를 기준으로 하여, 이를테면 유통기한 경과 식품의 판매행위에 대해 〈1차 위반 : 영업정지 15일, 2차 위반 : 영업정지 1개월, 3차 위반 : 영업정지 3개월〉 등을 규정하였습니다. 이렇게 만들어진 행정규칙을 재량처분의 기준을 정한다는 의미에서 '재량준칙'이라고 칭합니다.

행정규칙은 원칙적으로 행정청 내부에서의 규율을 의도하기 때문에 원칙적으로 국민이나 법원을 구속하는 법규적 효력이 인정되지 않고, 행정청 내부에서만 효력을 보유하는 일면적 효력만을 인정합니다. 따라서 비법규로서의 행정규칙을 위반한 처분은 그 이유만으로 위법을 구성하지 않고, 반대로 행정규칙에 적합하다는 이유만으로 반드시 당해 처분이 적법하다고 할 수 없습니다. 법원은 행정규칙에 따른 혹은 따르지 않은 처분의 위법성을 판단함에 있어 당해 행정규칙에 구속되지 않기 때문에 그 처분의 위법 여부를 모법의 규정이나 취지에 비추어 판단합니다. 이를테면, 행정규칙상의 규정 내용이 모법상의 재량권 행사의 기준을 정하는 경우에는 행정청의 구체적 처분이 행정규칙상의 규정에 부합하는지 여부가 아니라 모법에 따른 재량권 부여의 취지를 일탈·남용했는지 여부에 따라 판단하게 됩니다. 한편, 행정규칙에 따른 처분은 행정청 내부적으로는 효력이 있으므로 이를 위반한 처분을 행한 공무원은 징계책임으로부터 자유롭지는 않습니다. 하급 행정청은 상급행정청의 명령에 복종해야 할 의무가 일반적으로 인정되기 때문입니다. 처분청이 당해 행정규칙에 실질적으로 구속되어 이를 준수할 것임을 알 수 있습니다.

이제 행정법상의 평등원칙으로 돌아와 설명하건대, 비록 당해 재량준칙에 법규적 효력은 인정되지 않지만, 실질적으로 행정청은 해당 재량준칙의 내용에 실질적으로 구속됩니다. 그래서 과거 유통기한이 경과된 식품을 판매한 경우(1차 위반) 등에 있어 15일의 영업정지처분을 행하여 왔습니다. 그러나 과거의 예와는 달리 동종 유사한 위반행위를 행한 甲에 대해서는 1월의 영업정지처분을 발령했다고 가정하지요. 이 경우 甲은 전례에 비추어 자신에 대해서만 특별히 과다한 1월의 영업정지처분이 당연히 위법하다고 생각할 것이고, 일반인의 법 감정에 의하더라도 위법으로 판단하지 않겠습니까? 그렇다면, 이 경우 甲은 영업정지처분취소소송 등을 통해 계쟁 영업정지처분의 위법을 어떻게 근거지을 수 있을까요? 담당 공무원 내지 행정청은 실질적으로 그 재량준칙의 내용에 구속되겠지만 당해 재량준칙은 법규적 효력이 부인되어 재판규범으로 기능하지 않으므로 재량준칙 규정에 대한 위반을 주장하는 것은 법원의 입장에서 볼 때 법적으로 유의미하지 않습니다. 왜냐하면, 재량준칙 등 행정규칙이 국민이나 법원을 구속하지 않기 때문임은 이미 설명한 바와 같습니다. 甲은 오히려 동종 유사한 과거 사례에서는 1차 위반에 대해 15일의 영업정지처분을 행하였음에 비해 자신의 경우에만 유독 1월의 영업정지처분을 발령한 것을 두고 평등원칙 위반이라고 주장할 수 있을 것이고, 이는 합리적 차별이 아니라 할 것이므로 위법이라는 규범적 평가를 받습니다.

결국, 행정청의 1월의 영업정지처분은 관행에 위반한 처분으로서 평등원칙 위반을 이유로 위법임을 면치 못하는 것입니다. 이 경우 원칙적으로 법규적 효력이 인정되지 않는 재량준칙상의 해당 규정이 평등원칙을 매개로 하여 결과적으로 법규적 효력이 인정된 것과 동일한 결과를 띠게 됩니다. 이때의 평등원칙을 이른바 '전환규범'이라 하고, 행정이 이러한 전환규범으로서의 평등원칙에 구속되는 현상 내지 상황을 일컬어 '행정의 자기구속법리'라고 칭합니다. 여기에서 매우 주의할 사항을 지적합니다. 甲이 주장할 수 있는 위법 사유는 평등원칙 위반이지 자기구속원칙 위반이 아니라는 것입니다. 권리침해를 주장하는 甲은 평등원칙 위반을 주장해야 합니다. 자기구속법리는 처분의 상대방이 아니라, 행정청을 구속하는 법 원칙, 즉 행정청이 준수해야 할 의무에 해당하는 것이기 때문입니다. 이 한도에서는 평등원칙의 법원성을 인정할 수 있는 것입니다.

甲은 행정의 자기구속원칙에 위반하여 해당 처분이 위법임을 주장할 수 있다는 기술은 엄격히 판단할 때 잘못된 것입니다. 현행의 행정쟁송제도는 주관적 쟁송제도하에 있으므로 사인이 쟁송과정을 통해 처분의 위법으로 자신의 권리가 침해되었다고 주장하려면 그 위법의 판단준거 역시 자신의 권리 보장과 직접 관련 있는 사유를 들어야 할 것입니다. 자기구속법리 위반만으로는 행정에 대한 통제원칙 위반이라는 처분의 객관적 위법 이상의 것을 설명하기에는 부족함이 있습니다. 따라서 甲은 평등원칙 위반을 이유로 그 처분의 위법을 주장하여 취소를 구할 수 있다는 것이 정확한 표현이며, 이처럼 행정이 동종 유사한 위 사안의 경우처럼 甲에게 15일의 영업정지 이외의 더 중한 처분을 행할 수 없는 상황에 놓이는 법적 현상을 자기구속원칙이라고 하는 것입니다.

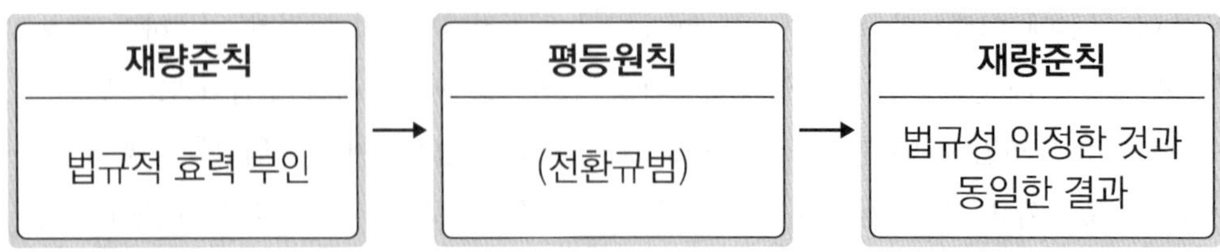

학자에 따라서는 전환규범으로서의 평등원칙을 매개로 하여 결과적으로 재량준칙이 법규적 효력을 보유하게 된 점에 착안하여, 이때의 재량준칙을 준법규(準法規)라고 칭하기도 하지만, 일반적인 용례는 아닙니다. 그리고 이 경우 평등원칙을 매개로 재량준칙이 실질적으로 법규적 효력이 부여된 것과 같은 결과에 이르렀다고 하더라도, 이때의 재량준칙을 법규명령이라고 하거나 재량준칙에 법규적 효력이 인정된다고 기술하면 오류인 점에 유의해야 합니다. 요컨대, 위 예에서 1월의 영업정지처분이 위법한 것은 재량준칙상의 규정 내용에 위반하여서가 아니라 행정법의 법원으로서의 평등원칙을 위반하였기 때문이며, 행정청은 이 같은 경우 자기구속법리의 구속하에 위치하게 되는 것입니다.

만약 재량준칙이 제정되고 관행이 형성되기 전 첫 번째 사례에서 행정청이 甲에게 재량준칙상의 규정과는 달리 1월의 영업정지처분을 행하면 이는 위법일까요? 평등원칙의 전제는 관행의 형성을 전제로 하기 때문에 동 재량준칙의 법규성이 부인되는 한에서는 위법이라 할 수 없지 않는가라는 의문이 제기됩니다. 그러나 통상 재량준칙이 제정되면 담당 공무원 내지 행정청은 그에 따를 것으로 예상되므로 이때에는 이른바 '예기적 관행'이 형성된다고 보아 역시 평등원칙 위반을 주장할 수 있다고 봅니다.

이와는 달리, 관행이 형성된 후 1차 위반한 甲에 대해 행정청이 1월의 영업정지처분을 하는 것은 항상 위법할까요? 그렇지는 않습니다. 예컨대, 그러한 관행에도 불구하고(그러한 관행이 형성되기 전인 경우는 물론) 유통기한 미준수로 인한 사회적 폐해가 심대할 경우에는 - 재량준칙을 개정하여 해당 제재적 처분의 기준을 강화하는 것이 최선의 방법이겠지만 - 존재하는 관행에도 불구하고 1차 위반에 해당하는 15일보다 장기의 영업정지처분을 하더라도 그 이유만으로 위법하다고 할 수는 없습니다. 이 경우 법원은 당해 규정의 비법규성으로 말미암아 이에 구속되지 않고 모법의 취지에 따라 사안별로 구체적 타당성 있는 판단을 행할 수 있습니다. 이 같이 사회 일반의 법 감정이 변한 경우 등 중대한 공익상의 이유가 있는 때에는 재량준칙상의 기준보다 강화된 처분을 하더라도 재량의 남용 내지 평등원칙 위반이 아닐 수 있습니다.

* **대판 2009.12.24, 2009두7967** : "상급행정기관이 하급행정기관에 대하여 업무처리지침이나 법령의 해석적용에 관한 기준을 정하여 발하는 이른바 행정규칙이나 내부지침은 일반적으로 행정조직 내부에서만 효력을 가질 뿐 대외적인 구속력을 갖는 것은 아니므로 행정처분이 그에 위반하였다고 하여 그러한 사정만으로 곧바로 위법하게 되는 것은 아니고, 다만 재량권 행사의 준칙인 행정규칙이 그 정한 바에 따라 되풀이 시행되어 행정관행이 이루어지게 되면 평등의 원칙이나 신뢰보호의 원칙에 따라

행정기관은 그 상대방에 대한 관계에서 그 규칙에 따라야 할 자기구속을 받게 되므로, 이러한 경우에는 특별한 사정이 없는 한 그에 위반하는 처분은 평등의 원칙이나 신뢰보호의 원칙에 위배되어 재량권을 일탈·남용한 위법한 처분이 된다. 원심은, 그 채용증거를 종합하여 그 판시와 같은 사실을 인정한 다음, 이 사건에서 2008년도 농림사업시행지침서(이하 '이 사건 지침'이라 한다)가 농림부에 의하여 공표됨으로써 신규 미곡종합처리장(Rice Processing Complex, 이하 'RPC'라 한다) 또는 신규 건조저장시설(Drying Storage Center, 이하 'DSC'라 한다) 사업자로 선정되기를 희망하는 자는 이 사건 지침에 명시된 요건을 충족할 경우 사업자로 선정되어 벼 매입자금 지원 등의 혜택을 받을 수 있다는 보호가치 있는 신뢰를 가지게 되었으므로 이 사건 지침에 명시되어 있지 아니한 시·군별 신규 DSC 개소당 논 면적 기준을 충족하지 못하였다는 이유를 들어 원고의 DSC 사업자 인정신청을 반려한 이 사건 처분은 이 사건 지침이 예기하고 있는 자기구속을 위반한 것이거나 자의적인 조치로서 평등의 원칙에 부합하지 아니하고, 따라서 이 사건 처분 당시 이 사건 지침과 달리 DSC 개소당 논 면적 기준을 적용할 특별한 사정이 보이지 않는 이 사건에서 피고의 이 사건 처분은 재량권을 일탈·남용한 것으로서 위법하다고 판단하였다. 그러나 위 법리 및 기록에 의하면, <u>행정청 내부의 사무처리준칙에 해당하는 이 사건 지침이 그 정한 바에 따라 되풀이 시행되어 행정관행이 이루어졌다고 인정할 만한 자료를 찾아볼 수 없을 뿐만 아니라, 이 사건 지침의 공표만으로는 원고가 이 사건 지침에 명시된 요건을 충족할 경우 사업자로 선정되어 벼 매입자금 지원 등의 혜택을 받을 수 있다는 보호가치 있는 신뢰를 가지게 되었다고 보기도 어렵다.</u> 또한 기록에 의하면, 농림수산식품부는 1991년부터 2001년까지 미곡의 유통구조 개선 및 품질 향상, 가격 안정을 위하여 생산자로부터 미곡의 매입·건조·저장·가공·판매를 일괄적으로 처리할 수 있는 RPC 343개소를 지원하여 설치한 바 있으나, <u>그 후 벼 재배면적이 급격하게 줄어드는 반면 쌀 수입량은 증가하는 등 상황이 급변함</u>에 따라 2005년부터 RPC 통합 등 구조조정을 추진하여 현재 276개소의 RPC만을 운영하고 있으며, 앞으로도 2013년까지 200개 정도의 RPC로 통합함으로써 쌀 시장의 개방화에 대비하여 경쟁력을 강화하려고 시도하고 있는 점, 이에 따라 신규 RPC 또는 DSC 사업자의 인정 여부를 판단하는 경우에도 시설, 운영능력 및 지역기준 등을 고려하여 엄격한 심사를 하고 있는 점, 비록 원고의 2007년 기준 원료 벼 확보가능 논 면적이 2,347ha로서 이 사건 지침상의 '원료 벼 확보가능 논 면적 2,000ha 이상' 요건을 충족하고 있으나, 이러한 원료 벼 확보가능 논 면적은 RPC 또는 DSC 사업자가 1개의 시 또는 군에 있는 총 논 면적 중 현실적으로 확보가능한 논 면적을 의미하므로 이는 매해 변동될 여지가 있는 점, 원고의 이 사건 신청이 반려되었다고 하여 원고가 DSC 영업 자체를 할 수 없는 것이 아니고, 다만 피고로부터 벼 매입자금 지원 등의 혜택만을 받지 못할 뿐인 점 등을 알 수 있는바, 이러한 사정을 종합해 보면 피고가 이 사건 처분을 하면서 보다 우월한 공익상의 요청에 따라 이 사건 지침상의 요건 외에 '시·군별 DSC 개소당 논 면적 1,000ha 이상' 요건을 추가할 만한 특별한 사정이 없었다고 보기도 어렵다 할 것이다. 그럼에도 불구하고 원심은 그 판시와 같은 사유만으로 이 사건 처분에 피고가 재량권을 일탈·남용한 위법이 있다고 판단하였으니, 이러한 원심판결에는 행정의 자기구속의 원칙 및 행정규칙에 관련된 신뢰보호의 원칙에 관한 법리를 오해하고 재량권의 일탈·남용에 관한 채증법칙을 위배한 잘못이 있으며, 이는 판결에 영향을 미쳤음이 명백하다."

한편, 이전의 관행에도 불구하고 행정청이 1차 위반에 대해 7일의 영업정지를 하였다면 이는 위법할까요? 물론 7일의 영업정지처분의 위법성만을 놓고 본다면 법원은 모법의 취지를 고려해 위법 여부를 판단할 수 있겠지만, 甲으로서는 - 위반 사실이 객관적으로 인정되는 한 - 재량준칙의 그것보다 경한 처분을 다툴 실익이 없을 것입니다. 여기서 우리 소송법제가 주관적 쟁송제도를 근간으로 하는 점이 드러납니다. 행정의 자율적 통제에 착안한다면 이 경우에 처분청이 직권으로 당해 처분을 취소하는 것을 상정할 수 있겠지만, 甲으로서는 7일의 영업정지처분으로 자신의 권익이 재량준칙의 기준에 의하는 것보다 침해되지 않았기 때문에(1차 위반 사실을 인정하는 한) 이를 소송상 다툴 필요가 없겠지요. 다만, 甲이 법규 위반 자체를 부인하는 경우에는 논의의 지평이 좀 달라집니다. 이 경우에도 법원은 재량준칙상의 기준이 아니라 모법에 기한 재량하자 여부를 기준으로 위법 여부를 판단할 것입니다.

* **대판 2013.11.14, 2011두28783** : "구 '부당한 공동행위 자진신고자 등에 대한 시정조치 등 감면제도 운영고시'(2009. 5. 19. 공정거래위원회 고시 제2009-9호로 개정되기 전의 것) 제16조 제1항, 제2항은 그 형식 및 내용에 비추어 재량권 행사의 기준으로 마련된 행정청 내부의 사무처리준칙 즉 재량준칙이라 할 것이고, 구 '독점규제 및 공정거래에 관한 법률 시행령'(2009. 5. 13. 대통령령 제21492호로 개정되기 전의 것, 이하 '시행령'이라 한다) 제35조 제1항 제4호에 의한 추가감면 신청 시 그에 필요한 기준을 정하는 것은 행정청의 재량에 속하므로 그 기준이 객관적으로 보아 합리적이 아니라든가 타당하지 아니하여 재량권을 남용한 것이라고 인정되지 않는 이상 행정청의 의사는 가능한 한 존중되어야 한다. 이러한 재량준칙은 일반적으로 행정조직 내부에서만 효력을 가질 뿐 대외적인 구속력을 갖는 것은 아니므로 행정처분이 이를 위반하였다고 하여 그러한 사정만으로 곧바로 위법하게 되는 것은 아니고, 다만 그 재량준칙이 정한 바에 따라 되풀이 시행되어 행정관행이 이루어지게 되면 평등의 원칙이나 신뢰보호의 원칙에 따라 행정기관은 상대방에 대한 관계에서 그 규칙에 따라야 할 자기구속을 받게 되므로, 이러한 경우에는 특별한 사정이 없는 한 그에 반하는 처분은 평등의 원칙이나 신뢰보호의 원칙에 어긋나 재량권을 일탈·남용한 위법한 처분이 된다."

☞ 위 판결문에는 평등원칙과 함께 신뢰보호원칙 위반을 언급하지만, 엄격히 말해 신뢰보호원칙은 제재적 처분과 행정관행의 관계를 바탕으로 하는 사실관계에는 적용의 여지가 없습니다. 앞의 예에서 1월의 영업정지처분이 신뢰보호원칙에 위반하여 위법한 처분이라고 한다면, 신뢰보호원칙의 성립요건을 고려할 때 다음의 전제도 성립해야 합니다. 즉, 甲이 유통기간 경과 식품의 판매행위를 하면서, 과거의 예에 비추어 자신에게도 15일의 영업정지처분이 발령될 것을 인지하고 이를 신뢰하여 위반행위를 행하였어야 합니다. 이러한 입론의 어색함은 다언을 요하지 않지요. 결국, 관행과 관련하여 신뢰보호원칙을 처분의 위법 사유로 원용하는 경우는 주로 일정 법 규정의 해석기준을 행정규칙

형태로 정하였는데 그에 따른 관행의 성립에도 불구하고 상이한 해석을 한 경우와 수익적 처분의 신청을 행정규칙 상의 기준에 따른 관행에 반하여 거부한 경우 등에 한정된다고 함이 타당합니다.

한편, 확립된 관행이 존재하더라도 그 관행이 위법한 경우에는 처분의 상대방이 그러한 관행에 기한 기존의 처분 예에 배치되는 처분을 평등원칙 위반으로 위법하다고 주장할 수 없다는 것이 판례의 입장입니다.

* **대판 2009.6.25, 2008두13132** : "일반적으로 행정상의 법률관계 있어서 행정청의 행위에 대하여 신뢰보호의 원칙이 적용되기 위하여는 행정청이 개인에 대하여 신뢰의 대상이 되는 공적인 견해표명을 하였다는 점이 전제되어야 한다(대법원 1998. 5. 8. 선고 98두4061 판결 등 참조). 그리고 평등의 원칙은 본질적으로 같은 것을 자의적으로 다르게 취급함을 금지하는 것이고, 위법한 행정처분이 수차례에 걸쳐 반복적으로 행하여졌다 하더라도 그러한 처분이 위법한 것인 때에는 행정청에 대하여 자기구속력을 갖게 된다고 할 수 없다."

2. 비례원칙

1) 의의

서양의 절제사상, 동양의 중용(中庸)에서 뿌리를 찾을 수 있는 비례원칙은 재량과 형량의 영역에서 목적과 수단의 관계 또는 보호되는 이익과 침해되는 이익과의 관계라는 논리구조를 통해 국가작용의 전 영역을 통제하는 법원칙입니다. 헌법상으로는 과잉금지원칙으로 흔히 논의되는 것으로서 행정법 전반을 관통하는 가장 중요한 법원이라 할 수 있습니다. 행정법의 일반원칙을 논의하는 경우 헌법 내지 법률상 명문의 규정이 없는 경우를 상정하는 것이 원칙입니다. 그러나 비례원칙은 행정작용, 행정강제, 행정구제 등 행정법 전반을 아우르는 행정법의 일반원칙으로서 다수의 법 규정에 표현되어 있으므로 이제는 더 이상 불문법원이라 할 수 없는 면이 있지만, 그럼에도 불구하고 예컨대, 개별 법률에 명문의 규정이 없는 경우에도 행정청이 반드시 준수해야 하는 법원칙으로서 기능하므로 여전히 행정법의 일반원칙으로서 자리매김하고 있는 것입니다.

비례원칙을 직접 표현한 입법례로서는 헌법 제37조 제2항, 행정규제기본법 제5조 제3항, 행정소송법 제27조, 행정절차법 제48조 제1항 등의 기본법상 규정뿐만 아니라 경찰관 직무집행법 제1조 제2항, 식품위생법 제79조 제4항 등의 개별법에도 규정되어 있습니다. 행정기본법 제10조도 비례원칙을 명문으로 규정하는데, 거기에서는 동 원칙의 세부 내용을 구체적으로 구분하여 표현합니다. 각 호의 순서에 따라 적합성원칙, 필요성원칙, 상당성원칙을 나열하는 것이 그것입니다. 재량행사의 기준(정당한 형량 요청, 재량권 범위 준수 의무)을 규정한 행정기본법 제21조도 비례원칙의 반영 예에 속합니다.

2) 세부 내용(중첩적 요건)

(1) 적합성원칙

행정이 목적 실현을 위해 채택한 수단은 그 목적 실현에 적합하여야 한다는 원칙입니다. 채택된 수단에 의해 의도하는 결과의 발생이 촉진된다든지 혹은 조금이라도 결과 발생의 동인이 된다는 의미인데, 이를 수단의 유용성이라고도 합니다. 적합성의 정도는 목적 달성에 부분적으로 기여하는 것으로 족하고 반드시 완전한 적합성을 뜻하는 것은 아닙니다. 목적 달성을 위한 복수의 행위들에는 상이한 여러 가지 정도의 적합성이 나타날 수 있으므로 적합성의 정도를 단계화하는 것은 무의미하며, 동 원칙은 목적 달성을 위해 존재하는 가능한 수단 중에서 완전히 부적합한 것만을 배제하는 의미로 작용합니다. 결국 적합성의 판단지표는 목적과의 연계성에서 여과적 기능을 하는 것입니다. 독일 연방행정법원(BVerwG)은 이런 의미에서 적합성원칙을 소극적으로 적용하여, '조치수단의 명백한 무용성(eindeutige Undienlichkeit)', '조치수단에 대한 견지(지탱)할 수 없는 예측(unvertretbare Prognose)'의 경우에만 적합성 위반을 이유로 위헌·위법을 선언합니다. 결국 적합성원칙의 소극적 적용은 필요성원칙과 상당성원칙(협의의 비례원칙)을 통해 전체적으로 보장·보완되는 형상입니다.

또한 위의 입론은 논리귀결적으로 적합성 심사를 위해 다음의 선행문제가 전제되어야 함을 뜻합니다. ① 우선 행정처분 등에는 목표가 선재하여야 합니다. 그렇지 않을 경우 수단의 적합성은 논의의 실익이 없습니다. ② 선재한 목표는 상정 가능한 수단을 통해 법적·사실적으로 달성 가능해야 합니다. 그리고 ③ 목표와 수단은 (헌)법적으로 보호되는 합헌·적법한 것이어야 합니다. 다만 여기에서의 '목표' 요소와 관련하여, 우리 헌법재판소처럼 목표(목적)의 정당성을 지나치게 강조하는 것은 문제의 소지가 있습니다. 적합성원칙은 전체적 시각에서 조망할 때 목적의 통제라기보다는 목적과 수단의 관계에 있어 수단의 통제에 더 중점을 두는 원칙이기 때문입니다.

* **헌재결 1992.12.24, 92헌가8** : "국가작용 중 특히 입법작용에 있어서의 과잉입법금지의 원칙이라 함은 국가가 국민의 기본권을 제한하는 내용의 입법활동을 함에 있어서 준수하여야 할 기본원칙 내지 입법활동의 한계를 의미하는 것으로서, 국민의 기본권을 제한하려는 입법의 목적이 헌법 및 법률의 체제상 그 정당성이 인정되어야 하고(목적의 정당성), 그 목적의 달성을 위하여 그 방법이 효과적이고 적절하여야 하며(방법의 적정성), 입법권자가 선택한 기본권제한의 조치가 입법목적달성을 위하여 설사 적절하다 할지라도 보다 완화된 형태나 방법을 모색함으로써 기본권의 제한은 필요한 최소한도에 그치도록 하여야 하며(피해의 최소성), 그 입법에 의하여 보호하려는 공익과 침해되는 사익을 비교형량할 때 보호되는 공익이 더 커야한다(법익의 균형성)는 법치국가의 원리에서 당연히 파생되는 헌법상의 기본원리의 하나인 비례의 원칙을 말하는 것이다."

적합성원칙과 합목적성 원칙은 전자가 위법의 문제(법적 문제)임에 비해 후자는 재량권의 정당한 행사 영역의 심사라는 부당의 문제(가치판단의 문제)를 의미합니다. 적합성 심사는 사전적(ex ante) 평가를 근거로 한다고 하면서 처분시점에는 적합하였으나 사후(ex post)에 목적 달성에 기여하지 않은 것으로 평가되더라도 위법하다 할 수 없다는 견해도 있지만, 이에 반대하는 견해도 존재합니다.

(2) 필요성원칙(최소침해원칙)

필요성원칙은 수단의 적합성을 전제로 하여 여러 가지 적합한 수단 중에서 그 수단의 적용으로 가장 적게 침해되는 결과를 초래하는 것을 선택해야 한다는 명령입니다. 이론적으로 볼 때 필요성 심사에서 행해지는 수단 간 비교행위는 상이한 정도가 아니라 동일한 정도의 적합성을 갖는 수단들 내지 목적 실현에 동일한 정도의 영향력을 가지는 수단 중에서의 선택의 문제입니다. 그러나 최소침해로 선택한 수단이 결과의 측면에서 보았을 때 다른 수단에 비해 목표실현에 약간의 모자람이 있을 경우, 즉 약간의 성과미달과 침해 정도에서 보다 큰 침해 감소가 있을 경우에도 필요성을 긍정할 수 있습니다. 최소침해의 판단기준은 비례원칙의 존재의의를 고려하건대 원칙적으로 침해 당사자 개인을 기준으로 하여야 하며, 동일 정도의 피해 수단이 복수 있을 경우에는 부차적으로 공공이익에의 침해를 고려할 수 있을 것입니다.

견해에 따라서는 수익적 처분의 경우 '공공에의 최소 침해 + 개인에 대한 최대 수혜'가 필요성원칙이라 하지만, 필요성원칙이 상대방에 대한 이익 침해 내지 피해 차원의 문제임을 고려한다면 수익적 처분에는 필요성원칙이 적용될 여지가 없고, 오히려 소위 과소보호금지, 자의금지, 평등권의 시각에서 접근하는 것이 타당합니다. 다만 개인에게 동일한 정도의 급부행위가 복수 있다면 그 중 공공의 이익에 대해 최소의 침해가 유발되는 수단을 선택해야 한다는 의미에서의 필요성원칙의 적용 여지는 있습니다.

복효적 행정행위의 경우 필요성원칙의 적용 여지는 축소되어 나타납니다. 행정작용으로 침익적 효과를 받는 상대방에게는 필요성원칙, 수익적 효과가 부여되는 제3자에 대해서는 협의의 비례원칙 적용영역입니다. 상대방에게 부담적 요소와 수익적 요소를 동시에 가지는 혼합효 처분은 부담·수익적 요소를 정산한 상태에서 공공에의 피해를 기준으로 판단해야 한다는 견해가 있지만 동의하기 어렵습니다. 실질적으로 볼 때 공공의 이익을 고려한다면, 만약 공공의 피해가 개인에 대한 최소 침해를 초과할 경우 어떠한 처분도 내려지기 어렵기 때문입니다. 오히려 부담적 요인에 초점을 맞추어 수단의 최소침해성 여부를 판단하는 것이 타당합니다. 따라서 이 경우 그 자체로 수익적 측면을 내포하더라도 개인적 이익을 최소 침해하는 부담적 조치만이 필요성원칙을 충족한 것이 됩니다. 결국 공공적 요소는 필요성이 아니라 협의의 비례원칙에서 다루어져야 할 문제라 보아야 합니다.

(3) 상당성원칙(협의의 비례원칙)

상당성원칙은 소극적으로는 목적 실현을 위해 특정 수단을 사용하는 경우 양자의 관계가 명백히 비례의 관계를 벗어나서는 안 됨을, 적극적으로는 목적과 수단의 관계가 '상당한 (비례)관계(angemessenes Verhältnis)'하에 있어야 함을 의미합니다. 여기에서의 '비례관계', '상당한 관계'의 의미는 획일적으로 논증될 사항이 아닌 일반조항(eine äußert vage General Klausel)의 성격을 띱니다.

고권적 침해조치에서 목적과 수단의 관계가 상당해야 한다는 상당성원칙은 개입의 강도에 착안할 때 다음의 의미로 파악 가능합니다. 상당성원칙은 형량적 요소하에서도 그것이 상충하는 법익 간의 추상적·형식적인 순위 탐구를 뜻하는 것은 아닙니다. 상당성 심사의 초점은 절대적인 중량 산정이 아니라 상대적 중량을 확인하는 데에 있습니다. 즉, 모든 법익의 일반적 서열을 조사하는 것이 아니라 문제된 서로 관련 있는 대상 법익의 의미 내지 가치를 확정하는 것입니다. 요컨대 상당성 심사는 개별적인 법익에 대해 추상적 측면에서 단순히 정산하는 과정이 아니라 구체적 상황하에서 관여되는 법익관계에 대한 평가 과정입니다. 따라서 상대적으로 큰 B법익을 보호하기 위해 A법익을 침해하는 경우 B가 보다 큰 법익이라고 해서 이를 항상 비례적이라 할 수는 없고, 역으로 B가 보다 작은 법익이라 해서 이를 항상 비례적이 아닌 것으로 판단할 수는 없습니다. 즉, 가치적 의미에 있어서 보다 하위인 법익을 현저하게 보호하기 위해서 상위의 법익을 경미하게 침해하는 경우나, 역으로 상위의 법익의 경미한 보호를 위해서 하위의 법익을 현저하게 크게 침해한 경우에 법익의 종류나 크기뿐만 아니라 침해 내지 보호와 관련한 개입의 강도를 함께 고려한다면 이를 비례적인 것이라 할 수는 없습니다.

한편, 비례원칙에서 심사과정을 단계별로 구분하여, '문제되는 처분의 확정 → 처분에 관련된 제 법익 확정 → 법익에 대한 개입 정도의 확정(침해의 정도나 시간적 지속성) → 침해되는 법익과 보호되는 법익의 분리 확정 → 양 법익 간의 비교형량'으로 제시하는 독일의 이론은 경청할 만합니다.

* **헌재결 2000.6.1, 99헌가11,12(병합)** : "1. 입법자가 임의적 규정으로도 법의 목적을 실현할 수 있는 경우에 구체적 사안의 개별성과 특수성을 고려할 수 있는 가능성을 일체 배제하는 필요적 규정을 둔다면 이는 비례의 원칙의 한 요소인 "최소침해성의 원칙"에 위배되는바, 종래의 임의적 취소제도로도 철저한 단속, 엄격한 법집행 등 그 운용 여하에 따라서는 지입제 관행의 근절이라는 입법목적을 효과적으로 달성할 수 있었을 것으로 보이므로, 기본권침해의 정도가 덜한 임의적 취소제도의 적절한 운용을 통하여 입법목적을 달성하려는 노력은 기울이지 아니한 채 기본권침해의 정도가 한층 큰 필요적 취소제도를 도입한 이 사건 법률조항은 행정편의적 발상으로서 피해최소성의 원칙에 위반된다.
2. 이 사건 법률조항은 해당 사업체의 규모, 지입차량의 비율, 지입의 경위 등 구체적·개별적 사정을 전혀 고려하지 아니하고 모두 필요적으로 면허를 취소하도록 규정함으로써, 지입차량의 비율이 매우 낮고 지입차량에 관한 관리도 나름대로 충실히 하는 등 공익침해의 정도가 현저히 낮은 경우에도 사업면허의 전부를 취소할 수 밖에 없게 하고 있으니, 이는 보호하고자 하는 공익에 비하여 기본권침해의 정도가 과중하다고 하지 아니할 수 없고, 따라서 법익균형성의 원칙에 위배된다."

☞ 위 밑줄 부분을 통해 비례성 심사과정에서 비합리적인 판단척도가 개입할 여지를 방지하기 위해 모든 형량적 요소들을 투명하고 납득 가능하도록 현출하여 정리하는 것이 중요함을 알 수 있습니다.

3) 비례원칙과 재량의 관계

비례원칙과 재량의 관계와 관련하여 견해에 따라서는 비례성은 일종의 형평관념의 하나이고 형평성에 대한 형량은 재량의 영역에 속하므로 양자의 동위성 내지 동일성을 주장합니다. 그러나 비례성에서의 형량과 재량은 개념적으로 구별됩니다. 형량은 고려되는 변수와의 관계에서의 판단 방법의 문제로서 결정이 내려지는 내부 과정의 판단문제임에 비해, 재량은 복수행위 간의 선택의 자유로서 결정 범위의 문제입니다. 따라서 양자는 동위가 아니라 표리(表裏)관계를 형성합니다. 즉, 모든 형량은 재량영역을 전제로 해서만 상정 가능하고, 재량은 선택의 문제이기 때문에 당연히 비교형량을 내포하고 있습니다.

따라서 법리적으로 볼 때 입법자에 의한 재량권 부여와 비례성 심사와는 구별해야 합니다. 그러나 재량권 부여 이후에, 행정청에 의한 재량규정의 집행이 수긍될 수 있느냐의 문제는 바로 비례성과의 접점을 갖게 되겠지요. 이런 의미에서 볼 때 비례성원칙은 하나의 재량의 한계 기준으로서 기능하게 됩니다. 학자들은 이를 "비례성의 원칙은 모든 재량규정의 순환적 구성요소로 존재한다"라고 일컫습니다.

4) 비례원칙과 기대가능성의 관계

기존의 견해 중 일부는 양자를 동의어로 파악하여 당사자에 대한 침해가 기대 불가능하지 않은 경우 비례성원칙이 유지된다고 합니다. 기대가능성이 비례성의 범주에 포함된다거나 비례원칙을 바탕으로 한다는 견해가 바로 그것입니다. 헌법재판소는 88헌가13 결정을 통해 양자를 인과적 관계로 파악하는 듯합니다.

> * **헌재결 1989.12.12, 88헌가13** : "사유재산제도의 전면적인 부정, 재산권의 무상몰수, 소급입법에 의한 재산권박탈 등이 본질적인 침해가 된다는데 대하여서는 이론의 여지가 없으나 본건 심판대상인 토지거래허가제는 헌법의 해석이나 국가, 사회공동체에 대한 철학과 가치관의 여하에 따라 결론이 달라질 수 있는 것이다. 그리고 헌법의 기본정신(헌법 제37조 제2항)에 비추어 볼 때 기본권의 본질적인 내용의 침해가 설사 없다고 하더라도 과잉금지의 원칙에 위반되면 역시 위헌임을 면하지 못한다고 할 것이다. <u>과잉금지의 원칙은 국가작용의 한계를 명시하는 것인데 목적의 정당성, 방법의 적정성, 피해의 최소성, 법익의 균형성(보호하려는 공익이 침해되는 사익보다 더 커야 한다는 것으로서 그래야만 수인(受忍)의 기대가능성이 있다는 것)을 의미하는 것으로서 그 어느 하나에라도 저촉되면 위헌이 된다는 헌법상의 원칙이다."</u>

비례원칙과 기대가능성의 원칙은 행정법의 일반원칙의 일환으로서 공히 형평 이념을 바탕으로 하며, 목적과 수단, 침해행위와 상대방의 수인 정도라는 두 가지 변수관계를 전제로 하는 점에서 공통됩니다. 그러나 형식적 측면에서 볼 때, 기대가능성원칙은 처음부터 유일한 하나의 의무만을 대상으로 함에 비해, 비례원칙, 특히 필요성원칙의 판단은 여러 의무 중에서 가장 경미한 의무를 대상으로 합니다. 실질적으로도 최소한의 지위보장을 표상으로 하는 기대가능성은 대상 법익에 대하여 그 법익 자체의 보호 여부를 판단하는 것이기 때문에 필요성원칙에 의한 최소침해성이 인정되더라도 기대가능성이 없다는 판단도 가능합니다. 결국 이 경우 기대가능성원칙은 필요성원칙의 적용 여부와 상관없이 판단할 수 있음을 뜻합니다.

요컨대, 비례성이 처분을 침해되는 법익의 시각에서 판단함에 반하여 기대가능성은 특정한 사람과 관련된 의무성을 판단하므로 엄격히 볼 때 기대가능성은 처분을 통하여 야기된(의도된) 법익의 보호와는 무관합니다. 즉, 비례성은 대상 관련적, 기능적 원칙임에 비해 기대가능성은 주체 관련적, 대개인적 평가척도라 할 수 있습니다.

5) 비례원칙의 적용 예

비례원칙은 취소권 행사의 제한 법리, 형량명령, 행정상 강제집행 수단의 선택 등 행정권에게 재량권이 부여된 모든 행정작용에 적용되는 일반원칙에 해당합니다. 아래에서는 상당히 복잡한 법리를 내포한 비례원칙의 적용범위 중 하나를 상술합니다.

통상 〈제재적 처분의 기준을 정한 시행령·시행규칙의 법적 성질·효력〉을 논할 때에도 비례원칙이 등장합니다. 행정규칙의 일종인 재량준칙에 결과적으로 법규적 효력이 인정되는 경우는 평등원칙이 매개된 경우, 즉 행정청이 재량준칙상의 처분기준에 따른 관행에 위반하여 보다 중한 처분을 하는 경우입니다. 그 외의 경우에는 재량준칙상의 처분기준에 법규적 효력을 인정하지 않고, 모법상 재량권 부여의 취지, 즉 주로 비례원칙의 위반 여부에 따른 판단을 행하는 것이 법원의 확고한 입장입니다.

따라서 예컨대, 재량준칙상의 일정의무 1회 위반에 대한 처분기준이 15일이라 하더라도 법원은 - 평등원칙 위반이 문제되는 경우가 아닌 한 - 그에 따른 15일 영업정지처분의 위법·취소 여부를 기계적으로 처분의 재량준칙에의 적합 여부에 따라 판단하지 않고(거기에 법규성을 인정하지 않기 때문입니다) 모법의 취지, 즉 6월 이내의 기간을 정하여 영업정지를 명할 수 있다고 한 모법의 취지를 고려하여, 구체적 사안에 따라 비례원칙(필요성원칙 및 상당성원칙)에 비추어 판단하는 것이지요. 그러므로 원고가 자신에 대한 영업정지 15일의 처분이 위법하다고 판단하여 취소소송을 제기한 경우 법원은 이를 인용하기도, 혹은 기각할 수도 있습니다.

행정청의 입장에서는 재량준칙의 법규적 효력 부인에도 불구하고 거기에 실질적으로 구속될 수밖에 없는 상황에서(만약 이에 위반한 처분을 행하는 경우 내부적 징계책임으로부터 자유롭지 못하기 때문입니다), 이와 같이 자신이 행한 처분의 적법성이 충분히 담보되지 않는 상황을 감내하기 힘들 것이고 법적 안정성 측면에서도 바람직하지 않다고 느낄 것입니다. 이에 따라 최근의 입법에서는 모법상 재량권이 부여된 제재적 처분의 기준을 재량준칙 형태가 아니라 시행령 내지 시행규칙에 규정하는 것이 절대적 다수입니다. 영업정지처분의 기준은 주로 시행규칙으로, 과징금 부과기준은 시행령으로 규정하는 것이 일반적이지만 반드시 그런 것은 아닙니다. 일반적으로 헌법 제75조 및 제95조에 따른 위임의 한계를 준수한 시행령이나 시행규칙은 법규명령으로서 법규적 효력이 있습니다. 이는 제재적 처분의 기준을 정하는 것을 내용으로 하는 경우에도 원칙적으로 마찬가지라고 할 수 있으며, 시행령·시행규칙의 형식을 띠는 한 그것이 해당 법규명령의 본문에 규정되건 아니면 [별표]에서 규정하든 법규적 효력이 인정됨에는 차이가 없어야 하는 것이 원칙입니다. 따라서 처분의 위법 여부는 당해 별표에의 적합 여부에 따라 판단하면 족하다고 쉽사리 판단하는 것도 무리는 아니라 할 것입니다.

그러나 대법원은 제재적 처분의 기준을 시행령에 규정한 경우와 시행규칙에 규정한 경우 각각의 법적 성질을 달리 보고 있습니다. 즉, 시행령에 규정된 제재적 처분의 기준에 대해서는 원칙에 따라 법규명령, 즉 법규적 효력을 인정하지만, 시행규칙상의 제재적 처분의 기준은 그 법규성을 인정하지 않고 단지 행정청 내부의 사무처리기준을 정한 행정규칙에 그친다고 판시합니다. 그렇다면 판례가 제재적 처분의 기준을 정한 시행규칙 [별표]의 법적 성질을 그 법규명령 형식에도 불구하고 행정규칙으로 보아 법규성을 부인하는 이유는 무엇일까요?

규범구조상 모법에서 재량권을 부여했음에도 시행규칙 별표에서 위반 횟수별로 1개월, 2개월, 3개월 등으로 일의적으로 규정하는 것은 우선, 모법상 재량권 부여의 취지에 부합하지 않습니다. 주권자의 대표인 국회가 제정한 법률을 하위입법인 총리령·부령이 따르지 않는 결과는 수용하기 어렵습니다. 또한, 1회 위반의 모든 경우에 1개월의 영업정지처분을 행하는 기계적 적용이 편리하거나 효율적인 면이 있음을 부인할 수 없지만, 때에 따라서는 영업정지처분 1월이 상대방에게 과하거나 구체적 사실관계에 비추어 처분의 상대방 입장에서는 지나치게 과다한 처분이라는 규범적 평가에 직면하는 경우가 발생할 수 있습니다. 예컨대, 미성년자에게 주류를 1회 판매하였음을 이유로 시행규칙 [별표]상의 처분기준에 따라 1개월의 영업정지처분을 한 경우, 그 위반사항에 대한 비난의 여지가 적지 않으므로 대개의 경우 1개월의 영업정지처분이 과한 처분이 아니지만, 예컨대 수학능력시험의 끝난 직후 혹은 성탄 이브처럼 업소가 매우 붐비는 상황에서 연년생 형제의 신분증(특히, 외모상 매우 닮은 경우를 상정합시다)을 제시하여 성년자로 오인하여 주류를 판매한 경우, 그리고 그 업소 사장은 지금까지 모범영업으로서 표창을 수 회 받았고 청소년 선도를 위한 봉사활동을 주도했으며, 모친의 병환으로 사건 발생 당시 예외적으로 업장을 비운 사이 고용한 아르바이트 학생이 실수한 경우 등에는 영업정지처분 1월이 과한 처분으로 판단할 여지가 충분한 것이지요. 또한, 불법영업으로 인한 처분 전력 등으로 인한 업소 내지 업주의 신용 하락은 유형의 금전적 손실보다 오히려 영업에 더욱 치명적입니다.

이 경우 위 시행규칙 [별표]상 처분기준의 법규성을 인정하는 한 법원이 1개월의 영업정지처분이 위법하다고 판결하기 위해서는 여러 어려움이 있습니다. 우선, 기계적 적용을 전제하는 경우에는 이는 적법한 처분이고, 만약 위법하여 해당 영업정지처분을 취소하기 위해서는 동 시행규칙 [별표]에 대한 구체적 규범통제의 방법(헌법 제107조 제2항)에 의할 수밖에 없습니다. 즉, 동 처분기준의 위헌·위법을 이유로 대법원이 최종 이를 무효화한 것을 바탕으로 하는 경우에만 비로소 행정청의 영업정지처분을 취소할 수 있는 것입니다. 그러나 여기에서의 규범통제는 법원조직법상 대법원 전원합의체의 판결을 통해야만 하므로 장기의 시일을 요할 뿐만 아니라 무효선언의 효력도 위헌법률심사의 경우와는 달리 당해 사건에 적용되지 않는 데 그칩니다. 이런 상황을 극복하기 위해 대법원은 시행규칙 [별표]상의 제재적 처분기준에 법규적 효력을 부인하여(이는 결국 처분의 위법판단에 있어 동 기준이 행정규칙으로서의 재량준칙에 규정된 경우와 동일함을 의미합니다), 모법에 따른 재량하자 심사를 함으로써 재량의 일탈·남용을 들어 처분을 취소하려는 의도입니다.

동 [별표]의 법규성을 부인한 대법원의 논거로는 또한 다음을 들 수 있습니다. 제재적 처분의 기준은 원래 행정청 내부의 사무처리기준에 해당하는 행정규칙의 실질을 가지는 것이므로 형식상 법규명령의 외관을 취하더라도 그 본질이 변하는 것은 아니라는 것이 그것입니다. 그러나 대법원의 이러한 입장의 기저에는 사안에 따라 구체적 타당성을 기하여 원고의 권리구제의 실효성을 제고하기 위함이 자리하고 있으며, 여기서 바로 재량하자 판단기준으로서 비례원칙이 등장하는 것입니다. 환언하면, 동 시행규칙 [별표]의 규범력 여부는 외관상 그대로 둔 채 모법상 재량권 부여의 취지를 벗어난, 즉 재량의 일탈·남용을 이유로 보다 간편하게 해당 영업정지처분 등을 취소함으로써 원고의 권리구제를 용이하도록 하는 구체적 타당성을 기하려는 데에 그 이유가 있습니다.

그러나 이러한 대법원의 입장은 제재적 처분의 기준을 정한 시행규칙 [별표]의 실제 규정례에 비추어 또다시 재고의 여지가 있습니다. 앞서 살펴본 식품위생법령의 규정도 그러하듯이 오늘날 제재적 처분의 기준을 정한 시행규칙 [별표]에서는 통상 〈일반기준〉의 제하에 일반적 감경의 여지를 규정하고 있습니다. 여기서 우리는 중요한 사실을 발견할 수 있습니다. 즉, 판례가 시행규칙 [별표]상 처분기준의 법규성을 부인하는 결정적 이유는 구체적 타당성 확보를 통해 원고의 권리구제를 용이하도록 하려는 의도임은 이미 설명한 바와 같습니다. 사정이 그럴진대, 이제 해당 [별표]의 법규적 효력을 인정하더라도 일반적 감경기준 조항에 의거하여 당해 영업정지처분에 대한 비례원칙 심사가 가능해집니다. 왜냐하면, 동 규정들을 종합적으로 분석할 때 일정 의무 위반에 대하여 최장 ○월의 범위 내에서 영업정지처분을 발령할 수 있는 길이 열려 있기 때문입니다. 따라서 동 [별표]상 처분기준의 법규성 인정 여부와 무관하게 위 영업정지처분의 위법 여부는 재량하자의 인정 여부, 즉 비례원칙 위반 여하에 좌우되는 것이지요. 그러나 이러한 입론에 관한 대법원 판례의 변경은 아직 찾을 수 없습니다. 즉, 일반적 감경규정의 존재 여부와 무관하게 제재적 처분의 기준을 정한 시행규칙 [별표]의 법규적 효력을 부인하는 것으로 이해됩니다.

기타 위 사례와 관련한 쟁점이 두 가지 더 있는데, 여기에서는 여러분에게 질문을 던지는 정도에 그치고, 관련 설명은 '행정입법'으로 미루겠습니다.

* 이상의 논의와는 달리 판례는 제재적 처분의 기준을 정한 시행령 [별표]의 법적 성질은 법규명령으로 보아 그 법규적 효력을 긍정합니다. 같은 내용이 시행규칙 [별표]에 규정된 경우와 입장을 달리하는 이러한 판례가 타당할까요?
* 제재적 처분의 기준을 정한 시행령·시행규칙의 법적 성질을 달리 보는 판례 입장에 대한 비판이 비등하자 대법원은 과징금부과를 내용으로 하는 제재적 처분의 기준을 정한 시행령 [별표]의 법적 성질에 관한 자신의 기존 입장을 일부 변경합니다. 변경된 판례의 내용은 무엇입니까?

3. 신뢰보호원칙

1) 의의와 법적 근거

신뢰보호원칙은 '현대 행정법이론의 금자탑'이라 칭송되는 이론으로서, 국민의 권리보호의 철저를 이념으로 하는 실질적 법치주의가 행정법의 법원 차원에서 구현된 형태로 이해할 수 있습니다. 그러나 우리 판례를 분석하건대 신뢰보호원칙의 인정에는 다소 인색하다고 평가됩니다. 신뢰보호원칙은 행정청의 언동에 대한 상대방의 보호가치 있는 신뢰를 보호하여 실질적 법치행정원칙의 구현에 기여하는 행정법의 일반원칙이라 정의할 수 있습니다.

행정법뿐만 아니라 민법 등의 일반원칙으로서 신의성실원칙에서 동 원칙의 이론적 근거를 찾는 견해가 있습니다. 이러한 견해는 행정절차법 제4조가 [신의성실 및 신뢰보호]라는 표제로 양자를 같은 조에서 규정하는 것에서 논거를 찾기도 하지만, 통설은 법적 안정성 견지를 통하여 실질적 법치국가이념을 실현하는 데에 그 이론적 근거를 두는데, 후자가 타당합니다. 한편, 신뢰보호원칙의 법적 근거와 관련하여서는 법치국가원리에 터 잡은 헌법상 원칙(헌법 제13조 참조)으로 평가합니다. 이는 동 원칙에 대한 개별 법률의 근거가 없더라도 행정작용 전반에 적용되는 법원이라는 의미입니다. 반드시 법률 차원의 근거를 요하지 않지만, 실정법상 동 원칙을 규정한 몇몇 예를 찾을 수 있는데, 바로 위에서 설명한 행정절차법 제4조 제2항이나 국세기본법 제18조 제3항 등이 그것입니다. 행정기본법 제12조에서도 신뢰보호원칙의 법적 근거를 찾을 수 있는데, 신뢰보호원칙의 세부 내용이라 할 수 있는 실권의 법리도 같은 조 제2항에서 규정하고 있습니다.[1)] 동조는 신뢰보호원칙의 적용과정에서 공익 또는 제3자 이익과의 비교형량이 필요함을 규정하는 것 이외에 신뢰보호원칙의 전반적 적용요건에는 침묵함으로써 여전히 판례에 나타난 적용요건의 의의는 크다고 할 수 있습니다.

2) 요건

신뢰보호원칙의 요건과 관련하여 판례가 그간의 학설의 입장을 적절하게 정리한 것이 있어 아래에 소개합니다.

> * **대판 2017.4.7, 2014두1925** : "일반적으로 행정상의 법률관계에서 행정청의 행위에 대하여 신뢰보호의 원칙이 적용되기 위해서는, 첫째 행정청이 개인에게 신뢰의 대상이 되는 공적인 견해를 표명하여야 하고, 둘째 행정청의 견해표명이 정당하다고 신뢰한 데에 그 개인에게 귀책사유가 없어야 하며, 셋째 그 개인이 견해표명을 신뢰하고 이에 상응하는 행위를 하였어야 하고, 넷째 행정청이 견해표명에 반하는 처분을 함으로써 견해표명을 신뢰한 개인의 이익이 침해되는 결과가 초래되어야 하

1) 행정기본법 제12조(신뢰보호의 원칙) ① 행정청은 공익 또는 제3자의 이익을 현저히 해칠 우려가 있는 경우를 제외하고는 행정에 대한 국민의 정당하고 합리적인 신뢰를 보호하여야 한다.
② 행정청은 권한 행사의 기회가 있음에도 불구하고 장기간 권한을 행사하지 아니하여 국민이 그 권한이 행사되지 아니할 것으로 믿을 만한 정당한 사유가 있는 경우에는 그 권한을 행사해서는 아니 된다. 다만, 공익 또는 제3자의 이익을 현저히 해칠 우려가 있는 경우는 예외로 한다.

며, 마지막으로 견해표명에 따른 행정처분을 할 경우 이로 말미암아 공익 또는 제3자의 정당한 이익을 현저히 침해할 우려가 있는 경우가 아니어야 한다(대법원 2006. 6. 9. 선고 2004두46 판결 등 참조). 그리고 행정청이 공적 견해를 표명하였는지를 판단할 때는 반드시 행정조직상의 형식적인 권한분장에 구애될 것은 아니고, 담당자의 조직상 지위와 임무, 발언 등 언동을 하게 된 구체적인 경위와 그에 대한 상대방의 신뢰가능성에 비추어 실질적으로 판단하여야 한다(대법원 2008. 1. 17. 선고 2006두10931 판결 참조)."

(1) 행정청의 선행조치

행정청의 선행조치는 적극적·소극적, 명시적·묵시적인 경우 모두를 포함합니다. 판례는 선행조치의 범위를 좁게 인정하는 경향입니다. 일부 견해에 의하면 선행조치의 범위를 확대해야 한다고 주장하지만, 논의의 실익이 크지 않습니다. 판례에 의한 신뢰보호원칙의 인정 범위가 넓지 않은 점을 고려하건대, 설령 선행조치의 범위를 넓히더라도 그 정도만큼 동 원칙의 다른 요건, 즉 공·사익의 비교형량 과정에서 공익의 우월성이 인정되는 경우, 환언하면 신뢰보호원칙이 부정되는 경우가 많을 것이기 때문입니다. 바로 뒤에서 설명하는 예의 경우, 적정통보의 선행조치성을 인정하더라도 후행 국토이용계획변경승인 거부처분의 적법 여부 판단과정에서는 해당 사업자의 폐기물사업 이익보다 훨씬 우월한 국토의 효율적 관리 등의 공익이 부각되기 때문입니다.

판례에 의할 때, 일정 행정처분에 대한 발령 내지 미발령의 구체적인 의사표시에 이르지 않은 단순한 견해표명은 여기에 해당하지 않는다는 일응의 기준을 설정할 수 있습니다. 행정청의 법령해석이 여기에서의 선행조치에 속하는가와 관련하여, 구체적 사안과 관련하여 행해진 법령해석은 여기에서의 선행조치에 해당할 여지가 있지만, 구체적인 행정권의 행사와 무관하게 단순히 법령해석 질의에 대한 응답은 동 원칙의 적용 대상이 아닙니다. 또한, 폐기물처리업 사업계획의 적정통보에도 불구하고 국토이용계획변경승인신청에 대해 거부한 경우처럼 선행조치와 이에 반하는 후행 처분이 상호 동일 법률효과를 산출하는 동일 건으로 볼 수 없는 경우, 달리 얘기하면 적정통보와 변경승인의 요건이 상호 다를 경우에는 전자를 후자와 관련된 공적인 선행조치로 간주하지 않습니다.

한편, 행정청의 공적 견해표명이 있었는지의 여부를 판단하는 데 있어 반드시 행정조직법상의 형식적인 권한분장에 구애될 것은 아니고 담당자의 조직상의 지위와 임무, 당해 언동을 하게 된 구체적인 경위 및 그에 대한 상대방의 신뢰가능성에 비추어 실질에 의하여 판단하여야 합니다(대판 1997.9.12, 96누18380). 과세요건의 발생에도 장기간 미과세한 경우 또는 운전면허정지사유가 있지만 장기간 운전면허정지처분을 발하지 않은 경우 등 소극적 언동도 선행조치에 해당하지만, 이에 대해서는 '실권의 법리'로도 해결 가능합니다. 그러나 소극적 언동이 선행조치에 해당하더라도 이를 통해 곧바로 신뢰보호가 인정된다는 의미가 아님은 물론입니다. 상대방의 귀책사유가 매개된 경우나, 공·사익의 비교형량 과정을 통해 동 원칙의 적용이 배제될 수 있습니다.

신뢰보호원칙은 행정청이 공적인 견해를 표명할 당시의 사정이 그대로 유지됨을 전제로 적용되는 것이 원칙이므로 사후에 그와 같은 사정이 변경된 경우에는 그 공적 견해가 더 이상 개인에게 신뢰의 대상이 된다고 보기 어려운 만큼, 특별한 사정이 없는 한 행정청이 이 경우 사전의 견해표명에 반하는 처분을 하더라도 신뢰보호원칙에 위반된다고 할 수 없습니다. 이 점은 다음의 경우를 보면 더욱 명확합니다. 폐기물사업계획의 적정통보를 하였고, 이에 따라 상대방이 막대한 비용을 들여 허가요건을 구비하여 폐기물사업허가신청을 하였지만 행정청이 특단의 사정변경이 발생하지 않은 상황하에서 업체의 난립으로 인한 폐해를 들어 폐기물사업불허가처분을 행한 경우에는 신뢰보호원칙 위반(재량의 일탈·남용)으로 본 대법원 1998.5.8. 선고 98두4061 판결이 그것입니다.

* **대판 2008.6.12, 2007두23255** : "국세기본법 제15조, 제18조 제3항의 규정에 의한 신의성실의 원칙이 적용되거나 비과세의 관행이 성립되었다고 보기 위해서는 장기간에 걸쳐 어떠한 사항에 대하여 과세하지 아니하였다는 객관적 사실이 존재할 뿐만 아니라, 과세관청 자신이 그 사항에 대하여 과세할 수 있음을 알면서도 어떤 특별한 사정에 의하여 과세하지 않는다는 의사가 있고, 이와 같은 의사가 대외적으로 명시적 또는 묵시적으로 표시되어야 하지만 묵시적 표시가 있다고 하기 위하여는 단순한 과세누락과는 달리 상당기간의 불과세 상태에 대하여 과세하지 않겠다는 의사표시를 한 것으로 볼 수 있는 사정이 있어야 하는바, 부가가치세법상의 사업자등록은 과세관청으로 하여금 부가가치세의 납세의무자를 파악하고 그 과세자료를 확보케 하려는 데 입법 취지가 있는 것으로서, 이는 단순한 사업사실의 신고로서 사업자가 소관 세무서장에게 소정의 사업자등록신청서를 제출함으로써 성립되는 것이고, 사업자등록증의 교부는 이와 같은 등록사실을 증명하는 증서의 교부행위에 불과한 것으로 과세관청이 납세의무자에게 부가가치세 면세사업자용 사업자등록증을 교부하였다고 하더라도 그가 영위하는 사업에 대하여 부가가치세를 과세하지 아니함을 시사하는 언동이나 공적인 견해를 표명한 것으로 볼 수 없으며(대법원 2003. 5. 30. 선고 2001두4795 판결 등 참조), 시행령 제8조 제2항에서 정한 고유번호의 부여도 과세자료의 효율적 처리를 도모하기 위한 것에 불과한 것이므로, 과세관청이 납세의무자에게 고유번호를 부여한 경우에도 마찬가지라 할 것이다."
* **대판 2005.11.25, 2004두6822,6839,6846** : "원심의 판단 중 피고가 위 H지구의 권장용도를 판매·위락·숙박시설로 결정하여 이를 고시하고 관계 서류와 도면을 비치 및 열람하게 한 행위를 천

안시 북부 제2지구 중 H지구에서는 숙박시설 건축허가를 받을 수 있을 것이라는 공적 견해를 표명한 것으로 봄이 상당하다고 평가한 부분에 관하여 보건대, 위 H지구의 권장용도로는 숙박시설 외에 판매·위락시설도 지정되어 있고, 피고가 고시한 지구단위계획 지침서 제4조 제1항 제4호에는 권장용도라 함은 건축물의 전면부(주된 이용 출입구를 설치한 면) 1개층 이상에 필요한 용도를 권장하는 것에 불과함을 밝히고 있을 뿐 아니라, 이 사건 처분 당시 시행되던 구 건축법(2001. 1. 16. 법률 제6370호로 개정되어 2001. 7. 17.부터 시행된 것) 제8조 제5항에는 숙박시설의 건축을 허가하는 경우에는 주거환경 또는 교육환경 등 주변환경을 감안할 때 부적합하다고 인정하는 경우에는 건축위원회의 심의를 거쳐 건축허가를 하지 아니할 수 있다는 규정이 신설되어 있으며, 위 규정 신설 이전에도 숙박시설의 건축허가에 대하여는 중대한 공익상의 필요성이 인정되는 경우에는 관계 법령에서 정하는 제한 사유 이외의 사유를 들어 그 허가신청을 거부하는 것이 허용되었음(대법원 2002. 12. 10. 선고 2002두7043 판결 참조)에 비추어 보면, <u>이 사건에서 피고가 위와 같은 계획을 수립하여 고시하고 관련도서를 비치하여 열람하게 한 행위로서 표명한 공적 견해는 숙박시설의 건축허가를 불허하여야 할 중대한 공익상의 필요가 없음을 전제로 숙박시설 건축허가도 가능하다는 것이지, 이를 H지구 내에서는 공익과 무관하게 언제든지 숙박시설에 대한 건축허가가 가능하리라는 취지의 공적 견해를 표명한 것이라고 평가할 수는 없을 것이고,</u> 만일 원고들이 위 고시를 보고 H지구 내에서는 숙박시설 건축허가를 받아 줄 것으로 신뢰하였다면 원고들의 그러한 신뢰에 과실이 있다고 하지 않을 수 없으므로, 이 부분 원심의 판단에는 잘못이 있다고 할 것이지만, 결국 이 사건 처분이 신뢰보호의 원칙에 위배되지 아니한다는 결론에 있어서는 차이가 없어 위와 같은 잘못이 판결 결과에 영향을 미쳤다고는 보이지 아니한다."

* **대판 1987.9.8, 87누373** : "택시운전사가 1983.4.5 운전면허정지기간중의 운전행위를 하다가 적발되어 형사처벌을 받았으나 행정청으로부터 아무런 행정조치가 없어 안심하고 계속 운전업무에 종사하고 있던중 행정청이 위 위반행위가 있은 이후에 장기간에 걸쳐 아무런 행정조치를 취하지 않은 채 방치하고 있다가 3년여가 지난 1986.7.7에 와서 이를 이유로 행정제재를 하면서 가장 무거운 운전면허를 취소하는 행정처분을 하였다면 이는 행정청이 그간 별다른 행정조치가 없을 것이라고 믿은 신뢰의 이익과 그 법적안정성을 빼앗는 것이 되어 매우 가혹할 뿐만 아니라 비록 그 위반행위가 운전면허취소사유에 해당한다 할지라도 그와 같은 공익상의 목적만으로는 위 운전사가 입게 될 불이익에 견줄바 못된다 할 것이다."
* **대판 2005.4.28, 2004두8828** : "기록 및 원심이 적법하게 확정한 사실관계에 의하면, 원고는 국토이용관리법상 용도지역이 '농림지역' 또는 '준농림지역'인 전북 진안군 (주소 생략) 답 2,374㎡ 등 토지 38,872㎡(이하 '이 사건 토지'라고 한다)에서 사업장일반폐기물, 건설폐기물 최종처리업을 영위할 목적으로 1997. 8. 28. 피고에게 폐기물처리업 사업계획서를 제출하였고, 이에 대하여 피고는 1997. 10. 20. 원고에게 "국토이용관리법령에 의하여 사업계획 대상지역을 준도시지역(시설용지지구)으로 입안하여야 하고, 사업개시 전 및 사업추진 중 주민의 반대 및 기타 이로 인하여 발생되는 문제에 대하여는 원만하게 사업시행주체가 해결해야 한다."는 등의 이행조건을 붙여 위 사업계획에

대한 적정통보를 한 사실, 그 후 원고가 1997. 11. 25. 피고에게 이 사건 토지에 대한 용도지역을 '농림지역' 또는 '준농림지역'에서 '준도시지역(시설용지지구)'으로 변경하여 달라는 국토이용계획변경 신청을 하였으나, 피고가 1999. 7. 6. 원고의 신청을 거부하는 이 사건 처분을 한 사실을 알 수 있다. 그런데 폐기물관리법령에 의한 폐기물처리업 사업계획에 대한 적정통보와 국토이용관리법령에 의한 국토이용계획변경은 각기 그 제도적 취지와 결정단계에서 고려해야 할 사항들이 다르므로, 피고가 위와 같이 폐기물처리업 사업계획에 대하여 적정통보를 한 것만으로 그 사업부지 토지에 대한 국토이용계획변경신청을 승인하여 주겠다는 취지의 공적인 견해표명을 한 것으로 볼 수 없고, 그럼에도 불구하고 원고가 그 승인을 받을 것으로 신뢰하였다면 원고에게 귀책사유가 있다 할 것이므로, 이 사건 처분이 신뢰보호의 원칙에 위배된다고 할 수 없다."

甲 주식회사가 교육환경보호구역에 해당하는 사업부지에 콘도미니엄을 신축하기 위하여 교육환경평가승인신청을 한 데 대하여 관할 교육지원청 교육장이 甲 회사에 '관광진흥법 제3조 제1항 제2호 (나)목에 따른 휴양 콘도미니엄업이 교육환경 보호에 관한 법률에 따른 금지행위 및 시설로 규정되어 있지는 않으나 성매매 등에 대한 우려를 제기하는 민원에 대한 구체적인 예방대책을 제시하시기 바람'이라고 기재된 보완요청서를 보낸 후 교육감으로부터 '콘도미니엄업에 관하여 교육환경보호구역에서 금지되는 행위 및 시설에 관한 교육환경 보호에 관한 법률 제9조 제27호를 적용하라'는 취지의 행정지침을 통보받고 甲 회사에 교육환경평가승인신청을 반려하는 처분을 한 사안에서 대법원은 다음의 판결을 행한 바 있습니다.

* **대판 2020.4.29, 2019두52799** : "교육장이 보완요청서에서 '휴양 콘도미니엄업이 교육환경법 제9조 제27호에 따른 금지행위 및 시설로 규정되어 있지 않다'는 의견을 밝힌 바 있으나, 이는 교육장이 최종적으로 교육환경평가를 승인해 주겠다는 취지의 공적 견해를 표명한 것이라고 볼 수 없고 오히려 수차례에 걸쳐 갑 회사에 보낸 보완요청서에 의하면 현 상태로는 교육환경평가승인이 어렵다는 취지의 견해를 밝힌 것에 해당하는 점, 갑 회사는 사업 준비 단계에서 휴양 콘도미니엄업을 계획하고 교육장의 보완요청에 따른 추가 검토를 진행한 정도에 불과하여 위 처분으로 침해받는 갑의 이익이 그다지 크다고 보기 어려운 반면 교육환경보호구역에서 휴양 콘도미니엄이 신축될 경우 학생들의 학습권과 교육환경에 미치는 부정적 영향이 매우 큰 점 등에 비추어, 위 처분은 신뢰의 대상이 되는 교육장의 공적 견해표명이 있었다고 보기 어렵고, 교육장의 교육환경평가승인이 공익 또는 제3자의 정당한 이익을 현저히 해할 우려가 있는 경우에 해당하므로 신뢰보호원칙에 반하지 않는다."

(2) 보호가치 있는 신뢰

'보호가치 있는'의 의미와 범위는 이른바 불확정개념에 해당합니다. 명확한 개념 범주의 설정이 어려우므로 보호가치 없는 경우를 제외한 모든 것이 보호가치 있는 신뢰의 범주에 포함됩니다. 그렇다고 하여 이를 통해 신뢰보호원칙의 적용범위가 확대된다는 판단은 성급합니다. 즉, 공·사익의 비교형량 과정에서 상당 부분 여과됨을 기억해야 합니다. '보호가치 없는 신뢰'에는 상대방(판례상, 수임인 등 관계인을 포함하는 개념입니다)이 행정청의 견해 표명에 하자가 있음을 알았거나 과실로 인하여 알지 못한 경우, 상대방의 사실은폐나 기타 사위, 강박 등의 방법에 의한 신청행위가 있는 경우 등이 해당합니다. 요컨대, 상대방에게 귀책사유가 있으면 신뢰보호원칙에 의한 보호는 이루어질 수 없습니다.

＊ **대판 2002.11.8, 2001두1512** : "일반적으로 행정상의 법률관계에 있어서 행정청의 행위에 대하여 신뢰보호의 원칙이 적용되기 위하여는, 첫째 행정청이 개인에 대하여 신뢰의 대상이 되는 공적인 견해표명을 하여야 하고, 둘째 행정청의 견해표명이 정당하다고 신뢰한 데에 대하여 그 개인에게 귀책사유가 없어야 하며, 셋째 그 개인이 그 견해표명을 신뢰하고 이에 상응하는 어떠한 행위를 하였어야 하고, 넷째 행정청이 그 견해표명에 반하는 처분을 함으로써 그 견해표명을 신뢰한 개인의 이익이 침해되는 결과가 초래되어야 하며, 마지막으로 위 견해표명에 따른 행정처분을 할 경우 이로 인하여 공익 또는 제3자의 정당한 이익을 현저히 해할 우려가 있는 경우가 아니어야 하는바(대법원 2001. 9. 28. 선고 2000두8684 판결 등 참조), 둘째 요건에서 말하는 귀책사유라 함은 행정청의 견해표명의 하자가 상대방 등 관계자의 사실은폐나 기타 사위의 방법에 의한 신청행위 등 부정행위에 기인한 것이거나 그러한 부정행위가 없다고 하더라도 하자가 있음을 알았거나 중대한 과실로 알지 못한 경우 등을 의미한다고 해석함이 상당하고, 귀책사유의 유무는 상대방과 그로부터 신청행위를 위임받은 수임인 등 관계자 모두를 기준으로 판단하여야 한다."

(3) 공익 또는 제3자의 이익을 현저히 해할 우려가 있는 경우가 아닐 것

이는 신뢰보호원칙을 위한 소극적 요건입니다. 견해에 따라서는 이를 신뢰보호원칙의 요건으로 간주하지 않고 '법률적합성원칙과의 관계'로 논하기도 하지만, 논의의 실익은 크지 않습니다.

＊ **대판 2020.6.25, 2018두34732** : "신뢰보호의 원칙은 행정청이 공적인 견해를 표명할 당시의 사정이 그대로 유지됨을 전제로 적용되는 것이 원칙이므로, 사후에 그와 같은 사정이 변경된 경우에는 그 공적 견해가 더 이상 개인에게 신뢰의 대상이 된다고 보기 어려운 만큼, 특별한 사정이 없는 한 행정청이 그 견해표명에 반하는 처분을 하더라도 신뢰보호의 원칙에 위반된다고 할 수 없다. 한편 재건축조합에서 일단 내부 규범이 정립되면 조합원들은 특별한 사정이 없는 한 그것이 존속하리라는 신뢰를 가지게 되므로, 내부 규범 변경을 통해 달성하려는 이익이 종전 내부 규범의 존속을 신뢰한 조합원들의 이익보다 우월해야 한다. 조합 내부 규범을 변경하는 총회결의가 신뢰보호의 원칙에 위반되는지를 판단하기 위해서는, 종전 내부 규범의 내용을 변경하여야 할 객관적 사정과 필요가 존재하는지, 그로써 조합이 달성하려는 이익은 어떠한 것인지, 내부 규범의 변경에 따라 조합원들이 침해받은 이익은 어느 정도의 보호가치가 있으며 침해 정도는 어떠한지, 조합이 종전 내부 규범의 존속에 대한 조합원들의 신뢰 침해를 최소화하기 위하여 어떤 노력을 기울였는지 등과 같은 여러 사정을 종합적으로 비교·형량해야 한다."

3) 사정변경과 신뢰보호

신뢰형성의 기초가 된 결정적인 사실적·법적 상태가 추후 변경되고 관계인이 이를 인식하거나 인식할 수 있었던 경우에는 관계인은 신뢰보호를 원용할 수 없다고 할 것입니다. 이러한 법리는 신뢰보호원칙의 적용 영역 중 하나인 확약의 경우에 두드러지게 나타납니다. 즉, 확약이란 일정한 행정작용을 하거나 하지 않을 것을 내용으로 하는 행정청의 구속력 있는 약속을 의미하는데, 이때 행정청은 확약한 바대로 처분을 행하거나 혹은 행하지 않아야 하므로 확약에 반하는 처분을 한 경우에는 상대방은 신뢰보호원칙 위반을 주장할 수 있음이 원칙입니다. 그러나 확약 후 사실관계 혹은 법률관계의 변경으로 말미암아 변경된 사실관계·법률관계에 바탕 하였다면 행정청이 확약을 하지 않았거나 변경된 법률관계에 의했더라면 그러한 확약을 할 수 없었던 경우에는 행정청은 더 이상 해당 확약에 구속되지 않습니다(행정절차법 제40조의2 제4항, 독일 연방행정절차법 제38조 제3항 참조).

＊ **대판 1996.8.20, 95누10877** : "행정청이 상대방에게 장차 어떤 처분을 하겠다고 확약 또는 공적인 의사표명을 하였다고 하더라도 그 자체에서 상대방으로 하여금 언제까지 처분의 발령을 신청을 하도록 유효기간을 두었는데도 그 기간 내에 상대방의 신청이 없었다거나 확약 또는 공적인 의사표

명이 있은 후에 사실적·법률적 상태가 변경되었다면 그와 같은 확약 또는 공적인 의사표명은 행정청의 별다른 의사표시를 기다리지 않고 실효된다고 할 것인바, 건축법상의 사전결정은 앞서 본 바와 같이 피고가 장차 건축법상의 건축허가처분을 하겠다는 의사표시일 뿐이지 장차 촉진법상의 주택건설사업계획승인처분을 하겠다는 내용의 확약 또는 공적인 의사표명이라고는 할 수 없고, 또한 앞서 본 주택건설사업계획 입지심의와 건축물건축계획 심의가 대전직할시장이 장차 주택건설사업계획승인처분을 하겠다는 내용의 확약 또는 공적인 의사표명이라고 하더라도 그 유효기간 1년 이내에 원고가 그 승인신청을 하지 아니함으로써 실효되었다고 할 것이므로, 피고가 위 건축법상의 사전결정과 주택건설사업계획 입지심의 및 건축물건축계획 심의와는 달리 원고의 승인신청을 거부하는 내용의 이 사건 거부처분을 하였더라도 그것이 위법하다고는 할 수 없다 할 것이다."

4) 실권의 법리

실권의 법리는 신뢰보호원칙의 파생 법리로 이해합니다. 실권의 법리란 행정청이 취소권 행사 등 자신의 권한 행사가 가능하더라도 이를 장기간 불행사하여 상대방이 그 권한을 행사하지 않을 것으로 신뢰할 정당한 사유가 있는 경우 행정청은 그러한 권한을 행사할 수 없다는 것을 의미합니다(행정기본법 제12조 제2항). 일부 문헌에서는 판례가 실권의 법리의 이론적 근거를 신의성실원칙에서 찾는다고 기술하지만, 동 판례(대판 1998.4.27, 87누915)는 1988년 판례이고 당시에는 신뢰보호원칙이 완전한 형태로 확립되기 전임을 고려한다면, 지금 상황으로는 신뢰보호원칙과 궤를 같이한다고 보는 것이 타당합니다. 또한 실권의 법리가 개념적으로 적용되는 경우에는 이를 광의의 개념인 신뢰보호원칙에 의율하지 않고 곧바로 실권의 법리에 문의하는 것이 좋습니다. 보다 구체적이고 직접적인 개념이 있다면 그에 의하는 것이 마땅합니다.

한편, 실권의 법리 적용에 있어서도 보호가치 있는 신뢰에 해당하여야 함은 재언의 여지가 없습니다. 신뢰보호원칙의 일종인 실권의 법리에서도 당연히 공·사익의 비교형량의 결과에 따라 상대방의 권익보호 여부를 결정하여야 합니다. 다만, 판례는 예컨대 건축허가 취소사유가 존재함에도 장기간 이를 행사하지 않아 상대방의 신뢰가 형성된 경우에도, 특단의 사정이 없는 한 자격 없는 자에게 발급된 허가를 취소하여 공정한 법 집행을 함으로써 법질서 유지의 공익이 더 크다고 하여 여기에서도 신뢰보호의 범위를 넓게 보고 있지는 않습니다.

> ＊ **대판 1989.6.27, 88누6283** : "교통사고가 일어난지 1년 10개월이 지난 뒤 그 교통사고를 일으킨 택시에 대하여 운송사업면허를 취소하였더라도 처분관할관청이 위반행위를 적발한 날로부터 10일 이내에 처분을 하여야 한다는 교통부령인 자동차운수사업법제31조등의규정에의한사업면허의취소등의처분에관한규칙 제4조 제2항 본문을 강행규정으로 볼 수 없을 뿐만 아니라 택시운송사업자로서는 자동차운수사업법의 내용을 잘 알고 있어 교통사고를 낸 택시에 대하여 운송사업면허가 취소될 가능성을 예상할 수도 있었을 터이니, 자신이 별다른 행정조치가 없을 것으로 믿고 있었다 하여 바로 신뢰의 이익을 주장할 수는 없으므로 그 교통사고가 자동차운수사업법 제31조 제1항 제5호 소정의 "중대한 교통사고로 인하여 많은 사상자를 발생하게 한 때"에 해당한다면 그 운송사업면허의 취소가 행정에 대한 국민의 신뢰를 저버리고 국민의 법생활의 안정을 해치는 것이어서 재량권의 범위를 일탈한 것이라고 보기는 어렵다."

행정기본법 제23조는 제재처분의 처분권자인 행정청이 그 처분 권한을 장기간 행사하지 않아 발생하는 법률관계의 불안정한 상태를 신속히 확정시키고, 당사자의 신뢰보호 및 행정의 법적 안정성을 높이기 위하여 제재처분에 대한 제척기간 제도를 일반법 규정으로 도입하였습니다. 이에 따라 행정청은 위반행위 종료일로부터 5년이 경과하면 인·허가 취소·정지 등 제재처분을 할 수 없습니다. 이 규정은 제재처분 영역에서 실권의 법리에 우선하여 적용되는 특별법적 지위를 가지므로, 5년이 지나면 실권의 요건 충족 여부와 관계없이 처분 권한 자체가 당연히 소멸합니다. 반면, 실권의 법리는 5년의 제척기간이 경과하기 전이라도 행정청의 장기간 권한 미행사로 인해 국민에게 정당한 신뢰가 형성된 경우라면 보충적으로 적용될 수 있습니다. 따라서 제척기간 내의 처분이라 하더라도 실권의 법리 요건을 갖춘 경우에는 그 권리 행사가 신의칙에 반하여 위법해질 수 있다는 점에서 양자는 중첩적인 권익 보호 기능을 수행합니다.

5) 신뢰보호원칙 위반의 효과

신뢰보호원칙에 위반한 처분은 위법하며, 그 하자의 정도에 따라 무효이거나 취소할 수 있습니다. 바로 위 88누6283 판결에서 보듯이 판례는 재량행위 영역에서의 신뢰보호원칙 위반을 재량의 일탈·남용 여부로 표현합니다. 이는 동 원칙의 요건으로서의 공·사익의 비교형량, 즉 비례원칙에 의한 상당성원칙이 신뢰보호의 인정 여부의 판단과정에서 작용하는 점에서 이해 가능합니다. 또한, 신뢰보호원칙에 위반한 공무원의 행위로 인해 손해를 입은 사인은 국가배상법이 정하는 바에 따라 손해배상을 청구할 수 있습니다.

> ＊ **대판 1996.11.29, 95다21709** : "서울특별시 소속 건설담당직원이 무허가건물이 철거되면 그 소유자에게 시영아파트입주권이 부여될 것이라고 허위의 확인을 하여 주었기 때문에 그 소유자와의 사이에 처음부터 그 이행이 불가능한 아파트입주권 매매계약을 체결하여 매매대금을 지급한 경우, 매수인이 입은 손해는 그 아파트입주권 매매계약이 유효한 것으로 믿고서 출연한 매매대금으로서 이는 매수인이 시영아파트입주권을 취득하지 못함으로 인하여 발생한 것이 아니라 공무원의 허위의 확인행위로 인하여 발생된 것으로 보아야 하므로, 공무원의 허위 확인행위와 매수인의 손해 발생 사이에는 상당인과관계가 있다."

4. 법령개정과 신뢰보호원칙

예컨대, 허가신청 후 허가처분 발령 전에 법령 개정으로 허가기준이 변경된 경우 원칙적으로 처분시법 적용원칙에 따라 개정된 처분시의 법령이 적용됩니다. 따라서 신청시에는 허가요건을 구비하였으나 처분 전에 허가기준의 개정으로 이전의 신청에 대한 허가요건을 흠결한 경우에는 허가거부처분이 발령되는 것이 원칙입니다. 그러나 개정 전 법령의 존속에 대한 국민의 신뢰이익이 개정 법령의 적용을 통해 얻는 공익보다 큰 경우에는 개정법령을 적용한 처분은 위법하다는 것이 판례의 입장입니다. 그러나 이러한 비교적 단순한 결론만으로 모든 문제 상황을 해결할 수는 없습니다. 즉, 이 문제는 소급입법의 적용금지원칙 및 그 예외, 진정소급입법과 부진정소급입법, '국가로부터 유인된 신뢰' 등 다각도의 검토를 요합니다.

1) 학설과 판례

경우에 따라 행정법의 효력의 제하에서도 설명하는 '법령개정과 신뢰보호원칙'에 대해 지금까지의 학설과 판례는 '소급적용금지원칙과 부진정소급의 허용범위' 문제로 접근하는 것이 보편적입니다. 부진정소급입법이란 이미 종료된 사실관계 또는 법률관계에 작용하게 되는 진정소급입법과는 달리, 과거에 발생하여 이미 종료되지 않고 현재 진행 중인 법률·사실관계에 효력이 미치는 새로운 법령이 제정되는 경우를 말합니다. 즉, 소급적용금지원칙은 진정소급입법의 경우에만 미치고 부진정소급입법에는 미치지 않는다는 것이 원칙입니다.

> * **대판 2014.4.24, 2013두26552** : "(공무원연금공단이 공무원으로 재직하다가 명예퇴직한 후 재직 중의 범죄사실로 징역형의 집행유예를 선고받고 확정된 갑에게 헌법재판소의 헌법불합치결정에 따라 개정된 공무원연금법 시행 직후 퇴직연금 급여제한처분을 하였고, 위 처분에 대한 취소소송 계속 중 다시 헌법재판소가 신법의 시행일 및 경과조치에 관한 부칙 규정에 대하여 위헌결정을 한 사안에서) 원고에 대한 이 사건 급여제한처분은 퇴직연금수급권의 기초가 되는 급여의 사유가 이미 발생한 후에 그 퇴직연금수급권을 대상으로 하는 것이기는 하지만, 이 사건 급여환수처분과는 달리 신법이 발효되기 이전의 법률관계 즉, 이미 발생하여 이행기에 도달한 퇴직연금수급권의 내용을 변경함이 없이 단지 신법이 발효된 이후의 법률관계 즉, 장래 이행기가 도래하는 퇴직연금수급권의 내용만을 변경하는 것에 불과하여, 이미 완성 또는 종료된 과거의 사실 또는 법률관계에 새로운 법률을 소급적으로 적용하여 과거를 법적으로 새로이 평가하는 것이 아니므로 소급입법에 의한 재산권 침해는 문제 되지 아니한다."

진정소급효와 부진정소급효의 구분 척도는 개념상으로는 쉽게 인식할 수 있지만 사실상 질적 구분이 아닌 양적 구분에 그치는 것이므로 법기술적 문제에 한정하는 것이며, 이런 점에서 법령을 통한 부진정소급효의 경우에도 개인의 신뢰를 침해하는 것이 얼마든지 가능하므로 양자의 엄격한 구분이 결코 개인의 법적 안정과 행정의 법률적합성과의 실체적인 비교형량 요청에 선행할 수는 없습니다. 이런 점에서 부진정소급적용이라고 해서 언제나 법령개정에 의한 소급적용이 가능한 것은 아닙니다. 판례는 부진정소급적용이 문제되는 경우에도 개정 전 법령에 대한 신뢰가 개정 법령의 적용을 통한 공익에 우선하여 보호할 신뢰가치가 있다고 인정되면 신뢰보호원칙을 들어 소급적용을 허용하지 아니합니다.

> * **대판 2000.3.10, 97누13818** : "행정처분은 그 근거 법령이 개정된 경우에도 경과 규정에서 달리 정함이 없는 한 처분 당시 시행되는 개정 법령과 그에서 정한 기준에 의하는 것이 원칙이고, 그 개정 법령이 기존의 사실 또는 법률관계를 적용대상으로 하면서 국민의 재산권과 관련하여 종전보다 불리한 법률효과를 규정하고 있는 경우에도 그러한 사실 또는 법률관계가 개정 법률이 시행되기 이전에 이미 완성 또는 종결된 것이 아니라면 이를 헌법상 금지되는 소급입법에 의한 재산권 침해라고 할 수는 없으며, 그러한 개정 법률의 적용과 관련하여서는 개정 전 법령의 존속에 대한 국민의 신뢰가 개정 법령의 적용에 관한 공익상의 요구보다 더 보호가치가 있다고 인정되는 경우에 그러한 국민의 신뢰보호를 보호하기 위하여 그 적용이 제한될 수 있는 여지가 있을 따름이다. 광업권자가 광업권을 취득하고 그에 대한 사업휴지인가를 받은 것은 모두 개정 광업법시행령{1994. 12. 8. 대통령령 제14424호로 개정된 시행령, 부칙(1994. 12. 8.) 제1항에 의하여 1995. 6. 8.부터 시행}이 시행되

기 이전이기는 하나 그 존속기간의 만료는 개정 시행령 시행 이후인 1996. 4. 30.이고, 그 존속기간의 연장신청 역시 그 시행 이후인 1996. 1. 30.자로 이루어졌음이 분명하여 광업권의 존속기간 연장에 대하여 개정 시행령 규정을 적용하는 것이 이미 완성되거나 종결된 사실 또는 법률관계에 대하여 개정 시행령을 소급 적용하는 것이라고 할 수 없고, 광업권 취득과 사업휴지인가시 광업권자가 사업휴지인가를 광업권 존속기간 연장 불허의 예외사유로 규정한 개정 전 시행령 규정의 존속에 대하여 신뢰를 가졌다고 하더라도 그것이 국가에 의하여 유도된 것이라고 할 수 없을 뿐만 아니라 개정 전 시행령 규정에서 정한 예외사유는 광업권자에 대하여 예외적으로 유리한 효과를 부여하는 것이었던 점 등에 비추어 보면, 그러한 광업권자의 신뢰가 개정 시행령 규정의 적용에 관한 공익상의 요구와 비교·형량하더라도 더 보호가치가 있는 것이라고 할 수 없으므로, 개정 시행령이나 1995. 6. 3.자 광업업무처리지침(통상산업부고시 제1995-51호)의 부칙 규정에서 그 각 시행일 이후에 연장허가 신청이 이루어진 경우에 대하여도 개정 전 시행령 규정을 적용한다는 경과규정을 두고 있지 아니한 것이 명백한 이상, 위 광업권자의 광업권 존속기간 연장허가 신청에 대하여는 개정 시행령 규정이 적용된다." ☞ **同旨 : 대판 2010.3.11, 2008두15169**

* **대판 2001.10.12, 2001두274** : "2000. 1. 12. 법률 제6157호로 개정되기 전의 의료법 제52조 제1항은 제8조 제1항 제4호 소정의 '파산선고를 받고 복권되지 아니한 자'를 임의적 면허취소사유로 규정하였다가 위 개정으로 그 항에 단서를 신설하여 위 사유를 필요적 면허취소사유로 규정하였는바, '파산선고를 받고 복권되지 아니한 자'를 파산선고 후 복권될 때까지 파산자의 상태에 있는 자의 의미로 해석한다면, 파산선고를 받고 복권되지 아니한 의사의 경우 파산자라는 결격사유가 위 법률 개정 전에 이미 종료된 것이 아니고 위 법률 개정 후에도 여전히 존속하고 있는 것으로 보아야 할 것이므로, 행정청으로서는 개정 전의 의료법을 적용하여 면허취소에 대한 재량판단을 할 것이 아니라, 개정된 의료법 제52조 제1항 단서에 따라 그 면허를 반드시 취소하여야 할 것이고, 그 의사가 파산선고 당시 파산을 임의적 취소사유로 규정한 개정 전 의료법의 존속에 대하여 신뢰를 가졌다 하더라도, 의료인 결격사유의 규정 취지에 비추어 볼 때, 그러한 그 의사의 신뢰가 개정된 의료법 규정의 적용에 관한 공익상의 요구와 비교·형량하여 더 보호가치 있는 것이라고 할 수 없다."

한편, 진정소급입법의 경우에도 항상 소급적용이 금지되는 것은 아닙니다. 기존의 법에 의하여 형성되어 이미 굳어진 개인의 법적 지위를 사후입법을 통하여 박탈하는 것 등을 내용으로 하는 진정소급입법은 개인의 신뢰보호와 법적 안정성을 내용으로 하는 법치국가원리에 의하여 헌법적으로 허용되지 않는 것이 원칙이지만, 특단의 사정이 있는 경우, 즉 기존의 법을 변경하여야 할 공익적 필요는 심히 중대한 반면에 그 법적 지위에 대한 개인의 신뢰를 보호하여야 할 필요가 상대적으로 정당화될 수 없는 경우에는 예외적으로 허용될 수 있습니다. 헌법재판소는 ① 국민이 소급입법을 예상할 수 있었거나,

② 법적 상태가 불확실하고 혼란스러웠거나 하여 보호할 만한 신뢰의 이익이 적은 경우, ③ 소급입법에 의한 당사자의 손실이 없거나 아주 경미한 경우, 그리고 ④ 신뢰보호의 요청에 우선하는 심히 중대한 공익상의 사유 등을 진정소급입법을 정당화하는 경우로 듭니다(헌재결 1996.2.16, 96헌가2, 96헌바7, 96헌바13 전원재판부). 즉, 진정소급입법이 허용되는 경우는 구법에 의하여 보장된 국민의 법적 지위에 대한 신뢰가 보호할 만한 가치가 없거나 지극히 적은 경우와 소급입법을 통하여 달성하려는 공익이 매우 중대하여 예외적으로 구법에 의한 법적 상태의 존속을 요구하는 국민의 신뢰보호이익에 비하여 현저히 우선하는 경우로 구분 가능합니다(헌재결 1989.3.17, 88헌마1). 대법원도 이 점에 대해 큰 틀에서 같은 입장입니다.

* **대판 2005.5.13, 2004다8630** : "법령은 일반적으로 장래 발생하는 법률관계를 규율하고자 제정되는 것이므로 그 시행 후의 현상에 대하여 적용되는 것이 원칙이고, 다만 예외적으로 법령이 그 시행 전에 생긴 현상에 대하여도 적용되는 경우가 있는바, 이것을 법령의 소급적용이라고 한다. 법령의 소급적용, 특히 행정법규의 소급적용은 일반적으로는 법치주의의 원리에 반하고, 개인의 권리·자유에 부당한 침해를 가하며, 법률생활의 안정을 위협하는 것이어서, 이를 인정하지 않는 것이 원칙이고(법률불소급의 원칙 또는 행정법규불소급의 원칙), 다만 법령을 소급적용하더라도 일반 국민의 이해에 직접 관계가 없는 경우, 오히려 그 이익을 증진하는 경우, 불이익이나 고통을 제거하는 경우 등의 특별한 사정이 있는 경우에 한하여 예외적으로 법령의 소급적용이 허용된다고 할 것이다."

2) 신뢰보호를 위한 형량 요소

(1) 법령개정의 예견성 정도

입법자의 자신의 사전행위에 대한 구속의 정도는 실질적으로 입법자가 어떠한 형태로 국민으로 하여금 법령의 존속에 대한 신뢰를 가지게 하고 그에 따라 행동케 하였는가에 좌우됩니다. 법적 상태의 존속에 대한 개인의 신뢰는 자신이 어느 정도 법적 상태의 변화를 예측할 수 있었는가에 따라 상이한 강도를 가지므로, 신뢰보호를 위한 중요한 척도는 법규범에 내재된 국가행위(법령 개정)의 예견성이라 할 수 있습니다. 또한 이러한 법령 개정의 예견성 정도에 의한 신뢰보호의 인정 여부는 법령 개정에 따른 위험부담을 행위의 주체인 개인이 아니라 법규범을 통하여 개인의 행위를 유인한 국가에게 귀속시킬 수 있는가 하는 위험배분의 문제이기도 합니다.

시행 당시에 이미 개정이 유보되어 있는 법령에 근거한 신뢰는 상대적으로 신뢰보호의 요청이 약합니다. 또한, 잠정적 효력을 전제하거나 기한이 확정되지 않은 상태에서의 보조금 지급이나 조세감면의 혜택 등에 있어서도 사인은 경제상황의 호전, 경제정책 기조의 변화 등으로 인하여 일정 기간이 경과한 후에는 감축 또는 폐지될 수 있음을 예견할 수 있으므로 현재의 유리한 수익적 법상태가 존속되리라는 것을 원칙적으로 신뢰할 수 없습니다.

반면에 법 규정에 의한 명시적인 존속을 담보로 사인의 결정이나 처분이 행해진 경우에는 강화된 신뢰보호가 요구됩니다. 사인은 이때 입법자가 존속을 확약한 기간 동안 법령개정을 예견할 필요가 없으며, 이런 점에서 이미 종결된 사실관계의 당사자가 소급입법에 의한 사후적 침해를 예상할 필요가 없는 진정소급효의 상황과 유사하기 때문입니다. 한편, 수익적 처분의 취소·철회의 제한을 위한 형량요소에 있어서 행정행위의 존속에 대한 사인의 신뢰는 일반적으로 처분의 존속기간에 비례하여 증가하지만, 법령이 장기간 개정 없이 시행되었다는 사유만으로는 신뢰이익의 강화된 보호를 논거 짓는 사유라 할 수 없습니다. 오히려 장기간의 시행은 그간 누적되어 온 외적 상황의 변화를 입법에 식재하여야 할 필요성을 일응 증가시키는 것으로 보아 법령개정의 예견가능성이 높다고 함이 타당합니다.

(2) 이른바 '국가에 의하여 유인된 신뢰'

일반적인 질서유지·질서형성 기능을 담당하는 법령의 규율영역의 경우 사인은 통상 자신의 계획과 의도에 따라 행동하면서 단지 당해 법령이 허용하는 자유공간을 현실화할 뿐이고, 입법자는 법령이 사인의 행위와 결정의 기준이 될 가능성은 충분히 예견하지만 이를 적극적으로 유도하지는 않습니다. 이러한 법령은 사인이 법규범이 정하는 바에 따라 일정한 처분이나 결정을 하게끔 형성되어 있지만, 입법을 통하여 국가가 사인의 행위를 일정 방향으로 유도하고 있다고는 할 수 없습니다.

위의 경우와는 달리 사인의 신뢰가 사적 위험부담의 범위 안에서 단지 법규범이 부여하는 기회의 자발적 활용 차원을 넘어서 법령에 의하여 구체적으로 유인된 경우에는 특별히 보호되는 신뢰이익을 인정하여야 하며, 사인의 신뢰보호가 법령개정의 이익에 우선하여야 합니다. 경제조정적·유도적 입법에 있어서 국가계획의 범주 내에서 목표 달성을 위하여 필요하다고 인정되는 개인의 행동을 유도하기 위하여 조세감면, 금융지원, 세금공제 등을 규정하는 경우를 흔히 발견합니다. 이들 입법에 있어서 법규범의 목적 달성 여부는 상당 부분 당해 법령상의 요구에 대한 사인의 호응도에 좌우되며, 이런 점에서 입법자는 사인이 그의 결정을 규범의 의도에 부합시키는 한 국가가 그의 신뢰를 저버리지 않으리라는 기대를 규범의 표현을 통하여 의식적으로 야기할 수 있는 바 이를 '국가에 의하여 유인된 신뢰(Durch die öffentliche Gewalt veranlaßtes Vertrauen)'라 칭합니다. 일정한 방향으로 개인의 결정을 유도하려는 국가의 의도는 특히 시험규정이나 교육제도에 관한 규정에서 확연히 나타납니다. 시험과목이나 합격판정기준 등에 관한 규정은 사인이 일정 방향으로 시험 준비를 하도록 유도하는 것이며, 보기에 따라서는 이들 규정을 통하여 국민의 자유의사를 배제하고 국가의 의사를 사인의 행위기준으로 제시하고 강제한다고 평가할 수 있습니다. 여기에서는 국가가 공익상의 이유로 개인의 의사를 축출하고 자신의 의사를 행위기준으로 확정함으로써 개인의 행위에 대한 책임을 부담하려는 의사가 표현된 것으로 볼 여지가 있습니다.

요컨대, 개인의 결정·처분이 국가에 의하여 일정 방향으로 유인된 신뢰의 발현인가, 아니면 단지 법령이 부여한 기회를 활용한 것에 그치는가에 따라 신뢰이익의 보호정도는 달라지며, 입법자의 의사를 사인의 행위기준으로 제시하고 유인·강제하는 영역에서는 국가의 결정에 따른 사인의 신뢰(예컨대 시험규정에 터 잡은 시험 준비행위)가 특히 존중되어야 합니다.

3) 경과규정의 활용

법 개정을 통한 공익과 신뢰이익을 비교형량하여 조화시키는 과정에서 사인이 비록 구 법령의 존속을 요구할 수는 없지만 구법과 신법의 적용시점 및 대상에 대한 적절한 조정을 통하여 자신의 보호가치 있는 신뢰이익을 고려해 줄 것을 기대할 수 있는데, 이와 같이 법령개정이 추구하는 공익과 상충하는 사인의 신뢰이익을 조화시키고 균형점을 찾는 방안으로 경과규정을 들 수 있습니다. 경과규정은 특별히 보호가치 있는 신뢰이익을 인정하는 경우의 법적 효과이며, 적절한 경과규정의 도입은 상당 부분 조정적·보상적 기능을 담당함으로써 신법령의 소급효에 의한 가혹한 결과를 완화시킵니다. 더불어 입법자로서는 개정 법령에 적절한 경과규정을 둠으로써 법치국가적 신뢰보호의 요청을 개별 상황에 부합하게 다양한 방법으로 보장하여 해당 법령의 위헌성을 피할 수 있습니다. 시험규정의 개정(시험응시자격, 시험과목, 합격사정의 방법 등의 변경) 등 사인의 신뢰가 법령이 반사적으로 부여하는 기회의 단순한 활용을 넘어서 입법자에 의하여 의도되고 일정 방향으로 유인된 것이라면, 이에 대해서는 특별히 보호가치 있는 신뢰이익으로 보호하여야 하며 구체적으로는 경과규정에 의한 구법의 계속 적용이 법적으로 보장되어야 합니다.

그러나 유사한 사실관계에 서로 다른 법 규정이 적용됨에 따른 두 개의 법질서의 공존은 법적 안정성·통일성 관점에서 볼 때 예외적이어야 하므로 과거 발생한 사실관계에 대한 구법령의 계속 적용은 시간적·사항적 한계 내에서 인정하여, 일정 시점의 설정하에 그 이전에 시작된 사실관계에 대해 구법을 계속 적용하거나 적용 대상을 제한하여 일정 인적 집단이나 특정 구성요건을 신법의 적용에서 제외하는 방법이 타당합니다.[1] 다만, 이 경우 구법령 적용의 한계 내외에 위치한 사인 간에 있어서 불평등의 문제가 제기될 수 있지만, 유사한 사실관계를 법적으로 차별하여 취급하는 이때의 불평등은 - 당해 경과규정이 제반 사정을 고려하여 합리적인 기준에 의해 설정된 것인 한 - 신뢰보호를 통한 실질적 법치주의의 확립에 기여하는 것이므로 차별의 정당한 사유에 해당합니다.

5. 부당결부금지원칙

1) 의의와 법적 근거

부당결부금지원칙은 행정작용과 사인의 반대급부 간 부당한 내적 관련 또는 부당한 상호 결부를 금지하는 원칙을 말합니다. 헌법상 법치국가원리 및 일반원리로서의 자의금지의 원칙으로부터 유래한 행정법의 일반원칙입니다. 동 원칙의 위반은 수익적 처분, 침익적 처분 모두에서 문제될 수 있습니다. 시장이 건축허가를 하면서 시 청사 신축을 위한 금원의 납부를 조건으로 하는 경우가 전자의 예이고, 설계도면과 상이하게 건축되어 건축업자에게 위법건축물에 대한 시정명령을 발령하면서 향후 3년간 관급공사의 입찰참가를 제한하거나 전기의 공급을 중단하는 경우가 후자의 예입니다. 또한 광의의 부당결부금지원칙은 일정 행정작용과 반대급부 사이에 질적 관련성(결부성)이 없는 경우는 물론, 양적으로 과한 반대급부가 전제되는 때에도 발생합니다. 다만, 후자의 경우 과한 양적 반대급부가 비례원칙, 특히 필요성원칙(최소침해원칙) 위반으로 의율하기 때문에 동 원칙은 실질적으로 질적 관련성의 정도에 대한 판단에 한정한다고 보아도 무방합니다.

부당결부금지원칙의 법적 근거와 관련하여 학설에 따라서는 이를 헌법상 원칙 혹은 법률상 원칙의 다툼이 있지만, 논의의 실익이 크지 않으며 이에 관한 명확한 판례 입장

---

1) 예컨대, 국가가 규율하는 직업의 허가규정을 개정하는 경우, 이미 허가신청을 한 지원자와 신법의 시행 당시 직업허가를 얻기 위하여 이미 상당한 준비를 하는 등 신뢰를 실제로 행사한 사람으로서 일정한 기간 안에 허가 신청을 하는 경우에 한하여 구법을 계속 적용하는 방법을 들 수 있다: BVerfGE 75, 246(278).

도 발견할 수 없습니다. 그러나 동 원칙이 국민의 권리보호라는 법치행정의 기본 이념의 실현에 기여하는 점은 명확하며, 그 바탕에는 법의 일반원칙으로서의 자의금지원칙, 권한남용금지원칙 등이 내재한다고 이해하면 됩니다. 한편, 행정기본법 제13조는 "행정청은 행정작용을 할 때 상대방에게 해당 행정작용과 실질적인 관련이 없는 의무를 부과해서는 아니 된다"고 하여 부당결부금지원칙을 명문으로 규정합니다.

2) 판단기준 내지 요건, 적용영역

부당결부금지원칙 위반의 판단기준은 행정작용과 반대급부 간 '부당한 내적 관련성'의 인정 여부입니다. 여기에는 양자 간 인과관계 측면에서의 관련성이 있어야 한다는 '원인적 관련성'과 양자가 추구하는 목적에 있어서의 관련성을 의미하는 '목적적 관련성' 등 양자 모두가 인정되는 경우에만 동 원칙 위반이 아니라고 할 것입니다.

이를테면, 시 청사 신축을 위한 금원 납부를 반대급부로 하는 건축허가의 경우, 건축허가는 건축법령에의 적합 여부를 판단하여 허가 발령 여부를 결정하는 것으로 족하지 청사 신축을 위한 금원 확보가 건축허가의 원인이 될 수 없기 때문에(양자 간 인과관계를 인정할 수 없으므로) 만약 전자를 조건으로 한다면 원인적 관련성이 부인됩니다. 또한 같은 경우에 건축허가와 청사 신축을 위한 금원납부는 공동의 목적하에서의 관련성이 없다고 보아야 하겠지요. 따라서 청사 신축을 위한 금원 납부를 조건으로 하는 건축허가는 부당결부원칙 위반이라고 규범적으로 평가하는 것입니다.

부당결부원칙의 적용범위는 법 규정이나 판례와 연관하여 파악하면 효율적입니다. 구체적으로 살펴보면,

① 건축허가처분 후 건축물 인접도로의 기부채납조건의 불이행을 이유로 건축물 준공승인거부처분을 행한 경우(기부채납 부관 등 부관 중 부담의 경우 : 이는 건축물준공승인처분에 조건으로 제시된 인접도로의 기부채납조건이 동 원칙 위반에 해당하는 경우입니다),

> * **대판 1997.3.11, 96다49650** : "지방자치단체장이 사업자에게 주택사업계획승인을 하면서 그 주택사업과는 아무런 관련이 없는 토지를 기부채납하도록 하는 부관을 주택사업계획승인에 붙인 경우, 그 부관은 부당결부금지의 원칙에 위반되어 위법하지만, 지방자치단체장이 승인한 사업자의 주택사업계획은 상당히 큰 규모의 사업임에 반하여, 사업자가 기부채납한 토지 가액은 그 100분의 1 상당의 금액에 불과한 데다가, 사업자가 그 동안 그 부관에 대하여 아무런 이의를 제기하지 아니하다가

> 지방자치단체장이 업무착오로 기부채납한 토지에 대하여 보상협조요청서를 보내자 그 때서야 비로소 부관의 하자를 들고 나온 사정에 비추어 볼 때 부관의 하자가 중대하고 명백하여 당연무효라고는 볼 수 없다."

② "허가권자는 제1항의 규정에 의하여 허가 또는 승인이 취소된 건축물 또는 제1항의 규정에 의한 시정명령을 받고 이행하지 아니한 건축물에 대하여는 전기·전화·수도의 공급자, 도시가스사업자 또는 관계행정기관의 장에게 전기·전화·수도 또는 도시가스공급시설의 설치 또는 공급의 중지를 요청하거나 당해 건축물을 사용하여 행할 다른 법령에 의한 영업 기타 행위의 허가를 하지 아니하도록 요청할 수 있다"고 규정했던 (구)건축법 제69조 제2항의 경우(공급거부, 그러나 동 조항은 2005년 건축법 개정으로 삭제되었습니다),

③ "국가기관 또는 지방자치단체의 장은 병역의무 불이행자(실제 조문은 이와 다소 다르지만, 설명의 편의상 편집하여 작성한 것입니다)에 대하여는 각종 관허업의 특허·허가·인가·면허·등록 또는 지정 등을 하여서는 아니 되며, 이미 이를 받은 사람에 대하여는 취소하여야 한다"고 규정하는 병역법 제76조 제2항의 경우(관허사업 제한, 동 규정은 병역의무 불이행과 관련 없는 관허사업을 제한하는 것으로서 그 실질적 관련성이 부인되므로 위헌의 여지가 큽니다),

그러나 바로 위의 경우와 구별해야 하는 것이 있습니다. 의무 불이행과 관련 있는 관허사업의 제한은 부당결부금지원칙 위반이 아니라고 보아야 합니다. "허가권자는 제1항에 따라 허가나 승인이 취소된 건축물 또는 제1항에 따른 시정명령을 받고 이행하지 아니한 건축물에 대하여는 다른 법령에 따른 영업이나 그 밖의 행위를 허가·면허·인가·등록·지정 등을 하지 아니하도록 요청할 수 있다"고 규정한 건축법 제79조 제2항이 그 예입니다.

④ 기타 행정계약, 행정지도(행정절차법 제48조 제2항) 및 부관(행정기본법 제17조 제4항 제2호)의 경우에도 부당결부금지원칙이 문제됩니다.

부당결부금지원칙이 판례상 운전면허취소처분에 적용되는 실례는 다소 까다로우므로 주의를 요합니다. 한 사람이 여러 자동차운전면허를 취득한 경우 이를 취소함에 있어서 서로 별개로 취급하는 것이 원칙이지만, 취소사유가 특정의 면허에 관한 것이 아니고 다른 면허와 공통된 것이거나 운전면허를 받은 사람에 관한 것일 경우에는 여러 면허를 전부 취소할 수도 있습니다. 따라서 제1종 대형면허로 운전할 수 있는 차량을 운전면허정지기간 중에 운전한 경우 이와 관련된 제1종 보통면허까지 취소할 수 있습니다. 이와는 달리 제2종 소형면허 소지자가 오토바이를 음주운전 하였다는 이유로 제1종 대형운전면허를 취소한 것은 부당결부에 해당한다는 것이 판례의 입장입니다. 한편 원동기장치자전거 면허를 취소할 경우, 제1종대형·제1종보통·제1종특수면허를 아울러 취소하더라도 부당결부금지원칙 위반이 아닙니다. 이들 면허 중 하나라도 소지하면 법령상 원동기장치자전거를 운전할 수 있으므로 관련 면허를 모두 취소하여야만 원동기장치자전거 면허취소의 실익이 있기 때문입니다.

* **대판 1998.3.24, 98두1031** : "도로교통법 제68조 제6항의 위임에 따라 운전면허를 받은 사람이 운전할 수 있는 자동차 등의 종류를 규정하고 있는 도로교통법시행규칙 제26조 [별표 14]에 의하면 제1종보통, 제1종대형, 제1종특수자동차운전면허소유자가 운전한 12인승 승합자동차는 제1종보통 및 제1종대형자동차운전면허로는 운전이 가능하나 제1종특수자동차운전면허로는 운전할 수 없으므로, 위 운전자는 자신이 소지하고 있는 자동차운전면허 중 제1종보통 및 제1종대형자동차운전면허만으로 운전한 것이 되어, 제1종특수자동차운전면허는 위 승합자동차의 운전과는 아무런 관련이 없고, 또한 위 [별표 14]에 의하면 추레라와 레이카는 제1종특수자동차운전면허를 받은 자만이 운전할 수 있어 제1종보통이나 제1종대형자동차운전면허의 취소에 제1종특수자동차운전면허로 운전할 수 있는 자동차의 운전까지 금지하는 취지가 당연히 포함되어 있는 것은 아니다."
* **대판 2005.3.11, 2004두12452** : "한 사람이 여러 종류의 자동차운전면허를 취득하는 경우뿐 아니라, 이를 취소 또는 정지하는 경우에 있어서도 서로 별개의 것으로 취급하는 것이 원칙이고, 제1종 대형면허를 가진 사람만이 운전할 수 있는 대형승합자동차는 제1종 보통면허를 가지고 운전할 수 없는 것이기는 하지만, 자동차운전면허는 그 성질이 대인적 면허일 뿐만 아니라, 도로교통법시행규칙 제26조 [별표 13의6]에 의하면, 제1종 대형면허 소지자는 제1종 보통면허 소지자가 운전할 수 있는 차량을 모두 운전할 수 있는 것으로 규정하고 있어, 제1종 대형면허의 취소에는 당연히 제1종 보통면허소지자가 운전할 수 있는 차량의 운전까지 금지하는 취지가 포함된 것이어서 이들 차량의 운전면허는 서로 관련된 것이라고 할 것이므로, 제1종 대형면허로 운전할 수 있는 차량을 운전면허정지기간 중에 운전한 경우에는 이와 관련된 제1종 보통면허까지 취소할 수 있다."
* **대판 1992.9.22, 91누8289** : "이륜자동차로서 제2종 소형면허를 가진 사람만이 운전할 수 있는 오토바이는 제1종 대형면허나 보통면허를 가지고서도 이를 운전할 수 없는 것이어서 이와 같은 이륜자동차의 운전은 제1종 대형면허나 보통면허와는 아무런 관련이 없는 것이므로 이륜자동차를 음주운전한 사유만 가지고서는 제1종 대형면허나 보통면허의 취소나 정지를 할 수 없다."
* **대판 2018.2.28, 2017두67476** : "(甲이 혈중알코올농도 0.140%의 주취상태로 배기량 125cc 이륜자동차를 운전하였다는 이유로 관할 지방경찰청장이 甲의 자동차운전면허[제1종 대형, 제1종 보통, 제1종 특수(대형견인·구난), 제2종 소형]를 취소하는 처분을 한 사안에서) 甲에 대하여 제1

> 종 대형, 제1종 보통, 제1종 특수(대형견인·구난) 운전면허를 취소하지 않는다면, 甲이 각 운전면허로 배기량 125cc 이하 이륜자동차를 계속 운전할 수 있어 실질적으로는 아무런 불이익을 받지 않게 되는 점, 甲의 혈중알코올농도는 0.140%로서 도로교통법령에서 정하고 있는 운전면허 취소처분 기준인 0.100%를 훨씬 초과하고 있고 甲에 대하여 특별히 감경해야 할 만한 사정을 찾아볼 수 없는 점, 甲이 음주상태에서 운전을 하지 않으면 안 되는 부득이한 사정이 있었다고 보이지 않는 점, 처분에 의하여 달성하려는 행정목적 등에 비추어 볼 때, 처분이 사회통념상 현저하게 타당성을 잃어 재량권을 남용하거나 한계를 일탈한 것이라고 단정하기에 충분하지 않음에도, 이와 달리 위 처분 중 제1종 대형, 제1종 보통, 제1종 특수(대형견인·구난) 운전면허를 취소한 부분에 재량권을 일탈·남용한 위법이 있다고 본 원심판단에 재량권 일탈·남용에 관한 법리 등을 오해한 위법이 있다."

3) 위반의 효과

일반적으로 위법한 처분의 효과는 '무효'와 '취소 가능' 중 하나입니다. 행정행위의 무효란 행위의 효력이 행정행위 발령 시부터 부인되는 경우이고 취소란 위법 사유에 의해 일단 발생한 행정행위의 효력을 발령 시에 소급하여 박탈하는 것을 말합니다. 일반적으로 무효는 처분의 하자가 내용적으로 중대하고 외관상 명백한 경우를, 취소는 무효에 이르지 않는 정도의 하자를 일컫습니다. 따라서 순수 이론적으로 볼 때 부당결부금지원칙에 위반한 하자의 정도에 따라 해당 처분은 무효 혹은 취소의 대상이라고 할 수 있습니다.

이와 관련하여 무효와는 달리, 취소의 경우에 '취소 가능'이라고 표현하는 것은 행정행위의 공정력 때문입니다. 즉, 행정행위는 그 하자가 무효사유가 아닌 한 권한 있는 기관에 의하여 취소나 철회되기 전까지는 유효하다고 통용되는 잠정적 효력을 행정행위의 공정력이라고 합니다. 공정력이 인정됨에 따라, 행정행위에 취소사유에 해당하는 하자가 있는 경우에도 권한 있는 기관이 그 행정행위를 '취소나 철회'(법원에 의한 판결상 취소, 행정심판위원회의 재결에 의한 취소, 행정청에 의한 직권취소, 행정청에 의한 철회)하지 않는 한 일응 그 위법에도 불구하고 효력을 유지합니다. 따라서 취소의 경우에는 '취소 가능'이라 표현하는 것이 타당합니다.

또한 행정행위의 무효와 취소의 구별기준은 여러 학설 대립에도 불구하고 중대명백설이 다수설과 판례의 입장입니다. 즉, 행정행위의 하자가 내용적으로 중대하고 외적으로(외관상) 명백할 경우에는 무효이고, 그렇지 않은 경우 취소 가능한 행정행위라 할 수 있습니다. 후자를 '단순 위법한 행정행위'라고도 일컫습니다.

이제 우리의 논의로 돌아와 생각해 봅시다. 비례원칙, 신뢰보호원칙, 부당결부금지원칙 등을 위반한 처분은 순수 이론적으로 볼 때 그 하자의 중대명백성 여하에 따라 무효인 경우와 취소 가능한 경우로 구분할 수 있습니다. 그러나 좀 더 숙고해 보면, 위 원칙들에 위반한 처분은 무효가 아니라 대부분의 경우 취소 가능하다고 보아야 합니다. 비례원칙 위반인 처분은 대개 공·사익의 비교형량 과정에서 그 위법성을 도출하는데, 이 경우 처분을 통해 달성 가능한 공익과 그로 인해 입게 되는 사익의 피해 사이의 비교형량은 그리 쉬운 작업이 아닐 것입니다. 따라서 설령 상당성원칙 위반, 즉 비교형량의 하자의 정도가 중하더라도 그것이 항상 외관상 명백하다고는 할 수 없는 것이지요. 따라서 이 경우 하자의 중대성이 인정되더라도 당해 하자의 명백성이 흠결되므로 무효인 처분이라고 할 수 없고 취소 가능한 처분인 것입니다. 이러한 입론은 원칙적으로 신뢰보호원칙의 경우에도 동일하게 적용 가능합니다.

그러나 부당결부금지원칙에 반하는 처분의 효력은 다소 상이한 면이 있음을 고려해야 합니다. 이를테면, 지방자치단체가 골프장 사업계획승인과 관련하여 사업자로부터 실질적 관련성이 없는 기부금을 증여받기로 한 증여계약을 체결한 경우, 동 증여계약은 공무수행과 결부된 금전적 대가로서 그 조건이나 동기가 사회질서에 반하므로 민법 제103조에 의해 무효에 해당합니다. 이는 계약의 특성상 행정행위의 경우처럼 중대명백설을 기준으로 하여 무효·취소 여부를 판단하는 것이 아니라 계약 특유의 하자론에 의함에서 비롯하는 것입니다. 그러나 이 경우 증여계약의 무효 논의와 무관하게, 증여계약의 전제가 된 골프장사업계획승인처분의 하자도 문제될 소지가 있습니다. 그러나 실질적으로 이런 문제는 발생하지 않습니다. 사업계획승인처분은 상대방에게 수익적 효과를 가져오는 수익적 처분이므로 상대방이 동 승인처분의 위법을 다투는 경우는 상정할 수 없기 때문입니다. 물론 이 경우 골프장 인근의 주민 등이 자신의 환경상 이익 내지 재산권 침해를 이유로 해당 승인처분을 다툴 가능성은 유보되어 있습니다.

제4강
개인의 주관적 공권

제4강

개인의 주관적 공권

1. 공권 개념의 기초

공권은 공법상 권리를 의미합니다. 여기에는 헌법상 기본권도 포함될 여지가 있습니다. 국가 개념의 형성기부터 자의적 권력 행사에 대한 시민의 저항은 태동하였고, 그 결실이 헌법상 기본권 규정이 착근하는 것으로 구체화됩니다. 그러나 전통적으로 옐리네크(G. Jellinek)의 지위론을 바탕으로 발전한 기본권 개념은 일반적으로 행정법상 공권 논의에 포함하지 않습니다. 행정법에서의 공권은 소송법에서의 원고적격을 근거 짓는 실체법적 개념으로, 소송법적으로는 소구 가능성 내지 원고적격의 전제가 됩니다. 그러므로 후술하는 바와 같이 헌법상 기본권에 터 잡아 곧바로 행정법상 공권의 성립을 일반적으로 긍정해서는 안 됩니다.

공권은 그 행사주체를 기준으로 할 때 국가적 공권과 개인적 공권으로 구분됩니다. 행정주체가 국민에 대하여 가지는 국가적 공권은 경찰권, 과세권 등을 의미하는데, 실무에서는 행정청 내지 행정기관의 '권한' 행사로 구체화됩니다. 개인적 공권은 다시 개인의 주관적 공권과 객관적 공권으로 구분할 수 있는데, 후자는 두 가지 의미를 가집니다. 즉, 주관적 공권을 구성하는 법규범의 총칭을 뜻하거나, 객관소송(기관소송, 민중소송 등)의 기초를 이루는 권리, 즉 관련 법규의 사익보호성이 인정되지 않고 공익만을 지향하는 경우의 소구 가능성을 근거지우는 개념으로 이해하는데, 개인의 객관적 공권 개념 자체가 학문적으로나 실무상 문제되는 경우는 흔치 않습니다. 결국, 공권 개념과 관련하여 우리의 관심은 '개인의 주관적 공권'에 집중합니다. 앞으로 '공권'이라 하는 경우 이는 개인의 주관적 공권을 의미하는 것으로 이해합시다.

2. 공권의 의의 및 성립요건

개인의 주관적 공권이란 개인이 자기의 이익을 위하여 국가 등에 대하여 일정한 행위(작위, 부작위, 급부, 수인)를 요구할 수 있는 법적인 힘을 말합니다. 과거 국가나 군주와의 관계에서 신민, 즉 행정객체에 지나지 않던 사인이 이제 국가 등에 대하여 일정한 급부 등을 요구할 수 있는 지위를 보유함은 개인의 권리보호를 지향하는 법치주의(법치행정)의 등장과 밀접한 관련하에 있음은 쉽사리 이해할 수 있습니다. 법률관계를 권리의무관계라 표현하듯이 일방의 권리는 원칙적으로 상대방의 의무를 전제로 하지만, 공법관계에서는 반드시 그런 것이 아닙니다. 원칙적으로 개인의 공권은 상대방으로서의 행정청의 의무를 전제로 하지만, 그 역이 반드시 성립하는 것은 아닙니다. 즉, 관계 법규에 의해 행정청에게 부과된 의무가 오로지 공익실현을 위한 것에 그치고 사인의 이익을 보호하려는 취지가 아닌 때에는, 행정작용의 상대방인 사인에게 행정청의 의무에 상응하는 권리가 인정되지 않는 경우가 다수 있습니다.

가장 단순한 공권의 성립 유형은 법령상 명문으로 개인의 공권을 인정하는 경우입니다. 법령에 의해 직접 연금지급청구권이나 급여지급청구권, 재난지원금 등이 인정되는 경우가 그 예입니다. 그러나 이런 경우는 오히려 예외에 속합니다. 따라서 실제 공권의 성립은 다음의 요건에 의하는 경우가 보편적입니다.

아래 설명은 독일의 뷜러(O. Bühler)가 체계화한 공권성립 3요소론에 바탕하는 것이며, 소송법상 원고적격에서도 동일한 내용으로 적용 가능합니다. 다시 말해, 소송요건으로서 원고적격이 인정되는 자만이 당해 소를 제기할 자격이 인정되는데, 이때 원고적격의 인정은 원고의 공권 성립 여부와 직결된다는 의미입니다. 또한, 실체법적으로 공권 성립을 전제로, 그 침해에 대한 구제를 행정소송의 본원적 요소로 하는 점에 착안하여 현행 소송법제를 주관적 소송제도라고 합니다(물론, 현행 소송유형 중 객관적 소송도 일부 존재합니다. 기관소송, 민중소송, 지방자치법상의 조례에 대한 대법원제소 등 그 수는 많지 않습니다).

1) 강행법규에 의한 의무부과

첫째, 강행법규에 의하여 행정청에게 일정한 의무가 부과되어야 합니다. 모든 행정법규는 그 목적 달성을 위한 구체적 내용 여하에 불문하고 행정청에게 의무를 부과합니다. 그리고 행정청에게 의무가 부과되는 모든 경우에 있어 항상 공익실현 의무는 내재합니다. 행정의 본질이 공익지향적임을 고려하면 이를 이해할 수 있습니다.

이와 관련하여 많은 실수가 발견됩니다. 기속행위를 통해서만 행정청에게 일정 작위나 부작위의 의무를 부과할 수 있고 행정청에 독자적 판단권이 부여된 재량행위 영역에서는 의무 부과가 성립하지 않거나 불가능하다는 오해입니다. 그러나 기속행위의 경우는 물론이고, 재량행위에서도 행정청에게 의무가 부과됩니다. 행정청에게 독자적 판단권이 부여되는 재량행위의 경우에도, 그러한 재량권은 이른바 '모든 것으로부터의 자유'를 의미하는 '임의'가 아니라 '의무에 합당한 재량'에 따라 행위하여야 함을 의미하는 것이므로 그 한도 내에서는 재량의 일탈·남용에 이르지 않는 범위 내에서의 결정 내지 선택의무가 행정청에게 부가됩니다. 따라서 행정처분의 발령 여부 내지 내용의 선택에 있어 재량의 일탈·남용에 이르지 않아야 한다는 의미에서 재량행위에서도 행정청에게 의무가 부과된다고 말하는 것입니다. 만약 행정청이 재량행위와 관련하여 독자적 판단권이 인정된다고 하여 재량권 행사와 관련한 의무성을 부인하면 상대방의 공권 성립 가능성은 봉쇄됩니다. 따라서 주관적 소송제도하에서 사인은 행정청의 위법한 재량처분으로 인한 자신의 이익 침해에 대한 권리구제수단으로서 행정소송의 제기도 불가능하고, 결국 법치행정원칙은 형해화되는 결과를 초래합니다. 그 부당성은 다언을 요하지 않습니다. 재량행위에서도 행정청에게는 의무에 합당한 재량행사 의무는 인정됩니다.

같은 맥락에서 재량을 수권하는 규정을 임의규정이라고 칭하는 것도 오류입니다. 임의규정은 당해 규정의 적용 여부가 강제되지 않고 당사자의 선택에 의하는 경우, 즉 당사자의 의사표시 등으로 해당 조항의 적용을 갈음할 수 있는 경우를 말합니다. 따라서 재량의 수권규정이 임의규정이라 한다면 행정청은 동 규정을 적용하지 않고 해당 규정의 규율로부터 자유로울 수 있으므로 이때 '의무에 합당한 재량행사의무'는 적용되지 않는 결과에 이릅니다. 하자 있는 재량행사 혹은 임의로 기속행위화하여 상대방에 대한 불이익처분도 가능한바, 이런 해석이 부당함 또한 재언을 요하지 않습니다. 요컨대, 재량규정은 입법자에 의해 부여된 재량권 행사의 한계를 준수해야 하는 강행규정이므로 재량행위에서도 근거 규정의 사익보호성이 인정되는 한 공권이 성립할 수 있으며, 이는 행정소송법 제27조를 통해 명확히 알 수 있습니다. 재량행위에서의 공권을 특히 무하자재량행사청구권이라고 하는데, 그 상세 내용은 뒤에서 살피는 바와 같습니다.

2) 강행법규의 사익보호성

둘째, 공권이 성립하려면 행정청에게 의무를 부과하는 강행법규가 공익뿐만 아니라 사익도 보호하려는 취지이어야 합니다. 여기에서의 '사익'이란 행정주체에 대비되는 시민의 이익 일반을 의미하는 것이 아니라, 공권 성립을 주장하는 자 혹은 공권의 침해를 주장하는 개별적 사인의 이익을 말합니다. 이 점은 현행 소송제도의 근간이 주관적 소송인 점과 맥을 같이 합니다.

주관적 소송으로서의 행정소송에서는 공권의 침해 가능성, 즉 원고적격을 소송요건으로 합니다. 한편 공권 성립을 위한 근거 법규 등의 사익보호성은 이면적 법률관계, 즉 행정청과 상대방의 관계에서는 특별히 문제되지 않습니다. 사익보호성 판단은 삼면적 법률관계로 구체화되는 이른바 복효적 행정행위에서 쟁점화됩니다. 영업허가정지처분 등 침익적 처분의 상대방은 일반적 방어권으로서 자유권의 내용을 이루는 권리(예컨대 재산권)의 침해 가능성을 들어 권리침해를 주장할 수 있습니다. (이것이 헌법상 기본권으로부터 직접 행정법상 공권을 도출할 수 있다는 뜻은 아닙니다.) 이때 침익적 처분의 상대방이 향유하는 공권을 바탕으로 그 상대방의 원고적격이 별도의 심사 없이 당연히 인정되는 이론을 '상대방이론'이라고 합니다. 또한, 건축허가신청에 대한 거부의 경우 등 수익적 처분의 거부의 상대방도 특단의 사정이 없는 한 사익보호성에 대한 별도의 심사를 요하지 않아 공권 성립에 어려움이 없습니다. 후자의 경우, 거부처분 상대방의 원고적격 긍정을 위해 공권의 존재를 전제로 하지 않는다는 것이 아니라 그 성립에 특별히 문제되는 바가 없어 그에 대한 별도의 심사를 요하지 않는다는 의미임을 주의해야 합니다. (이에 대해서는 행정소송 편 거부처분 상대방의 원고적격 논의에서 설명하겠습니다.)

사익보호성을 도출하는 연원으로서의 처분의 근거법규는 공권의 성립 범위를 결정하는 관건입니다. 사익보호성 도출의 근원이 넓으면 그만큼 사익보호성 인정 가능성이 높아짐은 당연하겠지요. 그래서 현대 행정법의 중요한 트렌드 중 하나는 민주의식 내지 권리의식 고양과 함께 공권의 인정 범위가 확대되는 것인데, 그 양적 확대는 사익보호성 인정의 근거로서의 법규의 범위를 확장하는 데에서 시작합니다.

사익보호성 도출은 우선, 처분의 근거법규에서 시작합니다. 이를테면, 건축허가처분을 다투는 인근주민 제3자의 공권 내지 원고적격의 인정을 위한 사익보호성 판단에 있어서는 건축법 제11조가 되겠지요. 처분 발령의 직접 근거가 된 당해 조문에서 행정청에게 일정 의무를 부과할 터, 그것이 공익뿐만 아니라 '처분의 제3자'의 이익도 보호하는 취지인 경우에는 그자에 대한 사익보호성을 인정한다는 의미입니다.

공권의 성립 내지 침해를 주장하는 자, 즉 공권 성립이 문제되는 경우는 상대방 혹은 제3자 양자 모두 상정할 수 있습니다. 건축허가거부처분에 대한 건축허가신청자는 상대방인 경우이고, 건축허가에 대해 환경상 이익의 침해를 주장하는 인근 주민은 제3자의 경우입니다. 그리고 양자를 합쳐 '관계인'이라 칭하기도 합니다. 예를 들어, 건축물을 건축하고자 하는 甲에게 관할 행정청이 건축허가와 함께 건축자재를 적재하도록 도로점용허가를 하였는데, 인근에서 음식점업을 영위하는 주민 乙이 건축허가, 도로점용허가 및 이에 따른 건축자재의 적재로 인하여 자신의 매출액 내지 영업이익이 감소했으므로 건축허가와 도로점용허가가 위법하고 이를 통해 자신의 공권이 침해되었다고 주장하는 경우를 생각해 봅시다. 행정청의 건축허가와 도로점용허가는 각각 건축법, 도로법상 근거 조항에 의해 발령되었을 것이고 해당 조항들은 각각 허가의 요건을 정하겠지요. 그러한 허가요건은 그것들이 충족된 경우에만 신청인에게 허가를 발령하라는 의무를 행정청에게 부과하고 있습니다. 건축법에는 허가요건을 충족하지 않은 건축허가신청에 대해서는 건축허가를 발령하여서는 안 됨을 규정합니다. 또한, 통상 재량행위인 도로점용허가의 경우에도 구체적 사안에 따라 제반 사정을 고려하여 재량의 일탈·남용 없이 점용허가의 발령 여부를 결정하라는 의무를 부과하는 것으로 해석 가능합니다. 이 경우 행정청에게 부과된 각각의 의무는 우선 무분별한 건축허가 내지 도로점용허가로 인한 사회적 폐해를 예방적 차원에서 금지하려는 공익실현을 위한 것입니다. 이때 행정청이 근거 법규의 허가요건에 부합하지 않는 건축허가를 발령하였거나(기속행위로서의 건축허가) 하자 있는 재량행사를 통해 도로점용허가를 행하였다면(재량행위로서의 도로점용허가), 양자 모두 위법합니다.

만일, 건축허가나 도로점용허가의 근거 조항에 의한 공익실현을 위한 의무부과가 乙의 이익, 즉 사익도 보호하려는 취지로 해석된다면 乙은 위법한 건축허가 내지 도로점용허가에 의해 자신의 공권(권리)이 침해되었다고 주장할 수 있습니다. 여기서 '위법한'의 의미도 중요합니다. 공권의 성립을 판단하는 단계에서는 실제 당해 처분이 위법한지 여부는 중요하지 않습니다. 행정소송(여기에서는 특히, 취소소송 내지 무효확인소송)과 관련하여 말하자면, 법원은 이론적으로 '〈소송요건심사(본안 전 판단)〉 → 〈위법 + 공권침해판단〉(본안판단)'의 순서에 의합니다. 즉, 공권 성립은 소송요건으로서 원고적격과 관련된 사항이고(원고적격 부분에서는 공권을 법적으로 보호되는 이익 혹은 법률상 이익으로 표현합니다), 위법은 본안판단 대상입니다. 따라서 공권 성립 내지 원고적격 심사 단계에서는 처분이 실제 위법한 것으로 확정되어야 하는 것이 아니라 '위법할지도 모르는(위법에 대한 종국적 판단은 본안의 문제이기 때문에 소송요건 심사단계에서는 이론적으로 아직 명확히 판단할 수 없기 때문입니다) 처분에 의해 침해되었다고 주장하는 자신의 이익이 공권(권리)에 해당하는지 여부'가 관건이 됩니다. 소송요건 심사 단계에서 공권과 원고적격의 이러한 관계를 행정소송상 "권리(공권)침해의 개연성으로 족하다"라고 표현합니다.

한편 '근거 규정상 사익보호 취지'의 의미와 관련하여 두 가지 주의해야 할 사항이 있습니다. 우선, 보호되는 사익의 향유 주체는 공권의 침해를 다투는(주장하는) 자이어야 합니다. 즉, 해당 사익은 공권의 침해를 주장하는 자에게 귀속된 것이어야 합니다. 이를 '공권 향유 주체의 개별성'이라 표현합니다. 사익보호성이 인정되는 경우에도 당해 처분을 다투는 원고가 아닌 자의 이익을 보호하려는 취지로 해석된다면 그 원고는 공권의 향유 주체가 아니어서 원고적격 흠결을 이유로 하여 제소는 각하됩니다. 여기에서 주관적 소송제도의 의미가 재차 명확해집니다. 예컨대, 대규모 사업의 승인처분과 관련하여 환경영향평가 대상지역 내의 주민이 주장하는 환경상 이익은 공권이지만 환경관련 시민단체가 침해되었다고 주장하는 환경적 이익은 공권이 아닌 점에서 잘 알 수 있습니다. 승인처분에 의한 침해 개연성이 인정되는 환경상 이익의 향유 주체는 환경영향평가 대상지역 내의 주민에 한정하는 것이 원칙입니다.

또한, 처분을 다투는 원고가 처분으로 인해 침해되었다고 주장하는 이익과 근거 법조항이 보호하려는 사익은 내용적으로 일치하여야 합니다. 예를 들어, 대규모 공업단지 건설사업승인을 위해서는 엄격한 요건을 요하고, 이는 보통 인근 주민 등 사인의 환경적 이익을 보호하기 위한 경우가 다수입니다. 그런데 양봉업을 영위하는 인근 주민 丙이 동 사업승인으로 인해 꿀벌의 성장·생식이 저해되어 막대한 재산상 손해를 입은 경우, 丙은 동 사업승인을 다툴 원고적격이 원칙적으로 인정되지 않습니다. 丙이 주장하는 재산권 침해는 근거 조항이 보호하려는 사익으로서의 환경적 이익과 상이하기 때문입니다(이를 '공권 내용의 개별성'이라 이해해도 무방합니다). 결국 동 사업승인과 관련하여 丙이 주장하는 재산권은 동 근거조항에 관한 한 원고의 공권의 범주에 속하지 않습니다. 그러나 이 경우에도 예외적으로 공권 성립을 인정하는 이론적 논의가 있고, 판례 역시 이를 수용하고 있는데, 이는 후술합니다.

공권에 대응하는 개념으로서, 처분의 근거가 된 법 조항의 해석에 의할 때 사익보호성이 부인되는 경우 그 이익을 반사적 이익 내지 사실상 이익이라고 하며, 침해되었다고 주장하는 원고의 이익이 여기에 해당하면 그 소는 원고적격 흠결을 이유로 각하됩니다. 이러한 공권과 반사적 이익의 구별은 항상 일정한 결론에 이르는 것은 아닙니다. 법치주의의 진화 내지 권리구제 의식의 발전 정도에 따라 공권 내지 원고적격의 인정 범위가 일반적으로 확대된다고 말할 수 있습니다. 물론 공권의 범위를 확대하는 것이 항상 원고의 승소로 이어지는 것은 아니지만(본안판단을 통해 처분이 위법하지 않다고 판단되면, 원고의 소송상 청구는 기각될 것이기 때문입니다), 적어도 '예선'을 통과하여 '본선'에 참여할 기회는 부여받는 점에서 권리구제 확대를 위한 진화된 형태라 할 수 있습니다. 즉, 행정소송제도의 운영에 있어 '입구(소송요건)'를 지나치게 좁히는 것은 국민의 권리구제 기회 자체의 박탈을 의미하므로 그리 바람직하지 않습니다. '출구(본안판단)'의 조절을 통해 행정목적 달성을 여전히 견지할 수 있기 때문이지요. 그렇다고 하여 무한정 입구를 넓히게 되면 이른바 객관소송제도를 의미하여 결국 법원의 과중한 부담, 소송의 과다 일상화, 행정의 효율성 저해 등의 폐해를 야기하므로 이 또한 항상 '절대선'은 아니라 할 것입니다. 결국, 공권의 성립 여부는 구체적 사안에서 근거법규 등의 해석을 바탕으로 법관이 법률과 양심에 따라 결정할 사항이라 할 수 있습니다.

반사적 이익에 해당하여 공권 성립 및 원고적격을 부인하기 위한 논증 과정을 보여주는 적당한 사례가 있어 아래에 이를 소개합니다. 목욕탕(법전 용어로는 '목욕장'입니다)영업허가의 근거 법령에 신규 영업허가에 대한 500m의 거리제한이 규정되어 있어서, 기존업자(甲)의 영업장 반경 500m 이내에는 신규허가를 행해서는 안 되는 행정청의 의무가 부과된 가상의 경우를 상정합시다. 그런데 허가관청 A가 위 거리제한 규정에 위반하여 甲의 영업장부터 반경 450m 이격되어 있는 건물을 영업장으로 하는 신규업자(乙)에게 허가를 발령하였습니다. 최신 시설을 설치하는 등 목욕장업을 영위하기 위한 모든 준비를 마친 乙은 개업일에 각종 이벤트를 개최하고 사은품을 증정하는 등 파격적인 서비스를 제공하였지요. 이에 따라 甲의 고객 중 상당수가 乙의 목욕장을 이용하게 되었습니다. 영업이익이 급감한 甲은 乙의 목욕장이 자신의 그것으로부터 법상 요건인 500m의 이격거리를 준수하지 않은 것을 발견하고, 乙에 대한 신규영업허가가 근거 법률상의 거리제한규정에 위반하여 위법한 처분이고, 이를 통해 자신의 영업이익이 침해되었음을 주장하며 乙에 대한 신규허가처분을 대상으로 취소소송을 제기하였습니다. 동 취소소송에 대한 법원의 판단은 어떠할까요? 답은 각하판결입니다.

분명, A의 乙에 대한 신규허가처분은 근거 법률상 거리제한규정을 위반하여 위법한 처분입니다. 그러나 이는 소송과정에서 본안판단의 문제이고, 그전에 소송요건으로서 원고적격의 인정 여부 내지 주관적 공권의 성립 여부를 살펴야 합니다. 허가가 항고소송의 대상인 처분에 해당함은 의문의 여지가 없고, 기타 소송요건 예컨대, 제소기간, 관할법원, 피고적격 등의 충족 여부는 사례에서 특별히 문제되지 않습니다. 그들 소송요건의 충족 여부를 판단할 단서가 사실관계에 나타나지 않기 때문입니다.

그렇다면 乙의 원고적격 인정 여부와 관련하여, 침해되었다고 주장하는 자신의 이익이 공권에 해당하는지가 쟁점이 되겠지요. 일반적으로 여기서의 영업이익은 재산권으로서, 예컨대 영업허가취소처분의 상대방에게는 통상 원고적격이 긍정됩니다. 그런데 재산적 이익이라는 이유만으로 공권 내지 원고적격이 항상 인정되는 것은 아니라는 점에 주목해야 합니다. 乙에 대한 목욕장영업허가와 관련하여 복효적 행정행위의 제3자인 甲의 주장은 乙에 대한 위법한 목욕장영업허가로 인해 자신의 영업이익이 침해되었다는 것인데, 이때 침해된 영업이익은 과거 乙에 대한 신규허가가 부재함으로 인해 획득 내지 향유하여 왔던, 일정 지역적 범위(500m) 내에서의 독점적 이익입니다. 신규 허가에도 불구하고 甲이 자신의 본연의 영업인 목욕장업 자체를 영위함에는 아무 지장이 없습니다. 만약 이와는 달리 乙에 대한 신규 허가로 인해 甲이 자신의 영업 자체를 할 수 없다면 그로 인한 영업손실은 자신의 공권에 대한 침해를 의미합니다. 그러나 여기에서의 영업이익의 감소는 독점적 이익의 감소이며, 지금까지 유지한 그러한 독점이익이 거리제한규정이 보호하려는 사익에 해당하는지 여부가 문제해결의 핵심 쟁점이 됩니다.

거리제한규정을 통해 행정청이 그 준수 의무를 부담함은 의문의 여지가 없고, 이는 공익을 위한 것임도 분명합니다. 좁은 지역에 목욕탕이 밀집할 경우 과다 경쟁으로 인해 예컨대, '건전한 목욕문화 창달'을 저해하는 비정상·변종영업이 만연할 가능성을 예방하는 것이 위 사안에서의 공익 관련 사항이라 할 수 있습니다. 그러나 이를 넘어 거리제한규정이 甲의 독점적 이익을 보호하려는 취지가 아니라는 점 역시 명백합니다. 행정법규가 일반적인 허가영업 관계에서 일정 업자에게 통상의 영업이익 이외에 독점적 이익을 보장하려는 취지를 담고 있다면, 이는 그릇된 법 해석일 뿐만 아니라 보편적 법 감정에도 위반하는 부당한 것입니다. 결국, 여기서의 신규영업허가가 비록 위법하더라도 甲의 주장 이익은 사실상·반사적 이익에 불과하여 그 원고적격 부인으로 법원은 각하판결을 행할 것입니다. 다만, 이러한 입론이 모든 경우에 적용되는 것은 아닙니다. 나중에 '허가와 특허' 부분에서 다시 논의하겠지만, 강학상 특허(발명특허와는 다른 개념입니다)는 특허의 상대방에게 독점적 이익을 부여하는 취지로 해석되어, 신규 특허로 인한 기존업자 등의 이익 감소가 공권 침해를 의미하는 경우도 있습니다.

한편, 위 위법한 신규 영업허가와 관련하여, 처분청 A는 법원의 각하판결에도 불구하고 乙에 대한 목욕장영업허가가 위법하다는 甲의 소장상 청구이유를 고려하여 신규 허가를 직권취소할 가능성이 크지만, 만약 그렇지 않을 경우 신규허가는 유효하게 유지됩니다. 여기에서 행정행위의 공정력 개념을 떠올릴 수 있습니다. 乙에 대한 위법한 영업허가는 그 하자가 무효에 해당하지 않는 한 취소나 철회되기 전까지는 - 설령 위법하더라도 - 유효합니다. 사안과 관련하여서는 甲의 취소소송은 각하될 것이므로 소송상 취소는 불가능하고 허가관청 A가 직권취소하지 않는 한 유효한 영업허가로서 효력을 계속 유지하게 됩니다.

한 걸음 더 나아가, 취소소송에서의 각하판결에도 불구하고 甲이 영업손실의 전보를 위해 국가배상법 제2조를 들어 위법한 신규허가를 이유로 하는 국가배상청구소송을 제기하면 법원은 어떤 판결을 행할까요? 이에 대해서는 국가배상제도 편에서 상술합니다.

다음 항목으로 넘어가기 전 잠시 정리할 내용이 있는데, 광의의 공권, 협의의 공권, 법적으로 보호되는 이익의 관계가 그것입니다. 협의의 공권은 명문의 규정에 의하여 성립하는 공권을 말합니다. 명문 규정의 존재 여하에 따라 협의의 공권과 근거 법규의 사익보호성이 긍정되어 해석에 의해 인정되는 공권은 이론적으로 구별됩니다. 후자의 공권을 통상 법적으로 보호되는 이익 내지 법률상 이익이라고 칭합니다. 그러나 양자 모두 공권에 해당함에는 차이가 없고, 또한 원고적격의 인정 여부나 정도 등에 있어서도 하등의 실질적 차이를 발견할 수 없습니다. 따라서 다음의 공식이 성립하며, 앞으로 협의의 공권뿐만 아니라 법적으로 보호되는 이익 양자에 공히 적용되는 개념으로서 '공권'이라는 표현만을 사용하겠습니다(이런 의미에서 앞으로는 광의의 공권 내지 협의의 공권이란 표현을 사용하지 않습니다).

공권(광의의 공권) = 협의의 공권 + 법적으로 보호되는 이익
(법률상 이익, 법률이 보호하는 이익)

3) 이익관철의사력(소구 가능성)

공권의 성립을 위해서는 '이익관철의사력'이 긍정되어야 하는데, 명문의 규정 혹은 해석에 의해 성립한 공권을 소송상 관철할 수 있어야 함을 의미합니다. 즉, 소송상 권리구제의 가능성이 제도적으로 보장되어야 함을 의미합니다.

이익관철의사력은 공권론 성립 초기, 행정소송의 개괄주의 확립이 미완성일 경우(이를 행정소송의 열기주의(列記主義)라고 칭합니다)를 전제로 하는 요건으로서, 오늘날 일반적으로 행정소송의 개괄주의가 확립된 제도적 외연하에서는 공권 성립을 위한 별도의 요건심사 대상이 아니라고 하여도 무방합니다. 그러나 이런 설명은 행정소송제도가 실질적 법치주의를 완벽하게 구현하는 제도적 외연하에서 타당합니다. 독일 기본법 제19조 제4항이 '위법한 공행정 작용에 대한 빠짐(흠결)없는 권리구제'를 규정하는 경우가 그 예에 속합니다. 이에 비해 우리의 경우 항고소송의 대상을 처분에 한정함으로써, 예컨대 행정지도 등 비권력적 사실행위에 대한 소송유형이 마땅치 않은 제도하에서는 여전히 논의의 실익이 있습니다.

3. 공권의 양적 확대 경향

처분의 직접적 근거 조항만을 통한 사익보호성 도출 시도는 실무상 난제를 야기합니다. 처분의 발령 근거가 된 직접적인 조항만으로 사익보호성 도출을 위한 근거 법규의 범위를 한정하면 사익보호성 도출 범위가 지나치게 협소한 경우가 다수 발생하는 문제에 직면합니다. 이를 극복하여 국민의 권리구제 범위를 확대하기 위한 시도를 '공권의 양적 확대현상'이라고 칭합니다. 공권의 양적 확대 방향은 크게 보아 아래 두 가지로 양분할 수 있습니다.

1) 사익보호성의 도출 근거로서 근거 법률의 목적 내지 취지

처분 발령의 직접 근거를 이루는 근거 조항으로부터 사익보호성 도출이 불가능할 경우 그 법률 내의 다른 개별 조항에서 이를 도출하려는 시도가 그 첫 번째이지만, 실무상 이런 경우는 흔치 않습니다. 동 법률의 각 다른 조항들은 규율의 직접적 목적이 상이한 경우가 대부분일 것이므로 그 다른 조항으로부터 당해 사안 관련 사익보호성을 도출하려는 시도는 많은 경우에 무리한 논리적 비약으로 귀결됩니다. 이를테면, 건축법 제11조를 근거로 한 甲에 대한 건축허가를 소송상 다투는 인근주민 乙은 만일 동법 제11조로부터 자신의 일조권 등의 이익을 보호하려는 취지가 도출되지 않는 경우 건축설비의 설치 및 구조에 관한 기준을 정한 동법 제62조의 건축설비기준 규정에서 건축허가 취소를 위한 사익보호성 도출을 주장할 수 없습니다.

동일 법률 내 다른 조항의 해석에 의하는 점에서는 이와 궤를 같이하지만 보다 유의미한 경우는 사익보호성을 근거 법률 전체의 목적이나 취지의 합리적 해석·판단을 통하여 과거 반사적 이익으로 간주되는 것을 공권으로 인정하는 경우입니다. 이때 그러한 목적·취지는 보통 해당 법률의 제1조에서 나타납니다. 예컨대, 폐기물관리법의 목적이나 취지는 제1조(목적) 규정에서 추출할 수 있는데, "이 법은 폐기물의 발생을 최대한 억제하고 발생한 폐기물을 친환경적으로 처리함으로써 환경보전과 국민생활의 질적 향상에 이바지하는 것을 목적으로 한다"가 그것입니다. 동법 제1조를 활용하여 이러한 논증 과정의 예를 들어보지요. 관할 행정청이 甲에 대하여 폐기물처리업허가를 하였는데(동법 제25조 제3항), 영업장 바로 옆에 거주하는 乙이 폐기물처리업장의 운영으로 인해 평소 지병이었던 호흡기 질환이 악화되는 피해를 주장하며 동 허가처분 취소소송을 제기한 인인소송의 경우, 乙의 원고적격의 바탕을 이루는 사익보호성은 동법 제25조 제3항으로부터 직접 도출된다고는 할 수 없습니다. 그러나 이 경우 근거 규범의 범위를 확장하여 동법 제1조까지 이르게 되면, 거기서의 '환경보전과 국민생활의 질적 향상'에 乙의 환경·건강상 이익이 포함된다고 할 수 있습니다. 따라서 乙은 甲에 대한 폐기물처리업허가를 통해 폐기물관리법 제1조의 해석에 따라 보호법익으로 인정된(법적으로 보호되는 이익인) 자신의 건강상 이익의 침해를 주장할 수 있으며, 이는 乙의 취소소송에서 원고적격의 긍정으로 구체화됩니다.

대법원은 이러한 법리를 오래전부터 수용하였는데, 위법한 연탄공장의 설치허가를 인근 주민이 다툰 사건에 관한 대법원 1975.5.13. 선고 73누96, 97 판결이 그 효시라 할 수 있습니다. 이 사건에서 항소심 법원은, 이 공장에서의 원동기의 가동으로 원고는 통상적인 주거의 안녕을 영위하기가 곤란하고 그로 인하여 그 가옥의 가치가 하락되고 임대가 어려워져 재산권의 침해를 받고 있다는 사실을 인정하면서도, "원고가 주거지역에서 건축법상 건축물에 대한 제한규정이 있음으로 말미암아 현실적으로 어떤 이익을 받고 있다 하더라도, 이는 그 지역거주의 개개인에게 보호되는 개인적인 사익이 아니고, 다만 공공복지를 위한 건축법규의 제약의 결과로서 생기는 반사적 이익에 불과한 것"이라고 판시하였습니다. 그러나 대법원은 (구)도시계획법(현재는 국토의 계획 및 이용에 관한 법률(통상 '국토계획법'이라 칭합니다)에서 동일 영역을 규율합니다)과 건축법상의 관계규정을 법 전체 취지와의 연관성하에 판단하여, "도시계획법과 건축법의 규정 취지에 비추어 볼 때 이 법률들이 주거지역 내에서의 일정한 건축을 금지하고 또는 제한하고 있는 것은 도시계획법과 건축법이 추구하는 공공복리의 증진을 도모하고자 하는 데 그 목적이 있는 동시에 한편으로는 주거지역 내에 거주하는 사람의 주거의 안녕과 생활환경을 보호하고자 하는데도 그 목적이 있는 것으로 해석이 된다"고 하여 주거지역 내 거주하는 사람이 받는 이익은 근거 법률의 취지 등을 고려할 때 단순한 반사적 이익이 아니라 법률에 의하여 보호되는 이익이라고 판시한 바 있습니다.

한편, 처분의 근거 조항 및 근거 법률 전체의 목적·취지의 해석에 의하더라도 사익보호성이 부인되는 경우이더라도 헌법합치적·목적론적 해석에 의하여 예외적으로 공권성립을 인정하는 해석론이 전개되는데, 이에 대해서는 후술하는 〈환경영향평가 관련 인근 주민의 원고적격 인정 범위〉 및 〈공권의 질적 확대현상〉에서 잘 나타납니다.

2) 사익보호성의 도출 근거로서의 관계 법령

전술한 공권의 양적 확대 논의는 처분의 근거 법률 내에서 해석에 의하여 사익보호성을 도출하는 것인데, 아래에서는 '관계 법령'에 의한 사익보호성 도출을 설명합니다. 핵심은 '관계 법령'의 의미와 그에 따른 구체적 공권 성립 범위의 획정 기준입니다. '관계 법령' 논의는 실무에서 환경영향평가를 둘러싼 갈등상황에서 잘 드러납니다. 주지하다시피 환경영향평가제도[1]는 환경오염방지를 위한 사전적 예방제도로서, 환경에 영향을 미칠 것이라는 우려가 있는 각종 개발사업을 수립할 때 그 개발사업이 환경에 미치는 영향을 미리 예측하고 평가하여 환경오염을 최소화하는 방안을 의미합니다.

환경영향평가법(이하 '동법') 시행령 제31조 제2항 및 이에 따른 동 시행령 [별표3] 1. 나.에 따라 예컨대 '도시 및 주거환경정비법' 제2조 제2호에 따른 정비사업 중 '사업면적이 40만제곱미터인 도시개발사업(이하 'A사업'이라 칭합니다)'은 환경영향평가의 대상사업입니다. 또한, 환경영향평가의 대상지역 내지 실시범위 설정은 동법 제6조에 따릅니다. A사업의 사업시행계획인가가 행해지자 인근 주민 甲과 乙이 각각 A사업의 시행으로 인한 자신의 신체·건강의 위해 등 환경상 이익의 침해를 주장하며 A사업 사업시행계획 인가처분 취소소송을 제기한 경우 법원의 판단은 어떠할까요? 이때 甲은 환경영향평가의 대상지역 내 거주자이고, 乙은 대상지역 외 거주자임을 전제로 합니다.

우선, 위 인가의 근거 조항인 '도시 및 주거환경정비법' 제50조나 그 법 취지가 나타난 제1조에 의하더라도 인근 주민 甲이나 乙의 이익을 구체적·개별적으로 보호하려는 취지라고 해석할 수 없습니다. 만약, 이들 조항으로부터 사익보호성을 인정할 수 있다고 논증하는 경우 이는 결론의 타당 여하와 무관하게 비약된 논증에 해당합니다. 여기에서 문제 해결의 단서가 이른바 '관계 법령'입니다. 동법상 A사업은 환경영향평가 대상사업이며, 환경영향평가서를 확정하기 위해서는 주민의 의견수렴과 그 내용 내지 결과의 반영 등이 의무화되어 있습니다(동법 제25조, 제26조, 제28조 제1항, 제35조 등). 따라서 여기에서의 환경영향평가는 해당 사업계획의 인가 과정에서 주민의 의견이 반영되어야 하는 점에서 단순히 행정처분에 이르는 절차적 요소의 지위를 넘어 인가를 위한 실체적 결정에 영향을 미치는 처분요건으로 판단할 수 있습니다.

---

1) 환경영향평가제도는 1969년 미국에서 국가환경정책법을 제정하면서 시작되었는데, 우리나라에서는 1977년 '환경보전법'을 제정하면서 환경영향평가를 시행할 근거가 마련되었고, 1982년부터 본격적으로 시행하였습니다. 1993년 6월 단일법으로 '환경·교통·재해 등에 관한 영향평가법'을 따로 제정한바 있으며, 현재는 '환경영향평가법'이 근거 법률입니다. 지금부터의 설명은 동법 조문을 참고하면서 따라오기 바랍니다. 동법에 의한 환경영향평가제도는 전략환경영향평가, 환경영향평가, 소규모 환경영향평가 등 세 가지 유형으로 구분되고(동법 제2조), 환경영향평가 대상 사업은 국가, 지방자치단체와 같은 공공기관 및 민간사업자가 시행하는 17개 분야, 63개 세부사업으로 구성되어 있으며, 도시개발, 에너지개발, 수자원개발, 관광단지개발, 공업단지조성, 도로·항만·철도·공항 건설, 폐기물 및 오물처리시설 설치 등이 여기에 속하고, 대상사업의 구체적인 종류, 범위 등은 대통령령으로 위임되어 있습니다(동법 제9조, 제22조, 제43조).

관건은 甲, 乙의 사익보호성 인정 여부를 도출하기 위한 법규로서, 처분의 직접적인 근거 법규는 아님에도 환경영향평가법이 사익보호성 도출을 위한 법규범으로서 작용하며, 이때 동법은 여기에서 논하는 '관계 법령'인 점입니다. 구체적으로 고찰하면, 甲은 대상지역 내 주민으로서 그가 제시한 의견은 사업계획인가 여부 및 인가의 내용 형성에 영향을 미칩니다. 즉, 의견수렴을 규정한 관계 법령상의 조항에 의하여 甲에 대한 사익보호성이 개별적·구체적·직접적으로 도출 가능해서 그 원고적격이 인정되며, 판례는 이 경우 '원고적격이 사실상 추정된다'고 표현합니다. 독일에서는 이때의 甲을 '특별히 자격을 갖추고 동시에 개별화할 수 있는 범위(in qualifizierter und individueller Weise)의 인인(隣人)'이라 특징짓습니다. 이에 비하여 乙은 비록 사실상 인근 주민의 범주에 포함되더라도 의견수렴의 대상이 아니어서 그의 주장이나 이익은 사업시행계획인가 과정에서 반영될 여지가 없습니다. 결국, 환경피해의 속성상 그 피해 범위는 시간적 격차가 있을지라도 궁극적·장기적으로 乙에게 미칠 가능성이 있음에도 불구하고 乙의 사익보호성은 부정되고, 침해되었다고 주장하는 乙의 이익은 사실상·반사적 이익에 불과합니다. 따라서 乙의 원고적격은 인정되지 않습니다.

요컨대, 甲과 乙은 환경영향평가와 관련하여서는 상호 구별되는 관계에 있는 것이며, 그 구별되는 환경상 이익을 각각 '개별적·구체적·직접적 이익'과 '일반적·추상적·평균적·간접적 이익'이라 표현합니다. 판례도 "행정처분의 직접 상대방이 아닌 제3자라 하더라도 당해 행정처분으로 인하여 법률상 보호되는 이익을 침해당한 경우에는 그 처분의 무효확인을 구하는 행정소송을 제기하여 그 당부의 판단을 받을 자격이 있다 할 것이며, 여기에서 말하는 법률상 보호되는 이익이라 함은 당해 처분의 근거 법규 및 관련 법규에 의하여 보호되는 개별적·직접적·구체적 이익이 있는 경우를 말하고, 공익보호의 결과로 국민 일반이 공통적으로 가지는 일반적·간접적·추상적 이익이 생기는 경우에는 법률상 보호되는 이익이 있다고 할 수 없다"고 설시합니다(대판 2006.3.16, 2006두330).

이렇듯 일정한 범위나 기준의 설정하에 그 내외 혹은 포함 여부에 따라 원고적격 인정 여부를 달리하는 것을 이른바 '영향권 내외'를 기준으로 한다고 표현합니다. 판례에 나타난 영향권은 환경영향평가를 대표로 해서 근거 법령상 일정 거리나 면적을 숫자로 제시하는 경우, 일정 지역을 권역으로 구분하는 경우 등을 들 수 있습니다.

* **대판 2005.3.11, 2003두13489** : "구 폐기물처리시설설치촉진및주변지역지원등에관한법률(2002. 2. 4. 법률 제6656호로 개정되기 전의 것) 및 같은법시행령의 관계 규정의 취지는 처리능력이 1일 50t인 소각시설을 설치하는 사업으로 인하여 직접적이고 중대한 환경상의 침해를 받으리라고 예상되는 직접영향권 내에 있는 주민들이나 폐기물소각시설의 부지경계선으로부터 300m 이내의 간접영향권 내에 있는 주민들이 사업 시행 전과 비교하여 수인한도를 넘는 환경피해를 받지 아니하고 쾌적한 환경에서 생활할 수 있는 개별적인 이익까지도 이를 보호하려는 데에 있다 할 것이므로, 위 주민들이 소각시설입지지역결정·고시와 관련하여 갖는 위와 같은 환경상의 이익은 주민 개개인에 대하여 개별적으로 보호되는 직접적·구체적 이익으로서 그들에 대하여는 특단의 사정이 없는 한 환경상의 이익에 대한 침해 또는 침해우려가 있는 것으로 사실상 추정되어 폐기물 소각시설의 입지지역을 결정·고시한 처분의 무효확인을 구할 원고적격이 인정된다고 할 것이고, 한편 폐기물소각시설의 부지경계선으로부터 300m 밖에 거주하는 주민들도 위와 같은 소각시설 설치사업으로 인하여 사업 시행 전과 비교하여 수인한도를 넘는 환경피해를 받거나 받을 우려가 있음에도 폐기물처리시설 설치기관이 주변영향지역으로 지정·고시하지 않는 경우 같은 법 제17조 제3항 제2호 단서 규정에 따라 당해 폐기물처리시설의 설치·운영으로 인하여 환경상 이익에 대한 침해 또는 침해우려가 있다는 것을 입증함으로써 그 처분의 무효확인을 구할 원고적격을 인정받을 수 있다."
* **대판 2010.4.25, 2007두16127** : "행정처분의 근거 법규 또는 관련 법규에 그 처분으로써 이루어지는 행위 등 사업으로 인하여 환경상 침해를 받으리라고 예상되는 영향권의 범위가 구체적으로 규정되어 있는 경우에는, 그 영향권 내의 주민들에 대하여는 당해 처분으로 인하여 직접적이고 중대한 환경피해를 입으리라고 예상할 수 있고, 이와 같은 환경상의 이익은 주민 개개인에 대하여 개별적으로 보호되는 직접적·구체적 이익으로서 그들에 대하여는 특단의 사정이 없는 한 환경상 이익에 대한 침해 또는 침해 우려가 있는 것으로 사실상 추정되어 법률상 보호되는 이익으로 인정됨으로써 원고적격이 인정되며, 그 영향권 밖의 주민들은 당해 처분으로 인하여 그 처분 전과 비교하여 수인한도를 넘는 환경피해를 받거나 받을 우려가 있다는 자신의 환경상 이익에 대한 침해 또는 침해 우려가 있음을 증명하여야만 법률상 보호되는 이익으로 인정되어 원고적격이 인정된다. 공장설립승인처분의 근거 법규 및 관련 법규인 구 산업집적활성화 및 공장설립에 관한 법률(2006. 3. 3. 법률 제7861호로 개정되기 전의 것) 제8조 제4호가 산업자원부장관으로 하여금 관계 중앙행정기관의 장과 협의하여 '환경오염을 일으킬 수 있는 공장의 입지제한에 관한 사항'을 정하여 고시하도록 규정하고 있고, 이에 따른 산업자원부 장관의 공장입지기준고시(제2004-98호) 제5조 제1호가 '**상수원 등 용수이용에 현저한 영향을 미치는 지역의 상류**'를 환경오염을 일으킬 수 있는 공장의 입지제한지역으로 정할 수 있다고 규정하고, 국토의 계획 및 이용에 관한 법률 제58조 제3항의 위임에 따른 구 국토의 계획 및 이용에 관한 법률 시행령(2006. 8. 17. 대통령령 제19647호로 개정되기 전의 것) 제56조 제1항 [별표 1] 제1호 (라)목 (2)가 '개발행위로 인하여 당해 지역 및 그 주변 지역에 수질오염에 의한 환경오염이 발생할 우려가 없을 것'을 개발사업의 허가기준으로 규정하고 있는 취지는, 공장설립승인처분과 그 후속절차에 따라 공장이 설립되어 가동됨으로써 그 배출수 등으로 인한 수질

> 오염 등으로 직접적이고도 중대한 환경상 피해를 입을 것으로 예상되는 주민들이 환경상 침해를 받지 아니한 채 물을 마시거나 용수를 이용하며 쾌적하고 안전하게 생활할 수 있는 개별적 이익까지도 구체적·직접적으로 보호하려는 데 있다. 따라서 수돗물을 공급받아 이를 마시거나 이용하는 주민들로서는 위 근거 법규 및 관련 법규가 환경상 이익의 침해를 받지 않은 채 깨끗한 수돗물을 마시거나 이용할 수 있는 자신들의 생활환경상의 개별적 이익을 직접적·구체적으로 보호하고 있음을 증명하여 원고적격을 인정받을 수 있다."

3) 보호규범론

앞에서 긴 호흡으로 설명한 〈처분의 근거 조항, 근거 법률의 취지·목적, 관계 법령 등〉은 사익보호성을 도출하기 위한, 즉 원고의 법률상 이익을 긍정하기 위한 '보호규범'으로 작용하며, 이러한 이론을 보호규범론이라 칭합니다. 앞선 처분의 근거 조항 등은 법적으로 '보호규범'이라는 표현으로 대체할 수 있습니다. 보호규범론은 해당 사안 관련 원고에 대한 공권 인정 여부를 판단하는 기준으로 작용하는 점에서 항고소송이 주관적 소송의 성격인 것을 견지하는 매개이고, 특히 원고적격 인정 범위를 확정하는 이론적 도구이며, 우리 판례도 기본적으로 동일한 입장하에 있습니다.

한편, 이른바 〈새만금판결〉을 통해 대법원은 위 乙의 주장 이익이 일반적·추상적·평균적·간접적 이익이라는 일반론을 전제로 하면서도, "환경영향평가 대상지역 밖의 주민이라 할지라도 공유수면매립면허처분 등으로 인하여 그 처분 전과 비교하여 수인한도를 넘는 환경피해를 받거나 받을 우려가 있는 경우에는, 공유수면매립면허처분 등으로 인하여 환경상 이익에 대한 침해 또는 침해우려가 있다는 것을 입증함으로써 그 처분 등의 무효확인을 구할 원고적격을 인정받을 수 있다"고 하였습니다. 이때 乙의 원고적격 인정 논거는 아래 '제3자 고려명령이론'에 잘 나타납니다. 한편, 이처럼 새만금판결에서 대법원은 환경영향평가 대상지역 외 주민의 이익을 법률상 이익으로 인정할 수 있는 이론적 근거를 제시하였지만, 당해 사건에서는 실제 이를 인정하지는 않았습니다. 그러나 영향권 밖 주민의 원고적격을 인정한 판결도 있는바, 위 2007두16127이 그 예입니다.

새만금판결은 또한, '헌법상 기본권과 공권의 관계'를 설명할 때에도 자주 원용됩니다. 판례는 몇몇 예외(대판 1992.5.8, 91부8; 헌재결 1998.4.30, 97헌마141)를 제외하고, 헌법상 기본권으로부터 직접 원고적격의 근거가 되는 공권을 도출하지 않습니다. 나아가 위 2006두330 판결에서, 환경법령의 일반법에 해당하는 '환경정책기본법'에서도 공권성을 곧바로 도출할 수는 없다고 합니다. 공권의 확대를 위한 요청은 법치행정의 진화에 따라 강하게 대두되지만, 이를 '헌법상 기본권 내지 기본법 규정으로부터 직접 도출'의 방법을 취할 경우에는 주관적 소송제도의 근간이 훼손될 우려가 있기 때문에, 양자의 조화를 기하는 의미에서 우회적 방법을 택했습니다.

즉, 위 乙이 수인한도를 넘는 환경피해를 받거나 받을 우려가 있음을 입증하는 경우에도 엄격한 보호규범론에 따라 원고적격을 부인한다면 헌법상 기본권으로서의 환경권이 형해화하는 결과를 초래하고, 이는 법치주의 이념에 비추어 용인하기 어려운 결과라 할 것입니다. 따라서 이러한 예외적인 경우에는 사익보호성이 도출되지 않는 법규를 헌법합치적·목적론적으로 해석하여 그의 이익도 보호하는 것으로 간주하여 원고적격을 인정하는 것입니다. 이러한 해석을 독일법상으로는 '헌법합치적·목적론적 해석(verfassungskonforme und onthologische Auslegung)'으로 표현하며, 이를 내용으로 하는 이론을 '제3자 고려명령이론(Rücksichtnahmegebot)'이라고 합니다. 제3자 고려명령이론은 - 비록 명시적으로 그 용어를 사용하지는 않지만 - 대법원도 자신의 판결에서 받아들인다고 평가되는데, 제3자 고려명령이론이 '헌법상 기본권 보장 이념에 비추어 볼 때 주관적 공권의 성립에 있어서 개별 법규범에 마땅히 규정되어야 할 제3자 보호규정 내지 그 함의가 흠결되는 경우에 제3자의 보호를 위해 당해 규범을 최대한 헌법합치적·목적론적으로 해석하여 당해 법규가 헌법상 기본권과 밀접한 관련이 있고, 따라서 동법을 위반한 위법한 처분으로 인해 제3자의 헌법상 기본권이 심대하게 침해되었다고 인정되는 경우에는 원고적격을 인정하여 권리구제의 흠결을 보완하자는 이론'으로 개념 정의되는 점에서 대법원 입장과 궤를 같이한다고 보아야 합니다.

4. 공권의 질적 확대 현상 : 무하자재량행사청구권의 이론과 실제

1) 무하자재량행사청구권의 의의

행정에 대한 재량권의 부여가 자의적 처분의 가능성을 부여하는 의미라면 그 행사 결과에 대해 사인이 어떠한 불만이나 요구를 법적으로 표출하거나 주장할 수 없습니다. 재량행위 영역에서는 사인이 행정청에 대해 어떠한 공권의 존재를 주장할 수 없으며, 수익적 처분은 단순히 행정의 시혜적 조치에 불과하다고 해석합니다. 그러나 재량통제가 일반화된 현재의 제도하에서는 비록 사인이 특정 내용의 처분을 행정청에 대하여 요구할 수는 없지만(재량권 행사의 결과로서의 행정행위의 구체적 내용은 행정청에 고유한 재량결정 사항이기 때문입니다), 적어도 어떤 결정에 이르건 간에 그것이 하자 없는 재량 행사의 결과일 것을 요구할 수 있는 권리가 인정될 수 있지 않느냐라는 문제의식에서 무하자재량행사청구권 개념이 출발하게 됩니다. 즉, 〈법률관계=권리의무관계〉 공식하에서, 행정청에 대한 재량한계의 준수 의무에 상응하여 재량행위 영역에서도 사인에게 인정되는 주관적 공권의 상정이 가능해진 것입니다.

무하자재량행사청구권이란 개인이 행정청에 대하여 하자 없는, 즉 적법하게 재량권을 행사하여 그 결과로서의 일정 처분을 구할 수 있는 개인의 주관적 공권이라 정의합니다. 판례의 경우 무하자재량행사청구권의 명칭을 사용하면서 수용한 것은 아니지만, 아래의 판결을 통해 이를 실질적으로 인정하는 입장을 보였습니다.

* **대판 1991.2.12, 90누5825** : "검사의 임용여부는 임용권자가 합목적성과 공익적합성의 기준에 따라 판단할 자유재량에 속하는 사항으로서 원고의 임용요구에 기속을 받아 원고를 임용하여야 할 의무는 없는 것이고 원고로서도 자신의 임용을 요구할 권리가 있다고 할 수 없는 것이다. 그러나 이 사건과 같이 임용권자가 동일한 검사신규임용의 기회에 원고를 비롯한 다수의 검사지원자들로부터 임용신청을 받아 전형을 거쳐 자체에서 정한 임용기준에 따라 이들 중 일부만을 선정하여 검사로 임용하는 경우에 있어서, 법령상 검사임용신청 및 그 처리의 제도에 관한 명문규정이 없다고 하여도 조리상 임용권자는 임용신청자들에게 전형의 결과에 대한 응답, 즉 임용여부의 응답을 해줄 의무가 있다고 보아야하고 원고로서는 그 임용신청에 대하여 임용여부의 응답을 받을 권리가 있다고 할 것이며, 응답할 것인지의 여부조차도 임용권자의 편의재량사항이라고는 할 수 없다(그러므로 아무런 응답이 없을 때에는 그 부작위의 위법확인을 소구할 수 있을 것이다). 그런데 임용권자가 임용여부에 관하여 어떠한 내용의 응답을 할 것인지는 앞에서 본 바와 같이 임용권자의 자유재량에 속하므로 일단 임용거부라는 응답을 한 이상 설사 그 응답내용이 부당하다고 하여도 사법심사의 대상으로 삼을 수 없는 것이 원칙이나, 다만 자유재량에 속하는 행위일지라도 재량권의 한계를 넘거나 남용이 있을 때에는 위법한 처분으로서 항고소송의 대상이 되는 것이므로(행정소송법 제27조), 적어도 이러한 재량권의 한계일탈이나 남용이 없는 위법하지 않은 응답을 할 의무가 임용권자에게 있고 이에 대응하여 원고로서도 재량권의 한계일탈이나 남용이 없는 적법한 응답을 요구할 권리가 있다고 할 것이며, 원고는 이러한 응답신청권에 기하여 재량권남용의 위법한 거부처분에 대하여는 항고소송으로서 그 취소를 구할 수 있다고 보아야 한다."
* **대판 2020.12.24, 2018두45633** : "행정청이 관계 법령의 규정이나 또는 자체적인 판단에 따라 처분상대방에게 특정한 권리나 이익 또는 지위 등을 부여한 후 일정한 기간마다 심사하여 그 갱신 여부를 판단하는 이른바 '갱신제'를 채택하여 운용하는 경우에는, 처분상대방은 합리적인 기준에 의

한 공정한 심사를 받아 그 기준에 부합되면 특별한 사정이 없는 한 갱신되리라는 기대를 가지고 갱신 여부에 관하여 합리적인 기준에 의한 공정한 심사를 요구할 권리를 가진다고 보아야 한다."
⇒ 위 판례 사실관계에서의 중국전담여행사지정처분은 재량행위이므로 판결문상의 '기준'은 재량행위의 처분기준을 의미합니다. 따라서 '합리적인 기준에 의한 공정한 심사'를 통하여 일정한 결과를 도출하여 처분을 행할 것을 요구할 권리는 무하자재량행사청구권을 뜻함에 다름없습니다. 또한, 위 판례는 처분기준의 설정·공표(공표되지 않은 처분기준에 근거한 처분의 위법 판단 기준)와 관련하여서도 유의미한 판결로 평가되는데, 상세 내용은 제21강의 해당 부분을 참고하기 바랍니다.

2) 법적 성격

무하자재량행사청구권은 행정청에 대하여 단순히 위법한 처분을 배제하는 소극적 또는 방어적 권리에 그치는 것이 아니라, 이에 더하여 행정청에 대하여 적법한 재량처분을 할 것을 구하는 적극적 권리입니다. 이러한 적극적 공권의 성격에서 무하자재량행사청구권은 침익적 처분에서보다 수익적 처분의 신청과 관련하여 논의됩니다. 또한, 무하자재량행사청구권은 형식적 공권의 성격을 띱니다. 형식적 공권이라는 의미는 - 기속행위에서의 공권이 특정한 내용의 처분을 요구할 수 있다는 의미에서의 실체적 공권이라는 것과는 달리 - 종국처분에 이르는 형성과정상 재량권 부여의 법적 한계를 준수하면서 일정한 처분을 할 것을 구하는 데에 그치고 특정처분을 지정하여 행정청에게 요구할 수 있는 것은 아니라는 것입니다. 일부에서 이러한 의미를 절차적 권리라고 칭합니다. 그러나 무하자재량행사청구권은 행정절차에 참여하는 권리 내지 행정절차법상 권리가 아니므로, 또한 소송절차 내에서만 행사 가능한 권리에 그치는 것이 아니므로 이러한 용례는 타당하지 않습니다. '형식적 권리'라고 표현하여야 합니다.

이처럼 과거 기속행위의 경우에만 사인에게 공권이 인정되었음에 비하여 재량행위에도 공권의 인정 여지가 있음을 들어 공권의 질적 확대 현상이라고 칭하는 것입니다. 재량행위의 경우에도 공권이 인정되므로 결과에 있어서는 공권으로서 인정되는 양적 범위가 확대된 것이 아닌가라는 의문이 들 수 있지만, 그렇지 않습니다. 이는 무하자재량행사청구권과 재산권 등 실체적 공권과의 관계를 생각해보면 알 수 있는데, 무하자재량행사청구권은 주관적 공권이지만 앞선 설명, 즉 공권의 양적 증대가 원고적격의 확대를 직접 의미하는 것과는 달리, 무하자재량행사청구권 자체만으로는 원고적격의 근거를 이루는 법률상 이익에는 해당하지 않고 별도의 실체적 공권 침해의 개연성이 인정되는 경우에만 원고적격이 긍정됩니다.

같은 맥락에서, 위 90누5825 판결의 "원고는 이러한 응답신청권에 기하여 재량권 남용의 위법한 거부처분에 대하여는 항고소송으로서 그 취소를 구할 수 있다"의 의미는 응답신청권으로서의 무하자재량행사청구권이 법률상 이익을 의미하여 원고적격이 인정된다는 뜻이 아니라, 실체적 공권인 법률상 이익의 침해 개연성을 전제로 무하자재량행사청구권을 소송상 행사하여 거부처분취소소송 등을 제기할 수 있다는 것입니다. 과거에는 재량행위에서 하자 없는 재량행사를 요구할 권리가 인정되지 않았기 때문에 하자 있는 재량행사로 인한 자신의 권익침해에 대해 소송상 권리구제를 도모할 수 없었지만, 이제는 하자 없는 재량행사를 청구할 수 있음으로 인해 재량하자로 유발된 별도의 권익침해에 대해 소송상 구제를 구할 수 있게 된 것입니다. 환언하면, 재량행위 영역에서 위법한 재량처분에 의해 침해되었을 개연성이 있는 실체적 공권의 소송상 구제를 위해 무하자재량행사청구권이 매개체로서 기능합니다. 이러한 취지를 표현한 것이 행정소송법 제27조라 할 수 있습니다. 요컨대, 재량행위 영역에서의 공권으로서 무하자재량행사청구권을 인정하는 것은 공권의 양적 확대를 의미하지 않고 질적 확대라 간주합니다. 간단히 표현하면 〈무하자재량행사청구권 = 주관적 공권(형식적 권리), 무하자재량행사구권 ≠ 원고적격의 내용으로서의 법률상 이익〉인 셈입니다.

3) 인정요건

무하자재량행사청구권의 성립요건은 앞서 설명한 통상의 공권의 성립요건과 동일합니다. 다만, 강행법규에 의한 의무부과 요건에 있어 그 질적 차이에 주의를 요합니다.

(1) 강행법규에 의한 의무부과

재량행위의 경우에도 행정청에게는 재량의 한계를 준수하여야 하는, 하자 없는 재량행사를 통해 일정한 결론에 이를 의무가 부과됩니다. 그러나 적법한 재량행사에 해당하면 처분의 발령 여부(whether, 결정재량) 내지 처분의 구체적 내용(which, 선택재량)에 대해서는 독자적 판단권이 부여되므로, 재량행위에서의 의무는 결국 처분의 형성과정상 의무를 의미합니다. 즉, 구체적 사안에서 침익적 처분을 발령해서는 안 되거나 혹은 수익적 처분을 발령하여야만 하는 의무가 법 규정에 의하여 이미 존재하는 것이 아니라는 의미입니다. 이런 점에서 요건 충족의 경우 특정 처분의 발령을 전제로 하는 기속행위와 질적 차이를 보이며, 이를 통해서도 공권의 질적 확대 현상의 의미를 엿볼 수 있습니다.

(2) 사익보호성 및 이익관철의사력

행정청에게 의무에 합당한 재량행사 의무를 부과하는 취지가 공익뿐만 아니라 관계인의 사익도 보호하려는 취지여야 함은 일반적인 공권의 경우와 동일하며, 그 사익보호성 도출을 위한 보호규범의 범위를 확장하려는 시도는 여기에서도 공히 적용됩니다. 기타 소구 가능성과 관련하여서는 재량에 대한 사법적 통제가 일반화된 제도적 상황(행정소송법 제27조)하에서는 특별히 문제되지 않으므로 논의의 실익이 크지 않습니다.

4) 적용 유형

무하자재량행사청구권이 행정법관계(실체법적 혹은 소송법적인 측면 모두를 의미합니다)에서 발현되는 형태를 아래 세 가지 경우로 구분할 수 있습니다. 아래 각각 처분은 공히 재량행위임을 전제합니다.

(1) 침익적(제재적) 처분의 상대방이 동 처분에 대한 취소소송을 제기하는 경우

법정 준수의무를 위반한 사인에 대하여 1월의 영업정지처분을 발령한 경우를 상정합시다. 처분의 상대방은 행정청이 위법한 처분을 통하여 자신의 권리를 침해해서는 안 된다는 방어권을 일반적으로 향유합니다. 처분청에게 제재적 처분 권한이 부여되더라도 처분을 실제 행하기 전에는 이른바 '無(Nichts)'의 상태이므로 무하자재량행사청구권을 행사할 실질적 이유가 없습니다. 즉, 자연상태인 처분의 발령 전에는 무하자재량행사청구권의 성립 여부에 대한 논의의 계기가 존재하지 않음을 의미하지요. 그러나 행정청이 재량행위에 해당하는 영업정지처분을 1개월의 기간으로 발령한 후에는 문제 상황이 달라집니다. 실체법적으로 우선, 당해 처분이 재량하자에 기한 처분이고 이를 통해 자신의 권리가 침해되었으니, 처분청이 처분을 직권취소하거나 감경하는 것이 타당하다고 처분청에게 주장할 수 있습니다.

이 경우에 〈자신의 침해된 권리〉가 무엇이라고 주장할까요? 무하자재량행사청구권의 침해입니까, 아니면 재산권(영업이익) 침해인가요? 그렇습니다. 후자입니다. 무하자재량행사청구권은 처분의 상대방의 주된 관심사는 아닙니다. 처분의 상대방은 당해 처분으로 인하여 실체적 공권으로서의 자신의 법익에 대한 침해가 발생하므로 당해 권리침해 이외에 실질적으로 무하자재량행사청구권을 원용할 여지는 없습니다. 무하자재량행사청구권이 '침해된 권리'의 실체가 아니라는 의미입니다. 이런 점도 무하자재량행사청구권을 '형식적 공권'이라 칭하는 이유입니다.

상대방이 1월의 영업정지처분의 취소소송을 제기한 경우에도, 당해 처분이 재량의 남용 등에 해당하여 자신의 영업이익이 침해되었으므로 적법한 재량행사에 의한 처분인 '처분 미발령 상태 내지 처분의 취소'가 되도록 법원이 판결해 달라는 청구취지가 당해 처분의 취소청구로 표현되는 것입니다. 이런 점에서 처분의 상대방이 영업정지처분취소소송을 제기한 경우에도 원고는 침해된 권리로서 실체적 공권으로서의 재산권 침해 개연성을 직접 주장하면 족하지, 특별히 무하자재량행사청구권의 침해를 주장할 필요도, 그리고 실익도 없다는 결론에 이릅니다. 그러나 이 경우 재량행위에 대한 제소가 가능하도록 이끈 바탕에는 - 사익보호성을 전제로 하자 없는 재량행사의무가 행정청에게 부과된다는 점에서 - 분명 무하자재량행사청구권이 존재하는 것이므로 소송상 취소 청구의 바탕에는 무하자재량행사청구권이 내재한다고 보아야 합니다. 즉, 침익적 처분의 상대방이 제기하는 취소소송의 경우에도 개념적으로는 무하자재량행사청구권이 바탕에 있습니다. 다만, 구체적으로 발현되지 않을 따름입니다. 이를테면, 적재화물(실체적 공권으로서의 재산권)을 항구(취소소송의 관할법원)까지 무사히 운반하는 선박(무하자재량행사청구권)을 연상하면 적절한 비유인 듯합니다. 항구에 도착하여 상륙하는 것은 적재되었던 화물이지 운반수단이었던 선박이 아니지요. 선장의 임무는 거기까지입니다.

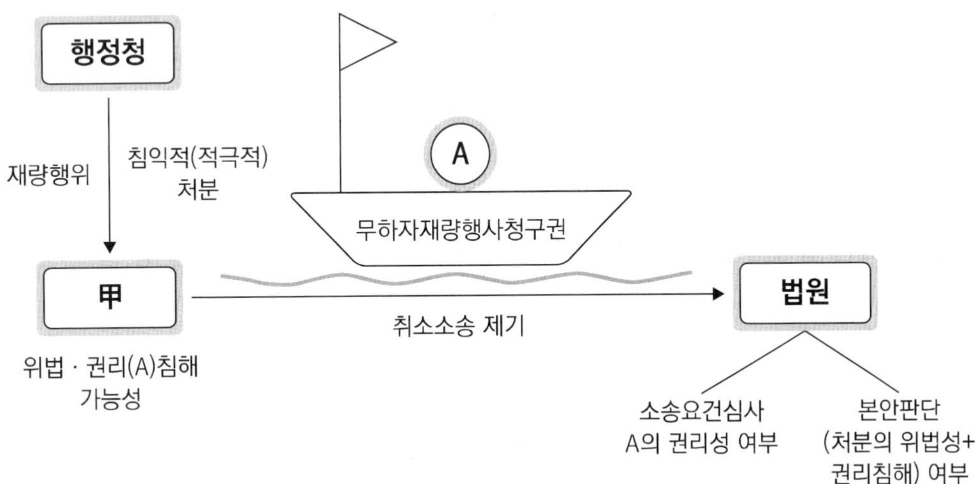

한 가지 더 부연하면, 이 경우 처분의 상대방의 원고적격은 일반적 방어권이 인정되는 점에서 〈영업이익의 침해 개연성〉이라는 실체적 공권의 형태로 항상 인정되므로 소송요건 단계에서 별도의 원고적격에 대한 심사가 불요합니다. 이처럼 영업정지처분 등 적극적인 침익적 처분의 경우 해당 처분의 상대방에게 항상 원고적격이 인정된다는 이론을 '상대방이론'이라고 함은 이미 살펴본 바와 같습니다.

(2) 수익적 처분의 신청에 대한 거부처분에 대해 상대방이 거부처분취소소송을 제기하는 경우

통상 재량행위의 성질인 도로점용허가를 신청하는 경우 신청인은 처분청에게, 법령상의 도로점용허가요건을 구비한 신청이므로 적법하게 재량권을 행사하여 자신에게 동 허가를 발령해 달라는 의미를 담고 있습니다. 그러나 신청인이 의미하는 도로점용허가 발령이라는 특정 처분의 지정은 재량행위 영역에서는 처분청에게 법적인 구속력이 없습니다. 즉, 이 경우 신청인은 단순히 하자 없는 재량행사를 통한 일정한 처분을 발령할 것을 요구할 수밖에 없는 정도의 공권만을 보유하는 것입니다. 이 경우에도 실체법적 측면에서 무하자재량행사청구권이 내재하고 있음을 알 수 있습니다.

이런 의미의 무하자재량행사청구권은 위 실체법적 측면뿐만 아니라 거부처분취소소송에서도 작용합니다. 동 소송에서 원고는 무하자재량행사청구권을 바탕으로 거부처분의 취소를 소송상 청구하지만, 원고적격의 바탕이 되는 침해된 권리가 무하자재량행사청구권이라고는 할 수 없습니다. 하자 있는 재량행사이므로 거부처분은 위법하고, 동 거부로 인해 적법한 재량행사였다면 발령되어 자신이 향유할 수 있었던 도로점용허가로 인한 이익(공권)이 점용허가거부로 말미암아 향유할 수 없는 점에서의 권리침해 개연성이 청구취지에 나타나는 것입니다. 이 경우 무하자재량행사청구권은 형식적 공권의 성격을 띠고, 원고적격의 근본을 이루는 권리 내지 공권은 실체적 공권으로서의 '도로점용허가를 통해 얻을 수 있는 실체적 권리'인 것입니다. 여기에서도 재량행위에서의 권리 침해를 소송의 방법으로 구제받을 수 있는 매개가 무하자재량행사청구권임이 드러납니다.

이와는 달리 일부 문헌에서는 "원고적격은 … 무하자재량행사청구권에 의하여 주어지는 것이다"라고 하여 '무하자재량행사청구권 → 실체적 공권 → 원고적격의 바탕'의 논리구조를 취하면서도, 동 문헌의 다른 곳에서는 正論으로 돌아와 무하자재량행사청구권이 형식적 권리라고 하는 오류를 범하고 있습니다. 무하자재량행사청구권은 공권의 질적 확대를 의미하는 형식적 권리성을 대변하는 것이지, 결코 원고적격 자체를 형성하는 공권으로 보아서는 안 됩니다.[1] 요컨대, 재량행위 영역의 수익적 처분의 경우 신청인(처분의 상대

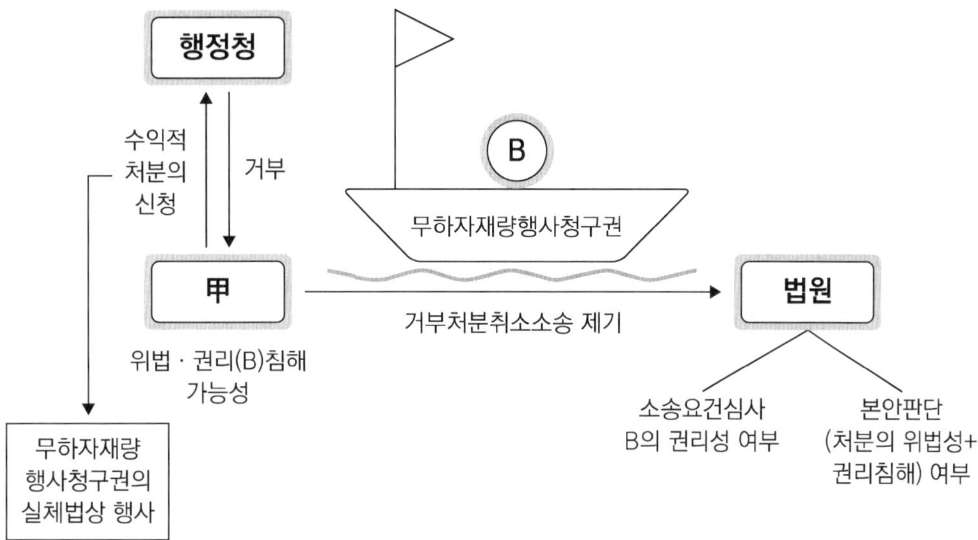

방)에게는 처분청에 대해 하자 없는 재량행사를 통해 일정 처분을 할 것을 요구하는 권리가 인정되고 이를 무하자재량행사청구권이라고 하며, 무하자재량행사청구권은 신청에 대한 거부 시 거부처분취소소송을 가능하게 하는 기능을 담당하는 것으로 요약 가능합니다.

여기에서의 무하자재량행사청구권은 또한 다음의 중요한 의미를 지닙니다. 처분청의 모든 거부가 취소소송의 대상이 되는 것은 아닙니다. 이를테면, A군 군민 甲이 A군의 지역축제의 개최 시기를 기존의 7월에서 자신의 생일이 속한 6월로 변경해 달라고 신청하였고 이에 대해 관할 군수가 거부하여, 甲이 이에 대해 거부처분취소소송을 제기하면 법원은 소송요건 흠결을 이유로 각하판결을 행합니다. 거부의 처분성이 인정되어야 동 소송의 대상적격이 충족되는데, 판례상 거부의 처분성 요건은 〈신청의 대상이 공권력 행사(처분)일 것, 거부행위가 상대방의 권리에 직접 영향을 끼칠 것 및 상대방에게 법규상·

---

1) 이런 점은 무하자재량행사청구권에 관한 독일의 통설적 입장을 보더라도 그러합니다. 아래에서는 F. Hufen의 교과서 「Verwaltungsprozessrecht」의 문구를 인용합니다.

> "Sehr umstritten ist die Frage, ob als eigenständige Rechtsposition i.S.v. §42 II VwGO ein Recht auf fehlerfreie Ermessensausübung in Betracht kommt, das der Kläger unabhängig von anderen Rechtsgütern geltend machen kann. … Es … daß es nicht um einen Anspruch auf bestimmte Ermessensausübung geht, sondern um dahinterstehende Rechtsgüter."
> "무하자재량행사청구권이 행정법원법 제42조 제2항에 의한 원고적격의 바탕을 이루는 독자적인 공권의 법적 지위를 가지느냐가 문제된다. 그러나 … 무하자재량행사청구권이 특정한 내용을 정하여 재량행사를 요구하는 권리가 아니기 때문에 원고적격은 그 뒤에 위치하는 실질적 법익(실체적 공권)의 문제이다."

조리상 신청권이 인정될 것〉입니다. 이때 무하자재량행사청구권은 거부의 처분성 요건에서 신청권의 일종으로 기능합니다. 즉, 무하자재량행사청구권은 거부처분취소소송에서 판례상 거부의 처분성 요건으로서의 신청권을 구성하는 기능, 달리 표현하면 여기에서의 (2) 유형과 관련하여 취소소송의 대상적격을 충족하여 재량행위에 대한 소구 가능성을 열어주는 기능을 담당하는 것입니다. 무하자재량행사청구권을 원고적격과 직접 연관하여 판단하여서는 안 되는 이유가 여기에서도 발견됩니다.

교과서에서 '무하자재량행사청구권의 독자성'을 얘기하는 경우를 발견할 수 있습니다. 바로 위 설명과 관련된 내용입니다. 전술한 바와 같이 원고적격과 직결된 실체적 공권을 구성하지 못하고 단지 형식적 성격만을 보유하는 무하자재량행사청구권을 독자적 공권으로 인정할 실익 내지 법리적 필연성이 있는가의 문제입니다. 모든 공권이 원고적격의 바탕이 되어야 한다는 전제에서는 무하자재량행사청구권이 이를 충족할 수 없는 점에서 '독자성 부인'으로 귀결될 수 있습니다. 혹은 일부 반대 견해에서는 무하자재량행사청구권 자체가 원고적격의 바탕이 되는 공권이므로 독자성이 있다고 얘기할 수도 있습니다. 그러나 재량행위 영역에서도 소송을 통한 권리구제의 가능성이 열려 있는 점에서, 비록 원고적격의 바탕을 형성하지 못하는 형식적 공권이지만 개인의 주관적 공권으로서의 무하자재량행사청구권의 의의는 지대하다고 할 것입니다. '무하자재량행사청구권의 독자성' 논의가 중요한 것이 아니라 요체는 무하자재량행사청구권은 원고적격의 실체로 작용할 수 없지만 공권의 질적 확대현상으로서의 의미는 크다는 점입니다.

가. 무하자재량행사청구권과 판결의 효력으로서의 재처분의무

위 취소소송에서 법원이 도로점용허가거부처분에 재량하자의 사유가 있어, 적법한 재량행사였다면 발령될 수도 있었던 도로점용허가가 발령되지 않음으로 인해 입게 된 원고의 공권 침해를 들어 거부처분의 취소를 내용으로 하는 인용판결을 했다고 가정합시다. 이때 재량행위의 경우 처분 관련 일차적 판단이 처분청의 몫이기 때문에 법원으로서는 곧바로 '처분발령'의 결론에 이를 수가 없으므로 '발령되어야 했던'이라는 표현을 사용할 수 없습니다. 즉, 법원은 "계쟁 처분이 위법한데, 그 이유는 하자 있는 재량행사에 기인한 것이다"는 정도의 판단만이 가능합니다. 결국, 법원의 취소판결에 따라 행정청이 적법하게 재량권을 행사하였음에도 최초 처분과 동일한 거부처분에 이르렀다면 이는 적법한 처분입니다. 이 경우 법원은 원고에게 직접 도로점용허가를 발령하거나 그 발령을 명할 수는 없고, 도로점용허가거부처분을 판결을 통해 취소할 따름입니다. 도로점용허가의 발령을 명하는 것은 의무이행소송의 판결 내용인데, 동 소송은 우리 법제가 인정하지 않기 때문입니다. 즉, 거부처분에 대해서는 거부처분취소소송만이, 행정청의 부작위에 대해서는 부작위위법확인소송만이 가능합니다. 그럼, 원고는 거부처분취소소송에서의 인용판결, 즉 거부처분의 취소만으로 권리구제가 이루어졌습니까? 아닙니다. 거부처분의 취소만으로는 신청 이전의 상태로의 복귀에 불과하여 여전히 불만족스럽습니다. 원고의 입장에서는 궁극적으로 도로점용허가처분의 발령을 위한 제도적 장치를 원할 것입니다.

이런 점이 행정소송법 제30조 제2항에 반영되어 있습니다. 동항은 판결의 기속력의 내용 중, 특히 재처분의무를 규정하는데, 거부처분취소판결에 따라 처분청은 이전의 신청에 대해 판결의 취지에 따라 재처분할 의무를 부담함을 내용으로 합니다. 이 경우 '판결의 취지에 따른 재처분'의 의미는 무엇일까요? "거부처분이 위법하여 취소한다"라는 법원 판결주문에서의 '거부처분의 위법'이 곧바로 신청에 따른 인용처분이 타당함을 의미하지는 않습니다. 이때의 판결의 취지는 "거부처분이 재량하자에 기한 것이므로 위법하며, 따라서 거부처분을 취소한다"에 그칩니다. 즉, 처분청이 판결의 취지에 따라 재처분을 행함에 있어, 거부처분취소판결에 따라 이번에는 적법한 재량행사를 하였음에도 여전히 이전의 신청에 대한 거부처분이 법령상 재량권 부여의 취지에 부합한다고 판단하는 경우에는 재차 거부처분을 행하더라도 판결의 취지에 배치되는 처분은 아니며, 따라서 기속력 내지 재처분의무의 위반이 아닙니다.

만일, 이 경우 재처분의무로서의 제2차 거부처분이 적법한 재량행사의 결과가 아니라 거듭 하자 있는 재량권 행사에서 비롯한다면 이는 판결의 취지에 따른 재처분이 아니므로 재처분의무 위반에 해당합니다. 그렇다면, 원고는 자신의 궁극적 권리구제를 위해 재처분으로서의 제2차 거부처분을 대상으로 하여 다시 한번 거부처분취소소송을 제기해야 할까요? 그러나 별소를 제기해야 한다면 원고에게 가혹합니다. 원고가 제2차 거부처분을 다투는 것은 내용적으로 볼 때 재거부처분이 판결의 취지에 따르지 않은, 즉 또다시 하자 있는 재량행사에 기인하였음을 이유로 한 것입니다. 이처럼 기속력의 내용으로서의 판결의 취지에 따른 재처분이라 할 수 없는 재거부처분에 대하여 원고는 간편하게 행정소송법 제34조에 의한 간접강제를 제1심 수소법원에 신청할 수 있습니다. 즉, 행정청이 재처분의무를 이행하지 않거나 위반한 때에는 제1심 수소법원은 당사자의 신청에 의하여 결정으로써 상당한 기간을 정하고 행정청이 그 기간 내에 이행하지 아니하는 때에는 그 지연기간에 따라 일정한 배상을 할 것을 명하거나 즉시 손해배상을 할 것을 명할 수 있습니다(물론, 거부처분취소판결에도 불구하고 처분청이 이전의 신청에 대해 아무런 처분을 하지 않는 부작위의 경우에도 간접강제를 신청할 수 있습니다). 재처분의무의 실효성 확보를 위해 행정소송법이 특별히 인정하는 제도적 장치입니다.

이처럼 원고의 입장에서 볼 때 거부처분취소소송의 인용판결만으로는 피고 행정청이 선의에 바탕하여 자발적으로 이전의 신청을 인용하는 처분을 하지 않는 한 권리구제에 부족함이 있습니다. 이때 거부처분취소판결의 실효성 제고를 위해 행정청에게 판결의 기속력의 일환으로 재처분의무가 부과됩니다. 재처분의무에도 불구하고 행정청이 인용판결의 취지에 부합하는 재처분을 행하지 않거나 부작위로 일관하는 경우 재처분의무 규정은 무력화됩니다. 따라서 재처분의무의 실효성 확보를 위해 행정소송법은 간접강제를 규정합니다. 다음의 정리를 기억합시다.

- **거부처분취소소송 인용판결의 실효성 제고를 위한 제도 = 재처분의무의 부과**
- **재처분의무의 실효성 확보를 위한 제도 = 간접강제**

한편, 재처분의무와 간접강제는 행정심판에서도 심판 유형별 특성을 반영하여 인정되는데, 거부처분취소심판, 거부처분무효(부존재/존재)확인심판과 의무이행심판의 인용재결(의무이행심판의 경우에는 처분명령재결에 한정합니다)에 각각 재결의 기속력의 일종으로서 재처분의무가 인정되고, 거부처분취소재결 등에 따른 재처분의무의 불이행 시에는 간접강제가, 의무이행심판 인용재결에 따른 재처분의무의 불이행 시에는 간접강제와 함께 직접처분도 가능합니다(행정심판법 제49조, 제50조, 제50조의2). 주의할 점은 행정심판이 행정기관 내부에서의 권리구제 및 행정통제 수단이라는 점에서 행정소송의 경우와는 달리 간접강제에 더하여 직접처분이 인정되는 것입니다. 직접처분을 인정하더라도 권력분립원칙의 위반 소지가 없다고 볼 수 있기 때문입니다. 행정소송의 경우와 다른 점 또 한 가지는 무효확인심판의 인용재결에 따른 재처분의무의 불이행 시에 간접강제가 명문으로 인정되는 점입니다(행정심판법 제50조의2 제1항).

나. 무하자재량행사청구권과 행정행위발급청구권

위 재량행위 영역에서 수익적 처분의 신청 단계 및 그에 대한 거부를 소송상 다투는 경우에 무하자재량행사청구권이 인정됨을 고려한다면, 기속행위에 해당하는 예컨대 건축허가의 경우에도 사인이 처분청에 대해 건축허가 발령을 청구할 수 있는 권리가 인정됩니다. 법령상의 건축허가 요건을 충족하여 사인이 건축허가를 신청하면 행정청은 반드시 건축허가를 발령하여야 하며, 신청에 대해 거부를 하는 경우 위법을 면치 못합니다. 이 경우 건축허가 신청의 바탕에 있는 공권을 일컬어 행정행위발급청구권이라 하고, 행정행위발급청구권이 신청에 대한 거부의 거부처분취소소송에서 거부의 처분성 요건 충족을 위한 신청권으로서 기능함은 무하자재량행사청구권의 경우와 동일합니다. 행정행위발급청구권 성립요건으로서 사익보호성 등 세 가지를 요하는 것과 건축허가거부처분취소소송의 원고적격 판단이 행정행위발급청구권의 침해 개연성이 아니라 이와 관련된 실체적 공권의 문제임도 마찬가지입니다. 또한, 통상 기속행위건 재량행위건 그 신청의 거부에 대한 거부처분취소소송에서 원고적격은 특별한 심사 대상이 아닙니다. 법령에서 수익적 처분의 발령의 근거(요건)를 정하는 경우, 사인은 이에 따라 일반적·추상적으로 그 신청을 할 수 있는 사익이 근거법령에 의해 보호된다고 보아야 하기 때문입니다. 실제 발령을 통한 수혜의 요건이 상대방에게 구비되었는지 여부는 거부처분의 위법을 판단하는 본안의 문제라 할 것입니다.

한편, 재량행위의 경우에도 위 기속행위와 동일한 상황, 즉 도로점용허가신청에 대하여 반드시 도로점용허가를 발령하는 것만이 적법한 경우가 발생할 수 있습니다. 이른바 '재량의 0으로 수축'하는 경우입니다. 재량행위의 경우에도 재량이 0으로 수축되는 경우에는 행정청에게 더 이상 독자적인 판단권이 인정되지 않고 특정 처분을 행할 의무만이 존재하게 되고, 원래의 무하자재량행사청구권은 행정행위발급청구권으로 전환됩니다. 이때 '생명, 신체 등 개인의 중요한 법익에 급박하고 현저한 위험이 존재할 것' 등 재량의 0으로의 수축을 위한 요건을 행정행위발급청구권의 성립요건으로 판단하는 것은 오류입니다. '생명, 신체 등 개인의 중요한 법익에 급박하고 현저한 위험이 존재할 것' 등의 요건은 무하자재량행사청구권이 재량의 0으로의 수축을 통해 행정행위발급청구권으로 전환되어, 결과에 있어 기속행위와 동일하게 되는 요건인 것이지 행정행위발급청구권 자체의 성립요건이 아닙니다. 즉, 행정행위발급청구권은 실체적 공권 및 무하자재량행사청구권 등에서와 같이 공권의 일반적인 성립요건을 충족하여야 성립합니다. 물론, '생명, 신체 등 개인의 중요한 법익에 급박하고 현저한 위험이 존재할 것' 논의는 사익보호성을 내용적으로 전제하는 것이라 추단할 수 있지만, 적어도 법리적으로는 양자가 전혀 별개의 문제 상황임에 주의하여야 합니다. 재량행위에서 재량이 0으로 수축되어 이제는 무하자재량행사청구권의 문제가 아니라 행정행위발급청구권이 쟁점이 되는 경우, 재량의 0으로의 수축 요건을 행정행위발급청구권의 성립요건으로 오용하여서는 안 됩니다.

(3) 행정청이 신청인의 제3자에 대한 규제권 발동 청구를 거부하여 그 신청인이 제기한 거부처분취소소송의 경우

(제3자에 대한 규제권 발동 청구를 거부한 경우에는 쟁점의 이해를 제고하기 위해 사례를 바탕으로 설명합니다.)

비글(Beagle)이나 블러드하운드(Bloodhound) 등 '후각-하운드' 계열 수렵견의 후각능력은 대단히 발달하여 사람이 인지할 수 없는 미세한 냄새까지도 감지할 수 있다. 이들 수렵견은 평소 익숙하지 않은 냄새를 접하면 호기심이나 공포심에 의한 반응을 보이고, 반응의 대부분은 뛰는 것부터 시작하는데 그 과정에서 주변 펜스 및 기둥에 부딪히는 등의 사고도 발생한다. 또한, 암모니아의 수소 원자를 알킬기(alkyl group) 따위의 탄화수소기로 치환한 유기 화합물인 아민(amine)은 임신한 후각-하운드 계열 수렵견 암컷의 혈압 및 심장박동에 악영향을 끼치고 스트레스를 증가시켜 유산으로 이어지는 경우도 있다. 甲은 2001년부터 후각-하운드 계열 수렵견의 사육·분양장을 운영하고 있는데, 乙이 소유한 인근 양파/양배추 절임공장의 가동 이후 자신의 사육견에 피해가 발생하였다. 乙의 공장이 들어서면서 2007년 20마리의 임신한 수렵견 중 1마리가 유산하였고, 2008년은 22마리 중 3마리가, 2009년에는 22마리 중 9마리가 유산을 하였다. 甲은 이러한 유산이 악취배출시설 신고대상인 乙의 공장으로부터 제조 과정 및 폐기물 처리과정에서 배출허용기준을 초과하여 발생하는 아민류의 악취로 인한 것으로 판단하고, 더 이상의 피해 발생을 방지하기 위하여 관할 군수 丙에게 악취방지법 제10조에 따라 乙에 대해 개선명령을 발령할 것을 요구하였다. 이 경우 甲에게 관할 군수 丙에 대해 개선명령의 발동을 청구할 권리가 인정되는가? (☞ 아민류와 수렵견의 병리적 상관관계는 출제 편의를 위해 임의로 작출한 것이며, 과학적으로 전혀 증명된 바 없음)

<참조조문>

* 악취방지법

제1조(목적) 이 법은 사업활동 등으로 인하여 발생하는 악취를 방지함으로써 국민이 건강하고 쾌적한 환경에서 생활할 수 있게 함을 목적으로 한다.

제2조(정의) 이 법에서 사용하는 용어의 뜻은 다음과 같다.

1. "악취"란 황화수소, 메르캅탄류, 아민류, 그 밖에 자극성이 있는 기체상태의 물질이 사람의 후각을 자극하여 불쾌감과 혐오감을 주는 냄새를 말한다.

제7조(배출허용기준) ① 신고대상시설에서 배출되는 악취의 배출허용기준은 환경부장관이 관계 중앙행정기관의 장과 협의하여 환경부령으로 정한다.

제10조(개선명령) 시·도지사 또는 대도시의 장은 신고대상시설에서 배출되는 악취가 제7조에 따른 배출허용기준을 초과하는 경우에는 대통령령으로 정하는 바에 따라 기간을 정하여 신고대상시설 운영자에게 그 악취가 배출허용기준 이하로 내려가도록 필요한 조치를 할 것을 명할 수 있다.

제11조(사용중지명령) ① 시·도지사 또는 대도시의 장은 제10조에 따른 명령(이하 "개선명령"이라 한다)을 받은 자가 이를 이행하지 아니하거나, 이행은 하였으나 제7조에 따른 배출허용기준을 계속 초과하는 경우에는 해당 신고대상시설의 전부 또는 일부에 대하여 사용중지를 명할 수 있다.
② 제1항에 따른 사용중지명령의 기준, 범위 등에 관하여 필요한 사항은 환경부령으로 정한다.

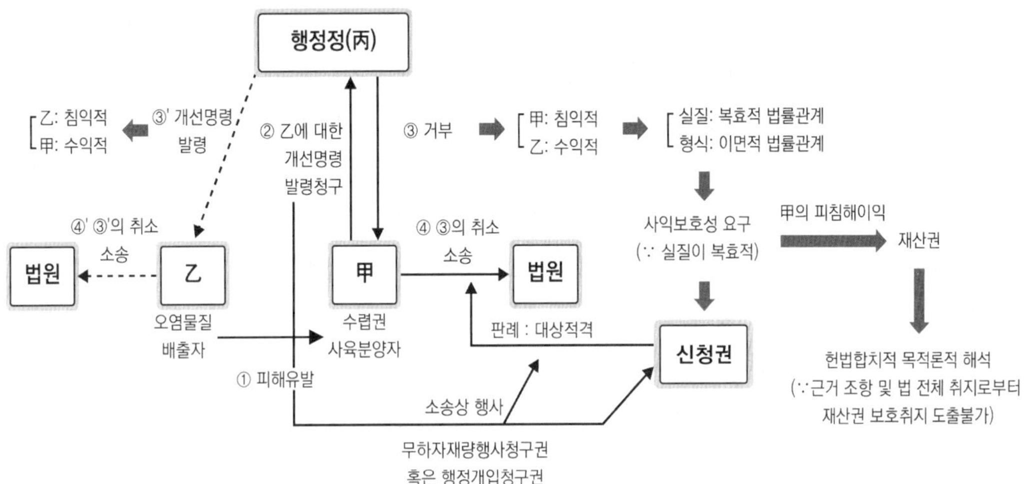

가. 문제의 제기

위 사실관계는 일반적인 〈이면적 법률관계〉 내지 〈삼면적 법률관계〉와는 다른 구조를 취합니다. 수익적 처분의 신청에 대한 거부를 신청인으로서의 상대방이 소송상 다투는 경우가 전자에 해당하고, 대규모 사업승인 등 수익적 처분의 발령과 관련하여 인근주민이 해당 승인처분 등의 위법을 소송상 다투는 것은 후자의 경우입니다. 위 사실관계는 양자의 성질을 겸유하면서 형식적으로는 이면적 법률관계, 내용적으로는 삼면적 법률관계와 유사한 복효적 행정행위의 양상을 띱니다. 군수 丙이 甲의 청구에 따라 개선명령을 발동하면 乙에게는 침익적 효과(甲에게는 수익적 효과)가, 발동 청구를 거부하는 경우에는 乙에게 수익적 효과(甲에게는 침익적 효과)가 발생합니다. 丙의 개선명령 발동거부에 대해 甲이 거부처분취소소송으로 다투는 점에 한정하면 형식적으로 처분청과 거부의 상대방간의 이면적 법률관계의 성격을 내보입니다. 즉, 甲의 청구에 대한 丙의 거부는 형식적으로 볼 때 甲에게로 향합니다. 그러나 그로 인한 파생 효과는 乙에 대한 수익적 효과의 발생이기도 합니다. 여기에서도 양면적 성격의 의미를 엿볼 수 있습니다. 요컨대, 형식적으로는 甲이 제기하는 거부처분취소소송에서 거부의 처분성 인정 여부를 논하는 甲과 丙 사이의 이면적 법률관계가 전면에 등장하지만, 거부처분의 성립을 위한 신청권으로서의 무하자재량행사청구권의 성립요건을 분석할 때에는 개선명령 관련 甲의 사익보호성이 충족되어야 하고, 구체적으로는 '적법한 재량권 행사하에 개선명령의 발동 여부를 결정하여야 하는 丙의 의무가 공익뿐만 아니라 甲의 이익도 보호하는 취지'로 해석되어야 하는 점에서 甲, 乙, 丙 상호 간의 삼면적 법률관계가 내재하는 것입니다. 위 사실관계의 구조에 대한 이러한 기본적 이해를 바탕으로 '문제 제기'를 한다면 아래와 같을 것입니다.

甲에게 乙에 대한 丙의 개선명령 발동을 청구할 권리가 인정되기 위해서는 우선 그 성립요건으로서 신청권이 존재하여야 합니다. 그리고 그 신청권의 성립은 개선명령의 법적 성질의 규명을 선결과제로 합니다. 개선명령의 기속행위, 재량행위 여부에 따라 당해 권리(공권)의 명칭부터 상이하기 때문입니다. 개선명령의 근거 규정은 " … 명할 수 있다"의 형식(가능규정, Kann-Vorschrift)을 취하므로 그에 따른 개선명령은 재량행위에 해당합니다(악취방지법 제10조). 물론, 가능규정의 형식에도 불구하고 이를 권한소재규정으로 해석하여, "일정 요건 충족 시 개선명령을 반드시 발동하여야 하는데, 그러한 권한은 시·도지사 등이 행사할 수 있다"라고 이해한다면 개선명령을 기속행위라고 할 여지도 있습니다만, 통상 규정의 문리해석에 따라 재량행위로 보는 것이 타당합니다. 기속행위와 재량행위 구분의 1차적 기준은 해당 규정에 대한 문리해석입니다.

과거 재량행위에서의 공권 성립을 부인하던 입장과 달리, '의무에 합당한 재량' 관념이 보편화된 오늘날에는 재량행위 영역에서도 적극적 공권의 성격인 무하자재량행사청구권이 인정됨은 이미 설명한 바와 같습니다. 다만, 재량의 본질상 甲에게는 실체적 내용을 특정하여, 즉 개선명령의 발동만이 유일한 선택지라는 전제하에서 무하자재량행사청구권을 행사할 수 있는 것이 아니라, 개선명령 발동 여부의 결정 과정에서 하자 없는 재량행사를 요구하는 형식적 권리로서의 무하자재량행사청구권을 행사할 수 있을 뿐입니다. 이와 관련하여 위 사안에서는 적법한 재량행사하에 개선명령의 발동 여부를 결정해야 하는 의무규정을 제3자에 해당하는 甲의 사익도 보호하려는 취지로 해석할 수 있는지 여부가 관건입니다. 왜냐하면, 甲은 인근의 악취로 인해 수렵견 폐사라는 재산권 침해를 호소하지만, 개선명령발동의 근거 규정인 악취방지법 제10조는 물론, 동법의 취지·목적을 규정한 제1조에서도 - 공익으로서의 건강하고 쾌적한 환경의 보호 및 인근주민의 사익으로서의 환경상 이익의 보호 취지는 도출할 수 있지만 - 사익으로서의 인근 주민의 재산권 보호의 취지는 해석상 도출할 수 없기 때문입니다. 보호규범이 보호의 대상으로 하는 사익과 원고가 주장하는 피침해 사익이 내용적으로 외견상 일치하지 않는다는 의미입니다.

그러나 사익보호성이 인정되어 무하자재량행사청구권이 성립한다고 결론짓더라도 丙이 반드시 개선명령을 발동하여야 하는 것은 아닙니다. 사익보호성이 인정됨은 무하자재량행사청구권, 즉 하자 없는 재량행사를 통한 일정한 결정을 청구할 수 있음을 말하는 것에 그치고, 이것이 곧 丙의 개선명령발동으로 귀결되는 것은 아닙니다. 甲의 개선명령발동청구에 대해 丙은 악취방지법 제10조의 규정, 乙의 악취방지를 위한 저간의 노력, 甲의 이익에의 침해 정도 등 제반 사정을 구체적으로 비교·형량하여 그 발동 여부를 결정할 수 있습니다. 사안에서 직접 묻지는 않았지만, 만약 甲의 무하자재량행사청구권이 인정되더라도 수렵견의 폐사가 급속히 확대되어 양육하던 수렵견 전부가 폐사할 위험이 임박하고도 절박한 경우 甲의 무하자재량행사청구권이 행정개입청구권으로 변모하는 점도 중요 쟁점입니다.

요컨대, 악취방지법 제10조 및 동법 전체의 취지를 고려할 때 丙의 개선명령 발동과 관련하여 甲의 사익으로서의 재산권 보호의 취지를 포함하는 것으로 해석된다면 무하자재량행사청구권으로서 甲의 개선명령발동청구권이 성립하며, 丙의 거부에 대해서는 거부의 처분성 요건과 관련하여 신청권으로서 무하자재량행사청구권이 긍정되므로 그 처분성이 인정됩니다. 따라서 甲은 丙의 거부에 대해 거부처분취소심판, 의무이행심판, 거부처분취소소송 등으로 다툴 수 있습니다.

나. 개선명령의 법적 성질

악취방지법 제10조에 비추어 개선명령은 재량행위에 속합니다. 따라서 처분청은 원칙적으로 의무에 합당한 재량행사를 통하여 개선명령의 발령 여부를 결정할 수 있고, 재량의 일탈·남용에 해당하지 않는 한 해당 결정은 위법한 처분이 아닙니다.

다. 무하자재량행사청구권의 성립 여부

통상의 공권의 경우와 다르지 않아서, 재량행위 영역에서의 형식적 공권인 무하자재량행사청구권도 그 성립요건에 관한 한 사익보호성의 인정 여부가 핵심 쟁점입니다. 개선명령의 근거인 악취방지법 제10조는 '배출허용기준 초과'라는 요건규정과 '개선명령을 발할 수 있음'이라는 재량권이 부여된 효과규정 만으로 구성되어 있지, 문언 자체에서 개선명령발동의 취지나 목적은 나타나지 않습니다. 이로부터 甲의 사익보호성으로서 재산권 보호를 해석상 직접 도출하는 것은 전형적인 논리적 비약입니다. 나아가 공권의 양적 확대를 위한 '근거 법률의 취지·목적 해석론'에 의하더라도 동법 제1조가 甲의 재산권을 보호하려는 취지라는 해석은 불가능합니다. 동법 제1조는 환경상 이익을 직접적인 보호 대상으로 하기 때문입니다. 결국, 처분의 근거 조문인 동법 제10조와 제1조에 드러나는 악취방지법 전체의 취지는 甲의 재산권에 대한 보호규범이 아닙니다.

그러나 헌법상 기본권으로서의 재산권은 근대 시민사회 성립의 추동력을 제공한 핵심적 가치입니다. 배출허용기준을 초과한 오염물질을 배출했을 개연성이 큰 상황에서 인근 주민 甲의 재산권 보장을 위한 개선명령발동의 신청 자체를 봉쇄한다면, 이는 헌법상 기본권에 대한 심각한 침해이자 실질적 법치주의를 형해화하는 것으로서 법치행정이념에 비추어 용인할 수 없습니다. 따라서 이 사안과 관련하여 개선명령발동의 재량적 의무가 환경보호라는 공익뿐만 아니라 인근 주민 甲의 재산권도 보호하고자 하는 취지로 해석되어야 함에도 불구하고 동법 제10조, 제1조 등이 이를 해석상 내포하지 못하고 있으므로, 이 경우에는 해당 조문들에 대한 헌법합치적·목적론적 해석하에 甲의 재산권도 보호하려는 취지를 긍정하여 무하자재량행사청구권의 성립요건으로서의 사익보호성을 인정하는 것입니다. 전술한 바와 같이 전통적인 보호규범론의 범주를 넘어 공권의 성립 범위를 보다 확대하려는 이러한 해석론을 독일에서는 '제3자 고려명령이론'이라고 칭합니다. 이러한 입론과 헌법상 기본권(여기서는 재산권이 되겠지요)으로부터 직접적으로 공권, 즉 甲의 사익보호성을 도출하는 일부 견해를 동일시해서는 안 됩니다. 그리고 헌법상 기본권으로부터 직접 공권을 도출하는 견해는 다수설과 판례의 입장에도 배치됩니다.

전술한 해석론은 또한 우리 대법원도 수용하고 있는데, 영향권 내외의 차별 취급을 원칙적으로 하면서도 예외적으로 영향권 밖 주민의 원고적격 인정 가능성을 예정한 이른바 '새만금판결'을 통해, '수인하기 힘든 손해가 발생하거나 발생할 우려가 있음을 입증하는 경우'에는 공권의 성립을 긍정하는 판례 입장이 그것입니다. 이때 환경영향평가 대상지역 밖에 거주하는 주민의 환경상 이익은 원칙적으로 일반적·추상적·간접적·평균적 이익이지만, 헌법합치적·목적론적 해석을 통해 환경영향평가 대상지역 내 주민의 환경상 이익에 대한 규범적 평가인 개별적·구체적·직접적 이익과 결과에 있어 동일한 취급을 받는 것입니다.

사안으로 돌아와 판단컨대, 甲의 재산권은 통상의 보호규범론에 의하는 한, 원칙적으로 공익 및 환경적 이익으로서의 사익을 위해 개선명령이 발동될 경우 향유하는 일반적·추상적·간접적·평균적 이익으로서의 반사적 이익에 불과하지만, 개선명령의 미발동으로 인한 甲의 피해 상황이 '수인하기 힘든 손해가 발생하거나 발생할 우려가 있음을 입증하는 경우'에 해당한다고 해석할 수 있으므로 甲의 재산권은 결과에 있어 개별적·구체적·직접적 이익이라고 귀결되는 것입니다. 위 설문의 경우(환경적 이익 vs. 재산적 이익)와는 달리 '새만금 판결'에서는 환경적 이익이라는 동일 성질의 이익을 대상으로 환경영향평가 대상지역이라는 물리적 기준에 따라 차별적 평가를 행하는 원칙에 대해 법치행정원칙의 철저를 이념으로 헌법합치적으로 해석하는 것이므로 양자는 성질상 상이하다는 문제제기가 가능할 듯하지만, 이 점은 사실관계 및 근거규범의 외연의 차이에서 비롯하는 것으로서 그 본질에 있어서의 동류라고 보아야 합니다. 양자 모두 '헌법합치적·목적론적 해석을 통한 사익보호성 인정'이라는 점에서는 동일하다는 의미입니다.

다만, 판례는 이른바 검사임용신청사건(대판 1991.2.12, 90누5825), 즉 수익적 처분의 상대방(신청인)이 처분청의 거부에 대해 거부처분취소소송을 제기한 경우(전형적인 이면적 법률관계에 해당합니다) 신청인의 무하자재량행사청구권을 인정한 바 있지만, 위 사안과 같이 행정청의 규제권 발동을 위한 무하자재량행사청구권이나 후술하는 행정개입청구권을 정면으로 인정한 경우는 없습니다. 그러나 이런 유형의 다툼이 본격적으로 소송사건화하면 판례도 여기에서의 무하자재량행사청구권을 인정하지 않을 이유가 없을 것입니다.

라. 행정개입청구권

행정개입청구권은 법령상 행정청에 규제·감독 기타 행정권 발동의무가 부과되어 있는 경우에(기속행위와 재량이 0으로 수축된 경우를 말합니다) 그에 대응하여 사인이 행정청에 대해 그러한 행정권 발동을 요구하는 권리를 말합니다. 전형적 예로는 경찰개입청구권, 소음·공기/수질오염 등에 대한 개선명령 등 규제권발동청구권을 들 수 있습니다. 행정개입청구권은 행정청에 대하여 적극적으로 행정행위 등 행정작용을 할 것을 구하는 점에서 적극적 공권이며, 무하자재량행사청구권과는 달리 특정 처분을 지정하여 그 발동을 구할 수 있으므로 형식적 공권이라고는 할 수 없습니다. 그러나 이런 성질이 곧 행정개입청구권만으로 원고적격을 인정할 수 있음을 의미하는 것은 아닙니다. 원고적격의 인정을 위해서는 여전히 실체적 내용을 갖는 재산권, 환경상 이익 등의 법익에 대한 침해 개연성을 요합니다.

그러나 제3자에 대한 규제권 발동 사안, 구체적으로는 신청권에 기해 규제권 발동을 청구하였으나 처분청이 이를 거부하여 신청인이 거부처분취소송을 제기한 경우에는, - 무하자재량행사청구권도 마찬가지이지만 - 여기에서의 사익보호성이 원고적격의 인정 문제가 아니라 거부의 처분성 요건, 즉 신청권의 성립요건으로 구체화되는 점을 특히 유의해야 합니다. 형식적으로는 '규제권 발동 청구권자(甲)'와 '행정청(丙)' 간의 이면적 법률관계를 전제로 하기 때문입니다. 만약, 개선명령발동거부에 대해 甲이 거부처분취소소송을 제기한 경우, 거부의 처분성 여부는 차치하고 甲의 원고적격은 통상 인정되므로 이를 굳이 논증할 이유는 없지만, 甲의 원고적격을 반드시 이론적으로 설명할 것을 요한다면 다음의 입론이 가능합니다. 적법한 행정권 행사인 乙(오염물질 배출자)에 대한 개선명령이 발령되었다면 甲이 누렸을 재산적 이익이 개선명령의 미발령으로 인해 침해된 개연성이 원고적격을 구성할 것이고, 이는 사익보호성을 논하지 않더라도 곧바로 자유권적 기본권으로서의 재산적 이익의 공권성을 들어 원고적격 인정이 가능합니다.

행정개입청구권은 그 성립요건의 충족하에, 행정청에게 특정 처분을 행할 것을 요구할 수 있는 지위를 사인이 보유하는 점에 그 본질적 의의가 있습니다. 또한, 행정개입청구권 개념의 실익은 실체법적 측면보다 침해된 법익(공권)의 회복을 동 개념을 통해 소송법적으로 관철할 수 있음에서 발견되는 점은 무하자재량행사청구권의 경우와 동일합니다. 아무리 실체법적으로 무하자재량행사청구권이나 행정개입청구권이 성립하고, 요구한 행정작용의 발령요건이 충족되었더라도, 처분청이 거부하면 사인은 실체법적으로 더 이상 할 수 있는 일이 없기 때문입니다. 행정개입청구권도 공권 성립요건의 일반론이 적용되고, 특히 사익보호성과 관련된 지금까지의 모든 설명은 여기에서도 유효합니다.

행정개입청구권은 기속행위를 전제로 하는 것이 일반적이지만, 사안의 경우처럼 재량행위에서도 표출될 수 있습니다. 절박하고 임박한 위험에 상응하여 재량이 0으로 수축된 경우, 행정청은 더 이상 재량권을 행사할 수 없고 발동요건이 충족한다면 법령상 처분을 행해야 하는 의무하에 놓이게 됩니다. 이때 위 (2)의 예에서 나타나는 전형적인 이면적 법률관계에서는 행정행위발급청구권이고, 사안처럼 제3자에 대한 규제권 발동이 문제될 경우에는 이를 특히, 행정개입청구권이라 하는 것입니다. 요컨대, 양자는 기속행위나 재량의 0으로 수축의 경우에 문제되는 점에서는 동일합니다. 그러나 행정행위발급청구권은 이면적 법률관계에서 수익적 처분의 발령(신청의 상대방에 대한 처분발령을 의미합니다) 도구로서의 의의를 지니는 데 비하여, 행정개입청구권은 제3자에 대해 침익적 성격의 규제권 발동을 요구할 수 있는 매개 기능을 담당하는 점에서 차이를 보입니다. 이를 〈표〉로 요약하면 다음과 같습니다.

	신청인(상대방)에 대한 수익적 처분 발령	제3자에 대한 규제권 발동
재량행위	무하자재량행사청구권	무하자재량행사청구권
기속행위 혹은 재량의 0으로 수축	행정행위발급청구권	행정개입청구권

마. 무하자재량행사청구권의 쟁송상 행사

무하자재량행사청구권을 구현하기 위한 쟁송형태는 위 (2)와 (3), 즉 신청인(상대방)에 대한 수익적 처분 발령과 제3자에 대한 규제권 발동의 경우에 특히 문제되며, 그 관련 설명은 행정행위발급청구권/행정개입청구권의 경우 동일하게 적용됩니다. 구체적 쟁점은 처분의 신청에 대한 거부나 부작위에 대응하여 상대방이 제기할 수 있는 쟁송형태를 기본 구조로 합니다. 또한 단순히 쟁송형태만 문제되는 것이 아니라 집행정지, 기속력 등 유관 쟁점과의 체계적 정합성하에서 고찰해야 합니다. 우선, 다음 〈표〉를 봅시다.

아래에서는 위 (3) 유형을 모델로 하여, 거부처분취소소송과 관련한 쟁점에 대하여 설명하겠습니다. 甲의 개선명령발동청구에 대해 丙이 거부하는 경우 甲은 거부처분취소소송을 제기할 수 있습니다. 법원은 이에 대해 우선 소송요건 충족 여부를 심사합니다. 전술한 바와 같이 이 경우 이론적으로 원고적격 충족 여부도 심사대상이지만 이면적 법률관계(수익적 처분의 신청에 대한 거부)에서는 특별히 언급할 필요는 없습니다. 우리의 사안도 형식적으로는 이면적 법률관계입니다. 甲의 개선명령발동청구에 대해 丙이 거부하고 甲은 자신에 대한 거부처분을 소송상 다투는 형태이기 때문입니다. 비록 개선명령발동 여부가 제3자로서의 乙의 법익에 영향을 미치지만, 이를 예컨대, 〈사업승인처분에 대한 인근주민인 제3자의 취소소송 제기〉의 경우와 동일한 통상의 삼면적 법률관계로 보아서는 안 됩니다. 재언하지만, 위 (3)은 자신에 대한 거부처분을 소송상 다투는 것임에 비해, 사업승인처분에 대한 인근 주민의 취소소송 제기는 제3자(승인처분의 상대방)에 대한 처분을 소송의 대상으로 하기 때문입니다.

거부처분취소소송에서는 거부의 처분성 인정 여부가 주요 쟁점으로 부각되는데, 이는 특히 신청권의 존재 여부로 구체화되고 위 사안에서의 신청권 인정 여부는 무하자재량행사청구권의 성립과 직결됩니다. 무하자재량행사청구권의 성립요건에서는 특히 사익보호성이 문제되는바, 악취방지법상 개선명령발동의 근거 조문이나, 동법 전체의 취지를 담은 제1조의 해석에 의하더라도 甲의 재산권 보호 취지나 목적은 도출이 불가능합니다. 그럼에도 불구하고 헌법합치적·목적론적 해석에 의해 甲의 재산적 이익도 보호하려는 취지로 해석함이 마땅합니다. 즉, 甲에게는 개선명령발동청구권이 인정됩니다. 여기에서의 개선명령청구권은 거부의 처분성 요건으로서의 신청권의 기능을 합니다. 따라서 甲의 거부처분취소소송의 대상인 丙의 거부는 행정소송법 제2조상의 '처분'에 해당하며, 甲의 제소는 적법합니다. 결국, 위 사업승인처분에 대한 인근주민의 취소소송 제기 등 전형적인 복효적 행정행위의 모델하에서는 사익보호성이 원고적격의 요소이지만, 제3자에 대한 규제권발동청구의 거부에 대해 제기하는 거부처분취소소송에서는 처분성 요건으로 현출된다고 결론지을 수 있습니다. 또한, 이러한 결론은 행정개입청구권의 매개되는 상황에도 동일합니다.

바. 판결의 기속력(특히, 재처분의무)과의 관계

甲의 거부처분취소소송에서 법원이 인용판결 하였다면, 丙은 이전의 개선명령발동청구에 대해(별도의 재신청을 요하지 않습니다. 행정소송법 제30조 제2항) 반드시 인용처분을 행하여야 하는지 여부가 쟁점입니다.

판결의 기속력이 미치는 범위는 우선 주관적으로 처분청 또는 관계 행정청에 미칩니다. 기속력의 객관적 범위는 판결주문과 판결이유에 나타난 개개의 위법사유입니다. 그 시적 범위는 처분시를 기준으로 합니다. 판결의 기속력은 반복금지효, 결과제거의무, 재처분의무 등 내용적으로 세 가지로 구성됩니다. 처음 두 가지는 행정소송법 제30조 제1항에 내용적으로 담겨있다고 해석합니다. 반복금지효는 예를 들어, 3월의 영업정지처분이 해당 구성요건의 흠결을 이유로 판결에 의해 취소되었음에도 처분청이 동일 사유로 거듭 3월의 영업정지처분을 발령해서는 안 됨을 의미합니다. 원상회복의무 내지 결과제거의무는 예를 들어 과세처분에 따라 세금 상당액을 납부하였는데 그 후 과세처분의 위법을 취소소송을 통해 다투어 인용판결을 받게 되면, 과세처분에 대한 소송상 취소의 귀결로서 원고의 납부에 의해 세무관청이 보유하던 세금 상당액은 일종의 부당이득에 해당하므로 이를 원고에게 반환해야 할 의무를 의미합니다.

마지막으로 거부처분취소(무효확인)판결에서 특히 문제되는 재처분의무입니다. 재처분의무의 근거 규정인 행정소송법 제30조 제2항에 의하면, 거부처분취소판결이 확정되면 처분청은 '판결의 취지'에 따라 이전의 신청에 대해 재처분하여야 합니다.

① 여기서 '판결의 취지'가 관건인데, 무하자재량행사청구권이 매개된 거부처분취소소송의 인용판결은 "당해 거부처분이 재량하자에 근거한 거부처분이기 때문에 동 거부처분을 취소한다"입니다. 따라서 그러한 판결의 취지에 따라 丙은 적법한 재량행사 결과 개선명령발동청구가 타당하다면 그 발동을 하여야 하지만, 역으로 재량권 행사 결과 여전히 개선명령의 미발동이 적법한 선택이라면 재차 거부하더라도 판결의 기속력에 위반하지 않습니다.

② 다음은 거부처분이 행정절차법 제21조에 의한 사전통지 흠결 등 절차하자를 이유로 취소된 경우입니다. 이 경우 인용판결의 취지는 바로 〈절차하자로 인한 위법 → 거부처분 취소〉입니다. 따라서 丙은 재처분의무를 이행함에 있어 절차를 준수한 후 다시

거부처분을 행하더라도 판결의 기속력에 반하지 않습니다.

③ 법령개정 등으로 처분의 법적 외연이 변경된 경우입니다. 통설·판례에 의할 때 처분의 위법성 판단시점은 거부처분취소소송의 경우를 포함하여 처분시입니다. 즉, 취소판결에 따라 1차 거부처분이 처분시의 근거 법령에 의할 때에는 위법하더라도 처분발령 이후 법령이 개정되어 거부사유가 새로이 추가된 경우에는, 취소판결에도 불구하고 丙은 개정 법령에 따라 새롭게 추가된 거부사유를 들어 다시 거부처분을 행하더라도 재처분의무 위반이 아닙니다. 다만, 이 경우 해당 재거부처분이 실체적으로 적법한 것인지 여부는 별개의 판단 대상입니다.

④ 거부사유가 복수일 경우, 원처분 사유와 기본적 사실관계의 동일성이 인정되지 않는 사유를 들어 재차 거부처분을 행하는 때에는 판결의 기속력 위반이 아닙니다. 이해를 돕기 위해 이면적 법률관계를 바탕으로 하는 다른 사례를 들어 설명합니다.

> 甲은 자신의 대지 위에 주거용 건물을 신축하는 것을 내용으로 하는 건축허가를 신청하였는바 관할 군수 Y는 거부처분을 하였다. 당해 건축허가의 근거법령과 기타 관련법규를 고려하건대 Y가 상정한 처분시의 거부사유는 A, B, C, D, E, F의 여섯 가지였고 실제 거부처분의 근거로는 A, B의 두 가지가 제시되었다. 甲은 건축허가거부처분취소소송을 제기하였고, 변론과정에서 최초 거부처분의 근거로 제시된 A와 B가 처분의 적법성을 담보하는 필요·충분한 처분사유가 아님이 드러나게 되었다. 따라서 Y는 C, D, F의 세 가지 사유를 거부처분의 근거사유로 추가·변경하고자 하였고, 이에 대하여 관할법원은 Y가 추가로 제시하고자 한 사유 중 F에 대하여는 이를 허용하지 않았고, 추가로 제시된 C와 D를 포함하여 본안판단을 한 결과 원고의 청구를 인용하는 거부처분 취소판결을 행하였으며, 동 판결은 Y의 항소포기로 확정되었다. 그럼에도 불구하고 Y는 다음의 사유를 들어 재차 거부처분을 하였다. 아래 각 재거부처분이 판결의 기속력에 위반하는지 여부를 검토하시오.
>
> (a) 사유 C 내지 D를 들어 2차 거부처분을 한 경우
>
> (b) 사유 E 내지 F를 들어 2차 거부처분을 한 경우
>
> (c) 법령 개정에 의해 건축허가 거부사유로 추가된 사유 G를 들어 거부처분을 한 경우

모든 판결의 효력은 확정판결의 효력입니다. 따라서 판결의 기속력은 피고의 항소포기, 상소기간의 도과, 상고심 판결 등에 의해 당해 판결이 확정될 때에만 발생합니다. 위 사례에서는 "동 판결은 Y의 항소포기로 확정되었다"라는 문구가 이를 표현합니다. (통상 사실관계에서는 판결의 확정을 직접 언급하거나 확정판결임을 의미하는 사유를 제시하지만, 그런 표현이 가사 부기되지 않았다 하더라도 '판결의 확정'을 전제하여야 합니다.)

원칙적으로 행정청은 처분을 행함에 있어 처분의 법적 근거와 사실상 이유를 부기해야 합니다(행정절차법 제23조 참조). 그러나 예컨대 위 사례처럼 신청에 대한 거부처분을 행하는 경우 복수의 거부사유를 제시할 필요 없이 그 하나만 제시하더라도 거부처분의 적법성은 담보되며, 또한 모든 거부사유를 제시하는 것은 행정의 신속성·효율성 측면에서 바람직하지 않을 수도 있습니다. 그러나 처분발령 후 소 계속 중 당해 거부처분의 적법이 담보되지 않음을 발견한 경우에는 처분청은 처분시에 존재하였던 나머지 거부사유의 전부 또는 일부를 일정 기준하에 추가하거나 변경할 수 있습니다. 이는 '처분사유의 추가·변경'의 제하에 논의되는 쟁점입니다. 처분사유의 추가·변경을 무한정 허용한다면 원고에게 매우 불리합니다. 복수의 거부사유 중 소 계속 중에(사실심 변론종결시까지, 이는 처분사유의 추가·변경이 가능한 시점을 의미합니다. 이것과 처분사유의 추가·변경의 시간적 기준을 혼동해서는 안 됩니다. 처분사유의 추가·변경의 기준시점 내지 시간적 한계는 처분시입니다. 즉, 처분시 존재했던 사유를 사실심 변론종결시까지 추가나 변경이 가능한 것으로 이해하면 됩니다) 하나만 추가하였고 법원이 원고의 청구를 인용한 경우, 처분청은 처분시에 존재하였던, 그러나 소 계속 중 제시하지 않은 사유를 들어 재차 거부처분을 하더라도 그 사유에 의한 처분의 위법 여부는 법원의 판단과정에서 심리대상에 포함된 개개의 위법사유에 해당하지 않았으므로 판결의 기속력이 미치지 않아 기속력 위반이 아니라는 결론에 이르기 때문입니다. 이러한 과정이 반복될 가능성을 배제할 수 없는 한, 원고에게 가혹한 결과임은 자명합니다.

따라서 학설과 판례는 처분사유의 추가·변경 및 판결의 기속력의 객관적 범위에 대한 일응의 기준을 제시하였는데, 이를 원처분 사유와의 '기본적 사실관계의 동일성' 여부라 표현합니다. 또한, 여기에서의 기본적 사실관계의 동일성의 구체적 판단기준은 아래 판례에서 확인하는 바와 같습니다.

* **대판 2013.12.11, 2001두8827** : "행정처분의 취소를 구하는 항고소송에 있어서, 처분청은 당초 처분의 근거로 삼은 사유와 기본적 사실관계가 동일성이 있다고 인정되는 한도 내에서만 다른 사유를 추가하거나 변경할 수 있고, 여기서 **기본적 사실관계의 동일성 유무는 처분사유를 법률적으로 평가하기 이전의 구체적인 사실에 착안하여 그 기초인 사회적 사실관계가 기본적인 점에서 동일한지 여부에 따라 결정**되며 이와 같이 기본적 사실관계와 동일성이 인정되지 않는 별개의 사실을 들어 처분사유로 주장하는 것이 허용되지 않는다고 해석하는 이유는 행정처분의 상대방의 방어권을 보장함으로써 실질적 법치주의를 구현하고 행정처분의 상대방에 대한 신뢰를 보호하고자 함에 그 취

지가 있고, 추가 또는 변경된 사유가 당초의 처분시 그 사유를 명기하지 않았을 뿐 처분시에 이미 존재하고 있었고 당사자도 그 사실을 알고 있었다 하여 당초의 처분사유와 동일성이 있는 것이라 할 수 없다."

위 논의를 바탕으로 다음의 설명이 가능합니다.

* 기본적 사실관계의 동일성 여부는 처분시 존재했던 처분사유 사이에서의 문제입니다. 따라서 처분 이후 법령개정 등에 의해 발생한 새로운 처분사유는 위법성 판단시점, 즉 <처분시설>을 논하지 않더라도 원처분 사유와 기본적 사실관계의 동일성이 인정되지 않습니다.
* 원처분 사유와 기본적 사실관계의 동일성이 인정되는 사유를 들어 처분사유를 추가 또는 변경하는 것은 가능합니다. 법원의 심리 범위에 속한다는 의미입니다. 그러나 원처분사유와 기본적 사실관계의 동일성이 인정되지 않는 사유는 처분사유의 추가·변경의 대상이 될 수 없습니다.
* 판결의 기판력의 객관적 범위가 - 학설 대립에도 불구하고 - 처분의 위법성 일반인 것과는 달리, 판결의 기속력이 미치는 객관적 범위는 기본적으로 처분에 대한 개개 위법사유이므로 법원이 심리한 개개 위법사유에만 판결의 기속력이 미치며, 법원의 심리 범위에 속하지 않은 처분사유에는 기속력이 미치지 않습니다. 따라서 원처분사유와 기본적 사실관계의 동일성이 인정되는 사유에는 판결의 기속력이 미쳐(그 사유는 처분사유의 추가·변경이 가능합니다), 그 사유를 들어 2차 거부처분을 행하면 기속력 위반입니다. 역으로, 원처분사유와 기본적 사실관계의 동일성이 부인되는 사유는(그 사유는 처분사유의 추가·변경이 불가능합니다) 기속력의 객관적 범위에 포함되지 않기 때문에 인용판결에도 불구하고 처분청이 그 사유를 들어 제2차 거부처분을 하더라도 기속력 위반이 아닙니다. 결국, 판결의 기속력의 객관적 범위와 처분사유의 추가·변경은 '동전의 앞뒷면' 관계라 할 수 있습니다.

그럼, 위 설문에 대해 답해 봅시다.

(a) 사실관계에 비추어 사유 C와 D는 원처분사유와 기본적 사실관계의 동일성이 긍정되므로(처분사유의 추가·변경이 허용되었음에서 이를 알 수 있습니다), 이들을 들어(사유 A와 B는 물론입니다) 다시 거부처분을 행하는 것은 판결의 기속력 위반(재처분의무 위반이라 표현해도 무방합니다)에 해당합니다.

(b) 이에 비해 사유 F는 처분사유의 추가·변경이 불허되어 법원의 심리 범위에 포함되지 않았으므로 원처분사유와 기본적 사실관계의 동일성이 부정됩니다. Y는 인용판결에도 불구하고 사유 F를 제시하며 또다시 거부처분을 행하더라도 재처분의무 위반이 아닙니다. 그러나 사유 E에 대해서는 일률적인 답을 제시할 수 없습니다. 처분시 존재했

던 처분사유이지만 Y가 처분사유의 추가·변경 사유로 삼지 않았기 때문입니다. 따라서 만약 E가 원처분사유와 기본적 사실관계의 동일성이 인정되는 사유라면 2차 거부처분은 기속력 위반, 그렇지 않다면 기속력 위반이 아니라는 결론이 타당합니다. 한편, 위 사안에서 예컨대, "사유 F에 의한 2차 거부처분이 기속력 위반이 아니다"라는 문장의 의미는 무엇일까요? 그 처분이 항상 적법하다는 의미일까요? 그렇지 않습니다. "사유 F에 의한 2차 거부처분이 기속력 위반이 아니다"의 의미는 문자 그대로 사유 F에 판결의 기속력이 미치지 않는다는, 즉 원처분사유와 기본적 사실관계의 동일성이 인정되지 않는다는 점에 그칩니다. 사유 F에 의한 거부처분이 기속력 위반이 아니라 하더라도 당해 처분의 실체적 적법 여부는 담보되지 않습니다. 따라서 원고가 2차 거부처분인 사유 F에 의한 거부처분을 다투고자 한다면, 2차 거부처분을 대상으로 재차 취소소송을 제기해야만 합니다. 한편, 이 경우 원고는 취소소송의 제기에 갈음하여 - 이미 설명한 바 있는 - 간접강제를 신청할 수는 없습니까? 그렇지 않습니다. 이때 간접강제를 신청할 수는 없습니다. 왜일까요? 간접강제는 거부처분취소판결에도 불구하고 피고 처분청이 부작위 상태에 머물러 있거나 판결의 취지에 어긋나는 재처분을 행한 경우, 즉 통칭하면 재처분의무에 위반한 경우에 신청 가능합니다. 그런데 사유 F에 의한 거부처분은 판결의 취지에 배치되지 않는 재처분이므로 재처분의무 위반이 아니라 할 것입니다. 따라서 이때 간접강제 신청에 대해 제1심 수소법원은 기각결정을 하게 됩니다. 이러한 문제점은 의무이행소송의 도입과 함께 상당 부분 해소될 것으로 기대합니다. 더불어 설명하건대, 위 설명은 행정개입청구권이 매개된 사안에서도 적용될 수 있습니다. 즉, 처분사유가 단수이거나 모든 처분사유가 처분과 함께 제시된 상황에서 법원이 인용판결을 하였다면, 이제 처분청은 이전의 신청에 대한 수익적 처분의 발령, 즉 인용처분을 하는 것만이 재처분의무를 이행한 것입니다. 그러나 이와는 달리 기속행위나 재량이 0으로 수축된 경우를 전제하더라도 복수의 처분사유 중 원처분사유와 기본적 사실관계의 동일성이 인정되지 않는 사유가 여전히 남아 존재한다면, 처분청은 그 사유를 들어 다시 거부처분을 행하더라도 기속력 위반이 아니라 할 것입니다.

(c) 한편, 사유 G를 들어 거부처분을 한 경우는 처분의 위법성 판단시점 논의에 의하거나, 아니면 위 기속력의 객관적 범위에 관한 설명에 비추어 보더라도 재처분의무 위반이 아님을 일견 알 수 있습니다.

사. 문제의 해결

1) 개선명령의 근거조항인 악취방지법 제10조나 동법 전체의 목적 내지 취지가 담

긴 제1조를 통해서도 공익 또는 사익으로서의 환경적 이익은 차치하더라도 甲의 사익인 재산권 보장 취지를 도출할 수 없지만, 동법을 헌법합치적·목적론적으로 해석할 때 개선명령의 발동은 甲의 재산권을 보호하려는 취지로 해석 가능하므로 甲에게는 무하자재량행사청구권으로서 乙에 대한 개선명령의 발동을 丙에게 청구할 권리가 인정됩니다. 이 경우 개선명령의 근거조항인 악취방지법 제10조를 기속규정으로 해석하거나 구체적 사안에서 재량이 0으로 수축된 경우에는 행정개입청구권으로서 개선명령발동청구권을 인정할 수 있습니다.

2) 甲의 청구에 따라 군수 丙이 개선명령을 발동한 경우 乙은 개선명령의 발동 여부를 결정하는 과정에서의 재량의 일탈·남용을 주장하거나(재량행위로 보는 경우), 개선명령 발동요건을 준수하지 않았음을 들어(기속행위나 재량이 0으로 수축되었음을 전제하는 경우) 개선명령취소심판이나 개선명령취소소송을 제기할 수 있습니다. 이때 乙은 상대방이론에 따라 그 청구인적격 내지 원고적격을 인정함에 어려움이 없습니다.

3) 이와는 달리 丙이 개선명령 발동을 거부하는 경우 甲은 거부처분취소심판, 의무이행심판 혹은 거부처분취소소송을 제기할 수 있는데(아래에서는 거부처분취소소송의 경우만을 상정합니다), 甲에게는 거부의 처분성 요건인 신청권으로서 무하자재량행사청구권 내지 행정개입청구권이 인정되므로 취소소송의 대상적격을 충족하여 동 소송은 적법합니다.

4) 甲의 거부처분취소소송에서 법원이 인용판결을 한 경우 인용판결의 기속력, 특히 재처분의무에 따라 군수 丙은 판결의 취지에 따라 이전의 신청에 대해 재처분을 할 의무가 부과됩니다(행정소송법 제30조 제2항). 그러나 이때의 판결의 취지에 따른 재처분이 반드시 신청에 대한 인용처분만을 의미하는 것은 아닙니다. 즉, 재량하자를 이유로 거부처분이 취소된 경우 적법한 재량행사를 통한 재처분이 거부로 귀결된다면 재거부처분이더라도 판결의 기속력에 위반하는 것은 아닙니다. 같은 맥락에서, 절차하자를 치유한 후 재거부하는 경우, 처분시 이후 법령개정 등으로 인해 추가된 거부사유를 들어 다시 거부하는 경우 및 원처분 사유와 기본적 사실관계의 동일성이 인정되지 않는 사유를 들어 재거부하는 것은 재처분의무 위반이 아닙니다.

5) 법원의 거부처분취소판결에도 불구하고 丙이 아무런 처분을 하지 않거나 재처분의무를 위반한 재처분을 하는 경우 甲은 제1심 수소법원에 간접강제를 신청할 수 있습니다(행정소송법 제34조). 거부처분무효확인소송의 인용판결에 따른 재처분의무를 이행하지 않는 경우에도 명문규정의 흠결에도 불구하고(행정소송법 제38조 제1항 참조) 원고는 간접강제를 신청할 수 있다고 보아야 하며, 거부처분무효확인심판 인용재결의 경우에는 행정심판법이 그에 대한 허용을 명문으로 인정합니다(행정심판법 제50조의2 제1항).

<table>
<tr><th colspan="3"></th><th>거부</th><th>부작위</th></tr>
<tr><td rowspan="6">행정
쟁송</td><td rowspan="3">행정
심판</td><td>심판
유형</td><td>• 거부처분취소(무효확인)심판
• 의무이행심판</td><td>의무이행심판</td></tr>
<tr><td>임시
구제</td><td>• 집행정지의 가능성
: 원칙적으로 부정
• 의무이행심판: 임시처분</td><td>임시처분(행정심판법 제31조)</td></tr>
<tr><td>재처분
의무의
실효성
확보수단</td><td>• 거부처분취소(무효확인)심판 : 간접강제1)
• 의무이행심판(처분명령재결) : 간접강제,1) 직접처분2)</td><td>• 의무이행심판(처분명령재결) : 간접강제,1) 직접처분2)</td></tr>
<tr><td rowspan="3">행정
소송</td><td>소송
유형</td><td>• 거부처분취소(무효소송)소송
• 의무이행소송의 가능성
: 판례×, 행정소송법 개정안○</td><td>• 부작위위법확인소송
• 의무이행소송의 가능성
: 좌동</td></tr>
<tr><td>임시
구제</td><td>• 집행정지의 가능성
: 학설(부분긍정), 판례(부정, 하급심 부분인정)
• 민사집행법상 가처분
: 판례(준용×), 행소법개정안○</td><td>• 집행정지 준용규정 부재 : 부정
• 민사집행법상 가처분
: 좌동</td></tr>
<tr><td>재처분
의무의
실효성
확보수단</td><td>간접강제3)</td><td>간접강제3)</td></tr>
</table>

주1: 인용재결의 취지에 따른 재처분이 아닌 경우
주2: 처분명령재결에도 불구하고 아무런 처분을 하지 않는 경우
주3: 인용판결의 취지에 따른 재처분이 아닌 경우(단, 거부처분무효확인소송에는 준용규정 없음)

제5강

행정입법

1. 법규적 효력과 처분성의 관계

〈법규성과 처분성〉

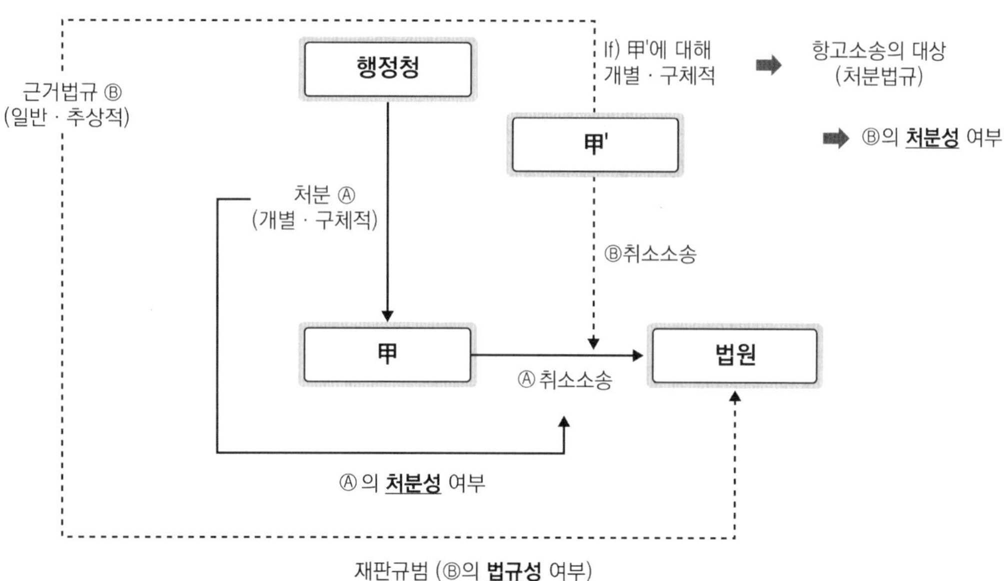

행정입법 논의에서 자주 접하는 용어 중에 '법규적 효력', '법규성'이 있습니다. 여기에서 제기되는 의문은 "법규란 무엇인가?"입니다. 강제력을 수반하는 법규범은 국민의 권리의무, 즉 법률관계에 영향을 미칩니다. 다른 말로 표현하면 국민에 대한 구속력을 보유함을 의미합니다. 이를 "법규적 효력이 인정된다. 법규성이 인정된다. 국민을 구속한다" 등으로 표현합니다. 법규적 효력을 "법원을 구속한다"라고 표현하는 경우에도 같은 의미입니다. 당연히 행정청도 구속하겠지요. 이러한 법규적 효력을 보유하는 규범을 법규라고 칭하기도 합니다.

그렇다면, 법규는 지금까지 흔히 사용해 왔던 '처분'과는 같은 개념일까요? 절반의 타당성이 인정되는 명제입니다. 과거에는 처분도 국민의 권리의무에 영향을 미치는 점에서 이를 법규의 일종으로 보았습니다. 그러나 처분은 법령 등 통상의 법규와 차이를 보입니다. 양자는 국민에게 영향을 미치는 점에서는 공통이지만, 구속력을 발휘하는 양태에서 다르지요. 법규는 일반·추상적 규범으로서 개별 집행행위를 매개로 하여서만 사인의 권리의무에 영향을 미침에 비해, 처분은 행정청이 구체적 사실에 관한 법집행으로서 행하는 공권력 행사로서(행정소송법 제2조 제1호 참조) 그 자체로 직접 국민의 권리의무에 변동을 가져오는 성질을 지닙니다. 이런 차이에 착안하여 오늘날에는 처분을 법규에 포함하지 않는 것으로 이해합니다.

법령보충규칙 등 일부 행정규칙은 일정 요건하에 법규적 효력을 보유합니다. 이러한 사정을 "처분성이 인정되므로 국민이나 법원을 구속한다"라고 표현해서는 안 됩니다. 행정규칙(법규명령도 마찬가지입니다만) 중 일부는 그 규율형식의 개별·구체적인 성격상 직접 항고소송의 대상이 됩니다(이 경우에 해당하는 것을 특히, '처분법규' 혹은 '처분적 명령'이라 칭합니다). 그러나 이를 "해당 행정규칙은 법규성, 즉 법규적 효력이 인정되어 취소소송의 대상이 된다"라고 기술하는 오류를 범합니다. 행정규칙이 일정 경우 항고소송의 대상이 된다면, 이는 그 처분성이 인정된 것이지 법규성을 긍정한 것이 아닙니다. 물론, 처분도 법규라고 보는 과거 입장에서는 오류가 아닐 수도 있겠지만, 오늘날에는 처분을 법규와 구별되는 개념으로 파악함을 유의해야 합니다.

요컨대, 행정규칙이 예외적인 경우에 항고소송의 대상이 됨은 그 규율형식의 개별·구체성으로 말미암아 그 자체 직접 국민의 권리의무에 변경을 가져오는 행정소송법상의 처분성이 긍정되기 때문이지, 그것이 원래의 내부적 효력을 넘어 간접적으로 국민에게 영향을 미치는 소위 법규적 효력이 인정되어서가 아닙니다. 행정규칙이 법규성을 보유하게 되면 이는 처분이 되는 것이 아니라, 여전히 일반·추상적 성질을 보유한 채 법규명령화되어 재판규범이 되는 것입니다. 처분법규로서의 행정규칙은 집행행위를 매개로 하지 않는 점에서 실질적으로 처분과 동일해지므로 항고소송의 대상이 됩니다. 여기에서 처분법규로서 행정규칙의 법규성 인정 여부는 논의의 실익이 없습니다. 처분 내지 행정행위로서의 실질을 가지므로 공정력에 의해 일응 유효한 처분으로서 국민의 권리의무에 직접 영향을 미치기 때문입니다. 같은 맥락에서, 법규명령이 항고소송의 대상이 되는 것은 그 처분성 때문이므로 당해 법규명령에 원래 인정되던 법규적 효력은 처분성 인정과는 관련이 없습니다.

＊ **대판 2003.10.9, 2003무23** : "어떠한 고시가 일반적·추상적 성격을 가질 때에는 법규명령 또는 행정규칙에 해당할 것이지만, 다른 집행행위의 매개 없이 그 자체로서 직접 국민의 구체적인 권리의무나 법률관계를 규율하는 성격을 가질 때에는 행정처분에 해당한다고 할 것이다. 원심은 채용 증거들을 종합하여 판시와 같은 사실을 인정한 다음, 그 판시의 고시(이하 '이 사건 고시'라 한다)가 불특정의 항정신병 치료제 일반을 대상으로 한 것이 아니라 특정 제약회사의 특정 의약품을 규율 대상으로 하는 점 및 의사에 대하여 특정 의약품을 처방함에 있어서 지켜야 할 기준을 제시하면서 만일 그와 같은 처방기준에 따르지 않은 경우에는 국민건강보험공단에 대하여 그 약제비용을 보험급여로 청구할 수 없고 환자 본인에 대하여만 청구할 수 있게 한 점 등에 비추어 볼 때, 이 사건 고시는 다른 집행행위의 매개 없이 그 자체로서 제약회사, 요양기관, 환자 및 국민건강보험공단 사이의 법률관계를 직접 규율하는 성격을 가진다고 할 것이므로, 이는 항고소송의 대상이 되는 행정처분으로서의 성격을 갖는다고 판단하였다. 기록을 관계 법령과 위 법리에 비추어 살펴보면, 원심의 이러한 판단은 정당한 것으로 수긍할 수 있고, 거기에 재항고이유의 주장과 같은 이 사건 고시의 처분성에 관한 법리오해의 위법이 없다."

＊ **대판 1996.9.20, 95누8003** : "조례가 집행행위의 개입 없이도 그 자체로서 직접 국민의 구체적인 권리의무나 법적 이익에 영향을 미치는 등의 법률상 효과를 발생하는 경우 그 조례는 항고소송의 대상이 되는 행정처분에 해당하고, 이러한 조례에 대한 무효확인 소송을 제기함에 있어서 행정소송법 제38조 제1항, 제13조에 의하여 피고적격이 있는 처분 등을 행한 행정청은, 행정주체인 지방자치단체 또는 지방자치단체의 내부적 의결기관으로서 지방자치단체의 의사를 외부에 표시할 권한이 없는 지방의회가 아니라, 지방자치법(1994. 3. 16. 법률 제4741호로 개정되기 전의 것) 제19조 제2항, 제92조에 의하여 지방자치단체의 집행기관으로서 조례로서의 효력을 발생시키는 공포권이 있는 지방자치단체의 장이라고 할 것이다.[1] 한편, 지방교육자치에관한법률(1995. 7. 26. 법률 제4951호로 개정되기 전의 것) 제14조 제5항, 제25조에 의하면 시·도의 교육·학예에 관한 사무의 집행기관은 시·도 교육감이고 시·도 교육감에게 지방교육에 관한 조례안의 공포권이 있다고 규정되어 있으므로, 교육에 관한 조례의 무효확인 소송을 제기함에 있어서는 그 집행기관인 시·도 교육감을 피고로 하여야 할 것이다. 원심이 같은 취지에서, 경기 가평군 가평읍 상색국민학교 두밀분교를 폐지하는 내용의 이 사건 조례는 위 두밀분교의 취학아동과의 관계에서 영조물인 특정의 국민학교를 구체적으로 이용할 이익을 직접적으로 상실하게 하는 것이므로 항고소송의 대상이 되는 행정처분이라고 전제한 다음, 이 사건과 같이 교육에 관한 조례무효확인 소송의 정당한 피고는 시·도의 교육감이라 할 것이므로 지방의회를 피고로 한 이 사건 소는 부적법하다고 판단한 것은 정당하고, 거기에 논지와 같은 조례무효확인 소송에 있어서의 피고적격에 관한 법리오해의 위법이 있다고 할 수 없다."

＊ **대판 2007.4.12, 2005두15168** : "항고소송의 대상이 되는 행정처분은 행정청의 공법상의 행위로서 특정사항에 대하여 법률에 의하여 권리를 설정하고 의무를 명하며, 기타 법률상 효과를 발생케 하는 등 국민의 권리의무에 직접 관계가 있는 행위이어야 하고, 다른 집행행위의 매개 없이 그 자체로서 국민의 구체적인 권리의무나 법률관계에 직접적인 변동을 초래케 하는 것이 아닌 일반적, 추상

> 적인 법령 등은 그 대상이 될 수 없다(대법원 1994. 9. 10. 선고 94두33 판결 등 참조). 원심이 같은 취지에서, 의료법 시행규칙(2003. 10. 1. 보건복지부령 제261호) 제31조가 의료기관의 명칭표시판에 진료과목을 함께 표시하는 경우 그 글자의 크기를 의료기관 명칭을 표시하는 글자 크기의 2분의 1 이내로 제한하고 있지만, 위 규정은 그 위반자에 대하여 과태료를 부과하는 등의 별도의 집행행위 매개 없이는 그 자체로서 국민의 구체적인 권리의무나 법률관계에 직접적인 변동을 초래하지 아니하므로 항고소송의 대상이 되는 행정처분이라고 할 수 없다고 하여, 주위적으로는 위 규정의 무효확인을 구하고, 예비적으로는 그 취소를 구하는 이 사건 소를 부적법하다고 판단한 것은 정당하고, 거기에 상고이유로 주장하는 바와 같은 행정처분에 관한 법리오해 등의 위법이 있다고 볼 수 없다."

법규가 처벌규정을 두는 것만으로 이를 처분법규로 보아 처분성을 인정하는 오류를 많이 범합니다. 수범자를 특정한 처벌규정이나 벌칙규정은 처분법규로서 그 자체 항고소송의 대상이 됩니다. 그러나 국민 모두 혹은 불특정 다수를 수범자로 하는 대부분의 처벌규정은 그에 따른 처분이 매개되는 경우에 비로소 상대방의 권리의무에 영향을 미칩니다. 거듭 강조하건대, 처분성은 규율의 개별·구체성을 전제로 하는 논의입니다. 형식상으로 볼 때 법령이나 행정규칙이더라도 이들이 구체적인 처분을 매개하지 않더라도 그 자체로 직접 국민의 권리의무에 직접 변동을 초래하는 처분으로서의 성질을 띠는 경우에는 이들을 직접 항고소송의 대상으로 삼을 수 있습니다.

2. 법규명령

1) 법규명령의 의의

행정입법은 행정권이 법조(法條)의 형식으로 일반적·추상적 규율을 제정하는 작용 또는 그에 의하여 제정된 법 규정을 의미합니다. 여기서 '일반적'이라 함은 불특정 다수인을 대상으로 함을 의미하고, '추상적'은 규율 사안이 특정되어 있지 않음을 말합니다. 행정법학에서 얘기하는 행정입법은 일반적으로 법규명령과 행정규칙으로 구성되며, 양자는 제정절차, 주체 등에서의 차이를 보이지만 특히, 법규적 효력의 인정 여부로 구분됩니다. 과거의 판례나 문헌에서 가끔 '행정명령'이라는 용어를 만납니다. 이는 행정규칙을

---

1) 이 판례에서의 주요 쟁점은 조례의 처분성이지만, 그 못지않게 처분적 성격의 조례에 대한 항고소송에서의 피고가 지방자치단체장임도 중요합니다.

의미합니다. 또한, 최근의 감염병 확산과 관련하여 지방자치단체가 '집회금지 행정명령'을 발령했다는 언론보도를 접하는데, 이는 원칙적으로 행정규칙이 아니라 처분으로 이해해야 합니다. 구체적으로는 사안에 따라 수범자를 특정한 전형적 의미의 처분인 경우도 있고, 특정 가능한 범주의 수범자에 대한 일반처분에 해당하는 것도 있을 것입니다.

법규명령을 광의로 파악할 때에는 자치입법인 조례도 포함합니다. 헌법에 의하여 직접 제정하는 국회규칙(헌법 제64조 제1항), 대법원규칙(헌법 제108조), 헌법재판소규칙(헌법 제113조 제2항), 중앙선거관리위원회규칙(헌법 제114조 제6항) 등은 행정법적 의미에서의 법규명령은 아닙니다. 다만, 헌법이 위임하였고 원칙적 입법권자인 국회를 제정주체로 하지 않는 점에서 '위임입법'이라는 개념 속에 포함시키기도 합니다. '위임입법의 한계'라는 표현에서 그 용례를 찾을 수 있습니다. 여기에서의 위임입법에는 헌법상 각종 규칙, 행정법에서의 법규명령 및 조례를 포함하는 개념입니다. 후술하는 바와 같이, 행정규칙의 형식이지만 예외적으로 상위법령과 결합하여 법규적 효력이 인정되는 이른바 법령보충규칙도 법령이 구체적으로 범위를 정하여 위임하여야 한다는 점에서는 여기에서의 위임입법의 일종이므로 위임입법의 한계론이 적용됨은 뒤에서 보는 바와 같습니다.

다만, 조례의 경우에는 포괄적 위임이 허용되는 점이 다른 법규명령과 구별됩니다. 그러나 조례는 원칙적으로 지방자치단체의 사무 중 자치사무를 제정대상으로 하고 위임사무의 경우에는 법률의 위임이 있는 경우에만 제정 가능한데(이른바 '위임조례'), 위임조례에서의 위임은 판례에 의할 때 법률에서 범위를 정하여 구체적으로 위임할 것을 요합니다.

법규명령은 제정 주체에 따라 시행령과 시행규칙으로 구분합니다. 대통령령이 전자이고 후자는 총리령·부령을 말합니다. 법규명령은 또한, 학문적으로 위임명령과 집행명령으로도 구분 가능합니다. 전자는 법률의 위임에 따라 법률이 정하지 않은 사항에 대해서도 규율 가능하며, 이 점에서 법률의 개정 등으로 인해 수권 규정이 부존재하게 되면 그 효력을 상실합니다. 집행명령은 법률의 시행 내지 집행을 위한 세부적 사항을 규율하는 법규명령으로서 법률의 위임이 불요합니다. 그러나 이것이 법률의 위임이 불가하다는 의미는 아닙니다. 예컨대, 식품위생법상 영업정지 등 제재적 처분은 재량행위로 구성되며, 그 구체적인 기준은 시행규칙 별표에 위임되어 있습니다. 이때 당해 별표는 모법의 집행, 즉 영업정지처분의 발령을 위한 구체적인 기준을 규율이므로 성질상 집행명령이지만, 식품위생법의 해당 조문에서는 ' … 처분기준은 총리령으로 정한다' 식으로 규정합니다. 나아가 하나의 법규명령은 위임명령 성격의 조항과 집행명령 성격의 조항이 혼재하는 것이 일반적입니다. 오늘날 위임명령과 집행명령의 구분 실익이 크지 않음을 의미합니다.

2) 법규명령의 필요성

권력분립원칙, 법치행정원리, 의회주의 등에 의할 때 국민의 권리의무에 영향을 미치는 법규의 정립은 원칙적으로 의회에 속하며, 현행 헌법도 입법권의 국회 전속을 천명하고 있습니다(헌법 제40조). 그러나 행정의 복잡·다기성, 전문·기술성으로 인해 국민의 행정 의존도가 폭발적으로 증대함에 비해 국회입법의 적시성은 현실적 측면에서 기대하기 쉽지 않습니다. 또한, 법률제정절차와 법규명령 제정절차는 준수해야 하는 세부 절차의 밀도와 그 시간적 소요 정도 등을 고려할 때 비교의 대상이 아니라 할 것입니다. 이에 더하여 오늘날 위기정부의 일상화도 한몫을 합니다. 나아가 지역적 특성을 고려한 규율의 필요성은 조례의 비중 증대로 현출됩니다. 법규명령을 포함하여 행정입법 금지론은 우리 시대에 논의의 실익이 없음을 말해 줍니다.

그러나 법규명령의 일상화로 인한 행정권의 비대화는 이른바 골격입법, 백지수표식 수권 등 실질적으로 입법권의 행정부에로의 이양을 초래하여 행정부독재를 걱정하는 우려의 목소리도 비등합니다. 1933.3.24. 나치스(Nazis)의 수권법(Ermächtigungsgesetz)이 그 전형적 예입니다. 이는 곧 법규명령에 대한 사전적 통제장치로서 법규명령의 한계론이, 사후적 통제장치로는 포괄적 위임을 예정한 법률의 위헌법률심사제도와 법률의 위임범위를 유월한 법규명령 등의 위헌·위법명령규칙심사제도가 요구됨을 의미합니다. 이처럼 법규명령의 불가피성과 의회입법원칙의 조화를 견지하려는 이론적 시도가 위임입법한계론으로 구체화되어 나타납니다. 현행 헌법도 전자에 대해서는 제75조와 제95조에서 후자는 제107조 제1항 및 제2항에서 이를 규정하고 있습니다. 나아가 현대 행정법학에서는 단순히 법규명령의 한계를 설정하는데 그치지 않고 국민주권원리, 행정의 민주화를 적극적으로 구현하기 위해 행정입법 제정 과정에의 국민 참여를 제도적으로 보장하려는 노력을 기울입니다. 행정절차법상의 행정입법 예고절차(행정절차법 제41조 내지 제45조)가 그 대표적입니다. 입법예고를 통해 국민은 관련 의견을 제출할 수 있고 이는 최종 입법단계에 반영되는 것입니다. 요컨대, 법규명령은 〈행정입법금지론 → 행정입법한계론 → 국민참여론〉의 진화과정을 경험한 것으로 요약할 수 있습니다.

3) 법규명령의 종류, 위임의 근거와 관련한 몇 가지 문제

(1) 감사원규칙 : 법률만에 의한 법규명령 형식의 가능성

감사원법은 헌법상 근거 없이 동법 제52조에 의해 비로소 감사원규칙의 법적 근거를 규정함으로써 감사원규칙의 법적 성질을 두고 논란의 여지가 있습니다. 이러한 형식은 공정거래위원회규칙(독점규제및공정거래에관한법률 제71조 제2항), 금융위원회규칙(금융위원회의설치등에관한법률 제16조), 금융통화위원회규정(한국은행법 제30조), 중앙노동위원회규칙(노동위원회법 제25조) 등에서도 발견됩니다.

법규명령 형식은 헌법이 예정하는 경우에만 한정적으로 인정된다는 견해에서는 이들을 행정규칙으로 간주합니다. 헌법과 무관하게 법률만에 의하여 법규명령의 제정 가능성을 인정하는 것은 의회입법원리에 위반한다는 입장입니다. 또한 위에서 예시한 법률에서 규칙의 제정대상으로 열거한 사항이 금융위원회 등 각 기관에 대한 권한 창설적 사항이 아니라 당해 기관 내부적 사항임도 논거로 듭니다. 이에 대해 법규명령설은 헌법에 규정된 법규명령의 종류를 예시적인 것으로 보아 법률의 위임을 바탕으로 법률의 시행을 위해 실질적으로 법규적 내용을 정립하는 것은 국회입법원칙에 반하지 않는다고 해석합니다.

생각건대, 법률에 기하여 그 내용을 보완하거나 구체적 사항에 규정하는 법규범이 정립되는 것만으로 그것이 국회입법원칙에 대한 실질적 침해를 의미한다고는 볼 수 없습니다. 또한, 감사원법 제52조에 따라 감사원규칙으로 정할 수 있는 감사사무 처리에 관한 사항은 그것이 간접적이더라도 국민에 대한 영향을 부인할 수 없습니다. 이러한 내용을 담은 감사원규칙을 행정규칙이라고 한다면 그 실질적 구속력에도 불구하고 법규성 부인으로 인해 국민은 이를 헌법 제107조 제2항에 의한 구체적 규범통제를 통해 무효 선언을 구할 수 없는 불합리한 결과에 이르는 것을 간과할 수 없습니다. 따라서 감사원규칙을 국민에 대한 영향 등 그 실질적 규율영역에 착안하여 법규명령으로 성질지우는 것이 타당합니다.

아래 헌법재판소 결정은 엄격히 보아 후술하는 법령보충규칙에 관한 것이지만, 여기에서의 결론을 뒷받침하는 것으로도 자주 인용됩니다.

* **헌재결 2004.10.28, 99헌바91** : "… 오늘날 의회의 입법독점주의에서 입법중심주의로 전환하여 일정한 범위 내에서 행정입법을 허용하게 된 동기가 사회적 변화에 대응한 입법수요의 급증과 종래의 형식적 권력분립주의로는 현대사회에 대응할 수 없다는 기능적 권력분립론에 있다는 점 등을 감안하여 헌법 제40조와 헌법 제75조, 제95조의 의미를 살펴보면, 국회입법에 의한 수권이 입법기관이 아닌 행정기관에게 법률 등으로 구체적인 범위를 정하여 위임한 사항에 관하여는 당해 행정기관에게 법정립의 권한을 갖게 되고, 입법자가 규율의 형식도 선택할 수도 있다 할 것이므로, 헌법이 인정하고 있는 위임입법의 형식은 예시적인 것으로 보아야 할 것이고, 그것은 법률이 행정규칙에 위임하더라도 그 행정규칙은 위임된 사항만을 규율할 수 있으므로, 국회입법의 원칙과 상치되지도 않는다. 다만, 형식의 선택에 있어서 규율의 밀도와 규율영역의 특성이 개별적으로 고찰되어야 할 것이고, 그에 따라 입법자에게 상세한 규율이 불가능한 것으로 보이는 영역이라면 행정부에게 필요한 보충을 할 책임이 인정되고 극히 전문적인 식견에 좌우되는 영역에서는 행정기관에 의한 구체화의 우위가 불가피하게 있을 수 있다. 그러한 영역에서 행정규칙에 대한 위임입법이 제한적으로 인정될 수 있다.
행정규칙은 법규명령과 같은 엄격한 제정 및 개정절차를 요하지 아니하므로, 재산권 등과 같은 기본권을 제한하는 작용을 하는 법률이 입법위임을 할 때에는 "대통령령", "총리령", "부령" 등 법규명령에 위임함이 바람직하고, 금융감독위원회의 고시와 같은 형식으로 입법위임을 할 때에는 적어도 행정규제기본법 제4조 제2항 단서에서 정한 바와 같이 법령이 전문적·기술적 사항이나 경미한 사항으로서 업무의 성질상 위임이 불가피한 사항에 한정된다 할 것이고, 그러한 사항이라 하더라도 포괄위임금지의 원칙상 법률의 위임은 반드시 구체적·개별적으로 한정된 사항에 대하여 행하여져야 한다. …"

(2) 법률의 위임이 없는 법규명령의 가능성

여기에는 이론적으로 행정유보설을 취하면서 독일의 규범구체화행정규칙의 경우처럼 행정의 고유한 명령제정권을 인정하려는 입장도 포함하는데, 이에 대해서는 행정규칙 부분에서 설명합니다. 여기에서는 전혀 법률의 근거 없이 제정된 시행령의 경우 그 법적 성질 규명이 쟁점입니다. 통상 '…규정'이라 칭하는데, (구)보안업무규정, (구)사법시험령, (구)사무관리규정, (구)민원사무처리규정 등에서 그 예를 찾을 수 있었습니다(현재 그들 중 상당수는 폐지되었고 보안업무규정은 국가정보원법 제4조 제2항에 의해 그 위임 근거를 가지므로 논의의 실익이 크지는 않습니다). 법규명령에서 행정 내부의 사무처리기준을 정하는 이른바 내부법적 규율을 하더라도 이는 위헌이 아니며 동 규정이 사인의 권리의무에 영향을 미치지 않는 점에서 그 형식을 중시하여 법규적 효력을 인정해도 무방하다는 견해도 있었지만, 법규적 효력을 인정할 경우 법규명령은 법률에 의한 수권을 요한다는 헌법 제75조, 제95조에 정면으로 배치되므로 수용하기 힘듭니다. 또한, 이들 규정이 사인에 대한 영향을 미치지 않는다는 전제도 반드시 타당하지는 않습니다. '법률상 위임근거의 규정화'라는 조금의 노력으로 국법질서의 통일을 기할 수 있으므로 위헌·무효라 함이 타당합니다.

한편, 대통령령 중에는 규정 형식상 'OO법시행령'과 'OO규정'의 두 가지가 있습니다. 양자는 어떻게 다를까요? 예컨대, 식품위생법시행령은 식품위생법의 규율 사항 전반에 대해 모법의 위임에 따라 각각 규율하는 데 비해, 보안업무규정은 국가정보원법 제4조에 의한 직무 중 보안업무 수행에 관한 사항에 한정하여 규율합니다.[1] 즉, 양자는 모법 내용에 대한 규율 범위에서 차이를 드러냅니다.

(3) 법률에의 위임은 항상 명시적이어야 하는가의 문제

시행령이나 시행규칙은 그 법률에 의한 위임이 없으면 개인의 권리·의무에 관한 내용을 변경·보충하거나 법률이 규정하지 아니한 새로운 내용을 정할 수는 없지만, 법률의 시행령이나 시행규칙의 내용이 모법의 입법 취지와 관련 조항 전체를 유기적·체계적으로 살펴보아 모법의 해석상 가능한 것을 명시한 것에 지나지 아니하거나 모법 조항의 취지에 근거하여 이를 구체화하기 위한 것인 때에는 모법의 규율 범위를 벗어난 것으로 볼 수 없으므로, 모법에 이에 관하여 직접 위임하는 규정을 두지 아니하였다고 하더라도 이를 무효라고 볼 수는 없습니다. 이러한 법리는 지방자치단체의 교육감이 제정하는 교육규칙과 그 모법인 상위 법령의 관계에서도 마찬가지입니다.

* **대판 2016.1.21, 2014두8650** : "법률의 시행령은 법률에 의한 위임이 없으면 개인의 권리·의무에 관한 내용을 변경·보충하거나 법률에 규정되지 아니한 새로운 내용을 정할 수는 없지만, 시행령의 내용이 모법의 입법 취지와 관련 조항 전체를 유기적·체계적으로 살펴보아 모법의 해석상 가능한 것을 명시한 것에 지나지 아니하거나 모법 조항의 취지에 근거하여 이를 구체화하기 위한 것인 때에는 모법의 규율 범위를 벗어난 것으로 볼 수 없으므로, 모법에 이에 관하여 직접 위임하는 규정을 두지 않았다고 하더라도 이를 무효라고 볼 수 없다. 구 법인세법(2008. 12. 26. 법률 제9267호로 개정되기 전의 것, 이하 '구 법인세법'이라 한다) 제98조 제6항, 제120조의2 제1항 본문, 구 법인세법 시행령(2010. 2. 18. 대통령령 제22035호로 개정되기 전의 것) 제162조의2 제3항(이하 '시행령 조항'이라 한다)의 문언 및 체계에 더하여, 지급명세서 제출의무는 원천징수 대상 소득의 금액과 귀속자 등을 기재한 명세서를 관할 세무서장에게 제출하도록 함으로써 과세관청의 용이한 소득원 파악과 거래의 객관성 제고 등을 도모하기 위한 협력의무이므로 원천징수의무자에게 그와 같은 의무를 지우는 것이 합리적인 점, 구 법인세법 제120조는 내국법인의 경우 지급명세서 제출의무를 원천징수

1) **보안업무규정 제1조(목적)** 이 영은 「국가정보원법」 제4조에 따라 국가정보원의 직무 중 보안 업무 수행에 필요한 사항을 규정함을 목적으로 한다.

의무자에게 지우고 있는 점 등을 고려하여 보면, 구 법인세법 제93조에 정한 외국법인의 국내원천소득에 관하여 구 법인세법 제120조의2 제1항 본문에 따른 지급명세서 제출의무를 부담하는 자 또한 제98조에 정한 소득의 원천징수의무자를 의미한다. 구 법인세법 제98조 제6항 단서는 '증권거래법에 의하여 주식을 상장하는 경우로서 이미 발행된 주식을 양도하는 경우'에 해당 주식을 발행한 법인을 원천징수의무자로 규정하고 있으므로 이 경우 구 법인세법 제120조의2 제1항 본문에 따라 지급명세서 제출의무를 부담하는 자는 원천징수의무자인 해당 주식의 발행법인이고, 이와 동일한 취지를 규정한 시행령 조항은 구 법인세법 관련 규정의 의미를 명시한 것에 지나지 아니하므로 이를 무효로 볼 수 없다."

☞ 위 판결에 대해서는 두 가지 해석이 가능합니다. 문제된 법규명령을 위임명령으로 보고, 일정 요건 하에 위임명령에서의 명시적 수권규정의 존재에 대한 예외를 인정한 것으로 해석하는 것이 그 첫 번째이고, 혹은 해당 시행령의 내용을 집행명령적 성격을 띤 것으로 보고 명시적 위임이 불요한 것으로 해석할 수도 있습니다. 통상 전자로 해석하지만, 이는 헌법 제75조 및 제95조에 배치되게 '명시적 위임 불요'를 언급함으로써 법원의 해석 범위를 유월한다는 비판으로부터 자유롭지 못합니다.

(4) 법령의 근거 없이 법령상의 처분 요건을 부령에서 변경하는 경우 부령의 법적 성격

판례는 대법원 2013.9.12. 선고 2011두10584 판결을 통해, "법령에서 행정처분의 요건 중 일부 사항을 부령으로 정할 것을 위임한 데 따라 시행규칙 등 부령에서 이를 정한 경우에 그 부령의 규정은 국민에 대해서도 구속력이 있는 법규명령에 해당한다고 할 것이지만, 법령의 위임이 없음에도 법령에 규정된 처분 요건에 해당하는 사항을 부령에서 변경하여 규정한 경우에는 그 부령의 규정은 행정청 내부의 사무처리 기준 등을 정한 것으로서 행정조직 내에서 적용되는 행정명령의 성격을 지닐 뿐 국민에 대한 대외적 구속력은 없다고 보아야 한다. 따라서 어떤 행정처분이 그와 같이 법규성이 없는 시행규칙 등의 규정에 위배된다고 하더라도 그 이유만으로 처분이 위법하게 되는 것은 아니라 할 것이고, 또 그 규칙 등에서 정한 요건에 부합한다고 하여 반드시 그 처분이 적법한 것이라고 할 수도 없다. 이 경우 처분의 적법 여부는 그러한 규칙 등에서 정한 요건에 합치하는지 여부가 아니라 일반 국민에 대하여 구속력을 가지는 법률 등 법규성이 있는 관계 법령의 규정을 기준으로 판단하여야 한다"고 설시하였습니다. 매우 타당한 판례입니다. 법령의 위임이 없음에도 법령에 규정된 처분 요건을 변경한 해당 부령 규정은 단순히 행정 내부적 효력만을 가지는 행정규칙으로 성질지우는 것을 넘어, 위법한 법규명령으로서 규범통제를 통해 무효 선언이 가능합니다.

3. 행정규칙

1) 행정규칙의 의의

행정규칙은 상급관청이 하급관청에게 혹은 처분 행정청 스스로가 업무처리와 직무의 감독상의 필요에 의하여 발하는 내부법으로서 일반·추상적 규율이라 정의할 수 있습니다. 행정기관이 발하는 일반·추상적 규율인 점에서는 법규명령과 같지만, 법률의 수권 없이 발령 가능하며 행정조직 내부에서만 구속력을 갖는 점에서 법규명령과 구별됩니다.

종래 특별권력관계 내에서, 예컨대 학생의 입학·졸업·징계 등을 규율하는 학칙처럼 구성원의 법적 지위를 규율하는 경우나 국립도서관의 이용규율에 대하여는 전통적인 행정규칙과 달리 그 법규성을 인정하여 이를 제3의 행정입법 영역으로서 '특별명령'이라 칭하였습니다. 그러나 특별권력관계를 인정하는 경우에도 법률의 수권 없이 국민의 권리를 제한하는 법규범을 제정할 수 있다면, 이는 법률유보원칙에 정면으로 배치되므로 오늘날 동 개념을 별도로 논할 이유나 실익은 없다고 할 것입니다. 한편, 특별명령은 행정권의 시원적 입법권을 이론적 전제로 하는 측면이 있는바, 이는 후술하는 규범구체화행정규칙 등에서 그 흔적을 찾을 수 있습니다(양자가 그 의미나 개념상의 뿌리를 같이한다는 것은 아니고, 행정권의 시원적 입법권이라는 점에서 공통이라는 정도로 이해하면 되겠습니다).

행정규칙에는 법규적 효력을 부인하는 것이 원칙인데, 이는 "법규성이 없다. 국민이나 법원을 구속하지 않는다. 내부적 효력 혹은 일면적 효력을 가지는 데 그친다. 재판규범성이 부인된다. 대외적 구속력이 없다" 등의 표현과 동일한 의미입니다.

행정규칙의 법규성 부인의 논리적 귀결로서 다음을 얘기할 수 있습니다. 행정규칙에 위반한 처분은 그 이유만으로 위법을 단정할 수 없으며, 모법에 비추어 처분의 위법성을 판단합니다. 제재적 처분의 기준을 정한 재량준칙의 경우에는 평등원칙을 매개로 한 예외가 인정됨은 이미 설명한 바와 같습니다. 이 경우에도 그 재량준칙을 법규명령이라고 해서는 안 됩니다. 결과적으로 법규성이 인정된 것과 동일한 논증 구조가 가능하다고 해석해야 합니다. 행정규칙에 위반한 처분을 모든 경우에 위법하다고 할 수는 없지만, 이때 처분 공무원은 징계책임을 부담할 수는 있습니다. 공무원에게는 국가(지방)공무원법상 복종의무 및 법령준수의무가 인정되므로 명백히 법령에 위반하거나 심히 부당한 경우가 아닌 한 행정규칙으로 구체화된 상급자의 명령 내지 내부적 효력을 보유한 행정규칙을 따라야 하기 때문입니다. 반대로, 행정규칙에 부합한 처분이라도 반드시 적법함을 뜻하는 것은 아니며, 모법에 비추어 위법이 인정되는 경우도 있습니다. 이와 같이 법원이 행정규칙에 구속되어 처분의 위법 여부를 판단하지 않음을 "재판규범성이 부인된다"고 하는 것입니다. 행정규칙은 법률의 수권 없이도 제정 가능한데, 그렇다면 여기에서 '모법에 비추어'의 실질적 의미가 무엇일까요? 행정규칙의 제정에 법률의 위임은 불요하더라도 행정규칙은 모법이 규율하는 영역을 구체화하는 역할을 담당합니다. 비록 내부적 효력만을 보유함에도 말이지요. 또한, 법치행정원칙은 행정규칙 제정 작용에도 예외 없이 적용됩니다. 따라서 행정규칙도 모법에 위배되어서는 안 되는 법률우위원칙의 지배를 받습니다. 결국, 위법한 행정규칙에 기한 처분이므로 당해 처분은 위법한 것으로 평가할 수 있습니다.

그러나 행정규칙에 기한 처분을 모법에 비추어 위법하다고 판단하는 경우에도 그 행정규칙의 무효를 법적으로 다툴 필요는 없습니다. 구체적 규범통제의 대상이 되지 않음을 의미합니다. 행정규칙에는 법규적 효력이 부인되므로 법원의 사법적 판단 과정에 준거로 삼지 않기 때문입니다. 곧바로 처분에 대한 취소소송을 제기하면 됩니다. 이에 대해 법원은 행정청이 처분의 실질적 준거로 삼은 행정규칙의 규정에 좌우되지 않고, 바로 처분의 법령에의 근거 유무, 법령에의 내용적 위반 여부 등을 심사하는 것이지요. 그러나 행정규칙이 예외적으로 법규적 효력을 가지는 재량준칙이나 법령보충규칙은 당해 사안에서 구체적 규범통제의 대상이 됩니다. 또한, 만약 행정규칙이 그 자체 처분법규의 성질을 가지는 경우에는 이제는 법규적 효력 인정에 의한 규범통제의 대상이 아니라 그 처분성으로 인해 당해 행정규칙을 대상으로 직접 취소소송을 제기할 수 있습니다.

만약, 행정규칙에 따른 처분이 모법에 위반하여 그 위법으로 인해 처분이 쟁송취소되었고, 처분 상대방이 위법한 처분으로 인해 입은 손해에 대해 국가배상청구소송을 제기하였다면, 이는 인용 가능할까요? 취소소송에서 처분의 위법성이 확인된 것인데 이는 국가배상청구소송에서 어떤 법적 영향을 미칠까요? 법규적 효력은 없다고 하더라도 행정내부적 효력은 인정되고 이를 따르지 않으면 징계책임도 부담할 수 있는데, 비록 상대방에게 손해가 발생하였다 하더라도 행정규칙에 따른 것에 대해 그 공무원에게 손해배상책임을 부담케 하는 것이 과하다는 의문이 제기될 것입니다. 역으로, 행정규칙에 위반한 공무원의 행정작용으로 손해가 발생했음을 주장하며 국가배상책임을 묻는 경우는 또한 어떠해야 합니까? 이들에 대해서는 국가배상책임의 설명을 참고바랍니다.

2) 행정규칙의 법적 성질 내지 효력

행정규칙의 법적 성질 논의는 법규명령과의 차이를 규명하고, 나아가 행정규칙의 법규적 효력을 인정할 것인가의 문제와 직결되므로 행정규칙의 법적 효력이라는 목차도 동일한 의미라 할 수 있습니다. 전통적으로 법규는 〈법규 = 외부적 효력(대국민적 효력) = 재판규범 = 법원성 인정〉의 관계로 이해하여 왔고, 이는 여전히 유효한 통설·판례의 입장입니다. 그러나 최근에 독일 행정법학에서는 법규의 개념적 범주를 광의로 파악하여, 그 외연을 확대하려는 이론적 시도가 행해졌습니다. 원래 법규의 독일어는 'Rechtsnorm'인데, 법규성이 전통적으로 부인되는 행정규칙까지 포괄하는 법규 개념을 상정하고 이를 'Rechtsssatz'로 표현하는 경우도 발견됩니다. 그 견해에서는 아래의 공식을 주장합니다.

법규(Rechtssatz) = 외부법규(Außenrechtssatz) + 내부법규(Innenrechtssatz)
외부법규 = 법률 + 법규명령
내부법규 = 행정규칙

그러나 이러한 학문적 시도를 우리 대법원은 물론, 독일 연방행정법원판례가 정면으로 채택한 것은 아닙니다. 예를 들어, 재량준칙인 행정규칙의 경우 평등원칙을 매개로 하여 법규적 효력이 인정된 것과 동일한 결과가 도출되므로 행정규칙도 법규적 효력이 있다고 주장하는 경우도 있지만, 그렇다고 하여 행정규칙이 외부법 내지 법규적 효력을 일반적으로 보유한다고 할 수 없음은 독일 판례에서도 동일합니다. ("Es ist aber hier festzustellen, daß dies nicht zu der rechtsdogmatischen Folgerung zwingt, die Verwaltungsvorschrift deshalb dem Außenrecht zuzurechnen. ⇒ 평등원칙을 매개로 하여 법규적 효력이 인정된다고 하여 바로 그 이유만으로 행정규칙을 외부법이라고 해야 할 법리적 필연성은 도출되지 않는다.)

(1) 행정규칙에 대한 비법규성설

고전적 법인격론에 의할 때 법규적 효력의 기초는, '법은 독립된 법인격 간의 외부법 관계의 문제'라는 인식에 있습니다. 이에 의할 경우, 과거 행정규칙은 예외 없이 행정청 내부에서만 효력을 보유하므로 처분청이 일정 처분을 함에 있어 당해 행정규칙에 터잡아 처분을 행하여도 당해 행정규칙이 법규적 효력을 보유하지 않으므로 그 처분의 적법성이 곧바로 담보되는 것은 아니며, 상위 법령 위반, 법의 일반원칙 위반인 경우에는 위법임을 면치 못합니다. 또한, 행정규칙에 위반한 처분이 그 이유만으로 위법한 것은 아니라는 입론도 행정규칙이 행정조직 내부에서만 일면적 구속력을 가지는 것으로 파악하는 데에서 비롯합니다. 즉, 법규명령은 권력행사의 기초, 즉 국가와 국민과의 관계에서 볼 때 독립된 법인격 간의 일반적 국가통치권에 근거하지만, 행정규칙은 행정조직 내부에서 상급행정기관이 하급기관에 대하여 가지는 일반적 지휘·감독권력(경우에 따라 특별권력)에 기초합니다.

이에 대하여 법규성설에서는 규정의 형식보다 실질(내용)에 중점을 두어, 행정규칙의 법규성을 인정하는 것이 행정현실에 적합하다는 점을 강조합니다. 결국 행정규칙의 법규성 문제는 더 기능적이고 편리한 가치의 선호와 법치주의의 고수라는 양 가치 간 선택의 문제로 귀착된다고 할 수 있습니다.

(2) 행정규칙에 대한 법규성설

여기에는 다시 두 가지 학설로 구분하는데 그 첫 번째는 상대적으로 온화한 입장으로 평가되는 '내부법규로서의 법규성설'을 주장한 마우러(H. Maurer)의 견해입니다. 행정규칙은 행정관청과 하급공무원에게 구속적이고, 예컨대 훈령발령권도 헌법·법령에 의하여 부여된 일반적 감독권에 근거하는 것이므로 이러한 내부적 구속력도 결국은 법에 의해 부여되는 점에 착안합니다. 즉, 행정규칙은 국가규범체계의 예외가 아니라, 크게 보아 행정 내부적 규율로서 국가권력 체계 내에 위치하므로 행정규칙은 법규범(외부법규)은 아니지만 법규인 내부법규라고 이해하는 것입니다. 또한, 내부법적 성질을 가지더라도 간접적으로는 외부관계에 어느 정도는 영향을 미침을 고려하여 실질적 법규성을 인정하려는 입장으로 간주하는 것도 같은 맥락입니다. 요컨대, 행정규칙이 완전체로서의 법규는 아니지만, 내부법규로서 법적 규율의 한 유형임을 인정하자는 것으로 요약 가능합니다.

오센뷜(F. Ossenbühl)은 보다 급진적인 견해를 주창하였는데, 이를 외부법규로서의 법규성설이라고 칭합니다. 법률유보영역에서 법률의 규율이 없는 경우에는 행정청은 조직법적 수권(권한규범)[1]에 의해, 나아가 시원적인 행정권의 법 정립 권한에 근거하여 입법권을 행사할 수 있는데, 그 발현으로서의 행정규칙에는 외부효가 인정된다는 견해입니다. 예컨대, 후술하는 규범구체화행정규칙에 관한 뷜(Whyl)판결처럼 법률 흠결의 경우, 행정의 기능성 유지를 위해 피할 수 없는 경우 등에는 행정규칙이 경과법으로서 법규성을 보유한다고 주장합니다. 그러나 수권 없는 행정규칙의 법규명령화를 수용하는 이 이론은 입법권의 국회전속 등 헌법상 권력분립원칙을 고려할 때 헌법이 명시적으로 인정하지 않는 한 일반적으로 받아들이기는 힘듭니다. 또한, 재량준칙을 법규명령으로 보는 경

1) 수권은 작용법적 수권과 조직법적 수권으로 나뉩니다. 전자는 개별 행정작용에 대한 법률에의 개별적 수권이 있어야 함을 의미하고, 후자는 행정작용은 행정청의 법령상 직무 범위 내에 속하는 것이어야 함을 뜻합니다.

우 사회적 환경 변화에 따라 그 구체적 기준에 반하는 중한 처분의 가능성이 봉쇄되므로 사안에 따라 구체적 타당성을 기할 수 없다는 문제도 간과할 수 없습니다.

3) 행정규칙의 종류

(1) 법령(규범)해석규칙

법령해석규칙은 법령의 내용이 불확정개념을 사용하는 등으로 인해 다양한 해석의 소지가 있는 경우 상급관청이 하급관청에 시달하는 규범해석의 기준을 정하는 행정규칙을 말합니다. 행정청에게는 법해석에 있어 최종적 판단권을 인정할 수 없고 행정기관의 해석이 법원을 구속할 수 없다는 점에서 법령해석규칙의 대외적 효력은 부인됩니다. 또한, 동 규칙은 법령의 의미를 명확히 하는 것일 뿐 새로운 사항을 정할 수는 없으므로 독자적 행위규범이 될 수도 없습니다. 환언하면, 행정작용의 위법 여부는 동 규칙에 의하는 것이 아니라 법령의 규정에 비추어 판단하는 것입니다. 따라서 동 규칙이 법령의 규정을 정확히 해석하여 규정한 경우에도, 처분이 적법함은 동 규칙에 따라 행해졌기 때문이 아니라 상위 법령에 적합한 처분이기 때문입니다.

그러나 이에 대해서는 두 가지 문제점을 제기할 수 있습니다. 잘못된 법령해석규칙에 의해 법적 관행이 형성된 경우, 불확정개념에 관한 법령해석규칙에 대해 판단여지가 인정되는 경우 등이 그것입니다. 전자는 주로 수익적 처분에서 문제되는데, 신뢰보호원칙의 적용 여지가 있습니다. 후자, 즉 법령해석규칙의 일정 요건규정상 불확정개념이 사용된 경우 이는 원칙적으로 법 개념으로서 전면적인 사법심사의 대상이지만, 예외적으로 판단여지가 인정되는 경우에는 행정청의 일차적 해석에 의한 결정이 법원의 판단, 즉 사법심사를 대체합니다. 이 한도 내에서는 결과적으로 법령해석규칙에 법규적 효력이 인정된 결과에 이르게 됩니다. 그러나 위 두 가지 경우는 동 규칙에 직접 법규적 효력을 인정한 것이 아니라 각각 신뢰보호원칙, 판단여지설이라는 다른 법리에 의하여 결과적으로 법규적 효력이 인정된 것으로 보아야지, 그 자체 법규성을 긍정한 것이 아님에 유의하여야 합니다.

(2) 법률대위규칙

행정권 행사의 기준 및 방법에 관하여 법령에 의한 규율이 없는 영역에서 그 기준을 정하는 행정규칙을 법률대위규칙이라고 합니다. 법령에 의한 규율이 없는 영역이란 주로 급부행정이나 행정지도 등과 관련하여 법률유보가 적용되지 않는 영역(행정유보영역)에 대하여 법령의 규율이 전혀 없거나, 법률유보가 적용되는 영역이라도 행정권의 발동 근거만 있거나 지나치게 포괄적으로 규정된 경우를 의미합니다. 동 규칙은 처분기준을 원시적으로 설정하는 점에서 이미 법률상 설정되어 있는 기준을 구체화하는 재량준칙과 구별됩니다.

동 규칙에 대해서도 권력분립원칙상 행정권에 독자적인 입법권을 인정할 수 없다는 측면에서 법규로서의 성질을 인정할 수 없습니다. 다만, 법령해석규칙과는 달리 법률대위규칙의 규율 범위가 상대적으로 넓은 점을 고려할 때 제재적 처분의 기준을 정한 재량준칙의 경우처럼 평등원칙을 매개로 하여 법규적 효력이 인정되는 결과가 도출될 여지는 열려 있습니다.

(3) 규범구체화행정규칙

가. 의의

독일의 경우 1980년대 중반 무렵부터 환경법, 원자력법 등의 영역에서의 일정 행정규칙은 규범구체화행정규칙으로서 법령(규범)해석규칙과는 달리 법원에 대하여도 직접 구속력이 있다는 판례가 등장하였습니다. 규범구체화행정규칙은 일정 영역에서 상급행정청이 하급행정청에 대하여 법률의 위임이 없어도 혹은 법률의 명시적 수권에 따라 관계 법률의 불완전한 구성요건을 보충하여 그것을 집행 가능하게 하기 위하여 발하는 일반·추상적 규범이라 정의할 수 있습니다.

나. 연방행정법원의 뷜(Whyl)판결 : 1985.12.19, BVerwGE 72, 300, 301[1)]

규범구체화행정규칙을 인정한 판결의 효시는 이른바 뷜(Whyl)판결입니다. 동 판결에서 독일 연방행정법원은 (구)원자력법 제12조 제2항에 규정된 발전용원자로설치허가의 요건인 '방사선물질등에 의한 인체·물건·공공의 재해방지에 지장이 없을 경우'를 시행하기 위한 연방내무부장관의 행정규칙인 '대기나 수면에 대한 방사능 유출에 대한 일반적 평가원칙'에 대하여 직접적인 대외적 효력을 인정하였습니다.[2)] 구체적으로는, "행정

---

1) 독일 연방행정법원은 BVerwG(Bundesverwaltungsgericht)로 표기하고, BVerwGE는 독일연방행정법원판례집(Entscheidungen des Bundesverwaltungsgerichts의 약칭입니다. 뒤의 '72, 300, 301'은 '제72권, 300면(판례의 시작 페이지), 301면(인용 페이지)'을 의미합니다.

2) "Die Allgemeine Berechnungsgrundlage für Strahlenexposition bei radioaktiven Ableitungen mit

부는 입법부뿐만 아니라 법원에 대하여도 최선의 위험방지와 예방이라는 원자력법상 원칙의 실현을 위한 훨씬 실효적인 행위형식인 행정규칙을 가지고 있으며, 이러한 산정기준은 핵에너지위원회(전문가)의 최종권고에 따라 연방내무부장관이 장래 규율하여야 할 지침으로서 발한 것으로서, 이 지침에는 규범을 구체화하는 기능이 있어 단순히 규범을 해석하는 행정규칙과는 다른 것이므로 그것은 법원에 대하여도 구속력이 있다"라고 판시하였습니다.

학자들은 동 판결의 의미를, 원자력법상의 '손해발생 여부'는 불확정개념 차원을 넘어, 규범구조상 규범의 구체화 권한을 행정부에게 수권하였으므로 행정부는 이에 따라 규범을 집행 가능한 것으로 하기 위하여 행정규칙에 의한 그 구체화 내지 기준설정 권한이 부여된다고 해석합니다(이른바 기준화수권·기준화여지). 또한, 여기에서의 구체화 권한은 근거법에 명시적으로 규정할 수도 있지만 그 해석에 의하여 인정될 수도 있다고 봅니다. 결국, 수권에 의한 구체화 권한을 행사하는 한도에서 위험조사 및 평가의 책임은 행정부가 부담하고 법원은 자신의 평가로서 이를 대체할 수 없으므로, 행정부는 원자력법상의 위험방지와 예방을 보다 실효적으로 실현할 수 있는 행위형식인 행정규칙으로서의 규범구체화행정규칙을 제정할 수 있고, 그 외부적 효력 또한 인정된다고 합니다. 이 경우 법원은 전환규범을 매개로 하지 않더라도 곧바로 규범구체화행정규칙에 구속됩니다. 이러한 견해를 일컬어 '규범수권설'이라고 칭합니다.

다. 법적 성격

규범구체화행정규칙은 법률을 구체화하면서도 단순히 법률의 시행을 위한 세부사항만을 정하는 것이 아니라, 행정계획에서의 계획재량의 경우처럼 광범위한 형성력과 포괄적인 판단을 바탕으로 법률을 보충하는 성질을 가집니다. 거기에서는 단순한 포섭이나 추론이 아니라 규범의 발전이 이루어지며, 이에 대한 법규성 부여는 법률의 전체 구조와 목적의 준수라는 측면에서 조망해야 한다고 논해집니다.

라. 법령보충규칙 등과의 관계

일부 학설은 우리의 법령보충규칙을 독일의 규범구체화행정규칙의 성질을 가진다고 주장하지만, 이는 그릇된 견해입니다. 우선, 전자가 반드시 법령의 명시적인 수권을 필요

---

der Abluft oder im Oberflächenwasser' bindet als normkonkretisierende Richtlinie auch die Verwaltungsgerichte." ('대기나 수면에 대한 방사능 유출에 대한 일반적 평가원칙'은 규범구체화행정규칙으로서 행정법원을 구속한다.)

로 함에 비해 후자는 법령의 수권 없이도 제정 가능합니다. 또한, 전자는 전문적·기술적 영역과 경미한 사항 등 실무상 제정 가능 영역이 상대적으로 광범위하지만, 후자는 원자력법, 환경법 등 규율영역의 한정성이 뚜렷합니다. 무엇보다도 양자의 차이는 다음에 있습니다. 전자는 상위법령과 결합하여 법규적 효력을 보유하지만, 후자는 그 자체 독자적으로 법규성을 부여받습니다. 이상의 이유에 비추어 볼 때 법령보충규칙을 독일에서 발원한 규범구체화행정규칙의 일종으로 간주해서는 안 되고, 후술하듯이 대법원에 의해 축적된 판례이론이 학설과 입법(행정기본법 제2조 제1호 가목 3) 및 행정규제기본법 제4조 제2항 단서 참조)에 체계화되어 나타난 것으로 이해해야 함을 강조합니다. 규범구체화행정규칙과 재량준칙, 법령해석규칙 그리고 법령보충규칙의 차이를 아래에 〈표〉로써 요약합니다.

규범구체화행정규칙	재량준칙
• 법령의 규정이 불충분한 경우에 법령을 구체화하는 규범의 창설 • 그 자체가 직접적인 대외적 구속력을 보유 • 그 규정대로 예외 없이 구속력 보유	• 법령의 규율이 최종적으로 이루어진 후 단순히 재량권행사의 기준을 정함 • 평등원칙을 매개로 하여 간접적인 대외적 효력 보유 • 특별한 사정이 있는 경우 재량준칙을 적용하지 않아도 무방함

규범구체화행정규칙	법령(규범)해석규칙
• 더 이상의 구체화를 필요로 하지 않고 개별사안에서 바로 구체적 적용기준이 됨	• 그 해석이 고도의 구체성을 띤다고 하더라도 개별적인 경우에는 다시 구체화할 필요가 있음

규범구체화행정규칙	법령보충규칙
• 규범구체화행정규칙을 법령보충규칙의 일종으로 파악하는 견해는 타당하지 않음	
• 명시적 위임 없이도 제정 가능 • 그 자체 독립하여 법규적 효력 보유 • 법률을 구체화할 뿐 새로운 사항 규율 불가	• 명시적 위임에 의해 제정되며, 일반적인 행정규칙의 종류가 아님 • 상위법령과 결합하여 법규적 효력 보유 • 위임의 취지에 따라 새로운 규율도 제정 가능

마. 우리 법제에의 도입 가능성

독일에서 규범구체화행정규칙이 등장한 배경에는 독일 기본법 제80조[1]의 규정이 영향을 끼쳤습니다. 우리 헌법의 경우와는 달리 동조 제1항은 법규명령의 제정 주체에

1) 독일 기본법 제80조 제1항 연방정부, 연방 각부장관 또는 주정부는 법률의 위임에 따라 법규명령을 제정할 수 있다. 수권 법률에는 위임의 내용, 목적 및 정도가 규정되어야 한다. 법규명령에는 수권의 법적 근거가 나타나야 한다.

연방정부를 포함합니다. '정부'라는 포괄적 개념을 사용함으로써 연방장관 이외의 행정기관의 장이 법규명령을 제정할 수 있는 여지를 허용하고 있음이 행정권의 법규제정권한의 범위를 규범구체화행정규칙에 이르기까지 확장하는 데 간접적으로 영향을 미쳤다고 할 수 있습니다. 그러나 우리의 경우 법규적 효력을 가지는 행정권의 원칙적 내지 시원적 행정입법제정권은 헌법이 이를 별도로 인정하지 않는 한 허용되지 않는다고 해석해야 합니다. 그렇지 않을 경우 법치주의, 권력분립원칙 등의 형해화를 막을 방법이 없을 뿐더러 이는 곧 국민의 권리침해로 이어질 가능성을 배제할 수 없기 때문입니다.

4) 법령보충규칙

법령보충규칙도 위 행정규칙의 종류 속에 포함하여 설명할 수 있지만, 다른 것들이 독일에서의 논의에 기초하는 것임에 비해 법령보충규칙은 우리 대법원의 판례를 통해 형성된 법리를 학설이 체계화한 점에서 그 성질을 다소 달리하는바, 여기에서는 별개의 목차로 설명합니다.

(1) 의의

형식적으로는 고시, 훈령 등 행정규칙의 형식으로 제정되었으나, 내용적으로는 법률의 보충적 성격을 지니는 것들을 다수 발견합니다. 이들 중 일정한 것들은 법령의 명시적 위임에 의하여 제정되는바, 법령보충규칙은 이 두 가지 측면에 착안한 것입니다. 법령보충규칙 혹은 법령보충적 행정규칙이란 법령의 위임에 의해 법령을 보충하는 법규 사항을 정하는 행정규칙으로서, 수권하는 상위법령과 결합하여 법규적 효력을 보유하는 것을 말합니다. 일반적으로 행정규칙은 법령의 수권 없이도 행정권이 자신의 직무 범위 내에서 제정할 수 있는 것임에 비해 법령보충규칙은 반드시 상위법령의 위임을 요하는 점에서 차이를 보입니다.

한편, 표현에 따라서는 법령보충규칙을 '행정규칙 형식의 법규명령'이라는 표제를 사용하기도 합니다. 부적절한 용례입니다. 거기에는 문자 그대로 일정 행정규칙이 경우에 따라 법규명령이 된다는 의미가 담겨 있습니다. 그러나 법령보충규칙의 효력과 관련한 핵심사항은 상위법령과 결합하여 법규적 효력이 인정되는 점입니다. 법규명령은 원래 그 자체 법규이어야 합니다. 이에 비해 판례상 법령보충규칙의 법규적 효력은 반드시 상위법령과 결합한 형식으로만 가능합니다.

판례에 의해 발전되어 온 법령보충규칙은 행정규제기본법 제4조 제2항 단서에서 그 실정법적 근거를 찾을 수 있습니다. "법령에서 전문적·기술적 사항이나 경미한 사항으로서 업무의 성질상 위임이 불가피한 사항에 관하여 구체적으로 범위를 정하여 위임한 경우에는 고시 등으로 정할 수 있다"는 규정이 그것입니다. 물론 동 조항이 해당 고시를 상위법령과 결합하여 법규적 효력을 가진다고 규정하지는 않았지만, 법규적 효력을 예정하지 않았다면 굳이 동 조항을 둘 필요가 없음을 고려할 때 법령보충규칙의 일반법적 근거라 해석해도 무방합니다. 일반적인 행정규칙은 상위법령의 위임 등 동조 제2항 단서의 요건을 충족하지 않더라도 비교적 자유롭게 제정할 수 있기 때문입니다. 행정기본법도 법령보충규칙을 예정하고 있습니다. 동법 제2조 제1호는 '법령'의 범위 속에 상위법령의 위임에 의한 훈령 등의 행정규칙을 포함하고 있으므로 보다 직접적으로 법령보충규칙 개념을 입법화한 것으로 평가할 수 있습니다. 다만, 법령보충규칙의 제정 주체를 중앙행정기관의 장으로 한정한 것은 재고의 여지가 있습니다. 왜냐하면, 권한위임 규정에 기해, 혹은 조례의 위임에 따라 지방자치단체장이 정하는 법령보충규칙을 부인할 특단의 이유를 찾기 힘들기 때문입니다. 따라서 '법령'의 정의 규정인 행정기본법 제2조의 제1호 가목 3)에 법령의 위임을 받아 지방자치단체의 장이 정한 행정규칙과 국회규칙, 대법원규칙 등의 위임을 받아 정한 행정규칙을 명시적으로 표현하는 것이 바람직합니다.

이런 지적을 수용하여 2025. 3. 18. 시행된 개정 행정기본법은 제2조 제1호 가목 3)을 보완하여, 기존에 '중앙행정기관의 장이 정한 훈령·예규 및 고시 등' 만에 한정하던 '법령'의 개념적 범주를 '법률·대통령령·총리령·부령 및 국회규칙·대법원규칙 등의 위임을 받아 다른 헌법기관 등이 정한 훈령·예규 및 고시 등'에까지 확대하여 법령보충규칙의 범위를 우선 명확히 하였습니다. 이는 국회규칙 등의 위임에 따른 행정규칙 형식의 행정입법 사례가 적지 않다는 실무를 반영한 결과입니다. 그럼에도 불구하고 개운치 않은 사항이 남는데, 이번 개정으로 "행정실무상 법령보충규칙으로 논의되는 모든 경우의 수를 포괄하였는가?"라는 의문에 확신을 갖기 어렵기 때문입니다. 특히 시행령 등 정규 법규명령이나 조례의 위임에 따라 시장·군수 등 지방자치단체장이 제정하는 행정규칙이 빈번함에도, 해당 조항은 물론 행정기본법의 〈개정이유서〉에서 조차 이들을 '법령' 개념에 포함하는지에 대한 명시적 언급이 없습니다.

법리상 시행령·시행규칙이 다른 헌법기관으로 위임할 수는 없으므로 개정 조항 내 '법률·대통령령·총리령·부령의 위임을 받아 다른 헌법기관 등이 정한 훈령 … '의 '등'에 정규 법령의 위임을 받은 지방자치단체장이 포함된다고 해석할 여지는 있습니다. 그러나 기왕의 쟁점이 조례 등의 위임에 따른 지방자치단체장의 훈령 등이었던 점을 고려하면, 해당 조항에 '지방자치단체의 장'을 명시적으로 규정하는 것이 법 적용의 명확성 차원에서 보다 바람직한 입법 형식이었습니다. 동법 제2조 제1호 가목 3)에서 이미 법령보충규칙의 제정 주체로서 '중앙행정기관의 장'의 문구를 명시했다면, '지방자치단체의 장' 문구를 굳이 마다할 이유는 없습니다. 더욱이 동조 제1호 나목이 자치법규(조례와 규칙)를 '법령등'의 범주에 명정하고 있는 점에서도 그러합니다. 참고로 법령보충규칙의 또 다른 법적 근거로 거론되는 행정규제기본법 제4조 제2항 단서는 그 요건을 명시하면서도 제정 주체는 언급하지 않음으로써 지방자치단체 차원의 법령보충규칙의 가능성을 의도적으로 열어두고 있습니다. 어찌 보면 행정규제기본법의 규정 방식이 입법기술적으로 우월한 것으로 평가할 수 있습니다. '법 적용의 명확성' 차원에서 행정기본법의 해당 조항은 여전히 개선의 여지가 남아 있습니다.

(2) 요건 및 효력

법령보충규칙은 ① 상위법령의 명시적 위임이 존재할 것, ② 그 위임은 구체적으로 범위를 정한 위임일 것, ③ 규율영역이 전문적·기술적 사항 내지 경미한 사항일 것, ④ 상위법령의 위임범위를 벗어나지 않을 것을 요건으로 합니다.

이와 관련하여 한 가지 주의할 사항이 있습니다. 법령보충규칙은 법률 내지 법규명령의 위임에 의해 제정되는데, 이때 각각의 위임에 따라 제정된 법령보충규칙의 차이는 없을까요? 후술하는 헌법재판소 결정에서 보듯이 입법자가 법률에 의해 직접 행정입법에 위임하는 경우에는 규율형식을 입법권자가 자신의 제정 권한 범위 내인 법률을 통해 법규명령 혹은 행정규칙 등으로 선택할 수 있는 점에서 그 법규적 효력을 인정하는 데(물론 상위 법률과 결합하는 형태이겠지요) 큰 어려움이 없습니다. 달리 말하면, 국회입법원칙에 반하지 않으므로 법령보충규칙의 법적 성질에 관한 위헌무효설 혹은 행정규칙설은 타당하지 않습니다. 그러나 법률에서는 위임의 근거를 전혀 두지 않았음에도 법규명령에서 비로소 고시 등에 위임하는 경우에는 그 정당성이 상대적으로 약해짐을 부인할 수 없습니다. 그렇다고 다른 요건을 구비하는 한 이를 법령보충규칙이 아니라고 할 수는 없습니다. 그 중간 형태가 법률에서 법규명령으로 위임했는데 당해 법규명령이 이를 다시 행정규칙에 위임하는 경우입니다.

만약 위임에 근거하여 제정된 행정규칙이 위임범위를 일탈하는 등 법령보충규칙의 요건을 갖추지 못하면, 그 효력은 어떠할까요? 이 경우 법령보충규칙이 아니라 행정규칙에 불과하다는 것이 판례의 입장입니다. 굳이 그 무효를 구할 필요는 없습니다. 행정규칙의 성질을 가지는 이상 법규적 효력이 인정되지 않으므로 그 효력을 다툴 실익이 크지 않기 때문입니다. 그러나 판례는 위임의 범위를 일탈한 행정규칙을 당연무효로 판시한 경우도 있어 주의를 요합니다.

> * **대판 2016.8.17, 2015두51132** : "일반적으로 행정 각부의 장이 정하는 고시라도 그것이 특히 법령의 규정에서 특정 행정기관에 법령 내용의 구체적 사항을 정할 수 있는 권한을 부여함으로써 법령 내용을 보충하는 기능을 가질 경우에는 형식과 상관없이 근거 법령 규정과 결합하여 대외적으로 구속력이 있는 법규명령으로서의 효력을 가지나 이는 어디까지나 법령의 위임에 따라 법령 규정을 보충하는 기능을 가지는 점에 근거하여 예외적으로 인정되는 효력이므로 특정 고시가 비록 법령에 근거를 둔 것이더라도 규정 내용이 법령의 위임 범위를 벗어난 것일 경우에는 법규명령으로서의 대외적 구속력을 인정할 여지는 없다."
>
> * **대판 2020.11.26, 2020두42262** : "'행정규칙'은 상위법령의 구체적 위임이 있지 않는 한 행정조직 내부에서만 효력을 가질 뿐 대외적으로 국민이나 법원을 구속하는 효력이 없다. 다만 행정규칙이 이를 정한 행정기관의 재량에 속하는 사항에 관한 것인 때에는 그 규정 내용이 객관적 합리성을 결여하였다는 등의 특별한 사정이 없는 한 법원은 이를 존중하는 것이 바람직하다. 그러나 행정규칙의 내용이 상위법령에 반하는 것이라면 법치국가원리에서 파생되는 법질서의 통일성과 모순금지 원칙에 따라 그것은 법질서상 당연무효이고, 행정내부적 효력도 인정될 수 없다. 이러한 경우 법원은 해당 행정규칙이 법질서상 부존재하는 것으로 취급하여 행정기관이 한 조치의 당부를 상위법령의 규정과 입법 목적 등에 따라서 판단하여야 한다."

한편, 법령보충규칙이 상위법령과 결합하여 법규적 효력을 가지는 한 구체적 규범통제 및 헌법소원의 대상이 되고, 사안에 따라 처분법규적 성격을 띠는 경우에는 항고소송으로 직접 다툴 수 있습니다.

대법원이 법령보충규칙의 효력을 "법규적 효력을 가진다"라고 단순히 판시하지 않고, '상위법령과 결합하여'라는 전제를 부가한 의미도 고려의 대상입니다. 행정 실무에서 법령보충규칙의 예는 많습니다. 이런 행정 현실에서 법령보충규칙의 형식에 집착하여 그 법규성을 부인하면 행정은 엄청난 혼란에 빠질 것입니다. 담당 공무원의 입장에서는 법령보충규칙을 따를 수밖에 없을 터인데, 그에 기한 처분이 행정규칙에 의한 처분으로 간주되어 모법에 비추어 소송상 취소되는 경우가 빈번하다면 큰 혼란이 초래됩니다. 그렇다고 법령보충규칙을 곧바로 법규적 효력을 가진다고 하여 법규명령으로 성질 짓는 것은 법원이 자신의 해석 권한을 유월하여 법규명령의 종류를 창설하는 것을 의미하는바 그 부당성은 재언의 여지가 없습니다. 이런 상황을 고려할 때 판례가 택한 방법은 타당성이 인정됩니다. 형식(상위법령과 결합)과 실질(법규적 효력 인정)을 모두 고려한 결과라 평가할 수 있습니다.

(3) 판례

국세청장의 재산제세사무처리규정에 대해 "상위법령과 결합하여 대외적인 구속력이 있는 법규명령으로서의 효력을 갖게 된다"라고 판시한 대법원 1987.9.29. 선고 86누484 판결을 효시로 하여, 대법원은 다수의 판례를 통해 법령보충규칙 이론을 발전시켜 왔습니다. 이들 판례를 관통하는 핵심 쟁점은 법령보충규칙의 요건과 그 효력입니다.

판례는 상위법령에서 세부사항을 시행규칙으로 정하도록 위임하였음에도 이를 고시 등 행정규칙으로 정하였다면, 그 고시는 구속력을 가지는 법규명령으로서의 효력이 인정될 수 없다고 하였습니다. 이 경우의 고시는 법적인 위임 근거를 흠결한 것이므로 법령보충규칙에 해당하지 않는다고 본 판례 입장은 타당합니다.

> * **대판 2012.7.5, 2010다72076** : "법령의 규정이 특정 행정기관에게 법령 내용의 구체적 사항을 정할 수 있는 권한을 부여하면서 권한행사의 절차나 방법을 특정하지 아니한 경우에는 수임 행정기관은 행정규칙이나 규정 형식으로 법령 내용이 될 사항을 구체적으로 정할 수 있다. 이 경우 행정규칙 등은 당해 법령의 위임한계를 벗어나지 않는 한 대외적 구속력이 있는 법규명령으로서 효력을 가지게 되지만, 이는 행정규칙이 갖는 일반적 효력이 아니라 행정기관에 법령의 구체적 내용을 보충할 권한을 부여한 법령 규정의 효력에 근거하여 예외적으로 인정되는 것이다. 따라서 그 행정규칙이나 규정이 상위법령의 위임범위를 벗어난 경우에는 법규명령으로서 대외적 구속력을 인정할 여지는 없다. 이는 행정규칙이나 규정 '내용'이 위임범위를 벗어난 경우뿐 아니라 상위법령의 위임규정에서 특정하여 정한 권한행사의 '절차'나 '방식'에 위배되는 경우도 마찬가지이므로, 상위법령에서 세부사항 등을 시행규칙으로 정하도록 위임하였음에도 이를 고시 등 행정규칙으로 정하였다면 그 역시 대외적 구속력을 가지는 법규명령으로서 효력이 인정될 수 없다."

그러나 법률의 위임에 따라 시행규칙으로 일정 사항을 규정한 경우에까지 그 시행규칙을 행정규칙이라 칭하면서 근거 법률과 결합하여 법규명령이 되는 것이라는 판례는 이해하기 어렵습니다.

> * **대판 2012.3.29, 2011다104253** : "공익사업을 위한 토지 등의 취득 및 보상에 관한 법률 제68조 제3항은 협의취득의 보상액 산정에 관한 구체적 기준을 동법 시행규칙에 위임하고 있고, 그 위임의 범위 내에서 공익사업을 위한 토지 등의 취득 및 보상에 관한 법률 시행규칙 제22조는 토지에 건축물 등이 있는 경우에는 그 건축물 등이 없는 상태를 상정하여 토지를 평가하도록 규정하고 있는바, 이는

> 비록 행정규칙의 형식이나 위 공익사업법의 내용이 될 사항을 구체적으로 정하여 그 내용을 보충하는 기능을 갖는 것이므로, 공익사업법의 규정과 결합하여 대외적인 구속력을 가진다(대법원 2008. 3. 27. 선고 2006두3742,3759 판결 등 참조)."

위 판례의 문제점은 공익사업을 위한 토지 등의 취득 및 보상에 관한 법률 시행규칙을 명시적으로 행정규칙의 형식이라 보는 데에 있습니다. 판례에 따라서는 제재적 처분의 기준을 정한 시행규칙 [별표]의 경우 등 성질상 행정규칙으로 정해야 할 사항을 법규명령으로 정하더라도 이를 행정규칙적 성질을 가지는 것으로 해석한 경우를 발견합니다. 그러나 부령인 시행규칙에 대해 정면으로 이를 행정규칙의 형식이라 표현하는 것은 문제의 소지가 큽니다.[1] 위 판례상의 시행규칙은 법령보충규칙이 아니라 법규명령으로서의 부령이며, 법규적 효력을 가진다고 보아야 합니다.[2]

---

1) 한편, 이러한 문제점은 동 판결의 원심판결인 서울중앙지법 2011.10.26. 선고 2011나9814 판결에서 그 연원을 찾을 수 있는데, "사업시행자가 공익사업법의 규정에 따라 토지 등의 소유자로부터 토지 등을 협의취득하는 것은 공공기관이 사경제주체로서 행하는 사법상 매매의 실질을 가지는 것이고(대법원 2004. 9. 24. 선고 2002다68713 판결 등 참조), 상급행정기관이 하급행정기관에 대하여 업무처리지침이나 법령의 해석적용에 관한 기준을 정하여 발하는 이른바 행정규칙은 일반적으로 행정조직 내부에서만 효력을 가질 뿐 대외적인 구속력을 갖지 않지만, 법령의 규정이 특정 행정기관에게 그 법령 내용의 구체적 사항을 정할 수 있는 권한을 부여하면서 그 권한 행사의 절차나 방법을 특정하고 있지 않아 수임행정기관이 행정규칙의 형식으로 그 법령의 내용이 될 사항을 구체적으로 정하고 있다면, 그와 같은 행정규칙은 위에서 본 행정규칙이 갖는 일반적 효력으로서가 아니라 행정기관에 법령의 구체적 내용을 보충할 권한을 부여한 법령 규정의 효력에 의하여 그 내용을 보충하는 기능을 갖게 되고, 따라서 이와 같은 행정규칙은 당해 법령의 위임 한계를 벗어나지 않는 한 그것들과 결합하여 대외적인 구속력이 있는 법규명령으로서의 효력을 가진다(대법원 2008. 3. 27. 선고 2006두3742,3759 판결 등 참조). 위 법리와 관련 규정 및 앞서 본 인정사실에 의하면, 공익사업법 제68조 제3항은 협의취득의 보상액 산정에 관한 구체적 기준을 동법 시행규칙에 위임하고 있으며, 그 위임을 받은 공익사업법 시행규칙 제22조는 토지에 건축물 등이 있는 경우에는 그 건축물 등이 없는 상태를 상정하여 토지를 평가하도록 규정하고 있다. 그런데 공익사업법 제68조 제3항은 시행규칙에 보상액 산정에 관한 구체적 기준을 정할 수 있는 권한을 부여하면서 그 권한행사의 절차나 방법을 특정하고 있지 않으므로, 보상액 산정에 관하여는 공익사업법 시행규칙 제22조가 공익사업법의 구체적 내용을 보충할 권한을 부여한 공익사업법 규정의 효력에 의하여 그 내용을 보충하는 기능을 갖는 것으로 공익사업법의 위임 한계를 벗어나지 않는 한 그것들과 결합하여 대외적인 구속력을 가진다고 보아야 한다"가 그것입니다. 이러한 하급심 법원 판단의 법리상 잘못을 그대로 답습한 대법원 판결의 오류 정도는 결코 가볍지 않습니다.

2) 한편, 위 판례에서 참조판례로 든 2006두3742, 3759 판결은 "상급행정기관이 하급행정기관에 대하여 업무처리지침이나 법령의 해석적용에 관한 기준을 정하여 발하는 이른바 행정규칙은 일반적으로 행정조직 내부에서만 효력을 가질 뿐 대외적인 구속력을 갖지 않지만, 법령의 규정이 특정 행정기관에게 그 법령 내용의 구체적 사항을 정할 수 있는 권한을 부여하면서 그 권한 행사의 절차나 방법을 특정하고 있지 않아 수임행정기관이 행정규칙의 형식으로 그 법령의 내용이 될 사항을 구체적으로 정하고 있다면, 그와 같은 행정규칙은 위에서 본 행정규칙이 갖는 일반적 효력으로서가 아니라 행정기관에 법령의 구체적 내용을 보충

* **대판 2020.8.27, 2019두60776** : "구 국토계획법 시행령 제56조 제1항 [별표 1의2] '개발행위허가기준'은 국토계획법 제58조 제3항의 위임에 따라 제정된 대외적으로 구속력 있는 법규명령에 해당한다. 그러나 구 국토계획법 시행령 제56조 제4항 은 국토교통부장관이 제56조 제1항 [별표 1의2]에서 정한 개발행위허가기준에 대한 '세부적인 검토기준'을 정할 수 있다고 규정하였을 뿐이므로, 그에 따라 국토교통부장관이 정한 구 개발행위허가 운영지침은 세부적인 검토기준일 뿐 그 자체가 대외적으로 구속력 있는 규범이라고 볼 수는 없고, 상급행정기관인 국토교통부장관이 소속 공무원이나 하급행정기관에 대하여 개발행위허가업무와 관련하여 국토계획법령에 규정된 개발행위허가기준의 해석·적용에 관한 세부 기준을 정해 주는 '행정규칙'이라고 보아야 한다. 피고가 정한 구 양양군 개발행위허가 운영지침 역시 관계 법령과 구 개발행위허가 운영지침의 범위 안에서 개발행위 허가권자인 피고가 개발행위허가제를 운영하기 위하여 각 지방자치단체의 특성에 맞도록 별도로 마련한 개발행위 허가에 관한 세부적인 검토기준으로, 그 형식 및 내용에 비추어 피고 내부의 사무처리준칙 또는 재량준칙에 불과하므로 일반 국민이나 법원을 구속하는 대외적 구속력은 없다."
* **대판 2023.2.2, 2020두43722** : "국토의 계획 및 이용에 관한 법률 시행령(이하 '국토계획법 시행령'이라 한다) 제56조 제1항 [별표 1의2] '개발행위허가기준'은 국토계획법 제58조 제3항의 위임에 따라 제정된 대외적으로 구속력 있는 법규명령에 해당한다. 그러나 국토계획법 시행령 제56조 제4항은 국토교통부장관이 제1항의 개발행위허가기준에 대한 '세부적인 검토기준'을 정할 수 있다고 규정하였을 뿐이므로, 그에 따라 국토교통부장관이 국토교통부 훈령으로 정한 '개발행위허가운영지침'은 국토계획법 시행령 제56조 제4항 에 따라 정한 개발행위허가기준에 대한 세부적인 검토기준으로, 상급행정기관인 국토교통부장관이 소속 공무원이나 하급행정기관에 대하여 개발행위허가업무와 관련하여 국토계획법령에 규정된 개발행위허가기준의 해석·적용에 관한 세부 기준을 정하여 둔 행정규칙에 불과하여 대외적 구속력이 없다. 따라서 행정처분이 위 지침에 따라 이루어졌더라도, 해당 처분이 적법한지는 국토계획법령에서 정한 개발행위허가기준과 비례·평등원칙과 같은 법의 일반원칙에 적합한지 여부에 따라 판단해야 한다."

위 2019두60776 판결과 관련하여 다음의 규범 구조를 상정할 수 있습니다. 국토계획법 제58조 제1항에서 개발행위 허가기준의 대강을 정하고, '지역 특성, 지역 개발상황, 기반시설 현황' 등의 고려하에 그 허가기준의 구체적 사항을 동법 시행령에 위임합니다(법 제58조 제3항). 동법 시행령 제56조 제1항은 모법의 위임에 따른 개발행위 허가

할 권한을 부여한 법령 규정의 효력에 의하여 그 내용을 보충하는 기능을 갖게 되고, 따라서 이와 같은 행정규칙은 당해 법령의 위임 한계를 벗어나지 않는 한 그것들과 결합하여 대외적인 구속력이 있는 법규명령으로서의 효력을 가진다"라고 판시하는데, 이 판례 관련 규범구조는 구택지개발촉진법 제3조 제4항, 제31조, 같은 법 시행령 제7조 제1항 및 제5항에 따라 건설교통부장관이 정한 '택지개발업무처리지침', 즉 법령의 위임에 의한 행정규칙의 구조입니다. 위 2011다104253의 그것과 상이함을 알 수 있습니다. 양 판례가 내용적으로 동일한 취지라 평가할 수 없음을 의미합니다.

기준의 상세 사항을 [별표1의2]에서 규정하면서, 동조 제4항을 통하여 '개발행위허가기준에 대한 세부적인 검토기준'을 국토교통부장관에게 위임하고 있습니다. 이에 따른 국토교통부 훈령(개발행위허가 운영지침)은 개발행위허가 운영과 관련하여 지역 특성을 감안하여 높이·거리 등에 관한 구체적인 개발행위 허가기준을 허가권자(A군수)에게 위임함을 가정합시다. 이에 따라 A군은 A군의 예규인 'A군 개발행위허가 운영지침'을 통하여 개발행위허가의 세부기준으로 '도로에서의 일정 거리' 요건을 규정하고 있습니다. A군수는 위 예규에 따라 개발행위허가 신청에 대하여 거부처분을 발령하였습니다. 통상 법령보충규칙은 법령(법률, 법규명령, 조례)의 명시적 위임을 전제로 하는데, 위 국토부 훈령이 법령보충규칙이라고 하더라도 거기에서 다시 일정 사항을 행정규칙으로 위임한 경우 해당 행정규칙을 법령보충규칙이라고 할 수 있을지는 논란의 여지가 있습니다. 위 국토부 훈령을 판례상 상위법령과 결합하여 법규적 효력을 인정하는 법령보충규칙이라 하더라도 이를 두고 해당 국토부 훈령을 곧바로 '법규명령'이라고 할 수는 없기 때문입니다. 이런 견지에서는 비록 국토교통부 훈령이 구체적으로 범위를 정하여 위임하였더라도, 해당 훈령 자체가 법규명령이 아니므로 이에 따른 A군 예규도 행정규칙에 불과하다는 결론에 이릅니다. 법령보충규칙에서 다른 법령보충규칙으로 위임이 가능한지 여부에 관한 명시적 판례는 부재합니다. 한편, 위 국토교통부 훈령이 다른 법령보충규칙의 위임 근거라 하더라도, 동 훈령은 시행령 제56조 제4항의 위임에 따른 것으로서 그 위임 형태가 포괄적 성격이라 할 수 있으므로("개발행위허가기준에 관한 세부적인 검토기준을 정할 수 있다") A군 예규를 법령보충규칙이라 할 수 없을 여지가 있습니다. 이와 반대로 동법 시행령 제56조 제1항과 관련된 [별표1의2]에서 개발행위 허가기준의 상세 사항을 정하는 점에서 동 시행령 제56조 제4항을 구체적으로 범위를 정한 위임의 근거라고도 할 수 있습니다.

그러나 2019두60776 판결은 '구체적으로 범위를 정한 위임'의 판단 기준, 법령보충규칙의 위임에 따라 제정된 행정규칙의 법령보충규칙성 여부 등에 대한 법리적 검토 없이, 위 국토계획법령 상의 규범 구조에 의한 국토교통부 훈령 및 이로부터 위임받아 제정된 지방자치단체의 예규 등을 일률적으로 행정규칙의 성질을 갖는 것으로 판시한 점은 아쉬움이 남습니다. 국토계획법 제58조 제3항 및 동법 시행령 제56조 제1항, 그리고 이에 따른 국토부 훈령 등과 관련한 대법원의 입장은 그 후의 2020두43722 판결을 통하여 확고한 것으로 평가할 수 있습니다. 이와 관련하여 위 2020두43722 판결의 원심법원은 해당 지침을 법규명령의 효력을 가지는 법령보충규칙으로 판시하였습니다.[1)]

---

1) **대구고판 2020.6.20, 2019누5237** : "법령의 규정이 특정 행정기관에 그 법령내용의 구체적 사항을 정할 수 있는 권한을 부여하면서 그 권한 행사의 절차나 방법을 특정하고 있지 않은 관계로 수임 행정기관이 행정

헌법재판소도 법령보충규칙의 성립요건, 효력 등에 있어 대법원 판결과 궤를 같이하는 결정을 내놓았지만, 이에 그치지 않고 법령보충규칙의 제정 가능성을 의회입법원리와의 관계하에서 논증하는 점이 주목할 만합니다.

＊ **헌재결 2004.10.28, 99헌바91** : "헌법 제40조와 헌법 제75조, 제95조의 의미를 살펴보면, 국회입법에 의한 수권이 입법기관이 아닌 행정기관에게 법률 등으로 구체적인 범위를 정하여 위임한 사항에 관하여는 당해 행정기관에게 법정립의 권한을 갖게 되고, 입법자가 규율의 형식도 선택할 수도 있다 할 것이므로, 헌법이 인정하고 있는 위임입법의 형식은 예시적인 것으로 보아야 할 것이고, 그것은 법률이 행정규칙에 위임하더라도 그 행정규칙은 위임된 사항만을 규율할 수 있으므로, 국회입법의 원칙과 상치되지도 않는다. 다만, 형식의 선택에 있어서 규율의 밀도와 규율영역의 특성이 개별적으로 고찰되어야 할 것이고, 그에 따라 입법자에게 상세한 규율이 불가능한 것으로 보이는 영역이라면 행정부에게 필요한 보충을 할 책임이 인정되고 극히 전문적인 식견에 좌우되는 영역에서는 행정기관에 의한 구체화의 우위가 불가피하게 있을 수 있다. 그러한 영역에서 행정규칙에 대한 위임입법이 제한적으로 인정될 수 있다. … 고시와 같은 형식으로 입법위임을 할 때에는 적어도 행정규제기본법 제4조 제2항 단서에서 정한 바와 같이 법령이 전문적·기술적 사항이나 경미한 사항으로서 업무의 성질상 위임이 불가피한 사항에 한정된다 할 것이고, 그러한 사항이라 하더라도 포괄위임금지의 원칙상 법률의 위임은 반드시 구체적·개별적으로 한정된 사항에 대하여 행하여져야 한다."

5) 제재적 처분의 기준을 정한 시행령·시행규칙 [별표]의 법적 성격

(1) 의의

영업정지처분과 과징금부과처분 등 제재적 처분은 법률에서 재량행위 형태로 규정

규칙의 형식으로 그 법령의 내용이 될 사항을 구체적으로 정하고 있는 경우에는, 그 행정규칙이 당해 법령의 위임한계를 벗어나지 않는 한, 그와 결합하여 대외적으로 구속력이 있는 법규명령으로서 효력을 가진다(대법원 2003. 9. 26. 선고 2003두2274 판결, 대법원 2003. 9. 26. 선고 2003두2274 판결 등 참조). 국토계획법 제58조 제1항 제4호는 특별시장·광역시장·특별자치시장·특별자치도지사·시장 또는 군수는 개발행위허가의 신청 내용이 주변 지역의 토지이용실태 또는 토지이용계획 등 주변환경이나 경관과 조화를 이루는 경우에만 개발행위허가 또는 변경허가를 하여야 한다고 정하고 있고, 같은 조 3항은 제1항에 따라 허가할 수 있는 경우 그 허가의 기준은 지역의 특성, 지역의 개발상황, 기반시설의 현황 등을 고려하여 대통령령으로 정하도록 규정하고 있으며, 위 법의 위임을 받아 제정된 국토계획법 시행령 제56조 제4항은 다시 개발행위허가기준에 대한 세부적인 검토기준을 국토교통부장관이 정할 수 있다고 규정하고 있다. 위 법리와 국토계획법령의 내용을 종합하면, 이 사건 지침은 위 국토계획법 및 시행령의 단계적 위임에 따라 개발행위허가의 기준을 구체적으로 규정한 것으로 법규명령의 효력을 갖는다."

하면서 구체적 처분의 범위를 설정하는 경우가 대부분입니다(이를테면, 영업허가를 취소하거나 6월 이내의 기간을 정하여 영업정지를 명할 수 있다). 이와 함께 같은 조 다른 항에서 구체적 처분기준에 대해서는 대통령령, 총리령, 부령으로 위임하고 있고, 위임받은 법규명령에서는 이를 [별표] 등에서 위반행위별로 유형화한 후 위반 횟수별로 구체적인 처분기준을 〈표〉 형식으로 일의적으로 제시합니다. 물론, 일부의 경우 제재적 처분의 기준을 고시 등 행정규칙에서 규율하는 입법례도 없지 않지만, 이는 상대적으로 드문 경우이고 또한 그 경우의 법리에 대해서는 재량준칙 설명 시에 이미 상세히 다룬 바 있습니다.

(제재적 처분의 기준을 정한 행정입법 [별표]의 법적 성격에 대해서는 이해의 편의를 위해 아래 사례를 바탕으로 설명합니다).

구청장 乙은 일반음식점을 운영하는 업주 甲이 2명의 청소년에게 주류를 제공한 사실을 관할 경찰서장으로부터 통보받고 행정절차를 거친 후 2012. 2. 15. 甲에 대해 영업정지 2월의 처분을 발령하였다. 甲은 자신의 업소가 대학가에 소재하고 있어서 주된 고객이 대학생인데, 고등학생이 오는 경우도 있어 반드시 신분증으로 나이를 확인하고 가짜 신분증을 사용하는 청소년이 있음을 대비하여 영수증에 직접 성명과 주민등록번호를 적게 하고 있으며 성명 등이 기록된 사건 당일의 영수증을 영업정지처분 전 관할 구청에 제출하려 하였으나 그 영수증을 그만 분실하여 이를 입증할 수도 없게 되었다. 또한, 사건 당일은 성탄절이라 점포 내 많은 손님들로 북적거렸고 그 와중에 신분증이 위조된 것인지를 정밀하게 검사한다는 것은 사실상 불가능하였다고 주장한다. 한편, 甲은 과거 법령 위반으로 인한 영업정지 등 행정처분의 전력이 전혀 없을 뿐만 아니라 오히려 청소년선도에 앞장선 공을 인정받아 시장 표창을 받은 경력이 있고, 영업이익의 감소로 생계유지를 위해 하는 수 없이 일수로 빚을 얻어 업소를 운영하고 있으며 간암으로 투병 중인 남편과 자식 2명을 자신이 부양해야 하는 처지여서 2월의 영업정지처분은 지나치게 과한 위법한 처분으로서 취소나 감경되어야 한다고 판단하였다. 이에 甲은 자신에 대한 2개월의 영업정지처분취소소송을 제기하였는바, 甲의 소송상 청구의 인용 가능성을 설명하시오.

〈참조조문〉 ☞ 출제를 위한 것이므로 현행의 법령과 다를 수 있음

* 식품위생법

제44조(영업자 등의 준수사항) ② 식품접객영업자는 「청소년 보호법」 제2조에 따른 청소년(이하 이 항에서 "청소년"이라 한다)에게 다음 각 호의 어느 하나에 해당하는 행위를 하여서는 아니 된다.

4. 청소년에게 주류(주류)를 제공하는 행위

제75조(허가취소 등) ① 식품의약품안전청장 또는 특별자치도지사·시장·군수·구청장은 영업자가 다음 각 호의 어느 하나에 해당하는 경우에는 대통령령으로 정하는 바에 따라 영업허가 또는 등록을 취

소하거나 6개월 이내의 기간을 정하여 그 영업의 전부 또는 일부를 정지하거나 영업소 폐쇄(제37조 제4항에 따라 신고한 영업만 해당한다. 이하 이 조에서 같다)를 명할 수 있다.

13. 제44조제1항·제2항 및 제4항을 위반한 경우

⑤ 제1항 및 제2항에 따른 행정처분의 세부기준은 그 위반 행위의 유형과 위반 정도 등을 고려하여 총리령으로 정한다.

* 식품위생법시행규칙

제89조(행정처분의 기준) 법 제71조, 법 제72조, 법 제74조부터 법 제76조까지 및 법 제80조에 따른 행정처분의 기준은 별표 23과 같다.

[별표 23] 행정처분기준

Ⅰ. 일반기준

15. 다음 각 목의 어느 하나에 해당하는 경우에는 행정처분의 기준이, 영업정지 또는 품목·품목류 제조정지인 경우에는 정지처분 기간의 2분의 1 이하의 범위에서, 영업허가 취소 또는 영업장 폐쇄인 경우에는 영업정지 3개월 이상의 범위에서 각각 그 처분을 경감할 수 있다.

마. 위반사항 중 그 위반의 정도가 경미하거나 고의성이 없는 사소한 부주의로 인한 것인 경우

Ⅱ. 개별기준

3. 식품접객업

위반사항	근거법령	행정처분기준		
		1차 위반	2차 위반	3차 위반
11. 법 제44조 제2항을 위반한 경우 라. 청소년에게 주류를 제공하는 행위(출입하여 주류를 제공한 경우 포함)를 한 경우	법 제75조	영업정지 2월	영업정지 3월	영업허가·등록 취소 또는 영업소 폐쇄

일반적으로 영업정지처분의 구체적 기준은 시행규칙 [별표]에, 과징금부과처분1)의

1) 과징금이란 주로 공정거래 영역 등 경제법 분야에서 수명자(受命者)의 의무불이행으로 인한 부당이득을 환수하는 의미에서 부과하는 금전상의 제재수단을 말합니다. 이러한 전통적인 과징금에 대해 이른바 변형과징금의 부과가 최근 빈번합니다. 이는 영업정지 등 제재적 행정처분을 발령하여야 하지만 그로 인하여 영업정지 대상 사업의 이용자에게 불편을 주거나 공익을 해하는 등의 우려가 있는 때에는 사업정지, 영업정지 등의 처분에 갈음하여 과징금을 부과하는 것을 뜻합니다. 의무위반자에 대해서도 상대적으로 유리한 수단입니다.

* **대판 2015.6.24, 2015두39378** : "구 영유아보육법(2013. 6. 4. 법률 제11858호로 개정되기 전의 것, 이하 같다) 제45조 제1항 제1호, 제4항, 제45조의2 제1항, 구 영유아보육법 시행규칙(2013. 8. 5. 보건복지부령 제202호로 개정되기 전의 것) 제38조 [별표 9]의 문언·취지·체계 등에 비추어, 구 영유아보육법 제45조 제1항 각 호의 사유가 인정되는 경우, 행정청에는 운영정지 처분이 영유아 및 보호자에게 초래할 불편의 정도 또는 그 밖에 공익을 해칠 우려가 있는지 등을 고려하여 어린이집 운영정지 처분을 할

기준은 시행령 [별표]에 위임되어 있지만, 반드시 그런 것은 아니므로 사안에 따라 어느 유형의 법규명령에 규정되었는지, 제시된 참조조문을 유심히 살펴야 합니다. 왜냐하면, 판례에 의할 때 시행령, 시행규칙 별로 그 법적 성질을 달리하기 때문입니다. (법령에 따라서는 과징금 부과기준이 시행규칙에 규정된 경우가 있습니다. 악취방지법 시행규칙 제12조는 과징금 부과기준을 규정하면서, 그 액수를 동 시행규칙 [별표]에 의한 조업정지, 업무정지 등의 일수(日數)에 연동시킵니다.[1] 과징금부과의 구체적 기준이 시행규칙 [별표]에 규정된 경우라고 할 수 있습니다.)

통상 시행령·시행규칙 [별표]상의 처분기준에 따른 처분과 관련하여, 구체적 상황을 고려할 때 과한 처분으로 평가되어 위법일 가능성이 있는 경우의 법적 판단이 문제됩니다. 당해 [별표]의 법규적 효력을 인정하면 거기에 나타난 처분기준에의 부합 여부에 따라 처분의 위법 여부를 판단하면 되지만, 그 [별표]의 법규성을 부인하는 경우에는 법원은 더 이상 [별표]상의 처분기준에 구속받지 않고 모법상 재량권 부여에 착안하여 재량하자 여부로 처분의 위법 여부를 판단하겠지요. 전자는 [별표]를 법규명령으로 보는 결과가 되고, 후자에서는 그것을 행정규칙으로 간주하는 셈입니다.

이 주제에 대해 일부 문헌에서 사용하는 용례, 즉 '법규명령 형식의 행정규칙' 표현은 옳지 않습니다. 일견 판단하더라도 학설·판례가 시행령 [별표]상의 처분기준의 법규적 효력을 인정하므로 그것을 행정규칙이라고 할 수 없기 때문입니다. 정확한 표현은 '제재적 처분의 기준을 정한 시행령·시행규칙 [별표]의 법적 성격'입니다. 사전에 약칭을 전제하지 않으며, 곧바로 '시행규칙의 법적 성격' 혹은 '[별표]의 법적 성격' 등으로 표현

것인지 또는 이에 갈음하여 과징금을 부과할 것인지를 선택할 수 있는 재량이 인정된다."

과징금은 원칙적으로 행정상 의무이행확보수단이므로 벌금, 과태료 등의 행정벌과 병과하더라도 이중처벌금지원칙에 저촉되지 않으며, 부과의 취지와 목적이 다르다면 하나의 행위에 대하여 다른 종류의 과징금을 중첩적으로 병과할 수 있습니다(대판 2015.10.29, 2013두23935). 과징금부과처분은 재량행위이므로 과징금부과금액이 적법한 범위를 초과하여 과다 부과된 경우 과징금부과처분취소심판에서는 일부취소재결이 가능하지만, 과징금부과처분취소소송의 경우에는 일부취소가 불가합니다.

1) * 악취방지법 제12조(과징금처분) ① 시·도지사 또는 대도시의 장은 신고대상시설로서 다음 각 호의 어느 하나에 해당하는 시설을 운영하는 자에게 제11조에 따라 조업정지를 명하여야 하는 경우로서 그 조업정지가 주민의 생활에 심한 불편을 주거나 공익을 해칠 우려가 있다고 인정되는 경우에는 조업정지처분을 대신하여 1억원 이하의 과징금을 부과할 수 있다.

〈각호 생략〉

② 제1항에 따라 과징금을 부과하는 위반행위의 종류 및 위반 정도 등에 따른 과징금의 금액 등에 관하여 필요한 사항은 **환경부령**으로 정한다.

* 악취방지법 시행규칙 제12조(과징금의 금액 등) ① 법 제12조제1항에 따른 과징금은 별표 9의 행정처분기준에 따른 조업정지일수(과징금 부과처분일부터 계산한다)에 1일당 부과금액 100만원을 곱하여 계산하되, 1억원을 초과하는 경우에는 1억원으로 한다.

하는 것도 옳지 않은 용례이니 이 점 각별히 주의하기 바랍니다. 이를테면, 제재적 처분의 기준을 정한 시행규칙 [별표]를 제외한 다른 [별표]들은 법규명령의 일부로서 그 법규적 효력을 부인하지 않기 때문입니다.

(2) 학설

제재적 처분의 기준을 정한 시행령·시행규칙 별표의 법적 성격에 관하여 법규명령설, 행정규칙설, 수권여부기준설 등이 논의되는데, 수권여부기준설에 대해서는 주의를 요합니다. 수권여부기준설은 해당 [별표]의 규정이 상위법의 명시적 수권에 의한 것인지 여부에 따라 법규명령과 행정규칙으로 구분하는 견해입니다. 그러나 이에 의하면 제재적 처분기준의 집행명령적 성격을 설명하지 못합니다. 집행명령은 수권을 요하지 않는 법규명령을 일컫는데, 제재적 처분의 기준은 모법상의 재량권 행사의 양적 범위 내에서 처분의 발령을 위한 구체적 집행기준을 제시하는 것이므로 위임의 근거가 없어도 법규적 효력을 가진 집행명령의 성격을 가집니다. 환언하면, 통상 모든 법률에서 시행규칙 [별표]상의 제재적 처분의 기준을 정하는 데 대한 위임규정을 두지만, 이를 두지 않더라도 동 기준은 집행명령의 성격을 띠므로 위임의 근거가 없더라도 모법이 위헌이라든가, 그에 기한 시행규칙 [별표]가 위법이라고는 할 수 없습니다. 결국, 집행명령으로서의 성격을 가진 동 기준은 위임규정의 존부와 무관하게 법규적 효력을 가지는 법규명령입니다.

(3) 판례

가. 제재적 처분의 기준을 정한 시행규칙 [별표]의 법적 성격

판례는 대부분의 경우 제재적 처분의 기준을 정한 시행규칙 [별표](이하 '시행규칙 [별표]')에 따른 처분을 적법하다고 봅니다. 대판 2019.9.26, 2017두48406 판결에서, "제재적 행정처분이 재량권의 범위를 일탈하였거나 남용하였는지는, 처분사유인 위반행위의 내용과 위반의 정도, 처분에 의하여 달성하려는 공익상의 필요와 개인이 입게 될 불이익 및 이에 따르는 여러 사정 등을 객관적으로 심리하여 공익침해의 정도와 처분으로 인하여 개인이 입게 될 불이익을 비교·교량하여 판단하여야 한다. 이러한 제재적 행정처분의 기준이 부령 형식으로 규정되어 있더라도 그것은 행정청 내부의 사무처리준칙을 규정한 것에 지나지 않아 대외적으로 국민이나 법원을 기속하는 효력이 없다. 따라서 그 처분의 적법 여부는 처분기준만이 아니라 관계 법령의 규정 내용과 취지에 따라 판단하여야 한다. 그러므로 처분기준에 부합한다고 하여 곧바로 처분이 적법한 것이라고 할 수는 없지만, 처분기준이 그 자체로 헌법 또는 법률에 합치되지 않거나 그 기준을 적용한 결과가 처분사유인 위반행위의 내용 및 관계 법령의 규정과 취지에 비추어 현저히 부당하다고 인정할 만한 합리적인 이유가 없는 한, 섣불리 그 기준에 따른 처분이 재량권의 범위를 일탈하였다거나 재량권을 남용한 것으로 판단해서는 안 된다"고 하여 이러한 점을 명확히 하고 있습니다.

그러나 처분기준에 따른 제재적 처분이지만 개별 사안에서 위반행위의 성질, 원고의 상황 등을 고려할 때 해당 처분이 과하다고 판단할 여지가 있어 예외적으로 원고의 권리구제 필요성이 요청되는 경우가 발생합니다. 그러나 이 경우 시행규칙 [별표]의 법규적 효력을 인정하는 한, 권리구제의 실효성을 기하기 어려워집니다. 시행규칙 [별표]의 법규적 효력을 인정한다면 그에 따른 처분은 원칙적으로 적법하기 때문이지요. 이때 원고의 청구를 인용하기 위해서는 시행규칙 [별표]의 위헌·위법을 들어 그에 대한 구체적 규범통제를 통하여 무효판결을 얻어야 합니다. 그러나 명령·규칙에 대한 위헌·위법심사는 대법원 전원합의체 판결을 통하여야 하고(법원조직법 제7조 제1항), 이는 곧 상당한 시일을 요합니다. 또한, 여기에서의 무효판결에는 대세적 효력이 인정되지 않으므로 당해 사건에 한하여 적용되지 않음에 그칩니다. 동종 사건에서 같은 절차를 반복해야 할 가능성이 존재하는 것입니다.

이런 점을 고려하여 대법원은 시행규칙 [별표]의 법규적 효력을 부인하고, 곧바로 모법에 의한 재량하자 심사를 통해 원고의 권리구제의 실효성 제고를 기하려는 점이 그 법규성 부인의 실질적 이유입니다. 이러한 판례이론은 상당히 설득력이 있습니다. 그러나 현재의 관련 법령 규정의 실제를 고려하건대 시행규칙 [별표]의 법규성을 인정하더라도 판례의 입장, 즉 구체적 타당성을 구현할 수 있음은 잠시 후 살펴보는 바와 같습니다. 또한, 판례는 입법자의 명시적 의사에 의해 모법상 재량행위로 규정된 것을 시행규칙 [별표]를 통해 위반 횟수별로 기계적 적용을 규정함으로써 해당 제재적 처분을 기속행위화하는 것은 입법자의 의사에 반하므로, 그 법규적 효력을 부인하여 행정 내부적 효력만을 가지는 것으로 해석합니다. 이 역시 경청할 만한 논거입니다.

또 하나의 논거는 다음과 같습니다. 대법원은 제재적 처분의 기준은 원래 고시, 훈령 등 행정규칙의 형식으로 규정할 성질의 것으로 봅니다. 즉, 제재적 처분의 기준은 모법상 부여된 재량권 행사의 내부적 기준을 정한 것에 지나지 않으므로 이들 내용이 법규명령인 시행규칙의 형식을 띠더라도 이에 대해 법규명령으로서의 법규적 효력을 인정할 수 없고 일종의 재량준칙으로 간주하는 논리전개를 펼칩니다. 그러나 이런 입장에는 간과할 수 없는 문제점이 있습니다. 우선, 제재적 처분의 기준이 최초 행정청의 편의를 위해 내부적 운영의 목적으로 규정된 것임은 부인할 수 없습니다. 그러나 그 기준은 곧바로 국민의 권리에 영향을 미칩니다. 예컨대, 미성년자에게 주류를 판매한 주점에 대해 그 1회 위반에 대한 시행규칙 [별표]상 처분기준인 2월은 원칙적으로 행정청의 업무 수행상의 지침을 정한 것이지만, 실제 그런 위반행위가 발생하면 그 위반자에 대해 2월의 영업정지처분이 발령될 것임은 누구나 예상할 수 있는 일입니다. 결국 행정은 실질적으로 당해 기준에 따라 처분할 수밖에 없고, 그에 따른 영업정지처분은 사인의 재산권 내지 영업의 자유에 영향을 미칩니다. 또한, 원래부터 시원적으로 행정규칙 사항이 존재한다는 가설도 반드시 타당하다고 볼 수 없습니다. 나아가 행정청 내부에서의 일면적 구속력만 가진다고 하더라도, 법리상 일면적 구속력만 보유하는 시행규칙도 불가능하지 않습니다. 즉, 대외적 구속력을 가지는 사항은 법령의 형식으로 정하여야 한다는 것이지, 법령상의 모든 규정이 대외적 효력을 보유해야 하는 것은 아니라는 뜻입니다.

가장 심각한 문제점은 헌법 규정을 정면으로 무시하는 점입니다. 주지하다시피 시행규칙은 헌법 제95조가 예정한 법규명령의 일종입니다. 그리고 제재적 처분의 기준을 정한 시행규칙 [별표]라고 해서 그 법규적 효력 인정 여부나 법규적 효력의 인정 정도에 있어 본문 규정과 하등의 차이가 없습니다. 판례를 통해 법규명령에 관한 헌법 규정을 무력화하는 것은 '법원에 의한 법 발견'의 범주를 초월하는 초헌법적 이론구성입니다.

그뿐만 아니라 최근의 입법구조는 명시적 위임에 의해 시행규칙 [별표]를 통해 제재적 처분의 기준이 정해지는데, 이러한 위임명령 성격의 시행규칙 [별표]에 대해서도 행정규칙에 지나지 않는다고 하는 것은 '법규명령과 행정규칙의 구분 기준으로서의 수권 여부' 구도를 희석시키는 점에서 동의하기 어려운 면이 있습니다. 이에 더하여, 시행규칙 [별표]상의 처분기준의 법규성을 인정하여 규범통제의 대상으로 하는 경우 - 일응 해당 사안에서의 권리구제가 신속하게 이루어지지 않는 측면이 있지만 - 근거규범의 시정을 통해 차후의 부당한 처분 발령을 예방할 수 있음에서 - 문제의 일회적·종국적 해결에 유리한 점도 고려의 대상입니다.

요컨대, 시행규칙 [별표]의 법규적 효력을 부인하는 이론의 문제점에도 불구하고, 판례이론은 제재적 처분의 기준은 재량준칙으로 정하여야 하는 것이고 부령으로 규정된 사항이라도 비법규로 볼 여지가 있다는 전제하에서, 법원이 본안판단을 함에 있어 이에 구속되지 않는다고 함으로써 간접적으로 규범통제권을 행사하고 국민의 권리구제에 탄력성을 가한 것으로 평가할 수 있습니다. 또한, 판례는 시행규칙 [별표]의 법규성을 부인하여 거기에 나타난 처분기준을 재량준칙의 일종으로 간주하므로 재량준칙에서의 평등원칙을 매개로 한 법규적 효력 인정 논의가 여기에 적용될 여지가 있음은 이미 살펴본 바와 같습니다.

* **대판 2014.11.27, 2013두18964** : "공공기관의 운영에 관한 법률 제39조 제2항, 제3항에 따라 입찰참가자격 제한기준을 정하고 있는 구 공기업·준정부기관 계약사무규칙(2013. 11. 18. 기획재정부령 제375호로 개정되기 전의 것) 제15조 제2항, 국가를 당사자로 하는 계약에 관한 법률 시행규칙 제76조 제1항 [별표 2], 제3항 등은 비록 부령의 형식으로 되어 있으나 규정의 성질과 내용이 공기업·준정부기관(이하 '행정청'이라 한다)이 행하는 입찰참가자격 제한처분에 관한 행정청 내부의 재량준칙을 정한 것에 지나지 아니하여 대외적으로 국민이나 법원을 기속하는 효력이 없으므로, 입찰참가자격 제한처분이 적법한지 여부는 이러한 규칙에서 정한 기준에 적합한지 여부 만에 따라 판단할 것이 아니라 공공기관의 운영에 관한 법률상 입찰참가자격 제한처분에 관한 규정과 그 취지에 적합한지 여부에 따라 판단하여야 한다. 다만 그 재량준칙이 정한 바에 따라 되풀이 시행되어 행정관행이 이루어지게 되면 평등의 원칙이나 신뢰보호의 원칙에 따라 행정청은 상대방에 대한 관계에서 그 규칙에 따라야 할 자기구속을 받게 되므로, 이러한 경우에는 특별한 사정이 없는 한 그에 반하는 처분은 평등의 원칙이나 신뢰보호의 원칙에 어긋나 재량권을 일탈·남용한 위법한 처분이 된다."

위 판례이론과는 달리, 국민의 권리구제 탄력성·실효성 제고는 오늘날 시행규칙 [별표]의 법규적 효력을 인정하더라도 가능함에 유의해야 합니다. 시행규칙 [별표]상 횟수별 구체적 처분기준은 〈II. 개별기준〉의 제하에 규정합니다. 그 앞에는 대부분의 경우 〈I. 일반기준〉이 위치합니다. 복수의 위반일 경우의 처분 일수 산정 방법 등과 함께 거기에는 〈감경규정〉과 〈가중규정〉이 존재합니다. 시행규칙 [별표]를 행정규칙으로 해석하는 판례이론과 달리 그 법규성을 인정하더라도 거기에 담긴 감경규정에 의해 구체적 처분기준을 그 위반행위에 대한 처분의 양적 상한을 정한 것으로 해석 가능하다는 의미입니다. 따라서 행정청은 예컨대, 미성년자에 대한 1회 주류제공에 대해 2월의 영업정지가 규정되었다면 감경규정에 따라 2월을 최고치로 하여 사안에 따라 재량권을 행사하여 이를 감경하는 등 구체적 타당성을 기할 수 있는 것입니다. 이런 입론하에서는 실질적인 측면에서 개인의 권리구제 실효성을 제고할 수 있을 뿐만 아니라, 형식적으로도 시행규칙 [별표]의 법규성을 부인하지 않음으로써 규범체계상의 무리한 해석(법규명령 형식임에도 불구하고 그 법규적 효력을 부인해야 하는 판례이론을 말합니다)을 피할 수 있습니다.

한편, 시행규칙 [별표]의 법적 성질이 논란의 대상이 되는 것은 제재적 처분의 기준이 동 [별표]에 규정된 경우에 한정합니다. 즉, 대법원은 상위법의 위임을 받아 제재적 처분이 아닌 행정처분의 기준과 절차를 정한 부령의 법규적 효력을 인정합니다.

* **대판 2006.6.27, 2003두4355** : "구 여객자동차 운수사업법 제11조 제1항은 여객자동차운송사업의 면허를 받은 자가 사업계획을 변경하고자 하는 때에는 건설교통부장관의 인가를 받아야 한다고 규정하고, 같은 조 제4항은 사업계획변경의 절차·기준 기타 필요한 사항은 건설교통부령으로 정한다고 규정하며, 법 시행규칙 제31조 제2항은 "시외버스운송사업의 사업계획변경은 다음 각 호의 기준에 의한다. 1. 노선 및 운행계통을 신설하고자 하는 때에는 운행횟수를 4회 이상으로 할 것 2. 노선 및 운행계통을 연장하고자 하는 때에 그 연장거리는 기존 운행계통의 50퍼센트 이하로 할 것 (중략) 6. 제32조 제1항 제3호 (가)목의 규정에 의한 운행횟수의 증감을 초과하는 경우로서 2 이상의 시·도에 걸치는 운행횟수의 증감은 관련 시외버스운송사업자 또는 관할 관청이 참여하여 당해 운행계통에 대한 수송수요 등을 조사한 후에 변경할 것"이라고 규정하고 있는바, 법 시행규칙 제31조 제2항 제1호, 제2호, 제6호는 법 제11조 제4항의 위임에 따라 시외버스운송사업의 사업계획변경에 관한 절차, 인가기준 등을 구체적으로 규정한 것으로서, 대외적인 구속력이 있는 법규명령이라고 할 것이고, 그것을 행정청 내부의 사무처리준칙을 규정한 행정규칙에 불과하다고 할 수는 없는 것이다."

나. 제재적 처분의 기준을 정한 시행령 별표(이하 '시행령 [별표]')의 법적 성격

시행규칙 [별표]에 규정된 제재적 처분기준의 법적 성격 관련 판례이론과는 달리, 대법원은 제재적 처분의 기준이 시행령 [별표]에 규정된 경우에는 그 법규명령으로서의 효력을 인정하는 입장을 취하고 있습니다.

* **대판 1997.12.26, 97누15418** : "이 사건 처분의 기준이 된 시행령 제10조의3 제1항 [별표 1]은 법 제7조 제2항의 위임규정에 터잡은 규정형식상 대통령령이므로 그 성질이 부령인 시행규칙이나 또는 지방자치단체의 규칙과 같이 통상적으로 행정조직 내부에 있어서의 행정명령에 지나지 않는 것이 아니라 대외적으로 국민이나 법원을 구속하는 힘이 있는 법규명령에 해당한다고 할 것이다(대법원 1995. 10. 17. 선고 94누14148 판결 참조). 따라서 이 사건 처분이 재량행위인지 여부를 결정함에 있어서는, 먼저 그 근거가 된 시행령 제10조의3의 규정과 같은 조 제1항 [별표 1]의 규정형식이나 체재 또는 문언을 살펴야 하는바, 이들 규정들은 영업의 정지처분에 관한 기준을 개개의 사유별로 그에 따른 영업정지기간을 일률적으로 확정하여 규정하는 형식을 취하고 있고 다만 영업정지 사유가 경합되거나(시행령 제10조의3 제2항 제2호) 사업실적미달로 인하여 영업정지처분사유에 해당하게 된 경우(같은 조 제3항)에 한하여 예외적으로 그 정지기간 결정에 재량의 여지를 두고 있을 뿐이므로, 이 사건의 경우와 같이 등록을 마친 주택건설사업자가 "법 제38조 제14항의 규정에 의한 하자보수를 정당한 사유 없이 사용검사권자가 지정한 날까지 이행하지 아니하거나 지체한 때"에는 관

할 관청으로서는 위 [별표 1]의 제2호 (타)목 (1)의 규정에 의하여 3개월간의 영업정지처분을 하여야 할 뿐 달리 그 정지기간에 관하여 재량의 여지가 없다고 할 것이다."

이에 대해서는 유의미한 두 가지 비판이 가능합니다. 우선, 시행령과 시행규칙은 헌법이 인정한 법규명령으로서 상호 간 효력의 우열은 있을지라도(시행령 > 시행규칙) 양자 모두 법규적 효력을 보유하는 점에서 차이가 없음에도 불구하고 판례가 시행령의 경우에만 법규명령으로 해석하는 것이 그것입니다. 특히, 양자 모두 위임명령의 성격을 띠는 경우가 대부분인데, 양자를 차별하여 취급함으로써 법원이 입법자의 의사를 자의적으로 편의에 따라 해석한다는 비판으로부터 자유롭지 못합니다. 위 판례에도 시행규칙 [별표]의 법규적 효력이 부인됨을 예정하고 있습니다. 이렇듯 동종 내용이 시행령, 시행규칙에 규정됨에 따라 그 법적 성격을 달리 보는 것은 헌법에 배치되므로 법원의 해석 범위를 유월한다고 평가할 수 있습니다.

또 하나의 문제점은 시행규칙 [별표]를 행정규칙으로 간주하는 이유가 국민의 권리구제 실효성을 제고하는 데에 있다면, 동종의 내용이 시행령 [별표]에 규정된 경우에는 그러한 해석의 여지가 없는가라는 의문이 그것입니다. 통일적인 해석이 요청되는 사항입니다. 대통령령의 경우에는 국무회의의 심의를 거쳐 대통령이 발령하고, 부령에 대해서는 국무회의의 심의를 거치지 않고 행정 각부 장관이 발한다고 하지만, 이것이 양자를 질적으로 구분할 이유가 될 수는 없습니다.

이런 비판에 직면하여 대법원은 일정 경우 시행령 별표상의 과징금부과기준 규정에 대해 법규적 효력을 인정하면서도 그 금액은 정액(定額)이 아니라 위반행위에 대한 과징금 부과액의 상한, 즉 최고한도를 정한 것으로 해석하였습니다(당시 근거 법령이었던 (구)청소년보호법 시행령에는 명시적인 감경규정이 존재하지 않았습니다). 이에 따라 법원은 시행령 별표상의 처분기준에 구속되면서도 그 기준을 상한으로 해석함으로써 비례원칙에 의한 심사를 할 수 있어 사안에 따른 구체적 타당성을 기할 수 있는 길이 열린 것입니다.

* **대판 2001.3.9, 99두5207** : "구 청소년보호법 제49조 제1항, 제2항에 따른 같은법 시행령 제40조 [별표 6]의 위반행위의종별에따른과징금처분기준은 법규명령이기는 하나 모법의 위임규정의 내용과 취지 및 헌법상의 과잉금지의 원칙과 평등의 원칙 등에 비추어 같은 유형의 위반행위라 하더라도 그 규모나 기간·사회적 비난 정도·위반행위로 인하여 다른 법률에 의하여 처벌받은 다른 사정·행위자

> 의 개인적 사정 및 위반행위로 얻은 불법이익의 규모 등 여러 요소를 종합적으로 고려하여 사안에 따라 적정한 과징금의 액수를 정하여야 할 것이므로 그 수액은 정액이 아니라 최고한도액이다."

그렇다면 동일한 논증 구조를 시행규칙 [별표]의 경우에도 적용할 수 있지 않느냐라는 의문이 강하게 제기됩니다. 즉, 시행규칙 [별표]의 법규성을 인정하는 형식적 체계정합성을 기하면서도 그 기준을 상한으로 함으로써 재량행위성을 계속 유지하여 비례원칙에 의한 심사를 통해 처분의 위법을 판결할 수 있음을 통하여 권리구제의 실효성 제고라는 실질적 요청에도 부응할 수 있는 것입니다. 그러나 이런 제안을 대법원이 수용하지는 않아서, 여전히 제재적 처분의 기준을 정한 시행규칙 [별표]에 대해서는 행정규칙으로 보아 모법에 의한 비례원칙 위반의 심사를 행합니다.

한편, 제재적 처분의 기준을 정한 시행령 [별표] 및 시행규칙 [별표]의 법규성을 각각 인정하고 그 기준을 상한으로 해석하는 것에도 간과할 수 없는 문제점이 있습니다. 관련 규범구조를 살펴보면, 모법상 제재적 처분은 재량행위로 규정되어 있고 시행령·시행규칙 [별표]에서는 구체적 처분기준을 정형화된 형태로 정하고 있습니다. 그럼에도 특단의 감경규정이 없는 경우에까지 시행령·시행규칙 [별표]의 처분기준을 상한을 정한 것으로 보는 것은 법원의 해석 범위를 넘는, 새로운 입법에 해당하는 것으로 이를 쉽사리 받아들이기에는 어려움이 있습니다. 그러나 위의 비판은 현행의 규범구조하에서는 극복 못할 바 아닙니다. 이미 설명한 바와 같이 오늘날 제재적 처분의 기준을 정하는 거의 모든 시행령·시행규칙 [별표]에서는 개별기준과 함께 일반기준으로서의 감경규정을 두고 있습니다. 즉, 동 [별표]의 법규적 효력을 인정하면서도 제재적 처분의 양적 최고한도를 정한 것으로 이해하는 규범친화적 해석이 가능하므로, 이를 통해 모법 규정의 재량행위적 성격이 시행령·시행규칙 차원에서도 유지되고, 비례원칙 심사를 통해 구체적 타당성을 도모함에도 법리적 어려움이 없어진 것입니다.

(4) 결어

결국, 시행령, 시행규칙을 불문하고 그 [별표]에 규정된 제재적 처분기준에 대해 법규적 효력을 인정하더라도(물론 규범통제의 가능성을 배제하지는 않습니다) 동 [별표]상의 〈일반기준〉에 감경기준을 설정하므로, 결과적으로 법원이 원용하는 비례원칙 심사에 의한 국민의 권리구제가 가능합니다. 한편, 판례의 입장처럼 시행규칙 [별표]의 법규성을 부인하는 경우에도 모법에 따른 비례원칙 심사가 가능합니다. 양자가 제재적 처분의 위법성 판단에 있어 그 이론구성에는 다소간의 차이가 있지만, 결과에 있어 재량하자 심사를 행함은 동일하다는 결론에 이르게 됩니다. 그렇다면, 시행규칙 [별표]의 법규성을 인정하는 헌법친화적 해석이 법리적으로 타당합니다.

또한, 판례에 의할 때 재량준칙 형태의 제재적 처분기준(시행규칙 [별표]의 경우를 포함하여)에 대하여 모법의 취지를 고려하면서 평등원칙을 매개로 결과적인 법규성을 인정하지만, 시행규칙 [별표]의 법규성을 직접 인정하면서 가중규정에 의한 가중처분의 여지를 감안한다면([별표]상의 일반기준에는 통상 감경규정과 함께 가중규정도 두고 있습니다), 경우에 따라 이전의 처분과 상이한 중한 처분의 가능성도 인정됩니다. 이런 여러 논거들을 고려하건대, 향후 제재적 처분의 기준을 정한 시행규칙 [별표]에 대해서도 그 법규적 효력을 인정하는 판례 변경을 기대합니다. 이럴 경우에만 동일 성격의 사안에 대한 - 시행령, 시행규칙을 가리지 않고 - 통일적 규율이 가능해질 것입니다.

한 가지 덧붙이자면, 대법원은 모법상 재량행위인 과징금부과처분의 구체적 기준을 정한 시행령 [별표]에 대해 법규적 효력을 인정하면서 그 금액을 상한으로 해석함에 비해, 모법상 기속행위인 제재처분의 기준을 시행령에서 정한 경우에는 그 법규성은 인정하면서도 해당 금액을 절대적 구속력을 가지는 정액으로 해석하고 있습니다. (구 국토계획법 제124조의2 제2항은 이행강제금 부과를 기속행위로 규정하였습니다.) 모법상 기속행위를 하위입법의 규정을 통해 재량행위화하는 것의 부당성을 확인한 것으로 그 판시에 오류는 없습니다.

* **대판 2014.12.24, 2011두23580** : "법률의 위임에 따라 시행령이 이행강제금액의 기준을 위반행위의 유형별로 구분하여 각각에 대한 부과비율을 특정하여 규정하고 있고, 그 규정의 문언상 부과처분의 금액에 관한 재량을 허용하는 내용으로 되어 있지도 않은 점 등 관련 규정의 체계와 형식 및 내용에 비추어 보면, 국토계획법 및 그 시행령이 정한 이행강제금의 부과기준은 단지 상한을 정한 것이 아니라, 위반행위의 유형별로 계산된 특정 금액을 규정한 것으로 보아야 하고, 따라서 행정청에 이와 다른 이행강제금액을 결정할 재량권은 없다."

제6강

행정입법에 대한 사법적 통제

제6강

행정입법에 대한 사법적 통제

1. 개관

행정입법에 대한 사법적 통제의 효율성을 극대화하기 위해서는 헌법 제75조 및 제95조에 위반하는 수권 법률에 대한 위헌법률심사, 위헌법률에 대한 헌법소원 등을 병행해야 합니다. 아래에서는 행정입법 자체에 대한 사법적 통제에 한정합니다.

행정입법에 대한 사법적 통제는 그 '분석의 틀'과 '통제의 태양'에 대한 이해가 선행해야 합니다. 분석의 틀과 관련하여 통제기관 내지 주체를 기준으로 법원과 헌법재판소로, 통제의 대상은 법규명령과 행정규칙을, 그리고 통제대상은 다시 각각 적극적 입법과 소극적 입법부작위로 구분하여 고찰해야 합니다. 통제의 태양은 통상 구체적 규범통제와 추상적 규범통제의 구별을 의미합니다. 전자는 행정입법의 위헌·위법 여부가 구체적 사건에 대한 재판의 전제가 된 경우에 그 사건의 심판을 위한 선결문제로서 행정입법이 다루어지는 경우를 말하고(헌법 제107조 제2항), 구체적 법적 분쟁을 전제로 하지 않고 행정입법(법규명령) 그 자체의 위헌·위법 여부를 직접 다투는 것은 후자의 경우입니다.

현행 법제는 구체적 규범통제를 원칙으로 하되, 지방자치법 제120조 제3항, 제192조 제4항(지방교육자치에관한법률 제28조) 등은 예외적으로 조례에 대한 추상적 규범통제를 규정하고 있습니다. 추상적 규범통제는 행정입법을 직접 심판의 대상으로 하여 그 위헌·위법이 확정되면 당해 행정입법의 효력이 일반적으로 상실되는 점에서 국민의 권리구제뿐만 아니라 정당한 법질서 회복도 아울러 도모한다고 평가할 수 있습니다. 이에 대해 구체적 규범통제의 경우에는 당해 사건에 대하여 적용이 부인됨에 그칩니다. 국민의 권리구제가 1차적 목적이며, 절대적 효력 부인시 법의 공백상태에 의한 법적 불안정성을 고려하는 제도입니다.

한편, 헌법 제107조의 제2항에 따른 '재판의 전제가 된 경우'의 해석에 논란의 여지가 없지 않습니다. 통설은 동 문구를 구체적 규범통제만을 의미한다고 해석하고, 법규명령에 대한 직접적 취소소송 등의 가능성 여부는 헌법 제101조 및 행정소송법상의 논의

(처분법규)에서 구해야 한다고 주장함에 비하여, 소수설에서는 재판의 전제성을 '직접 또는 선결문제로 다투어지는 경우'라고 광의로 해석함으로써, '직접' 문구에 착안하여 법규명령에 대한 직접 행정소송 제기도 헌법에 의해 인정할 수 있다는 입장입니다. 환언하면, 처분법규 해당성과는 무관하게 법규명령 그 자체로 직접 재판의 대상이 될 수 있음을 헌법 제107조 제2항이 예정하므로 통상의 행정소송의 경우와 동일하게 법규명령의 위헌·위법 여부에 대해 상고심 법원인 대법원이 최종적으로 판단하는 것으로 해석하는 것입니다. 이런 입장은 2000년대 중반 행정소송법 개정 논의 시절, '대법원 행정소송법 개정안'을 통해 처분법규가 아닌 경우에도 행정입법취소소송을 도입하자는 다소 급진적인 주장으로 표출된바 있습니다. 그러나 행정소송법 개정은 이루어지지 못하였고 행정입법에 대한 취소소송은 그것이 처분법규가 아닌 한 우리 판례가 인정하지 않는바, 통설의 입장을 견지해야 합니다.

대법원은 구체적 규범통제에서 '재판의 전제성' 충족의 요건으로 ① 구체적 사건이 법원에 계속 중이어야 하고, ② 위헌이나 위법이 문제된 특정조항이 해당 소송사건의 재판에 적용되는 것이어야 하며, ③ 그 조항의 위헌이나 위법 여부에 따라 담당 법원이 다른 판단을 하게 되는 경우를 말한다고 판시합니다.

> * **대판 2019.6.13, 2017두33985** : "법원이 법률 하위의 법규명령, 규칙, 조례, 행정규칙 등(이하 '규정'이라 한다)이 위헌·위법인지를 심사하려면 그것이 '재판의 전제'가 되어야 한다. 여기에서 '재판의 전제'란 구체적 사건이 법원에 계속 중이어야 하고, 위헌·위법인지가 문제 된 경우에는 규정의 특정 조항이 해당 소송사건의 재판에 적용되는 것이어야 하며, 그 조항이 위헌·위법인지에 따라 그 사건을 담당하는 법원이 다른 판단을 하게 되는 경우를 말한다. 따라서 법원이 구체적 규범통제를 통해 위헌·위법으로 선언할 심판대상은, 해당 규정의 전부가 불가분적으로 결합되어 있어 일부를 무효로 하는 경우 나머지 부분이 유지될 수 없는 결과를 가져오는 특별한 사정이 없는 한, 원칙적으로 해당 규정 중 재판의 전제성이 인정되는 조항에 한정된다."

다음은 본원적(주위적) 규범통제와 부수적 규범통제의 구분입니다. 구체적·추상적 규범통제가 재판의 전제성 유무를 주된 구분 기준으로 한다면, 여기에서는 심판대상 규범에 대한 직접적 판단 여부가 착안점이 됩니다. 본원적 규범통제는 규범심사가 독립되어 있고, 심판기관 고유의 관심사는 대상 규범에 대한 직접적 판단입니다. 그리고 그 판결 내지 결정에는 일반적 효력으로서의 대세효가 인정됩니다. 위헌으로 결정한 법률 내지 위헌·위법으로 결정된 법규명령은 그 순간부터 효력을 일반적으로 상실합니다. 이와는 달리 부수적 규범통제에서는 심판기관의 심사권은 규범의 적용에 관한 문제에 집중하고, 대상 규범의 유·무효의 판단은 기판력의 객관적 범위 밖에 있으므로 순수 법리적 측면에서 볼 때 해당 규범의 당해 사건에 대한 적용배제라는 사실상의 효과만이 인정됩니다. 현행 법제상 본원적 규범통제는 선결문제의 존재 여하에 따라 구체적·추상적 규범통제로 나뉘지만, 부수적 규범통제는 항상 구체적 규범통제의 성격을 띠는데, 이를 아래 〈표〉로 정리할 수 있습니다.

	추상적 규범통제	구체적 규범통제
본원적 규범통제	• 조례에 대한 대법원 제소 • 명령·규칙에 대한 헌법소원	• 헌재에 의한 위헌법률심판
부수적 규범통제		• 법원의 명령·규칙심사

위 내용과 관련하여 다음 세 가지 점을 확인해야 합니다. ① 법규는 통상 일반·추상적 규범을 말하지만, - 그것이 집행행위를 매개로 하는지 여부는 논외로 하더라도 - 국민의 권리·의무에 영향을 미치는 점은 처분과 동일하므로 처분에 대한 취소소송 내지 무효확인소송 등도 본원적 규범통제 및 추상적 규범통제라 할 여지가 있습니다만, 일반적으로 수용되는 주장은 아닙니다.

② 같은 맥락에서 법규명령이나 행정규칙 공히 일정 경우에 그 규율이 개별·구체성을 띠는 한 직접 항고소송의 대상이 되지만, 그렇다고 하여 행정입법에 대한 법원의 본원적 성격의 추상적 규범통제가 일반적으로 인정된다고 할 수는 없습니다. 행정입법이 직접 항고소송의 대상이 되는 것은 그 처분성으로 인해 더 이상 행정입법의 실질이 아님을 의미하는 것입니다. 그런 부류는 형식상으로 행정입법이지만 실질적으로는 처분이므로 항고소송의 대상이라고 하는 것이 타당합니다.

③ 또 한 가지는 행정소송법 제6조의 규정입니다. 동조에 따라 행정소송에 대한 대법원 판결에 의하여 명령·규칙이 헌법 또는 법률에 위반된다는 것이 확정된 경우에는 대법원은 지체 없이 그 사유를 행정안전부장관에게 통보하여야 하며, 그 통보를 받은 행정안전부장관은 지체 없이 이를 관보에 게재하여야 합니다. 구체적 규범통제의 실효성 제고를 위해 간접적으로 대세효를 확보하려는 의도라 평가됩니다. 그러나 대법원 판결에 따라 해당 법규명령이 개정되거나 폐지되지 않는 경우도 있으므로(이때에는 행정실무상 기존 법규명령이 여전히 준거가 된다고 합니다), 이를 본원적 규범통제로의 전환으로 평가하기에는 한계가 존재합니다. 한편, 행정소송규칙 제2조는 정부의 행정법제 개선의무를 명시

한 행정기본법 제39조와 궤를 같이하여 명령 · 규칙의 위헌판결 등 통보의 상대방을 '소관 행정청'으로, 통보의 대상을 '법원의 판결'로 규정함으로써 명령 · 규칙 심사의 통보 확대를 도모합니다. 명령 · 규칙 심사의 실효성 제고를 통해 국민의 권리보장에 만전을 기하는 점에서 환영할 만합니다.

2. 법규명령에 대한 사법적 통제

1) 법원에 의한 통제

(1) 구체적 규범통제

구체적 규범통제의 대상은 법규명령, 헌법에 의해 직접 수권된 규칙, 조례·규칙, 법령보충규칙 등 행정규칙 중 법규적 효력을 보유한 경우입니다. 대통령의 긴급명령 등은 법률과 동위의 효력을 갖고 국회의 승인대상인 점을 고려하여 위헌법률심사의 대상입니다. 행정입법부작위는 헌법 제107조 제2항 문구가 명령·규칙의 위헌·위법 여부를 말하므로 그 대상은 이미 제정된 행정입법에 한정되고 행정입법부작위는 제외됩니다.

통제 요건은 행정입법의 위헌·위법 여부가 재판의 전제가 된 경우입니다. 위헌 여부도 심사 요건인 점에서 현행 헌법은 구체적 규범통제의 형태로 법원에게도 일부 헌법재판권을 부여하는데, 이를 통하여 행정입법에 대한 헌법소원과의 관계에서 헌법재판소와의 충돌이 발생할 수 있음을 의미합니다. 국민의 권리구제수단의 다변화라는 긍정적 측면보다는, 양자의 갈등으로 인한 법적 판단의 상이에서 오는 법질서 혼란의 폐해가 염려됩니다. 그러나 피통제규범이 법률인 경우에는 헌법재판소에만 규범통제권을 부여합니다.

구체적 규범통제의 효력은 원칙적으로 당해 사건에의 적용배제에 그치므로 폐지되기 전까지는 해당 법규명령은 여전히 유효합니다. 이러한 입론은 - 위헌법률의 경우와는 달리 - 일반적 효력 상실의 명문 규정이 없고 구체적 사건의 심사가 법원의 주된 목적이며 법규명령 자체를 심판대상으로 하여 직접 다투지 않는다는 점, 즉 부수적 규범통제에 해당하기 때문입니다. 그러나 행정기관은 위법 등으로 판결된 법규명령의 개정 내지 폐지 의무를 실질적으로 부담함은 이미 살핀 바와 같습니다. 한편, 이론적으로 볼 때 위법 등의 판정 후 당해 법규명령의 개정 등이 행해지지 않아 그 효력이 유지되더라도 행정청은 당해 법규명령을 장래에 향하여 적용하여서는 안 되겠지요. 대법원의 판결은 당해 법규명령이 위법하다는 점에 대한 최종적 판단에 해당하므로 법치행정원칙상 행정청은 이를 장래에 향하여 계속 적용하여서는 안 될 것입니다.

(2) 항고소송

현행 법제와 판례상 법규명령은 처분적 명령(처분법규)인 경우를 제외하고는 항고소송의 대상성이 부인됩니다. 처분법규는 이미 그 규율 내용의 개별·구체적 성격으로 인해 형식상 법규명령임에도 불구하고 실질적으로는 법규범이 아니라 처분에 다름 아니므로 항고소송의 대상이 됩니다. 그런데 처분법규는 원칙적으로 항고소송뿐만 아니라 헌법소원으로도 다투어질 수 있습니다. 다만, 헌법소원의 보충성과 관련하여, 처분법규가 항고소송의 대상이 되는 한 헌법소원의 보충성 흠결로 이에 의해 다툴 수 없는 결과가 됩니다. 그러나 헌법재판소가 항고소송의 가능성에 의심이 있는 때에는 보충성 요건을 충족하는 것으로 해석하기 때문에 법원의 분명한 판례가 없는 경우에는 보충성 충족 여부를 놓고 혼란이 발생할 수 있습니다.

한편, 견해에 따라서는 처분법규를 협의의 처분법규와 '자동집행력을 갖는 법규명령(집행적 법규명령)'으로 구분합니다. (구)체육시설의 설치·이용에 관한 법률 시행규칙상 '당구장업소에 대하여 만 18세 미만 청소년의 출입금지' 규정을 그 예로 들 수 있습니다. 별도의 집행행위를 매개로 하지 않고서도 영업자 입장에서는 출입금지 규정을 준수하는 경우가 대부분일 것이므로 결국 그 한도 내에서는 처분 등의 매개 없이도 직접 국민의 권리의무에 영향을 미친다는 주장입니다. 이러한 주장은 헌법소원의 대상성 인정 여부와

---

* 체육시설의설치·이용에관한법률시행규칙(1992.2.27. 문화체육부령 제20호)

제5조 (체육시설업의 시설기준) 법 제5조의 규정에 의한 체육시설업의 시설·설비·안전관리 및 위생기준은 별표 1과 같다.

[별표 1] 체육시설업의 시설·설비·안전관리 및 위생기준(제5조관련)

1. 시설 및 설비기준(생략)
2. 안전관리 및 위생기준(체육시설업자의 준수사항)
   (1) 공통기준(생략)
   (2) 개별기준
      가.~아. (생략)
      자. 1)~2) (생략)
         3) 출입문에 18세 미만자의 출입을 금지하는 내용의 표시를 하여야 한다.
      차.~카. (생략)

관련하여 헌법재판소가 취하는 입장과 궤를 같이합니다. 즉, 헌법재판소는 금지의무를 규정하는 법률 또는 법률조항에서 그것을 위반하는 때에 바로 징계 등 자유의 제한, 의무의 부과, 권리 또는 법적 지위의 박탈이 규정되어 있는 경우에는 금지의무 조항 자체의 기본권침해의 직접성을 인정하여 헌법소원의 대상이 된다고 합니다.

그러나 '자동집행력을 갖는 법규명령'을 별도로 유형화한 후 이를 처분법규의 일종으로 보아 항고소송의 대상으로 하는 것에는 의문이 제기됩니다. 아직 집행의 여지가 있는 법규명령을 처분법규로 보아 항고소송의 대상으로 삼는 것은 일반·추상적 법규범에 대한 구체적 규범통제 규정(헌법 제107조 제2항)을 형해화할 우려가 있습니다. 나아가 그럴 경우 식품위생법 등 수범자의 의무조항이 존재하는 법령 모두가 항고소송의 대상이 된다는 결과를 초래하기 때문입니다. 비록 헌법소원 심판청구의 대상은 될지언정 '자동집행력을 갖는 법규명령'은 대법원이 원용하지 않는 개념인 것도 고려해야 합니다.

법리상 다소 난해한 것은 항고소송으로서의 행정입법부작위에 대한 부작위위법확인소송 제기의 가능성 여부입니다. 행정소송은 구체적 사건에 대한 법률상 분쟁을 소송절차에 의하여 해결함으로써 국민의 권리구제와 함께 행정에 대한 법적 통제를 기하자는 것이므로, 부작위위법확인소송의 대상은 구체적 권리의무에 관한 분쟁이어야 하고 추상적인 법령에 관한 제정 여부 등은 그 자체로서 국민의 구체적인 권리의무에 직접 변동을 초래하는 것이 아니어서 행정소송의 대상이 될 수 없습니다.

> * **대판 1992.5.8, 91누11261** : "원고는 안동지역댐 피해대책위원회 위원장으로서 안동댐 건설로 인하여 급격한 이상기후의 발생 등으로 많은 손실을 입어 왔는바, 특정다목적댐법 제41조에 의하면 다목적댐 건설로 인한 손실보상 의무가 국가에게 있고 같은 법 제42조에 의하면 손실보상 절차와 그 방법 등 필요한 사항은 대통령령으로 규정하도록 되어 있음에도 피고가 이를 제정하지 아니한 것은 행정입법부작위에 해당하는 것이어서 그 부작위위법확인을 구한다고 주장하나, <u>행정소송은 구체적 사건에 대한 법률상 분쟁을 법에 의하여 해결함으로써 법적 안정을 기하자는 것이므로 부작위위법확인소송의대상이 될 수 있는 것은 구체적 권리의무에 관한 분쟁이어야 하고 추상적인 법령에 관하여 제정의 여부 등은 그 자체로서 국민의 구체적인 권리의무에 직접적 변동을 초래하는 것이 아니어서 행정소송의 대상이 될 수 없으므로 이 사건 소는 부적법하다</u>."

또한, 행정입법부작위가 부작위위법확인소송의 대상이 되기 위해서는 행정소송법 제2조 제1항 제2호상 '처분을 하여야 할 법률상 의무'의 요건을 충족하여야 합니다. 여기에서의 '처분'을 항고소송의 대상으로서의 용례가 아니라 일반적 의미에서의 '조치나 작용 등 행정청의 작위 일반'을 말하는 것으로 해석한다면 행정입법도 포함될 여지가 전혀 없는 것은 아니지만, 이는 무리한 해석론이라 할 것입니다. 즉, 여기에서의 처분은 행정소송법이 규정하는 처분의 범주에 한정합니다. 나아가 '법률상 의무'와 관련하여서도, 시행을 위한 법규명령의 제정이 법률 집행의 전제조건인 경우 등 사인이 법규명령 없이는 법률에 규정된 수익적 처분의 실질적 수혜가 불가능한 경우로서, 법규명령의 제정·개정을 위한 합리적 기간이 경과했음에도 제정·개정하지 않는 예외적인 경우를 제외하고는 법률상의 의무를 인정할 수 없다고 보아야 합니다. 요컨대, 현행 법제하에서는 행정입법부작위를 부작위위법확인소송의 대상이라고 귀결해서는 안 됩니다. 한편, 처분법규에 해당하는 행정입법의 부작위에 대한 부작위위법확인소송은 이론적으로 가능하지만, 행정실무나 판례상 아직 인정된 예는 없습니다.

2) 헌법재판소에 의한 통제

(1) 적극적 행정입법에 대한 헌법소원

법규명령의 헌법소원심판 대상성에 대해서는 명문의 규정이 없는데, 이는 결국 헌법 제111조 제1항 제5호에 근거한 헌법재판소법 제68조 제1항이 규정하는 헌법소원 심판권에 법규명령이 포함되는가의 문제입니다. 여기에 대해서는 상당히 정형적인 내용의 학설 대립이 존재합니다. 부정설은 대법원 입장을 대변하는 것이고, 긍정설은 역으로 헌법재판소의 입장에 충실합니다.

부정설은 법규명령을 헌법소원심판의 대상으로 할 경우 규범통제에 관한 헌법상 관할권(피통제규범에 따른 분배), 즉 법률에 대한 규범통제는 헌법재판소, 명령·규칙에 대해서는 대법원이라는 헌법상 역할배분원칙에 배치된다고 비판합니다. 헌법소원의 청구요건과 관련하여서도, 일반적으로 법원의 구체적 규범통제에 의하거나 법규명령 등의 처분성 인정시에는 그에 대한 항고소송이 가능하므로 헌법소원의 보충성 요건이 충족되지 않는다는 것도 주요 논거입니다. 구체적 규범통제와 헌법소원이 동시에 이루어질 경우 양 기관의 유권적 판단이 상이할 수도 있어, 이로부터 초래되는 법적 혼란도 우려의 대상입니다.

법무사법 시행규칙에 대한 헌법소원사건(헌재결 1990.10.15, 89헌마178)을 효시로 하여 유사 결정들을 구체화한 긍정설은 헌법재판소법 제68조 제1항은 법원의 재판을 제외한 모든 공권력의 행사·불행사에 대한 헌법소원을 인정하므로, 예컨대 당구장 출입문에

18세 미만자 출입금지를 표시하도록 한 체육시설의 설치·이용에 관한 법률 시행규칙 등이 재판의 전제가 아닌 경우에도 이것이 소위 집행적 법규명령으로서 직접 국민의 기본권을 침해하는 경우 이에 대한 헌법재판의 길은 열려 있어야 함을 강조합니다.

＊ **헌재결 1990.10.15, 89헌마178** : "헌법 제107조 제2항이 규정한 명령·규칙에 대한 대법원의 최종심사권이란 구체적인 소송사건에서 명령·규칙의 위헌 여부가 재판의 전제가 되었을 경우 법률의 경우와는 달리 헌법재판소에 제청할 것 없이 대법원이 최종적으로 심사할 수 있다는 의미이며, 명령·규칙 그 자체에 의하여 직접 기본권이 침해되었음을 이유로 하여 헌법소원심판을 청구하는 것은 위 헌법규정과는 아무런 상관이 없는 문제이다. 따라서 입법부·사법부·행정부에서 제정한 규칙이 별도의 집행행위를 기다리지 않고 직접 기본권을 침해하는 것일 때에는 모두 헌법소원의 대상이 될 수 있는 것이다. … 법령 자체에 의한 직접적인 기본권 침해 여부가 문제되었을 경우 그 법령의 효력을 직접 다투는 것을 소송물로 하여 법원에 구제를 구할 수 있는 절차는 존재하지 아니하므로 이 사건에서는 다른 구제절차를 거칠 것 없이 바로 헌법소원심판을 청구할 수 있는 것이다."

이러한 학설 대립의 근원은 구체적 규범통제에 관한 현행 법제가 법률에 대한 위헌심판권과 명령에 대한 위헌심판권을 각각 헌법재판소와 법원에 배분함으로써 이원적 심판구조를 취하는 점에서 유래합니다. 또한, 법리적으로는 헌법소원의 보충성 요건의 충족 여부가 문제될 수 있는데, 이는 처분법규에 대한 항고소송과 법규명령에 대한 헌법소원의 관계를 검토의 대상으로 합니다. 법원의 입장에서는 대법원 판례에 의하더라도 처분법규의 항고소송 대상성이 인정되므로 법규명령에 의해 기본권이 직접 침해되는 경우에도 이를 헌법소원의 대상으로 삼을 것이 아니라 항고소송의 대상성 확대, 즉 처분법규의 범주를 넓히는 방법에 의하는 것이 현행 헌법상의 이원적 심판구조에 부합한다고 주장합니다. 그러나 헌법재판소의 입장과는 달리 법원은 법규명령의 처분성 인정에 상당히 소극적이므로 - 전형적인 처분법규의 경우는 별론 - 향후 기본권을 직접 침해하는 법규명령, 이른바 집행적 법규명령의 항고소송 대상성 인정은 행정소송법 개정에 의하지 않는 한 쉽지 않을 것으로 예상합니다.

최근 헌법재판소는 금지의무를 규정하는 법률 또는 법률조항의 경우, 그것을 위반하는 때에는 바로 징계 등 자유의 제한, 의무의 부과, 권리 또는 법적 지위의 박탈이 규정되어 있는 경우 금지의무 조항 자체의 기본권 침해성을 인정하여 헌법소원의 대상으로 합니다. 환언하면, 실질적인 권리침해는 금지의무 위반에 따른 행정청의 불이익 처분이 발령될 때 비로소 구체화됨에도 불구하고 금지의무조항과 이에 따른 불이익의 부과 예정조항만으로 기본권 침해를 인정하는 것입니다. 이른바 집행적 법규명령의 헌법소원 대상성을 인정하는 것이지요. 그러나 문제는 대법원이 집행적 법규명령의 경우 아직 집행의 여지가 있다고 보아 그 처분성을 인정하지 않음에 있습니다. 즉, 이 경우 헌법소원의 보충성 요건은 쉽게 인정되는 셈입니다. 요컨대, 헌법재판소는 대법원의 입장과는 달리, 일정 법규명령을 집행적 법규명령으로 간주하여 그 처분법규성을 인정하면서, 그에 대한 항고소송 제기가 불가하므로 헌법소원의 보충성 요건을 충족한 것으로 이론 구성하여 헌법소원의 대상적격을 인정합니다.

* **헌재결 2012.5.31, 2009헌마705** : "법률 또는 법률조항 자체가 헌법소원의 대상이 되려면 그 법률 또는 법률조항에 의하여 구체적인 집행행위를 기다리지 아니하고 직접·현재·자기의 기본권을 침해받아야 하며, 여기서 말하는 기본권침해의 직접성이란 집행행위에 의하지 아니하고, 법률 그 자체에 의하여 자유의 제한, 의무의 부과, 권리 또는 법적 지위의 박탈이 생기는 것을 뜻한다(헌재 1992. 11. 12. 91헌마192, 판례집 4, 813, 823). 살피건대, 청구인 공무원노동조합총연맹을 제외한 나머지 청구인들은 현재 '국가공무원 복무규정' 및 '지방공무원 복무규정'의 적용을 받는 공무원들로서 별도의 구체적인 집행행위의 매개 없이 이 사건 규정들을 따라야 할 의무가 있고, 그것을 위반하는 경우 징계처분 등을 받게 되므로(국가공무원법 제78조 제1항, 지방공무원법 제69조 제1항 참조) 이 사건 규정들로 인한 기본권침해의 직접성은 인정된다 할 것이다."
* **대판 2007.4.12, 2005두15168** : "의료법 시행규칙(2003. 10. 1. 보건복지부령 제261호) 제31조가 의료기관의 명칭표시판에 진료과목을 함께 표시하는 경우 그 글자의 크기를 의료기관 명칭을 표시하는 글자 크기의 2분의 1 이내로 제한하고 있지만, 위 규정은 그 위반자에 대하여 과태료를 부과하는 등의 별도의 집행행위 매개 없이는 그 자체로서 국민의 구체적인 권리의무나 법률관계에 직접적인 변동을 초래하지 아니하므로 항고소송의 대상이 되는 행정처분이라고 할 수 없다."

한편, 위 2009헌마705 결정의 반대의견은 "공무원이 이 사건 '국가공무원 복무규정' 및 '지방공무원 복무규정'의 규정들을 위반할 경우에는 그 위반을 이유로 징계 처분을 받게 되고 그에 대해서는 행정소송으로 다툴 수 있는바, 결국 이 사건에 있어 기본권침해는 이 사건 규정들이 아니라 징계 처분이라는 집행행위를 통하여 비로소 현실화되는 것이므로, 이 사건 청구는 기본권침해의 직접성이 결여되어 부적법하다"고 하여 각하 의견을 제시한 바 있습니다.

결국, 보충성과 관련하여 법원의 판례에 의한 법규명령의 처분성 인정이 매우 협소하여 항고소송에 의한 권리구제 가능성은 상당히 제한되어 있으므로 헌법소원에서의 보충성 요건은 넓게 인정되는 것입니다. 결국, 법규명령에 대한 헌법소원의 가능성은 법원의 입장에 따라 유동적이라 할 수 있습니다. 다만, 대법원이 향후 법규명령의 처분성을 전향적으로 넓게 인정하거나 행정소송법 개정으로 행정입법에 대한 별도의 취소소송을 인정하게 되면, 그만큼 헌법소원의 여지는 현저히 줄어들 것입니다. 관건은 〈통제사유 : 위헌 vs. 위법〉 혹은 〈피통제규범 : 법률 vs. 법규명령〉 중 어디에 중점을 둘 것인가의 문제입니다. 헌법재판소는 피통제규범의 유형과 무관하게 위헌 여부의 심사는 일괄하여 자신의 전속관할로 보는 듯합니다.

그러나 헌법재판소의 입장에는 문제가 있습니다. 처분에 대한 쟁송취소 사유인 처분의 위법성도 근거 법률에의 위반을 의미하는 동시에 위헌인 경우를 포함하므로(예컨대, 3월의 영업정지처분이 비례원칙에 위반하여 재산권 침해를 이유로 취소되는 경우 이는 재량권을 부여한 법률의 취지를 위반한 동시에, 헌법상 개인의 재산권 침해라는 위헌의 문제도 동시에 야기하는 것입니다), 헌법재판소의 입장에 지나치게 집착하면 처분에 대한 소송상 취소도 자신의 관할이라는 결론에 이를 수도 있기 때문입니다. 피통제규범에 착안하여 헌법재판소는 법률의 위헌 여부에 집중하고, 처분의 경우처럼 행정작용의 일환으로서의 법규명령의 위헌 여부는 그 위법 통제와 함께 법원의 관할로 일원화하는 것이 바람직하지만, 현재의 상황에서는 법규명령에 대한 광범위한 헌법소원의 가능성을 막을 마땅한 방법이 없다고 보아야 합니다.

(2) 행정입법(법규명령)부작위에 대한 헌법소원

행정입법부작위가 부작위위법확인소송의 대상이 되는가에 대한 논쟁과는 달리, 행정입법부작위의 헌법소원 대상성에 대해서는 학설과 판례가 이견 없이 이를 긍정합니다. 헌법 제107조 제2항에 따른 구체적 규범통제는 이미 제정된 명령·규칙의 위헌·위법 여부를 전제한 것이므로 명령 등의 불행사에 대한 통제를 포함하는 것으로 해석할 수 없습니다. 그리고 부작위위법확인소송에서와는 달리 헌법소원의 대상으로서의 공권력의 불행사는 당사자의 신청을 전제로 하지 않고 공권력을 행사할 법적 의무가 있음에도 불구하고 행사되지 않는 경우를 의미하므로 실질적으로 헌법소원의 인정 요건상의 어려움은 크지 않다 할 것입니다. 나아가 대법원이 행정입법부작위의 부작위위법확인소송의 대상성을 부인하므로 헌법소원의 보충성 요건은 충족되는 것으로 보아야 합니다(헌법재판소법 제68조 제1항 단서).

* **헌재결 1998.7.16, 96헌마246(치과전문의자격시험불실시위헌확인사건)** : "치과의사로서 전문의가 되고자 하는 자는 대통령령이 정하는 수련을 거쳐 보건복지부장관의 자격인정을 받아야 하고(의료법 제55조 제1항) 전문의의 자격인정 및 전문과목에 관하여 필요한 사항은 대통령령으로 정하는 바(동조 제3항), 위 대통령령인 '규정' 제2조의2 제2호(개정 1995. 1. 28)는 치과전문의의 전문과목을 "구강악안면외과·치과보철과·치과교정과·소아치과·치주과·치과보존과·구강내과·구강악안면방사선과·구강병리과 및 예방치과"로 정하고, 제17조(개정 1994. 12. 23)에서는 전문의자격의 인정에 관하여 "일정한 수련과정을 이수한 자로서 전문의자격시험에 합격"할 것을 요구하고 있는데도, '시행규칙'이 위 규정에 따른 개정입법 및 새로운 입법을 하지 않고 있는 것은 진정입법부작위에 해당하므로 이 부분에 대한 심판청구는 청구기간의 제한을 받지 않는다. 입법부작위에 대한 행정소송의 적법여부에 관하여 대법원은 "행정소송은 구체적 사건에 대한 법률상 분쟁을 법에 의하여 해결함으로써 법적 안정을 기하자는 것이므로 부작위위법확인소송의 대상이 될 수 있는 것은 구체적 권리의무에 관한 분쟁이어야 하고, 추상적인 법령에 관하여 제정의 여부 등은 그 자체로서 국민의 구체적인 권리의무에 직접적 변동을 초래하는 것이 아니어서 행정소송의 대상이 될 수 없다"고 판시하고 있으므로, 피청구인 보건복지부장관에 대한 청구 중 위 시행규칙에 대한 입법부작위 부분은 다른 구제절차가 없는 경우에 해당한다."
* **헌재결 2002.7.18, 2000헌마707(평균임금입법부작위사건)** : "행정입법부작위에 대한 행정소송의 적법여부에 관하여 대법원은 이를 부적법한 것으로 보고 있다. 즉 대법원은 1992. 5. 8. 선고 91누11261 판결에서 "행정소송은 구체적 사건에 대한 법률상 분쟁을 법에 의하여 해결함으로써 법적 안정을 기하자는 것이므로 부작위위법확인소송의 대상이 될 수 있는 것은 구체적 권리의무에 관한 분쟁이어야 하고 추상적인 법령에 관하여 제정의 여부 등은 그 자체로서 국민의 구체적인 권리의무에 직접적 변동을 초래하는 것이 아니어서 행정소송의 대상이 될 수 없다"고 판시하였다. 그 밖에 피청구인의 행정입법부작위를 대상으로 하여 그 위헌 또는 위법 여부를 직접 다툴 수 있는 권리구제절차는 없다. 물론 행정입법부작위를 원인으로 한 국가배상 등의 청구가 전혀 불가능한 것은 아니지만 이러한 사후적·보충적 권리구제수단은 헌법재판소법 제68조 제1항 단서 소정의 "다른 권리구제절차"에 해당하지 아니한다(헌재 1993. 7. 29. 92헌마51, 판례집 5-2, 175). 따라서 이 사건 헌법소원심판청구는 다른 법률에 구제절차가 없는 경우에 해당하므로 보충성의 요건을 흠결하였다고 볼 수 없다."
* **헌재결 2004.2.26, 2001헌마718(군법무관보수입법부작위사건)** : "행정권력의 부작위에 대한 헌법소원은 공권력의 주체에게 헌법에서 유래하는 작위의무가 특별히 구체적으로 규정되어 이에 의거하여 기본권의 주체가 행정행위를 청구할 수 있음에도 공권력의 주체가 그 의무를 해태하는 경우에 허용되고, 특히 행정명령의 제정 또는 개정의 지체가 위법으로 되어 그에 대한 법적 통제가 가능하기 위하여는 첫째, 행정청에게 시행명령을 제정(개정)할 법적 의무가 있어야 하고 둘째, 상당한 기간이 지났음에도 불구하고 셋째, 명령제정(개정)권이 행사되지 않아야 한다(헌재 1998. 7. 16. 96헌마246, 판례집 10-2, 283, 305-306). 이 사건에 있어서 대통령령의 제정의무는 구법 제5조 제3항 내

지 법 제6조에 의한 위임에 의하여 부여된 것이지만, 입법부가 법률로써 행정부에게 특정한 사항을 위임했음에도 불구하고 행정부(대통령)가 이러한 법적 의무를 이행하지 않는다면 이는 위법한 것인 동시에 위헌적인 것이 된다. 우리 헌법은 국가권력의 남용으로부터 국민의 기본권을 보호하려는 법치국가의 실현을 기본이념으로 하고 있고, 근대 자유민주주의 헌법의 원리에 따라 국가의 기능을 입법·행정·사법으로 분립하여 상호간의 견제와 균형을 이루게 하는 권력분립제도를 채택하고 있다(헌재 1992. 4. 28. 90헌바24, 판례집 4, 225, 229-230). 따라서 행정과 사법은 법률에 기속되므로(헌재 1990. 9. 3. 89헌가95, 판례집 2, 245, 267), 국회가 특정한 사항에 대하여 행정부에 위임하였음에도 불구하고 행정부가 정당한 이유 없이 이를 이행하지 않는다면 권력분립의 원칙과 법치국가 내지 법치행정의 원칙에 위배되는 것이다. 따라서 이 사건과 같이 군법무관의 보수의 지급에 관하여 대통령령을 제정하여야 하는 것은 헌법에서 유래하는 작위의무를 구성한다."

한편, 헌법재판소는 입법자가 입법의무가 있는 어떤 사항에 대하여 입법은 하였으나 그 입법내용에 결함이 있는 부진정 입법부작위에 대해서는 적극적 헌법소원을 제기해야 한다고 판시하였습니다.

* **헌재결 2003.1.30, 2002헌마358** : "입법부작위에 대한 헌법소원은 헌법에서 기본권보장을 위해 명시적으로 입법 위임을 하였거나 헌법 해석상 특정인에게 구체적인 기본권이 생겨 이를 보장하기 위한 국가의 입법의무가 발생하였음이 명백함에도 불구하고 입법자가 전혀 아무런 입법조치를 취하지 않고 있는 경우가 아니면 원칙적으로 인정될 수 없고, 또한 입법자가 헌법상 입법의무가 있는 어떤 사항에 관하여 입법은 하였으나 그 입법의 내용·범위·절차 등을 불완전·불충분 또는 불공정하게 규율함으로써 입법행위에 결함이 있는 이른바 부진정입법부작위의 경우에는 그 불완전한 규정을 대상으로 하여 그것이 헌법위반이라는 적극적인 헌법소원을 청구할 수 있을 뿐 입법부작위로서 헌법소원의 대상으로 삼을 수 없다."

3. 행정규칙에 대한 사법적 통제

1) 법원에 의한 통제

행정규칙은 법규적 효력 내지 재판규범성이 부인되므로 원천적으로 규범통제의 실익이 없어 법원에 의한 구체적 규범통제의 대상적격이 부인됩니다. 그러나 재량준칙, 법령보충규칙 등의 예외가 있음은 주지의 사실입니다. 즉, 행정규칙에 예외적으로 법규적 효력이 인정되는 경우에는 위법한 행정규칙에 근거한 처분을 다투는 취소소송에서 구체적 규범통제가 가능하다고 보아야 합니다. 또한, 행정규칙이 처분성 요건을 충족하는 경우에는 이른바 처분법규에 해당하여 항고소송으로 다툴 수 있는데, 이 경우 항고소송의 대상성이 인정되는 것은 해당 행정규칙에 법규적 효력이 인정되어서가 아니라 그 처분성이 긍정되기 때문입니다.

2) 헌법재판소에 의한 통제

행정 내부적 효력만이 인정되는 행정규칙이 헌법소원의 대상인 공권력의 행사, 즉 국민의 기본권에 영향을 미치는 대외적인 공권력의 행사에 해당하는지 여부가 쟁점입니다. 원칙적으로 법규적 효력이 부인되는 행정규칙을 공권력의 행사라고 볼 수는 없지만, 행정규칙이 예외적으로 법규적 효력을 갖는 경우와 그렇지 않더라도 사실상 대외적 구속력 내지 강제력을 보유한 경우에는 국민의 기본권에의 관련성을 인정할 수도 있습니다.

판례도 같은 입장인데, 인문계열의 제2외국어 고사과목에서 일본어를 제외한 1994년도 서울대입시요강의 헌법소원 대상성을 인정한 것은 후자의 예이고, 재량준칙 및 법령보충규칙에 대하여 헌법소원 대상성을 인정한 결정은 전자에 해당합니다.

* **헌재결 2001.5.31, 99헌마413** : "교육공무원법 제31조 제2항의 규정에 의거하여 교육부장관은 1996. 5. 29.자로 「학교장·교사 초빙제 시범실시 지침」을 마련하였고, 동 지침은 '행정사항'으로 학교장·교사초빙제의 시행을 위해 필요한 세부적인 사항은 시·도 교육감이 따로 정하여 시행토록 하였다. 그 후 1996. 6. 3.자로 개정·공포된 교육공무원임용령에서 제12조의4가 신설되었고, 이에 따라 피청구인은 1997. 6. 23. 「초빙대상교 지정 및 초빙교장 선정기준 (초등)」을 제정하였고 1999년에도 이 사건 「학교장·교사 초빙제 실시」를 제정하였다(이때 위 1997년도 선정기준에는 들어 있던 '학교장 초빙제 시범실시 대상교 지정기준' 중 4) "위 기준에 불구하고 도 교육시책상 특히 필요하다고 인정되는 학교" 부분이 삭제되었다). 따라서 이 사건 「학교장·교사 초빙제 실시」는 학교장·교사초빙제의 실시에 따른 구체적 시행을 위해 제정한 내부의 사무처리지침으로서 "행정규칙"이라고 할 것이다. 행정규칙은 일반적으로 행정조직 내부에서만 효력을 가지는 것이나, 행정규칙이 법령의 규정에 의하여 행정관청에 법령의 구체적 내용을 보충할 권한을 부여한 경우나 재량권행사의 준칙인 규칙이 그 정한 바에 따라 되풀이 시행되어 행정관행이 이룩되게 되면, 평등의 원칙이나 신뢰보호의 원칙에 따라 행정기관은 그 상대방에 대한 관계에서 그 규칙에 따라야 할 자기구속을 당하게 되는

경우에는 대외적인 구속력을 가지게 되는바, 이러한 경우에는 헌법소원의 대상이 될 수도 있다(헌재 1990. 9. 3. 90헌마13, 판례집 2, 298, 303). 그런데 피청구인의 「학교장·교사 초빙제 실시」는 행정조직 내부에서만 효력을 가지는 행정상의 운영지침을 정한 것으로서 국민이나 법원을 구속하는 효력이 없는 행정규칙에 해당하므로 헌법소원의 대상이 되지 않는다고 할 것이다(헌재 2000. 6. 29. 2000헌마325, 판례집 12-1, 963, 970 참조)."

* **헌재결 1992.10.1, 92헌마68,76** : "국립대학인 서울대학교의 "94학년도 대학입학고사주요요강"은 사실상의 준비행위 내지 사전안내로서 행정쟁송의 대상이 될 수 있는 행정처분이나 공권력의 행사는 될 수 없지만 그 내용이 국민의 기본권에 직접 영향을 끼치는 내용이고 앞으로 법령의 뒷받침에 의하여 그대로 실시될 것이 틀림없을 것으로 예상되어 그로 인하여 직접적으로 기본권 침해를 받게 되는 사람에게는 사실상의 규범작용으로 인한 위험성이 이미 현실적으로 발생하였다고 보아야 할 것이므로 이는 헌법소원의 대상이 되는 헌법재판소법 제68조 제1항 소정의 공권력의 행사에 해당된다고 할 것이며, 이 경우 헌법소원 외에 달리 구제방법이 없다."
* **헌재결 2007.8.30, 2004헌마670** : "행정규칙이라도 재량권행사의 준칙으로서 그 정한 바에 따라 되풀이 시행되어 행정관행을 이루게 되면, 행정기관은 평등의 원칙이나 신뢰보호의 원칙에 따라 상대방에 대한 관계에서 그 규칙에 따라야 할 자기구속을 당하게 되는바, 이 경우에는 대외적 구속력을 가진 공권력의 행사가 된다. 지방노동관서의 장은, 사업주가 이 사건 노동부 예규 제8조 제1항의 사항을 준수하도록 행정지도를 하고, 만일 이러한 행정지도에 위반하는 경우에는 연수추천단체에 필요한 조치를 요구하며, 사업주가 계속 이를 위반한 때에는 특별감독을 실시하여 제8조 제1항의 위반사항에 대하여 관계 법령에 따라 조치하여야 하는 반면, 사업주가 근로기준법상 보호대상이지만 제8조 제1항에 규정되지 않은 사항을 위반한다 하더라도 행정지도, 연수추천단체에 대한 요구 및 관계 법령에 따른 조치 중 어느 것도 하지 않게 되는바, 지방노동관서의 장은 평등 및 신뢰의 원칙상 모든 사업주에 대하여 이러한 행정관행을 반복할 수밖에 없으므로, 결국 위 예규는 대외적 구속력을 가진 공권력의 행사가 된다. 나아가 위 예규 제4조와 제8조 제1항이 근로기준법 소정 일부 사항만을 보호대상으로 삼고 있으므로 청구인이 주장하는 평등권 등 기본권을 침해할 가능성도 있다. 그렇다면 이 사건 노동부 예규는 대외적인 구속력을 갖는 공권력행사로서 기본권침해의 가능성도 있으므로 헌법소원의 대상이 된다 할 것이다."
* **헌재결 1992.6.26, 91헌마25** : "법령의 직접적인 위임에 따라 위임행정기관이 그 법령을 시행하는데 필요한 구체적 사항을 정한 것이면, 그 제정형식은 비록 법규명령이 아닌 고시, 훈령, 예규 등과 같은 행정규칙이더라도 그것이 상위법령의 위임한계를 벗어나지 아니하는 한, 상위법령과 결합하여 대외적인 구속력을 갖는 법규명령으로서 기능하게 된다고 보아야 할 것인바, 청구인이 법령과 예규의 관계규정으로 말미암아 직접 기본권침해를 받았다면 이에 대하여 바로 헌법소원심판을 청구할 수 있다."

이채로운 점은 헌법재판소가 아직 시행되지 않은 고시라 하더라도 그것이 발령[1] 후에 대외적인 법적 구속력을 가지는 한 가까운 장래에 기본권침해를 초래할 수 있으므로 집행행위가 없어도 기본권침해의 현재성이 인정되어 헌법소원의 대상이 될 수 있다고 판시한 것입니다.

> * **헌재결 2015.3.26, 2014헌마372** : "법령의 직접적인 위임에 따라 수임행정기관이 그 법령을 시행하는 데 필요한 구체적 사항을 정한 것이면, 그 제정형식은 비록 법규명령이 아닌 고시, 훈령, 예규 등과 같은 행정규칙이더라도, 그것이 상위법령의 위임한계를 벗어나지 아니하는 한, 상위법령과 결합하여 대외적 구속력을 갖는 법규명령으로서 기능하게 된다. 이 사건 고시조항은 뒤에서 보는 것처럼 '품질경영 및공산품안전관리법'(이하'공산품안전법'이라한다) 제22조 제1항, 제36조 제1항, 같은 법 시행령 제19조 제1항 제23호, 같은 법 시행규칙 제2조 제3항이 위임하는 바에 따라 PVC관 안전기준의 적용범위에 관하여 규정하고 있다. 따라서 이 사건 고시조항은 그 제정형식이 국가기술표준원장의 고시라는 행정규칙에 불과하지만, 상위법령이 위임한 내용을 구체적으로 보충하거나 세부적인 사항을 규율함으로써 상위법령인 공산품안전법령과 결합하여 대외적인 구속력을 갖는 법규명령의 성격을 가지므로, 헌법소원의 대상이 되는 공권력 행사에 해당한다. 법령이 헌법소원의 대상이 되려면 현재 시행 중인 유효한 법령이어야 함이 원칙이나, 법령이 일반적 효력을 발생하기 전이라도 공포되어 있고 그로 인하여 사실상의 위험성이 이미 발생한 경우에는 예외적으로 침해의 현재성을 인정하여, 이에 대하여 곧 헌법소원을 제기할 수 있다. 법령이 시행된 다음에야 비로소 헌법소원을 제기할 수 있다고 한다면, 장기간의 구제절차 등으로 인하여 기본권을 침해받는 자에게 회복불능이거나 중대한 손해를 강요하는 결과가 될 수도 있기 때문이다(헌재 2000. 6. 1. 99헌마553 참조). 이 사건 심판청구 당시 심판대상조항들은 공포는 되어 있었으나 그 시행 전이었으므로 청구인이 심판대상조항들로 인한 기본권침해를 현실적으로 받았던 것은 아니다. 그러나 가까운 장래에 심판대상조항들이 시행되면 청구인의 직업수행의 자유 등 기본권이 침해되리라는 것이 확실히 예상되므로 예외적으로 기본권침해의 현재성이 인정된다."

---

1) 2025년 3월 시행된 개정 행정기본법 제7조 제1호는 훈령·예규·고시·지침 등의 시행일의 기준시점을 '공포한 날'에서 '고시·공고 등의 방법으로 발령한 날'로 수정하였습니다. 행정규칙은 공포되는 것이 아니라 발령의 대상이란 점에서 타당한 법 개정입니다.

제7강
행정계획

제7강
행정계획

1. 행정계획의 의의와 법적 성질

행정계획은 강학상 개념으로서 그 개념 정의를 규정하는 법조문은 찾을 수 없습니다. 판례가 개념화한 내용에 의하면, 행정계획이란 특정한 행정목표를 달성하기 위하여 서로 관련되는 행정수단을 종합·조정함으로써 장래의 일정한 시점에 있어서 일정한 질서를 실현하기 위한 활동기준으로 설정된 것을 말합니다(대판 1996.11.29, 96누8567). 현대 행정에서의 행정계획은 급부행정·개발행정·조성행정의 일반화, 행정의 광역화로 인해 다원적 행정법 관계에서의 제 이익 간(공익&공익, 공익&사익, 사익&사익) 조정의 필요성이 강조됨에서 그 빈도수와 중요성이 두드러집니다. 행정계획은 이를 위해 인구·경제·토지·환경·교육 등 생존을 위한 모든 결정 도구를 조정하여 바람직한 사회의 형성·지도·조정을 의도합니다. 그러나 행정계획이 행정의 행위형식의 중심에 위치함과 동시에 그 과정에서 계획 목적 달성의 실질적 실패, 계획에 대한 법적 규율 모호, 행정계획에 대한 통제의 어려움 등의 해결 과제를 남긴 것도 기억해야 합니다.

행정계획론에서 자주 등장하는 분류기준은 구속적·비구속적 행정계획입니다. 구속적 행정계획은 그 수범자를 법적으로 구속하는 행정계획을 뜻합니다. 이에는 행정 내부에 있어서 행정기관 사이에서만 구속력을 가지는 것도 포함하지만, 법적으로 보다 유의미한 것은 국민에 대해서도 효력을 가지는 계획의 경우입니다. 국토의 계획 및 이용에 관한 법률(이하 '국토계획법')상 토지의 합리적 이용을 위한 강력한 규제수단인 용도지역(제36조), 용도지구(제37조), 용도구역(제38조 내지 제40조의2)을 도시·군관리계획으로 정하는 것을 그 예로 들 수 있습니다. 예를 들어 外地에 주택을 소유한 甲이 주거지역 내 여분의 토지 위에 상업용 건물을 지어 유흥주점업을 영위하려는 의도를 가지고 있지만, 해당 용도지역이 제1종 전용주거지역인 한 그 꿈은 실현될 수 없습니다. 반대로 단독주택에서 거주하고 있는 乙은 최근 해당 지역의 상업지역으로의 용도변경으로 인해 하나둘씩 유흥업소가 입주하여 평온한 거주를 방해받고 있지만, 원래 용도인 제1종 전용주거지역으로의 계획변경청구권이 인정되지 않는 한 여전히 상업지역으로 남아 있어 주거의 평온을 유지하기가 어렵습니다. 행정계획의 수범자가 해당 도시·군관리계획에 구속되는 전형적인 모습입니다.

이에 비해 비구속적 행정계획은 다시 단순정보제공적 계획과 유도적 계획으로 세분됩니다. 전자는 단순히 사회·경제 등의 제 분야에 대한 현재 상태나 장래의 변화·발전에 관한 자료나 정보를 제공하는 것을 내용으로 하는 계획으로서, 이러한 계획에는 법적 구속력이 없습니다. 후자의 경우에도 그 자체 법적 구속력은 없지만 행정계획에 조세특례조치, 보조금 지급, 관련 지역의 기초시설 정비 등의 수익적 조치나 그 반대의 불이익 조치 등을 예정하여 관계자로 하여금 계획상의 목표에 따르도록 유도하기 위한 계획을 말합니다.

행정계획은 그 구체적 발현 형태에 따라 행정행위, 법규명령 등 다양한 형식이 원용됩니다. 일률적으로 그 성질을 말하기 어려움을 의미합니다. 그러나 적어도 구속적 행정계획의 성질을 갖는 경우에는 처분성이 인정되어 항고소송으로 다툴 수 있는 점에서 비구속적 행정계획과 구별되므로 우리는 구속적 행정계획에 특히 관심을 가질 수밖에 없습니다.

행정계획은 그 형식과 내용의 다양성으로 인하여 법적 성질의 특정이나 사법적 통제를 위한 구체적 기준 설정이 쉽지 않습니다. 이런 상황하에서 행정계획과 관련한 행정법학계의 관심은 크게 보아 두 가지 방향으로 전개되어왔습니다. 우선, 행정계획의 처분성 인정 여부에 관한 논의입니다. 도시계획시설지정승인취소처분취소에 관한 대법원 1978.12.26. 선고 78누281 판결 이래, 대법원은 도시·군관리계획 등 소위 구속적 행정계획의 처분성을 인정하여 행정계획결정 그 자체를 항고소송상 다툴 수 있는 길을 열었습니다. 행정계획 자체에 의하여 권리침해가 예정되어 있고 그 후 행정계획에 따른 구체적 처분이 행해진 경우, 해당 처분에 대한 취소소송을 제기하는 방법으로 그 효력을 다투는 것은 이미 실효성이 없기 때문에(행정계획의 내용에 부합하는 처분은 계획 자체를 다투지 않는 한 적법하기 때문입니다) 권리구제의 실효성을 확보하기 위해서는 행정계획 자체에 대하여 행정소송법상의 처분성을 인정하여 항고소송의 대상으로 삼았던 것입니다. 행정계획에 근거한 처분은 예컨대, 토지의 용도를 제한하는 규제적 성격의 도시·군관리계획에 부합하는 것인 한 항상 적법하기 때문에 그 처분을 다투어도 권리구제가 어렵다는 의미입니다. 이를테면, 단독주택 중심의 주거환경을 조성하려는 의도로 지정된 제1종 전용주거지역 내의 토지를 소유한 丙이 공동주택 건설을 위한 건축허가를 신청하면 행정청은 필경 반려할 것이고, 이때의 거부처분은 당해 지역의 용도를 고려할 때 거의 모든 경우에 있어 적법한 처분일 수밖에 없겠지요.

* **대판 1978.12.26, 78누281** : "피고의 지형도면의 승인은 승인의 대상인 그 도면이 건설부장관이 결정한 도시계획과 사이에 착오가 없는 한 승인하도록 되어 있는 것으로서 그 자체 새로운 법률적 효과가 형성되는 것은 아니라 할 것이므로 전제되는 선행처분인 건설부장관의 도시계획결정의 위법을 이유로 피고의 도면승인처분의 위법을 주장할 수 있을 것이지만 위 도시계획결정처분에 대하여 소원이나 행정소송을 제기할 법정기간을 경과하여 그 위법성을 주장할 수 없게 된 이상 후행행위인 피고의 승인처분이 위법하다고 말할 수 없다."
* **대판 1982.3.9, 80누105** : "도시계획법 제12조 소정의 도시계획결정이 고시되면 도시계획구역안의 토지나 건물 소유자의 토지형질변경, 건축물의 신축, 개축 또는 증축 등 권리행사가 일정한 제한을 받게 되는바 이런 점에서 볼 때 고시된 도시계획결정은 특정 개인의 권리 내지 법률상의 이익을 개별적이고 구체적으로 규제하는 효과를 가져오게 하는 행정청의 처분이라 할 것이고, 이는 행정소송의 대상이 되는 것이라 할 것이다."

주의할 점은 구속적 행정계획의 처분성을 인정하더라도 이를 전통적 의미의 행정행위라고는 할 수 없습니다. 행정소송법 제2조 제1호는 행정행위 개념에 갈음하여 '처분 등'의 용례하에 강학상 행정행위보다 다소 넓은 처분 개념을 창출하였습니다. 그리고 처분을 항고소송의 원칙적 대상으로 삼음으로써(행정소송법 제19조), 처분 개념에 관한 이른바 쟁송법적 개념설 혹은 이원설을 취하고 있으며, 판례 또한 같은 입장입니다. 이에 의할 때 구속적 행정계획은 행정행위의 형식을 띠는 경우를 제외하고 일반적으로 행정행위라고 범주화해서는 안 되고, 처분성이 인정된다고 답해야 합니다. 한편, 비구속적 행정계획은 국민을 구속하는 효력이 부인되므로 처분성이 부인됩니다. 행정계획의 처분성 논의는 나아가 행정계획의 입안 신청에 대한 계획행정청의 거부, 기존 행정계획의 해제 또는 변경신청에 대한 계획행정청의 거부 등을 항고소송으로 다툴 수 있는가의 문제를 포함합니다. 이는 거부의 처분성 요건으로서의 신청권의 성립요건으로서 계획입안청구권 내지 계획변경청구권을 인정할 수 있는지 여부에 관한 논의로 구체화됩니다.

한편, 비구속적 행정계획은 처분성이 부인되지만, 헌법재판소는 1994학년도 대학입학고사 주요요강이나 2018학년도 수능시행기본계획, 행정계획 성질의 행정지침 등에 대해, 향후 법령에 의해 그대로 실시될 것이 명백하다면 국민의 기본권에 직접 영향을 미치는 것으로 보아 헌법소원의 대상이라고 합니다. 그 예로는 헌재결 2018.2.22, 2017헌마691, 헌재결 1992.10.1, 92헌마68 등을 들 수 있습니다. 그러나 이와 유사한 성격의 개발제한구역개선방안(1999년), 대학교육역량강화사업기본계획(2012년) 등은 이해관계인의 법적 지위나 권리 의무에 어떠한 영향도 미치지 않는 단순한 사실행위로 보아 헌법소원 대상성을 부인한 바 있습니다(헌재결 2000.6.1, 99헌마538, 헌재결 2016.10.27, 2013헌마576).

* **헌재결 2018.2.22, 2017헌마691** : "청구인 권○환, 허○민은 수능시험을 준비하는 사람들로서 심판대상계획에서 정한 출제 방향과 원칙에 영향을 받을 수밖에 없다. 따라서 수능시험을 준비하면서 무엇을 어떻게 공부하여야 할지에 관하여 스스로 결정할 자유가 심판대상계획에 따라 제한된다. 이는 자신의 교육에 관하여 스스로 결정할 권리, 즉 교육을 통한 자유로운 인격발현권을 제한받는 것으로 볼 수 있다."
* **헌재결 1992.10.1, 92헌마68** : "국립대학인 서울대학교의 "94학년도 대학입학고사주요요강"은 사실상의 준비행위 내지 사전안내로서 행정쟁송의 대상이 될 수 있는 행정처분이나 공권력의 행사는 될 수 없지만 그 내용이 국민의 기본권에 직접 영향을 끼치는 내용이고 앞으로 법령의 뒷받침에 의하여 그대로 실시될 것이 틀림없을 것으로 예상되어 그로 인하여 직접적으로 기본권 침해를 받게 되는 사람에게는 사실상의 규범작용으로 인한 위험성이 이미 현실적으로 발생하였다고 보아야 할 것이므로 이는 헌법소원의 대상이 되는 헌법재판소법 제68조 제1항 소정의 공권력의 행사에 해당된다고 할 것이며, 이 경우 헌법소원외에 달리 구제방법이 없다."
* **헌재결 2000.6.1, 99헌마538** : "개발제한구역제도 개선방안은 7개 중소도시권과 7개 대도시권에서 개발제한구역을 해제하거나 조정하기 위한 추상적이고 일반적인 기준들만을 담고 있을 뿐, 개발제한구역의 해제지역이 구체적으로 확정되어 있지 않아서, 해당지역 주민들은 개발제한구역을 해제하는 구체적인 도시계획결정이 내려진 이후에야 비로소 법적인 영향을 받게 되므로, 이 사건 개선방안이 청구인들의 기본권에 직접적으로 영향을 끼칠 가능성이 없다. 그리고 이 사건 개선방안의 내용들은 건설교통부장관이 마련한 후속지침들에 반영되었고, 해당 지방자치단체들이 이 지침들에 따라서 관련 절차들을 거친 후 내려지는 도시계획결정을 통하여 실시될 예정이지만, 예고된 내용이 그대로 틀림없이 실시될 것으로 예상할 수는 없다. 따라서 이 사건 개선방안의 발표는 예외적으로 헌법소원의 대상이 되는 공권력의 행사에 해당되지 아니한다."
* **헌재결 2016.10.27, 2013헌마576** : "2012년도와 2013년도 대학교육역량강화사업 기본계획은 대학교육역량강화 지원사업을 추진하기 위한 국가의 기본방침을 밝히고 국가가 제시한 일정 요건을 충족하여 높은 점수를 획득한 대학에 대하여 지원금을 배분하는 것을 내용으로 하는 행정계획일 뿐, 위 계획에 따를 의무를 부과하는 것은 아니다. 총장직선제를 개선하지 않을 경우 지원금을 받지 못하게 될 가능성이 있어 대학들이 이 계획에 구속될 여지가 있다 하더라도, 이는 사실상의 구속에 불과하고 이에 따를지 여부는 전적으로 대학의 자율에 맡겨져 있다. 더구나 총장직선제를 개선하려면 학칙이 변경되어야 하므로, 계획 자체만으로는 대학의 구성원인 청구인들의 법적 지위나 권리의무에 어떠한 영향도 미친다고 보기 어렵다. 따라서 2012년도와 2013년도 계획 부분은 헌법소원의 대상이 되는 공권력 행사에 해당하지 아니한다."

또 하나의 논의는 도시계획결정의 취소소송 등을 통해 행정계획의 위법성을 다투는 경우, 그 위법판단의 기준은 행정계획의 고유한 특성으로 말미암아 일반 행정처분의 사법적 통제기준이 그대로 적용되기 어렵다는 인식에서 출발합니다. 즉, 행정계획 수립 주체에게는 광범위한 형성의 자유로서의 계획재량이 인정되며, 그에 대한 통제는 계획 특유의 형량명령이론에 의하여야 한다는 것이 그것입니다. 대법원도 종래 계획통제의 독자적 심사기준으로서 형량하자 개념의 인정에 인색하였던 태도를 극복하고, 계획재량에 대한 개념적 정립을 바탕으로 그 통제 이론인 형량하자를 인정합니다. 그러나 형량하자를 이유로 인용판결을 내리는 경우에도 형량명령에 대하여 개념적으로 간략히 언급만 할 뿐 심사과정에서 형량하자 여부를 구체적으로 면밀히 심사한 흔적은 나타나지 않습니다. 즉, 형량명령의 적용으로 일부 판례에서는 외형상으로 더 이상 비례원칙이나 평등원칙에 의거하여 계획의 하자를 평가하지 않는 긍정적 입장 전환을 보였음에도 불구하고, 복잡하게 얽혀 있는 공·사익 간의 다극적 비교형량이 형량과정과 형량결과 양 측면에서 전반적으로 이루어지지 않은 미흡함을 숨길 수 없습니다. 계획규범의 특수성을 인정한다면 그에 상응하는 특유의 통제원리를 채택하는 것이 타당합니다. 행정재량과 상이한 계획재량의 관념을 적극적으로 인정하고 그에 대한 통제원리인 형량명령 및 형량하자론을 온전히 채택하는 것이 법치행정의 실질화에 더 부합하기 때문입니다.

2. 계획재량과 그에 대한 통제수단으로서의 형량명령

1) 계획재량

우선, 국토계획법 제38조 제1항을 봅시다. 우리가 익히 알고 있는 그린벨트, 즉 개발제한구역의 지정에 관한 조문입니다. 동조에 의하면, 국토교통부장관은 도시의 무질서한 확산을 방지하고 도시주변의 자연환경을 보전하여 도시민의 건전한 생활환경을 확보하기 위하여 도시의 개발을 제한할 필요가 있거나 국방부장관의 요청이 있어 보안상 도시의 개발을 제한할 필요가 있다고 인정되면 개발제한구역의 지정 또는 변경을 도시·군관리계획으로 결정할 수 있습니다. 이를 유심히 살펴보면, '요건-효과'로 구성된 통상의 행정법 조문과 사뭇 다름을 알 수 있습니다. 이를테면, 영업정지처분의 근거 법령의 구조는 "미성년자에게 주류를 제공한 업자에 대해서는 2월의 영업정지처분을 부과할 수 있다" 식입니다. 통상의 행정행위에서의 이러한 규범구조를 '조건프로그램'이라고 합니다

(요건-효과, 'wenn-dann Schema'). 위 국토계획법 제38조 제1항에 잘 드러나듯이 행정계획의 근거규범, 즉 계획규범은 이와 달리 '목적프로그램'의 구조를 취합니다(목적-수단, 'Zweck-Mittel Schema'). 목적규정에 '도시의 무질서한 확산 방지', '도시민의 건전한 생활환경 확보' 등 일의적으로 파악할 수 없는 고도의 불확정개념을 사용하고, 수단규정에서는 단순히 '개발제한구역의 지정'만을 수권할 뿐 그 구체적 내용, 지역적 범위, 수범자의 특정 정도 등 개발제한구역의 지정에 관한 세부 사항은 일괄하여 계획권자에게 일임하는 형식을 취합니다.

환언하면, 계획규범은 '일정 요건 충족 시 일정 행위를 행하라 혹은 행하지 마라'는 식이 아니라 추상적 표현으로서 목표를 설정하고, 목표 달성을 위한 수단·방법에 대한 구체적 규율을 하지 않는 것이 일반적입니다. 더 나아가 법 소정의 목표조차 이중·복수의 것이어서 우선순위 설정 및 달성을 위한 수단·방법과 관련하여 행정청에게 광범위한 재량을 부여하는 경우가 많습니다. 즉, 입법자가 계획 관련 결정을 하더라도 이것에 배치되는 특별사태의 발생 등 예측 불가능성을 내포하기 때문에 계획규범은 이익상황을 법률에 의해 사전에 예측할 수 없는 자유영역을 전제하지 않을 수 없는 것입니다. 따라서 이 경우 입법자는 계획법규를 통해 계획의 목적 및 계획수립의 법적 근거만을 제시하고, 여타 항목에 대하여는 광범위한 형성의 자유 내지 넓은 결정 가능성을 부여하게 되는 것이지요. 여기에서 계획재량 개념이 도출됩니다.

행정법상 계획규범은 추상적·다의적인 복수 목표의 설정하에 계획의 구체적인 내용에 관해서는 거의 언급하지 않음이 일반적이므로 행정주체는 계획의 입안·결정 과정에 광범위한 형성의 자유를 갖게 되며, 이러한 형성의 자유는 일반적인 행정행위 영역에서의 재량보다 더 넓은 형성의 여지를 행정청에게 부여하는 것으로서 강학상 계획재량이라 칭합니다. 계획재량은 전통적 의미에서의 재량행위(이른바 행정재량)와 구별하기 위한 새로운 도구 개념으로서 독일 행정법상 지역계획, 특히 건설기본계획의 수립에 관한 자치권으로서 계획고권의 성질을 띠며 성립·발전되었습니다. 한국에서는 1980년대 초반 독일의 계획재량이론과 그 통제 법리로서의 형량명령이론이 소개되어 행정계획이론의 체계적 정립과 관련하여 활발히 논의되었는데, 대법원도 일찍이 대판 1996.11.22, 96누8567; 대판 1997.9.26, 96누10096; 대판 2003.3.23, 98두2768 등의 판결을 통해, (구)도시계획법 등 계획규범이 추상적인 행정목표와 절차만을 규정할 뿐 행정계획의 내용에 대하여는 별다른 규정을 두고 있지 아니하므로 행정주체는 구체적인 행정계획을 입안·결정함에 있어서 비교적 광범위한 형성의 자유를 가지는 점에 착안하여 계획재량 개념을 채택한바 있습니다.

* **대판 2003.3.23, 98두2768** : "행정계획이라 함은 행정에 관한 전문적·기술적 판단을 기초로 하여 도시의 건설·정비·개량 등과 같은 특정한 행정목표를 달성하기 위하여 서로 관련되는 행정수단을 종합·조정함으로써 장래의 일정한 시점에 있어서 일정한 질서를 실현하기 위한 활동기준으로 설정된 것으로서, 도시계획법 등 관계 법령에는 추상적인 행정목표와 절차만이 규정되어 있을 뿐 행정계획의 내용에 대하여는 별다른 규정을 두고 있지 아니하므로 행정주체는 구체적인 행정계획을 입안·결정함에 있어서 비교적 광범위한 형성의 자유를 가지는 한편, 행정주체가 가지는 이와 같은 형성의 자유는 무제한적인 것이 아니라 그 행정계획에 관련되는 자들의 이익을 공익과 사익 사이에서는 물론이고 공익 상호간과 사익 상호간에도 정당하게 비교교량하여야 한다는 제한이 있는 것이고, 따라서 행정주체가 행정계획을 입안·결정함에 있어서 이익형량을 전혀 행하지 아니하거나 이익형량의 고려 대상에 마땅히 포함시켜야 할 사항을 누락한 경우 또는 이익형량을 하였으나 정당성·객관성이 결여된 경우에는 그 행정계획결정은 재량권을 일탈·남용한 것으로서 위법하게 된다."

한편, 계획재량과 행정행위에서의 재량의 관계도 규명의 대상입니다. 양자의 개념상 동일 여부 및 만약 다르다면 양자 간 양적·질적 차이를 논하는 것이지요. 우선, 행정재량과 계획재량은 독자적 판단권이 인정되는 양적 범위에 있어 후자가 더 크다고 말합니다. 이를 광범위한 형성의 자유라 표현하는 점에서 알 수 있습니다. 행정행위 재량에서는 광범위한 형성의 자유라는 표현을 사용하지 않습니다. 그러나 양적 차이를 두고 반드시 다르다고 할 수 있는지는 보는 시각에 따라 다를 수 있지요.

질적 차이는 인정할 수 있을까요? 계획재량이 통상의 재량 개념에서 유래하는 사실을 고려한다면, 양자는 본질에 있어서 동일합니다. 그러나 일반적인 행정행위 근거규범이 '요건-효과' 구조임에 비하여 계획규범은 '목적-수단'의 구조를 띠므로, 규정의 구조적 차이를 들어 이를 질적인 차이로 간주할 수도 있습니다. 그러나 이와는 다른 해석도 가능합니다. 판례는 행정행위 재량의 근거규범상 요건규정에 쓰인 불확정개념에 대해서 이를 재량으로 해석합니다. 같은 맥락에서, 계획규범상 목적 규정에 사용된 불확정개념을(예컨대, 도시민의 건전한 생활환경 확보) 계획재량이라 표현하지만, 계획재량도 궁극적으로 '불확정개념의 해석'에 관한 문제라는 점에서는 행정재량과 동일하므로 양자는 근본적으로 상이하지 않다고도 할 수 있습니다. 요컨대, 행정계획 고유의 통제 법리인 형량명령 개념을 활성화하기 위한 합목적적 고려에서 "계획재량은 사법심사의 기준과 강도에 있어 행정행위 재량과 차이를 보인다", "계획재량 개념을 별도로 인정해야 한다"는 정도로 귀결하겠습니다.

2) 형량명령

계획규범의 본질상 행정청은 광범위한 형성의 자유(계획재량)를 가지지만 법치행정원칙에 비추어 이것이 '모든 것으로부터의 자유'는 아니어서, ① 그 목표는 근거 법령에 합치되어야 하고, ② 법 소정의 형식·절차가 있다면 이를 준수하여야 하며, ③ 관계 제 이익을 정당하게 고려하고 형량하여야 함을 요하는데, 이러한 요청을 형량명령이라고 합니다. 형량명령은 형량의 과정은 물론 결과에서도 준수되어야 하는 것으로서 구체적 사안에서 도외시하지 않아야 할 공·사적 이익을 모두 고려 대상으로 포함하여야 하며, 고려사항의 객관적 가치가 비례관계 속에서 형량되어 조정되어야 함을 의미합니다.

우리의 경우 과거 형량명령의 개념을 직접 규정하는 법률은 찾을 수 없었으나 2021년의 행정절차법 개정을 통해 구속적 행정계획에 있어서의 형량명령에 대한 법적 근거를 마련하였습니다(행정절차법 제40조의4).[1] 이렇듯 형량명령은 현행 행정절차법과 독일 연방건설법전 등에서 실정법적 근거를 찾을 수 있지만, 명문의 규정이 없더라도 법치국가원리로부터 도출되는 행정법의 일반원칙에 해당합니다.

독일 연방행정법원의 판례에 의하면, 계획규범은 계획엄수규범과 최적화명령으로 내용상 구분되는데, 전자는 고려의 여지없이 반드시 법적으로 준수되어야 하는 '효력 차원'의 규칙을 말하는 것으로서(예컨대, 계획규범에서 청문절차를 규정하는 경우입니다) 그 위반 내지 흠결(누락) 시 해당 행정계획의 위법이 곧바로 인정되는 경우입니다. 후자는 일반적인 비례원칙상의 고려요청보다 강하게 고려하여야 하는 특별한 원칙으로서 '중요성 차원'의 문제를 의미합니다. 최적화 명령은 상호 충돌하는 가치 중 일방이 타방을 완전히 배제하는 효력의 유무의 문제가 아니라, 상황에 비추어 본 중요도에 따라 비중을 달리할 수 있으며, 형량을 통해 취하거나 포기할 수 있는 속성을 지닙니다. 즉, 일응 우위 내지 상대적 우위를 가진 이익에 대해 보다 큰 비중을 가지고 형량하는 것이며, 이러한 이익을 포기하고 다른 이익을 취할 때에는 특별한 논증 내지 논거를 요합니다. 이런 의미에

1) 독일의 경우 형량명령에 대한 총론적 법 규정으로는 독일 연방건설법전(Baugesetzbuch) 제1조 제7항을 들 수 있습니다. 이에 의하면 '건설기본계획을 수립함에 있어 공익과 사익의 상호 간 및 상하 간에 정당하게 비교·형량하여야' 합니다(Bei der Aufstellung der Bauleitpläne sind die öffentlichen und privaten Belange gegeneinander und untereinander gerecht abzuwägen). 이와 함께, 동조 제6항은 형량명령 과정에서 고려하여야 할 제반 이익들을 상세히 나열합니다. 계획수립 시 고려의 대상인 제반 이익들은 상호 중첩되고 때로는 대립하는 경우도 있으며, 추상적 법조문상으로는 동등한 가치를 갖지만 구체적 형량 과정에서는 최적화명령, 즉 사안별 중요도에 따라 우열이 정해집니다. 나아가, 동조 제8항은 건설기본계획의 수립 시뿐만 아니라 그 변경 내지 폐지의 경우에도 형량명령이 행해져야 함을 규정합니다.

서 형량명령은 통상 계획규범상의 최적화명령에 상응하는 것에 다름 아니라 할 것입니다. 계획규범의 실질을 고려할 때 전술한 형량명령의 개념적 요소 세 가지 중 법정 절차 준수 요청은 전자에, 계획의 목표와 근거 법령의 정합성과 관계 이익에 대한 형량 요청은 후자에 속하는 것으로 해석할 수 있습니다.

여기에서 계획의 목표와 근거 법령의 정합성 요청을 최적화명령의 영역으로 해석하는 이유는 계획규범상에 사용된 불확정개념 때문입니다. 예를 들어, 도시민의 쾌적한 주거환경의 보호를 위해 관내 일정 지역을 개발제한구역을 지정·고시할 경우, 법치행정원칙상 당해 개발제한구역 설정은 도시민의 쾌적한 주거환경의 보호에 부합해야 적법합니다. 그러나 위 일정 지역을 개발제한구역으로 정한 도시관리계획이 계획규범상의 계획목표에 부합하는지는 계획수립 당시에는 판단 불가능한 미래의 일입니다. 이로부터 광범위한 형성의 자유로서의 계획재량 개념이 도출되고, 행정계획의 실체적 위법 여부를 판단하기 어려운 점에서 제반 이익에 대한 강한 비교·형량을 요구하는 형량명령 개념이 그에 따라 유의미해지는 것입니다.

이를 좀 더 부연하면 다음과 같습니다. 행정계획이란 대개 전문적·미래 예측적 판단을 기초로 이루어지므로 계획의 확정 시(혹은 구속적 행정계획을 대상으로 하는 항고소송 계속 시)에는 해당 행정계획의 적법 여부에 대한 판단이 어렵습니다. 따라서 행정계획에서의 위법판단은 어떤 계획이 막연하게 정하고 있는 법률요건을 충족하고 있는가(환언하면, 어떤 계획이 법이 정한 요건에 비추어 적법한 계획인가) 그리고 달성하고자 하는 목표에 적합한 계획인가에 있는 것이 아니라, 관계 제 이익을 계획수립·확정과정에서 정당하게 형량하였는가의 관점에서 판단하여야 합니다. 여기에서 바로 형량명령, 계획확정절차의 중요성을 엿볼 수 있습니다. 이러한 입론은 나아가, 행정계획에 대한 사법적 통제와 관련하여 사후적 통제의 비실효성을 의미합니다. 행정계획에는 다수의 이익이 관여하므로 행정계획의 처분성을 인정하여 취소소송을 통해 그 위법을 이유로 하여, 즉 형량하자를 이유로 취소하려는 경우에도 해당 계획을 통해 달성하려는 공공의 이익에 대한 가치뿐만 아니라 이미 수립되어 시행되는 행정계획에 관련한 다수의 이해관계인의 이익 등 제반 공익상의 이유로 취소가 어려운 경우가 발생합니다. 이러한 문제 상황을 해결하기 위해서는 행정소송법 제28조에 의한 사정판결, 즉 처분이 위법하더라도 중대한 공익을 들어 원고의 청구를 기각하는 판결 형태를 원용할 수 있습니다. 이때의 사정판결은 성격상 기각판결의 일종이므로 형량하자를 이유로 계획의 취소를 주장하는 원고의 의도와는 거리가 있습니다.

결국, 행정계획 수립과정에서 계획재량을 행사함에 있어 형량명령의 엄격한 준수가 다시 한번 강하게 요청됨을 알 수 있는데, 이러한 형량명령이 행해지는 법적 공간이 바로 행정절차 과정입니다. 특히, 행정계획을 수립하는 과정에서 준수해야 하는 절차를 계획확정절차라고 합니다. 현행 행정절차법에서는 계획확정절차에 관해 침묵하는데, 이는 행정기본법이라고 해서 다를 바 없습니다. 그러나 국토계획법 등 개별법에는 관련 규정을 두고 있습니다. 독일의 연방행정절차법에서는 계획확정절차에 관한 상세한 규정들을 둠으로써 그 일반적 규율의 법적 근거를 확보하였습니다.

요컨대, 계획재량과 형량명령은 행정계획의 법적 이해를 위한 중심 도구이고, 계획재량 행사 과정에서의 형량명령 준수를 담보하기 위해서는 계획확정절차가 중요함을 알 수 있습니다. 이러한 계획확정절차를 준수하지 않은 경우에는 형량하자를 구성하여 해당 행정계획은 취소되어야 하지만, 다수 이해관계인의 이익이 관여하는 행정계획의 공익 지향성을 고려하여 사정판결이 행해질 가능성은 유보되어 있습니다.

3) 형량명령의 구조와 심사기준

형량명령이 실무에서 행해지는 흐름 내지 과정을 살펴봅시다. 학자에 따라서는 〈관련 이익의 조사 → 이익의 중요도에 따른 평가 → 최종적인 비교형량〉의 과정을 거친다고 이해합니다. 그러나 계획수립에 필요한 자료의 수집 이후의 과정을 면밀히 관찰하면, 개별 이해관계에 대한 평가(이익의 중요도에 따른 평가)와 그들 간의 우열 선택 내지 조정작업(최종적인 비교형량)이 하나의 단계 내지 동시에 이루어지거나 전자를 후자의 한 부분으로 이해하는 것이 자연스러우므로 아래에서는 두 단계로 나누어서 설명합니다.

① 형량명령은 형량대상에 포함되어야 할 이익을 조사·확정하는 데에서 출발합니다. 모든 상정 가능한 공·사익을 형량과정에 포함시키는 것은 현실적으로 불가능하므로 계획의 목적 등 구체적 사안에 비추어 중요한 이익을 조사하고 확정하는 선별작업이 필요합니다. 형량자료에 대한 판단기준은 일차적으로 현존하는 이익에 대한 진단적 조사를 기반으로 하지만, 미래 발생 가능한 이익에 대한 예측 조사도 포함합니다. 형량자료의 대상으로서의 사익은 재산권 등 우선적으로 법령에 규정된 법적 지위 등 개인의 주관적 공권에서 출발하지만, 이에 그치지 않고 보호가치 있는 이익도 포함한다는 것이 독일 판례의 입장입니다.

② 형량명령 대상을 조사·확정한 후에는 법적·사실적 상황에 근거하여 경합적 이익의 비중을 평가함으로써 계획에 포함 내지 배제하여야 할 이익을 조정·결정하여야 합니다. 이는 고려사항 상호 간의 우열에 대한 정당한 평가(이익형량의 과정)와 가치판단적

결정(이익형량의 결과)에 있어 전술한 최적화명령의 실천을 의미합니다. 즉, 형량명령은 이익형량의 과정과 결과에서 공히 요구됩니다. 공익과 사익에 대한 다극적 형량 과정은 계획의 결정 시점의 사실·법률관계를 기준으로 하여 각각의 개별 이익이 가지는 고유한 체계를 존중하여야 하고, 계획목표 지향적이되 전문분야의 지식에 터 잡아 합리적이고도 투명한 방법에 의하여야 합니다. 또한, 정당한 형량 개념은 사익에 대한 공익의 우열이라는 전제를 부인하며, 그럼에도 공익을 우선시하기 위해서는 그에 합당한 사실에 부합하고 구체적으로 실증할 수 있는 정당한 이유가 있어야 합니다.

정당한 형량을 위한 구체적 심사기준으로는 소극적 심사와 적극적 심사, 두 가지가 논의되는데, 소극적 심사기준론에 의하면 계획결정과정은 상당한 정도의 가치판단, 비교형량, 평가와 예측 등을 내용으로 하는 특색을 지니고 법적 관점 이외의 정책 평가적 요소에 의해 지배되는 창조적·기술적 성격을 가지므로 형량하자의 심사는 형성의 자유를 위협하지 않는 범위 내에서의 명백성 기준에 의하여야 합니다. 이에 의하면, 계획재량에 대한 정당성의 통제는 적극적 의미의 합목적성 통제가 아니라 소극적인 목적위반의 통제에 한정되어야 한다는 결론에 이릅니다. 결국, 계획규범에 있어서는 재량의 구속이 본질상 존재하지 않으며, 의도하는 목표와 사실상 명백히 관련이 없는 자의적 결정에 의한 행정계획만이 형량하자가 있는 것으로 봅니다.

이에 반해 적극적 심사기준론은 형량하자의 실질은 계획재량에 내재하는 특유의 논리에 부합하게 행해졌는가에 대한 적극적 심사기준에 의하여야 한다고 주장합니다. 비례원칙을 통한 행정재량의 통제와는 양적·질적으로 차별되는, 보다 강화된 심사기준을 제시함으로써 행정계획에서의 법치국가적 비교형량원칙을 관철하려는 의도라 평가할 수 있습니다. 적극적 심사기준론에서는 뒤에서 설명하는 형량하자의 네 가지 사유 이외에 '사물·목적의 비적합성', '목적의 사후소멸', '최적이익 만족요청 위반', '최소침해 요청 위반'의 경우에도 행정계획의 위법을 인정해야 한다는 과감한 주장도 마다치 않았습니다.

이상의 논의를 사법심사의 강도를 기준으로 약(弱)에서 강(强)의 순서로 도식화해서 요약하면 이렇게 되겠지요.

소극적 심사기준론 < 행정행위 재량에서의 사법심사의 강도 < 적극적 심사기준론

위 논의에 의하면 행정행위 재량과 계획재량의 질적인 차이를 인정하는 것이 타당할 수 있습니다. 주의할 점은 초기 계획재량의 태동기를 지배하였던 적극적 심사기준론은 오늘날 지지 기반을 많이 상실했다는 것입니다. 이른바 '계획의 시대'를 뒷받침하는 소극적 심사기준론이 주류적 입장이라 해도 과언이 아닙니다. 설령 계획에 대한 엄격한 사법심사기준을 설정하는 경우에도 사정판결을 적극적으로 행하면 결과에 있어서는 소극적 심사기준론과 동일해지는 점을 염두에 두기 바랍니다.

4) 하자 있는 형량명령과 그 효과

독일 연방행정법원은 1969년 12월 12일의 형량명령 관련 최초의 판결(소위 '계획허가사건': Plangenehmigungsfall, BVerwGE 34, 301)에서 이미 형량하자 사유를 구체적으로 제시하였고, 이러한 형량명령 위반사유, 즉 형량하자 사유 내지 유형은 우리의 계획법 이론에도 큰 영향을 미쳤습니다.

① 이익형량을 전혀 하지 않은 경우(형량의 해태 내지 불개시, Abwägungsausfall), ② 이익형량을 하였으나 결정에 중요한 이익들이 형량과정에 포함되지 않은 경우(형량의 흠결, Abwägungsdefizit), ③ 이익형량을 함에 있어 관련 이익을 객관적으로 정당하게 평가하지 못한 경우(형량의 오판, Abwägungsfehleinschätzung) 및 ④ 개별 이익의 평가 자체는 공정하게 이루어졌지만 이익들의 상호 비교에서 형평성을 상실한 경우(형량의 불비례, Abwägungsdisproportionalität)의 네 가지가 그것입니다. 형량명령의 하자가 수반된 행정계획은 계획수립 주체에게 부여된 계획재량의 한계를 일탈한 형량하자가 인정되는 경우로서 위법한 행정계획으로 간주되어 항고소송에서 무효 혹은 취소사유가 됩니다. 행정계획의 위법에도 불구하고 사정판결의 가능성이 유보되어 있음은 이미 설명한 바와 같습니다.

3. 계획재량·형량명령에 관한 판례 분석

1) 계획재량 개념의 채택

행정재량과 형량명령에 의해 통제받는 계획재량의 구별은 계획재량에 대한 사법통제의 범위와 밀도를 강화하여 적용하기 위함에서 출발하였습니다. 견해에 따라서는 형량명령이 비례원칙의 적용례에 해당한다고 보는데, 원칙적으로 그릇된 주장은 아니지만 사법심사의 실질에 있어서는 양자 간 상당한 차이를 노정합니다. 전술한 바와 같이 형량명령의 경우 법원은 형량대상의 조사·확정, 관계 이익에 대한 객관적 평가의 정당성 및 복수의 이익에 대한 공정한 형량 등 다면적 심사를 행함에 비하여, 행정재량에서의 사법심사는 법이 허용한 재량권의 범위 일탈 여부 내지 재량행사의 남용 여부만을 심사하는 점에서 차이를 드러냅니다. 환언하면, 형량명령은 형량과정과 형량결과 양자에 걸쳐 사법심사가 이루어지지만, 재량통제의 기준으로서의 비례원칙은 이익형량의 결과에 한정됩니다. 형량명령은 계획수립 주체에게 인정되는 광범위한 형성의 자유에 대응하여 법치행정원칙을 견지하기 위한 안전장치라 평가할 수 있습니다.

대법원은 일찍이 대법원 1996.11.29. 선고 96누8567 판결을 통해 계획재량 개념을 채택하여 "행정계획이라 함은 행정에 관한 전문적·기술적 판단을 기초로 하여 도시의 건설·정비·개량 등과 같은 특정한 행정목표를 달성하기 위하여 서로 관련되는 행정수단을 종합·조정함으로써 장래의 일정한 시점에 있어서 일정한 질서를 실현하기 위한 활동기준으로 설정된 것으로서, 도시계획법 등 관계 법령에는 추상적인 행정목표와 절차만이 규정되어 있을 뿐 행정계획의 내용에 대하여는 별다른 규정을 두고 있지 아니하므로 행정주체는 구체적인 행정계획을 입안·결정함에 있어서 비교적 광범위한 형성의 자유를 가진다고 할 것이지만 …"이라고 판시하였습니다. 그 후 대법원 1997.6.24. 선고 96누1313 판결, 대법원 1997.9.26. 선고 96누10096 판결, 대법원 1998.4.24. 선고 97누1501 판결, 대법원 2000.3.23. 선고 98두2768 판결, 대법원 2000.9.8. 선고 98두11854 판결, 대법원 2006.9.8. 선고 2003두5426 판결, 대법원 2011.2.24. 선고 2010두21464 판결 및 대법원 2012.1.12. 선고 2010두5806 판결 등에서 이러한 입장을 거듭 확인하였습니다.

위 대법원판결들의 핵심 메시지는 도시·군관리계획 등의 계획규범이 계획의 내용에 대해서는 별다른 규정을 두지 않고 추상적인 행정목표와 절차만을 제시하는 등 조건프로그램이 아닌 목적프로그램이라는 계획규범의 구조적 특성이 있음을 지적하고, 이로 말미암아 도시·군관리계획 등의 행정계획에 있어서는 광범위한 형성의 자유가 있음을 인정하여 일반 행정재량과는 다른 특유한 계획재량 개념을 수용한 것으로 평가할 수 있습니다.

2) 행정재량과의 혼동

계획재량의 특유한 하자이론이자 행정계획에 대한 사법적 통제의 기준인 형량명령에 대해 대법원은 계획재량을 인정한 96누8567 판결에서 그 도구적 유용성을 긍정하여 "행정주체가 가지는 이와 같은 형성의 자유는 무제한적인 것이 아니라 그 행정계획에 관련되는 자들의 이익을 공익과 사익 사이에서는 물론이고 공익 상호 간과 사익 상호

간에도 정당하게 비교교량하여야 한다는 제한이 있는 것이고, 따라서 행정주체가 행정계획을 입안·결정함에 있어서 이익형량을 전혀 행하지 아니하거나 이익형량의 고려대상에 마땅히 포함시켜야 할 사항을 누락한 경우 또는 이익형량을 하였으나 정당성·객관성이 결여된 경우에는 그 행정계획결정은 재량권을 일탈·남용한 것으로서 위법하다"고 설시하였습니다.

그러나 구체적인 판결이유와 관련하여서는 형량명령의 내용·구조 등에 입각하지 않은 채 행정재량통제의 프로세스를 쫓았습니다. 즉, "이 사건 결정은 그 과정에서 객관적으로 정당하고 충분한 이익형량을 거친 것이라고 아니할 수 없고, 이 사건 결정으로 인하여 원고들의 이 사건 임야에 관한 이용관계가 달라지게 되는 점을 감안한다 하더라도 이는 재산권의 제한에 따른 정당한 보상으로 해결되어야 할 것이고 그보다는 이 사건 결정에 의하여 달성하려고 하는 공익의 정도가 현저히 크다 아니할 수 없으므로, 결국 이 사건 결정 및 인가 처분이 재량권의 범위를 현저히 일탈·남용한 것으로 볼 수 없다고 판단하였는바, 관계 증거와 기록에 의하면 원심의 사실인정과 판단은 정당한 것으로 수긍이 가고, … 재량권일탈에 관한 법리를 오해한 위법이 있다고 볼 수 없다"라고만 하여, 형량명령의 하자를 개념적으로 인정하면서도 형량대상 이익의 확정, 관련 이익들의 객관적 가치평가 및 최종적 우열 결정 등의 개별 형량과정은 생략한 채 전통적인 행정재량통제법리에 의율하는 것으로 결론 맺었습니다.

97누1501 판결에서는 오히려 이전의 판결보다 후퇴한 입장을 보이는데, "행정주체가 도시계획을 입안·결정함에 있어서 이익형량을 전혀 하지 아니하거나 이익형량의 고려대상에 마땅히 포함시켜야 할 사항을 누락한 경우 또는 이익형량을 하였으나 정당성·객관성이 결여된 경우에는 … 위법한 처분이라 할 수 있고, 또한 비례의 원칙(과잉금지의 원칙)상 그 행정목적을 달성하기 위한 수단은 목적달성에 유효·적절하고 또한 가능한 한 최소침해를 가져오는 것이어야 하며 아울러 그 수단의 도입으로 인한 침해가 의도하는 공익을 능가하여서는 아니 된다"고 함으로써 형량명령과 행정재량통제 법리를 혼용하거나 의도적으로 명확히 구분하지 않으려는 입장을 엿볼 수 있습니다.

형량하자가 인정되면 그 자체로서 위법성이 인정되어야 함에도 불구하고 대법원의 초기 판결상의 논리에 의하면 형량하자가 인정되면 재량권의 일탈·남용이 되어 비로소 위법하다는 결론에 이르게 됩니다(〈계획재량 → 형량명령 → 형량하자의 존재 → 비례원칙 위반/재량의 일탈·남용 → 위법〉). 환언하면, 형량명령이론이 완전히 착근되지 않은 과거 판례하에서는 행정법의 기본원리인 평등원칙, 비례원칙, 신뢰보호원칙 등도 계획재량에 대한 통제 법리로 적용되지 않을 수 없었습니다.

＊ **대판 1998.4.24, 97누1501** : "이러한 사정에 비추어 볼 때 위 도로신설에 관한 이 사건 도시계획결정은 공익상의 필요에 기한 것으로서 그 행정목적에 적합하고 필요하며 상당성을 가진 것이라 인정할 수 있고, 그로 인하여 침해될 우려가 있는 개인의 법률상 이익 등을 고려한다고 하더라도, 위 결정이 비례의 원칙이나 평등의 원칙 등에 반하지 아니하고, 재량권 일탈 내지 남용의 위법이 있다고 할 수 없으며, 나아가 위 도시계획결정에 부합하는 이 사건 지적고시 또한 적법하다고 할 것이다."

행정계획의 사법통제와 관련하여 그 실체적 위법의 판단이 계획규범의 특성상 용이하지 않음에 착안하여 절차상 통제를 중심으로 행정계획의 정당성 확보를 기하려는 형량명령 이론의 타당성은 오늘날 널리 받아들여지고 있습니다. 또한 행정계획의 대규모성, 미래 지향성 및 이에 따른 실효기간의 설정, 사정판결의 가능성 등을 감안할 때 쟁송을 통한 권리구제가 용이하지 않음도 주지의 사실입니다. 사정이 이러하건대 행정계획에 대한 사전적 권리구제에 있어 한층 강화된 사법심사의 밀도 설정의 타당성에도 불구하고 대법원이 이를 충분히 고려하지 않았음은 문제의 소지가 있었습니다.

3) 위법판단의 독자 기준화 시도

비례원칙 등과 동일한 차원이거나 동 원칙의 일부를 구성한다는 입장에 머물렀던 초기 대법원판결은 대법원 2006.9.8. 선고 2003두5426 판결에 이르러 행정계획의 통제법리 관점에서 진일보한 측면을 나타내는데, 계획재량 및 형량명령이론의 전제하에 형량하자가 인정되면 - 비례원칙 등 다른 행정법 일반원리를 원용하지 않고 - 곧바로 위법하다는 판단과정이 그것입니다.

＊ **대판 2006.9.8, 2003두5426** : "행정주체가 가지는 이와 같은 형성의 자유는 무제한적인 것이 아니라 그 행정계획에 관련되는 자들의 이익을 공익과 사익 사이에서는 물론이고 공익 상호간과 사익 상호간에도 정당하게 비교교량하여야 한다는 제한이 있는 것이고(대법원 1996. 11. 29. 선고 96누8567 판결 참조), 따라서 행정주체가 행정계획을 입안·결정함에 있어서 이익형량을 전혀 행하지 아니하거나 이익형량의 고려 대상에 마땅히 포함시켜야 할 사항을 누락한 경우 또는 이익형량을 하였으나 정당성과 객관성이 결여된 경우에는 그 행정계획결정은 형량에 하자가 있어 위법하다."

그러나 외형상 〈형량하자 → 위법〉의 직접적 통제 법리를 채택하였음에도 불구하고 여전히 형량명령의 구체적 실행 메커니즘은 고려하지 않았다는 비판에서 자유로울 수 없을 뿐더러, 대법원은 이후의 판결에서 재차 형량하자와 비례원칙 위반을 혼용함으로써 행정계획 통제 법리의 혼돈에서 완전히 벗어나지 못한 양상을 보였습니다.

* **대판 2011.2.24, 2010두21464** : "원심은 그 채택증거를 종합하여 인정되는 사실을 토대로 알 수 있는 판시 사정에 의하면, 이 사건 사업의 실시계획을 승인한 이 사건 처분이 비례의 원칙에 반하거나 비교형량에 하자가 있다고 보기는 어렵다고 판단하였다. 위 법리 및 기록에 비추어 보면, 원심의 이러한 사실인정과 판단은 정당하다. 거기에 이 부분 상고이유의 주장과 같이 형량하자, 비례의 원칙 등에 관한 법리를 오해하거나, 논리와 경험의 법칙에 위배하고 자유심증주의의 한계를 벗어나 사실을 인정한 위법 등이 없다."
* **대판 2023.11.16, 2022두61816** : "행정주체가 가지는 이와 같은 형성의 자유는 무제한적인 것이 아니라 행정계획에 관련되는 자들의 이익을 공익과 사익 사이에서는 물론이고 공익 상호 간과 사익 상호 간에도 정당하게 비교교량해야 한다는 제한이 있다. 따라서 행정주체가 행정계획을 입안·결정하면서 이익형량을 전혀 행하지 않거나 이익형량의 고려 대상에 마땅히 포함시켜야 할 사항을 누락한 경우 또는 이익형량을 하였으나 정당성과 객관성이 결여된 경우에는 그 행정계획결정은 형량에 하자가 있어 위법하다. 공원녹지의 확충·관리·이용 등 쾌적한 도시환경의 조성 등을 목적으로 하는 도시관리계획결정과 관련하여 재량권의 일탈·남용 여부를 심사할 때에는 공원녹지법의 입법 취지와 목적, 보존하고자 하는 녹지의 조성 상태 등 구체적 현황, 이해관계자들 사이의 권익 균형 등을 종합하여 신중하게 판단해야 한다. 그리고 자연환경 보호 등을 목적으로 하는 도시관리계획결정은 식생이 양호한 수림의 훼손 등과 같이 장래 발생할 불확실한 상황과 파급효과에 대한 예측 등을 반영한 행정청의 재량적 판단으로서, 그 내용이 현저히 합리성을 결여하거나 형평이나 비례의 원칙에 뚜렷하게 반하는 등의 사정이 없는 한 폭넓게 존중해야 한다."

한편, 대법원 2012.1.12. 선고 2010두5806 판결은 주민의 도시·군관리계획 입안 제안(국토계획법 제26조)에 대한 거부의 처분성을 인정하는 것을 전제로 논지를 전개하였습니다. 이러한 입장은 대법원이 일정 요건하에 계획변경청구권을 법규상·조리상 신청권의 일환으로 인정하는 것과 궤를 같이합니다.

* **대판 2012.1.12, 2010두5806** : "행정주체가 구체적인 행정계획을 입안·결정할 때에 가지는 비교적 광범위한 형성의 자유는 무제한적인 것이 아니라 행정계획에 관련되는 자들의 이익을 공익과

사익 사이에서는 물론이고 공익 상호 간과 사익 상호 간에도 정당하게 비교교량하여야 한다는 제한이 있는 것이므로, 행정주체가 행정계획을 입안·결정하면서 이익형량을 전혀 행하지 않거나 이익형량의 고려 대상에 마땅히 포함시켜야 할 사항을 빠뜨린 경우 또는 이익형량을 하였으나 정당성과 객관성이 결여된 경우에는 행정계획결정은 형량에 하자가 있어 위법하게 된다. 이러한 법리는 행정주체가 구 국토의 계획 및 이용에 관한 법률(2009. 2. 6. 법률 제9442호로 개정되기 전의 것) 제26조에 의한 주민의 도시관리계획 입안 제안을 받아들여 도시관리계획결정을 할 것인지를 결정할 때에도 마찬가지이고, 나아가 도시계획시설구역 내 토지 등을 소유하고 있는 주민이 장기간 집행되지 아니한 도시계획시설의 결정권자에게 도시계획시설의 변경을 신청하고, 결정권자가 이러한 신청을 받아들여 도시계획시설을 변경할 것인지를 결정하는 경우에도 동일하게 적용된다고 보아야 한다. 甲 등이 자신들의 토지를 도시계획시설인 완충녹지에서 해제하여 달라는 신청을 하였으나 관할 구청장이 이를 거부하는 처분을 한 사안에서, 위 토지를 완충녹지로 유지해야 할 공익상 필요성이 소멸되었다고 볼 수 있다는 이유로, 위 처분은 甲 등의 재산권 행사를 과도하게 제한한 것으로서 행정계획을 입안·결정하면서 이익형량을 전혀 하지 않았거나 이익형량의 정당성·객관성이 결여된 경우에 해당한다고 본 원심판단은 정당하다."

행정계획의 위법성 판단 논리와 관련하여서 위 판결은 행정계획의 수립과정뿐만 아니라 계획의 변경 여부를 결정함에 있어서도 형량명령을 행해야 함을 확인한 점에서는 일응의 의미를 부여할 수 있습니다. 그러나 실제 판단에 있어서는 형량명령 및 형량하자론을 원론적으로 제시하면서도 막상 결론에 이르러서 형량명령이 아닌 통상의 비례원칙에 의율하는 소심함을 버리지 못하였습니다. 물론, 형량명령 관련 초기 판례와는 달리 형량하자를 재량의 일탈·남용과 직접 연결 짓는 표현을 하지 않음으로써 형량명령이론이 행정계획 특유의 사법적 통제법리로서 자리매김하였음을 확인하였지만,[1] 결론에 이른 논증 과정은 불만족스럽습니다.

형량명령의 구성 원리로서 형량의 '과정'과 '결과'에 대한 구분 없이 형량명령을 논한 점은 재고를 요합니다. 형량명령이론의 본질이 개별적인 단계별 형량과정에 대한 심사를 바탕으로 형량결과와 형량과정의 인과관계를 중시하는 데 있음을 간과한 소치입니다. 또한, '이익형량을 전혀 하지 않았거나 이익형량의 정당성·객관성이 결여된 경우'라는 표현을 통해 형량하자의 유형으로서 형량의 해태와 형량의 오판의 인정에만 그치고, 이익형량을 하였으나 결정에 중요한 이익들이 형량과정에 포함되지 않은 경우(형량의 흠

1) Hoppe는 이미 1970년대 중반에 "정당한 형량의 원칙에 따른 계획심사는 더 이상 비례원칙 위반의 문제를 가져오지 않는다"고 단언하였습니다: Hoppe, Planung und Pläne in der verfassungsgerichtlichen Kontrolle, im: Festschrift für 25 Jahre BVerfG Bd.1, 1976, 663.

결)나 개별 이익의 평가 자체는 공정하게 이루어졌지만 이익들의 상호 비교에서 형평성을 잃어버린 경우(형량의 불비례)에 대하여는 침묵함으로써 행정계획의 통제기준을 축소시켰다는 부정적 평가를 면할 수 없습니다.[1] 적어도 이 사안과 관련하여 마땅히 고려대상에 포함시켜야 할 사항에는 어떤 것이 있으며, 당해 사안의 경우 어떠했는지, 그리고 개별 이익의 중요성 결정 과정에는 문제가 없었는지 및 계획행정청의 판단과정과 그에 따른 결과 사이의 인과관계의 밀도는 어떠한지 등의 물음에 대해 답하지 않은 것은 못내 아쉽습니다. 대법원이 원고의 청구를 인용하는 판결을 선고하여서 그렇지, 만약 청구기각판결이었다면 심리미진이라는 비판에 직면할 수도 있었음을 짐작할 수 있는 대목입니다. 덧붙여서, 대상판결이 형량명령에 관하여 언급하면서 그 필요성에 대해 설시하지 않은 점도 지적의 대상입니다. 독자적인 사법심사기준으로서 확고히 천착되지 않았음에 일부 기인하겠지만, 계획법에서 형량명령이론이 필요한 이유를 제시하지 않으면서 계획에 대한 사법심사를 곧바로 형량명령으로 문의한 전개 방법은 개운치 않습니다.

형량명령의 적용에 관한 대법원 논리에 집착하지 않고 전형적인 형량하자 심사를 행한 하급심 판례가 더러 있어 눈길을 끄는데, 대표적으로는 서울행정법원 2003.1.28. 선고 2002구합16399 판결을 들 수 있습니다. 동 판결의 사실관계를 요약하면 다음과 같습니다.

원고들은 서울시 구로구 관내 이 사건 건물에서 숙박업을 영위하여 왔으나, 인근 주민들이 민원이 끊이지 않았다. 서울시장은 인근 주민과의 면담 과정에서 동 건물을 매입하여 복지시설로 활용할 예정임을 전제하면서도, 이를 위해 주민들의 지속적인 주거환경정화운동의 전개를 요청하고 구로구청에게는 매입협의를 진행할 것을 제안하였다. 구로구의 노력에도 원고가 매입협의에 응하지 않자 구로구청장은 이 사건 토지와 건물의 용도를 '사회복지시설'로 하는 도시계획시설결정을 하였고, 연이어 도시계획시설사업실시계획 인가처분을 하였다. 이에 원고가 위 처분의 위법을 구하는 취소소송을 제기하였다.

동 판결은 형량하자만을 이유로 원고의 청구를 인용하면서, 구체적 사건에 있어 도시계획결정에 대한 이익형량 요소를 열거하고 이익형량 방법을 비교적 자세히 설시하였으며, 도시계획에 있어 중대한 사업 침해를 가져오는 경우에는 공익 추구만으로 그것이 정당화될 수 없음을 인정한 점에서 상당한 의미를 부여할 수 있습니다. 동 판결이 "피고

1) 다만, '공익상 필요성이 소멸되었다고 볼 수 있는 이유로'라고 함으로써 전술한 계획의 적극적 심사기준으로서의 '목적의 사후소멸'을 반영한 점은 높이 평가할 만합니다.

가 관할구역에서 운영하는 일반 노인이나 치매노인을 위한 사회복지시설(탁노시설)이 전무하고 피고 구내에서 적지 않은 치매노인들이 거주하고 있는 것으로 추정되므로 이러한 치매노인들을 위한 사회복지시설을 설치·운영하여야 할 필요성은 충분히 인정될 수 있다고 할 것이다. 그러나 개인 소유의 특정 건물을 사회복지시설로 도시계획시설결정을 하기 위하여는 일반적인 사회복지시설의 필요성과 더불어 그 운영에 있어서의 특정 건물에 대한 필요성, 즉 특정 건물에서의 사회복지시설의 설치 및 운영비용, 탁노시설을 이용할 노인들의 특정 건물에 대한 접근 편의성, 특정 건물의 주변환경 등 여러 기준에 비추어 행정관청이 사회복지시설을 위한 건물을 신축하는 경우나 다른 개인 소유의 건물을 사회복지시설로 지정하는 경우보다 특정 건물이 비교 우위에 있다는 점도 함께 이익형량의 고려대상에 포함시켜야 할 것이고 …"라고 함으로써 이익형량의 요소들을 구체적으로 제시한 점은 높이 평가할 만합니다. 이를 바탕으로 동 판결은 구로구청장의 도시계획시설사업결정 등의 처분은 당해 건물이 사회복지시설을 운영하기에는 주변환경이 열악한 점을 고려하지 않은 점 등에서 행정주체가 행정계획을 입안·결정함에 있어서 하여야 할 이익형량을 전혀 행하지 않았다고 보았고, 제반 사정상 최초 러브호텔이 들어설 것을 주민들이 충분히 알고 있었고 해당 지역이 상업지역임에도 계획수립주체가 사회복지시설 설치 결정을 한 것은 이익형량을 하였으나 그 정당성·객관성이 결여된 것이라고 보아 원고의 청구를 인용하였던 것입니다.

4. 계획재량·형량명령의 요약

아래에 지금까지 설명한 내용을 요약하겠습니다.

* 적극적 조성행정을 대표하는 행정계획의 미래예측성, 장기성, 대규모성 등의 특성으로 인해 계획규범은 <목적-수단 명제>의 구조를 취하고, 거기에는 논리 귀결적으로 광범위한 형성의 자유가 인정되어 이를 특히 계획재량이라 칭합니다.
* 계획재량은 그 연원에 비추어 행정행위 재량에서 발원하였지만, 계획규범의 특수성에 비추어 일반 행정재량과는 구별하여 그 독자적 가치를 인정하는 것이 바람직합니다.
* 행정계획도 법치행정원칙의 구속하에 있으므로 그 통제법리가 제시되어야 할 터, 이를 특히 형량명령이라고 합니다. 형량명령은 계획재량에 대한 통제법리로 이해할 수 있는데, 계획재량이 그러하듯이

형량명령도 재량의 통제법리인 비례원칙에서 그 출발점을 찾을 수 있습니다.

* 형량명령의 위반은 형량하자를 구성하는데, 형량하자는 이론적으로 절차상 하자뿐만 아니라 제반 이익의 평가 오류 등에 이르는 실체적 측면을 겸유합니다.
* 나아가, 행정계획에는 광범위한 형성의 자유가 인정되고 그 결과가 다수의 이해관계인에게 미치는 점을 고려할 때 형량명령에의 요구는 행정행위 재량의 그것보다 강한 정도의 비교·형량 과정을 요구하고, 이는 또한 행정계획에 대한 사법통제의 밀도가 촘촘해야 함을 의미합니다.
* 그러나 계획규범의 미래예측성이라는 특성상, 쟁송과정에서는 그 실체적 위법 여부의 판단이 용이하지 않으므로 행정계획에 대한 사법통제는 계획확정절차의 준수 여부에 집중할 수밖에 없는 한계에 놓입니다.
* 또한, 형량하자가 인정되어 해당 행정계획을 쟁송취소하려는 경우에도 현저히 공공복리에 적합하지 아니하다는 판단에 이를 경우가 많아, 사정판결의 가능성이 높습니다. 이런 점에서 행정계획에는 사전적 통제, 즉 절차적 법치주의의 준수가 강하게 요청됩니다.
* 판례는 계획재량과 형량명령의 개념을 원용하고 형량하자의 유형에 대해서도 판결문에 담고 있습니다. 그러나 대부분의 판례에서 비례원칙에 의한 심사를 행하는데, 이는 재고의 여지가 있습니다. 즉, 행정계획의 위법판단 과정에서 형량명령 고유의 통제 법리를 적용하지 않고 행정행위 재량통제의 기법을 벗어나지 못하는바, 계획에 의한 법치행정의 형해화를 방지하기 위해 - 설령 비례원칙 위반이라는 표현을 사용하더라도 - 실질에 있어서는 형량명령의 사법적 관철에 힘써야 할 것입니다.

이를 좀 더 요약하면 다음과 같습니다.

행정계획의 속성 → 계획재량의 채택 → 형량명령에 의한 통제 → 계획확정절차에 의한 형량명령 실행 → 사법적 통제의 기준으로서 형량하자(형량명령 준수) 여부 → 사법적 통제의 한계 → 사정판결의 가능성

5. 계획보장청구권

계획보장청구권은 행정계획에 대한 신뢰보호(법적 안정성)와 계획의 신축성(구체적 타당성)의 긴장관계에서 비롯합니다. 일반적으로 전자는 계획 수범자의 입장이고, 후자는 계획수립주체를 고려한 것이라 할 수 있습니다. 행정계획은 일면 그 이해관계인, 특히 경제영역에서의 이해관계자에 대하여 투자 등의 조치를 유발하는 기능 내지 목적을 가지지만 이는 국민의 계획 존속을 신뢰할 것을 전제로 합니다. 그러나 다른 관점에서, 행정계획은 정치·경제·사회적인 일정 여건을 기초로 하여 대규모의 거시적 관점에서 수립되는 것이므로 이들 여건이 변화하거나 그에 대한 평가가 잘못되었던 경우에는 해당 계획을 수정·보완해야 할 필요성이 큽니다. 계획보장청구권은 상충하는 이익의 요청 사이에 위치하는 것으로서, 대립하는 이익에 대한 비교·형량을 요하는 비례원칙의 적용 예에 해당할 뿐만 아니라 계획의 존속 등에 대한 관계인의 신뢰 보호 여부와 관련하는 점에서 신뢰보호원칙이 문제되는 영역이라고 할 수 있습니다.

여기에서 재미있는 상황을 하나 들지요. 이해관계인이 기존 계획으로 인해 권리침해를 입었다고 주장하며 계획의 변경을 요구하는 경우에는 위 상황이 정반대로 전개됩니다. 즉, 이 경우 법적 안정성은 계획수립주체가 공익을 내세우며 강조하는 가치이고, 구체적 타당성의 입장에서 판단할 경우 이해관계인은 계획의 존속에 반대하며 당해 계획의 변경을 요구하는 것입니다. 이처럼 계획보장청구권과 후술하는 계획변경청구권은 구체적 사안에 따라 탄력적으로 발현되는 점을 기억해야 합니다.

계획보장청구권은 구체적으로 보아 계획존속청구권, 계획이행청구권, 경과조치청구권 및 손해전보청구권으로 구분합니다. 계획보장청구권은 독일 행정법학의 논의에서 유래하였는데, 독일의 학설과 판례도 이를 인정하는 데 매우 주저합니다. 수립·확정된 행정계획은 그 특성상 다수인의 이해관계와 관련되고 공익과 직결되며 계획의 효과는 단기간에 나타나지 않는 것이 보통의 경우이기 때문에 목적 달성에의 부적절함 내지 위법의 경우에도 해당 관계인에 대한 손해배상·손실보상 등의 다른 권리구제수단은 별론, 계획을 근본적으로 변경하거나 효력을 박탈하기가 쉽지 않습니다. 이는 우선 계획의 존속에 대한 법적인 요청이 큼을 의미합니다. 그러나 이제는 더 이상 해당 계획을 유지할 수 없다고 판단하는 경우에는 계획의 내용을 변경하는 것이 계획의 목적 달성 및 공익에 부합하는 것이고, 이런 경우에는 계획의 존속에 대한 공익적 요청은 그 정당성을 상실하고 계획존속에 대한 사인의 신뢰보호요청도 관철될 수 없겠지요. 계획의 변경을 통해서만이 최초 설정한 목적 달성이 가능하고, 또한 공익에 더 부합한다는 의미입니다.

이런 점에서 우리 법제에서도 계획보장청구권을 일반적으로 인정하는 입법, 학설 및 판례는 존재하지 않습니다. 다만, 손해전보청구권은 헌법 제29조 및 국가배상법에 의한 국가배상청구권의 문제로, 손실보상청구권의 경우에는 헌법 제23조 제3항에 의한 일반적인 손실보상 논의에 의해 인정되는 경우를 흔히 발견할 수 있습니다. 그렇다고 하여 이를 두고 일반적인 계획보장청구권으로서 손해전보청구권이 인정된다고 얘기하여서는 안 됩니다. 여기에서의 손해전보는 행정계획에서의 특유한 손실보상법제가 인정되는가 여부의 문제이기 때문입니다.

6. 주민에 의한 도시·군관리계획 입안 제안

과거 도시계획결정 과정에서는 공람공고, 주민설명회, 공청회 등을 통한 소극적인 주민참여만이 허용되었으나 2000년 (구)도시계획법의 전면개정을 통해 도시관리계획에 대한 주민의 입안 제안제도가 도입됩니다. 이러한 주민제안은 특히 도시설계와 상세계획의 통합 형태인 지구단위계획에 적극 활용되고 있는데, 이는 지구단위계획구역의 지정 대상이 지극히 방대하고 설령 구역 지정이 되었다 하더라도 사업을 추진하기 위한 지방자치단체의 예산 확보가 어렵기 때문이라고 합니다. 따라서 공공의 비용 부담 없이 도시환경을 정비하고 도시기반시설을 확충할 수 있는 주민제안형 지구단위계획제도는 상대적으로 재정 자립도가 낮은 지방자치단체에서 선호하는 도시관리수법이라 할 수 있습니다.

현행의 국토계획법 제26조 제1항도 주민은(이해관계인을 포함합니다) 기반시설의 설치·정비 또는 개량에 관한 사항, 지구단위계획구역의 지정 및 변경과 지구단위계획의 수립 및 변경에 관한 사항에 관하여 도·군관리계획도서와 계획설명서를 첨부하여 도시·군관리계획의 입안을 제안할 수 있음을 규정하고 있습니다. 주의할 점은 제안 대상에 용도지역·용도지구·용도구역의 지정을 포함시키지 않은 것인데, 이는 개발제한구역의 해제와 같은 용도지역·용도지구·용도구역의 변경 또는 해제를 제안하는 사례가 남발되는 것을 방지하려는 고려를 반영한 것입니다.

도시·군관리계획 입안제안의 수용 여부는 입안권자의 재량에 속하는 사항입니다. 즉, 제안자의 입안 내용에 입안권자 내지 계획수립권자가 구속되지 않는다는 의미입니다. 입안권자는 제안일부터 45일 이내에 도시·군관리계획 입안에의 반영 여부를 제안자에게 통보하여야 하지만, 부득이한 사정이 있는 경우에는 1회에 한하여 30일을 연장할 수 있습니다(국토계획법 시행령 제20조 제1항). 또한, 입안권자는 주민의 입안제안을 도시·군관리계획 입안에 반영할 것인지 여부를 결정함에 있어서 필요한 경우에는 중앙도시계획위원회 또는 당해 지방자치단체에 설치된 지방도시계획위원회의 자문을 거칠 수 있습니다(국토계획법 시행령 제20조 제2항).

도시·군관리계획 입안제안권이 일반적인 계획수립청구권을 의미하는지에 대해서는 보다 심층적인 논의를 요하지만, 후술하는 계획변경청구권의 경우와 마찬가지로 원칙적으로 부정하는 견해가 일반적입니다. 입안제안의 대상이 기반시설의 설치 등에 관한 도시·

군관리계획과 지구단위계획구역 관련 사항으로 한정되고 용도지역·용도지구·용도구역 등을 위한 일반적인 도시·군관리계획의 입안제안이 허용되지 않는 점, 도시·군관리계획의 입안권자와 결정권자가 다른 경우가 존재하는 점, 통상의 청구권 행사의 경우와 달리 주민의 입안제안의 경우 도시·군관리계획도서와 계획설명서를 첨부하도록 규정한 점, 제안 내용의 수용 여부가 계획행정청의 재량사항인 점, 해당 계획에 대한 수립·결정의 이전 단계인 입안 자체를 대외적 구속력 있는 처분으로 보기 어려운 점 등이 그 이유입니다. 이때 처분성을 인정하기 어렵다는 논거에는 다음의 부연 설명이 가능합니다. 입안제안에 대하여 입안권자가 거부하여 제안자가 이를 다투는 경우 거부의 처분성이 인정되어야 하는데, 여기에서의 제안된 입안 내용은 계획으로서 확정되기 전의 것이므로 거부의 처분성 요건 중 '거부의 대상이 처분일 것'을 충족하지 못하기 때문입니다. 그러나 이에 대해서는 보다 심도있는 분석을 요합니다. 우리 판례가 입안제안 거부의 처분성을 일부 인정하기 때문입니다.

* **대판 2004.4.28, 2003두1806** : "구 도시계획법(2002. 2. 4. 법률 제6655호 국토의계획및이용에관한법률 부칙 제2조로 폐지)은 도시계획의 수립 및 집행에 관하여 필요한 사항을 규정함으로써 공공의 안녕질서를 보장하고 공공복리를 증진하며 주민의 삶의 질을 향상하게 함을 목적으로 하면서도 도시계획시설결정으로 인한 개인의 재산권행사의 제한을 줄이기 위하여, 도시계획시설부지의 매수청구권, 도시계획시설결정의 실효에 관한 규정과 아울러 도시계획 입안권자인 특별시장·광역시장·시장 또는 군수로 하여금 5년마다 관할 도시계획구역 안의 도시계획에 대하여 그 타당성 여부를 전반적으로 재검토하여 정비하여야 할 의무를 지우고, 도시계획입안제안과 관련하여서는 주민이 입안권자에게 '1. 도시계획시설의 설치·정비 또는 개량에 관한 사항 2. 지구단위계획구역의 지정 및 변경과 지구단위계획의 수립 및 변경에 관한 사항'에 관하여 '도시계획도서와 계획설명서를 첨부'하여 도시계획의 입안을 제안할 수 있고, 위 <u>입안제안을 받은 입안권자는 그 처리결과를 제안자에게 통보하도록 규정하고 있는 점 등과 헌법상 개인의 재산권 보장의 취지에 비추어 보면, 도시계획구역 내 토지 등을 소유하고 있는 주민</u>으로서는 입안권자에게 도시계획입안을 요구할 수 있는 법규상 또는 조리상의 신청권이 있다고 할 것이고, 이러한 신청에 대한 거부행위는 항고소송의 대상이 되는 행정처분에 해당한다."
* **대판 2015.3.26, 2014두42742** : "국토의 계획 및 이용에 관한 법률은 국토의 이용·개발과 보전을 위한 계획의 수립 및 집행 등에 필요한 사항을 규정함으로써 공공복리를 증진시키고 국민의 삶의 질을 향상시키는 것을 목적으로 하면서도 도시계획시설결정으로 인한 개인의 재산권행사의 제한을 줄이기 위하여, 도시·군계획시설부지의 매수청구권(제47조), 도시·군계획시설결정의 실효(제48조)에 관한 규정과 아울러 도시·군관리계획의 입안권자인 특별시장·광역시장·특별자치시장·특별

> 자치도지사·시장 또는 군수(이하 '입안권자'라 한다)는 5년마다 관할 구역의 도시·군관리계획에 대하여 타당성 여부를 전반적으로 재검토하여 정비하여야 할 의무를 지우고(제34조), 주민(이해관계자 포함)에게는 도시·군관리계획의 입안권자에게 기반시설의 설치·정비 또는 개량에 관한 사항, 지구단위계획구역의 지정 및 변경과 지구단위계획의 수립 및 변경에 관한 사항에 대하여 도시·군관리계획도서와 계획설명서를 첨부하여 도시·군관리계획의 입안을 제안할 권리를 부여하고 있고, 입안제안을 받은 입안권자는 그 처리 결과를 제안자에게 통보하도록 규정하고 있다. 이들 규정에 헌법상 개인의 재산권 보장의 취지를 더하여 보면, 도시계획구역 내 토지 등을 소유하고 있는 사람과 같이 당해 도시계획시설결정에 이해관계가 있는 주민으로서는 도시시설계획의 입안권자 내지 결정권자에게 도시시설계획의 입안 내지 변경을 요구할 수 있는 법규상 또는 조리상의 신청권이 있고, 이러한 신청에 대한 거부행위는 항고소송의 대상이 되는 행정처분에 해당한다."

위 두 가지 판례와 관련하여, 입안제안에 대한 처리결과를 제안자에게 통보하여야 하는 의무 규정과 헌법상 재산권 보장 이념을 들어 법규상 또는 조리상의 신청권을 인정하여 그 거부의 처분성을 긍정한 점에 주의하여야 합니다. 주민에 의한 입안제안제도의 사문화를 방지하고 주민참여를 통한 계획고권의 실효성 제고를 위한 판례의 입장을 이해 못 할 바는 아니지만, 무하자재량행사청구권 내지 행정개입청구권의 경우와는 달리, 제안 내용에 입안권자가 구속되지 않는 광범위한 형성의 자유로서의 계획재량을 고려할 때 '신청 대상이 처분일 것'의 요건을 충족할 수 있을지는 법리적으로 다소 의문입니다. 또 하나 유의해야 할 점은 모든 자의 입안제안 신청에 대한 거부를 처분으로 본 것이 아니라 해당 지역 내 토지소유자에 한정하는 것입니다. 도시관리계획 입안제안신청 거부의 처분성 문제는 다른 법률에서도 발생할 수 있는데, 예컨대 '도시 및 주거환경정비법' 제14조도 도시정비계획의 입안제안권을 규정하고 있으므로 유사한 상황이라고 할 수 있습니다.

한 가지 더 언급하자면, 여기에서의 처분성 인정이 제안자의 입안 내용을 그대로 수용해야 함을 의미하는 것은 아니라는 점입니다. 소송요건으로서의 거부의 처분성을 긍정하여 거부처분취소소송으로 다툴 수 있음을 확인한 것에 지나지 않으므로, 그 거부가 위법하여 제안된 입안 내용을 반영하여야 하는지 여부는 별개의 본안판단 대상입니다. 이는 거부의 처분성 요건과 관련하여 신청권의 체계적 지위를 원고적격이나 본안판단의 요소로 보지 않고 대상적격, 즉 처분성 요건으로 보는 판례 입장에서 비롯하는 것입니다.

* **대판 2004.4.28, 2003두1806** : "당초의 도시계획시설결정이 위법함을 전제로 이 사건 처분에 재량을 일탈·남용한 위법이 있다고 한 원심판결에는 법령 적용을 잘못하여 이 사건 도시계획시설결정의 적법성 및 재량의 일탈·남용에 대한 법리를 오해한 위법이 있다고 할 것이므로, 이 점을 지적하는 상고이유의 주장은 이유 있다(다만, 기록에 의하면 당초의 도시계획시설결정이 적법하다는 점을 감안하더라도 원심이 인정한 나머지 사정과 이 사건 시설부지 13,619.5㎡ 중 12,005.9㎡에만 위 도시계획시설이 설치된 채 잔여지 1,613.6㎡는 방치되어 있었던 점 등에 비추어 보면, 이 사건 처분이 이익형량에 있어서 정당성·객관성의 결여로 재량을 일탈·남용한 경우에 해당한다고 볼 여지도 있으므로, 환송 후 원심으로서는 당초의 도시계획시설결정 후 일부 시설부지를 배제한 채 도시계획시설이 설치된 경위, 원고가 낙찰받은 토지 중 당초부터 도시계획시설이 설치되지 아니한 부분과 같은 동 190의 3 토지의 이용용도 등에 대하여 좀 더 심리하여 이 사건 신청의 내용을 도시계획입안에 반영하지 아니하기로 한 이 사건 처분에 재량의 일탈·남용이 있는지 여부에 대하여 판단하여야 할 것임을 덧붙여 둔다)."

한편, 주민제안형 도시·군관리계획은 지방자치단체의 계획고권 및 주민참여제도와 밀접한 관련이 있습니다. 계획고권이란 지방자치단체의 영역 안에 있는 지역적인 계획업무를 권한의 범위 안에서 자신의 책임으로 수행하는 권리와 그 지방자치단체와 관련 있는 상위 계획과정에 참여하는 권능을 말합니다.[1] 지방자치단체가 국가의 계획에 엄격히 구속되어 자신의 관할구역에 대한 지역적인 계획을 수립할 수 없거나 그 지방자치단체가 수립한 구체적인 지역계획이 국가가 수립한 범지역적 계획에 의해 지속적으로 파괴되는 경우에는 해당 지방자치단체의 계획고권은 형해화할 수밖에 없겠지요. 지방자치의 본질을 단체자치 혹은 주민자치로 볼 것인가라는 고전적인 다툼과 무관하게 주민의 참여 없는 계획고권은 그 내실을 기할 수 없음도 자명합니다. 일정한 도시·군관리계획 수립과정에 대한 주민참여는 주민의 주관적 지위 확보, 계획수립을 위한 의사결정의 합리화, 계획의 정당성 확보, 주민 이해의 조정과 협동의 증진, 사회적 형평성 보장 등의 측면에서 이제는 거부할 수 있는 명제로 자리매김하였습니다. 그러나 계획수립과정에서의 주민참여제도의 일환인 주민제안형 도시·군관리계획제도의 취지가 주민의 자발적 참여에 의해 토지의 합리화를 추구하고 도시기능 증진 및 도시미관 개선을 통한 양호한 환경의 확보에 있었지만, 용도지역 상향조정을 위한 지구단위계획 입안제안의 범람, 상위계획과의 연계성 흠결 등 계획행정 실무상 사적 개발이익의 창출 수단으로 변칙 운영됨으로써 무

1) 이와 관련하여 독일 연방건설법전 제2조 제1항 제1문은 지방자치단체의 일반적 계획고권을 명문으로 인정하고 있습니다("지방자치단체는 자신의 책임하에 건설기본계획을 수립할 수 있다").

분별한 개발수요를 양산하였다는 비판이 제기됩니다.

7. 계획변경청구권의 인정 여부

계획보장청구권은 기존 계획의 존속과 집행에 대한 관계인의 신뢰를 보호하는 것을 목적으로 하지만, 계획변경청구권은 계획이 확정된 후 사정변경 및 이해관계인의 권리침해 등을 이유로 하여 그 계획의 변경을 청구할 수 있는 권리를 말합니다. 행정계획에 대한 입안제안권의 경우처럼 계획변경청구권도 법령이 그것을 사인에게 인정하는 경우가 아닌 한 원칙적으로 인정되지 않습니다.

1) 판례의 입장

현행 헌법 제120조 제2항은 국토에 관한 계획의 수립과 관련하여 "국토와 자원은 국가의 보호를 받으며, 국가는 그 균형있는 개발과 이용을 위하여 필요한 계획을 수립한다"고 규정합니다. 이에 따라 국토기본법에 의한 국토계획(국토종합계획, 도종합계획, 지역계획, 부문별계획)과 국토계획법에 의한 도시·군관리계획 등이 수립됩니다. 이들 규정에 비추어 볼 때 국토 공간의 균형발전, 개발과 보전의 조화를 이룩하기 위해 국토에 관한 계획의 수립은 국가나 계획행정청에게 부여된 의무라 할 수 있습니다. 그러나 이러한 계획이 적극적으로 수립되지 않을 때 국민이 국가에 대하여 계획의 수립을 청구할 수 있는지의 의문이 생깁니다. 실정법제는 이에 관하여 직접적인 규정을 두고 있지 않으며, 학설 역시 계획규범상의 광범위한 형성의 자유를 전제로 일반적인 계획수립청구권을 부정하고 있습니다. 결국 현행 법제하에서의 쟁점은 계획수립청구권보다 완화된 의미의 일정 도시·군관리계획에 대한 주민의 입안제안권이나 계획변경청구권의 인정 여부로 귀착됩니다.

실무상으로는 이해관계인이 기존에 유효한 행정계획의 적극적 변경을 청구하거나, 계획행정청에 의한 행정계획의 폐지나 변경에 대응하여 계획의 존속이나 기존의 계획으로 변경하도록 계획변경신청을 한 경우 법규상 명문의 규정이 없어도 조리상 신청권으로서의 계획변경청구권을 인정할 수 있는지가 주된 쟁점인데, 계획변경청구권의 인정 여부는 재판실무상 계획변경신청에 대한 거부를 대상으로 하여 취소소송을 제기한 경우 그 거부의 처분성 요건과 관련하여 조리상 신청권의 인정 여부로 구체화됩니다. 구속적 행정계획결정에 대해 처분성을 인정하는 일반적 입장과 달리 종래 판례는 행정계획의 변경신청에 대한 거부에 대하여 그 신청에 따른 계획변경을 해 줄 것을 요구할 수 있는 법규상 또는 조리상의 신청권이 없다는 이유로 그 처분성을 부인하였습니다. 이는 대법원이 도시계획을 입안·결정·변경하는 것은 행정청의 의무로서 공익을 위한 것일 뿐 해석상 관계인의 사익을 보호하려는 취지가 아니라고 판단했음에서 비롯합니다.

* **대판 1999.8.24, 97누7004** : "행정청이 국민의 신청을 거부하는 행위를 한 경우에 그 거부행위가 행정처분이 되기 위하여는 우선 국민에게 법규상 또는 조리상의 신청권이 인정되어야 하는데, 주택개량재개발사업계획의 변경에 관하여는 사업지구 내 토지 등의 소유자라 하더라도 그 변경신청을 할 수 있는 법규상의 근거가 없을 뿐만 아니라, 재개발사업의 성격에 비추어 보더라도 그와 같은 신청권을 인정할 수 없으므로, 결국 재개발 사업지구 내 토지 등의 소유자의 재개발사업에 관한 사업계획 변경신청에 대한 불허통지는 항고소송의 대상이 되는 행정처분에 해당하지 아니한다." 同旨 : 대판 1995.4.28, 05누627; 대판 1984.10.23, 84누227.

그러나 이른바 '국토이용계획상의 용도지역변경신청' 사건에서 대법원은 (구)국토이용관리법상 주민에게 계획을 변경 신청할 권리가 인정되고 있지는 않지만, 일정한 행정처분을 구할 법률상의 지위에 있는 자의 변경신청을 거부하는 것이 행정처분 자체를 거부하는 결과가 되는 경우 예외적으로 신청권이 인정되고 이러한 신청을 거부하는 것이 항고소송의 대상이 되는 행정처분에 해당한다고 판시하였습니다. 또한, 문화재보호구역의 지정해제신청에 대한 거부회신과 도시계획시설 변경거부의 경우에도 문화재보호구역 내지 도시계획구역 내 토지 등을 소유하고 있는 주민에 대해서 법규상 또는 조리상 신청권이 있다고 하는 등 일련의 판결을 통해 계획변경신청권의 외연을 확대하였습니다.

* **대판 2003.9.23, 2001두10936**(일정한 행정처분을 구하는 신청을 할 수 있는 법률상 지위에 있는 자의 국토이용계획변경신청을 거부하는 것이 실질적으로 당해 처분 자체를 거부하는 결과가 되는 경우) : "국토이용관리법상 주민이 국토이용계획의 변경에 대하여 신청을 할 수 있다는 규정이 없을 뿐만 아니라, 국토건설종합계획의 효율적인 추진과 국토이용질서를 확립하기 위한 국토이용계획은 장기성, 종합성이 요구되는 행정계획이어서 원칙적으로는 그 계획이 일단 확정된 후에 어떤 사정의 변동이 있다고 하여 그러한 사유만으로는 지역주민이나 일반 이해관계인에게 일일이 그 계획의 변경을 신청할 권리를 인정하여 줄 수는 없을 것이지만(대법원 1995. 4. 28. 선고 95누627 판결 참조), 장래 일정한 기간 내에 관계 법령이 규정하는 시설 등을 갖추어 일정한 행정처분을 구하는 신청을

할 수 있는 법률상 지위에 있는 자의 국토이용계획변경신청을 거부하는 것이 실질적으로 당해 행정처분 자체를 거부하는 결과가 되는 경우에는 예외적으로 그 신청인에게 국토이용계획변경을 신청할 권리가 인정된다고 봄이 상당하므로, 이러한 신청에 대한 거부행위는 항고소송의 대상이 되는 행정처분에 해당한다고 할 것이다. 이 사건에 있어서 원심이 확정한 사실관계를 관계 법령에 비추어 보건대, 구 폐기물관리법(1999. 2. 8. 법률 제5865호로 개정되기 전의 것, 이하 '폐기물관리법'이라 한다) 제26조, 같은법시행규칙(1999. 1. 5. 환경부령 제56호로 개정되기 전의 것) 제17조 등에 의하면 폐기물처리사업계획의 적정통보를 받은 자는 장래 일정한 기간 내에 관계 법령이 규정하는 시설 등을 갖추어 폐기물처리업허가신청을 할 수 있는 법률상 지위에 있다고 할 것인바, 피고로부터 폐기물처리사업계획의 적정통보를 받은 원고가 폐기물처리업허가를 받기 위하여는 이 사건 부동산에 대한 용도지역을 '농림지역 또는 준농림지역'에서 '준도시지역(시설용지지구)'으로 변경하는 국토이용계획변경이 선행되어야 하고, 원고의 위 계획변경신청을 피고가 거부한다면 이는 실질적으로 원고에 대한 폐기물처리업허가신청을 불허하는 결과가 되므로, 원고는 위 국토이용계획변경의 입안 및 결정권자인 피고에 대하여 그 계획변경을 신청할 법규상 또는 조리상 권리를 가진다고 할 것이다."

* **대판 2004.4.28, 2003두1806**(도시계획구역내 토지 등을 소유하고 있는 주민이 도시계획입안권자에게 도시계획입안을 신청하는 경우) : "구 도시계획법(2002. 2. 4. 법률 제6655호 국토의계획및이용에관한법률 부칙 제2조로 폐지)은 도시계획의 수립 및 집행에 관하여 필요한 사항을 규정함으로써 공공의 안녕질서를 보장하고 공공복리를 증진하며 주민의 삶의 질을 향상하게 함을 목적으로 하면서도 도시계획시설결정으로 인한 개인의 재산권행사의 제한을 줄이기 위하여, 도시계획시설부지의 매수청구권, 도시계획시설결정의 실효에 관한 규정과 아울러 도시계획 입안권자인 특별시장·광역시장·시장 또는 군수로 하여금 5년마다 관할 도시계획구역 안의 도시계획에 대하여 그 타당성 여부를 전반적으로 재검토하여 정비하여야 할 의무를 지우고, 도시계획입안제안과 관련하여서는 주민이 입안권자에게 '1. 도시계획시설의 설치·정비 또는 개량에 관한 사항 2. 지구단위계획구역의 지정 및 변경과 지구단위계획의 수립 및 변경에 관한 사항'에 관하여 '도시계획도서와 계획설명서를 첨부'하여 도시계획의 입안을 제안할 수 있고, 위 입안제안을 받은 입안권자는 그 처리결과를 제안자에게 통보하도록 규정하고 있는 점 등과 헌법상 개인의 재산권 보장의 취지에 비추어 보면, 도시계획구역내 토지 등을 소유하고 있는 주민으로서는 입안권자에게 도시계획입안을 요구할 수 있는 법규상 또는 조리상의 신청권이 있다고 할 것이고, 이러한 신청에 대한 거부행위는 항고소송의 대상이 되는 행정처분에 해당한다."

* **대판 2004.4.27, 2003두8821**(문화재보호구역내의 토지소유자가 문화재보호구역의 지정해제를 신청하는 경우) : "문화재보호법은 문화재를 보존하여 이를 활용함으로써 국민의 문화적 생활의 향상을 도모함과 아울러 인류문화의 발전에 기여함을 목적으로 하면서도, 문화재보호구역의 지정에 따른 재산권행사의 제한을 줄이기 위하여, 행정청에게 보호구역을 지정한 경우에 일정한 기간마다 적정성 여부를 검토할 의무를 부과하고, 그 검토사항 등에 관한 사항은 문화관광부령으로 정하도록 위임하였으며, 검토 결과 보호구역의 지정이 적정하지 아니하거나 기타 특별한 사유가 있는 때에는 보호구

역의 지정을 해제하거나 그 범위를 조정하여야 한다고 규정하고 있는 점, 같은 법 제8조 제3항의 위임에 의한 같은법시행규칙 제3조의2 제1항은 그 적정성 여부의 검토에 있어서 당해 문화재의 보존가치 외에도 보호구역의 지정이 재산권 행사에 미치는 영향 등을 고려하도록 규정하고 있는 점 등과 헌법상 개인의 재산권 보장의 취지에 비추어 보면, 문화재보호구역 내에 있는 토지소유자 등으로서는 위 보호구역의 지정해제를 요구할 수 있는 법규상 또는 조리상의 신청권이 있다고 할 것이고, 이러한 신청에 대한 거부행위는 항고소송의 대상이 되는 행정처분에 해당한다."

* **대판 2012.1.12, 2010두5806**(도시계획구역 내 토지소유자가 도시계획시설변경을 청구한 경우) : "행정주체가 구체적인 행정계획을 입안·결정할 때에 가지는 비교적 광범위한 형성의 자유는 무제한적인 것이 아니라 행정계획에 관련되는 자들의 이익을 공익과 사익 사이에서는 물론이고 공익 상호간과 사익 상호 간에도 정당하게 비교교량하여야 한다는 제한이 있는 것이므로, 행정주체가 행정계획을 입안·결정하면서 이익형량을 전혀 행하지 않거나 이익형량의 고려 대상에 마땅히 포함시켜야 할 사항을 빠뜨린 경우 또는 이익형량을 하였으나 정당성과 객관성이 결여된 경우에는 행정계획결정은 형량에 하자가 있어 위법하게 된다. 이러한 법리는 행정주체가 구 국토의 계획 및 이용에 관한 법률(2009. 2. 6. 법률 제9442호로 개정되기 전의 것) 제26조에 의한 주민의 도시관리계획 입안 제안을 받아들여 도시관리계획결정을 할 것인지를 결정할 때에도 마찬가지이고, 나아가 도시계획시설구역 내 토지 등을 소유하고 있는 주민이 장기간 집행되지 아니한 도시계획시설의 결정권자에게 도시계획시설의 변경을 신청하고, 결정권자가 이러한 신청을 받아들여 도시계획시설을 변경할 것인지를 결정하는 경우에도 동일하게 적용된다."
* **대판 2015.3.26, 2014두42742**(도시계획구역 내 토지 등의 소유자가 도시시설계획의 입안 내지 변경을 요구하는 경우) : "국토의 계획 및 이용에 관한 법률은 국토의 이용·개발과 보전을 위한 계획의 수립 및 집행 등에 필요한 사항을 규정함으로써 공공복리를 증진시키고 국민의 삶의 질을 향상시키는 것을 목적으로 하면서도 도시계획시설결정으로 인한 개인의 재산권행사의 제한을 줄이기 위하여, 도시·군계획시설부지의 매수청구권(제47조), 도시·군계획시설결정의 실효(제48조)에 관한 규정과 아울러 도시·군관리계획의 입안권자인 특별시장·광역시장·특별자치시장·특별자치도지사·시장 또는 군수(이하 '입안권자'라 한다)는 5년마다 관할 구역의 도시·군관리계획에 대하여 타당성 여부를 전반적으로 재검토하여 정비하여야 할 의무를 지우고(제34조), 주민(이해관계자 포함)에게는 도시·군관리계획의 입안권자에게 기반시설의 설치·정비 또는 개량에 관한 사항, 지구단위계획구역의 지정 및 변경과 지구단위계획의 수립 및 변경에 관한 사항에 대하여 도시·군관리계획도서와 계획설명서를 첨부하여 도시·군관리계획의 입안을 제안할 권리를 부여하고 있고, 입안제안을 받은 입안권자는 그 처리 결과를 제안자에게 통보하도록 규정하고 있다. 이들 규정에 헌법상 개인의 재산권 보장의 취지를 더하여 보면, 도시계획구역 내 토지 등을 소유하고 있는 사람과 같이 당해 도시계획시설결정에 이해관계가 있는 주민으로서는 도시시설계획의 입안권자 내지 결정권자에게 도시시설계획의 입안 내지 변경을 요구할 수 있는 법규상 또는 조리상의 신청권이 있고, 이러한 신청에 대한 거부행위는 항고소송의 대상이 되는 행정처분에 해당한다."

2) 평가

일정한 경우 계획변경청구권을 인정하는 대법원의 입장을 환영하지 않는 견해도 존재합니다. 계획변경청구권을 일반화할 경우 도시계획시설과 유사한 규정을 두고 있는 다른 사안에 대해서도 계획변경청구권을 인정할 수밖에 없고, 이럴 경우 신청권의 남발로 행정청의 과도한 업무 부담을 초래하며, 이것이 남소로 이어지면 사법부에도 과중한 부담으로 연결될 가능성이 높기 때문입니다. 이와 함께 계획변경청구권을 제한 없이 허용하게 되면 행정소송법상 제소기간 규정이 사실상 무의미해지고(계획변경신청 상황 이전에, 최초 해당 행정계획에 대한 취소소송 제기를 실기한 이해관계인이 계획변경을 신청하고 그 거부에 대해 취소소송으로 다투는 경우를 생각하면 됩니다), 경우에 따라서는 이미 도시계획결정처분 취소소송에 대한 기각판결이 확정되었음에도 동일인에게 계획변경청구권을 인정하여 동일한 사안에 대해 거부처분취소소송으로 다툴 수 있는 결과가 되므로 판결의 기판력을 해치는 문제도 발생할 수 있습니다. 확정·고시된 도시관리계획을 다투지 않고 실기한 관계인에게 계획변경청구의 거부에 대한 취소소송 제기를 허용함으로써 과다한 편의를 제공하고 공익에 심대한 지장을 초래할 수 있음을 염려하는 것이지요.

그러나 토지소유자 등에게 계획변경청구권을 폭넓게 인정할 경우 행정청의 거부처분에 대한 취소소송이 가능하게 되어 주민들에게 권리구제의 기회를 확대 제공해 주는 한편, 도시계획결정에 있어 행정청의 자의적인 판단을 상당 부분 통제할 수 있다는 긍정적 측면이 있음을 부인할 수 없습니다. 당초 도시계획결정 시 90일 또는 1년이라는 비교적 짧은 기간 동안만 소송상 취소 가능성을 인정하고(행정소송법 제20조), 그 이후에는 어떠한 상황변동이 있어도 도시계획의 위법성과 이로 인한 주민들의 손해에 대하여 사법부에 권리구제를 청구할 수 있는 어떠한 수단도 제공하지 않는 것은 국민의 권익보호 측면에서 결코 바람직하지 않다는 주장도 경청할 만합니다.

나아가, 현재 전 국토에 대하여 용도지역 지정 등 도시·군관리계획이 이미 결정되어 있는데, 주민들이 도시계획결정이 자신들에게 미치는 영향을 미리 판단하고 도시계획결정에 대하여 일정기간 내에 소를 제기하는 경우는 매우 드물고, 소 제기를 기대하는 것 역시 현실적으로 매우 어려운 점도 고려해야 합니다.[1] 국민의 권익보호를 위해 도시·군

1) 도시관리계획 중 지구단위계획 및 도시계획시설결정은 해당 주민의 생활환경에 직접적인 영향을 미치므로 주민들의 인식 가능성 및 이에 따른 소 제기 가능성이 어느 정도 있다고 볼 수 있으나, 용도지역·용도지구·용도구역의 지정은 개발제한구역 등 특별한 경우를 제외하고는 주민들이 실제로 건축행위에 착수하기 전에 그 지정으로 인한 영향에 대하여 판단하여 소송상 이를 다툴 것을 기대하기란 어렵습니다.

관리계획에 대하여 처분성을 인정한 것이 오히려 불가쟁력의 발생으로 국민들이 도시·군관리계획의 타당성 내지 위법성을 영구히 다투지 못하게 되는 부작용을 초래해서는 안 되지 않겠습니까? 따라서 국민의 권익보호를 위해 계획변경청구권을 인정할 필요가 있으며, 이런 점을 감안하여 입법론 차원에서 몇 가지 방안이 제시됩니다.

① 계획수립 과정에서 전혀 예상하지 않았던 상황이 발생하거나 계획수립 과정에서 전제하였던 본질적 사항이 달라진 경우에는 예외적으로 계획변경청구권을 인정하는 방안입니다. 예를 들어, 공공기관 지방이전계획에 의하여 당초 공공기관이 입지한 토지에 더 이상 도시계획시설(공공청사) 지정을 존치할 필요가 없는데도 행정청에서 이를 변경하지 않을 경우 토지소유자에게 도시계획시설 결정해제 청구권을 부여하고, 행정청이 해제신청을 거부할 경우 이를 행정처분으로 보아 소 제기를 허용하는 경우입니다. 군부대가 이전하였는데도 종전 부지와 인근지역을 군사시설보호구역에서 해제하지 않는 경우, 문화재 지정이 취소되었는데도 문화재보호구역을 해제하지 않는 경우, 투기우려가 없는데도 토지거래허가구역이나 투기과열지구를 해제하지 않는 경우 등도 유사한 사례라 할 수 있겠지요.

② 개발제한구역, 문화재보호구역[1], 군사시설보호구역, 상수원보호구역 등 토지사용권을 강하게 제한하는 토지이용계획에 대해서는 주기적으로 계획의 적정성에 대한 재검토를 의무화하고 재검토 기한을 기준으로 일정 기간 내에 주민들에게 계획변경청구권을 부여하여, 행정청이 이를 반영하지 않을 경우 거부처분으로 보아 항고소송 제기를 허용하는 방안도 상정 가능합니다. 개발제한구역과 도시계획시설에 대한 헌법재판소의 헌법불합치 결정 이후 매우 강한 행위제한을 규정하고 있는 다수 법률에서 매수청구권 제도를 도입한 바 있는데, 매수청구권을 규정하고 있는 법률을 대상으로 주기적인 재검토 의무를 부여하고 계획변경신청 거부 시 그 처분성을 인정하는 방안도 같은 맥락입니다. 이를 허용할 경우 행정청에 상당한 부담이 되는 것은 사실이지만, 일단 용도지역 등을 지정한 후 행정청에서 그 적정성 여부를 장기간 거의 검토하지 않고 방치하는 것이 행정관행임을 감안할 때, 이로 인한 토지소유자들의 특별한 희생을 일부라도 구제한다는 차원에서 도시계획의 적정성에 대한 주기적인 재검토가 필요합니다. 한편, 재검토제도의 법제화로 인한 과도한 행정청의 부담을 일부 경감할 필요가 있다면, 개별 주민들에게는 신청권을 허용하지 않고 토지소유자 수 또는 소유토지면적의 일정 비율 이상의 동의를 얻을 경우에만 변경신청권을 인정하는 방안도 검토 가능합니다. 국토계획법에서는 주민

---

1) 문화재보호법 제27조(보호물 또는 보호구역의 지정) 제3항은 문화재청장으로 하여금 10년마다 주기적으로 문화재보호구역의 적정성 여부를 검토하도록 의무화하고, 적정성 검토 시 보호구역 지정이 재산권 행사에 미치는 영향 등을 고려하도록 명시하고 있습니다.

과 이해관계자라는 요건 외에는 제안자에 대한 별도의 요건 규정이 없지만, 도시개발법 제11조 제6항에서 대상 구역 토지면적의 3분의 2 이상에 해당하는 토지소유자의 동의를 받아야 도시개발구역지정을 제안할 수 있는 것으로 규정함이 그 예입니다.

③ 간접적 방안이긴 하지만, 용도지역 등의 도시·군관리계획을 일몰제로 운영하는 것도 하나의 방안이 될 수 있습니다. 일몰제하에서 재지정이 필요한 경우 주기적으로 이를 다시 지정해야 하고, 재지정은 새로운 행정처분이므로 재지정된 지역에 대해서는 취소소송 제기를 위한 제소기간의 부담에서 상당 부분 해방되어 주기적으로 일정기간 내에 위법 여부를 다툴 수 있는 기회가 주민들에게 자연스럽게 부여될 수 있습니다. 모든 도시계획을 일몰제로 운영할 경우 행정청에 과도한 부담으로 작용할 가능성이 높으므로, 개발제한구역, 군사시설보호구역 등 행위제한이 강한 용도구역에 한정하여 주기적으로 (예컨대, 매 10년) 재지정하는 방안도 고려의 대상입니다.

이제 결론을 내리자면, 우선 주민들의 권익보호를 위해서는 도시계획변경청구권을 전면적으로 인정하는 방안도 검토할 수 있겠지만, 그럴 경우 법원은 판결을 통해 전 국토를 대상으로 토지이용계획을 사실상 수립해야 하는 부담을 고스란히 떠안게 되는 결과에 이릅니다. 이러한 부담을 감당할 만한 법원의 능력이 현재 갖추어져 있는지 또는 장기적으로 가능할 것인가의 사실상의 문제와 함께, 과연 전 국토에 대한 토지이용계획이 실질적으로 사법부에 의해 수립되는 것이 바람직한 것인가의 문제도 쉽게 감당하기 어려운 것들입니다. 결국, 주민에 대한 계획변경청구권의 인정 여부 및 범위는 주민의 재산권 보호와 계획행정청의 계획재량 존중, 그리고 행정부와 사법부의 업무부담 등을 고려하여 합리적인 수준에서 입법적으로 결정되어야 할 문제라 할 것입니다.

8. 행정계획과 권리구제

1) 국가배상

행정계획이 국가배상법 제2조의 요건을 충족하는 경우 국가배상책임이 성립함에는 특별한 이견이 없습니다. 국가배상책임의 일반론에 의해 해결하면 될 문제입니다. 동조에서의 직무는 권력적 작용뿐만 아니라 공행정주체가 행하는 사법(私法)작용인 국고작용을 제외한 비권력적 작용을 포함하므로, 비구속적 행정계획으로 인한 국가배상책임도 이론적으로 상정 가능합니다. 그러나 비구속적 행정계획은 국민에게 미치는 직접적 영향이 없으므로, 손해 발생 여부 및 발생한 경우에도 그 손해의 직접성 등에서 요건 흠결이 될 가능성이 높습니다.

구속적 행정계획의 경우는 다소 주의할 사항이 있습니다. 행정계획의 처분성이 인정되어 취소소송으로 다툴 수 있더라도 사정판결이 행해질 수 있음은 주지의 사실입니다. 이 경우 행정소송법 제28조에 따라 기각판결로서 사정판결을 선고하는 경우에도 법원은 판결 주문에서 처분의 위법을 명시하도록 규정합니다(동조 제1항 제2문). 이는 판결의 기판력을 고려한 것입니다. 행정계획에 대한 취소소송에서의 사정판결은 비록 해당 행정계획이 위법하여 인용판결이 마땅하지만 공공복리를 고려하여 예외적으로 행정계획의 효력을 유지하는 법치주의원칙의 중대한 예외에 해당합니다. 따라서 위법한 행정계획으로 권리침해를 입은 사인에게는 다른 방법에 의한 권리구제가 가능해야 합니다. 판결 주문에서 처분의 위법이 명시되면, 판결의 기판력에 의해 해당 행정계획의 위법에 대해서는 후소, 즉 국가배상청구소송에서 소송 당사자는 이와 모순되는 주장을 할 수 없기 때문에 국가배상을 통한 권리구제가 용이하다는 결론에 이릅니다.

2) 손실보상

행정계획에 대한 권리구제에서 가장 비중이 큰 쟁점은 손실보상입니다. 이른바 '손실보상의 법적 근거'의 문제인데, 계획제한으로 인해 개인의 재산권에 대한 침해가 특별한 희생을 초래하는 경우 법률의 보상규정이 없는 때에도 보상청구권이 성립하는가의 문제입니다. 개발제한구역 지정으로 인해 재산권 행사에 막대한 지장을 입은 주민이 그로 인한 손실에 대한 보상을 청구할 수 있는가 여부를 생각하면 문제 상황이 쉽게 떠오를 것입니다. 왜냐하면, 그 근거 법령인 국토계획법은 물론, 개발제한구역의 지정 및 관리에 관한 특별조치법에서도 토지매수청구권(제17조)의 인정 외에, 손실보상청구권을 직접 규정하고 있지 않기 때문입니다. 이에 대해서는 행정상 손실보상 논의에서 심도 있게 설명하겠습니다.

3) 행정소송

이미 앞에서 자세히 설명했으므로 해당 내용으로 갈음합니다.

제8강

행정상 사실행위

제8강
행정상 사실행위

1. 행정상 사실행위의 의의와 종류

행정상 사실행위는 행정기관의 행위로서 법적 효과의 발생이 아닌 사실상의 효과(결과)를 발생시키는 일체의 행위를 말합니다. 사실행위의 중심 요소는 법적 효력의 미발생과 사실상의 결과 발생입니다. 사실행위는 포괄적 개념의 속성을 지니고 있는데, 행정상 대집행실행행위 등 행정청의 물리적 강제력의 행사, 육교 설치 등 외계에 대한 물리적 현상의 변화, 법적 효과를 발생시키지 않는 협상·사전절충·경고·권고, 민관협조의 산물로서의 행정지도 등이 여기에 속합니다. 따라서 사실행위는 대단히 광범위한 개념이며, 행정상 법적 효과를 발생시키지 않는 일체의 행위형식을 총칭하는 것으로 이해하면 됩니다.

행정행위는 민법상 법률행위처럼 효과의사 기타의 정신작용을 요소로 하여 그 내용에 따라 혹은 법률의 규정에 의하여 법률효과를 발생하는 것에 비해, 사실행위는 정신작용의 유무 또는 그 내용과 무관하게 객관적으로 행위가 행하여진 사실 내지 그 결과에 그치는 점에서 양자는 구분됩니다. 사실행위는 물리적으로 일정 행위를 한다는 의사이지 결코 법적 효과발생을 위한 의사결정이 아닙니다. 그런데 사실행위에도 외관상 법률효과를 수반하는 것처럼 보이는 경우도 있지만, 그것은 사실행위 자체의 법적 효력이 아니라 그에 관련한 다른 법리에 의한 것이거나 간접적·부수적인 효과에 그칩니다. 이를테면, 행정지도 자체는 법적 효과가 발생하지 않지만, 행정지도도 공무원의 직무집행행위이므로 위법한 행정지도를 통하여 사인에게 손해를 발생시킨 경우에는 원칙적으로 법률효과로서의 국가배상책임이 발생합니다. (다만, 행정지도에 따른 결과 손해 발생한 경우라면 '동의는 불법을 조각한다'라는 법언처럼 실질적인 배상책임 발생하지 않는 경우가 다수입니다.) 또한 경찰관의 공용차량을 이용한 순찰행위를 가로막고 그 업무를 방해한 경우에는 형법상 공무집행방해죄를 구성할 수 있지만, 이는 사인의 행위가 개입된 소치이지 순찰행위 자체의 법률효과는 아닌 것이지요. 한두 가지 더 들면, 압수물의 폐기처분으로 민법상 소유권이 소멸되고, 쓰레기 적치장의 위법한 설치로 인한 사인의 손해가 발생한 경우 국가배상청구권이 발생하는 것 등입니다.

나아가, 권력적 사실행위에 해당하는 행정상 즉시강제의 경우 이를 집행행위와 수인하명의 합성행위로 보아 수인하명의 취소로 즉시강제의 취소소송 대상성을 인정하는 이론도 따지고 보면 수인하명이라는 행정행위에 실질적으로 착안한 것이지 집행(실행)행위 자체의 처분성 혹은 행정행위성을 인정한 것은 아니라고 보아야 합니다. 이와 관련하여 대집행실행행위 등의 권력적 사실행위의 항고소송 대상성 인정을 위해 반드시 전술한 합성행위 모형에 의하여야 하는 것은 아닙니다. 취소소송의 대상을 행정행위에 한정하는 독일과는 달리, 현행 행정소송법상 처분이 항고소송의 대상이므로 그러한 구성의 논리적 필연성은 없습니다. 행정소송법 제2조 제1항 제1호가 처분의 개념적 징표로서 반드시 법률효과의 발생을 요구하지 않고 '법집행으로서의 공권력의 행사'를 말하므로 권력적 사실행위의 처분성을 인정할 수 있습니다. 이런 입론은 처분 개념에 관한 쟁송법적 개념설 내지 이원설과 맥을 같이합니다. 다만, 권력적 사실행위가 취소소송의 대상이 되더라도 이를 통해 실질적으로 권리구제가 이루어질 것인가는 또 다른 문제입니다. 물리적 실력행사로서의 권력적 사실행위는 단기간에 종료되는 경우가 많기 때문에 이른바 협의의 소익(행정소송법 제12조 후문) 흠결로 각하 가능성이 높기 때문입니다. 그러므로 이를 예방하기 위해 취소소송 제기와 함께 집행정지를 신청할 실익이 크다고 할 수 있습니다(행정소송법 제23조 참조).

행정상 사실행위는 집행적 사실행위와 독립적 사실행위로 구분할 수 있습니다. 집행적 사실행위는 행정행위를 집행(실행)하기 위하여 행해지는 사실행위를 말합니다. 무허가 건물철거명령의 불이행에 대한 대집행실행행위로서의 강제철거행위나 강제격리결정의 집행을 위한 강제격리실행행위 등을 들 수 있습니다. 독립적 사실행위는 도로의 보수공사, 관용차 운행 등 법적 행위의 집행과는 무관하게 독자적인 의미를 가지는 사실행위입니다. 집행적 사실행위의 경우에는 주의할 점이 있습니다. 선행행위로서의 행정행위가 위법하고 그에 대한 제소기간을 도과하지 않았다면 후행 사실행위가 실행 과정에서 고유의 위법이 없는 한, 설령 후행 사실행위의 처분성이 인정되더라도 이를 대상으로 하는 취소소송은 소익 흠결로 각하됩니다. 선행 행정행위를 다투는 것이 권리구제의 실효성을 제고하는 근원적 쟁송방법이기 때문입니다. 만약, 위의 경우 선행 행정행위에 제소기간 도과로 인한 불가쟁력이 발생하여 하는 수 없이 후행 사실행위를 다투는 경우에는 소위 하자의 승계 문제가 발생합니다. 선행 행정행위의 위법을 후행 처분을 대상으로 하는 취소소송에서의 위법 사유로 주장할 수 있는가의 문제입니다.

사실행위는 또한 권력적 사실행위와 비권력적 사실행위로 나뉘는데, 전자에 대해서는 처분성이 인정되어 취소소송 등 항고쟁송의 대상이 되는데 구별의 실익이 있습니다. 전자는 행정청의 공권력의 행사로서 상대방의 신체, 재산 등에 대한 실력행사가 행해지는 것을 뜻합니다. 통상 집행적 사실행위는 권력적 사실행위의 성격을 띱니다. 이에 비해 비권력적 사실행위는 공권력행사와 무관한 사실행위로서 교시, 상담, 안내, 행정지도 등의 정신적 사실행위와 공공시설의 설치, 쓰레기 수거, 관용차 운행 등 물리적 사실행위로 세분됩니다. 앞으로 사실행위의 논의는 권력적 사실행위와 비권력적 사실행위로 나누어 고찰하되, 비권력적 사실행위의 일종인 행정지도에 대해서는 별도로 설명합니다.

2. 행정상 사실행위와 법률유보

사실행위에서는 법적 효과가 발생하지 않으므로 작용법적 수권, 즉 법령의 근거 없이도 행해질 수 있지 않은가라는 의문이 생깁니다. 이에 대해서는 국민의 신체·재산에 직접 실력행사를 행하는 권력적 사실행위의 경우에는 법령의 수권을 요한다는 것이 지배적인 견해입니다. 이른바 침해유보설의 입장이지요. 뿐만 아니라 본질성설(중요사항유보설)의 입장에서, 사실행위로 인한 실질적 규제효과가 상대방의 권리보호에 대하여 가지는 의미나 사실행위로 인한 공익상의 중요한 성과 측면에서 법령의 근거가 필요한 것으로 해석되는 경우도 있을 것입니다.

그러나 권력적 사실행위가 법적 근거를 요한다고 하여 항상 개별적 수권을 필요로 하는 것은 아닙니다. 예컨대, 행정상 대집행의 경우 그 일반법에 해당하는 행정대집행법의 요건이 충족되는 이상, 건축법 등 개별법에 의한 대집행의 근거가 반드시 있어야 하는 것은 아닙니다. 일반적으로는 개별법에서 대집행이 가능함을 규정하면서, 그 요건 등의 세부 사항을 행정대집행법에 의하는 것으로 준용하고 있습니다. 사실행위와 법률우위원칙의 관계와 관련하여, 법률에 관련 규정이 있다면 그를 위반해서는 안 되고, 그렇지 않은 경우에도 비례원칙, 신뢰보호원칙 등 행정법의 일반원칙에 부합해야 합니다.

3. 행정상 사실행위에 대한 권리구제

1) 손해배상

권력적 사실행위에 대한 처분성을 인정하여 취소소송의 제기가 가능하더라도 협의의 소익이 부정되는 경우가 많을 것이므로 국가배상을 통한 권리구제는 상대방에게 중요한 의미를 지닙니다. 권력적·비권력적 사실행위를 불문하고 위법한 사실행위로 인해 손해를 입은 경우 상대방은 국가배상법 제2조에 의하여 원칙적으로 손해배상청구권의 행사가 가능합니다.

비권력적 사실행위도 그것이 사법작용으로 구분되지 않는 한 국가배상법 제2조에 의한 '직무'에 포함됩니다. 다만, 상대방의 임의적 협력 내지 동의를 전제로 행해지는 행정지도의 경우 비록 심리적 강제에 의한 동의이더라도 물리적 강제에 의한 것이 아닌 한 위법성이 조각되어 손해배상책임의 인정이 곤란한 경우가 많습니다. 그러나 행정지도에 불이익처분이 결부된 경우에는 손해배상의 여지가 있습니다(행정절차법 제48조 제2항 참조). 또한, 불이익처분 자체만으로 국가배상법 제2조 소정의 요건을 충족한다면, 이에 대한 국가배상청구도 물론 가능하겠지요. 한편, 물리적 사실행위의 산물인 영조물이 그 설치·관리상의 하자로 인해 손해를 발생한 경우에는 국가배상법 제5조에 의한 국가배상책임이 성립합니다.

2) 손실보상

적법한 권력적 사실행위로 인해 사인에게 특별한 희생의 범주에 속하는 재산상 손실이 초래된 경우에는 손실보상청구권이 성립합니다. 그러나 손실보상의 요건으로서의 재산권 침해는 공권력 행사로서의 강제성 내지 권력성을 전제로 하므로 행정지도 등 비권력적 사실행위에 의한 손실의 경우 법령의 특별규정이 있는 경우를 제외하고는 손실보상을 인정하기 곤란합니다. 예컨대, 조업단축권고에 의한 예상 수입의 감소, 신종 벼 종자를 사용한 농업의 장려에 응한 결과 수확량이 감소한 경우 등에는 고전적인 손실보상청구권이 발생하지 않습니다. 헌법 제23조 제3항의 손실보상이 공권력 행사를 전제로 하는 공용침해를 요건으로 하므로 전형적인 손실보상의 대상은 아니기 때문입니다. 그러나 오늘날 사인의 행정에 대한 의존도가 폭증하는 현상과 더불어, 행정청의 비권력적 작용에 불응함으로 인한 불이익의 수반 우려 등 심리적 압박에 의해 실질적인 강제력이 발생함을 감안하여야 합니다. 법치국가원칙에 비추어 새로운 이론구성 및 입법적 해결이 절실한 영역입니다. 우리에게는 아직 법리적으로 생소하지만, 이를 독일에서는 조정급부청구권(Ausgleichsleistungsanspruch) 성격의 손실전보제도로 이해합니다.

한편, 경찰행정 영역 등에서 적법한 권력적 사실행위에 의해 비재산적 영역, 즉 신체나 건강 등에 손실이 발생하는 경우가 있습니다. 이 경우 적법한 공행정작용과 관련하여 비재산적 법익에 대한 침해로 인한 손실보상을 희생보상 내지 희생보상청구권이라 칭합니다. 희생보상청구권은 개별법의 규정이 있는 경우에만 행사할 수 있는데, 경찰관직무집행법 제11조의2에서 그 예를 찾을 수 있습니다.

3) 행정소송

(1) 당사자소송

가. 일반론

행정소송법 제3조 제1호와 제2호는 처분에 대하여는 항고소송을, 처분을 원인으로 하는 법률관계 및 그 밖의 공법상 법률관계에 대하여는 당사자소송을 각각 규정하여 일종의 행정소송 분업체계를 형성하였습니다. 권력적 사실행위에 대해 처분성을 적극적으로 인정하여 항고소송의 대상으로 삼자는 통설과 판례의 입장에도 불구하고, 흠결 없는 권리구제의 측면에서는 사실행위가 처분 등을 원인으로 하는 법률관계와 그 밖의 법률관계에 해당하는 한 당사자소송을 적극적으로 활용하는 것이 최선의 방책이긴 합니다. 그러나 행정소송 실무상 당사자소송의 활용도는 의외로 낮다고 평가할 수 있는데, 국가배상청구소송은 여전히 민사소송으로 취급하고, 손실보상청구소송도 최근에 이르러서야 당사자소송으로 성질지웠습니다. 공평 이념의 실현을 위한 공법상 부당이득반환청구소송도 최근 판결에서 이를 당사자소송이라고 하였는데, 동 판결이 모든 부당이득반환청구소송을 당사자소송으로 본 것인지에 대해서는 논란의 여지가 있습니다. 과거 판례는 부당이득반환청구소송을 민사소송으로 다루었지만, 비교적 최근 판례에서 부가가치세환급세액지급청구소송을 처분 등을 원인으로 하는 법률관계에 관한 소송으로 보아 당사자소송으로 간주하였습니다. 이와 궤를 같이하여 행정소송규칙도 부가가치세법 제59조에 따른 환급청구소송을 '그 존부 또는 범위가 구체적으로 확정된 공법상 법률관계 그 자체에 관한 소송'으로 보아 당사자소송으로 명시하였습니다(동 규칙 제19조 제2호 나목). 이는 부가가치세 환급청구권이 세무서장의 경정결정 등 처분에 의해 확정되는 것이 아니라, 법령에 의해 직접 발생하는 공법상 권리라는 판례의 확립된 견해를 성문화한 것으로 평가됩니다.

＊ **대판 2013.3.21, 2011다95564** : "[다수의견] 부가가치세법령이 환급세액의 정의 규정, 그 지급시기와 산출방법에 관한 구체적인 규정과 함께 부가가치세 납세의무를 부담하는 사업자(이하 '납세의무자'라 한다)에 대한 국가의 환급세액 지급의무를 규정한 이유는, 입법자가 과세 및 징수의 편의를 도모하고 중복과세를 방지하는 등의 조세 정책적 목적을 달성하기 위한 입법적 결단을 통하여, 최종 소비자에 이르기 전의 각 거래단계에서 재화 또는 용역을 공급하는 사업자가 그 공급을 받는 사업자로부터 매출세액을 징수하여 국가에 납부하고, 그 세액을 징수당한 사업자는 이를 국가로부터 매입세액으로 공제·환급받는 과정을 통하여 그 세액의 부담을 다음 단계의 사업자에게 차례로 전가하여 궁극적으로 최종 소비자에게 이를 부담시키는 것을 근간으로 하는 전단계세액공제 제도를 채택한 결과, 어느 과세기간에 거래징수된 세액이 거래징수를 한 세액보다 많은 경우에는 그 납세의무자가 창출한 부가가치에 상응하는 세액보다 많은 세액이 거래징수되게 되므로 이를 조정하기 위한 과세기술상, 조세 정책적인 요청에 따라 특별히 인정한 것이라고 할 수 있다. 따라서 이와 같은 부가가치세법령의 내용, 형식 및 입법 취지 등에 비추어 보면, 납세의무자에 대한 국가의 부가가치세 환급세액 지급의무는 그 납세의무자로부터 어느 과세기간에 과다하게 거래징수된 세액 상당을 국가가 실제로 납부받았는지와 관계없이 부가가치세법령의 규정에 의하여 직접 발생하는 것으로서, 그 법적 성질은 정의와 공평의 관념에서 수익자와 손실자 사이의 재산상태 조정을 위해 인정되는 부당이득 반환의무가 아니라 부가가치세법령에 의하여 그 존부나 범위가 구체적으로 확정되고 조세 정책적 관점에서 특별히 인정되는 공법상 의무라고 봄이 타당하다. 그렇다면 납세의무자에 대한 국가의 부가가치세 환급세액 지급의무에 대응하는 국가에 대한 납세의무자의 부가가치세 환급세액 지급청구는 민사소송이 아니라 행정소송법 제3조 제2호에 규정된 당사자소송의 절차에 따라야 한다.

[대법관 박보영의 반대의견] 현행 행정소송법 제3조 제2호는 당사자소송의 정의를 "행정청의 처분 등을 원인으로 하는 법률관계에 관한 소송 그 밖에 공법상의 법률관계에 관한 소송으로서 그 법률관계의 한쪽 당사자를 피고로 하는 소송"이라고 추상적으로 규정함으로써 구체적인 소송의 형식과 재판관할의 분배를 법원의 해석에 맡기고 있다. 따라서 그 권리의 법적 성질에 공법적인 요소가 있다는 이유만으로 반드시 당사자소송의 대상으로 삼아야 할 논리필연적 당위성이 존재한다고는 볼 수 없다. 오히려 부가가치세 환급세액은, 사업자가 매입 시 지급한 부가가치세(매입세액)가 매출 시 받은 부가가치세(매출세액)보다 많을 때, 국가는 사업자가 더 낸 부가가치세를 보유할 정당한 이유가 없어 반환하는 것으로서 그 지급청구의 법적 성질을 민법상 부당이득반환청구로 구성하는 것도 가능하다. 또한 어느 사업자로부터 과다하게 거래징수된 세액 상당을 국가가 실제로 납부받지 않았다고 하더라도, 그 사업자의 출연행위를 직접적인 원인으로 하여 국가가 그 거래징수를 한 사업자에 대한 조세채권을 취득하기 때문에 손실과 이득 사이의 직접적 연관성 및 인과관계가 존재한다고 규범적으로 평가하고, 부가가치세법 제24조 제1항, 부가가치세법 시행령 제72조 제1항 등의 규정을 부당이득의 성립요건 중 국가의 이득 발생이라는 요건을 완화시키는 부당이득의 특칙으로 이해할 수도 있

다. 결국 본래 부당이득으로서 국가가 이를 즉시 반환하는 것이 정의와 공평에 합당한 부가가치세 환급세액에 관하여 부가가치세법령에 요건과 절차, 지급시기 등이 규정되어 있고 그 지급의무에 공법적인 의무로서의 성질이 있다는 이유로, 그 환급세액 지급청구를 반드시 행정법원의 전속관할로 되어 있는 행정소송법상 당사자소송으로 하여야 한다고 볼 것은 아니다."

위 판례의 해석에 대해서는 논란의 여지가 있습니다. 이를 민사소송에서 당사자소송으로의 판례 변경으로 볼 것인지, 아니면 이 경우에 한정하여, 부가가치세 환급세액 지급의무는 통상 정의와 공평 관념에 기한 부당이득의 문제가 아니라 부가가치세법령에 의하여 그 존부나 범위가 구체적으로 확정되고 조세정책적 관점에서 특별히 인정되는 공법상 의무라는 점에서 당사자소송(행정소송규칙 제19조 제2호 나목)으로 보았는지 의견의 일치를 보지 못하고 있습니다. 그러나 이 판례를 제외한 다른 판결에서는 부당이득반환청구소송을 여전히 민사소송으로 보는 점을 고려할 때, 완전한 의미의 판례 변경으로 이해하기에는 성급함이 있습니다.

행정의 행위형식별로 다양한 소송유형을 인정하는 전형은 독일 행정소송법제입니다. 독일 기본법 제20조 제3항[1]이 법치주의를 명문으로 규정하는 것과 함께, 동법 제19조 제4항[2]은 '흠결 없는 권리구제'를 규정합니다. 우리 헌법에서는 찾을 수 없는 규정입니다. 우리 헌법상 법치주의를 정면으로 규정한 조문은 없으며, 재판청구권을 규정한 헌법 제27조도 청구권적 기본권으로서 '법률에 의한 재판'만을 규정하므로 독일식의 빠짐없는 권리구제와 동일시 할 수 없습니다. 예컨대, 행정소송법상 의무이행소송을 규정하지 않으므로 의무이행소송이 인정되지 않는 우리 법제의 현실을 고려하면 이 점을 명확히 알 수 있습니다. 어쨌든 독일은 기본법 제20조 제3항과 제19조 제4항에 따라 독일 행정법원법이 명문으로 규정하지 않은 일반이행소송, 예방적 부작위소송 등의 소송 유형도 연방행정법원이 판례를 통해 허용하여, 현재는 판례법 수준의 굳건한 행정소송 유형으로 자리매김하였습니다.[3]

---

1) Die Gesetzgebung ist an die verfassungsmäßige Ordnung, die vollziehende Gewalt und die Rechtsprechung sind an Gesetz und Recht gebunden. ⇒ 입법은 헌법(질서)에, 행정과 사법(司法)은 법률과 법에 구속된다.

2) Wird jemand durch die öffentliche Gewalt in seinen Rechten verletzten, so steht ihm der Rechtsweg offen. 〈이하 생략〉 ⇒ 누구든지 공권력 행사에 의하여 자신의 권리가 침해되면, 소송상 권리구제가 가능하다.

나. 구체적 소송형태

당사자소송은 처분 등을 원인으로 하는 법률관계의 확인이나 이행 또는 비권력적 사실행위에 관하여 일정한 급부 또는 행위를 구하는 이행소송 내지 법률관계의 확인을 구하는 확인소송의 형태로 구체화됩니다. 과세처분의 무효를 이유로 이미 납부한 세금의 반환을 구하는 경우(조세과오납금반환청구소송), 과세처분의 위법을 조세채무부존재확인소송으로 다투는 경우, 공무원에 대한 파면처분에 불복하면서 공무원지위확인소송을 제기하는 경우 등이 그 예입니다. 기타 공무원연금법, 산업재해보상보험법 등에 의한 공법상 각종 급부의 청구소송, 손실보상청구소송, 국가배상청구소송, 공법상 계약의 법률관계에 관한 소송 등에서 당사자소송 여부가 문제됩니다. 민사소송 혹은 행정소송(즉, 당사자소송) 여부, 항고소송 혹은 당사자소송 여부 등 소송의 성질 내지 관할 구분이 쟁점인데, 이는 또한 해당 행정작용이 공법 혹은 사법 영역인지, 공권력 행사인지 그렇지 않은지에 따른 문제이기도 합니다.

사실행위와 관련하여, 예컨대 선박사고원인의 발표행위에 대한 취소는 사실 선주나 선박회사의 권리구제 측면에서 의미가 없습니다. 독일법상의 일반이행소송이 그러하듯이 발표 내용의 철회나 변경을 구하는 이행소송이 실효적인 권리구제수단입니다. 우리 법제에서도 당사자소송이 활용될 가능성이 있는 경우입니다.

한편, 공법상 결과제거청구권의 내용으로서의 원상회복 등을 당사자소송의 형태로 제기하는 경우를 흔히 발견합니다. 실무상으로는 결과제거청구소송, 원상회복청구소송,

---

1) 〈행정법원법 및 연방행정재판소 판례에 의한 독일의 행정소송 체계〉

<table>
<tr><th></th><th colspan="2">방어(Abwehr)</th><th colspan="2">이행(Leistung, Begünstigung)</th></tr>
<tr><td rowspan="5">행정행위</td><td colspan="2">Anfechtungsklage(취소소송, 제42조 제1항)</td><td rowspan="3">Verpflichtungs-klage
(의무이행소송,
제42조 제1항)</td><td rowspan="2">Versagungsgegenklage
(거부처분에 대한 의무이행소송)</td></tr>
<tr><td rowspan="4">Feststellungs-klage
(확인소송,
제43조)</td><td>allgemeine Feststellungsklage
(법률관계의 존재·부존재확인소송)</td></tr>
<tr><td>vorbeugende Feststellungsklage
(법률관계에 대한 예방적 확인소송)</td><td>Untätigkeitsklage
(부작위에 대한 의무이행소송)</td></tr>
<tr><td>Klage auf Feststellung der Nichtigkeit eines VA
(처분에 대한 무효확인소송)</td><td colspan="2" rowspan="2">Bescheidungsklage
(재결정명령소송, 제113조 제5항 제2문)</td></tr>
<tr><td>Fortsetzungsfeststellungsklage
(계속확인소송, 제113조 제1항 제4문)</td></tr>
<tr><td>사실행위</td><td colspan="2">• Unterlassungsklage(부작위청구소송)
• vorbeugende Unterlassungsklage
(예방적 부작위소송)</td><td colspan="2">allgemeine Leistungsklage
(일반이행소송)</td></tr>
<tr><td>법규범</td><td colspan="2">Normenkontrolle(추상적 규범통제, 제47조)</td><td colspan="2">Normerlaßklage(행정입법제정소송)</td></tr>
</table>

부당이득반환청구소송 등으로 구체화됩니다. 공법상 결과제거청구권은 행정청의 위법한 처분이나 사실행위로 인하여 발생한 위법상태로 권리를 침해당한 개인이 행정청에 대하여 그 위법상태를 제거하여 원상회복을 청구하는 권리를 말합니다. 예컨대, 경찰이 위법하게 압수한 물건을 돌려받을 수 있는 소유자의 반환청구권, 행정청이 항공기 사고원인을 발표하면서 관계인의 명예나 신용을 훼손한 경우 그 철회나 수정을 요구할 수 있는 피해자의 권리 등이 결과제거청구권의 발현 형태이고 이를 소송화한 유형이 당사자소송입니다. 사실행위에 대한 소송상 권리구제와도 관련됨을 알 수 있습니다.

권력적 사실행위의 경우 항고소송을 제기하는 것이 원칙이지만, 그로 인해 발생한 위법상태를 배제하기 위해서 결과제거청구권 법리에 의하여 원상회복청구소송을 취소소송에 관련청구로서 병합하거나(행정소송법 제10조 제2항), 때에 따라서는 단독으로 당사자소송으로서의 원상회복청구소송을 제기하는 경우도 있습니다. 특히, 일회적으로 단기에 종료하는 경우 등 권력적 사실행위가 이미 집행된 경우에는 대부분의 경우 그 처분성 인정을 전제로 취소소송을 제기할 협의의 소익이 인정되지 않으므로 결과제거청구권을 소송상 행사하는 당사자소송(결과제거청구소송)의 제기가 실효적 수단이라 할 수 있습니다. 이를테면 다음의 경우입니다. 불법 간판에 해당한다고 판단하여(실제로는 적법한 간판이라고 전제합니다) 철거명령을 발령하였으나 수명자가 이에 불응하여 대집행의 방법으로 해당 간판을 철거하는 경우, 이론적으로 수명자는 권력적 사실행위로서의 대집행실행행위 취소소송을 제기할 수 있지만 이는 협의의 소익 흠결로 각하될 가능성이 높습니다. 이에 따라 원고는 당사자소송으로서 국가나 지방자치단체를 피고로 하여 위법 결과의 원상회복을 구하는 간판의 재설치를 구하는 소송을 이론적으로 제기할 수 있습니다. 한편, 이때 당사자소송의 제기에 갈음하여, 대집행실행행위의 취소소송에서 원고의 청구를 인용하는 인용판결의 기속력의 내용 중 원상회복의무 내지 결과제거의무에 의해서도 실현 가능합니다(행정소송법 제30조 제1항). 철거 간판 재설치의 경우처럼 우리는 여기에서 집행행위가 단기에 종료하더라도 결과제거로서의 원상회복이 어렵지 않은 경우에는 그 협의의 소익을 물리적 변화에만 착안하여 부인하지 않아야 함을 알 수 있습니다. 이 경우 대집행실행행위취소소송의 제기와 함께 집행정지를 신청하는 것도 권리구제의 실효성 제고 방안입니다.

(2) 항고소송

가. 권력적 사실행위

권력적 사실행위의 처분성을 인정하여 항고소송의 대상으로 삼을 수 있는가의 문제는 행정소송법상 '처분' 개념과 관련하여 중요한 쟁점으로 부각합니다. 특정 행정목적을 위하여 행정청의 일방적 의사결정에 의하여 국민의 신체·재산 등에 실력을 행사하여 행정상 필요한 상태를 실현하는 사실행위가 처분에 해당하는지 여부입니다. 이는 처분 개념에 관한 학설 대립에서 논의의 출발점을 찾아야 합니다.

처분 개념에 관한 학설에는 우선 실체법적 개념설을 드는데, 이는 일원설이라고도 합니다. 실체법적 개념설은 【처분=행정행위】라는 대전제에 입각하는데, 행정행위만이 항고소송의 대상인 처분에 해당하고 그 밖의 행정작용은 독일의 경우처럼 그에 상응하는 다양한 소송형태(현행 법제하에서는 당사자소송 활용의 극대화를 주장합니다)를 인정함으로써 국민의 권리구제에 만전을 기해야 한다는 입장입니다. 권력적 사실행위의 경우 수인하명과 집행행위의 결합으로 보아 취소소송은 결국 행정행위인 수인하명의 취소로 해석하는 입장도 궤를 같이합니다. 즉, 권력적 사실행위의 취소는 행정행위인 수인하명의 취소에 다름 아니라고 해석하므로 이를 실체법적 개념설의 범주에 두는 것이지요. 이에 비해 이원설로도 칭해지는 쟁송법적 개념설은 【처분≧행정행위】 구도에 전제합니다. 바람직하기로는 독일식의 행정소송제도에서의 운영체계, 즉 행정의 행위형식별로 일대일 대응의 소송형태를 인정하여 권리구제에 만전을 도모하는 것이 최적화된 제도라는 전제를 부정하지는 않습니다. 그러나 현행 행정소송제도가 항고소송 중심, 즉 처분을 중심축으로 하여 운영됨을 고려하여, 현실적으로 권리구제의 폭을 넓히기 위해서는 처분 개념을 확대하는 해석이 불가피하다고 주장합니다. 환언하면, 처분 개념의 외연을 확장하여 행정소송상 권리구제를 가능한 한 항고소송의 방법에 의하려는 입장입니다. 여기에서의 연결고리는 현행 행정소송법이 처분의 개념적 요소로 법률효과의 발생을 전제로 하는 '법적 규율'을 요구하는지 여부입니다. 즉, 현행 행정소송법이 항고소송의 대상인 처분의 요건으로 '법적 규율'을 요구한다고 해석하면 실체법적 개념설이 타당할 것이고, 구체적 사안에서의 공권력 행사로서의 법 집행으로서 족하다고 해석하면 쟁송법적 개념설에 입각한다고 할 수 있습니다.

독일 연방행정절차법 제35조 제1문[1]이 행정행위의 개념을 정의하고 독일 행정법원법 제42조 제1항[2]은 취소소송의 대상을 행정행위로 한정하므로 항고소송의 대상으로서

---

1) Verwaltungsakt ist jede Verfügung, Entscheidung oder andere hoheitliche Maßnahme, die eine Behörde zur Regelung eines Einzelfalls auf dem Gebiet des öffentlichen Rechts trifft und die auf unmittelbare Rechtswirkung nach außen gerichtet ist. ⇒ 행정행위는 행정청이 공법의 영역에서 개별 사안의 법적 규율을 위해 외부에 대하여 직접 효력을 미칠 것을 목적으로 행하는 모든 처분, 결정 또는 기타 고권적 행위이다.

2) Durch Klage kann die Aufhebung eines Verwaltungsakts (Anfechtungsklage) sowie die Verurteilung zum Erlaß eines abgelehnten oder unterlassenen Verwaltungsakts (Verpflichtungsklage) begehrt

의 처분 개념에 관한 논쟁의 발생 여지가 그들에게는 없습니다. 독일 연방행정절차법 제35조 제1문에 의한 행정행위와 우리 행정소송법 제2조 제1항 제1호에 의한 처분은 큰 틀에서 개념적 징표를 공유하지만, 한 가지 점에서 두드러진 차이를 보입니다. 그에게서 요구하는 '법적 규율'을 우리에게서는 찾을 수 없습니다. '법적 규율'은 법률효과의 발생을 요체로 함을 의미합니다. 따라서 독일에서는 사실행위가 행정행위의 범주에 속하지 않아 취소소송의 대상으로 할 수 없기 때문에 빠짐없는 권리구제의 헌법규정을 구현하려면 당연히 다른 소송유형을 인정하지 않을 수 없는 것이지요.

이에 비해 현행 행정소송법 제2조 제1항 제1호는 '처분 등'의 개념을 '행정청이 행하는 구체적 사실에 관한 법집행으로서의 공권력 행사 또는 그 거부와 그밖에 이에 준하는 행정작용'으로 정의합니다. '법적 규율'에 갈음하여 '법집행'을 사용합니다. 공권력 행사 등 처분의 다른 개념적 요소를 고려하면, 법집행에는 법적 효과를 발생하는 행정행위뿐만 아니라 이론적으로 권력적 사실행위도 포함합니다. 이를테면, 법률상 근거에 따라 행해지는 甲에 대한 물리력의 행사로서의 강제격리조치도 구체적 사실에 관한 법집행으로서의 공권력 행사에 다름 아니기 때문입니다.

이로부터 다음을 알 수 있습니다. 행정소송법은 현행 행정소송제도가 항고소송 중심으로 운영되는 현실을 반영하여 행정소송에 의한 권리구제를 실질화하기 위해, 항고소송의 대상을 독일식의 행정행위보다 다소 넓은 개념으로 상정함으로써 행정행위뿐만 아니라 구체적 사실에 관한 공권력 행사 중 일부를 처분 개념으로 포섭하여 항고소송의 대상 범위를 확대하려는 의도를 처분 개념 속에 담았다고 해석할 수 있습니다. 이런 취지를 판례도 인정하여 구속적 행정계획이나 권력적 사실행위의 처분성을 인정하는 것이지요. 단수처분, 교도소제소자의 이송조치, 동장의 주민등록직권말소행위 등이 후자의 예입니다. 많은 경우에 있어 권력적 사실행위의 처분성은 해당 사건에서 쟁점화되지 않으므로 각각을 대상으로 하는 항고소송에서 법원이 본안판단을 한 점에서 그 처분성 인정을 귀결할 수 있습니다. 만약 처분성이 인정되지 않는다면 - 피고 행정청이 이를 다투지 않더라도 - 법원이 소송요건에 대한 직권심사를 통해 소를 각하하였을 것입니다.

> * **대판 1979.12.28, 79누218** : "단수처분을 두고 그것이 항고소송의 대상이 되는가에 관하여 원심이 약간의 의문을 가지고 있었음이 판시이유에서 간취된다 하더라도 결론에 있어 항고소송의 대상이

---

werden. ⇒ 취소소송을 통해 행정행위의 폐지(취소)를, 의무이행소송을 통해 거부 내지 부작위의 대상이 된 행정행위의 발급을 소구(訴求)할 수 있다.

되는 것으로 보고 판단하고 있으니 이 점에 관한 원심의 판단은 결국 원고들의 주장과도 일치하여 원고들 스스로 이를 탓할 수도 없으므로 논지 이유 없다."

* **대판 1994.8.26, 94누3223** : "중국에 거주하는 재외국민인 원고가 1988년경 귀국한 후 1989.7.14. 관할동장인 피고에게 여행증명서의 무효확인서를 제출, 주민등록신고를 하여 주민등록이 되었는데, 피고가 1990.1.24. 원고의 주민등록 신고시 거주용여권의 무효확인서를 첨부하지 아니하고 여행용여권의 무효확인서를 첨부하는 위법이 있었다고 하여 원고의 주민등록을 말소하는 이 사건 처분을 한 사실을 … ."

한편, 세무조사와 세무조사결정의 처분성 여부는 주의를 요합니다. 국세기본법 제81조의4 제2항 제1호에 따른 세무조사는 행정상 강제조사로서 납세자에게 성실협력의무가 부과되는 권력적 사실행위에 해당하여 처분성이 인정됨에 별 이견이 없습니다. 즉, 행정조사가 권력성을 띠는 경우에는 항고쟁송으로 다툴 수 있습니다. 이에 비해 세무조사결정은 세무조사를 실시하겠다는 세무서장의 결정으로서 세무행정기관의 내부적 의사에 불과합니다. 그러나 납세자에게 통지되는 경우에는(이는 행정행위의 효력발생요건을 도달주의에 의하는 것에서 기인합니다) 협력의무가 발생하는 점에서 세무조사결정도 처분에 해당한다는 것이 판례의 입장입니다.

* **대판 2011.3.10, 2009두23617** : "부과처분을 위한 과세관청의 질문조사권이 행해지는 세무조사결정이 있는 경우 납세의무자는 세무공무원의 과세자료 수집을 위한 질문에 대답하고 검사를 수인하여야 할 법적 의무를 부담하게 되는 점, 세무조사는 기본적으로 적정하고 공평한 과세의 실현을 위하여 필요한 최소한의 범위 안에서 행하여져야 하고, 더욱이 동일한 세목 및 과세기간에 대한 재조사는 납세자의 영업의 자유 등 권익을 심각하게 침해할 뿐만 아니라 과세관청에 의한 자의적인 세무조사의 위험마저 있으므로 조세공평의 원칙에 현저히 반하는 예외적인 경우를 제외하고는 금지될 필요가 있는 점, 납세의무자로 하여금 개개의 과태료 처분에 대하여 불복하거나 조사 종료 후의 과세처분에 대하여만 다툴 수 있도록 하는 것보다는 그에 앞서 세무조사결정에 대하여 다툼으로써 분쟁을 조기에 근본적으로 해결할 수 있는 점 등을 종합하면, 세무조사결정은 납세의무자의 권리·의무에 직접 영향을 미치는 공권력의 행사에 따른 행정작용으로서 항고소송의 대상이 된다."

한편, 학설과 판례가 권력적 사실행위의 처분성을 인정하지만, 법리적으로 그것이 행정소송법상 처분 개념의 전단에 속하는가 아니면 후단, 즉 '그 밖에 이에 준하는 행정작용'에 속하는가에 대해서는 의견이 대립합니다. 바로 위에서 설명한 내용에서 그 답을 찾을 수 있습니다. 권력적 사실행위는 정신작용이 아닌 외계적 사실을 요건으로 하고 법적 효과가 발생하지 않는 점에서 행정행위와 구별되지만, 권력적 사실행위가 행정청의 공권력 행사에 해당함은 의문의 여지가 없습니다. 그리고 법규정상 '구체적 사실에 관한 법집행'이 독일 연방행정절차법 제35조 제1문상 행정행위의 개념 정의에 나타난 '법적 규율'과 동일 개념이 아님도 이미 설명하였습니다. 결국, 독일법과는 달리 법적 규율을 처분성 인정의 요건으로 하지 않으므로 권력적 사실행위는 처분 개념의 전단에 해당한다는 결론에 이르게 됩니다.

그렇다면 '그 밖에 이에 준하는 행정작용'의 의미는 무엇일까요? 이는 판례에 의해 발전되어야 하는 개방적 개념으로서, 경우에 따라 행정지도 등을 '형식적 행정행위'로 파악하여 여기에 속하는 것으로 보아 그 처분성을 인정할 여지가 있을 것입니다. 그러나 우리 판례가 이른바 형식적 행정행위 개념을 수용하지 않을뿐더러, 직접적으로 행정지도를 처분으로 보아 항고소송의 대상으로 간주한 경우도 없음을 아울러 기억해야 합니다.

한편, 그 처분성 인정에도 불구하고 권력적 사실행위는 단시간에 종료되는 경우가 많습니다. 따라서 권력적 사실행위에 대한 취소소송 제기 시에는 이미 권리보호의 필요성 내지 협의의 소익이 흠결되어 각하판결을 받는 경우가 많으므로 소 제기와 함께 집행정지를 신청할 실익이 있습니다. 그러나 이런 입론이 항상 타당한 것만은 아닙니다. 이를테면, 위법한 간판철거행위에 대한 취소소송에서(집행정지를 신청하지 않았거나 기각된 경우를 가정합니다) 각하판결이 아니라 재판부가 본안판단을 하여 원고의 소송상 청구를 인용하는 원고승소판결을 행한 경우를 상정합시다. 인용판결에 의해 행정청의 간판철거 위법성이 확인되었으므로 이제 원고는 원래의 상태, 즉 간판이 철거되지 않은 상태로 회복되는 것이 권리구제의 실질입니다. 이것을 가능케 하는 법 제도가 있습니다. 판결의 기속력을 규정한 행정소송법 제30조 제1항이 그것입니다. 항고소송의 인용판결에는 결과제거의무 내지 원상회복의무가 발생하므로 인용판결이 확정되면 처분청은 이제 철거한 간판을 다시 원래의 위치에 복구해야 할 실체법적인 의무를 부담합니다. 간판복구행위는 큰 비용을 요하지 않고 비교적 쉽게 처분청이 행할 수 있는 의무입니다. 협의의 소익이 없다고 쉽사리 판단해서는 안 됨을 의미합니다. 그리고 이러한 원상회복의무를 불이행하는 경우에는 원고는 앞서 설명한 원상회복청구소송으로서의 당사자소송을 제기할 수 있는 것이지요.

판례는 동일한 소송당사자 사이에서 동일한 사유로 위법처분이 반복될 위험성이 있는 경우에는 기간 경과로 행정처분의 효력이 소멸되었다고 하더라도 권리보호의 필요를 인정합니다. 따라서 동일한 당사자 사이에 동일한 사유로 권력적 사실행위가 반복될 위험성이 있는 경우에는 권력적 사실행위가 이미 종료하였더라도 항고쟁송을 제기할 수 있습니다.

* **대판 2019.5.10, 2015두46987** : "행정처분의 취소를 구하는 소는 그 처분에 의하여 발생한 위법상태를 배제하여 원상으로 회복시키고 그 처분으로 침해되거나 방해받은 권리와 이익을 보호·구제하고자 하는 소송이므로, 비록 처분을 취소하더라도 원상회복이 불가능한 경우에는 처분의 취소를 구할 이익이 없는 것이 원칙이다. 그러나 원상회복이 불가능하게 보이는 경우라 하더라도, 동일한 소송 당사자 사이에서 그 행정처분과 동일한 사유로 위법한 처분이 반복될 위험성이 있어 행정처분의 위법성 확인 내지 불분명한 법률문제에 대한 해명이 필요하다고 판단되는 경우 등에는 행정의 적법성 확보와 그에 대한 사법통제, 국민의 권리구제 확대 등의 측면에서 여전히 그 처분의 취소를 구할 이익이 있다."
* **대판 2007.7.19, 2006두19297** : "(가) 비록 취임승인이 취소된 학교법인의 정식이사들에 대하여 원래 정해져 있던 임기가 만료되고 구 사립학교법(2005. 12. 29. 법률 제7802호로 개정되기 전의 것) 제22조 제2호 소정의 임원결격사유기간마저 경과하였다 하더라도, 그 임원취임승인취소처분이 위법하다고 판명되고 나아가 임시이사들의 지위가 부정되어 직무권한이 상실되면, 그 정식이사들은 후임이사 선임시까지 민법 제691조의 유추적용에 의하여 직무수행에 관한 긴급처리권을 가지게 되고 이에 터잡아 후임 정식이사들을 선임할 수 있게 되는바, 이는 감사의 경우에도 마찬가지이다.
(나) 제소 당시에는 권리보호의 이익을 갖추었는데 제소 후 취소 대상 행정처분이 기간의 경과 등으로 그 효과가 소멸한 때, 동일한 소송 당사자 사이에서 동일한 사유로 위법한 처분이 반복될 위험성이 있어 행정처분의 위법성 확인 내지 불분명한 법률문제에 대한 해명이 필요하다고 판단되는 경우, 그리고 선행처분과 후행처분이 단계적인 일련의 절차로 연속하여 행하여져 후행처분이 선행처분의 적법함을 전제로 이루어짐에 따라 선행처분의 하자가 후행처분에 승계된다고 볼 수 있어 이미 소를 제기하여 다투고 있는 선행처분의 위법성을 확인하여 줄 필요가 있는 경우 등에는 행정의 적법성 확보와 그에 대한 사법통제, 국민의 권리구제의 확대 등의 측면에서 여전히 그 처분의 취소를 구할 법률상 이익이 있다.
(다) 임시이사 선임처분에 대하여 취소를 구하는 소송의 계속중 임기만료 등의 사유로 새로운 임시이사들로 교체된 경우, 선행 임시이사 선임처분의 효과가 소멸하였다는 이유로 그 취소를 구할 법률상 이익이 없다고 보게 되면, 원래의 정식이사들로서는 계속중인 소를 취하하고 후행 임시이사 선임처분을 별개의 소로 다툴 수밖에 없게 되며, 그 별소 진행 도중 다시 임시이사가 교체되면 또 새로운 별소를 제기하여야 하는 등 무익한 처분과 소송이 반복될 가능성이 있으므로, 이러한 경우 법원이 선행 임시이사 선임처분의 취소를 구할 법률상 이익을 긍정하여 그 위법성 내지 하자의 존재를 판결로 명확히 해명하고 확인하여 준다면 위와 같은 구체적인 침해의 반복 위험을 방지할 수 있을 뿐 아니라, 후행 임시이사 선임처분의 효력을 다투는 소송에서 기판력에 의하여 최초 내지 선행 임시이사 선임처분의 위법성을 다투지 못하게 함으로써 그 선임처분을 전제로 이루어진 후행 임시이사

> 선임처분의 효력을 쉽게 배제할 수 있어 국민의 권리구제에 도움이 된다.
> (라) 그러므로 취임승인이 취소된 학교법인의 정식이사들로서는 그 취임승인취소처분 및 임시이사 선임처분에 대한 각 취소를 구할 법률상 이익이 있고, 나아가 선행 임시이사 선임처분의 취소를 구하는 소송 도중에 선행 임시이사가 후행 임시이사로 교체되었다고 하더라도 여전히 선행 임시이사 선임처분의 취소를 구할 법률상 이익이 있다."

요컨대, 법원은 판결의 기속력의 내용 중 결과제거의무를 고려하여 위와 유사한 모든 경우에 협의의 소익 흠결이라 판단해서는 안 됩니다. 즉, 불법건축물 철거행위에 대한 취소소송과 불법간판철거행위에 대한 취소소송은 달리 판단해야 합니다. 물론, 가장 확실한 권리구제방법은 철거집행행위취소소송의 제기와 더불어 신속히 집행정지를 신청하는 것이겠지요. 그리고 보다 근본적인 해결책으로, 사실행위에 대한 권리구제의 고도화를 위해 법정 외 다양한 소송유형을 제도권 내로 편입하는 것이 필요합니다.

나. 비권력적 사실행위

비권력적 사실행위는 법적 효과가 발생하지 않으며 공권력 행사에도 해당하지 않으므로 행정소송법상 처분에 해당하지 않습니다. 대법원은 특별한 사정이 없는 한 행정권 내부에서의 행위라든가, 알선, 권유, 사실상의 통지 등과 같이 상대방 또는 기타 관계자들의 법률상 지위에 직접적으로 변동을 일으키지 않는 행위는 항고소송의 대상이 아니라고 합니다.

> * **대판 1980.10.27, 80누395** : "항고소송의 대상이 되는 행정처분은 행정청의 공법상의 행위로서 상대방 또는 기타 관계자들의 법률상 지위에 직접적으로 법률적인 변동을 일으키는 행위를 말하는 것이므로 세무당국이 소외 회사에 대하여 원고와의 주류거래를 일정기간 중지하여 줄 것을 요청한 행위는 권고 내지 협조를 요청하는 권고적 성격의 행위로서 소외 회사나 원고의 법률상의 지위에 직접적인 법률상의 변동을 가져오는 행정처분이라고 볼 수 없는 것이므로 항고소송의 대상이 될 수 없다."

명단공표의 처분성도 주의를 요합니다. 권력적 사실행위 내지 합성행위로서의 처분성을 긍정하는 견해, 비권력적 사실행위이므로 처분성을 부정하는 견해, 형식적 행정행위로 간주하여 처분성을 인정하는 견해 등 다양한 견해가 제시됩니다. 그러나 국가배상청구소송의 가능성은 별론, 권리구제의 실효성 측면에서는 예방적 부작위소송, 정정공표 등의 일반이행소송, 이행소송 형태의 당사자소송을 허용하거나 활용하는 것이 바람직합니다. 다만, 최근의 판례는 병무청장이 병역의무 기피자의 인적사항 등을 인터넷 홈페이지에 게시한 것을 항고소송의 대상인 행정처분으로 판시하여 이채롭습니다. 그렇지만, 대법원은 동 판결에서 명단공표를 공권력 행사로 보면서도, 명단을 공개하는 행위는 공개결정에 대한 집행행위로서 '공개라는 사실행위'라는 표현을 사용함으로써 공개행위 자체의 처분성을 권력적 사실행위로서 인정한 것인지, 아니면 - 원칙적으로 처분에 해당하는 - 그 이전의 공개결정에 착안하여 행정행위로서의 공개결정과 일체를 이루는 명단공표의 처분성을 인정한 것인지는 확실하지 않습니다. 전체적으로 볼 때, 대법원의 판시는 대집행실행행위의 처분성을 인정하는 논거에 관한 학설 중 하나인 '수인하명과 집행행위의 결합 구조' 이론과 흡사합니다.

* **대판 2019.6.27, 2018두49130** : "[1] 병무청장이 병역법 제81조의2 제1항에 따라 병역의무 기피자의 인적사항 등을 인터넷 홈페이지에 게시하는 등의 방법으로 공개한 경우 병무청장의 공개결정을 항고소송의 대상이 되는 행정처분으로 보아야 한다. 그 구체적인 이유는 다음과 같다.

① 병무청장이 하는 병역의무 기피자의 인적사항 등 공개는, 특정인을 병역의무 기피자로 판단하여 그 사실을 일반 대중에게 공표함으로써 그의 명예를 훼손하고 그에게 수치심을 느끼게 하여 병역의무 이행을 간접적으로 강제하려는 조치로서 병역법에 근거하여 이루어지는 공권력의 행사에 해당한다.

② 병무청장이 하는 병역의무 기피자의 인적사항 등 공개조치에는 특정인을 병역의무 기피자로 판단하여 그에게 불이익을 가한다는 행정결정이 전제되어 있고, 공개라는 사실행위는 행정결정의 집행행위라고 보아야 한다. 병무청장이 그러한 행정결정을 공개 대상자에게 미리 통보하지 않은 것이 적절한지는 본안에서 해당 처분이 적법한가를 판단하는 단계에서 고려할 요소이며, 병무청장이 그러한 행정결정을 공개 대상자에게 미리 통보하지 않았다거나 처분서를 작성·교부하지 않았다는 점만으로 항고소송의 대상적격을 부정하여서는 아니 된다.

③ 병무청 인터넷 홈페이지에 공개 대상자의 인적사항 등이 게시되는 경우 그의 명예가 훼손되므로, 공개 대상자는 자신에 대한 공개결정이 병역법령에서 정한 요건과 절차를 준수한 것인지를 다툴 법률상 이익이 있다. 병무청장이 인터넷 홈페이지 등에 게시하는 사실행위를 함으로써 공개 대상자의 인적사항 등이 이미 공개되었더라도, 재판에서 병무청장의 공개결정이 위법함이 확인되어 취소판결이 선고되는 경우, 병무청장은 취소판결의 기속력에 따라 위법한 결과를 제거하는 조치를 할 의무가 있으므로 공개 대상자의 실효적 권리구제를 위해 병무청장의 공개결정을 행정처분으로 인정할 필요성이 있다. 만약 병무청장의 공개결정을 항고소송의 대상이 되는 처분으로 보지 않는다면 국가배상청구 외에는 침해된 권리 또는 법률상 이익을 구제받을 적절한 방법이 없다.

④ 관할 지방병무청장의 공개 대상자 결정의 경우 상대방에게 통보하는 등 외부에 표시하는 절차가 관계 법령에 규정되어 있지 않아, 행정실무상으로도 상대방에게 통보되지 않는 경우가 많다. 또한 관

> 할 지방병무청장이 위원회의 심의를 거쳐 공개 대상자를 1차로 결정하기는 하지만, 병무청장에게 최종적으로 공개 여부를 결정할 권한이 있으므로, 관할 지방병무청장의 공개 대상자 결정은 병무청장의 최종적인 결정에 앞서 이루어지는 행정기관 내부의 중간적 결정에 불과하다. 가까운 시일 내에 최종적인 결정과 외부적인 표시가 예정된 상황에서, 외부에 표시되지 않은 행정기관 내부의 결정을 항고소송의 대상인 처분으로 보아야 할 필요성은 크지 않다. 관할 지방병무청장이 1차로 공개 대상자 결정을 하고, 그에 따라 병무청장이 같은 내용으로 최종적 공개결정을 하였다면, 공개 대상자는 병무청장의 최종적 공개결정만을 다투는 것으로 충분하고, 관할 지방병무청장의 공개 대상자 결정을 별도로 다툴 소의 이익은 없어진다."

그러나 비권력적 사실행위 중 일부에 대해서는 처분성을 인정하려는 시도가 있어 주의를 요합니다. 이른바 '형식적 행정행위론'이 그것입니다. 전통적인 행정행위 내지 처분 개념에 비추어 항고소송의 배타적 관할 및 대상에 속하지 않더라도, 국민생활을 '일방적으로 규율하는 행위', '개인의 법익에 대하여 계속적으로 사실상의 지배력을 미치는 경우'에는 그 처분성을 인정하여야 한다는 견해라 요약 가능합니다. 비권력적 사실행위 등 일부 행정작용의 경우 적절한 구제수단이 없다는 문제의식을 바탕으로 쟁송법상 처분 개념을 보다 확대하려는 움직임에서 비롯합니다. 이에 의하면 행정지도를 포함하여 비권력 사실행위의 처분성을 인정할 여지가 있습니다. 또한, 형식적 행정행위론은 실효적인 권리구제라는 적극적 시각에서 제시된 것이고, 현행 행정소송법도 처분 개념의 범주 내에 '그밖에 이에 준하는 행정작용'이라고 하여 일종의 개방적 개념을 두고 있으므로 형식적 행정행위 이론을 일응 긍정적으로 평가할 수 있습니다.

그러나 형식적 행정행위론은 국민의 권리구제에만 초점을 맞추어 행정행위와 비권력적 사실행위 등 내용상 성질이 다른 여러 행정유형을 묶어 하나의 새로운 개념으로 구성한다는 근본적 문제점에 봉착합니다. 즉, 비권력적 사실행위와 공권력 행사의 동가치성을 인정할 수 없다는 의미입니다. 그리고 기본적으로 현행 법제는 처분성 인정을 위해 공권력 행사를 대전제로 하므로 이러한 시도는 법해석론의 한계를 벗어나는 것이라는 비판에서 자유롭지 않습니다. 또한, 처분의 대부분을 이루는 행정행위에는 공정력 등 그 효력상의 특수성을 전제로 하는데, 이와 관련한 소송법적 규율(출소기간의 제한, 집행부정지 원칙, 선결문제 등)을 형식적 행정행위에도 인정해야 하는지 등의 해결 과제를 극복해야 하는 한계하에 있습니다.

처분 개념에 관한 '그 밖에 이에 준하는 행정작용'의 해석은 장래 시대적 수요나 요청에 따라 학설·판례의 형성을 기다려야 하는 문제입니다. 다만, 처분의 개념요소를 '그 밖에 이에 준하는 공권력 행사'로 정의하지 않으므로 처분 개념에 형식적 행정행위를 포함할 여지가 있는 것도 사실입니다. 그럼에도 불구하고 현재까지의 논의하에서는 비권력적 사실행위에 대한 소송형태는 항고소송이 아니라 원칙적으로 당사자소송이어야 함을 기억합시다.

(3) 사실행위를 위한 다양한 행정소송 유형의 예

아래 내용은 현행의 우리 법제상 인정되는 것은 아니라, 독일 행정소송법제에서 특히, 판례상 운영되는 사실행위에 대한 소송유형이라고 여기면 됩니다. 우선, 부작위(청구)소송입니다. 이는 이미 착수한 침익적 사실행위를 중지할 것을 구하는 행정소송의 유형으로서, 독일법상 명문의 규정은 없지만 이행소송의 특수한 형태로서 판례가 인정하는 소송유형입니다. 부작위소송은 수익적 사실행위의 발급을 구하는 일반이행소송에 대응하는 개념인데, 일반이행소송과 함께 독일은 의무이행소송을 명문의 규정에 의해 인정함으로써 수익적 행정작용 영역에서 행정행위 및 사실행위에 대한 급부 내지 이행을 명하는 소송체계를 완성하였습니다. 우리 법제는 두 유형 모두 허용하지 않습니다. 독일의 경우에도 행정행위의 발령에 대한 예방적 부작위소송은 가능하지만, 이미 발령된 행정행위를 대상으로 하는 부작위소송은 인정되지 않습니다. 보다 직접적 권리구제가 가능한, 형성소송의 성질을 가진 취소소송을 제기할 수 있기 때문입니다.

위법한 사실행위의 부작위, 중지를 구하는 독일법상의 부작위소송은 환경에 악영향을 줄 우려가 있는 공사나 개발행위 등을 중지하기 위하여, 또는 급박한 법익 침해를 가져오는 사실행위의 금지를 구하기 위하여 실질적으로 유용한 소송유형입니다. 그러나 우리 대법원은 일관하여 부작위소송을 불허하는데, 행정소송법이 규정하지 않는 소송유형임에 더하여, 추측건대 이를 인정하는 경우 행정작용의 위축, 남소 등의 부작용을 고려한 듯합니다. 이론적으로 볼 때 당사자소송은 성질상 이행소송 내지 확인소송이 주류를 이루므로 현행 법제에 의하더라도 이를 허용하지 못할 바 아니지만, 판례상 당사자소송의 활용 범위가 협소한 점을 고려한다면 부작위소송을 인정할 가능성은 크지 않습니다.

다음은 독일법제상 예방적 부작위(금지)소송인데, 이는 행정행위나 사실행위가 발령된 이후의 권리구제가 실효성이 없고 발생한 손해가 회복하기 힘든 경우, 행정행위나 사실행위가 발령될 것이 명백·임박하여 사전에 그 발령을 저지해야 할 필요성이 인정되는 경우에 인정되는 소송유형입니다. 독일 행정법원법상의 명문의 규정이 아니라 학설과 판례에 의해 인정됩니다. 특히, 집행정지원칙을 취하는 독일과는 달리 우리의 경우는 집행부정지를 원칙으로 하므로(행정소송법 제23조 제1항) 독일보다 예방적 부작위소송의 실질적 효용이 더 크다고 할 수 있지만, 우리 판례는 이를 불허합니다.

물론, 예방적 부작위소송에 대해서는 행정권의 1차적 판단권의 침해라는 권력분립 원칙 측면에서의 비판이 가능하지만, 동일 내용의 행정행위 내지 사실행위가 수차례 반복되는 경우와 객관적으로 처분이 행해질 것이 명백한 경우 등에는 행정청의 권한을 반드시 침해한다고 볼 수 없습니다. 이런 점을 고려하여 2012년의 행정소송법 개정안에서는 예방적 부작위소송을 항고소송의 일 유형으로 편제하여, 행정청이 장래에 위법한 처분을 할 것이 임박한 경우 그 처분의 금지를 구할 법적 이익이 있는 자가 사후적으로 그 처분의 효력을 다투는 방법으로는 회복하기 어려운 중대한 손해가 발생할 것이 명백한 경우에 예방적 금지소송을 제기할 수 있으며, 법원은 원고의 청구가 이유 있다고 판단하는 경우에는 행정청에 그 처분을 하지 아니하도록 선고함을 규정하였지만, 입법화에 성공하지 못하였습니다. 그러나 동 개정안에서도 처분을 항고소송의 대상으로 하였으므로 비권력적 사실행위는 예방적 부작위소송의 대상이 아니었고, 권력적 사실행위는 취소소송 등 항고소송의 방법으로 다툴 수 있었음도 논리귀결적 사항입니다.

한편, 당사자소송의 형태로, 예컨대 항고소송 중 부작위위법확인소송에 대응하여 사실행위에 대한 부작위(작위)의무확인소송을 제기할 여지는 있지만, 우리 판례는 이를 인정하지 않습니다. 판례에 의할 때 행정처분에 대한 작위·부작위의무확인소송도 허용되지 않습니다. 처분에 대한 행정소송은 항고소송으로 일원화된 것으로 해석하여도 무방합니다.

(4) 권력적 사실행위의 단계별 권리구제 수단

이상의 논의에 바탕하여, 우리 법제상 권력적 사실행위에 대한 소송상 권리구제를 시간의 진행에 따라 〈표〉로 정리하면 다음과 같습니다.

권력적 사실행위의 단계	행정소송상 권리구제 수단
발령 전	예방적 부작위소송 : 현행 법제상 부인
발령 후 집행 종료 전	• 항고소송(+ 집행정지) • 부작위(청구)소송 : 현행 법제상 부인
집행 종료 후	• 결과제거청구소송 : 이행소송 형태의 당사자소송 • 명단공표 등 사실행위의 경우 – 그 집행이 완료되었으나 침해 상태가 계속되는 경우에는 정정발표 등을 요구하는 일반이행소송 내지 당사자소송 : 현행 법제상 불허 내지 인정 실례 없음 – 최근 판례는 명단공표의 처분성 인정 • 국가배상청구소송

4) 헌법소원

사실행위에 대한 소송상 권리구제가 용이하지 않은 현행 법제하에서는 헌법소원이 실효적인 권리구제수단으로 기능할 수 있습니다. 헌법재판소는 대법원이 인정하는 권력적 사실행위의 처분성 인정 범위보다 더 넓은 범위의 사실행위를 헌법소원의 대상이 되는 권력적 사실행위, 즉 공권력 행사로 인정하는 경향을 보입니다.

헌법재판소는 서울대학교가 대학입학고사 주요요강을 제정하여 발표한 것에 대하여 제기된 헌법소원심판청구사건(헌재결 1992.10.1, 92헌마68,76(병합))에서 동 요강 발표를 공권력 행사로 간주하여 헌법소원 대상성을 인정하였는데, "국립대학인 서울대학교의 '94학년도 대학입학고사주요요강'은 사실상의 준비행위 내지 사전안내로서 행정쟁송의 대상이 될 수 있는 행정처분이나 공권력의 행사는 될 수 없지만 그 내용이 국민의 기본권에 직접 영향을 끼치는 내용이고 앞으로 법령의 뒷받침에 의하여 그대로 실시될 것이 틀림없을 것으로 예상되어 그로 인하여 직접적으로 기본권침해를 받게 되는 사람에게는 사실상의 규범작용으로 인한 위험성이 이미 현실적으로 발생하였다고 보아야 할 것이므로 이는 헌법소원의 대상이 되는 헌법재판소법 제68조 제1항 소정의 공권력의 행사에 해당된다고 할 것이며, 이 경우 헌법소원 외에 달리 구제방법이 없는 점"을 들어 헌법소원 대상성을 인정하였습니다. 나아가 사실행위에 불응할 경우 불이익(헌재결 2007.11.29, 2004헌마290)이나 위험 내지 행정상 제재가 예정되어 있는 경우(헌재결 2003.12.18, 2001헌마754), 수형자에 대한 소변채취와 같이 그에 응하지 않으면 불리한 처우를 받을 수 있는 심리적 압박이 있는 경우 등에도 헌법소원의 대상이 되는 공권력 행사로 보았습니다(헌재결 2006.7.27, 2005헌마277). 그 외에도 수용자의 서신반송행위(헌재결 2019.12.27, 2017헌마413, 1161(병합)), 검찰수사관의 변호사에 대한 후방착석요구행위(헌재결 2017.11.30, 2016헌마503), 교도소장의 미결수용자에 대한 서신검열과 서신의 지연교부 및 지연발송행위(헌재결 1995.7.21, 92헌마144)에 대해서도 헌법소원 대상성을 인정하였습니다.

한편, 헌법재판소는 자신의 헌법재판소 2012.10.25, 2011헌마429 결정 등 여러 건의 결정 통해 권력적 사실행위와 비권력적 사실행위의 구분 기준을 제시하였는데, "일반적으로 어떤 행정청의 사실행위가 권력적 사실행위인지 또는 비권력적 사실행위인지 여부는 당해 행정주체와 상대방과의 관계, 그 사실행위에 대한 상대방의 의사·관여 정도·태도, 그 사실행위의 목적·경위, 법령에 의한 명령·강제수단의 발동 가부 등 그 행위가 행하여질 당시의 구체적 사실을 종합적으로 고려하여 개별적으로 판단하여야 한다"라고 한 것이 그것입니다.

제9강

행정지도

제9강
행정지도

1. 행정지도의 의의

종래 행정법학은 행정행위, 행정입법, 행정상 강제 등 명령·강제를 내용으로 하는 권력적 행정작용에 대한 분석, 즉 권력행정 중심의 행정법 이론을 전개하였습니다. 그러나 새로운 행정상황의 전개 시 적용법규가 불비하거나 근거규정이 존재함에도 불구하고 그 획일적 적용으로는 행정수요나 목표를 충족시키기나 달성하기 어려운 난관에 곧 직면하게 되었습니다. 이러한 행정환경의 변화가 비권력적 행정작용의 등장 배경이 되었고, 그 대표적인 예가 행정지도라 할 수 있습니다. 행정지도는 현대의 적극적 국가관에 따른 행정기능의 확대와 행정 실무적 요청의 증대, 임의적·비강제적 수단의 편의성, 상대방의 동의나 협력하에 임의적 조치를 취함으로써 불필요한 마찰이나 저항을 줄일 수 있는 점 등의 이유로 일본을 중심으로 초기 이론적 토대가 구축되었습니다. 일부 독일 교과서에서는 행정지도를 'Gyoseishido'라 표현하는데, 이런 연혁적 이유를 배경으로 합니다. 행정지도를 통해 행정책임의 증대에 따른 협치행정의 필요성, 분쟁의 사전예방, 정보의 제공 등의 이념 달성이 용이해지는 긍정적 측면이 있습니다.

행정지도는 일정한 행정목적을 달성하기 위하여 상대방인 국민에게 임의적인 협력을 요청하는 비권력적 사실행위라 이해하는데, 행정절차법 제2조 제3호는 행정지도를 '행정기관이 그 소관 사무의 범위에서 일정한 행정목적을 실현하기 위하여 특정인에게 일정한 행위를 하거나 하지 아니하도록 지도, 권고, 조언 등을 하는 행정작용'이라고 정의합니다. 이런 개념 정의에 바탕 할 때 개별법에는 행정지도가 빈번히 사용되는데, 이를테면 "국토교통부장관, 시·도지사 또는 시장·군수는 사업주체가 건설할 주택을 공업화주택으로 건설하도록 사업주체에게 권고할 수 있다"고 규정하는 주택법 제53조 제1항이 그 예에 해당합니다.

불필요한 상대방과의 마찰을 방지하고 협치행정을 도모한다는 긍정적 기능에도 불구하고, 행정지도는 상대방의 임의적 협력을 전제로 하는 점에서 책임 소재의 불분명이라는 부작용을 간과할 수 없습니다. 또한, 임의적 협력 원칙에도 불구하고 협력이 이루어지지 않는 경우 법적 근거의 유무와 무관하게 사실상 강제력이 수반되는 경우를 행정실무에서 흔히 발견할 수 있습니다. 예컨대, 행정지도에의 불응을 이유로 보조금 지급 등 수익적 처분을 발령하지 않거나 세무조사, 명단공표 등 불이익 조치가 수반되는 경우입니다. 행정지도를 둘러싼 규범적 환경을 보더라도, 사실상 강제력이 수반됨에도 불구하고 행정지도에 관한 법적 근거가 불충분하거나, 근거 규정에서 수권규정을 두는 경우에도 그 기준, 한계 등에 대하여는 침묵하는 것 또한 문제입니다. 나아가 뒤에서 보듯이 행정지도로 인한 권리침해 시 권리구제수단이 미비한 것도 상황을 악화시키는 요인입니다. 행정계획의 경우와는 또 다른 측면에서, 사전적 권리구제절차로서의 절차적 통제가 중요함을 알 수 있습니다.

행정지도는 강학상 세 부류의 범주로 구분하는데, 행정기관이 일정한 정책목적을 실현하기 위하여 사인에 대하여 정보 등을 제공함으로써 사인의 활동을 조성해 주는 조성적 행정지도(영농지도, 생활개선지도), 사인 상호 간 이해 대립의 조정이 공익 목적상 필요할 때 그 조정을 행하는 조정적 행정지도 및 행정행위를 대체하여 행해지는 행정지도 등 사적 활동에 대한 제한의 효과를 갖는 규제적 행정지도(물가의 억제를 위한 행정지도)가 그것입니다.

2. 행정지도의 법적 근거와 한계

행정지도의 법적 근거와 관련하여 법률유보에 관한 전부유보설을 취하는 경우, 변화하는 행정수요에 대한 탄력적 대응이 곤란하고(이는 행정지도의 긍정적 요소를 살릴 수 없음을 의미하겠지요), 입법 기술적 한계상 장래의 모든 행정수요나 행정작용을 예상하여 법률에 행정지도의 근거 규정을 모든 경우에 두는 것도 사실상 불가능합니다. 따라서 행정지도의 경우 조직법적 수권으로 가능하며, 작용법적 수권이 없더라도 행정행위의 근거 규정에서 행정지도의 가능성을 도출할 수도 있을 것입니다. 후자의 예를 들어보겠습니다. 물환경보전법 제39조에 의하면 배출허용기준을 초과하여 오염물질을 배출하는 사업자에 대하여 환경부장관은 개선명령을 발할 수 있는데, 이에 앞서 사업자에게 개선을 위한 주의 내지 권고를 발령하는 경우입니다. 그러나 임의적 협력이라는 그 본질에 비추어, 행정지도와 관련하여 사실상 강제력 내지 불이익이 수반되는 경우 개별적 수권을 요한다는 견해는 경청할 만합니다.

다음은 행정지도의 한계입니다. 법적 수권에 기한 행정지도의 경우 해당 법규정에 위반하여서는 안 됨은 다언을 요하지 않지요. 법적 근거가 없는 경우에도 법의 일반원칙을 포함하여 법에 위반하여서는 안 됩니다. 이와 관련하여 행정절차법은 몇 개의 규정을 두고 있습니다. 행정지도는 그 목적 달성에 필요한 최소한도에 그쳐야 하며, 행정지도의 상대방의 의사에 반하여 부당하게 강요하여서는 안 됩니다(행정절차법 제48조 제1항). 비례원칙에 관한 적합성원칙과 필요성원칙을 정면으로 규정하는 좋은 예입니다. 행정지도는 또한 임의적 협력을 요체로 하므로 상대방의 의사에 반하여 부당하게 강요하여서는 안 된다는 강요금지원칙의 구속하에 있습니다(행정절차법 제48조 제1항). 나아가 행정지도가 부당한 강요를 의미하지 않으려면 원칙적으로 행정지도와 관련한 불이익조치가 수반되어서도 안 됩니다(불이익조치금지원칙, 행정절차법 제48조 제2항). 즉, 행정기관은 행정지도의 상대방이 행정지도에 따르지 아니하였다는 것을 이유로 불이익한 조치를 하여서는 아니 됩니다.

이상의 논의를 바탕으로 아래 문제를 법리적으로 판단해 봅시다. 대·중소기업 상생협력 촉진에 관한 법률 제33조[1]의 경우입니다. 동조 제1항과 제2항에서는 일정 사항에 대한 권고 권한을 중소벤처기업부장관에게 부여합니다. 이에 불응할 경우 장관은 명단을 공표하고 이행명령도 발령할 수 있습니다. 이때 외형상 불이익조치가 수반된 여기에서의 권고, 즉 행정지도의 위법 여부가 문제됩니다. 불이익조치금지원칙에도 불구하고 이를 일률적으로 위법이라 할 수 없습니다. 동조는 다음과 같이 해석해야 합니다. 행정법상 의무위반에 대한 각종 하명·제재를 처음에 처분 형태로 규정한 후 임의적 협력을 도모하기 위해 추가적으로 행정지도에 관한 근거규정을 둔 것으로 보아야 함을 의미합니다. 입법자의 본래 의도는 '처분발령 → 의무불이행에 대한 행정강제' 구조를 취하였지만, 상대방의 임의적 협력을 통한 원활한 행정 운영을 목적으로 행정지도로서의 권고 권한을

---

1) 제33조(사업조정에 관한 권고 및 명령) ① 중소벤처기업부장관은 제32조에 따른 사업조정 신청을 받은 경우 해당 업종 중소기업의 사업활동 기회를 확보하는 데 필요하다고 인정하면 조정심의회의 심의를 거쳐 해당 대기업등에 사업의 인수·개시 또는 확장의 시기를 3년 이내에서 기간을 정하여 연기하거나 생산품목·생산수량·생산시설 등을 축소할 것을 권고할 수 있다. 〈단서 생략〉

② 중소벤처기업부장관은 제20조의4제3항에 따른 사업조정 신청을 받은 경우 해당 업종 중소기업의 사업활동 기회를 확보하는 데 필요하다고 인정하면 조정심의회의 심의를 거쳐 대기업등에 대하여 사업이양, 사업의 전부 또는 일부에 대한 철수 및 축소, 확장자제 및 진입자제 등을 3년 이내에서 기간을 정하여 <u>권고할 수 있다.</u> 〈단서 생략〉

③ 중소벤처기업부장관은 제1항 및 제2항에 따른 권고를 받은 대기업등이 권고에 따르지 아니할 때에는 그 권고대상이나 내용 등을 <u>공표할 수 있다.</u>

④ 중소벤처기업부장관은 제3항에 따른 공표 후에도 정당한 사유 없이 권고사항을 이행하지 아니하는 경우에는 해당 대기업등에 그 <u>이행을 명할 수 있다.</u> 〈단서 생략〉

장관에게 추가적으로 부여한 것입니다. 따라서 행정지도에 따르지 않은 경우의 불이익조치라는 이유만으로 섣불리 위법하다고 해서는 안 됩니다.

또한, 고압가스 안전관리법 제9조[1])에 따른 권고의 법적 성질도 살펴봅시다. 여기에서의 권고는 실질적으로 이에 따라야 하는 의무를 수반하여, 구체적 사실에 관한 법집행으로서의 공권력 행사에 해당하므로 진정한 의미에서의 행정지도라 할 수 없고, 후술하는 판례에 의할 때 처분적 성질을 띠는 것으로 해석할 수 있습니다. 결국, 행정지도의 법적 성질 등은 그 근거 조문뿐만 아니라 관계 조문의 종합적 고려하에 권고 등의 행정지도 해당성 및 그에 따르지 않은 경우의 불이익조치의 위법성을 판단하여야 합니다.

한편, 행정지도의 발령 시에 혹은 그 불이행에 대해 법률상 근거 없는 불이익조치를 예정하거나 수반하는 경우 그 행정지도가 곧바로 위법이라는 견해도 있지만, 이 경우에도 일률적으로 위법이라 할 수 없고 행정목적, 사회적 상당성, 상대방에의 침해 정도를 고려하여 개별적으로 판단하여야 할 것입니다. 행정지도가 모든 경우에 임의적 협력을 전제로 해야 하는 것이라면 과연 이를 원용할 행정청이 있을 리 만무하고, 행정의 효율성·경제성 요청에 비추어 무용·무익한 행위형식이라고 보아야 할 것입니다. 다만, 법적 근거를 불문하고 불이익조치가 헌법, 기타 법의 일반원칙에 위반할 경우 그 위법을 인정함에는 어려움이 없습니다. 그러나 이 경우에도 상대방의 권리구제는 행정지도가 아니라 불이익조치를 대상으로 하는 경우가 대부분일 것입니다. 행정지도에 대한 권리구제가 법제도적으로 용이하지 않기 때문입니다.

이상의 설명을 행정지도의 실체적 한계라 한다면 다음은 절차적 한계입니다. 행정절차법은 몇 개의 조문을 거기에 할애하고 있습니다(행정절차법 제49조, 제50조, 제51조). 행정지도를 하는 자는 그 상대방에게 그 행정지도의 취지 및 내용과 신분을 밝혀야 하며, 구두의 행정지도에서 상대방이 그 취지, 내용, 행정지도를 행하는 자의 신분을 표기한 서면의 교부를 요구하면 직무 수행에 특별한 지장이 없는 한 이를 교부하여야 합니다. 처분절차에서와 마찬가지로 행정지도의 상대방은 해당 행정지도의 방식·내용 등에 관하

---

1) 제9조(허가·등록의 취소 등) ① 허가관청, 등록관청 또는 신고관청은 사업자등이 다음 각 호의 어느 하나에 해당하면 그 허가나 등록을 취소하거나 그 사업자등에게 영업장 폐쇄(신고한 사업자에 한정한다. 이하 이 조에서 같다) 또는 6개월 이내의 기간을 정하여 그 사업의 정지나 제한 또는 저장소의 사용 정지나 사용 제한을 명할 수 있다. 다만, 제1호, 제3호, 제5호 또는 제43호에 해당하는 경우에는 그 허가나 등록을 취소하거나 영업장 폐쇄를 명하여야 한다.

24. 제15조제5항에 따른 안전관리자의 <u>권고에 따르지 아니한 경우</u>

제15조(안전관리자) ⑤ 안전관리자는 그 직무를 성실히 수행하여야 하며 그 사업자등, 제20조제4항에 따른 특정고압가스 사용신고자, 수탁관리자 및 종사자는 <u>안전관리자의 안전에 관한 의견을 존중하고 권고에 따라야 한다.</u>

여 행정기관에 의견을 제출할 수 있습니다. 다수인을 대상으로 하는 행정지도의 경우에는 특별한 사정이 없으면 행정지도에 공통적인 내용이 되는 사항을 공표하여야 합니다.

3. 행정지도와 권리구제

1) 항고쟁송 : 처분성 인정 문제

비권력적 사실행위인 행정지도는 원칙적으로 처분성이 부인되며, 이점 판례도 같은 입장입니다. 강제력을 수반하지 않는 행정지도만으로는 국민의 권리의무에 직접 변경을 초래하지 않기 때문이지요. 그러나 행정지도가 사실상의 강제력을 보유하여 공권력 행사의 실질을 띠는 경우에는 권력적 사실행위와 다르지 않다고 보아 처분성을 인정해야 한다거나, 전술한 형식적 행정행위론을 원용하여 처분성이 인정되어야 한다는 견해 등이 존재함도 기억합시다. 경우에 따라서는 행정지도에 불응하였음을 이유로 발령된 행정행위 등을 대상으로 항고소송상 불복할 수 있음은 물론입니다.

＊ **대판 1980.10.27, 80누395** : "항고소송의 대상이 되는 행정처분은 행정청의 공법상의 행위로서 상대방 또는 기타 관계자들의 법률상 지위에 직접적으로 법률적인 변동을 일으키는 행위를 말하는 것이므로 세무당국이 소외 회사에 대하여 원고와의 주류거래를 일정기간 중지하여 줄 것을 요청한 행위는 권고 내지 협조를 요청하는 권고적 성격의 행위로서 소외 회사나 원고의 법률상의 지위에 직접적인 법률상의 변동을 가져오는 행정처분이라고 볼 수 없는 것이므로 항고소송의 대상이 될 수 없다."

행정지도의 사실상 강제력이 상당한 경우에는 권력적 사실행위와의 구별이 모호합니다. 판례는 외관상 행정지도인 일정 행정작용에 대해 그 처분성을 인정하였는데, 이를 행정지도의 처분성 인정으로 정형화할 수 있는지 문제의 소지가 있습니다. 생각건대, 행정지도가 법규상 강제력을 수반하거나 불응 시 처벌규정이 예정되어 실질적으로 처분과 다르지 않은 성질을 갖는 경우에는 해당 권고 등은 더 이상 행정지도가 아니라 이제 처분과 다름 아님을 판시한 것으로 보아야 할 것입니다. 이와는 달리 법규에 의한 강제력 수반이 아니라 사실상의 강제력이 동반하는 경우에까지 해당 행정지도의 처분성을 인정한 것인지는 분명하지 않습니다.

• **행정지도의 처분성 인정 판례?**

＊ **대판 2010.1.14, 2008두23184** : "공정거래위원회의 '표준약관 사용권장행위'는 그 통지를 받은 해당 사업자 등에게 표준약관과 다른 약관을 사용할 경우 표준약관과 다르게 정한 주요내용을 고객이 알기 쉽게 표시하여야 할 의무를 부과하고, 그 불이행에 대해서는 과태료에 처하도록 되어 있으므로, 이는 사업자 등의 권리·의무에 직접 영향을 미치는 행정처분으로서 항고소송의 대상이 된다."

- 권고 자체만으로는 법적 효과를 발생하지 않지만, **관련법 규정**에 따라 권고의 상대방에게 일정한 법률상의 의무가 부과되거나 그 불이행 시 과태료가 부과되는 경우1) 등에는 예외적으로 처분에 해당한다고 판시한 사례
- 따라서 사실상 강제력 수반을 이유로 행정지도의 처분성을 긍정한 판례가 아님에 유의할 것 : 순수한 의미의 강학상 행정지도에 대해 처분성을 인정한 것으로 볼 수는 없음

• **同旨의 판례**

＊ **대판 2005.7.8, 2005두487** : "구 남녀차별금지및구제에관한법률(2003. 5. 29. 법률 제6915호로 개정되기 전의 것, 이하 '법'이라 한다) 제28조 제1항은 피고 위원회는 조사의 결과 남녀차별사항(성희롱은 남녀차별에 해당한다. 법 제7조 제3항)에 해당한다고 인정할 만한 상당한 이유가 있을 때에는 남녀차별임을 결정하고 당해 공공기관의 장 또는 사용자에게 시정을 위하여 필요한 조치를 권고하여야 한다라고 규정하여 피고 위원회의 성희롱결정 및 시정조치권고의 근거를 마련하고 있고, 같은 조 제2항은 제1항에 의한 시정조치의 구체적 내용으로 남녀차별행위의 중지, 원상회복·손해배상 기타 필요한 구제조치, 재발방지를 위한 교육 및 대책수립 등을 위한 조치, 일간신문의 광고란을 통한 공표 등을 규정하고 있으며, 법 제30조는 남녀차별사항의 시정신청에 대한 결정을 신청인 및 당해 공공기관의 장 또는 사용자에게 통지하여야 한다라고 규정하여 성희롱결정 및 시정조치권고의 통보 상대방을 특정하고 있고, 법 제31조는 시정조치의 권고를 통보받은 공공기관의 장 또는 사용자는 특별한 사유가 있음을 소명하지 못하는 한 이에 응하여야 하고(제1항), 공공기관의 장 또는 사용자는 시정조치의 권고를 통보받은 날부터 30일 이내에 그 처리 결과를 피고 위원회에 통보하여야 한다(제2항)라고 규정하여 시정조치권고를 받은 공공기관의 장 또는 사용자의 의무를 정하고 있다. 한편, 이 사건의 경우와 같이 성희롱행위자로 지목된 사람이 자신의 언동이 성희롱에 해당하지 않는다

---

1) (구)시설물의안전관리에관한특별법
제44조(과태료) ② 다음 각호의 어느 하나에 해당하는 자에게는 300만원 이하의 과태료를 부과한다.
12. 제33조의2 제1항에 따른 실태점검 및 자료 제출을 거부·방해 또는 기피하거나 정당한 사유 없이 권고나 시정 요청에 따르지 아니한 자
제33조의2(실태점검 및 사고조사의 실시) 건설교통부장관, 주무부처의 장 또는 지방자치단체의 장은 시설물의 안전 및 유지관리를 위하여 필요하다고 인정하는 때에는 시설물의 안전 및 유지관리에 대한 실태점검을 실시하거나 관계 행정기관의 장 및 관리주체 그 밖의 관계인에 대하여 관련 자료의 제출을 요청할 수 있으며, 실태점검 및 자료검토의 결과 필요한 사항을 권고하거나 시정을 요청할 수 있다. 이 경우 요청을 받은 관계 행정기관의 장과 관리주체 그 밖의 관계인은 특별한 사유가 없는 한 이에 따라야 한다.

고 판단하고 있음에도 불구하고 피고가 그 사람의 언동을 성희롱에 해당하는 것으로 결정한다면, 그와 같은 결정에 의하여 그 사람의 명예감정은 물론 그에 대한 사회적 평가인 명예가 손상을 입어 그의 인격권이 직접적으로 침해받게 될 가능성이 매우 크다고 할 것이다. 법 제28조에 의하면, 성희롱 결정과 이에 따른 시정조치의 권고는 불가분의 일체로 행하여지는 것인데 피고의 이러한 결정과 시정조치의 권고는 성희롱 행위자로 결정된 자의 인격권에 영향을 미침과 동시에 공공기관의 장 또는 사용자에게 일정한 법률상의 의무를 부담시키는 것이므로 피고의 성희롱결정 및 시정조치권고는 행정처분에 해당한다."

2) 손실보상

행정지도는 상대방의 임의적 협력을 기초로 하므로, 공권력 행사를 전제로 하는 손실보상의 가능성은 원칙적으로 봉쇄됩니다. 다만, 행정 실무적으로 국민이 행정지도를 신뢰할 수밖에 없는 구체적 상황하에서 국가가 임의로 보상금을 지급하는 경우가 있는데, 예컨대 국가가 신품종 △△벼 식재를 장려하여 손실이 발생한 경우 그 손실액의 전부 또는 일부를 전보해 주는 경우를 들 수 있습니다.

항고쟁송 및 국가배상책임에 의한 권리구제가 용이하지 않으므로 손실보상의 가능성을 해석상 확장할 필요가 있음에는 일응 동의할 수 있습니다. 즉, 행정지도가 사실상 강제력을 수반하여 공권력 행사에 해당한다고 판단되는 경우 손실보상청구가 인정된다는 이론 구성이 가능하지만, 이때 법적 근거 없는 행정지도는 물론, 근거 법률에 의한 행정지도의 경우에도 그 법률에서 보상규정을 두지 않는 경우가 절대 다수인데, 이와 관련한 손실보상청구권의 성립 여부는 '보상 규정이 없는 경우의 손실보상의 가능성' 내지 '손실보상의 법적 근거'의 문제에 속합니다.

3) 국가배상

'동의는 불법을 조각한다'는 법언에 의해 임의적 협력하에 행해진 행정지도는 국가배상책임 요건에서의 위법을 구성하지 않는 것이 원칙입니다. 그러나 행정지도가 행정의 행위형식으로서 일반화된 상황하에서 다른 권리구제수단의 원용이 용이하지 않다면 국가배상책임의 해당성 여부를 보다 적극적으로 해석할 것이 요청됩니다.

(1) 직무행위

국가배상법 제2조상의 직무행위에는 권력작용뿐만 아니라 비권력작용도 공행정작용으로서 직무행위에 해당하며, 다만 행정주체가 사인과의 대등한 지위에서 사경제주체로서 행하는 직무행위만 제외됩니다(이른바 직무행위의 범위에 관한 광의설의 입장입니다). 행정지도도 여기서의 직무행위에 포함됨을 의미합니다.

(2) 위법성

행정지도는 i) 작용법적 수권은 별론, 조직법적 수권을 요하고, ii) 명문의 규정에 근거한 경우 이를 위반하여서는 안 되며, iii) 더 나아가 비례·평등원칙 등 행정법의 일반원칙을 준수해야 합니다. 따라서 위 세 가지 요청에 위반한 행정지도는 위법합니다.

문제는 행정지도가 구체적 사안에 따라 강제성을 띠는 경우의 그 위법 여부입니다. 구체적으로는 행정지도의 실효성 확보를 위해 이를 따르지 않는 상대방에게 각종 억제 및 유보조치(세무조사, 인허가의 보류, 명단공표, 수도·전기·가스 등의 공급거부, 금융기관으로부터의 융자 중지 등)를 발하는 경우가 쟁점으로 부각됩니다.

가. 위법설

행정지도에 이와 직접적 관련 없는 제재조치가 수반되는 경우, 행정기관은 자신의 권한 행사를 그것과 실체적 연관 없는 상대방의 반대급부와 결부시키거나 그 반대급부에 의존하여서는 안 된다는 부당결부금지원칙의 위반으로 보아 위법이라는 견해입니다. 이 경우 '실체적 연관성'의 판단기준이 문제되며, 그 판단은 행정지도와 제재조치 간 원인적 관련성과 목적적 관련성의 견지 여부에 의합니다. 예컨대, 건축 관련 행정지도에의 불응을 이유로 수도공급을 거부한다면 양자 사이에는 실체적 연관성, 즉 원인적·목적성 관련성을 인정할 수 없겠지요. 이런 점에서 공급거부를 규정하였던 (구)건축법 제69조 제2항은 2005년 건축법 개정으로 삭제되었습니다.

나. 적법설

행정 목적의 실효성 확보와 행정의 통일성 보장 측면에서 행정지도를 통한 목적 달성을 위하여 필요한 경우 사회적 상당성이 있는 한도 내에서의 억제 조치는 적법하다는 견해입니다.

위법설과 적법설의 실질적 차이는 그리 크지 않습니다. 위법설에 의한 실체적 연관성이 없는 경우라면 적법설의 사회적 상당성이 없는 경우에 해당할 것이기 때문입니다. 또한, 위법 여부의 판단은 하나의 구체적 기준에 따라 일률적으로 행할 수는 없으며, 개별·구체적 사안에 따라 판단하여야 합니다.

허가의 법정 요건은 충족하였으나 인근 주민의 민원을 이유로 행정청이 건축행위의 일부 변경을 내용으로 하는 행정지도를 발하면서 이를 따를 때까지 허가를 유보하는 경우를 실무상 흔히 볼 수 있습니다. 이 경우 당해 허가유보가 적법할까요? 과거 우리 판례는 일관하여 위법한 허가거부라 하였으나, 건축법 제11조 제4항[1] 및 판례상 기속재량행위 개념에 비추어 볼 때 법령의 흠결이나 기타 중대한 공익상의 필요가 있는 경우 위법하지 않다고 할 여지도 있습니다.

행정지도의 위법이 다른 법 원리에 의해 규명되는 경우도 있습니다. 조성적 행정지도의 내용이 잘못된 것이어서 그에 따른 자의 행위가 위법한 것으로 된 경우에는, 이러한 지도를 신뢰하여 그에 따른 자에 대하여 불이익을 과하는 것은 신뢰보호원칙과의 관련성하에서 원칙적으로 허용되지 않는다 할 것입니다. 예컨대, 정식의 세무 상담에서 그 담당자의 잘못된 행정지도에 따라 납세를 하지 아니한 자에 대하여, 과거의 취급이 위법하다고 하여 과거의 과세항목에 대해 과세하거나 가산금 등의 불이익을 과하는 것은 신뢰보호원칙에 반하는 것으로서 위법인 경우가 많을 것입니다. 그러나 이 경우에도 새로운 과세기간에 대해 장래에 향하여 적정한 과세처분을 할 수 있음은 물론입니다.

한편, 토지의 매매대금을 허위로 신고하고 계약을 체결하였다면, 이는 계약 예정금액에 대하여 허위의 신고를 하고 토지 등의 거래계약을 체결한 것으로서 부동산 거래신고 등에 관한 법률 제3조 제1항에 따른 실거래가 신고의무를 위반한 행위에 해당합니다. 설령 행정관청이 토지거래계약 신고 시 공시된 기준시가를 기준으로 매매가격을 신고하도록 행정지도를 하였고, 그에 따라 허위신고에 이르게 된 것이라 하더라도 마찬가지입니다. 법령에 어긋나는 행정지도는 그 자체로 위법하므로, 그러한 행정지도나 관행을 따

1) 제11조(건축허가) ④ 허가권자는 제1항에 따른 건축허가를 하고자 하는 때에 「건축기본법」 제25조에 따른 한국건축규정의 준수 여부를 확인하여야 한다. 다만, 다음 각 호의 어느 하나에 해당하는 경우에는 이 법이나 다른 법률에도 불구하고 건축위원회의 심의를 거쳐 건축허가를 하지 아니할 수 있다.

1. 위락시설이나 숙박시설에 해당하는 건축물의 건축을 허가하는 경우 해당 대지에 건축하려는 건축물의 용도·규모 또는 형태가 주거환경이나 교육환경 등 주변 환경을 고려할 때 부적합하다고 인정되는 경우
2. 「국토의 계획 및 이용에 관한 법률」 제37조제1항제4호에 따른 방재지구 및 「자연재해대책법」 제12조제1항에 따른 자연재해위험개선지구 등 상습적으로 침수되거나 침수가 우려되는 지역에 건축하려는 건축물에 대하여 지하층 등 일부 공간을 주거용으로 사용하거나 거실을 설치하는 것이 부적합하다고 인정되는 경우

랐다는 사정만으로는 위법한 허위신고 행위가 정당화될 수 없습니다. 즉, 행정지도는 상대방의 임의적인 협력을 전제로 하는 비권력적 사실행위에 불과하며 법령에 대한 구속력을 갖지 못하므로, 당사자가 위법한 행정지도에 응하여 범법행위를 저질렀다 하더라도 그에 따른 법적 책임은 면할 수 없습니다.[1)]

(3) 인과관계

행정지도는 상대방의 자발적·임의적 협력을 기대하여 행해지는 비권력적 사실행위이므로 원칙적으로 행정지도와 손해발생 간 직접적 인과관계가 존재한다고 볼 수 없습니다. 그러나 사실상 강제성이 수반되어 행정지도를 실질적으로 따를 수밖에 없었던 경우 및 명백한 거절의사에도 불구하고 행정지도를 계속 행하는 경우 등에는 인과관계를 긍정할 수 있습니다.

> * **대판 2008.9.25, 2006다18228** : "원심은 그 채택 증거에 의하여 판시와 같은 사실을 인정한 다음, 피고가 1995. 1. 3. 이전에 원고에 대하여 행한 행정지도는 원고의 임의적 협력을 얻어 행정목적을 달성하려고 하는 비권력적 작용으로서 강제성을 띤 것이 아니지만, 1995. 1. 3. 행한 행정지도는 그에 따를 의사가 없는 원고에게 이를 부당하게 강요하는 것으로서 행정지도의 한계를 일탈한 위법한 행정지도에 해당하여 불법행위를 구성하므로, 피고는 1995. 1. 3.부터 원고가 피고로부터 "원고의 어업권은 유효하고 향후 어장시설공사를 재개할 수 있으나 어업권 및 시설에 대한 보상은 할 수 없다"는 취지의 통보를 받은 1998. 4. 30.까지 원고가 실질적으로 어업권을 행사할 수 없게 됨에 따라 입은 손해를 배상할 책임이 있다고 판단하고, 나아가 피고는 원고의 어업면허를 취소하거나 어업면허를 제한하는 등의 처분을 하지 아니한 채 원고에게 양식장시설공사를 중단하도록 하여 어업을 하지 못하도록 함으로써 실질적으로는 어업권이 정지된 것과 같은 결과를 초래하였으므로, 결국 어업권이 정지된 경우의 보상액 관련 규정을 유추 적용하여 손해배상액을 산정하여야 한다고 판단하였다. 기록에 비추어 살펴보면, 위와 같은 원심의 사실인정과 판단은 모두 옳은 것으로 수긍이 가고, 거기에 상고이유에서 주장하는 바와 같은 수산업법령에서 규정한 어업권 정지에 따른 손실보상에 관한 법리오해 또는 손해배상액 산정의 기산점 및 어업권정지기간의 산정에 관한 법리오해 등의 위법이 있다고 할 수 없다. 그리고 1995. 1. 3. 이전의 피고의 행정지도가 강제성을 띠지 않은 비권력적 작용으로서 행정지도의 한계를 일탈하지 아니하였다면 그로 인하여 원고에게 어떤 손해가 발생하였다 하더라도 피고는 그에 대한 손해배상책임이 없다고 할 것이고, 또한 피고가 원고에게 어장시설공

1) 대판 1994.6.14, 93도3247. 이는 당시 준거법인 (구)국토이용관리법상의 토지거래허가와 관련하여 행정지도에 따라 실제 거래가격이 아닌 공시된 기준시가로 신고한 사건에 대한 판결이지만, 현행법하에서도 동일한 결론에 이릅니다.

> 사를 재개할 수 있다는 취지의 통보를 한 1998. 4. 30.부터는 원고가 어업권을 행사하는 데 장애가 있었다고 할 수 없어 그 이후에도 원고에게 어업권의 행사불능으로 인한 손해가 발생하였다고 볼 수 없으므로, 이 점에 관한 각 상고이유의 주장은 이유 없다 … ."

주의해야 할 사항은, 행정지도에 사실상 강제성이 인정되면 위법한 경우가 대부분이며, 또한 강제적인 행정지도의 경우에는 발생한 손해와의 관계에서 인과관계도 인정할 수 있으므로 결국 위법성이 인정되면 인과관계는 추정됩니다. 예컨대, 신품종 △△벼의 파종을 지도하면서 이에 따르지 않을 경우 영농자금의 즉시회수를 예고하므로 농부는 할 수 없이 이를 따랐고, 마침 그 해의 흉년으로 큰 손해가 발생한 경우, 영농자금의 회수 예고는 사회적 상당성을 결한 것이므로 위법한 조치이고 따라서 위법한 행정지도와 농부가 입은 손해 사이의 인과관계를 긍정할 수 있습니다. 이때 인과관계의 흠결에 대한 증명책임은 피고 행정청이 부담하겠지요.

> * **대판 1994.12.13, 93다49482** : "이른바 행정지도라 함은 행정주체가 일정한 행정목적을 실현하기 위하여 권고 등과 같은 비강제적인 수단을 사용하여 상대방의 자발적 협력 내지 동의를 얻어내어 행정상 바람직한 결과를 이끌어내는 행정활동으로 이해되고, 따라서 적법한 행정지도로 인정되기 위하여는 우선 그 목적이 적법한 것으로 인정될 수 있어야 할 것이므로, 주식매각의 종용이 정당한 법률적 근거 없이 자의적으로 주주에게 제재를 가하는 것이라면 이 점에서 벌써 행정지도의 영역을 벗어난 것이라고 보아야 할 것이고 만일 이러한 행위도 행정지도에 해당된다고 한다면 이는 행정지도라는 미명하에 법치주의의 원칙을 파괴하는 것이라고 하지 않을 수 없으며, 더구나 그 주주가 주식매각의 종용을 거부한다는 의사를 명백하게 표시하였음에도 불구하고, 집요하게 위협적인 언동을 함으로써 그 매각을 강요하였다면 이는 위법한 강박행위에 해당한다고 하지 않을 수 없다."

한편, 제3자효 행정행위에서의 행정지도의 인과관계와 관련하여, 제3자의 의사와 무관하게 그에게 사실상 강제력을 미치는 제3자효 행정지도에 있어서는 인과관계의 기준이 되는 행정지도의 강제성을 완화하여 해석하는 것이 바람직합니다. 예컨대, (구)문공부 산하 행정기관이 출판업자 및 시중서점에 권력층의 비리를 폭로한 도서에 대해 법령의 근거 없이 '판매금지종용'을 하였고 이로 인하여 손해를 본 출판업자와 저작자가 국가를 상대로 손해배상청구를 한 사건에서 서울지방법원은 아래와 같이 판시하였습니다.

> ＊ **서울지법 1989.9.26. 선고 88가합4039 판결** : " … 위와 같이 피고의 판매금지종용이 사실상의 강제력이 있어 출판자나 저작자의 권리행상에 영향을 미치게 되는 것이라면 이는 마땅히 법령에 근거하여야 할 것인바, 피고가 이에 이르지 아니하고 법령의 근거도 없이 이 건 판매금지종용을 하였다면 이는 불법행위를 구성할 뿐만 아니라 원고들이 위 책자들의 시판불능으로 입은 손해와 상당한 인과관계가 있다고 할 것이므로 … ."

이에 대해 서울고등법원도 제1심과 같은 취지로 판단한 바 있습니다.

> ＊ **서울고법 1990.4.6. 선고 89나43571 판결** : "판매금지종용의 행위는 피고산하 문화공보부에 납본된 도서들의 내용 중 일부가 실정법에 저촉될 우려가 있다고 판단되는 경우에 예방적인 행정지도 차원에서 발행인에게 시판의 자제를 권고하는 것으로 이는 위 도서들의 내용이 실정법에 저촉되어 관계당사자들이 형사처벌을 받는 것을 사전에 예방하려는 문화공보부와 발행인간의 협조사항일 뿐 법적인 구속력을 갖지 아니하며 문화공보부의 권고에 의한 이행여부는 발행인측의 자율의사에 의하여 결정되는 것으로서 그 시판행위에는 사실상 영향을 미치지 아니하므로 결국 원고 1이 위 '소외 1의 (저작물제목 1 생략)'책자를 시판하지 못하게 된 것과 피고의 위 판매금지종용의 행위와는 인과관계가 없는 것이라고 주장하므로 살피건대, 피고산하 공무원들의 위와 같은 판매금지종용의 행위가 법적인 구속력을 갖는 것은 아니지만 앞서 본 증거들에 비추어 볼 때 그들의 행위가 위 책자의 발행인인 원고 1이나 시중서점들에 대하여 단순히 협조를 구하는 것이라고는 볼 수 없다 할 것이고 위와 같은 행위는 사실상 강제력이 있어 위 책자의 발행인의 권리행사에 막대한 영향을 미쳤다 할 것이므로 법령의 근거없이 한 위와 같은 위법행위와 원고들의 위 책자의 시판불능으로 인하여 입은 손해는 상당인과관계가 있다 할 것이고 따라서 피고의 위 주장도 그 이유없다 할 것이다."

이상의 논의를 종합하건대, 행정기관이 관련 정보를 사실상 독점하는 현실이나 조정·규제적 행정지도가 실질적으로 권력적 규제작용과 다르지 않은 경우가 다수임을 고려한다면, 모든 사정에 비추어 보아 상대방이 행정지도에 따를 수밖에 없는 것으로 판단되는 경우에는 행정지도의 위법성과 행정지도와 손해 사이의 인과관계를 인정하여 국가배상책임이 성립한다고 해석하는 것이 타당합니다.

4) 헌법소원

비권력적 사실행위로서의 행정지도는 원칙적으로 헌법소원의 대상이 되지 않지만,

그것이 규제적·구속적 성격을 강하게 갖는 경우에는 이를 공권력 행사로 보아 헌법소원의 대상성을 인정합니다. 실질적으로 권력적 사실행위의 성질로 본 것에 다름 아닙니다.

＊ **헌재결 2003.6.26, 2002헌마337,2003헌마7,8(병합)** : "교육인적자원부장관의 대학총장들에 대한 이 사건 학칙시정요구는 고등교육법 제6조 제2항, 동법시행령 제4조 제3항에 따른 것으로서 그 법적 성격은 대학총장의 임의적인 협력을 통하여 사실상의 효과를 발생시키는 행정지도의 일종이지만, 그에 따르지 않을 경우 일정한 불이익조치를 예정하고 있어 사실상 상대방에게 그에 따를 의무를 부과하는 것과 다를 바 없으므로 단순한 행정지도로서의 한계를 넘어 규제적·구속적 성격을 상당히 강하게 갖는 것으로서 헌법소원의 대상이 되는 공권력의 행사라고 볼 수 있다."

제10강

공법상 계약 및 확약

제10강

공법상 계약 및 확약

1. 공법상 계약[1)]

1) 개념과 허용성

행정기본법 제27조 제1항에 따르면 공법상 계약이란 행정청이 행정목적을 달성하기 위하여 체결하는 공법상 법률관계에 관한 계약으로 정의할 수 있습니다. 판례는 공법상 계약에 대하여 '공법적 효과의 발생을 목적으로 하여 대등한 당사자 사이의 의사표시 합치로 성립하는 공법행위'라고 정의합니다. 행정기본법이 공법상 계약의 개념요소로 '대등한 당사자'를 명시적으로 표현하지 않은 것은 계약의 속성상 공법상 계약도 이를 내포하고 있다고 해석할 수 있고, 다른 해석에 의할 때 후술하는 독일법제상의 종속적 행정계약의 가능성을 유보하기 위한 것으로도 이해 가능합니다. 한편, 동법은 공법상 계약이란 명칭과 함께 '공법상 법률관계'로 그 규율영역을 한정함으로써 행정청이 체결하는 사법상 계약을 동법의 규율대상에서 제외하고 있습니다.

> ＊ **대판 2021.2.4, 2019다277133** : "공법상 계약이란 공법적 효과의 발생을 목적으로 하여 대등한 당사자 사이의 의사표시의 합치로 성립하는 공법행위를 말한다. 공법상 계약의 한쪽 당사자가 다른 당사자를 상대로 효력을 다투거나 이행을 청구하는 소송은 공법상의 법률관계에 관한 분쟁이므로 분쟁의 실질이 공법상 권리·의무의 존부·범위에 관한 다툼이 아니라 손해배상액의 구체적인 산정방법·금액에 국한되는 등의 특별한 사정이 없는 한 공법상 당사자소송으로 제기하여야 한다."

1) 과거 문헌에 따라서는 공법상 계약과 행정계약을 혼용하는 경우가 있었지만, 행정기본법상 명문의 규정이 있는 이상 공법상 계약으로 통일하여 사용하는 것이 바람직합니다.

행정계약의 적법성 여부는 우선 행정의 행위형식으로서 행정계약이 문제된 영역에서 법령에 의하여 금지되는지 여부(계약형식에 대한 일반적 허용성)와 법령에 의한 일반적 승인에 의해 체결된 구체적 행정계약이 내용 면에서 볼 때 적법요건을 구비했느냐(계약내용에 대한 개별적 허용성)의 두 가지 문제로 구분할 수 있습니다. 전자, 즉 공법상 계약의 허용성과 관련하여서는, 관계 법령이 명문으로 혹은 법의 목적·취지·전체적 체계를 고려할 때 행위형식으로서 공법상 계약을 금지하고 있지 않으면 그 체결이 허용된다고 보아야 합니다. 이러한 행정계약에 대한 '금지유보부 일반적 승인'에 의하여 법령에 의한 개별적 수권이 없어도 계약당사자의 동등한 위치[1]에서의 자유로운 의사합치를 바탕으로 하는 한 행정청은 자유롭게 공법상 계약을 체결할 수 있는 규범적 행위영역을 가지는 것입니다. 행정기본법도 공법상 계약의 체결을 위하여 법률우위원칙의 견지만을 규정함으로써 이를 간접적으로 표현하고 있습니다(제27조 제1항).

2) 공법상 계약의 유형

행정실무에서 체결 주체를 기준으로 공법상 계약을 구분하면 행정주체 간 공법상 계약과 행정주체와 사인 간 공법상 계약으로 구분할 수 있습니다. 행정주체 상호 간의 업무위탁이나 비용부담을 목적으로 국가와 지방자치단체 혹은 지방자치단체 상호 간에 체결되는 계약이 전자에 해당합니다. 공법상 계약의 주종은 국가 내지 지방자치단체와 사인이 계약당사자가 되는 후자의 경우인데, 그 구체적 예는 뒤에서 보는 바와 같습니다. 견해에 따라서는 사인이 행정주체의 지위를 갖는 경우 사인 상호 간 공법상 계약도 가능함을 전제로, 사업시행자인 사인과 토지소유자 사이의 토지수용을 위한 협의(토지보상법 제26조)가 이에 해당한다고 합니다. 해당 협의에 대하여 관할 토지수용위원회의 협의성립의 확인이 있으면 공법상 법률관계인 토지수용위원회의 재결로 간주하는 점(토지보상법 제29조 제4항)을 고려한 듯합니다. 그러나 다수설의 입장과 달리 판례는 이때의 협의에 의한 합의를 사법상 계약으로 판시했음에 주의를 요합니다(대판 2012.2.23, 2010다91206).

공법상 계약의 성질 내지 내용에 착안하는 경우 공법상 계약은 학문적으로 대등적 행정계약과 종속적 행정계약으로 유형화할 수 있습니다. 전자는 계약당사자자 간 대등한 지위에서 체결되는 계약을 대등적 행정계약이라 하며 이때의 법률관계는 행정행위로 대체되어 발령될 수 없는 경우를 말합니다. 이에 비해 당사자가 명령·복종의 관계이고 계

1) 행정행위의 발령을 대체하는 종속적 행정계약의 경우 비록 행정행위의 발령에 있어서는 명령·복종의 관계이지만 적어도 계약을 체결할 때의 법률관계는 역시 대등한 지위를 기초로 한다고 볼 수 있습니다.

약에 의한 규율내용이 행정행위의 발령을 대체하는 경우를 종속적 행정계약이라고 합니다(독일 연방행정절차법 제54조 제2문). 종속적 행정계약은 행정행위와의 관계를 기준으로 할 때 계약 자체에 의해 행정행위의 발령을 대체하는 형성계약(Verfügungsvertrag)과 계약에 의해 건축허가 등 행정행위의 발령이 의무 지워지는 급부이행계약(Verpflichtungsvertrag)으로 세분됩니다. 나아가 계약의 내용에 특히 착안하는 경우 종속적 행정계약은 객관적 사실관계나 법률관계에 비추어 존재하는 주관적 불확실성을 쌍방의 양보를 통해 제거하는 것을 내용으로 하는 화해계약과 내용적으로 의무이행계약의 일종으로 행정청과 사인이 각각 상대방에 대해 일정한 급부의 이행을 약정하는 급부교환계약으로 나눌 수 있습니다(독일 연방행정절차법 제55조, 제56조)

3) 공법상 계약에 관한 규율

① 행정청은 공법상 계약의 상대방을 선정하고 계약 내용을 정할 때 공법상 계약의 공공성과 제3자의 이해관계를 고려하여야 합니다(행정기본법 제27조 제2항). 공법상 법률관계의 특수성을 고려하여 공법상 계약에서의 비례원칙을 규정한 선언적 의미의 규정이라고 평가합니다. 동 규정이 - 공법상 계약의 '계약'적 성격을 감안하건대 - 개별법에 대한 지침적·향도적 기능을 담당하는 것을 넘어 그 자체 구체적 사안에서 어떠한 규범적 효력을 전개하는지는 향후 판례의 과제라 할 것입니다. 이러한 공법상 계약의 공공성 요청에 입각하여, 공법상 계약이 원칙적으로 당사자 간 의사표치의 합치를 근간으로 함에도 불구하고 법령 규정 혹은 공익적 사유로 계약체결의 자유가 제한되는 경우가 있습니다. 구체적 발현 형태로는 계약 내용의 제한 등 계약에 따라 발생한 효과로서의 권리의무에 일정한 제약이 수반할 수 있고, 계약 내용의 이행강제를 위해 사법상 강제의 특례가 인정되는 경우 등을 거론합니다. 판례는 법령이나 계약서상의 근거가 없더라도 공익적 사유를 들어 계약을 해지할 수 있다고 합니다.

> * **대판 2003.2.26, 2002두10209** : "계약당사자가 연안화물부두 축조 타당성 조사용역계약에 위반하여 타당성 조사용역이 시행되기도 전에 사업시행자로 선정되었음을 전제로 입찰공고 등 일련의 행위를 한 경우, 조사용역계약의 계속적 성격과 공익적 성격에 비추어 이는 계약당사자 사이의 신뢰관계를 파괴하고 그 공익성을 저해함으로써 계약관계의 계속을 현저히 곤란하게 한다는 이유로 위 조사용역계약이 지방해양수산청장의 해지통고로 적법하게 해지되었다고 한 사례."

② 행정청은 공법상 계약을 체결할 때 법령에 따른 관계 행정청의 동의, 승인 또는 협의 등이 필요한 경우에는 이를 모두 거쳐야 합니다(행정기본법 시행령 제6조). 그 밖에 공법상 계약의 절차적 요건 관련 일반법 규정은 존재하지 않으며, 처분절차를 중심으로 하는 행정절차법에도 관련 규정을 찾을 수 없습니다. 따라서 공무원 채용계약 등 공법상 계약을 해지하더라도 행정절차법에 의한 이유제시의무가 부과되는 것은 아닙니다.

> * **대판 2002.11.26, 2002두5948** : "계약직공무원 채용계약해지의 의사표시는 일반공무원에 대한 징계처분과는 달라서 항고소송의 대상이 되는 처분 등의 성격을 가진 것으로 인정되지 아니하고, 일정한 사유가 있을 때에 국가 또는 지방자치단체가 채용계약 관계의 한쪽 당사자로서 대등한 지위에서 행하는 의사표시로 취급되는 것으로 이해되므로, 이를 징계해고 등에서와 같이 그 징계사유에 한하여 효력 유무를 판단하여야 하거나, 행정처분과 같이 행정절차법에 의하여 근거와 이유를 제시하여야 하는 것은 아니다."

③ 행정기본법이 공법상 계약의 실체법적 규율 사항을 규정하지 않아 사법규정의 적용 여부가 문제됩니다. 개별 사안별로 구체적으로 판단해야 할 사항이겠지만, 공법상 계약의 성질 내지 특수성에 반하지 않는 범위에서의 유추적용은 허용되는 것으로 해석합니다.[1] 그러나 행정기본법 제27조 제2항에 따른 계약의 공공성 규정상 계약의 규율영역에 비추어 공공성이 강하게 요청되는 경우에는 사법규정이 배제되어야 할 것입니다. 판례도 민법 제535조상 계약체결상의 과실에 따른 손해배상책임, 배상액의 예정에 관한 민법 제398조(대판 2013.12.26, 2013다213090) 등에서 공법상 계약에 대한 사법규정의 적용을 인정하였습니다.

> * **대판 2012.6.28, 2011다88313** : "원심은 그 채택 증거를 종합하여 그 판시와 같은 사실을 인정한 다음, 이 사건 실시협약의 체결 당시까지는 이 사건 사업과 같은 이른바 비티오(BTO, Build-Transfer-Operate) 방식의 민간투자사업에 지방의회의 의결이 필요하다는 해석론이 일반적으로 통용되지 않았던 점, 피고 서울특별시 광진구 소속 공무원들이 고의로 광진구의회의 의결 없이 이 사건 실시협약을 체결하였다고는 보이지 않고, 위 공무원들에게 인정되는 과실도 중하지 않은 점, 반면 민간투자사업이 갖는 특성에 비추어 볼 때 원고는 이 사건 사업에 참여하면서 사업의 실패로 인한

1) 독일 연방행정절차법 제62조도 민법규정의 보충적 준용을 규정합니다.

위험을 어느 정도 감수하려 했던 것으로 보이는 점, 원고에게도 광진구의회의 의결 없이 체결되는 이 사건 실시협약이 무효임을 모른 데 대하여 사회통념상, 신의성실의 원칙상, 공동생활상 요구되는 약한 부주의가 인정되는 점 등의 사정을 종합하면, 피고 서울특별시 광진구의 원고에 대한 손해배상 책임은 원고에게 발생한 손해액의 20%로 제한함이 손해의 공평부담이라는 손해배상제도의 이념에 비추어 상당하다고 판단하였다. 기록에 비추어 살펴보면, 위와 같은 원심의 판단은 수긍할 수 있고, 거기에 상고이유 주장과 같이 계약체결상의 과실책임, 과실상계 및 형평의 원칙 등에 관한 법리오해 등 판결에 영향을 미친 위법이 없다."

* **대판 2014.11.13, 2012다119948** : "甲 주식회사가 乙 지방자치단체와 구 사회기반시설에 대한 민간투자법 제4조 제1호에서 정한 이른바 BTO(Build-Transfer-Operate) 방식의 '지하주차장 건설 및 운영사업' 실시협약을 체결한 후 관리운영권을 부여받아 지하주차장 등을 운영하던 중 파산하였는데, 甲 회사의 파산관재인이 채무자 회생 및 파산에 관한 법률 제335조 제1항에 따른 해지권을 행사할 수 있는지 문제 된 사안에서, 쌍무계약의 특질을 가진 공법적 법률관계에도 채무자 회생 및 파산에 관한 법률 제335조 제1항이 적용 또는 유추적용될 수 있으나, 파산 당시 甲 회사와 乙 지방자치단체 사이의 법률관계는 위 규정에서 정한 쌍방미이행 쌍무계약에 해당한다고 보기 어려우므로, 甲 회사의 파산관재인의 해지권이 인정되지 않는다고 한 사례."

④ 통설은 위법한 공법상 계약은 무효라고 합니다. 이때 무효의 의미는 일반적인 행정행위의 무효의 경우와 다르지 않아, 계약 내용이 아무런 법적 효력을 발하지 못하고 이러한 무효사유는 추후에 치유될 수 없으며 당해 계약의 무효를 계약당사자뿐만 아니라 누구라도 주장할 수 있을 뿐더러 이를 행정쟁송절차에서 확인받을 필요가 없는 경우를 말합니다. 독일 연방행정절차법은 종속적 행정계약의 무효사유를 명문의 규정을 통해 열거하지만(제59조 제2항), 종속적·대등적 행정계약 개념을 수용하지 않는 우리 법제에 이를 전면적으로 적용할 수는 없습니다. 다만, 공법상 계약의 일반적 무효사유를 규정한 동법 제59조 제1항의 해석론은 우리의 경우에도 경청할 가치가 있습니다. 독일 민법전(BGB) 제134조상의 '법률상 금지규정(gesetzliches Verbot)'에 위반한 사법상의 법률행위는 법률에 다른 규정이 없는 한 무효라 규정하는데, 동 규정이 공법상 계약과 관련하여서는 대등한 당사자 간 의사표시의 합치라는 계약의 본질상 경우의 수를 나누어 무효 여부가 결정된다고 합니다. 즉, 여기에서의 금지규정이 모든 법령상의 금지를 말하는 것이 아니라 개별적 사안에 따라 공법상 계약에 의한 법적 결과에 대해 - 당해 결과를 도출한 행위형식에 상관없이 - 입법자가 법질서에 비추어 그 효력을 인정할 수 없다고 판단하여 규정한 강행규정만을 의미한다고 해석합니다. 따라서 문제된 법적 결과가 행정행위에 의

하여 초래되는 것만을 금지하므로 - 행위형식에 대한 적법성 여부는 별론으로 하고라도 - 공법상 계약 등 다른 행위형식을 통한 동일한 결과를 용인하는 것인지, 아니면 공법상 계약을 포함하여 모든 행위형식에 의해서라도 법 전체의 취지에서 볼 때 해당 법적 결과를 절대적으로 허용할 수 없다고 해석되는지에 따라 당해 공법상 계약의 무효 여부가 결정됩니다. 이에 의할 때 공법상 계약의 일반적 무효사유로는 당사자 일방이 행위무능력자인 경우, 비진의 의사표시에 의한 경우, 법률에 규정된 형식을 결한 경우, 계약의 내용이 선량한 풍속에 위배되는 경우 및 계약상 급부가 원시적 이행불능의 경우 등을 들 수 있습니다.

전술한 내용에 바탕할 때 해석상 공법상 계약에 무효사유 아닌 하자, 즉 취소사유의 하자가 수반된 공법상 계약도 상정할 수 있는바, 이 점은 국내 학설에서도 인정하는 사항입니다. 그러나 행정기본법은 취소사유 있는 공법상 계약의 법적 효력에 관한 규정을 두고 있지 않습니다. 위법한 행정계약에 관한 독일에서의 논의, 즉 위법한 행정계약이 소정의 무효사유에 해당하지 않는 한 단순 위법한 행정계약의 법적 효과에 대한 규정의 흠결(단순 위법을 이유로 효력을 부인하는 규정의 흠결) 때문에 일반적으로 유효하다는 결론을 우리의 경우 그대로 적용한다면, 예컨대 위법한 행정행위의 발령을 내용으로 하는 행정계약이 위 무효사유에 해당하지 않는 경우 당해 행정계약은 유효하며, 따라서 행정청은 위법한 행정행위를 발령해야 할 뿐 아니라 당해 행정행위는 계약의 구속력에 비추어 유효한 것으로 해석해야 하는 이상한 결론이 도출되어, 결국 행정행위의 공정력에 상응하는 효력이 공권력 행사가 아닌 공법상 계약에 부여되는 셈이 됩니다. 요컨대, 위법한 행정계약의 유효성 내지 구속성 여부는 계약의 본질에 관한 문제가 아니라 관계 법질서의 용인 범위 내에서 결정되어야 할 사항입니다. 이는 곧, 관계 법질서에 비추어 용인할 수 없는 무효 아닌 위법한 공법상 계약의 효력을 부인하는 법 규정이나 해석이 필요함을 의미합니다. 그렇지 않을 경우 위헌·위법인 공법상 계약, 법치행정원칙을 우회 경로를 통해 회피하는 공법상 계약의 양산을 방지하기 힘들 것입니다. 향후 진화된 입법과 판례를 기대합니다.

⑤ 공법상 계약의 무효확인소송, 공법상 계약에 의한 의무의 확인소송 및 의무의 이행을 구하는 소송 등 공법상 계약에 관한 소송은 당사자소송에 의합니다. 처분에 대한 무효확인소송이 이행소송·형성소송과의 관계에서 보충성을 요하지 않는 것과 달리 공법상 계약의 무효확인을 구하는 당사자소송은 보충성을 요구합니다. 즉, 보충성을 요하지 않는 경우는 항고소송으로서의 무효확인소송에 한정합니다.

2. 확약

1) 의의

행정의 행위형식으로서의 확약(Zusicherung)이란 행정청이 장래 일정 행정행위를 발령하거나 발령하지 아니할 것을 약속하는 자기구속적 의사표시를 말합니다. 견해에 따라서는 약속의 대상이 행정행위 이외의 행정작용으로 확장되는 경우 이를 확언(Zusage)이라고 표현하여 양자를 구분하는데, 이는 독일 연방행정절차법의 입장(제38조 제1항)을 참고한 것입니다. 우리 행정절차법은 확약을 '법령 등에서 당사자가 신청할 수 있는 처분을 규정하고 있는 경우 행정청은 당사자의 신청에 따라 장래에 어떤 처분을 하거나 하지 아니할 것을 내용으로 하는 문서상의 의사표시'라고 규정하여(제40조의2 제1항, 제2항), 당사자가 신청할 수 있는 처분에 한정하는 문서상의 확약 개념을 채택하였습니다. 확약은 종국처분의 근거가 존재하는 한 거기에 포함되어 발령할 수 있으므로 별도의 법적 근거가 없더라도 가능하다고 보아야 합니다. 한편, 행정청이 다른 행정청과의 협의 등의 절차를 거쳐야 하는 처분에 대하여 확약을 하려는 경우에는 확약을 하기 전에 그 절차를 거쳐야 합니다(동조 제3항). 실무상 확약의 범주에 속하는 것으로는 어업권 면허에 선행하는 우선순위 결정, 각종 인·허가의 전단계로서의 인·허가 발급약속(내인가·내허가), 공무원 임명의 내정 등을 들 수 있습니다. 또한, 민원처리에 관한 법률 제30조에 의한 사전심사의 청구에 따른 결정의 통지도 확약의 일종으로 이해하는 것이 일반적 견해입니다.

2) 법적 성질 : 확약의 처분성

확약의 법적 성질과 관련하여, 다수설은 행정청이 확약의 내용대로 이행할 법적 의무를 부담하는 점에서 확약의 처분성을 인정합니다. 그러나 판례는 확약이 종국적 법률효과를 수반하는 본처분이 아니라는 인식하에 어업권면허에 선행하는 우선순위 결정, 민원처리에 관한 법률에 의한 사전심사 결정통보(통지) 등의 처분성을 부인하였습니다. 사정변경원칙에 따라 확약의 전제로서의 사실관계 및 법률관계가 사후에 변경되어, 행정청이 변경된 사항을 인식했다면 확약을 하지 않았을 것이라고 인정되거나 변경된 상황하에서 법적으로 확약을 할 수 없는 경우에는 행정청은 더 이상 확약에 구속되지 않는다는 확약의 특징을 감안할 때 이러한 판례 입장을 이해못할 바 아닙니다(행정절차법 제40조의2 제4항 및 독일 연방행정절차법 제38조 제3항 참조).

* **대판 1995.1.20, 94누6529** : "어업권면허에 선행하는 우선순위결정은 행정청이 우선권자로 결정된 자의 신청이 있으면 어업권면허처분을 하겠다는 것을 약속하는 행위로서 강학상 확약에 불과하고 행정처분은 아니므로, 우선순위결정에 공정력이나 불가쟁력과 같은 효력은 인정되지 아니하며, 따라서 우선순위결정이 잘못되었다는 이유로 종전의 어업권면허처분이 취소되면 행정청은 종전의 우선순위결정을 무시하고 다시 우선순위를 결정한 다음 새로운 우선순위결정에 기하여 새로운 어업권면허를 할 수 있다고 할 것이다."

* **대판 2014.4.24, 2013두7834** : "구 민원사무 처리에 관한 법률(2012. 10. 22. 법률 제11492호로 개정되기 전의 것, 이하 '구 민원사무처리법'이라 한다) 제19조 제1항, 제3항, 구 민원사무 처리에 관한 법률 시행령(2012. 12. 20. 대통령령 제24235호로 개정되기 전의 것) 제31조 제3항의 내용과 체계에다가 사전심사청구제도는 민원인이 대규모의 경제적 비용이 수반되는 민원사항에 대하여 간편한 절차로써 미리 행정청의 공적 견해를 받아볼 수 있도록 하여 민원행정의 예측 가능성을 확보하게 하는 데에 취지가 있다고 보이고, 민원인이 희망하는 특정한 견해의 표명까지 요구할 수 있는 권리를 부여한 것으로 보기는 어려운 점, 행정청은 사전심사결과 가능하다는 통보를 한 때에도 구 민원사무처리법 제19조 제3항에 의한 제약이 따르기는 하나 반드시 민원사항을 인용하는 처분을 해야 하는 것은 아닌 점, 행정청은 사전심사결과 불가능하다고 통보하였더라도 사전심사결과에 구애되지 않고 민원사항을 처리할 수 있으므로 불가능하다는 통보가 민원인의 권리의무에 직접적 영향을 미친다고 볼 수 없고, 통보로 인하여 민원인에게 어떠한 법적 불이익이 발생할 가능성도 없는 점 등 여러 사정을 종합해 보면, 구 민원사무처리법이 규정하는 사전심사결과 통보는 항고소송의 대상이 되는 행정처분에 해당하지 아니한다."

그러나 판례는 내인가의 취소나 법학전문대학원 예비인가 거부결정뿐만 아니라 적극적 내용의 확약에 대해서도 일부 판례를 통해 처분성을 인정함으로써 일관된 입장을 보이지 못합니다. 확약취소나 우선순위 탈락결정의 처분성을 긍정한 것은 소극적 내용의 확약을 통해 결과에 있어 종국적·완결적인 법률효과가 발생하는 점을 고려한 것으로 이해할 수 있습니다.

* **대판 2020.4.29, 2017두31064** : "공유재산 및 물품관리법(이하 '공유재산법'이라 한다) 제2조 제1호, 제7조 제1항, 제20조 제1항, 제2항 제2호의 내용과 체계에 관련 법리를 종합하면, 지방자치단체의 장이 공유재산법에 근거하여 기부채납 및 사용·수익허가 방식으로 민간투자사업을 추진하는 과정에서 사업시행자를 지정하기 위한 전 단계에서 공모제안을 받아 일정한 심사를 거쳐 우선협상대상자를 선정하는 행위와 이미 선정된 우선협상대상자를 그 지위에서 배제하는 행위는 민간투자사업

의 세부내용에 관한 협상을 거쳐 공유재산법에 따른 공유재산의 사용·수익허가를 우선적으로 부여받을 수 있는 지위를 설정하거나 또는 이미 설정한 지위를 박탈하는 조치이므로 모두 항고소송의 대상이 되는 행정처분으로 보아야 한다."

* **대판 1991.6.28, 90누4402** : "자동차운송사업양도양수계약에 기한 양도양수인가신청에 대하여 피고 시장이 내인가를 한 후 위 내인가에 기한 본인가신청이 있었으나 자동차운송사업 양도양수인가 신청서가 합의에 의한 정당한 신청서라고 할 수 없다는 이유로 위 내인가를 취소한 경우, 위 내인가의 법적 성질이 행정행위의 일종으로 볼 수 있든 아니든 그것이 행정청의 상대방에 대한 의사표시임이 분명하고, 피고가 위 내인가를 취소함으로써 다시 본인가에 대하여 따로이 인가 여부의 처분을 한다는 사정이 보이지 않는다면 위 내인가취소를 인가신청을 거부하는 처분으로 보아야 할 것이다."

* **헌재결 2009.2.26, 2008헌마371,374(병합)** : "예비인가제도는 법학전문대학원을 설치하고자 하는 대학이 자신이 수립한 법학전문대학원의 설치계획 및 준비 중인 시설 등이 법학전문대학원을 설치함에 있어 충분한지 여부에 대하여 본인가 전에 미리 승인을 받는 제도이다. 그러므로 예비인가 대상으로 선정된 대학들은 '입학전형계획 개요 발표'를 통해 법학전문대학원의 개원을 위한 준비작업에 착수할 수 있고, 설치인가 신청서를 수정·보완할 수 있으며, 법학전문대학원 협의회에 가입할 수 있는 등 본인가를 받기 위한 절차를 진행할 수 있다. 이에 반하여, 예비인가를 받지 못한 대학들은 본인가를 위한 신청서의 수정·보완, 이행점검이나 현지조사 등 후속절차에 참여할 수 있는 기회를 박탈당하여 사실상 법학전문대학원 설치인가를 받을 수 없게 된다.
이처럼 이 사건 예비인가 거부결정은 법학전문대학원 설치인가 이전에 청구인들의 법적지위에 영향을 주는 것으로 법학전문대학원 설치인가 거부결정과는 구별되는 별도의 독립한 처분이므로, 행정청이 행하는 구체적 사실에 관한 법집행으로서의 공권력 행사의 거부(행정소송법 제2조 제1항 제1호)에 해당한다고 할 것이다."

3) 확약의 효력

(1) 구속력

확약의 본질에 비추어 행정청은 상대방에 대하여 원칙적으로 확약의 내용인 행위를 하거나 하지 않을 자기구속적 의무를 부담하고, 이에 상응하여 상대방은 행정청에게 확약 내용의 이행청구권이 인정됩니다. 확약의 구속력이 인정되는 한 확약에 반하는 행정청의 종국처분은 신뢰보호원칙 위반에 해당할 여지가 큽니다. 확약의 처분성을 인정하는 경우 그에 대한 항고소송의 제기가 가능합니다. 확약의 처분성을 부인하는 경우에도 행정청이 확약 내용을 이행하지 않으면 상대방은 확약의 구속력에 따라 종국처분의 발령을 위하여 의무이행심판 내지 부작위위법확인소송을 제기하거나 그 불이행으로 인한 손해의 전보를 위해 국가배상을 청구할 수 있을 것입니다.

(2) 확약과 사정변경원칙(확약의 실효)

행정절차법은 ① 확약을 한 후에 확약의 내용을 이행할 수 없을 정도로 법령 등이나 사정이 변경된 경우와 ② 확약이 위법한 경우에는 행정청은 확약에 기속되지 않으며, 이 때 행정청은 위 사정으로 확약을 이행할 수 없음을 지체 없이 당사자에게 통지하여야 한다고 규정합니다(제40조의2 제4항, 제5항). 위 ①은 사정변경원칙을 반영한 확약의 실효를 규정한 것으로 해석할 수 있고, ②에 대해서는 사정변경으로 법적으로 더 이상 확약 내용대로 처분할 수 없는 경우와 확약이 최초 위법했던 경우 양자를 포함하는 것으로 이해 가능합니다.

* **대판 1996.8.20, 95누10877** : "행정청이 상대방에게 장차 어떤 처분을 하겠다고 확약 또는 공적인 의사표명을 하였다고 하더라도, 그 자체에서 상대방으로 하여금 언제까지 처분의 발령을 신청 하도록 유효기간을 두었는데도 그 기간 내에 상대방의 신청이 없었다거나 확약 또는 공적인 의사표명이 있은 후에 사실적·법률적 상태가 변경되었다면, 그와 같은 확약 또는 공적인 의사표명은 행정청의 별다른 의사표시를 기다리지 않고 실효된다."

제11강

행정행위의 개념 및 종류

제11강
행정행위의 개념 및 종류

아래는 행정의 행위형식을 하나의 그림으로 표현한 것입니다. 범위를 좁혀 각각의 개념적 징표를 따라가면 각각의 행정의 행위형식에 이르게 됩니다. 아마 큰 어려움 없이 아래 내용을 이해할 수 있을 것입니다. 다만, '행정계획'을 찾을 수 없는 점은 어떻게 설명할 수 있을까요? 행정계획의 특징을 고려한 결과입니다. 행정계획은 그 필요에 따라 법규명령, 행정행위 및 고유의 형식 등 다양한 태양으로 구체화되어 나타나기 때문입니다. 다만, 구속적 행정계획은 그 구체적 발현 형태와 무관하게 항고소송의 대상인 처분의 성질을 띠지만, 다수설에 의하면 처분은 쟁송법적 개념이므로 여기에서의 행정의 행위형식에는 포함되지 않는 것으로 이해하면 됩니다.

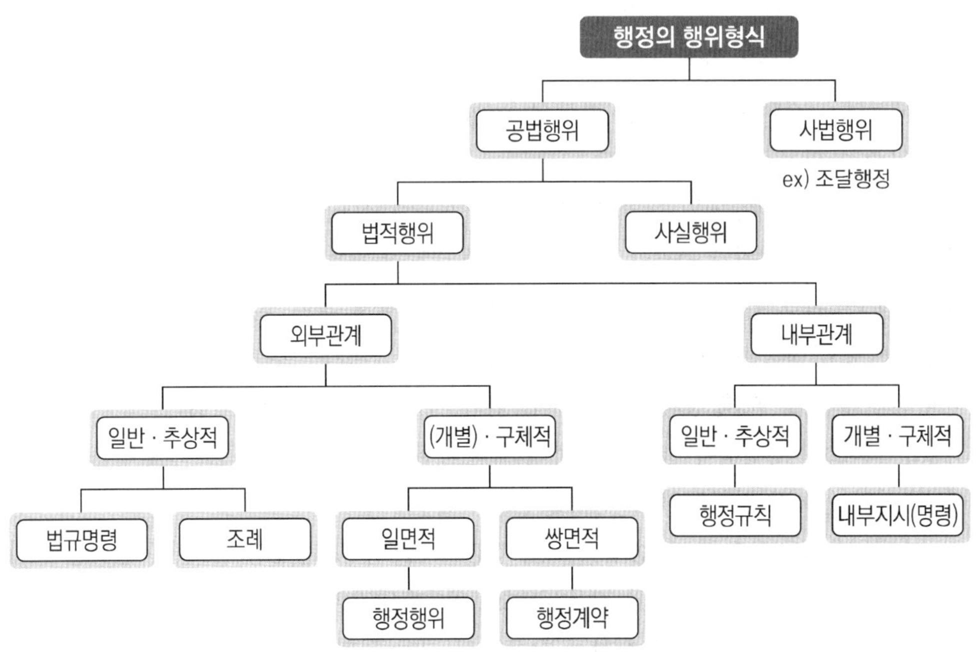

* 일반처분을 고려하여 괄호로 처리하였음

1. 행정행위의 의의

1) 행정행위의 개념

조세부과처분, 건축허가, 영업정지, 경찰관의 교통수신호 등 일상의 생활에서 공법적 법률관계를 구성하는 가장 빈번한 행정의 행위형식이 바로 행정행위입니다. 행정행위는 거기에 속하는 범위를 확정하고 공통적 속성을 파악하여 이를 공동의 법적 규율하에 두기 위해 학설과 판례를 통하여 발전된 개념입니다. 연혁적으로는 19세기 독일 행정법 이론의 산물로서, 법치행정의 태동과 함께 행정주체의 일방적·고권적 법률관계를 항고소송의 대상으로 삼는 과정에서 그 대상으로서의 행정행위에 특수한 효력을 인정하되 이를 엄격한 법적 구속하에 두려는 시도가 이론적 발전의 바탕이 되었습니다.

행정행위에 관한 가장 고전적 정의는 독일 행정법학의 아버지인 Otto Mayer의 주장에서 찾습니다. 'Ein der Verwaltung zugehöriger obrigkeitlicher Ausspruch, der dem Untertan gegenüber im Einzelfall bestimmt, was für ihn Rechtens sein soll'이 그것인데, 원문에 충실하게 직역하면 '구체적 사안에서 臣民(신하로서의 국민)에게 무엇이 그에게 법인지를 확정하는 행정권의 권리'를 행정행위라 보았습니다. 오토 마이어의 행정행위에 대한 개념적 핵심 요소는 오늘날 독일 연방행정절차법에서도 식재되어, 동법 제35조 제1문은 행정행위를 '행정청이 공법의 영역에서 개별 사례의 법적 규율을 위해 외부에 대하여 직접 효력을 미칠 것을 목적으로 행하는 모든 처분, 결정 또는 기타 다른 고권적 행위'라고 정의합니다.

우리의 경우 행정행위 관념의 형성은 그 개념적 징표를 설정하는 과정에서 다양한 행정작용 중 행정행위와 무관한 개념적 요소를 공제하는 방식으로 발전되었습니다. 이를테면, 행정행위를 광의의 개념으로 이해하면 '행정청에 의한 공법행위'인데, 거기에서 '법집행으로서 행하는' 요소를 추가하면 행정입법이 공제되는 점에서 잘 나타납니다. 현재의 논의에 의할 때 행정행위의 개념적 정의에 대해서는 이론의 여지없이 이른바 최협의설을 택하여, '행정청이 법 아래에서 구체적 사실에 관한 법집행으로서 행하는 공권력 행사로서의 권력적 단독행위'라 정의합니다.

대법원은 1985년 행정소송법의 시행 전까지 (구)행정소송법상의 '처분' 관념을 원칙적으로 위 최협의의 행정행위와 같은 의미로 이해하였지만, 현행 행정심판법 및 행정소송법 체제하에서는 '행정청이 행하는 구체적 사실에 관한 법집행으로서의 공권력 행사 또는 그 거부와 그밖에 이에 준하는 행정작용'으로서의 처분 관념을 행정행위보다 다소 넓은 개념으로 파악하고 있으므로 행정행위와 처분을 동의어로 해석할 수는 없습니다. 이러한 입장을 처분 개념에 관한 쟁송법적 개념설 혹은 이원설이라고 칭합니다. 처분의 대부분을 구성하는 것은 행정행위입니다. 그러나 처분 개념에 관한 쟁송법적 개념설을 취하는 판례에 의할 때 행정행위 이외의 일부 행정작용에 대하여 그 처분성을 인정하여 항고소송의 대상으로 합니다.

* **대판 2012.9.27, 2010두3541** : "항고소송의 대상이 되는 행정처분이란 원칙적으로 행정청의 공법상 행위로서 특정 사항에 대하여 법규에 의한 권리 설정 또는 의무 부담을 명하거나 기타 법률상 효과를 발생하게 하는 등으로 일반 국민의 권리의무에 직접 영향을 미치는 행위를 가리키는 것이지만, 어떠한 처분의 근거가 행정규칙에 규정되어 있다고 하더라도, 그 처분이 상대방에게 권리 설정 또는 의무 부담을 명하거나 기타 법적인 효과를 발생하게 하는 등으로 상대방의 권리의무에 직접 영향을 미치는 행위라면, 이 경우에도 항고소송의 대상이 되는 행정처분에 해당한다고 보아야 한다. 한편 행정청의 어떤 행위가 항고소송의 대상이 될 수 있는지는 추상적·일반적으로 결정할 수 없고, 구체적인 경우 행정처분은 행정청이 공권력 주체로서 행하는 구체적 사실에 관한 법집행으로서 국민의 권리의무에 직접적으로 영향을 미치는 행위라는 점을 염두에 두고, 관련 법령의 내용과 취지, 행위의 주체·내용·형식·절차, 그 행위와 상대방 등 이해관계인이 입는 불이익과의 실질적 견련성, 그리고 법치행정 원리와 당해 행위에 관련한 행정청 및 이해관계인의 태도 등을 참작하여 개별적으로 결정해야 한다."

☞ 위 판결은 처분의 개념뿐만 아니라 행정규칙, 즉 법규적 효력이 인정되지 않는 규범에 근거한 행정작용도 다른 행정작용의 매개 없이 그 자체만으로 직접 국민의 권리의무에 영향을 미치면 그것은 처분임을 판시한 점에 의의가 있습니다. 법규성과 처분성은 별개의 것임을 다시 한번 확인할 수 있습니다.

행정행위 개념의 정립 실익이 반감되었다는 주장이 일각에서 제기됩니다. 취소소송의 대상을 법률상으로 개념 정의된 행정행위로 한정하는 독일의 경우나 항고소송의 대상을 행정행위에 한정한 과거 대법원의 입장과는 달리, 현행 행정소송법은 항고소송의 대상을 '처분등'이라 하여 일응 그 대상 범위를 넓히는 점에서 행정법 도그마틱의 주류를 행정행위보다 처분에서 찾아야 한다는 주장이 그것입니다. 그러나 '처분≥행정행위'의 구도하에서 처분의 중심축은 행정행위에 바탕하며, 소송법적 논의를 제외한 행정작용법론은 여전히 행정행위를 중심으로 논의되므로 그 실익을 경시할 수는 없습니다. 또한, 공정력 등 행정행위의 효력은 권력적 사실행위에는 인정되지 않습니다.

여기서 잠시, 행정행위와 처분의 관계를 정리해 봅시다. 독일의 경우 연방행정절차법 제35조 제1문에서 행정행위 개념을 정의한 후 행정법원법 제42조 제1항에서 취소소송의 대상을 행정행위로 규정하므로 실체법적인 행정행위와 쟁송법상 취소소송의 대상과 관련한 개념적 혼란의 문제가 없지요. 즉, 취소소송 등의 대상을 행정행위로 한정하고 기타 행정의 행위형식에 대해서는 일반이행소송, 부작위소송 등의 다양한 소송유형을 인정함으로써 '빠짐없는 권리구제'의 이념을 실현하고 있습니다(독일 기본법 제19조 제4항). 이에 비해 우리는 강학상 행정행위의 개념 정의를 규정한 입법은 없고, 소송법상 항고소송의 대상은 처분 중심으로 운영됩니다. 항고소송 중심의 행정소송 체계하에서 권리구제의 흠결을 방지하기 위해서는 불가피하게 처분의 개념을 넓게 파악할 수밖에 없고, 여기에서 쟁송법적 개념설이 설득력이 있습니다. 결국, 구속적 행정계획, 권력적 사실행위 등을 포함하는 쟁송법상 처분 개념을 강학상의 행정행위 보다 광의의 것으로 해석할 수밖에 없는 규범적 현실하에 있습니다.

행정행위의 기능을 알아봅시다. 행정의 목적 달성을 위한 가장 효율적이고 강력한 수단은 행정행위입니다(행정의 효율성 제고). 구체적 사실에 관한 법집행으로서의 공권력 행사 내지 권력적 단독행위라는 개념 정의에서 이런 성질이 드러납니다. 이런 점을 법적으로 담보하기 위해 행정행위에는 사법상 법률행위에서 찾을 수 없는 공정력이 인정됩니다. '하자에 구애받지 않는 행정행위의 효력'이라고 요약할 수 있는데, 행정행위가 무효가 아닌 이상 취소사유에 해당하는 하자가 있더라도 권한 있는 기관에 의해 취소나 철회되기 전까지는 유효하다고 통용되는 잠정적 효력이 그 개념입니다. 간단한 예를 들지요. 군 복무를 이미 마친 남성에 대해 이중으로 징집영장이 발부된 경우 그 하자가 중대 명백하여 무효가 아닌 이상(실질적으로 이 경우의 하자는 무효사유인 경우가 대부분이지만, 이해의 편의를 위해 취소사유의 하자에 해당한다고 가정합시다) 여전히 내용적 효력이 인정되므로 영장발부의 상대방은 행정소송으로 이를 다투지 않는 한 날짜를 준수하여 입영하여야 하며, 그렇지 않은 경우에는 병역법 위반으로 처벌의 대상이 될 뿐만 아니라 경우에 따라서는 강제징집의 대상이 될 수 있습니다. 나아가, 징집처분취소소송을 제기하는 경우에도 소 제기 자체만으로는 징집처분의 효력이 정지되지 않고 별도의 집행정지 결정을 득하지 못하면 여전히 징집영장에 따라야 하는 의무가 계속됩니다. 이를 집행부정지원칙이라고 하며, 행정소송법 제23조 제1항이 이를 명문으로 규정합니다. 이처럼 행정행위에는 사법상 법률행위에서는 찾을 수 없는 강력한 효력이 인정됩니다.

행정행위는 또한, 행정상 강제집행의 전제가 됩니다. 행정청이 불법건축물 철거명령 등 행정행위로서 강학상 하명을 발령한 경우 상대방은 하명의 내용을 이행해야 할 의무를 부담하며, 만약 철거명령을 불이행하는 경우에는 행정청은 직접 강제철거를 행하거나 제3자로 하여금 이를 대집행하도록 하고 그 비용을 상대방에 징수할 수 있습니다. 이처럼 사법상 금전소비대차 등의 경우와는 달리 행정행위는 그 불이행에 대해 법원의 판결을 매개하지 않고도 그 자체만으로 '채무명의'를 창출할 수 있습니다. 그러나 이것이 후속 강제집행이 법적 근거를 요하지 않고도 가능하다는 의미는 아닙니다. 이를테면, 행정대집행의 경우 일반법으로서 행정대집행법이 존재하며, 다른 강제집행수단도 일반법이나 (예컨대, 행정상 강제징수의 경우는 국세기본법이나 국세징수법이 일반법의 기능을 합니다) 개별법의 근거가 있는 경우에만 의무이행확보를 위한 강제집행을 할 수 있습니다.[1] 법률유보에 관한 고전적 입장인 침해유보설을 상기하면 이해가 됩니다.

행정행위는 행정소송의 제기를 위한 대상적격으로 기능합니다. 항고소송의 대상인 처분의 범주 중 주류적 위치를 점하는 것은 행정행위이므로 취소소송, 무효확인소송 등의 항고소송은 주로 행정행위를 대상으로 그 효력의 소급적 폐지나 무효확인을 구하는 것이라고 보아야 합니다.

마지막으로 행정행위는 행정절차 종결의 인식 근거가 됩니다. 침익적 처분을 중심으로 행정청은 행정행위의 발령에 앞서 행정절차법이나 개별법에 의한 절차를 준수하여야 하며, 절차를 거친 산물로서 최종의 행정행위를 발령하게 됩니다. 이는 항고소송 대상의 확정을 위해서도 유의미한 시사점을 주는데, 예컨대 건축허가에 앞서 군사기지 및 군사시설 보호법 등의 규정에 따라 관할 부대장의 동의를 요하는 경우 - 사안에 따라 개별법에서 동의·협의 등을 허가나 신고로 간주하는 규정을 두지 않은 한 - 부대장의 동의 내지 부동의는 행정행위를 위한 사전의 행정절차에 불과하므로 이들을 대상으로 항고소송을 제기하는 것은 처분성 흠결을 이유로 각하판결이 행해집니다. 징집영장에 앞서 행해지는 군의관의 신체등위판정, 운전면허정지처분에 선행하는 음주운전의 측정결과 등도 모두 행정행위를 위한 중간단계로서의 행정절차의 성격을 띠므로 행정행위 내지 처분에 해당하지 않습니다. 마찬가지로 의견제출의 기회를 부여해 달라는 신청에 대해 처분청이 거부한 경우, 그 거부는 처분이 아니므로 의견제출 없이 행해진 행정행위를 대상으로 절차하자를 이유로 소송상 다투어야 합니다.

1) 한편, 행정기본법은 제5절(제30조 내지 제33조)에서 행정상 강제의 일반 규정을 두고 있습니다. 그러나 동 규정들을 행정상 강제의 직접적인 법적 근거라고 할 수는 없고 행정상 강제의 종류, 개념, 일반 원칙 등을 규정한 것이라 해석해야 합니다. 즉, 구체적 사안에서 행정상 강제의 발동을 위해서는 별도의 법적 근거를 요하는 것입니다.

2) 일반처분

(1) 의의

과거 일반처분의 개념이 크게 논의된 적이 있습니다. 결론부터 성급히 얘기하면, 과거 일반처분을 행정행위 개념에 포함시킬 것인가 여부가 문제되었는데, 연혁적으로 볼 때 독일 연방행정절차법 제35조 제2문이 이를 행정행위에 해당한다고 규정하여 입법적으로 해결한 사항이라 요약할 수 있습니다. 우선 광의의 법규범을 아래의 기준으로 구분하여 봅시다.

	구체(konkret)	추상(abstrakt)
개별(individuell)	① 행정행위(Verwaltungsakt)	② 행정행위(Verwaltungsakt)
일반(generell)	③ 일반처분(Allgemeinverfügung)	④ 법률(Gesetz), 법규명령 (Rechtsverordnung), 조례(Satzung) 등

가로축은 사안의 구체성을 기준으로, 세로축은 수범자의 특정 내지 특정 가능성을 기준으로 합니다. 위 표의 ①유형은 의문의 여지없이 행정행위에 해당합니다. 특정 시간과 장소에서 실시한 음주단속에서 혈중알코올 농도가 0.046%에 이른 甲에 대해 도로교통법령에 의하여 운전면허정지 100일의 처분을 하는 경우를 예로 들 수 있습니다. ④유형은 법령의 전형적 성질입니다. 불특정 다수의 일반인을 수범자로 하며, 규율 내용은 추상적 성격을 띱니다. 행정행위가 아님에 이견이 없습니다. 수범자는 특정되어 있지만 사안이 구체적이지 않은 경우가 ②유형입니다. 제빙회사 사장 乙에게 겨울 동안 영업공장 앞에 결빙될 때마다 이를 제거하는 것을 내용으로 하는 하명을 발령하는 경우를 생각해 봅시다. 수범자는 乙로서 특정되어 있지만, 결빙상태를 제거해야 하는 개별 사안은 하명 발령 시에 구체적으로 지정되어 있지 않습니다. 그럼에도 불구하고 학설과 판례는 ②유형을 행정행위의 범주에 포함시키는 데 주저함이 없습니다. 문제는 ③유형의 경우인데, 이를 일반처분이라고 명명하고, 그 행정행위성 여부가 문제된 것입니다. 독일 연방행정절차법 제35조 제2문에 의한 일반처분은 독립된 행정의 행위형식이 아니라 동조 제1문상의 행정행위의 유형으로서 보통의 행정행위처럼 일반처분도 행정청이 행하는 구체적 사실에 관한 법집행으로 외부에 직접 효력을 발하는 권력적 단독행위인 점에 동일하지만, 규율의 수범자에 특수성이 존재하는 경우를 말합니다.

원래 일반처분은 단수의 특정 개인에 대한 법률효과의 발생을 의도하는 것이 아니라, 범위가 확정된 다수 혹은 확정 가능한 다수에 대한 규율도 행정행위로 보고자 하는 의도에서 출발하였는데, 과거 일반처분의 행정행위성 인정 여부에 논란이 있었지만, 동 규정을 통해 이를 입법적으로 해결하였습니다. 요컨대, 일반처분도 행정행위이며, 그 개념은 일반적 기준에 의하여 확정되거나 확정될 수 있는 범위의 사람을 대상으로 하거나 또는 물건의 공법적 성질이나 공중에 의한 그 이용에 관한 행정행위를 뜻합니다.

(2) 일반처분의 구체적 유형(독일 연방행정절차법 제35조 제2문)

가. 규율 상대방인 사람의 수 내지 범위에 착안한 일반처분

일반적 기준에 의할 때 규율의 수범자 측면에서 범위가 특정(확정)된 혹은 특정(확정) 가능한 인적 범위를 규율대상으로 하는 행정행위가 일반처분의 첫 번째 유형입니다. 예컨대, 고속국도에서의 속도제한조치는 해당 구간에서 지정된 속도 이하로 운행해야 할 의무가 부과되는 개별적 규율을 내용으로 하지만, 그 수범자는 속도제한조치 시행 시 甲이나 乙 등으로 특정되지 않습니다. 그러나 발령 당시에도 수범자의 범위는 '해당 구간을 운행하는 모든 운전자'로서 특정이 가능한 경우입니다. '동절기 △△산의 입산금지처분', '일정 지역에서의 일정 시간 이후의 통행금지', '수도권 지역에서 5인 이상 사적 모임 금지' 등도 같은 맥락으로 이해하면 됩니다. 일부 학설은 여기에서의 인적 범위는 발령 시에 이미 객관적으로 특정됨을 요한다고 하지만, 다수설은 일반적 기준에 의할 때 특정 가능한, '장르별'을 의미하는 경우까지를 포함합니다(예컨대 개소유자, 자전거운전자 등). 더 나아가 '집회우려 시 인근 도서관출입 봉쇄조치'와 같이 확정 불가능한 불특정 다수에 관한 규율까지 일반처분이라 보는 경우도 있습니다. 점차적으로 수범자의 특정성보다 규율 사안의 구체성을 중심으로 행정행위성 여부를 판단하는 입장으로 변하고 있음을 확인할 수 있습니다.

일반처분은 수범자가 특정되지 않은 점에서 법규명령과 유사한 '일반적' 성격이지만, 그 범위가 일반적 기준에 의할 때 특정 가능한 것이고, 보다 본질적으로는 구체적 사건 또는 상황을 규율대상으로 하는 점에서 법규명령과 구별됩니다.

나. 물적 행정행위

규율의 직접적 수범자를 사람으로 하는 것이 아니라 물건의 공법적 성질 또는 지위를 규율하는 행정행위도 일반처분에 해당합니다. 도로의 공용개시행위, 도로의 속도제한 표지판, 일방통행 표지판 등이 그 예인데, 속도제한 표지판은 다소 주의를 요합니다. 속도제한 표시판은 해당 도로구간의 공법적 성질을 정하는 물적 행정행위이지만, 그를 통한 속도제한조치의 내용은 행정청의 의사표시의 외적 표현으로서 앞선 첫 번째 유형의 일반처분에 해당하는 것입니다. 그러나 이런 방법에 의한 구별의 실익은 크지 않습니다. 물적 행정행위의 직접적 수범자는 물건이지만, 결국 그 물건은 사람의 이용관계에 있으므로 사람의 권리·의무관계에 간접적으로 영향을 미친다고 해석합니다. 환언하면, 물건의 공법적 성질 내지 법적 규율 내용에 따라 이용자의 권리·의무가 설정되는 점에서 간접적으로는 사람에 대하여 적용되는 것입니다. 이를 '간접적 수범자로서의 사람'이라 표현하기도 합니다. 우리 판례가 횡단보도설치행위의 처분성을 인정한 것도 여기서의 물적 행정행위 관념을 수용한 것으로 평가할 수 있습니다.

> * **대판 2000.10.27, 98두8964** : "지방경찰청장이 횡단보도를 설치하여 보행자 통행방법 등을 규제하는 것은 행정청이 특정사항에 대하여 부담을 명하는 행위이고, 이는 국민의 권리의무에 직접 관계가 있는 행위로서 행정처분이라고 보아야 할 것이다."

다. 물건의 이용관계에 관한 규율

이는 물건에 대한 불특정 다수인의 이용관계에 있어서 그들의 권리의무를 규율하는 행정행위를 말하는데, 도서관이나 박물관, 수도, 전기 등의 이용 규율이나 규칙을 예로 들 수 있습니다. 엄격히 볼 때 가.의 한 유형으로 간주할 수 있으며, 여기에서의 이용자를 일반성으로 표현하는데 이는 '한정되지 않은 잠재적인 불특정 다수 이용자'를 의미한다고 보는 데에 기인합니다. 그러나 이때의 일반처분은 물건 자체의 법적 지위의 규율이 아니라 물건의 이용자의 권리·의무를 규율하므로 나. 유형과 동일시할 수는 없습니다.

과거 독일에서는 물건의 이용관계에 관한 규율은 행정청 내부의 특별행정법관계 내에서의 행정규칙(특별명령)에 의한다고 했으나, 특별행정법관계 이론의 해체에 직면해서 혹은 이의 해체를 위해 연방행정절차법에 이를 행정행위로 규율하는 연혁을 배경으로 합니다. 일설은 우리의 경우 이는 행정규칙으로 파악된다고 하지만, 모든 경우에 있어 행정규칙의 성질이라고 볼 수는 없습니다. 국립도서관의 이용관계는 행정규칙이라 할 수 있지만, 예컨대 가뭄으로 인한 식수 이외 다른 용도의 상수도 사용금지의 경우에는 이를 행정규칙이라 할 수 없습니다.

(3) 결어

일반처분 개념의 입법화는 과거에 논란이 있던 문제를 입법적으로 해결한 것으로서 이제 일반처분은 행정행위입니다. 주의할 점은 일반처분을 소송법상 처분 개념에서의 '기타 이에 준하는 행정작용'에 속하는 것으로 해석해서는 안 됩니다. 우리의 경우 입산금지처분 등 다수에 관한 행정청의 명령에 대한 행정행위성 인정에 의심이 없었습니다. 또한 물적 행정행위에 대한 특별한 취급도 하지 않았지요. 나아가 물건의 이용관계도 그 성질이 행정규칙이면 그 일반론에 의하고, 그 외에는 가. 유형의 범주 내에 포함하여 이해하면 그만입니다. 깊은 논의의 실익이 없다고 보아도 무방합니다.

한편, 좌회전금지, 유턴금지 등 교통표지판의 법적 성질을 두고는 여전히 논란의 여지가 있습니다. 주로 독일에서의 다툼으로서, 이를 법규명령으로 해석하는 견해가 그것입니다. 다소 관념적인 담론이지만, 여기서 간단히 소개합니다. 교통경찰관의 수신호나 신호등은 원활한 교통을 위해 경찰관이나 신호등에 접근하는 교통참가자에 관한 구체적 사안을 규율하므로 행정행위(일반처분)임에 이론이 없습니다. 그러나 교통표지판의 경우에는 차량운전자의 범위가 상대적으로 불확정적이며, 규율사안의 구체성도 결여되었음을 차이점으로 주장합니다. 즉, 일반처분에 해당하는 거리의 일부에 대한 법적 지위에 대한 규율도, 거리 일부에 대한 이용관계의 규율도, 또한 구체적인 장소적 교통상황을 직접 규율하는 보통의 행정행위도 아니라고 합니다. 교통표지판은 단지, '허용과 금지'의 형태로 불특정 다수인의 특정되지 않은(비구체적인) 다수의 사안을 규율하는 것으로서, "누구든지 당해 표지판의 효력범위에 들어오는 자는 그 때마다 표지판이 요구하는 대로 행동하라!"라는 법규명령이므로 취소소송이 아니라 규범통제의 대상이라고 주장합니다. 생각건대, 교통표지판의 경우는 양자의 경계에 있는 것으로 보아야 할 것입니다. 그러나 독일의 통설과 판례는 교통표지판을 위 가. 혹은 나. 형태이건, 취소소송의 대상인 행정행위라는 입장입니다. 만약 이를 법규명령이라 할 경우 법규명령에 일반적으로 요구되는 절차적 요건, 즉 공포와 관보게재의 절차를 거치지 않은 위법한 법규명령으로서 무효에 해당하여 준수하지 않아도 되는 결과에 이르는데, 이로 인한 교통 혼란을 조장할 수는 없지 않겠습니까? 어쨌든 독일에서는 특별히 일반처분에 관한 규정을 둔 것을 감안하여, 이를 현행법상 일반처분으로 이해합니다.

아래에 일반처분 관련 각론적 사항을 담은 판례를 소개합니다. 전자는 일반처분의 경우 행정절차법상의 사전통지 및 의견제출절차를 생략할 수 있다는 취지이고, 후자는 일반처분에서의 제소기간을 설시한 것입니다.

* **대판 2008.6.12, 2007두1767** : "행정절차법 제2조 제4호가 행정절차법의 당사자를 행정청의 처분에 대하여 직접 그 상대가 되는 당사자로 규정하고, 도로법 제25조 제3항이 도로구역을 결정하거나 변경할 경우 이를 고시에 의하도록 하면서, 그 도면을 일반인이 열람할 수 있도록 한 점 등을 종합하여 보면, 도로구역을 변경한 이 사건 처분은 행정절차법 제21조 제1항의 사전통지나 제22조 제3항의 의견청취의 대상이 되는 처분은 아니라고 할 것이다."

* **대판 2007.6.14, 2004두619** : "통상 고시 또는 공고에 의하여 행정처분을 하는 경우에는 그 처분의 상대방이 불특정 다수인이고 그 처분의 효력이 불특정 다수인에게 일률적으로 적용되는 것이므로, 그 행정처분에 이해관계를 갖는 자가 고시 또는 공고가 있었다는 사실을 현실적으로 알았는지 여부에 관계없이 고시가 효력을 발생하는 날 행정처분이 있음을 알았다고 보아야 한다. 인터넷 웹사이트에 대하여 구 청소년보호법에 따른 청소년유해매체물 결정 및 고시처분을 한 사안에서, 위 결정은 이해관계인이 고시가 있었음을 알았는지 여부에 관계없이 관보에 고시됨으로써 효력이 발생하고, 그가 위 결정을 통지받지 못하였다는 것이 제소기간을 준수하지 못한 것에 대한 정당한 사유가 될 수 없다."

2. 행정행위의 종류

1) 대물적 행정행위(대물적 처분)

대물적 행정행위는 일반처분의 유형 중 물적 행정행위와 일부 겹치는 개념으로서, 특별히 양자를 구별할 경우 물건의 법적 지위나 성질을 설정하는 것을 넘어 물적 상태에 직접 변경을 가져와 그로 인한 효과가 특정인 내지 특정 가능한 사람에게 귀속하는 행정행위를 의미합니다. 자동차운전면허처분 등의 대인적 행정행위와 대비되는 개념으로서 협의의 물적 행정행위라 칭하기도 합니다. 건축허가, 건축물준공검사, 공중위생업소폐쇄명령 등이 그 예인데, 우리의 경우 앞선 물적 행정행위보다 여기에서의 대물적 행정행위에 더욱 관심을 기울입니다.

* **대판 2017.3.15, 2014두41190** : "건축허가는 대물적 성질을 갖는 것이어서 행정청으로서는 허가를 할 때에 건축주 또는 토지 소유자가 누구인지 등 인적 요소에 관하여는 형식적 심사만 한다. 건축주가 토지 소유자로부터 토지사용승낙서를 받아 그 토지 위에 건축물을 건축하는 대물적 성질의 건축허가를 받았다가 착공에 앞서 건축주의 귀책사유로 해당 토지를 사용할 권리를 상실한 경우, 건

> 축허가의 존재로 말미암아 토지에 대한 소유권 행사에 지장을 받을 수 있는 토지 소유자로서는 건축허가의 철회를 신청할 수 있다고 보아야 한다. 따라서 토지 소유자의 위와 같은 신청을 거부한 행위는 항고소송의 대상이 된다."

대물적 행정행위가 침익적 성격을 띠는 경우가 특히 문제되는데, 예컨대 철거명령이 발하여진 위법 건물을 그 사실을 알지 못하고 승계한 자에게 그 명령 불이행을 이유로 강제집행수단으로서의 대집행을 하는 경우입니다. 철거명령은 당해 건물이 위법인 것을 이유로 한 것이지 인적 사정을 고려한 것은 아니고 보면, 대물적 처분으로서의 철거명령의 효과는 건물의 승계인에게도 미친다고 보아야 합니다.

공물법의 주요 쟁점으로 논의하는 공물의 공용지정(공용개시행위)과 공용폐지도 물적 행정행위에 해당합니다. 공물이 성립하기 위해서는 형체적 요건의 구비와 의사적 요소인 공용지정행위를 요하는데, 공용지정이란 일정 물건이 공적 목적에 제공되어 공법상의 특별한 지위가 부여되는 행정주체의 의사표시행위를 말합니다. 도로 등 인공공물의 경우와는 달리, 판례는 하천 등 자연공물은 형체적 요건만 갖추면 되고 공용지정이 필요하지 않다고 합니다(대판 2007.6.1, 2005도7523). 공물의 소멸도 형체적 요소의 소멸과 공용폐지행위가 필요합니다. 공용폐지란 공물의 공적 목적에의 제공을 폐지하는 의사적 행위를 의미하는데, 이는 명시적 의사표시에 의하는 것이 원칙이지만 묵시적 공용폐지도 가능합니다. 이때 공물이 사실상 본래의 용도에 사용되고 있지 않다거나 행정주체가 점유를 상실하였다는 정도의 사정만으로는 묵시적 공용폐지라고 할 수 없습니다. 공용폐지는 적법하여야 하므로 관리청이 착오로 행정재산을 다른 재산과 교환하였더라도 그것만으로 적법한 공용폐지의 의사표시가 될 수 없습니다(대판 1998.11.10, 98다42974). 자연공물의 경우에는 형체적 요소의 소멸로 인하여 본래의 용도에 제공되지 않는 상태에 놓인 것만으로 공물의 성질을 상실한다는 견해가 있지만, 판례는 예컨대 공유수면의 일부가 사실상 매립되어 대지화되어 본래의 용도에 제공되지 않는 사정이 있더라도, 공유수면의 공용폐지가 없는 한 공물의 성질을 보유하므로 시효취득의 대상인 일반재산이 되는 것은 아니라고 합니다(대판 2013.6.13, 2012두2764). 요컨대, 판례에 의할 때 자연공물의 성립에는 공용지정을 요하지 않지만, 그 소멸은 공용폐지를 전제로 합니다.

* **대판 2009.12.10, 2006다87538** : "공유수면으로서 자연공물인 바다의 일부가 매립에 의하여 토지로 변경된 경우에 다른 공물과 마찬가지로 공용폐지가 가능하다고 할 것이며, 이 경우 공용폐지의 의사표시는 명시적 의사표시뿐만 아니라 묵시적 의사표시도 무방하다. 공물의 공용폐지에 관하여 국가의 묵시적인 의사표시가 있다고 인정되려면 공물이 사실상 본래의 용도에 사용되고 있지 않다거나 행정주체가 점유를 상실하였다는 정도의 사정만으로는 부족하고, 주위의 사정을 종합하여 객관적으로 공용폐지 의사의 존재가 추단될 수 있어야 한다."

☞ 토지가 해면에 포락됨으로써 사권이 소멸하여 해면 아래의 지반이 되었다가 매립면허를 초과한 매립으로 새로 생성된 사안에서, 국가가 그 토지에 대하여 자연공물임을 전제로 한 아무런 조치를 취하지 않았다거나 새로 형성된 지형이 기재된 지적도에 그 토지를 포함시켜 지목을 답 또는 잡종지로 기재하고 토지대장상 지목을 답으로 변경하였다 하더라도, 그러한 사정만으로는 공용폐지에 관한 국가의 의사가 객관적으로 추단된다고 보기에 부족하다고 한 사례입니다.

2) 준법률행위적 행정행위

민사법의 경우처럼 행정행위도 행위자의 효과의사의 유무 내지 행정행위의 법적 효과의 발생 원인에 따라 법률행위적 행정행위와 준법률행위적 행정행위로 구분합니다. 이에 따라 준법률행위적 행정행위는 효과의사 이외의 정신작용(인식이나 판단 등)을 구성요소로 하고 그 법적 효과가 행위자의 의사와는 무관하게 법규범에 의하여 부여되는 행위라 정의합니다. 이는 다시 변호사시험 합격자 결정, 발명권특허, 행정심판재결 등의 확인, 부동산등기부 등재, 변호사시험 합격증 교부, 여권 발급 등의 공증, 귀화고시, 토지수용에 있어서의 사업인정 고시, 대집행 계고 등의 통지, 타인의 행위를 유효한 행위로 받아들이는 신고수리 등의 수리로 강학상 구분합니다. 준법률행위적 행정행위도 행정행위의 일종이므로 원칙적으로 항고소송의 대상인 처분에 속합니다.

양자의 구별 실익을 굳이 들자면, 준법률행위적 행정행위는 법률에 의해 법률효과가 부여되므로 재량의 인정 여지가 없는 점, 그리고 부관은 행정청의 의사표시에 의하여 부가되는 것이 원칙이므로 준법률행위적 행정행위에는 부관을 부가할 수 없는 점 등이 거론됩니다. 그러나 오늘날에는 이른바 양자의 구별 부인론이 설득력이 있는바, 행정의 공익추구 원칙상 행정청의 의사에 의한 법률효과도 담당 공무원의 자유로운 효과의사로서의 사적자치원칙에서 비롯하는 것이 아니라 결국은 법 규정의 취지에 의하여 결정되는 객관적 내용의 실현에 불과한 것이므로, 사법상 법률행위에서의 의사표시를 행정행위에 도입하는 것이 부적절하다는 견해가 그것입니다.

일반적으로 준법률행위적 행위는 기속행위라 봅니다. 그러나 재량행위와 기속행위는 관계법규, 법률효과의 종류 등에 의한 구분의 결과물이지 법률행위적 행정행위와 준법률행위적 행정행위의 구분에 따른 필연적 산물은 아닙니다. 또한, 준법률행위적 행정행위가 부관에 친하지 않은 것은 사실이지만, 오늘날 기속행위로서의 준법률행위적 행정행위의 경우에도 법령의 규정에 의하여 부관이 부가되는 이른바 법정부관이 가능하므로 부관의 부가 여부를 확정하기 위해 양자를 구별하는 것도 큰 의미가 없습니다. 여권상 유효기간이 설정되는 것(부관으로서 기한이 부가된 '공증'으로서의 여권발급)을 예로 들 수 있습니다.

이상의 논의에서 볼 때, 법리적으로 준법률행위적 행정행위의 개념 정의가 이론상 가능하지만, 법률행위적 행정행위와의 구별실익이 크지 않으므로 굳이 행정행위의 2대 범주의 위상을 부여할 필요성까지는 없는 것인지도 모릅니다.

3) 복효적 행정행위

(1) 개념

행정행위는 그 법률효과의 성질에 따라 상대방에게 권리·이익을 부여하거나 의무를 면제하는 수익적 행정행위와 의무를 부가하거나 권리·이익을 제한·침해하는 침익적 행정행위로 구분할 수 있습니다. 복효적 행정행위(이중효과적 행정행위)는 양자의 성질을 겸유하는 것으로서, 이면적 관계에서는 신청에 대한 일부 인용처분과 부관부 행정행위 등의 경우를, 삼면적 관계 내지 제3자효 발생의 경우에는 처분의 상대방에게는 이익을, 제3자에게는 불이익을 주는 행정행위를 뜻합니다(물론, 상대방에게는 불이익, 제3자에게는 이익을 주는 경우도 포함합니다). 건축행정법 관계, 환경상 인인소송, 경업자소송, 경원자소송 등에서 그 예를 찾을 수 있습니다. 복효적 행정행위에서는 제3자의 보호가 특히 문제되는데, 이와 관련하여 몇 가지 쟁점이 부각됩니다.

(2) 행정절차상 특징

행정절차법은 침익적 행정행위에 있어 그 상대방에 대한 사전통지의무와 그에 따른 청문 등에 관하여 규정하고 있습니다(행정절차법 제21조, 제22조). 복효적 행정행위에서 불이익의 효과가 미치는 제3자도 내용적으로는 침익적 효과의 상대방이므로 관련 행정절차가 적용되어야 하는 것이 타당하지만, 그 제3자에 대한 복효적 행정행위의 통지의무를 규정하지 않음으로 인한 문제가 제기됩니다. 물론, 의견제출의 주체가 '당사자 등'으로 규정되어(행정절차법 제21조 제1항, 제22조 제3항), 처분의 상대방과 행정청이 직권 또는 신청에 의하여 행정절차에 참여하게 한 이해관계인이 행정절차에 참가할 수 있지만(행정절차법 제2조 제4호), 자신의 권리가 침해되는 제3자가 불이익처분을 사전에 인지하고 처분절차에 참가 신청하는 것을 상정하기 곤란하므로 불이익의 방어가 실질적으로 직권에 의한 법원의 결정에 좌우되는 상황하에 있습니다.[1)]

한편, 행정절차법 제26조는 처분을 대상으로 하는 쟁송상 불복 관련 사항의 고지의무를 규정하는데, 이러한 내용의 고지는 제3자도 요구할 수 있고, 그 경우 행정청은 이를 알려 주어야 합니다(행정심판법 제58조 제2항).

(3) 복효적 행정행위의 직권취소·철회

독일 연방행정절차법은 수익적 행정행위의 직권취소·철회에 관하여 상대방의 신뢰보호의 관점에서 취소·철회의 제한원칙을 천명하고 있습니다(독일 연방행정절차법 제48조, 제49조). 그리고 동 규정에 나타난 규율 내용은 우리의 경우에도 큰 틀에서 원용 가능합니다. 행정기본법은 행정행위의 취소 및 철회에 관한 명문의 일반 규정을 두고 있습니다(제18조, 제19조).

복효적 행정행위의 취소나 철회의 경우에는 공익과 상대방의 사익 간에는 물론, 제3자의 이익도 구체적으로 비교·형량하여야 합니다. 따라서 수익적 행정행위에 있어 신뢰보호원칙에 따른 취소 제한의 필요성보다 그 취소에 따른 제3자의 이익이 더 큰 것일 때에는, 당해 행위의 존속에 대한 상대방의 신뢰보호가치가 인정되더라도 그 행위를 취소해야 하는 경우가 발생합니다. 반대로, 당해 행위에서 받는 제3자의 이익과의 관계에서 침익적 행정행위의 취소·철회가 제한되는 경우도 상정 가능합니다.

(4) 행정쟁송상 제3자가 원고가 되는 경우

복효적 행정행위의 가장 두드러진 쟁점은 침익적 효과를 받는 제3자의 원고적격 문제입니다. 숙박업소에 대한 건축허가로 인하여 주거·교육환경에의 침해를 받은 인근 주민이 당해 건축허가취소소송을 제기하는 경우 원고의 법률상 이익 인정 여부는 가장 흔

---

1) 이에 비해 독일의 경우는 연방행정절차법 제43조 제1항 제1문상 "행정행위는 그 상대방 및 이해관계인에게 통지되는 시점에 효력을 발생한다(Ein Verwaltungsakt wird gegenüber demjenigen, für den er bestimmt ist oder der von ihm betroffen wird, in dem Zeitpunkt wirksam, in dem er ihm bekanntgegen wird)"고 규정하여 제3자에 대한 통지를 법적 의무화합니다. 따라서 이해관계인 등 제3자에 대한 미통지의 경우 행정행위는 성립하지만 제3자에 대하여는 효력이 발생하지 않습니다.

한 예에 속합니다. 한편, 위 건축허가에 대해 인근 주민이 취소심판을 제기하여 인용재결이 행해지고 건축허가의 상대방이 이를 소송상 다투는 경우 그 대상은 인용재결입니다. 이때 형성재결 성격의 인용재결은 준사법적 행정작용으로서 처분의 성격도 겸유하며, 재결의 상대방은 처분청과 행정심판청구인으로서의 인근 주민입니다. 그러나 이 경우는 건축허가의 상대방이 인용재결, 즉 이제는 건축허가취소재결의 형식적 제3자이자 실질적 상대방이 되어(취소재결로 인하여 비로소 자신의 권리가 침해된다는 점에서 그러합니다) 인용재결을 대상으로 하는 취소소송의 원고가 되는 것이지요. 판례는 이때의 인용재결을 재결 고유의 내용적 위법이 있는 경우로 해석하여 재결이 취소소송의 대상이 되는 행정소송법 제19조 단서에 해당하는 경우라고 봅니다.

＊ **대판 1995.6.13, 94누15592** : "이른바 복효적 행정행위, 특히 제3자효를 수반하는 행정행위에 대한 행정심판청구에 있어서 그 청구를 인용하는 내용의 재결로 인하여 비로소 권리이익을 침해받게 되는 자(예컨대, 제3자가 행정심판청구인인 경우의 행정처분 상대방 또는 행정처분 상대방이 행정심판청구인인 경우의 제3자)는 재결의 당사자가 아니라고 하더라도 그 인용재결의 취소를 구하는 소를 제기할 수 있으나, 그 인용재결로 인하여 새로이 어떠한 권리이익도 침해받지 아니하는 자인 경우에는 그 재결의 취소를 구할 소의 이익이 없다. 처분상대방이 아닌 제3자가 당초의 양식어업면허처분에 대하여는 아무런 불복조치를 취하지 않고 있다가 도지사가 그 어업면허를 취소하여 처분상대방인 면허권자가 그 어업면허취소처분의 취소를 구하는 행정심판을 제기하고 이에 재결기관인 수산청장이 그 심판청구를 인용하는 재결을 하자 비로소 그 제3자가 행정소송으로 그 인용재결을 다투고 있는 경우, 수산청장의 그 인용재결은 도지사의 어업면허취소로 인하여 상실된 면허권자의 어업면허권을 회복하여 주는 것에 불과할 뿐 인용재결로 인하여 제3자의 권리이익이 새로이 침해받는 것은 없고, 가사 그 인용재결로 인하여 그 면허권자의 어업면허가 회복됨으로써 그 제3자에 대하여 사실상 당초의 어업면허에 따른 효과와 같은 결과를 초래한다고 하더라도 이는 간접적이거나 사실적·경제적인 이해관계에 불과하므로, 그 제3자는 인용재결의 취소를 구할 소의 이익이 없다."

☞ 여기에서의 소의 이익은 내용적으로 원고적격의 흠결로 이해하면 됩니다.

＊ **대판 1997.12.23, 96누10911** : "이른바 복효적 행정행위, 특히 제3자효를 수반하는 행정행위에 대한 행정심판청구에 있어서 그 청구를 인용하는 내용의 재결로 인하여 비로소 권리이익을 침해받게 되는 자는 그 인용재결에 대하여 다툴 필요가 있고, 그 인용재결은 원처분과 내용을 달리하는 것이므로 그 인용재결의 취소를 구하는 것은 원처분에는 없는 재결에 고유한 하자를 주장하는 셈이어서 당연히 항고소송의 대상이 된다."

이때 여기에서의 인용재결에 따라 처분청이 종종 건축허가를 취소하는 경우가 있습니다. 그런데 건축허가의 취소는 이미 법률관계의 변동을 가져온 형성재결로서의 취소재결에 의해 완성되었으므로 처분청의 후속조치로서의 취소는 단순한 관념 내지 사실의 통지에 불과하여 그 처분성이 부인됩니다. 따라서 원처분의 상대방이 인용재결에 따라 처분청이 행한 건축허가취소처분을 대상으로 취소소송을 제기하면 각하판결이 행해집니다.

다른 경우도 있습니다. 건축허가거부에 대해 신청인이 의무이행심판을 제기하여 인용재결로서 처분명령재결을 받고 이에 따라 처분청이 건축허가를 발령한 경우, 인근 주민은 원처분인 건축허가거부처분에 의해 수익적 효과를 향유하는 제3자이지만 이번에는 침익적 효과를 가져온 인용재결의 제3자로서 항고소송을 제기할 수 있습니다. 이 경우 취소소송의 대상은 무엇이어야 할까요? 인용재결로서의 처분명령재결은 이행재결이므로 그것만으로는 종국적 효과를 가져오는 건축허가처분이 행해진 상태는 아니므로 후속 처분을 대상으로 하여야 한다는 견해와, 후속 처분은 처분명령재결의 기속력의 결과에 불과하므로 처분명령재결이 소의 대상이라는 입장이 대립하는데, 판례는 양자 모두, 즉 처분명령재결과 후속 처분 중 선택적으로 소의 대상으로 삼을 수 있다는 병존설의 입장입니다.

* **대판 1993.9.28, 92누15093** : "재결은 행정청을 기속하는 효력을 가지므로 재결청이 취소심판의 청구가 이유 있다고 인정하여 처분청에게 처분의 취소를 명하면 처분청으로서는 그 재결의 취지에 따라 처분을 취소하여야 하지만, 그렇다고 하여 그 재결의 취지에 따른 취소처분이 위법할 경우 그 취소처분의 상대방이 이를 항고소송으로 다툴 수 없는 것은 아니다."

(5) 불복제소기간

취소심판의 제기기간은 처분이 있음을 안 날부터 90일, 정당한 사유가 있는 경우 이외에는 처분이 있었던 날부터 180일이며(행정심판법 제27조 제1항, 제3항), 취소소송의 제소기간은 처분이 있음을 안 날부터 90일, 정당한 사유가 없는 한 처분이 있은 날부터 1년입니다(행정소송법 제20조 제1항, 제2항). 전술한 바와 같이 현행 행정절차법상 제3자에 대한 통지의무가 없으므로 제3자가 제기하는 취소심판 내지 취소소송에서 그 제기기간인 180일 또는 1년이 경과한 때에도 그 단서 소정의 정당한 사유가 있는 것으로 되어 쟁송의 제기가 적법한 것으로 인정되는 경우가 판례상 적지 아니합니다.

* **대판 2002.5.24, 2000두3641** : "행정처분의 상대방이 아닌 제3자는 일반적으로 처분이 있는 것을 바로 알 수 없는 처지에 있으므로 처분이 있은 날로부터 180일이 경과하더라도 특별한 사유가 없는 한 구 행정심판법(1995. 12. 6. 법률 제5000호로 개정되기 전의 것) 제18조 제3항 단서 소정의 정당한 사유가 있는 것으로 보아 심판청구가 가능하나, 그 제3자가 어떤 경위로든 행정처분이 있음을 알았거나 쉽게 알 수 있는 등 같은 법 제18조 제1항 소정의 심판청구기간 내에 심판청구가 가능하였다는 사정이 있는 경우에는 그 때로부터 60일 이내에 심판청구를 하여야 하고, 이 경우 제3자가 그 청구기간을 지키지 못하였음에 정당한 사유가 있는지 여부는 문제가 되지 아니한다."

(6) 소송참가

행정행위는 다수인의 법률관계에 영향을 미치는 경우가 대부분이고, 특히 항고소송의 경우 대세적 효력이 인정되므로(행정소송법 제29조 제1항) 제3자의 권익보호를 위해 제3자의 소송참가가 넓은 범위에서 요청됩니다. 이에 따라 행정소송법은 소송의 결과에 따라 권리 또는 이익을 침해받을 제3자가 있는 경우 그 제3자를 당사자의 신청 또는 법원의 직권에 의한 결정으로 소송에 참가시켜 변론을 행하고 자료를 제출하게 합니다(행정소송법 제16조).[1] 적법한 소송이 계속되어 있는 한 심급을 묻지 않으므로 상고심에서도 소송참가는 가능합니다.

소송참가가 가능한 제3자는 취소판결의 형성력 그 자체에 의하여 직접 권리·이익을 침해받는 경우뿐만 아니라 판결의 기속력하에 있는 피고 행정청이나 관계행정청의 새로운 처분에 의하여 권리·이익을 침해받게 되는 자도 포함합니다. 예를 들어, 행정청이 특정 공유수면에 대하여 甲과 乙로부터 공유수면매립면허신청을 받아 甲의 면허신청을 거부하고 乙에게 면허를 내준 데 대하여 甲이 자신에 대한 면허거부처분의 취소소송을 제기하여 승소할 경우, 판결이 바로 乙에 대한 면허처분까지 소멸시키는 것은 아니지만 행정청은 그 판결에 기속되어 乙에 대한 면허를 취소하지 않을 수 없으므로 이 경우 乙은 권리·이익을 침해받는 제3자로서 소송참가인이 될 수 있습니다. 제3자를 소송에 참가시키는 결정이 있으면 그 제3자는 공동소송적 보조참가인의 지위에 있게 되며, 필수적 공동소송에 대한 특별규정인 민사소송법 제67조가 준용됩니다(행정소송법 제16조 제4항). 민사소송법상의 보조참가에 있어서 보조참가인이 참가적 효력만을 받는 것과는 달리 행정소송에서 참가인의 지위를 취득한 제3자는 실제 소송에 참가하여 소송행위를 하였는지

---

1) 소송참가에 상응하여 행정심판법 제20조 내지 제22조는 '심판참가'를 규정합니다.

여부를 불문하고 판결의 효력을 받습니다.

한편, 참가인이 된 제3자는 판결 확정 후 행정소송법 제31조에 의한 재심의 소를 제기할 수 없습니다. 왜냐하면 재심의 소는 소송참가하지 못한 제3자를 위해 마련된 제도이기 때문입니다. 즉, 제3자에 의한 재심청구는 소송참가에 대해 보충적 관계에 있습니다.

(7) 복효적 행정행위와 집행정지

건축허가처분취소소송을 제기한 인근 주민이 본안소송과 함께 회복하기 힘든 손해의 발생을 예방하기 위해 집행정지를 신청할 수 있는지에 대해 통설·판례는 이를 긍정합니다. 행정소송법 제29조 제2항이 집행정지결정의 제3자효를 인정하고 있음에 비추어 복효적 행정행위에 대한 집행정지가 가능하다는 견해는 설득력이 있습니다. 판례는 시내버스 운송사업계획변경인가처분에 대하여 제3자인 기존 운송업자도 집행정지를 신청할 수 있다는 전제하에 그 신청을 인용한바 있습니다(대결 2004.5.17, 2004무6). 다만, 통상의 집행정지결정 과정에서는 공익과 상대방의 이익형량이 중요하지만, 복효적 행정행위에 있어서는 공익과 사익 상호 간뿐만 아니라 사인 상호 간의 이익형량도 행해져야 할 것입니다. 나아가, 원처분과의 관계에서 제3자의 신청에 의한 집행정지가 결정된 경우, 다른 제3자, 즉 원처분과의 관계에서의 상대방은 법원의 집행정지결정에 대하여 즉시항고를 하거나(행정소송법 제23조 제5항), 집행정지의 취소를 청구할 수 있습니다(행정소송법 제24조).

제12강
재량행위

제12강
재량행위

'재량행위와 기속행위'도 행정행위의 종류의 틀 속에서 고찰할 수 있습니다. 그러나 그 중요성을 감안하여 별도의 목차를 설정하여 아래에 자세히 다룹니다.

1. 재량행위의 의의 : 법치행정원리와 재량행위

법치행정원리를 행정청의 처분발령 프로세스 내지 행정법규의 적용과정과 관련하여 파악하면 대개 다음의 진행 과정이 도출됩니다. 〈사실관계의 확정 → 법률요건의 해석·확정 → 인정사실의 법률요건에의 부합 여부 판단(포섭) → 그에 따른 법률효과의 결정〉이 그것입니다.

법치행정을 엄정하게 실현하기 위해서는 입법자가 법률요건과 그 효과를 일의적이고 획일적으로 정하여 행정권은 이를 기계적으로 적용하는 권한만을 행사하도록 법제화하는 것이 간편한 방편일지도 모릅니다. 그러나 이런 주장의 불가능성 및 부적절성은 다언을 요하지 않습니다. 행정이 공익의 구체적 실현 작용이라는 측면에서 볼 때, 경우에 따라 구체적 사정과 관련하여 그에 가장 합당한 처분을 할 수 있도록 행위의 발령 여부 내지 행위의 내용에 관하여 행정청에게 독자적 판단권을 부여하는 것이 공익의 적정한 실현을 위해 바람직합니다. 이로부터 재량행위의 의의를 도출할 수 있는데, 실질적으로는 '요건규정상의 불확정개념의 해석'과 '효과규정에서의 결정재량·선택재량의 문제'로 구체화됩니다. 전자는 불확정개념을 원칙적으로 법 개념이라는 전제하에 예외적으로 판단여지로 볼 것인가 혹은 불확정개념도 통상의 재량과 동일한 것으로 이해할 것인가의 문제이고, 후자는 처분을 발령할 것인지 여부 및 발령해야 한다면 복수의 가능한 처분 중 어떤 내용의 처분을 발령할 것인가의 구도로 요약할 수 있습니다.

2. 기속행위·재량행위의 구별 실익

1) 재판통제의 범위와 방식

(1) 쟁송상 심사방식

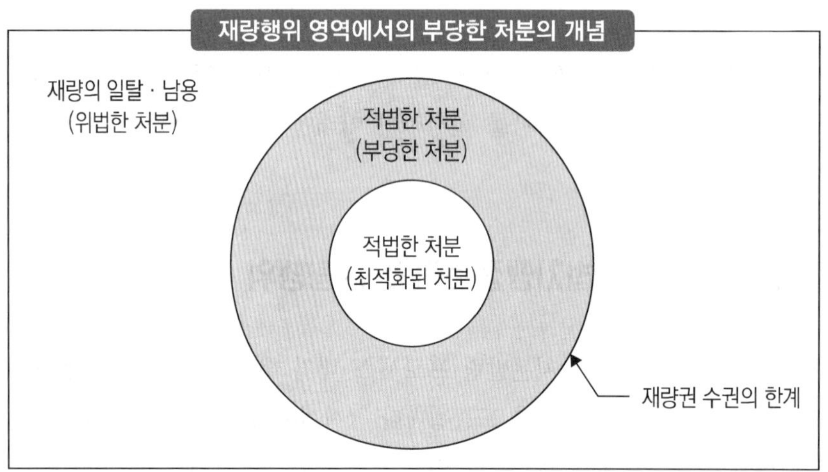

재량권이 부여된 경우 그 외형적 수권 범위 내에서의 행정행위는 일응 적법한 것이므로, 그것이 비록 최선 내지 최적의 선택이 아니었더라도 위법의 문제는 발생시키지 않습니다. 그러나 최적의 선택이 아닌 행정처분은 행정의 공익 내지 합목적성 요청상 비록 적법하더라도 부당한 처분에 해당한다고 평가합니다. 이러한 처분의 부당성에 대한 쟁송상 통제 내지 권리구제는 법리상 행정소송에 의해서는 불가능하고(행정소송법 제1조[1]) 행정심판을 통해서만 가능합니다(행정심판법 제1조[2]). 여기에서 해석의 문제가 발생합니다. 행정심판의 청구인 적격(행정심판법 제13조)과 관련하여, 부당하지만 적법한 처분에 의해서도 법률상 이익, 즉 권리가 침해될 수 있는지의 문제가 과거 큰 논란의 대상이었지만, 현행 법제에 의할 때 부당한 처분에 의하여 법률상 이익이 침해되는 경우에만 행정심판에

---

1) 제1조(목적) 이 법은 행정소송절차를 통하여 행정청의 위법한 처분 그 밖에 공권력의 행사·불행사등으로 인한 국민의 권리 또는 이익의 침해를 구제하고, 공법상의 권리관계 또는 법적용에 관한 다툼을 적정하게 해결함을 목적으로 한다.

2) 제1조(목적) 이 법은 행정심판 절차를 통하여 행정청의 위법 또는 부당한 처분이나 부작위로 침해된 국민의 권리 또는 이익을 구제하고, 아울러 행정의 적정한 운영을 꾀함을 목적으로 한다.

의한 권리구제가 가능한 것으로 해석하며, 이를 입법비과오설이라 칭합니다. 요컨대, 항고소송에서는 위법한 처분에 따른 사인의 권리침해를 구제하지만, 행정심판에서는 위법한 처분뿐만 아니라 적법한 부당한 처분에 의한 권리침해도 구제의 대상으로 합니다.

재판통제의 범위 내지 방식과 관련하여 재량행위와 기속행위는 차이를 노정합니다. 재량행위는 그 일탈·남용으로 인한 재량하자의 경우에만 재판통제의 대상이 되는 점에서 기속행위에 비해 그 범위가 제한됩니다. 기속행위의 경우 그 법규에 대한 기속성으로 인하여 법원이 사실인정과 관련 법규의 해석·적용을 통하여 일정한 결론에 도달한 후 그 결론에 비추어 행정청이 행한 판단의 적법 여부를 독자적 입장에서 판정하는 이른바 판단대치방식 내지 완전심사방식에 의합니다. 이에 비해 재량행위에 있어서는 법원은 행정청의 재량에 기한 공익판단의 여지를 감안하여, 적법한 최선의 결론에 대한 법원의 독자적인 결론을 도출하는 것이 아니라 재량의 일탈·남용 여부만을 심사하는데 이를 제한심사방식이라 칭합니다(행정소송법 제27조). 그리고 재량행위에서의 위법판단의 기준은 재량의 불행사, 사실오인, 비례원칙·평등원칙 위배, 당해 행위의 목적위반 등이 됩니다.

* **대판 2001.2.9, 98두17593** : "행정행위가 그 재량성의 유무 및 범위와 관련하여 이른바 기속행위 내지 기속재량행위와 재량행위 내지 자유재량행위로 구분된다고 할 때, 그 구분은 당해 행위의 근거가 된 법규의 체재·형식과 그 문언, 당해 행위가 속하는 행정 분야의 주된 목적과 특성, 당해 행위 자체의 개별적 성질과 유형 등을 모두 고려하여 판단하여야 하고, 이렇게 구분되는 양자에 대한 사법심사는, 전자의 경우 그 법규에 대한 원칙적인 기속성으로 인하여 법원이 사실인정과 관련 법규의 해석·적용을 통하여 일정한 결론을 도출한 후 그 결론에 비추어 행정청이 한 판단의 적법 여부를 독자의 입장에서 판정하는 방식에 의하게 되나, 후자의 경우 행정청의 재량에 기한 공익판단의 여지를 감안하여 법원은 독자의 결론을 도출함이 없이 당해 행위에 재량권의 일탈·남용이 있는지 여부만을 심사하게 되고, 이러한 재량권의 일탈·남용 여부에 대한 심사는 사실오인, 비례·평등의 원칙 위배, 당해 행위의 목적 위반이나 동기의 부정 유무 등을 그 판단 대상으로 한다."
* **대판 2017.3.15, 2016두55490** : "국토계획법이 정한 용도지역 안에서의 건축허가는 건축법 제11조 제1항에 의한 건축허가와 국토계획법 제56조 제1항의 개발행위허가의 성질을 아울러 갖는 것으로 보아야 할 것인데, 개발행위허가는 허가기준 및 금지요건이 불확정개념으로 규정된 부분이 많아 그 요건에 해당하는지 여부는 행정청의 재량판단의 영역에 속한다. 그러므로 그에 대한 사법심사는 행정청의 공익판단에 관한 재량의 여지를 감안하여 원칙적으로 재량권의 일탈이나 남용이 있는지 여부만을 대상으로 하고, 사실오인과 비례·평등의 원칙 위반 여부 등이 그 판단 기준이 된다고 할 것이다(대법원 2005. 7. 14. 선고 2004두6181 판결, 대법원 2012. 12. 13. 선고 2011두29205 판결 등 참조). 그리고 특히 환경의 훼손이나 오염을 발생시킬 우려가 있는 개발행위에 대한 행정청의

허가와 관련하여 재량권의 일탈·남용 여부를 심사할 때에는, 해당지역 주민들의 토지이용실태와 생활환경 등 구체적 지역 상황과 상반되는 이익을 가진 이해관계자들 사이의 권익 균형 및 환경권의 보호에 관한 각종 규정의 입법 취지 등을 종합하여 신중하게 판단하여야 한다."

(2) 일부취소

급전납부의무를 내용으로 하는 조세부과처분, 개발부담금부과처분 등의 기속행위의 경우에는 관계 법령에 비추어 당사자의 제출 자료에 의해 정당한 부과금액의 산정이 가능하므로 각각에 대한 취소소송에서 정당한 부과금액을 초과하는 부분에 대한 일부취소 판결이 가능하지만, 영업정지, 과징금부과처분 등의 재량행위는 처분청의 일차적 재량권을 존중하여야 하므로 소송상 일부취소가 불가능하고, 전부취소 후 처분청이 적법한 재량권의 행사하에 다시 적정한 처분을 하는 방법을 취해야 합니다.

한편, 일부 판례는 재량행위에 해당하는 과징금부과처분과 영업정지처분에 대한 취소소송에서 일부취소가 가능한 듯한 판시를 하지만, 이를 두고 '재량행위에 대한 소송상 일부취소의 가능'의 일반적 귀결로 단정하는 것은 성급합니다. 아래 판결들은 내용적으로 볼 때 복수의 위반행위에 대한 각 제재적 처분의 합산 액수나 일수를 바탕으로 외형상 하나의 재량처분이 발령된 경우로서, 위법에 해당하는 일부 위반행위에 대한 제재적 처분의 내용을 별도로 산정할 수 있는 예외적 사안에 관한 판시임을 유의하여야 합니다. 단일한 재량처분에 대한 소송상 일부취소를 인정한 판결이 아님을 뜻합니다.

* **대판 2019.1.31, 2013두14726** : "공정거래위원회가 위반행위에 대한 과징금을 부과하면서 여러 개의 위반행위에 대하여 외형상 하나의 과징금 납부명령을 하였으나 여러 개의 위반행위 중 일부의 위반행위에 대한 과징금 부과만이 위법하고 소송상 그 일부의 위반행위를 기초로 한 과징금액을 산정할 수 있는 자료가 있는 경우에는, 하나의 과징금 납부명령일지라도 그 일부의 위반행위에 대한 과징금액에 해당하는 부분만을 취소하여야 한다."
* **대판 2020.5.14, 2019두63515** : "행정청이 여러 개의 위반행위에 대하여 하나의 제재처분을 하였으나, 위반행위별로 제재처분의 내용을 구분하는 것이 가능하고 여러 개의 위반행위 중 일부의 위반행위에 대한 제재처분 부분만이 위법하다면, 법원은 제재처분 중 위법성이 인정되는 부분만 취소하여야 하고 제재처분 전부를 취소하여서는 아니 된다."

이에 비해 취소심판을 통해서는 재량행위와 기속행위 공히 일부취소가 가능합니다. 행정심판이 권리구제 기능뿐만 아니라 그 본질에 있어 행정 내부에서의 행정통제의 강화 기능도 담당함을 고려할 때 일부취소를 폭넓게 인정하더라도 행정의 재량권 존중 이념에 배치되지 않기 때문입니다. 판례도 같은 입장입니다.

(3) 판결의 기속력(특히, 재처분의무)

재량행위 영역에서 거부처분취소판결이 확정되더라도 처분청은 적법한 재량권 행사에 따라 재차 거부처분을 하더라도 이는 판결의 취지에 반하는 것이 아니므로 판결의 기속력 위반이 아니지만, 기속행위에 있어서는 거부처분취소판결이 확정되면 처분청은 원칙적으로 이전의 신청에 대한 인용처분을 하여야만 재처분의무를 이행한 것이 됩니다(행정소송법 제30조 제2항 참조).

다만, 전자는 물론 후자의 경우에도 원거부처분시에 존재하였던 거부사유가 다수 존재하여 원거부처분 사유와 기본적 사실관계의 동일성이 인정되지 않는 사유를 들거나, 처분 이후의 법령 개정 등에 따른 새로운 거부 사유를 처분사유로 하거나, 거부처분이 절차상 하자를 이유로 취소되어 그 절차하자를 치유한 경우 등에는 각각 재차 거부처분을 행하더라도 재처분의무의 위반이 아님은 이미 설명한 바와 같습니다.

2) 부관의 가부

행정청에게 재량권이 부여된 경우 그 범위 내에서 행정행위의 발령과 함께 그 법률효과를 일부 제한하는 내용의 부관을 부가할 수 있으며, 이는 재량권의 수권 범위에 내재하는 것으로 이해할 수 있습니다. 이런 전제에 입각한다면 기속행위의 경우에는 부관의 부가가 불가능하다는 결론은 쉽사리 도출 가능합니다. 그러나 기속행위의 경우에도 법정부관 형태는 물론(행정기본법 제17조 제2항), 관계 법령에 의할 때 수익적 행정행위의 일부 요건의 충족을 전제로 하는 이른바 '법률요건충족적 부관'은 붙일 수 있다는 것이 통설의 입장이며, 독일 연방행정절차법 제36조 제1항은 이를 명문으로 규정하고 있습니다.[1] 행정기본법은 법률요건충족적 부관에 대한 규정을 두고 있지 않지만, 학설은 예전부터

1) § 36 Nebenbestimmungen zum Verwaltungsakt (1) Ein Verwaltungsakt, auf den ein Anspruch besteht, darf mit einer Nebenbestimmung nur versehen werden, wenn sie durch Rechtsvorschrift zugelassen ist oder wenn sie sicherstellen soll, dass die gesetzlichen Voraussetzungen des Verwaltungsaktes erfüllt werden(제36조(행정행위의 부관) ① 기속행위에서는 법정부관에 의하거나 법령상 행정행위의 발령 요건을 충족하기 위한 경우에만 부관을 부가할 수 있다).

이를 인정하는 데에 의견 일치를 보입니다.

3) 공권의 성립

재량행위에는 과거 공권이 성립할 수 없다고 보았습니다. 그러나 오늘날 재량행위 영역에서도 사인은 무하자재량행사청구권을 행사할 수 있지만, 그 법적 성질은 형식적 공권에 그치므로 원고적격을 이루는 법률상 이익을 형성한다고 할 수 없습니다. 이에 비해 기속행위 영역에서는 전통적 이론에 의하더라도 행정행위발령청구권 내지 행정개입청구권의 성립을 주장할 수 있으며, 이는 실체적 공권의 성격을 띱니다. 그럼에도 불구하고 항고소송상 원고적격의 판단은 구체적인 법률상 이익의 침해 개연성 여부에 의합니다. 요컨대, 공권의 성립 여부를 기준으로 재량행위와 기속행위를 구분하는 것은 오류이지만, 각각 인정되는 공권의 성질상 차이에 착안하는 구분은 여전히 유의미합니다.

3. 기속행위·재량행위의 구별 기준

도로점용허가, 산지(농지)전용허가, 개발행위허가, 개인택시운송사업면허, 마을버스운송사업면허, 주택건설사업계획승인, 공유수면매립면허, 출입국관리법상 체류자격변경허가, 귀화허가, 대형마트영업시간제한처분, 경찰관 직무집행법상 제반 경찰처분, 담배소매인지정처분, 골재채취허가, 광업권설정허가 등은 일반적으로 재량행위에 속합니다. 그렇다면 재량행위와 기속행위의 구별은 어떤 기준에 의할까요?

우선, 요건재량설입니다. 행정법규는 요건규정과 효과규정으로 구성됨을 전제로 하여 양자의 구별을 요건규정에서 찾아, 요건이 일의적이고 구체적으로 규정된 경우 이에 기한 행정행위를 기속행위로, 이에 비해 요건규정이 권한만을 부여하고 요건을 규정하지 않거나, 처분요건을 공익만으로 구성하는 경우 및 처분요건에 불확정개념이 사용되어 행정청이 인정한 사실의 법률요건에의 포섭 과정에서 선택 내지 판단의 여지가 인정되는 경우에는 재량행위로 보는 견해를 요건재량설이라고 합니다. 주의할 사항은 후술하듯이 처분요건에 불확정개념이 사용된 경우 그에 따른 처분을 우리 판례는 재량행위로 보는 점입니다.

효과재량설은 당해 행정행위의 성질, 즉 그것이 국민의 권리·의무에 작용하는 효과 여부에 착안하여 재량행위 여부를 결정하는 학설입니다. 전통적으로는 침익적 행정행위는 기속행위로 수익적 행정행위는 재량행위로 간주하였지만, 이는 오늘날 견지할 수 없습니다. 침익적 행정행위의 근거규정의 규정 방식이 재량행위로 구성된 경우도 찾을 수 있으며, 국민의 행정 의존도 증대에 따라 수익적 행정행위를 행정청의 재량에만 맡겨 둘 수도 없는 노릇이기 때문입니다.

양자의 구분은 행정행위 자체 성질의 차이의 문제가 아니라 원칙적으로 법규가 행정청에게 재량권을 수권하고 있느냐 아니면 법적 기속을 가하고 있느냐의 문제입니다. 수익적·침익적 행정행위에 대해 일률적으로 재량행위·기속행위라 볼 수 없음을 의미합니다. 따라서 오늘날에는 우선 효과재량설의 입장에 서면서도 기속행위와 재량행위의 구별을 법률효과의 선택 여지의 존재 여부(행위 여부 또는 복수행위 간 선택)에 따라 결정되는 것으로 봅니다. 이에 입각하는 경우 그 구별은 법률규정을 일차적 기준으로 합니다. 그렇다고 하여 가능규정을 근거로 모든 경우 이를 재량행위로 보아서도 안 됩니다. 권한소재규정인 경우도 있기 때문입니다. "도지사가 A처분을 행할 수 있다"고 규정할 경우 가능규정인 경우가 보편적이지만, 해당 A처분의 발령권한이 도지사에게 있다는 의미의 기속행위를 뜻할 수도 있습니다(후자는 기속행위에서 처분요건에의 해당 여부에 따라 처분을 발령해야 하거나 발령해서는 안 되는바, 그 권한은 다른 행정청이 아닌 도지사에게만 부여된다는 의미입니다). 따라서 법률규정의 문리적 표현뿐만 아니라 관련 규정, 입법취지, 규정목적을 아울러 고려하여야 합니다. 만약 법률규정이 명확하지 않은 경우에는 당해 법령의 규정과 함께 문제되는 행위의 성질, 기본권 관련성 및 공익관련성을 종합적으로 고려하여 판단하여야 함에 견해가 일치합니다(위 98두17593 판결 참조). 위 98두17593 판결의 모두에서도 이 점이 나타납니다. 결국, 재량행위·기속행위의 구별은 개별 사안별로 위 기준들의 종합적 고려하에 판단할 사항이지만, 효과재량설의 입장에서 헌법상 기본권의 최대보장과 행정의 공익성을 기준으로 대개 다음의 방법으로 정리할 수 있습니다.

- **자연적 자유를 대상으로 하는 명령적 행위의 발령여부 : 기속행위**
- **법률상 힘을 내용으로 하는 형성적 행위의 발령여부 : 재량행위**
- **준법률행위적 행정행위 : 기속행위**
- **기본권의 최대보장 측면에서 침익적 하명의 취소·철회 : 기속행위**
- **수익적 허가·면제의 취소·철회 : 재량행위**
- **공익적 성격이 강한 형성적 행위의 취소·철회 : 재량행위**

양자의 구별기준과 관련하여, 판단여지설을 일부 문헌에서 재량행위와 기속행위의 구별 학설로 기술하는데, 이는 오류입니다. 판단여지설은 양자의 구별기준에 대한 학설로 오해하여 판단여지가 인정되면 재량행위 그렇지 않으면 기속행위가 되는 것이 아니라, 요건규정상 불확정개념이 사용된 경우 그 예외적 해석과 관련한 견해임을 명심해야 합니다. 바로 뒤에서 설명하는 내용을 간략히 요약하면, 입법기술상의 이유로 불가피하게 요건규정에 사용된 불확정개념은 원래 법 개념으로서 하나의 정당한 해석만이 존재하므로 행정청의 관련 결정, 즉 이를 근거로 한 행정행위는 전면적인 사법심사의 대상입니다. 그러나 행정실무상 불가피하게 일정 영역에 대해서는 행정청의 결정으로 사법부의 판단을 대체할 수밖에 없는 경우가 있어, 이를 판단여지 영역으로 인정하여 사법심사의 대상에서 제외하는 이론을 판단여지설이라고 합니다. 그러나 판단여지가 인정되는 경우에도 법 규정의 명백한 위반, 사실의 중대한 오인, 중대한 절차 하자 등의 경우에는 판단여지의 한계를 유월한 것에 해당하여 사법심사가 행해집니다. 이상의 입론이 독일 행정법학의 통설적 견해이며, 우리의 경우에도 다수의 학자가 이를 지지합니다. 그러나 우리 판례는 요건규정상의 불확정개념을 〈원칙적 법개념 → 예외적 판단여지〉의 구도로 이해하지 않고, 불확정개념 역시 재량의 문제로 접근합니다. 결국, 불확정개념을 재량과 다른 차원에서 접근하려는 학설의 경향과 달리, 판례는 요건 규정에서도 재량행위성을 도출할 수 있다는 입장입니다.

4. 불확정개념과 판단여지

행위의 요건규정에 사용된 불확정개념의 해석·적용에 있어서 행정청의 의사를 존중하여 사법심사가 행해지지 않는 영역이 존재하는데, 이를 '판단여지' 개념으로 이해할 것인가, 아니면 '재량'으로 해석하는가의 문제라고 요약할 수 있습니다.

1) 불확정개념의 의의

법률요건에 사용되는 법 개념은 그 명확성의 정도에 따라 주소, 거소, 기간 등 시간과 장소를 나타내는 '경험적 개념'과 필요한 경우, 상당한 이유, 공익에 대한 위해를 제거하거나 경감하기 위하여 필요한 경우, 공안 또는 풍속을 해할 우려가 있는 경우 등의 '규범적 개념 혹은 가치개념'으로 나눌 수 있습니다. 우리는 특히, 후자에 해당하는 불확정개념 혹은 불확정 법개념에 관심을 가집니다. 일반적으로 요건규정에서 불확정개념을 사용하는 것은 법정책적인 관점에서 불가피할 뿐만 아니라 법률 목적에 따라서는 유용하다고 평가합니다.

연혁적으로 볼 때 불확정개념의 해석에 관한 독일의 다수설은 나치 정권에 대한 철저한 반성에서 소송을 통한 행정통제의 강화 노력의 산물이라 할 수 있습니다. 독일의 바이마르 공화국 시대까지 재량행위는 법률효과에서뿐만 아니라(효과재량) 법률요건에서 불확정개념이 사용된 경우(요건재량)에도 인정되었습니다. 제2차 세계대전의 종전은 현행의 독일 Bonn기본법의 제정(1949.5.23)은 물론, 독일 행정법학계에도 코페르니쿠스적 전환을 가져와, 행정소송에 대한 개괄주의를 바탕으로 하는 실질적 법치국가의 이념하에 과거 자유재량을 의미하던 효과규정상의 재량행위에 사법적 통제를 위한 법리적 장치로서 재량통제론을 장착하였고, 요건규정상의 불확정개념을 재량으로 보던 관행을 청산하여 법률요건 부분에서 행정재량을 부인하기에 이릅니다. 즉, 법률요건 규정에서 부여된다던 요건재량은 불확정개념의 구체화 과정이며 이것은 단순한 인식행위에 지나지 않는다고 하면서, 인식의 영역에서는 법률효과 영역에서와는 달리 선택의 문제가 발생하지 않으며 단지 하나의 올바른 결정만이 존재한다고 주장한 것입니다. 불확정개념은 원칙적으로 법 개념이고 거기에서는 단 하나의 정당한 해석만이 존재하므로 그 해석과 적용에 대해서는 전면적인 사법심사가 행해진다는 대전제가 바로 그것입니다.

2) 불확정개념의 해석

불확정개념을 사용한 경우의 행정결정 과정은 우선, ① 불확정개념을 해석하여 법규의 요건내용을 파악하고 ② 이와 병행하여 사실관계를 확정한 후, ③ 사실관계의 요건해당성 여부를 판단(포섭)하여 ④ 법규상 효과내용에 따른 행정결정을 행하는 것입니다. 독일의 다수설은 이 경우, 최종 단계인 법규상 효과규정에 따른 행정결정의 경우를 제외한 앞의 세 단계에서는 재량이 부여될 여지가 없고, 원칙적으로는 법 개념이며 다만 완전한 사법심사의 예외로서의 판단여지만이 논의의 대상이라고 합니다. 이런 입장의 바탕에는 법의 인식 영역은 요건판단에서만, 그리고 의지의 문제는 효과결정에서 문제된다는 소위 '구조적 이원론'이 자리하고 있습니다.

다수설은 재량을 오로지 법 효과 규정과 관련시키며, 법률요건상의 불확정개념은 원칙적으로 법 개념으로 처리하되 예외적인 경우에는 판단여지의 문제로 해석합니다. 환언하면, 독일의 경우 과거에는 재량과 판단여지 간의 구분 없이 판단여지를 논의하는 경우에도 이를 재량의 한 형태로 보았지만(구조적 일원론), 오늘날에는 양자를 엄격히 구분하는 견해가 다수설을 점하고 있습니다. 오토 바호프(Otto Bachof)는 자신의 1995년 학술 논문을 통해 "많은 행정작용 사이에서의 의사결정으로서의 행위재량과 행위요건에 대한 인식적 판단의 영역인 판단재량은 구분되어야 하는데, 개념상의 명료성을 위하여 판단재량은 성질에 따라 재량이 아니라 판단여지로 표현하여야 한다. 불확정개념의 해석과 판단에 기초가 되는 사실문제는 원칙적으로 사법심사의 대상에 포함되어야 한다"라고 주장하였습니다.1)

다수설의 구체적 내용을 좀 더 따라가 봅시다. 다수설은 재량의 수권으로 표현된 입법자의 의사와 불확정개념을 통해 표출된 입법기술상의 한계를 동일시할 수 없다는 전제에서 출발합니다. 예컨대, 요건규정상의 '공익을 해할 우려'의 구체적인 내용과 개별 사안이 여기에 해당하는지 여부를 입법자는 잘 알거나 명확히 판단할 수 있지만, 이를 요건규정상에 소묘(素描)할 수 없거나 표현하기에 부적절한 입법기술상의 한계에 봉착하여 입법자는 하는 수 없이 불확정개념을 사용한 것이라고 합니다. 이런 점에서 불확정개념은 입법자의 명시적 의사에 따라 재량권을 부여한 재량행위와 차원을 달리하는 것이라 주장하는 것입니다.

따라서 요건규정상에 불확정개념이 사용된 경우 행정청은 자신의 판단에 따라 일정 결정을 해서는 안 되고, 입법자의 불확정개념을 통해 표현된 의사를 인식하여 정당한 하나의 결정을 발견해야 하는 의무를 부담합니다. 이런 의미에서 불확정개념의 해석을 통해 발령된 행정행위는 법 개념의 정당한 해석에 대한 발견의 산물이어야 하므로 전면적인 사법심사의 대상이 되는 것입니다. 즉, 불확정개념의 해석은 그 개념의 법적 내용에 대한 인식의 문제이기 때문에 법적 문제이고, 따라서 구성요건에 불확정개념이 사용되었을 경우 그 의미는 다의적인 것이 아니라 법적으로 하나의 정당한 해석 결과만이 존재할 뿐입니다. 불확정개념은 다수의 행위 중에서의 선택이 아니라 법의 정확한 인식의 문제인 셈입니다. 그러므로 불확정개념의 인식은 원칙적으로 전면적인 사법심사의 대상이 되는데, 그 해석·적용은 법적 문제(법 개념)이므로 이에 대한 최종적 해석 권한은 행정청이 아니라 법원이 가져야 하며(판단대치방식), 바로 그 점에서 재량 내지 재량심사(제한심사방식)와 구별되어야 하는 이론적 근거를 발견할 수 있습니다.

이런 엄격한 입론에도 불구하고 다수설은 곧 이론적 수정을 감내할 수밖에 없는 상황에 봉착합니다. 불확정개념이 사용된 요건규정에 터 잡은 행정행위를 전면적인 사법심사의 대상으로 한 결과 행정에 대한 통제 강화를 통한 법치행정원리 실현에는 기여할 수

---

1) Otto Bachof, Beurteilungsspielraum, Ermessen und unbestimmter Rechtsbegriff im Verwaltungsrecht, JZ 1955.

있었지만, 전후 경제재건 등을 위한 신축적·효율적 행정운영에는 치명적인 장애물로 작용하였던 것입니다. 나아가 불확정개념을 해석해야 하는 각각의 법적용기관으로서의 행정청마다 동일한 인식에 따른 동일 내용의 결과 도출이 어려움을 고려하여, 일정 영역을 설정하여 거기에서는 행정기관에 대해 불확정개념의 적용에 있어 사법심사로부터 자유로운 여지를 인정하기 위해 판단여지설이 대두합니다.

3) 판단여지

(1) 의의

불확정개념의 적용에 대한 제한된 사법심사 가능성을 주장하는 견해를 판단여지 내지 판단여지설이라 합니다. 판단여지는 불확정개념의 적용에는 하나의 정당한 해석만이 전제되어야 하는 것이므로 이는 원칙적으로 전면적인 사법심사의 대상이지만, 이에 한계를 설정하려는 독일 행정법학의 이론입니다.

상술하면, 불확정개념의 해석과 그에 따른 적용에 있어 법적으로는 오직 하나의 결정만이 적법한 것으로 허용되지만, 그것이 항상 의문의 여지없이 확정될 수 있는 것은 아니어서 실제에 있어서는 동일한 불확정개념을 동일한 사실에 적용하는 경우에 있어서도 각기 다른 결정에 도달할 수도 있음을 긍정하여(이를 경계사례라고 합니다), 이들 결정이 일정한 한계 내에서 이루어진 경우 법원의 통제가 미치지 않음을 인정하는 견해입니다. 즉, 불확정개념으로서 가치판단이나 장래 예측적 판단을 요하는 가치개념 내지 규범적 개념과 관련하여, 불확정개념의 구체적 사실에의 '적용'에 있어서의 판단여지를 인정하는 것입니다. 이렇듯 판단여지는 그 이론적 출발점을 불확정개념의 해석에서가 아니라 불확정개념의 구체적 사안에의 적용에서 찾습니다.

(2) 학설

판단여지의 구체적 내용은 세 가지 학설로 나누어 설명할 수 있는데, 문헌에 따라서는 판단여지설과 대체가능성설을 하나로 묶어 설명하는 경우도 있습니다.

① **판단여지설** : 바호프(Bachof)의 견해에 따라, 행정법규가 불확정개념을 사용하여 행정청에게 판단여지, 즉 법원에 의하여 심사될 수 없는 독자적인 평가·결정의 영역을 확보해준 경우 법원은 이러한 영역 내에서 행해진 행정결정을 받아들이지 않으면 안 되

며, 다만 그 영역의 한계가 준수되었는지 여부만을 심사할 수 있을 뿐이라고 주장합니다.

② 대체가능성설 : "행정법원은 의심스러울 경우 행정청의 견해가 상당한 근거를 지닌다고 판단될 때에는 이를 따라야 한다. 일정한 사실관계를 평가함에 있어서 여러 가지 동가치적인 결론에 도달할 수 있다면 이 모든 평가는 불확정개념의 범위 내에 머무르는 것이고 또 적법한 것이다. 행정법원은 이 경우에 있어서 행정청의 판단 대신에 자신의 판단을 대체해서는 안 된다"라는 울레(Ule)의 견해입니다. 여기서 특히 주의할 점은 대체가능한 적법한 것이라고 하더라도 이것이 복수의 적법한 해석이 도출 가능하다는 의미가 아니라, 즉 복수의 대체 가능한 결정 중에서 행정청에게 선택권이 인정되는 것이 아니라, 행정청의 결정이 그 한계 내에 있는 경우에는 행정청의 1차적 결정이 법원의 판단을 대체하여 사법심사가 이루어지지 않음을 의미하는 것입니다.

③ 판단수권설 : 오센뷜(Ossenbühl)이 주창한 견해로서, 판단여지는 불확정개념의 해석이 아니라 그 포섭 내지 적용의 단계에서만 존재하므로 그 정당한 해석은 오로지 하나라는 점을 명확히 하면서, 그럼에도 제한적인 경우에 판단여지가 인정되는 것은 불확정개념의 속성에서 비롯하는 것이 아니라 입법자의 수권에 따른 판단수권의 소치라고 합니다. 경계사례에 있어 적법한 결정 여부에 대한 의심이 있는 경우에는 그 의심이 근거가 있고 판단여지의 한계 내에서의 결정이라면 법원이 행정청의 결정을 적법하다고 수인하는 것인바, 이는 곧 구체적인 경우에 마지막 인식·결정에 대한 권한을 입법자가 수권한 것이라고 이해하는 것입니다.

예를 들어봅시다. 특정 도서의 청소년 유해성 판정과 관련한 사항이 요건규정상 불확정개념으로 표현된 경우입니다. 판단여지설과 대체가능성설은 청소년에 대한 유해성의 개념적 해석에는 독자적 결정 여지가 존재하지 않지만, 일정 도서가 유해하기도 혹은 유해하지 않기도 하다는 양자의 결정이 모두 적법한 것으로 인정할 수 있음을 수용합니다. 그러나 판단수권설은 마지막 인식의 문제인 '사안에의 적용'에 대한 판단여지가 불확정개념의 해석 및 적용에 관한 행정청의 권한에서 유래하는 것이 아니라 실체법상 의회에 의한 수권의 문제라고 간주하는 것입니다. 따라서 판단여지설이나 대체가능성설이 비교적 넓은 범위의 판단여지를 인정하려는 경향임에 반하여, 판단수권설은 불확정개념에 대한 '하나의 정당한 해석'의 틀을 고수하고 포섭단계의 판단여지를 인정하더라도 이를 입법자의 수권에 의한 것이라 함으로써 판단여지의 인정 범위를 엄격히 하는 데 기여했다고 평가합니다.

(3) 인정영역과 한계

독일에서 판단여지의 인정영역은 비대체적 결정(의사시험 등 각종 국가시험, 유급결정, 상관에 의한 공무원의 근무평가 및 공무원 임용 시 적성능력 평가 등 공무원법상의 평가), 구속적 가치평가(문화재지정, 청소년유해도서판정 등 전문가로 구성된 독립된 합의제 행정기관이 행한 평가결정 등 사람의 개성·인격·능력에 대한 판단이나 전문성이 중요한 분야), 예측결정 및 정책결정(환경·경제법 등 미래예측분야) 등에 한정합니다.

판단여지가 인정되는 영역인 경우에도 합의제 행정기관 등 판단기관 구성의 위법, 사실관계의 오인에 기초한 결정, 절차규정의 위반, 행정법의 일반원칙 위반, 사안과 무관한 자의적 판단의 개입 등의 경우에는 판단여지의 한계를 유월한 것으로 보아 사법심사를 통해 위법하게 됩니다.

(4) 판례의 입장

대법원은 요건규정상의 불확정개념에 대해 이를 원칙적 법 개념, 예외적인 판단여지의 구도가 아니라 재량의 문제로 파악합니다. 판단여지론을 수용하지 않으므로, 재량과 판단여지를 구별하지 않고 요건규정에서도 재량행위성을 도출할 수 있다는 입장입니다. 결국, 불확정개념의 해석·적용에 있어서도 재량의 일탈·남용의 법리를 통해 사법통제를 행하는 구조적 일원론의 입장입니다.

* **대판 2017.10.12, 2017두48956** : "국토의 계획 및 이용에 관한 법률 제56조에 따른 개발행위허가와 농지법 제34조에 따른 농지전용허가·협의는 금지요건·허가기준 등이 불확정개념으로 규정된 부분이 많아 그 요건·기준에 부합하는지의 판단에 관하여 행정청에 재량권이 부여되어 있으므로, 그 요건에 해당하는지 여부는 행정청의 재량판단의 영역에 속한다. 나아가 국토계획법이 정한 용도지역 안에서 토지의 형질변경행위·농지전용행위를 수반하는 건축허가는 건축법 제11조 제1항에 의한 건축허가와 위와 같은 개발행위허가 및 농지전용허가의 성질을 아울러 갖게 되므로 이 역시 재량행위에 해당하고, 그에 대한 사법심사는 행정청의 공익판단에 관한 재량의 여지를 감안하여 원칙적으로 재량권의 일탈이나 남용이 있는지 여부만을 대상으로 하는데, 판단 기준은 사실오인과 비례·평등의 원칙 위반 여부 등이 된다."
* **대판 2016.1.28, 2013두21120** : "의료법 제59조 제1항은 보건복지부장관 또는 시·도지사는 보건의료정책을 위하여 필요하거나 국민보건에 중대한 위해가 발생하거나 발생할 우려가 있으면 의료기관이나 의료인에게 필요한 지도와 명령을 할 수 있다고 규정하고 있다. 한편 의료법 제53조 제1

항, 제2항에 의하면 보건복지부장관은 국민건강을 보호하고 의료기술의 발전을 촉진하기 위하여 새로 개발된 의료기술로서 안전성·유효성을 평가할 필요성이 있다고 인정하는 신의료기술에 대하여 제54조에 따른 신의료기술평가위원회의 심의를 거쳐 그 안전성·유효성 등에 관한 평가를 하여야 한다. 위와 같은 규정들의 문언과 체제, 형식, 모든 국민이 수준 높은 의료 혜택을 받을 수 있도록 국민의료에 필요한 사항을 규정함으로써 국민의 건강을 보호하고 증진하려는 의료법의 목적 등을 종합하여 보면, 불확정개념으로 규정되어 있는 의료법 제59조 제1항에서 정한 지도와 명령의 요건에 해당하는지, 나아가 그 요건에 해당하는 경우 행정청이 어떠한 종류와 내용의 지도나 명령을 할 것인지의 판단에 관해서는 행정청에 재량권이 부여되어 있다고 보아야 할 것이다.(☞ 불확정개념이 사용된 요건규정과 법률효과를 규정한 효과규정에서 공히 재량으로 접근한 것을 확인할 수 있습니다) 그리고 신의료기술의 안전성·유효성 평가나 신의료기술의 시술로 인해 국민보건에 중대한 위해가 발생하거나 발생할 우려가 있는지에 관한 판단은 고도의 의료·보건상의 전문성을 요하는 것이므로, 행정청이 국민의 건강을 보호하고 증진하려는 목적에서 의료법 등 관계 법령이 정하는 바에 따라 이에 대하여 전문적인 판단을 하였다면, 그 판단의 기초가 된 사실인정에 중대한 오류가 있거나 그 판단이 객관적으로 불합리하거나 부당하다는 등의 특별한 사정이 없는 한 존중되어야 할 것이다. 또한 행정청이 위와 같은 전문적인 판단에 기초하여 재량권의 행사로서 한 처분은 비례의 원칙을 위반하거나 사회통념상 현저하게 타당성을 잃는 등 재량권을 일탈하거나 남용한 것이 아닌 이상 위법하다고 볼 수 없다."

한편, 전통적인 판례 입장은 요건규정상의 불확정개념을 재량의 문제로 파악하면서도 해당 불확정개념이 원칙적으로 법개념인지 여부에 대해서는 명시적으로 판시한 바 없었습니다. 그러나 최근 판례 중 일부는 불확정개념의 해석 및 포섭판단에 있어 재량이 인정되지 않는다고 하여, 불확정개념에 하나의 정당한 해석만이 가능하고 이에 따라 전면적 사법심사가 이루어질 수 있음('법원의 법령해석과 규범적 가치판단이 필요한 사항이고…')을 간접적으로 설시한 예가 있어 주목을 끕니다. 향후 판례의 추이를 살펴야 하겠지만, 이를 두고 대법원이 불확정개념이 원칙적 법개념이면서 예외적으로 판단여지가 인정된다는 판단여지설을 정면으로 수용한 것으로 해석하는 것은 성급합니다.

* **대판 2020.11.26, 2020두42262** : "이 사건 지침 제4조는 공증인법 제4조 제1항에서 정한 촉탁거절의 '정당한 이유'로 포섭할 수 있는 구체적인 사안유형에 관하여 피고가 감독기관으로서 해석의 견을 제시한 것이라고 볼 수 있다. 여기에서 '정당한 이유'란 다양한 해석의 가능성이 있는 불확정개념에 해당하지만 법원의 법령해석과 규범적 가치판단이 필요한 사항이고, 그 요건의 해석 및 포섭판

단에 관하여 피고에게 어떤 재량이 인정된다고 볼 수 없다."

☞ 해당 판례에서는 불확정개념의 해석 내지 판단여지의 인정 여부가 직접 쟁점으로 다투어진 것은 아닙니다. 동 판결에서는 법령의 명시적 위임에 따른 행정규칙이 모법의 내용에 위반할 경우 법령보충규칙의 성질을 띠지 않음에 그치지 않고(내부적 구속력을 보유함에 그치지 않고) 당연무효임을 판시한 점에 유의하여야 합니다.

4) 판단여지에 대한 평가

판단여지설에 입각할 때 아래 〈표〉가 성립합니다.

	불확정개념/판단여지	행정재량
법률상 문제의 소재	구성요건의 문제	법 효과의 문제
존재형식	다의적 내용	'~을 할 수 있다'
정당한 해석의 수	하나의 정당한 해석(예외적으로 가치개념의 적용에 대한 판단여지나 포섭단계에서의 인식의 권한 수권) : 판단여지설/판단수권설	원칙적으로 형성의 자유 : 결정재량, 선택재량 (예외적으로 재량이 0으로 수축된 경우)
사법심사의 범위	전면적 가능 : 일정 경우 행정청의 의사 존중, 대체가능	원칙적 불가 : 재량의 일탈·남용의 경우 예외적으로 가능

판단여지설은 재량행위와 기속행위의 구별에 관한 학설이 아닙니다. 판단여지는 법률요건 규정상 불확정개념의 적용과정에서 행정청에게 예외적인 독자적 판단권의 부여 여부의 문제이고, 이를 재량과 다른 영역에서 파악하려는 법리라고 요약할 수 있습니다. 시대적 요청이나 과학기술행정의 영역 확대로 인해 판단여지의 인정 영역 내지 범위를 계속 확장하면 '법 개념에 대한 전면적 사법심사'라는 원칙의 존재 의의가 반감될 수 있습니다.

'불확정개념을 사용하여 구성요건을 정하였을 때 구체적 상황에서 그 의미는 다의적인 것이 아니고 법률의 의미에서 하나의 정당한 해석만이 있을 뿐'이라는 다수설의 관념은 결국 행정청이 사실의 포섭단계에서 재량권을 행사한 경우 구체적으로 불확정한 개념이 확정된다는 의미와 큰 틀에서 같다고 볼 수 있습니다. 또한, 요건규정에 불확정개념이 사용되고 판단여지가 인정되는 영역에 속하지 않는 경우, 우리의 법 감정상 이를 독일의 경우처럼 '과연 판단여지가 인정되지 않는, 하나의 정당한 해석만이 가능한 법 개념의 영역'으로 볼 수 있을지는 심히 의문입니다. 예를 들어, 국립대학교 음악대학 실기입시의 평가항목(합격요건)으로 '작곡자가 악보에 담은 메시지를 응시생이 풍부한 곡 해석능력하에 이를 역동적으로 표현하는 역량의 정도'를 설정했을 경우, 그 평가항목의 구체적 의미 및 각 응시생의 충족 정도에 관하여 원칙적으로 하나의 정당한 판단 내지 결과만이 존재하는데, 예외적으로 판단여지가 인정되는 영역이라는 명제에 쉽사리 동의하기 어렵습니다. 이는 곧 심사위원 모두가 동일한 인식과 판단을 한다는 전제가 원칙의 형태로 가능하다는 점을 긍정할 때에만 가능한 설명이기 때문입니다.

독일의 행정실무가들 사이에서도 행정재량이 법 효과 면에서뿐만 아니라 구성요건의 불확정개념에도 존재한다는 견해가 유의미하게 존재하는데, 이는 불확정개념이 판단여지의 전유물이 아님을 의미합니다.1) 판단여지를 주장하는 입장에서는 재량은 효과규정의 전유물이라고 하는데, 그렇다면 요건규정이 공백규정으로 된 경우, 효과규정에 불확정개념이 사용된 경우, 그리고 이른바 융합규정(요건규정에 불확정개념, 효과규정에 재량권 부여) 등에는 또한 어떻게 해석할 것인가에 대하여 판단여지 측에서는 답해야 할 것입니다. 이와 관련하여, 특히 효과규정에 불확정개념이 사용된 경우를 같이 생각해 봅시다. 법규정상 " … 이면, 사회질서 유지를 위한 필요한 조치를 취하여야 한다"라는 문구를 상정하지요. 이는 재량입니까 혹은 원칙적으로 법 개념입니까? 그것도 아니면 예외적 판단여지로서 사법심사의 대상에서 제외됩니까? 이런 점을 고려하여, 학자에 따라서는 "생각건대, 행위요건이 불확정개념으로 정하여진 경우에는 판단여지만을 인정하는 것이 타당하다고 할 것이다. 그러나 판단여지도 넓은 의미에서의 재량의 하나로 볼 것이다"라고 주장하기도 합니다.

요건규정의 불확정개념이 판단여지로 해석되는 경우 당해 행정결정에는 재판통제가 미치지 아니하며, 결과에 있어서는 실질적으로 재량의 일탈·남용이 없는 경우와 동일하므로 행정청의 판단여지와 재량행위에 있어서의 재량권을 구별할 실익이 크지 않다고 볼 수 있습니다. 우리 판례가 불확정개념에 대한 판단여지를 채용하지 않는 이유가 바로 여기에 있습니다. 끝으로 양자의 구별이 상대적이라는 점을 예시합니다. 판단여지와 재량은 법문의 규정 형식에 따라 상대적입니다.

---

1) 이를 'Die Lehre vom einheitlichen Ermessensbegriff(일원적 재량개념론)'라고 합니다.

ⓐ 국민건강이 위협을 받으면 예방접종의무를 부과할 수 있다.
ⓑ 국민건강이 위협을 받고 예방접종이 그에 대한 효과적인 대책이라고 판단하는 경우에는 예방접종의무를 부과하여야 한다.

판단여지 개념을 전제하는 경우, ⓐ의 요건규정상의 '국민건강이 위협을 받으면' 규정은 '원칙적 법개념 → 예외적 판단여지'의 구조로 이해 가능합니다. 그러나 ⓑ의 경우, 다수설이 말하는 법 개념인 '국민 건강이 위협을 받으면' 문구가 '~ 판단하는 경우에는' 이라는 규정 형식에 의해 재량개념으로 변합니다. 즉, ⓐ에서 효과규정에 존재하던 재량의 본질적 부분이 법문 표현 형식에 의해 ⓑ에서는 요건규정으로 전이하는 것이지요. 결국, '요건규정은 판단여지'라는 다수설의 문제점이 단적으로 드러나는 형국입니다. 양자 모두 예방접종이 효과적 대책인지를 결정(전자의 경우 '할 수 있다'라는 문구에서, 후자의 경우 '판단하는 경우에는'이란 문구에서)해야 하는바, 그 실질적 내용이 ⓐ, ⓑ에 따라 과연 다른 것인지는 의문입니다. 동일 내용을 법 문구의 표현형식에 따라 법 개념(예외적 판단여지)과 재량으로 구분하는 것의 실익을 인정할 수 없어, 판례의 입장을 지지합니다.

5. 재량의 한계(재량통제사유)

재량권이 부여된 경우이더라도 행정청은 이른바 '의무에 합당한 재량'이어야 하고, 이를 그르친 경우에는 재량의 일탈·남용에 해당하는 위법한 처분이 됩니다. 이때 위법한 처분을 이끄는 재량의 일탈·남용에 대한 주장·입증책임은 원고가 부담합니다.

> * **대판 1987.12.8, 87누861** : "자유재량에 의한 행정처분이 그 재량권의 한계를 벗어난 것이어서 위법하다는 점은 그 행정처분의 효력을 다투는 자가 이를 주장·입증하여야 하고 처분청이 그 재량권의 행사가 정당한 것이었다는 점까지 주장·입증할 필요는 없다."

1) 재량의 외적 한계의 일탈

모법에서 6월 이내의 범위에서 영업정지를 명할 수 있음을 규정하는 경우 처분청이 만일 9월의 영업정지처분을 행하면 이는 재량수권의 양적 범위를 넘어서는 것이므로 재량의 일탈에 해당하는 위법한 처분입니다.

2) 목적위반

모든 행정법규가 그러하듯이 재량권 부여의 목적도 공익 추구적 요소를 담고 있습니다. 이때 재량권 행사의 결과로서 발령된 재량처분이 재량수권의 목적, 즉 공익목적에 위반하면 우선 부당한 처분이 됩니다. 이와 관련하여 부당한 처분의 범주를 넘어 현저한 공익 위반의 재량권 행사가 재량의 일탈·남용에 해당하여 위법한 처분인지 여부가 문제되는 경우가 있습니다.

이 문제는 특히, 지방자치법 영역에서 '지방자치단체에 대한 행정적 통제'의 제하로 구체화되어 나타나는데, 지방자치단체의 사무에 관한 그 장의 명령이나 처분이 법령에 위반되거나 현저히 부당하여 공익을 해친다고 인정되면 시·도에 대하여는 주무부장관이, 시·군 및 자치구에 대하여는 시·도지사가 기간을 정하여 서면으로 시정할 것을 명하고, 그 기간에 이행하지 아니하면 이를 취소하거나 정지할 수 있습니다. 이 경우 자치사무에 관한 명령이나 처분에 대하여는 법령을 위반하는 것에 한정합니다(지방자치법 제188조 제1항). 여기에서 '법령위반'과 '현저히 공익을 해침'을 병렬적으로 나열하고 있으므로 양자의 관계가 쟁점으로 부각됩니다. '현저히 부당한 공익위반'이 법령위반, 즉 위법과 상이한 개념인지가 논증의 대상인바, 판례는 양자를 별개의 개념으로 보고, 법령위반에 재량의 일탈·남용이 포함되는 것으로 해석하며 현저히 부당한 공익위반은 재량하자를 포함하는 법령위반과 별개의 독립적인 통제 사유로 간주합니다. 그러나 판례에 따라서는 그 반대의견에서 현저히 부당한 공익위반과 재량의 일탈·남용을 동일한 것으로 본 경우가 있어 주의를 요합니다. 즉, 현저히 부당한 공익위반은 재량의 일탈·남용에 해당하는데, 이와는 별개로 법령위반을 규정하므로 여기에서의 법령위반은 재량의 일탈·남용을 포함하지 않는다는 입장이 그것입니다.

여기에서의 실질적인 쟁점은 〈법령위반, 재량의 일탈·남용, 현저히 부당한 공익위반〉, 이 삼자의 관계입니다. 현저히 부당한 공익위반을 재량의 일탈·남용으로 보아 위법한 처분사유의 일종으로 볼 것인지, 아니면 이를 여전히 부당한 처분의 범주에 둘 것인지의 문제라고 할 수 있습니다. 전자로 해석하는 경우에는 판례상 반대의견의 결과에 이를 것이고, 후자라면 동법 제188조 제1항은 재량하자를 포함하는 법령위반의 경우, 즉 위법한 처분에 더하여, 부당한 처분에 대해서도 그 현저성에 따라 특별히 통제하려는 의도로 이해하는 다수의견에 해당합니다.

행정청의 재량처분 과정에서 단순한 공익 위반을 야기하는 경우는 흔히 발생할 수 있습니다. 그리고 '현저성' 여부에 대한 객관적 판단 역시 쉬운 일이 아닙니다. 따라서 일반적으로 공익을 해치는 처분만으로는 - 그것이 그야말로 현저하여 이제는 부당한 처분의 차원을 넘어 재량의 일탈·남용에 이르는 경우가 아닌 한 - 재량행위에서의 재량하자와 규범적으로 동일한 것으로 보지 않고 '부당한 처분', 즉 여전히 적법한 처분으로 해석하는 것이 타당합니다. 또한, 재량행위의 부당성에 현저성이 더해졌다는 이유만으로 규범적 평가를 달리해야 하는 것도 아니라 할 것입니다. 그러나 보편적인 관점에서 판단하건대, 현저히 부당하여 공익을 해치는 처분은 통상의 부당한 처분에 비해 공익에의 침해 정도가 상대적으로 큽니다. 이 경우에는 재량하자에 해당하여 사인의 권리침해를 야기하지 않더라도 통제의 필요성이 높으므로 지방자치법이 특별히 그에 대한 시정명령 내지 취소·정지권을 인정한 것으로 해석하는 것이 타당합니다. 그러므로 동항상 '법령에 위반'은 기속행위에서의 법 규정 위반과 재량의 일탈·남용을, '현저히 부당하여 공익을 해친다' 문구에는 통상의 공익목적 위반을 넘어 현저히 부당한 공익침해에 한정하여 - 그것이 재량의 일탈·남용 등 법령위반 사유에 의한 것은 아니더라도 - 동항에 의한 통제사유로 해석하여야 합니다. 이러한 결론은 동항상의 통제가 법원에 의한 통제가 아니라 행정청 내부에서의 통제라는 점도 고려한 소치입니다. 환언하면, 법원이 현저히 부당한 처분에 대해 심사한다면 이는 권력분립원칙의 침해 소지를 완전히 배제할 수는 없지만, 행정청 내부에서의 감독기관의 지위를 가지는 상급행정청은 - 비록 그것이 재량하자에는 다소 미치지 않더라도 - 피감독청으로서의 지방자치단체장의 현저히 부당한 공익위반을 초래하는 처분에 대해 통제할 수 있음은 어찌 보면 자연스러운 일이라 할 수 있습니다.

이는 또한, 동항의 규정 내용을 좀 더 살피면 이해 가능합니다. 동법 제188조 제1항의 '지방자치단체의 사무'는 지방자치단체의 자치사무와 단체위임사무를 의미합니다. 단체위임사무란 국가 또는 지방자치단체로부터 지방자치단체 또는 하급지방자치단체에 위임한 사무를 말합니다. 단체위임사무는 위임사무로서 국가 내지 상급지방자치단체의 사무에 해당하며, 이를 단체위임하더라도 국가사무로서의 성질 본연에는 변화가 없습니다. 사정이 이러하다면, 국가 등이 지방자치단체의 명령이나 처분 등이 현저히 부당한 공익위반을 초래하는 경우, 비록 그것이 재량의 일탈·남용에는 해당하지 않더라도 통제의 대상으로 삼을 수 있다고 해석함에 큰 잘못은 없지 않겠습니까? 요컨대, 동항상의 '법령위반'에 재량의 일탈·남용이 포함된다는 판례(다수의견) 입장은 타당합니다.

한편, 여기에서의 시정명령 내지 취소·정지의 대상이 되는 지방자치단체장의 처분은 항고소송의 대상으로서의 처분에 한정하지 않아서, 판례상 지방자치단체장의 채용공고 등도 포함합니다. 따라서 이때의 '처분'은 법률용어로서의 행정소송법상 처분이 아니라, 일반적인 '조치', '행위' 등을 포함하는 용례에 의한 처분입니다.

* **대판 2018.7.12, 2014추33** : "지방교육자치에 관한 법률 제3조, 지방자치법 제169조 제1항에 따르면, 시·도의 교육·학예에 관한 사무에 대한 교육감의 명령이나 처분이 법령에 위반되거나 현저히 부당하여 공익을 해친다고 인정되면 교육부장관이 기간을 정하여 서면으로 시정할 것을 명하고, 그 기간에 이행하지 아니하면 이를 취소하거나 정지할 수 있다. 특히 교육·학예에 관한 사무 중 '자치사무'에 대한 명령이나 처분에 대하여는 법령 위반 사항이 있어야 한다. 여기서 교육감의 명령이나 처분이 법령에 위반되는 경우란, **'명령·처분이 현저히 부당하여 공익을 해하는 경우', 즉 합목적성을 현저히 결하는 경우**와 대비되는 개념으로서, 교육감의 사무 집행이 명시적인 법령의 규정을 구체적으로 위반한 경우뿐만 아니라 그러한 사무의 집행이 재량권을 일탈·남용하여 위법하게 되는 경우를 포함한다."
* **대판 2007.3.22, 2005추62** : "[다수의견] 지방자치법 제157조 제1항 전문은 "지방자치단체의 사무에 관한 그 장의 명령이나 처분이 법령에 위반되거나 현저히 부당하여 공익을 해한다고 인정될 때에는 시·도에 대하여는 주무부장관이, 시·군 및 자치구에 대하여는 시·도지사가 기간을 정하여 서면으로 시정을 명하고 그 기간 내에 이행하지 아니할 때에는 이를 취소하거나 정지할 수 있다"고 규정하고 있고, 같은 항 후문은 "이 경우 자치사무에 관한 명령이나 처분에 있어서는 법령에 위반하는 것에 한한다"고 규정하고 있는바, 지방자치법 제157조 제1항 전문 및 후문에서 규정하고 있는 지방자치단체의 사무에 관한 그 장의 명령이나 처분이 법령에 위반되는 경우라 함은 명령이나 처분이 현저히 부당하여 공익을 해하는 경우, 즉 합목적성을 현저히 결하는 경우와 대비되는 개념으로, 시·군·구의 장의 사무의 집행이 명시적인 법령의 규정을 구체적으로 위반한 경우뿐만 아니라 그러한 사무의 집행이 재량권을 일탈·남용하여 위법하게 되는 경우를 포함한다고 할 것이므로, 시·군·구의 장의 자치사무의 일종인 당해 지방자치단체 소속 공무원에 대한 승진처분이 재량권을 일탈·남용하여 위법하게 된 경우 시·도지사는 지방자치법 제157조 제1항 후문에 따라 그에 대한 시정명령이나 취소 또는 정지를 할 수 있다.

  [대법관 김영란, 박시환, 김지형, 이홍훈, 전수안의 반대의견] 헌법이 보장하는 지방자치제도의 본질상 재량판단의 영역에서는 국가나 상급 지방자치단체가 하급 지방자치단체의 자치사무 처리에 개입하는 것을 엄격히 금지하여야 할 필요성이 있으므로, 지방자치법 제157조 제1항 후문은 지방자치제도의 본질적 내용이 침해되지 않도록 헌법합치적으로 조화롭게 해석하여야 하는바, 일반적으로 '법령위반'의 개념에 '재량권의 일탈·남용'도 포함된다고 보고 있기는 하나, 지방자치법 제157조 제1항에서 정한 취소권의 행사요건은 위임사무에 관하여는 '법령에 위반되거나 현저히 부당하여 공익을 해한다고 인정될 때', 자치사무에 관하여는 '법령에 위반하는 때'라고 규정되어 있어, 여기에서의 '법령위반'이라는 문구는 '현저히 부당하여 공익을 해한다고 인정될 때'와 대비적으로 쓰이고 있고, 재량권의 한계

위반 여부를 판단할 때에 통상적으로는 '현저히 부당하여 공익을 해하는' 경우를 바로 '재량권이 일탈·남용된 경우'로 보는 견해가 일반적이므로, 위 법조항에서 '현저히 부당하여 공익을 해하는 경우'와 대비되어 규정된 '법령에 위반하는 때'의 개념 속에는 일반적인 '법령위반'의 개념과는 다르게 '재량권의 일탈·남용'은 포함되지 않는 것으로 해석하여야 한다. 가사 이론적으로는 합목적성과 합법성의 심사가 명확히 구분된다고 하더라도 '현저히 부당하여 공익을 해한다는 것'과 '재량권의 한계를 일탈하였다는 것'을 실무적으로 구별하기 매우 어렵다는 점까지 보태어 보면, 지방자치법 제157조 제1항 후문의 '법령위반'에 '재량권의 일탈·남용'이 포함된다고 보는 다수의견의 해석은 잘못된 것이다.

[다수의견에 대한 대법관 김용담, 김황식의 보충의견] 행정청이 재량권을 행사함에 함에 있어서는 재량권의 한계를 벗어나지 않는 행위를 할 것이 요청되고, 행정청이 행정행위를 함에 있어 재량권의 한계를 벗어나 일탈·남용한 경우에는 법이 정한 한계를 벗어나지는 않는 범위 내에서 재량을 그르쳐 단순히 부당함에 그치는 경우와는 달리 그 행정행위는 위법한 행위로서 사법심사의 대상이 된다. 지방자치법 제157조 제1항 전문도 이러한 점을 염두에 두고 '명령이나 처분이 법령에 위반되거나 현저히 부당하여 공익을 해한다고 인정될 때'라고 하여 위법한 경우와 위법은 아니지만 공익을 해함으로써 단순히 부당한 경우를 나누어 규정하고 있다. 그러므로 반대의견이 지적하는 것처럼 자치사무의 집행이 '현저히 부당하여 공익을 해하는 경우'를 곧바로 재량권의 일탈·남용이 있는 것으로 볼 수는 없고, 이것이 재량권 일탈·남용이 되기 위해서는 현저히 부당하여 공익을 해하는 것에서 나아가 법의 규정뿐만 아니라 일반조리, 평등의 원칙, 비례의 원칙, 신뢰보호의 원칙 등 법 원칙의 위배 여부까지 고려하여야 한다. 이처럼 '현저히 부당하여 공익을 해하는 경우'와 '재량권의 일탈·남용이 있어 위법한 경우'가 명백하게 구분되는 이상 지방자치법 제157조 제1항의 법령위반에 재량권의 일탈·남용으로 인한 재량권 행사의 위법을 제외할 이유가 없다.

[다수의견에 대한 대법관 양승태의 보충의견] 지방자치단체장이 소속 정당의 정책이나 정강에 따라 시정을 펴는 것은 당연하고 이는 선거에 의해 그를 선출한 지역 주민의 바람이기도 하겠으나, 그의 권한은 반드시 법률이 허용한 범위 안에서 행사되어야 하고, 이를 핑계로 법률의 테두리를 넘어서는 것까지 용납될 수는 없으므로, 법률이 지방자치단체장에게 일정한 재량을 부여하고 있는 경우에도 자신의 정책이나 정강을 편다는 미명으로 재량권을 일탈하거나 남용하여서는 아니되는 것은 당연하다. 일반적으로 재량권의 일탈·남용은 위법, 즉 '법령위반'에 해당하고, 그것이 지방자치단체의 자치사무에 관한 것이라고 해서 다를 바가 없어 위법하기는 마찬가지이기 때문이다. 지방자치단체장이 위법한 권한 행위에 나아가는 경우에는 국가나 상급 지방자치단체가 직접 감독권을 발휘하여 이를 시정하게 하는 것이 가장 효과적인 수단임은 두말할 나위가 없고, 이는 국법질서를 유지할 책임이 있는 국가 등의 당연한 의무이기도 하거니와, 사안에 따라서는 국가 등이 직접 개입하지 아니하면 그 시정이 어려운 경우도 있는바, 지방자치법 제157조는 국가 등이 바로 이러한 기능을 하도록 하기 위해 마련한 규정이므로 그 제1항 후문의 '법령위반'에서 재량권의 일탈·남용을 제외하여야 할 아무런 이유가 없다.

[반대의견에 대한 대법관 이홍훈의 보충의견] 지방자치법 제157조는 위법·부당한 행정처분에 대한 국민의 권리구제를 위하여 그 대상적격의 범위를 규정하는 것이 아니고, 국가나 상급 지방자치단체

가 지방자치단체의 자치사무에 대한 지도·지원이란 한도 내에서 시정조치를 할 수 있는 통제 관여 범위에 관한 규정인바, 그 통제의 범위에 관하여는 헌법과 지방자치법이 보장하고 있는 자치권의 확보를 위하여 제한적으로 해석하여야 하므로, 그 '법령위반'의 개념은 일반적인 '위법'의 개념과는 달리 좁은 의미에서의 형식적인 '법령의 위반'으로 풀이하여야 한다. 뿐만 아니라 위 조문의 문리해석상 위 법조문이 '법령위반'과 별개로 '현저히 공익을 해한다'고 규정하고 있는 의미는 단순한 부당행위는 국가나 상급 지방자치단체의 통제의 범위대상에서 아예 제외하고 '재량권의 일탈·남용' 등 현저한 부당행위의 경우에 한정하여 통제하려는 취지로 보아야 한다."

* **대판 2017.3.30, 2016추5087** : "지방자치법 제169조 제1항은 "지방자치단체의 사무에 관한 그 장의 명령이나 처분이 법령에 위반되거나 현저히 부당하여 공익을 해친다고 인정되면 시·도에 대하여는 주무부장관이, 시·군 및 자치구에 대하여는 시·도지사가 기간을 정하여 서면으로 시정할 것을 명하고, 그 기간에 이행하지 아니하면 이를 취소하거나 정지할 수 있다. 이 경우 자치사무에 관한 명령이나 처분에 대하여는 법령을 위반하는 것에 한한다."라고 규정하고 있다. 이 사건 채용공고는 지방공무원의 임용을 위한 것으로서 지방자치법 제9조 제2항 제1호 (마)목에 정한 지방자치단체의 사무에 속하고, 이 사건 채용공고를 통하여 임용인원·자격·요건 등 임용에 관한 사항이 대외적으로 공표되어 확정되며, 이를 기초로 이후 임용시험 등의 절차가 진행된다. 그리고 행정소송법상 항고소송은 행정청이 행하는 구체적 사실에 관한 법집행으로서의 공권력의 행사 또는 그 거부와 그 밖에 이에 준하는 행정작용을 대상으로 하여 그 위법상태를 배제함으로써 국민의 권익을 구제함을 목적으로 하는 것과 달리, 지방자치법 제169조 제1항은 지방자치단체의 자치행정 사무처리가 법령 및 공익의 범위 내에서 행해지도록 감독하기 위한 규정이므로 그 적용대상을 항고소송의 대상이 되는 행정처분으로 제한할 이유가 없다. 그렇다면 이 사건 채용공고는 지방자치법 제169조 제1항의 직권취소의 대상이 될 수 있는 지방자치단체의 사무에 관한 '처분'에 해당한다고 봄이 타당하며, 이를 다투는 원고의 주장은 받아들일 수 없다."

3) 사실오인

사실관계의 확인은 재량의 문제가 아닙니다. 따라서 재량권 행사가 부정확한 사실인식에 기초한 것이라면 재량의 하자가 아니라 사실오인 자체의 위법이 문제되는 것이지만, 사실오인이 재량하자의 원인이 된 점을 고려하여 재량한계의 일종으로 이해합니다.

4) 평등원칙·비례원칙 등 행정법의 일반원칙 위반

재량하자를 구성하는 대표적 경우로서 실무에서 다수를 점하는 재량하자 사유입니다.

> * **대판 2001.8.24, 2000두7704** : "징계사유에 해당하는 행위가 있더라도, 징계권자가 그에 대하여 징계처분을 할 것인지, 징계처분을 하면 어떠한 종류의 징계를 할 것인지는 징계권자의 재량에 맡겨져 있다고 할 것이나, 그 재량권의 행사가 징계권을 부여한 목적에 반하거나, 징계사유로 삼은 비행의 정도에 비하여 균형을 잃은 과중한 징계처분을 선택함으로써 비례의 원칙에 위반하거나 또는 합리적인 사유 없이 같은 정도의 비행에 대하여 일반적으로 적용하여 온 기준과 어긋나게 공평을 잃은 징계처분을 선택함으로써 평등의 원칙에 위반한 경우에는, 그 징계처분은 재량권의 한계를 벗어난 것으로서 위법하고, 징계처분에 있어 재량권의 행사가 비례의 원칙을 위반하였는지 여부는, 징계사유로 인정된 비행의 내용과 정도, 그 경위 내지 동기, 그 비행이 당해 행정조직 및 국민에게 끼치는 영향의 정도, 행위자의 직위 및 수행직무의 내용, 평소의 소행과 직무성적, 징계처분으로 인한 불이익의 정도 등 여러 사정을 건전한 사회통념에 따라 종합적으로 판단하여 결정하여야 한다."

5) 재량권의 불행사

재량권의 행사에 있어 고려해야 할 구체적 사항을 전혀 고려하지 않거나(재량권의 불행사) 충분히 고려하지 않은 경우(재량권 행사의 해태)에는 재량의 일탈·남용을 구성하여 위법한 처분임을 면치 못합니다. 이를테면, 제재적 처분이 모법에서 재량행위로 규정하고 그 구체적 처분기준을 법규명령 별표에 위임하며, 해당 별표에서 위반회수별 기계적 처분을 예정하면서도 동시에 일반적 감경사유를 규정함으로써 결과적으로 재량권 행사의 여지가 있는 경우임에도 불구하고, 만약 처분청이 감경사유를 고려하지 않은 채 그 위반회수별 처분기준을 일의적으로 적용하여 영업정지처분 등을 발령하였다면 이는 재량권의 불행사에 의한 재량의 일탈·남용에 해당하여 위법한 처분입니다.

> * **대판 2019.7.11, 2017두38874** : "위에서 본 출입국관리법과 그 시행규칙, 재외동포법의 관련 조항과 체계, 입법 연혁과 목적을 종합하면 다음과 같은 결론을 도출할 수 있다. 재외동포에 대한 사증발급은 행정청의 재량행위에 속하는 것으로서, 재외동포가 사증발급을 신청한 경우에 출입국관리법 시행령 [별표 1의2]에서 정한 재외동포체류자격의 요건을 갖추었다고 해서 무조건 사증을 발급

해야 하는 것은 아니다. 재외동포에게 출입국관리법 제11조 제1항 각호에서 정한 입국금지사유 또는 재외동포법 제5조 제2항에서 정한 재외동포체류자격 부여 제외사유(이 사건에서는 '대한민국 남자가 병역을 기피할 목적으로 외국국적을 취득하고 대한민국 국적을 상실하여 외국인이 된 경우')가 있어 그의 국내 체류를 허용하지 않음으로써 달성하고자 하는 공익이 그로 말미암아 발생하는 불이익보다 큰 경우에는 행정청이 재외동포체류자격의 사증을 발급하지 않을 재량을 가진다고 보아야 한다. 처분의 근거 법령이 행정청에 처분의 요건과 효과 판단에 일정한 재량을 부여하였는데도, 행정청이 자신에게 재량권이 없다고 오인한 나머지 처분으로 달성하려는 공익과 그로써 처분상대방이 입게 되는 불이익의 내용과 정도를 전혀 비교형량하지 않은 채 처분을 하였다면, 이는 재량권 불행사로서 그 자체로 재량권 일탈·남용으로 해당 처분을 취소하여야 할 위법사유가 된다(대법원 2016. 8. 29. 선고 2014두45956 판결, 대법원 2017. 8. 29. 선고 2014두10691 판결 등 참조)."

* **대판 2016.8.29, 2014두45956** : "행정청이 건설산업기본법 및 구 건설산업기본법 시행령(2016. 2. 11. 대통령령 제26979호로 개정되기 전의 것, 이하 '시행령'이라 한다) 규정에 따라 건설업자에 대하여 영업정지 처분을 할 때 건설업자에게 영업정지 기간의 감경에 관한 참작 사유가 존재하는 경우, 행정청이 그 사유까지 고려하고도 영업정지 기간을 감경하지 아니한 채 시행령 제80조 제1항 [별표 6] '2. 개별기준'이 정한 영업정지 기간대로 영업정지 처분을 한 때에는 이를 위법하다고 단정할 수 없으나, 위와 같은 사유가 있음에도 이를 전혀 고려하지 않거나 그 사유에 해당하지 않는다고 오인한 나머지 영업정지 기간을 감경하지 아니하였다면 영업정지 처분은 재량권을 일탈·남용한 위법한 처분이다. 구 건설산업기본법 시행령(2016. 2. 11. 대통령령 제26979호로 개정되기 전의 것, 이하 '시행령'이라 한다) 제80조 제1항은 [별표 6]으로 '위반행위의 종별과 정도에 따른 영업정지의 기간'을 정하도록 하고 있으나, [별표 6]은 단순히 개별 위반행위에 대한 영업정지 기간만을 정하고 있지 아니하고 '감경·가중의 사유와 기준'도 아울러 정하고 있으므로, [별표 6]의 감경·가중 규정이 시행령 제80조 제1항의 영업정지 기간의 산정 방법을 규정한 것인지 아니면 같은 조 제2항의 감경·가중 기준을 구체화한 것인지가 문제 된다. 그런데 시행령 제80조 제1항 [별표 6]이 "위반행위의 정도, 동기 및 그 결과 등 다음 사유를 고려하여 제2호의 개별기준에 따른 영업정지 및 과징금의 2분의 1 범위에서 그 기간이나 금액을 가중하거나 감경할 수 있다."라고 하면서 열거하고 있는 개별적인 감경·가중 사유들은 같은 조 제2항이 감경·가중 기준으로 제시하고 있는 '위반행위의 동기·내용 및 횟수' 등을 반영한 것이고, 시행령 제80조의 취지가 [별표 6]에 따라 '위반행위의 정도·동기·결과' 등을 고려하여 감경을 한 후 이와 다르다고 보기 어려운 '위반행위의 동기·내용·횟수' 등의 사유로 다시 감경하도록 한 것이라고 해석되지 아니한다. 그리고 시행령 제80조의 연혁을 보더라도, 종전 구 건설산업기본법 시행령(2012. 11. 27. 대통령령 제24204호로 개정되기 전의 것) 제80조 제1항 [별표 6]은 감경·가중 사유를 규정하지 아니한 채 위반행위의 내용에 따른 영업정지의 기간만을 정하고, 국토교통부 예규인 건설업관리규정이 시행령 제80조 제2항의 감경·가중의 기준을 구체화하여 감경 사유와 가중 사유를 세부적으로 규정하고 있었는데, 시행령이 2012. 11. 27. 대통령령 제24204호로 개정되면서 건설업관리규정에 있던 감경·가중 사유 부분이 일부 수정되어 제80조

제1항 [별표 6]에 규정되면서 위 별표의 감경·가중과 같은 조 제2항의 감경·가중이 형식적으로 별개의 감경·가중 제도처럼 보이게 된 것에 불과하다. 이러한 사정들을 종합해 보면, 시행령 제80조 제1항 [별표 6]은 제2항의 감경 기준인 '위반행위의 동기·내용 및 횟수'를 구체화하여 이에 해당하는 개별적인 감경 사유를 규정한 것이므로, [별표 6]에 따라 '위반행위의 동기·내용 및 횟수' 등이 고려되어 감경이 이루어진 이상 이에 해당하는 사정들에 대하여 같은 조 제2항에 따른 감경이 고려되지 않았다고 볼 수는 없다. 따라서 행정청이 '위반행위의 동기·내용 및 횟수'에 관한 참작 사유에 대하여 [별표 6]에 따른 감경만을 검토하여 영업정지의 기간을 정하였더라도 그 처분이 '감경 사유가 있음에도 이를 전혀 고려하지 않거나 감경 사유에 해당하지 않는다고 오인한 경우'로서 재량권을 일탈·남용한 경우에 해당한다고 볼 수 없다."

* **대판 2010.7.15, 2010두7031** : "실권리자명의 등기의무를 위반한 명의신탁자에 대하여 부과하는 과징금의 감경에 관한 '부동산 실권리자명의 등기에 관한 법률 시행령' 제3조의2 단서는 임의적 감경규정임이 명백하므로, 그 감경사유가 존재하더라도 과징금 부과관청이 감경사유까지 고려하고도 과징금을 감경하지 않은 채 과징금 전액을 부과하는 처분을 한 경우에는 이를 위법하다고 단정할 수는 없으나, 위 감경사유가 있음에도 이를 전혀 고려하지 않았거나 감경사유에 해당하지 않는다고 오인한 나머지 과징금을 감경하지 않았다면 그 과징금 부과처분은 재량권을 일탈·남용한 위법한 처분이라고 할 수밖에 없다."

6. 기속재량행위

가구제조업을 운영하는 甲은 사업상 필요에 의해 자신이 소유하는 경기도 용인 인근의 A山 동쪽 면 5,000㎡에 이르는 지역에서 입목을 벌채하고자 관할 용인시장 乙에게 입목벌채허가를 신청하였다. 甲의 입목벌채허가신청에 대하여 시장 乙은, 비록 甲의 신청지가 관계 법령상의 산림훼손 금지 또는 제한지역에 해당하지 않는 등 법규상의 허가 요건을 갖추었다 하더라도, 해당 입목의 벌채를 허가하여서는 안 될 중대한 공익상의 이유가 있다고 판단하여 법령상 명문의 근거가 없음에도 불구하고 입목벌채 불허가처분을 하였다. 대법원 판례를 중심으로 판단할 때, 乙의 입목벌채불허가처분은 적법한가?

위 사안의 쟁점과 관련하여, 요건규정에의 해당 여부와 그에 따른 법률효과의 기계적 적용이라는 기속행위에서의 적법 여부가 문제되는 것이 아닙니다. 또한, 처분의 발령과 내용에 대해 처분청에게 독자적 판단권이 인정됨을 전제로 하여 재량한계론에 따른 위법 여부의 판단이 문제되는 재량의 일탈·남용이 쟁점인 것도 아닙니다. 과거의 기속재량·자유재량의 구분을 극복하고 비교적 최근 대법원 판례를 중심으로 제기되고 있는 기속재량행위의 의의와 그 내용 및 그에 따른 입목벌채불허가의 적법 여부를 검토합니다.

1) 전통적 기속재량행위론

행정소송의 열기주의하에서 재량행위는 행정의 고유영역으로 간주되어 재량불심리원칙이 지배적이었습니다. 그야말로 임의의 영역인 셈이었지요. 그러나 법치주의의 확대와 더불어, 기속행위와 재량행위로 구분하는 경우에도 재량행위를 다시 자유재량행위와 기속재량행위로 나누는 시도를 하게 됩니다.

> * **대판 1984.1.31, 83누451** : "행정행위가 기속행위인지 재량행위인지 나아가 재량행위라 할지라도 기속재량인지 또는 자유재량에 속하는 것인지의 여부가 우선 객관적으로 명백하지 않고, 또 행정행위의 전제가 되는 사실의 존부 확정과 그 상당성 및 적법성의 인정은 전혀 행정청의 기능에 속하는 것으로 상대적으로 행정청의 재량권도 확대된다고 할 것이므로 어떤 행정처분의 기준을 정한 준칙 등을 그 규정의 형식이나 체제 또는 문언에 따라 이를 일률적으로 기속행위라고 규정지울 수는 없다."

초기의 기속재량론은 재량행위 중에서 재판통제가 배제되는 범위를 자유재량행위에 한정시키고, 기속재량행위는 사법적 통제방식에는 차이가 있더라도 기속행위와 마찬가지로 재판통제의 대상으로 하려는 목적에서 주장되었습니다. 행정행위를 기속행위, 기속재량행위, 자유재량행위로 삼분하는 것인데, 행정소송법 제27조, 행정기본법 제21조 등에서 잘 나타나듯이 이런 의미에서의 자유재량행위는 현재의 법리하에서 존재하지 않는 형태입니다. 과거의 기속재량행위는 국민의 권리보호와 행정의 법률적합성 확보를 위해 재량불심리원칙이라는 실정법상의 한계를 극복하기 위한 개념적 수단으로 정립되었는데, 오늘날에는 이런 의미의 기속재량·자유재량 이분론은 지양해야 합니다. 재량행위의 재판통제가 일반화되었으므로 재량행위와 기속재량행위의 구별도 모호합니다. 따라서 재량에 대한 사법심사가 일반화된 현재의 제도적 상황에서 굳이 기속재량행위 개념을 자유재량행위에 대한 대응개념으로 둘 필요가 없다고 보아야 합니다. 즉, 모든 재량행위는 사법심사의 대상이며, 다만 거기에서는 심사의 강도 내지 정도만이 문제되며 구체적으로는 기속행위에서의 심사방식(판단대치방식)과 다른 형태로 사법적 통제가 행해지는 것이지요(제한심사방식). 결국, 재량행위에서 분기한 기속재량행위 개념은 적어도 학문적으로는 더 이상 존재하지 않는 개념이라 보아도 무방합니다.

2) 최근 판례에 나타난 기속재량행위론

(1) 기속재량행위의 내용

전통적 견해에 따른 기속재량·자유재량의 이분론이 사법심사의 대상적격에 착안한 것이라면, 최근 대법원 판례에 나타난 기속행위·재량행위·기속재량행위의 구분은 크게 보아 심사강도의 문제라 할 수 있습니다. 과거의 기속재량행위가 재량행위에서 유래한 것이었다면, 현재 대법원이 채용하고 있는 기속재량행위 개념은 기속행위에서 분기한 것입니다.

기속재량행위란 주유소등록신청, 입목벌채허가, 채광계획인가 등(이하 '관련 수익적 처분'이라 칭합니다)에 있어, 그것이 관계법상의 제한사유에 해당하지 않다면 행정청은 반드시 상대방의 신청을 인용하여야 하지만, 관련 수익적 처분을 받도록 한 제도적 취지와 공익을 실현하여야 하는 행정의 합목적성 이념에 비추어 관련 수익적 처분이 '중대한 공익에 배치된다고 할 때'에는 법규에 명문의 근거가 없더라도 관련 수익적 처분을 거부할 수 있는 경우를 말합니다. 기속재량행위의 경우 상대방에게 불이익한 처분은 중대한 공익상의 이유로만 행사되어야 하며, 이 경우 법원은 행정청의 처분에 대하여 합목적성 심사를 할 수 있습니다.

* **대판 1993.5.27, 92누19477** : "광업권의 행사를 보장하면서도 광산개발에 따른 자연경관의 훼손, 상수원의 수질오염등 공익침해를 방지하기 위한 목적에서 광물채굴에 앞서 채광계획인가를 받도록 한 제도의 취지와 공익을 실현하여야 하는 행정의 합목적성에 비추어 볼 때, 당해 채광계획이 중대한 공익에 배치된다고 할 때에는 그 인가를 거부할 수 있다고 보아야 하고, 채광계획을 불인가하는 경우에는 정당한 사유가 제시되어야 하며 자의적으로 불인가를 하여서는 아니 될 것이므로 채광계획의 인가는 기속재량행위에 속하는 것으로 보아야 할 것이다."
* **대판 1998.9.25, 98두7503** : "석유사업법 제9조 제1항, 제3항, 석유사업법시행령 제15조 [별표 2]의 각 규정에 따라 전라남도지사는 전라남도주유소등록요건에관한고시(전라남도 1997-32) 제2조 제2항 [별표 1]에서 주유소의 진출입로는 도로상의 횡단보도로부터 10m 이상 이격되게 설치하여야 한다고 규정하였는바, 위 고시는 석유사업법 및 그 시행령의 위의 규정이 도지사에게 그 법령내용의 구체적인 사항을 정할 수 있는 권한을 부여하면서 그 권한행사의 절차나 방법을 정하지 아니하고 있

> 는 관계로 도지사가 규칙의 형식으로 그 법령의 내용이 될 사항을 구체적으로 규정한 것으로서, 이는 당해 석유사업법 및 그 시행령의 위임한계를 벗어나지 아니하는 한 그 법령의 규정과 결합하여 대외적인 구속력이 있는 법규명령으로서의 효력을 갖게 된다고 할 것이고, 따라서 위 전라남도 고시에 정하여진 등록요건에 맞지 아니하는 석유판매업등록신청에 대하여 그 등록을 거부한 행정처분은 적법하다. 주유소등록신청을 받은 행정청은 주유소설치등록신청이 석유사업법, 같은법시행령, 혹은 위 시행령의 위임을 받은 시·지사의 고시 등 관계 법규에 정하는 제한에 배치되지 않고, 그 신청이 법정등록 요건에 합치되는 경우에는 특별한 사정이 없는 한 이를 수리하여야 하고, 관계 법령에서 정하는 제한사유 이외의 사유를 들어 등록을 거부할 수는 없는 것이나, 심사결과 관계 법령상의 제한 이외의 중대한 공익상 필요가 있는 경우에는 그 수리를 거부할 수 있다."

통상의 재량행위의 경우 행정청의 판단이 사실 오인, 비례·평등원칙 위반, 목적위반 등 재량의 일탈·남용에 해당하지 않는 한 적법한 처분이지만, 기속재량행위의 경우에는 '중대한 공익'에의 해당성에 대한 엄격한 심사를 통하여 공익의 현저한 우월성 여부에 대한 법원의 적극적 판단이 가능한 영역입니다. 또한, 기속행위가 법령 등 '실정법에 대한 기속'임에 비하여, 기속재량행위는 그 사법심사의 범위와 관련하여 일응 행정청의 재량발동 근거(공익판단)에 관하여 전면적이고도 실질적인 심사가 이루어지므로 기속재량의 경우에는 실질적으로 '중대한 공익에의 기속'을 의미하는 것입니다.

기속재량행위는 이중적 성격입니다. 판례가 기속재량행위를 일응 기속행위로 취급하여 처분의 당·부당의 문제를 위법·적법의 문제로 흡수하여 처분의 공익에의 기속성, 즉 합목적성에 대한 심사를 법원이 행하도록 하는 것은 기속행위적 측면입니다. 그러나 행정청의 거부처분이 명문의 법 규정상의 거부사유에 의하지 않더라도 최종적으로 공익에 문의하여 행해질 수 있다고 보는 것은 재량행위적 속성에서 비롯하는 것입니다. 다만, 공익의 현저한 우월성에 대한 엄격한 심사를 통해 이익형량에 있어서의 양적인 제한을 가하는 점에서 판례가 사용하는 기속재량행위의 독자성을 인정할 수 있습니다.

결국, 기속행위인 등록, 허가 등에 있어 관계법상의 근거가 없더라도 중대한 공익상의 이유를 들어 허가 등을 거부할 수 있는 경우를 기속재량행위라 칭하고, 그 근거로는 공익을 보장하고 실현해야 하는 행정청에게 - 관계법상의 형식적 요건을 충족하더라도 이를 인용하는 것이 공익에 중대한 위해를 야기하는 것으로 판단되는 예외적인 경우에는 - 중대한 공익상의 이유를 들어 수익적 처분의 발령을 거부할 수 있는 권한이 당해 허가 등에 내재한다고 보는 듯합니다. 이때 공익상의 중대한 사유로 행정청이 허가 등을 거부할 수 있다는 점에서 기속재량행위를 재량행위의 일종으로 파악할 수도 있겠지만, 공익상 필요에 따른 허가 등의 거부는 판례에 의할 때 기속행위 일반에 내재하는 것으로서, 해당 거부가 상대방의 신청을 인용할 수 없는 예외적으로 중대한 공익상 필요에 따라 인정되는 것이라고 한다면 이는 기속행위 법제의 일부라고 보는 것이 타당합니다.

> * **대판 2001.2.9, 98두17593** : "행정행위가 그 재량성의 유무 및 범위와 관련하여 이른바 기속행위 내지 기속재량행위와 재량행위 내지 자유재량행위로 구분된다고 할 때, 그 구분은 당해 행위의 근거가 된 법규의 체재·형식과 그 문언, 당해 행위가 속하는 행정 분야의 주된 목적과 특성, 당해 행위 자체의 개별적 성질과 유형 등을 모두 고려하여 판단하여야 하고, 이렇게 구분되는 양자에 대한 사법심사는, 전자의 경우 그 법규에 대한 원칙적인 기속성으로 인하여 법원이 사실인정과 관련 법규의 해석·적용을 통하여 일정한 결론을 도출한 후 그 결론에 비추어 행정청이 한 판단의 적법 여부를 독자의 입장에서 판정하는 방식에 의하게 되나, 후자의 경우 행정청의 재량에 기한 공익판단의 여지를 감안하여 법원은 독자의 결론을 도출함이 없이 당해 행위에 재량권의 일탈·남용이 있는지 여부만을 심사하게 되고, 이러한 재량권의 일탈·남용 여부에 대한 심사는 사실오인, 비례·평등의 원칙 위배, 당해 행위의 목적 위반이나 동기의 부정 유무 등을 그 판단 대상으로 한다."

(2) 기속재량행위와 부관

기속행위의 경우 상대방의 신청이 법정 요건을 충족하면 법령이 정한대로 처분을 하여야 하고 이를 제한하는 내용의 부관을 붙일 수 없는 것이 원칙입니다. 기속재량행위의 기속행위적 성질을 고려하여 판례는 기속행위의 경우와 마찬가지로 기속재량행위에 대하여도 부관을 붙일 수 없으며, 그때의 부관을 무효라고 합니다.

> * **대판 1997.6.13, 96누12269** : "광업권자는 광업법 소정의 채굴제한 등 특별한 사유가 없는 한 인가된 채광계획구역에서 등록된 광물을 채굴하여 자유롭게 처분할 수 있고 또한 동일광상 중에 부존하는 다른 광물이나 골재를 부수적으로 채굴·채취할 수 있다 할 것이고, 한편 주무관청이 광업권자의 채광계획을 불인가하는 경우에는 정당한 사유가 제시되어야 하고 자의적으로 불인가를 하여서는 아니될 것이므로 채광계획인가는 기속재량행위에 속하는 것으로 보아야 하며, 일반적으로 기속재량행위에는 부관을 붙일 수 없고 가사 부관을 붙였다 하더라도 이는 무효이므로, 주무관청이 채광계획의 인가를 함에 있어 '규사광물 이외의 채취금지 및 규사의 목적외 사용금지'를 조건으로 붙인 것은 광업법 등에 의하여 보호되는 광업권자의 광업권을 침해하는 내용으로서 무효이다."

(3) 판례

기속재량행위는 이미 우리 판례에 상당한 수준으로 확고히 자리한 개념입니다. 최초 그 출발이 기속행위에서부터였지만, 점점 재량행위의 성질을 갖는 수익적 처분에 대해서도 그 예외적 거부사유로 중대한 공익을 들면서 이를 기속재량행위로 보는 경향이 확대되고 있습니다. 재량행위 영역에서의 기속재량을 '거부재량'이라고 표현하면서, 중대한 공익의 침해에 대한 방어기제로서의 '국가이성' 또는 '국가의 존재이유의 당연한 발로' 등을 그 인정 근거로 듭니다. 좀 더 깊은 연구를 기다려야 하겠지만, 우리 판례는 결국 기속행위, 재량행위를 불문하고 각각 명문 규정상의 거부사유에 해당하지 않더라도(기속행위), 혹은 통상의 재량행사의 결과로는 신청에 따른 처분을 발령하여야 하지만(재량행위), 중대한 공익상의 이유를 들어 수익적 처분의 발령을 거부할 수 있는 것으로 확대해석하였다고 정리할 수 있습니다.

대표적 판례들을 열거하면, 대판 1993.5.27, 92누19477(구광업법 제47조 관련 채광계획인가거부처분취소소송), 대판 1995.9.15, 95누6113(구산림법 제90조 및 동시행규칙 제88조 관련 산림훼손불허가처분취소소송), 대판 1995.12.12, 94누12302(구주택건설촉진법 제44조 관련 주택조합설립인가거부처분취소소송, 특히 "… 사회질서를 해칠 우려가 있음이 명백한 때에는" 명문의 규정이 없더라도 거부처분을 할 수 있다고 하여 공익해당성에 대한 구체적 사유를 설시함), 대판 1998.9.25, 98두7503(구석유사업법 제9조 관련 석유판매업등록거부처분취소소송), 대판 2001.2.9, 98두17593(구도시계획법 제21조 관련 개발제한구역 내 용도변경불허가처분취소소송), 대판 2002.10.25, 2002두7043(건축허가거부처분취소소송), 대판 2010.9.9, 2008두22631(구장사등에관한법률 제14조 제1항에 의한 사설납골당설치신고불가처분취소소송) 등이 그것입니다.

* **대판 2007.5.10, 2005두13315** : "구 주택건설촉진법(2003. 5. 29. 법률 제6916호 주택법으로 전문 개정되기 전의 것) 제33조에 의한 주택건설사업계획의 승인은 상대방에게 권리나 이익을 부여하는 효과를 수반하는 이른바 수익적 행정처분으로서 법령에 행정처분의 요건에 관하여 일의적으로 규정되어 있지 아니한 이상 행정청의 재량행위에 속하므로, 이러한 승인을 받으려는 주택건설사업계획이 관계 법령이 정하는 제한에 배치되는 경우는 물론이고 그러한 제한사유가 없는 경우에도 공익상 필요가 있으면 처분권자는 그 승인신청에 대하여 불허가 결정을 할 수 있으며, 여기에서 말하는 '공익상 필요'에는 자연환경보전의 필요도 포함된다. 특히 산림의 훼손은 국토 및 자연의 유지와 수질 등 환경의 보전에 직접적으로 영향을 미치는 행위이므로, 법령이 규정하는 산림훼손 금지 또는

제한 지역에 해당하는 경우는 물론이고 금지 또는 제한 지역에 해당하지 않더라도 허가관청은 산림훼손허가신청 대상토지의 현상과 위치 및 주위의 상황 등을 고려하여 국토 및 자연의 유지와 환경의 보전 등 중대한 공익상 필요가 있다고 인정될 때에는 허가를 거부할 수 있고, 그 경우 법규에 명문의 근거가 없더라도 거부처분을 할 수 있다."

* **대판 2017.5.30, 2017두34087** : "숙박업은 손님이 잠을 자고 머물 수 있도록 시설과 설비 등의 서비스를 제공하는 것이다. 공중위생관리법 제2조 제1항 제2호, 제3조 제1항, 제4조 제1항, 제7항, 공중위생관리법 시행규칙 제2조 [별표 1], 제3조의2 제1항 제3호, 제7조 [별표 4]의 문언, 체계와 목적에 비추어 보면, 숙박업을 하고자 하는 자는 위 법령에 정해진 소독이나 조명기준 등이 정해진 객실·접객대·로비시설 등을 다른 용도의 시설 등과 분리되도록 갖춤으로써 그곳에 숙박하고자 하는 손님이나 위생관리 등을 감독하는 행정청으로 하여금 해당 시설의 영업주체를 분명히 인식할 수 있도록 해야 한다. 숙박업을 하고자 하는 자가 법령이 정하는 시설과 설비를 갖추고 행정청에 신고를 하면, 행정청은 공중위생관리법령의 위 규정에 따라 원칙적으로 이를 수리하여야 한다. 행정청이 법령이 정한 요건 이외의 사유를 들어 수리를 거부하는 것은 위 법령의 목적에 비추어 이를 거부해야 할 중대한 공익상의 필요가 있다는 등 특별한 사정이 있는 경우에 한한다."
* **대판 2019.10.31, 2017두74320** : "건축허가권자는 건축신고가 건축법, 국토의 계획 및 이용에 관한 법률 등 관계 법령에서 정하는 명시적인 제한에 배치되지 않는 경우에도 건축을 허용하지 않아야 할 중대한 공익상 필요가 있는 경우에는 건축신고의 수리를 거부할 수 있다."

3) 기속재량행위의 실익

(1) 기속행위와의 관계

침익적 행정처분의 근거가 되는 법규범의 일차적 판단권한이 입법자에게 있다 하더라도 구체적 사안에 따라서는 입법자가 고려한 공익의 비중이 항상 동일하다고 볼 수 없는 경우가 발생합니다. 또한, 사회의 진화 양상에 따라 보호되어야 할 새로운 공익이 등장하는 경우에도 성문법령의 경직성으로 인하여 공익실현의 목적 달성이 용이하지 않은 상황이 등장할 수 있습니다. 따라서 기속재량행위는 구체적 상황에서의 공익의 보호문제를 법해석을 통하여 해결할 수 있는 길을 열어주는 기능을 합니다.

그러나 기속재량행위의 경우 허가 등을 거부할 중대한 공익상의 사유가 있어야만 허가거부 등이 적법하고 그렇지 않은 경우에는 허가거부 등이 위법합니다. 즉, 행정청이 허가거부를 하는 경우 중대한 공익상의 필요에 해당하는 정당한 사유를 제시하여야 하고, 이 경우 행정청의 1차적 판단인 중대한 공익 관련 정당한 사유 여부에 대한 전면적인 사법심사가 이루어지므로, 중대한 공익상의 필요 여부에 대한 법원의 심사결과가 행정청의 판단을 대체하는 이른바 판단대치방식의 심사가 이루어집니다.

(2) 재량행위와의 관계

통상의 재량행위의 경우 특허 등의 신청에 대한 거부로 인해 상대방이 받는 불이익이 공익보다 심히 큰 경우에 위법하게 되며, 이 경우 처분청은 거부를 해야 하는 사유를 적시하는 것에 갈음하여 재량고려 사항만을 제시하면 되고 법원의 심사범위는 재량권의 일탈·남용에 제한되는 이른바 제한심사방식에 의합니다. 따라서 재량권의 한계 내에서의 행정청의 판단, 즉 합목적성에 대한 판단은 법원의 통제대상이 되지 않습니다.

이런 점에서 기속재량행위 관념의 일반화는 법치주의의 발전에 따라 사법심사가 완화되는 재량행위의 영역을 축소하여 법원이 중대한 공익상의 필요 여부라는 합목적성의 판단에 개입함으로써 국민의 권리를 보장하고 행정의 법률적합성 원칙을 공고히 하는 수단으로서 작용할 수 있습니다.

4) 결어

최근의 대법원 판례 및 이를 긍정하는 학설에 의할 때, 산림훼손금지 또는 제한지역에 해당하지 않는 등 법정 거부사유에 해당하지 않더라도 허가관청은 중대한 공익상 필요가 있다고 인정하는 때에는 법규에 명문의 근거가 없더라도 거부처분을 할 수 있습니다. 다만, 사인의 권익보호, 상대방의 예측가능성 등 법적 안정성 확보의 견지에서 볼 때 여기에서의 '중대한 공익성' 관념은 제한적으로 해석하여야 하며, 해당 사유의 존부는 엄격한 사법심사의 대상이 되어야 합니다. 한편, 건축법 제11조 제4항상 건축허가의 예외적 거부 가능성을 예정하고 있음은 판례에 의해 구체화된 기속재량행위 개념을 입법에 반영한 것으로 이해할 수 있습니다.

제13강

행정행위의 부관

제13강
행정행위의 부관

1. 부관의 필요성

오늘날 급부국가·행정국가 이념을 바탕으로 침익적 행정에서 수익적 행정으로 행정의 중점이 옮겨가면서, 사인에게 수익적 행정처분을 발령하면서도 공익을 위해 일정한 침익적 부관을 부여하는 것은 오히려 상례가 되었습니다. 즉, 부관은 행정청으로 하여금 'alles oder nichts(all or nothing)' 형태의 처분의 발령 또는 거부라는 경직성에서 벗어나 수익적 행정행위에 필요한 부관을 부가하여, 행정객체에게 권리 내지 수익적 효과를 부여하면서 부관을 통하여 필요한 공익을 달성할 수 있는 여지를 부여합니다. 따라서 행정행위의 부관은 행정작용의 탄력성을 부여하면서, 동시에 처분의 상대방 입장에서도 부관이 없었다면 거부되었을 수익적 처분의 발령을 이끌 수 있습니다. 예컨대, 주택건설사업계획의 승인을 하면서 일정 부분의 토지소유권을 국가 또는 지방자치단체에 귀속시키는 기부채납을 조건으로 내세우는 경우를 흔히 발견합니다.

그러나 부관의 이러한 장점에도 불구하고 본체인 행정행위의 목적이 무색할 정도로 양적으로 과다하거나(비례원칙 위반) 질적으로 무관한(부당결부금지원칙 위반) 의무를 부과하는 경우를 포함하여, 부관이 그 구체적인 필요성과는 관계없이 수익적 처분에 대한 일반적인 반대급부 수단으로 사용되는 등 일종의 행정편의주의로 흐를 위험성은 존재합니다. 따라서 오늘날에는 기속행위나 준법률행위적 행정행위에 부관을 붙일 수 있는지 여부 등 부관의 가능성보다는 그에 대한 한계와 통제 문제에 집중하는 것이 합목적적입니다.

2. 부관의 의의 및 법적 성질

오늘날 부관의 개념 관련 논쟁은 다소 수그러들었지만, 과거 독일 연방행정절차법

제36조[1]가 부관의 종류와 허용성에 관한 규정을 두면서 그 개념을 정의하지 않아 논란이 되었습니다. 한편, 행정기본법 제17조는 독일 연방행정절차법 제36조에 상응하는 규정을 두고 있습니다.

1) 행정행위의 주된 내용에 부가하는 것인가 혹은 독립된 행정행위인가?

이는 특히 부담에서 문제되는 것으로서 부담은 다른 부관과는 달리 그 자체가 하나의 행정행위로 보는 견해가 있는데, 이러한 이론적 시도의 본래적 취지는 부담에 대한 독립가쟁성을 인정하기 위한 것이라고 보아야지 부담을 엄격한 의미의 독립한 행정행위로 간주해서는 안 됩니다. 부담을 포함하여 모든 부관은 본체인 행정행위와 단일의 과정, 즉 본체 행정행위의 발령 시 본체인 행정행위에 부가되는 것이 원칙이기 때문입니다(부관의 부종성). 따라서 부관의 존속은 본체인 행정행위에 의존하는 것이므로 본체 행정행위가 취소·소멸되면 부관에 대한 별도의 행위가 없어도 부관도 당연히 취소·소멸됩니다.

한편, 이와 구별해야 할 사항으로, 부관의 위법성 판단 기준시점이 판례상 문제됩니다. 판례는 부관의 위법판단은 부관부 행정행위 발령 시의 법령에 의하여야 하므로 발령 시의 법령에 비추어 부관이 적법하다면 해당 행정행위의 근거 법령의 사후 개정으로 부관을 붙일 수 없게 되더라도 그 이유만으로 부관이 위법해지거나 부관의 효력이 소멸하는 것은 아니라는 입장입니다. 또한, 부관은 원칙적으로 행정행위의 발령 시 처분청의 일방적 의사에 의해 부가되지만, 부관의 내용을 상대방과의 사전 협의에 따라 협약의 형식으로 정한 다음 이를 행정행위 발령시에 붙일 수도 있습니다.

---

1) 독일 연방행정절차법 제36조(부관) ① 기속행위 경우에는 법정부관의 형태이거나 법정 요건을 충족하는 부관의 경우에만 부가할 수 있다.
② 제1항의 규정에도 불구하고 행정행위에는 의무에 합당한 재량권 행사 하에 다음의 부관을 부가할 수 있다.
1. 수익·침익적 효과가 일정 시점에 개시하거나 종료하거나, 혹은 일정 기간 동안 유효한 '기한'
2. 수익·침익적 효과의 개시 내지 종료가 장래 불확실한 사실에 의존하는 '조건'
3. 철회권 유보
4. 수익적 효과를 향유하는 상대방에게 작위, 수인 혹은 부작위의무 등을 부과하는 '부담'
5. 사후부담 및 부담의 사후변경·보완의 유보
③ 부관은 행정행위의 목적 범위를 일탈해서는 아니 된다.

* **대판 2009.2.12, 2005다65500** : "수익적 행정처분에 있어서는 법령에 특별한 근거규정이 없다고 하더라도 그 부관으로서 부담을 붙일 수 있고, 그와 같은 부담은 행정청이 행정처분을 하면서 일방적으로 부가할 수도 있지만 부담을 부가하기 이전에 상대방과 협의하여 부담의 내용을 협약의 형식으로 미리 정한 다음 행정처분을 하면서 이를 부가할 수도 있다. 행정청이 수익적 행정처분을 하면서 부가한 부담의 위법 여부는 처분 당시 법령을 기준으로 판단하여야 하고, 부담이 처분 당시 법령을 기준으로 적법하다면 처분 후 부담의 전제가 된 주된 행정처분의 근거 법령이 개정됨으로써 행정청이 더 이상 부관을 붙일 수 없게 되었다 하더라도 곧바로 위법하게 되거나 그 효력이 소멸하게 되는 것은 아니다. 따라서 행정처분의 상대방이 수익적 행정처분을 얻기 위하여 행정청과 사이에 행정처분에 부가할 부담에 관한 협약을 체결하고 행정청이 수익적 행정처분을 하면서 협약상의 의무를 부담으로 부가하였으나 부담의 전제가 된 주된 행정처분의 근거 법령이 개정됨으로써 행정청이 더 이상 부관을 붙일 수 없게 된 경우에도 곧바로 협약의 효력이 소멸하는 것은 아니다."

다시 직전의 논의로 돌아와서 반복하건대, 부관, 특히 부담의 독립성은 행정소송상 항고소송의 대상으로서의 처분성을 부여하기 위한 것으로 해석하면 족하지, 부담을 독립한 행정행위로 삼는 것은 타당하지 않습니다. 독일의 경우에는 연방행정법원법 제42조에서 취소소송의 대상을 행정행위로 한정하고 있으므로 부담의 독립가쟁성을 인정하기 위해 이를 행정행위로 보아야 할 경우를 상정할 수 있습니다. 결국, 부담이 기한·조건 등 다른 부관에 비해 본체인 행정행위에 대한 독립성이 강한 것은 사실이지만, 부담도 본체인 행정행위에 부가된 부대적 규율로서 부종성을 바탕으로 본체 행정행위의 내용을 제한·제약하는 의미를 가지는 것이지 그 자체가 본체인 행정행위와 독립하여 독자적인 행정행위의 지위로 존재하는 것은 아닙니다.

2) 행정행위의 효과를 제한하는 것인가 혹은 보충하는 것도 포함되는가?

독일 연방행정절차법 제36조 제1항은 기속행위의 경우 부관의 부가에 의하여 행정행위의 법률상 요건 충족이 확보되는 때에는 부관을 붙일 수 있다고 규정합니다. 이를 강학상 '법률요건충족적 부관'이라고 합니다. 기속행위는 원래 부관을 부가할 수 없지만, 기속행위인 건축허가 등의 신청에 있어서 경미한 요건이 충족되지 않은 경우 행정청이 당해 요건의 사후 충족을 조건(사안에 따라 정지조건 내지 부담의 성격을 가집니다)으로 허가를 발령하는 것은 허용됩니다. 엄격히 볼 때 허가 발령 시에는 아직 관계법상의 처분요건이 충족되지 않았으므로 허가를 법률요건충족적 부관과 함께 발령하는 것은 법치행정

관점에서 위법합니다. 그럼에도 불구하고 행정청은 신청된 허가를 거부함에 갈음하여, 일정한 조건을 부가하여 허가할 수 있다고 보는 것이 실질적 법치주의와 행정의 능률 측면에서 바람직합니다.

그러나 기속행위에서의 부관은 행정행위의 완성을 위한 보충적 역할에 국한합니다. 즉, 기속행위에 있어서는 관계법상의 요건이 충족된 경우에는 사인의 신청에 따른 행정행위를 온전히 발령하여야 하는 기속하에 놓이기 때문에 기속행위의 경우 행정행위의 내용이나 효과를 제한하는 부관은 불가능합니다. 결국, 독일 연방행정절차법 제36조 제1항의 법률요건충족적 부관 문구는 적극적인 부관의 정의규정이 아니라 예외적인 경우에 기속행위에 대해서도 부관을 붙일 수 있음을 규정한 것으로 보아야 합니다. 따라서 부관은 전통적 견해처럼 주된 행정행위의 내용을 제한하는 부대적 규율로 정의하고, 기속행위의 경우에는 원칙적으로 부관을 붙일 수 없으나 예외적으로 법률요건충족적 부관이 허용되는 것으로 이해합시다.

＊ **대판 1995.6.13, 94다56883** : "일반적으로 기속행위나 기속적 재량행위에는 부관을 붙일 수 없고 가사 부관을 붙였다 하더라도 무효이며, 건축법 소정의 건축허가권자는 건축허가신청이 건축법, 도시계획법 등 관계법규에서 정하는 어떠한 제한에 배치되지 않는 이상 당연히 같은 법조 소정의 건축허가를 하여야 하므로, 법률상의 근거없이 그 신청이 관계법규에서 정한 제한에 배치되는지의 여부에 대한 심사를 거부할 수 없고, 심사결과 그 신청이 법정요건에 합치하는 경우에는 특별한 사정이 없는 한 이를 허가하여야 하며, 공익상 필요가 없음에도 불구하고 요건을 갖춘 자에 대한 허가를 관계법령에서 정하는 제한사유 이외의 사유를 들어 거부할 수는 없다(대법원 1989.6.27. 선고 88누7767 판결; 1992.12.11. 선고 92누3038 판결 등 참조) 고 하는 것이 이 법원의 확립된 견해인바, 이 사건 허가조건 제20항은 부관을 붙일 수 없는 기속행위 내지 기속적 재량행위인 건축허가에 붙인 부담이거나 또는 법령상 아무런 근거가 없는 부관이어서 무효라고 할 것이고, 따라서 원심이 그 판시이유에서 위 허가조건이 무효가 아니라고 판단한 데에는 건축허가의 성질 및 부관의 가능성에 관한 법리를 오해한 위법이 있다."

3) 부대적 규율인가 혹은 부가되는 종된 의사표시인가?

전통적 견해가 부관을 정의함에 있어 의사표시를 강조한 것은 준법률행위적 행정행위에 부관을 붙일 수 없다는 점을 강조하기 위한 것이었습니다. 즉, 의사표시를 요소로 하지 않고 효과가 직접 법령에서 나오는 준법률행위적 행정행위는 관계 법령에의 수권

규정이 없는 한 부관을 붙일 수 없습니다. 이에 대한 반대견해는 법률행위적 행정행위와 준법률행위적 행정행위의 구분 실익이 없고, 확인, 공증 등의 준법률행위적 행정행위에는 부관이 붙여지는 경우가 많음을 논거로 듭니다.

준법률행위적 행정행위 개념을 인정하고 그 개념을 달리 정의하지 않는 한 준법률행위적 행정행위가 법령에 의해 법 효과가 부여되는 것을 부인할 수 없습니다. 같은 맥락으로 준법률행위적 행정행위에도 법률효과를 제한하는 부관을 붙일 수 있지만, 이는 준법률행위적 법률행위의 개념 요소에 비추어 관계 법령상의 명시적 수권 여부에 의존하는 것으로 보아야 합니다. 여권의 유효기간도 여권법 시행령 제6조에 의해 부관이 부가되는 일종의 법정부관입니다. 결국, 수권에 의해 준법률행위적 행정행위에도 부관의 부가가 가능한 경우가 있으므로 부관의 개념 요소로 부대적 규율이라 파악함이 타당합니다. 준법률행위적 행정행위의 본질상 부관을 붙일 수 없다는 이유로 굳이 부관의 정의를 의사표시에 한정할 이유는 없습니다.

3. 부관의 종류

1) 조건

사비니(Savigny) 공식
* 조건 : 정지(○), 강제(×)
* 부담 : 정지(×), 강제(○)

조건은 행정행위 효력의 발생·소멸을 위하여 새로운 의사표시를 요건으로 하지 않는 점에서 기한과 동일하지만 불명확한 장래 사실에 의존한다는 점에서 기한과 상이하며, 정지조건과 해제조건으로 구분함은 민법과 동일합니다.

조건은 구체적 사안에서 부담과의 구별이 용이하지 않으며, 행정실무상 일반적 용례에 따라 '조건'이라 칭하더라도 내용상 '부담'으로 보아야 하는 경우가 많습니다. 예컨대, 도시계획구역 내 일정 주차시설을 완비할 것을 조건으로 하여 건축허가를 부여하는 경우 일종의 정지조건으로 볼 수도 있지만, 언제 완성될 것인지를 모르는 주차시설의 완비를 조건으로 장래 허가의 효과를 부여함은 행정법관계의 안정을 해칠 수 있으므로 이 경우에는 건축허가에 부가된 작위의무의 부과로서의 시설설치 부담으로 보는 것이 타당하겠지요. 한편, 해제조건은 그 속성상 조건의 실현 여부가 불명확하며 조건의 성취와 더불어 바로 행정행위의 효력이 상실됩니다. 따라서 해제조건 혹은 철회권의 유보에 해당하는지가 명확하지 않은 경우 상대방에게 유리한 철회권의 유보로 판단하여야 합니다. 왜냐하면, 유보된 철회 사유가 발생하더라도 철회권의 유보에서는 행정청이 별도의 철회처분을 발령하여야 하기 때문입니다.

2) 기한

일반적으로 종기가 도래하면 처분의 효력이 소멸함이 원칙입니다. 그런데 내용상 장기 계속성이 예정되는 처분에 지나치게 짧은 종기가 붙여지는 경우가 있는데, 이는 행정행위의 존속기간이 아니라 행정행위에 붙여진 조건의 존속기간, 즉 행정행위의 내용 갱신을 위한 기간이라 보아야 하므로 기한의 도래로 그 조건의 개정을 고려한다는 뜻입니다. 그러나 이것으로부터 곧 기간의 갱신의무가 도출되는 것은 아닙니다.

> * **대판 2004.3.25, 2003두12837** : "일반적으로 행정처분에 효력기간이 정하여져 있는 경우에는 그 기간의 경과로 그 행정처분의 효력은 상실되며, 다만 허가에 붙은 기한이 그 허가된 사업의 성질상 부당하게 짧은 경우에는 이를 그 허가 자체의 존속기간이 아니라 그 허가조건의 존속기간으로 보아 그 기한이 도래함으로써 그 조건의 개정을 고려한다는 뜻으로 해석할 수 있지만, 이와 같이 당초에 붙은 기한을 허가 자체의 존속기간이 아니라 허가조건의 존속기간으로 보더라도 그 후 당초의 기한이 상당 기간 연장되어 연장된 기간을 포함한 존속기간 전체를 기준으로 볼 경우 더 이상 허가된 사업의 성질상 부당하게 짧은 경우에 해당하지 않게 된 때에는 관계 법령의 규정에 따라 허가 여부의 재량권을 가진 행정청으로서는 그 때에도 허가조건의 개정만을 고려하여야 하는 것은 아니고 재량권의 행사로서 더 이상의 기간연장을 불허가할 수도 있는 것이며, 이로써 허가의 효력은 상실된다."

또한 위 경우 기한의 갱신이 논의된다 하더라도 상대방의 허가기간의 연장신청을 전제로 합니다.

> * **대판 2007.10.11, 2005두12404** : "일반적으로 행정처분에 효력기간이 정하여져 있는 경우에는 그 기간의 경과로 그 행정처분의 효력은 상실되고, 다만 허가에 붙은 기한이 그 허가된 사업의 성질상 부당하게 짧은 경우에는 이를 그 허가 자체의 존속기간이 아니라 그 허가조건의 존속기간으로 보

아 그 기한이 도래함으로써 그 조건의 개정을 고려한다는 뜻으로 해석할 수는 있지만(대법원 1995. 11. 10. 선고 94누11866 판결, 대법원 2004. 11. 25. 선고 2004두7023 판결 등 참조), 그와 같은 경우라 하더라도 그 허가기간이 연장되기 위하여는 특별한 사정이 없는 한, 그 종기(종기)가 도래하기 전에 그 허가기간의 연장에 관한 신청이 있어야 하며, 만일 그러한 연장신청이 없는 상태에서 허가기간이 만료하였다면 그 허가의 효력은 상실된다고 보아야 한다. 그런데 원심판결의 이유와 기록에 의하면, 원고는 1995. 11. 23. 피고로부터 사업기간을 1995. 11. 23.부터 1996. 11. 22.까지로 정하여 이 사건 보전임지전용허가를 받았는데, 그 후 위 사업기간이 경과하도록 이 사건 보전임지전용허가에 대한 기한연장신청을 하지 아니하였음을 알 수 있는바, 이에 따르면 이 사건 보전임지전용허가는 위 사업기간이 만료됨으로써 그 효력이 소멸되었다고 할 것이다. 그리고 이러한 판단은 이 사건 보전임지전용허가의 사업기간이 그 목적사업인 주택건설사업의 사업기간에 비추어 부당하게 짧다거나, 위 주택건설사업계획승인처분이 현재에도 유효하다거나 또는 피고가 위 사업기간의 만료 후 원고에게 이 사건 보전임지전용허가를 취소한다는 통보를 하였다고 하여 영향이 생기는 것은 아니다."

허가조건의 존속기간 내에 갱신 신청이 있었음에도 갱신 가부의 결정이 없는 상태에서 허가의 유효기간이 도과하더라도 해당 허가의 효력은 소멸하지 않습니다. 한편, 기간의 도과로 인해 허가의 효력은 상실되는 것이 원칙이므로 갱신기간이 도과한 후의 갱신 신청은 새로운 허가의 신청으로 간주합니다.

* **대판 2011.7.28, 2011두5728** : "어업에 관한 허가 또는 신고의 경우에는 어업면허와 달리 유효기간연장제도가 마련되어 있지 아니하므로 그 유효기간이 경과하면 그 허가나 신고의 효력이 당연히 소멸하며, 재차 허가를 받거나 신고를 하더라도 허가나 신고의 기간만 갱신되어 종전의 어업허가나 신고의 효력 또는 성질이 계속된다고 볼 수 없고 새로운 허가 내지 신고로서의 효력이 발생한다고 할 것이다."

허가의 존속기간 혹은 허가 조건의 존속기간을 불문하고 허가 등 행정행위가 갱신되면 갱신 전의 허가는 동일성을 유지하면서 그 효력을 유지합니다.

* **대판 1982.7.27, 81누174** : "원고의 직업소개사업허가는 최초로 1969.5.7에 받은 것을 그 동안 몇 차례 허가갱신을 얻어 최종으로 1980.1.1에 다시 허가갱신을 받은것임을 알 수 있는바, 서울시 직업안정업무처리규정 제20조에 따르면 허가기간은 2년으로 하되 신청에 의하여 동조 제3항 소정

사유가 없는 한 계속허가(허가갱신)를 할 수 있도록 규정하고 있는바 이는 그 신청서에 의하여 일단 그 실태를 조사한다는 것이지 허가취소 사유 내지 결격 사유의 존부를 면밀히 조사하여 확정한 뒤에 허가갱신을 한다는 것이 아니므로 이런 허가갱신제도의 취지나 목적으로 감안하면 갱신은 허가취득자에게 다시 2년간 종전의 지위를 계속 유지시키는 효과를 갖는 것에 불과하고 갱신 후에는 갱신 전의 법위반사항을 불문에 붙이는 효과를 발생하는 것이 아니라고 해석함이 상당한즉, 따라서 일단 갱신이 있은 후에도 갱신 전의 법위반사실을 근거하여 허가를 취소할 수 있다."

3) 부담

부담은 주된 수익적 행정행위에 상응하는 상대방의 급부 등 의무부담을 요체로 하는데, 행정행위 효력의 발생·소멸에 직접 영향을 끼치는 것이 아니므로 부담이 붙여져도 행정행위의 효력은 처음부터 어떤 제한 없이 발생하고, 부담의 불이행시에도 당연히 효력이 상실되는 것은 아닙니다.

부담의 이행 여부와는 무관하게 행정행위는 효력을 보유하므로 부담의 불이행시 행정청은 다음의 조치를 행할 수 있습니다. 우선, 법령이나 부관자체에 부담상의 의무 위반을 철회사유로 정하면 이에 기해 당해 행정행위 자체를 철회할 수 있는데, 이 경우에는 실질적으로 부담과 철회권 유보라는 두 개의 부관이 붙은 경우입니다. 이와 관련하여 철회권 유보가 없는 경우에도 행정청은 부담상의 의무 불이행을 근거로 당해 행정행위를 철회할 수 있는지가 문제됩니다. 이를 긍정하는 것이 통설·판례의 입장이며, 행정행위의 철회를 규정한 독일 연방행정절차법 제49조 제2항 제2호는 이를 명문으로 인정합니다(적법한 수익적 행정행위는 불가쟁력이 발생한 경우라도 상대방이 부담을 이행하지 않거나 기한 내에 이를 이행하지 않으면 그 행정행위의 전부 또는 일부를 장래효를 가지며 철회할 수 있다).

* **대판 1989.10.24, 89누2431** : "부담부 행정처분에 있어서 처분의 상대방이 부담(의무)를 이행하지 아니한 경우에 처분행정청으로서는 이를 들어 당해 처분을 취소(철회)할 수 있는 것이므로 이 사건에서 원고가 소정기간내에 공사를 완료하지 못했다 하더라도 이로 말미암아 긴급한 위난이 예상되거나 긴급한 사정이 없는 한 허가받은 자의 이익을 번복하는 처분은 할 수 없다는 소론은 받아들일 수 없고, 또 도시계획법이나 기타 법령에 의하더라도 이 사건 허가처분을 취소함에 있어 소론과 같은 절차를 요구하고 있는 규정은 없으므로 피고가 이 사건 취소처분을 함에 있어 그와 같은 절차를 밟지 않았다 하여 잘못이라 할 수도 없다."

또한, 처분청은 부담상의 의무 불이행을 이유로 그 후의 단계적 조치를 거부할 수 있는데, 예컨대 건축허가 시 붙인 부담의 불이행을 이유로 준공검사를 발령하지 않는 경우를 들 수 있습니다. 철회를 하지 않더라도 처분청은 이행강제금 등 행정상 강제집행수단을 동원할 수 있습니다.

행정실무에서 부담과 조건의 구별이 종종 문제됩니다. 양자의 구별이 이론상 가능함에도 불구하고 실제 판단이 용이하지 않은 경우가 많습니다. 부관 준수 여부의 중요성을 고려하여 그 부종성 정도에 따라 이것이 강한 경우에는 조건, 상대적으로 그렇지 않은 경우에는 부담으로 보자는 견해는 일응 경청할 만하지만, 이 기준에 의하더라도 양자의 구별은 여전히 쉽지 않습니다. 양자의 구별이 불명확한 경우에는 비례원칙에 의한 해결책으로, 상대방에게 침익적 효과가 덜한 부담으로 보는 것이 일반적 견해입니다. 부담은 다른 부관과는 달리 판례상 독립하여 항고쟁송의 대상이 되는 점이 중요한데, 이와 관련된 사항은 뒤에서 자세히 설명합니다.

4) 부담유보와 수정부담

부담유보는 그 효력이 장기간에 걸쳐 지속적인 행정행위에 적합한 부관 형태로서 오늘날 사회·경제적 변화 및 기술발전이 급속하여 예측하기 어려운 현실에 적합한 부관의 형태입니다. 부담유보는 법률의 근거가 있거나 상대방의 동의를 요하는 것이 원칙이지만, 사정변경의 원칙이 인정되는 경우 예외적으로 전술한 요건이 없어도 가능하다고 보아야 합니다. 실질적으로 사정변경의 경우 수익적 행정처분의 철회를 하는 것보다는 해당 행정행위를 유지하면서 부담을 부가하는 것이 상대방에게 덜 피해적일 수 있기 때문입니다.

수정부담은 부담의 내용이 추가적인 급부의무를 근거 짓지 않고 원행정행위의 내용을 질적으로 변경하는 경우에 논의되는 부관의 형태입니다. 수정부담은 상대방의 신청과 관련해서 볼 때 신청 내용대로의 수익적 결정을 하면서 부담을 붙이는 경우가 아니므로, 엄격히 말하자면 수정허가라 하는 것이 타당합니다. 이 역시 행정행위의 내용변경에 대한 법적 근거가 있거나 상대방이 동의하는 경우에만 가능하겠지요. 수정부담에 대한 소송상 불복방법으로는 무효확인소송이나 취소소송보다 의무이행소송이 실효성 측면에서 유리합니다. 통상적인 부담이 '네, 그러나!(Ja, aber!)' 구조임에 반하여 수정부담은 신청에 대한 대답이 아니라 신청에 대한 거부와 함께 새로운 처분을 한 것, 즉 '아니오, 그렇지만!(Nein, aber!)'의 구조를 취하기 때문입니다.

5) 철회권의 유보

철회권 유보는 장래 일정사유 발생 시 당해 행정행위를 철회할 수 있는 권한을 유보하는 부관을 말합니다. 내용적으로 볼 때 행정행위 효력이 소멸하는 점에서 해제조건과 유사하지만, 후자의 경우 장래 일정사실의 성취로 효력이 당연히 소멸됨에 비해, 철회권 유보는 일정 사실 발생을 이유로 당해 행정행위의 효력을 소멸시키기 위한 행정청의 별도의 의사표시를 필요로 합니다.

철회권 유보를 실무상 취소권 유보라 칭하는 경우도 있지만, 이는 엄격히 볼 때 오류입니다. 철회권 유보는 행정행위의 하자와는 무관한, 즉 부담상 의무의 불이행을 전제로 함에서 그 이유를 찾을 수 있습니다. 따라서 예컨대, 법령상의 의무 불이행에 대하여 처분청이 사전에 유보된 철회권을 행사하여 영업허가를 '취소'하였다면, 최초 허가발령상에 위법이 없는 한 이는 사실 후발적 사유로 장래효를 가지는 '철회'를 의미하는 것입니다. 다만, 부담상 의무의 불이행으로 이제 더 이상 최초의 수익적 행정행위를 유지하는 것이 위법해졌다는 점을 고려하면, 부담의 불이행 상태하의 수익적 행정행위는 후발적으로 위법해진 행정행위로 볼 여지는 있습니다. 이는 곧, 원시적으로 위법한 행정행위의 소급적 효력 상실을 의미하는 취소와 적법한 행정행위의 장래적 효력 제거에 해당하는 철회의 구별이 상대화되었음을 의미합니다.

> * **대판 2003.5.30, 2003다6422** : "행정행위의 취소는 일단 유효하게 성립한 행정행위를 그 행위에 위법 또는 부당한 하자가 있음을 이유로 소급하여 그 효력을 소멸시키는 별도의 행정처분이고, 행정행위의 철회는 적법요건을 구비하여 완전히 효력을 발하고 있는 행정행위를 사후적으로 그 행위의 효력의 전부 또는 일부를 장래에 향해 소멸시키는 행정처분이다. 그러므로 행정행위의 취소사유는 행정행위의 성립 당시에 존재하였던 하자를 말하고, 철회사유는 행정행위가 성립된 이후에 새로이 발생한 것으로서 행정행위의 효력을 존속시킬 수 없는 사유를 말한다고 할 것이다. 이 사건 기본재산전환인가의 인가조건으로 되어 있는 사유들은 모두 위 인가처분의 효력이 발생하여 기본재산 처분행위가 유효하게 이루어진 이후에 비로소 이행할 수 있는 것들이고, 인가처분 당시에 그 처분에 그와 같은 흠이 존재하였던 것은 아니므로, 위 법리에 의하면, 위 사유들은 모두 인가처분의 철회사유에 해당한다고 보아야 하고, 인가처분을 함에 있어 위와 같은 철회사유를 인가조건으로 부가하면서 비록 철회권 유보라고 명시하지 아니한 채 조건불이행시 인가를 취소할 수 있다는 기재를 하였다 하더라도 위 인가조건의 전체적 의미는 인가처분에 대한 철회권을 유보한 것이라고 봄이 상당하다."

철회권 유보에 기해 철회한 경우 그 철회는 독립된 행정행위이므로 당해 철회가 위법이라면 철회처분에 대한 취소소송 등 이에 대한 각종 권리구제 수단이 가능합니다. 문제는 철회권 유보와 관련한 법적 근거입니다.

① 일반적으로 법령의 근거가 없더라도 철회권 유보의 부가는 가능합니다. 철회의 본질이 사정변경에 적응하는 행정의 속성에 근접해 있기 때문입니다.

② 다음은 법정 철회사유에도 불구하고 그 철회사유 이외의 사유를 들어 철회권을 유보할 수 있는지 여부입니다. 법치행정원칙을 들어 부정하는 학설도 있지만, 행정의 탄력성 내지 구체적 타당성을 고려할 때, 그리고 철회권 유보도 부관으로서의 한계가 존재하므로 이에 의해 상대방의 보호가 가능함을 고려하여, 당해 법령에 특별 규정이 없는 한(예컨대, "… 이외의 철회사유는 불허한다"는 식입니다) 그 목적의 범위에서 가능하다고 이해합니다. 구체적으로는 처분의 상대방의 의무위반, 사정변경, 중대한 공익상의 필요 등의 사유가 그 예입니다. 이는 특히, 철회의 속성상 원칙적으로 법령의 근거 없어도 사정변경을 이유로 해당 (수익적) 행정행위를 철회할 수 있는 것이므로 철회권 유보의 경우에도 같은 맥락에서 가능하다고 보는 것입니다.

③ 더 나아가 위 ①, ②를 불문하고, 유보된 철회 사유 이외의 사유를 철회 시점에 비로소 들면서 행하는 철회도 가능합니다. 이 경우의 철회행위는 철회권 유보의 행사가 아니라, 그와는 별도의 독립한 행정행위의 성질을 갖는다고 해석할 수 있습니다.

일반적으로 수익적 행정행위에 대해 철회권을 행사함에는 상대방의 신뢰보호 등을 고려하여 일정 제한이 따릅니다. 독일의 경우 연방행정절차법 제49조에 의해 철회권의 유보가 독립된 철회사유의 하나로 규정되어 있고, 이 경우에도 철회의 제한사유, 즉 조리상의 제한(예컨대, 상대방의 보호가치 있는 신뢰의 보호, 법적 안정성)하에 놓이게 됩니다.[1)]

---

1) 행정기본법은 행정행위의 취소와 철회에 관한 일반법적 근거를 규정하고 있습니다.
제18조(위법 또는 부당한 처분의 취소) ① 행정청은 위법 또는 부당한 처분의 전부나 일부를 소급하여 취소할 수 있다. 다만, 당사자의 신뢰를 보호할 가치가 있는 등 정당한 사유가 있는 경우에는 장래를 향하여 취소할 수 있다.
② 행정청은 제1항에 따라 당사자에게 권리나 이익을 부여하는 처분을 취소하려는 경우에는 취소로 인하여 당사자가 입게 될 불이익을 취소로 달성되는 공익과 비교·형량(衡量)하여야 한다. 다만, 다음 각 호의 어느 하나에 해당하는 경우에는 그러하지 아니하다.
1. 거짓이나 그 밖의 부정한 방법으로 처분을 받은 경우
2. 당사자가 처분의 위법성을 알고 있었거나 중대한 과실로 알지 못한 경우
제19조(적법한 처분의 철회) ① 행정청은 적법한 처분이 다음 각 호의 어느 하나에 해당하는 경우에는 그 처분의 전부 또는 일부를 장래를 향하여 철회할 수 있다.
1. 법률에서 정한 철회 사유에 해당하게 된 경우
2. 법령등의 변경이나 사정변경으로 처분을 더 이상 존속시킬 필요가 없게 된 경우

한편, 철회권 유보 부관에 따라 철회하는 경우에는 이미 처분의 발령 시에 철회의 가능성이 유보된 상태이므로 통상의 철회의 경우보다 상대방에 대한 신뢰보호의 필요성이 약하겠지만, 그렇다고 하여 아무런 제한 없이 유보된 철회권을 행사할 수 있는 것은 아닙니다. 철회를 하지 않으면 안 되는 공익상 필요가 있고 당해 행정행위의 목적에 비추어 합리적 이유가 인정되는 경우에 철회가 가능합니다.

6) 법률효과의 일부배제

이를테면, 택시영업허가에서 격일제운행이나 운전면허를 발급하면서 자동변속기 차량의 운전행위만을 가능토록 하는 제한을 가하는 경우를 법률효과의 일부 배제라고 합니다. 법률효과의 일부배제의 법적 성질과 관련하여 판례는 이를 - 법률상의 근거를 전제로 하여 - 행정행위의 효력 자체에 대한 제한, 즉 행정행위의 내용적 구성요소로 해석하지 않고, 행정행위에 부가하여 법령에서 일반적으로 그 행위에 부여하고 있는 법률효과의 일부 발생을 배제하는 부관으로 이해합니다. 즉, 판례는 법률효과의 일부제한만을 항고소송의 대상으로 삼을 수 없다고 함으로써 이를 부관의 일종으로 간주합니다.

* **대판 1993.10.8, 93누2032** : "원심은 피고가 1989.6.30. 원고에 대하여 한 공유수면매립준공인가 중 판시 토지를 국가 또는 인천직할시 소유로 귀속하는 처분에 대하여 이를 위법하다는 이유로 위 준공인가처분 중 판시 토지에 대한 귀속처분만의 취소를 구하는 원고의 이 사건 소를 각하하였는바, 피고가 그 토지에 대하여 한 국가 또는 인천직할시 귀속처분은 매립준공인가를 함에 있어서 매립의 면허를 받은 자의 매립지에 대한 소유권취득을 규정한 공유수면매립법 제14조의 효과 일부를 배제하는 부관을 붙인 것으로 볼 것이고, 이러한 행정행위의 부관에 대하여는 위 법리와 같이 독립하여 행정소송의 대상으로 삼을 수 없는 것이다."

독일법제 등 비교법적으로 볼 때 법률효과의 일부제한은 독립된 형태의 부관이 아니라, 행정행위의 내용·효과의 제한으로 해석하여 해당 행정행위의 내용적 구성요소로 간주하는 것이 일반적입니다. 이런 해석에 의할 때 행정처분의 일부를 가분적 성격이 아님에도 그것만을 분리하여 독립한 쟁송의 대상으로 삼을 수 없음은 당연한 귀결이라 할 수 있습니다.

---

3. 중대한 공익을 위하여 필요한 경우
② 행정청은 제1항에 따라 처분을 철회하려는 경우에는 철회로 인하여 당사자가 입게 될 불이익을 철회로 달성되는 공익과 비교·형량하여야 한다.

4. 부관의 한계

1) 부관의 가능성

어떤 행정행위에 대하여 부관을 붙일 수 있는가의 문제, 즉 부관의 부가가 가능한 행정행위의 범위를 획정하는 문제입니다. 준법률행위적 행정행위와 기속행위·기속재량행위는 법률효과를 제한하는 일반적 의미의 부관의 부가가 불가능하고 이를 부가하더라도 무효입니다. 그러나 준법률행위적 행정행위 등에 있어서도 행정행위의 효과를 제한하는 부관의 경우 법률의 근거가 있는 법정부관의 경우에는 가능하며, 특히 기속행위에는 법률효과를 제한하는 법정부관뿐만 아니라 법률요건충족적 부관을 붙일 수 있습니다. 그리고 성질상 법률효과를 제한하는 부관의 부가가 가능한 재량행위에서도 귀화허가 등 신분설정행위에서는 당사자의 법적 지위의 불안정을 방지하는 차원에서 성질상 부관을 붙일 수 없는 경우가 있습니다.

특히 관심을 기울여야 하는 것은 부관의 시간적 한계와 관련한 사후부관의 문제입니다. 이는 부관의 부종성 중 시간적 한계를 유월하는 문제를 야기할 수 있어 자주 쟁점화됩니다. 주지하다시피 부관은 본체 행정행위의 발령 시에 부가되어야 하며, 이는 부관의 부종성에서 기인하는 것입니다. 그 예외로서 사후부관의 인정 여부와 관련하여 통설·판례는 일정 요건하에 이를 허용합니다.

부관의 부종성 측면에서 볼 때 사후부관은 실질적으로 행정행위 일부의 폐지와 동시에 새로운 행정행위의 발령을 뜻하므로 이론적으로 불가하다고 보아야 하지만, 내용변경의 현실적 필요가 있는 경우 원행정행위를 일일이 폐지한 후 새로운 행정행위를 발령하는 것보다 사후부관을 인정하는 것이 행정청이나 당사자에게 실질적으로 유리한 경우가 있습니다. 즉, ① 사후부관이 유보된 경우, ② 법령에 근거가 있는 경우, ③ 상대방이 동의한 경우 등의 사유가 있는 경우에는 사후부관의 부가가 허용됩니다. 이에 더하여 - 바로 뒤에서 설명하는 부관의 사후변경의 경우와 마찬가지로 - ④ 사정변경(Clausula rebus sic stantibus)으로 인해 최초 부가한 부관의 변경 없이는 부관 부가의 목적을 달성할 수 없는 경우에는 부관의 사후변경뿐만 아니라 사후부관의 부가도 가능하다고 볼 것입니다(행정기본법 제17조 제3항).

* **대판 2016.11.24, 2016두45028** : "여객자동차 운수사업법 제85조 제1항 제38호에 의하면, 운송사업자에 대한 면허에 붙인 조건을 위반한 경우 감차 등이 따르는 사업계획변경명령(이하 '감차명령'이라 한다)을 할 수 있는데, 감차명령의 사유가 되는 '면허에 붙인 조건을 위반한 경우'에서 '조건'에는 운송사업자가 준수할 일정한 의무를 정하고 이를 위반할 경우 감차명령을 할 수 있다는 내용의 '부관'도 포함된다. 그리고 부관은 면허 발급 당시에 붙이는 것뿐만 아니라 면허 발급 이후에 붙이는 것도 법률에 명문의 규정이 있거나 변경이 미리 유보되어 있는 경우 또는 상대방의 동의가 있는 경우 등에는 특별한 사정이 없는 한 허용된다. 따라서 관할 행정청은 면허 발급 이후에도 운송사업자의 동의하에 여객자동차운송사업의 질서 확립을 위하여 운송사업자가 준수할 의무를 정하고 이를 위반할 경우 감차명령을 할 수 있다는 내용의 면허 조건을 붙일 수 있고, 운송사업자가 조건을 위반하였다면 여객자동차법 제85조 제1항 제38호에 따라 감차명령을 할 수 있으며, 감차명령은 행정소송법 제2조 제1항 제1호가 정한 처분으로서 항고소송의 대상이 된다."
* **대판 1997.5.30, 97누2627** : "본체인 행정처분에 이미 부담이 부가되어 있는 상태에서 그 의무의 범위 또는 내용 등을 변경하는 부관의 사후변경은 법률에 명문의 규정이 있거나 그 변경이 미리 유보되어 있는 경우 또는 상대방의 동의가 있는 경우에 한하여 허용되는 것이 원칙이지만, 사정변경으로 인하여 당초에 부담을 부가한 목적을 달성할 수 없게 된 경우에도 그 목적달성에 필요한 범위 내에서 예외적으로 허용된다고 볼 것이다."

2) 부관의 허용성

부관을 붙일 수 있는 경우라도 어떤 범위 내에서 붙일 수 있느냐의 문제입니다. 부관이 법률의 규정에 의한 한계 내에 있어야 함은 법률우위원칙에 비추어 당연합니다. 그 외에도 부관은 그 목적에 의한 한계가 설정되는데, 이는 주로 반대급부와 관련한 부담의 한계로서 부당결부금지원칙 위반이 논의되는 영역입니다. 이에 대해 독일 연방행정절차법 제36조 제3항은 "부관은 그 행정행위가 추구하는 목적의 범위를 일탈해서는 아니 된다"고 하여, 부당결부금지원칙의 표현으로서 행정행위와 부관의 원인 및 목적에 있어서의 실질적 관련성을 요구합니다. 행정기본법 제17조 제4항 제2호도 부관은 해당 처분과 실질적 관련이 있을 것을 규정합니다.

일반적으로 수익적 행정행위에 대한 반대급부의 획득수단으로서 부담을 많이 부가하는데, 부담의 남용에 대한 양적 통제(이는 주로 비례원칙·평등원칙이 준거가 됩니다) 및 질적 통제(목적상의 한계가 주로 문제됩니다)가 중요합니다. 부관의 목적상의 한계와 비례원칙에 따른 한계는 각각 행정기본법 제17조 제4항 제1호와 제3호에 규정되어 있습니다.

* **대판 2009.12.10, 2007다63966** : "공무원이 인·허가 등 수익적 행정처분을 하면서 상대방에게 그 처분과 관련하여 이른바 부관으로서 부담을 붙일 수 있다 하더라도, 그러한 부담은 법치주의와 사유재산 존중, 조세법률주의 등 헌법의 기본원리에 비추어 비례의 원칙이나 부당결부의 원칙에 위반되지 않아야만 적법한 것인바(대법원 1997. 3. 11. 선고 96다49650 판결 참조), 행정처분과 부관 사이에 실제적 관련성이 있다고 볼 수 없는 경우 공무원이 위와 같은 공법상의 제한을 회피할 목적으로 행정처분의 상대방과 사이에 사법상 계약을 체결하는 형식을 취하였다면 이는 법치행정의 원리에 반하는 것으로서 위법하다고 보지 않을 수 없다. 위와 같은 모든 점을 종합할 때, 이 사건 증여계약은 공무수행과 결부된 금전적 대가로서 그 조건이나 동기가 사회질서에 반하는 것이어서 민법 제103조에 의해 무효라고 할 것이고, 이 사건 사업계획승인 자체는 위법·부당한 것이 아니었고 또 그 기부금을 원고가 수행하는 공익적 사업에 사용할 목적이었으며 사용 방법과 절차를 미리 원고의 내부 규정으로 정해 놓았다거나, 당시 피고의 대표이사가 골프장 개발에 따른 막대한 이익을 기대하고 이 사건 증여계약에 응하였다는 등의 원심이 인정한 사정들을 감안한다 하더라도 달리 볼 수는 없다."

5. 부관의 독립가쟁성(항고소송의 대상성)

행정청은 행정행위의 부관을 통해 행정 목적의 달성을 도모하겠지만, 상대방은 애초 무부관부 수익적 행정행위의 발령을 원하였을 것이므로 쟁송과정에서는 부관만을 다투고 본체인 행정행위는 그대로 유지하고자 함이 상례입니다. 즉, 처분의 상대방 입장에서는 부관부 행정행위 전체의 취소로는 목적 달성이 불가하고, 행정행위의 수익적 부분(주된 행정행위)은 그대로 둔 채 불이익한 부분(부관)만을 독립하여 다투어 취소하고 싶습니다. 그러나 부관의 본질적 속성인 부종성 때문에 거기에는 일정한 한계를 설정할 수밖에 없습니다. 한편, 독립가쟁성과 독립취소성의 관계도 주의를 요합니다. 독립취소 가능성은 반드시 독립가쟁성을 전제로 하는 것이 아닙니다. 예컨대, 부관부 행정행위 전체를 취소소송의 대상으로 하되 청구취지를 부관만의 취소로 구성하는 방법을 통해서도 독립취소가 가능한데요. 즉, 이른바 부진정일부취소소송을 통해서도 법리상으로는 일정 요건의 충족하에 부관만을 분리하여 취소할 수 있습니다.

1) 의의

부관의 독립가쟁성은 부관을 본체 행정행위와 독립하여 취소소송으로 다툴 수 있는

가라는 본안 전 문제에 해당합니다. 취소소송을 통해 부관을 다투는 방법에는 진정일부취소소송과 부진정일부취소소송의 두 가지 방법이 있습니다.

먼저, 진정일부취소소송입니다. 현행법상 항고소송의 대상적격이 되기 위해서는 해당 행정작용의 처분성을 요구하므로(행정소송법 제19조), 독립가쟁성의 문제는 우선 부관의 처분성 인정 여부에 따라 판단해야 합니다. 부담의 경우 행정행위의 효과는 부담의 이행 여부와 상관없이 부담부 행정행위의 발령 시부터 완전히 발생한다는 점에서 부종성이 상대적으로 약합니다. 다른 부관과는 달리 부담부 행정행위의 상대방은 자신이 신청한 처분을 완전히 부여받고, 다만 이에 부수하여 별도의 반대급부로서의 의무이행을 하명 받은 것이므로 부담 자체의 처분성을 인정할 수 있습니다. 그러나 부담 아닌 부관은 본체인 행정행위에 결부되어 그 구성부분을 형성하는 강한 부종성으로 인해 처분성을 인정하기 곤란합니다. 즉, 부관만을 대상으로 하여 취소소송을 제기할 수 없습니다.

이때 대안으로 논의되는 것이 부진정일부취소소송입니다. 현행 행정소송법상 부진정일부취소소송을 인정하는 명문의 규정을 발견할 수 없습니다. 동법 제4조 제1호는 취소소송을 단지 '행정청의 위법한 처분을 취소 또는 변경하는 소송'으로 정의할 따름입니다. 그런데 여기에서의 '변경'에 처분의 일부취소도 포함되는 것으로 해석하여, 형식적으로는 부관부 행정행위 전체를 취소소송의 대상으로 하면서도 청구취지를 통해 부관만의 취소를 구하는 부진정일부취소소송도 허용되는 것으로 이해하는 것이 불가능하지는 않습니다.

그러나 부진정일부취소소송이 가능하다는 주장에도 문제의 여지가 있습니다. 의무이행소송을 인정하지 않는 현행 법제와 판례상 동법 제4조 제1호의 변경을 적극적 변경이 아닌 소극적 변경(예컨대, 기속행위인 조세부과처분의 금액을 소송상 일부취소하여 감경하는 경우), 즉 양적인 일부취소에 한정한다고 보아야 한다는 반론이 그것입니다. 즉, 쟁송을 통한 부관만의 취소로 인한 무부관부행정행위로의 변경은 일부취소가 아닌 적극적 변경에 해당하는 중대한 변경으로 볼 여지가 있으므로, 결국 부관을 다투려면 부관부행정행위 전체를 소송의 대상으로 하여 그 전부를 취소하는 방법만이 가능하다는 것이 우리 판례의 입장입니다.

2) 학설과 판례

부관의 독립가쟁성 관련 학설에는 다음의 것들이 있습니다. 먼저, 모든 부관에 대해 독립가쟁성을 인정하는 견해인데, 상대방의 권리구제가 용하다는 장점에도 불구하고 거기에는 부관의 부종성을 전면적으로 도외시하였고, 부담 이외의 부관에 대해 처분성을 부인하는 판례의 입장을 간과한 것이라는 비판이 제기됩니다. 분리가능성을 기준으로 판단하는 견해에 대해서는 판례에 의하여 처분성이 인정되는 부담도 분리가능성이 없을 경우 독립가쟁성을 인정할 수 없는 불합리한 결과에 이릅니다. 부담의 본체 행정행위에 대한 부종성은 다른 부관에 비해 상대적으로 약하지만, 그렇다고 하여 행정실무상 모든 부담을 예외 없이 '약한 부종성'으로 범주화할 수는 없지 않겠습니까? 즉, 분리가능성을 기준으로 판단하는 경우, 부담 중에는 부종성이 강하여 본체 행정행위와 분리하는 것이 상당하지 않은 것도 존재할 수 있고 이에 대해 동 학설에 따라 독립가쟁성을 부인할 수밖에 없다면, 이는 판례 입장에 정면으로 반하는 문제를 야기합니다. 또한, 본안 판단의 대상으로서의 분리가능성을 소송요건 단계에서 선취하는 논리적 모순의 문제로부터 자유롭지 못합니다. 이런 이유로 부담과 부담 이외의 부관을 구분하여, 부담에 대해서만 처분성을 인정함으로써 그 독립가쟁성을 긍정하는 견해가 다수의 지지를 받고, 판례 또한 같은 입장입니다.

* **대판 1992.1.21, 91누1264** : "행정행위의 부관은 행정행위의 일반적인 효력이나 효과를 제한하기 위하여 의사표시의 주된 내용에 부가되는 종된 의사표시이지 그 자체로서 직접 법적 효과를 발생하는 독립된 처분이 아니므로 현행 행정쟁송제도 아래서는 부관 그 자체만을 독립된 쟁송의 대상으로 할 수 없는 것이 원칙이나 행정행위의 부관 중에서도 행정행위에 부수하여 그 행정행위의 상대방에게 일정한 의무를 부과하는 행정청의 의사표시인 부담의 경우에는 다른 부관과는 달리 행정행위의 불가분적인 요소가 아니고 그 존속이 본체인 행정행위의 존재를 전제로 하는 것일 뿐이므로 부담 그 자체로서 행정쟁송의 대상이 될 수 있다."
* **대판 1993.10.8, 93누2032** : "행정행위의 부관은 부담의 경우를 제외하고는 독립하여 행정소송의 대상이 될 수 없는 것인 바, 행정청이 한 공유수면매립준공인가 중 매립지 일부에 대하여 한 국가귀속처분은 매립준공인가를 함에 있어서 매립의 면허를 받은 자의 매립지에 대한 소유권취득을 규정한 공유수면매립법 제14조의 효과 일부를 배제하는 부관을 붙인 것이므로 이러한 행정행위의 부관에 대하여는 독립하여 행정소송의 대상으로 삼을 수 없다."

3) 결어

결국, 판례에 의할 때 부담은 진정일부취소소송이 가능하지만, 부담 이외의 부관은 일반적으로 본체인 행정행위에 결부되어 그 구성부분을 형성하는 강한 부종성으로 인해 처분성을 인정할 수 없으므로 진정일부취소소송은 물론, 부진정일부취소소송도 허용하지 않으며, 오로지 부관부행정행위 전체의 취소를 구한 후 판결의 기속력(행정소송법 제30조 제1항)에 따라 무부관부 행정행위의 발령을 기다리는 수밖에 없는 결과가 됩니다.

그러나 전술한 바와 같이 취소소송의 개념 정의에 해당하는 행정소송법 제4조 제1호 상의 '위법한 처분등의 취소·변경을 구하는 소송' 규정을 행정행위의 일부취소, 즉 부관만의 취소도 가능하다는 의미를 내포한 '변경'으로 파악한다면 부담 아닌 부관에 대한 부진정일부취소소송도 허용된다고 보는 것이 타당합니다. 다만, 이를 인정하더라도 실제 부관만의 취소 여부는 독립취소성의 문제로서 별개의 판단 대상임을 기억해야 합니다. 같은 맥락에서 부담에 대해서도 원고의 소송형태 선택권 보장의 차원에서 진정일부취소소송뿐만 아니라 필요에 따라 부진정일부취소소송도 가능한 것으로 해석하면 어떨까요?

그러나 판례는 부담 혹은 부담 아닌 부관의 경우에도 부담 혹은 부담 아닌 부관만의 취소로 인한 무부관부행정행위로의 변경은 일부취소가 아닌 적극적 변경을 의미하는 중대한 변경이므로 양자 공히 부진정일부취소소송을 부정하고, 특히 부담 이외의 부관에 대한 취소소송은 부관부행정행위 전체를 소송의 대상으로 하는 입장을 취합니다.

6. 부관의 독립취소성(부관만의 취소가능성)

1) 의의

부관의 독립취소성은 허용된 쟁송취소절차를 거쳐 부관이 행정행위 본체와는 독립하여 취소될 수 있는가라는 취소소송의 본안, 즉 이유유무의 문제를 의미합니다. 이미 언급하였듯이 독립취소성은 부담만의 진정일부취소소송 및 그 외 부관에 대한 부진정일부취소소송(소송유형으로 인정된다는 전제하에) 양자 모두가 논의의 대상입니다. 독립취소성의 문제는 독립가쟁성을 전제로 하는 것이 아니기 때문입니다.

2) 학설과 판례

원론적으로 부관만의 취소는 주된 행정행위와 부관이 가분적이고 부관을 제외한 나머지 부분이 독자적 의미를 가지며, 처분청이 다툼의 대상이 된 부관 없이도 본체인 행정행위를 발령하였을 것으로 인정되는 경우에 가능합니다. 따라서 부관이 위법할 경우 부관을 부가하지 않고는 행정청이 주된 행정행위를 하지 않았을 것으로 판단되는 경우에는 부관만의 취소는 인정되지 않습니다. 만약 이 경우에도 부관만의 취소를 허용한다면 행정청은 부관만의 취소 후 수익적 행정행위의 성질을 가진 주된 행정행위를 취소하거나(이 경우 잔존 행정행위가 위법한 경우에만 적법하게 취소할 수 있음은 물론입니다) 사정변경을 이유로 주된 행정행위를 철회할 수 있기 때문에 부관만의 취소의 실익이 없기 때문입니다.

아래에 부관의 독립취소성 문제를 일응 기속행위와 재량행위로 나누어 고찰하는데, 이러한 구분은 부관의 독립가쟁성에서는 문제되지 않고, 기속행위·재량행위의 법적 성질에 비추어 독립취소성의 문제로 구체화됨을 우선 기억해야 합니다.

(1) 기속행위

기속행위의 본질에 비추어 수익적 행정행위의 발령요건을 구비하였음에도 그 법률효과를 제한하는 부관을 부가하는 것은 위법하고, 그 부관은 무효에 해당합니다. 이는 재량이 0으로 수축된 경우에서도 마찬가지라 할 것입니다. 따라서 위 양자의 경우에는 앞선 부관의 독립가쟁성 여부와 무관하게 부관만을 대상으로 하여 무효확인소송을 제기하여 부관만의 무효를 확인할 수 있습니다.

이와는 달리 수익적 행정행위인 기속행위에 법률요건충족부관이 붙은 경우의 취소소송과 관련하여서는 좀 더 숙고를 요합니다. 기속행위 영역에서 수익적 처분의 법률요건을 충족하였음에도 처분청이 요건 충족을 조건 내지 기한으로 부가한 경우에는 해당 부관을 취소하더라도 이는 법치행정원칙을 오히려 준수하는 것이므로 아무런 제한 없이 그 취소가 가능합니다. 그러나 법률요건이 충족되지 않는 상황하에서 처분청이 부관의 한계를 위반한 법률요건충족적 부관을 부가하였다면 논의의 지평을 달리합니다. 이때 법원이 부관만을 취소하면 행정청은 결과적으로 요건이 미비했음에도 수익적 처분을 발령하는 결과가 되므로 언제나 부관만의 취소가 불가능하다는 성급한 결론에 이를 수도 있습니다. 또한, 해당 부관이 취소된 경우 행정청 입장에서는 법치행정원칙에 따라 본체 행정행위를 취소 또는 변경할 수 있고, 때에 따라서는 신뢰보호원칙에 따라 본체 행정행위의 존속을 인정해야 하는 상황도 상정 가능하므로 부관만의 취소가 항상 불가능하다거나 허용되지 않는다고도 할 수 없습니다.

(2) 재량행위

재량행위에서 부관만의 취소를 인정하면 판결로써 무부관부 행정행위를 강요하는 것인바, 이는 재량행위에서 부관이 없었더라면 본체 행정행위를 발령하지 않았을 것이라는 재량권의 본질에 대한 침해를 의미하므로 부관만의 취소를 부정하는 견해(부정설)와 기속행위와 재량행위를 불문하고 부관이 위법하다면 해당 부관만의 취소를 긍정하는 견해(긍정설)로 나뉩니다.

부정설, 즉 재량행위의 경우 부관이 위법하고 부관을 부가하지 않고는 행정청이 주된 행정행위를 하지 않았을 것으로 판단되는 때에는 재량권을 존중하여 부관에 대한 독립 취소를 부인해야 한다는 견해에는 동의하기 어려운 면이 없지 않습니다. 위법한 부관에 의해 침해된 사인의 권익은 원칙적으로 구제되어야 하며, 행정청의 입장에서는 부관부 재량행위에서 부관이 취소되어 일응 자신의 의사에 반하는 처분이 존재하는 경우이더라도 본체 행정행위에 대한 취소 내지 철회의 가능성이 있으므로 재량행위에서의 부관만의 독립취소가 불가능한 것만은 아니기 때문입니다.

그러나 이런 입론에도 문제가 없는 것은 아닙니다. 무부관부 재량행위의 취소나 철회를 통해 재량행위에서의 부관만의 취소의 문제점을 극복할 수 있다는 전제는 그 취소나 철회가 언제나 가능해야 하는데, 주지하다시피 취소 또는 철회의 제한 법리에 의해 이것이 불가능한 경우도 있다는 점에서 문제점을 노정합니다. 독일을 중심으로 발전한 이론, 즉 재량행위의 경우 부관만의 취소가 제한 없이 가능하다는 긍정설은 재량행위의 속성에 따른 귀결이 아니라 다른 요소의 고려가 거기에 내재해 있습니다. 동 견해에서는 행정행위의 분리가능성을 그 일부취소 후의 잔여 행정행위가 독자적으로 존속할 수 있는지 여부의 문제로 보아서, 부관은 독립하여 존재할 수 있는 주된 행정행위에 대한 부대적 규율이므로(즉, 부종성을 부관의 본질적 요소로 간주하지 않는 것이라고도 할 수 있습니다) 그 분리가능성 및 취소가 허용된다고 봅니다. 따라서 이 견해에서는 부관의 종류나 당해 행정행위의 재량행위 여부, 부관의 취소 후 잔여 행정행위가 위법인지 여부 등은 부관만의 취소 여부를 위한 결정적 요소는 아니어서, 법원은 당해 부관이 위법하면 곧바로 이를 취소하여야 한다고 주장합니다. 그 경우 해당 행정행위의 상대방은 부관만의 취소의 결과, 위법하거나 행정청이 발하기를 원치 않는 행정행위의 수익적 효과를 부당하게 누린다는 문제가 있지만, 이는 행정청이 행정행위의 직권취소나 철회를 함으로써 조정 가능하다는 의미입니다. 그러나 이는 전술한 취소 또는 철회의 제한 법리로부터 자유롭지 못하지요. 결국 긍정설이 '국민의 권리보호의 철저'라는 측면에서는 바람직할지 몰라도, 주된 행정행위와 부관이 하나의 일체적 재량행위로 파악되는 경우에는 그 부관만을 취소할 수 없는 경우가 존재한다고 보는 것이 상대적으로 더 타당하지 않을까 합니다.

(3) 판례

과거 대법원은 부진정일부취소소송을 부인하는 전제하에 부관만의 취소(일부취소)를 부인하여, 위법 부관이 본체 행정행위의 중요 부분에 해당하면 인용판결로서 부관부행정행위의 전부에 대한 취소판결, 그렇지 않은 경우에는 청구기각판결을 하였습니다. 그러나 현재의 판례에 의할 때 부담에 대하여는 독립가쟁성을 전제로 하여(진정일부취소소송) 해당 부담이 위법하면 그 이유만으로 부담만의 취소를 인정하지만, 부담 이외의 부관에 대해서는 과거 판례의 입장을 여전히 견지합니다.

결국, 부담 이외의 부관의 경우 원고 입장에서는 취소사유가 부관에 있음을 주장하고 그 주장이 받아들여져 행정행위 전부에 대하여 취소판결이 행해지고, 판결의 기속력(행정소송법 제30조 제1항)에 의하여 행정청에 의한 하자 없는 부관부 내지 무부관부 행정행위의 발령을 기대하는 방법에 의존할 수밖에 없습니다.

3) 결어

부담은 진정일부취소소송 형태의 독립가쟁성이 인정되며 위법한 부담만의 취소가 가능합니다. 판례도 부담만의 취소를 인정합니다. 관련성정도기준설에 의하더라도 부담에 대해서는 관련성의 정도가 약하다는(혹은 본체 행정행위의 불가분적 요소가 아니라는) 전제가 바탕에 있습니다. 그러나 관련성정도기준설에 따를 경우 법리적으로는 다음의 구분이 타당할 것입니다. 부담의 위법성이 인정되고 부담이 중요 부분이면 기각판결, 위법성 인정되고 중요 부분 아니면 부담만의 취소(인용판결), 적법한 부관이면 기각판결이 행해지겠지요. 그러나 부담이 위법하지만 중요한 부분이라는 이유로 기각판결이 행해진 경우는 없습니다. 따라서 결론적으로 부담이 위법한 경우 그 이유만으로 취소한다고 보아도 무방합니다.

부담 이외의 부관의 경우에는 - 판례가 부인하지만 - 부진정일부취소소송을 인정하는 전제하에 주된 행정행위와 부관이 가분적이고 부관을 제외한 나머지 부분이 독자적 의미를 가지며, 처분청이 문제된 부관 없이도 본체인 행정행위를 발령하였을 것으로 인정되는 경우에는(부관의 부종성이 약한 경우에는) 부관만의 취소를 인정하는 것이 바람직합니다. 그러나 판례에 의할 때, 부담 이외의 부관의 경우 원고 입장에서는 부관부행정행위 전체를 소의 대상으로 해서 취소사유가 부관에 있음을 주장하고 이가 받아들여져 행정행위 전부에 대하여 취소판결이 있고, 판결의 기속력에 의하여 행정청의 하자 없는 부관부행정행위 내지 무부관부행정행위의 발령을 기대하는 방법만이 가능합니다. 즉, 부담

이외의 부관의 경우 판례는 부진정일부취소소송의 제기와 부관만의 독립 취소, 양자 모두를 불허한다고 요약할 수 있습니다.

* **대판 2001.6.15, 99두509** : "1. 원심판결의 요지
원심판결 이유에 의하면, 원심은, 원고가 1990. 4. 20. 서울특별시장으로부터 구 도시공원법(1993. 8. 5. 법률 제4571호로 개정되기 전의 것) 제6조 제1항 등의 규정에 의하여 공원시설을 조성하도록 하는 도시계획사업(공원조성) 시행허가를 받아 이 사건 시설물을 설치하여 이를 서울특별시에 기부한 다음 서울특별시장의 권한을 위임받은 피고로부터 1997. 3. 14. 이 사건 시설물에 대하여 그 기간을 20년간으로 한 무상 사용·수익의 허가(이하 '이 사건 허가'라 한다)를 받자, 위와 같은 허가기간의 산정이 위법하다고 하면서, 주위적으로는 이 사건 허가 중 원고가 신청한 사용·수익 허가기간 40년 가운데 20년간만 허가기간으로 인정하고 그 나머지 기간에 대한 신청을 받아들이지 않은 부분의 취소를 구하고, 예비적으로는 이 사건 허가 전부의 취소를 구하는 이 사건 소를 제기한 데 대하여, 지방자치단체가 구 지방재정법시행령(2000. 10. 20. 대통령령 제16983호로 개정되기 전의 것) 제83조 제1항의 규정에 의하여 기부채납받은 공유재산을 기부자에게 무상사용하도록 허가하거나 그 무상사용기간을 정하는 행위는 사경제주체로서 상대방과 대등한 입장에서 행하는 사법상의 행위이지, 행정청이 공권력의 주체로서 행하는 공법상 행위가 아니어서 이 사건 소는 주위적 청구 및 예비적 청구 모두 부적법하다고 판단하였다.
2. 주위적 청구에 관하여
공유재산의 관리청이 하는 행정재산의 사용·수익에 대한 허가는 순전히 사경제주체로서 행하는 사법상의 행위가 아니라 관리청이 공권력을 가진 우월적 지위에서 행하는 행정처분이라고 보아야 할 것인바(대법원 1997. 4. 11. 선고 96누17325 판결, 1998. 2. 27. 선고 97누1105 판결 등 참조), 행정재산을 보호하고 그 유지·보존 및 운용 등의 적정을 기하고자 하는 지방재정법 및 그 시행령 등 관련 규정의 입법 취지와 더불어 잡종재산에 대해서는 대부·매각 등의 처분을 할 수 있게 하면서도 행정재산에 대해서는 그 용도 또는 목적에 장해가 없는 한도 내에서 사용 또는 수익의 허가를 받은 경우가 아니면 이러한 처분을 하지 못하도록 하고 있는 구 지방재정법(1999. 1. 21. 법률 제5647호로 개정되기 전의 것) 제82조 제1항, 제83조 제2항 등 규정의 내용에 비추어 볼 때 그 행정재산이 구 지방재정법 제75조의 규정에 따라 기부채납받은 재산이라 하여 그에 대한 사용·수익허가의 성질이 달라진다고 할 수는 없다. 따라서 원심이 이 사건 시설물에 대한 사용·수익의 허가나 그 사용·수익기간의 결정이 사법상의 행위임을 이유로 하여 이 사건 주위적 청구가 부적법하다고 판단한 것은 잘못이라고 하지 않을 수 없다. 그러나 한편, 행정행위의 부관은 부담인 경우를 제외하고는 독립하여 행정소송의 대상이 될 수 없는바(대법원 1986. 8. 19. 선고 86누202 판결, 1991. 12. 13. 선고 90누8503 판결, 1993. 10. 8. 선고 93누2032 판결 등 참조), 이 사건 허가에서 피고가 정한 사용·수익허가의 기간은 이 사건 허가의 효력을 제한하기 위한 행정행위의 부관으로서 이러한 사

용·수익허가의 기간에 대해서는 독립하여 행정소송을 제기할 수 없는 것이고, 이러한 법리는 이 사건 허가 중 원고가 신청한 허가기간을 받아들이지 않은 부분의 취소를 구하는 이 사건 주위적 청구의 경우에도 마찬가지로 적용되어야 할 것이므로, 결국 이 사건 주위적 청구는 부적법하여 각하를 면할 수 없다. 그렇다면 원심이 이 사건 주위적 청구를 각하한 결론은 정당하고, 거기에 판결 결과에 영향을 미친 법리오해 등의 위법이 있다고 할 수 없다."

☞ 주위적 청구인 기간만의 취소청구는 각하하였지만, 내용적으로 이 사건 사용허가처분 전체의 취소소송은 가능하다는 전제하에 기부채납된 사용·수익허가기간은 행정행위의 본질적 요소에 해당한다고 보아 부관인 허가기간에 위법사유가 있다면 이로써 이 사건 허가 전부가 위법하게 되므로 사용·수익허가처분을 취소한 사건입니다.

한편, 처분의 상대방은 부관의 위법을 들어 무부관부행정행위 내지 부관부행정행위의 변경을 청구하였으나 처분청이 이를 거부하였다면, 거부처분취소소송을 제기할 수 있습니다.

＊ **대판 1990.4.27, 89누6808(어업허가사항변경신청불허가처분취소)** : "수산업법시행령 제14조의4 제3항에는 제14조의3 제5호에 정한 기선망어업(근해선망어업)의 허가를 받고자 하는 자는 어선의 부속선으로 운반선, 등선을 갖추어야 한다. 이 경우에 등선은 1톤당 3척이내이어야 한다고 규정되어 있고, 이는 수산업법 제11조, 같은 시행령 제14조의3 제5호에 정한 '근해구역을 주조업구역으로 하는 기선선망어업(근해선망어업)'이기만 하면 그 어선규모의 대소를 가리지 않고 등선과 운반선을 갖출 수 있고 또 갖추어야 하는 것이라고 해석되므로 (당원 1989.5.23. 선고 87누769 판결 참조) 피고가 원고에 대하여 이 사건 기선선망어업의 허가를 하면서 운반선, 등선 등 부속선을 사용할 수 없도록 제한한 부관은 그것이 비록 위법 제15조의 규정에 터잡은 것이라 하더라도 위 어업허가의 목적달성을 사실상 어렵게 하여 그 본질적 효력을 해하는 것일 뿐만 아니라 위 시행령 제14조의 4 제3항의 규정에도 어긋나는 것이며, 더욱 뒤에 보는 바와 같이 어업조정이나 기타 공익상 필요하다고 인정되는 사정이 없는 이 사건에서는 위법한 것이라고 할 것 이고, 나아가 이 부관을 삭제하여 등선과 운반선을 사용할 수 있도록 하여 달라는 내용의 원고의 이 사건 어업허가사항변경신청을 불허가한 피고의 처분 역시 위법하다고 보아야 할 것이다."

☞ 이 판결은 무부관부 행정행위로의 변경을 원고가 청구한 데 대하여 행정청이 거부를 하고, 이에 원고가 제기한 거부처분취소소송에서 법원이 인용판결을 한 사건입니다. 이러한 형태의 권리구제가 가능하기 위해서는 원고에게 무부관부 행정행위로의 변경을 청구하기 위한 법규상·조리상 신청권(무하자재량행사청구권)의 인정이 전제되었음은 다언을 요하지 않습니다. 나아가 여기에서의 어업권허가가 강학상 재량행위임도 알 수 있습니다.

한편, 부담만을 취소소송의 대상으로 삼으면서 집행정지 신청을 하여 인용된 경우 그 집행정지의 효력의 범위가 문제됩니다. 침익적 성격의 부담에만 미친다는 견해와 부담의 부종성을 들어 본체 행정행위까지 미친다는 견해가 대립하는데, 법률관계의 안정과 부담을 부과한 공익에의 요청 등을 고려할 때 집행정지의 효력이 수익적 효과를 내용으로 하는 본체 행정행위에도 미친다고 보는 것이 타당합니다.

7. 위법한 부관의 이행으로 행해진 법률행위의 효력 및 구제방법

1) 문제의 제기

행정행위 부관에 의하여 부과된 작위의무를 상대방이 이행하였는데, 당해 이행이 위법한 부관에 기한 경우 그 이행행위의 법률상 효력의 문제입니다. 특히, 국가 이외의 자가 소유권을 국가에 무상으로 이전하여 국가가 이를 취득하는 기부채납이 대표적인 예에 해당합니다. 부담에 의해 기부채납의 형태로 재산을 국가에 증여하기로 하고 이를 이행하였지만 부담에 하자가 있는 경우, 만일 기부채납행위의 중요부분에 착오가 있다면 원칙적으로 민법 제109조 제1항에 따라 취소가 가능합니다. 그러나 여기에서의 증여는 부담의 내용인 기부채납행위의 이행으로 이루어진 것이므로 하자 있는 부담과 기부채납(증여)이 일정한 관련성을 가지는 점에서 문제 해결의 단서를 찾을 수 있습니다.

2) 기부채납을 공법상 법률행위로 파악하는 경우

기부채납을 부담에 기하여 행해진 단순한 공법상의 이행행위로 파악하여, 부담에 무효원인이 있는 경우에는 부당이득반환청구가 가능하고, 부담에 단순 취소사유가 있다면 취소되지 않는 한 공정력에 의하여 여전히 부담부 행정행위는 유효하며, 따라서 부당이득반환청구권은 성립하지 않는다고 할 수 있습니다.

3) 기부채납을 사법상 법률행위로 파악하는 경우

부관이 공법상의 부대적 규율임에 비해 기부채납의 법적 성질은 사법상 증여계약이므로 양자는 상호 성질을 달리 하는 것으로 보면서, 기부채납의 효력은 사법적 관점에서 결정되어야 한다는 입장입니다. 판례가 취하는 기본적 전제와 동일합니다.

> * **대판 1996.11.8, 96다20581** : "기부채납은 기부자가 그의 소유재산을 지방자치단체의 공유재산으로 증여하는 의사표시를 하고 지방자치단체는 이를 승낙하는 채납의 의사표시를 함으로써 성립하는 증여계약이고, 증여계약의 주된 내용은 기부자가 그의 소유재산에 대하여 가지고 있는 소유권 즉 사용·수익권 및 처분권을 무상으로 지방자치단체에게 양도하는 것이므로, 증여계약이 해제된다면 특별한 사정이 없는 한 기부자는 그의 소유재산에 처분권뿐만 아니라 사용·수익권까지 포함한 완전한 소유권을 회복한다."

이와 관련하여서는 구체적으로 아래의 세 가지 견해로 다시 세분할 수 있습니다.

(1) 부관구속설(종속설/부당이득반환청구설)

기부채납의 중요부분의 착오 여부는 민법상 기준에 의하지만, 그 취소 여부는 행정법적 기준인 부관의 효력 여부에 좌우된다는 입장입니다. 동 견해에 의할 때 기부채납의 중요부분의 착오에도 불구하고, 그 원인행위인 부관의 무효 내지 취소·철회가 수반하지 않는 한 부담은 공정력에 의하여 효력이 유지되므로 기부채납의 중요부분의 착오를 들어 취소할 수 없습니다. 이 경우 기부채납을 취소하는 것은 행정행위의 공정력에 반하기 때문입니다.

(2) 부관비구속설(독립설)

부담의 이행인 기부채납행위의 효력은 하자 있는 부담과 별개로 판단한다는 전제하에, 기부채납의 중요부분의 착오가 인정되는 경우 부담의 효력과는 무관하게 기부채납의 취소가 인정된다는 입장입니다. 따라서 기부채납이 취소되더라도 부담의 효력은 당연히 상실되는 것이 아니므로 상대방은 이를 취소소송 등을 통해 다툴 수 있습니다.

(3) 절충설

부담이 무효인 경우 기부채납의 중요부분의 착오를 인정하여 기부채납을 취소할 수 있으며, 만일 이를 이미 이행하였다면 부당이득반환청구가 가능하다고 합니다. 그러나 부담이 단순 위법인 경우에는 여기에서의 착오가 이론적으로 동기의 착오에 해당하지만 착오와 의사표시 사이의 인과관계 판단에 있어 '객관적 현저성'을 인정할 수 없어 중요

부분의 착오에 해당하지 않는다고 보아 기부채납의 취소가 불가하다고 주장합니다.

4) 판례의 입장

이와 관련하여 판례 입장은 크게 보아 두 가지로 표출되어 일관된 입장을 보이지 않고 있습니다. 우선, 부담이 유효한 경우에는 당해 부담에 구속되어 기부채납(증여계약)을 취소할 수 없지만, 무효이거나 취소되면 구속되지 않으므로 취소 가능하다는 판례입니다.

＊ **대판 1999.5.25, 98다53134** : "토지소유자가 토지형질변경행위허가에 붙은 기부채납의 부관에 따라 토지를 국가나 지방자치단체에 기부채납(증여)한 경우, 기부채납의 부관이 당연무효이거나 취소되지 아니한 이상 토지소유자는 위 부관으로 인하여 증여계약의 중요부분에 착오가 있음을 이유로 증여계약을 취소할 수 없다."

한편, 부담과 그 이행행위는 별개의 것이므로 부담에 구속되지 않는다는 판례도 존재합니다.

＊ **대판 2009.6.25, 2006다18174** : "행정처분에 부담인 부관을 붙인 경우 부관의 무효화에 의하여 본체인 행정처분 자체의 효력에도 영향이 있게 될 수는 있지만, 그 처분을 받은 사람이 부담의 이행으로 사법상 매매 등의 법률행위를 한 경우에는 그 부관은 특별한 사정이 없는 한 법률행위를 하게 된 동기 내지 연유로 작용하였을 뿐이므로 이는 법률행위의 취소사유가 될 수 있음은 별론으로 하고 그 법률행위 자체를 당연히 무효화하는 것은 아니다. 또한, 행정처분에 붙은 부담인 부관이 제소기간의 도과로 확정되어 이미 불가쟁력이 생겼다면 그 하자가 중대하고 명백하여 당연 무효로 보아야 할 경우 외에는 누구나 그 효력을 부인할 수 없을 것이지만, 부담의 이행으로서 하게 된 사법상 매매 등의 법률행위는 부담을 붙인 행정처분과는 어디까지나 별개의 법률행위이므로 그 부담의 불가쟁력의 문제와는 별도로 법률행위가 사회질서 위반이나 강행규정에 위반되는지 여부 등을 따져보아 그 법률행위의 유효 여부를 판단하여야 한다."

제14강
행정행위의 공정력 등

제14강

행정행위의 공정력 등

1. 공정력의 의의

행정행위는 비록 하자가 있더라도 그 하자가 중대·명백하여 당연무효가 되는 경우 이외에는 - 설령 취소사유의 위법이 있더라도 - 당해 행정행위가 권한 있는 기관에 의해 취소나 철회되기 전까지 유효한 것으로 통용되는 잠정적 효력을 말합니다. 사법상의 법률행위에 있어서는 계약 해제 등 그것이 일방적 행위이고 효력에 관한 다툼이 있는 한 법원의 판결에 의하여 그 유효성에 관한 종국적 판단이 확정되기 전까지는 관계인은 그 효력을 부인할 수 있는 것과 근본적인 차이를 보입니다.

> * **대판 2013.4.26, 2010다79923** : " … 행정처분이 아무리 위법하다고 하여도 그 하자가 중대하고 명백하여 당연 무효라고 보아야 할 사유가 있는 경우를 제외하고는 아무도 그 하자를 이유로 무단히 그 효과를 부정하지 못하는 것이므로 … ."

행정행위의 구속력이 행정행위의 내용 혹은 직접 법률의 규정에 따라 일정한 효력을 발생하는 실체법적 효력임에 비해, 공정력은 그러한 구속력이 있는 것을 승인케 하는 형식적·잠정적 효력입니다.

〈행정행위의 공정력의 개념〉

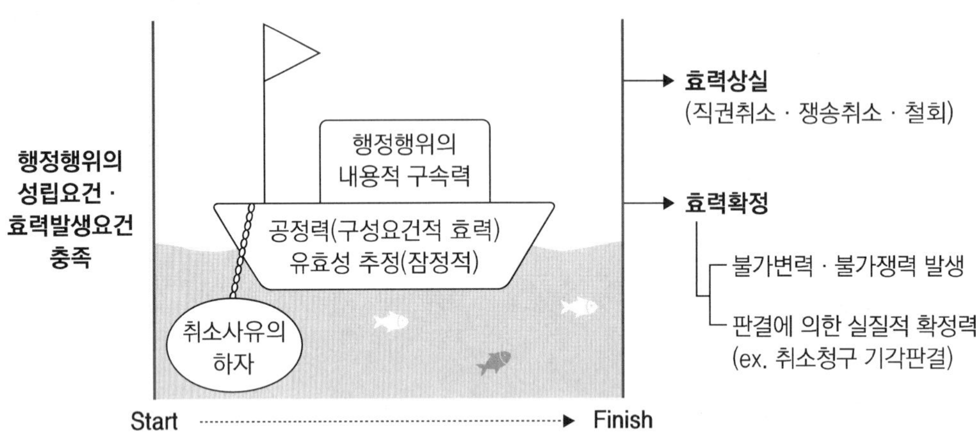

위 그림과 관련하여, 불가쟁력과 불가변력 중 하나가 발생하지 않는 경우에는 행정행위가 유효한 것으로 확정되는 것이 아님을 주의해야 합니다. 즉, 불가쟁력 발생만으로는 상대방이 쟁송상 해당 행정행위를 다툴 수 없을 뿐이며, 행정청은 불가변력이 발생하지 않은 이상 이를 직권취소나 철회할 수 있습니다. 또한, 불가변력이 있는 행정행위라도 쟁송기간이 도과하지 않으면 이론적으로는 상대방 등이 쟁송을 통해 이를 다툴 수 있습니다. 그러나 기간의 실질을 고려할 때 이 경우는 흔치 않습니다. 쟁송기간이 도과하지 않은 상태에서 불가변력이 발생하기란 쉽지 않기 때문입니다.

한편, 우리 법제도 행정기본법의 제정을 통해 공정력의 실정법적 근거를 갖추게 되었습니다.[1] 그러나 동법 제15조가 내용적으로 공정력을 의미하는 것인 한, 이를 '처분'의 효력으로 규정한 것은 다소 혼란스럽습니다. 공정력은 법률효과의 일종입니다. 그리고 행정기본법의 처분 개념은 행정소송법 및 행정심판법의 처분 개념과 동일한 바(물론, 재결이 항고소송의 대상이 되는 경우를 고려하여 행정소송법이 '처분등'의 개념을 사용하면서 행정심판재결을 그에 포함시키는 것이 행정기본법과 상이하지만 이는 실체법과 소송법의 차이에서 비롯하는 것에 불과합니다), 거기에는 권력적 사실행위를 포함하는 것으로 통설·판례가 해석합니다. 한편, 권력적 사실행위는 법적 효과를 수반하지 않지요.[2]

---

1) 제15조(처분의 효력) 처분은 권한이 있는 기관이 취소 또는 철회하거나 기간의 경과 등으로 소멸되기 전까지는 유효한 것으로 통용된다. 다만, 무효인 처분은 처음부터 그 효력이 발생하지 아니한다.

2) 이와 관련하여 독일 연방행정절차법은 '행정행위의 유효성(효력)'이란 제하에 다음의 내용으로 이른바 행정행위의 존속력을 규정합니다.

§43 Wirksamkeit des Verwaltungsaktes (2) Ein Verwaltungsakt bleibt wirksam, solange und soweit

공정력은 독일의 '하자에 구애받지 않는 법적 유효성(fehlerunabhängige Rechtswirksamkeit)'과 적법성의 추정을 뜻하는 프랑스의 '예선적 특권(豫先的 特權)' 논의에 상응합니다. 독일의 오토 마이어(Otto Mayer)는 행정청이 그의 권한 내에서 행한 행정행위는 당해 행정청이 스스로 행정행위의 유효성을 확인한 것이고, 그러한 행정청의 자기 확인에 의해 행정행위의 적법성이 추정된다는 이른바 자기확인설을 주장하였습니다. 그 후 이를 공정력이라 칭한 것이 우리의 공정력 개념의 시초입니다. 그러나 이러한 국가우월주의사상에 입각한 이론적 근거는 오늘날 설 땅을 잃었습니다. 공익실현 작용으로서의 행정행위에 일응 취소사유의 하자가 있더라도 누구나 그 효력을 부인할 수 있다면 행정의 실효성은 물론, 공익의 실현 불가를 통해 일대 혼란에 빠질 수 있겠지요. 오히려 권한 있는 기관이 유권적으로 그 위법성을 판정하여 효력을 배제하기까지는 그 유효를 인정할 필요가 있습니다. 그러나 이러한 필요성을 행정청의 자기확인 등의 우월적 권위를 바탕으로 한 행정행위의 선험적 효력의 일종으로 파악하는 논거로 간주할 수는 없습니다. 따라서 공정력을 인정하는 이론적 근거는 행정법관계의 안정과 행정의 원활한 업무수행의 도모를 위해 법정책적 관점에서 인정하는 것으로 해석해야 합니다. 한편, 수익적 행정행위에서는 그 공정력 인정의 실질적 논거로서 상대방의 신뢰보호가 추가됩니다.

그런데 견해에 따라서는 공정력을 항고소송의 배타적 관할의 반사적 효과라고 합니다. 즉, 공정력은 행정행위에 내재하는 당연한 본래적 효력이 아니라 실정법 규정에 의해 인정되는 효력이라 하면서, 행정심판법과 행정소송법이 취소심판, 취소소송을 통하여 행정행위 효력의 배제를 규정하고 또한, 행정쟁송 제기 후에도 원칙적으로 집행부정지원칙(행정심판법 제30조 제1항, 행정소송법 제23조 제1항)을 취함에 따른 간접적 효력이라는 것입니다. 그러나 논리적으로 볼 때 취소소송으로 인해 공정력이 인정되는 것이 아니라, 입법자에 의해서 혹은 법정책적 관점에서 공정력이 인정되고 이를 배제하기 위한 수단이 취소소송이라고 해석하는 것이 타당합니다. 다만, 행정소송법에 의해 항고소송의 배타적 관할이 인정되는 것을 실정법에 의한 공정력 인정의 간접적 근거로 이해할 수는 있습니다.

---

er nicht zurückgenommen, widerrufen, anderweitig aufgehoben oder durch Zeitablauf oder auf andere Weise erledigt ist(행정행위는 취소나 철회되기 전까지, 혹은 효력의 존속기간이 도과하거나 기타 이들과 유사한 방법으로 소멸하기 전까지는 유효하다).

2. 공정력의 본질과 관련된 몇 가지 문제

1) 적법성의 추정 혹은 유효성의 추정

행정행위 공정력의 본질에 대해 종래 다수설은 적법성의 추정으로 보았습니다. 그러나 공정력이 행정행위가 '내부적 성립요건'과 '상대방에게 도달'이라는 효력발생요건을 갖추면 그 적법성에 의문이 있을지라도, 더 나아가 위법하더라도 직권취소 내지 쟁송취소가 되기까지는 일응 효력을 유지한다는 의미라면, 공정력은 적법성의 추정이 아니라 행정행위의 유효성을 추정하는 효력입니다. 즉, 권한 있는 기관에 의해 행정행위가 취소되면 원래 유효했던 행정행위가 공정력에 의한 적법성 추정이 깨어져서 효력이 없어지는 것(이는 적법요건을 유효요건에 포함시키는 견해의 입장입니다)이 아니라, 취소를 통한 위법한 행정행위로의 확인에 의해 유효한 행정행위가 아님이 확인되기 때문이며, 이는 곧 유효성 추정이 부인되는 것입니다.

적법요건 내지 적법성 추정 여부는 행정행위의 효력과는 원칙적으로 무관합니다. 각종 교과서상의 행정행위의 효력은 적법·위법 유무를 불문하고 성립·유효요건을 갖춘 행정행위의 효력의 종류에 관한 설명입니다. 성립요건과 효력발생요건을 구비한 행정행위에는 공정력이 부여되어 설령 취소사유의 위법이 존재하더라도 일응 유효하다고 통용됩니다. 이때 적법요건은 별도의 심사대상으로서, 만일 적법요건을 충족하지 못하면 해당 행정행위는 이제 행정행위 하자론에 의한 규율을 받게 되는 것이지요. 이에 따라 적법요건을 미충족한 하자가 중대·명백하면 행정행위는 곧바로 효력이 부정되어 누구에게나 무효가 되고, 무효인 행정행위에는 공정력이 인정되지 않으므로 선결문제와 관련하여 공정력 위반 여부의 논의 자체가 무익해집니다. 여기에서 무효인 행정행위에는 ① 효력발생요건을 흠결한 경우(행정행위가 상대방에 도달되지 않은 경우가 대표적인 예입니다)와 ② 적법요건의 흠결로서 그 하자가 중대·명백하여 무효인 경우의 두 가지가 있음을 알 수 있습니다.

이에 비해 하자가 단순 위법한 경우에는 곧바로 취소의 효과가 발생하여 효력이 부인 혹은 제거되는 것이 아니라 그 법률효과는 '취소 가능'이 됩니다. 왜일까요? 바로 공정력 때문입니다. 권한 있는 기관에 의해 취소나 철회되기 전까지는 유효하게 통용되기 때문에 취소사유에 해당하는 하자만으로 곧바로 해당 행정행위의 효력이 부인되는 것이 아니라는 의미입니다. 이제 우리는 위 내용을 다음과 같이 정리할 수 있습니다. 행정행위 적법요건의 흠결은 행정행위 하자론의 규율 대상입니다. 이때 하자의 종류는 '중대명백한 하자'와 '단순 위법인 하자'로 구분되며, '무효'와 '취소 가능'은 이들 하자의 법적 효력을 의미합니다.

요컨대, 단순 위법인 행정행위의 법률관계에서는, 적법요건 충족 여부와는 무관하게 공정력에 의해 일응 유효하다고 추정했던 행정행위가 이제 위법하다고 판명되어 권한 있는 기관이 적법요건의 미충족, 즉 위법을 이유로 하는 취소를 통해 그 유효성 내지 효력을 부인하는 것입니다. 따라서 행정행위의 적법요건은 그 성립요건 및 효력발생요건을 구비하여 일응 효력을 발생한 행정행위의 효력을 종국적으로 부인하는 별개의 판단요소라 할 수 있습니다.

〈성립요건·적법요건·효력발생요건(유효요건)의 관계〉

	결여 시 규범적 평가	결여 시 실체법적 효력	소송 유형
성립요건	행정행위의 불성립	행정행위의 부존재	처분부존재확인소송
효력발생요건	행정행위의 불발효	무효인 행정행위	무효확인소송 (무효선언 의미의 취소소송)
적법요건	행정행위의 부적법(하자)	무효인 행정행위 / 취소 가능한 행정행위	무효확인소송(무효선언 의미의 취소소송) / 취소소송

2) 절차적 효력 혹은 실체적 효력

공정력을 절차적 효력이라고 보는 견해는 "내용적으로 적법한 행정행위만이 실체법상 유효하다"는 도그마틱에 대한 반발로서, 위법한 행정행위도 외적으로는 유효할 수 있다는 것을 설명하기 위한 방편인 듯합니다. 그러나 공정력은 하자 있는 행정행위도 그것이 무효가 아닌 한 유효하다는 것(유효성의 추정), 즉 공정력을 매개로 행정행위에 담긴 내용대로 상대방 및 이해관계인 등에게 구속력을 가진다는 것을 설명하기 위한 것인데, 이 같은 구속력은 실체법적 관계에서 의미가 있는 것이므로 구속력의 매개체로서의 공정력도 실체법적 효력이라 하는 것이 타당합니다. 그러나 공정력 자체가 국민의 법률관계에 영향을 미치는 일정한 내용을 품고 있는 것은 아니므로 형식적 효력이라는 평가는 수용 가능합니다.

결국, 취소사유가 있어 내용적으로 위법한 행정행위라도 공정력에 의해 일응 유효하다는 것을 설명하기 위해서는 공정력을 실체법상의 효력으로 간주해야 합니다. 다만, 공정력은 확정적 유효성이 아니라는 점에서 잠정적인 효력으로 표현하는 것입니다.

3) 입증책임의 문제

자기확인설에 따라 공정력을 적법성의 추정으로 이해한다면, 당해 행정행위의 적법성에 대한 입증책임은 원고인 처분의 상대방이 부담한다고 보아야 하지만, 이를 유효성의 추정이라 본다면 취소소송에서의 위법 여부에 대한 입증책임은 공정력과 무관하게 민사소송상의 입증책임의 분배원칙에 따릅니다. 따라서 권한발생의 요건사실에 대해서는 행정청이, 권한장애의 요건사실에 관하여는 원고 측이 입증책임 부담합니다. 공정력으로 인해 입증책임의 소재가 영향을 받는 것은 아닙니다.

3. 구성요건적 효력

독일의 '하자에 구애받지 않는 법적 유효성' 개념은 우리의 공정력과 내용적으로 유사한 의미를 지니고 있어서, 행정행위가 당연무효가 아닌 한 취소사유인 하자가 있더라도 권한 있는 기관이 취소하기까지는 유효한 것으로 됩니다. 그러나 독일에서는 위법한 행정행위의 잠정적 유효성 내지 통용력의 내용에 관하여 이를 상대방 기타 이해관계인에 대한 것과 다른 국가기관에 대한 것으로 나누어, 후자를 구성요건적 효력으로 검토합니다.

즉, 공정력과 구분되는 개념으로서의 구성요건적 효력은 다른 국가기관에 대한 효력으로서, 잠정적으로나마 유효한 행정행위는 모든 국가기관에 의하여 존중되어야 하고, 주어진 요건사실로서 자신의 결정의 기초로 삼아야 하는 것으로 이해합니다. 예컨대, 법무부장관이 외국인에 대하여 귀화허가를 한 경우 그것이 무효가 아닌 한 다른 국가기관이 당해 처분을 위법한 것으로 판단하더라도 해당 국가기관은 그자를 한국 국민으로 인정하여 자신의 관련 처분의 기초로 삼아야 하는 경우를 생각하면 됩니다. 구성요건적 효력을 지지하는 입장은 그 이론적 근거를 국가기관 상호 간에 있어서의 권한 존중의 원칙에서 찾으며, 이 점에서 공정력과 근거를 달리하는 별개의 개념이라고 합니다.

그러나 구성요건적 효력은 결국, 공정력이 미치는 주관적 범위에 착안하여 명칭을 달리하는 것이므로 그 법적 근거의 상이에도 불구하고 실질적으로는 공정력과 구별할 실익이 크지 않습니다. 공정력의 내용을 공정력이라 칭하건 구성요건적 효력이라 부르건, 결과에 있어 차이를 보이지 않는다는 점에서 구성요건적 효력의 개념을 별도로 인정할 논리필연성이 있는지는 의문입니다. 환언하면, 공정력이 미치는 주관적 범위에 착안하여 공정력을 구성요건적 효력과 구분하는 것이 법리적으로 불가능한 것은 아니지만, 공정력론에서나 구성요건적 효력론에서나 공히 제3의 행정기관이 일응 위법한 행정행위의 효력을 부인할 수 없다는 점에 대해서는 동일하므로 양자를 반드시 구별해야 할 실익이 없다고 할 수 있고, 이에 대해서는 판례도 같은 입장입니다.

〈구성요건적 효력의 개관〉

내용	범위	이론적 근거	실정법상 근거
유효한 행정행위가 존재하는 한 비록 흠이 있는 행정행위라도 모든 기관은 그의 존재, 유효성 및 내용을 존중하여, 스스로의 판단의 기초 내지는 구성요건으로 삼아야 하는 구속력	처분청을 제외한 모든 국가기관 (법원 포함)	권한과 직무 또는 관할을 달리하는 국가기관이 상호 타 기관의 권한을 존중하여야 하며 침해해서는 안 됨	행정권과 사법권의 권한분립, 행정기관 상호 간의 사무분담규정

공정력의 개념을 바탕으로 이제 다음 사항을 짚어 봅시다. 일반인의 법 감정에 의하면 위법한 행정행위는 그 효력을 부인하여야 합니다. 행정법에서는 그렇지 않은 경우, 즉 위법한 행정행위라도 효력이 있는 경우가 존재합니다.

① 처분이 위법하여 그 원고의 청구가 이유 있더라도 처분을 취소하는 것이 현저히 공공복리에 적합하지 아니하다고 인정하는 때에는 법원은 원고의 청구를 기각할 수 있으며, 이때의 기각판결을 특히, 사정판결이라고 합니다(행정소송법 제28조 제1항). 사정판결에 의해 해당 처분은 그 위법에도 불구하고 이제 확정적으로 유효한 처분으로 인정됩니다.

② 행정절차법과 개별법에 의한 제반 절차규정은 원칙적으로 강행규정이므로 절차상 하자가 있는 행정행위는 위법한 행정행위이며, 절차적 법치주의 내지 적법절차원칙에 비추어 해당 행정행위는 무효가 아닌 이상 취소하여야 합니다. 그러나 절차 준수 여부와 무관하게 행정행위의 실체적 내용이 동일할 경우에도 반드시 절차를 준수해야 하는지에 대해서는 비교법적으로 온도 차를 느낄 수 있습니다. 절차상 하자 있는 행정행위의 효력에 관한 행정절차법상의 일반 규정은 없습니다. 다만, 개별법에서 일부 그 효력을 정하고 있는데, 예컨대 소청상 의견제출절차의 흠결을 무효사유로 보는 국가공무원법 제13조가 그것입니다. 우리 판례는 무효 아닌 절차상 하자를 예외 없이 독자적인 취소사유로 해석합니다('독자적 위법사유'라고 표현하면 안 됩니다. 절차상 하자는 항상 위법한 행정행위를 의미합니다. 우리가 논의하는 것은 그 절차상 위법을 이유로 행정행위의 효력을 부인할 수 있는지의 문제입니다). 그러나 독일의 상황은 좀 다릅니다. 연방행정절차법 제46조는 "절차나 형식, 토지관할의 하자가 무효가 아닌 이상, 해당 하자가 실체적 결정(처분 내용)에 영향을 미치지 않았음이 명백한 경우에는 그 이유만으로 취소할 수 없다"고 규정합니다. 절차적 정의

와 행정 능률의 조화를 기하려는 취지가 담겨 있습니다. 즉, 원칙적으로 절차하자는 취소 사유이지만, 절차를 거치더라도 동일한 내용으로 행정행위가 발령될 것이 명백한 경우에까지 해당 행정행위를 무조건 취소하는 것은 행정의 효율성 제고, 무용한 절차의 반복 방지를 통한 행정경제의 고려 등을 감안할 때 문제의 소지가 없지 않습니다. 이런 입장에 전제한다면, 경우에 따라 위법하더라도 효력이 부인되지 않는 행정행위가 가능합니다.

③ 마지막으로 행정행위의 공정력입니다. 다만, 공정력은 유효한 것으로 통용되는 효력의 시간적 범위가 잠정적이란 점에서 기각판결로서의 사정판결 및 절차상 하자 있는 행정행위의 효력 논의와 차이를 보입니다.

4. 공정력의 객관적 범위(공정력 혹은 구성요건적 효력과 선결문제)

공정력과 선결문제는 민사사건, 형사사건 등에서 본안판단의 전제로서 대두되는 행정행위의 효력 유무·존재 여부 또는 위법 여부에 관해 항고소송의 관할법원이 아닌 수소법원으로서의 민사법원, 형사법원 그리고 경우에 따라서는 행정법원(예컨대, 국가배상청구소송이나 부당이득반환청구소송을 당사자소송으로 보는 경우가 이에 해당합니다)이 자신에게 계속된 본안소송의 판단을 위해 이를 스스로 심리·판단할 수 있는가의 문제를 의미합니다. 여기서 '효력 유무'는 행정행위의 유효·무효·실효 여부를 말하고, '존재 여부'는 존재·부존재를 뜻합니다.

행정소송법 제11조는 선결문제라는 제하에, 그 제1항에서 "처분등의 효력 유무 또는 존재 여부가 민사소송의 선결문제로 되어 당해 민사소송의 수소법원이 이를 심리·판단하는 경우에는 제17조, 제25조, 제26조 및 제33조의 규정을 준용한다"고 하여 선결문제의 해결에 관한 규정을 두고 있지만, 행정행위의 효력 제거·부인이나 위법의 확인이 선결문제가 되는 경우에는 침묵함으로써 전체적으로 보아 공정력과 선결문제는 동법 제11조 제1항의 규정에도 불구하고 학설·판례에 맡겨진 문제라 할 수 있습니다.

1) 민사소송과 공정력

예컨대, ① 불복제소기간을 도과한 조세부과처분의 위법을 이유로 과세처분의 상대방이 이미 납부한 세금의 반환을 청구하는 소송의 경우 수소법원인 민사법원이 과세처분의 취소를 통해 그 효력을 부인함으로써 본안판단, 즉 인용판결을 행할 수 있는지 여부가 하나의 쟁점입니다. 후술하는 바와 같이 이 경우 과세처분의 위법사유의 유형에 따라, 즉 무효사유인 경우와 취소 가능한 사유인 경우 각각 결론을 달리합니다. 여기에서 이미 납부한 세금 상당액의 반환을 구하는 소송은 부당이득반환청구소송으로서, 실무상 조세과오납금반환청구소송으로 칭합니다. 이는 처분을 원인으로 하는 법률관계에 관한 소송으로서 행정소송법 제3조 제2호가 규정하는 당사자소송에 해당하지만, 판례는 이를 민사상 법률관계로 보고 민사소송으로 취급합니다. 과거 행정소송법 개정안에서는 이를 당사자소송으로 명시하였습니다.

이에 대비되는 경우로서, ② 위법한 철거명령으로 가옥을 철거당한 상대방이 철거명령에 불가쟁력이 발생하여 동 명령에 대한 취소소송을 제기할 수 없어(혹은 불가쟁력이 발생하지 않아 철거명령을 다툴 수 있음에도 이에 갈음하여) 철거명령의 위법을 근거로 직접 국가배상청구소송을 제기한 경우, 수소법원인 민사법원이 직접 철거명령의 위법성을 심사하여 국가배상청구소송의 본안판단을 할 수 있는지도 또 다른 쟁점입니다.

(1) 행정행위의 당연 무효 내지 부존재 여부가 선결문제인 경우

수소법원이 본안판단을 하기 위하여 관련 행정행위의 무효 내지 부존재 여부가 먼저 규명되어야 하는 경우에는 수소법원의 선결심판권을 인정함에 법리상 큰 어려움이 없습니다. 중대·명백한 하자로 인해 무효인 행정행위는 누구라도 그 무효를 주장할 수 있으므로 수소법원이 선결문제로서 해당 행정행위의 무효를 전제로 자신의 본안판단을 할 수 있습니다. 공정력과 관련한 논증으로 표현하면, 무효인 행정행위에는 공정력이 발생하지 않으므로 - 선결문제인 해당 행정행위의 무효확인 가능 여부와 관련하여 - 해당 행정행위의 무효를 전제로 본안판단을 하더라도 공정력 위반의 문제가 발생하지 않습니다.

* **대판 2010.4.8, 2009다90092** : "민사소송에 있어서 어느 행정처분의 당연무효 여부가 선결문제로 되는 때에는 이를 판단하여 당연무효임을 전제로 판결할 수 있고 반드시 행정소송 등의 절차에 의하여 그 취소나 무효확인을 받아야 하는 것은 아니다."

이미 납부하게 된 근거로서의 과세처분이 무효라면, 수소법원은 자신에게 계속된 부당이득반환청구소송에서 선결문제에 해당하는 해당 과세처분의 무효를 스스로 확인하여 이를 바탕으로 본안판단을 할 수 있으며(즉, 본안판단을 하더라도 공정력 위반 여부가 문제되지 않으며), 이 사안에서는 과세처분의 무효로 인해 세무관청이 법리상 권원 없이 세금 상당액을 보유하는 것이므로 수소법원은 원고의 소송상 청구를 받아들이는 인용판결을 행할 수 있습니다.

만약 이 경우 곧바로 무효확인소송을 제기했을 때의 법적 쟁점도 매우 중요합니다. 이 경우 과세처분이 무효이므로 단지 무효확인소송에서의 인용판결로서 이미 납부한 금액, 즉 부당이득을 반환받을 수 있는지 여부가 문제됩니다. 환언하면, 무효인 과세처분을 이유로 이미 납부한 금액의 반환을 위해 원고가 부당이득반환청구소송에 갈음하여 곧바로 무효확인소송을 제기하면 법원은 어떤 판결을 할 것인가의 문제입니다. 이는 무효확인소송의 보충성에 관한 문제로서. 판례는 과거 입장을 변경하여 무효확인소송에서 보충성을 요하지 않는다고 판시하였습니다. 즉, 이 경우 법원은 소익 흠결을 이유로 종래 각하하던 입장을 변경하여 원고승소판결을 선고합니다. 그 논거의 중심에 행정소송법 제38조 제1항 및 제30조 제1항이 존재합니다. 더 나아가, 무효확인소송의 인용판결의 기속력 중 원상회복의무(행정소송법 제30조 제1항)에 따라 피고 세무관청은 세금 상당액을 반환해야 하지만 이를 이행하지 않을 경우를 대비하여 원고가 부당이득반환청구소송을 관련청구로서 무효확인소송에 병합 제기하는 것의 실익을 인정할 수 있습니다(행정소송법 제10조 제2항).

(2) 행정행위의 효력 부인(효력 제거 내지 취소)이 선결문제인 경우

조세부과처분에 따라 세금을 납부한 상대방이 추후 당해 과세처분에 취소사유인 하자가 있음을 주장하면서 이미 납부한 세금 상당액의 반환을 구하는 부당이득반환청구소송을 제기한 경우, 수소법원은 조세부과처분이 위법하지 않음을 확인하고 원고의 소송상 청구를 기각할 수 있습니다. 당연히 과세처분의 효력이 유지되므로 공정력 위반이 문제되지 않기 때문입니다.

그러나 조세부과처분에 따라 세금을 납부한 상대방이 추후 당해 과세처분에 취소사유인 하자가 있음을 발견하고 이미 납부한 세금 상당액의 반환을 구하는 부당이득반환청구소송을 제기한 경우, 원고의 주장이 정당하다고 판단하는 수소법원은 조세부과처분의 위법성을 단순히 확인하는 것만으로 본안사항인 부당이득반환청구를 인용할 수 있는 것이 아니라 그 과세처분의 효력을 제거하는 취소가 전제되어야 합니다. 즉, 과세처분은 그 위법 확인만으로는 공정력에 의해 여전히 효력을 유지하므로 세무관청이 보유하는 금액은 부당이득이 아닙니다. 그러나 수소법원은 공정력에 의해 과세처분의 효력을 부인할 수 없으므로 결국 처분의 위법이 내재하더라도 원고의 소송상 청구를 기각할 수밖에 없습니다.

요컨대, 부당이득의 반환은 법률상 권원이 없어야 하며, 여기에서는 과세처분의 효력이 제거되어 존재하지 않아야 합니다. 부당이득의 반환은 해당 조세부과처분의 위법을 이유로 취소되어 효력이 없어지는 것을 법률원인으로 하여 발생하는 법률효과인데, 공정력 내지 구성요건적 효력에 의해 민사법원인 수소법원은 과세처분의 취소를 행할 수 없으므로 처분의 위법에도 기각판결을 할 수밖에 없습니다. 이상의 논증 과정을 아래에 정리합니다.

i) 과세처분에 대한 취소권은 공정력 내지 구성요건적 효력에 의해 처분청과 취소소송의 관할법원만이 가짐 : 즉 부당이득반환청구소송의 수소법원은 과세처분을 취소하여 그 효력을 제거 내지 부인할 수 없음
ii) 조세부과처분은 취소되지 않는 한 위법함에도 유효한 처분이므로 세무관청이 보유한 세금 상당액은 취소를 법률요건으로 하는 부당이득반환의 대상이 될 수 없음
iii) 결국, 민사법원은 당해 처분이 위법하더라도 이를 취소하여 부당이득반환청구를 인용할 수 없음

* **대판 1994.11.11, 94다28000** : "조세의 과오납이 부당이득이 되기 위하여는 납세 또는 조세의 징수가 실체법적으로나 절차법적으로 전혀 법률상의 근거가 없거나 과세처분의 하자가 중대하고 명백하여 당연무효이어야 하고, 과세처분의 하자가 단지 취소할 수 있는 정도에 불과할 때에는 과세관청이 이를 스스로 취소하거나 항고소송절차에 의하여 취소되지 않는 한 그로 인한 조세의 납부가 부당이득이 된다고 할 수 없다. 행정처분이 아무리 위법하다고 하여도 그 하자가 중대하고 명백하여 당연무효라고 보아야 할 사유가 있는 경우를 제외하고는 아무도 그 하자를 이유로 무단히 그 효과를 부정하지 못하는 것으로, 이러한 행정행위의 공정력은 판결의 기판력과 같은 효력은 아니지만 그 공정력의 객관적 범위에 속하는 행정행위의 하자가 취소사유에 불과한 때에는 그 처분이 취소되지 않는 한 처분의 효력을 부정하여 그로 인한 이득을 법률상 원인 없는 이득이라고 말할 수 없는 것이다."

한편, 이 경우 '민사소송과 선결문제'라는 목차를 오해하여, 부당이득반환청구소송을 학설에 따라 당사자소송이라고 전제한 후 수소법원이 인용판결을 할 수 있다고 해서는 안 됩니다. 부당이득반환청구소송을 당사자소송이라 하더라도 수소법원인 행정법원은 인용판결을 할 수 없습니다. 이 경우 당사자소송에서의 원고의 소송상 청구 내지 소송물은 처분의 취소 내지 처분의 위법성이 아니라 부당이득반환청구권의 존부이므로 수소법원은 - 부당이득반환청구소송의 법적 성질에 상관없이 - 처분을 취소한 후 부당이득반환청구를 인용할 수 없습니다. 즉, 부당이득반환청구소송의 수소법원은 이를 당사자소송으

로 간주하더라도 해당 처분을 취소할 수 있는 권한 있는 기관이 아니라 할 것입니다.

그렇다면, 처분의 위법에도 불구하고 상대방은 이미 납부한 세금 상당액을 반환 받을 수 있는 방법이 없을까요? 만일 과세처분에 불가쟁력이 발생하지 않았다면, 원고는 취소소송의 제기와 그 인용판결을 통해 세금을 반환받을 수 있습니다. 판결의 기속력 때문입니다. 처분을 취소하는 판결이 확정되면 처분청과 관계 행정청은 실체법적으로 판결에 기속되는 효력이 발생하며, 이를 판결의 기속력이라 합니다(행정소송법 제30조 제1항). 판결의 기속력은 그 내용으로 반복금지효, 결과제거의무(원상회복의무) 및 재처분의무를 내용으로 하는바, 과세처분취소판결이 확정되면 원상회복의무에 의해 세무관청은 해당 과세처분의 취소로 인해 자신의 보유하고 있는 세금 상당액을 원고에게 반환하여야 할 실체법적 의무를 부담합니다. 또한, 이 경우 원고는 부당이득의 반환을 담보하기 위해 관련 청구의 병합으로서 취소소송과 부당이득반환청구소송을 병합하여 제기하는 것의 실익이 있습니다(행정소송법 제10조 제2항). 이때 취소소송과 부당이득반환청구소송의 병합에 있어, 그 반환을 위해 취소판결이 반드시 확정될 필요는 없다는 것이 판례의 입장입니다. 관련 청구의 병합의 취지가 분쟁의 일회적 해결을 도모하는 것인데, 확정판결까지 기다려야 한다면 동 제도의 실익이 반감되기 때문입니다.

* **대판 2009.4.9, 2008두23153** : "행정소송법 제10조는 처분의 취소를 구하는 취소소송에 당해 처분과 관련되는 부당이득반환소송을 관련 청구로 병합할 수 있다고 규정하고 있는바, 이 조항을 둔 취지에 비추어 보면, 취소소송에 병합할 수 있는 당해 처분과 관련되는 부당이득반환소송에는 당해 처분의 취소를 선결문제로 하는 부당이득반환청구가 포함되고, 이러한 부당이득반환청구가 인용되기 위해서는 그 소송절차에서 판결에 의해 당해 처분이 취소되면 충분하고 그 처분의 취소가 확정되어야 하는 것은 아니라고 보아야 한다."

(3) 행정행위의 위법성 확인이 선결문제인 경우

공무원의 위법한 행정행위로 인한 손해의 전보를 위해 사인이 국가배상청구소송을 제기한 경우, 수소법원인 민사법원이 해당 행정행위의 위법을 확인하여 자신의 본안판단으로서 청구인용판결을 행할 수 있는지의 문제입니다. 국가배상청구소송이 행정소송으로서 당사자소송에 해당함에도 판례는 여전히 이를 민사소송으로 취급하고 있으며, 행정소송법 개정안은 이를 당사자소송으로 규정했었음은 부당이득반환청구소송의 경우와 동일합니다.

국가배상청구소송의 수소법원은 행정행위의 위법을 전제로 본안판단을 할 수 있으며, 이때 행정행위에 대한 불가쟁력 발생 여부와는 무관합니다. 불가쟁력은 해당 행정행위에 대한 취소소송을 제기할 때 문제되는 행정행위의 효력이기 때문입니다. 즉, 불가쟁력과 관련한 본안소송은 국가배상청구소송이 아니라 행정행위에 대한 취소소송입니다.

국가배상법 제2조에 의할 때 국가배상책임의 요건으로서의 직무집행의 위법성은 행정행위가 위법하여 취소됨을 전제로 하는 것이 아니라 단지 그 행정행위가 위법하다는 판단, 즉 위법성의 확인만으로 족하고, 이에 더하여 그 외 국가배상책임의 성립을 위한 다른 요건들(고의·과실 등)을 충족하면 배상책임을 인정할 수 있습니다. 따라서 이 경우 행정행위가 위법하다는 확인하에 국가배상청구를 인용할 수 있습니다. 행정행위의 위법 확인만으로는 여전히 해당 행정행위의 효력을 제거하는 것이 아니므로 공정력에 반하지 않기 때문입니다.

* **대판 1972.4.28, 72다337** : "위법한 행정대집행이 완료되면 그 처분의 무효확인 또는 취소를 구할 소의 이익은 없다 하더라도, 미리 그 행정처분의 취소판결이 있어야만, 그 행정처분의 위법임을 이유로 한 손해배상 청구를 할 수 있는 것은 아니다."

〈참고〉 취소판결을 바탕으로 국가배상청구소송을 제기한 경우

위의 설명은 취소소송의 제기 없이 곧바로 국가배상청구소송을 제기할 경우 배상책임의 인정 여부에 관한 것인데, 이는 행정행위의 공정력에 관한 문제입니다. 그러나 취소소송을 제기하여 판결이 확정된 것을 바탕으로 국가배상청구소송을 제기하는 경우에는 국가배상책임에서의 위법의 의미와 판결의 기판력의 문제입니다.

일반적으로 보아 국가배상책임에서의 위법은 법령위반뿐만 아니라 공무원의 일반적인 손해발생방지의무 위반까지 포함하는 광의의 행위위법설을 취하여야 하며, 이런 의미에서 취소소송에서의 위법보다 넓은 개념입니다. 따라서 행정행위에 대한 취소소송에서 인용판결이 확정되면 별도의 위법 심사 없이 당연히 국가배상청구소송에서의 위법도 인정되며(취소소송의 인용판결의 기판력이 국가배상청구소송에 미친다는 뜻입니다), 기각판결이 확정된 경우에는 민사법원은 당해 행위의 위법을 독자적으로 판단하여 배상청구를 인용할 수 혹은 기각할 수도 있습니다(다수설과 판례 입장인데, 인용판결에는 기판력이 미치고 기각판결에는 미치지 않는다는 기판력 일부긍정설에 따른 것입니다). 구체적으로는 취소소송에서의 기각판결, 즉 행정행위가 적법하다는 판결 내용에도 불구하고 국가배상청구소송에서는 위법하다고 혹은 위법하지 않다고도 판단 가능하며, 전자의 경우 국가배상책임의 다른 성립요건을 심사하여 수소법원은 인용판결 혹은 기각판결을 행할 수 있습니다.

한편, 취소소송의 인용판결에도 불구하고 국가배상책임의 다른 요건을 흠결하여 배상청구가 기각되는 경우는 이를테면 법령해석상의 과실이 부인되는 경우인데, 이에 대해서는 제재적 처분의 기준을 정한 시행규칙 [별표]의 법적 성질 논의에서 논의한 바 있습니다. 판례에 의할 때 동 [별표]의 법규적 효력이 부인되므로 모법에 의한 비례원칙 심사에 의하여 해당 영업정지처분이 위법하다는 인용판결이 행해지는 경우가 있습니다. 이때 취소소송의 확정 인용판결을 바탕으로 원고가 국가배상청구소송을 제기한 경우 국가배상책임의 성립을 위한 위법성은 판결의 기판력에 의해 인정되지만, 담당 공무원이 형식상 시행규칙의 일부를 구성하는 [별표]의 명시적 규정에도 불구하고 그 법규적 효력을 스스로 부인하여 모법에 의한 비례원칙의 적용을 통해 [별표] 소정의 영업정지기간을 감경한 처분을 발령할 것을 기대하기란 쉽지 않음을 상정하면 됩니다. 법령해석상의 과실이 부인되는 대표적인 경우에 해당합니다.

(4) 사례유형

민사소송과 선결문제와 관련하여, 특히 금전납부의무를 내용으로 하는 하자 있는 처분에 따라 해당 금액을 이미 납부하였지만 그 하자를 이유로 납부 금액을 반환받기 위한 소송유형을 판단하는 경우의 수는 보통 다음과 같습니다.

i) **사실관계에서 하자의 유형을 주는 경우 :** 주어진 무효 혹은 취소사유에 해당하는 설명만을 기술

ii) **사실관계에서 처분이 위법하다고만 전제하면서 구체적 하자 유형에 관한 언급이 없는 경우 :** 무효와 취소 가능의 경우를 구분하여 각각에 대하여 기술

iii) **사실관계에 비추어 하자의 유형을 판명하도록 요구하는 경우 :** 예컨대, 내부위임에 의한 수임청이 자신의 이름으로 처분 등을 행한 경우(당연무효) 및 추후 위헌으로 판정된 법령에 기한 처분에 따라 이미 금액을 납부하여 이를 반환받기 위한 소송방법을 묻는 경우(취소 가능) 등이 대표적 사례임

2) 형사소송과 공정력

민사소송과 선결문제에서 설명한 내용과 문제해결방식이 큰 틀에서 여기에도 적용됩니다. 즉, 형사소송과 선결문제에서의 공정력 논의는 결국 범죄구성요건의 해석에 관한 문제로서, 당해 처벌규정의 내용이 관련 행정행위의 유효성만을 처벌요건으로 정하고 있는지, 혹은 그 적법성도 또한 처벌요건으로 정하는지에 따라 판단 결과가 달라집니다. 전자의 경우 형사법원은 해당 행정행위의 효력을 부인할 수 없지만, 후자의 경우에는 당

해 행위의 위법성 여부를 판단하고 그에 따라 위반행위의 범죄구성요건에의 해당 여부를 심사할 수 있습니다.

(1) 행정행위의 효력 유무가 선결문제인 경우

당연무효인 처분을 위반한 자의 범죄성립 여부에 대해 형사법원은 당연무효임을 전제로 본안 판단을 할 수 있습니다.

> * **대판 2011.11.10, 2011도11109** : "집합건물 중 일부 구분건물의 소유자인 피고인이 관할 소방서장으로부터 소방시설 불량사항에 관한 시정보완명령을 받고도 따르지 아니하였다는 내용으로 기소된 사안에서, 담당 소방공무원이 행정처분인 위 명령을 구술로 고지한 것은 행정절차법 제24조를 위반한 것으로 하자가 중대하고 명백하여 당연 무효이고, 무효인 명령에 따른 의무위반이 생기지 아니하는 이상 피고인에게 명령 위반을 이유로 소방시설 설치유지 및 안전관리에 관한 법률 제48조의2 제1호에 따른 행정형벌을 부과할 수 없는데도, 이와 달리 위 명령이 유효함을 전제로 유죄를 인정한 원심판결에는 행정처분의 무효와 행정형벌의 부과에 관한 법리오해의 위법이 있다."

다음은 취소사유 있는 행정행위의 효력 제거 여부가 형사소송 본안판단의 선결문제인 경우입니다.

① 행정행위의 취소가 범죄의 성립요건으로서 선결문제인 경우, 행정행위를 취소할 수 있는 권한이 없는 형사법원은 행정행위의 공정력에 비추어 당해 행위의 효력을 부인할 수 없습니다. 취소할 수 없으므로 수소법원은 무죄판결을 선고해야 합니다.

> * **대판 1982.6.8, 80도2646** : "도로교통법 제65조 제1호의 규정방식을 근거로 내세워 도로교통법 제57조 제1호에 규정한 연령미달의 결격자이던 피고인이 그의 형인 공소외 이 창규 이름으로 운전면허시험에 응시 합격하여 받은 원판시 운전면허를 당연무효로 보아야 할 것이라는 소론 주장은 채택할 바 못되는 것이고, 피고인이 위와 같은 방법에 의하여 받은 운전면허는 비록 위법하다 하더라도 도로교통법 제65조 제3호의 허위 기타 부정한 수단으로 운전면허를 받은 경우에 해당함에 불과하여 취소되지 않는 한 그 효력이 있는 것이라 할 것이므로 같은 취지에서 피고인의 원판시 운전행위가 도로교통법 제38조의 무면허운전에 해당하지 아니한다."

② 행정행위의 취소가 범죄의 불성립 요건으로서 선결문제인 경우에도 형사법원은 당해 행위의 효력을 부인할 수 없습니다. 즉, 취소할 수 없으므로 유죄판결을 행하여야 합니다. 예컨대, 영업허가 취소 후의 영업행위에 대해 무면허영업을 이유로 기소된 경우, 무죄판결을 위해서는(무허가 영업이 아니기 위해서는) 영업허가취소처분이 취소되어야 하는 바 이는 행정행위의 공정력에 비추어 형사법원이 행할 수 없습니다.

(2) 행정행위의 위법 여부가 선결문제인 경우

공정력이 행정행위의 유효성의 잠정적 추정력이고 행정소송법 제11조 제1항은 선결문제 심판권에 대한 예시적 규정이며, 형사법원이 행정행위의 위법성을 확인하는 것만으로는 행정행위의 효력을 부인하는 것이 아니어서 결국 공정력에 반하는 것이 아니므로 형사법원은 행정행위의 위법성에 대한 판단을 전제로 본안판단을 할 수 있습니다.

* **대판 2009.6.25, 2006도824** : "행정청으로부터 구 주택법(2008. 2. 29. 법률 제8863호로 개정되기 전의 것) 제91조에 의한 시정명령을 받고도 이를 위반하였다는 이유로 위 법 제98조 제11호에 의한 처벌을 하기 위해서는 그 시정명령이 적법한 것이어야 하고, 그 시정명령이 위법하다고 인정되는 한 위 법 제98조 제11호 위반죄는 성립하지 않는다."
* **대판 2017.9.21, 2017도7321** : "피고인 갑 주식회사의 대표이사 피고인 을이 개발제한구역 내에 무단으로 고철을 쌓아 놓은 행위 등에 대하여 관할관청으로부터 원상복구를 명하는 시정명령을 받고도 이행하지 아니하였다고 하여 개발제한구역의 지정 및 관리에 관한 특별조치법(이하 '개발제한구역법'이라 한다) 위반으로 기소된 사안에서, 관할관청이 침해적 행정처분인 시정명령을 하면서 피고인 을에게 행정절차법 제21조, 제22조에 따른 적법한 사전통지를 하거나 의견제출 기회를 부여하지 않았고 이를 정당화할 사유도 없으므로 시정명령은 절차적 하자가 있어 위법하고, 시정명령이 당연무효가 아니더라도 위법한 것으로 인정되는 이상 피고인 을이 시정명령을 이행하지 아니하였더라도 피고인 을에 대하여 개발제한구역법 제32조 제2호 위반죄가 성립하지 아니함에도, 이와 달리 보아 피고인들에게 유죄를 인정한 원심판단에 행정행위의 공정력과 선결문제, 개발제한구역법 제32조의 시정명령위반죄에 관한 법리오해의 위법이 있다."

(3) 약간의 문제 : 침익적 행정행위의 공정력과 형사판결

공정력과 선결문제 논의는 실무에서 다음 두 가지로 구체화됩니다. 형사법원이 행정행위에 대한 행정소송 판결이 행해지기 이전임에도 해당 행정행위의 위법성을 판단하여 혹은 그 효력을 배제하여 그것이 구성요건으로 되는 범죄의 성립을 인정할 수 있는가의 문제가 그 첫 번째로서 이에 대해서는 앞서 살펴본 바와 같습니다. 여기에서 해결해야 할 두 번째 문제 상황은 행정행위가 행정소송절차에서 판결에 의하여 취소된 경우 그 이전의 행정행위 위반사실에 대한 형사처벌 가능성의 문제로서, 시간적으로는 〈행정처분 → 취소소송 제기 → 처분 상대방의 처분상 의무위반 → 처분취소판결의 확정 → 취소판결 이전의 의무위반에 대한 형사판결〉의 흐름을 보입니다.

예컨대, 甲은 1997. 3. 1. 자동차운전면허취소처분을 받은 후 처분청을 상대로 운전면허취소처분의 취소소송을 제기하여 1997. 11. 27. 승소판결을 받아 동 판결이 확정되었는데, 甲이 그 이전인 1997. 11. 18. 무면허 상태에서 자동차를 운전한 행위로 인해 도로교통법 위반죄로 기소된 사안에서, 대법원은 취소판결의 소급효에 착안하여 다음의 이유를 들어 무죄를 선고하였습니다.

* **대판 1999.2.5, 98도4239** : "피고인이 행정청으로부터 자동차 운전면허취소처분을 받았으나 나중에 그 행정처분 자체가 행정쟁송절차에 의하여 취소되었다면, 위 운전면허취소처분은 그 처분시에 소급하여 효력을 잃게 되고, 피고인은 위 운전면허취소처분에 복종할 의무가 원래부터 없었음이 후에 확정되었다고 봄이 타당할 것이고(대법원 1993. 6. 25. 선고 93도277 판결 참조), 행정행위에 공정력의 효력이 인정된다고 하여 행정소송에 의하여 적법하게 취소된 운전면허취소처분이 단지 장래에 향하여서만 효력을 잃게 된다고 볼 수는 없는 것이다. 따라서 피고인이 1997. 3. 1. 자동차 운전면허취소처분을 받은 후 처분청을 상대로 운전면허취소처분의 취소소송을 제기하여 1997. 11. 27. 서울고등법원에서 승소판결을 받았고 그 판결이 대법원의 상고기각 판결로 확정되었다면, 피고인이 1997. 11. 18. 자동차를 운전한 행위는 도로교통법에 규정된 무면허운전의 죄에 해당하지 아니한다 할 것이므로, 이와 같은 취지에서 피고인에 대하여 무죄를 선고한 제1심판결을 유지한 원심의 조치는 정당하고, 거기에 상고이유에서 지적하는 바와 같은 법리오해의 위법이 있다고 할 수 없다."
* **대판 1993.6.25, 93도277** : "영업의 금지를 명한 영업허가취소처분 자체가 나중에 행정쟁송절차에 의하여 취소되었다면 그 영업허가취소처분은 그 처분시에 소급하여 효력을 잃게 되며, 그 영업허가취소처분에 복종할 의무가 원래부터 없었음이 확정되었다고 봄이 타당하고, 영업허가취소처분이 장래에 향하여서만 효력을 잃게 된다고 볼 것은 아니므로 그 영업허가취소처분 이후의 영업행위를 무허가영업이라고 볼 수는 없다."

위 98도4239 판결의 논지에 의할 때 형사소송의 계속 중 행정소송의 기각판결이 확정된 경우 형사법원은 행정행위의 위법 여부를 판단하여 유·무죄를 선고할 수 있지만, 쟁송취소판결 확정의 경우에는 구성요건 해당성의 결여를 이유로 무죄를 선고해야 합니다. 행정소송이 계속 중이면 원칙적으로 형사소송절차를 잠정적으로 중단(Aussetzung)하여야 하고(형사소송법 제306조 참조), 행정소송상 취소판결이 확정되면 이전의 형사판결은 재심사유에 해당합니다.

> * **대판 2015.10.29, 2013도14716** : "형사소송법 제420조 제5호에 정한 재심사유인 무죄 등을 인정할 '증거가 새로 발견된 때'란 재심대상이 되는 확정판결의 소송절차에서 발견되지 못하였거나 또는 발견되었다 하더라도 제출할 수 없었던 증거로서 이를 새로 발견하였거나 비로소 제출할 수 있게 된 때를 말한다. 조세의 부과처분을 취소하는 행정판결이 확정된 경우 부과처분의 효력은 처분 시에 소급하여 효력을 잃게 되어 그에 따른 납세의무가 없으므로 확정된 행정판결은 조세포탈에 대한 무죄 내지 원심판결이 인정한 죄보다 경한 죄를 인정할 명백한 증거에 해당한다. 조세심판원이 재조사 결정을 하고 그에 따라 과세관청이 후속처분으로 당초 부과처분을 취소하였다면 부과처분은 처분 시에 소급하여 효력을 잃게 되어 원칙적으로 그에 따른 납세의무도 없어지므로, 형사소송법 제420조 제5호에 정한 재심사유에 해당한다."

그러나 전술한 형사소송과 선결문제 논의에 따를 때 행정행위의 효력을 배제하는 것이 아닌 한 형사법원이 당해 처분의 위법성을 판단하여 무죄라 할 수 있다고 하면서, 타면 행정행위가 확정적으로 쟁송취소되면 형사법원이 이에 구속된다고 하는 판례의 입장은 외형상 모순되는데 상호 간 적절한 이해가 쉽지 않습니다. 또한, 전자의 경우(처분의 적법성이 소위 '숨은 구성요건화'된 경우) 무죄라 하더라도 범죄성립요건 중 무엇이 부정된 것인지도 규명해야 할 대상입니다. 행정행위의 쟁송취소판결(인용판결)에 형사법원이 구속된다면, 기각확정판결에 구속되는지도 관련 문제입니다. 판례는 쟁송취소의 소급효에서 문제해결의 단초를 찾았는데, 사후적으로 침익적 행정행위가 쟁송취소 된다면 과연 당해 행정행위에 대한 복종의무가 원래부터 없었던 것인지도 보다 근원적 의문입니다. 만약 이를 긍정한다면 행정상 의무이행확보에 중대한 결함이 생길 뿐만 아니라, 행정행위가 쟁송취소되더라도 행위시점에서의 행위불법의 문제는 그대로 남는 것도 지나칠 수 없습니다. 더불어, 쟁송취소의 위법 사유가 사실오인인 경우, 비례원칙 위반 등 재량하자 혹은 절차하자의 경우 등을 동일하게 취급해도 무방한지도 숙고의 대상입니다.

법치국가이념으로서의 처벌법규의 명확성 요청에 비추어 행정소송에서 위법성이 확정된 경우에는 그 위반에 대해 처벌할 수 없음은 원칙적으로 타당합니다. 또한, 형사소송의 무죄판결을 위법한 행정행위로 인한 결과제거청구권의 구현 양태로 이해하고, 형법은 오로지 실질적인 법익을 보호하기 위한 것으로서 단순히 규범 내지 행정행위에 대한 준수만을 강제할 수 없다는 주장도 설득력이 없지 않습니다. 그러나 추상적 위험범의 법리에 의할 때, 쟁송취소판결을 통해 모든 위험이 제거되었다고는 할 수 없습니다. 운전면허·영업정지처분 등은 당해 위반자에 대해 행위제한을 가함으로써 공공의 안전을 확보하는 동시에 제재조치의 위협력으로서 일반예방·특별예방의 취지도 겸유함을 기억해야 합니다. 따라서 쟁송취소의 경우 사안에 따라 세분하여, 처분의 위법사유가 사실오인인 경우는 처벌조각사유로서 무죄판결을 해야 하지만, 비례원칙 위반에 의한 재량하자에 의한 경우에는 유죄판단도 가능하다고 보아야 합니다. 왜냐하면, 운전면허취소처분은 위법할지라도 적어도 운전면허정지처분 사유에 해당하는 경우가 있기 때문입니다. 즉, 운전면허정지사유임에도 운전면허취소처분을 행한 것이 위법하여 운전면허취소처분이 취소되었고(행정법원은 이 경우 비례원칙 위반을 들어 당해 면허취소처분을 취소하는 판결을 할 수밖에 없습니다. 일부취소판결은 불가하기 때문입니다), 이에 따라 형사법원이 이제 운전면허처분 취소판결 이전의 운전행위가 무면허운전이 아니라는 이유로 면허정지사유의 해당성을 고려하지 않은채 무죄판결을 행한다면 이는 일반의 정의감에 정면으로 배치되지 않겠습니까? 한편, 이러한 결론을 뒤집어 보면 침익적 행정행위에 대한 집행정지결정을 확대할 필요가 있으며, 나아가 향후 행정소송법이 집행정지원칙을 취하는 것도 고려함 직합니다. 해결해야 할 다른 문제는 절차상 하자로 행정소송상 취소판결이 행해진 경우의 형사법원의 판결 내용입니다. 행정법과 형사법의 교차 영역에서 많은 난제를 내포하고 있는 위 98도4239 판결이 운전면허취소처분의 본질·기능, 당해 취소처분의 근거가 된 의무위반사유, 쟁송취소에 이른 위법성의 구체적 사유 등에 관한 구체적 언급 없이 '취소판결의 소급효'만을 근거로 성급하게 결론에 이른 것은 재고의 여지가 있습니다.

한편, 대법원은 한 걸음 더 나아가, 운전면허취소처분을 받은 사람이 자동차를 운전하였으나 운전면허취소처분의 원인이 된 음주운전에 대한 증명이 없는 때에 해당한다는 이유로 무죄판결이 확정되었다면, 해당 운전면허취소처분이 취소되지 않았더라도 도로교통법에 규정된 무면허운전죄로 처벌할 수 없다고 판시하였습니다. 물론, 운전면허가 취소된 사람이 그 처분의 원인이 된 교통사고 또는 법규 위반에 대하여 '혐의없음' 등으로 불기소처분을 받거나 무죄의 확정판결을 받은 경우 지방경찰청장은 도로교통법령에 따라 즉시 그 취소처분을 취소하고, 도로교통공단에 그 내용을 통보하여야 하며, 도로교통공단도 즉시 취소 당시의 정기적성검사기간, 운전면허증 갱신기간을 유효기간으로 하는 운전면허증을 새로이 발급하여야 할 의무가 발생합니다. 그러나 이러한 의무 상황에도 불구하고 운전면허취소처분이 실제에 있어 취소되지 않으면 해당 처분은 그 공정력으로 인해 여전히 효력을 보유하는 점을 고려할 때, 형사판결 당시 유효한 운전면허취소처분에도 불구하고 반드시 무면허운전으로 인한 처벌의 대상이 아니라고 할 수 있을지는 의문입니다. 상대방의 권익구제의 실효성 확보를 행정행위의 공정력 등 행정법 이론 속에 조화롭게 용해시키는 지혜가 요청됩니다.

* **대판 2021.9.16, 2019도11826** : "구 도로교통법(2020. 6. 9. 법률 제17371호로 개정되기 전의 것) 제93조 제1항 제1호에 의하면, 지방경찰청장은 운전면허를 받은 사람이 같은 법 제44조 제1항을 위반하여 술에 취한 상태에서 자동차를 운전한 경우 행정안전부령으로 정하는 기준에 따라 운전면허를 취소하거나 1년 이내의 범위에서 운전면허의 효력을 정지시킬 수 있다. 그러나 자동차 운전면허가 취소된 사람이 그 처분의 원인이 된 교통사고 또는 법규 위반에 대하여 혐의없음 등으로 불기소처분을 받거나 무죄의 확정판결을 받은 경우 지방경찰청장은 구 도로교통법 시행규칙(2020. 12. 10. 행정안전부령 제217호로 개정되기 전의 것) 제91조 제1항 [별표 28] 1. 마.항 본문에 따라 즉시 그 취소처분을 취소하고, 같은 규칙 제93조 제6항에 따라 도로교통공단에 그 내용을 통보하여야 하며, 도로교통공단도 즉시 취소당시의 정기적성검사기간, 운전면허증 갱신기간을 유효기간으로 하는 운전면허증을 새로이 발급하여야 한다. 그리고 행정청의 자동차 운전면허 취소처분이 직권으로 또는 행정쟁송절차에 의하여 취소되면, 운전면허 취소처분은 그 처분 시에 소급하여 효력을 잃고 운전면허 취소처분에 복종할 의무가 원래부터 없었음이 확정되므로, 운전면허 취소처분을 받은 사람이 운전면허 취소처분이 취소되기 전에 자동차를 운전한 행위는 도로교통법에 규정된 무면허운전의 죄에 해당하지 아니한다. 위와 같은 관련 규정 및 법리, 헌법 제12조가 정한 적법절차의 원리, 형벌의 보충성 원칙을 고려하면, 자동차 운전면허 취소처분을 받은 사람이 자동차를 운전하였으나 운전면허 취소처분의 원인이 된 교통사고 또는 법규 위반에 대하여 범죄사실의 증명이 없는 때에 해당한다는 이유로 무죄판결이 확정된 경우에는 그 취소처분이 취소되지 않았더라도 도로교통법에 규정된 무면허운전의 죄로 처벌할 수는 없다고 보아야 한다."

5. 행정행위의 불가쟁력과 불가변력

1) 불가쟁력

판결 후 상소제기기간을 도과하여 더 이상의 상소가 불가능한 경우 등에는 판결의 형식적 확정력이 발생합니다. 행정행위의 효력을 신속히 확정하여 행정법관계의 안정을 기하기 위하여 행정행위의 경우 그에 대한 쟁송기간의 도과로 행정행위에 대한 쟁송취소가 불가능하게 된 경우의 효력을 불가쟁력이라고 합니다. 이와 관련하여 행정심판법과 행정소송법은 단기의 심판제기기간과 제소기간 규정을 두고 있습니다(행정심판법 제27조, 행정소송법 제20조). 불가쟁력은 행정행위가 무효인 경우에는 발생할 여지가 없으며, 이에 따라 무효확인심판이나 무효확인소송에서는 제기기간의 제한이 없습니다. 행정행위의 불가쟁력은 그 상대방이나 이해관계인을 구속하는 효력이므로, 불가쟁력이 발생하였더라도 행정행위의 불가변력이 발생하지 않는 한 행정청은 직권으로 해당 행정행위를 취소하거나 철회할 수 있습니다. 한편, 불가쟁력의 발생으로 처분의 기초가 된 사실관계나 법률적 판단이 내용적으로 확정되는 것은 아니므로 - 해당 행정행위에 대한 항고쟁송 제기가 불가능한 것은 별론 - 관련되는 다른 행정행위에 대한 소송에서 원래의 행정행위의 기초가 된 사실관계나 법률적 판단에 대해 다툴 수 있습니다.

＊ **대판 2008.7.24, 2006두20808** : "일반적으로 행정처분이나 행정심판 재결이 불복기간의 경과로 확정될 경우 그 확정력은, 처분으로 법률상 이익을 침해받은 자가 당해 처분이나 재결의 효력을 더 이상 다툴 수 없다는 의미일 뿐, 더 나아가 판결과 같은 기판력이 인정되는 것은 아니어서 그 처분의 기초가 된 사실관계나 법률적 판단이 확정되고 당사자들이나 법원이 이에 기속되어 모순되는 주장이나 판단을 할 수 없게 되는 것은 아니다. 따라서 피재해자에게 요양승인처분이 이루어지고 그러한 요양승인처분이 불복기간의 경과로 확정되었다 하더라도, 재해발생 당시 사업주와 피재해자 사이에 산재보험관계가 성립하였다는 점까지 확정되는 것은 아니며, 또 앞서 본 것처럼 재해 발생 당시 산재보험관계가 성립하였는지 여부는 보험급여액 징수처분의 적법요건이 되는 것이므로, 이 사건에서 원심이, 피재해자인참가인에 대한 요양승인처분에 불가쟁력이 생겼다는 이유로, 이 사건 보험급여액 징수처분에서참가인이 원고의 근로자가 아니라는 사정을 들어 그 위법성을 주장할 수 없다고 판단한 것에는 보험급여액 징수처분의 적법요건이나 행정처분의 확정력이 미치는 범위에 관한 법리오해 등의 위법이 있다고 할 수 있다."

2) 불가변력

판결에서의 실질적 확정력 내지 기판력에 상응하여 행정청이 해당 행정행위를 더 이상 직권으로 취소 또는 철회할 수 없는 효력을 행정행위의 불가변력이라고 합니다. 불가변력 논의는 행정심판재결, 토지수용재결 등 준사법적 행위에 인정되는 효력으로 이해하였지만, 반드시 준사법적 행위에 한정할 것이 아니고 통상의 행정행위 일반에 인정되는 효력으로 파악하기도 합니다. 불가변력이 발생한 행정행위에 대해서도 상대방 등은 불복기간 내에(불가쟁력이 발생하지 않은 한) 행정쟁송으로 다툴 수 있음은 물론입니다. 한편, 불가변력의 내용으로 논의되는 취소·철회권의 제한은 행정행위의 효력에 의한 것이 아니라 신뢰보호원칙, 비례원칙 등 다른 법리에 의하여 그 행사가 제한되는 것이므로 이를 불가변력으로 이해하는 것의 부당함을 주장하는 견해가 있는바, 경청할 만합니다.

행정행위의 효력으로서 존속력을 거론하는 경우가 있습니다. 이 경우에도 존속력 개념은 일치되지 않아, 불가변력으로 이해하는 견해, 행정행위 하자승계론에서의 구속력(기결력 내지 규준력)으로 파악하는 견해, 행정기본법 제15조의 내용으로 간주하는 견해 등으로 나뉩니다. 불가변력과 동일 개념이라면 굳이 별칭으로서 존속력 개념을 원용할 이유가 박약하고, 선행행정행위의 후행행정행위에 대한 구속력이론은 판례가 인정하지 않는 개념이며, 행정기본법 제15조는 행정행위의 공정력 관련 규정이라는 점 등에서 행정행위의 존속력은 여전히 정련된 논의를 거쳐야 할 과제라 할 것입니다.

제15강
행정행위의 내용

쟁점행정법특강

제15강
행정행위의 내용

행정행위는 내용적 측면에서 법률행위적 행정행위와 준법률행위적 행정행위로 구분할 수 있으며, 전자는 다시 명령적 행정행위와 형성적 행정행위로 후자는 확인, 공증, 통지, 수리로 세분합니다.

〈행정행위 내용〉

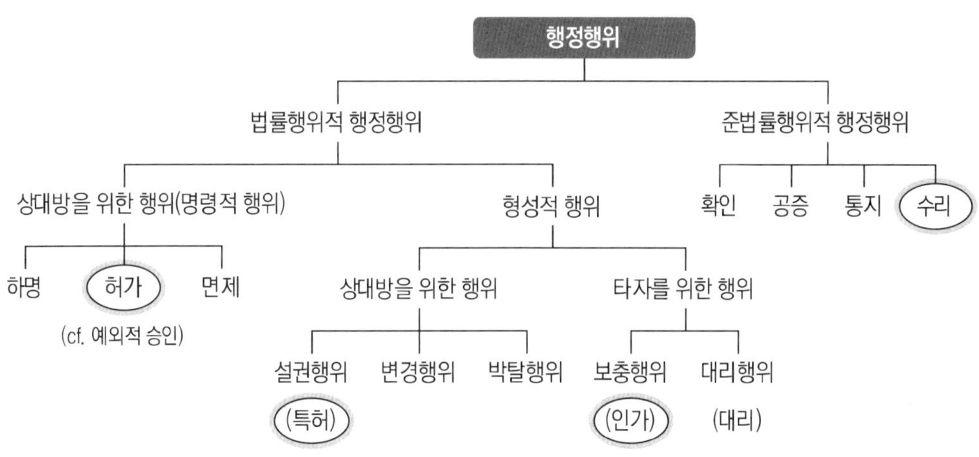

위 고전적 의미의 구분은 개별 행정행위의 내용을 그 법적 성질에 착안하여 정리한 것입니다. 내용적 측면에서 행정행위의 대강에 대한 이해에 도움되고, 행정행위의 내용에 따라 각각의 기속행위·재량행위 여부가 정해지는 경우가 있지만, 오늘날 위 분류체계 자체는 학문적 유의미성의 정도가 그리 크지 않습니다. 오늘날 허가, 예외적 승인 및 특허 상호 간의 경우가 그러하듯이 각각의 구분이 명확하지 않은 경우가 있을 뿐만 아니라, 실무에서의 용례와 위 그림상의 구분이 일치하지 않는 경우가 적지 않기 때문입니다. 이를테면, 실무상 재개발조합설립인가는 그 인가라는 용례에도 불구하고 강학상 특허의 성질이고 토지거래허가나 사립학교법인 임원에 대한 교육부의 취임승인은 강학상 인가이며, 농지전용허가의 법적 성질은 특허입니다. 따라서 행정실무에서 허가, 승인, 인가 등의 용어가 정리되지 않은 상태로 혼용되므로 해당 행정행위의 성질이 무엇인지를 세심히 살펴야 합니다. 이와 궤를 같이하는 사항으로, 예컨대 법령상 의무의 위반을 이유로 실무상 영업허가를 취소하는 것으로 표현하더라도 그 법적 성질이 철회임을 전제한 후 관련 법리를 전개해야 하는 경우를 들 수 있습니다.

1. 하명

하명은 상대방에게 공법상 의무를 발생시키는 행정행위를 말합니다. 부과되는 공법상 의무의 종류에 착안하여 작위하명, 부작위하명, 급부하명 및 수인하명으로 구분할 수 있습니다. 하명은 전형적인 침익적 행정행위이므로 반드시 법률유보의 대상입니다. 하명의 상대방이 불특정 다수일 경우 일반처분으로 칭하기도 합니다. 하명에 따른 의무는 불법건축물철거 등 사실행위인 경우도 있고, 영업양도 등 법률행위일 수도 있습니다. 하명에 따른 의무의 불이행에 대해서는 행정상 강제집행이 행해지고, 의무위반은 행정벌의 대상이 됩니다.

2. 허가

피의자로 특정된 수배자의 검거를 위해 도로를 차단한 상황에서, 통행인의 신분을 확인한 후 혐의가 없는 자를 통과시키는 경우를 흔히 봅니다. 이 현상은 허가를 설명하는 좋은 예입니다. 질서유지 등 소극적 행정목적을 위해 상대적으로 일정 행위를 금지하였지만, 심사를 통해 금지나 불허의 사유가 없는 경우에는 그 행위의 개시를 허락해야 할 기속을 받는 행정행위를 허가라 부릅니다. 허가 발령의 심사 구조를 고려할 경우 허가의 발령 여부는 '상대적 금지의 해제를 위한 심사' 내지 '자연적 자유의 회복을 위한 심사'에 의하는 것으로 표현할 수 있습니다.

1) 법적 성질

(1) 허가의 전제가 되는 금지

허가는 이론적으로 볼 때 새로운 권리를 창설하는 것이 아니며, 항상 일정 사항의 금지를 전제로 합니다. 그러나 여기에서의 금지는 인신매매, 일반인의 마약 소지 및 거래 등 모든 경우에 예외 없이 허락할 수 없는 절대적 금지가 아니라, 상대적 금지 내지 허가유보부 금지입니다. 예컨대, 건축허가를 상대적 금지의 해제라고 파악하는 경우 입법자가 건축행위를 금지하는 것은 그것이 일반적으로 금지되어 있는 것이 아니라(건축행위 자체는 반사회적 행위가 아니기 때문입니다), 해당 건축물로 인한 안전의 위협에 대한 예방 등 사회질서의 유지를 위해 개별 사안에서 사전에 관계법 규정의 위반 여부를 허가관청이 심사할 필요가 있기 때문이며, 또한 이런 이유에서 법령이 사전심사를 통한 경우에만 금지의 해제를 용인하기 때문입니다.

허가에서의 금지는 공익을 위한 상대적 금지로서, 심사 결과에 문제가 없는 경우 상대방의 신청은 적법하므로 신청에 따른 허가를 발령하여야 합니다. 금지 해제의 요건을 충족하는 경우 허가 신청인이 신청 내용인 자유권을 행사하더라도 공익에 대한 장애가 없다고 판단하는 것이므로 허가는 원칙적으로 기속행위라 할 수 있습니다. 예컨대, 건축허가의 경우 허가의 원시적 출발점은 인간의 본능적 욕구인 의식주의 일환인 건축의 자유(타인의 권리를 침해하지 않는 한 자기의 토지 위에 자유로이 건축할 수 있는 권리)에 있으며, 건축법 제11조의 건축허가 규정도 자연 상태에서의 건축의 자유를 예정하고 있습니다. 이러한 건축의 자유는 질서유지·공공복리 등을 이유로 일반적 제한 내지 금지하에 있지만, 여기에서의 금지는 상대적 금지에 해당하므로 허가는 결국 상대적으로 금지된 건축의 자유를 회복해 주는 성질을 가지는 것입니다.

한편, 신고유보부 금지의 경우에도 개인의 신고에 의해 금지가 해제된다고 보아 신고를 허가의 일종으로 보는 견해도 있지만, 이는 그릇된 견해입니다. 신고 특히, 수리를 요하지 않는 신고는 어떠한 법률사실 또는 법률관계의 존부에 관하여 행정청에 단순히 통고하는 것으로서 그것에 의하여 비로소 법률효과가 생기는 것은 아닙니다. 예컨대, 옥외집회 신고의 경우 이미 허용된 집회를 행한다는 사실을 관할 경찰서장에게 통고하는 것이고, 신고에 의해 비로소 집회가 허용된다는 의미는 아닙니다. 또한 미신고 상태로 옥외집회를 개최하는 경우 처벌받지만, 처벌의 이유는 미신고하여 허가되지 않은 옥외집회를 감행했기 때문이 아니라 집회의 사실을 통고하지 않았기 때문이므로, 집회 자체가 금지되어 있지 않은 이상 집회 개최는 유효합니다. 만일, 신고에 의해 비로소 집회의 금지가 해제되는 것이라면 이는 곧 허가에 해당하고, 이런 해석에 의할 경우 집회 및 시위에 관한 법률 제6조(옥외집회 및 시위의 신고 등)의 규정은 헌법 제21조 제2항(집회에 대한 허가제 금지)에 위반되는 것입니다. 독일 행정법학에서도 신고와 허가를 구별하여, 신고의 대상행위를 허가를 받지 않아도 되는 행위(genehmigungsfreies Handeln), 신고 의무부 행위(anzeigepflichtes Handeln) 등으로 칭합니다.

(2) 명령적 행위 혹은 형성적 행위 : 허가·특허 구별의 상대화

종래 통설과 판례는 허가의 성질을 상대적 금지의 해제, 즉 인간의 자연적 자유를 회복하는 점에서 명령적 행위로 분류했으나 최근 이에 대한 반론이 제기됩니다. 과거 견해에 의할 때 복효적 행정행위가 허가의 성격을 가지는 경우 제3자가 제기하는 항고소송의 원고적격은 부인됩니다. 목욕장영업허가에 대한 기존 목욕장업자의 관계처럼 강학상 허가를 받은 경업자의 원고적격이 부인된다는 의미입니다. 물론 허가라 하더라도 허가거부처분의 상대방은 취소소송을 제기할 법률상 이익이 항상 인정됩니다.

> * **대판 1998.3.10, 97누4289** : "원심판결 이유에 의하면 원심은 한의사인 원고들이 한약조제시험을 통하여 한약조제권을 인정받은 약사들에 대한 합격처분의 무효확인을 구하는 이 사건에서, 한의사 면허는 경찰금지를 해제하는 명령적 행위(강학상 허가)에 해당하고, 한약조제시험을 통하여 약사에게 한약조제권을 인정함으로써 한의사인 원고들의 영업상 이익이 감소되었다고 하더라도 이러한 이익은 사실상의 이익에 불과하고 약사법이나 의료법 등의 법률에 의하여 보호되는 이익이라고는 볼 수 없으므로, 이 사건 소는 원고적격이 없는 자들이 제기한 소로서 부적법하다고 판단하였는바, 관계 법령의 규정에 비추어 보면 원심의 이와 같은 판단은 옳고, 거기에 상고이유의 주장과 같은 법률상 이익에 관한 법리오해의 위법이 있다고 할 수 없다."

그러나 허가는 단순한 자연적 자유의 회복이 아니라 실정법적으로는 헌법상 기본권으로서의 자유권, 즉 법적 지위를 대상으로 이에 대한 제한을 해제하여 결과에 있어 적법한 권리행사를 가능케 하는 법적 지위의 설정행위이므로 형성적 행위의 성질을 겸유하며, 이러한 점에서 허가와 특허의 구별은 상대화되는 경향에 있습니다. 독일 행정법에서는 허가를 형식적으로는 법적 지위의 설정행위로, 실질적으로는 자유권의 회복으로 파악합니다.

이상의 논의를 종합할 때, 허가는 헌법상 자유권의 적법한 행사를 보장하는 데 그치고 국민에게 새로운 권리를 부여하거나 내지 확대하는 것을 의미하지는 않으므로 이를 전적으로 강학상 특허와 동일한 형성적 행위로 볼 수는 없습니다. 그러나 이를 명령적 행위로 간주하는 것 역시 자연스럽지 못한 측면도 있습니다. 무엇을 명령하는 것인지 일반의 언어적 감각에 맞지 않는 측면이 있습니다. 어쨌든, 허가는 명령적 행위로서 자연적 자유의 회복의 성질을 띠지만, 새로운 권리의 창설은 아닐지라도 회복되는 권리의 행사를 가능하게 하는 형성적 행위의 성질도 일부 보유한다고 정리합시다.

(3) 기속행위 혹은 재량행위

과거 효과재량설의 입장에서는 허가를 상대적 금지의 해제로서 상대방에게 이익을 주는 수익적 행위이므로 재량행위로 해석한 경우도 있지만, 오늘날 허가는 원칙적으로 기속행위로 간주합니다. 허가는 새로운 권리를 설정해 주는 행위가 아니라 공익을 위해 제한되었던 자유를 회복하여 주는 것이라는 전제하에서, 허가관청은 허가요건이 충족되는 한 공익상의 장해요인이 없음을 판단한 것이므로 반드시 허가를 발령해야 하는 기속을 받는다고 보아야 합니다. 그렇지 않을 경우 헌법상 자유권을 부당하게 계속 제한하는 위헌의 문제를 야기할 수 있습니다.

* **대판 2000.3.24, 97누12532** : "식품위생법상 일반음식점영업허가는 성질상 일반적 금지의 해제에 불과하므로 허가권자는 허가신청이 법에서 정한 요건을 구비한 때에는 허가하여야 하고 관계 법령에서 정하는 제한사유 외에 공공복리 등의 사유를 들어 허가신청을 거부할 수는 없고, 이러한 법리는 일반음식점 허가사항의 변경허가에 관하여도 마찬가지라 할 것이다."

그러나 개발제한구역 내에서의 건축허가 등은 성질상 재량행위에 해당하며, 허가요건에 불확정개념을 사용하는 경우 판례는 이를 재량행위로 간주하는 점에서 허가가 항상 기속행위라고 할 수는 없습니다.

* **대판 2013.10.31, 2013두9625** : "국토의 계획 및 이용에 관한 법률에 따른 토지의 형질변경허가는 그 금지요건이 불확정개념으로 규정되어 있어 그 금지요건에 해당하는지 여부를 판단함에 있어서 행정청에 재량권이 부여되어 있다고 할 것이므로, 국토계획법에 따른 토지의 형질변경행위를 수반하는 건축허가는 재량행위에 속한다."

나아가, 예컨대 명문의 규정이 없더라도 국토 및 자연의 유지와 환경보전 등 중대한 공익상의 이유를 들어 거부하는 경우를 말하는 이른바 기속재량개념을 고려하건대, 허가를 순수한 의미의 기속행위로 해석할 여지는 상대적으로 협소해지는 경향에 있습니다(건축법 제11조 제4항 참조).

* **대판 2012.11.22, 2010두19270(전합)** : "건축허가권자는 건축허가신청이 건축법 등 관계 법령에서 정하는 어떠한 제한에 배치되지 않는 이상 같은 법령에서 정하는 건축허가를 하여야 하고, 중대한 공익상의 필요가 없음에도 불구하고 요건을 갖춘 자에 대한 허가를 관계 법령에서 정하는 제한사유 이외의 사유를 들어 거부할 수는 없다(대법원 1992. 12. 11. 선고 92누3038 판결, 대법원 2009. 9. 24. 선고 2009두8946 판결 등 참조). 원심판결 이유에 의하면, 원심은 그 채택 증거들을 종합하여 원고가 이 사건 주유소 건축허가신청을 위하여 교통영향평가를 받은 사실 등 판시와 같은 사실을 인정한 다음, 이 사건 주유소 건축으로 인하여 주변 교통정체가 심화되는 등 교통상의 문제점이 발생할 가능성이 있다고 인정할 증거가 없을 뿐 아니라, 주변 교통정체 심화가 이 사건 주유소 건축에 관한 관계 법규에서 정하는 제한 사유에 해당한다거나 이로 인하여 건축허가를 불허할 만한 중대한 공익상의 필요가 있는 경우에 해당한다고 볼 수 없다고 판단하였다. 위 법리와 기록에 비추어 보면 원심의 위와 같은 판단은 정당하고, 거기에 건축불허가처분과 관련된 중대한 공익상의 필요 등에 관한 법리오해의 잘못이 없다."
* **대판 2013.5.9, 2012두22799** : "구 대기환경보전법(2011. 7. 21. 법률 제10893호로 개정되기 전의 것, 이하 같다) 제2조 제9호, 제23조 제1항, 제5항, 제6항, 같은 법 시행령(2010. 12. 31. 대통령령 제22601호로 개정되기 전의 것, 이하 같다) 제11조 제1항 제1호, 제12조, 같은 법 시행규칙 제4조, [별표 2]와 같은 배출시설 설치허가와 설치제한에 관한 규정들의 문언과 그 체제·형식에 따르면 환경부장관은 배출시설 설치허가 신청이 구 대기환경보전법 제23조 제5항에서 정한 허가 기준에 부합하고 구 대기환경보전법 제23조 제6항, 같은 법 시행령 제12조에서 정한 허가제한사유에 해당하지 아니하는 한 원칙적으로 허가를 하여야 한다. 다만 배출시설의 설치는 국민건강이나 환경의 보전에 직접적으로 영향을 미치는 행위라는 점과 대기오염으로 인한 국민건강이나 환경에 관한 위해를 예방하고 대기환경을 적정하고 지속가능하게 관리·보전하여 모든 국민이 건강하고 쾌적한 환경에서 생활할 수 있게 하려는 구 대기환경보전법의 목적(제1조) 등을 고려하면, 환경부장관은 같은 법 시행령 제12조 각 호에서 정한 사유에 준하는 사유로서 환경 기준의 유지가 곤란하거나 주민의 건강·재산, 동식물의 생육에 심각한 위해를 끼칠 우려가 있다고 인정되는 등 중대한 공익상의 필요가 있을 때에는 허가를 거부할 수 있다고 보는 것이 타당하다."

주된 행정행위가 기속행위이고 의제되는 인·허가가 재량행위인 경우 주된 행정행위는 의제되는 인·허가의 범위 내에서 재량행위로 간주합니다.

2) 예외적 승인(예외적 허가)

예외적 승인이란 일정 행위가 유해하거나 사회적으로 바람직하지 않은 것으로서 법령상 금지되고 있지만, 예외적인 경우에는 이러한 금지를 해제하여 당해 행위를 적법하게 할 수 있게 하여 주는 행정청의 행위를 말합니다. 사해행위영업허가(카지노 영업허가), 공익사업을 위한 토지 등의 취득 및 보상에 관한 법률 제9조상의 타인의 토지에의 출입허가, 마약류 관리에 관한 법률 제3조 제7호, (구)학교보건법 제6조 제1항,[1] 개발제한구역 내 건축허가 등이 그 예에 해당합니다.

* **대판 2001.2.9, 98두17593(同旨: 대판 2004.7.22, 2003두7606)** : "구 도시계획법(2000. 1. 18. 법률 제6243호로 전문 개정되기 전의 것) 제21조와 같은법시행령(1998. 5. 19. 대통령령 제15799호로 개정되기 전의 것) 제20조 제1, 2항 및 같은법시행규칙(1998. 5. 19. 건설교통부령 제133호로 개정되기 전의 것) 제7조 제1항 제6호 (다)목 등의 규정을 살펴보면, 도시의 무질서한 확산을 방지하고 도시주변의 자연환경을 보전하여 도시민의 건전한 생활환경을 확보하기 위하여 지정되는 개발제한구역 내에서는 구역 지정의 목적상 건축물의 건축이나 그 용도변경은 원칙적으로 금지되고, 다만 구체적인 경우에 위와 같은 구역 지정의 목적에 위배되지 아니할 경우 예외적으로 허가에 의하여 그러한 행위를 할 수 있게 되어 있음이 위와 같은 관련 규정의 체제와 문언상 분명한 한편, 이러한 건축물의 용도변경에 대한 예외적인 허가는 그 상대방에게 수익적인 것에 틀림이 없으므로, 이는 그 법률적 성질이 재량행위 내지 자유재량행위에 속하는 것이라고 할 것이고, 따라서 그 위법 여부에 대한 심사는 재량권 일탈·남용의 유무를 그 대상으로 한다."
* **대판 1996.10.29, 96누8253** : "학교보건법 제6조 제1항 단서의 규정에 의하여 시·도교육위원회

1) 제5조(학교환경위생 정화구역의 설정) ① 학교의 보건·위생 및 학습 환경을 보호하기 위하여 교육감은 대통령령으로 정하는 바에 따라 학교환경위생 정화구역을 설정·고시하여야 한다. 이 경우 학교환경위생 정화구역은 학교 경계선이나 학교설립예정지 경계선으로부터 200미터를 넘을 수 없다.
제6조(학교환경위생 정화구역에서의 금지행위 등) ① 누구든지 학교환경위생 정화구역에서는 다음 각 호의 어느 하나에 해당하는 행위 및 시설을 하여서는 아니 된다. 다만, 대통령령으로 정하는 구역에서는 제2호, 제3호, 제6호, 제10호, 제12호부터 제18호까지와 제20호에 규정된 행위 및 시설 중 교육감이나 교육감이 위임한 자가 학교환경위생정화위원회의 심의를 거쳐 학습과 학교보건위생에 나쁜 영향을 주지 아니한다고 인정하는 행위 및 시설은 제외한다.
14. 당구장(「유아교육법」 제2조제2호에 따른 유치원 및 「고등교육법」 제2조 각 호에 따른 학교의 학교환경위생 정화구역은 제외한다)
16. 「게임산업진흥에 관한 법률」 제2조제6호에 따른 게임제공업 및 같은 조 제7호에 따른 인터넷컴퓨터게임시설제공업(「유아교육법」 제2조제2호에 따른 유치원 및 「고등교육법」 제2조 각 호에 따른 학교의 학교환경위생 정화구역은 제외한다)

교육감 또는 교육감이 지정하는 자가 학교환경위생정화구역 안에서의 금지행위 및 시설의 해제신청에 대하여 그 행위 및 시설이 학습과 학교보건에 나쁜 영향을 주지 않는 것인지의 여부를 결정하여 그 금지행위 및 시설을 해제하거나 계속하여 금지(해제거부)하는 조치는 시·도교육위원회교육감 또는 교육감이 지정하는 자의 재량행위에 속하는 것으로서, 그것이 재량권을 일탈·남용하여 위법하다고 하기 위하여는 그 행위 및 시설의 종류나 규모, 학교에서의 거리와 위치는 물론이고, 학교의 종류와 학생수, 학교주변의 환경, 그리고 위 행위 및 시설이 주변의 다른 행위나 시설 등과 합하여 학습과 학교보건위생 등에 미칠 영향 등의 사정과 그 행위나 시설이 금지됨으로 인하여 상대방이 입게 될 재산권 침해를 비롯한 불이익 등의 사정 등 여러 가지 사항들을 합리적으로 비교·교량하여 신중하게 판단하여야 한다." (경양식점과 중국음식점 등을 허가받아 경영하고 있는 건물에서 유흥주점 영업을 하기 위해 학교환경위생정화구역 안에서의 금지행위 및 시설의 해제신청을 한 데 대하여, 학교환경위생정화구역 내에 있는 각 학교의 상당수 학생들이 통행하는 통학로에 위치하고 있거나 쉽게 접근할 수 있는 곳에 위치하고 있는 데다가 그 행위 및 시설의 종류나 규모, 위치 등에 비추어 나이 어리고 호기심이 강한 초·중등학생들의 학습과 학교보건위생에 유해하다고 볼 수밖에 없는 점, 그와 같은 이유에서 인근 학교장들도 유흥주점설치를 반대하고 있는 점, 나아가 정부와 교육당국에서 기존의 유해업소까지 이전하는 계획을 추진해 오고 있는 점 등의 여러 사정을 종합적으로 고려하여 보면, 그 정화구역 안에서의 유흥주점 영업행위 금지처분이 재량권을 일탈·남용한 것이라고 단정하기 어렵다는 이유로, 이와 반대의 취지로 판시한 원심판결을 파기한 사례)

강학상 허가의 전제가 된 일반적 금지가 '예방적 허가유보부 금지'임에 비해, 예외적 승인의 경우 전제된 금지는 '억제적 해제유보부 금지'라는 점에서 본질적 차이가 있습니다.1)

3) 허가와 신청

허가는 상대방의 출원에 의하는 경우도 있지만, 통행금지해제 등의 경우처럼 반드시 신청을 요하는 것은 아닙니다. 신청에 의해 허가를 하는 경우 신청시와 허가시의 근거 법령의 상이할 경우 원칙적으로 허가시(처분시)의 개정 법령에 따라야 하지만, 허가 신청

---

1) 독일의 경우 직업선택의 자유와 관련하여 학기 중 원칙적으로 유학생의 취업을 금지하는데, 여기에서의 금지는 허가에서의 상대적 금지가 아니라 예외적 승인의 전제로서의 억제적 금지에 해당합니다. 학업을 위해 입국한 외국 유학생이 직업을 가지게 되면 학업을 통한 학위취득을 뒷전으로 하고 해당 국가에 영주하는 경우가 많기 때문입니다. 이런 점에서 여권상의 표기를 통해 유학생의 일반적인 체류허가는 'Aufenthaltserlaubnis (-genehmigung)'으로, 유학생의 방학 중 취업허가는 'Aufenthaltsbewilligung'으로 표현하여 양자를 구분하는 것을 이해할 수 있습니다.

후 정당한 이유 없이 처리를 늦추어 그 사이에 법령상 허가기준이 변경된 경우에는 신법에 의한 불허가처분은 위법하다고 보아야 합니다(행정기본법 제14조 제2항 참조).

> * **대판 2014.7.24, 2012두23501** : "행정처분은 근거 법령이 개정된 경우에도 경과규정에서 달리 정함이 없는 한 처분 당시 시행되는 개정 법령과 거기에서 정한 기준에 의하는 것이 원칙이고, 그러한 개정 법령의 적용과 관련하여서는 개정 전 법령의 존속에 대한 국민의 신뢰가 개정 법령의 적용에 관한 공익상의 요구보다 더 보호가치가 있다고 인정되는 경우에 그러한 국민의 신뢰를 보호하기 위하여 적용이 제한될 수 있는 여지가 있다. 따라서 보상금 신청 후 처분 전에 보상 기준과 대상에 관한 관계 법령의 규정이 개정된 경우 처분 당시에 시행되는 개정 법령에 정한 기준에 의하여 보상금지급 여부를 결정하는 것이 원칙이지만, 행정청이 신청을 수리하고도 정당한 이유 없이 처리를 지연하여 그 사이에 법령 및 보상 기준이 변경된 경우에는 변경된 법령 및 보상 기준에 따라서 한 처분은 위법하다. 여기에서 '정당한 이유 없이 처리를 지연하였는지'는 법정 처리기간이나 통상적인 처리기간을 기초로 당해 처분이 지연되게 된 구체적인 경위나 사정을 중심으로 살펴 판단하되, 개정 전 법령의 적용을 회피하려는 행정청의 동기나 의도가 있었는지, 처분지연을 쉽게 피할 가능성이 있었는지 등도 아울러 고려할 수 있다."

4) 허가의 효과

허가는 상대적으로 금지된 자연적 자유의 회복으로서 실정법이 잠정적으로 금지하였던 법적 지위를 회복해 주는 것이라는 이해를 바탕으로 그 효력을 두 가지 경우로 구분하여 살펴봅시다. 이면적 법률관계에서 허가 신청자가 누리는 이익은 독점적 이익은 아니더라도 법적 지위의 본원적 향유를 의미하므로 항상 법률상 이익에 해당합니다. 따라서 신청자가 제기한 허가거부처분취소소송에서의 원고적격은 법원의 특별한 심사를 요하지 아니하고 항상 인정되며, 이에 대한 특별한 논의의 실익이 없습니다. 그렇다고 하여 이 사안에서 원고적격 논의가 불요하다거나 법률상 이익의 침해 개연성을 요하지 않는다고 해서는 안 됩니다.

삼면적 법률관계에서 복효적 행정행위의 제3자가 누리는 이익은 '자신에 대한 허가에 따른 본래적 자유로서의 이익'과 '행정청이 새로운 허가를 하지 않음으로 인해 반사적으로 누리는 독점적 이익'으로 구성됩니다. 이때 제3자로서의 기존업자가 제기하는 신규허가처분 취소소송에서의 원고적격은 관계 법령의 사익보호성 인정 여부에 따라 판단하는바, 허가의 경우 제3자가 주장하는 침해된 이익은 대부분 기존의 독점적 이익의 감소로 인한 반사적 이익의 침해에 해당하고 이는 보호규범이 보호하는 사익이라 할 수 없으므로 원고적격이 부인됩니다. 만약 신규 허가로 인해 위 본래적 자유로서의 이익인 영업행위 자체를 할 수 없는 경우라면 이는 원고적격의 바탕을 형성하는 법률상 이익의 침해에 해당합니다. 그러나 경업자 관계에서의 영업이익의 감소는 기존 신규 허가가 없음으로 인해 향유하였던 독점적 이익의 감소에 해당하므로 이를 법적으로 보호되는 이익이라 할 수 없습니다. 즉, 입법자가 허가요건을 규정한 것을 두고 기존업자의 독점적 이익을 보호하려는 취지로 해석할 수는 없기 때문입니다. 이에 비해 특허의 경우에는 자신에 대한 특허로 누리는 이익은 배타적·독점적 이익에 해당하므로 위의 경우 항상 원고적격이 인정됩니다. 결국, 복효적 행정행위에서 제3자의 원고적격 인정 여부는 원칙적으로 해당 행정행위의 법적 성질, 즉 허가(명령적 행위, 원칙적 기속행위) 혹은 특허(형성적 행위, 재량행위) 여부에 좌우됩니다.

* **대판 1963.8.31, 63누101** : "원고에 대한 공중목욕장업 경영 허가는 경찰금지의 해제로 인한 영업자유의 회복이라고 볼 것이므로 이 영업의 자유는 법률이 직접 공중목욕장업 피 허가자의 이익을 보호함을 목적으로 한 경우에 해당되는 것이 아니고 법률이 공중위생이라는 공공의 복리를 보호하는 결과로서 영업의 자유가 제한되므로 인하여 간접적으로 관계자인 영업자유의 제한이 해제된 피 허가자에게 이익을 부여하게 되는 경우에 해당되는 것이고 거리의 제한과 같은 위의 시행세칙이나 도지사의 지시가 모두 무효인 이상 원고가 이 사건 허가처분에 의하여 목욕장업에 의한 이익이 사실상 감소된다하여도 이 불이익은 본건 허가처분의 단순한 사실상의 반사적 결과에 불과하고 이로 말미암아 원고의 권리를 침해하는 것이라고는 할 수 없음으로 원고는 피고의 피고 보조참가인에 대한 이 사건 목욕장업허가처분에 대하여 그 취소를 소구할 수 있는 법률상 이익이 없다할 것인바 … ."
* **대판 2008.3.27, 2007두23811** : "행정처분의 직접 상대방이 아닌 제3자라 하더라도 당해 행정처분으로 인하여 법률상 보호되는 이익을 침해당한 경우에는 그 처분의 취소나 무효확인을 구하는 행정소송을 제기하여 그 당부의 판단을 받을 자격이 있다 할 것이며, 여기에서 말하는 법률상 보호되는 이익이라 함은 당해 처분의 근거 법규 및 관련 법규에 의하여 보호되는 개별적·직접적·구체적 이익이 있는 경우를 말하고, 일반적으로 면허나 인·허가 등의 수익적 행정처분의 근거가 되는 법률이 해당 업자들 사이의 과당경쟁으로 인한 경영의 불합리를 방지하는 것도 그 목적으로 하고 있는 경우, 다른 업자에 대한 면허나 인·허가 등의 수익적 행정처분에 대하여 미리 같은 종류의 면허나 인·허가 등의 수익적 행정처분을 받아 영업을 하고 있는 기존의 업자는 경업자에 대하여 이루어진 면허나 인·허가 등 행정처분의 상대방이 아니라 하더라도 당해 행정처분의 취소를 구할 원고적격이 있다(대법원 2006. 7. 28. 선고 2004두6716 판결 등 참조). 구 담배사업법(2007. 7. 19. 법률 제8518호로 개정되기 전의 것)과 그 시행령 및 시행규칙의 관계 규정에 의하면, 담배의 제조 및 판매

등에 관한 사항을 정함으로써 담배산업의 건전한 발전을 도모하고 국민경제에 이바지하게 하는 데에 담배사업법의 입법 목적이 있고, 담배의 제조·수입·판매는 일정한 요건을 갖추어 허가 또는 등록을 한 자만이 할 수 있으며 담배에 관한 광고를 금지 또는 제한할 수 있고 담배의 제조업자 등으로 하여금 공익사업에 참여하게 할 수 있는 규정을 두고 있으며, 담배소매인과 관련해서는 소정의 기준을 충족하여 사업장 소재지를 관할하는 시장·군수·구청장으로부터 소매인의 지정을 받은 자만이 담배소매업을 영위할 수 있고 소매인으로 지정된 자가 아니면 담배를 소비자에게 판매할 수 없으며 소매인의 담배 판매방법과 판매가격을 제한하면서 각 이에 위반하거나 휴업기간을 초과하여 휴업한 소매인을 처벌하고 있다. 또 시장·군수·구청장은 일정한 경우 소매인에 대하여 영업정지를 명할 수 있거나 청문을 거쳐 소매인지정을 취소하도록 하고 있으며, 필요한 경우 소매인에게 업무에 관한 보고를 하게 하거나 소속직원으로 하여금 소매인에 대하여 관계 장부 또는 서류 등을 확인 또는 열람하게 할 수 있는 규정을 두고 있는 한편, 소매인의 지정기준으로 같은 일반소매인 사이에서는 그 영업소 간에 군청, 읍·면사무소가 소재하는 리 또는 동지역에서는 50m, 그 외의 지역에서는 100m 이상의 거리를 유지하도록 규정하고 있다. 위와 같은 규정들을 종합해 보면, <u>담배 일반소매인의 지정기준으로서 일반소매인의 영업소 간에 일정한 거리제한을 두고 있는 것은 담배유통구조의 확립을 통하여 국민의 건강과 관련되고 국가 등의 주요 세원이 되는 담배산업 전반의 건전한 발전 도모 및 국민경제에의 이바지라는 공익목적을 달성하고자 함과 동시에 일반소매인 간의 과당경쟁으로 인한 불합리한 경영을 방지함으로써 일반소매인의 경영상 이익을 보호하는 데에도 그 목적이 있다</u>고 보이므로, 일반소매인으로 지정되어 영업을 하고 있는 기존업자의 신규 일반소매인에 대한 이익은 단순한 사실상의 반사적 이익이 아니라 법률상 보호되는 이익이라고 해석함이 상당하다."

위 판례에 나타나듯이 대법원은 담배일반소매인 간 거리제한이 규정된 경우 기존업자의 이익을 법률상 이익이라고 보았지만, 거리제한규정이 없는 담배일반소매인과 구내소매인 사이에서의 기존업자의 이익은 반사적 이익으로 판단하였음에 주의합시다.

* **대판 2008.4.10, 2008두402** : "<u>구내소매인과 일반소매인 사이에서는 구내소매인의 영업소와 일반소매인의 영업소 간에 거리제한을 두지 아니할 뿐 아니라</u> 건축물 또는 시설물의 구조·상주인원 및 이용인원 등을 고려하여 동일 시설물 내 2개소 이상의 장소에 구내소매인을 지정할 수 있으며, 이 경우 일반소매인이 지정된 장소가 구내소매인 지정대상이 된 때에는 동일 건축물 또는 시설물 안에 지정된 일반소매인은 구내소매인으로 보고, 구내소매인이 지정된 건축물 등에는 일반소매인을 지정할 수 없으며, 구내소매인은 담배진열장 및 담배소매점 표시판을 건물 또는 시설물의 외부에 설치하여서는 아니 된다고 규정하는 등 <u>일반소매인의 입장에서 구내소매인과의 과당경쟁으로 인한 경영의 불합리를 방지하는 것을 그 목적으로 할 수 있다고 보기 어려우므로, 일반소매인으로 지정되어</u>

> 영업을 하고 있는 기존업자의 신규 구내소매인에 대한 이익은 법률상 보호되는 이익이 아니라 단순한 사실상의 반사적 이익이라고 해석함이 상당하므로, 기존 일반소매인은 신규 구내소매인 지정처분의 취소를 구할 원고적격이 없다."

한편, 허가는 허가의 근거 법령상의 금지를 해제하는 효과만 있을 뿐 타법에 의한 금지까지 해제하는 효과가 있는 것은 아니어서, 예를 들어 공무원이 목욕탕영업허가를 득하더라도 이는 공중위생관리법상의 상대적 금지를 해제하는 데 그치고 국가(지방)공무원법상의 영리업무금지까지 해제하는 것은 아닙니다.

5) 무허가 행위에 대한 법적 평가

허가를 요하는 행위를 허가 없이 행한 경우에도 행위 자체의 법률적 효력은 영향을 받지 않는 것이 원칙입니다. 따라서 무허가 행위의 법률효과를 무효로 규정하는 경우를 제외하고는 당해 무허가 행위는 원칙적으로 유효하지만, 공법상 강제집행 내지 처벌의 대상이 됩니다. 예컨대, 무허가 건물을 임대하였더라도 임대차계약은 유효하고 다만 건물주는 건축법 위반으로 처벌의 대상이며, 무허가 음식점에서 음식을 먹은 경우에도 사법상으로는 유효한 행위이므로 취식대금을 지불해야 합니다. 이와는 달리, 특허나 인가 등 형성적 행위에서는 그 위반의 경우 원칙적으로 효력이 부인됨에 그칩니다.

6) 허가의 변동

아래 사항의 상세는 이 책 '부관' 부분의 설명을 참조하고, 아래에서는 해당 사항들을 간략히 정리하는 데에 그치겠습니다.

* 허가의 갱신은 종래의 허가의 효력을 지속시키는 것이지, 그것과 무관한 새로운 행위의 창출이 아닙니다. 따라서 허가 갱신 후에도 갱신 전의 법 위반 사실을 근거로 허가를 취소할 수 있습니다(대판 1982.7.27, 81누174).
* 허가의 갱신은 기한의 도래 전에 이루어져야 하므로, 기한의 도래 후에 갱신이 행해지면 해당 허가는 갱신허가가 아니고 별개의 새로운 허가에 해당합니다(대판 1995.11.10, 94누11866).
* 기한 도래 전에 갱신을 신청하였으나 기한 도래 후 갱신이 거부된 경우, 종전 허가의 효력에 대해

종기의 도래로 당연히 소멸한다는 견해, 갱신 거부와 함께 장래에 향하여 효력을 상실한다는 견해가 있지만, 신의칙에 비추어 개별적으로 판단해야 한다는 견해가 타당합니다.

* 판례는 허가에 붙은 기한이 부당히 짧은 경우 이는 그 허가 자체의 존속기간이 아니라 허가 조건(기한)의 존속기간으로 봅니다. 그러나 허가기간이 연장되기 위해서는 허가 만료 전에 허가기간의 연장 신청이 있어야 합니다(대판 2007.10.11, 2005두12404).
* 허가영업의 양도와 제재의 승계와 관련하여 명문의 규정이 없더라도, 해당 허가영업의 대물적·대인적 허가 여부(예컨대, 석유판매업 양도의 경우), 제재사유의 물적·인적 성질, 제재처분의 대물적·대인적 처분 여부(예컨대, 영업정지처분의 경우) 등의 기준에 따라 양수인의 영업을 정지할 수 있습니다(대판 1986.7.22, 86누203; 대판 2001.6.29, 2001두1611).

3. 특허

특허란 상대방의 신청(출원)에 따라 그에게 권리나 이익을 설정해 주는 설권행위를 뜻하는데, 공유수면점용·사용허가 등의 권리설정행위, 재건축정비조합설립인가 등 능력설정행위 및 귀화허가 등 포괄적 법률관계설정행위 등으로 구분할 수 있습니다. 허가, 면허 인가 등 실정법상 사용하는 용례에도 불구하고 그 성질상 강학상 특허에 해당하는 것이 다수 있음에 주의해야 합니다. 발명특허는 강학상 특허가 아니라 준법률행위적 행정행위의 확인에 해당합니다. 판례가 강학상 특허로 판시한 것으로는 바로 위 예시한 것 이외에 도로(하천)점용허가, 산지전용허가, 어업면허, 공유수면매립면허, 자동차운수사업면허(개인택시운송사업면허), 출입국관리법상 외국인 체류자격의 변경, 국유재산 관리청이 행하는 행정재산의 사용·수익 허가, 공익사업을 위한 토지 등의 취득 및 보상에 관한 법률상 사업인정 등이 있습니다.

공물법에서 논의하는 공물의 특허사용(예컨대 하천의 점용허가)도 강학상 특허에 속합니다. 공물의 특정 부분을 특정 목적을 위하여 배타적·계속적으로 사용하는 공물의 특허사용권은 공권의 일종으로서, 법률이 달리 정하지 않는 한 채권적 성질을 갖습니다. 한편, 중앙관서의 장은 공용·공공용·기업용 재산의 경우 그 용도나 목적에 장애가 되지 아니하는 범위 내에서, 보존용재산의 경우 보존목적의 수행에 필요한 범위 내에서만 행정재산의 사용허가를 할 수 있는데(국유재산법 제30조 제1항), 이를 행정재산의 목적 외 사용이라고 합니다. 과거 행정재산의 목적 외 사용허가를 사법상 계약으로 파악하는 견해도 있었지만, 오늘날에는 이를 행정처분으로 보면서 강학상 특허의 성질로 파악하는 것이 일반적입니다. 이에 의할 때 행정재산의 목적 외 사용의 수허가자에 대한 사용료 부과도 항고소송의 대상이 되는 처분에 해당합니다(대판 1996.2.13, 95누11023).

* **대판 1992.4.28, 91누13526** : "자동차운수사업법 제4조 제1항, 제5조, 제6조, 구 자동차운수사업법시행규칙(1991.9.27. 교통부령 제960호로 개정되기 전의 것) 제15조 제1항, 제11항 등 관계 법령의 규정내용에 의하면, 자동차운수사업법에 의한 자동차운송사업면허는 특정인에게 특정한 권리를 설정하여 주는 행위로서 법령에 특별한 규정이 없는 한 행정청의 재량에 속하는 것이고, 따라서 관할 관청이 그 면허를 위하여 필요한 기준을 정하는 것은 물론 정한 기준을 변경하는 것 역시 행정청의 재량에 속한다고 할 것이며, 다만 이 경우에 객관적으로 합리적이고 타당성이 있어야 되는 것이다."
* **헌재결 2016.7.28, 2014헌바421** : "국적은 국민의 자격을 결정짓는 것이고, 이를 취득한 사람은 주권자가 되는 동시에 국가의 속인적 통치권의 대상이 되므로, 귀화허가는 외국인에게 대한민국 국적을 부여함으로써 국민으로서의 법적 지위를 포괄적으로 설정하는 행위이며, 귀화허가의 근거규정의 형식과 문언, 귀화허가의 내용과 특성 등을 고려해 보면, 법무부장관은 귀화신청인이 귀화요건을 갖추었다 하더라도 귀화를 허가할 것인지 여부에 관하여 재량권을 가진다(대법원 2010. 7. 15. 선고 2009두19069 판결; 대법원 2010. 10. 28. 선고 2010두6496 판결 참조)."
* **대판 2016.7.14, 2015두48846** : "출입국관리법 제10조, 제24조 제1항, 구 출입국관리법 시행령(2014. 10. 28. 대통령령 제25669호로 개정되기 전의 것) 제12조 [별표 1] 제8호, 제26호 (가)목, (라)목, 출입국관리법 시행규칙 제18조의2 [별표 1]의 문언, 내용 및 형식, 체계 등에 비추어 보면, 체류자격 변경허가는 신청인에게 당초의 체류자격과 다른 체류자격에 해당하는 활동을 할 수 있는 권한을 부여하는 일종의 설권적 처분의 성격을 가지므로, 허가권자는 신청인이 관계 법령에서 정한 요건을 충족하였더라도, 신청인의 적격성, 체류 목적, 공익상의 영향 등을 참작하여 허가 여부를 결정할 수 있는 재량을 가진다."
* **대판 2015.1.29, 2012두27404** : "하천의 점용허가권은 특허에 의한 공물사용권의 일종으로서 하천의 관리주체에 대하여 일정한 특별사용을 청구할 수 있는 채권에 지나지 아니하고 대세적 효력이 있는 물권이라 할 수 없다."
* **대판 2006.3.9, 2004다31074** : "국유재산 등의 관리청이 하는 행정재산의 사용·수익에 대한 허가는 순전히 사경제주체로서 행하는 사법상의 행위가 아니라 관리청이 공권력을 가진 우월적 지위에서 행하는 행정처분으로서 특정인에게 행정재산을 사용할 수 있는 권리를 설정하여 주는 강학상 특허에 해당하는바, 이러한 행정재산의 사용·수익 허가에 따른 사용료에 대하여는 국유재산법 제25조 제3항의 규정에 의하여 국세징수법 제21조, 제22조가 규정한 가산금과 중가산금을 징수할 수 있다 할 것이고, 위 가산금과 중가산금은 위 사용료가 납부기한까지 납부되지 않은 경우 미납분에 관한 지연이자의 의미로 부과되는 부대세의 일종이다."

상대적 금지의 대상인 자연적 자유를 회복하는 성격의 허가와는 달리 특허는 상대방에 대한 새로운 권리의 설정을 내용으로 하므로 특허처분 발령 여부에 공익적 요소를 강하게 고려하여야 합니다. 따라서 특허는 원칙적으로 재량행위에 속하며, 이에 따라 특허의 근거 법률에서는 행정청의 특허 상대방 내지 특허의 사업내용에 대한 강력한 감독권한을 규정하는 것이 일반적입니다. 견해에 따라서는 난민인정 등의 경우 기본권과의 관련성을 고려하여 기속행위로 보아야 한다고 주장하지만, 이 경우 성질상 재량행위가 구체적 사안에서 재량이 0으로 수축되는 것으로 이해하는 것이 타당합니다.

특허를 통해 상대방은 새로운 권리를 설정받는데, 이때의 권리는 관계 법률의 규정에 따른 배타적 성격의 권리 내지 이익을 향유하는 것이므로 예컨대 신규업자에 대한 특허처분의 위법을 주장하며 항고소송을 제기하는 기존업자는 원칙적으로 원고적격이 인정됩니다. 아래는 허가와 특허의 비교 〈표〉입니다.

항 목	허 가	특 허
행위의 예	운전면허, 영업허가, 건축허가(원칙적) 등 주로 개인적·영리적 행위 : 소극적 질서유지 (경찰 목적)	개인택시(마을버스)운송사업면허, 공기업 특허, 조합설립인가, 귀화허가, 전기사업면허, 공유수면매립면허, 광업허가, 어업면허, 골재채취허가, 하천점용허가 등 주로 공익적 요소가 강한 사업
행위의 성질	기속행위 명령적 행위(형성적 행위의 성격도 공유) : 자연적 자유, 헌법상 자유권의 회복	재량행위 형성적·설권적 행위 : 새로운 권리의 포괄적 창설
신청 유무	신청을 반드시 요하는 것은 아님	원칙적으로 출원을 요함(쌍방적 행정행위)
행위의 효과	자유의 회복(이면적) → 법률상 이익 독점적 이익(삼면적) → 반사적 이익	자유의 회복(이면적) → 법률상 이익 독점적 이익(삼면적) → 법률상 이익
국가의 감독	소극적	적극적

4. 인가

1) 의의와 법적 성질

인가란 제3자의 법률행위를 보충하여 그 법률적 효력을 완성시키는 행정행위로서 문헌에서는 '타자를 위한 행위'라는 특징을 강조하는 경우도 있습니다. 사인 간 법률행위는 국가 등 행정주체의 관여 없이도 법률효과가 완전히 발생하는 것이 원칙이지만, 일정한 법률행위는 법령상 공익적 관점에서 그 효력발생에 행정청의 동의를 요구합니다. 학교법인의 이사 선임에 있어 기본행위로서의 이사회의 임원선임행위가 교육부의 임원취임승인행위에 의해 효력이 완성되는 경우를 상정하면 됩니다.[1] 이때의 임원취임승인행위의 법적 성질이 인가인 셈이지요. 기타 사립대학설립인가, 재단법인의 정관변경허가, 자동차관리법상 사업자단체의 조합 등의 설립인가, 토지거래계약허가, 도시 및 주거환경정비법상 사업시행계획 내지 관리처분계획의 인가 등이 그 예입니다.

* **대판 2007.12.27, 2005두9651** : "사립학교법 제20조 제1항, 제2항은 학교법인의 이사장·이사·감사 등의 임원은 이사회의 선임을 거쳐 관할청의 승인을 받아 취임하도록 규정하고 있는바, 관할청의 임원취임승인행위는 학교법인의 임원선임행위의 법률상 효력을 완성케 하는 보충적 법률행위라 할 것이다."
* **대판 1996.5.16, 95누4810(전합)** : "민법 제45조 는 제1항에서 재단법인의 정관은 그 변경방법을 정관에 정한 때에 한하여 변경할 수 있다. 제2항에서 재단법인의 목적달성 또는 그 재산의 보전을 위하여 적당한 때에는 전 항의 규정에 불구하고 명칭 또는 사무소의 소재지를 변경할 수 있다. 제3항에서 제42조 제2항(정관의 변경은 주무관청의 허가를 얻지 아니하면 그 효력이 없다)의 규정은 전 2항의 경우에 준용한다고 규정하고, 같은 법 제46조 는 재단법인의 목적을 달성할 수 없는 때에는 설립자나 이사는 주무관청의 허가를 얻어 설립의 취지를 참작하여 그 목적 기타 정관의 규정을 변경할 수 있다고 규정하고 있는바, 여기서 말하는 재단법인의 정관변경 "허가"는 법률상의 표현이 허가로 되어 있기는 하나, 그 성질에 있어 법률행위의 효력을 보충해 주는 것이지 일반적 금지를 해제하는 것이 아니므로, 그 법적 성격은 인가라고 보아야 할 것이다."
* **대판 1991.12.24, 90다12243(전합)** : "같은 법(*(구)국토이용관리법*) 제21조의3 제1항 소정의 허가가 규제지역 내의 모든 국민에게 전반적으로 토지거래의 자유를 금지하고 일정한 요건을 갖춘 경우에만 금지를 해제하여 계약체결의 자유를 회복시켜 주는 성질의 것이라고 보는 것은 위 법의 입

1) 사립학교법 제20조 제2항 : 임원은 관할청의 승인을 얻어 취임한다.

법취지를 넘어선 지나친 해석이라고 할 것이고, 규제지역 내에서도 토지거래의 자유가 인정되나 다만 위 허가를 허가 전의 유동적 무효 상태에 있는 법률행위의 효력을 완성시켜 주는 인가적 성질을 띤 것이라고 보는 것이 타당하다."

* **대판 2015.5.29, 2013두635** : "구 자동차관리법(2012. 1. 17. 법률 제11190호로 개정되기 전의 것, 이하 '자동차관리법'이라고 한다) 제67조 제1항, 제3항, 제4항, 제5항, 구 자동차관리법 시행규칙(2011. 12. 15. 국토해양부령 제414호로 개정되기 전의 것) 제148조 제1항, 제2항의 내용 및 체계 등을 종합하면, 자동차관리법상 자동차관리사업자로 구성하는 사업자단체인 조합 또는 협회의 설립인가처분은 국토해양부장관 또는 시·도지사(이하 '시·도지사 등'이라고 한다)가 자동차관리사업자들의 단체결성행위를 보충하여 효력을 완성시키는 처분에 해당한다. 그리고 자동차관리법이 자동차관리사업자들로 하여금 시·도지사 등의 설립인가를 거쳐 조합 등을 설립하도록 한 취지는, 자동차관리사업자들이 공통의 이익을 추구하기 위해 단체를 구성하여 활동할 수 있는 헌법상 결사의 자유를 폭넓게 보장하는 한편, 조합 등이 수행하는 업무의 특수성을 고려하여 공익적 차원에서 최소한의 사전적 규제를 하고자 함에 있다."

판례는 사업의 양도·양수에 대한 인가는 그 법률효과를 완성시키는 의미에서의 인가처분뿐만 아니라 양수인에 대해 사업권을 부여하는 처분을 포함하는 것으로 해석합니다.

* **대판 1994.8.23, 94누4882** : "관할관청의 개인택시 운송사업면허의 양도·양수에 대한 인가에는 양도인과 양수인 간의 양도행위를 보충하여 그 법률효과를 완성시키는 의미에서의 인가처분뿐만 아니라 양수인에 대해 양도인이 가지고 있던 면허와 동일한 내용의 면허를 부여하는 처분이 포함되어 있다고 볼 것이어서, 양수인이 구 자동차운수사업법시행규칙 제15조 제1항 소정의 개인택시 운송사업면허취득의 자격요건인 운전경력에 미달됨이 사후에 밝혀진 경우에는 관할관청은 면허를 받을 자격이 없는 자에 대한 하자 있는 처분으로서 개인택시 운송사업면허 양도·양수인가처분을 취소할 수 있음은 물론 양수인에 대한 개인택시 운송사업면허처분을 취소할 수도 있다."

인가의 대상은 법률행위에 한하며, 공법상·사법상 행위를 불문합니다. 인가는 기속행위인 경우도 있지만, 공익성이 강한 인가(주택재개발조합 등의 관리처분계획이나 사업시행계획을 대상으로 하는 인가가 이에 해당합니다)는 재량행위로 보는 경우도 있습니다.

* **대판 2000.1.28, 98두16996** : "재단법인의 임원취임이 사법인인 재단법인의 정관에 근거한다 할지라도 이에 대한 행정청의 승인(인가)행위는 법인에 대한 주무관청의 감독권에 연유하는 이상 그 인가행위 또는 인가거부행위는 공법상의 행정처분으로서, 그 임원취임을 인가 또는 거부할 것인지 여부는 주무관청의 권한에 속하는 사항이라고 할 것이고, 재단법인의 임원취임승인 신청에 대하여 주무관청이 이에 기속되어 이를 당연히 승인(인가)하여야 하는 것은 아니다."

수정인가의 가능성과 관련하여, 인가의 전제인 기본적 법률행위의 내용은 신청인이 사적 자치에 의하여 결정하고 행정청은 이에 대한 인가 여부만을 소극적으로 결정하는 것이므로 행정청이 당사자의 의사를 대리 행사하는 실질인 수정인가는 특별히 법령에 규정이 없는 한 불가능합니다. 이에 비해 수정허가는 일반적으로 허용됨은 앞서 부관 설명 시에 이미 언급한 바 있습니다. 한편, 인가는 기본행위를 전제로 그 효력을 완성하여 주는 보충적 행정행위이므로 법률요건충족적 부관은 제외하고 인가의 효력을 제한하는 부관을 붙일 수 없습니다.

* **대판 2012.8.30, 2010두24951** : "관리처분계획 및 그에 대한 인가처분의 의의와 성질, 그 근거가 되는 도시정비법과 그 시행령상의 위와 같은 규정들에 비추어 보면, 행정청이 관리처분계획에 대한 인가 여부를 결정할 때에는 그 관리처분계획에 도시정비법 제48조 및 그 시행령 제50조에 규정된 사항이 포함되어 있는지, 그 계획의 내용이 도시정비법 제48조 제2항의 기준에 부합하는지 여부 등을 심사·확인하여 그 인가 여부를 결정할 수 있을 뿐 기부채납과 같은 다른 조건을 붙일 수는 없다고 할 것이다."

2) 인가와 기본행위와의 관계

인가가 제3자의 법률행위에 동의함으로써 그 효력을 완성시키는 보충적 행위에 그치고, 인가를 통해 기본행위의 하자 등을 치유하는 것은 아니라는 점에서 우리의 논의는 시작합니다. 구체적으로 볼 때, ① 인가를 득했지만 기본적 법률행위가 불성립했거나 무효사유의 하자(기본행위가 공법행위일 때)가 있는 경우, 적법한 인가가 있다고 하여 기본행위가 유효가 되는 것은 아니므로 기본행위의 효력이 발생하지 않으며(무효), 기본적 법률행위에 취소사유의 하자가 있다면 공정력에 의해 취소되기 전까지는 인가의 효력은 유지됩니다. 이들 경우에 제3자는 그 하자를 이유로 기본행위를 다투어야지 인가행위의 무효확인 내지 취소를 구하는 소를 제기하면 소의 이익 흠결로 각하판결이 행해집니다. ② 기본행위가 적법·유효하게 성립했지만 인가를 득한 기본행위가 사후에 실효하면 인가도 당연히 효력을 상실합니다. ③ 기본행위는 적법하지만 인가에 무효 또는 취소사유의 하자가 있는 경우 기본행위는 각각 새로운 인가를 요하는 무인가행위 또는 인가 취소 시까지는 유인가행위가 되겠지요.

* **대판 1996.5.16, 95누4810(전합)** : "인가는 기본행위인 재단법인의 정관변경에 대한 법률상의 효력을 완성시키는 보충행위로서, 그 기본이 되는 정관변경 결의에 하자가 있을 때에는 그에 대한 인가가 있었다 하여도 기본행위인 정관변경 결의가 유효한 것으로 될 수 없으므로 기본행위인 정관변경 결의가 적법 유효하고 보충행위인 인가처분 자체에만 하자가 있다면 그 인가처분의 무효나 취소를 주장할 수 있지만, 인가처분에 하자가 없다면 기본행위에 하자가 있다 하더라도 따로 그 기본행위의 하자를 다투는 것은 별론으로 하고 기본행위의 무효를 내세워 바로 그에 대한 행정청의 인가처분의 취소 또는 무효확인을 소구할 법률상의 이익이 없다."

☞ 위 판례 문구상 '법률상 이익'의 표현에도 불구하고 내용적으로 이는 '소의 이익'을 의미합니다. 이를 협의의 소익 흠결로 표현하는 것도 오류입니다. 여기에서의 소송요건 흠결은 행정소송법 제12조 제2문의 문제가 아닙니다.

이상의 내용을 아래에 〈표〉로 요약합니다.

기본행위	인가	기본행위 내지 인가의 효과	기타
적법	무효	무인가행위	새로운 인가 필요
적법	취소 가능	인가 취소시까지 유인가행위	제3자는 인가를 대상으로 쟁송 가능
위법, 사후 실효	적법	인가의 효력 상실	인가의 대상인 기본행위의 부존재
위법	적법	• 기본행위가 무효인 경우 인가의 효력 발생하지 않음 • 기본행위의 하자가 취소사유인 경우 취소되기 전까지는 인가의 효력 발생	• 기본행위가 유효 내지 적법한 것으로 되지 않음 • 쟁송 대상은 기본행위

3) 인가의 하자와 쟁송방법

기본행위가 적법하고 인가행위에만 하자가 있는 경우 인가처분의 무효나 취소를 구할 수 있음에는 이론의 여지가 없습니다. 특히 문제되는 것은 기본행위에 하자가 있고 인가행위에는 하자가 존재하지 않는 경우입니다. 이때 법률상 이익의 침해를 주장하는 제3자의 쟁송방법과 관련하여, 원칙적으로 기본행위를 쟁송의 대상으로 다투어야지 기본행위의 하자를 이유로 인가처분의 무효확인 내지 취소를 구할 소익이 없습니다. 여기서 원칙적이라고 한 것은 유사 사안에서의 중요한 예외가 있음을 의미하는데, 이에 대해서는 후술하는 '신고와 수리' 부분을 참고하기 바랍니다.

소송은 권리구제를 위한 보다 직접적인 수단을 선택하여야 하지 그렇지 않은 경우에는 원칙적으로 소익 흠결을 이유로 각하판결을 선고합니다. 위의 경우에서도 하자가 존재하는 기본행위가 소송의 대상이어야 하는 것은 그럴 경우에만 보다 직접적인 권리구제의 방책이 되기 때문입니다. 그렇지 않을 경우 인가는 취소되더라도 기본행위는 여전히 존재하므로 새로운 인가의 가능성을 차단하기 위해 원고가 또다시 기본행위에 대한 민사소송 내지 당사자소송을 제기하는 등으로 인해 동일 사안을 이중으로 심리해야 하는 법원의 부담이 가중되는 점도 고려한 소치입니다.

＊ **대판 2001.12.11, 2001두7541** : "도시재개발법 제34조에 의한 행정청의 인가는 주택개량재개발조합의 관리처분계획에 대한 법률상의 효력을 완성시키는 보충행위로서 그 기본 되는 관리처분계획에 하자가 있을 때에는 그에 대한 인가가 있었다 하여도 기본행위인 관리처분계획이 유효한 것으로 될 수 없으며, 다만 그 기본행위가 적법·유효하고 보충행위인 인가처분 자체에만 하자가 있다면 그 인가처분의 무효나 취소를 주장할 수 있다고 할 것이지만, 인가처분에 하자가 없다면 기본행위에 하자가 있다 하더라도 따로 그 기본행위의 하자를 다투는 것은 별론으로 하고 기본행위의 무효를 내세워 바로 그에 대한 행정청의 인가처분의 취소 또는 무효확인을 소구할 법률상의 이익이 있다고 할 수 없다."

5. 인·허가의제

1) 의의

하나의 사업을 위해 다수의 인가·허가 등을 받아야 하거나 여러 종류의 신고·등록을 요구하는 경우 그 모든 절차를 거쳐야 한다면 시간과 비용 측면에서 상대방에게 가혹하거나 때에 따라서는 효율적인 행정의 운영에 지장을 초래합니다. 이를 고려한 제도를 총칭하여 인·허가의제라고 하는데, 행정기본법은 이를 '하나의 인허가(주된 인허가)를 받으면 법률로 정하는 바에 따라 그와 관련된 여러 인·허가(관련 인허가)를 받은 것'으로 정의합니다(행정기본법 제24조 제1항). 개별법상으로는 건축법 제11조 제5항 제10호에 의해 '제1항에 따른 건축허가를 받으면「하천법」제33조에 따른 하천점용 등의 허가를 받은 것으로 보는 경우'가 그 예입니다(같은 형식의 규정 예 : 도시 및 주거환경정비법 제57조, 주택법 제19조 등). 이처럼 인·허가의제는 행정효율을 제고하고 상대방에게 편익을 주는 성격에도 불구하고 의제되는 행위에 대해 본래적으로 권한을 갖는 행정기관의 권한 행사를 제약하는 성질을 띠므로 법령의 근거가 있는 경우에만 인정됩니다. 한편, 건축허가를 받으면 국토계획법 제56조에 따른 개발행위허가를 받은 것으로 의제되는데, 비록 건축허가가 통상 기속행위라 하더라도 재량행위의 성질인 개발행위허가가 의제되는 건축허가의 경우에는 이를 재량행위로 보아야 합니다. 이 점은 건축법 제12조 제1항이 건축허가를 함에 있어 개발행위허가 기준을 확인하도록 규정함에서 잘 드러납니다. 또한, 이런 입론은 바로 뒤에서 설명하는 인허가의제 시의 '집중의 정도' 논의에 직결됩니다.

의제되는 인허가의 정도와 관련하여 관련 인허가의 절차를 거칠 필요가 없고 주된 인허가절차만 거치면 된다는 절차집중설, 관련 인허가절차 전부를 생략할 수 있는 것이 아니라 제3자나 이해관계인과 관련한 절차 등의 중요 절차는 거쳐야 한다는 제한적 절차집중설 및 관련 인허가절차뿐만 아니라 그 실체적 요건 모두 갖출 필요가 없다는 실체집중설이 대립합니다. 행정기본법은 "관련 인허가에 필요한 심의, 의견 청취 등 절차에 관하여는 법률에 인허가의제 시에도 해당 절차를 거친다는 명시적인 규정이 있는 경우에만 이를 거친다"고 규정하여(제24조 제5항 단서), 실체집중을 부인하고 절차집중설 내지 제한적 절차집중설의 입장을 따른 것으로 이해됩니다. 이 점은 신청인이 인허가의제를 받으려면 주된 인허가를 신청할 때 관련 인허가에 필요한 서류를 함께 제출하여야 한다는 행정기본법 제24조 제2항의 규정으로도 설명이 가능합니다. 주된 인허가 신청 시 관련 인허가의 필요 서류를 제출하도록 의무화한 것은 해당 관련 인허가의 실체적 요건을 심사하기 위한 것과 다름없기 때문입니다. 결국 주된 인허가 행정기관은 인허가 의제를 위하여 관련 인허가의 실체적 요건은 개별적으로 심사하여야 하는 것으로 해석 가능합니다. 행정절차법은 처분기준의 설정·공표와 관련하여, 행정기본법에 따른 인허가의제의 경우 관련 인허가 행정청은 관련 인허가의 처분기준을 주된 인허가 행정청에 제출하여야 하고, 주된 인허가 행정청은 제출받은 관련 인허가의 처분기준을 통합하여 공표하여야 함을 규정하는데(행정절차법 제20조 제2항), 이는 주된 인허가 시에 관련 인허가의 실체적 요건의 심사가 행해지므로 관련 인허가의 실체집중의 부인을 표현한 것으로 해석할 수 있습니다.

한편, 절차집중설(실체집중부정설)을 취하더라도 '법률에 인허가의제 시에도 해당 절차를 거친다는 명시적인 규정이 있는 경우(행정기본법 제24조 제5항 단서)'에는 관련 절차를 거쳐야 합니다. 여기에서의 '법률'은 주된 인허가의 근거 법률이 아니라 관련 인허가의 근거 개별법을 의미하는데, 대표적 예로 국토의 계획 및 이용에 관한 법률 제59조 제1항을 들 수 있습니다. 해당 조항은 " ~ 다른 법률에 따라 인가·허가·승인 또는 협의를 하려면 대통령령으로 정하는 바에 따라 중앙도시계획위원회나 지방도시계획위원회의 심의를 거쳐야 한다"라고 규정하는데, 이때의 '다른 법률'은 주된 인허가의 근거 법률입니다. 예컨대, 건축법 제11조에 따른 건축허가를 받으면 국토계획법 제56조상의 개발행위허가가 의제되더라도(건축법 제11조 제5항 제3호), 국토계획법 제59조 제1항에 따라 절차집중이 배제되어 도시계획위원회의 심의 절차를 반드시 거쳐야 하는 것입니다. 결과적으로 위 밑줄은 '건축법상의 인허가의제 조항에 따라 관련 인허가로서 국토계획법에 따른 개발행위허가가 의제되려면'의 의미가 되는 것이며, 이 경우에는 해당 절차를 거쳐야 하는 것입니다(실체집중 부인 및 절차집중 부인). 이와는 달리, 관련 인허가 근거 법률에서 절차를 거칠 것을 특별히 규정하지 않은 경우에는 절차집중이 적용되므로 해당 법률상의 절차를 별도로 거칠 필요가 없습니다. 예컨대, (구)주택법상 주택건설사업계획 승인권자(주된 인허가 행정청)가 도시·군관리계획 결정권자(관련 인허가 행정청)와 협의를 거쳐 주택건설사업계획을 승인함으로써 도시·군관리계획결정이 의제되는 경우, 이러한 협의 절차와 별도로 국토계획법 제28조에서 정한 도시·군관리계획 입안을 위한 주민 의견청취절차를 거쳐야 하는 것은 아닙니다.

또한 인허가의제에 앞선 협의 의무와 관련하여, 관련 인허가 행정청이 협의 요청을 받은 날부터 20일 이내에 의견을 제출하여야 하는 것도(행정기본법 제24조 제4항) 결국 주된 인허가 행정청의 관련 인허가 의제를 위한 실체적 요건을 충분히 심사할 수 있도록 뒷받침하기 위한 것입니다.

* **대판 2018.11.29, 2016두38792** : "구 주택법(2016. 1. 19. 법률 제13805호로 전부 개정되기 전의 것, 이하 '구 주택법'이라 한다) 제17조 제1항에 인허가 의제 규정을 둔 입법 취지는, 주택건설사업을 시행하는 데 필요한 각종 인허가 사항과 관련하여 주택건설사업계획 승인권자로 그 창구를 단일화하고 절차를 간소화함으로써 각종 인허가에 드는 비용과 시간을 절감하여 주택의 건설·공급을

활성화하려는 데에 있다. 이러한 인허가 의제 규정의 입법 취지를 고려하면, 주택건설사업계획 승인권자가 구 주택법 제17조 제3항에 따라 도시·군관리계획 결정권자와 협의를 거쳐 관계 주택건설사업계획을 승인하면 같은 조 제1항 제5호에 따라 도시·군관리계획결정이 이루어진 것으로 의제되고, 이러한 협의 절차와 별도로 국토의 계획 및 이용에 관한 법률 제28조 등에서 정한 도시·군관리계획 입안을 위한 주민 의견청취 절차를 거칠 필요는 없다."

* **대판 2011.1.20, 2010두14954(전합)** : "건축법에서 인·허가의제 제도를 둔 취지는, 인·허가의제사항과 관련하여 건축허가 또는 건축신고의 관할 행정청으로 그 창구를 단일화하고 절차를 간소화하며 비용과 시간을 절감함으로써 국민의 권익을 보호하려는 것이지, 인·허가의제사항 관련 법률에 따른 각각의 인·허가 요건에 관한 일체의 심사를 배제하려는 것으로 보기는 어렵다. 왜냐하면, 건축법과 인·허가의제사항 관련 법률은 각기 고유한 목적이 있고, 건축신고와 인·허가의제사항도 각각 별개의 제도적 취지가 있으며 그 요건 또한 달리하기 때문이다. 나아가 인·허가의제사항 관련 법률에 규정된 요건 중 상당수는 공익에 관한 것으로서 행정청의 전문적이고 종합적인 심사가 요구되는데, 만약 건축신고만으로 인·허가의제사항에 관한 일체의 요건 심사가 배제된다고 한다면, 중대한 공익상의 침해나 이해관계인의 피해를 야기하고 관련 법률에서 인·허가 제도를 통하여 사인의 행위를 사전에 감독하고자 하는 규율체계 전반을 무너뜨릴 우려가 있다. 또한 무엇보다도 건축신고를 하려는 자는 인·허가의제사항 관련 법령에서 제출하도록 의무화하고 있는 신청서와 구비서류를 제출하여야 하는데, 이는 건축신고를 수리하는 행정청으로 하여금 인·허가의제사항 관련 법률에 규정된 요건에 관하여도 심사를 하도록 하기 위한 것으로 볼 수밖에 없다. 따라서 인·허가의제 효과를 수반하는 건축신고는 일반적인 건축신고와는 달리, 특별한 사정이 없는 한 행정청이 그 실체적 요건에 관한 심사를 한 후 수리하여야 하는 이른바 '수리를 요하는 신고'로 보는 것이 옳다."
* **대판 2016.8.24, 2016두35762** : "건축법과 국토계획법령의 규정 체제 및 내용 등을 종합해 보면, 건축물의 건축이 국토계획법상 개발행위에 해당할 경우 그에 대한 건축허가를 하는 허가권자는 건축허가에 배치·저촉되는 관계 법령상 제한 사유의 하나로 국토계획법령의 개발행위허가기준을 확인하여야 하므로, 국토계획법상 건축물의 건축에 관한 개발행위허가가 의제되는 건축허가신청이 국토계획법령이 정한 개발행위허가기준에 부합하지 아니하면 허가권자로서는 이를 거부할 수 있다고 보아야 하고, 이는 건축법 제16조 제3항에 의하여 개발행위허가의 변경이 의제되는 건축허가사항의 변경허가에서도 마찬가지라고 할 것이다."

의제되는 행위는 주된 인·허가에 의존하기 때문에 주된 인·허가가 무효이면 관련 인허가도 무효이지만, 주된 인·허가가 취소사유의 하자가 있음에 그치면 주된 행위의 취소나 철회 전까지 관련 인허가는 공정력에 의해 일응 유효합니다.

2) 관련 인허가 행정청과의 협의

인허가 의제를 위해 주된 인허가 행정청은 주된 인허가를 하기 전에 관련 인허가에 관하여 미리 관련 인허가 행정청과 협의하여야 하는데, 관련 인허가 행정청은 협의 요청을 받은 날부터 20일 이내에 의견을 제출하여야 하며[1] 그 기간 내에 협의 여부에 관하여 의견을 제출하지 아니하면 협의가 된 것으로 봅니다(행정기본법 제24조 제3항, 제4항). 협의에 따른 인허가의제의 효과는 협의 완료 시가 아니라 주된 인허가 발령 시에 발생합니다(행정기본법 제25조 제1항).

판례는 협의를 규율하는 법령의 해석에 따라 협의의 성격을 규명해야 한다는 원칙을 견지하면서도 통상의 경우 협의를 - 다른 행정청의 권한에 속하는 사항의 경우를 포함하여 - 자문의 성격으로 파악합니다. 그러나 인허가 의제를 위한 협의의 법적 성질에 대하여는 법령이 달리 규정하지 않는 한 이를 자문이 아니라 동의, 즉 사실상의 합의의 성격으로 이해하여야 합니다. 판례에 따라 인허가의제에 관한 절차집중설을 취하는 한 관련 인허가의 본래적 담당 행정기관의 권한을 존중해야 하므로 이때의 협의를 단순히 의제 대상 인허가 행정기관의 의견을 구하는 것으로 해석할 수 없기 때문입니다.

한편, 개별법에 따라서는 주된 인허가로 의제되는 것으로 규정된 인허가 전부에 대해 협의가 완료되지 않더라도 주된 인허가를 할 수 있고, 이 경우 협의가 완료된 일부 인허가만 의제되는 것으로 규정하는데, 이를 부분인허가의제제도라고 합니다(행정기본법 제25조 제1항).

* **대판 2012.2.9, 2009두16305** : "구 주한미군 공여구역주변지역 등 지원 특별법(2008. 3. 28. 법률 제9000호로 개정되기 전의 것, 이하 '구 지원특별법'이라 한다) 제29조의 인허가의제 조항은 목적사업의 원활한 수행을 위해 행정절차를 간소화하고자 하는 데 입법 취지가 있는데, 만일 사업시행승인 전에 반드시 사업 관련 모든 인허가의제 사항에 관하여 관계 행정기관의 장과 협의를 거쳐야 한다고 해석하면 일부의 인허가의제 효력만을 먼저 얻고자 하는 사업시행승인 신청인의 의사와 맞지 않을 뿐만 아니라 사업시행승인 신청을 하기까지 상당한 시간이 소요되어 그 취지에 반하는 점, 주한미군 공여구역주변지역 등 지원 특별법이 2009. 12. 29. 법률 제9843호로 개정되면서 제29조 제1항에서 인허가의제 사항 중 일부만에 대하여도 관계 행정기관의 장과 협의를 거치면 인허가의제 효력이 발생할 수 있음을 명확히 하고 있는 점 등 구 지원특별법 제11조 제1항 본문, 제29조 제1항,

---

1) 협의 기간은 관련 인허가절차를 위해 법률상 명문의 규정이 있거나 민원처리 관련 법령에 따라 연장한 경우에는 20일보다 연장할 수 있습니다(행정기본법 제24조 제4항, 제5항).

> 제2항의 내용, 형식 및 취지 등에 비추어 보면, 구 지원특별법 제11조에 의한 사업시행승인을 하는 경우 같은 법 제29조 제1항에 규정된 사업 관련 모든 인허가의제 사항에 관하여 관계 행정기관의 장과 일괄하여 사전 협의를 거칠 것을 요건으로 하는 것은 아니고, 사업시행승인 후 인허가의제 사항에 관하여 관계 행정기관의 장과 협의를 거치면 그때 해당 인허가가 의제된다고 보는 것이 타당하다."

3) 의제되는 인허가의 실재성 : 인허가의제에서의 쟁송상 불복 대상

인허가 의제에 따라 의제된 관련 인허가가 실재하는 것으로 볼 것인가와 관련하여, 인허가 의제의 본질이 실제로 인허가를 받지 않았지만 법적으로 인허가를 받은 것으로 보며, 인허가 의제의 정도에 대한 실체집중을 부인하는 전제하에서는 관련 인허가가 실재하는 것으로 해석하여 관련 인허가의 취소 등 사후관리 및 감독권한도 의제되는 인허가기관이 담당하는 것으로 해석하는 긍정설이 타당합니다. 판례도 같은 맥락에서, 주된 인허가로 인해 관련 인허가는 통상적인 인허가와 동일한 효력을 가지므로 의제된 인허가의 취소나 철회가 허용되며, 여기에서의 직권취소나 철회는 항고소송의 대상인 처분이라고 합니다. 인허가의제의 경우 관련 인허가 행정청은 관련 인허가를 직접 한 것으로 보아 관계 법령에 따른 관리·감독 등 필요한 조치를 하여야 하므로(행정기본법 제26조 제1항) 주된 인허가 행정청뿐만 아니라 관련 인허가 행정청도 의제된 인허가를 취소 내지 철회할 수 있다고 보아야 합니다.

사업계획승인을 하면 산지전용허가가 의제되는 경우처럼, 관련 인허가가 주된 인허가를 발령하기 위한 요건적 전제가 되는 때에는(예컨대 산지전용허가 없이는 해당 산지에 사업계획에 따른 공장 설립이 불가능한 법규범적 외연인 경우) 관련 인허가의 실체적 위법을 들어 주된 인허가를 거부할 수 있습니다. 같은 맥락에서 당초 사업계획승인을 하면서 사업 관련 인허가 사업 중 일부에 대하여만 인허가가 의제되었다가 의제되지 않은 사항에 대한 인허가가 불가능한 경우이거나, 일단 의제되었다가 취소 또는 철회된 관련 인허가의 재인허가가 불가능한 경우에도 사업계획승인을 취소할 수 있습니다(대판 2018.7.12, 2017두48734). 그러나 관련 인허가가 위법하여 취소되었다고 해서 주된 인허가가 반드시 실효되는 것은 아닙니다. 만약 다수의 관련 인허가가 의제되고 취소된 관련 인허가(예컨대, 수도법에 따른 전용상수도 설치인가)가 주된 인허가(사업계획승인)의 유지에 필수 요건이 아닌 경우라면, 이를 제외한 나머지 관련 인허가들은 여전히 유효하게 의제된 상태이므로 주된 인허가는 그대로 존속할 수 있습니다(대판 2017.9.12, 2017두45131).

* **대판 2018.7.12, 2017두48734** : "[1] 구 중소기업창업 지원법(2017. 7. 26. 법률 제14839호로 개정되기 전의 것, 이하 '중소기업창업법'이라 한다) 제35조 제1항, 제33조 제4항, 중소기업창업 지원법 시행령 제24조 제1항, 중소기업청장이 고시한 '창업사업계획의 승인에 관한 통합업무처리지침'(이하 '업무처리지침'이라 한다)의 내용, 체계 및 취지 등에 비추어 보면 다음과 같은 이유로 중소기업창업법에 따른 사업계획승인의 경우 의제된 인허가만 취소 내지 철회함으로써 사업계획에 대한 승인의 효력은 유지하면서 해당 의제된 인허가의 효력만을 소멸시킬 수 있다. ① 중소기업창업법 제35조 제1항의 인허가의제 조항은 창업자가 신속하게 공장을 설립하여 사업을 개시할 수 있도록 창구를 단일화하여 의제되는 인허가를 일괄 처리하는 데 입법 취지가 있다. 위 규정에 의하면 사업계획승인권자가 관계 행정기관의 장과 미리 협의한 사항에 한하여 승인 시에 그 인허가가 의제될 뿐이고, 해당 사업과 관련된 모든 인허가의제 사항에 관하여 일괄하여 사전 협의를 거쳐야 하는 것은 아니다. 업무처리지침 제15조 제1항은 협의가 이루어지지 않은 인허가사항을 제외하고 일부만을 승인할 수 있다고 규정함으로써 이러한 취지를 명확히 하고 있다. ② 그리고 사업계획을 승인할 때 의제되는 인허가 사항에 관한 제출서류, 절차 및 기준, 승인조건 부과에 관하여 해당 인허가 근거 법령을 적용하도록 하고 있으므로(업무처리지침 제5조 제1항, 제8조 제5항, 제16조), 인허가의제의 취지가 의제된 인허가 사항에 관한 개별법령상의 절차나 요건 심사를 배제하는 데 있다고 볼 것은 아니다. ③ 사업계획승인으로 의제된 인허가는 통상적인 인허가와 동일한 효력을 가지므로, 그 효력을 제거하기 위한 법적 수단으로 의제된 인허가의 취소나 철회가 허용될 필요가 있다. 특히 업무처리지침 제18조에서는 사업계획승인으로 의제된 인허가 사항의 변경 절차를 두고 있는데, 사업계획승인 후 의제된 인허가 사항을 변경할 수 있다면 의제된 인허가 사항과 관련하여 취소 또는 철회 사유가 발생한 경우 해당 의제된 인허가의 효력만을 소멸시키는 취소 또는 철회도 할 수 있다고 보아야 한다. ④ 이와 같이 사업계획승인으로 의제된 인허가 중 일부를 취소 또는 철회하면, 취소 또는 철회된 인허가를 제외한 나머지 인허가만 의제된 상태가 된다. 이 경우 당초 사업계획승인을 하면서 사업 관련 인허가 사항 중 일부에 대하여만 인허가가 의제되었다가 의제되지 않은 사항에 대한 인허가가 불가한 경우 사업계획승인을 취소할 수 있는 것처럼(업무처리지침 제15조 제2항), 취소 또는 철회된 인허가 사항에 대한 재인허가가 불가한 경우 사업계획승인 자체를 취소할 수 있다.

[2] 군수가 甲 주식회사에 구 중소기업창업 지원법(2017. 7. 26. 법률 제14839호로 개정되기 전의 것) 제35조에 따라 산지전용허가 등이 의제되는 사업계획을 승인하면서 산지전용허가와 관련하여 재해방지 등 명령을 이행하지 아니한 경우 산지전용허가를 취소할 수 있다는 조건을 첨부하였는데, 甲 회사가 재해방지 조치를 이행하지 않았다는 이유로 산지전용허가 취소를 통보하고, 이어 토지의 형질변경 허가 등이 취소되어 공장설립 등이 불가능하게 되었다는 이유로 甲 회사에 사업계획승인을 취소한 사안에서, 산지전용허가 취소는 군수가 의제된 산지전용허가의 효력을 소멸시킴으로써 甲 회사의 구체적인 권리·의무에 직접적인 변동을 초래하는 행위로 보이는 점 등을 종합하면 의제된 산지전용허가 취소가 항고소송의 대상이 되는 처분에 해당하고, 산지전용허가 취소에 따라 사업계획승인은 산지전용허가를 제외한 나머지 인허가 사항만 의제하는 것이 되므로 사업계획승인 취소는 산

지전용허가를 제외한 나머지 인허가 사항만 의제된 사업계획승인을 취소하는 것이어서 산지전용허가 취소와 사업계획승인 취소가 대상과 범위를 달리하는 이상, 甲 회사로서는 사업계획승인 취소와 별도로 산지전용허가 취소를 다툴 필요가 있는데도, 이와 달리 본 원심판단에 법리를 오해한 위법이 있다고 한 사례."

이러한 관련 인허가의 실재성은 인허가 협의가 일괄적으로 행해지지 않아 협의 완료 부분만에 대한 부분인허가의제가 이루어진 경우에 더욱 두드러져, 판례에 의할 때 부분인허가의제의 경우 관련 인허가로 법률상 이익이 침해된 자는 관련 인허가 자체를 대상으로 관련 인허가에 대한 본래의 권한을 가진 행정청을 피고로 하여 항고소송을 제기할 수 있습니다.

* **대판 2018.11.29, 2016두38792** : "구 주택법(2016. 1. 19. 법률 제13805호로 전부 개정되기 전의 것) 제17조 제1항에 따르면, 주택건설사업계획 승인권자가 관계 행정청의 장과 미리 협의한 사항에 한하여 승인처분을 할 때에 인허가 등이 의제될 뿐이고, 각호에 열거된 모든 인허가 등에 관하여 일괄하여 사전협의를 거칠 것을 주택건설사업계획 승인처분의 요건으로 규정하고 있지 않다. 따라서 인허가 의제 대상이 되는 처분에 어떤 하자가 있더라도, 그로써 해당 인허가 의제의 효과가 발생하지 않을 여지가 있게 될 뿐이고, 그러한 사정이 주택건설사업계획 승인처분 자체의 위법사유가 될 수는 없다. 또한 의제된 인허가는 통상적인 인허가와 동일한 효력을 가지므로, 적어도 '부분 인허가 의제'가 허용되는 경우에는 그 효력을 제거하기 위한 법적 수단으로 의제된 인허가의 취소나 철회가 허용될 수 있고, 이러한 직권 취소·철회가 가능한 이상 그 의제된 인허가에 대한 쟁송취소 역시 허용된다. 따라서 주택건설사업계획 승인처분에 따라 의제된 인허가가 위법함을 다투고자 하는 이해관계인은, 주택건설사업계획 승인처분의 취소를 구할 것이 아니라 의제된 인허가의 취소를 구하여야 하며, 의제된 인허가는 주택건설사업계획 승인처분과 별도로 항고소송의 대상이 되는 처분에 해당한다."

한편, 주된 인허가가 관련 인허가의 불허사유로 거부된 경우에는 관련 인허가에 대한 거부가 행해진 것으로 의제되지 않으므로 관련 인허가의 거부처분은 실재하지 않는 것이 됩니다. 따라서 주된 인·허가를 반려하면서 주된 인·허가와 의제되는 행위의 거부사유를 함께 제시한 경우에는 주된 인·허가에 대한 거부처분을 대상으로 쟁송을 제기하는 것은 별론, 실재하지 않는 관련 인허가거부처분을 대상으로 항고소송을 제기할 수는 없습니다.

> ＊ **대판 2001.1.16, 99두10988** : "구 건축법(1999. 2. 8. 법률 제5895호로 개정되기 전의 것) 제8조 제1항, 제3항, 제5항에 의하면, 건축허가를 받은 경우에는 구 도시계획법(2000. 1. 28. 법률 제6243호로 전문 개정되기 전의 것) 제4조에 의한 토지의 형질변경허가나 농지법 제36조에 의한 농지전용허가 등을 받은 것으로 보며, 한편 건축허가권자가 건축허가를 하고자 하는 경우 당해 용도·규모 또는 형태의 건축물을 그 건축하고자 하는 대지에 건축하는 것이 건축법 관련 규정이나 같은 도시계획법 제4조, 농지법 제36조 등 관계 법령의 규정에 적합한지의 여부를 검토하여야 하는 것일 뿐, 건축불허가처분을 하면서 그 처분사유로 건축불허가 사유뿐만 아니라 형질변경불허가 사유나 농지전용불허가 사유를 들고 있다고 하여 그 건축불허가처분 외에 별개로 형질변경불허가처분이나 농지전용불허가처분이 존재하는 것이 아니므로, 그 건축불허가처분을 받은 사람은 그 건축불허가처분에 관한 쟁송에서 건축법상의 건축불허가 사유뿐만 아니라 같은 도시계획법상의 형질변경불허가 사유나 농지법상의 농지전용불허가 사유에 관하여도 다툴 수 있는 것이지, 그 건축불허가처분에 관한 쟁송과는 별개로 형질변경불허가처분이나 농지전용불허가처분에 관한 쟁송을 제기하여 이를 다투어야 하는 것은 아니며, 그러한 쟁송을 제기하지 아니하였어도 형질변경불허가 사유나 농지전용불허가 사유에 관하여 불가쟁력이 생기지 아니한다."

4) 의제되는 인허가의 범위

인허가 의제의 범위는 인허가 의제를 위하여 관련 인허가 행정청과 협의를 한 사항에 한하여 미칩니다.

> ＊ **대판 2018.10.25, 2018두43095** : "구 항공법(2002. 2. 4. 선고 제6655호로 개정되기 전의 것) 제96조 제1항, 제3항은 건설교통부장관이 공항개발사업의 실시계획을 수립하거나 이를 승인하고자 하는 때에는 제1항 각호의 규정에 의한 관계 법령상 적합한지 여부에 관하여 소관행정기관의 장과 미리 협의하여야 하고, 건설교통부장관이 공항개발사업의 실시계획을 수립하거나 이를 승인한 때에는 제1항 각호의 승인 등을 받은 것으로 본다고 규정하면서, 제1항 제9호에서 "농지법 제36조 규정에 의한 농지전용의 허가 또는 협의"를 규정하고 있다. 이러한 규정들의 문언, 내용, 형식에다가 인허가 의제 제도는 목적사업의 원활한 수행을 위해 창구를 단일화하여 행정절차를 간소화하는 데 입법 취지가 있고 목적사업이 관계 법령상 인허가의 실체적 요건을 충족하였는지에 관한 심사를 배제하려는 취지는 아닌 점 등을 아울러 고려하면, 공항개발사업 실시계획의 승인권자가 관계 행정청과 미리 협의한 사항에 한하여 그 승인처분을 할 때에 인허가 등이 의제된다고 보아야 한다."

인허가 의제의 효과는 주된 인허가의 해당 법률에 규정된 관련 인허가에 한정됩니다(행정기본법 제25조 제2항). 따라서 인·허가 의제의 효력 범위와 관련하여, 주된 인허가가 있으면 의제되는 A법에 의한 인허가가 있은 것으로 보는 데에 그치고, 이를 넘어 A법에 의하여 인허가를 받았음을 전제로 하는 A법의 다른 모든 규정들까지 적용된다고 할 수는 없습니다.

＊ **대판 2016.11.24, 2014두47686** : "주된 인허가에 관한 사항을 규정하고 있는 법률에서 주된 인허가가 있으면 다른 법률에 의한 인허가를 받은 것으로 의제한다는 규정을 둔 경우, 주된 인허가가 있으면 다른 법률에 의한 인허가가 있는 것으로 보는 데 그치고, 거기에서 더 나아가 다른 법률에 의하여 인허가를 받았음을 전제로 하는 그 다른 법률의 모든 규정들까지 적용되는 것은 아니다. 학교용지부담금 부과대상 사업에 관한 구 학교용지 확보 등에 관한 특례법(2015. 1. 20. 법률 제13006호로 개정되기 전의 것, 이하 '학교용지법'이라 한다) 제2조 제2호는 부과대상 사업의 근거 법률로 구 국민임대주택건설 등에 관한 특별조치법(2009. 3. 20. 법률 제9511호 보금자리주택건설 등에 관한 특별법으로 전부 개정되기 전의 것, 이하 '공공주택건설법'이라 한다)을 들고 있지 아니하다. 그리고 공공주택건설법 제12조 제1항이 단지조성사업 실시계획의 승인이 있는 때에는 도시개발법에 의한 실시계획의 작성·인가(제11호), 주택법에 의한 사업계획의 승인(제20호)을 받은 것으로 본다고 규정하고 있으나, 이는 공공주택건설법상 단지조성사업 실시계획의 승인을 받으면 그와 같은 인가나 승인을 받은 것으로 의제함에 그치는 것이지 더 나아가 그와 같은 인가나 승인을 받았음을 전제로 하는 도시개발법과 주택법의 모든 규정들까지 적용된다고 보기는 어렵다. 따라서 공공주택건설법에 따른 단지조성사업은 학교용지법 제2조 제2호에 정한 학교용지부담금 부과대상 개발사업에 포함되지 아니하고, 이와 달리 학교용지부담금 부과대상 개발사업에 포함된다고 해석하는 것은 학교용지부담금 부과에 관한 규정을 상대방에게 불리한 방향으로 지나치게 확장해석하거나 유추해석하는 것이어서 허용되지 아니한다."

판례는 관련 인허가의 하자로 인해 해당 인허가 등 의제의 효과가 발생하지 않을 수 있음은 별론, 이것이 곧 주된 인허가의 위법사유로 되는 것은 아니라고 합니다. 관련 인허가의 실재성 측면에서 볼 때 관련 인허가는 법적으로 의제되어 존재하는 독립한 처분이므로, 하자 있는 관련 인허가를 대상으로 하여 그에 대하여 분리 취소하는 것이 상대방의 권리보호 측면에서 타당합니다.

* **대판 2017.9.12, 2017두45131** : "구 주택법(2016. 1. 19. 법률 제13805호로 전부 개정되기 전의 것) 제17조 제1항에 의하면, 주택건설사업계획 승인권자가 관계 행정기관의 장과 미리 협의한 사항에 한하여 승인처분을 할 때에 인허가 등이 의제될 뿐이고, 각호에 열거된 모든 인허가 등에 관하여 일괄하여 사전협의를 거칠 것을 승인처분의 요건으로 하고 있지는 않다. 따라서 인허가 의제대상이 되는 처분의 공시방법에 관한 하자가 있더라도, 그로써 해당 인허가 등 의제의 효과가 발생하지 않을 여지가 있게 될 뿐이고, 그러한 사정이 주택건설사업계획 승인처분 자체의 위법사유가 될 수는 없다."

제16강

재개발 · 재건축정비사업 관련 소송유형

제16강

재개발·재건축정비사업 관련 소송유형

1. 재개발·재건축정비사업 개관

1) 의의

도시기능의 회복이 필요하거나 주거환경이 불량한 지역을 계획적으로 정비하고 노후·불량건축물을 효율적으로 개량하기 위하여 필요한 사항을 규정함으로써 도시환경을 개선하고 주거생활의 질을 높이는 데 이바지함을 입법목적으로 하는 도시 및 주거환경정비법(이하 '도정법')이 논의의 대상 법률입니다. (구)도시재개발법상의 도시재개발사업과 (구)주택건설촉진법에 의한 재건축사업, 주거환경개선사업 등이 대상 정비사업으로서 동법에 의한 규율 대상입니다. 도정법 제2조의 정의규정에 의하면 재개발사업은 정비기반시설이 열악하고 노후·불량건축물이 밀집한 지역에서 주거환경을 개선하거나 상업지역·공업지역 등에서 도시기능의 회복 및 상권 활성화 등을 위하여 도시환경을 개선하기 위한 사업으로, 재건축사업은 정비기반시설은 양호하나 노후·불량건축물에 해당하는 공동주택이 밀집한 지역에서 주거환경을 개선하기 위한 사업으로 정의합니다. 이와 관련한 주된 쟁점은 이 두 가지 정비사업과 관련하여 제기되는 소송유형입니다.

주택재개발·재건축사업의 절차는 크게 보아 다음의 흐름에 의합니다.

> 정비계획수립과 정비구역지정(제4조, 제8조) → 안전진단(주택재건축사업에 한정, 제12조) → 조합설립을 위한 추진위원회[1] 구성 및 승인(제31조) → 조합설립인가(제35조)[2] → 매도청구(재건축사업)와 시공자 선정(제29조)[3] → 사업시행계획인가(제50조) → 토지수용(제63조) → 관리처분계획인가(제72조 내지 제79조) → 철거, 착공 및 준공 → 이전고시, 청산금부과, 조합해산(제86조, 제86조의2, 제89조)

1) 추진위원회의 모든 권리의무는 추후 설립되는 조합에 승계됩니다.

2) 정비사업조합의 법적 성격

주택재건축정비사업조합(재건축조합)은 관할 행정청의 감독하에 정비구역 안에서 도정법상의 정비사업을 시행하는 목적 범위 내에서 법령이 정하는 바에 따라 일정한 행정작용을 행하는(처분권한을 행사하는) 행정주체로서의 공법인으로 정의합니다.

> * **대판 2009.9.17, 2007다2428(전합)** : "도시 및 주거환경정비법(이하 '도시정비법'이라고 한다)에 따른 주택재건축정비사업조합(이하 '재건축조합'이라고 한다)은 관할 행정청의 감독 아래 도시정비법상의 주택재건축사업을 시행하는 공법인(도시정비법 제18조)으로서, 그 목적 범위 내에서 법령이 정하는 바에 따라 일정한 행정작용을 행하는 행정주체의 지위를 갖는다."

조합은 도정법상 정비사업을 시행하는 공행정작용의 주체로서의 지위를 가지므로 조합의 처분을 다투는 경우 항고소송으로, 조합원의 자격인정 여부에 관해서는 당사자소송에 의합니다. 조합설립 부동의자에 대한 매도청구권 행사나 조합과 시공사 사이의 공사계약 등은 민사소송의 방법에 의합니다. 문제는 조합설립인가의 법적 성질의 규명과 조합설립동의 내지 조합총회의결을 다투는 소송유형을 확정하는 것입니다.

2. 조합설립의 효력을 다투는 소송

1) 조합설립인가의 법적 성격에 따른 소송유형

구법상 조합설립인가는 제3자의 법률행위를 보충하여 그 법률적 효과를 완성시키는 행정행위인 인가로 파악하여, 인가처분에 하자가 없다면 기본행위인 조합설립(창립)총회의 조합설립결의에 하자가 있더라도 민사소송으로서 기본행위인 조합설립결의의 하자를 다투는 것은 별론, 기본행위의 무효를 들어 조합설립인가처분의 취소 또는 무효를 구할

---

2) 조합설립인가를 통해 해당 조합은 법인격을 취득하는데, 흔히 볼 수 있는 OO재건축정비사업조합 내지 OO재개발정비사업조합 등이 이에 해당합니다.

3) 주택재건축사업에서의 매도청구권은 사업시행자가 재건축조합설립에 동의하지 않는 자의 토지 및 건축물의 매도를 청구하는 형성권의 성질을 띱니다.

소익이 없다고 보았습니다. 과거 실무상 조합창립총회에서 조합설립결의와 재건축결의가 동시에 이루어졌고, 특히 조합설립에 관한 특별규정의 흠결로 민법상 사단법인의 설립요건 충족으로 족하다고 해석하였습니다. 또한, 재건축에 관한 다툼은 조합이 제기한 매도청구소송(민사소송)에서 재건축결의의 무효를 항변하거나 반소로 제기하는 재건축결의무효확인소송(민사소송)이 주종을 이루었습니다.

이런 사정은 초기 도정법하에서도 크게 다르지 않아, 재건축·재건축결의의 요건을 서면동의로 변경한 것과 상관없이(제36조) 구법상 재건축결의에 관한 다툼이 그대로 도정법상 재건축·재개발조합의 설립동의에 관한 다툼으로 이어졌습니다. 예컨대, 재건축결의를 위한 정족수가 부족하거나 비용분담에 관한 구체적 합의가 없는 경우 조합설립인가나 관리처분계획인가 여부와 무관하게 민사소송을 통해 조합설립이 무효라는 판결이 선고되곤 했었지요.

그러나 대법원 판례의 변경으로(대판 2009.9.24, 2008다60568; 대판 2023.8.18, 2022두51901) 기존의 법적 상황에 큰 변화가 야기되었습니다. 조합설립인가를 강학상 인가가 아닌 설권처분으로서의 특허로 파악한 것이 그것입니다. 변경된 판례하에서 조합설립인가처분은 단순히 사인들의 조합설립행위에 대한 보충행위로서 그 효력을 완성해 주는 성질을 갖는 것에 그치는 것이 아니라, 법령상 요건을 갖출 경우 도정법상 주택재건축사업을 시행할 수 있는 권한을 갖는 공법인으로서의 행정주체의 지위를 부여하는 일종의 설권적 처분에 해당합니다.1)

이에 따라 조합설립결의는 조합설립인가처분이라는 행정처분을 하는 데 필요한 요건 중 하나에 불과한 것이므로 조합설립결의에 하자가 있다면 그 하자를 이유로 직접 항고소송의 방법으로 조합설립인가처분의 취소 또는 무효확인을 구하여야 하고, 이와는 별도로 조합설립결의 부분만을 따로 떼어내어 그 효력 유무를 다투는 확인의 소를 제기하는 것은 원고의 권리 또는 법률상의 지위에 현존하는 불안·위험을 제거하는 데 가장 유효·적절한 수단이라 할 수 없어 특별한 사정이 없는 한 확인의 이익(소의 이익)이 인정되지 않습니다. 조합설립인가가 더 이상 강학상 인가가 아니므로 '기본행위와 인가의 관계'에 관한 논의가 적용되지 않음을 뜻합니다. 요컨대, 재건축조합설립인가의 법적 성질을 강학상 특허로 본 판례에 따라, 조합설립결의 하자를 다투는 경우 조합설립인가와의 관

---

1) 그러나 조합의 전신에 해당하는 조합설립추진위원회 구성의 승인은 강학상 인가에 해당합니다.

* **대판 2014.2.27, 2011두2248** : "조합설립추진위원회 구성승인은 조합의 설립을 위한 주체인 추진위원회의 구성행위를 보충하여 효력을 부여하는 처분이므로, 시장·군수로부터 추진위원회 구성승인을 받은 추진위원회는 유효하게 설립된 비법인사단으로서 조합설립에 필요한 법률행위 등을 할 수 있다."

계에서 더 이상 기본행위에 해당하는 조합설립결의의 무효확인의 소를 제기하여서는 안 되고, 항고소송의 방법으로 조합설립인가를 다투어야 합니다.

한편, 위 판례의 기본 전제에 의할 때 주택재건축정비사업조합에 대한 행정청의 조합설립인가처분이 있은 후에 조합설립결의의 하자를 이유로 민사소송으로 그 결의의 무효 등 확인을 구한다면, 해당 소송은 확인의 이익이 없는 부적법한 소에 해당합니다. 그러나 재건축조합에 관한 설립인가처분을 보충행위로서 강학상 인가로 보았던 종래의 실무관행 등에 비추어 그 소의 실질이 조합설립인가처분의 효력을 다투는 취지라고 못 볼 바 아니고, 여기에 소의 상대방이 행정주체로서의 지위를 갖는 재건축조합이라는 점을 고려하면, 그 소가 공법상 법률행위에 관한 것으로서 행정소송의 일종인 당사자소송으로 제기된 것으로 선해할 수 있습니다. 또한, 소 변경을 통해 해당 민사소송은 이송 후 관할법원의 허가를 얻어 조합설립인가처분에 대한 항고소송으로 변경될 수 있어 관할법원인 행정법원으로 이송함이 마땅하다고 판시하였습니다. 이러한 논증이 관리처분계획과 그에 대한 조합 총회결의의 관계에서도 동일하게 원용 가능함은 뒤에서 보는 바와 같습니다.

그러나 조합설립인가처분 이후 원고가 조합설립결의 무효확인의 소를 제기하였고, 그 후 별소로 제기한 조합설립인가처분무효확인소송에서 기각판결이 민사소송보다 먼저 확정되었다면, 민사소송의 수소법원은 해당 사건을 관할법원으로 이송할 것이 아니라 각하판결을 해야 합니다. 조합설립결의 무효확인의 소를 공법상 법률관계에 관한 당사자소송으로 보아 전속관할 위반을 이유로 행정법원에 이송한 후 법원의 허가를 얻어 항고소송으로 변경한다 하더라도, 이송받은 행정법원은 선행 확정판결의 기판력에 구속되므로 그와 모순·저촉되는 판단을 할 수 없기 때문입니다.

* **대판 2010.2.25, 2007다73598** : "원심이 인용한 제1심판결 이유와 기록에 의하면, 이 부분 소는 2003. 12. 8. 피고 조합에 대한 관할 행정청의 조합설립 인가처분이 행하여진 후인 2005. 12. 29. 이 사건 조합설립결의에 대한 무효확인을 구하는 것으로 제기되었는바 … 원고들은 2006. 6. 28. 서울특별시 서초구청장을 상대로 조합설립인가처분 무효확인소송을 제기하였는데, 2006. 11. 22. 원고들의 청구를 모두 기각하는 판결이 선고되고 그 무렵 확정된 사실을 알 수 있는바, 이 부분 소를 공법상 법률관계에 관한 것으로서 행정소송의 일종인 당사자소송으로 보고 전속관할 위반을 이유로 서울행정법원에 이송한 후 행정법원의 허가를 받아 항고소송으로 변경한다 하더라도, 서울행정법원으로서는 위 확정판결의 기판력에 의하여 위 판결에 모순·저촉되는 판단을 할 수 없을 것이니, 그렇다면 이 부분 소는 관할법원으로 이송할 것이 아니라 각하를 함이 상당하다."
* **대판 2009.9.24, 2008다60568** : "[1] 행정청이 도시 및 주거환경정비법 등 관련 법령에 근거하

여 행하는 조합설립인가처분은 단순히 사인들의 조합설립행위에 대한 보충행위로서의 성질을 갖는 것에 그치는 것이 아니라 법령상 요건을 갖출 경우 도시 및 주거환경정비법상 주택재건축사업을 시행할 수 있는 권한을 갖는 행정주체(공법인)로서의 지위를 부여하는 일종의 설권적 처분의 성격을 갖는다고 보아야 한다. 그리고 그와 같이 보는 이상 조합설립결의는 조합설립인가처분이라는 행정처분을 하는 데 필요한 요건 중 하나에 불과한 것이어서, 조합설립결의에 하자가 있다면 그 하자를 이유로 직접 항고소송의 방법으로 조합설립인가처분의 취소 또는 무효확인을 구하여야 하고, 이와는 별도로 조합설립결의 부분만을 따로 떼어내어 그 효력 유무를 다투는 확인의 소를 제기하는 것은 원고의 권리 또는 법률상의 지위에 현존하는 불안·위험을 제거하는 데 가장 유효·적절한 수단이라 할 수 없어 특별한 사정이 없는 한 확인의 이익은 인정되지 아니한다.

[2] 도시 및 주거환경정비법상 주택재건축정비사업조합에 대한 행정청의 조합설립인가처분이 있은 후에 조합설립결의의 하자를 이유로 민사소송으로 그 결의의 무효 등 확인을 구한 사안에서, 그 소가 확인의 이익이 없는 부적법한 소에 해당하다고 볼 여지가 있으나, 재건축조합에 관한 설립인가처분을 보충행위로 보았던 종래의 실무관행 등에 비추어 그 소의 실질이 조합설립인가처분의 효력을 다투는 취지라고 못 볼 바 아니고, 여기에 소의 상대방이 행정주체로서의 지위를 갖는 재건축조합이라는 점을 고려하면, 그 소가 공법상 법률행위에 관한 것으로서 행정소송의 일종인 당사자소송으로 제기된 것으로 봄이 상당하고, 그 소는 이송 후 관할법원의 허가를 얻어 조합설립인가처분에 대한 항고소송으로 변경될 수 있어 관할법원인 행정법원으로 이송함이 마땅하다고 한 사례."

* **대판 2014.5.22, 2012도7190(전합)** : "구 도시정비법 제18조에 의하면 토지등소유자로 구성되어 정비사업을 시행하려는 조합은 제13조 내지 제17조를 비롯한 관계 법령에서 정한 요건과 절차를 갖추어 조합설립인가처분을 받은 후에 등기함으로써 성립하며, 그때 비로소 관할 행정청의 감독 아래 정비구역 안에서 정비사업을 시행하는 행정주체로서의 지위가 인정된다. 여기서 행정청의 조합설립인가처분은 조합에 정비사업을 시행할 수 있는 권한을 갖는 행정주체(공법인)로서의 지위를 부여하는 일종의 설권적 처분의 성격을 가진다. 따라서 토지등소유자로 구성되는 조합이 그 설립과정에서 조합설립인가처분을 받지 아니하였거나 설령 이를 받았다 하더라도 처음부터 조합설립인가처분으로서 효력이 없는 경우에는, 구 도시정비법 제13조에 의하여 정비사업을 시행할 수 있는 권한을 가지는 행정주체인 공법인으로서의 조합이 성립되었다 할 수 없고, 또한 이러한 조합의 조합장, 이사, 감사로 선임된 자 역시 구 도시정비법에서 정한 조합의 임원이라 할 수 없다. 이러한 법률 규정과 법리에 비추어 보면, 정비사업을 시행하려는 어떤 조합이 조합설립인가처분을 받았다 하더라도 그 조합설립인가처분이 무효여서 처음부터 구 도시정비법 제13조에서 정한 조합이 성립되었다고 할 수 없는 경우에, 그 성립되지 아니한 조합의 조합장, 이사 또는 감사로 선임된 자는 구 도시정비법 제85조 제5호 위반죄 또는 제86조 제6호 위반죄의 주체인 '조합의 임원' 또는 '조합임원'에 해당하지 아니한다고 해석함이 타당하며, 따라서 그러한 자의 행위에 대하여는 구 도시정비법 제85조 제5호 위반죄 또는 제86조 제6호 위반죄로 처벌할 수 없다."

조합설립변경인가 후 최초의 조합설립인가를 항고쟁송상 다툴 소의 이익과 관련하여, 당초 조합설립인가처분이 무효로 되거나 취소되는 경우 그것의 유효를 전제로 행해진 후속행위가 소급하여 효력을 상실하는 점에 비추어 원칙적으로 당초 조합설립인가처분의 무효확인 등을 구할 소익이 인정됩니다. 그러나 조합설립추진위원회 구성승인처분 무효확인소송의 계속 중 조합설립인가처분이 이루어진 경우에는 선행처분인 구성승인처분의 취소나 무효를 구할 소의 이익이 부정됩니다. 추진위원회 구성승인처분과 조합설립인가처분은 법률요건이나 효과가 상호 다른 각각 독립적인 처분이지만, 선행 단계인 추진위원회의 활동이 종료되어 후행 단계인 조합설립인가가 이루어지면 선행 단계는 후행 단계에 흡수되거나 그 효력을 상실한다고 보아야 하기 때문입니다. 따라서 이 경우 후행처분인 조합설립인가처분을 대상으로 소를 제기하여야 하며, 구성승인처분의 하자는 해당 인가처분의 위법 사유로 주장하여야 합니다.

한편, 조합설립변경인가처분은 당초 인가처분의 설권적 효력을 변경하는 성질을 가지므로, 원칙적으로 당초 인가처분이 쟁송에 의하여 취소되거나 무효로 확정되면 그에 기초한 변경인가처분도 효력을 상실합니다. 다만, 조합설립인가처분 이후 여러 차례 조합설립변경인가처분이 있은 경우, 선행 변경인가처분이 취소되거나 무효로 확정된 경우라도 후행 변경인가처분 자체가 선행 변경인가처분에 의해 변경된 사항을 포함하여 새로운 변경인가처분의 요건을 독립적으로 갖춘 경우에는 선행 변경인가처분의 실효 여부와 상관없이 그 독자적인 효력이 인정되어 정비사업을 계속 진행할 수 있습니다.

* **대판 2014.5.16, 2011두27094** : "주택재건축사업조합이 새로이 조합설립인가 처분을 받는 것과 동일한 요건과 절차를 거쳐 조합설립변경인가 처분을 받는 경우 당초 조합설립인가 처분의 유효를 전제로 해당 주택재건축사업조합이 매도청구권 행사, 시공자 선정에 관한 총회 결의, 사업시행계획의 수립, 관리처분계획의 수립 등과 같은 후속행위를 하였다면, 당초 조합설립인가 처분이 무효로 확인되거나 취소될 경우 그것이 유효하게 존재하는 것을 전제로 이루어진 위와 같은 후속행위 역시 소급하여 효력을 상실하게 되므로, 특별한 사정이 없는 한 위와 같은 형태의 조합설립변경인가가 있다고 하여 당초 조합설립인가 처분의 무효확인을 구할 소의 이익이 소멸된다고 볼 수는 없다."
* **대판 2013.1.31, 2011두11112,11129** : "구 도시 및 주거환경정비법 제13조 제1항, 제2항, 제14조 제1항, 제15조 제4항, 제5항 등 관계 법령의 내용, 형식, 체제 등에 비추어 보면, 조합설립추진위원회(이하 '추진위원회'라고 한다) 구성승인처분은 조합의 설립을 위한 주체인 추진위원회의 구성행위를 보충하여 그 효력을 부여하는 처분으로서 조합설립이라는 종국적 목적을 달성하기 위한 중간단계의 처분에 해당하지만, 그 법률요건이나 효과가 조합설립인가처분의 그것과는 다른 독립적인 처

분이기 때문에, 추진위원회 구성승인처분에 대한 취소 또는 무효확인 판결의 확정만으로는 이미 조합설립인가를 받은 조합에 의한 정비사업의 진행을 저지할 수 없다. 따라서 추진위원회 구성승인처분을 다투는 소송 계속 중에 조합설립인가처분이 이루어진 경우에는, 추진위원회 구성승인처분에 위법이 존재하여 조합설립인가 신청행위가 무효라는 점 등을 들어 직접 조합설립인가처분을 다툼으로써 정비사업의 진행을 저지하여야 하고, 이와는 별도로 추진위원회 구성승인처분에 대하여 취소 또는 무효확인을 구할 법률상의 이익은 없다고 보아야 한다."

* **대판 2014.5.29, 2011두25876** : "정비사업조합에 관한 조합설립변경인가처분은 당초 조합설립인가처분에서 이미 인가받은 사항의 일부를 수정 또는 취소·철회하거나 새로운 사항을 추가하는 것으로서 유효한 당초 조합설립인가처분에 근거하여 설권적 효력의 내용이나 범위를 변경하는 성질을 가지므로, 당초 조합설립인가처분이 쟁송에 의하여 취소되거나 무효로 확정된 경우에는 이에 기초하여 이루어진 조합설립변경인가처분도 원칙적으로 그 효력을 상실하거나 무효라고 해석함이 타당하다. 마찬가지로 당초 조합설립인가처분 이후 여러 차례 조합설립변경인가처분이 있었다가 중간에 행하여진 선행 조합설립변경인가처분이 쟁송에 의하여 취소되거나 무효로 확정된 경우에 후행 조합설립변경인가처분도 그 효력을 상실하거나 무효라고 새겨야 한다. 다만, 조합설립변경인가처분도 조합에 정비사업 시행에 관한 권한을 설정하여 주는 처분인 점에서는 당초 조합설립인가처분과 다를 바 없으므로, 선행 조합설립변경인가처분이 쟁송에 의하여 취소되거나 무효로 확정된 경우라도 후행 조합설립변경인가처분이 선행 조합설립변경인가처분에 의해 변경된 사항을 포함하여 새로운 조합설립변경인가처분의 요건을 갖춘 경우에는 그에 따른 효력이 인정될 수 있다. 이러한 경우 조합은 당초 조합설립인가처분과 새로운 조합설립변경인가처분의 요건을 갖춘 후행 조합설립변경인가처분의 효력에 의하여 정비사업을 계속 진행할 수 있으므로, 그 후행 조합설립변경인가처분을 무효라고 할 수는 없다."

2) 조합과 조합원·조합임원 간의 소송관계

조합과 조합원의 법률관계는 해당 조합이 적어도 특수한 존립 목적을 부여받은 특수한 행정주체로서 국가의 감독하에 그 존립 목적인 특정한 공공사무를 행하고 있다고 볼 수 있는 범위 내에서는 공법상의 권리의무 관계라 할 수 있습니다. 따라서 조합을 상대로 한 쟁송에 있어서 강제가입제를 특색으로 한 조합원의 자격인정 여부에 관하여 다툼이 있는 경우에는 그 단계에서는 아직 조합의 어떠한 처분 등이 개입될 여지는 없으므로 공법상의 당사자소송에 의하여 그 조합원 자격의 확인을 구할 수 있습니다.

* **대판 1996.2.15, 94다31235(전합)** : "… 조합을 상대로 한 쟁송에 있어서 강제가입제를 특색으로 한 조합원의 자격 인정 여부에 관하여 다툼이 있는 경우에는 … 공법상의 당사자소송에 의하여 그 조합원 자격의 확인을 구할 수 있고, 한편 분양신청 후에 정하여진 관리처분계획의 내용에 관하여 다툼이 있는 경우에는 … 항고소송에 의하여 관리처분계획 또는 그 내용인 분양거부처분 등의 취소를 구할 수 있으나, 설령 조합원의 자격이 인정된다 하더라도 분양신청을 하지 아니하거나 분양을 희망하지 아니할 때에는 금전으로 청산하게 되므로(같은 법 제44조), 대지 또는 건축시설에 대한 수분양권의 취득을 희망하는 토지 등의 소유자가 한 분양신청에 대하여 조합이 분양대상자가 아니라고 하여 관리처분계획에 의하여 이를 제외시키거나 원하는 내용의 분양대상자로 결정하지 아니한 경우, 토지 등의 소유자에게 원하는 내용의 구체적인 수분양권이 직접 발생한 것이라고는 볼 수 없어서 곧바로 조합을 상대로 하여 민사소송이나 공법상 당사자소송으로 수분양권의 확인을 구하는 것은 허용될 수 없다."

이와는 달리, 판례는 재개발조합과 조합장 또는 조합임원 사이의 선임·해임 등을 둘러싼 법률관계는 사법상의 법률관계로서 그 조합장 또는 조합임원 선임결의 효력을 다투는 소송은 민사소송 사항이라고 하였습니다.

* **대결 2009.9.24, 2009마168,169** : "구 도시 및 주거환경정비법(2007. 12. 21. 법률 제8785호로 개정되기 전의 것)상 재개발조합이 공법인이라는 사정만으로 재개발조합과 조합장 또는 조합임원 사이의 선임·해임 등을 둘러싼 법률관계가 공법상의 법률관계에 해당한다거나 그 조합장 또는 조합임원의 지위를 다투는 소송이 당연히 공법상 당사자소송에 해당한다고 볼 수는 없고, 구 도시 및 주거환경정비법의 규정들이 재개발조합과 조합장 및 조합임원과의 관계를 특별히 공법상의 근무관계로 설정하고 있다고 볼 수도 없으므로, 재개발조합과 조합장 또는 조합임원 사이의 선임·해임 등을 둘러싼 법률관계는 사법상의 법률관계로서 그 조합장 또는 조합임원의 지위를 다투는 소송은 민사소송에 의하여야 할 것이다."

3) 조합설립인가처분 취소판결 등으로 인한 법률관계

조합설립인가처분이 판결에 의해 취소 내지 무효로 확인된 경우 주택재건축조합은 조합설립인가 당시로 소급하여 공법인으로서의 법적 지위를 상실함은 취소판결의 소급효에 비추어 재언의 여지가 없습니다. 또한, 조합설립인가취소 전에 주택재건축조합이 사업시행자 등의 지위에서 행한 처분도 상대방의 신뢰보호 문제를 야기하지 않는 한 원칙적으로 소급하여 효력을 상실합니다. 그러나 조합설립인가취소 후에도 청산사무의 종료 시까지는 청산의 목적 범위 내에서는 행정주체 내지 사업시행자의 지위를 보유하며, 종전의 조합총회결의 등의 효력을 다투는 소송에서의 당사자 지위도 소멸하지 않습니다.

* **대판 2012.11.29, 2011두518** : "도시 및 주거환경정비법(이하 '도시정비법'이라고 한다)상 주택재건축사업조합 설립인가처분이 판결에 의하여 취소되거나 무효로 확인된 경우에는 조합설립인가처분은 처분 당시로 소급하여 효력을 상실하고, 이에 따라 당해 주택재건축사업조합 역시 조합설립인가처분 당시로 소급하여 도시정비법상 주택재건축사업을 시행할 수 있는 행정주체인 공법인으로서의 지위를 상실한다. 다만 그 효력 상실로 인한 잔존사무의 처리와 같은 업무는 여전히 수행되어야 하므로 주택재건축사업조합은 청산사무가 종료될 때까지 청산의 목적범위 내에서 권리·의무의 주체가 되고, 조합원 역시 청산의 목적범위 내에서 종전 지위를 유지하며, 정관 등도 그 범위 내에서 효력을 가진다. 구 도시 및 주거환경정비법 시행령(2009. 8. 11. 대통령령 제21679호로 개정되기 전의 것, 이하 '구 도시정비법 시행령'이라고 한다) 제28조 제1항 제5호는 조합설립 인가를 받기 위한 토지등소유자의 동의자 수를 산정할 때 구 도시정비법 시행령 제26조 제2항 각 호에 규정된 사항의 변경이 없는 경우를 제외하고는 추진위원회의 승인신청 전 또는 조합설립의 인가신청 전에 동의를 철회하는 자만을 제외하도록 규정하고 있으므로, 인가신청 후에 한 조합설립 동의의 철회는 효력이 없고, 정관 등에 의하여 조합탈퇴의 요건을 갖추었는지 여부가 문제될 뿐이다. 그런데 주택재건축사업조합 설립인가처분이 판결에 의하여 취소되거나 무효로 확인되더라도 청산의 목적범위 내에서 조합원은 종전의 지위를 유지하고 정관 등도 효력을 가지므로, 주택재건축사업조합 설립인가처분이 판결에 의하여 취소되거나 무효로 확인되었다는 사정만으로는 인가신청 후에 한 조합설립 동의의 철회가 유효하다고 할 수 없다."
* **대판 2012.3.29, 2008다95885** : "도시 및 주거환경정비법(이하 '도시정비법'이라고 한다)상 주택재개발사업조합의 조합설립인가처분이 법원의 재판에 의하여 취소된 경우 그 조합설립인가처분은 소급하여 효력을 상실하고, 이에 따라 당해 주택재개발사업조합 역시 조합설립인가처분 당시로 소급하여 도시정비법상 주택재개발사업을 시행할 수 있는 행정주체인 공법인으로서의 지위를 상실하므로, 당해 주택재개발사업조합이 조합설립인가처분 취소 전에 도시정비법상 적법한 행정주체 또는 사업시행자로서 한 결의 등 처분은 달리 특별한 사정이 없는 한 소급하여 효력을 상실한다고 보아야 한다. 다만 그 효력 상실로 인한 잔존사무의 처리와 같은 업무는 여전히 수행되어야 하므로, 종전에 결의 등 처분의 법률효과를 다투는 소송에서의 당사자지위까지 함께 소멸한다고 할 수는 없다."

3. 사업시행계획안, 관리처분계획안에 대한 총회결의의 효력을 다투는 소송

1) 사업시행계획안, 관리처분계획안과 이에 대한 인가의 법적 성격

사업시행자는 정비계획에 따라 토지이용계획, 정비기반시설 및 공동이용시설의 설치계획, 주민이주대책, 건축물의 높이 및 용적률 등에 관한 건축계획 등을 포함하는 사업시행계획을 작성하여 사업시행계획인가를 받아야 합니다(도정법 제50조, 제52조). 이때의 사업시행계획은 구속적 행정계획으로서 그 처분성이 인정됩니다. 또한, 관리처분계획은 조합원의 권리의무 등에 구체적이고 직접적인 영향을 미치는 구속적 행정계획으로서 독립된 행정처분이며, 이 역시 인가의 대상입니다(도정법 제74조).

> ＊ **대판 2009.9.17, 2007다2428(전합)** : "재건축조합이 행정주체의 지위에서 도시정비법 제48조에 따라 수립하는 관리처분계획은 정비사업의 시행 결과 조성되는 대지 또는 건축물의 권리귀속에 관한 사항과 조합원의 비용 분담에 관한 사항 등을 정함으로써 조합원의 재산상 권리·의무 등에 구체적이고 직접적인 영향을 미치게 되므로, 이는 구속적 행정계획으로서 재건축조합이 행하는 독립된 행정처분에 해당한다."

이때 사업시행계획인가와 관리처분계획인가는 공히 강학상 인가에 해당합니다. 따라서 인가처분에 하자가 없다면 기본행위에 하자가 있더라도 따로 그 기본행위의 하자를 다투는 것은 별론, 기본행위의 무효를 들어 인가처분의 취소 또는 무효를 구할 소익이 없음은 이미 살펴본 바와 같습니다.[1] 다만, 인가는 법률행위의 효력을 완성시키는 보충적 행위라는 점을 고려할 때, 관리처분계획 등이 독립된 처분이라면 그 효력도 이미 발생하는 것이 원칙이므로 관리처분계획에 대한 인가는 인가의 본질적 속성에 비추어 재고의 여지가 전혀 없는 것은 아닙니다. 즉, 그 자체 독립한 처분으로서 법적 효력이 인정되는 관리처분계획을 기본행위로 하는 인가가 다소 낯선 면이 있습니다. 아마 여기에서의 관리처분계획의 내용이 공익적 성격을 강하게 내포하는 점을 고려하여, 관리처분계획이 처분임에도 불구하고 그 완전한 효력 발생을 위한 공적 역할을 강조한 소치가 아닐까 합니다.

---

1) 그러나 토지등 소유자들이 조합을 따로 설립하지 않고 직접 시행하는 도시환경정비사업에서의 사업시행계획인가처분은 강학상 특허의 성질을 가집니다(판례 同旨 : 대판 2013.6.13, 2011두19994).

2) 사업시행계획, 관리처분계획을 다투는 소송

사업시행계획이나 관리처분계획이 인가와 고시를 통해 확정되면 처분으로서의 계획 자체를 다투는 취소소송 또는 무효확인소송이 가능합니다. 실무상 다수 문제되는 경우는 관리처분계획상의 분양대상자에서 원고를 제외한 경우인데, 법리적으로는 사업시행자에 대한 분양신청의 거부를 대상으로 하여 취소소송을 제기하거나, 자신을 분양대상자에서 제외한 관리처분계획 전부의 취소를 구하는 소를 제기할 수 있습니다. 관리처분계획 중 원고를 분양대상자에서 제외하고 현금청산자로 결정한 부분만의 취소를 구하는 소위 일부취소소송이 가능한지 여부는 해당 관리처분계획의 가분성 여부에 따라 답할 수 있는 바, 이를 인정한 판례는 없는 것으로 파악합니다.

한편, 관리처분계획과 청산금부과처분 간 하자의 승계 여부도 중요한 쟁점입니다. 관리처분계획은 주택재개발사업에서 사업시행자가 작성하는 포괄적 행정계획으로서 사업시행의 결과 설치되는 대지를 포함한 각종 시설물의 권리귀속에 관한 사항과 그 비용 분담에 관한 사항을 정하는 행정처분이고, 청산금부과처분은 관리처분계획에서 정한 비용 분담에 관한 사항에 근거하여 대지 또는 건축시설의 수분양자에게 청산금납부의무를 발생시키는 구체적인 행정처분입니다. 비록 청산금부과처분이 선행처분인 관리처분계획을 전제로 하지만 위 두 처분은 각각 단계적으로 별개의 법률효과를 발생시키는 독립된 행정처분이므로, 관리처분계획에 불가쟁력이 생겨 그 효력을 다툴 수 없게 된 경우에는 그 관리처분계획에 위법사유가 있다 할지라도 그것이 당연무효의 사유가 아닌 한 관리처분계획상의 하자를 이유로 후행처분인 청산금부과처분의 위법을 주장할 수는 없습니다.

> * **대판 2007.9.6, 2005두11951** : "구 도시재개발법(2002. 12. 30. 법률 제6852호로 폐지되기 전의 것) 제34조, 제35조, 제42조, 제43조의 각 규정에 의하면, 관리처분계획은 주택재개발사업에서 사업시행자가 작성하는 포괄적 행정계획으로서 사업시행의 결과 설치되는 대지를 포함한 각종 시설물의 권리귀속에 관한 사항과 그 비용 분담에 관한 사항을 정하는 행정처분이고, 청산금부과처분은 관리처분계획에서 정한 비용 분담에 관한 사항에 근거하여 대지 또는 건축시설의 수분양자에게 청산금납부의무를 발생시키는 구체적인 행정처분으로서, 청산금부과처분이 선행처분인 관리처분계획을 전제로 하는 것이기는 하나 위 두 처분은 각각 단계적으로 별개의 법률효과를 발생시키는 독립된 행정처분이라고 할 것이므로, 관리처분계획에 불가쟁력이 생겨 그 효력을 다툴 수 없게 된 경우에는 그 관리처분계획에 위법사유가 있다 할지라도 그것이 당연무효의 사유가 아닌 한 관리처분계획상의 하자를 이유로 후행처분인 청산금부과처분의 위법을 주장할 수는 없다."

3) 사업시행계획, 관리처분계획에 대한 조합총회결의의 무효확인을 구하는 소송유형

조합총회의 의결은 행정처분이 아니므로 항고소송의 대상이 아닙니다. 종래 대법원은 관리처분계획인가 및 고시로 관리처분계획안이 확정된 후에도 민사소송으로 조합총회결의의 무효확인을 구할 확인의 이익이 있다고 보았습니다.

> * **대판 2004.7.22, 2004다13694** : "구 도시재개발법(2002. 12. 30. 법률 제6852호 도시및주거환경정비법 부칙 제2조로 폐지)에 의하여 성립된 재개발조합의 조합원총회결의가 유효하게 성립하면 그 조합원은 원칙적으로 거기에 구속되는 법률상의 관계에 있으므로 그 조합원총회의 소집절차 또는 결의방법, 결의내용이 법령이나 정관에 위반되는 하자가 있는 등의 총회결의에 무효원인이 있는 경우에는 재개발조합의 조합원은 특별한 사정이 없는 한 조합원총회결의 무효확인의 소를 제기할 소의 이익이 있다고 할 것이다. 원심은, 이 사건 총회에서 결의된 내용과 2002. 9. 5. 정기총회에서 결의된 내용이 동일하지 아니하므로 무효사유가 있는 이 사건 총회결의를 추인하거나 동일한 내용의 새로운 결의로 인하여 무효확인을 구할 소의 이익이 없어졌다고 할 수 없다는 취지로 판단하였는바, 기록에 비추어 살펴보면, 원심의 위와 같은 판단은 정당한 것으로 수긍할 수 있고, 거기에 상고이유로 주장하는 바와 같은 재개발조합총회결의 무효확인의 소에 있어서 확인의 이익에 관한 법리오해의 위법이 없으며, 한편 피고가 시행하던 재개발사업이 관리처분계획인가와 사용검사승인, 분양처분고시, 이전등기 등의 절차가 완료되었다고 하더라도 그로 인하여 곧바로 원고들이 피고에 대하여 총회결의 무효확인의 소를 구할 소의 이익이 없어진다고 단정할 수도 없다."

그러나 이 판례는 전술한 바와 같이 법제도적 외연이 변한 현 상황에서는 더 이상 유지될 수 없습니다. 조합설립인가를 강학상 특허로 보고 조합이 행하는 주택재건축 관련 행위를 공법관계로 파악하는 전제하에서는 이를 민사소송으로 보는 것이 타당하지 않음을 의미합니다. 민사소송판결에는 대세적 효력이 인정되지 않으므로 조합총회결의무효확인의 소에서 승소하더라도 관리처분계획 자체가 무효로 되거나 일부취소 되지 않는다는 점을 간과한 점도 문제입니다. 따라서 관리처분계획안에 대한 인가 후에는 관리처분계획이 종국적으로 효력을 발생하므로 조합총회결의의 하자를 이유로 동 결의의 내용을 담은 최종의 처분인 관리처분계획을 대상으로 하여 항고소송을 제기하여야 합니다. 관리처분계획을 의결한 조합총회결의는 종국적 처분인 관리처분계획에 이르는 행정절차로서 중간 행정작용에 그치기 때문이지요. 이에 따라 관리처분계획을 대상으로 항고소송을 제기하면서 관리처분계획에 관한 조합총회결의의 효력을 정지하기 위해서는 행정소송법상 집행정지를 신청하여야 하지 민사집행법상 가처분 규정을 원용할 수 없습니다. 다만, 관리처분계획의 인가·고시 이전에는 당사자소송으로 조합총회결의의 무효확인을 소구할 수 있으므로 이 경우에는 가처분 신청이 가능합니다.

위법한 조합총회결의에 의한 관리처분계획은 위법한 것이 원칙입니다. 만약 이 경우, 조합총회결의의 하자나 관리처분계획의 위법을 이유로 관리처분계획인가를 항고쟁송으로 다투면 법원의 판단은 어떻겠습니까? 인가 관련 쟁송유형에 대해 설명한 바를 기억합시다. 인가 자체에 하자가 없는 한 조합총회결의의 하자를 들어 관리처분계획인가처분 무효확인소송을 제기할 소의 이익이 없습니다. 가사 인가 자체에 하자가 있더라도 인가로서 관리처분계획의 효력이 발생하였으므로 권리구제를 위한 보다 직접적인 쟁송대상인 관리처분계획에 대한 쟁송은 별론, 인가만을 다툴 소의 이익이 없다고 보아야 할 것입니다. 이를 직접 판단한 판례는 아직 보지 못하였습니다.

그러나 관리처분계획인가 전(이때에는 아직 행정처분이 존재하지 않음에 유의합시다) 관리처분계획안에 대한 조합총회결의의 효력을 다투는 소송은 행정처분인 관리처분계획에 이르는 절차적 요건의 존부나 효력 유무에 관한 소송으로서 그 소송결과에 따라 행정처분의 위법 여부에 직접 영향을 미치는 공법상 법률관계에 관한 것이므로, 이는 민사소송이 아니라 행정소송법상의 당사자소송에 해당합니다(행정소송규칙 제19조 제3호 다목). 조합의 공법인적 지위 및 조합설립인가가 강학상 특허인 점을 고려하면 이해에 어려움이 없을 것입니다.

* **대판 2009.9.17, 2007다2428(전합)** : "관리처분계획은 재건축조합이 조합원의 분양신청 현황을 기초로 관리처분계획안을 마련하여 그에 대한 조합 총회결의와 토지 등 소유자의 공람절차를 거친 후 관할 행정청의 인가·고시를 통해 비로소 그 효력이 발생하게 되므로(도시정비법 제24조 제3항 제10호, 제48조 제1항, 제49조), 관리처분계획안에 대한 조합 총회결의는 관리처분계획이라는 행정처분에 이르는 절차적 요건 중 하나로, 그것이 위법하여 효력이 없다면 관리처분계획은 하자가 있는 것으로 된다. 따라서 행정주체인 재건축조합을 상대로 관리처분계획안에 대한 조합 총회결의의 효력 등을 다투는 소송은 행정처분에 이르는 절차적 요건의 존부나 효력 유무에 관한 소송으로서 그 소송결과에 따라 **행정처분의 위법 여부에 직접 영향을 미치는 공법상 법률관계**에 관한 것이므로, 이는 행정소송법상의 당사자소송에 해당한다. 그리고 이러한 소송은, 관리처분계획이 인가·고시되기 전이라면 위법한 총회결의에 대해 무효확인 판결을 받아 이를 관할 행정청에 자료로 제출하거나 재건축조합으로 하여금 새로이 적법한 관리처분계획안을 마련하여 다시 총회결의를 거치도록 함으로써 하자 있는 관리처분계획이 인가·고시되어 행정처분으로서 효력이 발생하는 단계에까지 나아가지 못하

도록 저지할 수 있고, 또 총회결의에 대한 무효확인판결에도 불구하고 관리처분계획이 인가·고시되는 경우에도 관리처분계획의 효력을 다투는 항고소송에서 총회결의 무효확인소송의 판결과 증거들을 소송자료로 활용함으로써 신속하게 분쟁을 해결할 수 있으므로, 관리처분계획에 대한 인가·고시가 있기 전에는 허용할 필요가 있다. 그러나 나아가 관리처분계획에 대한 관할 행정청의 인가·고시까지 있게 되면 관리처분계획은 행정처분으로서 효력이 발생하게 되므로, 총회결의의 하자를 이유로 하여 행정처분의 효력을 다투는 항고소송의 방법으로 관리처분계획의 취소 또는 무효확인을 구하여야 하고, 그와 별도로 행정처분에 이르는 절차적 요건 중 하나에 불과한 총회결의 부분만을 따로 떼어내어 효력 유무를 다투는 확인의 소를 제기하는 것은 특별한 사정이 없는 한 허용되지 않는다고 보아야 한다. 이와 달리 도시재개발법(2002. 12. 30. 법률 제6852호 도시 및 주거환경정비법 부칙 제2조로 폐지)상 재개발조합의 관리처분계획안에 대한 총회결의 무효확인소송을 민사소송으로 보고 또 관리처분계획에 대한 인가·고시가 있은 후에도 여전히 소로써 총회결의의 무효확인을 구할 수 있다는 취지로 판시한 대법원 2004. 7. 22. 선고 2004다13694 판결과 이와 같은 취지의 대법원 판결들은 이 판결의 견해에 배치되는 범위 내에서 이를 모두 변경하기로 한다. … 한편, 이 사건 관리처분계획에 대하여 이 사건 소 제기 후인 2005. 3. 18. 관할 행정청의 인가·고시가 있었던 이상 따로 총회결의의 무효확인만을 구할 수는 없게 되었다고 하겠으나, 이송 후 행정법원의 허가를 얻어 관리처분계획에 대한 취소소송 등으로 변경될 수 있음을 고려하면, 그와 같은 사정만으로 이송 후 이 사건 소가 부적법하게 되어 각하될 것이 명백한 경우에 해당한다고 보기는 어려우므로, 이 사건은 관할법원으로 이송함이 상당하다(대법원 1997. 5. 30. 선고 95다28960 판결, 대법원 2008. 7. 24. 선고 2007다25261 판결 등 참조)."

☞ 특히, 위 판례는 당사자소송과 관련하여 '그 밖에 공법상의 법률관계에 관한 소송'의 한 유형으로 '행정처분의 위법·무효에 직접 영향을 미치는 법률관계에 관한 소송'이라는 기준을 제시하며, 총회결의무효확인소송이 이에 해당한다고 판시한 점에서 유의미합니다.

다툼의 대상	소송유형
관리처분계획(사업시행계획) 자체	항고소송(관리처분계획에 대한 조합총회결의를 민사소송으로 다투는 것은 부적법)
관리처분계획안의 인가 전 조합총회결의의 하자	조합총회결의의 무효확인을 구하는 당사자소송
관리처분계획안의 인가 후 조합총회결의의 하자	관리처분계획을 대상으로 하는 항고소송

한편, 도정법에 따라 설립된 정비사업조합에 의하여 수립된 사업시행계획에서 정한 사업시행기간이 도과하였더라도, 유효하게 수립된 사업시행계획 자체 및 그에 기초하여 사업시행기간 내에 이루어진 토지의 매수·수용을 비롯한 사업시행의 법적 효과가 소급

하여 효력을 상실하여 무효로 된다고 할 수는 없습니다.

> ＊ **대판 2016.12.1, 2016두34905** : "원심은 제1심판결 이유를 인용하는 등의 판시와 같은 이유를 들어, (1) 제3차 사업시행변경계획에서 정한 사업시행기간이 도과되었다 하더라도 그로 인하여 위 사업시행계획 자체가 무효로 되었다고 볼 수 없고, (2) 피고가 위 사업시행기간이 도과된 후에 제3차 사업시행변경계획의 일부를 변경하는 내용의 제4차 사업시행변경계획을 수립하여 관할관청의 인가를 받은 것에 하자가 있다 하더라도 제4차 사업시행변경계획이 당연무효는 아니라고 판단하였다. 도시 및 주거환경정비법에 따라 설립된 정비사업조합에 의하여 수립된 사업시행계획에서 정한 사업시행기간이 도과하였다 하더라도, 유효하게 수립된 사업시행계획 및 그에 기초하여 사업시행기간 내에 이루어진 토지의 매수·수용을 비롯한 사업시행의 법적 효과가 소급하여 그 효력을 상실하여 무효로 된다고 할 수 없다."

4. 이전고시의 효력발생 후 관리처분계획을 다툴 소의 인정 여부

사업시행자는 준공인가와 그에 따른 고시가 행해지면 관리처분계획에서 정한 사항을 분양받을 자에게 통지하고 대지 또는 소유권을 이전하여야 하며, 이때 사업시행자는 그 내용을 해당 지방자치단체의 공보에 고시하여야 합니다(도정법 제86조).[1] 이전고시는 준공인가의 고시로 사업시행이 완료된 이후에 관리처분계획에서 정한 바에 따라 종전의 토지 또는 건축물에 대하여 정비사업으로 조성된 대지 또는 건축물의 위치 및 범위 등을 정하여 소유권을 분양받을 자에게 이전하고 가격의 차액에 상당하는 금액을 청산하거나 대지 또는 건축물을 정하지 않고 금전적으로 청산하는 공법상 처분에 해당합니다(대판 2016.12.29, 2013다73551).

한편, 판례는 이전고시의 효력 발생 후에는 관리처분계획의 취소 등을 구할 소의 이익이 없다고 합니다(별개의견 존재). 판례의 취지는 다음을 고려하면 이해 가능합니다. 관리처분계획의 내용을 집행하는 이전고시의 효력이 발생하면 조합원 등이 관리처분계획에 따라 분양받을 대지 또는 건축물에 관한 권리귀속이 확정되고 조합원 등은 이를 토대로 다시 새로운 법률관계를 형성하게 되므로, 이전고시의 효력이 발생한 후에는 관리처분계획이 무효로 확인되어 새로운 관리처분계획을 수립하기 위한 총회의 결의가 필요하게 되

1) 이 경우 대지 또는 건축물을 분양받을 자는 고시가 있은 날의 다음 날에 그 대지 또는 건축물의 소유권을 취득합니다(동조 제2항).

더라도 예컨대 대단위 아파트 단지의 경우에는 그 총회의 소집통지가 용이하지 아니하고 조합원 등의 적극적인 참여를 기대하기도 어려워 새로운 관리처분계획을 의결하는 것 자체가 현저히 곤란합니다. 또한 이전고시의 효력 발생 후에 관리처분계획이 무효로 확인되어 새로운 관리처분계획이 의결된다면 이전고시의 효력 발생 후 형성된 새로운 법률관계에 터잡은 다수의 이해관계인들에게는 예측하지 못한 피해를 초래하게 됩니다. 뿐만 아니라 관리처분계획은 조합원 등이 공람·의견청취절차를 거쳐 그 내용을 숙지한 상태에서 총회의 의결을 통하여 조합원 등의 권리관계를 정하는 것이고, 행정청도 관리처분계획에 대한 인가·고시를 통하여 이를 관리·감독하고 있으므로, 이와 같이 다수의 조합원 등이 관여하고 관련 법령에 정해진 여러 절차를 거쳐 수립된 관리처분계획에 따라 이전고시까지 행해졌음에도 관리처분계획의 하자를 이유로 다시 처음부터 관리처분계획을 작성하여 이전고시를 거치는 절차를 반복하여야 한다면, 이는 대다수 조합원의 단체법적인 의사와 정비사업의 공익적 성격에도 어긋나는 것이라고 볼 수밖에 없습니다. 나아가, 관리처분계획에 대한 인가·고시가 있은 후에 이전고시가 행해지기까지 상당한 기간이 소요되므로 관리처분계획의 하자로 인하여 자신의 권리를 침해당한 조합원 등으로서는 이전고시가 행해지기 전에 얼마든지 그 관리처분계획의 효력을 다툴 수 있는 여지가 있고, 특히 조합원 등이 관리처분계획의 취소 또는 무효확인소송을 제기하여 계속 중인 경우에는 그 관리처분계획에 대한 집행정지결정을 받아 후속절차인 이전고시까지 나아가지 않도록 할 수도 있습니다. 또한 조합원 등으로서는 보류지에 관한 권리관계를 다투는 소송이나 청산금부과처분에 관한 항고소송, 무효인 관리처분계획으로 인한 손해배상소송 등과 같은 다른 권리구제수단을 통하여 그 권리를 회복할 수 있음도 고려하여야 합니다. 같은 맥락에서, 이전고시의 효력이 발생한 후에는 해당 정비사업과 관련한 수용재결이나 이의재결의 취소 또는 무효확인을 구할 소의 이익이 인정되지 않습니다.

* **대판 2012.3.22, 2011두6400(전합)** : "[다수의견] 이전고시의 효력 발생으로 이미 대다수 조합원 등에 대하여 획일적·일률적으로 처리된 권리귀속 관계를 모두 무효화하고 다시 처음부터 관리처분계획을 수립하여 이전고시 절차를 거치도록 하는 것은 정비사업의 공익적·단체법적 성격에 배치되므로, 이전고시가 효력을 발생하게 된 이후에는 조합원 등이 관리처분계획의 취소 또는 무효확인을 구할 법률상 이익이 없다고 봄이 타당하다.

[대법관 김능환, 대법관 이인복, 대법관 김용덕, 대법관 박보영의 별개의견] 관리처분계획의 무효확인이나 취소를 구하는 소송이 적법하게 제기되어 계속 중인 상태에서 이전고시가 효력을 발생하였다고 하더라도, 이전고시에서 정하고 있는 대지 또는 건축물의 소유권 이전에 관한 사항 외에 관리처

분계획에서 정하고 있는 다른 사항들에 관하여서는 물론이고, 이전고시에서 정하고 있는 사항에 관하여서도 여전히 관리처분계획의 취소 또는 무효확인을 구할 법률상 이익이 있다고 보는 것이 이전고시의 기본적인 성격 및 효력에 들어맞을 뿐 아니라, 행정처분의 적법성을 확보하고 이해관계인의 권리·이익을 보호하려는 행정소송의 목적 달성 및 소송경제 등의 측면에서도 타당하며, 항고소송에서 소의 이익을 확대하고 있는 종전의 대법원판례에도 들어맞는 합리적인 해석이다."

* **대판 2017.3.16, 2013두11536** : "도시 및 주거환경정비법(2017. 2. 8. 법률 제14567호로 전부개정되기 전의 것) 제54조 제1항, 제2항, 제55조 제1항에 따르면, 주택재개발정비사업을 시행하는 사업시행자는 준공인가와 공사의 완료에 관한 고시가 있은 때에는 지체 없이 대지확정측량과 토지의 분할절차를 거쳐 관리처분계획에 정한 사항을 분양받을 자에게 통지하고 대지 또는 건축물의 소유권을 이전하여야 하고, 그 내용을 당해 지방자치단체의 공보에 고시한 후 이를 시장·군수에게 보고하여야 하며, 대지 또는 건축물을 분양받을 자는 고시가 있은 날의 다음 날에 그 대지 또는 건축물에 대한 소유권을 취득하고, 이 경우 종전의 토지 또는 건축물에 설정된 지상권 등 등기된 권리 및 주택임대차보호법 제3조 제1항의 요건을 갖춘 임차권은 소유권을 이전받은 대지 또는 건축물에 설정된 것으로 본다. 이와 같이 대지 또는 건축물의 소유권 이전에 관한 고시의 효력이 발생하면 조합원 등이 관리처분계획에 따라 분양받을 대지 또는 건축물에 관한 권리의 귀속이 확정되고 조합원 등은 이를 토대로 다시 새로운 법률관계를 형성하게 되는데, 이전고시의 효력 발생으로 대다수 조합원 등에 대하여 권리귀속 관계가 획일적·일률적으로 처리되는 이상 그 후 일부 내용만을 분리하여 변경할 수 없고, 그렇다고 하여 전체 이전고시를 모두 무효화시켜 처음부터 다시 관리처분계획을 수립하여 이전고시 절차를 거치도록 하는 것도 정비사업의 공익적·단체법적 성격에 배치되어 허용될 수 없다. 위와 같은 정비사업의 공익적·단체법적 성격과 이전고시에 따라 이미 형성된 법률관계를 유지하여 법적 안정성을 보호할 필요성이 현저한 점 등을 고려할 때, 이전고시의 효력이 발생한 이후에는 조합원 등이 해당 정비사업을 위하여 이루어진 수용재결이나 이의재결의 취소 또는 무효확인을 구할 법률상 이익이 없다고 해석함이 타당하다."

이상의 내용을 다른 쟁점 한두 가지와 함께 요약합니다.

〈재개발·재건축사업 관련 판례상 주요 쟁점〉

* 조합설립인가 : 강학상 특허(조합설립추진위원회 구성승인은 강학상 인가)
  - 조합설립인가 후 조합설립결의의 하자를 이유로 조합설립효력을 부인하려면 항고소송으로 조합설립인가처분의 효력을 다투어야 함
  - 조합설립요건인 서면에 의한 동의율 충족 여부는 조합설립인가처분일이 아니라 조합설립인가신청일을 기준으로 함. 동의요건의 하자는 무효사유
* 조합원의 자격 여부에 관한 소송 : 당사자소송(단, 관리처분계획 등 조합의 처분 전)

- 조합장 또는 조합임원의 지위를 다투는 소송 : 민사소송

* 사업시행계획인가의 법적 성질
  - 조합 설립의 경우 : 강학상 인가(재량행위)
  - 토지소유자가 직접 시행하는 경우 : 강학상 특허
* 사업시행계획인가 후 고시를 통해 확정되면, 조합총회결의만을 대상으로 하는 확인의 소는 불가하고 사업시행계획(처분)을 대상으로 항고소송을 제기하여야 함
  - 사업시행계획의 확정 전에는 공법상 당사자소송으로 결의의 무효확인을 구해야 함
* 관리처분계획인가(강학상 인가) : 조합총회결의의 하자를 들어 인가의 취소 또는 무효확인을 구할 소의 이익 없음
* 관리처분계획인가 후 고시를 통해 확정되면, 조합총회결의만을 대상으로 하는 확인의 소는 불가하고 관리처분계획(처분)을 대상으로 항고소송을 제기하여야 함 : 피고는 조합
  - 관리처분계획의 인가 전에는 공법상 당사자소송으로 조합총회결의의 무효확인을 구해야 함
* 이전고시 : 준공인가고시 또는 공사완료고시로 정비사업시행이 완료된 후 관리처분계획에 따라 분양권자에게 대지 또는 건축물의 소유권을 귀속시키는 행정처분
  - 이전고시의 효력 발생 후에는 관리처분계획의 취소 등을 구할 소의 이익 없음

제17강

신고와 수리

제17강
신고와 수리

1. 사인의 공법행위로서 신고

1) 신고의 의의

사인의 공법행위로서 신고란 사인이 공법적 효과의 발생을 목적으로 행정주체에게 일정한 사실을 알리는 행위를 말합니다. 정보제공적 신고는 소방기본법 제19조에 의한 화재신고, 식품위생법 제37조 제4항의 폐업신고 등 효율적인 행정수행을 위해 행정청에게 정보를 제공하는 기능의 신고를 뜻하는데, 신고의무 불이행시 벌금 또는 과태료 부과대상이 되는 것은 별론, 신고 자체로는 어떠한 법률효과도 발생하지 않는 경우입니다. 이에 비해 금지해제 유보부 신고는 사인의 영업활동이나 건축활동 등을 규제하는 신고로서 이는 다시 두 가지로 구분합니다.

2) 자기완결적 신고

금지해제 유보부 신고는 자기완결적 신고와 행정요건적 신고로 나뉩니다. 전자는 수리를 요하지 않는 신고 내지 자체완성적 신고로도 칭해지는데, 행정청에게 일정한 사실을 알리는 것으로 신고의무는 이행된 것으로서, 행정청의 수리를 요하지 않고 신고가 행정청에게 도달한 것만으로 효력을 발생합니다(행정절차법 제40조 제2항). 집회 및 시위에 관한 법률 제6조의 옥외집회 등의 신고, 건축법 제14조상의 건축신고 등이 그 예인데, 이는 규제완화를 위하여 허가제를 대체하여 도입된 것이고 신고 자체만으로 대상행위를 개시할 수 있습니다. 즉, 적법한 신고에 대한 수리 거부에도 불구하고 신고 대상 행위를 하여도 행정벌의 대상이 되지 않습니다. 그런 만큼 신고서 기재사항의 흠결이나 소정의 서류 구비 여부 등 법령상의 형식적 요건만이 심사대상이 됩니다(이에 대해서는 형식적 심사도 요하지 않는다는 異說이 있습니다). 또한, 신고 이후 법령상 의무 및 신고 내용의 이행 여부에 대한 사후적 감독조치가 수반되는 경우가 대부분입니다.

> ＊ **대판 1999.10.22, 98두18435** : "구 건축법(1996. 12. 30. 법률 제5230호로 개정되기 전의 것) 제9조 제1항에 의하여 신고를 함으로써 건축허가를 받은 것으로 간주되는 경우에는 건축을 하고자 하는 자가 적법한 요건을 갖춘 신고만 하면 행정청의 수리행위 등 별다른 조치를 기다릴 필요 없이 건축을 할 수 있는 것이므로, 행정청이 위 신고를 수리한 행위가 건축주는 물론이고 제3자인 인근 토지 소유자나 주민들의 구체적인 권리 의무에 직접 변동을 초래하는 행정처분이라 할 수 없다."
>
> ＊ **대판 1991.12.10, 91므344** : "혼인은 호적법에 따라 호적공무원이 그 신고를 수리함으로써 유효하게 성립되는 것이며 호적부에의 기재는 그 유효요건이 아니어서 호적에 적법하게 기재되는 여부는 혼인성립의 효과에 영향을 미치는 것은 아니므로 부부가 일단 혼인신고를 하였다면 그 혼인관계는 성립된 것이고 그 호적의 기재가 무효한 이중호적에 의하였다 하여 그 효력이 좌우되는 것은 아니다."

위 91므344 판결과 관련하여, 혼인의 성립 및 법적 효력이 호적 담당 공무원의 수리 여부에 좌우되는 것은 헌법 이념에 비추어도 옳지 않습니다. 행정청이 수리를 거부하거나 수리 여부를 장시간 확정하지 않는다고 부부생활을 영위할 수 없다면 이는 매우 불합리합니다. 위 밑줄은 '혼인은 그 신고가 도달함으로써 유효하게 성립하는 것'으로 읽어야 합니다. 이와 궤를 같이하여 출생신고도 자기완결적 신고로 보아야 합니다. 그러나 이러한 주장에 대해 반대하면서 판례 입장을 지지하는 반대견해도 설득력이 있습니다. 현행법상 중혼, 혼인연령 관련 규정을 고려할 때 혼인의 실질적 요건심사를 하여 수리 여부를 결정해야 한다는, 즉 수리를 요하는 신고라는 입장이 그것입니다. 이는 일단 성립한 혼인 등 가족법 관계에 대해 사후적으로 효력 여부를 다투는 것이 오히려 법적 혼란을 가중시키므로 혼인에 대한 실질적 심사의 불가피성을 감안한 견해라 평가할 수 있습니다(가족관계의등록등에관한법률 제43조, 제71조, 제109조 내지 111조 참조).

한편, 자기완결적 신고에 대한 수리는 단순한 접수행위에 그치며 법적 효과 발생의 요건이 아닙니다. 따라서 자기완결적 신고의 수리나 수리거부는 원칙적으로 항고소송의 대상이 되는 처분에 해당하지 않습니다. 다만, 예컨대 건축신고의 경우 행정청은 그 신고가 건축법 및 동법 시행령 등 관계 법령에 신고만으로 건축할 수 있는 경우에 해당하는지 여부 및 그 구비서류 등이 갖추어져 있는지 여부 등을 심사하여 그것이 법규정에 부합하는 이상 이를 수리하여야 하고, 같은 법 규정에 정하지 아니한 사유를 심사하여 이를 이유로 신고수리를 거부할 수는 없습니다. 그러나 판례가 자기완결적 신고의 경우

"행정청은 적법요건을 구비한 신고를 수리하여야 한다"는 의미의 문구를 사용하더라도, 이는 행정청의 의무 측면에서의 기술 내용이지 이것만으로 수리를 요하는 신고로 해석해서는 안 됨을 주의합시다. 요컨대, 행정청이 수리 내지 접수를 거부하더라도 여기에서의 신고는 행정청에게 도달하는 것만으로 그 효력이 발생하는 것이 자기완결적 신고의 핵심입니다. 한편, 자기완결적 신고를 수리하고 신고필증이 교부되더라도 그로 인해 신고의 효과가 발생하는 것이 아니라 신고 사실을 확인해 주는 사실행위에 지나지 않습니다.

* **대판 2001.5.29, 99두10292** : "구 체육시설의설치·이용에관한법률(1994. 1. 7. 법률 제4719호로 전문 개정되어 1999. 1. 18. 법률 제5636호로 개정되기 전의 것) 제16조, 제34조, 같은법시행령(1994. 6. 17. 대통령령 제14284호로 전문 개정되어 2000. 1. 28. 대통령령 제16701호로 개정되기 전의 것) 제16조의 규정을 종합하여 볼 때, 등록체육시설업에 대한 사업계획의 승인을 얻은 자는 규정된 기한 내에 사업시설의 착공계획서를 제출하고 그 수리 여부에 상관없이 설치공사에 착수하면 되는 것이지, 착공계획서가 수리되어야만 비로소 공사에 착수할 수 있다거나 그 밖에 착공계획서 제출 및 수리로 인하여 사업계획의 승인을 얻은 자에게 어떠한 권리를 설정하거나 의무를 부담케 하는 법률효과가 발생하는 것이 아니므로 행정청이 사업계획의 승인을 얻은 자의 착공계획서를 수리하고 이를 통보한 행위는 그 착공계획서 제출사실을 확인하는 행정행위에 불과하고 그를 항고소송이나 행정심판의 대상이 되는 행정처분으로 볼 수 없다."
* **대판 1999.4.27, 97누6780** : "주택건설촉진법 제38조 제2항 단서, 공동주택관리령 제6조 제1항 및 제2항, 공동주택관리규칙 제4조 및 제4조의2의 각 규정들에 의하면, 공동주택 및 부대시설·복리시설의 소유자·입주자·사용자 및 관리주체가 건설부령이 정하는 경미한 사항으로서 신고대상인 건축물의 건축행위를 하고자 할 경우에는 그 관계 법령에 정해진 적법한 요건을 갖춘 신고만을 하면 그와 같은 건축행위를 할 수 있고, 행정청의 수리처분 등 별단의 조처를 기다릴 필요가 없다고 할 것이며, 또한 이와 같은 신고를 받은 행정청으로서는 그 신고가 같은 법 및 그 시행령 등 관계 법령에 신고만으로 건축할 수 있는 경우에 해당하는 여부 및 그 구비서류 등이 갖추어져 있는지 여부 등을 심사하여 그것이 법규정에 부합하는 이상 이를 수리하여야 하고, 같은 법 규정에 정하지 아니한 사유를 심사하여 이를 이유로 신고수리를 거부할 수는 없다."
* **대판 2014.10.15, 2014두37658** : "구 건축법(2014. 1. 14. 법률 제12246호로 개정되기 전의 것) 제16조 제1항 본문과 구 건축법 시행령(2012. 12. 12. 대통령령 제24229호로 개정되기 전의 것) 제12조 제1항 제3호, 제4항 및 구 건축법 시행규칙(2012. 12. 12. 국토해양부령 제522호로 개정되기 전의 것, 이하 같다) 제11조 제1항, 제3항의 내용에 비추어 보면, 구 건축법 시행규칙 제11조의 규정은 단순히 행정관청의 사무집행의 편의를 위한 것이 아니라, 허가대상 건축물의 양수인에게 건축주의 명의변경을 신고할 수 있는 공법상의 권리를 인정함과 아울러 행정관청에게는 그 신고를 수리할 의무를 지게 한 것으로 봄이 타당하므로, 허가대상 건축물의 양수인이 구 건축법 시행규

칙에 규정되어 있는 형식적 요건을 갖추어 시장·군수 등 행정관청에 적법하게 건축주의 명의변경을 신고한 때에는 행정관청은 그 신고를 수리하여야지 실체적인 이유를 내세워 신고의 수리를 거부할 수는 없다."

☞ 한편, 건축주 명의변경신고를 수리를 요하지 않는 신고 혹은 수리를 요하는 신고로 각각 해석한 학자가 있는데, 저자는 전자의 입장입니다.

적법한 신고가 있으면 행정청은 이를 수리하여야 하므로 준법률행위적 행정행위로서의 수리는 기속행위입니다. 그러나 적법한 신고에 대한 수리거부를 기속재량행위로 보아 적법하다고 볼 여지가 있지만, 이는 수리를 요하는 신고의 경우입니다. 왜냐하면, 자기완결적 신고에서는 수리가 법률효과의 발생요건이 아니므로 공익상의 이유를 들어 행한 수리거부를 굳이 적법하다고 해야 할 실질적 이유가 없기 때문입니다.

* **대판 2010.9.9, 2008두22631** : "구 '장사 등에 관한 법률'(2007. 5. 25. 법률 제8489호로 전부 개정되기 전의 것)의 관계 규정들에 비추어 보면, 같은 법 제14조 제1항에 의한 사설납골시설의 설치신고는, 같은 법 제15조 각 호에 정한 사설납골시설설치 금지지역에 해당하지 않고 같은 법 제14조 제3항 및 같은 법 시행령(2008. 5. 26. 대통령령 제20791호로 전부 개정되기 전의 것) 제13조 제1항의 [별표 3]에 정한 설치기준에 부합하는 한, 수리하여야 하나, 보건위생상의 위해를 방지하거나 국토의 효율적 이용 및 공공복리의 증진 등 중대한 공익상 필요가 있는 경우에는 그 수리를 거부할 수 있다고 보는 것이 타당하다."

☞ 여기에서의 사설납골시설 설치신고는 수리를 요하는 신고라 할 것입니다.

신고요건을 구비하지 못한 부적법한 신고에 대한 수리는 신고의 효력을 발생하지 않으므로 이때 신고대상 영업을 하면 처벌의 대상입니다. 이와 경우를 조금 달리하여, 예컨대, 식품위생법에 따른 식품접객업의 영업신고 요건을 갖추어 신고하였으나, 영업을 행하는 건축물이 무허가건물이면 해당 영업신고는 적법할까요? 개별법상 신고요건을 충족한 신고더라도 다른 법령에 의한 금지나 위반 사유가 있으면 수리 여부와 무관하게 적법한 신고로 볼 수 없으므로 그때의 영업행위는 미신고 영업에 따른 처벌의 대상이 됩니다.

* **대판 1998.4.24, 97도3121** : "체육시설의설치·이용에관한법률 제10조, 제11조, 제22조, 같은법 시행규칙 제8조 및 제25조의 각 규정에 의하면, 체육시설업은 등록체육시설업과 신고체육시설업으로 나누어지고, 당구장업과 같은 신고체육시설업을 하고자 하는 자는 체육시설업의 종류별로 같은법시행규칙이 정하는 해당 시설을 갖추어 소정의 양식에 따라 신고서를 제출하는 방식으로 시·도지사에 신고하도록 규정하고 있으므로, 소정의 시설을 갖추지 못한 체육시설업의 신고는 부적법한 것으로 그 수리가 거부될 수밖에 없고 그러한 상태에서 신고체육시설업의 영업행위를 계속하는 것은 무신고 영업행위에 해당할 것이지만, 이에 반하여 적법한 요건을 갖춘 신고의 경우에는 행정청의 수리처분 등 별단의 조처를 기다릴 필요 없이 그 접수시에 신고로서의 효력이 발생하는 것이므로 그 수리가 거부되었다고 하여 무신고 영업이 되는 것은 아니다."

* **대판 2009.4.23, 2008도6829** : "식품위생법과 건축법은 그 입법 목적, 규정사항, 적용범위 등을 서로 달리하고 있어 식품접객업에 관하여 식품위생법이 건축법에 우선하여 배타적으로 적용되는 관계에 있다고는 해석되지 않는다. 그러므로 식품위생법에 따른 식품접객업(일반음식점영업)의 영업신고의 요건을 갖춘 자라고 하더라도, 그 영업신고를 한 당해 건축물이 건축법 소정의 허가를 받지 아니한 무허가 건물이라면 적법한 신고를 할 수 없다. 불법 건축물이라는 이유로 일반음식점 영업신고의 접수가 거부되었고, 이전에 무신고 영업행위로 형사처벌까지 받았음에도 계속하여 일반음식점 영업행위를 한 피고인의 행위는, 식품위생법상 무신고 영업행위로서 정당행위 또는 적법행위에 대한 기대가능성이 없는 경우에 해당하지 아니한다."

3) 행정요건적 신고

행정요건적 신고는 사인의 신고에 대해 행정청이 이를 수리함으로써 법적 효과가 발생하는 신고를 말합니다. 즉, 적법한 신고와 함께 행정청의 수리행위를 법률효과 발생의 요건으로 합니다. 적법한 신고에 대해 행정청은 수리의무가 있음에도 이를 이행하지 않는 경우에 상응하여, 개별법에 따라서는 처리기간 내에 신고수리 여부나 처리기간의 연장 여부를 신고인에게 통지하지 않으면 신고를 수리한 것으로 간주하는 이른바 수리간주제도를 도입하고 있습니다(건축법 제21조 제4항,[1] 석유및석유대체연료사업법 제

---

1) 건축법 제21조(착공신고 등) ① 제11조·제14조 또는 제20조제1항에 따라 허가를 받거나 신고를 한 건축물의 공사를 착수하려는 건축주는 국토교통부령으로 정하는 바에 따라 허가권자에게 공사계획을 신고하여야 한다. 다만, 「건축물관리법」 제30조에 따라 건축물의 해체 허가를 받거나 신고할 때 착공 예정일을 기재한 경우에는 그러하지 아니하다.
③ 허가권자는 제1항 본문에 따른 신고를 받은 날부터 3일 이내에 신고수리 여부 또는 민원 처리 관련 법령에 따른 처리기간의 연장 여부를 신고인에게 통지하여야 한다.
④ 허가권자가 제3항에서 정한 기간 내에 신고수리 여부 또는 민원 처리 관련 법령에 따른 처리기간의 연

5조 제4항[1] 등).

자기완결적 신고와 행정요건적 신고의 구별은 여러 학문적 시도에도 불구하고 여전히 혼란스러우며, 향후 해결과제입니다. 다만, 판례상 영업허가의 명의변경신고(대판 1990.10.30, 90누1649)나 허가대상 영업의 양도·양수에 의한 지위승계신고(대판 1993.6.8, 91누11544)는 수리를 요하는 신고로 확립되어 있습니다. 그러나 전체적으로 보아 영업자 지위승계신고의 법적 성질은 양도·양수 영업의 성질에 따라 결정됩니다. 즉, 허가영업의 지위승계신고는 허가변경신고(허가변경신고는 당연히 수리를 요하는 신고의 성질을 띠고 그 수리나 수리거부는 처분입니다)이고 행정요건적 신고 영업의 지위승계신고의 경우에는 수리를 요하는 신고로 보아야 하며(그 수리나 수리거부는 처분에 해당합니다), 자기완결적 신고 영업의 지위승계신고는 수리를 요하지 않는 신고(그 수리나 수리거부는 처분이 아닙니다)라 할 것입니다. 다음 설명에 앞서 아래 판례들을 우선 검토합시다.

* **대판 2007.1.11, 2006두14537** : "구 노인복지법(2005. 3. 31. 법률 제7452호로 개정되기 전의 것)의 목적과 노인주거복지시설의 설치에 관한 법령의 각 규정들 및 노인복지시설에 대하여 각종 보조와 혜택이 주어지는 점 등을 종합하여 보면, 노인복지시설을 건축한다는 이유로 건축부지 취득에 관한 조세를 감면받고 일반 공동주택에 비하여 완화된 부대시설 설치기준을 적용받아 건축허가를 받은 자로서는 당연히 그 노인복지시설에 관한 설치신고 당시에도 당해 시설이 노인복지시설로 운영될 수 있도록 조치하여야 할 의무가 있고, 따라서 같은 법 제33조 제2항에 의한 유료노인복지주택의 설치신고를 받은 행정관청으로서는 그 유료노인복지주택의 시설 및 운영기준이 위 법령에 부합하는지와 아울러 그 유료노인복지주택이 적법한 입소대상자에게 분양되었는지와 설치신고 당시 부적격자들이 입소하고 있지는 않은지 여부까지 심사하여 그 신고의 수리 여부를 결정할 수 있다."
* **대판 2009.6.18, 2008두10997(전합)** : "주민들의 거주지 이동에 따른 주민등록전입신고에 대하여 행정청이 이를 심사하여 그 수리를 거부할 수는 있다고 하더라도, 그러한 행위는 자칫 헌법상 보장된

장 여부를 신고인에게 통지하지 아니하면 그 기간이 끝난 날의 다음 날에 신고를 수리한 것으로 본다.

1) 석유 및 석유대체연료 사업법 제5조(석유정제업의 등록 등) ② 석유제품 중 윤활유 등 대통령령으로 정하는 제품의 석유정제업을 하려는 자는 제1항에도 불구하고 산업통상자원부령으로 정하는 바에 따라 산업통상자원부장관에게 신고하여야 한다. 신고한 사항 중 생산능력 등 대통령령으로 정하는 사항을 변경하려는 경우에도 또한 같다.

③ 산업통상자원부장관은 제2항에 따른 신고·변경신고를 받은 날부터 7일 이내에 신고수리 여부를 신고인에게 통지하여야 한다.

④ 산업통상자원부장관이 제3항에서 정한 기간 내에 신고수리 여부 또는 민원 처리 관련 법령에 따른 처리기간의 연장을 신고인에게 통지하지 아니하면 그 기간(민원 처리 관련 법령에 따라 처리기간이 연장 또는 재연장된 경우에는 해당 처리기간을 말한다)이 끝난 날의 다음 날에 신고를 수리한 것으로 본다.

국민의 거주·이전의 자유를 침해하는 결과를 가져올 수도 있으므로, 시장·군수 또는 구청장의 주민등록전입신고 수리 여부에 대한 심사는 주민등록법의 입법 목적의 범위 내에서 제한적으로 이루어져야 한다. 한편, 주민등록법의 입법 목적에 관한 제1조 및 주민등록 대상자에 관한 제6조의 규정을 고려해 보면, 전입신고를 받은 시장·군수 또는 구청장의 심사 대상은 전입신고자가 30일 이상 생활의 근거로 거주할 목적으로 거주지를 옮기는지 여부만으로 제한된다고 보아야 한다. 따라서 전입신고자가 거주의 목적 이외에 다른 이해관계에 관한 의도를 가지고 있는지 여부, 무허가 건축물의 관리, 전입신고를 수리함으로써 당해 지방자치단체에 미치는 영향 등과 같은 사유는 주민등록법이 아닌 다른 법률에 의하여 규율되어야 하고, 주민등록전입신고의 수리 여부를 심사하는 단계에서는 고려 대상이 될 수 없다."

☞ 이 판례에서는 주민등록전입신고와 관련하여, 근거 규정상의 수리요건의 심사 이외에 지방자치법 등 다른 법률 규정은 수리를 위한 고려 대상이 아니라는 점도 중요합니다.

* **대판 2009.1.30, 2006다17850** : "주민등록은 단순히 주민의 거주관계를 파악하고 인구의 동태를 명확히 하는 것 외에도 주민등록에 따라 공법관계상의 여러 가지 법률상 효과가 나타나게 되는 것으로서, 주민등록의 신고는 행정청에 도달하기만 하면 신고로서의 효력이 발생하는 것이 아니라 행정청이 수리한 경우에 비로소 신고의 효력이 발생한다. 따라서 주민등록 신고서를 행정청에 제출하였다가 행정청이 이를 수리하기 전에 신고서의 내용을 수정하여 위와 같이 수정된 전입신고서가 수리되었다면 수정된 사항에 따라서 주민등록 신고가 이루어진 것으로 보는 것이 타당하다."

다수설은 수리를 요하는 신고에서는 형식적 요건뿐만 아니라 실질적 요건의 심사가 이루어진다고 봅니다. 위 2006두14537 판결의 밑줄 부분에서 보듯이 판례도 같은 입장입니다. 자기완결적 신고의 경우와 마찬가지로 행정요건적 신고의 형식적 요건을 갖추지 않은 경우에는 행정청은 보완을 명해야 하며, 그럼에도 보완을 하지 않는 경우에는 수리를 거부할 수 있습니다(행정절차법 제40조 제3항, 제4항). 행정요건적 신고에서의 수리와 수리거부는 처분성을 갖습니다. 그러나 수리거부가 처분이라고 하여 해당 신고가 수리를 요하는 신고인지는 판례상 명확하지 않습니다. 한편, 수리간주가 채택된 경우에도 수리나 수리거부는 처분성이 인정되어 행정쟁송의 대상이 됩니다.

신고필증 내지 신고필증의 교부는 사인의 신고를 수리하였음을 증명하는 의미의 준법률행위적 행정행위인 공증에 해당합니다. 그러나 행정요건적 신고에서도 신고필증의 교부가 필수적인 것은 아니며, 그 교부와 교부거부도 처분이 아닙니다. 신고필증의 교부가 공증이라면 이는 준법률행위적 행정행위이므로 처분이어야 하는데, 이는 그 예외에 해당합니다. 한편, 행정요건적신고의 수리나 수리거부가 처분임에 비해 이와 별도로 행하는 행정청의 신고사항 이행통지는 상대방 내지 관계인의 법률상 지위에 변동을 일으키지 않으므로 수리처분과 별개의 처분에 해당하지 않습니다.

＊ **대판 2011.9.8, 2009두6766** : "구 장사 등에 관한 법률(2007. 5. 25. 법률 제8489호로 전부 개정되기 전의 것, 이하 '구 장사법'이라 한다) 제14조 제1항, 구 장사 등에 관한 법률 시행규칙(2008. 5. 26. 보건복지가족부령 제15호로 전부 개정되기 전의 것) 제7조 제1항 [별지 제7호 서식]을 종합하면, 납골당설치 신고는 이른바 '수리를 요하는 신고'라 할 것이므로, 납골당설치 신고가 구 장사법 관련 규정의 모든 요건에 맞는 신고라 하더라도 신고인은 곧바로 납골당을 설치할 수는 없고, 이에 대한 행정청의 수리처분이 있어야만 신고한 대로 납골당을 설치할 수 있다. 한편 수리란 신고를 유효한 것으로 판단하고 법령에 의하여 처리할 의사로 이를 수령하는 수동적 행위이므로 수리행위에 신고필증 교부 등 행위가 꼭 필요한 것은 아니다. 파주시장이 종교단체 납골당설치 신고를 한 갑 교회에, '구 장사 등에 관한 법률(2007. 5. 25. 법률 제8489호로 전부 개정되기 전의 것, 이하 '구 장사법'이라 한다) 등에 따라 필요한 시설을 설치하고 유골을 안전하게 보관할 수 있는 설비를 갖추어야 하며 관계 법령에 따른 허가 및 준수 사항을 이행하여야 한다'는 내용의 납골당설치 신고사항 이행통지를 한 사안에서, 이행통지는 납골당설치 신고에 대하여 파주시장이 납골당설치 요건을 구비하였음을 확인하고 구 장사법령상 납골당설치 기준, 관계 법령상 허가 또는 신고 내용을 고지하면서 신고한 대로 납골당 시설을 설치하도록 한 것이므로, 파주시장이 갑 교회에 이행통지를 함으로써 납골당설치 신고수리를 하였다고 보는 것이 타당하고, 이행통지가 새로이 갑 교회 또는 관계자들의 법률상 지위에 변동을 일으키지는 않으므로 이를 수리처분과 별도로 항고소송 대상이 되는 다른 처분으로 볼 수 없다."

수리가 무효이면 신고의 효과가 발생하지 않으므로 신고 후 영업행위는 미신고행위에 다름 아니어서 처벌의 대상이 됩니다. 그러나 수리에 취소사유의 하자가 있다면 공정력에 의해 수리의 취소 전까지는 수리의 효력이 인정되므로 영업행위를 불법영업으로 볼 것은 아닙니다. 이는 부적법한 신고에 대해 수리를 하였고 그 수리에 취소사유의 하자가 있는 경우에도 마찬가지입니다. 물론 부적법한 신고 자체에 대한 제재는 가능합니다. 한편, 신고에 무효사유의 하자가 있다면 신고수리도 무효입니다. 위 내용은 주로 '신고의 대상이 되는 기본행위의 하자와 수리의 관계'의 제하에 논의되는 것인데, 이에 대해서는 후술합니다. 신고를 함에 있어 근거 법률상의 신고요건뿐만 아니라 다른 법률상의 요건도 충족하여야 적법한 신고라 할 수 있는 것은 자기완결적 신고뿐만 아니라 행정요건적 신고의 경우에도 공히 적용됩니다.

4) 수리를 요하는 신고, 등록 및 허가의 구별

어느 연구결과에 의하면, 현행법령상 신고 규정은 약 450개 법률에 약 1,300여 건에 달한다고 합니다. 수리를 요하는 신고와 수리를 요하지 않는 신고의 구별기준에 대해 논자마다의 생각이 달라 양자 간 구별이 용이하지 않습니다. 학자에 따라서는 최근 들어 자기완결적 신고로 이해하던 상당수의 신고가 수리를 요하는 신고로 전환되어, 이제 수리를 요하지 않는 신고는 명문의 규정을 둔 경우나 종래 실무에서 자기완결적 신고로 인정된 것 중에서 아직 수리를 요하는 신고로 전환되지 않은 것에 한정한다는 견해를 피력하기도 합니다.

등록사항을 공적장부에 등재하여 공시하는 행위인 등록은 본래 준법률행위적 행정행위로서의 공증의 성질을 가지는데, 이는 신청을 전제로 하는 점에서 원칙적으로 신고와 구별합니다. 그러나 행정실무는 등록과 신고의 구별을 잘 알지 못하는데, 이는 굳이 구별해야 할 필연적 이유가 없기 때문이기도 합니다. 이를테면, 주민등록은 표현 그대로 '등록'입니다. 그러나 우리는 주민등록전입신고에서 보듯이 이를 수리를 요하는 신고로서 통용합니다. 학자에 따라서는 이를 변형된 등록이라고 하는데, 이런 입장에는 동의할 수 없습니다. 판례는 (구)유통산업발전법에 따른 대규모점포 개설등록을 수리를 요하는 신고로 간주하는데, 대규모점포 개설등록을 변형된 허가로 보아야 한다는 견해도 존재합니다.

* **대판 2015.11.19, 2015두295(전합)** : "[1] 기존의 행정처분을 변경하는 내용의 행정처분이 뒤따르는 경우, 후속처분이 종전처분을 완전히 대체하는 것이거나 주요 부분을 실질적으로 변경하는 내용인 경우에는 특별한 사정이 없는 한 종전처분은 효력을 상실하고 후속처분만이 항고소송의 대상이 되지만, <u>후속처분의 내용이 종전처분의 유효를 전제로 내용 중 일부만을 추가·철회·변경하는 것이고 추가·철회·변경된 부분이 내용과 성질상 나머지 부분과 불가분적인 것이 아닌 경우에는, 후속처분에도 불구하고 종전처분이 여전히 항고소송의 대상이 된다</u>. 따라서 종전처분을 변경하는 내용의 후속처분이 있는 경우 법원으로서는, 후속처분의 내용이 종전처분 전체를 대체하거나 주요 부분을 실질적으로 변경하는 것인지, 후속처분에서 추가·철회·변경된 부분의 내용과 성질상 나머지 부분과 가분적인지 등을 살펴 항고소송의 대상이 되는 행정처분을 확정하여야 한다.
  [2] [다수의견] 구 유통산업발전법(2013. 1. 23. 법률 제11626호로 개정되기 전의 것, 이하 같다) 제2조 제3호, 제3의2호, 제8조 제1항, 제12조의2 제1항, 제2항, 제3항, 구 유통산업발전법 시행령(2013. 4. 22. 대통령령 제24511호로 개정되기 전의 것, 이하 같다) 제3조 제1항 [별표 1], 제7조의2의 내용과 체계, 구 유통산업발전법의 입법 목적 등과 아울러, 구 유통산업발전법 제12조의2 제1항, 제2항, 제3항은 기존의 대규모점포의 등록된 유형 구분을 전제로 '대형마트로 등록된 대규모점포'를 일체로서 규제 대상으로 삼고자 하는 데 취지가 있는 점, <u>대규모점포의 개설 등록은 이른바 '수리를 요하는 신고'로서 행정처분에 해당</u>하고 등록은 구체적 유형 구분에 따라 이루어지므로, 등록의 효력은 대규모점포가 구체적으로 어떠한 유형에 속하는지에 관하여도 미치는 점, 따라서 대규모

점포가 대형마트로 개설 등록되었다면 점포의 유형을 포함한 등록내용이 대규모점포를 개설하고자 하는 자의 신청 등에 따라 변경등록되지 않는 이상 대규모점포를 개설하고자 하는 자 등에 대한 구속력을 가지는 점 등에 비추어 보면, 구 유통산업발전법 제12조의2 제1항, 제2항, 제3항에 따라 영업시간 제한 등 규제 대상이 되는 대형마트에 해당하는지는, 일단 대형마트로 개설 등록되었다면 특별한 사정이 없는 한, 개설 등록된 형식에 따라 대규모점포를 일체로서 판단하여야 하고, 대규모점포를 구성하는 개별 점포의 실질이 대형마트의 요건에 부합하는지를 다시 살필 것은 아니다."

☞ 위 판례와 관련하여 [2]의 밑줄 부분에서 '수리를 요하는 신고'를 '처분'이라고 읽으면 안 됩니다. 수리를 요하는 신고의 수리, 즉 등록이 행정처분이라는 의미입니다. 신고는 사인의 공법행위로서 여기에서의 사인이 행정주체가 될 수는 없습니다.

요컨대, 수리를 요하는 신고와 등록은 법리적으로 구별되는 것이었지만 현재 양자의 구별은 명확하지 않고, 특히 실무에서는 등록을 수리를 요하는 신고와 같은 의미로 혼용하는 것으로 평가할 수 있습니다. 다음은 등록 내지 수리를 요하는 신고와 허가의 구별입니다. 최근 규제완화의 일환으로 종래 허가사항이 신고사항으로 다수 전환되었지만, 후속 작업의 미비로 종래 허가요건이 그대로 신고요건으로 잔존하는 경우를 흔히 볼 수 있습니다. 이에 따라 신고요건의 흠결을 이유로 수리거부가 행해지는 경우가 흔히 발생합니다. 이런 점을 고려한다면, 수리를 요하는 신고도 허가와 법리상 구별 개념이지만, 전자를 요건심사의 강도 측면에서 볼 때 '완화된 허가제'로 해석할 수 있습니다. 이상의 내용을 심사의 강도 측면에 착안하여 굳이 표현하자면, 아래가 될 것입니다.

자기완결적 신고 < 행정요건적 신고 ≒ 등록 ≒ 완화된 허가 < 강학상 허가

* **대판 1993.6.8, 91누11544** : "액화석유가스의안전및사업관리법 제7조 제2항에 의한 사업양수에 의한 지위승계신고를 수리하는 허가관청의 행위는 단순히 양도, 양수자 사이에 발생한 사법상의 사업양도의 법률효과에 의하여 양수자가 사업을 승계하였다는 사실의 신고를 접수하는 행위에 그치는 것이 아니라 실질에 있어서 양도자의 사업허가를 취소함과 아울러 양수자에게 적법히 사업을 할 수 있는 법규상 권리를 설정하여 주는 행위로서 사업허가자의 변경이라는 법률효과를 발생시키는 행위이므로 허가관청이 법 제7조 제2항에 의한 사업양수에 의한 지위승계신고를 수리하는 행위는 행정처분에 해당한다."

2. 건축신고 수리 및 수리거부의 법적 성격

1) 건축신고의 법적 성질

건축법 제14조 제1항에 의하여 신고를 함으로써 건축허가를 받은 것으로 간주하는 건축신고는 행정청의 수리행위 등 별다른 조치를 기다릴 필요 없이 적법 요건을 갖춘 신고만으로 건축행위를 할 수 있는 법률효과가 발생하는 수리를 요하지 않는 신고에 해당합니다. 따라서 건축신고의 수리나 수리거부만으로는 원칙적으로 제3자인 인근 토지소유자 등이나 건축주의 구체적인 권리의무에 직접 변동을 초래하지 않으므로 이들을 행정처분이라고 할 수 없습니다.

2) 인·허가의제 효과를 수반하는 건축신고의 수리 및 수리거부의 법적 성질

건축법 제14조에 의한 건축신고처럼 원칙적으로 자기완결적 신고이더라도 그 신고가 인·허가의제의 효과를 갖는 경우에는 신고수리 행정청이 인·허가의 실체적인 요건을 심사하여야 하므로 이때의 신고는 수리를 요하는 신고이고, 신고의 수리 및 수리거부는 항고소송의 대상이 되는 처분이라는 것이 판례의 입장입니다. 인·허가의제 제도의 취지에 비추어 볼 때, 인·허가가 의제되는 경우라 하더라도 의제사항 관련 법률에 따른 각각의 인·허가 요건에 관한 일체의 심사를 배제하려는 것으로 볼 수 없는 점에서 판례 입장은 타당합니다.

* **대판 2011.1.20, 2010두14954(전합)** : "건축법에서 인·허가의제 제도를 둔 취지는, 인·허가의제사항과 관련하여 건축허가 또는 건축신고의 관할 행정청으로 그 창구를 단일화하고 절차를 간소화하며 비용과 시간을 절감함으로써 국민의 권익을 보호하려는 것이지, 인·허가의제사항 관련 법률에 따른 각각의 인·허가 요건에 관한 일체의 심사를 배제하려는 것으로 보기는 어렵다. 왜냐하면, 건축법과 인·허가의제사항 관련 법률은 각기 고유한 목적이 있고, 건축신고와 인·허가의제사항도 각각 별개의 제도적 취지가 있으며 그 요건 또한 달리하기 때문이다. 나아가 인·허가의제사항 관련 법률에 규정된 요건 중 상당수는 공익에 관한 것으로서 행정청의 전문적이고 종합적인 심사가 요구되는데, 만약 건축신고만으로 인·허가의제사항에 관한 일체의 요건 심사가 배제된다고 한다면, 중대한 공익상의 침해나 이해관계인의 피해를 야기하고 관련 법률에서 인·허가 제도를 통하여 사인의 행위를 사전에 감독하고자 하는 규율체계 전반을 무너뜨릴 우려가 있다. 또한 무엇보다도 건축신고를 하

> 려는 자는 인·허가의제사항 관련 법령에서 제출하도록 의무화하고 있는 신청서와 구비서류를 제출하여야 하는데, 이는 건축신고를 수리하는 행정청으로 하여금 인·허가의제사항 관련 법률에 규정된 요건에 관하여도 심사를 하도록 하기 위한 것으로 볼 수밖에 없다. 따라서 **인·허가의제 효과를 수반하는 건축신고는 일반적인 건축신고와는 달리, 특별한 사정이 없는 한 행정청이 그 실체적 요건에 관한 심사를 한 후 수리하여야 하는 이른바 '수리를 요하는 신고'**로 보는 것이 옳다. 일정한 건축물에 관한 건축신고는 건축법 제14조 제2항, 제11조 제5항 제3호에 의하여 국토의 계획 및 이용에 관한 법률 제56조에 따른 개발행위허가를 받은 것으로 의제되는데, 국토의 계획 및 이용에 관한 법률 제58조 제1항 제4호에서는 개발행위허가의 기준으로 주변 지역의 토지이용실태 또는 토지이용계획, 건축물의 높이, 토지의 경사도, 수목의 상태, 물의 배수, 하천·호소·습지의 배수 등 주변환경이나 경관과 조화를 이룰 것을 규정하고 있으므로, 국토의 계획 및 이용에 관한 법률상의 개발행위허가로 의제되는 건축신고가 위와 같은 기준을 갖추지 못한 경우 행정청으로서는 이를 이유로 그 수리를 거부할 수 있다고 보아야 한다."

그러나 위 판례의 다수의견에는 반대의견도 개진되었습니다. '건축법상 신고사항에 관하여 건축을 하고자 하는 자가 적법한 요건을 갖춘 신고만 하면 건축을 할 수 있고, 행정청의 수리 등 별단의 조처를 기다릴 필요는 없다'는 대법원의 종래 견해를 인·허가가 의제되는 건축신고의 경우에도 그대로 유지하는 편이 보다 합리적이라고 주장합니다. 또한, 수리는 타인의 행위를 유효한 행위로 받아들이는 수동적 의사행위를 말하는 점에서 허가와 명확히 구별되는 것인데, 행정청이 인·허가의제 조항에 따른 국토의 계획 및 이용에 관한 법률상 개발행위허가 요건 등을 갖추었는지 여부에 관하여 심사를 한 다음, 그 허가 요건을 갖추지 못하였음을 이유로 들어 수리거부를 할 수 있다면, 신고를 사실상 허가와 아무런 차이가 없게 만드는 것으로 해석할 수도 있지요. 나아가 이러한 결과에 따르면 인·허가의제 조항을 특별히 규정하고 있는 입법 취지가 몰각됨은 물론, 신고와 허가의 본질에 기초하여 건축신고와 건축허가 제도를 따로 규정하고 있는 제도적 의미 및 신고제와 허가제 전반에 관한 이론적 틀이 형해화될 가능성이 있음을 반대의 주된 논거로 합니다. 반대의견을 따를 경우, 의제되는 인·허가의 요건을 충족하지 않는 건축신고의 경우 의제되는 인·허가의 요건 미충족을 이유로 건축신고가 수리거부 되었다 하더라도 건축신고의 요건을 구비한 신고는 여전히 자기완결적 신고로서 건축신고의 효과가 발생하고, 의제되는 인·허가의 효력만 발생하지 않는 것으로 보게 됩니다.

3) 불이익조치의 수반 관련 건축신고 수리 및 수리거부의 법적 성격

자기완결적 신고인 건축신고가 반려되었음에도 해당 건축행위를 하여 시정명령, 이행강제금, 벌금 등 신고인의 법적 불이익이 수반되는 경우에는, 후행 불이익처분을 대상으로 다투게 하는 것이 아니라 위험의 실효적 제거를 위해 수리거부 단계에서 그 처분성을 인정하는 것이 판례의 입장입니다. 만약 수리거부를 대상으로 쟁송상 다툴 수 없다면, 건축미신고 상태에서의 건축행위에 대한 이행강제금 등 불이익 조치를 다투더라도 그 불이익 조치의 근거 규정에 대한 규범통제를 통하는 것은 별론, 또는 이행강제금 등 자체에 고유한 위법이 없는 한 원고의 승소 가능성은 없기 때문입니다.

> * **대판 2010.11.18, 2008두167(전합)** : "행정청의 어떤 행위가 항고소송의 대상이 될 수 있는지의 문제는 추상적·일반적으로 결정할 수 없고, 구체적인 경우 행정처분은 행정청이 공권력의 주체로서 행하는 구체적 사실에 관한 법집행으로서 국민의 권리의무에 직접적으로 영향을 미치는 행위라는 점을 염두에 두고, 관련 법령의 내용과 취지, 그 행위의 주체·내용·형식·절차, 그 행위와 상대방 등 이해관계인이 입는 불이익과의 실질적 견련성, 그리고 법치행정의 원리와 당해 행위에 관련한 행정청 및 이해관계인의 태도 등을 참작하여 개별적으로 결정하여야 한다. 구 건축법(2008. 3. 21. 법률 제8974호로 전부 개정되기 전의 것) 관련 규정의 내용 및 취지에 의하면, 행정청은 건축신고로써 건축허가가 의제되는 건축물의 경우에도 그 신고 없이 건축이 개시될 경우 건축주 등에 대하여 공사중지·철거·사용금지 등의 시정명령을 할 수 있고(제69조 제1항), 그 시정명령을 받고 이행하지 않은 건축물에 대하여는 당해 건축물을 사용하여 행할 다른 법령에 의한 영업 기타 행위의 허가를 하지 않도록 요청할 수 있으며(제69조 제2항), 그 요청을 받은 자는 특별한 이유가 없는 한 이에 응하여야 하고(제69조 제3항), 나아가 행정청은 그 시정명령의 이행을 하지 아니한 건축주 등에 대하여는 이행강제금을 부과할 수 있으며(제69조의2 제1항 제1호), 또한 건축신고를 하지 않은 자는 200만 원 이하의 벌금에 처해질 수 있다(제80조 제1호, 제9조). 이와 같이 <u>건축주 등은 신고제하에서도 건축신고가 반려될 경우 당해 건축물의 건축을 개시하면 시정명령, 이행강제금, 벌금의 대상이 되거나 당해 건축물을 사용하여 행할 행위의 허가가 거부될 우려가 있어 불안정한 지위에 놓이게 된다.</u> 따라서 <u>건축신고 반려행위가 이루어진 단계에서 당사자로 하여금 반려행위의 적법성을 다투어 그 법적 불안을 해소한 다음 건축행위에 나아가도록 함으로써 장차 있을지도 모르는 위험에서 미리 벗어날 수 있도록 길을 열어 주고, 위법한 건축물의 양산과 그 철거를 둘러싼 분쟁을 조기에 근본적으로 해결할 수 있게 하는 것이 법치행정의 원리에 부합</u>한다. 그러므로 건축신고 반려행위는 항고소송의 대상이 된다고 보는 것이 옳다."

앞서 설명한 2010두14954 판결과는 달리, 위 2008두167 판결에서는 불이익 조치와 관련한 건축신고의 수리 및 수리거부를 처분이라 하면서도 그때의 건축신고의 법적 성격을 명확히 밝히지 않고 있습니다. 수리를 요하는 신고인지 자기완결적 신고인지에 대한 명확한 입장이 판결문에 나타나지 않음을 의미합니다. 이와 관련하여 학설도 나뉘는데, 이때의 신고를 수리를 요하는 신고로 보는 것이 타당합니다. 그렇지 않을 경우 자기완결적 신고의 수리·수리거부에 대해 처분성을 부인하는 원칙론과 이 판례의 충돌 현상을 해결하기가 쉽지 않습니다.

이상의 논의를 종합하건대, 건축신고는 원칙적으로 자기완결적 신고로서 그에 대한 수리와 수리거부는 처분이 아니지만, ⓐ 인·허가의제를 수반하는 건축신고와 ⓑ 불이익 조치 수반 관련 건축신고의 경우에는 그 수리와 수리거부의 처분성을 인정하는 것이 판례의 입장입니다. 다만, 판례는 인·허가의제를 수반하는 건축신고의 경우 건축신고를 수리를 요하는 신고로 확인하였지만, 불이익조치가 수반하는 건축신고의 사안에서는 그 처분성만 언급할 뿐 수리를 요하는 신고 여부에 대해서는 침묵하고 있어 학설상 논란의 여지가 있습니다.

3. 영업양도 등으로 인한 지위승계신고의 제 문제

1) 지위승계신고의 구조

허가영업의 양도·양수에 의한 영업자 지위승계신고는 행정기본법 제34조 상의 '수리를 요하는 신고'에 해당함은 앞에서 살펴본 바와 같습니다. 따라서 이 경우 지위승계신고의 수리와 수리거부는 각각 항고소송의 대상인 처분에 해당합니다.

에컨대, 식품위생법 제37조와 제39조의 규범구조를 고려할 때,[1] 영업양도 등으로 인해 영업자의 지위를 승계한 자가 행하는 지위승계신고에 대한 행정청의 수리는 양도인에 대한 영업허가취소와 양수인의 권리설정행위가 결합된 것입니다. 따라서 허가영업의

---

1) 식품위생법 제37조(영업허가 등) ① 제36조제1항 각 호에 따른 영업 중 대통령령으로 정하는 영업을 하려는 자는 대통령령으로 정하는 바에 따라 영업 종류별 또는 영업소별로 식품의약품안전처장 또는 특별자치시장·특별자치도지사·시장·군수·구청장의 허가를 받아야 한다. 허가받은 사항 중 대통령령으로 정하는 중요한 사항을 변경할 때에도 또한 같다.
제39조(영업 승계) ① 영업자가 영업을 양도하거나 사망한 경우 또는 법인이 합병한 경우에는 그 양수인·상속인 또는 합병 후 존속하는 법인이나 합병에 따라 설립되는 법인은 그 영업자의 지위를 승계한다.

양수인의 지위승계신고는 실질적으로 허가의 신청이고 행정청의 수리는 양도인에 대한 허가취소이자 양수인에게는 실질적으로 허가처분 발령의 성질이라고 보아야 합니다. 만약 양도인의 최초 신고대상 영업이 수리를 요하는 신고에 해당하면 해당 영업자의 지위승계신고도 수리를 요하는 신고의 성질을 띱니다. 즉, 지위승계신고나 그 수리의 법적 성격은 신고대상 영업의 최초 법률관계 내지 법적 성질에 좌우된다고 할 것입니다.

* **대판 2012.12.13, 2011두29144** : "구 관광진흥법(2010. 3. 31. 법률 제10219호로 개정되기 전의 것) 제8조 제4항에 의한 지위승계신고를 수리하는 허가관청의 행위는 단순히 양도·양수인 사이에 이미 발생한 사법상 사업양도의 법률효과에 의하여 양수인이 그 영업을 승계하였다는 사실의 신고를 접수하는 행위에 그치는 것이 아니라, 영업허가자의 변경이라는 법률효과를 발생시키는 행위이다."
* **대판 2020.3.26, 2019두38830** : "식품위생법 제39조 제1항, 제3항에 의한 영업양도에 따른 지위승계 신고를 행정청이 수리하는 행위는 단순히 양도·양수인 사이에 이미 발생한 사법상의 영업양도의 법률효과에 의하여 양수인이 그 영업을 승계하였다는 사실의 신고를 접수하는 행위에 그치는 것이 아니라, 양도자에 대한 영업허가 등을 취소함과 아울러 양수자에게 적법하게 영업을 할 수 있는 지위를 설정하여 주는 행위로서 영업허가자 등의 변경이라는 법률효과를 발생시키는 행위이다. 따라서 양수인은 영업자 지위승계 신고서에 해당 영업장에서 적법하게 영업을 할 수 있는 요건을 모두 갖추었다는 점을 확인할 수 있는 소명자료를 첨부하여 제출하여야 하며(식품위생법 시행규칙 제48조 참조), 그 요건에는 신고 당시를 기준으로 해당 영업의 종류에 사용할 수 있는 적법한 건축물(점포)의 사용권원을 확보하고 식품위생법 제36조에서 정한 시설기준을 갖추어야 한다는 점도 포함된다. 영업장 면적이 변경되었음에도 그에 관한 신고의무가 이행되지 않은 영업을 양수한 자 역시 그와 같은 신고의무를 이행하지 않은 채 영업을 계속한다면 시정명령 또는 영업정지 등 제재처분의 대상이 될 수 있다."

2) 지위승계신고의 수리·수리거부와 행정절차

자기완결적 신고를 수리하더라도 그 수리는 처분이 아니므로 행정절차법 규정의 적용 여부는 논의의 대상이 아닙니다. 그러나 수리를 요하는 신고의 대상영업에 대한 지위승계신고의 수리나 수리거부는 공히 처분에 해당하므로 행정절차법이 적용되어야 합니다. 구체적으로 볼 때 이 경우의 지위승계신고의 수리는 양수인에게는 수익적 처분, 양도인에게는 침익적 처분, 즉 전체적으로 보아 복효적 행정행위의 실질을 띠겠지요. 지위승계신고의 수리거부에서는 그 반대의 구조를 보입니다. 따라서 전자의 경우에는 종전

영업자인 양도인에게, 후자의 경우에는 신규 영업권자인 양수인에게 각각 행정절차법상의 절차규정이 적용됩니다.

* **대판 2003.2.14, 2001두7015** : "구 식품위생법(2002. 1. 26. 법률 제6627호로 개정되기 전의 것) 제25조 제2항, 제3항의 각 규정에 의하면, 지방세법에 의한 압류재산 매각절차에 따라 영업시설의 전부를 인수함으로써 그 영업자의 지위를 승계한 자가 관계 행정청에 이를 신고하여 행정청이 이를 수리하는 경우에는 종전의 영업자에 대한 영업허가 등은 그 효력을 잃는다 할 것인데, 위 규정들을 종합하면 위 행정청이 구 식품위생법 규정에 의하여 영업자지위승계신고를 수리하는 처분은 종전의 영업자의 권익을 제한하는 처분이라 할 것이고 따라서 종전의 영업자는 그 처분에 대하여 직접 그 상대가 되는 자에 해당한다고 봄이 상당하므로, 행정청으로서는 위 신고를 수리하는 처분을 함에 있어서 행정절차법 규정 소정의 당사자에 해당하는 종전의 영업자에 대하여 위 규정 소정의 행정절차를 실시하고 처분을 하여야 한다."
* **대판 2012.12.13, 2011두29144** : "행정절차법 제21조 제1항, 제22조 제3항 및 제2조 제4호의 각 규정에 의하면, 행정청이 당사자에게 의무를 과하거나 권익을 제한하는 처분을 할 때에는 당사자 등에게 처분의 사전통지를 하고 의견제출의 기회를 주어야 하며, 여기서 당사자란 행정청의 처분에 대하여 직접 그 상대가 되는 자를 의미한다. 한편 구 관광진흥법(2010. 3. 31. 법률 제10219호로 개정되기 전의 것, 이하 같다) 제8조 제2항, 제4항, 구 체육시설의 설치·이용에 관한 법률(2010. 3. 31. 법률 제10219호로 개정되기 전의 것, 이하 '구 체육시설법'이라 한다) 제27조 제2항, 제20조의 각 규정에 의하면, 공매 등의 절차에 따라 문화체육관광부령으로 정하는 주요한 유원시설업 시설의 전부 또는 체육시설업의 시설 기준에 따른 필수시설을 인수함으로써 유원시설업자 또는 체육시설업자의 지위를 승계한 자가 관계 행정청에 이를 신고하여 행정청이 수리하는 경우에는 종전 유원시설업자에 대한 허가는 효력을 잃고, 종전 체육시설업자는 적법한 신고를 마친 체육시설업자의 지위를 부인당할 불안정한 상태에 놓이게 된다. 따라서 행정청이 구 관광진흥법 또는 구 체육시설법의 규정에 의하여 유원시설업자 또는 체육시설업자 지위승계신고를 수리하는 처분은 종전 유원시설업자 또는 체육시설업자의 권익을 제한하는 처분이고, 종전 유원시설업자 또는 체육시설업자는 그 처분에 대하여 직접 그 상대가 되는 자에 해당한다고 보는 것이 타당하므로, 행정청이 그 신고를 수리하는 처분을 할 때에는 행정절차법 규정에서 정한 당사자에 해당하는 종전 유원시설업자 또는 체육시설업자에 대하여 위 규정에서 정한 행정절차를 실시하고 처분을 하여야 한다."

3) 영업의 사실상 양수인의 법적 지위

영업양도를 위한 사법상의 계약체결 후 지위승계신고의 수리 전에는 수허가자로서의 영업권자는 법적인 의미에서 여전히 양도인이므로 영업허가취소처분의 상대방도 양도인이어야 합니다. 그러나 이때 양수인의 입장에서도 영업허가가 유효하게 존속하는 것이 영업자지위승계신고의 전제가 될 것이므로 양수인은 행정청의 양도인에 대한 취소처분을 다툴 원고적격이 있다고 보아야 합니다. 즉, 비록 지위승계신고 이전이지만 사실상 양수인이 향유하는 법적 지위는 근거 법령에 의해 보호되는 개별적·구체적·직접적 이익인 법률상 이익에 해당합니다.

* **대판 2003.7.11, 2001두6289** : "산림법 제90조의2 제1항, 제118조 제1항, 같은법시행규칙 제95조의2 등 산림법령이 수허가자의 명의변경제도를 두고 있는 취지는, 채석허가가 일반적·상대적 금지를 해제하여 줌으로써 채석행위를 자유롭게 할 수 있는 자유를 회복시켜 주는 것일 뿐 권리를 설정하는 것이 아니어서 관할 행정청과의 관계에서 수허가자의 지위의 승계를 직접 주장할 수는 없다 하더라도, 채석허가가 대물적 허가의 성질을 아울러 가지고 있고 수허가자의 지위가 사실상 양도·양수되는 점을 고려하여 수허가자의 지위를 사실상 양수한 양수인의 이익을 보호하고자 하는 데 있는 것으로 해석되므로, 수허가자의 지위를 양수받아 명의변경신고를 할 수 있는 양수인의 지위는 단순한 반사적 이익이나 사실상의 이익이 아니라 산림법령에 의하여 보호되는 직접적이고 구체적인 이익으로서 법률상 이익이라고 할 것이고, 채석허가가 유효하게 존속하고 있다는 것이 양수인의 명의변경신고의 전제가 된다는 의미에서 관할 행정청이 양도인에 대하여 채석허가를 취소하는 처분을 하였다면 이는 양수인의 지위에 대한 직접적 침해가 된다고 할 것이므로 양수인은 채석허가를 취소하는 처분의 취소를 구할 법률상 이익을 가진다."

4) 기본행위의 하자와 지위승계신고수리처분무효확인소송

기본행위에 하자가 있는 경우 인가 자체의 하자가 없는 이상 기본행위를 다투는 것은 별론, 인가처분을 소송상 다툴 소의 이익이 인정되지 않습니다. 이러한 논증 구조가 지위승계신고수리의 경우에도 동일하게 적용되는가의 문제입니다. 수리를 요하는 신고에서 그 수리의 법적 효과와 관련하여, 수리의 대상인 기본행위가 존재하지 않거나 무효인 경우에는 비록 수리가 있었다 하여 그 수리는 대상이 없는 수리에 해당하여 무효임은 당연한 이치라 할 것입니다. 인가에서와는 달리 허가영업의 양도·양수와 관련하여 그 기본행위인 민사상 매매계약 등이 무효인 경우, 양도인은 민사소송으로 매매계약 등 기본행위 효력 유무를 다툴 수 있을 뿐만 아니라 이에 갈음하여 곧바로 항고소송으로 지위승계신고수리처분의 무효확인을 구할 소의 이익이 인정된다는 것이 판례의 입장입니다.

* **대판 2005.12.23, 2005두3554** : "[1] 사업양도·양수에 따른 허가관청의 지위승계신고의 수리는 적법한 사업의 양도·양수가 있었음을 전제로 하는 것이므로 그 수리대상인 사업양도·양수가 존재하지 아니하거나 무효인 때에는 수리를 하였다 하더라도 그 수리는 유효한 대상이 없는 것으로서 당연히 무효라 할 것이고, 사업의 양도행위가 무효라고 주장하는 양도자는 민사쟁송으로 양도·양수행위의 무효를 구함이 없이 막바로 허가관청을 상대로 하여 행정소송으로 위 신고수리처분의 무효확인을 구할 법률상 이익이 있다.
[2] 하자 있는 행정처분을 놓고 이를 무효로 볼 것인지 아니면 단순히 취소할 수 있는 처분으로 볼 것인지는 동일한 사실관계를 토대로 한 법률적 평가의 문제에 불과하고, 행정처분의 무효확인을 구하는 소에는 특단의 사정이 없는 한 그 취소를 구하는 취지도 포함되어 있다고 보아야 하는 점 등에 비추어 볼 때, 동일한 행정처분에 대하여 무효확인의 소를 제기하였다가 그 후 그 처분의 취소를 구하는 소를 추가적으로 병합한 경우, 주된 청구인 무효확인의 소가 적법한 제소기간 내에 제기되었다면 추가로 병합된 취소청구의 소도 적법하게 제기된 것으로 봄이 상당하다."

5) 지위 승계와 위법의 승계

다수 법령에서 영업양도의 경우 양수인의 지위승계 규정을 두면서 양도인에 대한 제재사유 내지 제재처분의 승계에 대해서는 규정하지 않습니다.[1] 이때 지위승계규정을

1) 식품위생법 등은 양자를 모두 규정합니다.

* **식품위생법 제39조(영업 승계)** ① 영업자가 영업을 양도하거나 사망한 경우 또는 법인이 합병한 경우에는 그 양수인·상속인 또는 합병 후 존속하는 법인이나 합병에 따라 설립되는 법인은 그 영업자의 지위를 승계한다.
제78조(행정 제재처분 효과의 승계) 영업자가 영업을 양도하거나 법인이 합병되는 경우에는 제75조제1항 각 호, 같은 조 제2항 또는 제76조제1항 각 호를 위반한 사유로 종전의 영업자에게 행한 행정 제재처분의 효과는 그 처분기간이 끝난 날부터 1년간 양수인이나 합병 후 존속하는 법인에 승계되며, 행정 제재처분 절차가 진행 중인 경우에는 양수인이나 합병 후 존속하는 법인에 대하여 행정 제재처분 절차를 계속할 수 있다. 다만, 양수인이나 합병 후 존속하는 법인이 양수하거나 합병할 때에 그 처분 또는 위반사실을 알지 못하였음을 증명하는 때에는 그러하지 아니하다.
* **석유 및 석유대체연료 사업법 제7조(석유정제업자의 지위 승계)** ① 다음 각 호의 어느 하나에 해당하는 자는 석유정제업자의 지위를 승계한다.
  1. 석유정제업자가 그 사업의 전부를 양도한 경우 그 양수인
  2. 석유정제업자가 사망한 경우 그 상속인
  3. 법인인 석유정제업자가 합병한 경우 합병 후 존속하는 법인이나 합병으로 설립되는 법인

제8조(처분 효과의 승계) 제7조에 따라 석유정제업자의 지위가 승계되면 종전의 석유정제업자에 대한 제13조제1항에 따른 사업정지처분(제14조에 따라 사업정지를 갈음하여 부과하는 과징금부과처분을 포함한다)의 효과는 새로운 석유정제업자에게 승계되며, 처분의 절차가 진행 중일 때에는 새로운 석유정제업자에 대하여 그 절차를 계속 진행할 수 있다. 다만, 새로운 석유정제업자(상속으로 승계받은 자는 제외한다)가 석유

들어 제재사유 내지 제재처분의 승계의 근거로 삼을 수 있는지의 문제입니다.

불법영업을 이유로 영업정지처분이 행해진 업장의 업주가 영업정지처분의 효력 발생 전 이를 숨기고 양수인에게 영업을 양도하는 경우를 흔히 봅니다. 판례는 대물적 영업양도의 경우 명문의 규정이 없더라도 양도 전 존재하는 영업정지 사유를 이유로 양수인에 대한 영업정지처분이 가능하다고 판시하였습니다. 다만, 거기에는 선의의 양수인인지 여부, 제재사유발생 후 제재처분의 발령 시점(실권의 법리) 등 일정한 한계가 있습니다.

* **대판 2001.6.29, 2001두1611** : "구 공중위생관리법(2000. 1. 12. 법률 제6155호로 개정되기 전의 것) 제11조 제5항에서, 영업소폐쇄명령을 받은 후 6월이 지나지 아니한 경우에는 동일한 장소에서는 그 폐쇄명령을 받은 영업과 같은 종류의 영업을 할 수 없다고 규정하고 있고, 같은법시행규칙 제19조 [별표 7] 행정처분기준 II. 개별기준 3. 이용업에서 업주의 위반사항에 대하여 3차 또는 4차 위반시(다만, 영업정지처분을 받고 그 영업정지기간 중 영업을 한 경우는 1차 위반시)에는 영업장폐쇄명령을 하고, 그보다 위반횟수가 적을 경우에는 영업정지, 개선명령 등을 하게 되며, 일정한 경우 하나의 위반행위에 대하여 영업소에 대한 영업정지 또는 영업장폐쇄명령을, 이용사(업주)에 대한 업무정지 또는 면허취소 처분을 동시에 할 수 있다고 규정하고 있는 점 등을 고려하여 볼 때 <u>영업정지나 영업장폐쇄명령 모두 대물적 처분</u>으로 보아야 할 이치이고, 아울러 구 공중위생관리법(2000. 1. 12. 법률 제6155호로 개정되기 전의 것) 제3조 제1항에서 보건복지부장관은 공중위생영업자로 하여금 일정한 시설 및 설비를 갖추고 이를 유지·관리하게 할 수 있으며, 제2항에서 공중위생영업자가 영업소를 개설한 후 시장 등에게 영업소개설사실을 통보하도록 규정하는 외에 공중위생영업에 대한 어떠한 제한규정도 두고 있지 아니한 것은 공중위생영업의 양도가 가능함을 전제로 한 것이라 할 것이므로, 양수인이 그 양수 후 행정청에 새로운 영업소개설통보를 하였다 하더라도, 그로 인하여 영업양도·양수로 영업소에 관한 권리의무가 양수인에게 이전하는 법률효과까지 부정되는 것은 아니라 할 것인바, 만일 어떠한 공중위생영업에 대하여 그 영업을 정지할 위법사유가 있다면, 관할 행정청은 그 영업이 양도·양수되었다 하더라도 그 업소의 양수인에 대하여 영업정지처분을 할 수 있다고 봄이 상당하다."
* **대판 2003.10.23, 2003두8005** : "석유사업법 제9조 제3항 및 그 시행령이 규정하는 석유판매업의 적극적 등록요건과 제9조 제4항, 제5조가 규정하는 소극적 결격사유 및 제9조 제4항, 제7조가 석유판매업자의 영업양도, 사망, 합병의 경우뿐만 아니라 경매 등의 절차에 따라 단순히 석유판매시설만의 인수가 이루어진 경우에도 석유판매업자의 지위승계를 인정하고 있는 점을 종합하여 보면, 석유판매업 등록은 원칙적으로 대물적 허가의 성격을 갖고, 또 석유판매업자가 같은 법 제26조의 유사석유제품 판매금지를 위반함으로써 같은 법 제13조 제3항 제6호, 제1항 제11호에 따라 받게 되는

정제업을 승계할 때에 그 처분이나 위반의 사실을 알지 못하였음을 증명하는 경우에는 그러하지 아니하다.

사업정지 등의 제재처분은 사업자 개인의 자격에 대한 제재가 아니라 사업의 전부나 일부에 대한 것으로서 대물적 처분의 성격을 갖고 있으므로, 위와 같은 지위승계에는 종전 석유판매업자가 유사석유제품을 판매함으로써 받게 되는 사업정지 등 제재처분의 승계가 포함되어 그 지위를 승계한 자에 대하여 사업정지 등의 제재처분을 취할 수 있다고 보아야 하고, 같은 법 제14조 제1항 소정의 과징금은 해당 사업자에게 경제적 부담을 주어 행정상의 제재 및 감독의 효과를 달성함과 동시에 그 사업자와 거래관계에 있는 일반 국민의 불편을 해소시켜 준다는 취지에서 사업정지처분에 갈음하여 부과되는 것일 뿐이므로, 지위승계의 효과에 있어서 과징금부과처분을 사업정지처분과 달리 볼 이유가 없다."

제18강

행정행위 하자의 승계

제18강
행정행위 하자의 승계

1. 의의

둘 이상의 행정행위는 비록 시간적으로 연속하더라도 별개의 행정행위이므로 그들의 위법성은 각각 독립적으로 판단하여야 하고, 그 처분성이 각각 인정되므로 별개의 소에 의해 위법을 다투는 것이 원칙입니다. 그러나 선행 행정행위에 불가쟁력이 발생하여 쟁송상 다툴 수 없는 경우에는 이에 연속한 후행 행정행위에 고유한 위법이 없는 한 이전의 하자를 더 이상 다툴 수 없게 되는데, 이는 행정행위의 상대방에게 가혹한 결과를 초래할 뿐만 아니라 형식적 확정력에 불과한 불가쟁력에 결과적으로 행정행위의 적법성을 최종적으로 인정하는, 즉 판결의 기판력에 해당하는 실질적 확정력이 부여되는 것과 유사한 결과가 됩니다. 행정청의 고권적 단독행위인 행정행위에 판결에서의 효력과 유사한 강한 효력을 인정하는 것은 권위주의하에서나 가능한 담론입니다. 반대로, 선행 행정행위의 하자를 무한정 후행 행정행위를 대상으로 하는 쟁송에서 다툴 수 있게 한다면 법률관계의 조기 안정을 도모하기 위해 인정한 행정행위의 불가쟁력의 취지가 형해화됩니다. 결국, 양자 간 일정 지점에서 균형을 맞추려는 이론적 시도가 이른바 하자승계론이라 할 수 있습니다.

하자의 승계란 일정한 행정목적을 위하여 두 개 이상의 행정행위가 단계적으로 연속하여 행해지는 경우 선행 행정행위의 하자를 쟁송의 방법으로 후행 행정행위를 다툴 때 그 위법사유로 주장할 수 있는가의 문제를 의미합니다. 승계의 법적 의미를 고려하건대 개념적으로 정확한 표현은 '하자의 승계'가 아니라 '후행 행정행위를 쟁송상 다투면서 선행 행정행위의 취소사유의 하자를 후행 행정행위의 위법사유로 주장할 수 있는지 여부'임에 주의하여야 합니다. 선행 행정행위의 하자가 물리적으로 후행 행정행위에 이전하는 것이 아니기 때문입니다. 그리고 하자가 승계되면 인용판결이 행해지고, 승계되지 않으면 기각판결이지 각하판결을 선고하는 것이 아닙니다.

2. 하자승계론의 전제요건

하자승계론의 전제요건과 하자승계요건은 개념적으로 구분됩니다. 하자승계는 선행 행정행위에 취소사유인 하자가 존재하고 거기에 불가쟁력이 발생해야 논의의 환경이 조성되는 것입니다. 무효인 하자는 누구나 언제든 그 확인을 구할 수 있으므로 굳이 하자승계 논의에 의존할 실익이 없겠지요. 선행 행정행위가 무효인 경우 이를 전제로 행해지는 후행 행정행위도 당연 무효에 해당합니다. 또한 불가쟁력이 발생하지 않았다면 당해 선행 행정행위를 쟁송의 대상으로 삼으면 되므로 이와 별도로 후행 행정행위를 다투는 것을 상정하기 어렵습니다. 또한, 후행 행정행위에는 고유한 위법사유가 존재하지 않아야 합니다. 그렇지 않을 경우 후행 행정행위의 위법사유로 후행 행정행위의 하자를 주장하면 되기 때문입니다.

3. 하자승계론에 의한 하자승계의 요건

전통적 견해로서 일반적으로 통용되는 학설은 하자승계론입니다. 이에 의할 때 연속적으로 행해지는 두 개 이상의 행정행위가 서로 독립하여 각각 별개의 법률효과를 의도하는 경우에는 하자가 승계되지 않아 법원은 기각판결을 선고합니다. 예컨대, 철거명령과 대집행계고의 상호 간 관계를 살펴보건대, 전자는 상대방에게 부과된 의무를 수명자가 자발적으로 이행하는 것을, 후자는 대체적 작위의무의 불이행으로 인해 행정청 내지 제3자가 강제집행의 일환으로 물리력을 행사함으로써 의무가 이행된 상태의 창출을 목적으로 합니다. 의도하는 행정작용의 결과는 불법건축물의 철거로 동일하지만, 양자의 법률효과는 다름을 알 수 있습니다. 시정명령을 이행하지 않아 과징금부과처분이 행해진 경우 시정명령의 하자를 과징금부과처분 취소소송에서 주장할 수 없음도 마찬가지입니다. 전체적으로 볼 때 공법상 의무부과처분과 그 의무불이행에 대한 강제집행행위 간에는 하자가 승계되지 않습니다.

판례는 하자승계론에 입각하여 하자의 승계 여부를 판단합니다. 아래 2017두40372 판결과 93누8542 등에서 대법원이 "구속력을 인정할 수 없다(이는 후술하는 바와 같이 결과에 있어 하자가 승계된다는 의미입니다)"는 표현을 사용함으로써 '구속력론'을 취한 것으로 해석하는 것은 타당하지 않습니다. 판결문상의 문구 '선행처분과 후행처분이 서로 독립하여 별개의 법률효과를 발생시키는 경우에는 … ' 등 판결의 결론에 이르는 논증 과정을 살펴보면 대법원이 전통적인 하자승계론을 따랐음을 엿볼 수 있습니다.

* **대판 2019.1.31, 2017두40372** : "2개 이상의 행정처분이 연속적 또는 단계적으로 이루어지는 경우 선행처분과 후행처분이 서로 합하여 1개의 법률효과를 완성하는 때에는 선행처분에 하자가 있으면 그 하자는 후행처분에 승계된다. 이러한 경우에는 선행처분에 불가쟁력이 생겨 그 효력을 다툴 수 없게 되더라도 선행처분의 하자를 이유로 후행처분의 효력을 다툴 수 있다. 그러나 선행처분과 후행처분이 서로 독립하여 별개의 법률효과를 발생시키는 경우에는 선행처분에 불가쟁력이 생겨 그 효력을 다툴 수 없게 되면 선행처분의 하자가 중대하고 명백하여 선행처분이 당연무효인 경우를 제외하고는 특별한 사정이 없는 한 선행처분의 하자를 이유로 후행처분의 효력을 다툴 수 없는 것이 원칙이다. 다만 그 경우에도 선행처분의 불가쟁력이나 구속력이 그로 인하여 불이익을 입게 되는 자에게 수인한도를 넘는 가혹함을 가져오고, 그 결과가 당사자에게 예측가능한 것이 아니라면, 국민의 재판받을 권리를 보장하고 있는 헌법의 이념에 비추어 선행처분의 후행처분에 대한 구속력을 인정할 수 없다."
* **대판 2002.12.10, 2001두5422** : "구 병역법(1999. 12. 28. 법률 제6058호로 개정되기 전의 것) 제2조 제1항 제2호, 제9호, 제5조, 제11조, 제12조, 제14조, 제26조, 제29조, 제55조, 제56조의 각 규정에 의하면, 보충역편입처분 등의 병역처분은 구체적인 병역의무부과를 위한 전제로서 징병검사 결과 신체등위와 학력·연령 등 자질을 감안하여 역종을 부과하는 처분임에 반하여, 공익근무요원소집처분은 보충역편입처분을 받은 공익근무요원소집대상자에게 기초적 군사훈련과 구체적인 복무기관 및 복무분야를 정한 공익근무요원으로서의 복무를 명하는 구체적인 행정처분이므로, 위 두 처분은 후자의 처분이 전자의 처분을 전제로 하는 것이기는 하나 각각 단계적으로 별개의 법률효과를 발생하는 독립된 행정처분이라고 할 것이므로, 따라서 보충역편입처분의 기초가 되는 신체등위 판정에 잘못이 있다는 이유로 이를 다투기 위하여는 신체등위 판정을 기초로 한 보충역편입처분에 대하여 쟁송을 제기하여야 할 것이며, 그 처분을 다투지 아니하여 이미 불가쟁력이 생겨 그 효력을 다툴 수 없게 된 경우에는, 병역처분변경신청에 의하는 경우는 별론으로 하고, 보충역편입처분에 하자가 있다고 할지라도 그것이 당연무효라고 볼만한 특단의 사정이 없는 한 그 위법을 이유로 공익근무요원소집처분의 효력을 다툴 수 없다."

그러나 대집행 절차 상호 간(계고와 영장에 의한 통지, 계고와 대집행실행행위)이나 강제징수절차 상호 간(독촉과 재산의 압류)의 경우처럼 선행 행정행위와 후행 행정행위가 일련의 절차를 구성하면서 하나의 동일한 법률효과의 완성을 목적으로 하는 경우에는 하자의 승계를 긍정합니다. 이때 대집행계고의 위법을 이유로 그 실행행위의 취소를 구하는 경우에는 통상 각하판결이 행해지는데, 이는 양자 간 하자승계가 부인되기 때문이 아니라 대집행실행행위취소소송의 협의의 소익이 인정되지 않기 때문입니다(행정소송법 제12조 후문). 실행행위 자체가 단기에 종료되는 경우가 대부분이므로 대집행실행행위가 권력적 사실행위로서 처분에 해당하더라도 소송의 대상인 처분 자체가 소멸하는 점에 유의합시다.

> * **대판 1993.11.9, 93누14271** : "행정행위의 공정력이라 함은 행정행위에 하자가 있더라도 당연무효가 아닌 한 권한있는 기관에 의하여 취소될 때까지는 잠정적으로 유효한 것으로 통용되는 효력에 지나지 아니하는 것이므로, 행정행위가 취소되지 아니하여 공정력이 인정된다고 하더라도 그 상대방이나 이해관계인은 언제든지 그 행정행위가 위법한 것임을 주장할 수 있는 것일 뿐만 아니라, 대집행의 계고·대집행영장에 의한 통지·대집행의 실행·대집행에 요한 비용의 납부명령 등은 타인이 대신하여 행할 수 있는 행정의무의 이행을 의무자의 비용부담하에 확보하고자 하는, 동일한 행정목적을 달성하기 위하여 단계적인 일련의 절차로 연속하여 행하여지는 것으로서, 서로 결합하여 하나의 법률효과를 발생시키는 것이므로, 선행처분인 계고처분이 하자가 있는 위법한 처분이라면, 비록 그 하자가 중대하고도 명백한 것이 아니어서 당연무효의 처분이라고 볼 수 없고 대집행의 실행이 이미 사실행위로서 완료되어 그 계고처분의 취소를 구할 법률상의 이익이 없게 되었으며, 또 대집행비용납부명령 자체에는 아무런 하자가 없다고 하더라도, 후행처분인 대집행비용납부명령의 취소를 청구하는 소송에서 청구원인으로 선행처분인 계고처분이 위법한 것이기 때문에 그 계고처분을 전제로 행하여진 대집행비용납부명령도 위법한 것이라는 주장을 할 수 있다고 보아야 할 것이다."

하급심 판례 중에는 철거명령과 이행강제금 부과처분 사이의 하자의 승계를 긍정하는 사례가 있습니다.[1] 이는 대집행 절차에서 철거명령의 하자가 대집행 실행행위에 승계되지 않는다는 기존 대법원의 입장과 배치되는 것처럼 보여 해석상 혼란을 줄 수 있습

1) **서울고판 2014.12.2, 2014누49745** : "원고들이 이 사건 각 철거명령의 위법성을 다투기 위한 취소소송을 제기한 바 없이 제소기간이 도과되었고, 이 사건 각 철거명령이 앞서 본 바와 같이 당연무효에 해당하지 않으므로, 이 사건 각 철거명령에 대하여는 불가쟁력이 생겨 더 이상 독립하여 그 위법성을 다툴 수는 없고, 철거명령에 대하여는 당연한 후속 절차로서 이행강제금의 부과처분이 예정되어 있으며, 이러한 사실은 철거명령과 함께 원고들에게도 고지되므로, 이행강제금의 부과처분이 원고들에게 예측가능한 것이 아니라고 볼 수 없어서 이행강제금의 위법성을 다투면서 더 이상 철거명령의 위법성을 다툴 수 없다고 볼 여지가 있다. 그러나 이행강제금 부과처분은 철거명령과 독립하여 별개의 법률효과를 목적으로 한다고 보기 어렵고, 철거명령에 따른 철거의무의 이행을 강제적으로 이행시키기 위한 행정상 강제집행수단에 해당할 뿐만 아니라, 과거의 행정의무 위반에 대한 제재로서의 성격도 일부 가지고 있다고 보인다. 따라서 행정벌의 위법성을 다투는 경우에 그 근거가 되는 처분에 불가쟁력이 발생하였더라도 그 처분의 위법성을 이유로 행정벌의 취소를 구할 수 있는 것과 마찬가지로, 이행강제금 부과의 전제가 된 철거명령에 위법사유가 있는 경우에는 이행강제금 부과처분의 취소를 구하는 소송에서 이미 불가쟁력이 발생한 철거명령의 위법사유를 이유로 이행강제금 부과처분의 취소를 구할 수 있다고 봄이 상당하다." 同旨: 의정부지판 2024.10.8, 2024구합10817.

니다. 그러나 이행강제금 부과에 따른 의무이행의 본질을 고려한다면 해당 하급심 판결은 타당하며, 이는 다음의 논거로 설명 가능합니다. 대집행은 행정청 내지 제3자가 실력행사를 통해 해당 의무가 이행된 것과 동일한 상태를 실현하는 데 목적이 있는 반면, 이행강제금은 수명자(受命者)가 스스로 이행하지 않을 경우 금전적 압박을 가하여 여전히 수명자의 자발적 의무 이행을 유도하는 수단입니다. 즉, 철거명령과 이행강제금 부과처분은 모두 '수명자에 의한 의무이행 결과 도출'이라는 동일한 법률효과의 완성을 목적으로 합니다. 또한 이행강제금은 행정청의 직접적인 실력 행사가 아닌 철거명령의 연장선상에서 이루어지는 심리적 강제 수단이므로, 양자는 '하나의 법적 상태 완성'을 위한 일련의 연속적 과정으로 보아야 합니다. 여기에 더해, 이행강제금은 의무이행 시까지 반복 부과되는 특성이 있어, 선행처분인 철거명령의 하자를 다투지 못하게 할 경우 수명자는 위법한 선행처분을 근거로 무한정한 금전적 부담을 지게 되는 가혹한 결과를 초래합니다. 결국, 이행강제금은 독립된 별개의 처분이라기보다 철거명령의 집행행위에 가깝다고 보아야 하며, 수명자에 의한 철거명령 자체의 이행이라는 점에서 철거명령과 그 본질에 있어 다르지 않으므로 양자 간 하자의 승계를 인정하는 것이 타당합니다.

- **대집행 : 철거명령 불이행 → 행정청 · 제3자의 실력행사(대체적 작위의무의 외적 실현)**
- **이행강제금 : 철거명령 불이행 → 금전 부과를 통한 심리적 압박 → 수명자의 직접 이행(최초 철거명령의 연장선상)**

한편, 판례는 연속하는 두 개의 처분이 별개의 법률효과를 지향하는 경우에도 수인한도의 법리 및 예측가능성 여부를 적용하여 헌법상 재판청구권의 실질적 보장 차원에서 예외적으로 하자의 승계를 인정합니다. 개별공시지가는 표준지공시지가를 기준으로 하여 산정한 개별토지에 대한 단위면적당(원/㎡) 가격으로서 해당 토지 등의 객관적 가치를 평가한 것입니다. 따라서 개별공시지의 산정·고시만으로는 토지 등 소유자의 권리의무에 직접 변동을 초래하지 않아 처분이 아닌 것 원칙입니다. 그러나 개별공시지가는 후행 과세처분의 근거가 되어 개별공시지가에 세법상의 세율을 기계적으로 적용하여 과세액이 산출되므로 개별공시지가를 다투지 않는 이상 후행 과세처분의 위법을 다투는 소송은 항상 기각될 가능성이 높습니다. 이런 점을 고려하여 판례는 개별공시지가의 처분성을 인정합니다. 구속적 행정계획으로서 도시·군관리계획의 처분성을 인정하는 것과 같은 이치입니다.

* **대판 1994.1.25, 93누8542** : "두 개 이상의 행정처분이 연속적으로 행하여지는 경우 선행처분과 후행처분이 서로 결합하여 1개의 법률효과를 완성하는 때에는 선행처분에 하자가 있으면 그 하자는 후행처분에 승계되므로 선행처분에 불가쟁력이 생겨 그 효력을 다툴 수 없게 된 경우에도 선행처분의 하자를 이유로 후행처분의 효력을 다툴 수 있는 반면 선행처분과 후행처분이 서로 독립하여 별개의 법률효과를 목적으로 하는 때에는 선행처분에 불가쟁력이 생겨 그 효력을 다툴 수 없게 된 경우에는 선행처분의 하자가 중대하고 명백하여 당연무효인 경우를 제외하고는 선행처분의 하자를 이유로 후행처분의 효력을 다툴 수 없는 것이 원칙이나 선행처분과 후행처분이 서로 독립하여 별개의 효과를 목적으로 하는 경우에도 선행처분의 불가쟁력이나 구속력이 그로 인하여 불이익을 입게 되는 자에게 수인한도를 넘는 가혹함을 가져오며, 그 결과가 당사자에게 예측가능한 것이 아닌 경우에는 국민의 재판받을 권리를 보장하고 있는 헌법의 이념에 비추어 선행처분의 후행처분에 대한 구속력은 인정될 수 없다. 개별공시지가결정은 이를 기초로 한 과세처분 등과는 별개의 독립된 처분으로서 서로 독립하여 별개의 법률효과를 목적으로 하는 것이나, 개별공시지가는 이를 토지소유자나 이해관계인에게 개별적으로 고지하도록 되어 있는 것이 아니어서 토지소유자 등이 개별공시지가결정 내용을 알고 있었다고 전제하기도 곤란할 뿐만 아니라 결정된 개별공시지가가 자신에게 유리하게 작용될 것인지 또는 불이익하게 작용될 것인지 여부를 쉽사리 예견할 수 있는 것도 아니며, 더욱이 장차 어떠한 과세처분 등 구체적인 불이익이 현실적으로 나타나게 되었을 경우에 비로소 권리구제의 길을 찾는 것이 우리 국민의 권리의식임을 감안하여 볼 때 토지소유자 등으로 하여금 결정된 개별공시지가를 기초로 하여 장차 과세처분 등이 이루어질 것에 대비하여 항상 토지의 가격을 주시하고 개별공시지가결정이 잘못된 경우 정해진 시정절차를 통하여 이를 시정하도록 요구하는 것은 부당하게 높은 주의의무를 지우는 것이라고 아니할 수 없고, 위법한 개별공시지가결정에 대하여 그 정해진 시정절차를 통하여 시정하도록 요구하지 아니하였다는 이유로 위법한 개별공시지가를 기초로 한 과세처분 등 후행 행정처분에서 개별공시지가결정의 위법을 주장할 수 없도록 하는 것은 수인한도를 넘는 불이익을 강요하는 것으로서 국민의 재산권과 재판받을 권리를 보장한 헌법의 이념에도 부합하는 것이 아니라고 할 것이므로, 개별공시지가결정에 위법이 있는 경우에는 그 자체를 행정소송의 대상이 되는 행정처분으로 보아 그 위법 여부를 다툴 수 있음은 물론 이를 기초로 한 과세처분 등 행정처분의 취소를 구하는 행정소송에서도 선행처분인 개별공시지가결정의 위법을 독립된 위법사유로 주장할 수 있다고 해석함이 타당하다."

그러나 개별공시지가결정과 과세처분 간에도 수인한도를 넘지 않고 예측가능성을 인정할 수 있는 경우에는 하자의 승계를 부인합니다.

> ＊ **대판 1998.3.13, 96누6059** : "원심판결 이유에 의하면 원심은, 원고가 이 사건 토지에 관한 1993년도 개별공시지가 결정에 대하여 재조사청구를 하자, 소외 부산광역시 사하구청장은 이를 감액조정하여 1993. 9. 18. 원고에게 통지하고 같은 달 23. 공고하였으며, 원고는 이에 대하여 더 이상 불복하지 아니한 사실, 원고는 위 재조사청구에 따른 조정결정이 있기 전인 같은 해 8. 19. 부산광역시 사하구에 이 사건 토지를 협의매도한 후 1994. 5. 31. 피고에게 양도가액을 위 조정된 개별공시지가로 하여 산출한 양도소득세를 확정신고한 사실을 인정한 다음, 이와 같이 원고가 이 사건 토지를 매도한 이후에 그 양도소득세 산정의 기초가 되는 1993년도 개별공시지가 결정에 대하여 한 재조사청구에 따른 조정결정을 통지받고서도 더 이상 다투지 아니한 경우까지 선행처분인 개별공시지가 결정의 불가쟁력이나 구속력이 수인한도를 넘는 가혹한 것이거나 예측불가능하다고 볼 수 없어, 위 개별공시지가 결정의 위법을 이 사건 과세처분의 위법사유로 주장할 수 없다고 판단하고 있다. 기록과 위에서 본 법리에 비추어 살펴보면, 원심의 위와 같은 판단은 정당하고, 거기에 상고이유로 지적하는 바와 같은 법리오해 등의 위법이 있다고 할 수 없다."

산업재해보상보험법상 사업종류 (변경)결정(근로복지공단)은 후행하는 고용보험 및 산업재해보상보험의 보험료징수 등에 관한 법률에 따른 산재보험료 부과처분(국민건강보험공단)의 전제가 되지만, 양자는 별개의 법률효과를 목적으로 하므로 통상적으로 전자의 하자는 후자에 승계되지 않습니다. 사업종류 변경결정이 해당 사업장의 위험도를 평가하여 객관적인 업종 분류를 확정하는 데 일차적인 목적이 있는 반면, 후행하는 산재보험료 부과처분은 확정된 사업종류에 따른 산재보험 요율을 적용하여 산재보험 재원 마련을 위한 구체적인 금전납부의무 창설을 본질로 하기 때문입니다. 이처럼 양 처분은 각각 '적정한 업종 분류'와 '산재보험료 징수'라는 별개의 법률효과를 독립적으로 지향하므로, 원칙적으로 양자 사이에는 하자의 승계가 인정되지 않습니다. 그러나 근로복지공단이 사업종류 변경결정을 하면서 행정절차법에서 정한 의견청취, 이유제시 및 불복방법의 고지 등 처분절차를 준수하지 않아 사업주가 해당 변경결정 과정에서 그 실체적 위법을 주장할 수 있는 방어 기회가 차단된 경우에는, 사업주가 사업종류 변경결정에 대해 제소기간 내에 취소소송을 제기하지 않았더라도 수인한도론의 관점에서 후행처분인 산재보험료부과처분 취소소송에서 선행처분인 사업종류 변경결정의 실체적 하자를 다투는 것이 허용되어야 합니다. 사업종류 변경결정에 앞서 의견제출 등의 기회가 보장되었다면 사업주는 그 절차에서 변경결정의 내용적 위법성을 주장하였을 것이고, 이것이 받아들여지지 않더라도 제소기간 내에 변경결정에 대한 취소소송을 제기하여 그 실체적 위법을 다툴 수 있었을 것이기 때문입니다. 이러한 절차적 권리의 박탈은 결과에 있어 수인할 수 없는 불이익에 해당합니다.

> *** 대판 2020.4.9, 2019두61137** : "근로복지공단이 사업종류 변경결정을 하면서 실질적으로 행정절차법에서 정한 처분절차를 준수하지 않아 사업주에게 방어권행사 및 불복의 기회가 보장되지 않은 경우에는 이를 항고소송의 대상인 처분으로 인정하는 것은 사업주에게 조기의 권리구제기회를 보장하기 위한 것일 뿐이므로, 이 경우에는 사업주가 사업종류 변경결정에 대해 제소기간 내에 취소소송을 제기하지 않았다고 하더라도 후행처분인 각각의 산재보험료 부과처분에 대한 쟁송절차에서 비로소 선행처분인 사업종류 변경결정의 위법성을 다투는 것이 허용되어야 한다."

한편, 위 판결은 사업종류(변경)결정과 산재보험료부과처분 간 하자의 승계 가능성뿐만 아니라 판결의 기속력의 주관적 범위와 관련하여서도 유의미한 사항을 제공합니다. 만약 사업주가 근로복지공단의 사업종류변경결정 취소소송을 제기하여 인용판결이 확정되면, 그 사업종류 변경결정을 기초로 이루어진 국민건강보험공단의 산재보험료 부과처분은 그 법적·사실적 기초를 상실하게 됩니다. 이때 국민건강보험공단은 직권으로 각각의 산재보험료 부과처분을 취소하거나 변경하고, 사업주가 이미 납부한 보험료 중 정당한 액수를 초과하는 금액은 반환하는 등의 조치를 이행할 의무가 있습니다. 어떤 처분을 위법하다고 판단하여 취소하는 확정판결은 소송상 피고가 되는 처분청뿐만 아니라 그 밖의 관계행정청까지 기속하는데(행정소송법 제30조 제1항), 국민건강보험공단은 판결의 기속력이 미치는 주관적 범위 내의 '관계행정청'에 해당하므로 그 인용판결에서 확인된 위법사유를 해소하여 다시 처분을 하거나 그 밖에 위법한 결과를 제거하는 조치를 할 의무(결과제거의무)가 있기 때문입니다.

4. 선행 행정행위의 후행 행정행위에 대한 구속력론

1) 의의

행정행위의 하자승계의 문제를 선행행위의 후행행위에 대한 구속력의 문제로 이론구성하는 견해입니다. 즉, 구속력론은 둘 이상의 행정행위가 동일한 효과를 추구하는 경우에 선행 행정행위는 후행 행정행위에 대하여 일정한 범위에서 구속력을 가지며, 그 구속력이 미치는 범위 내에서 후행행위에 있어서 선행행위의 효과인 내용적 구속력과 다른 주장을 할 수 없다는 이론을 의미합니다. 여기에서의 핵심은 구속력이 미치는 한계를 기준으로 구속력이 미치는 범위 내에 있으면 후행 행정행위를 소송상 다투는 단계에서 선행 행정행위의 법률효과와 모순되는 주장을 할 수 없어 결국 하자의 승계가 인정되지 않음에 있습니다. 여기에서의 구속력을 논자에 따라서는 규준력(Maßgeblichkeit) 내지 기결력(präjudizielle Wirkung)으로 칭하기도 하는데, 일반적 용례에 따라 구속력론으로 이해하는 것이 바람직합니다.

2) 내용

구속력의 내용은 구속력이 미치는 한계를 뜻하는데, 거기에는 다음의 세 가지 기준이 적용됩니다. 사물적(객관적) 한계는 양자가 동일한 목적을 추구하며 법적 효과가 궁극적으로 일치할 것을, 대인적(주관적) 한계는 양 행위의 수범자가 일치할 것을 내용으로 하며, 마지막으로 시간적 한계는 선행행위의 사실상태 및 법상태가 시간적 동일성을 유지하는 한도 내에서만 미칩니다. 따라서 앞의 세 가지 한계 내에 있는 경우에는 선행 행정행위의 내용적 구속력이 후행 행정행위에 미침으로 인해 후행 행정행위에 선행 행정행위의 하자가 승계되지 않습니다. 그리고 추가적으로 구속력의 결과에 대해 예측가능성과 수인가능성이 있을 것, 즉 선행 행정행위의 후행 행정행위에 대한 구속력을 인정하는 것이 지나치게 가혹하여 예측 가능하지 않은 경우에는 구속력이 차단되어 결과적으로 하자승계를 인정할 수 있습니다.

요컨대, 후행 행정행위가 선행 행정행위에 대한 관계에서 인적, 사물적, 시간적 한계 내에 있는 경우에는 선행행위는 후행행위에 구속력을 미쳐 후행행위에서 선행행위의 효과를 다툴 수 없으므로, 실질적으로 하자가 승계되지 않습니다. 그러나 선행 행정행위에 대한 관계에서 후행 행정행위가 세 가지 한계 밖에 있는 경우에는 선행 행정행위의 구속력이 후행 행정행위에 미치지 않아 결과적으로 하자가 승계됩니다. 다만, 양 행정행위가 세 가지 한계 내의 관계로 파악되어 구속력이 인정되는 경우라도 그로 인한 결과가 상대방에게 지나치게 가혹한 경우 등 수인가능성과 예측가능성이 없는 예외적인 경우에는 구속력이 부인되어, 결과에 있어 하자가 승계됩니다.

3) 평가

구속력론은 하자승계론 대비, 후행 행정행위를 소송상 다투는 단계에서 선행 행정행위의 상황(정확히는 '효력'을 의미하지만, '위법' 여부에 중점을 두는 하자승계와의 관련성을 고려하여 '효력'이란 표현을 자제하였습니다)이 영향을 미치는지 여부와 관련한 보다 구체적인 기준을 제시하는 점에서 긍정적 측면이 있습니다. 또한, 독일의 경우 하자의 승계 논의가 '형식적 존속력을 발한 행정행위의 기결력', 즉 '불가쟁력이 발생한 행정행위의 존속력이 동일 당사자 사이에서 행해지는 행정과정상 어떤 범위에서 효력을 미치는가'의 문제로 논의되지만, 독일의 사정이 그렇다고 하여 하자승계의 문제를 구속력론으로 대체해야 할 필연성은 없습니다.

구속력론은 판결의 기판력(실질적 확정력)과 유사한 강한 효력(내용적·실체적 적법성이 확정되어 종국적으로 유효한 행정행위로서 확정되는 효력으로서의 기판력)으로서의 구속력을 단지 불가쟁력이 발생한 행정행위의 효력으로 부여하는 점에서 비판의 여지가 있습니다. 불가쟁력이 발생하였더라도 불가변력이 발생하지 않는 한 행정청은 직권취소 등의 방법으로 그 효력을 폐지할 수 있음을 고려하여야 합니다.

가장 심각한 문제점은, 구속력에서는 동일한 법적 효과를 추구하는 경우 구속력이 후행 행정행위에 미쳐 선행 행정행위와 모순되는 주장을 할 수 없다고 하는데(결과적으로 하자의 불승계를 의미하지요), 그렇다면 예컨대, 대집행계고와 대집행실행위의 경우 하자가 승계된다는 기존의 통설·판례를 근거짓는 이론 구성을 구속력론 입장에서 논증하려면, 양자는 동일한 법적 효과를 추구하지 않는다는, 즉 구속력론의 내용인 세 가지 한계 밖에 있다는 결론을 도출해야 하는바, 내용적으로 보아 그 논리적 어색함은 다언을 요하지 않습니다. 같은 맥락에서, 철거명령과 대집행계고 간에는 위 논리 전개의 반대명제가 성립하여야 하는 모순이 발생하는 것입니다.

나아가, 예측가능성, 수인가능성 등의 예외적 사유는 구속력론의 전유물이 아니라 기존의 하자승계론에서도 구체적 타당성 내지 합목적성 견지에서 원용하는 행정법의 일반원리의 하나로 이해하는 것이 마땅합니다. 보다 근본적으로 구속력론은 다단계를 거치는 수익적 행정행위에 있어 선행 행정행위의 효력에 대한 모순된 주장의 금지를 의미함에 비하여, 하자승계론은 침익적 행정행위에서 후행행위를 다투면서 선행행위의 위법성을 후행행위의 위법사유로 주장할 수 있는가의 문제인 점에 유의하여야 합니다.

결국, 구속력론의 이론적 존재 의의를 부인할 수 없지만, 구속력론은 기존의 하자승계론과 논의의 지평을 달리하고 하자승계론에 의하더라도 하자의 승계 여부에 대한 답을 구하는데 법리상 무리가 없으므로, 굳이 구속력론에 따라 하자의 승계 여부를 판단할 실익 내지 구속력론으로 하자승계론을 대체해야 할 논리적 필연성을 인정할 수 없습니다.

5. 하자승계 관련 주요 판례

1) 하자승계를 긍정한 경우

* **당연무효인 도시계획시설사업자지정처분과 실시계획인가처분(대판 2017.7.11, 2016두35120)** : "선행처분과 후행처분이 서로 독립하여 별개의 법률효과를 목적으로 하는 때에도 선행처분이 당연무효이면 선행처분의 하자를 이유로 후행처분의 효력을 다툴 수 있다. 도시계획시설사업의 시행자가 작성한 실시계획을 인가하는 처분은 도시계획시설사업 시행자에게 도시계획시설사업의 공사를 허가하고 수용권을 부여하는 처분으로서 선행처분인 도시계획시설사업 시행자 지정 처분이 처분 요건을 충족하지 못하여 당연무효인 경우에는 사업시행자 지정 처분이 유효함을 전제로 이루어진 후행처분인 실시계획 인가처분도 무효라고 보아야 한다."
* **표준지공시지가결정과 수용재결(대판 2008.8.21, 2007두13845)** : "표준지공시지가결정은 이를 기초로 한 수용재결 등과는 별개의 독립된 처분으로서 서로 독립하여 별개의 법률효과를 목적으로 하지만, 표준지공시지가는 이를 인근 토지의 소유자나 기타 이해관계인에게 개별적으로 고지하도록 되어 있는 것이 아니어서 인근 토지의 소유자 등이 표준지공시지가결정 내용을 알고 있었다고 전제하기가 곤란할 뿐만 아니라, 결정된 표준지공시지가가 공시될 당시 보상금 산정의 기준이 되는 표준지의 인근 토지를 함께 공시하는 것이 아니어서 인근 토지 소유자는 보상금 산정의 기준이 되는 표준지가 어느 토지인지를 알 수 없으므로, 인근 토지 소유자가 표준지의 공시지가가 확정되기 전에 이를 다투는 것은 불가능하다. 더욱이 장차 어떠한 수용재결 등 구체적인 불이익이 현실적으로 나타나게 되었을 경우에 비로소 권리구제의 길을 찾는 것이 우리 국민의 권리의식임을 감안하여 볼 때, 인근 토지소유자 등으로 하여금 결정된 표준지공시지가를 기초로 하여 장차 토지보상 등이 이루어질 것에 대비하여 항상 토지의 가격을 주시하고 표준지공시지가결정이 잘못된 경우 정해진 시정절차를 통하여 이를 시정하도록 요구하는 것은 부당하게 높은 주의의무를 지우는 것이고, 위법한 표준지공시지가결정에 대하여 그 정해진 시정절차를 통하여 시정하도록 요구하지 않았다는 이유로 위법한 표준지공시지가를 기초로 한 수용재결 등 후행 행정처분에서 표준지공시지가결정의 위법을 주장할 수 없도록 하는 것은 수인한도를 넘는 불이익을 강요하는 것으로서 국민의 재산권과 재판받을 권리를 보장한 헌법의 이념에도 부합하는 것이 아니다. 따라서 표준지공시지가결정이 위법한 경우에는 그 자체를 행정소송의 대상이 되는 행정처분으로 보아 그 위법 여부를 다툴 수 있음은 물론, **수용보상금의 증액을 구하는 소송에서도 선행처분으로서 그 수용대상 토지 가격 산정의 기초가 된 비교표준지공시지가결정의 위법을 독립한 사유로 주장**할 수 있다."

바로 위 판례에서는 수인한도론의 적용 판례라는 점뿐만 아니라 꼭 기억해야 할 사항이 하나 더 있습니다. 판결문을 자세히 살펴보면, 통상의 하자승계 논의와 달리 하자의 승계를 주장하는 소송의 유형이 항고소송이 아님을 알 수 있습니다. 표준지공시지가의 하자를 공익사업을 위한 토지등의 취득 및 보상에 관한 법률(이하 '토지보상법') 제85조 제2항에 의한 보상금증감청구소송에서 주장하는 구조입니다. 하자의 승계는 선행 행정행위의 위법을 후행 행정행위의 위법사유로 주장하여 후행 행정행위를 쟁송상 취소할 수 있는지의 문제임을 고려한다면, 이를 하자의 승계 문제로 볼 수 있는지 의문이 제기됩니다.

토지수용과 그에 따른 손실보상금의 확정과 관련하여, 사업시행자와 토지소유자 간의 협의가 성립하지 않으면 사업시행자의 신청에 의해 토지수용위원회가 수용재결을 행합니다. 이는 일반적인 행정심판재결이 아니라 합의제 행정청인 토지수용위원회의 원처분입니다. 수용재결에는 수용 여부와 보상금액을 내용으로 담습니다. 이에 불복할 경우 쌍방 당사자는 이의신청을 신청할 수 있지만(그 산물로서의 이의재결이 행정심판재결의 성격을 띱니다), 이를 거치지 않고 곧바로 수용재결의 수용 부분을 다투는 항고소송을 제기하거나 보상금액의 증감을 다투는 보상금증감청구소송을 제기할 수 있습니다. 이때의 보상금증감청구소송은 법률관계의 각 당사자(사업시행자와 토지소유자, 혹은 토지소유자와 사업시행자)로서의 법인격 주체를 원·피고로 하는 점에서 당사자소송이지만, 실질적 다툼의 대상은 보상금액을 포함하는 수용재결, 즉 '처분'이라 할 수 있습니다. 이런 형태의 소송을 '형식적 당사자소송'이라고 하며, 이는 법령이 특별히 규정하는 경우에만 인정되는 소송유형입니다. 어쨌든, 보상금증감청구소송은 보상금액의 증감을 구하기 위해 내용적으로는 처분으로서의 수용재결에 불복하는 것이므로 이를 여기에서의 하자의 승계 문제에 포함하여 이해할 수 있는 것입니다.

* **'일제강점하 반민족행위 진상규명에 관한 특별법'에 의한 친일반민족행위자결정과 '독립유공자 예우에 관한 법률'에 따른 법적용배제결정(대판 2013.3.14, 2012두6964)** : "두 개 이상의 행정처분을 연속적으로 하는 경우 선행처분과 후행처분이 서로 독립하여 별개의 법률효과를 목적으로 하는 때에는 선행처분에 불가쟁력이 생겨 그 효력을 다툴 수 없게 된 경우에는 선행처분의 하자가 중대하고 명백하여 당연무효인 경우를 제외하고는 선행처분의 하자를 이유로 후행처분의 효력을 다툴 수 없는 것이 원칙이다. 그러나 선행처분과 후행처분이 서로 독립하여 별개의 효과를 목적으로 하는 경우에도 선행처분의 불가쟁력이나 구속력이 그로 인하여 불이익을 입게 되는 자에게 수인한도를 넘는 가혹함을 가져오며, 그 결과가 당사자에게 예측가능한 것이 아닌 경우에는 국민의 재판받을 권리를 보장하고 있는 헌법의 이념에 비추어 선행처분의 후행처분에 대한 구속력은 인정될 수 없다. 甲을 친일반민족행위자로 결정한 친일반민족행위진상규명위원회(이하 '진상규명위원회'라 한다)의 최종발표(선행처분)에 따라 지방보훈지청장이 독립유공자 예우에 관한 법률(이하 '독립유공자법'이라 한다)

적용 대상자로 보상금 등의 예우를 받던 甲의 유가족 乙 등에 대하여 독립유공자법 적용배제자 결정(후행처분)을 한 사안에서, 진상규명위원회가 甲의 친일반민족행위자 결정 사실을 통지하지 않아 乙은 후행처분이 있기 전까지 선행처분의 사실을 알지 못하였고, 후행처분인 지방보훈지청장의 독립유공자법 적용배제결정이 자신의 법률상 지위에 직접적인 영향을 미치는 행정처분이라고 생각했을 뿐, 통지를 받지도 않은 진상규명위원회의 친일반민족행위자 결정처분이 자신의 법률상 지위에 영향을 주는 독립된 행정처분이라고 생각하기는 쉽지 않았을 것으로 보여, 乙이 선행처분에 대하여 일제강점하 반민족행위 진상규명에 관한 특별법에 의한 이의신청절차를 밟거나 후행처분에 대한 것과 별개로 행정심판이나 행정소송을 제기하지 않았다고 하여 선행처분의 하자를 이유로 후행처분의 효력을 다툴 수 없게 하는 것은 乙에게 수인한도를 넘는 불이익을 주고 그 결과가 乙에게 예측가능한 것이라고 할 수 없어 선행처분의 후행처분에 대한 구속력을 인정할 수 없으므로 선행처분의 위법을 이유로 후행처분의 효력을 다툴 수 있음에도, … "

2) 하자승계를 부정한 경우

* **직위해제처분과 직권면직처분(대판 1984.9.11, 84누191)** : "구 경찰공무원법 제50조 제1항에 의한 직위해제처분과 같은 제3항에 의한 면직처분은 후자가 전자의 처분을 전제로 한 것이기는 하나 각각 단계적으로 별개의 법률효과를 발생하는 행정처분이어서 선행직위해제처분의 위법 사유가 면직처분에는 승계되지 아니한다 할 것이므로 선행된 직위해제처분의 위법사유를 들어 면직처분의 효력을 다툴 수는 없다 할 것인 바 …"
* **도시계획사업실시계획인가고시와 수용재결(대판 1991.11.26, 90누9971)** : "도시계획사업의 실시계획인가는 그 자체가 행정처분의 성격을 띠는 것으로서 독립하여 행정쟁송의 대상이 되므로 이것이 당연무효가 아닌 한 이 처분이 위법하다고 주장하는 사람은 이 행정처분을 대상으로 하여 그 취소를 구하여야 하고, 이 선행처분을 다투지 아니하고 그 쟁송기간이 도과한 후 수용재결단계에 있어서는 그 처분의 불가쟁력에 의하여 그 도시계획사업의 실시계획인가 고시에 위법이 있음을 들어 수용재결처분의 취소를 구할 수는 없다."
* **표준공시지가와 개별공시지가(대판 1995.3.28, 94누12920)** : "표준지로 선정된 토지의 공시지가에 대하여 불복하기 위하여는 지가공시및토지등의평가에관한법률 제8조 제1항 소정의 이의절차를 거쳐 처분청을 상대로 그 공시지가결정의 취소를 구하는 행정소송을 제기하여야 하는 것이지, 그러한 절차를 밟지 아니한 채 개별토지가격결정을 다투는 소송에서 그 개별토지가격 산정의 기초가 된 표준지 공시지가의 위법성을 다툴 수는 없다."
* **사업인정과 수용재결(대판 1987.9.8, 87누395)** : "토지수용법 제14조에 따른 사업인정은 그후 일정한 절차를 거칠 것을 조건으로 하여 일정한 내용의 수용권을 설정해 주는 행정처분의 성격을 띠는

것으로서 그 사업인정을 받음으로써 수용할 목적물의 범위가 확정되고 수용권으로 하여금 목적물에 관한 현재 및 장래의 권리자에게 대항할 수 있는 일종의 공법상의 권리로서의 효력을 발생시킨다고 할 것이므로 위 사업인정단계에서의 하자를 다투지 아니하여 이미 쟁송기간이 도과한 수용재결단계에 있어서는 위 사업인정처분에 중대하고 명백한 하자가 있어 당연무효라고 볼만한 특단의 사정이 없다면 그 처분의 불가쟁력에 의하여 사업인정처분의 위법, 부당함을 이유로 수용재결처분의 취소를 구할 수 없다."

* **보충역편입처분과 공익근무요원소집처분(대판 2002.12.10, 2001두5422)** : "구 병역법(1999. 12. 28. 법률 제6058호로 개정되기 전의 것) 제2조 제1항 제2호, 제9호, 제5조, 제11조, 제12조, 제14조, 제26조, 제29조, 제55조, 제56조의 각 규정에 의하면, 보충역편입처분 등의 병역처분은 구체적인 병역의무부과를 위한 전제로서 징병검사 결과 신체등위와 학력·연령 등 자질을 감안하여 역종을 부과하는 처분임에 반하여, 공익근무요원소집처분은 보충역편입처분을 받은 공익근무요원소집대상자에게 기초적 군사훈련과 구체적인 복무기관 및 복무분야를 정한 공익근무요원으로서의 복무를 명하는 구체적인 행정처분이므로, 위 두 처분은 후자의 처분이 전자의 처분을 전제로 하는 것이기는 하나 각각 단계적으로 별개의 법률효과를 발생하는 독립된 행정처분이라고 할 것이므로, 따라서 보충역편입처분의 기초가 되는 신체등위 판정에 잘못이 있다는 이유로 이를 다투기 위하여는 신체등위 판정을 기초로 한 보충역편입처분에 대하여 쟁송을 제기하여야 할 것이며, 그 처분을 다투지 아니하여 이미 불가쟁력이 생겨 그 효력을 다툴 수 없게 된 경우에는, 병역처분변경신청에 의하는 경우는 별론으로 하고, 보충역편입처분에 하자가 있다고 할지라도 그것이 당연무효라고 볼만한 특단의 사정이 없는 한 그 위법을 이유로 공익근무요원소집처분의 효력을 다툴 수 없다."

* **소득금액변동통지와 징수처분(대판 2012.1.26, 2009두14439)** : "과세관청의 소득처분과 그에 따른 소득금액변동통지가 있는 경우 원천징수의무자인 법인은 소득금액변동통지서를 받은 날에 그 통지서에 기재된 소득의 귀속자에게 당해 소득금액을 지급한 것으로 의제되어 그때 원천징수하는 소득세의 납세의무가 성립함과 동시에 확정되므로 소득금액변동통지는 원천징수의무자인 법인의 납세의무에 직접 영향을 미치는 과세관청의 행위로서 항고소송의 대상이 된다. 그리고 원천징수의무자인 법인이 원천징수하는 소득세의 납세의무를 이행하지 아니함에 따라 과세관청이 하는 납세고지는 확정된 세액의 납부를 명하는 징수처분에 해당하므로 선행처분인 소득금액변동통지에 하자가 존재하더라도 당연무효 사유에 해당하지 않는 한 후행처분인 징수처분에 그대로 승계되지 아니한다. 따라서 과세관청의 소득처분과 그에 따른 소득금액변동통지가 있는 경우 원천징수하는 소득세의 납세의무에 관하여는 이를 확정하는 소득금액변동통지에 대한 항고소송에서 다투어야 하고, 소득금액변동통지가 당연무효가 아닌 한 징수처분에 대한 항고소송에서 이를 다툴 수는 없다."

* **도시및주거환경정비법상 사업시행계획과 관리처분계획(대판 2012.8.23, 2010두13463)** : "주택재건축조합이 구 도시 및 주거환경정비법(2003. 12. 31. 법률 제7056호로 개정되기 전의 것) 시행 전에 재건축결의가 이루어졌으나 위 법률 시행 후 재건축결의 시와 비교하여 용적률, 세대수, 신축아파트 규모 등이 대폭 변경된 내용의 사업시행계획을 정기총회에서 단순 다수결로 의결하고 관할 구

청장으로부터 재건축정비사업 시행인가를 받은 후 다시 임시총회를 개최하여 조합원 3분의 2 이상의 찬성으로 사업시행계획을 의결한 사안에서, 위 법 시행 후 재건축결의 시와 비교하여 용적률 등이 대폭 변경된 경우 사업시행계획 수립에 적용될 조합 정관의 결의요건에 관한 규정이 유효한지에 관하여는 하급심의 해석이 엇갈리는 상황이었고 이에 관한 명시적인 대법원판결도 없었던 점 등에 비추어 정기총회에서 사업시행계획 수립에 조합원 3분의 2 이상의 동의를 얻지 못한 하자가 있다고 하더라도 그 하자가 객관적으로 명백하다고 보기 어려워 무효사유가 아니라 취소사유에 불과하고, 사업시행계획에 관한 취소사유인 하자는 관리처분계획에 승계되지 아니하여 그 하자를 들어 관리처분계획의 적법 여부를 다툴 수 없다."

* **도시·군계획시설결정과 도시·군계획시설사업실시계획인가(대판 2017.7.18, 2016두49938)** : "계획 및 이용에 관한 법률(이하 '국토계획법'이라 한다) 제43조 제1항에 따르면, 일정한 기반시설에 관해서는 그 종류·명칭·위치·규모 등을 미리 도시·군관리계획으로 결정해야 한다. 국토계획법 제2조 제7호, 제10호는 이와 같이 도시·군관리계획결정으로 결정된 기반시설을 '도시·군계획시설'로, 도시·군계획시설을 설치·정비 또는 개량하는 사업을 '도시·군계획시설사업'으로 지칭하고 있다. 도시·군계획시설은 도시·군관리계획결정에 따라 설치되는데, 도시·군계획시설결정은 국토계획법령에 따라 도시·군관리계획결정에 일반적으로 요구되는 기초조사, 주민과 지방의회의 의견 청취, 관계 행정기관장과의 협의나 도시계획위원회 심의 등의 절차를 밟아야 한다. 이러한 절차를 거쳐 도시·군계획시설결정이 이루어지면 도시·군계획시설의 종류에 따른 사업대상지의 위치와 면적이 확정되고, 그 사업대상지에서는 원칙적으로 도시·군계획시설이 아닌 건축물 등의 허가가 금지된다(제64조). 반면 실시계획인가는 도시·군계획시설결정에 따른 특정 사업을 구체화하여 이를 실현하는 것으로서, 시·도지사는 도시·군계획시설사업의 시행자가 작성한 실시계획이 도시·군계획시설의 결정·구조 및 설치의 기준 등에 적합하다고 인정하는 경우에는 이를 인가하여야 한다(제88조 제3항, 제43조 제2항). 이러한 실시계획인가를 통해 사업시행자에게 도시·군계획시설사업을 실시할 수 있는 권한과 사업에 필요한 토지 등을 수용할 수 있는 권한이 부여된다. 결국 도시·군계획시설결정과 실시계획인가는 도시·군계획시설사업을 위하여 이루어지는 단계적 행정절차에서 별도의 요건과 절차에 따라 별개의 법률효과를 발생시키는 독립적인 행정처분이라고 할 수 있다. 그러므로 선행처분인 도시·군계획시설결정에 하자가 있더라도 그것이 당연무효가 아닌 한 원칙적으로 후행처분인 실시계획인가에 승계되지 않는다."

* **도시관리계획결정·고시와 수용재결(헌재결 2010.12.28, 2009헌바429)** : "국회에서 헌법과 법률이 정한 절차에 의하여 제정·공포된 법률이 헌법에 위반된다는 사정은 헌법재판소의 위헌결정이 있기 전에는 객관적으로 명백한 것이라고 할 수 없으므로 행정처분의 근거법률이 위헌으로 선고된다고 하더라도 이는 이미 집행이 종료된 행정처분의 취소사유에 해당할 뿐 당연무효사유는 아니며, 도시관리계획의 결정 및 고시, 사업시행자지정고시, 사업실시계획인가고시, 수용재결 등의 단계로 진행되는 도시계획시설사업의 경우 그 각각의 처분은 이전의 처분을 전제로 한 것이기는 하나, 단계적으로 별개의 법률효과가 발생되는 독립한 행정처분이어서 이미 불가쟁력이 발생한 선행처분에 하자가 있

> 다고 하더라도 그것이 당연무효의 사유가 아닌 한 후행처분에 승계되는 것은 아니다. 따라서 이 사건 법률조항이 위헌으로 선고된다고 할지라도 이 사건 사업시행자지정고시처분은 당연무효가 되지 않고 취소사유가 있음에 불과하고, 그 취소사유인 하자는 승계되지도 아니하므로 이 사건 인가고시처분의 효력에 영향을 미칠 수 없어, 이 사건 법률조항의 위헌여부에 따라 당해사건 재판의 주문이 달라지거나 재판의 내용과 효력에 관한 법률적 의미가 달라진다고도 볼 수 없다. 결국 이 사건 심판청구는 재판의 전제성 요건을 충족하지 아니하여 부적법하다.
> [재판관 김종대의 반대의견] 행정처분의 근거법률에 대한 위헌결정이 있는 경우 그 행정처분이 무효가 될 것인지 여부 및 행정처분의 취소사유인 하자가 그 후행처분에 승계될 것인지 여부는 당해사건을 담당하는 법원이 판단할 사항이므로, 헌법재판소로서는 쟁송기간이 경과하여 불가쟁력이 발생한 행정처분의 근거법률의 위헌여부가 그 후행처분의 취소를 구하는 당해사건에 대하여 재판의 전제성이 인정되는지를 판단함에 있어 일응 재판의 전제성을 인정하여 본안 판단에 나아가야 할 것이다."

6. 다른 쟁점에서 하자승계가 문제된 경우

1) 집행정지

집행정지의 요건으로서의 '본안소송이 적법하게 계속 중일 것'(행정소송법 제23조 제2항)과 관련하여 집행정지 대상과 본안소송 대상의 관련성 정도가 문제됩니다. 본안소송의 대상과 집행정지 신청의 대상은 원칙적으로 동일하여야 하지만, 그 예외로서 하자승계의 인정 여부와 무관하게 선행처분의 취소청구를 본안으로 하여 후행처분의 효력, 집행 또는 절차의 속행을 정지할 수 있다는 것이 학설의 일반적인 입장입니다(관련 판례는 아직 없습니다).

선행처분과 후행처분이 연속된 일련의 절차를 구성하여 동일한 법률효과의 발생을 목적으로 하는 경우, 즉 하자의 승계가 인정되는 경우뿐만 아니라, 양 처분이 목적을 달리하지만 후행처분이 선행처분의 집행으로서의 성질을 갖는 등 밀접한 상호 관계하에 있는 경우, 환언하면 일응 하자의 승계가 인정되지 않는 경우에도 선행처분의 취소소송의 계속 중 후행처분의 집행을 정지할 수 있습니다. 예컨대, 과세처분 취소를 본안으로 한 체납처분 절차의 속행정지(이 경우에는 본안소송의 피고인 과세처분의 처분청과 집행정지사건의 피신청인인 행정처분의 집행을 관할하는 행정청이 상이해지는 결과가 됨에 유의해야 합니다), 철거명령 취소를 본안으로 한 대집행계고처분의 집행정지, 체납처분절차에 있어서의 압류처분 취소를 본안으로 하는 공매절차의 속행정지 등이 그 예입니다.

2) 필요적 행정심판전치주의

필요적 행정심판전치주의 내용으로서 심판청구와 행정소송의 물적 관련성이 문제됩니다. 현행 법제는 원칙적으로 행정심판의 임의전치주의를 취하지만, 예외적으로 공무원에 대한 징계처분(직위해제처분 등 기타 불이익처분을 포함합니다), 도로교통법상의 처분 및 과세처분의 일부에 대해서는 필요적 전치주의를 취합니다. 일반적으로 두 개의 처분을 전제로 할 때, 행정심판과 소송의 대상인 처분은 동일하여야 함이 원칙입니다. 쟁송의 대상인 처분이 다르면 설령 불복이유가 공통된다 하더라도 각각에 대하여 따로 재결을 거쳐야 하고 어느 하나의 처분에 대하여 행정심판재결을 거쳤다 하여 다른 처분에 대하여 전치 요건을 충족하였다고 할 수 없습니다.

그러나 필요적 전치주의가 적용되는 경우에 있어, '서로 내용상 관련되는 처분 또는 같은 목적을 위하여 단계적으로 진행되는 처분 중 어느 하나가 이미 행정심판의 재결을 거친 때'에는 행정심판을 청구하지 아니하고 후행처분에 대한 소송 제기가 가능합니다(행정소송법 제18조 제3항 제2호). 여기서 '서로 내용상 관련되는 처분'은 연속하는 두 개의 처분 간 하자가 승계되지 않는 경우를, '같은 목적을 위하여 단계적으로 진행되는 처분'은 하자가 승계되는 경우를 의미한다고 해석합니다.

결국, 위 1)의 집행정지 및 2)에 의한 필요적 전치주의의 경우, 연속하는 처분 간 하자의 승계 인정 여부와 무관하게 선행처분의 취소를 본안소송으로 하여 후행처분의 집행정지를 신청하거나, 선행처분에 대한 행정심판전치의 전제하에 곧바로 후행처분에 대한 소 제기가 가능하다고 요약할 수 있습니다.

3) 위헌 법령에 근거한 처분의 후속행위의 효력

판례의 주류적 입장에 따라 처분 발령 당시에는 유효한 법령에 근거했지만 추후 근거 법령이 위헌 내지 위법으로 선언된 경우 해당 처분이 원칙적으로 취소 가능한 처분이라는 판례의 입장에 의할 때, 선행처분에의 불가쟁력 발생으로 그 취소소송 제기가 불가능하므로 당해 행정처분의 후속행위(위헌 결정 이전에 발령된 후속처분)가 계속 유효한 것으로 보아 체납처분 등의 집행이 가능한가의 문제입니다.

이를 '하자의 승계' 문제로 본다면, 예컨대 과세처분의 근거된 법률에 대한 위헌결정 나더라도 그 이전에 행해진 후속행위로서의 체납처분은 그 과세처분의 소송상 취소가 불가쟁력 등으로 불가능한 경우 하자의 승계가 부인되어 적법한 체납처분임을 근거로 이를 집행할 수 있다는 불합리한 결과가 발생합니다. 따라서 이 경우와 같이 위헌 판단의 장래효 문제는 위헌결정의 후속행위에 대한 기속력(구속력) 논의로 해결하는 것이 타당합니다(헌법재판소법 제47조 제1항, 독일 연방헌법재판소법 제79조 제2항).

위헌결정의 기속력에 따라 국가기관은 장래 어떤 처분을 행할 때 헌법재판소의 결정을 존중하여야 하고(결정준수의무), 동일한 사정하에서 동일한 이유에 근거한 동일 내용의 공권력 행사 또는 불행사를 하여서는 아니 됩니다(반복금지의무). 사정이 이럴진대 위헌결정 이후에 국가기관이 위헌법률에 근거한 처분(결국 위헌인 처분)을 집행하는 것은 결정준수의무에 반하지요. 위헌법률에 근거한 처분의 집행이 위헌결정의 기속력에 위반된다고 보는 이상 이는 선행처분의 하자 승계 여부와 무관하게 후행처분 자체의 고유한 위법이 됩니다.

위헌법률에 근거한 행정처분의 형식적 확정력이 발생하였다고 하여 위헌결정의 소급효가 배제되어 위헌결정이 없었던 상태로 돌아가 합헌적 법률에 근거한 처분이 되는 것이 아니라 위헌법률에 근거한 처분임에는 변함없지만, 불가쟁력에 의해 더 이상 다툴 수 없게 되는 데 지나지 않는다고 보아야 합니다. 따라서 위헌결정 이전에 행해진 당해 법률에 의한 처분은 비록 취소사유가 있더라도 불가쟁력 발생에 따라 효력을 보유하고 그 집행으로 인한 부당이득반환청구권의 문제도 발생하지 않지만, 행정처분에 의한 집행은 허용되지 아니한다는 것이 판례의 입장입니다. 요컨대, 위헌결정 이후에 위헌법률에 기초한 법률관계를 실현하고자 하는 집행행위는 실질적 법치주의 및 국민의 기본권 보장을 위하여 불허하는 것이 타당하며, 이 점에서 판례의 입장은 타당합니다.

4) 사전결정 관련 소의 소익

사전결정(예비결정)이란 그 자체가 하나의 행정행위로서, 최종적인 행정결정을 내리기 전에 사전적 단계에서 최종 결정의 요건 중 일부에 대해 종국적인 판단으로서 행하는 결정을 의미합니다. 건축법에 의한 사전결정,[1] 원자력안전법상 부지사전승인[2] 등에서

---

1) 건축법 제10조(건축 관련 입지와 규모의 사전결정) ① 제11조에 따른 건축허가 대상 건축물을 건축하려는 자는 건축허가를 신청하기 전에 허가권자에게 그 건축물의 건축에 관한 다음 각 호의 사항에 대한 사전결정을 신청할 수 있다.

1. 해당 대지에 건축하는 것이 이 법이나 관계 법령에서 허용되는지 여부
2. 이 법 또는 관계 법령에 따른 건축기준 및 건축제한, 그 완화에 관한 사항 등을 고려하여 해당 대지에 건축 가능한 건축물의 규모
3. 건축허가를 받기 위하여 신청자가 고려하여야 할 사항

그 예를 찾을 수 있습니다. 사전결정의 효력, 즉 후행처분에 대한 구속력과 관련하여 판례상 확립된 입장이 부재하는데, 이는 향후 학설과 판례의 과제라 할 것입니다. 아래 두 판례를 비교해 봅시다.

* **대판 1998.4.28, 97누21086** : "폐기물관리법 제26조 제1항, 제2항 및 같은법시행규칙 제17조 제1항 내지 제5항의 규정에 비추어 보면 폐기물처리업의 허가에 앞서 사업계획서에 대한 적정·부적정 통보 제도를 두고 있는 것은 폐기물처리업을 하고자 하는 자가 스스로 시설 등을 설치하여 허가신청을 하였다가 허가단계에서 그 사업계획이 부적정하다고 판명되어 불허가되면 허가신청인이 막대한 경제적·시간적 손실을 입게 되므로, 이를 방지하는 동시에 허가관청으로 하여금 미리 사업계획서를 심사하여 그 적정·부적정통보 처분을 하도록 하고, 나중에 허가단계에서는 나머지 허가요건만을 심사하여 신속하게 허가업무를 처리하는데 그 취지가 있다."
* **대판 1999.5.25, 99두1052** : "일반적으로 행정상의 법률관계에 있어서 행정청의 행위에 대하여 신뢰보호의 원칙이 적용되기 위하여는, 첫째 행정청이 개인에 대하여 신뢰의 대상이 되는 공적인 견해표명을 하여야 하고, 둘째 행정청의 견해표명이 정당하다고 신뢰한 데에 대하여 그 개인에게 귀책사유가 없어야 하며, 셋째 그 개인이 그 견해표명을 신뢰하고 이에 어떠한 행위를 하였어야 하고, 넷째 행정청이 위 견해표명에 반하는 처분을 함으로써 그 견해표명을 신뢰한 개인의 이익이 침해되는 결과가 초래되어야 하며, 어떠한 행정처분이 이러한 요건을 충족할 때에는 공익 또는 제3자의 정당한 이익을 현저히 해할 우려가 있는 경우가 아닌 한, 신뢰보호의 원칙에 반하는 행위로서 위법하게 된다고 할 것이다(대법원 1999. 3. 9. 선고 98두19070 판결 등 참조). 기록에 의하면, 원고가 피고로부터 이 사건 주택사업계획에 대하여 사전결정을 받았고, 이에 따라 원고가 이 사건 주택사업의

---

⑥ 제4항에 따른 사전결정 통지를 받은 경우에는 다음 각 호의 허가를 받거나 신고 또는 협의를 한 것으로 본다.
1. 「국토의 계획 및 이용에 관한 법률」 제56조에 따른 개발행위허가
2. 「산지관리법」 제14조와 제15조에 따른 산지전용허가와 산지전용신고, 같은 법 제15조의2에 따른 산지일시사용허가·신고. 다만, 보전산지인 경우에는 도시지역만 해당된다.
3. 「농지법」 제34조, 제35조 및 제43조에 따른 농지전용허가·신고 및 협의
4. 「하천법」 제33조에 따른 하천점용허가

⑦ 허가권자는 제6항 각 호의 어느 하나에 해당되는 내용이 포함된 사전결정을 하려면 미리 관계 행정기관의 장과 협의하여야 하며, 협의를 요청받은 관계 행정기관의 장은 요청받은 날부터 15일 이내에 의견을 제출하여야 한다.
⑧ 사전결정신청자는 제4항에 따른 사전결정을 통지받은 날부터 2년 이내에 제11조에 따른 건축허가를 신청하여야 하며, 이 기간에 건축허가를 신청하지 아니하면 사전결정의 효력이 상실된다.

2) 원자력안전법 제10조(건설허가) ③ 위원회는 발전용원자로 및 관계시설을 건설하려는 자가 건설허가신청 전에 부지에 관한 사전 승인을 신청하면 이를 검토한 후에 승인할 수 있다.
④ 제3항에 따라 부지에 관한 승인을 받은 자는 총리령으로 정하는 범위에서 공사를 할 수 있다.

준비를 하여 온 사실이 인정되나, 이 사건 원고의 주택사업계획을 승인할 경우 공익을 현저히 침해하는 우려가 있으므로, 신뢰보호의 원칙은 적용될 수 없다고 할 것이다."

후자의 경우 판례는 사정변경 사유가 없더라도 공익의 우월성이 인정되는 경우 후행처분으로 사전결정에 배치되는 결정을 할 수 있다고 함으로써 사전결정에 구속력을 인정하지 않고 신뢰이익만을 인정하였습니다.

한편, 후행처분과의 관계에서 선행처분으로서의 사전결정을 다툴 소의 이익과 관련하여, 판례는 원자로 및 관계시설에 대한 건설허가처분이 있는 경우 선행의 부지사전승인처분의 취소를 구할 소의 이익이 없다고 하였습니다.

* **대판 1998.9.4, 97누19588** : "원자력법 제11조 제3항 소정의 부지사전승인제도는 원자로 및 관계 시설을 건설하고자 하는 자가 그 계획중인 건설부지가 원자력법에 의하여 원자로 및 관계 시설의 부지로 적법한지 여부 및 굴착공사 등 일정한 범위의 공사(이하 '사전공사'라 한다)를 할 수 있는지 여부에 대하여 건설허가 전에 미리 승인을 받는 제도로서, 원자로 및 관계 시설의 건설에는 장기간의 준비·공사가 필요하기 때문에 필요한 모든 준비를 갖추어 건설허가신청을 하였다가 부지의 부적법성을 이유로 불허가될 경우 그 불이익이 매우 크고 또한 원자로 및 관계 시설 건설의 이와 같은 특성상 미리 사전공사를 할 필요가 있을 수도 있어 건설허가 전에 미리 그 부지의 적법성 및 사전공사의 허용 여부에 대한 승인을 받을 수 있게 함으로써 그의 경제적·시간적 부담을 덜어 주고 유효·적절한 건설공사를 행할 수 있도록 배려하려는 데 그 취지가 있다고 할 것이므로, 원자로 및 관계 시설의 부지사전승인처분은 그 자체로서 건설부지를 확정하고 사전공사를 허용하는 법률효과를 지닌 독립한 행정처분이기는 하지만, 건설허가 전에 신청자의 편의를 위하여 미리 그 건설허가의 일부 요건을 심사하여 행하는 사전적 부분 건설허가처분의 성격을 갖고 있는 것이어서 나중에 건설허가처분이 있게 되면 그 건설허가처분에 흡수되어 독립된 존재가치를 상실함으로써 그 건설허가처분만이 쟁송의 대상이 되는 것이므로, 부지사전승인처분의 취소를 구하는 소는 소의 이익을 잃게 되고, 따라서 부지사전승인처분의 위법성은 나중에 내려진 건설허가처분의 취소를 구하는 소송에서 이를 다투면 된다."

그러나 대법원은 다른 판례를 통해 후행처분에도 불구하고 선행처분을 소송상 다툴 소의 이익 인정 여부를 하자승계 여부와 결부하는 내용의 판결을 행한 바 있습니다.

* **대판 2007.7.19, 2006두19297(전합)** : "제소 당시에는 권리보호의 이익을 갖추었는데 제소 후 취소 대상 행정처분이 기간의 경과 등으로 그 효과가 소멸한 때, 동일한 소송 당사자 사이에서 동일한 사유로 위법한 처분이 반복될 위험성이 있어 행정처분의 위법성 확인 내지 불분명한 법률문제에 대한 해명이 필요하다고 판단되는 경우, 그리고 선행처분과 후행처분이 단계적인 일련의 절차로 연속하여 행하여져 후행처분이 선행처분의 적법함을 전제로 이루어짐에 따라 선행처분의 하자가 후행처분에 승계된다고 볼 수 있어 이미 소를 제기하여 다투고 있는 선행처분의 위법성을 확인하여 줄 필요가 있는 경우 등에는 행정의 적법성 확보와 그에 대한 사법통제, 국민의 권리구제의 확대 등의 측면에서 여전히 그 처분의 취소를 구할 법률상 이익이 있다. 임시이사 선임처분에 대하여 취소를 구하는 소송의 계속중 임기만료 등의 사유로 새로운 임시이사들로 교체된 경우, 선행 임시이사 선임처분의 효과가 소멸하였다는 이유로 그 취소를 구할 법률상 이익이 없다고 보게 되면, 원래의 정식이사들로서는 계속중인 소를 취하하고 후행 임시이사 선임처분을 별개의 소로 다툴 수밖에 없게 되며, 그 별소 진행 도중 다시 임시이사가 교체되면 또 새로운 별소를 제기하여야 하는 등 무익한 처분과 소송이 반복될 가능성이 있으므로, 이러한 경우 법원이 선행 임시이사 선임처분의 취소를 구할 법률상 이익을 긍정하여 그 위법성 내지 하자의 존재를 판결로 명확히 해명하고 확인하여 준다면 위와 같은 구체적인 침해의 반복 위험을 방지할 수 있을 뿐 아니라, 후행 임시이사 선임처분의 효력을 다투는 소송에서 기판력에 의하여 최초 내지 선행 임시이사 선임처분의 위법성을 다투지 못하게 함으로써 그 선임처분을 전제로 이루어진 후행 임시이사 선임처분의 효력을 쉽게 배제할 수 있어 국민의 권리구제에 도움이 된다."

하자승계 여부에 따른 소의 이익 판단 논리가 사전결정의 경우에도 적용되는지에 대해서는 판례상 아직 명확한 입장이 없습니다. 주의할 것은 여기에서의 논의는 선행처분에 아직 불가쟁력이 발생하지 않은 상황에서 하자승계 기준에 비추어 후행처분이 위법한가의 판단결과에 따라 - 후행처분이 연이어 발령되었음에도 불구하고 - 여전히 선행처분을 다툴 소익의 존재 여부에 관한 논의라는 점입니다. 2006두19297 판결에 비추어 사전결정 관련 97누19588 판결을 검토하면, 사전결정의 소익 문제에는 하자승계론이 적용되지 않거나, 하자승계론이 적용되더라도 사전결정과 최종처분 간에는 하자가 승계되지 않는다고 해석할 수 있습니다. 또한 경우에 따라서는 하자승계론을 적용할 경우 사전결정과 최종처분 간에는 하자가 승계되므로 97누19588 판결은 향후 다른 사건에서 소익을 긍정하는 것으로 변경될 것이라 예측하는 해석도 불가능하지는 않습니다.

제19강

하자의 치유와 전환

제19강

하자의 치유와 전환

법치행정원칙에 비추어 적법요건을 갖추지 못한 행정행위는 그 하자의 정도에 따라 무효이거나 취소 가능한 것이 원칙입니다. 그러나 이러한 행정행위의 하자에도 불구하고 일정 요건하에서 그 효력을 유지시키는 법리를 아래에서 살펴봅니다.

1. 하자의 치유

1) 의의

하자의 치유(Heilung)란 하자 있는 행정행위가 그 하자의 사후보완 또는 사후추완을 통해 처분시부터 하자 없는, 즉 적법한 행정행위로서의 효력을 인정하는 것을 말합니다. 공공복리의 도모, 무익한 행정행위의 반복 방지, 당사자의 법적 안정성 보장 등을 하자 치유의 논거로 들 수 있습니다. 하자의 치유가 행정청에 의한 법치행정원칙의 우회적 도피처로 악용되지 않기 위해서는 하자의 치유의 요건을 명확히 하고, 그 해석을 엄격히 할 필요가 있습니다.

* **대판 1983.7.26, 82누420** : "하자 있는 행정행위의 치유나 전환은 행정행위의 성질이나 법치주의의 관점에서 볼 때 원칙적으로 허용될 수 없는 것이지만, 행정행위의 무용한 반복을 피하고 당사자의 법적 안정성을 위해 이를 허용하는 때에도 국민의 권리와 이익을 침해하지 않는 범위에서 구체적 사정에 따라 합목적적으로 인정해야 할 것이다. … 과세처분시 납세고지서에 과세표준, 세율, 세액의 산출근거 등이 누락된 경우에는 늦어도 과세처분에 대한 불복여부의 결정 및 불복신청에 편의를 줄 수 있는 상당한 기간내에 보정행위를 하여야 그 하자가 치유된다 할 것이므로, 과세처분이 있은지 4년이 지나서 그 취소소송이 제기된 때에 보정된 납세고지서를 송달하였다는 사실이나 오랜

기간(4년)의 경과로써 과세처분의 하자가 치유되었다고 볼 수는 없다."(同旨: 대판 2010.8.26, 2010두2579; 대판 2014.2.27, 2011두11570)

2) 하자치유의 사유

우선, 무효와 취소 구별의 상대성을 들어 무효인 행정행위에도 하자의 치유가 가능하다는 주장은 동의하기 어렵습니다. 하자의 치유가 법치주의의 예외로서 인정되는 점을 고려한다면, 하자가 중대 명백하여 처음부터 효력을 발생하지 않은 무효인 행정행위에 대해 그 전환은 별론, 하자의 치유를 인정할 수 없고, 취소 가능한 행정행위에서만 하자의 치유가 가능하다고 보아야 합니다.

* **대판 1989.12.12, 88누8869** : "징계처분이 중대하고 명백한 흠 때문에 당연무효의 것이라면 징계처분을 받은 자가 이를 용인하였다 하여 그 흠이 치료되는 것은 아니다."
* **대판 2014.3.13, 2012두1006** : "절차상 또는 형식상 하자로 인하여 무효인 행정처분이 있은 후 행정청이 관계 법령에서 정한 절차 또는 형식을 갖추어 다시 동일한 행정처분을 하였다면 당해 행정처분은 종전의 무효인 행정처분과 관계없이 새로운 행정처분이라고 보아야 한다."

하자의 치유는 주로 절차나 형식상의 하자가 처분 후에 추완된 경우에서 문제되며, 일부 異見에도 불구하고 내용적 하자는 치유의 대상이 아니라 할 것입니다.

* **대판 1991.5.28, 90누1359** : "행정행위의 성질이나 법치주의의 관점에서 볼 때 하자 있는 행정행위의 치유는 원칙적으로 허용될 수 없을 뿐만 아니라 이를 허용하는 경우에도 국민의 권리와 이익을 침해하지 않는 범위에서 구체적 사정에 따라 합목적적으로 가려야 할 것인바(당원 1983.7.26. 선고 82누420 판결 참조), 이 사건 처분에 관한 하자가 행정처분의 내용에 관한 것이고 새로운 노선면허가 이 사건 소 제기 이후에 이루어진 사정 등에 비추어 하자의 치유를 인정치 않은 원심의 판단은 정당하고 … "

하자치유의 사유로는 일반적으로 흠결된 요건이 사후보완 내지 사후추완 되거나 장시간 방치로 인해 법률관계가 사실상 확정된 것으로 간주되는 경우, 그리고 취소할 수 없는 공공복리상의 필요가 있는 경우 등이 거론됩니다.[1] 그런데 후 二者에 대해서는 이들을 취소권 행사의 제한사유로 보는 것이 오히려 적실합니다. 어쨌든 위 하자치유 사유가 일응 긍정되더라도 예컨대, 경원자 관계에서 위법한 수익적 행정행위의 치유를 인정함으로써 타방의 이익을 침해할 수 있다면 하자의 치유를 소극적으로 판단하여야 합니다.

* **대판 1992.5.8, 91누13274** : "참가인들이 허가신청한 충전소설치예정지로부터 100미터 이내에 상수도시설 및 농협창고가 위치하고 있어 위 고시의 규정에 따라 그 건물주의 동의를 받아야 하는 것임에도 그 동의가 없으니 그 신청은 허가요건을 갖추지 아니한 것으로써 이를 받아들인 이 사건 처분은 위법하다고 한 다음, 이 사건 처분 후 위 각 건물주로부터 동의를 받았으니 이 사건 처분의 하자는 치유되었다는 주장에 대하여는, 하자 있는 행정행위의 치유는 행정행위의 성질이나 법치주의의 관점에서 볼 때 원칙적으로 허용될 수 없는 것이고 예외적으로 행정행위의 무용한 반복을 피하고 당사자의 법적 안정성을 위해 이를 허용하는 때에도 국민의 권리나 이익을 침해하지 않는 범위에서 구체적 사정에 따라 합목적적으로 인정하여야 할 것인데 이 사건에 있어서는 원고의 적법한 허가신청이 참가인들의 신청과 경합되어 있어 이 사건 처분의 치유를 허용한다면 원고에게 불이익하게 되므로 이를 허용할 수 없다."
* **대판 1992.10.23, 92누2844** : "행정청이 식품위생법상의 청문절차를 이행함에 있어 소정의 청문서 도달기간을 지키지 아니하였다면 이는 청문의 절차적 요건을 준수하지 아니한 것이므로 이를 바탕으로 한 행정처분은 일단 위법하다고 보아야 할 것이지만 이러한 청문제도의 취지는 처분으로 말미암아 받게 될 영업자에게 미리 변명과 유리한 자료를 제출할 기회를 부여함으로써 부당한 권리침해를 예방하려는 데에 있는 것임을 고려하여 볼 때, 가령 행정청이 청문서 도달기간을 다소 어겼다 하더라도 영업자가 이에 대하여 이의하지 아니한 채 스스로 청문일에 출석하여 그 의견을 진술하고 변명하는 등 방어의 기회를 충분히 가졌다면 청문서 도달기간을 준수하지 아니한 하자는 치유되었다고 봄이 상당하다."
* **대판 2006.5.12, 2004두14717** : "공매절차에서 매수인이 매각결정에 따른 매수대금을 완납한 이후에는 매수 부동산의 소유권을 취득한 것으로 신뢰한 매수인의 권리·이익을 보호하여 거래의 안전을 도모하여야 할 필요성이 있는 점, 체납처분의 전제요건으로서의 독촉은 체납자로 하여금 당해 체납세액을 납부하여 체납처분을 당하는 것을 피할 수 있는 기회를 제공하기 위한 것인데, 설사 독촉장의 송달이 흠결되었다고 하더라도 그 이후에 이루어진 공매절차에서 공매통지서가 체납자에게 적법하게 송달된 경우에는 실질적으로 체납자의 절차상의 권리나 이익이 침해되었다고 보기 어려운

1) 하자의 치유와 관련하여 독일 연방행정절차법 제45조 제1항은 무효 아닌 형식·절차상 하자의 치유사유로 ① 법령상 요구하는 신청서(Antrag)의 사후제출, ② 법령이 요구하는 이유(Begründung)의 사후제시, ③ 법령이 요구하는 이해관계인에 대한 청문의 사후보완, ④ 행정행위 발급에 필수 요건인 타 위원회 의결의 사후추완 및 ⑤ 법령이 요구하는 타 행정청과의 협력의 사후추완 등을 들고 있습니다.

점 등에 비추어 보면, 비록 압류처분의 단계에서 독촉의 흠결과 같은 절차상의 하자가 있었다고 하더라도 그 이후에 이루어진 공매절차에서 공매통지서가 적법하게 송달된 바가 있다면 매수인이 매각결정에 따른 매수대금을 납부한 이후에는 다른 특별한 사정이 없는 한, 당해 공매처분을 취소할 수 없다."

3) 하자치유의 시간적 한계

형식·절차상 하자의 치유는 전술한 사유에 의한 제한법리의 구속하에 있지만, 보다 중요한 것은 하자치유의 시간적 한계라 할 것입니다. 특히 문제되는 것은 이유제시의무(행정절차법 제23조)의 하자치유 시점입니다.

하자치유제도의 본질에 비추어, 그 기한은 늦어도 당해 행정행위에 대한 상대방의 불복 여부의 결정 및 불복신청에 지장이 없는 범위 내에서의 상당한 기간 내라 할 수 있습니다. 위 원칙에 충실할 경우 행정쟁송 제기 전이 하자치유의 시간적 한계라 할 수 있겠지요. 다른 견해에서는 행정심판도 광의의 행정절차에 해당하므로 하자치유 시점을 행정심판절차 종결 시까지 가능하다고 주장합니다. 현행 법제는 원칙적으로 행정심판 임의전치주의이므로 그 한도 내에서는 행정쟁송 제기 전과 큰 차이는 없습니다. 분쟁의 일회적 해결을 강조하는 측면에서 하자치유의 시점을 가장 확대하는 견해는 독일 연방행정절차법 제45조 제2항의 규정처럼 행정소송절차의 종결 시('사실심 변론 종결 시'와 같은 의미입니다)까지로 보는 입장입니다. 판례는 하자의 치유는 늦어도 행정심판을 포함한 행정쟁송의 제기 이전에 이루어져야 한다는 입장이며, 이는 원칙적으로 타당합니다.

* **대판 1984.4.10, 83누393** : "세액산출근거가 누락된 납세고지서에 의한 과세처분의 하자의 치유를 허용하려면 늦어도 과세처분에 대한 불복여부의 결정 및 불복신청에 편의를 줄 수 있는 상당한 기간내에 하여야 한다고 할 것이므로 위 과세처분에 대한 전심절차가 모두 끝나고 상고심의 계류중에 세액산출근거의 통지가 있었다고 하여 이로써 위 과세처분의 하자가 치유되었다고는 볼 수 없다."

이유제시의무하자의 치유를 실체법적 제도로서 독립하여 판단할 때에는 그 본질에 비추어 행정쟁송제기전설이 타당할 수 있습니다. 그러나 이유제시의무하자의 치유는 기본적 사실관계의 동일성이 인정되는 범위 내에서 허용되는 처분사유의 추가·변경과 밀접한 관계가 있습니다. 또한, 기본적 사실관계의 동일성이 인정되는 사유를 들어 재차 거분처분을 행하면 재처분의무 위반에 해당한다는 기속력과도 동전의 양면관계에 있지요. 학설에 따라서는 이유제시의무하자의 치유와 처분사유의 추가·변경을 별개의 제도로 보지만, 양자는 결국 처분의 적법성을 담보하기 위한 실체법 내지 소송법상의 제도에 해당한다고 볼 수 있습니다. 행정작용법적 차원에서의 이유제시의무하자의 치유가 소송법 단계로 시간적으로 진행되면 이제 처분사유의 추가·변경의 문제라 할 수 있습니다.

견해에 따라서는 이유제시의무하자의 치유는 처분시에 존재하는 하자가 사후에 보완되어 소멸하는 것임에 비해, 처분사유의 추가·변경은 처분시에 존재하였던 처분이유 중 처분에 부기하지 않았던 사유를 소송 계속 중에 처분사유로 주장하는 것을 양자의 차이점으로 들기도 합니다. 그러나 이는 양자를 엄분해야 할 결정적 논거가 아닙니다. 물론, 처분청은 이유제시의무하자의 치유에 있어 원처분사유와의 기본적 사실관계의 동일성을 요건으로 하는 처분사유의 추가·변경의 경우와는 달리 사실상 제한 없이 이를 행할 수 있지만, 이는 행정작용에서의 공권력 행사의 일환으로 이해할 것이지 그 치유한 사유가 처분의 적법성을 담보하는 것인지 여부 내지 처분의 적법 여부는 궁극적으로 법원에 의해 판단될 사항이라는 점에서 처분사유의 추가·변경을 주장하는 경우와 근본에 있어 상이하지 않다고 할 것입니다. 따라서 이유제시의무하자의 치유와 처분사유의 추가·변경을 통일적으로 파악하여 이유제시의무하자의 치유는 행정소송절차 종결 시까지 가능하다고 보는 것이 타당하며, 이러한 점은 독일 연방행정절차법 제45조 제2항의 규정 내용과 궤를 같이 합니다. 이때 이유제시의무하자의 치유시점을 확대하면 그만큼 절차하자로 인한 취소 가능성은 협소해진다는 점을 알 수 있습니다. 이유제시의무하자의 치유 내지 적법한 처분사유의 추가·변경이 인정되면 해당 행정행위는 그 발령 시에 소급하여 적법·유효한 행정행위가 되기 때문에 절차하자를 이유로 한 소송상 취소의 문제는 발생하지 않기 때문입니다.

한편, 대법원은 조세행정 분야에서는 이유제시의무하자의 치유를 비교적 광범위하게 인정하지만, 일반 행정 영역에서는 상당히 엄격한 입장을 취합니다. 예컨대, 최초 제시한 처분의 근거와 이유의 사후보완 내지 추완은 일정 요건하에서 인정하지만, 처음부터 이유제시를 흠결한 경우에는 그 치유를 부인합니다.

* **대판 1984.7.10, 82누551** : "허가의 취소처분에는 그 근거가 되는 법령과 처분을 받은 자가 어떠한 위반사실에 대하여 당해처분이 있었는지를 알 수 있을 정도의 위 법령에 해당하는 사실의 적시를 요한다고 할 것이고 이러한 사실의 적시를 흠결한 하자는 그 처분후 적시되어도 이에 의하여 치유될 수는 없다고 할 것이다."

2. 하자의 전환

원래의 행정행위로서는 위법한 것이어서 취소할 수 있거나 무효인 행위이지만 이를 다른 행정행위로 보면 그 요건이 충족되는 경우에, 하자 있는 당해 행정행위를 다른 행정행위로 보아 유효한 행정행위로 취급하는 것을 행정행위의 전환이라고 합니다. 흔히 드는 예로는 사자(死者)에 대한 허가를 상속인에 대한 것으로 보는 경우입니다. 무효인 행정행위에 대해 그 전환을 인정한다면, 취소 가능한 행정행위에 있어서도 이를 부정할 이유는 없습니다.

행정행위의 전환은 아래에서 설명하는 요건을 충족할 경우 이전의 하자 있는 행정행위가 전환되는 행정행위로서의 효력을 자동적으로 발생하는 것이 아니라, 전환되는 행정행위를 위한 행정청의 별도의 의사표시가 상대방에게 도달해야 합니다. 즉, 행정행위의 전환은 새로운 행정행위의 존재를 전제로 합니다. 따라서 경우에 따라 행정절차법상 처분에 관한 의견청취 규정이 적용됩니다.

행정행위의 전환은 그 요건으로서 ① 양 행정행위 사이에 요건·목적·효과에 있어 실질적 공통성이 있고, ② 원처분이 전환되는 행위로서의 성립·효력발생 요건을 구비하여야 하며, ③ 당사자에게 원처분의 경우보다 불이익을 부과하는 것이 아니어야 하며, ④ 제3자의 이익을 침해하는 것이 아니어야 합니다. 한편, 기속행위의 재량행위로의 전환은 허용되지 않는다고 보아야 합니다(독일 연방행정절차법 제47조 제3항 참조). 입법자가 자신의 결정으로 기속행위로 규정한 것을 행정청이 임의로 재량행위화할 수 없기 때문입니다.

제20강

위헌법률에 근거한 행정처분의 효력

쟁점행정법특강

제20강
위헌법률에 근거한 행정처분의 효력

1. 의의

사후적으로 위헌으로 판단된 법률(법률뿐만 아니라 법규명령이 위헌·위법인 경우에도 동일한 문제가 발생하지만, 여기서는 논의를 단순화하기 위해 법률을 대상으로 하여 고찰합니다)에 근거한 행정처분의 효력은 부인되어야 하지만, 그 못지않게 법적 안정성의 원칙에 터 잡은 기성의 법질서를 보호하는 것도 중요하겠지요. 헌법재판소에 의해 위헌으로 결정된 후 위헌인 해당 법률에 따라 발령된 행정처분이 무효에 해당함에는 의문의 여지가 없습니다. 그러나 위헌 판단 이전에 처분이 발령된 경우에는 이를 바탕으로 한 법적 안정성에 대한 고려가 있어야 한다는 인식에서 우리의 논의는 출발합니다.

이에 따라 대법원과 헌법재판소는 기본적으로 행정행위의 무효·취소의 기준에 관한 중대명백설에 입각하여, 위헌의 유권적 결정 이전의 처분에 대해서는 사후 위헌 판단이 행해지더라도 이를 일률적으로 무효라 할 수 없고 취소의 대상에 불과하거나, 쟁송기간이 경과하였다면 이제는 더 이상 해당 취소 가능한 처분의 법적 효력을 다툴 수 없다는 판례이론을 확립하였습니다. 이에 대해 중대명백설에 대한 비판적 입장에서 출발하여, 만약 이 경우 해당 행정처분에 취소사유의 하자가 있음에 그친다고 한다면, 단기 출소기간의 경과 후에는 위헌으로 선고된 법률에 근거한 처분을 더 이상 다툴 수 없음으로 인해 그로 인한 권리침해의 구제 기회가 봉쇄된다는 문제를 제기하면서 판례이론에 이의를 제기하는 견해도 설득력이 있습니다.

2. 대법원의 판례이론

1) 내용 : 대판 1994.10.28, 92누9463

일반적으로 법률이 헌법에 위반되는 사정은 헌법재판소의 결정이 있기 전에는 객관적으로 명백한 것이라고는 할 수 없으므로 헌법재판소의 위헌 결정 이전에 행정처분의 근거되는 당해 법률이 헌법에 위반된다는 사유는 특별한 사정이 없는 한 그 행정처분에 대한 취소소송의 전제가 될 뿐 당연무효 사유는 아니라는 것이 대법원의 기본적인 입장입니다. 즉, 판례에 의할 때 위헌인 법률에 근거한 행정처분이 당연무효인지 여부는 위헌결정의 소급효와는 별개의 문제로서, 위헌결정의 소급효가 인정된다고 하여 위헌인 법률에 근거한 행정처분이 당연무효가 된다고는 할 수 없고, 오히려 취소소송의 제기기간을 경과하여 형식적 확정력이 발생한 행정처분에는 위헌결정의 소급효가 미치지 않는다고 해석합니다.

따라서 헌법재판소의 위헌 결정 이전에 행정처분의 근거 법률이 위헌이라는 이유로 무효확인의 소가 제기된 경우에는 특별한 사정이 없는 한 법원으로서는 그 법률이 위헌인지 여부에 대한 판단 없이 그 무효확인청구를 기각하여야 합니다.

* **대판 1994.10.28, 92누9463** : "법률에 근거하여 행정처분이 발하여진 후에 헌법재판소가 그 행정처분의 근거가 된 법률을 위헌으로 결정하였다면 결과적으로 행정처분은 법률의 근거가 없이 행하여진 것과 마찬가지가 되어 하자가 있는 것이 되나, 하자 있는 행정처분이 당연무효가 되기 위하여는 그 하자가 중대할 뿐만 아니라 명백한 것이어야 하는데, 일반적으로 법률이 헌법에 위반된다는 사정이 헌법재판소의 위헌결정이 있기 전에는 객관적으로 명백한 것이라고 할 수는 없으므로 헌법재판소의 위헌결정 전에 행정처분의 근거되는 당해 법률이 헌법에 위반된다는 사유는 <u>특별한 사정이 없는 한</u> 그 행정처분의 취소소송의 전제가 될 수 있을 뿐 당연무효사유는 아니라고 봄이 상당하다."
* **대판 2013.6.13, 2011두19994** : "구 도시 및 주거환경정비법(2012. 2. 1. 법률 제11293호로 개정되기 전의 것, 이하 '구 도시정비법'이라 한다) 제8조 제3항, 제28조 제1항에 의하면, 토지 등 소유자들이 그 사업을 위한 조합을 따로 설립하지 아니하고 직접 도시환경정비사업을 시행하고자 하는 경우에는 사업시행계획서에 정관 등과 그 밖에 국토해양부령이 정하는 서류를 첨부하여 시장·군수에게 제출하고 사업시행인가를 받아야 하고, 이러한 절차를 거쳐 사업시행인가를 받은 토지 등 소유자들은 관할 행정청의 감독 아래 정비구역 안에서 구 도시정비법상의 도시환경정비사업을 시행하는 목적 범위 내에서 법령이 정하는 바에 따라 일정한 행정작용을 행하는 행정주체로서의 지위를 가진다. 그렇다면 <u>토지 등 소유자들이 직접 시행하는 도시환경정비사업에서 토지 등 소유자에 대한 사</u>

업시행인가처분은 단순히 사업시행계획에 대한 보충행위로서의 성질을 가지는 것이 아니라 구 도시정비법상 정비사업을 시행할 수 있는 권한을 가지는 행정주체로서의 지위를 부여하는 일종의 설권적 처분의 성격을 가진다고 할 것이다. 원심은 이와 달리 토지 등 소유자들이 직접 시행하는 도시환경정비사업에서 사업시행인가처분이 사업시행계획에 대한 보충행위에 해당한다고 전제한 다음, 기본행위의 무효를 이유로 그에 대한 인가처분의 무효확인을 구할 수 없다는 법리에 따라, 원고가 피고 서울특별시 종로구청장을 상대로 이 사건 사업시행인가처분의 무효확인을 구할 법률상 이익이 없다고 판단하였다. 이러한 원심판단은 토지 등 소유자들이 직접 시행하는 도시환경정비사업에서 사업시행인가처분의 법적 성격에 관한 법리를 오해한 잘못이 있다. … 또한 이미 취소소송의 제기기간을 경과하여 확정력이 발생한 행정처분의 경우에는 위헌결정의 소급효가 미치지 아니한다고 보아야 할 것이고, 일반적으로 법률이 헌법에 위배된다는 사정은 헌법재판소의 위헌결정이 있기 전에는 객관적으로 명백한 것이라고 할 수 없어 헌법재판소의 위헌결정 전에 행정처분의 근거가 되는 해당 법률이 헌법에 위배된다는 사유는 특별한 사정이 없는 한 그 행정처분 취소소송의 전제가 될 수 있을 뿐 당연무효사유는 아니라고 볼 것이다(대법원 2002. 11. 8. 선고 2001두3181 판결 등 참조). 따라서 이 사건 사업시행인가처분의 근거 법률인 구 도시정비법 제28조 제5항에 대하여 헌법재판소의 위헌결정이 있었다는 사정만으로는 그 위헌결정 전에 행하여진 이 사건 사업시행인가처분이 무효라고 볼 수 없다. 결국 원고의 피고 서울특별시 종로구청장에 대한 이 사건 사업시행인가처분 무효확인청구는 이유 없어 이를 기각하여야 할 것이다. … 앞서 본 법리에 의하면 도시환경정비사업을 직접 시행하려는 토지 등 소유자들은 시장·군수로부터 사업시행인가를 받기 전에는 행정주체로서의 지위를 가지지 못한다. 따라서 그가 작성한 사업시행계획은 인가처분의 요건 중 하나에 불과하고 항고소송의 대상이 되는 독립된 행정처분에 해당하지 아니한다고 할 것이다."

＊ **대판 2007.6.14, 2004두619** : "[2] 하자 있는 행정처분이 당연무효로 되려면 그 하자가 법규의 중요한 부분을 위반한 중대한 것이어야 할 뿐 아니라 객관적으로 명백한 것이어야 하고, 행정청이 위헌이거나 위법하여 무효인 시행령을 적용하여 한 행정처분이 당연무효로 되려면 그 규정이 행정처분의 중요한 부분에 관한 것이어서 결과적으로 그에 따른 행정처분의 중요한 부분에 하자가 있는 것으로 귀착되고, 또한 그 규정의 위헌성 또는 위법성이 객관적으로 명백하여 그에 따른 행정처분의 하자가 객관적으로 명백한 것으로 귀착되어야 하는바, 일반적으로 시행령이 헌법이나 법률에 위반된다는 사정은 그 시행령의 규정을 위헌 또는 위법하여 무효라고 선언한 대법원의 판결이 선고되지 아니한 상태에서는 그 시행령 규정의 위헌 내지 위법 여부가 해석상 다툼의 여지가 없을 정도로 명백하였다고 인정되지 아니하는 이상 객관적으로 명백한 것이라 할 수 없으므로, 이러한 시행령에 근거한 행정처분의 하자는 취소사유에 해당할 뿐 무효사유가 되지 아니한다.

[3] 구 청소년보호법(2001. 5. 24. 법률 제6479호로 개정되기 전의 것) 제10조 제3항의 위임에 따라 같은 법 시행령(2001. 8. 25. 대통령령 제17344호로 개정되기 전의 것) 제7조와 [별표 1]의 제2호 (다)목은 '동성애를 조장하는 것'을 청소년유해매체물 개별 심의기준의 하나로 규정하고 있는바, 현재까지 위 시행령 규정에 관하여 이를 위헌이거나 위법하여 무효라고 선언한 대법원의 판결이 선

고된 바는 없는 점, 한편 동성애에 관하여는 이를 이성애와 같은 정상적인 성적 지향의 하나로 보아야 한다는 주장이 있는 반면 이성간의 성적 결합과 이를 기초로 한 혼인 및 가족생활을 정상적인 것으로 간주하는 전통적인 성에 대한 관념 및 시각에 비추어 이를 사회통념상 허용되지 않는 것으로 보는 견해도 있는 점, 동성애를 유해한 것으로 취급하여 그에 관한 정보의 생산과 유포를 규제하는 경우 성적 소수자인 동성애자들의 인격권·행복추구권에 속하는 성적 자기결정권 및 알 권리, 표현의 자유, 평등권 등 헌법상 기본권을 제한할 우려가 있다는 견해도 있으나, 또한 동성애자가 아닌 다수의 청소년들에 있어서는 동성애에 관한 정보의 제공이 성적 자기정체성에 대한 진지한 성찰의 계기를 제공하는 것이 아니라 성적 상상이나 호기심을 불필요하게 부추기거나 조장하는 부작용을 야기하여 인격형성에 지장을 초래할 우려 역시 부정할 수 없다 할 것인 점 등에 비추어 보면, 이 사건 청소년유해매체물 결정 및 고시처분 당시 위 시행령의 규정이 헌법이나 모법에 위반되는 것인지 여부가 해석상 다툼의 여지가 없을 정도로 객관적으로 명백하였다고 단정할 수 없고, 따라서 위 시행령의 규정에 따른 위 처분의 하자가 객관적으로 명백하다고 볼 수 없다.

[4] 통상 고시 또는 공고에 의하여 행정처분을 하는 경우에는 그 처분의 상대방이 불특정 다수인이고 그 처분의 효력이 불특정 다수인에게 일률적으로 적용되는 것이므로, 그 행정처분에 이해관계를 갖는 자가 고시 또는 공고가 있었다는 사실을 현실적으로 알았는지 여부에 관계없이 고시가 효력을 발생하는 날 행정처분이 있음을 알았다고 보아야 한다.

[5] 인터넷 웹사이트에 대하여 구 청소년보호법에 따른 청소년유해매체물 결정 및 고시처분을 한 사안에서, 위 결정은 이해관계인이 고시가 있었음을 알았는지 여부에 관계없이 관보에 고시됨으로써 효력이 발생하고, 그가 위 결정을 통지받지 못하였다는 것이 제소기간을 준수하지 못한 것에 대한 정당한 사유가 될 수 없다."

2) 평가

위헌결정에 따른 처분의 효력 문제를 행정행위 하자론상 중대명백설을 원용하여, 명백성 결여를 이유로 당연무효가 아니라고 함으로써 법적 안정성에 대한 위협을 차단한 점에 대법원 판례의 의의가 있습니다. 나아가 해당 처분에 불가쟁력이 발생한 경우에는 위헌결정의 소급효를 부인함으로써 법적 안정성에 큰 비중을 두었습니다. 따라서 금전납부의무를 내용으로 하는 처분에 따라 이미 금전을 납부한 처분의 상대방은 해당 처분에 불가쟁력이 발생한 경우 처분의 근거 법률의 위헌결정에도 불구하고 납부금액의 반환을 소송상 구할 수 없게 됩니다. 취소판결의 결과제거의무를 통한 반환은 해당 처분에 대한 취소소송의 제소기간의 도과로 불가능하고 해당 금액의 부당이득반환청구소송을 제기하더라도 행정행위의 공정력에 의해 기각판결을 받을 것이기 때문입니다. 한편, 대법원은 무효확인청구의 소가 제기된 경우 특단의 판단 없이 곧바로 기각하여야 한다고 판시하여, 처분의 하자로서의 무효는 누구나 판단할 수 있다는 전제를 부정함으로써 위헌 결정 전 무효확인의 소가 제기된 경우 사실상 위헌 판단의 가능성을 봉쇄하는 결과를 초래하였습니다.

다만, 위 92누9463 판결의 밑줄 친 '특별한 사정'과 관련하여 판례는 2004두619 판결을 통해 "행정청이 위헌이거나 위법하여 무효인 시행령을 적용하여 한 행정처분이 당연무효로 되려면 그 규정이 행정처분의 중요한 부분에 관한 것이어서 결과적으로 그에 따른 행정처분의 중요한 부분에 하자가 있는 것으로 귀착되고, 또한 그 규정의 위헌성 또는 위법성이 객관적으로 명백하여 그에 따른 행정처분의 하자가 객관적으로 명백한 것으로 귀착되어야 하는바, …"라고 하여 당연무효의 가능성 및 그 전제를 설정한 바 있습니다. 이에 따라 위헌결정에 따른 처분의 효력을 당연무효로 설시한 판례도 일부 존재하는데, 위헌결정된 국가보위입법회의법 부칙 제4항 후단의 규정에 따른 면직처분 및 상위법령의 근거 없는 국세청 훈령에 근거한 주류판매업정지처분에 대하여 당연무효를 선고하였습니다.

* **대판 1993.2.26, 92누12247** : "원심이 확정한 사실관계에 의하면, 원고는 ○○○○○에 근무하던 중 1980.11.16. 국가보위입법회의법 부칙 제4항 후단에 의하여 면직처분되고 퇴직급여를 수령하였으나 1989.6.1. 재임용되었으며, 헌법재판소는 1989.12.28. 위 법률의 규정이 헌법에 위반된다고 결정하였고, 한편 원고는 면직처분무효확인의 소를 제기하여 서울고등법원에서 승소하였으나 대법원에서 심리종결일 현재 이미 공무원법상의 정년을 초과하였으므로 확인의 이익이 없다는 이유로 소 각하 판결을 받았다는 것이다. 원고가 1991.6.30. 정년퇴직을 하기 전에 피고에 대하여 퇴직급여액의 지급을 구하면서 공무원연금법 제24조에 의한 재직기간합산신청을 하자, 피고는 이를 인정하면서 원고가 면직시 수령한 퇴직급여액 금 22,269,728원과 그에 대한 위 법시행령 제19조 소정의 이자 금 45,815,702원을 가산징수하기로 하여 위 이자를 공제하고 퇴직급여를 지급결정한 데 대하여, 원심은 원고에 대한 1980.11.16. 자 면직처분의 근거가 된 법률이 헌법재판소에 의하여 위헌결정이 되었다 하여도 그러한 사실만으로 원고에 대한 위 면직처분이 당연무효로 된다고 할 수 없으며, 달리 위 면직처분이 소급하여 효력을 잃게 될 사유에 관하여 주장과 입증이 없는 바, 그렇다면 결국 원고는 일단 퇴직한 후 공무원으로 다시 임용된 경우에 해당한다고 할 것이므로 원고가 그 재직기간의 합산을 받고자 한다면 공무원연금법 제23조 제2항과 제24조의 규정에 따라 피고에게 재직기간합산신청서를 제출하여 피고로부터 그 합산신청을 인정받고 퇴직당시에 수령한 퇴직급여액에 대통령령이 정하는 이자를 가산하여 피고에 반납하여야 한다고 하면서 피고의 처분을 적법하다고 판시하였다. 헌법재판소의 위헌결정의 효력은 위헌제청을 한 당해사건은 물론 위헌제청신청은 아니하였지만 당해 법률 또는 법률의 조항이 재판의 전제가 되어 법원에 계속 중인 사건뿐만 아니라 위헌결정 이후에 위와 같은 이유로 제소된 일반사건에도 미친다고 봄이 타당하다 할 것이므로(당원 1993.1.15. 선고

91누5747 판결 참조), 헌법재판소의 1989.12.28.자 국가보위입법회의법 부칙 제4항 후단에 관한 위헌결정의 효력은 그 이후에 제소된 이 사건에도 미친다고 할 것이다. 따라서 위헌결정의 소급효가 이 사건에 미치는 이상, 위헌결정된 국가보위입법회의법 부칙 제4항 후단의 규정에 의하여 이루어진 원고에 대한 1980.11.16. 자 면직처분은 당연무효의 처분이 되는 것이며, 원고의 면직처분무효확인의 소가 소각하 판결로 귀결되었다고 해서 면직처분을 당연무효로 보는데 지장을 주지 아니한다."

* **대판 1980.12.23, 79누382** : "원판결 이유에 의하면, 원심은 거시증거에 의하여 피고는 1978. 11.6자로 일반 주류도매 면허를 받아 주류도매업을 경영하는 원고가 1978.6.16부터 같은 달 24까지 사이에 주류판매 무면허업자에게 맥주를 판매한데 대하여 주류유통거래에 관한 규정20조 및 26조의 6에 의거 원고에게 1978.11.20부터 1979.1.19까지의 주류판매제한처분을 한 사실을 인정하고 피고의 위 처분은 기존의 면허에 기한 영업행위를 제한하는 기속재량 행위로서 법령상의 근거가 있어야 할 것인데, 국세청장 훈령인 주류유통 거래에 관한 규정(1977.6.25 훈령 585호) 20조는 주류도매업자가 주류판매면허 및 사업자등록증을 소지한 자와의 거래비율이 100%미달인 경우에 세무서장은 주류도 매업에 대한 불성실자로 판정하고 같은 규정 26조는 위와 같이 주류불성실 판매업자로 판정받은 자에 대하여 세무서장은 일정 기간동안 주류판매 제한을 할 수있도록 규정하고있으나, 주세법 제38조는 "정부는 주세보전상 필요하다고 인정하는 때에는 대통령령의 정하는 바에 의하여 주류, 주모, 국이나 종국의 제조자 또는 주류국이나 종국의 판매업자에 대하여 제조, 저장, 양도, 양수, 이동설비 또는 가격에 관하여 필요한 명령을 할 수 있다"고 규정하고 있고 이에 기한 같은법 시행령 제57조는 "국세청장은 주류, 주모, 국이나 종국의 제조자 또는 주모 국이나 종국의 판매업자에 대하여 주류, 주모, 주요 국 또는 종국의 제조, 저장, 양도, 양수 또는 이동에 대하여 원료, 품질, 용기, 포장, 수량, 시기, 방법, 상대방 기타의 사항에 관하여 필요한 명령을 할 수 있다"고 규정하고 있을뿐 국세청장이 주류판매업자에 대하여도 위와 같은 명령을 할 수 있다고 규정되어 있지 않고 달리 국세청장이 위와 같은 명령을 할 수 있는 근거규정도 없으므로 피고가 이 사건 처분의 근거로 내세우는 위 국세청 훈령 20조 등은 주류판매업자에 대한 관계에 있어서는 상위 법령에 근거가 없어 무효라 할 것이고 따라서 이 사건 처분은 무효인 훈령에 기초한 것으로서 그 위법의 하자가 중대하고 명백하여 당연무효라고 판단하고 있는 바, 이는 적법한 사실인정과 정당한 법령해석에 따른 옳은 판단이라 할 것이고 … ."

3. 헌법재판소의 판례이론

1) 내용 : 헌재결 1994.6.30, 92헌바23

행정처분의 근거가 되는 법규범이 상위규범에 위반하여 무효인가 하는 점은 그것이 헌법재판소 또는 대법원에 의하여 유권적으로 확정되기 전에는 어느 누구에도 명백한 것이라고 할 수 없기 때문에 원칙적으로 당연무효 사유에는 해당할 수 없다는 전제하에, 행정처분 자체의 효력이 쟁송기간 경과 후에도 존속하는 경우, 특히 그 처분이 위헌법률에 근거하여 발령되고 그 행정처분의 목적달성을 위하여는 후행 행정처분이 필요한데 후행 행정처분은 아직 내려지지 않은 상태이며, 해당 행정처분을 무효로 하더라도 법적 안정성을 크게 해치지 않는 반면에 그 하자가 중대하여 구제가 필요한 경우에 대하여는 예외를 인정하여 이를 당연무효사유로 보아서 쟁송기간 경과 후에라도 무효확인을 구할 수 있는 것이라고 보았습니다. 학설상으로도 중대명백설 이외에 중대한 하자가 있으면 그것이 명백하지 않더라도 무효라고 하는 중대설도 주장되며, 대법원 판례에 의하더라도 반드시 하자가 중대명백한 경우에만 행정처분의 무효가 인정된다고는 속단할 수 없다는 인식을 배경으로 합니다.

* **헌재결 2014.1.28, 2010헌바251** : "행정처분의 근거법률이 헌법에 위반된다는 사정은 헌법재판소의 위헌결정이 있기 전에는 객관적으로 명백한 것이라고 할 수는 없으므로 특별한 사정이 없는 한 그러한 하자는 행정처분의 취소사유에 해당할 뿐 당연무효사유는 아니어서, 제소기간이 경과한 뒤에는 행정처분의 근거 법률이 위헌임을 이유로 무효확인소송 등을 제기하더라도 행정처분의 효력에는 영향이 없음이 원칙이다. 따라서 행정처분의 근거가 된 법률조항의 위헌 여부에 따라 당해 행정처분의 무효확인을 구하는 당해 사건 재판의 주문이 달라지거나 재판의 내용과 효력에 관한 법률적 의미가 달라지는 것은 아니므로 재판의 전제성이 인정되지 아니한다.

<재판관 이정미, 재판관 김이수, 재판관 이진성, 재판관 강일원의 반대의견>

행정처분의 하자가 무효사유인지 취소사유인지를 가리는 것은 구체적인 사실관계를 토대로 그 처분의 근거가 되는 법률의 목적과 기능 등을 고려하여 이를 법적으로 평가하여 내리는 판단으로서, 이에 관한 법원의 판단 이전에 헌법재판소가 재판의 전제성을 판단하면서 행정처분의 무효 여부를 논리적·가정적으로 단정하여 판단할 수는 없다. 따라서 행정처분에 대한 무효확인소송이나 그 효력 유무를 선결문제로 하는 민사소송에서 행정처분의 근거 법률이 위헌이 될 경우, 그 행정처분이 무효가 될 가능성이 상존하므로, 그 처분에 대한 취소소송의 제소기간이 지났는지 여부와는 상관없이 당해 사건 재판의 주문이 달라지거나 그 내용과 효력에 관한 법률적 의미가 달라질 여지가 없음이 명백하다고 볼 수는 없어 행정처분의 근거 법률의 위헌 여부는 재판의 전제가 된다고 보아야 한다.

[재판관 조용호의 다수의견에 대한 보충의견] 위헌법률에 근거한 행정처분이 법원에서 무효로 인정되는 것은 매우 예외적인 경우에 한정됨에도 불구하고 그 근거법률에 대하여 일반적으로 재판의 전제성을 인정할 경우, 위헌법률에 근거한 행정처분의 효력에 대한 법적 불확실성의 부담이 커지고, 현행 행정법 체계의 근간을 뒤흔들 우려가 있으며, 위헌결정의 효력을 장래에 미치도록 규정한 헌법재

판소법 제47조 제2항의 취지에 반하고, 행정행위의 불가쟁력을 무의미하게 만든다."

☞ 법률의 위헌 여부가 재판의 전제가 된다는 것은 그 법률이 당해 사건에 적용되고 그 위헌 여부에 따라 재판의 주문이 달라지거나 재판의 내용과 효력에 관한 법률적 의미가 달라지는 것을 의미하는 바, 근거 법률에 대한 위헌결정이 행정처분의 효력에 영향을 미칠 여지가 없는 경우에는 그 법률의 위헌 여부에 따라 당해 사건 재판의 주문이 달라지거나 재판의 내용과 효력에 관한 법률적 의미가 달라질 수 없는 것이므로 재판의 전제성을 인정할 수 없습니다.

2) 평가

헌법재판소는 처분의 중대명백한 하자의 판정과 관련한 명백성 기준에 대해서는 대법원과 일응 궤를 같이하지만, 무효 인정에 있어서 결과적으로 상당한 예외의 여지를 남겨 둔 점에 의의가 있습니다. 즉, 무효·취소의 구별에 있어 중대명백설의 입장에 서면서도 중대설의 입장을 논증 과정에 동원하는 등 당연 무효의 인정 여부를 국민의 권리구제의 필요성에의 종속변수로 함으로써 대법원과 사뭇 다른 입장을 견지하였다고 평가합니다.

환언하면, 헌법재판소는 원칙적으로 중대명백설에 의거하지만 권리구제의 필요가 있는 예외적인 경우에는 중대설에 입각하여 무효판단을 할 수 있다는 점을 천명하였습니다. 문제되는 처분의 목적 달성을 위해 후행 행정처분이 필요한데 이것이 아직 이루어지지 않은 경우나 선행처분을 무효로 인정하여도 법적 안정성을 크게 해치지 않는 경우가 바로 그것입니다. 다만, 동일한 처분의 하자를 상대방이 소송상 다투는 방법과 관련하여, 경우에 따라 처분의 불가쟁력이 발생하기 전에는 취소소송, 불가쟁력의 발생 후에는 무효확인소송이라는 논리적 이중성을 야기한다는 문제점은 지적됩니다.

4. 문제의 해결 : 국민의 권리구제와 법적 안정성의 조화

위헌법률에 근거한 행정처분의 효력을 하자의 명백성 판단에 의할 것이 아니라 헌법재판소법 제47조 제2항에 의한 위헌 결정의 소급효의 범위 논의와 관련하여 판단하자는 견해도 언급의 대상입니다.

1) 위헌법률에 근거한 행정처분에 대한 위헌결정의 소급효

헌법재판소법 제47조 제2항의 규정에도 불구하고, 위헌결정의 효력이 소급하는 사건의 범위에 대해 헌법재판소는 좁은 의미의 당해 사건은 물론 당해 법률이 재판의 전제가 되어 법원에 계속 중인 모든 병행사건까지 확대하였습니다(헌재결 1995.7.27, 93헌바1,3,8,13,15,19,22,38,39,52,53 병합). 대법원은 위헌결정의 소급효가 미치는 범위를 유형화하여, ① 위헌제청을 한 당해 사건, ② 위헌 결정이 있기 이전에 이와 동종의 위헌 여부에 관하여 헌법재판소에 위헌심판제청을 하였거나 법원에 위헌여부심판제청신청을 한 경우의 당해 사건, ③ 별도의 위헌제청은 아니하였지만 당해 법률 또는 법률의 조항이 재판의 전제가 되어 법원에 계속 중인 사건, ④ 위헌결정 이전에 이루어진 처분에 대하여 위헌결정 이후에 위와 같은 이유로 제소된 일반사건에까지 미친다고 판시하였습니다(대판 1993.1.15, 91누5747; 대판 1996.3.12, 93누16475 등).

＊ **대판 1993.1.15, 91누5747 :** "헌법재판소의 위헌결정의 효력은 위헌제청을 한 당해 사건, 위헌결정이 있기 전에 이와 동종의 위헌 여부에 관하여 헌법재판소에 위헌여부심판제청을 하였거나 법원에 위헌여부심판제청을 한 경우의 당해 사건과 따로 위헌제청신청은 아니하였지만 당해 법률 또는 법률의 조항이 재판의 전제가 되어 법원에 계속 중인 사건뿐만 아니라(당원 1991.6.11. 선고 90다5450 판결; 1991.6.28. 선고 90누9346 판결; 1991.12.24. 선고 90다8176 판결; 1992.2.14. 선고 91누1462 판결 각 참조), 위헌결정 이후에 위와 같은 이유로 제소된 일반사건에도 미친다고 봄이 타당하다 할 것이므로 …"

그러나 이 경우 위헌 법률이 적용된 모든 사건이 제소되는 것은 아니기 때문에 위헌결정의 소급효와 관련하여 제소된 사건과 제소되지 않은 사건 간 불균형이 발생합니다. 결국, 비록 제소되지 않은 사건이나 불가쟁력이 발생하여 제소할 수 없는 사건이라 할지라도 위헌결정이 행해지기 전에 위헌 법률에 근거하여 행해진 행정처분은 하자가 있는 행정처분이라 할 것이고, 그 하자의 정도에 대한 이해에 따라 국민의 권리구제와 법질서의 안정성이 크게 영향을 받는다고 할 수 있습니다.

2) 위헌결정이 행해지기 전에 위헌법률에 근거하여 행해진 행정처분의 하자

원칙적으로 볼 때 명백성 인정 여부 논의는 별론으로 하더라도 법적 안정성 요청을 고려할 때 당해 처분을 취소 가능한 처분이라 보면서 위헌결정 시점 이전에 형식적 확정력(불가쟁력)이 발생한 경우에는 위헌결정의 효력이 미치지 않는 것으로 하고(결과적으로 소급효를 부인하는 것입니다), 위헌결정 시점에 불가쟁력이 발생하지 않은 경우에 한하여 그 하자를 다툴 수 있도록 해석하는 입론은 일응 설득력이 있습니다.

법률이 달리 정하지 않는 한 위헌인 법규범에 근거한 처분의 효력 유지를 규정한 독일 연방헌법재판소법 제79조 제2항 제1문의 규정과 궤를 같이하여 위헌인 법령에 근거한 처분의 하자가 원칙적으로 취소사유에 불과하다는 위 입론의 타당성은 하자의 명백성이 도출되지 않기 때문이 아니라 현행 헌법재판소법 제47조 제2항의 취지에 따라 법적 안정성의 고려에서 무효가 아니라는 점에 있습니다. 이는 곧, 경우에 따라 - 법적 안정성의 침해 정도를 고려하여 - 무효의 성립 가능성을 전혀 부인할 수는 없음을 뜻합니다. 왜냐하면 제소기간 도과로 상대방의 실질적인 권리구제가 불가능한 경우가 대부분일 것이며, 이론적으로 볼 때 무효 가능성을 전혀 부정한다면 위헌무효의 주장 자체가 위헌결정 이전에는 불가능해지기 때문입니다.

그러므로 대법원 판례에 대해 비판적으로 평석하자면, 위헌결정이 내려진 뒤 위헌결정 이전에 행해진 처분에 대한 무효확인소송이 제기된 경우 일률적으로 기각할 것이 아니라 무효 여부에 관한 본안판단을 하여야 하며, 유권적 위헌결정 이전에 위헌을 이유로 하는 무효 주장이 제기된 경우에도 이를 위헌 심사 없이 기각할 것이 아니라 위헌 제청 등 위헌 심사의 과정을 거치는 것이 타당합니다. 헌법재판소의 경우에도 처분의 위헌무효의 주장에 대해 아직 유권적 결정이 없으므로 하자의 명백성이 없어 무효가 될 수 없다는 전제하에 재판의 전제성의 결여를 속단하지 말고 무효 여부에 대한 종국적 판단을 위하여 근거 법률의 위헌 여부를 판단하는 것이 타당하며 이러한 논리하에 재판의 전제성을 인정하여야 할 것입니다.

요컨대, 처분의 무효 여부와 관련하여서는, 그 하자의 정도가 중대하고 유권적 위헌결정이 없는 상황에서도 그 위헌성이 쉽사리 추단될 뿐만 아니라 법적 안정성에의 고려가 크게 요청되지 않는 경우에는 무효로 보아 쟁송기간의 도과 여부를 불문하고 권리구제를 인정하는 것이 타당합니다.

5. 위헌법률에 근거한 행정처분의 후속행위의 효과

1) 문제점

판례의 입장처럼 위헌결정에 근거한 처분의 효력을 취소 가능이라고 한다면 불가쟁력의 발생으로 취소소송의 제기가 불가능하여 해당 처분이 종국적으로 유효한 경우 당해 행정처분의 후속행위를 계속 유효한 것으로 볼 수 있을 것인가의 문제입니다.

이를 하자의 승계 논의를 통해 해결한다면, 예컨대 과세처분의 근거된 법률이 위헌으로 결정되더라도 그 이전에 행해진 후속행위로서의 체납처분은 그 과세처분의 취소가 불가쟁력 등으로 불가능한 경우, 체납처분 자체에 고유한 위법이 없는 한 하자의 승계가 부인되어 이를 집행할 수 있다는 불합리한 결과가 됩니다. 이러한 문제는 체납처분이 위헌 결정 이후에 행해지는 경우에도 마찬가지로 발생합니다. 따라서 위헌 판단의 장래효 문제는 위헌결정의 후속행위에 대한 기속력(구속력) 논의로 해결하는 것이 타당합니다.

2) 학설

집행부정설은 헌법재판소법 제47조 제1항에 의할 때 위헌결정 이후에 위헌법률에 근거한 처분의 집행을 허용하는 것은 동 조항에 정면으로 반하고, 제2항의 의미도 위헌결정일 이후에는 더 이상 위헌법률이 법률관계의 정당성을 제공하는 논거로 제공될 수 없다고 해석하여야 함을 강조합니다.

이에 비해 집행긍정설은 선행처분에 불가쟁력이 발생한 이상 이는 위헌결정의 기속력과 관계없이 이제는 하자의 승계 문제로 해결하여야 하며, 명문의 규정이 없는 우리 법제하에서는 더욱 그러하다고 주장합니다. 이에 의할 때 조세관계의 특수성을 고려하여 과세처분과 체납처분은 별개의 처분이므로 과세처분의 근거 법률의 위헌성은 체납처분에 영향을 미치지 아니하여 이를 집행할 수 있습니다.

3) 판례

판례는 위헌결정의 기속력에 착안하여, 위헌법률에 기한 처분(과세처분)의 집행(체납처분) 내지 집행력을 유지하기 위한 행위(압류해제거부)는 허용되지 않는다고 합니다. 또한, 처분의 근거 규정이 위헌으로 결정된 후 행한 처분의 집행행위는 당연무효입니다.

* **대판 2005.4.15, 2004다58123** : "헌법재판소는 1999. 4. 29.자로 구 택지소유상한에관한법률(1998. 9. 19. 법률 제5571호로 폐지되기 전의 것, 이하 '택상법'이라 한다)이 헌법에 위반된다는 결정을 하였는바, 위헌으로 결정된 법률 조항은 그 결정이 있는 날로부터 효력을 상실하는 것이므로 택상법은 1999. 4. 29.부터 효력을 상실하였다고 할 것이다(대법원 1990. 3. 2.자 89그26 결정 참조). 그렇다면 택상법에 대한 위헌결정 이전에 부담금 등에 대한 수납 및 징수가 완료된 경우에는 법적 안정성의 측면에서 부득이 과거의 상태를 그대로 유지시켜 그 반환청구를 허용할 수 없다고 하더라도, 위헌결정 이후에는 국민의 권리구제의 측면에서 위헌법률의 적용상태를 그대로 방치하거나 위헌법률의 종국적인 실현을 위한 국가의 추가적인 행위를 용납하여서는 아니 된다고 할 것이고(대법원 2002. 8. 23. 선고 2002두4372 판결, 2003. 9. 2. 선고 2003다14348 판결 등 참조), 한편 부담금 물납의 대상이 부동산인 경우에는 이에 관한 소유권이전등기가 경료되어야 비로소 그 물납의 이행이 완결된다고 할 것이니, 결국 위 법률의 위헌결정 이후에는 부담금의 물납을 위한 소유권이전등기촉탁도 허용되지 않는다 할 것이다."
* **대판 2002.8.23, 2001두2959** : "[1] 구 택지소유상한에관한법률(1998. 9. 19. 법률 제5571호로 폐지) 제30조는 "부담금의 납부의무자가 독촉장을 받고 지정된 기한까지 부담금 및 가산금 등을 완납하지 아니한 때에는 건설교통부장관은 국세체납처분의 예에 의하여 이를 징수할 수 있다."고 규정함으로써 국세징수법 제3장의 체납처분규정에 의하여 체납 택지초과소유부담금을 강제징수할 수 있었으나, 1999. 4. 29. 같은 법 전부에 대한 위헌결정으로 위 제30조 규정 역시 그 날로부터 효력을 상실하게 되었고, 나아가 위헌법률에 기한 행정처분의 집행이나 집행력을 유지하기 위한 행위는 위헌결정의 기속력에 위반되어 허용되지 않는다고 보아야 할 것인데, 그 규정 이외에는 체납부담금을 강제로 징수할 수 있는 다른 법률적 근거가 없으므로, 그 위헌결정 이전에 이미 부담금 부과처분과 압류처분 및 이에 기한 압류등기가 이루어지고 위의 각 처분이 확정되었다고 하여도, 위헌결정 이후에는 별도의 행정처분인 매각처분, 분배처분 등 후속 체납처분절차를 진행할 수 없는 것은 물론이고, 특별한 사정이 없는 한 기존의 압류등기나 교부청구만으로는 다른 사람에 의하여 개시된 경매절차에서 배당을 받을 수도 없다.
[2] 택지초과소유부담금은 국세의 일종이 아니라 구 택지소유상한에관한법률(1998. 9. 19. 법률 제5571호로 폐지)이 정한 의무위반에 대한 제재로서 부과하는 금전적 부담으로서 같은 법의 목적을 실현하기 위한 이행강제수단에 불과하므로 국세와 서로 성질을 달리하여 국세에 관한 법 규정을 위 부담금에 대하여 함부로 준용 또는 유추적용할 수 없음이 원칙이지만, 같은 법에 대한 헌법재판소의 위헌결정에 따라 같은 법 제30조의 효력이 상실되었다는 이유를 들어 체납부담금에 기한 압류처분에 대한 압류를 해제함에 있어서 같은 법 제30조에서 인정하였던 국세징수법 제53조 제1항의 규정에 의한 압류해제를 인정하지 아니한다면 위헌결정이 있기 이전의 상태보다 더 헌법질서에 반하는 결과를 초래하게 되므로, 위헌결정의 취지에 따라 체납 부담금에 대한 징수가 불가능하게 되어 압류처분을 해제함에 있어서는 압류해제에 관한 국세징수법 제53조 제1항을 유추적용하여 압류를 해제하여야 한다.

[3] 국세징수법 제53조 제1항 제1호는 압류의 필요적 해제사유로 '납부, 충당, 공매의 중지, 부과의 취소 기타의 사유로 압류의 필요가 없게 된 때'를 들고 있는바, 여기에서의 납부·충당·공매의 중지·부과의 취소는 '압류의 필요가 없게 된 때'에 해당하는 사유를 예시적으로 열거한 것이라고 할 것이므로 '기타의 사유'는 위 법정사유와 같이 납세의무가 소멸되거나 혹은 체납처분을 하여도 체납세액에 충당할 잉여가망이 없게 된 경우는 물론 과세처분 및 그 체납처분절차의 근거 법령에 대한 위헌결정으로 후속 체납처분을 진행할 수 없어 체납세액에 충당할 가망이 없게 되는 등으로 압류의 근거를 상실하거나 압류를 지속할 필요성이 없게 된 경우도 포함하는 의미라고 새겨야 한다."

* **대판 2012.2.16, 2010두10907(전합)** : "구 헌법재판소법(2011. 4. 5. 법률 제10546호로 개정되기 전의 것) 제47조 제1항은 "법률의 위헌결정은 법원 기타 국가기관 및 지방자치단체를 기속한다." 고 규정하고 있는데, 이러한 위헌결정의 기속력과 헌법을 최고규범으로 하는 법질서의 체계적 요청에 비추어 국가기관 및 지방자치단체는 위헌으로 선언된 법률규정에 근거하여 새로운 행정처분을 할 수 없음은 물론이고, 위헌결정 전에 이미 형성된 법률관계에 기한 후속처분이라도 그것이 새로운 위헌적 법률관계를 생성·확대하는 경우라면 이를 허용할 수 없다. 따라서 조세 부과의 근거가 되었던 법률규정이 위헌으로 선언된 경우, 비록 그에 기한 과세처분이 위헌결정 전에 이루어졌고, 과세처분에 대한 제소기간이 이미 경과하여 조세채권이 확정되었으며, 조세채권의 집행을 위한 체납처분의 근거규정 자체에 대하여는 따로 위헌결정이 내려진 바 없다고 하더라도, 위와 같은 위헌결정 이후에 조세채권의 집행을 위한 새로운 체납처분에 착수하거나 이를 속행하는 것은 더 이상 허용되지 않고, 나아가 이러한 위헌결정의 효력에 위배하여 이루어진 체납처분은 그 사유만으로 하자가 중대하고 객관적으로 명백하여 당연무효라고 보아야 한다."

4) 집행부정설의 타당성

위헌결정의 기속력에 따라 국가기관은 장래 어떤 처분을 행할 때 헌법재판소의 결정을 존중하여야 하고(결정준수의무), 동일한 사정하에서 동일한 이유에 근거한 동일 내용의 공권력 행사 또는 불행사를 하여서는 아니 됩니다(반복금지의무). 근거 법률의 위헌결정 이후에 국가기관이 위헌법률에 근거한 처분(결국 위헌·위법인 처분입니다)을 집행하는 것은 결정준수의무에 위반합니다. 따라서 위헌법률에 근거한 처분의 집행처분이 위헌결정의 기속력에 위반된다고 보는 이상, 이는 선행처분의 하자승계 여부와 무관하게 후행처분 자체의 고유한 위법으로서 당연무효 사유가 됩니다. 이를테면, 과세처분의 근거 법령이 해당 처분 후 위헌·위법으로 결정되었다면, 후행 체납처분 자체에 고유한 하자가 없는 한 과세처분에 기한 새로운 압류처분은 물론, 위헌결정 이전에 압류처분이 행해진 경우에는 후속 집행행위로서의 공매처분은 무효인 처분에 해당합니다.

위헌법률에 근거한 행정처분에 형식적 확정력이 발생하였다고 하여 위헌결정의 소급효가 배제되어 위헌결정이 없었던 상태로 돌아가 합헌적 법률에 근거한 처분이 되는 것이 아니라, 위헌법률에 근거한 처분임에는 변화 없지만 불가쟁력에 의해 더 이상 다툴 수 없게 되는 데 지나지 않는다고 보아야 합니다. 다만, 위헌결정이 있은 후 해당 처분에 불가쟁력이 발생하였더라도 행정기본법에 의한 처분의 재심사제도(제37조)를 통하여 처분의 하자를 다툴 가능성은 유보되어 있습니다. 처분 이후 근거 법령이 위헌·위법으로 결정되면 이는 처분의 근거가 된 법률관계가 추후에 당사자에게 유리하게 바뀐 경우에 해당하기 때문입니다(동조 제1항 제1호). 그 경우를 제외하고는 판례에 의할 때 위헌결정 이전에 행해진 당해 법률에 의한 처분은 비록 취소사유가 있더라도 불가쟁력의 발생과 함께 그 효력을 보유하고 그 집행으로 인한 부당이득반환청구권의 문제도 발생하지 않지만, 별도의 행정처분에 의한 집행은 허용되지 아니합니다. 환언하면, 위헌선언 이전에 이루어진 위헌 법령에 근거한 처분에 위헌선언 이후 불가쟁력이 발생하였다면 그에는 위헌결정의 소급효가 미치지 않으므로 하자를 다툴 수는 없으나, 행정청도 그를 집행할 수 없습니다. 위헌결정 이후에 위헌법률에 기초한 법률관계를 실현하고자 하는 집행행위는 실질적 법치주의 및 국민의 기본권 보장을 위하여 불허하는 것이 타당하기 때문입니다. 다만, 이럴 경우, 과세처분, 학교용지부담금 등 금전납부의무 부과처분에 따라 해당 금액을 자발적으로 납부한 자와 납부하지 않고 위헌결정 이후까지 기다린 자 사이에 불균형이 발생한다는 아이러니는 여전히 해결 과제라 할 것입니다.

제21강
행정절차

제21강
행정절차

1. 행정절차법의 적용범위

행정절차법의 적용범위에 대해서는 행정절차법 제3조 제2항이 규정합니다.[1] 동조 제2항 제9호의 해석과 관련하여 판례는 동조상의 적용배제 규정에도 불구하고 행정절차법의 적용범위를 확대하려는 시도를 보입니다. 행정절차법은 동법의 적용배제 대상의 일반적 기준으로 '해당 행정작용의 성질상 행정절차를 거치기 곤란하거나 거칠 필요가 없다고 인정되는 사항이나 행정절차에 준하는 절차를 거친 사항으로서 행정절차법 시행령으로 정하는 사항'을 제시합니다(행정절차법 제3조 제2항 제9호[2]). 이때 판례는 개별법상 절차규정으로 행정절차법상의 행정절차를 갈음하기 위해서는 개별법에 의한 절차규정이 행정절차법상의 그것이 요구하는 수준 이상을 요구함을 전제로 한다고 해석합니다. 예컨대, '외국인의 출입국에 관한 사항'의 경우 형식적으로 행정절차법의 적용배제 범위에 해

---

1) 행정절차법 제3조(적용 범위) ① 처분, 신고, 행정상 입법예고, 행정예고 및 행정지도의 절차에 관하여 다른 법률에 특별한 규정이 있는 경우를 제외하고는 이 법에서 정하는 바에 따른다.
② 이 법은 다음 각 호의 어느 하나에 해당하는 사항에 대하여는 적용하지 아니한다.
1. 국회 또는 지방의회의 의결을 거치거나 동의 또는 승인을 받아 행하는 사항
2. 법원 또는 군사법원의 재판에 의하거나 그 집행으로 행하는 사항
3. 헌법재판소의 심판을 거쳐 행하는 사항
4. 각급 선거관리위원회의 의결을 거쳐 행하는 사항
5. 감사원이 감사위원회의의 결정을 거쳐 행하는 사항
6. 형사(형사), 행형(행형) 및 보안처분 관계 법령에 따라 행하는 사항
7. 국가안전보장·국방·외교 또는 통일에 관한 사항 중 행정절차를 거칠 경우 국가의 중대한 이익을 현저히 해칠 우려가 있는 사항
8. 심사청구, 해양안전심판, 조세심판, 특허심판, 행정심판, 그 밖의 불복절차에 따른 사항
9. 「병역법」에 따른 징집·소집, 외국인의 출입국·난민인정·귀화, 공무원 인사 관계 법령에 따른 징계와 그 밖의 처분, 이해 조정을 목적으로 하는 법령에 따른 알선·조정·중재·재정 또는 그 밖의 처분 등 해당 행정작용의 성질상 행정절차를 거치기 곤란하거나 거칠 필요가 없다고 인정되는 사항과 행정절차에 준하는 절차를 거친 사항으로서 대통령령으로 정하는 사항

2) 이하 이 강에서 법률명을 표기하지 않은 경우 행정절차법을 의미합니다.

당하지만(동항 제9호), 예컨대 미국국적 교민에 대한 사증발급거부처분에서 행정절차법 제24조에 의한 처분서 작성교부를 요한다고 판시하였습니다(대판 2019.7.11, 2017두38874).

'행정절차에 준하는 절차를 거친 사항'으로서 행정절차법의 적용이 배제되는 논증 구조의 예를 직위해제처분에 관한 판례를 통해 살펴봅시다. 직위해제에 관한 국가공무원법 제73조의3 제1항 제2호 및 제3항은 임용권자는 직무수행 능력이 부족하거나 근무성적이 극히 나쁜 자에게 직위해제 처분을 할 수 있고, 직위해제된 자에게는 3개월의 범위에서 대기를 명한다고 규정하면서, 국가공무원법 제75조 및 제76조 제1항에서 공무원에 대하여 직위해제를 할 때에는 그 처분권자 또는 처분제청권자는 처분사유를 적은 설명서를 교부하도록 하고, 처분사유 설명서를 받은 공무원이 그 처분에 불복할 때에는 그 설명서를 받은 날부터 30일 이내에 소청심사청구를 할 수 있도록 규정합니다. 임용권자가 직위해제 처분을 행함에 있어서 구체적이고도 명확한 사실의 적시가 요구되는 처분사유 설명서를 반드시 교부하도록 하여 해당 공무원에게 방어의 준비 및 불복의 기회를 보장하고 임용권자의 판단에 신중함과 합리성을 담보하게 하고 있고, 직위해제처분을 받은 공무원은 사후적으로 소청이나 행정소송을 통하여 충분한 의견진술 및 자료제출의 기회를 보장하고 있습니다. 그리고 위와 같이 대기명령을 받은 자가 그 기간에 능력 또는 근무성적의 향상을 기대하기 어렵다고 인정되면 직권면직 처분을 받을 수 있지만(국가공무원법 제70조 제1항 제5호), 이 경우에도 국가공무원법 제70조 제2항 단서에 의하여 징계위원회의 동의를 받도록 하고 있어 절차적 보장이 강화되어 있습니다. 그렇다면 국가공무원법상 직위해제처분은 당해 행정작용의 성질상 행정절차를 거치기 곤란하거나 불필요하다고 인정되는 사항 또는 행정절차에 준하는 절차를 거친 사항에 해당하므로 처분의 사전통지 및 의견청취 등에 관한 행정절차법의 규정이 별도로 적용되지 아니한다고 봄이 상당합니다.

실무에서 행정절차법의 적용범위는 부분적으로 절차상 하자의 효력과 연관됩니다. 절차하자(흠결)가 다툼의 대상이지만 문제된 사안이 행정절차법의 적용배제 범위에 해당한다면, 비록 외견상 행정절차법상의 절차 흠결이 인정되더라도 이는 절차상 하자를 구성하지 않으므로 절차하자를 이유로 한 취소소송은 기각판결로 귀결됩니다.

* **대판 2018.12.27, 2015두44028** : "행정절차법 제3조, 행정절차법 시행령 제2조 제6호는 독점규제 및 공정거래에 관한 법률(이하 '공정거래법'이라 한다)에 대하여 행정절차법의 적용이 배제되도록 규정하고 있다. 그 취지는 공정거래법의 적용을 받는 당사자에게 행정절차법이 정한 것보다 더 약한 절차적 보장을 하려는 것이 아니라, 오히려 그 의결절차상 인정되는 절차적 보장의 정도가 일반 행

정절차와 비교하여 더 강화되어 있기 때문이다."

* **대판 2001.5.8, 2000두10212** : "행정절차법 제3조 제2항, 같은법시행령 제2조 제6호에 의하면 공정거래위원회의 의결·결정을 거쳐 행하는 사항에는 행정절차법의 적용이 제외되게 되어 있으므로, 설사 공정거래위원회의 시정조치 및 과징금납부명령에 행정절차법 소정의 의견청취절차 생략사유가 존재한다고 하더라도, 공정거래위원회는 행정절차법을 적용하여 의견청취절차를 생략할 수는 없다."

☞ 위 판결의 이해에 각별한 주의를 요합니다. 행정절차법 규정의 적용이 배제되므로 행정절차법에 의한 의견청취절차 생략사유를 들어 의견청취절차를 생략할 수 없다는 취지입니다.

* **대판 2019.7.11, 2017두38874** : "행정절차법 제3조 제2항 제9호, 행정절차법 시행령 제2조 제2호 등 관련 규정들의 내용을 행정의 공정성, 투명성, 신뢰성을 확보하고 처분상대방의 권익보호를 목적으로 하는 행정절차법의 입법 목적에 비추어 보면, 행정절차법의 적용이 제외되는 '외국인의 출입국에 관한 사항'이란 해당 행정작용의 성질상 행정절차를 거치기 곤란하거나 거칠 필요가 없다고 인정되는 사항이나 행정절차에 준하는 절차를 거친 사항으로서 행정절차법 시행령으로 정하는 사항만을 가리킨다. '외국인의 출입국에 관한 사항'이라고 하여 행정절차를 거칠 필요가 당연히 부정되는 것은 아니다. 외국인의 사증발급 신청에 대한 거부처분은 당사자에게 의무를 부과하거나 적극적으로 권익을 제한하는 처분이 아니므로, 행정절차법 제21조 제1항에서 정한 '처분의 사전통지'와 제22조 제3항에서 정한 '의견제출 기회 부여'의 대상은 아니다. 그러나 사증발급 신청에 대한 거부처분이 성질상 행정절차법 제24조에서 정한 '처분서 작성·교부'를 할 필요가 없거나 곤란하다고 일률적으로 단정하기 어렵다. 또한 출입국관리법령에 사증발급 거부처분서 작성에 관한 규정을 따로 두고 있지 않으므로, 외국인의 사증발급 신청에 대한 거부처분을 하면서 행정절차법 제24조에 정한 절차를 따르지 않고 '행정절차에 준하는 절차'로 대체할 수도 없다."

* **대판 2014.5.16, 2012두26180** : "국가공무원법상 직위해제처분은 구 행정절차법(2012. 10. 22. 법률 제11498호로 개정되기 전의 것) 제3조 제2항 제9호, 구 행정절차법 시행령(2011. 12. 21. 대통령령 제23383호로 개정되기 전의 것) 제2조 제3호에 의하여 당해 행정작용의 성질상 행정절차를 거치기 곤란하거나 불필요하다고 인정되는 사항 또는 행정절차에 준하는 절차를 거친 사항에 해당하므로, 처분의 사전통지 및 의견청취 등에 관한 행정절차법의 규정이 별도로 적용되지 않는다."

* **대판 2007.9.21, 2006두20631** : "행정과정에 대한 국민의 참여와 행정의 공정성, 투명성 및 신뢰성을 확보하고 국민의 권익을 보호함을 목적으로 하는 행정절차법의 입법목적과 행정절차법 제3조 제2항 제9호의 규정 내용 등에 비추어 보면, 공무원 인사관계 법령에 의한 처분에 관한 사항 전부에 대하여 행정절차법의 적용이 배제되는 것이 아니라 성질상 행정절차를 거치기 곤란하거나 불필요하다고 인정되는 처분이나 행정절차에 준하는 절차를 거치도록 하고 있는 처분의 경우에만 행정절차법의 적용이 배제된다. 원심판결 이유에 의하면, 원고는 2003. 9. 29. 대령진급예정자로 선발·공표된 사실(이하 '이 사건 대령진급 선발'이라 한다), 이 사건 대령진급 선발 이후인 2004. 11. 17. 육군참모총장은 피고에게, 원고가 이 사건 대령진급 선발 이전의 군납업자로부터의 금품수수 등에 기하여 기소유예처분 및 감봉 3월의 징계처분을 받았다는 이유로 원고에 대한 진급낙천을 건의한 사실, 이에 피고는 육군참모총장의 위 건의에 따라 2004. 11. 30. 군인사법 제31조 등에 기하여 원고에 대한 대령

진급 선발을 취소하는 이 사건 처분을 한 사실, 원고는 위와 같이 육군참모총장이 피고에게 원고에 대한 진급낙천을 건의하는 과정이나 피고가 원고에 대하여 대령진급 선발을 취소하는 이 사건 처분을 하는 과정에서 따로 의견제출 기회나 소명기회 등을 전혀 부여받지 못한 사실 등을 알 수 있다. 위 법리 및 관계 법령에 비추어 위 사실관계를 살펴보니, 군인사법 및 그 시행령의 관계 규정에 따르면, 원고와 같이 진급예정자 명단에 포함된 자는 진급예정자명단에서 삭제되거나 진급선발이 취소되지 않는 한 진급예정자 명단 순위에 따라 진급하게 되므로, 이 사건 처분과 같이 진급선발을 취소하는 처분은 진급예정자로서 가지는 원고의 이익을 침해하는 처분이라 할 것이고, 한편 군인사법 및 그 시행령에 이 사건 처분과 같이 진급예정자 명단에 포함된 자의 진급선발을 취소하는 처분을 함에 있어 행정절차에 준하는 절차를 거치도록 하는 규정이 없을 뿐만 아니라 위 처분이 성질상 행정절차를 거치기 곤란하거나 불필요하다고 인정되는 처분이라고 보기도 어렵다고 할 것이어서 이 사건 처분이 행정절차법의 적용이 제외되는 경우에 해당한다고 할 수 없으며, 나아가 원고가 수사과정 및 징계과정에서 자신의 비위행위에 대한 해명기회를 가졌다는 사정만으로 이 사건 처분이 행정절차법 제21조 제4항 제3호, 제22조 제4항에 따라 원고에게 사전통지를 하지 않거나 의견제출의 기회를 주지 아니하여도 되는 예외적인 경우에 해당한다고 할 수 없으므로, 피고가 이 사건 처분을 함에 있어 원고에게 의견제출의 기회를 부여하지 아니한 이상, 이 사건 처분은 절차상 하자가 있어 위법하다고 할 것이다."

* **대판 2012.6.28, 2011두20505** : "공무원징계령 제7조 제6항 제3호에 의하면, 공무원에 대한 징계의결을 요구할 때는 징계사유의 증명에 필요한 관계 자료뿐 아니라 '감경대상 공적 유무' 등이 기재된 확인서를 징계위원회에 함께 제출하여야 하고, 경찰 공무원 징계양정 등에 관한 규칙 제9조 제1항 제2호 및 [별표 10]에 의하면 경찰청장의 표창을 받은 공적은 징계양정에서 감경할 수 있는 사유의 하나로 규정되어 있다. 위와 같은 관계 법령의 규정 및 기록에 비추어 보면, <u>징계위원회의 심의과정에 반드시 제출되어야 하는 공적(공적) 사항이 제시되지 않은 상태에서 결정한 징계처분은 징계양정이 결과적으로 적정한지 그렇지 않은지와 상관없이 법령이 정한 징계절차를 지키지 않은 것으로서 위법</u>하다.(경찰공무원인 甲이 관내 단란주점내에서 술에 취해 소란을 피우는 등 유흥업소 등 출입을 자제하라는 지시명령을 위반하고 경찰공무원으로서 품위유지의무를 위반하였다는 이유로 경찰서장이 징계위원회 징계 의결에 따라 甲에 대하여 견책처분을 한 사안에서, 위 징계처분은 징계위원회 심의과정에서 반드시 제출되어야 하는 공적(공적) 사항인 경찰총장 표창을 받은 공적이 기재된 확인서가 제시되지 않은 상태에서 결정한 것이므로, 징계양정이 결과적으로 적정한지와 상관없이 법령이 정한 절차를 지키지 않은 것으로서 위법하고 이와 같은 취지의 원심판단은 정당하다고 한 사례)"
* **대판 2004.7.8, 2002두8350** : "행정청이 당사자와 사이에 도시계획사업의 시행과 관련한 협약을 체결하면서 관계 법령 및 행정절차법에 규정된 청문의 실시 등 의견청취절차를 배제하는 조항을 두었다고 하더라도, 국민의 행정참여를 도모함으로써 행정의 공정성·투명성 및 신뢰성을 확보하고 국민의 권익을 보호한다는 행정절차법의 목적 및 청문제도의 취지 등에 비추어 볼 때, 위와 같은 <u>협약의 체결로 청문의 실시에 관한 규정의 적용을 배제할 수 있다고 볼 만한 법령상의 규정이 없는 한, 이러한 협약이 체결되었다고 하여 청문의 실시에 관한 규정의 적용이 배제된다거나 청문을 실시하지 않아도 되는 예외적인 경우에 해당한다고 할 수 없다.</u>"

한편, 국가에 대한 행정처분의 경우에도 사전 통지, 의견청취, 이유제시와 관련한 행정절차법이 적용됩니다. 절차적 정의의 확보를 통한 국민의 사전적 권리구제의 실현이 행정절차의 일반적 이념이지만, 그렇다고 하여 행정의 공정성·투명성 및 신뢰성 확보라는 행정절차법의 입법 취지에 비추어 볼 때 행정기관의 처분에 의하여 불이익을 입게 되는 국가를 일반 국민과 달리 취급할 근본적 이유를 발견할 수 없기 때문입니다.

* **대판 2023.9.21, 2023두39724** : "행정절차법 제2조 제4호에 의하면, '당사자 등'이란 행정청의 처분에 대하여 직접 그 상대가 되는 당사자와 행정청이 직권 또는 신청에 의하여 행정절차에 참여하게 한 이해관계인을 의미하는데, 같은 법 제9조에서는 자연인, 법인, 법인 아닌 사단 또는 재단 외에 '다른 법령 등에 따라 권리·의무의 주체가 될 수 있는 자' 역시 '당사자 등'이 될 수 있다고 규정하고 있을 뿐, 국가를 '당사자 등'에서 제외하지 않고 있다. 또한 행정절차법 제3조 제2항에서 행정절차법이 적용되지 않는 사항을 열거하고 있는데, '국가를 상대로 하는 행정행위'는 그 예외사유에 해당하지 않는다. 위와 같은 행정절차법의 규정과 행정의 공정성·투명성 및 신뢰성 확보라는 행정절차법의 입법 취지 등을 고려해 보면, 행정기관의 처분에 의하여 불이익을 입게 되는 국가를 일반 국민과 달리 취급할 이유가 없다. 따라서 국가에 대해 행정처분을 할 때에도 사전 통지, 의견청취, 이유제시와 관련한 행정절차법이 그대로 적용된다고 보아야 한다."

행정절차법의 적용범위와 관련하여 행정절차법과 개별법상의 절차규정의 관계도 쟁점으로 부각됩니다. 행정절차법 제22조 제1항은 - 사전통지가 면제되는 경우와 당사자가 의견진술의 기회를 포기한다는 뜻을 명백히 표시한 경우가 아닌 한(제22조 제4항) - 의견청취절차 중 청문의 실시사유로 다른 법령등에서 청문을 하도록 규정하고 있는 경우, 행정청이 필요하다고 인정하는 경우 및 인허가 등의 취소·신분이나 자격의 박탈·법인이나 조합 등의 설립허가취소[1]를 규정하고 있습니다. 즉, 행정청은 상대방의 자격을 박탈하는 경우 원칙적으로 의무적 청문을 실시하여야 합니다.

그러나 개별법에 따라서는 자격을 박탈하는 처분을 행하는 경우에도 청문의 실시대상으로 규정하고 있지 않은 경우가 있어 해석상 어려움이 제기됩니다. 이를테면, 감정평가 및 감정평가사에 관한 법률이 그 예에 속합니다. 동법 제13조 제1항, 제27조 및 제

1) (구)행정절차법은 제22조 제1항 제3호에 따른 청문의 실시를 제21조 제1항 제6호에 따른 의견제출기한 내에 당사자등의 신청이 있는 경우로 한정하였으나 개정 행정절차법(2022.7.12. 시행)은 동 문구를 삭제하였습니다. 이는 청문권을 행정절차법에 일반적 요건하에 규정함으로써 행정절차법상 청문 규정을 개별법의 규정이 없더라도 일반적인 청문권의 근거 규정으로 성질 지울 수 있는 점에서 큰 의의를 지닙니다.

39조 제1항과 제2항[1]에 따라 감정평가사가 다른 사람에게 감정평가사 자격증 등을 양도·대여한 경우에는 그 자격을 취소하도록 규정하는데 자격의 취소가 행정절차법상의 자격의 박탈에 해당함은 이론의 여지가 없습니다. 그러나 동법 제45조[2]에 따른 청문 실시사유가 명의대여 등에 따른 자격취소를 포함하지 않음으로 인하여 해당 자격취소는 동법상의 청문 실시사유가 아니라는 결론에 이릅니다. 그럼에도 불구하고 명의대여 등에 따른 자격취소처분을 행하려면 반드시 행정절차법 제22조 제1항에 의한 청문을 실시하여야 한다고 해석함이 타당합니다. 행정절차법의 제정취지를 고려하건대 개별법상 행정절차법 규정의 적용배제를 명시적으로 규정하지 않는 한, 그리고 다른 법령에 따라 청문에 준하는 행정절차를 거친 경우 등 그 배제규정의 내용적 타당성이 인정되는 경우를 제외하고 행정절차법상의 절차규정은 모든 행정작용법 영역에 적용되는 일반 규정이라고 보기 때문입니다. 따라서 행정절차법보다 강화된 형태의 개별법상 절차규정은 특별법우선의 원칙에 따라 개별법 규정이 행정절차의 준거가 되고, 이와는 반대로 개별법상 절차규정이 흠결되거나 경한 정도의 개별법 절차규정에 대해서는 특별한 사정이 없는 한 행정절차법상의 해당 규정이 우선하여 적용된다고 해석하는 것이 타당합니다. 요컨대, 명의대여 등으로 인한 자격취소는 감정평가 및 감정평가사에 관한 법률에 의한 청문 실시사유는 아니지만, 행정절차법에 따른 청문은 실시하여야 합니다.

---

1) 감정평가 및 감정평가사에 관한 법률 제13조(자격의 취소) ① 국토교통부장관은 감정평가사가 다음 각 호의 어느 하나에 해당하는 경우에는 그 자격을 취소하여야 한다.
 1. 부정한 방법으로 감정평가사의 자격을 받은 경우
 2. 제39조제2항제1호에 해당하는 징계를 받은 경우
 제27조(명의대여 등의 금지) ① 감정평가사 또는 감정평가법인등은 다른 사람에게 자기의 성명 또는 상호를 사용하여 제10조에 따른 업무를 수행하게 하거나 자격증·등록증 또는 인가증을 양도·대여하거나 이를 부당하게 행사하여서는 아니 된다.
 제39조(징계) ① 국토교통부장관은 감정평가사가 다음 각 호의 어느 하나에 해당하는 경우에는 제40조에 따른 감정평가관리·징계위원회의 의결에 따라 제2항 각 호의 어느 하나에 해당하는 징계를 할 수 있다. 다만, 제2항제1호에 따른 징계는 제11호, 제12호를 위반한 경우 및 제27조를 위반하여 다른 사람에게 자격증·등록증 또는 인가증을 양도 또는 대여한 경우에만 할 수 있다.
 9. 제25조, 제26조 또는 제27조를 위반한 경우
 ② 감정평가사에 대한 징계의 종류는 다음과 같다.
 1. 자격의 취소 2. 등록의 취소 3. 2년 이하의 업무정지 4. 견책

2) 감정평가 및 감정평가사에 관한 법률 제45조(청문) 국토교통부장관은 다음 각 호의 어느 하나에 해당하는 처분을 하려는 경우에는 청문을 실시하여야 한다.
 1. 제13조제1항제1호에 따른 감정평가사 자격의 취소
 2. 제32조제1항에 따른 감정평가법인의 설립인가 취소

2. 처분기준의 설정·공표

1) 처분기준의 설정·공표의 의의

행정청은 처분의 성질상 현저히 곤란하거나 공공의 안전 또는 복리를 현저히 해치는 것으로 인정될 만한 상당한 이유가 있는 경우가 아닌 한 처분기준을 구체적으로 정하여 공표하여야 합니다(제20조 제1항). 처분기준의 설정·공표는 행정청의 자의적인 권한행사를 방지하고 행정의 통일성을 기하여 처분의 상대방에게 예측 가능성을 부여하는 기능을 합니다(대판 2019.12.13, 2018두41907). 명문의 규정은 없지만, 처분기준의 설정·공표의 대상이 되는 처분은 신청에 의한 처분과 직권처분을 포함하는 모든 처분으로 보아야 합니다. 한편, 행정절차법은 2021년의 개정으로 인·허가의제에서의 처분기준의 설정·공표에 관한 규정을 두게 되었습니다(제20조 제2항[1]).

2) 설정·공표의무 위반의 효과

처분기준은 법령의 형태로 구체화되는 경우도 있지만, 주로 재량행위 영역에서의 처분기준, 즉 재량준칙으로 나타나는 것이 일반적입니다. 처분의 여부나 내용의 선택이 법에 의해 기속되어 있는 기속행위의 경우에는 행정청이 이와는 별도의 처분기준을 설정하는 것은 위법하기 때문입니다. 행정절차법 제20조 제1항의 '필요한 처분기준'은 처분시 필요한 처분기준뿐만 아니라(행정청의 입장), 상대방·이해관계자 등이 처분의 여부나 내용에 관하여 최소한의 예측 가능성을 가지기 위해 필요한 최소한의 처분기준을 의미합니다(양적 개념으로서 '최소한' 요건). 그리고 동항의 '처분의 성질에 비추어 될 수 있는 한 구체적으로'는 그 구체성이 처분의 내용이나 성질에 따라 달라질 수 있더라도 처분의 공정성과 투명성을 확보하기 위하여 가능한 한 구체적 기준을 제시해야 함을 뜻합니다(질적 개념으로서 '최대한' 요건).

처분기준을 설정하지 않거나 설정된 처분기준이 처분의 성질에 비추어 구체적이지 못한 경우 및 처분기준을 공표하지 않은 경우에 그 하자가 관련 행정처분의 취소사유가 되는지 문제됩니다. 행정절차법 제20조가 "처분기준을 설정·공표하여야 한다"고 의무규

1) 행정기본법 제24조에 따른 인허가의제의 경우 관련 인허가 행정청은 관련 인허가의 처분기준을 주된 인허가 행정청에 제출하여야 하고, 주된 인허가 행정청은 제출받은 관련 인허가의 처분기준을 통합하여 공표하여야 한다. 처분기준을 변경하는 경우에도 또한 같다.

정화하고 그 예외를 인정하는 점에 비추어 제20조 제1항을 의무규정으로 보는 것이 타당합니다. 따라서 설정하지 않은 경우를 포함하여 하자 있는 처분기준에 근거한 처분은 위법하여 원칙적으로 취소사유에 해당합니다. 그러나 처분기준을 고시 등 행정규칙으로 정하면서 그 내용적 구체성 내지 합리성을 결한 경우, 당해 처분기준은 - 법령보충규칙 등 예외적으로 법규적 효력이 인정되는 경우를 제외하고는 - 법규성이 인정되지 않으므로 그 처분기준에 기한 처분이 해당 처분기준의 위법사유만으로 곧바로 위법을 구성하지 않지만, 사안에 따라서는 동 기준에 따라 행해진 처분이 재량권 남용으로 위법에 해당할 수 있습니다.

* **대판 2004.5.28, 2004두961** : "폐기물처리업 허가와 관련된 법령들의 체제 또는 문언을 살펴보면 이들 규정들은 폐기물처리업 허가를 받기 위한 최소한도의 요건을 규정해 두고는 있으나, 사업계획 적정 여부에 대하여는 일률적으로 확정하여 규정하는 형식을 취하지 아니하여 그 사업의 적정 여부에 대하여 재량의 여지를 남겨 두고 있다 할 것이고, 이러한 경우 사업계획 적정 여부 통보를 위하여 필요한 기준을 정하는 것도 역시 행정청의 재량에 속하는 것이므로, 그 설정된 기준이 객관적으로 합리적이 아니라거나 타당하지 않다고 볼 만한 다른 특별한 사정이 없는 이상 행정청의 의사는 가능한 한 존중되어야 할 것이나, 그 설정된 기준이 객관적으로 합리적이 아니라거나 타당하지 않다고 보이는 경우 또는 그러한 기준을 설정하지 않은 채 구체적이고 합리적인 이유의 제시 없이 사업계획의 부적정 통보를 하거나 사업계획서를 반려하는 경우에까지 단지 행정청의 재량에 속하는 사항이라는 이유만으로 그 행정청의 의사를 존중하여야 하는 것은 아니고, 이러한 경우의 처분은 재량권을 남용하거나 그 범위를 일탈한 조치로서 위법하다."

설정·공표된 행정규칙 형식의 처분기준은 행정청을 구속하므로 설정·공표된 처분기준과 달리 행정청이 처분한 경우 신뢰보호원칙(관례가 형성된 침익적 처분의 경우에는 평등원칙)에 반하는 위법한 처분에 해당할 수 있습니다. 이때 사정변경원칙의 적용 여지가 있다면, 공익과 사익의 적절한 비교형량을 거쳐서 공익이 우월한 경우에만 처분기준과 다른 처분이 가능할 것입니다.

한편, 처분기준의 설정·공표 의무에 근거하여 처분의 상대방 등이 처분기준의 설정·공표를 요구할 수 있는 구체적 청구권이 발생하는지는 다소 난해한 문제입니다. 행정절차법 제20조상의 의무는 법적 의무로서 행정청을 구속하는 것이지만 이를 국민 모두에게 일반적 의미에서의 공권을 인정하는 것으로 해석할 수 있을지는 의문입니다. 공권의 특수성에 비추어 행정청에게 의무가 인정된다고 하여 이로부터 반드시 개인의 주관적 공권이 인정되는 것은 아니지만, 인·허가를 신청하려는 자, 불이익처분의 우려 있는 자 등 개별·구체적 사안에서 당해 처분기준의 설정·공표가 그들의 법률상 보호받는 이익과 직접 관련이 있는 경우(사익보호성이 직접 인정되는 경우)에는 처분기준설정공표청구권의 인정 여지가 있습니다.

3) 공표되지 않은 재량준칙 형태의 처분기준에 근거한 처분의 위법판단 기준

재량준칙 형태의 공표하지 않은 처분기준에 기한 처분을 하자 있는 처분기준에 근거한 처분이라는 이유로 곧바로 위법하다고 할 수 있는지와 관련하여, 판례는 행정청이 행정절차법 제20조 제1항의 처분기준 사전공표 의무를 위반하여 미리 공표하지 아니한 기준을 적용하여 처분을 하였다고 하더라도, 그러한 사정만으로 곧바로 해당 처분에 취소사유에 이를 정도의 흠이 존재한다고 볼 수 없고, 해당 처분에 적용한 기준이 상위법령의 규정이나 신뢰보호의 원칙 등과 같은 법의 일반원칙을 위반하였거나 객관적으로 합리성이 없다고 볼 수 있는 구체적인 사정이 있는 경우에 해당 처분은 위법하다고 합니다(대판 2020.12.24, 2018두45633). 행정규칙에 대해서는 원칙적으로 공표의무가 인정되지 않는 점, 처분기준을 정한 행정규칙도 법규적 효력이 인정되지 않는 점 등을 고려한 것으로 평가할 수 있습니다. 판례가 제시한 구체적 논거는 아래와 같습니다.

① 행정청이 행정절차법 제20조 제1항에 따라 정하여 공표한 처분기준은, 그것이 해당 처분의 근거 법령에서 구체적 위임을 받아 제정·공포되었다는 특별한 사정이 없는 한, 원칙적으로 대외적 구속력이 없는 행정규칙에 해당한다.

② 처분이 적법한지는 행정규칙에 적합한지 여부가 아니라 상위법령의 규정과 입법목적 등에 적합한지 여부에 따라 판단해야 한다. 처분이 행정규칙을 위반하였다고 하여 그러한 사정만으로 곧바로 위법하게 되는 것은 아니고, 처분이 행정규칙을 따른 것이라고 하여 적법성이 보장되는 것도 아니다. 행정청이 미리 공표한 기준, 즉 행정규칙을 따랐는지 여부가 처분의 적법성을 판단하는 결정적인 지표가 되지 못하는 것과 마찬가지로, 행정청이 미리 공표하지 않은 기준을 적용하였는지 여부도 처분의 적법성을 판단하는 결정적인 지표가 될 수 없다.

③ 행정청이 정하여 공표한 처분기준이 과연 구체적인지 또는 행정절차법 제20조 제2항에서 정한 처분기준 사전공표 의무의 예외사유에 해당하는지는 일률적으로 단정하기 어렵고, 구체적인 사안에 따라 개별적으로 판단하여야 한다. 만약 행정청이 행정절차법 제20조 제1항에 따라 구체적인 처분기준을 사전에 공표한 경우에만 적법하게 처분을

할 수 있는 것이라고 보면, 처분의 적법성이 지나치게 불안정해지고 개별법령의 집행이 사실상 유보·지연되는 문제가 발생하게 된다.

3. 거부처분과 사전통지

1) 사전통지의 의의

사전통지란 행정처분을 발령하기 전에 상대방 또는 이해관계인에게 당해 결정내용과 청문의 일시·장소 등을 알리는 행위를 말합니다(제21조). 사전통지제도는 처분에 앞서 상대방에게 일정 사항을 고지함으로써 후행하는 행정쟁송절차를 대비하기 위한 상대방의 권리구제를 용이하게 하는 기능과 함께, 행정의 민주성·투명성·예측가능성 제고에 기여하는 데에 그 의의가 있습니다. 또한 처분 발령에 앞선 사전통지서상의 이유제시를 통해 행정청이 처분의 내용적 적법성을 위해 신중함을 견지할 수 있어 실체적 법치주의에도 기여하는바 적지 않습니다.

2) 거부처분의 사전통지 대상성

행정절차법 제21조 제1항은 사전통지의 대상을 '당사자에게 의무를 부과하거나 권익을 제한하는 처분'으로 규정하는데, 여기에는 작위, 부작위, 수인을 명하는 강학상 하명으로서의 의무를 부과하는 처분과 권익을 제한하는 처분에 해당하는 수익적 처분의 제한, 즉 취소·철회·영업정지 등의 처분을 드는 점에 이견이 없습니다. 문제는 수익적 처분의 신청에 대한 행정청의 소극적 처분인 거부처분이 사전통지의 대상, 구체적으로는 동조 제1항상의 '권익을 제한하는 처분'에 포함되는지 여부입니다.

이와 관련하여 주의해야 할 사항이 있습니다. 처분이 당사자에게 의무를 부과하거나 권익을 제한하는 경우에 해당하더라도 ① 공공의 안전 또는 복리를 위하여 긴급히 처분을 할 필요가 있는 경우 ② 법령 등에서 요구된 자격이 없거나 없어지게 되면 반드시 일정한 처분을 하여야 하는 경우에 그 자격이 없거나 없어지게 된 사실이 법원의 재판 등에 의하여 객관적으로 증명된 경우 및 ③ 해당 처분의 성질상 의견청취가 현저히 곤란하거나 명백히 불필요하다고 인정될 만한 상당한 이유가 있는 경우에는 사전통지를 하지 아니할 수 있습니다(제21조 제4항). 이때 거부처분에 사전통지를 요하지 않는다는 판례 입장을 따르더라도 이를 곧 동조 제4항에 의한 사전통지의 예외사유에 해당하는 것으로 이해하면 안 됩니다. 거부처분의 사전통지 대상성의 문제는 - 행정절차법 제3조 제2항의 경우가 그러하듯이 - 행정절차법상 사전통지제도의 적용 범위를 확정하는 차원의 논의이지 사전통지의 예외사유 쟁점으로 접근하면 오류입니다. 따라서 거부처분에 대해서도 사전통지를 요한다는 긍정설을 따르더라도 동법 제21조 제4항에 따른 예외사유에 해당한다면 사전통지를 하지 않더라도 위법하지 않습니다.

판례는 신청에 따른 처분이 이루어지지 않은 거부처분의 경우에는 아직 당사자에게 권익이 부과되지 아니하였으므로, 거부처분이라고 하더라도 당사자의 권익을 제한하는 것이 아니어서 사전통지의 대상성을 부인합니다.

* **대판 2003.11.28, 2003두674** : "행정절차법 제21조 제1항은 행정청은 당사자에게 의무를 과하거나 권익을 제한하는 처분을 하는 경우에는 미리 처분의 제목, 당사자의 성명 또는 명칭과 주소, 처분하고자 하는 원인이 되는 사실과 처분의 내용 및 법적 근거, 그에 대하여 의견을 제출할 수 있다는 뜻과 의견을 제출하지 아니하는 경우의 처리방법, 의견제출기관의 명칭과 주소, 의견제출기한 등을 당사자 등에게 통지하도록 하고 있는바, 신청에 따른 처분이 이루어지지 아니한 경우에는 아직 당사자에게 권익이 부과되지 아니하였으므로 특별한 사정이 없는 한 신청에 대한 거부처분이라고 하더라도 직접 당사자의 권익을 제한하는 것은 아니어서 신청에 대한 거부처분을 여기에서 말하는 '당사자의 권익을 제한하는 처분'에 해당한다고 할 수 없는 것이어서 처분의 사전통지대상이 된다고 할 수 없다."
* **대판 2019.7.11, 2017두38874** : "행정절차법 제3조 제2항 제9호, 행정절차법 시행령 제2조 제2호 등 관련 규정들의 내용을 행정의 공정성, 투명성, 신뢰성을 확보하고 처분상대방의 권익보호를 목적으로 하는 행정절차법의 입법 목적에 비추어 보면, 행정절차법의 적용이 제외되는 '외국인의 출입국에 관한 사항'이란 해당 행정작용의 성질상 행정절차를 거치기 곤란하거나 거칠 필요가 없다고 인정되는 사항이나 행정절차에 준하는 절차를 거친 사항으로서 행정절차법 시행령으로 정하는 사항만을 가리킨다. '외국인의 출입국에 관한 사항'이라고 하여 행정절차를 거칠 필요가 당연히 부정되는 것은 아니다. 외국인의 사증발급 신청에 대한 거부처분은 당사자에게 의무를 부과하거나 적극적으로 권익을 제한하는 처분이 아니므로, 행정절차법 제21조 제1항에서 정한 '처분의 사전통지'와 제22조 제3항에서 정한 '의견제출 기회 부여'의 대상은 아니다. 그러나 사증발급 신청에 대한 거부처분이 성질상 행정절차법 제24조에서 정한 '처분서 작성·교부'를 할 필요가 없거나 곤란하다고 일률적으로 단정하기 어렵다. 또한 출입국관리법령에 사증발급 거부처분서 작성에 관한 규정을 따로 두고 있지 않으므로, 외국인의 사증발급 신청에 대한 거부처분을 하면서 행정절차법 제24조에 정한 절차를 따르지 않고 '행정절차에 준하는 절차'로 대체할 수도 없다."

학설의 입장을 개관하면, 부정설에서는 신청에 대한 거부처분은 아직 당사자에게 권익이 부여되지 않았고, 신청 시 이미 의견제출의 기회가 부여되었으며, 행정의 신속성·효율성·경제성 등을 고려할 때 거부처분은 사전통지를 요하지 않는다고 해석합니다. 이에 비해 행정절차의 의의(제1조)를 중시하는 긍정설은 거부의 처분성 요건인 신청권에 비추어 거부처분만으로도 적어도 권익으로서의 신청권에 대한 제한에 해당하며, 신청인에게 不知의 사실을 근거로 행정청이 거부처분을 하는 경우에는 그 사유에 의한 거부처분에 대한 의견제출의 기회가 근본적으로 차단된다는 점에 주목합니다. 결국, 거부처분의 사전통지 대상성의 문제는 절차적 법치주의와 행정의 효율성 간 충돌상황의 해결 문제로 귀착된다고 할 수 있습니다.

3) 행정절차법 제21조 제1항상 권익의 의미

신청권을 매개로 하여 거부처분도 사전통지의 대상이 된다는 입론에 대해 생각해 봅시다. 일반적으로 '권리와 이익'은 법률상 이익과 같은 의미로 해석할 수 있고, 그런 점에서 근거 법률에 의해 보호되는 이익으로 이해할 수 있습니다. 따라서 취소소송의 원고적격이 인정되는 경우는 최소한 '권익을 제한하는 처분'을 전제로 한다고 볼 수 있겠지요.

거부처분취소소송의 경우 거부의 처분성을 인정하여 취소소송의 대상으로 삼기 위해서는 처분의 발령을 위한 법규상·조리상 신청권을 요건으로 하는바, 동 신청권이 인정되는 경우 신청에 대한 거부처분의 상대방은 별도의 원고적격 심사 없이 원고적격을 긍정합니다. 이런 논리에 의할 때 신청권을 긍정하여 처분성이 인정되는 경우라면, 수익적 처분의 신청에 대한 거부처분은 행정절차법 소정의 권익을 제한하는 처분에 해당한다고 우선 해석할 수 있습니다.

4) 헌법상 기본권의 관점

판례상 거부처분의 사전통지 대상성을 부인하는 논거로 제시한 '아직 당사자에게 권익이 부여되지 않았으므로'라는 문구의 의미는 거부처분 시점에는 아직 행정청의 처분에 의해 권익이 부여되지 않았음을 전제로 하는 듯한데, 그 타당성에 대한 분석이 필요합니다. 즉, 권익은 항상 행정청의 처분에 의해서만 부여될 수 있는가에 대한 의문이 그것입니다.

(1) 강학상 허가의 신청에 대한 거부

강학상 허가는 상대적(예방적) 금지의 해제로서 자연적 자유, 즉 기본권으로서의 헌법상 자유권의 회복을 의미합니다. 따라서 허가신청에 대한 거부는 헌법상 자유권을 제한하는 것이고 기본권 제한의 강도가 높으므로 절차적 보장을 위해 사전통지의 대상인 '권익을 제한하는 처분'에 해당할 여지가 충분합니다.

(2) 강학상 특허의 신청에 대한 거부

일 견해에 의할 때 강학상 특허는 설권적 행정행위이고 그 거부는 헌법상 기본권에 대한 제한이 아니므로 '권익을 제한하는 처분'이 아니라고 합니다. 그러나 허가와 특허의 구별은 상대적이며, 사회·경제적 발전에 따라 기본권의 보호범위도 유동적일 수밖에 없으므로 특허의 대상이 되는 행위도 기본권의 보호범위 내에 속하고, 따라서 그 거부 역시 기본권 제한의 관점에서 접근 가능합니다.

헌법재판소도 특허적 성격의 정비업도 직업의 자유의 보호범위에 속한다고 보고 기본권 제한의 측면에서 진입규제의 합헌성을 심사한 바 있습니다(헌재결 2002.4.25, 2001헌마614). 보다 근본적으로 특허의 대상이 되는 행위도 법률상 요건을 충족하면 신청인이 향유할 수 있는 권리이지 행정청의 시혜적 처분에 의해서 발생한다고 해석해서는 안 됩니다.

(3) 사회보장급부의 신청에 대한 거부

사회보장급부는 인간다운 생활을 할 권리(헌법 제34조)의 구현수단으로서 사회권적 기본권에 속하는데, 그 법적 성격이 추상적 권리 혹은 구체적 권리인가에 대해서는 견해가 대립합니다. 그러나 그러한 사회권적 기본권이 일단 법률을 통해 구체화되는 경우에는 구체적인 법적 권리가 됨에는 이론의 여지가 없습니다. 따라서 해당 법률이 정하는 요건을 충족하면 구체적 권리가 발생하므로 그 신청을 거부하면 권익을 제한하는 처분에 해당한다고 보아야 합니다. 결국, 사회보장급부의 경우에도 그로 인한 권익을 행정청이 부여한 권익에 한정할 근거는 없고, 헌법상 기본권 조항에 의하거나(구체적 권리설) 아니면 적어도 이를 구체화하는 법률에 의하여(추상적 권리설) '권익'이 발생하는 것으로 이해하는 것이 타당합니다.

5) 문제 해결을 위한 해석론 : 법치행정과 행정의 효율성의 조화

거부처분이 권익을 제한하는 처분에 해당한다고 논증하더라도 이것으로부터 곧바로 거부처분이 반드시 사전통지의 대상이 된다는 명제가 도출되지는 않음을 아래에서 설명합니다.

(1) 사전통지제도의 제도적 의의에 대한 고려

문제해결의 관건은 사전통지의 제도적 의의에 대한 고려하에 거부처분의 사전통지의 대상성 여부를 판단하여야 합니다. 사전통지제도는 행정청의 정당한 결정, 국민의 권익보호, 국민의 예측가능성 보장 등에서 그 의의를 찾습니다. 거부처분의 사전통지의 대상성 문제의 해결은 '국민의 예측가능성'을 한 축으로, 다른 한편에는 '행정의 효율성'을 두고 비교형량하여야 합니다.

구체적으로 볼 때 징계·제재처분 등 전형적인 적극적 불이익처분과 거부처분을 완전히 동일시할 수는 없습니다. 후자의 침익적 성격이 전자에 비해 약함을 부인할 수 없음을 의미합니다. 거부처분의 상대방은 신청을 통해 자신에게 유리한 사실을 주장하고 관련 자료를 제출하는 등 일부 사전통지가 담당하는 기능이 신청을 통해 이루어집니다. 그러나 신청이 의견제출의 기능을 일부 담당하더라도 국민의 예측가능성 문제는 별도로 고려해야 합니다. 신청을 통해 자신에게 수익적 처분이 발령되어야 하는 근거를 제시하였더라도, 상대방은 행정청의 처분 내용으로서의 거부처분과 거부의 이유를 반드시 예측할 수 있는 것은 아니기 때문입니다. 또한, 거부처분이 행해진 경우에도 상대방은 신청 시 자신의 신청 내용이 인용될 것을 예상하는 것이 일반적입니다. 요컨대, 침익적 처분의 경우와 달리 수익적 처분의 발령이 신청을 전제로 하더라도, 이것이 항상 예측가능성을 담보하는 것이 아니라는 결론에 이르게 됩니다. 나아가, 행정절차법이 법치행정원리(여기에서는 특히, 절차적 법치주의가 해당합니다)와 행정의 효율성 원리의 충돌 지점임도 고려의 대상입니다. 행정절차법은 양자 간 긴장관계를 이른바 예외조항을 통해 해결합니다. 동법 제3조 제2항, 제20조 제2항, 제21조 제4항, 제23조 제1항, 제41조 제1항 단서, 제46조 제1항 단서 등이 그 예입니다.

(2) 결어

행정절차법 제21조 제4항(사전통지의 예외사유) 제3호의 '당해 처분의 성질상 의견청취가 … 명백히 불필요하다고 인정될 만한 상당한 이유가 있는 경우'를 '상대방이 예측할 수 있는 사유'와 접목시키는 해석론을 제시합니다. 앞서 살펴본 바와 같이 신청에 대한 거부처분은 권익을 제한하는 처분에 해당하므로 거부처분은 원칙적으로 사전통지의 대상이지만, '그 거부사유가 신청 시에 한 주장과 제출한 자료 등에 비추어 예상할 수 있었던 것으로 될 만한 상당한 이유가 있는 경우'에는 예외적으로 사전통지를 생략할 수 있다고 해석하는 것이 그것입니다. 혹은 그 반대로 판례 입장을 좇아 원칙적으로 거부처분에는 사전통지를 요하지 않지만, '그 거부사유가 신청 시에 한 주장과 제출한 자료 등에 비추어 예상할 수 없었던 경우'에는 사전통지의 대상이 된다고 구성하여도 무방합니다.

민사소송법 제136조 제4항("법원은 당사자가 간과하였음이 분명하다고 인정되는 법률상 사항에 관하여 당사자에게 의견을 진술할 기회를 주어야 한다")의 규정취지도 국민이 예측할 수 없는 사유를 근거로 하여 국가기관이 결정을 하는 경우에는 사전에 이를 통지하여 의견진술의 기회를 부여해야 한다는 일반적 법 원리를 반영한 것으로 볼 수 있습니다. 그러나 거부처분의 사전통지 대상성을 긍정하는 위 입론에 의하더라도 사전통지의 예외적 배제사유(혹은 사전통지의 대상이 되는 사유)에 대한 판단기준의 구체화는 여전히 향후 과제라 할 것입니다.

한편, 거부처분 이외에 판례상 사전통지의 대상이 되지 않는 경우가 있어 주의를 요합니다. 우선 퇴직연금 환수결정은 당사자에게 의무를 과하는 처분이기는 하지만, 관련 법령에 따라 당연히 환수금액이 정하여지는 것이므로 환수결정에 앞서 당사자에게 사전통지나 의견진술의 기회를 주지 않더라도 위법하지 않습니다(대판 2000.11.28, 99두5443). 각종 국가시험의 불합격처분 역시 같은 맥락에서 이해할 수 있습니다. 시험 성적이라는 객관적 사실에 의해 당락이 결정되는 처분의 특성상 - 정답 확정을 위한 이의신청 절차는 별론으로 하더라도 - 사전통지 절차의 실익이 없다고 보아야 하기 때문입니다. 또한 도로구역의 변경고시와 같은 일반처분(물적 행정행위)은 특정인에 대한 처분이 아니라 불특정 다수를 대상으로 하는 행정작용입니다. 대법원은 이러한 일반처분의 경우 행정절차법에서 정한 사전통지나 의견청취 대상이 아니라고 판시한 바 있습니다.

* **대판 2008.6.12, 2007두1767** : "행정절차법 제2조 제4호가 행정절차법의 당사자를 행정청의 처분에 대하여 직접 그 상대가 되는 당사자로 규정하고, 도로법 제25조 제3항이 도로구역을 결정하거나 변경할 경우 이를 고시에 의하도록 하면서, 그 도면을 일반인이 열람할 수 있도록 한 점 등을 종합하여 보면, 도로구역을 변경한 이 사건 처분은 행정절차법 제21조 제1항의 사전통지나 제22조 제3항의 의견청취의 대상이 되는 처분은 아니라고 할 것이다."

4. 절차상 하자 있는 행정행위의 효력

1) 문제의 제기

행정행위는 원칙적으로 그 성립·효력발생요건을 갖추면 공정력에 의하여 효력을 발하지만, 그 종국적 효력은 실체법적·절차법적 적법요건을 갖추는 경우에만 하자 없는 행정행위로서 확정됩니다. 따라서 실체적 위법의 경우 직권취소나 쟁송취소의 방법으로 행정행위가 폐지될 수 있고, 절차상 하자가 수반된 행정행위도 위법한 행정행위로서 무효이거나 취소의 대상이라는 것이 법치행정원칙의 당연한 귀결이라고 할 수 있습니다.

그럼에도 불구하고 실체적 하자가 수반되지 않은 상황에서, 무효 아닌 절차상 하자만으로 행정행위의 독자적 취소사유에 해당하는가의 문제가 제기되는 이유가 무엇이겠습니까? 실질적으로 침익적 행정행위만의 문제이겠지만, 절차상 하자를 이유로 처분을 취소하더라도 흠결되었거나 불충분한 절차를 이행한 후 행하는 처분의 내용이 원처분과 동일한 경우에도 절차상 하자를 이유로 취소하는 것의 실익에 대한 의문에서 비롯하는 것입니다. 환언하면, 해당 행정행위는 절차상 하자에도 불구하고 실체적으로는 적법할 수 있기 때문입니다. 여기에서의 문제 상황은 절차적 정의구현을 통한 상대방의 권익보호와 행정경제·소송경제 사이의 이익형량의 문제이자 법치주의의 실현을 위한 행정절차와 행정소송의 상호 관련성에 대한 고찰입니다.

독일의 법관국가적(法官國家的) 전통 및 칸트의 관념론적 철학을 배경으로 하는 절차상 하자의 '비중요성'에서부터 우리의 논의는 시작합니다. 1949년 Bonn기본법 제정 이후부터 독일에서는 '이성과 법 원리에 정향된 정치적·법적 질서' 내지 '이성이 모든 법과 법 원리의 최후의 보루'라는 이념하에서 '절차하자의 효력'에 대한 답을 구하고자 시도하였습니다. '한 사람의 자유가 다른 사람의 자유와 더불어, 함께 존재할 수 있고 외적인 한계 내에서 자유가 최대한 만족되도록 자유의 영역을 획정하는 것이 법의 임무'라는 테제는 오늘날 실천적 정합성(praktische Konkordanz) 또는 자유의 비례적 배분(verhältnismäßige Zuordnung von Freiheit)이라는 도그마틱 명제에 계승되어 나타납니다. 이런 점에서 여전히 독일 문헌에서 '민주주의적 입법보다는 이성의 주도에 의한 자유주의적 법질서가 우선이다', '법 원리의 최후의 보루는 민주적 결정이 아니라 이성이다'라는 기술을 발견할 수 있음은 독일 행정법학의 특성을 감안할 때 그리 생경한 상황이 아니라 할 것입니다. 결국 독일의 법치주의는 민주주의적 의지와 무관하게, 그리고 절차법을 통해 시민과 대화하기보다는, 이성의 주도에 따라 자유의 최적 질서 실현을 목표로 함으로써 민주주의의 결여와 행정절차 요청의 결여를 보상하고자 하는 것으로 요약 가능합니다.

본격적 논의에 앞서 주의해야 할 사항을 지적합니다. 절차 규정은 강행규정이므로 법령상 절차규정의 위반으로 인한 절차하자는 당연히 처분의 위법을 이끕니다. 우리가 해결해야 할 과제는 절차하자로 인해 위법한 처분이 항상 해당 처분의 취소로 귀결되어야 하는가의 문제입니다. 즉, 여기에서의 쟁점은 절차상 하자의 독자적 위법 여부가 아니라, 절차상 하자의 독자적 취소사유 여부 내지 절차상 하자의 효력이어야 합니다.

2) 논의의 전제조건

절차상 하자 있는 행정행위의 효력을 논의하기 위해서는 우선, 행정행위의 형식·절차상의 하자가 중대·명백한 흠결이 아니어야 합니다. 중대·명백한 절차상의 하자는 당해 처분을 당연무효로 이끌기 때문에 독자적 취소 여부를 논의할 실익이 없습니다. 또한, 절차하자의 치유가 인정되지 않거나 불가능할 것을 조건으로 합니다. 절차·형식상의 하자가 처분 발령 이후나 쟁송단계에서 치유된다면 이제는 더 이상 절차상 하자가 문제되지 않겠지요. 마지막으로 절차하자의 효력에 관한 명문의 규정이 있는 경우에는 이 문제를 논의할 이유가 없습니다. 현행 행정절차법은 절차규정 중심으로 규정되어 있는바, 절차하자의 효력에 관한 명문의 규정을 찾을 수 없습니다. 개별법에서 그 효력 규정을 찾기도 쉽지 않은데 일부 관련 규정이 존재합니다. 국가공무원법 제13조 제2항[1], 지방공무원법 제18조 제2항[2] 등이 그 예입니다.

절차상 하자의 치유에 대해 여기에서 다시 한번 정리하겠습니다. 행정절차의 제도적 취지를 고려하여 절차하자의 치유 자체를 부인하는 견해도 있지만, 무용한 행정행위의 반복 방지, 행정경제 등을 고려할 때 하자의 치유를 제한적으로 인정하는 것이 타당하며, 판례도 同旨입니다. 우리 판례는 절차하자의 치유시점을 쟁송제기 전까지로 보지만, 독일 법제는 절차하자의 치유에 대해 상당히 관대합니다. 청문 등 의견제출절차, 사전통지 등은 우선, 행정심판단계에서 치유 가능하다고 보는데, 행정심판이 행정에 대한 1차적 자기통제로서 광의의 행정절차에 속하는 점을 고려한 것입니다. 더 나아가 독일 연방행

1) 국가공무원법 제13조(소청인의 진술권) ① 소청심사위원회가 소청 사건을 심사할 때에는 대통령령등으로 정하는 바에 따라 소청인 또는 제76조제1항 후단에 따른 대리인에게 진술 기회를 주어야 한다.
② 제1항에 따른 진술 기회를 주지 아니한 결정은 무효로 한다.

2) 지방공무원법 제18조(소청인의 진술권) ① 심사위원회가 소청사건을 심사할 때에는 대통령령으로 정하는 바에 따라 소청인 또는 그 대리인에게 진술 기회를 주어야 한다.
② 제1항의 진술 기회를 주지 아니한 결정은 무효로 한다.

정절차법은 절차하자의 치유시점을 행정소송절차 종결 시까지로 확대 운영하는 법제를 형성하고 있음은 이미 살펴본 바와 같습니다. 이렇듯 절차하자의 치유 가능성을 시간적으로 확대하면, 결과적으로 절차하자로 인한 처분의 취소 가능성도 함께 축소될 수밖에 없습니다. 어쨌든, 독일의 경우 절차하자의 효력에 관한 연방행정절차법 제46조와 하자치유의 시간적 한계를 규정한 동법 제45조로 인해 절차적 법치주의가 후퇴하여 나타나는 점을 부인할 수 없습니다.

한편, 절차상 하자의 치유 중 이유제시의무 하자의 치유는 소송법상 처분사유의 추가·변경과 궤를 같이하는 것이고, 이에 대하여 우리 판례는 원처분사유와 기본적 사실관계의 동일성이 인정되는 한 사실심 변론종결시까지 처분사유의 추가·변경을 허용합니다. 다만, 이 경우 추가·변경되는 처분사유는 위법성 판단 시점이 처분시임을 고려할 때 처분 이전 내지 처분시에 존재하였던 사유에 한정됩니다. 따라서 처분발령 이후의 법령개정이나 기타 후발적으로 발생한 처분사유는 처분사유의 추가·변경의 대상이 아닙니다. 이는 곧 당해 사유에는 판결의 기속력이 미치지 않는다는 의미와 동일하므로, 예컨대 거부처분취소소송에서 원고 승소판결이 나더라도 처분청은 하자의 치유(이때의 치유는 하자의 소송상 치유를 의미하고 이는 곧 처분사유의 추가·변경과 동일한 것으로 볼 수 있으므로 양자의 표현상 구분 실익은 크지 않습니다) 내지 처분사유의 추가·변경이 불가능했던 사유, 달리 표현하면 원처분 사유와 기본적 사실관계의 동일성이 미치지 않는 사유를 들어 재차 거부처분을 행하여도 판결의 기속력, 특히 재처분의무에 위반하는 것이 아닙니다. 그러나 이때 기속력 위반이 아니라는 의미가 해당 제2차 거부처분이 실체법적으로 적법함을 뜻하는 것은 아닙니다.

3) 학설상의 논쟁과 판례

(1) 적극설

절차상 하자를 독자적 취소사유로 보는 입장입니다. 절차적 법치주의 및 행정절차의 제도적 취지를 강조하여, 절차규정은 실체적 결정의 적정성을 확보하기 위한 것이므로 적법한 절차에 따르는 경우에만 적정한 처분이 가능하다는 것을 기본전제로 삼습니다. 행정절차법상 절차하자의 효력에 관한 명문의 규정은 없지만, 행정소송법 제30조 제3항이 취소판결의 기속력과 관련하여 '신청에 따른 처분이 절차상 하자를 이유로 취소되는 경우'를 규정하고 있어, 이를 절차하자가 취소사유라는 점을 간접적으로 드러내는 실정

법적 근거로 해석합니다. 적법한 절차를 거칠 경우 반드시 이전의 처분과 동일한 내용에 이르게 되는 것은 아니며, 소극설을 취하는 경우 기속행위에 대한 절차적 규제의 담보수단이 없어진다는 점도 문제라고 주장합니다.

(2) 소극설

소극설은 절차하자만을 이유로 하여서는 해당 행정행위를 취소할 수 없다고 보는바, 그 논거는 다음의 것을 듭니다. 절차규정은 실체법적으로 적정한 행정결정을 확보하기 위한 수단인 점에 그 본질적 기능이 있고, 기속행위와 재량이 0으로 수축된 경우처럼 행정청이 적법한 절차를 거쳐 다시 처분을 하여도 여전히 이전과 동일한 처분을 하여야 하는 경우에도 단지 절차상 하자만을 들어 해당 행정행위를 취소하는 것은 행정경제 또는 소송경제에 반한다는 것입니다.

(3) 기속행위·재량행위 구분설

재량행위의 경우에는 행정청에 당해 처분의 발동 여부 및 내용에 대하여 독자적 판단권이 인정되므로 적법절차를 거쳐 신중한 고려를 하거나 상대방의 청문 등을 통해 사실관계를 보다 구체적으로 파악하면 일응 원처분과 다른 처분이 가능하므로 절차하자의 위법을 독자적 취소사유로 간주합니다. 이에 비해, 기속행위는 실체법적 요건을 충족하는 경우 당해 처분을 해야만 하는 법적 기속을 받으므로 절차상 하자를 이유로 처분을 취소하여도 그것이 실체법적으로 적법하면 동일처분을 할 수밖에 없다고 하여, 기속행위의 경우에는 절차하자를 이유로 취소할 수 없다는 입장입니다.

기속행위·재량행위 구분설은 독일 연방행정절차법 제46조의 개정 전 규정 내용과 동일합니다. 즉, 구법상 제46조는 "제44조에 의해 무효 아닌 절차, 형식 및 관할 규정을 위반한 행정행위는 이를 준수하였더라도 행정청이 실질적으로 다른 결정을 행할 수 없었던 경우에는 그 하자만을 이유로 취소할 수 없다(Die Aufhebung eines Verwaltungsaktes, der nicht nach §44 nichtig ist, kann nicht allein deshalb beansprucht werden, weil er unter Verletzung von Vorschriften über das Verfahren, die Form oder die örtliche Zuständigkeit zustande gekommen ist, wenn keine andere Entscheidung in der Sache hätte getroffen werden können)"라고 규정하였는데, 여기에서의 '실질적으로 다른 결정을 행할 수 없는 경우'를 기속행위를 의미하는 것으로 해석하였습니다.

그러나 동 견해에는 찬성할 수 없습니다. 기속행위의 경우 절차상 하자가 독자적 취소사유가 될 수 없다는 입론의 전제는 사실 확정 이후 법 적용단계, 즉 법률효과의 결정

시에 절차가 개입하는 경우를 전제하는 것입니다. 그러나 절차가 행해지는 대부분의 행정실무가 그러하듯이, 해당 절차는 사실관계를 확정하기 위한 과정의 일환으로서 이루어지며 이를 통해 이미 기존의 처분과 다른 사실관계의 도출 가능성과 이로 인한 요건사실 해당성의 변경 가능성이 기속행위의 경우에도 존재하는 것입니다. 즉, 기속행위의 경우 절차하자를 보완하더라도 항상 이전의 것과 동일한 내용의 행정행위를 발령할 수밖에 없다고 할 수 없으므로 절차상 하자 있는 기속행위의 경우 항상 취소가 불가능하다고 속단해서는 안 됩니다. 이런 비판을 반영하여 1996년 독일 연방행정절차법 제46조가 개정되었는데, 그 내용은 결론 부분에서 설명합니다.

(4) 판례

대법원은 적극설의 입장입니다. 재량행위뿐만 아니라 기속행위의 경우에도 절차상 하자를 처분의 취소사유로 판시합니다. 다만, 절차상 경미한 하자의 경우에는 곧바로 그 위법성을 인정하여 취소사유라고 하지 않고, 그 하자를 재량의 일탈·남용 여부를 판단하는 하나의 요소로 봅니다.

* **기속행위와 절차하자 : 대판 1984.5.9, 84누116** "국세징수법 제9조 제1항에 의하면, 세무서장...... 이 국세를 징수하고자 할 때에는 납세자에게 그 국세의 과세연도, 세목, 세액 및 산출근거, 납부기한과 납부장소를 명시한 고지서를 발부하여야 한다고 규정하고 있는바, 위 규정의 취지는 단순히 세무행정상의 편의를 위한 훈시규정이 아니라 조세행정에 있어 자의를 배제하고 신중하고 합리적인 처분을 행하게 함으로써 공정을 기함과 동시에 납세의무자에게 부과처분의 내용을 상세히 알려 불복여부의 결정과 불복신청에 편의를 제공하려는 데서 나온 강행규정으로서 납세고지서에 그와 같은 기재가 누락되면 그 과세처분 자체가 위법한 처분이 되어 취소의 대상이 된다고 해석함이 상당하다(당원 1982.3.23선고 81누133 판결; 1982.5.11 선고 81누319 판결; 1983.9.13 선고 82누350판결; 1984.2.14 선고83누602 판결 참조). 원심이 같은 견해에서 피고의 이 사건 물품세 납세고지서에 세액의 산출근거가 기재되지 아니한 사실을 확정한 후 이건 부과처분은 위법하다 하여 취소를 명한 조치는 정당하고 위 세액산출근거의 기재를 흠결한 납세고지서에 의한 납세고지가 강행규정에 위반하여 위법하다고 보는 이상 소론과 같이 원고가 그 나름대로 세액산출의 근거를 알았다 하여 위와 같은 위법성의 판단에는 영향이 없다."
* **재량행위와 절차하자 : 대판 1991.7.9, 91누971** "식품위생법 제64조의 규정에 의하면 보건사회부장관과 또는 시·도지사는 제58조, 제59조 또는 제63조의 규정에 의한 처분을 하고자 하는 경우에는 대통령령의 정하는 바에 따라 미리 당해 처분의 상대방 또는 그 대리인에게 의견을 진술할 기회를 주어야 하도록 되어 있고, 같은법시행령 제37조 제1항의 규정에 의하면 위 법 제64조의 규정

에 의한 청문을 행하기 위하여 영업자 또는 그 대리인의 출석을 요구하고자 할 때에는 지체없이 청문서를 당해 영업자 또는 그 대리인에게 발송하여야 하되 청문일 7일 전(처분권자가 보건사회부장관인 경우에는 출석일 10일 전)에 도달되어야 하도록 되어 있다. 이러한 청문제도의 취지는 이 사건 영업정지와 같은 위 법 제58조 등의 규정에 의한 처분으로 말미암아 불이익을 받게 된 영업자에게 미리 변명과 유리한 자료를 제출할 기회를 부여함으로써 처분의 신중을 기하고 그 적정성을 확보하여 부당한 영업자의 권리침해를 예방하려는 데에 있으므로, 위와 같은 법령 소정의 청문절차를 전혀 거치지 아니하거나 거쳤다고 하여도 그 절차적 요건을 제대로 준수하지 아니한 경우에는 가사 영업정지사유 등 위 법 제58조 등 소정사유가 인정된다고 하더라도 그 처분은 위법하여 취소를 면할 수 없는 것이다."

＊ **재량하자의 판단요소로서의 절차하자**

- **대판 2015.8.27, 2013두1560** : "민원사무를 처리하는 행정기관이 민원 1회방문 처리제를 시행하는 절차의 일환으로서 민원사항의 심의·조정 등을 위한 민원조정위원회를 개최하면서 민원인에게 그 회의일정 등을 사전에 통지하지 아니하였다 하더라도, 이러한 사정만으로 곧바로 그 민원사항에 대한 행정기관의 장의 거부처분에 취소사유에 이를 정도의 흠이 존재한다고 보기는 어렵다. 다만 행정기관의 장의 거부처분이 재량행위인 경우에, 위와 같은 사전통지의 흠결로 민원인에게 의견진술의 기회를 주지 아니한 결과 민원조정위원회의 심의과정에서 그 고려대상에 마땅히 포함시켜야 할 사항을 누락하는 등 재량권의 불행사 또는 해태로 볼 수 있는 구체적 사정이 있다면, 그 거부처분은 재량권을 일탈·남용한 것으로서 위법하다고 평가할 수 있을 것이다."
- **대판 2015.10.29, 2012두28728** : "개발행위허가에 관한 사무를 처리하는 행정기관의 장이 일정한 개발행위를 허가하는 경우에는 국토계획법 제59조 제1항에 따라 도시계획위원회의 심의를 거쳐야 할 것이나, 개발행위허가의 신청 내용이 허가 기준에 맞지 않는다고 판단하여 개발행위허가신청을 불허가하였다면 이에 앞서 도시계획위원회의 심의를 거치지 않았다고 하여 이러한 사정만으로 곧바로 그 불허가처분에 취소사유에 이를 정도의 절차상 하자가 있다고 보기는 어렵다. 다만 행정기관의 장이 도시계획위원회의 심의를 거치지 아니한 결과 개발행위 불허가처분을 함에 있어 마땅히 고려하여야 할 사정을 참작하지 아니하였다면 그 불허가처분은 재량권을 일탈·남용한 것으로서 위법하다고 평가할 수 있을 것이다."

한편, 환경영향평가상의 절차상 하자와 관련하여, 환경영향평가 대상사업임에도 이를 거치지 않고 발령된 수익적 처분을 당연무효로 판단합니다. 그러나 환경영향평가가 동 제도의 입법취지를 달성할 수 없을 정도로 심히 부실하게 행해지지 않은 이상, 해당 환경영향평가의 부실은 종국처분의 재량하자를 판단하는 요소가 될 수 있음은 별론, 그로 인해 당연히 처분이 위법해지는 것은 아니라고 합니다.

* **환경영향평가와 절차하자**

- **대판 2006.6.30, 2005두14363** : "구 환경영향평가법(1999. 12. 31. 법률 제6095호 환경·교통·재해 등에 관한 영향평가법 부칙 제2조로 폐지) 제1조, 제3조, 제9조, 제16조, 제17조, 제27조 등의 규정 취지는 환경영향평가를 실시하여야 할 사업(이하 '대상사업'이라 한다)이 환경을 해치지 아니하는 방법으로 시행되도록 함으로써 당해 사업과 관련된 환경공익을 보호하려는 데 그치는 것이 아니라, 당해 사업으로 인하여 직접적이고 중대한 환경피해를 입으리라고 예상되는 환경영향평가대상지역 안의 주민들이 전과 비교하여 수인한도를 넘는 환경침해를 받지 아니하고 쾌적한 환경에서 생활할 수 있는 개별적 이익까지도 보호하려는 데에 있는 것이다. 그런데 환경영향평가를 거쳐야 할 대상사업에 대하여 환경영향평가를 거치지 아니하였음에도 불구하고 승인 등 처분이 이루어진다면, 사전에 환경영향평가를 함에 있어 평가대상지역 주민들의 의견을 수렴하고 그 결과를 토대로 하여 환경부장관과의 협의내용을 사업계획에 미리 반영시키는 것 자체가 원천적으로 봉쇄되는바, 이렇게 되면 환경파괴를 미연에 방지하고 쾌적한 환경을 유지·조성하기 위하여 환경영향평가제도를 둔 입법 취지를 달성할 수 없게 되는 결과를 초래할 뿐만 아니라 환경영향평가대상지역 안의 주민들의 직접적이고 개별적인 이익을 근본적으로 침해하게 되므로, 이러한 행정처분의 하자는 법규의 중요한 부분을 위반한 중대한 것이고 객관적으로도 명백한 것이라고 하지 않을 수 없어, 이와 같은 행정처분은 당연무효이다. … 국방·군사시설 사업에 관한 법률 및 구 산림법(2002. 12. 30. 법률 제6841호로 개정되기 전의 것)에서 보전임지를 다른 용도로 이용하기 위한 사업에 대하여 승인 등 처분을 하기 전에 미리 산림청장과 협의를 하라고 규정한 의미는 그의 자문을 구하라는 것이지 그 의견을 따라 처분을 하라는 의미는 아니라 할 것이므로, 이러한 협의를 거치지 아니하였다고 하더라도 이는 당해 승인처분을 취소할 수 있는 원인이 되는 하자 정도에 불과하고 그 승인처분이 당연무효가 되는 하자에 해당하는 것은 아니라고 봄이 상당하다."
- **대판 2001.7.27, 99두2970** : "국립공원 관리청이 국립공원 집단시설지구개발사업과 관련하여 그 시설물기본설계 변경승인처분을 함에 있어서 환경부장관과의 협의를 거친 이상, 환경영향평가서의 내용이 환경영향평가제도를 둔 입법 취지를 달성할 수 없을 정도로 심히 부실하다는 등의 특별한 사정이 없는 한, 공원관리청이 환경부장관의 환경영향평가에 대한 의견에 반하는 처분을 하였다고 하여 그 처분이 위법하다고 할 수는 없다."
- **대판 2001.6.29, 99두9902** : "구 환경영향평가법(1997. 3. 7. 법률 제5302호로 개정되기 전의 것, 이하 '법'이라 한다) 제4조에서 환경영향평가를 실시하여야 할 사업(이하 '대상사업'이라 한다)을 정하고, 그 제16조 내지 제19조에서 대상사업에 대하여 반드시 환경영향평가를 거치도록 한 취지 등에 비추어 보면, 법에서 정한 환경영향평가를 거쳐야 할 대상사업에 대하여 그러한 환경영향평가를 거치지 아니하였음에도 승인 등 처분을 하였다면 그 처분은 위법하다 할 것이나, 그러한 절차를 거쳤다면, 비록 그 환경영향평가의 내용이 다소 부실하다 하더라도, 그 부실의 정도가 환경영향평가제도를 둔 입법 취지를 달성할 수 없을 정도이어서 환경영향평가를 하지 아니한 것과 다를 바 없는 정도의 것이 아닌 이상 그 부실은 당해 승인 등 처분에 재량권 일탈·남용의 위법이

> 있는지 여부를 판단하는 하나의 요소로 됨에 그칠 뿐, 그 부실로 인하여 당연히 당해 승인 등 처분이 위법하게 되는 것이 아니다(대법원 1998. 9. 22. 선고 97누19571 판결 참조)."

4) 결어

대법원은 절차적 하자의 효력에 관한 한 매우 엄격한 판결을 행하는데, 특히 청문과 이유제시의무의 하자는 예외 없이 취소사유로 판단합니다. 또한, 청문의 불필요성 여부를 판단하는 근거를 오직 당해 처분의 객관적 성격에 한정하는데, 그것이 침익적 처분이란 점만을 고려할 뿐 예컨대 기속행위 내지 재량행위에 따른 구분은 고려의 대상이 아닙니다. 원고의 주장에 의하여 절차적 위법이 인정되면 그 실체적 위법 여부는 판단하지 않고 있음도 물론입니다. 행정절차와 행정소송의 기능분배선이 미국, 영국 등 'due process of law'를 바탕으로 하는 영미법계 국가보다 오히려 더 강한 정도로 행정절차 쪽으로 기울어져 있습니다.

우리의 경우 행정절차와 행정소송 간 기능분배선이 행정절차 쪽으로 극단적으로 기울어진 이유로는 법원이 절차하자와 실체적 결정과의 연관성 심사로부터 해방됨으로써 그 업무부담 경감이 가능하고, 원고는 절차상 하자를 이유로 처분을 취소함으로써 형벌, 과태료 가산금 등 처분의 유예효과를 득할 수 있으며, 엄격한 절차 규정의 준수를 요구함으로써 담당 공무원에 대한 징벌적 효과를 기대할 수 있음을 흔히 듭니다. 그러나 행정절차의 중시가 실체적 정당성에 대한 책임 회피로 악용되어서는 안 됩니다. 또한 이유제시의무와 관련하여 '이유제시의무의 하자 → 취소' 공식인 경우, 행정청이 다수의 처분사유들 중 회수를 여러 번으로 나누어 사유 하나씩만을 들어 처분을 하는 폐해도 용인할 수 없습니다. 이는 무용한 행정절차의 반복 측면을 넘어, 처분의 상대방에게 크나큰 고통을 주는 행위이기도 합니다.

행정절차와 의무이행소송과의 관련성도 여기에서의 고려의 대상입니다. 의무이행소송은 전술한 기능분배선이 극단적으로 행정소송 쪽에 기운 국가에서의 제도입니다. 그러나 우리의 경우 행정절차 쪽으로 무게추가 기운 국가라는 점에서 그 도입 시 법체계적 갈등의 발생 우려를 완전히 불식할 수는 없습니다. 일각에서는, 행정절차의 중요성을 강조하면서 의무이행소송을 도입하는 것은 상호 모순이라고까지 주장합니다. 구체적으로 볼 때 의무이행소송제도하에서는 절차적 하자가 제한 없이 치유될 수 있고 위법성 판단시점도 판결시이며(행정청의 일차적 판단권 박탈), 처분사유의 추가·변경도 무제한적으로 허용되는 것을 원칙으로 하므로, 이는 행정절차가 결국 소송절차 안으로 인입(引入)되는 결과를 초래하여 행정절차의 독자적 의의가 상실될 수도 있습니다. 이에 따른 흔적은 독일 연방행정절차법 제45조와 제46조에서 여실히 드러납니다. 그뿐만 아니라 의무이행소송을 지나치게 절대시하는 풍조가 만연하여, 법원이 행정관청의 민원창구로 전락할 우려도 있습니다. 더구나 행정청에 대한 신뢰가 확립되지 않은 우리 현실에서는 시민이 행정절차 과정에서 의견제출 등에 소홀하면서 소송절차에서 변호사를 통하여 소송의 승패를 가름하는 결정적인 주장을 할 수 있음을 의미하는데, 이를 반드시 바람직한 소송문화라고는 할 수 없습니다. 결국, 행정절차에 편향된 우리 판례는 일부 수정을 요하지만, 극단적인 행정소송 편향을 초래할 수 있는 의무이행소송의 도입 시 이러한 점에 대한 고려를 충분히 병행하여야 합니다.

다시 우리의 본래 쟁점으로 돌아와, 절차상 하자 있는 행정행위의 효력에 관한 결론을 제시합니다. 행정절차의 제도적 의의는 그 어떤 상황에서도 견지되어야 합니다. 그러나 실체적 법치주의 역시 적극적인 고려의 대상이라 아니할 수 없습니다. 따라서 원칙적으로 절차상 하자는 그것이 무효사유에 해당하거나 치유되지 않은 이상 취소사유입니다. 그러나 절차하자를 보완하여 재처분하더라도 동일한 내용의 결정이 행해지는 경우에는 그 예외를 인정하는 것입니다. 요컨대, 무효사유 아닌 절차, 형식 내지 관할 위반의 하자 있는 행정행위는 (원칙적으로 해당 행정행위의 취소로 귀결되지만) 절차상 하자가 실체적 결정에 영향을 미치지 않았음이 명백한 경우에는 그 절차하자만을 이유로 하여 취소할 수 없다는 결론이 타당합니다(독일 연방행정절차법 제46조 참조). 이와 관련하여 판례 중 일부는 위 입론을 수용한 듯한 판시를 하여 우리의 관심을 끕니다. 국토계획법상 도시계획위원회의 심의절차를 거치지 않은 토지형질변경불허가처분의 위법을 다툰 사안에서, 대법원은 도시계획위원회의 심의절차를 흠결한 것을 결과에 있어 절차상 하자가 아니라고 판시하였습니다. 그러나 판결이유에서 '취소사유에 이를 정도의 절차상 하자가 아니라'고 한 점, '도시계획위원회의 심의를 거치지 아니한 결과 개발행위 불허가처분을 함에 있어 마땅히 고려하여야 할 사정을 참작하지 아니하였다면 그 불허가처분은 재량권을 일탈·남용한 것'이란 표현 및 '도시계획위원회의 심의를 거치지 않음으로써 이 사건 개발행위불허가 과정에서 마땅히 고려하여야 할 사항이 누락되는 등 재량권의 불행사 또는 해태로 볼 수 있는 구체적 사정이 인정되어야 재량의 일탈·남용을 인정'한 점 등에서 - 독일 연방행정절차법 제46조의 규정처럼 - 절차상 하자와 실체적 결정과의 견련성을 처분의 취소 여부를 위한 판단 기준으로 삼았다고 해석할 여지가 있습니다. 그러나 이러한 해석은 2012두28727 판결에 한정된 것이므로 이를 두고 판례의 일반적 입장이라고 일반화할 수는 없을 것입니다.

＊ **대판 2015.10.29, 2012두28728** : "개발행위허가에 관한 사무를 처리하는 행정기관의 장이 일정한 개발행위를 허가하는 경우에는 국토계획법 제59조 제1항에 따라 도시계획위원회의 심의를 거쳐야 할 것이나, 개발행위허가의 신청 내용이 허가 기준에 맞지 않는다고 판단하여 개발행위허가신청을 불허가하였다면 이에 앞서 도시계획위원회의 심의를 거치지 않았다고 하여 이러한 사정만으로 곧바로 그 불허가처분에 취소사유에 이를 정도의 절차상 하자가 있다고 보기는 어렵다. 다만 행정기관의 장이 도시계획위원회의 심의를 거치지 아니한 결과 개발행위 불허가처분을 함에 있어 마땅히 고려하여야 할 사정을 참작하지 아니하였다면 그 불허가처분은 재량권을 일탈·남용한 것으로서 위법하다고 평가할 수 있을 것이다. … 그러나 앞서 본 법리에 비추어 보면, 피고가 이 사건 불허가처분을 하면서 도시계획위원회의 심의를 거치지 않았다 하더라도, 이러한 사정만으로 곧바로 이 사건 불허가처분을 취소하여야 할 위법이 있다고 보기는 어렵고, 도시계획위원회의 심의를 거치지 않음으로써 이 사건 개발행위불허가 과정에서 마땅히 고려하여야 할 사항이 누락되는 등 재량권의 불행사 또는 해태로 볼 수 있는 구체적 사정이 인정되어야 피고의 처분에 재량권을 일탈·남용한 위법이 있다고 할 수 있다. 그럼에도 이와 달리 원심은 도시계획위원회의 심의 누락만을 이유로 이 사건 불허가처분이 위법하다고 단정하고 말았으니, 이러한 원심의 판단에는 국토계획법이 정한 도시계획위원회 심의 절차의 법적 성질 및 그 흠결 효과에 관한 법리를 오해하여 판결에 영향을 미친 잘못이 있다."

☞ 이 판결에서 대법원은 계쟁 사건을 파기환송하였는데, 그 후 항소심은 대법원 판결의 취지에 따라 위원회의 심의를 거치지 않은 것만으로는 처분의 하자를 인정할 수 없고, 실체적으로 살피더라도 피고가 이 사건 처분을 하면서 재량권을 일탈·남용하였다고 볼 수 없다는 이유로 원고의 청구를 기각하였습니다.

5. 행정절차 관련 기타 주요 판례

1) 법령의 규정에 의하여 처분(발령 여부 및 내용)이 결정되는 경우와 행정절차

＊ **대판 2000.11.28, 99두5443** : "공무원으로 재직하다가 퇴직하여 공무원연금법에 따라 퇴직연금을 지급받고 있던 사람이 구 사립학교교원연금법(2000. 1. 12. 법률 제6124호로 개정되기 전의 것) 제3조가 정한 교직원으로 임용되어 그 기관으로부터 급여를 받게 되는 경우에는 재직기간 합산신청 여부와는 관련 없이 그 법의 적용을 받게 되고, 그 재직기간 중에는 공무원연금법 제47조, 같은법시행령 제40조 제1항에 의하여 공무원연금관리공단의 지급정지처분 여부에 관계없이 그 사유가 발생한 때로부터 당연히 퇴직연금의 지급이 정지되는 것이므로, 그 지급정지 사유기간 중 퇴직연금 수급

자에게 지급된 퇴직연금은 공무원연금법 제31조 제1항 제3호에 정하여진 '기타 급여가 과오급된 경우'에 해당한다. 원심이 같은 취지에서, 원고가 공무원으로 재직하다 1990. 3. 20. 퇴직하여 피고로부터 퇴직연금을 수령하여 오던 중 1995. 3. 1. 위 사립학교교원연금법 제3조가 정한 사립학교기관인 학교법인 ○○학원이 운영하는 △△전문대학의 학장으로 임용되어 위 학교법인으로부터 급여를 수령함으로써 퇴직연금의 지급정지 사유가 발생하였음에도, 피고가 이러한 사정을 알지 못한 채 원고에게 계속하여 퇴직연금을 지급한 것은 공무원연금법 제31조 제1항 제3호의 '기타 급여가 과오급된 경우'에 해당하는 것이므로, 피고가 원고에게 그 지급정지 사유가 발생한 날 이후 수령한 퇴직연금의 반환을 명한 이 사건 처분이 적법하다고 판단한 것은 정당하고, 거기에 상고이유의 주장과 같은 법리오해의 위법이 없다. 따라서 이 점에 관한 상고이유는 받아들이지 아니한다. 퇴직연금의 환수결정은 당사자에게 의무를 과하는 처분이기는 하나, 관련 법령에 따라 당연히 환수금액이 정하여지는 것이므로, 퇴직연금의 환수결정에 앞서 당사자에게 의견진술의 기회를 주지 아니하여도 행정절차법 제22조 제3항이나 신의칙에 어긋나지 아니한다."

2) (영업자)지위승계신고수리와 행정절차

* **대판 2012.12.13, 2011두29144** : "행정절차법 제21조 제1항, 제22조 제3항 및 제2조 제4호의 각 규정에 의하면, 행정청이 당사자에게 의무를 과하거나 권익을 제한하는 처분을 할 때에는 당사자 등에게 처분의 사전통지를 하고 의견제출의 기회를 주어야 하며, 여기서 당사자란 행정청의 처분에 대하여 직접 그 상대가 되는 자를 의미한다. 한편 구 관광진흥법(2010. 3. 31. 법률 제10219호로 개정되기 전의 것, 이하 같다) 제8조 제2항, 제4항, 구 체육시설의 설치·이용에 관한 법률(2010. 3. 31. 법률 제10219호로 개정되기 전의 것, 이하 '구 체육시설법'이라 한다) 제27조 제2항, 제20조의 각 규정에 의하면, 공매 등의 절차에 따라 문화체육관광부령으로 정하는 주요한 유원시설업 시설의 전부 또는 체육시설업의 시설 기준에 따른 필수시설을 인수함으로써 유원시설업자 또는 체육시설업자의 지위를 승계한 자가 관계 행정청에 이를 신고하여 행정청이 수리하는 경우에는 종전 유원시설업자에 대한 허가는 효력을 잃고, 종전 체육시설업자는 적법한 신고를 마친 체육시설업자의 지위를 부인당할 불안정한 상태에 놓이게 된다. 따라서 행정청이 구 관광진흥법 또는 구 체육시설법의 규정에 의하여 유원시설업자 또는 체육시설업자 지위승계신고를 수리하는 처분은 종전 유원시설업자 또는 체육시설업자의 권익을 제한하는 처분이고, 종전 유원시설업자 또는 체육시설업자는 그 처분에 대하여 직접 그 상대가 되는 자에 해당한다고 보는 것이 타당하므로, 행정청이 그 신고를 수리하는 처분을 할 때에는 행정절차법 규정에서 정한 당사자에 해당하는 종전 유원시설업자 또는 체육시설업자에 대하여 위 규정에서 정한 행정절차를 실시하고 처분을 하여야 한다."

3) 의견청취절차 예외사유(제22조 제4항)의 판단기준

* **대판 2016.10.27, 2016두41811** : "원심판결 이유와 적법하게 채택된 증거들에 의하면, 아래와 같은 사실들을 알 수 있다. (1) 가평소방서장은 관내 특정소방대상물에 대한 특별조사 결과 이 사건 각 건물이 무단 용도변경된 사실을 확인하고, 2014. 4. 25. 피고에게 이를 통보하였다. (2) 피고 소속 공무원 소외인은 전화로 원고에게 이 사건 각 건물에 대한 현장조사가 필요하다는 사실을 알리고 현장조사 일시를 약속한 다음, 2014. 5. 14. 오후 원고가 참석한 가운데 이 사건 각 건물에 대한 현장조사를 실시하였다. (3) 현장조사 과정에서 소외인은 무단증축면적과 무단용도변경 사실을 확인하고 이를 확인서 양식에 기재한 후, 원고에게 위 각 행위는 건축법 제14조 또는 제19조를 위반한 것이어서 시정명령이 나갈 것이고 이를 이행하지 않으면 이행강제금이 부과될 것이라고 설명하고, 위반경위를 질문하여 답변을 들은 다음 원고로부터 확인서명을 받았는데, 위 양식에는 "상기 본인은 관계 법령에 의한 제반허가를 득하지 아니하고 아래와 같이 불법건축(증축, 용도변경)행위를 하였음을 확인합니다."라고 기재되어 있었다. (4) 피고는 별도의 사전통지나 의견진술기회 부여 절차를 거치지 아니한 채, 현장조사 다음 날인 2014. 5. 15. 이 사건 처분을 하였다. 이러한 사실관계를 위 법리에 비추어 살펴보면, 다음과 같이 판단된다. (1) 피고 소속 공무원 소외인이 위 현장조사에 앞서 원고에게 전화로 통지한 것은 행정조사의 통지이지 이 사건 처분에 대한 사전통지로 볼 수 없다. 그리고 위 소외인이 현장조사 당시 위반경위에 관하여 원고에게 의견진술기회를 부여하였다 하더라도, 이 사건 처분이 현장조사 바로 다음 날 이루어진 사정에 비추어 보면, 의견제출에 필요한 상당한 기간을 고려하여 의견제출기한이 부여되었다고 보기도 어렵다. (2) 그리고 현장조사에서 원고가 위반사실을 시인하였다거나 위반경위를 진술하였다는 사정만으로는 행정절차법 제21조 제4항 제3호가 정한 '의견청취가 현저히 곤란하거나 명백히 불필요하다고 인정될 만한 상당한 이유가 있는 경우'로서 처분의 사전통지를 하지 아니하여도 되는 경우에 해당한다고 볼 수도 없다. (3) 따라서 행정청인 피고가 침해적 행정처분인 이 사건 처분을 하면서 원고에게 행정절차법에 따른 적법한 사전통지를 하거나 의견제출의 기회를 부여하였다고 볼 수 없다. 그럼에도 원심은 이에 어긋나는 판시와 같은 이유를 들어, 피고가 이 사건 처분에 앞서 실질적으로 처분의 사전통지 및 의견제출기회 부여 절차를 거쳤거나, 설령 그렇지 않다 하더라도 의견청취가 명백하게 불필요하다고 인정할 만한 상당한 이유가 있는 경우에 해당한다고 잘못 인정하고, 그 전제에서 이 사건 처분에 사전통지 및 의견제출기회 부여 절차에 관한 하자가 없다는 취지로 판단하였다. 따라서 이러한 원심의 판단에는 행정절차법에서 정한 처분의 사전통지 및 의견제출기회 부여 절차에 관한 법리를 오해하여 판결에 영향을 미친 위법이 있다."
* **대판 2017.4.7, 2016두63224** : "행정절차법 제22조 제1항 제1호는, 행정청이 처분을 할 때에는 다른 법령 등에서 청문을 실시하도록 규정하고 있는 경우 청문을 실시한다고 규정하고 있다. 이러한 청문제도는 행정처분의 사유에 대하여 당사자에게 변명과 유리한 자료를 제출할 기회를 부여함으로

써 위법사유의 시정가능성을 고려하고, 처분의 신중과 적정을 기하려는 데 그 취지가 있다. 그러므로 행정청이 특히 침해적 행정처분을 할 때 그 처분의 근거 법령 등에서 청문을 실시하도록 규정하고 있다면, 행정절차법 등 관련 법령상 청문을 실시하지 않아도 되는 예외적인 경우에 해당하지 않는 한, 반드시 청문을 실시하여야 하며, 그러한 절차를 결여한 처분은 위법한 처분으로서 취소사유에 해당한다(대법원 2007. 11. 16. 선고 2005두15700 판결 참조). 한편 행정절차법 제22조 제4항, 제21조 제4항 제3호에 의하면, "해당 처분의 성질상 의견청취가 현저히 곤란하거나 명백히 불필요하다고 인정될 만한 상당한 이유가 있는 경우"나 "당사자가 의견진술의 기회를 포기한다는 뜻을 명백히 표시한 경우"에는 청문 등 의견청취를 하지 아니할 수 있는데, 여기에서 '의견청취가 현저히 곤란하거나 명백히 불필요하다고 인정될 만한 상당한 이유가 있는 경우'에 해당하는지는 해당 행정처분의 성질에 비추어 판단하여야 하며, 처분상대방이 이미 행정청에 위반사실을 시인하였다거나 처분의 사전통지 이전에 의견을 진술할 기회가 있었다는 사정을 고려하여 판단할 것은 아니다(대법원 2016. 10. 27. 선고 2016두41811 판결 참조). … 행정처분의 사유에 대하여 당사자에게 변명과 유리한 자료를 제출할 기회를 부여함으로써 위법사유의 시정가능성을 고려하고, 처분의 신중과 적정을 기하려는 청문제도의 취지에 비추어 볼 때, 원고가 이 사건 처분 전에 피고의 사무실에 방문하여 피고 소속 공무원에게 '처분을 좀 연기해 달라'는 내용의 서류를 제출한 것을 들어, 여객자동차 운수사업법과 행정절차법이 필요적으로 실시하도록 규정하고 있는 청문을 실시한 것으로 볼 수는 없다. 나아가 관련 법령이 정한 청문 등 의견청취를 하지 아니할 수 있는 예외에 해당하는지는 해당 행정처분의 성질에 비추어 판단하여야 하며, 처분상대방이 이미 행정청에게 위반사실을 시인하였다거나 처분의 사전통지 이전에 의견을 진술할 기회가 있었다는 사정을 고려하여 판단할 것은 아니므로, 앞서 본 대로 원고의 방문 당시 담당공무원이 원고에게 관련 법규와 행정처분 절차에 대하여 설명을 하였다거나 그 자리에서 청문절차를 진행하고자 하였음에도 원고가 이에 응하지 않았다는 사정만으로 '처분의 성질상 의견청취가 현저히 곤란하거나 명백히 불필요하다고 인정될 만한 상당한 이유가 있는 경우'나 또는 '당사자가 의견진술의 기회를 포기한다는 뜻을 명백히 표시한 경우'에 해당한다고 볼 수도 없다."

* **대판 2001.4.13, 2000두3337** : "행정절차법 제21조 제4항 제3호는 침해적 행정처분을 할 경우 청문을 실시하지 않을 수 있는 사유로서 "당해 처분의 성질상 의견청취가 현저히 곤란하거나 명백히 불필요하다고 인정될 만한 상당한 이유가 있는 경우"를 규정하고 있으나, 여기에서 말하는 '의견청취가 현저히 곤란하거나 명백히 불필요하다고 인정될 만한 상당한 이유가 있는지 여부'는 당해 행정처분의 성질에 비추어 판단하여야 하는 것이지, 청문통지서의 반송 여부, 청문통지의 방법 등에 의하여 판단할 것은 아니며, 또한 행정처분의 상대방이 통지된 청문일시에 불출석하였다는 이유만으로 행정청이 관계 법령상 그 실시가 요구되는 청문을 실시하지 아니한 채 침해적 행정처분을 할 수는 없을 것이므로, 행정처분의 상대방에 대한 청문통지서가 반송되었다거나, 행정처분의 상대방이 청문일시에 불출석하였다는 이유로 청문을 실시하지 아니하고 한 침해적 행정처분은 위법하다."

4) 사인과의 협약과 청문배제사유

＊ **대판 2004.7.8, 2002두8350** : "이 사건 처분은 이 사건 도시계획사업의 사업시행자 지정을 취소하는 침해적 행정처분으로서, 원고로서는 위 사업시행자 지정이 취소됨으로써 위 사업의 준비에 소요된 비용 상당의 손해를 입게 될 뿐 아니라 위 사업에 대한 기대이익도 상실하게 되므로 이러한 상황에 대비하기 위하여 이 사건 처분에 대한 사전통지를 받을 필요가 있음은 물론, 청문절차 등을 통하여 변명과 유리한 자료를 제출할 기회를 가질 필요가 적지 아니하고, 사업자 지정 처분 외에도 구 도시계획법 제25조 제1항에 기한 실시계획의 인가를 받아야 비로소 사업을 시행할 수 있어 즉시 이 사건 처분을 하지 아니하면 안될 급박한 사정이 있다고도 볼 수 없으므로 이 사건 처분이 '당해 처분의 성질상 의견청취가 현저히 곤란하거나 명백히 불필요하다고 인정될 만한 상당한 이유가 있는 경우'에 해당한다고 볼 수 없다. 또한, 행정청이 당사자와 사이에 도시계획사업의 시행과 관련한 협약을 체결하면서 관계 법령 및 행정절차법에 규정된 청문의 실시 등 의견청취절차를 배제하는 조항을 두었다고 하더라도, 국민의 행정참여를 도모함으로써 행정의 공정성·투명성 및 신뢰성을 확보하고 국민의 권익을 보호한다는 행정절차법의 목적 및 앞서 본 청문제도의 취지 등에 비추어 볼 때, 위와 같은 협약의 체결로 청문의 실시에 관한 규정의 적용을 배제할 수 있다고 볼 만한 법령상의 규정이 없는 한, 이러한 협약이 체결되었다고 하여 청문의 실시에 관한 규정의 적용이 배제된다거나 청문을 실시하지 않아도 되는 예외적인 경우에 해당한다고 할 수 없다."

5) 연속하는 두 개의 침익적 처분과 행정절차

＊ **대판 2016.11.9, 2014두1260** : "평가인증취소처분은 이로 인하여 원고에 대한 인건비 등 보조금 지급이 중단되는 등 원고의 권익을 제한하는 처분에 해당하며, 보조금 반환명령과는 전혀 별개의 절차로서 보조금 반환명령이 있으면 피고 보건복지부장관이 평가인증을 취소할 수 있지만 반드시 취소하여야 하는 것은 아닌 점 등에 비추어 보면, 보조금 반환명령 당시 사전통지 및 의견제출의 기회가 부여되었다 하더라도 그 사정만으로 이 사건 평가인증취소처분이 구 행정절차법 제21조 제4항 제3호에서 정하고 있는 사전통지 등을 하지 아니하여도 되는 예외사유에 해당한다고도 볼 수 없으므로, 구 행정절차법 제21조 제1항에 따른 사전통지를 거치지 않은 이 사건 평가인증취소처분은 위법하다."

6) '고시' 등 처분의 직접 상대방이 없거나 불특정다수인을 상대로 한 처분과 행정절차

* **대판 2014.10.27, 2012두7745** : "구 행정절차법(2011. 12. 2. 법률 제11109호로 개정되기 전의 것, 이하 같다) 제22조 제3항에 따라 행정청이 의무를 부과하거나 권익을 제한하는 처분을 할 때 의견제출의 기회를 주어야 하는 '당사자'는 '행정청의 처분에 대하여 직접 그 상대가 되는 당사자'(구 행정절차법 제2조 제4호)를 의미한다. 그런데 '고시'의 방법으로 불특정 다수인을 상대로 의무를 부과하거나 권익을 제한하는 처분은 그 성질상 의견제출의 기회를 주어야 하는 상대방을 특정할 수 없으므로, 이와 같은 처분에 있어서까지 구 행정절차법 제22조 제3항에 의하여 그 상대방에게 의견제출의 기회를 주어야 한다고 해석할 것은 아니다. 원심은 피고가 이 사건 고시에 의하여 수정체수술과 관련한 질병군의 상대가치점수를 종전보다 약 10~25% 정도 인하하는 내용의 처분을 한 것은 수정체수술을 하는 의료기관을 개설·운영하는 개별 안과 의사들을 상대로 한 것이 아니라 불특정 다수의 의사 전부를 상대로 하는 것인 점 등 그 판시와 같은 이유를 들어, 이 사건 고시에 의한 처분의 경우 구 행정절차법 제22조 제3항에 따라 그 상대방에게 의견제출의 기회를 주지 않았다고 하여 위법하다고 볼 수 없다는 취지로 판단하였다. 이러한 원심의 판단은 앞서 살펴본 법리에 따른 것으로서 정당하고, … ."
* **대판 2008.6.12, 2007두1767** : "행정절차법 제2조 제4호가 행정절차법의 당사자를 행정청의 처분에 대하여 직접 그 상대가 되는 당사자로 규정하고, 도로법 제25조 제3항이 도로구역을 결정하거나 변경할 경우 이를 고시에 의하도록 하면서, 그 도면을 일반인이 열람할 수 있도록 한 점 등을 종합하여 보면, 도로구역을 변경한 이 사건 처분은 행정절차법 제21조 제1항의 사전통지나 제22조 제3항의 의견청취의 대상이 되는 처분은 아니라고 할 것이다."

7) 행정절차법상 '당사자등'의 범위

* **대판 2009.4.23, 2008두686** : "불이익처분의 직접 상대방인 당사자 또는 행정청이 참여하게 한 이해관계인이 아닌 제3자에 대하여는 사전통지 및 의견제출에 관한 행정절차법 제21조, 제22조가 적용되지 않는다."
* **대판 2015.11.19, 2015두295(전합)** : "구 유통산업발전법(2013. 1. 23. 법률 제11626호로 개정되기 전의 것, 이하 같다) 제8조 제1항, 제9조 제1항, 제12조 제1항의 내용 및 체계, 구 유통산업발전법 제12조의2 제1항, 제2항, 제3항에 따른 영업시간 제한 등 처분의 법적 성격, 구 유통산업발전법상 대규모점포 개설자에게 점포 일체를 유지·관리할 일반적인 권한을 부여한 취지 등에 비추어 보면, 영업시간 제한 등 처분의 대상인 대규모점포 중 개설자의 직영매장 이외에 개설자에게서 임차

하여 운영하는 임대매장이 병존하는 경우에도, 전체 매장에 대하여 법령상 대규모점포 등의 유지·관리 책임을 지는 개설자만이 처분상대방이 되고, 임대매장의 임차인이 별도로 처분상대방이 되는 것은 아니다."

8) 처분의 방식 : 문서주의

* **대판 2011.11.10, 2011도11109** : "행정절차법 제24조는, 행정청이 처분을 하는 때에는 다른 법령 등에 특별한 규정이 있는 경우를 제외하고는 문서로 하여야 하고 전자문서로 하는 경우에는 당사자 등의 동의가 있어야 하며, 다만 신속을 요하거나 사안이 경미한 경우에는 구술 기타 방법으로 할 수 있다고 규정하고 있는데, 이는 행정의 공정성·투명성 및 신뢰성을 확보하고 국민의 권익을 보호하기 위한 것이므로 위 규정을 위반하여 행하여진 행정청의 처분은 하자가 중대하고 명백하여 원칙적으로 무효이다."

제22강
정보공개제도

정보공개제도

1. 정보공개제도의 개관

1) 의의

정보공개는 공공기관이 보유하고 있는 정보를 개인의 청구에 따라 공개하는 것을 의미합니다. 이와 같은 정보공개는 행정정보에 대한 국민의 접근권을 보장함으로써 행정의 민주화·투명성 등을 보장하는 데 기여합니다.

2) 법적 근거

(1) 헌법

개인의 정보공개청구권은 '알 권리'로부터 도출된다고 이해하는 것이 일반적인 견해입니다. '알 권리'의 헌법적 근거에 관해서는 표현의 자유(헌법 제21조 제1항), 행복추구권(헌법 제10조) 및 인간다운 생활을 할 권리(헌법 제34조) 등이 제시되고 있지만, 대법원과 헌법재판소는 표현의 자유를 알 권리의 헌법적 근거로 보고 있으므로 정보공개를 규정하는 법률의 존재를 불문하고 정보공개청구권은 알 권리에 입각하여 인정된다고 보아야 합니다.

* **대판 1999.9.21, 97누5114** : "국민의 알 권리, 특히 국가정보에의 접근의 권리는 우리 헌법상 기본적으로 표현의 자유와 관련하여 인정되는 것으로 그 권리의 내용에는 일반 국민 누구나 국가에 대하여 보유·관리하고 있는 정보의 공개를 청구할 수 있는 이른바 일반적인 정보공개청구권이 포함되고, 이 청구권은 공공기관의정보공개에관한법률(1996. 12. 31. 법률 제5242호)이 1998. 1. 1. 시

행되기 전에는 사무관리규정(1991. 6. 19. 대통령령 제13390호로 제정되어 1997. 10. 21. 대통령령 제15498호로 개정되기 전의 것) 제33조 제2항과 행정정보공개운영지침(1994. 3. 2. 국무총리 훈령 제288호)에서 구체화되어 있었다. 한편 행정정보공개운영지침은 공개대상에서 제외되는 정보의 범위를 규정하고 있으나, 국민의 자유와 권리는 법률로써만 제한할 수 있으므로, 이는 법률에 의하지 아니하고 국민의 기본권을 제한한 것이 되어 대외적으로 구속력이 없다."

* **헌재결 1989.9.4, 88헌마22** : "헌법 제21조는 언론·출판의 자유, 즉 표현의 자유를 규정하고 있는데 이 자유는 전통적으로 사상 또는 의견의 자유로운 표명(발표의 자유)과 그것을 전파할 자유(전달의 자유)를 의미하는 것으로서 사상 또는 의견의 자유로운 표명은 자유로운 의사의 형성을 전제로 한다. 자유로운 의사의 형성은 정보에의 접근이 충분히 보장됨으로써 비로소 가능한 것이며, 그러한 의미에서 정보에의 접근·수집·처리의 자유, 즉 "알 권리"는 표현의 자유와 표리일체의 관계에 있으며 자유권적 성질과 청구권적 성질을 공유하는 것이다. 자유권적 성질은 일반적으로 정보에 접근하고 수집·처리함에 있어서 국가권력의 방해를 받지 아니한다는 것을 말하며, 청구권적 성질을 의사형성이나 여론 형성에 필요한 정보를 적극적으로 수집하고 수집을 방해하는 방해제거를 청구할 수 있다는 것을 의미하는 바 이는 정보수집권 또는 정보공개청구권으로 나타난다. 나아가 현대 사회가 고도의 정보화사회로 이행해감에 따라 "알 권리"는 한편으로 생활권적 성질까지도 획득해 나가고 있다. 이러한 "알 권리"는 표현의 자유에 당연히 포함되는 것으로 보아야 하며 인권에 관한 세계선언 제19조도 "알 권리"를 명시적으로 보장하고 있다."

(2) 법률

정보공개에 관한 일반법은 공공기관의 정보공개에 관한 법률(이하 '정보공개법')입니다. 정보공개법은 '공공기관이 보유·관리하는 정보에 대한 국민의 공개 청구 및 공공기관의 공개 의무에 관하여 필요한 사항을 정함으로써 국민의 알권리를 보장하고 국정에 대한 국민의 참여와 국정 운영의 투명성을 확보'하는데 목적을 두고 있으며, 동법 제4조 제1항은 "정보의 공개에 관하여는 다른 법률에 특별한 규정이 있는 경우를 제외하고는 이 법에서 정하는 바에 따른다"고 규정하여 정보공개법의 일반법적 지위를 명시적으로 규정하고 있습니다. 다만, 정보공개법은 국가안전보장에 관련되는 정보 및 보안 업무를 관장하는 기관에서 국가안전보장과 관련된 정보의 분석을 목적으로 수집하거나 작성한 정보에 대해서는 적용되지 않으며(정보공개법 제4조 제3항[1]), 교육훈련기관의 정보공개에 관해서는 교육관련기관의 정보공개에 관한 특례법에 의합니다. 또한 행정절차법에도 행정절차의 일환으로 정보공개를 규정하는 규정이 있는데, 처분기준의 설정·공표(제20조),

1) 이하 이 강에서 법률명을 표기하지 않은 경우 정보공개법을 의미합니다.

문서의 열람 및 비밀유지(제37조), 행정상 입법예고 방법(제42조) 등이 이에 해당합니다.

(3) 조례

정보공개법 제4조 제2항은 "지방자치단체는 그 소관 사무에 관하여 법령의 범위에서 정보공개에 관한 조례를 정할 수 있다"고 규정하여 지방자치단체의 정보공개에 관한 조례 제정의 근거를 마련하고 있습니다. 물론, 정보공개법이 제정되기 이전에도 청주시의회가 청주시행정정보공개조례를 제정한 바 있는데, 법률의 근거 없이 제정된 동 조례에 관해 대법원은 그 내용이 주민의 권리를 제한하거나 의무를 부과하는 조례로 단정할 수 없기 때문에 법률의 개별적 위임을 필요로 하지 않는다고 판시하였습니다. 이에 따라 위 정보공개법 규정을 확인적 규정으로 이해하는 견해도 있습니다.

* **대판 1992.6.23, 92추17** : "지방자치단체는 그 내용이 주민의 권리의 제한 또는 의무의 부과에 관한 사항이거나 벌칙에 관한 사항이 아닌 한 법률의 위임이 없더라도 조례를 제정할 수 있다 할 것인데 청주시의회에서 의결한 청주시행정정보공개조례안은 행정에 대한 주민의 알 권리의 실현을 그 근본내용으로 하면서도 이로 인한 개인의 권익침해 가능성을 배제하고 있으므로 이를 들어 주민의 권리를 제한하거나 의무를 부과하는 조례라고는 단정할 수 없고 따라서 그 제정에 있어서 반드시 법률의 개별적 위임이 따로 필요한 것은 아니라고 한 사례."

2. 정보공개청구권자 및 정보공개의 대상

1) 정보공개청구권자

모든 국민은 정보공개를 청구할 수 있습니다(제5조 제1항). 직접 이해관계 없는 공익을 위한 경우에도 정보공개청구권은 인정됩니다. 이러한 정보공개청구권에 의하여 사인의 정보공개신청에 대한 행정청의 거부에 대한 거부처분취소소송에서는 항상 거부의 처분성 인정요건으로서의 신청권(정보공개청구권)이 인정됩니다. '모든 국민'에는 자연인뿐만 아니라 법인, 권리능력 없는 사단 및 재단도 포함됩니다. 그러나 지방자치단체는 정보공개청구권자인 '모든 국민'에 해당하지 않는다는 것이 하급심 판례 입장입니다(서울행판 2005.10.2, 2005구합10484). 정보공개법 제2조에 따라 외국인도 정보공개를 청구할 수 있는데, 여기에서 외국인은 국내에 일정한 주소를 두고 거주하거나 학술·연구를 위하여 일시적으로 체류하는 사람 또는 국내에 사무소를 두고 있는 법인 또는 단체를 의미합니다(시행령 제3조).

> * **대판 2003.12.12, 2003두8050** : "공공기관의정보공개에관한법률 제6조 제1항은 "모든 국민은 정보의 공개를 청구할 권리를 가진다."고 규정하고 있는데, 여기에서 말하는 국민에는 자연인은 물론 법인, 권리능력 없는 사단·재단도 포함되고, 법인, 권리능력 없는 사단·재단 등의 경우에는 설립목적을 불문하며, 한편 정보공개청구권은 법률상 보호되는 구체적인 권리이므로 청구인이 공공기관에 대하여 정보공개를 청구하였다가 거부처분을 받은 것 자체가 법률상 이익의 침해에 해당한다."
> * **서울행법 2005.10.12. 선고 2005구합10484 판결** : "지방자치단체에게 국민의 기본권인 알권리의 본질적 구성요소를 이루는 정보공개청구권이 인정되는지에 관하여 보면, 알권리는 기본적으로 정신적 자유 영역인 표현의 자유 내지는 인간의 존엄성, 행복추구권 등에서 도출된 권리인 점, 정보공개청구제도는 국민이 국가·지방자치단체 등이 보유한 정보에 접근하여 그 정보의 공개를 청구할 수 있는 권리로서 이로 인하여 국정에 대한 국민의 참여를 보장하기 위한 제도인 점, 지방자치단체에게 이러한 정보공개청구권이 인정되지 아니한다고 하더라도 헌법상 보장되는 행정자치권 등이 침해된다고 보기는 어려운 점, 오히려 지방자치단체는 공권력기관으로서 이러한 국민의 알권리를 보호할 위치에 있다고 보아야 하는 점 등에 비추어 보면, 지방자치단체에게는 알권리로서의 정보공개청구권이 인정된다고 보기는 어렵고, 더욱이 아래에서 보는 바와 같이 적어도 정보공개법이 예정하고 있는 정보공개청구권자인 국민의 범위에 지방자치단체가 포함된다고 볼 수는 없다."

2) 정보공개의 대상

(1) 공공기관이 보유·관리하는 정보

정보공개청구의 대상이 되는 정보는 공공기관이 보유·관리하는 정보입니다. 공공기관은 국가기관(국회, 법원, 헌법재판소, 중앙선거관리위원회, 대통령 및 국무총리 소속기관을 포함한 중앙행정기관 및 그 소속기관, 행정기관소속위원회의설치·운영에관한법률에 따른 위원회), 지방자치단체, 공공기관의 운영에 관한 법률 제2조에 따른 공공기관, 지방공기업법에 따른 지방공사 및 지방공단, 그 밖에 대통령령으로 정하는 기관을 의미합니다(제2조 제3호). 정보공개법 시행령에서 규정하고 있는 공공기관은 아래와 같습니다.

정보공개법 시행령

제2조(공공기관의 범위) 「공공기관의 정보공개에 관한 법률」(이하 "법"이라 한다) 제2조제3호마목에서 "대통령령으로 정하는 기관"이란 다음 각 호의 기관 또는 단체를 말한다.

1. 「유아교육법」, 「초·중등교육법」, 「고등교육법」에 따른 각급 학교 또는 그 밖의 다른 법률에 따라 설치된 학교
2. 삭제
3. 「지방자치단체 출자·출연 기관의 운영에 관한 법률」 제2조제1항에 따른 출자기관 및 출연기관
4. 특별법에 따라 설립된 특수법인
5. 「사회복지사업법」 제42조제1항에 따라 국가나 지방자치단체로부터 보조금을 받는 사회복지법인과 사회복지사업을 하는 비영리법인
6. 제5호 외에 「보조금 관리에 관한 법률」 제9조 또는 「지방재정법」 제17조제1항 각 호 외의 부분 단서에 따라 국가나 지방자치단체로부터 연간 5천만원 이상의 보조금을 받는 기관 또는 단체. 다만, 정보공개 대상 정보는 해당 연도에 보조를 받은 사업으로 한정한다.

'국가안전보장에 관련되는 정보 및 보안 업무를 관장하는 기관에서 국가안전보장과 관련된 정보의 분석을 목적으로 수집하거나 작성한 정보'는 정보공개청구권의 대상에서 제외됩니다(제4조 제3항). '정보'는 공공기관이 직무상 작성 또는 취득하여 관리하고 있는 문서(전자문서를 포함한다. 이하 같다) 및 전자매체를 비롯한 모든 형태의 매체 등에 기록된 사항을 말하고(제2조 제1호), 당해 문서가 반드시 원본이어야 하는 것은 아닙니다.

* **대판 2006.5.25, 2006두3049** : "공공기관의 정보공개에 관한 법률상 공개청구의 대상이 되는 정보란 공공기관이 직무상 작성 또는 취득하여 현재 보유·관리하고 있는 문서에 한정되는 것이기는 하나, 그 문서가 반드시 원본일 필요는 없다."

또한 공공기관이 전자적 형태로 보유·관리하고 있는 정보가 정보공개청구권자가 구하는 대로 되어 있지 않은 경우에도 공공기관이 정보공개청구의 대상이 되는 정보를 보유·관리하는 것으로 인정되며, 이미 정보공개청구권의 대상이 되는 공공기관의 정보가 널리 알려진 경우 또는 인터넷이나 관보 등을 통해 공개되어 있기 때문에 인터넷검색이나 자료열람 등을 통해 알 수 있다는 사정으로 소의 이익이 부인되거나 비공개결정이 정당화될 수 없다는 것이 판례의 입장입니다. 공공기관이 정보공개의 대상이 된 정

보를 보유·관리하고 있을 상당한 개연성에 대한 증명책임은 정보공개청구권자에게(대판 2006.1.13, 2003두9459), 해당 정보를 더 이상 보유·관리하고 있지 아니한 점에 대한 증명책임은 공공기관에게 있습니다(대판 2004.12.9, 2003두12707).

* **대판 2010.2.11, 2009두6001** : "공공기관의 정보공개에 관한 법률에 의한 정보공개제도는 공공기관이 보유·관리하는 정보를 그 상태대로 공개하는 제도이지만, 전자적 형태로 보유·관리되는 정보의 경우에는, 그 정보가 청구인이 구하는 대로는 되어 있지 않다고 하더라도, 공개청구를 받은 공공기관이 공개청구대상정보의 기초자료를 전자적 형태로 보유·관리하고 있고, 당해 기관에서 통상 사용되는 컴퓨터 하드웨어 및 소프트웨어와 기술적 전문지식을 사용하여 그 기초자료를 검색하여 청구인이 구하는 대로 편집할 수 있으며, 그러한 작업이 당해 기관의 컴퓨터 시스템 운용에 별다른 지장을 초래하지 아니한다면, 그 공공기관이 공개청구대상정보를 보유·관리하고 있는 것으로 볼 수 있고, 이러한 경우에 기초자료를 검색·편집하는 것은 새로운 정보의 생산 또는 가공에 해당한다고 할 수 없다."
* **대판 2008.11.27, 2005두15694** : "구법 제8조 제2항은 정보공개청구의 대상이 이미 널리 알려진 사항이라 하더라도 그 공개의 방법만을 제한할 수 있도록 규정하고 있을 뿐 공개 자체를 제한하고 있지는 아니하므로, 공개청구의 대상이 되는 정보가 이미 다른 사람에게 공개하여 널리 알려져 있다거나 인터넷이나 관보 등을 통하여 공개하여 인터넷검색이나 도서관에서의 열람 등을 통하여 쉽게 알 수 있다는 사정만으로는 소의 이익이 없다거나 비공개결정이 정당화될 수는 없다."

(2) 비공개대상정보

공공기관이 정보공개청구에도 불구하고 정보공개를 거부할 수 있는 정보를 비공개대상정보라고 합니다. 정보공개법 제9조 제1항에서 열거하고 있는 비공개대상정보의 종류와 관련한 판례는 다음과 같습니다.

① 다른 법률 또는 법률에서 위임한 명령(국회규칙·대법원규칙·헌법재판소규칙·중앙선거관리위원회규칙·대통령령 및 조례로 한정한다)에 따라 비밀이나 비공개 사항으로 규정된 정보

* **대판 2003.12.11, 2003두8395** : "공공기관의정보공개에관한법률 제1조, 제3조, 헌법 제37조의 각 취지와 행정입법으로는 법률이 구체적으로 범위를 정하여 위임한 범위 안에서만 국민의 자유와 권리에 관련된 규율을 정할 수 있는 점 등을 고려할 때, 공공기관의정보공개에관한법률 제7조 제1항 제1호 소정의 '법률에 의한 명령'은 법률의 위임규정에 의하여 제정된 대통령령, 총리령, 부령 전부

를 의미한다기보다는 정보의 공개에 관하여 법률의 구체적인 위임 아래 제정된 법규명령(위임명령)을 의미한다."

* **대판 2004.9.23, 2003두1370** : "구 정보공개법 제7조 제1항 제1호 소정의 '법률에 의한 명령'은 법률의 위임규정에 의하여 제정된 대통령령, 총리령, 부령 전부를 의미한다기보다는 정보의 공개에 관하여 법률의 구체적인 위임 아래 제정된 법규명령(위임명령)을 의미한다고 보아야 할 것인바, 검찰보존사무규칙(1996. 5. 1. 법무부부령 제425호로 개정된 것)은 비록 법무부령으로 되어 있으나, 그 중 불기소사건기록 등의 열람·등사에 대하여 제한하고 있는 부분은 위임 근거가 없어 행정기관 내부의 사무처리준칙으로서 행정규칙에 불과하므로, 위 규칙에 의한 열람·등사의 제한을 구 정보공개법 제7조 제1항 제1호의 '다른 법률 또는 법률에 의한 명령에 의하여 비공개사항으로 규정된 경우'에 해당한다고 볼 수 없다(대법원 2004. 3. 12. 선고 2003두13816 판결 참조)."
* **대판 2006.5.25, 2006두3049** : "형사소송법 제47조의 취지는, 일반에게 공표되는 것을 금지하여 소송관계인의 명예를 훼손하거나 공서양속을 해하거나 재판에 대한 부당한 영향을 야기하는 것을 방지하려는 취지이지, 당해 사건의 고소인에게 그 고소에 따른 공소제기내용을 알려주는 것을 금지하려는 취지는 아니므로, 이와 같은 형사소송법 제47조의 공개금지를 공공기관의 정보공개에 관한 법률 제9조 제1항 제1호의 '다른 법률 또는 법률에 의한 명령에 의하여 비공개사항으로 규정된 경우'에 해당한다고 볼 수 없다."
* **대판 2020.5.14, 2017두49652** : "甲 단체가 국세청장에게 '乙 외국법인 등이 대한민국을 상대로 국제투자분쟁해결센터(ICSID)에 제기한 국제중재 사건에서 중재신청인들이 주장·청구하는 손해액 중 대한민국이 중재신청인들에게 부과한 과세·원천징수세액의 총합계액과 이를 청구하는 중재신청인들의 명단 등'의 공개를 청구하였으나 국세청장이 위 정보는 공공기관의 정보공개에 관한 법률 제9조 제1항 제1호 등의 비공개정보에 해당한다는 이유로 비공개결정을 한 사안에서, 구 국세기본법 제81조의13 제1항 본문의 과세정보는 공공기관의 정보공개에 관한 법률 제9조 제1항 제1호의 '다른 법률에 의하여 비밀 또는 비공개 사항으로 규정한 정보'에 해당하지만, 甲 단체가 공개를 청구한 정보가 과세정보에 해당한다고 보기 어렵다고 본 원심판단이 정당하다고 한 사례."
* **대판 2013.1.24, 2010두18918** : "구 국가정보원법(2011. 11. 22. 법률 제11104호로 개정되기 전의 것, 이하 같다) 제6조는 "국가정보원의 조직·소재지 및 정원은 국가안전보장을 위하여 필요한 경우에는 이를 공개하지 아니할 수 있다."고 규정하고 있다. 여기서 '국가안전보장'이란 국가의 존립, 헌법의 기본질서의 유지 등을 포함하는 개념으로서 국가의 독립, 영토의 보전, 헌법과 법률의 기능 및 헌법에 의하여 설치된 국가기관의 유지 등의 의미로 이해할 수 있는데, 국외 정보 및 국내 보안정보(대공, 대정부전복, 방첩, 대테러 및 국제범죄조직에 관한 정보)의 수집·작성 및 배포 등을 포함하는 국가정보원의 직무내용과 범위(제3조), 그 조직과 정원을 국가정보원장이 대통령의 승인을 받아 정하도록 하고 있는 점(제4조, 제5조 제2항), 정보활동의 비밀보장을 위하여 국가정보원에 대한 국회 정보위원회의 예산심의까지도 비공개로 하고 국회 정보위원회 위원으로 하여금 국가정보원의 예산 내역을 공개하거나 누설하지 못하도록 하고 있는 점(제12조 제5항) 등 구 국가정보원법상 관련

규정의 내용, 형식, 체계 등을 종합적으로 살펴보면, 국가정보원의 조직·소재지 및 정원에 관한 정보는 특별한 사정이 없는 한 국가안전보장을 위하여 비공개가 필요한 경우로서 구 국가정보원법 제6조에서 정한 비공개 사항에 해당하고, 결국 공공기관의 정보공개에 관한 법률 제9조 제1항 제1호에서 말하는 '다른 법률에 의하여 비공개 사항으로 규정된 정보'에도 해당한다고 보는 것이 타당하다."

* **대판 2010.12.23, 2010두14800** : "국가정보원법 제12조가 국회에 대한 관계에서조차 국가정보원 예산내역의 공개를 제한하고 있는 것은, 정보활동의 비밀보장을 위한 것으로서, 그 밖의 관계에서도 국가정보원의 예산내역을 비공개 사항으로 한다는 것을 전제로 하고 있다고 볼 수 있고, 예산집행내역의 공개는 예산내역의 공개와 다를 바 없어, 비공개 사항으로 되어 있는 '예산내역'에는 예산집행내역도 포함된다고 보아야 하며, 국가정보원이 그 직원에게 지급하는 현금급여 및 월초수당에 관한 정보는 국가정보원 예산집행내역의 일부를 구성하는 것이므로, 위 현금급여 및 월초수당에 관한 정보는 국가정보원법 제12조에 의하여 비공개 사항으로 규정된 정보로서 공공기관의 정보공개에 관한 법률 제9조 제1항 제1호의 비공개대상정보인 '다른 법률에 의하여 비공개 사항으로 규정된 정보'에 해당한다고 보아야 하고, 위 현금급여 및 월초수당이 근로의 대가로서의 성격을 가진다거나 정보공개청구인이 해당 직원의 배우자라고 하여 달리 볼 것은 아니다."

② 국가안전보장·국방·통일·외교관계 등에 관한 사항으로서 공개될 경우 국가의 중대한 이익을 현저히 해칠 우려가 있다고 인정되는 정보

* **대판 2004.3.18, 2001두8254(전합)** : "[다수의견] 보안관찰처분을 규정한 보안관찰법에 대하여 헌법재판소도 이미 그 합헌성을 인정한 바 있고, 보안관찰법 소정의 보안관찰 관련 통계자료는 우리나라 53개 지방검찰청 및 지청관할지역에서 매월 보고된 보안관찰처분에 관한 각종 자료로서, 보안관찰처분대상자 또는 피보안관찰자들의 매월별 규모, 그 처분시기, 지역별 분포에 대한 전국적 현황과 추이를 한눈에 파악할 수 있는 구체적이고 광범위한 자료에 해당하므로 '통계자료'라고 하여도 그 함의(含意)를 통하여 나타내는 의미가 있음이 분명하여 가치중립적일 수는 없고, 그 통계자료의 분석에 의하여 대남공작활동이 유리한 지역으로 보안관찰처분대상자가 많은 지역을 선택하는 등으로 위 정보가 북한정보기관에 의한 간첩의 파견, 포섭, 선전선동을 위한 교두보의 확보 등 북한의 대남전략에 있어 매우 유용한 자료로 악용될 우려가 없다고 할 수 없으므로, 위 정보는 공공기관의정보공개에관한법률 제7조 제1항 제2호 소정의 공개될 경우 국가안전보장·국방·통일·외교관계 등 국가의 중대한 이익을 해할 우려가 있는 정보, 또는 제3호 소정의 공개될 경우 국민의 생명·신체 및 재산의 보호 기타 공공의 안전과 이익을 현저히 해할 우려가 있다고 인정되는 정보에 해당한다."

③ 공개될 경우 국민의 생명·신체 및 재산의 보호에 현저한 지장을 초래할 우려가 있다고 인정되는 정보(위 2001두8254(전합) 참조)

④ 진행 중인 재판에 관련된 정보와 범죄의 예방, 수사, 공소의 제기 및 유지, 형의 집행, 교정, 보안처분에 관한 사항으로서 공개될 경우 그 직무수행을 현저히 곤란하게 하거나 형사피고인의 공정한 재판을 받을 권리를 침해한다고 인정할 만한 상당한 이유가 있는 정보

* **대판 2011.11.24, 2009두19021** : "정보공개법은 공공기관이 보유·관리하는 정보에 대한 국민의 공개청구 및 공공기관의 공개의무에 관한 필요한 사항을 정함으로써 국민의 알 권리를 보장하고 국정에 대한 국민의 참여와 국정운영의 투명성을 확보함을 목적으로 공공기관이 보유·관리하는 모든 정보를 원칙적 공개대상으로 하면서도, 재판의 독립성과 공정성 등 국가의 사법작용이 훼손되는 것을 막기 위하여 제9조 제1항 제4호에서 '진행 중인 재판에 관련된 정보'를 비공개대상정보로 규정하고 있다. 이와 같은 정보공개법의 입법 목적, 정보공개의 원칙, 위 비공개대상정보의 규정 형식과 취지 등을 고려하면, 법원 이외의 공공기관이 위 규정이 정한 '진행 중인 재판에 관련된 정보'에 해당한다는 사유로 정보공개를 거부하기 위하여는 반드시 그 정보가 진행 중인 재판의 소송기록 그 자체에 포함된 내용의 정보일 필요는 없으나, 재판에 관련된 일체의 정보가 그에 해당하는 것은 아니고 진행 중인 재판의 심리 또는 재판결과에 구체적으로 영향을 미칠 위험이 있는 정보에 한정된다고 봄이 상당하다. … 정보공개법 제9조 제1항 제5호에서 비공개대상정보로서 규정하고 있는 '공개될 경우 업무의 공정한 수행에 현저한 지장을 초래한다고 인정할 만한 상당한 이유가 있는 정보'라 함은 정보공개법 제1조의 정보공개제도의 목적 및 정보공개법 제9조 제1항 제5호의 규정에 의한 비공개대상정보의 입법 취지에 비추어 볼 때 공개될 경우 업무의 공정한 수행이 객관적으로 현저하게 지장을 받을 것이라는 고도의 개연성이 존재하는 경우를 말하고, 이러한 경우에 해당하는지 여부는 비공개에 의하여 보호되는 업무수행의 공정성 등의 이익과 공개에 의하여 보호되는 국민의 알권리의 보장과 국정에 대한 국민의 참여 및 국정운영의 투명성 확보 등의 이익을 비교·교량하여 구체적인 사안에 따라 신중하게 판단되어야 한다."
* **대판 2017.9.7, 2017두44558** : "공공기관의 정보공개에 관한 법률(이하 '정보공개법'이라고 한다) 제9조 제1항 제4호는 '수사에 관한 사항으로서 공개될 경우 그 직무수행을 현저히 곤란하게 한다고 인정할 만한 상당한 이유가 있는 정보'를 비공개대상정보의 하나로 규정하고 있다. 그 취지는 수사의 방법 및 절차 등이 공개되어 수사기관의 직무수행에 현저한 곤란을 초래할 위험을 막고자 하는 것으로서, 수사기록 중의 의견서, 보고문서, 메모, 법률검토, 내사자료 등(이하 '의견서 등'이라고 한다)이 이에 해당하나, 공개청구대상인 정보가 의견서 등에 해당한다고 하여 곧바로 정보공개법 제9조 제1항 제4호에 규정된 비공개대상정보라고 볼 것은 아니고, 의견서 등의 실질적인 내용을 구체적으로 살펴 수사의 방법 및 절차 등이 공개됨으로써 수사기관의 직무수행을 현저히 곤란하게 한다

고 인정할 만한 상당한 이유가 있어야만 위 비공개대상정보에 해당한다. 여기에서 '공개될 경우 그 직무수행을 현저히 곤란하게 한다고 인정할 만한 상당한 이유가 있는 정보'란 당해 정보가 공개될 경우 수사 등에 관한 직무의 공정하고 효율적인 수행에 직접적이고 구체적으로 장애를 줄 고도의 개연성이 있고 그 정도가 현저한 경우를 의미하며, 여기에 해당하는지는 비공개에 의하여 보호되는 업무수행의 공정성 등의 이익과 공개에 의하여 보호되는 국민의 알권리의 보장과 수사절차의 투명성 확보 등의 이익을 비교·교량하여 구체적 사안에 따라 신중히 판단하여야 한다."

* **대판 2009.12.10, 2009두12785** : "공공기관의 정보공개에 관한 법률 제9조 제1항 제4호에서 비공개대상으로 규정한 '형의 집행, 교정에 관한 사항으로서 공개될 경우 그 직무수행을 현저히 곤란하게 하는 정보'란 당해 정보가 공개될 경우 재소자들의 관리 및 질서유지, 수용시설의 안전, 재소자들에 대한 적정한 처우 및 교정·교화에 관한 직무의 공정하고 효율적인 수행에 직접적이고 구체적으로 장애를 줄 고도의 개연성이 있고, 그 정도가 현저한 경우를 의미한다."

⑤ 감사·감독·검사·시험·규제·입찰계약·기술개발·인사관리에 관한 사항이나 의사결정 과정 또는 내부검토 과정에 있는 사항 등으로서 공개될 경우 업무의 공정한 수행이나 연구·개발에 현저한 지장을 초래한다고 인정할 만한 상당한 이유가 있는 정보.

다만, 의사결정 과정 또는 내부검토 과정을 이유로 비공개할 경우에는 제13조 제5항에 따라 통지를 할 때 의사결정 과정 또는 내부검토 과정의 단계 및 종료 예정일을 함께 안내하여야 하며, 의사결정 과정 및 내부검토 과정이 종료되면 제10조에 따른 청구인에게 이를 통지하여야 합니다.

* **대판 2003.8.22, 2002두12946** : "[1] 공공기관의정보공개에관한법률상 비공개대상정보의 입법취지에 비추어 살펴보면, 같은 법 제7조 제1항 제5호에서의 '감사·감독·검사·시험·규제·입찰계약·기술개발·인사관리·의사결정과정 또는 내부검토과정에 있는 사항'은 비공개대상정보를 예시적으로 열거한 것이라고 할 것이므로 의사결정과정에 제공된 회의관련자료나 의사결정과정이 기록된 회의록 등은 의사가 결정되거나 의사가 집행된 경우에는 더 이상 의사결정과정에 있는 사항 그 자체라고는 할 수 없으나, 의사결정과정에 있는 사항에 준하는 사항으로서 비공개대상정보에 포함될 수 있다.
[2] 공공기관의정보공개에관한법률 제7조 제1항 제5호에서 규정하고 있는 '공개될 경우 업무의 공정한 수행에 현저한 지장을 초래한다고 인정할 만한 상당한 이유가 있는 경우'라 함은 같은 법 제1조의 정보공개제도의 목적 및 같은 법 제7조 제1항 제5호의 규정에 의한 비공개대상정보의 입법 취지에 비추어 볼 때 공개될 경우 업무의 공정한 수행이 객관적으로 현저하게 지장을 받을 것이라는 고도의 개연성이 존재하는 경우를 의미한다고 할 것이고, 여기에 해당하는지 여부는 비공개에 의하여

보호되는 업무수행의 공정성 등의 이익과 공개에 의하여 보호되는 국민의 알권리의 보장과 국정에 대한 국민의 참여 및 국정운영의 투명성 확보 등의 이익을 비교·교량하여 구체적인 사안에 따라 신중하게 판단되어야 한다.

[3] 학교환경위생구역 내 금지행위(숙박시설) 해제결정에 관한 학교환경위생정화위원회의 회의록에 기재된 발언내용에 대한 해당 발언자의 인적사항 부분에 관한 정보는 공공기관의정보공개에관한법률 제7조 제1항 제5호 소정의 비공개대상에 해당한다고 한 사례."

* **대판 2010.2.25, 2007두9877** : "'2002년도 및 2003년도 국가 수준 학업성취도평가 자료'는 공공기관의 정보공개에 관한 법률 제9조 제1항 제5호에서 정한 비공개대상정보에 해당하는 부분이 있으나, '2002학년도부터 2005학년도까지의 대학수학능력시험 원데이터'는 연구목적으로 그 정보의 공개를 청구하는 경우 위 조항의 비공개대상정보에 해당하지 않는다고 한 사례."
* **대판 2003.3.14, 2000두6114** : "사법시험 제2차 시험의 답안지 열람은 시험문항에 대한 채점위원별 채점 결과의 열람과 달리 사법시험업무의 수행에 현저한 지장을 초래한다고 볼 수 없다고 한 사례"
* **대판 2009.12.10, 2009두12785** : "재소자가 교도관의 가혹행위를 이유로 형사고소 및 민사소송을 제기하면서 그 증명자료 확보를 위해 '근무보고서'와 '징벌위원회 회의록' 등의 정보공개를 요청하였으나 교도소장이 이를 거부한 사안에서, 근무보고서는 비공개대상정보에 해당한다고 볼 수 없고, 징벌위원회 회의록 중 비공개 심사·의결 부분은 비공개사유에 해당하지만 징벌절차 진행 부분은 비공개사유에 해당하지 않는다고 보아 분리 공개가 허용된다고 한 사례."
* **대판 2014.7.24, 2013두20301** : "甲이 친족인 망 乙 등에 대한 독립유공자 포상신청을 하였다가 독립유공자서훈 공적심사위원회의 심사를 거쳐 포상에 포함되지 못하였다는 내용의 공적심사 결과를 통지받자 국가보훈처장에게 '망인들에 대한 독립유공자서훈 공적심사위원회의 심의·의결 과정 및 그 내용을 기재한 회의록' 등의 공개를 청구하였는데, 국가보훈처장이 공개할 수 없다는 통보를 한 사안에서, 위 회의록은 공공기관의 정보공개에 관한 법률 제9조 제1항 제5호에서 정한 '공개될 경우 업무의 공정한 수행에 현저한 지장을 초래한다고 인정할 만한 상당한 이유가 있는 정보'에 해당한다고 한 사례."

⑥ 해당 정보에 포함되어 있는 성명·주민등록번호 등 개인정보 보호법 제2조 제1호에 따른 개인정보로서 공개될 경우 사생활의 비밀 또는 자유를 침해할 우려가 있다고 인정되는 정보(다만, 법령에서 정하는 바에 따라 열람할 수 있는 정보, 공공기관이 공표를 목적으로 작성하거나 취득한 정보로서 사생활의 비밀 또는 자유를 부당하게 침해하지 아니하는 정보, 공공기관이 작성하거나 취득한 정보로서 공개하는 것이 공익이나 개인의 권리 구제를 위하여 필요하다고 인정되는 정보, 직무를 수행한 공무원의 성명·직위, 공개하는 것이 공익을 위하여 필요한 경우로서 법령에 따라 국가 또는 지방자치단체가 업무의 일부를 위탁 또는 위촉한 개인의 성명·직업에 관한 사항 제외)

* **대판 2003.8.22, 2002두12946** : "[1] 공공기관의 정보공개에 관한 법률 제9조 제1항 제6호 본문은 "해당 정보에 포함되어 있는 성명·주민등록번호 등 개인에 관한 사항으로서 공개될 경우 사생활의 비밀 또는 자유를 침해할 우려가 있다고 인정되는 정보"를 비공개대상정보의 하나로 규정하고 있다. 여기에서 말하는 비공개대상정보에는 성명·주민등록번호 등 '개인식별정보'뿐만 아니라 그 외에 정보의 내용에 따라 '개인에 관한 사항의 공개로 인하여 개인의 내밀한 내용의 비밀 등이 알려지게 되고, 그 결과 인격적·정신적 내면생활에 지장을 초래하거나 자유로운 사생활을 영위할 수 없게 될 위험성이 있는 정보'도 포함된다. 따라서 불기소처분 기록이나 내사기록 중 피의자신문조서 등 조서에 기재된 피의자 등의 인적사항 이외의 진술내용 역시 개인의 사생활의 비밀 또는 자유를 침해할 우려가 인정되는 경우에는 위 비공개대상정보에 해당한다.
[2] 공공기관의 정보공개에 관한 법률 제9조 제1항 제6호 단서 (다)목은 '공공기관이 작성하거나 취득한 정보로서 공개하는 것이 공익이나 개인의 권리 구제를 위하여 필요하다고 인정되는 정보'를 비공개대상정보에서 제외하고 있다. 여기에서 '공개하는 것이 개인의 권리구제를 위하여 필요하다고 인정되는 정보'에 해당하는지는 비공개에 의하여 보호되는 개인의 사생활의 비밀 등의 이익과 공개에 의하여 보호되는 개인의 권리구제 등의 이익을 비교·교량하여 구체적 사안에 따라 신중히 판단하여야 한다."
* **대판 2012.6.18, 2011두2361(전합)** : "【다수의견】 공공기관의 정보공개에 관한 법률(이하 '정보공개법'이라 한다)의 개정 연혁, 내용 및 취지 등에 헌법상 보장되는 사생활의 비밀 및 자유의 내용을 보태어 보면, 정보공개법 제9조 제1항 제6호 본문의 규정에 따라 비공개대상이 되는 정보에는 구 공공기관의 정보공개에 관한 법률(2004. 1. 29. 법률 제7127호로 전부 개정되기 전의 것, 이하 같다)의 이름·주민등록번호 등 정보 형식이나 유형을 기준으로 비공개대상정보에 해당하는지를 판단하는 '개인식별정보'뿐만 아니라 그 외에 정보의 내용을 구체적으로 살펴 '개인에 관한 사항의 공개로 개인의 내밀한 내용의 비밀 등이 알려지게 되고, 그 결과 인격적·정신적 내면생활에 지장을 초래하거나 자유로운 사생활을 영위할 수 없게 될 위험성이 있는 정보'도 포함된다고 새겨야 한다. 따라서 불기소처분 기록 중 피의자신문조서 등에 기재된 피의자 등의 인적사항 이외의 진술내용 역시 개인의 사생활의 비밀 또는 자유를 침해할 우려가 인정되는 경우 정보공개법 제9조 제1항 제6호 본문 소정의 비공개대상에 해당한다."
* **대판 2003.12.12, 2003두8050** : "공공기관의정보공개에관한법률 제7조 제1항 제6호 단서 (다)목 소정의 '공개하는 것이 공익을 위하여 필요하다고 인정되는 정보'에 해당하는지 여부는 비공개에 의하여 보호되는 개인의 사생활 보호 등의 이익과 공개에 의하여 보호되는 국민의 알권리의 보장과 국정에 대한 국민의 참여 및 국정운영의 투명성 확보 등의 공익을 비교·교량하여 구체적 사안에 따라 개별적으로 판단하여야 한다."
* **대판 2010.6.10, 2010두2913** : "학교폭력예방 및 대책에 관한 법률 제21조 제1항, 제2항, 제3항 및 같은 법 시행령 제17조 규정들의 내용, 학교폭력예방 및 대책에 관한 법률의 목적, 입법 취지, 특히 학교폭력예방 및 대책에 관한 법률 제21조 제3항이 학교폭력대책자치위원회의 회의를 공개하

지 못하도록 규정하고 있는 점 등에 비추어, 학교폭력대책자치위원회의 회의록은 공공기관의 정보공개에 관한 법률 제9조 제1항 제1호의 '다른 법률 또는 법률이 위임한 명령에 의하여 비밀 또는 비공개 사항으로 규정된 정보'에 해당한다고 한 사례."

⑦ 법인·단체 또는 개인(이하 "법인등")의 경영상·영업상 비밀에 관한 사항으로서 공개될 경우 법인등의 정당한 이익을 현저히 해칠 우려가 있다고 인정되는 정보(다만, 사업활동에 의하여 발생하는 위해로부터 사람의 생명·신체 또는 건강을 보호하기 위하여 공개할 필요가 있는 정보 및 위법·부당한 사업활동으로부터 국민의 재산 또는 생활을 보호하기 위하여 공개할 필요가 있는 정보는 제외)

* **대판 2014.7.24, 2012두12303** : "구 공공기관의 정보공개에 관한 법률(2013. 8. 6. 법률 제11991호로 개정되기 전의 것, 이하 '구 정보공개법'이라 한다) 제9조 제1항 제7호에서 비공개대상정보로 정하고 있는 '법인 등의 경영·영업상 비밀'은 '타인에게 알려지지 아니함이 유리한 사업활동에 관한 일체의 정보' 또는 '사업활동에 관한 일체의 비밀사항'을 의미하는 것이고, 공개 여부는 공개를 거부할 만한 정당한 이익이 있는지 여부에 따라 결정되어야 한다. 그리고 정당한 이익 유무를 판단할 때에는 국민의 알권리를 보장하고 국정에 대한 국민의 참여와 국정 운영의 투명성을 확보함을 목적으로 하는 구 정보공개법의 입법 취지와 아울러 당해 법인 등의 성격, 당해 법인 등의 권리, 경쟁상 지위 등 보호받아야 할 이익의 내용·성질 및 당해 정보의 내용·성질 등에 비추어 당해 법인 등에 대한 권리보호의 필요성, 당해 법인 등과 행정과의 관계 등을 종합적으로 고려해야 한다."
* **대판 2004.8.20, 2003두8302** : "법 제7조 제1항 제7호의 입법 취지와 내용에 비추어 볼 때, 법인등의 상호, 단체명, 영업소명, 사업자등록번호 등에 관한 정보는 법인등의 영업상 비밀에 관한 사항으로서 공개될 경우 법인등의 정당한 이익을 현저히 해할 우려가 있다고 인정되는 정보에 해당하지 아니하지만, 법인등이 거래하는 금융기관의 계좌번호에 관한 정보는 법인등의 영업상 비밀에 관한 사항으로서 법인등의 이름과 결합하여 공개될 경우 당해 법인등의 영업상 지위가 위협받을 우려가 있다고 할 것이므로 위 정보는 법인등의 영업상 비밀에 관한 사항으로서 공개될 경우 법인등의 정당한 이익을 현저히 해할 우려가 있다고 인정되는 정보에 해당한다고 할 것이다."
* **대판 2010.12.23, 2008두13101** : "방송사의 취재활동을 통하여 확보한 결과물이나 그 과정에 관한 정보 또는 방송프로그램의 기획·편성·제작 등에 관한 정보는 경쟁관계에 있는 다른 방송사와의 관계나 시청자와의 관계, 방송프로그램의 객관성·형평성·중립성이 보호되어야 한다는 당위성 측면에서 볼 때 '타인에게 알려지지 아니함이 유리한 사업활동에 관한 일체의 정보'에 해당한다고 볼 수 있는바, 개인 또는 집단의 가치관이나 이해관계에 따라 방송프로그램에 대한 평가가 크게 다를

수밖에 없는 상황에서, 공공기관의 정보공개에 관한 법률에 의한 정보공개청구의 방법으로 방송사가 가지고 있는 방송프로그램의 기획·편성·제작 등에 관한 정보 등을 제한 없이 모두 공개하도록 강제하는 것은 방송사로 하여금 정보공개의 결과로서 야기될 수 있는 각종 비난이나 공격에 노출되게 하여 결과적으로 방송프로그램 기획 등 방송활동을 위축시킴으로써 방송사의 경영·영업상의 이익을 해하고 나아가 방송의 자유와 독립을 훼손할 우려가 있다. 따라서 방송프로그램의 기획·편성·제작 등에 관한 정보로서 방송사가 공개하지 아니한 것은, 사업활동에 의하여 발생하는 위해로부터 사람의 생명·신체 또는 건강을 보호하기 위하여 공개할 필요가 있는 정보나 위법·부당한 사업활동으로부터 국민의 재산 또는 생활을 보호하기 위하여 공개할 필요가 있는 정보를 제외하고는, 공공기관의 정보공개에 관한 법률 제9조 제1항 제7호에 정한 '법인 등의 경영·영업상 비밀에 관한 사항'에 해당할 뿐만 아니라 그 공개를 거부할 만한 정당한 이익도 있다고 보아야 한다."

* **대판 2006.1.13, 2003두9459** : "아파트재건축주택조합의 조합원들에게 제공될 무상보상평수의 사업수익성 등을 검토한 자료가 구 공공기관의 정보공개에 관한 법률(2004. 1. 29. 법률 제7127호로 전문 개정되기 전의 것) 제7조 제1항에서 정한 비공개대상정보에 해당하지 않는다고 한 사례."

⑧ 공개될 경우 부동산 투기, 매점매석 등으로 특정인에게 이익 또는 불이익을 줄 우려가 있다고 인정되는 정보

이와 같이 공공기관은 정보공개법 제9조 제1항 단서에 따라 전술한 8개 항에 대하여 정보를 공개하지 아니할 수 있으나 이는 재량행위로 규정되어 있습니다. 따라서 공공기관은 정보공개청구권자의 정보공개청구가 단지 비공개대상정보에 해당한다고 하여 그 공개를 거부해서는 아니 되며, 당해 공개청구의 근거 법령의 목적, 그 전체 구조, 동법 제9조의 취지 등을 종합적으로 고려하여 그 공개 여부를 판단하여야 합니다. 그리고 정보의 공개를 구하는 것이 명백하게 권리남용에 해당하는 경우에는 해당 정보공개청구는 허용되지 않습니다. 한편, 공공기관은 전술한 비공개대상정보가 기간의 경과 등으로 비공개의 필요성이 없어진 경우에는 그 정보를 공개 대상으로 전환하여야 합니다(제9조 제2항).

* **대판 2018.4.12, 2014두5477** : "국민으로부터 보유·관리하는 정보에 대한 공개를 요구받은 공공기관으로서는, 정보공개법 제9조 제1항 각호에서 정하고 있는 비공개사유에 해당하지 않는 한 이를 공개하여야 한다. 이를 거부하는 경우라 할지라도, 대상이 된 정보의 내용을 구체적으로 확인·검토하여, 어느 부분이 어떠한 법익 또는 기본권과 충돌되어 정보공개법 제9조 제1항 몇 호에서 정하고 있는 비공개사유에 해당하는지를 주장·증명하여야만 하고, 그에 이르지 아니한 채 개괄적인 사유

만을 들어 공개를 거부하는 것은 허용되지 아니한다."

* **헌재결 1997.11.27, 94헌마60** : "수사기록에 대한 열람·등사권이 헌법상 피고인에게 보장된 신속·공정한 재판을 받을 권리와 변호인의 조력을 받을 권리 등에 의하여 보호되는 권리라 하더라도 무제한적인 것은 아니며, 또한 헌법상 보장된 다른 기본권과 사이에 조화를 이루어야 한 즉, 변호인의 수사기록에 대한 열람·등사권도 기본권제한의 일반적 법률유보조항인 국가안전보장·질서유지 또는 공공복리를 위하여 제한되는 경우가 있을 수 있으며, 검사가 보관중인 수사기록에 대한 열람·등사는 당해 사건의 성질과 상황, 열람·등사를 구하는 증거의 종류 및 내용 등 제반 사정을 감안하여 그 열람·등사가 피고인의 방어를 위하여 특히 중요하고 또 그로 인하여 국가기밀의 누설이나 증거인멸, 증인협박, 사생활침해, 관련사건 수사의 현저한 지장 등과 같은 폐해를 초래할 우려가 없는 때에 한하여 허용된다고 할 것이다."
* **대판 2014.12.24, 2014두9349** : "[1] 일반적인 정보공개청구권의 의미와 성질, 구 공공기관의 정보공개에 관한 법률(2013. 8. 6. 법률 제11991호로 개정되기 전의 것, 이하 '정보공개법'이라 한다) 제3조, 제5조 제1항, 제6조의 규정 내용과 입법 목적, 정보공개법이 정보공개청구권의 행사와 관련하여 정보의 사용 목적이나 정보에 접근하려는 이유에 관한 어떠한 제한을 두고 있지 아니한 점 등을 고려하면, 국민의 정보공개청구는 정보공개법 제9조에 정한 비공개 대상 정보에 해당하지 아니하는 한 원칙적으로 폭넓게 허용되어야 하지만, 실제로는 해당 정보를 취득 또는 활용할 의사가 전혀 없이 정보공개 제도를 이용하여 사회통념상 용인될 수 없는 부당한 이득을 얻으려 하거나, 오로지 공공기관의 담당공무원을 괴롭힐 목적으로 정보공개청구를 하는 경우처럼 권리의 남용에 해당하는 것이 명백한 경우에는 정보공개청구권의 행사를 허용하지 아니하는 것이 옳다.

  [2] 교도소에 복역 중인 甲이 지방검찰청 검사장에게 자신에 대한 불기소사건 수사기록 중 타인의 개인정보를 제외한 부분의 공개를 청구하였으나 검사장이 구 공공기관의 정보공개에 관한 법률(2013. 8. 6. 법률 제11991호로 개정되기 전의 것) 제9조 제1항 등에 규정된 비공개 대상 정보에 해당한다는 이유로 비공개 결정을 한 사안에서, 甲은 위 정보에 접근하는 것을 목적으로 정보공개를 청구한 것이 아니라, 청구가 거부되면 거부처분의 취소를 구하는 소송에서 승소한 뒤 소송비용 확정절차를 통해 자신이 그 소송에서 실제 지출한 소송비용보다 다액을 소송비용으로 지급받아 금전적 이득을 취하거나, 수감 중 변론기일에 출정하여 강제노역을 회피하는 것 등을 목적으로 정보공개를 청구하였다고 볼 여지가 큰 점 등에 비추어 甲의 정보공개청구는 권리를 남용하는 행위로서 허용되지 않는다고 한 사례."

3. 정보공개의 절차

1) 정보공개청구

정보공개를 청구하는 자(이하 '청구인')는 해당 정보를 보유하거나 관리하고 있는 공공기관에 정보공개 청구서를 제출하거나 말로써 정보의 공개를 청구할 수 있습니다. 정보공개 청구서에는 청구인의 성명, 생년월일, 주소, 연락처, 주민등록번호, 공개청구 대상 정보의 내용 및 공개방법이 포함되어야 하며(제10조 제1항), 말로써 정보의 공개를 청구하는 경우에는 담당 공무원 또는 담당 임직원의 앞에서 진술하여야 하고, 담당 공무원 등은 정보공개 청구조서를 작성하여 이에 청구인과 함께 기명날인하거나 서명하여야 합니다(제10조 제2항). 판례는 청구인이 정보공개 청구서에 공개청구 대상의 정보의 내용을 기재하는 경우에는 사회일반인의 관점에서 청구대상정보의 내용과 범위를 확정할 수 있을 정도로 특정하여야 한다는 입장입니다.

* **대판 2018.4.12, 2014두5477** : "구 공공기관의 정보공개에 관한 법률(2013. 8. 6. 법률 제11991호로 개정되기 전의 것, 이하 '정보공개법'이라 한다) 제10조 제1항 제2호는 정보의 공개를 청구하는 자는 정보공개청구서에 '공개를 청구하는 정보의 내용' 등을 기재하도록 규정하고 있다. 청구인이 이에 따라 청구대상정보를 기재할 때에는 사회일반인의 관점에서 청구대상정보의 내용과 범위를 확정할 수 있을 정도로 특정하여야 한다. 또한 정보비공개결정의 취소를 구하는 사건에서, 청구인이 공개를 청구한 정보의 내용 중 너무 포괄적이거나 막연하여 사회일반인의 관점에서 그 내용과 범위를 확정할 수 있을 정도로 특정되었다고 볼 수 없는 부분이 포함되어 있다면, 이를 심리하는 법원으로서는 마땅히 정보공개법 제20조 제2항의 규정에 따라 공공기관에 그가 보유·관리하고 있는 청구대상정보를 제출하도록 하여, 이를 비공개로 열람·심사하는 등의 방법으로 청구대상정보의 내용과 범위를 특정시켜야 한다."

2) 정보공개결정

공공기관은 정보공개의 청구를 받은 날부터 10일 이내에 공개 여부를 결정하여야 합니다(제11조 제1항). 부득이한 사유로 위 기간 이내에 공개 여부를 결정할 수 없는 경우에는 그 기간이 끝나는 날의 다음 날부터 기산하여 10일의 범위에서 공개 여부 결정기간을 연장할 수 있으며, 이 경우 공공기관은 연장된 사실과 연장 사유를 청구인에게 지체 없이 문서로 통지하여야 합니다(동조 제2항). 공공기관은 공개 청구된 공개 대상 정보의 전부 또는 일부가 제3자와 관련이 있다고 인정할 때에는 그 사실을 제3자에게 지체 없이 통지하여야 하며, 필요한 경우에는 그의 의견을 들을 수 있습니다(동조 제3항). 그리고 다른 공공기관이 보유·관리하는 정보의 공개 청구를 받았을 때에는 지체 없이 이를 소관 기관으로 이송하여야 하며, 이송한 후에는 지체 없이 소관 기관 및 이송 사유 등을 분명히 밝혀 청구인에게 문서로 통지하여야 합니다(동조 제4항). 정보공개의 청구가 공개 청구된 정보가 공공기관이 보유·관리하지 아니하는 정보인 경우 또는 공개 청구의 내용이 진정·질의 등으로 이 법에 따른 정보공개 청구로 보기 어려운 경우에 해당하는 경우로서 민원 처리에 관한 법률에 따른 민원으로 처리할 수 있는 경우에 공공기관은 민원으로 당해 정보공개청구를 처리할 수 있습니다(동조 제5항).

한편, 정보공개 청구가 정보공개를 청구하여 정보공개 여부에 대한 결정의 통지를 받은 자가 정당한 사유 없이 해당 정보의 공개를 다시 청구하는 경우 또는 정보공개 청구가 제11조 제5항에 따라 민원으로 처리되었으나 다시 같은 청구를 하는 경우에 해당하는 경우에는 정보공개 청구 대상 정보의 성격, 종전 청구와의 내용적 유사성·관련성, 종전 청구와 동일한 답변을 할 수밖에 없는 사정 등을 종합적으로 고려하여 해당 청구를 종결 처리할 수 있으며, 이 경우 그 사실을 청구인에게 알려야 합니다(제11조의2 제1항). 또한 공공기관은 정보공개법 제7조 제1항에 따른 정보 등 공개를 목적으로 작성되어 이미 정보통신망 등을 통하여 공개된 정보를 청구하는 경우에는 해당 정보의 소재를 안내하고, 다른 법령이나 사회통념상 청구인의 여건 등에 비추어 수령할 수 없는 방법으로 정보공개 청구를 하는 경우에는 수령이 가능한 방법으로 청구하도록 안내하고 해당 정보공개 청구를 종결 처리할 수 있습니다(동조 제2항).

3) 정보공개결정의 통지 등

(1) 정보공개 여부 결정의 통지

공공기관은 정보의 공개를 결정한 경우 공개의 일시 및 장소 등을 분명히 밝혀 청구인에게 통지하여야 합니다(제13조 제1항). 공공기관은 원칙적으로 정보공개청구권자가 선택한 공개방법에 따라 정보를 공개하여야 하므로 그 공개방법을 선택할 재량권이 없다고 해석함이 상당합니다(대판 2003.12.12, 2003두8050). 따라서 청구인이 사본 또는 복제물의 교부를 원하는 경우에는 이를 교부하여야 하며(동조 제2항), 공개 대상 정보의 양이 너무

많아 정상적인 업무수행에 현저한 지장을 초래할 우려가 있는 경우에는 해당 정보를 일정 기간별로 나누어 제공하거나 사본·복제물의 교부 또는 열람과 병행하여 제공할 수 있습니다(동조 제3항). 공공기관은 정보를 공개하는 경우에 그 정보의 원본이 더럽혀지거나 파손될 우려가 있거나 그 밖에 상당한 이유가 있다고 인정할 때에는 그 정보의 사본·복제물을 공개할 수 있으며(동조 제4항), 정보의 비공개 결정을 한 경우에는 그 사실을 청구인에게 지체 없이 문서로 통지하여야 하고, 이 경우 제9조 제1항 각 호 중 어느 규정에 해당하는 비공개 대상 정보인지를 포함한 비공개 이유와 불복의 방법 및 절차를 구체적으로 밝혀야 합니다(동조 제5항).

(2) 부분공개

공개 청구한 정보가 비공개대상정보(제9조 제1항)에 해당하는 부분과 공개 가능한 부분이 혼합되어 있는 경우로서 공개 청구의 취지에 어긋나지 아니하는 범위에서 두 부분을 분리할 수 있는 경우에는 비공개대상정보에 해당하는 부분을 제외하고 공개하여야 합니다(제14조).

* **대판 2004.12.9, 2003두12707** : "법원이 행정기관의 정보공개거부처분의 위법 여부를 심리한 결과 공개를 거부한 정보에 비공개대상 정보에 해당하는 부분과 공개가 가능한 부분이 혼합되어 있고 공개청구의 취지에 어긋나지 아니하는 범위 안에서 두 부분을 분리할 수 있음을 인정할 수 있을 때에는 청구취지의 변경이 없더라도 공개가 가능한 정보에 관한 부분만의 일부취소를 명할 수 있다 할 것이고, 공개청구의 취지에 어긋나지 아니하는 범위 안에서 비공개대상 정보에 해당하는 부분과 공개가 가능한 부분을 분리할 수 있다고 함은, 이 두 부분이 물리적으로 분리가능한 경우를 의미하는 것이 아니고 당해 정보의 공개방법 및 절차에 비추어 당해 정보에서 비공개대상 정보에 관련된 기술 등을 제외 내지 삭제하고 그 나머지 정보만을 공개하는 것이 가능하고 나머지 부분의 정보만으로도 공개의 가치가 있는 경우를 의미한다고 해석하여야 한다."

(3) 정보의 전자적 공개

공공기관은 전자적 형태로 보유·관리하는 정보에 대하여 청구인이 전자적 형태로 공개하여 줄 것을 요청하는 경우에는 그 정보의 성질상 현저히 곤란한 경우를 제외하고는 청구인의 요청에 따라야 하며(제15조 제1항), 전자적 형태로 보유·관리하지 아니하는 정보에 대하여 청구인이 전자적 형태로 공개하여 줄 것을 요청한 경우에는 정상적인 업무수행에 현저한 지장을 초래하거나 그 정보의 성질이 훼손될 우려가 없으면 그 정보를 전자적 형태로 변환하여 공개할 수 있습니다(동조 제2항). 이때 청구인이 신청한 공개방법 이외의 방법으로 정보가 공개되는 경우 이를 거부처분으로 보아 항고소송으로 다툴 수 있습니다.

> * **대판 2004.12.9, 2003두12707** : "구 공공기관의 정보공개에 관한 법률(2013. 8. 6. 법률 제11991호로 개정되기 전의 것, 이하 '구 정보공개법'이라고 한다)은, 정보의 공개를 청구하는 이(이하 '청구인'이라고 한다)가 정보공개방법도 아울러 지정하여 정보공개를 청구할 수 있도록 하고 있고, 전자적 형태의 정보를 전자적으로 공개하여 줄 것을 요청한 경우에는 공공기관은 원칙적으로 요청에 응할 의무가 있고, 나아가 비전자적 형태의 정보에 관해서도 전자적 형태로 공개하여 줄 것을 요청하면 재량판단에 따라 전자적 형태로 변환하여 공개할 수 있도록 하고 있다. 이는 정보의 효율적 활용을 도모하고 청구인의 편의를 제고함으로써 구 정보공개법의 목적인 국민의 알 권리를 충실하게 보장하려는 것이므로, 청구인에게는 특정한 공개방법을 지정하여 정보공개를 청구할 수 있는 법령상 신청권이 있다. 따라서 공공기관이 공개청구의 대상이 된 정보를 공개는 하되, 청구인이 신청한 공개방법 이외의 방법으로 공개하기로 하는 결정을 하였다면, 이는 정보공개청구 중 정보공개방법에 관한 부분에 대하여 일부 거부처분을 한 것이고, 청구인은 그에 대하여 항고소송으로 다툴 수 있다."

(4) 즉시 처리가 가능한 정보의 공개

법령 등에 따라 공개를 목적으로 작성된 정보, 일반국민에게 알리기 위하여 작성된 각종 홍보자료, 공개하기로 결정된 정보로서 공개에 오랜 시간이 걸리지 아니하는 정보 및 그 밖에 공공기관의 장이 정하는 정보로서 즉시 또는 말로 처리가 가능한 정보에 대해서는 정보공개법 제11조에 따른 절차를 거치지 아니하고 공개하여야 합니다(제16조).

(5) 비용 부담

정보의 공개 및 우송 등에 드는 비용은 실비의 범위에서 청구인이 부담하며(제17조 제1항), 공개를 청구하는 정보의 사용 목적이 공공복리의 유지·증진을 위하여 필요하다고 인정되는 경우에는 제1항에 따른 비용을 감면할 수 있습니다(동조 제2항).

4. 권리구제

정보공개법은 권리구제의 방법으로 이의신청, 행정심판, 행정소송에 관하여 규정하고 있습니다.

1) 이의신청

청구인이 정보공개와 관련한 공공기관의 비공개 결정 또는 부분 공개 결정에 대하여 불복이 있거나 정보공개 청구 후 20일이 경과하도록 정보공개 결정이 없는 때에는 공공기관으로부터 정보공개 여부의 결정 통지를 받은 날 또는 정보공개 청구 후 20일이 경과한 날부터 30일 이내에 해당 공공기관에 문서로 이의신청을 할 수 있습니다(제18조 제1항). 이의신청이 있는 경우 국가기관등은 - 정보공개심의회의 심의를 이미 거친 사항, 단순·반복적인 청구 및 법령에 따라 비밀로 규정된 정보에 대한 청구에 해당하지 않는 경우 - 정보공개심의회를 개최하여야 합니다(동조 제2항). 공공기관은 이의신청을 받은 날부터 7일 이내에 그 이의신청에 대하여 결정하고 그 결과를 청구인에게 지체 없이 문서로 통지하여야 하며, 부득이한 사유로 정하여진 기간 이내에 결정할 수 없을 때에는 그 기간이 끝나는 날의 다음 날부터 기산하여 7일의 범위에서 연장할 수 있으며, 연장 사유를 청구인에게 통지하여야 합니다(동조 제3항). 그리고 이의신청을 각하 또는 기각하는 결정을 한 경우에는 청구인에게 행정심판 또는 행정소송을 제기할 수 있다는 사실을 이의신청의 결과 통지와 함께 알려야 합니다(동조 제4항).

2) 행정심판

청구인이 정보공개와 관련한 공공기관의 결정에 대하여 불복이 있거나 정보공개 청구 후 20일이 경과하도록 정보공개 결정이 없는 때에는 행정심판법에서 정하는 바에 따라 행정심판을 청구할 수 있으며, 이 경우 국가기관 및 지방자치단체 외의 공공기관의 결정에 대한 감독행정기관은 관계 중앙행정기관의 장 또는 지방자치단체의 장으로 합니다(제19조 제1항). 행정심판은 이의신청과 관계없이 청구가 가능합니다(동조 제2항). 나아가 정보공개법은 이의신청 및 행정심판을 거친 후에만 행정소송을 제기할 수 있다고 규정하지 않기 때문에 이의신청 및 행정심판은 행정소송과의 관계에 있어서 임의절차에 해당합니다.

3) 행정소송

청구인이 정보공개와 관련한 공공기관의 결정에 대하여 불복이 있거나 정보공개 청구 후 20일이 경과하도록 정보공개 결정이 없는 때에는 행정소송법에서 정하는 바에 따라 행정소송을 제기할 수 있습니다(제20조 제1항). 재판장은 필요하다고 인정하면 당사자를 참여시키지 아니하고 제출된 공개 청구 정보를 비공개로 열람·심사할 수 있으며(동조 제2항), 행정소송의 대상이 정보공개법 제9조 제1항 제2호에 따른 정보 중 국가안전보장·국방 또는 외교관계에 관한 정보의 비공개 또는 부분 공개 결정처분인 경우에 공공기관이 그 정보에 대한 비밀 지정의 절차, 비밀의 등급·종류 및 성질과 이를 비밀로 취급하게 된 실질적인 이유 및 공개를 하지 아니하는 사유 등을 입증하면 해당 정보를 제출하지 아니하게 할 수 있습니다(동조 제3항).

판례는 원고적격과 관련해서 정보공개청구권이 있는 자가 정보공개청구 후 거부처분을 받은 것 그 자체로 법률상 이익을 침해받은 것으로 보고 있습니다. 그러나 공공기관의 정보공개청구의 대상이 되는 정보를 보유·관리하고 있지 않은 경우에는 법률상 이익이 인정될 수 없습니다.

* **대판 2003.12.12, 2003두8050** : "공공기관의정보공개에관한법률 제6조 제1항은 "모든 국민은 정보의 공개를 청구할 권리를 가진다."고 규정하고 있는데, 여기에서 말하는 국민에는 자연인은 물론 법인, 권리능력 없는 사단·재단도 포함되고, 법인, 권리능력 없는 사단·재단 등의 경우에는 설립목적을 불문하며, 한편 정보공개청구권은 법률상 보호되는 구체적인 권리이므로 청구인이 공공기관에 대하여 정보공개를 청구하였다가 거부처분을 받은 것 자체가 법률상 이익의 침해에 해당한다."
* **대판 2006.1.13, 2003두9459** : "정보공개제도는 공공기관이 보유·관리하는 정보를 그 상태대로 공개하는 제도라는 점 등에 비추어 보면, 정보공개를 구하는 자가 공개를 구하는 정보를 행정기관이 보유·관리하고 있을 상당한 개연성이 있다는 점을 입증함으로써 족하다 할 것이지만, 공공기관이 그 정보를 보유·관리하고 있지 아니한 경우에는 특별한 사정이 없는 한 정보공개거부처분의 취소를 구할 법률상의 이익이 없다."

4) 제3자의 권리보호

공공기관이 보유·관리하는 정보가 정보공개청구에 따라 공개되는 경우 제3자의 권익이 침해되는 경우가 발생할 수 있습니다. 이에 따라 정보공개법은 제3자의 권익을 보호하기 위한 내용들을 규정하고 있습니다. 먼저, 제3자는 공공기관은 정보공개 여부의 결정에 있어서 공개 청구된 공개 대상 정보의 전부 또는 일부가 제3자와 관련이 있다고 인정할 때에는 그 사실을 제3자에게 지체 없이 통지하여야 하며, 필요한 경우에는 그의 의견을 들을 수 있습니다(제11조 제3항). 그리고 공개 청구된 사실을 통지받은 제3자는 그 통지를 받은 날부터 3일 이내에 해당 공공기관에 대하여 자신과 관련된 정보를 공개하지 아니할 것을 요청할 수 있고(제21조 제1항), 이와 같은 비공개 요청에도 불구하고 공공기관이 공개 결정을 할 때에는 공개 결정 이유와 공개 실시일을 분명히 밝혀 지체 없이 문서로 통지하여야 하며, 제3자는 해당 공공기관에 문서로 이의신청을 하거나 행정심판 또는 행정소송을 제기할 수 있습니다(동조 제2항). 공공기관은 비공개요청에도 불구하고 공개 결정을 하는 경우 공개 결정일과 공개 실시일 사이에 최소한 30일의 간격을 두어야 합니다(동조 제3항).

제23강

행정상 강제집행

제23강
행정상 강제집행

1. 의의

행정상 강제집행은 행정강제제도의 일환으로 파악할 수 있습니다. 행정강제란 행정주체가 행정목적의 달성을 위해 사람의 신체 또는 재산에 실력을 가하여 행정상 필요한 상태를 실현하는 행정작용을 의미합니다. 행정강제는 행정상 강제집행(행정상 대집행, 이행강제금, 강제징수, 직접강제)과 행정상 즉시강제로 구분됩니다. 양자는 행정목적의 달성을 위해 행해지는 권력적 사실행위라는 점에서는 공통의 성질을 가지고 있지만, 행정상 강제집행은 개별·구체적인 행정상 의무의 불이행을 전제로 그 의무의 이행을 강제하여 행정목적을 실현한다는 점에서 의무를 명할 수 있는 시간적 여유가 없는 급박한 상황에서 행해지는 행정상 즉시강제와 구분됩니다. 즉, 즉시강제에 있어서 의무불이행의 요건은 문제되지 않습니다.

행정상 강제집행은 행정행위 또는 행정법규에 의해 개별·구체적인 의무를 부여받은 의무자가 자신의 의무를 불이행한 경우에 행정주체가 의무자의 신체 또는 재산에 직접 실력을 가하여 그 의무를 이행하게 하거나 이행된 것과 같은 상태를 실현하는 작용을 의미합니다. 행정상 강제집행은 개별·구체적인 의무의 불이행을 요건으로 한다는 점에서 행정상 즉시강제와 구별되며, 불이행한 의무를 '장래'에 향해 실현시키는 것을 목적으로 한다는 점에서 과거의 의무위반에 대한 제재인 행정벌과 구별됩니다. 또한, 행정상 강제집행은 법원 및 국가의 강제집행기관의 원조 없이 자력으로 집행된다는 점에서 민사상 강제집행과 차이를 가지고 있습니다.

과거 행정강제의 법적 근거와 관련하여 법률에 의해 의무를 부과할 수 있는 권한을 부여받은 행정주체는 그 의무의 이행을 강제할 수 있는 권한까지 가진다는 논의가 있었습니다. 이에 따르면 의무를 부과할 수 있는 권한을 규율하고 있는 법률은 그 의무의 이행을 강제할 수 있는 행정강제의 근거가 될 수 있습니다. 그러나 현재는 국민의 기본권

보호를 위해 의무를 부과할 수 있는 권한을 규율하고 있는 법률이 강제집행권의 근거가 될 수 없으며, 행정강제를 위해서는 별도의 법적 근거가 요구된다는 것이 일반적인 견해입니다. 현행법상 대집행에 관한 일반법으로는 행정대집행법이 있으며, 국세기본법은 행정상 강제징수의 일반법적 지위를 가지고 있습니다. 또한, 다수의 개별 법률에서 개별 행정강제의 요건과 절차 등에 관하여 규율하고 있으며, 행정기본법은 행정강제의 유형과 개념 등 일반적인 사항 등에 관하여 규정하고 있습니다. 독일의 경우에는 행정강제의 일반법인 연방행정집행법(Verwaltungsvollstreckungsgesetz)이 존재합니다.

2. 대집행

1) 개념

대집행(Ersatzvornahme)은 의무자가 대체적 작위의무를 이행하지 않은 경우 그 의무를 행정청이 스스로 행하거나 제3자에게 행하게 하고 그 비용을 의무자로부터 징수하는 것을 의미합니다(행정기본법 제30조 제1항 제1호, 행정대집행법 제2조[1]).

대체적 작위의무의 불이행에 대하여 대집행을 실행할 수 있는 권한을 가진 자는 그 의무를 명하는 처분을 행한 당해 행정청(자주집행)입니다(제2조). 위임이 있는 경우에는 다른 행정청도 대집행주체가 될 수 있습니다. 행정청은 대집행 권한을 제3자(타자집행)에게 위탁할 수 있는데, 이 경우 제3자와 행정청 간 성립되는 대집행 위탁관계는 도급계약으로 이해하는 것이 일반적입니다. 그리고 이 경우 제3자와 의무자 사이에는 어떠한 법률관계도 성립되지 않으며, 제3자는 행정청에 대해 비용을 청구하게 됩니다. 한편, 행정청과 의무자의 관계는 공법관계이며, 의무자는 행정청 또는 제3자가 대집행을 실행함에 있어서 부담한 비용을 부담하여야 합니다.

2) 대집행의 요건

(1) 공법상 대체적 작위의무의 불이행

대집행을 위해서는 의무의 불이행이 존재하여야 합니다. 의무는 법령에 의해 직접적

1) 이하 이 강에서 법률명을 표기하지 않은 경우 행정대집행법을 의미합니다.

으로 부과될 수도 있고, 법령에 근거한 행정청의 처분에 의해 부과될 수도 있습니다(제2조). 그리고 그 의무는 타인이 대신하여 행할 수 있는 대체적 작위의무이어야 하고, 일신전속적인 성격을 가지고 있는 병역의무나 의무자만이 이행할 수 있는 고도의 전문성과 기술을 요하는 의무 등 타인이 대신하여 행할 수 없는 작위의무의 불이행은 대집행의 대상이 될 수 없습니다. 그리고 대체적 작위의무는 공법상 의무이어야 합니다.

* **대판 2006.10.13, 2006두7096** : "행정대집행법상 대집행의 대상이 되는 대체적 작위의무는 공법상 의무이어야 할 것인데, 구 공특법에 따른 토지 등의 협의취득은 공공사업에 필요한 토지 등을 그 소유자와의 협의에 의하여 취득하는 것으로서 공공기관이 사경제주체로서 행하는 사법상 매매 내지 사법상 계약의 실질을 가지는 것이므로(대법원 1998. 5. 22. 선고 98다2242, 2259 판결 등 참조), 그 협의취득시 건물소유자가 매매대상 건물에 대한 철거의무를 부담하겠다는 취지의 약정을 하였다고 하더라도 이러한 철거의무는 공법상의 의무가 될 수 없고, 이 경우에도 행정대집행법을 준용하여 대집행을 허용하는 별도의 규정이 없는 한 위와 같은 철거의무는 행정대집행법에 의한 대집행의 대상이 되지 않는다고 할 것이다."

한편, 토지·건물의 명도의무는 그 성질상 대체적 작위의무에 해당하지 않지만, 토지보상법 제43조는 토지의 인도의무를 규정하고 동법 제89조는 토지의 인도의무를 불이행한 경우 대집행의 가능성을 열어두고 있습니다. 국유재산법 제74조도 같은 취지라 할 수 있습니다. 이와 관련하여 토지보상법 규정에도 불구하고 토지의 인도의무의 불이행은 대체적 작위의무의 불이행이 아니기 때문에 대집행의 대상이 될 수 없다는 견해, 위 토지보상법 규정을 행정대집행법 제2조의 예외로 이해하는 견해, 위 토지보상법 규정의 합리적 또는 목적론적 해석을 하여야 한다는 견해 등이 있습니다. 판례는 아래와 같이 토지와 건물의 인도의무는 대체적 작위의무에 해당하지 않기 때문에 대집행의 대상이 될 수 없다고 판시하고 있습니다. 강제력을 수반하는 토지·건물의 명도의무는 이행강제금 부과나 직접강제의 대상이 될지언정 대집행의 대상이 될 수 없다는 판례 입장은 타당합니다. 그러나 토지 등의 명도가 점유자의 퇴거보다 불법 적치물 등 물건의 반출이나 지상물의 철거에 의하여 가능한 경우에는 이를 대체적 작위의무로 보고 대집행이 가능하고 그 과정에서 부수적으로 건물의 점유자들에 대한 퇴거 조치를 할 수 있다고 할 것입니다.

이와 관련하여 일부 견해는 비대체적 작위의무(퇴거의무)를 전제로 하는 퇴거명령의 불이행에 대해서도 대집행이 가능하다는 판례가 존재한다고 주장하지만, 이는 오해에서 비롯된 것입니다. 아래 2016다213916 판결의 진정한 의미는 건물의 점유자가 철거명령과 후속 퇴거명령의 상대방으로서 동일인인 경우, 철거명령의 불이행에 대한 퇴거명령 시 철거명령과는 별개의 집행권원이 필요하지 않다는 것입니다. 여기에서의 '집행권원의 불요'는 퇴거의무 자체가 독립적인 대집행의 대상이 된다는 의미가 아닙니다. 퇴거의무는 그 성질상 수명자 본인만이 실현할 수 있는 비대체적 작위의무이므로, 타자가 대신하는 행정대집행법상의 대집행 대상이 될 수 없기 때문입니다. 그럼에도 별도의 집행권원을 요하지 않는다고 본 것은, 건물점유자가 철거의무자인 경우 건물철거의무라는 주된 의무 내에 점유자의 퇴거의무가 이미 부수적으로 포함되어 있다고 보기 때문입니다. 결론적으로 이는 대집행의 방법으로 건물철거의무의 이행을 실현할 수 있는 경우, 주된 의무인 철거의 실현을 위해 그 전제 조건인 점유배제가 불가피하다는 실무적 필연성을 반영한 것입니다. 따라서 해당 판결은 별도의 개별법 근거가 없더라도 철거 대집행 과정에서 부수적으로 건물점유자에 대한 퇴거명령을 발령할 수 있음을 밝힌 것이며, 이는 퇴거의무를 대집행의 대상으로 인정하는 것이 아니라 대집행의 실행력을 보장하기 위한 집행적 권능의 법적 근거에 관한 판시로 이해함이 타당합니다.

* **대판 2017.4.28, 2016다213916** : "건물의 점유자가 철거의무자일 때에는 건물철거의무에 퇴거의무도 포함되어 있는 것이어서 별도로 퇴거를 명하는 집행권원이 필요하지 않다(대법원 2008. 12. 24. 선고 2007다75099 판결 참조). 따라서 <u>행정청이 행정대집행의 방법으로 건물철거의무의 이행을 실현할 수 있는 경우에는 건물철거 대집행 과정에서 부수적으로 그 건물의 점유자들에 대한 퇴거 조치를 할 수 있는 것이고,</u> 그 점유자들이 적법한 행정대집행을 위력을 행사하여 방해하는 경우 형법상 공무집행방해죄가 성립하므로, 필요한 경우에는 「경찰관 직무집행법」에 근거한 위험발생 방지조치 또는 형법상 공무집행방해죄의 범행방지 내지 현행범체포의 차원에서 경찰의 도움을 받을 수도 있다."
* **대판 2005.8.19, 2004다2809** : "구 토지수용법(2002. 2. 4. 법률 제6656호로 제정되어 2003. 1. 1.부터 시행된 공익사업을 위한 토지 등의 취득 및 보상에 관한 법률 부칙 제2조에 의하여 폐지된 것, 이하 같다) 제63조는 "토지소유자 및 관계인 기타 수용 또는 사용할 토지나 그 토지에 있는 물건에 관하여 권리를 가진 자는 수용 또는 사용의 시기까지 기업자에게 토지나 물건을 인도하거나 이전하여야 한다."라고 규정하고 있고, 제64조는 "다음 각 호의 1에 해당할 때에는 시장·군수 또는 구청장은 기업자의 청구에 의하여 토지 또는 물건의 인도나 이전을 대행하여야 한다."라고 규정하면서, 제1호에서 "토지나 물건을 인도 또는 이전할 자가 고의나 과실 없이 그 의무를 이행할 수 없을

때"를, 제2호에서 "기업자가 과실 없이 토지나 물건을 인도 또는 이전할 자를 알 수 없을 때"를 각 규정하고 있으며, 제77조는 "이 법 또는 이 법에 의한 처분으로 인한 의무를 이행하지 아니하거나 기간 내에 완료할 가망이 없는 경우 또는 의무자로 하여금 이를 이행하게 함이 현저히 공익을 해한다고 인정되는 사유가 있을 때에는 시·도지사나 시장·군수 또는 구청장은 기업자의 신청에 의하여 행정대집행법의 정하는 바에 의하여 이를 대집행할 수 있다."라고 규정하고 있는데, 위 각 규정에서의 '인도'에는 명도도 포함되는 것으로 보아야 하고, 이러한 명도의무는 그것을 강제적으로 실현하면서 직접적인 실력행사가 필요한 것이지 대체적 작위의무라고 볼 수 없으므로 특별한 사정이 없는 한 행정대집행법에 의한 대집행의 대상이 될 수 있는 것이 아니다."

* **대판 2017.4.28, 2016다213916** : "행정청이 행정대집행의 방법으로 건물철거의무의 이행을 실현할 수 있는 경우에는 건물철거 대집행 과정에서 부수적으로 건물의 점유자들에 대한 퇴거 조치를 할 수 있고, 점유자들이 적법한 행정대집행을 위력을 행사하여 방해하는 경우 형법상 공무집행방해죄가 성립하므로, 필요한 경우에는 '경찰관 직무집행법'에 근거한 위험발생 방지조치 또는 형법상 공무집행방해죄의 범행방지 내지 현행범체포의 차원에서 경찰의 도움을 받을 수도 있다."

부작위의무의 경우는 대체적 작위의무가 아니기 때문에 원칙적으로 대집행의 대상이 될 수 없고, 부작위의무의 불이행으로 인해 발생한 유형적 결과의 시정을 위한 작위의무가 부과되고 이러한 작위의무가 이행되지 않은 경우에 대집행이 가능합니다. 그러나 이 경우에도 부작위의무로부터 그 의무의 위반으로 발생한 결과를 시정하기 위한 작위의무가 당연히 도출되는 것은 아니며, 작위의무를 부과할 수 있는 법적 근거가 필요합니다.

* **대판 1996.6.28, 96누4374** : "행정대집행법 제2조는 대집행의 대상이 되는 의무를 "법률(법률의 위임에 의한 명령, 지방자치단체의 조례를 포함한다. 이하 같다)에 의하여 직접 명령되었거나 또는 법률에 의거한 행정청의 명령에 의한 행위로서 타인이 대신하여 행할 수 있는 행위"라고 규정하고 있으므로, 대집행계고처분을 하기 위하여는 법령에 의하여 직접 명령되거나 법령에 근거한 행정청의 명령에 의한 의무자의 대체적 작위의무 위반행위가 있어야 할 것이다. 따라서 단순한 부작위의무의 위반, 즉 관계 법령에 정하고 있는 절대적 금지나 허가를 유보한 상대적 금지를 위반한 경우에는 당해 법령에서 그 위반자에 대하여 위반에 의하여 생긴 유형적 결과의 시정을 명하는 행정처분의 권한을 인정하는 규정(예컨대, 건축법 제69조, 도로법 제74조, 하천법 제67조, 도시공원법 제20조, 옥외광고물등관리법 제10조 등)을 두고 있지 아니한 이상, 법치주의의 원리에 비추어 볼 때 위와 같은 부작위의무로부터 그 의무를 위반함으로써 생긴 결과를 시정하기 위한 작위의무를 당연히 끌어낼 수는 없으며, 또 위 금지규정(특히 허가를 유보한 상대적 금지규정)으로부터 작위의무, 즉 위반결과의 시정을 명하는 권한이 당연히 추론되는 것도 아니라고 할 것이다."

(2) 비례원칙

대집행은 다른 수단을 통해 대체적 작위의무의 이행을 확보할 수 없는 경우에만 가능합니다. 이는 행정법의 일반원칙인 비례원칙이 적용된 것으로서, '다른 수단'의 의미는 대집행보다 의무자의 권익침해가 경미한 수단을 의미합니다. 행정기본법 제30조도 행정강제에 있어서 비례의 원칙이 적용된다는 것을 명시적으로 규정하고 있습니다. 대체적 작위의무의 불이행에 대한 원칙적 강제집행수단을 행정대집행이라 해석하는 것은 여기에서의 다른 수단이 실질적으로 존재하지 않음을 의미합니다. 따라서 아무런 권원 없이 국유재산에 설치한 시설물을 철거하기 위하여 대집행이 인정되는 한 행정청은 민사상 강제집행의 방법을 동원할 수 없습니다. 그러나 이 경우 행정청이 행정대집행을 실시하지 않는다면, 그 국유재산에 대한 사용청구권을 가지고 있는 자가 국가를 대위하여 민사소송으로 그 시설물의 철거를 구할 수는 있습니다.

* **대판 2009.6.11, 2009다1122** : "이 사건 토지는 잡종재산인 국유재산으로서, 국유재산법 제52조는 "정당한 사유 없이 국유재산을 점유하거나 이에 시설물을 설치한 때에는 행정대집행법을 준용하여 철거 기타 필요한 조치를 할 수 있다."고 규정하고 있으므로, 관리권자인 보령시장으로서는 행정대집행의 방법으로 이 사건 시설물을 철거할 수 있고, 이러한 행정대집행의 절차가 인정되는 경우에는 따로 민사소송의 방법으로 피고들에 대하여 이 사건 시설물의 철거를 구하는 것은 허용되지 않는다고 할 것이다. 다만, 관리권자인 보령시장이 행정대집행을 실시하지 아니하는 경우 국가에 대하여 이 사건 토지 사용청구권을 가지는 원고로서는 위 청구권을 보전하기 위하여 국가를 대위하여 피고들을 상대로 민사소송의 방법으로 이 사건 시설물의 철거를 구하는 이외에는 이를 실현할 수 있는 다른 절차와 방법이 없어 그 보전의 필요성이 인정되므로, 원고는 국가를 대위하여 피고들을 상대로 민사소송의 방법으로 이 사건 시설물의 철거를 구할 수 있다."

(3) 공익상 요청

대집행의 요건 중 하나는 공익상의 요청입니다. 즉, 대체적 작위의무의 불이행을 방치하는 것이 심히 공익을 해할 것으로 인정되는 경우에 행정청은 대집행을 실행할 수 있습니다. 공익은 불확정개념이기 때문에 법 개념에 대한 예외로서 판단여지가 인정될 수 있다는 견해와 이를 판례 입장처럼 재량의 문제로 보는 견해가 있지만, 판단여지가 인정될 수 있다는 견해에서도 개인의 권리보호를 위해 해석과 적용을 엄격하게 하여야 한다고 설명하고 있습니다.

이상의 요건을 충족한 경우 대집행의 실행이 기속행위에 해당하는지에 대해 논의가 있으나 행정대집행법 제2조는 "할 수 있다"고 규정하고 있고 다수의 견해와 판례도 대집행의 실행을 재량행위로 보고 있습니다.

* **대판 1996.10.11, 96누8086** : "건물 중 위법하게 구조변경을 한 건축물 부분은 제반 사정에 비추어 그 원상복구로 인한 불이익의 정도가 그로 인하여 유지하고자 하는 공익상의 필요 또는 제3자의 이익보호의 필요에 비하여 현저히 크므로, 그 건축물 부분에 대한 대집행계고처분은 재량권의 범위를 벗어난 위법한 처분이라고 한 원심판결을 수긍한 사례."

3) 대집행 절차

대집행은 계고, 대집행영장에 의한 통지, 대집행의 실행, 대집행 비용의 징수의 순으로 행해집니다(제3조).

(1) 계고

계고는 행정청이 상당한 이행기한을 정하여 그 기한까지 불이행된 대체적 작위의무가 이행되지 않는 경우 대집행을 한다는 의사를 문서로 통지하는 것을 의미합니다(제3조 제1항 제1문). 따라서 구두에 의한 계고는 무효이며, 행정청은 상당한 이행기한을 정함에 있어 의무의 성질·내용 등을 고려하여 사회통념상 해당 의무를 이행하는 데 필요한 기간이 확보되도록 하여야 합니다(제3조 제1항 제2문). 대집행을 계고할 경우 의무자가 이행하여야 할 행위와 그 의무 불이행시 대집행의 내용 및 범위가 구체적으로 특정되어야 하지만, 그 내용과 범위가 계고서에 의해서만 특정되어야 하는 것은 아니고 그 처분 후에 송달된 문서나 기타 사정을 종합하여 이를 특정할 수 있으면 족합니다(대판 1992.3.10, 91누4140).

통설과 판례에 따라 계고는 준법률행위적 행정행위인 통지에 해당하며 항고소송의 대상이 됩니다. 다만, 계고가 반복적으로 행해진 경우에는 제1차 계고에 한하여 처분성이 인정되고, 이후의 제2차, 제3차 계고는 새로운 의무를 부과하는 것이 아니기 때문에 처분성이 인정되지 않습니다.

* **대판 1994.10.28, 94누5144** : "건물의 소유자에게 위법건축물을 일정기간까지 철거할 것을 명함과 아울러 불이행할 때에는 대집행한다는 내용의 철거대집행 계고처분을 고지한 후 이에 불응하자 다시 제2차, 제3차 계고서를 발송하여 일정기간까지의 자진철거를 촉구하고 불이행하면 대집행을 한다는 뜻을 고지하였다면 행정대집행법상의 건물철거의무는 제1차 철거명령 및 계고처분으로서 발생하였고 제2차, 제3차의 계고처분은 새로운 철거의무를 부과한 것이 아니고 다만 대집행기한의 연기통지에 불과하므로 행정처분이 아니다."
* **대판 2000.2.22, 98두4665** : "제1차로 철거명령 및 계고처분을 한 데 이어 제2차로 계고서를 송달하였음에도 불응함에 따라 대집행을 일부 실행한 후 철거의무자의 연기원을 받아들여 나머지 부분의 철거를 진행하지 않고 있다가 연기기한이 지나자 다시 제3차로 철거명령 및 대집행계고를 한 경우, 행정대집행법상의 철거의무는 제1차 철거명령 및 계고처분으로써 발생하였다고 할 것이고, 제3차 철거명령 및 대집행계고는 새로운 철거의무를 부과하는 것이라고는 볼 수 없으며, 단지 종전의 계고처분에 의한 건물철거를 독촉하거나 그 대집행기한을 연기한다는 통지에 불과하므로 취소소송의 대상이 되는 독립한 행정처분이라고 할 수 없다고 한 사례."

비상시 또는 위험이 절박한 경우에 있어서 당해 행위의 급속한 실시를 요하여 계고를 할 수 있는 여유가 없는 경우에는 계고를 거치지 않고 대집행이 가능합니다(제3조 제3항). 한편, 판례에 의할 때 철거명령과 계고처분을 1장의 문서로 동시에 행할 수 있습니다(대판 1992.6.12, 91누13564).

(2) 대집행영장에 의한 통지

의무자가 계고를 받고 지정기한까지 그 의무를 이행하지 않은 경우에 행정청은 대집행영장으로써 대집행을 할 시기, 대집행을 시키기 위하여 파견하는 집행책임자의 성명과 대집행에 요하는 비용의 개산에 의한 견적액을 의무자에게 통지하여야 합니다(제3조 제2항). 계고의 경우와 마찬가지로 대집행영장에 의한 통지도 준법률행위적 행정행위로서 항고소송의 대상이 되며, 비상시 또는 위험이 절박한 경우에 있어서 당해 행위의 급속한 실시를 요하여 대집행영장에 의한 통지를 할 수 있는 여유가 없는 경우에 생략이 가능합니다.

(3) 대집행의 실행

대집행의 실행은 행정청 스스로 또는 대집행을 위탁받은 제3자가 불이행된 대체적 작위의무를 이행하는 것을 의미합니다. 대집행 실행행위는 권력적 사실행위로서 처분성이 인정되고 항고소송의 대상이 됩니다. 대집행을 실행하는 자는 ① 의무자가 동의한 경우, ② 해가 지기 전에 대집행을 착수한 경우, ③ 해가 뜬 후부터 해가 지기 전까지 대집행을 하는 경우에는 대집행의 목적 달성이 불가능한 경우, ④ 그 밖에 비상시 또는 위험이 절박한 경우를 제외하고 해가 뜨기 전이나 해가 진 후에는 대집행을 할 수 없고(제4조 제1항), 대집행을 할 때 대집행 과정에서의 안전 확보를 위하여 필요하다고 인정하는 경우 현장에 긴급 의료장비나 시설을 갖추는 등 필요한 조치를 하여야 합니다(동조 제2항). 그리고 대집행을 하기 위하여 현장에 파견되는 집행책임자는 그가 집행책임자라는 것을 표시한 증표를 휴대하여 대집행 시에 이해관계인에게 제시하여야 합니다(동조 제3항).

위법건축물을 철거하는 경우 등 대집행의 실행에 있어서 의무자가 수인의무를 위반하여 저항하는 경우에 행정청이 실력행사를 통해 그 저항을 배제하는 것이 허용될 수 있는지가 문제됩니다. 이를 긍정하는 견해는 명문의 규정이 없어도 대집행의 실행을 위하여 필요한 최소한의 한도 내에서 실력으로 저항을 배제하는 것이 가능하다고 주장하며, 반대하는 견해는 저항을 실력으로 배제하는 것은 신체에 물리력을 행사하는 것이기 때문에 대집행에 포함되지 않고 직접강제의 강제의 대상이 된다고 설명합니다. 판례는 후자의 입장을 취하며. 필요한 범위에서의 실력행사를 위하여 경찰권의 원조를 받는 방법을 제시하고 있습니다. 한편, 독일 연방행정집행법(VwVG) 제15조 제2항은 실력으로 의무자의 저항을 배제할 수 있다고 규정합니다.[1]

> * **대판 2017.4.28, 2016다213916** : "행정청이 행정대집행의 방법으로 건물철거의무의 이행을 실현할 수 있는 경우에는 건물철거 대집행 과정에서 부수적으로 건물의 점유자들에 대한 퇴거 조치를 할 수 있고, 점유자들이 적법한 행정대집행을 위력을 행사하여 방해하는 경우 형법상 공무집행방해죄가 성립하므로, 필요한 경우에는 '경찰관 직무집행법'에 근거한 위험발생 방지조치 또는 형법상 공무집행방해죄의 범행방지 내지 현행범체포의 차원에서 경찰의 도움을 받을 수도 있다."

(4) 비용의 징수

대집행의 비용은 의무자가 부담하며, 행정청은 문서를 통해 대집행에 소요된 실제

1) VwVG §15 Abs. 2 : Leistet der Pflichtige bei der Ersatzvornahme oder bei unmittelbarem Zwang Widerstand, so kann dieser mit Gewalt gebrochen werden. Die Polizei hat auf Verlangen der Vollzugsbehörde Amtshilfe zu leisten(대집행 또는 직접강제에 있어서 의무자가 저항하면, 이를 실력행사를 통하여 제압할 수 있다. 경찰은 집행행정청의 요청에 따라 직무원조를 제공하여야 한다).

비용과 납기일을 정하여 의무자에게 그 납부를 명하여야 합니다(제5조). 의무자가 대집행의 비용을 납부하지 않는 경우에는 국세징수법의 예에 의하여 강제징수가 가능하며, 징수금은 사무비의 소속에 따라 국고 또는 지방자치단체의 수입으로 합니다(제6조 제1항 및 제3항). 행정청의 대집행비용납부명령은 비용납부의무를 발생시키는 행정행위로서 항고소송의 대상이 됩니다.

4) 권리구제

(1) 행정심판

대집행에 대하여는 행정심판을 제기할 수 있습니다(제7조). 과거 행정소송법은 행정소송을 제기하기 이전에 행정심판을 청구하는 것을 원칙으로 규정하고 있었기 때문에 대집행에 대해서도 행정심판 필수전치주의가 적용되었습니다. 그러나 현행 행정소송법 제18조는 임의적 행정심판전치를 원칙으로 규정하고 있고 행정대집행법상 행정소송을 제기하기 전에 행정심판을 청구하도록 하는 규정은 찾아볼 수 없기 때문에 대집행에 대한 행정심판 청구에 있어서 임의적 행정심판전치주의가 적용됩니다. 즉, 대집행에 대해 행정심판 재결을 거치지 않고 행정소송을 제기하는 것이 가능합니다.

(2) 행정소송

대집행 개별 절차의 법적 성격에 관하여 살펴본 바와 같이 계고와 대집행영장에 의한 통지는 준법률적 행정행위에 해당하기 때문에 항고소송의 대상이 됩니다. 대집행의 실행행위도 권력적 사실행위의 성격이므로 행정소송법상 항고소송의 대상이 되는 '처분등'의 개념에 포함되며, 비용납무명령도 항고소송의 대상이 됩니다. 다만, 각각의 위법한 대집행 절차에 대한 항고소송의 제기가 가능함에도 불구하고 대집행 실행행위가 완료된 후에는 - 대집행을 통해 이미 건축물이 철거된 경우와 같이 - 협의의 소익이 상실되기 때문에 권리보호의 필요성을 인정받을 수 없습니다. 따라서 항고소송의 제기와 함께 가구제제도(집행정지제도)를 활용하여야 할 실익이 있습니다. 위법한 대집행으로 인해 손해를 입은 경우에는 국가배상청구가 가능합니다.

> * **대판 1993.6.8, 93누6164** : "대집행계고처분 취소소송의 변론종결 전에 대집행영장에 의한 통지절차를 거쳐 사실행위로서 대집행의 실행이 완료된 경우에는 행위가 위법한 것이라는 이유로 손해배상이나 원상회복 등을 청구하는 것은 별론으로 하고 처분의 취소를 구할 법률상 이익은 없다."

하자의 승계와 관련하여, 예컨대 위법건축물에 대한 철거명령은 의무자의 자발적 철거의무이행을 법률효과로 의도하는 것이고 철거명령의 불이행시 행하는 대집행 계고처분은 행정상 강제집행절차의 개시로서 행정청의 강제력에 의한 의무이행상태의 실현을 목적으로 하는 것이므로 양자는 상이한 법률효과를 의도하는 것으로 보아야 하며 따라서 하자의 승계가 인정되지 않습니다. 그러나 각각의 대집행 절차는 서로 결합하여 대체적 작위의무의 이행이라는 하나의 법률효과의 완성을 목적으로 하기 때문에 개별 절차의 하자는 후행행위에 승계됩니다.

> * **대판 1996.2.9, 95누12507** : "대집행의 계고, 대집행영장에 의한 통지, 대집행의 실행, 대집행에 요한 비용의 납부명령 등은 타인이 대신하여 행할 수 있는 행정의무의 이행을 의무자의 비용부담하에 확보하고자 하는, 동일한 행정목적을 달성하기 위하여 단계적인 일련의 절차로 연속하여 행하여지는 것으로서, 서로 결합하여 하나의 법률효과를 발생시키는 것이므로, 선행처분인 계고처분이 하자가 있는 위법한 처분이라면, 비록 그 하자가 중대하고도 명백한 것이 아니어서 당연무효의 처분이라고 볼 수 없고 행정소송으로 효력이 다투어지지도 아니하여 이미 불가쟁력이 생겼으며, 후행처분인 대집행영장발부통보처분 자체에는 아무런 하자가 없다고 하더라도, 후행처분인 대집행영장발부통보처분의 취소를 청구하는 소송에서 청구원인으로 선행처분인 계고처분이 위법한 것이기 때문에 그 계고처분을 전제로 행하여진 대집행영장발부통보처분도 위법한 것이라는 주장을 할 수 있다."

3. 이행강제금

1) 의의

이행강제금(Zwangsgeld)은 의무자가 작위의무나 부작위의무를 이행하지 아니하는 경우 행정청이 적절한 이행기간을 부여하고 그 기한까지 행정상 의무를 이행하지 아니하면 금전급부의무를 부과하는 것을 의미합니다(행정기본법 제30조 제1항 제2호). 문헌에서 이행강제금이 '집행벌'로 표현되기도 하지만, 의무이행 확보를 위해 금전적 부담의무를 부과한다는 점에서 이행강제금이라는 용어의 사용이 적절하며, 행정기본법과 건축법 등 개별법에서도 이행강제금의 용어를 사용하고 있습니다.

이행강제금은 의무자에게 금전적인 부담을 부과함으로써 심리적 압박을 가하여 간접적으로 의무의 이행을 확보한다는 점에서 직접 실력을 통해 의무이행을 실현하는 대집행 및 직접강제와 구별되며, 그 목적이 장래에 향해 의무이행을 확보하는 것을 목적으로 한다는 점에서 과거의 법 위반에 대한 제재를 주된 목적으로 하는 행정벌과도 구별됩니다. 이에 따라 형벌과 이행강제금이 동시에 부과되는 경우에도 이중처벌금지원칙의 위반 문제는 발생하지 않습니다. 이행강제금도 침익적 성격을 가지고 있기 때문에 법률유보의 원칙으로부터 자유로울 수 없습니다. 이에 따라 건축법 제80조 등 개별 법률은 이행강제금의 부과 요건과 절차 등을 규정하고 있으며, 행정기본법도 이행강제금의 정의, 개별 법률에서 이행강제금을 규율함에 있어서 필요한 기준, 부과 절차 등을 규정하고 있습니다. 그렇다고 하여 행정기본법 제30조 제1항 제2호와 제31조 규정을 직접 근거로 하여 이행강제금 부과처분을 할 수 있는 것은 아니어서, 그 부과를 위해서는 구체적 부과금액 등을 규정하는 개별법상의 근거가 반드시 필요합니다. 행정기본법의 이행강제금 규정은 개별 법령에 산재해 있는 이행강제금 부과·징수 규정들의 공통된 기준과 일반원칙을 정립함으로써, 개별 법령상 이행강제금 제도의 체계적 운영을 위한 해석의 지침이 되는 일반법으로서의 역할을 담당합니다.

* **헌재결 2004.2.26, 2001헌바80,84,102,103,2002헌바26(병합)** : "건축법 제78조에 의한 무허가 건축행위에 대한 형사처벌과 건축법 제83조 제1항에 의한 시정명령 위반에 대한 이행강제금의 부과는 그 처벌 내지 제재대상이 되는 기본적 사실관계로서의 행위를 달리하며, 또한 그 보호법익과 목적에서도 차이가 있으므로 헌법 제13조 제1항이 금지하는 이중처벌에 해당한다고 할 수 없다."

2) 대체적 작의위무 불이행에 대한 이행강제금 부과 가능성

이행강제금의 전형은 비대체적 작위의무의 불이행이나 부작위의무의 위반을 전제로 합니다. 이와 관련하여 대체적 작위의무의 불이행에 대한 원칙적 강제집행수단인 대집행이 가능함에도 불구하고, 그 의무의 이행을 확보하기 위하여 이행강제금을 부과할 수 있는지에 대한 논의가 있습니다. 이를 부정하는 견해는 대집행 요건으로서의 비례성 요청에 따라 대집행이 가능함에도 이행강제금을 부과하는 것에 근본적인 의문을 제기하지만, 다수설은 사안에 따라서 대집행보다 이행강제금이 의무이행의 확보를 위해 효과적인 수단이 된다고 설명하고 있습니다. 헌법재판소는 다음과 같이 다수설의 입장을 취하는 것으로 보입니다. 건축법 제80조도 대체적 작위의무의 불이행에 대한 이행강제금 부과 가능성을 인정하고 있습니다. 요컨대, 행정청은 의무에 합당한 재량행사를 통하여 대체적 작위의무에 대한 의무이행 확보수단으로서 이행강제금과 대집행 중 어느 하나를 선택할 재량을 가집니다. 또한 헌법재판소 결정에 의할 때 이행강제금 부과·징수에도 불구하고 의무불이행 상태가 해소되지 않는 경우 행정청은 대집행을 실행할 수 있습니다. 이는 이행강제금 부과·징수에도 불구하고 의무불이행 상태가 지속되고, 이를 그대로 방치함이 심히 공익을 해할 것으로 인정될 경우에는 외형상 중첩적 제재에 해당하더라도 대집행을 실시할 수 있다는 취지로 해석할 수 있습니다.

* **헌재결 2004.2.26, 2001헌바80,84,102,103,2002헌바26(병합)** : "전통적으로 행정대집행은 대체적 작위의무에 대한 강제집행수단으로, 이행강제금은 부작위의무나 비대체적 작위의무에 대한 강제집행수단으로 이해되어 왔으나, 이는 이행강제금제도의 본질에서 오는 제약은 아니며, 이행강제금은 대체적 작위의무의 위반에 대하여도 부과될 수 있다. 현행 건축법상 위법건축물에 대한 이행강제수단으로 대집행과 이행강제금(제83조 제1항)이 인정되고 있는데, 양 제도는 각각의 장·단점이 있으므로 행정청은 개별사건에 있어서 위반내용, 위반자의 시정의지 등을 감안하여 대집행과 이행강제금을 선택적으로 활용할 수 있으며, 이처럼 그 합리적인 재량에 의해 선택하여 활용하는 이상 중첩적인 제재에 해당한다고 볼 수 없다."

3) 이행강제금의 부과절차

개별·구체적인 작위의무 또는 부작위의무의 불이행이 존재하는 경우 행정청은 의무자에게 적절한 이행기한 내에 그 의무를 이행하지 않는 경우 이행강제금을 부과한다는 의사를 문서로써 계고하여야 하며, 의무자가 그 기한 내에 의무를 이행하지 않는 경우에는 이행강제금의 부과 금액·사유·시기를 문서로 명확하게 적어 의무자에게 통지하여야 합니다(행정기본법 제31조 제3항 및 제4항). 이처럼 최초 철거명령 등 시정명령의 불이행시 이행강제금을 부과하기 위해서는 시정명령의 이행에 필요한 적절한 이행기간을 정하여 통지하여야 함으로써 실질적으로 제2차 시정명령을 발하는 외형을 취하지만, 이는 시정명령의 이행기간을 연장하여 다시 한 번 시정의무의 이행을 촉구하는 사실행위의 성격을 갖는다고 보아야 하므로 이를 별도의 처분으로 볼 수 없다는 것이 판례의 입장입니다.

* **대판 2010.6.24, 2010두3978** : "행정청의 상대방이 시정명령을 이행할 의사가 없음이 명백하더라도 이행강제금 부과처분에 있어 시정명령이라는 요건이 면제되는 것은 아니고, 2차 시정명령은 1차 시정명령에서 정한 시정기간이 경과한 후에 다시 그 시정명령의 이행에 필요한 상당한 이행기한을 정하여 행해져야 하는데, 이 사건 2차 시정명령은 1차 시정명령에서 정한 시정기간의 만료일인 2008. 6. 30.이 경과하기 전인 2008. 6. 12.에 행해졌을 뿐 아니라 2차 시정명령에서 정한 시정기간의 만료일 또한 1차 시정명령의 그것보다 오히려 앞당겨진 2008. 6. 20.로 그 시정명령의 이행에 필요한 상당한 이행기한이라고 할 수 없다(원고들이 2008. 6. 12. 피고에게 2008. 6. 20.까지 자진 철거를 약속한 행위는 시정명령을 이행하겠으니 선처해 달라는 정도의 언동에 불과하여 시정기한의 이익을 포기한 것이라고 보기 어려울 뿐 아니라, 설령 위와 같은 행위를 시정기한 이익 포기로 본다고 하더라도 그 포기의 대상은 1차 시정명령에서 정한 시정기간 중 2008. 6. 21. 이후부터 2008. 6. 30.까지의 그것을 포기하겠다는 것이지 2008. 6. 21. 이후 상당한 시정기간을 부여한 2차 시정명령을 받을 수 있는 이익까지 포기하겠다는 것으로 보기는 어려우므로, 적법한 2차 시정명령이 되기 위해서는 2008. 6. 21. 이후 발령된 것으로 그 시정명령의 이행에 필요한 상당한 이행기한이 부여된 것이어야 할 것인데, 이 사건 2차 시정명령은 위와 같은 요건도 갖추지 못하였다). 따라서 이 사건 이행강제금 부과처분 중 제1심에서 취소되지 않은 45,187,860원 부분 또한 부과요건 흠결 또는 절차상 흠으로 인하여 위법하다고 봄이 상당하다."

이행강제금은 반복적으로 부과할 수 있으며, 의무자가 의무를 이행한 경우에는 이행강제금의 부과를 중지하되, 이미 부과한 이행강제금은 징수하여야 합니다(동조 제5항). 복수의 이행강제금이 부과되었고 최초의 시정명령의 이행기회가 이행강제금 부과 전에 부여되지 않았다면, 시정명령의 이행기회 제공을 전제로 한 후행의 이행강제금만 부과할 수 있고 그 기회가 부여되지 않은 과거 기간에 대한 이행강제금까지 한꺼번에 부과할 수 없으므로, 양자를 한꺼번에 부과하였다면 이는 무효사유인 하자에 해당합니다. 행정청은 이행강제금을 부과받은 자가 납부기한까지 이행강제금을 납부하지 않으면 국세강제징수의 예 또는 지방행정제재·부과금의 징수 등에 관한 법률에 따라 징수합니다(동조 제6항). 이와 관련하여 이행강제금을 납부하지 않아 체납절차에 의하여 이행강제금을 징수하는 경우, 납부의 최초 독촉은 항고소송의 대상이 되는 징수처분에 해당합니다.

＊ **대판 2016.7.14, 2015두46598** : "구 건축법 제80조 제1항, 제4항에 의하면 문언상 최초의 시정명령이 있었던 날을 기준으로 1년 단위별로 2회에 한하여 이행강제금을 부과할 수 있고, 이 경우에도 매 1회 부과 시마다 구 건축법 제80조 제1항 단서에서 정한 1회분 상당액의 이행강제금을 부과한 다음 다시 시정명령의 이행에 필요한 상당한 이행기한을 정하여 그 기한까지 시정명령을 이행할 수 있는 기회(이하 '시정명령의 이행 기회'라 한다)를 준 후 비로소 다음 1회분 이행강제금을 부과할 수 있다. 따라서 비록 건축주 등이 장기간 시정명령을 이행하지 아니하였더라도, 그 기간 중에는 시정명령의 이행 기회가 제공되지 아니하였다가 뒤늦게 시정명령의 이행 기회가 제공된 경우라면, 시정명령의 이행 기회 제공을 전제로 한 1회분의 이행강제금만을 부과할 수 있고, 시정명령의 이행 기회가 제공되지 아니한 과거의 기간에 대한 이행강제금까지 한꺼번에 부과할 수는 없다. 그리고 이를 위반하여 이루어진 이행강제금 부과처분은 과거의 위반행위에 대한 제재가 아니라 행정상의 간접강제 수단이라는 이행강제금의 본질에 반하여 구 건축법 제80조 제1항, 제4항 등 법규의 중요한 부분을 위반한 것으로서, 그러한 하자는 중대할 뿐만 아니라 객관적으로도 명백하다."

＊ **대판 2009.12.24, 2009두14507** : "구 건축법(2008. 3. 21. 법률 제8974호로 전부 개정되기 전의 것) 제69조의2 제6항, 지방세법 제28조, 제82조, 국세징수법 제23조의 각 규정에 의하면, 이행강제금 부과처분을 받은 자가 이행강제금을 기한 내에 납부하지 아니한 때에는 그 납부를 독촉할 수 있으며, 납부독촉에도 불구하고 이행강제금을 납부하지 않으면 체납절차에 의하여 이행강제금을 징수할 수 있고, 이때 이행강제금 납부의 최초 독촉은 징수처분으로서 항고소송의 대상이 되는 행정처분이 될 수 있다."

행정기본법의 제정 이전에도 헌법재판소는 이행강제금의 부과횟수나 부과상한액을 제한하는 것이 이행강제금의 본래의 목적을 달성하는 데 장애가 될 수 있다고 보고 개별 법률에서 부과횟수나 부과상한액에 관한 규정을 두고 있지 않은 개별 법률이 침해최소성의 원칙에 반하지 않는다고 판시하였습니다. 다만, 건축법 제80조 제5항 등 개별 법률에서 부과횟수를 제한하는 경우를 찾아볼 수 있습니다.

＊ **헌재결 2011.10.25, 2009헌바140** : "이 사건 법률조항은 '건축물의 안전과 기능, 미관을 향상시켜 공공복리의 증진을 도모하기 위한 것'으로 그 입법목적이 정당하고, 이러한 목적 달성을 위하여 시정명령에 불응하고 있는 건축법 위반자에 대하여 이행강제금을 부과함으로써 시정명령에 응할 것을 강제하고 있으므로 적절한 수단이 된다. 또한 개별사건에 있어서 위반내용, 위반자의 시정의지 등을 감안하여 허가권자는 행정대집행과 이행강제금을 선택적으로 활용할 수 있고, 행정대집행과 이행강제금 부과가 동시에 이루어지는 것이 아니라 허가권자의 합리적인 재량에 의해 선택하여 활용하는

> 이상 이를 중첩적인 제재에 해당한다고 볼 수 없으며, 이행강제금은 위법건축물의 원상회복을 궁극적인 목적으로 하고, 그 궁극적인 목적을 달성하기 위해서는 위법건축물이 존재하는 한 계속하여 부과할 수밖에 없으며, 만약 통산 부과횟수나 통산 부과상한액의 제한을 두면 위반자에게 위법건축물의 현상을 고착할 수 있는 길을 열어 주게 됨으로써 이행강제금의 본래의 취지를 달성할 수 없게 되므로 이 사건 법률조항에서 이행강제금의 통산 부과횟수나 통산 부과상한액을 제한하는 규정을 두고 있지 않다고 하여 침해 최소성의 원칙에 반한다고 할 수는 없다."

4) 이행강제금에 대한 불복

이행강제금에 대한 불복절차는 개별 법률에서 규정하는 바에 따라 상이합니다. 먼저, 농지법 제63조 제7항과 같이 이행강제금부과처분에 대해 불복이 있는 경우 비송사건절차법에 따른 과태료 재판에 준하여 재판을 받도록 규정한 경우에는 이행강제금부과처분에 대한 행정심판의 청구나 행정소송의 제기가 불가능합니다. 건축법 제80조 등 개별 법률에서 이행강제금에 대한 불복 관련 특별한 규정을 두고 있지 않은 경우에는 행정심판과 행정소송을 통해 이행강제금부과처분을 다툴 수 있습니다. 한편, 이행강제금부과처분에 대해서는 이의신청이 가능합니다. 건축법과 농지법의 경우 이의신청에 관하여 명시적으로 규정하고 있으며, 이와 같은 규정이 부재한 경우에도 행정기본법 제36조에 따라 이의신청이 가능합니다.

4. 직접강제

1) 의의

직접강제(unmittelbarer Zwang)는 행정법상 의무불이행이 있는 경우 행정청이 의무자의 신체나 재산에 실력을 가하여 의무의 이행이 있었던 것과 동일한 상태를 실현시키는 행정상 강제집행 수단입니다. 직접강제의 대상은 대체적 작위의무, 비대체적 작위의무, 부작위의무, 수인의무 등 모든 행정상 의무에 대해 적용됩니다. 다만, 직접강제는 행정상 강제집행의 수단 중 가장 강력한 수단이기 때문에 대집행이나 이행강제금 부과의 방법을 통해 행정상 의무이행을 확보 또는 그 실현이 불가능한 경우에 한하여 행해져야 합니다(행정기본법 제32조 제1항). 즉, 직접강제는 행정대집행이나 이행강제금에 대하여 보충적 관계에 있다고 할 것입니다. 또한 행정강제 전반에 관한 비례원칙 규정(행정기본법 제30조 제1항 본문)은 직접강제의 경우에도 적용됩니다.

2) 법적근거

직접강제에 관한 지침적 성격의 행정기본법 제32조의 규정에도 불구하고 직접강제의 요건과 내용 등은 식품위생법 제79조(폐쇄조치), 출입국관리법 제46조(강제퇴거의 대상자), 공중위생관리법 제11조(공중위생영업소의 폐쇄등) 등 개별법 규정들에 의합니다. 행정기본법 제32조에 의할 때 대집행 실행의 경우와 동일하게 직접강제의 실시를 위해 현장에 파견되는 집행책임자는 자신이 집행책임자임을 표시하는 증표를 제시하여야 하고, 이행강제금의 부과에 있어서 적용되는 계고와 통지가 직접강제에 대하여 동일하게 적용됩니다(행정기본법 제32조 제2항 및 제3항).

3) 권리구제

직접강제는 행정청이 우월적 지위에서 실력을 가하여 의무이행을 확보하는 권력적 사실행위에 해당하기 때문에 항고쟁송의 대상인 처분에 해당합니다. 다만, 직접강제는 일반적으로 신속하게 종료되기 때문에 이미 종료된 후에는 소의 이익을 인정받기 어렵다는 점에서 쟁송을 통한 권리구제에는 한계가 존재합니다. 위법한 직접강제로 인해 손해를 입은 자는 국가배상법에 따른 국가배상청구가 가능하며, 경우에 따라 결과제거청구권을 행사할 수도 있습니다.

5. 행정상 강제징수

1) 의의

강제징수는 의무자가 행정상 의무 중 금전급부의무를 이행하지 아니하는 경우 행정청이 의무자의 재산에 실력을 행사하여 그 행정상 의무가 실현된 것과 같은 상태를 실현하는 것을 의미합니다(행정기본법 제30조 제1항 제4호).

2) 법적근거 및 절차

강제징수에 관한 일반법은 존재하지 않지만, 국세체납액과 지방세체납액의 징수절차에 관하여 규정하고 있는 국세징수법과 지방세징수법이 강제징수에 관한 일반법적 지위를 가지고 있습니다. 의무자가 대집행 비용이나 이행강제금을 납부하지 않은 경우에도 국세징수법의 예에 의하여 강제징수가 가능하다는 것은 앞서 설명한 바와 같습니다. 국세징수법에 따른 강제징수 절차는 크게 독촉, 체납처분으로 구분되고, 체납처분은 다시 압류, 매각 및 청산으로 구분됩니다.

체납처분 중 매각은 원칙적으로 공매의 방법에 의하는데, 공매와 관련한 처분성 논의가 판례상 문제됩니다. 판례는 공매 자체를 처분으로 보며, 공매공고나 공매통지 없이 행한 압류재산 공매는 위법하지만 이 경우 공매공고나 공매통지는 처분이 아니므로 이들을 항고소송의 대상으로 삼을 수는 없다고 합니다.

* **대판 2008.11.20, 2007두18154(전합)** : "체납자는 국세징수법 제66조에 의하여 직접이든 간접이든 압류재산을 매수하지 못함에도, 국세징수법이 압류재산을 공매할 때 공고와 별도로 체납자 등에게 공매통지를 하도록 한 이유는, 체납자 등에게 공매절차가 유효한 조세부과처분 및 압류처분에 근거하여 적법하게 이루어지는지 여부를 확인하고 이를 다툴 수 있는 기회를 주는 한편, 국세징수법이 정한 바에 따라 체납세액을 납부하고 공매절차를 중지 또는 취소시켜 소유권 또는 기타의 권리를 보존할 수 있는 기회를 갖도록 함으로써, 체납자 등이 감수하여야 하는 강제적인 재산권 상실에 대응한 절차적인 적법성을 확보하기 위한 것이다. 따라서 체납자 등에 대한 공매통지는 국가의 강제력에 의하여 진행되는 공매에서 체납자 등의 권리 내지 재산상의 이익을 보호하기 위하여 법률로 규정한 절차적 요건이라고 보아야 하며, 공매처분을 하면서 체납자 등에게 공매통지를 하지 않았거나 공매통지를 하였더라도 그것이 적법하지 아니한 경우에는 절차상의 흠이 있어 그 공매처분은 위법하다. 다만, 공매통지의 목적이나 취지 등에 비추어 보면, 체납자 등은 자신에 대한 공매통지의 하자만을 공매처분의 위법사유로 주장할 수 있을 뿐 다른 권리자에 대한 공매통지의 하자를 들어 공매처분의 위법사유로 주장하는 것은 허용되지 않는다."

3) 권리구제

개별 법률에서 특별한 규정을 두고 있지 않는 한, 국세기본법, 행정심판법 및 행정소송법이 정하는 바에 따라 강제징수에 대해 불복이 가능합니다. 국세기본법은 강제징수에 관한 특별한 불복절차를 규정하고 있는데, 강제징수에 대해 행정소송을 제기할 수 있음은 당연하지만, 행정소송을 제기하기 이전에 국세기본법에 따른 심사청구 또는 심판청구의 절차를 필수적으로 거쳐야 합니다(예외적 행정심판 필수전치주의). 물론, 심사청구 또는 심판청구 이전에 이의신청도 가능합니다. 하자의 승계와 관련하여 조세부과처분과 체납처분의 사이에서는 하자의 승계가 인정되지 않지만, 독촉과 체납처분 및 체납처분을 구성하는 압류, 매각, 청산 사이에서는 선행행위의 하자가 후행행위에 승계됩니다.

* **대판 1987.9.22, 87누383** : "조세의 부과처분과 압류 등의 체납처분은 별개의 행정처분으로서 독립성을 가지므로 부과처분에 하자가 있더라도 그 부과처분이 취소되지 아니하는 한 그 부과처분에 의한 체납처분은 위법이라고 할 수는 없지만, 체납처분은 부과처분의 집행을 위한 절차에 불과하므로 그 부과처분에 중대하고도 명백한 하자가 있어 무효인 경우에는 그 부과처분의 집행을 위한 체납처분도 무효라 할 것이다."
* **대판 2012.1.26, 2009두14439** : "과세관청의 소득처분과 그에 따른 소득금액변동통지가 있는 경우 원천징수의무자인 법인은 소득금액변동통지서를 받은 날에 그 통지서에 기재된 소득의 귀속자에게 당해 소득금액을 지급한 것으로 의제되어 그때 원천징수하는 소득세의 납세의무가 성립함과 동시에 확정되므로 소득금액변동통지는 원천징수의무자인 법인의 납세의무에 직접 영향을 미치는 과세관청의 행위로서 항고소송의 대상이 된다. 그리고 원천징수의무자인 법인이 원천징수하는 소득세의 납세의무를 이행하지 아니함에 따라 과세관청이 하는 납세고지는 확정된 세액의 납부를 명하는 징수처분에 해당하므로 선행처분인 소득금액변동통지에 하자가 존재하더라도 당연무효 사유에 해당하지 않는 한 후행처분인 징수처분에 그대로 승계되지 아니한다. 따라서 과세관청의 소득처분과 그에 따른 소득금액변동통지가 있는 경우 원천징수하는 소득세의 납세의무에 관하여는 이를 확정하는 소득금액변동통지에 대한 항고소송에서 다투어야 하고, 소득금액변동통지가 당연무효가 아닌 한 징수처분에 대한 항고소송에서 이를 다툴 수는 없다."

제24강

그 밖의 행정의 실효성 확보수단

제24강
그 밖의 행정의 실효성 확보수단

1. 행정상 즉시강제

1) 의의

즉시강제는 급박한 행정상의 장해의 제거의 필요가 있지만 미리 의무를 명할 시간적 여유가 없는 경우 또는 그 성질상 의무를 명함으로써 목적의 달성이 곤란한 경우에 행정청이 직접 국민의 신체 또는 재산에 실력을 가하여 행정상 필요한 상태를 실현하는 것으로 정의됩니다. 이때 미리 의무를 부과할 수 없는 상태를 즉시강제의 절대적 요건으로 보지 않고 - 가사 사전적 의무 부과가 선재하였더라도 - 행정상 의무위반 상태로 인하여 명백하고 현존하는 급박한 위험이 존재하는 것만으로 즉시강제의 요건을 충족한다는 유력한 견해도 있습니다. 즉시강제의 대표적인 예로는 강제입원, 도로의 교통방해물 제거 등이 있습니다. 즉시강제는 의무의 불이행을 요건으로 하지 않기 때문에 사전에 의무를 부과하고 그 의무의 불이행을 요건으로 하는 행정상 강제집행과 구별됩니다. 즉시강제도 권력적 사실행위의 성격을 가지고 있기 때문에 항고소송의 대상이 됨은 물론입니다.

2) 법적 근거

행정기본법은 즉시강제의 정의, 보충성 및 비례원칙, 절차 등 즉시강제의 지침적 성격의 일반적인 사항을 규정합니다(행정기본법 제30조 제1항 제5호, 제33조). 그러나 개별·구체적 상황에서의 즉시강제의 구체적 요건, 내용 등에 대해서는 경찰관 직무집행법 제4조(보호조치 등), 감염병의 예방 및 관리에 관한 법률 제42조(감염병에 관한 강제처분), 소방기본법 제25조(강제처분 등) 등 다수의 개별 법률에 의합니다.

3) 즉시강제의 수단

즉시강제의 수단은 개별 법률에서 정하는 바에 따라 상이하지만, 일반적으로 대인적 강제, 대물적 강제, 대가택 강제로 구분합니다. 대인적 강제는 개인의 신체에 실력을 가하여 행정상 필요한 상태를 실현시키는 것으로서 감염병환자의 강제치료 및 입원(감염병의예방및관리에관한법률 제42조 제1항), 외국인의 강제퇴거(출입국관리법 제46조 제1항) 등이 여기에 속합니다. 다만, 대인적 강제의 예로 설명되는 수단 중에는 사전에 부과된 의무의 위반에 기초하여 적용되는 경우도 존재하는바, 사전의무의 부재를 즉시강제의 절대적 요건으로 하는 한 이들은 즉시강제가 아닌 직접강제의 수단으로 이해할 수도 있습니다. 예를 들어 경찰관 직무직행법에서 규정하고 있는 즉시강제의 대인적 수단으로는 보호조치(제4조), 위험 발생의 방지(제5조), 범죄의 예방과 제지(제6조) 등을 거론하는데, 사전에 경고 내지 의무 부과 없이 경찰장비나 무기의 사용이 이루어질 수 없는 점에서 이들을 직접강제로 이해하는 것이 적절하다는 견해도 존재합니다.

대물적 강제는 물건에 실력을 가하여 행정상 필요한 상태를 실현하는 것을 의미하며, 그 예로는 물건의 압류 및 폐기(식품위생법 제72조 제2항), 소상기본법상 강제처분(소방기본법 제25조), 도로의 위법공작물에 대한 조치(도로교통법 제71조 제1항 및 제72조 제2항)등이 있습니다.

대가택 강제는 소유자나 점유자 또는 관리인의 의사와 관계없이 가택, 영업소 등에 출입하여 행정상 필요한 상태를 실현하는 것을 의미합니다. 위험방지를 위한 출입(경찰관직무집행법 제7조), 영업소 출입 및 검사(식품위생법 제22조), 총포·도검·화약류·분사기의 제조소와 판매소 등의 출입 및 검사(총포·도검·화약류등의안전관리에관한법률 제44조 제1항) 등이 여기에 속합니다.

4) 즉시강제의 한계와 영장주의 적용 여부

즉시강제는 행정작용의 하나로서 행정법상 일반원칙의 적용하에 있습니다. 이에 따라 즉시강제는 급박한 행정상 장해의 제거의 필요성이 인정되고 보다 침해를 최소화할 수 있는 다른 수단이 존재하는 않는 경우에만 허용됩니다. 이러한 입론은 즉시강제의 수단이 복수로 존재하는 경우에도 동일하게 적용됩니다. 또한 적극적으로 공공복리를 위해 행해지는 것이 아니라 소극적으로 행정상 장해를 제거하기 위하여 필요최소한의 범위 내에서 행해져야 합니다.

적법절차원칙과 관련하여 즉시강제에 있어서 헌법 제12조 제3항 및 제16조에 따른 체포·구속·압수·수색 및 주거에 대한 압수·수색에 있어서 요구되는 영장주의가 적용되는지가 문제됩니다. 이를 긍정하는 견해는 형사작용과 즉시강제가 목적은 다르지만 신체나 재산에 대해 실력을 가하는 공권력행사라는 점에서 공통점을 찾을 수 있고 헌법 규정에서도 영장주의가 형사작용에 한하여 적용된다는 내용을 찾아볼 수 없다는 점을 근거로 제시하고 있으며, 부정하는 견해는 영장주의가 형사작용으로 인한 인신보호를 위해 도입되었다는 점을 강조하고 있습니다. 그리고 절충설은 원칙적으로는 즉시강제에 대해서도 영장주의가 적용되지만, 행정목적을 달성하기 위해 불가피한 경우 또는 합리적인 사유가 인정되는 경우에는 예외적으로 영장주의가 적용되지 않는다고 주장합니다. 대법원은 절충설의 입장을 취하고 있고, 헌법재판소는 영장 없이 불법게임물을 수거할 수 있도록 규정한 (구)음반·비디오물 및 게임물에 관한 법률 규정이 불가피성과 정당성이 인정되기 때문에 헌법상 영장주의에 위배되지 않는다고 판시하였습니다.

＊ **대판 1997.6.13, 96다56115** : "사전영장주의는 인신보호를 위한 헌법상의 기속원리이기 때문에 인신의 자유를 제한하는 모든 국가작용의 영역에서 존중되어야 하지만, 헌법 제12조 제3항 단서도 사전영장주의의 예외를 인정하고 있는 것처럼 사전영장주의를 고수하다가는 도저히 행정목적을 달성할 수 없는 지극히 예외적인 경우에는 형사절차에서와 같은 예외가 인정되므로, 구 사회안전법(1989. 6. 16. 법률 제4132호에 의해 '보안관찰법'이란 명칭으로 전문 개정되기 전의 것) 제11조 소정의 동행보호규정은 재범의 위험성이 현저한 자를 상대로 긴급히 보호할 필요가 있는 경우에 한하여 단기간의 동행보호를 허용한 것으로서 그 요건을 엄격히 해석하는 한, 동 규정 자체가 사전영장주의를 규정한 헌법규정에 반한다고 볼 수는 없다."

＊ **헌재결 2002.10.31, 2000헌가12** : "영장주의가 행정상 즉시강제에도 적용되는지에 관하여는 논란이 있으나, 행정상 즉시강제는 상대방의 임의이행을 기다릴 시간적 여유가 없을 때 하명 없이 바로 실력을 행사하는 것으로서, 그 본질상 급박성을 요건으로 하고 있어 법관의 영장을 기다려서는 그 목적을 달성할 수 없다고 할 것이므로, 원칙적으로 영장주의가 적용되지 않는다고 보아야 할 것이다. 만일 어떤 법률조항이 영장주의를 배제할 만한 합리적인 이유가 없을 정도로 급박성이 인정되지 아니함에도 행정상 즉시강제를 인정하고 있다면, 이러한 법률조항은 이미 그 자체로 과잉금지의 원칙에 위반되는 것으로서 위헌이라고 할 것이다. … 이 사건 법률조항은 앞에서 본바와 같이 급박한 상황에 대처하기 위한 것으로서 그 불가피성과 정당성이 충분히 인정되는 경우이므로, 이 사건 법률조항이 영장 없는 수거를 인정한다고 하더라도 이를 두고 헌법상 영장주의에 위배되는 것으로는 볼 수 없다. 이 사건 법률조항은 앞에서 본바와 같이 급박한 상황에 대처하기 위한 것으로서 그 불가피성과 정당성이 충분히 인정되는 경우이므로, 이 사건 법률조항이 영장 없는 수거를 인정한다고

하더라도 이를 두고 헌법상 영장주의에 위배되는 것으로는 볼 수 없고, 위 구 음반·비디오물및게임물에관한법률 제24조 제4항에서 관계공무원이 당해 게임물 등을 수거한 때에는 그 소유자 또는 점유자에게 수거증을 교부하도록 하고 있고, 동조 제6항에서 수거 등 처분을 하는 관계공무원이나 협회 또는 단체의 임·직원은 그 권한을 표시하는 증표를 지니고 관계인에게 이를 제시하도록 하는 등의 절차적 요건을 규정하고 있으므로, 이 사건 법률조항이 적법절차의 원칙에 위배되는 것으로 보기도 어렵다."

5) 권리구제

즉시강제는 권력적 사실행위로서 항고쟁송의 대상이 됩니다. 그리고 위법한 즉시강제로 인해 손해를 입은 자는 국가배상을 청구할 수 있으며, 적법한 즉시강제로 인해 재산상 손실이 발생하였고 그 손실이 특별한 희생에 해당하는 경우에는 - 소방기본법 제49조의2와 같이 즉시강제에 대한 손실보상을 규정한 개별 법률도 찾아볼 수 있지만 - 개별 법률에 규정이 없는 경우에도 헌법 제23조 제3항을 유추적용하여 그 손실을 정당하게 보상받을 수 있다는 것이 다수의 견해입니다. 나아가 위법한 즉시강제 등으로 인해 인신의 자유가 제한된 자는 인신보호법 제3조에 따른 구제청구를 할 수 있습니다.

2. 행정조사

1) 의의와 법적 근거

행정조사란 행정기관이 정책을 결정하거나 직무를 수행하는 데 필요한 정보나 자료를 수집하기 위하여 현장조사·문서열람·시료채취 등을 하거나 조사대상자에게 보고요구·자료제출요구 및 출석·진술요구를 행하는 활동으로 정의할 수 있습니다(행정조사기본법 제2조 제1호). 행정조사는 자료제출명령 등 행정행위의 형식을 취하는 경우와 현장조사행위 등 사실행위의 성질을 띠는 경우가 있으며, 행정조사가 물리적 실력행사를 수반하는 경우에는 행정상 즉시강제의 실질을 띠기도 합니다. 권력적 성격의 행정조사는 법적 근거를 반드시 요하지만, 조사대상자의 자발적인 협조를 얻어 실시하는 비권력적 행정조사는 법률의 근거를 요하지 않습니다(동법 제5조). 행정조사에 관한 기본원칙·행정조사의 방법 및 절차 등에 관한 공통적인 사항을 규정하는 일반법으로 행정조사기본법이 존재합니다.

2) 행정조사기본법상 행정조사의 방법

행정조사기본법은 행정조사의 방법으로 출석·진술요구(제9조), 보고요구와 자료제출의 요구(제10조), 현장조사(제11조), 시료채취(제12조), 자료 등의 영치(제13조) 등을 예정합니다. 행정기관의 장은 i) 당해 행정기관 내의 2 이상의 부서가 동일하거나 유사한 업무분야에 대하여 동일한 조사대상자에게 행정조사를 실시하는 경우나, ii) 서로 다른 행정기관이 대통령령으로 정하는 분야에 대하여 동일한 조사대상자에게 행정조사를 실시하는 경우에는 공동조사를 실시하여야 하며, 이 경우 행정조사의 사전통지를 받은 조사대상자는 관계 행정기관의 장에게 공동조사를 실시하여 줄 것을 신청할 수 있습니다(제14조 제1항, 제2항). 공동의 행정조사는 유사·동일 사안에 대한 중복된 행정조사를 예방하는 데에 일조합니다(제4조 제3항).

3) 행정조사의 기본원칙과 한계

행정조사는 조사목적에 적합한 조사대상자를 선정하는 등 조사목적을 달성하는 데 필요한 최소한의 범위 안에서 실시하여야 하며(비례원칙), 다른 목적 등을 위하여 조사권을 남용하여서는 아니 됩니다(행정조사기본법 제4조 제1항, 제2항). 행정조사는 법령등의 위반에 대한 처벌보다는 법령등을 준수하도록 유도하는 데 중점을 두어야 합니다(동조 제4항). 그리고 다른 법률에 따르지 아니하고는 행정조사의 대상자 또는 행정조사의 내용을 공표하거나 직무상 알게 된 비밀을 누설하여서는 아니 되며(동조 제5항), 행정기관은 행정조사를 통하여 알게 된 정보를 다른 법률에 따라 내부에서 이용하거나 다른 기관에 제공하는 경우를 제외하고는 원래의 조사목적 이외의 용도로 이용하거나 타인에게 제공하여서는 안 됩니다(동조 제6항).

행정조사는 법치행정원칙에 비추어 법령에 위반되어서는 안 됩니다. 예컨대, 행정기관이 이미 조사를 받은 조사대상자에 대하여 위법행위가 의심되는 새로운 증거를 확보한 경우 등이 아닌 한 동일한 사안에 대하여 동일한 조사대상자를 재조사하는 것은 허용되지 않습니다(동법 제15조 제1항). 또한, 행정조사는 근거 법령상의 조사목적 달성을 위하여 필요한 최소한도에 그쳐야 하며, 그 수단 선택에 있어서도 상대방에게 최소의 침해를 가져오는 수단을 사용하여야 합니다. 행정조사에 수반하는 실력행사는 개인의 신체·재산에 침익적 효과를 초래하는 권력적 행정작용에 속한다고 할 것이므로 이를 허용하는 명문의 규정이 없는 경우에는 행정조사 과정에서의 직접적인 실력행사가 불가능하다고 보아야 합니다.

* **대판 2016.12.15, 2016두47659** : "국세기본법은 제81조의4 제1항에서 "세무공무원은 적정하고 공평한 과세를 실현하기 위하여 필요한 최소한의 범위에서 세무조사를 하여야 하며, 다른 목적 등을 위하여 조사권을 남용해서는 아니 된다."라고 규정하고 있다. 이 조항은 세무조사의 적법 요건으로 객관적 필요성, 최소성, 권한 남용의 금지 등을 규정하고 있는데, 이는 법치국가원리를 조세절차법의 영역에서도 관철하기 위한 것으로서 그 자체로서 구체적인 법규적 효력을 가진다. 따라서 세무조사가 과세자료의 수집 또는 신고내용의 정확성 검증이라는 본연의 목적이 아니라 부정한 목적을 위하여 행하여진 것이라면 이는 세무조사에 중대한 위법사유가 있는 경우에 해당하고 이러한 세무조사에 의하여 수집된 과세자료를 기초로 한 과세처분 역시 위법하다."

절차적 법치주의에 따라 행정조사도 적법절차원칙을 준수하여야 합니다. 행정조사와 영장주의의 관계에 대하여 판례는 수사기관의 강제처분이 아닌 순수 행정목적의 행정조사에는 영장을 요하지 않지만, 형사책임 추궁을 위한 압수·수색의 행정조사에는 영장이 필요하다고 봅니다.

* **대판 2013.9.26, 2013도7718** : "관세법 제246조 제1항, 제2항, 제257조, '국제우편물 수입통관 사무처리'(2011. 9. 30. 관세청고시 제2011-40호) 제1-2조 제2항, 제1-3조, 제3-6조, 구 '수출입물품 등의 분석사무 처리에 관한 시행세칙'(2013. 1. 4. 관세청훈령 제1507호로 개정되기 전의 것) 등과 관세법이 관세의 부과·징수와 아울러 수출입물품의 통관을 적정하게 함을 목적으로 한다는 점(관세법 제1조)에 비추어 보면, 우편물 통관검사절차에서 이루어지는 우편물의 개봉, 시료채취, 성분분석 등의 검사는 수출입물품에 대한 적정한 통관 등을 목적으로 한 행정조사의 성격을 가지는 것으로서 수사기관의 강제처분이라고 할 수 없으므로, <u>압수·수색영장 없이 우편물의 개봉, 시료채취, 성분분석 등 검사가 진행되었다 하더라도 특별한 사정이 없는 한 위법하다고 볼 수 없다.</u>"

* **대판 2017.7.18, 2014도8719** : "수사기관에 의한 압수·수색의 경우 헌법과 형사소송법이 정한 적법절차와 영장주의 원칙은 법률에 따라 허용된 예외사유에 해당하지 않는 한 관철되어야 한다. 세관공무원이 수출입물품을 검사하는 과정에서 마약류가 감추어져 있다고 밝혀지거나 그러한 의심이 드는 경우, 검사는 마약류의 분산을 방지하기 위하여 충분한 감시체제를 확보하고 있어 수사를 위하

> 여 이를 외국으로 반출하거나 대한민국으로 반입할 필요가 있다는 요청을 세관장에게 할 수 있고, 세관장은 그 요청에 응하기 위하여 필요한 조치를 할 수 있다(마약류 불법거래 방지에 관한 특례법 제4조 제1항). 그러나 이러한 조치가 수사기관에 의한 압수·수색에 해당하는 경우에는 영장주의 원칙이 적용된다. 물론 수출입물품 통관검사절차에서 이루어지는 물품의 개봉, 시료채취, 성분분석 등의 검사는 수출입물품에 대한 적정한 통관 등을 목적으로 조사를 하는 것으로서 이를 수사기관의 강제처분이라고 할 수 없으므로, 세관공무원은 압수·수색영장 없이 이러한 검사를 진행할 수 있다. 세관공무원이 통관검사를 위하여 직무상 소지하거나 보관하는 물품을 수사기관에 임의로 제출한 경우에는 비록 소유자의 동의를 받지 않았더라도 수사기관이 강제로 점유를 취득하지 않은 이상 해당 물품을 압수하였다고 할 수 없다. 그러나 마약류 불법거래 방지에 관한 특례법 제4조 제1항에 따른 조치의 일환으로 특정한 수출입물품을 개봉하여 검사하고 그 내용물의 점유를 취득한 행위는 위에서 본 수출입물품에 대한 적정한 통관 등을 목적으로 조사를 하는 경우와는 달리, 범죄수사인 압수 또는 수색에 해당하여 사전 또는 사후에 영장을 받아야 한다."

행정절차법상 행정조사에 관한 명문의 규정이 없는 것과 달리, 행정조사기본법은 행정조사의 절차를 규정합니다. 행정기관의 장은 동법 제17조 제1항 단서에 의한 예외사유에 해당하지 않는 한 조사개시 7일 전까지 행정조사 관련 서류를 조사대상자에게 서면으로 통지하여야 합니다(조사의 사전통지, 제17조 제1항 본문). 행정조사기본법은 행정조사의 사전통지를 행정행위 성격의 행정조사에 한정하지 않으므로 해당 행정조사가 사실행위의 성격이더라도 의무적 사전통지의 대상이라고 해석함이 타당합니다. 그리고 조사대상자(제3자에 대한 보충적 행정조사에서 원래의 조사대상자 포함)는 사전통지의 내용에 대하여 행정기관의 장에게 의견을 제출할 수 있으며, 행정기관의 장은 제출한 의견이 상당한 이유가 있다고 인정하는 경우에는 이를 행정조사에 반영하여야 합니다(의견제출, 제21조, 제19조 제4항). 행정기관의 장은 법령 등에 특별한 규정이 있는 경우를 제외하고는 행정조사의 결과를 확정한 날부터 7일 이내에 그 결과를 조사대상자에게 통지하여야 합니다(조사결과의 통지, 제24조). 그 밖에 행정조사기본법은 조사의 연기신청(제18조), 제3자에 대한 보충조사(제19조), 조사원 교체신청(제22조), 조사권 행사의 제한(제23조) 등의 절차규정을 두고 있습니다.

4) 위법한 행정조사에 기초한 행정행위의 효력

행정조사가 그 실체적·절차적 한계를 유월하여 위법한 경우 그에 따른 정보에 기초하여 발령된 행정행위의 위법 여부가 문제됩니다. 행정조사를 행정행위에 이르는 절차로 보고 절차하자론에 따라 위법한 행정행위라는 견해, 행정조사가 행정행위 발령의 전제요건으로 법령상 규정되지 않는 한 행정조사의 위법만으로 행정행위가 위법해지는 것은 아니라는 견해, 하자승계론에 입각하여 행정행위의 위법 여부를 판단하는 견해 및 적어도 법이 요구하는 요건을 무시하여 조사로 볼 수 없을 정도의 위법한 행정조사에 기초하여 행정행위가 행해졌을 경우 해당 행정행위가 위법하다는 견해 등이 학설상 논의됩니다. 판례는 위법한 중복조사에 기한 과세처분 및 음주운전 조사과정에서 본인의 동의가 없거나 영장에 의하지 않고 행한 채혈조사를 근거로 한 운전면허취소처분이 위법하다고 하는 등 대체로 긍정설의 입장입니다.

* **대판 2020.2.13, 2015두745** : "구 관세법(2011. 12. 31. 법률 제11121호로 개정되기 전의 것) 제111조에 의하면, 세관공무원은 예외적인 경우를 제외하고는 해당 사안에 대하여 이미 조사를 받은 자에 대하여 재조사를 할 수 없다. 나아가 금지되는 재조사에 기하여 과세처분을 하는 것은 단순히 당초 과세처분의 오류를 경정하는 경우에 불과하다는 등의 특별한 사정이 없는 한 그 자체로 위법하고, 이는 과세관청이 그러한 재조사로 얻은 과세자료를 과세처분의 근거로 삼지 않았다거나 이를 배제하고서도 동일한 과세처분이 가능한 경우라고 하여 달리 볼 것은 아니다."
* **대판 2016.12.27, 2014두46850** : "음주운전 여부에 관한 조사방법 중 혈액 채취(이하 '채혈'이라고 한다)는 상대방의 신체에 대한 직접적인 침해를 수반하는 방법으로서, 이에 관하여 도로교통법은 호흡조사와 달리 운전자에게 조사에 응할 의무를 부과하는 규정을 두지 아니할 뿐만 아니라, 측정에 앞서 운전자의 동의를 받도록 규정하고 있으므로(제44조 제3항), 운전자의 동의 없이 임의로 채혈조사를 하는 것은 허용되지 아니한다. 그리고 수사기관이 범죄 증거를 수집할 목적으로 운전자의 동의 없이 혈액을 취득·보관하는 행위는 형사소송법상 '감정에 필요한 처분' 또는 '압수'로서 법원의 감정처분허가장이나 압수영장이 있어야 가능하고, 다만 음주운전 중 교통사고를 야기한 후 운전자가 의식불명 상태에 빠져 있는 등으로 호흡조사에 의한 음주측정이 불가능하고 채혈에 대한 동의를 받을 수도 없으며 법원으로부터 감정처분허가장이나 사전 압수영장을 발부받을 시간적 여유도 없는 긴급한 상황이 발생한 경우에는 수사기관은 예외적인 요건하에 음주운전 범죄의 증거 수집을 위하여 운전자의 동의나 사전 영장 없이 혈액을 채취하여 압수할 수 있으나 이 경우에도 형사소송법에 따라 사후에 지체 없이 법원으로부터 압수영장을 받아야 한다. 따라서 음주운전 여부에 대한 조사 과정에서 운전자 본인의 동의를 받지 아니하고 또한 법원의 영장도 없이 채혈조사를 한 결과를 근거로 한 운전면허 정지·취소 처분은 도로교통법 제44조 제3항을 위반한 것으로서 특별한 사정이 없는 한 위법한 처분으로 볼 수밖에 없다."
* **대판 2014.6.26, 2012두911** : "구 국세기본법 제81조의5가 정한 세무조사대상 선정사유가 없음

에도 세무조사대상으로 선정하여 과세자료를 수집하고 그에 기하여 과세처분을 하는 것은 적법절차의 원칙을 어기고 구 국세기본법 제81조의5와 제81조의3 제1항을 위반한 것으로서 특별한 사정이 없는 한 과세처분은 위법하다."

5) 행정구제

위법한 행정조사에 따른 손해의 발생에 대해서는 국가배상청구가 가능합니다. 또한, 적법한 행정조사로 인하여 특별한 희생을 초래하는 손실이 발생한 경우에는 공익사업을 위한 토지 등의 취득 및 보상에 관한 법률 제27조 제3항(출입조사에 대한 보상), 경찰관 직무집행법 제11조의2 등 개별법상 손실보상청구권이 인정되기도 합니다. 행정조사가 행정행위 형식을 취하는 경우 및 권력적 사실행위의 실질일 때에는 항고쟁송의 방법으로 그 위법을 다툴 수 있습니다. 다만, 후자의 경우 행정조사가 단기간에 종료되는 경우가 많음을 고려하건대 소의 이익 흠결로 각하판결의 가능성이 높으므로 항고쟁송 제기와 함께 집행정지를 신청할 실익이 있습니다. 비권력적 사실행위의 성격을 띠는 행정조사에 대해서는 독일법상 부작위청구소송이 적실하지만, 현행 법제와 판례가 이를 허용되지 않으므로 당사자소송의 활용 가능성이 있을 따름입니다.

대법원은 과세처분에 앞서 행해진 비권력적 사실행위(질문조사권)를 내용으로 하는 세무조사결정에 대하여 납세의무자의 권리·의무에 직접 영향을 미치는 공권력의 행사로 해석하여 항고소송의 대상이 되는 처분이라고 판시하였습니다. 그러나 동 판결이 세무조사결정에 따른 세무조사 자체의 처분성을 부인하는 취지는 아니므로, 당해 세무조사가 권력작용인 공권력 행사의 성질을 띠는 경우에는 항고소송의 대상이 된다고 보아야 합니다.

* **대판 2011.3.10, 2009두23617** : "부과처분을 위한 과세관청의 질문조사권이 행해지는 세무조사결정이 있는 경우 납세의무자는 세무공무원의 과세자료 수집을 위한 질문에 대답하고 검사를 수인하여야 할 법적 의무를 부담하게 되는 점, 세무조사는 기본적으로 적정하고 공평한 과세의 실현을 위하여 필요한 최소한의 범위 안에서 행하여져야 하고, 더욱이 동일한 세목 및 과세기간에 대한 재조사는 납세자의 영업의 자유 등 권익을 심각하게 침해할 뿐만 아니라 과세관청에 의한 자의적인 세무조사의 위험마저 있으므로 조세공평의 원칙에 현저히 반하는 예외적인 경우를 제외하고는 금지될 필요가 있는 점, 납세의무자로 하여금 개개의 과태료 처분에 대하여 불복하거나 조사 종료 후의 과세

> 처분에 대하여만 다툴 수 있도록 하는 것보다는 그에 앞서 세무조사결정에 대하여 다툼으로써 분쟁을 조기에 근본적으로 해결할 수 있는 점 등을 종합하면, 세무조사결정은 납세의무자의 권리·의무에 직접 영향을 미치는 공권력의 행사에 따른 행정작용으로서 항고소송의 대상이 된다."

3. 행정질서벌(과태료)

1) 의의, 법적 근거 및 행정형벌과의 병과 가능성

거주지를 이동하면 신고의무자가 신거주지에 전입한 날부터 14일 이내에 신거주지의 시장·군수 또는 구청장에게 전입신고를 하여야 하며, 정당한 사유 없이 위 기간 내에 전입신고를 하지 아니한 자에게는 5만 원 이하의 과태료를 부과합니다(주민등록법 제16조 제1항, 제40조 제4항). 이처럼 행정질서벌이란 주로 행정상의 질서유지를 위한 행정법규를 위반함으로써 행정목적을 간접적으로 침해하는 행위에 대하여 과태료를 부과하는 행정벌을 뜻합니다. 과태료는 행정청이 부과하는 경우와 비송사건절차법에 따라 관할법원이 재판에 의하여 부과하는 경우로 나뉩니다. 일정 행정법규 위반에 대하여 행정질서벌인 과태료를 부과할 것인지 아니면 직접적인 행정목적과 공익을 침해한 행위로 보아 행정형벌을 과할 것인지는 입법재량에 속합니다(헌재결 1998.5.28, 96헌바83 전원재판부).

질서위반행위에 대한 과태료 부과는 법률이나 조례(예컨대, 지방자치법 제34조, 제156조)의 근거를 필요로 합니다. 전입신고를 해태한 경우에 부과되는 과태료를 질서위반행위규제법에 근거해서 부과할 수는 없습니다. 질서위반행위규제법이 과태료 부과의 요건, 절차, 징수 등 일반적 사항을 규정하고 있지만, 동법은 개별 과태료 부과의 근거 법률은 아니며 주민등록법 제40조 제4항 등 개별법의 근거 규정에 따라 과태료를 부과할 수 있습니다. 다만, 과태료의 부과·징수, 재판 및 집행 등의 절차에 관한 개별 법률 규정과 질서위반행위규제법 규정이 충돌하는 경우에는 질서위반행위규제법이 우선하여 적용됩니다(질서위반행위규제법 제5조).

행정형벌과 행정질서벌로서의 과태료의 병과 가능성이 일사부재리원칙과 관련하여 문제됩니다. 대법원은 양자가 그 성질이나 목적을 달리하는 별개의 것이라는 이유를 들어 병과하더라도 일사부재리원칙에 반하지 않는다고 합니다. 헌법재판소는 의무위반행위의 동일성 여부에 따라 판단하는데, 처벌의 사유가 달라서 기본적 사실관계의 동일성이 인정되지 않는 경우에는 병과하더라도 일사부재리원칙에 반하는 것이 아니라고 합니다. 그러나 아래 대법원의 96도158 판결에서는 과태료 부과처분과 형사처벌의 병과가 일사부재리원칙 위반이 아니라는 일반론을 개진하였음에도 불구하고, 구체적 사안과 관련하여서는 무등록 차량에 대한 형사처벌과 허가목적과 기간의 범위를 벗어나 운행하는 행위에 대한 과태료 부과는 처벌 내지 제재대상이 되는 기본적 사실관계로서의 행위를 달리하는 것을 전제로 병과가 가능한 것으로 설시하는 점에서 헌법재판소와 근본적으로 다른 입장이라고 할 수는 없습니다.

* **대판 1996.4.12, 96도158** : "행정법상의 질서벌인 과태료의 부과처분과 형사처벌은 그 성질이나 목적을 달리하는 별개의 것이므로 행정법상의 질서벌인 과태료를 납부한 후에 형사처벌을 한다고 하여 이를 일사부재리의 원칙에 반하는 것이라고 할 수는 없으며, 자동차의 임시운행허가를 받은 자가 그 허가 목적 및 기간의 범위 안에서 운행하지 아니한 경우에 과태료를 부과하는 것은 당해 자동차가 무등록 자동차인지 여부와는 관계없이, 이미 등록된 자동차의 등록번호표 또는 봉인이 멸실되거나 식별하기 어렵게 되어 임시운행허가를 받은 경우까지를 포함하여, 허가받은 목적과 기간의 범위를 벗어나 운행하는 행위 전반에 대하여 행정질서벌로써 제재를 가하고자 하는 취지라고 해석되므로, 만일 임시운행허가기간을 넘어 운행한 자가 등록된 차량에 관하여 그러한 행위를 한 경우라면 과태료의 제재만을 받게 되겠지만, 무등록 차량에 관하여 그러한 행위를 한 경우라면 과태료와 별도로 형사처벌의 대상이 된다."
* **헌재결 1994.6.30, 92헌바38** : "구건축법 제54조 제1항에 의한 형사처벌의 대상이 되는 범죄의 구성요건은 당국의 허가 없이 건축행위 또는 건축물의 용도변경행위를 한 것이고, 동법 제56조의2 제1항에 의한 과태료는 건축법령에 위반되는 위법건축물에 대한 시정명령을 받고도 건축주 등이 이를 시정하지 아니할 때 과하는 것이므로, 양자는 처벌 내지 제재대상이 되는 기본적 사실관계로서의 행위를 달리하는 것이다. 그리고, 전자가 무허가건축행위를 한 건축주 등의 행위 자체를 위법한 것으로 보아 처벌하는 것인 데 대하여, 후자는 위법건축물의 방치를 막고자 행정청이 시정조치를 명하였음에도 건축주 등이 이를 이행하지 아니한 경우에 행정명령의 실효성을 확보하기 위하여 제재를 과하는 것이므로 양자는 그 보호법익과 목적에서도 차이가 있고, 또한 무허가건축행위에 대한 형사처벌시에 위법건축물에 대한 시정명령의 위반행위까지 평가된다고 할 수 없으므로 시정명령위반행위가 무허가건축행위의 불가벌적 사후행위라고 할 수도 없다. 이러한 점에 비추어 구건축법 제54조 제1항에 의한 무허가건축행위에 대한 형사처벌과 동법 제56조2 제1항에 의한 과태료의 부과는 헌법 제13조 제1항이 금지하는 이중처벌에 해당한다고 할 수 없다."

2) 질서위반행위규제법의 주요 내용

질서위반행위규제법상 과태료의 부과요건, 절차 등을 요약하면 아래와 같습니다.

(1) 부과요건

* **고의 또는 과실** : 원칙적으로 고의 또는 과실이 없는 질서위반행위는 과태료를 부과하지 아니함(제7조)
* **법 적용의 시간적 범위** : 질서위반행위의 성립과 과태료 처분은 행위 시의 법률에 따름(제3조 제1항). 다만, ⅰ) 질서위반행위 후 법률이 변경되어 그 행위가 질서위반행위에 해당하지 아니하게 되거나 과태료가 변경되기 전의 법률보다 가볍게 된 때에는 법률에 특별한 규정이 없는 한 변경된 법률을 적용하고(동조 제2항), ⅱ) 행정청의 과태료 처분이나 법원의 과태료 재판이 확정된 후 법률이 변경되어 그 행위가 질서위반행위에 해당하지 아니하게 된 때에는 변경된 법률에 특별한 규정이 없는 한 과태료의 징수 또는 집행을 면제함(동조 제3항)
* **위법성의 착오** : 자신의 행위가 위법하지 아니한 것으로 오인하고 행한 질서위반행위는 그 오인에 정당한 이유가 있는 경우 과태료를 부과하지 아니함(제8조)
* **시효** : 행정청의 과태료 부과처분이나 법원의 과태료 재판이 확정된 후 5년간 징수하지 아니하거나 집행하지 아니하면 시효로 인하여 소멸함(제15조 제1항)

(2) 부과대상자

* **법인의 처리** : 과태료 부과대상자는 원칙적으로 질서위반행위자이지만, 법인의 대표자, 법인 또는 개인의 대리인·사용인 및 그 밖의 종업원이 업무에 관하여 법인 또는 그 개인에게 부과된 법률상의 의무를 위반한 때에는 법인 또는 그 개인에게 과태료를 부과함(무과실책임, 제11조 제1항)
* **다수인의 질서위반행위 가담** : 2인 이상이 질서위반행위에 가담한 때에는 각자가 질서위반행위를 한 것으로 간주함(제12조 제1항). 신분에 의하여 성립하는 질서위반행위에 신분이 없는 자가 가담한 때에는 신분이 없는 자에 대하여도 질서위반행위가 성립하며(동조 제2항), 신분에 의하여 과태료를 감경 또는 가중하거나 과태료를 부과하지 아니하는 때에는 그 신분의 효과는 신분이 없는 자에게는 미치지 아니함(동조 제3항)
* **경합범** : 하나의 행위가 2 이상의 질서위반행위에 해당하는 경우에는 각 질서위반행위에 대하여 정한 과태료 중 가장 중한 과태료를 부과하며, 그 밖에 2 이상의 질서위반행위가 경합하는 경우에는 각 질서위반행위에 대하여 정한 과태료를 각각 부과함(제13조)

(3) 부과절차

* 사전통지 및 의견제출(제16조), 자진납부자에 대한 과태료 경감(제18조), 질서위반행위 종료 후 5년의 제척기간(제19조 제1항), 가산금 부과(제24조)
* **질서위반행위의 조사** : 질서위반행위의 합리적 의심이 있어 조사가 필요하다고 인정할 때에는 검사

개시 7일 전까지 당사자에게 통지하고 증표를 제시한 후 목적 달성에 필요한 최소한의 범위 내에서 조사할 수 있음(제22조)

* **이의제기에 따른 과태료 재판** : 행정청의 과태료 부과에 불복하는 당사자는 과태료 부과 통지를 받은 날부터 60일 이내에 해당 행정청에 서면으로 이의제기를 할 수 있으며, 이의제기와 함께 행정청의 과태료 부과처분은 효력을 상실함(제20조). 이의제기를 받은 행정청은 이의제기를 받은 날부터 14일 이내에 관할법원에 통보하여야 하며(제21조 제1항), 관할법원은 비송사건절차법에 따른 과태료 재판을 행함(제25조 이하)
* **과태료 재판에 대한 즉시항고** : 당사자와 검사는 과태료 재판에 대하여 즉시항고를 할 수 있으며, 이 경우 집행정지의 효력이 인정됨(제38조)

4. 과징금

1) 의의, 법적 근거 및 행정벌과의 병과 가능성

본래 과징금의 강학상 정의는 행정법상의 의무위반으로 인하여 발생한 부당이득을 환수하는 금전상의 제재수단을 의미합니다. 이에 더하여 오늘날에는 영업정지처분에 갈음하여 과징금을 부과할 수 있도록 규정하는 경우(변형된 과징금)가 다수인데, 통상 과징금이란 양자를 포함하는 개념으로 파악합니다. 이에 비하여 행정기본법은 과징금을 '법령 등에 따른 의무를 위반한 자의 위반행위에 대한 제재'로 규정하여 종래 의무불이행에 따른 부당이득의 환수 의미를 과징금의 개념 정의에 포함하지 않는 듯한 외관을 취합니다(행정기본법 제28조 제1항). 그러나 판례는 과징금을 부당이득의 환수와 관련하여 파악하므로 과징금에 대한 전통적 정의 개념은 여전히 유효하다고 보아야 합니다.

* **대판 2010.1.14, 2009두11843** : "하도급거래 공정화에 관한 법률상의 과징금 부과가 제재적 성격을 가진 것이기는 하여도 기본적으로는 하도급거래 공정화에 관한 법률 위반행위에 의하여 얻은 불법적인 경제적 이익을 박탈하기 위하여 부과되는 것이고, 위 법이 준용하는 독점규제 및 공정거래에 관한 법률 제55조의3 제1항에서도 이를 고려하여 과징금을 부과할 때 위반행위의 내용과 정도, 기간과 횟수 외에 위반행위로 인하여 취득한 이익의 규모 등도 아울러 참작하도록 규정하고 있으므로, 과징금의 액수는 당해 위반행위의 구체적 태양 등에 기하여 판단되는 그 위법성의 정도뿐 아니

라 그로 인한 이득액의 규모와도 상호 균형을 이루어야 하고, 이러한 균형을 상실할 경우에는 비례의 원칙에 위배되어 재량권의 일탈·남용에 해당할 수가 있다."

과징금의 부과 가능성을 규정한 행정기본법 제28조에도 불구하고 구체적 사안에서 과징금을 부과하기 위하여 개별 법률의 근거를 요하는 점은 이행강제금 및 과태료의 경우와 동일합니다. 과징금은 행정상 금전적 제재수단이지 범죄에 대한 국가형벌권의 실행으로서 과벌 내지 질서위반행위에 대한 행정질서벌 부과가 아니므로 벌금 등의 행정형벌이나 과태료처분과 함께 과징금을 부과하더라도 이중처벌금지원칙에 반하는 것은 아닙니다(헌재결 1994.6.30, 92헌바38 전원재판부). 또한 판례에 의할 때 취지와 목적을 달리하는 한 하나의 행위에 대하여 다른 종류의 과징금을 중첩적으로 병과할 수 있습니다.

* **대판 2015.10.29, 2013두23935** : "구 보험업법(2010. 7. 23. 법률 제10394호로 개정되기 전의 것, 이하 '보험업법'이라고 한다) 제111조 제1항 제2호, 제196조 제1항 제5호(이하 '이 사건 과징금 조항들'이라 한다)에 의하면, 보험회사는 대주주와 통상의 거래조건에 비추어 해당 보험회사에 현저하게 불리한 조건으로 자산을 매매하거나 신용공여를 하는 행위를 하여서는 안 되고, 보험회사가 이를 위반한 경우에는 피고 금융위원회는 해당 신용공여액 또는 해당 자산의 장부가액의 100분의 20 이하의 범위 내에서 과징금을 부과할 수 있다. 그리고 구 독점규제 및 공정거래에 관한 법률(2013. 8. 13. 법률 제12095호로 개정되기 전의 것, 이하 '공정거래법'이라 한다) 제23조 제1항 제7호, 제24조의2에 의하면, 사업자가 부당하게 특수관계인 등에 대하여 가지급금·대여금 등을 제공하거나 현저히 유리한 조건으로 거래하여 특수관계인 등을 지원하는 행위로서 공정한 거래를 저해할 우려가 있는 행위를 한 경우에 공정거래위원회는 해당 사업자에 대하여 대통령령이 정하는 매출액에 100분의 5를 곱한 금액을 초과하지 아니하는 범위 안에서 과징금을 부과할 수 있다. 이와 같은 보험업법과 공정거래법 규정의 체계와 내용, 위 법률들의 입법 취지와 목적, 대주주에 대한 일정한 자산거래 또는 신용공여를 금지하는 보험업법 규정과 특수관계인에 대한 부당지원행위를 금지하는 공정거래법 규정의 각 보호법익 등을 종합하여 보면, 어느 동일한 행위에 대하여 이 사건 과징금 조항들과 공정거래법 규정을 중첩적으로 적용하여 해당 과징금을 각각 부과할 수 있다고 해석된다."

2) 과징금의 법적 성질

과징금부과처분은 행정행위에 해당하므로 행정절차법의 규율 대상이며, 항고쟁송의 대상이 됩니다. 과징금부과처분은 법령이 특별히 기속행위로 규정하지 않는 한 재량행위의 성질이므로 일부취소판결의 대상이 될 수 없습니다. 다만 행정심판을 통하여는 일부취소재결이 가능합니다. 이른바 변형된 과징금과 관련하여 의무위반에 따른 영업정지처분과 과징금부과처분의 관계는 행정청이 의무에 합당한 재량행사를 통하여 결정·선택할 사항이라는 것이 판례의 입장입니다.

> * **대판 2015.6.24, 2015두39378** : "구 영유아보육법(2013. 6. 4. 법률 제11858호로 개정되기 전의 것, 이하 같다) 제45조 제1항 제1호, 제4항, 제45조의2 제1항, 구 영유아보육법 시행규칙(2013. 8. 5. 보건복지부령 제202호로 개정되기 전의 것) 제38조 [별표 9]의 문언·취지·체계 등에 비추어, 구 영유아보육법 제45조 제1항 각 호의 사유가 인정되는 경우, 행정청에는 운영정지 처분이 영유아 및 보호자에게 초래할 불편의 정도 또는 그 밖에 공익을 해칠 우려가 있는지 등을 고려하여 어린이집 운영정지 처분을 할 것인지 또는 이에 갈음하여 과징금을 부과할 것인지를 선택할 수 있는 재량이 인정된다."

5. 위반사실의 공표

1) 의의와 법적 근거

위반사실의 공표(명단공표)란 행정법상 의무의 위반 또는 의무불이행에 대응하여 위반자의 성명, 위반사실 등을 일반 공중에게 공개하여 심리적 압박을 가함으로써 행정법상의 의무이행을 확보하는 간접적 강제수단을 말합니다. 위반사실의 공표는 의무위반자의 명예, 신용 내지 프라이버시에 대한 침해를 유발하므로 개별 법률에 의한 법적 근거를 요합니다. 고액·상습체납자의 명단 공개(국세징수법 제114조), 아동·청소년에 대한 성범죄자의 등록정보의 공개(아동·청소년의성보호에관한법률 제49조), 위해식품 등의 공표(식품위생법 제73조) 등에서 그 예를 찾을 수 있습니다. 법적 근거하의 공표의 경우에도 명예, 신용 또는 프라이버시권과 공표를 통해 달성하고자 하는 공익 간의 비례관계는 유지되어야 하므로 비례원칙은 위반사실의 공표의 일반적 한계로 기능합니다. 한편, 행정절차법은 위반사실 등의 공표제도에 관한 공통적 사항을 규정하여 개별 법률 규정을 입법적으로 향도하는 조항을 두고 있습니다(행정절차법 제40조의3). 공표제도의 의의(제1항), 공표 전 확인의무(제2항), 사전통지 및 의견제출(제3항 내지 제5항), 공표의 방법(제6항), 공표내용의 정정절차(제8항) 등이 그것입니다.

2) 법적 성질(처분성 인정 여부)

공표의 법적 성질과 관련하여, 권력적 사실행위 내지 합성행위로서의 처분성을 긍정하는 견해, 비권력적 사실행위이므로 처분성을 부정하는 견해, 형식적 행정행위로 간주하여 처분성을 인정하는 견해 등이 대립합니다. 소송상 권리구제의 실효성 측면에서는 예방적 부작위소송, 정정공표 등의 일반이행소송, 이행소송 형태의 당사자소송을 허용하거나 활용하는 것이 바람직합니다. 항고소송의 대상으로서의 처분성 인정 여부에 대하여 판례는 병무청장이 병역의무 기피자의 인적사항 등을 인터넷 홈페이지에 게시한 것을 항고소송의 대상인 행정처분으로 판시하여 이채롭습니다. 그렇지만, 대법원은 동 판결에서 명단공표를 공권력 행사로 보면서도, 명단을 공개하는 행위는 공개결정에 대한 집행행위로서 '공개라는 사실행위'라는 표현을 사용합니다. 판결문상 공개행위 자체의 처분성을 권력적 사실행위로서 인정한 것인지, 아니면 - 원칙적으로 처분에 해당하는 - 그 이전의 공개결정에 착안하여 행정행위로서의 공개결정과 일체를 이루는 명단공표의 처분성을 인정한 것인지는 확실하지 않습니다. 그러나 공표에 앞선 공개결정은 처분이며, 공표행위는 사실행위로서의 공권력 행사로서 행정결정(공개결정)의 집행행위임은 명시적으로 밝히고 있습니다. 따라서 일부 문헌에서 해당 판례가 공개행위를 행정행위(일반처분)로 파악했다고 설명하는 것은 타당하지 않습니다. 전체적으로 볼 때, 대법원의 판시는 대집행실행행위의 처분성을 인정하는 논거에 관한 학설 중 하나인 '수인하명과 집행행위의 결합 구조' 이론과 흡사합니다.

* **대판 2019.6.27, 2018두49130** : "[1] 병무청장이 병역법 제81조의2 제1항에 따라 병역의무 기피자의 인적사항 등을 인터넷 홈페이지에 게시하는 등의 방법으로 공개한 경우 병무청장의 공개결정을 항고소송의 대상이 되는 행정처분으로 보아야 한다. 그 구체적인 이유는 다음과 같다.
① 병무청장이 하는 병역의무 기피자의 인적사항 등 공개는, 특정인을 병역의무 기피자로 판단하여 그 사실을 일반 대중에게 공표함으로써 그의 명예를 훼손하고 그에게 수치심을 느끼게 하여 병역의무 이행을 간접적으로 강제하려는 조치로서 병역법에 근거하여 이루어지는 공권력의 행사에 해당한다.
② 병무청장이 하는 병역의무 기피자의 인적사항 등 공개조치에는 특정인을 병역의무 기피자로 판단하여 그에게 불이익을 가한다는 행정결정이 전제되어 있고, 공개라는 사실행위는 행정결정의 집행행

> 위라고 보아야 한다. 병무청장이 그러한 행정결정을 공개 대상자에게 미리 통보하지 않은 것이 적절한지는 본안에서 해당 처분이 적법한가를 판단하는 단계에서 고려할 요소이며, 병무청장이 그러한 행정결정을 공개 대상자에게 미리 통보하지 않았다거나 처분서를 작성·교부하지 않았다는 점만으로 항고소송의 대상적격을 부정하여서는 아니 된다."

위반사실의 공표를 취소소송으로 다투는 경우에도 공표가 행해진 이후의 협의의 소익 인정 여부가 논란이 됩니다. 집행정지를 활용하더라도 공표행위 자체를 다투는 경우에는 집행정지의 실익을 기할 수 없는 경우가 많으므로 공표행위 이전의 공표결정을 대상으로 한 취소소송이 보다 적실한 방법임을 예정하고 있는 위 2018두49130 판결은 타당합니다. 한편, 명단공표의 취소소송에서 인용판결이 행해지면 판결의 기속력, 특히 결과제거의무에 따라 공표 행정청은 위법한 명단공표의 내용을 정정공표할 의무가 부과되므로(행정절차법 제40조의3 제8항) 공표결정 이외에 명단공표 자체의 처분성을 인정할 실익이 전혀 없는 것은 아닙니다.

> * **대판 2019.6.27, 2018두49130** : "병무청장이 인터넷 홈페이지 등에 게시하는 사실행위를 함으로써 공개 대상자의 인적사항 등이 이미 공개되었더라도, 재판에서 병무청장의 공개결정이 위법함이 확인되어 취소판결이 선고되는 경우, 병무청장은 취소판결의 기속력에 따라 위법한 결과를 제거하는 조치를 할 의무가 있으므로 공개 대상자의 실효적 권리구제를 위해 병무청장의 공개결정을 행정처분으로 인정할 필요성이 있다. 만약 병무청장의 공개결정을 항고소송의 대상이 되는 처분으로 보지 않는다면 국가배상청구 외에는 침해된 권리 또는 법률상 이익을 구제받을 적절한 방법이 없다."

6. 관허사업의 제한

1) 의의

행정법상의 의무를 위반하거나 불이행한 자에 대하여 개별법에서 각종 인·허가를 거부하거나 취소할 수 있게 함으로써 의무이행을 간접적으로 강제하는 규정을 두는 경우가 있는데, 이를 관허사업의 제한이라고 합니다. 과태료 체납자에 대한 관허사업의 제한

(질서위반행위규제법 제52조), 위반 건축물에 대한 관허사업의 제한(건축법 제79조 제2항), 조세체납자에 대한 허가 등의 제한(국세징수법 제112조) 등이 그 예에 속합니다.

2) 한계

의무위반자에 대해 관허사업을 제한하는 데에는 비례원칙을 준수하여야 합니다. 또한, 의무위반 내지 의무불이행과 관허사업의 제한조치 간 실질적 관련성이 없다면 해당 허가거부 등은 부당결부금지원칙 위반에 해당하여 위법합니다. 부당결부금지원칙이 헌법상 비례원칙의 일 적용형태라 보아야 하므로 여기에서의 실질적 관련성은 엄격한 기준에 의하여 판단함이 타당합니다. 건축법 제79조 제2항은 '당해 건축물을 사용하여 행할 다른 법령에 의한 영업 기타 행위의 허가'라고 하고, 국세징수법 제112조 제1항에서는 '허가·인가·면허 및 등록을 받은 사업과 관련된 소득세, 법인세 및 부가가치세를 체납하였을 때'라고 규정함으로써 관허사업 제한의 요건으로서 부당결부금지원칙의 준수를 요구하고 있습니다. 한편, 관허사업의 제한이 행정기본법 제23조에 의한 제재처분에 해당하는 경우에는 5년의 제척기간의 적용이 있습니다. 실권의 법리가 관허사업의 제한의 한계요인으로 작용하는 규정 예에 해당합니다.

제25강

공무원의 위법한 직무행위로 인한 국가배상책임

제25강

공무원의 위법한 직무행위로 인한 국가배상책임

1. 행정상 권리구제의 의의

1) 행정구제의 개념

행정구제(Verwaltungsrechtsschutz)란 행정작용으로 자신의 권리·이익이 침해되었거나 침해될 것으로 주장하는 자가 행정기관이나 법원에 손해전보·원상회복 또는 해당 행정작용의 취소·변경을 청구하거나, 기타 피해구제 또는 예방을 청구하고, 이에 대하여 행정기관이나 법원이 심리하여 권리·이익에 관한 유권적 판정을 내리는 것 일체를 의미합니다.

행정구제제도는 법치국가원리 또는 행정의 법률적합성원리의 실질적 구현 수단이며, 법치행정원칙의 구현을 위한 필수의 제도적 구성요소라고 평가됩니다. "권리구제가 권리에 선행한다(Remedies precede Rights)"라는 법언(法諺)이 있습니다. 행정구제가 법치행정의 실현을 위한 가장 중요하고 핵심적인 제도이며, 행정법이론의 발달을 가져온 동인이기도 함을 표현한 것입니다. 법치국가의 행정은 공익을 우선 목적으로 하되 적법·타당해야 하며 개인의 기본권 내지 권리를 존중하여야 하고 이를 침해해서는 안 됩니다. 행정이 이러한 법치국가적 요구에 위반하여 개인의 권리·이익을 침해하면 당연히 그에 대한 구제책이 주어져야 합니다. 환언하면, 법률의 법규창조력, 법률유보, 법률우위를 요체로 하는 법치주의는 행정법 차원에서는 행정의 법률적합성원칙으로 구체화되는데, 인치(人治)가 아닌 법치(法治)를 행정의 중심에 두는 이유는 행정에 대한 법적 통제를 제도화하여 국민의 권리구제에 만전을 기하고자 하는 헌법정신의 표현에 다름 아닙니다. 결국, 법치행정원칙은 행정작용을 법의 기속하에 둠으로써 국민의 기본권과 권리에 대한 침해를 사전적으로 예방하는 행정법의 지배이념이고, 사후적으로는 법치행정원칙을 위반한 행정작용에 의해 침해된 국민의 권리를 행정구제제도를 통하여 회복시켜 주는 것으로 완성됩니다. 그런데 행정상 권리구제제도는 위법한 행정작용에 대한 권리구제를 넘어 '적법한 행정작용'에 대한 권리구제에까지 미칩니다. 두 가지 예를 들자면, 공공필요에 의한 공용침해로 사인의 재산에 특별한 희생에 가해진 경우에는 국가는 단체주의적 책임제도로서의 행정상 손실보상책임을 부담합니다. 또한, 행정심판은 위법한 처분뿐만 아니라 적법하지만 부당한 처분도 취소의 대상으로 삼을 수 있습니다.

한편, 법치행정원칙 및 행정소송상 권리구제와 관련하여 독일 기본법(Grundgesetz/GG)의 규정은 우리의 주목을 끕니다. 기본법 제20조 제3항은 행정의 법률적합성원칙을 정면으로 천명합니다. 즉, "입법은 헌법(헌법질서)에, 행정과 사법은 법률과 법에 구속된다"는 규정이 그것입니다. 이렇듯 법치주의 내지 법치행정을 명문으로 규정하는 조항이 - 비록 기본권 존중 조항, 권력분립 규정 등을 통해 법치주의를 간접적으로 도출할 수 있지만 - 우리 헌법에는 존재하지 않습니다. 이에 더하여 기본법 제19조 제4항은 이른바 '흠결 없는 행정상 권리구제' 규정을 두고 있습니다. ("누구든지 공권력 행사에 의하여 자신의 권리가 침해된 경우에는 소송상 권리구제가 가능하다. 특별한 재판관할 규정이 없는 경우에는 통상의 소송상 권리구제의 방법에 의한다.") 이 규정은 다음의 점에서 특히 의미가 지대합니다. 우리의 경우 행정소송에 의한 권리구제의 헌법적 근거로는 일반적으로 헌법 제107조 제2항 내지 제27조 제1항을 듭니다. 이와 관련하여 현행 헌법 제27조 제1항은 '법률에 의한 재판'을 규정합니다. 즉, 공행정작용에 의하여 사인의 권리가 침해된 경우의 소송상 권리구제는 개별 법률에 의하는 법률유보를 전제합니다. 따라서 행정소송의 경우 권리구제의 제도적 외연을 행정소송법이 정하는 소송유형에 종속시키거나 한정하는 문리해석이 가능하며, 이는 결과적으로 행정청의 위법한 거부나 부작위에 의한 소송상 권리구제수단에 - 명문의 규정이 없다는 이유를 들어 - 의무이행소송이 포함되지 않는다는 판례를 낳은 연유이기도 합니다. 과거 행정소송법 개정안이 의무이행소송을 명문으로 규정하듯이, 행정소송법이 빠른 시일 내에 개정되어 국민의 권리구제에 보다 만전을 기할 수 있기를 기대합니다. 그러나 독일의 경우 기본법 제20조 제3항과 제19조 제4항의 결합을 통해 - 우리의 행정소송법에 해당하는 - 행정법원법(Verwaltungsgerichtsordnung)이 규정하지 않는, 예컨대, 사실행위를 대상으로 하는 일반이행소송(allgemeine Leistungsklage), 사전적 권리구제수단인 예방적 부작위소송(vorbeugende Unterlassungsklage) 등이 판례상 인정됩니다.

2) 행정구제제도의 존재 이유

위법·부당한 행정작용으로부터 국민의 권리보호의 임무를 띠는 행정구제제도는 역사적으로 행정법 이론의 형성과 발전을 가져온 결정적 원천이었고 과거 행정구제법제를 통해 일반 행정법전의 결여로 대표되던 행정법의 실체법적 불완전성을 보완하는 기능을 담당하였으며, 이러한 상황은 행정기본법이 제정된 지금도 크게 다르지 않습니다. 예를 들어 행정소송법상 처분 규정을 통해 강학상 행정행위의 개념을 추단할 수 있습니다.

행정구제는 또한, 국민의 권리보호와 더불어 행정의 통제기능도 담당합니다. 처분에 대한 취소판결을 통해 원고는 권리구제를 도모할 수 있고, 피고 행정청의 위법한 처분이 취소됨으로 행정에 대한 통제가 가능하며, 나아가 동일 내용의 위법한 행정작용의 반복을 향후 예방하는 부수적 효과도 기할 수 있습니다. 그러나 국민의 권리구제와 행정에 대한 통제는 각각 법치국가원리의 목적과 수단으로 작용하므로 행정구제제도의 1차적 목적은 전자에 있고, 후자는 법치국가원리가 그 필연적인 논리적 요청에 따라 부가한 국민의 권리구제 명제에 수반된 부수적·기능적 목표로 보아야 합니다. 다만, 행정심판을 통한 권리구제는 행정소송에 비해 행정에 대한 통제기능이 상대적으로 강조됩니다. 적법하지만 최상의 선택이 아닌 처분(이른바 부당한 처분)에 의해 권리침해가 야기된 경우에도 행정심판에 의한 권리구제가 가능한 점에서 이를 잘 알 수 있습니다(행정심판법 제1조 참조). 행정심판에서의 이러한 입론이 가능한 것은 제3의 독립기관으로서의 법원과는 달리 심판기관으로서의 행정심판위원회가 조직법적으로 행정청 내부에 설치되는 점에도 일부 기인함은 재론의 여지가 없습니다.

행정구제의 실효성 극대화는 사실 사전적 권리구제, 즉 위법한 행정작용으로 인하여 권리가 침해되기 전에 이를 예방하는 제도적 장치를 마련하는 것에서 시작해야 합니다만, 예방적 부작위소송 등 일부 법제화 가능성이 있는 경우를 제외하고 정형적(강제적) 권리구제수단으로 사전적 권리구제제도를 제도화하기에는 어려움이 따릅니다. 이는 적극적 행정 이념에 대한 과도한 희생을 전제로 하기 때문입니다. 따라서 오늘날 대부분의 행정구제제도는 사후적 권리구제를 중심으로 합니다. 다만, 사전적 권리구제절차로서 행정절차의 중요성은 기억해야 합니다. 널리 알다시피 행정절차는 행정의 민주화, 쌍방향 행정 등의 이념적 가치뿐만 아니라 청문 등 행정절차의 준수를 통해 실체적 진실의 발견이 용이해짐에 따라 위법한 행정작용에 의한 권리침해의 가능성이 사전에 봉쇄됨으로 인해 예방적 의미에서의 권리구제 이념이 실현되는 것을 인정할 수 있습니다. 이러한 점은 대규모 행정계획 등 공공복리 내지 공익에의 요청이 큰 행정작용 영역에서, 설령 해당 행정작용이 위법하더라도 그 위법을 이유로 행정작용을 취소하는 것이 합목적적이지 않은 경우에 더욱 위력을 발휘합니다. 계획확정절차와 형량명령의 관계를 떠올리면 이를 쉽게 이해할 수 있을 것입니다.

또한, 오늘날에는 진정, 청원, 국가인권위원회의 권고 등 비정형적인 권리구제수단이 주목받고 있습니다. 비용이 저렴하고 단시간 내에 그 효과가 발생하는 점 등이 긍정적 요소로 작용합니다. 그러나 이러한 권리구제 유형은 해당 결정 등에 강제력이 수반되지 않는 경우가 일반적이므로 우리의 주된 관심사는 아니라 할 것입니다.

2. 국가배상책임 개론

국가 또는 공공단체가 자신(자기책임설) 혹은 공무원(대위책임설)의 위법한 행정작용에 의하여 개인에게 발생한 손해를 전보하여 주는 제도를 행정상 손해배상 또는 국가배상이라고 합니다. 국가배상책임은 기본권으로서 국가배상청구권을 규정한 헌법 제29조 제1항을 정점으로, 크게 보아 국가배상법 제2조에 의한 국가 또는 지방자치단체의 과실책임 및 동법 제5조에 의한 영조물책임으로 구성됩니다. 공행정작용으로 인한 배상책임의 문제라는 점에서 국가배상제도는 공법의 영역이고 국가배상청구권도 공법상 청구권의 일종이며, 따라서 국가배상청구소송도 행정소송으로서의 당사자소송의 영역이라고 보아야 하지만, 우리 판례는 여전히 이를 사권 내지 민사소송으로 파악하고 있습니다. 다만, 지난 행정소송법 개정안들에서는 당사자소송의 개념을 정의하면서 국가배상청구소송을 그 한 예로 열거하므로 향후 행정소송법 개정을 통해 국가배상청구소송을 당사자소송으로 유형화할 것을 기대합니다.

1) 손실보상제도와의 관계

행정상 손해배상(국가배상)과 행정상 손실보상을 합하여 행정상 손해전보 혹은 국가책임제도라고 칭합니다. 양자는 국가작용에 의한 피해자에 대하여 이를 국가책임으로 제도화하여 금전적 측면에서 구제한다는 점에서 공통의 성질을 가집니다. 그러나 국가배상과 손실보상은 고전적으로 볼 때 손해 또는 손실의 발생 원인행위의 성질에 따른 구분으로서, 전자는 사인의 법익에 대한 위법한 행정작용, 후자는 사인의 재산에 대한 적법한 공권력 행사를 전제로 하는 점에서 개념적 차이가 드러납니다.

양 제도는 발생연혁, 기초이념(개인주의적 책임제도와 단체주의적 책임제도), 실정법적 근거, 요건, 청구절차, 전보의 범위 및 방법 등에서도 상이합니다. 국가배상청구권의 소멸시효와 관련하여 국가배상청구권은 피해자나 그 법정대리인이 손해와 가해자를 안 날로부터 3년의 소멸시효가 적용되며(국가배상법 제8조, 민법 제766조 제1항), 손해와 가해자를 알지 못한 경우에는 5년 동안 이를 행사하지 않으면 시효로 소멸합니다(국가재정법 제96조 제2항, 지방재정법 제82조 제2항). 한편, 국가배상청구권에는 민법 제766조 제2항의 규정이 적용되지 않으며, 국가배상청구권에 관한 3년의 단기소멸시효기간 기산에는 민법 제766조 제1항 외에 소멸시효의 기산점에 관한 일반규정인 민법 제166조 제1항이 적용되므로 3년의 단기소멸시효기간은 그 '손해 및 가해자를 안 날'에 더하여 그 '권리를 행사할 수 있는 때'가 도래하여야 비로소 시효가 진행한다는 것이 판례의 입장입니다(대판 2023.2.2, 2020다270633). 신의성실원칙에 반하는 소멸시효 완성 주장의 배제를 표명한 판례도 기억해야 합니다. '가해자를 안 날'의 의미에 대해 판례는 "피해자나 그 법정대리인이 가해 공무원이 국가 또는 지방자치단체와 공법상 근무관계가 있다는 사실을 알고, 또한 일반인이 당해 공무원의 불법행위가 국가 또는 지방자치단체의 직무를 집행함에 있어서 행해진 것이라고 판단하기에 족한 사실까지 인식하는 것 …"이라고 판단합니다(대판 2008.5.29, 2004다33469).

* **대판 2001.4.24, 2000다57856** : "예산회계법 제96조에서 '다른 법률의 규정'이라 함은 다른 법률에 예산회계법 제96조에서 규정한 5년의 소멸시효기간보다 짧은 기간의 소멸시효의 규정이 있는 경우를 가리키는 것이고, 이보다 긴 10년의 소멸시효를 규정한 민법 제766조 제2항은 예산회계법 제96조에서 말하는 '다른 법률의 규정'에 해당하지 아니한다."

* **대판 2011.6.30, 2009다72599** : "채무자의 소멸시효에 기한 항변권 행사도 우리 민법의 대원칙인 신의성실 원칙과 권리남용금지 원칙의 지배를 받는 것이어서, 채무자가 시효완성 전에 채권자의 권리행사나 시효중단을 불가능 또는 현저히 곤란하게 하였거나, 그러한 조치가 불필요하다고 믿게 하는 행동을 하였거나, 객관적으로 채권자가 권리를 행사할 수 없는 장애사유가 있었거나 또는 일단 시효완성 후에 채무자가 시효를 원용하지 아니할 것 같은 태도를 보여 권리자로 하여금 그와 같이 신뢰하게 하였거나, 채권자보호의 필요성이 크고, 같은 조건의 다른 채권자가 채무변제를 수령하는 등의 사정이 있어 채무이행 거절을 인정함이 현저히 부당하거나 불공평하게 되는 등 특별한 사정이 있는 경우에는 채무자가 소멸시효 완성을 주장하는 것이 신의성실 원칙에 반하여 권리남용으로서 허용될 수 없다."

2) 국가배상 · 손실보상 구별의 상대화

학자들 간에는 국가 등 행정주체의 작용에 의하여 사인에게 손해 또는 손실이 발생한 때에는 피해자에게 귀책사유가 없는 한 행정주체가 이를 전보해 주는 것이 사회적 정의와 공평 이념에 비추어 마땅한 것이므로 공평부담원칙을 바탕으로 양 제도를 일원적으로 파악하는 입장이 개진됩니다. 무과실책임이론, 위험책임론, 과실의 객관화(조직과실), 위법성·과실 일원론, 입증책임의 전환, 수용유사침해이론의 등장 등이 이와 관련한 논의들입니다.

프랑스의 경우 국가책임제도의 근거를 프랑스 현행 헌법 전문의 일부를 구성하는 1789년의 인권선언 제13조상의 '공적 부담 앞의 평등원칙'에서 찾으므로, 이런 관점에서는 무과실책임 내지 위험책임이 일반적으로 인정될 가능성이 있습니다. 우리의 경우에도 '공적 부담 앞의 평등원칙'은 헌법 제11조의 평등원칙의 일부를 이루므로 국가배상과 손실보상 양자를 구분하지 않고 통일적으로 이해 못 할 바는 아닙니다. 이런 점에서 무과실책임주의를 바탕으로 배분적 정의 관념을 중시하여 국가책임제도를 위험관리(risk-management) 차원에서 접근하는 것이 행정현실에 부합한다는 주장도 경청할 만합니다.

그러나 양자의 통일적 파악을 주장하는 견해에 대한 입법적 근거 없이, 해석론만으로 이를 일반화하기에는 한계와 부담이 따릅니다. 실제 소방기본법 제11조의2에 의한 소방협력자에 대한 무과실책임, 원자력 손해배상법 제3조에 의한 무과실책임(다만, 동법이 공법영역에의 원용에 대해서는 논란의 여지가 있습니다) 등을 제외하고는 이러한 접근 현상을 공법상 정면으로 인정하는 규정을 찾기가 힘든 점을 고려해야 합니다. 따라서 그 이론적 타당성 내지 합목적성에도 불구하고 여전히 현 단계에서는 과실책임주의를 바탕으로 하는 국가배상과 재산권에 대한 적법한 공권력 행사에 따른 손실보상이라는 양 제도의 기본적 이해를 바탕으로 제반 이론을 전개하는 것이 타당합니다. 법치국가에서 국가배상책임의 기저를 구성하는 위법작용은 본래 제거되어야 할 대상이며, 손실보상에서의 사인의 재산에 대한 적법한 개입(적법한 행정작용에 의한 '침해(Verletzung)'는 상정할 수 없으므로 독일에서는 위법한 행정작용에 의한 개인의 법익에 대한 침해와 구별하기 위해 이를 '개입(Beeinträchtigung)'이라고 표현하는 경우도 있습니다)은 원칙적으로 수인(Duldung)을 전제로 함도 고려의 대상입니다(헌법 제23조 제2항 참조). 나아가 국가배상은 손실보상과는 달리 국민의 권리구제와 더불어 행정에 대한 통제기능도 수행함을 감안해야 하겠지요.

＊ **대판 2001.9.4, 99두11080** : "기업자가 수용과정에서 아무런 보상 없이 수용대상이 아닌 목적물을 철거함으로써 그 소유자 등에게 손해를 입혔다면 이는 불법행위를 구성하는 것으로서 이와 같은 불법행위로 인한 손해금의 지급을 구하는 소는 손실보상이라는 용어를 사용하였다고 하여도 민사상의 손해배상청구로 보아야 한다."

3) 국가배상법의 지위

(1) 적용범위

국가배상법 제8조는 국가배상책임의 적용단계 및 범위와 관련하여 〈특별법 규정 → 국가배상법 → 민법〉의 구조를 규정하지만, 이것이 곧 국가배상법이 민법의 한 유형으로서 민법의 특별법 성격이라는 의미가 아님은 후술하는 바와 같습니다. 국가배상법은 외국인이 피해자인 경우에도 상호보증을 전제로 적용되며(국가배상법 제7조), 대한민국에 주둔하는 미합중국 군대의 구성원·고용원 또는 한국증원군대구성원(카투사)의 공무집행 중 행위에 의한 피해자에게도 적용되는 특례규정이 존재합니다(대한민국과미합중국간의상호방위조약제4조에의한시설과구역및대한민국에서의합중국군대의지위에관한협정(SOFA) 제23조 제5항).

＊ **대판 2015.6.11, 2013다208388** : "국가배상법 제7조는 우리나라만이 입을 수 있는 불이익을 방지하고 국제관계에서 형평을 도모하기 위하여 외국인의 국가배상청구권의 발생요건으로 '외국인이 피해자인 경우에는 해당 국가와 상호보증이 있을 것'을 요구하고 있는데, 해당 국가에서 외국인에 대한 국가배상청구권의 발생요건이 우리나라의 그것과 동일하거나 오히려 관대할 것을 요구하는 것은 지나치게 외국인의 국가배상청구권을 제한하는 결과가 되어 국제적인 교류가 빈번한 오늘날의 현실에 맞지 아니할 뿐만 아니라 외국에서 우리나라 국민에 대한 보호를 거부하게 하는 불합리한 결과를 가져올 수 있는 점을 고려할 때, 우리나라와 외국 사이에 국가배상청구권의 발생요건이 현저히 균형을 상실하지 아니하고 외국에서 정한 요건이 우리나라에서 정한 그것보다 전체로서 과중하지 아니하여 중요한 점에서 실질적으로 거의 차이가 없는 정도라면 국가배상법 제7조가 정하는 상호보증의 요건을 구비하였다고 봄이 타당하다. 그리고 상호보증은 외국의 법령, 판례 및 관례 등에 의하여 발생요건을 비교하여 인정되면 충분하고 반드시 당사국과의 조약이 체결되어 있을 필요는 없으며, 당해 외국에서 구체적으로 우리나라 국민에게 국가배상청구를 인정한 사례가 없더라도 실제로 인정될 것이라고 기대할 수 있는 상태이면 충분하다."

(2) 공법으로서 국가배상법

주권면책사상이 포기된 오늘날에도 공사법 이원론의 전제하에 공법적 원인에 의한 손해배상을 규율하는 국가배상청구권·국가배상법은 공법적 성질을 띠며, 따라서 국가배상청구소송도 행정소송, 특히 당사자소송으로 보아야 합니다.

① 국가배상책임을 민사상 손해배상책임의 일 유형으로 이해하는 사권설(사법설)의 입장에서는 우선, 행정소송법 제10조의 관련청구의 병합 규정에서, 위법한 행정작용으로 인한 손해배상의 청구를 민사소송절차에 의하는 것으로 전제하여 이러한 민사상 청구를 이질적인 행정소송에 병합할 수 있다는 취지를 표현한 것이라고 주장하지만, 동조상 관련청구소송에는 민사소송뿐만 아니라 행정소송 간의 병합도 포함되므로 타당하지 않습니다.

② 또한, 국가배상책임에는 민법상 사용자 면책조항(제756조 제1항 단서)이나 점유자 면책조항(제758조 제1항 단서)의 적용이 배제됩니다. 일각에서는 국가배상법 제8조의 규정을 사권설의 논거로 제기하지만, 동조는 입법적 흠결에 대한 보완규정이지 국가배상청구권의 사법적 성질을 의미하는 것은 아니라 할 것입니다. 만약, 이런 논리라면 행정소송에 대한 민사소송법 내지 민사집행법의 보충적 적용을 규정한 행정소송법 제8조 제2항에 따라 행정소송도 민사소송의 유형으로 보아야 한다는 수용 불가한 결론에 이르게 됩니다.

③ 오히려 당사자소송의 개념 규정인 행정소송법 제3조 제2호의 '행정청의 처분등을 원인으로 하는 법률관계에 관한 소송'에는 당연히 국가배상청구소송이 포함된다고 보아야 합니다.

요컨대, 행정작용, 기타 공권력 행사는 공익목적을 실현하기 위한 조직체의 활동이므로 국가배상법은 공법적 원인에 의하여 발생한 손해에 대한 국가 등의 배상책임을 규정한 법으로서 이는 공법이고 국가배상청구권은 공권이며, 국가배상청구소송은 당사자소송에 해당합니다. 따라서 국가배상책임은 민사상의 불법행위책임과는 규범적 평가를 달리해야 하며, 그 성립요건으로서의 위법과 과실의 관념에 대해서도 달리 파악할 소지가 있습니다. 이런 점을 충분히 고려한 과거 행정소송법 개정안들에서는 국가배상청구소송을 당사자소송의 일 유형으로 규정한 바 있습니다.[1] 기타 배상청구절차와 관련하여 국

---

1) 예컨대, 법무부 '행정소송법 전부개정법률안(2012)'

제3조(행정소송의 종류) 행정소송은 다음의 네 가지로 구분한다.

2. 당사자소송 : 행정청의 처분등을 원인으로 하는 법률관계에 관한 소송, 그 밖에 공법상 법률관계에 관한 소송으로서 그 법률관계의 한쪽 당사자를 피고로 하는 소송으로서 다음 각 목에 규정된 것을 포함한다.
   가. 공법상 신분·지위 등 그 법률관계의 존부에 관한 확인소송
   나. 행정상 손해배상청구소송(단, 자동차손해배상보장법의 적용을 받는 것을 제외한다)

가배상법은 배상심의회에 대한 배상신청을 임의적 전치절차화하였고, 배상청구권의 양도·압류를 금지합니다(국가배상법 제4조).

3. 공무원의 불법행위로 인한 국가배상책임

1) 국가배상책임의 본질과 공무원 개인에 대한 선택적 배상청구 가능성

(1) 국가배상책임의 본질

공무원의 위법한 직무행위로 인한 손해에 대하여 국가가 어떠한 지위에서 책임을 부담하느냐의 문제입니다. 이는 근본적으로 국가의 배상책임 부담에 관한 독일과 프랑스의 상이한 제도적 규율에서 기인하는데, 논의의 실익은 국가배상책임의 성질에 대한 이해의 방향에 따라 배상책임의 요건인 과실의 의미 파악, 선택적 청구권(공무원 개인의 배상책임)의 인정 여부 등이 달라지는 점에 있습니다.

가. 대위책임설(독일) : Savigny의 법인의제설(法人擬制說)

대위책임설에 의할 때 국가 등의 배상책임의 법률효과는 원래 고의·과실에 의한 직무상 위법행위를 행한 공무원 개인에게 발생하여 해당 공무원이 배상책임을 부담하여야 하지만, 국가 등이 이를 대신하여 배상책임을 지는 것으로 해석합니다. 법인은 물리적으로 볼 때 행위의 주체가 될 수 없으므로 공무원의 위법행위는 본래 국가, 공공기관의 행위가 아니라고 보아 국가, 공공단체에 귀속시킬 수 없으며 따라서 가해 공무원 개인이 이에 대한 책임을 지지 않으면 안 되지만, 공무원 개인은 충분한 자력을 갖추고 있지 못하므로 피해자 구제의 측면에서 이를 국가, 공공단체가 종국적으로 인수한 것으로 파악합니다. 이 경우 국가가 불법행위책임을 인수하면 공무원 개인의 배상책임은 더 이상 문제 되지 않습니다. 즉, 국가와 가해 공무원 사이의 내부적 법률관계로서 구상권 논의는 별론, 피해자와 가해 공무원 간 손해배상책임과 관련한 외부적 법률관계는 소멸합니다.

대위책임설은 충분한 변제자력의 담보를 통하여 피해자 보호 요청에 만전을 기하고, 공무원에게 무한책임을 전제하는 경우 공무원의 이니셔티브·직무수행의욕의 감퇴가 우

다. 행정상 손실보상·부당이득반환·원상회복등 청구소송
라. 기타 행정상 급부이행청구소송

려된다는 행정의 원활한 기능수행에 대한 고려 등을 이론적 근거로 합니다. 법적 근거로는 현행 국가배상법 제2조가 과실책임주의를 취하여 국가 등의 책임은 공무원의 불법행위책임의 성립을 전제로 하며, 국가 또는 지방자치단체가 일정한 경우 공무원에 대하여 구상권을 행사할 수 있도록 한 규정을 거론합니다.

이해를 돕기 위해 잠시 독일에서의 대위책임설 논의를 소개합니다. 주류적 견해는 위임의 한계이론에 바탕하여 국가의 배상책임을 독일법상 직무책임으로 해석합니다. 즉, 공무원은 오로지 적법한 행위만을 위임받은 것이므로 적법한 행위에 의한 법률효과만 이론적으로 국가에 귀속됩니다. 논리귀결적으로 공무원의 위법행위의 효과는 국가에 귀속되는 것이 아니라 개인의 책임영역이어야 하므로 가해 공무원은 일차적으로 일반적 불법행위법규에 의한 배상책임을 부담합니다. 그러나 이 경우 배상의 실현가능성은 오직 개인의 지불능력을 전제로 하는데 통상 공무원 개인은 배상자력이 불충분하므로 국가 등이 법률 규정에 의해 공무원을 대신하여 책임지는(책임인수, Haftungsübernahme) 직무책임제도가 확립된 것입니다. 연혁적으로 볼 때, 공무원의 귀책사유에 의한 위법행위에 대하여 오직 공무원 개인의 민사상 책임에 근거한 배상청구권만을 인정한 것은 '프로이센 일반란트법'에까지 거슬러 올라갑니다(프로이센 일반란트법 제89조 내지 제91조). 이에 따라 1909년의 '프로이센 국가책임법' 제1조 제1항도 "공무원이 자기에게 위임된 공권력을 행사함에 있어서 고의 또는 과실로 제3자에 대하여 지는 직무상 의무를 위반한 때에는 민법 제839조에 규정된 공무원책임을 국가가 대위한다"고 규정하였고, 이는 또한 1990년의 독일 민법전에 계승되었습니다(독일 민법 제839조 참조). 나아가 1919년의 바이마르헌법 제131조도 대위책임설의 기조를 견지하였고, 이는 현행의 독일 기본법 제34조에서도 동일하게 나타납니다.

요컨대, 독일 법제에서는 직무상 의무위반으로 야기된 손해의 일차적 배상책임은 가해 공무원에게 발생하지만, 종국적 배상책임은 그 배상책임을 인수한 국가가 부담합니다. 한 가지 흥미로운 점은 1차적 배상책임은 민법이, 종국적 배상책임의 주체에 대해서는 독일 기본법이 규율한다는 사실입니다. 후술하지만, 독일의 경우 우리의 국가배상법에 상응하는 개별법이 부재한 데서 오는 불가피한 현상이라 할 수 있습니다.

BGB §839 Abs.1 S.1 : Verletzt ein Beamter vorsätzlich oder fahrlässig die ihm einem Dritten gegenüber obliegende Amtspflicht, so hat er dem Dritten den daraus entstehenden Schaden zu ersetzen : 공무원이 고의 또는 과실로 자신에게 부여된 직무상 의무를 위반하여 사인에게 손해를 가한 경우에는 당해 공무원이 그 손해를 배상하여야 한다.

GG Art. 34 : Verletzt jemand in Ausübung eiens ihm anvertrauten öffentlichen Amtes die ihm einem Dritten gegenüber obliegende Amtspflicht, so trifft die Verantwortlichkeit grundsätzlich den Staat oder die Körperschaft, in deren Dienst er steht. Bei Vorsatz oder grober Fahrlässigkeit bleibt der Rückgriff vorbehalten. Für den Anspruch auf Schadenersatz und für den Rückgriff darf der ordentliche Rechtsweg nicht ausgeschlossen werden : 공무원이 자신의 공적 직무를 집행하면서 제3자와의 관계에서 그에게 부여된 직무상 의무를 위반한 경우 그 종국적인 법적 책임은 자신과 직무적 봉임관계에 있는 국가나 공공단체가 부담한다. 고의·중과실의 경우에는 구상권 행사가 가능하다. 이 경우의 손해배상청구권이나 구상권은 정규의 소송절차를 통해 행사할 수 있다.

그러나 오랜 세월을 지탱하여 온 대위책임설은 1981년에 이르러 중대한 변화의 계기를 맞게 됩니다. 국가책임법(Staatshaftungsgesetz/StHG) 제정 시도가 그것인데, 연방법률의 형식을 취했던 동 법안은 주의 입법 관할권을 침해한다는 이유로 연방헌법재판소에 의해 위헌으로 선언됨으로써[1] 입법화 문턱에서 좌절되고 맙니다. 동 법안은 비록 입법화에 실패하였지만 다음의 점에서 상당히 획기적이었던 것으로 평가됩니다. 핵심은 대위책임설의 포기와 자기책임설의 채택입니다. 국가의 배상책임 부담을 간접적이고 이차적 책임으로 파악하던 대위책임설에 갈음하여, 직접적·일차적 책임을 국가가 부담한다는 자기책임설(국가책임론)을 법안에 반영하였습니다. 즉, 동 법안 제1조 제1항은 "공행정 직무의 담지자(擔持者)인 공무원이 다른 사람에 대한 자신의 공법상 의무를 위반하여 그 다른 사람에게 손해가 발생한 경우에는 국가 등이 이 법에 따라 배상한다"라고 규정하였습니다. 자기책임설의 채택을 시도한 동 법안은 과거 기본법 제34조가 규범 체계상 '책임이전 근거규정'의 역할을 담당하던 차원을 넘어(독일 민법 제839조를 구체적으로 실현하는 규정 차원을 극복하고), 헌법상 국가배상책임을 규정한 기본법 제34조를 구체화하는 근거 법률로서의 의의를 지녔다고 평가됩니다.

나. 자기책임설(프랑스) : Gierke의 법인실재설(法人實在說)

자기책임설은 국가의 배상책임 주체성과 관련하여, 공무원의 직무수행행위는 그의 행위이자 곧 국가기관으로서의 행위이므로 그 위법·적법을 불문하고 바로 국가의 책임으로 귀속되며, 따라서 이는 국가의 자기책임으로 민법 제35조에 의한 법인의 불법행위

1) BVerfGE 61, 149.

책임에 상응하는 것으로 이해합니다. 그렇다고 하여 이때 공무원 개인의 배상책임을 부정하는 것은 아니어서, 공무원의 민사적 개인책임과 국가책임은 별개의 성질이므로 피해자는 국가와 가해 공무원에 대하여 선택적 배상청구를 할 수 있다고 봅니다.

선택적 청구를 인정할 경우 국가의 불법행위책임 부담의 범위 확정의 문제가 발생할 수 있지만, 자기책임설에서는 가해 공무원의 주관적 책임 요소의 태양, 즉 고의·과실 유무와 무관하게 국가의 배상책임을 긍정합니다. 그 이론적 논거를 살피건대, 경과실의 경우 당해 공무원의 행위는 통상 발생할 수 있는 범위 내로 보아 이를 국가 등 기관의 행위로 볼 수 있으므로 국가는 자기책임으로서의 배상책임을 부담하고, 공무원도 행위자로서의 배상책임에서 자유로울 수 없습니다. 고의·중과실의 경우에는 공무원의 행위는 기관행위로서의 품격을 상실한 것으로서 해당 공무원은 당연히 배상책임의 주체이지만, 당해 행위가 직무행위로서의 외관을 갖추고 있는 한 피해자와의 관계에서는 국가기관의 행위로 인정하여 국가 등도 역시 자기책임으로서의 배상책임을 부담한다고 이론 구성을 합니다.

법리적으로는 헌법이나 국가배상법상 '공무원에 대신하여(an Stelle des Beamten)'라는 문구를 사용하지 않고 '국가 또는 공공단체(지방자치단체)는 … 배상하여야 한다'고 직접 규정하는 점을 논거로 듭니다. 자기책임설에서는 대위책임설이 자신 주장의 논거로 드는 구상권 인정 규정을 입법정책적인 내부 문제로 간주하면서, 이를 근거로 배상책임의 성질을 논할 수는 없다고 주장합니다.

한편, 학설 중 일부는 위험책임설에 근거한 자기책임설을 제안합니다. 오늘날 공무원의 직무집행행위는 국민에게 손해를 가할 위험성을 내포하고 있으며, 또한 그것은 행정기관의 지위에서 행해지는 것이므로 그로 인한 손해에 대한 배상책임은 국가의 배상책임에 해당한다는 주장이 그것입니다. 그러나 동 견해에 의하는 경우, 위험이 존재하는 한 위법·무과실에 기한 직무집행행위의 경우에도 국가의 배상책임으로 인정하므로 전통적인 위법·과실의 책임요건성에 위반하는 근본적인 문제점을 극복할 수 없습니다.

다. 중간설

공무원의 주관적 책임요소를 구분하여 그의 위법행위가 경과실에 기인하면 〈기관행위 → 자기책임〉으로, 고의·중과실에 해당하면 〈기관행위 아님 → 대위책임〉으로 이해합니다. 일부 헌법 교과서에서는 가해 공무원에 대한 선택적 청구권을 부인하는 것으로 기술하는 경우도 있지만, 적어도 논리적으로 볼 때 전자의 경우에는 선택적 청구권 인정, 후자에 대해서는 부인으로 귀결하는 것이 타당합니다. 같은 맥락에서 구상권의 인정 여부는 〈경과실(자기책임) → 구상 불가〉, 〈고의·중과실(대위책임) → 구상 가능〉의 구도가 됩니다.

한편, 문헌에 따라서는 국가배상책임의 본질과 관련하여 절충설을 부기하는 경우를 발견할 수 있습니다. 물론, 해당 판례의 다수의견인 절충설에서 국가배상책임의 본질에 관해 간략히 언급하고 있습니다. 그러나 국가배상책임의 본질은 순수하게 고전적인 학설의 대립에서 해결의 단초를 찾아야 하는 주제입니다. 절충설은 비교적 최근의 판례 입장(다수의견)이 표명된 후 그를 칭하기 위해 고안한 학설명이지, 절충설이 선재하고 판례가 이를 따른 것이 아님에 유의해야 합니다. 나아가, 가해 공무원의 선택적 배상책임은 학설 논의와 일응 무관하게 귀결되는 점에서도 이를 잘 알 수 있습니다. 따라서 판례상 다수의견, 즉 절충설은 국가배상책임의 본질을 논한 것이 아니라 선택적 청구권 문제를 해결하기 위해 고안된 인위적인 판례 이론이라고 보아야 하므로 '선택적 청구권의 인정 여부' 항목에서 언급하는 것이 타당함을 알 수 있습니다.

라. 결어

국가배상책임을 규정한 헌법 제29조 제1항 및 국가배상법 제2조 제1항 본문의 규정만으로는 대위책임설 혹은 자기책임설이 타당하다고 단정할 수 없습니다. 주관적 책임요소를 구성요건으로 하면서도 '공무원에 갈음하여' 혹은 '국가가 대신하여 책임진다'는 대위책임설에 바탕하는 문구가 없는 점이 해석의 어려움을 낳습니다. 환언하면, 규정의 부재로 인해 양 해석이 모두 이론적으로 가능합니다. 과거, a) 공무원 개인의 주관적 책임요건을 통하여 국가에 대한 배상청구권이 인정되고, b) 사용자의 선임감독책임이 문제되지 않으며, c) 구상권 행사를 인정하는 점 등에서 대위책임설이 다수설이었습니다. 그러나 국가배상청구권이 국가면책특권이 헌법상 포기되면서 기본권의 위상을 가지는 점, 공무원의 위법행위가 고의·중과실에 기인하는 경우 당해 공무원의 행위는 기관행위로서의 품격을 상실하더라도 당해 공무원의 불법행위가 직무와 무관하지 않는 한 직무행위로서의 외형을 갖추고 있으므로 피해자와의 관계에서는 당해 공무원의 행위를 국가기관의 행위로 간주하여 국가의 자기책임을 인정할 수 있을 것이므로 자기책임설이 이론적으로 설득력이 있습니다.

한편, 가해 공무원의 선택적 배상책임 여부는 국가배상책임의 본질 관련 학설에 따라 논리귀결적으로 결론지을 수 있지만, 실정법 규정을 중시한다면 이는 헌법 제29조 제1항 단서의 '공무원 자신의 책임은 면제되지 않는다'는 규정의 의미 파악과 관련된 문제입니다. 우선, 여기에서 면제되지 않는 책임의 범위에는 민·형사 책임, 징계책임 등 그 범위의 제한이 없다는 점에는 의견이 일치합니다. 그렇다면, 문제 해결을 국가배상법 제

2조 제2항에 의한 구상권과의 관계를 통하여 찾아봅시다. 동 구상권 규정과 관련하여, 대위책임설을 전제로 국가가 배상책임을 대위하더라도 입법정책적 결단에 의하여 공무원 개인의 책임은 면제가 안 된다는 취지로 해석할 수 있고, 반대로 국가는 자기책임을 부담하고 이와는 별개로 공무원 개인의 민사적 책임 부담을 인정하는 해석도 가능합니다. 또한, 국가배상법 제2조 제2항상의 구상책임은 대위책임설에서는 당연한 귀결이지만, 그렇다고 자기책임설과 논리상 반드시 상충한다고는 할 수 없습니다.

또한, 국가배상법 제2조에 의한 배상책임을 대위책임으로 이해하더라도 헌법 제29조 제1항 단서의 '공무원 개인의 책임'을 반드시 구상책임으로 이해할 이유는 없습니다. 동 단서는 대위책임설과 무관하게, 혹은 대위책임설을 취하더라도 - 더구나 자기책임설의 입장에는 당연히 - 피해자 구제의 만전을 위하여 특별히 헌법적 결정을 통하여 공무원 자신이 면책되지 않음을 규정한 것으로 보아야 합니다. 따라서 일응 면제되지 않는 공무원의 책임은 국가에 대한 구상책임뿐만 아니라 피해자의 선택적 청구에 의한 배상책임까지도 포함하는 공무원의 개인 책임 일반을 의미하는 것이라 결론지을 수 있습니다. "공무원의 직무상 불법행위로 인하여 손해를 받은 자는 국가 또는 공공단체에 대하여 배상을 청구할 수 있다. 단, 공무원 자신의 민사상이나 형사상의 책임이 면제되는 것은 아니다"라고 규정하였던 건국헌법 제27조 제4문의 규정은 바로 이런 관점에서 우리에게 시사하는 바 큽니다.

(2) 민사상 선택적 청구권의 인정 여부

국가배상법 제2조에 따라 국가 또는 지방자치단체의 배상책임이 인정되는 경우, 피해자가 이에 갈음하여 가해 공무원을 상대로 민사상 손해배상을 청구할 수 있는지에 관하여 학설·판례의 대립이 있습니다.

가. 학설과 판례

① 대위책임설의 입장에서는 국가 등이 가해 공무원의 책임을 인수한 이상 공무원에 대한 선택적 청구권 행사를 인정하지 않습니다. 다만, 국가 등은 내부적 법률관계로서 가해 공무원에 대하여 구상을 청구할 수 있습니다.

일단 발생한 공무원의 배상책임을 국가 등이 인수한 이상 공무원의 민사상 배상책임을 부인하는 것이 상당하다는 논리적 이유와 법정책적 관점에서 볼 때 이를 인정할 경우 공무원의 직무집행이 위축되고 적극적 행정이념의 실현이 불가능하며, 국가 등만의 배상책임을 인정하더라도 그의 무한 자력을 고려할 때 오히려 피해자 구제에 부족함이 없다는 점을 논거로 삼습니다. 그러나 대위책임설을 취하면서도 선택적 청구를 긍정하는 일부 견해도 과거에 존재하였는데, 동 견해는 구법상의 배상신청전치주의하에서 공무원에 대한 민사상 손해배상을 직접 청구하는 때에는 배상심의위원회의 결정을 요하지 않으므로 민사상 배상청구가 절차적 측면에서 피해자에게 유리하다는 이유를 들었지만, 현행 법제에서는 타당하지 않습니다.

② 자기책임설에 따르면 국가책임은 민법 제35조에 의한 법인의 불법행위책임에 상응하는 것으로서, 가해행위는 국가의 행위인 동시에 공무원 개인의 행위이므로 피해자의 선택에 따라 국가 등 또는 가해 공무원을 상대로 손해배상을 청구할 수 있다는 입장입니다. 이 학설은 피해자에게 배상청구의 상대방에 대한 선택권을 부여하는 장점에 더하여, 부수적으로 배상책임의 예정으로 공무원의 직무상 책임의식을 제고할 수 있어 위법행위에 대한 통제기능도 일부 담당한다는 이점을 들기도 합니다. 국가 등이 배상책임을 이행하더라도 이는 공무원의 책임을 대신하여 이행한 것이 아니라 자신의 배상책임을 다한 것이므로 공무원의 내부적 구상책임은 발생하지 않습니다.

③ 중간설은 공무원의 주관적 책임요소를 구분하여 경과실은 자기책임설에 따라, 고의·중과실의 경우에는 대위책임설의 입장에서 판단합니다. 이에 따라 전자에 대해서는 〈자기책임설 → 선택적 청구 가능 → 구상권 행사 부인〉, 후자의 경우에는 〈대위책임설 → 선택적 청구 부인 → 구상권 행사 가능〉으로 귀결됩니다. (각각의 경우에 대한 논거는 위 자기책임설과 대위책임설의 내용을 참고하기 바랍니다.) 즉, 중간설에서는 국가기관으로서의 품격을 상실한 고의·중과실에 의한 위법행위에 대해서까지 이를 국가기관의 행위로 보아 국가 자신의 원래적 책임으로 해석할 수 없는 반면, 경과실의 경우에는 통상 상정 불가능한 것이 아니므로 이에 대해서는 공무원의 책임이자 동시에 국가의 고유한 책임인 자기책임으로 구성합니다.

④ 판례의 입장을 따르는 절충설은 위 학설 대립과 전혀 무관한 것은 아니지만, 학설에 따른 귀결을 하지 않는 점에서 주의를 요합니다. 공무원의 직무집행상 위법행위가 고의·중과실에 기인한 경우에는 이미 그 행위는 기관행위로서의 지위를 상실한 것이므로 원칙적으로 공무원 개인의 책임만이 문제됩니다. 그러나 고의·중과실[1]에 의한 위법행위도 직무행위로서의 외형은 적어도 갖추고 있고, 변제자력이 충분한 국가 등도 책임의 주체로 삼는 경우 피해자 구제에 만전을 기할 수 있는 점에서 국가 등도 배상청구의

1) 판례상 공무원의 '중과실'의 의미 : " … 공무원에게 통상 요구되는 정도의 상당한 주의를 하지 않더라도 약간의 주의를 한다면 손쉽게 위법, 유해한 결과를 예견할 수 있는 경우임에도 만연히 이를 간과함과 같은 거의 고의에 가까운 현저한 주의를 결여한 상태"(대판 2003.2.11, 2002다65929; 대판 2003.12.26, 2003다13307)

상대방이 된다고 해석합니다. 그런데 고의·중과실의 경우 국가가 배상책임을 지는 경우에도 당해 위법행위의 성질 자체를 변경시키는 것은 아니어서 본질적으로는 공무원 개인의 불법행위책임을 전제로 그에 대한 배상을 피해자의 선택에 따라 공무원과 함께 부담하는 것이므로, 피해자가 국가 등에 대하여 배상을 청구한 때에는 당연히 가해 공무원에게 구상할 수 있는 것입니다.

이에 비해 공무원의 경과실에 의한 위법행위는 공무원 개인의 행위가 아니라 기관행위로서 국가 등에 귀속하는 것이므로 공무원은 배상책임의 상대방의 범주에서 제외되고 오로지 국가만이 배상청구의 상대방이 된다는 이론입니다. 다시 말해 이 경우 선택적 청구는 불가능하고, 국가 등만이 배상책임을 부담하므로 구상의 문제는 발생하지 않습니다.

이상의 내용을 아래에 〈표〉로서 요약합니다.

		선택적 청구권	구상권
대위책임설		X	○
자기책임설		○	X
중간설	경과실(자기책임)	○	X
	고의/중과실(대위책임)	X	○
판례(절충설)	경과실	X	X
	고의/중과실	○	○

⑤ 여기서 잠시 과거 판례의 입장을 일람합시다. 과거 대법원 판례는 공무원의 직무상 불법행위로 국민에게 손해를 가한 경우에는 그 귀책사유의 정도에 관계없이 공무원 개인도 손해배상책임을 진다고 한 판결례와 그 반대로 공무원 개인은 손해배상책임을 부담하지 않는다는 판결례가 병존하는 상황이었는데, 후자가 다수였습니다.

* **대판 1972.10.10, 69다701** : "공무원의 직무상 불법행위로 손해를 받은 국민은 공무원자신에 대하여도 직접 그의 불법행위를 이유로 민사상의 손해배상을 청구할 수 있다."
* **대판 1994.4.12, 93다11807** : "공무원의 직무상 불법행위로 인하여 손해를 받은 사람은 국가 또는 공공단체를 상대로 손해배상을 청구할 수 있고, 이 경우에 공무원에게 고의 또는 중대한 과실이 있는 때에는 국가 또는 공공단체는 그 공무원에게 구상할 수 있을 뿐, 피해자가 공무원 개인을 상대로 손해배상을 청구할 수 없다."

그러나 공무원 개인에 대한 선택적 배상청구를 부인한 93다11807 판결에 대해서는 비판이 비등하였습니다. 우선, 국가배상책임에도 불구하고 공무원의 책임이 면제되지 않는다는 헌법 제29조 제1항에 정면으로 배치되는 점을 지적할 수 있습니다. 공무원 개인 책임을 전적으로 부인하는 경우 불법행위로 인한 손해배상책임이 담당하는 공무원에 대한 제재적 기능이 무시되고 공무원의 면책이론을 포기한 외국의 입법례와 상치된다는 비판이 제기되었습니다. 한편, 경과실은 별론으로 하더라도 고의·중과실의 경우에는 공무원의 배상책임을 인정해야 한다는 견해도 개진되었습니다.

판례 입장을 지지하는 입장도 발견되는데, 공무원 개인에 대한 배상청구의 인정 여부는 사실 고도의 정치적 문제라는 전제하에, 다양한 행정작용 중의 직무상 잘못으로 언제나 피해자에 대해 직접 배상책임을 인정해야 한다면 직무수행 의욕을 감퇴시키고 복지부동하게 될 것이고, 국가배상법이 경과실의 경우 국가의 구상권을 부인하는 것도 고려하지 않을 수 없다는 인식이 바탕에 있었습니다.

나. 대법원 1996.2.15. 선고 95다38677 전원합의체 판결(同旨; 대판 2003.12.26, 2003다13307 등)

과거 학설과 판례가 의견 대립을 보이던 공무원 개인의 배상책임 인정 여부 논쟁에 일응의 결론을 제시하고, 이후의 판결에 대해 준거로 기능하게 된 점에서 위 판결의 의의가 있습니다. 위 판결 이후 대법원은 유사한 사안에서 같은 입장을 보입니다.

가) 다수의견

* 헌법 제29조 제1항상의 면제되지 않는 공무원의 책임에는 민사·형사, 기관내부에서의 징계책임을 포함하므로 공무원의 민사상 손해배상책임도 원칙적으로 제외될 수는 없지만, 동조가 공무원의 민사상 손해배상책임의 구체적 범위를 확정한 것은 아님
* 현대사회의 공무원의 업무는 다양·복잡하므로 만약 공무원의 사소한 실수까지도 개인에게 손해배상책임을 묻는다면 공무원의 사기저하를 초래하고 적극적인 공익실현행위를 기대할 수 없으며 그들은 복지부동(伏地不動)할 것임
* 반면, 국가의 손해배상책임을 이유로 공무원 개인의 책임을 전적으로 배제하면 공무원의 위법행위 감행 가능성이 증대함
* 따라서 이 문제는 피해자 구제 + 공무원의 위법행위에 대한 억제 + 안정된 공무수행의 보장 + 재정안정 등을 고려한 통합적인 입법정책의 문제임
* 국가배상법은 이에 대해 명문의 규정을 두지 않고 있으며, 다만 제2조 제2항에서 고의·중과실의

경우만 구상권을 인정할 뿐만 아니라 민법 제756조 제1항 단서에서 규정한 사용자의 면책규정도 두지 않음

* 이는 공무원의 직무상 불법행위로 타인에게 손해 입힌 경우에는,
  i) 원칙적으로 변제자력이 충분한 국가에게 배상책임을 부여함으로써 국민의 재산권을 보장
  ii) 경과실로 인한 손해는 업무상 통상 있는 일이므로 이때의 책임은 전적으로 국가에게 귀속
  iii) 위법행위가 고의·중과실일 경우에는 비록 직무와 연관되어도 본질에 있어서는 기관행위로서의 품격을 상실하여 국가에게 책임 귀속시킬 수 없으므로 공무원에게만 배상책임을 부과하는 것이 이론적으로 타당하지만,
  iv) 다만, 이 경우 두터운 피해자 보호를 위해 국가와 중첩적 책임을 인정하되 제2조 제2항이 규정하는 것처럼 이 경우 구상권을 인정함으로써 궁극적으로 공무원 개인에게 책임을 귀속시키도록 한 것이 관련 규정들의 입법취지임

나) 별개의견(자기책임설)

* 헌법 제29조 제1항 단서에 민사책임이 포함됨에 동의하지만, 경과실의 경우 공무원의 외부책임을 부인하는 다수견해의 입장에는 반대함
* 헌법 제29조 제1항 단서에서 면제되지 않는 책임은 바로 공무원의 불법행위책임이며 이는 바로 민법상의 불법행위책임과 동일한 의미이므로, 동 단서에서의 책임의 범위를 국가배상법에서 구체적으로 한정해 규정할 필요가 없음 : 헌법적 결단에 의해 가해 공무원의 손해배상책임이 인정됨
* 다수견해는 국가배상법상 구상권 규정을 고려하여 경과실의 경우 공무원의 책임을 면제하는 해석론을 전개하는데, 이는 하위법인 국가배상법을 준거로 상위법인 헌법을 해석하는 것이므로 수용할 수 없음
* 다수의견은 경과실의 경우 공무원의 책임을 면제하여 공무수행의 안정성을 도모한다고 주장하지만, 불법행위에 기한 손해배상제도는 손해의 공평·타당한 부담뿐만 아니라 위법행위의 방지기능도 담당하므로 경과실의 경우 개인책임이 면제된다고 이론구성 하는 한 이는 헌법상 기본권보장원리 및 법치주의 이념에 배치됨

다) 반대의견(대위책임설)

* 헌법 제29조 제1항 단서의 책임에 민사책임이 포함된다는 해석은 과연 의문의 여지가 없는가?
* 직무상 불법행위를 한 공무원은 국가 등의 대표기관의 지위에 있으므로 그 위법행위는 곧 국가 등의 행위가 되어 책임인수를 통한 국가의 종국적 배상책임으로 보아야 함

* '공무원 개인이 손해를 배상 한다'는 명문의 규정이 없는 한 가해공무원은 배상책임이 없으며 또한 변제자력 충분한 국가 등이 배상함으로써 피해자는 충분히 보호됨
* 가해 공무원의 외부적 개인 책임의 인정은 공무원의 직무의욕 저하뿐만 아니라 사적인 감정에서의 공무원에 대한 소송의 남발을 초래할 우려 있음
* 다수의견·별개의견은 국가배상제도의 위법행위 억제기능을 강조하지만, 주된 것은 손해전보기능이고 위법억제기능은 부차적인 것임 : 또한 위법행위 시 내부적 징계책임이 제도화되어 있는 한 추가적으로 공무원의 개인책임을 인정할 필연성이 없음
* 국민전체의 봉사자로 근무해야 되는 공무원이 공무수행 중 개인에게 손해를 가하여 피해자가 소송을 제기한 경우에는, 양자가 소송을 통해 다투는 것을 방치하기보다는 국가가 공무원을 대위하여 배상책임을 지고 국가가 다시 내부적으로 공무원의 고의·중과실의 경우에만 구상의 형태로 그 책임을 물어 공무원의 국민과 국가에 대한 성실의무을 확보하고자 하는 것이 법제의 입법취지라고 보아야 함
* 다수의견처럼 고의·중과실과 경과실을 구분하는 것은 우리 법제에서 낯선 시도이며, 예컨대 공무원의 고의·중과실로 하자 있는 처분을 하면 다수의견에 의할 때 이는 행정처분이 아닌 개인의 행위가 되므로 이는 기존의 행정법이론에 배치됨

다. 결론

위 판결에 나타난 세 가지 서로 다른 의견에서 확인하듯이 가해 공무원의 선택적 배상책임 인정 여부는 반드시 학설에 따라 우열이 판정되어 귀결할 수 있는 것은 아니라 할 것입니다. 원래 선택적 청구권은 자기책임설에서, 구상권은 대위책임설에서의 논리적 결과인데, 프랑스 법제는 양자 모두를 인정하고, 독일의 1981년 국가책임법이 자기책임설을 취하면서도 고의·중과실의 경우 구상책임을 인정했던 예에서 보듯이 이들 개별 쟁점에 대한 결론 도출이 반드시 논리 필연적인 것은 아닙니다. 따라서 문제 해결의 관건은 실정법 조항으로서의 헌법 제29조 제1항 단서상의 '면제되지 않는 공무원 개인의 책임'의 해석에 좌우된다고 보아야 합니다.

동 조항은 대위책임설과 무관하게(자기책임설) 혹은 대위책임설을 취하면서도 피해자 구제의 만전을 기하기 위해 특별히 헌법적 결정을 통해 공무원 자신이 면책되지 않음을 규정한 것이고, 여기에서의 '책임'은 구상책임뿐만 아니라 선택적 청구에 의한 배상책임까지 포함하는 공무원 개인의 법적 책임 일반을 의미한다는 전제에 주목해야 합니다. 이런 해석은 국가배상제도가 피해자구제뿐만 아니라 국가 및 공무원의 위법의 제재 또는 억제에도 목적이 있다는 국가배상제도의 목적, 기능에도 부합합니다. 다만, 선택적 청구의 가능 원칙이 경과실의 경우도 인정될 것인가의 의문에 대한 해답은 보다 여러 고려를

필요로 합니다. 공무원개인의 배상책임을 인정하는 경우에는 직무수행의 의욕과 사기를 저해할 수 있다는 대위책임설과 절충설의 우려도 현실적으로 수긍할 수 있습니다. 또한, 경과실의 경우 법 제2조 제2항에 의해 공무원의 구상책임이 면제됨에도 불구하고 피해자에 대한 개인책임은 인정하게 된다는 불균형한 결과와 동조 입법취지를 고려해, 선택적 책임을 고의·중과실의 경우에만 한정하는 견해도 일면 타당성을 가집니다.

그러나 핵심은 공무원에 대한 선택적 청구에 관하여 경과실 면책을 인정하는 명문의 규정이 없다는 점에 있습니다. 또한, 공무원보호라는 현실적·정책적 이유로 하위 법률의 규정, 즉 공무원 개인 책임과 필연적 관련이 없는 구상권 관련 조항을 들어 공무원 개인책임이 면제되지 않는다는 헌법 규정의 의미를 부당하게 제한하는 것은 해석의 범위를 일탈한 것이라 아니할 수 없습니다. 헌법 제29조 제1항("법률이 정하는 바에 …청구할 수 있다")이 부여한 입법형성의 자유는 원칙적으로 동조 단서("면제되지 아니한다")에 의해 헌법 스스로가 설정한 제약하에 놓여야 합니다. 결국, 경과실의 경우 공무원의 책임을 면제할 정책적 필요성은 인정되지만, 경과실 면책 규정의 흠결로 인해 책임의 면제가 법리상 어렵습니다. 생각건대, 발본색원적 해결책은 헌법, 국가배상법의 개정을 통한 입법론적 해결입니다. 특히, 가해 공무원의 배상책임을 경과실의 경우 배제하여 기본권으로서의 헌법 제29조 제1항에 의한 손해배상청구권의 범위를 제한하기 위해서는 헌법 제37조 제2항에 따라 이를 국가배상법 등 개별 법률에서 직접 규정하는 것이 바람직합니다.

(3) 공무원의 구상책임

국가배상법 제2조 제2항에 의한 구상권은 가해 공무원의 고의 또는 중과실에 기한 위법행위 및 손해의 발생에 따라 실제 국가 등이 피해자에 대해 배상한 경우에 행사할 수 있습니다. 단순한 국가배상판결만으로는 구상권 행사 요건을 충족하지 않습니다. 국가의 공무원에 대한 구상권 행사 범위를 경과실의 경우까지 확장하는 경우에는 공무원에게 가혹하며 그 직무집행을 위축시킬 우려가 있음을 감안하여 구상권 성립을 고의·중과실에 한정하는 것으로 이해하면 됩니다.

가. 구상권의 법적 성격

가) 부당이득반환청구권설

부당이득반환청구권설은 원칙적으로 대위책임설의 입장에 상응하는데, 최초 공무원 개인에게 발생한 배상책임을 국가 등이 인수하여 종국적으로 배상한 것이므로 내용적으로 볼 때 공무원은 일종의 재산상 부당이득을 취한 결과와 유사하다는 주장입니다. 경과실의 경우에도 법리적으로 구상권을 행사 못할 바 아니지만, 공무원의 직무의욕 저하 방지와 공무집행의 원활을 위한 입법정책적 고려에서 이 경우 구상책임의 면제를 규정한다고 이해합니다.

중간설에 의할 때 〈경과실 → 자기책임 → 국가는 자신의 고유한 법적 배상책임 부담 → 구상 여지없음〉, 〈고의·중과실 → 대위책임 → 공무원의 행위는 기관행위가 아니므로 개인이 피해자에 대하여 책임을 져야 하지만, 피해자 구제의 원활 측면에서 국가가 대신 책임 부담(그 한도 내에서 공무원에게 부당이득 발생) → 구상책임 인정〉의 설명이 가능합니다.

절충설에서도 이론 구성은 다소 다르지만, 결과에 있어서 중간설과 동일합니다. 즉, 경과실의 경우 공무원의 불법행위는 국가 기관행위로서 간주되어 그 효과가 전적으로 국가에 귀속되므로 공무원은 국가에 대하여 구상책임이 발생하지 않습니다. 고의·중과실에서는 피해자에 대한 관계에서 직무행위의 외형을 가지므로 국가배상책임이 당연히 인정되며, 이 경우 공무원 개인의 비난 정도를 고려할 때 개인 책임도 인정됩니다. 이때 국가 등이 배상하였다면 내용적으로는 공무원 개인의 불법행위책임에 대하여 국가 등이 배상한 것이므로 공무원에 대한 구상권 행사가 가능합니다.

나) 채무불이행책임설

원칙적으로 자기책임설의 입장과 맥을 같이하는데, 공무원의 직무상 불법행위는 직무상 의무위반에 해당하므로 국가에 대한 책임도 당연히 발생함을 전제로 합니다. 즉, 행정 내부적 변상책임으로서 채무불이행에 근거한 손해배상책임에 유사하다는 것이지요. 여기에서도 경과실의 경우 역시 구상책임이 이론적으로 발생하지만, 입법정책적 고려에서 면제한다고 선해합니다.

다) 판례

판례는 구상권을 손해 발생에 기여한 정도에 따라 국가와 공무원 사이에 손해의 공평 부담이라는 견지에서 파악하되, 부분적으로 공무원에 대한 징계적 성격도 가진다는 입장입니다.

＊ **대판 1991.5.10, 91다6764** : "국가 또는 지방자치단체의 산하 공무원이 그 직무를 집행함에 당하여 중대한 과실로 인하여 법령에 위반하여 타인에게 손해를 가함으로써 국가 또는 지방자치단체가 손해배상책임을 부담하고, 그 결과로 손해를 입게 된 경우에는 국가 등은 당해 공무원의 직무내용, 당해 불법행위의 상황, 손해발생에 대한 당해 공무원의 기여정도, 당해 공무원의 평소 근무태도, 불법행위의 예방이나 손실분산에 관한 국가 또는 지방자치단체의 배려의 정도 등 제반사정을 참작하여 손해의 공평한 분담이라는 견지에서 신의칙상 상당하다고 인정되는 한도 내에서만 당해 공무원에 대하여 구상권을 행사할 수 있다고 봄이 상당하다."

나. 구상 범위

부당이득반환청구권설에서는 국가는 피해자에게 배상한 손해배상액 한도에서 구상권 행사가 가능하다고 보는 반면에, 채무불이행책임설은 소송비용을 포함하여 국가가 실제 입은 손해액 전부에 대해 구상 청구가 가능하다는 견해입니다. 실무에서는 국가 등이 피해자에게 지급한 배상금액 및 법정이자를 합산하되 소송비용은 포함하지 않습니다. 구상권의 범위에 관한 판례의 입장은 바로 위 91다6764 판결을 참고하기 바랍니다.

다. 구상권 행사의 구체적 방법

구상금액을 봉급, 비용보상청구권 등 공무원의 금전채권과 상계하거나, 행정행위 형태의 지급명령 발령 후 그 불이행 시 강제징수 또는 구상금지급청구소송을 제기하는 방법을 상정할 수 있습니다.

라. 구상권 행사와 신의성실원칙

공무원의 불법행위로 손해를 입은 피해자가 갖는 국가배상청구권의 소멸시효 기간이 지났지만 국가가 소멸시효 완성을 주장하는 것이 신의성실의 원칙에 반하는 권리남용으로 허용될 수 없어 국가가 배상책임을 이행한 경우라 하더라도, 해당 공무원이 그 원인이 되는 행위를 적극적으로 주도하였다는 등의 특별한 사정이 없는 한 - 고의·중과실 등 구상권 행사의 다른 법정 요건이 구비되었더라도 - 국가는 공무원에게 구상권을 행사할 수 없습니다.

＊ **대판 2016.6.9, 2015다200258** : "국가배상법 제2조는, 공무원이 직무를 집행하면서 고의 또는 과실로 법령을 위반하여 타인에게 손해를 입힌 때에는 국가나 지방자치단체가 배상책임을 부담하고(제1항), 국가 등이 그 책임을 이행한 경우에 해당 공무원에게 고의 또는 중대한 과실이 있으면 그 공무원에게 구상할 수 있다(제2항)고 규정하고 있다. 이 경우 국가나 지방자치단체는 해당 공무원의 직무내용, 불법행위의 상황과 손해발생에 대한 해당 공무원의 기여 정도, 평소 근무태도, 불법행위의 예방이나 손실분산에 관한 국가 또는 지방자치단체의 배려의 정도 등 제반 사정을 참작하여 손해의 공평한 분담이라는 견지에서 신의칙상 상당하다고 인정되는 한도 내에서 구상권을 행사할 수 있다. 한편 공무원의 직무상 불법행위로 손해를 입은 피해자가 국가배상청구를 하였을 때, 비록 그 소멸시효 기간이 경과하였다고 하더라도 국가가 소멸시효의 완성 전에 피해자의 권리행사나 시효중단을 불가능 또는 현저히 곤란하게 하였거나 객관적으로 피해자가 권리를 행사할 수 없는 장애사유가 있었다는 등의 사정이 있어 국가에게 채무이행의 거절을 인정하는 것이 현저히 부당하거나 불공평하게 되는 등 특별한 사정이 있는 경우에는, 국가가 소멸시효 완성을 주장하는 것은 신의성실 원칙에 반하여 권리남용으로서 허용될 수 없다(대법원 2011. 10. 13. 선고 2011다36091 판결 등 참조). 이와 같이 공무원의 불법행위로 손해를 입은 피해자의 국가배상청구권의 소멸시효 기간이 지났으나 국가가 소멸시효 완성을 주장하는 것이 신의성실의 원칙에 반하는 권리남용으로 허용될 수 없어 배상책임을 이행한 경우에는, 그 소멸시효 완성 주장이 권리남용에 해당하게 된 원인행위와 관련하여 해당 공무원이 그 원인이 되는 행위를 적극적으로 주도하였다는 등의 특별한 사정이 없는 한, 국가가 해당 공무원에게 구상권을 행사하는 것은 신의칙상 허용되지 않는다고 봄이 상당하다."

마. 공무원의 국가에 대한 구상권

국가 등이 아니라 공무원이 국가에 대해 구상권을 행사할 수 있는 경우를 예정하는 판례가 있습니다. 즉, 직무수행 중 경과실로 피해자에게 손해를 입힌 공무원이 피해자에게 손해를 배상한 경우, 해당 공무원은 국가가 피해자에 대하여 부담하는 손해배상책임의 범위 내에서 자신이 변제한 금액에 관하여 구상권을 취득합니다. 경과실만이 있는 공무원이 피해자에 대해 배상책임을 부담하지 않음에도 이를 배상하였다면 민법 제469조상 제3자 변제 내지 제744조상 도의관념에 적합한 비채변제에 해당하여, 피해자는 가해공무원에게 해당 금액을 반환을 법적 의무가 없고, 국가 등은 자신의 피해자에 대한 손해배상책임의 범위 내에서 공무원이 변제한 금액에 관하여 구상책임을 부담합니다.

* **대판 2014.8.20, 2012다54478** : "[1] 공무원이 직무수행 중 불법행위로 타인에게 손해를 입힌 경우에 국가 등이 국가배상책임을 부담하는 외에 공무원 개인도 고의 또는 중과실이 있는 경우에는 불법행위로 인한 손해배상책임을 지고, 공무원에게 경과실이 있을 뿐인 경우에는 공무원 개인은 손해배상책임을 부담하지 아니한다. 이처럼 경과실이 있는 공무원이 피해자에 대하여 손해배상책임을 부담하지 아니함에도 피해자에게 손해를 배상하였다면 그것은 채무자 아닌 사람이 타인의 채무를 변제한 경우에 해당하고, 이는 민법 제469조의 '제3자의 변제' 또는 민법 제744조의 '도의관념에 적합한 비채변제'에 해당하여 피해자는 공무원에 대하여 이를 반환할 의무가 없고, 그에 따라 피해자의 국가에 대한 손해배상청구권이 소멸하여 국가는 자신의 출연 없이 채무를 면하게 되므로, 피해자에게 손해를 직접 배상한 경과실이 있는 공무원은 특별한 사정이 없는 한 국가에 대하여 국가의 피해자에 대한 손해배상책임의 범위 내에서 공무원이 변제한 금액에 관하여 구상권을 취득한다고 봄이 타당하다.
[2] 공중보건의인 갑에게 치료를 받던 을이 사망하자 을의 유족들이 갑 등을 상대로 손해배상청구의 소를 제기하였고, 갑의 의료과실이 인정된다는 이유로 갑 등의 손해배상책임을 인정한 판결이 확정되어 갑이 을의 유족들에게 판결금 채무를 지급한 사안에서, 갑은 공무원으로서 직무 수행 중 경과실로 타인에게 손해를 입힌 것이어서 을과 유족들에 대하여 손해배상책임을 부담하지 아니함에도 을의 유족들에 대한 패소판결에 따라 그들에게 손해를 배상한 것이고, 이는 민법 제744조의 도의관념에 적합한 비채변제에 해당하여 을과 유족들의 국가에 대한 손해배상청구권은 소멸하고 국가는 자신의 출연 없이 채무를 면하였으므로, 갑은 국가에 대하여 변제금액에 관하여 구상권을 취득한다."

2) 국가배상법 제2조에 의한 배상책임의 요건

(1) 공무원

가. 개념

국가배상법 제2조에 의한 불법행위 주체로서의 공무원은 국가공무원법 및 지방공무원법, 즉 행정조직법상의 공무원뿐만 아니라 공무원의 신분을 가지지 아니하더라도 널리 공무를 위탁받아 - 시간적·사물적 한계를 불문하고 - 그에 종사하는 모든 자를 의미하는 '기능적 공무원' 개념에 바탕합니다.

> * **대판 2001.1.5, 98다39060** : "국가배상법 제2조 소정의 '공무원'이라 함은 국가공무원법이나 지방공무원법에 의하여 공무원으로서의 신분을 가진 자에 국한하지 않고, 널리 공무를 위탁받아 실질적으로 공무에 종사하고 있는 일체의 자를 가리키는 것으로서(대법원 1991. 7. 9. 선고 91다5570 판결 참조), 공무의 위탁이 일시적이고 한정적인 사항에 관한 활동을 위한 것이어도 달리 볼 것은 아니라고 할 것이다. 원심이 이 사건 사실관계에 터잡아, 피고가 '교통할아버지 봉사활동' 계획을 수립한 다음 관할 동장으로 하여금 '교통할아버지' 봉사원을 선정하게 하여 그들에게 활동시간과 장소까지 지정해 주면서 그 활동시간에 비례한 수당을 지급하고 그 활동에 필요한 모자, 완장 등 물품을 공급함으로써, 피고의 복지행정업무에 해당하는 어린이 보호, 교통안내, 거리질서 확립 등의 공무를 위탁하여 이를 집행하게 하였다고 보아, 소외 김조왕금은 '교통할아버지' 활동을 하는 범위 내에서는 국가배상법 제2조에 규정된 지방자치단체의 '공무원'이라고 봄이 상당하다고 판단한 것은 수긍되고 거기에 법리오해 등 상고이유로 주장된 바와 같은 위법은 없다."

판례상 공무원에 속하는 범주에는 집행관(대판 1996.1.25, 65다2318), 동원 중인 향토예비군(대판 1970.5.26, 70다471), 시청소차운전수(대판 1971.4.6, 70다2955), 통장(대판 1991.7.9, 91다5570), 국가 등에 근무하는 청원경찰(대판 1993.7.13, 92다47564), 구 수산청장으로부터 뱀장어에 대한 수출추천업무를 위탁받은 수산업협동조합(대판 2003.11.14, 2002다55304) 등이 속하지만, - 오래된 판례이지만 - 의용소방대원은 공무원에서 제외하고 있습니다(대판 1963.12.12, 63다467). 한편, 차량견인업자가 경찰의 위탁에 의하여 불법주차차량을 견인하는 업무에 종사하는 등 사법상 계약에 의하여 업무를 수행하여도 그 업무가 공법작용에 해당하면 공무원에 해당합니다.

국가배상책임의 성립을 위해 가해 공무원의 특정을 요하는 것과 관련하여, 과거 대위책임설에서는 국가배상책임의 성립을 위해 공무원 개인의 배상책임 효과의 발생, 즉 개인적 책임을 전제로 하므로 이를 요구하였습니다. 그러나 오늘날 '경찰 측의 과실' 등의 표현에서 알 수 있듯이 가해 공무원의 특정은 불요하다는 것이 통설입니다.

한편, 예컨대 국회의원의 입법행위, 즉 입법적 불법에 기한 배상책임 여부는 그 공무원성에도 불구하고 고의·과실 여부, 법령위반 여부, 손해의 직접성, 상당인과관계 등의 요건 흠결로 인정되기 어려운 것은 별론, 국회의원, 판사, 검사, 헌법재판소 재판관 등도 여기에서의 공무원에 포함됨에는 의문의 여지가 없습니다. 또한, 합의제 행정청의 의사는 당해 기관의 명의로 외부에 표시되지만 실제 행위자는 개개 공무원인 점에 착안하여 기관의 공무원성을 부인하는 견해도 있지만, 사인의 권리구제 확대 측면에서 국회, 지방의회, 선거관리위원회 기타 합의제 행정청 자체의 공무원성을 인정하는 것이 타당합니다. 이를 '기관책임'이라 칭합니다.

> ＊ **대판 2002.2.22, 2001다23447** : "… 그 감정서는 원고의 무죄를 입증할 수 있는 결정적인 증거에 해당하는데도 검사가 그 감정서를 법원에 제출하지 아니하고 은폐하였다면 검사의 그와 같은 행위는 위법하므로 국가는 배상책임을 진다."

기소편의주의와 관련하여 공소제기 후 무죄판결이 내려진 경우 및 불기소처분 후 헌법재판소에서 그에 대한 헌법소원청구가 인용된 경우의 배상책임 여부에 대해 위 2001다23447 판결은 검사의 공소권 행사가 당시의 정황에 비추어 경험칙이나 논리상 도저히 합리성을 긍정할 수 없는 정도에 이른 경우에는 위법성이 인정된다고 판시하였습니다.

> ＊ **대판 2001.10.12, 2001다47290** : "… 당해 법관이 위법 또는 부당한 목적을 가지고 재판을 하는 등 법관이 그에게 부여된 권한의 취지에 명백히 어긋나게 이를 행사하였다고 인정할 만한 특별한 사정이 있어야 위법한 행위가 되어 국가배상책임이 인정된다고 할 것인바 …"

2001다47290 판결에서는 법관의 재판작용으로 인한 국가배상책임의 성립기준을 일응 제시하였는데 - 해당 사안에서 실제 배상책임이 인정된 것은 아닙니다 -, 재판작용에 있어 경험·채증법칙을 현저히 위반하여 불합리한 사실의 인정, 법령내용의 오해 등에 해당하는 경우에는 국가배상책임을 인정하고, 기타의 사법행정작용에 대해서는 통상의 공무원의 경우와 동일하게 판단합니다.

> ＊ **대판 2003.7.11, 99다24218** : "법관의 재판에 법령의 규정을 따르지 아니한 잘못이 있다 하더라도 이로써 바로 그 재판상 직무행위가 국가배상법 제2조 제1항에서 말하는 위법한 행위로 되어 국가의 손해배상책임이 발생하는 것은 아니고, 그 국가배상책임이 인정되려면 당해 법관이 위법 또는 부당한 목적을 가지고 재판을 하였다거나 법이 법관의 직무수행상 준수할 것을 요구하고 있는 기준을 현저하게 위반하는 등 법관이 그에게 부여된 권한의 취지에 명백히 어긋나게 이를 행사하였다고 인정할 만한 특별한 사정이 있어야 한다. 재판에 대하여 따로 불복절차 또는 시정절차가 마련되어 있는 경우에

는 재판의 결과로 불이익 내지 손해를 입었다고 여기는 사람은 그 절차에 따라 자신의 권리 내지 이익을 회복하도록 함이 법이 예정하는 바이므로, 불복에 의한 시정을 구할 수 없었던 것 자체가 법관이나 다른 공무원의 귀책사유로 인한 것이라거나 그와 같은 시정을 구할 수 없었던 부득이한 사정이 있었다는 등의 특별한 사정이 없는 한, 스스로 그와 같은 시정을 구하지 아니한 결과 권리 내지 이익을 회복하지 못한 사람은 원칙적으로 국가배상에 의한 권리구제를 받을 수 없다고 봄이 상당하다고 하겠으나, 재판에 대하여 불복절차 내지 시정절차 자체가 없는 경우에는 부당한 재판으로 인하여 불이익 내지 손해를 입은 사람은 국가배상 이외의 방법으로는 자신의 권리 내지 이익을 회복할 방법이 없으므로, 이와 같은 경우에는 배상책임의 요건이 충족되는 한 국가배상책임을 인정하지 않을 수 없다."

* **대판 2003.7.11, 99다24218** : "헌법소원심판을 청구한 자로서는 헌법재판소 재판관이 일자 계산을 정확하게 하여 본안판단을 할 것으로 기대하는 것이 당연하고, 따라서 헌법재판소 재판관의 위법한 직무집행의 결과 잘못된 각하결정을 함으로써 청구인으로 하여금 본안판단을 받을 기회를 상실하게 한 이상, 설령 본안판단을 하였더라도 어차피 청구가 기각되었을 것이라는 사정이 있다고 하더라도 잘못된 판단으로 인하여 헌법소원심판 청구인의 위와 같은 합리적인 기대를 침해한 것이고 이러한 기대는 인격적 이익으로서 보호할 가치가 있다고 할 것이므로 그 침해로 인한 정신상 고통에 대하여는 위자료를 지급할 의무가 있다."

나. 행위주체로서의 공무원과 배상책임의 주체로서의 공무원

결론부터 다소 성급하게 얘기하면, 국가배상법 제2조 소정의 공무원은 국가배상책임의 성립요건의 문제이며, 이는 배상책임의 주체, 즉 피해자의 선택적 청구에 의하여 민사상 손해배상책임을 지는 공무원과는 구별해야 하는 개념입니다.

〈사실관계〉 ☞ 일부 내용은 축약하여 편집하였음

택지개발사업자인 피고 한국토지공사(현재의 '토지주택공사')는 파주교하지구 일대의 택지개발사업을 위하여 원고들의 토지를 수용하여 그 소유권을 취득한 택지개발사업 시행자이고, 피고3 주식회사는 피고 토지공사로부터 행정대집행에 의한 철거작업을 수급한 용역업체이며, 피고4는 피고 3 주식회사의 대표이사, 피고 2는 피고 토지공사 서울지역본부 파주사업단의 용지부장으로 위 택지개발사업지구의 용지 및 지장물 보상업무를 맡고 있었다.

피고 토지공사는 이 사건 토지를 포함한 파주교하지구 일대의 택지개발사업계획에 대하여 택지개발촉진법(2007. 4. 20 법률 제8384호로 개정되기 전의 것) 제8조 제1항에 의하여 건설교통부장관으로부터 승인을 받아 같은 법 제8조 제2항에 의하여 2000. 11. 17. 고시한 후 위 사업에 편입되는 이 사건 토지를 취득하고 그 지장물의 이전을 위하여 원고 1, 2 주식회사와 협의하였으나 협의가 성립되지

아니하여 중앙토지수용위원회에 재결을 신청하게 되었다.
중앙토지수용위원회에서는 2002. 4. 16. 원고들 소유의 이 사건 토지를 수용하고, 그 지상 건물 등 지장물을 이전하게 하는 재결을 함과 아울러 그 수용시기를 2002. 6. 4.로 정하였으며, 2002. 6. 11. 위 원고들의 영업의 손실 등에 대한 영업권 보상으로 영업설비 등 물건을 이전하도록 재결하고 수용시기를 2002. 7. 30.로 정하였다.
원고들이 위 수용재결에 따른 손실보상금이 낮다는 이유로 각 손실보상금의 수령을 거절하자 피고 토지공사는 수용시기 전인 2002. 5. 31.과 2002. 7. 29. 이를 각 공탁하였다. 이에 원고들은 이의재결을 신청하여 2002. 11. 12. 중앙토지수용위원회로부터 손실보상금을 증액하는 재결을 받았으나, 이에 다시 불복하여 서울행정법원 2002구합42398호로 토지수용이의재결처분 등 취소소송을 제기하여 같은 법원으로부터 2003. 11. 28. 일부 승소판결을 받아, 이 사건 토지 및 그 지상 건물, 기타 영업설비에 대한 정당한 손실보상금으로 원고1은 금 82,363,900원이 증액된 금 1,693,498,400원, 원고2 주식회사는 금 186,216,850원이 증액된 금 3,288,522,700원의 손실보상금을 각 수령하였다.
피고 토지공사는 2003. 3. 14.경부터 2004. 1. 29.경까지 원고 1, 2 주식회사에게 6차례에 걸쳐 관련 보상절차가 완료되었다는 이유로 이 사건 토지상의 각 건물에 대한 철거와 지장물을 이전할 것을 요청한다는 내용의 계고를 하였다. 위 원고들이 이에 응하지 아니한 채 이 사건 토지 및 그 지상 공장 건물 등을 계속 사용·수익하자, 피고 토지공사는 2004. 1. 30. 피고 3 주식회사와 행정대집행 철거도급계약을 체결한 다음 2004. 2. 5.부터 2004. 2. 9.까지 사이에 피고2를 행정대집행 책임자로 삼아 피고 토지공사의 직원들과 피고3 주식회사에서 고용한 인부들을 지휘·감독하여 이 사건 토지상의 공장건물 내부에 있던 영업시설물 등을 반출함과 아울러 공장건물을 철거하는 한편 반출물건 중 일부와 철거잔존물을 파주시 교하읍에 있는 적치장으로 이전하는 방법으로 행정대집행을 실시하였다.
이에 원고들은 한국토지공사와 피고2외 2인을 상대로 손해배상청구소송을 제기하면서 다음과 같이 주장하였다. 첫째로, 이 사건 대집행의 요건과 관련하여 ① 위 원고들의 영업물품에 대한 보상절차가 완료되지 아니하였고, ② 2004. 1. 29.자 계고처분은 자진철거기간을 불과 3일간만 부여하여 상당한 이행기간을 부여하지 아니한 위법한 계고처분이고, 피고 토지공사의 직원이 제5차 대집행 계고처분에 대하여 형식적인 것으로 대집행을 시행하지 아니할 것이라고 견해를 표명하여 확약함으로써 그 이전까지의 계고처분은 그 효력을 상실하였으므로, 이 사건 대집행은 그 요건을 구비하지 못한 것이고, 둘째로, 이 사건 대집행의 방법과 관련하여 ① 피고들이 조립식 건물인 공장 건물들을 분해하여 이전하여야 함에도 이를 파괴, 철거하였으며, 호이스트(hoist; 기중기의 일종)의 경우 연결부위의 볼트와 너트를 푼 다음 이를 분해하여 옮기는 것이 가능한데도 가스절단기로 잘라서 이전함으로 재사용이 불가능하게 만들었고, ② 영업시설과 영업물품 등을 완전히 혹은 일부 파손하여 위 적치장에 옮겨 놓았거나 위 물건들을 반출함에 있어서는 반출명세서를 작성할 의무가 있음에도 이를 게을리 하여 용역 인부들이 물건들을 절취할 수 있도록 용인하는 등 상당부분 분실되게 하였고, 셋째로, 대집행 종료 후 영업시설 및 영업물품들을위 적치장에 방치하고 위 원고들이 인수하여 가지 못하도록 하여 그 효용을 해하였으므로, 피고들은 공동불법행위자로서 위 원고들이 입은 손해를 배상할 책임이 있다고 주장한다.

＊ 대판 2010.1.28, 2007다82950,82967

" … 가. 구 국가배상법(2009. 10. 21. 법률 제9803호로 개정되기 전의 것, 이하 '국가배상법'이라 한다) 제2조 소정의 공무원이라 함은 널리 공무를 위탁받아 실질적으로 공무에 종사하고 있는 일체의 자를 말하고(대법원 2001. 1. 5. 선고 98다39060 판결 참조), 이러한 공무원이 공무를 수행하는 과정에서 위법행위로 타인에게 손해를 가한 경우에 국가 등이 손해배상책임을 지는 외에 그 개인은 고의 또는 중과실이 있는 경우에는 손해배상책임을 지지만 경과실만 있는 경우에는 그 책임을 면하게 된다(대법원 1996. 2. 15. 선고 95다38677 전원합의체 판결 참조).

원심판결 이유에 의하면 원심은, 한국토지공사는 이 사건 대집행을 위탁받은 자로서 그 위탁범위 내에서는 공무원으로 볼 수 있으므로 이 사건 대집행을 실시함에 있어서 불법행위로 타인에게 손해를 입힌 경우에도 위 법리에 따라 고의 또는 중과실이 있는 경우에만 손해배상책임을 지고, 피고 2, 피고 3 주식회사, 피고 4는 한국토지공사의 업무 담당자이거나 그와 용역계약을 체결한 법인 또는 그 대표자로서 한국토지공사의 지휘·감독하에 대집행 작업을 실시한 것이므로 형평의 원칙상 한국토지공사와 마찬가지로 고의 또는 중과실이 있는 경우에 한하여 불법행위로 인한 손해배상책임을 진다고 판단하고 있다.

먼저 피고 2, 피고 3 주식회사, 피고 4에 관한 부분에 관하여 보건대, 위 피고들은 이 사건 대집행을 실제 수행한 자들로서 공무인 이 사건 대집행에 실질적으로 종사한 자라고 할 것이므로 국가배상법 제2조 소정의 공무원에 해당한다고 볼 것이고, 따라서 위 법리에 따라 고의 또는 중과실이 있는 경우에 한하여 불법행위로 인한 손해배상책임을 진다고 할 것이며, 이에 관한 판단은 법적 평가 또는 법령의 해석적용에 관한 사항으로서 법원이 직권으로 판단할 수 있다고 할 것이다.

그러나 한국토지공사는 구 한국토지공사법(2007. 4. 6. 법률 제8340호로 개정되기 전의 것, 이하 '토지공사법'이라 한다) 제2조, 제4조에 의하여 정부가 자본금의 전액을 출자하여 설립한 법인이고, 이 사건 택지개발사업은 같은 법 제9조 제4호에 규정된 한국토지공사의 사업으로서, 이러한 사업에 관하여는 공익사업을 위한 토지 등의 취득 및 보상에 관한 법률(이하 '공익사업법'이라 한다) 제89조 제1항, 토지공사법 제22조 제6호 및 같은 법 시행령 제40조의3 제1항의 규정에 의하여, 본래 시·도지사나 시장·군수 또는 구청장의 업무에 속하는 대집행권한을 한국토지공사에게 위탁하도록 되어 있는바, 한국토지공사는 이러한 법령의 위탁에 의하여 이 사건 대집행을 수권받은 자로서 공무인 대집행을 실시함에 따르는 권리·의무 및 책임이 귀속되는 행정주체의 지위에 있다고 볼 것이지 지방자치단체 등의 기관으로서 국가배상법 제2조 소정의 공무원에 해당한다고 볼 것은 아니다. 원심이 이 부분 판단에 관하여 원용하고 있는 판례는 이 사건과 사안을 달리 하는 것이므로 원용하기에 적절한 판례가 될 수 없다.

따라서 피고 2, 피고 3 주식회사, 피고 4 부분에 관한 원심의 판단은 정당하다 하겠으나 한국토지공사에 대해서도 국가배상법 제2조 소정의 공무원에 포함됨을 전제로 이 사건 대집행에 따른 손해배상책임이 고의 또는 중과실로 인한 경우로 제한된다고 한 원심의 판단에는 손해배상책임의 요건에 관한 법리를 오해한 잘못이 있다. …"

가) 공무위탁사인인 법인의 국가배상법 제2조상 공무원 여부

'공무를 위탁받은 사인(자연인)'도 국가배상법 제2조의 공무원입니다. 이때 해당 사인은 자연인으로서의 사인이 아니라 공무를 수탁한 자(행정청 내지 행정기관)의 지위로서 동조상의 공무원이 됨을 유의해야 합니다. 한편, 법인이 공무를 위탁받아 수행한 경우 국가배상법 제2조에 따른 불법행위의 주체로서의 공무원이 공무수탁사인으로서의 법인인가 아니면 실제 행위를 한 자연인으로서의 법인의 직원인지가 문제됩니다.

위 2007다82950,82967 판결에서 보듯이 대법원은 공무를 위탁받은 공법인(한국토지공사)은 행정주체이지 국가배상법 제2조 소정의 공무원이 아니고, 공법인의 직원이 동조 소정의 공무원이라 판단합니다. 그러나 실제로 공무를 수행한 공법인의 직원은 자연인으로서가 아니라 수탁기관을 대표하여 공무를 수행하는 것이므로 직원의 행위는 곧 법인의 행위(기관행위)가 되어 공무수탁법인을 동조 소정의 공무원이라 보는 것이 타당합니다. 즉, 공무수탁사인으로서의 법인은 행정주체이면서 동시에 작용법상의 행정기관의 지위를 가지므로 공무를 수행하는 동조 소정의 공무원이라 할 수 있습니다. 이 점에서는 오히려 일응 원심판결이 타당합니다.

나) 피해자에 대해 개인배상책임을 지는 공무원

위 사안에서는 공무를 위탁받은 한국토지공사가 피해자에 대하여 직접 배상책임을 지는 공무원인가, 이를 긍정할 경우 경과실 면책의 인정 여부도 큰 논란의 대상이었습니다. 원심판결에 의하면 법인은 대집행을 위탁받은 자이므로 그 위탁범위 내에서는 공무원이라 볼 수 있으므로 대집행 실시 과정에서 타인에게 손해를 입힌 경우 고의 또는 중과실의 경우에만 배상책임을 부담한다고 설시함으로써 〈제2조상의 공무원 = 배상책임주체로서의 공무원〉으로 오해한 잘못이 있습니다. 즉, 한국토지공사를 공무원으로 본 것은 타당하지만, 동 법인을 선택적 배상청구의 상대방으로 판단한 것은 잘못이지요. 원심은 나아가 법인의 직원 등은 한국토지공사의 책임 범위와의 형평원칙상 고의 또는 중과실의 경우에만 배상책임을 부담한다고 판시하였습니다. 결국, 원심은 공무수탁법인을 행정주체로 보지 않고 위탁자인 지방자치단체 등의 기관으로서 제2조 소정의 공무원이자 선택적 배상책임의 상대방으로 간주하고, 위탁자인 지방자치단체 등이 행정주체로서 제2조상의 국가배상책임을 진다고 정리하였습니다. 이에 대해 대법원은 공무수탁법인인 한국토지공사는 법령에 의해 대집행권한을 수권받은 자로서 권리의무의 귀속주체인 행정주체의 지위에 있는 지방자치단체의 기관이므로 국가배상법 제2조상의 공무원에 해당한다고 볼 것은 아니라는 전제에서 출발합니다. 법인 직원의 책임 범위에 관한 원심판단은 정당하지만, 법인을 동법 제2조 소정의 공무원이라 보고 고의 또는 중과실의 경우에만 책임을 진다고 한 원심판단은 오류이며, 오히려 불법행위의 주체로서의 공무원은 법인의 직원이라고 한 것입니다. 이에 따라 공무수탁법인이 행정주체로서 국가배상책임을 부담하며, 그 논리적 귀결에 따라 경과실의 경우에도 면책이 되지 않는다고 합니다.

이제, 양 판결을 종합하여 평가해 봅시다. 대법원의 판단 중, 법인이 행정주체이고 피해자에 대해 직접 선택적 배상책임을 지는 공무원이 아니며, 따라서 경과실의 경우에도 면책되지 않는다는 결론은 타당합니다. 그러나 공무수탁법인인 한국토지공사는 국가배상법 제2조 소정의 공무원이 아니라고 본 것과 〈제2조상의 공무원 = 배상책임주체로서의 공무원〉 구도의 전제하에 동 법인에 대해서 경과실 면책이 되지 않는다는 논리는 잘못입니다. 공무수탁법인은 행정주체이며 행정주체의 지위에서 국가배상책임을 지는 것이기 때문에 경과실 면책이 부인되는 점은 타당하지만, 법인은 행정주체이자 이와 동시에 공무사탁사인으로서 동법 제2조상의 공무원에 해당함을 고려할 때 대법원이 법인의 직원 등을 동법 제2조상의 공무원으로 본 것은 오류입니다. 오히려, 공무수탁법인은 행정주체이자 행위주체로서의 공무원이기도 하지만, 피해자에 대한 배상책임의 주체로서의 공무원은 아니라는 논리가 타당합니다. 따라서 이 경우 선택적 개인배상책임의 주체로서의 공무원은 법인 등의 직원이 되는 것입니다.

공무를 수탁 받은 법인의 불법행위에 의해 손해가 발생한 경우 동법 제2조 소정의 공무원은 법인이지만(행정주체성도 겸유), 피해자에 대해 배상책임을 지는 '공무원'은 자연인으로서의 법인의 직원입니다. 요컨대, 대법원이 공무수탁자인 한국토지공사를 국가배상법 제2조 소정의 공무원이 아니라고 본 것과 그렇기 때문에 경과실 면책이 인정되지 않는다는 논리는 타당하지 않습니다. 경과실 면책이 부인되는 이유는 해당 법인이 동법 제2조상의 공무원임과 동시에 행정주체로서의 지위에 따른 국가배상책임을 부담하기 때문입니다. 이 경우 선택적 배상청구의 상대방은 법인의 직원이 되며 판례에 의할 때 경과실 면책이 인정되는 것입니다.

지금까지의 설명을 표로 요약하면 다음과 같습니다.

〈불법행위주체로서의 공무원과 배상책임주체로서의 공무원〉

	공무수탁법인(한국토지공사)	공법인의 직원
원심	• 행정주체 : 지방자치단체등 위탁기관 • 법인은 제2조상의 공무원이자 개인배상책임주체로서의 공무원 • 따라서 경과실 면책(양 공무원 개념을 동일하게 본 오류)	• 제2조상의 공무원은 아님 • 형평원칙상 경과실 면책
대법원	• 법인은 행정주체이며, 제2조에 의한 공무원은 아님 • 국가배상책임의 주체로서 경과실 면책 안 됨(양 공무원 개념이 동일하다는 전제에서 제2조의 공무원이 아니기 때문)	• 제2조 소정의 공무원 • 양 공무원 개념이 동일하다는 전제에서 경과실 면책
평가	• 법인은 행정주체이자 제2조 소정의 공무원에 해당함 • 법인에게 경과실 면책이 안 되는 이유 : 제2조상의 공무원이 아니기 때문이 아니라 행정주체로서 국가배상책임을 지기 때문(여기에서는, 제2조의 공무원과 개인배상책임의 주체로서의 공무원은 다른 개념)	• 개인배상책임주체로서의 공무원(선택적 배상청구의 상대방) • 경과실 면책

같은 맥락에서 공무수탁사인이 자연인인 경우에도 해당 자연인은 행정주체의 지위와 국가배상법 제2조상의 공무원의 지위를 동시에 갖는데, 이때 경과실이 면책되지 않는 것으로 해석해야 하는 이유는 해당 공무수탁사인이 공무원의 지위가 아니라 행정주체의 지위에서 국가배상책임을 지는 것이기 때문입니다. 합의제 행정기관의 경우는 어떠하겠습니까? 이상의 논의에 의할 동법 제2조 소정의 공무원은 해당 합의제 행정기관이지만, 피해자에 대한 배상책임을 지는 공무원은 합의제 행정기관을 구성하는 자연인이 됩니다.

한편, 위 2007다82950,82967 판결에 나타난 대법원 입장은 이후의 대법원 2021. 1.28. 선고 2019다260197 판결에서도 유지되는데, 그 사실관계를 요약하면 다음과 같습니다.

〈사실관계〉

대한변호사협회(이하 '협회'라 함)는 변호사와 지방변호사회의 지도·감독에 관한 사무를 처리하기 위하여 「변호사법」에 의하여 설립된 공법인으로서, 변호사등록은 협회가 「변호사법」에 의하여 국가로부터 위탁받아 수행하는 공행정사무에 해당한다(헌법재판소 2019. 11. 28. 선고 2017헌마759 전원재판부 결정 참조). 변호사 甲은 개업활동을 해 오던 중 형사범죄로 선고유예 판결이 확정되어 협회로부터 변호사등록이 취소되었다. 이후 「변호사법」에서 정한 선고유예 판결에 따른 2년의 변호사등록 결격기간이 지나자, 甲은 이 선고유예 판결의 확정증명원만 첨부하고 다른 범죄경력조회서는 첨부하지 않은 채 다시 변호사등록신청을 하였다. 서울지방변호사회는 "甲에 대한 선고유예 판결이 2년이 경과하여 등록거부사유가 없으므로 등록을 함이 타당하다"는 의견서를 첨부하여 협회에 송부하였다. 그러나 대한변호사협회장(이하 '협회장'이라 함) 乙은 甲에게 「변호사법」에서 정한 등록거부사유가 있다는 전제하에 등록심사위원회에 甲에 대한 변호사등록 여부를 안건으로 회부하였고, 등록심사위원회는 甲이 등록거부사유에 해당하는지 여부를 심의하였으나 위 선고유예를 받은 확정판결 이외에 다른 사유를 확인하지 못하였음에도 별다른 이유 없이 2개월 이상 등록을 지연하였다. 이에 甲은 변호사등록이 2개월간 지연되었음을 이유로 협회와 협회장 乙을 각각 상대로 하여 손해배상청구소송을 제기하였다.

이에 대하여 대법원은 공법인이 국가로부터 위탁받은 공행정사무를 집행하는 과정에서 공법인의 임직원이나 피용인이 고의 또는 과실로 법령을 위반하여 타인에게 손해를 입힌 경우, 공법인은 위탁받은 공행정사무에 관한 행정주체의 지위에서 배상책임을 부담하여야 하지만, 공법인의 임직원이나 피용인은 실질적인 의미에서 공무를 수행한 사람으로서 국가배상법 제2조에서 정한 공무원에 해당하므로 고의 또는 중과실이 있는 경우에만 배상책임을 부담하고 경과실이 있는 경우에는 배상책임을 면한다는 기존 입장을 전제하였습니다. 또한, 협회는 등록신청인이 변호사법 제8조 제1항 각호에서 정한 등록거부사유에 해당하는 경우에만 변호사등록을 거부할 수 있을 뿐이고, 협회가 변호사법 등 법률에서 정한 사유가 아닌 다른 사유를 내세워 변호사등록을 거부하거나 지연하는 것은 변호사법 제8조 제1항의 입법 취지 및 헌법상 기본권의 제한은 법률에 근거하여야 한다는 법률유보원칙에 정면으로 반하는 것이어서 허용될 수 없으며, 변호사법 제5조 각호에서 정한 결격 기간이 이미 지나갔음에도 피고 협회가 과거의 그 범죄전력을 또다시 내세워 추가로 변호사등록을 거부하거나 지연하는 것의 위법을 긍정하였습니다. 대법원은 이러한 손해배상책임의 성립에 따라 협회는 이들이 속한 행정주체의 지위에서 배상책임을 부담하는 것이므로 甲에게 변호사등록이 위법하게 지연됨으로 인하여 얻지 못한 수입 상당액의 손해를 배상할 의무가 있는 반면, 乙은 협회의 장으로서 국가로부터 위탁받은 공행정사무인 '변호사등록에 관한 사무'를 수행하는 범위 내에서 국가배상법 제2조에서 정한 공무원에 해당하므로 경과실 공무원의 면책 법리에 따라 甲에 대한 배상책임을 부담하지 않는다고 판시하였습니다.

이와 관련하여 대법원의 판단 중 협회가 행정주체이고 피해자에 대해 직접 선택적 배상책임을 지는 공무원이 아니므로 경과실의 경우에도 협회의 국가배상책임이 면책되지 않는다는 결론은 타당합니다. 그러나 협회는 국가배상법 제2조 소정의 공무원이 아니라는 점과 여전히 〈제2조상의 공무원 = 배상책임주체로서의 공무원〉 구도를 전제하여 협회에 대해서 경과실 면책이 되지 않는다고 귀결한 논증 과정은 재고를 요합니다. 협회가 행정주체이며 행정주체의 지위에서 국가배상책임을 지는 것이기 때문에 경과실 면책이 부인되는 점은 타당하지만, 협회는 행정주체이자 이와 동시에 공무사탁사인으로서 동법 제2조상의 공무원에 해당함을 고려할 때 대법원이 협회장 乙을 동법 제2조상의 공무원으로 본 것에는 동의할 수 없습니다. 협회는 행정주체이자 국가배상법 제2조상의 행위주체로서의 공무원이지만, 피해자에 대한 배상책임의 주체로서의 공무원은 아니라는 논리가 타당합니다. 즉, 이 경우 선택적 개인배상책임의 주체로서의 공무원은 협회장 乙이 되므로 배상책임은 주관적 책임요소인 乙의 고의·중과실 여부에 따라 결정되지만, 그렇다고 하여 이때 乙의 법적 지위를 국가배상법 제2조의 공무원 개념과 동일시하는 것은 타당하지 않습니다.

그리고 위 사안에서 판례는 乙의 중과실을 인정할 수 없다고 보아 경과실 면책을 판시하면서 중과실의 개념을 명확히 하였습니다. 이에 의할 때 공무원의 중과실이란 공무원에게 통상 요구되는 정도의 상당한 주의를 하지 않더라도 약간의 주의를 한다면 손쉽게 위법·유해한 결과를 예견할 수 있는 경우임에도 만연히 이를 간과한 경우와 같이, 거의 고의에 가까운 현저한 주의를 결여한 상태를 의미합니다.

(2) 직무를 집행하면서

가. 직무행위의 범위

직무행위를 협의로 보는 입장에서는 연혁적 이유에서, 즉 종래 국가배상책임을 정립할 무렵 최초 사인의 권익에 대한 침해를 직접적으로 야기하는 권력작용에 대해서도 국가책임을 부인하였던 점에 대한 반성으로 여기에서의 직무를 행정청의 권력작용에 한정되는 것으로 이해합니다. 그러나 국가배상법 제2조의 직무에는 공법상 권력작용뿐만 아니라 국가배상법 제5조에서 규정한 것을 제외한 공법상 권력작용과 비권력작용 중 관리작용(예컨대, 행정지도)을 포함하는 것으로 파악하는 광의설이 타당합니다. 이에 그치지 않고, 공용(公用)을 위한 물품조달계약 등 행정청이 사경제주체로서 행하는 사법상의 행위를 포괄하는 직무 범위를 전제하는 최광의설도 주장되지만, 이에 대해서는 민법상 손해배상법리에 의하는 것이 타당합니다.

> * **대판 2004.4.9, 2002다10691** : "국가배상법이 정한 손해배상청구의 요건인 '공무원의 직무'에는 국가나 지방자치단체의 권력적 작용뿐만 아니라 비권력적 작용도 포함되지만 단순한 사경제의 주체로서 하는 작용은 포함되지 않는다(대법원 1999. 11. 26. 선고 98다47245 판결 등 참조). 피고가 소외 회사에게 토지를 대부하여 주고 소외 회사가 그 지상에 호텔을 건축하여 이를 피고에게 기부채납하되, 일정 기간 동안 소외 회사가 위 호텔을 유상 또는 무상으로 사용·수익할 수 있도록 하는 대부계약을 체결하였다가 위 대부계약을 해지하고, 소외 회사와 기성공사비를 정산하여 그 정산금을 소외 회사에게 지급하여야 할 채무를 부담하였다면, 그 정산금 지급과 관련된 피고의 업무는 사경제 주체로서의 작용에 해당한다 할 것이므로, 피고의 소속 공무원이 정산금 지급과 관련된 공탁업무를 처리하던 중 고의 또는 과실로 인한 위법행위로 타인에게 손해를 입혔다면 이에 대하여는 국가배상법을 적용할 수는 없고 일반 민법의 규정을 적용할 수밖에 없다."

직무행위에는 법률효과를 발생하는 행위는 물론 사실행위, 작위·부작위 여부를 가리지 않습니다. 다만, 부작위의 경우에는 뒤에서 살피는 바와 같이 다른 측면에서의 심도 있는 검토가 필요한데, '부작위의 위법성'이란 제하에 논의됩니다. 또한, 동조의 직무에는 행정작용은 물론 입법·사법작용도 포함합니다. 다만, 실제 배상책임 발생 여부는 다수의 경우 부정적인바, 이는 배상요건의 다른 요건, 즉 위법성, 과실, 손해의 직접성 등을 충족하기 곤란한 점에서 비롯하는 것입니다.

나. 직무행위의 판단기준('집행함에 당하여')

일반적으로 민법 제35조의 '그 직무에 관하여' 및 민법 제756조의 '그 사무집행에 관하여'의 의미와 같은 것으로 보는데, 구체적으로는 직무의 집행 시를 기준으로 하여 직접적인 직무집행행위뿐만 아니라 널리 외형상 직무집행행위라고 판단되는 행위를 포함합니다. 이를 외형설이라 칭하는데, 원칙적으로 판례도 이에 입각합니다. 외형상 직무집행행위로 보일 때에는 ① 직무집행행위가 아니라는 사실을 피해자가 알았더라도, ② 당해 행위가 현실적으로 정당한 권한 내의 행위인지를 불문하고 혹은 ③ 공무원의 공무 집행 의사 여하와 상관없이 배상책임을 인정합니다.

* **대판 2001.1.5, 98다39060** : "국가배상청구의 요건인 '공무원의 직무'에는 권력적 작용만이 아니라 비권력적 작용도 포함되며 단지 행정주체가 사경제주체로서 하는 활동만 제외되는 것이며(대법원 1999. 11. 26. 선고 98다47245 판결 참조), 국가배상법 제2조 제1항 소정의 '직무를 집행함에 당하여'라 함은 직접 공무원의 직무집행행위이거나 그와 밀접한 관계에 있는 행위를 포함하고, 이를 판단함에 있어서는 행위 자체의 외관을 객관적으로 관찰하여 공무원의 직무행위로 보여질 때에는 비록 그것이 실질적으로 직무행위에 속하지 않는다 하더라도 그 행위는 공무원이 '직무를 집행함에 당하여' 한 것으로 보아야 할 것이다(대법원 1995. 4. 21. 선고 93다14240 판결 참조). 기록에 비추어 살펴보니, 원심이, 피고에 의해 '교통할아버지' 봉사원으로 선정된 김조왕금이 지정된 시간 중에 피고로부터 위탁받은 업무 범위를 넘어 교차로 중앙에서 교통정리를 하다가 이 사건 사고를 발생시켰다고 하더라도 이는 외형상 객관적으로 김조왕금이 피고로부터 위탁받은 업무와 밀접한 관계에 있는 행위로서 공무원이 그 직무를 집행함에 당하여 한 행위라고 판단한 것은 정당하고 거기에 국가배상법 제2조에 관한 법리오해의 위법은 없다. 그리고 교통개선을 위한 교통안내 행위는 복지행정의 일종으로서 반드시 국가만이 이를 할 수 있는 것은 아니고, 주민의 복리에 관한 사무의 처리를 그 기본임무로 하고 있는 지방자치단체로서도 관할구역 내에서는 수행할 수 있다고 할 것이므로, 지방자치단체인 피고가 김조왕금을 '교통할아버지'로 선정하여 그로 하여금 앞에서 본 바와 같은 일정한 범위의 교통안내 업무를 하도록 위탁함으로써, 그가 업무를 수행하는 과정에서 위탁받은 업무 범위를 넘어 교차로의 교통정리업무까지 수행하였다고 하더라도 국가사무를 처리하는 과정에서의 행위라고 볼 수는 없다. 또한, 김조왕금이 피고로부터 위탁받아 수행한 그 업무의 내용은 그 행위의 내용과 성격에 비추어 지방자치단체가 국민과 대등한 지위에서 사경제적 주체로서 하는 것이라고는 볼 수 없는 것이며, 이 사건 '교통할아버지' 활동이 피고의 노인복지사업의 일환으로 이루어진 것이라고 하여 달리 볼 것이 아니다. 원심판결에는 지방자치단체의 권한이나 피고가 이 사건 '교통할아버지'를 통하여 처리한 업무의 성격 등에 관한 법리를 오해하는 등의 위법이 없다."

특히, 직무와의 무관련성을 피해자가 알았더라도 외형상 직무집행위라고 인정할 수 있는 경우 국가배상책임을 인정하는 취지는 이 경우 비록 직무 무관련성의 인지에도 불구하고 우월한 지위를 점하는 공무원의 행위에 의한 피해를 피해자가 실질적으로 회피하기 어려운 실질을 고려한 것이고, 이렇듯 실질적 직무관련성을 요구하지 않음을 통해 직무관련성의 범위를 확대하여 권리구제의 폭을 넓히는 긍정적 효과를 낳을 수 있습니다.

* **대판 2005.1.14, 2004다26805** : "국가배상법 제2조 제1항의 '직무를 집행함에 당하여'라 함은 직접 공무원의 직무집행행위이거나 그와 밀접한 관련이 있는 행위를 포함하고, 이를 판단함에 있어서는 행위 자체의 외관을 객관적으로 관찰하여 공무원의 직무행위로 보여질 때에는 비록 그것이 실

질적으로 직무행위가 아니거나 또는 행위자로서는 주관적으로 공무집행의 의사가 없었다고 하더라도 그 행위는 공무원이 '직무를 집행함에 당하여' 한 것으로 보아야 한다(대법원 1995. 4. 21. 선고 93다14240 판결, 2001. 1. 5. 선고 98다39060 판결 등 참조). 원심판결 이유에 의하면, 원심은 그 채용 증거들을 종합하여 그 판시와 같은 사실들을 인정한 다음, 울산세관의 통관지원과에서 인사업무를 담당하면서 울산세관 공무원들의 공무원증 및 재직증명서 발급업무를 하는 공무원인 김영선이 울산세관의 다른 공무원의 공무원증 등을 위조하는 행위는 비록 그것이 실질적으로는 직무행위에 속하지 아니한다 할지라도 적어도 외관상으로는 공무원증과 재직증명서를 발급하는 행위로서 직무집행으로 보여지므로 결국 소외인의 공무원증 등 위조행위는 국가배상법 제2조 제1항 소정의 공무원이 직무를 집행함에 당하여 한 행위로 인정되고, 소외인이 실제로는 공무원증 및 재직증명서의 발급권자인 울산세관장의 직무를 보조하는 데 불과한 지위에 있다거나, 신청자의 발급신청 없이 정상의 발급절차를 거치지 아니하고 이를 발급하였으며, 위 공무원증 등 위조행위가 원고로부터 대출을 받기 위한 목적으로 행하여졌다 하더라도 이를 달리 볼 수 없다고 판단하고, …."

이에 더하여 외형설과 상보적 기능을 담당하는 '직무관련성설'이 있습니다. 즉, 외형적 직무관련성이 없더라도 당해 직무와 실질적 관련성이 있는 경우에는 이를 직무집행행위에 포함되는 것으로 이해하는 학설입니다. 결국, 여기에서는 직무집행행위를 직무의 범위 내에 속하거나 직무와 밀접한 관련이 있는 것으로 객관적으로 보이는 행위로 해석합니다. 동 학설에 의하면 외형설과 상보적 관계를 유지하면서 직무집행행위의 범위를 확장함으로써 결과적으로 배상책임의 가능성을 제고할 수 있습니다. 한편, 직무관련성설은 공무원이 자신 소유의 자동차를 운행하는 중 사고로 인하여 사인에게 피해를 입힌 경우, 자동차손해배상 보장법 제3조에 의한 '국가의 운행자성'이 부인되어 결과적으로 국가배상책임이 부인되므로 - 이 경우 우선 가해 공무원은 자동차손해배상 보장법에 따라 민사상 손해배상책임을 부담하는 것으로 이론 구성할 수 있지만 - 이에 갈음하여 국가배상법 제2조에 의한 국가배상책임 인정 여부가 문제되는 상황에서, 실질적인 직무관련성에 착안하여 국가배상책임을 인정하는 단초로 기능하기도 합니다. 직무관련성설에 입각한 아래 판례는 '공동불법행위와 국가에 대한 구상권 인정 여부' 등 또 다른 중요한 쟁점에서도 거론됩니다.

* **대판 1994.5.27, 94다6741** : "원심판결 이유에 의하면, 원심은 그 거시증거에 의하여 기초사실로써, 피고 산하 육군 제73훈련단 205연대 1대대 소속 육군 중사 소외 정연경이 1986.11.12. 19:30경 같은 부대 소속 육군 중사 유영관을 위 정연경 개인소유의 무등록 90씨씨 오토바이의 뒷좌석에 태우고 위 오토바이를 운전하여 다음날부터 실시예정인 전 제대 동시 야간훈련 및 독수리훈련에 대

비하여 사전정찰차 훈련지역 일대를 살피고 위 부대로 돌아오던 중 그 판시와 같은 경위로 위 오토바이가 소외 안종수가 운전하던 소외 안희상 소유의 서울 4라3701호 로얄승용차의 앞 범퍼부분과 충돌하는 이 사건 사고가 발생하여 위 유영관이 판시의 상해를 입었으며 위 사고는 위 정연경과 위 안종수의 그 판시의 각 과실이 경합하여 발생한 사실, 그 후 위 유영관과 그 가족들이 위 안희상을 상대로 이 사건 사고로 인한 손해배상청구의 소를 제기하여 판시와 같은 경위를 거쳐 원고 등에게 그 판시의 금원을 지급하라는 판결이 확정되자 원고 회사는 위 안희상과 체결한 보험계약에 따라 위 안희상을 대위하여 위 유영관 등에게 위 판결에서 인정된 손해배상금 63,348,900원을 지급한 사실을 인정한 다음, 위 오토바이는 위 정연경 개인 소유의 무등록 오토바이로서 위 정연경이 종전부터 개인적인 용무에 사용하여 오고 있던 것으로 보여지고, 위 소속부대에서 그 사용 또는 관리 등에 관하여 특별히 관여하거나 지시 등을 행하였다는 점에 관하여 원고의 입증이 없어 위 오토바이 운전행위를 직무범위내에 속하거나 외형상 객관적으로 직무와 밀접한 관련이 있는 행위라고 볼 수 없다는 이유로 이 사건 사고가 위 정연경의 직무집행행위로 인하여 발생하였음을 전제로 하는 원고의 구상금청구나 손해배상청구를 모두 배척하였다. 그러나 국가배상법 제2조 소정의 「공무원이 그 직무를 집행함에 당하여」라고 함은 직무의 범위 내에 속한 행위이거나 직무수행의 수단으로써 또는 직무행위에 부수하여 행하여지는 행위로서 직무와 밀접한 관련이 있는 것도 포함된다고 해석하여야 할 것이고(당원 1988.3.22.선고 87다카1163 판결 참조), 원심이 적법하게 확정한 바와 같이 위 정연경이 자신의 개인소유 오토바이 뒷좌석에 위 유영관을 태우고 다음날부터 실시예정인 전 제대 동시 야간훈련 및 독수리 훈련에 대비하여 사전정찰차 훈련지역 일대를 살피고 귀대하던 중 이 사건 사고가 일어났다면, 위 정연경이 비록 개인소유의 오토바이를 운전하였다 하더라도 실질적, 객관적으로 위 정연경의 운전행위는 그에게 부여된 훈련지역의 사전정찰임무를 수행하기 위한 직무와 밀접한 관련이 있다고 보아야 할 것이다."

(3) 법령 위반 : 위법성

가. 법령 위반의 의미

여기에서의 '법령 위반'이란 엄격한 의미의 실정 법령의 위반뿐만 아니라 신뢰보호원칙, 비례원칙 등 행정법의 일반원칙 위반 및 인권존중·권력남용금지·신의성실·공서양속 등의 위반을 포함하며, 판례에 의할 때 널리 그 행위가 객관적인 정당성을 결여하고 있음을 의미합니다.

＊ **대판 2008.6.12, 2007다64365** : "1. 범인식별실 불사용 부분에 관하여

가. 국가배상책임에 있어 공무원의 가해행위는 법령을 위반한 것이어야 하고, 법령을 위반하였다 함은 엄격한 의미의 법령 위반뿐 아니라 인권존중, 권력남용금지, 신의성실과 같이 공무원으로서 마땅히 지켜야 할 준칙이나 규범을 지키지 아니하고 위반한 경우를 포함하여 널리 그 행위가 객관적인 정당성을 결여하고 있음을 뜻하는 것이므로, 경찰관이 범죄수사를 함에 있어 경찰관으로서 의당 지켜야 할 법규상 또는 조리상의 한계를 위반하였다면 이는 법령을 위반한 경우에 해당한다(대법원 2002. 5. 17. 선고 2000다22607 판결, 대법원 2005. 6. 9. 선고 2005다8774 판결 등 참조).

나. 경찰관은 그 직무를 수행함에 있어 헌법과 법률에 따라 국민의 자유와 권리를 존중하고 범죄피해자의 명예와 사생활의 평온을 보호할 법규상 또는 조리상의 의무가 있고, 특히 이 사건과 같이 성폭력범죄의 피해자가 나이 어린 학생인 경우에는 수사과정에서 또 다른 심리적·신체적 고통으로 인한 가중된 피해를 입지 않도록 더욱 세심하게 배려할 직무상 의무가 있다.

그런데 원심이 적법하게 인정한 사실에 의하면 이 사건 성폭력범죄의 담당 경찰관은 그 경찰서에 설치되어 있는 범인식별실을 사용하지 않은 채 공개된 장소인 형사과 사무실에서 피의자 41명을 한꺼번에 세워 놓고 피해자인 원고 1, 원고 2로 하여금 범행일시와 장소 별로 범인을 지목하게 하였다는 것인바, 경찰관의 이와 같은 행위는 위에서 본 직무상 의무를 소홀히 하여 위 원고들에게 불필요한 수치심과 심리적 고통을 느끼도록 하는 행위로서 법규상 또는 조리상의 한계를 위반한 것임이 분명하고, 수사상의 편의라는 동기나 목적에 의해 정당화될 수 없으며, 달리 위 행위가 부득이한 것으로서 정당하다고 볼 만한 사유도 찾아볼 수 없다. 같은 취지에서 원심이, 경찰관의 위와 같은 행위가 국가배상법이 정하는 법령 위반 행위에 해당한다고 판단한 것은 정당하고, 거기에 주장하는 바와 같은 법리오해, 채증법칙 위배 등의 위법이 없다.

2. 감식실에서의 모욕, 비하 발언 부분에 관하여

구 국가배상법(2008. 3. 14. 법률 제8897호로 개정되기 전의 것) 제2조 제1항의 '직무를 집행함에 당하여'라 함은 직접 공무원의 직무집행행위이거나 그와 밀접한 관련이 있는 행위를 말하고, 이를 판단함에 있어서는 행위 자체의 외관을 관찰하여 객관적으로 공무원의 직무행위로 보여질 때에는 비록 그것이 실질적으로 직무행위가 아니거나 또는 행위자로서는 주관적으로 공무집행의 의사가 없었다고 하더라도 공무원이 '직무를 집행함에 당하여'한 행위로 보아야 한다 (대법원 1995. 4. 21. 선고 93다14240 판결, 대법원 2005. 1. 14. 선고 2004다26805 판결 등 참조). 원심판결 이유에 의하면, 원심은 경찰서 감식실의 근무 경찰관이 그곳에서 대기하던 원고 1, 원고 2에게 그 판시와 같은 모욕적인 발언을 한 사실을 인정한 다음, 경찰관의 위와 같은 행위는 외관상 객관적으로 보아 직무집행행위이거나 그와 밀접한 관련이 있는 행위라고 봄이 상당하다고 판단하였는바, 원심의 위와 같은 판단은 앞서 본 법리에 따른 것으로서 정당하고, 거기에 주장하는 바와 같은 국가배상책임에 관한 법리오해, 채증법칙 위배 등의 위법이 없다.

3. 피해사실 및 인적사항 누설 부분에 관하여

공무원에게 부과된 직무상 의무의 내용이 단순히 공공 일반의 추상적 이익을 위한 것이거나 행정기

관 내부의 질서를 규율하기 위한 것이 아니고 전적으로 또는 부수적으로 사회구성원 개인의 구체적 안전과 이익을 보호하기 위하여 설정된 것이라면, 공무원이 그와 같은 직무상 의무를 위반함으로써 개인이 입게 된 손해는 상당인과관계가 인정되는 범위 안에서 국가가 그에 대한 배상책임을 부담하여야 하는바(대법원 1998. 9. 22. 선고 98다2631 판결, 대법원 2007. 12. 27. 선고 2005다62747 판결 등 참조), 성폭력범죄의 처벌 및 피해자보호 등에 관한 법률 제21조는 성폭력범죄의 수사 또는 재판을 담당하거나 이에 관여하는 공무원에 대하여 피해자의 인적사항과 사생활의 비밀을 엄수할 직무상 의무를 부과하고 있고, 이는 주로 성폭력범죄 피해자의 명예와 사생활의 평온을 보호하기 위한 것이므로, 성폭력범죄의 수사를 담당하거나 수사에 관여하는 경찰관이 위와 같은 직무상 의무에 반하여 피해자의 인적사항 등을 공개 또는 누설하였다면 국가는 그로 인하여 피해자가 입은 손해를 배상하여야 한다."

가) 행정규칙 위반

행정규칙을 위반한 행위를 동조상의 법령위반으로 볼 수 있는지 문제됩니다. 원론적으로 파악할 때 행정규칙의 법규성 인정 여하에 따라 그에 위반한 행정작용의 위법 여부가 달라진다고 이해합니다. 법규성이 인정되지 않는 행정규칙 위반의 경우, 독일에서는 위법의 전제가 되는 '직무상 의무(기본법 제34조, 독일 민법 제839조)'는 행정규칙에 의하여 규정될 수도 있으므로(독일의 경우 법령위반에 갈음하여 직무상 의무위반(Amtspflichtverletzung)으로 표현합니다) 그들 입장에서는 - 사익보호성이 긍정됨을 전제로 하여 - 행정규칙 위반을 곧바로 위법한 행정작용으로 귀결할 수 있지만, 현행 국가배상법은 법령위반의 문구를 사용하므로 이를 일반적으로 긍정할 수는 없습니다. 원칙적으로 행정규칙은 여기에서의 법령에 속하지 않기 때문입니다.

다만, 설정·공표된 행정규칙 성질의 처분기준의 경우 신뢰보호원칙 등 행정법의 일반원칙 위반을 들어 위법을 주장할 수 있을 것이며, 그렇지 않은 경우에도 인권존중·권력남용금지·신의성실·공서양속 등의 위반을 포함하여 널리 그 행위가 객관적인 정당성을 결여하고 있음을 이유로 위법성을 인정할 여지는 있습니다. 예컨대, 일반적 손해방지를 위한 공무원의 안전확보의무가 행정규칙에 규정된 경우에는 이를 확보하지 않은 공무원의 부작위의 위법과 관련하여 일반적 손해발생방지의무(안전확보의무)라는 조리상 작위의무의 근거로서 행정규칙이 기능할 수 있습니다.

이와 관련하여 판례는 제재적 처분의 기준을 정한 시행규칙 별표에 따른 처분의 경우 그 법규성을 부인하고 모법에 따른 위법이 인정되더라도, 행정규칙에 따른 처분에 대해 과실 흠결을 이유로 배상책임을 부인한 바 있습니다. 그렇다고 하여 이 판결이 행정규칙 위반을 법령위반에 해당한다고 보았거나 그렇지 않은 것으로 보았다고 얘기할 수는 없습니다. 통상 이런 규범 상황하에서 제재적 처분의 위법은 모법에 의한 재량하자 여부로 판단하므로 행정규칙 위반이 직접 문제된 것이 아니며, 판결의 기판력에 의해 국가배상청구소송의 위법이 인정되더라도 결국은 고의·과실의 흠결을 이유로 배상책임이 부인되기 때문입니다. 요컨대 위 관련 판결은 〈행정규칙 위반 → 법령위반?〉에 관해 답을 제시하지 못합니다. 아래 97다12907 판결에서 언급된 하위실천계획으로서의 '95재해대책업무세부추진실천계획'의 경우 명칭에도 불구하고 그 법적 성질은 행정규칙으로 보아야 할 것인바, 이에 대한 위반도 객관적 정당성을 상실하면 국가배상책임을 인정한 판례에 해당합니다.

* **대판 1997.9.9, 97다12907** : 태풍경보가 발령되는 등으로 기상 상태가 악화되었으나 시 산하기관인 오동도 관리사무소 당직근무자가 재해시를 대비하여 마련되어 있는 지침에 따른 조치를 취하지 아니하고 방치하다가 상급기관의 지적을 받고서야 비로소 오동도 내로 들어오는 사람 및 차량의 통행은 금지시켰으나, 오동도 안에서 밖으로 나가려는 사람 및 차량의 통행을 금지시키지 아니한 채 만연히 철수하라는 방송만을 함으로써, 피해자들이 차량을 타고 진행하다가 파도가 차량을 덮치는 바람에 바닷물로 추락하여 사망한 사안에서, 오동도 관리사무소의 '95재해대책업무세부추진실천계획'은 국민의 신체 및 재산의 안전을 위하여 공무원에게 직무의무를 부과하는 행동규범임이 명백하고, 그 계획이 단순히 훈시규정에 불과하다거나 시 재해대책본부의 '95재해대책업무지침'에 규정한 내용보다 강화된 내용을 담고 있다고 하여 이를 무효라고 볼 수 없으며, 당직근무자가 위 계획에 위배하여 차량의 통제를 하지 아니한 과실과 사고 사이에는 상당인과관계가 있다고 하여 시의 손해배상책임을 인정한 사례.

한편, 독일 기본법(GG) 제34조와 독일 민법전(BGB) 제839조의 해석에 의할 때 '위법'을 정면으로 배상책임의 요건으로 하는 우리와는 달리 독일 국가배상법제에서의 위법은 '직무상 의무위반'과 '사익보호성'을 전제로 합니다. 공무원의 입장에서 직무상 의무위반은 법령뿐만 아니라 행정규칙에 의해서도 근거지을 수 있습니다. 독일의 경우 행정규칙상의 직무상 의무가 공익뿐만 아니라 사인의 안전 등 사익도 보호하려는 취지로 해석되어 이른바 사익보호성이 인정되는 경우에는 해당 행정규칙 위반은 국가배상책임을 구성하는 위법을 의미하는 것입니다. 행정규칙의 비법규성에도 불구하고, 우리의 경우에도 해당 행정규칙에 따른 내부적 직무의무를 위반한 행위가 그 준거가 되는 행정규칙 규정의 사익보호성과 결합하는 경우에는 행정규칙 위반을 위법으로 파악하는 이론적 시도를 고려할 여지가 없지 않습니다. 위 입론은 '부작위의 위법'에서 후술하듯이 사익보호성의 체계적 지위를 위법 요소로 이해하는 입장과 연결됩니다. 행정규칙의 법규성 인정 여부에 전적으로 의존하여 위법 여부를 판단하는 것은 너무나 단편적 해석론에 의한 것이고, 이는 또한 국민의 권리구제와 관련하여 소극적 방법론으로 접근한다는 비판에서 반드시 자유로울 수는 없습니다.

나) 부당한 처분

기속행위와는 달리 재량행위에는 부당한 처분이 개념적으로 가능합니다. 행정심판법 제1조에서도 이를 예정하고 있고, 바로 이 점에서 동법 제13조의 법률상 이익 문구와 충돌 여부가 논란이 됩니다. 재량의 일탈·남용에서 비롯하는 처분의 국가배상법상 위법 인정에는 이론이 없습니다. 그러나 적법한 처분의 범주에 속하는 부당한 처분은 재량의 한계 내에 위치하므로 위법한 처분은 아니지만, 최적의 처분이 아닌 것을 뜻합니다. 여기서 적법한 처분에 의해서도 상대방의 법률상의 이익의 침해가 문제될 수 있는가의 의문이 제기되고, 이에 따라 동법 제13조의 법률상 이익은 사실상 이익까지 포함하는 문구로 대체되어야 한다는 주장도 있습니다. 그러나 부당한 처분에 의해서도 법률상 이익이 침해될 수 있고 동조는 그러한 경우까지 행정심판의 방법에 의한 구제를 인정하겠다는 입법취지의 표현입니다(입법비과오설).

재량권의 일탈·남용에 이르지 않는 부당한 처분은 재량권의 한계 내의 적법한 행위일 뿐만 아니라 그 부당 여부의 판단에 있어 객관적 기준을 설정·발견하기가 어려운 점을 고려하면 부당한 재량처분의 위법성을 인정하기에는 어려움이 따릅니다. 그러나 구체적 사정과 관련하여서는 예외적으로 부당한 처분이 공무원의 일반적 손해방지의무 위반에 해당하여 그 객관적 정당성 상실로 귀결되어 위법한 처분으로 인정되는 경우는 여전히 이론적으로 유보되어 있다고 얘기할 수 있습니다.

다) 절차상 하자

절차상 위법과 국가배상책임의 관계도 논의의 대상입니다. 절차 규정 위반이 국가배상법상의 위법을 구성함에는 의문의 여지가 없습니다. 따라서 이론적으로 볼 때 절차하자와 손해 사이에 상당인과관계가 성립하는 경우 배상책임이 인정됩니다. 그러나 절차하자에도 불구하고 실체적으로 적법한 경우의 배상책임 여부와 관련하여서는 논의가 없으며 판례 또한 부재합니다. 절차상 하자가 국가배상법상 법령위반을 구성함에는 별 난점이 없지만, 절차하자만으로 인해 침해되는 손해를 특정할 수 있는지 여부가 관건일 것입니다. 일반적인 경우 절차하자로 인해 실체적 결정에 위법이 있고 이때 그 실체적 결정의 위법을 들어 국가배상청구를 하는 것이 일반적입니다. 다만, 절차 하자로 인해 수반되는 독자의 부수적 손해에 대해서는 배상책임을 인정할 수 있다는 학설이 존재한다는 정도만 지적합니다. 아래 판결에서도 절차상 하자로 인한 정신적 손해의 배상책임을 인정함에 매우 주저하고 있으며, 나아가 절차상 하자로 인한 국가배상책임의 인정 여부를 관련 처분의 실체적 위법 여부와 관련지어 판단하지는 않았습니다.

> * **대판 2021.7.29, 2015다221668** : "국가나 지방자치단체가 공익사업을 시행하는 과정에서 해당 사업부지 인근 주민들은 의견제출을 통한 행정절차 참여 등 법령에서 정하는 절차적 권리를 행사하여 환경권이나 재산권 등 사적 이익을 보호할 기회를 가질 수 있다. 그러나 법령에서 주민들의 행정절차 참여에 관하여 정하는 것은 어디까지나 주민들에게 자신의 의사와 이익을 반영할 기회를 보장하고 행정의 공정성, 투명성과 신뢰성을 확보하며 국민의 권익을 보호하기 위한 것일 뿐, 행정절차에 참여할 권리 그 자체가 사적 권리로서의 성질을 가지는 것은 아니다. 이와 같이 행정절차는 그 자체가 독립적으로 의미를 가지는 것이라기보다는 행정의 공정성과 적정성을 보장하는 공법적 수단으로서의 의미가 크므로, 관련 행정처분의 성립이나 무효·취소 여부 등을 따지지 않은 채 주민들이 일시적으로 행정절차에 참여할 권리를 침해받았다는 사정만으로 곧바로 국가나 지방자치단체가 주민들에게 정신적 손해에 대한 배상의무를 부담한다고 단정할 수 없다. 이와 같은 행정절차상 권리의 성격이나 내용 등에 비추어 볼 때, 국가나 지방자치단체가 행정절차를 진행하는 과정에서 주민들의 의견제출 등 절차적 권리를 보장하지 않은 위법이 있다고 하더라도 그 후 이를 시정하여 절차를 다시 진행한 경우, 종국적으로 행정처분 단계까지 이르지 않거나 처분을 직권으로 취소하거나 철회한 경우, 행정소송을 통하여 처분이 취소되거나 처분의 무효를 확인하는 판결이 확정된 경우 등에는 주민들이 절차적 권리의 행사를 통하여 환경권이나 재산권 등 사적 이익을 보호하려던 목적이 실질적으로 달성된 것이므로 특별한 사정이 없는 한 절차적 권리 침해로 인한 정신적 고통에 대한 배상은 인정되지 않는다. 다만 이러한 조치로도 주민들의 절차적 권리 침해로 인한 정신적 고통이 여전히 남아 있다고 볼 특별한 사정이 있는 경우에 국가나 지방자치단체는 그 정신적 고통으로 인한 손해를 배상할 책임이 있다."

나. 위법(법령위반)의 판단대상 및 기준

가) 결과불법설 : 침해행위의 결과, 즉 손해의 불법을 의미

국가배상법상 법령위반의 판단기준은 가해행위의 법 위반 여부를 고려할 것이 아니라, 가해행위의 결과인 손해의 불법성이 위법을 의미한다는 입장입니다. 항고소송에서 행정처분이 법정의 행위준칙에 적합한 것인지의 여부가 심사되는 것과는 달리, 국가배상책임에서는 국민이 입은 손해가 시민법상의 원리에 비추어 결과적으로 수인되어야 할 것인지 여부로 판단합니다. 거기에서는 더 나아가 손해의 존재만으로 권리의 침해 즉 위법하다고 보는 학설도 존재합니다. 그러나 이런 입장은 민법상 불법행위책임에서의 손해가 권리에 한정하지 않는다는 일반적 견해에 배치되는 면을 부인할 수 없습니다.

결과불법설은 국가배상청구소송의 목적이 민법상 불법행위책임의 소송상 실현과 본질적으로 상이하지 않고 항고소송과는 달리 손해의 전보를 목적으로 하므로 행위에 대한 규범적 평가 보다 결과불법으로서의 손해의 발생을 비난의 대상에 두어야 함을 듭니다. 그러나 결과불법설은 국가배상책임의 출발이 공권력 행사의 법률적합성에 대한 의문에서 시작함을 간과하고 있습니다. 즉, 사인 간에는 단순히 '타인의 권리침해는 허용되지 않고 권리침해로 인한 손해발생 시 바로 위법이다'는 공식이 성립하지만, 국가배상법상의 위법성 판단에는 1차적으로 공행정작용의 근거 법규 내지 관계 법규에의 적합성 여부를 고려하여야 하므로 결과불법설을 정면으로 취할 수는 없습니다.

나) 협의의 행위위법설 : 항고소송에서의 위법과 마찬가지로 행위의 법규범에의 위반을 의미

협의의 행위위법설은 국가배상청구소송에서의 위법성이 행위규범에의 합치 여부에 대한 판단에 좌우된다는 입장입니다. 법률에 의한 행정 원칙상 공행정작용은 법률에 종속되고 이에 의해 규율되며, 또한 공법관계 중에는 공권력의 행사로 적법하게 국민의 법익의 침해를 예정하고 있는 것도 있습니다. 예컨대, 손실보상의 전제가 되는 공용침해의 경우를 들 수 있겠지요. 따라서 손해의 발생이라는 결과에 중점을 두는 것이 아니라 공행정작용 자체, 즉 해당 행정작용으로서의 행위가 행위규범에 적합한지 여부에 따라 위법성 판단이 이루어집니다.

협의의 행위위법설은 과거의 통설과 판례 입장에 해당하는데, 아래 사항들을 그 타당성의 논거로 제시하였습니다. 법률에 의한 행정 원칙하에서 국가배상청구소송은 항고소송과 함께 행정통제·감시기능을 가진 제도이고, 따라서 국가배상청구소송이 항고소송을 보충하여 행정통제에 기여하는 점에서 법정의 행위규범에 위반하는 국가작용을 국가배상청구절차를 통하여 문책함으로써 국가작용의 하자를 통제할 수 있음을 강조합니다. 더구나 항고소송에는 출소기한의 제한, 소익 등을 통한 소 제기상의 제약을 받는 경우가 많은데, 이를 국가배상소송이 권리구제 가능성의 확대 차원에서 보완할 수 있음도 거론합니다.

다) 광의의 행위위법설

광의의 행위위법설에서는 행위 자체의 위법뿐만 아니라 공무원의 직무상 일반적 손해발생방지의무와 관련하여 공권력 행사의 방법·수단 등 행위의 태양도 위법판단의 대상이라고 봅니다. 행위의 법규에의 위반은 물론, 명문의 규정이 없더라도 공권력 행사의 근거 법규 및 조리를 종합적으로 고려할 때 국민에 대하여 손해의 발생을 방지하여야 할 직무상 의무의 위반을 포함하는 개념입니다.

협의 및 광의의 행위위법설은 공법관계의 사법관계에 대한 특성 및 법률에 의한 행정 원리를 고려할 때 일응 그 타당성이 인정되지만, 다음의 비판이 가능합니다. 국가배상제도를 항고소송과 같이 주로 행위통제 기능 중심으로 파악함으로써 국가배상제도가 가지는 손해전보제도로서의 기능 내지 특징을 약화한다는 것입니다. 손해전보를 목적으로 하는 국가배상소송의 위법성은 처분의 법 효과 발생에 관계되는 항고소송에서의 위법성과 같을 수 없으므로, 특히 협의의 행위위법설에 의할 경우 항고소송에서와 같이 공권력 행사 자체의 법에의 위반을 의미하는 것으로 위법을 엄격하게 해석함으로써 피해자 구제에 충실치 못한 단점을 거론합니다.

그러나 광의의 행위위법설은 국가배상소송의 행위통제기능을 강조하면서도 손해전보기능을 전혀 도외시하는 것은 아닙니다. 즉, 행위 자체뿐만 아니라 일반적 손해발생방지의무를 위법판단에 고려하는 점에서 행정소송의 위법판단과 전혀 동일한 구조라고는 볼 수 없기 때문입니다.

라) 상대적 위법성설

상대적 위법성설은 항고소송에서의 위법과는 달리 침해행위의 관련 법규에의 위반 여부뿐만 아니라 피침해이익의 성질 및 종류, 침해의 정도 등 기타의 사정을 고려하여 구체적 사건마다 종합적으로 판단해야 한다는 입장입니다. 위법성의 판단은 근거 법령에 대한 관계와 피해자에 대한 관계가 다르므로, 행위 자체의 적법·위법뿐만 아니라 공평부담의 견지에서 피침해이익의 성격과 침해의 정도 및 가해행위의 태양을 고려 종합적으로 판단하여 행위가 객관적으로 정당성을 결여한 경우 위법에 해당한다는 것입니다. 행위 측면과 결과 측면을 비교하여 침해된 결과가 허용되지 않는다고 판단될 때 위법하다는 견해도 같은 맥락입니다.

상대적 위법성설은 구체적 사건에 따라 공평하고 탄력적인 해결을 기할 수 있고 위법성을 완화하여 해석하므로 피해자에게 일응 유리하다고 평가할 수 있지만, 위법성 판단 요소의 추상적 성격 내지 개념적 모호성으로 인한 법적 명확성·안정성 차원에서의 문제점은 극복 과제라 아니할 수 없습니다.

마) 학설의 평가

공법관계에서는 관계 법규에서 행위에 의한 권익침해를 예정하는 경우가 적지 않습니다. 따라서 원칙적으로 국가배상책임의 위법성 판단은 당해 행정작용이 법령에 따라 적법하게 행하여졌는지 여부가 일차적 기준이 되는 것은 부인할 수 없습니다. 그러므로 논의의 시작은 행위규범을 위반한 공행정작용 자체를 결정적 기준으로 하는 행위위법설이 타당합니다. 그러나 국가배상책임에서의 위법은 그 본질적 기능에 비추어 타인의 손해 발생을 법이 허용하는 것인지의 관점에서 결정되는 것이어야 하므로 여기에서의 행위규범은 조리상의 의무 등을 포함하는 다소 광의로 해석하는 것이 타당합니다. 결국, 국가배상청구소송의 위법은 민사상 손해배상책임의 그것과 동일하지는 않지만 행정소송상의 위법보다 다소 그 범위가 넓다는 해석에 힘이 실리고, 그 외연 확대는 광의의 행위위법설이 주장하는 일반적 손해발생방지의무 위반을 포함하는 것으로 이해할 수 있습니다. 따라서 학설상 법령위반을 엄격히 해석하는 소수설은 협의의 행위위법설의 입장인 듯하나 '행위의 객관적 정당성 상실'으로 해석하는 다수설이 반드시 상대적 위법성설을 취한 것은 아닙니다. 즉, 광의의 행위위법설의 입장으로 설명하지 못할 바가 아닙니다.

바) 판례의 입장

과거에는 대체로 협의의 행위위법설을 취하여 가해행위의 법 위반을 제시하지만, 명문의 규정이 없는 경우에도 일정한 경우 공무원의 손해발생방지의무를 인정하는 점에서 최근 광의의 행위위법설에 입각한 판결도 다수 등장합니다. 순찰차에 의한 교통위반차량의 추적과 관련하여 제3자에게 발생한 손해의 배상을 청구한 사건에 대한 아래 판결은 행위위법설을 전제로 광의의 행위위법설까지 위법의 판단기준을 확대하고 있습니다. 즉, 아래 2000다26807·26814 판결의 전단은 판례가 결과불법설을 취하지 않음을 의미하고, 후단은 실질적으로 보아 법령에 따른 추적행위의 위법성 판단기준이 엄격한 법령위반의 경우에 한정되지 않음을 설시합니다.

＊ **대판 2000.11.10, 2000다26807,26814** : "순찰차에 의한 추적이 법령에 따라 행해진 것이라면 특별한 사정이 없는 한 그것은 법령에 적합한 것이고 그 과정에서 개인의 권리가 침해되었다 하더라도 그 법령적합성이 곧바로 부정되는 것은 아니다. … 추적이 당해 목적을 수행하는데 불필요하다거나 도주차량의 도주 태양 및 교통상황 등으로부터 예측되는 피해발생의 구체적 위험성의 유무 및 내용에 비추어 추적의 개시·계속 혹은 추적의 방법이 상당하지 않다는 등의 특별한 사정이 인정되지 아니하는 한 그 추적행위를 위법하다고 할 수 없다."

＊ **대판 2008.6.12, 2007다64365** : "국가배상책임에 있어 공무원의 가해행위는 법령을 위반한 것이어야 하고, 법령을 위반하였다 함은 엄격한 의미의 법령 위반뿐 아니라 인권존중, 권력남용금지,

신의성실과 같이 공무원으로서 마땅히 지켜야 할 준칙이나 규범을 지키지 아니하고 위반한 경우를 포함하여 널리 그 행위가 객관적인 정당성을 결여하고 있음을 뜻하는 것이므로, 경찰관이 범죄수사를 함에 있어 경찰관으로서 의당 지켜야 할 법규상 또는 조리상의 한계를 위반하였다면 이는 법령을 위반한 경우에 해당한다(대법원 2002. 5. 17. 선고 2000다22607 판결, 대법원 2005. 6. 9. 선고 2005다8774 판결 등 참조). 경찰관은 그 직무를 수행함에 있어 헌법과 법률에 따라 국민의 자유와 권리를 존중하고 범죄피해자의 명예와 사생활의 평온을 보호할 법규상 또는 조리상의 의무가 있고, 특히 이 사건과 같이 성폭력범죄의 피해자가 나이 어린 학생인 경우에는 수사과정에서 또 다른 심리적·신체적 고통으로 인한 가중된 피해를 입지 않도록 더욱 세심하게 배려할 직무상 의무가 있다. 그런데 원심이 적법하게 인정한 사실에 의하면 이 사건 성폭력범죄의 담당 경찰관은 그 경찰서에 설치되어 있는 범인식별실을 사용하지 않은 채 공개된 장소인 형사과 사무실에서 피의자 41명을 한꺼번에 세워 놓고 피해자인 원고 1, 원고 2로 하여금 범행일시와 장소 별로 범인을 지목하게 하였다는 것인바, 경찰관의 이와 같은 행위는 위에서 본 직무상 의무를 소홀히 하여 위 원고들에게 불필요한 수치심과 심리적 고통을 느끼도록 하는 행위로서 법규상 또는 조리상의 한계를 위반한 것임이 분명하고, 수사상의 편의라는 동기나 목적에 의해 정당화될 수 없으며, 달리 위 행위가 부득이한 것으로서 정당하다고 볼 만한 사유도 찾아볼 수 없다. 같은 취지에서 원심이, 경찰관의 위와 같은 행위가 국가배상법이 정하는 법령 위반 행위에 해당한다고 판단한 것은 정당하고, 거기에 주장하는 바와 같은 법리오해, 채증법칙 위배 등의 위법이 없다."

* **대판 2001.5.29, 99다37047** : "수익적 행정처분은 그 성질상 특별한 사정이 없는 한 그 처분이 이루어지는 것이 신청인의 이익에 부합하고, 이에 대한 법규상의 제한은 공공의 이익을 위한 것이어서 그러한 법규상의 제한 사유가 없는 한 원칙적으로 이를 허용할 것이 요청된다고 할 것이므로, 수익적 행정처분이 신청인에 대한 관계에서 국가배상법 제2조 제1항의 위법성이 있는 것으로 평가되기 위하여는 당해 행정처분에 관한 법령의 내용, 그 성질과 법률적 효과, 그로 인하여 신청인이 무익한 비용을 지출할 개연성에 관한 구체적 사정 등을 종합적으로 고려하여 객관적으로 보아 그 행위로 인하여 신청인이 손해를 입게 될 것임이 분명하다고 할 수 있어 신청인을 위하여도 당해 행정처분을 거부할 것이 요구되는 경우이어야 할 것이다."

☞ 판례는 수익적 처분에서 국가배상법상 위법의 인정 여부에 관하여, 수익적 처분으로 인해 신청인이 손해를 입을 것이 분명하고 신청인을 위해 해당 행정처분을 거부할 것이 요구되는 경우임을 전제로 합니다.

* **대판 2000.5.12, 99다70600** : "어떠한 행정처분이 후에 항고소송에서 취소되었다고 할지라도 그 기판력에 의하여 당해 행정처분이 곧바로 공무원의 고의 또는 과실로 인한 것으로서 불법행위를 구성한다고 단정할 수는 없는 것이고, 그 행정처분의 담당공무원이 보통 일반의 공무원을 표준으로 하여 볼 때 객관적 주의의무를 결하여 그 행정처분이 객관적 정당성을 상실하였다고 인정될 정도에 이른 경우에 국가배상법 제2조 소정의 국가배상책임의 요건을 충족하였다고 봄이 상당할 것이며, 이 때에 객관적 정당성을 상실하였는지 여부는 피침해이익의 종류 및 성질, 침해행위가 되는 행정처분

> 의 태양 및 그 원인, 행정처분의 발동에 대한 피해자측의 관여의 유무, 정도 및 손해의 정도 등 제반 사정을 종합하여 손해의 전보책임을 국가 또는 지방자치단체에게 부담시켜야 할 실질적인 이유가 있는지 여부에 의하여 판단하여야 한다."

위 99다70600 판결은 상대적 위법성설에 따른 판례로 거론되는데, '구체적 사실관계하에서 제반 사정의 고려 결과로서의 객관적 정당성의 상실'이라는 문구에서 이를 알 수 있습니다. 상대적 위법성설의 내용을 살필 때 일응 이런 평가가 반드시 잘못된 것은 아닙니다. 그러나 고려하는 제반 사정상의 요소는 결국 공무원의 일반적 손해발생방지의무를 도출하기 위한 수단이고, 종합적 판단에 의할 때 국민에게 손해가 발생하지 않도록 행위 해야 할 소위 일반적 손해발생방지의무를 위반하여 야기된 행정작용은 그 객관적 정당성을 상실한 것으로 평가할 수 있는 점에서, 이를 특히 상대적 위법성설의 입장으로만 이해하는 것은 편향된 시각이라 할 것입니다. 환언하면, 해당 판례를 광의의 행위위법설에 의한 것으로 평가하더라도 잘못이 없다는 의미입니다.

사) 결어

위법한 공권력 행사에 의한 손해의 배상을 목적으로 하는 국가배상소송에서는 1차적으로 공권력행사의 요건법규에의 위반을 예정하고 있는 행위위법설이 원칙적으로 타당합니다. 국가배상청구소송이 항고소송의 단점(출소기간의 제한, 소의 이익 등)을 보완하여 항고소송과 함께 행정 통제적 기능을 가지는 점을 고려할 때에도 그러합니다. 그러나 협의의 행위위법설에 따라 위법성을 항고소송의 그것처럼 엄격히 해석한다면 피해자 구제에 충실하지 못합니다. 따라서 국가배상책임에서의 위법은 행위 자체의 관계 법령위반뿐만 아니라 행위태양의 위법, 즉 피침해이익과 관련하여 객관적 법질서상 요구되는 직무상 손해방지의무 위반으로서의 위법성을 의미하는 것으로 파악합시다(광의의 행위위법설). 즉, 공무원은 법령준수의무뿐만 아니라 일반적으로 권한 행사에 있어서 국민에 대하여 손해의 발생을 방지하여야 할 또는 안전을 배려하여야 할 직무상 의무가 존재하며, 이 직무상 의무위반도 국가배상법상의 위법을 구성합니다. 이 경우 손해방지의무 위반으로서의 위법의 판단 대상은 통상의 공권력 행사뿐만 아니라 주된 공권력 행사에 부수되는 행위의 태양(공권력 행사의 수단, 방법)까지 포함하는 것입니다. 이러한 입론은 국가의 기본권 보장의무를 규정한 헌법 제10조와의 관련성을 고려하면 더욱 명확해집니다.

다. 부작위의 위법성

경찰이 불법시위의 진압 과정에서 과다한 물리력을 사용하여 시위참여자가 사망한 경우 등 국가배상책임의 대부분은 적극적인 행정작용, 즉 공무원의 위법한 작위를 통해 비롯합니다. 아무런 물리적 행위를 하지 않은 부작위로 인해 국가배상책임이 성립하는 것을 어떻게 논증하느냐가 여기에서의 쟁점인데, 구체적으로는 '부작위의 위법'의 문제를 규명해야 합니다. 부작위에 의한 국가배상책임이 성립하려면 해당 부작위가 '무엇'인가를 위반해서 위법하다는 의미인데, 여기에서의 위법, 즉 '무엇인가에 대한 위반'에 대한 판단은 앞선 '법령위반' 논의를 기본으로 하되 다음의 몇 가지 특수성을 고려해야 합니다.

가) 조리에 의한 작위의무

부작위의 위법을 논하기 위해서는 작위의무를 전제로 하는데, 법령이 규정한 작위의무는 일반적으로 그 위반을 위법으로 만들지만, 여기에서의 쟁점은 '조리에 의한 작위의무'를 인정하여 배상책임을 인정할 수 있는가의 문제입니다.

단순한 조리 내지 사회통념으로부터 작위의무를 인정할 수 없는 것이므로 작위의무는 법치행정원칙에 비추어 볼 때 일차적으로 실정법규에 근거함이 원칙입니다. 그러나 그렇다고 하여 포괄적 위험방지의무의 인정 및 예견·회피조치가능성에 따른 판단을 완전히 봉쇄하는 것은 아닙니다. 명문의 법규는 없더라도 객관적 법질서 및 인권존중의무에서 손해방지의무로서의 작위의무는 도출할 수 있습니다. 즉, 국민의 생명·신체·재산 보장 등 국가의 국민에 대한 기본권보장 의무를 도출할 수 있으며, 구체적 사안에서 침해의 가능성 있는 법익의 종류 및 침해 위험성의 정도 등을 고려할 때 공무원에게 손해를 방지할 구체적 의무가 있다고 해석되는 경우에는 명문의 규정이 없어도 손해방지의무를 인정할 수 있습니다. 그리고 여기에서의 손해발생방지의무는 전술한 '광의의 행위위법설'에서의 그것과 궤를 같이합니다. 광의의 행위위법설이 타당한 또 다른 논거이기도 합니다.

* **대판 2005.6.10, 2002다53995** : " … 국민의 생명, 신체, 재산 등에 대하여 절박하고 중대한 위험상태가 발생하였거나 발생할 우려가 있어서 국민의 생명, 신체, 재산 등을 보호하는 것을 본래적 사명으로 하는 국가가 초법규적·일차적으로 그 위험 배제에 나서지 아니하면 국민의 생명, 신체, 재산 등을 보호할 수 없는 경우에는 형식적 의미의 법령에 근거가 없더라도 국가나 관련 공무원에 대하여 그러한 위험을 배제할 작위의무를 인정할 수 있을 것이나, … 공무원의 부작위로 인한 국가배상책임을 인정할 것인지 문제되는 경우에 관련 공무원에 대해서 작위의무를 명하는 법령의 규정이

없다면 공무원의 부작위로 인하여 침해된 국민의 법익 또는 국민에게 발생한 손해가 어느 정도 심각하고 절박한 것인지, 관련 공무원이 그와 같은 결과를 예견하여 그 결과를 회피하기 위한 조치를 취할 가능성이 있는지 등을 종합적으로 고려하여 판단하여야 한다." 同旨 : 대판 2021.7.21, 2021두33838; 대판 2022.7.14, 2017다290538

나) 직무상 의무의 사익보호성 : 반사적 이익론의 적용 여부

직무상 의무위반으로 인한 손해의 배상책임을 인정하기 위하여 당해 직무상 의무가 공익뿐만 아니라 사익도 보호하고자 하는 취지로 인정되어야 하는가의 문제입니다. 이는 명문의 규정에 의한 작위의무 내지 조리상 작위의무를 불문하고 제기되는 쟁점입니다. 또한 여기에서의 부작위뿐만 아니라 적극적 행정작용에 의한 국가배상책임이 문제되는 경우에도 동일하게 논의됩니다.

사익보호성은 공권의 성립요건 및 원고적격 논의에서의 보호규범론을 통해 익숙한 내용입니다. 원고적격에서의 사익보호성 논의를 부작위의 위법에도 적용된다는 판례 입장에 의하면 다음의 논증이 성립합니다. 공무원에게 부과된 직무상 작위의무가 단순히 공공 일반의 이익이나 행정기관 내부의 질서 유지를 규율하기 위한 것에 그치면 해당 작위의무의 위반은 위법을 구성하지 않습니다. 달리 말하면, 행정청의 작위의무를 규정한 법령의 규정 내지 조리상의 작위의무가 공익뿐만 아니라 사익도 보호하려는 취지인 경우에만 행정기관의 작위의무는 법적인 작위의무가 되고 그 위반은 국가배상법상의 위법에 해당합니다. 작위의무에 사익보호성을 요한다는 판례의 입장은 다수의 판결에서 공무원의 작위의 위법을 인정하기 위해서도 요구하는 것으로 표현되는데, 그 경우에도 실질적으로는 해당 작위의 위법에 법령상 요구하는 작위의무의 불이행, 즉 부작위의 위법 여부가 더불어 내재하는 경우입니다.

* **대판 2015.5.28, 2013다41431** : "구 산업기술혁신 촉진법(2009. 1. 30. 법률 제9369호로 개정되기 전의 것) 제1조, 제3조, 제16조 제1항, 제17조 제1항 본문 및 구 산업기술혁신 촉진법 시행령(2009. 4. 30. 대통령령 제21461호로 개정되기 전의 것) 제23조, 제24조, 제25조, 제27조의 목적과 내용 등을 종합하여 보면, 위 법령이 공공기관에 부과한 신제품 인증을 받은 제품(이하 '인증신제품'이라 한다) 구매의무는 기업에 신기술개발제품의 판로를 확보하여 줌으로써 산업기술개발을 촉진하기 위한 국가적 지원책의 하나로 국민경제의 지속적인 발전과 국민의 삶의 질 향상이라는 공공 일반의 이익을 도모하기 위한 것이고, 공공기관이 구매의무를 이행한 결과 신제품 인증을 받은 자가 재

산상 이익을 얻게 되더라도 이는 반사적 이익에 불과할 뿐 위 법령이 보호하고자 하는 이익으로 보기는 어렵다. 따라서 공공기관이 위 법령에서 정한 인증신제품 구매의무를 위반하였다고 하더라도, 이를 이유로 신제품 인증을 받은 자에 대하여 국가배상법 제2조가 정한 배상책임이나 불법행위를 이유로 한 손해배상책임을 지는 것은 아니다."

* **대판 2001.10.23, 99다36280** : "상수원수의 수질을 환경기준에 따라 유지하도록 규정하고 있는 관련 법령의 취지·목적·내용과 그 법령에 따라 국가 또는 지방자치단체가 부담하는 의무의 성질 등을 고려할 때, 국가 등에게 일정한 기준에 따라 상수원수의 수질을 유지하여야 할 의무를 부과하고 있는 법령의 규정은 국민에게 양질의 수돗물이 공급되게 함으로써 국민 일반의 건강을 보호하여 공공 일반의 전체적인 이익을 도모하기 위한 것이지, 국민 개개인의 안전과 이익을 직접적으로 보호하기 위한 규정이 아니므로, 국민에게 공급된 수돗물의 상수원의 수질이 수질기준에 미달한 경우가 있고, 이로 말미암아 국민이 법령에 정하여진 수질기준에 미달한 상수원수로 생산된 수돗물을 마심으로써 건강상의 위해 발생에 대한 염려 등에 따른 정신적 고통을 받았다고 하더라도, 이러한 사정만으로는 국가 또는 지방자치단체가 국민에게 손해배상책임을 부담하지 아니한다. 또한 상수원수 2급에 미달하는 상수원수는 고도의 정수처리 후 사용하여야 한다는 환경정책기본법령상의 의무 역시 위에서 본 수질기준 유지의무와 같은 성질의 것이므로, 지방자치단체가 상수원수의 수질기준에 미달하는 하천수를 취수하거나 상수원수 3급 이하의 하천수를 취수하여 고도의 정수처리가 아닌 일반적 정수처리 후 수돗물을 생산·공급하였다고 하더라도, 그렇게 공급된 수돗물이 음용수 기준에 적합하고 몸에 해로운 물질이 포함되어 있지 아니한 이상, 지방자치단체의 위와 같은 수돗물 생산·공급행위가 국민에 대한 불법행위가 되지 아니한다."

그런데 부작위의 위법에 그 전제가 되는 작위의무의 사익보호성을 요한다는 입론을 견지한다면, 아래 다소 수용하기 힘든 법적 상황이 발생합니다. 거리제한 규정을 위반한 신규업자 乙에 대한 영업허가를 대상으로 기존업자 甲이 제기한 신규영업허가의 취소소송은 - 비록 乙에 대한 신규영업허가가 위법하더라도 - 원고적격 흠결로 각하판결을 받습니다. 거리제한 규정이 행정청에게 '동 거리구간 내 신규허가 금지'라는 법령상 의무를 부과하는데, 이는 '사업자 간 과다경쟁 방지를 통한 건전한 목욕문화 창달' 등 공익을 위한 것이지 기존업자 甲의 사익(독점적 이익)을 보호하려는 취지로 해석할 수 없기 때문입니다. 취소소송에 대해 각하판결을 접한 甲이 이제 위법한 직무집행행위(거리제한 규정을 위반한 신규영업허가의 발령)로 자신의 영업상 이익의 감소 등 손해가 발생하였음을 이유로 국가배상청구소송을 제기한다면, 법원은 어떤 판결을 행할까요? 판례 입장처럼 사익보호성을 요한다는 전제에 입각한다면, 위 목욕장 사건의 경우 사익보호성이 부정되어 거리제한규정을 위반한 신규영업허가가 국가배상법상의 위법이 아니라는 납득하기 어려운 결론에 이르게 됩니다. 법령을 명백하게 위반한 행정작용을 국가배상법제의 경우라고 해서 위법하지 않다고 말할 수는 없지 않겠습니까? 만약 위 취소소송에서 원고적격이 인정되어 본안판단에서 인용판결이 행해져서 동 판결이 확정되면, 그 기판력에 의해 후소인 국가배상청구소송에서의 위법은 의문의 여지없이 인정되는 점도 고려의 요소입니다. 물론, 이 경우 결론에 있어 甲의 손해배상청구를 인용하는 것도 법 감정에 부합하지 않습니다. 乙에 대한 위법한 영업허가로 인해 甲은 그간 향유하던 독점적 이익의 감소에 직면한 것이지 자신의 영업행위 자체를 할 수 없게 된 것은 아니기 때문입니다.

생각건대, 甲에게 국가배상청구권을 인정하는 것이 부당하더라도, 이를 해당 신규영업허가가 위법하지 않다거나 위법한 신규영업허가와 甲의 재산상 이익 감소 간 상당인과관계가 없다고 이론 구성하는 것이 아니라, 甲이 주장하는 재산상 손실은 국가배상법 제2조상의 손해, 즉 법적 이익의 침해에 해당하지 않는다는 논증이 타당합니다. 다만, 민법을 포함한 우리 행정법학계에서는 여기에서의 '손해' 개념과 행정소송법 제12조상의 '법률상 이익'의 관계에 대한 논의를 발견할 수 없습니다. 만약 '손해'를 법률상 이익에 해당하는 재산상 손해로 한정한다면 앞에서 전개한 논증이 타당할 것입니다. 〈사익보호성 부정 → 법률상 이익에 해당하지 않는 재산상 손해 → 동법 제2조에 의한 손해 요건 미충족 → 국가배상책임 부정〉의 흐름이 가능하기 때문입니다.

한편, 국가배상법 제2조는 배상책임의 요건으로 법령위반, 즉 '위법'을 규정하는 것 이외에 '사익보호성'을 요구하지 않습니다. 그럼에도 불구하고 학설과 판례가 이를 요구하는 이유가 무엇일까요? 국가배상제도를 규율하는 독일 기본법 제34조는 우리의 위법에 상응하여 '직무상 의무위반'을 규정합니다. 공무원의 직무상 의무는 외부관계(Außenverhältnis), 즉 국가 등과 사인 간 관계에서의 의무를 의미함과 함께 행정권 내부관계(Innenverhältnis)에서의 의무위반, 즉 국가 행정권 내에서의 복종의무 위반을 뜻하는 복합적인 개념입니다. 후자는 통상 행정규칙에 의해 근거지워집니다. 이때 행정규칙상의 직무상 의무의 위반을 모두 국가배상책임의 대상에 포함시키면 정상적인 국가작용의 수행이 불가능할 정도로 국가배상책임 관련 법률관계가 만연하여 이를 용인할 수는 없습니다.

결국, 내부관계를 포함하는 직무상 의무위반의 범위를 적절하게 제한하기 위해서는 일단의 법기술적 장치가 필요하고, 바로 이런 필요에서 원용한 개념이 '사익보호성의 요구'입니다. 즉, 행정규칙 위반이 국가배상책임을 야기하려면 행정규칙상의 직무의무 위반뿐만 아니라 해당 의무의 사익보호성을 요구하는 것으로 해석론이 전개됩니다. 요컨대, 독일에서는 〈국가배상법제상의 위법 = 직무상 의무 위반 + 사익보호성 인정(요구)〉의 공식이 자연스럽게 형성된 것입니다. 이렇듯 부작위의 위법 등에 있어 작위의무의 사익보호성을 요하는 학설·판례의 입장은 독일에서의 규범 환경의 특수성에서 비롯하는 논의를 우리의 법제에 무비판적으로 수용한 데에서 비롯하는 것입니다. 사익보호성을 위법의 요소로 파악할 필연성이 존재하지 않는다는 이상의 논의에 따라 국가배상법상 위법에 관한 양 법제를 위 거리제한 목욕장 사례에 투영하면 다음과 같습니다.

독일 : if 사익보호성 부인 → 직무상 의무 위반○, 위법× → 국가배상책임 부인
한국 : even if 사익보호성 부인 → 위법○ → 손해에 미해당 → 국가배상책임 부인

독일에서의 위 논의를 담고 있는 한 가지 예를 상정합니다. 시장이 주의회에서 정립한 위법한 지시(Weisung)에 근거하여 집회금지명령을 발령하였습니다. 시장은 상위 법률에 위반하는 지시에 따라 처분하였으므로 그가 행한 집회금지명령은 위법하지만, 해당 법령의 집행 과정에서의 복종의무 내지 직무상 의무 위반은 발생하지 않았습니다. 이 경우 주의회는 시장에게 결과적으로 위법한 지시의 집행을 명한 점에서 해당 주의회가 직무상 의무를 위반한 것입니다. 이와 관련하여 소송법적으로 볼 때 국가배상청구소송의 피고는 해당 주이고, 집회금지명령의 취소소송의 피고는 시장이 됩니다.

다) 사익보호성의 체계적 지위

다수설·판례에 의할 때 부작위의 경우 그 전제되는 작위의무의 사익보호성이 부인되는 경우 국가배상책임이 성립하지 않음은 이미 살펴본 바와 같습니다. 부작위에 의한 국가배상책임의 성립을 위해 작위의무의 사익보호성을 요한다고 하더라도 판례상 그 체계적 지위에 대해서는 위법성, 상당인과관계성 등으로 나뉩니다. 학설도 위법성, 상당인과관계성, 혹은 손해발생의 요소라는 등으로 견해가 일치하지 않습니다. 예컨대, 공무원의 직무상 의무를 규정하는 관계 법규의 제3자 사익보호성을 위법의 요소로 보면 행정청의 작위의무를 규정한 법령의 규정이 공익뿐만 아니라 사익도 보호하려는 취지인 경우에만 행정권의 작위의무는 법적인 작위의무가 되고 그 위반은 국가배상법상의 위법이 된다는 결론이 되고, 작위의무의 사익보호성이 부인되면 공무원의 부작위와 손해발생 간 상당인과관계를 부인하여 배상책임의 성립을 부정하는 것은 사익보호성을 상당인과관계의 요소로 파악하는 입장입니다.

사익보호성을 위법성의 요소로 접근한 판례 중 대표적인 것은 아래입니다.

* **대판 2001.3.9, 99다64278** : "구 도시계획법(2000. 1. 28. 법률 제6243호로 전문 개정되기 전의 것), 구 도시계획법시행령(2000. 7. 1. 대통령령 제16891호로 전문 개정되기 전의 것), 토지의형질변경등행위허가기준등에관한규칙 등의 관련 규정의 취지를 종합하여 보면, 시장 등은 토지형질변경허가를 함에 있어 허가지의 인근 지역에 토사붕괴나 낙석 등으로 인한 피해가 발생하지 않도록 허가를 받은 자에게 옹벽이나 방책을 설치하게 하거나 그가 이를 이행하지 아니할 때에는 스스로 필요한 조치를 취하는 직무상 의무를 진다고 해석되고, 이러한 의무의 내용은 단순히 공공 일반의 이익을 위한 것이 아니라 전적으로 또는 부수적으로 사회구성원 개인의 안전과 이익을 보호하기 위하여 설정된 것이라 할 것이므로, 지방자치단체의 공무원이 그와 같은 위험관리의무를 다하지 아니한 경우 그 의무위반이 직무에 충실한 보통 일반의 공무원을 표준으로 할 때 객관적 정당성을 상실하였다고 인정될 정도에 이른 경우에는 국가배상법 제2조에서 말하는 위법의 요건을 충족하였다고 봄이 상당하고, 허가를 받은 자가 위 규칙에 기하여 부가된 허가조건을 위배한 경우 시장 등이 공사중지를 명하거나 허가를 취소할 수 있는 등 형식상 허가권자에게 재량에 의한 직무수행권한을 부여한 것처럼 되어 있더라도 시장 등에게 그러한 권한을 부여한 취지와 목적에 비추어 볼 때 구체적인 사정에 따라 시장 등이 그 권한을 행사하여 필요한 조치를 취하지 아니하는 것이 현저하게 불합리하다고 인정되는 경우에는 그러한 권한의 불행사는 직무상의 의무를 위반하는 것이 되어 위법하게 된다."

다음은 상당인과관계의 문제로 접근한 판례입니다.

* **대판 2007.12.27, 2005다62747** : "공무원에게 부과된 직무상 의무의 내용이 단순히 공공 일반의 이익을 위한 것이거나 행정기관 내부의 질서를 규율하기 위한 것이 아니고 전적으로 또는 부수적으로 사회구성원 개인의 안전과 이익을 보호하기 위하여 설정된 것이라면, 공무원이 그와 같은 직무상 의무를 위반함으로 인하여 피해자가 입은 손해에 대하여는 상당인과관계가 인정되는 범위 내에서 국가가 배상책임을 지는 것이고, 이때 상당인과관계의 유무를 판단함에 있어서는 일반적인 결과 발생의 개연성은 물론 직무상 의무를 부과하는 법령 기타 행동규범의 목적, 그 수행하는 직무의 목적 내지 기능으로부터 예견가능한 행위 후의 사정, 가해행위의 태양 및 피해의 정도 등을 종합적으로 고려하여야 한다(대법원 1998. 9. 22. 선고 98다2631 판결, 대법원 2003. 4. 25. 선고 2001다59842 판결 등 참조). 원심판결 이유와 기록에 의하면, 이 사건 각 부동산 중 소외인 소유의 1/8 지분(이하 '이 사건 각 부동산 지분'이라 한다)에 관하여 개시된 임의경매절차에서 경매법원은 이 사건 각 부동산의 공유자들에 대하여 구 민사소송법(2002. 1. 26. 법률 제6626호로 전문 개정되기 전의 것, 이하 같다) 제649조 제1항에 의한 경매사실의 통지 및 같은 법 제617조 제2항에 의한 경매기일과 경락기일의 통지를 적법하게 하지 아니한 채 경매절차를 진행한 사실, 이 사건 각 지분에 대한 최고가매수신고인인 원고는 2001. 10. 17. 경매법원으로부터 경락허가결정을 받고 대금지급기일

로 지정된 2001. 11. 15. 경락대금을 완납한 후 같은 날 원고의 비용부담 및 경매법원의 촉탁에 의하여 이 사건 각 지분에 관하여 원고 앞으로 경락을 원인으로 한 소유권이전등기까지 마친 사실, 그런데 그 후 이 사건 각 부동산의 공유자들이 위 공유자에 대한 통지를 받지 못하였음을 이유로 위 경락허가결정에 대하여 추완항고를 제기하자 항고법원은 2002. 6. 7. 이를 받아들여 위 경락허가결정을 취소하고 원고에 대한 경락을 허가하지 아니한다는 결정을 하였고 이는 그 무렵 확정된 사실을 알 수 있다. 이와 같이 공유자에 대한 통지 누락 등 경매절차상의 하자로 인하여 경락허가결정에 대한 추완항고가 받아들여지면 경락허가결정은 확정되지 아니하고 따라서 그 이전에 이미 경락허가결정이 확정된 것으로 알고 경매법원이 경락대금 납부기일을 정하여 경락인으로 하여금 경락대금을 납부하도록 하였더라도 이는 적법한 경락대금의 납부가 될 수 없으므로(대법원 1998. 3. 4.자 97마962 결정, 대법원 2002. 12. 24.자 2001마1047 전원합의체 결정 등 참조), 원고는 결국 이 사건 각 부동산 지분을 취득할 수 없을 뿐 아니라, 그 이전에 경락이 적법 유효한 것으로 믿고 지출한 비용 상당의 손해를 입게 되었다 할 것이다. 이러한 사정을 앞서 본 법리에 비추어 살피건대, 경매법원 공무원에게 부과된 공유자에 대한 통지의무가 직접적으로는 공유자의 우선매수권이나 이해관계인으로서의 절차상 이익과 관계되는 것이기는 하지만, 공유자에 대한 통지가 적법하게 행해지지 않은 채로 경매절차가 진행되면 뒤늦게라도 그 절차상의 하자를 이유로 경락허가결정이 취소될 수 있고 경매법원의 적법한 절차진행을 신뢰하고 경매에 참여하여 경락을 받고 법원의 지시에 따라 경락대금납부 및 소유권이전등기까지 마친 경락인으로서는 불측의 손해를 입을 수밖에 없어 위와 같은 통지 기타 적법절차의 준수 여부는 경락인의 이익과도 밀접한 관계가 있고, 위와 같은 일련의 과정에서 경매법원 스스로 그 하자를 시정하는 조치를 취하지 않는 이상 특별히 경락인이 불복절차 등을 통하여 이를 시정하거나 위 결과 발생을 막을 것을 기대할 수도 없으며, 경락인의 손해에 대하여 국가배상 이외의 방법으로 구제받을 방법이 있는 것도 아니라는 점에서 경매법원 공무원의 위 공유자통지 등에 관한 절차상의 과오는 원고의 손해 발생과 사이에 상당인과관계가 있다고 보아야 할 것이다."

* **대판 2001.4.13, 2000다34891** : "공무원이 법령에서 부과된 직무상 의무를 위반한 것을 계기로 제3자가 손해를 입은 경우에 제3자에게 손해배상청구권이 발생하기 위하여는 공무원의 직무상 의무 위반행위와 제3자의 손해 사이에 상당인과관계가 있지 아니하면 아니되는 것이고, 상당인과관계의 유무를 판단함에 있어서는 일반적인 결과발생의 개연성은 물론 직무상 의무를 부과한 법령 기타 행동규범의 목적이나 가해행위의 태양 및 피해의 정도 등을 종합적으로 고려하여야 할 것인바, 공무원에게 직무상 의무를 부과한 법령의 보호목적이 사회 구성원 개인의 이익과 안전을 보호하기 위한 것이 아니고 단순히 공공일반의 이익이나 행정기관 내부의 질서를 규율하기 위한 것이라면, 가사 공무원이 그 직무상 의무를 위반한 것을 계기로 하여 제3자가 손해를 입었다 하더라도 공무원이 직무상 의무를 위반한 행위와 제3자가 입은 손해 사이에는 법리상 상당인과관계가 있다고 할 수 없다(대법원 1993. 2. 12. 선고 91다43466 판결, 1994. 6. 10. 선고 93다30877 판결 등 참조). 구 풍속영업의규제에관한법률(1999. 3. 31. 법률 제5942호로 개정되기 전의 것) 제5조에서 다른 법률에 의한 허가·인가·등록 또는 신고대상이 아닌 풍속영업을 영위하고자 하는 자로 하여금 대통령령이 정하는

바에 의하여 경찰서장에게 신고하도록 한 규정의 취지는 선량한 풍속을 해하거나 청소년의 건전한 육성을 저해하는 행위 등을 규제하여 미풍양속의 보존과 청소년보호에 이바지하려는 데 있는 것이므로(제1조), 위 법률에서 요구되는 풍속영업의 신고 및 이에 대한 수리행위는 오로지 공공 일반의 이익을 위한 것으로 볼 것이고, 부수적으로라도 사회구성원의 개인의 안전과 이익 특히 사적인 거래의 안전을 보호하기 위한 것이라고 볼 수는 없다고 할 것이다. 원심이 이 사건에서, 진주경찰서장이 노윤경의 풍속영업신고행위를 수리한 행위나 즉시 이를 시정하지 아니한 행위가 잘못된 것이라고 하더라도, 진주경찰서장의 이러한 직무상의 의무 위반행위와 원고가 주장하는 영업상의 손해 사이에는 상당인과관계가 존재한다고 볼 수 없다고 판단하였음은 앞서 본 법리에 비추어 정당하다고 할 것이고, 거기에 상고이유에서 주장하는 바와 같이 국가배상에 있어서의 위법성과 인과관계에 대한 법리를 오해한 위법이 있다고 할 수 없다."

라) 부작위의 위법의 의미

사익보호성이 인정되는 작위의무 위반에 의한 부작위가 어느 정도에 이르러야 부작위의 위법 내지 부작위에 의한 국가배상책임의 성립을 인정할 수 있는지의 문제입니다. 작위의무의 내용이 기속행위인 경우 및 재량권이 부여되었지만 구체적 상황하에서 재량이 0으로 수축된 경우에는 - 사익보호성 인정 등 다른 요건이 충족하는 한 - 그 부작위는 곧바로 위법을 의미합니다.

특히 문제되는 것은 재량권이 부여된 권한의 불행사와 관련된 경우인데, 재량행위 영역에서 부작위에 의한 국가배상책임이 성립하는 경우는 재량권의 불행사 그 자체만으로 모든 사안에서 위법의 의미를 충족하여 국가배상책임을 발생시키는 것이 아니라, '권한을 행사하지 아니한 부작위의 위법이 현저하게 합리성을 잃어 사회적 타당성이 없을 것'을 요합니다. 재량행위에 있어 부작위의 위법은 많은 경우에 있어 경찰권 불행사와 관련하여 쟁점화됩니다. 이때 개괄적 수권조항으로 평가되는 경찰관 직무집행법 제5조의 사익보호성 도출을 바탕으로 구체적 사실관계하에서 통상의 경찰재량의 경우인지, 아니면 경찰재량이 0으로 수축된 경우에 해당하는지를 구분하여 그 부작위의 위법의 의미를 도출하는 것이 중요합니다. 또한, 이 쟁점은 경우에 따라 제3자에 대한 경찰권 발동의 청구권을 인정할 수 있는지를 묻는 무하자재량행사청구권 내지 행정개입청구권의 문제로 구체화될 수 있습니다. 아래 98다16890 판결은 경찰관이 농민들의 시위를 진압하고 시위과정에 도로상에 방치된 트랙터 1대에 대하여 이를 도로 밖으로 옮기거나 후방에 안전표지판을 설치하는 것과 같은 위험발생방지조치를 취하지 아니한 채 그대로 방치하고 철수하여 버린 결과, 야간에 그 도로를 진행하던 운전자가 위 방치된 트랙터를 피하려다가 다른 트랙터에 부딪혀 상해를 입은 사안에서 국가배상책임을 인정한 사례로 많이 거론되는 판례입니다.

* **대판 1998.8.25, 98다16890** : "경찰관직무집행법 제5조는 경찰관은 인명 또는 신체에 위해를 미치거나 재산에 중대한 손해를 끼칠 우려가 있는 위험한 사태가 있을 때에는 그 각 호의 조치를 취할 수 있다고 규정하여 형식상 경찰관에게 재량에 의한 직무수행권한을 부여한 것처럼 되어 있으나, 경찰관에게 그러한 권한을 부여한 취지와 목적에 비추어 볼 때 구체적인 사정에 따라 경찰관이 그 권한을 행사하여 필요한 조치를 취하지 아니하는 것이 현저하게 불합리하다고 인정되는 경우에는 그러한 권한의 불행사는 직무상의 의무를 위반한 것이 되어 위법하게 된다."
* **대판 2016.4.15, 2013다20427** : "경찰은 범죄의 예방, 진압 및 수사와 함께 국민의 생명, 신체 및 재산의 보호 기타 공공의 안녕과 질서유지를 직무로 하고 있고, 직무의 원활한 수행을 위하여 경찰관 직무집행법, 형사소송법 등 관계 법령에 의하여 여러 가지 권한이 부여되어 있으므로, 구체적인 직무를 수행하는 경찰관으로서는 제반 상황에 대응하여 자신에게 부여된 여러 가지 권한을 적절하게 행사하여 필요한 조치를 할 수 있고, 그러한 권한은 일반적으로 경찰관의 전문적 판단에 기한 합리적인 재량에 위임되어 있으나, 경찰관에게 권한을 부여한 취지와 목적에 비추어 볼 때 구체적인 사정에 따라 경찰관이 권한을 행사하여 필요한 조치를 하지 아니하는 것이 현저하게 불합리하다고 인정되는 경우에는 권한의 불행사는 직무상 의무를 위반한 것이 되어 위법하게 된다."
* **대판 2016.8.25, 2014다225083** : "구 소방시설설치유지 및 안전관리에 관한 법률(2011. 8. 4. 법률 제11037호로 개정되기 전의 것, 이하 '구 소방시설법'이라 한다) 제4조 제1항, 제5조, 구 다중이용업소의 안전관리에 관한 특별법(2013. 3. 23. 법률 제11690호로 개정되기 전의 것, 이하 '다중이용업소법'이라 한다) 제9조 제2항은 전체로서의 공공 일반의 안전과 이익을 도모하기 위한 것일 뿐만 아니라 나아가 국민 개개인의 안전과 이익을 보장하기 위하여 둔 것이므로, 소방공무원이 구 소방시설법과 다중이용업소법 규정에 정하여진 직무상 의무를 게을리한 경우 의무 위반이 직무에 충실한 보통 일반의 공무원을 표준으로 객관적 정당성을 상실하였다고 인정될 정도에 이른 때는 국가배상법 제2조 제1항에 정한 위법의 요건을 충족하게 된다. 그리고 소방공무원의 행정권한 행사가 관계 법률의 규정 형식상 소방공무원의 재량에 맡겨져 있더라도 소방공무원에게 그러한 권한을 부여한 취지와 목적에 비추어 볼 때 구체적인 상황 아래에서 소방공무원이 권한을 행사하지 아니한 것이 현저하게 합리성을 잃어 사회적 타당성이 없는 경우에는 소방공무원의 직무상 의무를 위반한 것으로서 위법하게 된다."

라. 입법행위의 위법성

일반론에 비추어 볼 때 법률의 제·개정상의 불법으로 인한 국가배상책임의 인정 여부와 관련하여 그 위법성 인정에는 법치주의원칙에 비추어 특단의 어려움 없으며, 준거

법규로는 일반법으로서 국가배상법이 적용됩니다. 그리고 국가배상책임의 범주는 적극적 입법(위헌적 법률)에 의한 경우와 입법부작위에 의한 경우를 포함합니다.

그러나 국회의원 내지 국회의 '입법형성의 자유', '과실', '손해의 직접성' 측면에서 실질적으로 배상책임이 인정된 예는 없습니다. 그러나 관련 판례에서 적어도 입법적 불법에 기한 국가배상책임의 인정 기준을 제시하고 있습니다.

* **대판 1997.6.13, 96다56115** : "우리 헌법이 채택하고 있는 의회민주주의 하에서 국회는 다원적 의견이나 각가지 이익을 반영시킨 토론과정을 거쳐 다수결의 원리에 따라 통일적인 국가의사를 형성하는 역할을 담당하는 국가기관으로서 그 과정에 참여한 국회의원은 입법에 관하여 원칙적으로 국민 전체에 대한 관계에서 정치적 책임을 질 뿐 국민 개개인의 권리에 대응하여 법적 의무를 지는 것은 아니므로, 국회의원의 입법행위는 그 입법 내용이 헌법의 문언에 명백히 위반됨에도 불구하고 국회가 굳이 당해 입법을 한 것과 같은 특수한 경우가 아닌 한 국가배상법 제2조 제1항 소정의 위법행위에 해당된다고 볼 수 없다."

이와 관련하여 이른바 〈거창사건〉은 보다 많은 쟁점을 내포하고 있습니다. 그 사실관계는 2004다33469 판결에 나타납니다.

〈사실관계〉

(1) 1951년 경남 거창군 신원면 일대에서 지리산 공비들이 경찰 등을 습격하여 막대한 피해를 입힌 직후에, 피고 소속 육군 제11사단 9연대 3대대 병력은 1951. 2. 9.부터 1951. 2. 11.까지 그 지역주민 수백 명을 사살하였다(이하 '거창사건'이라 한다).

(2) 헌병대가 거창사건에 대하여 수사하던 중 그 지역 출신 국회의원이 1951. 3. 29. 국회에서 이를 폭로하여 1951. 3. 30. 국회가 내무부 등과 합동으로 진상조사단을 구성하였는데, 신성모 국방장관과 경남지구계엄사령부 민사부장 소외1 대령 등은 현장을 은폐한 다음 위 9연대 수색소대로 하여금 공비로 위장하여 총격을 가하는 등의 방법으로 국회조사단의 현장조사를 저지할 것을 지시하였고, 이러한 방해로 인하여 국회조사단은 1951. 4. 7. 그 현장에 접근하지도 못한채 철수하였다.

(3) 위와 같은 국방장관 등의 진상 은폐 기도에 따라, 정부는 1951. 4. 24. 거창사건 희생자 187명은 모두 공비들과 통모하였다는 이유로 고등군법회의에서 사형선고를 받고 총살당하였다는 내용의 성명서를 발표하였다.

(4) 그러나 신성모 국방장관은 그 직후 해임되었고, 국회는 1951. 5. 14. 거창사건 책임자를 처벌하

라는 결의문을 채택하였으며, 거창사건에 관한 재수사를 토대로 열린 중앙고등군법회의는 1951. 7. 27. 형사재판을 개시한 다음 1951. 12. 16. 관련 책임자들에게 살인죄를 적용하여 무기징역 등을 선고하였다.

(5) 일부 국회의원과 유족들은 1954. 음력 3. 3. 현장에 방치된 희생자들의 유골을 화장하고 박산골에 합동묘를 만들어 매장하였으며, 국회 진상조사단이 1960. 5.경 다시 현지조사를 한 다음, 유족들은 1960. 11. 18. 위 합동묘소 위령비 제막식을 거행하였다.

(6) 그런데 이른바 5·16 군사혁명정부는 1961. 5. 18.경 원고 1 등을 구속하고, 1962. 6. 15.경 위 위령비문을 정으로 지워 땅에 파묻어 버린 다음 합동분묘의 봉분을 파헤쳤는데, 위 합동묘는 1967년경 복구되었으나, 거창사건 희생자 유족들의 경우 1960년대 초부터 1970년대 말까지 그 유족이라는 이유로 공무원 등에 임용되지 못하고 거창사건의 언급에 관한 감시를 받았다.

(7) 거창사건 희생자 유족들은 1980년 이후부터 전두환, 노태우 대통령에게 위령비 원상회복 및 희생자 명예회복과 배상을 진정·호소하는 등의 활동을 계속하였고, 1989. 10. 17. 거창사건 관련자의 명예회복 및 배상에 관한 특별조치법안이 발의되었으나 1992. 5. 29. 제13대 국회 임기만료로 자동 폐기되었다.

(8) 그 후 국회는 1995. 12. 18. 거창사건 등 관련자의 명예회복에 관한 특별조치법(이하 '거창특별법'이라 한다)을 제정하였는데, 거창특별법에 의하면 '거창사건 등 관련자명예회복심의위원회'는 사망자 및 유족의 명예회복에 관한 사항 등을 심의·의결하고(제3조), 유족의 합동묘역관리사업이 추진되는 경우에 정부가 그 비용의 일부를 지원할 수 있도록 규정되어 있으나(제8조), 희생자나 유족들에 대한 배상이나 보상에 관해서는 아무런 규정이 없다. 정부는 거창특별법 제8조에 따라 거창사건 합동묘역조성사업에 총 예산 174억 5,600만 원을 책정하여 1999년부터 재정지원을 하였고, 위 합동묘역조성사업은 정부의 재정지원하에 2003. 6.경 완공되었다.

(9) 한편, 거창사건 희생자와 유족에 대하여 보상금 등을 지급하는 것을 주요 내용으로 하는 거창특별법 개정법률안이 2004. 3. 2. 국회 본회의를 통과하였으나, 고건 대통령 권한대행은 2004. 3. 23.(원심판결에는 2004. 3. 25.로 기재되어 있으나 오기로 보인다) 전쟁 중에 일어난 민간인 희생의 보상에 대해 아직 사회적 공감대가 폭 넓게 형성되지 않았고, 거창사건에 대한 보상이 향후 국가재정에 커다란 부담으로 적용할 것이 예상된다는 점 등을 이유로 위 개정안에 대한 거부권을 행사하였다.

전체적으로 볼 때 거창사건의 쟁점으로는 a) 거창사건 자체로 인한 희생자 및 유족들의 국가배상법상 배상청구에 대하여 피고 국가가 주장한 단기소멸시효완성 항변이 신의칙에의 위반 여부, b) 거창사건 이후의 상황에 대한 유족들 고유의 손해배상청구에 관하여, ① 소 제기 시점부터 역산하여 5년 동안에 국가의 적극적인 가해행위 및 법률상 장애가 인정되지 않는 경우 이에 관한 장기소멸시효가 완성된 것인지, ② 국가의 입법부작위 등을 이유로 한 국가배상책임이 인정되는지, ③ 거창특별법에 관한 개정 법률안을 국회가 심의·의결한 적이 있다는 사정만으로 국가가 유족들에게 국가배상법상 손해배상책임을 부담하겠다는 신뢰를 부여한 것으로 볼 수 있는지 등이 문제되었습니다.

법리적으로 볼 때 국회나 국회의원의 입법행위 또는 입법부작위가 국가배상법상의 위법에 해당하지 여부는 해당 행동이 개별 국민에 대하여 부담하는 직무상의 법적 의무를 위반하였는지 여부의 문제로서, 당해 입법의 내용이나 입법부작위의 위헌성 문제와는 구별하여야 하므로 위헌이라는 사유만으로는 곧 국가배상법상 위법을 이끌지는 않습니다. 마치 대법원에 의해 파기환송된 원심판결에도 불구하고, 그 이유만으로는 해당 법관이 국가배상책임을 부담하지 않는 것과 유사합니다. 그러나 입법의 내용 또는 입법부작위가 국민에게 헌법상 보장되는 권리를 위법하게 침해하는 것이 명백한 경우나, 국민에게 헌법상 보장되어 있는 권리 행사의 기회를 확보하기 위해 필요로 하는 입법조치를 취하는 것이 필수불가결하고 그것이 명백함에도 불구하고 국회가 정당한 이유 없이 장기간 이를 해태한 경우에는 예외적으로 국가배상법 제2조상의 위법 평가를 받아야 합니다. 또한 이처럼 그 위법이 명백한 경우에는 국회나 국회의원의 과실을 인정함에 주저할 이유가 없습니다.

한편, 〈거창사건〉의 본안판단에서 대법원이 입법적 불법의 국가배상책임 인정에 있어 다소 엄격한 기준을 적용하여 원고의 청구를 기각한 점에 대해서는 아쉬움이 남습니다만, 그럼에도 불구하고 거기에서는 다음 사항을 고려하였음에 유의하여야 합니다. 해당 입법부작위가 위법에 해당하려면 전술한 기준에 해당하여야 하는바 이는 결과적으로 위헌의 문제를 야기할 수밖에 없는데, 원고의 청구를 기각하는 경우에는 해당 입법부작위의 위헌을 전제하지 않음에 비해 청구인용판결의 경우에는 법원이 실질적으로 법률에 대한 규범통제를 행하는 결과가 되어 헌법 제107조 제1항과의 충돌을 야기할 우려가 있습니다. 법원으로서는 인용판결을 행함에 있어 고민스러울 수밖에 없습니다. 물론, 먼저 입법부작위의 위헌을 위한 헌법재판소의 결정을 득한 후에 국가배상청구소송을 제기하는 방법을 상정할 수 있지만, 이를 위한 장기의 시간을 고려하건대 논의의 실익이 크지 않습니다.

다음은 민사상의 선택적 손해배상청구소송에서 국회의원이 피고가 되는 경우와 달리, 국회를 상대로 하는 경우의 문제입니다(거창사건은 행정부 국회 입법에 대한 행정부 수반의 거부권 행사의 위법을 이유로 한 국가배상청구소송이므로 실제 그 피고는 대한민국이었습니다). 국회가 기관책임으로서 선택적 청구의 상대방이 되는 경우 법원 입장에서는 권력분립원칙 위반 시비를 고려하지 않을 수 없습니다. 정치적으로 상당히 부담스러운 상황이 발생할 수도 있습니다. 나아가 국회의원이 피고가 되는 경우에도 헌법상 면책특권과의 갈등을 극복하는 것도 쉽지 않은 일입니다. 한편, 입법부작위의 경우 소멸시효를 극복하기 위해 국가배상청구권의 성립 시점을 확정하는 것도 용이한 문제가 아닙니다. 이런 이유들로 인해 배상책임을 부인하는 판결을 행할 수밖에 없었지 않았나 추측합니다.

* **대판 2008.5.29, 2004다33469** : "우리 헌법이 채택하고 있는 의회민주주의하에서 국회는 다원적 의견이나 각가지 이익을 반영시킨 토론과정을 거쳐 다수결의 원리에 따라 통일적인 국가의사를 형성하는 역할을 담당하는 국가기관으로서 그 과정에 참여한 국회의원은 입법에 관하여 원칙적으로 국민 전체에 대한 관계에서 정치적 책임을 질 뿐 국민 개개인의 권리에 대응하여 법적 의무를 지는 것은 아니므로 국회의원의 입법행위는 그 입법 내용이 헌법의 문언에 명백히 위반됨에도 불구하고 국회가 굳이 당해 입법을 한 것과 같은 특수한 경우가 아닌 한 국가배상법 제2조 제1항 소정의 위법행위에 해당된다고 볼 수 없고 (대법원 1997. 6. 13. 선고 96다56115 판결 등 참조), 같은 맥락에서 국가가 일정한 사항에 관하여 헌법에 의하여 부과되는 구체적인 입법의무를 부담하고 있음에도 불구하고 그 입법에 필요한 상당한 기간이 경과하도록 고의 또는 과실로 이러한 입법의무를 이행하지 아니하는 등 극히 예외적인 사정이 인정되는 사안에 한정하여 국가배상법 소정의 배상책임이 인정될 수 있으며, 위와 같은 구체적인 입법의무 자체가 인정되지 않는 경우에는 애당초 부작위로 인한 불법행위가 성립될 여지가 없다. 앞에서 본 바와 같이 거창사건 희생자들의 신원(신원) 등을 위하여 원고들이 주장하는 바와 같은 내용의 특별법을 제정할 것인지 여부는 입법정책적인 판단문제로서 이에 관하여 피고 국가가 구체적인 입법의무를 부담한다고 보기 어렵기 때문에, 피고 국가가 현재까지 이러한 특별법을 제정하지 아니하였다는 사정만으로는 거창사건 이후 유족들에 대한 관계에서 부작위에 의한 불법행위가 성립한다고 볼 수 없다."

마. 사법행위(司法行爲)의 위법성

사법작용의 위법성 판단에도 원칙적으로 국가배상법이 적용됨에는 이론이 없습니다. 그러나 수사행위 등 재판 외 행위는 별론, 재판행위 자체의 위법성 인정에는 기판력, 심급제도, 법관의 독립 등과 관련하여 어려움이 있습니다. 판례에 비추어볼 때 원론적으로, 사실인정에 있어 경험칙·채증법칙을 현저히 일탈하거나 그 양식이 의심스러운 정도의 과오를 범한 경우에는 위법성이 인정됩니다.

> * **대판 2003.7.11, 99다24218** : "법관의 재판에 법령의 규정을 따르지 아니한 잘못이 있다 하더라도 이로써 바로 그 재판상 직무행위가 국가배상법 제2조 제1항에서 말하는 위법한 행위로 되어 국가의 손해배상책임이 발생하는 것은 아니고, 그 국가배상책임이 인정되려면 당해 법관이 위법 또는 부당한 목적을 가지고 재판을 하였다거나 법이 법관의 직무수행상 준수할 것을 요구하고 있는 기준을 현저하게 위반하는 등 법관이 그에게 부여된 권한의 취지에 명백히 어긋나게 이를 행사하였다고 인정할 만한 특별한 사정이 있어야 한다."

판례는 심급제도의 존재를 국가배상책임의 제한 근거로 판단하지만, 공정한 재판을 담보하기 위한 심급제도와 국가책임제도의 일환으로서 금전적 수단에 의한 불법의 회복 및 그를 통한 사인의 권리구제를 지향하는 국가배상제도는 그 취지를 달리하는 것이므로 심급제도를 이유로 동 책임을 배제하는 것에는 의문의 여지가 있습니다.

> * **대판 2003.7.11, 99다24218** : "재판에 대하여 따로 불복절차 또는 시정절차가 마련되어 있는 경우에는 재판의 결과로 불이익 내지 손해를 입었다고 여기는 사람은 그 절차에 따라 자신의 권리 내지 이익을 회복하도록 함이 법이 예정하는 바이므로, 이 경우에는 불복에 의한 시정을 구할 수 없었던 것 자체가 법관이나 다른 공무원의 귀책사유로 인한 것이라거나 그와 같은 시정을 구할 수 없었던 부득이한 사정이 있었다는 등의 특별한 사정이 없는 한, 스스로 그와 같은 시정을 구하지 아니한 결과 권리 내지 이익을 회복하지 못한 사람은 원칙적으로 국가배상에 의한 권리구제를 받을 수 없다고 봄이 상당하다고 하겠으나, 재판에 대하여 불복절차 내지 시정절차 자체가 없는 경우에는 부당한 재판으로 인하여 불이익 내지 손해를 입은 사람은 국가배상 이외의 방법으로는 자신의 권리 내지 이익을 회복할 방법이 없으므로, 이와 같은 경우에는 위에서 본 배상책임의 요건이 충족되는 한 국가배상책임을 인정하지 않을 수 없다 할 것이다. 그리고 재판에 대한 국가배상책임의 관점에서 볼 때 헌법재판소 재판관의 재판사무는 법관의 재판사무와 동질이거나 유사한 것으로 볼 것이므로, 위에서 본 이 법원의 판례 및 견해는 헌법재판소 재판관의 재판사무에 대하여도 적용되어야 할 것이다."

법관의 독립을 들어 국가배상책임을 부정하는 시도 역시 논란의 대상입니다. 헌법상 법관의 독립이 법관의 위법한 판결에 대한 면책을 의미하는 것이 아님은 재론의 여지가 없습니다. 그러므로 법관의 독립이 국가배상책임을 제한하는 결정적 논거가 될 수는 없습니다. 다만, 법관의 원고 등에 대한 직접적 배상책임을 인정하거나 모든 위법한 판결에 대해 이를 긍정한다면, 법관의 독립에 영향을 미쳐 공정한 사법작용에의 저해 요소가 될 수는 있겠지요. 따라서 엄격한 고의·과실 개념을 적용하고, 고의·중과실이 아닌 한

법관 개인의 배상책임을 부인하는(구상책임은 별론) 입법론적 견해는 경청할 만합니다.

사법행위의 위법성이 인정되는 경우를 좀 더 살펴보면, 판결이 상소심·재심 등에서 취소된 것만으로 위법성이 인정되는 것은 아닙니다. 여기서의 위법은 판결 자체의 위법이 아니라 법관의 재판상 직무수행에 있어서 공정한 재판을 위한 직무상 의무의 위반으로서의 위법으로 파악해야 함을 의미합니다.

* **대판 2003.7.11, 99다24218** : "법관의 재판에 법령의 규정을 따르지 아니한 잘못이 있다 하더라도 이로써 바로 그 재판상 직무행위가 국가배상법 제2조 제1항에서 말하는 위법한 행위로 되어 국가의 손해배상책임이 발생하는 것은 아니고, 그 국가배상책임이 인정되려면 당해 법관이 위법 또는 부당한 목적을 가지고 재판을 하였다거나 법이 법관의 직무수행상 준수할 것을 요구하고 있는 기준을 현저하게 위반하는 등 법관이 그에게 부여된 권한의 취지에 명백히 어긋나게 이를 행사하였다고 인정할 만한 특별한 사정이 있어야 한다고 해석함이 상당하다(대법원 2001. 3. 9. 선고 2000다29905 판결, 2001. 4. 24. 선고 2000다16114 판결, 2001. 10. 12. 선고 2001다47290 판결 등 참조). … 헌법소원심판을 청구한 원고로서는 헌법재판소 재판관이 일자 계산을 정확하게 하여 본안판단을 할 것으로 기대하는 것이 당연하고, 따라서 헌법재판소 재판관의 위법한 직무집행의 결과 잘못된 각하결정을 함으로써 원고로 하여금 본안판단을 받을 기회를 상실하게 한 이상, 설령 본안판단을 하였더라도 어차피 청구가 기각되었을 것이라는 사정이 있다고 하더라도, 잘못된 판단으로 인하여 헌법소원심판 청구인의 위와 같은 합리적인 기대를 침해한 것이고 이러한 기대는 인격적 이익으로서 보호할 가치가 있다고 할 것이므로, 그 침해로 인한 정신상 고통에 대하여는 위자료를 지급할 의무가 있다고 할 것이다."
* **대판 2001.4.24, 2000다16114** : "이 사건 임의경매절차에서 경매담당 법관이 소외 박건웅의 제1번 근저당권이 경매목적물인 이 사건 토지 지분에 설정된 것이 아니라고 오인하여 그 기재를 누락한 채 배당표 원안을 작성한 잘못이 있고 위 박건웅이 배당표 원안을 열람하거나 배당기일에 출석하여 이의를 진술하는 등 불복절차를 취하지 아니함으로써 실체적 권리관계와 다른 배당표가 그대로 확정되었음을 알 수 있으나, 나아가 담당 법관이 위법 또는 부당한 목적을 가지고 배당표를 작성, 확정하였다거나 법이 법관의 직무수행상 준수할 것을 요구하고 있는 기준을 현저하게 위반하는 등 그에게 부여된 권한의 취지에 명백히 어긋나게 그 권한을 행사하였다고 인정할 자료를 기록상 찾아볼 수 없으므로, 경매담당 법관의 위 직무행위가 국가배상법 제2조 제1항에서 말하는 위법한 행위로서 불법행위를 구성한다고 할 수 없다."

(4) 고의·과실

국가배상책임은 그 주관적 성립요건으로서 고의·과실을 요하는 점을 고려할 때(국가배상법 제2조), 현행 국가배상법제는 과실책임주의를 취합니다. 고의·과실 개념은 원칙적으로 민법상의 그것과 동일하게 파악하는 것이 판례의 입장입니다. 과실은 다시 중과실과 경과실 내지 추상적 과실과 구체적 과실로 구분 가능한데, 국가배상책임 성립요건상의 과실은 추상적 과실에 바탕합니다.

> * **대판 1987.9.22, 87다카1164** : "공무원의 직무집행상의 과실이라 함은 공무원이 그 직무를 수행함에 있어 당해 직무를 담당하는 평균인이 보통(통상) 갖추어야 할 주의의무를 게을리 하는 것을 …."

가. 고의·과실의 개념

앞서 살펴본 국가배상책임의 본질에 관한 학설 대립은 과실 개념의 파악에서도 아래의 차이를 노정합니다. 고의·과실을 공무원 개인의 주관적 책임요건으로 이해하는 대위책임설에서는 이를 공무원 개인의 주관적 인식을 기준으로 판단하여, 고의는 공무원 자신의 행위로 인한 일정 결과의 발생을 인식하면서 그 결과 발생을 용인하고 행위를 하는 심리상태를, 과실은 공무원 자신의 행위로 인한 일정 결과의 발생을 인식할 수 있었음에도 불구하고 부주의로 그 결과의 발생을 인식하지 못하고 행위를 하는 심리상태로 이해합니다. 이에 대해 자기책임설은 고의·과실은 공무원 개인의 주관적 인식 유무에 있는 것이 아니라 국가 또는 지방자치단체의 자기책임을 결정하는 데 필요한 국가작용상의 흠을 뜻한다고 주장하여 이를 객관적 개념으로 파악하는데, 이는 프랑스 법제의 '공역무과실 혹은 역무과실'과 일맥상통합니다.

판례는 위 87다카1164 판결에서 보듯이 추상적 과실을 전제로 과거 엄격한 주관적 과실개념에 입각하였다가 비교적 최근 들어 이를 완화하려는 시도를 보이는데, 세부적으로는 '객관적 주의의무'나 '객관적 정당성 결여'로 표현합니다. 판례에 따라서는 '객관적 정당성 결여'를 위법의 개념과 혼용하는 경우도 있는데, 바로 이 점에서 국가배상책임 논의가 여전히 의문의 여지없이 확립된 것은 아니라 할 것입니다. 한편, 아래 2001다33789 판결은, 취소소송 인용판결의 기판력이 국가배상청구소송에 미쳐 그 위법을 인정하더라도 과실 개념으로서 그 개관적 정당성을 결여했다고 볼 수 없으므로 결국 국가배상책임이 성립하지 않는다는 결론을 이끄는 판결입니다.

* **대판 2011.1.27, 2009다30946** : "구 교육공무원법(2005. 1. 27. 법률 제7353호로 개정되기 전의 것)에 의하여 기간제로 임용되어 임용기간이 만료된 국·공립대학의 교원도 교원으로서의 능력과 자질에 관하여 합리적인 기준에 의한 공정한 심사를 받아 기준에 부합하면 특별한 사정이 없는 한 재임용되리라는 기대를 가지고 재임용 여부에 관하여 심사를 요구할 법규상 또는 조리상 신청권을 가진다. 그런데 이러한 국·공립대학 교원에 대한 재임용거부처분이 재량권을 일탈·남용한 것으로 평가되어 그것이 불법행위가 됨을 이유로 국·공립대학 교원 임용권자에게 손해배상책임을 묻기 위해서는 당해 재임용거부가 국·공립대학 교원 임용권자의 고의 또는 과실로 인한 것이라는 점이 인정되어야 한다. 그리고 위와 같은 고의·과실이 인정되려면 국·공립대학 교원 임용권자가 객관적 주의의무를 결하여 그 재임용거부처분이 객관적 정당성을 상실하였다고 인정될 정도에 이르러야 한다."
* **대판 2003.11.27, 2001다33789** : "어떠한 행정처분이 후에 항고소송에서 취소되었다고 할지라도 그 기판력에 의하여 당해 행정처분이 곧바로 공무원의 고의 또는 과실로 인한 것으로서 불법행위를 구성한다고 단정할 수는 없는 것이고, 그 행정처분의 담당공무원이 보통 일반의 공무원을 표준으로 하여 볼 때 객관적 주의의무를 결하여 그 행정처분이 객관적 정당성을 상실하였다고 인정될 정도에 이른 경우에 비로소 국가배상법 제2조 소정의 국가배상책임의 요건을 충족하였다고 봄이 상당할 것이며, 이때에 객관적 정당성을 상실하였는지 여부는 피침해이익의 종류 및 성질, 침해행위가 되는 행정처분의 태양 및 그 원인, 행정처분의 발동에 대한 피해자측의 관여의 유무, 정도 및 손해의 정도 등 제반 사정을 종합하여 손해의 전보책임을 국가 또는 지방자치단체에게 부담시켜야 할 실질적인 이유가 있는지 여부에 의하여 판단하여야 할 것인바(대법원 2000. 5. 12. 선고 99다70600 판결, 대법원 2001. 12. 14. 선고 2000다12679 판결 각 참조), 법령에 의하여 국가가 그 시행 및 관리를 담당하는 시험에 있어 시험문항의 출제 및 정답결정에 오류가 있어 이로 인하여 합격자 결정이 위법하게 되었다는 것을 이유로 공무원 내지 시험출제에 관여한 시험위원의 고의·과실로 인한 국가배상책임을 인정하기 위하여는, 해당 시험의 실시목적이 시험에 응시한 개인에게 특정한 자격을 부여하는 개인적 이해관계 이외에 일정한 수준의 적정 자격을 갖춘 자에게만 특정 자격을 부여하는 사회적 제도로서 그 시험의 실시에 일반 국민의 이해관계와도 관련되는 공익적 배려가 있는지 여부, 그와 같은 시험이 시험시행 당시의 법령이 정한 요건과 절차에 따라 국가기관 내지 소속 공무원이 구체적 시험문제의 출제, 정답 결정, 합격 여부의 결정을 위하여 해당 시험과목별로 외부의 전문 시험위원을 적정하게 위촉하였는지 여부, 위촉된 시험위원들이 문제를 출제함에 있어 최대한 주관적 판단의 여지를 배제하고 객관적 입장에서 해당 과목의 시험을 출제하였는지 및 같은 과목의 시험위원들 사이에 출제된 문제와 정답의 결정과정에 다른 의견은 없었는지 여부, 1차시험의 오류를 주장하는 응시자 본인에게 사후에 국가가 1차시험의 합격을 전제로 2차시험의 응시자격을 부여하였는지 여부 등 제반 사정을 종합적으로 고려하여 시험관련 공무원 혹은 시험위원이 객관적 주의의무를 결하여 그 시험의 출제와 정답 및 합격자 결정 등의 행정처분이 객관적 정당성을 상실하고, 이로 인하여 손해의 전보책임을 국가에게 부담시켜야 할 실질적인 이유가 있다고 인정되어야 할 것이다."

나. '과실의 객관화' 이론

고의·과실을 엄격하게 해석할 경우 피해자 구제의 범위가 축소되고, 비대화·전문화·복잡화된 행정의 현실하에서 공무원 개인의 고의·과실에만 집착할 경우 그 입증 곤란으로 인해 피해자에게 지나친 부담이 부과됩니다. 이러한 주관적 과실개념을 전제하는 대위책임설의 실질적인 문제점을 극복하려는 취지에서 과실의 객관화 이론이 등장하였습니다. 크게 보아 동 이론은 다음 서너 가지 방향으로 구체화됩니다.

① 우선, '주의의무의 객관화·고도화'입니다. 과실을 주관적 심리상태가 아니라 객관적 주의의무 위반으로 파악합니다. 과실의 판단기준도 공무원 개인이 아니라 동일 직종에 종사하는 '의무에 충실한 평균적 공무원(pflichtgetreue Durchschnittsbeamte)'의 주의력 내지 해당 직무수행을 위해 평균적으로 필요한 인식 및 능력으로 해석합니다. 독일 행정법상의 '조직과실(Organisationsverschulden)' 내지 프랑스법제의 '공역무 과실(faute de service public)'과 궤를 같이하므로 가해 공무원을 특정할 필요 없으며, 입증의 부담이 완화되어 피해자 구제에 충실합니다. 가해 공무원의 특정을 요하지 않는다는 점은 우리 판례에서도 수용되어 있는데, 대법원 1995.11.10. 선고 95다23897 판결을 그 예로 들 수 있습니다. ('전투경찰들'의 표현으로 가해자 특정에 갈음하는 점에 유의합시다.)

> * **대판 1995.11.10, 95다23897** : "피고 소속의 전투경찰들은 시위진압을 함에 있어서 합리적이고 상당하다고 인정되는 정도로 가능한 한 최루탄의 사용을 억제하고 또한 최대한 안전하고 평화로운 방법으로 시위진압을 하여 그 시위진압 과정에서 타인의 생명과 신체에 위해를 가하는 사태가 발생하지 아니하도록 하여야 하는 데도 이를 게을리한 채 합리적이고 상당하다고 인정되는 정도를 넘어 지나치게 과도한 방법으로 시위진압을 한 잘못으로 망 소외인으로 하여금 사망에 이르게 하였다 할 것이므로 피고는 그 소속 공무원인 전투경찰들의 직무집행상의 과실로 발생한 이 사건 사고로 인하여 망 소외인 및 그 가족들인 원고들이 입은 손해를 배상할 책임이 있다고 판단하였음은 옳고 … ."

② 조직과실이론을 부연하면, 과실을 공행정 사무를 수행하는 조직 전체의 기관책임으로 보아 행정기관의 흠을 당해 공무원이 아닌 행정기관 전체에게 귀속시키는 견해이므로 가해 공무원의 특정이 불요합니다. 예컨대, 직무대행에 관한 규정이 없는 상황에서 담당 공무원의 휴가로 적절한 조치가 취해지지 않음으로 인해 사인의 피해가 발생한 경우, 피해자에 대한 관계에 있어서 책임 있는 담당자가 존재하지 않는다는 사실은 아무런 의미가 없으며 관할 행정청(기관의 장)이 적정한 권한대행을 조치하지 않았다는 이유로 비

난받아야 합니다. 반복하지만, 동 이론은 과실의 의미를 '공무원의 위법행위로 인한 국가작용상의 흠'으로 파악합니다. 그러나 조직과실이론은 무과실책임 내지 결과책임과 유사한 점에서 현행 법제와 상충되는 한계에 봉착합니다.

③ 기타, 위법성과 과실을 공히 내포하는 영미법상의 'negligence' 개념과 유사하게, 어느 하나(위법성)의 입증으로 다른 요건(과실)은 당연히 충족된 것으로 보는 위법성·과실 일원론과 '일응 추정의 법리(prima facie)'에 따라 피해자 측에서 공무원의 위법행위에 의하여 손해가 발생했음을 입증하면 공무원에게 과실이 있음이 추정되어 피고인 국가측에서의 반증이 없는 한 배상책임이 인정되는 입증책임의 완화(입증책임의 전환) 등도 그 범주에 속합니다.

다. 법령 해석상의 과실

원칙적으로 공무원은 자신의 직무 영역에서 표준적인 법령에 대한 지식과 학설·판례의 내용을 숙지하고 있어야 합니다. 평균적인 공무원이 가질 수 있는 통상의 법률적 소양을 바탕으로 직무행위를 한 경우에는 추후 당해 처분의 위법성이 인정되는 경우에도 과실을 인정할 수 없습니다. 예컨대, 제재적 처분의 기준을 정한 시행규칙 [별표]상의 기준에 따른 1월의 영업정지처분취소소송에서 재량하자에 해당하여 취소판결이 행해지는 경우가 있습니다. 해당 제재적 처분의 기준을 정한 시행규칙 [별표]의 법규적 효력이 판례상 부인되는 것이 해당 판결의 법리적 바탕이 됩니다. 이때 해당 취소판결에 바탕하여 처분의 상대방이 국가배상청구소송을 제기하는 경우 판결의 기판력에 따라 해당 영업정지처분의 위법성은 인정되지만(일부기판력긍정설), 그렇다고 하여 곧바로 국가배상책임이 인정된다고 속단하여서는 안 됩니다. 비록 처분을 행한 공무원이 재량하자 있는 처분을 결과적으로 행한 위법은 있지만, 그에게 시행규칙 [별표]상의 처분 기준을 무시하고 모법에 따른 재량하자 심사를 행할 것을 평균적 공무원의 입장에서 기대할 수는 없습니다. 즉, 공무원 입장에서는 형식상 법규명령에 해당하는 시행규칙 [별표]상의 제재적 처분의 구체적 기준을 도외시한 채 개별 사안마다 구체적 재량권을 행사하여 처분할 수는 없을 것입니다. 이 경우에는 이른바 법령해석상의 과실을 인정하기 곤란하며, 따라서 해당 영업정지처분의 위법에도 불구하고 과실 요건의 흠결로 국가배상책임은 성립하지 않는다고 보아야 하며, 이는 또한 판례의 입장이기도 합니다.

* **대판 2018.12.27, 2016다266736** : "수사기관이 법령에 의하지 않고는 변호인의 접견교통권을 제한할 수 없다는 것은 대법원이 오래전부터 선언해 온 확고한 법리로서 변호인의 접견신청에 대하여 허용 여부를 결정하는 수사기관으로서는 마땅히 이를 숙지해야 한다. 이러한 법리에 반하여 변호인의 접견신청을 허용하지 않고 변호인의 접견교통권을 침해한 경우에는 접견 불허결정을 한 공무원에게 고의나 과실이 있다고 볼 수 있다."
* **대판 1981.8.25, 80다1598** : "법령에 대한 해석이 복잡, 미묘하여 워낙 어렵고 이에 대한 학설, 판례조차 귀일되어 있지 않다는 등의 특별한 사정이 없는 한 일반적으로 공무원이 관계법규를 알지 못하였다거나 필요한 지식을 갖추지 못하여 법규의 해석을 그르쳐 어떤 행정처분을 하였다면 그가 법률전문가가 아닌 행정직 공무원이라고 하여 이에 관한 과실이 없다고는 할 수 없을 것인바, 돌이켜 이 사건의 경우에 관하여 보건대, 이 사건 영업허가 취소처분의 근거로 된 숙박업법 제5조 제2호에 의하면 영업자는 "숙박을 하고자 하는 자가 도박 또는 풍기를 문란하게 하는 행위를 하거나 기타 위법행위를 할 우려가 있다고 인정될 때"에는 숙박을 거부할 수 있다고 되어 있을 뿐으로서 이 규정이 미성년자의 혼숙행위를 금지하는 규정이 아님은 명백하고, 또한 위 중구청장이 위 취소처분의 가장 직접적인 근거로 삼은 것으로 보이는 보건사회부 훈령 제211호에 의하면 숙박업자가 미성년자 혼숙행위를 방조, 묵인 또는 조장하였을 때에는 영업허가를 취소하는 것을 행정처분의 기준으로 정하고 있기는 하나 이는 위에서 본 바와 같이 숙박업법에 그 근거가 없는 점은 차치하더라도 이 사건 혼숙행위가 있은 후인 1976.2.6자의 훈령임에도 불구하고 위 중구청장이 이를 소급 적용하였음이 분명한바, 위와 같은 사정을 종합하여 보면 피고 시의 중구청장이 위 규정들을 근거로 하여 한 이 사건 영업허가 취소처분은 같은 사람의 법령의 해석, 적용상의 과실에 기인한 것이라 아니할 수 없고, 따라서 원심이 이와 같은 견해에서 피고 시에게 국가배상법상의 손해배상 책임이 있다고 인정한 조치는 정당하고, 거기에 소론과 같이 국가배상법에 관한 법리를 오해한 위법이 없으므로 논지는 이유 없다."
* **대판 1994.11.8, 94다26141**[1] : "영업허가취소처분이 나중에 행정심판에 의하여 재량권을 일탈한 위법한 처분임이 판명되어 취소되었다고 하더라도 그 처분이 당시 시행되던 공중위생법시행규칙에 정하여진 행정처분의 기준에 따른 것인 이상 그 영업허가취소처분을 한 행정청 공무원에게 그와 같은 위법한 처분을 한 데 있어 어떤 직무집행상의 과실이 있다고 할 수는 없다."
* **대판 2001.3.13, 2000다20731** : "어떠한 행정처분이 뒤에 항고소송에서 취소되었다고 할지라도 그 자체만으로 그 행정처분이 곧바로 공무원의 고의 또는 과실로 인한 불법행위를 구성한다고 단정할 수는 없는바, 그 이유는 행정청이 관계 법령의 해석이 확립되기 전에 어느 한 설을 취하여 업무를 처리한 것이 결과적으로 위법하게 되어 그 법령의 부당집행이라는 결과를 빚었다고 하더라도 처분 당시 그와 같은 처리방법 이상의 것을 성실한 평균적 공무원에게 기대하기 어려웠던 경우라면 특별한 사정이 없는 한 이를 두고 공무원의 과실로 인한 것이라고는 볼 수 없기 때문이다."

1) 이 판결은 영업정지처분의 위법성이 행정심판 재결을 통해 확정된 경우의 판례이지만, 취소소송의 인용판결에 의해 확정 취소된 사례와 그 실질에 있어 차이가 없다고 할 것입니다.

* **대판 2007.5.10, 2005다31828** : "법치국가적 원리로서의 법치행정의 원칙이나 행정의 법률적합성의 원칙은 행정의 자의로부터 개인을 보호하고 아울러 행정작용의 예견가능성을 보장하고자 하는 데 있으므로 행정은 언제나 법률의 근거 하에서 법률의 기속을 받으며 행해져야 하는 것인바, 행정청이 어느 법률에 근거하여 행정처분을 하는 데 있어서 그 법률의 해석·적용을 둘러싸고 견해가 대립되어 오다가 관련 행정쟁송에서 대법원이 그 법률에 근거한 행정처분이 위법하다는 판단을 내린 경우에는 그와 동일한 법률관계나 사실관계에 대하여는 그 법률을 적용할 수 없다는 법리가 공식적으로 그리고 최종적으로 확인된 것으로 보아야 하므로, 이러한 상황 아래에서 행정청으로서는 특별한 사정이 없는 한 법치국가적 요청에 부응하여, 대법원의 판단을 통하여 위법이 확인된 행정처분과 동일한 법률관계나 사실관계에 대하여는 그 법률을 적용하지 않음으로써 장래를 향한 위법한 행정작용을 방지 내지 회피하여야 할 책무가 있으며, 오히려 그것이 처분상대방인 국민의 신뢰를 보호하는 방편이 될 것이다. 따라서 <u>행정청이 관계 법령의 해석이 확립되기 전에 어느 한 견해를 취하여 업무를 처리한 것이 결과적으로 위법하게 되어 그 법령의 부당집행이라는 결과를 빚었다고 하더라도 처분 당시 그와 같은 처리방법 이상의 것을 성실한 평균적 공무원에게 기대하기 어려웠던 경우라면 특별한 사정이 없는 한 이를 두고 공무원의 과실로 인한 것이라고 볼 수는 없다 할 것이지만</u>(대법원 1995. 10. 13. 선고 95다32747 판결, 2004. 6. 11. 선고 2002다31018 판결 등 참조), <u>대법원의 판단으로 관계 법령의 해석이 확립되고 이어 상급 행정기관 내지 유관 행정부서로부터 시달된 업무지침이나 업무연락 등을 통하여 이를 충분히 인식할 수 있게 된 상태에서, 확립된 법령의 해석에 어긋나는 견해를 고집하여 계속하여 위법한 행정처분을 하거나 이에 준하는 행위로 평가될 수 있는 불이익을 처분상대방에게 주게 된다면, 이는 그 공무원의 고의 또는 과실로 인한 것이 되어</u> 그 손해를 배상할 책임이 있다."

위 2005다31828 판결에서는 취소소송의 인용판결과 국가배상책임의 성립과 관련하여, "어떠한 행정처분이 후에 항고소송에서 취소되었다고 할지라도 그 기판력에 의하여 당해 행정처분이 곧바로 공무원의 고의 또는 과실로 인한 것으로서 불법행위를 구성한다고 단정할 수는 없는 것이고, 그 행정처분의 담당공무원이 보통 일반의 공무원을 표준으로 하여 볼 때 객관적 주의의무를 결하여 그 행정처분이 객관적 정당성을 상실하였다고 인정될 정도에 이른 경우에 국가배상법 제2조 소정의 국가배상책임의 요건을 충족하였다고 봄이 상당할 것이며, 이때에 객관적 정당성을 상실하였는지 여부는 피침해이익의 종류 및 성질, 침해행위가 되는 행정처분의 태양 및 그 원인, 행정처분의 발동에 대한 피해자측의 관여의 유무, 정도 및 손해의 정도 등 제반 사정을 종합하여 손해의 전보책임을 국가 또는 지방자치단체에 부담시켜야 할 실질적인 이유가 있는지 여부에 의하여 판단하여야 한다"라고 판시하였습니다.

이때 '행정처분이 후에 항고소송에서 취소되었다고 할지라도 그 기판력에 의하여 당해 행정처분이 곧바로 공무원의 고의 또는 과실로 인한 것으로서 불법행위를 구성한다고 단정할 수는 없는 것' 문구의 의미는 곧 '취소소송의 인용판결의 기판력이 국가배상청구소송에 미치므로 배상책임 성립요건상의 위법은 구성하더라도 이것이 곧 고의·과실까지 포괄적으로 인정하는 것으로 결론지을 수는 없고, 별도의 배상책임요소인 고의·과실은 해당 행정처분의 객관적 정당성 상실 여부를 기준으로 판단하여야 함'을 설시하는 것입니다. 이때 '객관적 정당성' 문구는 전술한 바와 같이 일응 과실의 객관화 이론에 의한 것입니다. 결국, 이 사안과 관련하여 결과에 있어 국가배상책임이 부인되지만, 그렇다고 하여 이런 귀결이 위법성의 부인, 즉 기판력이 미치지 않음에서 기인하는 것이 아니라 국가배상책임을 위한 주관적 성립요건으로서의 고의·과실의 흠결에서 비롯하는 것임을 잘 알 수 있습니다. 이 경우를 포함하여 법령해석상의 과실이 부인되는 예외적 경우를 정리하면 아래와 같습니다.

* 제재적 처분의 기준을 정한 시행규칙 별표상의 처분기준에 따라 영업정지처분 등을 하였으나 이를 다투는 취소소송에서 모법상의 재량권 부여의 취지를 남용하였다고 하여 취소판결이 내려지고, 이에 따라 처분의 상대방이 국가배상청구소송을 제기한 경우
* 근거 법령에 따라 처분을 행한 후 당해 근거 법령이 헌법재판소 또는 대법원에 의하여 위헌·위법으로 선언되어 그 처분은 취소 가능한 처분이 됨으로 인해, 이에 터 잡아 국가배상청구소송을 제기한 경우
* 공용필요에 의해 적법한 공권력 행사의 방법으로 사인의 재산권에 공용침해 하였음에도 그 근거 법률에 보상규정이 없어 손실보상이 행해지지 않아 이에 갈음하여 국가배상청구소송을 제기한 경우 (근거 법률 내지 이에 따른 재산권침해 처분의 위법을 이유로)

(5) 국가배상법상 위법과 항고소송의 위법 : 판결의 기판력과 관련하여

국가배상책임의 성립요건으로서의 위법 개념과 항고소송에서의 그것이 동일한가의 문제인데, 구체적으로는 처분의 취소를 구하는 취소소송이 제기되어 판결이 확정된 후 국가배상청구소송이 제기된 경우, 취소소송 판결의 기판력이 후소인 국가배상청구소송에 미치는가의 문제로 실질화됩니다. 이 쟁점의 해결을 위해서는 국가배상법상의 위법 개념에 관한 학설의 충분한 이해를 전제로 합니다.

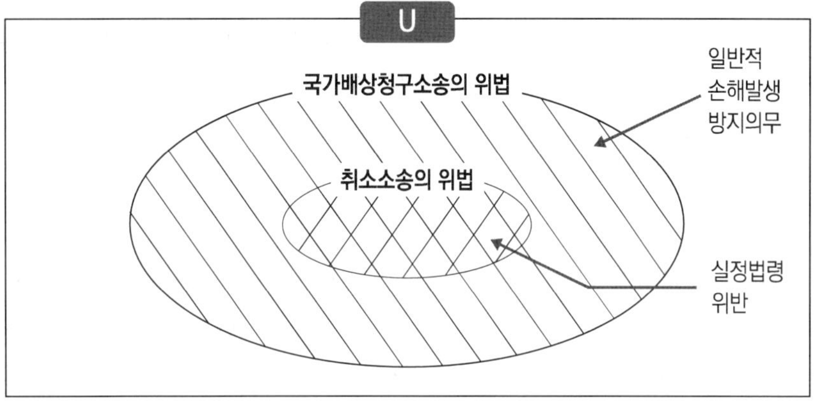

가. 이론적 접근

취소소송 판결이 국가배상청구소송에 영향을 미치는 범위, 즉 기판력의 인정 범위에 관하여 기판력부정설은 국가배상소송의 위법 개념에 관한 결과불법설 및 상대적 위법성설을 그 바탕에 둡니다. 위법 개념에 있어 양자는 별개의 것이므로 취소소송 판결의 기판력이 당연히 국가배상소송에 미치는 것은 아니라고 합니다. 협의의 행위위법설을 근간으로 하는 기판력긍정설은 행위규범에의 위반 여부의 평가라는 점에서 양자의 위법 개념이 동일하므로 취소소송 판결의 기판력이 후소인 국가배상청구소송에 전적으로 미친다는 입장입니다. 일부기판력긍정설은 광의의 행위위법설에서 비롯하는데, 후소(국가배상청구소송)에서 행위자체의 위법이 문제되는 경우 전소(취소소송)의 기판력이 당연히 미치지만, 후소에서 공무원의 직무상 손해방지의무 위반으로서의 위법, 즉 행위의 태양이 문제되는 경우에는 전소 판결의 기판력이 후소에 미치지 않습니다. 결과적으로 전소의 청구인용판결의 기판력은 후소에 미치지만, 청구기각판결은 후소에 기판력이 미치지 않게 됩니다.

나. 판례

* **대판 2007.5.10, 2005다31828** : "어떠한 행정처분이 후에 항고소송에서 취소되었다고 할지라도 그 기판력에 의하여 당해 행정처분이 곧바로 공무원의 고의 또는 과실로 인한 것으로서 불법행위를 구성한다고 단정할 수는 없는 것이고, 그 행정처분의 담당공무원이 보통 일반의 공무원을 표준으로 하여 볼 때 객관적 주의의무를 결하여 그 행정처분이 객관적 정당성을 상실하였다고 인정될 정도에 이른 경우에 국가배상법 제2조 소정의 국가배상책임의 요건을 충족하였다고 봄이 상당할 것이며, 이 때에 객관적 정당성을 상실하였는지 여부는 피침해이익의 종류 및 성질, 침해행위가 되는 행정처분

> 의 태양 및 그 원인, 행정처분의 발동에 대한 피해자측의 관여의 유무, 정도 및 손해의 정도 등 제반 사정을 종합하여 손해의 전보책임을 국가 또는 지방자치단체에 부담시켜야 할 실질적인 이유가 있는지 여부에 의하여 판단하여야 한다(대법원 2000. 5. 12. 선고 99다70600 판결, 2004. 6. 11. 선고 2002다31018 판결 등 참조)."

취소소송 인용판결의 기판력, 즉 행위의 위법성을 인정한 판결은 그 동일한 행위를 매개로 하는 후소 국가배상청구소송의 위법판단을 구속합니다. 국가배상책임의 성립요건으로서의 위법은 행위 자체의 법령 위반(협의의 행위위법설)을 바탕으로 그 밖의 공무원의 일반적 손해발생 방지의무를 포함하는 것(광의의 행위위법설)으로 보아야 하므로, 양 소송에서의 판결의 모순으로 인한 법적 혼란을 방지하기 위한 기판력제도의 취지에 비추어 취소소송의 위법 확정은 그 자체로 국가배상청구소송상의 위법판단에도 적용되는 것입니다. 다만, 소송물을 대상으로 하는 기판력의 본질상 그 인정 범위는 처분의 위법판단 여부에만 미치는 것이므로 국가배상책임의 또 다른 성립요건인 고의·과실 등 주관적 책임요소의 성립에는 영향을 미치지 않는 것이지요. 판례의 입장을 기술할 때에는 광의의 행위위법설에 입각하여 일부기판력긍정설을 취했다고 파악하는 것이 타당합니다.

이런 논증은 사정판결(행정소송법 제28조)에도 반영되어 나타납니다. 동조에 의할 때 취소소송의 심리과정에서 처분의 위법성이 인정되더라도 해당 처분을 취소하는 경우 공공복리에 현저히 적합하지 않은 결과를 초래한다면 법원은 그 위법성에도 불구하고 원고의 청구를 기각합니다. 즉, 사정판결은 기각판결의 일종입니다. 이때 행정소송법은 판결주문에 처분의 위법을 명시하도록 규정하는데, 이는 처분의 위법에도 불구하고 결과에 있어 권리구제를 이루지 못한 원고가 다른 방법, 즉 국가배상청구소송을 통해 권리구제를 받으려는 경우 그 실효성 내지 용이함을 제고하기 위한 제도적 배려에 해당합니다. 즉, 사정판결의 기판력은 그 기각판결적 성격에도 불구하고 처분이 위법하다는 점에 미칩니다. 결국, 취소소송 기각판결 주문에 적시된 처분의 위법성의 기판력은 후소 국가배상청구소송에도 미치게 되는 것입니다.

다. 요약

이상의 논의를 정리하면 다음과 같습니다. 취소소송의 인용판결의 기판력은 국가배상청구소송에 미쳐 후소에서 별도의 위법판단을 요하지 않습니다. 그렇다고 하여 국가배상청구소송이 항상 인용된다는 의미는 아닙니다. 기판력의 본질상 이는 후소의 위법판단에만 미치므로 국가배상책임의 성립을 위해서는 다른 요건, 특히 과실에 대한 별도의 판단을 요하고, 일정 경우 국가배상책임의 위법 인정에도 불구하고 국가배상청구소송에서 기각판결을 행할 수도 있습니다. 취소소송의 기각판결, 즉 처분이 적법하다는 법원판단의 기판력은 국가배상청구소송에 미치지 않습니다. 처분이 취소소송상 적법하더라도 광의의 행위위법설에 의하면 - 국가배상청구소소송의 위법에는 일반적 손해발생방지의무가 포함되므로 - 그 적법한 행위가 때에 따라 손해발생방지의무 위반으로 귀결되어 국가배상법상의 위법을 구성할 수 있기 때문입니다.

한편, 국가배상청구소송의 판결의 기판력은 후소인 취소소송에 미칠까요? 국가배상청구소송의 판결은 기판력은 취소소송에 미치지 않습니다. 국가배상청구소송의 소송물은 국가배상청구권의 존부이며, 이는 취소소송에서의 소송물인 처분 등의 위법 여부와 동일하지 않기 때문입니다. 즉, 국가배상청구소송에서의 위법성 판단은 판결이유 중의 하나이며, 판결이유에 대해서는 기판력이 미치지 않음을 상기하면 이해가 쉬울 것입니다.

라. 무효확인소송에서의 판결의 기판력

무효확인소송의 판결의 기판력이 후소 국가배상청구소송에서의 위법판단에 어떤 영향을 미치는지의 문제입니다. 무효확인소송 인용판결의 기판력은 처분이 위법하다는 점 및 그 위법의 정도가 중대·명백하여 무효라는 점에 미치므로 후소 국가배상청구소송의 위법 인정에 아무런 장애가 없습니다. 문제는 무효확인소송의 기각판결의 기판력의 경우입니다. 무효확인소송 기각판결의 기판력은 처분이 적법하다는 점에 미치는 것이 아니라, 해당 처분이 무효가 아니라는 점에 미칩니다. 따라서 원고는 무효확인소송의 기각판결에도 불구하고 취소소송은 물론, 국가배상청구소송을 제기할 수 있으며 법원은 공무원의 직무집행행위의 위법을 판단할 수 있습니다.

이를 좀 더 구체적으로 검토할 필요가 있습니다. 광의의 행위위법설에 의할 때 무효확인소송의 인용판결의 기판력은 처분이 무효(중대명백한 하자로서의 위법)임에 미치므로 당연히 국가배상소송의 위법성 판단에 미칩니다. 그런데, 여기에서는 기각판결의 경우입니다. 동 기각판결은 처분이 무효가 아니라는 점, 즉 처분에 중대명백한 하자가 없음에 미칩니다. (처분의 적법에 미치는 것이 아님을 주의합시다.) 처분이 무효가 아님은 ⅰ) 국가배상청구소송상, 처분의 취소사유의 위법인 법령위반과, ⅱ) 취소소송상으로는 적법하지만 광의의 행위위법설에 의한 일반적 손해발생방지의무 위반의 경우 및 ⅲ) 취소소송과 국가배상법상 공히 위법 내지 법령위반이 아닌 경우, 이 세 가지를 포함합니다. 즉, 무효확인소송의 기각판결에도 불구하고, ⅰ) 취소소송상 취소사유의 위법이자 국가배상청구소송상 법령위반에 해당하는 위법사유가 있거나, ii) 취소소송상 취소사유의 위법은 없지만 국가배상책임상 일반적 손해발생방지의무위반의 법령위반에 해당하는 경우(광의의 행위위법설) 및 iii) 취소소송과 국가배상책임, 양자 모두에 있어 위법하지 않은 경우가 그것입니다.

따라서 무효확인소소송의 기각판결에도 불구하고 i)과 ii)의 경우에는 국가배상법상 법령위반에 해당할 여지가 있으므로 국가배상청구소송의 수소법원은 처분의 법령 위반을 판단할 수 있습니다. 요컨대, 무효확인소송 기각판결의 기판력은 결과에 있어 국가배상청구소송에 미칠 수도 혹은 미치지 않을 수도 있으므로 위 i)과 ii)의 경우 국가배상청구소송의 수소법원은 해당 직무집행행위의 위법 내지 법령위반을 인정할 수 있습니다. 물론, 이때의 '인정할 수 있음'은 판결의 기판력에 의하여 취소소송에서의 위법이나 국가배상청구소송에서의 법령 위반이 당연히 인정됨을 의미하는 것이 아니라 국가배상책임의 요건으로서의 위법 여부를 별도로 심사·판단할 수 있다는 뜻입니다.

4. 자동차손해배상 보장법에 의한 국가배상책임

1) 문제의 소재

국가배상법 제2조 제1항 본문 후단은 "국가나 지방자치단체는 … 자동차손해배상 보장법에 따라 손해배상의 책임이 있을 때에는 이 법에 따라 그 손해를 배상하여야 한다"라고, 자동차손해배상 보장법 제3조는 "자기를 위하여 자동차를 운행하는 자는 그 운행으로 인하여 다른 사람을 사망하게 하거나 부상하게 한 경우에는 그 손해를 배상할 책임을 진다"고 규정합니다. 자동차손해배상 보장법(이하 '자배법')은 오늘날 자동차의 상시 위험성을 고려하여 배상책임의 성립요건 완화를 통해 피해자 구제에 충실하려는 취지를 담고 있습니다. 양 조문을 종합하여 해석하면, 국가 등이 자배법에 의한 책임성립요건을 갖추면 공무원에 의한 차량인사사고로 인한 국가의 배상책임의 절차와 범위 등 그 효과는 국가배상법에 의한다는 결론에 이릅니다. 즉, 책임성립요건은 자배법에 의하고, 그 외 손해배상책임과 관련한 제반 사항은 국가배상법이 정하는 바에 따릅니다. 그러나 공무집행 중의 차량사고로 물적 책임만이 발생한 경우에는 자배법과는 무관하게 국가배상법이 적용됩니다.

자배법상의 배상책임 성립요건을 적용하는 결과 일반적인 국가배상책임보다 성립요건의 충족이 용이하고('국가의 운행자성'만을 요구하고 가해 공무원의 고의·과실을 불문하는 점에서 그러합니다), 배상책임의 내용이 일반적인 자배법에 의한 경우보다 피해자 구제에 효과적이므로(배상책임의 주체를 변제자력이 충분한 국가로 삼는 점에서 그러합니다) 국민의 권리구제에 충실하려는 입법취지의 표현입니다. 다만, 자배법이 적용되는 경우에도 국가배상법상의 이중배상금지 조항은 적용됩니다. 이상을 요약하면 다음의 구조가 성립합니다.

자배법에 의한 '국가 등의 운행자성' 인정	→	국가배상법에 의한 국가배상책임 성립

2) 자배법에 의한 국가배상책임의 성립요건

(1) 국가의 운행자성의 의의

자배법에 의한 국가배상책임이 성립하기 위해서는 국가 또는 지방자치단체의 운행자성을 요합니다. 이를 자배법은 '자기를 위하여 자동차를 운행하는 자'로 표현하는데, 이때 운행자의 개념은 자배법 제2조 제3호에 의한 자동차보유자와 구별되는 것으로서 무단운전자 또는 절도운전자를 포함하며, 타인을 위하여 자동차를 운전하거나 운전 보조 업무에 종사하는 운전자 개념과도 상이합니다.

운행자성은 운행으로부터 나오는 유형·무형의 이익을 의미하는 '운행이익'과 자동차의 운행과 관련하여 현실적으로 자동차를 관리할 수 있는 실질적인 권한이나 상태를 뜻하는 '운행지배'로 구성됩니다. 즉, 자동차 운전행위로부터 창출되는 운행이익이 국가에 귀속되고, 해당 자동차의 운행지배의 소재가 국가에 있는 경우 국가의 운행자성을 인정할 수 있습니다.

(2) 국가의 운행자성의 인정 여부

국가의 운행자성은 대개 다음 두 가지 경우를 구분하여 논의됩니다. ⓐ 공무원이 공무수행을 위하여 관용차를 운행한 경우와 ⓑ 공무원이 공무수행을 위하여 자기 소유의 자동차를 이용한 경우의 구분이 그것입니다. 전자의 경우 국가의 운행자성이 인정되어, 국가는 국가배상법 제2조 제1항 본문 후단의 국가배상책임을 부담함에 비해, 공무원은 자신의 운행자성이 인정되지 않으므로 무과실책임을 전제하는 자배법상의 배상책임은 부담하지 않고, 국가배상책임이 성립한 경우의 가해공무원의 배상책임의 문제 영역, 즉 고의·중과실의 경우 민사상 선택적 배상청구의 대상이 될 뿐입니다.

* **대판 1988.1.19, 87다카2202** : "국가소속 공무원이 관리권자의 허락을 받지 아니한 채 국가소유의 오토바이를 무단으로 사용하다가 교통사고가 발생한 경우에 있어 국가가 그 오토바이와 시동열쇠를 무단운전이 가능한 상태로 잘못 보관하였고 위 공무원으로서도 국가와의 고용관계에 비추어 위 오토바이를 잠시 운전하다가 본래의 위치에 갖다 놓았을 것이 예상되는 한편 피해자들로 위 무단운전의 점을 알지 못하고 또한 알 수도 없었던 일반 제3자인 점에 비추어 보면 국가가 위 공무원의 무단운전에도 불구하고 위 오토바이에 대한 객관적, 외형적인 운행지배 및 운행이익을 계속 가지고 있었다고 봄이 상당하다."

* **대판 1994.12.27, 94다31860** : "자동차손해배상보장법 제3조 소정의 '자기를 위하여 자동차를 운행하는 자'라고 함은 자동차에 대한 운행을 지배하여 그 이익을 향수하는 책임주체로서의 지위에 있는 자를 뜻하는 것인바, 공무원이 그 직무를 집행하기 위하여 국가 또는 지방자치단체 소유의 공용차를 운행하는 경우, 그 자동차에 대한 운행지배나 운행이익은 그 공무원이 소속한 국가 또는 지방자치단체에 귀속된다고 할 것이고 그 공무원 자신이 개인적으로 그 자동차에 대한 운행지배나 운행이익을 가지는 것이라고는 볼 수 없으므로, 그 공무원이 자기를 위하여 공용차를 운행하는 자로서 같은 법조 소정의 손해배상책임의 주체가 될 수는 없다."

한편, 공무원이 공무수행 과정에서 자기 소유의 자동차를 운행한 경우에는 공무원 자신의 운행자성만이 인정되므로 가해 공무원은 자배법상의 무과실 배상책임을 부담하는 반면, 국가는 배상책임의 주체, 즉 국가배상법에 의한 배상책임이 성립하지 않습니다. 그러나 국가배상법 제2조 소정의 '공무원이 그 직무를 집행함에 당하여'라고 함은 직무의 범위 내에 속한 행위이거나 직무수행의 수단으로써 또는 직무행위에 부수하여 행하여지는 행위로서 직무와 밀접한 관련이 있는 것도 포함되는바, 예컨대 육군중사가 자신의 개인소유 오토바이 뒷좌석에 같은 부대 소속 군인을 태우고 다음날부터 실시예정인 훈련에 대비하여 사전정찰차 훈련지역 일대를 살피고 귀대하던 중 교통사고가 일어났다면, 그가 비록 개인소유의 오토바이를 운전한 경우라 하더라도 실질적·객관적으로 위 운전행위는 그에게 부여된 훈련지역의 사전정찰임무를 수행하기 위한 직무와 밀접한 관련이 있다고 보아야 합니다. 요컨대, 자배법상 국가의 운행자성이 부인되더라도 공무원의 차량운행행위가 직무집행행위와 관련된 실질적 관련성설 등에 의해 국가배상법 제2조 소정의 배상책임의 요건을 충족하는 경우에는 국가배상법 제2조 제1항 전단상의 국가배상책임이 성립합니다.

* **대판 1994.5.27, 94다6741** : "원심은 그 거시증거에 의하여 기초사실로써, 피고 산하 육군 (훈련단 번호 생략) (연대번호 생략) (대대번호 생략) 소속 육군 중사 소외 1이 1986.11.12. 19:30경 같은 부대 소속 육군 중사 소외 2를 위 소외 1 개인소유의 무등록 90씨씨 오토바이의 뒷좌석에 태우고 위 오토바이를 운전하여 다음날부터 실시예정인 전 제대 동시 야간훈련 및 독수리훈련에 대비하여 사전정찰차 훈련지역 일대를 살피고 위 부대로 돌아오던 중 그 판시와 같은 경위로 위 오토바이가 소외 3이 운전하던 소외 4 소유의 (차량번호 1 생략) 로얄승용차의 앞 범퍼부분과 충돌하는 이 사건 사고가 발생하여 위 소외 2가 판시의 상해를 입었으며 위 사고는 위 소외 1과 위 소외 3의 그 판시의 각 과실이 경합하여 발생한 사실, 그 후 위 소외 2와 그 가족들이 위 소외 4를 상대로 이 사건 사고로 인한 손해배상청구의 소를 제기하여 판시와 같은 경위를 거쳐 원고 등에게 그 판시의 금원을 지급하라는 판결이 확정되자 원고 회사는 위 소외 4와 체결한 보험계약에 따라 위 소외 4를 대위하여 위 소외 2 등에게 위 판결에서 인정된 손해배상금 63,348,900원을 지급한 사실을 인정한 다음, 위 오토바이는 위 소외 1 개인 소유의 무등록 오토바이로서 위 소외 1이 종전부터 개인적인 용무에 사용하여 오고 있던 것으로 보여지고, 위 소속부대에서 그 사용 또는 관리 등에 관하여 특별히 관여하거나 지시 등을 행하였다는 점에 관하여 원고의 입증이 없어 위 오토바이 운전행위를 직무범위내에 속하거나 외형상 객관적으로 직무와 밀접한 관련이 있는 행위라고 볼 수 없다는 이유로 이 사건 사고가 위 소외 1의 직무집행행위로 인하여 발생하였음을 전제로 하는 원고의 구상금청구나 손해배상청구를 모두 배척하였다. 그러나 국가배상법 제2조 소정의 「공무원이 그 직무를 집행함에 당하여」라고 함은 직무의 범위 내에 속한 행위이거나 직무수행의 수단으로써 또는 직무행위에 부수하여 행하여지는 행위로서 직무와 밀접한 관련이 있는 것도 포함된다고 해석하여야 할 것이고(당원 1988.3.22.선고 87다카1163 판결 참조), 원심이 적법하게 확정한 바와 같이 위 소외 1이 자신의 개인소유 오토바이 뒷좌석에 위 소외 2를 태우고 다음날부터 실시예정인 전 제대 동시 야간 훈련 및 독수리 훈련에 대비하여 사전정찰차 훈련지역 일대를 살피고 귀대하던 중 이 사건 사고가 일어났다면, 위 소외 1이 비록 개인소유의 오토바이를 운전하였다 하더라도 실질적, 객관적으로 위 소외 1의 운전행위는 그에게 부여된 훈련지역의 사전정찰임무를 수행하기 위한 직무와 밀접한 관련이 있다고 보아야 할 것이다. 따라서 위 소외 1의 위 오토바이의 운전행위가 공무집행행위에 해당하지 아니한다고 본 원심의 조치는 국가배상법 제2조 소정의 "공무원이 그 직무를 집행함에 당하여"의 해석에 관한 법리를 오해한 위법이 있다 할 것이나, 뒤에서 보는 바와 같이 위 소외 1의 운전행위가 직무집행행위 또는 이와 밀접한 관련이 있는 행위임을 전제로 하는 원고의 이 사건 구상금청구나 손해배상청구가 모두 이유 없으므로 원심판결의 위와 같은 위법은 판결결과에는 영향이 없다 할 것이다."

3) 공무원의 배상책임

(1) 국가의 자배법상 운행자성이 인정되어 국가배상책임이 성립하는 경우

국가의 운행자성이 인정되는 경우에는 가해 공무원의 운행자성이 부인되므로 해당 공무원은 자배법상의 배상책임을 부담하지 않습니다. 그러나 이러한 입론이 국가배상책임의 성립에 따른 공무원 개인의 민사상 선택적 배상청구의 대상이 될 수 있음을 배제하는 것은 아닙니다. 즉, 판례에 의할 때 고의·중과실에 의한 민사상 손해배상책임의 주체가 될 수 있습니다. 만일, 경과실임에도 불구하고 피해자에게 전액 배상한 경우 해당 공무원은 자신이 배상하지 않아도 되는 책임을 결과적으로 국가를 대신하여 이행한 것에 다름 아니므로 공무원은 국가에 대해 구상권을 행사할 수 있습니다. 그러나 이때 피해자에 대한 해당 공무원의 배상책임의 이행은 이른바 민사상 도의관념에 적합한 비채변제에 해당하여 부당이득반환청구를 할 수 없습니다.

(2) 국가의 자배법상 운행자성이 부인되어 국가배상책임이 성립하지 않는 경우

이 경우에는 공무원의 운행자성만이 인정되므로 가해 공무원은 민사상 손해배상책임으로서 경과실 내지 고의·중과실을 불문하는 자배법상의 배상책임을 부담합니다. 국가가 이 경우 원칙적으로 손해배상책임을 둘러싼 법률관계에서 제외됨은 물론입니다.

＊ **대판 1996.3.8, 94다23876** : "자동차손해배상보장법의 입법취지에 비추어 볼 때, 같은 법 제3조는 자동차의 운행이 사적인 용무를 위한 것이건 국가 등의 공무를 위한 것이건 구별하지 아니하고 민법이나 국가배상법에 우선하여 적용된다고 보아야 한다. 따라서 일반적으로 공무원의 공무집행상의 위법행위로 인한 공무원 개인 책임의 내용과 범위는 민법과 국가배상법의 규정과 해석에 따라 정하여 질 것이지만, 자동차의 운행으로 말미암아 다른 사람을 사망하게 하거나 부상하게 함으로써 발생한 손해에 대한 공무원의 손해배상책임의 내용과 범위는 이와는 달리 자동차손해배상보장법이 정하는 바에 의할 것이므로, 공무원이 직무상 자동차를 운전하다가 사고를 일으켜 다른 사람에게 손해를 입힌 경우에는 그 사고가 자동차를 운전한 공무원의 경과실에 의한 것인지 중과실 또는 고의에 의한 것인지를 가리지 않고, 그 공무원이 자동차손해배상보장법 제3조 소정의 '자기를 위하여 자동차를 운행하는 자'에 해당하는 한 자동차손해배상보장법상의 손해배상책임을 부담한다."

(3) 국가 등의 운행자성이 부인되지만, 국가배상법 제2조의 성립요건을 구비하여 국가배상책임이 성립하는 경우

이 경우 국가배상책임의 성립에 중점을 두는 입장에서는 공무원은 고의·중과실의 경우에만 선택적 배상책임을 부담합니다. 이와는 반대로 공무원의 운행자성 성립에 중점을 둔다면 공무원은 자배법에 의한 무과실 배상책임을 부담합니다.

5. 공동불법행위자인 사인이 손해를 배상한 경우 국가에 대한 구상문제

(공동불법행위책임의 법률관계) 자기소유의 승용차를 운전하던 乙은 교차로에 이르러 적색 상태의 교통신호등을 주시하지 않은 상태로 직진하여, 직무집행 중 역시 신호를 위반하여 반대 방향에서 좌회전하던 군인 甲(운전자)의 군용 지프와 충돌하였다. 甲과 乙의 과실이 경합하여 발생한 이 교통사고로 군용 지프의 조주석에 앉아 있던 군인 丙은 전치 8주의 상해를 입었다. 이 사안에서 손해배상청구 및 구상권 행사 등을 둘러싼 甲, 乙, 丙 및 국가 사이의 모든 법률관계를 설명하시오. (단, 甲과 계약한 자동차보험회사의 사건 관련성은 고려하지 않음)

1) 종전 대법원의 견해

종래 대법원은 국가배상법 제2조 제1항 단서에 비추어 볼 때 통상의 경우 특수직 공무원은 직접 국가에 대하여 손해배상을 청구할 수 없을 뿐만 아니라, 민간인도 손해배상채무를 이행하였음을 이유로 국가에 대한 구상권을 행사할 수 없다고 판시하였습니다(대판 1994.5.27, 94다6741; 대판 1993.10.8, 93다14691; 대판 1992.2.11, 93다12738). 그러나 일반 국민이 손해액 전부를 배상한 후 공동불법행위자인 군인의 부담 부분에 대하여 국가를 상대로 구상할 수 없게 한다면, 공동불법행위자로서는 알 수 없는 피해자 신분 여하에 따라 자기의 부담 부분을 넘는 손해액에 대해서도 배상책임을 진다는 불합리한 결과가 발생합니다.

* **대판 1994.5.27, 94다6741** : "국가배상법 제2조 소정의 "공무원이 그 직무를 집행함에 당하여" 라고 함은 직무의 범위 내에 속한 행위이거나 직무수행의 수단으로써 또는 직무행위에 부수하여 행하여지는 행위로서 직무와 밀접한 관련이 있는 것도 포함되는바, 육군중사가 자신의 개인소유 오토바이 뒷좌석에 같은 부대 소속 군인을 태우고 다음날부터 실시예정인 훈련에 대비하여 사전정찰차 훈련지역 일대를 살피고 귀대하던 중 교통사고가 일어났다면, 그가 비록 개인소유의 오토바이를 운전한 경우라 하더라도 실질적, 객관적으로 위 운전행위는 그에게 부여된 훈련지역의 사전정찰임무를 수행하기 위한 직무와 밀접한 관련이 있다고 보아야 한다. 국가배상법 제2조 제1항 단서에 의하면 군인, 군무원 등이 직무집행과 관련하는 행위 등으로 인하여 전사·순직 또는 공상을 입은 경우에 다른 법령의 규정에 의하여 재해보상금, 유족연금, 상이연금 등의 보상을 지급받을 수 있을 때에는 국가배상법 또는 민법의 규정에 의한 손해배상청구를 할 수 없도록 규정하고 있으므로 이들이 직접 국가에 대하여 손해배상청구권을 행사할 수 없음은 물론 국가와 공동불법행위책임이 있는 자가 그 배상채무를 이행하였음을 이유로 국가에 대하여 구상권을 행사하는 것은 허용되지 않는다."

2) 헌법재판소의 입장

헌법재판소는 두 가지 전제를 하면서 결론을 도출합니다. 우선, 헌법 제29조 제2항을 피해군인 등에게 발생한 국가에 대한 손해배상청구권을 그 군인과 국가 사이에서만 상대적으로 소멸시키는 규정으로 해석한다면, 일반 국민은 공동불법행위자인 군인의 부담 부분에 관하여 국가에 대하여 구상권을 행사할 수 있게 됩니다. 이런 결론하에서는 민간인은 다른 공동불법행위로 인한 사건에서와 같이 결과에 있어 자신의 부담부분에 한하여만 손해를 배상하고 국가도 공동불법행위자인 군인의 사용자로서의 책임을 부담하므로 형평 관념에 부합합니다.

이와는 달리 헌법 제29조 제2항에 의해 국가의 불법행위책임 자체가 절대적으로 소멸한다고 해석하면, 일반 국민은 공동불법행위자인 군인의 부담 부분에 관하여 국가에 대하여 구상권을 행사할 수 없게 되고, 설사 고의·중과실에 터 잡아 공동불법행위자인 군인 개인에 대하여 구상권을 행사할 수 있더라도 그 군인의 변제자력이 없을 경우에는 일반 국민은 현실적으로 구상을 받을 수 없게 됩니다. 결국, 국가는 공동불법행위자인 군인의 사용자이지만 그 군인의 불법행위로 인한 손해배상책임을 전혀 지지 아니하고 그 부담 부분을 일반 국민에게 전가시키는 결과가 되어 형평원칙 위반 및 국민의 재산권 침해의 문제가 발생합니다(헌법 제23조 제1항, 제37조 제2항 위반)

이런 고려에 따라 헌법재판소는 국가배상법 제2조 제1항 단서의 규정을 일반 국민이 직무집행 중인 군인과의 공동불법행위로 다른 군인에게 공상(公傷)을 입혀 그 피해자에게 공동의 불법행위로 인한 손해를 배상한 다음 공동불법행위자인 군인의 부담 부분에 관하여 국가에 대해 구상권 행사를 허용하지 않는다고 해석하는 한 헌법에 위반된다고 결론지었습니다. 즉, 헌법재판소는 종래 대법원 판례의 불합리한 결과를 회피하기 위하여 헌법 제29조 제2항을 한정적으로 해석함으로써 국가배상법 제2조 제1항 단서를 한정위헌으로 선언하였지요. 그러나 직접적으로 동 규정의 무효를 선언한 것은 아님에 유의해야 합니다.

* **헌재결 1994.12.29, 93헌바21** : "가. 헌법 제29조 제2항의 구상권 행사 배제 여부에 관하여
헌법 제29조 제1항은 "공무원의 직무상 불법행위로 손해를 받은 국민은 법률이 정하는 바에 의하여 국가 또는 공공단체에 정당한 배상을 청구할 수 있다. 이 경우 공무원 자신의 책임은 면제되지 아니한다"고 규정하면서, 같은 조 제2항에서 "군인·군무원·경찰공무원 기타 법률이 정하는 자가 전투·훈련 등 직무집행과 관련하여 받은 손해에 대하여는법률이 정하는 보상 외에 국가 또는 공공단체에 공무원의 직무상 불법행위로 인한 배상은 청구할 수 없다"고 규정하여, 국가배상청구권이 인정되는 국민 중에서 군인 등에 한하여 국가배상청구권을 제한하고 있다. 따라서 문리해석상 헌법 제29조 제2항은, 공무원의 직무상 불법행위로 직무집행과 관련하여 손해를 입은 군인 등이 법률이 정하는 보상을 지급받을 수 있을 때에는 직접 국가 또는 공공단체에 대하여 손해배상청구권을 행사하는 것을 허용하지 아니한 것은 명백하다. 그러나 위 규정이 이 사건과 같은 사안에서 일반국민이 국가에 대하여 구상권을 행사하는 것까지 허용하지 아니하는가 여부는 분명하지 아니하다. 그렇다면 이 문제는 위 규정의 입법목적과 헌법의 일반원칙에 따라 해석하여야 할 것이다.
(1) 일반국민이 직무집행 중인 군인과의 공동불법행위로 직무집행 중인 다른 군인에게 공상을 입힌 경우 그 일반국민은 피해군인이 법률로 정하는 보상을 지급받는 것과는 별도로공동불법행위이론에 의하여 공동불법행위자인 군인의 부담부분을 포함한 전부의 손해를 배상할 책임을 지게 된다. 그런데 헌법 제29조 제2항을 피해군인 등에게 발생한 국가에 대한 손해배상청구권을 그 군인 등과 국가 사이에서만 상대적으로 소멸시키는 규정으로 해석한다면, 일반국민은 공동불법행위자인 군인의 부담부분에 관하여 국가에 대하여 구상권을 행사할 수 있게 된다. 이리하여 일반국민은 다른 공동불법행위로 인한 손해배상사건에서와 마찬가지로 자신의 부담부분에 한하여만 손해를 배상하고 국가도 공동불법행위자인 군인의 사용자로서의 책임을 부담하는 결과가 되어 형평의 원칙에 부합하게 된다. 이와 반대로 헌법 제29조 제2항을 국가의 불법행위책임 자체를 절대적으로 배제하는 규정으로 해석한다면, 이 사건과 같은 사안에서 일반국민은 공동불법행위자인 군인의 부담부분에 관하여 국가에 대하여 구상권을 행사할 수 없게 되고, 설사 공동불법행위자인 군인 개인에 대하여 구상권을 행사할 수 있다고 하더라도 그 군인 자신에게 변제할 자력이 없을 경우에는 일반국민은 현실적으로 구상을 받을 수 없게 된다. 그 결과 국가는 공동불법행위자인 군인의 사용자로서 그 군인의 불법행위로 인한 손해배상책임을 전혀 지지 아니하고 그 부담부분을 일반국민에게 전가시키거나 전가시키는 결과

가 되어 형평의 원칙에 위배되고 아울러 법률에 근거 없이 일반국민에게 재산상의 의무를 부과하는 것으로 국민의 재산권을 침해하게 된다. 국가는 국민의 기본권을 보장할 의무가 있고, 헌법 제29조 제2항은 제1항 의하여 보장되는 국가배상청구권을 헌법내재적으로 제한하는 규정이므로 그 적용범위에 대하여는 엄격하고도 제한적으로 해석하여야 할 것이다. 그러므로 헌법 제29조 제2항의 입법목적은, 피해자인 군인 등이 법률이 정하는 보상 외에 국가에 대하여 직접 손해배상청구권을 행사하지 못하게 하는 범위 내에서, 즉 일반국민에게 경제적 부담을 전가시키지 아니하는 범위 내에서 군인 등의 국가에 대한 손해배상청구권을 상대적으로 소멸시킴으로써 군인 등에 대한 이중배상을 금지하여 국가의 재정적 부담을 줄인다고 하는 의미로 제한하여 이해하여야 할 것이다. 그러므로 헌법 제29조 제2항은 이 사건의 쟁점이 되고 있는 사안에서와 같이 일반국민이 직무집행 중인 군인과 공동불법행위를 한 경우에는 일반국민의 국가에 대한 구상권의 행사를 허용하지 아니한다고 해석하여서는 아니될 것이다. 더욱이 이 사건과 같은 교통사고의 경우 위 승용차의 운전자는 위 오토바이의 승객이 누구인지 전혀 알 수 없는 상태에서 사고를 일으켰는데, 위 오토바이의 승객이 일반국민이면 국가가 구상책임을 지고, 군인 등이면 국가가 구상책임을 지지 아니한다고 한다면 위 승용차의 운전자는 우연한 사정에 의하여 그 손해배상의 부담부분이 크게 달라지게 되어 법적 안정성을 해하게 된다.

나. 이 사건 심판대상 부분의 위헌여부에 대하여

이 사건 심판대상 부분은 그 규정의 내용이 헌법상 근거규정인 헌법 제29조 제2항과 동일하므로 위 가항에서 살펴본 바와 같이 일반국민의 국가에 대한 구상권의 행사를 허용하지 아니한다고 해석되지 아니한다. 그런데 법원은 이 사건 심판대상 부분을 근거로 일반국민의 국가에 대한 구상권의 행사를 허용하지 아니한다고 해석하고 있으므로 그와 같이 해석하는 경우 이 사건 심판대상 부분이 헌법에 위반되는지 여부를 살펴보기로 한다.

(1) 이 사건 심판대상 부분의 입법목적은 헌법 제29조 제2항의 입법목적과 동일하다고 할 수 있다. 그 입법목적의 정당성 여부는 헌법 제29조 제2항에 의하여 헌법적으로 해결되어 있다고 하더라도 헌법상 보장되는 일반국민의 국가배상청구권을 제한하는 범위와 정도는 헌법 제37조 제2항에 의한 기본권제한의 한계 내에서만 가능한 것이다. 앞서 일반국민의 국가에 대한 구상권의 행사가 인정되는지 여부를 검토하면서 살펴본 바와 같이, 이 사건 심판대상 부분이 일반국민의 국가에 대한 구상권의 행사를 허용하지 아니한다고 해석한다면, 이는 국가가 공동불법행위자인 군인의 사용자로서 그 군인의 불법행위로 인한 손해배상책임을 합리적인 이유 없이 일반국민에게 전가시키거나 전가시키는 결과가 되어, 입법목적을 달성하기 위한 정당한 입법수단의 한계를 벗어나는 것이 된다고 할 것이다.

(2) 더구나 1994.1.5. 법률 제4705호로 공포되어 7.1.부터 시행된 군인연금법 제41조 제2항은, "국방부장관은 제3자의 행위로 인하여 급여의 사유가 발생하여 급여를 지급하는 때에는 그 급여액의 범위 안에서 수급권자가 제3자에 대하여 가지는 손해배상청구권을 취득한다"고 규정하고 있고, 같은 조 제3항은, "제2항의 수급권자가 제3자로부터 동일한 사유로 인하여 이미 손해배상을 받은 때에는 그 배상액의 범위 안에서 급여를 지급하지 아니한다"고 규정하고 있다. 위 규정에 의하여, 직무집행 중인 군인과 공동불법행위를 한 일반국민이 직무집행과 관련하여 공상을 입은 다른 피해군인에게 손해배상을 하

지 아니하면, 국가의 피용자인 군인의 복리증진 등을 위한 군인연금기금의 관리운용자인 국방부장관은 피해자인 군인에게 지급한 재해보상금·유족연금·상이연금 등의 범위 내에서 군인연금법 제41조 제2항에 의하여 공상을 입은 그 군인의 일반국민에 대한 손해배상청구권을 취득하여 공동불법행위자인 일반국민에게 손해배상을 청구할 수 있다. 반대로 공동불법행위자인 일반국민이 직무집행과 관련하여 공상을 입은 피해자인 군인에게 손해배상을 하게 되면, 그 금액의 범위 안에서 그 군인에게 군인연금법에 의한 재해보상금·유족연금·상이연금 등을 지급하지 아니하게 된다. 이와 같이 국방부장관은 피해자인 군인에게 국고의 부담에 의한 재해보상금(군인연금법 제31조, 제32조), 군인연금기금의 부담에 의한 상이연금·유족연금 등(군인연금법 제23조, 제26조, 제37조 등 참조)을 취급한 때에는 그 군인의 일반국민에 대한 손해배상청구권을 취득하는 방식으로 사실상 일반국민에게 구상권을 행사할 수 있게 되고, 그 군인측이 일반국민으로부터 손해배상을 받은 경우에는 그 금액의 범위 안에서 재해보상금·유족연금·상이연금 등을 지급하지 아니하여 국고 또는 군인연금기금은 사실상 재정적인 이득을 얻게 된다. 그럼에도 불구하고 이 사건 심판대상 부분에 의하여 이 사건과 같은 사안에서 일반국민은 공동불법행위자인 군인의 부담부분에 관하여 국가에 대하여 구상권을 행사할 수 없다고 한다면, 이는 불법행위로 인한 손해배상문제를 둘러싼 사경제적 법률관계에서 합리적인 이유 없이 국가를 지나치게 우월하게 취급함으로써 입법목적을 달성하기 위한 정당한 입법수단의 한계를 더욱 벗어나게 된다.

(3) 이상과 같은 이유로 이 사건 심판대상 부분에 의하여 이 사건의 쟁점이 되고 있는 사안에서 일반국민이 공동불법행위자인 군인의 부담부분에 관하여 국가에 대하여 구상권을 행사할 수 없다고 해석한다면, 이는 이 사건 심판대상 부분의 헌법상 근거규정인 헌법 제29조가 구상권의 행사를 배제하지 아니하는데도 이를 배제하는 것으로 해석하는 것으로서 합리적인 이유 없이 일반국민을 국가에 대하여 지나치게 차별하는 경우에 해당하므로 헌법 제11조, 제29조에 위반된다. 또한 국가에 대한 구상권은 헌법 제23조 제1항에 의하여 보장되는 재산권이고 위와 같은 해석은 그러한 재산권의 제한에 해당하며 재산권의 제한은 헌법 제37조 제2항에 의한 기본권 제한의 한계 내에서만 가능한데, 위와 같은 해석은 헌법 제37조 제2항에 의하여 기본권을 제한할 때 요구되는 비례의 원칙에 위배하여 일반국민의 재산권을 과잉 제한하는 경우에 해당하여 헌법 제23조 제1항 및 제37조 제2항에도 위반된다고 할 것이다."

3) 대법원의 판례 변경

(1) 다수의견

종전 대법원 입장을 변경한 96다42420 판결은 피해군인이 민간인에 대하여 행사가능한 손해배상청구권의 범위를 공동불법행위자인 민간인의 부담 부분에 한하여만 인정하여, 해당 민간인이 국가를 상대로 구상 청구를 할 필요가 없도록 이론 구성하였음에 그 핵심이 있습니다. 민간인의 국가에 대한 구상 청구를 허용할 경우 우회적인 경로를 통하여 군인 등의 국가배상청구를 배제한 헌법적 결단의 취지가 몰각될 것을 우려한 소치입니다. 헌법 및 국가배상법상의 이중배상금지규정의 합헌·유효성을 유지함과 동시에 공동불법행위자인 민간인의 권리보호도 도모하려는 취지의 발로라고 할 수 있습니다.

통상의 불법행위책임의 경우 공동불법행위자가 부진정연대채무자로서 각자 피해자의 손해액 전부를 배상할 의무를 부담하는 것과는 달리, 여기에서의 민간인은 피해군인에 대하여 그 손해액 중 국가 등이 민간인에 대한 구상의무를 부담한다면 그 내부 관계에서 부담하여야 할 부분을 제외한 나머지 자신의 부담 부분에 한하여 부담하고(분할채무), 설령 자신의 귀책 부분을 넘어서 배상한 경우에도 국가에 대하여 그 귀책 부분의 구상을 청구할 수 없다고 판시하였습니다.[1)]

(2) 반대의견

공동불법행위를 부진정연대채무에 해당하지 않는 것으로 구성하려면 깊은 이론적 연구가 필요한데, 이 사안에서와 같이 구체적 타당성만을 좇아 판례를 변경하는 것은 문제의 궁극적 해결책이 아님을 강조합니다. 또한, 다수의견을 따를 경우 피해군인은 권리구제를 위해 '국가에 의한 보상 + 민간인으로부터의 부분적 배상'이라는 '정확한 2원적 절차'를 거쳐야 한다는 점에서 피해자에게 불리한 점도 지적합니다. 그뿐만 아니라, 군인연금 등의 국가보상액이 손해액 중 국가의 귀책 부분에 미달할 경우 피해자는 자신이 입은 손해의 완전한 회복이 불가능하고, 민간인은 이 경우 피해자가 군인 등이라는 우연한 사정에 의하여 피해자에 대한 손해배상의무가 애초부터 감축되어 구상을 위한 수고를 할 필요가 없다는 의외의 이득을 향유하게 되는 이유를 잘 설명하기 어렵다고 비판합니다.

---

1) 부수적으로 재심사건에 대한 대법원의 입장도 간략히 소개합니다. 대법원은 헌법재판소의 국가배상법 제2조 제1항 단서에 대한 한정위헌결정을 근거로 OOO화재보험(주)이 대한민국을 피고로 하여 제기한 재심청구사건에서, 헌법재판소의 한정위헌결정의 기속력을 부인하고 동결정은 헌재법상의 재심사유가 될 수 없다는 이유로 청구를 기각하였습니다.

"헌법재판소법 제75조 제7항에서 재심을 청구할 수 있는 사유로서 규정하고 있는 '헌법소원이 인용된 경우'라 함은 법원에 대하여 기속력 있는 위헌결정이 선고된 경우를 말하는 것인바, 그 주문에서 법률조항의 해석기준을 제시하는데 그치는 한정위헌결정은 법원에 전속되어 있는 법령의 해석, 적용권한에 대하여 기속력을 가질 수 없고, 따라서 소송사건이 확정된 후 그 와 관련된 헌법소원에서 한정위헌결정이 선고되었다고 하여 위 재심사유가 존재한다고 할 수 없다"(대판 2001.4.27, 95재다14).

* **대판 2001.2.15, 96다42420(전합)** : "1. 헌법 제29조 제2항은 "군인·군무원·경찰공무원 기타 법률이 정하는 자가 전투·훈련 등 직무집행과 관련하여 받은 손해에 대하여는 법률이 정하는 보상 외에 국가 또는 공공단체에 공무원의 직무상 불법행위로 인한 배상은 청구할 수 없다."고 규정하고, 이를 근거로 한 국가배상법 제2조 제1항 단서는 "군인·군무원·경찰공무원 또는 향토예비군대원이 전투·훈련 기타 직무집행과 관련하거나 국방 또는 치안유지의 목적상 사용하는 시설 및 자동차·함선·항공기 기타 운반기구 안에서 전사·순직 또는 공상을 입은 경우에 본인 또는 그 유족이 다른 법령의 규정에 의하여 재해보상금·유족연금·상이연금 등의 보상을 지급받을 수 있을 때에는 이 법 및 민법의 규정에 의한 손해배상을 청구할 수 없다."고 규정하고 있다. 이와 같은 헌법 및 이에 따른 국가배상법 규정의 입법 취지는, 국가 또는 공공단체(이하 '국가 등'이라 한다)가 위험한 직무를 집행하는 군인·군무원·경찰공무원 또는 향토예비군대원(이하 '군인 등'이라 한다)에 대한 피해보상제도를 운영하여, 직무집행과 관련하여 피해를 입은 군인 등이 간편한 보상절차에 의하여 자신의 과실 유무나 그 정도와 관계없이 무자력의 위험부담이 없는 확실하고 통일된 피해보상을 받을 수 있도록 보장하는 대신에, 피해 군인 등이 국가 등에 대하여 공무원의 직무상 불법행위로 인한 손해배상을 청구할 수 없게 함으로써, 군인 등의 동일한 피해에 대하여 국가 등의 보상과 배상이 모두 이루어짐으로 인하여 발생할 수 있는 과다한 재정지출과 피해 군인 등 사이의 불균형을 방지하고, 또한 가해자인 군인 등과 피해자인 군인 등의 직무상 잘못을 따지는 쟁송이 가져올 폐해를 예방하려는 것이라고 할 것이다. 이러한 입법 취지를 관철하기 위하여는, <u>국가배상법 제2조 제1항 단서가 적용되는 공무원의 직무상 불법행위로 인하여 직무집행과 관련하여 피해를 입은 군인 등에 대하여 위 불법행위에 관련된 일반국민(법인을 포함한다. 이하 '민간인'이라 한다.)이 공동불법행위책임, 사용자책임, 자동차운행자책임 등에 의하여 그 손해를 자신의 귀책부분을 넘어서 배상한 경우에도, 국가 등은 피해 군인 등에 대한 국가배상책임을 면할 뿐만 아니라 나아가 민간인에 대한 국가의 귀책비율에 따른 구상의무도 부담하지 않는다고 하여야 할 것</u>이다. 이를 허용하면, 이러한 우회적인 경로를 통하여 군인 등의 국가 등에 대한 손해배상청구를 배제한 헌법적 결단의 취지가 몰각될 것이기 때문이다. 그러나 한편 위와 같은 경우, 민간인은 여전히 공동불법행위자 등이라는 이유로 피해 군인 등의 손해 전부를 배상할 책임을 부담하도록 하면서 국가 등에 대하여는 귀책비율에 따른 구상을 청구할 수 없도록 한다면, 공무원의 직무활동으로 빚어지는 이익의 귀속주체인 국가 등과 민간인과의 관계에서 원래는 국가 등이 부담하여야 할 손해까지 민간인이 부담하는 부당한 결과가 될 것이고{가해 공무원에게 경과실이 있는 경우에는 그 공무원은 손해배상책임을 부담하지 아니하므로(대법원 1996. 2. 15. 선고 95다38677 전원합의체 판결 참조) 민간인으로서는 자신이 손해발생에 기여한 귀책부분을 넘는 손해까지 종국적으로 부담하는 불이익을 받게 될 것이고, 가해 공무원에게 고의 또는 중과실이 있는 경우에도 그의 무자력 위험을 사용관계에 있는 국가 등이 부담하는 것이 아니라 오히려 민간인이 감수하게 되는 결과가 된다. 이는 위 헌법과 국가배상법의 규정에 의하여도 정당화될 수 없다고 할 것이다.
이러한 부당한 결과를 방지하면서 위 헌법 및 국가배상법 규정의 입법 취지를 관철하기 위하여는, 피해 군인 등은 위 헌법 및 국가배상법 규정에 의하여 국가 등에 대한 배상청구권을 상실한 대신에

자신의 과실 유무나 그 정도와 관계없이 무자력의 위험부담이 없는 확실한 국가보상의 혜택을 받을 수 있는 지위에 있게 되는 특별한 이익을 누리고 있음에 반하여 민간인으로서는 손해 전부를 배상할 의무를 부담하면서도 국가 등에 대한 구상권을 행사할 수 없다고 한다면 부당하게 권리침해를 당하는 결과가 되는 것과 같은 각 당사자의 이해관계의 실질을 고려하여, 위와 같은 경우에는 공동불법행위자 등이 부진정연대채무자로서 각자 피해자의 손해 전부를 배상할 의무를 부담하는 공동불법행위의 일반적인 경우와 달리 예외적으로 민간인은 피해 군인 등에 대하여 그 손해 중 국가 등이 민간인에 대한 구상의무를 부담한다면 그 내부적인 관계에서 부담하여야 할 부분을 제외한 나머지 자신의 부담부분에 한하여 손해배상의무를 부담하고, 한편 국가 등에 대하여는 그 귀책부분의 구상을 청구할 수 없다고 해석함이 상당하다 할 것이고, 이러한 해석이 손해의 공평·타당한 부담을 그 지도원리로 하는 손해배상제도의 이상에도 맞는다 할 것이다. 이에 이와 달리 국가배상법 제2조 제1항 단서에 해당하는 사건의 공동불법행위자로 된 민간인도 피해 군인 등에 대한 부진정연대채무자로서 그 손해 전부를 배상할 의무가 있다고 한 취지의 종전의 당원 판결은 이 판결의 견해에 배치되는 범위 내에서 이를 변경하기로 한다."

4) 결론

(1) 구상권 행사 여부

헌법 제29조 제2항은 동조 제1항에 의한 기본권으로서의 국가배상청구권을 제한하는 사유에 해당하므로 엄격하게 해석하는 것이 원칙입니다. 동조 제2항의 입법목적은 피해군인이 법률이 정한 보상 외에 국가에 대하여 배상을 청구할 수 없는 한도 내에서의 해석에 그쳐야 하므로 상대적 효력만을 인정하는 입장이 타당합니다. 같은 맥락에서 이중배상금지원칙도 가해 민간인에게 과다한 재산적 침해를 주지 않는 범위 내에서의 해석에 의하여야 합니다.

따라서 동조 제2항을 일반 국민이 직무집행 중인 군인과 공동불법행위 한 경우에는 국가에 대하여 구상권 행사를 불허한다는 의미로 해석하여서는 안 됩니다. 더구나 이 사안의 경우 승용차의 민간인 운전자는 상대 차량 조수석의 승객이 누구인지 전혀 알 수 없는 상황인데, 피해자인 조수석 승객이 일반 국민이면 국가가 구상책임을 지고, 군인이면 그렇지 않다고 결론짓는 것은 상대방의 우연성에 기해 손해배상의 부담 부분이 크게 달라지는, 법 감정상 용인하기 힘든 상황이 발생함을 묵과할 수 없습니다.

(2) 이중배상금지원칙과의 관계

특수직 공무원에 대하여 헌법이 국가배상청구권을 배제한 취지는 위험성이 높은 직무에 종사하는 자에 대하여는 사회보장적 위험부담으로서 국가보상제도를 별도로 마련함으로써 이와 경합되는 국가배상청구를 배제하고 국가의 재정 부담을 경감시키려는 취지라는 점에서 국가에 대한 구상권 청구를 부인하는 주장도 일견 이해 못 할 바 아닙니다.

그러나 기본권으로서의 국가배상청구권을 군인이라 하여 배제할 절대적 근거가 없을 뿐더러 재해보상연금, 군인연금 등과 손해배상청구권은 그 법적 성격을 달리하고, 군인 등에 대한 손해배상청구권 배제가 일반 공무원과의 관계에서 형평의 문제를 야기합니다. 논의의 차원을 달리하여, 단독의 불법행위의 경우 피해자인 군인이 국가배상청구를 할 수 없어 가해 군인에게 손해배상청구를 하였으나 그 변제자력의 불충분으로 현실적으로 보상액과의 차액에 해당하는 범위의 배상조차 받지 못한다면, 결국 피해군인은 손해액에 미치지 못하는 군인연금 등의 보상액에 만족할 수밖에 없다는 규범 현실에 이르는 바, 이를 법적으로 어떻게 설명해야 할지 난감합니다. 근본적인 해결책은 구시대의 잔재라 평가되는 이중배상금지원칙 규정을 삭제하는 것입니다.

한편, 이중배상금지원칙과 관련하여 기억해야 할 판례 두 건을 소개합니다. 공상을 입은 군인이 국가배상법에 의한 손해배상청구 소송 도중에 국가유공자등예우및지원에관한법률에 의한 국가유공자 등록신청을 하였다가 인과관계가 없어 공상군경 요건에 해당되지 않는다는 이유로 비해당결정 통보를 받고 이에 불복하지 아니한 후 위 법률에 의한 보상금청구권과 군인연금법에 의한 재해보상금청구권이 모두 시효완성된 경우에는 국가배상법 제2조 제1항 단서 소정의 '다른 법령에 의하여 보상을 받을 수 있는 경우'에 해당하여 국가배상청구를 할 수 없다는 판결(대판 2002.5.10, 2000다39735)과 특수직 공무원이 국가배상법에 의한 손해배상을 받은 사실이 다른 법령에 의한 보상금 지급청구를 방해하지 않는다는 판결이 그것입니다.

* **대판 2017.2.3, 2015두60075** : "전투·훈련 등 직무집행과 관련하여 공상을 입은 군인·군무원·경찰공무원 또는 향토예비군대원이 먼저 국가배상법에 따라 손해배상금을 지급받은 다음 보훈보상대상자 지원에 관한 법률(이하 '보훈보상자법'이라 한다)이 정한 보상금 등 보훈급여금의 지급을 청구하는 경우, 국가배상법 제2조 제1항 단서가 명시적으로 '다른 법령에 따라 보상을 지급받을 수 있을 때에는 국가배상법 등에 따른 손해배상을 청구할 수 없다'고 규정하고 있는 것과 달리 보훈보상자법

은 국가배상법에 따른 손해배상금을 지급받은 자를 보상금 등 보훈급여금의 지급대상에서 제외하는 규정을 두고 있지 않은 점, 국가배상법 제2조 제1항 단서의 입법 취지 및 보훈보상자법이 정한 보상과 국가배상법이 정한 손해배상의 목적과 산정방식의 차이 등을 고려하면 국가배상법 제2조 제1항 단서가 보훈보상자법 등에 의한 보상을 받을 수 있는 경우 국가배상법에 따른 손해배상청구를 하지 못한다는 것을 넘어 국가배상법상 손해배상금을 받은 경우 보훈보상자법상 보상금 등 보훈급여금의 지급을 금지하는 것으로 해석하기는 어려운 점 등에 비추어, 국가보훈처장은 국가배상법에 따라 손해배상을 받았다는 사정을 들어 보상금 등 보훈급여금의 지급을 거부할 수 없다."

5) 문제의 해결

이상의 논의를 바탕으로 앞선 사례에 대한 답을 경우의 수를 나누어 요약합니다.

(1) 종전 대법원 판례 및 헌법재판소 결정에 따른 해결

* **丙 vs. 國家** : 이중배상금지원칙이 적용되므로 丙은 국가에 대하여 국가배상청구 불가
* **丙 vs. 甲**
  - 甲이 고의·중과실인 경우 : 甲의 행위는 국가기관으로서의 품격을 상실하였으므로 甲은 손해배상책임을 부담함. 이 경우의 배상책임은 부진정연대채무의 성격을 지니므로 丙은 甲에게 손해액 전부의 배상을 청구할 수 있음
  - 甲이 경과실인 경우 : 甲의 책임은 면제되므로 丙은 甲에게 배상청구 불가
* **丙 vs. 乙** : 乙은 甲과 공동불법행위자로서 부진정연대채무를 부담하므로 丙은 乙에게 손해액 전부의 배상을 청구할 수 있음
* **乙 vs. 甲**
  - 甲이 고의·중과실인 경우 : 丙에게 전액 손해배상한 乙은 甲에게 과실 비율에 따른 구상권 행사 가능
  - 甲이 경과실인 경우 : 丙에게 전액 손해배상한 乙은 甲에게 구상권 행사 불가(위 96다42420 판결의 다수의견은 이를 전제로 판시)
* **乙 vs. 國家** : 甲의 과실의 경중 여부를 불문하고, 종전 대법원 판결에서는 구상권 행사를 부인한 반면, 헌법재판소는 구상권 행사를 긍정하는 방향(한정위헌)으로 해석

(2) 변경된 대법원 전원합의체 판결에 따른 해결(종전의 결론과 차이나는 부분만 표기함)

* **丙 vs. 甲(甲이 고의·중과실인 경우)** : 변경된 대법원 판결이 위 공동불법행위의 손해배상채무를 분할채무의 성격으로 판시하였는데, 이를 乙뿐만 아니라 甲에 대해서도 적용된다고 해석할 여지 있음. 따라서 丙은 甲에게 손해액 전부의 배상청구를 할 수 없고 甲의 부담 부분에 대해서만 청구 가능
* **丙 vs. 乙** : 丙은 乙에게 그 부담 부분만 청구 가능
* **乙 vs. 甲** : 乙은 丙에게 자신의 부담 부분만 배상하면 되므로 甲에게 구상권 관련 법률관계 발생의 여지없음. 乙이 丙에게 선의로 손해액 전부를 배상한 경우 자신의 부담 부분을 초과하여 지급한 금액에 대한 부당이득반환청구 가능 여부 : 도의관념에 적합한 비채변제? ⇒ 판례 부재

제26강

영조물의 설치·관리상의 하자로 인한 국가배상책임

제26강

영조물의 설치·관리상의 하자로 인한 국가배상책임

1. 의의

현행 국가배상법은 공무원의 직무상 위법행위에 의한 국가배상책임(제2조)과는 별개로 제5조를 두어 영조물의 설치·관리상의 하자로 인한 국가배상책임을 인정합니다.[1] 과거 영조물책임이 헌법 제29조를 근거로 하여 국가배상법에 의해 구체화된 것인지를 두고 논란이 있었지만, 논의의 실익이 크지 않습니다. 다수설은 동조를 헌법의 명문의 근거는 없지만 국가배상법이 특별히 인정하는 국가배상책임의 유형이라고 이해하였습니다. 국가배상법 제5조와 헌법 제29조의 관계 규명은 헌법 제29조상 영조물의 설치·관리상 하자로 인한 국가배상책임에 관한 명문의 규정이 없음에서 비롯합니다. 이에 따라 양 조항의 관계에 대해 일설에 의하면 헌법 제29조의 공무원의 불법행위책임을 광의로 해석할 때 동조로부터 국가배상법 제5조의 헌법적 근거가 발견된다고 하지만, 헌법 제29조와 국가배상법 제2조는 적극적으로 공무원이 어떤 행위(부작위 포함)의 위법성을 바탕으로 함에 비해(주로 권력작용), 동법 제5조는 원칙적으로 공무원이 사인에 대해 직접 어떤 행위를 하는 것을 전제로 하지 않으므로(영조물을 통한 비권력작용) 양자는 성격을 달리하는 것으로 보아야 합니다. 같은 맥락에서, 현행 국가배상법 제5조에 의한 배상청구권은 헌법 제29조상의 기본권이 아니라 법률 차원의 권리로 파악하는 것이 타당합니다. 요컨대, 공공의 영조물의 설치·관리의 하자로 인한 손해에 대하여는 국가배상법 제5조가 없더라도 이론적으로는 민법 제758조에 의해 국가 또는 지방자치단체가 배상책임을 지는 것인데, 국가배상법이 민법 제758조의 특별규정을 두었으므로 공작물의 설치·관리의 주체가 국가 또는 지방자치단체인지 아니면 사인인지에 따라 적용 조문이 달라지는 것입니다.

국가배상법상 영조물책임은 민법 제758조와 달리 그 대상을 공작물에 한정하지 않

1) 국가배상법 제5조의 표제는 '공공시설 등의 하자로 인한 책임'을 표현하지만, 동조 제1항의 규정내용에 착안하여 종래 용례처럼 '영조물의 설치 · 관리 상의 하자'를 사용합니다.

고 영조물 개념으로 확대하고, 민법 규정에 의할 때 소유자는 절대책임이지만 점유자에게는 면책조항 존재함은 주지의 사실입니다. 그러나 제5조에서는 점유자인 경우에도 면책사유를 인정하지 않으므로 국가 등이 관리자인 이상 타유공물의 경우에도 국가배상책임이 성립할 수 있습니다.

2. 영조물책임의 성립요건

1) 공공의 영조물

영조물(Anstalt)이란 학문적으로 행정주체에 의하여 계속적으로 공공 목적에 제공된 인적·물적 종합체로 정의하지만, 여기에서의 영조물은 행정주체가 직접 공적 목적을 달성하기 위하여 제공한 유체물과 물적 시설, 즉 공물과 동일 개념으로 해석하며, 공공용물 혹은 공용물을 불문합니다.

* **대판 1995.1.24, 94다45302** : "국가배상법 제5조 제1항 소정의 공공의 영조물이라 함은 국가 또는 지방자치단체에 의하여 특정 공공의 목적에 공여된 유체물 내지 물적 설비를 지칭하며 특정 공공의 목적에 공여된 물이라 함은 일반 공중의 자유로운 사용에 직접적으로 제공되는 공공용물에 한하지 아니하고 행정주체 자신의 사용에 제공되는 공용물도 포함하며 국가 또는 지방자치단체가 소유권, 임차권, 그 밖의 권한에 기하여 관리하고 있는 경우뿐만 아니라 사실상의 관리를 하고 있는 경우도 포함한다."

구체적으로 볼 때 전신주, 공중화장실, 도로상 보행자신호기와 차량신호기 등 개개의 유체물뿐만 아니라 도로, 항만, 상·하수도, 관공서청사, 국공립학교 교사(校舍), 철도시설물인 대합실과 승강장 등 물건의 집합체인 유체적 설비도 이에 해당하며, 자동차, 선박, 항공기, 경찰견, 경찰마 등 동산도 포함합니다. 공익에 제공된 사물(私物), 예컨대 국유재산 중 일반(잡종)재산은 영조물이 아닙니다. 이는 국가 등의 소유이지만 직접 공공목적에 제공된 것이 아니므로 민법 제758조의 적용 대상입니다. 그리고 아직 물적 시설이 완성되지 아니하여 공공 목적에 제공되지 않는 경우에도 여기에서의 영조물에 속하지 않습니다.

* **대판 1981.7.7, 80다2478** : "국가배상법 제5조 소정의 공공의 영조물이란 공유나 사유임을 불문하고 행정주체에 의하여 특정공공의 목적에 공여된 유체물 또는 물적 설비를 의미하므로 사실상 군민의 통행에 제공되고 있던 도로 옆의 암벽으로부터 떨어진 낙석에 맞아 소외인이 사망하는 사고가 발생하였다고 하여도 동 사고지점 도로가 피고 군에 의하여 노선인정 기타 공용개시가 없었으면 이를 영조물이라 할 수 없다."

하천, 해면, 호소(湖沼) 등 자연공물의 영조물 해당성과 관련하여 오늘날 순수한 자연공물을 상정하기 어렵고 최소한의 인공적 관리는 행해지고 있으므로, 즉 자연공물의 관리상 하자를 논하는 경우에는 자연공물이 초래하는 위험을 방지하기 위한 시설(제방, 방파제, 방조제)의 하자로 논할 수 있으므로 인공공물, 자연공물의 구분은 실무에 있어 논의의 실익이 크지 않습니다.

2) 설치·관리상의 하자(흠) : 배상책임의 성질

영조물책임에서 핵심 쟁점입니다. 댐(dam)의 예를 들겠습니다. 조문 문구의 사전적 의미에 따라, 댐의 부실시공이 그 붕괴로 이어져 인근 주민이 손해를 입은 경우는 영조물의 설치상 하자이고, 댐의 수문에 대한 정기검사와 이에 따른 보수를 행하지 않아 장마철 수문 개방이 적시에 이루어지지 않음으로 인해 발생한 손해는 영조물의 관리상의 하자에 기한 것입니다. 이를 합친 개념을 영조물의 설치·관리상의 하자라고 합니다.

댐 관리업무를 담당하는 공무원이 업무 중 음주로 인해 수문 개방 시점을 해태하여 그 후 한꺼번에 엄청난 양의 물을 방류할 수밖에 없었고, 이로 인해 인근 주민에게 손해가 발생하였다면 그 법적 평가는 어떻겠습니까? 적시에 개방되지 않은 댐의 수문 상태에는 결과에 있어 정상적 작동을 하지 못한 물적 하자가 있는 것이며 이는 또한 댐의 관리상의 하자로 성질지을 수 있으므로 이는 국가배상법 제5조의 문제입니다. 그러나 수문을 적시에 개방하지 않은 공무원의 부작위의 위법, 즉 댐 관리 공무원의 일반적 손해발생방지의무 위반에 착안한다면 부작위에 의한 국가배상책임(국가배상법 제2조)에 의율된다고 해석하지 못할 바 아닙니다. 피해자 구제의 충실을 위해 통상은 전자로 해석하지만, 후자 즉 국가배상법 제2조에 의한 배상책임의 적용된다고 하여 전적으로 그릇된 것은 아닙니다. 이러한 논란은 동법 제5조에 의한 영조물책임의 성질에 관한 객관설, 주관설의 대립과도 관련이 있습니다.

(1) 개념

영조물의 설치상의 하자는 설계의 불비, 불량재료의 사용 등 설계, 건조상의 불완전으로서 원시적 하자의 성질을, 관리상의 하자는 건조 후 영조물의 유지, 수선의 불완전성으로서 후발적 하자에 해당합니다. 양자 중 하나만 충족하면 족합니다.

하자란 '법률이나 당사자가 예견하고 있는 상태나 성질이 결여된 상태'로서 영조물의 객관적 성상(性狀)에 관한 평가와 관련이 있습니다. 그러나 영조물은 국가 또는 지방자치단체가 설치·관리하는 것이므로 관리주체의 설치·관리행위라는 주관적 요소를 전혀 무시할 수는 없습니다. 이는 법문이 '공공의 영조물의 하자로 인한 손해발생'이 아니라 '공공의 영조물의 설치 또는 관리상의 하자로 인한 손해발생'이라 규정하는 것에서 잘 드러납니다. 결국, 〈하자〉와 〈설치·관리〉 중 어디에 더한 중점을 두느냐에 따라 학설은 객관설, 주관설(주의의무위반설) 및 (안전)관리의무위반설 등으로 구분합니다. 이들 학설은 동법 제5조에 대해 제2조의 주관적 책임과는 별개의 고유 규율 영역을 부여하기 위해 이른바 '완화된 과실책임 혹은 무과실책임'을 확립하려는 이론적 시도라 평가할 수 있습니다.

(2) 객관설(물적 결함설)

객관설은 무과실책임에 터 잡아 동조의 하자를 영조물 자체가 객관적으로 보아 설치·유지·수선 등에 불완전한 점이 있어 통상적으로 갖추어야 할 안전성을 흠결해서 타인에게 위해를 미칠 위험성이 있는 상태라고 이해합니다. 객관설에 의할 경우 영조물이 통상 갖추어야 할 안정성의 흠결만 있으면 관리자의 과실이나 관리주체의 재정력 유무와는 상관없이 배상책임이 발생하므로 피해자 구제에 충실합니다.

도로의 싱크홀(sinkhole), 낙석으로 인한 손해 등은 인위적으로 예방하기 곤란한 측면이 있지만, 객관설에서는 일단 피해가 발생하면 영조물에 흠이 있다고 보아 국가 등의 배상책임을 인정합니다. 설치·관리자의 주관적 책임요소의 존재 여부와 무관하게, 영조물 이용자가 그 이용에 수반하여 입게 된 손해를 공공의 손에 의하여 전보하는 사회보장적 색채가 농후한 점에서 객관설에 입각한 국가배상책임을 불법행위의 형식을 차용한 사회보장제도라고 평가하는 논자도 있습니다.

한편, 안전성의 흠결에 의한 배상책임은 문리해석에 의할 때 무한정의 책임을 의미하므로 그 범위를 한정해야 하는 현실적 필요가 발생합니다. 안전성의 의미를 넓게 이해하는 입장은 이를 당해 영조물 자체가 본래 구비해야 할 안전성을 의미한다고 보아, 예컨대 국영공장의 불완전한 배수시설로 폐수가 배출되어 손해가 발생한 경우, 재정상황,

예산 투입의 우선순위 등 국가가 처한 전체적 제반 환경을 고려하지 않고 당해 공장이 이론적으로 볼 때 손해예방을 위해 갖추어야 할 정화시설을 갖추지 못했다면 당연히 배상책임이 발생한다고 주장합니다. 동설에서는 영조물의 물적 흠결의 인정을 위해 '피해발생의 예측가능성 여부' 및 '물적 회피조치의 실행 여부'를 피해자 구제의 입장에서 고찰합니다. 이로 인해 비교적 높은 수준의 안전기준을 행정기관에 요구하게 되고 배상책임의 인정을 통해 영조물 관리상황의 개선을 유도하는 긍정적 효과도 부수적으로 기할 수 있습니다. 여기에서의 물적 흠결은 영조물의 사회적·기능적 하자를 포함하는 개념인데, 영조물의 정상 작동 시에도 배상책임을 인정하는 경우도 발생할 수 있습니다(비행기 소음으로 인한 인근 주민의 손해에 대해 공항시설상의 하자로 배상책임 인정한 후술 판례 참조).

이에 대해 안정성의 의미를 평균적으로 이해하는 입장은 당해 종류의 영조물의 안전관리에 대해 이를 현실적으로 제약하는 요소(사회·기술·재정)를 고려하여, 현상에 있어 갖추어야 할 평균적 의미의 안정성을 전제하므로 배상을 야기하는 책임 범위가 전자에 비해 상대적으로 좁아집니다. 일반적으로 동종의 영조물과 관련된 재정적·기술적 제약 등을 고려하여, 이론적으로 요구되는 안전성은 아닐지라도 일반적 수준 및 사회적 통념에 비추어 시인되는 정도의 안전성을 갖추면 면책을 인정합니다.

(3) 주관설(주의의무위반설)

국가배상법 제5조의 하자와 제2조의 과실을 표현상의 문제로 파악하여, 양자를 동일하게 파악하는 견해입니다. 영조물의 설치·관리상의 하자를 관리자의 영조물에 대한 안전확보의무위반 내지 사고방지의무위반에 기인한 물적 위험상태로 이해합니다. 동법 제5조의 배상책임은 순수한 결과책임 내지 무과실책임이 아니고, 적어도 하자의 존재를 그 요건으로 하고 있다는 점에서 어떠한 의미에서든지 간에 관리자의 주관적 귀책사유가 있어야 한다는 인식을 바탕으로 합니다.

국가배상법 제2조와 제5조의 규정 형식상의 차이(제5조는 고의·과실을 명문으로 요구하지 않는 점에서 그러합니다)를 무시하고 주관적 귀책사유를 여전히 요구하는 주관설에 의할 때 피해자 구제 관점에서 바람직하지 않다는 비판에 대해서는 관리자의 안전확보의무를 고도화·객관화된 의무로 파악하는 경우 문제 해결이 가능하다고 반론합니다.

(4) 절충설

동법 제5조상의 하자를 그 물적 결함 상태뿐만 아니라 관리행위의 과오도 이에 포함시켜 이해하는 입장입니다. 즉, 물적 결함이라는 객관적 상태의 판단만으로 배상책임

인정이 불가능할 경우 이에 더하여 보충적인 판단기준으로서 관리자의 과오를 고려하는 것이지요. 일본에서의 유력한 학설이지만 우리의 경우 이를 적극적으로 지지하는 견해는 찾을 수 없습니다. 절충설에 의하면, 공물과 관련하여 발생한 손해는 그것이 공물의 물적 결함에 기인한 것인지 관리자의 안전관리를 위한 대응의 불충분함에 기인한 것인지를 불문하고 동조에 의하여 해결할 수 있다고 주장합니다.

(5) (안전)관리의무위반설(위법 · 무과실책임설)

독일 민법 제836조, 제838조의 영향을 받은 견해로서, 제5조상의 하자를 영조물을 안전하고 양호한 상태로 보전해야 할 (안전)관리의무의 위반에서 비롯하는 것으로 파악하여, 공용지정을 통하여 일반의 사용에 제공한 영조물에 대해서는 관리주체가 타인에게 손해가 발생하지 않도록 안전조치를 취하여야 할 법적 의무를 부담하므로 이에 위반하여 발생된 손해는 행정주체의 책임 영역에 해당한다고 합니다. 안전관리의무를 다하지 못한 행위책임을 전제로 하지만, 여기에서의 관리의무위반은 제2조의 공무원의 주관적 과실과는 달리 영조물의 안전확보의무 내지 손해방지의무 위반이라는 객관적 개념이라고 주장합니다. 즉, '설치 · 관리'라는 표현을 사용하므로 행위책임에 해당하지만, 이는 객관적 의무 위반이라는 것이지요.

(안전)관리의무는 외부법 관계에서 국가 등의 공물의 관리주체가 직접 개인에 대하여 부담하는 의무이지 공무원 개인의 의무는 아닙니다. 행정주체와 개인 간의 권리 · 의무관계인 외부법 관계에서 공무원은 권리와 의무의 귀속 주체가 아니기 때문에 공무원 개인의 주관적 · 심리적 요소인 고의 · 과실은 작용의 여지가 없습니다. 영조물을 일반에 노출시킨 행정주체는 영조물과 관련된 사인의 위험을 방지하기 위하여 필요하고도 기대 가능한 조치를 취하여야 할 객관적 안전확보의무를 부담하며, 이를 위반하여 사인의 신체 · 재산 등을 침해, 손해가 발생한 경우에는 책임을 부담하게 됩니다. 결국, 독일 민법 제836조, 제838조의 공작물 책임에 관한 규정에서처럼, 국가배상법 제5조에 의한 배상책임은 (안전)관리의무라는 법적 의무를 위반하여(위법한 행위에 의하여) 발생한 손해에 대한 행정주체의 책임으로서, 영조물의 설치 · 관리상의 하자란 이러한 관리주체의 안전의무위반을 의미합니다. 동설의 입장에서는 우리 판례가 이러한 관리의무위반설의 입장을 취하되, 구체적으로는 제반 사정을 고려한 예견가능성 내지 회피가능성 문제로 접근하였다고 파악합니다.

(6) 판례

영조물책임 관련 제반 판례의 입장을 일의적으로 단정하거나 이들을 각 학설별로 분류하기는 쉽지 않은 일입니다. 오래된 판례이지만 객관설을 취한 것으로 평가하는 대표적 판례는 아래 66다1723 판결입니다.

> ＊ **대판 1967.2.21, 66다1723** : "영조물 설치의 『하자』라 함은 영조물의 축조에 불완전한 점이 있어 이 때문에 영조물 자체가 통상 갖추어야 할 완전성을 갖추지 못한 상태에 있음을 말한다고 할 것인바 그 『하자』 유무는 객관적 견지에서 본 안전성의 문제이고 그 설치자의 재정사정이나 영조물의 사용목적에 의한 사정은 안전성을 요구하는데 대한 정도 문제로서 참작사유에는 해당할지언정 안전성을 결정지을 절대적 요건에는 해당하지 아니한다 할 것이다."

위 밑줄은 분명 객관설의 입장에서의 설치·관리상의 하자에 대한 개념 정의입니다. 그러나 동 판결에서 " … 본건 병사(兵舍)는 일시적 잠정적인 것이 아니고, 수년 동안이나 병사로 사용한 것이고, 또 본건 병사가 본건 사고의 중요한 원인인 산사태에 의한 위험성이 전혀 없는 장소에 설치된 것이 아니라, 산사태로 인한 피해가 발생할 가능성이 있는 위치, 즉 산으로부터 8미터밖에 떨어져 있지 아니한 지점에 설치되었다는 사정 등에 비추어 볼 때에, 원판결 설시 이유만으로서는 영조물인 본건 병사의 설치에 하자가 없고, 본건 사고는 피고로서는 예기치 못한 불가항력에 인한 것이라고는 볼수 없다 할 것이며, 본건 사고가 불가항력에 인한 것이라고 인정하려면, 원심으로서는 마땅히 본건 병사를 산사태의 위험성이 없는 산에서 떨어진 장소에 설치하지 아니하고, 산에서 8미터밖에 떨어져 있지 아니한 지점에 설치하지 아니하면, 안 될 사정이 있었는가 여부, 그러한 사정이 있었다면, 그러한 지점에 병사를 설치하려면 어느 정도의 견고성이 있는 병사를 지어야 할 것인가 여부, 또 본건 산사태는 보통 예견할 수 없는 이례적인 폭우로 인한 것으로서 피고가 예견할 수 없었는가 여부(밑줄 저자), 본건 병사를 견고한 자재로 건축하였다 하더라도, 불가피하였는가 여부 등 사정에 관하여 더 알아보았어야 할 것이고, 또 원판결이 본증거만으로서는 그 관리에 만전을 기하였다고 보기에는 미흡하다고 하지 않을 수 없으므로, …"라는 설시 내용을 고려할 때 동 판결이 전적으로 객관설의 입장인지는 명확하지 않습니다.

이에 비해 94다32924 판결은 객관설에 보다 가깝습니다.

＊ **대판 1994.11.22, 94다32924** : "원심은 거시 증거에 의하여 판시 도로의 지하에 매설되어 있는 상수도관에 균열이 생겨 그 틈으로 새어 나온 물이 도로위까지 유출되어 노면이 낮은 기온으로 인하여 결빙된 사실, 소외 망 오종열이 택시를 운행하던 중 노면이 결빙되어 있는 사실을 모른채 위 지점을 지나가다가 미끄러지면서 중앙선을 넘어가 마침 반대차선에서 오던 화물차와 충돌하여 사망한 사실, 피고가 위 상수도를 설치, 관리하고 위 도로도 관리하고 있는 사실 등을 인정한 후 피고는 위 도로 및 상수도를 설치, 관리하는 자로서 위 도로의 관리 및 위 상수도관의 설치 및 관리상의 하자로 인하여 이 사건 사고를 발생하게 하였다 하여 손해배상책임을 인정한 후, 이 사건 상수도관에 대한 설치·관리상의 과실이 없다는 피고의 항변에 대하여 거시 증거에 의하면 위 상수도관은 내구연한이 20년 이상인 피·브이·씨·관으로 1986. 7. 23. 설치된 것이고, 피고는 상하수도관리를 위하여 복구차량 등 충분한 장비를 보유하고 비상연락망체계를 확립하여 운영하여 왔으며, 이 사건 사고직전인 1992. 11. 28.에도 이 사건 상수도관에 대하여 점검한 사실은 인정되나 그러한 사실만으로는 피고가 이 사건 사고무렵까지 위 상수도관의 관리상에 필요한 주의의무를 다하였다고 인정하기 어렵다고 판시하였다.

살피건대 국가배상법 제5조 소정의 영조물의 설치·관리상의 하자라 함은 영조물의 설치 및 관리에 불완전한 점이 있어 이 때문에 영조물 자체가 통상 갖추어야 할 안전성을 갖추지 못한 상태에 있는 것을 말하는 것이고(당원 1967. 2. 21. 선고 66다1723 판결; 1992. 10. 27. 선고 92다21050 판결 등 참조), 원심이 인정한 바와 같이 <u>도로지하에 매설되어 있는 상수도관에 균열이 생겨 그 틈으로 새어 나온 물이 도로위까지 유출되어 노면이 결빙되었다면 도로로서의 안전성에 결함이 있는 상태로서 설치·관리상의 하자가 있다고 할 것</u>이다. 또한, 위 사실관계에 비추어 이 사건 사고를 불가항력으로 인한 것이라고 할 수도 없으며, 또 <u>국가배상법 제5조 소정의 영조물의 설치, 관리상의 하자로 인한 책임은 무과실책임이고</u>, 나아가 민법 제758조 소정의 공작물의 점유자의 책임과는 달리 면책사유도 규정되어 있지 않으므로 국가 또는 지방자치단체는 <u>영조물의 설치, 관리상의 하자로 인하여 타인에게 손해를 가한 경우에 그 손해의 방지에 필요한 주의를 해태하지 아니하였다 하여 면책을 주장할 수도 없다</u> 할 것이다."

아래 2000다56822 판결에 대해서는 객관설의 입장이지만 예견가능성·회피가능성을 고려한 것이라는 견해, 주관설의 변형으로서 고도의 객관적 주의의무위반에 바탕한 것이라는 견해 및 (안전)관리의무위반설 등 각 학설에서 자신의 입장에 의한 것이라고 주장합니다.

＊ **대판 2001.7.27, 2000다56822** : "국가배상법 제5조 제1항에 정해진 영조물의 설치 또는 관리의 하자라 함은 영조물이 그 용도에 따라 통상 갖추어야 할 안전성을 갖추지 못한 상태에 있음을 말하는 것이며, 다만 영조물이 완전무결한 상태에 있지 아니하고 그 기능상 어떠한 결함이 있다는 것만으로 영조물의 설치 또는 관리에 하자가 있다고 할 수 없는 것이고, 위와 같은 안전성의 구비 여부를 판단함에 있어서는 당해 영조물의 용도, 그 설치장소의 현황 및 이용 상황 등 제반 사정을 종합적으로 고려하여 설치·관리자가 그 영조물의 위험성에 비례하여 사회통념상 일반적으로 요구되는 정도의 **방호조치의무**를 다하였는지 여부를 그 기준으로 삼아야 할 것이며, 만일 객관적으로 보아 시간적·장소적으로 영조물의 기능상 결함으로 인한 **손해발생의 예견가능성과 회피가능성**이 없는 경우 즉 **그 영조물의 결함이 영조물의 설치·관리자의 관리행위가 미칠 수 없는 상황** 아래에 있는 경우임이 입증되는 경우라면 영조물의 설치·관리상의 하자를 인정할 수 없다고 할 것이다(대법원 1988. 11. 8. 선고 86다카775 판결, 1998. 2. 10. 선고 97다32536 판결, 2000. 2. 25. 선고 99다54004 판결 참조).

원심은, 이 사건 사고 발생 당시 이 사건 신호등에 그 판시와 같은 고장이 있었던 사실은 인정하면서, 그 고장의 원인에 관하여 모순검지기에 흐르는 신호 전류가 적정전압보다 낮은 전압으로 되는 바람에 모순검지기로 제어되지 아니하여 이 사건 신호등에 모순된 신호가 발생하였을 것으로 추정하고, 이는 현재의 기술수준에 비추어 피할 수 없는 부득이한 상황이므로 이 사건 신호등의 설치·관리에 하자가 있었다고 볼 수 없다는 취지로 판단한 것으로 이해되나, 이는 수긍하기 어렵다. 먼저 원심이 채용한 증거들을 살펴보아도 모순검지기에 흐르는 신호 전류의 전압이 저전압인 경우 모순검지기로 제어되지 아니한다는 점에 관한 자료를 찾아볼 수 없다. 피고의 2000. 5. 26.자 준비서면에 첨부된 자료인 대구지방법원 95나10790 사건에 관한 엘지산전 주식회사의 사실조회 회신 사본과 대구지방법원 97나5495 사건의 판결문 사본에 이 점에 관한 언급이 있으나, 위 자료들은 적법하게 증거조사되지도 않은 문서들임이 기록상 분명할 뿐만 아니라, 그 내용에 있어서도 가변차선 신호등이 아닌 일반적인 3색 또는 4색 교통신호등에 관한 것으로서 그와 운용체계가 다른 이 사건 가변차로 신호등의 경우에 그대로 적용될 수 있다고 단정하기 어렵다. 또한 원심이 채용한 제1심 증인 김도형, 원심 증인 조성복의 각 증언에 의하면, 양방향 동일신호로 표시되는 것이 모순검지기가 검지하는 모순이라는 것인데, 그것이 하나의 가변신호기를 기준으로 하여 앞뒷면의 각 신호가 서로 모순되는 경우를 의미하는 것인지, 아니면 두 개의 신호기 예컨대 원심 판시 별지 도면 표시 ,ⓐ,ⓑ의 신호기의 각 신호가 서로 모순되는 경우를 의미하는 것인지, 또는 양자를 포함하는 것인지 분명하지 않다. 만일 위 증인들이 언급한 모순검지기가 검지하는 모순이 전자의 의미라면, 위 ⓐ,ⓑ의 신호기의 각 신호가 서로 모순되었던 이 사건 신호등의 오작동과는 무관하다 할 것이다. 그리고 가변차로에 설치된 신호등의 용도와 오작동시에 발생하는 사고의 위험성과 심각성을 감안할 때, 만일 원심이 본 바와 같이 가변차로에 설치된 두 개의 신호기에서 서로 모순되는 신호가 들어오는 고장을 예방할 방법이 없음에도 그와 같은 신호기를 설치하여 그와 같은 고장을 발생하게 한 것이라면, 그 고장이 자연재해 등 외부요인에 의한 불가항력에 기인한 것이 아닌 한 그 자체로 설치·관리자의 방호조치의무를 다하지 못한 것으로서 신호등이 그 용도에 따라 통상 갖추어야 할 안전성을 갖추지 못한 상태에 있었다고 할 것이고(신호등이 점멸되거나 아예 들어오지 않거나 또는 한 방향에서 볼 때 두 개의 모순되는 신호가 동시에 들어오는 오작동의 경우라면, 운전자가 신호기가 고장났음을 쉽게 인지하고 신호기가 없는 상황과 같은 대비태세를 갖추어 운전할 수 있으므로 그러한 오작동이 발생하였다고 하여 곧바로 신호등이 통상 갖추어야 할 안전성을 갖추지 못하였다고 단정하기 어려운 면도 있겠으나, 이 사건에서와 같이 서로 모순되는 신호가 생기는 오작동의 경우라면 달리 보아야 할 것이다), 따라서 이 사건에서 설령 원심이 판시한 바와 같이 적정전압보다 낮은 저전압이 원인이 되어 위와 같은 오작동이 발생하였고 그 고장은 현재의 기술수준상 부득이한 것이라고 가정하더라도 그와 같은 사정만으로 손해발생의 예견가능성이나 회피가능성이 없어 영조물의 하자를 인정할 수 없는 경우라고 단정할 수 없을 것이다."

* **대판 2007.9.21, 2005다65678** : "국가배상법 제5조 제1항 소정의 영조물의 설치 또는 관리의 하자라 함은 영조물이 그 용도에 따라 통상 갖추어야 할 안전성을 갖추지 못한 상태에 있음을 말하는 것으로서, 영조물이 완전무결한 상태에 있지 아니하고 그 기능상 어떠한 결함이 있다는 것만으로 영조물의 설치 또는 관리에 하자가 있다고 할 수 없는 것이고, 위와 같은 안전성의 구비 여부를 판단함에 있어서는 당해 영조물의 용도, 그 설치장소의 현황 및 이용 상황 등 제반 사정을 종합적으로 고려하여 설치 관리자가 그 영조물의 위험성에 비례하여 사회통념상 일반적으로 요구되는 정도의 방호조치의무를 다하였는지 여부를 그 기준으로 삼아야 할 것이며, 객관적으로 보아 시간적·장소적으로 영조물의 기능상 결함으로 인한 손해발생의 예견가능성과 회피가능성이 없는 경우, 즉 그 영조물의 결함이 영조물의 설치관리자의 관리행위가 미칠 수 없는 상황 아래에 있는 경우에는 영조물의 설치·관리상의 하자를 인정할 수 없다 (대법원 2000. 2. 25. 선고 99다54004 판결, 대법원 2001. 7. 27. 선고 2000다56822 판결 참조).

한편, 자연영조물로서의 하천은 원래 이를 설치할 것인지 여부에 대한 선택의 여지가 없고, 위험을 내포한 상태에서 자연적으로 존재하고 있으며, 간단한 방법으로 위험상태를 제거할 수 없는 경우가 많고, 유수라고 하는 자연현상을 대상으로 하면서도 그 유수의 원천인 강우의 규모, 범위, 발생시기 등의 예측이나 홍수의 발생 작용 등의 예측이 곤란하고, 실제로 홍수가 어떤 작용을 하는지는 실험에 의한 파악이 거의 불가능하고 실제 홍수에 의하여 파악할 수밖에 없어 결국 과거의 홍수 경험을 토대로 하천관리를 할 수밖에 없는 특질이 있고, 또 국가나 하천관리청이 목표로 하는 하천의 개수작업을 완성함에 있어서는 막대한 예산을 필요로 하고, 대규모 공사가 되어 이를 완공하는 데 장기간이 소요되며, 치수의 수단은 강우의 특성과 하천 유역의 특성에 의하여 정해지는 것이므로 그 특성에 맞는 방법을 찾아내는 것은 오랜 경험이 필요하고 또 기상의 변화에 따라 최신의 과학기술에 의한 방법이 효용이 없을 수도 있는 등 그 관리상의 특수성도 있으므로(대법원 2003. 10. 23. 선고 2001다48057 판결 참조), 하천관리의 하자 유무는, 과거에 발생한 수해의 규모·발생의 빈도·발생원인·피해의 성질·강우상황·유역의 지형 기타 자연적 조건, 토지의 이용상황 기타 사회적 조건, 개수를 요하는 긴급성의 유무 및 그 정도 등 제반 사정을 종합적으로 고려하고, 하천관리에 있어서의 위와 같은 재정적·시간적·기술적 제약하에서 같은 종류, 같은 규모 하천에 대한 하천관리의 일반수준 및 사회통념에 비추어 시인될 수 있는 안전성을 구비하고 있다고 인정할 수 있는지 여부를 기준으로 하여 판단하되, 관리청이 하천법 등 관련 규정에 의해 책정한 하천정비기본계획 등에 따라 개수를 완료한 하천 또는 아직 개수중이라 하더라도 개수를 완료한 부분에 있어서는, 위 하천정비기본계획 등에서 정한 계획홍수량 및 계획홍수위를 충족하여 하천이 관리되고 있다면 당초부터 계획홍수량 및 계획홍수위를 잘못 책정하였다거나 그 후 이를 시급히 변경해야 할 사정이 생겼음에도 불구하고 이를 해태하였다는 등의 특별한 사정이 없는 한, 그 하천은 용도에 따라 통상 갖추어야 할 안전성을 갖추고 있다고 봄이 타당하다 할 것이다."

위 2005다65678 판결은 하천의 홍수위와 관련된 하천의 하자를 소재로 하는 판결입니다. 하천홍수위는 홍수 시 하천의 제방이 지탱할 것으로 계획된 최대유량을 의미하는 것인데, 제방 높이는 통상 〈하천홍수위 + 여유분〉을 기준으로 축조됩니다. 2001다48507 판결 등 우리 대법원은 장기간의 강우량을 기준으로 하천홍수위가 적정하게 책정된 제방에서 기상이변 격인 폭우에 의하여 하천홍수위를 초과한 강우량에 의해 제방이 붕괴되어 하천이 범람한 경우에는 안전관리의무의 이행 내지 불가항력에 의한 것으로 보고 배상책임을 부인합니다. 대법원 2003.10.23. 선고 2001다48507 판결에서는 100년 발생빈도의 강우량을 기준으로 책정된 계획홍수위를 초과하여 600년 또는 1000년 발생빈도의 강우량에 의한 하천의 범람은 예측가능성 및 회피가능성이 없는 불가항력적인 재해로서 그 영조물의 관리청에게 책임을 물을 수 없다고 하였습니다. 그러나 홍수위보다 적은 강우량에 제방이 붕괴된 경우에는 원칙적으로 배상책임을 인정할 수 있지만, 일본 최고재판소 판례 중에는 그 예외도 존재합니다. 이를테면, 예견 가능성을 넘는 장기간의 호우로 비록 홍수위에는 미달하지만 장기간 하천이 고수위로 유지되어 제방으로 물이 스며들어 제방이 약하게 되어 붕괴된 경우 또는 제방의 기초지반에 난투수성층(難透水性層)의 불연속 등 특이한 상황이 있는 경우에는 배상책임을 부인한 예도 있습니다.

(7) 결어

국가배상법 제5조상의 '설치·관리상의 하자'라는 표현 및 국가의 예산 부담 등을 고려할 때 순수 객관설을 견지하기에는 부담이 큽니다. (안전)관리의무위반설의 경우에도 동 의무의 구체적 내용에 대한 이론적 성숙도가 미약하고, 소송수행 과정에서 원고가 동 의무 위반을 쉬이 입증할 수 있을 것인가에 대한 의문도 가시지 않습니다. 나아가, 객관설에서도 현실적 여건과 관련하여 통상적 안전성의 기준을 완화하여야 하는 경우도 발생합니다. 하천홍수위 관련 판례상 면책사유인 불가항력이 이에 해당하는데, 다만 다수의 판례는 안전성 기준의 완화 가능성을 예정하면서도 불가항력을 논거로 들기보다는 주관설에서 유래하는 예견가능성·회피가능성이 없음을 면책의 근거로 제시합니다. 이는 주관설의 주장 논거이기도 합니다. 이러한 점은 99다54004 판결에서 보다 뚜렷합니다. 동 판결을 두고 우리 판례가 – 판례에 대한 전반적인 학설의 평가가 그러하듯이 – 전적으로 객관설을 취한다고는 할 수 없습니다.

* **대판 2000.2.25, 99다54004** : "국가배상법 제5조 제1항 소정의 영조물의 설치 또는 관리의 하자라 함은 영조물이 그 용도에 따라 통상 갖추어야 할 안전성을 갖추지 못한 상태에 있음을 말하는 것으로서, 영조물이 완전무결한 상태에 있지 아니하고 그 기능상 어떠한 결함이 있다는 것만으로 영조물의 설치 또는 관리에 하자가 있다고 할 수 없는 것이고, 위와 같은 안전성의 구비 여부를 판단함에 있어서는 당해 영조물의 용도, 그 설치장소의 현황 및 이용 상황 등 제반 사정을 종합적으로 고려하여 설치 관리자가 그 영조물의 위험성에 비례하여 사회통념상 일반적으로 요구되는 정도의 방호조치의무를 다하였는지 여부를 그 기준으로 삼아야 할 것이며, 객관적으로 보아 시간적·장소적으로 영조물의 기능상 결함으로 인한 손해발생의 예견가능성과 회피가능성이 없는 경우 즉 그 영조물의 결함이 영조물의 설치관리자의 관리행위가 미칠 수 없는 상황 아래에 있는 경우에는 영조물의 설치관리상의 하자를 인정할 수 없다."
* **대판 2022.7.28, 2022다225910** : "국가배상법 제5조 제1항에 규정된 '영조물 설치·관리상의 하자'는 공공의 목적에 공여된 영조물이 그 용도에 따라 통상 갖추어야 할 안전성을 갖추지 못한 상태에 있음을 말한다. 그리고 위와 같은 안전성의 구비 여부는 영조물의 설치자 또는 관리자가 그 영조물의 위험성에 비례하여 사회통념상 일반적으로 요구되는 정도의 방호조치의무를 다하였는지를 기준으로 판단하여야 하고, 아울러 그 설치자 또는 관리자의 재정적·인적·물적 제약 등도 고려하여야 한다. 따라서 영조물이 그 설치 및 관리에 있어 완전무결한 상태를 유지할 정도의 고도의 안전성을 갖추지 아니하였다고 하여 하자가 있다고 단정할 수는 없고, 영조물 이용자의 상식적이고 질서 있는 이용 방법을 기대한 상대적인 안전성을 갖추는 것으로 족하다."

생각건대, 객관설에 입각하는 경우에도 현실적인 여건과의 관련하에서는 불가항력을 들어 통상적 안전성을 완화해야 하는 경우도 발생할 것이며, 주관설의 입장에서도 예견가능성, 회피가능성을 기준으로 방호조치가 사회통념상 일반적으로 요구되는 주의의무를 다한 정도의 것인 경우 주관적 책임 요소를 부인하는 이른바 객관화·고도화된 안전확보의무를 전제하는 것에서 볼 때 객관설, 주관설 양 학설의 차이는 크지 않다고 할 수 있습니다. 그러나 국가배상법 제5조에 의한 국가배상책임이 결과책임 내지 절대적 무과실책임이 아니고 보면, 배상책임의 요건으로서의 하자의 판단에 있어 관리자의 의무위반을 내용으로 하는 의무위반설의 이론구성이 배상책임의 성격에 보다 부합합니다.

판례의 흐름을 살필 때, 대법원은 도로 등의 인공공물과 자연공물로서의 하천의 경우를 구분하여, 하천에 대해서는 그 자체 위험을 내포한 상태에서 자연적으로 존재하는 것이고, 그 관리상 안전성의 확보에 있어서는 여러 가지 재정적·시간적·기술적 제약조건이 따른다는 점 등을 고려하여 하천관리상의 하자의 판단에 있어 안전성의 기준을 도로 등의 인공공물에 비하여 크게 완화하는 점을 지적합니다.

3. 배상책임자

1) 국가와 지방자치단체

국가배상법 제5조에 의한 배상책임의 주체는 영조물의 관리주체인 국가와 지방자치단체입니다(제5조 제1항). 국가는 국가사무에 대하여, 지방자치단체는 자치사무에 대하여 배상책임을 지며. 기관위임사무는 위임주체가 배상책임을 부담합니다. 따라서 국가의 기관위임에 따라 서울특별시장이 업무를 집행하는 자동차운전면허 시험장의 설치·관리의 하자로 인한 손해배상책임은 국가가 부담하며, 국가가 지방하천공사를 대행하던 중 지방하천의 관리상 하자로 손해가 발생한 경우 하천관리청이 속한 지방자치단체는 국가와 함께 지방하천의 관리자로서 배상책임의 주체가 됩니다(대판 2014.6.26, 2011다85413).

2) 비용부담자로의 배상책임자

국가배상법 제2조·제5조에 따라 국가나 지방자치단체가 손해를 배상할 책임이 있는 경우에 공무원의 선임·감독 또는 영조물의 설치·관리를 맡은 자와 공무원의 봉급·급여, 그 밖의 비용 또는 영조물의 설치·관리 비용을 부담하는 자가 동일하지 아니하면 그 비용을 부담하는 자도 손해를 배상하여야 합니다(제6조 제1항). 이러한 비용부담주체의 배상책임 부담 규정은 피해자가 손해배상청구의 상대방을 잘못 선택함으로 인한 불이익을 배제함으로써 피해자 구제의 실효성을 제고하기 위함입니다.

이때 '공무원의 선임·감독 또는 영조물의 설치·관리를 맡은 자'는 '사무의 귀속주체 또는 영조물의 관리주체(예컨대 사무를 위임한 국가)'를, '공무원의 봉급·급여, 그 밖의 비용 또는 영조물의 설치·관리 비용을 부담하는 자'는 '사무 또는 영조물의 비용부담자(예컨대 사무를 위임받아 처리하는 지방자치단체)'를 의미합니다. 공무원의 선임·감독자와 비용부담자가 동일하지 않는 경우란 국가가 관할권을 가지지만 지방자치단체가 비용을 부담하는 국영공비(國營公費)사업 또는 지방자치단체의 공무원이 기관위임사무 내지 단체위임사무[1]를 처리하는 경우를 말합니다. 국가배상법 제6조 제1항의 비용부담자의 의미와 관련하여, 형식적 비용부담자설(대외적으로 비용을 부담하는 자)과 실질적 비용부담자설(실질적·궁극적으로 비용을 부담하는 자)의 대립이 있지만 피해자 구제에 충실하려는 동조의 취지를 고려하건대 양자 모두를 포함하는 병합설이 타당합니다. 판례는 형식적 비용부담자설을 취한 경우(94다38137 판결)도 있고, 실질적 비용부담설의 입장(94다57671 판결)도 발견됩니다. 여기에서의 '비용'은 봉급·급여뿐만 아니라 해당 사무 집행에 소요되는 일체의 비용을 포함합니다.

* **대판 1994.12.9, 94다38137** : "국가배상법 제6조 제1항 소정의 '공무원의 봉급·급여 기타의 비용'이란 공무원의 인건비만을 가리키는 것이 아니라 당해사무에 필요한 일체의 경비를 의미한다고 할 것이고, 적어도 대외적으로 그러한 경비를 지출하는 자는 경비의 실질적·궁극적 부담자가 아니더라도 그러한 경비를 부담하는 자에 포함된다. 지방자치단체의 장이 기관위임된 국가행정사무를 처리하는 경우 그에 소요되는 경비의 실질적·궁극적 부담자는 국가라고 하더라도 당해 지방자치단체는 국가로부터 내부적으로 교부된 금원으로 그 사무에 필요한 경비를 대외적으로 지출하는 자이므로, 이러한 경우 지방자치단체는 국가배상법 제6조 제1항 소정의 비용부담자로서 공무원의 불법행위로 인한 같은 법에 의한 손해를 배상할 책임이 있다."
* **대판 1995.2.24, 94다57671** : "여의도광장의 관리는 광장의 관리에 관한 별도의 법령이나 규정이 없으므로 서울특별시는 여의도광장을 도로법 제2조 제2항 소정의 "도로와 일체가되어 그 효용을 다하게 하는 시설"로 보고 같은 법의 규정을 적용하여 관리하고 있으며, 그 관리사무 중 일부를 영등포구청장에게 권한위임하고 있어, 여의도광장의 관리청이 본래 서울특별시장이라 하더라도 그 관리사무의 일부가 영등포구청장에게 위임되었다면, 그 위임된 관리사무에 관한 한 여의도광장의 관리청은 영등포구청장이 되고, 같은 법 제56조에 의하면 도로에 관한 비용은 건설부장관이 관리하는 도로 이외의 도로에 관한 것은 관리청이 속하는 지방자치단체의 부담으로 하도록 되어 있어 여의도광장의 관리비용 부담자는 그 위임된 관리사무에 관한 한 관리를 위임받은 영등포구청장이 속한 영등포구가 되므로, 영등포구는 여의도광장에서 차량진입으로 일어난 인신사고에 관하여 국가배상법 제6조 소정의 비용부담자로서의 손해배상책임이 있다."

---

1) 단체위임사무도 위임사무로서 위임주체는 위임사무에 관한 합법성뿐만 아니라 합목적성의 감독도 할 수 있으므로 그 사무귀속주체는 사무를 위임한 국가 또는 광역지방자치단체로 보아야 합니다. 따라서 공무원의 선임·감독자와 비용부담자가 동일하지 않는 경우는 이론적으로 단체위임사무의 경우를 포함합니다.

☞ 이 사안에서 광장의 관리주체는 서울특별시이고, 영등포구는 실질적 비용부담자인 동시에 형식적 비용부담자에 해당합니다.

* **대판 1999.6.25, 99다11120** : "지방자치단체장이 교통신호기를 설치하여 그 관리권한이 도로교통법 제71조의2 제1항의 규정에 의하여 관할 지방경찰청장에게 위임되어 지방자치단체 소속 공무원과 지방경찰청 소속 공무원이 합동근무하는 교통종합관제센터에서 그 관리업무를 담당하던 중 위 신호기가 고장난 채 방치되어 교통사고가 발생한 경우, 국가배상법 제2조 또는 제5조에 의한 배상책임을 부담하는 것은 지방경찰청장이 소속된 국가가 아니라, 그 권한을 위임한 지방자치단체장이 소속된 지방자치단체라고 할 것이나, 한편 국가배상법 제6조 제1항은 같은 법 제2조, 제3조 및 제5조의 규정에 의하여 국가 또는 지방자치단체가 손해를 배상할 책임이 있는 경우에 공무원의 선임·감독 또는 영조물의 설치·관리를 맡은 자와 공무원의 봉급·급여 기타의 비용 또는 영조물의 설치·관리의 비용을 부담하는 자가 동일하지 아니한 경우에는 그 비용을 부담하는 자도 손해를 배상하여야 한다고 규정하고 있으므로 교통신호기를 관리하는 지방경찰청장 산하 경찰관들에 대한 봉급을 부담하는 국가도 국가배상법 제6조 제1항에 의한 배상책임을 부담한다." ☞ 이 사안에서 국가는 형식적 비용부담자로서(자치경찰제 실시 이전의 상황이므로), 해당 지방자치단체는 교통신호기의 관리주체이자 실질적 비용부담자로서 각각 배상책임을 부담합니다.

3) 최종적 배상책임자

국가배상법 제6조 제2항은 "제1항의 경우에 손해를 배상한 자는 내부관계에서 그 손해를 배상할 책임이 있는 자에게 구상할 수 있다"고 규정하는데, 이 규정만으로는 '공무원의 선임·감독 또는 영조물의 설치·관리를 맡은 자'와 '공무원의 봉급·급여, 그 밖의 비용 또는 영조물의 설치·관리 비용을 부담하는 자' 사이에 최종적·종국적 배상책임자를 규명할 수 없습니다. 이와 관련하여, 사무를 관리하는 자가 속하는 행정주체라는 사무귀속자설(관리자책임설), 당해 사무의 비용을 실질적으로 부담하는 실질적 비용부담자가 최종적 배상책임자라는 비용부담주체설 및 손해 발생의 기여 정도에 따라 최종적 배상책임자가 정해진다는 기여도설의 대립이 존재합니다. 판례는 사무귀속자설을 원칙으로 하면서도(위임한 사무의 비용은 위임주체가 부담하는 것이 원칙임을 고려할 때, 법령의 규정에 의하여 사무에 대한 권한은 인정되지 않은 채 비용만을 부담하는 자를 최종적 배상책임자로 하는 것은 비용부담의 일반원칙에 부합하지 않으므로 판례의 입장은 타당합니다), 사무귀속자의 지위가 수인에게 중첩적으로 인정되는 경우에는 이들이 공동의 최종적 배상책임자가 되고, 구체적으로는 손해 발생의 기여도에 따라 최종적 배상액을 분담하여야 한다는 입장으로 파악할 수 있습니다. 한편, 영조물의 하자로 인하여 국가나 지방자치단체가 손해를 배상한 경우,

손해의 원인에 대하여 책임을 질 자(예컨대 공공시설의 설치상 하자를 야기한 공공시설 시공자나 공공시설을 손괴한 자 등)가 따로 있으면 국가나 지방자치단체는 그자에게 구상할 수 있습니다(제5조 제2항).

* **대판 2001.9.25, 2001다41865** : "(안산시장이 국가에 구상금을 청구한 사건에서) … 교통신호기의 관리사무는 원고(안산시장)가 안산경찰서장에게 그 권한을 기관위임한 사무로서 피고(대한민국) 소속 경찰공무원들은 원고의 사무를 처리하는 지위에 있으므로 원고가 그 사무에 관하여 선임·감독자에 해당하고, 그 교통신호기 시설은 지방자치법 제132조 단서의 규정에 따라 원고의 비용으로 설치·관리되고 있으므로 그 신호기의 설치·관리의 비용을 실질적으로 부담하는 비용부담자의 지위도 아울러 지니고 있는 반면, 피고는 단지 그 소속 경찰공무원에게 봉급만을 지급하고 있을 뿐이므로, 원고와 피고 사이에서 이 사건 손해배상의 궁극적인 책임은 전적으로 원고에게 있다고 봄이 상당하다."
* **대판 2015.4.23, 2013다211834** : "국가하천의 유지·보수 사무가 지방자치단체의 장에게 위임된 경우, 지방자치단체의 장은 국가기관의 지위에서 그 사무를 처리하는 것이므로, 국가는 국가배상법 제5조 제1항에 따라 영조물의 설치·관리 사무의 귀속주체로서 국가하천의 관리상 하자로 인한 손해를 배상하여야 한다. 국가가 국가하천의 유지·보수비용의 일부를 해당 시·도에 보조금으로 지급하였다면, 국가와 해당 시·도는 각각 국가배상법 제6조 제1항에 규정된 영조물의 설치·관리 비용을 부담하는 자로서 손해를 배상할 책임이 있다. 이와 같이 국가가 사무의 귀속주체 및 보조금 지급을 통한 실질적 비용부담자로서, 해당 시·도가 구 하천법 제59조 단서에 따른 법령상 비용부담자로서 각각 책임을 중첩적으로 지는 경우에는 국가와 해당 시·도 모두가 국가배상법 제6조 제2항 소정의 궁극적으로 손해를 배상할 책임이 있는 자에 해당한다(대법원 1998. 7. 10. 선고 96다42819 판결 등 참조)."

4. 기능적 하자

전통적 관념에서는 영조물의 하자, 즉 영조물의 안전성 결여상태는 당해 영조물을 구성하는 물적 시설 자체에 존재하는 물리적·외형적 결함 또는 불비에 의하여 타인에게 위해를 발생시킬 위험이 있는 상태라고 이해합니다. 이러한 의미의 물적 하자와는 별개로, 영조물이 공공의 목적에 이용됨에 있어 그 이용 상태 및 정도가 일정한 한도를 초과하여 이용자뿐만 아니라 인근 주민 등 제3자에게 사회통념상 참을 수 없는 피해를 입히는 경우도 동조상의 하자로 파악하는 것을 강학상 기능적 하자라고 합니다.

예를 들어, 공항에 이착륙하는 비행기의 소음에 의한 인근 주민의 생활상의 피해 등 영조물의 통상적인 운영에 의하여 인근 주민의 생활상 피해를 입힌 경우에는 당해 영조물은 비록 물리적·외형적 하자는 없더라도 사회적·기능적 측면에서의 안전성을 결하는 기능적 하자가 있다고 판단할 수 있습니다. 기능적 하자 개념은 공공시설에서 발생하는 공해에 대한 배상책임을 인정하기 위한 유용한 도구로서 기능하는데, 법리적으로는 '수용적 침해(Enteignender Eingriff)에 의한 보상이론'과 유사합니다. 기능적 하자에 전제한 판례로는 소위 '매향리 사격장 사건'과 '김포공항 인근 소음사건'의 두 가지가 대표적입니다. 판례는 '수인한도의 한계'에 대한 판단기준으로 '당해 영조물의 공공성, 피해의 내용과 정도, 손해 회피 방안의 유무 및 난이 정도, 이를 방지하기 위해 노력한 정도 등을 종합적으로 고려'할 것을 요구합니다.

* **대판 2004.3.12, 2002다14242** : "국가배상법 제5조 제1항에 정하여진 '영조물의 설치 또는 관리의 하자'라 함은 공공의 목적에 공여된 영조물이 그 용도에 따라 갖추어야 할 안전성을 갖추지 못한 상태에 있음을 말하고 (대법원 2002. 8. 23. 선고 2002다9158 판결 참조), 여기서 안전성을 갖추지 못한 상태, 즉 타인에게 위해를 끼칠 위험성이 있는 상태라 함은 당해 영조물을 구성하는 물적 시설 그 자체에 있는 물리적·외형적 흠결이나 불비로 인하여 그 이용자에게 위해를 끼칠 위험성이 있는 경우뿐만 아니라 그 영조물이 공공의 목적에 이용됨에 있어 그 이용상태 및 정도가 일정한 한도를 초과하여 제3자에게 사회통념상 참을 수 없는 피해를 입히는 경우까지 포함된다고 보아야 할 것이고, 사회통념상 참을 수 있는 피해인지의 여부는 그 영조물의 공공성, 피해의 내용과 정도, 이를 방지하기 위하여 노력한 정도 등을 종합적으로 고려하여 판단하여야 할 것이다."
* **대판 2005.1.27, 2003다49566** : " … 그리고 수인한도의 기준을 결정함에 있어서는 일반적으로 침해되는 권리나 이익의 성질과 침해의 정도뿐만 아니라 침해행위가 갖는 공공성의 내용과 정도, 그 지역환경의 특수성, 공법적인 규제에 의하여 확보하려는 환경기준, 침해를 방지 또는 경감시키거나 손해를 회피할 방안의 유무 및 그 난이 정도 등 여러 사정을 종합적으로 고려하여 구체적 사건에 따라 개별적으로 결정하여야 할 것이다."

5. 하자의 입증책임

통상의 법률요건분배설에 따라 영조물의 설치·관리상에 하자가 있다는 것은 배상책임의 적극적 요건이므로 원고가 부담함이 원칙입니다. 그러나 예견가능성·회피가능성

존재 여부에 대해서는 피고가 부담합니다.

> ＊ **대판 1998.2.10, 97다32536** : "도로의 설치 또는 관리·보존상의 하자는 도로의 위치 등 장소적인 조건, 도로의 구조, 교통량, 사고시에 있어서의 교통 사정 등 도로의 이용 상황과 그 본래의 이용 목적 등 제반 사정과 물적 결함의 위치, 형상 등을 종합적으로 고려하여 사회통념에 따라 구체적으로 판단하여야 할 것인바, 도로의 설치 후 제3자의 행위에 의하여 그 본래의 목적인 통행상의 안전에 결함이 발생한 경우에는 도로에 그와 같은 결함이 있다는 것만으로 성급하게 도로의 보존상 하자를 인정하여서는 안 되고, 당해 도로의 구조, 장소적 환경과 이용 상황 등 제반 사정을 종합하여 그와 같은 결함을 제거하여 원상으로 복구할 수 있는데도 이를 방치한 것인지 여부를 개별적·구체적으로 심리하여 하자의 유무를 판단하여야 할 것이다(대법원 1992. 9. 14. 선고 92다3243 판결, 1997. 4. 22. 선고 97다3194 판결 등 참조). 사실관계가 원심이 적법하게 확정한 바와 같다면 이 사건 편도 2차선 도로의 1차선 상에 교통사고의 원인이 될 수 있는 크기의 돌멩이가 방치되어 있었고, 도로의 점유·관리자인 피고가 그것에 대한 관리 가능성이 없다는 입증을 하지 못하고 있는 이 사건에서 이는 도로 관리·보존상의 하자에 해당한다 할 것이다."

6. 예산상 제약과 국가배상책임

재정사정은 원칙적으로 영조물의 안정성 정도에 관한 참작사유는 될지언정 안전성을 결정지을 절대적 요건은 될 수 없으며, 더 나아가 예산상 제약을 '불가항력'으로 보아 배상책임 부인하는 견해도 타당하지 않습니다. 그러나 자연공물의 안정성과 관련하여 국가의 장기계획에 의한 예산투입이 예정되어 있는 경우, 국가 재정상태상 현실적으로 기대 가능성이 없는 경우 등에는 단기적 예산 부족이 면책사유가 될 가능성을 배제할 수 없음도 아울러 지적합니다.

> ＊ **대판 1967.2.21, 66다1723** : "영조물설치의 하자라 함은 영조물의 축조에 불완전한 점이 있어 이 때문에 영조물자체가 통상 갖추어야할 안전성을 갖추지 못한 상태에 있음을 말한다고 할 것인바, 원판결은 본건 병사는 견고하지 아니한 자재를 사용 건축한 사실을 인정하면서, 현하 국가의 재정상태와 군사적 임무의 특수성을 들어, 영조물인 위병사의 설치에 하자가 없다는 이유를 설시하고 있는바, 영조물 설치의 하자유무는 객관적 견지에서 본 안전성의 문제이고, 재정사정이나 사용목적에 의한 사정은, 안전성을 요구하는데 대한 정도문제로서의 참작사유에는 해당할지언정, 안전성을 결정지을 절대적 요건에는 해당하지 아니한다고 할 것이며, …"

7. 국가배상법 제2조와 제5조의 관계

전술한 기능적 하자와 혼동해서는 안 될 개념으로 이른바 '작동상 결함(operational failure)'이 있습니다. 댐의 수문관리자가 음주로 인하여 적기에 수문을 개방하지 않아 과다한 저수량으로 댐이 붕괴되어 하류 주민이 피해를 입은 경우 제2조와 제5조 중 의율하여야 할 법조의 문제가 제기됩니다. 이 경우 동일한 손해에 대하여 제2조와 제5조에 의한 책임이 경합한다고 볼 수 있으므로 이론적으로는 선택적 청구가 가능합니다. 그러나 배상책임의 요건이 상대적으로 완화되어 있는 제5조가 피해자에게 유리합니다. 다만, 손해의 기여 정도가 사실관계에 비추어 행위과실과 설치·관리상의 하자로 나뉘는 경우에는 양자를 동시에 혹은 선택적으로 거증하여 청구할 수도 있습니다.

학자에 따라서는 영조물의 관리행위와 사용(이용)행위로 구분하는 입장도 발견되는데, 전자의 경우에는 선택적 청구가 가능한 것으로, 권총의 발사, 관용차 운행 등 후자에 해당하면 제2조의 문제로 의율하자는 것이 그것입니다. 다른 견해는 제2조를 원칙규정으로, 제5조를 보충규정으로 해석합니다. 제5조의 경우에도 어떤 의미에서는 공무원의 행위가 개입될 여지가 있으므로, 영조물이 관련된 경우에도 1차적으로는 제2조에 의한 공무원 개인의 과실책임(주의의무위반)으로 파악하고, 이러한 입론이 여의치 않은 영조물의 하자의 경우에는 제5조를 객관책임 내지 무과실책임으로 파악하여 적용하려는 입장으로 이해할 수 있습니다.

제27강

손실보상의 의의와 법적 근거

제27강
손실보상의 의의와 법적 근거

1. 행정상 손실보상 일반론

1) 손실보상의 의의

헌법 제23조 제1항에 따라 보장되는 재산권은 그 행사에 내재적 제약을 수반하지만(공공복리적합의무: 헌법 제23조 제2항), 이러한 한계를 넘어서 공공필요에 의한 특별한 희생에 이르는 재산상 피해에 대해(헌법 제23조 제3항) 사회 전체가 공평하게 부담해야 한다는 '공적 부담 앞의 평등원칙'과 재산권 보장의 이념을 근거로 재산적 전보를 행하는 행정구제제도를 손실보상이라고 합니다.

적법한 공행정작용에 의한 재산권 침해로 발생한 특별한 희생에 대해 재산적 전보가 이루어지는 점에서, 위법한 국가작용에 의하여 발생한 손해에 대한 금전적 배상인 국가배상과 근본적으로 구별됩니다. 평균적 정의를 바탕으로 하는 국가배상제도와는 달리 손실보상제도는 국가 활동 증대에 따라 불가피하게 발생하는 개인의 희생을 조절적으로 보상하여 사회국가원리와 법치국가원리를 적절히 조화하는 지위에 있으므로 전반적으로 입법정책(제도적 결단)에 의해 크게 좌우되며, 거기에는 당시의 민주화 정도, 국민의 인권의식 및 국가 예산 등이 영향을 미칩니다.

손실보상은 '공행정작용'을 매개로 하는 점에서 사법상의 임의매수에 의한 보상과도 구별해야 합니다. 과거 (구)공공용지의취득및손실보상에관한특례법은 공공사업을 위하여 필요한 토지를 수용하기 전에 협의에 의한 취득과 이에 따른 손실보상의 방법과 기준을 정하고 있었지만, 동법상의 협의취득은 사법상의 매매계약에 해당하기 때문에 이에 대한 보상은 엄격한 의미의 손실보상과는 성격을 달리합니다. 그러나 협의매수가 실패하는 경우에는 후속 조치로서 (구)토지수용법에 의한 토지수용절차가 개시되는 규범 현실을 고려하건대 동법에 의한 협의취득도 광의의 손실보상에 해당한다고 파악하였습니다. 현재는 공익사업을 위한 토지 등의 취득 및 보상에 관한 법률을 제정하여 협의취득과 강제수용을 포괄하는 통일적 규율체계를 확립하였습니다.

손실보상은 '재산권에 대한 침해'를 전제로 하는 점에서 사람의 신체·생명·자유의 침해로 인하여 발생한 특별한 희생에 대한 보상(희생보상청구권)을 이론적으로 포함하지 않습니다. 독일의 경우에는 사람의 신체·생명·자유의 침해로 인하여 발생한 특별한 희생에 대해 관습법상의 희생보상청구권의 성립을 일반적으로 인정하지만, 현행 헌법 제23조 제3항과 토지보상법의 적용범위에 비재산적 피해는 원칙적으로 포함되지 않습니다. 다만 이들 가치에 대한 특별한 희생은 국가유공자 등 예우 및 지원에 관한 법률, 형사보상법, 의사상자 등 예우 및 지원에 관한 법률, 감염병의 예방 및 관리에 관한 법률 등에 의한 보상이 행해집니다.

경찰관 직무집행법 제11조의2에 따른 손실보상은 적법한 공권력 행사에 의한 침해를 전제로 하지만, 이로 인한 손실은 경찰권 발동을 통해 직접적으로 의도한 것이 아니라는 점에서 의도된 침해를 전제로 하는 헌법 제23조 제3항에 의한 손실보상과 차이를 보입니다.

행정상 손실보상은 공공필요를 위하여 개인의 재산권에 대한 특별한 희생을 전보하기 위한 공법상의 특유한 제도이며, 손실보상청구권은 헌법상 인정되는 개인의 기본권이라는 점에서 공법상의 권리에 해당합니다. 과거 판례는 손실보상청구권을 사권으로 보아 관련 손실보상청구소송을 민사소송으로 취급하였으나, 최근 하천구역 편입토지에 대한 손실보상청구사건에서 비로소 행정소송법 제3조 제2호의 당사자소송으로 간주합니다(행정소송규칙 제19조 제1호 다목).

* **대판 2006.5.18, 2004다6207** : "[1] 법률 제3782호 하천법 중 개정법률(이하 '개정 하천법'이라 한다)은 그 부칙 제2조 제1항에서 개정 하천법의 시행일인 1984. 12. 31. 전에 유수지에 해당되어 하천구역으로 된 토지 및 구 하천법(1971. 1. 19. 법률 제2292호로 전문 개정된 것)의 시행으로 국유로 된 제외지 안의 토지에 대하여는 관리청이 그 손실을 보상하도록 규정하였고, '법률 제3782호 하천법 중 개정법률 부칙 제2조의 규정에 의한 보상청구권의 소멸시효가 만료된 하천구역 편입토지 보상에 관한 특별조치법' 제2조는 개정 하천법 부칙 제2조 제1항에 해당하는 토지로서 개정 하천법 부칙 제2조 제2항에서 규정하고 있는 소멸시효의 만료로 보상청구권이 소멸되어 보상을 받지 못한 토지에 대하여는 시·도지사가 그 손실을 보상하도록 규정하고 있는바, 위 각 규정들에 의한 손실보상청구권은 모두 종전의 하천법 규정 자체에 의하여 하천구역으로 편입되어 국유로 되었으나 그에 대한 보상규정이 없었거나 보상청구권이 시효로 소멸되어 보상을 받지 못한 토지들에 대하여, 국가

가 반성적 고려와 국민의 권리구제 차원에서 그 손실을 보상하기 위하여 규정한 것으로서, 그 법적 성질은 하천법 본칙(본칙)이 원래부터 규정하고 있던 하천구역에의 편입에 의한 손실보상청구권과 하등 다를 바가 없는 것이어서 공법상의 권리임이 분명하므로 그에 관한 쟁송도 행정소송절차에 의하여야 한다.

[2] 하천법 부칙(1984. 12. 31.) 제2조와 '법률 제3782호 하천법 중 개정법률 부칙 제2조의 규정에 의한 보상청구권의 소멸시효가 만료된 하천구역 편입토지 보상에 관한 특별조치법' 제2조, 제6조의 각 규정들을 종합하면, 위 규정들에 의한 손실보상청구권은 1984. 12. 31. 전에 토지가 하천구역으로 된 경우에는 당연히 발생되는 것이지, 관리청의 보상금지급결정에 의하여 비로소 발생하는 것은 아니므로, 위 규정들에 의한 손실보상금의 지급을 구하거나 손실보상청구권의 확인을 구하는 소송은 행정소송법 제3조 제2호 소정의 당사자소송에 의하여야 한다."

일반적으로 손실보상을 논의하는 경우 도로, 항만 등 사회간접자본의 확충이나 첨단 공업단지 건설 등의 대규모 개발사업을 전제로 토지를 수용하고 그에 대해 손실보상이 이루어지는 경우를 떠올립니다. 그러나 그 못지않게, 아니 그보다 더 손실보상 여부가 크게 문제되는 영역이 있습니다. 행정계획에 의한 공용침해, 특히 공용제한이 그것인데, 이를 계획제한이라고도 합니다. 구체적으로는 국토계획법상 용도지역, 용도지구, 용도구역 등의 지정고시를 통해 토지의 쓰임새 내지 용도를 구속적 행정계획인 도시·군관리계획으로 확정하면, 토지소유자 등의 토지이용은 심대한 제한에 놓이게 됩니다. 국토계획법 제38조에 의한 개발제한구역의 지정을 생각하면 이해가 쉽습니다. 이때 당해 도시·군관리계획이 위법한 경우에는 취소소송을 제기할 수 있습니다.

이에 반해 해당 행정계획이 적법한 경우에는 계획제한에 의한 손실보상의 문제를 야기하게 됩니다. 이와 관련하여서는 구체적 쟁점 두 가지를 기억해야 합니다. i) 그 하나는 계획제한이 헌법 제23조 제2항의 재산권의 내재적 제약의 범위 내의 문제인가, 아니면 그를 유월하여 특별한 희생을 야기하는 헌법 제23조 제3항상의 공용제한인가의 문제입니다. ii) 다른 하나는 통상의 경우가 그러하듯이 계획제한에 의한 재산권 침해가 손실보상의 전제가 되는 헌법 제23조 제3항의 특별한 희생을 초래하는 경우에도 계획제한의 근거 법률에서 보상규정을 두는 경우는 거의 존재하지 않습니다. 이 경우는 손실보상의 다른 요건은 모두 구비했지만 근거 법률에 의한 보상규정이 흠결된 경우 손실보상청구권이 성립하는가에 관한 논쟁이며, 손실보상에서 기울여야 하는 가장 주된 관심의 대상입니다.

그 밖에 독일의 경우에는 활발하게 논의되지만, 우리에게는 생소한 영역에서의 손실보상 논의를 소개합니다. 건축허가거부에 따른 손실보상청구권의 성립 가능성입니다. 건축허가 신청에 대해 법상 명문의 거부사유로 규정되지 않은 중대한 공익상의 사유를 들어 허가신청을 거부하는 경우를 기속재량행위라 함은 주지의 사실입니다. 이때의 건축허가거부는 적법한 공권력 행사이고, 그에 따른 상대방의 재산권 행사의 제한은 특별한 희생을 의미할 수 있습니다. 그렇다면 건축허가신청에 대한 거부도 사안에 따라서는 손실보상의 문제를 야기할 수 있지 않겠습니까? 그러나 현행법상 건축허가거부를 손실보상과 연계 짓는 규정은 존재하지 않습니다. 그럼에도 불구하고 손실보상청구권의 성립을 인정할 수 있을까요? 계획제한에서의 손실보상의 가능성 관련 논의가 여기에서도 재현됩니다. 그러나 이러한 문제의식은 행정실무나 법원에게 익숙하지 않을 뿐만 아니라 학자들 간에도 본격적으로 논의된 적이 없습니다. 건축허가거부를 헌법 제23조 제3항에 의한 특별한 희생과 관련짓기에 상당한 부담이 따르기 때문인 듯합니다. 같은 맥락에서 적법하게 발령된 건축허가를 공익상의 이유 등 후발적인 사정변경에 의해 더 이상 유지할 수 없는 상황을 들어 건축허가를 철회하는 경우도 적법한 공권력 행사에 의한 재산권에 대한 특별한 희생을 초래할 수 있으므로 손실보상의 문제를 거론할 수 있지만, 우리의 경우 이에 관한 일반적인 논의는 이루어지지 않고 있습니다.

2) 사회국가원칙과 법치국가원칙의 가교(架橋)로서의 손실보상제도

(1) 사회국가(Sozialstaat)의 일반화

21세기 현대국가의 과제와 기능은 실로 다양하고 광범위합니다(초고속정보망, 고속철도 등의 사회간접자본의 확충, 대규모 환경개선사업, 공공기관의 지방이전 등). 따라서 오늘날 국가는 단순히 국민의 생존배려(Daseinsvorsorge) 차원을 넘어 국민의 삶을 기획하며 사회변화 양상에 따라 재정투자의 우선순위를 조정하고 기획하는 임무하에 있으므로 사회국가원리에 의거하여 막대한 재정을 바탕으로 국민경제에 직·간접적으로 지대한 영향을 끼칠 수밖에 없습니다. 또한, 국가적 과제의 실천을 통해 사회국가원리를 적극적으로 실현하기 위해서는 공공필요에 따라 사인의 재산에 대한 침해를 불가피한 현상으로 만들었는데, 이러한 공용침해는 다음 세 가지 유형으로 구분할 수 있습니다. 예컨대, ① 사회간접자본 확충을 위한 토지 취득이 불가피할 경우 개인의 재산권을 대상으로 하는 직접적 공용수용행위, ② 공용시설의 설치를 위해 타인의 토지에 출입, 일시적·계속적 사용, 지하사용 등의 공용사용행위 및 ③ 국토의 계획적 관리를 통한 균형발전, 환경보호나 수자원보호, 군사적 필요에 의한 토지소유자의 재산권 사용행위의 제한이 그것입니다. 이들

세 가지 공용침해의 유형은 헌법 제23조 제3항에 반영되어 나타납니다.

(2) 법치국가(Rechtsstaat)원리에 의한 조절

사회국가원칙도 개인의 재산권 보호 등 기본권보장원리를 비롯한 법치주의원칙에 의해 제한을 받음은 의문의 여지가 없습니다. 사회국가원칙 일변도는 곧바로 헌법 제37조 제2항 위반의 문제를 야기할 가능성이 높기 때문입니다. 손실보상제도와 관련하여서는, 공공의 복리를 위해 개인의 재산권에 대한 침해가 불가피하더라도 그 정도가 특별한 희생에 해당하는 등 일정 한계를 넘는다면 그 재산적 희생을 법치국가원리에 의해 정당하게 보상해야 함을 의미합니다. 이런 의미에서 손실보상제도는 헌법상 사회국가원리에 의한 적극적 국가 활동과 그로 인한 개인의 권리침해를 법치국가원리로 조절하는 가교 역할을 담당합니다.

3) 손실보상제도의 이론적·실제적 변화

① 공용침해에 해당하고 개인에게 특별한 희생을 요구하는 경우임에도 불구하고 공용침해의 근거 법률이 헌법상 규정된 손실보상에 관한 이념을 외면하는 경우가 빈번합니다. 대표적 예로는 (구)도시계획법 제21조와 국토의 계획 및 이용에 관한 법률 제38조상 개발제한구역 지정행위에 대해 해당 법률에서 보상규정을 두지 않는 것을 들 수 있습니다. 헌재결 1998.12.24, 89헌마214, 90헌바16, 97헌바78 및 헌재결 1999.10.21, 97헌바26을 둘러싼 논의로서 법리적으로 크게 문제된 바 있습니다. 이 쟁점은 후술하는 "보상 규정의 부재에도 불구하고 손실보상청구권이 성립하는가"라는 '손실보상의 법적 근거'의 문제로 구체화됩니다.

② 다음은 '수용유사침해(enteignungsgleicher Eingriff)에 의한 손실보상'을 둘러싼 논쟁입니다. 앞선 손실보상의 법적 근거 논의와 직접 관련이 있는 쟁점인데, 수용유사침해에 의한 손실보상제도는 일반적으로 위법·무과실에 따른 재산권 침해에 대한 국가책임제도라고 이해하지만, 그 연원인 독일에서의 생성 과정을 고려하건대 반드시 옳은 것만은 아니라는 점을 우선 지적합니다. 수용유사침해를 정확히 이해하려면 불가분조항, 분리이론, 연속이론 등에 대한 이해를 전제로 하지만, 여기에서는 다음의 설명 정도로만 우선 이해합시다. 특별한 희생을 야기하는 공용침해는 헌법 제23조 제3항에 따라 보상규정에 의한 보상이 행해져야 하지만, 동 보상규정이 부재한다면 이는 곧 입법자 내지 입법기관, 또는 해당 법률을 집행하여 보상을 실제 행하지 않은 공무원의 직무상 위법을

의미합니다. 보상규정을 두어야 함에도 이를 규정하지 않은 것은 위헌적 법률을 의미하고, 그를 집행하여 보상을 행하지 않은 공무원은 위법한 직무집행행위를 행한 것이라는 전개 과정으로 설명합니다.

따라서 이에 대해서는 국가배상책임을 통해 피해자의 권리구제가 이루어져야 하지만, 이 경우 그 성립요건으로서 과실을 인정하기가 용이하지 않습니다. 결국, 위법·무과실에 의한 공용침해의 문제가 발생하고, 이는 현행의 정형적 국가책임제도에 의한 전보가 불가능함을 의미합니다. 이런 경우의 문제 해결을 위해 독일에서의 수용유사침해의 개념을 원용하여 그러한 침해 유형에 대해서도 보상이 이루어지도록 해석하여야 한다는 것이 그것입니다. 그러나 그 연원에 있어 정형적인 수용유사침해는 수용의 요건, 특히 공용침해의 근거법률에 의한 보상규정을 구비하지 않아 법적으로 수용이라고 할 수 없지만, 해당 요건만 구비하였다면 수용과 다름없었고 피해자 입장에서도 보상규정의 흠결에도 불구하고 일반적 공용침해와 다르게 느끼지 못하는 경우라면, 이때의 재산권 침해를 - 법적인 수용이라 할 수는 없지만 - 수용과 유사한 것으로 보아 통상의 수용의 경우에 행해지는 손실보상청구권의 성립을 인정하자는 이론입니다. "적법한 공용침해에 의한 보상이 이루어진다면, 위법한 공용침해에 대해서도 보상을 행하지 못할 바 없지 않는가"라는 인식도 한몫을 합니다.

결국, 수용유사침해에 의한 손실보상을 위법·무과실에 대한 국가책임제도 내지 손실보상이론이라고 이해하는 것은 수용유사침해의 한 가지 경우를 말하는 것으로서 동 개념의 정의라고는 할 수 없으며, 그 외 수용요건 중 일부를 갖추지 못한 다른 공용침해의 경우에도 수용유사침해는 발생 가능하다고 보아야 합니다. 한편, 위법·무과실을 매개로 하여 국가배상책임과의 관련성하에서 수용유사침해를 파악하는 것은 위헌무효설에 가까운 수용유사침해이론이며, 본래적 의미의 수용유사침해이론은 직접효력설에 보다 접근한 이론이라고 파악할 수 있습니다.

③ 수용적 침해(enteignender Eingriff)에 의한 손실보상은 국가배상제도에서의 '기능적 하자' 개념과 유사한 면이 있습니다. 수용적 침해는 전통적 의미에서 재산권에 대한 의도적이며 고권적인 침해행위는 아니지만 공공의 필요에 의해 공공시설을 운영하는 과정에서 의도하지 않은 부수적 결과로서 발생하는 재산권 침해를 의미하며, 이에 대해서도 보상이 행해져야 한다는 논의가 활발합니다. 폐기물처리장 등 적법한 공공시설 운영과정에서 발생한 부수적 환경침해가 인근 주민의 재산권침해로 이어지는 경우, 지하철공사장 인근 상점의 영업 손실 등이 그 예이며, 기능적 하자로 인한 손해배상은 국가배상법 제5조에 의한 영조물책임과 수용적 침해에 의한 손실보상의 경계영역이라고 할 수 있

습니다.

④ 이 밖에도 희생보상청구권(Aufopferungsanspruch) 개념을 원용함으로써 경찰관의 적법한 총기 사용으로 인한 행인의 사망 등 공공필요에 따른 비재산적 침해(개인의 생명·신체에 대한 침해)에 대한 보상의 현실적 필요성 증가에 대응하려는 움직임도 관심의 대상입니다. 끝으로, 보상 실무, 특히 보상의 범위·방법과 관련하여 단순한 재산적 가치에 대한 보상뿐만 아니라 생활보상 내지 이주대책 마련(수분양권)에 이르기까지, 보상의 범위 및 방법에 대한 다양한 욕구의 증대 현상에 대해서도 현행의 손실보상법제는 법규범적 고려로 대응하고 있습니다.

4) 공공필요와 사인(私人)에 의한 수용

(1) 공용침해의 요건으로서 '공공필요'의 개념

헌법 제23조 제3항에 의한 공공필요 개념은 공용침해의 정당화 요건이자 손실보상청구권 발생의 전제로서 기능하는데, 현행 헌법 제37조 제2항과 독일 기본법 제14조 제3항의 '공공복리(Wohl der Allgemeinheit)' 개념과 큰 틀에서 의미를 같이합니다. 이는 고도의 추상적인 불확정개념입니다. 입법자의 자의적·위헌적 법률제정을 예방하고 기본권 보장을 담당하는 사법심사에서의 합리적 판단기준을 제공하기 위해서는 그 개념 내지 판단기준이 정립되어야 하는데, 그 일차적 의무는 입법자에게 부여되어 있습니다.

원칙적으로 입법자는 공용침해의 근거 법률에서 공공필요의 구체화에 대한 입법형성의 자유로서 재량권을 가지고 있습니다. 그러나 입법자는 법률을 통하여 공용침해의 목적과 허용 요건을 명확하게 규정함으로써 재산권 침해 여부, 침해의 정도 및 침해범위에 대한 측정이 가능하도록 배려해야 합니다. 다만, 구체적인 공공필요의 인정 여부는 사인의 재산권에 대한 공용침해로 얻는 공익과 재산권 보장이라는 사익 간의 이익형량을 통해 판단할 문제이며, 거기에는 비례원칙, 평등원칙, 보충성 원칙 등이 적극적으로 기능합니다.

사인에 의한 수용(Enteignung zugunsten Privater)에서는 법률에 의한 공용침해행위가 구체적으로 공공복리에 기여하는지를 검토함에 있어, 공공필요 개념의 구체화를 통해 재산권 침해를 불가피하게 만드는 절대적으로 우월한 '고양된 의미에서의 공익(qualifiziertes öffentliches Interesse)'의 존재 여부가 중요합니다. 불확정개념으로서의 공공필요는 현실적으로 한 시대의 정치·경제·사회적 제 여건과 국가목적에 의하여 결정될 것이지만, 재산권 침해의 불가피성을 정당화하기 위해서는 적어도 사익의 양보를 요구할 수 있을 정도의 고양된 공익이라는 우월한 공익이 존재하여야 합니다. 따라서 단순한 국가의 재정 확충이나 국고의 증진 등은 여기에서의 공공필요의 범주에 포함되지 않습니다. 단순히 행정주체가 시행하는 모든 사업이나 국가적으로 유익하다는 정도만으로는 고양된 공익이라 할 수 없으며, 공용침해를 통한 공익과 피침해자의 재산권 보호에 관한 이익을 엄격히 비교형량할 것을 요구합니다.

(2) 사인에 의한 수용의 의의

일반적으로 공공필요를 위해 공용침해를 행하는 주체가 국가나 지방자치단체, 기타 공공기관임은 의문의 여지가 없습니다. 그런데 헌법 제23조 제3항이 공용침해의 주체에 대해서는 규정하지 않으므로 사인의 경우에도 공공필요를 위해서라면 공용침해행위가 허용되는지 여부를 두고 논란이 큽니다. 왜냐하면, 사인은 그 법적 지위의 속성상 사익을 추구할 것이기 때문입니다. 구체적으로는 국가 또는 공공단체의 특정한 공익시설의 설치뿐만 아니라 공공성이 큰 시설의 설치를 위해서도 사인에 의한 공용침해가 허용되는지 여부입니다. 공공시설에 대한 수요 증대에 따라 그 특성상 막대한 초기 투여자본에 비해 장기의 회수기간이 필요한 사회기반시설(SOC, Social Overhead Capital)의 설치 등을 국가가 전적으로 부담하기에는 한계가 따르는 현실을 우리는 자주 목격합니다. 이에 따라 아래 예에서 보듯이 단행 법률에서 특정 공익사업의 시행을 위해 민관합동법인 내지 민간을 사업시행주체로 규정하는 입법례가 증가하고 있습니다.

관계 조문의 문리해석에 의할 때, 헌법 제23조 제3항이 공용침해의 요건으로 공공필요성을 요구하면서도 그 주체에 대해서는 제한하고 있지 않으며 토지보상법 제4조 제8호가 '그 밖에 별표에 규정된 법률에 따라 토지 등을 수용하거나 사용할 수 있는 사업'이라 규정하므로 개별 법률에서 민간에 의한 공용침해를 규정하는 한, 사인에 의한 수용을 허용하더라도 법체계상 위헌 내지 위법의 문제는 발생하지 않는다고 할 수 있습니다.[1] 통상 개별법의 정의 조항에서 사업시행자 등의 범위에 민간을 포함하면서, 각종 사업의 시행을 위한 공용침해(특히, 공용수용)의 주체를 사업시행자 등으로 규정하는 형식입니다.

---

1) 한편, 토지보상법은 공익사업의 종류를 동법 제4조에 한정하고(제2조), 토지수용이 가능한 공익사업을 동법 제4조 및 별표에 규정된 법률에 의하지 않고는 정할 수 없도록 하며, 나아가 민간수용권을 구체적으로 인정하는 법률 범위를 정한 별표는 다른 법률에 의해 개정할 수 없도록 함으로써(제4조의2) 사인에 의한 수용을 허용하면서도 그 인정 범위를 한정적으로 규율하려는 의도를 나타내고 있습니다.

(3) 독일의 학설과 판례

학설은 대체적으로 사인에 의한 수용을 긍정하는 입장입니다. 수용 등 공용침해행위는 침해 주체가 행정주체인지 민간인지 여부보다는 수용행위 등이 추구하는 목적, 즉 공공복리 지향성 여하에 따라 결정됨을 주된 이유로 합니다. 따라서 입법자는 이러한 목적을 수용의 근거 법률에서 수용의 허용요건과 더불어 명확하게 규정하여야 합니다. 구체적으로 볼 때 민간에 의한 수용을 그 주체의 행위 태양에 비추어 다음 두 가지 경우로 나누어 고찰하는데, 이러한 논증 방식은 우리에게도 적용되는 유용한 도구입니다.

우선, 생존배려형 사기업(Daseinsvorsorgeunternehmen)의 경우입니다. 이는 전기·가스·상하수도 등 공공재화의 급부사무, 철도·도로·항만 등 교통운수사업과 같이 국민의 생존을 배려하는, 이른바 급부행정작용을 수행하는 사기업을 일컫는 용어입니다. 이들 기업은 국가 등을 대신하여 사기업의 형태로 국민의 생존배려라는 국가적 과제를 수행하는 것이므로 재산권에 대한 불가피한 공용침해가 허용된다고 이해합니다. 다만 이 경우에도 공용침해를 통한 사업의 착수 이전에 공용침해를 위한 법적 근거가 있어야 하며, 동 기업의 공익사업의 계속적 실행을 담보하기 위해 국가나 지방자치단체의 법적 통제(조정·감독)가 지속되는 등 법적 안전장치가 마련되어야 합니다. 이에 대하여 경제형 사기업(private Wirtschaftsunternehmen)은 공공성이 현저히 떨어지고 이윤추구 목적이 기업경영의 전면에 나서며, 지역발전이나 고용증대 등 공익 지향성의 효과는 부수적으로 나타나는 기업을 말합니다. 이들은 공익사업이나 공익성 추구에 대한 책임이 없으므로 원칙적으로 국가 과제 수행이라는 목표와는 괴리가 있습니다. 즉, 이들의 목표가 헌법상 공용침해의 요건인 공공필요라는 관점에서 출발하는 것이 아니기 때문에 수용권 부여는 예외적으로 극히 엄격한 요건하에서만 인정되어야 합니다.

독일 연방헌법재판소(BVerfG)는 사인에 의한 수용의 허용 여부와 범위에 대해 전통적으로 엄격한 해석 내지 기준에 근거하여 판단했습니다(예컨대, BVerfGE 56, 249 (287f.)).

"행정은 자신에 속하는 사무 수행을 위하여 공공단체 등의 전통적인 공법상의 조직형태 또는 주식회사, 유한회사와 같은 사법상의 조직형태로 작용할 수 있는데, 여기에서 예컨대, 지방자치단체의 수도공급 또는 운수사업을 담당하는 조직과 같이 후자의 범주에 속하는 기업은 법률에 근거해서 공행정사무를 수행하는 것이기 때문에, 이와 같은 사법적 조직형태를 띤 생존배려형 기업은 주민의 인간다운 생활을 보장하기 위한 것으로서 기본법 제14조 제3항 제1문의 공공복리와 밀접한 관련을 가지므로,

이들에 의한 수용은 문제없이 허용된다. 그러나 이와는 달리 자기 이익에 봉사하는 사법상의 조직유형의 경우에는 법률에 의하여 공공복리를 실현하기 위한 사무가 주어지는 것이 아니고, 따라서 이러한 기업의 경우 공공성은 오히려 비정형적이라 할 수 있다. 이러한 사기업은 행정권에 속하는 것이 아니고 또한 공기업의 경우와는 달리 국가의 감독 및 명령권에 종속되지 않는 것이므로 수용의 관점에서 필요한 공공복리 요건이 충족되지 못한다."

그러나 위 판결에 의할 때 수용을 위한 공공복리의 요건은 국가 등이 수행하는 생존배려 영역에서의 급부행정작용에 국한되는데, 이는 오늘날 다수의 국가에서 현실적으로 경제구조의 개선이나 고용증진, 지역개발 등의 효과를 가져오는 경제적 사기업에 의한 공용침해가 일반화되는 추세와 부합하지 않는다는 비판에 직면합니다. 이에 따라 비교적 완화된 해석에 근거한 판례가 등장하는데, 이른바 'Boxberg 결정'이 그것입니다. 동 결정에서는 Daimler Benz사가 Baden-Württemberg주에 소재한 Boxberg에 자동차 주행시험용 시설을 설치하기 위해 공용수용을 의도하였던바, 이때 Benz사에 의한 공용수용이 연방건축법상 허용되는지 여부가 쟁점이었습니다. 동 결정에서 연방헌법재판소는 지역 경제구조의 개선이나 일자리 창출 등 공공복리의 실현은 기업 활동의 간접적 결과에 의해서도 산출 가능하므로 사기업 활동의 부수적 결과가 공공복리의 개념에 해당하는 한 사인을 위한 수용이 가능하다고 보았습니다. 그러나 이에 상응하여 이러한 간접적·부수적 형태의 공공복리에의 기여는 반드시 근거 법률에 당해 목적이 명백하게 현출되어야 하며, 수용 요건이나 이를 심사하기 위한 절차 등이 확정되어야 하는 등 엄격한 요구에 부합하여야 함도 강조하였습니다. 이 사안은 결과에 있어서 문제된 (구)연방건축법상 지역 경제구조의 개선 등과 같은 공공복리 목적이 명백히 드러나지 않는다고 보아 신청인의 청구를 기각하였습니다(BVerfGE 74, 264).

우리 헌법재판소의 판례로는 다음 2007헌바114 전원재판부 결정이 자주 회자됩니다.

* **헌재결 2009.9.24, 2007헌바114** : "1. 헌법 제23조 제3항은 정당한 보상을 전제로 하여 재산권의 수용 등에 관한 가능성을 규정하고 있지만, 재산권 수용의 주체를 한정하지 않고 있다. 위 헌법조항의 핵심은 당해 수용이 공공필요에 부합하는가, 정당한 보상이 지급되고 있는가 여부 등에 있는 것이지, 그 수용의 주체가 국가인지 민간기업인지 여부에 달려 있다고 볼 수 없다. 또한 국가 등의

공적 기관이 직접 수용의 주체가 되는 것이든 그러한 공적 기관의 최종적인 허부판단과 승인결정하에 민간기업이 수용의 주체가 되는 것이든, 양자 사이에 공공필요에 대한 판단과 수용의 범위에 있어서 본질적인 차이를 가져올 것으로 보이지 않는다. 따라서 위 수용 등의 주체를 국가 등의 공적 기관에 한정하여 해석할 이유가 없다. 오늘날 산업단지의 개발에 투입되는 자본은 대규모로 요구될 수 있는데, 이러한 경우 산업단지개발의 사업시행자를 국가나 지방자치단체로 제한한다면 예산상의 제약으로 인해 개발사업의 추진에 어려움이 있을 수 있고, 만약 이른바 공영개발방식만을 고수할 경우에는 수요에 맞지 않는 산업단지가 개발되어 자원이 비효율적으로 소모될 개연성도 있다. 또한 기업으로 하여금 산업단지를 직접 개발하도록 한다면, 기업들의 참여를 유도할 수 있는 측면도 있을 것이다. 그렇다면 민간기업을 수용의 주체로 규정한 자체를 두고 위헌이라고 할 수 없으며, 나아가 이 사건 수용조항을 통해 민간기업에게 사업시행에 필요한 토지를 수용할 수 있도록 규정할 필요가 있다는 입법자의 인식에도 합리적인 이유가 있다 할 것이다.

2. 이 사건 수용조항은 산업입지의 원활한 공급과 산업의 합리적 배치를 통하여 균형있는 국토개발과 지속적인 산업발전을 촉진함으로써 국민경제의 건전한 발전에 이바지하고자 하고, 나아가 산업의 적정한 지방 분산을 촉진하고 지역경제의 활성화를 목적으로 하는 것이다. 산업입지가 원활히 공급된다면 산업단지의 건설이 용이해 질 수 있고, 따라서 산업단지의 건설을 통하여 효과적인 경제적 발전 내지 성장을 기대할 수 있다. 나아가 산업단지의 개발로 인한 경제적 발전은, 그간 우리 사회의 사회문화적 발전에서도 큰 초석이 되어왔다. 그와 같은 경제의 발전이 해당 국가공동체에서 영위되는 삶의 문명사적 수준을 신장시킨 주요한 동력이 되어 왔다는 점에서, 산업단지 개발의 사회적 중요성을 확인할 수 있다. 또한, 산업입지법상 규정들은 산업단지개발사업의 시행자인 민간기업이 자신의 이윤추구에 치우친 나머지 애초 산업단지를 조성함으로써 달성, 견지하고자 한 공익목적을 해태하지 않도록 규율하고 있다는 점도 함께 고려한다면, 이 사건 수용조항은 헌법 제23조 제3항의 '공공필요성'을 갖추고 있다고 보인다.

3. 이 사건 수용조항의 입법목적은 앞서 이 사건 수용조항의 공공필요성을 검토하면서 확인한 바와 같고, 이 사건 수용조항을 통하여 사업시행자는 협의에 응하지 않는 사람들의 토지를 시가에 따라 적절히 매수할 수 있으며, 이에 따라 사업을 원활하게 진행할 수 있을 것이므로 위 수용조항은 위와 같은 입법목적의 달성에 매우 효과적인 수단임이 인정된다. 산업입지법상 사업시행자에게도 여전히 토지 등에 대한 보상에 관하여 토지소유자 및 관계인과 성실하게 협의하여야 하는 의무가 주어지고, 산업단지로 지정된 토지가 사후에 산업단지에서 제외되거나 아니면 산업단지로서의 효용을 상실하게 되면 환매권이 발생하는 점, 사업시행자는 피수용권자에게 정당한 보상을 지급해야 하는 점, 산업입지법상 수용에 이르기까지의 과정이 적법절차원칙에 따라 진행되도록 보장되는 점, 우리 법제는 구체적인 수용처분에 하자가 있을 경우 행정소송 등을 통한 실효적인 권리구제의 방안들을 마련하고 있는 점, 수용대상의 범위도 필요한 범위를 넘는다고 보이지 아니하는 점 등에 비추어 이 사건 수용조항이 피수용자의 재산권을 필요 이상으로 과도하게 제한한다고 할 수 없고, 국민 경제의 건전한 발전 및 산업의 지방분산 촉진, 지역경제의 활성화 등의 공익적 중대성을 감안한다면 이 사건 수용

조항이 공익과 사익 간의 균형성을 도외시한 것이라고 보기도 어렵다.
4.~5. <생략>
[재판관 김종대의 반대의견] 민간기업이 수용의 주체가 되는 경우는 국가가 수용의 주체가 되어 그 수용의 이익을 공동체 전체의 것으로 확산시키는 역할을 자임하는 경우와 비교하여 수용의 이익이 공적으로 귀속될 것이라는 보장이 힘들다는 점에서, 그와 같은 수용이 정당화되기 위해서는 당해 수용의 공공필요성을 보장하고 수용을 통한 이익을 공공적으로 귀속시킬 수 있는 더욱 심화된 입법적 조치가 수반되어야만 한다. 이를테면, 해당 사업의 수용으로 인한 개발이익에 대하여 지속적인 환수조치를 보장한다거나 그 기업의 수용으로 인한 영업상 수익에 대한 공적 사용의 방도를 마련하고 해당 지역민들에 대한 의무적인 고용할당제를 실시한다거나 하는 조치 등을 부가함으로써 수용을 통해 맺게 된 풍성한 과실을 수용자와 피수용자를 포함한 공동체가 함께 향유하도록 제도적으로 규율하여야 하는 것이다. 이러한 법적·제도적 보완이 행하여 지지 않는 한, 이 사건 조항들에 따른 민간기업에 의한 수용은 우리 헌법상 재산권 보장의 가치와 부합되기 어렵다. 또한, 부득이 이 사건 조항들에 따라 민간기업에게 수용권한을 부여할 경우라도, 수용재결에 이르기 전까지 사업시행자에게 미리 일정한 비율의 토지를 매수할 것을 법적 요건으로 규정하는 등과 같이, 사업시행자의 일방적인 의사에 의해 토지소유자의 재산권이 상실되는 것을 완화할 수 있는 여러 방도를 모색하는 일도 충분히 가능하다 할 것이나 이러한 입법적 고려가 부재한 점은 헌법상 과잉금지원칙의 정신에 부합하지 않는다."

(4) 결어

공공부문의 부족한 재원을 민간부문으로부터 조달하고 민간의 창의력과 경영능률을 활용하기 위한 목적으로 민간기업으로 하여금 공익사업을 담당케 하거나 일정 지역의 개발권을 부여하는 것은 가능하고 또한 필요할 것이지만, 이것도 헌법상 일정한 조화의 관점에서 이루어져야 합니다. 무엇보다도 개인의 재산권 침해를 정당화할 수 있는 우월한 공공의 이익(고양된 공익)이 존재하여야 합니다. 그 판단 과정에서는 직·간접적으로 공익사업의 수행이라는 추상적 관점에서만 파악해서는 안 되고, 개별적으로 당해 사업이 실제로 공공복리에 기여하는지 여부를 면밀히 검토해야 합니다.

생존배려형 사기업의 경우 기업의 영업활동 자체가 급부행정작용에 대부분 해당하므로 공공복리의 실현과 밀접한 관련이 있으며, 이들에게 원칙적으로 수용 권한의 부여가 가능합니다. 이에 비해 경제형 사기업은 일차적으로 기업의 이윤 창출을 추구하는 것이고 공공복리의 실현은 부차적인 것이므로, 이 경우 요구되는 공공복리 적합성의 정도는 공공주체 또는 생존배려형 사기업의 경우보다 훨씬 높은 수준이어야 합니다. 또한, 경제형 사기업의 경우 원칙적으로 국가목적에 의한 기속이나 통제 등에서 상대적으로 자유로우므로 공익사업의 계속적 수행을 담보할 수 있는 제도적 장치가 구비되어야 함도 매우 중요합니다. 환매권, 이행명령, 행정행위의 철회, 철회권 유보, 행정행위의 부관, 후속 인·허가의 유보, 보조금지급 등 재정조정제도, 후속 수익적 처분의 미발령 등이 그 예에 속합니다.

한편, 이러한 제도적 장치는 일차적으로 사인을 위한 수용을 근거 짓는 당해 법률에서 규정하여야 하는데, 이는 곧 수용 당시 현존하는 제도적 장치여야 함을 말합니다. 보다 근본적으로는 사인을 위한 수용은 그 최후 수단성(ultima ratio) 요건 및 최소침해의 원칙 등 비례원칙의 견지하에 허용 및 운용되어야 합니다.

2. 손실보상의 요건

1) 적법한 공권력 행사로 인한 재산권 침해

손실보상은 공익적 견지에서 법률이 개인의 재산권에 대한 침해를 허용하는 경우에도 그것이 소유권자 등에게 특별한 희생을 야기하는 경우에는 그로 인한 손실을 전보하는 제도입니다. 손실보상의 단초가 되는 재산권 침해는 공공필요라는 목적 지향성에 의존하는 점에서 그 적법성을 인정할 수 있으며, 바로 이 점에서 불법행위를 원인으로 하는 국가배상제도와는 구별되지만 최근 양자가 접근하는 추세입니다.

재산권 침해, 즉 공용침해의 유형은 일반적으로 수용, 사용 및 제한으로 구분합니다. 현행 헌법 제23조 제3항의 경우도 마찬가지입니다. 그러나 독일 기본법 제14조 제3항은 재산권에 대한 수용(Enteignung)만을 규정합니다. 그렇다고 하여 동 조항이 공용침해의 다른 유형, 즉 사용과 제한에 대한 손실보상의 가능성을 배제하는 것이 아니라 해석론의 문제로 귀착되는데 이에 대해서는 후술합니다. 재산권 침해의 유형 중 수용의 개념에 대한 규정의 내용은 손실보상 여부에 큰 차이를 낳게 됩니다. 수용의 개념 자체에 '근거법률에 의한 보상'을 연동시키느냐의 여부의 문제이고 이는 곧 '불가분조항(Junktimklausel)'의 인정 여부와 같은 맥락인데 손실보상의 법적 근거에 대한 격렬한 학설 대립의 원인을 제공하였습니다.

재산권 침해는 또한, 공권력 행사에 기인한 것이어야 합니다. 환언하면, 공용침해 주체가 일정 공공필요에 따라 특정 재산권에 대해 공권력 행사에 바탕하여 의도적으로 수용 등을 행하는 것이어야 합니다. 따라서 공공필요에 따른 공권력 행사의 대상이 아니었음에도 타인의 재산에 대해 의도하지 않은 손실이 발생한 경우에는 손실보상의 대상이 되지 않음이 원칙이지만, 이를 독일에서는 '수용적 침해(enteignender Eingriff)'로 간주하여 보상이 행해짐은 앞서 잠시 살펴본 바와 같습니다.

2) 특별한 희생에 대한 조절적 보상

손실보상은 공공필요에 기하여 특정인에게 부과된 특별한 희생을 공평부담의 견지에서 조절하기 위해 행해지는 보상입니다. 공공필요에 의한 재산권 침해 모두를 손실보상의 대상으로 하는 것이 아니며, 그 경계 구분은 일응 '특별한 희생'을 판단 기준으로 합니다.

아래는 독일 기본법 제14조의 구조와 규정 내용입니다.

Grundgesetz(GG) Artikel(Art.) 14

① Das Eigentum und das Erbrecht werden gewährleistet. Inhalt und Schranken werden durch die Gesetze bestimmt. ⇒ 재산권과 상속권은 보장된다. 보장의 내용과 한계는 법률로 정한다.

② Eigentum verpflichtet. Sein Gebrauch soll zugleich dem Wohle der Allgemeinheit dienen. ⇒ 재산권은 의무에 기속된다. 재산권 행사는 동시에 공공의 이익에 부합하여야 한다.

③ Eine Enteignung ist nur zum Wohle der Allgemeinheit zulässig. Sie darf nur durch Gesetz oder auf Grund eines Gesetzes erfolgen, das Art und Ausmaß der Entschädigung regelt. Die Entschädigung ist unter gerechter Abwägung der Interessen der Allgemeinheit und der Beteiligten zu bestimmen. Wegen der Höhe der Entschädigung steht im Streitfalle der Rechtsweg vor den ordentlichen Gerichten offen. ⇒ 수용은 공공복리를 위해서만 허용된다. 수용은 보상의 방법과 범위를 정하는 법률 혹은 법률에 근거하여서만 행해질 수 있다. 손실보상은 공익과 이해관계인의 이익을 정당하게 형량하여 결정되어야 한다. 보상액과 관련한 다툼은 통상의 소송의 방법에 의한다.

현행 헌법 제23조와 대동소이한 내용으로 구성되었음을 알 수 있습니다. 그러나 두 가지 사항이 상이합니다. 제3항의 규정 내용에 차이를 보이는데, 우선 명시적으로 규정된 공용침해의 유형이 다릅니다. 독일 기본법은 수용만을, 우리는 수용·사용·제한 모두를 규정합니다. 다른 하나는 수용의 개념 정의 내지 공용침해와 보상을 연계하는 방법에 관한 규율 방식의 차이입니다. 독일 기본법 제14조 제3항은 '수용' 개념과 '수용의 근거 법률에 의한 보상 규정'을 불가분의 관계로 규정합니다. 즉, 보상 규정이 없는 재산권 박탈행위는 수용의 개념에 포함하지 않는 구조를 취합니다(협의의 수용 개념). 여기에서 '불가분조항' 내지 '부대조항'이 등장하게 됩니다. 불가분조항은 또한, 법리상 분리이론 내지 단절이론으로 이어지는데, 곧 자세히 살핍니다. 이런 독일 기본법의 규율 내용과 달리 우리의 경우에는 수용 등의 개념에 특별한 내용적 수식을 헌법적으로 가하지 않고 있습니다.

〈현행 헌법 제23조와 독일 기본법 제14조의 비교〉

	제1항	제2항	제2항과 제3항의 구분 기준	제3항
현행 헌법 제23조	• 근대적 의미의 재산권 보장 • 기본권 형성적·제한적 법률유보(개별적 법률유보)	• 현대적 의미의 재산권 보장 • 재산권 행사의 공공복리적합의무, 내재적 제약, 사회적 기속성	• 특별한 희생 혹은 보상규정 여부(학설 대립)	• 수용·사용·제한 • 손실보상(법률에 의한 보상)
독일 기본법 제14조			• 보상규정 여부	• 수용 • 손실보상(보상규정 수반한 것만 수용)

한국과 독일 공히 모든 공용침해가 보상으로 이어지는 것은 아닙니다. 현행 헌법 제23조 제2항에 의한 재산권 행사의 사회적 기속성 내에 위치하는 공용침해는 원천적으로 보상을 요하지 않습니다. 예컨대, 경찰관이 광견병의 징후가 외부로 나타나는 견주A 소유의 대형견을 도로에서 사살하는 것이나 의심되는 인체 유해성 여부를 판명하기 위해 해당 식품을 제조회사에서 무상수거하는 행위 등은 사인의 재산권에 대한 침해를 의미하지만 공공필요에 의한 행위로서 재산권 행사의 내재적 제약 내에 있고 동조 제3항에 이르는 희생을 초래하지 않았으므로 보상을 수반하지 않아도 무방한 것입니다. 여기에서 동조 제2항과 제3항을 구분짓는 기준이 해결해야 할 핵심 과제입니다.

통상 손실보상의 원인으로 이해하는, 그리고 직접효력설 내지 연속이론에서 헌법 제23조 제2항과 제3항을 구분하는 매개로서 원용하는 '특별한 희생' 개념을 간략하게 설명합니다. 특별한 희생은 손실보상의 법적 근거에 관한 직접효력설, 그리고 독일의 경우(연방사법재판소/BGH)에는 연속이론(경계이론)에서 주장하는 개념입니다. 재산권 침해의 강도와 성질을 고려하여 헌법 제23조 제2항의 사회적 기속성을 유월하는 공용침해는 이를 특별한 희생에 해당하는 것으로 보아 손실보상이 행해진다고 이론을 구성합니다(광의의 수용 개념). 즉, 동조 제2항과 제3항은 특별한 희생을 매개로 하여 재산권 침해(공용침해)

라는 큰 틀에서 연속선상에 있는 것이며, 그 침해의 정도에 따라 보상을 요하는 것과 그렇지 않은 것으로 구분할 수 있다고 합니다. 헌법 제23조 제2항과 제3항이 특별한 희생에 해당하는지 여부에 따라 경계를 마주하고 있으므로 양자가 엄격히 분리되어 있거나 단절된 것으로 파악하지 않는 것입니다.

연속이론이 재산권 침해의 강도나 성질에 따라 손실보상 여부를 결정함에 비해 우리의 위헌무효설이나 소위 '자갈채취판결'로 대표되는 독일 연방헌법재판소(BVerfG)의 분리이론은 기본법 제14조상의 재산권의 내용 규정(제1항)과 재산권 행사의 공공복리적 합의무 규정(제2항)은 수용 규정(제3항)과 별개의 범주로 분리된다고 이해합니다. 근거 법률에서 특정 재산에 대하여 그 사회적 제약을 넘는 침해를 정하고 있다고 하여 보상이 곧바로 이루어지는 것이 아니라, 당해 법률이 반드시 보상 규정을 두는 경우에만 보상이 행해진다고 합니다. 만약 보상 규정을 흠결한 경우에는 이제 기본법 제14조 제3항의 문제가 아니라 기본법 제14조 제1항에 의한 심사의 문제가 되는 것입니다. 즉, 특별한 희생을 요하는 재산권 박탈행위임에도 보상 규정을 두지 않은 것은 제1항에 따른 재산권의 내용을 위헌적으로 규정한 것이므로 해당 법률의 위헌을 야기하여 당해 재산권 박탈결정의 취소소송과 함께 근거 법률의 위헌무효를 헌법재판소에 소구하는 규범통제의 문제로 귀결하게 됩니다. 한편, 우리의 위헌무효설이 보상규정을 결여한 공용침해 근거 법률의 위헌을 논하는 점은 독일의 경우와 동일하지만, 소유권자 등의 권리구제를 주로 국가배상으로 해결하려는 경향에 있음은 다소 이채롭다고 할 것입니다.

3. 손실보상의 법적 근거 : 보상 규정 흠결 시의 권리구제 방안

1) 문제의 제기

헌법 제23조 제3항의 규정에도 불구하고 현행의 입법 현실을 보면 법률이 공용침해, 특히 공용제한을 규정하면서 보상에 대해서 전혀 규정하지 않거나, 보상원칙만을 규정하고 보상의 내용·범위·절차를 규정하지 않는 경우 및 불충분한 규정을 두는 경우가 많음을 발견하게 됩니다. 공용수용과 공용사용의 경우에는 일반법 성격의 토지보상법에 의한 보상이 행해지므로 크게 문제될 바 없지만, 공용제한은 토지보상법의 규율 범위에 속하지 않을 뿐만 아니라, 공용제한과 손실보상을 동시에 규율하는 개별법도 흔치 않습니다. 이때 보상 규정의 흠결 및 불비로 인하여 공용침해에 의한 특별한 희생이 존재함에도 불구하고 법률 규정에 의한 보상이 문리해석상 불가능하거나 실질적으로 보상이 행해지지 않는 경우, - 종국적으로는 입법적 해결이 타당하겠지만 - 법의 흠결을 해석에 의해 보완해서 손실보상이 이루어질 수 있는가의 문제가 제기되는데, 이는 사회국가원칙과 법치국가원칙의 가교로 기능하는 손실보상의 본질 내지 이념에 관한 이슈이기도 합니다.

2) 국내 학설 개관

(1) 위헌무효설

헌법 제23조 제3항에 의한 손실보상의무는 국민과의 관계에서 직접 그 효력을 인정할 수 없고, 비록 소유권자 등에게 특별한 희생을 초래하더라도 곧바로 보상을 청구할 수 없고 보상 규정을 두지 않은 법률의 위헌·무효를 전제로 하는 권리구제수단을 원용하는 것으로 이해합니다. 따라서 우리의 경우에는 보상규정을 두지 않은 해당 법률은 위헌으로 무효이고 그 법률에 기하여 이루어진 공용침해는 위헌·위법임을 면치 못하므로, 위헌 법률의 제정 내지 위헌 법률을 집행한 위법한 공용침해행위에 대한 국가배상청구를 권리구제수단으로 제안합니다. 한편, 이러한 전통적인 위헌무효설은 비교적 최근 그 논의를 진화하여, 독일식의 〈공용침해처분의 취소소송 + 근거 법률에 대한 규범통제〉의 구조를 주장합니다. 헌법 제23조 제3항을 불가분조항(부대조항 내지 결합조항으로 칭하기도 하지만, 불가분조항이 가장 보편적인 용어입니다)으로, 보상규정 없는 법률에 의한 공용침해에 대한 권리구제를 분리이론에 터 잡아 해결하려는 독일의 주류적 견해와 궤를 같이하는 학설이라 평가합니다.

(2) 직접효력설

손실보상에 관한 헌법 제23조 제3항은 헌법적 결단(verfassungsrechtliche Entscheidung)으로서 국민에 대하여 직접적 효력을 가지는 실효적 규범이므로, 관계 법률에 보상 규정이 없는 경우에도 직접 동항에 의하여 보상을 청구할 수 있다고 주장합니다. 만약 공용침해 주체가 보상청구를 거부하는 경우에는 공법상 당사자소송의 방법에 의하여 권리구제를 도모할 수 있습니다. 물론, 직접효력설에서는 보상 규정의 존부와 무관하게 헌법 제23조 제3항을 통해 직접 손실보상을 청구할 수 있다는 입장이지만, 그렇다고 하여 특별한 희생을 초래하는 공용침해임에도 보상 규정을 두지 않은 공용침해의 근거 법률을 합헌이라고 하지는 않습니다. 즉, 해당 법률의 위헌에도 불구하고, 혹은 위헌 여부에 대한 법적 조치 내지 그 효력 제거를 통한 권리구제는 별론, 토지소유자 등은 선택에 따라 그에 갈음하여 곧바로 손실보상을 청구할 수 있습니다. 직접효력설은 헌법 제23조 제3항을 불가분조항이 아닌 것으로 이해하며, 연속이론 내지 경계이론을 바탕으로 합니다.

(3) 유추적용설

유추적용설의 첫 번째 입장은 보상 규정 없는 공용침해에 해당하여 헌법 제23조 제3항으로부터 손실보상청구권을 도출할 수 없다고 하더라도, 동조 제1항 및 헌법 제11조(평등권)로부터 손실보상청구권을 유추할 수 있다는 것입니다. 특별한 희생을 야기하는 공용침해임에도 관계 법률에서 보상 규정을 두지 않은 것을 헌법 제23조 제3항에 비추어 위헌·무효라는 전제에서 출발하여 헌법상 다른 조항에 의율하는 점에서 유추적용설은 그 출발에 있어 위헌무효설에 입각한다고 평가합니다. 그러나 반드시 헌법 제23조 제3항에 근거하지 않더라도 관계 헌법 규정을 유추적용하여 근거 법률에 의한 보상 규정이 없더라도 헌법상 손실보상청구권의 성립을 인정하는 점에서 직접효력설에 가까운 유추적용설이라고도 주장할 수 있습니다. 이는 '전제'와 '결과' 중 어디에 중점을 두느냐의 문제라 할 수 있지요. 이러한 의미에서의 유추적용설을 간접적용설이라고 칭합니다. 우리 대법원도 큰 틀에서 이 입장과 맥을 같이 합니다. 판례는 제외지(堤外地, 하천 제방으로 둘러싸인 하천측 지역)에 대한 (구)하천법, 하천편입토지 보상 등에 관한 특별조치법상의 보상규정을 유추적용한 바 있고, 공공사업의 시행으로 인하여 발생한 간접손실에 대하여 (구)공공용지의취득및손실보상에관한특례법과 동 시행규칙의 관련 규정을 유추적용하였습니다. 다만, 판례는 헌법상 다른 규정을 유추하지 않고 다른 개별 법률상의 관계 규정을 유추적용한 점이 다르다고 할 수 있습니다.

* **대판 1987.7.21, 84누126** : "… 하천법(1971.1.19. 법률 제2292호로 개정된 것)에서는 위 법의 시행으로 인하여 국유화가 된 제외지의 소유자에 대하여 그 손실을 보상한다는 직접적인 보상규정을 둔 바 없으나 같은 법 제74조의 손실보상요건에 관한 규정은 보상사유를 제한적으로 열거한 것이라기보다는 예시적으로 열거하고 있으므로 국유로 된 제외지의 소유자에 대하여는 위 법조를 유추적용하여 관리청은 그 손실을 보상하여야 한다."
* **대판 2011.8.25, 2011두2743** : "법률 제2292호 하천법 개정법률 제2조 제1항 제2호 (나)목 및 (다)목, 제3조에 의하면, 제방부지 및 제외지는 법률 규정에 의하여 당연히 하천구역이 되어 국유로

되는데도, 하천편입토지 보상 등에 관한 특별조치법(이하 '특별조치법'이라 한다)은 법률 제2292호 하천법 개정법률 시행일(1971. 7. 20.)부터 법률 제3782호 하천법 중 개정법률의 시행일(1984. 12. 31.) 전에 국유로 된 제방부지 및 제외지에 대하여는 명시적인 보상규정을 두고 있지 않다. 그러나 제방부지 및 제외지가 유수지와 더불어 하천구역이 되어 국유로 되는 이상 그로 인하여 소유자가 입은 손실은 보상되어야 하고 보상방법을 유수지에 관한 것과 달리할 아무런 합리적인 이유가 없으므로, 법률 제2292호 하천법 개정법률 시행일부터 법률 제3782호 하천법 중 개정법률 시행일 전에 국유로 된 제방부지 및 제외지에 대하여도 특별조치법 제2조를 유추적용하여 소유자에게 손실을 보상하여야 한다고 보는 것이 타당하다."

* **대판 1999.10.8, 99다27231** : "공공사업의 시행 결과 그 공공사업의 시행이 기업지 밖에 미치는 간접손실에 관하여 그 피해자와 사업시행자 사이에 협의가 이루어지지 아니하고 그 보상에 관한 명문의 근거 법령이 없는 경우라고 하더라도, 헌법 제23조 제3항은 "공공필요에 의한 재산권의 수용·사용 또는 제한 및 그에 대한 보상은 법률로써 하되, 정당한 보상을 지급하여야 한다."고 규정하고 있고, 이에 따라 국민의 재산권을 침해하는 행위 그 자체는 반드시 형식적 법률에 근거하여야 하며, 토지수용법 등의 개별 법률에서 공익사업에 필요한 재산권 침해의 근거와 아울러 그로 인한 손실보상 규정을 두고 있는 점, 공공용지의취득및손실보상에관한특례법 제3조 제1항은 "공공사업을 위한 토지 등의 취득 또는 사용으로 인하여 토지 등의 소유자가 입은 손실은 사업시행자가 이를 보상하여야 한다."고 규정하고, 같은법시행규칙 제23조의2 내지 7에서 공공사업시행지구 밖에 위치한 영업과 공작물 등에 대한 간접손실에 대하여도 일정한 조건하에서 이를 보상하도록 규정하고 있는 점에 비추어, 공공사업의 시행으로 인하여 그러한 손실이 발생하리라는 것을 쉽게 예견할 수 있고 그 손실의 범위도 구체적으로 이를 특정할 수 있는 경우라면 그 손실의 보상에 관하여 공공용지의취득및손실보상에관한특례법시행규칙의 관련 규정 등을 유추적용할 수 있다고 해석함이 상당하다."
* **대판 2002.1.22, 2000다2511** : "공공필요에 의한 재산권의 수용·사용 또는 제한 및 그에 관한 보상은 법률로써 하되 정당한 보상을 지급하여야 한다는 헌법 제23조 제3항, 면허어업권자 내지는 입어자에 관한 손실보상을 규정한 구 공유수면매립법(1999. 2. 8. 법률 제5911호로 전문 개정되기 전의 것) 제16조, 공공사업을 위한 토지 등의 취득 또는 사용으로 인하여 토지 등의 소유자가 입은 손실은 사업시행자가 이를 보상하여야 한다는 공공용지의취득및손실보상에관한특례법 제3조 제1항, 일정한 사유로 인하여 면허·허가 또는 신고한 어업에 대한 처분을 받았거나 어업면허의 유효기간 연장이 허가되지 아니함으로써 손실을 입은 자는 그 처분을 행한 행정관청에 대하여 보상을 청구할 수 있다는 수산업법 제81조 제1항 제1호 등 규정의 취지를 종합하여 보면, 적법한 절차에 의하여 신고를 하고 신고어업에 종사하던 중 공유수면매립사업의 시행으로 피해를 입게 되는 어민들이 있는 경우 그 공유수면매립사업의 시행자로서는 수산업법의 위 규정 및 신고어업자의 손실보상액 산정에 관한 수산업법시행령 제62조의 규정을 유추적용하여 손실보상을 하여 줄 의무가 있다."

유추적용설의 다른 하나의 지류는 특별한 희생에 대응하여 보상규정을 두지 않은 경우 해당 법률은 위헌·무효이므로 국가배상청구의 대상이지만 과실 입증의 곤란으로 국가배상청구권이 성립하지 않는 경우가 많으므로, 위법·무과실의 경우를 포함하는 수용유사침해이론을 원용하여 손실보상을 청구할 수 있다는 입장입니다. 이 견해는 그 출발점을 국가배상청구에 의한 권리구제로 삼는 점에서는 위헌무효설과 보조를 같이 하지만, 권리구제수단으로서 불가분조항을 부인하는 수용유사침해이론을 거론하는 점에서는 직접효력설의 입장에 가깝다고도 할 수 있습니다. 이러한 수용유사침해에 의한 손실보상청구권의 성립은 소유권자 등의 권리구제를 위해 매우 유용한 방안이라 할 수 있지만, 문제는 우리 판례가 이를 정면으로 인정하는 것은 아니라는 점입니다. 수용(受容)하지 않아 인정되지 않는 이론을 들어 - 해석론적 차원에서의 도입 주장을 개진하는 것은 별론으로 하더라도 - "수용유사침해에 의한 손실보상을 청구할 수 있다" 식의 단정적인 이해가 적절하지 않음은 다언을 요하지 않습니다.

물론, 문화방송 주식의 강제취득으로 인한 손해배상청구 등의 사건에서 원심은 수용유사침해법리를 적극적으로 원용하여 국가의 손실보상책임을 인정한바 있습니다(서울고판 1992.12.24, 92나20073). 그러나 대법원은 이 사건에서 수용유사침해이론을 언급하였음에도 그 채택 여부에 대해서는 명시적 판단을 유보하였습니다. 그 후의 판례에서도 대법원은 위법·무과실의 경우 동 이론의 적용에 대해 침묵하고 있으므로 독일의 학설·판례상 일반적으로 인정되는 수용유사침해이론은 우리 판례상 채택되지 않았다고 보는 것이 타당합니다.

* **대판 1993.10.26, 93다6409** : "원심은 원고의 예비적 청구에 대하여, 피고 대한민국의 이 사건 주식수용은 개인의 명백히 자유로운 동의는 없이 이루어진 것이고, 나아가 법률의 근거 없이 이루어진 것으로서 개인의 재산권에 대한 위법한 침해이고 이는 결국 법률의 근거 없이 개인의 재산을 수용함으로써 발생한 이른바 수용유사적 침해이므로, 이로 인하여 특별한 희생 즉 손실을 당한 원고는 자연법의 원리나 구 헌법 제22조 제3항의 효력으로서 국가에게 그 손실의 보상을 청구할 권리가 있다고 판단하여, 그 보상을 구하는 원고의 피고 대한민국에 대한 예비적 청구를 인용하였다. 그러나 원심이 들고 있는 위와 같은 수용유사적 침해의 이론은 국가 기타 공권력의 주체가 위법하게 공권력을 행사하여 국민의 재산권을 침해하였고 그 효과가 실제에 있어서 수용과 다름없을 때에는 적법한 수용이 있는 것과 마찬가지로 국민이 그로 인한 손실의 보상을 청구할 수 있다는 내용으로 이해되는데, 과연 우리 법제하에서 그와 같은 이론을 채택할 수 있는 것인가는 별론으로 하더라도 위에서 본 바에 의하여 이 사건에서 피고 대한민국의 이 사건 주식취득이 그러한 공권력의 행사에 의한 수용유

사적 침해에 해당한다고 볼 수는 없다. 국가가 이 사건 주식을 취득한 것이 원심판시와 같이 공공의 필요에 의한 것이라고 본다 하여도 그 수단이 사법상의 증여계약에 의한 것인 경우에는 비록 공무원이 그 증여계약 체결 과정에서 위법하게 강박을 행사하였다 하더라도 그것만으로 이 사건 주식의 취득 자체를 공권력의 행사에 의한 것이라고는 볼 수 없고, 그 증여계약의 효력은 민법의 법리에 의하여 판단되어야 할 것임은 위에서 본 바와 같을 뿐만 아니라, 원래 원고로서는 위 증여계약이 강박에 의한 것임을 이유로 취소를 주장하여 구제를 받을 수 있는 것인데 이러한 수단을 취하지 않은 채 그에 대한 손실보상을 청구하는 것은 허용되지 않는다고 보아야 할 것이다."

(4) 보상입법부작위위헌설

법률이 공공필요에 따라 특별한 희생을 야기하는 공용제한을 규정하면서 그에 따른 보상 규정을 두지 않은 경우, 해당 법률 규정이 위헌으로 되는 것이 아니라 손실보상을 규정하지 않은 입법부작위가 위헌이라는 견해입니다. 동 학설에 의하면 보상 규정을 두지 않은 해당 법률 자체는 여전히 합헌이며, 보상 규정을 방기한 보상입법 부작위에 대한 헌법소원을 통해 권리구제를 받을 수 있다고 합니다. 보상입법부작위위헌설에 따를 경우 보상 규정을 두지 않은 법률의 집행에 따른 공용침해에 대해서도 입법부작위에 대한 헌법재판소의 위헌결정과 그에 따른 후속 입법조치에 의하여 비로소 구제를 받을 수 있다고 귀결되는바, 여기에 대해서는 우회적이고 불완전한 권리구제방안이라는 비판이 제기됩니다.

3) 헌법사적 고찰

대한민국 헌법사를 살펴보면 수용 등 공용침해와 보상에 관한 규정은 상당한 변화를 겪었고, 이에 따라 판례도 상이한 견해를 피력하였습니다.

* **1948.7.17. 제헌헌법 제15조 제3문** : 공공필요에 의하여 국민의 재산권을 수용, 사용 또는 제한함은 법률이 정하는 바에 의하여 상당한 보상을 지급함으로써 행한다.
* **1962.12.26. 제3공화국 헌법(5차 개헌) 제20조 제3항** : 공공필요에 의한 재산권의 수용·사용 또는 제한은 법률로써 하되 정당한 보상을 지급하여야 한다.
* **1972.12.27. 유신헌법(7차 개헌) 제20조 제3항** : 공공필요에 의한 재산권의 수용·사용 또는 제

한 및 그 보상의 기준과 방법은 법률로 정한다.

* **1980.10.27. 제5공화국 헌법(8차 개헌) 제22조 제3항** : 공공필요에 의한 재산권의 수용·사용 또는 제한은 법률로써 하되 보상을 지급하여야 한다. 보상은 공익 및 관계자의 이익을 정당하게 형량하여 법률로 정한다.

제헌헌법은 손실보상의 법률 의존성 여부에 대해 모호한 표현을 사용하였습니다. 보상의 법률 의존성을 명시하지는 않았지만, '상당한 보상'이라고 규정한 점이 그러합니다. 그럼에도 불구하고 당시의 통설은 직접효력설을 취하였고, 이에 관해 판례상 크게 문제된 바 없었습니다. 제3공화국 헌법하에서의 학설과 판례도 공공필요를 위한 공용침해는 법률의 근거를 요하지만 손실보상은 헌법에 근거하여 직접 청구할 수 있다는 직접효력설을 지지하였습니다. 그러나 유신헌법 제20조 제3항을 두고 직접효력설을 주장할 여지가 없었음은 보상 관련 사항을 법률에 의존하는 해당 규정의 해석을 통해 쉽사리 이해 가능합니다. 제5공화국 헌법 제22조 제3항과 관련하여서는 학설 대립이 심하였습니다. 다수설은 직접효력설을 부인하면서, 동 규정은 독일 기본법 제14조 제3항처럼 불가분조항에 해당하므로 보상 없는 공용침해는 위헌이며, 법원은 법적 근거 없이 스스로의 판단에 의하여 보상을 결정할 수 없다고 이해하였습니다. 그러나 당시 소수에 의하여 직접효력설도 주장되었는데, 동항 제1문에서 법률유보와는 무관하게 보상하여야 한다고 규정하고 제2문의 법률유보조항은 보상의 기준과 방법에 관한 법률유보를 의미하는 것이므로, 보상의 기준·방법 등을 정한 법률 규정이 없더라도 제1문의 '보상하여야 한다'는 표현에 착안하여 통상의 손실보상법리에 따라 보상하여야 한다는 입장이 그것이었습니다.

이제 현행 헌법 제23조 제3항의 구조를 분석해 봅시다. 제3공화국 헌법처럼 '정당한 보상'을 법률 의존성 없이 규정하면서도 동 헌법과는 달리, 그리고 유신헌법과 제5공화국 헌법과 동일하게 '보상의 법률 의존성'을 표현하고 있습니다. 따라서 제23조 제3항에 대해 '보상은 법률로써 하되'에 중점 두면 위헌무효설(입법자 구속설)을 취한다고, '정당한 보상을 지급하여야 한다'에 중점을 두면 직접효력설의 입장이라고 일응 이해할 수 있습니다.

4) 위헌무효설과 직접효력설의 검토 및 평가

(1) 위헌무효설의 한계

가. 불가분조항(Junktimklausel)이라는 주장에 대한 평가

① 위헌무효설은 독일 기본법 제14조 제3항을 불가분조항으로 해석하는 독일의 통설에 기반합니다. 거기에서의 공용침해는 반드시 보상의 방법과 범위를 규정한 법률에 근거하여야 하고 보상 규정 없는 법률에 의한 공용침해는 불가능하므로, 그러한 공용침해는 근거 법률의 위헌·무효로 귀결된다는 견해로 요약할 수 있습니다. 위헌무효설의 등장은 과거 공익을 들어 보상 없는 재산권 침해가 자행되어 온 반성으로 반드시 법률에 보상 규정을 두어야 한다는 연혁적 이유가 커서, 입법자에 대한 강력한 요구를 강조하는 측면이 강합니다.

그러나 오늘날 일반적으로 법치주의가 실현되고 내재적 제한을 넘는 재산권 침해에 대해서는 보상을 하여야 한다는 관념이 당연시되는 현실, 특히 수용과 사용의 경우는 현실적으로 법률상 보상의 근거를 토지보상법이 마련한 규범 현실을 고려할 때 보상 여부를 전적으로 법률 규정 여부에 좌우시킨다는 것이 과연 타당할까라는 의문이 제기됩니다. 즉, 손실보상 여부는 헌법 제23조 제3항이 아니라, 제23조 제3항과 함께 궁극적으로는 재산권 보장원칙을 천명하는 제23조 제1항에 의거해 판단하는 것이 타당하다는 반론이 제기됩니다. 헌법 제23조 제3항이 공용침해에 대한 손실보상의 헌법적 근거이지만, 동조 제1항의 재산권 보장 이념에 존속보장뿐만 아니라 가치보장으로서의 손실보상청구권도 포함되는 것으로 이해해야 함을 간과하고 있다고 주장합니다.

② 위헌무효설의 입장에서는 "독일 기본법 제14조 제3항(현행 헌법 제23조 제3항)은 '법률에 의한 보상조항'을 입법자에게 강조함으로써 재산권 보장의 기능을 갖는다"고 주장합니다. 동 조항은 방침규정설이 지배했던 시절에 대한 반성으로 등장한바, 방침규정설의 경우처럼 보상 여부를 자의적 판단에 유보해서는 안 되며, 일정 요건을 구비한 경우 반드시 보상을 해야 함을 법률로 정하라는 역사적 의미를 가지는 것이라는 의미입니다. 그러나 이 논거 역시 오늘날 그 의의가 크게 상실되었음을 지적합니다. 보상 규정을 흠결한 당해 법률을 위헌·무효로 보고 권리구제 여부를 '실현 여부가 불투명한 국가배상'이나 '장기의 시간을 요하는 규범통제 및 이에 따른 보상규정 삽입'에 의율하는 것 보다, 오히려 헌법에 직접 근거하여 손실보상청구를 가능하도록 해석하는 것이 재산권 보장 이념에 더 적합합니다.

③ 같은 맥락에서, "동 조항은 위헌적 법률제정을 저지하는 입법자에 대한 경고 의미를 갖는다"는 논거도 발견됩니다. 그렇지만 직접효력설의 입장에서도 보상 규정 없는 법률을 합헌이라고는 하지 않습니다. 즉, 해당 공용침해는 위헌·무효인 법률에 근거한 처분이므로 헌법상 직접 발생한 손실보상청구권과 병행하여 국가배상청구권이 발생하여 양자에 대한 선택적 청구가 이론적으로 가능하지만, 실질적으로 손해배상청구권의 행사가 어려운 경우가 많으므로 법률에의 규정 여부에 상관없이 헌법에 의해 직접 발생하는 손실보상청구권의 행사를 긍정하는 것이 권리구제 이념에 부합하는 방편이라는 것이 직접효력설의 기본 명제입니다. 요컨대, 직접효력설도 해당 법률을 위헌·무효라 하므로 입법자에 대한 경고 기능은 존재하며, 이 점은 양자 간에 차이가 없습니다.

④ 또한, 위헌무효설에 의할 때 재산권 행사의 내재적 제약과 보상을 요하는 특별희생 여부를 오로지 입법자의 의사에 맡기는 결과와 같으므로 입법자 입장에서는 특별한 희생인지 보상을 요하지 않는 재산권 행사의 사회적 기속성 범위 내의 내재적 제한인지 확실치 않은 경우임에도 불구하고 추후의 위헌판결의 위험을 회피할 목적으로 내재적 제한에 해당하는 공용침해의 경우에도 보상을 규정함으로써 예산상 낭비를 초래할 위험성이 존재함을 배제할 수 없습니다. 더 나아가 특별한 희생에 해당함에도 입법자가 그렇지 않다고 오판하는 경우, 결국은 보상을 부정하는 위헌적 법률의 제정까지도 일응 입법자에게 위임하는 결과가 되어 재산권 보장의 실효성 확보 이념에 정면으로 배치됩니다. 환언하면, 보상 여부를 위임했지만, 보상을 요하는 경우임에도 보상을 규정하지 않아 당연히 위헌·무효라 판단하여 손실보상청구권의 성립을 부정한다면 이는 보상 여부에 대한 판단권의 위임 취지와 모순됩니다.

⑤ 한편, "국회의 예산특권 확보를 위한 것이다"라는 위헌무효설의 주장에 대해서도, 우선 초기 손실보상제도의 확립기의 국가재정을 고려해 보상액을 의회가 정하도록 한 점은 인정할 수 있습니다. 그러나 현행 헌법상 '정당한 보상'의 의미는 통설에 의할 때 완전보상을 의미하는 것이므로 예산상 이유는 원칙적으로 고려의 대상이 아니어서 이론적으로 볼 때 보상액에 관한 입법권의 재량 여지는 크지 않습니다.

이제 위헌무효설의 평가 요소인 '불가분조항을 전제로 함에 따른 당연한 귀결이라는 주장'의 반론을 요약해 봅시다. 결론을 성급히 앞세운다면, 독일식의 불가분조항 논의는 우리에게 타당하지 않습니다. 헌법상 정당보상의 원칙은 입법자뿐만 아니라 일반 국민에게도 직접 효력이 있으며, 이런 점에서 보상 규정 흠결 시 헌법 제23조 제3항을 들어 손실보상청구권의 성립을 부정하는 입장은 부당합니다.

독일의 손실보상 관련 규범체계와 우리의 그것을 비교해 봅시다. 독일 기본법 제14

조는 수용과 보상 규정 간 불가분조항의 구조를 취하므로 동조 제1항과 제3항이 각각 존속보장과 가치보장으로 역할을 분담한다는 파악이 타당합니다. 이에 따라 보상 규정을 흠결한 법률에 기한 수용은 해당 법률을 위헌·무효로 이끌어, 취소소송 및 규범통제가 1차적 권리구제수단으로 등장합니다. 즉, 보상 규정을 두지 않은 법률에 기한 재산권 박탈행위는 그 정도가 아무리 특별한 희생을 초래하더라도 더 이상 보상을 수반해야 하는 제14조 제3항의 규율 영역이 아니라, 이제는 제14조 제1항의 규율 영역인 재산권의 내용을 위헌적으로 규정한 법률에 대한 헌법적 규범통제의 대상으로 회귀하게 됩니다. 이런 의미에서 제14조 제2항과 제3항은 해당 법률에 의한 보상규정의 존부로 엄격히 단절되어 있다는 의미의 '분리이론'이 설득력을 얻습니다. 물론, 독일에서도 이 경우 국가배상청구의 가능성을 배제하지는 않습니다. 한편, 이러한 엄격한 수용개념에 근거한 불가분조항, 분리이론에 대해 독일 연방사법재판소(BGH)는 수용유사침해에 의한 손실보상청구가 가능하다고 판시하였지만, 독일 연방헌법재판소는(BVerfG)는 여전히 수용유사침해에 의한 손실보상청구권의 성립을 부정하고 엄격한 불가분조항을 전제하고 있습니다.

이에 비해 현행 헌법 제23조 제3항은 수용의 개념을 보상 규정과 연결짓지 않고 법률에 의존하지 않는 '정당한 보상'을 규정하므로 다음의 분석 모델이 타당하다고 보아야 하며, 이는 곧 직접효력설의 입장이기도 합니다. 직접효력설은 헌법 제23조 제1항의 재산권 보장의 개념 속에 가치보장으로서의 손실보상이 포함되며, 제3항이 공용침해에 따른 손실보상을 규정하지만 제2항과 제3항은 보상규정의 존부가 아니라 공용침해의 정도나 질에 의해 구분된다는 연속이론을 바탕으로 합니다.

- **헌법 제23조**

제1항 : 재산권 보장 = 존속보장 + 가치보장

제2항 : 재산권 행사의 공공복리적합의무, 사회적 기속성, 내재적 제약

제3항 : 존속보장 박탈(공공필요/법률) + 가치보장(손실보상)

→ 공용침해의 근거 법률에서 보상규정을 흠결하더라도 손실보상을 포함하는 제23조 제1항과의 연관성하에서 손실보상청구권이 헌법적으로 성립

나. 실질적 구제의 어려움

논리적 일관성 측면에서는 위헌무효설이 명쾌합니다. 특별한 희생을 초래하여 공용침해의 근거 법률에서 보상 규정을 두어야 함에도 이를 흠결한 법률은 위헌으로 무효이

고, 이에 근거한 공용침해처분은 위법하므로 국가배상청구의 대상이라는 논리 전개가 그것입니다. 또한, 만약 국가배상청구권이 성립한다면 손실보상청구권을 부인하더라도 국민의 권리구제 욕구는 충족된다고 합니다. 여기서 상정 가능한 국가배상청구의 청구취지로는 보상규정 없는 법률 자체를 위헌적인 입법부작위로 보아 국가배상을 청구하는 경우와 위헌적 법률에 기하여 행해진 집행행위를 대상으로 국가배상을 청구하는 두 가지 경우입니다.

전자의 경우 광범위한 입법재량을 인정하고 국회의원의 과실을 입증하기 어려운 점을 고려할 때 실질적으로 배상이 이루어질 가능성은 희박합니다. 후자의 경우에도 국가배상청구권 성립을 위한 국가배상법 제2조의 구성요건의 충족 여부에 의문이 제기되어, 보상 규정을 두지 않은 법률에 따른 공용침해에 있어서 침해의 위법성은 법률의 위헌성으로부터 도출 가능하지만, 과실 인정 여부와 관련하여 "법령의 해석이 극히 어렵고 학설·판례조차 귀일되지 못하여 의문이 없을 수가 없는 경우가 아닌 한 일반적으로 당해 공무원이 비록 관계 법규를 몰랐거나 필요한 지식을 갖추지 못하였다고 해서 법령 해석상의 잘못이 면책되지 않는다(대판 1991.8.25, 80다1598)"는 판례 문구를 떠올리지 않을 수 없습니다. 보상 규정을 두지 않은 법률의 위헌성이 헌법재판소에 의해 확정된 경우 당해 법률을 적용한 공무원에게 과실을 인정함에 문제가 없으나, 그렇지 않은 경우 법률에 대한 사전적·예방적 위헌심사제도가 인정되지 않는 이상 과실 인정이 사실상 어렵습니다.[1] 해당 공용침해가 특별한 희생을 야기하는 것이므로 근거 법률상 보상 규정을 두어야 하지만 이를 흠결하였으므로 해당 위헌인 법률을 집행하여 공용침해를 하면 아니 된다는 논리 전개를 담당 공무원에게 기대할 수는 없는 일 아니겠습니까?

이와 관련하여 과실의 객관화 이론이 주장됨도 살펴본 바와 같지만, 우리의 경우 과실의 객관화 이론은 여전히 논의의 성숙을 기다려야 하는 상황임을 인정해야 합니다. 따라서 견해에 따라서는 공무원의 주관적 과실이라는 까다로운 요건에 의하는 국가배상법에 의존하기보다 차라리 공법상 결과제거청구권에 의해, 위헌적 법률에 의거하여 수용이 이루어졌다면 그 수용은 위법한 것이고 수용에 의해 재산권을 박탈당한 자는 그 위법한

---

1) 이외에 법령해석상의 과실이 부인된 두 가지 경우 내지 쟁점을 우리는 이미 살펴본바 있습니다. 제재적 처분의 기준을 정한 시행규칙 〈별표〉에 따른 처분에 대한 취소소송에서 비례원칙 위반을 이유로 인용판결이 행해지고 그 확정판결에 바탕하여 원고가 국가배상청구소송을 제기한 경우, 판결의 기판력에 의해 국가배상책임의 성립을 위한 '위법'은 인정되지만 과실이 부인되므로 결국 국가배상청구소송에서 기각판결이 행해지는 것이 그 첫 번째입니다. 마지막 한 가지는 - 여기에서의 논의를 일부 포함하는 것으로 파악할 수 있지만 - 위헌법률에 근거한 처분의 효력이 취소 가능한 처분이라 하더라도 그에 터 잡아 국가배상청구를 하는 경우 과실이 부인되는 상황입니다.

수용처분에 의한 불법적 결과의 제거, 즉 원상회복 또는 부당이득의 반환을 청구하는 방법을 상정하는 경우도 있습니다.

더구나, 위헌무효설은 '수인하라, 법이 바뀔 때까지!'의 논리 구조입니다. 이런 구조하에서는 '위헌결정 → 보상규정 삽입'이라는 입법적 해결이 있을 때까지는 헌법에 의해 보장된 손실보상청구권이 보상규정 없는 법률에 의해 실질적으로 침해되고 국민의 권리구제는 무실화된다는 점에서 찬성할 수 없습니다.

(2) 직접적용설의 타당성 : 헌법합치적·목적론적 해석

문제 해결을 위해 이런 해석론은 어떻습니까? 헌법 제23조 제3항의 '법률로써'라는 문구를 보상 여부에 대한 법률유보가 아니라, 보상의 구체적 방법이나 내용을 법률에 위임한 것으로 파악하는 방법입니다. 만약, 근본적인 보상 여부를 법률에 유보한다면 이는 가치보장을 포함하는 재산권 보장원칙을 천명한 헌법 제23조 제1항의 재산권 보장 규정에 정면으로 배치됩니다. 법률로 보상 없는 수용도 일응 가능하다는 논리의 부당성을 상기하면 바로 앞 주장의 타당성이 인정됩니다.

유신헌법 제20조 제3항과는 달리, 현행 헌법 제23조 제3항은 "보상을 하여야 한다"라 규정하므로 법률의 유보를 '보상 법률이 없으면 보상 불가'로 해석할 것이 아니라, 헌법은 손실보상청구권을 인정하는 것을 전제로 하여 그 구체적인 입법형성권만을 입법자에게 위임하였을 뿐이라고 해석할 수 있습니다. 논의가 이쯤에 이르면 '손실보상청구권의 헌법적 성립'을 이해할 수 있을 것입니다. 이런 입론에 근거할 때 헌법이 법률에 의한 보상을 요구한 취지가 확연해집니다. 해당 문구는 보상에 관한 구체적 규율을 처분 등의 형식이 아닌 형식적 의미의 국회입법 내지 그 헌법적 등가물에 의하여야 함을 천명한 것입니다. 결국, 국민은 공공필요에 의한 재산권 침해에 대해 헌법상 손실보상청구권을 취득하고, 법률 형식에 의한 헌법적 요구의 이행을 청구할 법률상 이익을 가지게 됩니다. 따라서 이를 위반하여 보상의 내용과 방법, 기준 등에 대해 아무런 규정을 두지 않은 법률은 위헌·무효가 됩니다. 즉, 전술했듯이 직접효력설의 입장에서도 보상 규정을 흠결한 법률의 위헌성은 인정합니다.

생각건대, 공용침해를 통한 공익의 달성과 국민의 권리보호의 조화를 고려하여 손실보상청구권은 법률에 보상 규정이 없더라도 헌법 제23조 제1항 및 제3항에 의해 헌법적으로 성립한다고 보아야 하며, 국가는 정당보상의 기준에 따라 손실보상금을 지급해야 합니다. 보상 규정의 흠결을 이유로 손실보상금 지급을 거부당한 자는 공용침해의 위헌을 이유로 당해 침해 조치의 취소(과실 여부 불문) 및 경우에 따라 이론적으로 국가배상도

청구할 수 있습니다. 이때 손실보상청구권과 국가배상청구권은 일반법과 특별법의 관계가 아니므로 청구의 경합 관계에 놓입니다. 한편, 직접효력설에 의할 때 헌법재판소에 의해 위헌으로 확정되면 행정청은 당연히 더 이상 보상을 거부할 수 없으며, 만일 이를 거부하면 위법·유책이 되므로 국가배상책임의 성립에 아무런 어려움이 없습니다.

4. 공용침해와 손실보상 관련 판례의 입장

1) 개발제한구역 관련 초기 대법원 판례

개발제한구역의 지정에 대한 손실보상의 가능성을 확인한 1998년 헌법재판소 결정 이전의 대법원 판례는 개발제한구역 지정에 따른 재산권 행사의 제한을 보상이 불요한 재산권 행사의 내재적 제한의 범위 내에 속하는 것으로 파악하였습니다. 예컨대, 대법원 1996.6.28. 선고 94다54511 판결에서 (구)도시계획법 제21조[1]의 규정에 의하여 개발제한구역 안에 있는 토지의 소유자는 재산상의 권리 행사에 많은 제한을 받게 되고 그 한도 내에서 일반 토지소유자에 비하여 불이익을 받게 됨은 명백하지만, '도시의 무질서한 확산을 방지하고 도시주변의 자연환경을 보전하여 도시민의 건전한 생활환경을 확보하기 위하여 또는 국방부장관의 요청이 있어 보안상 도시의 개발을 제한할 필요가 있다고 인정되는 때(구도시계획법 제21조 제1항)'에 한하여 가하여지는 그와 같은 제한으로 인한 토지소유자의 불이익은 공공의 복리를 위하여 감수하지 아니하면 안 될 정도의 것이라고 인정되므로, 그에 대하여 손실보상의 규정을 두지 아니하였다 하여 (구)도시계획법 제21조의 규정을 헌법 제23조 제3항, 제11조 제1항 및 제37조 제2항에 위배되는 것으

---

1) 제21조(개발제한구역의 지정) ① 건설부장관은 도시의 무질서한 확산을 방지하고 도시주변의 자연환경을 보전하여 도시민의 건전한 생활환경을 확보하기 위하여 또는 국방부장관의 요청이 있어 보안상 도시의 개발을 제한할 필요가 있다고 인정되는 때에는 도시개발을 제한할 구역(이하 "개발제한구역"이라 한다)의 지정을 도시계획으로 결정할 수 있다.
② 제1항의 규정에 의하여 지정된 개발제한구역안에서는 그 구역 지정의 목적에 위배되는 건축물의 건축, 공작물의 설치, 토지의 형질변경, 토지면적의 분할 또는 도시계획사업의 시행을 할 수 없다. 다만, 개발제한구역 지정 당시 이미 관계법령의 규정에 의하여 건축물의 건축·공작물의 설치 또는 토지의 형질변경에 관하여 허가를 받아(관계법령에 의하여 허가를 받을 필요가 없는 경우를 포함하다) 공사 또는 사업에 착수한 자는 대통령령이 정하는 바에 의하여 이를 계속 시행할 수 있다.
③ 제2항의 규정에 의하여 제한될 행위의 범위 기타 개발제한에 관하여 필요한 사항은 대통령령으로 정하는 범위 안에서 건설부령으로 정한다.

로 볼 수 없다고 판시하였습니다.

한편, 대법원이 최근 직접적인 보상규정이 없는 경우에도 관련 규정의 유추적용을 통해 손실보상을 인정한 판결을 내놓았음은 이미 살펴본 바와 같습니다(대판 2011.8.25, 2011두2743; 대판 2002.1.22, 2000다2511 등). 그리고 보상규정의 흠결로 관계 규정의 유추적용에 따라 손실보상청구가 가능함에도 불구하고 이에 갈음하여 국가배상청구를 하여 원고의 소송상 청구가 인용되는 경우 그 배상액은 손실보상금 상당액이라는 것이 판례의 입장입니다. 이 판례를 두고 대법원이 수용유사침해를 인정하였다고 평가하는 것은 오류입니다. 해당 사안에서는 유추적용의 방법에 의해 손실보상청구권이 성립하는 경우임에도 국가배상청구소송을 제기하였고, 거기에서 배상책임의 주관적 책임요소가 예외적으로 인정된 경우이기 때문입니다.[1] 즉, 이 사안은 위헌무효설에서 말하는 위법·무과실의 경우가 아닙니다. 이 경우 상대방은 양 청구권 중 선택하여 청구할 수 있음은 다언을 요하지 않습니다.

* **대판 2000.5.26, 99다37382** : "개정 수산업법 제81조 제1항 제1호는 "동법 제34조 제1항 제1호 내지 제5호와 제35조 제8호(제34조 제1항 제1호 내지 제5호에 해당하는 경우에 한한다.)의 규정에 해당되는 사유로 인하여 면허·허가 또는 신고한 어업에 대한 처분을 받았거나 당해 사유로 인하여 제14조의 규정에 의한 어업면허의 유효기간의 연장이 허가되지 아니함으로써 손실을 입은 자는 그 처분을 행한 행정관청에 대하여 보상을 청구할 수 있다."라고 규정하고 있으므로, 면허·허가 또는 신고한 어업에 대한 위와 같은 처분으로 인하여 손실을 입은 자는 처분을 한 행정관청 또는 그 처분을 요청한 행정관청이 속한 권리주체인 지방자치단체 또는 국가를 상대로 민사소송으로 손실보상금지급청구를 할 수 있고, <u>이러한 법리는 농어촌진흥공사가 농업을 목적으로 하는 매립 또는 간척사업을 시행함으로 인하여 개정 수산업법 제44조의 규정에 의한 어업의 신고를 한 자가 더 이상 신고한 어업에 종사하지 못하게 되어 손실을 입은 경우에도 같이 보아야 할 것</u>이며(대법원 1998. 2. 27. 선고 97다46450 판결 참조), 한편 이와 같이 <u>적법하게 어업의 신고를 하고 공유수면매립사업지구 내에서 신고한 어업에 종사하고 있던 어민들에 대하여 손실보상을 할 의무가 있는 사업시행자가 손실보상의무를 이행하지 아니한 채 공유수면매립공사를 시행함으로써 실질적이고 현실적인 침해를 가하였다면 이는 불법행위를 구성하고, 이 경우 어업의 신고를 한 자가 입게 되는 손해는 그 손실보상금 상당액</u>이라고 할 것이다."
* **대판 1999.11.23, 98다11529** : "어업허가는 일정한 종류의 어업을 일반적으로 금지하였다가 일

1) 공유수면매립으로 인한 수산업법상 어업면허 등 보유자의 손실과 관련한 두 개의 예외적 판결에도 불구하고 보상규정 없는 공용침해와 관련하여 제기한 국가배상청구소송 일반에 있어 과실이 인정된다고 할 수는 없습니다.

정한 경우 이를 해제하여 주는 것으로서 어업면허에 의하여 취득하게 되는 어업권과는 그 성질이 다른 것이기는 하나, 어업허가를 받은 자가 그 허가에 따라 해당 어업을 함으로써 재산적인 이익을 얻는 면에서 보면 어업허가를 받은 자의 해당 어업을 할 수 있는 지위는 재산권으로 보호받을 가치가 있고, 수산업법이 1990. 8. 1. 개정되기 이전까지는 어업허가의 취소·제한·정지 등의 경우에 이를 보상하는 규정을 두고 있지 않았지만, 1988. 4. 25. 공공용지의취득및손실보상에관한특례법시행규칙이 개정되면서 그 제25조의2에 허가어업의 폐지·휴업 또는 피해에 대한 손실의 평가규정이 마련되었고, 공공필요에 의한 재산권의 수용·사용 또는 제한 및 그에 관한 보상은 법률로써 하되 정당한 보상을 지급하여야 한다는 헌법 제23조 제3항, 면허어업권자 내지는 입어자에 관한 손실보상을 규정한 구 공유수면매립법(1999. 2. 8. 법률 제5911호로 전문 개정되기 전의 것) 제16조, 공공사업을 위한 토지 등의 취득 또는 사용으로 인하여 토지 등의 소유자가 입은 손실은 사업시행자가 이를 보상하여야 한다는 공공용지의취득및손실보상에관한특례법 제3조 제1항의 각 규정 취지를 종합하여 보면, 적법한 어업허가를 받고 허가어업에 종사하던 중 공유수면매립사업의 시행으로 피해를 입게되는 어민들이 있는 경우 그 공유수면매립사업의 시행자로서는 위 구 공공용지의취득및손실보상에관한특례법시행규칙(1991. 10. 28. 건설부령 제493호로 개정되기 전의 것) 제25조의2의 규정을 유추적용하여 위와 같은 어민들에게 손실보상을 하여 줄 의무가 있다. 정당한 어업허가를 받고 공유수면매립사업지구 내에서 허가어업에 종사하고 있던 어민들에 대하여 손실보상을 할 의무가 있는 사업시행자가 손실보상의무를 이행하지 아니한 채 공유수면매립공사를 시행함으로써 실질적이고 현실적인 침해를 가한 때에는 불법행위를 구성하는 것이고, 이 경우 허가어업자들이 입게 되는 손해는 그 손실보상금 상당액이다."

2) 헌법재판소 1998.12.24. 선고 89헌마214, 90헌바16, 97헌바78(병합) 전원재판부 결정

헌법재판소의 89헌마214 등의 결정은 비단 여기에서의 쟁점뿐만 아니라 헌법 제23조, 즉 헌법상 기본권으로서의 재산권에 대한 헌법재판소의 전반적인 입장을 상세하고도 빠짐없이 잘 표현하였습니다.

(1) 결정 요지

* **헌재결 1998.12.24, 89헌마214 등** : "1. 헌법상의 재산권은 토지소유자가 이용가능한 모든 용도로 토지를 자유로이 최대한 사용할 권리나 가장 경제적 또는 효율적으로 사용할 수 있는 권리를 보장하는 것을 의미하지는 않는다. 입법자는 중요한 공익상의 이유로 토지를 일정 용도로 사용하는 권

리를 제한할 수 있다. 따라서 토지의 개발이나 건축은 합헌적 법률로 정한 재산권의 내용과 한계내에서만 가능한 것일 뿐만 아니라 토지재산권의 강한 사회성 내지는 공공성으로 말미암아 이에 대하여는 다른 재산권에 비하여 보다 강한 제한과 의무가 부과될 수 있다.

2. 개발제한구역을 지정하여 그 안에서는 건축물의 건축 등을 할 수 없도록 하고 있는 도시계획법 제21조는 헌법 제23조 제1항, 제2항에 따라 토지재산권에 관한 권리와 의무를 일반·추상적으로 확정하는 규정으로서 재산권을 형성하는 규정인 동시에 공익적 요청에 따른 재산권의 사회적 제약을 구체화하는 규정인바, 토지재산권은 강한 사회성, 공공성을 지니고 있어 이에 대하여는 다른 재산권에 비하여 보다 강한 제한과 의무를 부과할 수 있으나, 그렇다고 하더라도 다른 기본권을 제한하는 입법과 마찬가지로 비례성원칙을 준수하여야 하고, 재산권의 본질적 내용인 사용·수익권과 처분권을 부인하여서는 아니된다.

3. 개발제한구역 지정으로 인하여 토지를 종래의 목적으로도 사용할 수 없거나 또는 더 이상 법적으로 허용된 토지이용의 방법이 없기 때문에 실질적으로 토지의 사용·수익의 길이 없는 경우에는 토지소유자가 수인해야 하는 사회적 제약의 한계를 넘는 것으로 보아야 한다.

4. 개발제한구역의 지정으로 인한 개발가능성의 소멸과 그에 따른 지가의 하락이나 지가상승률의 상대적 감소는 토지소유자가 감수해야 하는 사회적 제약의 범주에 속하는 것으로 보아야 한다. 자신의 토지를 장래에 건축이나 개발목적으로 사용할 수 있으리라는 기대가능성이나 신뢰 및 이에 따른 지가상승의 기회는 원칙적으로 재산권의 보호범위에 속하지 않는다. 구역지정 당시의 상태대로 토지를 사용·수익·처분할 수 있는 이상, 구역지정에 따른 단순한 토지이용의 제한은 원칙적으로 재산권에 내재하는 사회적 제약의 범주를 넘지 않는다.

5. 도시계획법 제21조에 의한 재산권의 제한은 개발제한구역으로 지정된 토지를 원칙적으로 지정 당시의 지목과 토지현황에 의한 이용방법에 따라 사용할 수 있는 한, 재산권에 내재하는 사회적 제약을 비례의 원칙에 합치하게 합헌적으로 구체화한 것이라고 할 것이나, 종래의 지목과 토지현황에 의한 이용방법에 따른 토지의 사용도 할 수 없거나 실질적으로 사용·수익을 전혀 할 수 없는 예외적인 경우에도 아무런 보상없이 이를 감수하도록 하고 있는 한, 비례의 원칙에 위반되어 당해 토지소유자의 재산권을 과도하게 침해하는 것으로서 헌법에 위반된다.

6. 도시계획법 제21조에 규정된 개발제한구역제도 그 자체는 원칙적으로 합헌적인 규정인데, 다만 개발제한구역의 지정으로 말미암아 일부 토지소유자에게 사회적 제약의 범위를 넘는 가혹한 부담이 발생하는 예외적인 경우에 대하여 보상규정을 두지 않은 것에 위헌성이 있는 것이고, 보상의 구체적 기준과 방법은 헌법재판소가 결정할 성질의 것이 아니라 광범위한 입법형성권을 가진 입법자가 입법정책적으로 정할 사항이므로, 입법자가 보상입법을 마련함으로써 위헌적인 상태를 제거할 때까지 위 조항을 형식적으로 존속케 하기 위하여 헌법불합치결정을 하는 것인바, 입법자는 되도록 빠른 시일 내에 보상입법을 하여 위헌적 상태를 제거할 의무가 있고, 행정청은 보상입법이 마련되기 전에는 새로 개발제한구역을 지정하여서는 아니되며, 토지소유자는 보상입법을 기다려 그에 따른 권리행사를 할 수 있을 뿐 개발제한구역의 지정이나 그에 따른 토지재산권의 제한 그 자체의 효력을 다투거나

위 조항에 위반하여 행한 자신들의 행위의 정당성을 주장할 수는 없다.
7. 입법자가 도시계획법 제21조를 통하여 국민의 재산권을 비례의 원칙에 부합하게 합헌적으로 제한하기 위해서는, 수인의 한계를 넘어 가혹한 부담이 발생하는 예외적인 경우에는 이를 완화하는 보상규정을 두어야 한다. 이러한 보상규정은 입법자가 헌법 제23조 제1항 및 제2항에 의하여 재산권의 내용을 구체적으로 형성하고 공공의 이익을 위하여 재산권을 제한하는 과정에서 이를 합헌적으로 규율하기 위하여 두어야 하는 규정이다. 재산권의 침해와 공익간의 비례성을 다시 회복하기 위한 방법은 헌법상 반드시 금전보상만을 해야 하는 것은 아니다. 입법자는 지정의 해제 또는 토지매수청구권 제도와 같이 금전보상에 갈음하거나 기타 손실을 완화할 수 있는 제도를 보완하는 등 여러 가지 다른 방법을 사용할 수 있다.
[재판관 조승형의 반대의견] 다수의견이 취하는 헌법불합치 결정은 헌법 제111조 제1항 제1호 및 제5호, 헌법재판소법 제45조, 제47조 제2항의 명문규정에 반하며, 헌법재판소 결정의 소급효를 원칙적으로 인정하고 있는 독일의 법제와 원칙적으로 장래효를 인정하고 있는 우리의 법제를 혼동하여 독일의 판례를 무비판적으로 잘못 수용한 것이므로 반대하고, 이 사건의 경우는 단순위헌결정을 하여야 한다.
[재판관 이영모의 반대의견] 1. 모든 국민이 건강하고 쾌적한 환경에서 생활할 수 있는 환경권(헌법 제35조)은 인간의 존엄과 가치·행복추구권의 실현에 기초가 되는 기본권이므로 사유재산권인 토지소유권을 행사하는 경제적 자유보다 우선하는 지위에 있다.
2. 도시계획법 제21조는 국가안전보장과 도시의 자연환경·생활환경의 관리·보전에 유해한 결과를 수반하는 환경오염을 미리 예방하기 위한 필요한 규제입법으로 헌법상 정당성을 갖추고 있다. 이 규제입법으로 말미암아 나대지의 이용이 제한되고 사정변경으로 인하여 토지를 사용하는 데 지장이 생겼다고 할지라도 입법목적에 어긋나지 않는 범위안에서 이를 이용할 수 있는 방법이 있고 또 소유권자의 처분을 제한하는 것도 아니므로, 이와 같은 규제는 성질상 재산권에 내재된 사회적 제약에 불과하다고 보는 것이 상당하다. 법익의 비교형량면에서도 토지소유권자가 입는 불이익보다 국가안전보장과 공공복리에 기여하는 이익이 더 크고, 입법목적 달성을 위한 합리성·필요성을 갖추었으므로 헌법 제37조 제2항 소정의 기본권제한 한계요건을 벗어나는 것도 아니다. 뿐만 아니라 제한구역내의 다른 토지와 서로 비교하여 보아도 나대지와 사정변경으로 인한 토지의 특성상 재산권의 박탈로 볼 수 있는 정도의 제한을 가한 합리성이 없는 차별취급으로 인정되지 아니하므로 평등원칙을 위반한 것도 아니다."

* **헌재결 1999.10.21, 97헌바26** : "1. 사인의 토지가 도로, 공원, 학교 등 도시계획시설로 지정된다는 것은, 당해 토지가 매수될 때까지 시설예정부지의 가치를 상승시키거나 계획된 사업의 시행을 어렵게 하는 변경을 해서는 안된다는 내용의 '변경금지의무'를 토지소유자에게 부과하는 것을 의미한다.
2. 도시계획시설의 지정으로 말미암아 당해 토지의 이용가능성이 배제되거나 또는 토지소유자가 토지를 종래 허용된 용도대로도 사용할 수 없기 때문에 이로 말미암아 현저한 재산적 손실이 발생하는 경우에는, 원칙적으로 사회적 제약의 범위를 넘는 수용적 효과를 인정하여 국가나 지방자치단체는

이에 대한 보상을 해야 한다.
3. 도시계획시설로 지정된 토지가 나대지인 경우, 토지소유자는 더 이상 그 토지를 종래 허용된 용도(건축)대로 사용할 수 없게 됨으로써 토지의 매도가 사실상 거의 불가능하고 경제적으로 의미있는 이용가능성이 배제된다. 이러한 경우, 사업시행자에 의한 토지매수가 장기간 지체되어 토지소유자에게 토지를 계속 보유하도록 하는 것이 경제적인 관점에서 보아 더 이상 요구될 수 없다면, 입법자는 매수청구권이나 수용신청권의 부여, 지정의 해제, 금전적 보상 등 다양한 보상가능성을 통하여 재산권에 대한 가혹한 침해를 적절하게 보상하여야 한다.
4.~6. <생략>
7. 이 사건의 경우, 도시계획을 시행하기 위해서는 계획구역 내의 토지소유자에게 행위제한을 부과하는 법규정이 반드시 필요한데, 헌법재판소가 위헌결정을 통하여 당장 법률의 효력을 소멸시킨다면, 토지재산권의 행사를 제한하는 근거규범이 존재하지 않게 됨으로써 도시계획이라는 중요한 지방자치단체행정의 수행이 수권규범의 결여로 말미암아 불가능하게 된다. 도시계획은 국가와 지방자치단체의 중요한 행정으로서 잠시도 중단되어서는 안되기 때문에, 이 사건 법률조항을 입법개선시까지 잠정적으로 적용하는 것이 바람직하다고 판단된다."

(2) 평가

헌법재판소는 (구)도시계획법 제21조 제1항에 대한 헌법소원 사건에서, 개발제한구역으로 지정된 토지를 종래의 지목과 토지현황에 의한 이용방법에 따른 사용도 할 수 없거나 실질적으로 사용·수익을 전혀 할 수 없는 예외적인 경우에도 아무런 보상 없이 이를 감수하도록 하고 있는 한, 비례의 원칙에 위반되어 당해 토지소유자의 재산권을 과도하게 침해하는 것으로서 헌법에 위반된다고 전제하였습니다. 따라서 입법자가 이 사건 법률조항을 통하여 국민의 재산권을 비례의 원칙에 부합하게 합헌적으로 제한하기 위해서는 수인의 한계를 넘어 가혹한 부담이 발생하는 예외적인 경우 이를 완화하는 보상규정을 두어야 하며, 이러한 보상규정은 입법자가 헌법 제23조 제1항 및 제2항에 의하여 재산권의 내용을 구체적으로 형성하고 공공의 이익을 위하여 재산권을 제한하는 과정에서 이를 합헌적으로 규율하기 위하여 두어야 하는 규정이라고 판시하였습니다. 이러한 논리에 따라 헌법재판소는 보상규정을 두지 않았던 (구)도시계획법 제21조 제1항의 위헌성을 인정하였으나, 그에 따른 법질서의 혼란 등을 피하기 위하여 변형결정의 일종인 헌법불합치결정을 행하였습니다.

헌법재판소의 위 결정은 기본적으로 독일 연방헌법재판소가 취하는 협의의 수용개념과 분리이론에 입각하는 것으로 평가합니다. 사견에 따라 현행 헌법 제23조 제3항을 불가분조항이라 볼 수 없는 한, 해당 조항의 위헌성 여부를 헌법 제23조 제3항이 아니라 동조 제1항 및 제2항에 따라 판단하는 것은 문제의 소지가 다분합니다. 독일 기본법 제14조 제3항은 공용침해의 유형 중 수용에 대해서만 규정하면서 수용을 보상규정과 절대적으로 연계하는 불가분조항의 구조를 취하므로 보상규정을 흠결한 경우의 보상 문제는 자연스럽게 동조 제1항에 의한 재산권의 내용을 위헌적으로 규율한 법률의 위헌 문제로 귀착되고, 그 위헌성 판단기준은 비례원칙에 의할 수밖에 없습니다.

물론, 헌법 제23조가 보상을 일응 법률에 의존하는 규정 형식을 취함에서, 그 문리적 해석에 의할 때 공용침해뿐만 아니라 보상도 법률상 근거가 있어야 한다는 결론에 이를 수 있고, 바로 그 점에서 직접효력설을 의문의 여지없이 주장하기가 주저되기도 합니다. 그래서 위헌무효설이 외견상 명쾌한 점을 부인하기 힘듭니다. 그러나 현행 헌법 제23조 제3항은 공용침해를 수용·사용·제한으로 규정하여 확대된 공용침해 관념을 채용할 뿐만 아니라 수용을 반드시 보상 규정의 존재와 직결시킨다고도 할 수 없습니다. 이런 입론하에서는 독일 연방헌법재판소의 분리이론이 아니라 독일 연방사법재판소의 연속이론에 입각하여 헌법 제23조 제3항을 파악하는 것이 타당합니다. 즉, 협의의 수용뿐만 아니라 그 밖에 재산권의 내재적 한계를 유월하는 것으로서 보상을 요하는 재산권의 제한 등의 공용침해는 모두 제23조 제3항과의 관련성하에서 판단하여야 하고, 이를 직접 동조 제1항에 의율하여 규범통제의 대상으로 삼아야 하는 것은 아니라 할 것입니다.

사유재산권 보장은 현행 헌법의 기본원칙 중 하나입니다. 공공필요에 의한 공용침해가 토지소유자 등에게 특별한 희생을 초래하여 보상을 행하는 것은 사유재산권 보장의 당연한 귀결이고, 이러한 가치보장도 헌법 제23조 제1항에서 보장하는 재산권의 범위에 포함되는 것이며, 이를 특별히 동조 제3항이 규정하는 것으로 해석함이 마땅합니다. 결국, 특별한 희생을 초래하는 공용침해에 대한 손실보상청구권 자체는 법률의 규정 여부와 무관하게 헌법 제23조 제3항에 의하여 '헌법적으로 성립'하며, '보상은 법률로써 하되'의 의미는 '정당한 보상원칙'하에서 보상의 구체적 내용이나 방법을 법률로 규정하는 의미로 파악하면 됩니다.

5. 독일 기본법 제14조 제3항의 구조 : 분리이론·단절이론

1) 현행 헌법 제23조의 구조 : 선형모델 내지 연속이론·경계이론 (Schwellentheorie)

제1항 : 재산권 보장의 기본원칙(가치보장 포함)
제2항 : 재산권 행사의 공공복리적합의무, 사회적 기속성, 내재적 한계
제3항 : 내재적 한계를 유월하는 경우, 즉 한계의 '문턱'을 넘어서는 경우 헌법적 결단으로 손실보상을 요하는 공용침해

직접효력설은 현행 헌법 제23조가 위 구조라는 전제에서 출발합니다. 사회적 기속성에 의한 재산권 행사의 제약과 보상을 요하는 공용침해는 별개의 독립한 제도가 아니라 재산권 제한의 정도의 차이에 불과하므로 이른바 시대정신을 고려한 해석에 따라 전환 가능한 과제에 속한다고 합니다. 따라서 연속이론에서의 핵심 이슈는 보상을 요하지 않는 사회적 제약에 불과한 재산권 제한(제2항)과 보상을 요하는 공용침해(제3항)의 경계 설정의 문제라 할 수 있습니다. 과거 공업화의 진행에 따라 환경상 이익의 보호가 필요하였고 이에 따라 도입한 개발제한구역제도와 관련하여, 우리 판례가 이를 헌법 제23조 제2항에 속하는 재산권 제한으로 보았음은 이를 잘 말해줍니다.

2) 독일 기본법 제14조에 의한 분리이론·단절이론(Trennungstheorie)

(1) 분리이론의 내용

독일의 통설이자 연방헌법재판소의 입장이기도 한 분리이론에서는 기본법 제14조 제1항의 재산권의 내용·한계에 관한 규정과 제3항에 의한 수용은 별개의 개념입니다. 제14조 제2항의 사회적 제약을 유월하는 과도한 재산권의 제약일 경우에도 곧바로 제3항의 수용이 되는 것이 아니라 보상 규정이 수반되는 것만을 수용이라 파악하므로, 만일 일응 특별한 희생에 해당함에도 보상 규정을 흠결하였다면 이는 위헌적인 재산권 제한 규정에 해당합니다.

이런 입론의 바탕에 바로 '불가분조항(Junktimklausel)'이 자리합니다. 불가분조항에

의할 때 수용(Enteignung)은 제3항에 의하여 공용침해를 규정하는 법률에서 보상을 규정하는 경우의 재산권 박탈행위만을 의미합니다. 불가분조항의 논리적 귀결로서 제1항 및 제2항과 제3항을 분리하여 파악함으로써 입법자의 결정에 의하여 보상규정을 둔 재산권 제한만이 제3항에 해당하고, 보상규정을 두지 않은 규정은 제1항의 내용 규정의 규율 범위에 해당합니다. 따라서 보상 없는 재산권 박탈의 상대방은 해당 재산권 박탈결정의 취소소송과 함께 근거 법률의 위헌심사를 연방헌법재판소에 신청해야 하는 것입니다. 이러한 분리이론에서는 동조 제2항과 제3항을 침해의 강도(Intensität)와 질(Qualität)에 따라 구분하는 것이 아니라, 침해의 형식(Form)과 목적(Zweck)에 의해 양분하는 것입니다. 한편, 보상 규정을 두고 있던 법률이 당해 조항을 폐지한 경우 이는 더 이상 제14조 제3항의 적용 대상이 아니라 법률 개정을 통하여 사인의 재산권을 위헌적으로 침해한, 제14조 제1항의 위반이 문제되는 것입니다.

(2) 분리이론에 의한 권리구제

분리이론에 따른 권리구제를 보통 '1차적 권리구제(Primärrechtsschutz)'라 칭하는데, 그 내용은 다음과 같습니다. 수용의 근거 법률에서 보상 규정을 두지 않은 경우, 더 이상 보상의 문제가 아니라 피해자가 먼저 보상 규정을 두지 않은 법률에 근거한 처분을 다투면서 당해 법률 자체를 상대로 권리를 위한 투쟁, 즉 재산권의 내용과 한계를 정하도록 한 제14조 제1항의 규정에 위반한 위헌·무효라는 이유로 공용침해행위에 대한 취소소송과 보상규정을 흠결한 근거 법률의 규범통제를 소구하거나 경우에 따라서는 국가배상청구를 하도록 요구합니다. 규범통제 과정에서는 보상규정 없이 공용침해가 가능하도록 근거 법률이 규정하는 것은 토지소유자의 재산권에 대한 과도한 침해를 초래하여 결과적으로 기본권의 본질적 내용의 침해를 의미하는 비례원칙 위반에 해당하여 위헌[1]임을 면치 못하는 것입니다. 주의해야 할 점은 이때의 위헌 여부의 판단기준은 특별한 희생을 초래함에도 보상 규정을 두지 않은 점을 드는 것이 아니라 적어도 외적으로는 비례원칙 위반을 문제 삼는다는 사실입니다. 따라서 '특별한 희생'은 학설상 연속이론을 전제하는 경우 원용 가능한 개념임을 알 수 있습니다. 이러한 논리 전개는 곧 보상 규정의 부재에 따른 권리구제가 이제 손실보상 차원이 아니라 1차적으로는 제14조 제1항에 의한 존속보장의 문제라는 인식에 비롯하는 것입니다. 이러한 해결 방안을 통해 결국 법논리적 허기는 채워졌으나, 재산권의 존속보장보다 차라리 보상을 원하는 자의 욕구 충족

1) 독일 기본법 제19조 제2항 : In keinem Falle darf ein Grundrecht in seinem Wesensgehalt angetastet werden(어떤 경우에도 기본권의 본질적 내용을 침해하여서는 아니 된다).

은 한 걸음 물러서는 결과가 초래되었음을 간과해서는 안 됩니다. 또한, 국가배상청구권 성립의 불확실성에 의하여 결국 재산권보장 이념은 한 걸음 후퇴하는 결과를 초래할 수 있음도 고려의 대상입니다.

전기한 문제점은 2차적 권리구제(Sekundärrechtsschutz)의 등장을 이끄는 계기가 되는데, 구체적으로는 수용유사침해에 의한 손실보상이론의 발전이 그것입니다. 수용의 다른 요건은 다 갖추었는데 하나의 요건 흠결(여기에서는 보상규정의 흠결)로 인하여 수용이라 볼 수 없지만, 이 경우에도 수용과 유사하기 때문에 이를 수용유사침해라 칭하고 그에 대해서도 보상하여야 함을 의미합니다.

(3) 요약

독일의 수용 개념과 현행 헌법상 공용침해 개념을 비교해 봅시다. 독일의 수용은 형식적 의미의 협의의 수용, 즉 법률에 의한 보상이 절대적으로 수반하는 것만을 의미하지만, 우리의 경우에는 공용침해, 즉 수용·사용·제한이라는 보다 확장된 개념을 사용하고 그 경우에도 법문상 법률에 의한 보상규정의 절대적 수반을 반드시 요구한다고 할 수 없습니다. 독일에서는 '재산권 내용 규정에 의하여 재산권이 침해되지만 보상 규정이 없는 경우'에는 기본법 제14조 제3항에 의한 수용보상의 대상이 아니라 그 침해조치의 위헌을 이유로 취소소송·규범통제 내지 국가배상의 대상이거나 연방사법재판소가 발전시킨 수용유사침해에 의한 보상의 대상이 됩니다. 이때 규범통제에서의 위헌 판단기준은 비례원칙 위반 여부이며, 우리 헌법재판소의 기본적인 입장도 뜻을 같이합니다.

그러나 이러한 독일의 분리이론을 현행 헌법 제23조에 빗대어 고찰하면 우리 법제와 부합하지 않는 면이 있음을 부인할 수 없습니다. 독일에서의 1차적 권리보호의 우위는 기본법 제14조 제3항을 불가분조항으로 해석하는 데 기인합니다. 기본법 제14조 제3항은 오로지 수용만을 규율의 대상으로 하여 그 밖의 공용침해 유형에 대하여는 적용의 여지가 없습니다. 이는 아마도 수용을 더 어렵게 하려는 취지라 파악됩니다. 그런데 우리의 경우 제23조 제3항을 불가분조항으로 본다면, 이는 곧 독일보다 공용침해와 손실보상의 관련성을 더 엄격하게 해석하여 수용뿐만 아니라 사용·제한에도 불가분조항의 요구를 함축한 것으로 해석할 수밖에 없는데 이런 명제에는 쉽사리 동의할 수 없습니다. 헌법 제23조 제3항을 불가분조항으로 이해하는 입장에서는 동 조항이 수용·사용·제한을 어렵게 하여 재산권을 보호할 수 있다고 주장하지만, 문제는 실질적으로 보상규정을 결했을 경우 이에 대한 구제책이 원만하지 않음에 있습니다. 개발제한구역과 관련한 헌법재판소의 결정 이후에도 개발제한구역의 지정 및 관리에 관한 특별조치법 등 관계 법령은 여전히 보상 규정을 두고 있지 않은 점을 고려하건대 규범통제를 행하는 경우에도 후속 입법이 병행되지 않는다면 여전히 권리구제의 길은 요원하고, 그렇다고 하여 국가배상책임에 의한 권리구제도 현재의 논의 수준에서는 그리 전망 밝은 묘안이 아니기 때문입니다.

6. 수용유사침해에 대한 손실보상

1) 의의

수용유사침해(Enteignungsgleicher Eingriff)란 재산권을 침해하는 공권력 행사에 있어서 수용의 다른 요건은 충족되었지만 그 침해행위가 법률상 근거 없이 또는 헌법에 합치되지 않는 법률상 근거에 의하여 행하여졌거나, 혹은 그 법률적 근거에 어긋나게 이루어진 경우를 의미합니다. 재산권 박탈행위의 내용이나 효과에 있어서 법률에 의해 허용되었다면 공용수용에 해당하였겠지만, 그러나 위법하기 때문에 수용에 해당하지 않는 재산권 침해의 일 유형인데, 수용유사침해가 위법·무과실의 경우에 한정하는 것이 아님은 이미 설명하였습니다.

수용유사침해에 대한 손실보상은 위법한 재산권 제약행위로 인하여 결과적으로 그 내용과 효과에 있어서 적법한 재산권 수용과 유사한 특별한 희생이 당사자에게 발생하는 경우에 인정되는 손실보상이론입니다. 국가가 재산적 가치 있는 시민의 권리를 박탈한 이상, 그 적법성에도 불구하고 보상이 행해진다면 설령 그것이 위법한 것이라 할지라도 수용과 동등한 침해이므로 이에 대해서도 '당연히(erst recht)' 손실보상이 이루어져야 한다는 전제에서 출발하였습니다.

2) 연혁적 고찰

보상규정의 흠결로 손실보상이 행해지지 않아 그 위법을 이유로 국가배상을 청구하는 경우 공무원의 법령해석상의 과실을 인정하기 곤란한 경우가 많고, 해당 공무원이 상대방에게 손해를 가할 의사 또한 없는 것이 일반적이므로 고의도 성립하지 않습니다. 이렇듯 위법·무과실의 경우 국가책임제도의 흠결이 나타나는 것이지요. 이같이 수용유사침해이론은 〈위법·유책에 대한 국가배상 vs. 적법한 재산권 침해에 대한 손실보상〉의 구도하에서의 규율의 흠결(보상 규정을 두지 않아 국가배상청구권 행사를 요하지만, 위법·무과실의 경우 국가배상책임 인정의 곤란)을 보충하기 위하여 등장하였습니다. 동 이론은 1794년의 프로이센일반란트법(Allgemeines Landrecht für die preußischen Staaten, ALR) 제74조와 제75조에 바탕한 관습법상의 희생보상청구권과의 연관성하에서 연방사법재판소의 판례를 통해 발전하였습니다.

독일의 국가배상책임은 독일 민법전 제839조 제1항에 의하여 공무원의 피해자에 대한 개인적 손해배상책임의 성립을 전제로 하여, 일차적으로 성립한 공무원의 배상책임을 기본법 제34조에 의하여 국가 등에 이전하는 구조의 이른바 대위책임설을 근간으로 합니다. 따라서 공무원의 민사상 손해배상책임이 존재하지 않는 경우 국가 등의 행정상 손해배상책임도 성립하지 않는 구조입니다. 즉, 공무원의 행위가 직접적으로 매개되지 않거나 과실의 존재를 입증하지 못할 경우 행정상 권리구제의 공백이 발생하는 것을 보완할 필요가 있으며, 이러한 규범 현실은 수용유사침해이론이 발생하게 된 동인으로 기능하였습니다.

이런 입법 현실은 사실 좀 더 거슬러 올라가 바이마르헌법 시대의 제국법원(Reichsgericht)의 판례이론에서 그 연원을 찾을 수 있습니다. 당시의 국가책임제도는 손해배상, 손실보상 및 희생보상으로 세분화되어 있었는데, 그 중심에 바이마르헌법 제153조의 해석 문제가 위치하였습니다.

> WRV(Weimarer Reichsverfassung) Art.153 Abs.2 : Eine Enteignung kann nur zum Wolle der Allgemeinheit und auf gesetzliche Grundlage vorgenommen werden. Sie erfolgt gegen angemessene Entschädigung, soweit nicht ein Reichsgesetz etwas anders bestimmt. Wegen der Höhe der Entschädigung, ist im Streitfalle der Rechtsweg bei den ordentlichen Gerichten offenzuhalten, soweit Reichsgesetze nichts anders bestimmt. Enteignung durch das Reich gegenüber Ländern, Gemeinden und gemeinnützigen Verbänden kann nur gegen Entschädigung erfolgen. ⇒ 수용은 공공복리를 위하여 법률의 근거하에서만 가능하다. 수용은 제국법률이 달리 규정하지 않는 한 상당한 보상과 함께 행해져야 한다. 손실보상액에 대한 다툼은 제국법률이 달리 규정하지 않는 한 정규의 법원에 대한 소 제기를 통하여 해결될 수 있다. 제국정부의 주, 게마인데 및 공적 단체에 대한 수용은 보상과 함께 행해진다.

위 밑줄 부분, 즉 수용은 제국법률이 달리 규정하지 않는 한 보상과 함께 행해진다는 문구를 둘러싸고 당시 두 가지 해석이 개진되었습니다. 입법자가 법률 규정을 통하여 보상 없이 재산권을 박탈할 수 있도록 규정하는 경우에는 보상 없는 재산권 박탈도 가능하다는 해석과, 반대로 침해법률에서 보상배제를 명시적으로 규정하지 않는 한 법관에 의한 독자적인 손실보상의 확정도 가능하다는 것이 그것이었습니다. 특히, 후자의 해석은 직접효력설 및 수용유사침해이론의 배태(胚胎)가 되었음은 우리가 짐작하는 바와 같습니다.

나아가 후자의 해석은 기본법 체제하에서 수용유사침해이론의 출발을 의미하였습니다. 즉, 재산권의 내용·한계에 관한 규율(기본법 제14조 제1항)이나 재산권 행사의 사회적 기속성(기본법 제14조 제2항)의 구체화로서 정당화되지 못하는 일체의 재산권 제약행위에 대하여 손실보상의무를 발생시키는 수용개념 창출의 효시인 셈입니다. 그동안 별개의 제도로 인식되는 희생보상청구권[1]을 원용하여, 그 개입행위(Eingriff)가 재산권에 관한 것인 한 넓은 의미의 수용개념으로 판단하는 수용유사침해이론이 성립하게 된 것입니다. 오늘날 우리가 이해하는 희생보상청구권도 이러한 맥락에서 이해 가능합니다.

3) 연방사법재판소(BGH)에 의한 수용유사침해이론의 발전

연방사법재판소는 자신의 초기 판결을 통해 이미 수용유사침해이론을 관대하게 수용하였습니다. "법적으로 보호되고 있는 개인의 권리영역에 대해 위법한 국가행위가 존재하는 경우에는 이러한 행위가 적법한 행위로서 허용되었다면 그 효과와 내용면에서 헌법상의 수용개념에 해당하였을 것이고 또한 당사자에 대한 사실상 효과에 있어 특별한 희생이 부과되는 경우라면, 통상 수용과 법적으로 동일하게 취급할 필요가 있다"는 판시내용[2]이 이를 잘 보여줍니다. 과거 불가분조항에 터 잡아 보상 규정을 구비한 법률에 근거한 적법한 재산권 박탈행위만을 수용이라 하던 협의의 수용개념과 달리, 수용개념을 넓게 이해하여 위법하지만 책임요건의 존재를 입증하기 어려운 국가작용으로 인해 특별한 희생이 발생하는 경우도 보상의 대상으로 삼는 수용유사침해이론이 하나의 제도적 장치로서 정립됩니다.

전통적 견해에 의할 때 본(Bonn)기본법 체제하에서의 제14조 제3항의 해석은 일응 다음으로 요약할 수 있습니다. 동조 제3항 제2문에 의할 때 공용수용은 반드시 보상의 방법과 범위를 정하는 법률(입법수용) 또는 법률에 근거하여 행해져야 하므로, 보상 없는 공용수용은 원천적으로 봉쇄됩니다. 따라서 공용수용은 보상을 규정한 법률에 의하는 것

---

1) 프로이센일반란트법(ALR) 제75조; 국가는 시민의 권리와 이익이 공공복리를 위하여 침해된 자에게 보상할 책임이 있다.

2) BGHZ 6, 270. BGHZ는 'Entscheidung des Bundesgerichtshofes in Zivilsachen(연방사법재판소 민사판례집)'의 약어(略語)입니다.

만을 의미하므로 자연스럽게 불가분조항에 기초하게 됩니다. 그러나 연방사법재판소는 기본법 제14조 제1항 제2문과 제14조 제2항에 근거하여 입법자에 의하여 구체화되는 재산권의 사회적 제약과 제14조 제3항에 규정된 공용수용은 별개의 엄격히 분리된 제도가 아니라 재산권 침해의 강도와 질에 따라 경계 지워지는 상호 간 유동적인 제도로 해석하는 연속이론에 따른 판결을 잇달아 내놓았습니다. 연방사법재판소의 이런 노력은 사회적 제약을 넘는 모든 재산권 침해에 대하여 보상책을 마련한다는 점에서 가치보장의 활성화에 기여하였고, 수용유사침해 및 수용적 침해에 의한 보상이론의 발전에도 크게 이바지하였습니다.

그러나 이러한 연방사법재판소의 연속이론에 터 잡은 판례에 대해서는 분리이론 지지자들에 의한 강한 비판이 제기되었습니다. 연속이론에 의할 때 기본법 제14조 제2항과 제3항을 경계짓는 기준의 불명확성으로 인해 법적 안정성 가치에 훼손이 가해지고, 양자의 구분에 대한 일관된 기준의 결여로 보상 여부를 법원의 가치판단에 전속시키는 등의 문제점이 제시되었습니다. 나아가 불가분조항이 지향하는 '가치'와의 충돌도 간과할 수 없었습니다. 불가분조항의 핵심은 보상 여부를 입법자가 결정하라는 것이지만, 그 숨은 의미는 보상 여부에 대한 종국적 판단을 규범통제의 관할 재판소인 연방헌법재판소의 몫으로 하는 점입니다. 그러나 연속이론을 견지하는 경우 원래 연방헌법재판소가 담당해야 할 보상 여부에 대한 판단권을 부인하고, 연방사법재판소가 수용유사침해이론을 원용하여 자신의 관할에 대한 침해를 유발하는 것을 용인할 수 없었던 것입니다. 환언하면, 연방사법재판소가 기본법 조문(제14조 제3항)에 대한 해석을 하는 데 대한 연방헌법재판소의 불만은 소위 '자갈채취판결'을 통해, 보상 여부에 관한 종국적 판단은 연방헌법재판소의 전속적 권한이고 연방사법재판소의 임무는 보상액 관련 분쟁에 대한 관할에 한정하는 분리이론의 확고한 고수로 귀결됩니다.

연방사법재판소에 의한 수용유사침해이론은 연방헌법재판소가 기본법 제14조 제3항을 불가분조항으로, 공용수용과 손실보상의 관계에 관한 분리이론을 고집하는 배경이 됩니다. 연방사법재판소의 수용유사침해에 의한 손실보상의 인정은 실질적으로 입법자에게 심대한 부담을 안겨줍니다. 보상 여부 등에 대한 사법적 판단을 연방사법재판소가 행함으로써 그 판결 결과에 따라 입법자에 대한 비난의 단초가 마련되는 점에서 그러합니다. 이를테면, 보상을 요하는 공용수용임에도 보상 규정을 두지 않았거나 불충분한 보상액을 정한 경우, 보상을 요하지 않는 재산권 박탈행위에 대해 보상 규정을 두는 경우 등을 생각하면 이해 가능할 것입니다.

연방사법재판소에 의한 연속이론의 전성기에는 실제 소위 '구제적 보상규정

(salvatorische Entschädigungsregelung)'까지 등장하였습니다. "이 법률에 근거한 행정처분이 공용수용을 의미한다면, 보상은 금전으로 지급한다'는 식의 법관에 대한 백지위임이 횡횡해지는 결과에 이르기도 하였습니다. 그러나 이러한 현상은 전통적으로 긴 세월 동안 의문을 품지 않았던 인식, 즉 보상 여부, 방법, 범위를 입법자 스스로가 규율하라는 불가분조항의 의미와 취지에 정면으로 반한다는 근본적 비판으로부터 자유롭지 못하였습니다. 정확히 말하자면, 보상 여부를 근거 법률 규정과 직결시키며 이것만을 수용이라 칭하는 기본법 제14조상의 수용 요건을 충족시키지 못하는 경우에 대하여 보상이 행해지는 위헌적 현상의 일반화를 연방헌법재판소가 좌시할 수 없었고, 바로 이 점이 연방헌법재판소에 의한 '자갈채취판결'이 등장하게 된 배경이라 할 수 있습니다.

연방헌법재판소와 분리이론의 지지자의 비판에 대해 연방사법재판소도 자신 견해의 정당성을 다시 내세웠는데 여기에서는 간략히 그 요지만을 소개합니다. 불가분조항의 고수는 입법자가 수용하기를 원하는 경우에만 공용수용으로 간주하려는 것인데 이러한 경향은 입법자 절대주의라는 시대착오적 발상에 기인한 것이라고 항변하였습니다. 또한, 불가분조항은 정상적이고 전형적인 침해의 경우(typischer und normaler Eingriff)에만 인정되는 것이므로, 이를 인정하더라도 여타의 재산권 침해에 대한 보상의 가능성을 배제하는 것은 아니라는 주장이 그것입니다. 이에 그치지 않고 연방사법재판소는 수용유사침해이론의 확대 적용을 위한 새로운 시도도 아끼지 않았습니다. 즉, 초기의 수용유사침해이론은 재산권의 위법한 침해행위에 있어 그것이 특별한 희생을 포함하는 수용의 모든 다른 요건을 충족하는 경우에만 그 위법성에도 불구하고 당해 행위를 일종의 수용으로 보아 그로 인한 손실을 보상해 주는 것으로 이해하였습니다. 그러나 판례가 축적됨에 따라 위법한 행위 그 자체가 특별한 희생을 야기하는 재산권에 대한 침해로 간주하게 됩니다. 누구도 위법한 재산권 침해를 수인할 의무는 없는 것이므로, 침해행위가 위법하다는 것은 곧 토지소유자 등에게 수인한도를 넘는 특별한 희생이 부과되는 것으로 의제해야 한다는 논리에 입각하였던 것입니다. 결국, 위법한 재산권 침해는 예외 없이 특별한 희생을 수반하므로 그 자체 손실보상청구권의 구성요소로 인정되는 결과에까지 이르게 되었습니다. 논의가 여기에 미친다면, 수용유사침해에 대한 손실보상청구권은 이른바 무과실책임의 법리로 발전하였다고 평가할 수 있습니다.

어쨌든 수용유사침해이론은 기본법 제14조 제3항과 관련하여 엄격히 해석되던 불가분조항의 적용상 문제점을 완화하였고, 이를 통해 과거 분리이론으로 대표되던 〈수용 = 보상규정 포함한 법률에 의한 보상, 그 외는 ① 재산권 박탈행위 내지 보상거부처분에 대한 취소소송 + 규범통제 혹은 ② 국가배상청구소송〉이라는 기계적 공식에서 벗어나,

보상 규정 없는 법률에 기한 재산권 박탈에 대해서도 손실보상이 가능해졌습니다. 물론, 재산권 박탈행위에 대한 취소소송과 손실보상청구소송의 예비적 병합 형태도 불가능하지 않습니다.

요컨대, 연방사법재판소는 수용유사침해이론과 후술하는 수용적 침해이론을 통하여, 공권력에 의한 침해가 적법한 침해이건, 수용의 요건 중 하나를 흠결하여 위법한 침해이건 또는 의도적이건 그렇지 않든 간에 사회적 기속의 범위를 넘는 일체의 재산권 침해를 공용수용에 해당한다고 보아 기본법 제14조 제3항에 근거한 손실보상청구의 대상이 된다고 하였습니다. 그 과정에서 손실보상 여부를 판단하는 절대적 기준은 공행정작용으로 인한 재산권 침해가 사회적 제약을 넘어 특별한 희생을 가하는지 여부입니다. 한편, 특별한 희생의 판단기준으로는 제국재판소의 개별행위설을 보다 발전시킨 특별희생설을 취하다가 이후에는 이른바 형식적 기준설과 실질적 기준설을 혼합시킨 상황구속성설을 취했다는 것이 독일 학자들의 일반적 평가입니다.

4) 자갈채취판결

(1) 사실관계

원고는 북부 독일의 뮌스터(Münster)에서 자갈채취장을 운영하는 자로서 자신 소유 토지에서 자갈정제시설을 가동 중이었습니다. 그러나 자갈채취지역이 라인시(市)에서 운영하는 수력발전소의 보호구역에 해당되어 규제를 받게 되었습니다. 이에 원고는 자갈채취행위를 계속하기 위해 수자원관리법(Wasserhaushaltsgesetz)에 따른 자갈채취허가를 신청하였으나, 허가 행정청은 당해 지역이 부분적으로 발전소 시설로부터 120미터만 떨어져 있고 허가에 따른 자갈채취를 통하여 공적인 용수 공급이 위태로울 수 있다고 하여 허가 발령을 거부하였습니다. 이에 대해 원고는 의무이행소송을 제기하지 않고, 자갈채취신청에 대한 허가 거부는 이미 자신이 기존에 행사하고 있던 자갈채취행위에 대한 수용의 효과를 가져오는 침해라 주장하며 곧바로 손실보상을 행정청에 청구했지만 이 역시 거부당하자 손실보상청구소송을 제기하였습니다. 제1, 2심에서는 원고가 승소하였고, 주(州)가 상고한 상황에서 연방사법재판소는 수자원관리법의 해당 규정의 기본법 제14조에 대한 합헌성 여부가 문제된다고 보아 연방헌법재판소에 위헌법률심사를 제청한 사건입니다.

(2) 판결요지[1)]

연방헌법재판소는 당사자의 주장처럼 해당 거부처분이 기본법 제14조 제3항의 수용에 해당하려면 보상 규정이 수반된 법률의 근거가 있어야 하며, 바로 그 이유에서 보상 규정이 존재하는 경우에만 손실보상이 가능하다고 판시하였습니다. 즉, 보상 여부는 1차적으로 입법자가 결정할 문제라 간주한 것입니다. 그렇지 않은 경우 당사자는 문제된 행위의 효력 상실을 위한 행정(취소)소송 제기 및 규범통제를 도모해야 하며, 이에 갈음하여 법이 허용하지 않는, 즉 당해 법률이 규정하지 않은 손실보상을 청구할 수 없다고 판시하였습니다. 따라서 당사자는 보상을 위한 법률의 근거 규정 흠결로 인해 결과적으로 위법한 수용에 대한 취소소송 제기(1차적 권리보호)와 직접적인 손실보상청구 사이에 선택권(Wahlrecht)을 가지지 못한다고 결론지었습니다.

(3) 동 판결의 의의

위 판결요지를 통해 우리는 연방헌법재판소가 연방사법재판소와는 달리 기본법 제14조 제3항의 수용을 협의의 개념으로 해석하였음을 알 수 있습니다. 공용침해의 유형 중 기본법 제14조 제1항 제1문에 의해 보호되는 개인의 법적 지위(재산권)를 완전 또는 부분적으로 박탈(Entziehung)하는 행위만이 수용이라는 전제에 더하여, 수용은 해당 근거법률에 의한 보상 규정이 수반하는 경우만을 의미하므로 법률에 의한 보상 규정이 없으면 손실보상청구권이 성립하지 않는다고 강조하였습니다. 이로써 연방사법재판소가 인정하던 수용유사침해에 대해 제14조 제3항과의 연관성을 단절하면서 부인하였습니다.

또한, 보상을 요하지만 보상규정 없는 법률에 대한 기본법 제100조 제1항의 규범통제 및 이에 근거한 위법한 개입행위에 대한 취소소송과 손실보상 사이의 선택권 행사가 불가하다고 강조하였습니다. 즉, 연방헌법재판소는 1차적 권리구제수단으로서 침해행위에 대한 취소소송과 규범통제를 통한 권리구제를 도모함은 별론, 이를 포기하고 손실보상을 청구할 수 없음을 아래의 내용으로 강변하였습니다.

"합헌의 상태를 회복할 권리가 기본법에 의하여 인정되어 있음에도 불구하고 그에게 인정된 가능성을 이용하지 아니하는 자는 그 자신에 의하여 초래된 권리 상실을 이유로 국가·공공단체에 대하여 보상을 청구할 수 없다. 행정행위의 취소를 명하도록 소구하는 것은 그에게 기대가능성이 없을 정도의 부담은 아니다."

자갈채취판결 이후 수용유사침해이론은 이제 그 기원과 형태, 기초와 적용영역 및

---

1) BVerfGE 58, 300 : Naßauskiesungsbeschluß des BVerfG vom 15.7.1981.

구성과 법적 효과 측면에서 재구성되어야 하는 운명이었지만, 흥미로운 점은 동 판결 이후 연방사법재판소의 입장 변화의 양태입니다. 연방사법재판소는 연방헌법재판소 결정의 기속력에 따라 연방헌법재판소가 전제한 협의의 수용개념은 수용하되, 보상 규정 없는 수용과 손실보상의 문제를 기본법 제14조 제3항의 문제로 의율하지 않고 판례법상의 희생보상청구권 법리로 재구성하여 궁극적으로는 수용유사침해이론을 유지하였습니다. 즉, 자갈채취판결 이후에도 수용유사침해이론은 연방사법재판소의 일부 판결을 통하여 여전히 지속되었습니다(예컨대, Urteil v. 26.01.1984, BGHZ 90, 17).

생각건대, 연방헌법재판소는 자갈채취판결을 통해, 광의의 수용개념과 연속이론을 바탕으로 수용유사침해이론을 확대 도입함으로써 보상 여부에 대한 최종의 판단을 자신의 몫으로 삼으려던 연방사법재판소의 의지에 '철퇴'를 가했다고 평가할 수 있습니다. 그러나 수용유사침해이론에 대한 총체적 포기는 제2차 세계대전 이전의 규범 상태로의 회귀를 의미하는데, 수용유사책임이론이 국가책임법제의 구조상 흠결을 보완했던 장점은 인정하여야 합니다. 수용유사침해이론은 1981년의 독일 국가책임법(Staatshaftungsgesetz)이 위헌판결을 받은 이후 더욱 그 필요성이 더합니다. 동법은 수용유사침해에 의한 보상, 국가배상책임의 성질과 관련하여 자기책임설 및 구상책임 등을 규정한 점에서 그러합니다. 이런 점을 감안하여 독일 연방사법재판소는 수용유사침해이론의 성립 근거를 변경하여, 기본법 제14조 제3항이 아니라 관습법상의 희생보상청구권에 의해 인정된다고 판시한 것입니다. 이에 그치지 않고 특별한 희생의 공용사용·공용제한의 경우, 연방헌법재판소의 입장을 존중하여 그것이 공용수용(기본법 제14조 제3항)에는 해당하지 않고 기본법 제14조 제1항 제2문의 문제이지만, 보상 규정이 흠결되었다면 이는 - 연방헌법재판소의 견해와는 달리 - 위헌·무효의 문제를 직접 발생시키는 것이 아니라 보상규정을 흠결한 수용의 경우처럼 관습법상의 희생보상청구권에 터 잡아 손실보상청구권을 인정하였습니다.

(4) 자갈채취판결의 우리 법제에의 수용 여부

가. 손실보상의 대상으로서 공용침해 유형상의 차이

기본법 제14조 제3항의 수용개념이 자갈채취판결 이후 원래의 그것으로 회귀하여 근거 법률에 의한 보상이 병행하는 재산권의 박탈행위로 좁게 사용되는 것에 비해, 현행 헌법 제23조 제3항은 손실보상의 요건으로서의 공용침해를 수용·사용·제한의 세 유형으로 규정합니다. 또한, 법률에 의한 보상이 예정된 수용은 아니지만 정상적인 재산권 행사가 제한되고 이러한 제한이 특별한 희생에 해당하면 우리의 경우 직접효력설에 의할 때 보상의 대상이 되지만 독일의 경우에는 손실보상의 대상으로부터 제외된다는 점에서 동일한 규범적 환경하에 있다고 말할 수 없습니다.

나. 독일의 분리이론과 현행 헌법 제23조의 구조

연방헌법재판소는 기본법 제14조 제1항에 의한 재산권의 내용 및 한계에 관한 규정과 제3항에 의한 수용을 독자적인 별개의 법제도라 보아야 하며, 재산권의 내용과 한계에 관한 개별법 규정이 제1항이 허용하는 범위를 넘는 과도한 것이어서 비례원칙을 위반하는 경우에는 곧바로 수용인 것이 아니라 위헌적인 재산권 내용을 규정한 것일 뿐이라고 합니다. 이러한 논의는 분명 ① 수용은 항상 보상을 수반하는 것만을 의미하는 점에서 보상 없이 가능한 재산권 내용 규정에 의한 제약과 보상을 요하는 수용의 준별이 용이하고, ② 사법부가 입법부의 의무 불이행을 보완할 수 없다는 권력분립원칙에 충실하다는 장점을 가집니다.

그러나 이미 여러 번 언급했듯이 우리의 경우 헌법 제23조 제3항을 불가분조항으로 파악할 수 없는 점에서, 동조 제2항에 의한 재산권의 내재적 한계를 넘는 행위는 곧 동조 제3항상의 손실보상의 문제를 야기한다고 보아야 합니다. 즉, 손실보상의 대상행위로서의 수용은 법률에 의한 보상규정에 의해서가 아니라 제2항상의 재산권의 내재적 제약을 넘는 침해이기 때문입니다.

다. 독일의 불가분조항과 현행 헌법 제23조 제3항의 해석

독일 연방헌법재판소가 수용유사침해이론을 부인하고 여전히 취소소송 중심의 해결을 고집하는 1차적 권리구제의 우위 현상은 그 연원을 따져 보면 기본법 제14조 제3항을 불가분조항으로 이해하는 점에서 비롯합니다. 수용은 항상 법률에 의한 손실보상을 수반하며, 따라서 보상규정 없는 법률은 기본법 제14조 제1항과의 관계에서 비례원칙 위반에 해당하면 해당 법률은 위헌·무효이고 이에 기한 처분은 취소 가능한 처분이 됩니다.

그러나 현행 헌법 제23조 제3항을 불가분조항으로 볼 수 있을지는 의문입니다. 기본법 제14조 제3항상 불가분조항의 범위는 협의의 수용이며 그 밖의 사용·제한은 적용대상이 아닌 점은 여기에서의 입론을 뒷받침합니다. 또 하나 고려해야 할 사항은, 보상규정 없는 재산권 박탈은 수용이 아니므로 해당 법률은 위헌·무효이고 처분은 취소 가능하므로 결국 수용이 불가능하거나 매우 어려워지는 현실입니다. 존속보장을 통한 법치국가원칙은 엄격히 견지했더라도, 돌보지 못한 사회국가원리는 또 어찌해야 할지도 고민해야 합니다.

5) 여론 : 독일에서의 공용사용·공용제한과 손실보상

아래는 공용수용과 손실보상 여부에 관한 독일에서의 논의 내용을 간략히 요약한 것입니다. 우리의 직접효력설과 독일 연방사법재판소의 수용유사침해이론이 각각 헌법 제23조 제3항과 기본법 제14조 제3항으로부터 직접 손실보상청구권을 도출하는 점에서 유사한 면이 있습니다. 그러나 우리의 경우 판례가 수용유사침해이론을 정면으로 인정하는 것이 아니므로 직접효력설과 수용유사침해에 의한 손실보상청구 이론을 동일시하는 것은 적절하지 않은 점을 지적합니다.

① 불가분조항/분리·단절이론(협의의 수용개념 : 보상규정 없는 재산권 박탈행위에 대한 취소소송과 규범통제, 우리의 위헌무효설과 헌법재판소의 입장)
② 수용유사침해이론(연속·경계이론, 광의의 수용개념 : 기본법 제14조 제3항에 의한 손실보상청구
③ 자갈채취판결 : 엄격한 불가분조항 전제로의 회귀(취소소송/규범통제와 손실보상청구 간 선택권 부인)
④ 자갈채취판결에도 불구하고 관습법상 희생보상청구권을 근거로 하는 수용유사침해이론의 유지

한편, 이상의 논의를 통해 분리이론에 바탕한 공용수용과 손실보상의 관계는 규명되었지만, 공용사용·공용제한과 손실보상의 관계는 미해결 상태입니다. 기본법 제14조 제3항이 관련 규정을 두지 않으면서 그에 대해 침묵하기 때문입니다.

연방사법재판소는 다른 기본권의 경우와는 달리 재산권에서만은 자신이 주도적 역할을 담당하고자 노력하였습니다. 이에 대하여 연방헌법재판소가 정면으로 제동을 걸어, 연방사법재판소가 제기한 재산권 보장에서의 가치보장의 우선을 자갈채취판결을 통하여 존속보장의 우선으로 대체하였지요. 기본법 제14조 제1항 제2문의 재산권의 내용 규정과 제14조 제3항의 공용수용을 명확히 분리함으로써 사회적 기속을 넘는 재산권 박탈행위가 곧바로 공용수용이 되는 것은 아니라고 선언하였습니다. 재산권의 내용 형성에 있어서 입법자는 비례원칙, 평등원칙, 신뢰보호원칙 등을 준수하여야 하며, 만일 입법자가 이러한 원칙을 위반한 경우에는 해당 법률은 재산권의 내용을 위헌적으로 규정한 것이라 설시하였습니다. 보상규정 없는 법률에 기한 재산권 박탈행위는 더 이상 기본법 제14조 제3항의 문제가 아니며, 제14조 제1항 제2문을 위반한 위헌인 법률이라는 규범적 평가를 행하여야 합니다. 다만, 해당 법률의 위헌 여부를 판단하는 경우에도 특별한 희생의 해당성 여부에 대한 심사가 아니라 비례원칙 등에 의한 위헌심사가 행해집니다. 이러한

논리 구조를 〈분리이론 + 불가분조항〉으로 요약할 수 있습니다.

이제 독일 기본법이 규정하지 않는 공용사용·공용제한이 특별한 희생을 야기하는 경우의 해결 방안을 모색합시다. 기본법 제14조 제3항을 협의의 수용개념의 기준에 입각하여 해석하는 한 공용사용과 공용제한은 동조 제3항의 규율 대상이 아닙니다. 이때 입법자가 재산권의 내용 형성을 입법으로 행하여야 하는 자신의 의무에 따라 보상 규정을 두는 경우는 제14조 제1항 제2문에 의한 손실보상이 가능합니다. 문제는 그렇지 않은 경우입니다. 즉, 특별한 희생을 초래하는 공용제한 등임에도 근거 법률에서 보상 규정을 두지 않는 경우에는 또다시 위헌·무효의 문제가 발생합니다. 그리고 여기에는 〈경계이론 + 실질적인 불가분조항〉의 구도가 형성됩니다.

법률에 의한 공용사용과 공용제한을 규정함에 있어 입법자는 - 기본법 제14조 제1항 제2문과 제14조 제2항을 통합적으로 해석하여 입법화하는 과정을 통해 - 재산권의 내용 형성에 있어 비례원칙, 평등원칙, 신뢰보호원칙 및 본질적 내용의 침해금지원칙 등을 준수하여야 하며, 만약 이를 위반하여 결과적으로 특별한 희생에 해당되지만 보상규정을 두지 않았다면 이는 '공용수용과 손실보상'에 관한 기본법 제14조 제3항을 위반하여 위헌·무효가 되는 것이 아니라, 제14조 제1항 제2문 내지 제14조 제2항을 위반하였기 때문에 위헌·무효이며, 그에 대한 권리구제방안은 '취소소송+규범통제'의 방법을 취하여야 합니다.

결국, 독일 연방헌법재판소는 특별한 희생을 의미하는 공용사용과 공용제한의 경우 이를 기본법 제14조 제1항 제2문의 이른바 '보상의무 있는 재산권의 내용규정(ausgleichspflichtige Inhaltsbestimmung)'에 귀속된다고 보고, 여기에도 결과적으로 불가분조항의 문제해결 방식이 적용되지만 보상 여부에 대한 판단은 경계이론에 의하는 것으로 이해하였습니다. 논의가 여기에 이를진대, 전술한 경계이론에서의 법적 불안정성 및 '구제적 보상' 규율의 문제는 여전히 존속함을 알 수 있습니다.

이제, 앞선 헌법재판소의 89헌마214 등 결정에 대한 간략한 평가로서 이 주제를 마무리합니다. 우리 헌법재판소는 (구)도시계획법 제21조를 두고, 일정한 경우 비례원칙 등의 이유로 위헌을 판시함으로써 결과적으로 헌법 제23조 제3항이 불가분조항임을 인정함과 동시에, 비례원칙 등의 준수를 고려할 때 보상 규정이 필요하다고 설시함으로써 해당 법률의 위헌성 도출을 헌법 제23조 제1항 제2문에 의하여 검토하는 분리이론을 취한 것으로 평가할 수 있습니다. 이러한 평가는 공용수용뿐만 아니라 공용제한 등도 헌법 제23조 제3항에 의한 불가분조항의 구도하에 있음을 전제로 합니다.

7. 수용적 침해에 대한 손실보상

1) 의의

독일의 연방사법재판소의 판례에 의하여 정립된 개념인 수용적 침해이론(Enteignender Eingriff)은 적법한 공행정작용의 비전형적이고 비의도적인 부수적 효과로서 발생한 개인의 재산권에 대한 침해를 전보해 주는 것을 말합니다. 장기간의 지하철공사로 인하여 인근 상가나 백화점의 고객이 현저히 감소하여 영업상 손실이 발생한 경우를 떠올리면 이해가 쉬울 것입니다.

사회기초시설의 설치공사로 인하여 개인에게 가해지는 제한이나 부수적 손실은 일반적으로 헌법 제23조 제2항에 의한 재산권 행사의 내재적 제한에 속하므로 사인은 이를 감수해야 합니다. 그러나 예외적으로 그 손실의 내용이나 범위가 매우 심각한 경우에는 수인한도를 넘는 특별한 희생으로 간주하여 보상을 요하는 경우도 발생합니다. 다만, 이때의 부수적 효과로서의 특별한 희생은 통상 예측할 수 없는 경우가 대부분이므로 관계 법률에서 보상 규정을 두는 경우를 거의 찾을 수 없습니다. 결국, 공공공사 등으로 의도하지 않은 특별한 희생을 야기하는 손실에도 불구하고 보상규정을 흠결한 경우 그에 대한 보상을 행하는 법리를 '수용적 침해에 대한 손실보상'이라고 하는 것입니다.

그리고 그 성립요건은 ① 공행정작용으로 인한 개인의 재산권의 비의도적 침해, ② 재산권에 대한 직접적 침해, ③ 특별한 희생에 해당하는 손실의 발생의 세 가지로 요약 가능합니다. 이때 '재산권에 대한 직접적 침해' 요건에 약간의 의문이 생길 수 있습니다. 의도하지 않은 침해와 직접적 침해가 상충하는 것으로 볼 여지가 있기 때문입니다. 그 의미는, 공행정작용으로 인한 개인의 재산권 침해는 비의도적인 것이지만, 재산권 침해와 공행정작용과는 직접적 관련성이 있어야 함으로 이해하면 됩니다. 의도하지 않은 부수적 결과이지만, 공행정작용과 개인의 재산권에 대한 침해·손실 발생 사이에 직접적인 인과관계가 성립하는 경우에 한정합니다. 또한 수용적 침해는 통상 행정행위가 아니라 외계에 물리적 변화를 수반하는 비권력적 사실행위에서 비롯하는 경우가 대부분입니다.

2) 분리이론과 수용적 침해

수용적 침해는 의도하지 않은 재산권 침해라는 점에서 기본법 제14조 제3항의 수용에는 해당하지 않지만, 특별한 희생이 발생한 경우에는 이를 수용과 동 가치로 평가하여 보상 규정이 없더라도 특별한 손실을 전보하는 제도입니다. 그러나 연방헌법재판소의 자갈채취판결로 대표되는 분리이론에 의하면, 수용은 보상규정에 의한 보상을 수반하면서 타인의 재산에 대한 의도적 박탈행위만을 의미하므로 위 이론을 수용과 동등하게 평가하는 것 자체를 부인합니다. 그리고 분리이론은 통상 사회기초시설 공사 등으로 부수적으로 수반하는 손실에 대해 보상 규정을 흠결하였더라도, 이때의 손실을 기본법 제14조 제2항의 재산권 행사의 사회적 기속성 내의 것으로 판단하므로 일반적으로 해당 법률의 위헌 문제를 야기하지도 않습니다.

그러나 아주 예외적으로 부수적 손실이 보상을 요하는 심대한 경우에는 보상을 요하는 재산권의 내용 규율, 즉 기본법 제14조 제1항에의 부합 여부의 문제가 발생할 수도 있습니다. 그럼에도 불구하고 공행정작용과 관련하여 발생한 의도하지 않은 부수적 손실에 대해 보상이 행해지는 경우는 연방사법재판소의 수용적 침해이론에 의하건, 아니면 연방헌법재판소의 1차적 권리구제의 방법을 통하건 매우 제한적일 수밖에 없습니다. 그러나 지금 논하는 유형의 손실에 대해서도 보상이 행해져야 한다는 인식이 일반화된다면, 이제 그 경우에도 보상규정이 재산권의 내용 규정에 포함되어야 하는 법리로 구성될 수 있고, 논의가 여기에 이른다면 분리이론의 입장에서도 보상규정에 의한 손실보상이 일반화될 수도 있겠지요. 물론 이 경우에도 위헌결정에 따른 근거 법률에 의한 보상규정의 존재를 요건으로 함은 물론입니다. 그러나 이러한 입론은 부수적 손실 발생의 예견가능성이 담보되는 경우에만 보상 규정을 둘 것이므로 실질에 있어서는 여전히 한정적일 수밖에 없습니다.

이처럼 자갈채취판결을 통해 연방헌법재판소가 기본법 제14조 제3항을 불가분조항으로 거듭 선언한 이후 수용적 침해는 더 이상 기본법 제14조 제3항과의 견련성을 견지할 수 없었고 수용유사침해법리에서처럼 관습법상의 희생보상청구권에 기대어 동 이론을 유지하게 됩니다. 결론적으로, 수용유사침해이론의 경우도 그러하거니와 수용적 침해이론 또한 독일 특유의 역사적 배경하에서 발전한 제도이므로 우리의 국가책임제도의 발전에 하나의 참고는 될 수 있지만, 직접적인 도입을 위해서는 여러 법리적·법정책적 문제점을 해결해야 하는 과제를 더불어 안고 있습니다.

8. 희생보상청구권, 희생유사침해이론

헌법 제23조 제3항에 의한 정형적인 손실보상, 수용유사침해 및 수용적 침해에 대한 손실보상은 모두 재산적 가치에 대한 침해를 전제로 하며, 생명·신체·자유 등의 법익에 대한 침해는 적용 대상이 아닙니다. 그러나 이러한 비재산적 법익에 대한 적법한 침해의 경우도 공행정작용 과정에서 발생할 수 있는 것이어서 이에 대한 금전적 전보제도로서 판례·학설에 의해 발전한 법리가 독일의 희생보상청구권(Aufopferungsanspruch) 내지 희생유사침해(aufopferungsgleicher Eingriff)에 대한 손실보상제도입니다.

희생보상청구권은 그 근거를 프로이센일반란트법 제74조와 제75조상의 법 원리, 즉 공익을 위하여 특별한 희생을 입은 자는 보상하여야 한다는 원칙에 입각하고 있습니다. 공용침해로 인한 손실보상청구권과 희생보상청구권은 침해 법익의 종류에 따라 구분되지만, 양자 모두 공공필요에 따른 개인의 권리에 대한 적법한 침해에 대하여 인정되는 보상청구권이라는 점에서는 공통의 성질을 가집니다. 따라서 희생보상청구권은 피침해 법익이 비재산적 법익이라는 점을 제외하고는 성립요건상 공용침해에 대한 손실보상청구권과 차이가 없습니다. 또한, 희생보상청구권에 의해 비재산적 권리가 침해된 자는 보상을 청구할 수 있지만, 그 보상은 해당 침해행위로 인한 의료비 등 재산적 손해를 내용으로 하며, 정신적 손해는 그에 포함되지 않는 것으로 해석합니다.

희생보상청구권 법리는 우리 법제에도 일부 반영되어 나타나는데, 감염병의 예방 및 관리에 관한 법률 제71조와 경찰관 직무집행법 제11조의2의 규정이 이에 해당합니다. 후자의 경우 보상이 행해지는 침해 유형이 한정적으로 규정된 점에 주의해야 합니다. 경찰관의 적법한 직무집행으로 인하여 손실 발생의 원인에 대한 책임이 없는 자가 생명·신체 또는 재산상의 손실을 입은 경우(손실 발생의 원인에 대하여 책임이 없는 자가 경찰관의 직무집행에 자발적으로 협조하거나 물건을 제공하여 생명·신체 또는 재산상의 손실을 입은 경우를 포함) 및 손실 발생의 원인에 대하여 책임이 있는 자가 자신의 책임에 상응하는 정도를 초과하는 생명·신체 또는 재산상의 손실을 입은 경우 이를 특별한 희생으로 보아 손실보상청구권을 인정합니다. 그러므로 경찰비책임자를 보호하기 위해 행해진 경찰조치로 당해 비책임자에게 손해가 발생한 경우에는 특별한 희생이라고 볼 수 없으므로 손실보상의 대상이 아닙니다. 인질범을 체포하기 위해 건물의 대형 유리창을 파괴하고 경찰특공대가 진입한 경우가 하나의 예가 되겠지요.

* **대판 2019.4.3, 2017두52764** : "감염병의 예방 및 관리에 관한 법률에 따르면, 국가는 일정한 예방접종을 받은 사람이 그 예방접종으로 질병에 걸리거나 장애인이 되거나 사망하였을 때에는 대통령령으로 정하는 기준과 절차에 따라 보상을 하여야 하고(제71조), 법에 따른 보건복지부장관의 권한은 대통령령으로 정하는 바에 따라 일부를 질병관리본부장에게 위임할 수 있다(제76조 제1항). 그 위임에 따른 구 감염병의 예방 및 관리에 관한 법률 시행령(2015. 1. 6. 대통령령 제26024호로 개정되기 전의 것)에 따르면, 보건복지부장관은 예방접종피해보상 전문위원회의 의견을 들어 보상 여부를 결정하고(제31조 제3항), 보상을 하기로 결정한 사람에게 보상 기준에 따른 보상금을 지급하며(제31조 제4항), 이러한 예방접종피해보상 업무에 관한 보건복지부장관의 권한은 질병관리본부장에게 위임되어 있다(제32조 제1항 제20호). 위 규정에 따르면 법령상 보상금 지급에 대한 처분 권한은, 국가사무인 예방접종피해보상에 관한 보건복지부장관의 위임을 받아 보상금 지급 여부를 결정하고, 보상금을 지급함으로써 대외적으로 보상금 지급 여부에 관한 의사를 표시할 수 있는 질병관리본부장에게 있다."

☞ 위 판례의 직접적 판시 내용은 예방접종으로 인한 피해의 보상을 신청하였으나 거부된 경우, 보건복지부장관의 권한을 위임받은 질병관리본부장(현 질병관리청장)을 상대로 거부처분취소소송을 제기할 수 있음을 나타내고 있습니다.

한편, 수용유사침해이론과 유사한 논증에 따라 비재산적 권리에 대한 위법한 침해에 대해서도 보상을 청구할 수 있으며, 이를 '희생유사침해에 대한 손실보상제도'라 일컫습니다.

9. 결과제거청구권

1) 의의

결과제거청구권(Folgenbeseitigungsanspruch)은 위법한 행정작용의 결과로 야기된 위법상태로 인하여 자신의 법률상 이익을 침해받고 있는 자가 행정청에 대해 그 위법한 상태를 제거하여 침해가 있기 전의 상태(status quo ante)를 회복하여 줄 것을 청구할 수 있는 공법상 권리를 말합니다. 국가책임의 내용은 손해배상이건 손실보상이건 금전에 의한 조절을 일차적 수단으로 하지만, 금전 지급만으로는 피해자 이익을 충분히 고려할 수 없고 침해 이전의 상태로의 원상회복이 보다 유용한 경우에 활용 가능한 실체적 공권입니다. 예를 들어, 운전면허정지처분취소소송의 인용판결에도 행정청이 운전면허증을 반환하지 않고 있는 경우 피해자의 관심은 국가배상·손실보상청구권의 보장보다는 궁극적으로 사후적 위법 결과의 제거, 즉 면허증의 반환을 통한 적법한 운전행위의 가능성에 있습니다.

2) 연혁

결과제거청구권은 독일에서의 학설·판례를 통해 1960년대 이후 정립되었습니다. 독일의 경우 결과제거청구권은 민법상 위법 결과의 전보방식을 민법전(BGB) 제249조에 따라 원상회복우선주의를 취하는 점에서 발전의 단초를 발견할 수 있는데, 그에 따르면 원상회복에 대한 예외로서 원상회복이 불가능하거나 불충분한 경우 또는 원상회복이 손해액에 비해 과도한 비용이 들 경우에는 금전배상이 행해집니다.

초기의 결과제거청구권은 행정행위가 집행되었으나 위법하여 취소된 경우 그 집행 결과를 제거하는 방안으로 논의되었습니다. 이른바 '무숙자(無宿者, Obdachloser) 사건'에서 무숙자를 개인소유 주택에 위법하게 수용(收容)시킨 경우 소유자는 수용처분에 대한 취소만으로는 만족하지 못하며, 완전한 권리구제는 수용처분의 효력을 소멸시켜 궁극적으로는 동 처분이 집행된 상태를 해소하여 입주한 무숙자를 퇴거시키는 것(권력적 사실행위)을 관철하기 위해 도입되었습니다. 즉, 결과제거청구권은 그 초기에는 행정행위의 집행 결과의 제거에 한정하였으며, 이 점에서 취소소송과 밀접한 관련이 있습니다. 이를 특히, '집행결과제거청구권(Vollzugsfolgenbeseitigungsanspruch)'이라 칭합니다. 그 후 예컨대, 공중전화부스로부터 12m 떨어진 곳의 주민이 소음을 이유로 보상청구를 하는 것이 아니라 부스의 철거를 요구하는 경우처럼, 선행 행정행위로 인한 위법한 결과뿐만 아니라 고권적 사실행위 및 부작위의 결과로 생긴 위법한 결과의 제거에까지 확대되어 개인의 주관적 공권으로 확립되었습니다.

결과제거청구권은 1981년 독일 국가책임법(Staatshaftungsgesetz)에서 일응 입법화되었는데, 피해자는 금전배상청구권과 결과제거청구권 중 선택 가능한 것으로 규정하였습니다. 물론 동 법률의 위헌선언으로 현실화에 성공하지 못하였음은 - 국가배상청구권의 법적 성질과 관련한 제 학설을 설명하는 경우 등에서 - 이미 여러 번 언급하였습니다. 결과제거청구권은 오늘날 환경오염 및 공법상(공무원의 직무와 관련된) 명예훼손발언의 철회 근거 등에까지 확산 논의되고 있으므로 이를 단순히 민법상 물권적 청구권으로 파악하는 입장은 잘못입니다.

3) 법적·이론적 근거

(1) 개별법 규정

독일의 경우 행정법원법(VwGO) 제113조 제1항 제2문과 제3문은 결과제거청구권을 '판결의 내용'의 형태로 명문으로 인정합니다. 즉, 행정행위가 위법하고 그로 인해 원고의 권리가 침해된 경우 법원은 판결로써 해당 행정행위나 행정심판재결을 취소하는데, 만약 행정행위가 이미 집행된 때에는 신청에 따라 행정청으로 하여금 집행 결과를 원상회복할 것인지 여부 및 이를 인정할 경우 그 방법도 아울러 선고할 수 있습니다. 다만, 이러한 선고는 원상회복이 가능하고 사안이 충분히 성숙한 경우에만 허용됩니다.

우리의 경우 '소의 이송'을 규정한 행정소송법 제10조 제1항이 원상회복청구소송을 포함하고 있고, 동법 제30조의 기속력의 구체적 내용으로서 결과제거의무(원상회복의무)가 인정됨에서 그 법적 근거를 찾을 수 있습니다. 나아가 당사자소송의 규정, 즉 처분 등을 원인으로 하는 법률관계에 관한 소송에는 해석상 결과제거청구소송이 포함되는 점도 이에 속합니다. 개별법상 결과제거청구권의 근거로는 징발법 제14조[1]를 들 수 있습니다. 한편, 결과제거청구권을 소송상 행사하는 경우 결과제거청구소송이라는 명칭 대신 실무상으로는 원상회복청구소송 혹은 부당이득반환청구소송의 용어를 사용합니다.

(2) 이론적 근거(법적 성질)

결과제거청구권은 헌법상 법치행정의 원칙, 기본권 보장 규정으로부터 도출 가능한 공권으로 이해합니다. 일부 견해는 결과제거청구권을 민법상 소유권에 기한 물권적 청구권의 일종(민법 제213조, 제214조)으로 파악하는데, 이로는 개인의 신체·생명·명예·환경적 이익 등이 침해된 경우를 설명하기 어려우므로 취할 바가 아닙니다.

결과제거청구권에 대한 명문의 규정이 설령 존재하지 않더라도 동 청구권은 법의 일반원리로서 인정된다고 보아야 합니다. 앞선 수용유사침해와는 사뭇 다릅니다. 법규의 흠결을 보충하기 위한 제도인 수용유사침해이론은 확고한 법제인 손해배상과 손실보상을 근간으로 하므로 그에 대한 인정 여부는 법령의 규정 내지 판례법에 의할 수밖에 없음에 비해, 결과제거청구권은 법의 일반원리의 확인이라고 보아야 하기 때문입니다. 환언하면,

---

1) "징발물은 소모품인 동산을 제외하고는 원상을 유지하여야 하며, 징발이 해제되어 징발대상자에게 반환할 때에는 원상으로 반환하여야 한다. 다만, 징발대상자가 원상회복을 원하지 아니하거나 멸실, 그 밖의 사유로 원상회복을 할 수 없을 때에는 예외로 한다."

행정의 법률적합성원칙에서 볼 때 사인은 적법한 행정작용에 의한 결과만을 수인할 뿐이지 위법한 행정작용으로부터 초래된 위법 상태(법익침해상태)를 수인해야 하는 것은 아니라 할 것입니다. 더 나아가 결과제거청구권은 자유권 보호 조항에서도 도출 가능합니다. 자유권의 실효적 보장을 위해서는 방어권적 성격의 '자유권 침해에 대한 부작위'를 청구하는 것만으로는 불충분하며, 침해 시 위법상태를 제거할 청구권까지 인정하는 것이 자유권의 실효적 보장을 위해 당연히 요청됩니다.

대법원도 공중의 편의를 위한 상수도시설을 대지소유자가 소유권에 기하여 철거를 요구하는 것이 권리남용에 해당하는지 여부와 관련하여 일찍이 결과제거청구권을 인정하였습니다.

* **대판 1987.7.7, 85다카1383** : "도시계획시설결정 및 지적승인고시가 있어 대지가 도로부지에 편입되었다 하더라도 시가 아직 그 도로개설에 관한 도시계획사업을 진행하여 대지소유자로부터 대지를 협의매수하거나 수용하는 등 대지의 소유권 기타 사용권을 적법하게 취득하였음을 주장입증하지 아니하고 있다면 시가 그 대지를 사용할 적법한 권원이 있다고 할 수 없다. … 대지소유자가 그 소유권에 기하여 그 대지의 불법점유자인 시에 대하여 권원없이 그 대지의 지하에 매설한 상수도관의 철거를 구하는 경우에 공익사업으로서 공중의 편의를 위하여 매설한 상수도관을 철거할 수 없다거나 이를 이설할 만한 마땅한 다른 장소가 없다는 이유만으로써는 대지소유자의 위 철거청구가 오로지 타인을 해하기 위한 것으로서 권리남용에 해당한다고 할 수는 없다."

4) 성립요건

(1) 고권적 조치

제거되어야 할 위법한 결과 내지 상태는 - 행위자의 고의·과실을 불문하고 - 고권적 조치·침해(hoheitliche Maßnahme bzw. Eingriff)에 의한 것이어야 합니다. 이에는 법적 행위뿐만 아니라 사실행위를 포함하며, 권력작용뿐만 아니라 비권력적 행정작용 중 관리작용도 포함하지만 국고작용은 해당하지 않습니다. 예컨대, 사법의 규율에 의해 운영되는 공공시설로부터 환경오염이 발생한 경우에는 사법상의 방어청구권에 의하여야 합니다.

행정청에 의해 형성된 결과가 처음에는 적법하였으나 추후 어떤 사유(해제조건의 성취, 법률요건의 변경·해제 등)로 위법하게 된 경우에는 부작위에 의한 결과제거청구권의 발생이 문제됩니다. 즉, 압류 해제 물건을 반환하지 않는 경우 등 선행 의무의 부작위 내지

'의무위반의 부작위(pflichtwidriges Unterlassen)'에도 결과제거청구권이 발생할 수 있습니다. 다만, 이 경우 소송상 권리구제는 위법 결과로서의 자신의 물건에 대한 반환청구를 행정청이 거부한 경우 거부처분취소소송 및 동 인용판결의 기속력에 의해 해결하는 것이 우리 실무의 일반적인 관행입니다.

(2) 침해된 이익의 성격 : 권리의 침해

단순히 위법 상태의 배제만으로는 동 청구권이 성립하지 않습니다. 위법상태와 관련하여 자신의 주관적 이익이 침해되었고 그런 상태가 계속되어야 하고, 이 경우 '자신의 이익'의 성격은 공권론에서 논의되는 법적으로 보호된 이익(헌법상 기본권과의 관련성하에서 헌법합치적·목적론적 해석에 의해 인정되는 경우 포함)과 동일하며, 개인의 공권인 이상 명예·신용 등 정신적 가치도 포함됩니다.

(3) 위법상태의 발생 및 계속

결과제거청구권은 또한 위법한 행정작용으로부터 위법한 상태(rechtswidriger Zustand)의 발생 및 그 계속을 요건으로 합니다. 처음부터 위법한 경우뿐만 아니라 최초 적법한 행정작용이 기한의 경과나 조건의 성취로 사후에 위법한 결과를 야기한 경우를 포함합니다. 학자에 따라서는 고권작용 자체의 위법성이 아니라 동작용에 의해 야기된 위법한 결과로서의 부담의 위법 상태가 결과제거청구권의 요건이라 주장하는데, 이에 따르면 행위자체의 위법성은 결과제거청구권의 성립을 위해 고려의 여지가 없고 위법한 행위의 결과로서의 불법적 상태가 그 성립요건이 됩니다.

그러나 이러한 입장에 의하면 집행결과제거청구권의 경우 문제가 발생합니다. 행정행위가 선행하는 경우 공정력의 인정으로 인해 해당 행정행위가 무효가 아닌 한 직권취소 또는 쟁송취소 되어야만 종국적으로 위법한 행정행위가 되고 이에 따라 그 집행행위의 결과도 위법상태가 되므로 결과제거청구권의 행사를 위해서는 선행 행정행위의 취소 또는 원시적 무효를 전제로 해야 합니다. 이때 위법하더라도 효력이 제거되지 않아 유효한 행정작용에 의해 위법 상태가 발생하는 경우는 상정할 수 없으므로, 위법한 결과뿐만 아니라 행위의 위법성도 함께 고려하는 것이 타당합니다. 즉, 행정행위가 일응 위법하더라도 취소되기 전에는 유효한 행위이므로 이를 상대방의 권리침해의 근거로 삼을 수 없는 점에서, 이 경우에는 위법한 침해상태의 요건을 인정할 수 없습니다.

(4) 결과제거의 가능성

결과제거청구권은 위법한 결과의 제거, 특히 원상회복이 사실상 가능하고, 법률상 허용되어야 성립합니다. 따라서 예컨대, 압류자동차가 압류해제 이전에 파손된 경우나 압류재산에 대한 경매를 통해 선의로 소유권을 취득한 제3자가 있는 경우에는 결과제거청구권의 행사는 불가능하고 피해자는 손해전보청구권을 행사할 수 있을 따름입니다.

(5) 원상회복의 수인(기대)가능성

위법한 결과의 제거는 객관적으로 가능할 뿐만 아니라 회복의무 있는 행정청에게 기대 가능한 것이어야 합니다. 소유자에게 원상회복되더라도 그에게 더 이상의 실질적 이익이 존재하지 않는 경우에는 기대가능성이 없는 경우에 해당합니다. 예를 들어, 행정청이 타인소유 대지 5평을 권원 없이 점유하여 상수도관을 매립하여 주민의 식수공급시설로 사용함으로써 소유자가 토지의 반환을 청구한 경우, 원상회복이 사실상 불가능하지는 않더라도 과대한 금액의 출연 없이는 원상회복이 불가능하므로 결과제거청구권이 성립하지 않는다고 보아야 합니다. 비례원칙 중 상당성의 원칙의 표현이라 할 수 있는데, 이때 사인은 사안에 따라 국가배상청구권 내지 손실보상청구권에 의한 해결만을 도모할 수 있습니다.

(6) 쌍방과실의 문제

쌍방과실의 경우 결과제거청구권의 성립과 관련하여 민법상의 과실상계가 적용되는가의 문제가 발생합니다. 이에 대해 독일에서는 피해자의 중과실이 인정되는 경우에는 원상회복청구권을 인정하지 않습니다. 그러나 경미한 귀책사유에 대해 사인이 그 상계를 위해 비용부담 등을 제공함에도 행정청이 원상회복을 거부하는 것은 허용되지 않습니다.

5) 결과제거청구권의 구체적 내용

(1) 원상회복청구권

결과제거청구권은 행정청의 위법한 침해에 대한 소극적 제거를 내용으로 하는 방어권과는 달리, 예컨대 위법하게 설치된 시설의 철거나 공무원의 명예훼손적 발언의 취소 등과 같이 행정청의 적극적인 행위를 구하는 권리입니다. 결과제거청구권의 내용은 원상회복청구권으로 구현되는 경우가 전형입니다. 이미 발생한 위법 상태에 의한 권익침해에 대하여 부작위청구권 등 방어권의 행사로는 권리구제가 불가능하며 또한 기존의 금전에 의한 조절방법으로도 궁극적인 만족에 이르지 못하는 경우가 많으므로 위법 상태의 제거에 의한 '원래 상태 내지 그에 준하는 상태로의 회복(Wiedergutmachung des ursprünglichen Zustands oder eines damit gleichwertigen Zustands)'을 구하는 원상회복청구권으로 실현되는 경우가 일반적입니다. 위법 결과가 금전적 이익의 상실을 직접적 내용으로 하는 경우, 동 청구권의 내용이 금전의 지급 내지 반환이더라도 이것이 곧 국가배상이나 손실보상은 아니며 결과제거청구권의 행사에 의한 것입니다.

(2) 원상회복의 범위(직접적 침해의 회복)

결과제거청구권은 위법한 고권적 작용의 직접적 결과만을 대상으로 합니다. 따라서 전술한 무숙자 퇴거의 경우, 무숙자를 개인소유 주택으로부터 퇴거시키는 것만이 그 내용일 뿐, 입주기간 동안 무숙자에 의해 야기된 각종 손해에 대한 제거 내지 손상된 주택의 원상회복 등은 결과제거청구권의 행사 범위에 속하지 않고 국가배상청구 내지 퇴거조치 과정상의 손실에 대한 보상 청구의 범주에 해당합니다.

(3) 결과보상청구권의 문제

원상회복이 사실상·법률상 불가능할 경우 결과제거청구권은 성립하지 않고, 피해자의 귀책사유가 인정되는 경우 금전에 의한 전보로 전환됩니다. 이때의 전보청구권이 일반 국가책임제도하의 각종 국가배상청구권인지 아니면 결과제거청구권에 갈음하는 특별한 결과보상청구권인지의 논의가 독일에서 제기되었습니다. 결과보상청구권이라는 견해에서는 일반적 국가책임제도에 의할 때 전보되지 않는 범위가 발생할 수 있으므로 결과제거가 불가능할 경우 결과보상청구권의 인정을 통한 완전한 전보를 도모하고자 합니다. 이러한 논의의 타당성 여부는 별론, 우리의 경우 도입의 실익 및 가능성 여부에는 회의적입니다. 일반적인 국가책임제도로 전환된다고 보는 것이 현실적입니다.

(4) 소송상 행사

독일의 경우 결과제거의무의 내용에 따라, 결과제거가 행정행위의 발령에 의하여야 하는 경우는 의무이행소송(Verpflichtungsklage), 사실행위 등 그 외의 행위형식에 대해서는 일반이행소송(Allgemeine Leistungsklage)의 방법에 의합니다. 우리의 경우에는 공법상 당사자소송의 활용이 결과제거청구권의 소송상 행사 방법에 해당합니다. 특히, 집행결과

제거청구권의 경우에는 취소소송 인용판결의 기속력(행정소송법 제30조 제1항)에 의한 해결이 가능함은 '공정력과 선결문제'에서 살펴본 바와 같습니다. 또한 이 경우 당사자소송을 제기하는 경우에도 이를 독자적으로 제기할 수도, 그리고 취소소송의 관련청구소송으로서 병합하여 제기할 수도 있습니다(행정소송법 제10조 제2항).

6) 결과제거청구소송으로서 부당이득반환청구소송의 법적 성질

부당이득반환청구소송을 민사소송으로 볼 것인지, 아니면 공법상 당사자소송으로 성질 지을 것인지는 부당이득반청구권의 법적 성격의 규명과 직결되는 문제입니다. 이를 사권으로 보는 견해도 존재합니다. 사권설은 부당이득의 문제는 그것이 공법관계에서 혹은 사법관계에서 발생하건 간에 법률상의 원인 없이 타인의 재산이나 노무로 인하여 이익을 얻고 그로 인하여 상대방이 손해를 입음으로써 발생하는 점에서는 차이가 없다는 인식에서 출발합니다. 위법한 행정행위가 매개가 되는 경우에도 부당이득으로 확정되는 것은 처분이 취소되거나 무효의 확인을 거쳐야 하는데, 이때에는 이미 해당 공법관계를 구성하는 실체로서의 행정행위가 소멸하였으므로 권원 없는 결과의 원상회복을 구하는 것만이 잔존할 뿐이고, 이는 민사상 부당이득의 경우와 다를 바 없다고 합니다.

> * **대판 1995.12.22, 94다51253** : "개발부담금 부과처분이 취소된 이상 그 후의 부당이득으로서의 과오납금 반환에 관한 법률관계는 단순한 민사관계에 불과한 것이고, 행정소송 절차에 따라야 하는 관계로 볼 수 없다."

그러나 다수설은 부당이득반환청구권을 공권으로 이해합니다. 공법상의 부당이득반환청구권은 행정법관계에서 공법적인 원인을 바탕으로 발생하기 때문에 그 독자성을 인정하여야 합니다. 이를 사인 상호 간의 재산적 이익의 조절장치인 민법상 부당이득반환청구권과 동일시할 수 없습니다. 따라서 공법상 부당이득반환청구권은 공권의 성질을 가지며, 행정소송법 제3조 제2호의 당사자소송의 방법으로 소구하여야 합니다. 이에 따라 최근 판례는 확정된 부가가치세 환급세액 지급의무는 조세정책적 관점에서 특별히 인정되는 공법상 의무로서 납세의무자의 환급세액 지급청구는 민사소송이 아니라 당사자소송의 절차에 따라야 한다고 판시하였습니다. 한편, 과거 행정소송법 개정안에서는 당사자소송의 정의규정에서 부당이득반환청구소송을 국가배상청구소송 및 손실보상청구소송 등과 함께 당사자소송의 유형임을 명문으로 규정하였습니다.

* **대판 2013.3.21, 2011다95564(전합)** : "[다수의견] 부가가치세법령이 환급세액의 정의 규정, 그 지급시기와 산출방법에 관한 구체적인 규정과 함께 부가가치세 납세의무를 부담하는 사업자(이하 '납세의무자'라 한다)에 대한 국가의 환급세액 지급의무를 규정한 이유는, 입법자가 과세 및 징수의 편의를 도모하고 중복과세를 방지하는 등의 조세 정책적 목적을 달성하기 위한 입법적 결단을 통하여, 최종 소비자에 이르기 전의 각 거래단계에서 재화 또는 용역을 공급하는 사업자가 그 공급을 받는 사업자로부터 매출세액을 징수하여 국가에 납부하고, 그 세액을 징수당한 사업자는 이를 국가로부터 매입세액으로 공제·환급받는 과정을 통하여 그 세액의 부담을 다음 단계의 사업자에게 차례로 전가하여 궁극적으로 최종 소비자에게 이를 부담시키는 것을 근간으로 하는 전단계세액공제 제도를 채택한 결과, 어느 과세기간에 거래징수된 세액이 거래징수를 한 세액보다 많은 경우에는 그 납세의무자가 창출한 부가가치에 상응하는 세액보다 많은 세액이 거래징수되게 되므로 이를 조정하기 위한 과세기술상, 조세 정책적인 요청에 따라 특별히 인정한 것이라고 할 수 있다. 따라서 이와 같은 부가가치세법령의 내용, 형식 및 입법 취지 등에 비추어 보면, 납세의무자에 대한 국가의 부가가치세 환급세액 지급의무는 그 납세의무자로부터 어느 과세기간에 과다하게 거래징수된 세액 상당을 국가가 실제로 납부받았는지와 관계없이 부가가치세법령의 규정에 의하여 직접 발생하는 것으로서, 그 법적 성질은 정의와 공평의 관념에서 수익자와 손실자 사이의 재산상태 조정을 위해 인정되는 부당이득 반환의무가 아니라 부가가치세법령에 의하여 그 존부나 범위가 구체적으로 확정되고 조세 정책적 관점에서 특별히 인정되는 공법상 의무라고 봄이 타당하다. 그렇다면 납세의무자에 대한 국가의 부가가치세 환급세액 지급의무에 대응하는 국가에 대한 납세의무자의 부가가치세 환급세액 지급청구는 민사소송이 아니라 행정소송법 제3조 제2호에 규정된 당사자소송의 절차에 따라야 한다.

[대법관 박보영의 반대의견] 현행 행정소송법 제3조 제2호는 당사자소송의 정의를 "행정청의 처분 등을 원인으로 하는 법률관계에 관한 소송 그 밖에 공법상의 법률관계에 관한 소송으로서 그 법률관계의 한쪽 당사자를 피고로 하는 소송"이라고 추상적으로 규정함으로써 구체적인 소송의 형식과 재판관할의 분배를 법원의 해석에 맡기고 있다. 따라서 그 권리의 법적 성질에 공법적인 요소가 있다는 이유만으로 반드시 당사자소송의 대상으로 삼아야 할 논리필연적 당위성이 존재한다고는 볼 수 없다. 오히려 부가가치세 환급세액은, 사업자가 매입 시 지급한 부가가치세(매입세액)가 매출 시 받은 부가가치세(매출세액)보다 많을 때, 국가는 사업자가 더 낸 부가가치세를 보유할 정당한 이유가 없어 반환하는 것으로서 그 지급청구의 법적 성질을 민법상 부당이득반환청구로 구성하는 것도 가능하다. 또한 어느 사업자로부터 과다하게 거래징수된 세액 상당을 국가가 실제로 납부받지 않았다고 하더라도, 그 사업자의 출연행위를 직접적인 원인으로 하여 국가가 그 거래징수를 한 사업자에 대한 조세채권을 취득하기 때문에 손실과 이득 사이의 직접적 연관성 및 인과관계가 존재한다고 규범적으로 평가하고, 부가가치세법 제24조 제1항, 부가가치세법 시행령 제72조 제1항 등의 규정을 부당이

득의 성립요건 중 국가의 이득 발생이라는 요건을 완화시키는 부당이득의 특칙으로 이해할 수도 있다. 결국 본래 부당이득으로서 국가가 이를 즉시 반환하는 것이 정의와 공평에 합당한 부가가치세 환급세액에 관하여 부가가치세법령에 요건과 절차, 지급시기 등이 규정되어 있고 그 지급의무에 공법적인 의무로서의 성질이 있다는 이유로, 그 환급세액 지급청구를 반드시 행정법원의 전속관할로 되어 있는 행정소송법상 당사자소송으로 하여야 한다고 볼 것은 아니다."

한편, 부당이득반환청구소송을 당사자소송이라고 하더라도 항고소송과의 준별이 용이하지 않은 경우가 있습니다. 국세기본법 제51조, 제52조에 따른 세무서장의 국세환급금에 대한 결정은 이미 확정된 과세관청의 내부적인 환급절차에 불과하고 그 결정에 의하여 비로소 환급청구권이 확정되는 것이 아니므로 환급금결정이나 환급거부결정은 항고소송의 대상이 되는 처분이 아니라는 것이 판례의 입장입니다. 즉, 이 경우 환급을 거부당한 자는 환급거부결정취소소송을 제기하면 안 되고, 국가를 상대로 민사소송으로 환급금청구소송을 제기할 수밖에 없다고 하였습니다. 그러나 앞선 2011다95564 판결을 고려하건대 부당이득반환청구소송의 성질을 가지는 환급금청구소송을 민사소송으로 파악하던 기존의 판례 입장은 향후 수정되어 당사자소송으로 간주할 것으로 예상합니다.

＊ **대판 1997.10.10, 97다26432** : "국세기본법 제51조 제1항의 규정에 의하면, 세무서장은 납세의무자가 국세·가산금 또는 체납처분비로서 납부한 금액 중 오납액, 초과납부액 또는 환급세액이 있는 때에는 즉시 이를 국세환급금으로 결정하여야 한다고 되어 있는바, 여기서 오납액이라 함은 납부 또는 징수의 기초가 된 신고(신고납세의 경우) 또는 부과처분(부과과세의 경우)이 부존재하거나 당연무효임에도 불구하고 납부 또는 징수된 세액을 말하고, 초과납부액은 신고 또는 부과처분이 당연무효는 아니나 그 후 취소 또는 경정됨으로써 그 전부 또는 일부가 감소된 세액을 말하며, 환급세액은 적법히 납부 또는 징수되었으나 그 후 국가가 보유할 정당한 이유가 없게 되어 각 개별 세법에서 환부하기로 정한 세액을 말하므로, 위 오납액과 초과납부액 및 환급세액은 모두 조세채무가 처음부터 존재하지 않거나 그 후 소멸되었음에도 불구하고 국가가 법률상 원인 없이 수령하거나 보유하고 있는 부당이득에 해당한다. 그러므로 이러한 부당이득의 반환을 구하는 납세의무자의 국세환급청구권은 오납액의 경우에는 처음부터 법률상 원인이 없으므로 납부 또는 징수시에 이미 확정되어 있고, 초과납부액의 경우에는 신고 또는 부과처분의 취소 또는 경정에 의하여 조세채무의 전부 또는 일부가 소멸한 때에 확정되며, 환급세액의 경우에는 각 개별 세법에서 규정한 환급 요건에 따라 확정되는 것이다(대법원 1989. 6. 15. 선고 88누6436 전원합의체 판결 참조). 따라서 국세환급금에 관한 국세기본법 제51조 제1항, 부가가치세 환급에 관한 부가가치세법 제24조, 같은법시행령 제72조의

각 규정은 위와 같이 정부가 이미 부당이득으로서 그 존재와 범위가 확정되어 있는 과오납부액이나 환급세액이 있는 때에는 납세자의 환급 신청을 기다릴 것 없이 이를 즉시 반환하는 것이 정의와 공평에 합당하다는 법리를 선언하고 있는 것이므로, 이미 그 존재와 범위가 확정되어 있는 과오납부액이나 환급세액은 납세자가 부당이득의 반환을 구하는 민사소송으로 그 환급을 청구할 수 있다고 할 것이다(대법원 1988. 11. 8. 선고 87누479 판결, 1989. 6. 15. 선고 88누6436 전원합의체 판결, 1991. 7. 9. 선고 91다13342 판결, 1996. 4. 12. 선고 94다34005 판결 등 참조). 그리하여 신고납세 방식을 취하고 있는 부가가치세에 있어서는 부가가치세법(1995. 12. 29. 법률 제5032호로 개정되기 전의 것) 제19조에 의한 확정신고 또는 같은 법 제21조에 의한 경정결정에 의하여 그 과세표준 또는 납부세액이나 환급세액의 존재 및 범위가 확정되므로, 이러한 경우에는 납세자가 위에서 본 부당이득 반환의 법리에 따라 위 확정신고 또는 경정결정에 의하여 이미 그 존재와 범위가 확정되어 있는 과오납부액이나 환급세액을 국가에 대하여 법률상 원인 없이 수령한 과오납금이나 환급세액이라고 주장하여 민사소송으로 그 환급을 청구할 수 있다고 할 것이다."

* **대판 2009.3.26, 2008다31768** : "국세기본법 제51조 제1항의 규정에 의하면, 세무서장은 납세의무자가 국세·가산금 또는 체납처분비로서 납부한 금액 중 오납액, 초과납부액 또는 환급세액이 있는 때에는 즉시 이를 국세환급금으로 결정하여야 한다고 되어 있는바, 여기서 오납액이라 함은 납부 또는 징수의 기초가 된 신고(신고납세의 경우) 또는 부과처분(부과과세의 경우)이 부존재하거나 당연무효임에도 불구하고 납부 또는 징수된 세액을 말하고, 초과납부액은 신고 또는 부과처분이 당연무효는 아니나 그 후 취소 또는 경정됨으로써 그 전부 또는 일부가 감소된 세액을 말하며, 환급세액은 적법히 납부 또는 징수되었으나 그 후 국가가 보유할 정당한 이유가 없게 되어 각 개별 세법에서 환부하기로 정한 세액을 말하므로, 위 오납액과 초과납부액 및 환급세액은 모두 조세채무가 처음부터 존재하지 않거나 그 후 소멸되었음에도 불구하고 국가가 법률상 원인 없이 수령하거나 보유하고 있는 부당이득에 해당한다. 그러므로 이러한 부당이득의 반환을 구하는 납세의무자의 국세환급금채권은 오납액의 경우에는 처음부터 법률상 원인이 없으므로 납부 또는 징수시에 이미 확정되어 있고, 초과납부액의 경우에는 신고 또는 부과처분의 취소 또는 경정에 의하여 조세채무의 전부 또는 일부가 소멸한 때에 확정되며, 환급세액의 경우에는 각 개별 세법에서 규정한 환급 요건에 따라 확정되는 것이다 (대법원 1989. 6. 15. 선고 88누6436 전원합의체 판결, 대법원 1997. 10. 10. 선고 97다26432 판결 등 참조)."

제28강

손실보상액의 결정절차와 권리보호

제28강

손실보상액의 결정절차와 권리보호

토지수용의 근거가 되는 개별 법률들은 토지수용절차 및 그에 대한 불복방법에 대해 대부분 공익사업을 위한 토지 등의 취득 및 보상에 관한 법률(토지보상법)의 규정을 준용하고 있으므로 토지보상법상의 규정을 중심으로 주요 사항의 흐름을 요약하면 다음과 같습니다.

> 사업인정 전 협의(제16조, 임의절차) → 사업인정(제20조)1) → 사업인정 후 협의(제26조, 필수전치절차이지만 일정 요건하에서 생략 가능) → 화해권고(제33조) → 수용재결(제34조) → 이의재결(제84조, 임의전치주의) → 행정소송(제85조, 수용재결취소(무효확인)소송, 이의재결 고유의 위법이 있는 경우에는 이의재결 취소(무효확인)소송, 보상금증감청구소송)

---

1) **대판 2011.1.27, 2009두1051** : "[1] 사업인정이란 공익사업을 토지 등을 수용 또는 사용할 사업으로 결정하는 것으로서 공익사업의 시행자에게 그 후 일정한 절차를 거칠 것을 조건으로 일정한 내용의 수용권을 설정하여 주는 형성행위이므로, 해당 사업이 외형상 토지 등을 수용 또는 사용할 수 있는 사업에 해당한다고 하더라도 사업인정기관으로서는 그 사업이 공용수용을 할 만한 공익성이 있는지의 여부와 공익성이 있는 경우에도 그 사업의 내용과 방법에 관하여 사업인정에 관련된 자들의 이익을 공익과 사익 사이에서는 물론, 공익 상호간 및 사익 상호간에도 정당하게 비교·교량하여야 하고, 그 비교·교량은 비례의 원칙에 적합하도록 하여야 한다. 그뿐만 아니라 해당 공익사업을 수행하여 공익을 실현할 의사나 능력이 없는 자에게 타인의 재산권을 공권력적·강제적으로 박탈할 수 있는 수용권을 설정하여 줄 수는 없으므로, 사업시행자에게 해당 공익사업을 수행할 의사와 능력이 있어야 한다는 것도 사업인정의 한 요건이라고 보아야 한다.
[2] 공용수용은 헌법상의 재산권 보장의 요청상 불가피한 최소한에 그쳐야 한다는 헌법 제23조의 근본취지에 비추어 볼 때, 사업시행자가 사업인정을 받은 후 그 사업이 공용수용을 할 만한 공익성을 상실하거나 사업인정에 관련된 자들의 이익이 현저히 비례의 원칙에 어긋나게 된 경우 또는 사업시행자가 해당 공익사업을 수행할 의사나 능력을 상실하였음에도 여전히 그 사업인정에 기하여 수용권을 행사하는 것은 수용권의 공익 목적에 반하는 수용권의 남용에 해당하여 허용되지 않는다."
대판 2000.10.13, 2000두5142 : "구 토지수용법(1990. 4. 7. 법률 제4231호로 개정되기 전의 것) 제16조 제1항에서는 건설부장관이 사업인정을 하는 때에는 지체 없이 그 뜻을 기업자·토지소유자·관계인 및 관계도지사에게 통보하고 기업자의 성명 또는 명칭, 사업의 종류, 기업지 및 수용 또는 사용할 토지의 세목을 관보에 공시하여야 한다고 규정하고 있는바, 가령 **건설부장관이 위와 같은 절차를 누락한 경우 이는 절**

1. 보상협의회의 설치

토지보상법은 토지소유자 등이 보상금액 결정과정에 적극적으로 참여하도록 하기 위하여 일정 규모 이상의 공익사업에 대해서는 보상협의회를 의무적으로 설치하도록 하고, 그 밖의 사업에 대해서는 임의적 설치를 규정합니다(토지보상법 제82조[1]). 보상협의회 형태의 주민참여제도를 도입한 취지는 토지소유자의 불만을 최소화하고 공익사업의 효율적 추진을 도모함에 있습니다.

2. 협의취득에서의 손실보상액 결정

공익사업을 위한 토지 등의 취득에는 그 소유자의 의사와 무관하게 강제적으로 취득하는 공용수용 이외에 공용수용의 주체와 토지 등 소유자 간의 협의에 의한 취득이 가능합니다(제14조 내지 제17조). 공용수용 이전의 협의취득절차는 의무적인 것이 아닌 점에서 후술하는 공용수용절차에서의 필수적 협의절차(제26조)와 구별해야 합니다. 통상 협의취득이 이루어지지 않은 경우에 동법상의 수용절차가 개시됩니다. 그리고 공익사업을 위한 토지 등의 취득이 협의취득절차에 의한 경우에는 논리 귀결적으로 공용수용절차에서의 협의절차를 거치지 않아도 됩니다.

협의취득절차에서는 그 본질상 당연히 보상액에 대한 협의가 행해지며(제16조), 이를 포함하여 협의취득을 위한 당사자(사업시행자 vs. 토지 등 소유자) 간 의사표시의 합치가 이루어지면 계약을 체결하게 됩니다(제17조). 이 경우의 계약은 사법상 계약이며, 협의취득에 기한 손실보상금의 환수통보 역시 사법상의 이행청구에 해당함에 이론이 없습니다.

> * **대판 2012.2.23, 2010다91206** : "공익사업을 위한 토지 등의 취득 및 보상에 관한 법령(이하 '공익사업법령'이라고 한다)에 의한 협의취득은 사법상의 법률행위이므로 당사자 사이의 자유로운 의사에 따라 채무불이행책임이나 매매대금 과부족금에 대한 지급의무를 약정할 수 있다. 그리고 협의

차상의 위법으로서 수용재결 단계 전의 사업인정 단계에서 다툴 수 있는 취소사유에 해당하기는 하나, 더 나아가 그 사업인정 자체를 무효로 할 중대하고 명백한 하자라고 보기는 어렵고, 따라서 이러한 위법을 들어 수용재결처분의 취소를 구하거나 무효확인을 구할 수는 없다."

1) 이하 이 강에서 법률명을 표기하지 않은 경우 토지보상법을 의미합니다.

> 취득을 위한 매매계약을 해석함에 있어서도 처분문서 해석의 일반원칙으로 돌아와 매매계약서에 기재되어 있는 문언대로의 의사표시의 존재와 내용을 인정하여야 하고, 당사자 사이에 계약의 해석을 둘러싸고 이견이 있어 처분문서에 나타난 당사자의 의사해석이 문제되는 경우에는 그 문언의 내용, 그러한 약정이 이루어진 동기와 경위, 그 약정에 의하여 달성하려는 목적, 당사자의 진정한 의사 등을 종합적으로 고찰하여 논리와 경험칙에 따라 합리적으로 해석하여야 한다. 다만 공익사업법은 공익사업의 효율적인 수행을 통하여 공공복리의 증진과 재산권의 적정한 보호를 도모하는 것을 목적으로 하고 협의취득의 배후에는 수용에 의한 강제취득 방법이 남아 있어 토지 등의 소유자로서는 협의에 불응하면 바로 수용을 당하게 된다는 심리적 강박감이 자리 잡을 수밖에 없으며 협의취득 과정에는 여러 가지 공법적 규제가 있는 등 공익적 특성을 고려하여야 한다."

3. 공용수용절차에서의 보상금액의 결정

1) 협의에 의한 결정

사업인정을 받은 사업시행자는 보상액에 관하여 토지소유자 및 관계인과 협의하여야 합니다(제26조 제1항, 제16조). 이를 협의전치주의라고 하는데, 전술한 임의적 협의취득절차와 구별해야 합니다. 다만, 사업인정 이전에 임의적 협의취득절차를 거쳤으나 협의가 성립되지 아니한 경우 토지조서 및 물건조서의 내용에 변동이 없을 때에는 사업인정을 받은 사업자는 여기에서의 협의절차를 거치지 아니할 수 있습니다. 물론 이 경우에도 사업시행자나 토지소유자 및 관계인이 협의를 요구할 때에는 협의하여야 합니다(제26조 제2항).

한편, 판례는 토지보상법 제26조에 의한 협의에 따른 합의에 대해 사법상 계약으로 보고 이에 따른 보상금 지급에 관한 소송은 민사소송의 대상이라고 합니다. 나아가, 매도인인 건물소유자가 건물에 대한 철거의무를 이행하겠다고 약정하여도 그 의무는 사법상의 의무이므로 행정대집행의 대상이 아니라고 합니다. 그러나 이러한 판례 입장은 재고를 요합니다. 사업인정과 더불어 사업시행자에게 토지수용권이 부여되어 그 협상력의 차이가 발생하기 때문에, 즉 처분에 해당하는 사업인정 후의 공용수용 절차는 이제 공법상 법률관계를 바탕으로 하므로 사업인정 전후의 협의를 동일한 법적 성질로 파악하는 것은 문제의 소지가 있습니다. 사업인정 전의 협의취득절차가 대등한 당사자 사이의 매매계약의 체결과정이라 하더라도, 사업인정 후의 협의는 그에 대해 토지수용위원회의 확인절차를 거친 때에는 공법상 계약으로 파악해야 합니다.

* **대판 2013.8.22, 2012다3517** : "공익사업을 위한 토지 등의 취득 및 보상에 관한 법률(이하 '공익사업법'이라고 한다)에 의한 보상합의는 공공기관이 사경제주체로서 행하는 사법상 계약의 실질을 가지는 것으로서, 당사자 간의 합의로 같은 법 소정의 손실보상의 기준에 의하지 아니한 손실보상금을 정할 수 있으며, 이와 같이 같은 법이 정하는 기준에 따르지 아니하고 손실보상액에 관한 합의를 하였다고 하더라도 그 합의가 착오 등을 이유로 적법하게 취소되지 않는 한 유효하다. 따라서 공익사업법에 의한 보상을 하면서 손실보상금에 관한 당사자 간의 합의가 성립하면 그 합의 내용대로 구속력이 있고, 손실보상금에 관한 합의 내용이 공익사업법에서 정하는 손실보상 기준에 맞지 않는다고 하더라도 합의가 적법하게 취소되는 등의 특별한 사정이 없는 한 추가로 공익사업법상 기준에 따른 손실보상금 청구를 할 수는 없다."

사업시행자와 토지 등 소유자 및 관계인 간 동법 제26조에 의한 협의가 성립한 경우 사업시행자는 토지수용위원회에 협의 성립의 확인을 신청할 수 있으며(제29조 제1항), 협의 성립의 확인은 토지보상법에 따른 재결로 간주되므로 당사자는 확인된 협의의 성립이나 내용을 다툴 수 없습니다(동조 제4항). 한편, 확인절차를 거칠 경우의 협의대상자는 '해당 토지의 진정한 소유자'라는 것이 판례의 입장입니다. 그 외에도 강제절차인 토지수용위원회의 수용재결 후라 하더라도 토지소유자와 사업시행자가 재협의하여 공용수용의 구체적 내용 및 보상액에 관하여 협의를 거쳐 임의로 계약을 체결할 수 있습니다.

* **대판 2018.12.13, 2016두51719** : "토지보상법상 수용은 일정한 요건하에 그 소유권을 사업시행자에게 귀속시키는 행정처분으로서 이로 인한 효과는 소유자가 누구인지와 무관하게 사업시행자가 그 소유권을 취득하게 하는 원시취득이다. 반면, 토지보상법상 '협의취득'의 성격은 사법상 매매계약이므로 그 이행으로 인한 사업시행자의 소유권 취득도 승계취득이다. 그런데 토지보상법 제29조 제3항에 따른 신청이 수리됨으로써 협의 성립의 확인이 있었던 것으로 간주되면, 토지보상법 제29조 제4항에 따라 그에 관한 재결이 있었던 것으로 재차 의제되고, 그에 따라 사업시행자는 사법상 매매의 효력만을 갖는 협의취득과는 달리 확인대상 토지를 수용재결의 경우와 동일하게 원시취득하는 효과를 누리게 된다. 이처럼 간이한 절차만을 거치는 협의 성립의 확인에, 원시취득의 강력한 효력을 부여함과 동시에 사법상 매매계약과 달리 협의 당사자들이 사후적으로 그 성립과 내용을 다툴 수 없게 한 법적 정당성의 원천은 사업시행자와 토지소유자 등이 진정한 합의를 하였다는 데에 있다. 여기에 공증에 의한 협의 성립 확인 제도의 체계와 입법 취지, 그 요건 및 효과까지 보태어 보면, 토지보상법 제29조 제3항에 따른 협의 성립의 확인 신청에 필요한 동의의 주체인 토지소유자는 협의 대상이 되는 '토지의 진정한 소유자'를 의미한다. 따라서 사업시행자가 진정한 토지소유자의 동의를 받지 못

한 채 단순히 등기부상 소유명의자의 동의만을 얻은 후 관련 사항에 대한 공증을 받아 토지보상법 제29조 제3항에 따라 협의 성립의 확인을 신청하였음에도 토지수용위원회가 신청을 수리하였다면, 수리 행위는 다른 특별한 사정이 없는 한 토지보상법이 정한 소유자의 동의 요건을 갖추지 못한 것으로서 위법하다. 진정한 토지소유자의 동의가 없었던 이상, 진정한 토지소유자를 확정하는 데 사업시행자의 과실이 있었는지 여부와 무관하게 그 동의의 흠결은 위 수리 행위의 위법사유가 된다. 이에 따라 진정한 토지소유자는 수리 행위가 위법함을 주장하여 항고소송으로 취소를 구할 수 있다."

* **대판 2017.4.13, 2016두64241** : "공익사업을 위한 토지 등의 취득 및 보상에 관한 법률(이하 '토지보상법'이라 한다)은 사업시행자로 하여금 우선 협의취득 절차를 거치도록 하고, 협의가 성립되지 않거나 협의를 할 수 없을 때에 수용재결취득 절차를 밟도록 예정하고 있기는 하다. 그렇지만 일단 토지수용위원회가 수용재결을 하였더라도 사업시행자로서는 수용 또는 사용의 개시일까지 토지수용위원회가 재결한 보상금을 지급 또는 공탁하지 아니함으로써 재결의 효력을 상실시킬 수 있는 점, 토지소유자 등은 수용재결에 대하여 이의를 신청하거나 행정소송을 제기하여 보상금의 적정 여부를 다툴 수 있는데, 그 절차에서 사업시행자와 보상금액에 관하여 임의로 합의할 수 있는 점, 공익사업의 효율적인 수행을 통하여 공공복리를 증진시키고, 재산권을 적정하게 보호하려는 토지보상법의 입법 목적(제1조)에 비추어 보더라도 수용재결이 있은 후에 사법상 계약의 실질을 가지는 협의취득 절차를 금지해야 할 별다른 필요성을 찾기 어려운 점 등을 종합해 보면, 토지수용위원회의 수용재결이 있은 후라고 하더라도 토지소유자 등과 사업시행자가 다시 협의하여 토지 등의 취득이나 사용 및 그에 대한 보상에 관하여 임의로 계약을 체결할 수 있다고 보아야 한다."

2) 수용재결

수용재결이란 토지보상법에 따라 공익사업을 시행하는 사업시행자가 토지소유자 및 관계인과 협의 매수를 시도하였으나 성립되지 않은 경우, 관할 토지수용위원회가 그 공익사업의 적법성을 심사하여 토지 등의 취득(수용) 여부와 손실보상의 기준 및 금액을 확정하는 행정처분을 말합니다. 수용재결에 따른 사업시행자의 권리취득은 토지소유자와 사업시행자 간 승계취득이 아니라, 법률의 규정에 의한 원시취득에 해당합니다. 따라서 수용의 개시일에 사업시행자는 해당 토지에 대한 소유권을 원시적으로 취득하며(토지보상법 제45조), 토지소유자 및 관계인은 수용 개시일까지 목적물을 사업시행자에게 인도하거나 이전할 의무를 집니다(동법 제43조). 이 밖에도 수용재결의 효과로서 토지소유자 등은 확정된 보상금에 대한 손실보상청구권을 취득하고(동법 제40조 제1항), 목적물에 대한 위험부담이 사업시행자에게 이전되며(동법 제46조), 향후 공익사업의 폐지 등에 따른 환매권이 발생하게 됩니다(동법 제91조).

토지보상법 제26조의 규정에 의한 협의가 성립되지 아니하거나 협의를 할 수 없는 때에는 사업시행자는 사업인정고시가 된 날부터 1년 이내에 관할 토지수용위원회에 재결을 신청할 수 있습니다(제28조 제1항). 이에 비해 토지 등 소유자는 재결을 직접 신청할 수 없고 단지 재결신청을 사업시행자에게 청구할 수 있을 뿐입니다(제30조 제1항, 제2항). 따라서 토지소유자의 '재결신청'에 대한 토지수용위원회의 거부는 그 신청권 흠결로 인해 처분성이 부인됩니다. 이에 비해 토지소유자의 '재결신청청구'에도 사업시행자가 재결신청을 하지 않을 때에는 사업시행자를 상대로 거부처분취소소송 또는 부작위위법확인소송을 제기할 수 있음이 원칙입니다.

* **대판 2019.8.29, 2018두57865** : "[1] 공익사업을 위한 토지 등의 취득 및 보상에 관한 법률(이하 '토지보상법'이라 한다) 제26조, 제28조, 제30조, 제34조, 제50조, 제61조, 제83조 내지 제85조의 규정 내용 및 입법 취지 등을 종합하면, 공익사업으로 농업의 손실을 입게 된 자가 사업시행자로부터 토지보상법 제77조 제2항에 따라 농업손실에 대한 보상을 받기 위해서는 토지보상법 제34조, 제50조 등에 규정된 재결절차를 거친 다음 그 재결에 대하여 불복이 있는 때에 비로소 토지보상법 제83조 내지 제85조에 따라 권리구제를 받을 수 있을 뿐, 이러한 재결절차를 거치지 않은 채 곧바로 사업시행자를 상대로 손실보상을 청구하는 것은 허용되지 않는다.
[2] 공익사업을 위한 토지 등의 취득 및 보상에 관한 법률 제28조, 제30조에 따르면, 편입토지 보상, 지장물 보상, 영업·농업 보상에 관해서는 사업시행자만이 재결을 신청할 수 있고 토지소유자와 관계인은 사업시행자에게 재결신청을 청구하도록 규정하고 있으므로, 토지소유자나 관계인의 재결신청 청구에도 사업시행자가 재결신청을 하지 않을 때 토지소유자나 관계인은 사업시행자를 상대로 거부처분 취소소송 또는 부작위 위법확인소송의 방법으로 다투어야 한다. 구체적인 사안에서 토지소유자나 관계인의 재결신청 청구가 적법하여 사업시행자가 재결신청을 할 의무가 있는지는 본안에서 사업시행자의 거부처분이나 부작위가 적법한가를 판단하는 단계에서 고려할 요소이지, 소송요건 심사단계에서 고려할 요소가 아니다."

그러나 아래 2012두22966 판결에서 보듯이, 토지소유자의 재결신청청구에 대한 공적 주체인 사업시행자의 거부가 구체적 사안에 따라서는 신청권으로서의 재결신청청구권이 부인되어 그 거부의 처분성이 부인됩니다. 생각건대, 공익사업의 필요성이 있음에도 사업시행자가 수용재결을 신청하지 않는 상황에서 토지소유자가 이미 공용수용에 동의하여 보상금에 대한 기대이익이 형성된 경우를 상정하면, 토지소유자에게도 신청권을 인정할 실익이 있습니다. 그러나 토지보상법은 이를 허용하지 않는바, 개선의 여지가 있습니다.

* **대판 2011.7.14, 2011두2309** : "공익사업을 위한 토지 등의 취득 및 보상에 관한 법률(이하 '공익사업법'이라 한다) 제30조 제1항은 재결신청을 청구할 수 있는 경우를 사업시행자와 토지소유자 및 관계인 사이에 '협의가 성립하지 아니한 때'로 정하고 있을 뿐 손실보상대상에 관한 이견으로 협의가 성립하지 아니한 경우를 제외하는 등 그 사유를 제한하고 있지 않은 점, 위 조항이 토지소유자 등에게 재결신청청구권을 부여한 취지는 공익사업에 필요한 토지 등을 수용에 의하여 취득하거나 사용할 때 손실보상에 관한 법률관계를 조속히 확정함으로써 공익사업을 효율적으로 수행하고 토지소유자 등의 재산권을 적정하게 보호하기 위한 것인데, 손실보상대상에 관한 이견으로 손실보상협의가 성립하지 아니한 경우에도 재결을 통해 손실보상에 관한 법률관계를 조속히 확정할 필요가 있는 점 등에 비추어 볼 때, '협의가 성립되지 아니한 때'에는 사업시행자가 토지소유자 등과 공익사업법 제26조에서 정한 협의절차를 거쳤으나 보상액 등에 관하여 협의가 성립하지 아니한 경우는 물론 토지소유자 등이 손실보상대상에 해당한다고 주장하며 보상을 요구하는데도 사업시행자가 손실보상대상에 해당하지 아니한다며 보상대상에서 이를 제외한 채 협의를 하지 않아 결국 협의가 성립하지 않은 경우도 포함된다고 보아야 한다."
* **대판 2014.7.10, 2012두22966** : "행정청이 국민의 신청에 대하여 한 거부행위가 항고소송의 대상이 되는 행정처분으로 되려면, 행정청의 행위를 요구할 법규상 또는 조리상의 신청권이 국민에게 있어야 하고, 이러한 신청권의 근거 없이 한 국민의 신청을 행정청이 받아들이지 아니한 경우에는 거부로 인하여 신청인의 권리나 법적 이익에 어떤 영향을 주는 것이 아니므로 이를 항고소송의 대상이 되는 행정처분이라 할 수 없다. 문화재보호법 제25조 제1항은 "문화재청장은 문화재위원회의 심의를 거쳐 기념물 중 중요한 것을 사적, 명승 또는 천연기념물로 지정할 수 있다."고 규정하고 있고, 제27조 제1항은 "문화재청장은 제23조·제25조 또는 제26조에 따른 지정을 할 때 문화재 보호를 위하여 특히 필요하면 이를 위한 보호물 또는 보호구역을 지정할 수 있다."고 규정하고 있으며, 제83조는 '토지의 수용 또는 사용'이라는 표제하에 "문화재청장이나 지방자치단체의 장은 문화재의 보존·관리를 위하여 필요하면 지정문화재나 그 보호구역에 있는 토지, 건물, 입목, 죽, 그 밖의 공작물을 공익사업법에 따라 수용하거나 사용할 수 있다(제1항). 제23조, 제25조부터 제27조까지 및 제70조에 따른 지정이 있는 때에는 공익사업법 제20조 및 제22조에 따른 사업인정 및 사업인정의 고시가 있는 것으로 본다. 이 경우 같은 법 제23조에 따른 사업인정 효력기간은 적용하지 아니한다(제2항)." 고 규정하고 있다. 위와 같이 문화재보호법 제83조 제1항의 적용을 전제로 하고 있는 같은 조 제2항의 체계 및 내용에다가 ① 문화재나 보호구역 등의 지정은 문화재 보호라는 공익을 위한 공용제한으로서 그 자체만으로 손실보상의 대상이 되지 아니하는 점, ② 사업인정이라 함은 '공익사업을 토지 등을 수용 또는 사용할 사업으로 결정하는 것'을 말하는 점(공익사업법 제2조 제7호), ③ 문화재보호법 제83조 제2항은 공익사업법이 정한 사업인정 절차에 대한 특례를 규정함으로써 목적사업의 원활한 수행을 위해 사업인정 절차를 간소화하고자 하는 데 그 입법 취지가 있다고 보이는 점, ④ 문화재보호법 제83조 제2항 후문에서 공익사업법 제23조에 따른 사업인정 효력기간의 적용을 배제한 이유는 피고로 하여금 예산 확보 등의 사정에 따라 수용 여부나 그 시기 등을 결정할 수 있도록 하기

위한 것으로 보이는 점 등 여러 사정을 종합하여 보면, 문화재보호법 제83조 제2항 및 공익사업법 제30조 제1항은 피고가 문화재의 보존·관리를 위하여 필요하다고 인정하여 지정문화재나 그 보호구역에 있는 토지 등을 공익사업법에 따라 수용하거나 사용하는 경우에 비로소 적용된다고 할 것이다. 그런데 기록에 의하면 피고는 토지조서 및 물건조서를 작성하는 등 이 사건 토지에 대하여 공익사업법에 따른 수용절차를 개시한 바 없으므로, 원고에게 피고로 하여금 관할 토지수용위원회에 재결을 신청할 것을 청구할 법규상의 신청권이 인정된다고 할 수 없고, 따라서 피고가 원고의 위 청구를 거부하였다고 하여도 그 거부로 인하여 원고의 권리나 법적 이익에 어떤 영향을 주는 것은 아니므로, 이 사건 회신은 항고소송의 대상이 되는 거부처분에 해당하지 아니한다."

사업시행자의 신청에 따라 관할 토지수용위원회는 수용 여부 및 내용 등과 함께 보상액을 재결의 형식으로 결정합니다(제50조). 수용재결은 행정심판의 재결이 아니라 행정행위, 즉 행정청이 최초에 행하는 처분입니다. '처분으로서의 수용재결'이 공용수용에 대한 쟁송상 불복절차와 관련한 '원처분'에 해당함은 뒤에서 확인하는 바와 같습니다. 따라서 이때의 행정심판 재결은 후술하는 이의재결입니다.

토지보상법 제16조에 의한 협의가 성립되지 않은 상태에서 토지소유자가 사업시행자로부터 손실보상을 받기 위해서는 수용재결을 거친 다음 토지보상법 제83조 내지 제85조에 따라 권리구제를 받을 수 있으며, 이에 갈음하여 곧바로 사업시행자에게 손실보상을 청구할 수는 없습니다. 이를 재결전치주의라고 합니다. 이와 궤를 같이하여, 최초 공용수용절차에서 수용대상토지에 대하여 수용재결을 통해 보상금액의 결정이 행해지고 이에 따라 보상금을 수령하였으나 수용되고 남은 잔여지의 가격감소 등으로 추가적인 손실보상을 구하기 위해서는 토지소유자는 공용침해의 주체와 협의가 성립하지 아니하는 경우 곧바로 사업시행자에게 보상을 청구할 수 없고, 이를 이의재결 내지 보상금증감청구소송으로 다툴 수 없으며, 반드시 이에 앞서 수용재결절차를 거쳐야 합니다.

* **대판 2018.7.20, 2015두4044** : "[1] 사업시행자가 동일한 토지소유자에 속하는 일단의 토지 일부를 취득함으로 인하여 잔여지의 가격이 감소하거나 그 밖의 손실이 있을 때 등에는 잔여지를 종래의 목적으로 사용하는 것이 가능한 경우라도 잔여지 손실보상의 대상이 되며, 잔여지를 종래의 목적에 사용하는 것이 불가능하거나 현저히 곤란한 경우이어야만 잔여지 손실보상청구를 할 수 있는 것이 아니다. 마찬가지로 잔여 영업시설 손실보상의 요건인 "공익사업에 영업시설의 일부가 편입됨으로 인하여 잔여시설에 그 시설을 새로이 설치하거나 잔여시설을 보수하지 아니하고는 그 영업을 계

속할 수 없는 경우"란 잔여 영업시설에 시설을 새로이 설치하거나 잔여 영업시설을 보수하지 아니하고는 그 영업이 전부 불가능하거나 곤란하게 되는 경우만을 의미하는 것이 아니라, 공익사업에 영업시설 일부가 편입됨으로써 잔여 영업시설의 운영에 일정한 지장이 초래되고, 이에 따라 종전처럼 정상적인 영업을 계속하기 위해서는 잔여 영업시설에 시설을 새로 설치하거나 잔여 영업시설을 보수할 필요가 있는 경우도 포함된다고 해석함이 타당하다.

[2] 구 공익사업을 위한 토지 등의 취득 및 보상에 관한 법률(2013. 3. 23. 법률 제11690호로 개정되기 전의 것, 이하 '토지보상법'이라 한다) 제26조, 제28조, 제30조, 제34조, 제50조, 제61조, 제83조 내지 제85조의 규정 내용과 입법 취지 등을 종합하면, 공익사업에 영업시설 일부가 편입됨으로 인하여 잔여 영업시설에 손실을 입은 자가 사업시행자로부터 구 공익사업을 위한 토지 등의 취득 및 보상에 관한 법률 시행규칙(2014. 10. 22. 국토교통부령 제131호로 개정되기 전의 것) 제47조 제3항에 따라 잔여 영업시설의 손실에 대한 보상을 받기 위해서는, 토지보상법 제34조, 제50조 등에 규정된 재결절차를 거친 다음 그 재결에 대하여 불복이 있는 때에 비로소 토지보상법 제83조 내지 제85조에 따라 권리구제를 받을 수 있을 뿐이다. 이러한 재결절차를 거치지 않은 채 곧바로 사업시행자를 상대로 손실보상을 청구하는 것은 허용되지 않는다.

[3] 어떤 보상항목이 공익사업을 위한 토지 등의 취득 및 보상에 관한 법령상 손실보상대상에 해당함에도 관할 토지수용위원회가 사실을 오인하거나 법리를 오해함으로써 손실보상대상에 해당하지 않는다고 잘못된 내용의 재결을 한 경우에는, 피보상자는 관할 토지수용위원회를 상대로 그 재결에 대한 취소소송을 제기할 것이 아니라, 사업시행자를 상대로 구 공익사업을 위한 토지 등의 취득 및 보상에 관한 법률(2013. 3. 23. 법률 제11690호로 개정되기 전의 것) 제85조 제2항에 따른 보상금증감소송을 제기하여야 한다."

한편, 사업시행자가 수용재결에 따라 토지 등의 소유권을 취득한 후 소유권이전등기를 마쳤으나, 그 후 토지 등의 소유자가 수용재결의 하자를 발견하고 자신의 소유권 회복을 위하여 소유권이전등기말소청구소송을 제기한 경우 그 승소 여부를 생각해 봅시다. 만약 이 사례의 쟁점을 하자의 승계로 파악하였다면, 이는 치명적 오류입니다. 후행 조치인 소유권이전등기말소청구소송은 처분이 아니므로 수용재결과 동 소송은 선행·후행 처분의 관계가 아닐 뿐만 아니라, 동 소송은 수용재결을 행한 관할 토지수용위원회가 아니라 토지 등 소유자가 제기한 것입니다. 여기에서의 쟁점은 공정력과 선결문제인데, 수용재결의 하자가 취소사유인 경우 - 수용재결의 소송상 취소가 선행하지 않는 한 - 동 소송은 수용재결의 공정력에 비추어 원고패소판결로 귀결될 것이며, 수용재결에 무효사유의 하자가 있다면 수소법원은 원고승소판결을 행할 것입니다.

3) 이의재결(수용재결에 대한 특별행정심판 불복절차에서의 결정)

중앙토지수용위원회의 수용재결에 불복하는 자는 중앙토지수용위원회에, 지방토지수용위원회의 수용재결에 불복하는 자는 해당 지방토지수용위원회를 거쳐 중앙토지수용위원회에 재결서의 정본을 받은 날부터 30일 이내에 각각 이의를 신청할 수 있습니다(제83조). 이 경우 불복의 대상은 수용재결 내 구성요소로서의 수용재결부분(수용 결정 여부) 내지 보상재결부분(보상액 결정)이며, 양자 중 하나에 대해 불복하는 경우에도 수용재결 자체를 대상으로 해야 합니다. 토지보상법상의 형식적 당사자소송의 경우와 달리, 이의신청은 이른바 항고심판의 형식만이 허용되며 당사자심판은 불허된다는 의미로 해석 가능합니다.[1] 이에 따라 중앙토지수용위원회는 이의재결의 형식으로 수용재결의 전부 또는 일부를 취소하거나 손실보상액을 변경할 수 있습니다(제84조 제1항).

이의신청은 특별행정심판의 성격을 띠며, 행정소송의 제기에 앞서 반드시 거치지 않아도 되는 임의적 전치주의가 적용됩니다. 수용재결에 불복하여 제기하는 이의신청의 신청은 수용재결의 신청인과 달리 쌍방 당사자, 즉 토지소유자 또는 관계인과 사업시행자 모두가 가능합니다. 이의신청이 제기되더라도 이것이 사업의 진행 및 토지의 수용 또는 사용을 정지시키지 아니함은 토지보상법 제85조에 따라 행정소송을 제기한 경우와 동일합니다(제88조). 이의재결이 확정된 경우에는 민사소송법상의 확정판결이 있는 경우와 동일한 효력이 부여되어 별도의 집행명의를 요하지 않습니다(제86조).

4. 공용수용 관련 행정소송상 불복

1) (구)토지수용법하에서의 논의

(구)토지수용법 제75조의2 제1항은 “이의신청의 재결에 대하여 불복이 있을 때에는 재결서가 송달된 날로부터 1월 이내에 행정소송을 제기할 수 있다”라고 하면서, 동조 제2항은 “제1항의 규정에 의하여 제기하고자 하는 행정소송이 보상금의 증감에 관한 소송인 때에는 당해 소송을 제기하는 자가 토지소유자 또는 관계인인 경우에는 재결청 외에

1) 현행 행정심판법상 당사자심판은 규정되어 있지 않으므로 동법상의 행정심판 유형은 모두 강학상 항고심판에 해당하지만, 동법은 이를 특별히 명문으로 표현하고 있지 않습니다(동법상 ‘항고심판’ 용어는 나타나지 않는다는 의미입니다).

기업자를, 기업자인 경우에는 재결청 외에 토지소유자 또는 관계인을 각각 피고로 한다"라고 규정하여 재결청을 소송당사자로 개입시킴으로써 당해 소송의 법적 성질에 대한 심각한 논란을 야기하였습니다. 일방당사자와 행정청이 공동피고가 되는 형태는 행정소송에서 친숙한 형태가 아니기 때문이었습니다. 또한, 재결취소소송에 앞서 이의신청을 필요적 전치절차로 보며, 판례는 취소소송의 대상을 재결주의에 따르는 것으로 해석하여 이의재결만을 소의 대상으로 한정하였습니다.[1] 그러나 무효확인을 구하는 경우에는 수용재결도 그 대상으로 할 수 있다는 것이 판례의 입장이었습니다.

> * **대판 2001.5.8, 2001두1468** : "토지수용법과 같이 재결전치주의를 정하면서 원처분인 수용재결에 대한 취소소송을 인정하지 아니하고 재결인 이의재결에 대한 취소소송만을 인정하고 있는 경우에는 재결을 거치지 아니하고 원처분인 수용재결취소의 소를 제기할 수 없는 것이며 행정소송법 제18조는 적용되지 아니하고, 따라서 수용재결처분이 무효인 경우에는 재결 그 자체에 대한 무효확인을 소구할 수 있지만, 토지수용에 관한 취소소송은 중앙토지수용위원회의 이의재결에 대하여 불복이 있을 때에 제기할 수 있고 수용재결은 취소소송의 대상으로 삼을 수 없으며, 이의재결에 대한 행정소송에서는 이의재결 자체의 고유한 위법사유뿐 아니라 이의신청사유로 삼지 않은 수용재결의 하자도 주장할 수 있다."

2) 수용 여부를 다투는 소송유형 : 취소소송 또는 무효확인소송

토지수용위원회의 수용재결에 대한 불복이 보상금의 증감에 관한 것이 아닌 수용 자체를 다투는 경우, 사업시행자, 토지소유자 또는 관계인은 이의재결을 거치거나 혹은 이의신청을 제기함이 없이(이의신청의 임의적 전치주의) 취소소송 또는 무효확인소송을 제기할 수 있습니다(제85조 제1항). 이때 이의재결에 불복하여 취소소송을 제기하는 경우에도 소송의 대상은 토지보상법 제85조 제1항이 행정소송에 의한 불복의 대상을 '법 제34

---

1) 1990년 (구)토지수용법 개정 이전에는 재결을 다투는 소송은 그것이 수용 자체의 위법을 다투건 보상금의 증감에 관한 소송이건 관계없이 모두 재결청인 토지수용위원회를 피고로 하여 재결 자체의 무효나 취소를 구하는 항고소송의 형식을 취하도록 하였습니다. 손실보상액은 수용·이의재결의 불가분적 구성요소이므로 보상액에 대한 심리결과 산정부분에 위법이 있다고 하여 법원으로서는 그 재결 전부를 취소할 것이고 보상액 부분만을 분리하여 취소할 것은 아니라는 것이 판례의 입장이었습니다(대판 1986.8.19, 83누315 등 다수). 따라서 보상금증감에 관한 소송에서도 인용판결 주문은 "중앙토지수용위원회가 0000. 00. 00. 원고에 대하여 한 ##부동산의 수용에 관한 이의재결을 취소한다"는 형식을 취하였고, 이에 적응하여 토지수용위원회가 판결의 취지에 따라 다시 보상금액을 책정하였지만, 거기에도 불복하는 일방 당사자는 재차 항고소송을 제기할 수밖에 없는 구조였습니다.

조에 의한 처분'이라 규정하므로 - 이의재결 고유의 위법이 없는 한 - 원처분인 수용재결(원처분주의)입니다.

> * **대판 2010.1.28, 2008두1504** : "공익사업을 위한 토지 등의 취득 및 보상에 관한 법률 제85조 제1항 전문의 문언 내용과 같은 법 제83조, 제85조가 중앙토지수용위원회에 대한 이의신청을 임의적 절차로 규정하고 있는 점, 행정소송법 제19조 단서가 행정심판에 대한 재결은 재결 자체에 고유한 위법이 있음을 이유로 하는 경우에 한하여 취소소송의 대상으로 삼을 수 있도록 규정하고 있는 점 등을 종합하여 보면, 수용재결에 불복하여 취소소송을 제기하는 때에는 이의신청을 거친 경우에도 수용재결을 한 중앙토지수용위원회 또는 지방토지수용위원회를 피고로 하여 수용재결의 취소를 구하여야 하고, 다만 이의신청에 대한 재결 자체에 고유한 위법이 있음을 이유로 하는 경우에는 그 이의재결을 한 중앙토지수용위원회를 피고로 하여 이의재결의 취소를 구할 수 있다고 보아야 한다."

물론, 임의전치절차로서 이의재결을 거친 경우 당해 이의재결에 고유한 하자가 있는 경우에는 이의재결을 대상으로 할 수 있습니다(행정소송법 제19조 단서). 수용 여부를 다투는 취소소송에는 단기출소기간이 적용되는바, 수용재결서 수령 후 90일 이내에, 이의재결을 거친 경우 재결서 수령 후 60일 이내에 수용재결을 대상으로 제기해야 함이 그것입니다. 그러나 단기출소기간 규정은 무효확인소송에는 적용의 여지가 없습니다.

3) 손실보상금액을 다투는 소송유형 : 형식적 당사자소송으로서의 보상금증감청구소송

(1) 의의

토지보상법 제85조 제1항에 의한 행정소송이 보상금의 증감에 관한 소송인 경우 원고가 토지소유자 또는 관계인인 때에는 사업시행자를, 사업시행자인 때에는 토지소유자 또는 관계인을 각각 피고로 하여 제기하는 소송을 보상금증감청구소송이라 합니다(제85조 제2항). 판결을 통해 보상금을 직접 수정 결정할 수 있는 점에서 원고의 권리구제의 실효성을 제고하기 위한 제도적 노력이라 평가할 수 있습니다. 후술하는 잔여지보상 등의 손실보상 인정 여부, 잔여지수용보상, 이전이 곤란한 물건의 수용보상 등의 경우에도 판례에 의할 때 보상금증감청구소송의 방법에 의합니다. 공용사용에 있어 사업인정 고시 후 토지를 사용하는 기간이 3년 이상인 경우(토지보상법 제72조 제1호), 토지소유자는 사업시행자에게 해당 토지의 매수를 청구하거나 토지수용위원회에 그 토지의 수용을 청구할 수 있습니다. 이때의 수용청구권은 토지소유자의 일방적 의사표시로 수용의 효과를 발생시키는 형성권적 성질을 가집니다. 만약 토지수용위원회가 재결에서 소유자의 수용청구를 기각할 경우, 소유자는 이에 불복하여 사업시행자를 피고로 하여 동법 제85조 제2항에 따른 보상금증감청구소송을 직접 제기할 수 있습니다.

> * **대판 2015.4.9, 2014두46669** : "공익사업을 위한 토지 등의 취득 및 보상에 관한 법률 제72조의 문언, 연혁 및 취지 등에 비추어 보면, 위 규정이 정한 수용청구권은 토지보상법 제74조 제1항이 정한 잔여지 수용청구권과 같이 손실보상의 일환으로 토지소유자에게 부여되는 권리로서 그 청구에 의하여 수용효과가 생기는 형성권의 성질을 지니므로, 토지소유자의 토지수용청구를 받아들이지 아니한 토지수용위원회의 재결에 대하여 토지소유자가 불복하여 제기하는 소송은 토지보상법 제85조 제2항에 규정되어 있는 '보상금의 증감에 관한 소송'에 해당하고, 피고는 토지수용위원회가 아니라 사업시행자로 하여야 한다."

(2) 법적 성질

가. 형식적 당사자소송

현행 토지보상법은 보상금증감청구소송에서 재결청(처분청으로서의 토지수용위원회)을 피고에서 제외함으로써 구법 규정 대비 당사자소송의 성질을 강화하였습니다. 그러나 보상금증감소송은 내용적으로 토지수용위원회의 처분(수용재결)을 다투는 의미를 띠므로(재결의 효력이 결과적으로 법원에 의한 심판의 대상이 된다는 점에서 그러합니다) 항고소송의 성격을 일부 보유합니다. 결국, 전체적으로 보아 보상금증감소송은 형식적 당사자소송에 해당합니다(행정소송규칙 제19조 제1호 나목).

보상금증감청구소송에서는 당해 공익사업의 공익성 및 수용의 정당성에는 이의가 없고 다만 보상금의 다과만을 다투는 것이므로, 실질적 당사자라 할 수 있는 토지소유자와 사업시행자가 원고와 피고가 되어 보상금의 증액 또는 감액을 청구하는 소송입니다. 즉, 행정청의 처분이나 재결에 의하여 형성된 법률관계에 관하여 다툼이 있는 경우에 당해 처분 또는 재결의 효력을 다투지 않고 직접 그 처분 또는 재결에 의하여 형성된 법률관계에 대하여 그 일방 당사자를 피고로 하여 제기하는 소송입니다. 환언하면, 처분 내지 재결에 불복하는 항고소송의 실질을 가지지만 당해 처분이나 재결의 공정력을 부인하지 않으면서, 법령의 규정에 의하여 권리주체 간의 당사자소송의 형식을 취하는 것이지요. 이처럼 소송의 내용은 처분에 불복하여 다투는 것이지만, 소송 형식은 당사자소송을 띠는 것을 형식적 당사자소송이라고 합니다.

행정소송법 제3조 제2호의 당사자소송은 일반적인 경우의 실질적 당사자소송을 규율의 내용으로 하지만, 형식적 당사자소송의 가능성을 배제하지 않습니다. 정확히 표현하면, '행정청의 처분 등을 원인으로 하는 법률관계'에 관한 소송 중 형식적 당사자소송으로 인정되는 것을 제외하고는 실질적 당사자소송에 속합니다. 그러나 형식적 당사자소송은 일반적으로 인정되는 것이 아니어서, 토지보상법상 보상금증감청구소송 이외에도 특허법 제191조 제1호, 제2호 등 개별법에 특별규정이 있는 경우에만 허용되는 소송유형입니다.

요컨대, 보상금증감청구소송은 형식적으로는 법률관계의 당사자인 토지소유자 또는 관계인과 사업시행자가 각각 원·피고로 되어 제기하는 소송이지만, 내용적으로는 토지수용위원회의 수용재결의 일부인 보상재결부분을 다투는 형식적 당사자소송의 전형적인 예에 해당합니다.

나. 형성소송 혹은 확인(급부)소송

형성소송설은 재결청을 피고에 포함하던 구법하에서의 견해입니다. 재결의 처분성이나 공정력을 강조하여, 보상금증감소송은 재결에서 정한 보상액의 취소·변경을 구하는 것으로서 구체적인 손실보상청구권은 법원이 재결을 취소하여 정당한 보상액을 확정함으로써 비로소 형성된다고 파악합니다. 이에 대해 확인(급부)소송설에서는 보상금증감소송을 법규에 의하여 객관적으로 발생하여 확정되어 있는 보상금 지급의무의 이행 또는 확인을 구하는 소로 이해합니다. 즉, 피수용자는 보상액이 과소하다고 판단하는 경우 정당보상액과의 차액의 급부를 청구할 수 있으며, 사업시행자도 보상액의 과다의 경우 과잉보상금의 반환청구 또는 초과액의 채무부존재확인청구를 할 수 있는 점을 고려합니다. 후자의 견해가 타당함은 물론인바, 실무상 주로 보상금증액청구소송은 보상액을 확인하고 재결에서 정한 보상액을 초과하는 부분만의 지급 이행을 명하는 판결을 행하는 점에서 이행소송의 성질을, 보상금감액청구소송은 보상액을 감액하여 정당한 보상금액을 판결로써 확인하는 점에서 확인소송의 성질을 지닙니다.

이에 따라 실무상 원고가 토지소유자인 경우 보상금증액청구소송의 인용판결 주문은 각각 "피고는 원고에게 금 000원(법원이 인정한 정당한 손실보상금액과 수용재결 또는 이의재결에서 최종적으로 인정된 손실보상금의 차액) 및 이에 대한 지연손해금을 지급하라", 또는 "피고의 피수용자에 대한 xxx부동산의 수용에 관한 손실보상금채무는 금 000원(법원이 인정한 정당한 손실보상금액)임을 확인한다"의 형태가 됩니다. 한편, 원고가 사업시행자인 경우 보상금감액청구소송의 인용판결 주문은 사업시행자가 보상금 전액을 아직 지급하지 않은 경우, "원고의 피고에 대한 xxx부동산의 수용에 관한 손실보상금채무는 금 000원(법원이 인정한 정당한 손실보상금액)을 초과하여서는 존재하지 아니함을 확인한다", 또는 사업시행자가 보상금 전액을 지급한 경우에는 "피고는 원고에게 금 000원(수용재결 또는 이의재결에서 최종적으로 인정한 손실보상금액과 법원이 인정한 정당한 손실보상금액의 차액) 및 이에 대한 지연손해금을 지급하라"는 형식을 띱니다.

(3) 소송의 대상

일각에서는 수용재결이 보상금증감청구소송의 대상이라고 주장하지만(형성소송설), 이는 부당합니다. 보상금증감청구소송은 '보상금 관련 법률관계'를 그 대상으로 합니다. 동 소송이 수용재결을 직접 대상으로 하는 것이 아닌 형식적 당사자소송이라는 점, 토지수용위원회가 동 소송의 피고에서 제외되어 원처분주의 내지 재결주의 논의는 보상금증감청구소송에서는 실익이 없어진 점 등을 고려할 때, 수용재결의 취소는 동 소송의 전제로서 관념상 행해지는 것에 불과하고 소송상 청구의 본질(대상)은 보상금의 증감, 즉 보상금 관련 법률관계라 보는 것이 타당합니다. 판례는 토지보상법상 여러 보상항목 중 일부에 관해서만 불복하는 경우에는 그 부분에 관해서만 개별적으로 불복의 사유를 주장하여 행정소송을 제기할 수 있다고 합니다.

* **대판 2018.5.15, 2017두41221** : "하나의 재결에서 피보상자별로 여러 가지의 토지, 물건, 권리 또는 영업(이처럼 손실보상 대상에 해당하는지, 나아가 그 보상금액이 얼마인지를 심리·판단하는 기초 단위를 이하 '보상항목'이라고 한다)의 손실에 관하여 심리·판단이 이루어졌을 때, 피보상자 또는 사업시행자가 반드시 재결 전부에 관하여 불복하여야 하는 것은 아니며, 여러 보상항목들 중 일부에 관해서만 불복하는 경우에는 그 부분에 관해서만 개별적으로 불복의 사유를 주장하여 행정소송을 제기할 수 있다. 이러한 보상금 증감 소송에서 법원의 심판범위는 하나의 재결 내에서 소송당사자가 구체적으로 불복신청을 한 보상항목들로 제한된다. 법원이 구체적인 불복신청이 있는 보상항목들에 관해서 감정을 실시하는 등 심리한 결과, 재결에서 정한 보상금액이 일부 보상항목의 경우 과소하고 다른 보상항목의 경우 과다한 것으로 판명되었다면, 법원은 보상항목 상호 간의 유용을 허용하여 항목별로 과다 부분과 과소 부분을 합산하여 보상금의 합계액을 정당한 보상금으로 결정할 수 있다."

4) 하자의 승계

표준공시지가결정의 하자를 보상금증감청구소송에서 주장할 수 있는지 여부가 문제되었는데, 판례는 수인한도론을 원용하면서 이를 긍정합니다. 이 사안은 통상의 하자승계론의 경우와는 달리 후행소송이 취소소송이 아닌 형식적 당사자소송인 경우이지만, 형식적 당사자소송의 처분과의 관련성상 큰 틀에서는 하자승계론의 범주에서 고찰할 수 있습니다.

* **대판 2008.8.21, 2007두13845** : "표준지공시지가결정은 이를 기초로 한 수용재결 등과는 별개의 독립된 처분으로서 서로 독립하여 별개의 법률효과를 목적으로 하지만, 표준지공시지가는 이를 인근 토지의 소유자나 기타 이해관계인에게 개별적으로 고지하도록 되어 있는 것이 아니어서 인근 토지의 소유자 등이 표준지공시지가결정 내용을 알고 있었다고 전제하기가 곤란할 뿐만 아니라, 결정된 표준지공시지가가 공시될 당시 보상금 산정의 기준이 되는 표준지의 인근 토지를 함께 공시하는 것이 아니어서 인근 토지 소유자는 보상금 산정의 기준이 되는 표준지가 어느 토지인지를 알 수 없으므로, 인근 토지 소유자가 표준지의 공시지가가 확정되기 전에 이를 다투는 것은 불가능하다. 더욱이 장차 어떠한 수용재결 등 구체적인 불이익이 현실적으로 나타나게 되었을 경우에 비로소 권리구제의 길을 찾는 것이 우리 국민의 권리의식임을 감안하여 볼 때, 인근 토지소유자 등으로 하여금 결정된 표준지공시지가를 기초로 하여 장차 토지보상 등이 이루어질 것에 대비하여 항상 토지의 가격을 주시하고 표준지공시지가결정이 잘못된 경우 정해진 시정절차를 통하여 이를 시정하도록 요구하는 것은 부당하게 높은 주의의무를 지우는 것이고, 위법한 표준지공시지가결정에 대하여 그 정해진 시정절차를 통하여 시정하도록 요구하지 않았다는 이유로 위법한 표준지공시지가를 기초로 한 수용재결 등 후행 행정처분에서 표준지공시지가결정의 위법을 주장할 수 없도록 하는 것은 수인한도를 넘는 불이익을 강요하는 것으로서 국민의 재산권과 재판받을 권리를 보장한 헌법의 이념에도 부합하는 것이 아니다. 따라서 표준지공시지가결정이 위법한 경우에는 그 자체를 행정소송의 대상이 되는 행정처분으로 보아 그 위법 여부를 다툴 수 있음은 물론, 수용보상금의 증액을 구하는 소송에서도 선행처분으로서 그 수용대상 토지 가격 산정의 기초가 된 비교표준지공시지가결정의 위법을 독립한 사유로 주장할 수 있다."

보상금증감청구소송과 직접 관련은 없지만, 사업인정과 수용재결 간 하자의 승계 여부와 관련하여 판례는 부정설의 입장입니다.

* **대판 1993.6.29, 91누2342** : "건설부장관이 택지개발계획을 승인함에 있어서 토지수용법 제15조에 의한 이해관계자의 의견을 듣지 아니하였거나, 같은 법 제16조 제1항 소정의 토지소유자에 대한

통지를 하지 아니한 하자는 중대하고 명백한 것이 아니므로 사업인정 자체가 당연무효라고 할 수 없고, 이러한 하자는 수용재결의 선행처분인 사업인정단계에서 다투어야 할 것이므로 쟁송기간이 도과한 이후에 위와 같은 하자를 이유로 수용재결의 취소를 구할 수 없다."

* **대판 2009.11.26, 2009두11607** : "도시계획사업허가의 공고시에 토지세목의 고시를 누락하거나 사업인정을 함에 있어 수용 또는 사용할 토지의 세목을 공시하는 절차를 누락한 경우, 이는 절차상의 위법으로서 수용재결 단계 전의 사업인정 단계에서 다툴 수 있는 취소사유에 해당하기는 하나 더 나아가 그 사업인정 자체를 무효로 할 중대하고 명백한 하자라고 보기는 어렵고, 따라서 이러한 위법을 들어 수용재결처분의 취소를 구하거나 무효확인을 구할 수는 없다(대법원 1988. 12. 27. 선고 87누1141 판결, 대법원 2000. 10. 13. 선고 2000두5142 판결 등 참조)."

아래에 공용수용 관련 행정소송제도를 요약하여 〈표〉로 제시합니다.

수용재결항고소송	손실보상금증감청구소송
• 원고 : 실질적으로 토지소유자 • 피고 : (중앙)토지수용위원회 • 취소소송 또는 무효확인소송 • 소의 대상 : 수용재결(원처분주의) – 이의재결 고유의 하자 시 소의 대상은 이의재결(행정소송법 제19조 단서) – 구법하에서는 재결주의 • 제기기간 : 수용재결서 수령 후 90일 이내, 이의신청 시 이의재결서 수령 후 60일 이내	• 원고 : 토지소유자 또는 사업시행자 • 피고 : 사업시행자 또는 토지소유자 • 제기기간 : 수용재결서 수령 후 90일 이내, 이의신청 시 이의재결서 수령 후 60일 이내 • 형식적 당사자소송 – 구법과 달리 중토위를 피고에서 제외 – 수용재결 내지 이의재결 중 보상금 결정부분에 불복하는 항고소송의 성질을 가지지만, 소송형식은 당사자소송, 즉 처분 등을 원인으로 형성된 법률관계에 대하여 그 일방 당사자를 피고로 하여 다투는 소송 • 이행소송 내지 확인소송 – 법령에 의하여 확정되어 있는 보상금 지급 의무의 이행 또는 확인을 구하는 소 – 부족한 보상액의 급부를 구하거나 과다 지급된 보상금의 반환을 청구하는 경우 및 예컨대 미지급초과액에 대한 채무부존재확인을 구하는 경우 – 소의 대상 : 보상금 관련 법률관계 • 구법하에서는 형성소송설이 다수설 – 중토위를 피고에 포함시킨 것과 유관함 – 재결취소와 함께 재결상의 보상금의 변경을 구하는 소송

5. 환매권

1) 의의

환매권(Rückenteignung)이라 함은 공익사업에 필요한 토지 등의 협의취득 내지 강제취득 후에 그 토지가 공익사업의 폐지·변경 등으로 인하여 필요 없게 되거나 현실적으로 협의취득·수용 등의 전제가 된 공익사업에 공용되지 아니한 경우에 원소유자가 일정한 대가를 지불하고 다시 그 소유권을 취득하는 권리라 정의할 수 있습니다(토지보상법 제91조 제1항). 헌법 제23조 제3항에 따른 '공공필요'는 침해된 재산권을 통해 공용침해의 목적인 공익사업의 실현이 공용침해의 시점 이후에도 항구적으로 또는 적어도 사안에 부합하는 일정 기간 동안 계속해서 이루어질 것을 요구하기 때문에, 임의매수의 방법에 의하건 강제적 취득 방법에 의하든 공익사업과 관련하여 취득된 토지와 관련하여 만일 공용침해 이후 공익사업의 폐지 등으로 이러한 전제조건이 충족될 수 없다면 침해된 재산권은 당연히 원소유자에게 반환하는 것이 타당합니다. 환언하면, 수용 등과 관련하여 원소유자가 사업시행자로부터 정당한 보장을 받았더라도 자발적 의사에 기한 소유권 상실이 아니기 때문에 수용을 정당화하는 사유가 더 이상 존재하지 아니하는 경우에는 토지의 소유권을 회복해 주는 것이 공평의 원칙에 부합하며(대판 1993.12.28, 93다34701; 대판 1995.2.10, 94다31310; 대판 2000.11.14, 99다45864), 이는 또한 재산권 침해를 필요로 한 공익성이 소멸한 경우 재산권의 존속보장이 회복되어야 한다는 재산권 보장 이념에도 합치합니다(헌재결 1994.2.24, 92헌가15내지17, 20내지24). 환매권의 이론적 근거와 관련하여 일부 학설과 판례는 감정존중설을 주장하는데(대판 2001.5.29, 2001다11567; 헌재결 2005.5.26, 2004헌가10), 수용 대상인 토지 등을 더 이상 당해 공익사업에 이용할 필요가 없게 된 때 또는 일정 기간 취득목적의 공익사업에 제공하지 아니한 때에는 원소유자의 감정, 즉 정당한 보상으로 충족되지 않는 그 목적물에 대한 애착심을 존중하여 원소유자의 의사에 따라 당해 소유권을 회복시켜 주는데 환매권의 제도적 의의가 있다고 합니다.

사업시행자의 입장에서도 환매제도는 피수용자 등에게 공공필요성을 부각시키면서 수용의 불가피성을 강조하고 수용목적의 소멸 시 환매권이 발생할 수 있음을 알려줌으로써 피수용자 등의 자발적인 협조를 얻어 공공용지를 원활하게 확보할 수 있는 측면도 있습니다. 나아가 민간사업자에 대한 토지수용권 부여가 보편화된 현실에 비추어 계속적 공익 실현을 위한 감시기능으로서의 환매제도가 부각됩니다. 대상 토지 등이 목적 사업에 더 이상 필요 없게 된 경우를 비롯하여 법 소정의 요건을 충족할 경우 재산권이 원상회복될 수 있다는 점에서 공익사업시행자에게 제재적 기능을 수행하고, 취득한 재산권을 다시 상실하지 않기 위하여 공익사업을 성실히 수행하도록 심리적 압박을 가하는 예방적 기능도 겸유하고 있습니다.

2) 환매권의 법적 성질

(1) 공권으로서의 환매권

견해에 따라서는 사업인정 후 사업시행자가 토지소유자와 협의취득하거나 재결을 거쳐 취득한 토지에 대한 환매권을 사권으로 보는 경우도 있는데, 행정청의 수용해제처분을 기다리지 않고 환매권자가 자신의 이익을 위한 일방적 의사표시에 의해 수용목적물을 다시 취득한다는 점, 환매권자가 원소유자와 그 포괄승계인에 한정된다는 점 등을 논거로 합니다. 판례도 사권설을 취합니다.[1] 그러나 환매권은 그 제도적 의의를 고려하건대 공용수용의 목적이 달성될 수 없는 경우에 공평의 이념과 헌법상 보장된 재산권 보장을 실현하기 위하여 공법에 해당하는 토지보상법에 의해 구체화된 제도라는 점에서 이를 공권으로 파악하고, 이와 관련한 법적 분쟁은 행정소송으로서 당사자소송으로 해결하여야 합니다. 즉, 환매권은 수용 등 공법적 원인에 의한 법률관계에서 유래하는 권리일 뿐만 아니라 공권력 행사의 주체인 사업시행자에 대하여 행사하며, 그 구체적 발생요건이 되는 공공필요의 소멸 여부의 판단 역시 공익적 판단에서 비롯합니다. 환매권 행사의 상대방인 사업시행자는 토지의 수용 등을 필요로 하는 공익사업을 행하는 자로서 토지의 수용권을 가지는 공권력 주체로서의 지위를 보유하며, 환매권에 관한 규정인 토지보상법 제91조 제1항과 제2항은 공권력 행사 주체로서의 사업시행자로 하여금 협의취득 내지 수용된 토지가 공익사업에 필요 없게 되거나 일정 기간 사용되지 않는 경우 위 토지를 원소유자 등에게 반환해야 할 의무가 있음을 규정하고 있는바, 동 조항은 누구에게나 권리·의무를 귀속시키는 법규가 아니고 공권력 담당자인 사업시행자에게만 의무를 부과하는 것으로서 그 입법목적 상 행정의 이념인 공익실현 내지 공·사익의 조화와 직·간접적

---

1) 대판 1992.4.24, 92다4673. 헌재결 1994.2.24, 92헌마283; 헌재결 1995.3.23, 91헌마143("청구인들이 주장하는 환매권의 행사는 … 환매권자의 일방적 의사표시만으로 성립하는 것이지, 상대방인 사업시행자 또는 기업자의 동의를 얻어야 하거나 그 의사여하에 따라 그 효과가 좌우되는 것은 아니다. 따라서 이 사건의 경우 피청구인이 설사 청구인들의 환매권 행사를 부인하는 어떤 의사표시를 하였다 하더라도, 이는 환매권의 발생 여부 또는 그 행사의 가부에 관한 사법관계의 다툼을 둘러싸고 사전에 피청구인의 의견을 밝히고 그 다툼의 연장인 민사소송절차에서 상대방의 주장을 부인한 것이 불과하므로, 그것을 가리켜 헌법소원심판의 대상이 되는 공권력의 행사라고 볼 수는 없다.").

으로 관련이 있는 공법적 성격을 띠는 것입니다(공·사법 구별기준에 관한 귀속설). 또한, 환매권이 계속적 공익 실현을 위한 보장책으로서 공익사업수행자에 대한 공법적 기속 수단으로서의 기능도 담당하는 것을 고려하건대 공권의 성격을 띤다고 보는 것이 타당합니다. 독일의 경우 환매권을 원소유자 등의 신청을 전제로 하는 청구권으로 구성하여 환매권 실현 여부가 관할 행정청에 의하여 결정·진행됨에 비하여, 현행의 환매권은 환매권자가 관할 행정청의 개입 없이 오로지 자신의 의사에 의하여 실현된다는 점(형성권)에서도 환매권을 사권으로 볼 수 없습니다.

특히, 협의취득된 토지를 대상으로 하는 환매권의 법적 성질이 문제됩니다. 공익사업을 위한 토지 등의 협의취득은 법 형식에 있어서는 사법상의 매매계약의 형태를 취하고 있으나, 협의취득의 대상이 되는 사인의 재산권은 강제취득의 대상이 될 수 있으므로 실질적으로는 강제수용과 유사한 공법적 기능을 수행하고 있습니다. 따라서 국민의 재산권 보장이라는 헌법 이념에서 볼 때 협의취득을 헌법 제23조 제3항 소정의 재산권 수용과 동일한 것으로 보아 다루는 것이 현실을 직시하여 공권력이 사법상 법률행위의 형식을 빌려 헌법의 재산권 보장 기능을 열악화 내지 형해화하는 등 여러 가지 위헌적 사례가 생기는 것을 막을 수 있는 건전한 헌법해석이라 할 것입니다. 다만, 환매권을 재판상 행사하는 경우 그 요건과 효과는 사법에 의하여 결정된다고 하여도 무방합니다. 형성권으로서의 환매권을 전제하는 한, 재판상 환매권이 행사되었다고 하려면 의사표시에 있어 도달주의를 취하고 있는 우리 민법 규정에 비추어 환매권 행사의 의사표시가 그 제척기간 내에 상대방에게 도달하여야 하며, 구체적으로는 환매권을 행사하는 의사표시가 담긴 소장부분이 제척기간 내에 상대방에게 송달되어야만 적법하게 환매권이 행사되었다고 할 것입니다(대판 1997.6.27, 97다16664).

(2) 헌법상 직접 도출되는 권리 여부

헌법으로부터 직접 도출되는 권리라는 견해는 환매권은 개별 법률에 의한 구체화 없이도 공공필요라는 공용침해의 정당화 요건이 소멸하는 경우 헌법상 재산권의 존속보장 이념으로부터 직접 도출되는 권리라는 입장입니다. 사인은 공공필요를 규정하고 있는 헌법 제23조 제3항의 조건 하에서 자신의 소유권에 대한 국가의 개입을 수인하는 것이므로, 수용이 이바지하는 공적 임무가 수행되지 않거나 피수용토지가 그를 위해 이용되지 않으면 공용침해의 법적 근거는 소멸하여 합헌적 상태의 회복을 위해 동조 제1항 상의 재산권에 대한 존속보장이 그 보호기능을 발휘한다는 점을 논거로 제시합니다. 헌법재판소는 재산권의 존속보장을 강조하면서 (구)토지수용법상의 환매권을 헌법상 재산권

보장 규정으로부터 도출된다거나 재산권 보장 규정의 내용을 구성하는 권리로 보고 있지만, 개별 법령상의 근거 없이도 행사 가능한지 여부는 명확하게 밝히지 않았습니다(헌재결 1994.2.24, 92헌가15내지17, 20내지24; 헌재결 1995.10.26, 95헌바22; 헌재결 1996.4.25, 95헌바9). 한편 헌법재판소의 일부 결정에서의 별개의견은 공공용지의 협의취득은 강제취득과는 달리 그 형식이나 실질 면에서 단순한 사법상의 계약에 지나지 않으므로 이에 따른 환매권도 헌법상 재산권 보장 규정으로부터 직접 도출되거나 재산권 보장규정의 내용에 포함되는 것이 아니라, 공공사업의 시행에 협조한 원소유자에게 일정한 경우 환매권을 인정해 줌으로써 공공사업에 필요한 토지 등의 원활한 조달을 도모할 목적하에 입법정책적으로 (구)토지수용법상의 환매권과 유사한 내용으로 법률상 설정한 권리로 파악한 바 있습니다(헌재결 1994.2.24, 92헌가15내지17, 20내지24).

이에 반해 개별 법령의 근거를 전제로 한다는 견해에서는 환매권을 헌법적 요청으로 보면서도 헌법상 허용된 공용침해가 실정법의 근거를 요하는 것과 마찬가지로 환매권 행사를 위해서는 실정법의 근거가 필요하다는 입장입니다. 현행 헌법상 재산권 보장 규정인 제23조 제1항은 재산권의 내용과 한계를 법률에 유보하고 있으므로 재산권의 보장 규정의 내용으로서의 환매권의 인정 여부 및 그 내용 역시 법률에 근거가 있어야 함이 타당합니다. 대법원도 환매권 행사를 위해서는 개별 법령상의 근거가 필요하다는 입장으로서, "토지수용법이나 공특법 등에서 규정하고 있는 바와 같은 환매권은 공공의 목적을 위하여 수용 또는 협의취득된 토지의 원소유자 또는 그 포괄승계인에게 재산권 보장과 관련하여 공평의 원칙상 인정되는 권리로서 민법상의 환매권과는 달리 법률의 규정에 의하여서만 인정되고 있으며, 그 행사요건·기간 방법 등이 세밀하게 규정되어 있는 점에 비추어 다른 경우에까지 이를 유추적용할 수는 없다"고 판시하였으며(대판 1993.6.29, 91다43480), 同旨의 판결은 이후에도 여러 곳에서 발견됩니다(다른 판결을 대표하여 대판 1998.4.10, 96다52359).

헌법 제23조 제1항의 재산권 보장이 존속보장과 가치보장을 겸하는 것을 전제로 하여 손실보상의 법적 근거와 관련하여 직접효력설을 취하는 필자로서는 환매권이 기본권으로서의 재산권 보장의 내용을 이루지만, 그 행사를 위해서는 실정법의 근거가 필요하다는 입장을 지지합니다.[1)] 특별한 희생을 야기하는 공용침해에 대한 손실보상청구권이

---

1) 다만, 환매권을 두고 '입법정책적 문제'라 표현하는 것은 이를 단순히 프로그램적 권리로 오인할 소지가 있어 지양하는 것이 옳습니다. 즉 헌법상 재산권 보장의 내용을 구성하는 환매권일진대, 그 이론적 환매 사유가 발생하였음에도 법률 규정의 흠결로 인하여 원소유자 등이 수용토지를 환매할 수 없다면 이는 해당 법률의 입법부작위 위헌의 문제를 야기하는 것입니다.

헌법 제23조 제3항과 제1항의 유기적 해석을 바탕으로 하여 직접 헌법으로부터 발생한다면, 완전보상을 의미하는 '정당한 보상'에 의하여 이미 원소유자 등에게는 토지소유권의 박탈에 상응하는 상당한 정도의 기본권에 대한 보호가 이루어졌으므로 공용필요의 탈락에 따른 환매권 행사를 실정 법령에 의존하여도 이를 두고 기본권에 대한 본질적 침해라고 할 수는 없습니다. 헌법 제23조 제1항과 제3항의 근본 취지에 비추어 환매권이 발생하였더라도 오랜 세월이 지난 후에 언제든지 일방적으로 수용토지의 소유권을 회복할 수 있다고 한다면 수용 관련 토지를 둘러싼 권리관계가 불안정해지고, 이로 인하여 토지의 효율적 이용이나 개발을 저해하는 불합리한 결과를 초래할 수 있습니다. 그러므로 환매권은 입법자가 소유권 회복에 대한 권리를 구체적으로 형성하여 보장함과 동시에 법적 안정성, 형평성 등 다른 헌법적 요청과 조화되는 법령을 제정한 후에 그게 근거하여 행사할 수 있는 권리라고 해석함이 상당할 것이며, 이러한 입론이 수용 당시 이미 일응 정당한 보상을 받은 원소유자 등에게 지나치게 불리한 것은 아니라 할 것입니다. 요컨대, 원소유자의 입장에서는 이미 수용 당시 정당한 보상을 받았으므로 수용목적이 더 이상 존재하지 않는 등의 경우 발생하는 환매권은 이를 헌법상 요청으로부터 파생된 특별한 법적 지위의 부여로 해석하여 구체적인 법률의 근거를 전제로 하는 것이 타당합니다.

(3) 형성권

환매권은 환매기간 내에 환매의 요건이 발생하면 환매권자가 수령한 보상금에 상당한 금액을 사업시행자에게 지급하고 일방적으로 의사표시를 함으로써 사업시행자의 의사와 관계없이 성립하는 형성권의 성질입니다(대판 1995.2.10, 94다31310; 헌재결 1994.2.24, 92헌마283).[1] 환매권 행사를 위하여 사업시행자의 동의를 득하여야 할 것은 아니며, 설령 사업시행자가 원소유자 등의 환매권 행사를 부인하는 의사표시를 하더라도 환매권 행사의 효과가 이에 좌우되는 것은 아닙니다. 그러나 환매권을 형성권으로 성질 짓는 것이 곧 환매권 행사의 물권적 효과의 발생을 의미하는 것이 아님은 재언을 요하지 않습니다. 즉, 환매권 행사에 의하여 소유권이전등기청구권이라는 청구권이 발생하며 동 청구권은

---

1) 토지보상법 제91조 제1항 및 제2항의 규정 방식을 보더라도 환매권의 형성권적 성격이 나타납니다. 즉, '환매를 신청(청구)할 수 있다'는 식의 표현 대신 '그 토지를 환매할 수 있다'는 문구를 사용하는 점이 바로 그것입니다. 한편, 독일 연방건설법전 제102조 제3항 제1문은 "환매신청서는 환매청구권이 성립한 후 2년 이내에 관할 수용행정청에 제출하여야 한다(Der Antrag auf Rückenteignung ist binnen zwei Jahren seit Entstehung des Anspruchs bei der zuständigen Enteignungsbehörde einzureichen)"고 하여 환매권을 청구권으로 규정하고 있습니다.

- 환매권의 행사기간과는 별도로 - 통상의 채권과 동일하게 10년의 소멸시효의 적용 대상이므로(대판 1992.10.13, 92다4666), 환매의 제3자 대항력은 환매권 행사의 효력이 아니라 등기로 인한 효력이라 보아야 합니다(토지보상법 제91조 제5항). 이런 맥락에서 볼 때 택지개발촉진법 제13조 제2항이 "환매권자는 환매로써 제3자에게 대항할 수 있다"고 규정하여 환매권 행사 자체에 물권적 효력을 인정하는 듯하지만, 이 경우에도 환매권자는 환매권의 행사로 등기청구권이 발생할 뿐이라고 해석함이 타당합니다.

* **대판 2017.3.15, 2015다238963** : "구 공익사업을 위한 토지 등의 취득 및 보상에 관한 법률(2007. 10. 17. 법률 제8665호로 개정되기 전의 것) 제91조 제5항은 '환매권은 부동산등기법이 정하는 바에 의하여 공익사업에 필요한 토지의 협의취득 또는 수용의 등기가 된 때에는 제3자에게 대항할 수 있다'고 정하고 있다. 이는 협의취득 또는 수용의 목적물이 제3자에게 이전되더라도 협의취득 또는 수용의 등기가 되어 있으면 환매권자의 지위가 그대로 유지되어 환매권자는 환매권을 행사할 수 있고, 제3자에 대해서도 이를 주장할 수 있다는 의미이다."

3) 환매대금증감청구소송의 법적 성질 등

환매가격은 당해 토지에 대하여 지급 받은 보상금에 상당하는 금액임이 원칙입니다(토지보상법 제91조 제1항). 그러나 토지의 가격이 취득일 당시에 비하여 현저히 변동된 경우 사업시행자와 환매권자는 환매금액에 대하여 서로 협의하되(협의전치주의), 협의가 성립되지 아니하면 각각 그 금액의 증감을 법원에 청구할 수 있습니다(동조 제4항). 이때의 환매대금증감청구소송의 법적 성질과 관련하여 판례는 과거 사업시행자가 환매권자를 상대로 제기하는 환매대금 증감에 관한 소송을 공법상 당사자소송으로 파악하였지만, 그 후 입장을 바꾸어 이를 민사소송이라고 합니다. 전술한 바와 같이 환매권의 법적 성질을 공권으로 보는 한 환매대금증감청구소송을 민사소송으로 파악하는 판례의 입장은 재고의 여지가 있습니다.

* **대판 2000.11.28, 99두3416** : "토지수용법 제75조의2 제2항에 의하여 사업시행자가 환매권자를 상대로 하는 소송은 공법상의 당사자소송으로 사업시행자로서는 환매가격이 위 보상금 상당액보다 증액 변경될 것을 전제로 하여 환매권자에게 그 환매가격과 위 보상금 상당액의 차액의 지급을 구할

수 있는 것이고(대법원 1991. 11. 26. 선고 91누285 판결, 1992. 4. 14. 선고 91누1615 판결 등 참조), 한편 환매권자의 환매대금 지급의무는 환매권 행사 당시에 이미 발생하는 것인데 위 보상금 상당액과 재결이나 행정소송 절차에서 환매가격으로 정하여진 금액과의 차액 역시 환매대상토지와 대가관계에 있는 것이므로 그 차액이 환매권 행사 당시 지급되지 아니한 이상 이에 대하여 지연손해금이 발생하는 것이고 현실적으로 구체적인 환매가격이 재결이나 행정소송 절차에 의하여 확정된다고 하여 달리 볼 것은 아니며(대법원 1991. 12. 24. 선고 91누308 판결, 1992. 9. 14. 선고 91누11254 판결 등 참조), 행정소송법 제8조 제2항에 의하면 행정소송에도 민사소송법의 규정이 일반적으로 준용되므로 법원으로서는 공법상 당사자소송에서 재산권의 청구를 인용하는 판결을 하는 경우 가집행선고를 할 수 있다고 볼 것이다."

* **대판 2013.2.28, 2010두22368** : "구 공익사업을 위한 토지 등의 취득 및 보상에 관한 법률(2010. 4. 5. 법률 제10239호로 일부 개정되기 전의 것, 이하 '구 공익사업법'이라 한다) 제91조에 규정된 환매권은 상대방에 대한 의사표시를 요하는 형성권의 일종으로서 재판상이든 재판 외이든 위 규정에 따른 기간 내에 행사하면 매매의 효력이 생기는 바(대법원 2008. 6. 26. 선고 2007다24893 판결 참조), 이러한 환매권의 존부에 관한 확인을 구하는 소송 및 구 공익사업법 제91조 제4항에 따라 환매금액의 증감을 구하는 소송 역시 민사소송에 해당한다. 기록에 의하면, 이 사건 소 중 주위적 청구는 구 공익사업법 제91조에 따라 환매권의 존부 확인을 구하는 소송이고, 예비적 청구는 같은 조 제4항에 따라 환매대금 증액을 구하는 소송임을 알 수 있으므로, 위 각 소송은 모두 민사소송에 해당한다고 보아야 한다. 따라서 원심이 위 각 소송을 모두 행정소송법 제3조 제2호에 규정된 당사자소송이라고 판단한 부분에는 공법상 당사자소송에 관한 법리를 오해한 잘못이 있다."

한편, 환매로 인한 소유권이전등기청구소송에서 사업시행자가 환매대금증액청구권을 내세워 토지 등 소유자에 대하여 증액된 환매대금지급의무의 선이행 또는 동시이행의 항변을 주장할 수 있는지도 문제입니다. 토지 등의 최초 수용 시에는 사업시행자의 손실보상금지급의무가 토지 등 소유자의 소유권이전등기의무에 대하여 선이행의 관계에 있습니다. 그러나 환매 시에는 환매권자는 보상금 상당액만 지급하면 환매권을 행사하도록 토지보상법이 규정하므로(제91조 제1항), 보상금 상당액을 지급한 토지 등 소유자의 환매권 행사에 의하여 사업시행자는 곧바로 소유권이전등기의무가 발생합니다. 요컨대, 사업시행자는 토지 등 소유자가 보상금 상당액을 지급하였다면 토지 등 소유자의 환매대금증액조정액 지급의무에 앞서 자신의 소유권이전등기의무를 선이행하여야 합니다.

* **대판 2006.12.21, 2006다49277** : "공익사업을 위한 토지 등의 취득 및 보상에 관한 법률 제91조에 의한 환매는 환매기간 내에 환매의 요건이 발생하면 환매권자가 지급받은 보상금에 상당한 금

액을 사업시행자에게 미리 지급하고 일방적으로 의사표시를 함으로써 사업시행자의 의사와 관계없이 환매가 성립하고, 토지 등의 가격이 취득 당시에 비하여 현저히 변경되었더라도 같은 법 제91조 제4항에 의하여 당사자 간에 금액에 관하여 협의가 성립하거나 사업시행자 또는 환매권자가 그 금액의 증감을 법원에 청구하여 법원에서 그 금액이 확정되지 않는 한, 그 가격이 현저히 등귀한 경우이거나 하락한 경우이거나를 묻지 않고 환매권을 행사하기 위하여는 지급받은 보상금 상당액을 미리 지급하여야 하고 또한 이로써 족한 것이며, 사업시행자는 소로써 법원에 환매대금의 증액을 청구할 수 있을 뿐 환매권 행사로 인한 소유권이전등기 청구소송에서 환매대금 증액청구권을 내세워 증액된 환매대금과 보상금 상당액의 차액을 지급할 것을 선이행 또는 동시이행의 항변으로 주장할 수 없다."

4) 공익사업의 변환

공용침해를 정당화하는 요건으로서의 공공필요에 의한 공익사업의 수행이 변경된 때에는 환매권자에게 환매하도록 한 후 새로운 공익사업의 시행을 위하여 다시 수용하는 것이 원칙일 것이지만, 토지보상법 제91조 제6항은 국가, 지방자치단체 또는 「공공기관의 운영에 관한 법률」 제4조에 따른 공공기관 중 대통령령으로 정하는 공공기관이 사업인정을 받아 공익사업에 필요한 토지를 협의취득하거나 수용한 후 해당 공익사업이 토지보상법 제4조 제1호부터 제5호까지에 규정된 다른 공익사업(별표에 따른 사업이 제4조 제1호부터 제5호까지에 규정된 공익사업에 해당하는 경우를 포함합니다)으로 변경된 경우에는 환매와 수용이라는 번잡한 절차를 피하기 위하여 환매권 행사기간은 관보에 해당 공익사업의 변경을 고시한 날부터 새로이 기산하도록 규정합니다. 공익사업의 변환을 인정함으로써 원래의 공익사업의 폐지·변경 등을 이유로 원소유자가 환매권을 행사할 수 없도록 제한하고 있는 셈입니다. 판례에 의할 때 공익사업의 변환은 변경된 사업의 사업시행자가 적어도 당해 토지를 소유하고 있는 경우에 한정합니다.

* **대판 2010.9.30, 2010다30782** : "공익사업의 원활한 시행을 위한 무익한 절차의 반복 방지라는 '공익사업의 변환'을 인정한 입법 취지에 비추어 볼 때, 만약 사업시행자가 협의취득하거나 수용한 당해 토지를 제3자에게 처분해 버린 경우에는 어차피 변경된 사업시행자는 그 사업의 시행을 위하여 제3자로부터 토지를 재취득해야 하는 절차를 새로 거쳐야 하는 관계로 위와 같은 공익사업의 변환을 인정할 필요성도 없게 되므로, 공익사업의 변환을 인정하기 위해서는 적어도 변경된 사업의 사업시행자가 당해 토지를 소유하고 있어야 한다."

이러한 공익사업의 변환제도에 대해서 학설에 따라서는 공익사업의 주체가 본래의 공익사업의 다른 공익사업으로의 변경을 통해 당해 토지를 계속 보유함으로써 환매권 행사를 형해화 할 우려가 있고, 다른 공익사업으로의 변경 시 공·사익 상호 간의 정당한 비교형량 및 공익 실현을 위한 최소침해원칙 등 비례원칙에 의한 심사가 행해지지 않을 뿐만 아니라 종전의 수용토지를 대상으로 수 차례 공익사업의 변환이 있을 경우 환매권 실현이 영원히 불가능할 것이라는 점을 들어 그 위헌을 주장합니다. 그러나 헌법재판소는 "동 제도는 공익사업의 원활한 시행을 확보하기 위한 목적에서 신설된 것으로 우선 그 입법목적에 있어서 정당하고 나아가 변경사업이 허용되는 사업시행자의 범위를 국가·지방자치단체 또는 정부투자기관으로 한정하고 사업목적 또한 상대적으로 공익성이 높은 제4조 제1호 내지 제5호의 공익사업으로 한정하여 규정하고 있어서 그 입법목적 달성을 위한 수단으로서의 적정성이 인정될 뿐만 아니라 피해최소성의 원칙 및 법익균형의 원칙에도 부합된다 할 것이므로 위 법률조항은 헌법 제37조 제2항이 규정하는 기본권 제한에 관한 과잉금지의 원칙에 위배되지 아니한다"고 결정하여 합헌설을 취하였습니다(헌재결 1997.6.26, 96헌바94). 또한, 합헌설에 의하더라도 동 제도가 사업시행자가 동일한 경우에 한하여 허용되는지 여부에 대해서는 견해가 대립하는데, 대법원은 "공익사업의 변환이 관계 법령의 규정 내용이나 그 입법 이유 등으로 미루어 볼 때 국가·지방자치단체 또는 정부투자기관 등 사업시행자가 동일한 경우에만 허용되는 것으로 해석되지 않는다"고 판시하여, 국가·지방자치단체 또는 정부투자기관 간에 사업시행자가 변경된 경우에도 허용된다는 입장입니다(대판 1994.1.25, 93다11760,11777,11784).

제29강

손실보상의 기준과 내용

제29강
손실보상의 기준과 내용

1. 손실보상의 범위 : 정당한 보상

1) 학설

헌법 제23조 제3항에 의한 '정당한 보상'의 내용 내지 범위와 관련하여 학설은 공용침해로 인하여 발생한 객관적 손실 전부, 즉 당해 재산의 객관적 가치와 부대적 손실을 포함하는 보상을 의미한다는 완전보상설과 피침해이익의 성질·정도 및 침해행위의 공공성을 고려하여 보상이 행해질 당시의 사회통념에 비추어 사회정의의 관점에서 객관적으로 타당하다고 여겨지는 보상을 의미한다는 상당보상설이 대립합니다. 독일의 경우 기본법 제14조 제3항에서 "보상의 내용은 공익과 사익의 정당한 형량을 통해 결정하여야 한다(Die Entschädigung ist unter gerechter Abwägung der Interessen der Allgemeinheit und der Beteiligten zu bestimmen)"고 규정하여 표면적으로는 상당보상설을 취하고 있습니다.

2) 판례

우리 판례는 원칙적으로 완전보상설의 입장입니다.

> * **헌재결 1990.6.25, 89헌마107** : "헌법 제23조 제3항은 "공공필요에 의한 재산권의 수용·사용 또는 제한 및 그에 대한 보상은 법률로써 하되, 정당한 보상을 지급하여야 한다"고 규정하고 있다. 헌법이 규정한 '정당한 보상'이란 이 사건 소원의 발단이 된 소송사건에서와 같이 손실보상의 원인이 되는 재산권의 침해가 기존의 법질서 안에서 개인의 재산권에 대한 개별적인 침해인 경우에는 그 <u>손실 보상은 원칙적으로 피수용재산의 객관적인 재산가치를 완전하게 보상하는 것이어야 한다는 완전</u>

보상을 뜻하는 것으로서 보상금액 뿐만 아니라 보상의 시기나 방법 등에 있어서도 어떠한 제한을 두어서는 아니된다는 것을 의미한다고 할 것이다. … 공익사업의 시행이 계획 공표되면, 통상의 경우 그 대상토지의 이용가치가 장차 증가될 것을 기대하여 지가는 그 기대치만큼 미리 상승하게 되는데, 이러한 개발이익도 당해 토지의 객관적 가치의 일부로서 당연히 시가에 포함되어야 하는지의 여부가 문제된다. 법은 보상금액의 산정방법을 이원화하여 원칙적으로는 법 제46조 제1항을 적용하도록 하면서도 기준지가가 고시된 지역에서의 보상금액 산정은 같은 조 제2항의 규정에 의하여 재결당시의 거래가격이 아니라 고시된 기준지가를 기준으로 하되, 기준지가 대상지역공고일로부터 재결시까지의 당해 토지의 이용계획이나 인근토지의 지가변동률, 도매물가상승률 및 기타 사항 등을 참작하여 평가한 금액으로 행하도록 하고 있어 개발이익을 보상액의 산정에서 배제하고 있다. 공익사업의 시행으로 지가가 상승하여 발생하는 개발이익은 기업자의 투자에 의하여 발생하는 것으로서 피수용자인 토지소유자의 노력이나 자본에 의하여 발생한 것이 아니다. 따라서 이러한 개발이익은 형평의 관념에 비추어 볼 때, 토지소유자에게 당연히 귀속되어야 할 성질의 것은 아니고, 오히려 투자자인 기업자 또는 궁극적으로는 국민 모두에게 귀속되어야 할 성질의 것이다. 또한 개발이익은 공공사업의 시행에 의하여 비로소 발생하는 것이므로 그것이 피수용토지가 수용당시 갖는 객관적 가치에 포함된다고 볼 수도 없다. 개발이익이란 시간적으로 당해 공익사업이 순조롭게 시행되어야 비로소 현재화 될 수 있는 것이므로 아직 공익사업이 시행되기도 전에 개발이익을 기대하여 증가한 지가부분은 공익사업의 시행을 볼모로 한 주관적 가치부여에 지나지 않는다. 즉 수용에 의하여 토지소유자가 입은 손실과 공익사업의 시행으로 발생하는 이익은 별개의 문제이다. 그러므로 공익사업이 시행되기도 전에 미리 그 시행으로 기대되는 이용가치의 상승을 감안한 지가의 상승분을 보상액에 포함시킨다는 것은 피수용토지의 사업시행당시의 객관적 가치를 초과하여 보상액을 산정하는 셈이 된다. 따라서 개발이익은 그 성질상 완전보상의 범위에 포함되는 피수용자의 손실이라고는 볼 수 없으므로, 개발이익을 배제하고 손실보상액을 산정한다 하여 헌법이 규정한 정당보상의 원리에 어긋나는 것이라고는 판단되지 않는다."

3) 소결

독일의 경우와는 달리 정당한 보상 이외에 형량원칙이 헌법에 규정되지 않은 우리 헌법하에서는 일응 완전보상설이 타당하며, 이는 법치국가 요청에 부합하는 해석이기도 합니다. 다만, 앞선 직접효력설의 입장에 의할 때 헌법상 손실보상청구권의 성립은 별론, 보상의 구체적인 기준과 방법은 법률로 정하도록 규정하는바, 완전보상의 취지에 배치되지 않는 한 이에 관한 입법재량권이 부여되어 있다고 해석함이 타당합니다. 경우에 따라 완전보상을 상회하는 보상도 법적으로 불가능한 것이 아니고, 완전보상의 범위를 하회한다는 이유만으로 반드시 위헌이라 할 수도 없습니다. 여기에서 완전보상을 상회하는 보상은 특히, 생활보상에서 문제되는데, 구체적으로는 생활보상을 손실보상의 기준에 관한 헌법 제23조 제3항의 완전보상의 범위에 내재하는 것인지, 아니면 '손실에 대한 가치보상'의 범위 밖의 '국가적 과제의 실현' 차원의 별개의 사항인지에 대한 이해의 차이에서 비롯합니다.

손실보상에 의한 재산권의 가치보장도 헌법 제23조 제1항의 재산권의 범위에 포함되는 것이고 이는 또한 동조 제2항에 의한 사회적 기속하에 놓이는 점을 고려해야 합니다. 환언하면, 손실보상은 재산권 보장을 포함하는 법치국가원칙에 의하여 제도화된 것이지만, 보상의 구체적 내용과 기준을 정하는 것은 사회국가적 과제를 부여받은 입법권자의 재량사항입니다. 그러므로 재산권의 본질적 내용을 침해하지 않는 한 입법자가 정한 보상기준이 시가를 하회하더라도 사회적 합리성이 인정되는 상당한 기준인 경우는 합헌으로 보아야 합니다. 이때의 '상당한 기준'의 판단을 위한 잣대로 독일 기본법이 제시한 개념이 바로 동조 제3항상의 '공익과 사익의 정당한 형량' 개념입니다. 또한 손실보상청구권도 재산권의 일종일진대, 법률에 의한 기본권 제한을 규정하는 헌법 제37조 제2항의 규율로부터 자유로울 수는 없습니다. 즉, 법률에 의한 기본권 제한 과정에서 비례원칙은 준수해야 하며, 바로 이 점을 독일 기본법이 '정당한 형량'이라는 문구로 명문으로 천명하고 있는 것입니다. 독일 기본법 제14조 제3항은 상당보상설을 취하는 듯하지만, 매우 정치한 방법으로 법치국가원칙 및 사회국가원칙의 화학적 결합을 지향하면서 실질적인 완전보상원칙을 실현하고 있습니다. 요컨대, 이념적으로 완전보상을 내용으로 하는 손실보상청구권도 절대적 기본권일 수 없다는 생각에 이른다면, 정당(완전)보상설과 상당보상설 양 학설의 차이를 힘주어 강조할 실익이 크지 않음을 알 수 있습니다.

2. 공익사업을 위한 토지 등의 취득 및 보상에 관한 법률에 의한 손실보상의 기준과 내용

1) 토지보상법 제정의 의의

과거 협의취득을 규율의 대상으로 했던 (구)공공용지의취득및손실보상에관한특례법(공특법)과 강제수용의 준거법이던 (구)토지수용법은 공공목적의 토지취득절차라는 점에서 공통의 성질을 가지고 있었습니다. 양 법률의 존재로 인해 단계별 준거 법률의 적용과정에서 절차의 중복 문제가 발생할 수밖에 없는 구조였습니다. 즉, 협의취득 시 공특법에 의하는바, 협의 불성립의 경우에는 새로이 토지수용법에 의한 강제취득절차를 거쳐야 하는데 그 과정에서의 절차상 혼란 내지 내용적 중복 등이 문제점으로 지적되었으며, 이에 따라 토지취득절차의 간소화가 필요했습니다.

이렇듯 이원화된 수용 및 보상절차하에서는 사인의 법적 예측가능성을 담보하기 곤란하고 통일되지 않는 절차로 인한 폐해를 간과할 수 없어 법절차의 명확화와 통일화의 필요성이 증대하였고, 이는 토지보상법 제정을 통해 단일의 법 개념 내지 법적 기초를 제공하는 것에서 시작하였습니다. 예컨대, '공공사업'과 '공익사업'을 '공익사업'으로, '사업시행자'와 '기업자(起業者)'로 이원적으로 사용하던 것을 '사업시행자'로 통일하였습니다(토지보상법 제2조[1] 참조). 이와 함께 구법상 보상금증감소송의 피고에 토지수용위원회를 포함하는 구조, 즉 동 소송의 원고·피고를 '토지소유자 vs. 기업자&토지수용위원회' 혹은 '기업자 vs. 토지소유자&토지수용위원회'가 되는 구도를 극복하고 토지수용위원회를 피고에서 제외함으로써, 보상금증감청구소송의 법적 성질상의 미로에서 벗어나 형식적 당사자소송으로서의 성격을 명확히 한 점은 토지보상법의 또 다른 의의라 평가할 수 있습니다.

한편, 토지보상법은 토지취득절차를 통합하여 협의·강제취득절차에 공통되는 절차규정, 협의취득 및 강제취득 각각의 특유한 절차규정 및 양 절차의 중복을 피하기 위한 규정으로 구성하였습니다. 보상절차의 통합도 이루어졌는데, 구법들에 규정된 손실보상에 관한 규정을 망라하여 그 성격에 따라 법률과 시행령의 역할 분담하에 규율하고 있습니다.

2) 재산권 보상 : 취득재산의 객관적 가치의 보상

공용수용으로 인한 손실보상은 피침해재산의 정상적인 시장가격을 기준으로 하는 것이 이상적이지만, 해당 토지의 보상시점에는 실질적으로 거래가격이 존재하지 않는 점을 고려하고 개발이익은 보상에서 제외하는 것이 타당하므로 토지보상법은 다음의 내용으로 보상액을 산정하도록 규정하고 있습니다.

(1) 협의 또는 재결 당시의 가격

보상액의 산정은 취득재산의 협의성립 또는 재결 당시의 가격을 기준으로 하며(제67

1) 이하 이 강에서 법률명을 표기하지 않은 경우 토지보상법을 의미합니다.

조 제1항), 이러한 보상액 산정의 기준이 되는 시점을 가격시점이라 칭합니다(제2조 제6호). 협의 또는 재결에 의하여 취득하는 토지에 대하여는 부동산 가격공시에 관한 법률에 의한 표준공시지가를 기준으로 보상합니다. 이와 관련하여 통상 공시지가는 토지의 객관적 시장가격을 적정하게 반영하지 못하는 경우가 많으므로 이에 따른 보상액 산정이 완전보상원칙에 배치된다는 지적도 존재하였지만, 판례는 합헌으로 판단하였습니다.

* **대판 2001.3.27, 99두7968** : "비교표준지는 특별한 사정이 없는 한 도시계획구역 내에서는 용도지역을 우선으로 하고, 도시계획구역 외에서는 현실적 이용상황에 따른 실제 지목을 우선으로 하여 선정하여야 할 것이나, 이러한 토지가 없다면 지목, 용도, 주위환경, 위치 등의 제반 특성을 참작하여 그 자연적, 사회적 조건이 수용대상 토지와 동일 또는 가장 유사한 토지를 선정하여야 한다."
* **헌재결 2013.12.26, 2011헌바162** : "이 사건 토지보상조항은 '부동산 가격공시 및 감정평가에 관한 법률'에 의한 공시지가를 기준으로 토지수용으로 인한 손실보상액을 산정하되, 개발이익을 배제하고 공시기준일부터 가격시점까지의 시점보정을 해당 공익사업으로 인한 토지 가격의 영향을 받지 않는 지역의 대통령령이 정하는 지가변동률과 생산자물가상승률 등을 고려하여 행하도록 규정하고 있다. 그런데 개발이익은 사업시행자의 사업시행으로 의하여 비로소 발생하는 것이므로 토지소유자에게 당연히 귀속되어야 할 것은 아니고 오히려 사업시행자 또는 궁극적으로 국민에게 귀속되어야 할 성질의 것이고, 그것이 피수용토지가 갖는 객관적 가치에 포함된다고 볼 수도 없으며, 한편, 위 법률의 규정에 의한 공시지가가 공시기준일 당시의 표준지의 객관적 가치를 정당하게 반영하는 것이고, 지가산정 대상 토지와 표준지 사이에 가격의 유사성을 인정할 수 있도록 표준지의 선정이 적정하며, 공시기준일 이후 가격시점까지의 시가변동을 산출하는 시점보정의 방법도 적정한 것으로 보이므로 공시지가를 기준으로 한 보상금액의 산정은 수용당시의 피수용토지의 객관적 가치를 반영한 것이 된다. 그렇다면 이 사건 토지보상조항은 헌법 제23조 제3항이 규정한 정당보상의 원칙에 위배되지 않는다."

또한, 취득재산의 가격은 상황보정과 시점수정을 거쳐 결정하며(제70조 제1항), 토지에 대한 보상액은 소위 '현황평가의 원칙'에 따라 가격시점에서의 현실적인 이용상황과 일반적인 이용방법에 의한 객관적 상황을 고려하여 산정하되, 일시적인 이용상황과 토지소유자나 관계인이 갖는 주관적 가치 및 특별한 용도에 사용할 것을 전제로 한 경우 등은 고려하지 않습니다(제70조 제2항). 공시지가 기준일에 대해서는 동법 제70조 제3항 내지 제5항에서 규정하는데, 여러 경우의 수를 고려한 상세한 규정을 두고 있습니다. 즉, 사업인정 전 협의에 의한 취득의 경우의 공시지가는 해당 토지의 가격시점 당시 공시된 공시지가 중 가격시점과 가장 가까운 시점에 공시된 공시지가로 하고, 사업인정 후 취득에 따른 공시지가는 사업인정고시일 전의 시점을 공시기준일로 하는 공시지가로서 해당 토지에 관한 협의의 성립 또는 재결 당시 공시된 공시지가 중 그 사업인정고시일과 가장 가까운 시점에 공시된 공시지가로 합니다. 그러나 공익사업의 계획 또는 시행이 공고되거나 고시됨으로 인하여 취득하여야 할 토지의 가격이 변동되었다고 인정되는 경우의 공시지가는 해당 공고일 또는 고시일 전의 시점을 공시기준일로 하는 공시지가로서 그 토지의 가격시점 당시 공시된 공시지가 중 그 공익사업의 공고일 또는 고시일과 가장 가까운 시점에 공시된 공시지가가 기준이 됩니다.

(2) 개발이익의 배제(제67조 제2항)

공공의 투자 또는 사업시행자의 투자는 일반적으로 개발이익을 발생시키는데, 이때 공익사업 시행지 주변의 토지소유자와 피수용자 간 평등권 내지 재산권 보장과의 관계에서 형평의 문제가 야기됩니다. 토지수용의 국면에서 가장 첨예한 이해관계의 대립이 발생하는 영역입니다. 일반적으로 개발이익이 배제된 보상금만으로는 피수용자는 인근지역에서 해당 부동산에 상응하는 부동산의 구입이 실질적으로 불가능한 경우가 많습니다. 이러한 재산권의 실질적 보장 요청과 함께 고려해야 할 사항도 있습니다. 개발이익은 사업시행자의 공공투자에 의한 것이지 피수용자의 노력이나 자본에 의해 발생하는 것이 아니므로 이를 피수용자인 토지소유자에게 귀속시키는 것은 또 다른 형평의 문제를 야기할 수 있습니다. 원론적으로 볼 때 개발사업이 피수용자의 의사에 기한 것이 아니지만(사회국가원리) 수용을 통해 실질적인 생활 존속이 불가능할 정도의 보상금액 산정이라면 위헌의 여지가 있습니다(법치국가원리).

판례는 개발이익이 공공사업의 시행에 의하여 비로소 발생하는 것이므로 그것이 피수용토지가 수용 당시 갖는 객관적 가치에 포함되지 않으므로 개발이익을 배제하고 손실보상액을 산정한다고 하여 이를 헌법이 규정한 정당보상의 원리에 어긋나지 않는 것으로 이해합니다. 다만, 개발이익 배제의 한계와 관련하여, 해당 공공사업과 관계없는 다른 사업의 시행으로 인한 개발이익은 보상액 산정에 포함하는 것으로 판시하였습니다.

* **헌재결 1990.6.25, 89헌마107** : "공익사업의 시행이 계획 공표되면, 통상의 경우 그 대상토지의 이용가치가 장차 증가될 것을 기대하여 지가는 그 기대치만큼 미리 상승하게 되는데, 이러한 개발이익도 당해 토지의 객관적 가치의 일부로서 당연히 시가에 포함되어야 하는지의 여부가 문제된다. 법은 보상금액의 산정방법을 이원화하여 원칙적으로는 법 제46조 제1항을 적용하도록 하면서도 기준

지가가 고시된 지역에서의 보상금액 산정은 같은 조 제2항의 규정에 의하여 재결당시의 거래가격이 아니라 고시된 기준지가를 기준으로 하되, 기준지가 대상지역공고일로부터 재결시까지의 당해 토지의 이용계획이나 인근토지의 지가변동률, 도매물가상승률 및 기타 사항 등을 참작하여 평가한 금액으로 행하도록 하고 있어 개발이익을 보상액의 산정에서 배제하고 있다. 공익사업의 시행으로 지가가 상승하여 발생하는 개발이익은 기업자의 투자에 의하여 발생하는 것으로서 피수용자인 토지소유자의 노력이나 자본에 의하여 발생한 것이 아니다. 따라서 이러한 개발이익은 형평의 관념에 비추어 볼 때, 토지소유자에게 당연히 귀속되어야 할 성질의 것은 아니고, 오히려 투자자인 기업자 또는 궁극적으로는 국민 모두에게 귀속되어야 할 성질의 것이다. 또한 개발이익은 공공사업의 시행에 의하여 비로소 발생하는 것이므로 그것이 피수용토지가 수용당시 갖는 객관적 가치에 포함된다고 볼 수도 없다. 개발이익이란 시간적으로 당해 공익사업이 순조롭게 시행되어야 비로소 현재화 될 수 있는 것이므로 아직 공익사업이 시행되기도 전에 개발이익을 기대하여 증가한 지가부분은 공익사업의 시행을 볼모로 한 주관적 가치부여에 지나지 않는다. 즉 수용에 의하여 토지소유자가 입은 손실과 공익사업의 시행으로 발생하는 이익은 별개의 문제이다. 그러므로 공익사업이 시행되기도 전에 미리 그 시행으로 기대되는 이용가치의 상승을 감안한 지가의 상승분을 보상액에 포함시킨다는 것은 피수용토지의 사업시행당시의 객관적 가치를 초과하여 보상액을 산정하는 셈이 된다. 따라서 개발이익은 그 성질상 완전보상의 범위에 포함되는 피수용자의 손실이라고는 볼 수 없으므로, 개발이익을 배제하고 손실보상액을 산정한다 하여 헌법이 규정한 정당보상의 원리에 어긋나는 것이라고는 판단되지 않는다."

* **대판 1999.1.15, 98두8896** : "토지수용으로 인한 손실보상액을 산정함에 있어서 당해 공공사업의 시행을 직접 목적으로 하는 계획의 승인·고시로 인한 가격변동은 이를 고려함이 없이 수용재결당시의 가격을 기준으로 하여 적정가격을 정하여야 하나, 당해 공공사업과는 관계없는 다른 사업의 시행으로 인한 개발이익은 이를 배제하지 아니한 가격으로 평가하여야 한다."

(3) 개발이익배제를 위한 제도적 장치

개발이익을 둘러싼 이해관계의 대립은 국토의 효율적인 이용뿐만 아니라 국가의 부동산정책의 성공적 추진과도 밀접한 관련이 있으므로 토지보상법은 개발이익배제를 위한 다음의 제도적 장치를 두고 있습니다.

① 사업인정 고시일 전 공시지가 기준 : 사업인정 고시일 이전의 공시지가를 기준으로 보상액을 결정함에 있어 공익사업의 계획 또는 시행이 공고되거나 고시됨으로 인하여 취득하여야 할 토지의 가격이 변동되었다고 인정되는 경우에는, 보상액 산정의 기초가 되는 공시지가를 해당 공고일 또는 고시일 전의 시점을 공시기준일로 하는 공시지가로서 그 토지의 가격시점 당시 공시된 공시지가 중 그 공익사업의 공고일 또는 고시일과 가장

가까운 시점에 공시된 것으로 하여, 사업인정 이후 재결시까지의 수용의 원인이 된 공익사업으로 인한 개발이익을 보다 철저히 배제합니다(제70조 제5항).

② 해당 공익사업으로 인한 가격변동 배제 : 보상액을 산정할 경우에 해당 공익사업으로 인하여 토지 등의 가격이 변동되었을 때에는 이를 고려하지 않고(제67조 제2항), 당해 공익사업으로 인한 지가의 영향을 받지 않는 지역의 지가변동률을 참작합니다(제70조 제1항).

> ＊ **대판 2014.2.27, 2013두21182** : "공익사업을 위한 토지 등의 취득 및 보상에 관한 법률 제67조 제2항은 '보상액을 산정할 경우에 해당 공익사업으로 인하여 토지 등의 가격이 변동되었을 때에는 이를 고려하지 아니한다'라고 규정하고 있는바, 수용 대상 토지의 보상액을 산정함에 있어 해당 공익사업의 시행을 직접 목적으로 하는 계획의 승인, 고시로 인한 가격변동은 이를 고려함이 없이 재결 당시의 가격을 기준으로 하여 적정가격을 정하여야 하나, 해당 공익사업과는 관계없는 다른 사업의 시행으로 인한 개발이익은 이를 포함한 가격으로 평가하여야 하고, 개발이익이 해당 공익사업의 사업인정고시일 후에 발생한 경우에도 마찬가지이다."

③ 해당 공익사업의 시행을 직접 목적으로 하는 공법상 제한의 배제 : 공익사업의 영향을 배제하여 정당보상원칙의 실현을 입법목적으로 하는 규정입니다. 즉, 토지에 대한 공법상 제한이 당해 공익사업의 시행을 직접 목적으로 가하여진 경우에는 보상액 산정을 위한 토지의 평가와 관련하여 해당 제한이 없는 상태로 평가하지만, 해당 공익사업의 목적과 직접 관련이 없는 제한일 때에는 제한받는 상태로 토지를 평가합니다(시행규칙 제23조 제1항). 한편, 공익사업의 시행을 직접 목적으로 하여 용도지역 또는 용도지구 등이 변경된 토지의 경우 변경 전의 용도지역 도는 용도지구 등을 기준으로 평가합니다(시행규칙 제23조 제2항).

(4) 판례상 계획제한과 보상액 산정

공법상 제한과 보상액 산정의 관계는 판례상 특히, 용도지역·용도지구·용도구역 등 계획제한을 두고 보다 복잡한 양상으로 전개되는데, 아래에 그 내용을 일람합니다.

가. 계획제한의 구분과 보상액 산정

자연공원의 지정에 의한 제한 등에서 그 예를 찾을 수 있는 일반적 계획제한이란 용도지역 등의 지정 또는 변경과 같이 구체적인 사업의 시행을 목적으로 하지 않고 공익사업을 위해 토지의 이용을 일반적으로 제한하는 계획제한을 실무상 칭하는 용어입니다. 이때에는 제한이 해당 공익사업의 시행을 직접 목적으로 하여 가해진 경우인지 여부에 따라 각각 제한이 없는 상태 내지 제한을 받는 상태로 평가합니다.

이에 비해 도시계획시설계획에 따른 도시공원의 지정 등의 도시계획시설제한에 있어 구체적인 공익사업의 시행을 위해 토지의 이용에 가해지는 계획제한을 개별적 계획제한이라고 하는데, 이 경우 제한이 해당 공익사업의 시행을 직접 목적으로 하여 가해진 경우뿐만 아니라 다른 공익사업의 시행을 직접 목적으로 하여 가해진 경우에도 제한을 받지 않는 상태로 평가해야 합니다. 따라서 개별적 계획제한에서는 당초 목적사업과 다른 목적의 공공사업에 편입수용되는 경우에도 그 제한을 받지 아니하는 상태로 평가하여야 합니다.

나. 관련 판례

* **대판 2015.8.27, 2012두7950** : "공법상 제한을 받는 토지에 대한 보상액을 산정할 때에 해당 공법상 제한이 용도지역·지구·구역(이하 '용도지역 등'이라 한다)의 지정 또는 변경과 같이 그 자체로 제한목적이 달성되는 일반적 계획제한으로서 구체적 도시계획사업과 직접 관련되지 아니한 경우에는 그러한 제한을 받는 상태 그대로 평가하여야 하지만, 도로·공원 등 특정 도시계획시설의 설치를 위한 계획결정과 같이 구체적 사업이 따르는 개별적 계획제한이거나 일반적 계획제한에 해당하는 용도지역 등의 지정 또는 변경에 따른 제한이더라도 그 용도지역 등의 지정 또는 변경이 특정 공익사업의 시행을 위한 것일 때에는 당해 공익사업의 시행을 직접 목적으로 하는 제한으로 보아 위 제한을 받지 아니하는 상태를 상정하여 평가하여야 한다."
* **대판 1992.3.13, 91누4324** : "원심이 같은 취지에서, 당해 공공사업의 시행 이전에 이미 도시계획법에 의한 고시등으로 이용제한이 가하여진 상태인 경우에는 그 제한이 도시계획법 제2장 제2절의 규정에 의한 지역, 지구, 구역 등의 지정 또는 변경으로 인한 제한의 경우 그 자체로 제한목적이 완성되는 일반적 계획제한으로 보고 그러한 제한을 받는 상태 그대로 재결 당시의 토지의 형태 및 이용상황 등에 따라 평가한 가격을 기준으로 적정한 보상가액을 정하여야 하고, 도시계획법 제2조 제1항 제1호 나목에 의한 시설의 설치, 정비, 개량에 관한 계획결정으로서 도로, 광장, 공원, 녹지 등으로 고시되거나, 같은 호 다목 소정의 각종 사업에 관한 계획결정이 고시됨으로 인한 제한의 경우 구체적 사업이 수반되는 개별적 계획제한으로 보아 그러한 제한이 없는 것으로 평가하여야 한다고 하면서 이 사건에 있어서 <u>이 사건 토지에 대하여 개발제한구역지정으로 인한 제한은 그대로 고려하고 공원용지지정으로 인한 제한은 고려하지 아니한 상태로 보상액을 평가하였음은 정당하고</u> 거기에 소론들이 지적하는 바와 같이 손실보상액산정 및 도시계획법에 관한 법리를 오해한 위법이 없다.

* **대판 2005.2.18, 2003두14222** : "공법상의 제한을 받는 토지의 수용보상액을 산정함에 있어서는 그 공법상의 제한이 당해 공공사업의 시행을 직접 목적으로 하여 가하여진 경우에는 그 제한을 받지 아니하는 상태대로 평가하여야 할 것이지만, 공법상 제한이 당해 공공사업의 시행을 직접 목적으로 하여 가하여진 경우가 아니라면 그러한 제한을 받는 상태 그대로 평가하여야 하고, 그와 같은 제한이 당해 공공사업의 시행 이후에 가하여진 경우라고 하여 달리 볼 것은 아니다. 기록에 의하면, 이 사건 문화재보호구역의 확대 지정은 당해 공공사업인 이 사건 택지개발사업의 시행을 직접 목적으로 하여 가하여진 것이 아님이 명백하므로, 이 사건 토지는 그러한 공법상 제한을 받는 상태대로 평가하여야 할 것이다."
* **대판 2007.7.12, 2006두11507** : "공익사업을 위한 토지 등의 취득 및 보상에 관한 법률 제70조, 같은 법 시행규칙 제23조 제1항, 제2항을 종합하면, 수용토지에 대한 손실보상액의 산정에 있어 그 대상 토지가 공법상의 제한을 받고 있는 경우에는 원칙적으로 제한받는 상태대로 평가하여야 하지만 그 제한이 당해 공공사업의 시행을 직접 목적으로 하여 가하여진 경우에는 당해 공공사업의 영향을 배제하여 정당한 보상을 실현하기 위하여 예외적으로 그 제한이 없는 상태를 전제로 하여 평가하여야 하고, 당해 공공사업의 시행을 직접 목적으로 하여 용도지역 또는 용도지구 등이 변경된 토지에 대하여는 변경되기 전의 용도지역 또는 용도지구 등을 기준으로 평가하여야 한다. 위 규정과 원심이 확정한 사실에 비추어 보면, 원심이 이 사건 토지의 용도지역이 자연녹지지역으로 변경된 것은 이 사건 공원조성사업의 시행을 직접 목적으로 이루어진 것이어서 이 사건 토지는 그러한 공법상 제한을 받는 상태대로 평가되어서는 안된다는 전제하에 이 사건 토지에 대한 수용보상액은 그 용도지역을 일반주거지역으로 하여 평가하여야 한다고 본 것은 정당하고, 거기에 상고이유와 같은 손실보상의 산정 또는 공법상 제한을 받는 토지의 평가에 관한 법리오해 등의 위법 등이 있다고 할 수 없다."
* **대판 1999.3.23, 98두13850** : "토지수용 보상액을 산정함에 있어서는 토지수용법 제46조 제1항에 따라 당해 공공사업의 시행을 직접 목적으로 하는 계획의 승인·고시로 인한 가격변동은 이를 고려함이 없이 수용재결 당시의 가격을 기준으로 하여 정하여야 할 것이므로, 당해 사업인 택지개발사업에 대한 실시계획의 승인과 더불어 그 용도지역이 주거지역으로 변경된 토지를 그 사업의 시행을 위하여 후에 수용하였다면 그 재결을 위한 평가를 함에 있어서는 그 용도지역의 변경을 고려함이 없이 평가하여야 할 것이다."
* **대판 1989.7.11, 88누11797** : "토지수용법 제46조 제1항은 토지수용에 따른 손실보상은 수용재결 당시의 가격을 기준으로 하되 거기에 규정된 사정을 고려한 적정가격으로 하도록 규정하고 있고 같은 법 제57조의 2에 의하여 준용되는 공공용지의취득및손실보상에관한특례법 시행규칙 제6조 제4항은 공법상 제한을 받는 토지에 대한 보상액을 산정함에 있어서는 그 공법상 제한이 당해 공공사업의 시행을 직접목적으로 하여 가하여 진 경우를 제외하고는 제한받는 상태대로 평가하도록 규정하여 공법상 제한을 받는 토지라도 그 제한이 당해 공공사업의 시행을 직접목적으로 하여 가하여진 경우에는 제한을 받지 아니하는 상태대로 평가하게 하고 있는데 여기서 말하는 "당해 공공사업의 시행을

직접목적으로 하여 가하여진 경우"란 도시계획시설로 결정고시된 토지가 당초의 목적 사업에 편입수용되는 경우는 물론 당초의 목적사업과는 다른 목적의 공공사업에 편입수용되는 경우에도 포함된다고 해석하여야 할 것이다. 왜냐하면 만약 이와 달리 도시계획법 제2조 제1항 제1호 나목과 같이 도시계획시설결정고시로 이른바 특별제한이 가해진 토지가 가령 도로로 고시된 토지를 철도용지 또는 학교용지로 하는 것과 같이 당초의 목적사업과 다른 공공사업에 편입되는 경우에 당해 공공사업의 시행을 직접목적으로 하여 가해진 제한이 아니라는 이유로 당초에 결정고시된 도시계획시설로서의 공법상의 제한이 있는 상태대로 평가하여야 한다고 해석한다면 도시계획시설로 결정고시된 토지가 그후에 당초의 목적사업에 편입되었는가 아니면 당초의 목적사업과는 다른 공공사업에 편입되는가의 사정에 의하여 평가방법이 크게 달라지게 되어 매우 불합리 할 뿐만 아니라 공공사업시행자가 보상액을 적게 하기 위하여 실제로 시행할 공공사업과 다른 목적의 도시계획시설로 결정고시할 여지를 남기게 되어 위 특례법시행규칙 제6조 제4항의 취지에도 어긋나기 때문이다."

한편, 수용대상 토지에 관하여 특정 시점에서 용도지역 등의 지정·변경을 하지 않은 것이 특정 공익사업의 시행을 위한 것일 경우에는 이를 해당 공익사업의 시행을 직접 목적으로 하는 제한이라고 간주하여 그 용도지역 등의 지정·변경이 이루어진 상태를 상정하여 토지가격을 평가하여야 합니다.

* **대판 2015.8.27, 2012두7950** : "법 제70조 제6항의 위임을 받은 법 시행규칙 제23조 제1항은 "공법상 제한을 받는 토지에 대하여는 제한받는 상태대로 평가한다. 다만 그 공법상 제한이 당해 공익사업의 시행을 직접 목적으로 하여 가하여진 경우에는 제한이 없는 상태를 상정하여 평가한다."고 규정하고 있고, 제2항은 "당해 공익사업의 시행을 직접 목적으로 하여 용도지역 또는 용도지구 등이 변경된 토지에 대하여는 변경되기 전의 용도지역 또는 용도지구 등을 기준으로 평가한다."고 규정하고 있다. 따라서 공법상 제한을 받는 토지에 대한 보상액을 산정할 때에 해당 공법상 제한이 용도지역·지구·구역(이하 '용도지역 등'이라 한다)의 지정 또는 변경과 같이 그 자체로 제한목적이 달성되는 일반적 계획제한으로서 구체적 도시계획사업과 직접 관련되지 아니한 경우에는 그러한 제한을 받는 상태 그대로 평가하여야 하지만, 도로·공원 등 특정 도시계획시설의 설치를 위한 계획결정과 같이 구체적 사업이 따르는 개별적 계획제한이거나 일반적 계획제한에 해당하는 용도지역 등의 지정 또는 변경에 따른 제한이더라도 그 용도지역 등의 지정 또는 변경이 특정 공익사업의 시행을 위한 것일 때에는 당해 공익사업의 시행을 직접 목적으로 하는 제한으로 보아 위 제한을 받지 아니하는 상태를 상정하여 평가하여야 한다(대법원 2012. 5. 24. 선고 2012두1020 판결 등 참조). 한편 이와 같은 법 시행규칙 제23조 제1항 단서와 제2항은 모두 당해 공공사업의 영향을 배제하여 정당한 보

상을 실현하려는 데 그 입법 취지가 있다(대법원 2007. 7. 12. 선고 2006두11507 판결 참조). 그리고 용도지역 등의 지정 또는 변경행위는 전문적·기술적 판단에 기초하여 행하여지는 일종의 행정계획으로서 재량행위라 할 것이지만, 행정주체가 가지는 이와 같은 계획재량은 그 행정계획에 관련되는 자들의 이익을 공익과 사익 사이에서는 물론이고 공익 상호 간과 사익 상호 간에도 정당하게 비교·교량하여야 하고 그 비교·교량은 비례의 원칙에 적합하도록 하여야 하는 것이므로, 만약 행정주체가 행정계획을 입안·결정함에 있어서 이익형량을 전혀 행하지 아니하였거나 이익형량의 고려대상에 마땅히 포함시켜야 할 중요한 사항을 누락한 경우 또는 이익형량을 하였으나 그것이 비례의 원칙에 어긋나게 된 경우에는 그 행정계획결정은 재량권을 일탈·남용한 것으로 위법하다(대법원 2005. 3. 10. 선고 2002두5474 판결, 대법원 2012. 5. 10. 선고 2011두31093 판결 등 참조). 이상과 같은 법 시행규칙 제23조 제1항, 제2항의 규정 내용, 상호 관계와 그 입법 취지, 용도지역 등의 지정 또는 변경행위의 법적 성질과 그 사법심사의 범위, 용도지역 등이 토지의 가격형성에 미치는 영향의 중대성 및 공익사업을 위하여 취득하는 토지에 대한 보상액 산정을 위하여 토지가격을 평가할 때 일반적 계획제한에 해당하는 용도지역 등의 지정 또는 변경이라도 특정 공익사업의 시행을 위한 것이라면 당해 공익사업의 시행을 직접 목적으로 하는 제한이라고 보아야 하는 점 등을 종합적으로 고려하면, 어느 수용대상 토지에 관하여 특정 시점에서 용도지역 등의 지정 또는 변경을 하지 않은 것이 특정 공익사업의 시행을 위한 것일 경우 이는 당해 공익사업의 시행을 직접 목적으로 하는 제한이라고 보아 그 용도지역 등의 지정 또는 변경이 이루어진 상태를 상정하여 토지가격을 평가하여야 한다. 여기에서 특정 공익사업의 시행을 위하여 용도지역 등의 지정 또는 변경을 하지 않았다고 볼 수 있으려면, 그 토지가 특정 공익사업에 제공된다는 사정을 배제할 경우 용도지역 등의 지정 또는 변경을 하지 않은 행위가 계획재량권의 일탈·남용에 해당함이 객관적으로 명백하여야만 할 것이다."

3) 완전보상 이념 실현을 위한 부대적 손실의 보상

완전보상의 이념은 수용(취득)의 대상이 된 재산권의 가치의 보상에 더하여 취득의 원인이 되어 부수적으로 발생한 손실의 보상도 포함하는 것이어야 하며, 토지보상법은 이를 위한 규정들을 두고 있습니다.

(1) 잔여지 및 잔여건축물 보상

* **제73조(잔여지의 손실과 공사비 보상)** ① 사업시행자는 동일한 소유자에게 속하는 일단의 토지의 일부가 취득되거나 사용됨으로 인하여 잔여지의 가격이 감소하거나 그 밖의 손실이 있을 때 또는 잔여지에 통로·도랑·담장 등의 신설이나 그 밖의 공사가 필요할 때에는 국토교통부령으로 정하는 바에

따라 그 손실이나 공사의 비용을 보상하여야 한다. 다만, 잔여지의 가격 감소분과 잔여지에 대한 공사의 비용을 합한 금액이 잔여지의 가격보다 큰 경우에는 사업시행자는 그 잔여지를 매수할 수 있다.
② 제1항 본문에 따른 손실 또는 비용의 보상은 관계 법률에 따라 사업이 완료된 날 또는 제24조의2에 따른 사업완료의 고시가 있는 날(이하 "사업완료일"이라 한다)부터 1년이 지난 후에는 청구할 수 없다.

* **제75조의2(잔여 건축물의 손실에 대한 보상 등)** ① 사업시행자는 동일한 소유자에게 속하는 일단의 건축물의 일부가 취득되거나 사용됨으로 인하여 잔여 건축물의 가격이 감소하거나 그 밖의 손실이 있을 때에는 국토교통부령으로 정하는 바에 따라 그 손실을 보상하여야 한다. 다만, 잔여 건축물의 가격 감소분과 보수비(건축물의 나머지 부분을 종래의 목적대로 사용할 수 있도록 그 유용성을 동일하게 유지하는 데에 일반적으로 필요하다고 볼 수 있는 공사에 사용되는 비용을 말한다. 다만, 「건축법」 등 관계 법령에 따라 요구되는 시설 개선에 필요한 비용은 포함하지 아니한다)를 합한 금액이 잔여 건축물의 가격보다 큰 경우에는 사업시행자는 그 잔여 건축물을 매수할 수 있다.
② 동일한 소유자에게 속하는 일단의 건축물의 일부가 협의에 의하여 매수되거나 수용됨으로 인하여 잔여 건축물을 종래의 목적에 사용하는 것이 현저히 곤란할 때에는 그 건축물소유자는 사업시행자에게 잔여 건축물을 매수하여 줄 것을 청구할 수 있으며, 사업인정 이후에는 관할 토지수용위원회에 수용을 청구할 수 있다. 이 경우 수용 청구는 매수에 관한 협의가 성립되지 아니한 경우에만 하되, 사업완료일까지 하여야 한다.

(2) 이전비 보상

* **제75조(건축물 등 물건에 대한 보상)** ① 건축물·입목·공작물과 그 밖에 토지에 정착한 물건에 대하여는 이전에 필요한 비용으로 보상하여야 한다. <이하 내용 생략>
④ 분묘에 대하여는 이장(이장)에 드는 비용 등을 산정하여 보상하여야 한다.

(3) 권리의 보상

* **제76조(권리의 보상)** ① 광업권·어업권 및 물(용수시설을 포함한다) 등의 사용에 관한 권리에 대하여는 투자비용, 예상 수익 및 거래가격 등을 고려하여 평가한 적정가격으로 보상하여야 한다.

(4) 영업손실의 보상

여기에서의 영업손실은 수용 대상인 토지·건물 등을 이용하여 영업을 하다가 당해 토지 등이 수용됨으로써 영업을 할 수 없거나 제한을 받음으로 인하여 발생한 직접적인 수용손실을 의미하며, 후술하는 간접손실로서의 영업손실과는 구별되는 개념입니다.

* **제77조(영업의 손실 등에 대한 보상)** ① 영업을 폐지하거나 휴업함에 따른 영업손실에 대하여는 영업이익과 시설의 이전비용 등을 고려하여 보상하여야 한다.

(5) 농업손실의 보상

* **제77조(영업의 손실 등에 대한 보상)** ② 농업의 손실에 대하여는 농지의 단위면적당 소득 등을 고려하여 실제 경작자에게 보상하여야 한다. 다만, 농지소유자가 해당 지역에 거주하는 농민인 경우에는 농지소유자와 실제 경작자가 협의하는 바에 따라 보상할 수 있다.

(6) 임금손실의 보상

* **제77조(영업의 손실 등에 대한 보상)** ③ 휴직하거나 실직하는 근로자의 임금손실에 대하여는 「근로기준법」에 따른 평균임금 등을 고려하여 보상하여야 한다.

4) 확장수용(잔여지등 수용)보상

일정 사유로 인하여 공익사업에 필요한 토지 이외의 토지를 수용하는 것을 확장수용이라고 하며 잔여지등 수용이 대표적입니다. 그리고 이 같은 수용에 대해 보상하는 것을 확장수용보상이라 칭합니다. 토지보상법은 잔여지등 수용의 요건을 토지와 건물로 나누어 규정합니다.

* **토지의 경우** : "동일한 소유자에게 속하는 일단의 토지의 일부가 협의에 의하여 매수되거나 수용됨으로 인하여 잔여지를 종래의 목적에 사용하는 것이 현저히 곤란할 때에는 해당 토지소유자는 사업시행자에게 잔여지를 매수하여 줄 것을 청구할 수 있으며, 사업인정 이후에는 관할 토지수용위원회에 수용을 청구할 수 있다. 이 경우 수용의 청구는 매수에 관한 협의가 성립되지 아니한 경우에만 할 수 있으며, 사업완료일까지 하여야 한다."(제74조 제1항)
* **건축물의 경우** : "동일한 소유자에게 속하는 일단의 건축물의 일부가 협의에 의하여 매수되거나 수용됨으로 인하여 잔여 건축물을 종래의 목적에 사용하는 것이 현저히 곤란할 때에는 그 건축물소유자는 사업시행자에게 잔여 건축물을 매수하여 줄 것을 청구할 수 있으며, 사업인정 이후에는 관할 토지수용위원회에 수용을 청구할 수 있다. 이 경우 수용 청구는 매수에 관한 협의가 성립되지 아니한 경우에만 하되, 사업완료일까지 하여야 한다."(제75조의2 제2항)

위 조항에서 '종래의 목적에 사용하는 것이 현저히 곤란할 때'의 의미에 관해서는 다음 판례를 참고합시다.

* **대판 2005.1.28, 2002두4679** : "구 토지수용법(1999. 2. 8. 법률 제5909호로 개정되기 전의 것) 제48조 제1항에서 규정한 '종래의 목적'이라 함은 수용재결 당시에 당해 잔여지가 현실적으로 사용되고 있는 구체적인 용도를 의미하고, '사용하는 것이 현저히 곤란한 때'라고 함은 물리적으로 사용하는 것이 곤란하게 된 경우는 물론 사회적, 경제적으로 사용하는 것이 곤란하게 된 경우, 즉 절대적으로 이용 불가능한 경우만이 아니라 이용은 가능하나 많은 비용이 소요되는 경우를 포함한다."

토지보상법 제74조 제1항 등에 따른 잔여지등수용청구권은 그 요건 구비 시 특별한 조치 없이 청구에 의하여 수용의 효과가 발생하는 형성권이며(대판 1993.11.12, 93누11159), 사업인정 이후에는 사업시행자가 아니라 관할 토지수용위원회에 잔여지등의 수용을 청구하여야 합니다. 또한, 협의가 성립되지 않는 경우의 잔여지등수용청구는 해당 사업완료일까지 하여야 하며(제척기간), 행사기간 이후 수용청구에 기한 수용재결은 무효입니다.

* **대판 2010.8.19, 2008두822** : "[1] 구 '공익사업을 위한 토지 등의 취득 및 보상에 관한 법률'(2007. 10. 17. 법률 제8665호로 개정되기 전의 것) 제74조 제1항에 규정되어 있는 잔여지 수용청구권은 손실보상의 일환으로 토지소유자에게 부여되는 권리로서 그 요건을 구비한 때에는 잔여지

를 수용하는 토지수용위원회의 재결이 없더라도 그 청구에 의하여 수용의 효과가 발생하는 형성권적 성질을 가지므로, 잔여지 수용청구를 받아들이지 않은 토지수용위원회의 재결에 대하여 토지소유자가 불복하여 제기하는 소송은 위 법 제85조 제2항에 규정되어 있는 '보상금의 증감에 관한 소송'에 해당하여 사업시행자를 피고로 하여야 한다.

[2] 구 '공익사업을 위한 토지 등의 취득 및 보상에 관한 법률'(2007. 10. 17. 법률 제8665호로 개정되기 전의 것) 제74조 제1항에 의하면, 잔여지 수용청구는 사업시행자와 사이에 매수에 관한 협의가 성립되지 아니한 경우 일단의 토지의 일부에 대한 관할 토지수용위원회의 수용재결이 있기 전까지 관할 토지수용위원회에 하여야 하고, 잔여지 수용청구권의 행사기간은 제척기간으로서, 토지소유자가 그 행사기간 내에 잔여지 수용청구권을 행사하지 아니하면 그 권리가 소멸한다. 또한 위 조항의 문언 내용 등에 비추어 볼 때, 잔여지 수용청구의 의사표시는 관할 토지수용위원회에 하여야 하는 것으로서, 관할 토지수용위원회가 사업시행자에게 잔여지 수용청구의 의사표시를 수령할 권한을 부여하였다고 인정할 만한 사정이 없는 한, 사업시행자에게 한 잔여지 매수청구의 의사표시를 관할 토지수용위원회에 한 잔여지 수용청구의 의사표시로 볼 수는 없다."

잔여지등수용청구권이 형성권의 성질을 가지더라도, 토지소유자와 사업시행자 간 손실보상 관련 협의(제73조 제4항, 제9조 제6항)가 성립하지 않은 경우 토지소유자는 곧바로 사업시행자를 상대로 손실보상을 청구할 수 없고 반드시 관할 토지수용위원회의 수용재결을 거쳐야 합니다. 이 경우 최초의 수용 대상에 관한 수용재결을 거쳤더라도 잔여지에 대한 별도의 수용재결절차를 거쳐야 합니다.

* **대판 2012.11.29, 2011두22587** : "공익사업을 위한 토지 등의 취득 및 보상에 관한 법률 제73조는 "사업시행자는 동일한 소유자에게 속하는 일단의 토지의 일부가 취득되거나 사용됨으로 인하여 잔여지의 가격이 감소하거나 그 밖의 손실이 있을 때 또는 잔여지에 통로·도랑·담장 등의 신설이나 그 밖의 공사가 필요할 때에는 국토해양부령으로 정하는 바에 따라 그 손실이나 공사의 비용을 보상하여야 한다. 다만 잔여지의 가격 감소분과 잔여지에 대한 공사의 비용을 합한 금액이 잔여지의 가격보다 큰 경우에는 사업시행자는 그 잔여지를 매수할 수 있다"고 규정하고 있다. 이러한 공익사업법 제73조 및 같은 법 제34조, 제50조, 제61조, 제83조 내지 제85조의 규정 내용 및 입법 취지 등을 종합하여 보면, 토지소유자가 사업시행자로부터 공익사업법 제73조에 따른 잔여지 가격감소 등으로 인한 손실보상을 받기 위해서는 공익사업법 제34조, 제50조 등에 규정된 재결절차를 거친 다음 그 재결에 대하여 불복이 있는 때에 비로소 공익사업법 제83조 내지 제85조에 따라 권리구제를 받을 수 있을 뿐, 이러한 재결절차를 거치지 않은 채 곧바로 사업시행자를 상대로 손실보상을 청구하

> 는 것은 허용되지 않는다고 봄이 상당하고(대법원 2008. 7. 10. 선고 2006두19495 판결 참조), 이는 수용대상토지에 대하여 재결절차를 거친 경우에도 마찬가지라 할 것이다."

토지수용위원회의 수용재결에 대해서는 토지보상법상 이의신청이 가능함은 이론의 여지가 없습니다. 그리고 사업시행자가 잔여지의 수용을 인용하는 재결을 다투는 경우 동 수용재결에 대한 항고소송을, 양 당사자가 보상금의 다과를 다투는 경우 보상금증감청구소송을 제기함에도 의문이 없습니다. 문제는 토지소유자가 잔여지수용거부를 내용으로 하는 수용재결을 다투는 경우의 소송 방법인데, 판례에 의할 때 잔여지수용청구권의 형성권적 성격과 분쟁의 일회적 해결을 고려하여 수용재결에 대한 항고소송, 즉 잔여지수용 거부처분(수용재결)취소소송의 방법이 아니라 형식적 당사자소송으로서의 보상금증감청구소송을 제기하여야 합니다(위 대판 2010.8.19, 2008두822 참조).

확장수용으로서의 잔여지등 수용 관련 핵심 사항을 아래에 정리합니다.

* 잔여지등수용청구권은 형성권의 성질을 띰
* 사업인정 이후에는 관할 토지수용위원회에 잔여지등의 수용을 청구함
  → 이는 해당 사업완료일까지 하여야 함(제척기간)
* 잔여지등수용에 따른 손실보상은 반드시 최초 수용재결과는 별개의 수용재결에 의하여야 함
* 잔여지 수용거부 내용의 수용재결을 다투는 소송유형은 보상금증감청구소송에 의함

5) 간접손실의 보상

X군에 거주하는 어업인들을 조합원으로 하는 A수산업협동조합(이하 'A조합'이라 함)은 조합원들이 포획·채취한 수산물의 판매를 위탁받아 판매하는 B수산물위탁판매장(이하 'B위탁판매장'이라 함)을 운영하여 왔다. 한편, B위탁판매장 운영에 대해서는 관계 법령에 따라 관할 지역에 대한 독점적 지위가 부여되어 있었으며, A조합은 B위탁판매장 판매액 중 일정비율의 수수료를 지급받아 왔다. 그런데 한국농어촌공사는 「공유수면 관리 및 매립에 관한 법률」에 따라 X군 일대에 대한 공유수면매립면허를 받아 공유수면매립사업을 시행하였고, 해당 매립사업의 시행으로 인하여 사업대상지역에서 어업활동을 하던 A조합의 조합원들은 더 이상 조업을 할 수 없게 되었다. A조합은 위 공유수면매립사업지역

밖에서 운영하던 B위탁판매장에서의 위탁판매사업의 대부분을 중단하였고, 결국에는 B위탁판매장을 폐쇄하기에 이르렀다. 이에 따라 A조합은 공유수면매립사업으로 인한 위탁판매수수료 수입의 감소에 따른 영업손실의 보상을 청구하였으나, 한국농어촌공사는 B위탁판매장이 사업시행지 밖에서 운영하던 시설이었고 「공유수면 관리 및 매립에 관한 법률」상 직접적인 보상규정이 없음을 이유로 보상의 대상이 아니라고 주장한다. 한국농어촌공사의 주장은 타당한가?

[참조조문]

* 공유수면 관리 및 매립에 관한 법률

제28조(매립면허) ① 공유수면을 매립하려는 자는 대통령령으로 정하는 바에 따라 매립목적을 구체적으로 밝혀 다음 각 호의 구분에 따라 해양수산부장관, 시·도지사, 특별자치시장 또는 특별자치도지사(이하 "매립면허관청"이라 한다)로부터 공유수면 매립면허(이하 "매립면허"라 한다)를 받아야 한다.

1. 「항만법」 제3조제1항 각 호에 따른 항만구역의 공유수면 매립: 해양수산부장관
2. 면적이 10만 제곱미터 이상인 공유수면 매립: 해양수산부장관
3. 제1호 및 제2호에 따른 공유수면을 제외한 공유수면 매립: 시·도지사, 특별자치시장 또는 특별자치도지사

② 매립예정지가 제1항제1호에 따른 공유수면과 같은 항 제3호에 따른 공유수면에 걸쳐 있으면 해양수산부장관의 매립면허를 받아야 한다.

③ 제1항제3호에 따른 공유수면의 매립으로서 매립예정지가 둘 이상의 특별시·광역시·특별자치시·도·특별자치도의 관할 지역에 걸쳐 있으면 관계 시·도지사, 특별자치시장 또는 특별자치도지사의 협의에 의하여 결정되는 시·도지사, 특별자치시장 또는 특별자치도지사의 면허를 받아야 한다. 다만, 협의가 성립되지 아니할 때에는 해양수산부장관이 지정하는 시·도지사, 특별자치시장 또는 특별자치도지사의 매립면허를 받아야 한다.

④ 매립면허관청은 제1항에 따라 매립면허를 하려는 경우에는 미리 관계 중앙행정기관의 장 및 시·도지사, 특별자치시장 또는 특별자치도지사와 협의하여야 한다.

⑤ 매립면허관청은 매립기본계획의 내용에 적합한 범위에서 매립면허를 하여야 한다.

⑥ 매립면허관청은 매립기본계획에 반영된 매립예정지를 분할하여 면허할 수 없다. 다만, 국가·지방자치단체 또는 「한국토지주택공사법」에 따른 한국토지주택공사가 매립하는 경우에는 그러하지 아니하다.

⑦ 「항만법」 제3조제1항 각 호에 따른 항만구역의 공유수면 및 「어촌·어항법」 제2조제3호가목에 따른 국가어항 구역의 공유수면은 국가나 지방자치단체만 매립할 수 있다. 다만, 매립 목적·규모 또는 입지 여건 등을 고려하여 대통령령으로 정하는 경우에는 그러하지 아니하다.

⑧ 매립면허관청은 동일한 위치의 공유수면에 대하여 면허의 신청이 경합된 경우에는 대통령령으로 정하는 우선순위에 따라 면허를 할 수 있다.

⑨ 매립면허관청이 아닌 행정기관의 장은 다른 법률에 따라 제1항에 따른 공유수면 매립면허를 받은 것으로 보는 행정처분을 하였을 때에는 즉시 그 사실을 매립면허관청에 통보하여야 한다.

제60조(권한의 위임) ② 이 법에 따른 공유수면매립에 관한 해양수산부장관의 권한은 그 일부를 대통령령으로 정하는 바에 따라 시·도지사, 특별자치시장, 특별자치도지사 또는 소속 기관의 장에게 위임할 수 있다. 이 경우 시·도지사는 위임받은 권한의 일부를 해양수산부장관의 승인을 받아 시장·군수·구청장에게 재위임할 수 있다.

(1) 의의

간접손실보상은 공익사업으로 인하여 사업시행지 밖의 재산권자에게 가해지는 손실 중 공익사업으로 인하여 필연적으로 발생한 특별한 희생에 기한 손실을 보상하는 것으로, 토지보상법에서 신설한 제도입니다. 전술한 사업시행지 내의 토지소유자가 입는 부대적 손실과 구별해야 합니다. 간접손실은 때에 따라 적법한 행정작용의 결과로 발생한 의도하지 않은 침해인 수용적 침해와의 구별이 용이하지 않습니다. 그러나 수용적 침해는 토지보상법상의 간접손실뿐만 아니라 기타 적법한 행정작용의 결과 발생한 의도하지 않은 침해 전체를 포괄하므로 '수용적 침해 〉 간접손실'의 관계로 파악하면 됩니다.

(2) 법적 근거

후술하는 생활보상의 헌법적 근거에 관한 논의와는 달리, 간접손실은 헌법 제23조 제3항의 손실보상의 범위에 포함하여 파악하며, 토지보상법은 제79조 제1항, 제2항 및 동법 시행규칙 제59조 이하에서 간접손실보상을 규정합니다.

(3) 요건

보상을 위한 간접손실의 요건으로는 판례상 ① 공공사업의 시행으로 사업시행지 밖의 토지소유자(제3자)가 입은 손실, ② 당해 손실이 공공사업의 시행으로 인하여 발생하리라는 것이 예견 가능, ③ 당해 손실은 특별한 희생에 해당, ④ 손실의 범위가 구체적으로 특정 가능 등을 거론합니다.

* **대판 1999.10.8, 99다27231** : "공공사업의 시행 결과 그 공공사업의 시행이 기업지(起業地) 밖에 미치는 간접손실에 관하여 그 피해자와 사업시행자 사이에 협의가 이루어지지 아니하고 그 보상에 관한 명문의 근거 법령이 없는 경우라고 하더라도, 헌법 제23조 제3항은 "공공필요에 의한 재산권의 수용·사용 또는 제한 및 그에 대한 보상은 법률로써 하되, 정당한 보상을 지급하여야 한다."고

규정하고 있고, 이에 따라 국민의 재산권을 침해하는 행위 그 자체는 반드시 형식적 법률에 근거하여야 하며, 토지수용법 등의 개별 법률에서 공익사업에 필요한 재산권 침해의 근거와 아울러 그로 인한 손실보상 규정을 두고 있는 점, …에 비추어, 공공사업의 시행으로 인하여 그러한 손실이 발생하리라는 것을 쉽게 예견할 수 있고 그 손실의 범위도 구체적으로 이를 특정할 수 있는 경우라면 그 손실의 보상에 관하여 공공용지의취득및손실보상에관한특례법시행규칙의 관련 규정 등을 유추적용할 수 있다고 해석함이 상당하다."

(4) 간접손실보상의 내용

간접손실보상의 구체적 내용은 토지보상법 시행규칙에서 주로 규정하는데, 이들 조문을 아래에서 살펴봅니다.

* **간접손실로서의 공사비 보상** : 제79조(그 밖의 토지에 관한 비용보상 등) ① 사업시행자는 공익사업의 시행으로 인하여 취득하거나 사용하는 토지(잔여지를 포함한다) 외의 토지에 통로·도랑·담장 등의 신설이나 그 밖의 공사가 필요할 때에는 그 비용의 전부 또는 일부를 보상하여야 한다. 다만, 그 토지에 대한 공사의 비용이 그 토지의 가격보다 큰 경우에는 사업시행자는 그 토지를 매수할 수 있다.
* **공익사업시행지구 밖의 대지 등에 대한 보상** : 시행규칙 제59조(공익사업시행지구밖의 대지 등에 대한 보상) 공익사업시행지구밖의 대지(조성된 대지를 말한다)·건축물·분묘 또는 농지(계획적으로 조성된 유실수단지 및 죽림단지를 포함한다)가 공익사업의 시행으로 인하여 산지나 하천 등에 둘러싸여 교통이 두절되거나 경작이 불가능하게 된 경우에는 그 소유자의 청구에 의하여 이를 공익사업시행지구에 편입되는 것으로 보아 보상하여야 한다. 다만, 그 보상비가 도로 또는 도선시설의 설치비용을 초과하는 경우에는 도로 또는 도선시설을 설치함으로써 보상에 갈음할 수 있다.
* **공익사업시행지구 밖의 건축물에 대한 보상** : 시행규칙 제60조(공익사업시행지구밖의 건축물에 대한 보상) 소유농지의 대부분이 공익사업시행지구에 편입됨으로써 건축물(건축물의 대지 및 잔여농지를 포함한다. 이하 이 조에서 같다)만이 공익사업시행지구밖에 남게 되는 경우로서 그 건축물의 매매가 불가능하고 이주가 부득이한 경우에는 그 소유자의 청구에 의하여 이를 공익사업시행지구에 편입되는 것으로 보아 보상하여야 한다.
* **소수잔존자에 대한 보상** : 시행규칙 제61조(소수잔존자에 대한 보상) 공익사업의 시행으로 인하여 1개 마을의 주거용 건축물이 대부분 공익사업시행지구에 편입됨으로써 잔여 주거용 건축물 거주자의생활환경이 현저히 불편하게 되어 이주가 부득이한 경우에는 당해 건축물 소유자의 청구에 의하여 그 소유자의 토지등을 공익사업시행지구에 편입되는 것으로 보아 보상하여야 한다. → 잔존자가 당

해 지역에서의 잔존을 희망하고 그로 인한 생활상 불편이 특별한 희생에 해당하는 경우에도 보상이 행해지는 것으로 해석

* **공익사업시행지구 밖의 공작물 등에 대한 보상** : 시행규칙 제62조(공익사업시행지구밖의 공작물등에 대한 보상) 공익사업시행지구밖에 있는 공작물등이 공익사업의 시행으로 인하여 그 본래의 기능을 다할 수 없게 되는 경우에는 그 소유자의 청구에 의하여 이를 공익사업시행지구에 편입되는 것으로 보아 보상하여야 한다.
* **공익사업시행지구 밖의 어업의 피해에 대한 보상** : 시행규칙 제63조(공익사업시행지구밖의 어업의 피해에 대한 보상) ① 공익사업의 시행으로 인하여 해당 공익사업시행지구 인근에 있는 어업에 피해가 발생한 경우 사업시행자는 실제 피해액을 확인할 수 있는 때에 그 피해에 대하여 보상하여야 한다. 이 경우 실제 피해액은 감소된 어획량 및 「수산업법 시행령」 별표 4의 평년수익액 등을 참작하여 평가한다
* **공익사업시행지구 밖의 영업손실에 대한 보상** : 시행규칙 제64조(공익사업시행지구밖의 영업손실에 대한 보상) ① 공익사업시행지구밖에서 제45조에 따른 영업손실의 보상대상이 되는 영업을 하고 있는 자가 공익사업의 시행으로 인하여 다음 각 호의 어느 하나에 해당하는 경우에는 그 영업자의 청구에 의하여 당해 영업을 공익사업시행지구에 편입되는 것으로 보아 보상하여야 한다.
  1. 배후지의 3분의 2 이상이 상실되어 그 장소에서 영업을 계속할 수 없는 경우
  2. 진출입로의 단절, 그 밖의 부득이한 사유로 인하여 일정한 기간 동안 휴업하는 것이 불가피한 경우
* **공익사업시행지구 밖의 농업의 손실에 대한 보상** : 시행규칙 제65조(공익사업시행지구밖의 농업의 손실에 대한 보상) 경작하고 있는 농지의 3분의 2 이상에 해당하는 면적이 공익사업시행지구에 편입됨으로 인하여 당해지역(영 제26조제1항 각호의 1의 지역을 말한다)에서 영농을 계속할 수 없게 된 농민에 대하여는 공익사업시행지구밖에서 그가 경작하고 있는 농지에 대하여도 제48조제1항 내지 제3항 및 제4항제2호의 규정에 의한 영농손실액을 보상하여야 한다.

(5) 보상규정이 흠결된 간접손실에 대한 보상 가능성

토지보상법 제79조 제5항 및 제73조 제2항에 의할 때 해당 사업완료일부터 1년이 경과한 후에는 간접손실보상청구가 불가능합니다. 또한, 토지보상법령상 공익사업으로 인한 사업시행지 밖의 토지소유자에게 발생하는 손실, 즉 간접손실에 대해서는 공익사업지의 토지의 수용으로 인한 손실과 공익사업 관련 공사의 시행으로 인한 손실에 대해서만 규정할 뿐, 공익사업의 운영으로 인한 손실에 대해서는 규정을 두고 있지 않습니다. 따라서 특별한 희생 등 간접손실의 요건을 충족함에도 보상규정이 없는 경우 공익사업의 운영 그 자체로 인한 손실의 보상 가능성이 문제됩니다.

여기에서 다시 '손실보상의 법적 근거' 쟁점이 관련되는데, 토지보상법 제79조 제4

항을 유추적용하는 법리(판례 同旨), 또는 헌법 제23조 제3항 관련 직접효력설의 입장에서 보상규정이 없는 간접손실도 그 실체적 요건을 충족하는 한 보상이 가능하다고 보아야 합니다. 이에 대해서는 공익사업의 정상적 운영으로 인한 의도하지 않은 부수적 침해로 간주하여 수용적 침해에 기한 손실보상으로 이론 구성할 수도 있지만, 현행 법제상 이를 수용하고 있지 않음에 유의해야 합니다.

* **대판 1999.10.8, 99다27231** : "수산업협동조합이 수산물 위탁판매장을 운영하면서 위탁판매 수수료를 지급받아 왔고, 그 운영에 대하여는 구 수산자원보호령(1991. 3. 28. 대통령령 제13333호로 개정되기 전의 것) 제21조 제1항에 의하여 그 대상지역에서의 독점적 지위가 부여되어 있었는데, 공유수면매립사업의 시행으로 그 사업대상지역에서 어업활동을 하던 조합원들의 조업이 불가능하게 되어 일부 위탁판매장에서의 위탁판매사업을 중단하게 된 경우, 그로 인해 수산업협동조합이 상실하게 된 위탁판매수수료 수입은 사업시행자의 매립사업으로 인한 직접적인 영업손실이 아니고 간접적인 영업손실이라고 하더라도 피침해자인 수산업협동조합이 공공의 이익을 위하여 당연히 수인하여야 할 재산권에 대한 제한의 범위를 넘어 수산업협동조합의 위탁판매사업으로 얻고 있는 영업상의 재산이익을 본질적으로 침해하는 특별한 희생에 해당하고, 사업시행자는 공유수면매립면허 고시 당시 그 매립사업으로 인하여 위와 같은 영업손실이 발생한다는 것을 상당히 확실하게 예측할 수 있었고 그 손실의 범위도 구체적으로 확정할 수 있으므로, 위 위탁판매수수료 수입손실은 헌법 제23조 제3항에 규정한 손실보상의 대상이 되고, 그 손실에 관하여 구 공유수면매립법(1997. 4. 10. 법률 제5335호로 개정되기 전의 것) 또는 그 밖의 법령에 직접적인 보상규정이 없더라도 공공용지의취득및손실보상에관한특례법시행규칙상의 각 규정을 유추적용하여 그에 관한 보상을 인정하는 것이 타당하다."
* **대판 1999.11.23, 98다11529** : "어업허가는 일정한 종류의 어업을 일반적으로 금지하였다가 일정한 경우 이를 해제하여 주는 것으로서 어업면허에 의하여 취득하게 되는 어업권과는 그 성질이 다른 것이기는 하나, 어업허가를 받은 자가 그 허가에 따라 해당 어업을 함으로써 재산적인 이익을 얻는 면에서 보면 어업허가를 받은 자의 해당 어업을 할 수 있는 지위는 재산권으로 보호받을 가치가 있고, 수산업법이 1990. 8. 1. 개정되기 이전까지는 어업허가의 취소·제한·정지 등의 경우에 이를 보상하는 규정을 두고 있지 않았지만, 1988. 4. 25. 공공용지의취득및손실보상에관한특례법시행규칙이 개정되면서 그 제25조의2에 허가어업의 폐지·휴업 또는 피해에 대한 손실의 평가규정이 마련되었고, 공공필요에 의한 재산권의 수용·사용 또는 제한 및 그에 관한 보상은 법률로써 하되 정당한 보상을 지급하여야 한다는 헌법 제23조 제3항, 면허어업권자 내지는 입어자에 관한 손실보상을 규정한 구 공유수면매립법(1999. 2. 8. 법률 제5911호로 전문 개정되기 전의 것) 제16조, 공공사업을 위한 토지 등의 취득 또는 사용으로 인하여 토지 등의 소유자가 입은 손실은 사업시행자가 이를 보상하여야 한다는 공공용지의취득및손실보상에관한특례법 제3조 제1항의 각 규정 취지를 종합하여 보면, 적법한 어업허가를 받고 허가어업에 종사하던 중 공유수면매립사업의 시행으로 피해를 입게되

는 어민들이 있는 경우 그 공유수면매립사업의 시행자로서는 위 구 공공용지의취득및손실보상에관한 특례법시행규칙(1991. 10. 28. 건설부령 제493호로 개정되기 전의 것) 제25조의2의 규정을 유추적용하여 위와 같은 어민들에게 손실보상을 하여 줄 의무가 있다."

한편, 판례는 면허를 받아 도선사업을 영위하던 농업협동조합이 연륙교 건설 때문에 항로권을 상실하였다며 연륙교 건설사업을 시행한 지방자치단체를 상대로 (구)공공용지의취득및손실보상에관한특례법 시행규칙 제23조, 제23조의6 등을 유추적용하여 손실보상할 것을 구한 사안에서, "항로권은 구 공공용지의 취득 및 손실보상에 관한 특례법 등 관계 법령에서 간접손실의 대상으로 규정하고 있지 않고, 항로권의 간접손실에 대해 유추적용할 만한 규정도 찾아볼 수 없으므로, 위 항로권은 도선사업의 영업권 범위에 포함하여 손실보상 여부를 논할 수 있을 뿐 이를 손실보상의 대상이 되는 별도의 권리라고 할 수 없다"고 판시하였습니다(대판 2013.6.14, 2010다9658).

3. 생활보상

1) 개념

공익사업을 위한 공용수용이 해당 토지 등의 소유권 박탈을 넘어 재산권자의 생활에 근본적인 변경을 초래하는 규제를 초래한다면, 그 보상 범위를 단순히 재산권의 대물보상에 한정하는 것으로는 법치국가이념에 부합하지 않습니다. 이 경우 재산권자의 생활을 중시하여 보상을 통해 그 현상 유지를 위한 배려가 필요합니다. 이처럼 생활(권)보상이란 재산권의 객관적 가치를 보상함으로써도 남게 되는 당사자의 생활 근거의 상실로 인한 손실을 생존배려적 측면에서 보상하는 것을 뜻합니다. 생활보상은 생존권적 성격, 원상회복적 성격, 생활안정적 성격, 원활한 공익사업적 성격에서 그 의의를 찾을 수 있습니다.

생활보상의 개념적 혼란의 문제를 일부에서 제기합니다. 다음의 내용입니다. 생활보상의 개념에 대해서는 광의설과 협의설이 대립하는데, 양설의 차이는 실비변상적 보상인 이전료보상과 일실손실보상인 영업손실보상을 재산권보상(부대적 손실)으로 보느냐(협의설), 생활보상으로 보느냐(광의설)의 문제에 해당합니다. 이는 일부 보상항목의 귀속의 문제로서 논의의 실익이 크지 않습니다.

2) 필요성

오늘날 공익사업의 대형화는 일반적 현상인데, 이는 정당보상 관념이 변화하는 계기를 제공하였습니다. 댐, 산업단지, 택지개발 등 대규모 공익사업의 일반화는 지역사회의 전반적 파괴를 초래하였고, 여기에서는 재산권의 객관적 가치 보상만으로는 부족하다는 인식이 팽배하여 정당보상(완전보상)의 일환으로 생활보상 개념이 등장하였습니다.

각론적으로 볼 때 생활보상은 전체가치와 부분가치의 차액보상에 주목합니다. 과거 보상실무는 토지·건물·영업권 등 보상대상 물건별로 보상액을 산정한 후 이를 합하여 피수용자 개인의 보상액을 사전에 결정하여 지불하고 그 후의 생활 재건은 피수용자의 책임에 해당한다고 보았는데, 이는 부분가치의 합이 전체가치의 합과 같다는 전제에서 출발하였습니다. 그러나 재산권이 유기적으로 결합되어 하나의 생활단위를 이루고 있고 현대의 생활환경이 다기적인 복잡·중층의 구조를 띠는 점에서 재산권의 부분가치의 합만으로는 종전의 생활 상태로 복귀하는 것이 어렵습니다. 결국 생활보상은 재산적 손실의 완전보상을 넘어 추가적인 보상을 지급하는 것이 아니라 재산권의 부분가치로 채울 수 없는 전체가치와의 차이를 지급하는 것으로 이해할 수 있습니다.

3) 이론적 근거

종래 손실보상의 바탕을 형성했던 평등부담의 원칙의 외연 확대를 우선 들 수 있습니다. 즉, 손실보상의 이론적 근거로서의 '개인의 재산권에 미치게 된 불평등한 부담에 대한 국민 전체의 공평한 부담' 입론을 재산권에 대한 직접적 침해에 국한되는 법리가 아니라 생활이익에 대한 특별한 희생에 대해서도 적용되는 원리로 파악하게 되었습니다.

그러나 생활보상의 중심에는 역시 생존권보장의 원칙이 자리합니다. 종래 손실보상은 등가적인 금전보상을 통해 종전과 같은 생활 유지가 가능하다는 것을 전제로 하였지만, 오늘날의 대규모 공익사업에 있어서는 그러한 보상금만으로는 인근 지역에서 종전과 같은 규모의 토지를 구입하여 종전과 동일한 상태의 생활을 영위하는 것조차 어려워져 생활기반 자체가 위협받는 경우가 허다합니다. 따라서 생활보상은 공익사업의 시행으로 인하여 피수용자의 생활기반 붕괴를 방지하여 종전과 대등한 생활 상태를 유지하게 해주는 생존권 보장의 성격을 지닙니다. 나아가 기업도시개발 등 특수목적의 공익사업의 경우 해당 사업의 시행으로 인한 개발이익을 이주하는 피수용자에게 분배되도록 하는 수단과 방법을 강구하는 것도 생활권보상의 일환이라는 주장도 경청할 만합니다.

4) 법적 근거

생활보상을 헌법 제23조에 근거하는 것으로 보는 일부 견해가 있지만, 크게 보아 다음 두 가지 학설로 나뉩니다. 우선, 생활보상의 헌법적 근거를 제34조에서 찾는 견해가 있습니다. 헌법 제23조와 제34조를 별개의 것으로 파악하여, 생활보상은 제23조의 정당보상의 범위에 포함되지 않으며, 제34조의 사회권적 기본권 조항에서 근거를 찾으려는 입장이 그것입니다. 헌법 제23조 제3항은 원래 수용목적물인 재산권에 대한 보상과 관련할 때 부대적 손실의 보상을 대상으로 하는 것이지 공익사업 이전의 생활상태의 회복을 내용으로 하는 생활보상을 내용으로 하지 않는다고 합니다. 또한, 생활보상을 정당보상의 범위로 논하는 경우 사회적 약자가 아닌 자에 대해서도 생활보상이 행해져야 하는바, 이는 제도의 취지에 반하는 점도 논거로 듭니다.

다음은 생활권보상도 정당보상의 내용으로 보고 양자를 일원적으로 파악하는 이른바 '헌법 제23조·제34조 통일설'입니다. 전통적 보상이론인 '토지재산권 개념=상품소유권 내지 교환가치지배권'하에서의 재산권보상과 생활권보상의 이원적 구분론을 극복함으로써 헌법 제23조를 제34조의 생활권을 기초로 한 재산권적 기본권으로 파악하려는 견해입니다. 생활보상이 법체계적으로 '손실보상의 내용'에서 출발하였지만, 이념적인 측면에서 생존권적 기본권으로서의 성격을 도외시하고는 생활보상의 설명이 불가능한 점을 고려할 때 양자를 일원적으로 파악하여 생활보상의 헌법적 근거로 이해하는 후자의 입장이 타당합니다.

대법원의 입장은 다소 유동적이지만, 헌법재판소는 생활보상을 제34조에 가까운 것으로 파악합니다. 특히, 2012헌바71 결정이 헌법 제23조 제3항에 의한 정당보상원칙을 생활보상의 헌법적 근거로부터 명시적으로 배제하고 있음은 흥미롭습니다.

* **대판 2011.10.13, 2008두17905** : "공익사업을 위한 토지 등의 취득 및 보상에 관한 법률은 제78조 제1항에서 "사업시행자는 공익사업의 시행으로 인하여 주거용 건축물을 제공함에 따라 생활의 근거를 상실하게 되는 자(이하 '이주대책대상자'라 한다)를 위하여 대통령령으로 정하는 바에 따라 이주대책을 수립·실시하거나 이주정착금을 지급하여야 한다."고 규정하고 있을 뿐, 생활대책용지의

공급과 같이 공익사업 시행 이전과 같은 경제수준을 유지할 수 있도록 하는 내용의 생활대책에 관한 분명한 근거 규정을 두고 있지는 않으나, 사업시행자 스스로 공익사업의 원활한 시행을 위하여 필요하다고 인정함으로써 생활대책을 수립·실시할 수 있도록 하는 내부규정을 두고 있고 내부규정에 따라 생활대책대상자 선정기준을 마련하여 생활대책을 수립·실시하는 경우에는, 이러한 생활대책 역시 "공공필요에 의한 재산권의 수용·사용 또는 제한 및 그에 대한 보상은 법률로써 하되, 정당한 보상을 지급하여야 한다."고 규정하고 있는 헌법 제23조 제3항에 따른 정당한 보상에 포함되는 것으로 보아야 한다. 따라서 이러한 생활대책대상자 선정기준에 해당하는 자는 사업시행자에게 생활대책대상자 선정 여부의 확인·결정을 신청할 수 있는 권리를 가지는 것이어서, 만일 사업시행자가 그러한 자를 생활대책대상자에서 제외하거나 선정을 거부하면, 이러한 생활대책대상자 선정기준에 해당하는 자는 사업시행자를 상대로 항고소송을 제기할 수 있다고 보는 것이 타당하다."

* **대판 2003.7.25, 2001다57778** : "구 공공용지의취득및손실보상에관한특례법(2002. 2. 4. 법률 제6656호로 폐지) 제8조 제1항은 "사업시행자는 공공사업의 시행에 필요한 토지 등을 제공함으로 인하여 생활근거를 상실하게 되는 자(이하 '이주자'라고 한다)를 위하여 대통령령이 정하는 바에 따라 이주대책을 수립 실시한다."고 규정하고 있는바, 위 특례법상의 이주대책은 공공사업의 시행에 필요한 토지 등을 제공함으로 인하여 생활의 근거를 상실하게 되는 이주자들을 위하여 사업시행자가 '기본적인 생활시설이 포함된' 택지를 조성하거나 그 지상에 주택을 건설하여 이주자들에게 이를 '그 투입비용 원가만의 부담하에' 개별 공급하는 것으로서, 그 본래의 취지에 있어 이주자들에 대하여 종전의 생활상태를 원상으로 회복시키면서 동시에 인간다운 생활을 보장하여 주기 위한 이른바 생활보상의 일환으로 국가의 적극적이고 정책적인 배려에 의하여 마련된 제도라 할 것이다."
* **대판 2006.4.27, 2006두2435; 대판 2010.11.11, 2010두5332** : "공익사업을 위한 토지 등의 취득 및 보상에 관한 법률 제78조 제5항 및 같은 법 시행규칙 제54조 제2항, 제55조 제2항의 각 규정에 의하여 공익사업의 시행에 따라 이주하는 주거용 건축물의 세입자에게 지급하는 주거이전비와 이사비는, 당해 공익사업 시행지구 안에 거주하는 세입자들의 조기이주를 장려하여 사업추진을 원활하게 하려는 정책적인 목적과 주거이전으로 인하여 특별한 어려움을 겪게 될 세입자들을 대상으로 하는 사회보장적인 차원에서 지급하는 금원의 성격을 갖는다 할 것이므로 …."
* **헌재결 2013.7.25, 2012헌바71** : "'생업의 근거를 상실하게 된 자에 대하여 일정 규모의 상업용지 또는 상가분양권 등을 공급하는' 생활대책은 헌법 제23조 제3항에 규정된 정당한 보상에 포함되는 것이라기보다는 생활보상의 일환으로서 국가의 정책적인 배려에 의하여 마련된 제도이므로, 그 실시 여부는 입법자의 입법정책적 재량의 영역에 속한다. 이 사건 법률조항이 공익사업의 시행으로 인하여 농업 등을 계속할 수 없게 되어 이주하는 농민 등에 대한 생활대책 수립의무를 규정하고 있지 않다는 것만으로 재산권을 침해한다고 볼 수 없다."

5) 생활보상의 일환으로서의 토지보상법상 이주대책

(1) 의의

생활보상의 내용 중 특히 중요한 것은 이주대책입니다. 이는 공익사업의 시행으로 인하여 주거용 건축물을 제공함에 따라 생활의 근거를 상실하게 된 자(이주대책대상자)를 종전과 같은 생활 상태를 유지할 수 있도록 다른 지역으로 이주시키는 것으로, 이주뿐만 아니라 생계대책까지 포함하는 개념입니다.

(2) 이주대책 수립의무

사업시행자는 토지보상법 시행규칙 제53조에서 정하는 경우[1]를 제외하고는 이주대책대상자 중 이주정착지에 이주를 희망하는 자가 10호 이상인 경우에 이주대책을 수립·실시하여야 합니다(시행령 제40조 제2항). 공장에 대한 이주대책의 수립은 동법 제78조의2에서 별도로 규정합니다. 이주대책의 내용 결정은 사업시행자의 재량사항으로서 구체적으로는 특별분양, 집단이주, 아파트수분양권 부여, 개발제한구역 내 건축허가, 대체상가·점포·건축용지의 분양, 이주정착금 지급, 생활안정금 지급, 직업훈련·취업알선, 대토·공장이전 알선 등을 들 수 있습니다.

이주대책대상자는 공익사업의 시행으로 인하여 주거용 건축물을 제공함에 따라 생활의 근거를 상실하게 되는 자(제78조 제1항) 및 공장부지가 협의 양도되거나 수용됨에 따라 더 이상 해당 지역에서 공장을 가동할 수 없게 된 자(제78조의2)를 말합니다. 한편, 사업시행자는 법정 이주대책대상자가 아닌 세입자에 대해서도 임의로 이주대책을 수립할 수 있습니다. 그러나 이 경우 생활기본시설을 설치하고 비용을 부담하도록 강제한 토지보상법 제78조 제4항의 규정은 적용되지 않는다는 것이 판례의 입장입니다.

* **헌재결 2006.2.23, 2004헌마19** : "이주대책은 헌법 제23조 제3항에 규정된 정당한 보상에 포함되는 것이라기보다는 이에 부가하여 이주자들에게 종전의 생활상태를 회복시키기 위한 생활보상의 일환으로서 국가의 정책적인 배려에 의하여 마련된 제도라고 볼 것이다. 따라서 이주대책의 실시 여부는 입법자의 입법정책적 재량의 영역에 속하므로 공익사업을위한토지등의취득및보상에관한법률시

1) 공익사업 시행지의 인근에 택지 조성에 적합한 토지가 없는 경우, 이주대책에 필요한 비용이 당해 공익사업의 본래의 목적을 위한 소요비용을 초과하는 등 그 밖에 이주대책의 수립·실시로 인하여 당해 공익사업의 시행이 사실상 곤란하게 되는 경우가 이에 해당합니다.

행령 제40조 제3항 제3호(이하 '이 사건 조항'이라 한다)가 이주대책의 대상자에서 세입자를 제외하고 있는 것이 세입자의 재산권을 침해하는 것이라 볼 수 없다. 소유자와 세입자는 생활의 근거의 상실 정도에 있어서 차이가 있는 점, 세입자에 대해서 주거이전비와 이사비가 보상되고 있는 점을 고려할 때, 입법자가 이주대책 대상자에서 세입자를 제외하고 있는 이 사건 조항을 불합리한 차별로서 세입자의 평등권을 침해하는 것이라 볼 수는 없다."

＊ **대판 2015.7.23, 2013다29509** : "토지보상법령이 이주대책대상자의 범위를 정하고 이주대책대상자에게 시행할 이주대책의 수립 등의 내용에 관하여 규정하고 있으므로, 사업시행자는 이러한 법정 이주대책대상자를 법령이 예정하고 있는 이주대책의 수립 등의 대상에서 임의로 제외하여서는 아니 된다. 다만 그 규정 취지가 이주대책의 수립 등을 반드시 법정 이주대책대상자에 한정하여 시행하여야 한다는 것은 아니므로, 사업시행자는 해당 공익사업의 성격, 구체적인 경위나 내용, 그 원만한 시행을 위한 필요 등 제반 사정을 고려하여 법정 이주대책대상자를 포함하여 그 밖의 이해관계인에까지 넓혀 이주대책의 수립 등을 시행할 수 있다고 할 것이다. 그런데 사업시행자가 이와 같이 이주대책의 수립 등의 시행 범위를 넓힌 경우 그 내용은 법정 이주대책대상자에 관한 것과 그 밖의 관계인에 관한 것으로 구분되고 그 밖의 관계인에 관한 이주대책의 수립 등은 법적 의무가 없는 시혜적인 것으로 보아야 한다. 따라서 시혜적인 이주대책대상자의 범위나 그들에 대한 이주대책의 수립 등의 내용을 어떻게 정할 것인지에 관하여 사업시행자에게 폭넓은 재량이 있다고 할 것이고, 이주대책의 내용으로서 생활기본시설 설치비용의 사업시행자 부담에 관한 토지보상법 제78조 제4항이나 그 밖의 이주대책의 수립 등의 내용에 관한 법령이 법정 이주대책대상자의 범위를 넘어 시혜적인 이주대책대상자에까지 적용된다고 볼 것은 아니다."

이주대책대상자는 이주대책을 청구할 주관적 공권을 보유하므로 이주대책자 선정기준에 해당하는 자는 이주대책대상자 확인·결정을 신청할 권리를 가지고, 이에 대한 선정의 거부는 항고소송의 대상이 되는 거부처분에 해당합니다. 같은 맥락에서 이주대책대상자 확인·결정은 구체적인 이주대책상의 수분양권을 부여하는 요건이 되는 처분인데, 아래 2013두10885 판결처럼 이주대책을 담은 적극적 처분의 내용에 불복하는 처분의 상대방이 이주대책의 확인·결정을 다투는 경우에서 주로 문제됩니다.

＊ **대판 2011.10.13, 2008두17905** : "생활대책대상자 선정기준에 해당하는 자는 사업시행자에게 생활대책대상자 선정 여부의 확인·결정을 신청할 수 있는 권리를 가지는 것이어서, 만일 사업시행자가 그러한 자를 생활대책대상자에서 제외하거나 선정을 거부하면, 이러한 생활대책대상자 선정기준에 해당하는 자는 사업시행자를 상대로 항고소송을 제기할 수 있다고 보는 것이 타당하다."

* **대판 2014.2.27, 2013두10885** : "공익사업을 위한 토지 등의 취득 및 보상에 관한 법률상의 공익사업시행자가 하는 이주대책대상자 확인·결정은 구체적인 이주대책상의 수분양권을 부여하는 요건이 되는 행정작용으로서의 처분이지 이를 단순히 절차상의 필요에 따른 사실행위에 불과한 것으로 평가할 수는 없다. 따라서 수분양권의 취득을 희망하는 이주자가 소정의 절차에 따라 이주대책대상자 선정신청을 한 데 대하여 사업시행자가 이주대책대상자가 아니라고 하여 위 확인·결정 등의 처분을 하지 않고 이를 제외시키거나 거부조치한 경우에는, 이주자로서는 사업시행자를 상대로 항고소송에 의하여 제외처분이나 거부처분의 취소를 구할 수 있다. 나아가 이주대책의 종류가 달라 각 그 보장하는 내용에 차등이 있는 경우 이주자의 희망에도 불구하고 사업시행자가 요건 미달 등을 이유로 그중 더 이익이 되는 내용의 이주대책대상자로 선정하지 않았다면 이 또한 이주자의 권리의무에 직접적 변동을 초래하는 행위로서 항고소송의 대상이 된다."

(3) 이주대책대상자의 법적 지위

사업시행자의 이주대책 수립의무에도 불구하고 그 재량사항의 성질상 이주대책대상자는 원칙적으로 이주대책계획수립청구권 자체만을 보유하며, 특정한 이주대책을 청구할 권리는 인정되지 않습니다. 이주대책대상자의 청구에도 불구하고 사업시행자가 이주대책계획의 수립을 거부하거나 부작위한 경우 의무이행심판(거부의 경우 거부처분취소심판 포함), 거부처분취소소송 내지 부작위위법확인소송이 가능합니다.

실무나 판례상 문제되는 점은 실체법적 권리로서 이주대책상 택지분양권이나 아파트입주권 등을 받을 수 있는 권리인 수분양권의 취득 여부 및 시기입니다. 판례는 수분양권의 취득시기에 대한 이주대책계획수립이전시설(반대의견)과 이주대책계획수립시설(반대의견에 대한 보충의견)에도 불구하고 확인·결정시설(다수의견)의 입장인데, 이에 의하면 이주대책계획 수립 후 이주를 희망하는 자가 이주대책대상자 신청을 하고 사업시행자가 이를 받아들여 이주대책대상자로 확인·결정하여야 비로소 수분양권이 발생합니다. 학설상으로는 임의적 이주대책대상자가 아닌 이상 이주대책계획의 수립으로 수분양권이 구체화되는 것으로 보는 이주대책계획시설이 다수설입니다.

* **대판 1994.5.24, 92다35783(전합)** : "**[다수의견]** 가. 공공용지의취득및손실보상에관한특례법상의 이주대책은 공공사업의 시행에 필요한 토지 등을 제공함으로 인하여 생활의 근거를 상실하게 되는 이주자들을 위하여 사업시행자가 기본적인 생활시설이 포함된 택지를 조성하거나 그 지상에 주택을 건설하여 이주자들에게 이를 그 투입비용 원가만의 부담하에 개별 공급하는 것으로서, 그 본래의 취지에

있어 이주자들에 대하여 종전의 생활상태를 원상으로 회복시키면서 동시에 인간다운 생활을 보장하여 주기 위한 이른바 생활보상의 일환으로 국가의 적극적이고 정책적인 배려에 의하여 마련된 제도이다.
나. 같은 법 제8조 제1항이 사업시행자에게 이주대책의 수립·실시의무를 부과하고 있다고 하여 그 규정 자체만에 의하여 이주자에게 사업시행자가 수립한 이주대책상의 택지분양권이나 아파트 입주권 등을 받을 수 있는 구체적인 권리(수분양권)가 직접 발생하는 것이라고는 도저히 볼 수 없으며, 사업시행자가 이주대책에 관한 구체적인 계획을 수립하여 이를 해당자에게 통지 내지 공고한 후, 이주자가 수분양권을 취득하기를 희망하여 이주대책에 정한 절차에 따라 사업시행자에게 이주대책대상자 선정신청을 하고 사업시행자가 이를 받아들여 이주대책대상자로 확인.결정하여야만 비로소 구체적인 수분양권이 발생하게 된다.
다. (1) 위와 같은 사업시행자가 하는 확인·결정은 곧 구체적인 이주대책상의 수분양권을 취득하기 위한 요건이 되는 행정작용으로서의 처분인 것이지, 결코 이를 단순히 절차상의 필요에 따른 사실행위에 불과한 것으로 평가할 수는 없다. 따라서 수분양권의 취득을 희망하는 이주자가 소정의 절차에 따라 이주대책대상자 선정신청을 한 데 대하여 사업시행자가 이주대책대상자가 아니라고 하여 위 확인·결정 등의 처분을 하지 않고 이를 제외시키거나 또는 거부조치한 경우에는, 이주자로서는 당연히 사업시행자를 상대로 항고소송에 의하여 그 제외처분 또는 거부처분의 취소를 구할 수 있다고 보아야 한다.
(2) 사업시행자가 국가 또는 지방자치단체와 같은 행정기관이 아니고 이와는 독립하여 법률에 의하여 특수한 존립목적을 부여받아 국가의 특별감독하에 그 존립목적인 공공사무를 행하는 공법인이 관계법령에 따라 공공사업을 시행하면서 그에 따른 이주대책을 실시하는 경우에도, 그 이주대책에 관한 처분은 법률상 부여받은 행정작용권한을 행사하는 것으로서 항고소송의 대상이 되는 공법상 처분이 되므로, 그 처분이 위법부당한 것이라면 사업시행자인 당해 공법인을 상대로 그 취소소송을 제기할 수 있다.
라. 이러한 수분양권은 위와 같이 이주자가 이주대책을 수립·실시하는 사업시행자로부터 이주대책대상자로 확인·결정을 받음으로써 취득하게 되는 택지나 아파트 등을 분양받을 수 있는 공법상의 권리라고 할 것이므로, 이주자가 사업시행자에 대한 이주대책대상자 선정신청 및 이에 따른 확인·결정 등 절차를 밟지 아니하여 구체적인 수분양권을 아직 취득하지도 못한 상태에서 곧바로 분양의무의 주체를 상대방으로 하여 민사소송이나 공법상 당사자소송으로 이주대책상의 수분양권의 확인 등을 구하는 것은 허용될 수 없고, 나아가 그 공급대상인 택지나 아파트 등의 특정부분에 관하여 그 수분양권의 확인을 소구하는 것은 더더욱 불가능하다고 보아야 한다.
[반대의견] 가. 공공용지의취득및손실보상에관한특례법에 의한 이주대책은 학설상 이른바 생활보상으로서 실체적 권리인 손실보상의 한 형태로 파악되고 있으며 대법원 판례도 이를 실체법상의 권리로 인정하여, 민사소송으로 이주대책에 의한 주택수분양권의 확인소송을 허용하였었다. 이주대책은 경우에 따라 택지 또는 주택의 분양이나 이주정착금으로 보상되는바, 이주정착금이 손실보상금의 일종이므로 통상의 각종 보상금처럼 실체적 권리가 되는 것을 부정할 수 없을 것이고, 그렇다면 같은 취지의 택지 또는 주택의 수분양권도 실체적인 권리로 봄이 마땅하며 가사 이를 권리로 보지 못한다 하더라도 적어도 확인소송의 대상이 되는 권리관계 또는 법률관계로는 보아야 한다.

나. 이주자가 분양신청을 하여 사업시행자로부터 분양처분을 받은 경우 이러한 사업시행자의 분양처분의 성질은 이주자에게 수분양권을 비로소 부여하는 처분이 아니라, 이미 이주자가 취득하고 있는 수분양권에 대하여 그의 의무를 이행한 일련의 이행처분에 불과하고, 이는 이주자가 이미 취득하고 있는 수분양권을 구체화 시켜주는 과정에 불과하다. 이를 실체적 권리로 인정해야 구체적 이주대책 이행을 신청하고 그 이행이 없을 때 부작위위법확인소송을 제기하여 그 권리구제를 받을 수 있고, 그 권리를 포기한 것으로 볼 수 없는 한 언제나 신청이 가능하고 구체적 이주대책이 종료한 경우에도 추가 이주대책을 요구할 수 있게 된다.

다. 이와 같이 이주대책에 의한 분양신청은 실체적 권리의 행사에 해당된다 할 것이므로 구체적 이주대책에서 제외된 이주대책대상자는 그 경위에 따라 분양신청을 하여 거부당한 경우 권리침해를 이유로 항고소송을 하거나 또는 자기 몫이 참칭 이주대책대상자에게 이미 분양되어 다시 분양신청을 하더라도 거부당할 것이 명백한 특수한 경우 등에는 이주대책대상자로서 분양받을 권리 또는 그 법률상 지위의 확인을 구할 수 있다고 보아야 하며, 이때에 확인소송은 확인소송의 보충성이라는 소송법의 일반법리에 따라 그 확인소송이 권리구제에 유효 적절한 수단이 될 때에 한하여 그 소의 이익이 허용되어야 함은 물론이다.

[반대의견에 대한 보충의견] 가. 공공용지의취득및손실보상에관한특례법 제8조 제1항의 이주대책은 사업시행자가 이주자에 대한 은혜적인 배려에서 임의적으로 수립 시행해 주는 것이 아니라 이주자에 대하여 종전의 재산상태가 아닌 생활상태로 원상회복시켜 주기 위한 생활보상의 일환으로 마련된 제도로서, 헌법 제23조 제3항이 규정하는 손실보상의 한 형태라고 보아야 한다.

나. (1) 같은 법상의 이주대책에 따른 사업시행자의 분양처분은 이주자가 공공사업의 시행에 필요한 토지 등을 제공하는 것을 원인으로 하여 같은 법에 따라 취득한 추상적인 권리나 이익을 이주대책을 수립하여 구체화시켜 주는 절차상의 이행적 처분이라고 보는 것이 상당하며, 이주자는 사업시행자가 수립 실시하여야 하는 이주대책에 따른 수분양권을 사업시행자의 분양처분을 기다리지 않고 같은 법에 근거하여 취득하는 것으로 보아야 한다.

(2) 사업시행자가 실제로 이주대책을 수립하기 이전에는 이주자의 수분양권은 아직 추상적인 권리나 법률상의 지위 내지 이익에 불과한 것이어서 이 단계에 있어서는 확인의 이익이 인정되지 아니하여 그 권리나 지위의 확인을 구할 수 없다고 할 것이나, 사업시행자가 이주대책을 수립 실시하지 아니하는 경우에는 사업시행자에게 이를 청구하여 거부되거나 방치되면 부작위위법확인을 소구할 수는 있다고 볼 것이다. 그러나 이주대책을 수립한 이후에는 이주자의 추상적인 수분양권이 그 이주대책이 정하는 바에 따라 구체적 권리로 바뀌게 되므로, 구체적 이주대책에서 제외된 이주자는 위와 같은 수분양권에 터잡은 분양신청(이른바 실체적 신청권의 행사)을 하여 거부당한 경우에는 이를 실체적 신청권을 침해하는 거부처분으로 보아 그 취소를 구하는 항고소송을 제기할 수 있을 것이고, 신청기간을 도과한 경우, 사업시행자가 미리 수분양권을 부정하거나 이주대책에 따른 분양절차가 종료되어 분양신청을 하더라도 거부당할 것이 명백한 경우, 또는 분양신청을 묵살당한 경우, 기타 확인판결을 얻음으로써 분쟁이 해결되고 권리구제가 가능하여 그 확인소송이 권리구제에 유효 적절한 수단

이 될 수 있는 특별한 사정이 있는 경우에는, 당사자소송으로 수분양권 또는 그 법률상의 지위의 확인을 구할 수 있다고 보아야 한다.
다. 현행 행정소송법은 항고소송과 당사자소송의 형태를 모두 규정하고 있으므로, 이제는 공법상의 권리관계의 분쟁에 있어서는 그 권리구제의 방법에 관하여 항고소송만에 의하도록 예정한 산업재해보상보험업무및심사에관한법률 제3조와 같은 규정이 있는 경우를 제외하고는, 소의 이익이 없는 등 특별한 사정이 없는 한 항고소송 외에 당사자소송도 허용하여야 할 것이고, 불필요하게 국민의 권리구제방법을 제한할 것은 아니다."

(4) 소송상 권리구제

① 확인·결정시설에 의하면 이주대책대상자 선정신청 및 확인·결정 이전에 곧바로 분양의무의 주체를 상대방으로 하여 민사소송이나 공법상 당사자소송으로서의 이주대책상의 수분양권 확인을 구하는 소송은 허용되지 않습니다. 수분양권자의 확인·결정시 이후에야 그로부터 제외된 이주자는 비로소 거부처분에 대한 항고소송 내지 당사자소송으로 수분양권 또는 그 법률상의 지위확인소송의 제기가 가능합니다.

이때 거부처분에 대한 항고소송과 당사자소송인 수분양자지위확인소송의 관계에 주의를 요합니다. 만약 원고가 거부처분에 취소사유의 하자가 있다고 보아 취소소송을 제기한 데에 갈음하여 곧바로 수분양자지위확인소송을 제기한다면, 법원은 어떤 판결을 행할까요? 단순 위법의 하자 있는 소극적 처분으로서의 거부처분도 처분에 해당하므로 공정력이 인정되고, 권한 있는 기관에 의해 거부처분이 취소나 철회되기 전까지는 거부의 효력이 유지됩니다. 따라서 당사자소송의 수소법원은 판결의 대상이 처분권주의 내지 청구취지에 따라 원고의 수분양자의 지위 유무에 한정되는 점에서 해당 거부처분을 취소하고(거부처분의 위법 확인을 넘어 그 효력을 제거하는 것은 당사자소송의 수소법원의 권한 밖의 사항입니다) 이를 전제로 본안판단을 할 수는 없습니다. 결국, 수분양자지위에 대한 거부처분은 유효하고 이에 따라 수분양자지위확인소송은 기각판결로 귀결됩니다. 결국 원고는 거부처분취소소송을 제기하는 것이 소송상 적실한 권리구제 방법입니다.

이에 반해 무효사유의 거부처분에 대해서는 수분양자지위확인소송을 제기하건 거부처분무효확인소송을 제기하든 원고의 선택에 따라 가능하다고 보는 것이 일반적 견해입니다. 처분의 무효는 누구나 주장하거나 확인할 수 있으므로 수분양자지위확인소송의 수소법원은 거부처분의 무효를 전제로 본안판단을 할 수 있음을 의미합니다. 당사자소송에 앞서 거부처분취소소송을 제기하더라도 이와 관련한 특수한 경우로서, 이를테면 과세처분에 상응하여 이미 해당 금원을 납부한 후 그 처분의 중대명백한 하자를 들어 곧바로 무효확인소송을 제기하는 것은 가능하다는 판례 변경은 이미 설명한 바와 같습니다. 물론 이때 부당이득반환청구소송(조세과오납금반환청구소송)을 제기하더라도 공정력에 반하지 않고(무효인 처분에는 공정력이 인정되지 않으므로 공정력 위반의 문제가 발생하지 않는다는 의미입니다), 양 소송을 병합청구함으로써 권리구제의 실효성은 제고되겠지요.

② 이주대책(계획)수립시설에 의할 때 사업시행자의 이주대책(계획) 수립 이전에는 이주자의 수분양권은 추상적 권리에 불과하므로 그 시점 이전에 제기하는 지위확인소송의 확인의 이익은 부인됩니다. 이와는 달리, 일반적 이주대책계획수립을 청구하였지만 그 거부 등의 경우에는 거부처분취소소송이나 부작위위법확인소송을 제기할 수 있음은 이미 살펴본 바와 같습니다. 또한, 이주대책(계획) 수립 이후라면 이제 거기에서 제외된 이주자는 수분양권에 터 잡은 분양권 신청을 하여 거부당한 경우 항고소송의 제기가 가능합니다. 나아가 위 [반대의견에 대한 보충의견]에 의하면, 신청기간을 도과한 경우, 사업시행자가 미리 수분양권을 부정하거나 이주대책에 따른 분양절차가 종료되어 분양신청을 하더라도 거부당할 것이 명백한 경우, 또는 분양신청을 묵살당한 경우, 기타 확인판결을 얻음으로써 분쟁이 해결되고 권리구제가 가능하여 그 확인소송이 권리구제에 유효 적절한 수단이 될 수 있는 특별한 사정이 있는 경우에는 당사자소송으로 수분양권 또는 그 법률상의 지위의 확인을 구할 수 있습니다.

③ 수분양권을 규정한 법 규정에 의하여 직접 구체적 권리로서의 수분양권이 성립한다는 이주대책계획수립이전시설은 이주자가 분양신청을 하여 사업시행자로부터 분양처분을 받은 경우 이러한 사업시행자의 분양처분의 성질은 이주자에게 수분양권을 비로소 부여하는 처분이 아니라, 이미 이주자가 취득하고 있는 수분양권에 대하여 그의 의무를 이행한 일련의 이행처분에 불과하고, 이는 이주자가 이미 취득하고 있는 수분양권을 구체화시켜 주는 과정에 불과한 것으로 파악합니다. 위 [반대견해]에 의하면, 이주대책(계획)에서 이를 실체적 권리로 인정해야 구체적 이주대책 이행을 신청하고 그 이행이 없을 때 부작위위법확인소송을 제기하여 그 권리구제를 받을 수 있고, 그 권리를 포기한 것으로 볼 수 없는 한 언제나 신청이 가능하고 구체적 이주대책이 종료한 경우에도 추가 이주대책을 요구할 수 있다고 합니다. 따라서 이에 의할 때 수분양권자의 확인·결정 이전에도 이주대책계획에서 제외된 이주대책대상자는 자신의 몫이 참칭 이주대책대상자에게 이미 분양되어 분양신청을 하더라도 거부할 것이 명백한 경우 등에는 이주대책대상자로서 수분양권의 확인을 구하는 당사자소송을 제기할 수 있습니다.

6) 토지보상법상 주거이전비(이사비용)의 지급

이주대책의 일환으로 사업시행자는 주거용 건물의 거주자에 대하여는 주거 이전에 필요한 비용과 가재도구 등 동산의 운반에 필요한 비용을 산정하여 보상하여야 합니다(제78조 제6항). 여기에서는 소송상 권리구제 방법이 특히 중요한데, 이를 요약하면 다음과 같습니다.

* 주거이전비 지급대상 제외처분 : 항고소송(거부처분취소소송, 거부처분무효확인소송)
* 주거이전비 지급대상자의 보상금청구소송 : 공법상 당사자소송
* 토지수용위원회의 재결에 의한 주거이전비의 증감을 구하는 소송
  : 토지보상법 제85조상의 보상금증감청구소송(형식적 당사자소송)

* **대판 2008.5.29, 2007다8129** : "[1] 구 공익사업을 위한 토지 등의 취득 및 보상에 관한 법률(2007. 10. 17. 법률 제8665호로 개정되기 전의 것) 제2조, 제78조에 의하면, 세입자는 사업시행자가 취득 또는 사용할 토지에 관하여 임대차 등에 의한 권리를 가진 관계인으로서, 같은 법 시행규칙 제54조 제2항 본문에 해당하는 경우에는 주거이전에 필요한 비용을 보상받을 권리가 있다. 그런데 이러한 주거이전비는 당해 공익사업 시행지구 안에 거주하는 세입자들의 조기이주를 장려하여 사업추진을 원활하게 하려는 정책적인 목적과 주거이전으로 인하여 특별한 어려움을 겪게 될 세입자들을 대상으로 하는 사회보장적인 차원에서 지급되는 금원의 성격을 가지므로, 적법하게 시행된 공익사업으로 인하여 이주하게 된 주거용 건축물 세입자의 주거이전비 보상청구권은 공법상의 권리이고, 따라서 그 보상을 둘러싼 쟁송은 민사소송이 아니라 공법상의 법률관계를 대상으로 하는 행정소송에 의하여야 한다.
  [2] 구 공익사업을 위한 토지 등의 취득 및 보상에 관한 법률(2007. 10. 17. 법률 제8665호로 개정되기 전의 것) 제78조 제5항, 제7항, 같은 법 시행규칙 제54조 제2항 본문, 제3항의 각 조문을 종합하여 보면, 세입자의 주거이전비 보상청구권은 그 요건을 충족하는 경우에 당연히 발생하는 것이므로, 주거이전비 보상청구소송은 행정소송법 제3조 제2호에 규정된 당사자소송에 의하여야 한다. 다만, 구 도시 및 주거환경정비법(2007. 12. 21. 법률 제8785호로 개정되기 전의 것) 제40조 제1항에 의하여 준용되는 구 공익사업을 위한 토지 등의 취득 및 보상에 관한 법률 제2조, 제50조, 제78조, 제85조 등의 각 조문을 종합하여 보면, 세입자의 주거이전비 보상에 관하여 재결이 이루어진 다음 세입자가 보상금의 증감 부분을 다투는 경우에는 같은 법 제85조 제2항에 규정된 행정소송에 따라, 보상금의 증감 이외의 부분을 다투는 경우에는 같은 조 제1항에 규정된 행정소송에 따라 권리구제를 받을 수 있다."

제30강

행정심판

제30강
행정심판

1. 행정심판의 의의

1) 행정심판의 개념

행정심판(Widerspruchsverfahren)은 행정청의 위법 부당한 처분 또는 부작위에 대한 불복절차로서 행정심판위원회가 심판하는 행정쟁송절차를 말합니다. 행정심판의 재판에 대한 전심절차적 성격은 헌법 제107조 제3항이 규정하는 바와 같으며, 동 조항은 행정심판의 헌법적 근거로 기능합니다. 행정심판은 개념적으로 행정상 법률관계에 관한 법적 분쟁을 행정기관이 심리·판정하는 쟁송절차를 총칭하는 실질적 의미의 행정심판과 현행 행정심판법에 의한 행정심판절차만을 가리키는 형식적 의미의 행정심판으로 구분할 수 있습니다. 전자의 행정심판의 예는 이미 토지보상법상의 이의신청에서 설명한 바 있는데, 이를 특별행정심판이라고도 칭합니다. 여기에서 행정심판절차는 법률로 정한다는 헌법 제107조 제3항에서의 법률이 행정심판법과 특별행정심판을 규정하는 개별 법률들 양자를 뜻함을 알 수 있습니다.

2) 행정심판과 이의신청

행정심판과의 구별 개념으로 이의신청이 문제됩니다. 이의신청이란 사법절차가 준용되는 행정심판과는 다른 개념의 절차로서 행정청이 내부적 시정작용의 일환으로 자기점검의 기회를 가지는 가운데 국민의 권익구제를 도모하는 제도를 뜻합니다. 이의신청이라는 명칭을 사용하는 경우 부동산 가격공시에 관한 법률 제11조에 의한 개별공시지가에 대한 이의신청처럼 단순히 '진정'의 성격이거나,[1] 아니면 토지보상법상의 이의신청에

1) 제11조(개별공시지가에 대한 이의신청) ① 개별공시지가에 이의가 있는 자는 그 결정·공시일부터 30일 이내에 서면으로 시장·군수 또는 구청장에게 이의를 신청할 수 있다.

서 보듯이 행정심판의 실질인 경우가 있습니다. 양자는 헌법 제107조 제3항에 비추어 사법절차의 준용 여부에 따라 일응 구별할 수 있지만, 이러한 기준에 의한 구분이 반드시 용이하지는 않습니다.

	행정심판(형식적 의미)	이의신청
심판기관	행정심판위원회	처분청
제기 대상	모든 위법·부당한 처분(개괄주의)	개별법이 정하는 일정 처분
절차의 준거	사법절차의 준용	사법절차의 미준용

전술한 개별공시지가에 대한 이의신청을 하였더라도 그 결과에 불복하여 행정심판을 제기할 수 있고 그 재결에 불복하는 경우 행정소송의 제기도 가능하며, 행정심판을 거친 경우 제소기간의 기산점은 행정심판재결서 정본의 송달 시입니다(행정소송법 제20조 제1항). 아래 2010두8676 판결에서 보듯이 행정기본법 제정 이전에는 민원에 대한 거부처분을 대상으로 하는 이의신청 결과에 행정심판을 거치지 않고 취소소송상 불복하는 경우 제소기간의 기산점은 원칙적으로 이의신청결과의 통지시가 아니라 원처분시를 기준으로 하였습니다. 그러나 이제는 이의신청의 결과를 통지받은 날을 기산점으로 하여 그로부터 90일 이내에 취소소송을 제기하여야 합니다(행정기본법 제36조 제4항). 그러나 동법의 제정 이전에도 근거법에서 이의신청 후의 행정심판 제기기간을 정하는 경우에는 아래 2015두45953 판결처럼 쟁송기간의 기산점은 이의신청의 기각결정의 통보일을 기준으로 하였습니다.

'진정' 성격의 이의신청에서 중요한 또 한 가지는 이의신청의 대상이 된 처분을 취소하는 결정은 직권취소로서 취소쟁송의 대상이 될 수 있지만(복효적 행정행위에서 제3자가 취소쟁송을 제기하는 경우가 이에 해당합니다), 이의신청을 기각하는 결정은 종전의 처분을 단순히 확인하는 사실 내지 관념의 통지인 사실행위에 불과해 처분성이 부인되는 점입니다. 그러나 아래 2015두58645 판결에서는 이와는 달리 일정한 요건하에 이의신청의 기각결정에 해당하는 재심사통보를 원처분인 부적격통보와 별개의 독립한 행정처분으로 보고 있습니다. 한편, 진정이라는 표현을 사용하더라도 그것이 실제로 행정심판의 실체라면 이를 행정심판으로 취급합니다.

---

② 시장·군수 또는 구청장은 제1항에 따라 이의신청 기간이 만료된 날부터 30일 이내에 이의신청을 심사하여 그 결과를 신청인에게 서면으로 통지하여야 한다. 이 경우 시장·군수 또는 구청장은 이의신청의 내용이 타당하다고 인정될 때에는 제10조에 따라 해당 개별공시지가를 조정하여 다시 결정·공시하여야 한다.
③ 제1항 및 제2항에서 규정한 것 외에 이의신청 및 처리절차 등에 필요한 사항은 대통령령으로 정한다.

* **대판 2010.1.28, 2008두19987** : "부동산 가격공시 및 감정평가에 관한 법률 제12조, 행정소송법 제20조 제1항, 행정심판법 제3조 제1항의 규정 내용 및 취지와 아울러 부동산 가격공시 및 감정평가에 관한 법률에 행정심판의 제기를 배제하는 명시적인 규정이 없고 부동산 가격공시 및 감정평가에 관한 법률에 따른 이의신청과 행정심판은 그 절차 및 담당 기관에 차이가 있는 점을 종합하면, 부동산 가격공시 및 감정평가에 관한 법률이 이의신청에 관하여 규정하고 있다고 하여 이를 행정심판법 제3조 제1항에서 행정심판의 제기를 배제하는 '다른 법률에 특별한 규정이 있는 경우'에 해당한다고 볼 수 없으므로, 개별공시지가에 대하여 이의가 있는 자는 곧바로 행정소송을 제기하거나 부동산 가격공시 및 감정평가에 관한 법률에 따른 이의신청과 행정심판법에 따른 행정심판청구 중 어느 하나만을 거쳐 행정소송을 제기할 수 있을 뿐 아니라, 이의신청을 하여 그 결과 통지를 받은 후 다시 행정심판을 거쳐 행정소송을 제기할 수도 있다고 보아야 하고, 이 경우 행정소송의 제소기간은 그 행정심판 재결서 정본을 송달받은 날부터 기산한다."
* **대판 2019.8.9, 2019두38656** : "구 공무원연금법(2018. 3. 20. 법률 제15523호로 전부 개정되기 전의 것, 이하 같다) 제80조에 의하면, 급여에 관한 결정 등에 관하여 이의가 있는 자는 급여에 관한 결정 등이 있었던 날부터 180일, 그 사실을 안 날부터 90일 이내에 '공무원연금급여 재심위원회'에 심사를 청구할 수 있을 뿐이고(제1항, 제2항), 행정심판법에 따른 행정심판을 청구할 수는 없다(제4항). 이와 같은 공무원연금급여 재심위원회에 대한 심사청구 제도의 입법 취지와 심사청구기간, 행정심판법에 따른 일반행정심판의 적용 배제, 구 공무원연금법 제80조 제3항의 위임에 따라 구 공무원연금법 시행령(2018. 9. 18. 대통령령 제29181호로 전부 개정되기 전의 것) 제84조 내지 제95조의2에서 정한 공무원연금급여 재심위원회의 조직, 운영, 심사절차에 관한 사항 등을 종합하면, 구 공무원연금법상 공무원연금급여 재심위원회에 대한 심사청구 제도는 사안의 전문성과 특수성을 살리기 위하여 특히 필요하여 행정심판법에 따른 일반행정심판을 갈음하는 특별한 행정불복절차(행정심판법 제4조 제1항), 즉 특별행정심판에 해당한다."
* **대판 2016.7.27, 2015두45953** : "국가유공자 등 예우 및 지원에 관한 법률(이하 '국가유공자법'이라 한다) 제4조 제1항 제6호, 제6조 제3항, 제4항, 제74조의18의 문언·취지 등에 비추어 알 수 있는 다음과 같은 사정, 즉 국가유공자법 제74조의18 제1항이 정한 이의신청은, 국가유공자 요건에 해당하지 아니하는 등의 사유로 국가유공자 등록신청을 거부한 처분청인 국가보훈처장이 신청 대상자의 신청 사항을 다시 심사하여 잘못이 있는 경우 스스로 시정하도록 한 절차인 점, 이의신청을 받아들이는 것을 내용으로 하는 결정은 당초 국가유공자 등록신청을 받아들이는 새로운 처분으로 볼 수 있으나, 이와 달리 이의신청을 받아들이지 아니하는 내용의 결정은 종전의 결정 내용을 그대로 유지하는 것에 불과한 점, 보훈심사위원회의 심의·의결을 거치는 것도 최초의 국가유공자 등록신청에 대한 결정에서나 이의신청에 대한 결정에서 마찬가지로 거치도록 규정된 절차인 점, 이의신청은 원결정에 대한 행정심판이나 행정소송의 제기에도 영향을 주지 아니하는 점 등을 종합하면, 국가유공자법 제74조의18 제1항이 정한 이의신청을 받아들이지 아니하는 결정은 이의신청인의 권리·의무에 새로운 변동을 가져오는 공권력의 행사나 이에 준하는 행정작용이라고 할 수 없으므로 원결정과

별개로 항고소송의 대상이 되지는 않는다. 국가유공자 비해당결정 등 원결정에 대한 이의신청이 받아들여지지 아니한 경우에도 이의신청인으로서는 원결정을 대상으로 항고소송을 제기하여야 하고, 국가유공자 등 예우 및 지원에 관한 법률 제74조의18 제4항이 이의신청을 하여 그 결과를 통보받은 날부터 90일 이내에 행정심판법에 따른 행정심판의 청구를 허용하고 있고, 행정소송법 제18조 제1항 본문이 "취소소송은 법령의 규정에 의하여 당해 처분에 대한 행정심판을 제기할 수 있는 경우에도 이를 거치지 아니하고 제기할 수 있다."라고 규정하고 있는 점 등을 종합하면, 이의신청을 받아들이지 아니하는 결과를 통보받은 자는 통보받은 날부터 90일 이내에 행정심판법에 따른 행정심판 또는 행정소송법에 따른 취소소송을 제기할 수 있다."

☞ 항고소송의 대상으로서의 원처분은 국가유공자 요건에 해당하지 아니하는 등의 사유로 국가유공자 등록신청을 거부하는 결정이고 국가유공자 비해당결정에 대한 이의신청을 기각하는 결정은 항고소송의 대상인 처분으로 삼을 수 없지만, 제소기간과 관련하여서는 근거 법률이 행정심판제기의 기산일을 이의신청결과의 통보일로 규정하므로 소송의 대상과 행정심판제기의 기산일 간 괴리가 발생하는 경우입니다.

* **대판 2016.7.14, 2015두58645** : "한국토지주택공사가 택지개발사업의 시행자로서 택지개발예정지구 공람공고일 이전부터 영업 등을 행한 자 등 일정 기준을 충족하는 손실보상대상자들에 대하여 생활대책을 수립·시행하였는데, 직권으로 甲 등이 생활대책대상자에 해당하지 않는다는 결정(이하 '부적격통보'라고 한다)을 하고, 甲 등의 이의신청에 대하여 재심사 결과로도 생활대책대상자로 선정되지 않았다는 통보(이하 '재심사통보'라고 한다)를 한 사안에서, 부적격통보가 심사대상자에 대하여 한국토지주택공사가 생활대책대상자 선정 신청을 받지 아니한 상태에서 자체적으로 가지고 있던 자료를 기초로 일정 기준을 적용한 결과를 일괄 통보한 것이고, 각 당사자의 개별·구체적 사정은 이의신청을 통하여 추가로 심사하여 고려하겠다는 취지를 포함하고 있다면, 甲 등은 이의신청을 통하여 비로소 생활대책대상자 선정에 관한 의견서 제출 등의 기회를 부여받게 되었고 한국토지주택공사도 그에 따른 재심사과정에서 당사자들이 제출한 자료 등을 함께 고려하여 생활대책대상자 선정기준의 충족 여부를 심사하여 재심사통보를 한 것이라고 볼 수 있는 점 등을 종합하면, 비록 재심사통보가 부적격통보와 결론이 같더라도, 단순히 한국토지주택공사의 업무처리의 적정 및 甲 등의 편의를 위한 조치에 불과한 것이 아니라 별도의 의사결정 과정과 절차를 거쳐 이루어진 독립한 행정처분으로서 항고소송의 대상이 되므로, 이와 달리 본 원심판단에 법리오해의 잘못이 있다고 한 사례."
* **대판 2012.11.15, 2010두8676** : "행정소송법 제18조 내지 제20조, 행정심판법 제3조 제1항, 제4조 제1항, 민원사무처리에 관한 법률(이하 '민원사무처리법'이라 한다) 제18조, 같은 법 시행령 제29조 등의 규정들과 그 취지를 종합하여 보면, 민원사무처리법에서 정한 민원 이의신청의 대상인 거부처분에 대하여는 민원 이의신청과 상관없이 행정심판 또는 행정소송을 제기할 수 있으며, 또한 민원 이의신청은 민원사무처리에 관하여 인정된 기본사항의 하나로 처분청으로 하여금 다시 거부처분

에 대하여 심사하도록 한 절차로서 행정심판법에서 정한 행정심판과는 성질을 달리하고 또한 사안의 전문성과 특수성을 살리기 위하여 특별한 필요에 따라 둔 행정심판에 대한 특별 또는 특례 절차라 할 수도 없어 행정소송법에서 정한 행정심판을 거친 경우의 제소기간의 특례가 적용된다고 할 수도 없으므로, 민원 이의신청에 대한 결과를 통지받은 날부터 취소소송의 제소기간이 기산된다고 할 수 없다. 그리고 이와 같이 민원 이의신청 절차와는 별도로 그 대상이 된 거부처분에 대하여 행정심판 또는 행정소송을 제기할 수 있도록 보장하고 있는 이상, 민원 이의신청 절차에 의하여 국민의 권익 보호가 소홀하게 된다거나 헌법 제27조에서 정한 재판청구권이 침해된다고 볼 수도 없다. 민원사무처리에 관한 법률(이하 '민원사무처리법'이라 한다) 제18조 제1항에서 정한 거부처분에 대한 이의신청(이하 '민원 이의신청'이라 한다)은 행정청의 위법 또는 부당한 처분이나 부작위로 침해된 국민의 권리 또는 이익을 구제함을 목적으로 하여 행정청과 별도의 행정심판기관에 대하여 불복할 수 있도록 한 절차인 행정심판과는 달리, 민원사무처리법에 의하여 민원사무처리를 거부한 처분청이 민원인의 신청 사항을 다시 심사하여 잘못이 있는 경우 스스로 시정하도록 한 절차이다. 이에 따라, 민원 이의신청을 받아들이는 경우에는 이의신청 대상인 거부처분을 취소하지 않고 바로 최초의 신청을 받아들이는 새로운 처분을 하여야 하지만, 이의신청을 받아들이지 않는 경우에는 다시 거부처분을 하지 않고 그 결과를 통지함에 그칠 뿐이다. 따라서 이의신청을 받아들이지 않는 취지의 기각 결정 내지는 그 취지의 통지는, 종전의 거부처분을 유지함을 전제로 한 것에 불과하고 또한 거부처분에 대한 행정심판이나 행정소송의 제기에도 영향을 주지 못하므로, 결국 민원 이의신청인의 권리·의무에 새로운 변동을 가져오는 공권력의 행사나 이에 준하는 행정작용이라고 할 수 없어, 독자적인 항고소송의 대상이 된다고 볼 수 없다고 봄이 타당하다."

☞ 전술하였듯이 행정기본법 제정 이후에는 위 첫 번째 밑줄의 내용은 더 이상 타당하지 않습니다.

* **대판 2012.3.29, 2011두26886** : "지방자치법 제140조 제3항에서 정한 이의신청은 행정청의 위법·부당한 처분에 대하여 행정기관이 심판하는 행정심판과는 구별되는 별개의 제도이나, 이의신청과 행정심판은 모두 본질에 있어 행정처분으로 인하여 권리나 이익을 침해당한 상대방의 권리구제에 목적이 있고, 행정소송에 앞서 먼저 행정기관의 판단을 받는 데에 목적을 둔 엄격한 형식을 요하지 않는 서면행위이므로, 이의신청을 제기해야 할 사람이 처분청에 표제를 '행정심판청구서'로 한 서류를 제출한 경우라 할지라도 서류의 내용에 이의신청 요건에 맞는 불복취지와 사유가 충분히 기재되어 있다면 표제에도 불구하고 이를 처분에 대한 이의신청으로 볼 수 있다."

* **대판 2000.6.9, 98두2621** : "원고는 1997. 4. 19. 피고로부터 1995. 10. 25.자로 이 사건 처분을 하였다는 내용을 통보받자 1997. 4. 29. 위 진정서를 제출하였다는 것이므로 이 사건 처분이 원고에게 고지되어 처분이 있음을 안 날이나 처분이 있은 날부터 90일 또는 180일 이내에 위 진정서를 제출하였음은 역수상 명백하고, 한편 기록에 의하면 위 진정서에는 이 사건 처분을 통지받지 못한 경위를 알려달라는 내용뿐만 아니라 이 사건 처분을 재고하여 달라거나 이 사건 처분에 불복한다는 취지도 포함되어 있음을 알 수 있는바, 위 문서는 비록 제목이 "진정서"로 되어 있고, 재결청의 표시, 심판청구의 취지 및 이유, 처분을 한 행정청의 고지의 유무 및 그 내용 등 행정심판법 제19조

제2항 소정의 사항들을 구분하여 기재하고 있지 아니하여 행정심판청구서로서의 형식을 다 갖추고 있다고 볼 수는 없으나, 피청구인인 처분청과 청구인의 이름과 주소가 기재되어 있고, 청구인의 기명이 되어 있으며, 위 문서의 기재 내용에 의하여 심판청구의 대상이 되는 행정처분의 내용과 심판청구의 취지 및 이유, 처분이 있은 것을 안 날을 알 수 있고, 여기에 기재되어 있지 않은 재결청, 처분을 한 행정청의 고지의 유무 등의 내용과 날인 등의 불비한 점은 보정이 가능하므로 이를 이 사건 처분에 대한 행정심판청구로 보는 것이 옳을 것이다."

아래 2020두50324 판결은 '수익적 행정행위의 거부'의 구조를 대상으로 하여, 위 2015두45953 판결이나 2010두8676 판결에 나타난 원칙, 즉 국민이 행정결정에 대해 행정청에 이의를 제기한 경우 - 그러한 이의신청에 대한 기각결정이 특별행정심판에 해당하여 그 기각결정이 재결의 성격을 지니지 않는 한 - 별도의 행정작용에 해당하지 않는다는 원칙에 대한 예외의 기준을 보다 구체적으로 설시하여 주목을 끕니다. 형식이 이의신청이라도 그 실질은 구체적으로 판단해야 할 것이어서, 특히 수익적 행정처분의 신청에 대해 거부처분이 있은 후 상대방이 다시 신청을 한 경우에는 신청의 제목 여하에 불구하고 그 내용이 새로운 신청을 하는 취지라면 관할 행정청이 이를 다시 거절하는 것을 새로운 거부처분으로 볼 수 있다고 하였습니다. 사실 이런 취지의 대법원 판례는 사실 여기에서 거증하는 판결들 이전에도 2017두52764 판결을 통해 나타난바 있습니다. 그러나 2020두50324 판결은 이를 보다 명확히 한 점에서 그 의의를 찾을 수 있습니다. 즉, 이주대책 대상자 신청을 하였다가 제외결정을 받은 자가 거부사유가 된 소유관계에 대한 소명과 신청자격을 입증할 수 있는 증빙자료 등을 추가적으로 보완·제출하면서 이의신청을 하였다가 재차 제외결정을 받은 사안에서, 2차 제외결정은 재거부처분에 해당한다고 판시하였습니다.

* **대판 2021.1.14, 2020두50324** : "수익적 행정처분을 구하는 신청에 대한 거부처분은 당사자의 신청에 대하여 관할 행정청이 이를 거절하는 의사를 대외적으로 명백히 표시함으로써 성립된다. 거부처분이 있은 후 당사자가 다시 신청을 한 경우에는 신청의 제목 여하에 불구하고 그 내용이 새로운 신청을 하는 취지라면 관할 행정청이 이를 다시 거절하는 것은 새로운 거부처분이라고 보아야 한다."

☞ 따라서 2차 거부처분도 항고소송의 대상으로 삼을 수 있고, 이때 취소소송 제소기간의 기산일은 행정심판을 거치지 않은 경우 2차 거부처분의 효력발생일인 해당 거부처분의 수령시를 기준으로 합니다.

* **대판 2019.4.3, 2017두52764** : "수익적 행정행위 신청에 대한 거부처분은 당사자의 신청에 대하여 관할 행정청이 거절하는 의사를 대외적으로 명백히 표시함으로써 성립되고, 거부처분이 있은 후 당사자가 다시 신청을 한 경우에는 신청의 제목 여하에 불구하고 그 내용이 새로운 신청을 하는 취지라면 관할 행정청이 이를 다시 거절하는 것은 새로운 거부처분으로 봄이 원칙이다(대법원 1992. 10. 27. 선고 92누1643 판결, 대법원 2002. 3. 29. 선고 2000두6084 판결 등 참조). 감염병예방법령에는 이의신청에 관한 명문의 규정이 없고, 소멸시효 또는 권리 행사기간의 제한에 관한 규정도 없으므로, 원고는 언제든지 재신청을 할 수 있다. 원고의 이의신청은 민원 처리에 관한 법률상 이의신청 기간이 도과된 후에야 제기되었다. 피고는 원고의 이의신청에 따라 추가로 제출된 자료 등을 예방접종피해보상 전문위원회에서 새로 심의하도록 하여 그 의견을 들은 후 제2차 거부통보를 하였다. 따라서 이와 같이 원고가 당초에 쟁송대상으로 삼은 제2차 거부통보의 처분성을 인정할 수 있고, 그에 대한 제소기간도 도과하지 않았다. 그런데도 제1심법원은 이와 다른 전제하에 이미 제소기간이 도과한 제1차 거부통보를 쟁송대상으로 삼도록 석명권을 행사하였고, 원심 역시 이를 제대로 따져보지 않은 채 제1차 거부통보에 대한 본안판단에 나아가고 말았다. 그렇다면 환송 후 원심으로서는 적절하게 석명권을 행사하여 원고가 취소를 구하는 대상 처분이 제1차 거부통보인지 제2차 거부통보인지를 명확히 한 후 그 의사에 따라 청구취지를 정정하도록 할 필요가 있음을 지적하여 둔다."

수익적 처분의 거부에 대한 이의신청의 기각결정이 새로운 거부처분으로 볼 수 있다는 위 판례의 입론은 행정소송 영역에서 중요하게 다뤄지는 재거부의 처분성 논의를 통해서도 재현됩니다. 행정심판 영역에서는 1차 거부에 대해 이의신청의 형식을 취했으나 기각결정이 행해진 경우를 전제로 함에 비해, 항고소송 영역에서는 1차 거부에 대해 '재신청'의 외형을 취했고 이에 대하여 재차 거부처분이 발령되는 구조를 취합니다. 일반적으로 반복된 2, 3차 처분 등은 그 처분성을 부인합니다. 이를테면, 행정대집행의 계고에도 불구하고 상대방이 의무를 이행하지 않으면 곧바로 대집행실행행위를 개시하지 않고 의무이행을 촉구하는 의미의 2, 3차 계고를 반복합니다. 이때 반복된 2, 3차 계고는 별도의 처분이 아니므로 최초의 계고가 항고소송의 대상이라는 것이 판례의 입장입니다. 그러나 거부처분의 경우에는, 특별한 사정이 없는 한 신청이 한 번 거부되었다고 하여 그에 대한 신청권 자체가 제한되는 것으로는 볼 수 없으므로 새로운 신청에 대해 재차 거부결정이 행해졌다면 이러한 재거부처분은 독립한 새로운 처분에 해당합니다.

甲은 A시에 소재한 일단의 토지에 대한 소유자이다. A시장은 '지적재조사에관한 특별법(이하 '지적재조사법')'에 따라 지적재조사사업을 실시하고 토지의 경계를 확정하여 면적증감에 따른 조정금을 산정하여 토지소유자에게 징수하거나 지급하는 권한을 부여받은 지적소관청이다. A시장은 지적재조사사업에 따라 甲 소유 토지의 지적공부상 면적이 감소되었음을 이유로 A시지적재조사위원회의 의결을 거쳐 甲에게 조정금 62,865,000원의 수령을 통지하였다('1차 통지'). 甲은 지적재조사법에 따른 이의신청 기간 내에 조정금에 대하여 이의를 신청하였으나, A시장은 甲에게 A시지적재조사위원회가 재감정을 거쳐 심의·의결한 내용을 첨부하여 기존과 동일한 액수의 조정금을 수령할 것을 통지하였다('2차 통지'). 甲이 이에 불복하여 취소소송을 제기할 경우 1차 통지와 별도로 2차 통지를 대상으로 취소소송을 제기할 수 있는가? 또한, 위 취소소송의 제소기간의 기산점은 언제인가?

[참조조문]

* 지적재조사에 관한 특별법

제20조(조정금의 산정) ① 지적소관청은 제18조에 따른 경계 확정으로 지적공부상의 면적이 증감된 경우에는 필지별 면적 증감내역을 기준으로 조정금을 산정하여 징수하거나 지급한다.

④ 지적소관청은 제3항에 따라 조정금을 산정하고자 할 때에는 제30조에 따른 시·군·구 지적재조사위원회의 심의를 거쳐야 한다.

제21조(조정금의 지급·징수 또는 공탁) ① 조정금은 현금으로 지급하거나 납부하여야 한다.

② 지적소관청은 제20조제1항에 따라 조정금을 산정하였을 때에는 지체 없이 조정금조서를 작성하고, 토지소유자에게 개별적으로 조정금액을 통보하여야 한다.

제21조의2(조정금에 관한 이의신청) ① 제21조제3항에 따라 수령통지 또는 납부고지된 조정금에 이의가 있는 토지소유자는 수령통지 또는 납부고지를 받은 날부터 60일 이내에 지적소관청에 이의신청을 할 수 있다.

② 지적소관청은 제1항에 따른 이의신청을 받은 날부터 30일 이내에 제30조에 따른 시·군·구 지적재조사위원회의 심의·의결을 거쳐 이의신청에 대한 결과를 신청인에게 서면으로 알려야 한다.

위 사례는 적극적 처분의 이의신청에 대하여 처분청이 기각결정을 한 경우의 소의 대상 등을 쟁점으로 합니다. 앞서 살핀 바에 의하면 이의신청에 대한 기각결정이 항고소송의 대상이 되는 경우는 원칙적으로 해당 기각결정이 수익적 처분의 거부에 대한 이의신청을 대상으로 합니다. 그러나 이의신청의 대상이 수익적 처분의 신청에 대한 거부처분이 아니라 할지라도, 즉 적극적 처분의 이의신청에 대한 기각결정이더라도 이의신청의 내용이 새로운 신청의 취지로 해석된다면, 그 이의신청에 대한 기각결정의 통보를 새로운 처분으로 보아 기각결정을 대상으로 항고소송을 제기할 수 있습니다. 그리고 이의신청에 대한 기각결정을 대상으로 행정쟁송을 제기할 경우에는 행정기본법 제36조 제4항의 규정이 적용됩니다. 따라서 이의신청에 대한 결과를 통지받은 후 행정심판 또는 행정소송을 제기하려는 자는 그 결과를 통지받은 날(제2항에 따른 통지기간 내에 결과를 통지받지 못한 경우에는 같은 항에 따른 통지기간이 만료되는 날의 다음 날을 말합니다)부터 90일 이내에 행정심판 또는 행정소송을 제기할 수 있습니다. 적극적 처분의 이의신청에 대한 결과를 기다리다가 원처분이 있음을 안 날부터 90일이 도과하여 기각결정이 행해진 경우 처분의 상대방은 제소기간의 경과로 인하여 원처분의 항고쟁송을 제기할 수 없고, 또한 종래 판례에 의할 때 적극적 처분에 대한 이의신청의 기각결정은 항고쟁송의 대상이 될 수 없어 실질적으로 권리구제가 불가능한 점을 두루 고려한 행정기본법 규정과 아래 2021두53894 판결은 타당합니다.

＊ **대판 2022.3.17, 2021두53894** : "[2] 수익적 행정처분을 구하는 신청에 대한 거부처분이 있은 후 당사자가 다시 신청을 한 경우에는 신청의 제목 여하에 불구하고 그 내용이 새로운 신청을 하는 취지라면 관할 행정청이 이를 다시 거절하는 것은 새로운 거부처분이라고 보아야 한다. 나아가 어떠한 처분이 수익적 행정처분을 구하는 신청에 대한 거부처분이 아니라고 하더라도, 해당 처분에 대한 이의신청의 내용이 새로운 신청을 하는 취지로 볼 수 있는 경우에는, 그 이의신청에 대한 결정의 통보를 새로운 처분으로 볼 수 있다.

[3] 갑 시장이 을 소유 토지의 경계확정으로 지적공부상 면적이 감소되었다는 이유로 지적재조사위원회의 의결을 거쳐 을에게 조정금 수령을 통지하자(1차 통지), 을이 구체적인 이의신청 사유와 소명자료를 첨부하여 이의를 신청하였으나, 갑 시장이 지적재조사위원회의 재산정 심의·의결을 거쳐 종전과 동일한 액수의 조정금 수령을 통지한(2차 통지) 사안에서, 구 지적재조사에 관한 특별법(2020. 4. 7. 법률 제17219호로 개정되기 전의 것) 제21조의2가 신설되면서 조정금에 대한 이의신청 절차가 법률상 절차로 변경되었으므로 그에 관한 절차적 권리는 법률상 권리로 볼 수 있는 점, 을이 이의신청을 하기 전에는 조정금 산정결과 및 수령을 통지한 1차 통지만 존재하였고 을은 신청 자체를 한 적이 없으므로 을의 이의신청은 새로운 신청으로 볼 수 있는 점, 2차 통지서의 문언상 종전 통지와 별도로 심의·의결하였다는 내용이 명백하고, 단순히 이의신청을 받아들이지 않는다는 내용에 그치는 것이 아니라 조정금에 대하여 다시 재산정, 심의·의결절차를 거친 결과, 그 조정금이 종전 금액과 동일하게 산정되었다는 내용을 알리는 것이므로, 2차 통지를 새로운 처분으로 볼 수 있는 점 등을 종합하면, 2차 통지는 1차 통지와 별도로 행정쟁송의 대상이 되는 처분으로 보는 것이 타당함에도 2차통지의 처분성을 부정한 원심판단에 법리오해의 잘못이 있다고 한 사례."

한편, 행정심판의 성격이지만 그 표현을 이의신청으로 하는 근거 법률에는 통상 행정심판법 규정의 준용을 규정하는 경우가 많은바, 이 경우 해당 불복절차를 거쳤다면 다시 행정심판을 제기할 수 없음은 물론입니다. 행정심판 성질의 이의신청절차에서의 처분사유의 추가·변경은 원처분 사유와 기본적 사실관계의 동일성이 인정되는 사유에 한정되는 등 처분사유의 추가·변경의 한계론이 행정소송이나 행정심판에서처럼 그대로 적용되지만, 단순 이의신청의 성질인 경우에는 제한 없는 처분사유의 추가·변경이 가능합니다.

감사원법 제46조의2에 의할 때 심사청구인은 동법 제43조 및 제46조에 따른 심사청구 및 결정을 거친 행정기관의 장의 처분에 대하여 해당 처분청을 당사자로 하여 해당 결정의 통지를 받은 날부터 90일 이내에 행정소송을 제기할 수 있으므로 이때 반드시 행정심판을 전치절차로서 거쳐야 하는 것은 아닙니다. 그렇다고 하여 여기에서의 심사청구를 행정심판의 성질이라고도 할 수 없으므로 심사청구와는 별도로 행정심판의 제기도 가능한 것으로 해석합니다.

이의신청과 행정심판의 관계와 관련한 이상의 판례 입장을 요약하면 다음과 같습니다.

* 토지수용위원회의 수용재결에 대한 이의신청 등 이의신청이라 표현되더라도 그것이 준사법적 절차의 성격을 띠어 실질적으로 행정심판의 성질을 지니면 이를 (특별)행정심판으로 간주합니다.
* (구)민원사무처리에 관한 법률상의 민원 이의신청 등 동법상 행정심판 및 행정소송이 가능하다는 규정에 따라 이를 실질적 행정심판으로 보기 어려운 경우의 이의신청은 행정심판으로 보지 않습니다.
* 이의신청으로 표현하더라도 그것이 거부처분에 대하여 새로운 신청을 한 것으로 볼 수 있으면 명칭 여하와 무관하게 이를 기각하는 결정은 새로운 거부처분입니다.
* 적극적 처분에 대한 이의신청의 내용이 새로운 신청의 취지로 해석되는 경우 그에 대한 기각결정은 새로운 처분으로서 항고소송의 대상이 됩니다.
* 부동산 가격공시에 관한 법률의 경우 등 개별 법률에 이의신청을 규정하면서 행정심판에 대해 침묵하는 경우 이의신청과는 별도로 행정심판이나 행정소송을 제기할 수 있습니다.
* 문서에 행정심판이라는 표제를 붙여도 그 실질이 이의신청이면 그것은 행정심판이 아니라 이의신청에 해당합니다.

3) 행정기본법상 처분에 대한 이의신청과 재심사

(1) 이의신청제도(제36조)

이의신청제도는 사법절차가 준용되는 행정심판과는 다른 개념으로서, 행정청이 내부적 시정절차로서 자기 점검의 기회를 가지는 가운데 국민의 권익구제를 도모하는 제도라 할 수 있습니다. 즉, 처분청에 대한 불복절차로서 개별법에 규정된 처분에 대한 이의신청, 불복, 재심 등 다양한 용어의 형태로 규정되어 있는 것을 행정기본법상의 이의신청으로 일반화한 것입니다. 행정청의 처분에 이의가 있는 당사자는 처분을 받은 날부터 30일 이내에 해당 행정청에 이의신청을 할 수 있으며, 행정청은 원칙적으로 이의신청을 받은 날부터 14일 이내에[1] 그 결과를 신청인에게 통지하여야 합니다. 이의신청의 대상은 행정심판법에 따른 행정심판의 대상이 되는 처분을 말하며, 신청적격자는 처분의 상대방에 한정됩니다(행정기본법 제2조 제3호 참조). 따라서 국세심판 등 특별행정심판의 대상인 처분은 동조에 의한 이의신청의 대상이 아니며, 행정심판의 청구인적격 내지 항고소송의 원고적격을 가지는 법률상 이익이 있는 제3자는 이의신청을 할 수 없습니다. 이의신청제도가 행정 내부의 시정작용이므로 제3자의 신청적격을 인정하지 않은 것이라든가, 특별행정심판의 전문성·특수성상 이의신청의 대상으로 할 수 없다는 논거에는 동의할 수 없습니다. 행정기본법이 이의신청제도를 명문화하면서 그 범위를 한정한 것은 재고를 요합니다.

이의신청을 제기한 신청인은 그 이의신청과 무관하게 행정심판 또는 행정소송을 제기할 수 있는데, 행정기본법은 이의신청 결과를 통지받은 날(통지기간 내에 결과를 통지받지 못한 경우에는 같은 항에 따른 통지기간이 만료되는 날의 다음 날)부터 90일 이내에 행정심판 또는 행정소송을 제기할 수 있다고 규정합니다(제36조 제4항). 동조 제4항의 문리해석에 의할 때 이의신청 중에는 행정심판 내지 행정소송의 제기기간의 진행이 정지된다는 견해는 경청할 만합니다. 따라서 2010두8676 판결 등 과거의 판례이론, 즉 이의신청에 대한 인용결정의 경우와는 달리 기각결정의 경우 행정심판을 거친 경우의 제소기간의 특례가 적용되지 않는다는 이론은 변경될 것입니다. 그러나 기각결정의 경우 항고소송 등의 대상은 해당 기각결정 자체의 고유한 위법사유가 없는 한 원처분이라는 판례의 원칙적 입장은 여전히 유지될 것으로 예상됩니다. 한편, 공무원 인사 관계 법령에 따른 징계 등 처분에 관한 사항 등 여섯 가지 사항에 대해서는 이의신청제도가 적용되지 않습니다(동조 제7항).

2025년 3월 시행된 개정 행정기본법 제36조 제4항은 이의신청 결정에 행정쟁송으로 불복할 경우 원칙적으로 그 대상은 원처분이지만, 이의신청 결과 처분이 변경된 경우에는 변경된 처분을 대상으로 함을 규정합니다. 여기에서의 '변경'의 의미를 둘러싸고 해

1) 다만, 부득이한 사유로 14일 이내에 통지할 수 없는 경우에는 그 기간을 만료일 다음 날부터 기산하여 10일의 범위에서 한 차례 연장할 수 있으며, 연장 사유를 신청인에게 통지하여야 한다(제2항 단서).

석상 어려움이 유발됩니다. '변경'의 개념적 의미가 명확하지 않기 때문입니다. 행정소송법 제4조 제1호의 경우가 그러하듯이 통상 '변경'은 적극적 변경이 아닌 일부취소의 의미로 이해합니다. 개정 조항 문구의 의미를 이처럼 해석한다면, 예컨대 2025.3.2.의 3월의 영업정지처분 내지 2025.4.3.의 1,000만 원의 과징금부과처분이 이의신청을 통해 각각 2025.4.6. 1월과 2025.5.7. 700만 원의 처분으로 감경(감액)된 경우, 행정쟁송의 대상은 2025.4.6.자 1월의 영업정지처분과 2025.5.7.자 700만 원의 과징금부과처분이라는 결과가 됩니다. 그러나 이러한 결과는 기존 판례 입장에 정면으로 배치됩니다. 판례에 의할 때 처분청이 직권 내지 이의신청에 대한 결정으로 감액처분을 하거나 행정심판 재결을 통해 감액된 경우를 불문하고 소송의 대상은 각각 '1월로 감경된 2025.3.2.자 영업정지처분' 내지 '700만원으로 감액된 2025.4.3.자 과징금부과처분'입니다. 따라서 동조 제4항에서의 '변경'은 양적 일부취소나 질적 수정(영업정지처분이 실질적으로 감액된 과징금부과처분으로 수정된 경우)을 뜻하는 것이 아니라고 보아야 합니다.

이런 점을 고려할 때 '변경'의 해석은 - 해당 조항에 대한 판례가 부재한 현재 상황에서는 - 다음의 내용으로 이해해야 할 것입니다.

① 우선, 이때의 '변경'은 이의신청에 대한 인용결정을 통해, 예컨대 건축허가거부처분이 취소된 경우 제3자는 인용결정(건축허가거부처분 취소처분)을 대상으로 행정쟁송을 제기할 수 있습니다. 원처분으로서의 '건축허가거부처분이 건축허가거부처분 취소처분으로 변경'된 점에 착안한 것입니다. 다만, 행정기본법 제36조 제4항은 이의신청을 한 자가 쟁송을 제기하는 경우를 전제로 하므로 위 ①의 해석이 동 규정으로부터 직접 도출되지는 않습니다.

② 또 다른 경우로는 제34강에서 설명하는 2015두295 (전합)판결(대형마트 영업시간 제한처분 취소사건)의 예입니다. 이의신청을 통해 종전처분(원처분) 전체를 대체하거나 그 주요 부분을 실질적으로 변경한 때에는, 이의신청 결정을 처분이 변경된 경우로 볼 수 있으므로 이의신청 결정, 즉 변경처분을 행정쟁송의 대상으로 합니다.

③ 감경(감액)처분·재결의 경우 소의 대상에 관한 기존 판례 입장은 계속 유지될 것으로 예상합니다.

그러나 이러한 해석론에도 불구하고 동조 제4항의 개정사항은, 이를테면 건축허가거부처분에 대하여 새로운 신청 성질의 이의신청을 하였는데 이에 대해 기각결정을 한 경우, 해당 기각결정은 2차 거부처분과 다름없으므로 기각결정(2차 거부처분)을 행정쟁송의 대상으로 할 수 있다는 판례의 입장을 설명하지 못합니다. 해당 기각결정은 동항에서 말하는 원처분이 아니며, 해당 조항상의 '변경된 처분'은 더더욱 아니기 때문입니다. 적극적 처분에 대한 이의신청을 기각하는 경우이더라도 그 이의신청을 새로운 신청의 취지로 볼 수 있는 경우에는 해당 기각결정을 소의 대상으로 할 수 있다는 판례(전술한 2021두53894 판결)와 관련하여서도 사정은 마찬가지입니다. 해당 판결은 지급된 조정금의 증액 신청을 내용으로 하는 이의신청에 대한 기각결정을 사실관계로 하기 때문입니다. 결국 해당 개정 문구는 판례가 축적해 온 다양한 불복 양상을 모두 포섭하지 못하는 한계가 있습니다.

결과적으로 행정쟁송의 대상을 획정하는 고도의 법리적 영역을 행정기본법에서 성급히 규정화하려다 보니, 오히려 판례와의 정면충돌이나 해석상의 공백을 야기한 측면이 큽니다. 향후 대법원의 구체적인 판단이 나오기까지는 판례의 확립된 원칙을 훼손하지 않는 범위 내에서 위 조항을 제한적으로 해석할 수밖에 없다는 점이 아쉬움으로 남습니다. 따지고 보면 이의신청 결정에 대해 행정쟁송상 불복할 경우 쟁송의 대상을 규정하는 것은 행정기본법이 아니라 행정심판법과 행정소송법의 몫입니다.[1] 어찌 보면 이 문제를 예전처럼 판례의 영역으로 남겨두는 것이 더 나았을 줄 모를 일입니다.

행정기본법 제36조와는 별도로 민원 처리에 관한 법률 제35조는 거부처분에 대한 이의신청 제도를 두고 있어 양자의 관계가 문제됩니다. 민원 처리에 관한 법률상 거부처분에 대한 이의신청의 경우 행정심판법상 처분에 대한 이의신청에 한정하지 않고 국가 또는 지방자치단체의 행정청뿐만 아니라 공공기관, 각급 학교의 장 등이 포함되는 점에서 양자는 구분되지만(민원 처리에 관한 법률 제2조 제1호, 제3호 및 제35조 참조), 대부분의 경우 양자의 규율 대상이 중복될 것이므로 양 제도는 추후 조정이 불가피합니다.

(2) 처분의 재심사(제37조)

행정기본법은 독일 연방행정절차법상 '행정행위에 대한 재심사제도'를 모태로 하여, 불가쟁력이 발생한 처분을 처분청을 상대로 다툴 수 있게 하는 처분의 재심사제도를 규정합니다(제37조). 처분의 상대방은 처분(제재처분 및 행정상 강제는 제외)이 행정심판, 행정소송 및 그 밖의 쟁송을 통하여 다툴 수 없게 된 경우(법원의 확정판결이 있는 경우는 제외[2]), 즉 처분에 불가쟁력이 발생한 경우라도 ① 처분의 근거가 된 사실관계 또는 법률관계가 추후에 당사자에게 유리하게 바뀐 경우, ② 당사자에게 유리한 결정을 가져다주

1) 행정심판 재결을 항고소송의 대상으로 삼을 수 있는 경우는 행정심판법이 아니라 행정소송법 제19조가 규정함에서 이를 잘 알 수 있습니다.

2) 소를 제기하였더라도 확정판결 전이라면 재심사를 청구할 수 있으며, 이때 확정판결에 소송요건의 흠결을 이유로 하는 각하판결은 포함되지 않는다고 해석합니다.

었을 새로운 증거가 있는 경우, ③ 처분 업무를 직접 또는 간접적으로 처리한 공무원이 그 처분에 관한 직무상 죄를 범한 경우, ④ 처분의 근거가 된 문서나 그 밖의 자료가 위조되거나 변조된 것인 경우, ⑤ 제3자의 거짓 진술이 처분의 근거가 된 경우, ⑥ 처분에 영향을 미칠 중요한 사항에 관하여 판단이 누락된 경우에는 해당 처분을 한 행정청에 처분을 취소·철회하거나 변경하여 줄 것을 신청할 수 있습니다(제37조 제1항, 동법 시행령 제12조). 그리고 이러한 재심사 사유는 해당 처분의 절차, 행정심판, 행정소송 및 그 밖의 쟁송에서 당사자가 중대한 과실 없이 주장하지 못한 경우이어야 합니다(제37조 제2항). 제재처분과 행정상 강제를 재심사의 대상에서 제외한 것은 행정상 의무이행확보를 지연하는 수단으로 재심사제도가 악용되는 사례를 차단하기 위한 것이며, 법원의 확정판결에 대한 행정청의 재심사는 그 자체 권력분립원칙에 위반되며 소송절차로서의 재심절차와도 상치되므로 각각의 타당성이 인정됩니다. 또한, '공무원 인사 관계 법령에 따른 징계 등 처분에 관한 사항' 등과 '개별 법률에서 그 적용을 배제하는 경우'에는 처분의 재심사 규정의 적용이 배제됩니다(제37조 제8항).

처분의 재심사 신청은 당사자, 즉 처분의 상대방이 재심사 사유를 안 날부터 60일 이내에 하여야 하며, 처분이 있은 날부터 5년이 지나면 신청할 수 없습니다(제37조 제3항). 재심사 신청을 받은 행정청은 특별한 사정이 없으면 신청을 받은 날부터 90일(합의제행정기관은 180일) 이내에 처분의 재심사 결과(재심사 여부와 처분의 유지·취소·철회·변경 등에 대한 결정을 포함)를 신청인에게 통지하여야 하고, 부득이한 사유로 90일(합의제행정기관은 180일) 이내에 통지할 수 없는 경우에는 그 기간을 만료일 다음 날부터 기산하여 90일(합의제행정기관은 180일)의 범위에서 한 차례 연장할 수 있으며, 이 경우 연장 사유를 신청인에게 통지하여야 합니다(제37조 제4항).

재심사의 결과는 처분의 유지·취소·철회·변경 등이 될 것인데, 처분을 유지하는 결정에 대해서는 행정심판, 행정소송 및 그 밖의 쟁송수단을 통하여 불복할 수 없습니다(제37조 제5항). 그러나 처분의 재심사로 인하여 직권취소나 철회는 영향을 받지 않습니다(제37조 제6항). 따라서 이 경우 처분의 상대방은 처분의 취소나 철회를 신청하고 그것이 거부되는 경우 - 신청권의 인정되는 것을 전제로 - 의무이행심판(거부처분취소심판 포함)이나 거부처분취소소송으로 다툴 수 있을 것입니다. 나아가 처분의 재심사에도 불구하고 예컨대 하자승계에 따른 취소의 가능성은 있습니다.

처분의 재심사제도가 처분의 취소뿐만 아니라 철회와 변경을 신청할 수 있도록 함으로써 처분이 위법하지 아니하여도 재심사제도를 통해 철회·변경이 가능하도록 규정한 것은 문제의 소지가 있습니다. 불가쟁력이 발생한 위법하지 않은 처분에 대하여 사정변경을 이유로 재심사제도를 통해 처분의 철회나 변경을 신청할 수 있도록 한 것은 불가쟁력을 인정한 제도 취지를 훼손하여 법적 안정성을 심각하게 위협할 소지가 큽니다. 나아가, 예컨대 행정심판의 기각재결에도 불구하고 재심사제도를 통해 처분의 철회 또는 변경을 신청할 수 있는 점은 쉽사리 이해되지 않습니다. 처분의 재심사는 그 본질에 비추어 극히 예외적인 경우의 구제제도에 그쳐야 하기 때문입니다.

4) 행정심판법의 주요 개정 사항

(1) 2008년의 행정심판법 개정

부패방지 및 국민권익위원회의 설치와 운영에 관한 법률의 제정과 함께 국민권익위원회가 설치되고, 거기에 국무총리행정심판위원회(현재의 중앙행정심판위원회)가 속하게 됩니다. 가장 중요한 개정사항은 과거 처분청의 직근 상급행정청을 재결청으로 명칭하면서 재결기능을 담당하게 함으로써 '행정심판에 대한 심의·의결기능을 맡는 행정심판위원회와 재결 주체로서의 재결청'이라는 이원적 구조를 취하던 것을 개편하여, 재결청 개념을 없앤 것입니다. 이에 따라 행정심판에 대한 심의·의결기능과 재결기능을 일원화하여 행정심판위원회가 담당하게 됩니다. 그 취지로는 대심구조를 강화하여 사법절차에 준하는 성격을 강조한 것입니다. 예컨대, 동작구청장의 처분에 대한 행정심판의 관할은 서울시행정심판위원회인데, 과거 재결청인 서울특별시장이 재결서의 명의권자였던 것을 이제 서울시행정심판위원회 명의로 재결서가 발령되는 점입니다.

언뜻 보면 바람직한 개정처럼 여겨지지만, 반드시 그런 것만은 아닙니다. 하나의 예를 들지요. 행정심판법 제50조는 행정심판위원회의 직접처분을 규정합니다. 행정소송상 간접강제보다 강력한 것으로서 의무이행심판 인용재결로서 처분명령재결에 따른 재처분 의무의 실효성을 담보하는 제도적 장치입니다. 뒤에서 설명하지만, 직접처분은 성격상 처분재결과 유사합니다. 이때 재결청으로서 직근 상급행정청이 직접처분을 행하는 것은 행정기관 간 상하관계에 비추어 이해할 수 있지만, 재결청 개념을 삭제함으로써 처분청 내지 감독청에 대한 독립성을 강조한 행정심판위원회가 직접처분을 행하는 것은 논리적으로 어색합니다.

(2) 2010년의 행정심판법 전부개정

* **명칭변경** : 국무총리행정심판위원회를 중앙행정심판위원회로 개칭하였습니다(제6조 제2항).
* **특별행정심판 신설 등을 위한 협의의 의무화** : 개별법에 의한 행정심판의 특별절차가 남발하는 것을 방지하기 위해 관계 행정기관의 장이 개별법에 특별행정심판을 신설하거나 국민에게 불리한 내용으로 변경하는 경우 미리 중앙행정심판위원회와 협의하도록 규정하였습니다(제4조 제3항).
* **회의정원 및 위촉위원의 비중 확대** : 중앙행정심판위원회의 회의 위원정수를 7명에서 9명으로 늘리고, 행정심판위원회는 30명(현행법은 50명), 중앙행정심판위원회는 50명(현행법은 70명) 이내로 그 정원을 대폭 확대하였습니다(제7조 제1항, 제8조 제1항, 제5항).
* **이의신청제도의 도입** : 행정심판위원회의 결정 중 당사자의 절차적 권리에 중대한 영향을 미치는 지위승계의 불허가, 참가신청의 불허가 또는 청구변경의 불허가 등에 대하여 행정심판위원회에 이의신청을 할 수 있도록 개정하였습니다(제16조 제8항, 제17조 제6항, 제20조 제6항, 제29조 제7항).
* **행정심판참가인의 절차적 권리강화** : 행정심판 관련 서류를 참가인에게 송달하도록 하는 등 참가인의 절차적 권리를 강화하여 당사자에 준하는 지위를 갖도록 배려하였습니다(제22조 제2항).
* **집행정지의 요건완화 및 임시처분제도의 도입** : 구법은 집행정지의 요건으로 '회복하기 힘든 손해의 예방'을 규정하여 금전적 손해의 경우 집행정지의 요건 충족에 어려움이 있었는데, 이를 '중대한 손해가 생기는 것을 예방'이라고 완화하여 동 제도를 개선하였습니다(제30조 제2항). 또한 의무이행심판의 가구제제도로서 집행정지에 우선하여 적용되는 임시처분제도를 도입하였습니다(제31조). 집행정지와 임시처분은 상호 간 보충성원칙이 적용되었고, 현행법도 동일합니다(제31조 제3항).
* 기타 전자정보처리조직을 통한 행정심판의 근거 마련(제52조 내지 제54조), 자동차운전면허처분 관련사건에 대한 특칙(제8조 제6항), 행정소송사건에 대한 자료제출(제60조 제2항, 제3항) 등의 개정사항을 들 수 있습니다.

(3) 2017년의 행정심판법 개정

2017년에는 두 번의 행정심판법 개정이 있었습니다. 2017년 4월 18일의 개정을 통해서는 매우 유의미한 내용적 개정이 이루어졌습니다. 우선, 구법하에서는 의무이행심판의 인용재결(처분명령재결)의 경우에만 재처분의무가 규정되어 있음으로 인해 거부처분취소심판, 거부처분무효확인심판 및 처분부존재확인심판 등의 인용재결에 재처분의무가 인정되는지에 대해 논란이 있었는데, 법 개정을 통해 이를 명문으로 인정하였습니다(제49조 제2항). 또한, 의무이행심판의 인용재결에 따른 재처분의무의 실효성 강화를 위해 인정되던 직접처분제도에 더하여 간접강제제도를 신설하였습니다.

즉, 행정심판위원회는 피청구인이 ① 거부처분 취소재결에 따른 재처분의무(제49조

제2항), ② 신청에 따른 처분이 절차의 위법 또는 부당을 이유로 재결로써 취소된 경우를 포함하여 재결에 의하여 취소되거나 무효 또는 부존재로 확인되는 처분이 당사자의 신청을 거부하는 것을 내용으로 하는 경우(동조 제2항, 제4항) 및 ③ 의무이행심판의 처분명령재결에 따른 재처분의무(동조 제3항)에 따른 처분을 하지 아니하면 청구인의 신청에 의하여 결정으로 상당한 기간을 정하고 피청구인이 그 기간 내에 이행하지 아니하는 경우에는 그 지연기간에 따라 일정한 배상을 하도록 명하거나 즉시 배상을 할 것을 명할 수 있다고 함으로써(제50조의2), 행정소송에서 거부처분취소판결에 따른 재처분의무의 실효성 확보를 위해 인정하던 간접강제제도를 행정심판법에 도입하였습니다.

위 ①과 ②의 경우 직접처분(제50조)의 대상이 아니므로 재처분의무의 실효성 확보를 위해 간접강제제도는 의미가 있고, 특히 행정소송에서 무효확인소송의 인용판결에 따른 간접강제를 명문으로 규정하지 않음으로 인해 발생하는 해석상의 문제점(행정소송법 제38조 제1항이 동법 제34조를 준용하고 있지 않습니다)을 행정심판법이 해결한 점은 높이 평가할 만합니다. 한편, 처분명령재결에 따른 재처분의무의 실효성 확보를 위해 기존의 제도적 장치인 직접처분에 더하여 간접강제제도까지 인정한 것은 예컨대, 피청구인만이 보유하고 있는 정보의 공개거부처분에 대한 의무이행심판의 처분명령재결의 경우처럼 해당 처분의 성질상 처분명령재결에 따른 재처분의무에도 불구하고 이를 이행하지 않아도 행정심판위원회가 직접처분을 행하기에 적절하지 않은 경우를 상정한 것으로 이해하면 됩니다(제50조 제1항 단서).

2017년 10월 31일의 개정은 행정심판상 경제적 사유로 대리인 선임이 곤란한 청구인 등 사회적 약자에게 행정심판위원회가 국선대리인 선임을 지원하는 국선대리인제도의 시행이 핵심입니다(제18조의2). 또한, 행정소송법에는 규정이 없는 조정제도를 신설하여, 공공복리에 적합하지 아니하거나 해당 처분의 성질에 반하는 경우를 제외하고 행정심판위원회는 당사자의 권리 및 권한의 범위에서 당사자의 동의를 받아 심판청구의 신속하고 공정한 해결을 위하여 조정을 할 수 있도록 규정하였습니다(제43조의2).

2. 행정심판의 종류

1) 취소심판

취소심판이란 행정청의 위법 또는 부당한 처분을 취소하거나 변경하는 심판을 말합니다(행정심판법 제5조 제1호[1]). 취소심판의 인용재결에는 처분취소재결, 처분변경재결 및 처분변경명령재결이 있습니다(제43조 제3항). 처분취소명령재결은 현행 행정심판법상 인정되지 않습니다. 취소심판은 적극적 처분뿐만 아니라 소극적 처분인 거부처분도 그 대상으로 합니다. 즉, 거부처분에 대해서는 의무이행심판뿐만 아니라 거부처분취소심판을 제기할 수도 있습니다. 또한, 3월의 영업정지처분을 1월의 영업정지처분으로 변경하는 경우처럼 취소를 통해 처분의 양적 일부취소 등 소극적 변경뿐만 아니라 영업허가취소처분을 영업정지처분으로 내용적 변경을 행하는 적극적 변경재결도 가능합니다. 권력분립원칙상 행정소송을 통해서는 적극적 변경판결을 행할 수 없습니다.

일부취소의 경우에도 취소판결의 경우와 상이점이 있습니다. 행정소송에서의 양적 일부취소판결은 과세처분 등 위법한 부분의 특정이 법령의 규정에 의해 명확히 드러나는 기속행위의 경우에만 가능합니다. 과징금부과처분, 영업정지처분 등 재량행위에서는 행정청의 1차적 판단권을 존중하는 측면에서 판결에 의한 일부취소가 불가능합니다. 그러나 행정심판에서는 심판기관이 행정기관의 일종임을 고려하고 행정심판의 행정 내부적 통제로서의 성질에서 볼 때 기속행위, 재량행위를 불문하고 일부취소재결이 가능합니다.

2) 무효등확인심판

행정청의 처분의 효력 유무 또는 존재 여부를 확인하는 심판입니다(제5조 제2호). 문구에 나타나듯이 무효등확인심판은 내용적으로 처분의 무효확인심판, 유효확인심판, 존재확인심판 및 부존재확인심판 등 네 가지 세부 유형으로 구분되는데, 통상 무효확인심판으로 통칭합니다. (무효확인소송의 경우에도 바로 앞 문장은 상응하여 적용됩니다.) 확인쟁송으로의 성질을 가지며, 이에 따라 무효확인재결 등 각각 유형에 상응하는 인용재결을 행할 수 있습니다. 무효확인소송의 경우와는 달리, 거부처분에 대한 무효확인심판의 인용재결에도 불구하고 피청구인인 처분청이 재처분의무를 이행하지 않을 경우 행정소송법과는 달리 행정심판법에서는 명문의 규정을 통해 간접강제가 가능한 것으로 규정하였음은 이미 살펴본 바와 같습니다.

---

1) 이하 이 강에서 법률명을 표기하지 않은 경우 행정심판법을 의미합니다.

3) 의무이행심판

이행쟁송의 일종으로서 의무이행심판은 처분청에게 일정한 처분을 할 것을 명하는 재결을 구하는 행정심판입니다(제5조 제3호 참조). 부작위에 대한 행정소송상 구제수단이 부작위위법확인소송임에 비해 행정심판으로는 의무이행심판만이 가능합니다. 부작위위법확인소송이 인정되는 것에 비해, 부작위위법확인심판은 존재하지 않습니다. 행정소송의 경우와는 달리 심판기관으로서의 행정심판위원회가 행정조직 내부에 설치되는 점을 고려할 때 권력분립원칙 위반의 소지가 없기 때문에 의무이행심판의 인정에 주저함이 없는 것입니다.

행정심판법 제43조 제5항에 의할 때 행정심판위원회는 의무이행심판의 인용재결로서 신청에 따른 처분을 하거나(처분재결) 처분을 할 것을 피청구인에게 명할 수 있습니다(처분명령재결). 이 경우 직접처분 및 지방자치법 제189조를 고려할 때 처분재결과 처분명령재결의 관계, 즉 양자 중 일방이 타방에 대한 우선의 관계인지 혹은 재량적 선택사항인지가 문제됩니다. 법문상으로는 선택적 재결 가능성을 예정하는 듯하지만, 실무상으로는 처분명령재결이 절대 다수입니다.

이 문제의 해결을 위해서는 몇 가지 먼저 살펴야 할 사항이 있습니다. 이론적 타당성에도 불구하고 행정심판 실무상 의무이행심판의 위법판단시점은 여전히 재결시가 아니라 처분시입니다(이에 관한 명시적 입장을 밝힌 판례는 없습니다). 또한, 행정심판상 처분사유의 추가·변경도 그 객관적 한계로서 원처분 사유와 기본적 사실관계의 동일성이 인정되는 사유에 한정합니다. 상황이 이럴진대 만약 처분재결을 원칙으로 하는 경우에는 지나칠 수 없는 문제가 발생합니다. 처분재결은 예컨대, 건축허가처분을 직접 발령하는 등 행정심판위원회가 처분청의 권한인 처분의 발령을 직접 행하는 것입니다. 국민의 권리구제의 실효성 제고를 위해 환영할 만한 일이지만, 그 못지않게 중요한 것은 법치행정원칙임을 기억해야 합니다. 가령, 거부처분이 거부의 요건 미비로 인해 위법하다는 전제하에 처분 이후 법령 개정에 의해 새로운 거부사유가 추가된 경우 해당 사유는 처분사유의 추가·변경으로서 더할 수 없으므로 그 사유가 거부의 적법한 사유이더라도 행정심판위원회는 사정재결 등 다른 사유가 없는 한 인용재결을 행할 수밖에 없습니다. 이때 행정심판위원회가 처분명령재결을 하였다면 위법판단 기준시가 실질적으로 처분시임을 고려할 때 피청구인인 처분청은 재처분으로서 재차 거부처분을 행할 수 있고 또한 그것이 법치행정원칙에 부합하는 것입니다. 원처분 사유와 기본적 사실관계의 동일성이 인정되지 않는 사유는 처분사유의 추가·변경의 대상이 될 수 없었으므로 처분명령재결에도 불구하고 처분청은 심판의 자료에 포함되지 않았던 해당 사유를 들어 재차 거부처분을 행하는 것이 법리적으로 타당합니다.

이는 곧, 만일 위법판단 기준시가 재결시이고 제한 없는 처분사유의 추가·변경이 가능하다면 행정심판위원회는 실체적 진실 판단을 위한 모든 가능성을 다 심리함으로써 처분재결을 행하여도 법치행정원칙을 훼손하는 경우가 발생하지 않지만, 현재의 제도적 상황하에서 처분재결을 우선한다면 처분청의 법치행정원칙 준수를 행정심판재결이 막는 결과가 초래됨을 의미하는 것입니다. 해당 처분이 재량행위인 경우에도 비슷한 상황이 발생합니다. 행정심판위원회가 직접 처분의 발령 여부에 대한 재량권을 행사하여 해당 처분을 발령하는 것은 많은 경우에 있어 처분청의 일차적 재량판단권한을 침해할 소지가 다분합니다. 따라서 재결시를 위법판단시점으로 하고 법령개정 사유까지 포함하여 처분에 이르게 된 모든 사유를 망라하여 거부나 부작위의 위법 여부를 판단할 수 있는 제도적 외연이 조성된다면 처분재결을 원칙으로 하는 것이 실효적 권리구제 이념상 타당하지만, 그렇지 않은 현재의 상황으로는 처분명령재결이 원칙이라고 해석해야 합니다.

한편, 지방자치단체의 장이 법령의 규정에 따라 그 의무에 속하는 국가위임사무나 시·도위임사무의 관리와 집행을 명백히 게을리하고 있다고 인정되면 시·도에 대하여는 주무부장관이, 시·군 및 자치구에 대하여는 시·도지사가 기간을 정하여 서면으로 이행할 사항을 명령할 수 있으며, 주무부장관이나 시·도지사는 나아가 해당 지방자치단체의 장이 이행명령을 이행하지 아니하면 그 지방자치단체의 비용부담으로 대집행하거나 행정상·재정상 필요한 조치를 할 수 있습니다(지방자치법 제189조 제1항, 제2항). 이때 사무의 집행을 해태하는 것은 거부나 부작위이고 그 이행을 명하는 것은 처분명령재결에 상응하며, 그럼에도 이행하지 않을 경우 대집행을 행할 수 있음은 행정심판법 제50조의 직접처분과 유사합니다. 환언하면, 이미 행정실무에서 감독청이 직접 처분을 발령하거나 집행하는 것은 매우 드문 제도이고 그 처분발령을 명하는 것이 통상의 경우라는 뜻입니다. 즉, 《처분명령재결 → 불이행 → 직접처분》의 구조라는 의미입니다. 처분청과의 관계에서 직무상 직근상급기관이 아닌 행정심판위원회가 처분청의 권한을 최초 시점부터 직접 행하는 것은 - 권리구제의 실효성 제고라는 명목에도 불구하고 - 처분절차의 일환으로서의 성질을 갖는 행정심판제도의 본질상 수용하기 힘듭니다.

이제 남은 과제는 "처분재결은 도대체 언제 행하는 것인가?"입니다. 그 답은 행정심판법 제50조에 있습니다. 결론부터 말하면, 의무이행심판의 인용재결로서의 처분재결은 현재의 제도적 외연하에서는 직접처분을 의미한다는 것입니다. 만약, 처분재결을 선택적으로 혹은 우선적으로 할 수 있다면 다음의 상황이 설명되지 않습니다. 행정심판위원회는 처분재결을 행함에 있어 별도의 이행기간을 처분청에게 부여하지 않고 심리종결 후

재결의 형식으로 곧바로 처분의 발령을 의미하는 처분재결을 행합니다. 그런데 행정심판법 제50조에 따르면 처분명령재결에도 불구하고 처분을 발령하지 아니하면 또다시 이행기간을 설정하여 그 이행을 명하고 그럼에도 불구하고 불이행할 경우 비로소 직접처분을 행할 수 있습니다. 최초 행정심판위원회가 처분재결을 행하는 경우의 처분청과 처분명령재결에도 불구하고 이를 이행하지 않아 행정심판위원회가 직접처분을 행하는 경우의 처분청을 살필 때, 그 둘 중 어느 경우의 행정청의 행태가 상대적으로 바람직하지 않습니까? 처분청이 최초 요건 판단을 잘못하여 거부하는 것과 심판기관이 처분의 발령을 명했음에도 부작위로 그치는 경우 등을 비교한다면 당연히 후자의 행태가 바람직하지 않음은 물론입니다. 그럼에도 불구하고 후자의 경우 또 한 번 이행기간의 여유를 부여하는 이유를 잘 이해할 수 없습니다. 결국, 행정심판법 제43조 제5항의 처분재결은 실질적으로 동법 제50조의 직접처분에 다름 아님을 알 수 있습니다.

전술한 내용 전반을 고려할 때 다음의 결론에 이릅니다. 행정심판법 및 지방자치법 관련 규정 그리고 현재의 행정심판 관련 제도적 외연을 감안할 때, 의무이행심판 인용재결의 유형으로는 처분명령재결이 원칙이고 이런 상황에서의 처분재결은 행정심판법 제50조의 직접처분을 의미하는 것으로 해석해야 합니다. 한편, 위법판단의 시점을 재결시로 하는 등 몇 가지 조건이 성취된다면 처분재결과 처분명령재결을 선택적으로 행할 수 있습니다. 참고로 독일에서는 학설과 판례가 일치하여 의무이행심판의 위법판단시점을 재결시로 보고 광범위한 처분사유의 추가·변경을 인정하는 등의 제도적 외연을 바탕으로, 의무이행심판의 인용재결은 처분재결을 원칙으로 합니다.

3. 행정심판의 청구

1) 행정심판의 청구인적격

행정청에게 재량권이 부여된 경우 그 외형적 수권 범위 내에서의 행정행위는 일응 적법한 것이므로, 그것이 비록 최적의 선택이 아니었더라도 위법의 문제는 발생하지 않습니다. 그러나 행정행위가 재량의 일탈·남용에 해당하지는 않지만 최적의 선택이 아니어서 행정의 공익 지향성 내지 합목적성 요청에 부합하지 않는 경우 당해 행정행위는 비록 적법하더라도 부당한 처분이라고 평가합니다. 이러한 처분의 부당성에 대한 사법적 심사 내지 권리구제는 법리상 행정소송에 의해서는 불가능하고(행정소송법 제1조 참조) 행정심판을 통해서만 가능합니다(행정심판법 제1조 참조). 여기서 해석상의 문제가 발생합니다. 즉, 행정심판의 청구인적격과 관련하여, 부당하지만 적법한 처분에 의해서도 법률상 이익, 즉 권리가 침해될 수 있는지의 문제가 과거 큰 논란의 대상이었습니다. 입법과오설에 의할 때 부당한 처분, 즉 적법한 처분에 의해서는 권리의 침해가 발생하지 않으므로 부당한 처분을 행정심판에 의한 통제의 대상으로 하는 한 그 청구인적격을 법률상 이익의 침해에 한정해서는 부당한 처분에 의한 통제가 사실상 불가능하므로 이를 보호가치 있는 사실상 이익까지 확장해야 한다는 결론에 이릅니다.

그러나 이러한 법리에는 찬성할 수 없습니다. 예컨대, 공무원의 일정 비리에 대해 징계처분으로서 2월의 감봉처분을 한 경우 해당 사실관계와 관계 법령상 징계처분의 범위인 감봉 3월을 고려할 때 1월의 감봉처분이 최적의 징계양정에 해당하지만, 그것이 3월의 감봉처분을 넘지 않는 한 2월의 감봉처분은 재량의 일탈·남용에 해당하지 않고 여기에서의 부당한 처분에 그치는 경우는 얼마든지 상정할 수 있습니다. 이때 2월의 감봉처분은 재량권의 한계 내에 위치하여 위법하지는 않지만 부당한 처분이며, 그에 의해서도 공권인 피징계권자의 1개월분의 봉급청구권이 침해되는 것입니다. 이렇듯 현행 법제에 의할 때 부당한 처분에 의해 법률상 이익이 침해되는 경우에만 행정심판에 의한 권리구제가 가능한 것으로 해석하는 입장을 입법비과오설이라 칭합니다.

요컨대, 법률상 이익은 위법한 처분뿐만 아니라 부당한 처분에 의해서도 침해될 수 있으며, 현행 행정심판법은 부당한 처분에 의한 이익침해 상황 중 사실상 이익은 제외하고 법률상 이익이 침해되는 경우에만 행정심판을 통해 구제하려는 입법 취지로 해석해야 합니다.

2) 행정심판 청구기간

행정심판 유형별 성질을 고려할 때 행정심판의 청구기간 규정은 취소심판과 거부처분에 대한 의무이행심판의 경우에만 적용되고, 무효확인심판 및 부작위에 대한 의무이행심판에는 적용의 여지가 없습니다(제27조 제7항). 행정소송의 경우에도 무효확인소송에는 제소기간 규정이 적용되지 않으며, 부작위위법확인소송에서는 부작위 상태가 지속하는 한 일반적으로 제소기간 제한의 여지가 없습니다. 그러나 부작위위법확인소송에 앞서 행정심판, 즉 의무이행심판을 거친 경우에는 제소기간의 적용 여지가 있어 재결서 정본 송달일부터 90일 내에 동 소송을 제기하여야 한다는 것이 판례의 입장입니다(행정소송법 제20조).

* **대판 2009.7.23, 2008두10560** : "부작위위법확인의 소는 부작위상태가 계속되는 한 그 위법의 확인을 구할 이익이 있다고 보아야 하므로 원칙적으로 제소기간의 제한을 받지 않으나, 행정소송법 제38조 제2항이 제소기간을 규정한 같은 법 제20조를 부작위위법확인소송에 준용하고 있는 점에 비추어 보면, 행정심판 등 전심절차를 거친 경우에는 행정소송법 제20조가 정한 제소기간 내에 부작위위법확인의 소를 제기하여야 할 것이다. 하지만, 당사자의 법규상 또는 조리상의 권리에 기한 신청에 대하여 행정청이 부작위의 상태에 있는지 아니면 소극적 처분을 하였는지는 동일한 사실관계를 토대로 한 법률적 평가의 문제가 개입되어 분명하지 않은 경우가 있을 수 있고, 부작위위법확인소송의 계속중 소극적 처분이 있게 되면 부작위위법확인의 소는 소의 이익을 잃어 부적법하게 되고 이 경우 소극적 처분에 대한 취소소송을 제기하여야 하는 등 부작위위법확인의 소는 취소소송의 보충적 성격을 지니고 있으며, 부작위위법확인소송의 이러한 보충적 성격에 비추어 동일한 신청에 대한 거부처분의 취소를 구하는 취소소송에는 특단의 사정이 없는 한 그 신청에 대한 부작위위법의 확인을 구하는 취지도 포함되어 있다고 볼 수 있다. 이러한 사정을 종합하여 보면, 당사자가 동일한 신청에 대하여 부작위위법확인의 소를 제기하였으나 그 후 소극적 처분이 있다고 보아 처분취소소송으로 소를 교환적으로 변경한 후 여기에 부작위위법확인의 소를 추가적으로 병합한 경우 최초의 부작위위법확인의 소가 적법한 제소기간 내에 제기된 이상 그 후 처분취소소송으로의 교환적 변경과 처분취소소송에의 추가적 변경 등의 과정을 거쳤다고 하더라도 여전히 제소기간을 준수한 것으로 봄이 상당하다."

행정심판은 원칙적으로 처분이 있음을 알게 된 날부터 90일, 처분이 있었던 날부터 180일 이내에 제기하여야 합니다(제27조 제1항, 제3항 본문). 불변기간인 양 기간 중 일방이라도 도과하면 심판청구는 부적법합니다. 이를테면, 처분이 있음을 안 날로부터 90일이 경과하였다면 처분이 있은 날부터 180일 이내이더라도 심판청구를 할 수 없습니다. 약식쟁송절차로서의 행정심판과 대상 처분을 둘러싼 법적 안정성 요청을 고려할 때 동 제기기간은 지나치게 장기라는 느낌을 지울 수 없습니다. 행정심판법의 전신인 (구)소원법에서는 각각 1월과 3월을 규정하였습니다. 독일의 경우 처분이 상대방에게 통지된 날부터 1월 이내에 행정심판을 제기하도록 규정합니다.[1]

---

1) VwGO § 70 (1) Der Widerspruch ist **innerhalb eines Monats, nachdem der Verwaltungsakt dem Beschwerten bekanntgegeben worden ist**, … bei der Behörde zu erheben, die den Verwaltungsakt erlassen hat(행정심판은 행정행위가 청구인에게 통지된 후 1월 이내에 처분청에 제기하여야 한다).

> * **대판 2002.8.27, 2002두3850** : "과징금부과처분에 대한 심판청구기간의 기산점인 '처분이 있음을 안 날'이라 함은 당사자가 통지·공고 기타의 방법에 의하여 당해 처분이 있었다는 사실을 현실적으로 안 날을 의미하고, 추상적으로 알 수 있었던 날을 의미하는 것은 아니라 할 것이며, 다만 처분을 기재한 서류가 당사자의 주소에 송달되는 등으로 사회통념상 처분이 있음을 당사자가 알 수 있는 상태에 놓여진 때에는 반증이 없는 한 그 처분이 있음을 알았다고 추정할 수는 있다 할 것이다. 원심이 확정한 사실에 의하더라도, 원고가 아파트 경비원인 소외인에게 우편물 등의 수령권한을 위임한 것으로 볼 수는 있을지언정 이 사건 부과처분의 대상으로 된 사항에 관하여 원고를 대신하여 처리할 권한까지 위임한 것으로 볼 수는 없다 할 것이므로, 설사 위 소외인이 위 납부고지서를 수령한 때에 이 사건 부과처분이 있음을 알았다고 하더라도 이로써 원고 자신이 이 사건 부과처분이 있음을 안 것과 동일하게 볼 수는 없다."

청구인이 천재지변, 전쟁, 사변, 그 밖의 불가항력으로 인하여 처분이 있음을 안 날부터 90일 이내에 심판청구를 할 수 없었을 때에는 그 사유가 소멸한 날부터 14일 이내에 행정심판을 청구할 수 있으며, 국외에서 행정심판을 청구하는 경우에는 그 기간을 30일로 합니다(제27조 제2항). 또한, '처분이 있었던 날부터 180일'의 제기기간도 정당한 사유가 있는 경우에는 적용되지 않습니다(동조 제3항). 여기에서의 '정당한 사유'는 동 제기기간을 준수하지 못함을 정당화할 만한 객관적인 사유를 의미하는데 행정심판법 제27조 제2항의 '불가항력'보다는 광의의 개념입니다. 제3자효 행정행위의 심판청구기간이 여기에 해당하는 대표적 경우입니다.

> * **대판 1992.7.28, 91누12844** : "행정처분의 상대방이 아닌 제3자라도 처분이 있은 날로부터 180일을 경과하면 행정심판청구를 제기하지 못하는 것이 원칙이지만, 다만 정당한 사유가 있는 경우에는 그러하지 아니하도록 규정되어 있는바, 행정처분의 직접 상대방이 아닌 제3자는 일반적으로 처분이 있는 것을 바로 알 수 없는 처지에 있으므로, 위와 같은 심판청구기간 내에 심판청구를 제기하지 아니하였다고 하더라도, 그 기간 내에 처분이 있은 것을 알았거나 쉽게 알 수 있었기 때문에 심판청구를 제기할 수 있었다고 볼 만한 특별한 사정이 없는 한, 위 법조항 본문의 적용을 배제할 "정당한 사유"가 있는 경우에 해당한다고 보아 위와 같은 심판청구기간이 경과한 뒤에도 심판청구를 제기할 수 있다."
> * **대판 1996.9.6, 95누16233** : "행정처분의 상대방이 아닌 제3자는 일반적으로 처분이 있는 것을 바로 알 수 없는 처지에 있으므로 처분이 있은 날로부터 180일이 경과하더라도 특별한 사유가 없는 한 정당한 사유가 있는 것으로 보아 심판청구가 가능하나, 그 제3자가 어떤 경위로든 행정처분이 있

음을 알았거나 쉽게 알 수 있는 등 심판청구기간 내에 심판청구가 가능하였다는 사정이 있는 경우에는 그 때로부터 60일[1] 이내에 행정심판을 청구하여야 한다."

한편, 행정심판법은 행정심판 제기기간의 불고지 내지 오고지의 경우 행정청에게 위험부담을 지우고 있습니다. 즉, 심판청구기간을 알리지 않은 경우에는 상대방이 처분이 있음을 알았을지라도 처분이 있었던 날부터 180일 이내에, 처분이 있음을 안 날부터 90일의 기간보다 긴 기간으로 잘못 알린 경우에는 그 잘못 고지한 기간 내에 심판청구를 할 수 있습니다(동조 제5항, 제6항).

* **대판 2012.9.27, 2011두27247** : "행정소송법 제20조 제1항은 '취소소송은 처분 등이 있음을 안 날부터 90일 이내에 제기하여야 하나 행정청이 행정심판청구를 할 수 있다고 잘못 알린 경우에 행정심판청구가 있은 때의 기간은 재결서의 정본을 송달받은 날부터 기산한다'고 규정하고 있는데, 위 규정의 취지는 불가쟁력이 발생하지 않아 적법하게 불복청구를 할 수 있었던 처분 상대방에 대하여 행정청이 법령상 행정심판청구가 허용되지 않음에도 행정심판청구를 할 수 있다고 잘못 알린 경우에, 잘못된 안내를 신뢰하여 부적법한 행정심판을 거치느라 본래 제소기간 내에 취소소송을 제기하지 못한 자를 구제하려는 데에 있다. 이와 달리 이미 제소기간이 지남으로써 불가쟁력이 발생하여 불복청구를 할 수 없었던 경우라면 그 이후에 행정청이 행정심판청구를 할 수 있다고 잘못 알렸다고 하더라도 그 때문에 처분 상대방이 적법한 제소기간 내에 취소소송을 제기할 수 있는 기회를 상실하게 된 것은 아니므로 이러한 경우에 잘못된 안내에 따라 청구된 행정심판 재결서 정본을 송달받은 날부터 다시 취소소송의 제소기간이 기산되는 것은 아니다. 불가쟁력이 발생하여 더 이상 불복청구를 할 수 없는 처분에 대하여 행정청의 잘못된 안내가 있었다고 하여 처분 상대방의 불복청구 권리가 새로이 생겨나거나 부활한다고 볼 수는 없기 때문이다."

3) 행정심판청구서의 제출

행정심판의 청구인은 심판청구서를 피청구인인 처분청이나 행정심판위원회에 제출하여야 합니다(제23조 제1항). 종래 처분청 경유주의를 취하였으나 1995년의 행정심판법 개정으로 이를 폐지하였습니다. 행정심판 실무에서는 대부분 행정심판위원회에 심판청구서를 제출합니다.

---

1) (구)행정심판법(1995. 12. 6. 법률 제5000호로 개정되기 전의 것)에 의한 내용입니다.

행정심판법 제25조 제1항은 “심판청구서를 받은 피청구인은 그 심판청구가 이유 있다고 인정하면 심판청구의 취지에 따라 직권으로 처분을 취소·변경하거나 확인을 하거나 신청에 따른 처분(이하 이 조에서 “직권취소등”이라 한다)을 할 수 있다”고 규정합니다. 이를 독일에서는 ‘즉시구제(Abhilfe)’라고 칭하는데, 그 취지는 쟁송절차 이전에 처분청이 자신의 과오를 시정할 기회를 부여함으로써 - 비록 타인의 행정심판 제기가 단초로 작용했더라도 - 신속한 권리구제 및 행정의 자율적 통제 이념에 부합함에 있습니다. 사정이 이럴진대 청구인이 행정심판위원회에 심판청구서를 제기하는 경우 이러한 행정심판 단계에서의 직권취소 내지 즉시구제의 기회가 상대적으로 박약할 것은 쉽사리 예상할 수 있습니다. 피청구인의 직권취소(즉시구제) 제도를 두는 취지에 부합하려면 독일의 경우(독일 행정법원법 제70조 제1항)처럼 원칙적으로 처분청에 심판청구서를 제출하도록 규정함이 타당합니다.

4) 행정심판기관 : 행정심판위원회

행정심판위원회는 행정심판의 청구를 심리·의결하고 그 판단에 따라 재결하는 비상임 합의제 행정기관입니다. 중앙행정기관의 장, 광역지방자치단체 등의 장(교육감 포함), 광역지방의회(의장 포함) 등의 처분·부작위에 대해서는 국민권익위원회에 두는 중앙행정심판위원회가 관할 행정심판기관입니다. 광역지방자치단체 등 소속의 행정청, 광역지방자치단체 등의 관할 구역에 있는 시·군·자치구의 장 또는 그 의회(의장 포함)의 관할 행정심판기관은 각각의 광역지방자치단체 등의 장(교육감 포함) 소속 행정심판위원회입니다. 감사원의 처분에 대한 행정심판기관은 중앙행정심판위원회가 아니라 감사원행정심판위원회입니다. 헌법재판소행정심판위원회, 중앙선거관리위원회행정심판위원회, 국회행정심판위원회도 같은 맥락입니다.

그 밖에 대통령령으로 정하는 국가행정기관 소속 특별지방행정기관의 장의 처분 또는 부작위에 대한 심판청구에 대하여는 해당 행정청의 직근 상급행정기관에 두는 행정심판위원회에서 심리·재결하며(제6조 제4항), 특별행정심판의 경우에는 소청심사위원회(국가공무원법 제9조, 지방공무원법 제13조), 조세심판원(국세기본법 제67조) 등 개별법에서 별도의 행정심판기관을 규정합니다.

5) 행정심판참가제도와 심판청구의 변경제도

행정소송법 제16조 및 제17조에 의한 제3자 내지 행정청의 소송참가에 상응하는 제도로서, 행정심판의 결과에 이해관계가 있는 제3자나 행정청은 해당 심판청구에 대한 행정심판위원회의 의결이 있기 전까지 그 사건에 대하여 심판참가를 할 수 있습니다(제20조). 심판참가제도를 통해 제3자효 행정행위에 있어 이해관계인을 심판절차에 참가시켜 그의 이익을 보호하고 심리의 적정을 도모할 수 있습니다. '행정심판의 결과에 이해관계가 있는 제3자'는 재결의 주문에 의하여 직접 권리이익을 침해받게 되는 자를 의미하는데, 예컨대, 취소재결의 형성력 그 자체에 의하여 직접 권리이익을 침해받는 경우뿐만 아니라,1) 재결의 기속력하에 놓이는 피청구인인 처분청이나 관계 행정청의 새로운 처분에 의하여 권리이익을 침해받게 되는 자를 포함합니다. 甲, 乙 간 경원자 관계에서, 행정청이 甲의 허가신청을 거부하고 乙에게 허가를 발령한 데 대하여 甲이 乙에 대한 허가처분취소심판을 제기한 경우 乙이 심판참가를 할 수 있음은 의문의 여지가 없습니다. 그뿐만 아니라 甲이 자신에 대한 허가거부처분 취소심판을 제기하여 인용재결이 행해진 경우, 인용재결로 인하여 곧바로 乙에 대한 허가처분이 소멸되는 것은 아니지만 행정청은 해당 재결에 기속되어 乙에 대한 허가를 취소하지 않을 수 없으므로 이 경우 乙은 권리이익을 침해받은 제3자로서 심판참가인이 될 수 있습니다. 심판참가는 참가인의 신청에 대한 해당 행정심판위원회의 허가결정 내지 행정심판위원회의 요구에 대한 제3자나 참가행정청의 통지에 의하는데(제20조 제2항 및 제5항, 제21조), 최근의 행정심판법 개정을 통해 전자의 경우 신청인은 행정심판위원회의 불허가결정에 대해 이의신청할 수 있습니다(제20조 제6항).

전술한 심판참가 이외에 행정심판에서는 행정소송상 소 변경(행정소송법 제21조, 제22조)에 상응하는 심판청구의 변경제도도 규정합니다. 청구의 기초에 변경이 없는 범위에서 청구의 취지나 이유를 변경할 수 있는 통상의 청구변경(행정심판법 제29조 제1항)과 행정심판의 제기 후 피청구인이 새로운 처분을 하거나 심판대상인 처분을 변경한 경우 청구인이 새로운 처분이나 변경된 처분에 상응하여 청구의 취지나 이유를 변경할 수 있음(동조 제2항)은 행정소송법 제21조와 제22조의 그것과 유사합니다.

4. 행정심판법상 집행정지제도 및 행정심판의 심리

행정소송법의 경우와 마찬가지로 행정심판법은 집행부정지원칙을 취함으로써 심판청

1) 이를테면, 제3자에 대한 건축허가처분에 대해 인인(隣人)이 제기한 취소심판에서 해당 건축허가의 상대방인 수허가자가 그 취소심판에 참가하는 경우 등 주로 경업자 관계가 이에 해당합니다.

구는 처분의 효력이나 그 집행 또는 절차의 속행에 영향을 주지 않습니다(제30조 제1항). 그러나 행정심판위원회는 처분, 처분의 집행 또는 절차의 속행 때문에 중대한 손해가 생기는 것을 예방할 필요성이 긴급하다고 인정할 때에는 직권으로 또는 당사자의 신청에 의하여 처분의 효력, 처분의 집행 또는 절차의 속행의 전부 또는 일부의 집행정지를 결정할 수 있습니다(동조 제2항). 한편, 행정심판위원회는 처분 또는 부작위가 위법·부당하다고 상당히 의심되는 경우로서 처분 또는 부작위 때문에 당사자가 받을 우려가 있는 중대한 불이익이나 당사자에게 생길 급박한 위험을 막기 위하여 임시지위를 정하여야 할 필요가 있는 경우에는 직권 또는 당사자의 신청에 의하여 임시처분을 결정할 수 있습니다(제31조 제1항). 임시처분은 집행정지와의 관계에서 보충적 지위하에 있습니다(동조 제3항). 임시처분은 의무이행심판에 의한 권리구제의 실효성을 제고하기 위한 제도인데, 같은 취지라 할 수 있는 민사집행법상의 가처분에 대하여 판례는 취소소송에 준용되지 않는다고 합니다.

행정심판의 심리범위와 관련하여, 행정심판위원회는 심판청구의 대상이 되는 처분·부작위 외의 사항에 대하여 재결하지 못하며(불고불리(不告不理)의 원칙/Nemo judex sine actore, 제47조 제1항), 심판청구의 대상이 되는 처분보다 청구인에게 불리한 재결을 할 수 없습니다(불이익변경금지의 원칙/Verbot der reformatio in peius, 동조 제2항). 행정통제에 중심을 두는 경우 입법론적으로 위 두 원칙의 적용을 배제할 수 있지만, 현행법은 권리구제 기능에 방점을 두는 견지에서 처분권주의의 표현으로서의 불고불리원칙, 불이익변경원칙을 명문화하였습니다.

* **대판 2016.9.28, 2016두39382** : "심판청구에 대한 결정의 한 유형으로 실무상 행해지고 있는 재조사결정은 재결청의 결정에서 지적된 사항에 관해서 처분청의 재조사결과를 기다려 그에 따른 후속 처분의 내용을 심판청구 등에 대한 결정의 일부분으로 삼겠다는 의사가 내포된 변형결정에 해당하고, 처분청의 후속 처분에 따라 내용이 보완됨으로써 결정으로서 효력이 발생하므로, 재조사결정의 취지에 따른 후속 처분이 심판청구를 한 당초 처분보다 청구인에게 불리하면 국세기본법 제79조 제2항의 불이익변경금지원칙에 위배되어 후속 처분 중 당초 처분의 세액을 초과하는 부분은 위법하게 된다."

행정심판절차에 사법절차가 준용되어야 한다는 헌법 제107조 제3항에 따라 행정심판은 그 심리에 있어 당사자 쌍방에게 공격·방어방법을 제출할 수 있는 대등한 기회를 보장하고 행정심판위원회가 당사자가 제출한 공격·방어방법을 기초로 하여 중립적 지위에서 심리를 행하는 대심주의의 구조를 취합니다. 또한, 행정심판법은 서면심리주의와 구술심리주의를 함께 채택하여 그 결정을 행정심판위원회의 몫으로 합니다(제40조 제1항, 제2항). 일부에서는 행정심판위원회에서 위원이 발언한 내용이나 그 밖에 공개되면 위원회의 심리·재결의 공정성을 해칠 우려가 있는 사항에 대해 공개하지 않음을 규정한 행정심판법 제41조의 반대해석으로 행정심판의 원칙적 공개주의를 주장하지만 동의할 수 없는 견해입니다. 동조는 행정심판의 비공개주의 내지 공개주의를 규정한 것이 아니라 '공공기관의 정보공개에 관한 법률'과 관련하여 그 공개대상에서 제외하려는 의도에서 비롯하는 것에 불과합니다.

행정심판법이 채택한 직권심리주의에 따라 행정심판위원회가 필요하다고 인정하는 때에는 당사자가 주장하지 아니한 사실에 대하여도 심리할 수 있고(제39조), 사건을 심리하기 위하여 필요하면 직권으로 증거조사를 할 수 있습니다(제36조 제1항). 그러나 불고불리원칙에 비추어 행정심판위원회의 직권심리도 심판청구의 대상이 되는 처분 또는 부작위 외의 사항에는 미칠 수 없습니다. 행정심판법은 이러한 직권심리주의에 당사자주의 측면을 가미하는 규정도 두는데, 당사자의 절차적 권리로서 증거서류 등의 제출(제34조 제1항)과 증거조사의 신청권(제36조 제1항)이 그것입니다. 기타 행정심판 심리과정에서 당사자의 절차적 권리를 나열하면, 행정심판위원·직원에 대한 기피신청권(제10조 제5항), 구술심리신청권(제40조 제1항), 보충서면제출권(제33조), 증거제출권(제34조), 증거조사신청권(제36조 제1항) 등을 거론할 수 있습니다.

수 개의 심판청구사건이 동일 내지 서로 관련된 사안에 대하여 제기된 경우, 또는 동일한 행정청이 행한 유사한 내용의 처분에 관련된 경우에는 심리의 경제성·신속성을 위해 이들을 병합하여 심리할 필요가 있습니다. 같은 이유로 이미 병합된 심판청구사건을 필요에 따라 직권으로 분리하여 심리할 수도 있습니다. 행정소송상 관련청구의 병합(행정소송법 제10조)과 유사한 행정심판상 '심리의 병합과 분리'가 제도화되어 있습니다(행정심판법 제37조).

5. 행정심판재결

행정심판법상 행정심판의 유형은 취소심판(거부처분취소심판 포함), 무효등확인심판 및 의무이행심판이며, 각각의 행정심판에 대해 관할 행정심판위원회의 판단에 따라 각하재결, 인용재결, 기각재결이 행해질 수 있습니다. 취소심판의 인용재결에는 취소재결, 처분변경재결, 처분변경명령재결이 있습니다. 취소심판 인용재결의 유형으로 일부취소가 허용되므로 취소심판의 일부인용재결에서는 또한, 일부취소재결, 일부변경재결 및 일부변경명령재결이 가능합니다. 의무이행심판 인용재결로는 처분재결과 처분명령재결이 가능합니다.

1) 기각재결의 일종으로서의 사정재결

공익을 위해 공·사익을 합리적으로 조정하는 쟁송법상 제도로서 사정재결 내지 사정판결을 들 수 있습니다. 행정심판위원회는 심판청구가 이유가 있다고 인정하는 경우에도 이를 인용하는 것이 공공복리에 크게 위배된다고 인정하면 그 심판청구를 기각하는 재결을 할 수 있습니다(제44조 제1항). 이 경우 재결의 주문에서 그 처분 또는 부작위가 위법하거나 부당하다는 것을 구체적으로 밝혀야 합니다(동조 제1항 단서). 사정재결은 법치주의원칙의 예외이므로 그 적용은 엄격히 해석하여야 합니다. 행정심판법은 이를 위해 두 가지 점을 보완하였습니다. 구법상 심판청구를 인용하는 것이 '현저히 공공복리에 적합하지 아니하다고 인정하는 때에' 사정재결을 할 수 있었지만, 현행 행정심판법은 심판청구를 인용하는 것이 '공공복리에 크게 위배된다고 인정하는 때에' 할 수 있는 것으로 함으로써 이를 보다 엄격하게 하고 있습니다. 또한, 행정소송법과는 달리 무효확인심판에는 사정재결이 불가능함을 명문으로 규정하였습니다(동조 제3항).

2) 재결의 형성력

재결의 형성력이란 재결이 있으면 처분청에 의한 별도의 처분을 기다릴 필요 없이 재결 내용에 따라 행정법관계의 직접적인 변동을 가져오는 효력을 말합니다. 즉, 재결 그 자체로 새로운 법률관계의 발생이나 종래 법률관계의 변동 또는 소멸을 직접 초래하는 힘입니다. 이는 형성재결인 취소재결, 변경재결 및 의무이행심판의 처분재결에서 인정되며, 소급효와 제3자효를 그 핵심 내용으로 합니다. 다만, 행정소송법이 형성력의 일부를 직접 명시한 것과는 달리(동법 제29조), 행정심판법상 재결의 형성력을 직접 규정한 조항은 없습니다. 그러나 취소의 개념적 본질이 '처분 효력의 소급적 상실'이라는 점에 비추어 소급효는 당연히 인정됩니다. 또한, 처분재결 및 변경재결 시 처분청이 이해관계인에게 처분의 취소·변경 사실을 알리도록 규정한 행정심판법 제49조 제6항은 제3자효의 간접적인 근거가 됩니다. 형성력에 관한 상세한 내용은 행정소송 판결의 효력 부분을 참고하기 바랍니다.

3) 재결의 기속력

(1) 재결의 효력 일반

행정심판 청구에 대한 재결이 있으면 그 재결 및 같은 처분 또는 부작위[1]에 대하여 다시 행정심판을 청구할 수 없으므로(제51조)[2] 판결의 기판력에 상응하는 행정심판 재결의 기결력(旣決力)은 논의의 여지가 없습니다. 그러므로 재결이 확정된 경우에도 처분의 기초가 된 사실관계나 법률적 판단이 종국적으로 확정되는 것은 아니어서 심판당사자와 법원은 계쟁 사건에 대하여 재결과 다른 주장이나 판단을 할 수 있습니다.

> * **대판 2015.11.27, 2013다6759** : "행정심판의 재결은 피청구인인 행정청을 기속하는 효력을 가지므로 재결청이 취소심판의 청구가 이유 있다고 인정하여 처분청에 처분을 취소할 것을 명하면 처분청으로서는 재결의 취지에 따라 처분을 취소하여야 하지만, 나아가 재결에 판결에서와 같은 기판력이 인정되는 것은 아니어서 재결이 확정된 경우에도 처분의 기초가 된 사실관계나 법률적 판단이 확정되고 당사자들이나 법원이 이에 기속되어 모순되는 주장이나 판단을 할 수 없게 되는 것은 아니다."

결국, 재결의 효력으로서는 형성력과 기속력이 특히 문제됩니다. 재결의 형성력이란 재결의 내용에 따라 새로운 법률관계의 발생이나 종래의 법률관계의 변경·소멸을 가져오는 효력을 말하며, 이는 제3자에게도 원칙적으로 미치므로 대세적 효력이라고도 합니다. 재결에 의해 직접 법률관계의 변동이 발생하므로 내용적으로 형성재결에서만 인정되는 효력입니다. 취소재결, 변경재결 및 처분재결의 경우입니다.

(2) 재결의 기속력과 재처분의무

재결의 기속력은 인용재결에서만 인정되는 효력인데, 처분청과 관계 행정청이 그 인

---

1) 여기에서의 '같은 처분 또는 부작위'는 행정심판의 대상이 되었던 원처분으로서의 해당 처분 내지 부작위를 의미합니다.

2) 이를테면, 경기도행정심판위원회의 청구기각재결에 불복하여 중앙행정심판위원회에 재차 행정심판을 청구할 수 없다는 의미입니다.

용재결의 취지에 따르도록 구속하는 실체법적 효력입니다(제49조). 즉, 인용재결 이후 처분청 등이 재결의 기속력에 배치되는 처분이나 거부 또는 부작위를 실체법적으로 행할 수 없음을 의미합니다. 재결의 기속력의 내용은 판결의 기속력의 그것과 동일하여 ① 반복금지효, ② 원상회복의무(결과제거의무) 및 ③ 재처분의무로 구성됩니다. 각각에 대해서는 예컨대, ① 영업정지처분이 재결에 의해 취소된 후 동일 사유로 거듭 영업정지처분을 행하는 경우, ② 과징금부과처분의 취소재결에 따라 이미 납부한 과징금 상당 금액을 반환받고자 하는 경우 및 ③ 거부처분취소재결의 취지에 따라 처분청이 다시 처분하여야 하는 경우를 상정하면 됩니다.

재결의 기속력이 미치는 범위와 관련하여, 그 주관적 범위는 처분청과 관계 행정청, 시간적 범위는 처분시 그리고 객관적 범위는 재결주문 및 재결이유 중 그 전제가 된 요건사실의 인정과 효력 판단에 한정되므로 실질적으로는 처분과 부작위의 위법을 구성하는 개개의 구체적 위법사유가 객관적 범위라고 할 수 있습니다.

* **대판 2005.12.9, 2003두7705** : "재결의 기속력은 재결의 주문 및 그 전제가 된 요건사실의 인정과 판단, 즉 처분 등의 구체적 위법사유에 관한 판단에만 미친다고 할 것이고, 종전 처분이 재결에 의하여 취소되었다 하더라도 종전 처분시와는 다른 사유를 들어서 처분을 하는 것은 기속력에 저촉되지 않는다고 할 것이며, 여기에서 동일 사유인지 다른 사유인지는 종전 처분에 관하여 위법한 것으로 재결에서 판단된 사유와 기본적 사실관계에 있어 동일성이 인정되는 사유인지 여부에 따라 판단되어야 한다. 기록에 의하면, 이 사건 종전 처분의 처분사유는 이 사건 사업이 주변의 환경, 풍치, 미관 등을 해할 우려가 있다는 것이고, 그에 대한 재결은 이 사건 사업이 환경, 풍치, 미관 등을 정한 1994. 7. 5. 고시와 군산시건축조례에 위반되지 않고, 환경·풍치·미관 등을 유지하여야 하는 공익보다는 이 사건 사업으로 인한 지역경제 승수효과와 도시서민들을 위한 임대주택 공급이라는 또 다른 공익과 재산권행사의 보장이라는 사익까지 더해 보면 결국 종전 처분은 비례의 원칙에 위배되어 재량권을 남용하였다는 것이므로 종전 처분에 대한 재결의 기속력은 그 주문과 재결에서 판단된 이와 같은 사유에 대해서만 생긴다고 할 것이고, 한편 이 사건 처분의 처분사유는 공단대로 및 교통여건상 예정 진입도로계획이 불합리하여 대체 진입도로를 확보하도록 한 보완요구를 이행하지 아니하였다는 것 등인 사실을 알 수 있는바, 그렇다면 이 사건 처분의 처분사유와 종전 처분에 관하여 위법한 것으로 재결에서 판단된 사유와는 기본적 사실관계에 있어 동일성이 없다고 할 것이므로 이 사건 처분이 종전 처분에 대한 재결의 기속력에 저촉되는 처분이라고 할 수 없다."

기속력의 내용으로서의 재처분의무는 재결의 실효성을 확보하기 위해 법이 특별히 인정하는 효력입니다. 판결의 기속력으로서의 재처분의무는 거부처분취소판결, 거부처분

무효·부존재확인판결 및 부작위위법확인판결에서 발생하며, 재결에 따른 재처분의무는 거부처분취소재결, 거부처분무효·부존재확인재결 및 의무이행심판의 인용재결 중 처분명령재결의 경우에 인정됩니다. 처분재결의 경우에는 재처분의무가 문제되지 않습니다. 처분재결만으로 그 형성력에 의해 법률관계가 완성되므로 처분청에 의한 후속의 실체법적 처분의무는 발생할 여지가 없기 때문입니다.

과거 거부처분취소재결의 기속력으로서 재처분의무를 규정하지 않아 이 경우 재처분의무가 인정되는지가 문제되었으나, 2017년의 법 개정으로 이를 명문으로 인정하였습니다. 결국, 인용재결에 따른 재처분의무는 ① 거부처분취소재결, ② 거부처분무효확인재결, ③ 거부처분부존재확인재결 및 ④ 거부 내지 부작위에 대한 의무이행심판의 처분명령재결에서 인정됩니다(제49조 제2항, 제3항). 재처분의무의 핵심은 행정심판법 제49조 제2항 및 제3항이 표현하는 '재결의 취지에 따른 처분'의 의미입니다. 거부 내지 부작위를 다투는 행정심판에서 인용재결이 행해지면 일반인의 입장에서는 청구인의 신청대로 처분을 발령하는 것이 재결의 기속력에 부합하는 것이라 여기지만, 위 2003두7705 판결에서 보듯이 반드시 그런 것은 아닙니다. 그렇다면, 인용재결에도 불구하고 어떤 경우에 또다시 거부하더라도 재처분의무 위반이 아닌지 구분하여 살펴봅시다.

① 재량행위의 경우입니다. 무하자재량행사청구권이 매개된 인용재결의 취지는 "당해 거부처분이 재량하자에 근거한 거부처분 내지 부작위이기 때문에 동 거부처분을 취소한다, 무효·부존재임을 확인한다 내지 신청대로의 처분을 하라"입니다. 따라서 그러한 인용재결에 따라 처분청은 적법한 재량행사 결과 신청대로의 처분발령이 타당하면 이를 발령하여야 하지만, 역으로 재량권 행사 결과 여전히 거부가 적법한 선택이라면 재차 거부하더라도 인용재결의 취지에 반하지 않으므로 기속력, 구체적으로는 재처분의무 위반이 아닙니다. 다만, 이때의 거부가 실체법적으로 적법한지 여부는 별개의 판단 대상입니다.

② 거부처분이 행정절차법 제21조에 의한 사전통지 흠결 등 절차 하자를 이유로 인용재결이 행해진 경우입니다. 이 경우 인용재결의 취지는 바로 〈절차하자로 인한 위법 → 인용재결〉입니다. 따라서 처분청은 재처분의무를 이행함에 있어 절차를 준수한 후 다시 거부처분을 행하더라도 재결의 기속력에 반하지 않습니다.

③ 거부처분 후 법령개정 등으로 거부처분 사유가 추가된 경우입니다. 학설상의 이견에도 불구하고, 행정심판 실무는 인용재결을 위한 처분 내지 부작위의 위법성 판단시점을 처분시로 이해합니다. 따라서 인용재결에 따라 1차 거부처분 내지 부작위가 처분시의 근거 법령에 의할 때에는 위법하더라도 처분발령 이후 법령이 개정되어 거부사유가 새로이 추가된 경우에는, 인용재결에도 불구하고 처분청이 개정 법령상 추가된 거부사유

를 들어 다시 거부처분을 행하더라도 재처분의무 위반이 아닙니다.

④ 마지막은 처분 당시의 거부사유가 복수인 경우입니다. 처분청은 최초의 거부사유와 기본적 사실관계의 동일성이 인정되지 않는 사유를 들어 다시 거부하더라도 인용재결의 기속력에 위반한 것이 아닙니다. 여기에서 기속력의 객관적 범위가 재처분의무와 관련하여서는 '재결주문 및 재결이유에 나타난 개개의 위법사유 중 원처분사유와 기본적 사실관계의 동일성이 인정되는 사유'로 구체화됨을 알 수 있습니다. 재처분의무가 특히 처분사유의 추가·변경에서의 논의와 밀접한 연관이 있음을 아래에 다시 한번 정리합니다.

* 기본적 사실관계의 동일성 여부는 처분시 존재했던 처분사유 사이에서의 문제이므로 처분 이후 법령개정 등에 의해 발생한 새로운 처분사유는 위법성 판단시점, 즉 <처분시설>을 논하지 않더라도 원처분 사유와 기본적 사실관계의 동일성이 인정되지 않습니다.
* 원처분 사유와 기본적 사실관계의 동일성이 인정되는 사유를 들어 처분사유를 추가·변경하는 것은 가능합니다. 행정심판위원회의 심리 범위에 속한다는 의미입니다. 그러나 이것이 부인되는 경우에는 처분사유의 추가·변경의 대상이 될 수 없습니다.
* 재결의 기속력이 미치는 객관적 범위는 기본적으로 처분에 대한 개개 위법사유이므로 행정심판위원회가 심리한 개개 위법사유에만 재결의 기속력이 미치며, 그 심리 범위에 속하지 않은 처분사유에는 기속력이 미치지 않습니다. 따라서 원처분사유와 기본적 사실관계의 동일성이 인정되는 사유에는 재결의 기속력이 미쳐(그 사유는 처분사유의 추가·변경이 가능합니다), 그 사유를 들어 2차 거부처분을 행하면 기속력 위반입니다. 역으로, 원처분사유와 기본적 사실관계의 동일성이 부인되는 사유는 (그 사유는 처분사유의 추가·변경이 불가능합니다) 재결의 기속력의 객관적 범위에 포함되지 않기 때문에 인용재결에도 불구하고 처분청이 그 사유를 들어 2차 거부처분을 하더라도 기속력 위반이 아닙니다. 결국, 재결의 기속력(특히, 재처분의무)의 객관적 범위와 처분사유의 추가·변경은 '동전의 앞뒷면' 관계라 할 수 있습니다.

* **대판 2003.12.11, 2001두8827** : "행정처분의 취소를 구하는 항고소송에 있어서, 처분청은 당초 처분의 근거로 삼은 사유와 기본적 사실관계가 동일성이 있다고 인정되는 한도 내에서만 다른 사유를 추가하거나 변경할 수 있고, 여기서 기본적 사실관계의 동일성 유무는 처분사유를 법률적으로 평가하기 이전의 구체적인 사실에 착안하여 그 기초인 사회적 사실관계가 기본적인 점에서 동일한지 여부에 따라 결정되며 이와 같이 기본적 사실관계와 동일성이 인정되지 않는 별개의 사실을 들어 처분사유로 주장하는 것이 허용되지 않는다고 해석하는 이유는 행정처분의 상대방의 방어권을 보장함으로써 실질

적 법치주의를 구현하고 행정처분의 상대방에 대한 신뢰를 보호하고자 함에 그 취지가 있고, 추가 또는 변경된 사유가 당초의 처분시 그 사유를 명기하지 않았을 뿐 처분시에 이미 존재하고 있었고 당사자도 그 사실을 알고 있었다 하여 당초의 처분사유와 동일성이 있는 것이라 할 수 없다."

(3) 재처분의무와 직접처분·간접강제

* 재결의 기속력의 실효성 확보를 위한 **재처분의무**의 인정범위 : 거부처분취소재결, 거부처분무효확인재결, 거부처분부존재확인재결 및 거부·부작위에 대한 의무이행심판의 처분명령재결
* **직접처분** : 의무이행심판 인용재결로서 처분명령재결(이행재결)에도 불구하고 처분청이 아무런 처분을 하지 아니한 경우
  - 처분의 성질, 그 밖의 불가피한 사유로 직접처분이 불가능한 경우에는 간접강제 가능
  - 내용적으로 볼 때 행정심판법상 직접처분은 처분재결을 의미하는 것으로 해석해야 함
* 재처분의무의 실효성 확보를 위한 **간접강제**의 적용범위 : 거부처분취소재결, 거부처분무효확인재결, 거부처분부존재확인재결 및 거부·부작위에 대한 의무이행심판의 처분명령재결

간접강제의 경우(제50조의2 제1항)와는 달리, 의무이행심판의 처분명령재결과 관련한 직접처분은 어떤 처분을 하였으나 그것이 재처분의무의 이행에 해당하지 않는 경우에는 불가능하고, 처분명령재결에도 불구하고 처분청이 아무런 처분을 하지 아니한 경우에 한정합니다(제50조 제1항).

* **대판 2002.7.23, 2000두9151** : "재결청이 직접처분을 하기 위하여는 처분의 이행을 명하는 재결이 있었음에도 당해 행정청이 아무런 처분을 하지 아니하였어야 하므로, 당해 행정청이 어떠한 처분을 하였다면 그 처분이 재결의 내용에 따르지 아니하였다고 하더라도 재결청이 직접처분을 할 수는 없다."

제31강

행정소송 일반론

제31강
행정소송 일반론

1. 행정소송의 의의와 종류

1) 행정소송의 의의

행정소송은 공법상 구체적인 법률관계에 관한 분쟁에 대하여 행하는 법 판단작용으로서의 재판절차를 의미합니다. 행정소송은 위법한 행정작용으로 인하여 권리·이익을 침해당한 국민으로 하여금 소송절차를 통하여 구제받도록 함으로써 실질적 법치행정을 구현하는 데 그 주된 목적과 기능이 있고, 부수적으로 실질적 법치행정의 실현을 통하여 행정의 적법성과 합목적성을 보장하는 취지를 담고 있습니다.

행정소송은 국가 또는 공공단체의 행정작용을 둘러싼 공법상 법률관계를 대상으로 하는 점에서 사인 상호 간의 사법상 법률관계를 다루는 민사소송과 구별됩니다. 이러한 행정소송의 특수성을 반영한 행정소송절차의 일반법이 행정소송법입니다. 행정소송법에서는 민사소송과 대비되는 행정소송의 특수성을 반영하여, 처분을 소의 대상으로 하는 항고소송(취소소송, 무효등확인소송, 부작위위법확인소송)을 중심으로 하여 처분 이외의 공법상 법률관계에 관한 당사자소송, 객관소송으로서의 기관소송과 민중소송에 대하여 규정합니다. 또한, 행정소송의 심리 및 판결과 관련하여서도 처분권주의와 변론주의를 온전히 적용할 수 없는 점을 고려하여 직권에 의한 소송참가(행정소송법 제16조, 제17조[1]), 직권심리(제26조), 사정판결(제28조), 판결의 기속력(제30조) 등 민사소송과 다른 특별규정을 두고 있습니다.

그러나 행정소송도 대립 당사자 간의 법률분쟁에 대하여 사실관계를 확정한 후 법을 해석·적용하여 해당 분쟁을 해결하는 점에서는 민사소송과 동일하므로, 행정소송법의 규정이 없는 사항에 대하여 법원조직법, 민사소송법 및 민사집행법 규정을 준용합니다(제8조 제2항). 법관의 제척·기피·회피, 당사자의 확정과 정정, 기일 및 기간, 송달, 소

---

1) 이하 이 강에서 법률명을 표기하지 않은 경우 행정소송법을 의미합니다.

송절차의 중단, 변론과 그 준비, 증거조사, 상소제도 등에 관한 민사소송 관련 법령의 각 규정이 거기에 해당하는 주요 사항입니다.

2) 행정소송의 종류

(1) 항고소송

가. 취소소송

취소소송은 행정청의 위법한 처분 등을 취소 또는 변경하는 소송입니다(제4조 제1호). 행정법관계의 안정과 행정의 원활한 운영을 위하여 특별히 인정되는 행정행위의 공정력(행정기본법 제15조)에도 불구하고 위법한 행정행위에 대하여 그 잠정적 통용력을 배제하여 행정행위의 효력을 실효시키는 소송유형입니다. 다만, 행정소송법은 취소소송 등 항고소송의 대상을 처분등으로 규정함으로써(제19조) 처분과 행정행위의 관계가 학설·판례상 쟁점으로 부각되는데, 통설과 판례가 처분을 행정행위보다 다소 광의의 개념인 쟁송법적 개념설의 입장에 입각한 점은 뒤에서 설명하는 바와 같습니다. 취소소송은 성질상 형성의 소에 해당하고, 소송물은 처분 등의 위법성 일반으로 보는 것이 통설·판례의 입장입니다. 한편, 행정소송법 제4조 제1호의 '위법한 처분 등의 변경'의 의미와 관련하여, 판례는 - 행정심판과는 달리 - '일부취소'를 의미한다고 보아 처분을 적극적으로 변경하는 형성소송은 허용되지 않는다고 봅니다.

취소소송과 무효확인소송은 원칙적으로 별개의 소입니다. 그러나 처분의 취소사유와 무효사유의 구분은 용이하지 않고 원고의 주된 목적은 양자 공히 처분의 효력 부인에 있으므로, 무효사유 있는 위법한 처분으로 말미암아 권리이익을 침해받은 자는 무효확인의 소가 아닌 취소의 소도 제기할 수 있는데, 이때의 취소의 소를 특히 '무효 선언 의미의 취소소송'이라고 합니다. 무효 선언 의미의 취소소송도 형식상 취소소송에 속하므로 제소기간, 전심절차 등 취소소송의 요건을 구비하여야 합니다.

* **대판 1987.6.9, 87누219** : "행정처분의 당연무효를 선언하는 의미에서 그 취소를 구하는 행정소송을 제기하는 경우에는 전치절차와 그 제소기간의 준수 등 취소소송의 제소요건을 갖추어야 한다. … 과세처분의 취소를 구하는 행정소송은 반드시 그 전치요건으로서 국세기본법 소정의 심사청구 및 심판청구 절차를 모두 경유하지 아니하면 이를 제기할 수 없다."

나. 무효등확인소송

무효등확인소송이란 처분 등의 효력 유무 또는 존재 여부를 확인하는 소송으로서(제4조 제2호), 내용적으로 처분등무효(유효)확인소송과 처분등존재(부존재)확인소송으로 구분할 수 있습니다. 무효 또는 부존재인 처분이더라도 외관상 처분 등이 존재함으로 인한 법적 불안정성을 제거하기 위한 소송유형으로서의 존재 의의가 있습니다. 무효등확인소송은 적극적으로 처분 등의 효력을 소멸시키거나 부여하는 것이 아니라 처분 등의 존부나 효력 유무를 확인 선언하는 소송유형이므로 확인의 소에 속합니다. 그러나 처분 등으로 인한 법률관계가 아닌 처분 등의 존부나 효력 자체를 확인의 대상으로 하는 점에서 항소소송의 성질을 겸유한다고 봅니다. 무효등확인소송의 소송물은 처분 등의 유효·무효 또는 존재·부존재입니다.

판례에 의할 때 행정소송법은 처분 등을 대상으로 하는 항고소송 유형으로서의 확인의 소를 무효등확인소송과 부작위위법확인소송으로 열거적(한정적)으로 규정하므로, 행정청에게 적극적인 처분을 하거나 하지 말아야 할 법적 의무의 확인을 구하는 작위(부작위)의무확인소송은 허용되지 않습니다.

> ＊ **대판 1992.11.10, 92누1629** : "행정소송법상 행정청의 부작위에 대하여는 부작위위법확인소송만 인정되고 작위의무의 이행이나 확인을 구하는 행정소송은 허용될 수 없다."

다. 부작위위법확인소송

행정청이 당사자의 신청에 대하여 상당한 기간 내에 적극적 인용처분 혹은 소극적 거부처분을 하여야 할 법률상 응답의무가 있음에도 불구하고 부작위(무응답) 상태를 계속하는 경우 그 부작위(무응답)의 위법의 확인을 구하는 소를 부작위위법확인소송이라고 합니다(제4조 제3호). 부작위위법확인소송은 당사자의 신청을 행정청이 인용하지 않은 것의 위법 확인을 구하는 소송이 아니라 신청에 대하여 아무런 응답을 하지 않은 것의 위법 확인을 구하는 소송임에 주의해야 합니다.

수익적 행정행위 영역에서 당사자의 신청에 대한 행정청의 위법한 부작위의 바람직한 구제수단은 의무이행소송입니다. 그러나 행정소송법은 권력분립원칙 등을 고려하여 우회적인 소송상 권리구제수단으로 부작위위법확인소송을 인정합니다. 여기에서 우회적이라 함은 행정청의 부작위의 위법 확인을 구하는 판결에 기속력, 특히 재처분의무를 부여하여 행정청으로 하여금 일정 처분(인용처분 혹은 거부처분)을 행하도록 한 후(제38조 제2항, 제30조 제2항), 거부처분일 경우 또다시 거부처분취소소송을 제기하는 방법에 의하여야 하는 점을 의미합니다. 또한, 부작위위법확인판결에도 불구하고 처분청이 아무런 처분을 하지 않을 경우에는 법원이 간접강제 결정을 할 수 있도록 함으로써(제38조 제2항, 제34조) 부작위위법확인판결의 실효성을 제고하는 제도를 마련하고 있습니다.

(2) 당사자소송

당사자소송은 행정청의 처분등을 원인으로 하는 법률관계에 관한 소송 그 밖에 공법상의 법률관계에 관한 소송으로서 그 법률관계의 한쪽 당사자를 피고로 하는 소송입니다(제3조 제2호). 당사자소송이 처분 등을 원인으로 하더라도 처분 등의 효력 자체가 아니라 그로 인한 법률관계를 소송의 대상으로 하고, 또한 피고가 처분청이 아닌 법률관계의 귀속주체로서의 한쪽 당사자인 점에서 항고소송과 구별됩니다. 당사자소송은 처분 등이나 부작위가 아닌 공법상 법률관계를 대상으로 하는 점에서 이행소송이나 확인소송 등 다양한 형태의 소송유형으로 구체화됩니다. 당사자소송에 관한 자세한 사항은 뒤에서 별도로 설명하겠습니다.

(3) 민중소송

행정소송법상 민중소송은 국가 또는 공공단체의 기관이 법률에 위반되는 행위를 한 때에 직접 자기의 법률상 이익과 관계없이 그 시정을 구하기 위하여 제기하는 소송을 말합니다(제3조 제3호). 민중소송은 개인의 법적 이익의 구제를 도모하는 주관적 소송이 아니라 공적 기관의 위법행위를 시정하는 것을 목적으로 하는 공익소송이자 객관적 소송입니다. 따라서 민중소송은 특별히 법률 규정이 있는 경우에 한하여 예외적으로 인정되며(제45조), 같은 맥락에서 민중소송의 원고는 항고소송에서의 법률상 이익의 침해를 주장하는 자가 아니라 입법정책적으로 법률에서 정한 자만이 제기할 수 있습니다. 현행법상 민중소송에는 국민투표법상 국민투표무효소송(동법 제92조), 공직선거법상 선거무효소송(동법 제222조)과 당선무효소송(동법 제223조), 지방자치법에서 정한 주민소송(동법 제22조) 등이 속합니다.

(4) 기관소송

원칙적으로 동일한 법주체 내 기관 상호 간의 주관쟁의나 기타 권한을 둘러싼 분쟁은 상급행정청이 해결합니다. 그러나 행정주체 내에 이러한 분쟁해결기관이 부재하거나 법원에 의한 공정한 해결을 할 필요가 있는 경우가 발생합니다. 이처럼 기관소송이란 국가 또는 공공단체의 기관 상호 간에 있어서의 권한의 존부 또는 그 행사에 관한 다툼이 있을 때에 이에 대하여 제기하는 소송으로서, 헌법재판소법 제2조의 규정에 의하여 헌법재판소의 관장사항으로 되는 소송은 제외합니다(제3조 제4호). 기관소송은 개인의 구체적 권익구제와 관련이 없는 객관적 소송으로서, 개별 법률의 특별규정이 있는 경우에만 인정되고(기관소송법정주의) 그 법률에서 정한 자만이 제기할 수 있습니다(제45조). 개별법상 기관소송의 예로는 지방의회 재의결에 대한 지방자치단체장의 무효확인소송(지방자치법 제120조 제3항, 제192조 제4항)과 시·도의회의 재의결에 대한 교육감의 소송(지방교육자치에 관한법률 제28조 제3항)을 들 수 있습니다. 또한, 학설 대립이 있지만, 판례는 주무부장관이나 상급지방자치단체장의 감독처분에 대한 지방자치단체장의 이의소송(지방자치법 제188조 제6항)과 주무부장관이나 상급지방자치단체장의 직무이행명령에 대한 지방자치단체장의 이의소송(지방자치법 제189조 제6항) 등도 기관소송으로 이해합니다. 한편, 기관소송의 범위를 동일 법주체 내 법인격 없는 기관 간 권한의 존부나 행사에 관한 소송으로 한정하는 견해도 있지만, 오늘날에는 동일한 법주체 내의 기관뿐만 아니라 상이한 법주체에 속하는 법인격 없는 기관 사이의 분쟁으로까지 확대하는 학설이 지지를 받고 있습니다.

민중소송 또는 기관소송으로서 처분 등의 취소를 구하는 소송에는 그 성질에 반하지 아니하는 한 취소소송에 관한 규정을, 처분 등의 효력 유무 또는 존재 여부나 부작위의 위법의 확인을 구하는 소송에는 그 성질에 반하지 아니하는 한 각각 무효등확인소송 또는 부작위위법확인소송에 관한 규정을 준용하고, 취소소송이나 무효등확인소송 이외의 민중소송 또는 기관소송에는 그 성질에 반하지 아니하는 한 당사자소송에 관한 규정을 준용합니다(제46조).

3) 법정외 항고소송의 인정 여부

(1) 의무이행소송

행정심판법은 행정청의 위법한 거부처분이나 부작위에 대한 실효적인 구제수단으로 의무이행심판을 인정합니다. 이에 비해 현행 행정소송법은 거부처분취소소송과 부작위위법확인소송만을 규정함으로써, 행정청의 위법한 거부처분이나 부작위에 대하여 원고가 법령상의 작위의무의 이행을 구하는 소송으로서 의무이행소송을 제기할 수 있는지에 관하여 다툼이 있습니다.

거부처분취소소송과 부작위위법확인소송이 그 우회적·간접적 성격에 비추어 권익구제에 부족함이 있으므로 적극적 권익구제수단으로서의 의무이행소송을 도입해야 할 필요성이 있다는 학설·실무의 지적에도 불구하고 판례는 실정법 해석론 차원에서 그 허용에 부정적인 입장입니다.

> * **대판 1982.7.27, 81누258** : "행정소송법 제1조는 행정청 또는 그 소속기관의 위법에 대하여 그 처분의 취소 또는 변경에 관한 청구와 기타 공법상의 권리관계에 관한 청구를 행정소송으로 제기할 수 있다는 취지를 규정하고 있는바, 이를 항고소송에 관하여 풀이하면 행정청 또는 그 소속기관이 어떠한 행정처분을 한 경우에 그 위법부당함을 이유로 그 취소나 변경을 구하는 행정소송을 제기할 수 있다는 것으로 첫째로, 위법부당한 행정처분이 있어야 하고 둘째로, 그 행정처분의 취소변경을 구하여야 하는 것으로 해석되는 바 기록에 의하여 원고들의 청구를 살피건대, 피고 행정청이 무슨 행정처분을 한 바 없을 뿐아니라 피고로 하여금 원고들이 원하는 행정처분을 하도록 명하는 이행판결을 구하고 있음이 명백하므로 이러한 것은 행정소송에서 허용되지 아니함이 뚜렷하니 이 소는 부적법하여 각하를 면할 수 없다."

부정설과 판례에 의할 때 의무이행소송의 인정 여부는 입법재량사항으로서 행정소송법상 명문의 근거를 찾아볼 수 없고, 법원이 행정청의 처분의 위법성을 심사하여 그 판단을 대체하는 것은 행정에 대한 사법의 지나친 간섭으로 헌법상 권력분립원칙에 어긋날 뿐만 아니라 사법권의 정치화·행정화를 막고 부담을 경감해야 한다는 사법 자제적 고려 등이 논거로 제시되었습니다. 이에 비해 긍정설은 우선, 행정소송법상의 항고소송 유형을 예시적으로 해석하여 의무이행소송을 금지하는 명문의 규정이 없고 독일, 일본, 중국 등 비교법적으로 의무이행소송을 허용하지 않는 법제를 찾아볼 수 없음을 논거로 제시합니다. 또한, 거부처분 취소판결의 기속력으로서 재처분의무에 관한 판례의 소극적 해석으로 인해 국민의 권리구제가 불완전하였을 뿐만 아니라[1] 권력분립의 진정한 의미는 권력의 견제와 균형에 터 잡은 권리구제의 만전에 있다는 반론이 실질적 법치주의 관

1) 현행 행정소송법은 거부처분취소판결과 부작위위법확인판결의 실효성 확보를 위하여 재처분의무와 간접강제제도를 두고 있습니다. 그러나 기속력의 범위와 관련하여 판례는 원처분사유와 기본적 사실관계의 동일성이 인정되는 범위를 지나치게 좁게 보거나 기속력을 '위법한 것으로 판단된 개개의 처분사유'에 대해서만 기속력이 생긴다고 설시함으로써 승소확정판결에도 불구하고 행정청은 또 다른 거부사유를 들어 재차 거부처분을 할 수 있습니다. 이는 국민의 권리구제의 불완전뿐만 아니라 판결에 대한 국민의 일반적 신뢰의 훼손 및 행정·사법절차의 지루한 반복이라는 사법정책적 측면에서도 결코 바람직하지 못한 결과를 야기하는 것입니다. 더 나아가 부작위위법확인소송에서의 법원의 심리권의 범위를 부작위의 위법 확인에 그친다고 소극적으로 해석하여 동 소송의 승소가 곧바로 원고의 권리구제로 직결되지 못하는 권리구제의 흠결을 야기하였음은 문제라 할 것입니다.

점에서 끊임없이 제기됩니다.

과거 행정소송법 개정안에서는 의무이행소송의 도입을 명문으로 규정하였지만, 입법화에 이르지는 못하였습니다. 의무이행소송의 인정 여부는 근본적으로 입법적 해결에 의하는 것이 바람직하지만, 현행의 행정소송법하에서도 국민의 권리구제의 고도화, 실질적 법치주의의 실현 등을 고려하여 의무이행소송을 적극적으로 인정하는 판례의 입장 전환을 기대합니다.

(2) 예방적 부작위소송

예방적 부작위(금지)소송은 처분으로 인한 손해가 회복하기 어려운 등 처분이 발령된 이후의 권리구제가 실효성이 없는 상황에서 처분의 발령이 명백·임박하여 사전에 그 발령을 저지하여야 할 필요성이 인정되는 경우에 제기하는 소송유형입니다. 독일 법제에서는 명문의 규정에 의한 것이 아니라 학설과 판례에 의해 인정됩니다. 특히, 집행정지원칙을 취하는 독일과는 달리 집행부정지를 원칙(제23조 제1항)으로 하는 우리 법제에서 독일보다 동 소송의 실질적 효용이 더 크다고 할 수 있지만, 판례는 이를 불허합니다.

* **대판 1987.3.24, 86누182** : "건축건물의 준공처분을 하여서는 아니된다는 내용의 부작위를 구하는 청구는 행정소송에서 허용되지 아니하는 것이므로 부적법하다."

예방적 부작위소송에 대해서는 행정권의 1차적 판단권의 침해라는 권력분립원칙 측면에서의 비판이 가능하지만, 처분이 단기간에 집행되어 실효되거나 동일 내용의 처분이 수차례 반복되는 경우에 있어 객관적으로 처분이 행해질 것이 명백한 것을 요건으로 하여 동 소송을 인정하더라도 행정청의 권한을 반드시 침해한다고 볼 수 없습니다. 과거 행정소송법 개정안에서는 예방적 부작위소송을 항고소송의 일 유형으로 편제하였지만 이 역시 입법화에 성공하지 못하였습니다. 예방적 부작위소송은 행정행위의 부작위뿐만 아니라 사실행위의 부작위를 구하는 적절한 소송유형임에도 불구하고 동 개정안은 예방적 부작위소송을 처분을 대상으로 하는 항고소송의 일 유형으로 편제하여 사실행위는 예방적 부작위소송의 대상이 아니었던 점에 유의하여야 합니다.

2. 행정소송 상호 간의 관계

1) 취소소송과 무효확인소송의 관계

(1) 병렬관계(모순관계)

처분의 하자의 유형이 단순 위법인지 아니면 중대·명백한 하자인지에 따른 항고소송 상의 대응 유형인 취소소송과 무효확인소송은 별개의 독립된 소송입니다. 따라서 원고는 각 소송별 제소요건의 충족하에 가장 효과적 권리구제 방법을 선택할 수 있습니다. 양자는 원칙적으로 양립할 수 없는 소송이므로 단순병합이나 선택적 병합은 불가능하고, 예비적 병합만이 가능한데(대판 1999.8.20, 97누6889), 통상 무효확인소송을 주위적 청구로 취소소송을 예비적 청구로 병합합니다. 그러나 제소기간 등 소송요건의 구비가 문제될 때에는 취소소송을 주위적 청구로 무효확인소송을 예비적 청구로 구할 수도 있습니다.

취소소송의 기각판결은 처분에 하자 없음(처분의 적법함)을 확정한 것이므로 그 기판력은 후소인 무효확인소송 및 처분의 무효를 전제로 하는 부당이득반환청구소송에도 미쳐 기각판결이 행해집니다. 이와는 달리 취소소송의 인용판결의 기판력은 무효확인소송에 미치지 않지만, 이 경우 논의의 실익은 없습니다. 취소판결로서 처분의 효력이 제거되어 원고가 해당 처분을 더 이상 다툴 이유가 없기 때문이지요. 취소소송 기각판결의 경우와는 반대로, 무효확인소송에서 본안패소판결이 확정되더라도 취소소송에는 기판력이 미치지 않습니다. 무효확인소송의 기각판결은 이론적으로 볼 때 처분의 하자가 무효사유가 아니라는 점에 미칩니다. 구체적으로는 처분이 적법하다는 점 혹은 처분의 하자가 무효사유가 아닌 단순 위법에 그친다는 점에 미치므로, 후자의 경우를 상정할 때 다른 제소요건을 구비하는 한 취소소송 내지 국가배상청구소송의 제기를 방해하지 않습니다.

(2) 포용관계

취소소송과 무효확인소송은 이론상 별개의 소송이지만, 공히 처분의 위법성을 이유로 그 효력을 배제하고자 하는 것이어서 양자는 하자의 정도에 따른 구별이며, 이런 점에서 상호 포용적 관계에 있습니다. 즉, 취소 청구에는 하자가 중대·명백한 경우 무효확인을 구하는 취지까지는 아니더라도 무효를 선언하는 의미의 취소를 구하는 취지를 포함합니다. 이를테면, 대법원 1999.4.27. 선고 97누6780 판결에서 원심판결은 '대집행계고처분을 취소한다'는 내용이었으며, 이에 대해 대법원은 "이 사건 대문은 적법한 것임에도 피고가 원고에 대하여 명한 이 사건 대문의 철거명령은 그 하자가 중대하고 명백하여 당연무효라고 할 것이고, 그 후행행위인 이 사건 계고처분 역시 당연무효라고 할 것인바, 이와 같은 취지의 원심 판단은 정당하고…"라고 설시하였습니다. 이때의 취소소송을 무효선언을 구하는 취소소송이라 일컬으며, 해당 소송은 그 형식적 유형이 취소소송임에 비추어 당연히 제소기간의 준수 등 취소소송의 요건을 구비하여야 합니다. 따라서 원고가 취소소송을 제기하였는데 그 처분에 무효사유가 있으면, 처분을 취소하는 원고 전부승소의 판결(무효선언 의미의 취소판결)을 선고하여야 합니다.

한편, 무효확인소송에는 원고가 취소를 구하지 않는다는 점을 명백히 하지 않는 한 그 처분이 당연무효가 아니라면 취소를 구하는 취지가 포함됩니다. 따라서 무효확인의 소를 제기하였는데 처분에 단지 취소사유만이 있고 그 제소요건을 구비한 경우에는 원고에게 무효확인이 아니면 취소라도 구하는 것인지 여부를 석명하여, 원고가 처분의 취소는 구하지 않는다고 명백히 하지 않는 이상, 취소의 소로 청구취지를 변경토록 한 후(동법 제21조) 취소의 판결을 하여야 합니다. 이 경우 일부 견해는 소의 변경이 없어도 일부승소로서 취소판결이 가능하다고 하지만, 양자는 그 종류를 달리하는 별개의 소송이므로 타당하지 않습니다. 소 변경이 행해지지 않아 무효확인소송이 유지되는 한 행정행위의 공정력으로 인해 무효확인판결이 불가능하고, 처분권주의에 의해 취소판결을 내릴 수도 없으므로 결국 청구기각판결이 행해집니다. 다만, 제소기간 내이면 석명권 행사를 통해 별소로서의 취소소송 제기가 가능하지만, 제소기간이 도과한 경우 등 소송요건을 갖추지 아니하였음이 명백하면 법원은 석명하거나 취소사유 유무를 판단할 필요 없이 곧바로 청구를 기각합니다. 이와 관련하여 행정소송규칙은 무효확인소송이 행정소송법 제20조에 따른 기간 내에 제기된 경우에는 원고가 처분 등의 취소를 구하지 아니함을 밝힌 경우가 아닌 한 원고에게 처분 등의 취소를 구하지 아니하는 취지인지를 명확히 하도록 촉구할 수 있음을 규정합니다(행정소송규칙 제16조).

* **대판 2005.12.23, 2005두3554** : "하자 있는 행정처분을 놓고 이를 무효로 볼 것인지 아니면 단순히 취소할 수 있는 처분으로 볼 것인지는 동일한 사실관계를 토대로 한 법률적 평가의 문제에 불과하고, 행정처분의 무효확인을 구하는 소에는 특단의 사정이 없는 한 그 취소를 구하는 취지도 포함되어 있다고 보아야 하는 점(대법원 1987. 4. 28. 선고 86누887 판결, 1994. 12. 23. 선고 94누477 판결 등 참조) 등에 비추어 볼 때, 동일한 행정처분에 대하여 무효확인의 소를 제기하였다가 그 후 그 처분의 취소를 구하는 소를 추가적으로 병합한 경우, 주된 청구인 무효확인의 소가 적법한 제

소기간 내에 제기되었다면 추가로 병합된 취소청구의 소도 적법하게 제기된 것으로 봄이 상당하다 할 것이다(대법원 1976. 4. 27. 선고 75누251 판결 참조). 따라서 이 사건 주위적 청구인 무효확인에 관한 소가 적법한 제소기간 내에 제기되었다면 예비적 청구인 취소청구에 관한 소도 적법하게 제기된 것으로 보아야 할 것임에도, 예비적 청구만을 기준으로 제소기간 준수 여부를 판단한 나머지 이 사건 예비적 청구에 관한 소가 부적법하다고 본 원심판결에는 행정소송의 제소기간에 관한 법리를 오해하여 판결에 영향을 미친 위법이 있다."

위 2005두3554 판결에서 다음 사항도 주의하여야 합니다. 무효확인소송에 관련청구로서 취소소송을 후발적으로 병합하려면, 병합하는 취소소송도 그 제소요건을 충족한 적법한 소 제기임을 요구합니다. 특히 이 경우 제소기간의 준수가 문제되는데, 판례는 취소소송의 제소기간 준수 여부를 취소청구를 병합하는 시점이 아니라 최초의 무효확인소송이 취소소송의 적법한 제소기간 내에 제기되었는지 여부를 기준으로 판단한다고 설시하였습니다.

* **대판 1987.4.28, 86누887** : "일반적으로 행정처분의 무효확인을 구하는 소에는 원고가 그 처분의 취소는 구하지 아니 한다고 밝히고 있지 아니하는 이상 그 처분이 만약 당연무효가 아니라면 그 취소를 구하는 취지도 포함되어 있는 것으로 볼 것이나 행정심판절차를 거치지 아니한 까닭에 행정처분 취소의 소를 무효확인의 소로 변경한 경우에는 무효확인을 구하는 취지속에 그 처분이 당연무효가 아니라면 그 취소를 구하는 취지까지 포함된 것으로 볼 여지가 전혀 없다고 할 것이므로 법원으로서는 그 처분이 당연무효인가 여부만 심리판단하면 족하다고 할 것이다."

2) 취소소송과 당사자소송의 관계

행정행위의 공정력을 고려할 때 - 취소소송의 제기기간 도과 여부를 불문하고 - 처분에 취소사유가 있는 경우 처분취소소송 이외의 방법, 즉 당사자소송으로 처분의 효력을 부인하여 인용판결을 받을 수 없습니다. 따라서 공무원에 대한 파면처분에 대해 그 하자가 당연무효사유가 아닌 이상 파면처분취소소송이 아닌 당사자소송으로서의 공무원지위확인소송을 제기하면 기각판결이 행해집니다. 마찬가지로 위법한 과세처분에 대해 세금을 납부한 자도 그 하자가 당연무효가 아닌 이상 과세처분취소소송을 제기함이 없이 납부한 세금의 반환을 구하는 부당이득반환청구소송을 제기하면 기각판결이 행해집니다.

* **대판 2001.4.27, 2000다50237** : "재결에 대하여 불복절차를 취하지 아니함으로써 그 재결에 대하여 더 이상 다툴 수 없게 된 경우에는 기업자는 그 재결이 당연무효이거나 취소되지 않는 한, 이미 보상금을 지급받은 자에 대하여 민사소송으로 그 보상금을 부당이득이라 하여 반환을 구할 수 없다."

3) 무효확인소송과 당사자소송의 관계

처분이 무효인 경우에는 공정력이 인정되지 않으므로 누구나 어떠한 방법으로도 그 효력을 부인할 수 있습니다. 따라서 공무원에 대한 파면처분이 무효인 경우 파면처분무효확인소송 내지 당사자소송으로서 공무원지위확인소송 양자 모두 가능하며, 과세처분이 무효인 경우 과세처분무효확인소송 내지 당사자소송으로서 조세채무부존재확인소송을 제기할 수 있습니다. 후자에서 만약 이미 세금을 납부한 경우 부당이득반환청구소송(조세과오납금반환청구소송)은 별론으로 하더라도 무효확인소송 및 채무부존재확인소송의 제기가 가능한지 여부가 문제되는데, 앞의 것은 특히 무효확인소송의 보충성이란 제하에 중요하게 논의됩니다.

민사소송에서 확인소송은 이행소송 및 형성소송과의 관계에서 보충적 지위에 있습니다. 즉, 이행소송 내지 형성소송이 원고의 권리구제에 보다 직접적이고 실효적인 방법이라면 이들에 의하여야 하므로 이때 확인소송을 제기하면 확인의 이익 흠결을 들어 각하판결이 행해집니다. 이러한 논의는 당사자소송인 확인소송의 경우에도 동일합니다. 이를 확인소송의 보충성이라고 합니다. 이러한 통상의 확인소송에서의 보충성이 항고소송인 무효확인소송에서도 그대로 적용되는지가 쟁점으로 부각되는데, 구체적으로는 금전납부를 명하는 처분에 따라 해당 금원을 납부한 후 해당 처분의 무효를 들어 무효확인소송을 제기하는 것이 동 금원을 반환받기 위한 적절한 소송 방법인지의 문제입니다. 이 경우 당사자소송으로서의 부당이득반환청구소송을 제기하면 무효인 처분에 공정력이 인정되지 않으므로 수소법원은 해당 처분이 무효임을 전제로 원고승소판결을 행할 수 있음은 이미 주지의 사실입니다.

위 무효확인소송을 제기한 경우 과거 판례는 무효확인소송의 보충성을 들어 각하판결을 행하였습니다. 그러나 비교적 최근 들어 대법원 전원합의체는 자신의 입장을 변경하여 무효확인소송의 보충성을 부인하는 판결을 내놓았습니다. 여기서 주의할 사항이 있습니다. 과거 보충성을 요한다는 판례에서는 물론, 각종 문헌에서 이러한 무효확인소송의 보충성을 '즉시확정의 이익'이라고 표현하는데 이는 잘못된 것입니다. 즉시확정의 이익은 시간적 개념으로서 해당 처분이 무효임을 지금 확인해야 할 원고의 실질적 이익이 존재하느냐의 문제이고, 보충성은 다른 소송유형과의 관계에 관한 판단입니다. 정리하면, 항고소송으로서의 무효확인소송도 확인소송의 일종이므로 소의 이익으로서의 확인의 이익을 요하며, 확인의 이익은 내용적으로 즉시확정의 이익과 보충성으로 구성된다고 이해하면 됩니다. 따라서 무효확인소송의 보충성을 확인의 이익의 문제로 표현하는 것은 그 의미를 광의로 파악한 것으로 보아 큰 잘못이라고는 할 수 없습니다. 그러나 무효확인소송의 보충성과 즉시확정의 이익은 상호 혼용의 대상이 아닙니다.

무효확인소송에서는 이러한 시간적 개념으로서의 즉시확정의 이익에 대해 소송요건으로서 실질적으로 심사가 이루어지지 않습니다. 무효확인소송에서도 취소소송의 경우처럼 원고적격을 요하며, 이를 행정소송법은 '처분 등의 효력 유무의 확인을 구할 법률상 이익이 있는 자'로 표현합니다(제35조). 취소소송에서의 '처분 등의 취소를 구할 법률상 이익이 있는 자'와 동일한 구조입니다. 또한, 여기에서의 법률상 이익은 처분이 무효이더라도 그 무효확인을 구할 개별적·구체적·직접적 이익이며, 이는 '시간적으로 지금 무효확인을 구하여야 할 개별적·구체적·직접적 이익, 즉 즉시확정의 이익'을 내포하는 개념입니다. 따라서 무효확인소송의 원고적격이 인정된다면, 이는 곧 처분의 무효확인을 구할 즉시확정의 이익이 인정된다고 보는 것입니다. 다시 말해, 무효확인소송에서의 즉시확정의 이익은 원고적격의 심사에 용해되어 이와 함께 이루어지므로 별도의 심사를 요하지 않는다고 귀결할 수 있습니다. 물론, 이미 납부한 금액의 반환을 소구하는 무효확인소송의 경우 그 인용판결의 기속력에 의해 원고는 해당 금원을 반환받을 수 있지만, 무효확인소송에 부당이득반환청구소송을 관련청구로 병합청구하는 것이 권리구제의 실효성을 제고하는 방법입니다(제10조 제2항).

* **대판 2008.3.20, 2007두6342(전합)** : "행정소송법 제35조는 "무효등 확인소송은 처분등의 효력 유무 또는 존재 여부의 확인을 구할 법률상 이익이 있는 자가 제기할 수 있다"고 규정하고 있다. 그런데 위에서 본 바와 같이 종래의 대법원 판례가 무효확인소송에 대하여 보충성이 필요하다고 해석한 것은, 무효확인소송이 확인소송으로서의 성질을 가지고 있으므로 민사소송에서의 확인의 소와 마찬가지로 위와 같은 확인의 이익(이하 '보충성에 관한 확인의 이익'이라 한다)을 갖추어야 한다는 데에 근거를 둔 것이다. 그러나 이는 행정처분에 관한 무효확인소송의 성질과 기능 등을 바탕으로 한 입법정책적 결단과도 관련이 있는 것으로서 결국은 행정소송법 제35조를 어떻게 해석할 것인지 하는 문제에 귀결된다.
행정소송은 행정청의 위법한 처분 등을 취소·변경하거나 그 효력 유무 또는 존재 여부를 확인함으

로써 국민의 권리 또는 이익의 침해를 구제하고, 공법상의 권리관계 또는 법 적용에 관한 다툼을 적정하게 해결함을 목적으로 하는 것이므로, 대등한 주체 사이의 사법상 생활관계에 관한 분쟁을 심판대상으로 하는 민사소송과는 그 목적, 취지 및 기능 등을 달리한다. 또한 행정소송법 제4조에서는 무효확인소송을 항고소송의 일종으로 규정하고 있고, 행정소송법 제38조 제1항에서는 처분 등을 취소하는 확정판결의 기속력 및 행정청의 재처분 의무에 관한 행정소송법 제30조를 무효확인소송에도 준용하고 있으므로 무효확인판결 자체만으로도 실효성을 확보할 수 있다. 그리고 무효확인소송의 보충성을 규정하고 있는 외국의 일부 입법례와는 달리 우리나라 행정소송법에는 명문의 규정이 없어 이로 인한 명시적 제한이 존재하지 않는다. 이와 같은 사정을 비롯하여 행정에 대한 사법통제, 권익구제의 확대와 같은 행정소송의 기능 등을 종합하여 보면, 행정처분의 근거 법률에 의하여 보호되는 직접적이고 구체적인 이익이 있는 경우에는 행정소송법 제35조에 규정된 '무효확인을 구할 법률상 이익'이 있다고 보아야 하고, 이와 별도로 무효확인소송의 보충성이 요구되는 것은 아니므로 행정처분의 무효를 전제로 한 이행소송 등과 같은 직접적인 구제수단이 있는지 여부를 따질 필요가 없다고 해석함이 상당하다.

[대법관 이홍훈의 보충의견] 나. 그러나 행정소송법 제35조의 문언으로부터 보충성에 관한 확인의 이익이 당연히 도출되지 않음에도 불구하고 종래의 대법원판례와 같이 행정처분에 관한 무효확인소송에 대하여도 이를 요구하는 것이 타당한지 여부에 관하여는 다음과 같은 측면에서의 검토가 필요하다.

(1) 먼저 행정소송의 특수성이라는 측면에서 본다. 1951년에 제정된 행정소송법은 행정청 또는 그 소속기관의 위법에 대한 처분의 취소 또는 변경에 관한 소송 기타 공법상의 권리관계에 관한 소송만을 인정하고 행정소송의 종류, 요건 등에 관하여 별도의 규정을 두지 않음으로써 민사소송법에 대한 특례를 규정한 특별규정으로서의 성격을 벗어나지 못하였을 뿐만 아니라 그 내용 및 적용상 많은 문제점이 있다는 지적을 받아 왔다. 이러한 문제점을 시정하기 위하여 1984년에 행정소송법이 전문 개정되었는데, 이 법에서 비로소 취소소송 등과 구분되는 항고소송의 한 유형으로 무효확인소송을 인정하여 민사소송법과는 달리 이에 관한 별도의 규정을 둠으로써 무효확인소송이 독립된 행정소송으로 자리 잡게 되었다. 따라서 이러한 행정소송법의 개정연혁 등을 고려할 때, <u>무효확인소송이 확인소송적 성질을 가지고 있다고 하여 보충성에 관한 확인의 이익이 무효확인소송에서도 반드시 요구된다고 단정할 수는 없다. 특히, 소의 이익 문제는 그 소송제도를 마련한 취지 등에 따라 입법정책적으로 결정되어질 성질의 것이라는 점 등을 감안할 때 보충성에 관한 확인의 이익 이론이 행정소송에서도 그대로 적용된다고 보기는 어렵다.</u>

(2) 다음으로 무효확인소송의 법적 성질 및 무효확인판결의 실효성이라는 측면에서 본다. … 그러나 위에서 본 바와 같은 행정소송법상 기속력 및 재처분 의무에 관한 규정 등을 통해 항고소송 판결 자체만으로도 판결의 실효성을 확보할 수 있으며, 설령 권익구제를 위해 다른 소송을 제기해야 할 경우가 있다고 하더라도 이는 항고소송에서 예상한 원칙적인 구제수단은 아니다. 왜냐하면, <u>항고소송은 처분 등을 취소·변경하는 형성작용 또는 처분 등의 효력 등에 관한 공적 선언을 통해 그 대상인 처</u>

분 등의 효력을 다투는 소송으로서, 이행소송을 원칙적인 소송유형으로 인정하고 있는 민사소송과는 달리, 처분 등에 의하여 발생한 위법상태의 배제나 그 확인을 통해 결과를 제거함으로써 처분 등으로 침해되거나 방해받은 국민의 권리와 이익을 보호·구제하려는 것이기 때문이다. 결국, 이러한 측면에서 보더라도 무효확인소송을 제기함에 있어 보충성에 관한 확인의 이익이 반드시 요구된다고 해석하는 것은 타당하지 않다.

그리고 법률에 의한 행정을 지향하는 우리 법제하에서는 행정작용을 수행하는 행정청이 유효한 행정처분임을 전제로 그 집행을 종료하였다고 하더라도, 그 행정처분이 무효라는 판결이 확정되면 행정청이 이에 승복하여 행정처분의 상대방에게 임의로 원상회복할 것이 기대될 뿐만 아니라 행정소송법상 무효확인판결 자체만으로도 판결의 기속력 등에 따른 원상회복이나 결과제거조치에 의하여 그 실효성 확보가 가능하다. 따라서 무효확인소송의 보충성을 반드시 인정해야 할 실제적인 필요성도 크지 않다.

(3) 다음으로 외국의 입법례 등의 측면에서 본다. 독일에서는 명문의 규정에 의하여 무효확인소송의 보충성이 부정되는 반면, 일본에서는 그와 반대로 명문의 규정에 의하여 무효확인소송의 보충성이 인정된다. 이와 같은 독일, 일본의 입법례에서 알 수 있듯이 이 문제는 논리 필연적인 문제가 아니라 다분히 입법정책적인 선택의 문제라고 할 수 있다. 특히, 일본에서는 이로 인한 불합리한 결과를 줄이기 위하여 무효확인소송의 보충성을 완화하는 해석론이 전개되어 왔으며, 이러한 해석론이 점차 최고재판소에 의하여 받아들여지고 있는 추세에 있다. 따라서 일본과 달리 명시적 제한의 명문 규정이 없는 우리나라에서는 무효확인소송의 보충성을 요구할 필요가 없으며, 이와 같은 해석이 세계적인 추세에도 부합된다.

(4) 끝으로 무효확인소송의 남소 가능성 및 권익구제 강화 등의 측면에서 본다. 행정처분의 무효는 흔히 있는 현상이 아니기 때문에 무효확인소송의 보충성을 요구하지 않는다고 하여 남소 가능성이 커진다고 단정하기 어려울 뿐만 아니라 분쟁의 유형에 따라서는 행정처분에 관한 무효확인소송이 보다 적절한 구제수단이 될 수도 있다. 그러므로 이러한 경우에 행정처분에 의하여 불이익을 받은 상대방에게 소송형태에 관한 선택권을 부여하여 부당이득반환청구의 소 등의 제기 가능성 여부와 관계없이 행정처분에 관한 무효확인소송을 바로 제기할 수 있도록 함으로써 양 소송의 병존가능성을 인정하는 것이 국민의 권익구제 강화라는 측면에서도 타당하다."

* **대판 2008.6.12, 2008두3685 :** "항고소송인 행정처분에 관한 무효확인소송을 제기하려면 행정소송법 제35조에 규정된 '무효확인을 구할 법률상 이익'이 있어야 하는바, 그 법률상 이익은 당해 처분의 근거 법률에 의하여 보호되는 직접적이고 구체적인 이익이 있는 경우를 말하고 간접적이거나 사실적, 경제적 이해관계를 가지는 데 불과한 경우는 여기에 해당되지 아니하지만, 한편 행정처분의 근거 법률에 의하여 보호되는 직접적이고 구체적인 이익이 있는 경우에는 행정소송법 제35조에 규정된 '무효확인을 구할 법률상 이익'이 있다고 보아야 하고, 이와 별도로 무효확인소송의 보충성이 요구되는 것은 아니므로 행정처분의 무효를 전제로 한 이행소송 등과 같은 직접적인 구제수단이 있는지 여부를 따질 필요가 없다." 同旨: 대판 2019.2.14., 2017두62587

위 판결에서 무효확인소송의 보충성을 요하지 않는다는 결론에 이른 논거로 크게 네 가지를 들고 있습니다. ① 항고소송으로서의 무효확인소송의 민사소송 대비 독자성, ② 판결의 기속력(결과제거의무, 제38조 제1항, 제30조 제1항)에 의해 무효확인소송만으로도 권리구제의 실효성이 있는 점, ③ 비교법적으로 무효확인소송의 보충성을 반드시 요하는 것은 아닌 점[1] 및 ④ 남소의 우려가 없는 점 등이 그것입니다.

이상의 논의를 바탕으로 현행 행정소송법 제35조와 무효확인소송의 보충성의 관계를 정리해 봅시다. 무효확인소송에서도 법 제35조에 의해 원고적격으로서의 법률상 이익을 요구하며, 동조는 소의 이익으로서의 확인의 이익에 관한 규정은 아닙니다. 또한, 확인의 소 일반에서 요구하는 확인의 이익이 항고소송인 무효등확인소송에도 요구되는지와 관련하여, 무효인 처분에는 공정력이 인정되지 않으므로 원칙적으로 소 제기가 불요하여 무효확인소송이 불허되겠지만, 처분의 외형을 가지고 있는 무효인 처분에 의해 예외적인 권리 침해 상황을 배제할 수 없으므로 확인의 이익 중 즉시확정의 이익을 요하지만, 이 마저도 원고적격 심사과정에서 개별적·구체적·직접적 이익의 침해 개연성 인정으로 갈음할 수 있습니다. 나아가, 즉시확정의 이익은 '시간적' 문제임에 반하여, 보충성은 '소송유형 선택의 적실성' 문제이므로 양자를 동일 개념범주에 포함시키는 것은 적절하지 않습니다. 따라서 일부 교과서가 그러하듯이 무효확인소송의 보충성 관련 학설을 설명하면서, 원고적격 내지 확인의 이익이란 표제하에 법률상 이익설과 즉시확정이익설로 구분하는 것은 옳지 않습니다. '보충성을 요한다는 견해'와 '보충성을 요하지 않는 견해' 등으로 표현함이 마땅합니다. 같은 맥락에서 판례가 무효확인소송에서 보충성을 요하지 않는다고 하면서도, 이를 즉시확정의 이익 내지 확인의 이익과 개념적 혼용하는 것은 재고의 여지가 있습니다.

---

1) 판결문에도 나타나듯이 독일법제가 무효확인소송의 보충성을 요하지 않음을 행정법원법 규정을 통해 확인합시다. 즉, 행정소송 중 통상의 확인의 소에서는 형성소송 및 이행소송에 대한 보충성을 요하지만, 행정행위에 대한 무효확인소송은 보충성을 요하지 않음을 명문으로 규정하고 있습니다.

독일 행정법원법(VwGO) §43[Feststellungsklage] (1) Durch Klage kann die Feststellung des Bestehens oder Nichtbestehens eines Rechtsverhältnis oder Nichtigkeit eines Verwaltungsaktes begehrt werden, wenn der Kläger ein berechtiges Interesse an der baldigen Feststellung hat(Feststellungsklage). ⇒ 즉시확정에 대한 정당한 이익이 있는 한 원고는 소송을 통해 공법상 법률관계 내지 행정행위의 존재(성립) 또는 부존재(불성립)의 확인을 구할 수 있다(확인소송).

(2) Die Feststellung kann nicht begehrt werden, soweit der Kläger seine Rechte durch Gestaltungs- oder Leistungsklage verfolgen kann oder hätte verfolgen können. Dies gilt nicht, wenn die Feststellung der Nichtigkeit eines Verwaltungsaktes begehrt wird. ⇒ 확인의 소는 원고가 형성소송 또는 이행소송을 통해 자신의 권리 구제가 가능하거나 가능했던 경우에는 허용되지 않는다. 이는 행정행위의 무효확인소송에는 적용하지 아니한다.

〈소송유형 관련 제 문제〉

* 영업정지처분(취소사유)에 불가쟁력 발생 후(혹은 불가쟁력 무관) 국가배상청구소송 제기
  - 선결문제(위법의 확인) : 본안판결(과실 인정 여부에 따라 인용판결 가능)
* 영업정지처분취소소송의 인용판결(확정) 후 국가배상청구소송 제기
  - 국가배상법상 위법의 개념, 취소소송 인용판결의 기판력 및 과실 인정 여부
  - 위법 인정(광의의 행위위법설:기판력 미침), 과실 여부에 따라 국가배상청구 인용 가능
* 과세처분(취소사유)에 따라 납부+불가쟁력 발생 후(혹은 불가쟁력 무관) 부당이득반환청구소송(조세과오납금반환청구소송) 제기
  - 선결문제(효력의 제거) : 기각판결
  - 불가쟁력 미발생의 경우 : 취소소송 인용판결의 기속력에 따라 반환 가능
* 과세처분(무효사유)에 따라 납부 후 무효확인소송 제기
  - 인용판결 : 무효확인소송(항고소송)의 보충성 불요
  - 부당이득반환청구소송(조세과오납금반환청구소송)도 가능 : 선결문제
  - 조세채무부존재확인소송(당사자소송)은 불가 : 당사자소송인 확인의 소는 보충성 요함
  - 국세 체납을 이유로 토지 압류·공매처분 후 소유권이전등기 하였으나 공매처분에 무효사유가 있는 경우 토지소유권자는 소유권이전등기말소청구소송의 제기 여부와 관계없이 공매처분무효확인소송 제기 가능 : 보충성 불요
* 과세처분(무효사유) 후 미납부 상태로 조세채무부존재확인소송(당사자소송) 제기
  - 인용판결(무효확인소송과 당사자소송의 관계 : 확인의 소 상호 간의 문제이므로 보충성 요건 문제 안 됨)
  - 과세처분무효확인소송도 가능
* 공무원파면처분(취소사유)에 불가쟁력 발생 후(혹은 불가쟁력 무관) 공무원지위확인소송(당사자소송) 제기
  - 선결문제(효력의 제거) : 기각판결
* 공무원파면처분(무효사유) 후 공무원지위확인소송 제기
  - 인용판결(무효확인소송과 당사자소송의 관계)
  - 파면처분무효확인소송도 가능
* 무효사유 있는 처분에 대한 취소소송
  - 원고 전부승소판결(무효를 선언하는 의미의 취소판결)
* 취소사유 있는 처분에 대한 무효확인소송
  - 취소소송요건의 구비를 전제로, 무효확인이 아니면 취소를 구할 것인가를 석명하여 취소의 소로 청구취지 변경(소 변경) 후 원고 승소판결

제32강

취소소송의 소송요건(1) : 원고적격

제32강
취소소송의 소송요건(1) : 원고적격

1. 의의

원고적격이란 특정한 행정소송 사건에서 원고의 지위에서 소송을 수행하고 본안판결을 받기에 적합한 자격을 말합니다. 취소소송의 원고적격 논의는 행정소송법 제12조의 '처분 등의 취소를 구할 법률상 이익이 있는 자'의 해석론과 이를 바탕으로 한 판례의 입장을 살펴보는 것으로 구체화합니다. 원고적격은 소송요건에 해당하므로 사실심은 물론, 법률심인 상고심 과정에서도 유지되어야 하고, 법원은 당사자의 주장에 구애됨이 없이 직권으로 심리·판단하여 흠결이 있는 경우에는 소를 각하하여야 합니다.

원고적격은 본안판단을 구하는 것을 정당화하는 이익 내지 필요, 즉 광의의 소의 이익 개념에 포함되지만, 원고의 측면에서 본 주관적 이익이라는 점에서 좁은 의미의 소의 이익인 권리보호의 자격과 권리보호의 필요 내지 이익과 개념적으로 구별됩니다. 그러나 양자는 상호 밀접하게 관계되어 있어 그 한계가 분명하지 아니하고, 특히 확인의 소인 무효확인소송에서는 원고적격과 권리보호의 이익(확인의 이익)이 불가분의 관계에 있습니다. 즉, 무효확인소송에서 원고적격이 인정되면(행정소송법 제35조) 확인의 이익으로서의 '즉시확정의 이익'이 당연히 인정되는 것을 통해 이를 확인할 수 있습니다. 아래에서는 취소소송의 원고적격 인정 여부가 문제되는 경우를 유형별로 논의한 후 관련 판례를 일람합니다.

2. 행정처분의 직접 상대방

1) 상대방이론

행정처분의 직접 상대방은 방어권적 기본권으로서 일반적인 자유권의 향유 주체이므로 이른바 상대방이론(Adressatentheorie)에 따라 원고적격이 인정됨에 이론이 없습니다. 이를테면, 2월의 영업정지처분의 상대방이 해당 영업정지처분의 취소소송을 제기할 경우 그 원고적격 인정에 어려움이 없습니다. 소송요건으로서 원고적격을 요하지 않는다는 의미가 아니라 소송요건의 심사과정에서 원고적격에 대한 별도의 심사를 필요로 하지 않고 당연히 인정되는 것입니다.

수익적 처분의 신청에 대한 거부의 취소소송에 있어서는 위 상대방이론의 적용에 의해 원고적격이 곧바로 인정되는 것이 아님에 주의해야 합니다. 수익적 처분의 신청인에게는 해당 법규상 일반적·추상적 권리로서의 신청권이 인정되므로 신청에 대한 인용처분을 하였다면 향유하였을 법률상 이익이 거부로 인해 침해되었을 개연성을 도출하는 논증을 통해 원고적격을 긍정합니다. 다만, 이 경우에도 신청권 자체가 부인되는 경우가 아닌 한 바로 위 논리가 예외 없이 적용되므로 일반적인 수익적 행정행위의 신청에 대한 거부의 상대방도 거의 모든 경우에 원고적격이 인정되고, 이런 점에서 특단의 원고적격 심사가 불요한 것입니다. 신청권이 부인되는 경우의 예로 계획보장청구권 내지 계획변경청구권을 들 수 있습니다. 특히 문제되는 것은 계획변경청구권의 행사에 대한 거부를 대상으로 거부처분취소소송을 제기한 경우인데, 판례에 의할 때 계획변경청구권이 인정되는 몇몇 경우가 아닌 한 일반적으로 이를 인정할 수 없으므로, 신청권 부인으로 인해 해당 거부의 처분성이 인정되지 않아 각하판결이 행해집니다. 이는 곧 거부처분취소소송의 각하판결의 경우에는 원고적격이 부인되어서가 아니라 처분성 요건의 흠결을 이유로 함을 뜻합니다. 한편, 판례상 수익적 처분의 신청에 대한 거부를 다투는 상대방의 원고적격을 부인한 경우로는 다음을 들 수 있습니다.

> * **대판 2018.5.15, 2014두42506** : "사증발급 거부처분을 다투는 외국인은, 아직 대한민국에 입국하지 않은 상태에서 대한민국에 입국하게 해달라고 주장하는 것으로, 대한민국과의 실질적 관련성 내지 대한민국에서 법적으로 보호가치 있는 이해관계를 형성한 경우는 아니어서, 해당 처분의 취소를 구할 법률상 이익을 인정하여야 할 법정책적 필요성도 크지 않다. 반면, 국적법상 귀화불허가처분

이나 출입국관리법상 체류자격변경 불허가처분, 강제퇴거명령 등을 다투는 외국인은 대한민국에 적법하게 입국하여 상당한 기간을 체류한 사람이므로, 이미 대한민국과의 실질적 관련성 내지 대한민국에서 법적으로 보호가치 있는 이해관계를 형성한 경우이어서, 해당 처분의 취소를 구할 법률상 이익이 인정된다고 보아야 한다. 나아가 중화인민공화국(이하 '중국'이라 한다) 출입경관리법 제36조 등은 외국인이 사증발급 거부 등 출입국 관련 제반 결정에 대하여 불복하지 못하도록 명문의 규정을 두고 있으므로, 국제법의 상호주의원칙상 대한민국이 중국 국적자에게 우리 출입국관리 행정청의 사증발급 거부에 대하여 행정소송 제기를 허용할 책무를 부담한다고 볼 수는 없다. 이와 같은 사증발급의 법적 성질, 출입국관리법의 입법 목적, 사증발급 신청인의 대한민국과의 실질적 관련성, 상호주의원칙 등을 고려하면, 우리 출입국관리법의 해석상 외국인에게는 사증발급 거부처분의 취소를 구할 법률상 이익이 인정되지 않는다고 봄이 타당하다."

2) 행정기관 및 지방자치단체의 원고적격

원고적격 관련 법률관계는 일반적으로 행정청의 처분에 대한 사인의 항고소송상 불복 및 그 원고적격 인정 여부의 구조를 취하는데, 이와는 달리 국가기관이 항고소송을 제기하여 그 원고적격 인정 여부가 일련의 판례를 통해 크게 문제되었습니다. 즉, 국민권익위원회가 소방청장에게 인사와 관련하여 부당한 지시를 한 사실이 인정된다며 이를 취소할 것을 요구하기로 의결하고 그 내용을 통지하자 소방청장이 국민권익위원회 조치요구의 취소를 구하는 소송을 제기한 사안에서, 소방청장이 국민권익위원회의 제재적 조치를 기관소송이나 기타 권한쟁의심판으로 다툴 수 없다면 법치국가원리 및 기관소송 법정주의를 취하는 현행 법령의 체계에 비추어 항고소송을 통한 주관적 권리구제의 대상이 된다고 보아 그 제재적 조치의 상대방인 행정기관(소방청장)의 원고적격을 인정하였습니다.

* **대판 2018.8.1, 2014두35379** : "행정소송법 제2조 제1항 제1호는 '처분'을 '행정청이 행하는 구체적 사실에 대한 법집행으로서의 공권력의 행사 또는 그 거부와 그 밖에 이에 준하는 행정작용'이라고 정의하고 처분의 상대방을 제한하는 규정을 두고 있지 않다. 행정소송법 제12조는 '처분 등의 취소를 구할 법률상 이익이 있는 자'가 취소소송을 제기할 수 있도록 정하고 있을 뿐이다. 한편 행정소송법 제13조는 '피고적격'이라는 제목으로 제1항에서 취소소송은 다른 법률에 특별한 규정이 없는 한 그 처분 등을 행한 행정청을 피고로 한다고 정함으로써, 행정청에 적어도 피고로서의 '당사자능력'이 인정된다는 것을 당연히 전제하고 있다. 국가기관 등 행정기관 사이에 그 권한의 존부와 범위

에 관하여 다툼이 있는 경우에 이는 통상 내부적 분쟁이라는 성격을 띠고 있어 상급관청의 결정에 따라 해결되거나 법령이 정하는 바에 따라 '기관소송'이나 '권한쟁의심판'으로 다루어진다. 그런데 법령이 특정한 행정기관 등으로 하여금 다른 행정기관을 상대로 제재적 조치를 취할 수 있도록 하면서, 그에 따르지 않으면 그 행정기관에 대하여 과태료를 부과하거나 형사처벌을 할 수 있도록 정하는 경우가 있다. 이러한 경우에는 단순히 국가기관이나 행정기관의 내부적 문제라거나 권한 분장에 관한 분쟁으로만 볼 수 없다. 행정기관의 제재적 조치의 내용에 따라 '구체적 사실에 대한 법집행으로서 공권력의 행사'에 해당할 수 있고, 그러한 조치의 상대방인 행정기관이 입게 될 불이익도 명확하다. 그런데도 그러한 제재적 조치를 기관소송이나 권한쟁의심판을 통하여 다툴 수 없다면, 제재적 조치는 그 성격상 단순히 행정기관 등 내부의 권한 행사에 머무는 것이 아니라 상대방에 대한 공권력 행사로서 항고소송을 통한 주관적 구제대상이 될 수 있다고 보아야 한다. 기관소송 법정주의를 취하면서 제한적으로만 이를 인정하고 있는 현행 법령의 체계에 비추어 보면, 이 경우 항고소송을 통한 구제의 길을 열어주는 것이 법치국가 원리에도 부합한다. 따라서 이러한 권리구제나 권리보호의 필요성이 인정된다면 예외적으로 그 제재적 조치의 상대방인 행정기관 등에게 항고소송 원고로서의 당사자능력과 원고적격을 인정할 수 있다. … 행정기관인 국민권익위원회가 행정기관의 장에게 일정한 의무를 부과하는 내용의 조치요구를 한 것에 대하여 그 조치요구의 상대방인 행정기관의 장이 다투고자 할 경우에 법률에서 행정기관 사이의 기관소송을 허용하는 규정을 두고 있지 않다. 따라서 이러한 조치요구를 이행할 의무를 부담하는 행정기관의 장으로서는 기관소송으로 조치요구를 다툴 수 없다. 위 조치요구에 관하여 정부 조직 내에서 그 처분의 당부에 대한 심사·조정을 할 수 있는 다른 방도도 없다. 또한 국민권익위원회는 헌법 제111조 제1항 제4호 소정의 '헌법에 의하여 설치된 국가기관'이라고 할 수 없으므로(헌법재판소 2010. 10. 28. 선고 2009헌라6 결정 참조), 그에 관한 권한쟁의심판도 할 수 없다. 별도의 법인격이 인정되는 국가기관이 아닌 원고는 질서위반행위규제법에 따른 구제를 받을 수도 없다. 위에서 보았듯이 부패방지권익위법은 원고에게 국민권익위원회의 조치요구에 따라야 할 의무를 부담시키는 외에 별도로 그 의무를 이행하지 않을 경우 과태료나 형사처벌까지 정하고 있다. 따라서 위와 같은 조치요구에 불복하고자 하는 '소속기관 등의 장'에게는 조치요구를 다툴 수 있는 소송상의 지위를 인정할 필요가 있다. 그러나 원고가 국민권익위원회의 조치요구를 다툴 별다른 방법이 없다. 그렇다면 국민권익위원회의 조치요구의 처분성이 인정되는 이 사건에서 이에 불복하고자 하는 원고로서는 조치요구의 취소를 구하는 항고소송을 제기하는 것이 유효·적절한 수단으로 볼 수 있으므로, 원고는 예외적으로 당사자능력과 원고적격을 가진다고 보아야 한다."

위 2014두35379 판결은, 甲이 국민권익위원회에 부패방지 및 국민권익위원회의 설치와 운영에 관한 법률에 따른 신고와 신분보장조치를 요구하였고, 국민권익위원회가 경기도선거관리위원회위원장에게 '甲에 대한 중징계요구를 취소하고 향후 신고로 인한 신분상 불이익처분 및 근무조건상의 차별을 하지 말 것을 요구'하는 내용의 조치요구를 한 사안에서, 국가기관인 경기도선거관리위원회위원장에게 위 조치요구의 취소를 구하는 소를 제기할 원고적격을 인정한 이전의 판결과 궤를 같이합니다.

> * **대판 2013.7.25, 2011두1214** : "국가기관 일방의 조치요구에 불응한 상대방 국가기관에 국민권익위원회법상의 제재규정과 같은 중대한 불이익을 직접적으로 규정한 다른 법령의 사례를 찾아보기 어려운 점, 그럼에도 乙이 국민권익위원회의 조치요구를 다툴 별다른 방법이 없는 점 등에 비추어 보면, 처분성이 인정되는 위 조치요구에 불복하고자 하는 乙로서는 조치요구의 취소를 구하는 항고소송을 제기하는 것이 유효·적절한 수단이므로 비록 乙이 국가기관이더라도 당사자능력 및 원고적격을 가진다고 보는 것이 타당하고, 乙이 위 조치요구 후 甲을 파면하였다고 하더라도 조치요구가 곧바로 실효된다고 할 수 없고 乙은 여전히 조치요구를 따라야 할 의무를 부담하므로 乙에게는 위 조치요구의 취소를 구할 법률상 이익도 있다."

동일한 행정주체로서의 국가 내부 기관 사이의 쟁송은 법인격 내부의 소송, 즉 '자기 자신에 대한 소송(내부기관소송, Insichprozess)'으로서 행정의 통일성을 저해할 우려가 있습니다. 또한, 성질상 기관소송이나 권한쟁의심판에 해당하지만 법체계상 이들의 방법으로 다툴 수 없는 사항이라는 이유로 법원이 해석을 통하여 그에 대한 항고소송을 허용하는 것은 해석론의 범위를 유월한 감이 없지 않습니다. 즉, 현행법상 기관소송이나 권한쟁의심판의 대상이 되지 않는다는 이유는 항고소송의 허용을 위한 논거로서 박약합니다. 2014두35379 판결에 나타난 '행정청에게 피고의 지위를 인정한 것이 당사자능력의 인정을 당연히 전제한 것'이라는 문구에도 선뜻 동의하기 어렵습니다. 법인격자로서의 권리의무 주체가 원·피고가 되는 원칙의 예외로서 항고소송의 피고를 행정청으로 함으로써 행정소송수행의 편의를 위한 규정인 행정소송법 제13조를 원고적격 논의와 직결되는 것으로 이해할 수는 없습니다.

이런 점에서 대법원의 입장은 재고의 여지가 없지 않습니다. 대법원은 행정기관인 국민권익위원회가 다른 행정기관인 소방청장에게 일정한 의무를 부과한 것으로 파악하지만, 이때의 소방청장을 행정기관이 아니라 공무원의 지위를 가지는 자연인 A로 해석하면 그 원고적격 인정이 한층 용이합니다. 행정기관에 대한 징역형 부과의 어색함, 즉 부패방지 및 국민권익위원회의 설치와 운영에 관한 법률 제90조 제3항에 따른 '1년 이하의 징역'은 이런 해석에 의할 때에만 이해 가능합니다. 나아가 행정기관에 대한 '조치요구'나 '통지'도 국가 내부의 행위인 점을 고려할 때 처분으로 보는데 난점이 따르지만, 그러한 조치 등의 상대방을 행정기관의 책임자로서 공무원인 소방청장으로 해석하면 처분성 인정이 용이합니다. 요컨대, 위 판결에서 원고를 국가기관(행정기관)으로서의 소방청장이 아니라 공무원으로서의 소방청장으로 보고 그 원고적격을 인정하는 것이 타당합니다. 여기서 상세히 설명할 여유가 없지만, 독일에서는 행정기관의 장도 개인의 권리와 관련되는 경우 예외적으로 독일 행정법원법 제61조[1] 제1호의 '자연인'에 해당한다고 봅니다.

한편, 판례가 지방자치단체의 원고적격을 인정한 경우도 있는데, 대법원의 논리는 위 판례에서의 그것과 대동소이합니다. 2012두22980 판결에서 대법원은 건축협의 취소는 상대방이 다른 지방자치단체 등 행정주체라 하더라도 '행정청이 행하는 구체적 사실에 관한 법집행으로서의 공권력 행사'로 볼 수 있고, 지방자치단체인 원고가 이를 다툴 실효적 해결 수단이 없는 이상, 원고는 건축물 소재지 관할 허가권자인 지방자치단체의 장을 상대로 항고소송을 통해 건축협의의 취소의 취소를 구할 수 있다고 판시하였습니다. 이 판결에서의 또 다른 쟁점은 건축협의의 처분성입니다. 협의는 비권력적 사실행위의 일종으로서 관계인의 권리의무에 직접 변동을 초래하는 것이 아니므로 원칙적으로 처분에 해당하지 않지만, 국가나 지방자치단체가 건축물의 소재지를 관할하는 허가권자와 협의한 경우에는 건축허가를 받았거나 건축신고 한 것으로 보는 간주규정에 의하여 실질적인 건축허가처분으로 취급하는 것입니다(건축법 제29조 제2항). 건축신고로 간주하는 경우의 처분성은 또 다른 쟁점을 내포합니다. 일반적으로 건축신고는 자기완결적 신고로서 그 수리거부는 처분이 아닙니다. 다만, 판례는 신고에 타법상의 인허가가 의제되는 경우와 미신고 시 시정조치, 이행강제금 부과 등 법적인 불이익조치가 수반되는 경우에는 이를 수리를 요하는 신고로 해석하여 건축신고나 그 수리거부의 처분성을 인정합니다. 따라서 건축협의 등이 건축신고로 간주되고 해당 건축신고 등과 관련한 처분성이 문제되는 경우에는 바로 위 쟁점을 별도로 살펴야 합니다.

---

1) Verwaltungsgerichtsordnung (VwGO) § 61 : Fähig, am Verfahren beteiligt zu sein, sind
   1. natürliche und juristische Personen,
   2. Vereinigungen, soweit ihnen ein Recht zustehen kann,
   3. Behörden, sofern das Landesrecht dies bestimmt.
   ⇒ 행정법원법 제61조 소송절차에 참여할 능력있는 자는 다음 각 호와 같다.
   1. 자연인과 법인, 2. 권리가 부여된 단체, 3. 주법이 당사자능력을 인정한 행정청.

* **대판 2014.2.27, 2012두22980** : "구 건축법(2011. 5. 30. 법률 제10755호로 개정되기 전의 것) 제29조 제1항, 제2항, 제11조 제1항 등의 규정 내용에 의하면, 건축협의의 실질은 지방자치단체 등에 대한 건축허가와 다르지 않으므로, 지방자치단체 등이 건축물을 건축하려는 경우 등에는 미리 건축물의 소재지를 관할하는 허가권자인 지방자치단체의 장과 건축협의를 하지 않으면, 지방자치단체라 하더라도 건축물을 건축할 수 없다. 그리고 구 지방자치법 등 관련 법령을 살펴보아도 지방자치단체의 장이 다른 지방자치단체를 상대로 한 건축협의 취소에 관하여 다툼이 있는 경우에 법적 분쟁을 실효적으로 해결할 구제수단을 찾기도 어렵다. 따라서 건축협의 취소는 상대방이 다른 지방자치단체 등 행정주체라 하더라도 '행정청이 행하는 구체적 사실에 관한 법집행으로서의 공권력 행사'(행정소송법 제2조 제1항 제1호)로서 처분에 해당한다고 볼 수 있고, 지방자치단체인 원고가 이를 다툴 실효적 해결 수단이 없는 이상, 원고는 건축물 소재지 관할 허가권자인 지방자치단체의 장을 상대로 항고소송을 통해 건축협의 취소의 취소를 구할 수 있다."

3. 행정처분의 직접 상대방이 아닌 제3자

1) 개설

처분의 제3자에 대한 원고적격의 인정 범위는 내용적으로 행정소송법 제12조의 '법률상 이익이 있는 자'의 범위 확정의 문제입니다. 행정소송의 기능 및 목적을 고려하여 학설은 권리 침해를 받은 자만이 원고가 될 수 있다는 권리구제설(권리회복설), 권리뿐만 아니라 법률에 의하여 보호되는 이익을 침해받은 자를 포함하는 법률상이익구제설(법적으로 보호되는 이익설), 법률상 보호되고 있지 않더라도 보호할 가치가 있는 이익을 침해받은 자도 원고가 될 수 있다는 보호가치 있는 이익설(소송상 보호가치 있는 이익구제설) 및 개인의 이익침해 여부와 관계없이 처분의 위법을 주장하는 모든 자에 대하여 원고적격을 인정하는 적법성보장설 등이 대립합니다. 현행 행정소송제도의 근간이 주관적 소송이라는 점에서 객관소송을 전제로 하는 적법성보장설은 타당하지 않으며, 법률상 이익의 침해를 권리침해에 한정하는 경우 원고적격의 인정범위가 지나치게 협소하여 법치행정원칙이 형해화할 우려가 있는 점에서 권리구체설은 취할 바가 아닙니다. 통설·판례는 크게 보아 법률상이익구제설을 취하면서 원고적격의 인정 범위를 확대하는 경향에 있습니다. 아래에서는 원고적격 인정범위의 확대 법리를 설명합니다.

2) 법률상이익구제설의 내용

법률상이익구제설에 의할 경우 처분 등으로 인해 명문의 규정에 의한 권리뿐만 아니라 일정 이익을 침해받은 자도 처분 등의 취소를 구할 원고적격을 갖게 되지만, 그 이익은 법에 의하여 보호되는 개별적·구체적·직접적 이익, 즉 법률상 이익 내지 법적으로 보호되는 이익이어야 하고 공익 보호의 결과로 국민 일반이 공통적으로 가지는 일반적·추상적·평균적 이익은 반사적 이익으로서 원고적격의 인정 범위에 포함되지 않습니다.

법에 의해 보호되는 이익을 침해받은 자를 원고적격자로 하는 경우에도 그 '법'이 해당 처분의 근거 법조항만을 말하는지, 그 법 전체의 취지나 목적을 함유하는 조항(통상 해당 법률의 제1조)까지 포함하는지, 나아가 관계 법규까지 포함하는지, 또는 헌법상 기본권 내지 법의 일반원리까지 미치는지에 관하여, 판례는 처분의 근거 법규, 그 법 전체의 취지 등 및 관련 법규를 기본으로 하되 직접 개인의 이익을 보호하려는 취지의 규정이 없더라도 헌법상 기본권 보장 이념에 비추어 근거 법규 및 관계 법규의 헌법합치적·목적론적 해석상 순수한 공익 보호 차원을 넘어 해당 사인의 이익을 보호하는 취지를 포함하는 것으로 인정되는 경우에는 법률상 이익으로 취급합니다. 그런데 행정법규가 순수하게 공익만을 지향하는 경우는 오히려 드물고 대부분 공익과 사익을 함께 보호하려는 취지로 해석 가능하므로 법률상 이익의 판단을 위해서는 해당 행정법규의 취지·목적, 그 처분으로 침해되는 이익의 내용·성질·태양 등을 종합적으로 해석하여 구체적으로 판단할 수밖에 없습니다.

또한, 견해에 따라서는 대법원 1998.4.24. 선고 97누3286 판결 등 환경영향평가제도 관련 판례를 들어 대법원이 당해 처분에서 반드시 거쳐야 하는 절차법규도 법률상 보호되는 이익의 근거 법규로 인정한다고 주장하지만, 독일의 경우와는 달리 우리 판례가 반드시 그런 입장이라고 말하기에는 주저함을 숨길 수 없습니다. 해당 판례와 관련 조문을 꼼꼼히 살필 때 대법원이 법률상 이익으로 인정한 것은 단순한 절차적 권리에 대한 것이 아닙니다. 오히려 환경영향평가 등의 절차를 거쳐 수집한 인근 주민의 의견 등을 해당 실체적 결정에 반영할 것을 관계 법규가 규정하여, 결과에 있어 절차가 실체적 결정에 영향을 미치는 점을 고려한 점에서 비롯합니다. 즉, 이때의 절차법규에 의한 절차적 이익 그 자체를 법률상 이익의 내용으로 본 것이 아니라, 절차를 거쳐 형성되는 실체적 결정으로서의 산출물, 즉 여전히 실체적 이익에 초점을 맞춘 것으로 해석함이 타당합니다.

행정처분의 근거 법규 또는 관계 법규에 그 처분으로써 이루어지는 사업으로 인하여 환경상 이익의 침해를 받으리라고 예상되는 등 '영향권'의 범위가 구체적으로 규정되어 있는 경우에는 그 영향권 내의 주민들에 대해서는 당해 처분으로 인하여 직접적이고 중대한 피해가 초래될 것을 예상할 수 있고, 이와 같은 환경상 이익은 주민 개개인에 대하여 개별적으로 보호되는 구체적·직접적 이익으로서 그들에 대해서는 특단의 사정이 없는 한 환경상 이익에 대한 침해 또는 침해의 우려가 있는 것으로 사실상 추정되어 법률상 보호되는 이익으로 인정됩니다. 한편, 그 영향권 밖의 주민들의 이익은 법률상 이익으로서의 침해 개연성이 사실상 추정되지 않아 원칙적으로 원고적격이 부인되지만, 당해 처분으로 인하여 그 처분 전과 비교하여 수인한도를 넘는 피해를 받거나 받을 우려가 있음을 입증하는 경우에는 예외적으로 법률상 보호되는 이익으로 인정되어 원고적격을 긍정합니다. 이처럼 오늘날 환경권과 소비자권리, 문화적 생활을 누릴 권리 등의 중요성이 부각됨으로 인해 과거 반사적 이익으로 간주하였던 것들이 법에 의하여 보호되는 이익으로 해석되는 등 법률상 이익의 개념 내지 원고적격의 인정 범위가 확대되는 추세입니다. 그럼에도 불구하고 우리 판례는 기본권으로서 경쟁의 자유 등 몇몇 예외를 제외하고 헌법상 기본권(특히, 환경권) 및 (구)환경정책기본법 등의 기본법으로부터 곧바로 공권을 도출하여 원고적격 인정의 근거로 삼지 않음은 후술하는 소위 '새만금 판결'을 통해 확인할 수 있습니다.

> * **헌재결 1998.4.30, 97헌마141** : "행정처분의 직접 상대방이 아닌 제3자라도 당해처분의 취소를 구할 법률상 이익이 있는 경우에는 행정소송을 제기할 수 있다. 이 사건에서 보건대, 설사 국세청장의 지정행위의 근거규범인 이 사건 조항들이 단지 공익만을 추구할 뿐 청구인 개인의 이익을 보호하려는 것이 아니라는 이유로 청구인에게 취소소송을 제기할 법률상 이익을 부정한다고 하더라도, 청구인의 기본권인 경쟁의 자유가 바로 행정청의 지정행위의 취소를 구할 법률상 이익이 된다 할 것이다."

4. 원고적격 논의의 기초 : 보호규범론

취소소송 원고적격에 관한 기존의 다수설은 취소소송을 형성소송 및 주관적 소송으로 이해하는 전제하에 법률상이익구제설을 근간으로 하되, 사익보호의 근거 법규의 범위를 확대하고 사익보호성을 헌법합치적·목적론적으로 해석함으로써 원고적격의 인정 범위를 확대해 나가려는 경향임은 주지의 사실입니다. 이러한 입론은 취소소송의 원고적격에 관한 규범구조를 거시적으로 파악하는 데에서 출발합니다. 헌법 제27조 제1항, 제101조 제1항, 제107조 제2항 등에서 행정에 대한 사법권의 범위는 '재판' 내지 '법률에 의한 재판'이 무엇인가의 문제이고 이는 법원조직법 제2조 제1항에서 '법률상의 쟁송'으로 표현되기도 합니다. 이런 규범의 외연하에 행정소송법 제12조 제1문이 원고적격자를 '처분등의 취소를 구할 법률상 이익이 있는 자'로 규정하여, 결국 원고적격이 법률상 이익의 해석에 좌우되는 규범구조를 취합니다.

독일의 행정소송제도는 절대권력을 극복한 법치행정원리에 그 뿌리를 굳건히 합니다. 즉, 공행정작용에 의한 국민의 권익침해에 대응한 행정소송상 권리구제를 시혜적 의미의 열거주의가 아니라 제도적으로 보장하려는 인식이 대두하면서, 행정을 법률우위원칙 및 법률유보원칙하에 두고 이를 위반한 경우 원칙적으로 구제 대상의 범위 내에 위치시키는 개괄주의에 바탕합니다. 다만, 이 경우 침해된 국민의 이익 전부를 구제의 대상으로 하는 것이 아니라 그 범위를 일정 한계 내로 제한하며, 이는 주관적 행정소송제도하에서의 원고적격 문제로 구체화됩니다. 소송법상으로 '권리침해'라는 문구가 등장하였고 이는 뷜러(Ottmar Bühler)를 통해 실체법상 '개인의 주관적 공권론'으로 발전하였습니다. 주관적 공권론은 개인의 국가에 대한 보편적 권리 향유성을 인정하는 영미법계와는 달리, 사익보호성을 공권의 성립요건으로 삼음으로써 사인이 공행정과정에서 일정한 요건하에 권리를 향유할 수 있다는 것으로 요약할 수 있습니다.

좀 더 구체적으로 살필 때, 독일의 원고적격 관련 규범체계의 출발은 기본법입니다. 기본법 제19조 제4항 제1문은 "누구든지 공권력 행사에 의하여 자신의 권리가 침해된 때에는 소송상 권리구제가 가능하다(Wird jemand durch die öffentliche Gewalt in seinen Rechten verletzt, so steht ihm der Rechtsweg offen)"고 함으로써, 헌법 자체에서 원고적격의 실질적 기준으로 '권리가 침해된 자'를 설정하여 행정에 의한 권리침해에 상응하는 국민의 재판청구권을 전면적·포괄적으로 보장합니다. 이를 통해 권리구제수단으로서의 행정소송의 종류와 대상에 관한 제한은 철폐되었지만,[1)] 행정소송의 원고적격은 헌법상의 제한인 '권리침해'를 요건으로 인정할 수밖에 없는 구조입니다.

기본법의 외연하에서 독일 행정법원법 제42조 제2항은 "법률로 달리 정하지 않는 한 취소소송은 원고가 행정행위, 그 거부 또는 부작위로 인하여 자신의 권리가 침해되었음을 주장하는 경우에만 허용된다(Soweit gestzlich nichts anderes bestimmt ist, ist die Klage nur zulässig, wenn der Kläger geltend macht, durch den Verwaltungsakt oder

1) 독일 행정법원법(VwGO)과 연방행정법원(BVerwG)은 포괄적 권리구제를 위해, 행정행위에 대하여는 그 취소를 구하는 Anfechtungsklage(취소소송)와 더불어 그 발급을 구하는 Verpflichtungsklage(의무이행소송)를 마련하였을 뿐만 아니라, 행정행위가 아닌 행정작용에 대하여도 그 중단·배제를 요구하는 Unterlassungsklage(부작위청구소송) 및 vorbeugende Unterlassungsklage(예방적 부작위소송)와 적극적 행정활동을 구하는 allgemeine Leistungsklage(일반이행소송)등 다양한 소송유형을 인정합니다.

seine Ablehnung oder Unterlassung in seinen Rechten verletzt zu sein)"고 규정합니다. 즉, 원고적격의 인정 요건을 '권리침해의 주장'으로 규정함으로써 헌법상의 주관적 권리구제 중심의 행정소송제도를 원고적격 단계에서부터 구현하고 있습니다. 이는 동법 제113조 제1항 제1문의 "행정행위가 위법하고 이를 통해 원고가 자신의 권리가 침해된 경우에는 법원은 행정행위 또는 재결을 취소한다(Soweit der Verwaltungsakt rechtswidrig und der Kläger dadurch in seinen Rechten verletzt ist, hebt das Gericht den Verwaltungsakt und den etwaigen Widerspruchsbescheid auf)"는 본안판단 관련 조항을 통해서도 확인할 수 있습니다. 양 조항을 종합하면, 원고적격에서는 '권리침해의 주장(자기관련성, selbst Betroffenheit)'이, 본안요건에서는 '위법성'과 더불어 '권리침해의 사실'을 요구하는 셈이지요. 결국 '권리침해'가 취소소송의 전 과정을 관통하는 중심축으로 기능하고 있습니다.

원고적격을 의미하는 '권리침해의 주장'은 본안판단에서처럼 권리침해에 대한 논리정연함(Schlüssigkeit)은 아니지만, 적어도 '개연성(Möglichkeit)'이 있어야 하며 전혀 불가능한 것(von vornherein ausgeschlossen)이 아닌 것으로 이해합니다. 또한, 개연성의 구체적 의미는 원고가 주장하는 권리가 실제로 원고에게 인정될 가능성과 그 권리가 실제로 침해되었을 가능성을 말하는데, 쉽게 표현하면 원고가 '위법한 처분에 의하여 자신의 권리가 침해되었다'고 주장하는바, 만약 위법한 처분이라면 그에 의하여 침해되었다고 주장하는 이익이 권리(공권)이며 그것이 자신에게 귀속된 것인가의 여부를 원고적격 단계에서 판단하는 것입니다. 예를 들어 환경인인소송에서 인근 주민의 원고적격 인정 여부는 결국 자신이 침해되었다고 주장하는 권리의 '자기귀속 가능성'에 좌우되므로 원고적격 문제는 규범의 해석을 통한 권리귀속 여부에 집중합니다. 이러한 논리 구조가 '보호규범론(Schutznormtheorie)'의 등장 배경이 되는데, 근거법규 등이 소송을 실질적으로 가능하게 해 주는 기능을 하여 원고의 권리를 결과적으로 보호하는 규범이 되는지 여부가 그 핵심 내용이라 할 수 있습니다.

보호규범론에서는 보호규범의 범위를 엄격히 해석하여 명문의 규정에 의한 권리만을 공권 내지 원고적격의 요건으로 하는 경우 원고적격의 인정 범위가 지나치게 협소해지는 폐단을 공권 성립의 요건인 '사익보호성'의 확대를 통하여 극복하려는 시도를 행합니다. 명문의 규정에 의한 권리성을 도출할 수 없더라도, - 처분의 근거 법규가 공익만을 보호하려는 취지인 경우에는 반사적 이익에 불과하지만 - 처분의 근거 법규가 공익뿐만 아니라 관계인의 사익도 보호하려는 취지로 해석되는 경우에는 법이 보호하는 이익으로 보아 원고적격을 인정하는 것이 그것입니다. 그러나 이러한 보호규범론에 의하더라도 원고적격의 확대 요청이 완전할 정도로 충족되지는 않음으로 인해 복효적 행정행위의 일반화 현상을 바탕으로 행정법관계를 '국가 ↔ 개인'의 구도가 아니라 국가가 대립하는 사익 간의 충돌을 공익적 관점에서 조정하는 다극적 관계로의 인식 전환이 이루어졌습니다. 즉, 원고적격의 획기적 확대를 위한 다양한 이론적 시도가 등장하였는데, 이를 다음의 세 가지로 요약할 수 있습니다.

① 주관적 공권론 내지 보호규범론에서의 법률종속성을 탈피하여 '사적인 고유한 이익상황' 내지 '사실상 관련성' 기준에 의하여 원고적격을 인정하려는 입장으로서, 학설로는 보호가치 있는 이익설이 여기에 해당합니다.

② 헌법상 기본권(특히, 기본법 제2조 제1항[1])의 '자유로운 인격 발현권')으로부터 직접 원고적격을 도출하려는 시도인데, 이는 보호규범론을 근본적으로 부인하는 입장입니다.

③ 헌법의 직접적 개입을 경계하고, 다극적 관계의 문제해결을 위해 예외적으로 기본권의 핵심적 영역의 침해의 경우에만 공권성을 도출하려는 견해로서 여기에서는 보호규범론의 견지를 전제로 합니다.

연방행정법원 판례는 이익형량 과정을 통해 기본권 및 헌법원리를 구체화하는 의회입법권을 존중하는 취지에서, 공권성 내지 원고적격은 결국 근거 규범에의 의존하에서 도출하여야함을 강조함으로써 위 ③의 입장을 견지합니다. 다만, 근거 법규에 의한 사익보호성의 도출이 불가능한 경우이더라도 예외적으로 헌법합치적·목적론적 해석을 통하여, 사인의 이익이 특별히 구별되고 심대하며 동시에 개별적으로 침해된 경우에는 기본권 보장이라는 법치주의원칙의 실질적 구현을 위해 공권 내지 원고적격을 인정할 수 있다고 하는데, 이를 '제3자고려명령(Rücksichtnahmegebot)'이라 칭합니다. 그럼에도 불구하고 독일의 경우에도 기본권으로부터 곧바로 원고적격을 도출하지 않는 것이 다수의 견해입니다. 이를테면 독일 기본법상 환경권 규정이 존재하지 않지만 그렇다고 하여 기본권 제2조 제2항[2])을 근거로 직접 공권 내지 원고적격이 도출되는 것은 아니라고 합니다.

---

1) "Jeder hat das Recht auf die freie Entfaltung seiner Persönlichkeit, soweit er nicht die Rechte anderer verletzt und nicht gegen die verfassungsmäßige Ordnung oder das Sittengesetz verstößt(모든 인간은 타인의 권리를 침해하지 않는 한, 그리고 헌법질서와 도덕률을 위반하지 않는 한 자유로운 인격발현권을 가진다)."

2) "Jeder hat das Recht auf Leben und körperliche Unversehrtheit. Die Freiheit der Person ist unverletzlich. In diese Rechte darf nur auf Grund eines Gesetzes eingegriffen werden(모든 인간은 생명권과 신체의 불가침권을 가진다. 개인의 자유는 침해할 수 없다. 이들 권리는 법률에 근거해서만 제한

5. 원고적격의 인정 범위에 관한 새로운 시도

전술하였듯이 독일의 취소소송은 원고적격과 관련하여 소송요건 단계에서 '권리침해의 주장(개연성)', 본안판단에서 '처분의 위법 + 권리침해의 사실'의 구조를 취합니다. 이때 권리침해 판단의 준거법규가 위법의 판단 준거법규와 동일하여야 하는데(이를 'A법률'이라고 합시다), 이는 또한 소송요건 단계에서의 권리침해의 개연성 판단에서의 권리성 인정 여부도 A법률에 의하여야 함을 뜻합니다. 하나의 소송에서 권리와 관련한 법원의 제반 판단의 준거가 소송요건과 본안판단에 따라 달라질 수 없기 때문입니다. 따라서 원고에게 A법률은 자신의 권리구제를 위해 취소소송 전반을 관통하는 보호규범이 되는 형상을 띠고, 이러한 논리적 흐름 속에 주관적 소송의 전통이 자리하고 있습니다. 요컨대, 독일에서의 보호규범론의 견지는 '원고의 주관적 관련성'이 원고적격 단계에 한정되는 것이 아니라 본안판단까지 연결되기 때문입니다. 이를 통해 본안에서의 위법성 판단척도가 되는 법규범이 동시에 소송요건에서 원고적격을 부여하는 보호규범이 되는 것입니다.

이에 비해 우리의 경우 원고적격과 관련한 새로운 시도는 헌법 제107조 제2항, 행정소송법 제4조 제1호, 제27조, 제28조 등에 비추어 취소소송의 객관적 소송으로서의 성격을 주장합니다. 즉, 독일과 달리 위 조문 어디에서도 '권리' 내지 '권리침해'가 표현되지 않았음에 주목합니다. 각각 '처분의 위법', '위법한 처분', '재량의 일탈·남용이 있는 때', '처분 등이 위법함을'이라는 표현을 사용함으로써 고전적인 행정의 법률적합성원칙만을 취소소송과 견련시키는 점에 착안한다는 의미입니다. 또한, 행정소송법 제12조는 독일과는 달리 '법률상 이익이 침해된 자'가 아닌 '처분의 취소를 구할 법률상 이익이 있는 자'로 원고적격을 규정합니다.[1] 즉, 동조 소정의 법률상 이익을 기준으로 원고의 주관적 권리구제의 문제를 완전히 포섭하고, 본안판단에서는 처분의 객관적 위법성만을 문제 삼는다고도 해석 가능합니다. 이는 원고적격 단계에서 '권리침해의 주장'을, 본안에서 '권리침해의 사실' 및 '처분의 위법성'을 심사하는 독일과는 사뭇 다르고 오히려 객관소송제도에 터 잡은 프랑스 법제에 접근하는 것입니다. '원고의 주관적 관련성'이 소송요건 단계에만 국한되는 경우에는 원고적격 인정을 위한 원고의 주관적 관련성을 반드시 본안판단의 척도인 A법률 규정과 연관시킬 필요가 없습니다. 이런 이유를 들어 새로운 시도는 우리의 경우 원고적격의 인정은 '취소를 구할 법률상 이익'의 해석의 문제이지, 보호

할 수 있다)."

1) 그럼에도 불구하고 동조를 '법률상 이익이 침해된 자'로 해석하는 입장은 독일법의 영향을 강하게 받은 소치입니다.

규범으로서의 근거법률의 해석의 문제가 아니라고 하는 것입니다.

이런 입장은 학설상 보호가치 있는 이익설이 자신의 논거로 제시하는 내용과 궤를 같이합니다. 원고적격의 인정 여부를 보호규범으로서 근거 법률의 사익보호성의 범위에 속하는지 여부에 대한 해석을 통해서가 아니라, 행정소송법 제12조가 '처분 등의 취소를 구할 법률상 이익'이라는 표현을 쓰는 한 동조를 '전체 법질서에 비추어 처분의 취소를 구할 수 있는 것으로 판단되는 이익'으로 해석하는 것입니다. 따라서 그 판단기준으로는 이익의 개별성, 직접성, 현재성, 구체성 같은 사실적 상황은 물론, 관계되는 모든 법률과 기본권 또는 헌법원리까지 포함하여 법률상 이익을 판단합니다. 이는 프랑스보다는 엄격하고 독일보다는 완화된 원고적격 개념으로, 결과에 있어서는 종래 보호가치 있는 이익설에 접근합니다. 그러나 이러한 논의는 '보호규범의 해석'이라는 원고적격 관련 입법자의 결정 권한을 경시하고 원고적격의 문제를 법원의 임의적 판단에 맡긴다는 비판으로부터 자유롭지 못합니다.

결과에 있어 성사되지는 못했지만, 과거 행정소송법 개정 시도에서 행정소송법 제12조의 원고적격 문구를 '처분의 취소를 구할 정당한 이익이 있는 자'로 개정할 것을 논의한 적이 있습니다. '정당한 이익'에서의 이익은 위법한 처분으로 침해되는 개인적인 이익에 한정되지 않고, 처분의 취소를 구할 가장 적합하고 정당한 지위에 있는 자가 원고적격을 향유한다고 해석하여 취소소송의 객관소송화를 강조하려는 의도였습니다. 이로써 원고적격과 근거 법률과의 연결고리를 끊고 보다 광범위한 이익구제 방향으로 향할 수 있는 장점이 있습니다. 이러한 시도는 또한 독일법상의 단체소송(Verbandsklage) 및 영미법상의 납세자소송(taxpayer action)을 활성화하는 등 시민단체 등의 원고적격 인정을 위한 바람직한 시도로 평가할 수 있습니다. 그러나 행정소송법 개정 시도가 입법화로 귀결되지 않았습니다. 따라서 대법원 판례의 일관된 흐름을 고려할 때 취소소송 등 현행의 행정소송제도는 여전히 주관적 소송에 입각하고 있으며, 원고적격의 판단은 보호규범론에 입각하되 여러 해석론적 시도를 통해 그 인정 범위를 확대하고 있다고 결론지을 수 있습니다.

6. 원고적격 관련 판례

1) 원고적격을 인정한 판례

(1) 특허사업의 경업자소송

경업자소송은 여러 영업자가 경쟁관계에 있는 경우에 한 영업자에 대한 처분 또는 부작위를 경쟁관계에 있는 다른 영업자가 다투는 소송유형을 말합니다.

■ 선박운항사업면허처분에 대한 기존업자

* **대판 1969.12.30, 69누106** : "행정소송에서 소송의 원고는 행정처분에 의하여 직접 권리를 침해당한 자임을 보통으로 하나 직접권리의 침해를 받은 자가 아닐지라도 소송을 제기할 법률상의 이익을 가진자는 그 행정처분의 효력을 다툴 수 있다고 해석되는바, 해상운송사업법 제4조 제1호에서 당해사업의 개시로 인하여 당해항로에서 전공급수송력이 전 수송수요량에 대하여 현저하게 공급 과잉이 되지 아니하도록 규정하여 허가의 요건으로 하고 있는 것은 주로 해상운송의 질서를 유지하고 해상운송사업의 건전한 발전을 도모하여 공공의 복리를 증진함을 목적으로 하고 있으며 동시에 한편으로는 업자간의 경쟁으로 인하여 경영의 불합리를 방지하는 것이 공공의 복리를 위하여 필요하므로 허가조건을 제한하여 기존업자의 경영의 합리화를 보호하자는 데도 목적이 있다. 이러한 기존업자의 이익은 단순한 사실상의 이익이 아니고 법에 의하여 보호되는 이익이라고 해석된다."

판례는 경업자소송에서 제3자의 원고적격 인정을 위한 근거 법규의 사익보호성 취지 도출의 논증을 위 밑줄의 표현으로 반복합니다. 이를 큰 틀에서 공식화하면, "근거 법규에서 허가 등의 요건을 규정하는 것은 △△산업의 건전한 발전을 도모하여 공공복리의 증진을 목적으로 하고 있으며, 동시에 업자 간의 과다경쟁을 방지하여 경영 합리화를 기하려는 취지로 해석된다"입니다.

■ 자동차운송사업면허에 대한 당해 노선의 기존업자

* **대판 1974.4.9, 73누173** : "행정소송에서 소송의 원고는 행정처분에 의하여 직접 권리를 침해당한 자임을 보통으로 하나 직접 권리의 침해를 받은자가 아닐지라도 소송을 제기할 법률상의 이익을 가진자는 그 행정처분의 효력을 다툴 수 있다고 해석되는 바(당원 1969.12.30 선고 69누106 판결

참조), 자동차 운수사업법 제6조 제1호에서 당해 사업계획이 당해 노선 또는 사업구역의 수송수요와 수송력 공급에 적합할 것을 면허의 기준으로 한 것은 주로 자동차 운수사업에 관한 질서를 확립하고 자동차운수의 종합적인 발달을 도모하여 공공복리의 증진을 목적으로 하고 있으며, 동시에, 한편으로는 업자간의 경쟁으로 인한 경영의 불합리를 미리 방지하는 것이 공공의 복리를 위하여 필요하므로 면허조건을 제한하여 기존업자의 경영의 합리화를 보호하자는 데도 그 목적이 있다할 것이다. 따라서 이러한 기존업자의 이익은 단순한 사실상의 이익이 아니고, 법에 의하여 보호되는 이익이라고 해석된다."

■ 광업법이 정한 거리제한을 위배한 증구허가에 대한 인접 광업권자

＊ **대판 1982.7.27, 81누271** : "이와 같이 단위구역내에 기존 자유형 광구가 있어 단위구역실시가 곤란한 경우에 단위구역제의 예외로서 상당한 거리를 보유하고 광구를 설정하도록 한 위 규정의 취지는 소론과 같은 단순한 인접 광구의 경계에 관한 측량상의 오차로 인하여 발생하는 인접광업권자 사이의 분쟁을 예방하고자 후일 위 광업법 제33조에 의한 실지조사에 따라 경계가 확정될 때까지 잠정적으로 조정구역을 존치한다고 하는 취지의 광업사무시행의 기준을 정한 훈시적 규정에 불과한 것이 아니라, 인접한 단위구역 광구와 기존자유형 광구 사이에 발생될 가능성있는 측량오차로 인한 광구침굴, 갱내수, 갱내화재발생 등 광업보안상의 위해방지와 분쟁예방 및 광업행정상의 단속 및 감독을 원활히 하려는 취지에서 나온 것이라고 해석되고 따라서 위 규정은 기존자유형 광구와의 경계에 단위구역 광구를 설정하는 예외적 광구설정에 따른 구체적인 시행을 위한 위 광업법의 위임 범위내에 속하는 적법한 법규명령인 강행규정으로서 이를 위반하여 광구설정을 한 때에는 그 처분은 위법하게 되고, 하자 있는 처분으로서 취소대상이 된다고 해석함이 타당하다 할 것이며, 인접한 광업권자 상호간에는 위와 같은 상당한 거리를 보유함으로써 경계의 분쟁, 침굴의 우려, 광산작업상의 위해 등을 미연에 방지, 제거할 수 있는 이익을 위 법령에 의하여 향유하는 것으로서 이는 단순한 반사적 이익이나 사실상의 이익이 아니라 바로 법률에 의하여 보호되는 이익이라 할 것이다."

■ 기존 시내버스 노선 및 운행계통과 일부 중복되는 시외버스 운송업계획변경인가처분에 대한 기존 시내버스업자

＊ **대판 2002.10.25, 2001두4450** : "행정처분의 직접 상대방이 아닌 제3자라 하더라도 당해 행정처분으로 인하여 법률상 보호되는 이익을 침해당한 경우에는 취소소송을 제기하여 그 당부의 판단을 받을 자격이 있다 할 것이니, 여기에서 말하는 법률상 보호되는 이익이란 당해 행정처분의 근거 법률에 의하여 보호되는 직접적이고 구체적인 이익을 말하고 제3자가 당해 행정처분과 관련하여 간접

적이거나 사실적·경제적인 이해관계를 가지는 데 불과한 경우는 여기에 포함되지 아니한다. 그리고 일반적으로 면허나 인·허가 등의 수익적 행정처분의 근거가 되는 법률이 해당 업자들 사이의 과당경쟁으로 인한 경영의 불합리를 방지하는 것도 그 목적으로 하고 있는 경우 다른 업자에 대한 면허나 인·허가 등의 수익적 행정처분에 대하여 미리 같은 종류의 면허나 인·허가 등의 수익적 행정처분을 받아 영업을 하고 있는 기존의 업자는 경업자에 대하여 이루어진 면허나 인·허가 등 행정처분의 상대방이 아니라 하더라도 당해 행정처분의 취소를 구할 당사자적격이 있다 할 것이다(대법원 1999. 10. 12. 선고 99두6026 판결 등 참조). 그런데 법 제6조 제1항 제1호에서 '사업계획이 당해 노선 또는 사업구역의 수송수요와 수송력공급에 적합할 것'을 여객자동차운송사업의 면허기준으로 정한 것은 여객자동차운송사업에 관한 질서를 확립하고 여객자동차운송사업의 종합적인 발달을 도모하여 공공의 복리를 증진함과 동시에 업자간의 경쟁으로 인한 경영의 불합리를 미리 방지하자는 데 그 목적이 있다 할 것이고(대법원 1992. 7. 10. 선고 91누9107 판결 등 참조), 한편, 법 제3조 제1항 제1호와 법시행령 제3조 제1호, 법시행규칙 제7조 제3항, 제4항 등의 각 규정을 종합하여 보면, 시내버스운송사업과 시외버스운송사업은 다 같이 운행계통을 정하고 여객을 운송하는 노선여객자동차운송사업에 속하므로, 위 두 운송사업이 면허기준, 준수하여야 할 사항, 중간경유지, 기점과 종점, 운행방법, 이용요금 등에서 달리 규율된다는 사정만으로 본질적인 차이가 있다고 할 수는 없으며, 이 사건에서 원심이 인정한 사실에 의하더라도 기존에 울산-덕현(석남사) 간을 운행하던 원고 대우여객의 경우 이 사건 처분으로 인하여 참가인들의 직행 시외버스가 덕현(석남사)에 정차하게 됨으로써 위 원고의 운행수익의 감소가 예상된다는 것이므로, 이와 같이 이 사건 처분으로 인하여 기존의 시내버스운송사업자인 원고 대우여객의 노선 및 운행계통과 시외버스운송사업자인 참가인들의 그것들이 일부 중복되게 되고 기존업자의 수익감소가 예상되는 사실관계라면, 원고 대우여객과 참가인들은 경업관계에 있는 것으로 봄이 상당하다 할 것이어서 원고 대우여객에게 이 사건 처분의 취소를 구할 법률상의 이익이 있다 할 것이다."

■ 일반면허를 받은 시외버스운송사업자에 대한 사업계획변경 인가처분으로 인하여 기존에 한정면허를 받은 시외버스운송사업자의 노선 및 운행계통과 일부 중복되어 해당 사업계획변경인가처분의 취소를 구하는 한정면허 시외버스운송사업자

* **대판 2018.4.26, 2015두53824** : "일반적으로 면허나 인허가 등의 수익적 행정처분의 근거가 되는 법률이 해당 업자들 사이의 과당경쟁으로 인한 경영의 불합리를 방지하는 것도 그 목적으로 하고 있는 경우, 다른 업자에 대한 면허나 인허가 등의 수익적 행정처분에 대하여 미리 같은 종류의 면허나 인허가 등의 수익적 행정처분을 받아 영업을 하고 있는 기존의 업자는 경업자에 대하여 이루어진 면허나 인허가 등 행정처분의 상대방이 아니라 하더라도 당해 행정처분의 취소를 구할 당사자적격이 있다. 한편 구 여객자동차 운수사업법(2013. 8. 6. 법률 제12020호로 개정되기 전의 것, 이하 '법'이

라 한다) 제5조 제1항 제1호에서 '사업계획이 해당 노선이나 사업구역의 수송수요와 수송력 공급에 적합할 것'을 여객자동차운송사업의 면허기준으로 정한 것은 여객자동차운송사업에 관한 질서를 확립하고 여객자동차운송사업의 종합적인 발달을 도모하여 공공의 복리를 증진함과 동시에 업자 간의 경쟁으로 인한 경영의 불합리를 미리 방지하자는 데 그 목적이 있다. 또한 한정면허를 받은 시외버스운송사업자라고 하더라도 다 같이 운행계통을 정하고 여객을 운송하는 노선여객자동차운송사업을 한다는 점에서 일반면허를 받은 시외버스운송사업자와 본질적인 차이가 없으므로, 일반면허를 받은 시외버스운송사업자에 대한 사업계획변경 인가처분으로 인하여 기존에 한정면허를 받은 시외버스운송사업자의 노선 및 운행계통과 일반면허를 받은 시외버스운송사업자의 그것이 일부 중복되게 되고 기존업자의 수익감소가 예상된다면, 기존의 한정면허를 받은 시외버스운송사업자와 일반면허를 받은 시외버스운송사업자는 경업관계에 있는 것으로 봄이 상당하고, 따라서 기존의 한정면허를 받은 시외버스운송사업자는 일반면허 시외버스운송사업자에 대한 사업계획변경인가처분의 취소를 구할 법률상의 이익이 있다(대법원 2002. 10. 25. 선고 2001두4450 판결 등 참조)."

■ 담배 일반소매인으로 지정되어 영업 중인 기존업자

* **대판 2008.3.27, 2007두23811** : "행정처분의 직접 상대방이 아닌 제3자라 하더라도 당해 행정처분으로 인하여 법률상 보호되는 이익을 침해당한 경우에는 그 처분의 취소나 무효확인을 구하는 행정소송을 제기하여 그 당부의 판단을 받을 자격이 있다 할 것이며, 여기에서 말하는 법률상 보호되는 이익이라 함은 당해 처분의 근거 법규 및 관련 법규에 의하여 보호되는 개별적·직접적·구체적 이익이 있는 경우를 말하고, 일반적으로 면허나 인·허가 등의 수익적 행정처분의 근거가 되는 법률이 해당 업자들 사이의 과당경쟁으로 인한 경영의 불합리를 방지하는 것도 그 목적으로 하고 있는 경우, 다른 업자에 대한 면허나 인·허가 등의 수익적 행정처분에 대하여 미리 같은 종류의 면허나 인·허가 등의 수익적 행정처분을 받아 영업을 하고 있는 기존의 업자는 경업자에 대하여 이루어진 면허나 인·허가 등 행정처분의 상대방이 아니라 하더라도 당해 행정처분의 취소를 구할 원고적격이 있다(대법원 2006. 7. 28. 선고 2004두6716 판결 등 참조). 구 담배사업법(2007. 7. 19. 법률 제8518호로 개정되기 전의 것)과 그 시행령 및 시행규칙의 관계 규정에 의하면, 담배의 제조 및 판매 등에 관한 사항을 정함으로써 담배산업의 건전한 발전을 도모하고 국민경제에 이바지하게 하는 데에 담배사업법의 입법 목적이 있고, 담배의 제조·수입·판매는 일정한 요건을 갖추어 허가 또는 등록을 한 자만이 할 수 있으며 담배에 관한 광고를 금지 또는 제한할 수 있고 담배의 제조업자 등으로 하여금 공익사업에 참여하게 할 수 있는 규정을 두고 있으며, 담배소매인과 관련해서는 소정의 기준을 충족하여 사업장 소재지를 관할하는 시장·군수·구청장으로부터 소매인의 지정을 받은 자만이 담배소매업을 영위할 수 있고 소매인으로 지정된 자가 아니면 담배를 소비자에게 판매할 수 없으며 소매인의 담배 판매방법과 판매가격을 제한하면서 각 이에 위반하거나 휴업기간을 초과하여 휴업한 소매

인을 처벌하고 있다. 또 시장·군수·구청장은 일정한 경우 소매인에 대하여 영업정지를 명할 수 있거나 청문을 거쳐 소매인지정을 취소하도록 하고 있으며, 필요한 경우 소매인에게 업무에 관한 보고를 하게 하거나 소속직원으로 하여금 소매인에 대하여 관계 장부 또는 서류 등을 확인 또는 열람하게 할 수 있는 규정을 두고 있는 한편, 소매인의 지정기준으로 같은 일반소매인 사이에서는 그 영업소 간에 군청, 읍·면사무소가 소재하는 리 또는 동지역에서는 50m, 그 외의 지역에서는 100m 이상의 거리를 유지하도록 규정하고 있다. 위와 같은 규정들을 종합해 보면, 담배 일반소매인의 지정기준으로서 일반소매인의 영업소 간에 일정한 거리제한을 두고 있는 것은 담배유통구조의 확립을 통하여 국민의 건강과 관련되고 국가 등의 주요 세원이 되는 담배산업 전반의 건전한 발전 도모 및 국민경제에의 이바지라는 공익목적을 달성하고자 함과 동시에 일반소매인 간의 과당경쟁으로 인한 불합리한 경영을 방지함으로써 일반소매인의 경영상 이익을 보호하는 데에도 그 목적이 있다고 보이므로, 일반소매인으로 지정되어 영업을 하고 있는 기존업자의 신규 일반소매인에 대한 이익은 단순한 사실상의 반사적 이익이 아니라 법률상 보호되는 이익이라고 해석함이 상당하다."

* **대판 2008.4.10, 2008두402** : "구내소매인과 일반소매인 사이에서는 구내소매인의 영업소와 일반소매인의 영업소 간에 거리제한을 두지 아니할 뿐 아니라 건축물 또는 시설물의 구조·상주인원 및 이용인원 등을 고려하여 동일 시설물 내 2개소 이상의 장소에 구내소매인을 지정할 수 있으며, 이 경우 일반소매인이 지정된 장소가 구내소매인 지정대상이 된 때에는 동일 건축물 또는 시설물 안에 지정된 일반소매인은 구내소매인으로 보고, 구내소매인이 지정된 건축물 등에는 일반소매인을 지정할 수 없으며, 구내소매인은 담배진열장 및 담배소매점 표시판을 건물 또는 시설물의 외부에 설치하여서는 아니 된다고 규정하는 등 일반소매인의 입장에서 구내소매인과의 과당경쟁으로 인한 경영의 불합리를 방지하는 것을 그 목적으로 할 수 있다고 보기 어려우므로, 일반소매인으로 지정되어 영업을 하고 있는 기존업자의 신규 구내소매인에 대한 이익은 법률상 보호되는 이익이 아니라 단순한 사실상의 반사적 이익이라고 해석함이 상당하므로, 기존 일반소매인은 신규 구내소매인 지정처분의 취소를 구할 원고적격이 없다."

☞ 위 2007두23811 판결에서의 일반소매인 사이의 관계와는 달리, 기존업자인 일반소매인과 신규업자인 구내소매인의 관계에서 일반소매인은 구내소매인에 대한 신규 지정처분의 취소를 구할 법률상 이익이 없다고 한 판례입니다.

위 판례뿐만 아니라 모든 경업자소송에서 제3자의 원고적격 인정 여부는 해당 허가 등의 법적 성질에 좌우됩니다. 즉, 해당 허가가 강학상의 허가이면 제3자로서 기존영업자가 제기하는 타방 경업자의 허가처분 등에 대한 취소소송의 원고적격은 부인됩니다. 목욕장 영업허가와 관련하여 거리제한 규정을 근거 법률에서 두는 경우, 입법자가 거리제한 규정을 둔 취지가 기존업자에 대한 허가를 통해 일정 요건하에 독점적 이익을 보호하려는 것이 아닌 점에 유의해야 합니다. 강학상 허가는 자연적 자유의 회복이지 새로운 권리의 설정행위가 아니기 때문이지요. 이에 비해 강학상 특허는 새로운 권리로서 특허의 상대방에게 독점적 이익을 부여하는 수익적 처분입니다. 이에 상응하여 입법자는 근거 법률의 제반 규정을 통해 독점적 지위에 상응하는 강한 수준의 관리·감독 권한을 부여합니다.

■ 신규 약국개설등록처분으로 인하여 조제 기회를 전부 또는 일부 상실하게 된 기존 약국개설자

* **대판 2025.9.11, 2024두34276** : "약국개설등록과 관련하여 약사법 제20조 제5항 제2호, 제3호, 제4호는 의료기관과 약국 사이에 일정한 장소적 관련성이 있는 경우 약국을 개설하지 못하도록 하고 있다. 이는 약사법 제23조, 제23조의2, 제24조, 제24조의2, 제26조 등 관련 규정의 체계나 내용 등에 비추어, 의료기관과 담합행위를 할 가능성이 큰 약국의 개설을 금지함으로써 의료기관의 처방전에 대한 인근 약국개설자들의 접근 기회가 공정하게 배분되도록 하고, 나아가 인근 약국개설자가 약사법이 정하는 바에 따라 의료기관으로부터 독립하여 조제업무를 수행할 수 있도록 하는 취지도 있다. 따라서 '의료기관의 처방약 조제 기회를 공정하게 배분받을 기존 약국개설자의 이익'은 약국개설등록처분의 근거 법규 및 관련 법규에 의하여 보호되는 개별적·직접적·구체적 이익이라고 할 수 있다. 그러므로 다른 약사에 대한 약국개설등록처분으로 인하여 조제 기회를 전부 또는 일부라도 상실하게 된 기존 약국개설자는 특별한 사정이 없는 한 해당 처분의 취소를 구할 법률상 이익이 있다."

신규 약국개설등록처분으로 상가 내 같은 층 의료기관과의 담합 가능성이 높은 약국이 개설된 경우, 대법원은 인근 약국개설자가 기존에 향유했던 '조제 기회를 공정하게 배분받을 이익'을 보호하기 위하여 신규 약국개설등록처분의 취소를 구할 수 있는 원고적격을 인정하였습니다. 이는 약사법상 약국개설등록 요건이 의료기관과 약국의 결탁에 의한 조제 기회의 집중과 독점을 사전에 방지하여 의약분업제도를 효율적으로 실현함과 동시에, 조제 기회의 공정한 배분을 통하여 의료기관으로부터 독립하여 조제업무를 수행할 수 있는 인근 약국개설자의 경제적 기반까지 보호하는 취지라고 보았기 때문입니다. 이 판결은 신규 약국개설등록처분에 관한 인근 약사들의 이익을 약사법의 관련 규정에 의해 보호되는 개별적·직접적·구체적 이익으로 보아 제3자의 원고적격을 인정한 최초의 판결이라는 점에서 법리적으로 중요한 의미가 있습니다.

(2) 경원자소송

경원자소송이란 수인의 신청을 받아 일부에게만 인·허가 등의 수익적 처분을 행한 경우에 인·허가 등을 받지 못한 자가 인·허가처분에 대하여 제기하는 소송을 뜻합니다. 일반적으로 판례는 경원자 관계에 있어서 경원자에 대하여 이루어진 허가 등을 대상으로 처분의 상대방이 아닌 자가(허가 등의 처분을 받지 못한 자) 취소소송을 제기할 원고적격이 있다고 합니다. 그러나 명백한 법적 장애로 인하여 원고 자신의 신청이 인용될 가능성이 처음부터 배제되어 있는 경우에는 당해 처분의 취소를 구할 정당한 이익이 없습니다.

경원자 관계에서의 구체적 소송 형태로는 타인에 대한 허가 등 처분의 취소를 구하거나 자신에 대한 불허가처분의 취소를 구하는 것이지만, 양자를 병합하여 제기할 수도 있습니다. 원고적격이 문제되는 것은 특히, 허가 등의 신청에 대해 거부처분을 받은 甲이 경원자인 乙에 대한 허가 등 처분의 취소를 구하는 경우입니다. 여기에서는 甲이 취소심판을 제기하고 그에 대한 인용재결에 따라 처분청이 乙에 대한 허가 등을 직권취소 하였음을 전제로 이제 乙이 소송상 이를 다투는 경우 소송의 대상이 무엇인지가 문제될 수도 있습니다.

■ 수인의 신청을 받아 우선순위에 따라 일부에 대해서만 인·허가 등의 수익적 처분을 하는 경우 심사의 잘못 등으로 우선순위 있는 자신에 대하여 허가 등이 되지 아니하고 타인에 대하여 허가 등이 되었다고 주장하는 자

＊ **대판 1998.9.8, 98두6272** : "인·허가 등의 수익적 행정처분을 신청한 여러 사람이 서로 경쟁관계에 있어 일방에 대한 허가 등의 처분이 타방에 대한 불허가 등으로 될 수밖에 없는 때에는 허가 등의 처분을 받지 못한 사람은 처분의 상대방이 아니라 하더라도 당해 처분의 취소를 구할 당사자적격이 있고, 다만 구체적인 경우에 있어서 그 처분이 취소된다 하더라도 허가 등의 처분을 받지 못한 불이익이 회복된다고 볼 수 없을 때에는 당해 처분의 취소를 구할 정당한 이익이 없다(대법원 1992. 5. 8. 선고 91누13274 판결 참조). 원심은, 원고와 피고보조참가인은 동일한 장소인 포항부두 4번 접안장소 뒤에 바다모래 제염 처리시설을 설치하기 위하여 항만공사 시행허가 신청을 하였고, 피고는 1개 업체만 허가하기로 하였으므로, 피고보조참가인의 신청을 허가하면 원고의 신청은 거부할 수밖에 없었으니, 원고에게 피고보조참가인에 대한 허가처분의 취소를 구할 법률상 이익이 있다고 판단하였다. 따라서 원심의 이러한 판단은 옳고, 거기에 상고이유의 주장과 같이 행정처분의 취소를 구할 법률상 이익에 관한 법리오해의 위법이 없다."

■ 로스쿨 예비인가 심사의 위법을 이유로 타 대학교에 대한 예비인가처분의 취소를 구하는 예비인가 탈락 대학교의 학교법인

＊ **대판 2009.12.10, 2009두8359** : "인, 허가 등의 수익적 행정처분을 신청한 수인이 서로 경쟁관계에 있어서 일방에 대한 허가 등의 처분이 타방에 대한 불허가 등으로 귀결될 수밖에 없는 때 허가 등의 처분을 받지 못한 자는 비록 경원자에 대하여 이루어진 허가 등 처분의 상대방이 아니라 하더라도 당해 처분의 취소를 구할 원고적격이 있다고 할 것이고, 다만 명백한 법적 장애로 인하여 원고 자신의 신청이 인용될 가능성이 처음부터 배제되어 있는 경우에는 당해 처분의 취소를 구할 정당한 이익이 없다고 할 것이다(대법원 1992. 5. 8. 선고 91누13274 판결, 대법원 1999. 10. 12. 선고 99두6026 판결 등 참조). 원심은 원고를 포함하여 법학전문대학원 설치인가 신청을 한 41개 대학들은 2,000명이라는 총 입학정원을 두고 그 설치인가 여부 및 개별 입학정원의 배정에 관하여 서로 경쟁관계에 있고 이 사건 각 처분이 취소될 경우 원고의 신청이 인용될 가능성도 배제할 수 없으므로, 원고가 이 사건 각 처분의 상대방이 아니라도 그 처분의 취소 등을 구할 당사자적격이 있다고 판단하였다. 위 법리에 비추어 보면, 이러한 원심의 판단은 정당하고 거기에 상고이유 주장과 같은 원고적격에 관한 법리오해 등의 위법이 없다."

■ 경원관계에서 탈락한 경원자가 제기하는 거부처분취소소송의 원고적격과 소의 이익

＊ **대판 2015.10.29, 2013두27517** : "위법한 행정처분의 취소를 구하는 소는 위법한 처분에 의하여 발생한 위법상태를 배제하여 원상으로 회복시키고 그 처분으로 침해되거나 방해받은 권리와 이익을 보호·구제하고자 하는 소송이므로, 비록 그 위법한 처분을 취소하더라도 원상회복이나 권리구제가 불가능한 경우에는 그 취소를 구할 이익이 없다고 할 것이지만(대법원 2006. 7. 28. 선고 2004두13219 판결 등 참조), 그 취소판결로 인한 권리구제의 가능성이 확실한 경우에만 소의 이익이 인정된다고 볼 것은 아니다. 인가·허가 등 수익적 행정처분을 신청한 여러 사람이 서로 경원관계에 있어서 한 사람에 대한 허가 등 처분이 다른 사람에 대한 불허가 등으로 귀결될 수밖에 없을 때 허가 등 처분을 받지 못한 사람은 그 신청에 대한 거부처분의 직접 상대방으로서 원칙적으로 자신에 대한 거부처분의 취소를 구할 원고적격이 있고, 그 취소판결이 확정되는 경우 그 판결의 직접적인 효과로 경원자에 대한 허가 등 처분이 취소되거나 그 효력이 소멸되는 것은 아니더라도 행정청은 취소판결의 기속력에 따라 그 판결에서 확인된 위법사유를 배제한 상태에서 취소판결의 원고와 경원자의 각 신청에 관하여 처분요건의 구비 여부와 우열을 다시 심사하여야 할 의무가 있으며, 그 재심사 결과 경원자에 대한 수익적 처분이 직권취소되고 취소판결의 원고에게 수익적 처분이 이루어질 가능성을 완전히 배제할 수는 없으므로, 특별한 사정이 없는 한 경원관계에서 허가 등 처분을 받지 못한 사람은 자신에 대한 거부처분의 취소를 구할 소의 이익이 있다고 보아야 할 것이다. 원심판결 이유와 기록에 의하면, 원심은 ① 피고가 2012. 4. 3. 부산 강서구 봉림동 봉림지하차도와 김해시 장유면 화목교(시 경계) 사이에 주유소 2개소(좌측 1개소, 우측 1개소)를 추가로 설치하는 내용으로 개발제한구

역 안 주유소배치계획을 변경한 후 이를 공고하였고, 같은 날 변경공고에 따라 주유소 운영사업자를 모집한다는 내용의 이 사건 모집공고를 한 사실, ② 원고와 소외인이 피고에게 도로 좌측에 설치될 주유소에 관한 운영사업자 선정신청을 하였는데, 피고는 2012. 8. 22. 원고에게 '개발제한구역 밖으로 전출한 사실이 있어 모집공고에서 정한 신청조건에 적합하지 아니하다'는 이유로 주유소 운영사업자 불선정처분(이하 '이 사건 거부처분'이라 한다)을 함과 아울러 경원자인 소외인에게 주유소 운영사업자 선정처분을 한 사실 등을 인정한 다음, 원고에 대한 이 사건 거부처분이 취소되더라도 경원관계에 있는 소외인에 대한 주유소 운영사업자 선정처분이 취소되지 아니하는 이상 원고가 주유소 운영사업자로 선정될 수 없으므로 원고는 이 사건 거부처분의 취소를 구할 이익이 없다고 판단하였다. 그러나 앞서 본 법리에 비추어 보면, 이 사건 거부처분에 대한 취소판결이 확정되면 그 판결의 취지에 따른 피고의 재심사 결과 원고가 주유소 운영사업자로 선정될 가능성이 아주 없다고 할 수는 없으므로, 원심판단에는 경원자소송에서의 소의 이익에 관한 법리를 오해하여 판결에 영향을 미친 위법이 있다. 이 점을 지적하는 상고이유의 주장은 이유 있다."

이 판례에서도 나타나듯이 자신에 대한 거부처분취소소송을 제기한 경우 원고적격이 별도로 문제되지 않으며, 경원자소송 구조에서 자신에 대한 거부처분의 취소소송은 제3자에 대한 수익적 처분의 발령을 대상으로 취소소송을 제기하는 경우와의 관계에서 소의 이익 문제로 나타남을 알 수 있습니다.

한편, 외견상 경원자 관계의 형태를 띠더라도 수인의 출원자에 대한 선정기준이 절대평가 방식을 채택하여 일정 점수 이상의 취득 여부에 따라 수익적 처분의 발령 상대방이 결정되는 구조하에 있는 경우에는 그 일정 점수에 미달한 탈락자는 선정된 자에 대한 수익적 처분의 취소를 구할 원고적격이 인정되지 않습니다. 이때의 원고는 명백한 법적 장애로 인하여 원고 자신의 신청이 인용될 가능성이 처음부터 배제되어 있으므로 이들 출원자는 실질적으로 경원자 관계가 아니기 때문입니다. 물론 이 경우 원고는 자신에 대한 선정제외처분의 취소를 구할 소의 이익은 인정됩니다.

* **대판 2021.2.4, 2020두48772** : "앞서 본 사실관계를 이러한 법리와 관련 규정에 비추어 살펴보면, 이 사건 선정결과 공고 중 원고들에 대한 선정제외결정 부분은 불이익처분의 직접 상대방으로서 그 취소를 구할 원고적격이 인정되지만, 나머지 16개 업체에 대한 선정결정, 2개 업체에 대한 선정제외결정 부분은 그 취소를 구할 원고적격이 인정되지 않는다고 보아야 한다. 그 이유는 다음과 같다. (1) 피고는 응모한 20개 업체에 대하여 절대평가제를 적용하여 평가점수 70점을 기준으로 선정 여부를 결정하였을 뿐이고, 응모한 업체들은 선정에 관한 상호 경쟁관계 또는 경원자 관계가 아니었다.

> (2) 16개 업체에 대한 선정결정으로 인하여 원고들의 계약체결의 자유와 영업의 자유가 직접적으로 제한된다고 볼 수 없다. 선정된 16개 업체가 사업대상자(농가)들과 시공계약을 체결할 가능성이 높아지고, 그로 인하여 원고들의 영업기회가 줄어들 수 있을 터이지만 이는 간접적·사실적·경제적 불이익에 불과하다. 또한 원고들은 이 사건 사업의 6개 분야 중 농업에너지절감시설(다겹보온커튼)사업 분야에 응모하였을 뿐이므로, 이와 무관한 5개 분야에서의 시공업체 선정을 다툴 이유도 없다.
> (3) 다른 2개 업체에 대한 선정제외결정도 원고들과는 직접 관련이 없으며, 설령 이를 취소한다고 하더라도 원고들의 불이익이 회복되지도 않는다."

(3) 근거법률 등에 의하여 보호되는 쾌적한 생활환경 등을 침해받는 주민 (인인소송)

인인소송은 일정 시설의 설치를 위한 허가, 승인 등의 처분을 대상으로 인근 주민이 환경상 이익 또는 재산상 이익의 침해를 주장하며 항고소송의 방법으로 다투는 경우를 말합니다. 이때 인근 주민이 계쟁 인·허가 등으로 인하여 - 근거 법규 내지 해당 법률의 취지가 인근 주민의 환경상 이익을 보호하려는 것과는 달리 - 자신의 재산상 이익이 침해되었다고 주장하는 경우에는 무하자재량행사청구권의 적용영역, 특히 제3자에 대한 규제권 발동을 요구하는 사례에서 설명하였듯이 사익보호성 도출을 위한 헌법합치적·목적론적 해석의 필요성이 강조됩니다. 대규모 인·허가의 근거 규정에서 엄격한 발급요건을 정한 것을 두고 환경상 이익 외에 제3자의 재산권을 보장하려는 취지의 도출이 가능한 경우는 흔치 않기 때문입니다.

- 주거지역 내 설치할 수 없는 연탄공장(대판 1975.5.13, 73누96,97)의 설치허가나 (구) 도시계획법상 공설화장장설치허가를 내용으로 하는 도시계획결정을 다투는 인근 주민 : 원용법규(援用法規)에 의한 원고적격 인정

> * **대판 1995.9.26, 94누14544** : "도시계획법 제12조 제3항의 위임에 따라 제정된 도시계획시설기준에관한규칙 제125조 제1항이 화장장의 구조 및 설치에 관하여는 매장및묘지등에관한법률이 정하는 바에 의한다고 규정하고 있어, 도시계획의 내용이 화장장의 설치에 관한 것일 때에는 도시계획법 제12조 뿐만 아니라 매장및묘지등에관한법률 및 동 시행령 역시 그 근거 법률이 된다고 보아야 할 것이므로, 매장및묘지등에관한법률시행령 제4조 제2호가 공설화장장은 20호 이상의 인가가 밀집한 지역, 학교 또는 공중이 수시 집합하는 시설 또는 장소로 부터 1,000미터 이상 떨어진 곳에 설치하

도록 제한을 가하고, 같은 시행령 제9조가 국민보건상 위해를 끼칠 우려가 있는 지역, 도시계획법 제17조의 규정에 의한 주거지역, 상업지역, 공업지역 및 녹지지역안의 풍치지구 등에의 공설화장장 설치를 금지함에 의하여 보호되는 부근 주민들의 이익은 위 도시계획결정처분의 근거 법률에 의하여 보호되는 법률상 이익이라 할 것이다. 따라서 원심으로서는 이 사건 본안이 인용될 것인지 여부는 별론으로 하더라도 적어도 당사자적격 문제에 있어서는 원고들이 위와 같은 지역에 거주하는지 여부 등을 살펴 원고들에게 원고적격이 있는지 등을 따졌어야 함에도 이점에 관하여는 전혀 심리하지 않은채 매장및묘지등에관한법률이나 동 시행령은 위 도시계획결정처분의 근거 법률이 아니라는 전제에서 위 법에 의하여 보호되는 이익이 침해되었음을 주장하는 원고들에게는 위 도시계획결정처분의 취소를 구할 원고적격이 없다고 한 것은 도시계획결정처분의 근거 법률 및 그에 의하여 보호되는 법률상 이익에 관한 법리를 오해하여 판결에 영향을 미친 위법을 범한 것이라 할 것이다."

■ 광업권설정허가처분취소소송에서 주민 등의 원고적격

＊ **대판 2008.9.11, 2006두7577** : "이 사건 2000. 10. 12.자 각 광업권설정허가처분의 근거 법규 또는 관련 법규가 되는 구 광업법(2002. 1. 19. 법률 제6612호로 개정되기 전의 것, 이하 같다) 제10조, 제12조 제2항, 제29조 제1항, 제29조의2, 제39조, 제48조, 제83조 제2항, 제84조 내지 제87조, 제88조 제2항, 제91조 제1항, 구 광산보안법(2007. 1. 3. 법률 제8184호로 개정되기 전의 것) 제1조, 제5조 제1항 제2호, 제7호 등의 규정을 종합하여 보면, 위 근거 법규 또는 관련 법규의 취지는 광업권설정허가처분과 그에 따른 광산 개발과 관련된 후속 절차로 인하여 직접적이고 중대한 재산상·환경상 피해가 예상되는 토지나 건축물의 소유자나 점유자 또는 이해관계인 및 주민들이 전과 비교하여 수인한도를 넘는 재산상·환경상 침해를 받지 아니한 채 토지나 건축물 등을 보유하며 쾌적하게 생활할 수 있는 개별적 이익까지도 보호하려는 데에 있다고 할 것이므로, 광업권설정허가처분과 그에 따른 광산 개발로 인하여 재산상·환경상 이익의 침해를 받거나 받을 우려가 있는 토지나 건축물의 소유자와 점유자 또는 이해관계인 및 주민들로서는 그 처분 전과 비교하여 수인한도를 넘는 재산상·환경상 이익의 침해를 받거나 받을 우려가 있다는 것을 증명함으로써 그 처분의 취소를 구할 원고 적격을 인정받을 수 있다."

광업권설정허가는 강학상 특허에 해당하므로 그에 따른 독점적 이익을 보장하는 한도 내에서는 경업자나 인근 주민의 원고적격을 부인하는 것이 원칙이지만, 구체적 사안에 따라 헌법합치적 해석을 요한다는 점을 설시한 판례입니다. 위 근거규정에서는 이른바 '영향권'이 구체적으로 설정되지 않았지만, 이 경우에도 이른바 새만금 판결에서의 영향권 밖 주민의 원고적격 인정을 위한 법리를 원용한 점에 그 의미가 있는데, 이러한 취지는 대법원 2014.11.13. 선고 2013두6824 판결에서도 이어집니다.

■ 자연공원법상 국립공원 용화집단시설지구 개발사업계획의 변경승인 및 허가처분을 다투는 환경영향평가 대상지역 내 주민의 원고적격

* **대판 1998.4.24, 97누3286** : "구 자연공원법은 자연풍경지를 보호하고 적정한 이용을 도모하여 국민의 보건·휴양 및 정서생활의 향상에 기여함을 목적으로 제정된 법률로서(제1조) 공원관리청인 내무부장관이 국립공원에 관한 공원계획을 결정하고(제10조 제1항) 공원계획으로 결정된 집단시설지구(제16조 제1항 제4호)를 개발하는 공원사업(공원계획에 의하여 공원구역·공원보호구역 안에서 시행하는 사업)을 비공원관리청이 시행하기 위하여는 공원관리청의 허가를 받아야 하고(제22조) 이 때에 공원관리청은 기본설계를 작성·공고하여야 하며(제21조의2 제1항) 공원계획을 결정함에 있어서는 당해 계획이 자연환경에 미치는 영향을 미리 평가하도록(제15조 제2항) 규정하고, 구 자연공원법시행령(1996. 7. 1. 대통령령 제15106호로 개정되기 전의 시행령)은 공원계획을 결정·변경함에 있어서 환경현황조사·자연생태계변화분석·대기 및 수질변화분석·폐기물배출분석·환경에의 악영향 감소방안에 관한 평가를 하고 그 평가결과에 관하여 환경부장관과 협의하도록(제8조의2) 규정하며, 구 자연공원법시행규칙은 기본설계를 작성·공고한 때에는 기본설계의 내용과 관계 서류를 비치하여 20일 이상 일반인에게 공람하도록(제8조 제2항) 규정하고, 한편 환경영향평가법은 환경영향평가대상사업이 환경에 미칠 영향을 평가·검토하여 환경적으로 건전하고 지속 가능한 개발이 되도록 함으로써 쾌적한 환경을 유지·조성할 목적으로 제정된 법률로서(제1조) 환경영향평가대상사업의 사업자로 하여금 설명회나 공청회 등을 개최하여 환경영향평가대상지역 안의 주민의 의견을 수렴한 다음(제9조 제1항) 이를 포함하여 환경영향평가서를 작성하고(제8조) 그 사업에 대한 승인·허가 등을 행하는 승인기관의 장에게 이를 제출하도록 하며(제16조 제1항) 승인기관의 장으로 하여금 그 제출된 환경영향평가서에 대하여 환경부장관과 협의하고(제16조 제2항) 그 협의내용이 사업계획에 반영되도록 한 후에 승인·허가 등을 하도록(제19조 제1항) 규정하며, 환경영향평가법 제4조 제1항과 환경영향평가법시행령 제2조 제2항 [별표 1] 카의 ⑷ 규정은 조성면적 10만㎡ 이상인 집단시설지구개발사업을 환경영향평가대상사업으로 정하고 공원계획의 결정 전에 환경영향평가서의 제출 및 협의요청을 하도록 규정하고 있으므로, 피고들이 조성면적 10만㎡ 이상이어서 환경영향평가대상사업에 해당하는 이 사건 용화집단시설지구개발사업에 관하여 이 사건 변경승인 및 허가처분을 함에 있어서는 반드시 자연공원법령 및 환경영향평가법령 소정의 환경영향평가를 거쳐서 그 환경영향평가의 협의내용을 사업계획에 반영시키도록 하여야 하는 것이니 만큼 자연공원법령뿐 아니라 환경영향평가법령도 이 사건 변경승인 및 허가처분에 직접적인 영향을 미치는 근거 법률이 된다고 볼 수밖에 없고, 환경영향평가에 관한 위 자연공원법령 및 환경영향평가법령의 규정들의 취지는 집단시설지구개발사업이 환경을 해치지 아니하는 방법으로 시행되도록 함으로써 집단시설지구개발사업과 관련된 환경공익을 보호하려는 데에 그치는 것이 아니라 그 사업으로 인하여 직접적이고 중대한 환경피해를 입으리라고 예상되는 <u>환경영향평가대상지역 안의 주민들이 개발 전과 비교하여 수인한도를 넘는 환경침해를 받지 아니하고 쾌적한 환경에서 생활할 수 있는 개별적 이익까지도 이를 보호하려는 데에 있다 할 것</u>

이므로, 위 주민들이 이 사건 변경승인 및 허가처분과 관련하여 갖고 있는 위와 같은 환경상의 이익은 단순히 환경공익 보호의 결과로 국민일반이 공통적으로 가지게 되는 추상적·평균적·일반적인 이익에 그치지 아니하고 주민 개개인에 대하여 개별적으로 보호되는 직접적·구체적인 이익이라고 보아야 할 것이다."

후행하는 새만금판결에서 환경영향평가 대상지역 내 주민들의 환경상 이익의 침해 개연성은 사실상 추정되어 사익보호성에 대한 별도의 심사를 요하지 않고도 원고적격이 인정되는 논거를 설명한 판결입니다. 즉, 대상지역 내 주민들의 환경상 피해는 일반적으로 수인한도를 넘는 환경침해를 유발하는 점에서 사실상 추정된다는 취지입니다.

■ 전원개발촉진법상 전원개발사업실시계획승인처분을 다투는 환경영향평가 대상지역 내 주민의 원고적격

* **대판 1998.9.22, 97누19571** : "[1] 전원(전원)개발사업실시계획승인처분의 근거 법률인 전원개발에관한특례법령, 구 환경보전법령, 구 환경정책기본법령 및 환경영향평가법령 등의 규정 취지는 환경영향평가대상사업에 해당하는 발전소건설사업이 환경을 해치지 아니하는 방법으로 시행되도록 함으로써 당해 사업과 관련된 환경공익을 보호하려는 데 그치는 것이 아니라 당해 사업으로 인하여 직접적이고 중대한 환경피해를 입으리라고 예상되는 환경영향평가대상지역 안의 주민들이 전과 비교하여 수인한도를 넘는 환경침해를 받지 아니하고 쾌적한 환경에서 생활할 수 있는 개별적 이익까지도 이를 보호하려는 데에 있으므로, 주민들이 위 승인처분과 관련하여 갖고 있는 위와 같은 환경상 이익은 단순히 환경공익 보호의 결과로서 국민일반이 공통적으로 갖게 되는 추상적·평균적·일반적 이익에 그치지 아니하고 환경영향평가대상지역 안의 주민 개개인에 대하여 개별적으로 보호되는 직접적·구체적 이익이라고 보아야 하고, 따라서 위 사업으로 인하여 직접적이고 중대한 환경침해를 받게 되리라고 예상되는 환경영향평가대상지역 안의 주민에게는 위 승인처분의 취소를 구할 원고적격이 있다.
[2] 환경영향평가대상지역 밖의 주민·일반 국민·산악인·사진가·학자·환경보호단체 등의 환경상 이익이나 전원(전원)개발사업구역 밖의 주민 등의 재산상 이익에 대하여는 위 [1]항의 근거 법률에 이를 그들의 개별적·직접적·구체적 이익으로 보호하려는 내용 및 취지를 가지는 규정을 두고 있지 아니하므로, 이들에게는 위와 같은 이익 침해를 이유로 전원(전원)개발사업실시계획승인처분의 취소를 구할 원고적격이 없다."[1]

---

1) 영향권을 기준으로 원고적격 인정 여부를 결정한 판례
* **대판 2006.12.22, 2006두14001** : 행정처분의 직접 상대방이 아닌 자로서 그 처분에 의하여 자신의 환경상 이익이 침해받거나 침해받을 우려가 있다는 이유로 취소소송을 제기하는 제3자는, 자신의 환경상 이

영향권 내외를 구분하여, 원칙적으로 환경영향평가 대상지역 밖의 주민들의 원고적격은 인정되지 않음을 판시함으로써 후행하는 새만금판결의 산파 역할을 담당했습니다.

■ 원자로설치허가에 대하여 방사성물질에 의하여 직접적이고 중대한 피해를 입으리라고 예상되는 지역 내 주민의 원고적격

* **대판 1998.9.4, 97누19588** : "[1] 원자로시설부지사전승인처분의 근거 법률인 구 원자력법(1996. 12. 30. 법률 제5233호로 개정되어 1997. 7. 1.부터 시행되기 전의 것) 제11조 제3항에 근거한 원자로 및 관계 시설의 부지사전승인처분은 원자로 등의 건설허가 전에 그 원자로 등 건설예정지로 계

익이 그 처분의 근거 법규 또는 관련 법규에 의하여 개별적·직접적·구체적으로 보호되는 이익, 즉 법률상 보호되는 이익임을 입증하여야 원고적격이 인정되고, 다만 그 행정처분의 근거 법규 또는 관련 법규에 그 처분으로써 이루어지는 행위 등 사업으로 인하여 환경상 침해를 받으리라고 예상되는 영향권의 범위가 구체적으로 규정되어 있는 경우에는, 그 영향권 내의 주민들에 대하여는 당해 처분으로 인하여 직접적이고 중대한 환경피해를 입으리라고 예상할 수 있고, 이와 같은 환경상의 이익은 주민 개개인에 대하여 개별적으로 보호되는 직접적·구체적 이익으로서 그들에 대하여는 특단의 사정이 없는 한 환경상 이익에 대한 침해 또는 침해 우려가 있는 것으로 사실상 추정되어 법률상 보호되는 이익으로 인정됨으로써 원고적격이 인정되며, 그 영향권 밖의 주민들은 당해 처분으로 인하여 그 처분 전과 비교하여 수인한도를 넘는 환경피해를 받거나 받을 우려가 있다는 자신의 환경상 이익에 대한 침해 또는 침해 우려가 있음을 증명하여야만 법률상 보호되는 이익으로 인정되어 원고적격이 인정된다.

* **대판 2005.3.11, 2003두13489** : 구 폐기물처리시설설치촉진및주변지역지원등에관한법률(2002. 2. 4. 법률 제6656호로 개정되기 전의 것) 및 같은법시행령의 관계 규정의 취지는 처리능력이 1일 50t인 소각시설을 설치하는 사업으로 인하여 직접적이고 중대한 환경상의 침해를 받으리라고 예상되는 직접영향권 내에 있는 주민들이나 폐기물소각시설의 부지경계선으로부터 300m 이내의 간접영향권 내에 있는 주민들이 사업 시행 전과 비교하여 수인한도를 넘는 환경피해를 받지 아니하고 쾌적한 환경에서 생활할 수 있는 개별적인 이익까지도 이를 보호하려는 데에 있다 할 것이므로, 위 주민들이 소각시설입지지역결정·고시와 관련하여 갖는 위와 같은 환경상의 이익은 주민 개개인에 대하여 개별적으로 보호되는 직접적·구체적 이익으로서 그들에 대하여는 특단의 사정이 없는 한 환경상의 이익에 대한 침해 또는 침해우려가 있는 것으로 사실상 추정되어 폐기물 소각시설의 입지지역을 결정·고시한 처분의 무효확인을 구할 원고적격이 인정된다고 할 것이고, 한편 폐기물소각시설의 부지경계선으로부터 300m 밖에 거주하는 주민들도 위와 같은 소각시설 설치사업으로 인하여 사업 시행 전과 비교하여 수인한도를 넘는 환경피해를 받거나 받을 우려가 있음에도 폐기물처리시설 설치기관이 주변영향지역으로 지정·고시하지 않는 경우 같은 법 제17조 제3항 제2호 단서 규정에 따라 당해 폐기물처리시설의 설치·운영으로 인하여 환경상 이익에 대한 침해 또는 침해우려가 있다는 것을 입증함으로써 그 처분의 무효확인을 구할 원고적격을 인정받을 수 있다. 위에서 본 법리를 기록에 비추어 살펴보면, 원고는 위 부지경계선으로부터 최소 900m 이상 떨어진 지역에 거주하는 자인 데다가 이 사건 폐기물처리시설의 부지와 원고가 거주하는 마을 사이에는 임야가 가로막고 있는 사실을 알 수 있고, 이 사건에서 원고가 위 폐기물처리시설의 설치·운영으로 인하여 환경상 이익에 대한 침해 또는 침해우려가 있다는 점을 입증하지 못하고 있으므로, 원고에게는 이 사건 처분의 무효확인을 구할 원고적격이 있다고 할 수 없을 것이다.

획중인 부지가 원자력법의 관계 규정에 비추어 적법성을 구비한 것인지 여부를 심사하여 행하는 사전적 부분 건설허가처분의 성격을 가지고 있는 것이므로, 원자력법 제12조 제2호, 제3호로 규정한 원자로 및 관계 시설의 허가기준에 관한 사항은 건설허가처분의 기준이 됨은 물론 부지사전승인처분의 기준으로도 된다.

[2] 원자력법 제12조 제2호(발전용 원자로 및 관계 시설의 위치·구조 및 설비가 대통령령이 정하는 기술수준에 적합하여 방사성물질 등에 의한 인체·물체·공공의 재해방지에 지장이 없을 것)의 취지는 원자로 등 건설사업이 방사성물질 및 그에 의하여 오염된 물질에 의한 인체·물체·공공의 재해를 발생시키지 아니하는 방법으로 시행되도록 함으로써 방사성물질 등에 의한 생명·건강상의 위해를 받지 아니할 이익을 일반적 공익으로서 보호하려는 데 그치는 것이 아니라 방사성물질에 의하여 보다 직접적이고 중대한 피해를 입으리라고 예상되는 지역 내의 주민들의 위와 같은 이익을 직접적·구체적 이익으로서도 보호하려는 데에 있다 할 것이므로, 위와 같은 지역 내의 주민들에게는 방사성물질 등에 의한 생명·신체의 안전침해를 이유로 부지사전승인처분의 취소를 구할 원고적격이 있다.

[3] 원자력법 제12조 제3호(발전용 원자로 및 관계시설의 건설이 국민의 건강·환경상의 위해방지에 지장이 없을 것)의 취지와 원자력법 제11조의 규정에 의한 원자로 및 관계 시설의 건설사업을 환경영향평가대상사업으로 규정하고 있는 구 환경영향평가법(1997. 3. 7. 법률 제5302호로 개정되기 전의 것) 제4조, 구 환경영향평가법시행령(1993. 12. 11. 대통령령 제14018호로 제정되어 1997. 9. 8. 대통령령 제15475호로 개정되기 전의 것) 제2조 제2항 [별표 1]의 다의 (4) 규정 및 환경영향평가서의 작성, 주민의 의견 수렴, 평가서 작성에 관한 관계 기관과의 협의, 협의내용을 사업계획에 반영한 여부에 대한 확인·통보 등을 규정하고 있는 위 법 제8조, 제9조 제1항, 제16조 제1항, 제19조 제1항 규정의 내용을 종합하여 보면, 위 환경영향평가법 제7조에 정한 환경영향평가대상지역 안의 주민들이 방사성물질 이외의 원인에 의한 환경침해를 받지 아니하고 생활할 수 있는 이익도 직접적·구체적 이익으로서 그 보호대상으로 삼고 있다고 보이므로, 위 환경영향평가대상지역 안의 주민에게는 방사성물질 이외에 원전냉각수 순환시 발생되는 온배수로 인한 환경침해를 이유로 부지사전승인처분의 취소를 구할 원고적격도 있다.

[4] 원자력법 제11조 제3항 소정의 부지사전승인제도는 원자로 및 관계 시설을 건설하고자 하는 자가 그 계획중인 건설부지가 원자력법에 의하여 원자로 및 관계 시설의 부지로 적법한지 여부 및 굴착공사 등 일정한 범위의 공사(이하 '사전공사'라 한다)를 할 수 있는지 여부에 대하여 건설허가 전에 미리 승인을 받는 제도로서, 원자로 및 관계 시설의 건설에는 장기간의 준비·공사가 필요하기 때문에 필요한 모든 준비를 갖추어 건설허가신청을 하였다가 부지의 부적법성을 이유로 불허가될 경우 그 불이익이 매우 크고 또한 원자로 및 관계 시설 건설의 이와 같은 특성상 미리 사전공사를 할 필요가 있을 수도 있어 건설허가 전에 미리 그 부지의 적법성 및 사전공사의 허용 여부에 대한 승인을 받을 수 있게 함으로써 그의 경제적·시간적 부담을 덜어 주고 유효·적절한 건설공사를 행할 수 있도록 배려하려는 데 그 취지가 있다고 할 것이므로, 원자로 및 관계 시설의 부지사전승인처분은 그 자체로서 건설부지를 확정하고 사전공사를 허용하는 법률효과를 지닌 독립한 행정처분이기는 하지

만, 건설허가 전에 신청자의 편의를 위하여 미리 그 건설허가의 일부 요건을 심사하여 행하는 사전적 부분 건설허가처분의 성격을 갖고 있는 것이어서 나중에 건설허가처분이 있게 되면 그 건설허가처분에 흡수되어 독립된 존재가치를 상실함으로써 그 건설허가처분만이 쟁송의 대상이 되는 것이므로, 부지사전승인처분의 취소를 구하는 소는 소의 이익을 잃게 되고, 따라서 부지사전승인처분의 위법성은 나중에 내려진 건설허가처분의 취소를 구하는 소송에서 이를 다투면 된다."

위 판결 내용 중 원고적격에 관해서는 지금까지의 설명이 그대로 적용됩니다. 이와 함께 행정의 행위형식으로서의 사전승인과 부분허가의 처분성 인정 여부, 단계적 행정결정에서의 소의 이익 등이 중요한 쟁점으로 제기되는 중요한 판례입니다.

■ 공유수면매립면허처분 및 농지개량사업시행인가처분의 무효확인을 구하는 환경영향평가대상지역 내 주민의 원고적격(소위 새만금판결)

* **대판 2006.3.16, 2006두330(전합)** : "행정처분의 직접 상대방이 아닌 제3자라 하더라도 당해 행정처분으로 인하여 법률상 보호되는 이익을 침해당한 경우에는 그 처분의 무효확인을 구하는 행정소송을 제기하여 그 당부의 판단을 받을 자격이 있다 할 것이며, 여기에서 말하는 법률상 보호되는 이익이라 함은 당해 처분의 근거 법규 및 관련 법규에 의하여 보호되는 개별적·직접적·구체적 이익이 있는 경우를 말하고, 공익보호의 결과로 국민 일반이 공통적으로 가지는 일반적·간접적·추상적 이익이 생기는 경우에는 법률상 보호되는 이익이 있다고 할 수 없다(대법원 1995. 6. 30. 선고 94누14230 판결, 2004. 8. 16. 선고 2003두2175 판결 등 참조). 그리고 공유수면매립면허처분과 농지개량사업 시행인가처분의 근거 법규 또는 관련 법규가 되는 구 공유수면매립법(1997. 4. 10. 법률 제5337호로 개정되기 전의 것, 이하 '구 공수법'이라 하고, 1999. 2. 8. 법률 제5911호로 개정된 공유수면매립법은 '공수법'이라 한다), 구 농촌근대화촉진법(1994. 12. 22. 법률 제4823호로 개정되기 전의 것, 이하 '농근법'이라 한다), 구 환경보전법(1990. 8. 1. 법률 제4257호로 폐지되기 전의 것), 구 환경보전법 시행령(1991. 2. 2. 대통령령 제13303호로 폐지되기 전의 것), 구 환경정책기본법(1993. 6. 11. 법률 제4567호로 개정되기 전의 것, 이하 같다), 구 환경정책기본법 시행령(1992. 8. 22. 대통령령 제13715호로 개정되기 전의 것)의 각 관련 규정의 취지는, 공유수면매립과 농지개량사업시행으로 인하여 직접적이고 중대한 환경피해를 입으리라고 예상되는 환경영향평가 대상지역 안의 주민들이 전과 비교하여 수인한도를 넘는 환경침해를 받지 아니하고 쾌적한 환경에서 생활할 수 있는 개별적 이익까지도 이를 보호하려는 데에 있다고 할 것이므로, 위 주민들이 공유수면매립면허처분 등과 관련하여 갖고 있는 위와 같은 환경상의 이익은 주민 개개인에 대하여 개별적으로 보호되는 직접적·구체적 이익으로서 그들에 대하여는 특단의 사정이 없는 한 환경

상의 이익에 대한 침해 또는 침해우려가 있는 것으로 사실상 추정되어 공유수면매립면허처분 등의 무효확인을 구할 원고적격이 인정된다고 할 것이다(대법원 2001. 7. 27. 선고 99두2970 판결 등 참조)."

■ 납골당설치인가 관련 영향권(명문의 규정에 의하지 않는 경우) 내 주민의 원고적격 인정 여부

* **대판 2011.9.8, 2009두6766** : "구 장사 등에 관한 법률(2007. 5. 25. 법률 제8489호로 전부 개정되기 전의 것) 제14조 제3항, 구 장사 등에 관한 법률 시행령(2008. 5. 26. 대통령령 제20791호로 전부 개정되기 전의 것) 제13조 제1항 [별표 3]에서 납골묘, 납골탑, 가족 또는 종중·문중 납골당 등 사설납골시설의 설치장소에 제한을 둔 것은, 이러한 사설납골시설을 인가가 밀집한 지역 인근에 설치하지 못하게 함으로써 주민들의 쾌적한 주거, 경관, 보건위생 등 생활환경상의 개별적 이익을 직접적·구체적으로 보호하려는 데 취지가 있으므로, 이러한 납골시설 설치장소에서 500m 내에 20호 이상의 인가가 밀집한 지역에 거주하는 주민들은 납골당 설치에 대하여 환경상 이익 침해를 받거나 받을 우려가 있는 것으로 사실상 추정된다. 다만 사설납골시설 중 종교단체 및 재단법인이 설치하는 납골당에 대하여는 그와 같은 설치 장소를 제한하는 규정을 명시적으로 두고 있지 않지만, 종교단체나 재단법인이 설치한 납골당이라 하여 납골당으로서 성질이 가족 또는 종중, 문중 납골당과 다르다고 할 수 없고, 인근 주민들이 납골당에 대하여 가지는 쾌적한 주거, 경관, 보건위생 등 생활환경상의 이익에 차이가 난다고 볼 수 없다. 따라서 납골당 설치장소에서 500m 내에 20호 이상의 인가가 밀집한 지역에 거주하는 주민들에게는 납골당이 누구에 의하여 설치되는지를 따질 필요 없이 납골당 설치에 대하여 환경 이익 침해 또는 침해 우려가 있는 것으로 사실상 추정되어 원고적격이 인정된다고 보는 것이 타당하다."

■ 폐기물처리시설의 주변영향지역이 결정·고시되지 아니한 경우의 주민지원협의체 구성방법에 관한 폐기물처리시설 설치촉진 및 주변지역지원 등에 관한 법률 시행령 제18조 제1항 [별표 2] 제2호 (나)목의 규정 취지 및 폐기물매립시설 부지 경계선으로부터 2km 이내, 폐기물소각시설 부지 경계선으로부터 300m 이내에 거주하는 주민들에게 주변영향지역 결정의 취소 등을 구할 원고적격이 인정되는지 여부

* **대판 2018.8.1, 2014두42520** : "(1) 행정처분의 직접 상대방이 아닌 자로서 그 처분에 의하여 자신의 환경상 이익을 침해받거나 침해받을 우려가 있다는 이유로 취소나 무효확인을 구하는 제3자는 자신의 환경상 이익이 그 처분의 근거 법규 또는 관련 법규에 의하여 개별적·직접적·구체적으로

보호되는 이익, 즉 법률상 보호되는 이익임을 입증하여야 원고적격이 인정된다. 다만 그 처분의 근거 법규 또는 관련 법규에 그 처분으로써 이루어지는 행위 등 사업으로 인하여 환경상 침해를 받으리라고 예상되는 영향권의 범위가 구체적으로 규정되어 있는 경우에는, 그 영향권 내의 주민들에 대해서는 당해 처분으로 인하여 직접적이고 중대한 환경피해를 입으리라고 예상할 수 있다. 이와 같은 환경상의 이익은 주민 개개인에 대하여 개별적으로 보호되는 직접적·구체적 이익으로서 그들에 대하여는 특단의 사정이 없는 한 환경상 이익에 대한 침해 또는 침해 우려가 있는 것으로 사실상 추정되어 법률상 보호되는 이익이 인정됨으로써 원고적격이 인정된다(대법원 2009. 9. 24. 선고 2009두2825 판결 등 참조).
(2) 시행령 제18조 제1항 [별표 2] 제2호 (나)목은 '주변영향지역이 결정·고시되지 아니한 경우'에 '폐기물매립시설의 부지 경계선으로부터 2km 이내, 폐기물소각시설의 부지 경계선으로부터 300m 이내에 거주하는 지역주민으로서 해당 특별자치도·시·군·구의회에서 추천한 읍·면·동별 주민대표'로 지원협의체를 구성하도록 규정하고 있다.
(3) 위와 같은 규정의 취지는, 폐기물매립시설의 부지 경계선으로부터 2km 이내, 폐기물소각시설의 부지 경계선으로부터 300m 이내에는 폐기물처리시설의 설치·운영으로 환경상 영향을 미칠 가능성이 있으므로, 그 범위 안에서 거주하는 주민들 중에서 선정한 주민대표로 하여금 지원협의체의 구성원이 되어 환경상 영향조사, 주변영향지역 결정, 주민지원사업의 결정에 참여할 수 있도록 함으로써, 그 주민들이 폐기물처리시설 설치·운영으로 인한 환경상 불이익을 보상받을 수 있도록 하려는 데 있다. 위 범위 안에서 거주하는 주민들이 폐기물처리시설의 주변영향지역 결정과 관련하여 갖는 이익은 주민 개개인에 대하여 개별적으로 보호되는 직접적·구체적 이익으로서 그들에 대하여는 특단의 사정이 없는 한 환경상 이익에 대한 침해 또는 침해 우려가 있는 것으로 사실상 추정되어 원고적격이 인정된다(대법원 2005. 3. 11. 선고 2003두13489 판결 등 참조)."

■ 환경영향평가대상지역 밖 주민의 원고적격 인정 요건

＊ **대판 2006.3.16, 2006두330(전합)** : "환경영향평가 대상지역 밖의 주민이라 할지라도 공유수면매립면허처분 등으로 인하여 그 처분 전과 비교하여 수인한도를 넘는 환경피해를 받거나 받을 우려가 있는 경우에는, 공유수면매립면허처분 등으로 인하여 환경상 이익에 대한 침해 또는 침해우려가 있다는 것을 입증함으로써 그 처분 등의 무효확인을 구할 원고적격을 인정받을 수 있다고 할 것이다. 기록 및 관계 법령에 의하면, … 원고 조경훈 등 143명의 원고를 제외한 나머지 원고들(원고 144. 내지 3539.)이 거주하는 목포시, 익산시, 전북 완주군, 전주시, 서울 등의 지역은 환경영향평가 대상지역도 아닌데다가 위 원고들이 위 공유수면매립면허처분 등으로 인하여 그 처분 전과 비교하여 수인한도를 넘는 환경피해를 받거나 받을 우려가 있다는 점을 입증하지 못하고 있으며, 위 원고들이 이 사건 각 처분과 관련된 구 공수법상의 공유수면에 관하여 권리를 가진 자 또는 농근법상의 이해

관계인에 해당한다고 인정할 자료가 없다. 그러므로 위 원고들에게는 이 사건 각 처분의 무효확인을 구할 원고적격이 있다고 할 수 없다."

환경영향평가 대상지역 밖의 주민에 대한 예외적 원고적격 인정 요건을 동 판결에서 제시하였지만, 새만금사건에서 실제 해당 환경영향평가 대상지역 밖 주민들의 원고적격이 인정된 것은 아님에 주의해야 합니다.

■ 환경상 침해를 받으리라고 예상되는 영향권 내의 주민들을 비롯하여 영향권 내에서 농작물을 경작하는 등 현실적으로 환경상 이익을 누리는 사람. 그러나 영향권 내의 건물·토지를 소유하거나 환경상 이익을 일시적으로 누리는 데 그치는 사람은 제외

＊ **대판 2009.9.24, 2009두2825** : "[1] 행정처분의 직접 상대방이 아닌 자로서 그 처분에 의하여 자신의 환경상 이익이 침해받거나 침해받을 우려가 있다는 이유로 취소나 무효확인을 구하는 제3자는, 자신의 환경상 이익이 그 처분의 근거 법규 또는 관련 법규에 의하여 개별적·직접적·구체적으로 보호되는 이익, 즉 법률상 보호되는 이익임을 입증하여야 원고적격이 인정된다. 다만, 그 행정처분의 근거 법규 또는 관련 법규에 그 처분으로써 이루어지는 행위 등 사업으로 인하여 환경상 침해를 받으리라고 예상되는 영향권의 범위가 구체적으로 규정되어 있는 경우에는, 그 영향권 내의 주민들에 대하여는 당해 처분으로 인하여 직접적이고 중대한 환경피해를 입으리라고 예상할 수 있고, 이와 같은 환경상의 이익은 주민 개개인에 대하여 개별적으로 보호되는 직접적·구체적 이익으로서 그들에 대하여는 특단의 사정이 없는 한 환경상 이익에 대한 침해 또는 침해 우려가 있는 것으로 사실상 추정되어 법률상 보호되는 이익으로 인정됨으로써 원고적격이 인정되며, 그 영향권 밖의 주민들은 당해 처분으로 인하여 그 처분 전과 비교하여 수인한도를 넘는 환경피해를 받거나 받을 우려가 있다는 자신의 환경상 이익에 대한 침해 또는 침해 우려가 있음을 입증하여야만 법률상 보호되는 이익으로 인정되어 원고적격이 인정된다.
[2] 환경상 이익에 대한 침해 또는 침해 우려가 있는 것으로 사실상 추정되어 원고적격이 인정되는 사람에는 환경상 침해를 받으리라고 예상되는 영향권 내의 주민들을 비롯하여 그 영향권 내에서 농작물을 경작하는 등 현실적으로 환경상 이익을 향유하는 사람도 포함된다. 그러나 **단지 그 영향권 내의 건물·토지를 소유하거나 환경상 이익을 일시적으로 향유하는 데 그치는 사람은 포함되지 않는다**."

영향권을 기준으로 한 원고적격의 판단과정에서 발생하는 여러 경우의 수에 대한 일응의 기준을 제시한 판결입니다. 환경상 이익을 일시적으로 향유하는 주체에는 사진작

가, 시민단체 등도 포함합니다.

■ 상수원 취수장 인근의 공장설립에 대하여 그 취수장으로부터 수도관을 통해 수돗물을 공급받아 온 주민

* **대판 2010.4.15, 2007두16127** : "[1] 행정처분의 근거 법규 또는 관련 법규에 그 처분으로써 이루어지는 행위 등 사업으로 인하여 환경상 침해를 받으리라고 예상되는 영향권의 범위가 구체적으로 규정되어 있는 경우에는, 그 영향권 내의 주민들에 대하여는 당해 처분으로 인하여 직접적이고 중대한 환경피해를 입으리라고 예상할 수 있고, 이와 같은 환경상의 이익은 주민 개개인에 대하여 개별적으로 보호되는 직접적·구체적 이익으로서 그들에 대하여는 특단의 사정이 없는 한 환경상 이익에 대한 침해 또는 침해 우려가 있는 것으로 사실상 추정되어 법률상 보호되는 이익으로 인정됨으로써 원고적격이 인정되며, 그 영향권 밖의 주민들은 당해 처분으로 인하여 그 처분 전과 비교하여 수인한도를 넘는 환경피해를 받거나 받을 우려가 있다는 자신의 환경상 이익에 대한 침해 또는 침해 우려가 있음을 증명하여야만 법률상 보호되는 이익으로 인정되어 원고적격이 인정된다.
[2] 공장설립승인처분의 근거 법규 및 관련 법규인 구 산업집적활성화 및 공장설립에 관한 법률(2006. 3. 3. 법률 제7861호로 개정되기 전의 것) 제8조 제4호가 산업자원부장관으로 하여금 관계 중앙행정기관의 장과 협의하여 '환경오염을 일으킬 수 있는 공장의 입지제한에 관한 사항'을 정하여 고시하도록 규정하고 있고, 이에 따른 산업자원부 장관의 공장입지기준고시(제2004-98호) 제5조 제1호가 '상수원 등 용수이용에 현저한 영향을 미치는 지역의 상류'를 환경오염을 일으킬 수 있는 공장의 입지제한지역으로 정할 수 있다고 규정하고, 국토의 계획 및 이용에 관한 법률 제58조 제3항의 위임에 따른 구 국토의 계획 및 이용에 관한 법률 시행령(2006. 8. 17. 대통령령 제19647호로 개정되기 전의 것) 제56조 제1항 [별표 1] 제1호 (라)목 (2)가 '개발행위로 인하여 당해 지역 및 그 주변 지역에 수질오염에 의한 환경오염이 발생할 우려가 없을 것'을 개발사업의 허가기준으로 규정하고 있는 취지는, 공장설립승인처분과 그 후속절차에 따라 공장이 설립되어 가동됨으로써 그 배출수 등으로 인한 수질오염 등으로 직접적이고도 중대한 환경상 피해를 입을 것으로 예상되는 주민들이 환경상 침해를 받지 아니한 채 물을 마시거나 용수를 이용하며 쾌적하고 안전하게 생활할 수 있는 개별적 이익까지도 구체적·직접적으로 보호하려는 데 있다. 따라서 수돗물을 공급받아 이를 마시거나 이용하는 주민들로서는 위 근거 법규 및 관련 법규가 환경상 이익의 침해를 받지 않은 채 깨끗한 수돗물을 마시거나 이용할 수 있는 자신들의 생활환경상의 개별적 이익을 직접적·구체적으로 보호하고 있음을 증명하여 원고적격을 인정받을 수 있다.
[3] 김해시장이 소감천을 통해 낙동강에 합류하는 하천수 주변의 토지에 구 산업집적활성화 및 공장설립에 관한 법률 제13조에 따라 공장설립을 승인하는 처분을 한 사안에서, 상수원인 물금취수장이 소감천이 흘러 내려 낙동강 본류와 합류하는 지점 근처에 위치하고 있는 점, 수돗물은 수도관 등 급수시설에 의해 공급되는 것이어서 거주지역이 물금취수장으로부터 다소 떨어진 곳이라고 하더라도

수돗물의 수질악화 등으로 주민들이 갖게 되는 환경상 이익의 침해나 그 우려는 그 수돗물을 공급하는 취수시설이 입게 되는 수질오염 등의 피해나 그 우려와 동일하게 평가될 수 있는 점 등에 비추어, 공장설립으로 수질오염 등이 발생할 우려가 있는 물금취수장에서 취수된 물을 공급받는 부산광역시 또는 양산시에 거주하는 주민들도 위 처분의 근거 법규 및 관련 법규에 의하여 개별적·구체적·직접적으로 보호되는 환경상 이익, 즉 법률상 보호되는 이익이 침해되거나 침해될 우려가 있는 주민으로서 원고적격이 인정된다."

위 판례는 영향권 밖 주민의 환경 관련 이익을 예외적 논증에 의하여 실제 원고적격의 인정으로 이끈 최초의 판결이란 점에서 유의미합니다. 우선 원고적격 인정과 관련하여 해당 사실관계가 영향권을 기준으로 하는 점을 인식해야 합니다. 해당 고시에 따르면 상류지역의 용수이용 보호를 위하여 공장의 입지 제한을 가함을 규정합니다. 해당 공장설립승인처분의 영향권은 상류이지요. 따라서 하류 지역 주민인 이 사건 원고들은 원칙적으로 그 원고적격이 인정되지 않지만, 상수원(上水源)으로부터 직접 용수를 인수(引水)하여 식수로 사용하는 하류 지역의 주민들을 고려한다면, 상류에 입지한 공장으로부터의 오염물질 배출로 자신의 식수가 오염될 경우 예상되는 피해는 수인하기 힘든 것이고, 또한 이는 어렵지 않게 증명할 수 있는 점을 인정하여 이들의 원고적격을 긍정한 것으로 해석할 수 있습니다.

(4) 과세처분 관련 원고적격이 인정된 경우

원 납세의무자에 대한 과세처분에 대하여 납세통지서를 받은 제2차 납세의무자 및 물적 납세의무자·납세보증인 등, 피상속인에 대한 과세처분이나 건물철거명령 등에 대하여 그 재산상속인(대판 1998.11.27, 97누2337), 다른 공동상속인에 대한 상속세부과처분에 대하여 그 상속세에 대한 연대납부의무를 지는 공동상속인(대판 2001.11.27, 98두9530), 자신이 점유하고 있는 제3자 소유 동산을 압류당한 체납자(대판 2006.4.13, 2005두15151) 등은 해당 과세처분 등을 항고소송으로 다툴 원고적격이 인정됩니다.

(5) 기타 원고적격이 인정된 경우

■ 교도소장의 접견허가거부처분에 대하여 그 대상자였던 미결수가 불복하는 경우의 원고적격

> ＊ **대판 1992.5.8, 91누7552** : "원심은 원고 장기표가 1991.3.5. 피고에게 국가보안법위반 피고사건의 피고인으로서 피고가 관리하는 홍성교도소에 미결수용자로 수용되어 있는 원고 김근태를 접견하겠다는 신청을 하였으나 피고가 이를 거부하는 처분을 하자 원고 김근태가 위 거부처분의 취소를 구하는 이 사건 행정소송을 제기한 데 대하여, 원고 김근태는 원고 장기표의 접견신청 대상자일 뿐 그 스스로 피고에 대하여 접견신청을 한 것은 아니고 따라서 피고가 원고 김근태에 대하여 거부처분을 한 것은 아니므로 위 원고의 이 사건 소는 존재하지 않는 처분에 대한 것이어서 부적법하다고 판단하여 이를 각하하였다. 그러나 이 사건 기록에 의하면, 원고 김근태가 피고의 위 거부처분이 자기 자신을 상대방으로 하는 것임을 전제로 하여 그 취소를 구하는 것이라고 주장한 흔적을 찾아볼 수 없고, 오히려 위 원고는 피고의 위 거부처분 자체는 원고 장기표를 상대로 한 것이기는 하지만 그로 인하여 자신의 법률상 이익이 침해되었다고 하여 이 사건 소송을 제기한 취지로 보이는바, 원래 행정처분의 상대방이 아닌 제3자도 그 행정처분의 취소에 관하여 법률상 구체적 이익이 있으면 행정소송법 제12조에 의하여 그 처분의 취소를 구하는 행정소송을 제기할 수 있다고 할 것이고 (대법원 1988.11.22. 선고 87누727 판결 등 참조), 한편 구속된 피고인은 형사소송법 제89조의 규정에 따라 타인과 접견할 권리를 가지며 행형법 제62조, 제18조 제1항의 규정에 의하면 미결수용자는 소장의 허가를 받아 타인과 접견할 수 있으므로(뒤에서 보는 바와 같이 이와 같은 접견권은 헌법상 기본권의 범주에 속하는 것이다), 원고 김근태가 사전에 원고 장기표와의 접견을 원하지 않는다는 의사표시를 하였다는 등의 특별한 사정이 없는 한 원고 김근태는 피고의 위 거부처분으로 인하여 자신의 접견권이 침해되었음을 주장하여 위 거부처분의 취소를 구할 원고적격을 가진다. … 만나고 싶은 사람을 만날 수 있다는 것은 인간이 가지는 가장 기본적인 자유 중 하나로서, 이는 헌법 제10조가 보장하고 있는 인간으로서의 존엄과 가치 및 행복추구권 가운데 포함되는 헌법상의 기본권이라고 할 것인바, 구속된 피고인이나 피의자도 이러한 기본권의 주체가 됨은 물론이며 오히려 구속에 의하여 외부와 격리된 피고인이나 피의자의 경우에는 다른 사람과 만남으로써 외부와의 접촉을 유지할 수 있다는 것이 더욱 큰 의미를 가지게 되는 것이고, 또한 무죄추정의 원칙을 규정한 헌법 제27조 제4항의 규정도 구속된 피고인이나 피의자가 위와 같은 헌법상의 기본권을 가진다는 것을 뒷받침하는 규정이라 할 수 있으므로 형사소송법 제89조 및 제213조의2가 규정하고 있는 구속된 피고인 또는 피의자의 타인과의 접견권은 위와 같은 헌법상의 기본권을 확인하는 것일 뿐 형사소송법의 규정에 의하여 비로소 피고인 또는 피의자의 접견권이 창설되는 것으로는 볼 수 없다."

원심은 교도소장의 접견신청거부에 대해 원고가 다투는 법률관계를 이면적 법률관

계를 전제로 판단하여 신청인이 아닌 제3자의 소 제기에 대해 각하판결을 행하였지만, 대법원은 원고가 복효적 행정행위의 제3자의 지위에서 제소한 것임을 인정하여 달리 판단했음에 주의해야 합니다. 더불어 위 판례를 두고 학자들은 헌법상 기본권으로부터 공권을 도출한 예외적 경우로 해석합니다.

■ 충돌선박의 선장에 대한 중앙해양안전심판원의 징계재결에 대하여 공익의 대표자인 조사관

> * **대판 2002.9.6, 2002추54** : "총톤수 6,976t인 화물선 크리스호(이하 '이 사건 선박'이라 한다)가 2001. 5. 19.경 태국 방콕항에서 설탕 9,500t을 적재하고 출항하여 군산항으로 항행하던 중 2001. 5. 27. 21:10경 군산 앞 바다 소비치도 서방 약 3마일 해상(북위 35도 13분 13초·동경 125도 50분 31초)에서 닻자망(얽애그물)을 우측 옆 해저에 투망한 채 거기에 닻줄을 매어 정박중이던 총톤수 9.77t인 새우잡이 어선 만성호(이하 '상대 선박'이라 한다.)의 우측 옆으로 지나가다가 이 사건 선박의 선수 부분이 그물에 걸려 상대 선박을 끌고 가다가 상대 선박의 우현 부분이 이 사건 선박의 좌현 부분에 충돌하여 상대 선박이 전복되면서 그 선원 4명이 익사하였다. 박경진은 이 사건 선박의 선장으로서 이 사건 사고 당시 당직자 대신 직접 선교에 올라 항해를 지휘하던 중이었다. 피고는 2002. 4. 10. 박경진이 비교적 여유 있는 거리에서 상대 선박을 발견하고도 초기에 예측한 최근접 통과거리만을 믿고 감속을 하지 아니하고 계속적인 경계를 소홀히 한 채 상대 선박에 지나치게 접근한 직무상의 과실로 이 사건 사고를 발생하게 하였다는 이유로 청구취지 기재와 같은 징계재결(이하 '이 사건 징계재결'이라 한다.)을 하였다. 피고는, 원고는 중앙해양안전심판원 소속 직원인 조사관으로서 중앙해양안전심판원이 한 이 사건 징계재결에 대하여 대법원에 그 취소의 소를 제기할 당사자 적격이나 법률상 이익이 있다고 할 수 없고, 따라서 이 사건 소는 원고적격이 없는 자에 의하여 제기된 것으로서 부적법하다고 주장한다. 살피건대, 해양사고의조사및심판에관한법률에서 규정하는 조사관의 직무와 권한 및 역할 등에 비추어 보면, 조사관은 해양사고관련자와 대립하여 심판을 청구하고, 지방해양안전심판원의 재결에 대하여 불복이 있을 때에는 중앙해양안전심판원에 제2심의 청구를 할 수 있는 등 공익의 대표자인 지위에 있는바, 징계재결이 위법한 경우에 징계재결을 받은 당사자가 소로써 불복하지 아니하는 한 그 재결의 취소를 구할 수 없다고 한다면, 이는 공익에 대한 침해로서 부당하므로, 이러한 경우 조사관이 공익의 대표자로서 대법원에 대하여 위법한 징계재결의 취소를 구할 법률상의 이익이 있고, 따라서 이 사건에서 원고 적격이 있다고 봄이 상당하다(대법원 1993. 2. 12. 선고 92추79 판결, 1987. 4. 28. 선고 86추2 판결 등 참조)."

이 판례를 통해서 익숙하지 않은 법률관계를 경험합니다. 해당 사실관계를 복효적 행정행위로 해석함도 그러하지만, 제3자의 원고적격 인정을 위한 사익보호성이 - 극히

예외적이지만 - 사안에 따라 공익으로 구체화되는 측면을 확인하게 됩니다. 유사한 사례를 제시하지요. 법상 협의 규정에 따른 협의 결과 인근 전차부대장 B가 전차작전 수행상의 장애를 이유로 건축허가의 부적정 내지 불가 회신을 하였음에도 군수 A가 건축허가를 발령하여 B가 건축허가처분취소소송을 제기한다면, 그 원고적격이 인정됩니다. 우선, 이 취소소송의 원고는 대한민국입니다. 그리고 원고적격의 전제로서의 법률상 이익은 대한민국의 안전보장입니다. 안전보장이 개별 사인의 안전의 총합이라고 해석하면 이때에도 사익보호성의 문제로 접근 가능합니다. 그러나 이는 지나친 해석이지요. 결국 대한민국의 안전보장은 '공익'입니다. 결국 복효적 행정행위에서 법에 의해 보호되는 이익이 경우에 따라 공익을 의미할 수도 있음을 알게 됩니다. 이때에는 특히, 해당 처분을 다툴 수 없게 한다면 공익의 수호자로서 심히 부당한 결과가 초래되는 경우임을 판례가 명시하는 점에 유의해야 합니다. 다시 말해 다른 소송상 방법에 의한 공익에의 침해 배제가 용이하지 않은 경우에 한정되는 법리라 할 수 있습니다.

■ 주택건설사업계획승인취소처분에 대하여 그 처분 전에 당해 사업을 양수하고 사업주체 변경승인신청을 한 자 : 同旨 대판 2003.7.11, 2001두6289(채석허가를 받은 자에 대한 관할 행정청의 채석허가취소처분에 대하여 수허가자의 지위를 양수한 양수인에게 그 취소처분의 취소를 구할 법률상 이익이 있는지 여부)

> * **대판 2000.9.26, 99두646** : "[1] 주택건설촉진법 제33조 제1항, 구 같은법시행규칙(1996. 2. 13. 건설교통부령 제54호로 개정되기 전의 것) 제20조의 각 규정에 의한 주택건설사업계획에 있어서 사업주체변경의 승인은 그로 인하여 사업주체의 변경이라는 공법상의 효과가 발생하는 것이므로, 사실상 내지 사법상으로 주택건설사업 등이 양도·양수되었을지라도 아직 변경승인을 받기 이전에는 그 사업계획의 피승인자는 여전히 종전의 사업주체인 양도인이고 양수인이 아니라 할 것이어서, 사업계획승인취소처분 등의 사유가 있는지의 여부와 취소사유가 있다고 하여 행하는 취소처분은 피승인자인 양도인을 기준으로 판단하여 그 양도인에 대하여 행하여져야 할 것이므로 행정청이 주택건설사업의 양수인에 대하여 양도인에 대한 사업계획승인을 취소하였다는 사실을 통지한 것만으로는 양수인의 법률상 지위에 어떠한 변동을 일으키는 것은 아니므로 위 통지는 항고소송의 대상이 되는 행정처분이라고 할 수는 없다.
> [2] 주택건설촉진법 제33조 제1항, 구 같은법시행규칙(1996. 2. 13. 건설교통부령 제54호로 개정되기 전의 것) 제20조의 각 규정에 의하면 주택건설 사업주체의 변경승인신청은 양수인이 단독으로 할 수 있고 위 변경승인은 실질적으로 양수인에 대하여 종전에 승인된 사업계획과 동일한 사업계획을 새로이 승인해 주는 행위라 할 것이므로, 사업주체의 변경승인신청이 된 이후에 행정청이 양도인

에 대하여 그 사업계획변경승인의 전제로 되는 사업계획승인을 취소하는 처분을 하였다면 양수인은 그 처분 이전에 양도인으로부터 토지와 사업승인권을 사실상 양수받아 사업주체의 변경승인신청을 한 자로서 그 취소를 구할 법률상의 이익을 가진다."

■ 학교법인의 임원취임승인신청에 대한 반려 또는 거부처분에 대하여 학교법인에 의하여 임원으로 선임된 자

* **대판 2007.12.27, 2005두9651** : "구 사립학교법(2005. 12. 29. 법률 제7802호로 개정되기 전의 것) 제20조 제1항, 제2항은 학교법인의 이사장·이사·감사 등의 임원은 이사회의 선임을 거쳐 관할청의 승인을 받아 취임하도록 규정하고 있는바, 관할청의 임원취임승인행위는 학교법인의 임원선임행위의 법률상 효력을 완성케 하는 보충적 법률행위이다. 따라서 관할청이 학교법인의 임원취임승인신청에 대하여 이를 반려하거나 거부하는 경우 학교법인에 의하여 임원으로 선임된 사람은 학교법인의 임원으로 취임할 수 없게 되는 불이익을 입게 되는바, 이와 같은 불이익은 간접적이거나 사실상의 불이익이 아니라 직접적이고도 구체적인 법률상의 불이익이라 할 것이므로 학교법인에 의하여 임원으로 선임된 사람에게는 관할청의 임원취임승인신청 반려처분을 다툴 수 있는 원고적격이 있다."

형식적으로는 학교법인과 관할청의 이면적 법률관계로서 학교법인이 원고가 되어 이를 다투어야 하겠지만, 학교법인에 의해 임원으로 선임된 사람은 해당 승인거부처분으로 인해 실질적으로 관할청이 자신에 대해 임원취임을 취소할 수밖에 없으므로 이때 문제되는 이익을 개별·구체·직접적 이익이라 할 수 있습니다.

■ 사립학교의 정상화로써 관할청이 정식이사를 선임하는 처분에 대하여 상당한 재산의 출연자 및 학교 발전에 기여한 자

* **대판 2013.9.12, 2011두33044** : "당해 처분의 근거 법규 및 관련 법규에 의하여 보호되는 법률상 이익은 당해 처분의 근거 법규의 명문 규정에 의하여 보호받는 법률상 이익, 당해 처분의 근거 법규에 의하여 보호되지는 아니하나 당해 처분의 행정목적을 달성하기 위한 일련의 단계적인 관련 처분들의 근거 법규에 의하여 명시적으로 보호받는 법률상 이익, 당해 처분의 근거 법규 또는 관련 법규에서 명시적으로 당해 이익을 보호하는 명문의 규정이 없더라도 근거 법규 및 관련 법규의 합리적 해석상 그 법규에서 행정청을 제약하는 이유가 순수한 공익의 보호만이 아닌 개별적·직접적·구체적 이익을 보호하는 취지가 포함되어 있다고 해석되는 경우까지를 말한다(대법원 2004. 8. 16. 선고 2003

> 두2175 판결 등 참조). … 학교법인은 사립학교를 설치·경영하기 위한 목적으로 설립된 재단법인의 일종으로서 그 운영 시에 설립 당시의 설립자의 의사, 즉 설립목적을 존중함이 마땅하다. 이러한 학교법인의 설립목적은 정관과 아울러 그 의사결정기관 및 의사집행기관을 구성하는 자연인인 이사들에 의하여 실현되므로, 설립자가 최초의 이사들을, 그 다음에는 그 이사들이 후임이사들을, 또 그 다음에는 그 후임이사들이 자신의 후임이사들을 선임하는 방식으로 순차적으로 이사를 선임함으로써 학교법인의 설립목적이 영속성 있게 실현되도록 하는 것이 학교법인의 이사 제도의 본질이라 할 수 있다(대법원 2007. 5. 17. 선고 2006다19054 전원합의체 판결). 이와 같이 설립자 내지는 재산출연자가 학교법인에서 가지는 지위 내지 역할과 아울러 그 출연의사 및 명예를 보호하고 나아가 그 설립목적의 실현을 위하여 둔 사립학교법령의 여러 규정들을 종합하여 보면, 종전 사립학교법과 달리 구 사립학교법에서 임시이사를 해임하고 정식이사를 선임하는 학교정상화 절차를 규정하는 제25조의3을 신설하면서 정식이사 선임에 관하여 상당한 재산을 출연하거나 학교 발전에 기여한 자의 의견을 듣도록 규정한 것은, 앞서 본 것과 같이 설립자 내지 재산출연자 등이 해당 학교법인의 운영 과정에서 차지하는 실질적인 비중을 고려하고 사립학교의 자주성을 반영하여 학교법인의 정상화 및 학교법인 설립목적을 구현함에 적절한 정식이사를 선임하는 문제와 관련하여 직접적인 이해관계를 가진다고 보았기 때문이다. 따라서 구 사립학교법(2007. 7. 27. 법률 제8545호로 개정되기 전의 것) 제25조의3은 정식이사 선임에 관하여 상당한 재산을 출연한 자 및 학교 발전에 기여한 자(이하 '상당한 재산출연자 등'이라 한다)의 개별적·구체적인 이익을 보호하려는 취지가 포함되어 있는 것으로 보이고, 상당한 재산출연자 등은 관할청이 정식이사를 선임하는 처분에 관하여 법률상 보호되는 이익을 가진다고 보는 것이 타당하다. 그리고 여기서 상당한 재산출연자 등은 학교법인의 자주성과 설립목적을 대표할 수 있어야 하므로, 그중에서 상당한 재산을 출연한 자는 사립학교법령의 규정들에 비추어 볼 때에 학교법인의 기본재산액의 3분의 1 이상에 해당하는 재산을 출연하거나 기부한 자로 보아야 하고, 그 밖에 재산의 출연 내지 증식을 통하여 학교 발전에 기여한 자는 학교법인의 수익용 기본재산의 10% 이상에 상당하는 금액의 재산을 출연한 자로서 위와 같은 상당한 재산 출연에 견줄 수 있을 정도로 학교법인의 기본재산 형성 내지 운영 재원 마련에 기여하였음이 뚜렷한 자로 해석되어야 한다."

앞서 위 판례의 해석을 위한 법리를 설명하였습니다. '사인의 이익이 특별히 구별되고 심대하며 동시에 개별적으로 침해된 경우'가 그것입니다. 관계 법령에 따라 '상당한 재산 출연자와 학교발전에 기여한 자'의 기준을 확인한 후 그들과 그렇지 않은 자의 구별성 내지 개별성을 논거로 직접적 이익의 침해 개연성을 판단하는 것이 위 판례의 핵심입니다.

■ 사립학교 관련 법령에 따른 학교법인 정상화 과정에서 이루어진 이사선임처분에 대한 대학교수협의회와 총학생회

＊ **대판 2015.7.23, 2012두19496,19502** : "교육부장관이 사학분쟁조정위원회의 심의를 거쳐 갑 대학교를 설치·운영하는 을 학교법인의 이사 8인과 임시이사 1인을 선임한 데 대하여 갑 대학교 교수협의회와 총학생회 등이 이사선임처분의 취소를 구하는 소송을 제기한 사안에서, 임시이사제도의 취지, 교직원·학생 등의 학교운영에 참여할 기회를 부여하기 위한 개방이사 제도에 관한 법령의 규정 내용과 입법 취지 등을 종합하여 보면, 구 사립학교법(2011. 4. 12. 법률 제10580호로 개정되기 전의 것, 이하 같다)과 구 사립학교법 시행령(2011. 6. 9. 대통령령 제22971호로 개정되기 전의 것, 이하 같다) 및 을 법인 정관 규정은 헌법 제31조 제4항에 정한 교육의 자주성과 대학의 자율성에 근거한 갑 대학교 교수협의회와 총학생회의 학교운영참여권을 구체화하여 이를 보호하고 있다고 해석되므로, 갑 대학교 교수협의회와 총학생회는 이사선임처분을 다툴 법률상 이익을 가지지만, 고등교육법령은 교육받을 권리나 학문의 자유를 실현하는 수단으로서 학생회와 교수회와는 달리 학교의 직원으로 구성된 노동조합의 성립을 예정하고 있지 아니하고, 노동조합은 근로자가 주체가 되어 자주적으로 단결하여 근로조건의 유지·개선 기타 근로자의 경제적·사회적 지위의 향상을 도모하기 위하여 조직된 단체인 점 등을 고려할 때, 학교의 직원으로 구성된 노동조합이 교육받을 권리나 학문의 자유를 실현하는 수단으로서 직접 기능한다고 볼 수는 없으므로, 개방이사에 관한 구 사립학교법과 구 사립학교법 시행령 및 을 법인 정관 규정이 학교직원들로 구성된 전국대학노동조합 을 대학교지부의 법률상 이익까지 보호하고 있는 것으로 해석할 수는 없다."

■ 재단법인 한국연구재단이 대학교 총장에게 연구개발비의 부당집행을 이유로 국가연구개발사업협약을 해지하고 대학교 연구팀장(교수)의 위 개발사업 참여제한 등을 명한 통보에 대하여 그 연구팀장

＊ **대판 2014.12.11, 2012두28704** : "재단법인 한국연구재단이 갑 대학교 총장에게 연구개발비의 부당집행을 이유로 '해양생물유래 고부가식품·향장·한약 기초소재 개발 인력양성사업에 대한 2단계 두뇌한국(BK)21 사업' 협약을 해지하고 연구팀장 을에 대한 국가연구개발사업의 3년간 참여제한 등을 명하는 통보를 하자 을이 통보의 취소를 청구한 사안에서, 학술진흥 및 학자금대출 신용보증 등에 관한 법률 등의 입법 취지 및 규정 내용 등과 아울러 위 법 등 해석상 국가가 두뇌한국(BK)21 사업의 주관연구기관인 대학에 연구개발비를 출연하는 것은 '연구 중심 대학'의 육성은 물론 그와 별도로 대학에 소속된 연구인력의 역량 강화에도 목적이 있다고 보이는 점, 기본적으로 국가연구개발사업에 대한 연구개발비의 지원은 대학에 소속된 일정한 연구단위별로 신청한 연구개발과제에 대한 것이지, 그 소속 대학을 기준으로 한 것은 아닌 점 등 제반 사정에 비추어 보면, 을은 위 사업에 관한 협약의 해지 통보의 효력을 다툴 법률상 이익이 있다."

■ 분양전환가격 산정의 위법을 이유로 임대사업자에 대한 분양전환승인처분의 취소를 구하는 우선분양전환권을 가진 임차인

> * **대판 2020.7.23, 2015두48129** : "구 임대주택법 제21조에 의한 분양전환승인은 '해당 임대주택이 임대의무기간 경과 등으로 분양전환 요건을 충족하는지 여부' 및 '분양전환승인신청서에 기재된 분양전환가격이 임대주택법령의 규정에 따라 적법하게 산정되었는지'를 심사하여 승인하는 행정처분에 해당하고(대법원 2015. 3. 26. 선고 2012두20304 판결 참조), 그중 분양전환가격에 관한 부분은 시장 등이 분양전환에 따른 분양계약의 매매대금 산정의 기준이 되는 분양전환가격의 적정성을 심사하여 그 분양전환가격이 적법하게 산정된 것임을 확인하고 임대사업자로 하여금 승인된 분양전환가격을 기준으로 분양전환을 하도록 하는 처분이다. 이러한 절차를 거쳐 승인된 분양전환가격은 곧바로 임대사업자와 임차인 사이에 체결되는 분양계약상 분양대금의 내용이 되는 것은 아니지만, 임대사업자는 승인된 분양전환가격을 상한으로 하여 분양대금을 정하여 임차인과 분양계약을 체결하여야 하므로, 분양전환승인 중 분양전환가격에 대한 부분은 임대사업자뿐만 아니라 임차인의 법률적 지위에도 구체적이고 직접적인 영향을 미친다. 따라서 분양전환승인 중 분양전환가격을 승인하는 부분은 단순히 분양계약의 효력을 보충하여 그 효력을 완성시켜주는 강학상 '인가'에 해당한다고 볼 수 없고, 임차인들에게는 분양계약을 체결한 이후 분양대금이 강행규정인 임대주택법령에서 정한 산정기준에 의한 분양전환가격을 초과하였음을 이유로 부당이득반환을 구하는 민사소송을 제기하는 것과 별개로, 분양계약을 체결하기 전 또는 체결한 이후라도 항고소송을 통하여 분양전환승인의 효력을 다툴 법률상 이익(원고적격)이 있다고 보아야 한다. … 구 임대주택법의 임대사업자가 여러 세대의 임대주택에 대해 분양전환승인신청을 하여 외형상 하나의 행정처분으로 그 승인을 받았다고 하더라도 이는 승인된 개개 세대에 대한 처분으로 구성되고 각 세대별로 가분될 수 있으므로 임대주택에 대한 분양전환승인처분 중 일부 세대에 대한 부분만 취소하는 것이 가능하다(대법원 2015. 3. 26. 선고 2012두20304 판결 참조). 따라서 우선 분양전환 대상자인 임차인들이 분양전환승인처분의 취소를 구하는 경우, 특별한 사정이 없는 한 그 취소를 구하는 임차인이 분양전환 받을 세대가 아닌 다른 세대에 대한 부분까지 취소를 구할 법률상 이익(원고적격)은 인정되지 않는다."

우선분양전환권을 가진 임차인들이 분양전환가격산정의 위법을 이유로 해당 임대주택 전체 세대에 대한 분양전환승인처분의 취소를 구한 사안에서, 원고들에게 항고소송을 통해 분양전환승인처분의 효력을 다툴 법률상 이익이 있지만, 그 취소를 구하는 임차인이 분양전환 받을 세대가 아닌 다른 세대에 대한 부분의 취소를 구할 법률상 이익은 없다고 한 판결입니다.

2) 원고적격을 부인한 예

(1) 경찰허가(강학상 허가) 관련 경업자소송

■ 목욕장영업허가에 대한 기존목욕장업자

> * **대판 1963.8.31, 63누101** : "현행 헌법 제15조와 제28조에 의하여 영업의 자유는 헌법상 국민에게 보장된 자유의 범위에 포함된다 할 것이며 예외적으로 질서유지와 공공복리를 위하여 필요한 경우에 한하여 법률로서 이 영업의 자유를 제한할 수 있을 뿐이라 할 것인바 법률 제808호 공중목욕장업법은 공중목욕장업에 허가제를 실시하고 있으나 그 허가는 사업경영의 권리를 설정하는 형성적 행위가 아니고 경찰금지의 해제에 불과하며 그 허가의 효과는 영업자유의 회복을 가져올 뿐이라 할 것으로서 … 그러므로 위에서 설명한바와 같이 원고에 대한 공중목욕장업 경영 허가는 경찰금지의 해제로 인한 영업자유의 회복이라고 볼 것이므로 이 영업의 자유는 법률이 직접 공중목욕장업 피허가자의 이익을 보호함을 목적으로 한 경우에 해당되는 것이 아니고 법률이 공중위생이라는 공공의 복리를 보호하는 결과로서 영업의 자유가 제한되므로 인하여 간접적으로 관계자인 영업자유의 제한이 해제된 피 허가자에게 이익을 부여하게 되는 경우에 해당되는 것이고 거리의 제한과 같은 위의 시행세칙이나 도지사의 지시가 모두 무효인 이상 원고가 이 사건 허가처분에 의하여 목욕장업에 의한 이익이 사실상 감소된다하여도 이 불이익은 본건 허가처분의 단순한 사실상의 반사적 결과에 불과하고 이로 말미암아 원고의 권리를 침해하는 것이라고는 할 수 없음으로 원고는 피고의 피고 보조참가인에 대한 이 사건 목욕장업허가처분에 대하여 그 취소를 소구할 수 있는 법률상 이익이 없다할 것인바 …."

■ 아파트단지 내 건축허가처분에 대하여 기존 상권의 침해를 주장하는 같은 단지 내 상가점포를 분양받은 자

> * **대판 1998.12.23, 98두14884** : "관할 관청이 제3자에게 스키장대여점으로 이용할 건물에 대한 건축허가를 한 경우, 그 인근에서 동종영업을 영위하는 자가 제3자와 영업상 경쟁관계에 놓이게 되어 입게 될 불이익은 간접적이거나 사실적, 경제적인 것에 지나지 아니하므로 그 무효확인을 구할 당사자 적격 또는 소의 이익이 없다."

■ 석탄가공업에 관한 기존업자의 신규허가에 대한 불복

＊ **대판 1980.7.22, 80누33** : "석탄수급조절에 관한 임시조치법 제1조에 의하면 이 법은 석탄 및 석탄가공제품의 수급을 조정함으로써 국민생활의 안정을 도모함을 목적으로 하고 있고, 동법 제5조에 의하면 석탄가공업을 하고자 하는 자는 동력자원부장관의 허가를 받아야 하고, 그 허가의 기준과 절차에 관하여 필요한 사항은 대통령령으로 정한다하고 동법 시행령 제8조 제1항에 의하면 동법 제5조 제2항에 석탄가공업의 허가기준(시설)과 제2항에 석탄가공업의 허가를 받고자 하는 자는 그 석탄가공시설의 설치 장소가 연탄의 수급 및 환경 위생상지장이 없는 적절한 장소인가의 여부에 관하여 미리 동력자원부장관의 검토를 받을 수 있다고 규정하고, 동법 제7조에 의하면 동조 각 호에 해당하지 아니한 자는 누구나 석탄가공업의 허가를 받을 수 있고, 동법 제8조에 의하면 허가된 석탄가공업의 전부 또는 일부의 양도, 상속, 합병에 의하여 그 지위가 승계한다고 규정하고 있는 바, 위 각 규정취지를 종합하여 보면, 석탄가공업의 허가는 석탄가공제품의 수급의 조정으로서 국민생활의 안정을 도모할 공익적 목적에 있다 할 것이고, 동법 시행령 제8조 제2항 규정취지는 석탄가공업자의 석탄가공업 설치 장소가 연탄의 수급에 있어서나 또는 환경위생상에 지장이 없는 적절한 장소인가의 여부를 석탄가공업의 허가를 받고자 하는 자가 미리 동력자원부장관의 검토를 받을 수 있다는 임의규정에 불과하다 할 것이니 위와 같이 영업허가 요건을 규정함으로써 기히 석탄가공 영업허가를 받은 자가 현실적으로 영업수입의 독점적 이익을 받는 결과가 된다 하더라도 그 이익은 위 허가제도의 반사적 효과라 할 뿐더러 달리 기존 피허가 업자의 경영의 합리화를 보호키 위하여 새로운 허가에 관하여 제한을 한 아무런 규정도 없다 할 것이므로 이 사건 석탄가공업허가는 이른바 명령적 행정행위 즉 사업경영의 권리를 설정하는 형성적 행정행위가 아니고 질서유지와 공공복리를 위한 경찰금지를 해제하는 명령적 행위로 인한 영업자유의 회복으로 본 원심판단은 시인되고 …."

■ 약사에 대한 한약조제권 인정에 대한 한의사

＊ **대판 1983.3.10, 97누4289** : "원심판결 이유에 의하면 원심은, 한의사인 원고들이 한약조제시험을 통하여 한약조제권을 인정받은 약사들에 대한 합격처분의 무효확인을 구하는 이 사건에서, 한의사 면허는 경찰금지를 해제하는 명령적 행위(강학상 허가)에 해당하고, 한약조제시험을 통하여 약사에게 한약조제권을 인정함으로써 한의사인 원고들의 영업상 이익이 감소되었다고 하더라도 이러한 이익은 사실상의 이익에 불과하고 약사법이나 의료법 등의 법률에 의하여 보호되는 이익이라고는 볼 수 없으므로, 이 사건 소는 원고적격이 없는 자들이 제기한 소로서 부적법하다고 판단하였는바, 관계법령의 규정에 비추어 보면 원심의 이와 같은 판단은 옳고, 거기에 상고이유의 주장과 같은 법률상 이익에 관한 법리오해의 위법이 있다고 할 수 없다."[1)]

1) 이와 유사하지만, 성격을 달리하는 판례로는 대판 1988.6.14, 87누873(약종상영업장소이전허가처분의 취소를 구하는 기존업자)을 들 수 있습니다. 여기에서는 신규허가로 인한 경업자관계가 문제된 것이 아니라는

(2) 인인소송

■ 상수원보호구역변경에 대하여 그 상수원으로부터 급수를 받는 인근주민의 원고적격

* **대판 1995.9.26, 94누14544** : "1. 행정처분의 직접 상대방이 아닌 제3자라도 당해 행정처분의 취소를 구할 법률상의 이익이 있는 경우에는 원고적격이 인정된다 할 것이나, 여기서 말하는 법률상의 이익은 당해 처분의 근거 법률에 의하여 보호되는 직접적이고 구체적인 이익이 있는 경우를 말하고, 다만 공익보호의 결과로 국민일반이 공통적으로 가지는 추상적, 평균적, 일반적인 이익과 같이 간접적이나 사실적, 경제적 이해관계를 가지는데 불과한 경우는 여기에 포함되지 않는다고 할 것이다 (당원 1992.12.8. 선고 91누13700 판결; 1993.7.27. 선고 93누8139 판결; 1994.4.12. 선고 93누24247 판결 등 참조).
2. 원심판결 이유에 의하면 원심은 거시 증거에 의하여 피고 시가 그 동안 운영하여 오던 당감동 공설화장장이 시설노후와 인근에의 주택밀집 등을 이유로 폐쇄되자, 그 대체 화장장을 설치하기 위하여 피고 시가 소유자로서 운영하고 있는 공설묘지인 시립영락공원내의 부산 금정구 두국동 산 83의2 임대 69,200㎡(이하 이 사건 토지라 한다)를 그 부지로 선정한 사실, 그러나 이 사건 토지는 피고 시의 동래구, 금정구, 해운대구의 일부 지역에 급수되는 회동수원지에 인접한 곳으로서 수도법 제5조에 의거 상수원보호구역으로 지정되고 있고, 도시계획법 제12조에 의거 묘지공원으로 도시계획시설결정이 되어 있는 곳인데, 도시계획법등 관계 법령에 의하면 화장장은 상수원보호구역이나 묘지공원 내에는 설치할 수 없게 되어 있는 사실, 이에 따라 피고는 화장장 가동에 따른 오폐수가 회동 수원지로 유입되지 않고 전용 하수관을 통하여 막바로 수영천으로 유입되도록 하는 등의 제반오염방지장치를 갖출 것을 조건으로 이 사건 토지를 상수원보호구역에서 제외시켜 화장장을 설치하기로 하고, 수도법, 도시계획법등이 정한 절차를 거쳐 1993.8.27. 부산직할시 고시 제1993-497호로 이 사건 토지를 상수원보호구역에서 제외하는 회동수원지상 수원보호구역변경처분을 하고, 이어 같은 해 10. 5. 부산직할시 고시 1993-279호로 이 사건 토지상에 화장장을 설치하기로 하는 도시계획결정을 한 사실을 인정한 다음, <u>상수원보호구역 설정의 근거가 되는 수도법 제5조 제1항 및 동 시행령 제7조 제1항이 보호하고자 하는 것은 상수원의 확보와 수질보전일 뿐이고, 그 상수원에서 급수를 받고 있는 지역주민들이 가지는 상수원의 오염을 막아 양질의 급수를 받을 이익은 직접적이고 구체적으로는 보호하고 있지 않음이 명백하여 위 지역주민들이 가지는 이익은 상수원의 확보와 수질보호라는 공공의 이익이 달성됨</u>

점에 유의하여야 합니다.
"원심이 적법히 확정한 바와 같이 원고가 구 약사법시행규칙(1969.8.13 보건사회부령 제344호)의 규정한 바에 따른 적법한 약종상 허가를 받아 그 판시 허가지역내에서 약종상영업을 경영하고 있음에도 불구하고 피고가 위 규칙을 위배하여 같은 약종상인 소외 김종복에게 동 소외인의 영업허가지역이 아닌 원고의 영업허가지역내로 영업소를 이전하도록 허가하였다면 원고로서는 이로 인하여 기존업자로서의 법률상 이익을 침해받았음이 분명하므로 원심이 같은 취지에서 기존업자인 원고에게 피고의 이 사건 영업소이전 허가처분의 취소를 구할 법률상 이익이 있다고 판단한 것은 정당하고, 거기에 항고소송에 있어서의 당사자 적격에 관한 법리를 오해한 위법이 있다고 할 수 없다."

에 따라 반사적으로 얻게 되는 이익에 불과하므로 지역주민들에 불과한 원고들은 위 상수원보호구역 변경처분의 취소를 구할 법률상의 이익을 갖고 있지 않고, 또 위 도시계획결정처분의 근거는 도시계획법 제12조라 할 것인데 도시계획법상 도시계획시설 인근주민들의 이익을 배려하는 규정은 찾아볼 수 없으므로(설령 이 사건 결정처분이 매장및묘지등에관한법률 제7조 제3항, 그 시행령 제4조 제2호 (라)목 소정의 이격거리를 위배하였다 하더라도 매장및묘지등에관한법률은 위 처분의 근거 법률이 아니어서 도시계획결정시 고려할 사항에 불과하다), 위 도시계획결정에 관하여 인근주민들이 가지는 이익은 사실적, 경제적 이익에 불과하다 할 것이니, 원고들은 위 도시계획결정처분에 대하여도 그 취소를 구할 법률상의 이익을 가지지 못한다고 판단하여 원고들의 이 사건 소를 모두 각하하였다.
3. 살피건대 상수원보호구역변경처분에 관한 근거 법률 및 그 취소소송에 있어서의 원고적격에 관한 원심의 위와 같은 판단은 앞에서 말한 법리에 따른 것으로서 정당하고, 거기에 소론이 주장하는 바와 같은 법리오해의 위법이 있다 할 수 없다."

앞선 2007두16127 판결과 유사한 사안입니다. 그러나 대법원은 이 판결에서 상수원보호구역 설정의 취지가 상수원 보호라는 공익을 위한 것에 한정하고 이로부터 식수를 위한 급수를 받는 주민의 이익은 그러한 공익 추구에 따르는 반사적 이익으로 간주하였습니다.

■ 산책로 이용 이익을 침해하는 국유도로의 공용폐지처분 및 다른 문화재의 발굴을 원천적으로 봉쇄한 주택건설사업계획승인처분을 다투는 인근 주민의 원고적격

* **대판 1992.9.22, 91누13212** : "일반적으로 도로는 국가나 지방자치단체가 직접 공중의 통행에 제공하는 것으로서 일반 국민은 이를 자유로이 이용할 수 있는 것이기는 하나, 그렇다고 하여 그 이용관계로부터 당연히 그 도로에 관하여 특정한 권리나 법령에 의하여 보호되는 이익이 개인에게 부여되는 것이라고 까지는 말할 수 없으므로, 일반적인 시민생활에 있어 도로를 이용만 하는 사람은 그 용도폐지를 다툴 법률상의 이익이 있다고 말할 수는 없다. 다만, 공공용재산이라고 하여도 당해 공공용재산의 성질상 특정개인의 생활에 개별성이 강한 직접적이고 구체적인 이익을 부여하고 있어서 그에게 그로 인한 이익을 가지게 하는 것이 법률적인 관점으로도 이유가 있다고 인정되는 특별한 사정이 있는 경우에는 그와 같은 이익은 법률상 보호되어야 할 것이고, 따라서 도로의 용도폐지처분에 관하여 이러한 직접적인 이해관계를 가지는 사람이 그와 같은 이익을 현실적으로 침해당한 경우에는 그 취소를 구할 법률상의 이익이 있다고 보아야 할 것이나, 원심이 인정한 사실관계하에서는 원고에게 이 사건 도로의 용도폐지처분을 다툴 이와 같은 법률상의 이익이 있다고 할 수 없다. 행정처분의 직접 상대방이 아닌 제3자라도 당해 행정처분의 취소를 구할 법률상의 이익이 있는 경우에는 원고적격이 인정된다 할 것이나, 여기서 말하는 법률상의 이익은 당해 처분의 근거법률 등에 의하여 보호되는 직접적이고 구체적인 이익이 있는 경우를 말하고, 간접적이거나 사실적, 경제적 이해관계를

가지는데 불과한 경우는 여기에 포함되지 아니한다 할 것이다. 문화재는 문화재의 지정이나 그 보호구역으로 지정이 있음으로써 유적의 보존 관리 등이 법적으로 확보되어 지역주민이나 국민일반 또는 학술연구자가 이를 활용하고 그로 인한 이익을 얻는 것임은 사실이나, 그 지정은 문화재를 보존하여 이를 활용함으로써 국민의 문화적 향상을 도모함과 아울러 인류문화의 발전에 기여한다고 하는 목적을 위하여 행해지는 것이지(문화재보호법 제1조), 그 이익이 소론과 같이 일반국민이나 인근주민의 문화재를 향유할 구체적이고도 법률적인 이익이라고 할 수는 없고, 문화재보호법 제66조가 문화재에 관련하여 표창하고 부상을 수여할 수 있다고 규정하고 있다고 하여도 마찬가지이다."

산책로로 가끔 이용하는 국유도로는 이른바 공물의 일반사용의 대상입니다. 이러한 도로의 일반사용으로 누리는 관계인의 이익은 공권에 해당하지 않습니다. 따라서 대물적 행정행위로서 국유도로의 공용폐지의 직접 상대방(여기에서의 처분의 상대방은 해당 국유도로입니다)이 아닌 산책로 이용주민이 주장하는 해당 도로 관련 이익은 그 도로가 계속 공물로 유지됨에 따라 얻는 반사적 이익에 불과한 것입니다. 그러나 이와는 달리 막다른 골목의 주택에 거주하는 주민이 자신의 주택에 이르는 진입도로의 공용폐지를 다투는 경우에는 이를 '인접주민의 고양된 일반사용'으로 해석하여 그 원고적격을 인정합니다.

■ 산림훼손허가처분에 대하여 농경지의 풍수해를 우려한 인근 주민

* **대판 1991.12.13, 90누10360** : "원심판결 이유에 의하면, 원고들은 피고가 소외 경상요업주식회사에 대하여 한 1988.11.16. 자 산림훼손허가 및 1989.1.31. 자 중소기업창업사업계획승인처분에 대하여, 이러한 처분 등에 의하여 위 회사가 이 사건 임야에 적벽돌공장을 설치할 수 있게 되어 원고들을 포함한 인근부락민의 농경지와 원고들이 속한 문중의 세장지 등이 훼손 또는 풍수해를 입을 우려가 있게 되었으며, 또한 위 임야의 일부는 원고들 소속 문중의 소유라는 이유로, 위 처분 등의 취소를 구하고 있으나, 원고들이 이 사건 처분으로 인하여 원고들의 임야, 농경지나 세장지에 대한 훼손 또는 풍수해의 우려 등의 불이익을 받았다거나, 그 임야의 일부가 원고들 소속 문중의 소유라고 인정할 자료가 없을 뿐만 아니라 이 사건 각 처분의 근거가 되는 중소기업창업지원법 및 산림법 등의 관계규정에 비추어 볼 때, 그 처분이 취소됨으로 인하여 원고들과 같은 인근주민들의 농경지나 임야, 세장지 등 이 훼손 또는 풍수해를 입을 우려가 제거되는 것과 같은 이익은 위 각 처분의 근거 법률에 의하여 보호되는 이익이라고 할 수 없으며, 달리 이 사건 행정처분으로 인하여 침해될 원고들의 직접적이고 구체적인 이익이 있음에 관한 주장 입증이 없다하여 이 사건 소를 각하하였다. 원심의 위와 같은 판단은 앞에서 말한 법리에 따라 수긍이 가고 그 사실인정과정에 있어서도 소론과 같은 심리미진이나 채증법칙위배가 있다 할 수 없다."

■ 헌법상 기본권(환경권)으로부터 직접 원고적격을 도출할 수 없다는 취지의 판례

* **대판 2006.3.16, 2006두330(전합)** : "원고들은 헌법이나 환경정책기본법에 근거하여 원고적격이 있다고 주장하지만, 헌법 제35조 제1항에서 정하고 있는 환경권에 관한 규정만으로는 그 권리의 주체·대상·내용·행사방법 등이 구체적으로 정립되어 있다고 볼 수 없고, 환경정책기본법 제6조도 그 규정 내용 등에 비추어 국민에게 구체적인 권리를 부여한 것으로 볼 수 없으므로, 위 원고들에게 헌법상의 환경권 또는 환경정책기본법 제6조에 기하여 공유수면매립면허처분 및 농지개량사업시행인가처분의 무효확인을 구할 원고적격이 있다고 할 수 없다."

이상의 내용을 바탕으로 환경영향평가 관련 원고적격 인정 여부를 하나의 〈표〉로써 요약하면 다음과 같습니다.

〈환경영향평가 관련 원고적격(사익보호성) 인정 여부〉 - 대판 2006.3.16, 2006두330(전합) -

환경영향평가 대상지역(인적 한계)			
대상지역 內 거주	대상지역 外 거주		
사익보호성 ○ 원고적격 ○ (사실상 추정)	현실적 이익 향유자 ⇓ 사익보호성 ○ 원고적격 ○ (사실상 추정)	일시적 이익 향유자 (대상지역 내 토지·건물 등의 단순 소유자 포함) ⇓ 사익보호성 × 원고적격 × 그러나 수인한도 넘는 환경상 이익 침해 입증 시 ⇒사익보호성 ○ 원고적격 ○	헌법상 환경권 내지 환경정책기본법으로부터 직접 원고적격을 도출할 수 없음

(3) 기타 반사적 이익을 침해받은 자

■ 문화재지정처분에 대하여 그 지정이 엉뚱하게 되었다고 주장하는 종중

* **대판 2001.9.28, 99두8565** : "원심은, 피고가 1996. 3. 11. 경남 남해군 평산리에 있는 그 판시의 분묘 1기가 지역주민들 사이에서 고려말 성리학자인 백이정의 묘로 구전되어 오고 있는데다가 그 양식이 고려 후기에 유행하던 방형분이라서 학술상으로도 원형보존의 가치가 있다는 이유로, 구 문화재보호법(1995. 12. 29. 법률 제5073호로 개정되기 전의 것, 이하 '법'이라 한다) 제55조 제1항,

제5항, 구 경상남도문화재보호조례(1999. 10. 11. 개정되기 전의 것, 이하 '조례'라 한다) 제11조 제1항에 의하여 위 분묘에 대하여 '전(전) 백이정의 묘'라는 명칭을 붙여 도지정문화재로 지정하는 이 사건 지정처분을 한 사실을 인정한 다음, 이 사건 지정처분의 근거 법규인 법과 조례의 입법목적, 규정내용 등에 비추어 볼 때, 보령시에 백이정의 진묘가 따로 존재한다고 주장하는 원고 종중이 비록 이 사건 지정처분으로 인하여 백이정의 후손으로서 명예 내지 명예감정이 손상되는 등 그 판시와 같은 불이익을 입게 되었다고 하더라도, 원고 종중이 '전 백이정의 묘'의 소유자·점유자 또는 관리자에 해당하지 아니한 이상, 그러한 불이익은 이 사건 지정처분의 근거 법규에 의하여 보호되는 직접적이고도 구체적인 법률상 이익이라고 할 수 없으므로, 이 사건 지정처분의 취소를 구하는 원고 종중의 주위적 청구부분의 소는 부적법하다고 판단하였다. 법 제55조 제1항, 제5항, 조례 제11조 제1항에 의하여 행하여지는 피고의 도지정문화재 지정처분은, 문화재를 보존하여 이를 활용함으로써 국민의 문화적 향상을 도모함과 아울러 인류문화의 발전에 기여할 목적에서(법 제1조), 피고가 그 관할구역 안에 있는 문화재로서 국가지정문화재로 지정되지 아니한 문화재 중 보존가치가 있다고 인정되는 것을 도지정문화재로 지정하는 행위이므로, <u>그 입법목적이나 취지는 지역주민이나 국민 일반의 문화재 향유에 대한 이익을 공익으로서 보호함에 있는 것이지, 특정 개인의 문화재 향유에 대한 이익을 직접적·구체적으로 보호함에 있는 것으로 해석되지 아니하고, 달리 법과 조례에서 위 지정처분으로 침해될 수 있는 특정 개인의 명예 내지 명예감정을 보호하는 것을 목적으로 하여 그 지정처분에 제약을 가하는 규정을 두고 있지도 아니하므로</u>, 설령 위 지정처분으로 인하여 어느 개인이나 그 선조의 명예 내지 명예감정이 손상되었다고 하더라도, 그러한 명예 내지 명예감정은 위 지정처분의 근거법규에 의하여 직접적·구체적으로 보호되는 이익이라고 할 수 없으므로 그 처분의 취소를 구할 법률상의 이익에 해당하지 아니한다."

■ 경제학적 접근이 필요한 조세정책과목의 담당교수에 행정학 전공 교수를 임용함으로써 학습권이 침해되었다고 주장하는 학생

* **대판 1993.7.27, 93누8139** : "이 사건의 경우 원고들의 주장을 요약하면, 원고들은 서울시립대학교 세무학과에 재학중인 학생들로서 조세정책과목을 수강하고 있는데 피고가 경제학적으로 접근하여야 하는 조세정책과목의 담당교수를 행정학을 전공한 소외 원윤희로 임용함으로써 원고들의 학습권을 침해하였다는 것이나 설령 피고의 이 사건 임용처분으로 말미암아 원고들이 그 주장과 같은 불이익을 받게 되더라도 그 불이익은 간접적이거나 사실적인 불이익에 지나지 아니하여 그것만으로는 원고들에게 이 사건 임용처분의 취소를 구할 소의 이익이 있다고 할 수 없다."

판례가 이 사건 관련 원고 학생들이 향유하는 이익을 사실상 이익으로 간주하여 원고적격을 부인하였지만, 원고들의 학습권의 침해 개연성을 인정할 수 없다는 이유를 드

는 것도 동일한 결론에 이르는 다른 하나의 방법입니다. 조세정책과목의 접근이 경제학 혹은 행정학이어야 하는지 여부는 일의적으로 판단할 수 없을 뿐만 아니라 설령 경제학적 접근이 타당하더라도 행정학 전공 교수의 채용으로 인해 학생들의 학습권이 침해될 개연성을 일률적으로 인정할 수 없기 때문입니다. 한편 위 판결문 마지막 줄의 '소의 이익' 표현은 재고의 여지가 있습니다. 원고적격도 광의의 소의 이익에 포함되지만, 보다 적확한 표현인 원고적격 내지 법률상 이익의 문구가 타당합니다.

■ 부교수임용처분에 대하여 같은 학과의 기존 교수

* **대판 1995.12.12, 95누11856** : "원심판결 이유에 의하면, 원심은 소외 권재일을 서울대학교 인문대학 언어학과 부교수로 신규임용한 피고의 이 사건 처분에 대하여, 원고가 같은 학과 교수로서 교수회의의 구성원이라는 사정만으로는 원고에게 그 취소를 구할 구체적인 법률상의 이익이 있다고 할 수 없다는 이유로 이 사건 소를 각하하였는바, 원심의 이러한 조치는 정당하고, 거기에 논지가 지적하는 바와 같은 법리오해나 심리미진의 위법이 있다고 할 수 없다."

■ 노동조합신고수리행위에 대하여 사용자인 회사

* **대판 1997.10.14, 96누9829** : "노동조합의 설립에 관한 구 노동조합법의 규정이 기본적으로 노동조합의 설립의 자유를 보장하면서 위와 같은 노동정책적 목적을 달성하기 위해 설립신고주의를 택하여 조합이 자주성과 민주성을 갖추도록 행정관청으로 하여금 지도·감독하도록 하게 함으로써, 사용자는 무자격조합이 생기지 않는다는 이익을 받고 있다고 볼 수 있을지라도 그러한 이익이 노동조합의 설립에 관한 구 노동조합법 규정에 의하여 직접적이고 구체적으로 보호되는 이익이라고 볼 수는 없고, 노동조합 설립신고의 수리 그 자체에 의하여 사용자에게 어떤 공적 의무가 부과되는 것도 아니라고 할 것이어서 당해 사안에서 지방자치단체장이 노동조합의 설립신고를 수리한 것만으로는 당해 회사의 어떤 법률상의 이익이 침해되었다고 할 수 없으므로 당해 회사는 신고증을 교부받은 노동조합이 부당노동행위구제신청을 하는 등으로 법이 허용하는 절차에 구체적으로 참가한 경우에 그 절차에서 노동조합의 무자격을 주장하여 다툴 수 있을 뿐 노동조합 설립신고의 수리처분 그 자체만을 다툴 당사자 적격은 없다."

앞선 93누8139 판결의 해설에서도 언급했듯이 원고적격을 부인하는 논거는 두 가지입니다. 하나는 침해 주장 이익이 법률상 이익이 아니라는 점, 그리고 다른 하나는 설령 법률상 이익이라 하더라도 그 침해 개연성이 인정되지 않는 경우가 그것입니다. 이 판결에서는 이러한 두 가지 경우 모두를 논거로 삼아 원고적격을 부인합니다.

■ 건축법과 (구)도시계획법상의 용적률을 위반한 건축물에 대한 건축허가처분에 대하여 인근거주자

＊ **대판 2002.6.11, 2002두1656** : "행정처분의 직접 상대방이 아닌 제3자라도 당해 행정처분의 취소를 구할 법률상의 이익이 있는 경우에는 원고적격이 인정되는데, 여기서 말하는 법률상의 이익은 당해 처분의 근거 법률에 의하여 보호되는 직접적이고 구체적인 이익이 있는 경우를 말하고, 다만 공익보호의 결과로 국민 일반이 공통적으로 가지는 추상적, 평균적, 일반적인 이익과 같이 간접적이나 사실적, 경제적 이해관계를 가지는데 불과한 경우는 여기에 포함되지 않는다(대법원 1995. 9. 26. 선고 94누14544 판결). 나. 건축법 제48조, 도시계획법 제55조, 도시계획법 제63조에서 건축물의 용적률을 제한하고 있는 것은 적당한 도시공간을 확보하여 과밀화를 방지함으로써 도시기능의 조화를 도모하는데 그 주된 목적이 있는 것이고 이로써 직접 인접지 거주자 등의 개별적인 이익을 보호하려는 것은 아니므로, 이 사건 건물의 부지와 인접한 토지에 주택을 소유하고 있을 뿐인 원고로서는 가사 위 건물의 용적률이 법에서 허용하는 한도를 벗어났다고 하더라도 그러한 이유만으로 위 건물에 대한 건축허가의 취소를 구할 법률상의 이익이 있다고 할 수 없다."

원고적격의 인정 여부의 판단에 본안판단 대상인 처분의 위법은 고려 대상이 아님을 확인하는 판결입니다.

■ 환경부장관이 생태·자연도 1등급으로 지정되었던 지역을 2등급 또는 3등급으로 변경하는 내용의 생태·자연도 수정·보완을 고시하자 이로 인하여 환경상 이익을 침해받았다고 주장하는 인근 주민

＊ **대판 2014.2.21, 2011두29052** : "환경부장관이 생태·자연도 1등급으로 지정되었던 지역을 2등급 또는 3등급으로 변경하는 내용의 생태·자연도 수정·보완을 고시하자, 인근 주민 갑이 생태·자연도 등급변경처분의 무효 확인을 청구한 사안에서, 생태·자연도의 작성 및 등급변경의 근거가 되는 구 자연환경보전법(2011. 7. 28. 법률 제10977호로 개정되기 전의 것) 제34조 제1항 및 그 시행령 제27조 제1항, 제2항에 의하면, 생태·자연도는 토지이용 및 개발계획의 수립이나 시행에 활용하여 자연환경을 체계적으로 보전·관리하기 위한 것일 뿐, 1등급 권역의 인근 주민들이 가지는 생활상 이익을 직접적이고 구체적으로 보호하기 위한 것이 아님이 명백하고, 1등급 권역의 인근 주민들이 가지는 이익은 환경보호라는 공공의 이익이 달성됨에 따라 반사적으로 얻게 되는 이익에 불과하므로, 인근 주민에 불과한 갑은 생태·자연도 등급권역을 1등급에서 일부는 2등급으로, 일부는 3등급으로 변경한 결정의 무효 확인을 구할 원고적격이 없다."

■ 제주특별자치도 지사의 절대보존지역 변경(축소) 처분에 대하여 주거 및 생활환경상 이익의 침해를 주장하는 지역주민회와 주민

> ＊ **대판 2012.7.5, 2011두13187** : "피고의 이 사건 처분이 국방부장관의 제주해군기지 실시계획 승인처분 등을 위한 전제로 행하여진 것이라 하더라도 위 승인처분과는 독립된 별개의 행정처분이므로 행정처분의 적법 여부는 물론이고 행정처분을 다투는 절차 역시 별개로 보아야 한다고 하면서, 원고들에게 이 사건 처분의 근거가 되는 법규 및 관련 법규에 의하여 보호되는 법률상 이익이 있는지 여부에 관하여 ① 절대보전지역의 해제는 소유권에 가한 제한을 해제하는 처분에 해당하는 것으로 그 자체로 인근 주민의 생활환경에 영향을 주는 사업의 시행이나 시설의 설치를 내포하고 있는 것이 아닌 점, ②「구 제주특별자치도 설치 및 국제자유도시 조성을 위한 특별법(2009. 10. 9. 법률 제9795호로 개정되기 전의 것)」 및 「구 제주특별자치도 보전지역 관리에 관한 조례(2010. 1. 6. 조례 제597호로 개정되기 전의 것)」에 따라 절대보전지역으로 지정되어 보호되는 대상은 인근 주민의 주거 및 생활환경 등이 아니라 제주의 지하수·생태계·경관 그 자체인 점, ③ 위 조례 제3조 제1항은 절대보전지역의 지정 및 변경에는 주민들의 의견을 듣도록 하고 있으나 보전지역을 축소하는 경우에는 예외로 한다고 규정함으로써 그 절차에서도 절대보전지역 지정으로 인하여 환경상 혜택을 받는 주민들이 아니라 권리의 제한을 받게 되는 주민들을 주된 보호의 대상으로 하고 있는 점 등에 비추어 보면, 이 사건 처분 대상인 서귀포시 강정동 해안변지역 105,295㎡가 절대보전지역으로 유지됨으로써 원고들이 가지는 주거 및 생활환경상 이익은 그 지역의 경관 등이 보호됨으로써 반사적으로 누리는 것일 뿐 근거 법규 또는 관련 법규에 의하여 보호되는 개별적·직접적·구체적 이익이라고 할 수 없다고 판단하였다. 나아가 원심은 원고들이 주장하는 헌법상의 생존권, 행복추구권, 환경권만으로는 그 권리의 주체·대상·내용·행사방법 등이 구체적으로 정립되어 있다고 볼 수 없으므로 이에 근거하여 이 사건 처분을 다툴 원고 적격이 있다고 할 수도 없다고 판단하였다. 앞서 본 법리와 기록에 비추어 살펴보면, 원심의 위와 같은 판단은 정당한 것으로 수긍할 수 있고, 거기에 상고이유 주장과 같은 행정소송의 원고 적격에 관한 법리오해의 위법 등이 없다."

(4) 간접적 이해관계인

■ 수증자에 대한 증여세부과처분에 대하여 증여자

> ＊ **대판 1990.4.24, 89누4277** : "원심판결 이유에 의하면, 원고가 주주로 되어 있는 소외 주식회사 미룡상사의 주식 139,007주(이하 이 사건 주식이라 한다)에 관하여 소외 김건식 앞으로 주주명의개서가 이루어진 사실에 터잡아 피고는 원고가 위 김 건식에게 이 사건 주식의 소유명의를 신탁한 것이라고 보아 상속세법 제32조의2제1항에 따라 증여로 의제하고 1987.6.16. 수증자인 위 김 건식에게 이 사건 과세처분을 하였음에 대하여 원고가 위 김 건식에 대한 위 과세처분의 취소를 구하자 원

심은, 항고소송은 행정처분으로 인하여 법률상 직접적이고 구체적인 이익을 가지게 되는 사람만이 제기할 이익이 있는 것이고 사실상이나 간접적인 이해관계를 가진 사람은 제기할 이익이 없다(당원 1981.3.10. 선고 80누48 판결 참조)고 전제하고서, 원고가 위 증여의제에 의하여 증여자로서 그 증여세의 연대납세의무자의 관계에 있다고 하더라도 위 김 건식에 대한 과세처분의 효력은 동인에게만 미치는 것이므로 원고는 이에 대하여는 사실상의 간접적인 이해관계를 가지는 것에 불과(당원 1983.8.23. 선고 82누506 판결 참조) 하고, 원고로서는 위 압류된 주식이 그의 소유라는 이유로 그 체납처분에 대하여 다툴 수 있을지언정 그 체납처분과 별개인 위 김건식에 대한 과세처분에 대하여 다툴 수는 없는 것이며, 결국 원고는 위 김건식에 대한 과세처분의 취소를 구할 법률상 직접적이고도 구체적인 이익이 없는 것이어서 그 취소를 구하는 이 사건 소는 부적법하다고 판단하고 이를 각하하였는 바, 원심의 위와 같은 판단은 옳고 거기에 행정(세무)소송에 있어서의 소외 이익이나 당사자적격에 관한 법리오해의 위법이 있다고 할 수 없다."

■ 원천징수의무자에 대한 납세고지에 대하여 원천납세의무자

* **대판 1994.9.9, 93누22234** : "원천징수의무자가 원천납세의무자로부터 원천징수하는 것을 가리켜 소론과 같이 과세권자의 과세처분과 실질적으로 동일한 것이라고 볼 수는 없다. 그리고 원천징수에 있어서 원천납세의무자는 과세권자가 직접 그에게 원천세액을 부과한 경우가 아닌 한 과세권자의 원천징수의무자에 대한 납세고지로 인하여 자기의 원천세 납세의무의 존부나 범위에 아무런 영향을 받지 아니하므로 이에 대하여 항고소송을 제기할 수 없다 할 것이다. 원심이 이와 같은 취지에서 원천납세의무자인 원고가 원천징수의무자인 소외 대림엔지니어링 주식회사를 거쳐 한 세액면제신청에 대하여 피고가 이를 거부하는 내용의 통보를 보내는 한편 소외 회사가 원천징수하여 납부한 세금을 징수한 것을 가지고 원천징수의무자에 대한 납세고지와 유사한 세무관청의 대외적인 의견의 표명으로 본다고 하더라도 원천납세의무자인 원고로서는 그 자신이 직접 피고를 상대로 이에 대하여 항고소송을 제기할 수는 없다고 판단한 것은 정당한 것으로 수긍이 가고, 거기에 소론과 같이 항고소송의 대상이 되는 처분 및 당사자적격에 관한 법리를 오해한 위법이 있다 할 수 없다."

사실 이 판결은 원고적격의 부인이 아니라 '항고소송을 제기할 수 없다'라고만 하여, 우리에게 중요한 화두를 던지고 있습니다. 항고소송 소송요건으로서 처분성과 원고적격은 별개의 개념으로서 현행 행정소송법상으로도 별개의 조문으로 규율하고 있음은 주지의 사실입니다. 그러나 처분 개념이 상대방의 권리의무에 직접 변동을 초래하는 개별·구체적 행정작용이라 정의하는 한, 개별·구체적 이익을 말하는 원고적격과 일응 접점을 찾을 수 있습니다. 위 사안에서 "원천징수의무자에 대한 납세고지만으로는 원천납

세의무자의 권리의무에 변동을 초래하지 않으므로 해당 고지는 처분이 아니며, 따라서 원천납세의무자는 이를 다툴 소의 이익 내지 법률상 이익이 없다"고 해석할 수 있음을 의미합니다.

■ 운수회사에 대한 과징금부과처분에 대하여 동 처분이 자신의 잘못으로 인한 것으로 사후 사실상 변상해야 될 관계에 있는 운전기사

> * **대판 1994.4.12, 93누24247** : "회사의 노사 간에 임금협정을 체결함에 있어 운전기사의 합승행위 등으로 회사에 대하여 과징금이 부과되면 당해 운전기사에 대한 상여금지급시 그 금액상당을 공제하기로 함으로써 과징금의 부담을 당해 운전기사에게 전가하도록 규정하고 있고 이에 따라 당해 운전기사의 합승행위를 이유로 회사에 대하여 한 과징금부과처분으로 말미암아 당해 운전기사의 상여금지급이 제한되었다고 하더라도, 과징금부과처분의 직접 당사자 아닌 당해 운전기사로서는 그 처분의 취소를 구할 직접적이고 구체적인 이익이 있다고 볼 수 없다."

(5) 단체와 그 구성원 등

여러 학설상의 논의에도 불구하고 우리 판례는 환경상 이익의 향유 주체가 자연인이라는 전제하에 - 환경단체의 제소권(단체소송)을 명문으로 인정하는 별도의 규정이 없는 한 - 단체는 환경상 이익의 침해를 이유로 항고소송을 제기할 수 없다는 입장입니다.

> * **대판 2012.6.28, 2010두2005** : "행정처분의 직접 상대방이 아닌 제3자라 하더라도 당해 행정처분으로 인하여 법률상 보호되는 이익을 침해당한 경우에는 그 처분의 무효확인을 구하는 행정소송을 제기하여 그 당부의 판단을 받을 자격이 있다. 여기에서 말하는 법률상 보호되는 이익은 당해 처분의 근거 법규 및 관련 법규에 의하여 보호되는 개별적·직접적·구체적인 이익을 말하고(대법원 2006. 3. 16. 선고 2006두330 전원합의체 판결 등 참조), 간접적이거나 사실적·경제적인 이익까지 포함되는 것은 아니다(대법원 2006. 5. 25. 선고 2003두11988 판결 등 참조). 원고 수녀원은 수도원 설치 운영 및 수도자 양성 등을 목적으로 설립된 재단법인으로서, 공유수면매립 승인처분의 매립목적을 당초의 택지조성에서 조선시설용지로 변경하는 내용의 이 사건 처분으로 인하여 원고 수녀원에 소속된 수녀 등이 전과 비교하여 수인한도를 넘는 환경침해를 받지 아니하고 쾌적한 환경에서 생활할 수 있는 환경상 이익을 침해받는다고 하더라도 이를 가리켜 곧바로 원고 수녀원의 법률상 이익이 침해된다고 볼 수 없고, 자연인이 아닌 원고 수녀원은 쾌적한 환경에서 생활할 수 있는 이익을 향수할 수 있는 주체도 아니므로 이 사건 처분으로 인하여 위와 같은 생활상의 이익이 직접적으로

침해되는 관계에 있다고 볼 수도 없다. 그리고 상고이유 주장과 같이 이 사건 처분으로 인하여 환경에 영향을 주어 원고 수녀원이 운영하는 쨈 공장에 직접적이고 구체적인 재산적 피해가 발생한다거나 원고 수녀원이 폐쇄되고 이전해야 하는 등의 피해를 받거나 받을 우려가 있다는 점 등에 관한 증명도 부족하다. 따라서 원고 수녀원에게는 이 사건 처분의 무효확인을 구할 원고적격이 있다고 할 수 없다. 원심이 환경상 이익은 그 본질상 자연인에게 귀속된다는 이유로 법인인 원고 수녀원은 이 사건 처분으로 인하여 침해되거나 침해우려가 있는 법률상 보호되는 환경상 이익이 있다고 볼 수 없다고 판단한 것은 적절하지 않은 점이 있으나, 원고 수녀원의 원고적격을 부인한 결론은 정당하므로, 이 부분 상고이유 주장은 이유 없다."

동 판결을 살필 때 환경상 이익이 자연인의 전유물이란 전제에 대해 부분적으로 의문을 표시하지만, 여전히 판례는 단체의 환경상 이익의 향유를 부인한다고 보아야 합니다. 그러나 대상 판결에서 대법원이 단체의 재산상 이익의 주체성을 인정하면서도 사실관계상 수인한도론에 따른 증명이 흠결되어 원고적격을 부인한 점에도 주의해야 합니다.

법인이나 비법인 사단에 대한 처분에 대하여 법인의 임원이나 구성원이 제기하는 취소소송 등의 원고적격을 부인하는 것이 판례의 기본 입장입니다. 대법원은 상이군경회 정관 인가처분에 대한 상이군경회 회원(대판 1993.7.27, 93누1381), 영업정지처분을 받은 회사의 대표이사 개인(대판 1995.12.5, 95누1484)의 원고적격을 부인합니다.

■ 의료보험조합에 대한 대표이사 취임불승인처분에 대하여 그 대표이사로 취임하지 못하게 된 자

* **대판 1995.12.26, 95누14664** : "의료보험조합 대표이사 취임 불승인처분이 위법하다 하더라도 그로 인한 직접적이고도 구체적인 불이익은 그 처분의 상대방인 의료보험조합이 입게 됨은 명백하므로, 그 의료보험조합으로 하여금 위 처분의 위법을 다투게 하면 족하고, 위 처분으로 인하여 의료보험조합의 대표이사로 취임하지 못하게 된 자는 간접적이거나 사실상의 불이익이 있을 뿐이므로 위 처분의 취소를 구할 당사자적격이 없다."

전술한 사립학교 법인의 임원승인신청에 대한 관할청의 거부를 해당 임원이 다투는 항고소송의 원고적격을 인정한 2005두9651 판결과 비교할 때 이 판결에서는 사뭇 다른 입장을 견지하여 양자 간 구별을 요합니다. 추측건대, 시간적 선후를 고려할 때 앞에서 설명한 2005다9651 판결이 향후 주류적 판례 입장을 형성할 것입니다.

■ 타법인에 대한 유선방송허가처분에 대하여 경원신청자였던 비법인사단 또는 설립 중의 회사의 출연자

＊ **대판 1996.6.28, 96누3630** : "수익적 행정처분을 신청한 수인이 서로 경쟁관계에 있어서 일방에 대한 허가 등의 처분이 타방에 대한 불허가 등으로 귀결될 수밖에 없는 때에는 허가 등의 처분을 받지 못한 자는 비록 경원자에 대하여 이루어진 허가 등 처분의 상대방이 아니라 하더라도 당해 처분의 취소를 구할 당사자적격이 있다 할 것이나(대법원 1995. 8. 22. 선고 94누8129 판결, 1992. 5. 8. 선고 91누13274 판결 등 참조), 그 허가 등의 처분을 받지 못한 자가 비법인 사단일 경우 그 구성원에 불과한 자는 경원자에 대하여 이루어진 처분에 의하여 법률상 직접적이고 구체적인 이익을 침해당하였다 할 수 없으므로 당해 처분의 취소를 구할 당사자적격이 없다 할 것이다. 원심판결 이유에 의하면 원심은 그 거시증거에 의하여, 서울 도봉구지역을 방송구역으로 하는 종합유선방송국을 운영할 목적으로 소외 동성제약 주식회사, 사단법인 한국 BBS 중앙연맹 서울시북부지부, 소외 주식회사 삼해기획 등 3개의 법인과 원고, 소외 성태진, 정경운, 이광진, 이부영 등 개인 5명이 공동출자하여 당국으로부터 허가를 받아 소외 도봉종합유선방송국 주식회사를 설립하기로 하고, 총 출자액금 4,000,000,000원 중 위 동성제약 주식회사가 최대출자자로서 65%를 출자하고 나머지 출자자는 각 3% 내지 9%를 출자하며 장차 설립될 위 도봉종합유선방송국 주식회사의 대표이사에 위 성태진, 이사에 원고, 소외 임대길, 감사에 소외 이준명, 부장에 소외 이범수 등이 각 취임하기로 정하고 1993. 10. 30. 위 회사의 정관안을 마련하여 같은 날 종합유선방송국 허가신청서, 사업계획서 등을 피고에게 제출하였는데, 위 허가신청서의 법인명에는 위 도봉종합유선방송국 주식회사, 대표자로 위 성태진, 최다출자자로 위 동성제약 주식회사가 기재되어 있고 신청인란에는 위 성태진의 이름이 기재되고 그 옆에 동인의 인장이 날인되어 있는 사실, 한편 소외 주식회사 경원세기, 한국기술투자 주식회사, 주식회사 인켈, 주식회사 인켈 P.A., 주식회사 동진프로덕션 등은 공동출자하여 당국으로부터 종합유선방송국허가를 받아 가칭 주식회사 미래종합유선방송을 설립하기로 하고, 1993. 10. 30. 법인명 주식회사 미래종합유선방송, 대표 소외 원재연, 최다출자자 소외 주식회사 경원세기로 하여 위 주식회사 미래종합유선방송 대표 원재연 명의로 종합유선방송국 허가신청서, 사업계획서 등을 피고에게 제출한 사실, 피고는 심사위원회에서 쌍방의 제출서류 등을 검토한 후 작성한 심사평가항목별 심사평점표를 종합하여 더 높은 평점을 받은 소외 주식회사 미래종합유선방송을 허가대상법인으로 선정한 사실 등을 인정한 다음, 종합유선방송법 등 관련 법령의 해석상 종합유선방송국 허가신청은 법인 또는 장차 설립될 법인의 명의로 하여야 하는 것이고, 원고 등은 설립할 회사의 출자액과 출자지분을 정하고 내부적으로 장차 설립될 회사의 대표이사 등 임원진의 구성을 마쳤으며 정관안까지 마련하여 행정관청에 대하여 회사의 명칭을 사용하여 허가신청을 하는 등 대외적인 활동을 한 이상, 위 도봉종합유선방송국 주식회사는 종합유선방송국 허가 취득 및 종합유선방송국 운영이라는 고유의 목적을 가지고 회사로서 설립되기 전단계에 있는 단체로서의 조직을 갖춘 실체로서 그 구성원과는 독립하여 단체 자체로서 존속하는 것으로서 강학상의 설립중의 회사에 해당하거나 아니면 적어

도 비법인 사단에 해당한다고 할 것이고, 위 종합유선방송국 허가신청서에는 위 성태진이 신청인으로 기재되어 있기는 하나 위 성태진이 위 도봉종합유선방송국 주식회사의 대표이사로 취임하기로 정해져 있는 점에 비추어 볼 때 위 성태진은 설립 중의 회사 또는 비법인 사단의 집행기관으로서 설립중의 회사 또는 비법인 사단의 대표자의 지위에서 위 허가신청을 한 것으로 보아야 할 것이며, 따라서 위 주식회사 미래종합유선방송을 허가대상법인으로 선정하는 피고의 이 사건 처분에 의하여 법률상 이익을 침해당한 자는 허가신청에 관하여 경쟁관계에 있는 자로서 위 주식회사 미래종합유선방송에 대한 이 사건 처분이 없었더라면 허가대상법인으로 선정되었을 지위에 있는 설립중의 회사 또는 비법인 사단인 위 도봉종합유선방송국 주식회사라 할 것이고, 그 출자자에 불과한 원고는 이 사건 처분에 대하여 사실상이며 간접적인 이해관계를 갖는데 불과하므로 이 사건 처분을 취소하여 달라는 행정소송을 제기할 이익이 없다고 하여 이 사건 소는 원고적격이 없는 자가 제기한 소로서 부적법하다고 판단하였다. 원심의 위와 같은 판단은 앞서 본 법리에 따른 것으로서 정당하고, 거기에 논지와 같은 심리미진, 채증법칙 위배로 인한 사실오인, 또는 법령위반 등의 위법이 있다 할 수 없다."

2005두9651 판결에서의 사립학교 임원으로 선임된 자와 설립 중인 종합유선방송 주식회사의 출자자를 동일시할 수는 없는 점에서 이 판결의 정당성은 인정됩니다. 경원자에 대한 허가처분으로 입게 되는 침해의 직접성 측면에서 양자는 차이를 보이기 때문입니다. 다만, 법인에 대한 행정처분이 당해 법인의 존속 자체를 직접 좌우하는 처분이거나 주주의 지위에 중대한 영향을 미침에도 달리 주주의 지위를 보전할 구제방법이 없는 경우에는 그 주주나 임원이라 할지라도 당해 처분에 관하여 구체적인 법률상 이해관계를 가진다고 할 것이므로 취소를 구할 원고적격이 인정됩니다.

* **대판 2004.12.23, 2000두2648** : "원심은 제1심판결 이유를 인용하여, 일반적으로 법인의 주주는 당해 법인에 대한 행정처분에 관하여 사실상이나 간접적인 경제적 이해관계를 가질 뿐이어서 스스로 그 처분의 취소를 구할 원고적격이 없다고 전제한 다음, 원고 회사에 대한 부실금융기관 결정처분과 관련하여 주주가 그 권리 등에 영향을 받게 되는 것이기는 하나 이는 원고 회사가 부실금융기관으로 지정됨으로 인한 사실상 내지 간접적인 것일 뿐 직접적인 것이라고 할 수 없고, 이 사건 증자 및 감자명령 또한 원고 회사로서는 이로 인하여 신주발행 및 자본감소의 절차를 진행하여야 할 행정상 의무를 지고 이에 위반하는 경우 행정상 제재를 받게 되나, 이로써 곧바로 신주발행 및 자본감소라는 사법상 효력이 발생하는 것이 아니므로 주주의 권리에 직접적인 영향은 없고, 주주로서는 신주발행무효의 소, 감자무효의 소 등을 통하여 자신의 권리침해방지를 위한 조치를 취할 수 있으므로 증자 및 감자명령 자체로 인하여 위 원고들에게 어떤 법률상 권리침해가 있다고 보기 어렵다는

이유로, 위 원고들은 이 사건 각 처분의 취소를 구할 당사자 적격 내지 소의 이익이 없다고 판단하였다. 일반적으로 법인의 주주는 당해 법인에 대한 행정처분에 관하여 사실상이나 간접적인 이해관계를 가질 뿐이어서 스스로 그 처분의 취소를 구할 원고적격이 없는 것이 원칙이라고 할 것이지만, 그 처분으로 인하여 궁극적으로 주식이 소각되거나 주주의 법인에 대한 권리가 소멸하는 등 주주의 지위에 중대한 영향을 초래하게 되는데도 그 처분의 성질상 당해 법인이 이를 다툴 것을 기대할 수 없고 달리 주주의 지위를 보전할 구제방법이 없는 경우에는 주주도 그 처분에 관하여 직접적이고 구체적인 법률상 이해관계를 가진다고 보아 그 취소를 구할 원고적격이 있다고 하여야 할 것이다. 기록에 의하면, 이 사건 각 처분은 예금보험공사의 공적자금 투입을 통한 원고 회사의 조기 경영정상화를 위하여 원고 회사로 하여금 신주를 전부 제3자인 예금보험공사에게만 배정하는 신주발행을 하게 하고 위 원고들의 기존 주식 전부를 무상으로 소각하게 하는 것을 내용으로 하여 동시에 이루어진 일단의 처분이고, 실제 이 사건 각 처분의 실행결과 예금보험공사가 원고 회사의 1인주주가 되고 그 후 개최된 임시주주총회에서 위 원고들 등 기존 주주들에 의하여 선임된 기존 임원들이 모두 해임되고 새로운 임원들이 선임되어 그들로 구성된 이사회에서 새로운 대표이사가 선정된 사실을 알 수 있는바, 이러한 사정하에서라면, 원고 회사의 새로운 대표이사 등 집행기관으로서는 그들을 선임해 준 새로운 주주를 탄생시킨 이 사건 각 처분의 효력을 다툴 것을 기대할 수 없는 경우에 해당한다 할 것이고(실제로, 새 대표이사가 된 이정명이 구 대표이사에 의하여 제기된 이 사건 소를 취하하기까지 하였다.), 이 사건 각 처분의 효력을 배제시키지 않고서는 이 사건 각 처분을 그대로 실행에 옮긴 위 신주발행 및 기존 주식 무상소각의 효력을 다툴 수 없으며, 달리 구제방법을 찾을 수도 없으므로, 원고 회사의 주주들이었던 원고 최순영 등 13인에게도 그 취소를 구할 원고적격이 인정되어야 할 것이다."

* **同旨(대판 2005.1.27, 2002두5313)** : "부실금융기관의 정비를 목적으로 은행의 영업 관련 자산 중 재산적 가치가 있는 자산 대부분과 부채 등이 타에 이전됨으로써 더 이상 그 영업 전부를 행할 수 없게 되고, 은행업무정지처분 등의 효력이 유지되는 한 은행이 종전에 행하던 영업을 다시 행할 수는 없는 경우, 은행의 주주에게 당해 은행의 업무정지처분 등을 다툴 원고적격이 인정된다고 한 사례."

한편, 단체 구성원 개인에 대한 처분에 대하여 그 소속단체가 제기하는 취소소송 등에서의 원고적격은 인정되지 않습니다.

■ 두부제조업체들에 대한 영업허가취소처분에 대하여 그 업자들로 구성된 연식품협동조합

* **대판 1987.5.26, 87누119** : "원심판결 이유에 의하면, 원고조합은 전라남도내 각 시군에 산재한 85개 두부제조업체들이 연식품공업의 건전한 발전, 조합원 상호간의 복리를 증진하기 위하여 협동사

업을 수행하므로 조합원 각자의 자주적 경제활동을 조장하는 동시 국민경제의 균형있는 발전을 도모할 것을 목적으로 중소기업협동조합법에 의하여 설립한 조합으로, 생산, 가공, 판매, 구매, 수송등 공동사업의 알선 및 공동시설의 관리조합원간의 사업조정에 관한 기획 및 조정, 조합원의 생산품에 대한 규격통일과 검사사업, 조합원에 대한 사업자금의 대부의 알선과 조합자체의 사업을 위한 자금의 차입, 조합원의 사업에 관한 경영지도를 그 업무로 하고 있는 사실을 인정한 다음, 원고조합이 직접 두부류를 제조하는 업체가 아님이 명백한 이상 피고의 이건 행정처분으로 인하여 원고조합에 소속된 조합원(두부류 제조업체)이 사실상으로 영업상의 불이익을 받아 경제적 이익이 침해된다고 하더라도 이를 가리켜 곧바로 원고조합의 법률상 이익이 침해된다고 볼 수 없고, 더우기 식품위생법은 식품으로 인한 위생상의 위해의 방지와 식품영양의 질적 향상을 도모함으로써 국민보건의 향상과 증진에 기여함에 목적이 있는 것이지 개개업체의 영업상의 이익을 보호하는 것을 목적으로 하는 것은 아니므로 자연인과는 달리 아무런 위생상의 문제나 보건상의 문제가 없는 단체인 원고조합은 위와 같은 식품위생이나 보건향상 등에 의한 이익을 향수할 수 있는 주체도 아니므로 원고조합은 이건 행정처분과는 직접적인 법률관계를 가지지 못하고 기존허가업체인 조합원과 간접적인 사실상의 관계가 있는 것에 불과하여 원고는 이건 행정처분으로 원고조합의 위 업무수행상 법적으로 보호받아야 할 어떤 이익의 침해가 직접적으로 야기되었다고도 볼 수 없다고 하여 원고의 이 사건 소는 부적법하다고 판단한 조치는 정당하고 여기에 판결이유에 모순이 있거나 행정소송법 제12조의 법리를 오해한 위법이 없다."

■ 시외버스운송사업자에 대한 사업계획변경인가처분에 대하여 전국고속버스운송사업조합

* **대판 1990.2.9, 89누4420** : "원고 전국고속버스운송사업조합이 고속버스운송사업면허를 얻은 자동차운전사업자들을 조합원으로 하여 설립된 동업자단체로서 고속버스운송사업의 건전한 발전과 고속버스운송사업자들의 공동의 이익을 증진시키는 사업을 수행한다고 하더라도, 피고인 경상북도지사가 시외버스운송사업자에게, 그가 보유하고 있던 대구 - 주왕산 노선의 운행계통을 일부 분리하여 기점을 영천으로 하고 경부고속도로를 경유하여 종점을 서울까지로 연장하는 내용의 이 사건 시외버스운송사업계획변동인가처분을 함으로 인하여, 그 노선에 관계가 있는 고속버스운송사업자의 경제적 이익이 침해됨은 별론으로 하고 원고조합 자신의 법률상 이익이 침해된다거나, 고속버스운송사업자가 아닌 원고조합이 이 사건 처분에 관하여 직접적이고 구체적인 이해관계를 가진다고는 볼 수 없으므로, 원고조합이 이 사건 시외버스운송사업계획변동인가처분의 취소를 구하는 행정소송을 제기할 원고적격은 없다."

제33강

취소소송의 소송요건(2) : 협의의 소익

제33강
취소소송의 소송요건(2) : 협의의 소익

1. 의의

"이익 없으면 소송 없다." 민사소송에서처럼 행정소송에서도 본안 판결을 구할 이익 내지 필요의 존재가 소송요건의 하나입니다. 소익은 직권조사사항으로서 당사자의 이의가 없더라도 직권으로(von Amts wegen) 조사하여야 하며, 법원은 그 흠결이 있으면 소 각하판결을 행합니다. 이는 상고심에서도 마찬가지이므로, 기간 도과, 처분의 집행 등으로 처분의 효력 내지 존재가 문제되는 사안의 항소심에서 승소한 원고라 할지라도 피고가 상고한 경우 법원이 직권으로 처분을 집행정지하지 않았다면 반드시 집행정지 신청을 하여 상고심에서 소 각하가 행해지지 않도록 해야 합니다.

* **대판 1995.11.21, 94누11293** : "원고들은 피고로부터 1993. 4. 8.자로 원고 정창고무공업 주식회사 소유의 서울 성동구 행당동 147 및 147의 2 지상 1층 공장 615.77㎡ 및 2층 작업장 492.07㎡ 합계 1,107.84㎡와 나머지 원고들 소유의 같은 동 145의 2 및 145의 3 지상 공장 234.71㎡(이하 위 각 건물을 이 사건 건물이라 한다)에 대하여 같은 달 19.까지 철거 및 이주하라는 등의 내용으로 이 사건 대집행계고처분을 받게 되자 원심법원에 위 처분의 취소를 구하는 본안소송을 제기하여 1994. 7. 12. 원고들의 청구를 인용하는 승소판결이 선고되었으나, 소외 행당 제2구역 재개발조합은 이 사건 건물에 대하여 중앙토지수용위원회에 수용재결을 신청하여 원고 2, 원고 3, 원고 4, 원고 5, 원고 6, 원고 7 소유의 건물에 대하여는 1994. 4. 25.에, 원고 정창고무공업 주식회사 소유의 건물에 대하여는 같은 해 12. 23.에 각 수용재결이 이루어짐으로써 그 재결된 보상금 전액을 공탁한 후 1995. 6. 16. 이 사건 건물에 대한 철거를 완료한 사실을 알 수 있으므로, 원고들은 이미 철거된 대상건물에 대한 이 사건 대집행계고처분의 효력을 다툴 법률상의 이익이 없게 되었다고 할 것이다. 그렇다면 이 사건은 상고심에 계속 중 대상건물의 철거로 소의 이익이 없게 되어 부적법하게 되었다고 할 것이고(대법원 1995. 7. 14. 선고 95누4087 판결 참조), 따라서 원심판결은 이 점에서 그대로 유지될 수 없으므로 이를 파기하고, 이 법원이 직접 판결하기로 하여 이 사건 소를 위와 같이 소의 이익이 없다는 이유로 각하하며 …."

취소소송은 위법한 처분 등에 의하여 발생한 위법상태를 제거하고 원상회복시키는 형성소송으로서 그 처분으로 침해받은 권리와 이익을 구제하고자 하는 소송이므로 처분 등의 효력이 존속하고 있어야 하고, 그 취소로서 원상회복이 가능하여야 합니다. 따라서 처분의 효과가 기간의 경과, 처분의 집행 등으로 소멸하였거나 원상회복이 불가능하면 원칙적으로 소익이 없습니다. 이를 협의의 소익의 흠결이라고 표현합니다. 행정소송법 제12조 후문의 문구에 따라 판례는 이를 법률상 이익 흠결이라 표현하는 경우도 있습니다.

2. 협의의 소익이 부인되는 원칙적인 경우

1) 효력 기간의 경과 등으로 처분이 소멸한 경우

효력 기간의 경과 등으로 처분이 소멸한 경우 원칙적으로 협의의 소익 흠결로 각하판결을 행합니다. 그러므로 집행정지의 실익은 협의의 소익과 관련해서도 인정됩니다. 판례상 영업정지나 면허정지기간이 도과한 후 동 처분의 취소를 구하는 경우(대판 1995.10.17, 94누14148), 토석채취허가취소처분 취소의 쟁송 도중 토석채취 허가기간이 만료된 경우(대판 1993.7.27, 93누3899)나 광업권취소처분의 취소소송 중 광업권 존속기간이 만료된 경우(대판 1995.7.11, 95누4568), 환지처분 공고 후 환지예정지지정처분의 취소를 구하는 경우(대판 1999.10.8, 99두6873), 원자로건설허가처분 후 원자로부지사전승인처분의 취소를 구하는 경우(대판 1998.9.4, 97누19588)[1) 등이 그것입니다. 도시 및 주거환경정비법상 이전고시가 효력을 발생한 이후에는 조합원은 관리처분계획의 취소 또는 무효확인을 구할 법률상 이익 내지 협의의 소익이 없습니다.

* **대판 2012.3.22, 2011두6400(전합)** : "관리처분계획의 내용을 집행하는 이전고시의 효력이 발생하면 조합원 등이 관리처분계획에 따라 분양받을 대지 또는 건축물에 관한 권리귀속이 확정되고 조합원 등은 이를 토대로 다시 새로운 법률관계를 형성하게 된다. 그리하여 이전고시의 효력이 발생한 후에는 관리처분계획이 무효로 확인되어 새로운 관리처분계획을 수립하기 위한 총회의 결의가 필요하게 되더라도 특히 이 사건과 같은 대단위 아파트 단지의 경우에는 그 총회의 소집통지가 용이하지

1) 후행 처분인 건축허가가 발령되어 그에 앞선 부분허가 내지 사전승인을 소송상 다툴 실익이 없어 소를 각하한 경우입니다.

아니하고 조합원 등의 적극적인 참여를 기대하기도 어려워 새로운 관리처분계획을 의결하는 것 자체가 현저히 곤란해지고, 또한 이전고시의 효력 발생 후에 관리처분계획이 무효로 확인되어 새로운 관리처분계획이 의결된다면 이전고시의 효력 발생 후 형성된 새로운 법률관계에 터잡은 다수의 이해관계인들에게는 예측하지 못한 피해를 가져오게 된다. 뿐만 아니라 관리처분계획은 조합원 등이 공람·의견청취절차를 거쳐 그 내용을 숙지한 상태에서 총회의 의결을 통하여 조합원 등의 권리관계를 정하는 것이고, 행정청도 관리처분계획에 대한 인가·고시를 통하여 이를 관리·감독하고 있다. 따라서 이와 같이 다수의 조합원 등이 관여하고 관련 법령에 정해진 여러 절차를 거쳐 수립된 관리처분계획에 따라 이전고시까지 행해졌음에도, 관리처분계획의 하자를 이유로 다시 처음부터 관리처분계획을 작성하여 이전고시를 거치는 절차를 반복하여야 한다면, 이는 대다수 조합원의 단체법적인 의사와 정비사업의 공익적 성격에도 어긋나는 것이라고 볼 수밖에 없다. 한편 <u>관리처분계획에 대한 인가·고시가 있은 후에 이전고시가 행해지기까지 상당한 기간이 소요되므로 관리처분계획의 하자로 인하여 자신의 권리를 침해당한 조합원 등으로서는 이전고시가 행해지기 전에 얼마든지 그 관리처분계획의 효력을 다툴 수 있는 여지가 있고, 특히 조합원 등이 관리처분계획의 취소 또는 무효확인소송을 제기하여 계속 중인 경우에는 그 관리처분계획에 대하여 행정소송법에 규정된 집행정지결정을 받아 후속절차인 이전고시까지 나아가지 않도록 할 수도 있다. 또한 조합원 등으로서는 보류지에 관한 권리관계를 다투는 소송이나 청산금부과처분에 관한 항고소송, 무효인 관리처분계획으로 인한 손해배상소송 등과 같은 다른 권리구제수단을 통하여 그 권리를 회복할 수 있다</u>. 위와 같은 여러 사정들을 종합하면, 이전고시의 효력 발생으로 이미 대다수 조합원 등에 대하여 획일적·일률적으로 처리된 권리귀속 관계를 모두 무효화시키고 다시 처음부터 관리처분계획을 수립하여 이전고시 절차를 거치도록 하는 것은 정비사업의 공익적·단체법적 성격에 배치된다고 할 것이므로, <u>이전고시가 그 효력을 발생하게 된 이후에는 조합원 등이 관리처분계획의 취소 또는 무효확인을 구할 법률상 이익이 없다</u>고 봄이 타당하다."

* **대판 2010.4.29, 2009두16879** : "<u>절차상 또는 형식상 하자로 무효인 행정처분에 대하여 행정청이 적법한 절차 또는 형식을 갖추어 다시 동일한 행정처분을 하였다면, 종전의 무효인 행정처분에 대한 무효확인 청구는 과거의 법률관계의 효력을 다투는 것에 불과하므로 무효확인을 구할 법률상 이익이 없다</u>. 지방병무청장이 병역감면요건 구비 여부를 심사하지 않은 채 병역감면신청서 회송처분을 하고 이를 전제로 공익근무요원 소집통지를 하였다가, 병역감면신청을 재검토하기로 하여 신청서를 제출받아 병역감면요건 구비 여부를 심사한 후 다시 병역감면 거부처분을 하고 이를 전제로 다시 공익근무요원 소집통지를 한 경우, 병역감면신청서 회송처분과 종전 공익근무요원 소집처분은 직권으로 취소되었다고 볼 수 있으므로, 그에 대한 무효확인과 취소를 구하는 소는 <u>더 이상 존재하지 않는 행정처분을 대상으로 하거나 과거의 법률관계의 효력을 다투는 것에 불과하므로 소의 이익이 없어 부적법</u>하다."
* **대판 2003.10.10, 2003두5945** : "구 국가공무원법(2002. 1. 19. 법률 제6622호로 개정되기 전의 것)상 직위해제는 일반적으로 공무원이 직무수행능력이 부족하거나 근무성적이 극히 불량한 경

우, 공무원에 대한 징계절차가 진행중인 경우, 공무원이 형사사건으로 기소된 경우 등에 있어서 당해 공무원이 장래에 있어서 계속 직무를 담당하게 될 경우 예상되는 업무상의 장애 등을 예방하기 위하여 일시적으로 당해 공무원에게 직위를 부여하지 아니함으로써 직무에 종사하지 못하도록 하는 잠정적인 조치로서의 보직의 해제를 의미하므로 과거의 공무원의 비위행위에 대하여 기업질서 유지를 목적으로 행하여지는 징벌적 제재로서의 징계와는 그 성질이 다르다. … 행정청이 공무원에 대하여 새로운 직위해제사유에 기한 직위해제처분을 한 경우 그 이전에 한 직위해제처분은 이를 묵시적으로 철회하였다고 봄이 상당하다 할 것이므로(대법원 1996. 10. 15. 선고 95누8119 판결 참조), … 피고가 위 원고들에 대하여 2001. 2. 1.자로 국가공무원법 제73조의2 제1항 제2호에 의거하여 직위를 해제하였다가 2001. 4. 16. 위 원고들이 징계의결 요구되자 같은 날짜로 국가공무원법 제73조의2 제1항 제3호에 의거하여 새로이 직위해제처분을 하였으므로, 위 원고들의 이 사건 소 중 2001. 2. 1.자 직위해제처분의 취소를 구하는 부분은 존재하지 않는 행정처분을 대상으로 한 것으로서 그 소의 이익이 없어 부적법하다."

* **대판 2005.12.9, 2004두6563** : "보충역편입처분 및 공익근무요원소집처분의 취소를 구하는 소의 계속중 병역처분변경신청에 따라 제2국민역편입처분으로 병역처분이 변경된 경우, 보충역편입처분은 제2국민역편입처분을 함으로써 취소 또는 철회되어 그 효력이 소멸하였고, 공익근무요원소집처분의 근거가 된 보충역편입처분이 취소 또는 철회되어 그 효력이 소멸한 이상 공익근무요원소집처분 또한 그 효력이 소멸하였으므로 종전 보충역편입처분 및 공익근무요원소집처분의 취소를 구할 소의 이익이 없다."
* **대판 2006.9.28, 2004두5317** : "행정청이 당초의 분뇨 등 관련영업 허가신청 반려처분의 취소를 구하는 소의 계속중, 사정변경을 이유로 위 반려처분을 직권취소함과 동시에 위 신청을 재반려하는 내용의 재처분을 한 경우, 당초의 반려처분의 취소를 구하는 소는 더 이상 소의 이익이 없다."

한편, ① 금액납부처분, 기타 일수(日數)를 바탕으로 하는 제재적 처분이 직권 내지 쟁송을 통해 일부 취소·감경된 경우 - 추후 감액(감경)된 부분을 포함하는 - 원처분을 대상으로 한 원래의 취소청구는 실질적으로 존재하지 않는 처분(감액된 부분까지 포함한 원처분은 존재하지 않기 때문입니다)의 취소를 구하는 것이므로 소의 이익이 없습니다. 여기에서 주의해야 할 점이 있습니다. ② 감액(감경)처분 내지 감액(감경)재결[1]에도 불구하고 이에 불복하는 경우 감액(감경)되고 남은 원처분을 취소소송의 대상으로 합니다. ②에 의할 때 ①에 입각한 아래 판례는 자칫 혼란을 야기할 우려가 있습니다. 양자의 차이는 어디에 있습니까? 아래 판례에서 ①의 경우에는 감액 등에도 불구, 최초의 원처분을 대상으로 이미 제소되어 있는 취소소송에 대한 협의의 소익의 존부가 쟁점이고, ②에서 말하는

1) 양적·질적 변경(감경) 모두를 포함합니다.

'감액(감경)되고 남은 원처분을 소의 대상으로 하여야 함'은 해당 감액(감경)처분 내지 재결에도 불구하고 이에 불복하여 새로운 소를 제기하는 경우의 소의 대상이 문제되는 경우입니다.

* **대판 2002.9.6, 2001두5200** : "피고는 이 사건 소가 원심에 계속 중 2000.5.19.자 9월의 입찰참가지격제한처분을 직권으로 취소하고 제1심판결의 취지에 따라 그 제재기간만을 9개월에서 3개월로 감경하여 원고의 입찰참가자격을 다시 제한하는 내용의 새로운 처분을 한 사실을 알 수 있는바, 이러한 직권취소처분에 어떠한 하자가 있다고 볼 사정도 발견되지 아니하므로, 2000.5.19.자 처분은 적법하게 취소되었다 할 것이어서 결국 이 사건 처분의 취소를 구할 소의 이익이 없어졌다 할 것이다." (*이해의 편의를 위해 내용 중 일부를 저자가 윤문하였음*)
* **대판 2006.5.12, 2004두12698** : "갑, 을 토지에 대한 개발부담금부과처분 취소소송에서 항소심 법원이 개발부담금부과처분 중 갑 토지에 대한 개발부담금을 초과하는 부분을 취소하는 판결을 선고한 후, 지방자치단체의 장이 당초의 개발부담금을 갑 토지에 대한 개발부담금으로 감액하는 경정처분을 하고서도 항소심판결의 패소 부분에 대하여 상고를 제기한 경우, 감액경정처분은 당초 처분의 일부(감액된 부분)를 취소하는 효력을 갖는 것이므로 감액된 부분에 대한 부과처분취소청구는 이미 소멸하고 없는 부분에 대한 것으로서 그 소의 이익이 없어 부적법하다."

☞ 이에 따라 대법원은 감액된 부분에 대한 개발부담금부과처분 취소청구 부분에 관하여 소를 각하하였습니다.

그러나 위와는 달리, 당초처분에 대한 취소소송의 계속 중 경미한 사항에 대해 일부 변경처분이 있은 경우에는 계쟁 당초처분은 일부 변경된 형태로 계속 존속하므로 그 계쟁처분의 취소를 구할 협의의 소익이 있습니다.

* **대판 2012.10.25, 2010두25107** : "[1] 재건축조합설립인가신청에 대한 행정청의 조합설립인가처분은 법령상 일정한 요건을 갖출 경우 주택재건축사업의 추진위원회에게 행정주체로서의 지위를 부여하는 일종의 설권적 처분의 성격을 가지고 있고, 구 도시 및 주거환경정비법(2009. 2. 6. 법률 제9444호로 개정되기 전의 것) 제16조 제2항은 조합설립인가처분의 내용을 변경하는 변경인가처분을 할 때에는 조합설립인가처분과 동일한 요건과 절차를 거칠 것을 요구하고 있다. 그런데 조합설립인가처분과 동일한 요건과 절차가 요구되지 않는 구 도시 및 주거환경정비법 시행령(2008. 12. 17. 대통령령 제21171호로 개정되기 전의 것) 제27조 각 호에서 정하는 경미한 사항의 변경에 대하여 행정청이 조합설립의 변경인가라는 형식으로 처분을 하였다고 하더라도, 그 성질은 당초의 조합설립

> 인가처분과는 별개로 위 조항에서 정한 경미한 사항의 변경에 대한 신고를 수리하는 의미에 불과한 것으로 보아야 하므로, 경미한 사항의 변경에 대한 신고를 수리하는 의미에 불과한 변경인가처분이 있다고 하더라도 설권적 처분인 조합설립인가처분을 다툴 소의 이익이 소멸된다고 볼 수는 없다.
> [2] 주택재건축사업조합이 새로 조합설립인가처분을 받는 것과 동일한 요건과 절차를 거쳐 조합설립변경인가처분을 받는 경우 당초 조합설립인가처분의 유효를 전제로 당해 주택재건축사업조합이 매도청구권 행사, 시공자 선정에 관한 총회 결의, 사업시행계획의 수립, 관리처분계획의 수립 등과 같은 후속 행위를 하였다면 당초 조합설립인가처분이 무효로 확인되거나 취소될 경우 그것이 유효하게 존재하는 것을 전제로 이루어진 위와 같은 후속 행위 역시 소급하여 효력을 상실하게 되므로, 특별한 사정이 없으면 위와 같은 형태의 조합설립변경인가가 있다고 하여 당초 조합설립인가처분의 무효확인을 구할 소의 이익이 소멸된다고 볼 수는 없다."

2) 처분 등을 취소하더라도 원상회복이 불가능한 경우

건축공사가 완료된 뒤에 건축허가나 준공검사의 취소를 구하는 경우(대판 1992.4.24, 91누11131), 부당노동행위구제 재심판정 취소의 소[1] 계속 중 회사가 폐업으로 소멸하여 복귀할 사업체가 없어진 경우(대판 1990.2.27, 89누6501; 대판 1991.12.24, 91누2762), 소음·진동배출시설설치허가취소처분 취소소송 계속 중 당해 배출시설이 철거된 경우(대판 2002.1.11, 2000두2357) 등에는 각각 처분의 취소를 구할 협의의 소익이 없습니다.

대집행계고처분의 취소를 구하는 중 철거처분이 완료된 경우(대판 1993.6.8, 93누6164)에도 판례는 마찬가지의 결론에 이르는데, 여기에는 다소 주의할 점이 있습니다. 대집행계고처분의 취소소송보다 동 계고에 불가쟁력이 발생하였음을 전제로 후행하는 대집행철거행위의 취소를 소송상 구하는 경우가 흔히 쟁점화되는 형태입니다. 대집행실행행위의 취소소송의 계속 중 대집행이 완료된 경우 판결의 기속력에 의한 원상회복의무 내지 결과제거의무(행정소송법 제30조 제1항)를 고려하건대, 원상회복에 지대한 비용과 시간을 요하지 않는 경우임에도 협의의 소익 흠결을 들어 각하판결을 하는 것은 원고의 권리구제의 실효성 측면에서 재고의 여지가 있습니다. 건물의 철거가 완료된 경우와 간판철거의 집행이 완료된 경우를 동일한 잣대로 판단할 수 없다는 의미입니다.

---

1) 노동위원회법 제26조, 제27조, 노동조합 및 노동관계조정법 제85조에 따라 지방노동위원회 등의 원처분은 소송의 대상이 되지 못하고, 그에 대한 행정심판 재결에 해당하는 중앙노동위원회의 재심판정만이 소의 대상이 됩니다. 그러나 이러한 결과는 재결주의가 채택된 소치이므로 통상적인 필요적 전치주의와는 구별해야 합니다.

근로계약기간이 종료하면 구제이익이 없으므로 부당해고구제신청 재심판정 취소의 소는 소익이 없고(대판 2001.4.24, 2000두7988), 도시계획 변경입안제안에 대한 거부처분이 있었는데 해당 도시계획이 폐지된 경우 더 이상 존재하지 않는 도시계획의 변경을 다투는 것으로서 소의 이익이 없으며(대판 2015.12.10, 2013두14221), 종국처분인 농지처분명령의 취소를 구하여 원고패소판결이 확정된 이상 그 전단계인 농지처분의무통지의 취소를 구하는 소는 소익흠결에 해당합니다(대판 2003.11.4, 2001두8742). 甲도지사가 설치·운영하는 乙지방의료원을 해산한다는 조례가 제정·시행되었고 조례가 무효라고 볼 사정도 없어 乙지방의료원을 폐업 전의 상태로 되돌리는 원상회복은 불가능하므로 법원이 폐업결정을 취소하더라도 단지 폐업결정이 위법함을 확인하는 의미밖에 없고, 폐업결정의 취소로 회복할 수 있는 다른 권리나 이익이 남아 있다고 보기 어려운 경우, 甲도지사의 폐업결정이 법적으로 권한 없는 자에 의한 것으로서 위법하더라도 취소를 구할 소의 이익을 인정할 수 없습니다(대판 2016.8.30, 2015두60617). 대학입학시즌이 지났다면 해당 연도의 불합격처분의 취소를 구하는 경우 당해 연도에만 입학해야 할 필연성이 없으므로 회복되는 법률상 이익이 인정되는 것으로 이해합니다.

* **대판 1990.8.28, 89누8255** : "교육법시행령 제72조, 서울대학교학칙 제37조 제1항 소정의 학생의 입학 시기에 관한 규정이나 대학학생정원령 제2조 소정의 입학정원에 관한 규정은 학사운영 등 교육행정을 원활하게 수행하기 위한 행정상의 필요에 의하여 정해놓은 것으로서 어느 학년도의 합격자는 반드시 당해 연도에만 입학하여야 한다고 볼 수 없으므로 원고들이 불합격처분의 취소를 구하는 이 사건 소송계속 중 당해 연도의 입학시기가 지났더라도 당해 연도의 합격자로 인정되면 다음년도의 입학 시기에 입학할 수도 있다고 할 것이고, 피고의 위법한 처분이 있게 됨에 따라 당연히 합격하였어야 할 원고들이 불합격 처리되고 불합격되었어야 할 자들이 합격한 결과가 되었다면 원고들은 입학정원에 들어가는 자들이라고 하지 않을 수 없다고 할 것이므로 원고들로서는 피고의 불합격처분의 적법여부를 다툴만한 법률상의 이익이 있다고 할 것이다."

학교법인의 이사취임승인처분 등의 취소의 소 계속 중 이사의 임기가 만료되고 사립학교법상 임원결격사유에 정해진 기간까지 경과한 경우 특별한 사정이 없으면 소익이 소멸하다는 것이 과거 판례의 입장이었습니다.

* **대판 1999.6.11, 96누10614** : "[2] 학교법인의 구 이사들이 신 이사들에 대한 이사선임결의 및 이사취임승인신청에 사실상 관여하였다고 할지라도 이사취임승인 거부처분의 상대방이 아닌 이상 위 처분으로 인하여 신 이사들이 취임하지 못한 결과에 이르렀다고 하여도 권리의 침해나 법률상의 불이익을 받았다고 보기는 어렵고, 다만 위 거부처분의 반사적 효과로서 신 이사들이 취임하지 못함으로 인하여 간접적이거나 사실상의 불이익을 입을 뿐이라고 봄이 상당하므로, 위 거부처분의 취소를 구할 원고적격을 가지고 있다고 할 수 없다.
[3] 관할청으로부터 취임승인이 취소된 학교법인의 이사의 임기는 취임승인취소처분에 대한 행정심판이나 행정소송의 제기에도 불구하고 의연히 계속하여 진행되는 것이고, 따라서 취임승인취소처분의 취소를 구하는 소송의 원심변론종결일 이전에 그 이사의 임기가 만료되었다면, 취임승인취소처분이 취소된다고 하더라도 학교법인의 이사가 그 지위를 회복할 수 없는 것이고, 거기다가 사립학교법 제22조 제2호의 임원결격사유에 정하여진 기간까지 경과되었다면 취임승인취소처분의 취소를 구하는 소는 법률상의 이익이 없어 부적법하고, 이와 같은 경우 취임승인이 취소된 이사가 이사로 복귀하거나 이사직무를 수행할 지위를 회복할 수도 없는 것이므로, 임시이사선임처분의 취소를 구하는 소 역시 법률상의 이익이 없다고 할 것이다."

그러나 대법원은 학교법인 임원취임승인의 취소처분 후 그 임원의 임기가 만료되고 (구)사립학교법 제22조 제2호 소정의 임원결격사유기간마저 경과한 경우 또는 위 취소처분에 대한 취소소송 제기 후 임시이사가 교체되어 새로운 임시이사가 선임된 경우에도 위 취임승인취소처분 및 당초의 임시이사선임처분의 취소를 구할 소의 이익을 긍정하여 기존 판례 입장을 내용적으로 변경하였습니다. 즉, 임기 만료된 대학의 임시이사에 대한 취임승인처분과 같이 외적으로 볼 때 권리보호의 필요가 없는 것 같아도 무익한 처분과 소송의 방지를 위해 이미 제기된 소송을 통한 권리구제가 필요한 경우에는 소의 이익을 인정하였습니다.

* **대판 2007.7.19, 2006두19297(전합)** : "비록 취임승인이 취소된 학교법인의 정식이사들에 대하여 원래 정해져 있던 임기가 만료되고 구 사립학교법(2005. 12. 29. 법률 제7802호로 개정되기 전의 것) 제22조 제2호 소정의 임원결격사유기간마저 경과하였다 하더라도, 그 임원취임승인취소처분이 위법하다고 판명되고 나아가 임시이사들의 지위가 부정되어 직무권한이 상실되면, 그 정식이사들은 후임이사 선임시까지 민법 제691조의 유추적용에 의하여 직무수행에 관한 긴급처리권을 가지게 되고 이에 터잡아 후임 정식이사들을 선임할 수 있게 되는바, 이는 감사의 경우에도 마찬가지이다. 제소 당시에는 권리보호의 이익을 갖추었는데 제소 후 취소 대상 행정처분이 기간의 경과 등으로 그 효

과가 소멸한 때, 동일한 소송 당사자 사이에서 동일한 사유로 위법한 처분이 반복될 위험성이 있어 행정처분의 위법성 확인 내지 불분명한 법률문제에 대한 해명이 필요하다고 판단되는 경우, 그리고 선행처분과 후행처분이 단계적인 일련의 절차로 연속하여 행하여져 후행처분이 선행처분의 적법함을 전제로 이루어짐에 따라 선행처분의 하자가 후행처분에 승계된다고 볼 수 있어 이미 소를 제기하여 다투고 있는 선행처분의 위법성을 확인하여 줄 필요가 있는 경우 등에는 행정의 적법성 확보와 그에 대한 사법통제, 국민의 권리구제의 확대 등의 측면에서 여전히 그 처분의 취소를 구할 법률상 이익이 있다. 임시이사 선임처분에 대하여 취소를 구하는 소송의 계속중 임기만료 등의 사유로 새로운 임시이사들로 교체된 경우, 선행 임시이사 선임처분의 효과가 소멸하였다는 이유로 그 취소를 구할 법률상 이익이 없다고 보게 되면, 원래의 정식이사들로서는 계속중인 소를 취하하고 후행 임시이사 선임처분을 별개의 소로 다툴 수밖에 없게 되며, 그 별소 진행 도중 다시 임시이사가 교체되면 또 새로운 별소를 제기하여야 하는 등 무익한 처분과 소송이 반복될 가능성이 있으므로, 이러한 경우 법원이 선행 임시이사 선임처분의 취소를 구할 법률상 이익을 긍정하여 그 위법성 내지 하자의 존재를 판결로 명확히 해명하고 확인하여 준다면 위와 같은 구체적인 침해의 반복 위험을 방지할 수 있을 뿐 아니라, 후행 임시이사 선임처분의 효력을 다투는 소송에서 기판력에 의하여 최초 내지 선행 임시이사 선임처분의 위법성을 다투지 못하게 함으로써 그 선임처분을 전제로 이루어진 후행 임시이사 선임처분의 효력을 쉽게 배제할 수 있어 국민의 권리구제에 도움이 된다. 그러므로 취임승인이 취소된 학교법인의 정식이사들로서는 그 취임승인취소처분 및 임시이사 선임처분에 대한 각 취소를 구할 법률상 이익이 있고, 나아가 선행 임시이사 선임처분의 취소를 구하는 소송 도중에 선행 임시이사가 후행 임시이사로 교체되었다고 하더라도 여전히 선행 임시이사 선임처분의 취소를 구할 법률상 이익이 있다."

3) 처분 후의 사정에 의하여 이익 침해가 해소된 경우

공익근무요원 소집해제신청이 거부된 후 계속 공익근무요원으로 복무함에 따라 복무기간만료를 이유로 소집해제처분을 받으면, 그 소집해제거부처분의 취소를 구할 소익이 없고(대판 2005.5.13, 2004두4369), 의사국가시험에 불합격한 후 새로 실시된 의사국가시험에 합격하면 이전의 불합격처분의 취소를 구할 소익이 흠결된 것이며(대판 1993.11.9, 93누6867), 사법시험 1차 시험에 불합격한 후 새로 실시된 사법시험 1차 시험에 합격한 경우(대판 1996.2.23, 95누2685)도 마찬가지입니다. 그러나 고등학교 퇴학처분을 당한 후 고졸학력검정고시에 합격한 경우는 그 시험의 합격으로 고등학교 학생으로서의 신분과 명예가 회복되는 것은 아니어서 여전히 그 퇴학처분의 취소를 구할 소익이 있습니다.

3. 협의의 소익이 인정되는 예외적인 경우

처분의 효과가 기간의 경과, 처분의 집행 그 밖의 사유로 인하여 소멸된 뒤에도 그 처분의 취소로 인하여 회복되는 법률상 이익이 있는 자는 취소소송을 제기할 수 있습니다(행정소송법 제12조 후문). 이와 관련하여 판례는 처분 등의 효력 기간 경과 후에 그 취소를 구할 소의 이익을 긍정하기 위해서는 그로써 회복되는 이익이 법률상의 이익이어야 하므로 단지 사실상의 이익이나 명예·신용 등 인격적 이익에 불과한 경우에는 협의의 소익이 인정되지 않는다고 합니다. 한편, 예외적으로 협의의 소익이 인정되어 취소소송 제기가 가능한 경우에도 '처분의 존재' 요건을 제외하고는 제소기간의 준수 등 취소소송의 다른 소송요건을 구비해야 함은 물론입니다. 또한, 여기에서의 소송도 판결의 기판력과 관련하여 처분의 위법성을 심판의 대상으로 하는 점에서 처분 등의 존부 그 자체를 다투는 처분존재·부존재확인소송과는 준별해야 합니다.

예외적으로 협의의 소익이 인정되는 가장 보편적인 경우로서, 공무원에 대한 파면처분 이후 정년이 도래하였지만, 징계처분 이후의 급료나 퇴직금 청구를 구할 필요가 있거나 다른 공직에의 취임제한 등의 불이익배제를 위하여 필요한 때에는 그 취소를 구할 협의의 소익이 인정됩니다.

* **대판 1985.6.25, 85누39** : "파면처분취소소송의 사실심변론종결전에 동원고가 허위공문서등작성죄로 징역 8월에 2년간 집행유예의 형을 선고받아 확정되었다면 원고는 지방공무원법 제61조의 규정에 따라 위 판결이 확정된 날 당연퇴직되어 그 공무원의 신분을 상실하고, 당연퇴직이나 파면이 퇴직급여에 관한 불이익의 점에 있어 동일하다 하더라도 최소한도 이 사건 파면처분이 있은 때부터 위 법규정에 의한 당연퇴직일자까지의 기간에 있어서는 파면처분의 취소를 구하여 그로 인해 박탈당한 이익의 회복을 구할 소의 이익이 있다 할 것이다."
* **대판 2009.1.30, 2007두13487** : "지방자치법(2007. 5. 11. 법률 제8423호로 전문 개정되기 전의 것) 제32조 제1항(현행 지방자치법 제33조 제1항 참조)은 지방의회 의원에게 지급하는 비용으로 의정활동비(제1호)와 여비(제2호) 외에 월정수당(제3호)을 규정하고 있는바, 이 규정의 입법연혁과 함께 특히 월정수당(제3호)은 지방의회 의원의 직무활동에 대하여 매월 지급되는 것으로서, 지방의회 의원이 전문성을 가지고 의정활동에 전념할 수 있도록 하는 기틀을 마련하고자 하는 데에 그 입법 취지가 있다는 점을 고려해 보면, 지방의회 의원에게 지급되는 비용 중 적어도 월정수당(제3호)은 지방의회 의원의 직무활동에 대한 대가로 지급되는 보수의 일종으로 봄이 상당하다. 따라서 원고가 이 사건 제명의결 취소소송 계속중 임기가 만료되어 제명의결의 취소로 지방의회 의원으로서의

지위를 회복할 수는 없다 할지라도, 그 취소로 인하여 최소한 제명의결시부터 임기만료일까지의 기간에 대해 월정수당의 지급을 구할 수 있는 등 여전히 그 제명의결의 취소를 구할 법률상 이익은 남아 있다고 보아야 한다."

같은 맥락에서 공무원에 대한 파면처분 이후 일반사면 되었다 하더라도 사면의 효과가 소급하지 아니하여 공무원의 지위가 회복되는 것은 아니므로 여전히 파면처분의 취소를 구할 협의의 소익이 있으며(대판 1983.2.8, 81누121), 현역병입영통지처분이 입영대상자의 입영으로 집행종료 되었다 하더라도 그 처분은 입영 이후의 법률관계에 영향을 미치므로 취소를 구할 소송상 이익이 긍정됩니다. 개발제한구역 안에서의 공장설립처분이 취소되었더라도 그 승인처분에 기초한 공장건축허가처분이 잔존하는 이상 주민들은 여전히 공장건축허가처분의 취소를 구할 소익이 있습니다. 특히, 아래 2015두3485 판결에서 보듯이 대법원은 행정소송법 제12조 후문에 의한 협의의 소익 인정 여부와 관련하여, 법률상 이익의 존재 여부가 아니라 권리보호의 필요성 인정 여하에 따라 판단하려는 경향을 보이는데, 이는 후술하는 바와 같이 주목할 만한 변화의 조짐이라 평가합니다.

* **대판 2003.12.26, 2003두1875** : "병역법 제2조 제1항 제3호에 의하면 '입영'이란 병역의무자가 징집·소집 또는 지원에 의하여 군부대에 들어가는 것이고, 같은 법 제18조 제1항에 의하면 현역은 입영한 날부터 군부대에서 복무하도록 되어 있으므로 현역병입영통지처분에 따라 현실적으로 입영을 한 경우에는 그 처분의 집행은 종료되지만, 한편, 입영으로 그 처분의 목적이 달성되어 실효되었다는 이유로 다툴 수 없도록 한다면, 병역법상 현역입영대상자로서는 현역병입영통지처분이 위법하다 하더라도 법원에 의하여 그 처분의 집행이 정지되지 아니하는 이상 현실적으로 입영을 할 수밖에 없으므로 현역병입영통지처분에 대하여는 불복을 사실상 원천적으로 봉쇄하는 것이 되고, 또한 현역입영대상자가 입영하여 현역으로 복무하는 과정에서 현역병입영통지처분 외에는 별도의 다른 처분이 없으므로 입영한 이후에는 불복할 아무런 처분마저 없게 되는 결과가 되며, 나아가 입영하여 현역으로 복무하는 자에 대한 병적을 당해 군 참모총장이 관리한다는 것은 입영 및 복무의 근거가 된 현역병입영통지처분이 적법함을 전제로 하는 것으로서 그 처분이 위법한 경우까지를 포함하는 의미는 아니라고 할 것이므로, 현역입영대상자로서는 현실적으로 입영을 하였다고 하더라도, 입영 이후의 법률관계에 영향을 미치고 있는 현역병입영통지처분 등을 한 관할지방병무청장을 상대로 위법을 주장하여 그 취소를 구할 소송상의 이익이 있다."
* **대판 2018.7.12, 2015두3485** : "행정소송법 제12조 후문은 '처분 등의 효과가 기간의 경과, 처분 등의 집행 그 밖의 사유로 인하여 소멸된 뒤에도 그 처분 등의 취소로 인하여 회복되는 법률상

이익이 있는 자의 경우에는' 취소소송을 제기할 수 있다고 규정하여, 이미 효과가 소멸된 행정처분에 대해서도 권리보호의 필요성이 인정되는 경우에는 취소소송의 제기를 허용하고 있다. 구체적인 사안에서 권리보호의 필요성 유무를 판단할 때에는 국민의 재판청구권을 보장한 헌법 제27조 제1항의 취지와 행정처분으로 인한 권익침해를 효과적으로 구제하려는 행정소송법의 목적 등에 비추어 행정처분의 존재로 인하여 국민의 권익이 실제로 침해되고 있는 경우는 물론이고 권익침해의 구체적·현실적 위험이 있는 경우에도 이를 구제하는 소송이 허용되어야 한다는 요청을 고려하여야 한다. 따라서 처분이 유효하게 존속하는 경우에는 특별한 사정이 없는 한 그 처분의 존재로 인하여 실제로 침해되고 있거나 침해될 수 있는 현실적인 위험을 제거하기 위해 취소소송을 제기할 권리보호의 필요성이 인정된다고 보아야 한다. 구 산업집적활성화 및 공장설립에 관한 법률(2009. 2. 6. 법률 제9426호로 개정되기 전의 것) 제13조 제1항, 제13조의2 제1항 제16호, 제14조, 제50조, 제13조의5 제4호의 규정을 종합하면, 공장설립승인처분이 있고 난 뒤에 또는 그와 동시에 공장건축허가처분을 하는 것이 허용되므로, 공장설립승인처분이 취소된 경우에는 그 승인처분을 기초로 한 공장건축허가처분 역시 취소되어야 하고, 공장설립승인처분에 근거하여 토지의 형질변경이 이루어진 경우에는 원상회복을 해야 함이 원칙이다. 따라서 개발제한구역 안에서의 공장설립을 승인한 처분이 위법하다는 이유로 쟁송취소되었다고 하더라도 그 승인처분에 기초한 공장건축허가처분이 잔존하는 이상, 공장설립승인처분이 취소되었다는 사정만으로 인근 주민들의 환경상 이익이 침해되는 상태나 침해될 위험이 종료되었다거나 이를 시정할 수 있는 단계가 지나버렸다고 단정할 수는 없고, 인근 주민들은 여전히 공장건축허가처분의 취소를 구할 법률상 이익이 있다고 보아야 한다."

아래 2016두43282 판결을 살필 때, 공정거래위원회의 과징금부과처분 후 동 과징금의 감면처분을 한 경우 후행처분을 다투는 것과 별개로 선행처분에 대한 소를 유지할 소익의 존재 여부에 대한 과거 판례가 변경된 것으로 해석할 수 없습니다. 2013두987 판결은 자진신고에 따른 일부감면처분을, 2016두43282 판결은 자진신고에 따른 감면신청의 기각처분과 관련한 것이기 때문입니다.

* **대판 2015.2.12, 2013두987** : "원심은, (1) 피고가 2011. 6. 9. 원고와 학교법인 ○○학원, △△△△ 주식회사(이하 '△△△△'라 한다)가 부당한 공동행위를 하였다는 이유로 공정거래법에 따라 과징금 납부명령(이하 '제1 처분'이라 한다)을 하였다가, 2011. 7. 18. 원고가 2순위 조사협조자라는 이유로 당초 과징금을 50% 감액하는 처분(이하 '제2 처분'이라 한다)을 한 사실을 인정한 다음, (2) 제1 처분 및 제2 처분 모두의 취소를 구하는 원고의 청구에 대하여, 제2 처분이 자진신고에 의한 감면까지 포함하여 처분 상대방인 원고가 실제로 납부하여야 할 최종과징금을 결정하는 종국적 처분으

로서 항고소송의 대상이 되고, 제1 처분은 종국적 처분을 예정하고 있는 중간적 처분에 불과하여 제2 처분에 흡수되어 소멸한다는 이유로, 이 사건 소 중 제1 처분의 취소를 구하는 부분은 이미 효력을 잃은 처분의 취소를 구하는 것으로서 부적법하다고 보아 이 부분 소를 각하하였다. … 공정거래위원회가 부당한 공동행위를 행한 사업자로서 구 독점규제 및 공정거래에 관한 법률(2013. 7. 16. 법률 제11937호로 개정되기 전의 것, 이하 '공정거래법'이라 한다) 제22조의2에서 정한 자진신고자나 조사협조자에 대하여 과징금 부과처분(이하 '선행처분'이라 한다)을 한 뒤, 공정거래법 시행령 제35조 제3항에 따라 다시 그 자진신고자 등에 대한 사건을 분리하여 자진신고 등을 이유로 한 과징금 감면처분(이하 '후행처분'이라 한다)을 하였다면, 후행처분은 자진신고 감면까지 포함하여 그 처분 상대방이 실제로 납부하여야 할 최종적인 과징금액을 결정하는 종국적 처분이고, 선행처분은 이러한 종국적 처분을 예정하고 있는 일종의 잠정적 처분으로서 후행처분이 있을 경우 선행처분은 후행처분에 흡수되어 소멸한다고 봄이 타당하다. 따라서 위와 같은 경우에 선행처분의 취소를 구하는 소는 이미 효력을 잃은 처분의 취소를 구하는 것으로 부적법하다."

* **대판 2016.12.27, 2016두43282** : "구 독점규제 및 공정거래에 관한 법률(2016. 3. 29. 법률 제14137호로 개정되기 전의 것, 이하 '공정거래법'이라 한다) 제22조의2는 제1항에서 부당한 공동행위의 금지 규정을 위반한 사업자가 부당한 공동행위 사실을 자진신고하거나 증거제공 등의 방법으로 조사에 협조한 경우에는 시정조치 또는 과징금을 감경 또는 면제할 수 있도록 규정하면서, 제3항에서 감경 또는 면제되는 자의 범위와 감경 또는 면제의 기준·정도 등에 관한 세부사항은 대통령령으로 정한다고 규정하고 있다. 그 위임에 따라 구 독점규제 및 공정거래에 관한 법률 시행령(2016. 9. 29. 대통령령 제27529호로 개정되기 전의 것, 이하 '공정거래법 시행령'이라 한다) 제35조는 제1항에서, 부당한 공동행위에 대한 피고 조사 시작 전에 신고하거나 조사 시작 후에 조사에 협조한 자로서 일정한 요건을 갖춘 경우에는 과징금과 시정조치를 감면하거나 감경할 수 있도록 규정하면서, 제3항에서 자진신고자나 조사에 협조한 자의 신청이 있으면 피고는 그 신원이 공개되지 아니하도록 해당 사건을 분리 심리하거나 분리 의결할 수 있도록 규정하고 있다. 나아가 공정거래법 시행령 제35조 제4항에 의하여 감면제도의 세부운영절차 등에 관한 사항을 정한 구 '부당한 공동행위 자진신고자 등에 대한 시정조치 등 감면제도 운영고시'(2015. 1. 2. 피고 고시 제2014-19호로 개정되기 전의 것, 이하 '감면고시'라 한다) 제12조 제1항은 피고가 감면에 관한 사항을 최종적으로 심의·의결하도록 규정하고 있다. 이러한 규정들의 취지와 ① 피고의 시정명령 및 과징금 부과처분(이하 통칭하여 '과징금 등 처분'이라 한다)과 자진신고 등에 따른 감면신청에 대한 감면기각처분은 그 근거조항이 엄격히 구분되고, 자진신고 감면인정 여부에 대한 결정은 공정거래법령이 정한 시정조치의 내용과 과징금산정 과정에 따른 과징금액이 결정된 이후, 자진신고 요건 충족 여부에 따라 결정되므로, 과징금 등 처분과 자진신고 감면요건이 구별되는 점, ② 이에 따라 피고로서는 자진신고가 있는 사건에 있어서 시정명령 및 과징금 부과의 요건과 자진신고 감면 요건 모두에 대하여 심리·의결할 의무를 부담한다고 보아야 하는 점, ③ 감면기각처분은 자진신고 사업자의 감면신청에 대한 거부처분의 성격을 가지는 점 등을 종합하면, 피고가 시정명령 및 과징금 부과와 감면 여부를 분리 심리하여

별개로 의결한 후 과징금 등 처분과 별도의 처분서로 감면기각처분을 하였다면, 원칙적으로 2개의 처분, 즉 과징금 등 처분과 감면기각처분이 각각 성립한 것으로 보아야 하고, 처분의 상대방으로서는 각각의 처분에 대하여 함께 또는 별도로 불복할 수 있다. 따라서 과징금 등 처분과 동시에 감면기각처분의 취소를 구하는 소를 함께 제기했다 하더라도, 특별한 사정이 없는 한 감면기각처분의 취소를 구할 소의 이익이 부정된다고 볼 수 없다."

한편, 도시개발사업의 공사 등이 완료되고 원상회복이 사회통념상 불가능하게 된 경우에도 판례는 도시개발사업의 시행에 따른 도시계획변경결정처분과 도시개발구역지정처분 및 도시개발사업실시계획인가처분의 취소를 구할 소익이 있다고 하는데, 그 논거는 아래에 나타납니다.

* **대판 2005.9.9, 2003두5402,5419** : "원심은, 위법한 행정처분의 취소를 구하는 소는 위법한 처분에 의하여 발생한 위법상태를 배제하여 원상으로 회복시키고 그 처분으로 침해되거나 방해받은 권리와 이익을 보호, 구제하고자 하는 소송이므로, 비록 그 위법한 처분을 취소한다 하더라도 원상회복이 불가능한 경우에는 그 취소를 구할 이익이 없다고 한 다음, 제2유통센터가 2002. 11.경 완공되어 2003. 1. 15. 도시개발법에 따른 준공전사용허가가 이루어졌다면 이를 철거하여 원상회복하는 것이 불가능하게 되었다 할 것이므로, 비록 이 사건 각 처분이 위법하다 하더라도 원고들로서는 그 취소를 받아 제2유통센터의 건립을 저지할 단계는 지났을 뿐 아니라 그 취소에 의하여 철거나 이전을 구할 수도 없는 것이고, 따라서 원고들에 대하여 이 사건 각 처분의 취소를 구할 법률상 이익을 인정할 수는 없게 되었으므로 이 사건 각 처분의 취소를 구하는 부분의 소는 부적법하다고 판단하였다. 그러나 도시개발사업의 시행에 따른 도시계획변경결정처분과 도시개발구역지정처분 및 도시개발사업실시계획인가처분은 도시개발사업의 시행자에게 단순히 도시개발에 관련된 공사의 시공권한을 부여하는 데 그치지 않고 당해 도시개발사업을 시행할 수 있는 권한을 설정하여 주는 처분으로서 위 각 처분 자체로 그 처분의 목적이 종료되는 것이 아니고 위 각 처분이 유효하게 존재하는 것을 전제로 하여 당해 도시개발사업에 따른 일련의 절차 및 처분이 행해지기 때문에(위 각 처분 자체의 관계에서 보더라도 도시계획변경결정처분이 존재하는 것을 전제로 도시개발구역지정처분이, 도시개발구역지정처분이 존재하는 것을 전제로 도시개발사업실시계획인가처분이 각 이루어졌다) 위 각 처분이 취소된다면 그것이 유효하게 존재하는 것을 전제로 하여 이루어진 토지수용이나 환지 등에 따른 각종의 처분이나 공공시설의 귀속 등에 관한 법적 효력은 영향을 받게 되므로, 도시개발사업의 공사 등이 완료되고 원상회복이 사회통념상 불가능하게 되었더라도 위 각 처분의 취소를 구할 법률상 이익은 소멸한다고 할 수 없을 것이다."

위반사항	근거법령	처분기준		
		1차 위반	2차 위반	3차 위반
법 제10조 제2항을 위반하여 식품·식품첨가물의 표시사항 전부를 표시하지 아니한 것을 사용한 경우	법 제75조	영업정지 1개월과 해당 제품 폐기	영업정지 2개월과 해당 제품 폐기	영업정지 3개월과 해당 제품 폐기

위는 식품위생법 시행규칙 [별표]의 일부인데, 제재적 처분의 기준은 위반행위의 태양 별 제재처분의 내용을 위반횟수로 구분하여 규정합니다. 이때 제재처분의 전력이 후행 제재처분의 가중요건이 되도록 법률 또는 시행령에 규정된 경우, 해당 제재기간이 도과하였더라도 후행 2차 위반행위는 동 기준의 법규적 효력의 인정으로 말미암아 2차에 상응하는 제재처분의 발령이 법적으로 예정되어 있으므로 제재기간이 도과한 이전의 1차 위반에 대한 영업정지처분을 소송상 취소할 협의의 소익이 인정됨에 이견이 없습니다. 여기에서 제재적 처분의 기준이 법률 또는 시행령에 규정된 경우 그 법규성 인정에 의문의 여지가 없는 점이 문제해결의 열쇠입니다. 예컨대, 건축사법 제28조나 의료법 제65조, 제66조 등의 경우 선행처분의 업무정지기간이 경과된 뒤에도 선행처분이 행해졌다는 사실만으로도 장래 가중처벌을 받을 법률상의 불이익이 잔존하므로 선행 제재처분의 취소를 구할 소의 이익이 유지됩니다.

* **대판 2005.3.25, 2004두14106** : "행정처분에 그 효력기간이 정하여져 있는 경우 그 기간의 경과로 그 행정처분의 효력은 상실되는 것이므로 그 기간경과 후에는 그 처분이 외형상 잔존함으로 인하여 어떠한 법률상의 이익이 침해되고 있다고 볼 만한 별다른 사정이 없는 한 그 처분의 취소 또는 무효확인을 구할 법률상의 이익이 없다고 하겠으나, 위와 같은 행정처분의 전력이 장래에 불이익하게 취급되는 것으로 법에 규정되어 있어 법정의 가중요건으로 되어 있고, 이후 그 법정가중요건에 따라 새로운 제재적인 행정처분이 가해지고 있다면, 선행행정처분의 효력기간이 경과하였다 하더라도 선행행정처분의 잔존으로 인하여 법률상의 이익이 침해되고 있다고 볼 만한 특별한 사정이 있는 경우에 해당한다. 의료법 제53조 제1항은 보건복지부장관으로 하여금 일정한 요건에 해당하는 경우 의료인의 면허자격을 정지시킬 수 있도록 하는 근거 규정을 두고 있고, 한편 같은 법 제52조 제1항 제3호는 보건복지부장관은 의료인이 3회 이상 자격정지처분을 받은 때에는 그 면허를 취소할 수 있다고 규정하고 있는바, 이와 같이 의료법에서 의료인에 대한 제재적인 행정처분으로서 면허자격정지처분과 면허취소처분이라는 2단계 조치를 규정하면서 전자의 제재처분을 보다 무거운 후자의 제재처분의 기준요건으로 규정하고 있는 이상 자격정지처분을 받은 의사로서는 면허자격정지처분에서 정한 기간이 도과되었다 하더라도 그 처분을 그대로 방치하여 둠으로써 장래 의사면허취소라는 가중된

제재처분을 받게 될 우려가 있는 것이어서 의사로서의 업무를 행할 수 있는 법률상 지위에 대한 위험이나 불안을 제거하기 위하여 면허자격정지처분의 취소를 구할 이익이 있다."

한편, 제재기간을 전제하는 처분의 경우 해당 기간이 도과하지 않은 상황에서 그 취소소송을 제기하고 - 집행정지신청이 기각되었거나 그 신청을 하지 않은 채 - 그 소송의 계속 중 제재기간이 도과한 경우에도 문제 상황은 동일합니다. 이 경우는 특히, 독일의 계속확인소송이 예정하는 형태인데, 이에 대해서는 후술합니다.

4. 제재처분의 전력(前歷)이 후행 제재처분의 가중요건이 되도록 시행규칙에 규정된 경우

1) 종전의 판례

제재적 처분의 기준을 정한 시행규칙 [별표]는 법원 및 일반 국민에 대한 구속력이 인정되지 않는 행정청 내부규율로서의 행정규칙에 불과하므로, 과거 제재적 행정처분을 받은 전력은 장래 동종의 행정처분을 받게 될 경우 정상 참작의 한 요소에 불과하여 그로 인한 불이익은 사실상의 불이익에 지나지 않으므로 그 취소를 구할 소의 이익이 없다고 하였습니다. 즉, 제재기간이 도과한 처분을 지금 다투지 않더라도 추후 행해진 가중처분을 다투는 단계에서 - 법원은 어차피 해당 별표의 법규성을 부인하므로 - 위반 횟수에 따른 가중처벌 규정에 구속되지 않고 과거 제재처분의 위법 여부를 포함하여 가중처분의 위법 여부를 제반 사정 전부의 고려하에 재량하자의 관점에서 판단할 것이므로 현재 최초 위반에 대한 제재처분을 다툴 소익이 없다고 판단한 것입니다.

＊ **대판 1995.10.17, 94누14148** : "나. 규정형식상 부령인 시행규칙 또는 지방자치단체의 규칙으로 정한 행정처분의 기준은 행정처분 등에 관한 사무처리기준과 처분절차 등 행정청 내의 사무처리준칙을 규정한 것에 불과하므로 행정조직 내부에 있어서의 행정명령의 성격을 지닐 뿐 대외적으로 국민이나 법원을 구속하는 힘이 없고, 그 처분이 위 규칙에 위배되는 것이라 하더라도 위법의 문제는 생기지 아니하고, 또 위 규칙에서 정한 기준에 적합하다 하여 바로 그 처분이 적법한 것이라고도 할

수 없으며, 그 처분의 적법 여부는 위 규칙에 적합한지의 여부에 따라 판단할 것이 아니고 관계 법령의 규정 및 그 취지에 적합한 것인지 여부에 따라 개별적·구체적으로 판단하여야 한다. 행정처분에 효력기간이 정하여져 있는 경우, 그 처분의 효력 또는 집행이 정지된 바 없다면 위 기간의 경과로 그 행정처분의 효력은 상실되므로 그 기간 경과 후에는 그 처분이 외형상 잔존함으로 인하여 어떠한 법률상 이익이 침해되고 있다고 볼 만한 별다른 사정이 없는 한 그 처분의 취소를 구할 법률상의 이익이 없고, 행정명령에 불과한 각종 규칙상의 행정처분 기준에 관한 규정에서 위반 횟수에 따라 가중처분하게 되어 있다 하여 법률상의 이익이 있는 것으로 볼 수는 없다."

2) 판례 변경

'제재적 처분의 기준을 정한 법규명령의 법적 성질' 논의에서처럼, 과거의 94누14148 판결은 제재적 처분의 기준을 정한 시행규칙 [별표]의 법규적 효력을 부인하는 점을 논의의 출발로 삼습니다. 그러나 동 [별표]를 행정규칙으로 파악하는 것은 그 법정책적 고려는 별론으로 하더라도 헌법 제75조, 제95조의 해석 및 행정입법의 전체적 체계상 법이론적 타당성을 인정할 수 없습니다. 더불어 반복된 위반행위의 경우 추후 현실적으로 가중처분의 발령이 명확함에도 해당 가중처분을 대상으로 미래 다툴 것을 상정하는 것은 원고의 현재 존재하는 법적 불이익의 위험 상황을 도외시하는 것으로서 이에 찬성할 수 없습니다. 즉, 해당 시행규칙 [별표]의 처분기준이 판례의 입장과 같이 행정규칙이라 하더라도 그 내부적 구속력에 따라 관계 공무원은 이를 준수할 의무하에 있고, 따라서 제재적 처분을 받은 상대방이 장래 그 처분의 존재로 인하여 가중처분을 받을 위험은 현실적인 것이므로 실효적인 행정구제의 관점에서는 마땅히 당해 제재적 처분의 취소를 구할 이익이 인정되어야 합니다. 이러한 점을 감안하여 대법원은 2003두1684 전원합의체 판결을 통해 이전의 94누14148 판결을 폐기하는 판례 변경에 이릅니다. 판례변경을 이끈 동 판결의 다수의견은 여전히 동 [별표]의 처분기준의 법규적 효력을 인정하지 않으면서 협의의 소익을 긍정했음에도 주의합시다.

* **대판 2006.6.22, 2003두1684(전합)** : "**[다수의견]** 제재적 행정처분이 그 처분에서 정한 제재기간의 경과로 인하여 그 효과가 소멸되었으나, 부령인 시행규칙 또는 지방자치단체의 규칙(이하 이들을 '규칙'이라고 한다)의 형식으로 정한 처분기준에서 제재적 행정처분(이하 '선행처분'이라고 한다)

을 받은 것을 가중사유나 전제요건으로 삼아 장래의 제재적 행정처분(이하 '후행처분'이라고 한다)을 하도록 정하고 있는 경우, 제재적 행정처분의 가중사유나 전제요건에 관한 규정이 법령이 아니라 규칙의 형식으로 되어 있다고 하더라도, 그러한 규칙이 법령에 근거를 두고 있는 이상 그 법적 성질이 대외적·일반적 구속력을 갖는 법규명령인지 여부와는 상관없이, 관할 행정청이나 담당공무원은 이를 준수할 의무가 있으므로 이들이 그 규칙에 정해진 바에 따라 행정작용을 할 것이 당연히 예견되고, 그 결과 행정작용의 상대방인 국민으로서는 그 규칙의 영향을 받을 수밖에 없다. 따라서 그러한 규칙이 정한 바에 따라 선행처분을 받은 상대방이 그 처분의 존재로 인하여 장래에 받을 불이익, 즉 후행처분의 위험은 구체적이고 현실적인 것이므로, 상대방에게는 선행처분의 취소소송을 통하여 그 불이익을 제거할 필요가 있다. 또한, 나중에 후행처분에 대한 취소소송에서 선행처분의 사실관계나 위법 등을 다툴 수 있는 여지가 남아 있다고 하더라도, 이러한 사정은 후행처분이 이루어지기 전에 이를 방지하기 위하여 직접 선행처분의 위법을 다투는 취소소송을 제기할 필요성을 부정할 이유가 되지 못한다. 그러한 쟁송방법을 막는 것은 여러 가지 불합리한 결과를 초래하여 권리구제의 실효성을 저해할 수 있기 때문이다. 오히려 앞서 본 바와 같이 행정청으로서는 선행처분이 적법함을 전제로 후행처분을 할 것이 당연히 예견되므로, 이러한 선행처분으로 인한 불이익을 선행처분 자체에 대한 소송에서 사전에 제거할 수 있도록 해 주는 것이 상대방의 법률상 지위에 대한 불안을 해소하는데 가장 유효적절한 수단이 된다고 할 것이고, 또한 그 소송을 통하여 선행처분의 사실관계 및 위법 여부가 조속히 확정됨으로써 이와 관련된 장래의 행정작용의 적법성을 보장함과 동시에 국민생활의 안정을 도모할 수 있다. 이상의 여러 사정과 아울러, 국민의 재판청구권을 보장한 헌법 제27조 제1항의 취지와 행정처분으로 인한 권익침해를 효과적으로 구제하려는 행정소송법의 목적 등에 비추어 행정처분의 존재로 인하여 국민의 권익이 실제로 침해되고 있는 경우는 물론이고 권익침해의 구체적·현실적 위험이 있는 경우에도 이를 구제하는 소송이 허용되어야 한다는 요청을 고려하면, 규칙이 정한 바에 따라 선행처분을 가중사유 또는 전제요건으로 하는 후행처분을 받을 우려가 현실적으로 존재하는 경우에는, 선행처분을 받은 상대방은 비록 그 처분에서 정한 제재기간이 경과하였다 하더라도 그 처분의 취소소송을 통하여 그러한 불이익을 제거할 권리보호의 필요성이 충분히 인정된다고 할 것이므로, 선행처분의 취소를 구할 법률상 이익이 있다고 보아야 한다.

[대법관 이강국의 별개의견] 다수의견은, 제재적 행정처분의 기준을 정한 부령인 시행규칙의 법적 성질에 대하여는 구체적인 논급을 하지 않은 채, 시행규칙에서 선행처분을 받은 것을 가중사유나 전제요건으로 하여 장래 후행처분을 하도록 규정하고 있는 경우, 선행처분의 상대방이 그 처분의 존재로 인하여 장래에 받을 불이익은 구체적이고 현실적이라는 이유로, 선행처분에서 정한 제재기간이 경과한 후에도 그 처분의 취소를 구할 법률상 이익이 있다고 보고 있는바, 다수의견이 위와 같은 경우 선행처분의 취소를 구할 법률상 이익을 긍정하는 결론에는 찬성하지만, 그 이유에 있어서는 부령인 제재적 처분기준의 법규성을 인정하는 이론적 기초 위에서 그 법률상 이익을 긍정하는 것이 법리적으로는 더욱 합당하다고 생각한다. 상위법령의 위임에 따라 제재적 처분기준을 정한 부령인 시행규칙은 헌법 제95조에서 규정하고 있는 위임명령에 해당하고, 그 내용도 실질적으로 국민의 권리의

> 무에 직접 영향을 미치는 사항에 관한 것이므로, 단순히 행정기관 내부의 사무처리준칙에 지나지 않는 것이 아니라 대외적으로 국민이나 법원을 구속하는 법규명령에 해당한다고 보아야 한다."

위 판결요지를 중심으로 판단하건대, 판례가 동 처분기준의 법규명령성을 부인하면서도 해당 사안에 대해 협의의 소익을 인정한 논거는 다음 세 가지로 요약 가능합니다.

* 처분의 존재로 인하여 상대방은 불안정한 법적 지위에 처함
* 추후에 후행처분을 다투더라도, 선행처분 자료 일실(逸失) 등 사실관계에 관한 심리의 어려움
* 헌법 제27조 제1항의 재판청구권 보장 및 행정처분으로 인한 권익침해의 효과적 구제

이런 논거하에 위 판결에서는 제재적 처분의 가중사유 등에 관한 규정이 행정규칙의 성질을 가지더라도 그러한 행정규칙이 법령에 근거를 두는 이상 그 법적 성질이 대외적·일반적 구속력을 갖는 법규명령인지 여부와는 상관없이 관할 행정청이나 해당 공무원은 이를 준수할 의무가 있으므로, 선행처분을 받은 상대방이 그 처분의 존재로 인하여 장래 받을 불이익, 즉 후행처분의 위험은 구체적이고 현실적인 것으로 보아 상대방은 취소소송을 통하여 불이익을 제거할 필요가 있다고 판시한 것입니다.

이에 비해 [별개의견]은 [다수의견]의 우회적 논증에 의한 소익 인정에 갈음하여 해당 [별표]의 법규적 효력을 인정함으로써 그 제재기간 경과 후에도 선행처분의 취소를 구할 협의의 소익이 있음을 직접적으로 도출했음에 의의가 있습니다. 한편, 공중위생관리법 시행규칙 [별표7]의 경우 등 제재적 처분의 기준을 정한 시행규칙 [별표]의 '일반기준'에서 위반행위의 차수에 따른 가중적 행정처분기준에 대하여 '최근 1년간' 등으로 시간적 한계를 설정하는 경우가 있습니다. 이 경우 해당 시행규칙 [별표]의 법규적 효력을 인정하더라도 소 계속 중 계쟁 제재처분시부터 1년이 도과하였다면, 당해 제재기간이 경과한 이상 그 제재처분의 취소를 구할 협의의 소익이 없음은 물론입니다. 추후 2차 위반행위가 있더라도 이에 상응한 제재처분은 1차 위반을 기준으로 할 것이므로 가중처분으로 인한 현실적 불이익을 제거하기 위한 권리보호의 필요성이 부인되기 때문입니다.

5. 회복되는 법률상 이익의 의미 : 행정소송법 제12조 후문의 법적 성질

행정소송법 제12조 후문의 '회복되는 법률상 이익'의 법적 의미에 관한 논의는 동 조항에 따른 소송의 법적 성질을 규명하는 것과 직결되어 있습니다. 우선, 판례의 입장에 충실하여, 처분의 효력 소멸 등에도 불구하고 해당 처분에 의해 침해된 권리 내지 법적 지위가 회복될 가능성이 있는 어떠한 법률상의 이익이 있는 경우 그에 대한 취소소송을 인정하려는 견해가 있습니다. 여기에도 동 조문을 동법 제12조 전문과 통일적으로 해석하여, '회복되는 법률상 이익'을 원고적격으로 보는 견해(해당 처분의 근거 법률에 의해 보호되는 직접적이고 구체적인 이익)와 협의의 소익(권리보호의 필요)으로 파악하는 견해로 다시 나뉘는데, '법률상 이익의 범위'와 관련하여서는 전자가 법적으로 보호되는 이익으로 이해함에 비해, 후자는 소위 부수적 이익(명예, 신용)도 포함하는, 즉 독일 행정법원법상 계속확인소송에서의 '정당한 이익'과 맞닿아 있습니다. 동법 제12조 후문을 원고적격 규정과 동일 선상에서 파악하는 입장에서는 현행법상 권리보호의 필요 규정은 명문으로 존재하지 않고, 학설과 판례에 의해 논의되는 것으로 해석합니다.

다른 하나의 견해는 동조의 취지를 처분의 효력이 소멸된 뒤에도 처분의 존재만으로 발생할 수 있는 법적 불이익에 대한 쟁송을 용이하게 하기 위한 것으로서, 동조에 의한 소송을 처분의 위법성을 확인하는 소송, 즉 독일법상의 계속확인소송으로 간주하는 해석론입니다. 행정처분의 효력이 이미 소멸되었기 때문에 취소라는 효력 배제가 논리적으로 의미를 가질 수 없음을 논거로 듭니다. 그리고 동 견해에서는 '소멸한 처분의 위법확인을 구할 정당한 이익'을 전제하므로 보호가치 있는 이익설과 궤를 같이합니다.

우리 판례는 원칙적으로 소멸한 처분 등을 존재하는 처분으로 간주하여 처분을 취소하는 방식의 전제하에, 거기에서의 법률상 이익을 법적 보호이익설에 따라 관계 법률에 의해 보호되는 이익에 한정하는 것으로 보고 있습니다. 환언하면, 판례의 기본은 협의의 소익을 동법 제12조 전문의 원고적격과 합일적으로 이해합니다.

생각건대, 동법 제12조 전문을 원고적격으로, 후문을 협의의 소익이라 보는 한, 양자를 원고적격이라는 포괄적 용어 속에 포함하여 양자의 이익을 동일하게 '법률상의 이익'이라 규정하는 것을 타당하다고 할 수 없습니다. 즉, 협의의 소익을 원고적격과는 별개의 것으로서 권리보호의 필요로 이해한다면 협의의 소익에서의 이익을 원고적격에서의 법률상 이익보다 광의로 파악하는 것이 타당합니다. 협의의 소익을 법률상 이익에 한정하는 해석론은 국민의 재판받을 권리를 부당히 침해하는 것이며, 실제 판례를 유심히 관찰하면 반드시 법률상 이익의 존부에만 천착하여 협의의 소익 여부를 판단한 것으로 볼 수 없는 것도 존재합니다. 따라서 처분의 효력 소멸의 경우에도 부수적 이익이 있으면 소의 이익을 긍정하는 것이 타당하며, 구체적으로 볼 때 명예·신용, 위법한 권익침해의 방지 이익, 국가배상청구의 대비 이익 등을 협의의 소익 범주에 포함할 것을 제언합니다.

* **대판 2002.1.11, 2000두2457** : "원심은, 피고는 원고의 소음·진동배출시설(이하 '배출시설'이라 한다)이 배출허용기준을 초과함에 따라 소음·진동규제법에 따른 개선명령을 하였으나 이에 불응하여 조업정지명령을 한 사실, 조업정지기간 중에도 2회에 걸쳐 조업을 한 원고의 위반행위를 적발하여 배출시설 폐쇄 및 배출시설 설치허가를 취소하는 이 사건 처분을 한 사실, 위 처분 이후 그 배출시설이 설치된 원고 공장의 부지에 대한 국유지 사용·수익허가기간이 만료되고 그 연장이 이루어지지 않았음에도 원고가 그 부지 관리청인 서울지방철도청장의 반환요구에 불응함에 따라, 서울지방철도청장의 철거대집행에 의하여 위 공장과 함께 위 배출시설이 철거된 사실을 인정한 다음, 이 사건 처분을 취소하여도 위 배출시설을 재가동하는 것이 불가능하여 이 사건 처분 이전의 상태로 원상회복할 수 없게 되었고, <u>설령 원고가 이 사건 처분이 위법하다는 점에 대한 판결을 받아 피고에 대한 손해배상청구소송에서 이를 원용할 수 있다거나 위 배출시설을 다른 지역으로 이전하는 경우 행정상의 편의를 제공받을 수 있는 이익이 있다 하더라도, 그러한 이익은 사실적·경제적 이익에 불과하여 이 사건 처분의 취소를 구할 법률상 이익에 해당하지 않는다</u>고 판단하였다. 배출시설에 대한 설치허가가 취소된 후 그 배출시설이 어떠한 경위로든 철거되어 다시 복구 등을 통하여 배출시설을 가동할 수 없는 상태라면 이는 배출시설 설치허가의 대상이 되지 아니하므로 외형상 설치허가취소행위가 잔존하고 있다고 하여도 특단의 사정이 없는 한 이제 와서 굳이 위 처분의 취소를 구할 법률상의 이익이 없다 할 것이므로, 그 취소를 구하는 소는 소의 이익이 없어 부적법하다고 할 것이다."

그러나 판례는 일부 판결을 통해 동법 제12조 후문을 원고적격과 동일하게 해석하는 원칙적 입장을 완화하려는 시도를 행하는데, 이는 다음 두 가지 형태로 구체화됩니다. 동조상의 법률상 이익을 소멸한 처분의 취소로 인해 회복되는 직접적 이익뿐만 아니라 부수적으로 구제되는 법률상 이익도 여기에 해당하는 것으로 해석하는 것이 그 첫 번째입니다. 이를테면, 파면처분을 다투던 중 원고가 정년에 달한 경우 파면처분을 취소하더라도 원고가 직접적으로 구제받으려는 공무원 지위의 회복은 불가능하지만, 봉급청구 등 부수적 이익이지만 법률상 이익(재산권)이 있으므로 해당 파면처분을 취소할 협의의 소익이 인정됩니다. 또한, 판례는 선행처분과 후행처분이 단계적인 일련의 절차로 연속하여 행하여져 후행처분이 선행처분의 적법함을 전제로 이루어짐에 따라 선행처분의 하자가 후행처분에 승계된다고 볼 수 있어 이미 소를 제기하여 다투고 있는 선행처분의 위법성을 확인하여 줄 필요가 있는 경우 등에 있어 '위법성의 확인'이라는 표현을 사용함으로써 동법 제12조 후문에 의한 소송이 독일의 계속확인소송, 즉 확인소송의 성질도 일부 포함하는 것으로 이해하는 듯한 판시를 행하고 있습니다.

* **대판 2007.7.19, 2006두19297(전합)** : "소 당시에는 권리보호의 이익을 갖추었는데 제소 후 취소 대상 행정처분이 기간의 경과 등으로 그 효과가 소멸한 때, 동일한 소송 당사자 사이에서 동일한 사유로 위법한 처분이 반복될 위험성이 있어 행정처분의 위법성 확인 내지 불분명한 법률문제에 대한 해명이 필요하다고 판단되는 경우, 그리고 선행처분과 후행처분이 단계적인 일련의 절차로 연속하여 행하여져 후행처분이 선행처분의 적법함을 전제로 이루어짐에 따라 선행처분의 하자가 후행처분에 승계된다고 볼 수 있어 이미 소를 제기하여 다투고 있는 **선행처분의 위법성을 확인**하여 줄 필요가 있는 경우 등에는 행정의 적법성 확보와 그에 대한 사법통제, 국민의 권리구제의 확대 등의 측면에서 여전히 그 처분의 취소를 구할 법률상 이익이 있다. 임시이사 선임처분에 대하여 취소를 구하는 소송의 계속중 임기만료 등의 사유로 새로운 임시이사들로 교체된 경우, 선행 임시이사 선임처분의 효과가 소멸하였다는 이유로 그 취소를 구할 법률상 이익이 없다고 보게 되면, 원래의 정식이사들로서는 계속중인 소를 취하하고 후행 임시이사 선임처분을 별개의 소로 다툴 수밖에 없게 되며, 그 별소 진행 도중 다시 임시이사가 교체되면 또 새로운 별소를 제기하여야 하는 등 무익한 처분과 소송이 반복될 가능성이 있으므로, 이러한 경우 법원이 선행 임시이사 선임처분의 취소를 구할 법률상 이익을 긍정하여 그 위법성 내지 하자의 존재를 판결로 명확히 해명하고 확인하여 준다면 위와 같은 구체적인 침해의 반복 위험을 방지할 수 있을 뿐 아니라, 후행 임시이사 선임처분의 효력을 다투는 소송에서 기판력에 의하여 최초 내지 선행 임시이사 선임처분의 위법성을 다투지 못하게 함으로써 그 선임처분을 전제로 이루어진 후행 임시이사 선임처분의 효력을 쉽게 배제할 수 있어 국민의 권리구제에 도움이 된다."
* **대판 2008.2.14, 2007두13203** : "행정처분의 취소를 구하는 소는 그 처분에 의하여 발생한 위법상태를 배제하여 원상으로 회복시키고 그 처분으로 침해되거나 방해받은 권리와 이익을 보호·구제하고자 하는 소송이므로, 비록 처분을 취소한다 하더라도 원상회복이 불가능한 경우에는 그 처분의 취소를 구할 이익이 없는 것이 원칙이지만(대법원 1997. 1. 24. 선고 95누17403 판결, 대법원 2007. 1. 11. 선고 2004두8538 판결 등 참조), 원상회복이 불가능하다고 보이는 경우라 하더라도, 동일한 소송 당사자 사이에서 그 행정처분과 동일한 사유로 위법한 처분이 반복될 위험성이 있어 **행정처분의 위법성 확인** 내지 불분명한 법률문제에 대한 해명이 필요하다고 판단되는 경우 등에는 행정의 적법성 확보와 그에 대한 사법통제, 국민의 권리구제의 확대 등의 측면에서 여전히 그 처분의 취소를 구할 이익이 있다고 보아야 한다 (대법원 2007. 7. 19. 선고 2006두19297 전원합의체 판결 참조). 원심판결 이유와 기록에 의하여 알 수 있는 다음과 같은 사정, 즉 원고의 긴 팔 티셔츠 2개(앞 단추가 3개 있고 칼라가 달린 것, 이하 '이 사건 영치품'이라 한다)에 대한 사용신청 불허처

> 분(이하 '이 사건 처분'이라 한다) 이후 이루어진 원고의 다른 교도소로의 이송이라는 사정에 의하여 원고의 권리와 이익의 침해 등이 해소되지 아니한 점, 원고의 형기가 만료되기까지는 아직 상당한 기간이 남아 있을 뿐만 아니라, 진주교도소가 전국 교정시설의 결핵 및 정신질환 수형자들을 수용·관리하는 의료교도소인 사정을 감안할 때 원고의 진주교도소로의 재이송 가능성이 소멸하였다고 단정하기 어려운 점 등을 종합하면, 원고로서는 이 사건 처분의 취소를 구할 이익이 있다고 봄이 상당하다."

한편, 바로 아래 판례를 두고 경원자 관계에서 수익적 처분의 신청을 거부당한 자가 자신에 대한 거부처분에 대한 취소소송을 제기한 경우의 소익 내지 협의의 소익을 인정한 판례라면서 큰 의미를 부여하는 견해가 있는데, 이는 오해에 기인합니다. 비록 판례가 '소의 이익'이라는 문구를 사용하였지만, 그 의미는 원고적격 의미의 법률상 이익에 다름 아니며, 설령 소익이라 하더라도 이를 협의의 소익에 관한 판례라고는 더더욱 할 수 없음에 주의해야 합니다.

> * **대판 2015.10.29, 2013두27517** : "인가·허가 등 수익적 행정처분을 신청한 여러 사람이 서로 경원관계에 있어서 한 사람에 대한 허가 등 처분이 다른 사람에 대한 불허가 등으로 귀결될 수밖에 없을 때 허가 등 처분을 받지 못한 사람은 신청에 대한 거부처분의 직접 상대방으로서 원칙적으로 자신에 대한 거부처분의 취소를 구할 원고적격이 있고, 취소판결이 확정되는 경우 판결의 직접적인 효과로 경원자에 대한 허가 등 처분이 취소되거나 효력이 소멸되는 것은 아니더라도 행정청은 취소판결의 기속력에 따라 판결에서 확인된 위법사유를 배제한 상태에서 취소판결의 원고와 경원자의 각 신청에 관하여 처분요건의 구비 여부와 우열을 다시 심사하여야 할 의무가 있으며, 재심사 결과 경원자에 대한 수익적 처분이 직권취소되고 취소판결의 원고에게 수익적 처분이 이루어질 가능성을 완전히 배제할 수는 없으므로, 특별한 사정이 없는 한 경원관계에서 허가 등 처분을 받지 못한 사람은 자신에 대한 거부처분의 취소를 구할 소의 이익이 있다."

6. 독일 행정법원법상 계속확인소송(Fortsetzungsfeststellungsklage)

1) 의의

효력 등의 소멸로 존재하지 않는 처분을 취소한다는 것은 존재론적으로 무의미하고, 행정소송법 제12조 후문의 취지가 처분이 소멸한 경우에도 일정한 경우에는 취소소송의 대상이 부존재하는 것으로 보아 각하하지 말고 원고에게 적정한 권리구제의 길을 열어 놓아야 한다는 의미라면, 이를 취소소송이나 단순한 확인소송의 유형이 아니라 독일법상의 계속확인소송으로 보는 것이 타당하다는 주장은 경청할 만합니다. 독일 행정법원법 제113조 제1항 제4문은 취소소송의 계속 중에 계쟁 행정행위의 효력이 취소 기타 사유로 소멸된 경우 법원은 원고가 그 위법 확인에 정당한 이익을 가지는 때에는 그 신청에 따라 처분이 위법한 것이었음을 판결로써 확인한다고 규정합니다.

2) 소송의 성질

계속확인소송은 독일 행정법원법 제43조에 의한 확인소송의 정형적 유형이 아닙니다. 최초 취소소송을 제기하였으나 일정 사유로 인해 취소소송을 계속 진행할 실익이 일견 소멸하였음에도 일정한 경우 '원래의 소송(Ausgangsklage)'인 취소소송을 확인소송 형태로 계속 유지하여 그 위법 여부를 확인하는 판결을 행하는 것에 그 본질이 있습니다. 그런 의미에서 '계속(Fortsetzhung)'이라는 단어를 사용하는 것입니다. 즉, 판결의 주문형식(판결의 내용)과 판결의 효력 측면에서는 확인소송이지만, 소송절차적으로는 소송제기요건과 관련하여 원래의 소송이 계속된 특수한 형태의 소송이라고 봅니다. 계속확인소송은 처분의 집행이 단기간에 완료되는 행정강제 영역에서 활용의 빈도가 높은 소송유형으로서, 사실 그 경우 원고의 권리구제를 위한 유일한 방법이란 점에서 그 의의가 지대합니다. 한편, 독일의 경우 처분에 예정된 기간의 도과 후 그로 인한 불이익을 제거하기 위해 제기하는 소송유형은 의문의 여지없이 행정법원법 제43조에 의한 확인소송입니다.

3) 정당한 이익의 범위

계속확인소송의 요건으로 가장 중요한 요소는 '처분의 위법확인에 대한 정당한 이익'입니다. 이를 위해 법 감정의 침해나 명예회복의 필요만으로는 불충분하지만, 법적으로 보호되는, 우리의 법률상 이익을 포함하여 구체적인 상황을 고려할 때 인정할 수 있는 모든 보호가치 있는 법적·경제적·관념적 이익으로 충분하다는 독일 연방행정법원의 판례가 확립되어 있습니다(예컨대, BVerwGE 61, 168). 구체적으로 볼 때 판례상 인정된 정당한 이익에는 반복의 위험이 있는 경우, 존속하는 차별을 제거할 필요가 있는 경우, 국가배상 또는 손실보상청구소송을 제기하기 위하여 필요한 경우, 중대한 기본권적 지위의 침해가 있는 경우 등이 속합니다.

7. 결어

'권리보호의 필요'로서의 협의의 소익은 모든 소송유형 일반이 요구하는 '분쟁을 재판에 의하여 해결할 만한 현실적 필요'를 의미하는 일반적 소송요건에 해당합니다. 따라서 행정소송법 제12조 후문은 일반적 소송요건으로서의 협의의 소익이 필요하다는 전제하에 취소소송의 경우에도 예외적으로 소의 이익이 인정되는 하나의 경우를 명시한 규정일 뿐입니다. 양자의 소송법상 기능 차이를 고려하지 않고 동조 전문과 후문을 동일한 문구인 '법률상 이익'에 의해 규정한 현행 행정소송법은 결코 바람직한 입법례는 아닙니다. 이런 점에서 일부 판례를 통해 대법원이 인식 변화의 조짐을 보인 것은 환영할 만합니다. 물론, 법이 '정당한 이익' 등의 문구 대신 '법률상 이익'에 한정하는 점을 도외시할 수 없지만, 동 조항의 '회복되는 법률상 이익'을 보호규범론과 관련된 소송의 보호대상이 아니라 협의의 소익으로 이해하는 한, 이를 주관적 공권, 법률상 이익과 반사적 이익의 구분에 관한 문제로 다룰 이유는 없고, 따라서 이를 엄격히 법적 이익에 한정하는 것은 타당하지 않습니다.

요컨대, 전체적으로 보아 협의의 소익 인정 여부는 원고가 위법확인을 받아야 할 이익이 법률상 이익인가, 아니면 명예·신용에 관한 이익 내지 경제적·사회적 이익인가 여하에 따라서가 아니라 계쟁처분의 효력이 소멸되었더라도 상대방에게 취소소송제도를 통한 - 법상 규정된 취소소송 형태 자체를 부인하여 이를 확인소송이라고는 할 수 없으므로 - 보호의 현실적 필요성이 존재하는 한 행정소송법 제12조 후문의 범주에 포함하는 것이 마땅합니다.

제34강

취소소송의 소송요건(3) : 처분

제34강

취소소송의 소송요건(3) : 처분

1. 항고소송의 대상으로서의 처분

1) 의의

행정소송법은 취소소송의 대상을 '처분등', 즉 행정청이 행하는 구체적 사실에 관한 법집행으로서의 공권력의 행사 또는 그 거부와 그밖에 이에 준하는 행정작용 및 행정심판에 대한 재결이라고 규정하고(제19조, 제2조 제1항 제1호), 동법 제19조를 무효등확인소송 및 부작위위법확인소송[1]에 준용함으로써(제38조) 항고소송의 대상이 처분과 재결임을 명시함과 아울러, 소송의 대상에 관한 개괄주의를 천명합니다. 처분의 존부는 소송요건으로서 법원의 직권조사사항이고 자백의 대상이 아니며, 설사 그 존부를 당사자가 다투지 않더라도 의심이 있는 경우 이를 직권으로 밝혀야 합니다.

> * **대판 2004.12.24, 2003두15195** : "행정소송에서 쟁송의 대상이 되는 행정처분의 존부는 소송요건으로서 직권조사사항이고, 자백의 대상이 될 수 없는 것이므로, 설사 그 존재를 당사자들이 다투지 아니한다 하더라도 그 존부에 관하여 의심이 있는 경우에는 이를 직권으로 밝혀 보아야 할 것이고, 사실심에서 변론종결시까지 당사자가 주장하지 않던 직권조사사항에 해당하는 사항을 상고심에서 비로소 주장하는 경우 그 직권조사사항에 해당하는 사항은 상고심의 심판범위에 해당한다."

1) 부작위는 행정청의 처분(소극적 처분인 거부처분을 포함)이 존재하지 않는 경우를 전제하지만, 부작위의 성립요건 중 하나로서 신청의 대상이 '처분'이어야 하므로 이를 준용하는 규정을 둔 것입니다.

2) 처분 개념에 관한 논쟁

(1) 실체법적 개념설(일원설)

쟁송법상 처분개념과 강학상 행정행위를 동일한 개념으로 파악하는 학설입니다. 실체법적 개념설은 【처분=행정행위】라는 전제에 입각하는데, 행정행위만이 항고소송의 대상인 처분에 해당하고 그 밖의 행정작용은 독일의 경우처럼 그에 상응하는 다양한 소송형태(현행 법제하에서는 당사자소송 활용의 극대화를 주장합니다)를 인정함으로써 국민의 권리구제에 만전을 기해야 한다는 입장입니다. 권력적 사실행위의 경우 수인하명과 집행행위의 결합으로 보아 취소소송은 결국 행정행위인 수인하명의 취소로 해석하는 입장도 궤를 같이 합니다. 이를 쟁송법적 개념설의 입장이라고 오해해서는 안 됩니다. 행정행위가 아닌 권력적 사실행위를 결과에 있어 항고소송의 대상으로 하는 점에서 처분 개념을 행정행위보다 넓게 파악하는 듯하지만, 권력적 사실행위를 분해하여 그 일부인 수인하명(행정행위)에 대한 항고소송상 불복으로 이론 구성하는 점에서 실체법적 개념설의 일환이라고 보아야 합니다. 동 학설의 논거로는 취소소송의 본질이 행정행위의 공정력을 배제하여, 위법하지만 일단 유효하게 성립한 행정행위의 법적 효력을 소급하여 제거하는 소송이므로 취소소송의 대상은 공정력을 보유한 행정행위에 한정해야 하고, 권력적 사실행위 등 다른 이질적 요소를 행정행위와 동일시하여 처분이라는 범주로 구성하는 것의 부당함을 듭니다. 일원설을 취하되 입법론적으로는 독일의 경우처럼 다양한 소송유형을 인정하는 것이 근본적인 문제 해결책이라는 점도 논거로서 거론합니다.

(2) 쟁송법적 개념설(이원설)

처분 개념을 행정행위보다 넓은 쟁송법상의 독자적 개념으로 이해하는 이원설 내지 쟁송법적 개념설을 요약하자면 【처분≥행정행위】입니다. 바람직하기로는 독일식의 행정소송제도의 운영, 즉 행정의 행위형식별로 일대일 대응의 소송 형태를 인정하여 권리구제에 만전을 도모하는 것이 최적화된 제도라는 전제를 부정하지는 않습니다. 그러나 현행 행정소송제도가 항고소송 중심, 즉 처분을 중심축으로 하여 운영됨을 고려하여, 현실적으로 권리구제의 폭을 넓히기 위해서는 처분 개념을 확대하는 해석이 불가피하다고 주장합니다. 판례도 같은 입장입니다.

> * **대판 2023.2.2, 2020두4826** : "행정청의 어떤 행위가 항고소송의 대상이 될 수 있는지의 문제는 추상적·일반적으로 결정할 수 없고, 구체적인 경우 행정처분은 행정청이 공권력의 주체로서 행하는 구체적 사실에 관한 법집행으로서 국민의 권리의무에 직접적으로 영향을 미치는 행위라는 점을 염두에 두고, 관련 법령 내용과 취지, 행위 주체·내용·형식·절차, 행위와 상대방 등 이해관계인이 입는 불이익의 실질적 견련성, 그리고 법치행정의 원리와 당해 행위에 관련된 행정청 및 이해관계인의 태도 등을 참작하여 개별적으로 결정하여야 한다."

여기에서의 연결고리는 현행 행정소송법이 법률효과의 발생을 내용으로 하는 '법적 규율(Regelung)'을 처분의 개념적 요소로 요구하는가 여부입니다. 이를 요구한다고 해석하면 실체법적 개념설의 입장이고, 그렇지 않으면 쟁송법적 개념설이라 할 수 있습니다. 우리의 처분 개념 규정을 보면 법률효과의 발생에 갈음하여 '법 집행'만을 규정하는 점에서 법적 규율을 반드시 요구하는 것은 아니라 하겠습니다. 쟁송법적 개념설에서는 또한, 처분을 정의하고 있는 실정 규정이 '그 밖에 이에 준하는 행정작용'을 말함으로써 처분은 행정행위보다 넓은 개념임을 명시적으로 천명했다고 합니다.

(3) 결어

독일 연방행정절차법(VwVfG) 제35조 제1문은 행정행위의 개념을 정의하고, 독일 행정법원법 제42조 제1항이 취소소송의 대상을 행정행위로 한정하므로 우리의 경우처럼 항고소송의 대상으로서의 처분 개념에 관한 논쟁의 발생 여지가 그들에게는 없습니다. 독일 연방행정절차법 제35조 제1문에 의한 행정행위와 현행 행정소송법 제2조 제1항 제1호에 의한 처분은 큰 틀에서 개념적 징표를 공유하지만, 한 가지 점에서 두드러진 차이를 보입니다. 그에게서 요구하는 'Regelung(법적 규율)'을 우리 법제에서는 찾을 수 없습니다. '법적 규율'은 법률효과의 발생을 요체로 함을 의미합니다. 따라서 독일에서는 법률효과의 발생을 수반하지 않는 사실행위는 행정행위의 범주에 속하지 않아 취소소송의 대상으로 할 수 없기 때문에 당연히 다른 소송유형을 인정하지 않을 수 없는 것입니다.

이에 비해 우리 행정소송법 제2조 제1항 제1호는 '처분 등'의 개념을 정의하는바, '행정청이 행하는 구체적 사실에 관한 법집행으로서의 공권력 행사 또는 그 거부와 그밖에 이에 준하는 행정작용'을 처분으로 정의합니다. '법적 규율'에 갈음하여 '법집행'을 사용합니다. '법집행'에는 법적 효과를 발생하는 행정행위뿐만 아니라 이론적으로 권력적 사실행위도 포함합니다. 이를테면, 법률상 근거에 따라 행해지는 물리력의 행사로서의 강제격리조치도 법집행에 다름 아니기 때문입니다. 이로부터 다음을 알 수 있습니다. 행정소송법의 입법자는 우리의 행정소송제도가 항고소송 중심으로 운영되는 현실을 반영하여 행정소송에 의한 권리구제를 실질화하기 위해, 항고소송의 대상을 독일식의 행정행위보다 다소 넓은 개념으로 상정함으로써 행정행위뿐만 아니라 구체적 사실에 관한 공권력 행사 중의 일부를 처분 개념으로 포섭하여 항고소송의 대상 범위를 확대하려는 의도를 처분 개념 속에 담았다고 해석할 수 있습니다. 이런 취지를 판례도 수용하여 구속적 행정계획이나 권력적 사실행위의 처분성을 인정합니다. 교도소장의 교도관 참여대상자 지정행위, 단수처분, 교도소제소자의 이송조치 등이 후자의 예입니다.

현행 행정소송제도가 항고소송 중심으로 운영되며 그 대상이 처분인 이상, 권리구제의 폭을 확대하기 위해서는 처분 개념을 광의로 파악하는 것이 타당합니다. 행정행위의 개념 정의하에 이를 취소소송 등 항고소송의 대상으로 하고 기타 행정작용에 대해서는 그에 상응하는 소송유형을 구비하고 있는 독일의 행정소송제도와 상이하게 전개되는 현행 행정소송제도에서는 - 입법론적 제안은 별론 - 처분을 강학상 행정행위보다 넓은 개념으로 파악하는 것이 실정의 법 규정과도 일치하고 권리구제 기회의 확대라는 법치주의 이념에도 부합합니다. 이런 점에서 행정행위의 범주 밖에 있는 권력적 사실행위, 구속적 행정계획 등을 처분으로 간주하여 항고소송의 대상으로 삼는 판례 입장은 타당합니다. 그리고 권력적 사실행위와 이른바 일반처분은 그 개념 분석상 '그 밖에 이에 준하는 행정작용'에 속하는 것이 아니라 처분의 개념 정의 중 전단에 해당합니다. 그렇다면 '그 밖에 이에 준하는 행정작용'의 의미가 남은 해결 과제인데, 이른바 '형식적 행정행위' 개념을 인정하여 이를 '그 밖에 이에 준하는 행정작용'으로 이해할 수 있지만, 우리 판례가 형식적 행정행위 개념을 인정하지 않는 현 상황에서 그런 해석은 해석론의 범위를 넘는다는 비판에서 자유롭지 못합니다. 어쨌든, '그 밖에 이에 준하는 행정작용'은 비권력적 행정작용이지만 국민의 권리의무에 계속적으로 사실상의 지배력을 미치는 소위 형식적 행정행위나 행정지도 등을 처분으로 간주할 여지를 남기는 개방적 개념이라고 이해하면서, 이를 장래 판례의 몫으로 남겨둡시다.

3) 처분 개념의 구체적 분석

(1) 행정청의 행위

행정청은 국가 또는 지방자치단체의 행정에 관한 의사를 결정하고, 이를 외부에 표시할 수 있는 권한을 가진 행정기관을 뜻합니다. 단독제 행정기관이 일반적이지만, 방송위원회, 공정거래위원회, 토지수용위원회, 교원소청심사위원회 등의 합의제 행정기관도 행정청에 속합니다. 입법기관, 사법기관도 실질적 의미의 행정에 속하는 처분을 발령하는 한 행정청입니다. 따라서 지방의회의원에 대한 징계처분(대판 1993.11.26, 93누7342)이나 지방의회의장에 대한 불신임결의(대결 1994.10.11, 94두23)나 의장선출의결(대판 1995.1.12, 94누2602)도 행정처분의 일종으로 항고소송의 대상입니다(이 경우 피고는 지방의회입니다). 그러나 국회의원에 대한 징계처분은 국회 자율권의 존중 차원에서 항고소송의 대상이 아니며 그 한도에서 처분이 아니라 할 것입니다(헌법 제64조 제4항).

원래의 행정기관은 아니지만, 국가 또는 지방자치단체의 특정 사무를 위임 또는 위탁받아 행정작용을 행하는 공공단체 및 그 기관, 사인(공무수탁사인)도 당해 사무를 행하는 범위 내에서는 행정청에 속합니다(행정소송법 제2조 제2항). 따라서 주택재개발사업조합, 한국토지주택공사, 한국농어촌공사, 한국자산관리공사, 의료보험조합, 교통안전공단이 행하는 대외적 공권력 작용은 판례상 처분에 해당합니다. 그러나 위 공법인 등 공공단체가 행하는 모든 행위가 행정소송의 대상인 것은 아니고, 그 행위 중 법령에 의하여 국가 또는 지방자치단체의 사무를 위임받아 행하는 국민에 대한 권력적 행위만이 행정소송의 대상이 됩니다. 따라서 위 공법인과 그 임직원 간의 내부 법률관계나 법률에 근거 없이 공법인이 내규 등에 정한 바에 따라 자체적으로 행한 행위는 항고소송의 대상이 아니라 민사소송 사항에 속합니다. 판례상, 서울특별시지하철공사의 임직원에 대한 징계처분, 한국조폐공사의 직원에 대한 징계처분(대판 1978.4.25, 78다414), 주한미군한국인직원 및 의료보험조합공단직원의 징계처분(대판 1987.12.8, 87누884), 한국마사회의 조교사 및 기수 면허부여 또는 취소행위 등은 민사소송 사항입니다.

* **대판 1989.9.12, 89누2103** : "서울특별시지하철공사의 임원과 직원의 근무관계의 성질은 지방공기업법의 모든 규정을 살펴보아도 공법상의 특별권력관계라고는 볼 수 없고 사법관계에 속할 뿐만 아니라, 위 지하철공사의 사장이 그 이사회의 결의를 거쳐 제정된 인사규정에 의거하여 소속직원에

대한 징계처분을 한 경우 위 사장은 행정소송법 제13조 제1항 본문과 제2조 제2항 소정의 행정청에 해당되지 않으므로 공권력발동주체로서 위 징계처분을 행한 것으로 볼 수 없고, 따라서 이에 대한 불복절차는 민사소송에 의할 것이지 행정소송에 의할 수는 없다."

* **대판 2008.1.31, 2005두8269** : "한국마사회가 조교사 또는 기수의 면허를 부여하거나 취소하는 것은 경마를 독점적으로 개최할 수 있는 지위에서 우수한 능력을 갖추었다고 인정되는 사람에게 경마에서의 일정한 기능과 역할을 수행할 수 있는 자격을 부여하거나 이를 박탈하는 것에 지나지 아니하므로, 이는 국가 기타 행정기관으로부터 위탁받은 행정권한의 행사가 아니라 일반 사법상의 법률관계에서 이루어지는 단체 내부에서의 징계 내지 제재처분이다."

한국전력공사가 계약을 위반한 사업자 등에게 일정 기간 당해 공사가 실시하는 입찰에 참가할 수 없도록 제한하는 부정당업자제재처분에 대하여 판례는 과거 그러한 조치는 법적 근거가 없어 처분이 아닌 사법상 효력의 통지행위에 불과하다고 판시하였습니다. 다만, 그 판례가 행정규칙에 기한 처분의 처분성을 일반적으로 부인한 것은 아니어서, 99부3 판결에서 처분성이 부인된 것은 당해 사건에서 한국전력공사에 대한 행정청으로서의 지위를 부인했기 때문입니다. 통상의 행정청이 행하는 행정규칙에 기한 처분은 처분성이 인정됨에 유의합시다. 그러나 현재의 판례는 공공기관의 운영에 관한 법률 제39조 제2항, 제3항 등에 근거한 공기업·준정부기관이 행하는 입찰참가자격 제한처분을 처분으로 간주합니다.

* **대결 1999.11.26, 99부3** : "한국전력공사는 한국전력공사법의 규정에 의하여 설립된 정부투자법인일 뿐이고 위 공사를 중앙행정기관으로 규정한 법률을 찾아볼 수 없으며, 예산회계법 제11조의 규정에 의하여 정부투자기관의 예산과 회계에 관한 사항을 규정한 구 정부투자기관관리기본법(1997. 8. 28. 법률 제5376호로 개정되기 전의 것)에 구 국가를당사자로하는계약에관한법률(1997. 12. 13. 법률 제5453호로 개정되기 전의 것) 제27조 또는 같은법시행령(1997. 12. 31. 대통령령 제15581호로 개정되기 전의 것) 제76조를 준용한다는 규정도 없으므로 위 공사는 위 법령 소정의 '각 중앙관서의 장'에 해당되지 아니함이 명백하고, 위 공사가 입찰참가자격을 제한하는 내용의 부정당업자제재처분의 근거로 삼은 정부투자기관회계규정 제245조가 정부투자기관의 회계처리의 기준과 절차에 관한 사항을 재무부장관이 정하도록 규정한 구 정부투자기관관리기본법 제20조에 의하여 제정된 것임은 분명하나 그 점만으로 위 규정이 구 정부투자기관관리기본법 제20조와 결합하여 대외적인 구속력이 있는 법규명령으로서의 효력을 가진다고 할 수도 없다 할 것이므로, 따라서 위 공사가 행정소송법 소정의 행정청 또는 그 소속기관이거나 이로부터 위 제재처분의 권한을 위임받았다고 볼 만한

아무런 법적 근거가 없다고 할 것이므로 위 공사가 정부투자기관회계규정에 의하여 행한 입찰참가자격을 제한하는 내용의 부정당업자제재처분은 행정소송의 대상이 되는 행정처분이 아니라 단지 상대방을 위 공사가 시행하는 입찰에 참가시키지 않겠다는 뜻의 사법상의 효력을 가지는 통지행위에 불과하다."

* **대판 2014.11.27, 2013두18964**[1] : "공공기관의 운영에 관한 법률 제39조 제2항, 제3항에 따라 입찰참가자격 제한기준을 정하고 있는 구 공기업·준정부기관 계약사무규칙(2013. 11. 18. 기획재정부령 제375호로 개정되기 전의 것) 제15조 제2항, 국가를 당사자로 하는 계약에 관한 법률 시행규칙 제76조 제1항 [별표 2], 제3항 등은 비록 부령의 형식으로 되어 있으나 규정의 성질과 내용이 공기업·준정부기관(이하 '행정청'이라 한다)이 행하는 입찰참가자격 제한처분에 관한 행정청 내부의 재량준칙을 정한 것에 지나지 아니하여 대외적으로 국민이나 법원을 기속하는 효력이 없으므로, 입찰참가자격 제한처분이 적법한지 여부는 이러한 규칙에서 정한 기준에 적합한지 여부만에 따라 판단할 것이 아니라 공공기관의 운영에 관한 법률상 입찰참가자격 제한처분에 관한 규정과 그 취지에 적합한지 여부에 따라 판단하여야 한다. 다만 그 재량준칙이 정한 바에 따라 되풀이 시행되어 행정관행이 이루어지게 되면 평등의 원칙이나 신뢰보호의 원칙에 따라 행정청은 상대방에 대한 관계에서 그 규칙에 따라야 할 자기구속을 받게 되므로, 이러한 경우에는 특별한 사정이 없는 한 그에 반하는 처분은 평등의 원칙이나 신뢰보호의 원칙에 어긋나 재량권을 일탈·남용한 위법한 처분이 된다."

그러나 공공기관의 내부규정으로 대외적 구속력이 없는 공사낙찰적격심사세부기준에 의한 낙찰적격심사 감점처분은 사법상의 효력을 가지는 통지행위에 불과하므로, 서울특별시안전공제회에 학생의 사망에 따른 급여의 지급청구에 대하여 사망과 교육활동 사이에 인과관계가 없다는 이유로 심사청구를 기각하는 결정 역시 위 공제회가 행정청이나 법령에 의하여 행정권한을 위임받은 공공단체가 아니라는 등의 이유로 각각 행정처분에 해당하지 않습니다. 권한 없는 행정기관이나 내부위임기관이 자신의 명의로 처분을 행한 경우에도 현명주의(顯名主義)의 원칙상 처분에 해당하며, 다만 당해 처분의 위법(무효) 여부는 별개의 판단 대상입니다.

1) 공기업·준정부기관이 행하는 입찰참가자격 제한처분의 위법 여부의 판단 법리를 판시하였지만, 이는 입찰참가자격제한조치의 처분성을 인정하는 전제에서 출발하였음에 유의해야 합니다.

* **대판 2014.12.24, 2010두6700** : "행정소송의 대상이 되는 행정처분은, 행정청 또는 그 소속기관이나 법령에 의하여 행정권한의 위임 또는 위탁을 받은 공공기관이 국민의 권리의무에 관계되는 사항에 관하여 공권력을 발동하여 행하는 공법상의 행위를 말하며, 그것이 상대방의 권리를 제한하는 행위라 하더라도 행정청 또는 그 소속기관이나 권한을 위임받은 공공기관의 행위가 아닌 한 이를 행정처분이라고 할 수 없다(대법원 1999. 2. 9. 선고 98두14822 판결, 대법원 2010. 11. 26.자 2010무137 결정 등 참조). 원심판결 이유와 기록에 의하면, 피고가 2008. 12. 31. 원고에 대하여 한 공사낙찰적격심사 감점처분(이하 '이 사건 감점조치'라 한다)의 근거로 내세운 규정은 피고의 공사낙찰적격심사세부기준(이하 '이 사건 세부기준'이라 한다) 제4조 제2항인 사실, 이 사건 세부기준은 공공기관의 운영에 관한 법률 제39조 제1항, 제3항, 구 공기업·준정부기관 계약사무규칙(2009. 3. 5. 기획재정부령 제59호로 개정되기 전의 것, 이하 같다) 제12조에 근거하고 있으나, 이러한 규정은 공공기관이 사인과 사이의 계약관계를 공정하고 합리적·효율적으로 처리할 수 있도록 관계 공무원이 지켜야 할 계약사무처리에 관한 필요한 사항을 규정한 것으로서 공공기관의 내부규정에 불과하여 대외적 구속력이 없는 것임을 알 수 있다. 이러한 사실을 위 법리에 비추어 보면, 피고가 원고에 대하여 한 이 사건 감점조치는 행정청이나 그 소속 기관 또는 그 위임을 받은 공공단체의 공법상의 행위가 아니라 장차 그 대상자인 원고가 피고가 시행하는 입찰에 참가하는 경우에 그 낙찰적격자 심사 등 계약 사무를 처리함에 있어 피고 내부규정인 이 사건 세부기준에 의하여 종합취득점수의 10/100을 감점하게 된다는 뜻의 사법상의 효력을 가지는 통지행위에 불과하다 할 것이고, 또한 피고의 이와 같은 통지행위가 있다고 하여 원고에게 공공기관의 운영에 관한 법률 제39조 제2항, 제3항, 구 공기업·준정부기관 계약사무규칙 제15조에 의한 국가, 지방자치단체 또는 다른 공공기관에서 시행하는 모든 입찰에의 참가자격을 제한하는 효력이 발생한다고 볼 수도 없으므로, 피고의 이 사건 감점조치는 행정소송의 대상이 되는 행정처분이라고 할 수 없다."

* **대판 2012.12.13, 2010두20874** : "원심은 2007. 1. 26. 「학교안전사고 예방 및 보상에 관한 법률」(이하 '법'이라 한다)이 제정되기 이전에도 각 시·도교육청별로 민법에 따른 사단법인 형태로 별도의 법인을 설립하여 독립된 사업자로서 학교안전사고보상공제업무를 수행하여 왔는데 법에서도 기존의 체제가 그대로 유지되고 있는 점, 법 제정 이전에 운영되던 사단법인 학교안전공제회의 권리·의무가 법에 따라 설립된 학교안전공제회에 포괄적으로 승계되고 사단법인 학교안전공제회의 직원은 법에 따라 설립된 학교안전공제회의 직원으로 간주되는 점, 국가 또는 지방자치단체의 보조금도 공제회의 재원이 될 수 있으나 그 지원은 임의적인 것으로 규정되어 있는 점, 당연 가입자로 규정되어 있는 학교의 학교장이 공제료를 미납하더라도 이를 강제징수할 수 있는 규정이 마련되어 있지 아니한 점 등 여러 가지 사정들을 종합하여 보면, 피고는 행정청 또는 그 소속기관이나 법령에 의하여 행정권한을 위임받은 공공단체가 아닐 뿐만 아니라, 원고의 학교안전공제보상심사청구를 기각한 이 사건 결정을 원고의 권리·의무에 관계되는 사항에 관하여 직접 효력을 미치는 공권력의 발동으로서 하는 공법상의 행위로 볼 수도 없으므로, 피고가 행한 이 사건 결정은 항고소송의 대상인 행정처분이 아니라고 판단하였다. 앞서 본 법리에 비추어 살펴보면 원심의 위와 같은 판단은 정당하고, 거기에 상고이유의 주장과 같이 행정처분에 관한 법리를 오해한 위법이 없다."

(2) 공권력적 행위

처분은 행정청이 법에 의하여 고권적 지위에서 한 공법상 행위이어야 합니다. 따라서 계약직 공무원에 대한 채용계약 해지통보 등 공법상의 계약은 당사자소송의 대상입니다.

> ＊ **대판 1996.5.31, 95누10617** : "전문직공무원인 공중보건의사의 채용계약의 해지가 관할 도지사의 일방적인 의사표시에 의하여 그 신분을 박탈하는 불이익처분이라고 하여 곧바로 그 의사표시가 관할 도지사가 행정청으로서 공권력을 행사하여 행하는 행정처분이라고 단정할 수는 없고, 공무원 및 공중보건의사에 관한 현행 실정법이 공중보건의사의 근무관계에 관하여 구체적으로 어떻게 규정하고 있는가에 따라 그 의사표시가 항고소송의 대상이 되는 처분 등에 해당하는 것인지의 여부를 개별적으로 판단하여야 할 것인바, 농어촌등보건의료를위한특별조치법 제2조, 제3조, 제5조, 제9조, 제26조와 같은법시행령 제3조, 제17조, 전문직공무원규정 제5조 제1항, 제7조 및 국가공무원법 제2조 제3항 제3호, 제4항 등 관계 법령의 규정내용에 미루어 보면 현행 실정법이 전문직공무원인 공중보건의사의 채용계약 해지의 의사표시는 일반공무원에 대한 징계처분과는 달라서 항고소송의 대상이 되는 처분 등의 성격을 가진 것으로 인정되지 아니하고, 일정한 사유가 있을 때에 관할 도지사가 채용계약 관계의 한쪽 당사자로서 대등한 지위에서 행하는 의사표시로 취급하고 있는 것으로 이해되므로, 공중보건의사 채용계약 해지의 의사표시에 대하여는 대등한 당사자간의 소송형식인 공법상의 당사자소송으로 그 의사표시의 무효확인을 청구할 수 있는 것이지, 이를 항고소송의 대상이 되는 행정처분이라는 전제하에서 그 취소를 구하는 항고소송을 제기할 수는 없다."

행정주체의 일정 행위의 공권력적 행위 여부는 일률적으로 단정하기 어렵고 그 행위의 근거 법령, 목적, 방법, 내용, 분쟁해결에 관한 특별규정의 존부 등 종합적으로 검토·결정하여야 하는데, 예컨대 행정청이 일방적인 의사표시로 자신과 상대방 사이의 법률관계를 종료시킨 경우라도 곧바로 의사표시가 공권력의 행사라 단정할 수 없습니다. 대법원은 중소기업기술정보진흥원장이 甲 주식회사와 중소기업 정보화지원사업 지원대상인 사업의 지원에 관한 협약을 체결하였는데, 협약이 甲 회사에 책임이 있는 사업실패로 해지되었다는 이유로 협약에서 정한 대로 지급받은 정부지원금을 반환할 것을 통보한 사안에서, 협약의 해지 및 그에 따른 환수통보를 공법상 계약으로 판시하여 당사자소송의 대상임을 밝혔습니다.

* **대판 2015.8.27, 2015두41449** : "행정청이 자신과 상대방 사이의 법률관계를 일방적인 의사표시로 종료시켰다고 하더라도 곧바로 그 의사표시가 행정청으로서 공권력을 행사하여 행하는 행정처분이라고 단정할 수는 없고, 관계 법령이 상대방의 법률관계에 관하여 구체적으로 어떻게 규정하고 있는지에 따라 그 의사표시가 항고소송의 대상이 되는 행정처분에 해당하는 것인지 아니면 공법상 계약관계의 일방 당사자로서 대등한 지위에서 행하는 의사표시인지 여부를 개별적으로 판단하여야 한다(대법원 1996. 5. 31. 선고 95누10617 판결, 대법원 2014. 4. 24. 선고 2013두6244 판결 등 참조). 중소기업 기술혁신 촉진법 제9조 제1항은 중소기업청장이 중소기업의 기술혁신을 촉진하기 위하여 추진할 수 있는 사업으로, 기술혁신에 필요한 자금지원(제1호), 중소기업정보화 지원사업(제8호), 산·학·연 공동기술개발사업 등 산학협력 지원사업(제9호) 등을 정하고 있다. 법 제10조 제1항은 기술혁신사업(제9조 제1항 제1호)에 관하여, 제11조 제1항은 산학협력 지원사업(제9조 제1항 제9호)에 관하여 각 중소기업청장이 출연할 수 있도록 정하고, 제32조 제1항은 '중소기업청장은 제10조 제1항에 따른 기술혁신사업 및 제11조 제1항에 따른 산학협력 지원사업에 참여한 중소기업자·학교·기관·단체 또는 그 소속 임직원이 제31조 제1항 각 호의 어느 하나에 해당하는 경우에는 이미 출연한 사업비의 전부 또는 일부를 환수할 수 있다.'고 정하고 있다. 한편 법 제18조는 기술혁신사업 및 산학협력 지원사업과 별도로 중소기업 정보화지원사업(제9조 제1항 제8호)에 관하여, 중소기업청장은 중소기업의 정보화에 필요한 중소기업 정보화의 기반조성과 정보기술의 보급·확산에 관한 지원사업을 추진할 수 있고(제1항), 중소기업청장은 제1항의 규정에 의한 사업을 효율적으로 추진하기 위하여 필요하다고 인정할 때에는 대학·연구기관·공공기관·민간단체 및 중소기업 등에 소요되는 비용을 출연할 수 있으며(제2항), 제1항의 규정에 의한 중소기업 정보화의 기반조성과 정보기술의 보급·확산 지원사업에 관하여 필요한 사항은 대통령령으로 정하도록(제3항) 규정하고 있는 반면, 중소기업 정보화지원사업에 대한 지원금 지급요건 또는 환수 등에 관하여는 아무런 규정을 두고 있지 않다. 앞서 살핀 법리와 위 각 관련 법령의 문언·취지 등에 더하여, ① 중소기업 정보화지원사업에 따른 지원금 출연을 위하여 중소기업청장이 체결하는 협약은 공법상 대등한 당사자 사이의 의사표시의 합치로 성립하는 공법상 계약에 해당한다고 봄이 타당한 점, ② 법 제32조 제1항은 법 제10조가 정한 기술혁신사업과 제11조가 정한 산학협력 지원사업에 관하여 출연한 사업비의 환수에 적용될 수 있을 뿐, 이와 근거 규정을 달리하는 <u>중소기업 정보화지원사업에 관하여 출연한 지원금에 대하여는 적용될 수 없고 달리 그 지원금 환수에 관한 구체적인 법령상 근거가 없는 점, ③ 중소기업 정보화지원사업을 위한 협약에서 해지에 관한 사항을 정하고 있고 이에 따라 협약 해지를 통보한 경우, 그 효과는 전적으로 협약이 정한 바에 따라 정해질 뿐, 달리 협약 해지의 효과 또는 이에 수반되는 행정상 제재 등에 관하여 관련 법령에 아무런 규정을 두고 있지 아니한 점</u> 등을 종합하면, 이 사건 협약의 해지 및 그에 따른 이 사건 환수통보는 공법상 계약에 따라 행정청이 대등한 당사자의 지위에서 하는 의사표시로 봄이 타당하고, 이를 행정청이 우월한 지위에서 행하는 공권력의 행사로서 행정처분에 해당한다고 볼 수는 없다."

국·공유 잡종재산의 대부·매각·교환·양여, 정부 수요품의 매입, 공사도급계약 등은 국유재산법, 국가를 당사자로 하는 계약에 관한 법률 등의 제한을 받더라도 행정주체가 사인과 동등한 지위에서 행하는 사경제작용이고, 이러한 사법상의 계약에 터 잡은 임대 국·공유 잡종재산에 대한 사용료 납입고지도 사법상의 이행청구에 해당하므로 처분이 아닙니다. 반면에 잡종재산을 포함하여 국·공유재산의 무단점유자에 대한 변상금부과처분(국유재산법 제72조, 공유재산및물품관리법 제81조), 국·공유 행정재산에 대한 사용허가나 그에 따른 사용료부과처분(예컨대, 도로점용허가와 그에 따른 도로점용료부과처분)은 처분에 해당합니다. 이때 국·공유재산이 원래 사인으로부터 기부채납 받은 경우에도 처분성에 영향을 미치지 않지만(대판 2001.6.15, 99두509), 행정재산의 관리청으로부터 국유재산 관리사무의 위임을 받거나 국유재산관리의 위탁을 받지 않은 이상 무상사용허가를 받은 행정재산을 전대하는 행위는 사법행위입니다.

* **대판 2000.2.11, 99다61675** : "국유재산법 제31조, 제32조 제3항, 산림법 제75조 제1항의 규정 등에 의하여 국유잡종재산에 관한 관리 처분의 권한을 위임받은 기관이 국유잡종재산을 대부하는 행위는 국가가 사경제 주체로서 상대방과 대등한 위치에서 행하는 사법상의 계약이고, 행정청이 공권력의 주체로서 상대방의 의사 여하에 불구하고 일방적으로 행하는 행정처분이라고 볼 수 없으며, 국유잡종재산에 관한 대부료의 납부고지 역시 사법상의 이행청구에 해당하고, 이를 행정처분이라고 할 수 없다."
* **대판 1988.2.23, 87누1046** : "국유재산법 제51조 제1항은 국유재산의 무단점유자에 대하여는 대부 또는 사용, 수익허가 등을 받은 경우에 납부하여야 할 대부료 또는 사용료 상당액 외에도 그 징벌적 의미에서 국가측이 일방적으로 그 2할 상당액을 추가하여 변상금을 징수토록 하고 있으며 동조 제2항은 변상금의 체납시 국세징수법에 의하여 강제징수토록 하고 있는 점 등에 비추어 보면 국유재산의 관리청이 그 무단점유자에 대하여 하는 변상금부과처분은 순전히 사경제 주체로서 행하는 사법상의 법률행위라 할 수 없고 이는 관리청이 공권력을 가진 우월적 지위에서 행한 것으로서 행정소송의 대상이 되는 행정처분이라고 보아야 한다."
* **대판 2003.10.24, 2001다82514,82521(전합)** : "한국공항공단이 정부로부터 무상사용허가를 받은 행정재산을 구 한국공항공단법(2002. 1. 4. 법률 제6607호로 폐지) 제17조에서 정한 바에 따라 전대하는 경우에 미리 그 계획을 작성하여 건설교통부장관에게 제출하고 승인을 얻어야 하는 등 일부 공법적 규율을 받고 있다고 하더라도, 한국공항공단이 그 행정재산의 관리청으로부터 국유재산관리사무의 위임을 받거나 국유재산관리의 위탁을 받지 않은 이상, 한국공항공단이 무상사용허가를 받은 행정재산에 대하여 하는 전대행위는 통상의 사인간의 임대차와 다를 바가 없고, 그 임대차계약이 임차인의 사용승인신청과 임대인의 사용승인의 형식으로 이루어졌다고 하여 달리 볼 것은 아니다."

한편, 변상금부과처분과 민사상 부당이득반환청구권은 성질을 달리하므로 국가는 무단점유자를 상대로 변상금 부과·징수권의 행사와 별도로 국유재산의 소유자로서 민사상 부당이득반환청구의 소를 제기할 수 있습니다.

* **대판 2014.7.16, 2011다76402(전합)** : "국유재산의 무단점유자에 대한 변상금 부과는 공권력을 가진 우월적 지위에서 행하는 행정처분이고, 그 부과처분에 의한 변상금 징수권은 공법상의 권리인 반면, 민사상 부당이득반환청구권은 국유재산의 소유자로서 가지는 사법상의 채권이다. 또한 변상금은 부당이득 산정의 기초가 되는 대부료나 사용료의 120%에 상당하는 금액으로서 부당이득금과 액수가 다르고, 이와 같이 할증된 금액의 변상금을 부과·징수하는 목적은 국유재산의 사용·수익으로 인한 이익의 환수를 넘어 국유재산의 효율적인 보존·관리라는 공익을 실현하는 데 있다. 그리고 대부 또는 사용·수익허가 없이 국유재산을 점유하거나 사용·수익하였지만 변상금 부과처분은 할 수 없는 때에도 민사상 부당이득반환청구권은 성립하는 경우가 있으므로, 변상금 부과·징수의 요건과 민사상 부당이득반환청구권의 성립 요건이 일치하는 것도 아니다. 이처럼 구 국유재산법(2009. 1. 30. 법률 제9401호로 전부 개정되기 전의 것, 이하 같다) 제51조 제1항, 제4항, 제5항에 의한 변상금 부과·징수권은 민사상 부당이득반환청구권과 법적 성질을 달리하므로, 국가는 무단점유자를 상대로 변상금 부과·징수권의 행사와 별도로 국유재산의 소유자로서 민사상 부당이득반환청구의 소를 제기할 수 있다."

중부지방고용노동청장 A는 민원인의 이용 편의 증진을 위해 청사 지하 1층에 편의점을 위탁운영하기로 결정하고, '청사 내 편의시설(편의점) 운영자 선정 입찰공고'를 하였다. 입찰 결과 甲이 낙찰됨에 따라 A는 甲과 계약기간 2년, 연 사용료 5천만 원 등을 내용으로 하는 '청사 편의점 운영권 위탁계약(이하 '위탁운영계약')'을 체결하여 편의점 운영자 선정 절차가 완료되었다. 그 후 甲은 편의점을 1년 이상 운영하던 중 납부기한 내에 사용료를 납부하지 않았고, 이에 A는 위탁운영계약을 해지하였다. 그런데 甲은 위탁운영계약 해지에 무효사유인 하자가 있음을 이유로 이를 소송상 다투고자 한다. 甲이 제기해야 하는 소송에 대해 설명하시오. (단, 위탁운영계약 체결 관련 사항은 고용노동부장관으로부터 A에게 적법하게 위임되었음을 전제로 함)

[참조조문]

* 국유재산법

제2조(정의) 이 법에서 사용하는 용어의 뜻은 다음과 같다.

7. "사용허가"란 행정재산을 국가 외의 자가 일정 기간 유상이나 무상으로 사용·수익할 수 있도록 허용하는 것을 말한다.

제30조(사용허가) ① 중앙관서의 장은 다음 각 호의 범위에서만 행정재산의 사용허가를 할 수 있다.

1. 공용·공공용·기업용 재산: 그 용도나 목적에 장애가 되지 아니하는 범위
제31조(사용허가의 방법) ① 행정재산을 사용허가하려는 경우에는 그 뜻을 공고하여 일반경쟁에 부쳐야 한다. 다만, 사용허가의 목적·성질·규모 등을 고려하여 필요하다고 인정되면 대통령령으로 정하는 바에 따라 참가자의 자격을 제한하거나 참가자를 지명하여 경쟁에 부치거나 수의의 방법으로 할 수 있다.
제32조(사용료) ① 행정재산을 사용허가한 때에는 대통령령으로 정하는 요율과 산출방법에 따라 매년 사용료를 징수한다.
제36조(사용허가의 취소와 철회) ① 중앙관서의 장은 행정재산의 사용허가를 받은 자가 다음 각 호의 어느 하나에 해당하면 그 허가를 취소하거나 철회할 수 있다.
4. 납부기한까지 사용료를 납부하지 아니한 경우
② 중앙관서의 장은 사용허가한 행정재산을 국가나 지방자치단체가 직접 공용이나 공공용으로 사용하기 위하여 필요하게 된 경우에는 그 허가를 철회할 수 있다.
제72조(변상금의 징수) ① 중앙관서의 장등은 무단점유자에 대하여 대통령령으로 정하는 바에 따라 그 재산에 대한 사용료나 대부료의 100분의 120에 상당하는 변상금을 징수한다.

위 사례의 해결을 위해서는 위탁운영계약의 법적 성질(처분 혹은 사법상 계약)과 무효사유가 있는 위탁운영계약 해지를 소송상 다투는 방법(무효확인소송 혹은 민사소송)을 규명하여야 합니다. 그에 앞서 먼저 행정재산의 목적외 사용의 일반론을 살펴보면, 이는 행정재산을 본래의 용도나 목적에 장애가 되지 않는 범위 내에서 민간이 사용·수익할 수 있도록 허용하는 것을 말하는데, 실무상으로는 국유재산법 제30조 제1항 및 공유재산 및 물품 관리법 제20조 제1항상의 '사용허가'라는 개념으로 다루어집니다. 행정재산의 목적외 사용허가(이하 '사용허가')의 법적 성질에 대해 학설상 사법관계설(사법상 계약설)과 공법관계설(행정처분설)이 논의되는데, 판례는 "국유재산 등의 관리청이 하는 행정재산의 사용·수익에 대한 허가는 순전히 사경제주체로서 행하는 사법상의 행위가 아니라 관리청이 공권력을 가진 우월적 지위에서 행하는 행정처분으로서 특정인에게 행정재산을 사용할 수 있는 권리를 설정하여 주는 강학상 특허에 해당한다(대판 2006.3.9, 2004다31074)"라고 하여 행정처분설의 입장입니다. 행정청은 사용허가를 한 경우 사용료를 일방적으로 부과·징수할 수 있으며(국유재산법 제32조 제1항), 사용허가를 받은 자에게 귀책사유가 없더라도 일방적으로 허가를 취소·철회할 수 있는 등 사경제 주체 간의 계약에서는 볼 수 없는 우월적 지위를 가집니다(동법 제36조 제1항). 또한, 행정재산의 사용허가는 단순히 사인 간의 임대차계약처럼 개인의 사적 이익을 목적으로 하는 것이 아니라, 행정재산의 목적 또는 용도에 장애가 되지 아니하는 범위 내에서만 가능한 점(동법 제30조 제1항 제1호)

에서 행정재산의 관리라는 공익적 목적과 연관되어 있습니다. 나아가 사용허가한 행정재산을 국가나 지방자치단체가 직접 공용 또는 공공용으로 사용하기 위하여 필요로 하게 된 경우에는 해당 허가를 일방적으로 취소할 수 있다는 점(동법 제36조 제2항) 등이 그 주요한 논거가 됩니다.

다음 논의 대상은 위탁운영계약 및 위탁운영계약 해지의 법적 성질입니다. 국유재산법 제31조 제1항에 의할 때 사용허가는 경쟁입찰에 의하여야 합니다. 그러나 이는 행정재산 사용허가라는 공법적 행위를 함에 있어서 그 상대방을 결정하는 절차를 경쟁입찰이라는 사경제적 형식을 빌린 것에 불과한 것이어서, 위탁계약 절차를 거쳤다고 하여 사용허가 자체의 법적 성질이 사법상 계약으로 변하는 것은 아닙니다. 입찰 및 위탁운영계약은 사용허가의 상대방을 선정하는 준비절차 내지 수단에 불과하므로 위탁운영계약에 의한 사용허가는 공권력 작용으로서의 행정처분, 즉 행정재산의 목적외 사용허가입니다(강학상 특허, 재량행위). 즉, 행정재산에 대한 위탁운영계약은 계약의 형식을 빌린 행정처분입니다. 같은 맥락에서 위탁운영계약 해지의 법적 성질 또한 행정처분(사용허가)의 직권취소나 철회라고 보아야 합니다(국유재산법 제36조). 따라서 위탁운영계약 해지를 소송으로 다투는 경우 항고소송으로서의 무효확인소송에 의하여야 합니다.

이제 위 사례의 답을 구해보면, 중부지방고용노동청 지하 1층 공간은 행정재산이며, 그 위탁관리 운영은 입찰공고 및 위탁운영계약의 형식에 의하더라도 국유재산법상 행정재산의 사용허가에 해당합니다. 사안의 위탁운영계약은 특정인에게 행정재산(공용물)을 사용할 수 있는 권리를 설정해 주는 행정재산의 목적외 사용허가로서 강학상 특허에 해당하며 재량행위의 성질을 띱니다. 위탁계약 해지에 무효사유의 하자가 있어 甲이 이를 소송상 다툴 경우 민사소송이나 당사자소송이 아니라, 항고소송으로서 위탁운영계약 해지처분 무효확인소송을 제기해야 합니다.

위 사례와 유사한 경우로는 정부의 〈모집공고 → 서류전형 및 면접시험 → 인사혁신처장의 추천 → 장관의 채용후보자 선정 → 채용계약 체결 → 해당 직위에 대한 임용처분〉으로 이어지는 개방형 직위의 임용구조를 들 수 있습니다. 개방형 직위의 임용과 관련한 법령상 절차를 살피건대, 임용을 위한 공개모집 공고와 서류전형 및 면접시험 절차 등은 외견상 공법상 계약에 이르는 과정의 일환으로 보이더라도, 이는 행정처분에 해당하는 공무원의 임용행위를 위한 방법 내지 절차의 성질을 가지는 것에 불과하고 그 종국적 법률효과의 발생은 임명권자의 임용처분에 의합니다. 즉, 개방형 직위에의 임용행위는 '공모와 계약의 방법에 의한 공무원의 임용처분'인 것이지, 해당 공무원의 임용행위 자체에 공법상 계약의 성질을 부여할 수는 없습니다. 설령 민간인을 임용하는 경우이더라도 개방형 공무원 직위의 특성을 고려하건대 해당 직위에 임용된 자는 공무원의 복무 관련 의무 규정을 포함하여 국가공무원법의 전면적인 적용 대상이 됩니다. 공무원 신분 설정의 특성상 개방형 직위 공무원이라 할지라도 일단 임용되면 국가공무원의 신분을 취득하고, 일반 공무원과 동일하게 국가공무원법상의 복무, 징계, 신분보장 등 공법적인 규율하에 놓입니다. 이러한 근무관계는 대등한 당사자 간의 의사표시의 합치인 채용계약에 따라 설정되는 아니라 국가공무원법 등 관계 규정이 정하는 바에 의하여 일방적으로 정해지는 것으로 보아야 합니다. 나아가 임용절차상의 계약적 요소를 전혀 부인할 수 없다고 하더라도 채용 과정에서 중앙행정기관의 장은 인사혁신처장의 제청을 받은 후보자에 대하여 최종적으로 공익적 판단과 조직 관리의 재량을 바탕으로 채용 여부를 결정하게 됩니다. 이는 곧 개방형 직위의 공모절차와 채용계약을 거친 해당 공무원의 임용은 임용권자가 우월적 지위에서 공권력을 행사하는 행위인 행정처분임을 방증하는 것입니다.[1])

요컨대, 행정재산의 사용허가나 개방형 직위의 임용은 그 절차에 있어 입찰(공모)이나 계약이라는 형식을 취하더라도, 실질적으로는 공권력 행사의 주체인 행정청이 우월적 지위에서 행하는 행정처분이므로 그 효력을 다투는 불복 절차는 모두 항고소송에 의하여야 하며, 이를 민사소송이나 당사자소송으로 다투는 것은 소송의 형태를 잘못 선택한 것으로서 부적법함을 유의해야 합니다.

* **대판 2006.3.9, 2004다31074** : "원고는 피고 산하의 국립의료원 부설주차장에 관한 이 사건 위탁관리용역운영계약에 대하여 관리청이 순전히 사경제주체로서 행한 사법상 계약임을 전제로, 가산금에 관한 별도의 약정이 없는 이상 원고에게 가산금을 지급할 의무가 없다고 주장하여 그 부존재의 확인을 구한다는 것이다. 그러나 기록에 의하면, 위 운영계약의 실질은 행정재산인 위 부설주차장에 대한 국유재산법 제24조 제1항에 의한 사용·수익 허가로서 이루어진 것임을 알 수 있으므로, 이는 위 국립의료원이 원고의 신청에 의하여 공권력을 가진 우월적 지위에서 행한 행정처분으로서 특정인에게 행정재산을 사용할 수 있는 권리를 설정하여 주는 강학상 특허에 해당한다 할 것이고 순전히 사경제주체로서 원고와 대등한 위치에서 행한 사법상의 계약으로 보기 어렵다고 할 것이다. 따라서 원고가 그 주장과 같이 이 사건 가산금 지급채무의 부존재를 주장하여 구제를 받으려면, 적절한 행정쟁송절차를 통하여 권리관계를 다투어야 할 것이지, 이 사건과 같이 피고에 대하여 민사소송으로 위 지급의무의 부존재확인을 구할 수는 없는 것이다. 그렇다면 원고의 이 사건 소는 쟁송방법을 잘못 선택한 것으로서 부적법한 것이라고 아니할 수 없다."

1) 개방형 직위의 임용행위에 대한 법적 성질을 정면으로 규명한 판례는 없지만, 중앙행정심판위원회의 재결례는 이를 처분으로 보았습니다(중앙행심위 재결 2025-14919 [감사관 임용후보자 부적격 결정 처분 취소] 등 참조).

(3) 구체적 집행행위

구체적 사실에 관한 법집행이 아닌, 일반·추상적 법령 또는 내규나 기본적 사업계획 등은 처분이 아니며 그에 기한 구체적 처분이 있어야 비로소 항고소송의 대상이 됩니다. 따라서 행정입법의 유효 여부, 피고 행정청에게 어떠한 사항에 관하여 일반적 추상적 권한이 있음을 가려 달라는 소송, 이를테면 행정입법부작위위법확인소송 등은 허용되지 않습니다. 그러나 법령, 조례, 고시가 구체적 집행행위의 개입 없이 그 자체로서 직접 국민에 대하여 구체적 효과를 발생하여 특정한 권리의무를 형성하는 경우에는 이른바 처분법규로서 항고소송의 대상이 됩니다.

* **대판 2007.4.12, 2005두15168** : "항고소송의 대상이 되는 행정처분은 행정청의 공법상의 행위로서 특정사항에 대하여 법률에 의하여 권리를 설정하고 의무를 명하며, 기타 법률상 효과를 발생케 하는 등 국민의 권리의무에 직접 관계가 있는 행위이어야 하고, 다른 집행행위의 매개 없이 그 자체로서 국민의 구체적인 권리의무나 법률관계에 직접적인 변동을 초래케 하는 것이 아닌 일반적, 추상적인 법령 등은 그 대상이 될 수 없다(대법원 1994. 9. 10. 선고 94두33 판결 등 참조). 원심이 같은 취지에서, 의료법 시행규칙(2003. 10. 1. 보건복지부령 제261호) 제31조가 의료기관의 명칭표시판에 진료과목을 함께 표시하는 경우 그 글자의 크기를 의료기관 명칭을 표시하는 글자 크기의 2분의 1 이내로 제한하고 있지만, 위 규정은 그 위반자에 대하여 과태료를 부과하는 등의 별도의 집행행위 매개 없이는 그 자체로서 국민의 구체적인 권리의무나 법률관계에 직접적인 변동을 초래하지 아니하므로 항고소송의 대상이 되는 행정처분이라고 할 수 없다고 하여, 주위적으로는 위 규정의 무효확인을 구하고, 예비적으로는 그 취소를 구하는 이 사건 소를 부적법하다고 판단한 것은 정당하고, 거기에 상고이유로 주장하는 바와 같은 행정처분에 관한 법리오해 등의 위법이 있다고 볼 수 없다."
* **대판 1994.9.10, 94두33** : "교육부장관이 내신성적 산정기준의 통일을 기하기 위해 대학입시기본계획의 내용에서 내신성적 산정기준에 관한 시행지침을 마련하여 시·도 교육감에서 통보한 것은 행정조직 내부에서 내신성적 평가에 관한 내부적 심사기준을 시달한 것에 불과하며, 각 고등학교에서 위 지침에 일률적으로 기속되어 내신성적을 산정할 수밖에 없고 또 대학에서도 이를 그대로 내신성적으로 인정하여 입학생을 선발할 수밖에 없는 관계로 장차 일부 수험생들이 위 지침으로 인해 어떤 불이익을 입을 개연성이 없지는 아니하나, 그러한 사정만으로서 위 지침에 의하여 곧바로 개별적이고 구체적인 권리의 침해를 받은 것으로는 도저히 인정할 수 없으므로, 그것만으로는 현실적으로 특정인의 구체적인 권리의무에 직접적으로 변동을 초래케 하는 것은 아니라 할 것이어서 내신성적 산정지침을 항고소송의 대상이 되는 행정처분으로 볼 수 없다."
* **대판 2022.12.1, 2019두48905** : "일본국 법률에 따라 설립된 갑 법인이 일본에서 공기압 전송

용 밸브를 생산하여 우리나라에 수출하고 있는데, 기획재정부장관이 갑 법인 등이 공급하는 일정 요건을 갖춘 일본산 공기압 전송용 밸브에 대하여 5년간 적용할 덤핑방지관세율을 규정하는 '일본산 공기압 전송용 밸브에 대한 덤핑방지관세의 부과에 관한 규칙'을 제정·공포하자, 갑 법인이 위 시행규칙이 관세법 제51조에서 정한 덤핑방지관세의 부과요건을 갖추지 못하여 위법하다고 주장하면서 취소를 구하는 소를 제기한 사안에서, 위 시행규칙은 덤핑방지관세를 부과할 물품(이하 '덤핑물품'이라고 한다)과 공급자를 지정하고 해당 물품에 적용할 관세율을 정한 조세법령으로, 위 시행규칙에서 덤핑물품과 관세율 등 과세요건을 규정하는 것만으로 납세의무자에게 덤핑방지관세를 납부할 의무가 성립하는 것은 아닌 점, 위 시행규칙은 수입된 덤핑물품에 관한 세관장의 덤핑방지관세 부과처분 등 별도의 집행행위가 있어야 비로소 상대방의 권리의무나 법률관계에 영향을 미치게 되는 점, 위 시행규칙에 근거한 관세 부과처분 등에 따라 덤핑방지관세를 납부하게 될 자는 덤핑물품을 수입하는 화주 등이지 덤핑물품을 수출하는 자가 아니고, 위 시행규칙은 덤핑물품의 수출 또는 수입행위를 규제하거나 외국 수출자와 국내 수입자 사이의 덤핑물품에 관한 법률관계를 규율하지 않으므로, 위 시행규칙이 효력 범위 밖에 있는 갑 법인의 구체적인 권리의무나 법률관계에 직접적인 변동을 초래한다고 보기 어려운 점을 종합하면, 위 시행규칙은 항고소송의 대상이 될 수 없고, 위 시행규칙의 취소를 구하는 소는 부적법하므로, 이와 달리 본 원심판단에 법리오해의 잘못이 있다고 한 사례."

* **대판 1996.9.20, 95누8003** : "조례가 집행행위의 개입 없이도 그 자체로서 직접 국민의 구체적인 권리의무나 법적 이익에 영향을 미치는 등의 법률상 효과를 발생하는 경우 그 조례는 항고소송의 대상이 되는 행정처분에 해당하고, 이러한 조례에 대한 무효확인소송을 제기함에 있어서 행정소송법 제38조 제1항, 제13조에 의하여 피고적격이 있는 처분 등을 행한 행정청은, 행정주체인 지방자치단체 또는 지방자치단체의 내부적 의결기관으로서 지방자치단체의 의사를 외부에 표시할 권한이 없는 지방의회가 아니라, 지방자치법(1994. 3. 16. 법률 제4741호로 개정되기 전의 것) 제19조 제2항, 제92조에 의하여 지방자치단체의 집행기관으로서 조례로서의 효력을 발생시키는 공포권이 있는 지방자치단체의 장이라고 할 것이다. 한편, 지방교육자치에관한법률(1995. 7. 26. 법률 제4951호로 개정되기 전의 것) 제14조 제5항, 제25조에 의하면 시·도의 교육·학예에 관한 사무의 집행기관은 시·도 교육감이고 시·도 교육감에게 지방교육에 관한 조례안의 공포권이 있다고 규정되어 있으므로, 교육에 관한 조례의 무효확인 소송을 제기함에 있어서는 그 집행기관인 시·도 교육감을 피고로 하여야 할 것이다."
* **대판 2006.9.22, 2005두2506** : "어떠한 고시가 일반적·추상적 성격을 가질 때에는 법규명령 또는 행정규칙에 해당할 것이지만, 다른 집행행위의 매개 없이 그 자체로서 직접 국민의 구체적인 권리의무나 법률관계를 규율하는 성격을 가질 때에는 행정처분에 해당한다고 할 것이다(대법원 2003. 10. 9.자 2003무23 결정 참조). 원심은 그 채용 증거들을 종합하여 판시와 같은 사실을 인정한 다음, ① 약제급여·비급여목록 및 급여상한금액표(보건복지부 고시 제2002-46호로 개정된 것, 이하 '이 사건 고시'라 한다)는 특정 제약회사의 특정 약제에 대하여 국민건강보험가입자 또는 국민건강보험공단이 지급하여야 하거나 요양기관이 상환받을 수 있는 약제비용의 구체적 한도액을 특정하여 설

정하고 있는 점, ② 약제의 지급과 비용의 청구행위가 있기만 하면 달리 행정청의 특별한 집행행위의 개입 없이 이 사건 고시가 적용되는 점, ③ 특정 약제의 상한금액의 변동은 곧바로 국민건강보험가입자 또는 국민건강보험공단이 지급하여야 하거나 요양기관이 상환받을 수 있는 약제비용을 변동시킬 수 있다는 점 등에 비추어 보면, 이 사건 고시는 다른 집행행위의 매개 없이 그 자체로서 국민건강보험가입자, 국민건강보험공단, 요양기관 등의 법률관계를 직접 규율하는 성격을 가진다고 할 것이므로, 항고소송의 대상이 되는 행정처분에 해당한다는 취지로 판단하였는바, 관계 법령과 위 법리를 기록에 비추어 살펴보면, 원심의 위와 같은 판단은 정당한 것으로 수긍이 가고, 거기에 상고이유로 주장하는 채증법칙 위배 또는 고시의 처분성에 관한 법리오해의 위법이 없다."

한편, 판례는 도시·군관리계획, 관리처분계획 등 구속적 행정계획의 처분성을 인정하지만, 기타 도시·군기본계획, 농어촌도로기본계획 등 그 자체로 국민의 권리의무를 개별·구체적으로 규제하는 효과를 수반하지 않는 비구속적 행정계획의 처분성은 부인합니다. 구속적 행정계획의 처분성을 인정해야 하는 실질적 이유는 다음과 같습니다. 예컨대, 국토계획법 제38조에 의하여 도시·군관리계획 형태로 개발제한구역이 지정·고시된 경우 만약 동 구역지정을 다투지 못한다면 해당 지역 내 주민은 자신의 토지 위에 건축물을 짓기 위해 건축허가를 신청한 후 이를 거부한 행정청의 거부처분을 다투어야 하지만, 개발제한구역 내의 신규 건축허가는 발령할 수 없음이 원칙이므로 이때의 거부처분취소소송은 기각될 수밖에 없을 것입니다. 즉, 법령과는 달리 행정계획에 대한 규범통제는 현행 제도상 인정되기 어려우므로, 구속적 행정계획 자체를 다투지 않고서는 권리구제의 가능성이 봉쇄되기 때문입니다.

* **대판 1982.3.9, 80누105** : "원심판결 이유에 의하면 원심은, 원고들이 취소를 구하는 원판시 도로계획결정이 도시계획법 제12조에 의하여 한 도시계획결정임을 확정한 다음, 위 규정에 의한 건설부장관의 도시계획결정은 도시계획사업의 기본이 되는 일반적 추상적인 도시계획의 결정으로서 이와 같은 일반계획의 결정이 있었던 것만으로는 특정 개인에게 어떤 직접적이며 구체적인 권리의무 관계가 발생한다고는 볼 수 없다 할 것이므로 이 점에 있어서 피고의 이 사건 도시계획결정은 결국 항고소송의 대상이 되는 행정처분은 아니라고 봄이 상당하고, 원고의 이 소는 결국 행정소송의 대상 이 될 수 없는 사항을 그 대상으로 삼은 부적법한 소라 하여 이를 각하한다고 판시하고 있다. 그러나, 도시계획법 제12조 소정의 <u>도시계획결정이 고시되면 도시계획구역안의 토지나 건물 소유자의 토지형질변경, 건축물의 신축, 개축 또는 증축 등 권리행사가 일정한 제한을 받게 되는바 이런 점에서 볼 때 고시된 도</u>

시계획결정은 특정 개인의 권리 내지 법률상의 이익을 개별적이고 구체적으로 규제하는 효과를 가져오게 하는 행정청의 처분이라 할 것이고, 이는 행정소송의 대상이 되는 것이라 할 것이다."

* **대판 2000.9.5, 99두974** : "구 농어촌도로정비법(1997. 12. 13. 법률 제5454호로 개정되기 전의 것) 제6조에 의한 농어촌도로기본계획은 군수가 시도·군도 이상의 도로를 기간으로 관할구역 안의 도로에 대한 장기개발방향의 지침을 정하기 위하여 내무부장관의 승인을 받아 고시하는 계획으로서 그에 후속되는 농어촌도로정비계획의 근거가 되는 것일 뿐 그 자체로 국민의 권리의무를 개별적 구체적으로 규제하는 효과를 가지는 것은 아니므로 이는 항고소송의 대상이 되는 행정처분에 해당한다고 할 수 없다."
* **대판 1999.8.20, 97누6889** : "도시개발법(구 도시계획법 제27조) 소정의 환지계획은 환지예정지 지정이나 환지처분의 근거가 될 뿐 그 자체가 직접 토지소유자등의 법률상의 지위를 변동시키거나 또는 환지예정지 지정이나 환지처분과는 다르게 고유한 법률효과를 수반하는 것이 아니어서 항고소송의 대상이 되는 처분에 해당하지 않는다."

(4) 국민의 권리의무에 직접 영향이 있는 법적(법 집행) 행위

행정청의 행위의 효과가 국민의 권리의무에 영향을 미치는 것이라면 비록 처분의 근거·효과가 행정규칙에 규정되어 있더라도, 더 나아가 법적 근거 없는 처분일지라도 항고소송의 대상성이 인정됩니다. 처분성 여부는 근거 법규의 법규성 여하가 아니라 해당 규율 자체의 개별·구체성 여부에 따라 결정되는 것임에 특히 유의해야 합니다. 법적 근거 없이 발령된 개별·구체적 행정작용도 처분이며, 법적 근거 없이 발령된 점은 본안에서의 위법을 의미하는 것입니다.

* **대판 2002.7.26, 2001두3532** : "[1] 항고소송의 대상이 되는 행정처분이라 함은 원칙적으로 행정청의 공법상 행위로서 특정 사항에 대하여 법규에 의한 권리의 설정 또는 의무의 부담을 명하거나 기타 법률상 효과를 발생하게 하는 등으로 일반 국민의 권리 의무에 직접 영향을 미치는 행위를 가리키는 것이지만, 어떠한 처분의 근거나 법적인 효과가 행정규칙에 규정되어 있다고 하더라도, 그 처분이 행정규칙의 내부적 구속력에 의하여 상대방에게 권리의 설정 또는 의무의 부담을 명하거나 기타 법적인 효과를 발생하게 하는 등으로 그 상대방의 권리 의무에 직접 영향을 미치는 행위라면, 이 경우에도 항고소송의 대상이 되는 행정처분에 해당한다.
[2] 행정규칙에 의한 '불문경고조치'가 비록 법률상의 징계처분은 아니지만 위 처분을 받지 아니하였다면 차후 다른 징계처분이나 경고를 받게 될 경우 징계감경사유로 사용될 수 있었던 표창공적의 사

용가능성을 소멸시키는 효과와 1년 동안 인사기록카드에 등재됨으로써 그 동안은 장관표창이나 도지사표창 대상자에서 제외시키는 효과 등이 있다는 이유로 항고소송의 대상이 되는 행정처분에 해당한다고 한 사례."

* **대판 2005.2.17, 2003두14765** : "원심은, 금융기관검사및제재에관한규정(이하 '제재규정'이라 한다) 제22조는 금융기관의 임원이 문책경고를 받은 경우에는 금융업 관련 법 및 당해 금융기관의 감독 관련 규정에서 정한 바에 따라 일정기간 동안 임원선임의 자격제한을 받는다고 규정하고 있고, 은행법 제18조 제3항의 위임에 기한 구 은행업감독규정(2002. 9. 23. 금융감독위원회공고 제2002-58호로 개정되기 전의 것) 제17조 제2호 (다)목, 제18조 제1호는 제재규정에 따라 문책경고를 받은 자로서 문책경고일로부터 3년이 경과하지 아니한 자는 은행장, 상근감사위원, 상임이사, 외국은행지점 대표자가 될 수 없다고 규정하고 있어서, 문책경고는 그 상대방에 대한 직업선택의 자유를 직접 제한하는 효과를 발생하게 하는 등 상대방의 권리의무에 직접 영향을 미치는 행위로서 행정처분에 해당한다고 판단하였다. 관계 법령에 비추어 살펴보면, 원심의 위와 같은 판단은 정당한 것으로 수긍이 가고, 거기에 상고이유와 같은 소송요건에 관한 법리오해의 위법이 없다."

* **대판 2005.2.17, 2003두10312** : "원심은 나아가, 항고소송의 대상이 되는 행정처분은 행정청의 공법상 행위로서 특정사항에 대하여 법규에 의한 권리의 설정 또는 의무의 부담을 명하거나, 기타 법률상 효과를 발생하게 하는 등 국민의 권리 의무에 직접 관계가 있는 행위를 가리키는 것이고, 상대방 또는 기타 관계자들의 법률상 지위에 직접적인 법률적 변동을 일으키지 아니하는 행위는 항고소송의 대상이 되는 행정처분이 아니라는 전제하에, 이 사건 서면 통보행위는 어떠한 법적 근거에 기하여 발하여진 것이 아니고, 단지 종합금융회사의 업무와 재산상황에 대한 일반적인 검사권한을 가진 피고가 소외 주식회사에 대하여 검사를 실시한 결과, 원고가 소외 주식회사의 대표이사로 근무할 당시 행한 것으로 인정된 위법·부당행위 사례에 관한 단순한 사실의 통지에 불과한 것으로서, 다만 원고가 재직중인 임원이었다고 한다면 이는 금융기관검사및제재에관한규정 제18조 제1항 제3호 소정의 문책경고의 제재에 해당하는 사례라는 취지로 '문책경고장(상당)'이라는 제목을 붙인 것일 뿐 금융업 관련 법규에 근거한 문책경고의 제재처분 자체와는 다르고, 피고로부터 같은 내용을 통보받은 소외 주식회사이 금융기관검사및제재에관한규정시행세칙 제64조 제2항에 따라 인사기록부에 원고의 위법·부당사실 등을 기록·유지함으로 인하여 원고가 소외 주식회사이나 다른 금융기관에 취업함에 있어 지장을 받는 불이익이 있다고 하더라도, 이는 이 사건 서면 통보행위로 인한 것이 아닐 뿐만 아니라 사실상의 불이익에 불과한 것이고, 원고가 주장하는 취업 제한 자체도 불분명하며, 문책경고를 받은 자는 문책경고일로부터 3년간 은행장 또는 상임이사 등이 될 수 없다는 내용이 담긴 은행업감독규정은 실제로 문책경고의 제재처분을 받은 자에 대하여 적용되는 규정이므로 원고와는 무관하고, 불안감이라는 것도 원고가 주장하는 취업제한의 내용에 비추어 볼 때 은행 고위 임원을 선임함에 있어 그러한 제한을 인식하여야 할 선임권자 등의 범위는 매우 제한적이어서 그들의 법의식 수준이 위 서면 통보만으로도 이를 문책경고의 법적 효력이 있다고 오해할 것이라고 보기 어려우며, 달리 위 통보행위로 인하여 이미 소외 주식회사으로부터 퇴직한 후의 원고의 권리의무에 직접적 변동을 초래하는 하등의

법률상의 효과가 발생하거나 그러한 법적 불안이 존재한다고 할 수 없으므로, 이 사건 서면 통보행위는 항고소송의 대상이 되는 행정처분에 해당하지 않는다고 판단하였다. 관계 법령 및 기록에 비추어 살펴보면, 원심의 위와 같은 판단은 정당한 것으로 수긍이 가고, 행정청의 행위에 법적 근거가 없더라도 처분성이 인정되는 경우가 있다고 하여 달리 볼 것은 아니며, 거기에 상고이유와 같은 문책경고장(상당)의 법적 효과, 행정청의 행위로 인하여 그 상대방이 입는 불이익 내지 불안이 있는지 여부, 처분성의 판단 기준으로서 법적 근거가 필요한지 여부에 관한 법리오해의 위법이 없다."

한편, 국민의 권리의무에 영향이 없는 단순한 행정청 내부의 중간처분, 의견, 질의·답변 또는 내부적 사무처리절차나 알선, 권유, 권고, 행정지도 등 비권력적 사실행위는 처분성을 부인합니다. 그러나 판례는 권고 자체만으로는 법적 효과를 발생하지 않지만 관련법 규정에 따라 권고의 상대방에게 일정한 법률상의 의무가 부과되거나 그 불이행시 과태료가 부과되는 경우 등에는 예외적으로 처분에 해당한다고 판시하였습니다. 그러나 이들 판례가 강학상 행정지도에 해당하는 비권력적 사실행위의 처분성을 정면으로 인정한 것이라고 해석할 수는 없습니다.

* **대판 2010.10.14, 2008두23184** : "공정거래위원회의 '표준약관 사용권장행위'는 그 통지를 받은 해당 사업자 등에게 표준약관과 다른 약관을 사용할 경우 표준약관과 다르게 정한 주요내용을 고객이 알기 쉽게 표시하여야 할 의무를 부과하고, 그 불이행에 대해서는 과태료에 처하도록 되어 있으므로, 이는 사업자 등의 권리·의무에 직접 영향을 미치는 행정처분으로서 항고소송의 대상이 된다."
* **대판 2005.7.8, 2005두487** : "구 남녀차별금지및구제에관한법률(2003. 5. 29. 법률 제6915호로 개정되기 전의 것, 이하 '법'이라 한다) 제28조 제1항은 피고 위원회는 조사의 결과 남녀차별사항(성희롱은 남녀차별에 해당한다. 법 제7조 제3항)에 해당한다고 인정할 만한 상당한 이유가 있을 때에는 남녀차별임을 결정하고 당해 공공기관의 장 또는 사용자에게 시정을 위하여 필요한 조치를 권고하여야 한다라고 규정하여 피고 위원회의 성희롱결정 및 시정조치권고의 근거를 마련하고 있고, 같은 조 제2항은 제1항에 의한 시정조치의 구체적 내용으로 남녀차별행위의 중지, 원상회복·손해배상 기타 필요한 구제조치, 재발방지를 위한 교육 및 대책수립 등을 위한 조치, 일간신문의 광고란을 통한 공표 등을 규정하고 있으며, 법 제30조는 남녀차별사항의 시정신청에 대한 결정을 신청인 및 당해 공공기관의 장 또는 사용자에게 통지하여야 한다라고 규정하여 성희롱결정 및 시정조치권고의 통보 상대방을 특정하고 있고, 법 제31조는 시정조치의 권고를 통보받은 공공기관의 장 또는 사용자는 특별한 사유가 있음을 소명하지 못하는 한 이에 응하여야 하고(제1항), 공공기관의 장 또는 사용자는 시정조치의 권고를 통보받은 날부터 30일 이내에 그 처리 결과를 피고 위원회에 통보하여야 한다(제2항)라고

> 규정하여 시정조치권고를 받은 공공기관의 장 또는 사용자의 의무를 정하고 있다. 한편, 이 사건의 경우와 같이 성희롱행위자로 지목된 사람이 자신의 언동이 성희롱에 해당하지 않는다고 판단하고 있음에도 불구하고 피고가 그 사람의 언동을 성희롱에 해당하는 것으로 결정한다면, 그와 같은 결정에 의하여 그 사람의 명예감정은 물론 그에 대한 사회적 평가인 명예가 손상을 입어 그의 인격권이 직접적으로 침해받게 될 가능성이 매우 크다고 할 것이다. 법 제28조에 의하면, 성희롱결정과 이에 따른 시정조치의 권고는 불가분의 일체로 행하여지는 것인데 피고의 이러한 결정과 시정조치의 권고는 성희롱 행위자로 결정된 자의 인격권에 영향을 미침과 동시에 공공기관의 장 또는 사용자에게 일정한 법률상의 의무를 부담시키는 것이므로 피고의 성희롱결정 및 시정조치권고는 행정처분에 해당한다."

(구)민원사무 처리에 관한 법률 제19조(현 민원처리에관한법률 제30조 제3항) 소정의 사전심사 결과통보(대판 2014.4.24, 2013두7834), 동법 제18조 제1항(현 민원처리에관한법률 제35조 제2항)에서 정한 거부처분에 대한 이의신청을 받아들이지 않는 취지의 기각결정 내지 그 취지의 통보(대판 2012.11.15, 2010두8676), 국가유공자 등 예우 및 지원에 관한 법률상 이의신청에 대한 기각결정 역시 민원인의 권리의무에 직접적 영향을 미치거나 법적 불이익이 발생할 가능성도 없어 행정처분에 해당하지 아니합니다.

> * **대판 2016.7.27, 2015두45953** : "국가유공자 등 예우 및 지원에 관한 법률(이하 '국가유공자법'이라 한다) 제4조 제1항 제6호, 제6조 제3항, 제4항, 제74조의18의 문언·취지 등에 비추어 알 수 있는 다음과 같은 사정, 즉 국가유공자법 제74조의18 제1항이 정한 이의신청은, 국가유공자 요건에 해당하지 아니하는 등의 사유로 국가유공자 등록신청을 거부한 처분청인 국가보훈처장이 신청 대상자의 신청 사항을 다시 심사하여 잘못이 있는 경우 스스로 시정하도록 한 절차인 점, 이의신청을 받아들이는 것을 내용으로 하는 결정은 당초 국가유공자 등록신청을 받아들이는 새로운 처분으로 볼 수 있으나, 이와 달리 이의신청을 받아들이지 아니하는 내용의 결정은 종전의 결정 내용을 그대로 유지하는 것에 불과한 점, 보훈심사위원회의 심의·의결을 거치는 것도 최초의 국가유공자 등록신청에 대한 결정에서나 이의신청에 대한 결정에서 마찬가지로 거치도록 규정된 절차인 점, 이의신청은 원결정에 대한 행정심판이나 행정소송의 제기에도 영향을 주지 아니하는 점 등을 종합하면, 국가유공자법 제74조의18 제1항이 정한 이의신청을 받아들이지 아니하는 결정은 이의신청인의 권리·의무에 새로운 변동을 가져오는 공권력의 행사나 이에 준하는 행정작용이라고 할 수 없으므로 원결정과 별개로 항고소송의 대상이 되지는 않는다."

'국민의 권리의무에 직접 영향이 있는 법적 행위'와 관련하여 판례에 의해 처분성이 부인된 두 가지 경우를 아래에서 살펴봅니다.

> * **대판 2006.7.28, 2004두13219(금융감독위원회의 파산신청)** : "구 금융산업의 구조개선에 관한 법률(2002. 12. 26. 법률 제6807호로 개정되기 전의 것) 제16조 제1항 및 구 상호저축은행법(2003. 12. 11. 법률 제6992호로 개정되기 전의 것) 제24조의13에 의하여 금융감독위원회는 부실금융기관에 대하여 파산을 신청할 수 있는 권한을 보유하고 있는바, 위 파산신청은 그 성격이 법원에 대한 재판상 청구로서 그 자체가 국민의 권리·의무에 어떤 영향을 미치는 것이 아닐 뿐만 아니라, 위 파산신청으로 인하여 당해 부실금융기관이 파산절차 내에서 여러 가지 법률상 불이익을 입는다 할지라도 파산법원이 관할하는 파산절차 내에서 그 신청의 적법 여부 등을 다투어야 할 것이므로, 위와 같은 금융감독위원회의 파산신청은 행정소송법상 취소소송의 대상이 되는 행정처분이라 할 수 없다."
> * **대판 2015.10.29, 2014두2362(법인에 대한 청산종결등기가 되었음을 이유로 한 상표권의 말소등록행위)** : "상표원부에 상표권자인 법인에 대한 청산종결등기가 되었음을 이유로 상표권의 말소등록이 이루어졌다고 해도 이는 상표권이 소멸하였음을 확인하는 사실적·확인적 행위에 지나지 않고, 말소등록으로 비로소 상표권 소멸의 효력이 발생하는 것이 아니어서, 상표권의 말소등록은 국민의 권리의무에 직접적으로 영향을 미치는 행위라고 할 수 없다. 한편 상표법 제39조 제3항의 위임에 따른 특허권 등의 등록령 제27조는 "말소한 등록의 회복을 신청하는 경우에 등록에 대한 이해관계가 있는 제3자가 있을 때에는 신청서에 그 승낙서나 그에 대항할 수 있는 재판의 등본을 첨부하여야 한다."고 규정하고 있는데, 상표권 설정등록이 말소된 경우에도 등록령 제27조에 따른 회복등록의 신청이 가능하고, 회복신청이 거부된 경우에는 거부처분에 대한 항고소송이 가능하다. 이러한 점들을 종합하면, 상표권자인 법인에 대한 청산종결등기가 되었음을 이유로 한 상표권의 말소등록행위는 항고소송의 대상이 될 수 없다."

반면에, '국민의 권리의무에 직접 영향이 있는 법적 행위'와 관련하여 판례에 의해 처분성이 긍정된 경우를 아래에 정리합니다.

> * **대판 2014.2.27, 2013두10885(토지보상법에 의한 이주대책대상자의 확인·결정)** : "공익사업을 위한 토지 등의 취득 및 보상에 관한 법률상의 공익사업시행자가 하는 이주대책대상자 확인·결정은 구체적인 이주대책상의 수분양권을 부여하는 요건이 되는 행정작용으로서의 처분이지 이를 단순히 절차상의 필요에 따른 사실행위에 불과한 것으로 평가할 수는 없다. 따라서 수분양권의 취득을 희망하는 이주자가 소정의 절차에 따라 이주대책대상자 선정신청을 한 데 대하여 사업시행자가 이주대책대상자가 아니라고 하여 위 확인·결정 등의 처분을 하지 않고 이를 제외시키거나 거부조치한 경우

에는, 이주자로서는 사업시행자를 상대로 항고소송에 의하여 제외처분이나 거부처분의 취소를 구할 수 있다. 나아가 이주대책의 종류가 달라 각 그 보장하는 내용에 차등이 있는 경우 이주자의 희망에도 불구하고 사업시행자가 요건 미달 등을 이유로 그중 더 이익이 되는 내용의 이주대책대상자로 선정하지 않았다면 이 또한 이주자의 권리의무에 직접적 변동을 초래하는 행위로서 항고소송의 대상이 된다."

* **대판 2009.10.15, 2009두6513(친일반민족행위자재산조사위원회의 재산조사개시결정)** : "친일반민족행위자재산조사위원회의 재산조사개시결정이 있는 경우 조사대상자는 위 위원회의 보전처분 신청을 통하여 재산권행사에 실질적인 제한을 받게 되고, 위 위원회의 자료제출요구나 출석요구 등의 조사행위에 응하여야 하는 법적 의무를 부담하게 되는 점, '친일반민족행위자 재산의 국가귀속에 관한 특별법'에서 인정된 재산조사결정에 대한 이의신청절차만으로는 조사대상자에 대한 권리구제 방법으로 충분치 아니한 점, 조사대상자로 하여금 개개의 과태료 처분에 대하여 불복하거나 조사 종료 후의 국가귀속결정에 대하여만 다툴 수 있도록 하는 것보다는 그에 앞서 재산조사개시결정에 대하여 다툼으로써 분쟁을 조기에 근본적으로 해결할 수 있는 점 등을 종합하면, 친일반민족행위자재산조사위원회의 재산조사개시결정은 조사대상자의 권리·의무에 직접 영향을 미치는 독립한 행정처분으로서 항고소송의 대상이 된다고 봄이 상당하다."
* **대판 2013.1.16, 2010두22856(진실·화해를 위한 과거사정리 기본법에 의한 진실규명결정)** : "진실·화해를 위한 과거사정리 기본법(이하 '법'이라 한다)과 구 과거사 관련 권고사항 처리에 관한 규정(2010. 2. 24. 대통령령 제22055호 과거사 관련 권고사항 처리 등에 관한 규정으로 개정되기 전의 것)의 목적, 내용 및 취지를 바탕으로, 피해자 등에게 명문으로 진실규명 신청권, 진실규명결정 통지 수령권 및 진실규명결정에 대한 이의신청권 등이 부여된 점, 진실규명결정이 이루어지면 그 결정에서 규명된 진실에 따라 국가가 피해자 등에 대하여 피해 및 명예회복 조치를 취할 법률상 의무를 부담하게 되는 점, 진실·화해를 위한 과거사정리위원회가 위와 같은 법률상 의무를 부담하는 국가에 대하여 피해자 등의 피해 및 명예 회복을 위한 조치로 권고한 사항에 대한 이행의 실효성이 법적·제도적으로 확보되고 있는 점 등 여러 사정을 종합하여 보면, 법이 규정하는 진실규명결정은 국민의 권리의무에 직접적으로 영향을 미치는 행위로서 항고소송의 대상이 되는 행정처분이라고 보는 것이 타당하다."
* **대판 2012.6.14, 2010두23002(한국보건산업진흥원장이 지원대상인 대학교 산학협력단의 주관연구책임자에게 한 일정기간의 개발사업 참여제한조치 등)** : "행정청의 어떤 행위가 항고소송의 대상이 될 수 있는지의 문제는 추상적·일반적으로 결정할 수 없고, 구체적인 경우 행정처분은 행정청이 공권력의 주체로서 행하는 구체적 사실에 관한 법집행으로서 국민의 권리의무에 직접적으로 영향을 미치는 행위라는 점을 염두에 두고, 관련 법령의 내용과 취지, 그 행위의 주체·내용·형식·절차, 그 행위와 상대방 등 이해관계인이 입는 불이익과의 실질적 견련성, 그리고 법치행정의 원리와 당해 행위에 관련한 행정청 및 이해관계인의 태도 등을 참작하여 개별적으로 결정하여야 한다(대법원 2010. 11. 18. 선고 2008두167 전원합의체 판결 등 참조). 원심판결 이유에 의하면 원심은, 그 채

택 증거에 의하여 피고가 2009. 8. 13. 피고의 지원을 받는 ○○대학교 산학협력단의 주관연구책임자인 원고에게 '참여제한 2년, 행정제재기간 이후 선정평가 시 감점 2점'의 제재를 내용으로 하는 이 사건 처분을 한 사실 등 판시와 같은 사실을 인정한 다음, 이 사건 처분은 대통령령인 구 국가연구개발사업의 관리 등에 관한 규정(2010. 8. 11. 대통령령 제22328호로 전부 개정되기 전의 것, 이하 같다) 제20조 제1항, 보건복지부 예규인 보건의료기술연구개발사업 관리규정 제32조, 제33조에 근거한 것으로서 그 제재기간 동안 국가연구개발사업에 대한 원고의 참여를 제한하는 처분인 점, 피고가 한국과학기술평가원에 이 사건 처분을 통보함으로써 원고는 중앙행정기관이 발주하는 국가연구개발사업에 참여하지 못하게 된 점, 피고는 이 사건 처분 당시 보건의료기술연구개발사업 관리규정을 그 근거로 제시하였고 그 처분서의 제목도 '행정제재 조치 통보'로 기재되어 있는 점 등 그 판시와 같은 사정을 들어 이 사건 처분은 항고소송의 대상이 되는 행정처분이라고 판단하였다. 앞서 본 법리와 기록에 비추어 살펴보면 원심의 위와 같은 판단은 정당한 것으로 수긍이 가고, 거기에 상고이유의 주장과 같이 항고소송의 대상인 행정처분에 관한 법리를 오해하거나 판단을 누락하는 등의 위법이 없다."

* **대판 2015.12.24, 2015두264(한국환경산업기술원장이 주관 연구기관에 대하여 한 연구개발 중단 및 연구비 집행중지조치)** : "[1] 구 국가연구개발사업의 관리 등에 관한 규정(2014. 11. 28. 대통령령 제25779호로 개정되기 전의 것, 이하 '국가연구개발사업규정'이라 한다) 제9조 제1항에 의하면, 중앙행정기관의 장은 주관연구기관의 장과 연구개발결과의 평가에 관한 사항(제8호), 협약의 변경 및 해약에 관한 사항(제10호), 협약의 위반에 관한 조치(제11호) 등을 포함하여 연구개발에 필요한 사항을 정한 협약을 체결해야 하고, 다만 같은 조 제2항에 따라 전문기관의 연구개발사업계획을 승인하여 국가연구개발사업을 추진하는 경우에는 전문기관의 장에게 직접 주관연구기관과 협약을 체결하도록 할 수 있다. 그런데 국가연구개발사업규정 제17조 제1항 제2호, 제11조 제2항에 따른 연구개발 중단 조치와 연구비의 집행중지 조치는 행정청이 최종적으로 협약의 해약 여부를 결정하기 전까지 일단 주관연구기관의 연구개발과 연구비 사용을 중지시킴으로써 연구비 환수 등 해약에 따른 후속 조치의 실효성을 확보하기 위한 잠정적·임시적인 조치이므로 이러한 조치를 할 수 있는 권한은 협약을 체결한 행정청에 부여되는 것이 성질에 부합한다. 따라서 국가연구개발사업규정 제9조 제2항에 따라 전문기관의 장인 한국환경산업기술원장이 환경부장관의 승인을 얻어 직접 주관연구기관과 협약을 체결한 국가연구개발과제에 관하여, 환경부훈령인 환경기술개발사업 운영규정 제33조 제1항 제1호, 제24조 제2항, 제1항 제5호, 제29조 제6항에서 한국환경산업기술원장에게 연구개발 중단 조치와 연구비 집행중지 조치를 할 수 있는 권한을 부여한 것은 국가연구개발사업규정의 해석상 가능한 것을 명시하거나 위임받은 범위 내에서 세부적인 내용을 정한 것으로 볼 수 있고, 이와 달리 훈령조항이 국가연구개발사업규정 제34조에 반하여 규정에 저촉되는 내용을 규정하였다고 볼 것은 아니다.

[2] 한국환경산업기술원장이 환경기술개발사업 협약을 체결한 갑 주식회사 등에게 연차평가 실시 결과 절대평가 60점 미만으로 평가되었다는 이유로 연구개발 중단 조치 및 연구비 집행중지 조치(이

하 '각 조치'라 한다)를 한 사안에서, 각 조치는 갑 회사 등에게 연구개발을 중단하고 이미 지급된 연구비를 더 이상 사용하지 말아야 할 공법상 의무를 부과하는 것이고, 연구개발 중단 조치는 협약의 해약 요건에도 해당하며, 조치가 있은 후에는 주관연구기관이 연구개발을 계속하더라도 그에 사용된 연구비는 환수 또는 반환 대상이 되므로, 각 조치는 갑 회사 등의 권리·의무에 직접적인 영향을 미치는 행위로서 항고소송의 대상이 되는 행정처분에 해당한다."

* **대판 2009.12.24, 2009두12853(방위사업법에 의한 방산물자 지정취소)** : "방위사업법 제35조 제1항에서 방산업체로 지정되기 위해서는 방산물자를 생산하고자 하는 자이어야 한다고 규정하고 있고, 같은 법 시행령 제42조에서 방산업체의 시설기준에 관하여 방산물자의 생산에 필요한 일반시설 및 특수시설, 품질검사시설, 기술인력 등의 인적, 물적 시설을 갖출 것을 요건으로 하고 있는 점에 비추어, 방산물자 지정이 취소되는 경우 당해 물자에 대한 방산업체 지정도 취소될 수밖에 없다고 보아야 한다. 그렇게 되면 방위사업법에서 규정하는 방산물자 등에 대한 수출지원(제44조)을 받을 수 없을 뿐 아니라 방산업체로서 방위사업법에 따라 누릴 수 있는 각종 지원과 혜택을 상실하게 되고, 국가를 당사자로 하는 계약에 관한 법률 시행령 제26조 제1항 제6호 (다)목에서 규정한 '방위사업법에 의한 방산물자를 방위산업체로부터 제조·구매하는 경우' 수의계약에 의할 수 있는 지위도 상실하게 되므로, 결국 방산물자 지정취소는 당해 방산물자에 대하여 방산업체로 지정되어 이를 생산하는 자의 권리의무에 직접 영향을 미치는 행위로서 항고소송의 대상이 되는 행정처분에 해당한다."

가. 행정청 내부행위나 중간처분

행정청의 내부행위나 중간처분에 해당하여 판례상 처분성이 부인된 예를 아래에 소개합니다.

* **대판 1996.9.24, 95누12842(과세처분의 선행절차로서 세무서장이 내부적으로 행하는 과세표준 결정)** : "법인세 과세표준 결정이나 손금불산입 처분은 법인세 과세처분에 앞선 결정으로서 그로 인하여 바로 과세처분의 효력이 발생하는 것이 아니고 또 후일에 이에 의한 법인세 과세처분이 있을 때에 그 부과처분을 다툴 수 있는 방법이 없는 것도 아니므로, 법인세 과세표준 결정이나 손금불산입 처분은 항고소송의 대상이 되는 행정처분이라고는 할 수 없다."
* **대판 1995.9.15, 95누6632(2차 납세의무자 지정처분[1])** : "국세기본법 제39조에 의한 제2차 납세의무는 주된 납세의무자의 체납 등 그 요건에 해당하는 사실의 발생에 의하여 추상적으로 성립하고 납부통지에 의하여 고지됨으로써 구체적으로 확정되는 것이고, 제2차 납세의무자 지정처분만으로는 아직 납세의무가 확정되는 것이 아니므로 그 지정처분은 항고소송의 대상이 되는 행정처분이라고 할 수 없다."
* **대판 1995.5.12, 94누13794(행정기관 상호간의 행위인 독점규제및공정거래에관한법률에 의한

공정거래위원회의 고발조치) : "이른바 고발은 수사의 단서에 불과할 뿐 그 자체 국민의 권리의무에 어떤 영향을 미치는 것이 아니고, 특히 독점규제및공정거래에관한법률 제71조는 공정거래위원회의 고발을 위 법률위반죄의 소추요건으로 규정하고 있어 공정거래위원회의 고발조치는 사직 당국에 대하여 형벌권 행사를 요구하는 행정기관 상호간의 행위에 불과하여 항고소송의 대상이 되는 행정처분이라 할 수 없으며, 더욱이 공정거래위원회의 고발 의결은 행정청 내부의 의사결정에 불과할 뿐 최종적인 처분은 아닌 것이므로 이 역시 항고소송의 대상이 되는 행정처분이 되지 못한다."

* **대판 2003.2.11, 2002두10735(공업배치및공장설립에관한법률에 의한 공장입지기준확인)** : "공업배치및공장설립에관한법률 제9조에 따라 시장·군수 또는 구청장이 토지 소유자 기타 이해관계인의 신청이 있는 경우에 그 관할구역 안의 토지에 대하여 지번별로 공장설립이 가능한지 여부를 확인하여 통지하는 공장입지기준확인은 공장을 설립하고자 하는 사람이 공장설립승인신청 등 공장설립에 필요한 각종 절차를 밟기 전에 어느 토지 위에 공장설립이 가능한지 여부를 손쉽게 확인할 수 있도록 편의를 도모하기 위하여 마련된 절차로서 그 확인으로 인하여 신청인 등 이해관계인의 지위에 영향을 주는 법률상의 효과가 발생하지 아니하므로, 공장입지기준확인 그 자체는 항고소송의 대상이 될 수 없다."

* **대판 2007.7.27, 2006두8464(한국자산공사가 부동산을 인터넷을 통하여 재공매하기로 한 결정 및 관련 공매통지)** : "한국자산공사가 당해 부동산을 인터넷을 통하여 재공매(입찰)하기로 한 결정 자체는 내부적인 의사결정에 불과하여 항고소송의 대상이 되는 행정처분이라고 볼 수 없고, 또한 한국자산공사가 공매통지는 공매의 요건이 아니라 공매사실 자체를 체납자에게 알려주는 데 불과한 것으로서, 통지의 상대방의 법적 지위나 권리·의무에 직접 영향을 주는 것이 아니라고 할 것이므로 이것 역시 행정처분에 해당한다고 할 수 없다."

* **대판 2007.4.13, 2004두7924(정보통신부장관의 국제전기통신연합에 대한 위성망국제등록신청)** : "피고 정보통신부장관이 같은 피고의 보조참가인(이하 '참가인'이라 한다)의 위성망국제등록신청요청에 대하여 그 요건을 심사하여 이를 수리하는 행위와 이를 전제로 국제전기통신연합(International Telecommunication Union)에 대하여 하는 위성망국제등록신청(이하 '이 사건 등록신청'이라 한다)은 개념상 구별되는 것이고, 이 사건 등록신청은 전파주관청인 위 피고가 국제공용자원인 위성궤도 및 주파수를 우리나라 자원으로 확보하기 위하여 국제전기통신연합의 전파규칙에 따라 국제전기통신연합에 대하여 하는 신청행위일 뿐 국민을 직접 상대방으로 하는 행위가 아니며, 피고 정보통신부장관이 확보된 주파수를 구 전파법(2005. 12. 30. 법률 제7815호로 개정되기 전의 것, 이하 '일부 개정 전 구 전파법'이라 한다) 제41조 제2항에 따라 이 사건 등록신청의 요청자인 참가인에게 할당하는 경우 원고가 지정받은 주파수의 일부를 이용할 수 없게 되는 등의 불이익을 입는다 할지라도, 이는 위 전파규칙 소정의 위성망국제등록절차를 거쳐 실제로 위성궤도 및 주파수가 확보되는 경우에 비로소 문제될 수 있는 것으로서, 이 사건과 같은 등록신청 단계에 있어서는 국민의 권리의무에 아무런 영향을 미치지 못하므로 이 사건 등록신청은 행정소송법상 취소소송의 대상이 되는 행정처분이라고 할 수 없다."

* **대판 2007.11.15, 2007두10198(혁신도시 최종입지선정행위)** : "원심은, 정부가 국가균형발전 특별법(이하 '법'이라고 한다) 제18조와 법시행령 제15조에 근거를 두고 수도권에 있는 공공기관의 지방이전시책을 추진하면서 피고를 포함한 11개 시·도지사와 '공공기관 지방이전 기본협약'을 체결하고, '혁신도시 입지선정지침'(이하 '이 사건 지침'이라고 한다)을 마련하여 협약에 참가한 시·도지사에게 통보한 사실, 피고는 이 사건 지침에 따라 혁신도시입지선정위원회(이하 '위원회'라고 한다)를 구성하여 위원회로 하여금 강원도 내 10개 시·군에 대한 평가를 하게 하였는데, 그 결과 원주시가 최고점수를 받자 건설교통부로부터 협의회신을 받은 후 2006. 1. 16. 원주시 반곡동 일원 105만 평을 혁신도시 최종입지로 선정하였음을 공표한 사실을 인정한 다음, 법과 법시행령 및 이 사건 지침에는 공공기관의 지방이전을 위한 정부 등의 조치와 공공기관이 이전할 혁신도시 입지선정을 위한 사항 등을 규정하고 있을 뿐 혁신도시입지 후보지에 관련된 지역 주민 등의 권리의무에 직접 영향을 미치는 규정을 두고 있지 않으므로, 피고가 원주시를 혁신도시 최종입지로 선정한 행위는 항고소송의 대상이 되는 행정처분으로 볼 수 없다고 판단하였다. 앞서 본 법리와 기록에 비추어 보면, 원심이 피고의 혁신도시 입지선정행위를 항고소송의 대상이 되는 행정처분에 해당하지 아니한다고 판단한 것은 옳고, 거기에 상고이유로 주장하는 바와 같은 항고소송의 대상이 되는 행정처분에 관한 법리오해 등의 위법이 있다고 할 수 없다."

이 밖에 판례는 징계처분에 있어서의 징계위원회의 결정(대판 1983.2.8, 81누35), 국가보훈처 보훈심사위원회의 의결(대판 1989.1.24, 88누3314), 국가유공자 부상 여부 및 정도를 판정받기 위하여 하는 신체검사판정(대판 1993.5.11, 91누9206), 의료보호대상자를 진료한 의료기관이 시장·군수에게 진료비청구를 하면서 제출한 진료비청구명세서에 대하여 의료보험연합회가 한 심사청구결과통지(대판 1999.6.25, 98두15863), 병역처분의 자료로 군의관이 하는 신체등위판정 등의 처분성을 부인하는데, 이들은 그 자체만으로는 국민의 권리의무에 영향이 없으므로 처분이 아닙니다.

* **대판 1993.8.27, 93누3356** : "병역법상 신체등위판정은 행정청이라고 볼 수 없는 군의관이 하도록 되어 있으며, 그 자체만으로 바로 병역법상의 권리의무가 정해지는 것이 아니라 그에 따라 지방병무청장이 병역처분을 함으로써 비로소 병역의무의 종류가 정하여지는 것이므로 항고소송의 대상이 되는 행정처분이라 보기 어렵다."

---

1) 세무행정실무에서는 제2차 납세의무자 지정통지와 제2차 납세의무자 납부통지를 함께 하는 것이 보통이지만, 동 지정통지는 세법상 근거가 없으므로 곧 바로 처분에 해당하는 납부통지를 함으로써 족합니다.

이와는 달리, 판례는 산업재해보상보험법에 의한 장해보상금결정의 기준이 되는 장해등급결정(대판 2002.4.26, 2001두8155), 국가유공자등예우및지원에관한법률에 따른 상이등급판정처분(대판 2010.9.30, 2010두12262), 근로기준법상 평균임금결정(대판 2002.10.25, 2000두9717), 공무원연금법상 재직기간 합산처분(대판 2002.1.18, 2001두7695) 등에 대해서는 처분성을 긍정하였습니다. 나아가, 중간처분으로 보일지라도 그로써 국민의 권리제한이나 의무부과가 발생하면 처분에 해당함을 주의해야 합니다. 사업인정은 토지수용절차의 한 단계에 불과하지만 그로써 수용 목적물의 범위가 확정되고 사업시행자에게는 공법상의 권리를 취득하게 하는 반면 토지소유자에게는 형질변경이 제한(토지보상법 제25조)되는 등의 불이익이 따르므로(대판 1994.5.24, 93누4230), (구)노동조합 및 노동관계조정법 제62조 제3호에 의한 중재회부결정은 그 이후 쟁의행위가 금지되는 법률상의 제한이 따르므로(대판 1995.9.15, 95누6724), 농지법상 농지처분의무통지는 그 통지를 전제로 농지처분명령, 이행강제금 부과 등의 절차가 진행되어 농지소유자의 의무에 직접 관계되므로 각각 처분성을 인정하였습니다. 또한, (구)지가공시및토지등의평가에관한법률(현 부동산가격공시에관한법률)에 의하여 국토교통부장관이 매년 결정·공시하는 표준지공시지가나 시장·군수·구청장이 결정·공시하는 개별공시지가결정은 각종 부담금과 조세 산정의 기준이 되어 국민의 권리의무 또는 법률상의 이익에 직접 관계되는 것으로 항고소송의 대상인 처분입니다. 공정거래위원회의 입찰참가자격의 제한 요청에 따라 관계 행정기관의 장이 사업자에 대해 입찰참가자격제한처분을 해야 하는 경우 분쟁의 조기 해결을 위해 공정거래위원회의 입찰참가자격제한 요청 결정은 처분에 해당합니다.

위 내용을 산업재해보상보험법(이하 '산재보험법')상 사업종류 (변경)결정에 대한 2007두10488 판결을 통해 자세히 논증해 봅시다. 사업주는 산재보험법상 산재보험의 보험가입자가 되면 사업종류 등을 기재한 보험관계성립신고서를 제출하여야 하고, 근로복지공단은 이를 바탕으로 해당 사업종류를 결정합니다. 또한, 근로복지공단은 사업주의 신청이나 직권으로 사업종류를 변경할 수 있습니다. 이때 (변경)결정된 사업종류에 따라 산재보험의 보험요율이 정해지므로 사업종류는 사업주가 매 보험연도마다 신고 · 납부해야 하는 산재보험료 산정의 기초가 됩니다.

만약 사업종류에 기초한 산재보험료를 납부하지 아니할 경우, 사업주는 연체금·가산금의 징수 및 체납처분을 받게 됩니다. 나아가 미납기간 중 재해가 발생하면 보험급여액의 전부 또는 일부를 징수당하는 등 막대한 불이익을 입게 됩니다. 이러한 점에서 사업종류 변경신청 거부나 사업종류 변경결정은 사업주의 권리 · 의무에 직접 영향을 미치는 행위라고 할 것입니다. 물론 사업주는 산재보험료 부과 · 징수처분을 기다렸다가 그 종국처분을 다투는 절차에서 사업종류 변경신청 거부나 사업종류 변경결정의 위법 여부를 다툴 수 있겠지만, 그럴 경우 앞서 언급한 경제적 불이익과 불안정한 법률상 지위를 감수해야 하므로, 이는 사업주의 권리보호 측면에서 미흡합니다. 따라서 사업종류 변경신청 거부나 사업종류 변경결정이 있을 때 곧바로 사업주로 하여금 이를 다툴 수 있게 하는 것이 분쟁을 조기에 발본적으로 해결하는 방안입니다. 요컨대 산재보험법상 사업종류결정, 사업종류 변경신청 거부, 사업종류 변경결정 등은 모두 항고소송의 대상이 되는 독립된 행정처분입니다.

* **대판 2008.5.8, 2007두10488** : "피고가 사업주에게 통지한 사업종류에 대하여 사업주가 사업장의 사업실태 내지 현황에 대한 피고의 평가 잘못 등을 이유로 피고에게 사업종류의 변경을 신청하였으나 피고가 이를 거부한 상황에서, 사업주가 자신이 적정하다고 보는 사업종류의 적용을 주장하면서 피고가 통지한 사업종류에 기초한 산재보험료를 납부하지 아니한 경우, 사업주는 연체금이나 가산금을 징수당하게 됨은 물론(법 제24조, 제25조), 체납처분도 받게 되고(법 제28조), 산재보험료를 납부하지 아니한 기간 중에 재해가 발생한 경우 그 보험급여의 전부 또는 일부를 징수당할 수 있는(법 제26조 제1항 제2호) 등의 불이익이 있는 점을 감안해 보면, 사업주의 사업종류변경신청을 받아들이지 않는 피고의 거부행위는 사업주의 권리의무에 직접 영향을 미치는 행위라고 할 것이다. 나아가 보험가입자인 사업주가 사업종류의 변경을 통하여 보험료율의 시정을 구하고자 하는 경우, 사업주는 피고가 통지한 사업종류에 따른 개산보험료나 확정보험료를 신고납부하지 아니한 후 피고가 소정 절차에 따라 산정한 보험료 또는 차액의 납부를 명하는 징수통지를 받을 때까지 기다렸다가 비로소 그 징수처분에 불복하여 그 절차에서 사업종류의 변경 여부를 다툴 수 있다고 하면 앞서 본 바와 같은 불이익을 입을 수 있는 등 산재보험관계상의 불안정한 법률상 지위에 놓이게 되는데 이는 사업주의 권리보호에 미흡하며, <u>사업종류는 보험가입자인 사업주가 매 보험연도마다 계속 납부하여야 하는 산재보험료 산정에 있어 필수불가결한 기초가 되는 것이므로 사업종류 변경신청에 대한 거부행위가 있을 경우 바로 사업주로 하여금 이를 다툴 수 있게 하는 것이 분쟁을 조기에 발본적으로 해결할 수 있는 방안이기도 하다. 이와 같은 사정을 모두 고려하여 보면, 보험가입자인 사업주에게 보험료율의 산정의 기초가 되는 사업종류의 변경에 대한 조리상 신청권이 있다고 봄이 상당하다. 따라서 이 사건 사업종류변경신청 반려행위는 항고소송의 대상이 되는 행정처분에 해당한다</u>고 할 것이고 …"
* **대판 1995.3.28, 94누12920(표준지공시지가)** : "표준지로 선정된 토지의 공시지가에 대하여 불복하기 위하여는 지가공시및토지등의평가에관한법률 제8조 제1항 소정의 이의절차를 거쳐 처분청을 상대로 그 공시지가결정의 취소를 구하는 행정소송을 제기하여야 하는 것이지, 그러한 절차를 밟지 아니한 채 개별토지가격결정을 다투는 소송에서 그 개별토지가격 산정의 기초가 된 표준지 공시지가의 위법성을 다툴 수는 없다."
* **대판 1993.6.11, 92누16706(개별공시지가결정)** : "시장, 군수 또는 구청장의 개별토지가격결정

은 관계법령에 의한 토지초과이득세, 택지초과소유부담금 또는 개발부담금 산정의 기준이 되어 국민의 권리나 의무 또는 법률상 이익에 직접적으로 관계되는 것으로서 행정소송법 제2조 제1항 제1호 소정의 행정청이 행하는 구체적 사실에 관한 법집행으로서 공권력행사이므로 항고소송의 대상이 되는 행정처분에 해당한다."

* **대판 2013.11.14, 2013두13631(요양급여의 적정성 평과결과통지)** : "구 국민건강보험법(2011. 12. 31. 법률 제11141호로 전부 개정되기 전의 것) 제42조 제1항, 제7항, 제43조 제5항, 제56조 제1항, 제2항, 구 국민건강보험법 시행령(2012. 8. 31. 대통령령 제24077호로 전부 개정되기 전의 것) 제24조 제1항, 제2항, 구 국민건강보험법 시행규칙(2012. 8. 31. 보건복지부령 제157호로 전부 개정되기 전의 것) 제11조, 제21조 제1항, 제3항 등 관계 법령과 요양급여의 적정성평가 및 요양급여비용의 가감지급 기준(2010. 4. 14. 보건복지부고시 제2010-13호) 제12조, 건강보험 행위 급여·비급여 목록표 및 급여 상대가치 점수 개정(2009. 11. 30. 보건복지부고시 제2009-216호) 제3편 라항, 마항, 사항, 아항 등의 내용에 비추어 볼 때, 요양급여의 적정성 평가 결과 전체 하위 20% 이하에 해당하는 요양기관이 평가결과와 함께 그로 인한 입원료 가산 및 별도 보상 제외 통보를 받게 되면, 해당 요양기관은 평가결과 발표 직후 2분기 동안 요양급여비용 청구 시 입원료 가산 및 별도 보상 규정을 적용받지 못하게 되므로, 결국 위 통보는 해당 요양기관의 권리 또는 법률상 이익에 직접적인 영향을 미치는 공권력의 행사이고, 해당 요양기관으로 하여금 개개의 요양급여비용 감액 처분에 대하여만 다툴 수 있도록 하는 것보다는 그에 앞서 직접 위 통보의 적법성을 다툴 수 있도록 함으로써 분쟁을 조기에 근본적으로 해결하도록 하는 것이 법치행정의 원리에도 부합한다. 따라서 위 통보는 항고소송의 대상이 되는 처분으로 보는 것이 타당하다."
* **대판 2012.9.27, 2010두3541(감면신청에 대한 공정거래위원회의 감면불인정통지)** : "독점규제 및 공정거래에 관한 법률 제22조의2 제1항, 구 독점규제 및 공정거래에 관한 법률 시행령(2009. 5. 13. 대통령령 제21492호로 개정되기 전의 것) 제35조 제1항, 구 부당한 공동행위 자진신고자 등에 대한 시정조치 등 감면제도 운영고시(2009. 5. 19. 공정거래위원회 고시 제2009-9호로 개정되기 전의 것, 이하 '고시'라 한다) 등 관련 법령의 내용, 형식, 체제 및 취지를 종합하면, 부당한 공동행위 자진신고자 등에 대한 시정조치 또는 과징금 감면 신청인이 고시 제11조 제1항에 따라 자진신고자 등 지위확인을 받는 경우에는 시정조치 및 과징금 감경 또는 면제, 형사고발 면제 등의 법률상 이익을 누리게 되지만, 그 지위확인을 받지 못하고 고시 제14조 제1항에 따라 감면불인정 통지를 받는 경우에는 위와 같은 법률상 이익을 누릴 수 없게 되므로, 감면불인정 통지가 이루어진 단계에서 신청인에게 그 적법성을 다투어 법적 불안을 해소한 다음 조사협조행위에 나아가도록 함으로써 장차 있을지도 모르는 위험에서 벗어날 수 있도록 하는 것이 법치행정의 원리에도 부합한다. 따라서 부당한 공동행위 자진신고자 등의 시정조치 또는 과징금 감면신청에 대한 감면불인정 통지는 항고소송의 대상이 되는 행정처분에 해당한다."
* **대판 2006.12.22, 2006두12883(토지거래계약허가구역의 지정)** : "국토의 계획 및 이용에 관한 법률의 규정에 의하면, 같은 법에 따라 토지거래계약에 관한 허가구역으로 지정되는 경우, 허가구역

안에 있는 토지에 대하여 소유권이전 등을 목적으로 하는 거래계약을 체결하고자 하는 당사자는 공동으로 행정관청으로부터 허가를 받아야 하는 등 일정한 제한을 받게 되고, 허가를 받지 아니하고 체결한 토지거래계약은 그 효력이 발생하지 아니하며, 토지거래계약허가를 받은 자는 5년의 범위 이내에서 대통령령이 정하는 기간 동안 그 토지를 허가받은 목적대로 이용하여야 하는 의무도 부담하며, 같은 법에 따른 토지이용의무를 이행하지 아니하는 경우 이행강제금을 부과당하게 되는 등 토지거래계약에 관한 허가구역의 지정은 개인의 권리 내지 법률상의 이익을 구체적으로 규제하는 효과를 가져오게 하는 행정청의 처분에 해당하고, 따라서 이에 대하여는 원칙적으로 항고소송을 제기할 수 있다."

* **대판 2011.3.10, 2009두23617,23624(세무조사결정)** : "부과처분을 위한 과세관청의 질문조사권이 행해지는 세무조사결정이 있는 경우 납세의무자는 세무공무원의 과세자료 수집을 위한 질문에 대답하고 검사를 수인하여야 할 법적 의무를 부담하게 되는 점, 세무조사는 기본적으로 적정하고 공평한 과세의 실현을 위하여 필요한 최소한의 범위 안에서 행하여져야 하고, 더욱이 동일한 세목 및 과세기간에 대한 재조사는 납세자의 영업의 자유 등 권익을 심각하게 침해할 뿐만 아니라 과세관청에 의한 자의적인 세무조사의 위험마저 있으므로 조세공평의 원칙에 현저히 반하는 예외적인 경우를 제외하고는 금지될 필요가 있는 점, 납세의무자로 하여금 개개의 과태료 처분에 대하여 불복하거나 조사 종료 후의 과세처분에 대하여만 다툴 수 있도록 하는 것보다는 그에 앞서 세무조사결정에 대하여 다툼으로써 분쟁을 조기에 근본적으로 해결할 수 있는 점 등을 종합하면, 세무조사결정은 납세의무자의 권리·의무에 직접 영향을 미치는 공권력의 행사에 따른 행정작용으로서 항고소송의 대상이 된다."
* **대판 2023.4.27, 2020두47892** : "구 하도급거래 공정화에 관한 법률(2022. 1. 11. 법률 제18757호로 개정되기 전의 것, 이하 '구 하도급법'이라 한다) 제26조 제2항은 입찰참가자격제한 등 요청의 요건을 시행령으로 정한 기준에 따라 부과한 벌점의 누산점수가 일정 기준을 초과하는 경우로 구체화하고, 위 요건을 충족하는 경우 공정거래위원회는 구 하도급법 제26조 제2항 후단에 따라 관계 행정기관의 장에게 해당 사업자에 대한 입찰참가자격제한 등 요청 결정을 하게 되며, 이를 요청받은 관계 행정기관의 장은 특별한 사정이 없는 한 그 사업자에 대하여 입찰참가자격제한 등의 처분을 해야 하므로, 사업자로서는 입찰참가자격제한 등 요청 결정이 있으면 장차 후속 처분으로 입찰참가자격이 제한되고 영업이 정지될 수 있는 등의 법률상 불이익이 존재한다. 이때 입찰참가자격제한 등 요청 결정이 있음을 알고 있는 사업자로 하여금 입찰참가자격제한처분 등에 대하여만 다툴 수 있도록 하는 것보다는 그에 앞서 직접 입찰참가자격제한 등 요청 결정의 적법성을 다툴 수 있도록 함으로써 분쟁을 조기에 근본적으로 해결하도록 하는 것이 법치행정의 원리에도 부합하므로, 공정거래위원회의 입찰참가자격제한 등 요청 결정은 항고소송의 대상이 되는 처분에 해당한다."

한편, 과세관청이 소득처분에 따라서 하는 소득금액변동통지는 원천징수의무자인 법인에 대하여는 납세의무에 직접 영향을 미치는 과세관청의 행위이지만, 원천납세의무자인 소득귀속자에 대해서는 그 법률상 지위에 직접적인 변동을 가져오지 않으므로 처분성이 부인됩니다.

* **대판 2006.4.20, 2002두1878** : "과세관청의 소득처분과 그에 따른 소득금액변동통지가 있는 경우 원천징수의무자인 법인은 소득금액변동통지서를 받은 날에 그 통지서에 기재된 소득의 귀속자에게 당해 소득금액을 지급한 것으로 의제되어 그때 원천징수하는 소득세의 납세의무가 성립함과 동시에 확정되고, 원천징수의무자인 법인으로서는 소득금액변동통지서에 기재된 소득처분의 내용에 따라 원천징수세액을 그 다음달 10일까지 관할 세무서장 등에게 납부하여야 할 의무를 부담하며, 만일 이를 이행하지 아니하는 경우에는 가산세의 제재를 받게 됨은 물론이고 형사처벌까지 받도록 규정되어 있는 점에 비추어 보면, 소득금액변동통지는 원천징수의무자인 법인의 납세의무에 직접 영향을 미치는 과세관청의 행위로서, 항고소송의 대상이 되는 조세행정처분이라고 봄이 상당하다."
* **대판 2014.7.24, 2011두14227(과세관청의 소득금액변동통지)** : "구 소득세법 시행령 제192조 제1항 단서의 취지, 소득처분에 따른 원천납세의무의 성립요건 및 성립시기, 소득의 귀속자는 소득세 부과처분에 대한 취소소송은 물론 구 국세기본법 제45조의2 제1항 등에 따른 경정청구를 통해서도 소득처분에 따른 원천납세의무의 존부나 범위를 충분히 다툴 수 있는 점 등에 비추어 보면, 구 소득세법 시행령 제192조 제1항 단서에 따른 소득의 귀속자에 대한 소득금액변동통지는 원천납세의무자인 소득 귀속자의 법률상 지위에 직접적인 법률적 변동을 가져오는 것이 아니므로, 항고소송의 대상이 되는 행정처분이라고 볼 수 없다."

나. 부분허가 등

대규모 시설이나 장비를 갖추어야 하는 사업에 있어 허가·인가 등에 앞서 계획서 등을 제출하도록 하여 사전에 요건의 일부를 심의하여 적정통보를 받은 자가 시설공사 등을 착수할 수 있게 하거나 시설 등을 갖추어 허가·인가 등의 신청을 할 수 있게 되어 있는 경우, 이러한 부분허가나 그 신청에 대한 거부는 항고소송의 대상인 처분에 해당합니다. 사전결정의 처분성도 판례는 부분허가의 경우와 동일하게 판단합니다. 그러나 부분허가에 대한 항고소송의 계속 중 중 본허가가 발령되면 부분허가에 대한 소는 소의 이익이 없습니다.

* **대판 1998.4.28, 97누21086** : "원심판결 이유에 의하면 원심은 … 폐기물처리업의 허가를 받기 위하여는 먼저 사업계획서를 제출하여 허가권자로부터 사업계획에 대한 적정 통보를 받아야 하고,

그 적정 통보를 받은 자만이 일정기간 내에 시설, 장비, 기술능력, 자본금을 갖추어 허가신청을 할 수 있으므로, 결국 부적정 통보는 허가신청 자체를 제한하는 등 개인의 권리 내지 법률상의 이익을 개별적이고 구체적으로 규제하고 있어 행정처분에 해당한다고 판시하였다. 폐기물관리법 제26조 제1항, 제2항 및 같은법시행규칙 제17조 제1항 내지 제5항의 규정에 비추어 보면 위와 같이 폐기물처리업의 허가에 앞서 사업계획서에 대한 적정·부적정 통보 제도를 두고 있는 것은 폐기물처리업을 하고자 하는 자가 스스로 시설 등을 설치하여 허가신청을 하였다가 허가단계에서 그 사업계획이 부적정하다고 판명되어 불허가되면 허가신청인이 막대한 경제적·시간적 손실을 입게 되므로, 이를 방지하는 동시에 허가관청으로 하여금 미리 사업계획서를 심사하여 그 적정·부적정 통보 처분을 하도록 하고, 나중에 허가단계에서는 나머지 허가요건만을 심사하여 신속하게 허가업무를 처리하는데 그 취지가 있다 할 것이므로(대법원 1996. 10. 25. 선고 95누14244 판결 참조), 원심의 위와 같은 판단은 같은 취지를 전제로 하는 것이어서 옳고, 거기에 상고이유에서 주장하는 바와 같은 법리오해의 위법이 없다."

＊ **대판 1998.9.4, 97누19588** : "원자력법 제11조 제3항 소정의 부지사전승인제도는 원자로 및 관계 시설을 건설하고자 하는 자가 그 계획중인 건설부지가 원자력법에 의하여 원자로 및 관계 시설의 부지로 적법한지 여부 및 굴착공사 등 일정한 범위의 공사(이하 '사전공사'라 한다)를 할 수 있는지 여부에 대하여 건설허가 전에 미리 승인을 받는 제도로서, 원자로 및 관계 시설의 건설에는 장기간의 준비·공사가 필요하기 때문에 필요한 모든 준비를 갖추어 건설허가신청을 하였다가 부지의 부적법성을 이유로 불허가될 경우 그 불이익이 매우 크고 또한 원자로 및 관계 시설 건설의 이와 같은 특성상 미리 사전공사를 할 필요가 있을 수도 있어 건설허가 전에 미리 그 부지의 적법성 및 사전공사의 허용 여부에 대한 승인을 받을 수 있게 함으로써 그의 경제적·시간적 부담을 덜어 주고 유효·적절한 건설공사를 행할 수 있도록 배려하려는 데 그 취지가 있다고 할 것이므로, 원자로 및 관계 시설의 부지사전승인처분은 그 자체로서 건설부지를 확정하고 사전공사를 허용하는 법률효과를 지닌 독립한 행정처분이기는 하지만, 건설허가 전에 신청자의 편의를 위하여 미리 그 건설허가의 일부 요건을 심사하여 행하는 사전적 부분 건설허가처분의 성격을 갖고 있는 것이어서 나중에 건설허가처분이 있게 되면 그 건설허가처분에 흡수되어 독립된 존재가치를 상실함으로써 그 건설허가처분만이 쟁송의 대상이 되는 것이므로, 부지사전승인처분의 취소를 구하는 소는 소의 이익을 잃게 되고, 따라서 부지사전승인처분의 위법성은 나중에 내려진 건설허가처분의 취소를 구하는 소송에서 이를 다투면 된다."

행정청이 장래 일정한 처분을 약속하는 의사표시인 확약(내인가·내허가)은 처분이 아니라는 판례에도 불구하고, 확약은 그 자체 독립된 권력적 단독행위로서 처분성 인정함이 마땅하다는 것이 학설의 일반적 입장입니다. 다만, 아래 94누6529 판결에서의 우선순위결정은 확약보다는 사전결정에 가까운 성질이므로 그 처분성 인정함이 타당합니다.

내용적으로 볼 때에도 우선순위배제결정은 결과에 있어 어업면허의 거부의 실질이므로 그 종국적 규율성을 인정하여 처분으로 판단함이 마땅합니다.

* **대판 1995.1.20, 94누6529** : "어업권면허에 선행하는 우선순위결정은 행정청이 우선권자로 결정된 자의 신청이 있으면 어업권면허처분을 하겠다는 것을 약속하는 행위로서 강학상 확약에 불과하고 행정처분은 아니므로, 우선순위결정에 공정력이나 불가쟁력과 같은 효력은 인정되지 아니하며, 따라서 우선순위결정이 잘못되었다는 이유로 종전의 어업권면허처분이 취소되면 행정청은 종전의 우선순위결정을 무시하고 다시 우선순위를 결정한 다음 새로운 우선순위결정에 기하여 새로운 어업권면허를 할 수 있다."
* **대판 1991.6.28, 90누4402** : "자동차운송사업양도양수계약에 기한 양도양수인가신청에 대하여 피고 시장이 내인가를 한 후 위 내인가에 기한 본인가신청이 있었으나 자동차운송사업 양도양수인가신청서가 합의에 의한 정당한 신청서라고 할 수 없다는 이유로 위 내인가를 취소한 경우, 위 내인가의 법적 성질이 행정행위의 일종으로 볼 수 있든 아니든 그것이 행정청의 상대방에 대한 의사표시임이 분명하고, 피고가 위 내인가를 취소함으로써 다시 본인가에 대하여 따로이 인가 여부의 처분을 한다는 사정이 보이지 않는다면 위 내인가취소를 인가신청을 거부하는 처분으로 보아야 할 것이다."
* **대판 2004.11.26, 2003두10251,10268** : "항고소송의 대상이 되는 행정처분이라 함은 원칙적으로 행정청의 공법상 행위로서 특정 사항에 대하여 법규에 의한 권리의 설정 또는 의무의 부담을 명하거나 기타 법률상 효과를 발생하게 하는 등으로 일반 국민의 권리의무에 직접 영향을 미치는 행위를 가리키는 것이지만, 어떠한 처분의 근거가 행정규칙에 규정되어 있다고 하더라도, 그 처분이 상대방에게 권리의 설정 또는 의무의 부담을 명하거나 기타 법적인 효과를 발생하게 하는 등으로 그 상대방의 권리의무에 직접 영향을 미치는 행위라면, 이 경우에도 항고소송의 대상이 되는 행정처분에 해당한다[1]고 보아야 할 것이다. 기록에 의하면, 대한민국 정부와 중국 정부 사이에 1994. 10. 31. 체결된 조약인 대한민국 정부와 중화인민공화국 정부 간의 민간항공운수에 관한 잠정협정(이하 '이 사건 잠정협정'이라고 한다)을 근거로 대한민국과 중국 항공당국 사이에 특정 항공노선을 개설하기로 하는 협약을 체결한 다음 쌍방 항공당국이 당해 노선에 취항할 국적항공사를 지정하여 상대방 국가에게 통보하면, 위와 같이 지정된 항공사(이하 '지정항공사'라고 한다)는 상대방 국가로부터 일정한 조건하에 부당한 지체 없이 적절한 운항허가를 받을 수 있고, 허가를 받으면 합의된 업무를 할 수 있으며, 당해 노선상의 합의된 업무를 운영함에 있어 정해진 항로를 따라 상대방 국가의 영역을 통과하는 무착륙 비행, 쌍방 항공당국 간 합의된 상대방 국가의 영역 내 제 지점에서의 비운수목적의 착륙 등 제 권리를 가지게 되는 점, 국제선 정기항공운송사업에 관한 서울/계림, 서울/무한, 서

---

1) 대법원은 다른 판결을 통해 법규적 효력이 인정되지 않는 행정규칙에 근거한 것이므로 처분이 아니라고 하였지만, 그 부당성은 이미 설명하였습니다. 이 판결은 - 비록 직접적이진 않지만 - 행정규칙에 근거하거나 원천적으로 법적 근거 없는 개별·구체적 법집행행위도 처분이라는 의미를 내포하고 있어 환영할 만합니다.

울/곤명, 부산/청도, 대구/청도, 서울/우룸치, 서울/천진 노선(다만, 서울/천진 노선은 화물운송사업에 관한 노선이고, 나머지 노선은 여객운송사업에 관한 노선임, 이하 '이 사건 각 노선'이라고 한다)은 양국 항공당국이 1997. 11. 7. 이 사건 잠정협정의 부속서로서의 성격을 가지는 비밀양해각서(이하 '이 사건 비밀양해각서'라고 한다)를 체결하면서 개설하기로 합의된 노선으로서 그 지정항공사는 취항에 선행하여 상대국 지정항공사와 상무협정을 체결하고 양국 항공당국의 승인을 받도록 되어 있는 점, 피고는 1998. 1. 24. 이 사건 잠정협정 및 비밀양해각서와 노선배분에 관한 원칙과 기준을 정한 피고의 내부지침인 국적항공사경쟁력강화지침(1994. 8. 27.자 교통부예규 194호, 이하 '이 사건 지침'이라고 한다)을 근거로 이 사건 각 노선에 대한 운수권을 원고에게 배분하고 이를 중국 항공당국에 통보한 점을 각 알 수 있다. 이러한 점에 비추어 보면, 노선을 배분받은 항공사는 중국 항공당국에 통보됨으로써 이 사건 잠정협정 및 비밀양해각서에 의한 지정항공사로서의 지위를 취득하고, 중국의 지정항공사와 상무협정을 체결하는 등 노선면허를 취득하기 위한 후속절차를 밟아 중국 항공당국으로부터 운항허가를 받을 수 있게 되며, 추후 당해 노선상의 합의된 업무를 운영함에 있어 중국의 영역 내에서 무착륙비행, 비 운수목적의 착륙 등 제 권리를 가지게 되는 반면, 노선배분을 받지 못한 항공사는 상대국 지정항공사와의 상무협정 체결 등 노선면허 취득을 위한 후속절차를 밟을 수 없을 뿐만 아니라 중국 항공당국으로부터 운항허가를 받을 수도 없는 지위에 놓이게 된다. 위에서 본 법리에 비추어 보면, 이 사건 각 노선에 대한 운수권배분처분은 이 사건 잠정협정 등과 행정규칙인 이 사건 지침에 근거하는 것으로서 상대방에게 권리의 설정 또는 의무의 부담을 명하거나 기타 법적 효과를 발생하게 하는 등으로 원고의 권리의무에 직접 영향을 미치는 행위로서 항고소송의 대상이 되는 행정처분에 해당한다고 할 것이다. 같은 취지의 원심 판단은 정당하고, 거기에 항고소송의 대상이 되는 행정처분에 관한 법리를 오해한 위법이 있다고 할 수 없다. 피고가 인용한 대법원 1995. 1. 20. 선고 94누6529 판결은 어업권면허에 선행하는 우선순위결정의 효력에 관한 것으로 이 사건에 원용하기에 적절하지 아니하다."

다. 행정청의 공부 기재행위

행정사무의 편의나 사실증명의 자료를 얻기 위한 장부에 기재하는 행위나 그 기재내용의 수정 요구를 거부하는 것 등은 모두 그 자체만으로 국민에게 구체적인 권리제한이나 의무부과의 법률효과를 발생시키는 것이 아니므로 항고소송의 대상이 아닙니다. 판례는 지적도(대판 2002.4.26, 2000두7612), 임야도(대판 1989.11.28, 89누3700), 토지대장(대판 1995.12.5, 94누4295), 임야대장(대판 1987.3.10, 86누672) 등 지적공부, 공무원연금카드(대판 1980.2.12, 79누121), 육군병원의 입원기록(대판 1992.2.11, 91누4126), 자동차운전면허대장(대판 1991.9.24, 91누1400) 등 및 부가가치세법상의 사업자등록증교부행위(대판 2000.2.11, 98두2119), 사업자등록직권말소행위(대판 2000.12.22, 99두6903)의 기재·정정·말소행위 등의 처분성을 부인합니다. 그러나 주민등록사항의 직권말소에 대하여 판례는 처분성 인정을 전제로 본안판단을 하였습니다(대판 2005.3.25, 2004두11329).

이와는 달리 지적공부 소관청이 토지분할신청을 거부하는 경우에, 분할거부로 인하여 토지소유자의 당해 토지의 소유권에는 아무런 변동을 초래하지 아니한다 하더라도 등기는 필지별로 하여야 하는 것으로서 분필이 되지 아니할 경우 자기소유 토지의 일부에 대한 소유권의 양도나 저당권의 설정 등 필요한 처분행위를 할 수 없게 되므로 지적 소관청의 토지분할신청의 거부행위는 국민의 권리관계에 영향을 미치는 것으로서 처분성을 인정합니다(대판 1993.3.23, 91누8968). 아래에 건축주명의변경신고거부의 처분성을 긍정한 同旨의 판례를 소개합니다.

* **대판 1992.3.31, 91누4911** : "건축법(1991.5.31. 법률 제4381호로 전문 개정되기 이전의 것, 이뒤에도 같다) 제5조 제3항은 시장 또는 군수는 제1항의 규정에 의하여 건축허가를 하거나 제2항의 규정에 의하여 신고를 접수한 때에는 건설부령으로 정하는 바에 따라 건축물대장에 이를 기재하고 보관하여야 한다고 규정하여 건축물대장의 작성 및 기재와 그 보관을 행정청의 의무로 규정하고 있고, 같은법시행령 제5조 제5항은 시장, 군수는 법 제5조 제3항의 규정에 의한 건축물대장의 사본발급을 요청받은 때에는 이를 발급하여야 하며, 건축물대장의 사본을 발급받은 자는 건설부령이 정하는 수수료를 납부하여야 한다고 규정하여 건축물대장의 사본이 국민의 권리의무에 관계되는 각종 증명 등에 쓰여질 수 있음을 예상하고 있으며, 같은법시행규칙은 제6조에서 건축물대장(1984.12.4. 건설부령 제378호로 개정되기 전에는 "건축허가대장"이었다)에는 건축주의 성명과 주민등록번호 및 주소, 그리고 건축주의 변경사항을 기재하도록 규정하면서, 제3조의2에서는 건축허가를 받은 자가 허가대상건축물을 양도한 때에는 그 양수인은 일정한 서식(구 건축주의 명의변경동의서 또는 권리관계의 변동사실을 증명할 수 있는 서류를 첨부하도록 되어 있다)에 의하여 시장, 군수에게 건축주의 명의변경을 신고할 수 있으며, 신고가 있는 때에는 시장, 군수는 이를 수리하여야 한다고 규정하고 있는바, 이와 같은 법령의 각 규정내용에 비추어 보면 같은법시행규칙 제3조의2의 규정은 단순히 행정관청의 사무집행의 편의를 위한 것에 지나지 않는 것이 아니라, 허가대상건축물의 양수인에게 건축주의 명의변경을 신고할 수 있는 공법상의 권리를 인정함과 아울러 행정관청에게는 그 신고를 수리할 의무를 지게 한 것으로 봄이 상당하므로, 허가대상건축물의 양수인이 위 규칙에 규정되어 있는 형식적 요건을 갖추어 시장군수에게 적법하게 건축주의 명의변경을 신고한 때에는 시장, 군수는 그 신고를 수리하여야지 실체적인 이유를 내세워 그 신고의 수리를 거부할 수는 없다고 할 것이다. 또한 건축법에 의하면, 건축중인 건축물의 양수인이 건축공사를 진행함에 있어서는 장차 건축주의 명의로 허가에 갈음하는 신고(제5조 제2항)나 중간검사의 신청(제7조의2) 등을 할 필요가 있는 경우도 있고, 건축공사를 완료한 날로부터 7일 이내에 준공신고를 하여야 함은 물론(제7조), 위 각 규정

> 에 위반할 때에는 처벌까지 받게 되어 있는바(제55조 제3호, 제56조 제1호), 허가대상건축물의 양수인이 자기의 이름으로 위와 같은 신고나 신청을 하는 경우 시장, 군수가 건축주의 명의가 다르다는 이유로 받아들이지 않게 되면 양수인은 건축공사를 계속하기 어렵게 되는 불이익을 입게 될 뿐만 아니라, 부동산등기법 제131조 제1호에 의하면 가옥대장(실제에 있어서는 건축물관리대장)등본에 의하여 자기 또는 피상속인이 가옥대장에 소유자로서 등록되어 있는 것을 증명하는 자가 미등기건물의 소유권보존등기를 신청할 수 있도록 규정되어 있는데(더욱이 1991.12.14. 법률 제4422호로 개정된 부동산등기법 제132조 제2항에 의하면 건물의 소유권보존등기를 신청하는 경우에는 반드시 건물의 표시를 증명하는 가옥대장등본 기타의 서면을 첨부하도록 규정되어 있다), 건축물관리대장은 준공검사를 한 후 건축물대장 등 건축허가관계서류를 근거로 작성되는 것이므로, 양수인이 그의 명의로 소유권보존등기를 신청하려면 건축물대장에 기재된 건축주의 명의를 자신으로 변경할 필요가 있다고 할 것이다 (당원 1989.5.9. 선고 89다카6754 판결 참조). 따라서 피고는 허가대상건축물의 양수인인 원고의 이 사건 건축주명의변경신고라는 구체적인 사실에 관한 법집행으로서 그 신고를 수리하여야 할 법령상의 의무를 지고 있음에도 불구하고 그 신고의 수리를 거부함으로써, 원고가 건축공사를 계속하기 위하여 또는 건축공사를 완료한 후 자신의 명의로 소유권보존등기를 하기 위하여 가지는 구체적인 법적 이익을 침해하는 결과가 되었다고 할 것이므로, 원심이 판시한 바와 같이 건축허가가 대물적 허가로서그 허가의 효과가 허가대상건축물에 대한 권리변동에 수반하여 이전된다고 하더라도, 피고의 이 사건 건축주명의변경신고 수리거부행위는 원고의 권리의무에 직접 영향을 미치는 것으로서 취소소송의 대상이 되는 처분이라고 하지 않을 수 없다. 그럼에도 불구하고 원심은 위와 같은 이유만으로 피고의 이 사건 건축주명의변경신고 수리거부행위가 취소소송의 대상이 되는 처분이라고 할 수 없다고 판단하였으니, 원심판결에는 건축법시행규칙 제3조의2나 행정소송법상 취소소송의 대상이 되는 처분 등의 범위에 관한 법리를 오해한 위법이 있다."

나아가, 대법원 전원합의체 판결은 관련 헌법재판소 결정을 참고하여 지목변경(등록, 등록전환 포함)신청거부행위나 지적공부 소관청이 직권으로 지목변경한 것에 대한 변경신청 거부행위의 항고소송 대상적격을 인정하여 종래 판례를 변경하였습니다. 즉, 2003두9015 전원합의체 판결에서 대법원은 지목은 토지에 대한 공법상의 규제, 개발부담금의 부과대상, 지방세의 과세대상, 공시지가의 산정, 손실보상가액의 산정 등 토지행정의 기초로서 공법상의 법률관계에 영향을 미치고, 이를 통해 토지소유자는 지목을 토대로 토지의 사용·수익·처분에 일정한 제한을 받게 되는 점에 주목하였습니다. 결국, 지목은 토지소유권을 제대로 행사하기 위한 전제요건으로서 토지소유자의 실체적 권리관계에 밀접하게 관련되므로 지적공부 소관청의 지목변경신청 반려행위의 처분성을 인정하였습니다.

＊ **헌재결 1999.6.24, 97헌마315** : "국민의 신청에 대한 행정청의 거부행위가 헌법소원심판의 대상인 공권력의 행사가 되기 위해서는 국민이 행정청에 대하여 신청에 따른 행위를 해 줄 것을 요구할 수 있는 권리가 있어야 한다. 지적법 제38조 제2항은 "토지소유자는 지적공부의 등록사항에 오류가 있음을 발견한 때에는 소관청에 그 정정을 신청할 수 있다."고 규정하고 있으므로 토지소유자에게는 지적공부의 등록사항에 대한 정정신청의 권리가 부여되어 있음이 분명하고, 이에 대응하여 소관청은 소유자의 정정신청이 있으면 등록사항에 오류가 있는지를 조사한 다음 오류가 있을 경우에는 등록사항을 정정하여야 할 의무가 있다. 청구인은 토지소유자로서 이 사건 토지에 대한 지목등록이 잘못된 것이라고 주장하면서 이를 "전"에서 "대"로 환원, 즉 정정하여 줄 것을 신청한 것이므로 이는 위 법률조항에 근거한 신청권의 행사라 할 것이고, 이에 대하여 피청구인은 이 사건 토지에 대하여는 지목변경이 불가능하다는 이유로 청구인의 신청을 반려하였는바, 이는 지적관리업무를 담당하고 있는 행정청의 지위에서 청구인의 등록사항 정정신청을 확정적으로 거부하는 의사를 밝힌 것으로서 공권력의 행사인 거부처분이라 할 것이고, 피청구인이 주장하는 바와 같이 청구인에게 적법한 증빙서류를 갖추어 신청하도록 안내 내지 지도하는 성격의 단순한 사실행위에 불과한 것으로는 볼 수 없다. 따라서 이 사건 반려처분은 헌법재판소법 제68조 제1항 소정의 "공권력의 행사"에 해당한다고 할 것이다."

＊ **대판 2004.4.22, 2003두9015(전합)** : "원심은 토지대장 등 지적공부에 일정한 사항을 등재하거나 등재된 사항을 변경하는 행위는 행정사무집행의 편의와 사실증명의 자료로 삼기 위한 것이고 그 등재나 변경으로 인하여 당해 토지에 대한 실체상의 권리관계에 어떤 변동을 가져오는 것은 아니어서 소관청이 그 등재사항에 대한 변경신청을 거부한 것을 가리켜 항고소송의 대상이 되는 행정처분이라고 할 수 없으므로, 화성시장의 이 사건 지목변경신청 반려행위(이하 '이 사건 반려행위'라 한다)는 항고소송의 대상이 되는 행정처분이 아니라고 판단하였다. 그러나 구 지적법(2001. 1. 26. 법률 제6389호로 전문 개정되기 전의 것, 이하 같다) 제20조, 제38조 제2항의 규정은 토지소유자에게 지목변경신청권과 지목정정신청권을 부여한 것이고, 한편 지목은 토지에 대한 공법상의 규제, 개발부담금의 부과대상, 지방세의 과세대상, 공시지가의 산정, 손실보상가액의 산정 등 토지행정의 기초로서 공법상의 법률관계에 영향을 미치고, 토지소유자는 지목을 토대로 토지의 사용·수익·처분에 일정한 제한을 받게 되는 점 등을 고려하면, 지목은 토지소유권을 제대로 행사하기 위한 전제요건으로서 토지소유자의 실체적 권리관계에 밀접하게 관련되어 있으므로 **지적공부 소관청의 지목변경신청 반려행위**는 국민의 권리관계에 영향을 미치는 것으로서 항고소송의 대상이 되는 행정처분에 해당한다고 할 것이다."

〈각종 공부(公簿) 관련 처분성 여부〉

- **처분성 긍정**
  - ＊ 토지대장 직권말소행위: 대판 2013.10.24, 2011두13286
  - ＊ 건축물대장 직권말소행위 : 대판 2010.5.27, 2008두22655

* 건축물대장 작성신청 거부행위 : 대판 2009.2.12, 2007두17359
* 건축물대장 합병행위 : 대판 2009.5.28, 2007두19775
* 지적법상 지적소관청의 토지분할신청거부행위 : 대판 1992.12.8, 92누7542
* 토지대장상의 지목변경신청 및 거부행위 : 헌재결 1999.6.24, 97헌마315(전합), 대판 2004.4.22, 2003두9015
* 건축물대장의 지번정정신청거부행위 : 대판 2013.7.26, 2011두24309
* 건축물대장상의 건축주명의변경신고수리거부 : 대판 1992.3.31, 91누4911
* 건축물대장상의 용도변경신청거부 : 대판 2009.1.30, 2007두7277
* 지적공부상 토지면적등록 정정신청 거부행위 : 대판 2011.8.25, 2011두3371

• **처분성 부정**

* 토지대장상의 지번복구신청거부 : 대판 1984.4.24, 82누308
* 토지대장의 복구 및 분필절차행위 : 대판 1991.8.27, 91누2199
* 토지대장상의 소유자명의변경신청거부 : 대판 2012.1.12, 2010두12354

라. 비권력적 행위

권유·알선·행정지도 등 비권력적 사실행위는 항고소송의 대상이 아니므로 예컨대, 행정지도에의 불응을 이유로 불이익 처분이 내려지면 그 불이익 처분을 대상으로 행정지도의 위법성을 간접적으로 다투는 것이 원칙입니다. 외견상 판례가 행정지도 등의 처분성을 인정한 듯한 판결을 내놓았지만, 그 실질은 비권력적 사실행위의 처분성을 인정한 것이 아님에 대해서는 이미 설명하였습니다. 행정청이 식품접객영업허가에 붙여진 영업시간을 준수할 것을 재차 촉구하는 행위(대판 1982.12.28, 82누366), 공무원에 대한 법정 징계처분에 속하지 않는 단순 서면경고(대판 1991.11.12, 91누2700), 세무당국이 소외 회사에 대하여 원고와의 주류거래를 일정기간 중단하여 줄 것을 요청한 행위(대판 1980.10.27, 80누395), 행정청이 건축법 규정에 의하여 전기공급자에게 행한 위법건축물에 대한 단전요청 등의 처분성은 인정되지 않습니다.

경고가 단순히 권고적 성격을 가지는 경우 처분이 아니지만, 경고로 인해 상대방의 권리의무에 직접 영향을 미치는 경우에는 예외적으로 그 처분성을 인정할 수 있습니다. 유사한 사례를 두고 2003두10312 판결과 2003두14765 판결의 결론이 상이함에 주의합시다. 전자의 원고가 퇴직한 자인 점에서 후자의 경우와 구별됩니다.

* **대판 2005.2.17, 2003두10312** : "원심은 채택증거에 의하여, 원고는 1995. 8. 25.부터 1998. 5. 13.까지 소외 주식회사의 대표이사로 재직하다가 퇴직한 자인데, 피고는 2001. 6. 28.부터 2001. 7. 13.까지 소외 주식회사에 대한 검사를 실시한 후, 2001. 11. 14. 원고에 대하여 '문책경고장(상당)'이라는 제목하에 재무상태 불량거래처에 대한 여신부당취급, 후순위채 발행업무 부당취급 등 위법·부당행위 사례를 첨부하여 원고가 소외 주식회사의 대표이사로 근무할 당시 금융관련 법규를 위반하고 신용질서를 심히 문란하게 한 사실이 있었다고 하여 이를 통보하는 내용의 서면(이하 '이 사건 서면'이라 한다)을 보낸 사실을 인정하였다. 원심은 나아가, 항고소송의 대상이 되는 행정처분은 행정청의 공법상 행위로서 특정사항에 대하여 법규에 의한 권리의 설정 또는 의무의 부담을 명하거나, 기타 법률상 효과를 발생하게 하는 등 국민의 권리 의무에 직접 관계가 있는 행위를 가리키는 것이고, 상대방 또는 기타 관계자들의 법률상 지위에 직접적인 법률적 변동을 일으키지 아니하는 행위는 항고소송의 대상이 되는 행정처분이 아니라는 전제하에, 이 사건 서면 통보행위는 어떠한 법적 근거에 기하여 발하여진 것이 아니고, 단지 종합금융회사의 업무와 재산상황에 대한 일반적인 검사권한을 가진 피고가 소외 주식회사에 대하여 검사를 실시한 결과, 원고가 소외 주식회사의 대표이사로 근무할 당시 행한 것으로 인정된 위법·부당행위 사례에 관한 단순한 사실의 통지에 불과한 것으로서, … 위 통보행위로 인하여 이미 소외 주식회사으로부터 퇴직한 후의 원고의 권리의무에 직접적 변동을 초래하는 하등의 법률상의 효과가 발생하거나 그러한 법적 불안이 존재한다고 할 수 없으므로, 이 사건 서면 통보행위는 항고소송의 대상이 되는 행정처분에 해당하지 않는다고 판단하였다. 관계 법령 및 기록에 비추어 살펴보면, 원심의 위와 같은 판단은 정당한 것으로 수긍이 가고, 행정청의 행위에 법적 근거가 없더라도 처분성이 인정되는 경우가 있다고 하여 달리 볼 것은 아니며, 거기에 상고이유와 같은 문책경고장(상당)의 법적 효과, 행정청의 행위로 인하여 그 상대방이 입는 불이익 내지 불안이 있는지 여부, 처분성의 판단 기준으로서 법적 근거가 필요한지 여부에 관한 법리오해의 위법이 없다."
* **대판 2015.3.12, 2014두43974** : "원고의 고지방송의무는 피고의 고지방송명령이 아니라 방송법 제100조 제4항에 기초하여 발생한다. 방송법 제108조 제1항 제27호의 과태료 제재는 방송법 제100조 제4항에 따른 고지방송의무를 이행하지 아니한 데 대한 제재일 뿐, 피고의 고지방송명령을 이행하지 아니한 데 대한 제재가 아니고, 달리 고지방송명령 미이행 시의 제재에 관한 규정이 없다. 제재조치명령과 달리 고지방송명령의 경우에는 의견진술 기회 제공, 재심 청구에 관한 규정이 없고, 이 사건 결정서에도 고지방송명령에 대하여는 불복방법이 기재되지 않은 점에 비추어 보면, 피고의 의사는 고지방송명령을 통하여 직접적으로 원고에게 고지방송의무를 부과하기보다는 고지방송의 구체적 내용과 그 방법을 제시·권고하여 원고로 하여금 고지방송의무를 이행하도록 유도하기 위한 것으로 보인다. 그리고 고지방송의무 이행 여부를 과태료 처분과 그에 대한 불복 절차 등을 통하여 다툴 수 있으므로 고지방송명령의 행정처분성을 인정할 필요성이 크지 않다. 나아가, 비록 피고가 고지방송명령을 통하여 원고에게 방송법 제100조 제4항에서 정하지 아니한 사항의 이행까지 명하고 있으나, 원고는 고지방송명령에 따르지 않고 방송법 제100조 제4항에 따라 결정사항 전문을 방송할 수 있으므로, 고지방송명령 자체만으로는 원고의 권리의무에 직접적 변동을 초래하는 어떠한 법률상의

효과가 발생하거나 법적 불안이 있다고 볼 수 없다."

* **대판 2014.12.11, 2012두28704** : "재단법인 한국연구재단이 갑 대학교 총장에게 연구개발비의 부당집행을 이유로 '해양생물유래 고부가식품·향장·한약 기초소재 개발 인력양성사업에 대한 2단계 두뇌한국(BK)21 사업' 협약을 해지하고 연구팀장 을에 대한 대학자체 징계 요구 등을 통보한 사안에서, 재단법인 한국연구재단이 갑 대학교 총장에게 을에 대한 대학 자체징계를 요구한 것은 법률상 구속력이 없는 권유 또는 사실상의 통지로서 을의 권리, 의무 등 법률상 지위에 직접적인 법률적 변동을 일으키지 않는 행위에 해당하므로, 항고소송의 대상인 행정처분에 해당하지 않는다고 본 원심 판단은 정당하다고 한 사례."
* **대판 2005.2.17, 2003두14765** : "원심은 금융기관검사및제재에관한규정(이하 '제재규정'이라 한다) 제22조는 **금융기관의 임원이 문책경고를 받은 경우에는 금융업 관련 법 및 당해 금융기관의 감독 관련 규정에서 정한 바에 따라 일정기간 동안 임원선임의 자격제한을 받는다고 규정**하고 있고, 은행법 제18조 제3항의 위임에 기한 구 은행업감독규정(2002. 9. 23. 금융감독위원회공고 제2002-58호로 개정되기 전의 것) 제17조 제2호 (다)목, 제18조 제1호는 제재규정에 따라 **문책경고를 받은 자로서 문책경고일로부터 3년이 경과하지 아니한 자는 은행장, 상근감사위원, 상임이사, 외국은행지점 대표자가 될 수 없다고 규정**하고 있어서, 문책경고는 그 상대방에 대한 직업선택의 자유를 직접 제한하는 효과를 발생하게 하는 등 상대방의 권리의무에 직접 영향을 미치는 행위로서 행정처분에 해당한다고 판단하였다. 관계 법령에 비추어 살펴보면, 원심의 위와 같은 판단은 정당한 것으로 수긍이 가고, 거기에 상고이유와 같은 소송요건에 관한 법리오해의 위법이 없다."

마. 권리의무와 관계없는 결정이나 단순한 관념의 통지

국세기본법, 부가가치세법에 의하여 세무서장이 하는 국세환급금이나 가산금결정은 이미 확정된 환급금 또는 가산금에 대한 과세관청의 내부적인 환급절차에 불과하고 그 결정에 의하여 비로소 환급청구권이 확정되는 것이 아니므로, 환급금결정이나 환급거부결정은 항고소송의 대상이 아닙니다. 이때 환급을 거부당한 자는 국가를 상대로 환급금청구소송을 제기할 수 있는데, 판례는 이 경우의 소송을 당사자소송이라고 함으로써 민사소송이라는 자신의 기존 판례를 변경하였습니다. 부당이득반환청구소송 전부를 판례가 당사자소송으로 설시한 것이 아니라, 이 경우에 한정된 판결임에 특히 주의해야 합니다. 한편, 국민건강보험공단이 甲 등에게 '직장가입자 자격상실 및 자격변동 안내' 통보 및 '사업장 직권탈퇴에 따른 가입자 자격상실 안내' 통보를 한 사안에서도, 대법원은 행정청 내부에서의 행위나 알선, 권유, 사실상의 통지 등과 같이 상대방 또는 기타 관계자들의 법률상 지위에 직접적인 법률적 변동을 일으키지 아니하는 행위는 항고소송의 대상이 될 수 없다는 법리를 바탕으로 앞의 각 통보의 처분성을 부인하였습니다.

* **대판 1994.12.2, 92누14250** : "국세기본법 제51조 제1항, 제2항, 제52조 및 같은법시행령 제30조, 제31조의 규정에 의하면, 세무서장은 납세의무자가 국세·가산금 또는 체납처분비로서 납부한 금액 중 오납액·초과납부액 또는 환급세액이 있는 때에는 즉시 이를 국세환급금으로 결정함과 아울러 그에 대한 국세환급가산금을 결정하여, 법 제51조 제2항 각 호 소정의 경우에는 위 금액을 당해 국세, 가산금 또는 체납처분비로 충당하고, 그 뜻을 당해 납세자에게 통지하여야 하며 잔여금이 있는 때에는 이를 지급명령관에게 통보하여 납세자에게 환급하게 하도록 되어 있다. 위 규정에 따른 세무서장의 국세환급금(국세환급가산금 포함,이하 같다)에 대한 결정은 이미 납세의무자의 환급청구권이 확정된 국세환급금에 대하여 내부적인 사무처리절차로서 과세관청의 환급절차를 규정한 것에 지나지 않고 그 규정에 의한 국세환급금의 결정에 의하여 비로소 환급청구권이 확정되는 것이 아니므로, 국세환급금결정이나 그 결정을 구하는 신청에 대한 환급거부결정 등은 항고소송의 대상이 되는 처분이라고 볼 수 없다는 것이 당원의 견해(당원 1989.6.15. 선고 88누6436 전원합의체 판결)이다. 한편, 국세환급금의 충당은 위와 같이 세법에 그 요건이나 절차, 방법이 따로 정하여져 있고 그 효과로 납세의무의 소멸을 규정(국세기본법 제26조 제1호)하고 있으나, 위 충당이 납세의무자가 갖는 환급청구권의 존부나 범위 또는 소멸에 구체적이고 직접적인 영향을 미치는 처분이라기보다는 국가의 환급금 채무와 조세채권이 대등액에서 소멸되는 점에서 오히려 민법상의 상계와 비슷하고, 소멸대상인 조세채권이 존재하지 아니하거나 당연무효 또는 취소되는 경우에는 그 충당의 효력이 없는 것으로서 이러한 사유가 있는 경우에 납세의무자로서는 충당의 효력이 없음을 주장하여 언제든지 민사소송에 의하여 이미 결정된 국세환급금의 반환을 청구할 수 있다고 할 것이므로, 이는 국세환급결정이나 그 국세환급신청에 대한 거부결정과 마찬가지로 항고소송의 대상이 되는 처분이라고 할 수 없다고 할 것이다."
* **대판 2019.2.14, 2016두41729** : "국민건강보험 직장가입자 또는 지역가입자 자격 변동은 법령이 정하는 사유가 생기면 별도 처분 등의 개입 없이 사유가 발생한 날부터 변동의 효력이 당연히 발생하므로, 국민건강보험공단이 갑 등에 대하여 가입자 자격이 변동되었다는 취지의 '직장가입자 자격상실 및 자격변동 안내' 통보를 하였거나, 그로 인하여 사업장이 국민건강보험법상의 적용대상사업장에서 제외되었다는 취지의 '사업장 직권탈퇴에 따른 가입자 자격상실 안내' 통보를 하였더라도, 이는 갑 등의 가입자 자격의 변동 여부 및 시기를 확인하는 의미에서 한 사실상 통지행위에 불과할 뿐, 위 각 통보에 의하여 가입자 자격이 변동되는 효력이 발생한다고 볼 수 없고, 또한 위 각 통보로 갑 등에게 지역가입자로서의 건강보험료를 납부하여야 하는 의무가 발생함으로써 갑 등의 권리의무에 직접적 변동을 초래하는 것도 아니므로, 위 각 통보의 처분성이 인정되지 않는다."
* **대판 2013.3.21, 2011다95564(전합)** : "[다수의견] 부가가치세법령이 환급세액의 정의 규정, 그 지급시기와 산출방법에 관한 구체적인 규정과 함께 부가가치세 납세의무를 부담하는 사업자(이하

> '납세의무자'라 한다)에 대한 국가의 환급세액 지급의무를 규정한 이유는, 입법자가 과세 및 징수의 편의를 도모하고 중복과세를 방지하는 등의 조세 정책적 목적을 달성하기 위한 입법적 결단을 통하여, 최종 소비자에 이르기 전의 각 거래단계에서 재화 또는 용역을 공급하는 사업자가 그 공급을 받는 사업자로부터 매출세액을 징수하여 국가에 납부하고, 그 세액을 징수당한 사업자는 이를 국가로부터 매입세액으로 공제·환급받는 과정을 통하여 그 세액의 부담을 다음 단계의 사업자에게 차례로 전가하여 궁극적으로 최종 소비자에게 이를 부담시키는 것을 근간으로 하는 전단계세액공제 제도를 채택한 결과, 어느 과세기간에 거래징수된 세액이 거래징수를 한 세액보다 많은 경우에는 그 납세의무자가 창출한 부가가치에 상응하는 세액보다 많은 세액이 거래징수되게 되므로 이를 조정하기 위한 과세기술상, 조세 정책적인 요청에 따라 특별히 인정한 것이라고 할 수 있다. 따라서 이와 같은 부가가치세법령의 내용, 형식 및 입법 취지 등에 비추어 보면, 납세의무자에 대한 국가의 부가가치세 환급세액 지급의무는 그 납세의무자로부터 어느 과세기간에 과다하게 거래징수된 세액 상당을 국가가 실제로 납부받았는지와 관계없이 부가가치세법령의 규정에 의하여 직접 발생하는 것으로서, 그 법적 성질은 정의와 공평의 관념에서 수익자와 손실자 사이의 재산상태 조정을 위해 인정되는 부당이득 반환의무가 아니라 부가가치세법령에 의하여 그 존부나 범위가 구체적으로 확정되고 조세 정책적 관점에서 특별히 인정되는 공법상 의무라고 봄이 타당하다. 그렇다면 납세의무자에 대한 국가의 부가가치세 환급세액 지급의무에 대응하는 국가에 대한 납세의무자의 부가가치세 환급세액 지급청구는 민사소송이 아니라 행정소송법 제3조 제2호에 규정된 당사자소송의 절차에 따라야 한다."

국가공무원법 제69조처럼 일정한 결격사유가 발생하면 당연퇴직하도록 규정되어 있는 경우 퇴직의 인사발령은 위와 같은 퇴직사유에 해당되어 퇴직하게 되었음을 알려주는 관념의 통지에 불과하고, 새로운 형성적 행위가 아니므로 항고소송의 대상이 될 수 없습니다. 따라서 퇴직인사발령을 받은 공무원은 국가 등을 상대로 공무원지위확인의 당사자소송을 제기할 수밖에 없습니다. 유사한 경우로는, 행정심판 형성재결에 따라 법률관계의 변동이 곧바로 발생하였음에도 재결과 동일한 내용으로 처분청이 행한 후속 처분도 사실의 통지 내지 관념의 통지에 불과하여 항고소송의 대상이 아닙니다. 이를테면, 기존업자 甲이 신규업자로서의 경업자 乙에 대한 강학상 특허 등을 대상으로 취소심판을 제기하여 인용재결이 행해지면, 그 재결만으로 乙에 대한 특허 등은 효력을 상실하므로 해당 재결을 바탕으로 처분청이 후속 직권취소처분을 하더라도 이는 처분이 아닙니다. 따라서 乙은 이 경우 형성력을 발생한 당해 취소재결을 대상으로 항고소송을 제기하여야 하며, 후속 취소통지가 직권취소처분의 형식을 띠더라도 이를 대상으로 취소소송을 제기하면 각하판결이 행해집니다. 판례는 이 경우의 인용재결취소소송을 행정소송법 제19조 단서가 말하는 재결 고유의 위법이 있는 경우, 특히 내용상 하자가 있는 경우에 해당한다는 입장입니다.

국세징수법상 가산금은 국세를 납부기한까지 납부하지 않으면 과세관청의 확정절차 없이 당연히 발생하고 그 액수도 확정되는 지연손해금의 성질을 갖는 것이어서 과세관청이 통상 납세고지를 하면서 같이 고지하는 가산금 부과는 처분성이 부인됩니다. 공무원의 보수나 연가보상비 등은 법령상 정해진 요건을 충족하면 구체적으로 발생하고 행정청의 지급결정에 의하여 비로소 발생하는 것이 아니므로 동 지급청구에 대한 거부도 항고소송의 대상이 아닙니다. 또한, 공무원연금관리공단의 인정에 의하여 퇴직연금을 지급받아 오던 중 공무원연금법령의 개정에 따라 위 공단이 퇴직연금 중 일부 금액에 대하여 지급거부의 의사표시를 한 경우 퇴직연금은 개정 법령에 따라 확정되는 것이므로 그 통지는 행정처분이 아닙니다(대판 2004.12.24, 2003두15195). 그러나 납부기한 이후 과세관청이 독촉장에 의하여 납부를 독촉함으로써 징수절차에 나아갔을 경우 가산금 납부독촉은 항고소송의 대상이며, 나아가 개별법상 규정된 가산세부과도 당연히 처분에 해당합니다(대판 1997.8.22, 96누15404).

* **대판 1996.4.26, 96누1627** : "국세징수법 제21조가 규정하는 가산금은 국세가 납부기한까지 납부되지 않는 경우, 미납분에 관한 지연이자의 의미로 부과되는 부대세의 일종으로서 과세권자의 가산금 확정절차 없이 국세를 납부기한까지 납부하지 아니하면 위 법규정에 의하여 당연히 발생하고, 그 액수도 확정되는 것이며, 그에 관한 징수절차를 개시하려면 독촉장에 의하여 그 납부를 독촉함으로써 가능한 것이므로, 그 가산금 납부독촉이 부당하거나 그 절차에 하자가 있는 경우에는 그 징수처분에 대하여 취소소송에 의한 불복이 가능할 것이나, 과세관청이 가산금을 확정하는 어떤 행위를 한 바가 없고, 다만 국세의 납세고지를 하면서 납기일까지 납부하지 아니하면 납기 후 1개월까지는 가산금으로 얼마를 징수하게 된다는 취지를 고지하였을 뿐이고, 납부기한 경과 후에 그 납부를 독촉한 사실이 없다면 가산금 부과처분은 존재하지 않는다고 할 것이므로, 그러한 가산금 부과처분의 취소를 구하는 소는 부적법하다."
* **대판 2004.7.8, 2004두244** : "공무원으로 재직하다가 퇴직하여 구 공무원연금법(2000. 12. 30. 법률 제6328호로 개정되기 전의 것)에 따라 퇴직연금을 받고 있던 사람이 철차산업 직원으로 다시 임용되어 철차산업으로부터는 급여를 받고 공무원연금관리공단으로부터는 여전히 퇴직연금을 지급받고 있다가, 구 공무원연금법시행규칙(2001. 2. 28. 행정자치부령 제126호로 개정되기 전의 것)이 개정되면서 철차산업이 구 공무원연금법 제47조 제2호 소정의 퇴직연금 중 일부의 금액에 대한 지급정지기관으로 지정된 경우, 공무원연금관리공단의 지급정지처분 여부에 관계없이 개정된 구 공무원연금법시행규칙이 시행된 때로부터 그 법 규정에 의하여 당연히 퇴직연금 중 일부 금액의 지급이 정지되는 것이므로, 공무원연금관리공단이 위와 같은 법령의 개정사실과 퇴직연금 수급자가 퇴직연금

중 일부 금액의 지급정지대상자가 되었다는 사실을 통보한 것은 단지 위와 같이 법령에서 정한 사유의 발생으로 퇴직연금 중 일부 금액의 지급이 정지된다는 점을 알려주는 관념의 통지에 불과하고, 그로 인하여 비로소 지급이 정지되는 것은 아니므로 항고소송의 대상이 되는 행정처분으로 볼 수 없다. 구 공무원연금법(2000. 12. 30. 법률 제6328호로 개정되기 전의 것) 소정의 퇴직연금 등의 급여는 급여를 받을 권리를 가진 자가 당해 공무원이 소속하였던 기관장의 확인을 얻어 신청하는 바에 따라 공무원연금관리공단이 그 지급결정을 함으로써 그 구체적인 권리가 발생하는 것이므로, 공무원연금관리공단의 급여에 관한 결정은 국민의 권리에 직접 영향을 미치는 것이어서 행정처분에 해당할 것이지만, 공무원연금관리공단의 인정에 의하여 퇴직연금을 지급받아 오던 중 구 공무원연금법령의 개정 등으로 퇴직연금 중 일부 금액의 지급이 정지된 경우에는 당연히 개정된 법령에 따라 퇴직연금이 확정되는 것이지 같은 법 제26조 제1항에 정해진 공무원연금관리공단의 퇴직연금 결정과 통지에 의하여 비로소 그 금액이 확정되는 것이 아니므로, 공무원연금관리공단이 퇴직연금 중 일부 금액에 대하여 지급거부의 의사표시를 하였다고 하더라도 그 의사표시는 퇴직연금 청구권을 형성·확정하는 행정처분이 아니라 공법상의 법률관계의 한쪽 당사자로서 그 지급의무의 존부 및 범위에 관하여 나름대로의 사실상·법률상 의견을 밝힌 것일 뿐이어서, 이를 행정처분이라고 볼 수는 없고, 이 경우 미지급퇴직연금에 대한 지급청구권은 공법상 권리로서 그의 지급을 구하는 소송은 공법상의 법률관계에 관한 소송인 공법상 당사자소송에 해당한다."

해양수산부장관의 항만 명칭결정은 국민의 권리의무나 법률상 지위에 직접적인 법률적 변동을 일으키는 행위가 아니므로 항고소송의 대상이 되는 행정처분이 아닙니다(대판 2008.5.29, 2007두23873). 그러나 정보통신윤리위원회가 특정 인터넷사이트를 청소년유해매체물로 결정한 행위는 항고소송의 대상이 되는 행정처분에 해당합니다.

* **대판 2007.6.14, 2005두4397** : "구 청소법보호법(2004. 1. 29. 법률 제7161호로 개정되기 전의 것, 이하 같다) 및 그 시행령의 관련 규정의 내용 및 취지에 의하면, 구 청소년보호법 제7조의 규정에 의한 매체물(이하 '매체물'이라 한다)의 윤리성·건전성의 심의를 할 수 있는 기관(이하 '심의기관'이라 한다)은 소관 매체물의 청소년에 대한 유해 여부를 심의하여 청소년유해매체물로 결정하고 그 결정을 취소할 권한이 있는바, 심의기관은 소관 매체물을 청소년유해매체물로 결정한 때에는 당해 매체물의 목록을 작성하고 청소년유해매체물 결정이 있은 사실을 청소년 유해표시의무자(당해 매체물이 전기통신을 통한 음성정보·영상정보·문자정보인 경우에는 그 정보를 제공하는 자) 및 포장의무자에게 지체 없이 통보하고 또한 청소년보호위원회에 당해 매체물의 고시를 요청하여야 하며, 그 요청에 따라 청소년보호위원회는 당해 매체물을 청소년유해매체물로 고시하도록 되어 있고, 위와 같이 고시된 당해 매체물에 관하여 구 청소년보호법상의 청소년유해표시의무, 포장의무, 청소년에 대한

판매·이용제공 등의 금지의무, 구분·격리의무 등 각종 법률상 의무가 생기며, 한편 심의기관이 청소년유해매체물 결정을 취소한 경우에는 청소년보호위원회에 그 사실을 통보하여야 하고, 그 통보를 받은 청소년보호위원회는 당해 매체물을 청소년유해매체물목록표에서 삭제하고 그 사실을 관계기관 등에 통보하고 그 결정이 취소되었다는 사실을 고시하도록 되어 있으며, 또한 구 청소년보호법상의 관계기관이나 청소년유해매체물 결정에 관하여 30인 이상의 서명을 받은 자는 당해 매체물을 청소년유해매체물로 결정하여 줄 것을 심의기관 등에 신청할 수 있고, 그 신청이 있는 경우에는 심의기관 등은 신청자에게 그 결과를 지체 없이 서면으로 통지하도록 되어 있다. 그리고 원심판결 이유와 기록에 의하면, 피고는 심의기관으로서 원고가 개설·운영하는 '(사이트주소 생략)'이라는 인터넷 사이트(이하 '이 사건 사이트'라 한다)를 청소년유해매체물로 결정하여(이하 '이 사건 결정'이라 한다) 원고에게 이를 통보하였고, 그 통보서에 이 사건 결정에 이의가 있을 경우 피고에게 결정취소를 요청하도록 하는 취지가 기재되어 있는 사실, 이에 원고는 피고에게 이 사건 결정의 취소를 구하는 재심의 신청을 하였으나 피고가 이를 기각하기도 한 사실, 피고의 요청에 기하여 청소년보호위원회가 이 사건 사이트를 청소년유해매체물로 고시한 사실 등을 알 수 있다. 이와 같이, 이 사건 결정은 피고 명의로 외부에 표시되고 이의가 있는 때에는 피고에게 결정취소를 구하도록 통보하고 있어 객관적으로 이를 행정처분으로 인식할 정도의 외형을 갖추고 있는 점, 피고의 결정에 이은 고시 요청에 기하여 청소년보호위원회는 실질적 심사 없이 청소년유해매체물로 고시하여야 하고 이에 따라 당해 매체물에 관하여 구 청소년보호법상의 각종 의무가 발생하는 점, 피고는 이 사건 결정을 취소함으로써 구 청소년보호법상의 각종 의무를 소멸시킬 수 있는 권한도 보유하고 있는 점 등 관련 법령의 내용 및 취지와 사실관계에 비추어 볼 때, 피고의 이 사건 결정은 항고소송의 대상이 되는 행정처분에 해당한다고 봄이 상당하다."

바. 질의회신이나 진정에 대한 답변

법령의 해석질의에 대한 답변(대판 199210.13, 91누2441), 민원 처리에 관한 법률상 사전심사결과 통보 등 진정사건이나 청원에 대한 처리결과 통보 등은 그로써 권리를 부여 또는 제한하거나 의무를 부담시키는 것이 아니므로 항고소송의 대상이 될 수 없습니다. 즉, 행정심판이 아니라 진정 성격에 불과한 이의신청에 대한 기각결정은 독립하여 항고소송의 대상이 될 수 없지만, 인용결정은 기각결정과는 달리 당초 처분의 직권취소 후 행하는 새로운 처분이므로 항고소송의 대상입니다.

* **대판 2014.4.24, 2013두7834** : "구 민원사무 처리에 관한 법률(2012. 10. 22. 법률 제11492호로 개정되기 전의 것, 이하 '구 민원사무처리법'이라 한다) 제19조 제1항, 제3항, 구 민원사무 처리

에 관한 법률 시행령(2012. 12. 20. 대통령령 제24235호로 개정되기 전의 것) 제31조 제3항의 내용과 체계에다가 사전심사청구제도는 민원인이 대규모의 경제적 비용이 수반되는 민원사항에 대하여 간편한 절차로써 미리 행정청의 공적 견해를 받아볼 수 있도록 하여 민원행정의 예측 가능성을 확보하게 하는 데에 취지가 있다고 보이고, 민원인이 희망하는 특정한 견해의 표명까지 요구할 수 있는 권리를 부여한 것으로 보기는 어려운 점, 행정청은 사전심사결과 가능하다는 통보를 한 때에도 구 민원사무처리법 제19조 제3항에 의한 제약이 따르기는 하나 반드시 민원사항을 인용하는 처분을 해야 하는 것은 아닌 점, 행정청은 사전심사결과 불가능하다고 통보하였더라도 사전심사결과에 구애되지 않고 민원사항을 처리할 수 있으므로 불가능하다는 통보가 민원인의 권리의무에 직접적 영향을 미친다고 볼 수 없고, 통보로 인하여 민원인에게 어떠한 법적 불이익이 발생할 가능성도 없는 점 등 여러 사정을 종합해 보면, 구 민원사무처리법이 규정하는 사전심사결과 통보는 항고소송의 대상이 되는 행정처분에 해당하지 아니한다."

(5) 행정처분으로서의 외형을 갖출 것

처분의 외형조차 갖추지 못한 행정작용은 그것이 비록 국민의 권리의무에 관계되는 것이라 하더라도 처분에 대한 부존재확인소송의 대상이 될 수 있을 뿐, 취소소송이나 무효확인소송의 대상은 아닙니다. 또한, 국세환급금 충당통지서만 송달하고 납세고지서로 통지되지 않은 경우 법인세 과세처분이 존재하지 않는 것처럼(대판 1983.4.26, 80누527), 처분이 내부적으로 결정되었을 뿐 외부에 표시되지 아니하면 아직 처분이 있다고 할 수 없습니다. 그러나 상대방 있는 처분에 있어서 처분서를 송달(공시송달 포함)하였으나 그 송달이 부적법한 경우는 외부적 표시가 없는 경우와는 달리 그 효력발생요건에 흠이 있는 무효인 처분이므로 처분이 존재하지 않는다고 할 수 없으며 이는 무효확인소송의 대상이 된다고 보아야 합니다(대판 1995.8.22, 95누3909).

* **대판 1993.12.10, 93누12619** : "행정청의 어떤 행위가 법적 근거도 없이 객관적으로 국민에게 불이익을 주는 행정처분과 같은 외형을 갖추고 있고, 그 행위의 상대방이 이를 행정처분으로 인식할 정도라면 그로 인하여 파생되는 국민의 불이익 내지 불안감을 제거시켜 주기 위한 구제수단이 필요한 점에 비추어 볼 때 행정청의 행위로 인하여 그 상대방이 입는 불이익 내지 불안이 있는지 여부도 그 당시에 있어서의 법치행정의 정도와 국민의 권리의식 수준 등은 물론 행위에 관련한 당해 행정청의 태도 등도 고려하여 판단하여야 한다. 의료보험연합회의 요양기관 지정취소에 갈음하는 금전대체부담금 납부안내 라는 공문은 비록 행정청의 행위라 해도 그것이 아무런 법적 근거가 없어 국민의 권리의무에 직접 어떤 영향을 미치는 행정처분으로서의 효력을 발생할 수 없고, 그 내용도 상대방에게 공

법상 어떤 의무를 부과하는 것으로 보이지 아니하며, 그것을 행정처분으로 볼 수 있느냐 하는 문제에 대한 불안도 존재하지 아니한다고 볼 것이므로 이를 행정소송의 대상이 되는 처분이라고 볼 수 없다."

(6) 행정소송 이외의 특별 불복절차가 따로 마련되어 있지 않을 것

성질상 처분의 요소를 가지더라도 근거 법률이 행정소송 이외의 다른 절차에 의하여 불복할 것을 예정하고 있는 처분은 행정소송법상의 처분이 아니므로 항고소송의 대상이 아닙니다. 도로교통법상의 과태료처분이나 통고처분(제163조)에 대하여 이의가 있는 자는 비송사건절차법 또는 즉결심판에 관한 규정에 의하여 법원의 판단을 받아야 하고 행정소송을 제기할 수 없습니다. 이행강제금에 대해서는 주의를 요합니다. 이행강제금 부과처분을 항고소송으로 다투려면 근거법에서 비송사건절차법 등 특별한 불복방법을 규정하지 않는 경우이어야 합니다. 예컨대 건축법에 의한 이행강제금부과처분은 구 건축법 제83조에 의한 비송사건절차법 의율 규정이 삭제됨으로 인해 현행법상으로는 항고소송의 대상입니다. 그러나 농지법상 이행강제금에 대한 불복은 비송사건절차법에 따른 과태료 재판에 준하는 절차에 의합니다(농지법 제63조 제7항).

검사 또는 사법경찰관의 구금, 압수 또는 압수물의 가환부·환부에 관한 처분에 대한 불복은 형사소송법 등이 정하는 바에 의하여 법원에 준항고를 제기하는 방법에 의하여야 하고(형사소송법 제417조), 검사의 구속처분이나 불기소처분 및 고등검찰청의 항고기각결정도 재정신청이나 헌법소원의 대상이 될지언정 어느 것이나 행정소송의 대상은 아닙니다. 공탁공무원의 처분이나 등기공무원의 처분에 대하여도 공탁법과 부동산등기법이 정하는 바에 의하여 법원에 항고하거나 이의신청을 하는 방법으로 불복하여야 합니다.

＊ **대판 2003.3.28, 99두11264** : "행정소송법 제2조 소정의 행정처분이라고 하더라도 그 처분의 근거 법률에서 행정소송 이외의 다른 절차에 의하여 불복할 것을 예정하고 있는 처분은 항고소송의 대상이 될 수 없다. 형사소송법에 의하면 검사가 공소를 제기한 사건은 기본적으로 법원의 심리대상이 되고 피의자 및 피고인은 수사의 적법성 및 공소사실에 대하여 형사소송절차를 통하여 불복할 수 있는 절차와 방법이 따로 마련되어 있으므로 검사의 공소제기가 적법절차에 의하여 정당하게 이루어진 것이냐의 여부에 관계없이 검사의 공소에 대하여는 형사소송절차에 의하여서만 이를 다툴 수 있고 행정소송의 방법으로 공소의 취소를 구할 수는 없다."

4) 처분성 인정 여부와 관련하여 논란이 있는 사항

(1) 특별권력관계 내부의 행위, 재량행위

포괄적 지배복종관계, 기본권의 제한 및 사법심사의 배제를 내용적 요소로 하는 특별권력관계 내부의 행위는 과거 사법심사의 한계 영역으로 파악하였고, 따라서 특별권력관계 내부에서의 행정작용 일체를 처분이 아니라고 보았습니다. 그러나 오늘날 특별권력관계 자체를 부정할 수는 없을지라도, 그 내부의 행위를 구분하여 판단하는 것이 통설·판례의 입장입니다. 바호프(Bachof)의 외부관계 · 내부관계, 울레(Ule)의 기본관계·경영수행관계를 구분기준으로 할 때, 각각 전자의 경우에는 사법심사의 대상이 되며 그 한도에서는 처분성이 인정됩니다. 오늘날 소위 내부관계로 보아 처분성을 부인하는 경우는 점점 축소되고 있습니다. 이를테면, 공무원에 대한 직무정지명령은 상대방의 공무원 지위는 물론, 근무하던 직위 자체를 박탈하지 않고 단순히 공무수행을 중지시키는 것에 불과하므로 사법심사가 미치지 못하는 것으로 파악할 여지가 있지만, 이를 처분으로 보아 행정소송의 방법으로 다툴 수 있음에 현재 큰 이견이 없습니다.

과거 재량행위를 자유재량과 기속재량으로 구분하여 자유재량은 사법심사의 대상이 아닌 임의의 영역이라던 입장에서는, 자유재량은 사법심사의 한계 밖의 문제이며 처분성이 부인된다는 입장도 제기되었습니다. 그러나 오늘날 재량행위에 대한 일반적인 사법심사가 가능한 점(행정소송법 제27조 참조)을 고려할 때 모든 재량행위는 항고소송의 대상이며, 다만 본안에서 재량하자가 없을 경우 원고의 청구가 기각될 뿐입니다. 환언하면, 재량행위와 기속행위는 항고소송의 대상이라는 심사대상 차원의 문제가 아니라 심사의 강도의 차이를 노정하는 것임에 유의해야 합니다.

(2) 거부처분

거부도 처분의 개념에 포함되지만(행정소송법 제2조 참조), 행정청의 모든 거부가 처분인 것은 아니며 처분으로서 항고소송의 대상이 되기 위해서는 일정 요건을 구비하여야 합니다. 행정실무에서 사용하는 반려처분, 비공개처분, 불허가처분, 불합격처분 등도 거부처분의 유형에 해당합니다.

가. 거부의 처분성 요건

거부처분은 물리적으로 볼 때 그 처분 전의 상태를 유지하는 것이므로 신청인의 법적 지위와 무관하다고 할 수도 있지만, 신청인에게 어떠한 공권력 행사를 요구할 법규상 또는 조리상 권리가 있음에도 행정청이 이를 받아들이지 않는 것은 신청인의 법적 권리를 침해하는 것으로 보아야 합니다. 따라서 신청권 있는 자의 신청을 거부하는 것은 항고소송의 대상이 되는 행정처분에 속하며, 그렇다면 거부의 처분성 요건을 다음의 세 가지로 요약할 수 있습니다.

① 신청의 대상이 신청인의 권리의무에 직접 영향을 미치거나 실체상 권리행사에 중대한 지장을 초래하는 공권력 행사(처분)에 해당할 것

② 그 거부행위가 상대방의 법률관계에 일정한 변동을 일으킬 것 : 그러므로 국·공유 잡종재산의 매각·대부·임대기간요청 등 사경제적 행위의 요청이나 법적 효력 없는 장부의 기재요구 거부 등은 신청인의 권리의무에 직접 관계되는 공권력 행사를 거부하는 것이 아니므로 처분성을 부인합니다.

* **대판 1998.7.10, 96누14036** : "사립학교법령이 학교법인 설립자의 명의정정 또는 명의변경에 관하여 아무런 규정을 두지 않고 있을 뿐 아니라, 학교법인의 설립자가 이미 설립된 학교법인에 대하여 어떠한 법적 지위도 가지고 있지 않는 것으로 해석되므로 학교법인의 설립자 명의정정 또는 명의변경이 공권력의 행사 또는 이에 준하는 행정작용이라거나 그 거부행위가 신청인의 법률관계에 어떤 변동을 일으키는 것이라고 할 수 없고, 따라서 종중의 설립자 명의정정신청을 거부한 당해 회신이 항고소송의 대상이 되는 거부처분에 해당한다고 할 수 없다."
* **대판 2002.11.22, 2000두9229** : "국민의 적극적 행위 신청에 대하여 행정청이 그 신청에 따른 행위를 하지 않겠다고 거부한 행위가 항고소송의 대상이 되는 행정처분에 해당하는 것이라고 하려면, 그 신청한 행위가 공권력의 행사 또는 이에 준하는 행정작용이어야 하고 그 거부행위가 신청인의 법률관계에 어떤 변동을 일으키는 것이어야 하며 그 국민에게 그 행위발동을 요구할 법규상 또는 조리상의 신청권이 있어야 한다고 할 것인바, 여기에서 '신청인의 법률관계에 어떤 변동을 일으키는 것'이라는 의미는 신청인의 실체상의 권리관계에 직접적인 변동을 일으키는 것은 물론 그렇지 않다 하더라도 신청인이 실체상의 권리자로서 권리를 행사함에 중대한 지장을 초래하는 것도 포함한다고 해석함이 상당하다. 실용신안권이 불법 또는 착오로 소멸등록되었다 하더라도 실용신안권자의 실체상의 권리관계에는 직접 영향이 있다고 할 수 없고, 따라서 실용신안등록원부 소관청인 특허청장이 소멸등록된 실용신안권의 회복신청을 거부하는 경우 그 거부로 인하여 실용신안권자의 실용신안권 자체에는 아무런 실체적 권리관계의 변동을 초래하지 아니한다고 할 것이나, 실용신안권이 소멸등록

된 상태에서는 실용신안권자로서는 자신의 권리를 실용신안등록원부에 표창하지 못하고, 나아가 실용신안권을 처분하거나 담보로 제공하는 등 등록을 필요로 하는 일체의 행위를 할 수 없게 되어 권리행사에 중대한 지장을 받게 되므로, 실용신안권의 소멸등록의 회복은 실용신안권자의 권리관계에 직접 변동을 일으키는 행위라고 할 것이어서 실용신안권자는 이해상대방을 상대로 그의 신청에 의하여 불법 또는 착오로 말소된 실용신안권 등록의 회복을 청구할 수 있는 외에, 실용신안권이 특허청장의 직권에 의하여 불법 또는 착오로 소멸등록된 경우에 특허청장에 대하여 그 소멸등록된 실용신안권의 회복등록을 신청할 권리가 있다고 보아야 한다."

③ 신청인에게 그러한 신청을 할 법규상 또는 조리상 권리(신청권)가 있을 것 : 법규상·조리상 신청권의 존재는 앞의 ①과 ②의 요건과 합일적으로 판단하는 것이어서, 앞의 두 가지 요건이 인정되면 신청권이 인정된다고 보아도 무방합니다. 그러나 거부처분의 처분성을 인정하기 위한 전제요건인 신청권의 존부는 구체적 사건에서 신청인이 누구인가를 고려하지 않고 관계 법규의 해석에 의하여 일반 국민에게 그러한 신청권을 인정할 수 있는가에 따라 추상적으로 결정되는 것이고, 신청인이 그 신청에 따른 단순한 응답을 받을 권리를 넘어 신청의 인용이라는 만족적 결과를 얻을 권리가 있는지 여부에 따라 결정되는 것은 아니며, 이는 본안판단의 대상입니다(대판 1996.6.11, 95누12460). 예컨대, 건축허가거부처분취소소송에서 타인 소유 토지에 무단으로 건물을 건축하는 것이 아닌 한 처분성 흠결로 각하되는 경우는 없습니다. 건축허가는 국민의 신청에 의하여 발령되는 것이므로 그 신청에 대한 거부는 모두 항고소송의 대상이고, 구체적으로 그 신청인이 허가를 받을 수 있는데도 이를 거부하였는지 여부는 본안판단 사항입니다.

* **대판 2009.6.18, 2008두10997(주민등록전입신고수리거부처분)** : "주민들의 거주지 이동에 따른 주민등록전입신고에 대하여 행정청이 이를 심사하여 그 수리를 거부할 수는 있다고 하더라도, 그러한 행위는 자칫 헌법상 보장된 국민의 거주·이전의 자유를 침해하는 결과를 가져올 수도 있으므로, 시장·군수 또는 구청장의 주민등록전입신고 수리 여부에 대한 심사는 주민등록법의 입법 목적의 범위 내에서 제한적으로 이루어져야 한다. 한편, 주민등록법의 입법 목적에 관한 제1조 및 주민등록 대상자에 관한 제6조의 규정을 고려해 보면, 전입신고를 받은 시장·군수 또는 구청장의 심사 대상은 전입신고자가 30일 이상 생활의 근거로 거주할 목적으로 거주지를 옮기는지 여부만으로 제한된다고 보아야 한다. 따라서 전입신고자가 거주의 목적 이외에 다른 이해관계에 관한 의도를 가지고 있는지 여부, 무허가 건축물의 관리, 전입신고를 수리함으로써 당해 지방자치단체에 미치는 영향 등

과 같은 사유는 주민등록법이 아닌 다른 법률에 의하여 규율되어야 하고, 주민등록전입신고의 수리 여부를 심사하는 단계에서는 고려 대상이 될 수 없다."

* **대판 2003.4.11, 2001두9929(학력인정 학교형태의 평생교육시설설치자 명의변경거부처분)** : "평생교육법은 평생교육시설 설치자의 지위승계를 명문으로 금지하지 아니하고 있고 그 지위승계를 금지하여야 할 합리적인 필요성도 인정된다고 할 수 없으므로, 같은 법이 설치자의 지위승계절차에 관한 명문규정을 두지 않고 있다고 하여 그 지위의 승계를 금지하는 취지라고 해석되지는 아니하고, 또한 같은 법은 제8조, 제20조 제4항, 제29조 등에서 평생교육시설 설치자의 법적 지위에 관하여 규정하고 있을 뿐만 아니라 현실적으로 설치자의 지위승계를 허용하여야 할 필요성도 있다고 할 것이므로 법규에 따른 적법성과 타당성의 요건을 구비하는 한 설치자의 지위승계가 허용된다고 보아야 할 것이고, 따라서 법규상 내지 조리상으로 신청인에게 학력인정 학교형태의 평생교육시설 설치자 명의의 변경을 요구할 권리가 있다고 할 것이며, 이러한 신청에 대한 거부처분은 신청인의 법률관계에 영향을 주는 것으로서 항고소송의 대상이 된다."
* **대판 2008.4.10, 2007두18611**[1] : "지방공무원법 제8조, 제38조 제1항, 지방공무원임용령 제38조의3의 각 규정을 종합하면, 2급 내지 4급 공무원의 승진임용은 임용권자가 행정실적·능력·경력·전공분야·인품 및 적성 등을 고려하여 하되 인사위원회의 사전심의를 거치도록 하고 있는바, 4급 공무원이 당해 지방자치단체 인사위원회의 심의를 거쳐 3급 승진대상자로 결정되고 임용권자가 그 사실을 대내외에 공표까지 하였다면, 그 공무원은 승진임용에 관한 법률상 이익을 가진 자로서 임용권자에 대하여 3급 승진임용 신청을 할 조리상의 권리가 있다."

그 밖에 거부의 처분성이 인정된 중요 판례를 아래에 정리합니다.

* **대판 1991.2.12, 90누5825(조리상 검사임용신청권을 인정하면서 검사임용신청에 대한 거부의 처분성 긍정)** : "검사의 임용에 있어서 임용권자가 임용여부에 관하여 어떠한 내용의 응답을 할 것인지는 임용권자의 자유재량에 속하므로 일단 임용거부라는 응답을 한 이상 설사 그 응답내용이 부당하다고 하여도 사법심사의 대상으로 삼을 수 없는 것이 원칙이나, 적어도 재량권의 한계 일탈이나 남용이 없는 위법하지 않은 응답을 할 의무가 임용권자에게 있고 이에 대응하여 임용신청자로서도 재량권의 한계 일탈이나 남용이 없는 적법한 응답을 요구할 권리가 있다고 할 것이며, 이러한 응답신청권에 기하여 재량권 남용의 위법한 거부처분에 대하여는 항고소송으로서 그 취소를 구할 수 있다고 보아야 하므로 임용신청자가 임용거부처분이 재량권을 남용한 위법한 처분이라고 주장하면서 그 취소를 구하는 경우에는 법원은 재량권남용 여부를 심리하여 본안에 관한 판단으로서 청구의 인용 여부를 가려야 한다."
* **대판 2004.4.22, 2000두7735(전합)(교수재임용거부처분)**[1] : "구 교육공무원법(1999. 1. 29. 법

1) 해당 사안은 부작위위법확인소송에서 부작위의 성립요건으로서 신청권이 문제된 경우입니다.

> 률 제5717호로 개정되기 전의 것) 제11조 제3항, 구 교육공무원임용령(2001. 12. 31. 대통령령 제17470호로 개정되기 전의 것) 제5조의2 제2항이 국·공립대학에 근무하는 조교수는 4년 이내의 기간을 정하여 임용하도록 규정함으로써 원칙적으로 정년이 보장되는 교수 등의 경우와 차이를 두고 있는 것은, 임용기간이 만료되었을 때 교원으로서의 자질과 능력을 다시 검증하여 임용할 수 있게 함으로써 정년제의 폐단을 보완하고자 하는 데 그 취지가 있으므로, 기간을 정하여 임용된 조교수는 그 임용기간의 만료로 대학교원으로서의 신분관계가 종료된다고 할 것이다. 그러나 대학의 자율성 및 교원지위법정주의에 관한 헌법규정과 그 정신에 비추어 학문 연구의 주체인 대학교원의 신분은 기간제로 임용된 교원의 경우에도 일정한 범위 내에서 보장되어야 할 필요가 있고, 비록 관계 법령에 임용기간이 만료된 교원에 대한 재임용의 의무나 그 절차 및 요건 등에 관하여 아무런 규정을 두지 않았다고 하더라도, 1981년도 이래 교육부장관은 기간제로 임용된 교원의 재임용 심사방법, 연구실적물의 범위와 인정기준, 심사위원 선정방법 등을 상세히 규정한 인사관리지침을 각 대학에 시달함으로써 재임용 심사에 관하여 일정한 기준을 제시하여 왔고, 대학들도 자체 규정에 의하여 재임용

1) 과거 판례의 주류는 신청권을 부인하였습니다.
대판 1997.6.27, 96누4305(교육공무원법상 임용기간이 만료된 대학교원에 대한 임용권자의 재임용제외결정 및 통지가 행정소송의 대상인 행정처분이 아니라는 판례) : "교육공무원법 제11조 제3항, 교육공무원임용령 제5조의2 제2항에 의하면 대학에 근무하는 조교수는 4년 이내의 기간을 정하여 임용하도록 규정하고 있을 뿐, 위 법률의 어디에도 임용권자에게 임용기간이 만료된 자를 재임용할 의무를 지우거나 재임용절차 및 요건 등에 관하여 아무런 근거규정을 둔 바 없으므로, 기간을 정하여 임용된 대학교원은 그 임용기간의 만료로 대학교원으로서의 신분관계는 당연히 종료되는 것이고, 그 임용기간의 만료에 따른 재임용의 기대권을 가진다고 할 수 없으며, 이와 같이 기간을 정하여 임용된 대학교원이 그 기간이 만료된 때에 만약 재임용계약을 체결하지 못하면 재임용거부결정 등 특별한 절차를 거치지 않아도 당연퇴직되는 것이므로 임용권자가 인사위원회의 심의결정에 따라 교원을 재임용하지 않기로 하는 결정을 하고서 이를 통지하였다고 하더라도 이는 교원에 대하여 임기만료로 당연퇴직됨을 확인하고 알려주는 데 지나지 아니하고, 이로 인하여 어떠한 법률효과가 발생하는 것은 아니므로 이를 행정소송의 대상이 되는 행정처분이라고 할 수 없다."
대판 2003.10.23, 2002두12489(국립대학교원 임용지원자에게 임용 여부에 대한 응답신청인 부인된 경우) : "원고는 피고가 시행한 2001학년도 상반기 경북대학교 전임교원공개채용에서 사회과학대학 정치외교학과에 지원하여 교육공무원법(2000. 1. 28. 법률 제6211호로 개정된 것) 제11조, 교육공무원임용령(1999. 9. 30. 대통령령 제16564호로 개정된 것) 제4조의3 및 그 위임에 따른 경북대학교 교원임용규정 및 전임교원공개채용심사지침(이하 '이 사건 임용규정 등'이라 한다)이 정하는 바에 따라 서류심사위원회, 학과심사위원회, 대학공채인사위원회의 각 심사를 최고득점자로 통과하였으나, 대학교공채조정위원회의 채용유보건의에 따라 2000. 10. 30. 피고로부터 교원임용을 거부한다는 통보(이하 '이 사건 통보'라 한다)를 받은 사실, 원고가 신규교원으로 임용되기 위하여는 이 사건 임용규정 등이 정하는 바에 따라 대학교공채조정위원회를 통과하여 면접대상자로 결정된 다음, 면접심사에 합격하여 임용예정자로 결정되고, 나아가 교육공무원법 제26조 제2항에 의한 대학인사위원회의 동의를 얻어 임용후보자가 되는 절차를 거쳐야 하는 사실을 알 수 있는바, 그렇다면 원고로서는 피고에게 자신의 임용을 요구할 권리가 없을 뿐 아니라 단순한 임용지원자에 불과하여 임용에 관한 법률상 이익을 가진다고도 볼 수 없어, 임용 여부에 대한 응답을 신청할 법규상 또는 조리상 권리도 없다고 할 것이므로 이 사건 통보는 항고소송의 대상이 되는 행정처분에 해당하지 아니한다."

심사에 관한 기준을 마련하고 있어, 이에 따라 임용기간이 만료된 교원들은 위 인사관리지침과 각 대학의 규정에 따른 심사기준에 의하여 재임용되어 왔으며, 그 밖에 기간제로 임용된 교원의 재임용에 관한 실태 및 사회적 인식 등 기록에 나타난 여러 사정들을 종합하면, 기간제로 임용되어 임용기간이 만료된 국·공립대학의 조교수는 교원으로서의 능력과 자질에 관하여 합리적인 기준에 의한 공정한 심사를 받아 위 기준에 부합되면 특별한 사정이 없는 한 재임용되리라는 기대를 가지고 재임용 여부에 관하여 합리적인 기준에 의한 공정한 심사를 요구할 법규상 또는 조리상 신청권을 가진다고 할 것이니, 임용권자가 임용기간이 만료된 조교수에 대하여 재임용을 거부하는 취지로 한 임용기간 만료의 통지는 위와 같은 대학교원의 법률관계에 영향을 주는 것으로서 행정소송의 대상이 되는 처분에 해당한다고 할 것이다." 同旨: 대판 2023.10.26, 2018두55272

* **대판 2004.6.11, 2001두7053(교원신규채용업무중단처분취소[1])** : "구 교육공무원법(1999. 1. 29. 법률 제5717호로 개정되기 전의 것) 및 구 교육공무원임용령(1999. 9. 30. 대통령령 16564호로 개정되기 전의 것) 등 관계 법령에 대학교원의 신규임용에 있어서의 심사단계나 심사방법 등에 관하여 아무런 규정을 두지 않았다고 하더라도, 대학 스스로 교원의 임용규정이나 신규채용업무시행지침 등을 제정하여 그에 따라 교원을 신규임용하여 온 경우, 임용지원자가 당해 대학의 교원임용규정 등에 정한 심사단계 중 중요한 대부분의 단계를 통과하여 다수의 임용지원자 중 유일한 면접심사 대상자로 선정되는 등으로 장차 나머지 일부의 심사단계를 거쳐 대학교원으로 임용될 것을 상당한 정도로 기대할 수 있는 지위에 이르렀다면, 그러한 임용지원자는 임용에 관한 법률상 이익을 가진 자로서 임용권자에 대하여 나머지 심사를 공정하게 진행하여 그 심사에서 통과되면 대학교원으로 임용해 줄 것을 신청할 조리상의 권리가 있다고 보아야 할 것이고, 또한 유일한 면접심사 대상자로 선정된 임용지원자에 대한 교원신규채용업무를 중단하는 조치는 교원신규채용절차의 진행을 유보하였다가 다시 속개하기 위한 중간처분 또는 사무처리절차상 하나의 행위에 불과한 것이라고는 볼 수 없고, 유일한 면접심사 대상자로서 임용에 관한 법률상 이익을 가지는 임용지원자에 대한 신규임용을 사실상 거부하는 종국적인 조치에 해당하는 것이며, 임용지원자에게 직접 고지되지 않았다고 하더라도 임용지원자가 이를 알게 됨으로써 효력이 발생한 것으로 보아야 할 것이므로, 이는 임용지원자의 권리 내지 법률상 이익에 직접 관계되는 것으로서 항고소송의 대상이 되는 처분 등에 해당한다."
* **대판 2016.1.28, 2013두2938(개발부담금환급거부처분취소)** : "개발부담금 제도는 사업시행자가 개발사업을 시행한 결과 개발대상 토지의 지가가 상승하여 정상지가상승분을 초과하는 개발이익이 생긴 경우에 이를 일부 환수함으로써 경제정의를 실현하고 토지에 대한 투기를 방지하여 토지의 효율적인 이용의 촉진을 도모하기 위한 제도이므로, 개발사업시행자에게 부과할 개발부담금 산정의 전제가 되는 개발이익을 산출할 때는 가능한 한 부과대상자가 현실적으로 얻게 되는 개발이익을 실제에 가깝도록 산정하여야 한다. 위 법리에 비추어 보면, 개발부담금을 부과할 때는 가능한 한 모든 개

---

1) 교원신규채용업무의 중단은 실질적으로 대상자에게 임용거부처분에 해당합니다.

발비용을 공제함이 마땅하다. 개발공사를 위해 직접 투입되는 순공사비, 조사비, 설계비, 일반관리비 등은 통상 개발부담금의 원칙적인 부과 종료시점인 개발사업의 준공인가일 전에 지출되므로 준공인가일로부터 3개월 이내에 개발부담금을 부과하여도 개발비용으로 공제받는 데 특별한 문제가 없다. 그러나 분양계약 체결 후 납부절차를 밟도록 정하고 있는 학교용지부담금은 준공인가를 받은 후 분양계약이 장기간 지연되거나 분양이 이루어지지 않을 수도 있어 준공인가일로부터 3개월 이내에 납부되지 않을 가능성이 높다. 그럼에도 관련 법령이 일괄적으로 개발사업의 준공인가일로부터 3개월 이내에 개발부담금을 부과하도록 하면서 분양계약 후 실제 납부한 학교용지부담금에 한하여 개발비용으로 공제받을 수 있도록 정하고 있는 바람에, 개발사업에 따른 분양계약이 준공인가일로부터 2개월이 지나 체결된 경우에는 그로부터 1개월 이내에 학교용지부담금 납부절차가 마쳐지지 않아 개발부담금 부과처분 시 학교용지부담금이 공제되지 않을 가능성이 높고, 급기야 준공인가일로부터 3개월 후에 체결된 경우에는 학교용지부담금이 공제될 여지가 아예 없다. 이러한 경우 개발부담금 부과처분 후에 학교용지부담금을 납부한 개발사업시행자는 마땅히 공제받아야 할 개발비용을 전혀 공제받지 못하는 법률상 불이익을 입게 될 수 있는데도 구 개발이익 환수에 관한 법률(2014. 1. 14. 법률 제12245호로 개정되기 전의 것), 같은 법 시행령(2014. 7. 14. 대통령령 제25452호로 개정되기 전의 것)은 불복방법에 관하여 아무런 규정을 두지 않고 있다. 위와 같은 사정을 앞서 본 법리에 비추어 보면, 개발사업시행자가 납부한 개발부담금 중 부과처분 후에 납부한 학교용지부담금에 해당하는 금액에 대하여는 조리상 개발부담금 부과처분의 취소나 변경 등 개발부담금의 환급에 필요한 처분을 신청할 권리를 인정함이 타당하다."

* **대판 2016.11.10, 2016두44674(정보공개거부처분취소)** : "구 공공기관의 정보공개에 관한 법률(2013. 8. 6. 법률 제11991호로 개정되기 전의 것, 이하 '구 정보공개법'이라고 한다)은, 정보의 공개를 청구하는 이(이하 '청구인'이라고 한다)가 정보공개방법도 아울러 지정하여 정보공개를 청구할 수 있도록 하고 있고, 전자적 형태의 정보를 전자적으로 공개하여 줄 것을 요청한 경우에는 공공기관은 원칙적으로 요청에 응할 의무가 있고, 나아가 비전자적 형태의 정보에 관해서도 전자적 형태로 공개하여 줄 것을 요청하면 재량판단에 따라 전자적 형태로 변환하여 공개할 수 있도록 하고 있다. 이는 정보의 효율적 활용을 도모하고 청구인의 편의를 제고함으로써 구 정보공개법의 목적인 국민의 알 권리를 충실하게 보장하려는 것이므로, 청구인에게는 특정한 공개방법을 지정하여 정보공개를 청구할 수 있는 법령상 신청권이 있다. 따라서 공공기관이 공개청구의 대상이 된 정보를 공개는 하되, 청구인이 신청한 공개방법 이외의 방법으로 공개하기로 하는 결정을 하였다면, 이는 정보공개청구 중 정보공개방법에 관한 부분에 대하여 일부 거부처분을 한 것이고, 청구인은 그에 대하여 항고소송으로 다툴 수 있다."
* **대판 2007.5.11, 2007두1811(공사중지명령의 해제를 요구할 수 있는 신청권을 인정한 경우)**[1] : 국민의 신청에 대하여 한 행정청의 거부행위가 취소소송의 대상이 되기 위하여는 국민이 그 신청에

1) 판결문에서는 신청권을 말하고 있지만, 실제 해당 사안은 공사중지명령취소소송을 제기한 경우입니다.

따른 행정행위를 하여 줄 것을 요구할 수 있는 법규상 또는 조리상의 권리가 있어야 하는 것인데, 지방자치단체장이 공장시설을 신축하는 회사에 대하여 사업승인 내지 건축허가 당시 부가하였던 조건에 따른 이행을 하고 이를 증명하는 서류를 제출할 때까지 신축공사를 중지하라는 공사중지명령에 있어서는 그 명령의 내용 자체로 또는 그 성질상으로 명령 이후에 그 원인사유가 해소되는 경우에는 잠정적으로 내린 당해 공사중지명령의 해제를 요구할 수 있는 권리를 위 명령의 상대방에게 인정하고 있다고 할 것이므로, 위 회사에게는 조리상으로 그 해제를 요구할 수 있는 권리가 인정된다고 할 것이다. … 이 사건 처분 이후에 이 사건 처분의 사유 중 중요한 상당 부분이 소멸하였다면, 원고가 이를 이유로 피고에 대하여 이 사건 처분에 의한 공사중지명령의 해제를 요구하고 피고가 이를 거부할 경우 그 거부처분에 대하여 취소를 청구할 수 있음은 별론으로 하고, 이 사건 처분은 그 처분 당시의 법령과 사실상태를 기준으로 판단할 때 적법하다고 할 것이고, 이 사건 처분 이후의 원심판결에서 인정하고 있는 바와 같은 사실상태의 변동으로 인하여 처분 당시 적법하였던 이 사건 처분이 다시 위법하게 되는 것은 아니라고 할 것이다."

한편, 기타 판례상 거부의 처분성이 부인된 경우로는 다음을 들 수 있습니다.

* **대판 2006.6.30, 2004두701(산림 복구설계승인 및 복구준공통보에 대한 이해관계인의 취소신청을 거부한 행위가 항고소송의 대상이 되는 행정처분에 해당하지 않는다고 한 경우)** : "산림법령에는 채석허가처분을 한 처분청이 산림을 복구한 자에 대하여 복구설계서승인 및 복구준공통보를 한 경우 그 취소신청과 관련하여 아무런 규정을 두고 있지 않고, 원래 행정처분을 한 처분청은 그 처분에 하자가 있는 경우에는 원칙적으로 별도의 법적 근거가 없더라도 스스로 이를 직권으로 취소할 수 있지만, 그와 같이 직권취소를 할 수 있다는 사정만으로 이해관계인에게 처분청에 대하여 그 취소를 요구할 신청권이 부여된 것으로 볼 수는 없다. 따라서 처분청이 위와 같이 법규상 또는 조리상의 신청권이 없이 한 이해관계인의 복구준공통보 등의 취소신청을 거부하더라도, 그 거부행위는 항고소송의 대상이 되는 처분에 해당되지 않는다."
* **대판 1999.9.3, 97누13641(전통사찰의 등록말소신청을 거부한 행정청의 회신이 항고소송의 대상이 아니라고 본 경우)** : "전통사찰의 등록은 소관 부처의 장관이 사찰관계전문가의 의견을 들어 역사적 의의를 가진 전통사찰이라고 지정한 다음 그 사실을 당해 사찰의 주지에게 통지하여 그 주지로 하여금 등록신청을 하게 함으로써 이루어지는 것으로서 이와 같이 지정된 전통사찰에 대하여 그 등록의 말소를 신청할 법규상의 근거는 없고, 조리상으로도 그러한 신청권이 인정된다고 할 수 없으므로, 전통사찰의 등록말소신청을 거부한 행정청의 거부회신이 항고소송의 대상이 되는 거부처분에 해당하지 아니한다."
* **대판 1997.9.12, 96누6219(토지형질변경행위허가의 상대방이 그 허가에 불가쟁력이 생긴 이후에 한 철회·변경신청을 거부하는 행위)** : "도시계획법령이 토지형질변경행위허가의 변경신청 및 변

> 경허가에 관하여 아무런 규정을 두지 않고 있을 뿐 아니라, 처분청이 처분 후에 원래의 처분을 그대로 존속시킬 필요가 없게 된 사정변경이 생겼거나 중대한 공익상의 필요가 발생한 경우에는 별도의 법적 근거가 없어도 별개의 행정행위로 이를 철회 내지 변경할 수 있지만 이는 그러한 철회 또는 변경의 권한을 처분청에게 부여하는 데 그치는 것일 뿐 상대방 등에게 그 철회 또는 변경을 요구할 신청권까지를 부여하는 것은 아니라 할 것이므로, 이와 같이 법규상 또는 조리상의 신청권이 없이 한 국민들의 토지형질변경행위 변경허가신청을 반려한 당해 반려처분은 항고소송의 대상이 되는 처분에 해당되지 않는다."

나아가 판례는, 인접 불법건축물이나 도로상의 장애물 철거요구를 거부하는 행위, 문화재지정신청을 거부하는 행위, 전통사찰등록말소신청을 거부하는 행위, 중요무형문화재 보유자의 추가인정 등의 처분성을 부인하였고(대판 1982.7.27, 82누231; 대판 1989.5.9, 88누4515; 대판 1991.1.28, 90누5597; 대판 1994.12.9, 94누8433; 대판 1995.4.28, 95누627; 대판 1999.9.3, 97누13641; 대판 1999.12.7, 97누17568; 대판 2001.9.28, 99두8565; 대판 2003.10.23, 2002두12489; 대판 2005.4.15, 2004두11626; 대판 2015.12.10, 2013두20585 등), 업무상 재해를 당한 甲의 요양급여 신청에 대하여 근로복지공단이 요양승인처분을 하면서 사업주를 乙주식회사로 보아 요양승인 사실을 통지하자, 乙회사가 甲이 자신의 근로자가 아니라고 주장하면서 사업주변경신청을 하였으나 근로복지공단이 거부통지를 한 경우, 위와 같은 사업주변경신청에 관한 법규상·조리상 신청권이 없으므로 그 거부통지는 처분이 아니라고 판시하였습니다(대판 2016.7.14, 2014두47426).

나. 행정계획 관련 거부행위의 처분성

일반적으로 사인의 계획변경청구권이 인정되지는 않지만 아래 경우에 있어서는 판례상 예외적으로 계획변경청구권이 인정되며, 이때 계획변경신청에 대한 거부는 신청권으로서의 계획변경청구권이 인정되므로 거부처분취소소송으로 다툴 수 있습니다.

> * **대판 2003.9.23, 2001두10936** : 일정한 행정처분을 구하는 신청을 할 수 있는 법률상 지위에 있는 자의 국토이용계획변경신청을 거부하는 것이 실질적으로 당해 처분 자체를 거부하는 결과가 되는 경우
> * **대판 2004.4.28, 2003두1806** : 도시계획구역내 토지 등을 소유하고 있는 주민이 도시계획입안권자에게 도시계획입안을 신청하는 경우(국토의계획및이용에관한법률 제26조 참조)

＊ **대판 2004.4.27, 2003두8821** : 문화재보호구역내의 토지소유자가 문화재보호구역의 지정해제를 신청하는 경우
＊ **대판 2012.1.12, 2010두5806** : 도시계획구역 내 토지소유자가 도시계획시설변경을 청구한 경우
＊ **대판 2015.3.26, 2014두42742** : 도시계획구역 내 토지 등의 소유자가 도시시설계획의 입안 내지 변경을 요구하는 경우

〈참고〉 신청권의 법적 지위

＊ **본안문제설의 논거** : 신청권의 존재를 거부처분의 요건으로 보는 소송요건설의 경우 행정처분의 범위를 부당하게 좁힘으로써 권리구제의 가능성을 부당하게 축소하며, 신청권 있는 자의 신청만을 거부처분으로 봄에 따라 사실상 본안의 판단대상이 존재하지 않는 결과가 됨

＊ **거부행위요건설의 논거**
- 신청권을 형식적 권리로 파악하면 본안문제설의 비판을 피할 수 있음
- 현행법상 부작위의 개념 정의에 의할 때 신청권에 대응하는 처분의무의 존재를 본안판단의 대상이 아니라 부작위의 요소로 규정함
- 법원의 부담을 경감할 수 있음(실제 판례가 고려하는 요소)

＊ **원고적격문제설**

＊ **결어** : 거부처분의 처분성을 인정하기 위한 전제요건이 되는 신청권의 존부는 구체적 사건에서 신청인이 누구인가를 고려하지 않고 관계 법규의 해석에 의하여 일반 국민에게 그러한 신청권을 인정하고 있는가를 살펴 추상적으로 결정되는 것이고, 신청인이 그 신청에 따른 단순한 응답을 받을 권리를 넘어서 신청의 인용이라는 만족적 결과를 얻을 권리를 의미하는 것은 아니라고 할 것입니다. 따라서 국민이 어떤 신청을 한 경우에 그 신청의 근거가 된 조항의 해석상 행정발동에 대한 개인의 신청권을 인정하고 있다고 보이면 그 거부행위는 항고소송의 대상이 되는 처분으로 보아야 할 것이고, 구체적으로 그 신청이 인용될 수 있는가 하는 점은 본안에서 판단하여야 할 사항입니다(대판 1996.6.11, 95누12460).

(3) 부관

다수설·판례에 의할 때 부관은 본체인 행정행위와 합하여 하나의 행정행위를 이루는 것이어서 본체인 행정행위에 중요한 요소의 부관인지 여부와 무관하게 부관만을 분리하여 독립적인 쟁송의 수단으로 삼을 수 없고, 당해 행정행위 전체의 취소를 구하여야 합니다. 판례는 부관부행정행위 전체를 소의 대상으로 해서 일부(부관)취소를 구하는 것(부진정일부취소소송)은 허용하지 않습니다. 다만, 무부관부행정행위 내지 부관의 변경을

신청한 후 그 거부에 대한 취소소송을 제기하는 것은 가능합니다.

그러나 부담에 대해서는 다른 부관과는 달리 행정행위의 불가분적인 요소가 아니고 그 존속이 본체인 행정행위의 존재를 전제로 하는 것일 뿐이므로 부담 그 자체의 처분성을 인정하므로 이는 독립하여 항고소송의 대상이 되며, 부담만의 취소도 가능합니다. 예컨대, 도로점용허가에 있어서 부담인 점용료납부명령에 위법이 있는 경우 그 점용료납부명령만의 취소가 가능하지만, 그 외의 부관인 점용허가기간 등에 위법이 있는 경우에는 그 기간만의 취소는 불가능하고 도로점용허가 전체의 취소를 구하여야 합니다. 결국, 학설 대립에도 불구하고 판례는 부담과 부담 아닌 부관을 구분하여 전자에 대해서는 진정일부취소소송을 후자에 대해서는 - 부진정일부취소소송도 인정하지 않으면서 - 부관부 행정행위 전부를 취소소송의 대상으로 삼아야 한다고 함으로써 결과적으로 다른 부관 대비 상대적으로 부종성이 약한 부담에 대해서만 처분성을 인정합니다.

(4) 반복된 행위

대집행계고는 준법률행위적 행정행위로서 처분성이 인정됩니다. 예컨대, 철거대집행 계고처분에 있어 제1차 계고 후 자진철거를 하지 않는 경우 다시 제2차, 제3차 계고서를 발송하여 일정기간까지 자진철거를 재촉구하고 그 불이행시 대집행하겠다는 고지를 하는 경우가 빈번합니다. 이때 행정대집행상의 건물철거의무는 제1차 철거명령 및 계고처분에 의하여 발생하는 것이며 제2, 3차 계고처분은 새로운 철거의무의 부과가 아니라 단지 대집행기한의 연기 통고에 불과하므로 항고소송의 대상이 될 수 없습니다(대판 1994.10.28, 94누5144; 대판 2005.10.28, 2003두14550 : 공익근무요원소집처분취소 사건에서 재차 행한 소집통지의 처분성 부인하였습니다). 국세체납절차의 전제로서의 독촉의 경우도 동일합니다.

그러나 거부처분의 경우에는 신청횟수를 제한하는 법규가 없는 이상 동일한 내용을 수차 신청할 수 있고, 그에 따라 거부처분이 수회 있을 수 있는바, 이러한 거부처분은 각각 독립된 처분으로서 각각 항고소송의 대상이 되며, 제1차 거부처부에 대하여 불가쟁력이 발생하거나 기각재결이나 판결확정의 경우에도 그러합니다. 행정쟁송의 제기기간도 각 처분을 기준으로 진행됩니다.

* **대판 1998.3.13, 96누15251** : "원심판결 이유에 의하면, 원심은, 피고가 경기 고양군 일산지역에 택지개발사업을 시행하면서, 공공용지의취득및손실보상에관한특례법 제8조에 따라 위 사업시행으로 생활근거를 상실하게 되는 자들을 위한 이주대책을 수립하자, 원고는 위 지역을 택지개발예정지

구로 지정하기 이전인 1987. 2. 11. 소외인으로부터 위 택지개발지구 내에 있는 이 사건 주택을 매수하여 그 무렵 잔금지급까지 마친 뒤 1988. 7. 4.부터 전 가족이 함께 이 사건 주택에서 거주하였다고 주장하면서 피고에게 이주대책대상자 선정신청을 하였다가, 1992. 1. 6. 피고로부터 이주대책대상자에 해당하지 않는다는 이유로 부적격 통보를 받았고, 1994. 11. 3. 피고에게 재차 이주대책대상자 선정신청을 하였다가 같은 달 10. 다시 선정불가의 통지를 받은 사실을 인정한 다음, 피고의 1992. 1. 6.자 부적격 통보가 구체적 사실에 관한 법집행으로서의 공권력의 행사인 행정처분에 해당하고, 원고가 종전과 동일한 상황에 대하여 새로이 이주대책대상자 선정신청을 하였다가, 피고로부터 선정불가의 통보를 받았다 하더라도, 피고의 이러한 통보는 원고의 권리 또는 이익을 새로이 침해하는 것이 아닌 단순한 사실의 통지에 불과할 뿐이고, 이를 가리켜 행정처분이라고는 할 수 없다고 판단하고 있다. 그러나 거부처분은 관할 행정청이 국민의 처분신청에 대하여 거절의 의사표시를 함으로써 성립되고, 그 이후 동일한 내용의 새로운 신청에 대하여 다시 거절의 의사표시를 한 경우에는 새로운 거부처분이 있는 것으로 보아야 하는 것인데, 원심이 인정한 바에 의하더라도 원고는 1994. 11. 3. 피고에게 이주대책대상자 선정신청을 하였다가, 피고로부터 같은 달 10. 선정불가의 통지를 받았다는 것이고, 기록에 의하면 피고는 위 선정신청에 대하여 피고공사 이주자택지의 공급에 관한 예규 소정의 이주택지의 공급대상 적격자에 해당하지 아니한다는 이유로 원고를 이주대책대상자로 선정하는 것이 불가하다는 통지를 하였음을 알아 볼 수 있으므로, 피고의 원고에 대한 이러한 통지는 독립한 새로운 거부처분으로서 취소소송의 대상이 된다 할 것임에도, 그 판시와 같은 이유만으로 위 통지가 행정처분에 해당하지 않는다고 본 원심판결에는 취소소송의 대상인 행정처분에 관한 법리오해 등의 위법이 있다 할 것이다. 상고이유 중 이 점을 지적하는 부분은 이유 있다(同旨 : 대판 2002.3.29, 2000두6084)."

이의신청과 행정심판의 관계 논의를 살필 때, 수익적 처분의 신청에 대한 거부처분과 관련하여 행정심판의 성격이 아닌 단순 진정 의미의 이의신청에 대한 인용결정은 최초의 거부처분에 대한 직권취소를 전제로 하므로 그 인용결정은 독립하여 소송의 대상이 되지만(복효적 행정행위에서 제3자가 취소소송을 제기하는 경우가 이에 해당합니다), 기각결정은 독립하여 항고소송의 대상이 되지 못합니다. 반복된 거부처분의 경우와 상이한 점입니다. 그러나 판례에 따라서는 이러한 결론에 배치되는 판시를 합니다. 아래 두 판례를 주의 깊게 읽어 봅시다.

* **대판 2016.7.27, 2015두45953** : "국가유공자 등 예우 및 지원에 관한 법률(이하 '국가유공자법'이라 한다) 제4조 제1항 제6호, 제6조 제3항, 제4항, 제74조의18의 문언·취지 등에 비추어 알 수 있는 다음과 같은 사정, 즉 국가유공자법 제74조의18 제1항이 정한 이의신청은, 국가유공자 요건에

해당하지 아니하는 등의 사유로 국가유공자 등록신청을 거부한 처분청인 국가보훈처장이 신청 대상자의 신청 사항을 다시 심사하여 잘못이 있는 경우 스스로 시정하도록 한 절차인 점, 이의신청을 받아들이는 것을 내용으로 하는 결정은 당초 국가유공자 등록신청을 받아들이는 새로운 처분으로 볼 수 있으나, 이와 달리 이의신청을 받아들이지 아니하는 내용의 결정은 종전의 결정 내용을 그대로 유지하는 것에 불과한 점, 보훈심사위원회의 심의·의결을 거치는 것도 최초의 국가유공자 등록신청에 대한 결정에서나 이의신청에 대한 결정에서 마찬가지로 거치도록 규정된 절차인 점, 이의신청은 원결정에 대한 행정심판이나 행정소송의 제기에도 영향을 주지 아니하는 점 등을 종합하면, 국가유공자법 제74조의18 제1항이 정한 이의신청을 받아들이지 아니하는 결정은 이의신청인의 권리·의무에 새로운 변동을 가져오는 공권력의 행사나 이에 준하는 행정작용이라고 할 수 없으므로 원결정과 별개로 항고소송의 대상이 되지는 않는다. 국가유공자 비해당결정 등 원결정에 대한 이의신청이 받아들여지지 아니한 경우에도 이의신청인으로서는 원결정을 대상으로 항고소송을 제기하여야 하고, 국가유공자 등 예우 및 지원에 관한 법률 제74조의18 제4항이 이의신청을 하여 그 결과를 통보받은 날부터 90일 이내에 행정심판법에 따른 행정심판의 청구를 허용하고 있고, 행정소송법 제18조 제1항 본문이 "취소소송은 법령의 규정에 의하여 당해 처분에 대한 행정심판을 제기할 수 있는 경우에도 이를 거치지 아니하고 제기할 수 있다."라고 규정하고 있는 점 등을 종합하면, 이의신청을 받아들이지 아니하는 결과를 통보받은 자는 통보받은 날부터 90일 이내에 행정심판법에 따른 행정심판 또는 행정소송법에 따른 취소소송을 제기할 수 있다."

* **대판 2019.4.3, 2017두52764** : "나. 원심이 적법하게 채택한 증거들 및 기록에 의하면, 다음 사실을 알 수 있다.

(1) 원고는 2014. 1. 29. 예방접종 피해신청을 하였고, 피고는 2014. 3. 27. 피해보상 기각결정을 하였으며, 위 처분서는 2014. 4. 10.경 원고에게 송달되었다(이하 '제1차 거부통보'라 한다).

(2) 원고는 2014. 7. 17.경 피고가 내부적으로 정한 절차에 따라 이의신청을 하였고, 피고는 2014. 9. 29. 이의신청을 기각하였으며, 위 처분서는 2014. 10. 16.경 원고에게 송달되었다(이하 '제2차 거부통보'라 한다).

(3) 원고는 2014. 12. 23. 제2차 거부통보에 대하여 중앙행정심판위원회에 행정심판을 청구하였고, 2015. 8. 7. 기각재결을 송달받았다.

(4) 원고는 2015. 10. 8. 제2차 거부통보의 취소를 구하는 이 사건 소를 제기하였다.

(5) 제1심법원은 원고에게 '청구취지에 기재된 피고 처분일자인 2014. 10. 16.을, 2014. 4. 7.로 변경하라'는 취지의 보정명령을 하였고, 이에 따라 원고는 취소대상 처분일을 '2014. 4. 7.'로 정정하였다. 위 2014. 4. 7.은 피고가 원고에게 제1차 거부통보를 하기 전에 내부 절차에 따라 서울특별시장에게 그 심의 결과를 미리 통보해 준 날짜이다.

다. 위와 같은 사실관계를 앞서 본 법리에 비추어 살펴보면, **감염병예방법령은 예방접종 피해보상 기각결정에 대한 이의신청에 관하여 아무런 규정을 두고 있지 않으므로 피고가 원고의 이의신청에 대하여 스스로 다시 심사하였다고 하여 행정심판을 거친 경우에 대한 제소기간의 특례가 적**

> **용된다고 볼 수 없다.** 따라서 제1차 거부통보에 대한 제소기간은 원고가 그 처분이 있음을 알았던 2014. 4. 10.부터 기산되므로, 이 사건 소 제기 당시 이미 그에 대한 제소기간을 도과하였다. 그런데도 원심은 원고가 제1차 거부통보의 취소를 구하고 있다고 보면서도 그에 대한 제소기간이 도과하지 아니하였다는 전제 아래 그 본안에 들어가 판단하였으므로, 이러한 원심판단에는 제소기간에 관한 법리를 오해한 잘못이 있다.
>
> 라. 그러나 한편, 원심이 적법하게 채택한 증거에 의하여 알 수 있는 아래와 같은 사정을 관련 법리에 따라 살펴보면, 비록 원고가 제1차 거부통보에 대하여 이의신청 형식으로 불복하였고 제2차 거부통보의 결론이 제1차 거부통보와 같다고 하더라도, 제2차 거부통보는 실질적으로 새로운 처분에 해당하여 독립한 행정처분으로서 항고소송의 대상이 된다고 볼 수 있다.
>
> (1) 수익적 행정행위 신청에 대한 거부처분은 당사자의 신청에 대하여 관할 행정청이 거절하는 의사를 대외적으로 명백히 표시함으로써 성립되고, 거부처분이 있은 후 당사자가 다시 신청을 한 경우에는 신청의 제목 여하에 불구하고 그 내용이 새로운 신청을 하는 취지라면 관할 행정청이 이를 다시 거절하는 것은 새로운 거부처분으로 봄이 원칙이다(대법원 1992. 10. 27. 선고 92누1643 판결, 대법원 2002. 3. 29. 선고 2000두6084 판결 등 참조).
>
> (2) 감염병예방법령에는 **이의신청에 관한 명문의 규정이 없고**, 소멸시효 또는 권리 행사기간의 제한에 관한 규정도 없으므로, 원고는 언제든지 재신청을 할 수 있다. 원고의 이의신청은 민원 처리에 관한 법률상 이의신청 기간이 도과된 후에야 제기되었다.
>
> (3) 피고는 원고의 이의신청에 따라 추가로 제출된 자료 등을 예방접종피해보상 전문위원회에서 새로 심의하도록 하여 그 의견을 들은 후 제2차 거부통보를 하였다.
>
> 마. 따라서 이와 같이 원고가 당초에 쟁송대상으로 삼은 제2차 거부통보의 처분성을 인정할 수 있고, 그에 대한 제소기간도 도과하지 않았다."

'거부처분에 대한 이의신청과 그에 대한 기각결정'이라는 유사한 상황을 전제로 함에도 두 판결은 결론을 달리합니다. 2017두52764 판결은 반복된 거부처분의 경우에 해당하는 결론을, 2015두45953 판결은 진정 의미의 이의신청에 대한 기각결정의 경우에 이른 결론을 각각 판시합니다. 문제된 2017두52764 판결에서의 이의신청은 - 진정(陳情) 의미의 다른 이의신청이 법령에 근거한 것임에 비해 - 법령에 그에 관한 규정이 없는 경우라는 점이 중요합니다. 처분의 상대방이 이의신청의 형식을 취했더라도 이는 '행정심판 성질의 이의신청'도, '법에 근거한 진정 의미의 이의신청'도 아닌 '처분 발령에 대한 재신청'에 불과한 것입니다. 따라서 이때의 이의신청은 수익적 처분의 발령을 위한 제2차 신청에 해당하고 그에 대한 기각결정(실질에 있어 재신청에 불과하더라도 처분청은 그에 대한 응답을 형식적으로 기각결정의 표현을 사용하는 것이 일반적입니다)은 제2차 거부처분입니다. 따라서 반복된 거부처분은 각각 독립하여 항고소송의 대상이 된다는 기존의 판례 법리가 위 2017두52764 판결에 적용된 것입니다.

민원 처리에 관한 법률 제35조는 거부처분에 대한 이의신청의 법적 근거를 제시하면서 이와 별개로 행정심판 내지 행정소송의 가능성도 예정하므로, 동법상 이의신청은 특별행정심판이나 제2차 신청이 아니라 이른바 진정 의미의 이의신청에 해당합니다. 따라서 그에 대한 기각결정 내지 그 통보는 거부처분을 유지하는 데에 그치고 별도의 처분이라고 할 수 없습니다.

* **대판 2012.11.15, 2010두8676** : "행정소송법 제18조 내지 제20조, 행정심판법 제3조 제1항, 제4조 제1항, 민원사무처리에 관한 법률(이하 '민원사무처리법'이라 한다) 제18조, 같은 법 시행령 제29조 등의 규정들과 그 취지를 종합하여 보면, 민원사무처리법에서 정한 민원 이의신청의 대상인 거부처분에 대하여는 민원 이의신청과 상관없이 행정심판 또는 행정소송을 제기할 수 있으며, 또한 민원 이의신청은 민원사무처리에 관하여 인정된 기본사항의 하나로 처분청으로 하여금 다시 거부처분에 대하여 심사하도록 한 절차로서 행정심판법에서 정한 행정심판과는 성질을 달리하고 또한 사안의 전문성과 특수성을 살리기 위하여 특별한 필요에 따라 둔 행정심판에 대한 특별 또는 특례 절차라 할 수도 없어 행정소송법에서 정한 행정심판을 거친 경우의 제소기간의 특례가 적용된다고 할 수도 없으므로, 민원 이의신청에 대한 결과를 통지받은 날부터 취소소송의 제소기간이 기산된다고 할 수 없다. 그리고 이와 같이 민원 이의신청 절차와는 별도로 그 대상이 된 거부처분에 대하여 행정심판 또는 행정소송을 제기할 수 있도록 보장하고 있는 이상, 민원 이의신청 절차에 의하여 국민의 권익 보호가 소홀하게 된다거나 헌법 제27조에서 정한 재판청구권이 침해된다고 볼 수도 없다. 민원사무처리에 관한 법률(이하 '민원사무처리법'이라 한다) 제18조 제1항에서 정한 거부처분에 대한 이의신청(이하 '민원 이의신청'이라 한다)은 행정청의 위법 또는 부당한 처분이나 부작위로 침해된 국민의 권리 또는 이익을 구제함을 목적으로 하여 행정청과 별도의 행정심판기관에 대하여 불복할 수 있도록 한 절차인 행정심판과는 달리, 민원사무처리법에 의하여 민원사무처리를 거부한 처분청이 민원인의 신청 사항을 다시 심사하여 잘못이 있는 경우 스스로 시정하도록 한 절차이다. 이에 따라, 민원 이의신청을 받아들이는 경우에는 이의신청 대상인 거부처분을 취소하지 않고 바로 최초의 신청을 받아들이는 새로운 처분을 하여야 하지만, 이의신청을 받아들이지 않는 경우에는 다시 거부처분을 하지 않고 그 결과를 통지함에 그칠 뿐이다. 따라서 **이의신청을 받아들이지 않는 취지의 기각 결정 내지는 그 취지의 통지는, 종전의 거부처분을 유지함을 전제로 한 것에 불과하고 또한 거부처분에 대한 행정심판이나 행정소송의 제기에도 영향을 주지 못하므로, 결국 민원 이의신청인의 권리·의무에 새로운 변동을 가져오는 공권력의 행사나 이에 준하는 행정작용이라고 할 수 없어, 독자적인 항고소송의 대상이 된다고 볼 수 없다**고 봄이 타당하다."

그러나 수익적 행정행위의 거부와 관련하여, 이의신청이 법령에 근거가 없이 제기된 것이고 이의신청의 내용이 새로운 신청을 하는 취지라면 그에 대한 기각결정은 제2차 신청을 거부하는 새로운 거부처분으로 볼 수 있습니다(위 2017두52764 판결 참조).

> * **대판 2021.1.14, 2020두50324** : "(1) 수익적 행정처분을 구하는 신청에 대한 거부처분은 당사자의 신청에 대하여 관할 행정청이 이를 거절하는 의사를 대외적으로 명백히 표시함으로써 성립된다. 거부처분이 있은 후 당사자가 다시 신청을 한 경우에는 신청의 제목 여하에 불구하고 그 내용이 새로운 신청을 하는 취지라면 관할 행정청이 이를 다시 거절하는 것은 새로운 거부처분이라고 보아야 한다(대법원 2019. 4. 3. 선고 2017두52764 판결 등 참조). 관계 법령이나 행정청이 사전에 공표한 처분기준에 신청기간을 제한하는 특별한 규정이 없는 이상 재신청을 불허할 법적 근거가 없으며, 설령 신청기간을 제한하는 특별한 규정이 있다 하더라도 재신청이 신청기간을 도과하였는지 여부는 본안에서 재신청에 대한 거부처분이 적법한가를 판단하는 단계에서 고려할 요소이지, 소송요건 심사단계에서 고려할 요소가 아니다.
> (2) 행정절차법 제26조는 행정청이 처분을 할 때에는 당사자에게 그 처분에 관하여 행정심판 및 행정소송을 제기할 수 있는지 여부, 그 밖에 불복을 할 수 있는지 여부, 청구절차 및 청구기간, 그 밖에 필요한 사항을 알려야 한다고 규정하고 있다. 이 사건에서 피고 공사가 원고에게 2차 결정을 통보하면서 '2차 결정에 대하여 이의가 있는 경우 2차 결정 통보일부터 90일 이내에 행정심판이나 취소소송을 제기할 수 있다.'는 취지의 불복방법 안내를 하였던 점을 보면, 피고 공사 스스로도 2차 결정이 행정절차법과 행정소송법이 적용되는 처분에 해당한다고 인식하고 있었음을 알 수 있고, 그 상대방인 원고로서도 2차 결정이 행정쟁송의 대상인 처분이라고 인식하였을 수밖에 없다고 보인다. 이와 같이 불복방법을 안내한 피고 공사가 이 사건 소가 제기되자 '처분성'이 인정되지 않는다고 본안전항변을 하는 것은 신의성실원칙(행정절차법 제4조)에도 어긋난다(대법원 2020. 4. 9. 선고 2019두61137 판결 참조). 원심이 원용한 대법원 2012. 11. 15. 선고 2010두8676 판결은, 행정청이 구 「민원사무처리에 관한 법률」(2015. 8. 11. 법률 제13459호로 전부 개정되기 전의 것) 제18조에 근거한 '이의신청'에 대하여 기각결정을 하였을 뿐이고 기각결정에 대하여 행정쟁송을 제기할 수 있다는 불복방법 안내를 하지는 않았던 사안에 관한 것이므로[해당 사안에 적용되는 구 「민원사무처리에 관한 법률 시행령」(2012. 12. 20. 대통령령 제24235호로 전부 개정되기 전의 것) 제29조 제3항은 행정기관의 장이 법 제18조 제2항에 따라 이의신청에 대한 결과를 통지하는 때에는 결정 이유, 원래의 거부처분에 대한 불복방법 및 불복절차를 구체적으로 명시하여야 한다고 규정하고 있었다], 이 사건 사안에 원용하기에는 적절하지 않다."

거부처분의 경우 특별한 사정이 없는 한 신청이 한 번 거부되었다고 하여 그에 대한 신청권 자체가 제한되는 것으로 볼 수 없으므로 새로운 신청에 대해 재차 거부결정이 행해진 경우 이러한 거부처분은 최초의 거부처분과 독립된 새로운 처분에 해당합니다.

(5) 행정처분의 변경

기존 행정처분을 변경하는 내용의 행정처분이 후속하는 경우 후속처분이 종전처분을 완전히 대체하는 것이거나 그 주요 부분을 실질적으로 변경하는 내용일 때에는 특별한 사정이 없는 한 종전처분은 그 효력을 상실하고 후속처분만이 항고소송의 대상이 됩니다. 그러나 후속처분의 내용이 종전처분의 유효를 전제로 그 내용 중 일부만을 추가·철회·변경하는 것이고 그 추가·철회·변경된 부분이 내용과 성질상 나머지 부분과 불가분적인 것이 아닌 경우에는 후속처분을 다툴 수 있는 것과 병행하여 종전처분도 여전히 항고소송의 대상이 됩니다. 따라서 종전처분을 변경하는 내용의 후속처분이 있는 경우 법원은 후속처분의 내용이 종전처분 전체를 대체하거나 그 주요 부분을 실질적으로 변경하는 것인지, 후속처분에서 추가·철회·변경된 부분의 내용과 성질상 그 나머지 부분과 가분적인지 등을 살펴 항고소송의 대상이 되는 행정처분을 확정하여야 합니다.

한편, 선행처분이 후행처분에 의해 변경되지 않은 범위 내에서 존속하고, 후행처분은 선행처분의 내용 중 일부를 변경하는 범위 내에서만 효력을 가지는 양 처분의 병존 상황을 가정해 봅시다. 이 경우 선행처분에 대한 취소소송의 계속 중 후행처분의 취소청구를 추가하여 청구를 변경하였다면, 후행처분에 대한 제소기간 준수 여부는 청구변경 당시를 기준으로 판단해야 합니다. 또한, 선행처분에만 존재하는 취소사유를 이유로 후행처분의 취소를 청구할 수는 없습니다. 특히 이러한 법률관계는 두 개 이상의 처분이 단계적으로 결합하여 하나의 법률효과를 완성하는 하자의 승계 논의와는 구별되어야 합니다. 병존 관계에 있는 두 처분은 각각 독립하여 존재하므로, 후행처분 자체에 고유한 하자가 없는 한 선행처분의 하자를 이유로 후행처분의 효력을 다툴 수는 없기 때문입니다. 즉, 병존 관계에서는 후행처분이 선행처분을 전제로 하는 것이 아니라, 선행처분의 효력 일부를 흡수하거나 대체할 뿐입니다. 따라서 선행처분의 위법성은 선행처분을 다투는 소송에서 해결해야 하며, 그 위법성이 후행처분으로 당연히 전이(승계)된다고 볼 수 없습니다. 결국, 후행처분을 다투는 소송의 심판 대상은 '변경되어 잔존하는 부분'이 아니라 '후행처분에 의해 새로이 형성된 법률관계'이므로, 선행처분에만 존재하는 사유는 후행처분의 취소 원인이 될 수 없다는 논리가 성립합니다. 이는 세액의 감액경정처분 시, 감액되고 남은 원처분이 여전히 항고소송의 대상이 되고 후행처분(감액처분) 자체를 다툴 수 없다는 판례의 입장과 그 궤를 같이합니다.

* **대판 2015.11.19, 2015두295(전합)(대형마트 영업시간 제한등 처분취소사건)** : "원심판결 이유 및 기록에 의하면, 피고 동대문구청장은 2012. 11. 14. 원고 롯데쇼핑 주식회사, 주식회사 에브리데이리테일, 주식회사 이마트, 홈플러스 주식회사, 홈플러스스토어즈 주식회사(변경 전 상호: 홈플러스테스코 주식회사, 이하 같다)에 대하여 그들이 운영하는 서울특별시 동대문구 내 대형마트 및 준대규모점포의 영업제한 시간을 오전 0시부터 오전 8시까지로 정하고(이하 '영업시간 제한 부분'이라 한다) 매월 둘째 주와 넷째 주 일요일을 의무휴업일로 지정하는(이하 '의무휴업일 지정 부분'이라 한다) 내용의 처분을 한 사실, 위 처분의 취소를 구하는 소송이 이 사건 원심에 계속 중이던 2014. 8. 25. 위 피고는 위 원고들을 상대로 영업시간 제한 부분의 시간을 '오전 0시부터 오전 10시'까지로 변경하되, 의무휴업일은 종전과 동일하게 유지하는 내용의 처분(이하 '2014. 8. 25.자 처분'이라 한다)을 한 사실을 알 수 있다. 이러한 사실관계를 앞서 본 법리에 비추어 보면, 2014. 8. 25.자 처분은 종전처분 전체를 대체하거나 그 주요 부분을 실질적으로 변경하는 내용이 아니라, 의무휴업일 지정 부분을 그대로 유지한 채 영업시간 제한 부분만을 일부 변경하는 것으로서, 2014. 8. 25.자 처분에 따라 추가된 영업시간 제한 부분은 그 성질상 종전처분과 가분적인 것으로 여겨진다. 따라서 2014. 8. 25.자 처분으로 종전처분이 소멸하였다고 볼 수는 없고, 종전처분과 그 유효를 전제로 한 2014. 8. 25.자 처분이 병존하면서 위 원고들에 대한 규제 내용을 형성한다고 할 것이다. 그러므로 이와 다른 전제에서 2014. 8. 25.자 처분에 따라 종전처분이 소멸하여 그 효력을 다툴 법률상 이익이 없게 되었다는 취지의 피고 동대문구청장의 이 부분 상고이유 주장은 이유 없다."
* **대판 2012.12.13, 2010두20782,20799** : "선행처분의 주요 부분을 실질적으로 변경하는 내용으로 후행처분을 한 경우에 선행처분은 특별한 사정이 없는 한 그 효력을 상실하지만, 후행처분이 있었다고 하여 일률적으로 선행처분이 존재하지 않게 되는 것은 아니고 선행처분의 내용 중 일부만을 소폭 변경하는 정도에 불과한 경우에는 선행처분이 소멸한다고 볼 수 없다. 이와 같이 선행처분이 후행처분에 의하여 변경되지 아니한 범위 내에서 존속하고 후행처분은 선행처분의 내용 중 일부를 변경하는 범위 내에서 효력을 가지는 경우에, 선행처분의 취소를 구하는 소를 제기한 후 후행처분의 취소를 구하는 청구를 추가하여 청구를 변경하였다면 후행처분에 관한 제소기간 준수 여부는 청구변경 당시를 기준으로 판단하여야 하나, 선행처분에만 존재하는 취소사유를 이유로 후행처분의 취소를 청구할 수는 없다고 할 것이다."

(6) 신고의 수리·수리거부행위

신고는 본래 신고의 요건을 갖춘 신고만 하면 신고의무를 이행한 것이 되는 자기완결적 신고에서 출발하였고, 이 경우 행정청이 신고의 수리(접수)를 거부하더라도 그 거부는 행정처분이 아닌 사실행위에 불과하여 처분성을 부인합니다. 그러나 판례는 일정한 경우 수리거부를 거부처분으로 보고 있는데, 그 전제는 이때의 신고를 수리를 요하는 신고로 이해하는 데 있습니다. 예컨대, 수산업법 제44조(현 제47조) 소정의 어업신고의 수리거부(대판 2000.5.26, 99다37382), 식품위생법에 따른 영업허가명의변경신고수리거부(대판 1990.10.30, 90누1649), 채석허가수허가자명의변경신고수리거부(대판 2005,12.23, 2005두3554), 건축물 양수인의 건축대장상 명의변경신고수리거부(대판 1992.3.31, 91누4911) 등이 그것입니다.

건축신고와 관련하여 2010두7321 판결에서는 이 경우의 건축신고를 수리를 요하는 신고로 명시하지는 않았지만, 내용적으로 이를 전제로 한 판결로 볼 수 있습니다.

* **대판 2011.6.10, 2010두7321** : "구 건축법(2008. 3. 21. 법률 제8974호로 전부 개정되기 전의 것)의 관련 규정에 따르면, 행정청은 착공신고의 경우에도 신고 없이 착공이 개시될 경우 건축주 등에 대하여 공사중지·철거·사용금지 등의 시정명령을 할 수 있고(제69조 제1항), 시정명령을 받고 이행하지 아니한 건축물에 대하여는 당해 건축물을 사용하여 행할 다른 법령에 의한 영업 기타 행위의 허가를 하지 않도록 요청할 수 있으며(제69조 제2항), 요청을 받은 자는 특별한 이유가 없는 한 이에 응하여야 하고(제69조 제3항), 나아가 행정청은 시정명령의 이행을 하지 아니한 건축주 등에 대하여는 이행강제금을 부과할 수 있으며(제69조의2 제1항 제1호), 또한 착공신고를 하지 아니한 자는 200만 원 이하의 벌금에 처해질 수 있다(제80조 제1호, 제9조). 이와 같이 건축주 등으로서는 착공신고가 반려될 경우, 당해 건축물의 착공을 개시하면 시정명령, 이행강제금, 벌금의 대상이 되거나 당해 건축물을 사용하여 행할 행위의 허가가 거부될 우려가 있어 불안정한 지위에 놓이게 된다. 따라서 착공신고 반려행위가 이루어진 단계에서 당사자로 하여금 반려행위의 적법성을 다투어 법적 불안을 해소한 다음 건축행위에 나아가도록 함으로써 장차 있을지도 모르는 위험에서 미리 벗어날 수 있도록 길을 열어 주고, 위법한 건축물의 양산과 철거를 둘러싼 분쟁을 조기에 근본적으로 해결할 수 있게 하는 것이 법치행정의 원리에 부합한다. 그러므로 행정청의 착공신고 반려행위는 항고소송의 대상이 된다고 보는 것이 옳다(同旨: 대판 2010.11.18, 2008두167(전합)."
* **대판 2011.1.20, 2010두14954(전합)** : "건축법에서 인·허가의제 제도를 둔 취지는, 인·허가의제사항과 관련하여 건축허가 또는 건축신고의 관할 행정청으로 그 창구를 단일화하고 절차를 간소화하며 비용과 시간을 절감함으로써 국민의 권익을 보호하려는 것이지, 인·허가의제사항 관련 법률에 따른 각각의 인·허가 요건에 관한 일체의 심사를 배제하려는 것으로 보기는 어렵다. 왜냐하면, 건축법과 인·허가의제사항 관련 법률은 각기 고유한 목적이 있고, 건축신고와 인·허가의제사항도 각각 별개의 제도적 취지가 있으며 그 요건 또한 달리하기 때문이다. 나아가 인·허가의제사항 관련 법률에 규정된 요건 중 상당수는 공익에 관한 것으로서 행정청의 전문적이고 종합적인 심사가 요구되는데, 만약 건축신고만으로 인·허가의제사항에 관한 일체의 요건 심사가 배제된다고 한다면, 중대한 공익상의 침해나 이해관계인의 피해를 야기하고 관련 법률에서 인·허가 제도를 통하여 사인의 행위를 사전에 감독하고자 하는 규율체계 전반을 무너뜨릴 우려가 있다. 또한 무엇보다도 건축신고를 하

려는 자는 인·허가의제사항 관련 법령에서 제출하도록 의무화하고 있는 신청서와 구비서류를 제출하여야 하는데, 이는 건축신고를 수리하는 행정청으로 하여금 인·허가의제사항 관련 법률에 규정된 요건에 관하여도 심사를 하도록 하기 위한 것으로 볼 수밖에 없다. 따라서 인·허가의제 효과를 수반하는 건축신고는 일반적인 건축신고와는 달리, 특별한 사정이 없는 한 행정청이 그 실체적 요건에 관한 심사를 한 후 수리하여야 하는 이른바 '수리를 요하는 신고'로 보는 것이 옳다."

(7) 경정처분

가. 의의

과세처분 등 각종 부담금 부과처분, 징계처분, 영업정지처분 등에 있어서 일정 처분의 발령 후 그 처분을 감축(감액) 또는 확장(증액)하는 경우가 있습니다. 처음의 처분을 당초처분, 뒤의 처분을 경정처분이라 할 때, 양자 중 항고소송의 대상이 무엇인지가 문제됩니다. 경정처분은 당초처분을 유지한 채 이를 수정하는 데 불과한 점에서 당초 처분을 취소하거나 철회하고 새로운 처분을 하는 경우와 구별되지만, 후행처분이 당초처분을 전부 취소하고 새로운 처분의 형식을 취하더라도 실질적으로는 처분의 확장이나 감축으로 볼 수 있다면 이에는 경정처분의 법리가 적용되어야 합니다(대판 1987.4.14, 85누740[1]). 경정처분 관련 쟁점은 광의로 볼 때 행정심판재결에 의해 일부취소나 수정이 이루어진 경우를 포함합니다.

나. 학설·판례의 개관 : 당초처분(A)과 경정처분(B)의 관계

가) 학설

* **병존설** : A와 B는 상호 별개의 처분이므로 양자 모두 소송의 대상
* **흡수설** : A는 B에 흡수되어 소멸하고 B만이 효력을 가지며 소의 대상
  - 징수권의 소멸시효의 기산일도 B에서 정한 납기일을 기준으로 하고, A에 기한 체납처분이나 가산금부과처분은 모두 무효
* **병존적 흡수설** : A는 B에 흡수·소멸되지만, A의 효력은 존속하며 B의 효력은 이에 의하여 증감된 과세표준 및 세액부분에만 미침

1) "후행처분이 비록 당초의 부과처분을 전부 취소하고 새로이 납세고지서를 발부하는 형식을 취하고 있을망정 실질적으로 보면 당초의 부과처분의 과세대상인 비업무용 토지의 범위만을 축소하여 세액을 감축하는 것으로서 감액경정처분의 실질을 띠고 있다면 이러한 경우에는 당초의 부과처분에 대하여 적법한 전심절차를 거친 이상 따로이 전심절차를 거칠 필요없이 행정소송으로 이를 다툴 수 있다."

- B만이 소의 대상이 되지만, A에 기한 체납처분이나 가산금징수처분은 유효함

* **역흡수설** : B는 A에 흡수되어 B에 의하여 수정된 A가 소송의 대상

* **역흡수병존설** : A와 B는 결합하여 일체로서 존재하면서 A에 의하여 확정된 과세표준과 세액을 증감시키나, 소송의 대상은 B를 통해 수정된 A이며 증감된 부분에 대하여는 B를 소의 대상으로 할 수 있음

나) 판례

판례는 증액경정처분의 경우 흡수설을 취합니다. B는 A에서의 과세표준과 세액을 포함하여 전체로서의 과세표준 및 세액을 결정하는 것이므로, A는 B에 흡수되어 독립된 존재가치를 상실하여 당연히 소멸하고 B만이 소의 대상이 됩니다. 따라서 A에 대한 소의 계속 중 B가 있게 되면 A는 소의 대상이 될 수 없으므로 청구취지를 변경하여 B를 소의 대상으로 하여야 하고, A에 대한 불복기간이 경과된 뒤라도 B 발령 시부터 불복기간이 경과되지 않았으면 B(A가 포함된)에 대하여 소를 제기함으로써 당초의 과세처분액을 다툴 수 있습니다. 실무상 과세관청은 B를 함에 있어 당초의 과세액까지 포함된 증액된 금액으로 납부고지서를 발부하는 것이 아니라 당초의 과세액은 그대로 둔 채 추가된 세액에 대해서만 별도의 추가 고지서를 발부하고 있으나, 이러한 경우에도 당처의 처분과 추가된 처분액을 합한 금액으로 B가 발령된 것으로 보아 B만이 소의 대상입니다(대판 1999.5.28, 97누16329). 다만, B가 고지서의 부적법송달 등으로 무효인 경우, A는 무효인 B에 흡수·소멸되지 아니하고 독립하여 존속하므로 A의 당부에 관하여 별도로 다툴 수 있습니다(대판 1995.8.22, 95누3909). 신고납세방식의 조세에 있어서의 증액경정처분에서도 흡수설의 내용이 그대로 적용됩니다.[1] 따라서 납세의무자가 신고기한 내 과세표

1) 거부의 처분성과도 관련되는 판례인데, 아래 두 판결도 중요합니다. 국세의 납세의무자가 과세표준신고를 한 후 국세기본법 제45조의2(1994.12.22.)에 의하여 감액경정청구를 하였으나 과세관청이 이를 거부한 경우 당해 거부처분은 항고소송의 대상이며, 부과처분 자체에 대한 항고소송의 제기도 가능합니다(대판 2002.9.27, 2001두5989 : 건물에 대한 매매계약의 해제 전에 부가가치세부과처분이 이루어졌다 하더라도 해제의 소급효로 인하여 매매계약의 효력이 소급하여 상실되는 이상 부가가치세의 부과 대상이 되는 건물의 공급은 처음부터 없었던 셈이 되므로, 위 부가가치세부과처분은 위법하다 할 것이며, 납세자가 과세표준신고를 하지 아니하여 과세관청이 부과처분을 한 경우 그 후에 발생한 계약의 해제 등 후발적 사유를 원인으로 한 경정청구 제도가 있다 하여 그 처분 자체에 대한 쟁송의 제기를 방해하는 것은 아니므로 경정청구와 별도로 위 부가가치세부과처분을 다툴 수 있다). 한편, 국세기본법 제45조의2 규정은 지방세의 경우에 준용되지 않고 조리에 의한 경정청구권도 인정되지 않으므로 과세관청이 지방세납세자의 경정청구에 대하여 이를 거부하는 회신을 하였다 하더라도 이는 항고소송의 대상이 되는 거부처분이라 할 수 없지만(대판 1999.7.23, 98두9608), 신고납부 후의 일정한 후발적 사유에 한정하여 경정청구를 인정한 지방세법 제71조에 의한 감액수정신고에 대하여 과세관청이 이를 거부한 행위는 거부처분에 해당합니다(대판 2003.6.27, 2001두10639).

준신고를 하였으나 그 신고 내용에 오류·탈루가 있어 과세관청이 과세표준과 세액을 증액하는 B를 한 경우, 그 확정 신고된 과세표준과 세액이 증액부분에 포함되어 전체로서의 과세표준과 세액을 다시 결정하는 것이 되어 B에 의하여 위 신고확정의 효력은 B에 흡수·소멸되어 납세자는 B만을 쟁송대상으로 할 수 있고, 이 경우 납세자는 신고에 의하여 확정되었던 과세표준과 세액에 대해서도 함께 그 위법을 다툴 수 있습니다(대판 1989.11.24, 89누3724).

> ＊ **대판 1991.7.26, 90누8244** : "과세관청이 법인세 과세표준신고내용에 오류 또는 탈루 등이 있다고 인정하여 법인세법 제32조 제2항의 규정에 따라 과세표준과 세액을 증액하는 갱정처분을 한 경우에는 위 신고확정된 과세표준과 세액이 증액부분에 포함되어 전체로서의 과세표준과 세액을 다시 결정하는 것이므로 증액갱정처분에 의하여 위 신고확정의 효력은 소멸되어 증액갱정처분에 흡수된다 할 것이고, 과세관청이 그 후에 위 증액갱정처분을 취소하여도 위 신고확정의 효력이 되살아나는 것이 아니고 위 신고된 금액의 한도로 감액갱정처분을 한 것으로 보아야 할 것이어서 결과적으로 위 신고된 금액만큼의 부과처분이 존재한다 할 것이므로 이 경우 당사자는 신고에 의하여 확정되었던 과세표준과 세액에 대하여도 그 위법여부를 다툴 수 있다."[1)]

이에 비해 감액경정처분에서는 역흡수설의 입장입니다. 감액경정처분은 증액경정처분과는 달리 A의 전부를 취소하고 새로운 처분을 한 것이 아니라 A의 일부 효력을 취소하는 처분이므로, 소의 대상은 B로 인하여 감액되고 남아 있는 A입니다. 따라서 B 자체는 소의 대상이 아니므로 전심절차나 제소기간의 준수 여부도 A를 기준으로 결정하여야 합니다(대판 1998.5.26, 98두3211). 또한, 재결청(행정심판위원회)이 심판청구를 일부 인용하면서 구체적 금액을 명시하여 취소하지 아니하고 경정기준만을 제시하여 행정청으로 하여금 감액경정처분을 하도록 이행재결을 함에 따라 행정청이 감액경정처분을 하는 경우에도, B는 소의 대상이 되지 못하고 감액되고 남은 A가 소송의 대상이 되지만 제소기간의 준수여부는 당초의 처분시가 아니라 재결서 정본 송달일을 기준으로 합니다(행정소송법 제20조 제1항 단서). 그러나 행정청이 행정심판 재결청의 취지에 어긋나게 결정하거나 혹은 그 결정자체에 방식 위배 등 고유한 위법사유가 존재하는 경우에는 예외적으로 그 B가 소의 대상이 되고 B 처분시를 기준으로 제소기간의 준수여부 등을 판단하여야 합니다(대판 1996.7.30, 95누6328).

---

1) 그러나 이 판례는 B에 의하여 A가 소멸되므로 B가 직권취소되면 별도의 쟁송절차 없이 존재하지 않는 A를 다툴 필요가 없다는 기존 판례의 입장과 논리에 배치되는 것이어서 뒷맛을 남깁니다.

* **대판 2008.2.15, 2006두3957** : "과징금 부과처분에서 행정청이 납부의무자에 대하여 부과처분을 한 후 그 부과처분의 하자를 이유로 과징금의 액수를 감액하는 경우에 그 감액처분은 감액된 과징금 부분에 관하여만 법적 효과가 미치는 것으로서 처음의 부과처분과 별개 독립의 과징금 부과처분이 아니라 그 실질은 당초 부과처분의 변경이고, 그에 의하여 과징금의 일부취소라는 납부의무자에게 유리한 결과를 가져오는 처분이므로 처음의 부과처분이 전부 실효되는 것은 아니며, 그 감액처분으로도 아직 취소되지 않고 남아 있는 부분이 위법하다고 하여 다투는 경우 항고소송의 대상은 처음의 부과처분 중 감액처분에 의하여 취소되지 않고 남은 부분이고 감액처분이 항고소송의 대상이 되는 것은 아니다."
* **대판 1996.7.30, 95누6328** : "과세처분이 있은 후 이를 증액하는 경정처분이 있으면 당초 처분은 경정처분에 흡수되어 독립된 존재가치를 상실하여 소멸하는 것이고, 그 후 다시 이를 감액하는 재경정처분이 있으면 재경정처분은 위 증액경정처분과는 별개인 독립의 과세처분이 아니라 그 실질은 위 증액경정처분의 변경이고 그에 의하여 세액의 일부 취소라는 납세의무자에게 유리한 효과를 가져오는 처분이라 할 것이므로, 그 감액하는 재경정결정으로도 아직 취소되지 않고 남아 있는 부분이 위법하다 하여 다투는 경우 항고소송의 대상은 그 증액경정처분 중 감액재경정결정에 의하여 취소되지 않고 남은 부분이고, 감액재경정결정이 항고소송의 대상이 되는 것은 아니다. 이러한 법리는 국세심판소가 심판청구를 일부 인용하면서 정당한 세액을 명시하여 취소하지 아니하고 경정기준을 제시하여 당해 행정청으로 하여금 구체적인 과세표준과 세액을 결정하도록 함에 따라, 당해 행정청이 감액경정결정을 함에 있어 심판결정의 취지에 어긋나게 결정하거나 혹은 그 결정 자체에 위법사유가 존재하여 그에 대하여 별도의 쟁송수단을 인정하여야 할 특별한 사정이 없는 한 마찬가지로 적용된다."

이러한 법리는 제재적 행정처분에서 감경처분이 있는 경우에도 마찬가지여서, 예를 들면 구청장 X에 의한 3월의 영업정지처분(2002.12.26.)에 대하여 원고 A가 제기한 행정심판에서 2월의 영업정지처분에 갈음하는 과징금부과처분으로 변경하라는 재결(일부인용재결, 이행재결)이 있었고 그 재결서 정본이 2003.3.10. A에게 도달하였으며, 피고 X가 3월의 영업정지처분을 과징금 560만 원으로 변경하는 변경처분(2003.3.13.)을 한 경우, A는 구청장 X를 피고로, 560만 원으로 변경된 2002.12.26.자 과징금부과처분을 대상으로 한 취소소송을 제기할 수 있고, 이때 제소기간의 기산점은 2003.3.10.입니다.

* **대판 2007.4.27, 2004두9302** : "행정청이 식품위생법령에 기하여 영업자에 대하여 행정제재처분을 한 후 그 처분을 영업자에게 유리하게 변경하는 처분을 한 경우(이하 처음의 처분을 '당초처분', 나중의 처분을 '변경처분'이라 한다), 변경처분에 의하여 당초처분은 소멸하는 것이 아니고 당초부터 유리하게 변경된 내용의 처분으로 존재하는 것이므로, 변경처분에 의하여 유리하게 변경된 내

용의 행정제재가 위법하다 하여 그 취소를 구하는 경우 그 취소소송의 대상은 변경된 내용의 당초처분이지 변경처분은 아니고, 제소기간의 준수 여부도 변경처분이 아닌 변경된 내용의 당초처분을 기준으로 판단하여야 한다. 원심이 확정한 사실관계 및 기록에 의하면, 피고는 2002. 12. 26. 원고에 대하여 3월의 영업정지처분이라는 이 사건 당초처분을 하였고, 이에 대하여 원고가 행정심판청구를 하자 재결청은 2003. 3. 6. "피고가 2002. 12. 26. 원고에 대하여 한 3월의 영업정지처분을 2월의 영업정지에 갈음하는 과징금부과처분으로 변경하라"는 일부기각(일부인용)의 이행재결을 하였으며, 2003. 3. 10. 그 재결서 정본이 원고에게 도달한 사실, 피고는 위 재결취지에 따라 2003. 3. 13.(원심은 2003. 3. 12.이라고 하고 있으나 이는 착오로 보인다) "3월의 영업정지처분을 과징금 560만원으로 변경한다"는 취지의 이 사건 후속 변경처분을 함으로써 이 사건 당초처분을 원고에게 유리하게 변경하는 처분을 하였으며, 원고는 2003. 6. 12. 이 사건 소를 제기하면서 청구취지로써 2003. 3. 13.자 과징금부과처분의 취소를 구하고 있음을 알 수 있다. 앞서 본 법리에 비추어 보면, 이 사건 후속 변경처분에 의하여 유리하게 변경된 내용의 행정제재인 과징금부과가 위법하다 하여 그 취소를 구하는 이 사건 소송에 있어서 위 청구취지는 이 사건 후속 변경처분에 의하여 당초부터 유리하게 변경되어 존속하는 2002. 12. 26.자 과징금부과처분의 취소를 구하고 있는 것으로 보아야 할 것이고, 일부기각(일부인용)의 이행재결에 따른 후속 변경처분에 의하여 변경된 내용의 당초처분의 취소를 구하는 이 사건 소 또한 행정심판재결서 정본을 송달받은 날로부터 90일 이내 제기되어야 하는데 원고가 위 재결서의 정본을 송달받은 날로부터 90일이 경과하여 이 사건 소를 제기하였다는 이유로 이 사건 소가 부적법하다고 판단한 원심판결은 정당하고, 상고이유는 받아들일 수 없다."

수차의 경정처분이 있을 때에도 위 논의에 따라 소의 대상 등을 특정하면 됩니다. 〈4.1. 800만 원 과세처분 → 5.15. 1,000만 원으로 증액경정처분 → 6.20. 900만 원으로 감액경정처분〉의 경우, 소의 대상은 900만 원으로 경정된 5.15.자 과세처분이 됩니다.

다. 요약

가) 감액처분의 경우

당초의 처분 전부를 취소하고 새로운 처분을 한 것이 아니라, 당초 처분의 일부 효력을 취소하는 처분이므로 소송의 대상은 경정처분으로 인하여 감액(감경)되고 남은 당초의 원처분입니다. 따라서 전심절차나 제소기간 준수 여부는 원처분을 기준으로 판단해야 합니다. 항고소송의 피고는 특별히 문제되지 않습니다. 당초처분과 경정처분 간 지방자치단체의 통폐합, 법령에 의해 처분 권한청의 변경 등의 특별한 사유가 없는 한, 두 개의 처분 모두 처분명의자가 원처분청이기 때문에 그를 피고로 하면 됩니다.

나) 증액처분의 경우

당초 처분을 그대로 둔 채 당초 처분에서 추가되는 부분만을 추가 확정하는 것이 아니라, 당초 처분을 포함하여 전체로서의 납부금액 내지 영업정지기간 등을 새롭게 결정하는 것이므로, 당초 처분은 증액처분에 흡수되어 소멸하고 증액경정처분만이 소의 대상입니다. 따라서 당초 처분에 대한 소가 계속 중이면 청구취지의 변경을 통한 소 변경을 하여야 합니다. 그렇지 않는 한 최초 소송은 소의 대상이 없어 각하판결이 행해지지만, 이 경우 법원은 석명권의 행사의무가 있습니다(대판 1993.12.21, 92누14441). 제소기간의 기산점도 증액처분시를 기준으로 합니다. 한편, 처분의 상대방이 당초 처분액에 대해서부터 불복하려는 경우 증액처분을 대상으로 소를 제기하여 당초 처분의 위법을 다툴 수 있습니다.

다) 행정심판재결을 통한 일부인용재결 · 수정재결(형성재결)의 경우

행정심판재결을 통해 일부취소되거나 질적인 수정재결(변경재결)이 행해진 경우, 양적 · 질적 변경(수정) 여하를 불문하고 원처분주의 원칙상 재결 고유의 하자가 있지 않은 이상 재결은 소의 대상이 되지 못하고 재결에 의하여 일부 취소되고 남은 원처분이나 수정된 원처분이 소의 대상입니다. 예컨대, 최초 파면처분이 소청심사절차에서 해임으로 감경된 경우 소의 대상은 해임처분으로 감경된 원처분이어야 합니다. 이때 항고소송의 피고는 원처분청이 되고, 제소기간은 행정소송법 제20조 제1항 단서의 적용에 따라 행정심판재결서 정본의 송달일로부터 90일입니다. 한편, 일부인용재결 등을 통하여 비로소 권익의 침해를 받은 제3자가 있다면, 그는 인용재결을 대상으로 소를 제기해야 하며, 이는 복효적 행정행위에서 재결의 내용적 위법을 이유로 재결을 대상으로 소를 제기하는 경우와 동일한 맥락으로 이해하면 됩니다.

라) 이행재결 후 그에 따른 처분이 있는 경우(특히, 의무이행심판 인용재결의 경우)

의무이행심판의 인용재결로서 이행재결(처분명령재결)이 행해진 경우 이행재결과 그에 따른 후속처분 모두가 소의 대상이라는 것(병존설)이 판례의 입장입니다. 취소재결(형성재결)에 따른 처분청의 후속 직권취소를 처분으로 보지 않는 것과 다름에 주의해야 합니다.

마) 일부취소명령재결 후 그에 따른 후행 일부취소처분이 있는 경우

일부취소명령재결이 이행재결의 일종임에 착안하면(행정심판법 제43조 제3항), 바로 위 논의에 따라 일부취소명령재결과 후행 일부취소처분 양자가 소의 대상이어야 할 듯하지만, 그렇지 않습니다. 그 이유는 다음과 같습니다. 일부취소명령재결만으로는 아직 형성력이 발생하지 않으므로 최초의 영업정지처분, 과세처분 등의 공정력 및 내용적 구속력으로 인해 원고 입장에서는 해당 일부취소명령재결을 다툴 상황이 성숙하지 않은 상태입니다. 환언하면, 일부취소명령재결만으로는 아직 감경된 것이 아니므로 해당 명령재결이 종국적 처분이 아닙니다. 그렇다면 일부취소명령재결에 따른 후속 일부취소처분이 통상의 감경처분에 해당하고, 이제 일부취소처분에 대해 또다시 소의 대상 특정과 관련하여 감경처분에 적용되는 법리가 작동합니다. 결국, 감경(일부취소)되고 남은 원처분이 소의 대상이 됩니다. 따라서 항고소송의 피고는 원처분청이 되지만, 제소기간은 행정소송법 제20조 제1항 단서의 적용에 따라 행정심판재결서 정본의 송달일로부터 90일입니다.

그러나 행정청이 행정심판재결의 취지에 어긋나게 후속 처분을 하거나 혹은 후속처분 자체에 방식 위배 등 고유한 위법사유가 있는 경우에는 예외적으로 그 후속 경정처분이 소의 대상이 되고 제소기간의 준수 여부도 해당 후속 경정처분시를 기준으로 판단해야 합니다.

이상의 내용을 아래에 〈표〉로 정리합니다.

	항고소송의 대상	제소기간의 기산점	항고소송의 피고
감액처분	감경되고 남은 원처분	원처분시	원처분청
증액처분	증액경정처분	증액처분시	증액처분청 (통상 원처분청과 동일)
재결(형성재결)을 통한 일부인용재결· 수정재결(형성재결)의 경우	재결에 의하여 일부 취소되고 남은 원처분이나 수정된 원처분	재결서 정본 송달일(90일)	원처분청
이행재결 (특히, 의무이행심판) 후 후속처분이 행해진 경우	이행재결과 후속처분 양자 모두 가능	각각 재결시 내지 후속 처분시(이 경우 원고는 원칙적으로 의무이행심판 관련 제3자임에 유의 : 재결서 정본 송달과 무관함)	각각 행정심판위원회 내지 후속 처분청
일부취소명령재결(이행 재결) 후 그에 따른 후속 일부취소처분이 있는 경우	감경(일부취소)되고 남은 원처분	재결서 정본 송달일(90일)	원처분청
일부취소명령재결의 취지에 어긋난 후속 경정처분의 경우	후속 경정처분	후속 경정처분시	후속 경정처분청 (통상 원처분청과 동일)

(8) 개별공시지가 정정결정과 항고소송의 대상

A시 시장 甲은 2024.5.31. 乙 소유의 토지 5,729 ㎡(이하 '이 사건 토지' 라고 한다)에 대하여 2024.1.1. 기준 개별공시지가를 ㎡당 2,780,000원으로 결정·공시하였다. 乙은 2024.6.19. 甲에게 「부동산 가격공시에 관한 법률」 제11조에 따라 이 사건 토지의 개별공시지가를 ㎡당 1,126,850원으로 하향 조정해 줄 것을 내용으로 하는 이의신청을 하였다. 이에 대하여 甲은 이 사건 토지의 개별공시지가결정 시 표준지 선정에 명백한 오류가 있음을 발견하고, A시 부동산가격공시위원회의 심의를 거쳐 2024.7.1. 위 개별공시지가를 ㎡당 2,380,000원으로 하향 정정하여 결정·공시하였고, 해당 정정결정서는 당일 乙에게 송달되었다. 위 사례에서 乙이 개별공시지가 정정결정에 불복하여 취소소송을 제기하려고 할 때, 소의 대상과 제소기간을 각각 설명하시오.

[참조조문]

* 부동산 가격공시에 관한 법률

제10조(개별공시지가의 결정 · 공시 등) ① 시장 · 군수 또는 구청장은 국세 · 지방세 등 각종 세금의 부과, 그 밖의 다른 법령에서 정하는 목적을 위한 지가산정에 사용되도록 하기 위하여 제25조에 따른 시 · 군 · 구부동산가격공시위원회의 심의를 거쳐 매년 공시지가의 공시기준일 현재 관할 구역 안의 개별토지의 단위면적당 가격(이하 "개별공시지가"라 한다)을 결정 · 공시하고, 이를 관계 행정기관 등에 제공하여야 한다.

제11조(개별공시지가에 대한 이의신청) ① 개별공시지가에 이의가 있는 자는 그 결정 · 공시일부터 30일 이내에 서면으로 시장 · 군수 또는 구청장에게 이의를 신청할 수 있다.

② 시장 · 군수 또는 구청장은 제1항에 따라 이의신청 기간이 만료된 날부터 30일 이내에 이의신청을 심사하여 그 결과를 신청인에게 서면으로 통지하여야 한다. 이 경우 시장 · 군수 또는 구청장은 이의신청의 내용이 타당하다고 인정될 때에는 제10조에 따라 해당 개별공시지가를 조정하여 다시 결정 · 공시하여야 한다.

제12조(개별공시지가의 정정) 시장 · 군수 또는 구청장은 개별공시지가에 틀린 계산, 오기, 표준지 선정의 착오, 그 밖에 대통령령으로 정하는 명백한 오류가 있음을 발견한 때에는 지체 없이 이를 정정하여야 한다.

개별공시지가란 국토교통부장관이 매년 공시하는 표준지공시지가를 기준으로, 시장 · 군수 · 구청장이 관할 구역 내 개별토지의 특성을 조사하여 산정한 단위면적(㎡)당 가격입니다. 이는 국가가 세금을 부과하거나 각종 부담금을 산정하기 위해 전국 필지에 대해 공식적으로 정해 놓은 지가의 기준점입니다. 개별공시지가는 판례에 의해 항고소송의 대상인 처분에 해당함은 주지의 사실인바(대판 1993.6.11, 92누16706 등), 위 사례에서 보듯이 토지소유자가 하향 조정된 정도가 부족하다고 보아 해당 정정결정에 불복하여 취소소송을 제기하는 경우를 자주 접하게 됩니다. 이때 소의 대상과 관련하여 중요한 논점이 제기됩니다. 외형상으로는 앞서 살펴본 감액처분의 경우와 유사하므로, 견해에 따라서는 감액처분에 관한 판례의 입장(역흡수설)에 따라 '감액되고 남은 당초의 개별공시지가 결정'이 소의 대상이라고 보기도 합니다. 그러나 개별공시지가 정정결정은 과징금부과처분 등 일반적인 감액처분과 달리, 그 성격상 당초의 처분을 완전히 대체하는 새로운 처분으로서의 특수성이 있으므로 감액처분 법리가 적용되지 않음에 유의해야 합니다. 아래에 그 구체적인 논거와 위 사례의 해법을 상세히 설명합니다.

① 불가분적 성격의 물적 행정행위 : 우선, 개별공시지가 결정은 토지의 가격을 정하는 물적 행정행위(일반처분)로서 전형적인 '가치 평가적 처분'의 일종입니다. 이는 과세처분이나 영업정지처분 등과 같이 상대방에게 금전 납부나 영업금지 등의 구체적 제재를 부과하는 처분이 아닙니다. 또한 통상의 제재적 처분에 대한 감액(감경)처분은 상대방에게 수익적 효과를 가져오는 데 비하여, 개별공시지가의 하향 조정은 반드시 수익적 성격이라 단정할 수 없습니다. 개별공시지가 하락에 따라 과세액 등이 감소하는 면에서는 수익적이지만, 개별공시지가의 하향 조정으로 인해 향후 토지거래가격이나 손실보상금이 감소되는 점에서는 침익적 성격을 동시에 갖기 때문입니다. 나아가 일부취소는 원칙적으로 가분적인 처분의 경우에만 가능한 것인데, 개별공시지가는 성질상 불가분적 측면이 있어 일부취소의 법리에 따를 수 없습니다. 예컨대 과징금부과처분은 적법한 재량권 행사를 통해 최초 부과액의 일부를 감액할 수 있는 가분적 처분이지만, 개별공시지가에서는 표준지공시지가를 기준으로 토지가격비준표를 적용하여 산출되는 '해당 토지에 대한 하나의 정당한 가격'만이 존재하기 때문입니다.

② 종전결정을 대체하는 별개의 독립된 정정결정 : 이 점은 부동산 가격공시에 관한 법률(이하 '부동산공시법') 규정을 통해서도 명확히 드러납니다. 개별공시지가에 이의가 있는 자는 결정·공시일부터 30일 이내에 서면으로 이의를 신청할 수 있고, 시장 · 군수 · 구청장은 이의신청 기간 만료일부터 30일 이내에 그 결과를 신청인에게 서면으로 통지해야 하며, 개별공시지가를 조정한 경우에는 이를 다시 결정·공시해야 합니다(부동산공시법 제11조 제1항 · 제2항). 또한 부동산공시법 제12조는 직권에 의한 정정을 규정하는데, 이때 정정 사유는 단순 오기 등의 경우뿐만 아니라 토지가격비준표의 적용 착오 등 개별공시지가 산정상의 내용적 하자까지 포함합니다(동법 시행령 제23조). 이상의 법령 규정을 종합하면, 이의신청이나 직권에 따른 정정결정은 당초 결정가격에 대한 일부취소가 아니라, 법령에 따라 당초 결정의 하자를 시정하여 단일한 정당 가격을 다시 확정하는 처분입니

다. 즉, 이는 당초의 결정 · 공시를 취소하고, 이를 대체할 정당한 개별공시지가를 새롭게 결정·공시하는 별개의 독립된 처분이라 할 것입니다.

③ 개별공시지가의 직권정정과 소의 대상 : 위 입론의 타당성은 직권에 의한 개별공시지가의 정정을 통해 확연히 드러납니다. 과징금부과처분 등의 경우 이의신청 또는 직권에 의하는지 여부와 무관하게 당초 처분과 감액처분 모두가 상대방에게 만족스럽지 않은 침익적 성격을 띱니다. 그러나 직권에 의한 개별공시지가 정정의 경우, 예컨대 최초 2,000만 원의 지가결정에 대해 토지소유자가 만족하는 상황에서 시장이 이를 1,500만 원으로 하향 정정했다면, 토지소유자가 당초 결정을 소의 대상으로 삼을 리 만무합니다. 이 경우 소의 대상은 오로지 정정결정이 될 뿐입니다. 이는 과징금부과처분을 직권으로 감액하더라도 감액되고 남은 원처분이 소의 대상이 되는 일반적인 감액처분 법리와 확연히 구별되는 지점입니다.[1)]

④ 일반적 변경처분 법리와의 차별성 : 그렇다고 하여 이를 '대형마트 영업시간 제한 처분 사건' 등에서 확립된 '행정처분의 변경' 법리로 접근하는 것 또한 반드시 옳은 것은 아닙니다. 해당 판례는 후속(변경)처분이 종전처분을 완전히 대체하거나 실질적으로 변경하는 것이 아닌 한, 즉 후속처분의 내용이 종전처분의 내용 중 일부만을 철회 · 변경하는 것이고 그 철회 · 변경된 부분이 나머지 부분과 가분적인 경우에는 후속처분과 더불어 종전처분도 여전히 항고소송의 대상이 되는 점을 설시하였습니다. 그러나 개별공시지가의 정정결정은 당초 결정의 효력이 예외 없이 종국적으로 소멸하고 완전히 새로운 처분을 발령하는 성격을 갖습니다. 결국 개별공시지가의 정정결정을 통해 당초 결정은 더 이상 처분으로서 존재하지 않게 되고 오직 정정결정만이 존재하게 되므로, 정정결정에 불복할 경우의 소의 대상은 후속 정정결정만이 되는 것입니다.

---

1) 한편, 토지소유자가 부동산공시법 제12조에 따른 개별공시지가의 정정을 신청하였으나 시장 등이 이를 거부하였더라도, 토지소유자는 이를 거부처분취소소송으로 다툴 수 없다는 것이 판례의 입장입니다(대판 2002.2.5, 2000두5043). 판례는 토지소유자에게 정정결정에 대한 신청권이 인정되지 않으므로 정정결정 신청은 처분청에 대하여 직권발동을 촉구하는 의미밖에 없으며, 정정불가결정 또한 관념의 통지에 불과할 뿐이란 점을 논거로 제시하였습니다. 비록 위 판결이 1991년의 개별공시지가합동조사지침(국무총리 훈령) 제12조의3에 따른 직권정정과 이에 대한 신청권 인정 여부를 판단 대상으로 삼았으나, 당시 개별공시지가 관련 근거 법률이었던 지가공시및토지등의평가에관한법률상 현행 부동산공시법 제12조에 상응하는 직권정정 조항이 없었던 점을 고려하면, 해당 판결은 현행 법령 체계하에서도 유효한 것으로 해석됩니다. 그러나 이러한 판례 입장에 대해서는 다음의 비판이 가능합니다. 토지소유자의 입장에서 개별공시지가 결정에 대한 이의신청(부동산공시법 제11조)과 직권정정신청은 지가의 수정을 구한다는 점에서 본질적 차이를 발견할 수 없고, 국민의 재산권에 직접적인 영향을 미치는 개별공시지가에 명백한 오류가 있음에도 불구하고 그 정정신청의 거부를 처분으로 인정하지 않는 것은 국민의 권리구제 가능성을 과도하게 제한하고 행정의 적정성을 저해한다는 지적이 그것입니다.

위 사실관계에서 甲에게 침익적 효과를 가져온 최초의 처분은 사업계획변경승인신청 거부처분에 대한 행정심판위원회의 취소재결입니다. 甲의 입장에서는 인용재결이 재결 고유의 내용적 위법이 있는 경우에 해당하므로, 해당 인용재결을 대상으로 취소소송을 제기할 수 있다고 성급하게 답할 수 있습니다. 그러나 甲의 취소소송이 '재결 고유의 위법'을 규정한 행정소송법 제19조 단서 요건을 충족하더라도 이 사례의 해법을 찾는 데에는 추가적인 고려 요소가 있습니다.

거부처분취소재결(⑥)이 있는 경우 후속처분(⑦)은 재결의 기속력에 따라 이루어진 것이므로 재결은 후속처분의 결정적인 요소가 되었다고 할 수 있습니다. 처분청은 인용재결취소소송(⑧)에서 재결취소판결이 확정될 경우 그 취지에 따라 후속처분(⑦)을 직권취소할 의무를 부담하는 점에서, 재결의 취소를 구할 이익을 인정할 여지가 없지 않습니다. 그러나 재결의 기속력(재처분의무)에 따른 후속처분 역시 항고소송으로 그 위법성을 다툴 수 있고, '수익적 처분의 취소제한 법리' 등 재결 당시에는 고려할 수 없었던 요소들도 후속처분의 적법성을 판단하는 기준이 될 수 있습니다. 또한, 재결에 대한 항고소송을 제기하지 않아 재결이 그대로 확정되더라도 후속처분을 다투면서 재결의 전제가 된 사실관계 등을 다툴 수 있습니다. 따라서 후속처분을 대상으로 항고소송을 제기하는 것이 인용재결을 대상으로 하는 경우보다 甲의 권익을 보호하는 유효적절한 수단입니다.

통상의 형성재결과 달리, 거부처분취소재결(⑥)의 경우 재결의 취지를 고려하되 다른 사유로 다시 거부처분을 할 수 있으며, 후속처분에 대한 취소소송 중 처분사유를 변경하는 경우도 발생할 수 있습니다. 또한 원처분(④)의 위법성 판단 기준시점과 재결(⑥) 자체의 위법성 판단 기준시점 및 후속처분(⑦)의 위법성 판단 기준시점이 각각 다르기 때문에 재결과 무관하게 후속처분 자체의 위법성을 다투어야 할 실익이 더욱 큽니다.

일반적인 인용·형성재결에 대하여 항고소송을 허용하는 것은 그 형성력에 비추어 인용재결과 관련된 후속처분이 법적으로 강제되지 않아 판결의 모순·저촉 우려가 없기 때문입니다. 이때 인용재결의 후속조치가 처분 형식으로 발령되더라도 이는 관념·사실의 통지로서 처분성이 부인됨은 이미 살펴본 바와 같습니다. 이와는 달리, 거부처분취소재결은 기속력에 따른 후속처분이 예정되어 있으므로 후속처분과 선행재결 사이에 어느 것을 소송의 대상으로 삼을 것인가에는 또 다른 점을 검토의 대상으로 삼아야 합니다. 형성재결은 재결에 의하여 바로 구체적·현실적인 권리의무관계의 변동이 발생하지만, 거부처분취소재결은 거부처분이 없었던 상태로 되돌아갈 뿐이어서 甲의 권리의무관계에 구체적·현실적인 변동을 일으키지 않습니다. 물론 처분청이 인용재결(⑥)의 기속력에 따른 후속처분(⑦)을 하지 않고 방치하는 경우(인용재결 후 후속처분의 발령 전에 甲이 인용재결취소소송을 제기한 경우를 포함하여) 甲의 입장에서 불안정한 상태가 지속되는 것이라고 생각할 수 있지만, 후속처분이 없는 상태는 甲의 권리가 유지되는 채로 乙의 신청만 있는 상태가 지속되는 것에 불과하여 甲에 대한 구체적·직접적인 이익 침해 우려가 있다고 보기는 어렵습니다. 나아가 설령 거부처분취소재결(⑥)이 위 인용재결취소소송(⑧)에서의 인용판결로 취소되더라도 해당 판결은 후속처분인 사업계획변경승인에 곧바로 효력을 미치지 못하고, 처분청에게 기속력(결과제거의무, 행정소송법 제30조 제1항)에 따라 그 처분(⑦)을 취소해야 할 의무가 부과될 뿐입니다. 이 경우에도 사업계획변경승인처분을 취소할 시점에 법령 개정 등 후발적 사유로 처분청이 그 처분을 취소할 수 없다면, 甲은 거부처분취소재결 취소판결을 받더라도 자신의 권리침해 상황을 해소할 수 없게 됩니다.[1]

결국, 甲은 후속처분에 해당하는 사업계획변경승인처분을 다투는 것이 분쟁 해결의 보다 유효·적절한 방법이므로 위 인용재결(⑥)을 대상으로 한 취소소송(⑧)은 - 비록 재결 고유의 내용적 위법이 있더라도 - 소의 이익 흠결로 각하판결을 받게 된다는 취지의 아래 대법원 판결은 타당합니다.

* **대판 2017.10.31, 2015두45045** : "행정청이 한 처분 등의 취소를 구하는 소송은 처분에 의하여 발생한 위법 상태를 배제하여 원래 상태로 회복시키고 처분으로 침해된 권리나 이익을 구제하고자 하는 것이다. 따라서 해당 처분 등의 취소를 구하는 것보다 실효적이고 직접적인 구제수단이 있음에도 처분 등의 취소를 구하는 것은 특별한 사정이 없는 한 분쟁해결의 유효적절한 수단이라고 할 수 없어 법률상 이익이 있다고 할 수 없다. 그런데 당사자의 신청을 받아들이지 않은 거부처분이 재결에서 취소된 경우에 행정청은 종전 거부처분 또는 재결 후에 발생한 새로운 사유를 내세워 다시 거부처분을 할 수 있다. 그 재결의 취지에 따라 이전의 신청에 대하여 다시 어떠한 처분을 하여야 할지는 처분을 할 때의 법령과 사실을 기준으로 판단하여야 하기 때문이다. 또한 행정청이 재결에 따라 이전의 신청을 받아들이는 후속처분을 하였더라도 후속처분이 위법한 경우에는 재결에 대한 취소소송을 제기하지 않고도 곧바로 후속처분에 대한 항고소송을 제기하여 다툴 수 있다. 나아가 거부처분을 취소하는 재결이 있더라도 그에 따른 후속처분이 있기까지는 제3자의 권리나 이익에 변동이 있다고 볼 수 없고 후속처분 시에 비로소 제3자의 권리나 이익에 변동이 발생하며, 재결에 대한 항고소송을 제기하여 재결을 취소하는 판결이 확정되더라도 그와 별도로 후속처분이 취소되지 않는 이상 후속처분으로 인한 제3자의 권리나 이익에 대한 침해 상태는 여전히 유지된다. 이러한 점들을 종합

1) 위 사실관계의 경우 필요적 공동소송처럼 재결과 후속처분에 대하여 동시에 소를 제기하도록 하거나, 그 중 어느 하나를 다투는 경우 다른 것도 함께 다투는 것으로 의제하고 제소기간을 확장하는 등의 조치를 취하는 방법도 생각할 수는 있지만, 그것보다는 후속처분만 다툴 수 있도록 하는 것이 훨씬 간명한 방법입니다.

하면, 거부처분이 재결에서 취소된 경우 재결에 따른 후속처분이 아니라 그 재결의 취소를 구하는 것은 실효적이고 직접적인 권리구제수단이 될 수 없어 분쟁해결의 유효적절한 수단이라고 할 수 없으므로 법률상 이익이 없다."

한편, 인용재결로서 행해진 이행재결로 인해 제3자가 권익침해를 받은 경우 재결 내지 그에 따른 처분 중 소송의 대상을 무엇으로 해야 하는지가 문제됩니다. 의무이행심판의 인용재결에 대해 제3자가 제소하는 경우와 일부취소나 수정을 내용으로 하는 처분명령재결로서의 일부인용재결과 그에 후속하는 일부취소처분·수정처분이 행해졌으나 처분의 상대방이 그에 불복하여 제소하는 경우, 두 가지를 상정할 수 있지만, 후자에는 별개의 법리가 적용됨도 전술한 바와 같습니다. 전자와 관련하여, 재결에 따른 처분에 의하여 비로소 구체적인 권리를 침해받는다는 점에서 보면 행정청의 후속처분이 소의 대상일 것이고, 재결에 따른 행정청의 처분은 재결의 기속력에 의한 부차적인 처분에 지나지 않고 그와 같은 처분을 하게 된 것이 행정심판위원회의 의사이지 행정청의 의사가 아니므로 그에 대한 다툼의 방어도 행정심판위원회가 행함이 적절하다는 점을 고려하면 재결이 소송의 대상이 될 것입니다. 이에 대해 판례는 양자 모두 가능하다는 이른바 병존설의 입장입니다.

* **대판 1993.9.28, 92누15093** : "… 재결은 피청구인인 행정청을 기속하는 효력을 가지므로 재결청이 취소심판의 청구가 이유 있다고 인정하여 처분청에게 처분을 취소할 것을 명하면 처분청으로서는 그 재결의 취지에 따라 처분을 취소하여야 하는 것이지만, 그렇다고 하여 그 재결의 취지에 따른 취소처분이 위법할 경우 그 취소처분의 상대방이 이를 항고소송으로 다툴 수 없는 것은 아니다. 또 위와 같은 취소처분의 상대방이 재결 자체의 효력을 다투는 별소를 제기하였고 그 소송에서 판결이 확정되지 아니하였다 하여 재결의 취지에 따른 취소처분의 취소를 구하는 항고소송사건을 심리하는 법원으로서는 그 청구의 당부를 판단할 수 없는 것이라고 할 수도 없다."

(4) 일부인용(취소)재결과 수정재결

형성재결로서 일부취소재결이나 수정재결이 행해지면 재결에 의하여 일부 취소되고 남은 원처분이나 수정된 원처분이 소송의 대상이므로 예컨대, 공무원에 대한 파면처분이 소청절차에서 해임으로 감경된 경우 원처분청을 상대로 해임처분으로 수정된 원처분을 다투어야 하고 재결을 다툴 수 없습니다. 동일 내용이 처분명령재결로 행해진 경우도 결론에 있어 다르지 않습니다. 다만, 이는 재결 고유의 위법이 없는 경우에 해당하는 설명이며, 만약 재결 고유의 위법이 있다면 결론은 달라집니다.

- **처분명령재결과 재결 고유의 하자**
  * 취소심판의 인용재결으로는 취소재결, 변경재결 및 변경명령재결이 가능하며, 취소명령재결은 불가함(행정심판법 제43조 제3항)
  * 의무이행심판에서는 처분재결과 처분명령재결이 가능함(동조 제5항)
  * 의무이행심판에 대한 통상의 처분명령재결 등 이행재결 후 처분을 행하는 경우 : 인용재결과 후속처분 양자 모두 소의 대상이 됨
  * 감경명령재결(변경명령재결) 후 피청구인(처분청)이 감경처분을 한 경우
    - 재결 고유의 위법이 없는 경우의 소의 대상(통상의 경우) : 감경되고 남은 원처분(제소기간의 기산일은 재결서 정본 송달일)
    - **재결 고유의 위법이 있는 경우의 소의 대상 : 감경명령재결 내지 감경처분(제소기간의 기산일은 재결서 정본 송달일)**
    - **재결의 취지에 배치된 감경처분을 한 경우의 소(무효확인소송)의 대상 : 감경처분**

한편, 이를테면 행정심판을 통해 정직 3개월의 징계처분이 정직 1개월로 감경되는 경우와는 달리 해임을 정직 2개월의 처분으로 하는 등 종류가 달라지는 징계처분의 경우, 이를 새로운 처분으로 보아 후자의 경우 재결청인 행정심판위원회를 피고로 변경된 정직 2월의 처분(재결)을 다투어야 한다는 일부 견해도 있지만, 판례는 양적(일부취소)·질적(수정) 감경재결을 구분하지 않고 원처분청을 상대로 변경된 원처분(변경된 것을 내용으로 하는 원처분, 수정된 원처분)을 소의 대상으로 하여야 함을 판시합니다. 이 경우 제소기간의 기산점은 재결서 정본 송달일부터 90일 이내입니다.

(5) 사정재결의 경우

취소심판에서 사정재결이 행해지면 처분의 위법은 사정재결로써 인정되더라도 그 기각재결의 실질상 청구인은 소송상 불복할 수 있습니다. 이 경우 항고소송의 대상은 원처분이 아니라 사정재결로 보아야 하며, 이는 곧 재결 고유의 내용적 위법이 있는 경우에 해당합니다. 왜냐하면, 사정재결을 통하더라도 당해 처분의 위법은 인정되었고 처분의 위법이 재결 주문에 나타나는 한 재결의 기속력에 따라 처분청이 이에 반하는 처분

등을 할 수 없는 것이므로(행정심판법 제44조 제1항, 제49조 제1항) 처분의 상대방 등이 굳이 재차 원처분을 다툴 이유가 없으며, 사정재결 내 "공공복리에 크게 위배된다"는 판단만을 소송상 다투면 될 것이기 때문입니다.

4) 행정소송법 제19조 단서에 위반한 소송의 처리

재결 자체에 고유한 위법이 있어야 한다는 것은 본안판단이지 소송요건은 아니므로 재결 고유의 하자가 있는 경우가 아님에도 재결을 대상으로 취소소송을 제기하면 부적법 각하사항이 아니라 기각사항이라는 것이 통설·판례입니다.

* **대판 1994.1.25, 93누16901** : "행정소송법 제19조는 취소소송은 행정청의 원처분을 대상으로 하되(원처분주의), 다만 "재결 자체에 고유한 위법이 있음을 이유로 하는 경우"에 한하여 행정심판의 재결도 취소소송의 대상으로 삼을 수 있도록 규정하고 있으므로 재결취소소송의 경우 재결 자체에 고유한 위법이 있는지 여부를 심리할 것이고, 재결 자체에 고유한 위법이 없는 경우에는 원처분의 당부와는 상관없이 당해 재결취소소송은 이를 기각하여야 한다."

5) 예외적 재결주의

재결주의는 내용적으로 동일한 원처분과 재결이 존재할 때 재결만을 소의 대상으로 삼는 입법주의를 말합니다. 현행법은 원처분주의를 취하며 재결주의는 아래에서 보듯이 개별법에서 이를 특별히 규정하는 경우에 한정합니다. 재결주의가 적용되는 사항에서는 원처분의 하자도 반드시 재결을 대상으로 다투어야 합니다. 따라서 재결주의하에서는 행정심판필수전치를 전제로 하지만, 그 역은 성립하지 않습니다. 예컨대, 필수전치사항인 공무원 등에 대한 징계처분과 도로교통법상 일정 처분은 제소에 앞서 행정심판을 반드시 거쳐야 하지만, 그렇다고 하여 재결주의의 적용영역은 아닙니다. 한편, 재결 고유의 하자로 인해 재결을 소의 대상으로 하는 경우는 재결주의의 채택에서 비롯하는 것이 아니라 여전히 원처분주의의 적용영역입니다.

그러나 위 입론에 주의할 사항이 있습니다. 예외적 재결주의하에서도 원처분이 당연무효인 경우에는 재결주의와 상관없이 원처분을 대상으로 무효확인소송을 별도로 제기할 수 있습니다. 또한, 재결 고유의 하자뿐만 아니라 재결로써 치유되지 않고 남아 있는 원처분의 하자도 주장할 수 있습니다. 아래에 예외적으로 재결주의가 채택된 경우를 정리합니다.

* 노동위원회 처분(노동위원회법 제26조, 제27조, 노동조합및노동관계조정법 제85조) : 지방노동위원회의 원처분이 아니라 중앙노동위원회의 재심판정이 소의 대상
* 감사원의 변상판정(감사원법 제36조, 제40조) : 원처분에 해당하는 회계관계직원에 대한 감사원의 변상판정이 아니라 감사원의 재심의판정이 소의 대상
* 특허사정 거절 등(특허법 제186조, 제189조, 실용신안법 제33조, 디자인보호법 제166조, 상표법 제162조 등) : 특허출원에 대한 심사관의 거절사정이 아니라 특허심판원의 심결이 소의 대상

일견 재결주의를 취한 듯하지만 원처분주의에 해당하는 경우가 있어 주의를 요합니다. 교원에 대한 징계 등에 대한 교원소청심사청구와 관련하여, 사립학교 교원의 경우 교원소청심사위원회 결정은 재결이 아니라 원처분에 해당하므로, 교원은 소청심사위원회의 기각결정에 불복하는 경우 해당 결정만이 처분으로서 취소소송의 대상이 되지만(피고는 교원소청심사위원회입니다), 이를 두고 재결주의의 적용 예로 파악하는 것은 오류입니다. 이는 사립학교 교원의 근무관계를 사법관계로 보는 판례 입장에서 비롯하는 것입니다. 물론, 이 경우 학교법인의 징계처분에 대한 민사소송의 제기도 가능합니다. 국·공립학교 교원의 경우에는 징계처분이 원처분이고 교원소청위원회의 결정은 특별행정심판의 재결에 해당하므로, 소청심사위원회의 기각결정에 대하여 교원이 불복하는 경우 원칙적으로 원처분으로서의 징계처분 등이 소의 대상이 되고, 기각결정 자체에 고유한 위법이 있는 경우에만 해당 결정을 대상으로 제소 가능합니다. 즉, 원처분주의에 해당합니다.

제35강

취소소송의 기타 소송요건

제35강
취소소송의 기타 소송요건

1. 피고적격

1) 의의

항고소송은 다른 법률에 특별한 규정이 없는 한 그 처분을 행한 행정청을 피고로 합니다(행정소송법 제13조 제1항, 제38조 제1항[1])). 처분에 대해서는 처분 행정청이, 재결을 대상으로 할 때에는 재결청인 행정심판위원회가 각각 피고입니다. 부작위위법확인소송에서는 국민으로부터 일정한 행위를 하여 줄 것을 신청받은 행정청이 피고가 됩니다. 원래 행정청의 행위의 효과는 법인격체로서의 국가 또는 공공단체에 귀속되므로 항고소송의 피고도 국가 등이어야 하지만, 소송 기술상의 편의를 위하여 기관에 불과한 행정청에 대하여 피고로서의 당사자능력, 즉 피고적격을 특별히 인정합니다.

2) 행정청

행정청의 개념은 행정소송법 제2조에 나타나지 않으므로 행정절차법 및 행정기본법의 관련 규정을 내용적으로 원용합니다. 행정청은 '행정에 관한 의사를 결정하여 표시하는 국가 또는 지방자치단체의 기관, 그 밖에 법령 또는 자치법규에 의하여 행정권한을 가지고 있거나 위임 또는 위탁받은 공공단체나 그 기관 또는 그 사인'을 말합니다(행정절차법 제2조 제1호). 행정기본법에서는 행정청을 '행정에 관한 의사를 결정하여 표시하는 국가 또는 지방자치단체의 기관 및 그 밖에 법령 등에 따라 행정에 관한 의사를 결정하여 표시하는 권한을 가지고 있거나 그 권한을 위임 또는 위탁받은 공공단체 또는 그 기관이나 사인'으로 규정합니다(행정기본법 제2조 제2호). 의사결정 표시기관이라는 점에서

1) 이하 이 강에서 법률명을 표기하지 않은 경우 행정소송법을 의미합니다.

행정조직법상의 행정청 개념과 반드시 일치하는 것은 아니며, 입법·사법기관은 물론 법령에 의하여 행정처분 권한을 위임받은 공공단체 및 그 기관을 포함합니다. 외부에 대한 의사표기관이 아닌 행정청의 내부기관은 실질적인 의사가 그 기관에 의하여 결정되더라도 피고적격이 부인됩니다. 이를테면, 변호사시험불합격처분의 피고는 합격자 발표를 외부적으로 행한 법무부장관이 되어야 하고, 이를 내용적으로 심의한 변호사시험관리위원회는 피고적격을 갖지 못합니다.

공정거래위원회, 토지수용위원회, 방송위원회 등 각종 합의제 행정기관의 처분에 대한 피고는 그 본질에 비추어 합의제 행정기관 자체이지만, 중앙노동위원회의 처분에 대한 소는 중앙노동위원회위원장을 피고로(노동위원회법 제27조), 중앙해양안전심판원의 재결에 관한 소는 중앙해양안전심판원장을 피고로(해양사고의조사및심판에관한법률 제75조) 하는 예외가 있음을 주의해야 합니다.

공법인이나 개인(공무수탁사인)도 국가 등의 사무를 위임받아 행하는 범위 내에서 행정청에 속하므로 항고소송의 피고적격을 인정합니다(공무원연금공단, 국민연금공단, 근로복지공단, 한국농어촌공사, 한국자산관리공사, 한국토지주택공사 등). 이 경우 행정권한을 위임받은 자는 공법인 자체이지 그 대표자가 아니므로, 관련 피고는 공법인 자체가 됩니다. 다만, 취소소송 소장에서의 피고 표기는 그 위원장을 표시하는 다음의 예에 의합니다.

피고 공정거래위원회 **대표자 위원장 ○○○**	**피고 국민연금관리공단** **대표자 이사장 ○○○**

지방의회는 지방자치단체의 내부 의결기관이므로(외부에 대한 의사표시기관이 아니라는 의미입니다) 관련 조례가 처분법규의 성질을 가질 경우 그에 대한 항고소송의 피고는 조례를 공포한 당해 지방자치단체장(교육, 학예에 관한 조례는 시·도 교육감)이 됩니다. 다만, 지방의회의원에 대한 징계의결의 취소·무효확인의 소(대판 1993.11.26, 93누7341), 지방의회의장선출(대판 1995.1.12, 94누2602)이나 불신임결의(대판 1994.10.11, 94누23)의 피고는 모두 지방의회 그 자체입니다.

3) 처분을 한 행정청

항고소송의 피고는 행정처분을 외부적으로 그의 명의로 행한 행정청입니다. 처분청과 통지를 한 자가 다른 경우에도 처분청이 피고가 됩니다.

(1) 권한의 위임·위탁의 경우

행정권한의 위임·위탁이 있으면 위임청은 위임사항의 처리에 관한 권한을 상실하고 수임청(수탁청)의 권한이 되므로 수임청(수탁청)이 위임(위탁)받은 권한에 기하여 수임청(수탁청) 명의로 한 처분의 정당한 피고는 수임청(수탁청)이 됩니다.

* **대판 1997.2.28, 96누1757** : "성업공사(現가 한국자산관리공사) 체납압류된 재산을 공매하는 것은 세무서장의 공매권한 위임에 의한 것으로 보아야 할 것이므로, 성업공사가 한 그 공매처분에 대한 취소 등의 항고소송을 제기함에 있어서는 수임청으로서 실제로 공매를 행한 성업공사를 피고로 하여야 하고, 위임청인 세무서장은 피고적격이 없다."
* **대판 2005.6.24, 2003두6641** : "원심이 확정한 사실과 기록에 의하면, 원고(선정당사자) 및 선정자 1(이하 모두 '원고 등'이라 한다)이 그들 소유의 승용차를 각각 운전하여 성남시 분당구 삼평동 452 소재 판교 톨게이트를 거쳐 양재~판교 간의 경부고속국도 구간(이하 '이 사건 구간'이라 한다)을 운행하고도 구 유료도로법(2001. 1. 29. 법률 제6403호로 전문 개정되기 전의 것, 이하 '구법'이라 한다) 소정의 통행료를 납부하지 아니한 사실, 이에 피고 한국도로공사(이하 '피고 공사'라 한다) 중부지역본부장이 원고 등에게 위 각 운행에 관하여 각 1,100원의 체납통행료를 소정의 기한까지 납부할 것을 통지(이하 '이 사건 처분'이라 한다)한 사실, 국가는 이 사건 구간이 포함되어 있는 경부고속도로를 비롯한 전국의 각종 고속도로에 관한 시설물과 그 관리권 등을 피고 공사에 출자한 사실을 알 수 있고, 한편 구법 제3조 제1항은 유료도로의 통행료 징수권은 그 도로관리청에 있다고 규정하고 있고, 고속국도법 제5조는 고속국도의 관리청을 피고 건설교통부장관(이하 '피고 장관'이라 한다)으로 규정하고 있으며, 한국도로공사법 제6조 제1항은 국가는 유료도로관리권을 피고 공사에 출자할 수 있다고 규정하고 있고, 구법 제2조 제3항은 유료도로관리권이라 함은 유료도로를 유지·관리하고 유료도로를 통행하거나 이용하는 자로부터 통행료 또는 점용료 등을 징수하는 권리를 말한다고 규정하고 있는바, 위에서 본 사실 및 관계 법령의 규정을 종합하면, 피고 공사는 국가로부터 유료도로 통행료 징수권이 포함된 유료도로관리권을 출자받아 이 사건 구간의 통행료 징수권을 행사할 권한을 적법하게 가지게 되었고, 이에 따라 피고 공사가 이 사건 처분을 한 것이지 피고 장관이 이 사건 처분을 하였다고 볼 수 없으므로 이 사건 소 중 피고 장관을 상대로 한 부분은 부적법하고, 한편 이 사건 처분의 통지서 명의자가 피고 공사가 아닌 피고 공사의 중부지역본부장으로 되어 있지만, 피고 공사의 중부지역본부장은 한국도로공사법 제11조에 의한 피고 공사의 대리인으로서 이 사건 처분은 피고 공사의 중부지역본부장이 피고 공사를 대리하여 적법하게 행한 것이라고 할 것이다. 원심이 피고 공사가 이 사건 구간에 대한 통행료 징수권을 가지게 된 근거 규정으로 고속국도법 제6조 제1, 2항을 들고 있는 것은 잘못이라 할 것이나, 피고 공사가 이 사건 구간에 대한 통행료 징수

권을 가지고 있다고 본 결론은 정당하고, 거기에 통행료 징수권자에 대한 법리를 오해하여 판결 결과에 영향을 미친 위법이 없다."

* **대판 2007.8.23, 2005두3776** : "위와 같은 지방자치법 및 조례의 관계 규정과 대행계약서의 내용 등을 종합하여 보면, 피고 에스에이치공사는 서울특별시장으로부터 서울특별시가 사업시행자가 된 이 사건 택지개발사업지구 내에 거주하다가 사업시행에 필요한 가옥을 제공함으로 인하여 생활의 근거를 상실하게 되는 이주자들에게 택지개발촉진법과 구 공공용지의 취득 및 손실보상에 관한 특례법(2002. 2. 4. 법률 6656호로 폐지되기 전의 것) 및 주택공급에 관한 규칙 등의 법령에 따라서 위 택지개발사업의 시행으로 조성된 토지를 분양하여 주거나 분양아파트 입주권을 부여하는 내용의 이주대책 수립권한을 포함한 택지개발사업에 따른 권한을 위임 또는 위탁받았다고 할 것이므로, 서울특별시가 사업시행자가 된 이 사건 택지개발사업과 관련하여 이주대책 대상자라고 주장하는 자들이 피고 공사 명의로 이루어진 이주대책에 관한 처분에 대한 취소소송을 제기함에 있어 정당한 피고는 피고 공사가 된다고 할 것이다."

반면에, 행정권한의 대리나 내부위임의 경우에는(서울시장의 이름으로 행하면서 단지 내부 전결규정이나 내부위임에 따라 부시장이나 국장이 전결한다는 표시가 되어 있는 처분), 그 처분권한을 가진 원행정청의 이름으로 처분을 행하여야 하므로 피대리관청 내지 위임청이 피고적격자입니다. 특히, 내부위임의 경우 수임자가 임의로 자기명의로 처분을 행한 경우 해당 처분은 무효가 되지만, 그 무효확인소송의 피고는 현명주의에 따라 수임기관이 됩니다. 내부위임은 원칙적으로 수임자가 위임자의 명의로 처분을 행하여야 하므로 위임행정청이 피고가 되어야 하지만, 이를 위반하여 자신의 명의로 하였다면 그 수임자가 피고입니다. 한편, 대리 행정청이 대리관계를 밝힘 없이 자신의 명의로 처분을 행한 경우 처분명의자인 대리 행정청이 피고가 되지만, 아래 2005부4 판결에서 보듯이 거기에는 예외가 있습니다.

* **대판 1991.10.8, 91누520** : "행정관청이 특정한 권한을 법률에 따라 다른 행정관청에 이관한 경우와 달리 내부적인 사무처리의 편의를 도모하기 위하여 그의 보조기관 또는 하급행정관청으로 하여금 그의 권한을 사실상 행하도록 하는 내부위임의 경우에는 수임관청이 그 위임된 바에 따라 위임관청의 이름으로 권한을 행사하였다면 그 처분청은 위임관청이므로 그 처분의 취소나 무효확인을 구하는 소송의 피고는 위임관청으로 삼아야 한다."
* **대판 2018.10.25, 2018두43095** : "항고소송은 다른 법률에 특별한 규정이 없는 한 원칙적으로 소송의 대상인 행정처분을 외부적으로 행한 행정청을 피고로 하여야 하고(행정소송법 제13조 제1항

본문). 다만 대리기관이 대리관계를 표시하고 피대리 행정청을 대리하여 행정처분을 한 때에는 피대리 행정청이 피고로 되어야 한다. 피고 농림축산식품부장관이 2016. 5. 12. 원고에 대하여 농지보전부담금 부과처분을 한다는 의사표시가 담긴 2016. 6. 20.자 납부통지서를 수납업무 대행자인 피고 한국농어촌공사가 원고에게 전달함으로써, 이 사건 농지보전부담금 부과처분은 성립요건과 효력 발생요건을 모두 갖추게 되었다. 나아가 피고 한국농어촌공사가 '피고 농림축산식품부장관의 대행자' 지위에서 위와 같은 납부통지를 하였음을 분명하게 밝힌 이상, 피고 농림축산식품부장관이 이 사건 농지보전부담금 부과처분을 외부적으로 자신의 명의로 행한 행정청으로서 항고소송의 피고가 되어야 하고, 단순한 대행자에 불과한 피고 한국농어촌공사를 피고로 삼을 수는 없다."

(2) 정당한 권한 유무

피고의 정당한 권한 소지 여부는 본안판단 사항이므로 내부위임이나 대리권을 수여받은 데 불과하여 원행정청 명의나 대리관계를 밝히지 아니하고는 자신의 명의로 처분을 할 권한이 없음에도 불구하고 권한 없이 자신의 명의로 처분을 한 경우, 당해 처분의 위법 여부는 별론(무효), 피고적격은 인정됩니다.

* **대판 1994.6.14, 94누1197** : "항고소송은 원칙적으로 소송의 대상인 행정처분 등을 외부적으로 그의 명의로 행한 행정청을 피고로 하여야 하는 것으로서, 그 행정처분을 하게 된 연유가 상급행정청이나 타행정청의 지시나 통보에 의한 것이라 하여 다르지 않으며, 권한의 위임이나 위탁을 받아 수임행정청이 정당한 권한에 기하여 수임행정청 명의로 한 처분에 대하여는 말할 것도 없고, 내부위임이나 대리권을 수여받은 데 불과하여 원행정청 명의나 대리관계를 밝히지 아니하고는 그의 명의로 처분 등을 할 권한이 없는 행정청이 권한 없이 그의 명의로 한 처분에 대하여도 처분명의자인 행정청이 피고가 되어야 한다."

그러나 비록 대리관계를 명시적으로 밝히지는 아니하였다 하더라도 처분명의자가 피대리 행정청 산하의 행정기관으로서 실제로 피대리 행정청으로부터 대리권한을 수여받아 피대리 행정청을 대리한다는 의사로 행정처분을 하였고, 처분명의자는 물론 그 상대방도 그 행정처분이 피대리 행정청을 대리하여 한 것임을 알고서 이를 받아들인 예외적인 경우에는 피대리 행정청이 피고입니다.

* **대결 2006.2.23, 2005부4** : "근로복지공단의 이사장으로부터 보험료의 부과 등에 관한 대리권을 수여받은 지역본부장이 대리의 취지를 명시적으로 표시하지 않고서 산재보험료 부과처분을 한 경우, 그러한 관행이 약 10년간 계속되어 왔고, 실무상 근로복지공단을 상대로 산재보험료 부과처분에 대한 항고소송을 제기하여 온 점 등에 비추어 지역본부장은 물론 그 상대방 등도 근로복지공단과 지역본부장의 대리관계를 알고 받아들였다는 이유로, 위 부과처분에 대한 항고소송의 피고적격이 근로복지공단에 있다고 한 사례."

(3) 특별법에 의한 예외

* **국가공무원법 제16조(행정소송과의 관계)** ① 제75조에 따른 처분, 그 밖에 본인의 의사에 반한 불리한 처분이나 부작위에 관한 행정소송은 소청심사위원회의 심사·결정을 거치지 아니하면 제기할 수 없다.
② 제1항에 따른 행정소송을 제기할 때에는 대통령의 처분 또는 부작위의 경우에는 소속 장관(대통령령으로 정하는 기관의 장을 포함한다. 이하 같다)을, 중앙선거관리위원회위원장의 처분 또는 부작위의 경우에는 중앙선거관리위원회사무총장을 각각 피고로 한다.
* **경찰공무원법 제34조(행정소송의 피고)** 징계처분, 휴직처분, 면직처분, 그 밖에 의사에 반하는 불리한 처분에 대한 행정소송은 경찰청장 또는 해양경찰청장을 피고로 한다. 다만, 제7조제3항 및 제4항에 따라 임용권을 위임한 경우에는 그 위임을 받은 자를 피고로 한다.
* **국회사무처법 제4조(사무총장)** ③ 의장이 한 처분에 대한 행정소송의 피고는 사무총장으로 한다.
* **법원조직법 제70조(행정소송의 피고)** 대법원장이 한 처분에 대한 행정소송의 피고는 법원행정처장으로 한다.
* **헌법재판소법 제17조(사무처)** ⑤ 헌법재판소장이 한 처분에 대한 행정소송의 피고는 헌법재판소사무처장으로 한다.

(4) 피고적격자의 변경

처분이 행해진 뒤에 당해 처분에 관계되는 권한이 다른 행정청에 승계된 경우, 이를 승계한 새로운 행정청이 피고가 됩니다(제13조 제1항 단서). 예컨대, 甲세무서장의 과세처분 후 乙세무서가 신설되어 과거 甲세무서 관할구역의 일부가 乙세무서의 관할로 된 경우, 종전 甲세무서장이 행한 乙세무서 관할구역 거주자(처분시에는 甲세무서 관할구역에 거주했던 자)에 대한 과세처분취소소송의 피고적격자는 乙세무서장입니다. 그러나 피고 행정청의 기관의 지위에 있는 자연인의 변동이 피고적격에 영향을 미치지 않음은 물론입니다.

한편, 소송 계속 중에 권한이 이관된 경우에는 당사자의 신청 또는 직권으로 권한을 양수한 행정청으로 피고를 경정함으로써 소송을 승계합니다(제14조 제6항). 처분 또는 재결을 한 행정청이 권한을 잃거나 폐지되고 권한을 승계할 행정청도 없는 경우에는 당해 처분 등에 관한 사무가 귀속되는 국가 또는 공공단체를 피고로 합니다(제13조 제2항). 따라서 지방자치단체 소속기관이 국가의 기관위임사무를 처리하다 권한을 상실한 경우, 그 사무는 국가에 귀속하므로 국가가 피고가 됩니다.

(5) 당사자소송의 피고적격

당사자소송은 국가·공공단체 그 밖의 권리주체를 피고로 합니다(제39조). 이에 따라 국세채무부존재확인의 소의 피고는 세무서장이 아니라 국가이고 지방공무원지위확인의 소의 피고는 소속 지방자치단체이며, 지방의회의원의 신분확인소송의 피고적격자도 지방의회가 아니라 해당 지방자치단체입니다. 그러나 형식적 당사자소송(예컨대, 보상금증감청구소송)의 피고는 개별 법률의 규정에 의합니다. 피고경정에 관한 행정소송법 제14조의 규정이 당사자소송에 준용되므로(제44조 제1항), 행정청을 피고로 하여 당사자소송을 제기하였다가 국가나 지방자치단체로 피고를 경정하는 것도 허용됩니다.

(6) 민중소송과 기관소송

소 송	피 고	조 문
국민투표무효소송	중앙선거관리위원회위원장	국민투표법 제92조
선거무효소송	선거구선거관리위원회위원장	공직선거법 제222조
당선무효소송	• 대통령선거 : 당선인 또는 당선인을 결정한 중앙선거관리위원회위원장 또는 국회의장 • 국회의원선거 : 당선인 또는 당해 선거구선거관리위원회위원장	공직선거법 제223조
지방의회의결 무효확인소송	지방의회	지방자치법 제120조, 제192조
주무부장관이나 상급지방자치단체장의 감독처분에 대한 이의소송	주무부장관 또는 상급지방자치단체장	지방자치법 제188조, 제189조
주민소송	해당 지방자치단체장, 권한 위임의 경우에는 그 소속기관의 장	지방자치법 제22조

2. 제소기간

1) 개설

다수인의 이해관계에 영향을 미치는 공법상 법률관계를 장기간 불안정한 상태로 두는 것은 바람직하지 않습니다. 이를 고려하여 행정소송법 제20조와 개별법은 제소기간 규정을 통해 처분에 하자가 있는 경우 다툴 수 있는 기간을 제한함으로써 행정법관계의 조속한 안정을 꾀합니다. 제소기간의 설정 문제는 입법정책의 문제로서 개별법에서 행정소송법과 달리 정할 수 있지만, 지나치게 단기인 제소기간은 헌법상 재판청구권의 위헌적 제한에 해당합니다. 제소기간 준수 여부는 소송요건으로서 직권조사사항에 해당합니다.

제소기간의 제한은 취소소송 및 무효를 선언하는 의미의 취소소송에 적용되며, 무효등확인소송에는 제소기간의 제한이 없습니다(제38조 제1항 참조). 부작위위법확인소송의 제소기간에 대해서는 목차를 달리하여 후술합니다. 당사자소송에서는 법률의 특별규정(불변기간)이 없는 한 제소기간의 제한을 받지 않으며, 기관소송·민중소송은 개별법의 규정에 의하되, 특별규정이 없더라도 처분의 취소를 구하는 취지의 소송인 경우 그 성질에 반하지 아니하는 한 취소소송 관련 규정이 적용됩니다(제45조, 제46조 제1항).

2) 취소소송의 제소기간

(1) 행정심판청구를 하지 않은 경우

가. 제소기간

취소소송은 처분 등이 있음을 안 날로부터 90일, 처분이 있은 날로부터 1년 이내에 제기하여야 합니다(제20조). 양자 중 어느 것이나 먼저 도래한 기간 내에 제기하여야 하며, 어느 하나라도 경과하면 부적법한 소가 됩니다. 행정소송법상 기간 계산에 관한 규정이 없으므로, 초일 불산입 등 민법상 관련 규정에 따릅니다.

나. 처분 등이 있음을 안 날로부터 90일

'처분 등이 있음을 안 날'은 공지·공고 기타의 방법에 의하여 당해 처분이 있은 것을 현실적·구체적으로 안 날을 의미하는데, 현실적인 인식을 요하는 점에서 처분이 있은 날인 '처분이 알 수 있는 상태에 놓여진 날'과 구별합니다. 어떠한(일정) 종류의 처분이 있음을 아는 것으로 족하고, 처분의 구체적 내용이나 위법성까지 알아야 하는 것은 아닙니다. 처분의 존재를 전제로 하므로 아직 외부적으로 성립되지 않은 처분이나 상대방 있는 처분이 통지되지 않은 경우 등은 비록 원고가 그 내용을 어떠한 경로로 알게 되었다 하더라도 제소기간이 진행되지 않습니다.

'앎의 추정'이라는 용어를 자주 접합니다. 이는 단순히 처분이 적법하게 송달되어 상대방이 알 수 있는 상태에 놓인 것만으로는 부족하지만, 특별한 사정이 없는 한 적법한 송달이 있게 되면 반증이 없는 한 그 때 처분이 있음을 알았다고 사실상 추정됨을 뜻합니다. 따라서 특별한 사정이 있어 당시에 알지 못하였다고 하는 사정은 원고가 이를 입증하여야 합니다.

* **대판 1999.12.28, 99두9742** : "원심이 확정한 사실관계에 의하면, 1997. 12. 26. 피고가 원고에 대한 이 사건 개발부담금의 납부고지서를 송부하여 관할 우체국은 같은 달 27. 이를 원고의 중앙우체국 사서함(CPO BOX 496호)에 투입하였고, 원고로부터 우편물 배달업무를 위임받은 소외 주식회사 성화인터내셔널 소속 직원인 소외 김대식은 같은 날 10:30경 이 사건 납부고지서를 수령하여 원고에게 우송된 다른 우편물과 함께 같은 날 11:30경 원고의 주소지 건물 21층에 있는 문서실로 운반하였는데, 그 날은 마침 토요일이라 원고 직원들은 11:00경 퇴근하여 문서실에 근무하는 아르바이트 직원이 김대식으로부터 이 사건 납부고지서를 다른 우편물과 함께 수령한 후 퇴근하였고, 그 후 이 사건 납부고지서는 월요일인 같은 해 12. 29. 원고의 담당부서인 부동산팀에 전달되었다는 것이다. 행정심판법 제18조 제1항 소정의 심판청구기간 기산점인 '처분이 있음을 안 날'이라 함은 당사자가 통지·공고 기타의 방법에 의하여 당해 처분이 있었다는 사실을 현실적으로 안 날을 의미하고, 추상적으로 알 수 있었던 날을 의미하는 것은 아니지만, 처분에 관한 서류가 당사자의 주소지에 송달되는 등 사회통념상 처분이 있음을 당사자가 알 수 있는 상태에 놓여진 때에는 반증이 없는 한 그 처분이 있음을 알았다고 추정할 수 있으므로, 위와 같이 <u>원고의 주소지에서 원고의 아르바이트 직원이 납부고지서를 수령한 이상, 원고로서는 그 때 처분이 있음을 알 수 있는 상태에 있었다고 볼 수 있고, 따라서 원고는 그 때 처분이 있음을 알았다고 추정</u>함이 상당하다."
* **대판 2017.3.9, 2016두60577** : "구 건축법(2015. 8. 11. 법률 제13471호로 개정되기 전의 것) 제80조 제3항은 "허가권자는 제1항에 따른 이행강제금을 부과하는 경우 금액, 부과 사유, 납부기한, 수납기관, 이의제기 방법 및 이의제기 기관 등을 구체적으로 밝힌 문서로 하여야 한다."라고 규정하고, 행정절차법 제14조 제1항 본문은 "송달은 우편, 교부 또는 정보통신망 이용 등의 방법으로 하되, 송달받을 자(대표자 또는 대리인을 포함한다. 이하 같다)의 주소·거소·영업소·사무소 또는 전자우편주소로 한다."라고 규정하며, 행정소송법 제20조 제1항 본문은 "취소소송은 처분 등이 있음을 안 날부터 90일 이내에 제기하여야 한다."라고 규정하고 있다. … <u>행정처분의 효력발생요건으로서의 도</u>

달이란 처분상대방이 처분서의 내용을 현실적으로 알았을 필요까지는 없고 처분상대방이 알 수 있는 상태에 놓임으로써 충분하며, 처분서가 처분상대방의 주민등록상 주소지로 송달되어 처분상대방의 사무원 등 또는 그 밖에 우편물 수령권한을 위임받은 사람이 수령하면 처분상대방이 알 수 있는 상태가 되었다고 할 것이다(대법원 1989. 1. 31. 선고 88누940 판결 참조). 그리고 행정소송법 제20조 제1항이 정한 제소기간의 기산점인 '처분 등이 있음을 안 날'이란 통지, 공고 기타의 방법에 의하여 당해 처분 등이 있었다는 사실을 현실적으로 안 날을 의미하므로, 행정처분이 상대방에게 고지되어 상대방이 이러한 사실을 인식함으로써 행정처분이 있다는 사실을 현실적으로 알았을 때 행정소송법 제20조 제1항이 정한 제소기간이 진행한다고 보아야 하고(대법원 2014. 9. 25. 선고 2014두8254 판결 등 참조), 처분서가 처분상대방의 주소지에 송달되는 등 사회통념상 처분이 있음을 처분상대방이 알 수 있는 상태에 놓인 때에는 반증이 없는 한 처분상대방이 처분이 있음을 알았다고 추정할 수 있다(대법원 1999. 12. 28. 선고 99두9742 판결 등 참조). 또한 우편물이 등기취급의 방법으로 발송된 경우 그것이 도중에 유실되었거나 반송되었다는 등의 특별한 사정에 대한 반증이 없는 한 그 무렵 수취인에게 배달되었다고 추정할 수 있다."

한편, 처분의 상대방이나 정당한 수령권자가 합리적 이유 없이 처분서의 수령을 거절하거나 수령한 처분서를 반환한 경우 적법하게 송달된 것으로 보아야 하므로 그때(거절시 내지 수령시)부터 제소기간이 기산됩니다. 처분에 대한 처리권한을 명시적으로 제3자에게 위임하였거나, 장기간의 여행(단기간의 출장이나 야근 등은 제외) 등으로 그 권한을 묵시적으로 가족 등에게 위임하였다고 볼 수 있는 경우에는 수임인의 수령시부터 제소기간이 진행합니다.

복효적 행정행위의 경우 처분의 상대방이 아닌 제3자는 통상 처분이 있는 것을 알 수 없으므로 처분이 있음을 안 날로부터 진행되는 제소기간 제한의 적용을 받지 않습니다. 그러나 제3자가 어떤 경로로든 처분이 있음을 알았거나 쉽게 알 수 있는 등 소 제기가 가능하였다는 사정이 있는 경우에는 그때부터 90일 내에 소를 제기하여야 하며, 이때 제소기간 1년에 있어서의 정당한 사유가 있는지 여부는 문제되지 않습니다.

* **대판 2002.5.24, 2000두3641** : "행정처분의 상대방이 아닌 제3자는 일반적으로 처분이 있는 것을 바로 알 수 없는 처지에 있으므로 처분이 있은 날로부터 180일이 경과하더라도 특별한 사유가 없는 한 구 행정심판법(1995. 12. 6. 법률 제5000호로 개정되기 전의 것) 제18조 제3항 단서 소정의 정당한 사유가 있는 것으로 보아 심판청구가 가능하나, 그 제3자가 어떤 경위로든 행정처분이 있

음을 알았거나 쉽게 알 수 있는 등 같은 법 제18조 제1항 소정의 심판청구기간 내에 심판청구가 가능하였다는 사정이 있는 경우에는 그 때로부터 60일 이내에 심판청구를 하여야 하고, 이 경우 제3자가 그 청구기간을 지키지 못하였음에 정당한 사유가 있는지 여부는 문제가 되지 아니한다."

고시·공고 등에 의하여 효력이 발생하는 처분에 대해서는 주의를 요합니다. 공고 등에 의하여 효력이 발생하는 처분은 그 효력이 불특정 다수인에게 동시에 발생하므로 제소기간을 일률적으로 정함이 상당합니다. 따라서 공고 등이 있음을 현실로 알았는지 여부를 불문하고 근거법규가 정한 처분의 효력 발생일(근거법규가 효력 발생일을 정하지 아니한 경우에는 공고 후 5일이 경과한 날[1])에 처분이 있음을 알았다고 보고, 그때부터 제소기간을 기산합니다. 다만, 특정인에 대한 처분이지만 주소불명이나 송달 불가능으로 인하여 게시판·관보·공보·일간신문에 공고하는 방법으로 처분서를 송달하는 경우에는, 원래 고시·공고에 의하도록 되어 있는 처분이 아니므로 공고일로부터 14일이 경과한 때에 송달(처분)의 효력이 발생하고(행정절차법 제14조 제4항, 제15조 제3항) 그날에 처분을 알았다고 의제되지 아니하며, 상대방이 당해 처분이 있었다는 사실을 현실적으로 안 날에 그 처분이 있음을 알았다고 보아야 합니다(사실상 추정도 불가합니다).

* **대판 2006.4.28, 2005두14851** : "행정소송법 제20조 제1항 소정의 제소기간 기산점인 '처분이 있음을 안 날'이라 함은 당사자가 통지, 공고 기타의 방법에 의하여 당해 처분이 있었다는 사실을 현실적으로 안 날을 의미하는바, <u>특정인에 대한 행정처분을 주소불명 등의 이유로 송달할 수 없어 관보·공보·게시판·일간신문 등에 공고한 경우에는, 공고가 효력을 발생하는 날에 상대방이 그 행정처분이 있음을 알았다고 볼 수는 없고, 상대방이 당해 처분이 있었다는 사실을 현실적으로 안 날에 그 처분이 있음을 알았다고 보아야 할 것</u>이다. 원심은 피고가 2004. 3. 12. 원고의 주민등록사항을 직권으로 말소하는 이 사건 처분을 하고 이를 우편으로 원고에게 통지하였으나 수취인 미거주로 반송되자 위 처분내용을 공고한 이 사건에 있어서, 위 공고의 효력이 발생한 날에 원고가 그 처분이 있음을 알았다고 볼 수 없고, 채택 증거에 의하여 원고가 그 처분사실을 현실적으로 알았다고 인정되는 2004. 6. 28.에 그 처분사실을 알았다고 보아야 하므로, 그로부터 90일이 경과되지 아니한 2004. 9. 21. 원고가 이 사건 소를 제기한 것은 적법하다고 판단하였는바, 원심의 위와 같은 판단은

1) 행정업무의 운영 및 혁신에 관한 규정(대통령령) 제6조 제3항은 '공고문서는 그 문서에서 효력발생 시기를 구체적으로 밝히고 있지 않으면 그 고시 또는 공고 등이 있은 날부터 5일이 경과한 때에 효력이 발생한다'고 규정합니다.

앞서 본 법리에 따른 것으로서 정당하고, 거기에 상고이유로 주장하는 바와 같이 행정소송의 제소기간에 관한 법리를 오해하는 등의 위법이 있다고 할 수 없다. 상고이유에서 드는 대법원 1995. 8. 22. 선고 94누5694 판결은 통상 고시 또는 공고에 의하여 불특정 다수인에 대하여 행정처분을 하는 경우에 있어서의 제소기간의 기산점에 관한 것으로서, 이 사건과는 사안을 달리하여 적절한 선례가 될 수 없다."

90일의 기간은 불변기간이므로(제20조 제3항) 당사자가 책임질 수 없는 사유로 기간을 준수할 수 없었을 때에는 추완이 허용되어 사유가 소멸한 때로부터 2주 내에 소를 제기할 수 있습니다(민사소송법 제173조).

다. 처분 등이 있은 날로부터 1년

'처분 등이 있은 날'은 처분이 그 효력을 발생한 날을 의미하므로 처분이 단순히 행정기관 내부적으로 결정된 것만으로는 부족하고, 외부에 표시되어 상대방 있는 처분의 경우 상대방에게 도달됨을 요합니다. '상대방 있는 처분에서 효력발생요건 및 취소소송 제기의 기산점으로서의 도달'의 의미와 관련하여, 상대방이 현실적으로 그 내용을 인식할 필요는 없고 '상대방이 알 수 있는 상태 또는 양지할 수 있는 상태'에 놓이는 것만으로 충분합니다. '앎의 추정'의 경우와 유사한 면이 있습니다. 따라서 처분서가 본인에게 직접 전달되지 않더라도 우편함에 투입되거나 동거의 가족·친족·고용원 등에게 수교(手交)되어 본인의 세력범위 내 또는 생활지배권 범위 내에 들어간 경우에는 도달한 것으로 간주합니다. 이는 우편법상의 배달과는 다른 개념으로 동 제31조에 의한 적법한 배달이 있었다고 하여 '도달'되었다고 단정할 수 없다는 판례가 있습니다. 다만, 우편물이 등기취급의 방법으로 발송된 경우 그것이 도중에 유실되었다거나 반송되었다는 등의 특별한 사정에 대한 반증이 없는 한 그 무렵 수취인에게 배달되었다고 추정할 수 있습니다(대판 2017.3.9, 2016두60577).

* **대판 1993.11.26, 93누17478** : "원심판결 이유에 의하면 원심은 증거를 종합하여 피고가 원고에 대한 판시의 청문서를 등기우편으로 원고의 업소 소재지로 발송하고, 강남우체국 소속 집배원으로서 위 업소가 있는 건물의 우편물 집배업무를 담당하던 소외 유윤구는 위 우편물을 위 건물(청운빌딩) 경비원에게 송달한 다음 그의 위임에 따라 우편물 배달증에 자신이 경비실이라는 문구를 기재

하여 넣었으며, 피고는 원고가 위 청문서에 기재된 청문일에 출석하지 아니하자 청문절차에 불응하는 것으로 보고 원고에게 별도의 의견진술 기회를 주지 아니하고 이 사건 처분을 한 사실을 인정한 다음, 우편법 제31조, 같은법시행령 제42조 제3항, 제43조 제1호가 동일 건축물 또는 동일 구내의 수취인에게 배달할 등기우편물의 경우 당해 우편물의 표면에 기재된 곳 외에 그 건축물 또는 구내의 관리사무소, 접수처 또는 관리인에게 배달할 수 있도록 규정하고 있으므로 피고가 발송한 청문서는 우편법의 규정에 따라 원고에게 적법히 송달되었다고 판단하였다. 그러나 우편법 제31조, 제34조, 같은법 시행령 제42조, 제43조의 규정취지는 우편사업을 독점하고 있는 국가가 배달위탁을 받은 우편물의 배달방법을 구체적으로 명시하여 그 수탁업무의 한계를 명백히 한 것으로서 위 규정에 따라 우편물이 배달되면 우편물이 정당하게 교부된 것으로 인정하여 국가의 배달업무를 다하였다는 것일 뿐이지 우편물의 송달로써 달성하려고 하는 법률효과까지 발생하게 하는 것은 아니므로 위 규정에 따라 우편물이 배달되었다고 하여 언제나 상대방 있는 의사표시의 통지가 상대방에게 도달하였다고 볼 수는 없다 할 것인바, 원심이 확정한 사실에 의하더라도 집배원으로부터 우편물을 수령한 빌딩건물경비원이 원고나 그 동거인 또는 고용인에게 위 청문서를 전달하였다고 볼 수 없는 이상 청문서가 원고에게 적법하게 송달되었다고 볼 수 없다할 것이고, 식품위생법 제64조가 정하는 청문제도의 취지는 영업정지와 같은 식품위생법 제58조가 정하는 처분으로 불이익을 받게 된 영업자에게 미리 변명과 유리한 자료를 제출할 기회를 부여함으로써 처분의 신중을 기하고 그 적정성을 확보하여 영업자의 권리에 대한 부당한 침해를 예방하려는 데 있으므로 원고가 청문서를 송달받지 못하여 청문절차에 불출석하였는데도 불응하는 것으로 보아 원고에게 의견진술기회를 주지 아니한 채 이루어진 이 사건 처분은 영업정지사유가 인정된다 하더라도 위법하다 할 것이다. 그럼에도 이와 달리 우편법령상의 배달업무에 관한 제규정을 들어 청문서의 송달이 적법함을 전제로 이 사건 처분이 적법하다고 한 원심판결은 우편법 및 청문절차에 관한 법리를 오해하여 판결에 영향을 미친 위법이 있다 할 것이다."

송달방법 및 장소, 수령인 등에 대해서는 처분의 근거 법률에 특별규정이 있는 경우 그에 따르고(서류의 송달에 관하여 민사소송법을 준용함을 규정한 행정심판법 제57조, 송달에 관한 특별규정을 두고 있는 국세기본법 제8조 내지 제12조 등), 그렇지 않은 경우에는 행정절차법 제14조, 제15조 및 민법의 일반원칙에 의합니다. 송달장소는 당사자의 주소·거소·영업소 또는 사무소 등을 말하고, 송달받을 장소가 아닌 곳에서의 송달은 가족·친척 등이라 하더라도 본인으로부터 수령 권한을 위임받지 아니하는 한 그 효력이 없습니다(대판 1986.10.28, 86누553). 그러나 본인 또는 그로부터 수령 권한을 위임받은 자에 대해서는 법정 송달장소가 아니더라도 그가 거부하지 않는 한 유효한 교부를 할 수 있습니다(대판 1990.10.21, 90누4334). 재소자 등에 대한 송달에 관하여 민사소송법의 규정을 준용하는 규정이 없는 통상의 처분에 대해서는 군사용의 청사 또는 선박에 속하는 자, 교도소·구치소에 구속되어 있는 자에 대한 송달에 관한 민사소송법 제181조, 제182조가 적용되지 않으므로, 특별한 사정이 없으면 이들에 대한 송달은 주소지로 하여도 무방합니다(대판 1999.3.18, 96다23184).

수송달자(受送達者)는 본인 및 대리인뿐만 아니라 송달장소 등 다른 요건을 충족하는 한 동거하는 가족이나 고용원이 수령한 경우도 적법한 송달에 해당합니다. 그러나 가족이라도 별거하는 경우 적법한 수령인이 될 수 없는 반면, 비록 친척이 아니더라도 생계를 같이 하여 동거하는 경우에는 수령인이 될 수 있습니다. 또한, 수령 권한을 명시적·묵시적으로 위임받은 자에게 송달된 경우 적법한 송달로 보아야 하는 바, 판례상 친구의 주소지에 5년 이상 주민등록을 하여 둔 경우 그 친구의 처(대판 1984.10.10, 84누195), 거주자 부재시 등기 우편물을 수령하여 전달하여 온 주거지 아파트 경비원(대판 1998.5.15, 98두3679), 전 주거지 아파트의 주소를 주소지로 하여 행정심판청구를 하였고 이사 후에도 아파트 경비실에 들러 우편물을 찾아간 경우의 전 주거지 아파트 경비원(대판 1992.9.1, 92누7443), 고향선배의 주소지로 주민등록을 옮겨 놓고 평소 주민등록지로 배달되는 우편물은 그 가정집에 붙어 있는 선배가 경영하는 목욕탕의 계산대에서 수령하여 온 경우 그 선배와 그 가족 및 계산대에서 근무하는 종업원(대판 1997.9.12, 97누3934), 1년 3개월여 동안 주민등록을 신 거주지로 이전하지 아니하고 종전 거주지인 주민등록지로 나온 민방위 비상소집이나 납세고지를 고지 받았으며 납세고지서를 수령한 후 법정기간 내에 심사청구와 심판청구, 제소 등을 하면서 각 신청서와 소장에 주민등록지로 기재한 경우의 주민등록지 거주자의 처(대판 1992.1.21, 91누7859)등은 수령권한을 위임받았다고 보아 적법한 송달 수령인이라고 합니다. 그러나 실제 거주하지 않으면서 주민등록만 하여둔 경우 비록 그 주민등록을 양해하였다 하더라도 그 사실만으로 주민등록지 거주자에게 당연히 송달수령권한이 위임되었다고 볼 수 없고(대판 1998.2.13, 97누8997), 업소가 소재한 빌딩관리인(대판 1993.11.26, 93누17478), 이미 사무실이 폐쇄된 뒤의 그 사무실 소재 빌딩관리인(대판 1984.2.14, 83누233) 등도 수령 권한을 위임받았다고 할 수 없습니다.

행정절차법 제24조 제1항에 의한 일정한 서면에 의한 행위는 그 서면이 상대방에게 도달하여야 효력이 발생하므로 상대방이 객관적으로 처분의 존재를 인식할 수 있었다거나 그 처분에 따른 행위를 한 바 있더라도, 예컨대 적법한 고지서가 발부되지 않았음에도 세금을 납부한 경우 부적법한 송달의 하자가 치유되지 않습니다. 망자(亡者)를 송달받을 자로 하여 행하여진 송달은 상속인들에 대한 송달로서의 효력이 없습니다(대판 1994.4.26, 93누13360).

* **대판 1988.3.22, 87누986** : "원고는 위 건물소재지와는 다른 곳에 주소를 두고 그 주소지에서 거주하고 있으며, 위 납입고지서들은 위 건물소재지에서 위 건물의 임차인들인 소외 1과 소외 2에게 교부되어 그들이 수령한 사실이 인정되는바, 납입고지서의 송달이 부적법하면 그 부과처분은 효력이 발생하지 아니하는 것이고 또한 송달이 부적법하여 송달의 효력이 발생하지 아니하는 이상 상대방이 객관적으로 위 부과처분의 존재를 인식할 수 있었다 하더라도 그와 같은 사실로써 송달의 하자가 치유된다고 볼 수는 없는 것이므로 원심으로서는 마땅히 위 건물소재지에 원고의 영업소나 사무소가 설치되어 있었는지 여부와 위 납입고지서를 수령한 임차인들이 원고의 사용인 기타 종업원 또는 동거인인지의 여부를 심리하여 위 송달이 적법히 된 것인지의 여부를 가려보았어야 할 것임에도 불구하고 그 판시와 같은 이유를 들어 원고의 위 주장을 배척한 것은 심리미진 또는 채증법칙위배로 인한 사실오인이나 납입고지서의 송달에 관한 법리를 오해한 위법을 범한 것이라 할 것이므로 이 점을 지적하는 상고논지는 이유있다."

'처분이 있은 날로부터 1년'에는 그 예외가 인정됩니다. 처분이 있은 날로부터 1년이 경과하여도 정당한 사유가 있는 경우에는 제소할 수 있습니다. 90일의 제소기간의 경우와는 달리, 처분의 상대방이 아닌 제3자가 취소소송을 제기하는 경우에도 행정소송법 제20조 제2항에 의해 정당한 사유가 있음을 입증하지 못하는 한 그 대상인 처분이 있은 날부터 1년 이내에 제기하여야 합니다. 여기에서의 정당한 사유란 불확정개념으로서 사안에 따라 개별·구체적으로 판단하여야 하지만, 불변기간에 관한 민사소송법 제173조의 '당사자가 그 책임을 질 수 없는 사유'나 행정심판법 제27조 제2항 소정의 '천재지변·전쟁·사변 그 밖에 불가항력적인 사유'보다 광의의 개념으로, 제소기간 도과의 원인 등 여러 사정을 종합하여 지연된 제소를 허용하는 것이 사회통념상 상당하다고 할 수 있는가에 따라 판단하여야 합니다.

* **대판 1992.7.28, 91누12844** : "행정심판법 제18조 제3항에 의하면 행정처분의 상대방이 아닌 제3자라도 처분이 있은 날로부터 180일을 경과하면 행정심판청구를 제기하지 못하는 것이 원칙이지만, 다만 정당한 사유가 있는 경우에는 그러하지 아니하도록 규정되어 있는바, 행정처분의 직접 상대방이 아닌 제3자는 일반적으로 처분이 있는 것을 바로 알 수 없는 처지에 있으므로, 위와 같은 심판청구기간 내에 심판청구를 제기하지 아니하였다고 하더라도, 그 기간 내에 처분이 있은 것을 알았거나 쉽게 알 수 있었기 때문에 심판청구를 제기할 수 있었다고 볼 만한 특별한 사정이 없는 한, 위 법조항 본문의 적용을 배제할 "정당한 사유"가 있는 경우에 해당한다고 보아 위와 같은 심판청구기간이 경과한 뒤에도 심판청구를 제기할 수 있다."

(2) 행정심판청구를 한 경우

가. 제소기간

행정심판청구를 한 경우에는 재결서 정본을 송달받은 날부터 90일, 재결이 있은 날부터 1년 내에 소를 제기하여야 합니다(제20조 제1항 단서, 제2항). 두 기간 중 어느 하나의 기간이라도 경과하게 되면 제소기간이 지난 뒤의 제소가 되어 부적법한 점, 재결서 정본을 받은 날부터 90일의 기간은 불변기간이고 재결이 있은 날부터 1년의 기간은 정당한 사유가 있을 때는 연장되는 점 등은 행정심판을 청구하지 않은 경우의 그것과 동일합니다.

행정심판청구를 한 경우란 필요적·임의적 전치에 의한 경우뿐만 아니라 법령상 심판청구가 금지되어 있지만 행정청이 심판청구를 할 수 있다고 오고지한 처분에 대하여 행정심판청구를 한 모든 경우를 포함합니다. 임의적 전치의 경우 심판청구를 하였다 하더라도 재결을 기다릴 필요 없이 소를 제기할 수 있으며, 필요적 전치에 있어서도 심판청구 후 60일이 지나도록 재결이 없을 때에는 바로 소 제기가 가능하지만(제18조 제2항 제1호), 이들 경우 바로 소를 제기할 수 있다고 하여 그때부터(예컨대, 필요적 전치의 경우 심판청구 후 60일이 지난 날부터) 제소기간이 진행되는 것이 아니라 재결서 정본을 송달받을 때까지는 제소기간이 진행되지 않습니다. 따라서 위 어느 경우에도 재결서 정본을 송달받은 날부터 90일, 재결이 있은 날부터 1년이 경과되기 전에는 소 제기가 가능합니다.

제소기간의 기산점과 관련하여 행정심판재결에 해당하지 않는 경우의 해법이 문제되는데, '진정' 의미의 이의신청의 경우에는 당사자는 그 불복절차의 결정을 기다려서는 안 되고 원칙적으로 처분이 있음을 안 날부터 90일 이내에 취소소송을 제기하여야 제소기간 미준수에 따른 불이익을 면할 수 있었습니다. 그러나 행정기본법상 이의신청 규정의 신설에 따라 이의신청 결과를 통지받은 날(통지기간 내에 결과를 통지받지 못한 경우에는 같은 항에 따른 통지기간이 만료되는 날의 다음 날)부터 90일 이내에 행정심판 또는 행정소송을 제기할 수 있습니다(행정기본법 제36조 제4항). 또한, 이처럼 취소소송의 제소기간을 제한함으로써 처분 등을 둘러싼 법률관계의 안정과 신속한 확정을 도모하려는 입법 취지에 비추어 볼 때, 여기서 말하는 행정심판은 행정심판법에 따른 일반행정심판과 이에 대한 특례로서 다른 법률에서 사안의 전문성과 특수성을 살리기 위하여 특히 필요하여 일반행정심판을 갈음하는 특별한 행정불복절차를 정한 경우의 특별행정심판(행정심판법 제4조)을 모두 뜻한다고 보아야 합니다. 한편, 원처분을 대상으로 소를 제기하여야 한다고 해석되더라도(이의신청에 대한 결정을 행정심판이라 보지 않으면서도) 근거 법률에 이의신청 등의 결과를 통보받은 날을 행정심판 또는 행정소송 제기의 기산일로 하는 특별규정을 두는 경우에는 해당 규정의 내용에 따라야 합니다.

* **대판 2016.7.27, 2015두45953** : "국가유공자 비해당결정 등 원결정에 대한 이의신청이 받아들여지지 아니한 경우에도 이의신청인으로서는 원결정을 대상으로 항고소송을 제기하여야 하고, 국가유공자 등 예우 및 지원에 관한 법률 제74조의18 제4항이 이의신청을 하여 그 결과를 통보받은 날부터 90일 이내에 행정심판법에 따른 행정심판의 청구를 허용하고 있고, 행정소송법 제18조 제1항 본문이 "취소소송은 법령의 규정에 의하여 당해 처분에 대한 행정심판을 제기할 수 있는 경우에도 이를 거치지 아니하고 제기할 수 있다."라고 규정하고 있는 점 등을 종합하면, 이의신청을 받아들이지 아니하는 결과를 통보받은 자는 통보받은 날부터 90일 이내에 행정심판법에 따른 행정심판 또는 행정소송법에 따른 취소소송을 제기할 수 있다."

나. 재결서의 정본을 송달받은 날 등의 의미

'재결서의 정본을 송달받은 날'이란 그 정본을 본인이 직접 수령한 경우에 한하는 것이 아니라, 보충송달·유치송달·공시송달 등 민사소송법이 정한 바에 따라 적법하게 송달된 모든 경우를 말합니다(행정심판법 제57조). '재결이 있은 날'이란 재결이 내부적으로 성립한 날을 말하는 것이 아니라 '재결의 효력이 발생한 날'을 의미하지만, 통상의 행정행위나 재결의 경우 그 취소소송의 소장 내 청구취지에서 처분을 특정함에 있어서는 당해 처분이나 재결의 내부적 성립 일자를 기준으로 합니다.

재결은 심판청구인에게 재결서 정본이 송달된 때에 효력이 발생하므로, 재결이 있은 날이란 결국 재결서 정본이 송달된 날을 의미하게 되어 통상 재결이 있은 날과 재결서 정본을 송달 받은 날은 동일하고(재결이 있은 날 = 재결의 효력이 발생한 날 = 재결서 정본을 송달받은 날), 재결서 정본을 송달받은 날로부터 90일이 지나면 제소기간은 도과하게 되므로 결국 재결이 있은 날로부터 1년 이내라는 제소기간은 심판청구인에 관한 한 무의미합니다. 입법기술적으로는 90일의 제소기간의 기산점을 '재결이 있음을 안 날'로 함이 타당합니다.

다. 제소기간 논의의 전제로서의 '적법한 행정심판의 청구'

가) 부적법한 행정심판청구와 제소기간

취소소송의 제기기간을 처분 기준시가 아니라 재결서를 송달받은 날을 기준으로 하기 위해서는 행정심판청구가 적법하여야 합니다. 행정심판청구 자체가 청구기간을 지나 청구되는 등 부적법한 경우에는 재결을 기준으로 제소기간을 기산할 수 없습니다.

* **대판 2011.11.24, 2011두18786** : "[1] … 처분이 있음을 안 날부터 90일 이내에 행정심판을 청구하지도 않고 취소소송을 제기하지도 않은 경우에는 그 후 제기된 취소소송은 제소기간을 경과한 것으로서 부적법하고, 처분이 있음을 안 날부터 90일을 넘겨 청구한 부적법한 행정심판청구에 대한 재결이 있은 후 재결서를 송달받은 날부터 90일 이내에 원래의 처분에 대하여 취소소송을 제기하였다고 하여 취소소송이 다시 제소기간을 준수한 것으로 되는 것은 아니다.

[2] 국민건강보험공단이 2009. 9. 2. 국민건강보험법 제85조의2 제1항에 따라 갑에게 과징금을 부과하는 처분을 하여 2009. 9. 7. 갑의 동료가 이를 수령하였는데, 갑이 그때부터 90일을 넘겨 국무총리행정심판위원회에 행정심판을 청구하여 청구기간 경과를 이유로 각하재결을 받았고, 그 후 재결서를 송달받은 때부터 90일 이내에 원처분에 대하여 취소소송을 제기한 사안에서, 행정심판은 갑이 처분이 있음을 안 날부터 90일을 넘겨 청구한 것으로서 부적법하고, 행정심판의 재결이 있은 후에 비로소 제기된 과징금 부과처분에 대한 취소소송 또한 제소기간이 경과한 후에 제기된 것으로서 부적법하다는 이유로 이를 각하한 원심판결을 정당하다고 한 사례."

* **대판 2012.9.27, 2011두27247** : "[1] 행정청이 산업재해보상보험법에 의한 보험급여 수급자에 대하여 부당이득 징수결정을 한 후 징수결정의 하자를 이유로 징수금 액수를 감액하는 경우에 감액처분은 감액된 징수금 부분에 관해서만 법적 효과가 미치는 것으로서 당초 징수결정과 별개 독립의 징수금 결정처분이 아니라 그 실질은 처음 징수결정의 변경이고, 그에 의하여 징수금의 일부취소라는 징수의무자에게 유리한 결과를 가져오는 처분이므로 징수의무자에게는 그 취소를 구할 소의 이익이 없다. 이에 따라 감액처분으로도 아직 취소되지 않고 남아 있는 부분이 위법하다 하여 다투고자 하는 경우, 감액처분을 항고소송의 대상으로 할 수는 없고, 당초 징수결정 중 감액처분에 의하여 취소되지 않고 남은 부분을 항고소송의 대상으로 할 수 있을 뿐이며, 그 결과 제소기간의 준수 여부도 감액처분이 아닌 당초 처분을 기준으로 판단해야 한다.

[2] 행정소송법 제20조 제1항은 '취소소송은 처분 등이 있음을 안 날부터 90일 이내에 제기하여야 하나 행정청이 행정심판청구를 할 수 있다고 잘못 알린 경우에 행정심판청구가 있은 때의 기간은 재결서의 정본을 송달받은 날부터 기산한다'고 규정하고 있는데, 위 규정의 취지는 불가쟁력이 발생하지 않아 적법하게 불복청구를 할 수 있었던 처분 상대방에 대하여 행정청이 법령상 행정심판청구가 허용되지 않음에도 행정심판청구를 할 수 있다고 잘못 알린 경우에, 잘못된 안내를 신뢰하여 부적법한 행정심판을 거치느라 본래 제소기간 내에 취소소송을 제기하지 못한 자를 구제하려는 데에 있다. 이와 달리 이미 제소기간이 지남으로써 불가쟁력이 발생하여 불복청구를 할 수 없었던 경우라면 그 이후에 행정청이 행정심판청구를 할 수 있다고 잘못 알렸다고 하더라도 그 때문에 처분 상대방이 적법한 제소기간 내에 취소소송을 제기할 수 있는 기회를 상실하게 된 것은 아니므로 이러한 경우에 잘못된 안내에 따라 청구된 행정심판 재결서 정본을 송달받은 날부터 다시 취소소송의 제소기간이 기산되는 것은 아니다. 불가쟁력이 발생하여 더 이상 불복청구를 할 수 없는 처분에 대하여 행정청의 잘못된 안내가 있었다고 하여 처분 상대방의 불복청구 권리가 새로이 생겨나거나 부활한다고 볼 수는 없기 때문이다."

건설회사에 근무하는 甲은 건설공사 현장에서 업무 중 골절 등 산재사고로 인한 상해를 입었고, 이를 이유로 2014년 2월경 근로복지공단으로부터 휴업급여와 장해급여 등을 지급받았다. 그런데 이후 甲이 자신의 회사가 가입하고 있던 보험회사로부터 별도의 장해보상금을 지급받자 근로복지공단은 甲이 이중으로 보상받았음을 이유로 2016년 3월경 이미 지급된 급여의 일부에 대한 징수결정을 하고 이를 甲에게 고지하였다. 그러나 甲이 이 같은 징수결정에 대하여 민원을 제기하자 2016년 11월경 당초의 징수결정 금액의 일부를 감액하는 처분을 하였는데, 그 처분 고지서에는 "이의가 있는 경우 행정심판법 제27조의 규정에 의한 기간 내에 행정심판을 청구하거나 행정소송법 제20조의 규정에 의한 기간 내에 행정소송을 제기할 수 있습니다"라고 기재되어 있었다. 甲은 감액처분에 불복하여 이를 대상으로 행정심판을 청구하였고 각하재결을 받은 후 재결서를 송달받은 즉시 2017년 5월경 근로복지공단을 상대로 위 감액처분의 취소를 구하는 행정소송을 제기하였다. 이 경우 당해 취소소송의 적법 여부를 검토하시오.

[참조조문]

* 산업재해보상보험법

제52조(휴업급여) 휴업급여는 업무상 사유로 부상을 당하거나 질병에 걸린 근로자에게 요양으로 취업하지 못한 기간에 대하여 지급하되, 1일당 지급액은 평균임금의 100분의 70에 상당하는 금액으로 한다. 다만, 취업하지 못한 기간이 3일 이내이면 지급하지 아니한다.

제57조(장해급여) ① 장해급여는 근로자가 업무상의 사유로 부상을 당하거나 질병에 걸려 치유된 후 신체 등에 장해가 있는 경우에 그 근로자에게 지급한다.

위 사실관계를 정리하면 다음과 같습니다.

① 甲에게 지급한 휴업급여 등에 대하여 이중지급을 이유로 근로복지공단이 일부에 대해 징수결정(최초 처분, 2016.3.) → ② 민원에 따라 감액처분(2016.11.) → ③ 2016.11.경의 감액처분을 대상으로 행정심판제기(2016.11. 이후) → ④ 각하재결 → ⑤ 감액처분을 대상으로 취소소송 제기(2017.5)

문항의 답을 위해 검토해야 할 사항은 감액처분 등 소극적 변경처분의 경우 쟁송의 대상과 행정심판을 거친 경우의 취소소송의 제소기간, 특히 행정심판 청구기간이 도과하였음에도 행정쟁송 제기 가능성을 오고지한 경우 행정소송법 제20조 제1항 단서의 적용 여부입니다.

우선, 감액처분은 일부취소처분의 성질을 가지므로 항고소송의 대상은 감액처분이 아니라 최초 부과처분 중 감액처분에 의하여 취소되지 않고 남은 원처분입니다. 이때 행정심판을 거치지 않은 경우 제소기간의 기산점은 원처분을 기준으로 판단하며, 행정심판 재결에 의하여 일부취소 된 경우에는 피고는 원처분청(행정심판위원회가 아님), 제소기간은 재결서 정본을 송달받은 날부터 90일(행정소송법 제20조 제1항 단서)이 됩니다. 다만, 처분사유의 변경(후발적 사유의 발생)으로 인한 감액처분의 경우에는 당초 처분은 취소된 것으로 보아 감액처분이 항고소송의 대상이 됩니다. 또한, 기존 처분을 변경하는 후속처분이 종전처분의 완전한 대체 혹은 주요 부분의 실질적 변경을 의미할 경우 종전처분은 효력을 상실하고(직권취소) 후행처분 만이 항고소송의 대상이 되지만, 후속처분이 종전처분의 유효를 전제로 그 내용 중 일부의 추가 · 변경 · 철회의 의미이고 성질상 나머지 부분과 불가분의 관계가 아닌 경우에는 후속처분과 종전처분 모두 항고소송의 대상인 점은 앞서 '대판 2015.11.19, 2015두295(전합)(대형마트 영업시간 제한 등 처분취소사건)'에서 살펴본 바와 같습니다. 사안의 경우 甲은 행정심판과 취소소송에서 공히 감액처분(후속 경정처분)을 쟁송의 대상으로 하였는바, 이는 감액되고 남은 원처분(감액되고 남은 2016.3.경의 최초의 징수결정)이 원처분으로서 취소쟁송의 대상을 대상으로 한다는 학설과 판례의 입장에 배치되므로 쟁송 대상의 오류로 인해 각각 각하재결을 받았거나 각하판결을 받을 것입니다.

다음은 행정심판을 거친 경우 취소소송의 제소기간입니다. 행정소송법 제20조 제1항 단서는 - 특별행정심판(행정심판법 제4조)의 경우를 포함하여 - 행정심판을 거쳐야 하는 경우, 그 밖에 행정심판을 청구할 수 있는 경우 또는 행정청이 행정심판을 제기할 수 있다고 잘못 알린 경우를 적용 범위로 합니다. 그러나 해당 단서는 행정심판 청구기간이 도과한 것을 이유로 한 각하재결이 있은 후 취소소송을 제기하는 경우에는 적용되지 않습니다(위 2011두27247 판결 참조). 사안의 경우 근로복지공단이 행정쟁송을 제기할 수 있다고 알린 시점인 2016년 11월경은 행정심판의 대상인 원처분이 있은 때가 2016년 3월경임을 고려한다면 이미 행정심판 청구기간(처분이 있음을 안 날부터 90일, 처분이 있었던 날부터 180일 이내)을 도과한 후이므로 각하재결을 받았습니다.[1] 행정심판을 거친 경우에는 원처분을 소의 대상으로 하더라도 제소기간의 도과로 인한 원고의 불이익을 고려하여 '재결서 정본 송달일부터 90일'의 제소기간의 특칙이 행정소송법 제20조 제1항 단서에 규정되어 있지만, 판례는 행정심판이 제소기간의 미준수 등의 사유로 부적법하여 각하재결을 받은 경우에는 해당 조문이 적용되지 않음을 설시하였습니다. 즉, 甲은 감액되고 남은 2016.3.경의 원처분을 심판의 대상으로 하여야 하므로 2016.11.경의 감액처분 이후

1) 만약 위 민원이 행정기본법에 의한 '이의신청'이라면 행정심판 청구기간의 기산점은 2016.11.경이 될 것이고(행정기본법 제36조 제4항), 사안에서 행정심판의 청구 시점이 명확하게 나타나지 않으므로 행정심판 청구기간의 도과 여부를 판단할 수 없습니다.

에 제기한 행정심판은 처분이 있은 날부터 180일이 도과하여 각하재결을 받은 것입니다. 따라서 이 경우 재결서 정본 송달일을 기준으로 하는 제소기간의 기산점 규정은 적용의 여지가 없으므로, 취소소송에서의 소송의 대상인 원처분의 발령시인 2016.3.경이 그 기산점이 되고 취소소송을 재결서 정본 송달 즉시인 2017.5.경에 제기하였더라도 이는 처분이 있은 날부터 1년이 경과한 후이므로 제소기간 요건을 충족하지 못하였습니다. 환언하면, 판례에 의할 때 이 경우 행정소송법 제20조 제1항 단서가 적용되지 않으므로 취소소송의 기산점은 비록 甲이 재결서를 송달받은 즉시(2017년 5월경) 소를 제기하였다 하더라도 감액되고 남은 원처분이 있은 시점인 2016.3.경을 기준으로 삼아야 하고, 그렇다면 甲의 제소는 처분이 있은 날부터 1년이 경과한 후이므로 동 소송은 제소기간의 도과로 각하판결을 받을 것입니다. 요컨대, 甲이 제기한 취소소송은 소의 대상을 잘못 지정했을 뿐만 아니라 제소기간을 도과한 점에서 적법한 제소가 아니므로 법원은 각하판결을 할 것입니다.

나) 행정심판청구의 형식·절차의 완화된 해석

행정심판법 제19조, 제23조의 취지와 행정심판청구 실무에 비추어 볼 때 행정심판청구는 엄격한 형식주의를 적용할 수 없으므로, 청구서 내 표제 등과 무관하게 제출자에게 유리하도록 해석하여 위법·부당한 처분의 취소나 변경을 구한다는 취지만으로 행정소송법 제18조 소정의 행정심판청구로 보는 것이 판례의 입장입니다.

* **대판 2007.6.1, 2005두11500** : "행정심판법 제19조, 제23조의 규정 취지와 행정심판제도의 목적에 비추어 보면, 행정심판청구는 엄격한 형식을 요하지 않는 서면행위로 해석되므로, 위법·부당한 행정처분으로 인하여 권리나 이익을 침해당한 자로부터 그 처분의 취소나 변경을 구하는 서면이 제출되었을 때에는 그 표제와 제출기관의 여하를 불문하고 이를 행정소송법 제18조 소정의 행정심판청구로 보아야 하며, 심판청구인은 일반적으로 전문적 법률지식을 갖지 못하여 제출된 서면의 취지가 불명확한 경우가 적지 않을 것이나, 이러한 경우 행정청으로서는 그 서면을 가능한 한 제출자에게 이익이 되도록 해석하고 처리하여야 한다 (대법원 1995. 9. 5. 선고 94누16250 판결, 2000. 6. 9. 선고 98두2621 판결 참조). 원심판결 이유에 의하면, 원심은, 원고들이 2003. 5. 21. 피고에게 이 사건 승인처분의 취소를 요구하는 문서를 제출한 바 있으니, 늦어도 이 무렵 원고들은 이 사건 승인처분이 있었음을 알았다고 할 것인데 이 사건 소는 그로부터 90일이 경과된 후 제기된 것이므로 제소기간을 도과한 부적법한 소라는 피고의 본안전 항변에 대하여, 그 채용 증거를 종합하여 판시와 같은 사실을 인정한 다음, 위 문서는, 그 제목이 '남동레미콘(주) 공장설립허가에 대한 광주시의 허가취소요청'으로 되어 있고, 피청구인인 처분청과 청구인들의 이름, 주소 및 서명이 되어 있으

> 며, 심판청구의 대상이 되는 행정처분의 내용과 심판청구의 취지 및 이유, 처분이 있은 것을 안 날을 알 수 있을 정도의 내용이 기재되어 있고, 위 문서에 기재되어 있지 않은 재결청, 처분을 한 행정청의 고지 유무 등의 내용과 날인 등의 불비한 점은 추후 보정이 가능한 것이므로 위 문서는 이 사건 승인처분에 대한 행정심판청구로 보아야 하는데, 이에 대한 재결절차가 이루어지지 않은 이상, 이 사건 소의 제소기간은 아직 도과되지 않았다고 하여 피고의 위와 같은 본안전 항변을 배척하였다. 앞서 본 법리와 기록에 비추어 살펴보면, 원심의 위와 같은 판단은 옳고, 거기에 상고이유 주장과 같은 행정심판청구에 관한 법리오해 등의 위법이 없다."

국민권익위원회에 대한 고충민원신청 등 처분청이나 재결청이 아닌 다른 기관에 제출한 진정서나 민원서 등이 행정심판 청구기간 내에 피청구인(처분청)이나 관할 행정심판위원회에 송부된 경우에도 적법한 행정심판청구로 보아야 하는데, 이 경우 행정심판 제기기간의 기산일에 대해서는 행정심판법 제23조 제2항, 제4항의 규정에 따라 다른 행정기관에 심판청구서가 제출된 때를 기준으로 합니다. 한편, 보정이 불가능하거나 보정을 명하였지만 보정명령에 따르지 않아 각하된 경우까지 적법한 행정심판청구로 볼 수는 없습니다.

다) 행정심판 청구기간의 특칙

행정심판법 제27조 제5항, 제6항에 의할 때 행정청이 처분을 하면서 심판청구기간을 행정심판법 제27조에 규정한 기간(처분이 있음을 알게 된 날부터 90일, 처분이 있었던 날부터 180일)보다 길게 잘못 알려준 경우에는 그 잘못 알린 기간 내에 제기하면 되고(오고지), 심판청구기간을 고지받지 못한 처분의 상대방은 처분이 있은 날부터 180일 내에 청구하면 됩니다(불고지).

(3) 제소기간 관련 특수 문제

가. 소 제기 전 처분의 변경과 제소기간

처분을 정정한 경우에는 당초 처분을 기준으로 하고, 처분의 변경의 경우에는 그 동일성의 유지 여부에 따라 원처분 또는 변경된 처분을 대상으로 제소기간 준수 여부를 판단함이 원칙입니다. 기타 감액·증액경정처분과 관련하여, 감액경정처분은 당초처분의 일부취소에 해당하므로 소송의 대상은 일부 취소되고 남은 당초처분입니다. 따라서 당초처분을 기준으로 제소기간의 준수 여부를 판단하지만, 행정심판을 청구한 경우에는 재결서 정본 송달일부터 90일이 제소기간 준수의 기준이 됩니다. 증액경정처분에서는 당초처분은 후의 증액경정처분에 흡수되므로 경정처분만이 소의 대상입니다. 제소기간의 준수 여부도 경정처분을 기준으로 하지만, 경정처분을 대상으로 행정심판을 청구한 경우에는 재결서 정본 송달일부터 90일 이내에 제소하여야 합니다.

나. 소의 정정과 제소기간

소의 정정이란 청구취지의 정정, 이를테면 착오로 잘못 기재하였거나 불명확한 청구취지나 청구원인을 변경하거나 누락된 적용 법조를 추가하는 등 당초의 소를 명확히 한 경우를 이르는데, 소의 변경이라 할 수 없는 소의 정정의 경우 제소기간의 준수 여부는 당초의 소 제기 시를 기준으로 판단합니다.

다. 소의 변경과 제소기간

가) 원칙

소 계속 중 청구취지를 변경하여 구소가 취하되고 새로운 소가 제기된 것으로 소의 변경이 있는 경우에는 새로운 소에 대한 제소기간의 준수는 원칙적으로 소의 변경이 있은 때를 기준으로 판단하여야 합니다. 소송 계속 중 관련청구소송으로서 취소소송을 병합 제기하는 경우에도 병합 제기된 때를 기준으로 관련청구의 제소기간 준수 여부를 살펴야 합니다.

* **대판 2004.11.25, 2004두7023** : "취소소송은 처분 등이 있음을 안 날부터 90일 이내에 제기하여야 하고, 처분 등이 있은 날부터 1년을 경과하면 제기하지 못하며(행정소송법 제20조 제1항, 제2항), 청구취지를 변경하여 구소가 취하되고 새로운 소가 제기된 것으로 변경되었을 때에 새로운 소에 대한 제소기간의 준수 등은 원칙적으로 소의 변경이 있은 때를 기준으로 하여야 한다."

소 계속 중 처분의 변경으로 인해 그 변경된 처분을 대상으로 하는 소 변경은 처분변경이 있음을 안 날로부터 60일 이내에 하여야 합니다(제22조 제2항). 처분 변경으로 인한 소 변경의 기간과 관련하여, 과거 행정소송법을 개정하면서 제소기간을 90일로 늘렸으면서도 입법상 착오로 위 소 변경기간만은 종전의 제소기간인 60일로 놓아두었다는 비판적 견해는 경청할 만합니다. 물론 이에 대해, 위 소 변경기간을 제소기간과 일치시켜야 할 필연성이 없고 소 변경 여부를 조속히 확정지을 필요에 의해 특별히 60일을 정한 것이라는 입장도 있습니다. 어쨌든 법문에 의할 때 60일 이내에 변경된 처분을 대상으로 하는 소 변경을 하여야 하고, 그 기간을 도과한 경우에는 변경된 처분을 안 날로부터 90일 내에 별소를 제기할 수밖에 없습니다.

나) 예외

처분으로 말미암아 불이익을 받은 자가 그에 불복하여 소까지 제기하였음에도 법의 무지로 소송형식 등을 잘못 택하였다가 청구취지 변경 등을 늦게 하였다는 이유로 제소기간을 도과한 부적법한 소라고 보는 것은 당사자에게 가혹합니다. 따라서 행정소송법은 제소기간의 소급을 인정하는 몇 가지 규정을 두고 있고, 또한 해석상 제소기간의 소급을 인정하여야 할 경우가 있습니다. 이러한 경우에는 소 변경기간에 제약이 없으므로 사실심 변론종결시까지 소 변경을 하면 됩니다.

(가) 피고의 경정과 추가

피고를 잘못 지정한 소에 있어서는 당사자의 신청으로 피고를 경정할 수 있는데(제14조 제1항), 이같이 피고의 경정에 있어 새로운 피고에 대한 소는 처음에 소를 제기한 때 제기한 것으로 간주하므로(동조 제4항) 제소기간 준수 여부는 처음의 피고를 상대로 한 제소시를 기준으로 합니다. 필수적 공동소송인 중 탈루된 일부를 추가하는 경우 추가된 당사자와의 사이에 소도 처음의 소가 제기된 때에 제기된 것으로 보므로(민사소송법 제68조 제3항), 마찬가지로 처음의 소 제기 시를 기준으로 제소기간 준수 여부를 판단합니다.

(나) 소송 종류의 변경

무효등확인소송·부작위위법확인소송을 취소소송으로 변경하거나 당사자소송을 취소소송으로 변경하는 경우, 항고소송을 당사자소송으로 변경하는 경우는 모두 변경 전 소 제기 당시를 기준으로 제소기간 준수 여부를 판단합니다(제37조, 제42조, 제21조 제4항, 제14조 제4항).

(다) 변경 전·후의 청구가 밀접한 관계가 있는 경우

아래 설명은 최초 처분에 대한 증감처분이 행해진 후 비로소 취소소송을 제기하는 때의 제소기간 기산점의 문제가 아니라, 최초 처분에 대한 취소소송 제기 후 증감처분이 행해져 소의 변경을 하는 경우를 대상으로 합니다. 변경 후의 청구가 변경 전의 청구와 소송물이 실질적으로 동일하거나 밀접한 관계가 있어 변경 전의 청구에 이미 변경 후의 청구까지 포함되어 있다고 볼 수 있는 등 특별한 사정이 있는 때에는, 당초의 소 제기 시를 기준으로 제소기간 준수 여부를 판단하여야 합니다. 예를 들면, 과세처분의 취소소송 계속 중 감액경정처분이 이루어진 경우 그 감액된 당초 과세처분으로 소 변경을 하는 것은 이미 당초의 과세처분에 대한 소가 제소기간을 준수한 것인 이상 소 변경의 시기에는 제소기간 내에 하여야 한다는 제약이 없습니다. 그러나 이 경우에도 당초처분 중 감액되고 남은 부분을 소송의 대상으로 하는 소 변경은 반드시 하여야 하고 그러한 소 변경을 하지 않는다면 법원이 그 소 변경을 하도록 석명하여야 할 것이지만, 그럼에도 소 변경을 하지 않는다면 당초처분 중 감액된 부분에 소 부분은 소의 대상이 없거나 소의 이익이 없어 각하하여야 합니다(대판 1982.11.23, 81누393).

과세처분의 취소소송 계속 중 증액경정처분이 있었다면 원칙적으로 제소기간 내에 증액경정처분을 소송의 대상으로 하는 소 변경을 하여야 하지만, 증액경정처분으로의 소송대상의 변경이 제소기간 경과 후에 이루어졌다 하더라도 그 주장하는 위법사유(실체적 위법성)가 당초 처분에 대한 것과 동일하다면, 당초의 소가 제소기간 내에 이루어진 이상 적법하다고 보아야 합니다(대판 1982.2.9, 80누522).

3) 특별법상의 제소기간

(1) 조세소송

국세·관세처분의 대한 소송은 원칙적으로 국세기본법과 관세법이 정한 특별행정심판절차를 거쳐야 하고, 행정소송은 최종 행정심판 결정을 받은 때로부터 90일 이내에 제기하여야 합니다(국세기본법 제56조 제3항, 관세법 제120조 제3항). 한편, 감사원법상의 심사청구를 거쳐 바로 소를 제기할 수도 있는데, 이 경우에도 심사청구에 대한 결정 통지를 받은 날로부터 90일 이내에 소를 제기하여야 하며(감사원법 제46조의2), 위 90일의 기간은 불변기간입니다. 조세사건에 있어서도 해석상 행정심판절차를 거치지 아니하고 바로 소송을 제기할 수 있는 경우가 있는데, 이때의 제소기간에 대하여는 명문의 규정이 없지만 통상의 행정처분과 같이 행정소송법이 정한 제소기간의 적용을 받습니다.

재조사결정의 제소기간은 재조사결정시가 아니라 후속처분의 통지일을 기준으로 합니다. 국세기본법상 이의신청 등에 따른 결정의 한 유형으로 실무상 행해지고 있는 처분청의 재조사결정은 처분청으로 하여금 하나의 과세단위의 전부 또는 일부에 관하여 당해 결정에서 지적된 사항을 재조사하여 그 결과에 따라 과세표준과 세액을 경정하거나 당초처분을 유지하는 등의 후속처분을 하도록 하는 형식을 취합니다. 이에 따라 재조사결정을 통지받은 이의신청인 등은 그에 따른 후속처분의 통지를 받은 후에야 비로소 다음 단계의 쟁송절차에서 불복할 대상과 범위를 구체적으로 특정할 수 있기 때문입니다.

> * **대판 2010.6.25, 2007두12514(전합)** : "이의신청 등에 대한 결정의 한 유형으로 실무상 행해지고 있는 재조사결정은 처분청으로 하여금 하나의 과세단위의 전부 또는 일부에 관하여 당해 결정에서 지적된 사항을 재조사하여 그 결과에 따라 과세표준과 세액을 경정하거나 당초 처분을 유지하는 등의 후속 처분을 하도록 하는 형식을 취하고 있다. 이에 따라 재조사결정을 통지받은 이의신청인 등은 그에 따른 후속 처분의 통지를 받은 후에야 비로소 다음 단계의 쟁송절차에서 불복할 대상과 범위를 구체적으로 특정할 수 있게 된다. 이와 같은 재조사결정의 형식과 취지, 그리고 행정심판제도의 자율적 행정통제기능 및 복잡하고 전문적·기술적 성격을 갖는 조세법률관계의 특수성 등을 감안하면, 재조사결정은 당해 결정에서 지적된 사항에 관해서는 처분청의 재조사결과를 기다려 그에 따른 후속 처분의 내용을 이의신청 등에 대한 결정의 일부분으로 삼겠다는 의사가 내포된 변형결정에 해당한다고 볼 수밖에 없다. 그렇다면 재조사결정은 처분청의 후속 처분에 의하여 그 내용이 보완됨으로써 이의신청 등에 대한 결정으로서의 효력이 발생한다고 할 것이므로, 재조사결정에 따른 심사청구기간이나 심판청구기간 또는 행정소송의 제소기간은 이의신청인 등이 후속 처분의 통지를 받은 날부터 기산된다고 봄이 타당하다."

(2) 수용재결·사용재결에 대한 소송

토지보상법에 의한 지방토지수용위원회나 중앙토지수용위원회의 수용재결·사용재결에 대하여 불복이 있으면, 그 재결서를 받은 날로부터 30일 이내에 중앙토지수용위원회에 이의를 신청할 수 있고, 이의신청을 거친 경우에는(임의적 전치주의) 이의재결서를 받은 날로부터 60일 이내에, 그렇지 않은 경우에는 수용·사용재결서를 받은 날로부터 90일 이내에 각 수용재결·사용재결의 취소를 구하는 행정소송(원처분주의)을 제기할 수 있습니다(토지보상법 제83조 내지 제85조).

(3) 중앙노동위원회의 처분 및 재심판정에 대한 소

처분 또는 재심판정서의 송달을 받은 날부터 15일 이내에 소를 제기하여야 합니다(노동위원회법 제27조 제1항, 노동조합및노동관계조정법 제85조 제2항).

(4) 교원징계에 관한 소송

교원소청심사위원회의 결정에 대한 소는 그 결정서를 송달받은 날로부터 30일 이내에 소를 제기하여야 합니다(교원의지위향상및교육활동보호를위한특별법 제10조 제4항). 교원 이외의 다른 공무원에 대해서는 소청심사위원회의 필요적 전치사항이지만 제소기간에 관한 특별규정은 없으므로 행정소송법상의 제소기간(재결서 정본을 송달 받은 날로부터 90일 이내)을 따릅니다.

4) 부작위위법확인소송의 제소기간

행정심판임의전치에도 불구하고 행정심판을 거쳐 부작위위법확인소송을 제기하는 경우 행정소송법 제38조 제2항이 제20조를 준용함에 따라 재결서 정본을 송달받은 날부터 90일 이내에 소를 제기하여야 합니다. 문제는 행정심판임의전치주의하에서 행정심판을 거치지 않고 곧바로 부작위위법확인소송을 제기한 경우의 제소기간입니다. 행정소송법 제38조 제2항이 동법 제20조를 준용하더라도 제20조는 처분이 있거나 행정심판을 반드시 전치해야 하는 경우 및 임의전치에도 행정심판을 거친 경우 등을 전제로 하는 경우의 제소기간에 관한 규정입니다. 따라서 문리해석에 의할 때, 애초에 처분이 존재하지 않는 부작위를 대상으로 곧바로 부작위위법확인소송을 제기한 경우는 동법 제20조에 의율할 수 없습니다.

이와 관련하여 일설은 부작위의 성립요건 중 하나인 '신청 후 상당기간의 경과'에 착안하여, 그 상당기간이 경과하면 그때부터 1년 내에 제소해야 한다고 주장합니다(제20조 제2항 참조). 그러나 상당기간 개념 자체가 고도의 불확정개념이므로 부작위 상태가 계속되는 한 그 위법을 확인할 부작위의 종료시점을 정하기 어렵습니다. 또한, 행정심판법상 부작위에 대한 쟁송수단인 의무이행심판에 심판청구기간의 제한이 없는 점(행정심판법 제27조 제7항)도 고려의 대상입니다. 따라서 그 성질상 부작위 상태가 계속되는 한 언제라도 소를 제기할 수 있고, 부작위 상태가 해소되면 부작위위법확인소송은 소의 이익이 소멸되는 소송이므로 거기에는 원칙적으로 제소기간의 제한이 없다는 판례 입장이 타당합니다.

＊ **대판 2009.7.23, 2008두10560** : "[1] 4급 공무원이 당해 지방자치단체 인사위원회의 심의를 거쳐 3급 승진대상자로 결정되고 임용권자가 그 사실을 대내외에 공표까지 하였다면, 그 공무원은 승진임용에 관한 법률상 이익을 가진 자로서 임용권자에 대하여 3급 승진임용을 신청할 조리상의 권리가 있고, 이러한 공무원으로부터 소청심사청구를 통해 승진임용신청을 받은 행정청으로서는 상당한 기간 내에 그 신청을 인용하는 적극적 처분을 하거나 각하 또는 기각하는 등의 소극적 처분을 하여야 할 법률상의 응답의무가 있다. 그럼에도, 행정청이 위와 같은 권리자의 신청에 대해 아무런 적극적 또는 소극적 처분을 하지 않고 있다면 그러한 행정청의 부작위는 그 자체로 위법하다.
[2] 부작위위법확인의 소는 부작위상태가 계속되는 한 그 위법의 확인을 구할 이익이 있다고 보아야 하므로 원칙적으로 제소기간의 제한을 받지 않는다. 그러나 행정소송법 제38조 제2항이 제소기간을 규정한 같은 법 제20조를 부작위위법확인소송에 준용하고 있는 점에 비추어 보면, 행정심판 등 전심절차를 거친 경우에는 행정소송법 제20조가 정한 제소기간 내에 부작위위법확인의 소를 제기하여야 한다.
[3] 당사자가 동일한 신청에 대하여 부작위위법확인의 소를 제기하였으나 그 후 소극적 처분이 있다고 보아 처분취소소송으로 소를 교환적으로 변경한 후 여기에 부작위위법확인의 소를 추가적으로 병합한 경우, 최초의 부작위위법확인의 소가 적법한 제소기간 내에 제기된 이상 그 후 처분취소소송으로의 교환적 변경과 처분취소소송에의 추가적 변경 등의 과정을 거쳤다고 하더라도 여전히 제소기간을 준수한 것으로 봄이 상당하다."

위 판결요지 [3]에서는 제소기간과 관련하여 또 하나의 중요한 쟁점에 대한 판례 입장이 나타납니다. 원고가 부작위위법확인소송을 제기하였으나 그 후 행정청이 거부처분을 행한 것으로 보아 거부처분취소소송으로 소를 교환적으로 변경한 후 여기에 부작위위법확인소송을 추가적으로 병합한 경우, 최초의 부작위위법확인의 소가 거부처분취소소송의 적법한 제소기간 내에 제기된 이상 소 변경으로 주된 청구가 된 거부처분취소소송도 제소기간을 준수한 것으로 간주합니다. 이러한 판례의 기조는 최초 무효확인소송을 제기한 후 취소청구를 관련청구로 추가적으로 병합한 경우에도 동일하게 적용됩니다. 즉, 주된 청구인 무효확인의 소가 적법한 취소소송 제기기간 내에 제기되었다면, 추가로 병합된 취소청구의 소도 적법하게 제기된 것으로 보아야 합니다.

＊ **대판 2005.12.23, 2005두3554** : "하자 있는 행정처분을 놓고 이를 무효로 볼 것인지 아니면 단순히 취소할 수 있는 처분으로 볼 것인지는 동일한 사실관계를 토대로 한 법률적 평가의 문제에 불과하고, 행정처분의 무효확인을 구하는 소에는 특단의 사정이 없는 한 그 취소를 구하는 취지도 포함되어 있다고 보아야 하는 점 등에 비추어 볼 때, 동일한 행정처분에 대하여 무효확인의 소를 제기하였다가

그 후 그 처분의 취소를 구하는 소를 추가적으로 병합한 경우, 주된 청구인 무효확인의 소가 적법한 제소기간 내에 제기되었다면 추가로 병합된 취소청구의 소도 적법하게 제기된 것으로 봄이 상당하다."

3. 행정심판전치주의

1) 임의적 전치주의(원칙)

행정심판의 제도적 의의는 행정심판을 통해 처분의 위법뿐만 아니라 적어도 법리적으로는 그 부당도 주장 가능하고, 절차가 간편하여 시간과 비용을 절약할 수 있음에 있습니다. 그뿐만 아니라 행정심판기록 제출명령제도(제25조)에 따라 행정소송 과정에서 소송자료의 획득도 용이합니다. 1998.3.1. 개정 행정소송법의 시행으로 행정소송의 삼심제와 더불어 임의적 전치주의화가 입법화되었습니다. 임의적 전치주의하에서 행정심판을 거쳤는지 여부는 소송요건이 아니므로 이를 심리할 필요가 없지만, 행정심판을 제기한 경우 재결에 의하여 처분이 취소되거나 변경되는 경우가 있으면 각각 소를 변경하게 하거나 부적법 각하판결 해야 하는 경우가 있음을 유의해야 합니다. 행정심판을 제기한 경우 제소기간의 기산점은 재결서 정본을 송달받은 날이므로, 처분 있음을 안 날로부터 90일이 경과하였다고 하여 곧바로 각하할 것이 아니라 행정심판을 청구한 바 있는지를 심리하여 제소기간의 준수 여부를 판단하여야 합니다. 재결주의와의 관계는 ≪필요적 행정심판전치주의→재결주의 (X) / 재결주의→필요적 행정심판전치주의 (○)≫의 공식이 성립합니다.

2) 필요적 전치주의(예외)

예외적으로 행정심판의 필요적 전치주의를 유지하는 것은 대량으로 행해지는 처분(도로교통법상 처분)이나 전문·기술적 성격의 처분(국세처분), 명예감이 근간이 되는 직업에 대한 처분(공무원징계처분) 등에 대하여 소송에 앞서 행정심판을 거치게 함으로써 자율적 시정, 행정청의 전문지식 활용, 명예감 보호, 법원의 부담 경감 등을 위함입니다. 그 적용 범위는 행정심판법에 의한 행정심판뿐만 아니라 이의신청, 심사청구, 심판청구 등의 특별행정심판을 포함하여 재판의 전심절차를 총칭하는 개념으로 이해할 수 있습니다(헌법 제107조 제3항 참조).

(1) 적용 범위

필요적 전치를 요하는 처분에 해당하려면 반드시 형식적 의미의 법률의 근거가 있어야 합니다. 조례에 근거할 수 있다는 견해가 있지만, 필요적 전치주의는 일종의 재판청구권의 제한이고, 사법에 관한 사무로서의 행정심판사무는 국가사무이므로(지방자치법 제15조 제1호) 법률의 명시적 규정이 있는 경우에만 필요적 전치의 대상이 됩니다(조례 내지 법규명령의 규정으로는 불가합니다). 행정심판의 제기에 관한 근거 규정으로 족한 것이 아니라 반드시 '재결을 거치지 않으면 소송을 제기할 수 없음'이 명시되어야 합니다. 아래에 필요적 전치주의가 적용되는 영역을 요약하여 정리합니다.

* 공무원에 대한 징계 기타 불이익처분(국가공무원법 제16조 제1항, 교육공무원법 제53조 제1항, 지방공무원법 제20조의2)
* 국세, 관세법상의 처분(국세기본법 제56조 제2항, 관세법 제120조 제2항),[1] 지방세법상의 처분(지방세기본법 제98조 제3항)
* 도로교통법상의 각종 처분(도로교통법 제142조, 다만 과태료처분과 통고처분은 제외)
* 재결주의가 적용되는 경우

또한, 개별법에 필요적 전치주의를 규정하더라도 소송유형상 그가 적용되는 영역은 취소소송, 무효를 선언하는 의미의 취소소송 및 부작위위법확인소송입니다. 무효등확인소송에는 개별법에 의한 필요적 전치 규정이 적용되지 않음을 의미하는 것이지, 무효등확인소송의 제기 전에 혹은 제기와 함께 행정심판의 제기가 금지되는 것은 아닙니다. 즉, 행정심판 필수전치가 적용되는 영역에서 무효등확인소송 제기에 앞서 반드시 행정심판을 거쳐야 하는 것은 아니지만, 그렇다고 하여 행정심판을 제기할 수 없는 것은 아닙니다. 당사자소송에도 필요적 전치는 적용되지 않습니다. 처분의 제3자의 경우 행정심판청구기간의 준수가 어려우므로 필요적 전치가 적용되지 않아야 한다는 견해에도 불구하고, 행정심판법 제27조 제3항 단서에 따라 처분이 있은 날부터 180일 이내에 행정심판을 제기할 수 없었던 정당한 사유에 해당하는 것으로 보는 등 행정심판 제기기간에 특수성을 인정하는 것으로 족하고 전치주의 적용 자체를 부인할 수는 없습니다(대판 1989.5.9, 88누

1) 지방세 관련 처분에 대한 취소소송은 과거 필요적 행정심판전치주의가 적용되었으나, 헌재 2001.6.28, 2000헌바30 결정을 계기로 임의적 전치주의로 전환된 바 있습니다. 그러나 2021년의 지방세기본법 개정을 통해 다시 필요적 전치주의가 도입되어 현재에 이르고 있습니다.

5150). 재결취소소송이나 재결에 따른 처분에 대한 취소소송에서는 행정심판을 거치는 것이 불가능하거나(행정심판법 제51조) 거칠 필요가 없습니다. 특히, 후자의 경우 행정심판 필수전치주의하에서라도 최초 처분에 대한 행정심판이 행해졌음에도 또 한 번의 행정심판을 요구하는 것은 지나치기 때문입니다.

(2) 필요적 전치주의의 내용

가. 소송요건

필요적 전치가 적용되는 사안에서는 먼저 행정심판을 청구하여 재결이 있은 다음에 제소하여야 함이 원칙이며, 재결이 있기 전에 소를 제기하면 부적법 각하되는 것이 원칙입니다. 그러나 소송요건의 충족 여부는 변론종결시를 기준으로 하는 것이므로 소 각하 전 재결이 있으면 흠이 치유되며, 행정심판의 청구조차 하지 않고 제소한 경우라도 변론종결시까지 전치 요건을 충족하면 각하할 수 없습니다.[1]

전심절차 등의 소송요건은 직권조사사항이며, 그 경유 여부가 불명확한 경우에는 석명권 행사의 필요성이 인정됩니다. 원고가 전심절차를 거치지 않았다고 시인하더라도 전심절차를 거치지 않았다고 바로 단정할 수 없고(대판 1986.4.8, 82누242), 처분을 고지받은 날이라고 주장하는 날이 행정심판 청구일부터 역산하여 심판청구기간을 넘더라도 바로 부적법한 소라 단정할 수 없으며(대판 1995.12.26, 95누14220) 이 경우 제출된 자료를 참조하거나 석명을 구하고 증명을 촉구하여 판단하는 것이 타당합니다. 그러나 필수전치 영역에서 행정심판을 거치지 않은 경우, 법원이 이를 종용하거나 그 보정을 명할 필요는 없습니다.

* **대판 1995.1.12, 94누9948** : "행정소송에서 행정심판전치절차를 거쳤는지 여부는 소송요건으로 직권조사사항이므로, 법원은 행정소송에서 당사자가 행정심판전치절차를 거쳤는지 여부를 직권으로 심사하여 그 경유 여부가 불분명한 경우에나 석명권을 행사하여 이를 밝혀보면 되는 것이지 기록상 전치절차를 거치지 아니한 것이 명백한 경우에까지 당사자에게 전치절차를 거치도록 종용하거나 그 보정을 명하여야 하는 것은 아니라고 할 것이다."

1) 실무상으로는 행정심판 재결 없이 소가 제기되었다 하더라도 바로 소를 각하하지 않고 재결이 있을 때까지 기다리는 등 흠의 치유를 기다려 본안판단을 하며, 임의적 전치의 경우에도 전치 여부가 소송요건은 아니더라도 행정심판 재결시까지 기다리는 경향이 있습니다.

나. 적법한 행정심판청구

필요적 전치사항에 있어서의 적법한 행정심판청구 여부는 재결청(행정심판위원회)이 아니라 법원의 판단 사항입니다. 적법한 청구에도 재결청이 부적법 각하한 경우 적법한 행정심판청구절차를 거친 것으로 보아야 합니다. 판례는 보정사항이 없거나 경미함에도 재결청이 보정요구를 하고 청구인이 이에 불응하여 심판청구가 각하된 경우, 그 각하결정 자체가 위법하므로 전치요건을 갖춘 것으로 간주합니다. 반면에, 부적법한 행정심판을 재결청이 적법한 것으로 오인하여 본안판단 하였더라도 전치요건을 충족한 것이 아닙니다.

* **대판 1988.9.27, 88누3758** : "국세기본법 제63조 제1항에 의한 국세청장의 보정요구는 심사청구의 내용이나 절차가 국세기본법 또는 세법에 적합하지 아니하는 등 그 형식적 요건을 갖추지 아니한 때에 한하는 것이고 그 심사청구의 실질적 요건을 심리하기 위하여 필요하다는 이유로 증빙자료의 제출 또는 보정을 요구하는 경우까지 포함된다고는 할 수 없다. 따라서 국세청장은 심사청구인이 위와 같은 형식적 요건에 대한 보정요구에 응하지 아니하였을 때에는 위 법 제65조 제1항 제1호에 의하여 그 청구를 각하할 것이지만 실질적 요건을 심리하기 위한 증빙서류 등의 보정요구에 응하지 아니한 것으로는 위 제65조 제1항 제2호에 의하여 그 청구를 기각할 수 있음을 별문제로 하고 이를 각하할 수는 없다. 그리고 보정요구를 할 수 없는 심사청구의 실질적인 내용에 대하여 보정요구를 하고 이에 응하지 아니하였다 하여 그 청구를 각하하는 결정을 하였다면 그 결정은 심사청구에 대한 기각결정이 있었던 것으로 보고 그 다음의 구제수단인 심판청구 또는 행정소송을 제기할 수 있다고 하여야 할 것이다."
* **대판 1991.6.25, 90누8091** : "행정처분의 취소를 구하는 항고소송을 제기함에 있어서는 전심절차인 행정심판청구를 제기하여 이에 대한 재결을 거쳐야 하는 것이 원칙이고, 위와 같은 행정심판은 행정처분이 있음을 안 날로부터 60일 이내에 제기하여야 하며, 위 60일은 불변기간이다(행정소송법 제18조와 행정심판법 제8조 제1항, 제4항). 만약 어떤 행정심판청구가 기간도과로 인하여 부적법한 경우에는 행정소송 역시 전치의 요건을 충족치 못한 것이 되어 부적법각하를 면치 못하는 것이고, 이 점은 행정청이 행정심판의 제기기간을 도과한 부적법한 심판에 대하여 그 부적법을 간과한 채 실질적 재결을 하였다 하더라도 달라지는 것이 아니다."

다. 심판청구와 행정소송의 관련성

가) 인적관련

심판청구인과 행정소송의 원고는 원칙적으로 동일인이어야 하지만, 원고가 청구인의 지위를 실질적으로 승계한 경우에는 원고 자신이 행정심판을 거치지 않았더라도 행정소송은 적법합니다. 따라서 동일 행정처분에 대하여 공동의 법률적 이해관계를 갖는 공동권리자 1인이 적법한 행정심판을 거친 경우 다른 공동권리자는 행정심판을 경유함이 없이 바로 소송을 제기할 수 있습니다.

* **대판 1988.2.23, 87누704** : "행정소송을 제기함에 있어서 행정심판을 먼저 거치도록 한 것은 행정관청으로 하여금 그 행정처분을 다시 검토케 하여 시정할 수 있는 기회를 줌으로써 행정권의 자주성을 존중하고 아울러 소송사건의 폭주를 피함으로써 법원의 부담을 줄이고자 하는데 그 취지가 있다(당원 1962.4.18 선고 4294행상18 판결 참조). 따라서 동일한 행정처분에 의하여 여러 사람이 동일한 의무를 부담하는 경우 그중 한 사람이 적법한 행정심판을 제기하여 행정처분청으로 하여금 그 행정처분을 시정할 수 있는 기회를 가지게 한 이상 나머지 사람은 행정심판을 거치지 아니하더라도 행정소송을 제기할 수 있다고 할 것이다(당원 1958.4.29 선고 4291행상6,7 판결 참조). 원심판결이 같은 견해에서 원고들 및 소외 민 위식이 국세기본법 제39조 제2호, 동법시행령 제20조 소정의 특수관계에 있는 자들로서 그들이 주식회사 태성전자의 과점주주에 해당함을 전제로 피고가 1985.3.27 원고들을 제2차 납세의무자로 지정하여 위 회사의 부가가치세를 부과한 처분에 대하여 원고 민형식이 위 처분에 불복하여 적법한 전심절차를 거친 이상 그와 특수관계에 있는 원고 김동배도 적법한 전심절차를 거쳤다고 보아야 한다고 판단하였음은 수긍되고 소론과 같은 소원전치주의의 법리를 오해한 위법이 없다."

나) 물적 관련

심판의 대상인 처분과 소송의 대상인 처분은 원칙적으로 동일하여야 하므로, 대상으로서의 처분이 다르면 설령 불복 이유가 공통된다 하더라도 각각에 대하여 행정심판재결을 거쳐야 합니다. 따라서 어느 하나의 처분에 대하여 행정심판 재결을 거쳤다 하여 다른 처분에 대하여 전치의 요건을 충족하였다고 할 수 없지만, 서로 내용상 관련되는 처분 또는 같은 목적을 위하여 단계적으로 진행되는 처분 중 어느 하나가 이미 행정심판의 재결을 거친 경우(제18조 제3항 제2호)에는 심판청구 없이도 소 제기가 가능합니다.

다) 주장의 공통 여부

필요적 전치의 취지는 재결을 거치도록 함에 있는 것이며, 청구인이 심판절차에서 주장하지 않았던 위법사유를 소송에서 새로 주장할 수 없도록 하는 취지는 아닙니다. 예컨대, 심판에서 절차적 하자만을 주장하였다 하더라도 소송단계에서 비로소 처분의 실체적 하자를 주장할 수도 있습니다. 심판청구가 있으면 재결청은 직권에 의하여 신청인이 주장하지 않은 사항에 대해서도 심사할 수 있는 것이므로(직권탐지주의), 소송단계에서 주장·입증을 특별히 제한하지 않더라도 행정청에 재심사의 기회를 부여한다는 전치의 목적은 달성되기 때문입니다. 재결주의가 채용된 특허심판원심결취소소송에서도 심결에서 판단하지 아니한 위법사유를 주장할 수 있습니다.

* **대판 1996.6.14, 96누754** : "항고소송에 있어서 원고는 전심절차에서 주장하지 아니한 공격방어방법을 소송절차에서 주장할 수 있고 법원은 이를 심리하여 행정처분의 적법 여부를 판단할 수 있는 것이므로, 원고가 전심절차에서 주장하지 아니한 처분의 위법사유를 소송절차에서 새롭게 주장하였다고 하여 다시 그 처분에 대하여 별도의 전심절차를 거쳐야 하는 것은 아니다."
* **대판 2002.6.25, 2000후1290** : "심판은 특허심판원에서의 행정절차이며 심결은 행정처분에 해당하고, 그에 대한 불복의 소송인 심결취소소송은 항고소송에 해당하여 그 소송물은 심결의 실체적, 절차적 위법성 여부라 할 것이므로 당사자는 심결에서 판단되지 않은 처분의 위법사유도 심결취소소송단계에서 주장·입증할 수 있고 심결취소소송의 법원은 특별한 사정이 없는 한 제한 없이 이를 심리·판단하여 판결의 기초로 삼을 수 있는 것이며 이와 같이 본다고 하여 심급의 이익을 해한다거나 당사자에게 예측하지 못한 불의의 손해를 입히는 것이 아니다."

그러나 〈행정심판 → 취소소송 → 소 변경을 통한 청구취지의 확장〉의 진행 과정에서, 주장 자체는 상이하더라도 청구원인이 기본적인 점에서 동일하여야 함을 전제요건으로 설정한 판례도 있어 주의를 요합니다.

* **대판 1999.11.26, 99두9407** : "행정소송이 전심절차를 거쳤는지 여부를 판단함에 있어서 전심절차에서의 주장과 행정소송에서의 주장이 전혀 별개의 것이 아닌 한 그 주장이 반드시 일치하여야 하는 것은 아니고, 당사자는 전심절차에서 미처 주장하지 아니한 사유를 공격방어방법으로 제출할 수 있는 것이며(대법원 1984. 6. 12. 선고 84누211 판결, 1988. 2. 9. 선고 87누903 판결 참조), 행정소송법 제21조와 제22조가 정하는 소의 변경은 그 법조에 의하여 특별히 인정되는 것으로서 민사소송법상의 소의 변경을 배척하는 것이 아니므로, 행정소송의 원고는 행정소송법 제8조 제2항에 의하여 준용되는 민사소송법 제235조에 따라 청구의 기초에 변경이 없는 한도에서 청구의 취지 또는 원인을 변경할 수 있는 것인바, 원고가 하나의 행정처분인 이 사건 택지초과소유부담금 부과처분 중 일부의 액수에 대하여만 불복하여 전심절차를 거치고 그 후 다시 이 사건 소송에서 위 액수에 관하여만 부과처분의 취소를 구하였다가 택지소유상한에관한법률이 헌법에 위반된다는 헌법재판소의 결

> 정에 따라 그 청구취지를 부과처분 전부의 취소를 구하는 것으로 확장하였다고 하더라도, 이는 동일한 처분의 범위 내에서 청구의 기초에 변경이 없이 이루어진 소의 변경에 해당하여 적법하다 할 것이므로, 이와 같은 취지에서 위 확장 부분의 소가 부적법 각하되어야 한다는 피고의 주장을 배척한 원심의 조치는 옳고, 거기에 상고이유의 주장과 같은 법리오해의 위법이 있다고 할 수 없다."

3) 필요적 전치의 완화

행정소송법은 행정심판전치가 국민의 권리구제에 불필요한 장애로 작용하는 것을 방지하기 위하여 필요적 전치가 완화되는 사항을 심판청구는 필요하나 재결을 기다릴 필요가 없는 경우와 심판청구 자체가 불필요한 경우로 나누어 규정합니다(제18조 제2항, 제3항). 이러한 예외는 원고를 위한 것이므로 심판을 거칠 필요가 없음에도 이를 거친 경우, 제소기간의 기산점을 재결서 송달일이 아닌 처분이 있음을 안 날로 함으로써 원고에게 불리하게 하여서는 안 됩니다. 즉, 필요적 전치가 완화되는 영역임에도 행정심판을 거쳤다면, 제소기간의 기산점은 재결서 정본 송달일입니다. 국세기본법, 관세법상 처분에 대해서는 행정소송법 제18조 제1항과 함께 제2항 및 제3항의 적용도 배제되므로(국세기본법 제56조 제2항, 관세법 제120조 제2항) 전치주의의 완화는 위 처분에 적용되지 않지만, 세법 관련 조문 및 해석상 필요적 전치의 완화가 적용되는 경우가 있음에 유의해야 합니다.

(1) 행정심판 재결을 기다릴 필요가 없는 경우

이 경우 당사자는 행정심판 재결을 기다리지 않고 바로 행정소송을 제기할 수 있음은 물론, 재결을 기다려 소송을 제기할 수도 있습니다.

가. 심판청구 후 60일을 경과한 때

재결의 부당한 지연으로 국민이 입게 될 불이익의 구제를 위해 원칙적인 재결기간인 60일(행정심판법 제45조 제1항)을 기준으로 필요적 전치의 예외를 인정합니다. 60일 경과의 요건은 행정소송을 제기한 날에 충족하여야 하는 것이 원칙이지만, 소송요건은 변론종결시까지 구비하면 되므로 실질적으로는 소 제기 후 변론종결시까지 '60일 경과'의 요건이 충족되면 전치주의에 대한 흠이 치유됩니다.

나. 처분의 집행 또는 절차의 속행으로 생길 중대한 손해를 예방하여야 할 긴급한 필요가 있을 때

이 항목은 보다 본질적인 권리구제수단으로서의 행정소송의 실효성 확보를 위한 제도적 장치입니다. 개별·구체적으로 판단할 사항이지만, 일응 재결 관련 60일을 기다렸다가는 처분의 집행 등으로 회복 곤란한 손해를 입을 위험성이 있는 경우를 말합니다. 이 요건은 집행정지결정의 요건과 유사하므로 집행정지결정이 있은 후에는 재결 전에 판결을 하여야 할 긴급성이 소멸되는 것이 보통입니다. 따라서 동 요건은 주로 집행정지하기에 적절치 않은 거부처분 등에 대하여 속히 본안판단을 하여야 할 필요가 있는 경우에 효용이 있습니다.

다. 법령의 규정에 의한 행정심판기관의 의결 또는 재결을 하지 못할 사유가 있는 때

예컨대, 행정심판위원회가 구성되지 아니하거나 정족수에 달하지 못할 특별한 사유가 있는 등 소정의 기간 내에 당해 심판사건을 심리·의결할 수 없을 것으로 인정되는 때에는 그 사유의 소명 후 재결을 기다릴 필요 없이 소를 제기할 수 있습니다.

라. 그 밖의 정당한 사유가 있는 때

일반적인 개괄규정으로서, 시기 기타 사유로 재결을 기다려서는 청구의 목적을 달성하는 것이 불가능하거나 현저히 곤란한 경우를 말합니다.

(2) 행정심판을 청구할 필요가 없는 경우

아래 ①과 ②의 예외사유는 엄격히 말해 행정심판전치의 범위에 관한 논의로서 성질상 당연히 행정심판을 제기함이 없이 행정소송을 제기할 수 있는 것이지만, 종래 해석상의 의문을 해소하기 위해 행정소송법이 명문의 규정을 둔 것입니다.

가. 동종사건에 대하여 이미 행정심판의 기각재결이 있은 때

주로 처분의 상대방이 서로 다른 두 개 이상의 처분에서 문제되며, 인용재결·일부인용재결·각하재결에서는 해당하지 않습니다. 재결결과가 명확하여 기각재결이 예상됨에도 전치를 요하게 하는 것은 부당하다는 고려의 소치입니다. 당해 사건에 대하여 타인이 제기한 행정심판에서 기각재결이 행해진 경우뿐만 아니라 동종사건, 즉 당해 사건과 기본적인 점에서 동질성을 인정할 수 있는 다른 사건에 대한 행정심판의 기각재결이 있은 때에도 바로 소 제기가 가능합니다. 다만, 판례는 쟁점이 동일하다고 하여 동종사건으로 보고 있지는 않으며, 그 범위를 상당히 좁게 인정하는 경향입니다. 판례는 다음의 기준에 따라 동종사건 여부를 판단합니다.

* **대판 1993.9.28, 93누9132** : "행정소송법 제18조 제3항 제1호 소정의 '동종사건'에는 당해 사건은 물론이고, 당해 사건과 기본적인 점에서 동질성이 인정되는 사건도 포함되는 것으로서, 당해 사건에 관하여 타인이 행정심판을 제기하여 그에 대한 기각재결이 있었다든지 당해 사건 자체는 아니더라도 그 사건과 기본적인 점에서 동질성을 인정할 수 있는 다른 사건에 대한 행정심판의 기각재결이 있을 때도 여기에 해당한다 할 것인 바, 기록에 의하면 원고 풍납동 현대아파트 직장주택조합이 청구한 행정심판의 대상인 처분은 나머지 원고들에 대한 처분과 동일한 처분임이 분명하므로 그에 대하여 재결청에게 기본적 사실관계와 법률문제에 대하여 재고할 수 있는 기회를 부여한 이상 나머지 원고들로 하여금 다시 전심절차를 거치게 할 필요는 없다고 할 것이다."

동종사건으로 보지 않은 다수 판례들 중 두 가지를 소개합니다.

* **대판 2000.6.9, 98두2621** : "구 행정소송법(1994. 7. 27. 법률 제4770호로 개정되기 전의 것) 제18조 제3항 제1호에서 행정심판의 제기 없이도 행정소송을 제기할 수 있는 경우로 규정하고 있는 '동종사건에 관하여 이미 행정심판의 기각재결이 있은 때'에 있어서의 '동종사건'이라 함은 당해 사건은 물론 당해 사건과 기본적인 점에서 동질성이 인정되는 사건을 가리키는 것이다(대법원 1992. 11. 24. 선고 92누8972 판결, 1993. 9. 28. 선고 93누9132 판결 등 참조). 기록에 의하면 000에 대한 건축불허가처분과 이 사건 처분은 동일한 행정청인 피고에 의하여 같은 날 같은 사유로 이루어졌다는 점에서 공통적인 면이 없지 아니하나, 한편 처분대상인 000의 건축허가신청과 원고의 이 사건 건축허가신청은 신청지, 신청지의 지목, 건축할 건물의 규모, 용도, 구조 등이 전혀 다르므로 두 사건은 기본적인 점에서 동질성이 인정되는 사건이라고는 할 수 없다."
* **대판 1996.8.23, 96누4671** : "개인의 택지초과소유부담금 납부의무는 가구별 소유상한을 초과하는 택지를 소유하고 있는 동안 부과기간별로 매년 독립적으로 발생하는 것이므로 그에 대한 종전의 부과처분과 후행 부과처분은 각각 별개의 처분이고, 비록 납부의무자와 부과대상 택지가 동일하다고 하더라도 매년 공시되는 개별공시지가의 변동에 따라 부과기간별로 부과대상 택지가격이 달라지고 또한 부과대상 택지에 해당하게 된 날로부터의 경과기간에 따라 그 부과율도 달라짐으로써 그 부과처분에 대한 다툼의 내용이 서로 달라질 가능성이 있으므로 위 양 부과처분이 행정소송법 제18조

> 제3항 제1호 소정의 "동종 사건"이라거나 같은 항 제2호 소정의 "서로 내용상 관련되는 처분 또는 같은 목적을 위하여 단계적으로 진행되는 처분"이라고 볼 수 없으며, 또한 비록 위 양 부과처분이 그 쟁점을 공통으로 하고 있다고 하더라도 전심절차의 심판기관은 종전의 자료에 의하여 형성된 심증이나 의견을 가지고 결정 또는 재결하는 것이 아니라 새로운 자료에 기하여 다시 형성되는 심증과 의견에 기하여 판단하는 것이므로 종전의 부과처분에 대하여 전심절차를 거쳤다고 하여 후행 부과처분에 대하여 전심절차를 거치는 것이 무의미한 것이라고도 말할 수 없으므로, 비록 종전의 부과처분에 대한 전심절차를 거쳤다고 하더라도 후행 부과처분에 대하여도 별도로 전심절차를 거쳐야만 그 취소소송을 제기할 수 있다."

나. 서로 내용상 관련되는 처분 또는 같은 목적을 위하여 단계적으로 진행되는 처분 중 어느 하나가 이미 행정심판재결을 거친 때

'서로 내용상 관련되는 처분 또는 같은 목적을 위하여 단계적으로 진행되는 처분 중 어느 하나가 이미 행정심판의 재결을 거친 때'에는 다른 처분에 관하여 행정심판을 거치지 아니하고도 취소소송을 제기할 수 있는 것으로 규정하고 있는 것은 비록 형식적으로는 그 각 처분이 별개의 처분이라고 하더라도 그 위법사유나 분쟁의 내용이 서로 공통되어 어느 한 처분에 대하여 행정심판을 경유하면 다른 처분과 관련하여서도 그 처분청에게 재고 또는 시정의 기회를 부여한 것으로 볼 수 있으므로 그에 대하여 별도의 행정심판을 거치지 아니하고도 취소소송을 제기할 수 있도록 함으로써 무용한 절차의 반복을 피하고 행정구제제도의 실효를 거두게 하기 위한 것으로 풀이됩니다(대판 2000.12.8, 99두1953).

구체적으로는 선행처분과 후행처분이 상호 내용상 관련되어 일련의 발전과정에서 이루어진 것이거나 후행처분이 선행처분의 필연적 결과로서 이루어져 선행처분에 대한 행정심판재결이 있어 후행처분에 대한 행정심판재결도 동일한 운명에 처하게 될 관계에 있는 경우, 일방에 대한 허가 등의 처분이 타당에 대한 불허가로 귀결될 수밖에 없는 경원관계에서 일방에 대한 행정심판을 거친 경우 등을 들 수 있습니다. 그러나 이와 관련하여 선·후 처분의 행정청은 원칙적으로 동일하여야 하며, 처분청이 다른 경우는 필연적으로 뒤따르게 되는 처분이라 하더라도 여기에 해당한다고 쉽사리 인정할 수 없습니다(대판 1989.10.10, 89누2806(서울시장의 판매업허가취소와 소방서장의 주유취급소설치허가취소); 대판 1994.11.22, 93누11050(교육감의 초등학교 교사해임처분과 병무청장의 입영명령)).

다. 소송 계속 중이나 또는 변론종결 후에 행정청이 당해 항고소송의 대상인 처분을 변경하여 그 변경된 처분에 대한 항고소송을 제기하는 때

취소소송이 사실심에 계속 중인 동안에는 행정소송법 제22조 제3항에 의하여 소의 변경이 인정되며 이때 변경된 처분에 대하여 별도의 심판 제기는 불요합니다. 이와는 달리 행정청이 사실심 변론종결 후에 처분을 변경하는 경우 소의 변경이 불가하고 별소를 제기해야 하는데, 이 경우에도 심판제기를 요하는 것은 원고에게 지나치게 불리합니다. 이를테면, 공무원파면처분에 대해 소청심사를 거쳐 취소소송을 제기하여 재량하자를 이유로 인용판결이 내려지자 처분청이 감경된 처분으로서의 정직처분을 하였고, 이에 대해서도 원고가 재차 불복하는 경우 행정심판을 전치하지 않아도 됩니다.

라. 처분청이 행정심판을 거칠 필요가 없다고 잘못 고지한 때

처분청의 고지의무(행정심판법 제58조, 행정절차법 제26조)와 관련하여, 행정심판을 제기할 수 없다거나 제기할 필요가 없다고 잘못 고지한 경우(필요적 전치인데 임의적 전치라고 고지한 경우를 포함합니다)에는 원고의 악의 여부를 불문하고 행정심판을 거칠 필요가 없습니다. 행정에 대한 신뢰보호 및 행정청의 성실한 고지 도모의 취지입니다. 여기에는 처분청 등의 공적 의사를 대외적으로 표시할 권한이나 지위가 없는 행정심판문서 담당 공무원이나 심판업무 담당 공무원이 오고지한 경우도 해당합니다.

＊ **대판 1996.8.23, 96누4671** : "[1] 개인의 택지초과소유부담금 납부의무는 가구별 소유상한을 초과하는 택지를 소유하고 있는 동안 부과기간별로 매년 독립적으로 발생하는 것이므로 그에 대한 종전의 부과처분과 후행 부과처분은 각각 별개의 처분이고, 비록 납부의무자와 부과대상 택지가 동일하다고 하더라도 매년 공시되는 개별공시지가의 변동에 따라 부과기간별로 부과대상 택지가격이 달라지고 또한 부과대상 택지에 해당하게 된 날로부터의 경과기간에 따라 그 부과율도 달라짐으로써 그 부과처분에 대한 다툼의 내용이 서로 달라질 가능성이 있으므로 위 양 부과처분이 행정소송법 제18조 제3항 제1호 소정의 "동종 사건"이라거나 같은 항 제2호 소정의 "서로 내용상 관련되는 처분 또는 같은 목적을 위하여 단계적으로 진행되는 처분"이라고 볼 수 없으며, 또한 비록 위 양 부과처분이 그 쟁점을 공통으로 하고 있다고 하더라도 전심절차의 심판기관은 종전의 자료에 의하여 형성된 심증이나 의견을 가지고 결정 또는 재결하는 것이 아니라 새로운 자료에 기하여 다시 형성되는 심증과 의견에 기하여 판단하는 것이므로 종전의 부과처분에 대하여 전심절차를 거쳤다고 하여 후행 부과처분에 대하여 전심절차를 거치는 것이 무의미한 것이라고도 말할 수 없으므로, 비록 종전의 부

과처분에 대한 전심절차를 거쳤다고 하더라도 후행 부과처분에 대하여도 별도로 전심절차를 거쳐야만 그 취소소송을 제기할 수 있다.
[3] 행정소송법 제18조 제3항 제4호의 규정이 행정청이 행정심판을 거칠 필요가 없다고 잘못 알린 때에는 행정심판을 제기하지 않고도 취소소송을 제기할 수 있도록 행정심판 전치주의에 대한 예외를 두고 있는 것은 행정에 대한 국민의 신뢰를 보호하려는 것이므로, 처분청이 아닌 재결청이 이와 같은 잘못된 고지를 한 경우에도 행정소송법 제18조 제3항 제4호의 규정을 유추·적용하여 행정심판을 제기함이 없이 그 취소소송을 제기할 수 있다고 할 것이고, 이때에 재결청의 잘못된 고지가 있었는지 여부를 판단함에 있어서는 반드시 행정조직상의 형식적인 권한분장에 구애될 것이 아니라 담당자의 조직상의 지위와 임무, 당해 언동을 하게 된 구체적인 경위 및 그에 대한 행정심판청구인의 신뢰가능성에 비추어 실질에 의하여 판단하여야 한다."

4) 특별전치절차

특별행정심판절차가 개별법에 규정되어 있음에도 행정심판법상 전치절차만 거쳐 제소한 경우에는 전치주의의 흠결이 되며, 특별·일반 전치절차를 차례대로 거쳐 제소한 경우에는 제소기간 기산일을 일반 전치절차의 재결서 송달일로 할 수 없기 때문에 경우에 따라 제소기간 도과의 불이익을 감수해야 한다는 것이 판례의 입장입니다(대판 1994.6.24, 94누2497). 아래에서는 개별법상의 행정심판절차 중 특별전치절차, 특히 국세기본법상 선택적 특별행정심판 전치주의에 대하여 설명합니다.

우선, 조세법률관계의 특징에 관한 학설부터 살펴봅시다. 조세권력관계설(다수설)은 세법상의 법률관계의 기본을 조세고권이라는 공권력 발동으로서의 조세하명과 강제처분(체납처분)으로 이해합니다. 이에 비해 조세채권채무관계설은 조세채권자인 행정주체와 조세채무자인 국민·주민 간의 공법상 채권채무관계를 전제하므로 조세채권의 실현을 위하여 행해지는 권력적 작용은 법에 의하여 특별히 인정되는 것으로 간주합니다. 한편, 조세행정에서의 권리구제가 일반 행정법관계에서의 그것과 다르다고 보아 특별행정심판절차를 규정하는 이유는 조세법률관계의 대량성·반복성, 조세법률관계 준거법의 전문성·기술성을 고려한 것입니다.

(1) 필요적 전치주의(행정소송법 제18조 제1항 본문의 적용 배제)의 취지

국세기본법, 관세법은 행정소송의 제기에 앞서 필수적으로 각 해당 법률이 정한 특별행정심판절차를 거칠 것을 요구합니다. 이는 조세행정법관계의 특성(대량성, 전문·기술성)을 고려할 때 행정청 내부에서 지시감독권을 행사하여 스스로 잘못을 시정함으로써 능률적이고 통일적인 조세행정의 확립과 법원의 부담경감을 도모하려는 취지로 이해할 수 있습니다.

(2) 적용범위

가. 적용대상 소송

필요적 전치가 적용되는 일반적인 경우에서와 같이 취소소송, 부작위위법확인의 소, 무효선언 의미의 취소소송이 해당하며, 무효확인소송에서는 행정심판을 전치하지 않아도 무방합니다.

나. 적용대상 처분

선택적 특별행정심판전치의 적용 대상인 처분에 대해서는 국세기본법 제55조 제1항, 관세법 제119조 제1항의 규정에 의합니다. 적극적 처분은 물론 거부·부작위 등 소극적 처분을 포함합니다. 국세기본법 제2조 제2호에 규정된 '세법'에 의한 처분은 과세처분 여부를 불문하고 국세기본법상의 특별행정심판절차 규정의 적용대상입니다(예컨대, 주세법에 규정된 주류의 제조 및 판매의 면허에 관한 세무행정청의 처분).

* **대판 2002.9.24, 2001두1727** : "구 국세기본법(1999. 8. 31. 법률 제5992호로 개정되기 전의 것) 제56조는 전심절차 등에 관한 행정심판법 및 행정소송법 관련 규정의 적용을 명시적으로 배제하고 있고, 같은 법 제55조 제5항은 제1항에서 말하는 '국세기본법 또는 세법에 의한 처분'에 포함되지 아니하는 처분의 유형을 규정하고 있으면서도 주류도매업면허취소처분을 들고 있지 아니하므로, 구 주세법(1999. 12. 28. 법률 제6055호로 전문 개정되기 전의 것) 제18조 제1항에 의한 종합주류도매업면허취소처분은 구 국세기본법 제55조 제1항의 처분에 해당하고, 위 취소처분의 위법을 주장하여 그 취소를 구하는 소를 제기하기 위하여는 원칙적으로 심사청구와 심판청구 또는 감사원법에 의한 심사청구를 거쳐야 한다."

(3) 국세 · 지방세처분 및 관세처분에 대한 행정심판

국세처분에 대하여 불복하기 위해서는 먼저 당해 처분을 하였거나 하였어야 할 세무서장(세관장)에 대한 이의신청을 거쳐(임의절차이므로 물론 이를 거치지 아니하여도 됩니다.

국세기본법 제55조 제3항) 국세청장(관세청장)에게 심사청구를 하거나, 또는 조세심판원장에게 심판청구를 하여 결정을 받은 후 결정서 정본 송달일부터 90일 내에 소를 제기함이 원칙입니다(국세기본법 제55조, 제56조, 관세법 제120조 제3항, 제122조 제1항). 동일한 처분에 대하여 심사청구와 심판청구 중 일방은 반드시 거쳐야 하지만, 양자를 중복하여 제기할 수는 없습니다(국세기본법 제55조 제9항, 관세법 제119조 제8항).

심판형식상 세무서장이나 세무서장을 거쳐 지방국세청장에의 '이의신청', 국세청장에의 '심사청구', 조세심판원에의 '심판청구'의 세 가지가 있지만, 《이의신청 → 심사청구 → 제소, 이의신청 → 심판청구 → 제소, 심사청구 → 제소, 심판청구 → 제소》의 네 가지 형태가 실질적으로 가능합니다. 요약하면, 이의신청은 임의전치절차이고, 심사청구와 심판청구 중 양자 모두의 중복 제기는 불가하지만 반드시 하나는 거쳐야 한다는 의미에서의 필요적 전치주의가 적용되는 영역입니다. 따라서 곧바로 제소, 이의신청 → 제소, 이의신청 → 심사청구 → 심판청구 → 제소, 심사청구 → 심판청구 → 제소는 불가능한 유형입니다. 그러나 감사원법 제3장에 규정된 심사청구라는 1단계 절차를 거쳐 바로 소 제기도 가능함에 주의해야 합니다. 즉, 국세처분에 불복하는 자는 처분이 있음을 안 날(또는 처분의 통지를 받은 때에는 그 받은 날)로부터 90일 이내에 또는 처분이 있은 날부터 180일 이내에 당해 세무서장을 거쳐 감사원에 심사청구를 할 수 있고(감사원법 제43조, 제44조), 심사청구에 대한 통지를 받은 날로부터 90일 이내에 바로 처분청을 피고로 하여 국세(관세)처분의 취소를 구하는 소를 제기할 수 있습니다.

지방세부과처분에 대한 이의신청은 국세·관세의 경우와 마찬가지로 임의전치절차입니다. 그러나 지방세부과처분에 대한 행정소송은 반드시 조세심판원의 심판청구 또는 감사원 심사청구(이는 지방세기본법에 따른 심판청구와 동일한 효력을 가집니다)를 거쳐 그 결정을 받아야만 소송을 제기할 수 있도록 하는 필요적 전치사항입니다(지방세기본법 제98조 제3항, 감사원법 제46조의2). 한편, 국세징수법 제66조와 지방세징수법 제71조 등에 따른 공매는 항고소송의 대상인 처분이며, 공매처분을 취소소송으로 다투기 위해서는 필요적 전치절차로서 심판청구 등을 거쳐야 합니다.

제36강

행정소송절차상 주요 제도

제36강
행정소송절차상 주요 제도

1. 당사자의 변경

1) 개설

소송 계속 중 종래의 당사자 대신에 새로운 당사자가 소송에 가입하거나 기존의 당사자에 추가하여 새로운 당사자가 소송에 가입하는 현상을 말하는데, 이는 당사자의 동일성이 바뀌는 것으로서 동일성을 해하지 않는 단순한 '당사자 표시정정'과 구별되는 개념입니다. 그 종류로는 소송 중에 분쟁의 주체인 지위가 제3자에게 이전됨에 따라 새로이 주체가 된 제3자가 당사자가 되어 소송을 속행하는 소송승계와, 분쟁의 주체인 지위의 변경과는 상관없이 당사자의 임의의 의사에 의하여 새로이(당사자의 동일성이 바뀌면서) 제3자가 소송에 가입하는 임의적 당사자 변경으로 양분할 수 있습니다.

2) 소송승계

(1) 민사소송법의 준용에 의한 승계(포괄승계와 특정승계)

행정소송에서도 원고의 사망, 법인의 합병, 수탁자의 임무 종료 등에 의한 당연승계, 계쟁물의 양도(예컨대, 영업양도)에 의한 특정승계에 관한 민사소송법의 규정이 원칙적으로 준용됩니다. 이를테면, 과세처분취소소송의 원고가 사망한 경우 상속인이 승계하여 소송을 수행할 수 있고 공무원면직처분취소소송에서 원고가 사망하면 급여청구권의 상속인이 소송을 승계하며, 건축물철거명령취소소송 중 그 건축물을 양수한 자는 승계 참가할 수 있습니다.

> ＊ **대판 1994.12.2, 93누12206** : "피상속인이 양도소득세부과처분에 대하여 이의신청, 심사청구를 거쳐 국세심판소장에게 심판청구를 한 후 사망하였고 그 사망 사실을 모르는 국세심판소장은 심판청구를 기각하는 결정을 하면서 그 결정문에 사망한 피상속인을 청구인으로 표시하였으며 그 상속인들이 기각결정에 승복하지 아니하고 망인 명의로 양도소득세부과처분 취소청구소송을 제기한 후 상속인들 명의로 소송수계신청을 하였다면, 비록 전치절차 중에 사망한 피상속인의 명의로 소가 제기되었다고 하더라도 실제 그 소를 제기한 사람들은 망인의 상속인들이고 다만 그 표시를 그릇한 것에 불과하다고 보아야 할 것이므로, 법원으로서는 그 소송수계신청을 당사자표시정정신청으로 보아 이를 받아들여 그 청구를 심리판단하여야 한다."

그러나 각종 자격취소처분 등 순수 대인적 처분 내지 일신전속적인 권리를 침해하는 처분의 취소소송 중 원고가 사망한 경우에 소송은 승계되지 아니하고 그대로 종료됩니다.

> ＊ **대판 2003.8.19, 2003두5037** : "구 국가유공자등예우및지원에관한법률(2002. 1. 26. 법률 제6648호로 개정되기 전의 것)에 의하여 국가유공자와 유족으로 등록되어 보상금을 받고, 교육보호 등 각종 보호를 받을 수 있는 권리는 국가유공자와 유족에 대한 응분의 예우와 국가유공자에 준하는 군경 등에 대한 지원을 행함으로써 이들의 생활안정과 복지향상을 도모하기 위하여 당해 개인에게 부여되어진 일신전속적인 권리이어서, 같은 법 규정에 비추어 상속의 대상으로도 될 수 없다고 할 것이므로 전상군경등록거부처분취소청구소송은 원고의 사망과 동시에 종료하였고, 원고의 상속인들에 의하여 승계될 여지는 없다."

행정청의 승계허가나 승계신고 수리를 받아야만 지위승계가 인정되는 영업에 관한 처분(예컨대, 식품위생법 제39조, 사행행위등규제및처벌특례법 제9조)에 관한 소는 그 승계허가나 승계신고수리가 있어야만 소송승계가 가능합니다. 이와 관련하여 행정청이 (구)식품위생법상의 영업자지위승계신고수리처분을 하는 경우 종전의 영업자에게 소정의 행정절차를 실시하여야 하는 점(대판 2003.2.14, 2001두7015), 영업자지위승계신고수리 이전이라도 양수인이 양도인에 대한 영업허가취소를 다툴 원고적격이 인정됨(대판 2003.7.11, 2001두6289) 등은 이미 설명한바 있습니다.

> * **대판 1995.2.24, 94누9146** : "식품위생법 제25조 제3항에 의한 영업양도에 따른 지위승계신고를 수리하는 허가관청의 행위는 단순히 양도·양수인 사이에 이미 발생한 사법상의 사업양도의 법률효과에 의하여 양수인이 그 영업을 승계하였다는 사실의 신고를 접수하는 행위에 그치는 것이 아니라, 영업허가자의 변경이라는 법률효과를 발생시키는 행위라고 할 것이므로, 사실상 영업이 양도·양수되었지만 아직 승계신고 및 그 수리처분이 있기 이전에는 여전히 종전의 영업자인 양도인이 영업허가자이고, 양수인은 영업허가자가 되지 못한다 할 것이어서 행정제재처분의 사유가 있는지 여부 및 그 사유가 있다고 하여 행하는 행정제재처분은 영업허가자인 양도인을 기준으로 판단하여 그 양도인에 대하여 행하여야 할 것이고, 한편 위와 같은 경우 양도인이 그의 의사에 따라 양수인에게 영업을 양도하면서 양수인으로 하여금 영업을 하도록 허락하였다면 그 양수인의 영업 중 발생한 위반행위에 대한 행정적인 책임은 영업허가자인 양도인에게 귀속된다고 보아야 할 것이다."

(2) 권한청의 변경으로 인한 피고경정

항고소송의 경우 피고가 처분 행정청이므로 민사소송과는 다른 특유한 소송승계제도가 필요합니다. 처분의 취소 등을 구하는 항고소송의 제기 후 그 처분 등에 관계되는 권한이 다른 행정청에 승계된 때에는 당사자의 신청 또는 직권에 의하여 피고를 새로 권한을 가지게 된 행정청으로 경정하되(행정소송법 제13조 제1항 단서, 제14조 제6항[1]), 승계할 행정청이 없게 된 때에는 그 처분 등에 관한 사무가 귀속되는 국가 또는 지방자치단체로 경정합니다(제13조 제2항). 위 사항은 다른 항고소송 및 당사자소송에도 준용됩니다(제38조 제1항, 제2항, 제44조 제1항). 권한청의 변경에 의한 피고경정은 직권에 의하여 가능하다는 점 이외에는 후술하는 피고를 잘못 지정한 경우의 경정제도와 동일합니다.

3) 임의적 당사자 변경

(1) 원고의 변경

동일성이 유지되는 범위 내에서 단순히 표시를 정정하는 원고의 표시정정 이외에 임의적 원고변경은 현행법상 원칙적으로 인정되지 않습니다.

---

1) 이하 이 강에서 법률명을 표기하지 않은 경우 행정소송법을 의미합니다.

* **대판 1996.3.22, 94다61243** : "직권으로 판단한다. 당사자는 소장에 기재된 표시 및 청구의 내용과 원인 사실을 종합하여 확정하여야 하는 것이며, 당사자표시 변경은 당사자로 표시된 자의 동일성이 인정되는 범위 내에서 그 표시만을 변경하는 경우에 한하여 허용되는 것이다(대법원 1986. 9. 23. 선고 85누953 판결, 1995. 12. 5. 선고 95누1484 판결 등 참조). 기록에 의하면, 이 사건 소장 중 원고의 표시란에 '오만근, 용인군 용인읍 김량장리 77-21'이라고 기재되어 있고, 소장의 끝부분에 '위 원고 오만근'이라고 표시하면서 오만근의 인장을 날인하고 있으며, 청구원인에도 '원고는 해주오씨통사랑공파종중 대표자로서…'라고 표시하고 있는데, 위 오만근이 1994. 1. 14. 원고의 표시를 해주오씨통사랑공파종회로 정정한다는 신청을 하자, 제1심에서는 위 당사자표시 정정신청을 받아들여 이 사건 소의 원고를 위 종회로 보고 이 사건 소는 제소할 법률상의 권리보호의 이익이 없다는 이유로 소를 각하하는 판결을 하였고, 이에 대하여 위 종회가 항소를 제기하자 원심도 이 사건 소의 원고를 위 종회로 보고 위 종회가 원심에서 교환적으로 변경한 주위적 청구와 예비적 청구를 모두 확인의 이익이 없다는 이유로 각하하는 판결을 하였음이 명백하다. 그렇다면 이 사건 소의 원고는 자연인인 오만근이라고 할 것이고, 위 오만근과 해주오씨통사랑공파종회 사이에 동일성이 인정된다고 할 수 없으므로 원고 오만근을 원고 해주오씨통사랑공파종회로 정정하는 당사자표시 정정신청은 허용될 수 없다고 할 것이다. 그럼에도 불구하고 원심은 위 오만근의 당사자표시 정정신청을 받아들인 제1심 판결을 그대로 유지하였으니 원심판결에는 당사자표시 정정에 관한 법리를 오해한 위법이 있다고 할 것이고, 원심판결은 이 점에서 파기를 면할 수 없다고 할 것이다."

동일성이 유지되지 않음에도 소송승계에 의하지 않고 당사자 표시정정을 인정한 아래 판례는 주목을 요합니다.

* **대판 2016.12.27, 2016두50440** : "개인이나 법인이 과세처분에 대하여 심판청구 등을 제기하여 전심절차를 진행하던 중 사망하거나 흡수합병되는 등으로 당사자능력이 소멸하였으나, 전심절차에서 이를 알지 못한 채 사망하거나 합병으로 인해 소멸된 당사자를 청구인으로 표시하여 청구에 관한 결정이 이루어지고, 상속인이나 합병법인이 결정에 불복하여 소를 제기하면서 소장에 착오로 소멸한 당사자를 원고로 기재하였다면, 실제 소를 제기한 당사자는 상속인이나 합병법인이고 다만 그 표시를 잘못한 것에 불과하므로, 법원으로서는 이를 바로잡기 위한 당사자표시정정신청을 받아들인 후 본안에 관하여 심리·판단하여야 한다."

(2) 잘못 지정한 피고의 경정

가. 취지

행정소송은 소송의 유형에 따라 피고적격자가 다르며, 항고소송의 경우 권리의무의 주체가 아닌 행정청을 피고로 하기 때문에 피고의 오지정이 빈번합니다. 제소기간의 제한을 고려하여 피고경정제도를 특별히 인정하여 권리구제에 만전을 기하는 이유가 여기에 있습니다. 행정소송법은 민사소송법이 피고경정에 관한 제260조를 규정(1990.1.13.)하기 이전부터 일정 요건하에 피고경정을 허용하였습니다(제14조, 이는 다른 항고소송, 당사자소송, 객관소송에 준용됩니다). 민사소송상 피고경정과의 차이는 아래 〈표〉를 참고하기 바랍니다.

민사소송	행정소송
피고가 본안에 관하여 준비서면을 제출하거나 변론준비기일에서 진술 또는 변론을 한 뒤에는 그의 동의를 요함	그러한 제한 없음
서면에 의한 신청 필수	구두신청도 가능
1심에서만 가능(반대견해 있음)	2심에서도 가능

나. 요건

가) 사실심에 계속 중일 것

1심 계속 중에만 가능하다고 해석할 여지가 있는 민사소송법 제260조 제1항 유사 규정이 행정소송법에는 없을 뿐만 아니라, 제소기간의 제한 등으로 인해 피고경정의 필요성이 행정소송의 경우 특히 높음을 고려하건대 항소심에서도 허용된다고 해석합니다(대결 2006.2.23., 2005부4). 행정소송규칙 제6조는 “피고경정은 사실심 변론을 종결할 때까지 할 수 있다”고 함으로써 이를 명문화하였습니다.

나) 피고를 잘못 지정하였을 것

예컨대, 세무서장을 피고로 해야 할 것을 세무서를 피고로 한 경우, 구청장을 상대로 하여야 함에도 서울시장을 상대로 한 경우 등입니다. 피고의 오지정 여부는 법원이 객관적으로 판단할 사항이므로 당사자가 피고의 오지정을 이유로 피고경정신청을 하였더라도 원래의 피고가 정당하면 이를 배척하여야 합니다.

다) 새로운 피고가 정당하여야 하는지 여부

피고를 정하는 것은 원고의 권한 및 책임이므로 새로운 피고가 정당한 피고적격자인지 여부와 관계없이 피고경정을 허가할 수 있다는 견해가 다수설입니다. 다수설에 의할 때 경정허가가 이론적으로 피고적격자의 확정을 의미하는 것은 아니지만(따라서 경정허가 후 각하판결도 가능합니다), 석명권 행사가 필요합니다.

라) 원고의 고의·과실이 없어야 하는지 여부

소송지연 등을 목적으로 하지 않는 이상, 최초 피고의 오지정에 대한 원고의 고의·과실이 인정되는 경우에도 허용됩니다.

마) 신·구 피고의 동의를 요하는지 여부

변론을 한 후에도 종전 피고의 동의 없이 가능하며, 새로운 피고의 동의도 불필요합니다.

다. 절차

가) 신청

구술 또는 서면에 의한 원고의 신청에 의하며(제14조 제1항), 직권에 의한 경정이 불가능하다는 점에서 권한청의 변경으로 인한 피고경정의 경우와 상이합니다.

나) 피고경정의 촉구

원고가 피고 지정을 잘못한 경우 법원은 석명권을 행사하여 원고로 하여금 이를 시정할 기회를 부여하여야 하며, 그러한 기회 부여 없이 바로 소를 각하함은 위법이라는 것이 판례의 입장입니다.

> * **대판 2004.7.8, 2002두7852** : "원심은 원고가 전주시 완산구청장으로부터 이 사건 주민세부과처분을 받았으면 그 부과처분의 취소를 구하는 소송은 그 처분청인 전주시 완산구청장을 상대로 제기하여야 하는데도 피고 적격이 없는 전주시장을 피고로 한 이 사건 소는 부적법하다고 하여 이를 각하하였다. 그런데 원고가 피고를 잘못 지정하였다면 원심으로서는 당연히 석명권을 행사하여 원고로 하여금 피고를 처분청인 전주시 완산구청장으로 경정하게 하여 소송을 진행케 하였어야 할 것임에도 불구하고, 이러한 조치를 취하지 아니한 채 피고의 지정이 잘못되었다는 이유로 피고 전주시장에 대한 이 사건 소를 각하한 원심판결에는 심리를 다하지 아니하여 판결 결과에 영향을 미친 위법이 있다고 할 것이다."

다) 결정

피고경정의 요건 구비 시 피고경정허가를(제14조 제1항), 원고 자신은 피고를 그르쳤다고 주장하더라도 법원이 이를 인정하지 않는 경우에는 각하결정(동조 제3항)을 합니다.

라) 불복

경정신청에 대한 각하결정에 대하여 신청인은 즉시항고를 할 수 있고(제14조 제3항) 경정허가결정이 행해지면 경정 전의 피고는 특별항고(민사소송법 제449조)로써 불복 가능하며, 새로운 피고는 자신에게 피고적격이 없다 하더라도 본안에서 다투어야 하며 특별항고 등으로 불복할 수 없습니다.

라. 효과

* 새로운 피고에 대한 신소 제기
  - 제소기간 준수 관련 불이익을 배제하기 위해 새로운 피고에 대한 소송은 처음에 제기한 것으로 간주(제14조 제4항)
* 종전 피고에 대한 소 취하(제14조 제5항)
* 종전 소송자료 등의 효력
  - 당연히 새로운 피고에게 승계된다는 설, 동일 행정주체 내 기관 상호 간의 경정에 그치는 경우에만 당연승계 된다는 설, 당사자의 원용이 필요하다는 설(다수설)
  - 다만, 행정청의 권한 변경에 의한 피고경정의 경우와 같이 신·구 피고가 실질적으로 동일할 때에는 원용조차 필요 없음

(3) 소의 변경에 수반되는 피고경정

① 행정소송법 제21조, 제37조, 제42조에 의한 소의 종류를 변경하는 소의 변경

이에 대해서는 행정소송법 제21조 제4항이 준거규정이 되는데, 자세한 내용은 '소의 변경' 설명을 참고하기 바랍니다.

② 민사소송법 제262조를 준용하여, 소의 종류의 변경에 이르지 않고 청구의 기초에 변경이 없는 범위 내에서 청구취지 및 원인을 변경하는 경우

청구기초의 동일성과 제소기간 등 소 변경의 일반요건을 갖춘 이상, 청구취지 등의 변경과 아울러 또는 청구취지 등을 변경한 후 피고의 지정에 잘못이 있음을 이유로 행정소송법 제14조의 규정에 따라 법원의 허가를 받아 피고경정이 가능하다고 보아야 합니

다. 예컨대, 징계위원회를 피고로 하여 징계의결취소를 구하다가 징계처분의 취소를 구하는 것으로 청구취지를 변경함과 아울러 징계처분권자를 피고로 변경하거나, 원처분주의에 반하여 행정심판위원회를 피고로 재결의 취소를 구하다가 취소의 대상을 원처분으로 바꾼 뒤 피고를 처분청으로 경정하는 것도 일반적인 소 변경의 요건을 갖춘 이상 허용됩니다.

2. 소송참가

1) 의의

소송참가란 타인 간 계속 중인 소송에 제3자가 그 소송절차에 관여하는 것을 총칭하는 개념인데, 행정소송법상으로는 제3자의 소송참가(제16조)와 행정청의 소송참가(제17조)를 규정하면서 이들을 다른 항고소송 및 당사자소송, 객관소송에 준용하는 구조를 취합니다(제38조, 제44조 제1항, 제46조). 다수의 이해관계인이 관여하고 그에 따라 복효적 행정행위가 일반적이며, 또한 원고승소판결의 대세적 효력(제29조 제1항)이 인정되는 등 행정상 법률관계의 특징을 고려할 때 제3자의 권리보호를 위해 소송참가를 넓게 인정하여야 할 필요성이 인정됩니다.

2) 소송참가의 형태

(1) 행정소송법에 의한 제3자의 소송참가

가. 의의

소송 결과에 따라 권리 또는 이익을 침해받을 제3자가 있는 경우 그 제3자를 본인(제3자) 또는 당사자의 신청 또는 법원의 직권에 의한 결정으로 소송에 참가시켜 변론하고 자료를 제출하게 하는 제도입니다. 행정소송 관련 이해관계자가 존재함에도 피고를 행정청 내지 행정주체로 하므로 당해 이해관계자가 배제되는 경우가 많은 점을 고려한 제도적 장치입니다. 예컨대, 경원자 甲, 乙 중 甲에게만 허가를 발령한 경우 乙이 甲에 대한 허가처분취소소송을 제기하면 피고는 행정청이므로 실질적 이해관계인인 甲이 그 소송에서 배제되는 점을 고려하여, 이때 실질적 이해관계인인 甲을 소송에 참여시켜 자신에게 이익되는 주장과 자료를 제출하게 함으로써 제3자의 이익을 보호하려는 데 그 취지가 있습니다. 또한, 재심제도(제31조)와 관련하여 소송참가제도는 그러한 재심에 의한 구제를 요하는 상황의 발생을 미연에 방지하는 기능도 담당합니다.

나. 요건

① 타인 간 행정소송의 계속
  * 적법한 소송이 계속 중인 한 심급을 묻지 않음(상고심에서도 가능)

② 소송의 결과로 권리 또는 이익을 침해받을 자가 참가인이 될 것
  * 판결의 주문에 의하여 직접 권리·(법률상)이익을 침해받게 되는 자
    - 취소판결의 형성력 자체에 의하여 직접 권리 등을 침해받는 자뿐만 아니라, 판결의 기속을 받는 피고 행정청이나 관계행정청의 새로운 처분에 의하여 권리 등을 침해받는 자도 포함
    - 경원자 甲, 乙 중 甲의 신청을 거부하고 乙에게 점용허가를 내 준 경우, 甲이 乙에 대한 허가처분취소소송을 제기하면 위 전자의 경우에 해당하여 소송참가 관련 제3자에 속함(토지소유자가 토지수용위원회를 피고로 하여 수용재결취소소송을 제기한 경우의 사업시행자도 동일한 예)
    - 경원자 甲, 乙 중 甲의 신청을 거부하고 乙에게 점용허가를 내 준 경우, 甲이 자신에 대한 허가거부처분취소소송을 제기하여 승소한다면 판결이 바로 乙에 대한 허가처분까지 취소하는 것은 아니지만, 행정청은 그 판결에 기속되어 乙에 대한 허가를 취소하지 않을 수 없으므로 이 경우 乙은 후자가 의미하는, 권리 등을 침해받는 제3자에 해당함
  * 민사소송법 제71조상의 보조참가 요건인 '소송의 결과에 이해관계 있는 제3자'와 동일 개념

③ 원고·피고 어느 쪽으로도 참가할 수 있음
  * 피고 행정청을 위해서만 참가할 수 있는 행정소송법 제17조의 경우와 상이한 점

다. 절차

소송의 당사자나 당해 제3자의 신청 또는 법원의 직권에 의합니다(제16조 제1항). 신청이 있으면 당사자의 이의가 없더라도 요건 존부를 심사하여 결정으로 허가하거나 각하하여야 하는데, 이 점은 민사소송법 제73조에 의한 보조참가의 경우와 상이합니다. 소송참가 여부의 결정을 위해서는 결정 전 당사자 및 당해 제3자의 의견을 들어야 하지만, 이에 구속되는 것은 아닙니다.

참가 여부 결정에 대한 불복절차와 관련하여, 제3자의 참가신청이 불허된 경우 제3자는 즉시항고를 할 수 있습니다(제16조 제3항). 당사자가 제3자의 참가를 신청하였으나 각하된 경우 그 당사자의 불복 가능 여부에 대해서는 명문의 규정이 없는바, 긍정설은

당사자의 참가 신청권을 근거로 합니다. 소송참가의 제도적 취지가 제3자 보호인 점을 고려하건대 부정설이 타당합니다. 행정소송법 제16조 제3항의 반대해석에 따라 참가허가결정에 대해서는 당사자 및 제3자 누구도 독립하여 불복할 수 없고, 본안에서 소송절차의 위법을 다툴 수 있을 뿐이라고 보아야 합니다. 민사소송법상 보조참가허가결정에 대하여 즉시항고 할 수 있는 것과의 상이점입니다(민사소송법 제73조 제3항).

라. 참가인의 지위

가) 참가결정 전의 지위

제3자가 참가신청에 대한 각하결정 전 참가인으로서 소송행위를 할 수 있는지 여부와 관련하여 견해가 대립하는바(민사소송법 제75조 유사 규정의 부재에서 비롯합니다), 민사소송법상의 보조참가와는 달리 법원의 결정에 의하여 비로소 참가가 허용되는 점에 비추어 소극설이 타당합니다.

나) 참가결정 후의 지위

제3자는 당사자들에 대하여 독자적인 청구를 하는 것이 아니므로 보조참가인의 지위(강학상 공동소송적 보조참가인)에 있습니다. 따라서 참가인의 소송행위는 참가할 때의 소송진행 정도에 따라 제한을 받게 되어 공격방어방법의 제출이 시기에 늦었는지 여부나 미제출에 고의 또는 중과실이 있는지 여부, 준비절차 종료 여부 등은 피참가인을 기준으로 판단하게 되고, 상고심에서 참가한 때에는 사실상의 주장이나 증거제출이 불가능합니다.

그러나 참가인의 지위를 취득한 제3자에 대해서는 민사소송법 제67조(필수적 공동소송에 관한 특별규정)가 준용되므로(제16조 제4항) 통상의 보조참가인에 비하여 다음과 같은 독자적인 지위가 인정됩니다.

* 참가인·피참가인이 행하는 유리한 행위는 1인이 하여도 효력이 생기는 반면, 불리한 행위는 전원이 하지 않는 한 효력 없음 : 이를테면, 1인이라도 상대방의 주장사실을 다투면 전원이 다툰 것으로 되고 피참가인이나 참가인 중 누구라도 상소가 가능하지만, 소 취하는 반드시 전원이 하지 않으면 안 되고 소 취하에 대한 동의도 전원의 동의를 요함
* 법원은 변론기일에 참가인과 당사자 모두를 소환하여야 하지만, 1인이 기일에 불출석하여도 참가인과 피참가인 중 1인이라도 출석하면 불출석한 것으로 되지 않음
* 참가인의 상소기간은 참가인에 대한 판결문 송달시부터 독립하여 계산하며, 1인에 대한 소송의 중단·중지 사유가 발생하면 소송 전체를 중단·정지하여야 함

* 반면에, 참가인 등에 대한 상대방의 소송행위는 유·불리를 불문하고 전원에 대하여 효력 있음 : 따라서 1인이라도 기일에 출석하면 상대방은 그 자에 대하여 준비서면에 기재하지 않은 사실도 주장할 수 있음
* 참가인은 집행정지결정의 취소를 청구할 수 있음

다) 소송참가인에 대한 판결의 효력

제3자는 실제 소송행위 수행 여부와 상관없이 판결의 효력(항고소송의 경우 인용판결의 형성력, 인용·기각판결의 기판력을 의미합니다)을 받습니다. 소송에 참가하지 못한 제3자 보호라는 재심제도의 취지를 고려하건대, 참가인이 된 제3자는 판결 확정 후 재심의 소를 제기할 수 없습니다.

(2) 민사소송법에 의한 보조참가의 허용 여부

행정소송법 제16조에 의한 소송참가 이외에 제3자가 민사소송법에 의한 각종 참가, 특히 보조참가가 가능한지 여부가 문제됩니다. 다수설·판례는 행정소송법 제16조는 민사소송법과는 다른 요건하에 소송참가를 인정하면서, 기타 민사소송법에 의한 각종 참가 규정의 배제를 규정하지 않으므로 민사소송법상의 보조참가 등이 허용된다는 입장입니다.

* **대결 2013.7.12, 2012무84** : "공정거래위원회가 명한 시정조치에 대하여 그 취소 등을 구하는 행정소송에서 당해 시정조치가 사업자의 상대방에 대한 특정행위를 중지·금지시키는 것을 내용으로 하는 경우, 당해 소송의 판결 결과에 따라 해당 사업자가 특정행위를 계속하거나 또는 그 행위를 할 수 없게 되고, 따라서 그 행위의 상대방은 그 판결로 법률상 지위가 결정된다고 볼 수 있으므로 그는 위 행정소송에서 공정거래위원회를 보조하기 위하여 보조참가를 할 수 있다."
* **대판 2002.9.24, 99두1519** : "타인 사이의 항고소송에서 소송의 결과에 관하여 이해관계가 있다고 주장하면서 민사소송법(2002. 1. 26. 법률 제6626호로 전문 개정된 것) 제71조에 의한 보조참가를 할 수 있는 제3자는 민사소송법상의 당사자능력 및 소송능력을 갖춘 자이어야 하므로 그러한 당사자능력 및 소송능력이 없는 행정청으로서는 민사소송법상의 보조참가를 할 수는 없고 다만 행정소송법 제17조 제1항에 의한 소송참가를 할 수 있을 뿐이다(행정청에 불과한 서울특별시장의 보조참가신청을 부적법하다고 한 사례."

☞ 위 판례가 행정소송법 제16조와 민사소송법 제71조의 관계에 관한 직접적 분석을 행했다고 보기에는 의문의 여지가 있습니다.

한편, 항고소송의 인용판결은 대세적 효력을 가지는바, 이같이 판결의 효력을 받는 제3자는 판례에 의할 때 민사소송법에 의한 보조참가인이라 하더라도 이른바 민사소송법 제78조상의 공동소송적 보조참가인의 성격을 지닙니다.

> * **대판 2013.3.28, 2011두13729** : "행정소송 사건에서 참가인이 한 보조참가가 행정소송법 제16조가 규정한 제3자의 소송참가에 해당하지 않는 경우에도, 판결의 효력이 참가인에게까지 미치는 점 등 행정소송의 성질에 비추어 보면 그 참가는 민사소송법 제78조에 규정된 공동소송적 보조참가이다. 공동소송적 보조참가는 그 성질상 필수적 공동소송 중에서는 이른바 유사필수적 공동소송에 준한다 할 것인데, 유사필수적 공동소송에서는 원고들 중 일부가 소를 취하하는 경우에 다른 공동소송인의 동의를 받을 필요가 없다. 또한 소취하는 판결이 확정될 때까지 할 수 있고 취하된 부분에 대해서는 소가 처음부터 계속되지 아니한 것으로 간주되며(민사소송법 제267조), 본안에 관한 종국판결이 선고된 경우에도 그 판결 역시 처음부터 존재하지 아니한 것으로 간주되므로, 이는 재판의 효력과는 직접적인 관련이 없는 소송행위로서 공동소송적 보조참가인에게 불이익이 된다고 할 것도 아니다. 따라서 피참가인이 공동소송적 보조참가인의 동의 없이 소를 취하하였다 하더라도 이는 유효하다. 그리고 이러한 법리는 행정소송법 제16조에 의한 제3자 참가가 아니라 민사소송법의 준용에 의하여 보조참가를 한 경우에도 마찬가지로 적용된다."

(3) 행정청의 소송참가

가. 의의

행정청의 소송참가는 당해 처분을 한 행정청 외에 그 처분에 관여한 다른 행정청을 소송에 참여시켜 처분 행정청을 보조하여 필요한 자료 등을 현출하게 하는 소송참가제도를 뜻합니다. 제3자의 권익보호를 목적으로 하는 행정소송법 제16조에 의한 소송참가와는 달리 행정청의 소송참가제도는 주로 소송의 적정 해결을 위한 것으로서 동법 제26조의 직권심리제도와 궤를 같이합니다. 행정청의 소송참가제도는 다른 항고소송, 당사자소송 및 성질에 반하지 않는 범위 내에서 객관소송에 준용됩니다(제38조 제1항, 제44조 제1항, 제46조). 행정청은 권리능력이 없는 점에서 항고소송의 피고능력과 여기에서의 소송참가 이외에 민사소송법에 의한 보조참가는 불가능합니다.

* **대판 2002.9.24, 99두1519** : "타인 사이의 항고소송에서 소송의 결과에 관하여 이해관계가 있다고 주장하면서 민사소송법(2002. 1. 26. 법률 제6626호로 전문 개정된 것) 제71조에 의한 보조참가를 할 수 있는 제3자는 민사소송법상의 당사자능력 및 소송능력을 갖춘 자이어야 하므로 그러한 당사자능력 및 소송능력이 없는 행정청으로서는 민사소송법상의 보조참가를 할 수는 없고 다만 행정소송법 제17조 제1항에 의한 소송참가를 할 수 있을 뿐이다."

나. 요건

① 타인 간의 소송이 계속 중일 것 : 상고심 및 재심절차에서도 가능

② 피고 행정청 이외에 다른 행정청이 참가할 것 : 대개의 경우 처분 행정청에 지시·감독을 한 상급행정청 내지 동의·협의를 하거나 처분의 근거자료를 가지고 있는 관계행정청

③ 피고행정청을 위하여 참가할 것

* 행정의사의 통일성 측면에서 행정청의 참가는 피고 행정청을 위해서만 참가 가능하고 원고 측에 참가하는 것은 불허됨 : 예컨대, 원처분이 재결을 통해 취소되어 원처분의 상대방이 재결취소소송을 제기한 경우 원처분청이 원고를 위하여 소송참가할 수는 없음

④ 참가의 필요성이 있을 것

* 법원의 재량판단 사항이며, 원칙적으로 관계되는 다른 행정청을 소송에 참가시킴으로써 소송자료 및 증거자료가 풍부하게 되는 등 사건의 적정한 심리와 재판을 하기 위하여 필요한 경우를 의미함

다. 절차

당사자(피고 행정청) 또는 참가를 희망하는 당해 행정청의 신청이나 법원의 직권에 의합니다. 법원의 의견청취의무 및 의견에 대한 불기속은 제16조에 의한 소송참가와 동일합니다. 참가의 허부 재판은 결정으로 하며, 참가 결정 후 참가행정청의 실제 소송행위 수행 여부와 무관하게 참가인으로서의 지위를 취득합니다. 행정소송법 제17조상 불복규정이 없음에 비추어 참가 허부 결정에 대해서는 당사자나 참가행정청 모두 불복할 수 없습니다.

라. 참가인의 지위

민사소송법 제76조의 준용에 의하여(제17조 제3항) 참가행정청은 보조참가인에 준하

는 지위를 가집니다. 따라서 참가행정청은 소송에 관하여 공격·방어·이의·상소 기타 일체의 소송행위를 할 수 있지만, 피참가인의 소송행위와 저촉되는 소송행위를 할 수 없으며 이에 저촉될 경우 그 효력은 부인됩니다.

3. 청구의 병합

1) 의의

행정소송에서도 소송경제와 판결의 모순·저촉의 방지 등을 위하여 하나의 소로써 수 개의 청구를 하거나(청구의 객관적 병합), 수인이 공동으로 원고가 되거나 또는 수인을 공동피고로(청구의 주관적 병합) 하여 소를 제기할 필요가 있음은 민사소송과 다르지 않습니다. 나아가 처분취소소송 관련 국가배상청구소송의 병합의 경우처럼 행정소송 과정에서 관련 민사상 청구까지 포함하여 일거에 해결할 필요성도 있습니다.

2) 병합의 형태와 허용성

행정소송법 제10조 제2항과 제15조 이외에 민사소송법의 준용에 의한 병합이 허용되는지 여부를 우선 살펴봅시다. 실무상으로는 동조들을 행정소송상 청구의 병합 관련 특별규정으로 간주하면서, 동 요건을 구비하지 못하였더라도 민사소송법상 병합 관련 규정의 요건을 갖추면 이를 허용하는 입장입니다. 이에 따라 청구의 객관적 병합과 관련하여 단순 병합, 선택적 병합, 예비적 병합이 허용되고, 소송 중의 소인 중간확인의 소도 가능합니다. 반소의 경우 항고소송의 피고 행정청은 행정소송법이 특별히 당사자능력(피고적격)을 인정한 것이므로 항고소송에서의 반소는 허용되지 않지만, 당사자소송에서는 물론 항고소송에 관련청구로서 당사자소송·민사소송이 병합된 경우에는 반소가 가능하다고 해석합니다.

공동소송과 관련하여 통상의 공동소송과 필수적 공동소송이 허용됩니다. 종래 판례는 주관적·예비적 병합을 허용하지 않았습니다.

* **대판 1996.3.22, 95누5509** : "소의 주관적 예비적 청구의 병합에 있어서 예비적 당사자 특히 예비적 피고에 대한 청구의 당부에 관한 판단은 제1차적 피고에 대한 청구의 판단결과에 따라 결정되므로 예비적 피고의 소송상의 지위가 현저하게 불안정하고 또 불이익하게 되어 이를 허용할 수 없다고 할 것이므로 예비적 피고에 대한 청구는 이를 바로 각하하여야 할 것이다. 그런데 기록에 의하면 원고는 피고 중앙토지수용위원회에 대하여 이 사건 이의재결의 취소청구를 하면서 그 청구가 이유 없는 때에 예비적으로 같은 피고와 원심 공동피고 한국전력공사를 상대로 하여 이의재결취소 및 보상금의 지급을 구하고 있음을 알아볼 수 있다. 따라서 이 사건 소 중 위 한국전력공사에 대한 부분은 소의 주관적·예비적 청구의 병합에 해당함이 분명하므로 이 부분 소는 부적법하여 바로 각하하여야 할 것임에도 불구하고 이를 각하하지 아니한 원심의 조치는 잘못이라고 할 것이나, 피고 중앙토지수용위원회에 대한 원고의 주위적 청구를 인용한 원심판결에 대하여 상고하고 있는 이 사건에서 원심 공동피고 한국전력공사에 대한 판단을 유탈하였다는 점을 들어 원심판결에 무슨 위법이 있다고 할 수 없다. 상고이유에서 지적하고 있는 판례는 독립당사자 참가의 경우에 관한 판례로서 이 사건에 적절한 것이 아니다."

그러나 민사소송법상 예비적·선택적 공동소송에 대한 특별규정이 존재하므로(민사소송법 제70조) 행정소송에서도 허용함이 타당합니다. 이를테면, 주위적 청구의 피고가 국가·공공단체 등의 행정주체이고 예비적 청구의 피고가 그 소속 행정기관인 경우에 실익이 있습니다. 한편, 행정소송법 제28조 제3항은 사정판결에서의 주관적·예비적 병합의 허용을 예정하고 있습니다. 행정청을 피고로 한 주위적 처분취소청구가 사정판결에 의하여 기각될 것에 대비하여 예비적으로 국가 등을 피고로 한 손해배상청구를 병합하는 것이 그것입니다.

3) 관련청구의 병합

(1) 의의

행정소송상 관련청구의 병합이란 취소소송, 무효확인소송 또는 당사자소송(이하 '취소소송 등')에 당해 취소소송 등과 관련이 있는 청구소송(관련청구소송)을 병합하여 제기하는 것을 말합니다(제10조 제2항). 예컨대, 취소소송을 통하여 처분의 취소판결 등을 구함과 함께, 그와 관련된 국가배상이나 부당이득반환을 청구할 필요가 발생하는데, 취소소송과 국가배상청구소송 등의 피고가 상이하고 관할법원도 다른 경우가 발생하게 됩니다.

이 경우 취소소송과 이와 관련되는 청구를 병합하여 하나의 소송절차에서 통일적으로 심판하게 되면 소송경제를 도모하고, 관련청구 간 판결의 모순·저촉을 피할 수 있는 장점이 있습니다.

(2) 요건

① 주된 청구인 행정사건에 관련청구를 병합할 것

행정소송 상호 간에는 어느 쪽에 병합하여도 상관없지만, 행정사건과 민사사건이 문제되는 경우에는 행정소송에 민사소송을 병합하여야 합니다(민사사건에 행정사건을 병합할 수는 없습니다). 예컨대, 조세처분취소소송에 조세과오납금반환청구소송을 병합하거나, 압류처분취소소송에 압류등기말소청구소송을 병합하는 등의 형태이어야 합니다.

② 후발적 병합의 경우 주된 청구가 사실심에 계속 중일 것

항소심에서의 병합과 관련하여 심급의 이익상 상대방의 동의를 요하는지가 문제되지만, 명문규정이 없는 이상 불요하다고 해석함이 타당합니다.

③ 각 청구가 적법요건을 갖출 것

주된 청구와 관련청구는 각각 전치절차, 제소기간의 준수, 당사자적격 등의 소송형태에 따른 소송요건을 구비하여야 합니다. 따라서 취소소송에 병합하여 제기된 소가 관련청구로서의 요건을 불비한 경우, 그 병합된 소의 병합요건 이외의 다른 소송요건은 구비하여 그 병합제기를 받은 법원이 행정사건과 분리하여 독립된 소로 심리·재판할 수 있거나 또는 다른 관할법원으로 이송하여 구제할 수 있는 경우가 아닌 한, 부적법 각하하여야 합니다. 주된 청구가 소송요건을 불비하여 부적법한 경우 그에 원시적으로 병합된 관련 민사상의 청구의 처리와 관련하여, 견해에 따라서는 관련청구소송이 독립하여 적법한 요건을 구비한 경우에는 별개의 독립된 소로 취급하여 심리·재판하거나 관할법원으로 이송하여야 한다고 주장하지만, 판례는 각하 입장입니다.

* **대판 1997.11.11, 97누1990** : "원심판결 이유에 의하면 원심은, 원고가 당초 직권면직처분부존재·무효확인의 소를 제기하면서 직권면직의 인사발령이 부존재·무효임을 전제로 같은 피고를 상대로 하여 면직일 이후의 보수지급을 구하는 금원지급청구의 소를 병합하여 제기하였다가 나중에 금원지급청구소송의 피고를 잘못 지정하였음을 깨닫고 피고를 대한민국으로 경정해달라는 피고경정신청 및 그 소송을 서울지방법원으로 이송해달라는 소송이송신청을 동시에 하였다고 인정한 다음, 원고가 피고를 잘못 지정하였음이 명백하다고 볼 수 없고 금원지급청구소송이 직권면직처분부존재·무효확

인 등의 항고소송과 동일한 절차에서 심리될 수 있는 경우가 아니며 만약 피고경정을 허용할 경우 전혀 다른 신소의 제기를 소 변경의 방법으로 허용하는 셈이 되어 부당하므로 피고경정신청을 받아들일 수 없고 또한 피고경정신청이 받아들여질 것을 전제로 하는 소송이송신청 또한 허용할 수 없다고 배척하고 나서, 금원지급청구소송이 권리주체인 대한민국이 아니라 처분청인 피고를 상대로 한 것이어서 부적법하다고 하여 각하하였다. 그러나 이와 같이 원고가 항고소송에 병합하여 행정소송법 제10조 소정의 관련 청구소송인 금원지급청구소송을 제기하면서 피고를 잘못 지정하였을 뿐 아니라 이를 바로 잡으려고 피고경정신청까지 하였다면, 원심으로서는 마땅히 행정소송법 제14조의 규정에 따라 피고경정허가를 한 다음 경정된 피고를 상대로 소송을 진행하여야 할 것임에도 불구하고, 그 판시 이유만으로 피고경정 신청을 배척하고 나아가 금원지급청구의 소를 부적법하다고 하여 각하한 것은 피고경정에 관한 법리 등을 오해한 것이라 할 것이다. 다만 행정소송법 제10조 소정의 관련 청구소송의 병합은 본래의 항고소송이 적법할 것을 요건으로 하는 것인데 (대법원 1997. 3. 14. 선고 95누13708 판결 참조), 앞서 본 바와 같이 직권면직처분부존재·무효확인 등의 본래의 항고소송이 행정처분이 아닌 것을 대상으로 한 부적법한 것이어서 각하되어야 하는 이상 금원지급청구의 소 역시 각하를 면할 수 없을 것이다."

그러나 취소소송에 당사자소송을 후발적으로 병합한 경우 취소소송이 각하사항이더라도 관련청구를 소 종류의 변경허가신청으로 보아 처리하여야 한다는 것이 판례의 입장입니다.

* **대판 1992.12.24, 92누3335** : "원심은 보상심의위원회의 결정에 대하여 취소소송 등이 인정됨을 전제로 하여, 원고가 당초에 피고 보상심의위원회를 상대로 이 사건 보상결정의 취소를 구하였다가 위 소송을 유지하면서 여기에 새로이 대한민국을 피고로 하여 그에게 보상금 등의 지급을 구하는 소송을 추가적으로 병합한 것은 행정소송법 제10조 제2항 소정의 피고 이외의 자를 상대로 한 관련청구소송을 취소소송이 계속된 법원에 병합하여 제기한 것으로서 적법하다고 판단하였다. 원고가 원심에서 한 피고 대한민국에 대한 소송의 병합청구는 당초 제기한 소송의 피고가 잘못 지정되었을때 행하는 행정소송법 제14조 소정의 피고경정과는 그 성질을 달리한다고 할 것이므로 위 병합청구가 피고경정에 해당됨을 전제로 허용되지 아니한다는 취지의 논지는 이유 없다. 그런데 행정소송법 제10조 제2항에서 인정되는 관련청구소송의 병합은 당초의 취소소송 등이 적법함을 전제로 한다 할 것인데 이 사건 피고 보상심의위원회의 결정은 항고소송의 대상이 되는 행정처분으로 볼 수 없어 그에 대한 취소청구는 부적법하다고 할 것이나 취소소송 등을 제기한 당사자가 당해 처분 등에 관계되는 사무가 귀속되는 국가 또는 공공단체에 대한 당사자소송을 행정소송법 제10조 제2항에 의하여 관련청구로서 병합한 경우 위 취소소송 등이 부적법하다면 당사자는 위 당사자소송의 병합청구로서

> 동법 제21조 제1항에 의한 소 변경을 할 의사를 아울러 가지고 있었다고 봄이 상당하고, 이러한 경우 법원은 그 청구의 기초에 변경이 없는 한 당초의 청구가 부적법하다는 이유로 위 병합된 청구까지 각하할 것이 아니라 위 병합청구 당시 유효한 소 변경청구가 있었던 것으로 받아들여 이를 허가함이 타당하다고 할 것이다. 기록에 의하면 원고의 피고 보상심의위원회를 상대로 한 취소소송이 부적법하다 하더라도 그에 병합한 피고 대한민국에 대한 청구는 소 변경에 해당하고, 원심이 이를 허가한 취지로 보여지므로 이는 적법하고 광주보상법 제15조 제2항에 의하여 보상금 지급에 관한 소송의 제소기간은 결정서 정본을 송달받은 날로부터 60일 이내이지만, 동 기간 내에 항고소송을 제기하였다가 나중에 당사자소송으로 변경하는 경우에는 행정소송법 제21조 제4항, 제14조 제4항에 따라 처음부터 당사자소송을 제기한 것으로 보아야 하므로 당초의 항고소송이 적법한 기간 내에 제기된 이 사건의 경우 원고는 당사자소송의 제소기간을 준수한 것으로 보아야 할 것이다. 결국 원심이 원고의 피고 대한민국에 대한 청구를 관련청구의 병합으로서 유효하다고 본 것은 잘못이라 하겠으나 동 청구가 소 변경으로 유효하고 제소기간도 준수한 것으로 보게 되는 이상 원심의 위와 같은 위법은 판결결과에 영향이 없다고 할 것이다."

④ 피고가 동일할 필요는 없음

처분취소소송에 국가배상소송을 병합하는 것은 가능하지만, 양 소송의 피고는 동일하지 않습니다. 즉, 피고의 동일성은 관련청구 병합의 요건이 아닙니다. 원시적으로 수인을 피고로, 혹은 후발적(사실심 변론종결시까지)으로 피고 이외의 자를 상대로 한 관련청구를 병합할 수 있습니다. 그러나 원고가 피고를 추가할 수 있을 뿐, 제3자가 후발적으로 원고로 추가되는 병합청구는 비록 관련청구일지라도 제10조 제2항에 의한 병합의 형태로 허용되는 것은 아닙니다. 다만, 민사소송법 제70조의 준용에 의하여 원고를 예비적 또는 선택적으로 추가 병합하는 것은 허용될 것입니다.

(3) 청구절차 및 심리

원시적 병합의 경우 소장에 관련청구를 포함하여 청구하면 되고, 후발적으로 관련청구를 병합 제소하는 경우에는 소 변경서를 제출하는 방식에 의합니다. 새로운 피고가 추가되는 경우에도 동일합니다. 취소소송에 국가배상청구소송이 병합되는 경우 후자에 대한 심리에의 적용법규가 문제되는바, 처분의 위법성 부분에는 행정소송법 내지 행정법이론에 의하지만, 심리가 공통되지 않는 손해배상액의 산정 등에 대해서는 민사소송절차에 의합니다.

4) 관련청구소송의 이송

취소소송과 관련청구소송, 즉 당해 처분과 관련되는 손해배상·부당이득반환·원상회복 등 청구소송 또는 당해 처분과 관련되는 취소소송이 각각 다른 법원에 계속되고 있는 경우에 관련청구소송이 계속된 법원이 상당하다고 인정하는 때에는 당사자의 신청 또는 직권에 의하여 이를 취소소송이 계속된 법원으로 이송할 수 있습니다(제10조 제1항). 이때 이송신청인인 당사자에는 관련청구소송의 원고·피고는 물론 소송참가인도 포함됩니다.

4. 소의 변경

민사소송에서의 소의 변경은 소송절차를 현저히 해하지 않는 경우 청구의 기초에 변경이 없는 범위 내에서 허용되지만, 행정소송에서는 민사소송법의 준용에 의한 소의 변경은 물론, 피고의 변경을 포함한 소의 종류의 변경(제21조)과 소송목적물의 변경에 따르는 처분변경으로 인한 소의 변경(제22조)을 명문으로 인정합니다.

1) 소의 종류의 변경

(1) 의의

거부처분이 있었음에도 부작위로 오인하여 부작위위법확인소송을 제기한 경우 행정소송법 제37조에 의하여 부작위위법확인소송을 거부처분취소소송으로 소의 종류를 변경하는 경우를 흔히 볼 수 있습니다. 이처럼 행정소송 종류의 다양성, 행정소송의 성질 및 제소기간의 차이 등으로 인해 행정소송의 종류를 잘못 선택한 경우가 많은바, 권리구제의 용이를 위해 소의 종류의 변경을 허용할 필요가 있으며, 이때 피고의 변경을 수반하는 경우도 있으므로 행정소송법상 특례를 인정합니다. 물론, 관련청구의 범위라면 소 변경 대신 신소를 추가적으로 병합함과 동시에 구소를 취하함으로써 그 목적을 달성할 수 있지만(제10조 제2항), 종전의 소송 상태를 승계함에 있어서 소 변경이 보다 간편한 제도라 할 수 있습니다. 소의 종류의 변경에는 행정소송법상 항고소송과 당사자소송 간의 변경과 동일한 항고소송 내에서 취소소송, 무효등확인소송, 부작위위법확인소송 간의 변경이 가능합니다(제21조 제1항, 제37조, 제42조).

* **대판 2016.5.24, 2013두14863** : "[1] 공법상의 법률관계에 관한 당사자소송에서는 그 법률관계의 한쪽 당사자를 피고로 하여 소송을 제기하여야 한다(행정소송법 제3조 제2호, 제39조). 다만 원고가 고의 또는 중대한 과실 없이 당사자소송으로 제기하여야 할 것을 항고소송으로 잘못 제기한 경우에, 당사자소송으로서의 소송요건을 결하고 있음이 명백하여 당사자소송으로 제기되었더라도 어차피 부적법하게 되는 경우가 아닌 이상, 법원으로서는 원고가 당사자소송으로 소 변경을 하도록 하여 심리·판단하여야 한다.

[2] 명예퇴직수당 지급대상자의 결정과 수당액 산정 등에 관한 구 국가공무원법(2012. 10. 22. 법률 제11489호로 개정되기 전의 것) 제74조의2 제1항, 제4항, 구 법관 및 법원공무원 명예퇴직수당 등 지급규칙(2011. 1. 31. 대법원규칙 제2320호로 개정되기 전의 것, 이하 '명예퇴직수당규칙'이라 한다) 제3조 제1항, 제2항, 제7조, 제4조 [별표 1]의 내용과 취지 등에 비추어 보면, 명예퇴직수당은 명예퇴직수당 지급신청자 중에서 일정한 심사를 거쳐 피고가 명예퇴직수당 지급대상자로 결정한 경우에 비로소 지급될 수 있지만, 명예퇴직수당 지급대상자로 결정된 법관에 대하여 지급할 수당액은 명예퇴직수당규칙 제4조 [별표 1]에 산정 기준이 정해져 있으므로, 위 법관은 위 규정에서 정한 정당한 산정 기준에 따라 산정된 명예퇴직수당액을 수령할 구체적인 권리를 가진다. 따라서 위 법관이 이미 수령한 수당액이 위 규정에서 정한 정당한 명예퇴직수당액에 미치지 못한다고 주장하며 차액의 지급을 신청함에 대하여 법원행정처장이 거부하는 의사를 표시했더라도, 그 의사표시는 명예퇴직수당액을 형성·확정하는 행정처분이 아니라 공법상의 법률관계의 한쪽 당사자로서 지급의무의 존부 및 범위에 관하여 자신의 의견을 밝힌 것에 불과하므로 행정처분으로 볼 수 없다. 결국 명예퇴직한 법관이 미지급 명예퇴직수당액에 대하여 가지는 권리는 명예퇴직수당 지급대상자 결정 절차를 거쳐 명예퇴직수당규칙에 의하여 확정된 공법상 법률관계에 관한 권리로서, 그 지급을 구하는 소송은 행정소송법의 당사자소송에 해당하며, 그 법률관계의 당사자인 국가를 상대로 제기하여야 한다."

☞ 위 판결은 항고소송과 당사자소송 간 소 종류의 변경의 가능성을 설시한 점뿐만 아니라, 법령의 규정에 의하여 이미 원고의 권리관계가 확정되는 경우 관련 거부는 처분이 아니므로 자신의 공법상 권리로서의 금전의 지급을 구하는 경우 거부처분취소소송이 아니라 당사자소송에 의하여야 함을 명확히 한 점에서 중요한 의미를 가집니다.

(2) 요건

가. 행정소송이 사실심에 계속 중이고 변론 종결 전일 것

소송이 부적법하더라도 각하되기 전이면 가능하고, 제1심과 항소심을 포함하며 상고심에서는 허용하지 않습니다.

나. 동일한 처분의 범위 내에서 청구의 기초에 변경이 없을 것

공무원지위확인청구를 파면취소청구로 변경하는 경우 등 대체로 전소로써 달성하려던 권리이익의 구제와 동일한 기반에서 다른 청구로 변경하는 경우에 소 종류의 변경이 가능합니다. 따라서 청구의 대상인 처분이나 부작위 자체가 다른 경우에는 청구의 기초가 동일하다고 할 수 없습니다. 동 요건은 피고의 보호를 위한 것이므로 피고의 동의 또는 응소로 인하여 책문권은 상실됩니다.

* **대판 1999.11.26, 99두9407** : "행정소송이 전심절차를 거쳤는지 여부를 판단함에 있어서 전심절차에서의 주장과 행정소송에서의 주장이 전혀 별개의 것이 아닌 한 그 주장이 반드시 일치하여야 하는 것은 아니고, 당사자는 전심절차에서 미처 주장하지 아니한 사유를 공격방어방법으로 제출할 수 있는 것이며, 행정소송법 제21조와 제22조가 정하는 소의 변경은 그 법조에 의하여 특별히 인정되는 것으로서 민사소송법상의 소의 변경을 배척하는 것이 아니므로, 행정소송의 원고는 행정소송법 제8조 제2항에 의하여 준용되는 민사소송법 제235조에 따라 청구의 기초에 변경이 없는 한도에서 청구의 취지 또는 원인을 변경할 수 있는 것인바, 원고가 하나의 행정처분인 이 사건 택지초과소유부담금 부과처분 중 일부의 액수에 대하여만 불복하여 전심절차를 거치고 그 후 다시 이 사건 소송에서 위 액수에 관하여만 부과처분의 취소를 구하였다가 택지소유상한에관한법률이 헌법에 위반된다는 헌법재판소의 결정에 따라 그 청구취지를 부과처분 전부의 취소를 구하는 것으로 확장하였다고 하더라도, 이는 동일한 처분의 범위 내에서 청구의 기초에 변경이 없이 이루어진 소의 변경에 해당하여 적법하다."

다. 소의 변경이 상당하다고 인정될 것

구체적 사안에 따라 판단하되, 소송자료의 이용가능성, 당사자의 이익, 소송의 지연여부 등 소송경제, 새로운 피고가 입게 되는 불이익의 정도 등을 종합적으로 고려하여 그 상당성을 판단합니다.

라. 변경되는 신소의 적법성

변경을 신청하는 신소 자체가 소송요건을 구비한 적법한 것이어야 하는바, 이를테면 당사자소송을 취소소송으로 변경하는 경우 행정심판전치주의(필수전치사항인 경우), 제소기간 등을 준수하여야 합니다. 다만, 제소기간에 대해서는 처음의 당사자소송을 제기한 때 항고소송을 제기한 것으로 간주하는 제소기간의 특례가 인정됩니다(제42조, 제21조, 제14조 제4항).

(3) 절차

가. 신청과 의견청취

소의 종류의 변경의 신청은 소 변경신청서를 제출하는 것에 의합니다(민사소송법 제248조 참조). 당사자소송과 항고소송 간 소 종류의 변경의 경우처럼 피고의 변경을 포함한 소 변경의 신청에서는 법원은 허가결정에 앞서 새로이 피고로 될 자의 의견을 들어야 하지만(제21조 제2항), 법원이 그 의견에 구속되는 것은 아닙니다.

나. 요건 심사 및 허부 결정

소 변경은 법원의 허가결정에 의하는데, 민사소송법 준용에 의한 소 변경에서 법원의 허가결정은 불필요하고 불허가의 경우에만 불허가결정을 하는 것과 상이합니다(민사소송법 제262조, 제263조). 허가결정은 피고에게 고지하여야 하고, 피고변경에 의한 소 변경 시 허가결정정본을 새로운 피고에게 송달하여야 합니다(제21조 제4항, 제14조 제2항). 소 변경 허가결정에 대해서는 신·구청구의 피고 모두 즉시항고를 할 수 있지만(제21조 제3항), 불허가결정에 대해서는 독립하여 불복할 수 없고 종국판결에 대한 상소로써만 다툴 수 있습니다(대판 1992.9.25, 92누5096). 적법한 소 변경 신청에도 불구하고 이에 대한 아무런 결정 없이 구청구에 대해서만 판단한 경우 판단 유탈의 위법이 있습니다(대판 1962.7.5, 62다222).

2) 처분변경으로 인한 소의 변경

(1) 의의

행정소송의 계속 중에 소송의 대상인 처분이 처분청, 감독청 또는 행정심판위원회(형성재결을 통해 쟁송의 대상인 처분을 변경한 경우를 말합니다)에 의하여 변경되는 경우가 있는데, 이때 원고에게 책임 없는 사유로 인한 무용한 절차의 반복을 피하고 권리구제의 실효성 제고를 위해 처분의 변경에 따르는 소의 변경을 인정합니다(제22조). 처분변경으로 인한 소 변경은 취소소송 외에 무효등확인소송 및 당사자소송에도 준용됩니다(제38조 제1항, 제44조 제1항).

한편, 부작위위법확인소송의 경우 행정소송법 제37조와 제38조 제2항이 제22조를 준용하지 않으므로 부작위위법확인소송 제기 후 행정청의 거부처분이 있는 경우 거부처분취소소송으로의 소 변경이 가능한지 여부가 문제됩니다. 물론 이 경우 제21조의 준용을 규정한 제37조에 의해 소의 종류의 변경을 인정하는 방법도 상정 가능하지만, 제21조에 따라 부작위위법확인소송에서 거부처분취소소송으로의 소 종류의 변경을 인정한다면, 부작위에서 거부처분으로의 처분변경에 대응한 소의 변경을 불허할 특단의 논거를 찾을 수 없으므로 이를 입법적 불비로 보아 가능한 것으로 해석함이 타당합니다.

(2) 요건

가. 사실심 계속 중 처분의 변경이 있을 것

소송의 대상인 처분이 처분청 또는 상급 감독청의 직권에 의하여, 또는 원고가 행정심판 청구 후 재결을 기다리지 않고 취소소송을 제기하였는데 소송 계속 중에 재결에 의하여 당초 처분이 일부 취소되거나 적극적으로 변경된 경우 등이 여기에 해당합니다.

나. 처분의 변경이 있은 것을 안 날로부터 60일 이내에 소 변경 신청을 할 것

통상의 소 제기의 경우 처분이 있음을 안 날부터 90일의 제소기간을 인정하는 것에 비해 60일이라는 특별히 단기의 소 변경 기간을 설정할 이유가 없어, 과거 행정소송법 개정 논의에서 소 변경 신청기간을 90일로 연장하자는 견해가 개진된 바 있습니다.

다. 신청구가 적법할 것

구청구는 사실심 변론종결 전이어야 하고, 변경되는 신청구는 적법하여야 합니다. 한편, 전치요건의 특례, 즉 필수전치사항의 경우 변경 전의 처분에 대하여 행정심판절차를 거쳤으면 변경된 처분에 대하여도 전치요건을 갖춘 것으로 간주합니다(제22조 제3항).

(3) 절차

처분변경으로 인한 소의 변경의 경우에도 원고의 신청과 법원의 허가결정에 의합니다. 소의 종류의 변경에서와는 달리 변경허가결정에 대해서도 독립하여 불복할 수 없으며, 소 변경 신청이 부적법한 경우 소 변경을 불허한다는 결정을 할 수도 있고, 결정을 따로 하지 아니하고 종국판결 이유 중에서 판시하여도 무방합니다.

3) 민사소송법의 준용에 의한 소의 변경

행정소송에서는 전술한 행정소송법에 의한 소의 변경뿐만 아니라 민사소송법의 준용에 의한 소 변경도 허용되어, 행정소송의 원고는 소송의 현저한 지연을 가져올 우려가 없는 한 청구의 기초에 변경이 없는 범위 안에서 사실심 변론종결시까지 청구의 취지 또는 원인을 변경할 수 있다는 것이 통설·판례의 입장입니다. 이 경우의 소 변경은 항고소송에서 민사소송으로 변경하는 것뿐만 아니라, 민사소송을 항고소송으로 변경하는 것도 허용된다고 해석합니다. 이때의 피고경정에 대해서는 행정소송법 제14조를 적용하면 됩니다. 이때 민사소송법의 준용에 의한 소 변경의 경우에는 제소기간의 특례가 인정되지 않습니다. 한편 최근의 판례는 공법상 당사자소송에 대하여도 청구의 기초가 바뀌지 않는 한 민사소송으로 소 변경이 가능한 것으로 판시하였는데, 이는 행정소송법상 명문의 규정이 없는 외연 하에서 당사자소송의 민사소송으로의 소 변경을 인정한 최초의 판례이므로 주목할 만합니다.

* **대판 1999.11.26, 97다42250** : "행정소송법 제7조는 원고의 고의 또는 중대한 과실 없이 행정소송이 심급을 달리하는 법원에 잘못 제기된 경우에 민사소송법 제31조 제1항을 적용하여 이를 관할 법원에 이송하도록 규정하고 있을 뿐 아니라 관할 위반의 소를 부적법하다고 하여 각하하는 것보다 관할 법원에 이송하는 것이 당사자의 권리 구제나 소송경제의 측면에서 바람직하므로, 원고가 고의 또는 중대한 과실 없이 행정소송으로 제기하여야 할 사건을 민사소송으로 잘못 제기한 경우 수소법원으로서는 만약 그 행정소송에 대한 관할도 동시에 가지고 있는 경우라면, 행정소송으로서의 전심절차 및 제소기간을 도과하였거나 행정소송의 대상이 되는 처분 등이 존재하지도 아니한 상태에 있는 등 행정소송으로서의 소송요건을 결하고 있음이 명백하여 행정소송으로 제기되었더라도 어차피 부적법하게 되는 경우가 아닌 이상, 원고로 하여금 항고소송으로 소 변경을 하도록 하여 그 1심법원으로 심리·판단하여야 한다."
* **대판 2004.11.25, 2004두7023** : "취소소송은 처분 등이 있음을 안 날부터 90일 이내에 제기하여야 하고, 처분 등이 있은 날부터 1년을 경과하면 제기하지 못하며(행정소송법 제20조 제1항, 제2항), 청구취지를 변경하여 구소가 취하되고 새로운 소가 제기된 것으로 변경되었을 때에 새로운 소에 대한 제소기간의 준수 등은 원칙적으로 소의 변경이 있은 때를 기준으로 하여야 한다."
* **대판 2023.6.29, 2022두44262** : "대법원은 여러 차례에 걸쳐 행정소송법상 항고소송으로 제기해야 할 사건을 민사소송으로 잘못 제기한 경우 수소법원으로서는 원고로 하여금 항고소송으로 소 변경을 하도록 석명권을 행사하여 행정소송법이 정하는 절차에 따라 심리·판단해야 한다고 판시해 왔다. 이처럼 민사소송에서 항고소송으로의 소 변경이 허용되는 이상, 공법상 당사자소송과 민사소송

＊ **대판 2000.3.23, 99두11851** : "행정처분의 당연무효를 주장하여 그 무효확인을 구하는 행정소송에 있어서는 원고에게 그 행정처분이 무효인 사유를 주장, 입증할 책임이 있다고 할 것이므로(대법원 1992. 3. 10. 선고 91누6030 판결 등 참조), 원고들이 이 사건 처분의 무효확인을 구하려면, 그 전제가 되는 서울특별시의 1992. 3. 6.자 위 지적승인고시가, 원래 도시계획결정에는 도시계획구역에 포함되어 있지 않음이 명백한 이 사건 각 토지를 적법한 도시계획변경절차를 거치지 않은 채 도시계획구역에 새로이 포함시킴으로써 실질적인 도시계획변경을 초래하였다는 점을 주장, 입증하여야 할 것이다." 同旨: 대판 2023.6.29, 2020두46073

제37강

행정소송상 임시구제(가구제)

제37강 행정소송상 임시구제(가구제)

1. 의의

소송에서 판결에 이르기까지는 상당한 시간을 요하기 때문에 본안판결을 받기 전 권리의 보호를 위하여 민사소송의 가처분 등 임시구제제도를 필요로 합니다. 행정소송에서는 특히 행정행위의 공정력과 행정청의 자력집행력으로 인해 본안판결까지 기다리다가는 이미 집행이 완료되어 버리는 경우가 많을 것이므로, 본안판결의 실효성 확보를 위해 민사소송보다 임시구제제도의 필요성이 크다고 할 수 있습니다.

이와 관련하여 행정소송법은 집행부정지 원칙(행정소송법 제23조 제1항[1]) 및 예외적 집행정지를 규정하는데(제23조 제2항 내지 제6항), 이에 의하면 행정소송의 제기가 있더라도 처분의 효력이나 그 집행 또는 절차의 속행이 영향을 받지 않지만 법원의 집행정지 결정에 의하여 예외적으로 그 효력 등을 정지시킬 수 있도록 하고 있습니다. 독일의 행정법원법은 우리의 경우와는 달리 원칙적 집행정지, 예외적 집행부정지에 입각하고 있습니다(독일 행정법원법 제80조).

집행정지는 취소소송 및 무효등확인소송(제38조 제1항)에서 인정되며, 부작위위법확인소송과 당사자소송에서는 허용되지 않습니다(제38조 제2항, 제44조 제1항 참조). 민중소송과 기관소송 중 처분 등의 취소나 효력 유무 또는 존재 여부의 확인을 구하는 소송은 그 성질에 반하지 않는 한 취소소송 및 무효등확인소송에 관한 규정을 준용하므로(제46조 제1항, 제2항) 그 성질 및 내용에 따라 집행정지가 가능합니다. 한편, 지방자치법상 지방자치단체장 등이 지방의회의 재의결사항에 대하여 법령위반을 이유로 대법원에 소를 제기할 경우(지방자치법 제120조 제3항, 제192조 제4항)와 재의요구지시를 받은 지방자치단체장이 재의요구를 하지 아니하여 주무부장관 등이 직접 대법원에 소를 제기하는 경우에 그 의결의 집행정지결정을 신청할 수 있습니다. 감사원법 제40조 제2항 단서는 감사원

1) 이하 이 강에서 법률명을 표기하지 않은 경우 행정소송법을 의미합니다.

의 재심의 판결에 대하여 감사원을 당사자로 하여 행정소송을 제기할 수 있지만, 그 효력을 정지하는 가처분결정은 할 수 없다고 규정합니다.

2. 집행정지제도

1) 적극적 요건

(1) 처분 등이 존재할 것

가. 일반론

집행정지결정을 위해서는 그 대상으로서의 처분 등이 존재하여야 합니다. 따라서 철거 집행이 완료 후 계고처분 집행정지와 같이 이미 집행이 완료되어 처분 효력의 소멸로 인해 더 이상 처분이 존재하지 않으면 집행정지 신청의 이익이 없어 부적법한 신청입니다. 다만, 집행이 완료된 경우라도 위법상태가 계속 중이거나 사실상태를 원상으로 복구할 수 있는 경우에는 집행정지가 가능합니다.

* **대결 1992.8.7, 92두30** : "(1) 효력정지신청의 이익이 없다는 점에 대하여
기록에 의하면 이 사건 재항고사건의 상대방인 효력정지신청인(이하 신청인이라고만 한다)은 1991.6.25. 집회및시위에관한법률위반사건의 피의자로서 법관이 발부한 구속영장에 의하여 종로경찰서에 구속되어 위 사건으로 서울형사지방법원에 기소된 후 제1, 2심에서 모두 유죄가 인정되어 징역형을 선고받고 1992.4.25. 상고를 제기하여 그 상고사건이 현재 당원에 계속중인데 재항고인은 위 상고제기 후인 같은 해 5.20. 신청인을 그가 같은 해 1.17.부터 수용되어 있던 안양교도소로부터 진주교도소로 이송하는 이 사건 이송처분을 하여 신청인이 진주교도소로 이송된 사실, 신청인이 같은 해 6.2. 원심법원에 위 이송처분의 취소를 구하는 행정소송을 제기함과 아울러 그 효력정지를 구하는 이 사건 신청을 제기하였고 원심이 같은 달 15. 위 이송처분의 효력정지신청을 인용하는 결정을 하자 진주교도소장은 위 결정의 취지에 따라 같은 달 17. 신청인을 다시 안양교도소로 이송한 사실이 인정되는바, 신청인이 현재 위 이송처분이 있기 전과 마찬가지로 안양교도소에 수용중이라 하여도 이는 원심의 위 효력정지결정에 의한 것이어서 그로 인하여 이 사건 효력정지신청이 그 신청의 이익이 없는 부적법한 것으로 되는 것은 아니라 할 것이므로 이 점을 다투는 논지는 이유 없다."

부담을 대상으로 하여 독립취소소송의 제기가 가능하다는 판례 입장에 의하는 경우 부담에 대한 집행정지도 가능합니다. 압류재산 일부에 대한 집행정지, 영업정지처분 중 일정 기간에 대한 효력정지 등에서처럼 가분적 처분의 경우 일부에 대한 집행정지도 가능하지만, 공무원면직처분에 대하여 급료부분과 공무원 지위부분으로 나누어 급료 관련 부분에 대해서만 정지 가능하다고 볼 것은 아닙니다. 집행정지 대상과 본안소송 대상의 관련성이 문제되는데, 이는 하자의 승계에서 설명한 내용이 그대로 적용됩니다. 따라서 본안소송의 대상과 집행정지 신청의 대상은 원칙적으로 동일하여야 하지만, 하자의 승계가 인정되는 경우, 즉 선행처분과 후행처분이 연속된 일련의 절차를 구성하여 동일한 법률효과의 발생을 목적으로 하는 경우뿐만 아니라, 양 처분이 목적을 달리하는 별개의 처분이지만 후행처분이 선행처분의 집행으로서의 성질을 갖는 등 시간적·논리적으로 밀접한 관계가 있는 경우에는 선행처분의 취소소송을 본안소송으로 하여 후행처분의 효력, 집행 또는 절차의 속행을 정지시킬 수 있습니다. 후자의 예로는 과세처분의 취소를 본안으로 하는 체납처분 절차의 속행정지, 철거명령의 취소를 본안으로 하는 대집행계고처분의 집행정지 등을 들 수 있습니다.

나. 거부처분의 집행정지 대상성

집행정지의 요건으로서의 처분의 존재와 관련하여 특히, 거부처분취소소송을 제기하면서 거부처분의 집행정지가 허용되는지가 문제됩니다. 원칙적으로 신청에 대한 거부처분은 그 효력을 정지하여도 신청인의 법적 지위는 거부처분이 없는 상태, 즉 신청시의 상태로 돌아가는 데 그칩니다. 이를 반영하듯 행정소송법 제23조 제6항은 판결의 기속력에 관한 제30조 제1항만을 준용하고 거부처분에 관한 재처분의무를 규정한 제2항은 준용하지 않습니다. 또한, 거부처분에 대한 집행정지를 구하는 자가 주장하는 회복 곤란한 손해란 허가 등 그 신청을 인용하지 않음으로써 입은 손해를 말하므로 그것을 방지하기 위해서는 적극적으로 신청한 처분이 된 것과 같은 상태를 창출하지 않으면 안 되고, 단순히 거부처분의 효력을 정지하여 거부처분이 있기 전의 상태로 돌아가는 것만으로는 충분하지 않습니다. 그러나 집행정지를 통해 신청한 처분이 발령된 상태를 창출하는 것은 현행 행정소송법제상 의무이행소송을 불허하는 것과 정면으로 배치되어 이를 인정할 수 없습니다. 결국, 설령 거부처분을 집행정지하더라도 처분청은 정지결정의 취지에 따라 다시 신청에 따른 처분을 할 의무를 지는 것이 아니므로 거부처분에 대해 집행정지결정을 얻은 신청인의 법적 지위는 신청시의 법적 지위 이상이 될 수 없는 것입니다. 따라서 일반적으로 거부처분에 대한 집행정지는 거부처분에 의하여 생긴 손해를 방지하는 데 무력하고, 그 집행정지신청은 신청의 이익을 흠결한 부적법한 것임이 원칙입니다.

판례도 이러한 법리에 따라 국립학교불합격처분(대결 1963.6.29, 62두9), 투전기업소허가갱신불허처분(대결 1993.2.10, 92두72), 사단법인 한국컴퓨터게임산업중앙회의 점검필증교부거부처분(대결 1995.6.21, 95두26), 신기술 보호기간 연장신청거부처분(대결 2005.1.17, 2004무48), 교도소장의 접견허가거부처분 등에 대한 집행정지신청을 부적법하다고 판단하였습니다.

* **대결 1991.5.2, 91두15** : "소론주장은 홍성교도소장이 1991.3.5. 신청인들 사이의 접견을 불허한 이 사건 접견허가거부처분이 위법하고 그 효력을 정지하지 아니하면 재항고인들에게 회복할 수 없는 손해가 생길 우려가 있다는 것이다. 그런데 행정처분의 효력정지나 집행정지를 구하는 신청사건에 있어서는 행정처분 자체의 적법여부를 판단할 것이 아니고 그 행정처분의 효력이나 집행 등을 정지시킬 필요가 있는지의 여부, 즉 행정소송법 제23조 제2항 소정 요건의 존부만이 판단대상이 되는 것이므로 이러한 요건을 결여하였다는 이유로 효력정지신청을 기각한 결정에 대하여 행정처분자체의 적법여부를 가지고 불복사유로 할 수 없는 것이고, 또한 허가신청에 대한 거부처분은 그 효력이 정지되더라도 그 처분이 없었던 것과 같은 상태를 만드는 것에 지나지 아니하는 것이고 그 이상으로 행정청에 대하여 어떠한 처분을 명하는 등 적극적인 상태를 만들어 내는 경우를 포함하지 아니하는 것이다. 따라서 홍성교도소장이 신청인들 사이의 접견을 불허한 이 사건 처분에 대하여 효력정지를 한다 하여도 이로 인하여 위 교도소장에게 접견의 허가를 명하는 것이 되는 것도 아니고 또 당연히 접견이 되는 것도 아니어서 접견허가거부처분에 의하여 생길 회복할 수 없는 손해를 피하는데 아무런 보탬도 되지 아니하니 이 사건 접견허가거부처분의 효력을 정지할 필요성이 없다 할 것이다."
* **대결 2005.1.17, 2004무48** : "건설기술관리법(이하 '법'이라 한다) 제18조, 법 시행령 제34조의2의 규정에 의하면, 신기술지정의 효력은 그 보호기간의 만료로 소멸하고 그 만료 후에도 계속하여 신기술로서 보호받고자 하는 자는 다시 보호기간을 연장받아야 하도록 되어 있어, 당초의 보호기간 만료 후에도 연장신청에 대한 거부처분을 받을 때까지 당초 신기술 지정의 효력이 지속된다고 볼 수는 없으므로, 신청인의 신기술 보호기간 연장신청을 거부한 이 사건 처분의 효력을 정지하더라도 이로 인하여 보호기간이 만료된 신기술 지정의 효력이 회복되거나 행정청에게 보호기간을 연장할 의무가 생기는 것도 아니라고 할 것이다. 그렇다면, 이 사건 처분의 효력을 정지하더라도 이 사건 처분으로 신청인이 입게 될 손해를 방지하는 데에는 아무런 소용이 없고, 따라서 이 사건 처분의 효력정지를 구하는 이 사건 신청은 그 이익이 없어 부적법하다고 할 것이다."

그러나 거부처분의 집행정지 대상성을 부인한 위 원칙론의 반대해석상, 거부처분의 집행정지만으로(거부처분이 없는 상태를 유지하는 것만으로) 법적 이익이 있는 경우에는 집행정지가 가능하다고 볼 여지가 있습니다. 학설과 일부 하급심 판례상 이에 해당하는 것으로는 연장허가신청에 대한 거부처분시까지 권리가 존속한다고 법에 특별한 규정이 있는 경우, 인허가 등에 붙여진 기간이 갱신기간(조건의 존속기간)이라고 볼 수 있는 경우, 1차 시험 불합격처분 또는 응시자격이 없다는 이유로 한 원서반려처분 및 외국인 체류연장신청거부 등을 들 수 있습니다.

(2) 신청인 적격이 있을 것

집행정지는 본안소송의 원고로서 집행정지를 구할 법률상 이익이 있는 자가 신청할 수 있습니다. 여기에서의 신청인 적격의 내용은 항고소송의 원고적격과 동일 기준에 의하여 판단하는 것이어서, 단지 간접적·사실적 이익에 불과한 경우에는 집행정지가 허용되지 않습니다. 복효적 행정행위에 있어서 소송당사자인 제3자의 집행정지신청도 가능하며, 판례도 同旨입니다.

* **대결 2000.10.10, 2000무17** : "1. 사실관계
원심결정 이유와 기록에 의하면 다음과 같은 사실이 인정된다.
가. 대한민국정부는 중화인민공화국(이하 '중국'이라고 한다)정부와 사이에 1997. 11. 7. 비밀양해각서를 체결하여 서울/계림 간 국제항공노선(이하 '이 사건 노선'이라고 한다)에 관하여 양국 각 1개씩 지정항공사가 주 3회 공동운항하기로 하되, 양국 정부에 의하여 지정된 항공사는 취항에 앞서 상대국 지정항공사와 상무협정을 체결하여 양국 항공 당국의 승인을 받도록 하였다.
나. 이에 따라 피신청인이 1998. 1. 24. 이 사건 노선에 관하여 신청인을 지정항공사로 지정하여 노선을 배분하면서 항공법 및 항공협정 등의 규정에 의한 노선면허 신청, 사업계획 변경인가 신청, 상무협정의 체결 및 변경 등 필요한 절차를 취하도록 하고 이를 중국 정부에 통보하였다.
다. 신청인은 중국 민용항공총국(민용항공총국, 이하 '민항총국'이라 한다)에 의하여 중국 측 지정항공사로 지정·통보된 남방항공공사(남방항공공사, 이하 '남방항공'이라 한다)와 수차례에 걸쳐 공식 상협회의 및 비공식 접촉을 벌인 결과 1999. 11. 3. 상무협정을 체결하기에 이르렀다.
라. 이어 신청인이 1999. 11. 5. 피신청인에게 위 상무협정에 대한 인가를 신청하고, 중국 민항총국으로부터 같은 달 2일 경영허가를, 같은 달 7일 취항허가를 각 취득한 뒤, 같은 달 12일 피신청인에게 이 사건 노선에 관한 국제선 정기항공운송사업(여객) 노선면허(이하 '노선면허'라고 한다)를 신청하였다.
마. 피신청인은 1999. 12. 10. 신청인에 대하여, '운수권을 배분받은 후 1년 이내에 노선권을 행사하지 않아 노선배분의 효력이 상실되어 위 인가신청과 노선면허 신청이 불가하다'는 이유로 이를 반려하였고, 같은 달 16일에는 신청인에게, 운수권을 배분받은 날로부터 1년이 경과하도록 이 사건 노선에 취항하지 않음으로써 노선배분의 효력이 상실되었다고 통보하였다.
바. 한편 피신청인은 1999. 12. 30. 피신청인보조참가인(이하 '참가인'이라고만 한다)에게 이 사건

노선의 운수권을 배분하고, 같은 달 31일 외교 경로를 통하여 중국 측에 우리 나라 측 지정항공사가 참가인으로 변경되었음을 통보하였다.

사. 참가인은 2000. 3. 9. 남방항공과 상무협정을 체결한 뒤 같은 달 10일 피신청인에게 그 인가신청 및 이 사건 노선에 관한 노선면허를 신청하여, 같은 달 15일 그 면허를 취득하고, 중국 민항총국으로부터 2000. 3. 30. 이 사건 노선에 관한 취항허가를 취득한 다음 같은 해 4월 3일 위 노선에 취항하였으며 같은 해 4월 24일 경영허가를 취득하여 지금까지 이 사건 노선을 취항하고 있다.

아. 신청인은 피신청인을 상대로, 참가인에게 이 사건 노선에 관한 노선권을 배분하고 노선면허를 한 것은 위법하다는 이유로 2000. 3. 21. 서울행정법원 2000구7895호로 노선권배분처분 취소소송을, 같은 달 28일 같은 법원 2000구8713호로 노선면허처분 취소소송을 각 제기하였다.

2. <생략>

3. 재항고이유의 판단

행정처분에 대한 효력정지신청을 구함에 있어서도 이를 구할 법률상 이익이 있어야 하는바, 이 경우 법률상 이익이라 함은 그 행정처분으로 인하여 발생하거나 확대되는 손해가 당해 처분의 근거 법률에 의하여 보호되는 직접적이고 구체적인 이익과 관련된 것을 말하는 것이고 단지 간접적이거나 사실적·경제적 이해관계를 가지는 데 불과한 경우는 여기에 포함되지 않는다. 그러므로 신청인에게 이 사건 처분의 효력정지를 구할 법률상 이익이 있는지 살펴본다. 먼저 신청인은, 이 사건 처분으로 참가인은 신청인과의 관계에서 종래 가지던 전세계 또는 중국 내 노선의 점유율이 증대되어 경쟁력과 대내외적 신뢰도가 제고되는 이익을 얻고, 뿐만 아니라 이 사건 노선을 바탕으로 하여 이에 연계되는 노선망의 개발이나 국제항공계의 타항공사와의 전략적 제휴기회를 얻게 되는 반면, 신청인은 참가인과의 관계에서 종전보다 그 점유율이 감소됨으로써 경쟁력과 대내외적 신뢰도가 상대적으로 감소되고 연계노선망개발이나 타항공사와의 전략적 제휴의 기회를 얻지 못하게 되는 손해를 입게 된다고 주장하는바, 가사 그러한 상대적 손해가 본안소송종료시까지 잠정적으로 생긴다고 하더라도 신청인이 아직 이 사건 노선에 관한 노선면허를 받지 못하고 있는 한 그러한 손해는 법률상 보호되는 권리나 이익침해로 인한 손해라고는 볼 수 없으므로 그것이 이 사건 처분의 효력정지를 구할 법률상 이익이 될 수 없을 것이다.

다음으로 신청인은, 이 사건 처분이 효력정지되면 이 사건 노선에 대하여는 노선면허를 받은 항공사가 없게 되어 신청인도 참가인과 동일한 자격과 지위에서 피신청인으로부터 항공법 제132조, 항공법 시행규칙 제289조 제2항 제1호, 제302조 제1항에 의하여 부정기항공운송사업면허에 따른 전세운항계획에 관한 인가를 받아 취항할 수 있게 되는 지위를 가지게 된다고 주장하는바, 이 사건 처분이 효력정지된다고 하여 피신청인이 신청인에게 위와 같은 전세운항계획에 관한 인가를 하여 줄 법률상 의무가 발생하는 것이 아니고, 다만 신청인이 참가인과 함께 그 인가를 신청할 수 있음에 그치는 것이며 그 인가 여부는 다시 행정청의 별도의 처분에 맡겨져 있으므로 이러한 이익은 처분의 효력정지를 구할 수 있는 법률상 이익이라고 할 수는 없을 것이다."

(3) 본안소송이 적법하게 계속 중일 것

집행정지를 위해서는 민사소송법상의 가처분과는 달리 본안소송이 계속 중임을 요합니다(제23조 제2항, 제38조). 집행정지만 하여 놓고 본안소송을 제기하지 않을 경우 처분의 효력이 장기간 불안정하게 되어 행정법관계의 안정을 해할 우려가 있기 때문입니다. 일반적으로 집행정지 신청은 본안소송 제기 후 또는 동시에 하여야 할 것이지만, 본안소송보다 집행정지 신청이 먼저 있었다 하더라도 신청에 대한 각하결정 이전에 적법하게 본안소송이 제기되면 그 하자가 치유됩니다. 같은 맥락에서 집행정지신청 후 본안소송에 대해 소 각하판결이 선고되어 확정되었다면, 집행정지신청은 요건 흠결로 부적법합니다(대결 2007.6.15, 2006무89). 그렇다고 하여 집행정지 신청 후 본안소송의 제기기간까지 소의 제기 여부를 기다린 후 집행정지신청의 적법 여부를 판단하는 것은 아닙니다.

한편, 계속된 본안소송은 소송요건을 갖춘 적법한 것이어야 하며, 이는 사실심 변론종결시를 기준으로 판단합니다. 예컨대, 행정심판의 필요전치사항의 경우 집행정지신청 당시 행정심판 재결까지 거쳤어야 할 필요가 없음은 물론 행정심판 청구기간이 도과하지 않은 이상 아직 심판청구를 하지 않았다 하더라도 심판청구기간 내에 행정심판을 제기하면 추후 보정될 가능성이 있으므로 바로 위법하다고 할 것은 아닙니다(대결 1970.11.30, 70그5). 본안소송이 소송요건을 구비하지 못한 경우 집행정지신청을 각하결정합니다. 본안소송의 계속은 집행정지결정의 요건일 뿐만 아니라 그 효력 지속의 요건이기도 하므로, 비록 집행정지결정이 있었더라도 본안의 소가 취하되면 별도의 집행정지 취소결정을 할 필요 없이 집행정지의 결정은 당연히 실효됩니다.

* **대결 2010.11.26, 2010무137** : "행정처분의 효력정지나 집행정지를 구하는 신청사건에서는 행정처분 자체의 적법 여부는 원칙적으로 판단의 대상이 아니고, 그 행정처분의 효력이나 집행을 정지할 것인가에 관한 행정소송법 제23조 제2항에서 정한 요건의 존부만이 판단의 대상이 되는 것이다. 다만, 집행정지는 행정처분의 집행부정지원칙의 예외로서 인정되는 것이고, 또 본안에서 원고가 승소할 수 있는 가능성을 전제로 한 권리보호수단이라는 점에 비추어 보면, 집행정지사건 자체에 의하여도 신청인의 본안청구가 적법한 것이어야 한다는 것을 집행정지의 요건에 포함시키는 것이 옳다."
* **대판 1975.11.11, 75누97** : "행정처분의 집행정지는 행정처분집행 부정지의 원칙에 대한 예외로서 인정되는 일시적인 응급처분이라 할 것이므로 집행정지결정을 하려면 이에 대한 본안소송이 법원에 제기되어 계속 중임을 요건으로 하는 것이므로 집행정지결정을 한 후에라도 본안소송이 취하되어 소송이 계속하지 아니한 것으로 되면 집행정지결정은 당연히 그 효력이 소멸되는 것이고 별도의 취소조치를 필요로 하는 것이 아니다."

(4) 보전의 필요성 : 회복하기 어려운 손해를 예방하기 위하여 긴급한 필요가 있을 것

회복하기 어려운 손해라 함은 금전으로 보상할 수 없는 손해로서, 금전보상이 불가능한 경우 내지 금전보상으로는 사회통념상 행정처분을 받은 당사자가 수인 불가능하거나 수인하기 힘든 경우의 유형·무형의 손해를 말하고, 그 소명책임은 신청인에게 있습니다.

* **대결 2012.2.1, 2012무2** : "1. 취소소송이 제기된 경우에 처분 등이나 그 집행 또는 절차의 속행으로 인하여 생길 회복하기 어려운 손해를 예방하기 위하여 긴급한 필요가 있다고 인정할 때에는 처분 등의 효력이나 집행 등의 정지를 결정할 수 있다(행정소송법 제23조 제2항). 여기서 집행정지의 요건인 '회복하기 어려운 손해'라 함은 특별한 사정이 없는 한 금전으로 보상할 수 없는 손해로서, 금전보상이 불능인 경우 내지는 금전보상으로는 사회관념상 행정처분을 받고 있는 당사자가 참고 견딜 수 없거나 또는 참고 견디기가 현저히 곤란한 경우의 유형, 무형의 손해를 말한다(대법원 1986. 3. 21.자 86두5 결정, 대법원 2011. 4. 21.자 2010무111 전원합의체 결정 등 참조).

2. 원심결정 이유에 의하면 원심은 ① 이 사건 처분으로 인하여 신청인들이 피신청인 보조참가인(이하 '참가인'이라 한다)으로부터 2G 서비스에 의한 이동통신 서비스를 제공받지 못하게 되지만, 다른 사업자와 2G 서비스 이용계약을 체결하거나 참가인과 3G 서비스 이용계약을 체결하여 이동통신 서비스를 전환하여 이용함으로써 그 손해를 최소화할 수 있고, 이러한 손해는 기존 2G 서비스 이용계약의 해지와 그에 따른 손해배상청구를 통하여 보상될 수 있으므로, 위 손해를 금전보상이 불가능하거나 참고 견디기가 현저히 곤란한 경우라고 할 수 없으며, ② 신청인들이 사용하는 2G PCS 휴대전화번호 중 010 번호가 아닌 다른 번호의 경우에, 참가인의 3G 서비스로 전환하면 2013년까지만, 다른 사업자의 2G 서비스로 전환하면 2018년까지만 종전과 동일한 번호를 유지할 수 있지만, 이는 피신청인이 전기통신사업법 제58조에 의하여 2018년 번호통합 완료를 목표로 2002년부터 시행하고 있는 010 번호통합정책에 따른 결과로서 이 사건 처분으로 인하여 발생하는 직접적인 불이익이라거나 금전보상이 불가능한 손해라고 할 수 없고, ③ 이 사건 처분으로 참가인의 2G 서비스가 폐지됨으로 인하여 신청인들이 긴급한 전화를 받지 못하거나 위기상황에 처할 때 구조요청을 하지 못하게 되어 손해가 발생할 수도 있지만, 참가인이 수행한 2G 서비스 중단을 알리는 고지활동의 내용, 참가인의 2G 가입자 수 감소 현황, 참가인이 수립한 이용자 보호계획의 구체적 내용, 제1심결정 후 이용자의 선택기회를 확대하고 불편을 최소화하기 위해 추가로 수립한 보호계획의 내용, 위에서 본 다른 통신 서비스로의 전환 및 발신 시의 기존 전화번호 표시 서비스나 수신 시의 착신전환 서비스를 통한 기존 전화번호의 계속적인 이용 가능성, 참가인의 2G 서비스 폐지 및 다른 통신 서비스로 전환하지 않을 경우에 발생할 불이익에 대한 신청인들의 사전 인식 등에 관하여 원심이 판시한 여러 사정들에 비추어 보면, 위 손해는 신청인들이 사업자 전환 및 서비스 전환을 통하여 회피할 수 있고, 이

러한 전환에 필요한 신청인들의 추가적인 노력은 수인한도 내에 해당한다고 할 것이며, 이를 이 사건 처분으로 인하여 발생한 손해라고 보기 어려울 뿐 아니라 금전보상이 불가능한 손해라 할 수도 없다는 이유 등을 들어, 결국 신청인들에게 이 사건 처분으로 인한 '회복하기 어려운 손해'가 인정되지 않는다고 판단하였다. 원심 판단 이유를 위 법리와 기록에 비추어 살펴보면, 원심의 이러한 판단은 정당하다고 수긍할 수 있고, 거기에 재항고이유로 주장하는 것과 같은 행정소송법 제23조 제2항에 규정된 '회복하기 어려운 손해'에 관한 법리오해의 위법이 없다."

동 요건의 해당 여부는 처분의 성질과 태양에 의하여 결정되는데, 통상 입영명령, 교도소장의 이송명령, 외국인퇴거강제처분, 학생의 퇴학·정학 등의 비재산적 처분은 여기에 해당할 경우가 많겠지만, 토지수용재결(대결 2011.4.21, 2010무111(전합)), 구획정리처분, 과세처분, 체납처분 등의 재산적 처분은 동 요건을 충족하기가 쉽지 않습니다. 나아가 판례는 항정신성 치료제의 요양급여 인정기준에 관한 보건복지부 고시의 효력이 계속 유지됨으로 인한 제약회사의 경제적 손실, 기업 이미지 및 신용의 훼손(대결 2003.10.9, 2003무23), '4대강 살리기 마스터플랜'에 따른 각 공구별 사업계획승인처분에 의하여 '한강살리기 사업' 구간 인근에 거주하는 주민들의 유기농업이 해체되게 되는 손해(대결 2011.4.21, 2010무111(전합)) 등은 회복하기 힘든 손해에 해당하지 않는다고 보았습니다.

그러나 비재산적 처분으로 인한 손해더라도 금전배상이 가능한 경우도 있고, 재산적 처분이더라도 일단 입은 손해의 완전한 회복이 가능하지 않은 경우도 있음에 주의해야 합니다. 또한, 처분이 명백히 위법함에도 회복 가능한 손해라 하여 집행정지를 허용하지 않는다면 처분의 효력 배제를 위하여 본안판결 확정시까지 기다려야 하고, 반면에 회복 불가능한 손해에 대한 것이라 하여 거의 무조건 집행을 정지함은 법 감정에 부합하지 않을 뿐만 아니라 남소를 조장하는 폐해도 있습니다. 판례는 공정거래위원회의 과징금납부명령이 재산적 처분임에도 그 집행에 따른 경제적 손실이 경영 전반에 미치는 파급효과로 말미암아 사업자의 전체 자금사정이나 사업에 중대한 영향을 미칠 가능성이 있는 경우 등에는 그 집행정지를 인정합니다.

* **대결 2001.10.10, 2001무29** : "피신청인이 신청인의 군납유류 입찰담합행위가 독점규제및공정거래에관한법률 제19조 제1항 제1호 소정의 부당한 공동행위에 해당한다고 보아 2001. 2. 28. 신청인에 대하여 금 285억 1,300만 원의 과징금을 납부할 것을 명하는 이 사건 처분을 한 것에 대하여, 신청인은 주위적으로 이 사건 처분의 효력정지를 구하고, 예비적으로 그 집행정지를 구하였으나, 원

심은 신청인이 제출한 소명자료에 의하더라도 이 사건 처분의 효력이나 집행으로 인하여 신청인에게 회복하기 어려운 손해가 발생할 우려가 있고 이를 예방하기 위하여 그 효력이나 집행을 정지할 긴급한 필요가 있다고 인정되지 아니한다는 이유로, 신청인의 이 사건 신청을 모두 기각하였다. 그러나 원심에 제출된 신청인의 소명자료에 의하면, 신청인은 2000. 6. 9. 주거래은행인 주식회사 한빛은행과 사이에 신청인의 부채비율을 2000년 말까지 806.6%로 감축하기로 하는 내용의 재무구조개선약정을 체결하고, 부채비율을 목표치 내로 감축하지 못할 경우에는 주거래은행으로부터 신규여신의 중단, 만기도래 여신의 회수, 수출입관련 외국환업무의 중단, 기업개선작업 또는 회사정리절차의 개시 등의 순으로 이어지는 일련의 제재조치를 받기로 약정한 사실, 그런데 1997년 국내 외환위기 이후 계속되어 온 정유제품의 수요감소, 정유제품 수입업자들의 저가판매 공세, 국제 원유가격 인상률에 미치지 못하는 신청인의 판매가격 인상률, 환율 급등으로 인한 예상치 못한 환차손의 발생 등 신청인의 국내외 사업여건이 크게 악화되어, 신청인은 2000년 회계연도에만 2,643억 원 가량의 당기순손실을 내었고, 그에 따라 신청인의 부채비율은 2000년말 현재 무려 99,538%에 이르게 된 사실, 그러자 신청인의 주거래은행은 이 사건이 원심에 계속중이던 2001. 5. 8. 신청인에 대하여 부채비율을 2001. 9. 30.까지 목표치 내로 줄이지 못하면 곧바로 제재조치를 취하겠다고 통고한 사실 등이 소명된다 할 것인바, 신청인의 사업여건이나 자금사정이 위와 같다면, 신청인이 285억 1,300만 원에 달하는 이 사건 과징금을 납부한다는 것은 사실상 어려워 보이는 한편, 신청인의 이 사건 본안청구가 이유 없음이 기록상 명백하지 아니한 이 사건에서, 만일 그 본안소송이 진행되는 도중에 이 사건 처분이 집행되거나 또는 그 집행을 저지하기 위하여 신청인이 무리하게 외부자금을 차입하기라도 한다면, 신청인의 사업여건이나 자금사정은 더욱 악화될 것으로 보이고, 그렇게 될 경우 신청인은 주거래은행과의 재무구조개선약정을 지키기가 더욱 어려워져, 급기야는 회사의 존립 자체가 위태롭게 될 정도의 중대한 경영상의 위기를 맞게 될 우려가 있음을 쉽사리 짐작할 수 있다. 그렇다면 이 사건 처분이 신청인의 자금사정이나 경영전반에 미치는 파급효과는 매우 중대하다고 할 것이므로, 그로 인한 신청인의 손해는 비록 그 성질이나 태양이 재산상의 손해에 속한다고 하더라도 사회관념상 사후의 금전보상으로는 참고 견딜 수 없거나 또는 견디기가 현저히 곤란한 손해라고 할 것이어서 효력정지 내지 집행정지의 적극적 요건인 '회복하기 어려운 손해'에 해당한다고 할 것이고, 신청인의 손해가 회복하기 어려운 것인 이상 신청인에게는 이를 예방하기 위한 긴급한 필요도 있다고 할 것이다."

* **대결 2004.5.12, 2003무41** : "'처분 등이나 그 집행 또는 절차의 속행으로 인하여 생길 회복하기 어려운 손해를 예방하기 위하여 긴급한 필요'가 있는지 여부는 처분의 성질과 태양 및 내용, 처분상대방이 입는 손해의 성질·내용 및 정도, 원상회복·금전배상의 방법 및 난이 등은 물론 본안청구의 승소가능성의 정도 등을 종합적으로 고려하여 구체적·개별적으로 판단하여야 한다. 기록에 비추어 살펴보면, ① 신청인은 약 80여 개의 의약품을 생산하고 그 생산품의 판매를 주요 목적으로 하는 회사로서, 이 사건 약제 중 2002년도 매출액이 30억 원 이상이나 되는 썰타목스 제품(정, 주사제, 시럽)의 경우 2001. 1.경 첫 판매 이후 이 사건 고시가 있기 이전인 2002. 6.경까지 높은 판매신장세를 유지하다가 이 사건 고시 이후 판매신장세가 낮아지고 그 거래처도 2003. 1.경부터 줄어들고

있으며, 2002년도 각 매출액이 25억 원 내지 30억 원 정도에 이르는 아믹탐주사액과 근화카리메트산 등의 경우에도 이와 유사한 양상으로 판매신장세가 낮아지고 거래처가 줄어들고 있으며, 특히 썰타목스제품의 경우 1997.경부터 신청인의 주력 제품으로 상당한 비용을 들여 3년간 개발하여 2000. 11. 25.부터 2006. 11. 24.까지 6년간 PMS대상의약품으로 허가를 받았으므로 그 판매신장률과 거래처를 늘려야만 채산성을 확보할 수 있는 점, ② 이 사건 고시로 약제상한금액이 인하됨으로써 투자·연구의욕이 감소되는 등 신청인의 제약사업에 유형, 무형의 손실을 초래할 수 있는 점, ③ 이 사건 고시로 인하여 상한금액이 인하되어 신청인이 입게 되는 매출감소액은 국민건강보험공단의 부담부분에 대하여는 피신청인이 주장하는 바와 같이 금전으로 보상이 가능하다고 하더라도 건강보험가입자의 부담부분에 대하여는 현실적으로 수많은 가입자들로부터 이를 징구할 가능성이 없어 금전으로 보상하는 것이 쉽지 않은 점, ④ 신청인은 1998. 9. 30.까지 회사정리절차를 진행하였던 기업으로서 2008년까지 정리계획에 따라 정리담보권 및 정리채권을 변제하여야 하는 상황에 있고, 신청인의 매출액이 이 사건 고시 이전인 2001년도 512억 원에서 이 사건 고시 이후인 2002년도 509억 원으로 마이너스 성장을 하였으며, 당기 순이익도 2001년도 65억 원에서 2002년도 40억 원으로 대폭 감소하는 등 2003년도에 이르러서도 같은 양상이 지속되어 경영상 위기를 초래할 위험이 있는 점 등을 알 수 있는바, 이와 같이 이 사건 고시의 성질과 태양 및 내용, 처분상대방인 신청인이 입는 손해의 성질·내용 및 정도, 원상회복·금전배상의 방법 및 난이, 이 사건 본안소송의 경과 등 제반 사정을 종합하여 보면, 신청인은 이 사건 고시의 효력이 계속 유지되는 경우 이로 인한 매출액의 감소, 시장점유율 및 판매신장률의 감소, 거래처의 감소, 신약의 공급중단위기가능성, 이 사건 약제들의 적정한 상한금액을 확보하지 못할 위험성 등의 경제적 손실과 기업 이미지 및 신용의 훼손 등을 입게 되어 앞서 본 신청인의 경영상황에 비추어 볼 때 경영상의 위기를 맞게 될 수도 있으므로, 이러한 손해는 금전보상이 불능인 경우 내지 금전보상으로는 신청인으로 하여금 참고 견딜 수 없거나 또는 참고 견디기가 현저히 곤란한 경우의 유형·무형의 손해로서 행정소송법 제23조 제2항의 '회복하기 어려운 손해'에 해당한다고 볼 것이고, 신청인의 위와 같은 손해를 예방하기 위하여서는 이 사건 고시의 효력을 정지하는 것 외에 다른 적당한 방법이 없으므로, 위 고시의 효력을 정지할 긴급한 필요도 있다고 보아야 할 것이다."

☞ 동 결정은 약제 및 치료재료 산정기준 등에 관한 보건복지부 고시의 집행정지신청을 대상으로 하는데, 전단부의 밑줄 부분은 '회복하기 어려운 손해'의 판단기준을 제시한 것으로 볼 수 있습니다. 또한, 여기에서는 고시의 처분성 인정 여부도 중요한 쟁점입니다.

회복하기 어려운 손해는 신청인 개인의 손해이어야 하며, 공익상 손해 또는 제3자의 손해는 포함되지 않습니다. 따라서 영업취소처분으로 말미암아 그 영업소를 이용하는 고객이나 인근주민에게 회복할 수 없는 손해를 입힐 우려가 있다거나, 공무원의 해임처분의 집행정지를 구함에 있어 자신의 해임으로 인해 공익에 회복하기 힘든 손해가 있다는 등의 주장은 허용되지 않습니다.

집행정지를 통한 긴급 보전의 필요성과 관련하여, 회복 곤란한 손해의 발생은 동시에, 시간적으로 절박하여 손해를 회피하기 위하여 본안판단을 기다릴 여유가 없다는 긴급성이 있어야 합니다. 이는 곧 '긴급한 필요성' 요건은 '회복하기 힘든 손해' 요건과의 상관관계하에서 판단해야 함을 의미하는 것으로서, 처분의 성질과 태양 및 내용, 처분상대방이 입는 손해의 성질·내용 및 정도, 원상회복·금전배상의 방법 및 난이 등은 물론 본안청구의 승소가능성의 정도 등을 종합적으로 고려하여 구체적·개별적으로 판단하여야 합니다.

* **대결 2008.12.29, 2008무107** : "이 사건 해임처분의 경과 및 그 성질과 내용, 처분상대방인 신청인이 그로 인하여 입는 손해의 성질·내용 및 정도, 이 사건에서 효력정지 이외의 구제수단으로 상정될 수 있는 원상회복·금전배상의 방법 및 난이, 신청인의 잔여 임기가 이 사건 신청과 관련하여 가지는 양면적 성격(즉, 잔여 임기가 단기간이라는 사정은 효력정지의 긴급한 필요가 있는지의 판단에 참작될 수 있는 사정이기는 하나 이와 동시에 만족적인 성질을 가지는 이 사건 효력정지로 말미암아 이 사건 해임처분이 그 위법 여부에 관한 본안 판단 이전에 이미 사실상 무의미하게 될 수도 있다) 등 제반 사정을 종합하여 보면, 원심이 이 사건 해임처분으로 인하여 신청인에게 회복하기 어려운 손해가 발생할 우려가 있어 이를 예방하기 위하여 긴급한 필요가 있다고는 인정되지 않는다고 하여 이 사건 신청을 기각한 제1심 결정을 유지한 조치는 수긍할 수 있다."
* **대결 2010.5.14, 2010무48** : "한국문화예술위원회 위원장이 자신의 해임처분의 무효확인을 구하는 소송을 제기한 후 다시 해임처분의 집행정지 신청을 한 사안에서, 해임처분의 경과 및 그 성질과 내용, 처분상대방인 신청인이 그로 인하여 입는 손해의 성질·내용 및 정도, 효력정지 이외의 구제수단으로 상정될 수 있는 원상회복·금전배상의 방법 및 난이, 해임처분의 효력이 정지되면 신청인이 위원장의 지위를 회복하게 됨에 따라 새로 임명된 위원장과 신청인 중 어느 사람이 위 위원회를 대표하고 그 업무를 총괄하여야 할 것인지 현실적으로 해결하기 어려운 문제가 야기됨으로써 위 위원회의 대내외적 법률관계에서 예측가능성과 법적 안정성을 확보할 수 없게 되고, 그 결과 위 위원회가 목적 사업을 원활하게 수행하는 데 지장을 초래할 가능성이 큰 점 등에 비추어, 해임처분으로 신청인에게 회복하기 어려운 손해가 발생할 우려가 있어 이를 예방하기 위하여 긴급한 필요가 있다고 인정되지 않을 뿐 아니라 위 해임처분의 효력을 정지할 경우 공공복리에 중대한 영향을 미칠 우려가 있다는 이유로, 위 효력정지 신청을 기각한 원심의 판단을 긍정한 사례."

2) 소극적 요건

(1) 본안청구가 이유 없음이 명백하지 아니할 것

명문의 규정은 없지만, 집행정지제도가 신청인이 본안소송에서 승소판결을 받을 때까지 그 지위를 보호함과 동시에 후에 받을 승소판결의 실효성을 확보하기 위한 것이므로 본안소송의 승소가능성이 있어야 함을 해석상 집행정지의 요건으로 인정할 수 있습니다. 즉, 처분에 취소나 무효사유의 흠이 있을 가능성이 존재해야 하므로 신청인의 주장 자체에 의하더라도 처분이 위법하다고 볼 수 없는 경우에는 집행정지신청을 기각합니다. 승소가능성 요건은 신청인이 소명책임을 지는 적극적 요건이 아니라, 본안소송의 승소가능성이 없음이 명백함을 피신청인(행정청)이 소명해야 하는 소극적 요건에 해당합니다. 다만, 집행정지 단계에서 본안의 승소가능성에 관하여 지나치게 자세히 심리하는 것은 집행정지절차의 본안소송화를 초래하여 집행정지제도의 취지를 형해화할 우려가 있다는 지적은 경청할 만합니다.

> * **대결 1994.10.11, 94두23** : "행정처분의 효력정지를 구하는 신청사건에 있어서는 행정처분 자체의 적법 여부는 궁극적으로 본안판결에서 심리를 거쳐 판단할 성질의 것이므로 원칙적으로는 판단할 것이 아니고, 그 행정처분의 효력을 정지할 것인가에 대한 행정소송법 제23조 제2항 소정의 요건의 존부만이 판단의 대상이 되나, 본안소송에서의 처분의 취소가능성이 없음에도 불구하고 처분의 효력정지를 인정한다는 것은 제도의 취지에 반하므로, 효력정지사건 자체에 의하여도 신청인의 본안청구가 이유 없음이 명백할 때에는 행정처분의 효력정지를 명할 수 없다."

(2) 공공의 복리에 중대한 영향을 미칠 우려가 없을 것

처분의 집행정지가 공공복리에 중대한 영향을 미칠 우려가 있고 그것이 신청인이 입을 손해를 희생시켜서라도 옹호할 만한 것이라고 인정되는 때에는 집행정지를 할 수 없습니다. 모든 처분은 공익 추구를 원칙으로 하므로 여기에서의 공공복리 요건은 추상적·일반적 공익 침해의 우려를 말하는 것이 아니라 그 처분의 집행정지로 인해 구체적이고도 개별적으로 공익에 중대한 해를 입힐 우려가 있는 경우를 말하고, 그 소극적 요건으로서의 성격상 소명책임은 피신청인(행정청)에게 있습니다. 다만, 위법한 처분을 집행하는 것은 그 자체 공공복리에 부합하지 않는 것으로서 위법함이 명백한 경우, 즉 신청인의 본안청구가 이유 있음이 명백한 경우에는 사정판결을 할 경우가 아닌 이상 공공복리에 중대한 영향을 미칠 우려가 있음을 이유로 집행정지신청을 배척하여서는 안 됩니다.

판례상 공공복리에 중대한 영향을 미칠 우려가 있음을 들어 집행정지를 배척한 예로는 제주국제공항과 중문단지 간의 시외버스운송사업면허내인가처분, 출입국관리법상의 강제퇴거명령의 집행을 위한 보호명령 등을 거론합니다.

* **대결 1991.5.6, 91두13** : "원심결정 이유에 의하면 원심은 재항고인이 1990.8. 8.에 한 이 사건 시외버스운송사업면허내인가처분이 신청인에게 회복하기 어려운 손해를 줄 우려가 있고 이를 예방하기 위하여 긴급한 필요가 있는데다가 그 내인가처분의 효력정지로 공공복리에 중대한 영향을 미칠 우려가 있지도 아니하다면서 위 신규노선에 대한 면허내인가처분의 효력을 본안판결선고시까지 정지하고 있다. 그러나 먼저 이 사건 면허내인가처분으로 인하여 신청인에게 회복하기 어려운 손해가 발생할 우려가 있는지를 기록에 의하여 살펴보면, 위 내인가처분으로 인한 신실노선은 제주공항을 출발하여 중문관광단지에서 1회 정차한 다음 서귀포항에 이르는 노선이고, 신청인의 기존노선은 제주시내의 시외버스터미널에서 출발하여 중문(중문관광단지와는 거리가 있다) 등 11곳에 정류한 후 서귀포버스정류장에 도달하는 것으로 외견상 상당부분이 겹치는 것처럼 보이나 시, 종점이 다르고 경유지와 정류장이 다르며, 무엇보다도 제주공항을 통하여 온 관광객 중 직접 중문관광단지나 서귀포항을 가려는 사람들에게 제주시내를 거치지 아니하고, 또 요금이 비싼 택시 등을 이용하지 아니하고도 바로 신설노선을 운행할 시외버스를 이용할 수 있도록 하는데 노선신설의 목적이 있는 만큼, 이로 인하여 제주시와 서귀포시간을 운행하는 신청인의 기존 수송수요가 크게 잠식될 것으로 단정하기 어려우며, 신청인이 다소의 손해를 입을 수 있다 하여도 이는 운행수익의 감소로 인한 것이어서 본안판결결과에 따라 금전보상이 가능하므로, 특별한 사정이 없는 한 금전으로 보상할 수 없는 손해를 말하는 행정소송법 제23조 제1항의 규정에 의한 "회복하기 어려운 손해"라고 할수 없다 할 것이다. 다음에 이 사건 처분의 효력을 정지할 긴급한 사유가 있는지에 관하여 보건대, 재항고인이 한 이 사건 신설노선에 대한 면허내인가처분은 제주도를 찾는 관광객이 매년 약 50만명 이상씩 증가하여 1991년에는 350만명에 이를 것으로 보이는 상황에서 그 중 약82퍼센트가 제주국제공항을 이용하고 있고 그들 중 적지 않은 인원이 공항에서 직접 중문관광단지나 서귀포항으로 가기를 원한다는 판단에서 그들에게 운임이 저렴한 수송수단을 제공하고 이를 통하여 제주도의 관광진흥에 도움을 준다는 공공복리의 목적을 지닌 것임이 분명한바, 가사 이 사건 처분으로 기존버스업자인 신청인이 다소의 손해를 입게된다 하여도 이러한 사정만으로는 위와 같은 공공복리에 앞서 신청인의 사익보호를 위하여 위 처분의 효력을 본안판결선고 전에 미리 정지하여야 할 만큼 급박한 사정이 있다고 보여지지도 아니한다. 아울러 이사건 처분의 효력정지로 인하여 상당한 기간 관광객들에게 불편을 지속시키는 등 앞서 본 공공복리에 중대한 영향을 미칠 것이 예견된다. 그렇다면 이 사건 면허내인가처분의 효력정지신청은 행정처분집행정지의 요건을 결여하여 부당함에도 이를 받아들인 원심결정은 유지될 수

없으니 재항고 논지는 이유있다."

* **대결 1997.1.20, 96두31** : "원심은 피신청인이 1995. 10. 2.에 신청인에 대하여 외국인으로서 유효한 여권과 사증을 소지하지 아니한 채 입국심사도 받지 아니하고 입국하였다는 이유로 한 강제퇴거명령 및 강제퇴거시까지의 보호명령에 대한 집행정지를 구하는 이 사건 신청에 대하여 강제퇴거명령은 이를 집행할 경우 신청인에게 회복하기 어려운 손해가 생길 우려가 있어 이를 예방하기 위한 긴급한 필요가 인정되고, 달리 그 집행의 정지로 인하여 공공복리에 중대한 영향을 미칠 우려가 있는 때에 해당한다고 볼만한 자료가 없다는 이유로 그 집행을 정지시켰으나, 보호명령에 관하여는 그 집행으로 인하여 신청인에게 회복하기 어려운 손해가 발생할 우려가 있다고 인정할 만한 자료가 없을 뿐 아니라, 그 집행을 정지하여 신청인에 대한 보호를 해제할 경우 공공복리에 중대한 영향을 미칠 우려가 있다고 인정된다는 이유로 그 집행정지신청을 받아들이지 않았다. 살피건대 출입국관리법 제63조 제1항, 동법시행령 제78조 제1항에 기한 보호명령은 강제퇴거명령을 받은 자를 즉시 대한민국 밖으로 송환할 수 없는 경우에 송환할 수 있을 때까지 일시적으로 보호하는 것을 목적으로 하는 처분이므로, 강제퇴거명령을 전제로 하는 것임은 소론과 같으나 그렇다고 하여 강제퇴거명령의 집행이 정지되면 그 성질상 당연히 보호명령의 집행도 정지되어야 한다고 볼 수는 없으므로 , 그와 같은 취지에서 원심결정을 탓하는 논지는 이유 없다. 다만 강제퇴거명령의 집행을 위한 보호명령은 강제퇴거명령이 즉시 집행되는 것임을 전제로 하는 것이므로, 이 사건의 경우와 같이 강제퇴거명령 및 보호명령의 취소를 구하는 소송이 제기되고 나아가 강제퇴거명령의 집행이 정지되었다면, 강제퇴거명령의 집행을 위한 보호명령의 보호기간은 결국 본안소송이 확정될 때까지의 장기간으로 연장되는 결과가 되어 그 보호명령이 그대로 집행된다면 신청인은 본안소송에서 승소하더라도 회복하기 어려운 손해를 입게 된다고 할 것이다. 원심은 보호명령의 집행으로 인하여 신청인에게 회복하기 어려운 손해가 발생할 우려가 있다고 인정할 만한 자료가 없다고 판시함으로써, 마치 장기간 보호되는 것만으로는 그러한 손해가 발생한다고 볼 수 없으며 나아가 구체적인 손해의 발생을 요구하는 취지로도 보여지나, 의사에 반하여 보호되어 있다는 것 자체에서 막심한 정신적 손해를 입을 수 있으므로 더 나아가 구체적으로 어떠한 개별적인 손해를 입을 것까지 요구되는 것은 아니라 할 것이고, 따라서 손해에 대한 소명이 없다는 원심의 판단은 이 점에서 잘못된 것이다. 그런데 이 사건 기록을 살펴보면 신청인은 중국인에게만 발행되는 거민신분증을 소지하고 있어 중국국적을 취득한 듯한 외형을 갖추고 있는바, 신청인이 주장하는 바와 같이 위 거민신분증이 위조되었다는 점에 관하여 소명이 매우 불충분한 상태에서 보호명령의 집행을 정지하여 신청인에 대한 보호를 해제할 경우, 외국인의 출입국 관리에 막대한 지장을 초래하여 공공복리에 중대한 영향을 미칠 우려가 있다고 보여지므로, 이와 같은 이유로 그 집행정지신청을 받아들이지 않은 원심결정은 결국 정당하다."
* **대판 2024.6.19, 2024무689** : "행정소송법 제23조 제3항이 집행정지의 또 다른 요건으로 '공공복리에 중대한 영향을 미칠 우려가 없을 것'을 규정하고 있는 취지는, 집행정지 여부를 결정함에 있어서 신청인의 손해뿐만 아니라 공공복리에 미칠 영향을 아울러 고려해야 한다는 데 있고, 따라서 공공복리에 미칠 영향이 중대한지는 절대적 기준에 의하여 판단할 것이 아니라, 신청인의 '회복하기

어려운 손해'와 '공공복리' 양자를 비교·교량하여, 전자를 희생하더라도 후자를 옹호하여야 할 필요가 있는지에 따라 상대적·개별적으로 판단되어야 한다. 보건복지부장관이 2024. 2. 6. 의과대학 입학정원 확대방안에 관하여 2025학년도부터 2,000명 증원할 것이라고 발표(이하 '증원발표'라 한다)한 후 교육부장관이 의과대학을 보유한 각 대학의 장으로부터 의대정원 증원 신청을 받아 2024. 3. 20. 2025학년도 전체 의대정원을 2,000명 증원하여 각 대학별로 배정(이하 '증원배정'이라 한다)하자, 의과대학 교수, 전공의, 의과대학에 재학 중인 학생, 의과대학에 입학하기를 희망하는 수험생들이 보건복지부장관의 증원발표 및 교육부장관의 증원배정에 대한 효력정지 및 집행정지신청을 한 사안에서, 보건복지부장관의 증원발표는 행정청의 내부적인 의사결정을 대외적으로 공표한 것에 그칠 뿐 국민의 권리의무에 영향을 미친다고 볼 수 없고 각 의과대학별 정원 증원이라는 구체적인 법적 효과는 교육부장관의 증원배정에 따라 비로소 발생한 것이므로 교육부장관의 증원배정은 항고소송의 대상이 되는 처분으로 볼 여지가 큰 반면, 보건복지부장관의 증원발표는 항고소송의 대상이 되는 처분으로 보기 어려우므로 증원발표의 효력정지를 구하는 신청은 부적법하여 각하되어야 하고, 교육부장관의 증원배정 처분의 근거가 된 고등교육법령 및 대학설립·운영 규정(대통령령)은 의과대학의 학생정원 증원의 한계를 규정함으로써 의과대학에 재학 중인 학생들이 적절하게 교육받을 권리를 개별적·직접적·구체적으로 보호하고 있다고 볼 여지가 충분하므로 의대 재학 중인 신청인들은 증원배정 처분 중 자신이 재학 중인 의과대학에 대한 부분의 집행정지를 구할 법률상 이익이 있지만, 의과대학 교수, 전공의 또는 수험생 지위에 있는 나머지 신청인들에 대하여는 증원배정 처분의 집행정지를 구할 법률상 이익이 인정되지 않으며, 증원배정 처분이 집행됨으로 인해 의대 재학 중인 신청인들이 입을 수 있는 손해에 비하여 증원배정의 집행이 정지됨으로써 공공복리에 중대한 영향이 발생할 우려가 크다는 이유로, 증원배정에 대한 집행정지는 허용되지 않는다고 한 사례."

3) 집행정지의 절차 및 심리

집행정지는 신청 또는 직권에 의하며(제23조 제2항), 구술에 의해서도 가능합니다(민사소송법 제161조 참조).

집행정지의 관할법원은 전속관할 사항으로서 본안사건이 계속 중인 법원(재판부)의 관할 사항입니다. 민사상 가처분의 경우처럼 항소심과 상고심에서도 가능합니다. 통상 집행정지의 종기가 판결 선고시까지임을 고려한다면, 본안판결의 선고로써 정지결정이 실효되므로 본안판결 선고시부터 상소시까지 새로운 집행정지의 신청이 필요한데, 상소가 제기되면 이심(移審)의 효력이 생기므로 원칙적으로 상소심이 관할법원이 되지만 소송기록이 원심법원에 있는 경우에는 원심법원이 관할법원이 됩니다(민사소송법 제501조, 제500조 제4항 참조).

집행정지의 요건에 관하여는 증명이 아닌 소명(疏明)으로 족함은 보전처분의 경우와 동일합니다(제23조 제4항). 소명에 갈음하는 보증금 공탁(민사소송법 제299조 제2항)을 인정하자는 견해와 행정소송법 개정 논의에서 담보부집행정지제도(민사집행법 제280조 제2항 참조)의 도입이 논의되었지만 현재 양자 모두 인정되지 않습니다. 집행정지를 위한 심리과정에서 변론의 요부는 법원의 재량사항이며, 집행정지의 긴급성에 비추어 통상 서면심리 내지 심문에 그칩니다.

4) 집행정지의 결정

(1) 기각결정

집행정지의 형식적·실체적 요건을 갖추지 못한 경우 기각결정을 합니다(제23조 제5항). 집행정지신청이 부적법하여 각하하여야 함에도 기각한 경우, 양자 모두 신청을 배척한 점에 동일하고 집행정지 관련 결정에는 기판력이 생기지 않으므로, 상소심에서의 취소나 파기사유는 아니라는 것이 판례의 입장입니다.

> * **대결 1995.6.21, 95두26** : "신청에 대한 거부처분의 효력을 정지하더라도 거부처분이 없었던 것과 같은 상태, 즉 거부처분이 있기 전의 신청시의 상태로 되돌아가는 데에 불과하고 행정청에게 신청에 따른 처분을 하여야 할 의무가 생기는 것이 아니므로, 거부처분의 효력정지는 그 거부처분으로 인하여 신청인에게 생길 손해를 방지하는데 아무런 보탬이 되지 아니하여 그 효력정지를 구할 이익이 없다 할 것이다. 그렇다면 이 사건 신청은 부적법하여 각하되어야 할 것인바, 그럼에도 불구하고 원심결정이 이 사건 신청을 기각한 것은 잘못이라 하겠으나 이 사건 신청을 배척한 결론에 있어서는 정당하므로, 위와 같은 표현상의 잘못을 들어 원심결정을 특별히 파기할 것은 아니라 할 것이고, 따라서 이 사건 신청이 적법함을 전제로 하는 이 사건 재항고는 그 재항고사유에 대하여 살펴볼 필요도 없이 이유 없다고 할 것이다."

(2) 인용결정

가. 태양

집행정지의 구체적 태양에는 효력정지, 집행정지 및 속행정지가 있습니다. 실무상 '집행정지'라고 표현하면서 이를 효력정지와 속행정지까지 포함하는 광의의 의미로 사용하는 경향이 있으므로 용례에 주의해야 합니다. 처분의 효력정지는 처분의 효력이 존속하지 않는 상태에 놓는 것으로서 영업허가취소나 공무원면직처분 등 별도의 집행행위 없이 의사표시만으로 완성되는 처분에 대한 집행정지의 태양입니다. (협의의) 집행정지는 처분의 집행력만을 박탈하여 그 내용을 실현하는 행위를 금지하는 것으로서 대집행이나 출국강제집행 등이 그 예에 속합니다. 처분의 속행정지는 처분이 유효함을 전제로 법률관계가 진전되어 다른 처분이 행해지는 경우, 그 기초가 되는 처분의 효력을 박탈하여 절차의 속행이나 법률관계의 진전을 금지하는 것으로서 체납처분의 속행정지에서 그 예를 찾을 수 있습니다.

집행정지결정 내용의 구체적 선택에 있어서도 비례원칙은 적용되어야 하므로 집행정지나 속행정지로써 목적을 달성할 수 있는 경우 처분의 효력정지는 허용되지 않습니다 (제23조 제2항 단서).

> ＊ **대결 2000.1.8, 2000무35** : "산업기능요원 편입 당시 지정업체의 해당 분야에 종사하지 아니하였음을 이유로 산업기능요원의 편입이 취소된 사람은 편입되기 전의 신분으로 복귀하여 현역병으로 입영하게 하거나 공익근무요원으로 소집하여야 하는 것으로 되어 있는데, 그 취소처분에 의하여 생기는 손해로서 그 동안의 근무실적이 산업기능요원으로서 종사한 것으로 인정받지 못하게 된 손해 부분은 본안소송에서 그 처분이 위법하다고 하여 취소하게 되면 그 취소판결의 소급효만으로 그대로 소멸되게 되므로, 그 부분은 그 처분으로 인하여 생기는 회복할 수 없는 손해에 해당한다고 할 수가 없고, 결국 그 취소처분으로 인하여 입게 될 회복할 수 없는 손해는 그 처분에 의하여 산업기능요원 편입이 취소됨으로써 편입 이전의 신분으로 복귀하여 현역병으로 입영하게 되거나 혹은 공익근무요원으로 소집되는 부분이라고 할 것이며, 이러한 손해에 대한 예방은 그 처분의 효력을 정지하지 아니하더라도 그 후속절차로 이루어지는 현역병 입영처분이나 공익근무요원 소집처분 절차의 속행을 정지함으로써 달성할 수가 있으므로, 산업기능요원편입취소처분에 대한 집행정지로서는 그 후속절차의 속행정지만이 가능하고 그 처분 자체에 대한 효력정지는 허용되지 아니한다."

나. 집행정지기간

직권에 의한 집행정지결정도 가능하므로 법원은 신청인이 구하는 집행정지기간에 구속됨이 없이 집행정지의 시기와 종기를 정할 수 있습니다. 그러나 처분의 효력을 소급하여 정지하는 것은 허용되지 않습니다. 통상 시기는 정하지 않는데, 이 경우 결정이 고지된 때부터 집행정지의 효력이 발생합니다. 법원은 집행정지의 종기를 본안판결 선고시나 확정시 또는 결정시로부터 00일 등 임의로 정할 수 있는데, 별도의 정함이 없으면 본안판결 확정시까지 정지의 효력이 존속합니다.

집행정지결정의 효력은 결정주문에서 정한 종기의 도래로 당연히 소멸합니다. 따라서 법원이 집행정지결정을 하면서 그 주문에서 당해 법원에 계속 중인 본안소송의 판결 선고 시까지 효력을 정지하였을 경우에는 본안판결 선고로 집행정지결정의 효력은 소멸합니다. 집행정지의 효력 소멸과 당초 처분의 효력 부활의 관계에 관하여 살펴보면, 예컨대 영업정지처분의 효력을 제1심 본안판결 시까지 정지하였는데 본안에서 기각판결이 선고되면, 효력정지의 효력은 당연히 소멸하고 그때부터 바로 영업정지처분의 효력이 부활하여 영업정지기간이 다시 진행됩니다. 이 경우 원고(집행정지 신청인)가 제1심판결에 불복하여 항소하였더라도 - 항소심에서 다시 집행정지를 신청하지 않았거나 항소심 법원이 직권으로 집행정지 결정을 하지 않은 상황에서 - 항소심 계속 중 영업정지기간이 만료되면 협의의 소익이 흠결되어 법원은 각하판결을 하게 됩니다(대판 1999.2.23, 98두14471). 또한, 일정한 납부기한을 정한 과징금부과처분에 대하여 본안판결 선고일부터 30일까지 집행정지결정이 내려졌다면 그 집행정지기간 동안 과징금의 납부기한은 더 이상 진행되지 않습니다. 그러나 본안 기각판결 후 30일이 경과하여 집행정지결정이 실효되면, 그때부터 당초 과징금부과처분에서 정한 기간(집행정지결정 당시 이미 일부 진행되었다면 그 남은 기간)이 다시 진행하게 됩니다(대판 2003.7.11, 2002다48023). 결국, 본안판결 선고시까지 효력을 정지하게 되면 본안판결 선고와 함께 처분의 집행력이 회복되어 본안판결확정시까지 사이에 처분이 집행될 수 있으므로, 이를 막기 위하여 추가로 상소심판결 선고시까지 집행을 정지시키는 별도의 조치(신청 또는 직권에 의한 집행정지결정)를 받아야 합니다. 실무상으로는 제1심 판결시까지 효력을 정지하되, 원고승소판결의 경우 직권으로 제2심판결 선고시까지 효력정지결정을 다시 하는 경우가 많습니다. 이것도 번거롭다 하여 모든 경우에 있어 본안판결 확정시까지를 정지기간으로 하자는 견해도 있지만, 이는 남상소(濫上訴)를 조장할 우려가 있기 때문에 소송실무상 본안판결시까지로 하는 것이 통상의 예입니다.

* **대판 2003.7.11, 2002다48023** : "일정한 납부기한을 정한 과징금부과처분에 대하여 '회복하기 어려운 손해'를 예방하기 위하여 긴급한 필요가 있고 달리 공공복리에 중대한 영향을 미치지 아니한다는 이유로 집행정지결정이 내려졌다면 그 집행정지기간 동안은 과징금부과처분에서 정한 과징금의 납부기간은 더 이상 진행되지 아니하고 집행정지결정이 당해 결정의 주문에 표시된 시기의 도래로 인하여 실효되면 그 때부터 당초의 과징금부과처분에서 정한 기간(집행정지결정 당시 이미 일부 진

행되었다면 그 나머지 기간)이 다시 진행하는 것으로 보아야 한다."

* **대판 2017.7.11, 2013두25498** : "행정소송법 제23조에 의한 효력정지결정의 효력은 결정주문에서 정한 시기까지 존속하고 그 시기의 도래와 동시에 효력이 당연히 소멸하므로, 보조금 교부결정의 일부를 취소한 행정청의 처분에 대하여 법원이 효력정지결정을 하면서 주문에서 그 법원에 계속 중인 본안소송의 판결 선고 시까지 처분의 효력을 정지한다고 선언하였을 경우, 본안소송의 판결 선고에 의하여 정지결정의 효력은 소멸하고 이와 동시에 당초의 보조금 교부결정 취소처분의 효력이 당연히 되살아난다. 따라서 효력정지결정의 효력이 소멸하여 보조금 교부결정 취소처분의 효력이 되살아난 경우, 특별한 사정이 없는 한 행정청으로서는 보조금법 제31조 제1항에 따라 취소처분에 의하여 취소된 부분의 보조사업에 대하여 효력정지기간 동안 교부된 보조금의 반환을 명하여야 한다."

한편, 행정소송규칙 제10조에 따르면 법원은 집행정지의 종기를 본안판결 선고일부터 30일 이내의 범위에서 정하되, 당사자의 의사, 회복하기 어려운 손해의 내용 및 그 성질, 본안 청구의 승소가능성 등을 고려하여 달리 정할 수 있습니다. 집행정지 종기를 본안판결 확정 시까지로 하면 패소한 원고가 집행정지 기간을 연장하려는 목적에서 상소를 남용할 우려가 있으며, 본안판결 선고 시까지로 하면 원고가 본안에서 승소하였더라도 처분의 효력이 부활하는 문제에 직면합니다. 이런 고려하에 동조는 집행정지 종기를 본안판결 선고 시로 정하는 경우의 문제를 예방하고 원고에게 다시 집행정지 신청을 할 시간을 보장하는 차원에서 본안판결 선고일부터 일정 기일까지 집행정지 결정을 하는 실무례를 규정화한 것으로 평가합니다. 또한, 동조 단서는 예컨대, 집회금지통고에 대한 집행정지의 경우처럼 처분의 성격상 집행정지 결정만으로 본안판결에서 얻고자 하는 내용과 실질적으로 동일한 결과를 가져오는 경우에는 굳이 집행정지 종기를 본안판결 선고일 이후로 확장할 필요 없이 본안판결 선고 시까지 그 종기를 정하는 실무를 반영한 것입니다.

(3) 집행정지결정의 효력

가. 형성력

집행정지결정이 고지되면 행정청의 별도의 효력정지 통지 없이 당연히 결정에서 정한 대로 처분의 효력 등이 정지되므로 처분의 효력을 전제로 한 후속처분은 불가능합니다. 정지결정의 소급효가 부인됨은 전술한 바와 같습니다. 정지결정은 잠정적·일시적인 성질을 갖지만 종국적인 것이므로 후에 본안에서 원고청구가 승소 확정될 것을 조건으로 하는 것은 아닙니다. 따라서 예컨대, 운전면허정지처분에 대한 집행정지결정이 있은 후 본안에서 원고패소판결이 확정되었다 하더라도 위 정지기간 중의 자동차 운전이 무면허 운전으로 되는 것은 아닙니다. 한편, 집행정지의 결정 또는 집행정지결정의 취소결정은 제3자에 대하여도 효력이 있습니다(행정소송법 제29조 제2항).

나. 기속력

정지결정은 당해 사건에 관하여 당사자인 행정청과 그 밖의 관계행정청을 기속합니다(제23조 제6항, 제30조 제1항). 이에 따라 행정청은 동일한 내용의 새로운 처분을 하거나 또는 이에 관련된 처분을 할 수 없으며, 이에 위반하는 처분은 당연무효에 해당합니다. 집행정지의 효력은 제3자에게도 미치지만, 결정은 판결이 아니므로 기판력은 인정되지 않습니다.

다. 집행정지결정과 본안청구의 소의 이익

기간을 정한 제재적 처분에 있어 시기와 종기가 특정일자로 표시되었고 집행정지신청이 받아들여져 처분의 집행을 본안판결 확정시까지 정지한다는 결정이 내려졌다고 할 때, 본안사건의 심리 도중 위 제재기간의 종기가 경과하면 그로써 본안사건의 소의 이익이 소멸하는가의 문제가 발생합니다. 일반적으로 제재적 처분은 그 제재기간에 중점이 있으므로 비록 시기와 종기가 표시되어 있다 하더라도 집행정지결정으로 그 제재기간이 당연 순연되는 것으로 해석하여야 하므로, 처분시에 기재한 종기가 경과하였더라도 그 처분의 취소를 구할 협의의 소익이 소멸하였다고 할 수 없습니다(대판 1999.2.23, 98두14471; 대판 1974.1.29, 73누202).

그러나 공유수면점용 허가기간 중의 허가취소처분에 대하여 집행정지결정이 있은 후에 점용허가기간이 만료된 경우에는 특별한 사정이 없는 한 집행정지결정과 관계없이 점용허가기간의 경과로써 위 허가취소처분의 취소를 구할 소의 이익은 소멸합니다.

* **대판 1991.7.23, 90누6651** : "공유수면점용허가와 같은 수익적 행정처분에 허가기간이 정해져 있는 경우에는 그 허가기간이 경과함으로써 그 허가처분은 당연히 실효되는 것인바, 그 허가기간 중에 그 허가를 취소하는 처분이 있었다고 하여도 그 취소처분에 대한 법원의 집행정지결정으로 허가기간이 진행되어 허가기간이 경과하였다면 이로써 그 허가처분은 실효된 것이고 그 후 위 취소처분을 취소하더라도 허가된 상태로의 원상회복은 불가능하므로, 위 취소처분이 외형상 잔존함으로 말미

암아 원고에게 어떠한 법률상 불이익이 있다고 볼 만한 특별한 사정이 없는 한 위 취소처분의 취소를 구할 이익은 없다고 보아야 할 것이다(당원 1983.3.8.선고 82누521 판결, 1985.5.28.선고 85누32 판결 각 참조). 기록에 의하면 원고가 받은 이 사건 공유수면점용허가의 허가기간은 1989.3.30.부터 1990.3.29.까지인데 피고는 1989.8.2. 위 점용허가처분을 취소하였으나 1990.3.29. 원심법원의 집행정지결정으로 그 허가기간이 진행되어 이미 허가기간이 경과함으로써 위 점용허가처분은 실효되었음이 명백하므로 원고로서는 더 이상 위 취소처분의 취소를 구할 이익이 없어 이 사건 소는 부적법하다고 보지 않을 수 없다."

라. 집행정지결정과 행정청의 조치

제재처분에 대한 취소소송 절차에서 처분에 대해 집행정지결정이 이루어졌더라도 본안에서 기각판결이 선고되어 집행정지결정이 실효되고 제재처분을 다시 집행할 수 있게 되면, 처분청으로서는 당초 집행정지결정이 없었던 경우와 동등한 수준으로 해당 제재처분이 집행되도록 필요한 조치를 취할 수 있습니다. 집행정지는 행정쟁송 절차에서 실효적 권리구제를 확보하기 위한 잠정적 조치일 뿐이므로, 본안 확정판결로 해당 제재처분이 적법하다는 점이 확인되었다면 제재처분의 상대방이 잠정적 집행정지를 통해 집행정지가 이루어지지 않은 경우와 비교하여 제재를 덜 받게 되는 결과가 초래되도록 해서는 안 되기 때문입니다.

* **대판 2020.9.3, 2020두34070** : "직접생산확인을 받은 중소기업자가 공공기관의 장과 납품 계약을 체결한 후 직접생산하지 않은 제품을 납품하였다. 관할 행정청은 이 사건 근거 조항에 따라 당시 유효기간이 남아 있는 중소기업자의 모든 제품에 대한 직접생산확인을 취소하는 1차 취소처분을 하였다. 이에 대하여 중소기업자는 1차 취소처분에 대하여 취소소송을 제기하였고, 집행정지결정이 이루어졌다. 그러나 결국 중소기업자의 패소판결이 확정되어 집행정지가 실효되고, 취소처분을 집행할 수 있게 되었다. 그런데 1차 취소처분 당시 유효기간이 남아 있었던 직접생산확인의 전부 또는 일부는 집행정지기간 중 유효기간이 모두 만료되었고, 1차 취소처분 당시 유효기간이 남아 있었던 직접생산확인 제품 목록과 취소처분을 집행할 수 있게 된 시점에 유효기간이 남아 있는 직접생산확인 제품 목록은 다르다. 위와 같은 경우 관할 행정청은 1차 취소처분을 집행할 수 있게 된 시점으로부터 상당한 기간 내에 직접생산확인 취소 대상을 '1차 취소처분 당시' 유효기간이 남아 있었던 모든 제품에서 '1차 취소처분을 집행할 수 있게 된 시점 또는 그와 가까운 시점'을 기준으로 유효기간이 남아 있는 모든 제품으로 변경하는 처분을 할 수 있다고 보아야 한다. 이러한 변경처분은 중소기업자가

직접생산하지 않은 제품을 납품하였다는 점과 이 사건 근거 조항을 각각 궁극적인 '처분하려는 원인이 되는 사실'과 '법적 근거'로 한다는 점에서 1차 취소처분과 동일하고, 제재의 실효성을 확보하기 위하여 직접생산확인 취소 대상만을 변경한 것이다.

… 이 사건 근거 조항에 따른 직접생산확인 취소처분에 대하여 행정쟁송절차에서 집행정지결정이 이루어지면, 해당 중소기업자는 그 집행정지기간 중에는 취소 대상이 되었던 직접생산확인에 따른 혜택을 그대로 누릴 수 있고, 기존 계약 해제 조항이나 신규 신청제한 조항의 적용도 받지 않게 된다. 본안소송에서 중소기업자가 패소확정되어 집행정지가 실효되고, 취소처분을 다시 집행할 수 있게 되더라도 그 시점에는 처분 당시 2년의 유효기간이 아직 남아 있던 직접생산확인의 일부 또는 전부의 유효기간이 집행정지기간 중에 이미 만료되고, 집행정지기간 중 새로 받은 직접생산확인의 유효기간은 남아 있는 경우가 있다. 만일 관할 행정청이 직접생산확인 취소 대상을 취소처분을 집행할 수 있게 된 시점 또는 그와 가까운 시점을 기준으로 유효기간이 남아 있는 모든 제품에 대한 직접생산확인으로 변경할 수 없다고 한다면, 해당 중소기업자는 취소처분을 집행할 수 있게 된 이후에도 그 시점에 보유하고 있는 모든 제품에 대한 직접생산확인을 기초로 중소기업자 간 경쟁입찰에 계속 참가할 수 있게 된다. 그 결과 처분상대방이 보유하고 있는 모든 제품에 대한 직접생산확인을 취소하여 중소기업자 간 경쟁입찰에 참가할 수 없게 하는 이 사건 근거 조항에서 의도한 제재 효과를 달성하지 못한다."

반대로, 처분상대방이 집행정지결정을 받지 못하여 제재처분이 집행되었으나 본안소송에서 해당 제재처분을 취소하는 인용판결이 선고되면, 처분청은 그 제재처분으로 처분상대방에게 초래된 불이익한 결과를 제거하기 위하여 필요한 조치를 취하여야 합니다. 예를 들어, A회사가 1억 원의 과징금부과처분 취소소송을 제기하며 신청한 집행정지가 기각되어 납부기한 내에 과징금을 납부하였더라도 본안에서 승소하였다면, 처분청은 과징금 1억 원과 이에 대한 법정이자를 A회사에 반환해야 합니다. 이러한 조치는 판결의 기속력(결과제거의무)에 따라 처분청이 반드시 이행해야 할 법적 의무입니다.

5) 집행정지결정에 대한 불복

집행정지결정 또는 기각결정에 대해서는 즉시항고 할 수 있는데(제23조 제5항), 결정고지 있는 날로부터 1주일 이내에 결정법원에 항고장을 제출하는 것에 의합니다(민사소송법 제444, 445조). 민사소송법상 즉시항고에 집행정지 효력이 있는 것(민사소송법 제447조)과는 달리, 집행정지결정에 대한 즉시항고에는 그 결정의 집행을 정지하는 효력이 없습니다(제23조 제5항 후문). 행정소송법 제8조 제2항에 따라 민사소송법 제446조가 준용되어, 즉시항고가 있는 경우 원결정법원은 항고법원으로 기록을 송부하기에 앞서 스스로 그 결정을 번복할 수 있습니다.

6) 집행정지결정의 취소

집행정지의 결정이 확정된 후 집행정지가 공공복리에 중대한 영향을 미치거나 그 정지사유가 없어진 때에는 당사자의 신청 또는 직권에 의하여 결정으로써 집행정지의 결정을 취소할 수 있습니다(제24조 제1항). 정지결정 고지 이전부터 집행정지의 요건이 불비한 경우에도 집행정지결정을 취소할 수 있지만, 집행정지기간이 이미 경과하여 집행정지결정의 효력이 소멸한 경우에는 집행정지결정의 취소를 구할 소의 이익이 없습니다.

* **대결 2005.1.17, 2004무61** : "원심은 재항고인이 2003. 3. 28. 상대방에게 한 이 사건 불승인처분에 대하여 서울고등법원 2004누13280 산재요양불승인처분취소 사건의 판결 선고시까지 그 집행을 정지한다는 결정을 하였는바, 2005. 1. 12. 위 사건의 판결이 선고됨으로써 위 집행정지 기간이 이미 경과하여 원심의 집행정지결정은 그 효력이 소멸하였다고 할 것이고, 달리 재항고인이 위 집행정지결정의 취소를 구할 이익이 있다고 볼 수 없으므로 이 사건 재항고는 부적법하다고 할 것이다(대법원 2003. 4. 11.자 2003무11 결정 참조)."

집행정지결정의 취소의 재판도 집행정지의 재판과 마찬가지로 결정에 의합니다. 법원은 재량에 따라 정지결정의 전부 또는 일부를 취소할 수 있으며, 취소신청이 이유 없으면 기각결정을 합니다. 집행정지취소결정도 형성력, 기속력과 제3자효를 가지며(제29조 제2항), 집행정지결정에 의해 정지되었던 처분 등의 효력을 다시 장래에 향하여 회복시킵니다.

3. 민사집행법상의 가처분 규정의 준용 여부

1) 항고소송과 가처분

의무이행심판이 인정되는 행정심판제도하에서 행정심판법 제31조는 집행정지에 대한 보충적 관계를 전제로 임시처분제도를 도입하였습니다. 그러나 행정소송법 제8조 제2

항에도 불구하고 민사집행법상의 가처분(민사집행법 제300조 이하)을 배제한다거나 직접 준용하는 규정을 두지 않음으로 인해 행정소송의 임시구제제도로서 가처분의 준용 여부가 문제됩니다. 이는 의무이행소송이 인정되지 않는 법제하에서 특히 거부처분취소소송에서 제기되는 문제 상황이라고 할 수 있습니다.

이를 긍정하는 적극설은 가처분 규정을 배제한다는 명문의 규정 없고, 기본권으로서의 재판청구권의 실질화 및 사법권에 의한 실효성 있는 권리보장을 논거로 제시합니다. 적극설에 의하면 거부처분취소소송을 임시의 지위를 정하는 가처분의 본안소송으로 간주하는 결과가 됩니다. 이에 반해 다수설·판례에 해당하는 소극설에서는 행정소송법상의 집행정지제도가 가처분제도의 특례규정이고, 의무이행소송을 인정하지 않는 현행 행정소송제도와의 체계정합성에 비추어 가처분을 인정할 수 없다고 합니다.

> * **대결 1992.7.6, 92마54** : "민사소송법상의 보전처분은 민사판결절차에 의하여 보호받을 수 있는 권리에 관한 것이므로, 민사소송법상의 가처분으로써 행정청의 어떠한 행정행위의 금지를 구하는 것은 허용될 수 없다 할 것이다. 기록에 의하면, 재항고인(채권자)은 채무자와 제3채무자(국가)를 상대로 채무자의 판시 공유수면매립면허권(면허관청:부산지방국토관리청장)에 관하여,"채무자는 이에 대한 일체의 처분행위를 하여서는 아니되며, 제3채무자는 위면허권에 관하여 채무자의 신청에 따라 명의개서 기타 일체의 변경절차를 하여서는 아니된다"는 요지의 내용을 신청취지로 하여 이 사건 가처분신청을 하였고, 이에 대하여 원심은, 채무자에 대한 신청부분은 인용하면서도, 제3채무자에 대한 부분에 대하여는, 위 신청취지를 채무자가 면허권을 타에 양도할 경우 면허관청으로 하여금 그 양도에 따른 인가를 금지하도록 명해 달라는 뜻으로 풀이한 후, 이 부분 신청은 허용될 수 없다고 판시하고 있는바, 원심의 위와 같은 판단은 옳은 것으로 수긍된다(당원 1973.3.13. 선고 72다2621 판결 참조). 공유수면매립면허의 양도에 있어서는 관할관청의 인가라는 행정처분이 있어야 그 효력이 있는 것인바, 소론은 관할관청의 그 인가권 행사를 민사가처분으로 제한하여 달라는 것에 귀착되어 이는 받아들일 수 없는 것이다."

과거 대법원[1])과 법무부[2])의 행정소송법 개정안에서는 의무이행소송 및 예방적 부작

1) 대법원 행정소송법 개정안 제26조(가처분) ① 행정행위 등이 위법하다는 상당한 의심이 있는 경우로서 다음 각 호의 1에 해당하는 때에는 본안의 관할법원은 당사자의 신청에 따라 결정으로 가처분을 할 수 있다.
   1. 다툼의 대상에 관하여 현상이 바뀌면 당사자의 권리를 실행하지 못하거나 이를 실행하는 것이 매우 곤란할 염려가 있어 다툼의 대상에 관한 현상을 유지할 필요가 있는 경우
   2. 다툼이 있는 법률관계에 관하여 당사자의 중대한 불이익을 피하거나 급박한 위험을 박기 위하여 임시의 지위를 정하여야할 필요가 있는 경우
   ② 〈생략〉

위소송을 인정함과 동시에 가처분제도를 명문으로 도입하려고 시도하였습니다. 일본은 2004년 '행정사건소송법'을 개정하여 의무이행소송을 명문으로 인정하고, 의무이행소송이 제기된 경우에는 소정의 요건 구비하에 결정으로 잠정적인 의무이행을 명할 수 있다고 규정하여 가처분을 허용합니다. 우리의 경우 적극적 이행소송(의무이행소송)이 인정되지 않는 법제임을 고려하건대, 임시구제로서 이행소송이 인정된 것과 동일한 결과를 허용하는 가처분제도의 준용은 부정적으로 해석해야 합니다.

2) 당사자소송과 가처분

당사자소송에는 항고소송에서의 집행정지규정이 적용되지 않으므로(제44조 제1항) 민사집행법상의 가처분규정이 준용되지 않을 이유가 없으며, 처분과 관계없는 공법상 금전채권에 대한 가처분도 이론상 가능합니다.

> * **대결 2015.8.21, 2015무26** : "도시 및 주거환경정비법상 행정주체인 주택재건축정비사업조합을 상대로 관리처분계획안에 대한 조합 총회결의의 효력을 다투는 소송은 행정처분에 이르는 절차적 요건의 존부나 효력 유무에 관한 소송으로서 소송결과에 따라 행정처분의 위법 여부에 직접 영향을 미치는 공법상 법률관계에 관한 것이므로, 이는 행정소송법상 당사자소송에 해당한다. 그리고 이러한 당사자소송에 대하여는 행정소송법 제23조 제2항의 집행정지에 관한 규정이 준용되지 아니하므로(행정소송법 제44조 제1항 참조), 이를 본안으로 하는 가처분에 대하여는 행정소송법 제8조 제2항에 따라 민사집행법상 가처분에 관한 규정이 준용되어야 한다."

아래에 집행정지 관련 주요 쟁점을 정리합니다.

〈집행정지 관련 쟁점〉

* 부작위위법확인소송과 당사자소송에는 준용되지 않음
* 거부처분의 집행정지만으로, 즉 거부처분이 없는 상태를 유지하는 것만으로 법적 이익이 있는 경우에는 거부처분도 집행정지의 대상임

---

③ 제1항의 규정에 의한 가처분은 제24조 제2항의 규정에 의한 집행정지에 의하여 목적을 달성할 수 있는 경우에는 허용되지 아니한다.

2) 법무부의 개정안도 대법원 개정안 제26조 제1항의 '행정행위 등'에 갈음하여 '처분 등이나 부작위'를 표현한 것을 제외하고 대법원의 그것과 대동소이합니다.

* 철거집행의 완료 후 신청한 계고처분 집행정지 등 집행정지를 통해 회복되는 이익이 없는 경우에는 집행정지의 이익도 없음
* 본안의 소보다 집행정지가 먼저 신청되었다 하더라도 신청에 대한 각하결정 전에 본안의 소가 적법하게 제기되면 하자는 치유됨
* 하자의 승계의 경우와는 달리 과세처분의 취소를 본안으로 한 채납처분 절차의 속행정지도 가능함
* 집행정지결정에도 불구하고 본안의 소가 취하되면 별도의 취소결정 없이 집행정지결정은 당연히 실효됨
* 명문의 규정은 없지만 '본안청구의 이유 없음이 명백하지 않을 것'은 집행정지의 소극적 요건에 해당함 : 다만, 피신청인(처분청)이 승소가능성 없음을 소명해야 함 → '공공복리에 중대한 영향을 미칠 우려가 없을 것' 요건도 피신청인의 소명책임
* 판례는 재산적 처분인 공정위의 과징금부과처분에 대한 집행정지를 인정함
* '회복하기 어려운 손해'에는 공익 내지 제3자의 이익은 포함되지 않음
* 집행정지결정은 신청 또는 직권에 의하며(집행정지결정의 취소 포함), 항소심 및 상고심에서도 가능함
* 효력정지, 집행정지, 속행정지 상호 간에는 비례원칙이 적용됨
* 가분적 처분의 경우 그 일부에 대해서만 집행정지도 가능함(압류재산의 일부, 영업정지기간의 일부 → 다만, 본안에서의 일부취소는 불가). 그러나 공무원면직처분취소소송에서 급여부분만의 집행정지는 불가함
* 집행정지결정의 종기는 원칙적으로 본안판결 선고일부터 30일 이내의 범위에서 정함(행정소송규칙 제10조)
* 집행정지결정의 효력은 결정주문에서 정한 종기의 도래로 당연 효력 소멸 → 예컨대, 본안판결시까지 집행정지된 경우 기각판결과 함께 정지결정의 효력은 소멸하고 당초처분의 효력은 부활함 : 납부기한을 정한 과징금부과처분에 대한 정지결정이 내려진 경우 정지기간 동안은 과징금납부기간이 더 이상 진행되지 않지만, 종기의 도래로 정지결정이 실효되면 그 때부터 당초의 부과처분에서 정한 기간이 다시 진행됨(정지결정 당시 이미 일부 진행되었다면 그 나머지 기간이 진행됨) → 따라서 기각판결에 불복하여 원고가 항소하더라도 집행정지결정의 효력은 상실되므로, 과징금부과처분의 집행을 막기 위해서는 항소심에서의 별도(추가적) 집행정지 신청이 필요함
* 집행정지결정은 행정청의 별도 통지 등을 요하지 않는 형성력(제3자효 포함)을 가지지만, 소급효는 없음(결정 전 이미 집행된 부분에 대해서는 영향을 미치지 않음)
* 집행정지는 잠정적 권리구제수단이지만, 그 효력은 종국적 성질을 가짐 → 운전면허정지처분에 대한 집행정지결정 후 본안에서 원고패소판결이 확정되더라도 정지기간 중의 자동차 운전은 무면허 운전이 아님
* 집행정지결정에는 기속력이 인정되므로 결정에 위반한 행정처분은 무효사유이지만(기판력은 인정되지 않음), 재처분의무(제30조 제2항)는 준용되지 않음(제23조 제6항)

* 제재기간은 집행정지결정으로 당연하게 순연되지만, 예컨대 공유수면점용 허가기간 중의 허가취소처분에 대한 집행정지결정이 있은 후 점용허가기간이 만료된 경우에는 집행정지결정과 무관하게 허가취소처분의 취소를 구할 소의 이익이 부정됨(대판 1991.7.23, 90누6651)
* 집행정지결정 또는 기각결정에 대해서는 즉시항고 가능하지만, 여기에는 집행을 정지하는 효력은 인정되지 않음
* 집행정지결정취소결정도 형성력을 보유하고, 소급효는 부인되며, 제3자에 대하여도 효력 있음

제38강

위법판단시점, 처분사유의 추가·변경, 사정판결

제38강
위법판단시점, 처분사유의 추가·변경, 사정판결

1. 처분의 위법판단시점

1) 의의

항고소송의 소송요건 충족 여부는 사실심 변론종결시를 기준으로 판단합니다. 이는 민사소송의 경우와 동일합니다. 소송요건을 충족하면 법원은 본안판단을 통해 소송의 대상인 처분의 위법 여부를 판단하여 원고의 소송상 청구를 인용 또는 기각판결하게 됩니다. 따라서 본안판단을 위해서는 처분의 위법 여부를 판단하는 시적 기준을 확정하여야 하며, 이는 처분의 위법성 판단시점의 문제로 구체화됩니다. 보다 구체적으로는 처분시의 법률관계 및 사실관계를 바탕으로 할 것인지, 아니면 판결시의 그것에 의할 것인지의 문제입니다.

2) 취소소송 및 무효등확인소송의 경우

취소소송 등에 있어서의 처분의 위법 여부의 판단은 처분시를 기준으로 한다는 것이 통설·판례의 입장입니다. 즉, 처분 발령 시점의 법령과 사실관계를 기준으로 적법 여부를 판단하고 처분이 있은 후에 생긴 법령의 개폐나 사실관계의 변동에 영향을 받지 않습니다. 그러나 이것이 처분 당시 존재하였던 자료나 행정청에 제출되었던 자료만으로 위법 여부를 판단한다는 의미는 아니어서, 법원은 처분 당시 행정청이 지득한 자료뿐만 아니라 사실심 변론종결시까지 제출된 모든 자료를 바탕으로 처분 당시의 객관적 사실관계를 확정하고 그 사실을 바탕으로 처분의 위법 여부를 판단합니다. 환언하면, 처분 당시 존재하였던 사실의 증명은 사실심 변론종결시까지 할 수 있습니다. 한편, 행위시와 처분시의 근거 법령이 상이할 경우에는 법령위반행위의 성립과 이에 대한 제재처분은 법령에 특별한 규정이 있는 경우를 제외하고는 행위 시의 법령에 의합니다. 그러나 법령위반행위 후 법령의 변경에 의하여 그 행위가 법령위반행위에 해당하지 아니하거나 제재처분 기준이 가벼워진 경우로서 해당 법령에 특별한 규정이 없는 경우에는 변경된 법령을 적용합니다(행정기본법 제14조 제3항).

* **대판 2017.4.7, 2014두37122** : "항고소송에서 행정처분의 적법 여부는 특별한 사정이 없는 한 행정처분 당시를 기준으로 판단하여야 한다. 여기서 행정처분의 위법 여부를 판단하는 기준 시점에 관하여 판결 시가 아니라 처분 시라고 하는 의미는 행정처분이 있을 때의 법령과 사실상태를 기준으로 하여 위법 여부를 판단하며 처분 후 법령의 개폐나 사실상태의 변동에 영향을 받지 않는다는 뜻이지 처분 당시 존재하였던 자료나 행정청에 제출되었던 자료만으로 위법 여부를 판단한다는 의미는 아니다. 그러므로 처분 당시의 사실상태 등에 관한 증명은 사실심 변론종결 당시까지 할 수 있고, 법원은 행정처분 당시 행정청이 알고 있었던 자료뿐만 아니라 사실심 변론종결 당시까지 제출된 모든 자료를 종합하여 처분 당시 존재하였던 객관적 사실을 확정하고 그 사실에 기초하여 처분의 위법 여부를 판단할 수 있다."
* **대판 2019.7.25, 2017두55077** : "행정처분의 위법 여부는 행정처분이 있을 때의 법령과 사실상태를 기준으로 판단하여야 하며, 법원은 행정처분 당시 행정청이 알고 있었던 자료뿐만 아니라 사실심 변론종결 당시까지 제출된 모든 자료를 종합하여 처분 당시 존재하였던 객관적 사실을 확정하고 그 사실에 기초하여 처분의 위법 여부를 판단할 수 있다. 행정청으로부터 행정처분을 받았으나 나중에 그 행정처분이 행정쟁송절차에서 취소되었다면, 그 행정처분은 처분 시에 소급하여 효력을 잃게 된다. 구 과징금부과 세부기준 등에 관한 고시 Ⅳ. 2. 나. (2)항은 과거 시정조치의 횟수 산정 시 시정조치의 무효 또는 취소판결이 확정된 건을 제외하도록 규정하고 있다. 공정거래위원회가 과징금 산정 시 위반 횟수 가중의 근거로 삼은 위반행위에 대한 시정조치가 그 후 '위반행위 자체가 존재하지 않는다는 이유로 취소판결이 확정된 경우' 과징금 부과처분의 상대방은 결과적으로 처분 당시 객관적으로 존재하지 않는 위반행위로 과징금이 가중되므로, 그 처분은 비례·평등원칙 및 책임주의 원칙에 위배될 여지가 있다. 다만 공정거래위원회는 독점규제 및 공정거래에 관한 법령상의 과징금 상한의 범위 내에서 과징금 부과 여부 및 과징금 액수를 정할 재량을 가지고 있다. 또한 재량준칙인 '구 과징금 고시' Ⅳ. 2. 나. (1)항은 위반 횟수와 벌점 누산점수에 따른 과징금 가중비율의 상한만을 규정하고 있다. 따라서 법 위반행위 자체가 존재하지 않아 위반행위에 대한 시정조치에 대하여 취소판결이 확정된 경우에 위반 횟수 가중을 위한 횟수 산정에서 제외하더라도, 그 사유가 과징금 부과처분에 영향을 미치지 아니하여 처분의 정당성이 인정되는 경우에는 그 처분을 위법하다고 할 수 없다."

처분의 위법판단시점을 판결시로 하는 경우 분쟁의 일회적 해결 등의 가치를 실현할 수 있는 장점이 있습니다. 거부처분취소판결에도 불구하고 행정청이 개정된 법령을 반영하여 재처분으로서 거부처분을 거듭 행하는 경우 원고는 다시 2차 거부처분에 대한 취소소송을 제기해야 하는 번거로움을 상정하면 이해 가능합니다. 또한 취소소송의 본질을 처분의 위법상태의 배제로 보는 입장에서는 처분의 위법판단을 판결시를 기준으로 할 것을 주장합니다. 그러나 판결시를 고집하게 되면 많은 경우에 있어 처분시에 위법했던 처분이 그 후의 법령개정 등에 의하여 적법한 행위가 될 수도 있어 법치행정원칙에 반하고, 판결의 지연 등에 따라 결론이 달라질 수 있으므로 법적 안정성을 해할 우려가 있습니다. 또한, 판결시설에 의할 경우 법원이 행정청의 1차적 판단권을 침해하는 결과를 초래하는 점도 문제라 할 수 있습니다.

* **대판 2008.7.24, 2007두3930** : "행정소송에서 행정처분의 위법 여부는 행정처분이 행하여졌을 때의 법령과 사실 상태를 기준으로 하여 판단하여야 하고, 처분 후 법령의 개폐나 사실상태의 변동에 의하여 영향을 받지는 않으므로(대법원 2007. 5. 11. 선고 2007두1811 판결 등 참조), 난민 인정 거부처분의 취소를 구하는 취소소송에 있어서도 그 거부처분을 한 후 국적국의 정치적 상황이 변화하였다고 하여 처분의 적법 여부가 달라지는 것은 아니다. 따라서 난민 인정을 받은 외국인에 대해 그 국적국의 정치적 상황이 변화하였음을 이유로 그 인정 처분을 취소할 수 있음은 별론으로 하고, 피고가 원고에 대해 난민 인정을 불허하는 이 사건 처분을 한 이후 원고의 국적국인 콩고의 정치적 상황이 변화하였음을 이유로 이 사건 처분이 적법하다는 피고의 상고이유 주장은 받아들일 수 없다."
* **대판 2018.7.12, 2017두65821** : "교원소청심사위원회가 한 결정의 취소를 구하는 소송에서 그 결정의 적부는 결정이 이루어진 시점을 기준으로 판단하여야 하지만, 그렇다고 하여 소청심사 단계에서 이미 주장된 사유만을 행정소송의 판단대상으로 삼을 것은 아니다. 따라서 소청심사 결정 후에 생긴 사유가 아닌 이상 소청심사 단계에서 주장하지 아니한 사유도 행정소송에서 주장할 수 있고, 법원도 이에 대하여 심리·판단할 수 있다."
* **대판 2009.2.12, 2005다65500** : "수익적 행정처분에 있어서는 법령에 특별한 근거규정이 없다고 하더라도 그 부관으로서 부담을 붙일 수 있고, 그와 같은 부담은 행정청이 행정처분을 하면서 일방적으로 부가할 수도 있지만 부담을 부가하기 이전에 상대방과 협의하여 부담의 내용을 협약의 형식으로 미리 정한 다음 행정처분을 하면서 이를 부가할 수도 있다. 행정청이 수익적 행정처분을 하면서 부가한 부담의 위법 여부는 처분 당시 법령을 기준으로 판단하여야 하고, 부담이 처분 당시 법령을 기준으로 적법하다면 처분 후 부담의 전제가 된 주된 행정처분의 근거 법령이 개정됨으로써 행정청이 더 이상 부관을 붙일 수 없게 되었다 하더라도 곧바로 위법하게 되거나 그 효력이 소멸하게 되는 것은 아니다. 따라서 행정처분의 상대방이 수익적 행정처분을 얻기 위하여 행정청과 사이에 행정처분에 부가할 부담에 관한 협약을 체결하고 행정청이 수익적 행정처분을 하면서 협약상의 의무를 부담으로 부가하였으나 부담의 전제가 된 주된 행정처분의 근거 법령이 개정됨으로써 행정청이 더

이상 부관을 붙일 수 없게 된 경우에도 곧바로 협약의 효력이 소멸하는 것은 아니다."

☞ 협약의 방법 등 상대방과의 협의에 따라 부관의 내용을 정한 후 공권력 행사로서의 행정행위 발령과 함께 부관을 부가할 수 있음도 중요 쟁점입니다.

한편, 취소소송 등의 위법판단시점을 처분시로 해석하는 것은 판결의 기속력, 특히 재처분의무의 시적 한계와 직접적으로 관련됩니다. 즉, 기속력의 시적 한계 역시 처분시이므로 거부처분취소소송의 인용판결에도 불구하고 처분 이후 발생한 사유를 들어 처분청이 재차 거부처분을 행하더라도 이는 재처분의무 위반이 아닙니다. 왜냐하면, 거부처분취소판결의 기초로 삼은 처분의 위법판단의 기준은 그 위법판단시점 및 기속력의 객관적 범위에 따라 처분 당시 존재했던 사유 중 원처분 사유와 기본적 사실관계의 동일성이 미치는 사유에 한정되므로 처분 이후 발생한 사유는 법원 판단의 기초에 포함되지 않았고(처분시 이후의 사유이므로 위법판단시점 밖에 위치할 뿐만 아니라, 바로 그 점에서 최초 거부처분 사유와 기본적 사실관계의 동일성이 인정되지도 않기 때문입니다), 따라서 그 사유를 들어 다시 거부처분을 행하더라도 이는 판결의 취지에 반한다고 할 수 없기 때문입니다.

견해에 따라서는 물건의 압수처분이나 공물의 공용개시행위 등 계속적 효력을 가지는 경우나 집행되지 않은 철거명령 등 집행에 이르지 않은 처분의 취소소송 등에 있어서는 판결시설에 의하여야 한다고 주장합니다. 또한, 의무이행소송이 도입되면 본안판단은 신청에 대한 판결 시점에서의 처분발령 의무의 존재를 심리의 대상으로 하므로 그 위법의 판단시점은 판결시가 됩니다. 다만, 이 경우 거부처분의 위법상태를 제거하는 것이 의무이행소송에 병행한다고 보는 경우에는 작위의무의 존재 여부에 대한 판단에 병행하는 거부처분의 취소에 대해서는 또다시 처분시이어야 한다는 문제가 제기될 수는 있습니다.[1)]

1) 과거 행정소송법 개정안은 '처분을 신청한 자로서 이에 대한 행정청의 거부처분 또는 부작위에 대하여 그 처분을 할 것을 구할 법률상 이익이 있는 자'는 의무이행소송을 제기할 수 있으며, 행정청의 거부처분에 대하여 의무이행소송을 제기하는 경우에는 거부처분의 취소 또는 무효등확인을 구하는 소송을 병합하여 제기하도록 하였습니다. 이와 같이 의무이행소송의 제기 시 거부처분취소소송 내지 무효등확인소송의 병합을 의무화한 것은 거부처분 취소에 관한 판단기준시를 처분시로 보아 처분시를 기준으로 거부행위가 위법한 경우에만 의무이행판결을 선고할 수 있게 함으로써 거부처분의 위법성 판단에 관한 명확성을 확보하고 행정청의 선결권을 보장하기 위한 것으로 이해할 수 있습니다. 그러나 처분시에 의한 위법성 판단을 고수하는 경우 법령의 개정 등의 사유는 여전히 판결 내용에 반영되지 못하여 현행 거부처분취소송에서 파생하는 문제에 대한 해결의 실마리를 찾을 수 없으며, 경우에 따라서는 의무이행청구에 대한 판결과 거부처분취소청구의 판결 상호 간 구체적 견련성 유지가 어려울 수 있다는 비판으로부터 자유롭지 못합니다. 독일의 경우가 그러하듯이 의무이행소송의 도입 취지에 비추어 볼 때 판결시를 기준으로 거부처분의 위법 여부를 결정하고 의무이행청구의 인용 여부를 판단하는 것이 타당합니다. 의무이행소송과 원고의 권리구제

3) 부작위위법확인소송 및 사정판결의 경우

부작위는 아무런 처분이 없는 경우이므로 부작위위법확인소송의 판단시점을 처분시로 할 수 없습니다. 즉, 여기에서의 본안판단의 대상은 변론종결 당시의 처분의무의 존재 유무이므로 변론종결시, 즉 판결시를 기준으로 부작위상태의 위법 여부를 판단합니다. 한편, 사정판결의 경우 처분의 위법 여부는 처분시를 기준으로, 처분의 취소가 현저히 공공복리에 적합하지 아니한지는 변론종결시를 기준으로 판단합니다(행정소송규칙 제14조). 당사자소송에서는 그 구체적 소송의 성질에 따라 확인소송의 형태이면 행위시 내지 계쟁 법률관계의 발생시를, 이행소송인 경우에는 판결시를 기준으로 하면 됩니다.

> ＊ **대판 1999.4.9, 98두12437** : "부동산강제경매사건의 최고가매수신고인이 애당초 농지취득자격증명발급신청을 한 목적이 경락기일에서 경매법원에 이를 제출하기 위한 데에 있고 행정청이 적극적인 처분을 하지 않고 있는 사이 위 경락기일이 이미 도과하였다 하더라도, 위 사실만으로 위 신고인이 부동산을 취득할 가능성이 전혀 없게 되었다고 단정할 수는 없으므로 위 경락기일이 이미 도과함으로써 위 신고인이 농지취득자격증명을 발급받을 실익이 없게 되었다거나 행정청의 부작위에 대한 위법확인을 구할 소의 이익이 없게 되었다고 볼 수는 없으며, 또한 <u>부작위 위법 여부의 판단 기준시는 사실심의 구두변론종결시이므로 행정청이 원심판결선고 이후에 위 신고인의 위 신청에 대하여 거부처분을 함으로써 부작위 상태가 해소되었다 하더라도 달리 볼 것은 아니다</u>."

4) 신청에 따른 처분의 위법판단시점

수익적 처분의 신청 당시에는 허가 등의 요건을 구비하였더라도 그 후 처분의 발령 전에 법령 내지 사실관계의 변경으로 허가 등의 요건을 갖추지 못하게 되면 행정청은 허가 등을 거부합니다. 이처럼 거부처분을 포함하여 신청에 의한 처분을 함에 있어 행정청은 처분 당시의 법령 및 사실관계에 기초합니다. 따라서 이 경우 법원의 위법판단시점도 신청시가 아니라 원칙적으로 처분시에 의하므로(행정기본법 제14조 제2항), 예컨대 허가 등

의 접점은 거부처분의 원시적 위법성이 아니라 행정청의 '의무성립상태(Verpflichtetsein)'에 있는 것이며, 이런 점에서 볼 때 본안판결의 기준시점을 - 구체적으로는 거부처분 당시에는 적법하였으나 사후에 사정변경으로 위법하게 된 경우 - 판결시로 하더라도 최초의 거분처분시 선결권을 이미 행사한 행정청에게 부당한 것은 아닙니다. 의무이행소송과 거부처분취소소송은 그 실질에 있어 동일하지 않으며, 더구나 후자가 전자의 전제조건일 수는 없습니다.

의 신청 후 행정청이 정당한 이유 없이 처리를 지체하여 그 사이 허가기준 등이 변경된 경우가 아닌 한, 새로운 법령 및 허가기준에 따라 한 거부처분을 위법하다고 할 수 없습니다. 그러나 법령개정 전의 허가기준의 존속에 대한 상대방의 신뢰가 개정된 허가기준의 적용에 관한 공익상의 요구보다 보호가치가 크다고 인정되는 경우에는 그러한 상대방의 신뢰보호를 위하여 처분시의 법령 등의 적용이 제한될 여지가 있습니다.

* **대판 2006.8.25, 2004두2974** : "허가 등의 행정처분은 원칙적으로 처분시의 법령과 허가기준에 의하여 처리되어야 하고 허가신청 당시의 기준에 따라야 하는 것은 아니며, 비록 허가신청 후 허가기준이 변경되었다 하더라도 그 허가관청이 허가신청을 수리하고도 정당한 이유 없이 그 처리를 늦추어 그 사이에 허가기준이 변경된 것이 아닌 이상 변경된 허가기준에 따라서 처분을 하여야 한다. 원심은, 원고가 종전 국토이용관리법 시행 당시인 2002. 12. 27. 준농림지역인 이 사건 신청지가 준도시지역으로 국토이용계획변경이 될 것을 전제로 주택건설사업계획 승인신청(이하 '이 사건 신청'이라 한다)을 하였는데, 2003. 1. 1. 국토계획법의 시행으로 국토이용관리법이 폐지되었고, 피고가 2003. 1. 4. 이 사건 신청을 반려하는 이 사건 처분을 함에 있어서 이 사건 신청과 관련하여 국토이용계획변경을 입안하여 이를 관보 또는 일간신문 등에 공고한 바도 없으며, 그 밖에 판시와 같은 사정에 비추어 보면 피고가 이 사건 신청을 수리하고도 정당한 이유 없이 그 처리를 늦추었다고 볼 수 없으므로, 이 사건 처분 당시 적용될 법률은 종전 국토이용관리법이 아니라 국토계획법이라고 한 다음, 국토계획법령에 따르면 이 사건 신청은 건축물의 규모에 관한 제한에 위반되어 부적법한 것이어서 피고로서는 반드시 반려처분을 하여야 하는 것이므로, 피고가 처분사유로 삼은 나머지 점 및 그에 대한 원고의 나머지 주장에 대하여 나아가 살펴 볼 필요 없이 이 사건 처분은 적법하다고 판단하였다. 앞서 본 법리와 기록에 비추어 살펴보면, 원심의 위와 같은 판단은 정당하고 …."
* **대판 2014.7.24, 2012두23501** : "행정처분은 근거 법령이 개정된 경우에도 경과규정에서 달리 정함이 없는 한 처분 당시 시행되는 개정 법령과 거기에서 정한 기준에 의하는 것이 원칙이고, 그러한 개정 법령의 적용과 관련하여서는 개정 전 법령의 존속에 대한 국민의 신뢰가 개정 법령의 적용에 관한 공익상의 요구보다 더 보호가치가 있다고 인정되는 경우에 그러한 국민의 신뢰를 보호하기 위하여 적용이 제한될 수 있는 여지가 있다. 따라서 보상금 신청 후 처분 전에 보상 기준과 대상에 관한 관계 법령의 규정이 개정된 경우 처분 당시에 시행되는 개정 법령에 정한 기준에 의하여 보상금지급 여부를 결정하는 것이 원칙이지만, 행정청이 신청을 수리하고도 정당한 이유 없이 처리를 지연하여 그 사이에 법령 및 보상 기준이 변경된 경우에는 변경된 법령 및 보상 기준에 따라서 한 처분은 위법하다. 여기에서 '정당한 이유 없이 처리를 지연하였는지'는 법정 처리기간이나 통상적인 처리기간을 기초로 당해 처분이 지연되게 된 구체적인 경위나 사정을 중심으로 살펴 판단하되, 개정 전 법령의 적용을 회피하려는 행정청의 동기나 의도가 있었는지, 처분지연을 쉽게 피할 가능성이 있었는지 등도 아울러 고려할 수 있다."

* **대판 2005.7.29, 2003두3550** : "행정행위는 처분 당시에 시행중인 법령과 허가기준에 의하여 하는 것이 원칙이고, 인·허가신청 후 처분 전에 관계 법령이 개정 시행된 경우 신법령 부칙에 그 시행 전에 이미 허가신청이 있는 때에는 종전의 규정에 의한다는 취지의 경과규정을 두지 아니한 이상 당연히 허가신청 당시의 법령에 의하여 허가 여부를 판단하여야 하는 것은 아니며, 소관 행정청이 허가신청을 수리하고도 정당한 이유 없이 처리를 늦추어 그 사이에 법령 및 허가기준이 변경된 것이 아닌 한 변경된 법령 및 허가기준에 따라서 한 불허가처분은 위법하다고 할 수 없다. 채석허가기준에 관한 관계 법령의 규정이 개정된 경우, 새로이 개정된 법령의 경과규정에서 달리 정함이 없는 한 처분 당시에 시행되는 개정 법령과 그에서 정한 기준에 의하여 채석허가 여부를 결정하는 것이 원칙이고, 그러한 개정 법령의 적용과 관련하여서는 개정 전 법령의 존속에 대한 국민의 신뢰가 개정 법령의 적용에 관한 공익상의 요구보다 더 보호가치가 있다고 인정되는 경우에 그러한 국민의 신뢰를 보호하기 위하여 그 적용이 제한될 수 있는 여지가 있을 따름이다."

2. 처분사유의 추가·변경

1) 의의

행정절차법 제23조는 행정청이 처분을 함에 있어 원칙적으로 그 법적 근거와 사실상의 이유를 제시하여야 하고, 긴급을 요하는 등으로 그 이유를 처분 당시 밝히지 않았더라도 처분 후 당사자의 요청이 있으면 밝혀야 함을 규정합니다. 이와 관련하여, 처분의 위법을 다투는 항고소송에서 처분청이 처분 당시 제시했던 근거 또는 이유와 다른 사유를 들어 처분의 적법을 주장할 수 있는지를 '처분사유의 추가·변경'의 제하에 논의합니다. 처분 당시 존재했던 복수의 처분사유 중 심리과정에서 추가·변경이 허용되는 범위는 판결의 기속력(재처분의무)이 미치는 사유와 동일합니다. 처분사유의 추가·변경에 관한 아래 법리는 행정심판 심리단계에서도 동일하게 적용됩니다.

* **대판 2014.5.16, 2013두26118** : "행정처분의 취소를 구하는 항고소송에서 처분청은 당초 처분의 근거로 삼은 사유와 기본적 사실관계가 동일성이 있다고 인정되는 한도 내에서만 다른 사유를 추가 또는 변경할 수 있고, 이러한 기본적 사실관계의 동일성 유무는 처분사유를 법률적으로 평가하기 이전의 구체적 사실에 착안하여 그 기초인 사회적 사실관계가 기본적인 점에서 동일한지에 따라 결정되므로, 추가 또는 변경된 사유가 처분 당시에 이미 존재하고 있었다거나 당사자가 그 사실을 알

> 고 있었다고 하여 당초의 처분사유와 동일성이 있다고 할 수 없다. 그리고 이러한 법리는 행정심판 단계에서도 그대로 적용된다."

처분사유의 추가·변경에 관한 규정은 행정소송법에서 찾을 수 없으므로 그 인정 여부와 범위는 과거 학설과 판례의 몫이었지만, 행정소송규칙이 "행정청은 사실심 변론을 종결할 때까지 당초의 처분사유와 기본적 사실관계가 동일한 범위 내에서 처분사유를 추가 또는 변경할 수 있다"고 규정함으로써 이를 입법화하였습니다(행정소송규칙 제9조). 독일의 행정법원법 제114조 제2문은 소송절차 중 처분청은 재량행위의 처분사유를 추가·변경할 수 있음을 명문으로 규정합니다.[1] 그렇다고 하여 동 규정을 오해하여, 재량행위의 경우에 한정해서 처분사유의 추가·변경을 인정하는 것으로 해석해서는 안 됩니다. 기속행위, 재량행위를 불문하고 일정한 요건하에 처분사유의 추가·변경을 허용하는 의미로 이해해야 합니다. 동조 제1문[2]이 우리 행정소송법 제27조 마냥 소송상 취소사유로서 재량하자를 규정하는데, 이를 규정하면서 입법기술적으로 재량행위에서의 처분사유의 추가·변경을 허용하는 규정을 함께 둔 것으로 이해할 수 있습니다.

원고의 방어권 보장과 이유제시의무제도의 취지를 고려하건대 처분사유의 추가·변경을 허용하지 않는 것이 이론적으로 타당합니다. 그러나 이를 절대적으로 부인하면 또 다른 가치인 분쟁의 일회적 해결 및 소송경제이념에 반하는 결과를 초래할 수 있습니다. 이런 점을 고려하여 대법원은 처분 상대방의 방어권 보장 등 실질적 법치주의의 고려하에 원칙적으로 처분사유의 추가·변경을 불허하지만, 당초의 처분사유와 기본적 사실관계의 동일성이 인정되는 한도 내에서 이를 예외적으로 허용하면서, 기본적 사실관계의 동일성의 의미를 '처분사유를 법률적으로 평가하기 이전의 구체적인 사실관계에 착안하여 그 기초가 되는 사회적 사실관계가 기본적인 점에서 동일한지 여부'에 따라 결정된다고 합니다. 판례의 입장은 학설상 제한적 긍정설에 가깝다고 할 수 있습니다.

---

1) Die Verwaltungsbehörde kann ihre Ermessenserwägungen hinsichtlich des Verwaltungsaktes auch noch im verwaltungsgerichtlichen Verfahren ergänzen(처분청은 행정소송절차 중에도 재량처분의 사유를 보완할 수 있다).

2) Soweit die Verwaltungsbehörde ermächtigt ist, nach ihrem Ermessen zu handeln, prüft das Gericht auch, ob der Verwaltungsakt oder die Ablehnung oder Unterlassung des Verwaltungsakts rechtswidrig ist, weil die gesetzlichen Grenzen des Ermessens überschritten sind oder von dem Ermessen in einer dem Zweck der Ermächtigung nicht entsprechenden Weise Gebrauch gemacht ist(행정청에게 재량권이 부여된 경우 법원은 재량의 일탈·남용 및 재량권이 그 부여 목적에 부합하지 않게 사용된 경우 등 계쟁 재량행위 혹은 그 신청에 대한 거부와 부작위의 위법 여부를 심사한다).

한편, 처분사유상 기본적 사실관계의 동일성과 취소소송의 소송물과의 관계도 언급해야 할 대상입니다. 취소소송의 심판 대상은 소송물이고, 소송물의 동일성은 처분의 동일성이 유지되는 것을 전제로 합니다. 그리고 처분의 동일성은 처분사유의 동일성을 요소로 하는 것이므로, 결국 처분사유의 기본적 사실관계의 동일성이 안정되는 경우는 소송물이 동일함을 의미합니다. 이로부터 처분사유의 추가·변경은 소송물이 동일한 경우에 허용됨을 알 수 있습니다.

2) 처분사유의 추가·변경의 요건(기준)

① 처분사유의 추가·변경은 당초의 처분사유와 기본적 사실관계의 동일성이 인정되는 범위 내에서 가능합니다. 그런데 처분사유의 추가·변경처럼 보이더라도 실질적으로는 처분사유를 구체적으로 표시하는 것에 불과한 경우라고 평가된다면, 이를 두고 당초의 처분사유와 기본적 사실관계의 동일성이 없는 별개의 또는 새로운 처분사유를 추가하거나 변경하는 것이라 할 수 없으므로 이러한 의미의 처분사유의 구체적 표시는 제한 없이 가능합니다.

* **대판 2004.5.28, 2002두5016** : "기록에 의하면, 원고들의 이 사건 건축허가 신청에 대한 피고의 반려처분사유는 이 사건 공유수면이 포락지로서 현 상태로는 건축부지로 이용이 불가하다는 것과 연안도로변 근린공원 조성을 위한 도시계획을 입안하는 절차 중에 있어서 장차 건축을 제한할 예정이라는 것인데, 그 중 이 사건 공유수면이 포락지로서 현 상태로는 건축부지로 이용이 불가하다는 사유에 관하여 보면, 피고의 위와 같은 처분사유에 대하여 원고들은 변론에서 이 사건 공유수면이 포락지가 아닌 간석지로서 토지로 조성하는 경우 건축부지로 이용이 가능하므로 이 사건 반려처분이 위법하다고 주장하였고, 피고는 이 사건 공유수면에 건물을 건축할 수 없다고 다툼으로써, 결국 이 사건 공유수면에 건축을 하는 것이 가능하냐 여부가 쟁점이 되어 왔음이 명백한바, 위와 같이 <u>피고가 원고들이 제출한 이 사건 건축허가 신청에 대하여 이 사건 공유수면이 포락지로서 현 상태로는 건축부지로 이용이 불가하여 건축허가신청을 반려한 취지는 피고가 모든 건축허가기준에 따라 검토한 결과 그 허가기준에 맞지 아니하여 반려한다는 것으로 이해되므로, 피고가 이 사건에서 구 공유수면관리법 제5조 제2항과 같은법시행령 제5조 제1항에 따라 허가될 수 있는 건축물에 해당하지 아니한다는 것으로 처분사유를 추가하는 것은 그 처분의 사유를 구체적으로 표시하는 것이지 당초의 처분사유와 기본적 사실관계와 동일성이 없는 별개의 또는 새로운 처분사유를 추가하거나 변경하는 것이라고 할 수는 없다</u>."

② 위법판단의 기준시를 처분시로 보는 한, 처분사유의 추가·변경은 처분시 내지 그 이전에 객관적으로 존재했던 사유에 한정하며, 이는 기속력의 시간적 범위(한계)와 일치합니다. 위 ①과 ②를 기속력의 객관적 범위와 관련하여 표현하면 다음의 결론에 이르게 됩니다. 판결의 기속력이 미치는 객관적 범위는 처분 당시 혹은 그 이전에 존재했던 처분사유 중 원처분사유와 기본적 사실관계의 동일성이 인정되는 사유이고, 그들 사유는 처분사유의 추가·변경이 허용되는 사유에 해당합니다. 한편, 처분시 이후 법령개정 등으로 인해 처분사유로 추가된 경우 처분청은 소 계속 중 그 사유를 처분사유로 추가·변경할 수 없는데, 이는 처분사유의 추가·변경의 시적 한계를 유월한 것이고, 따라서 결과적으로 원처분사유와 기본적 사실관계의 동일성이 인정되지 않기 때문입니다. 물론, 이 경우 예컨대 거부처분취소판결에도 불구하고 그 사유를 들어 재차 거부처분을 행하는 것은 판결의 기속력(재처분의무) 위반이 아닙니다.

③ 처분사유의 추가·변경은 사실심 변론종결시까지 가능합니다.

* **대판 1999.8.20, 98두17043** : "행정청은 기본적 사실관계의 동일성이 있다고 인정되는 한도 내에서만 다른 처분사유를 추가, 변경할 수 있다고 할 것이나 이는 사실심 변론종결시까지만 허용된다(대법원 1999. 2. 9. 선고 98두16675 판결 참조). 원고가 이주대책신청기간이나 소정의 이주대책실시(시행)기간을 모두 도과하여 실기한 이주대책신청을 하였으므로 원고에게는 이주대책을 신청할 권리가 없고, 사업시행자가 이를 받아들여 택지나 아파트공급을 해 줄 법률상 의무를 부담한다고 볼 수 없다는 피고의 상고이유의 주장은 원심에서는 하지 아니한 새로운 주장일 뿐만 아니라 사업지구내 가옥 소유자가 아니라는 이 사건 처분사유와 기본적 사실관계의 동일성도 없으므로 적법한 상고이유가 될 수 없다."

3) 처분사유의 추가·변경의 허용 여부에 관한 판례

(1) 기본적 사실관계의 동일성을 인정하여 처분사유의 추가·변경이 허용된 경우

* **대판 2019.10.31, 2017두74320** : "갑이 '사실상의 도로'로서 인근 주민들의 통행로로 이용되고 있는 토지를 매수한 다음 2층 규모의 주택을 신축하겠다는 내용의 건축신고서를 제출하였으나, 구청장이 '위 토지가 건축법상 도로에 해당하여 건축을 허용할 수 없다'는 사유로 건축신고수리 거부처분

을 하자 갑이 처분에 대한 취소를 구하는 소송을 제기하였는데, 1심법원이 위 토지가 건축법상 도로에 해당하지 않는다는 이유로 갑의 청구를 인용하는 판결을 선고하자 구청장이 항소하여 '위 토지가 인근 주민들의 통행에 제공된 사실상의 도로인데, 주택을 건축하여 주민들의 통행을 막는 것은 사회공동체와 인근 주민들의 이익에 반하므로 갑의 주택 건축을 허용할 수 없다'는 주장을 추가한 사안에서, 당초 처분사유와 구청장이 원심에서 추가로 주장한 처분사유는 위 토지상의 사실상 도로의 법적 성질에 관한 평가를 다소 달리하는 것일 뿐, 모두 토지의 이용현황이 '도로'이므로 거기에 주택을 신축하는 것은 허용될 수 없다는 것이므로 기본적 사실관계의 동일성이 인정되고, 위 토지에 건물이 신축됨으로써 인근 주민들의 통행을 막지 않도록 하여야 할 중대한 공익상 필요가 인정되고 이러한 공익적 요청이 갑의 재산권 행사보다 훨씬 중요하므로, 구청장이 원심에서 추가한 처분사유는 정당하여 결과적으로 위 처분이 적법한 것으로 볼 여지가 있음에도 이와 달리 본 원심판단에 법리를 오해한 잘못이 있다고 한 사례."

* **대판 2018.12.13, 2016두31616(원처분사유의 기초사실 내지 평가요소를 추가하는 경우[1])** : "외국인 甲이 법무부장관에게 귀화신청을 하였으나 법무부장관이 심사를 거쳐 '품행 미단정'을 불허사유로 국적법상의 요건을 갖추지 못하였다며 신청을 받아들이지 않는 처분을 하였는데, 법무부장관이 甲을 '품행 미단정'이라고 판단한 이유에 대하여 제1심 변론절차에서 자동차관리법위반죄로 기소유예를 받은 전력 등을 고려하였다고 주장하였다가 원심 변론절차에서 불법 체류한 전력이 있다는 추가적인 사정까지 고려하였다고 주장한 사안에서, 법무부장관이 처분 당시 甲의 전력 등을 고려하여 甲이 구 국적법 제5조 제3호의 '품행단정' 요건을 갖추지 못하였다고 판단하여 처분을 하였고, 그 처분서에 처분사유로 '품행 미단정'이라고 기재하였으므로, '품행 미단정'이라는 판단 결과를 위 처분의 처분사유로 보아야 하는데, 법무부장관이 원심에서 추가로 제시한 불법 체류 전력 등의 제반 사정은 불허가처분의 처분사유 자체가 아니라 그 근거가 되는 기초 사실 내지 평가요소에 지나지 않으므로, 법무부장관이 이러한 사정을 추가로 주장할 수 있다고 한 사례."
* **대판 2008.8.28, 2007두13791,13807(사실관계의 변경 없이 단지 적용 법조만을 추가·변경하는 경우)** : "처분청이 처분 당시에 적시한 구체적 사실을 변경하지 아니하는 범위 내에서 단지 그 처분의 근거 법령만을 추가·변경하거나 당초의 처분사유를 구체적으로 표시하는 것에 불과한 경우에는 새로운 처분사유를 추가하거나 변경하는 것이라고 볼 수 없다. 원심은 채택 증거를 종합하여, 원고들의 각 공동 대표이사 및 가칭 "원주시폐기물처리업협회(이하 '폐기물협회'라 한다)"의 종신회장인 소외 1을 비롯한 폐기물협회의 17개 회원사 대표들이 2005. 3. 22. 원주시내 공동주택 음식물류 폐기물 수집·운반 대행계약을 원주시와 수의계약으로 체결할 때 공동수급 대행계약 또는 소외 2 합자회사를 17개사 대표로 하여 대행계약을 체결하기로 하고 수집·운반 대행에 필요한 경비를 17개사가 공동으로 부담하고 수익금을 균등 배분하기로 합의한 사실, 폐기물협회 회원사들은 2005. 4. 7.자 폐기물협회 회원사 대표회의에서 위 공동주택 음식물류 폐기물 수집·운반 단가계약이 수의계약

---

1) 엄격히 보아 이 경우는 아래 적용법조만을 추가하는 경우와 함께 처분사유의 추가·변경의 논의 범위 밖이라 할 수 있습니다.

이 되도록 원주시가 발주하는 이 사건 입찰에 참가하지 않거나 참가하여 낙찰되더라도 계약체결을 하지 않기로 합의하고, 위 합의에 따라 피고가 2005. 4. 2. 및 2005. 4. 13. 실시한 이 사건 입찰에 참가하지 않거나 소외 2 합자회사만 단독으로 응찰하여 이 사건 입찰이 모두 유찰된 사실 등 그 판시와 같은 사실을 인정한 다음, 피고가 원심 심리 중에 당초의 처분사유인 국가를 당사자로 하는 계약에 관한 법률 시행령 제76조 제1항 제12호 소정의 '담합을 주도하거나 담합하여 입찰을 방해하였다'는 것으로부터 같은 항 제7호 소정의 '특정인의 낙찰을 위하여 담합한 자'로 이 사건 처분의 사유를 변경한 것은, 그 변경 전후에 있어서 같은 행위에 대한 법률적 평가만 달리하는 것일 뿐 기본적 사실관계를 같이 하는 것이므로 허용된다고 판단하였다. 앞서 본 법리와 기록에 비추어 살펴보면, 원심의 위와 같은 사실인정과 판단은 옳고 …."

* **대판 2003.12.11, 2003두8395** : "피고가 그 정보공개거부처분의 당초 처분사유 근거로 내세운 검찰보존사무규칙 제20조는 재판확정기록의 열람·등사를 피고인이었던 자 또는 그와 같이 볼 수 있는 자(피고인이었던 법인의 대표자, 형사소송법 제28조의 규정에 의한 특별대리인 또는 그 변호인·법정대리인·배우자·직계친족·형제자매·호주)에게만 일반적으로 허용하고, 나머지 사건 관계자들(고소인·고발인·피해자 및 참고인 또는 증인으로 진술한 자)에 대하여는 본인의 진술이 기재되거나 본인이 제출한 서류 등에 대하여만 열람·등사를 허용하는 내용으로서, 전체적으로 보아 특정인을 식별할 수 있는 개인에 관한 정보를 본인 이외의 자에게 공개하지 아니하겠다는 취지이므로, 결국 원고가 위 규칙 제20조에 해당하는 자가 아니라는 당초의 처분사유는 정보공개법 제7조 제1항 제6호의 사유와 그 기초적 사실관계를 같이 한다고 봄이 상당하다. 그렇다면 피고의 당초 거부처분사유인 "원고가 검찰보존사무규칙 제20조에 규정된 신청권자에 해당하지 아니한다."는 점과 새로이 추가된 거부처분사유인 "정보공개법 제7조 제1항 제6호 본문에 해당한다."는 점 사이에 그 기초가 된 사회적 사실관계상 동일성이 없음을 전제로 위와 같은 처분사유의 추가가 허용되지 아니한다고 보아 추가된 위 처분사유의 당부에 관한 판단 없이 원고의 청구를 인용한 제1심판결을 유지한 조치에는 취소소송의 대상이 된 행정행위의 처분사유 추가에 관한 법리를 오해한 나머지 추가된 처분사유의 당부에 관한 심리를 다하지 아니하고 판단을 유탈한 위법이 있다 할 것이므로 …."

또한, 주택신축을 위한 산림형질변경허가신청에 대하여 최초 준농림지역에서의 행위제한의 사유로 거부처분을 하였다가, 나중에 자연경관 및 생태계의 교란, 국토 및 자연의 유지와 환경보전 등 중대한 공익상의 필요라는 사유를 추가한 경우(대판 2004.11.26, 2004두4482), 행정청이 폐기물사업계획 부적정통보의 처분사유로 사업예정지에 폐기물처리시설을 설치할 경우 인근 농지의 농업경영과 농어촌 생활유지에 피해가 예상되어 농지법에 의한 농지전용이 불가하다는 사유 등을 내세웠다가, 위 사업예정지에 폐기물처리시설을 설치할 경우 인근 주민의 생활이나 주변 농업활동에 피해를 줄 것이 예상되어 폐기물처리시설부지로 적절하지 않다는 사유를 추가한 경우(대판 2006.6.30, 2005두364)도 기본적 사실관계의 동일성을 인정한 사례에 해당합니다.

(2) 기본적 사실관계의 동일성을 부인하여 처분사유의 추가·변경이 불허된 경우

* **대판 2023.11.30, 2019두38465** : "시외버스(공항버스) 운송사업을 하는 갑 주식회사가 청소년 요금 할인에 따른 결손 보조금의 지원 대상이 아님에도 청소년 할인 보조금을 지급받음으로써 여객자동차 운수사업법 제51조 제3항에서 정한 '부정한 방법으로 보조금을 지급받은 경우'에 해당한다는 이유로 관할 시장이 보조금을 환수하고 구 경기도 여객자동차 운수사업 관리 조례(2021. 11. 2. 경기도조례 제7246호로 개정되기 전의 것) 제18조 제4항을 근거로 보조금 지원 대상 제외처분을 하였다가 처분에 대한 취소소송에서 구 지방재정법(2021. 1. 12. 법률 제17892호로 개정되기 전의 것, 이하 같다) 제32조의8 제7항을 처분사유로 추가한 사안에서, 도 보조금 지원 대상에 관한 제외처분을 재량성의 유무 및 범위와 관련하여 위 조례 제18조 제4항은 기속행위로, 구 지방재정법 제32조의8 제7항은 재량행위로 각각 달리 규정하고 있는 점, 근거 법령의 추가를 통하여 위 제외처분의 성질이 기속행위에서 재량행위로 변경되고, 그로 인하여 위법사유와 당사자들의 공격방어방법 내용, 법원의 사법심사방식 등이 달라지며, 특히 종래의 법 위반 사실뿐만 아니라 처분의 적정성을 확보하기 위한 양정사실까지 새로 고려되어야 하므로, 당초 처분사유와 소송 과정에서 시장이 추가한 처분사유는 기초가 되는 사회적 사실관계의 동일성이 인정되지 않는 점, 시장이 소송 도중에 위와 같이 제외처분의 근거 법령으로 위 조례 제18조 제4항 외에 구 지방재정법 제32조의8 제7항을 추가하는 것은 갑 회사의 방어권을 침해하는 것으로 볼 수 있는 점을 종합하면, 관할 시장이 처분의 근거 법령을 추가한 것은 기본적 사실관계의 동일성이 인정되지 않는 별개의 사실을 들어 주장하는 것으로서 처분사유 추가·변경이 허용되지 않는데도, 이와 달리 본 원심판단에 법리오해의 잘못이 있다고 한 사례."
* **대판 2013.8.22, 2011두26589** : "국가유공자 인정 요건, 즉 공무수행으로 상이를 입었다는 점이나 그로 인한 신체장애의 정도가 법령에 정한 등급 이상에 해당한다는 점은 국가유공자 등록신청인이 증명할 책임이 있다 할 것이지만, 그 상이가 '불가피한 사유 없이 본인의 과실이나 본인의 과실이 경합된 사유로 입은 것'이라는 사정, 즉 지원대상자 요건에 해당한다는 사정은 국가유공자 등록신청에 대하여 지원대상자로 등록하는 처분을 하는 처분청이 증명책임을 진다고 보아야 한다. 이러한 점과 더불어 <u>공무수행으로 상이를 입었는지 여부와 그 상이가 불가피한 사유 없이 본인의 과실이나 본인의 과실이 경합된 사유로 입은 것인지 여부는 처분의 상대방의 입장에서 볼 때 방어권 행사의 대상과 방법이 서로 다른 별개의 사실이고, 그에 대한 방어권을 어떻게 행사하는지 여부 등에 따라 국가유공자에 해당하는지 지원대상자에 해당하는지에 관한 판단이 달라져 법령상 서로 다른 처우를 받을 수 있는 점 등을 종합해 보면, 같은 국가유공자 비해당결정이라도 그 사유가 공무수행과 상이 사이에 인과관계가 없다는 것과 본인 과실이 경합되어 있어 지원대상자에 해당할 뿐이라는 것은 기본적 사실관계의 동일성이 없다</u>고 보아야 한다. 따라서 처분청이 공무수행과 사이에 인과관계가 없

다는 이유로 국가유공자 비해당결정을 한 데 대하여 법원이 그 인과관계의 존재는 인정하면서 직권으로 본인 과실이 경합된 사유가 있다는 이유로 그 처분이 정당하다고 판단하는 것은 행정소송법이 허용하는 직권심사주의의 한계를 벗어난 것으로서 위법하다 할 것이다."

* **대판 2003.12.11, 2001두8827** : " … 이와 같이 기본적 사실관계와 동일성이 인정되지 않는 별개의 사실을 들어 처분사유로 주장하는 것이 허용되지 않는다고 해석하는 이유는 행정처분의 상대방의 방어권을 보장함으로써 실질적 법치주의를 구현하고 행정처분의 상대방에 대한 신뢰를 보호하고자 함에 그 취지가 있고, 추가 또는 변경된 사유가 당초의 처분시 그 사유를 명기하지 않았을 뿐 처분시에 이미 존재하고 있었고 당사자도 그 사실을 알고 있었다 하여 당초의 처분사유와 동일성이 있는 것이라 할 수 없다고 할 것이다. 그런데 법 제7조 제1항 제4호는 범죄의 예방, 수사, 형의 집행, 교정 등에 관한 사항으로서 공개될 경우 그 직무수행을 현저히 곤란하게 한다고 인정할 만한 상당한 이유가 있는 정보를, 제5호는 의사결정과정 또는 내부검토과정에 있는 사항으로서 공개될 경우 업무의 공정한 수행에 현저한 지장을 초래한다고 인정할 만한 상당한 이유가 있는 정보를, 제6호는 당해 정보에 포함되어 있는 이름·주민등록번호 등에 의하여 특정인을 식별할 수 있는 개인에 관한 정보(이하 '개인식별정보'라 한다)를 각 비공개대상정보로 규정하고 있어 그 비공개사유의 요건이 되는 사실을 달리하고 있을 뿐 아니라 제4호와 제5호가 모두 직무수행이나 업무의 공정한 수행에 지장을 초래하거나 현저히 곤란하게 한다고 인정할 만한 상당한 이유가 있는 정보를 그 대상으로 규정하고 있으나 지장이 초래되거나 현저히 곤란하게 하는 구체적인 직무나 업무의 내용이 전혀 다르고, 또한 제4호의 위 정보를 비공개대상정보로 하고 있는 것은 범죄의 일방예방 및 특별예방, 원활한 수사 및 교정행정의 원활성을 보호하고자 함에, 제5호의 위 의사결정과정 또는 내부검토과정에 있는 사항 등을 비공개대상정보로 하고 있는 것은 공개로 인하여 공공기관의 의사결정이 왜곡되거나 외부의 부당한 영향과 압력을 받을 가능성을 차단하여 중립적이고 공정한 의사결정이 이루어지도록 하고자 함에, 제6호의 개인식별정보를 비공개대상정보로 하고 있는 것은 개인의 사생활의 비밀과 자유의 존중 및 개인의 자신에 대한 정보통제권을 보장하는 등 정보공개로 인하여 발생할 수 있는 제3자의 법익침해를 방지하고자 함에 각 그 취지가 있어 그 각 정보를 비공개대상정보로 한 근거와 입법취지가 다른 점 등 여러 사정을 합목적적으로 고려하여 보면, 피고가 처분사유로 추가한 법 제7조 제1항 제5호의 사유와 당초의 처분사유인 같은 항 제4호 및 제6호의 사유는 기본적 사실관계가 동일하다고 할 수 없다고 할 것이며, 추가로 주장하는 제5호에서 규정하고 있는 사유가 이 사건 처분 후에 새로 발생한 사실을 토대로 한 것이 아니라 당초의 처분 당시에 이미 존재한 사실에 기초한 것이라 하여 달리 볼 것은 아니다."

* **대판 2011.11.24, 2009두19021** : "원심은 제1심판결의 이유를 인용하여, 피고들이 당초 이 사건 처분사유로 원심판시 제3정보가 대법원 2007두11412호로 진행 중인 재판에 관련된 정보라는 취지를 명기하였던 이상, 이 사건 소송에서 원심판시 제3정보가 위 대법원 사건과는 전혀 별개의 사건인 서울중앙지방법원 2006고합(사건번호 1, 2, 3 생략)로 진행 중인 재판에 관련된 정보에도 해당한다며 이 사건 처분사유를 추가로 주장하는 것은 당초의 처분사유와 기본적 사실관계가 동일하다고

할 수 없는 사유를 추가하는 것이어서 허용될 수 없다고 판단하였다. 원심의 이러한 판단은 위 법리에 따른 것으로서 정당하고, 거기에 처분사유 추가의 허용성에 관한 법리오해 등의 위법이 없다. 그리고 기록상 위와 같은 처분사유의 추가에 원고들이 동의하였음을 인정할 자료가 없으므로, 그러한 동의가 있었음을 전제로 위 처분사유 추가를 허용하지 아니한 원심의 조치가 위법하다는 취지의 상고이유는 결론에 영향을 미칠 수 없는 주장이다."

* **대판 1999.3.9, 98두18565** : "피고가 지방재정법 제63조에 의하여 준용되는 국가를당사자로하는계약에관한법률 제27조 제1항에 의하여 원고의 입찰참가자격을 제한시킨 이 사건 처분을 함에 있어서 그 처분사유로 단지 정당한 이유 없이 계약을 이행하지 아니한 사실과 그에 대한 법령상의 근거로 법시행령 제76조 제1항 제6호를 명시하고 있음이 분명하고, 피고가 이 사건 소송에서 비로소 이 사건 처분사유로 내세우고 있는 같은 조항 제10호 소정의 "계약의 이행과 관련하여 관계 공무원에게 뇌물을 준 것"은 피고가 당초 이 사건 처분의 근거로 삼은 위 구체적 사실과는 그 기초가 되는 사회적 사실관계의 기본적인 점에서 다르다고 할 것이므로 피고는 이와 같은 사유를 이 사건 처분의 근거로 주장할 수 없다고 보아야 할 것인바 …."
* **대판 1996.9.6, 96누7427** : "피고는 이 사건 주류면허에 붙은 지정조건 제6호에 따라 원고의 무자료 주류 판매 및 위장거래 금액이 부가가치세 과세기간별 총 주류판매액의 100분의 20 이상에 해당한다는 이유로 피고에게 유보된 취소권을 행사하여 위 면허를 취소하였음이 분명한바, 피고가 이 사건 소송에서 위 면허의 취소사유로 새로 내세우고 있는 위 지정조건 제2호 소정의 무면허 판매업자에게 주류를 판매한 때 해당한다는 것은 피고가 당초 위 면허취소처분의 근거로 삼은 사유와 기본적 사실관계가 다른 사유이므로 피고는 이와 같은 사유를 위 면허취소처분의 근거로 주장할 수 없다고 보아야 할 것이다."

중기취득세 체납을 이유로 시세완납증명발급을 거부하다가 자동차세 체납을 이유로 하는 경우(대판 1989.6.27, 88누6160), 군사시설보호구역 내에 위치하여 부대장의 동의를 얻지 못하였음을 이유로 석유판매업을 불허가 하였다가 탄약창에 근접하여 공공의 안전에 위험하여 허가할 수 없다고 주장하는 경우(대판 1991.11.8, 91누70), 인근 주민의 동의서 부제출을 이유로 토석채취허가신청을 반려하였다가 자연경관이 훼손된다는 이유를 소송에서 주장하는 경우(대판 1992.8.18, 91누3659), 규정온도 미달을 이유로 온천발견신고를 수리 거부하였다가 공공사업에의 지장 등을 이유로 그 거부처분의 적법성을 주장하는 경우(대판 1992.11.24, 92누3052) 등도 궤를 같이합니다.

한편, 위 2019두38465 판결에 잘 나타나듯이, 원처분의 근거 법령이 아닌 다른 법령상의 처분사유를 추가 · 변경함으로써 해당 처분의 성격이 기속행위에서 재량행위로 변경되는 경우에는, 그로 인하여 위법 사유의 성격, 당사자의 공격 · 방어 방법과 내용, 그리고 법원의 사법심사 방식 등이 근본적으로 달라집니다. 특히 기속행위에서 재량행위로 근거 법령이 추가됨에 따라, 종래의 법 위반 사실뿐만 아니라 처분의 적정성을 확보하기 위한 양정의 기초가 되는 사실까지 새로이 고려되어야 합니다. 원고로서는 당초 위반행위의 존재 여부나 근거 법령의 위헌 · 위법성만 다투면 되었으나, 이제 처분 당시 예상하지 못했고 사전에 반론을 제기할 기회조차 없었던 처분청의 재량권 행사 여부 및 재량판단의 적정성에 대해서까지 소송상 공방을 벌여야 하는 추가적 부담을 안게 됩니다. 더욱이 처분청이 소송단계에 이르러서야 처분의 근거 법령을 당초 기속규정에서 재량규정으로 변경하거나 추가하는 것은 처분청 스스로 해당 처분으로 달성하려는 공익과 원고가 입게 되는 불이익의 내용과 정도 사이의 비교형량을 처분 당시에 전혀 하지 않았음을 의미합니다. 따라서 당초 처분사유(기속규정)와 소송 과정에서 추가된 처분사유(재량규정)는 그 기초가 되는 사회적 사실관계의 동일성이 인정된다고 보기 어려우므로, 원고의 방어권 보장 차원에서 이러한 처분사유의 추가 · 변경은 허용될 수 없습니다.

(3) 기본적 사실관계의 동일성이 부인되지만, 원고의 동의에 따라 처분사유의 추가 · 변경이 허용되는 경우

A시장은 지역 내 공립어린이집의 효율적인 운영과 보육 서비스 질 제고를 위한 방안을 모색하던 중, 기존 공립어린이집의 운영 방식에 대한 개선 필요성을 인식하고 그 운영을 민간에 위탁하기로 결정하였다. 기존에 민간 어린이집 운영을 주된 영업 분야로 하던 주식회사 B행복아이보육(이하 'B보육')은 A시에서 공립어린이집을 위탁운영할 것이라는 소식을 접하고, 위탁운영법인 선정신청서를 접수하였다. 그러나 A시장은 "B보육의 위탁운영 신청서에 첨부해야 할 법인 등기부등본 원본 등 필수 서류 일부가 미비하고 신청서에 대표자의 서명날인이 누락되어, 보완을 명했음에도 불구하고 지정된 기간 내에 이에 응하지 않았다(이하 '처분사유1')"는 사유를 들어 B보육의 신청을 반려하였다(이하 '1차 거부처분'). B보육은 1차 거부처분에 대한 취소소송을 제기하였는데, 소송 계속 중 A시장은 1차 거부처분의 사유로 "재정 건전성 평가, 보육교사 1급 자격증 소지자 비율 등의 항목에서 선정기준에 미달한다"는 점을 추가하였다(이하 '처분사유2'). 관할법원은 '처분사유2'가 최초 거부처분의 '처분사유1'과는 완전히 다른 별개의 사항임을 인지하여 B보육에게 처분사유의 추가에 대한 동의 여부를 확인하였고, B보육은 법적 다툼을 해당 취소소송을 통해 일거에 해결하려는 의도로 처분사유 추가에 대한 동의서를 법원에 제출하였다. 법원은 B보육의 동의에 따라 처분사유의 추가를 허용하여 판단한 결과 B보육의 청구를 인용하였으며, 해당 판결은 상고심에서 그대로 확정되었다. B보육의 취소소송에 대한 인용판결 확정 후, A시장은 '처분사유2'는 '처분사유1'과 기본적 사실관계의 동일성이 없는 별개의 처분사유

라는 점에 착안하여 '처분사유2'를 들어 다시 반려처분을 하였다(이하 '2차 거부처분'). 인용판결이 확정되었음에도 A시장이 2차 거부처분을 한 것은 위법하다고 판단한 B보육이 취할 수 있는 행정소송상 대응 방법과 그에 대한 법원의 인용 여부를 설명하시오.

[참조조문]

* 영유아보육법

제24조(어린이집의 운영기준 등) ① 어린이집을 설치·운영하는 자는 교육부령으로 정하는 운영기준에 따라 어린이집을 운영하여야 한다.

② 국가나 지방자치단체는 제12조에 따라 설치된 국공립어린이집을 법인·단체 또는 개인에게 위탁하여 운영할 수 있다. 이 경우 교육부령으로 정하는 국공립어린이집 위탁체 선정관리 기준에 따라 심의하며, 최초 위탁은 다음 각 호의 어느 하나에 해당하는 자에게 위탁하는 경우를 제외하고는 공개경쟁의 방법에 따른다. <각 호 생략>

* 영유아보육법 시행규칙

제24조(국공립어린이집의 운영위탁) ① 교육부장관, 시·도지사 또는 시장·군수·구청장은 법 제24조 제2항에 따라 국공립어린이집의 운영을 위탁하려는 경우에는 미리 위탁의 기준, 절차 및 방법 등을 해당 기관의 게시판이나 인터넷 홈페이지 등을 이용하여 공고하여야 한다.

위 사례의 해법은 아래 2023두61349 판결에서 찾을 수 있습니다. 최근 대법원은 원처분 사유와 기본적 사실관계의 동일성이 부인되더라도, 원고의 동의가 있다면 처분사유의 추가·변경이 허용되는 경우를 체계적으로 제시하여 주목을 받았습니다.

행정처분의 적법성을 다투는 항고소송에서는 처분청이 당초 처분의 근거로 삼은 사유와 기본적 사실관계의 동일성이 인정되지 않는 별개의 사유를 주장하는 것이 원칙적으로 허용되지 않습니다. 이는 처분상대방의 방어권을 보장하여 실질적 법치주의를 구현하고 처분상대방의 신뢰를 보호하기 위함입니다. 그러나 처분청이 거부처분취소소송에서 당초 처분사유와 기본적 사실관계가 동일하지 않은 사유를 처분사유로 추가·변경하더라도, 처분상대방인 원고가 그 추가·변경된 처분사유의 실체적 당부에 관하여 해당 소송에서 심리·판단받는 것에 명시적으로 동의한 경우에는 법원은 이를 예외적으로 허용할 수 있습니다. 원고로서는 처분청이 별개의 사실을 바탕으로 새롭게 주장하는 처분사유까지 동일 소송절차 내에서 판단을 받음으로써 분쟁을 한꺼번에 해결하는 것을 유효·적절한 수단으로서 선택할 수 있으며, 법원이 원고의 그러한 절차적 선택을 존중하는 것은 처분사유 추가·변경 제한 법리의 기본취지와도 부합하기 때문입니다. 이 경우 법원은 추가·변경된 거부처분 사유가 당초 거부 사유와 기본적 사실관계의 동일성이 인정되지 않더라도 추가 · 변경된 거부처분 사유의 실체적 당부를 심리 · 판단해야 합니다.

만약 기본적 사실관계의 동일성이 인정되지 않는 처분사유의 추가 · 변경에 대한 원고의 명시적인 동의가 없다면, 법원은 처분사유 추가 · 변경 제한 법리의 원칙으로 돌아가 처분사유의 추가 · 변경을 허용해서는 안 됩니다. 법원이 기본적 사실관계가 동일하지 않은 사유의 추가 · 변경에 관한 처분상대방의 명시적인 동의 없이 그 사유를 심리·판단하여 이를 근거로 거부처분이 적법하다고 판단하는 것은 행정소송법상 직권심리주의의 한계를 벗어난 것이 됩니다. 따라서 처분청이 당초 거부처분 사유와 기본적 사실관계의 동일성이 인정되지 않는 다른 거부처분 사유를 주장한 것에 대하여 처분상대방이 아무런 의견을 밝히지 않는다면, 법원은 석명권을 행사하여 원고의 처분사유의 추가 · 변경에 대한 동의 여부를 확인해야 합니다.

한편, 원고의 동의에 따라 추가·변경된 거부처분 사유를 포함하여 해당 거부처분의 실체적 위법 여부를 판단한 결과 거부처분 취소판결이 확정되었다면, 기속력은 추가 · 변경된 거부처분 사유에까지 미치게 됩니다. 판결의 기속력은 법원이 위법으로 판단한 개개 사유에 미치며, 기본적 사실관계의 동일성이 부정되지만 원고의 동의에 따라 처분사유의 추가 · 변경이 허용되어 본안판단의 대상이 된 사유 역시 이에 포함되기 때문입니다. 따라서 처분청이 확정 인용판결에도 불구하고 추가 · 변경된 바로 그 사유를 들어 다시 거부처분을 하는 것은, 설령 그것이 당초 사유와 기본적 사실관계의 동일성이 인정되지 않는 사유이더라도 '판결의 취지'에 따른 재처분이 아닙니다(행정소송법 제30조 제2항). 이에 따라 원고가 재처분의무의 실효성 보장을 위해 간접강제를 신청하였다면, 법원은 인용결정을 하게 됩니다(동법 제34조 제1항 참조).

결론적으로 B보육은 제1심 수소법원에 간접강제를 신청할 수 있으며, 법원은 재처분의무 위반을 근거로 이를 인용할 것입니다. 취소판결의 기속력이 원고의 동의에 따라 심리 대상에 포함된 '처분사유2'에까지 미치므로, 이를 근거로 다시 거부처분을 하는 것은 판결의 취지에 반하는 기속력(재처분의무) 위반에 해당하기 때문입니다.

* **대판 2024.11.28, 2023두61349** : "처분청이 기본적 사실관계의 동일성이 인정되지 않는 별개의 사실을 들어 처분사유로 주장하는 것이 허용되지 않는다고 해석하는 이유는 행정처분의 상대방의 방어권을 보장함으로써 실질적 법치주의를 구현하고 행정처분의 상대방에 대한 신뢰를 보호하고자 하는 데에 취지가 있음을 고려하면, <u>처분청이 거부처분에 대한 항고소송에서 기존의 처분사유와 기본적 사실관계가 동일하지 않은 사유를 처분사유로 추가·변경한 것에 대하여 처분상대방이 추가·변경된</u>

처분사유의 실체적 당부에 관하여 해당 소송 과정에서 심리·판단하는 것에 명시적으로 동의하는 경우에는, 법원으로서는 그 처분사유가 기존의 처분사유와 기본적 사실관계가 동일한지와 무관하게 예외적으로 이를 허용할 수 있다. 처분상대방으로서는 처분청이 별개의 사실을 바탕으로 새롭게 주장하는 처분사유까지 동일 소송절차 내에서 판단을 받음으로써 분쟁을 한꺼번에 해결하는 것을 유효·적절한 수단으로서 선택할 수도 있으므로, 처분상대방의 그러한 절차적 선택을 존중하는 것이 처분사유 추가·변경 제한 법리의 기본취지와도 부합하기 때문이다. 그렇다면 법원은, 처분상대방의 명시적 동의에 따라 처분사유의 추가·변경을 허용할 경우, 추가·변경된 거부처분사유가 당초 거부처분사유와 기본적 사실관계의 동일성이 인정되지 않더라도 처분사유 추가·변경 제한 법리에 따라 처분청의 주장을 형식적으로 배척할 것이 아니라 추가·변경된 거부처분사유의 실체적 당부에 관하여 심리·판단해야 한다. 그 결과 추가·변경된 거부처분사유도 실체적으로 위법하여 처분을 취소하는 판결이 선고·확정되는 경우 추가·변경된 거부처분사유에 관한 법원의 판단에 대해서까지 취소판결의 기속력이 미친다고 보아야 한다. 이와 달리 처분상대방의 명시적인 동의가 없다면, 법원으로서는 처분사유 추가·변경 제한 법리의 원칙으로 돌아가 처분청의 거부처분사유 추가·변경을 허용해서는 안 된다. 따라서 처분청이 거부처분에 대한 항고소송에서 당초 거부처분사유와 기본적 사실관계의 동일성이 인정되지 않는 다른 거부처분사유를 주장한 것에 대하여 처분상대방이 아무런 의견을 밝히지 않고 있다면 법원은 적절하게 석명권을 행사하여 처분상대방에게 처분사유 추가·변경 제한 법리의 원칙이 그대로 적용될 것을 주장하는지, 아니면 추가·변경된 거부처분사유의 실체적 당부에 관한 법원의 판단을 구하는지에 관하여 의견을 진술할 수 있도록 기회를 주어야 한다. 그리고 법원이 기본적 사실관계가 동일하지 않은 사유의 실체적 당부에 관한 처분상대방의 명시적인 동의 없이 추가·변경된 거부처분사유를 심리·판단하여 이를 근거로 거부처분이 적법하다고 판단하는 것은 행정소송법상 직권심리주의의 한계를 벗어난 것으로 허용될 수 없다."

4) 직권심리주의의 한계와 처분사유상 기본적 사실관계의 동일성

행정소송에서도 원칙적으로 처분권주의가 적용되므로(행정소송법 제8조 제2항) 법원은 원고의 소 제기가 없는 사건에 대하여 심리·판결할 수 없으며, 소 제기가 있는 사건에서도 원고의 청구 범위를 넘어서 심리하거나 판결할 수 없습니다. 또한, 행정소송도 원칙적으로 변론주의하에서 심리가 진행되어야 합니다. 따라서 판결의 기초가 되는 사실과 그에 대한 자료는 당사자가 변론에 현출시켜야 하며, 법원은 변론에 나타나지 않은 사실에 대하여는 판단할 수 없고 판단할 필요가 없음이 원칙입니다.

그러나 행정소송은 사적자치가 지배하지 않는 공법상 법률관계를 대상으로 하므로 법원이 직권으로 관여하여야 할 필요성이 인정됩니다. 이를 반영하여 행정소송법 제26조는 법원이 직권으로 증거조사를 할 수 있고, 당사자가 주장하지 아니한 사실에 대하여도 판단할 수 있음을 규정합니다. 그러나 이를 두고 행정소송에 있어서 직권탐지주의가 전면적으로 적용된다고 해석하는 것은 옳지 않습니다. 동조는 법원이 반드시 직권으로 증거를 조사하여야 한다거나, 아무런 제한 없이 당사자가 주장하지 아니한 사실을 판단할 수 있다는 의미는 아니고, 처분권주의·변론주의에 대하여 행정소송의 특수성에 연유한 예외를 부분적으로 인정하여 법원이 필요하다고 인정할 때에 한하여 청구의 범위 내에서 일건 기록에 현출되어 있는 사항에 관하여 직권으로 증거조사를 하고, 이를 기초로 하여 판단할 수 있음을 허용하는 것으로 보아야 합니다(변론주의보충설).

이러한 변론주의원칙을 보완하는 직권심사주의의 한계를 대법원은 처분사유의 추가·변경의 허용 기준인 기본적 사실관계의 동일성 인정 여부에 연계하여 판시하고 있습니다. 즉, 위 2011두26589 판결에서 "같은 국가유공자 비해당결정이라도 그 사유가 공무수행과 상이 사이에 인과관계가 없다는 것과 본인 과실이 경합되어 있어 지원대상자에 해당할 뿐이라는 것은 기본적 사실관계의 동일성이 없다고 보아야 한다. 따라서 처분청이 공무수행과 사이에 인과관계가 없다는 이유로 국가유공자 비해당결정을 한 데 대하여 법원이 그 인과관계의 존재는 인정하면서 직권으로 본인 과실이 경합된 사유가 있다는 이유로 그 처분이 정당하다고 판단하는 것은 행정소송법이 허용하는 직권심사주의의 한계를 벗어난 것으로서 위법하다"고 판시하였습니다.

* **대판 2011.1.13, 2010두21310** : "법원의 직권증거조사 및 직권탐지를 규정한 「행정소송법」 제26조는 행정소송의 특수성에서 연유하는 당사자주의, 변론주의의 일부 예외 규정으로서, 법원으로서는 기록상 현출되어 있는 사항에 관하여 직권으로 증거조사를 하고 이를 기초로 하여 판단할 수 있는 것이며, 그 경우 당초의 처분사유와 기본적 사실관계에 있어서 동일성이 인정되는 한도 내에서만 새로운 처분사유를 인정하여 행정처분의 정당성 여부를 판단하는 것이 허용된다(대법원 2009. 5. 28. 선고 2008두6394 판결 등 참조). 이 사건의 경우 피고의 이 사건 처분사유는 원고가 이 사건 상이를 입은 사실 자체는 인정하면서도 다만 원고의 과실이 경합하여 발생한 것이어서 국가유공자등록을 거부한다는 취지인데 반해, 원고가 당시 우측 슬관절에 부상을 입고 수술 받은 사실을 인정한 원심의 판시 취지는 결국 원고가 이 사건 상이를 입은 사실이 없다는 것이어서 당초의 이 사건 처분사유와 기본적 사실관계에 있어서 동일성이 인정된다고 보기 어려우므로, 앞서 본 법리에 비추어 원심이 위와 같은 새로운 처분사유를 인정하여 이 사건 처분의 정당성을 판단한 것은 위법하다."

3. 사정판결

1) 의의

취소소송의 본안심리를 통해 처분의 하자가 판명된 경우 이를 취소하는 것이 법치행정원칙에 부합하고 원고의 권리구제에 적합함은 의문의 여지가 없습니다. 그러나 처분에 터 잡아 다수의 이해관계가 복잡한 법률관계로 발전하거나, 공공사업이 상당히 진행되어 기존의 법률관계를 뒤집는 것이 공공복리에 크게 어긋나는 경우에는 판단을 달리 할 수 있습니다. 예를 들면, 처분이 위법하지만 이미 집행되어 버렸고 그로 말미암아 다수 관계인 사이에 새로운 사실관계와 법률관계가 형성되어, 이를 뒤엎을 경우 그로 인한 손해가 크고 이에 비해 위법한 처분으로 불이익을 받은 자의 손해의 정도는 비교적 근소하여 또 다른 방법으로 그 손해를 보충할 수 있을 것으로 인정되는 경우를 생각할 수 있습니다(대판 1980.12.23, 76누70 참조). 이런 경우 행정소송법은 법치행정원칙과 개인의 권리보호 가치를 공공복리를 위하여 희생토록 하여, 처분이 위법하여 원고의 청구가 이유 있는 경우에도 처분을 취소함이 현저히 공공복리에 적합하지 아니할 때에는 원고의 청구를 기각할 수 있도록 하는 사정판결제도를 규정하고 있습니다(제28조).

2) 요건

(1) 취소소송일 것 : 처분의 하자가 취소사유일 것

사정판결은 처분의 위법에도 불구하고 원고의 청구를 기각하는 것이므로 법치행정원칙의 예외로 기능합니다. 그 적용 범위가 매우 한정적이어야 함을 의미합니다. 따라서 사정판결은 취소소송에서만 허용되는 것으로 해석함이 타당하며, 취소소송에 관한 규정을 무효확인소송이 준용하는 범위를 규정하는 행정소송법 제38조 제1항도 동법 제28조를 준용하지 않습니다. 견해에 따라서는 무효와 취소의 구별이 상대적이고, 처분의 무효로 인해 공공복리에 현저하게 반하는 결과가 초래될 가능성이 전혀 상정 불가능한 것은 아니라는 이유로 무효확인소송에도 사정판결을 허용해야 한다고 주장하지만, 효력 없는 무효인 처분을 공공필요를 이유로 유효하게 할 수는 없는 일이므로 찬성할 수 없습니다.

행정심판법은 무효확인심판에 사정재결이 허용되지 않음을 명문으로 규정합니다(행정심판법 제44조 제3항).

(2) 처분을 취소하는 것이 현저히 공공복리에 적합하지 않을 것

공공복리란 반드시 적극적인 조성행정 분야만을 가리키는 것은 아니고 질서유지의 개념을 포함하는 넓은 개념이지만, 부분사회의 이익을 가리키는 것은 아니고 국가통치권에 기인한 행정작용상의 국민공중의 직접적인 중요한 복리를 저해하는 경우를 말하므로 당사자 개인의 직접적 이해관계에 불과한 경우는 이에 해당하지 않습니다(대판 1957.5.24, 4289행상158).

사정판결의 핵심 요건인 '현저히 공공복리에 적합하지 않을 것'의 해당 여부는 위법한 행정처분을 취소·변경하여야 할 필요와 취소·변경으로 발생할 수 있는 공공복리에 반하는 상황 등을 비교·형량하여 엄격하게 판단하되, 구체적으로는 ① 해당 처분에 이르기까지의 경과 및 처분 상대방의 관여 정도, ② 위법사유의 내용과 발생원인 및 전체 처분에서 위법사유가 관련된 부분이 차지하는 비중, ③ 해당 처분을 취소할 경우 예상되는 결과, 특히 처분을 기초로 새로운 법률관계나 사실상태가 형성되어 다수 이해관계인의 신뢰 보호 등 처분의 효력을 존속시킬 공익적 필요성이 있는지 여부 및 정도, ④ 처분의 위법으로 인해 처분 상대방이 입게 된 손해 등 권익 침해의 내용, ⑤ 행정청의 보완조치 등으로 위법상태의 해소 및 처분 상대방의 피해 전보가 가능한지 여부, ⑥ 처분 이후 처분청이 위법상태의 해소를 위해 취한 조치 및 적극성의 정도와 처분 상대방의 태도 등 제반 사정을 종합적으로 고려하여야 합니다(대판 2016.7.14, 2015두4167). 한편, 적법한 처분에 대하여 현저히 공공복리에 부적합하다는 이유를 들어 사정판결로 그 취소를 구하는 것이 불가능함은 물론입니다.

> * **대판 1982.11.9, 81누176** : "행정소송법 제12조는 행정소송에서 다투어지고 있는 행정처분이 위법하여 그 취소를 구하는 원고의 청구가 이유있는 경우에도 이를 취소하거나 변경함이 현저히 공공의 복리에 적합하지 아니하다고 인정하는 때에는 이를 취소하지 아니하고 그 청구를 기각할 수 있다는 규정이고, 취소를 구하는 행정처분이 적법한 경우에도 그 행정처분이 현저히 공공의 복리에 적합하지 아니하다고 인정되는 경우에 그 취소를 할 수 있다는 규정은 아니므로, 설사 원고가 이 사건 행정소송에 의하여 취소를 구하고 있는 피고의 재결취소처분이 현저히 공공의 복리에 적합하지 아니한 것이었다 하더라도 법원이 위 행정소송법 제12조를 근거로 하여 이를 취소하는 판결을 할 수는 없다."

3) 사정판결 관련 판례의 입장

(1) 사정판결을 인정한 경우

* **대판 1992.2.14, 90누9032** : "행정소송법 제26조, 제28조 제1항 전단의 각 규정에 비추어 행정소송에 있어서 법원이 사정판결을 할 필요가 있다고 인정하는 때에는 당사자의 명백한 주장이 없는 경우에도 일건기록에 나타난 사실을 기초로 하여 직권으로 사정판결을 할 수 있다. 환지예정지지정처분의 기초가 된 가격평가의 내용이 일응 적정한 것으로 보일 뿐만 아니라 환지계획으로 인한 환지예정지지정처분을 받은 이해관계인들 중 원고를 제외하고는 아무도 위 처분에 관하여 불복하지 않고 있으므로 원고에 대한 환지예정지지정처분을 위법하다 하여 이를 취소하고 새로운 환지예정지를 지정하기 위하여 환지계획을 변경할 경우 위 처분에 불복하지 않고 기왕의 처분에 의하여 이미 사실관계를 형성하여 온 다수의 다른 이해관계인들에 대한 환지예정지지정처분까지도 변경되어 기존의 사실관계가 뒤엎어지고 새로운 사실관계가 형성되어 혼란이 생길 수도 있게 되는 반면 위 처분으로 원고는 이렇다 할 손해를 입었다고 볼 만한 사정도 엿보이지 않고 가사 손해를 입었다 할지라도 청산금보상 등으로 전보될 수 있는 점 등에 비추어 보면 위 처분이 토지평가협의회의 심의를 거치지 아니하고 결정된 토지 등의 가격평가에 터잡은 것으로 그 절차에 하자가 있다는 사유만으로 이를 취소하는 것은 현저히 공공복리에 적합하지 아니하다고 보여 사정판결을 할 사유가 있다."
* **대판 1995.7.28, 95누4629** : "나아가 원심은 직권으로, 거시 증거에 의하여, 이 사건 처분 당시 유효하게 동의 철회를 한 위 토지소유자 13명 및 건축물소유자 17명과 그 이외에 이 사건 처분 당시 원래부터 미동의자이였던 토지 또는 건축물의 소유자 중 17명 등을 포함하여 이 사건 재개발지구안 의 건축물 소유자 총수 중 약 90%에 해당하는 자들이 이 사건 처분이 있은 후에 위 재개발지구에서 퇴거하여 이주하기로 하고 위 재개발지구 내의 건축물을 포함한 지장물 일체의 철거를 위 재개발조합에 위임하여 시행하며 위 재개발조합이 관리처분계획을 작성하기 위하여 그들이 소유하는 토지 또는 건축물에 대하여 시행하는 감정평가결과에 아무런 이의를 제기하지 않기로 약정한 후, 소정의 이주비를 대여받아 위 재개발지구에서 퇴거하였으며 이에 따라 그에 대한 건축물의 철거 등이 행하여져 원심 변론종결 당시에는 위 재개발사업이 상당한 정도 진척된 사실을 인정한 다음, 위 인정사실과 더불어, 재개발구역 안에서 토지의 합리적이고 효율적인 고도이용과 도시기능을 회복하기 위하여 법이 정하는 바에 의하여 시행하는 건축물 및 그 부지의 정비와 대지의 조성 및 공공시설의 정비에 관한 사업과 이에 부대되는 사업으로서 도시의 건전한 발전과 공공복리의 증진에 기여하기 위하여 행하여지는 재개발사업의 공익목적(법 제1조, 제2조 제2호)에 비추어 볼때, 위와 같이 이 사건 처분 당시에는 비록 토지 및 건축물소유자 총수의 각 3분의 2 이상의 동의를 얻지 못하였으나 그 후 3분의 2 이상에 해당하는 토지 및 건축물의 소유자가 위와 같이 사업의 시행에 이의하지 않고 사업의 속행을 바라고 있어 그 사업의 시행을 위한 재개발조합의 설립 및 사업시행인가가 새로이 행하여질 경우 90% 이상의 토지 및 건축물의 소유자가 이에 동의할 것으로 충분히 예상되므로 만약

이 사건 처분을 위법하다고 하여 취소하고 새로운 절차를 밟게 할 경우에는 불필요한 절차를 반복하게 함으로써 주택개량재개발사업의 신속한 진행을 지연시키게 되어 위와 같이 재개발사업의 속행을 바라고 있는 약 90%의 토지 또는 건축물소유자들에게 상대적으로 커다란 경제적 손실을 초래케 할 가능성이 높은 반면, 원고들이 이 사건 처분으로 이렇다 할 손해를 입었다고 볼 만한 사정도 엿보이지 않을 뿐만 아니라, 위와 같은 위법사유를 시정하고 위 재개발조합의 설립 및 사업시행인가처분이 있게 될 경우 원고들을 비롯하여 이 사건 재개발지구안에 토지 또는 건축물을 소유하는 자들은 법이 정한 절차에 따라 재개발사업이 시행되어 관리처분계획의 인가 및 공사완료에 따른 조치 등의 과정을 거쳐 동등한 지위에서 그에 따른 정당한 법적 권리를 갖게 되어 있는 점 등을 고려한다면, 이 사건 처분이 앞서 본 바와 같이 애당초 토지 및 건축물 소유자 총수의 3분의 2 이상의 동의를 얻지 못하여 위법한 것이라고 하더라도 이를 이유로 이 사건 처분을 취소하는 것은 오히려 현저히 공공복리에 적합하지 아니하다고 인정하여 원고들의 예비적 청구를 기각하고 행정소송법 제28조 제1항 후단을 적용하여 주문에서 그 처분이 위법함을 명시하였다. 관계증거 및 기록과 앞서 본 법리에 비추어 살펴보면 원심의 위와 같은 사실인정과 판단은 옳다고 여겨지고 …."

* **대판 2009.1.30, 2008두19550,19567(병합)** : "국립OO대학교 학칙 제122조 제3항은 학칙을 개정하고자 할 때에는 그 내용과 사유를 20일 이상 예고하여 구성원의 의견을 청취하도록 규정하고 있음에도, 피고는 정당한 사유 없이 위 예고절차를 거치지 아니한 채 2007.10.16. 국립OO대학교 학칙의 [별표2] 모집단위별 입학정원을 원심판결 별지 도표와 같이 개정하였으므로 피고의 위 학칙개정행위는 위법하다고 판단한 후, 나아가 국립OO대학교는 위 개정학칙에 근거하여 이미 2008학년도 수시 2차와 정시모집을 완료함으로써 다수의 구성원들이 새로운 이해관계를 맺게 되어 위 학칙개정행위가 취소될 경우 국립OO대학교의 장래 학사운영에 큰 혼란을 야기될 것으로 예상되는 등 위 학칙개정행위를 취소하는 경우 공공복리에 적합하지 아니한 결과를 초래한다는 이유로 원고들의 청구를 기각하는 사정판결을 인정한 사례."

* **대판 2009.12.10, 2009두8359** : "행정처분이 위법한 때에는 이를 취소함이 원칙이고 그 위법한 처분을 취소·변경함이 도리어 현저히 공공의 복리에 적합하지 않은 경우에 극히 예외적으로 위법한 행정처분의 취소를 허용하지 않는다는 사정판결을 할 수 있으므로 사정판결의 적용은 극히 엄격한 요건 아래 제한적으로 하여야 하고, 그 요건인 현저히 공공복리에 적합하지 아니한가의 여부를 판단함에 있어서는 위법·부당한 행정처분을 취소·변경하여야 할 필요와 그 취소·변경으로 인하여 발생할 수 있는 공공복리에 반하는 사태 등을 비교·교량하여 그 적용 여부를 판단하여야 한다(대법원 2009. 1. 30. 선고 2008두19550, 2008두19567(병합) 판결 등 참조). 아울러 사정판결을 할 경우 미리 원고가 입게 될 손해의 정도와 구제방법, 그 밖의 사정을 조사하여야 하고, 원고는 피고인 행정청이 속하는 국가 또는 공공단체를 상대로 손해배상 등 적당한 구제방법의 청구를 당해 취소소송 등이 계속된 법원에 청구할 수 있는 점(행정소송법 제28조 제2항, 제3항) 등에 비추어 보면, 사정판결 제도가 위법한 처분으로 법률상 이익을 침해당한 자의 기본권을 침해하고, 법치행정에 반하는 위헌적인 제도라고 할 것은 아니다. 원심은, 그 판시와 같은 사실을 인정한 후, 법학전문대학원이 장기간

의 논의 끝에 사법개혁의 일환으로 출범하여 2009년 3월초 일제히 개원한 점, 전남대 법학전문대학원도 120명의 입학생을 받아들여 교육을 하고 있는데 인가처분이 취소되면 그 입학생들이 피해를 입을 수 있는 점, 법학전문대학원의 인가 취소가 이어지면 우수한 법조인의 양성을 목적으로 하는 법학전문대학원 제도 자체의 운영에 큰 차질을 빚을 수 있는 점, 법학전문대학원의 설치인가 심사기준의 설정과 각 평가에 있어 법 제13조에 저촉되지 않는 점, 교수위원이 제15차 회의에 관여하지 않았다고 하더라도 그 소속대학의 평가점수에 비추어 동일한 결론에 이르렀을 것으로 보여, 전남대에 대한 이 사건 인가처분을 취소하고 다시 심의하는 것은 무익한 절차의 반복에 그칠 것으로 보이는 점 등을 종합하여, 전남대에 대한 이 사건 인가처분이 법 제13조에 위배되었음을 이유로 취소하는 것은 현저히 공공복리에 적합하지 아니하다고 인정하였다. 위 법리와 기록에 비추어 보면, 원심의 이러한 판단은 정당한 것으로 수긍할 수 있고 …."

* **대판 2016.7.14, 2015두4167** : "위와 같은 법리를 이 사건 기반시설부담계획 및 이에 근거한 부담금 부과처분 전후의 제반 사정에 비추어 보면, 다음과 같은 이유에서 위 각 처분의 일부 위법사유를 이유로 그 전부를 취소하는 것은 현저히 공공복리에 적합하지 아니하여 사정판결을 할 사유가 있다고 볼 여지가 있다.

1) 이 사건 기반시설부담계획 및 부담금 부과처분의 위법사유로 볼 수 있는 하자는 하천정비사업 중 토목공사비용을 후발업체들에게 부담시킨 부분이나 용지비의 과다·과소 계상의 위법 등 부분적·개별적인 하자에 불과하고 그것이 전체 부담계획에서 차지하는 비중이 크지 아니하다.

2) 이 사건 기반시설부담계획 및 부담금 부과처분은 재량행위에 해당하고 앞서 본 부분적·개별적 하자를 제외한 나머지 부분만을 기초로 부담금을 산정할 수도 없으므로 처분을 취소할 경우에는 불가피하게 그 전부를 취소할 수밖에 없다. 그런데 지방재정법 제82조 제1항은 "금전의 지급을 목적으로 하는 지방자치단체의 권리는 시효에 관하여 다른 법률에 특별한 규정이 있는 경우를 제외하고는 5년간 행사하지 아니하면 소멸시효가 완성한다."라고 규정하고 있으므로, 이 사건 기반시설부담계획 전부를 취소하는 내용의 판결이 확정될 경우, 원고들을 비롯한 사업자들에 대한 기반시설부담금 부과의 근거인 이 사건 기반시설부담계획 자체가 소급적으로 효력을 상실하게 되고, 소멸시효 기간의 경과 등으로 기반시설부담금을 다시 부과하는 것이 곤란하게 되어 해당 사업과 무관한 일반 납세자의 부담으로 특정 지역의 기반시설을 조성하는 결과가 초래될 수 있다.

3) 한편 원고들을 비롯한 후발업체들은 장차 수립될 기반시설부담계획에 따라 기반시설 설치의무를 부담할 것을 전제로 사업계획승인을 받았으므로, 이 사건 기반시설부담계획에 따른 기반시설부담금을 각자 건설하는 아파트 수분양자 등 최종 소비자들에게 상당 부분 전가하였을 수 있다. 그럼에도 이 사건 기반시설부담계획을 부분적 하자를 이유로 전부 취소하게 되면, 후발업체들이 이 사건 기반시설부담계획에 따라 이미 시공하여 기부채납을 마친 직접설치 부분까지도 법적 근거를 상실하게 되어 피고로서는 그와 같이 기부채납된 부분의 설치비용 상당액까지 부당이득으로 반환하여야 하는 상황이 발생할 수 있는 한편, 그로 인하여 후발업체들은 당연히 예상하고 있던 정당한 부담까지도 면하고, 거기에서 나아가 기대하지 않았던 이익을 얻게 될 가능성도 배제할 수 없고, 그 금액 규모도

적지 않을 것으로 보인다.

4) 수분양자 등 최종 소비자들로서는 이 사건 기반시설부담계획이 유효하게 존속함을 전제로 하여 후발업체들이 위 계획에 따라 부담하게 된 기반시설부담금이 반영된 분양대금을 지급하고 공동주택을 분양받는 등 이 사건 기반시설부담계획을 기초로 새로운 법률관계를 형성하였는데, 만약 이 사건 기반시설부담계획이 전부 취소될 경우 수분양자 등 최종 소비자들이 후발업체들을 상대로 분양대금에 전가된 기반시설부담금 부분을 부당이득으로 반환하여야 한다고 주장하게 되는 등 다수의 이해관계인들 사이에서 비용 내지 부당이득 정산에 관하여 복잡한 분쟁 상태가 야기될 우려가 있는 등 이 사건 기반시설부담계획을 기초로 형성된 새로운 법률관계나 사실상태에 대한 공중이나 다수 이해관계인의 신뢰를 보호할 필요성도 인정된다.

5) 기반시설부담계획은 확정적인 사업계획을 전제로 수립되는 것이 아니므로 기반시설부담개발행위를 하는 자의 사업계획 변경에 탄력적으로 대응할 필요가 있고, 후발업체들 사이의 협약에서도 사후정산을 규정하고 있으므로 이 사건 기반시설부담계획 수립 당시의 경미한 하자나 사후적 사정변경은 사업완료 후 이 사건 기반시설부담계획을 변경하여 후발업체들 사이에서 최종 정산을 할 것이 예정되어 있었고, 이 사건 기반시설부담계획 중 일부 위법한 부분으로 인한 원고들의 손해는 피고가 그 부분을 시정하여 변경처분을 하고 그에 따라 후발업체들 사이에서 사후정산을 함으로써 금전적 전보가 가능하다.

그렇다면 원심으로서는 이 사건 기반시설부담구역에서 원고들을 비롯한 후발업체들이 수행한 사업계획 추진 내용과 정도 등을 확인한 다음 앞서 본 법리에 따라 사정판결이 가능한지 여부에 나아가 적극적으로 심리하고, 그것이 가능하다고 판단되는 경우 원고들에게 석명권을 행사하여 의견을 진술할 기회를 주고, 이 사건 기반시설부담계획의 위법요인을 완화 내지 해소할 방안이 있는지 등에 관하여 심리·판단하였어야 한다. 그럼에도 원심은 사정판결이 필요하다는 피고의 주장을 그 판시와 같은 이유만을 들어 가벼이 배척하고 말았으니, 이러한 원심의 판단에는 사정판결에 관한 법리를 오해하여 필요한 심리를 다하지 아니함으로써 판결에 영향을 미친 잘못이 있다."

(2) 사정판결을 부인한 경우

* **대판 1991.5.28, 90누1359** : "이 사건 처분이 비록 위법하다고 하더라도 그에 따른 운행계통의 연장으로 인하여 1988년초부터 대구 북부지역 및 경북 북부지역 주민들의 교통편의에 크게 기여하고 있음에 비추어 그 노선을 폐쇄하는 것은 현저히 공공복리에 반하는 결과를 초래한다 할 것이므로 행정소송법 제28조 제1항에 의하여 사정판결을 하여야 한다는 피고의 주장에 대하여 원심은, 사정판결을 하기 위해서는그 행정처분의 취소가 현저히 공공복리에 적합하지 아니하는 때에 해당하여야 할 것인데, 이 사건 처분의 취소로 인하여 연장노선 이용 승객들의 불편이 예상되지만 그러한 불편은 피고가 취할 수 있는 여러 대응조치 등으로 일시적현상에 그칠 것으로 예상되는 점에서 사정판결의

요건을 갖추지 못하고 있다 하여 이를 배척하였다. 사정판결은 공공복리의 유지를 위하여 극히 예외적으로 인정된 제도인 만큼 그 적용은 극히 엄격한 요건 아래 제한적으로 하여야 할 것이고, 그 요건인 현저히 공공복리에 적합하지 아니한가의 여부를 판단함에 있어서는 위법, 부당한 행정처분을 취소, 변경하여야 할 필요와 그 취소, 변경으로 인하여 발생할 수 있는 현저히 공공복리를 해치는 사태 등을 비교, 교량하여 그 적용여부를 판단하여야 할 것인바, 자동차운수사업에 관한 질서확립, 운수업체간의 과당경쟁방지, 원고들의 기득의 이익보호의 필요성, 이 사건 처분의 취소 후에 피고가 취할 수 있는 대응조치 등 기록에 나타난 여러 사정을 고려해 볼 때, 이 사건 처분의 취소가 현저히 공공복리에 적합하지 아니하는 때에 해당한다고 볼 수는 없다 할 것이다."

* **대판 2001.6.15, 99두5566** : "원심이 재개발사업이 시행될 경우 재개발구역 내 토지 등 소유자의 권리에 미치는 영향의 중대성에 비추어 볼 때 재개발사업에 동의한 자가 동의하지 아니한 자에 비하여 많다거나 재개발사업을 시행하지 못하게 됨으로써 사업시행에 동의한 사람들이 생활상의 고통을 받는다는 사정만으로는 이 사건 재개발조합설립 및 사업시행인가처분을 취소하는 것이 현저히 공공복리에 적합하지 아니하다고 할 수 없다고 보아 사정판결의 필요성에 대한 피고의 주장을 배척한 조치는 옳고, 거기에 상고이유의 주장과 같은 법리오해의 위법이 없다."
* **대판 2001.10.12, 2000두4279** : "수정된 관리처분계획에 관하여 총회가 재결의를 하기 위하여는 시간과 비용이 많이 소요된다는 등의 사정만으로는 이 사건 관리처분계획을 취소하는 것이 현저히 공공복리에 적합하지 아니하다고 볼 수도 없으므로, 원심이 직권으로 원고의 청구를 기각하는 사정판결을 하지 아니한 데에 위법이 있다고도 할 수 없다."
* **대판 2001.8.24, 2000두7704** : "원심은, 이 사건 징계처분 이후 검찰에 후속인사가 단행되어 원고보다 사법시험 뒷 기수인 새로운 검찰총장이 임명되고, 고등검찰청 검사장으로 보하는 직책 모두에도 새로운 검사장들이 보직되었으며, 이 사건 징계결정에 참여한 징계위원들 상당수가 검찰총장을 비롯한 검찰의 중요간부직을 맡고 있어, 엄격한 상명하복관계를 이루고 있는 검찰조직의 특성에 비추어 볼 때, 원고의 복직이 검찰 내부의 조직의 안정과 인화를 도모하는 데 바람직하지 않은 요소로 작용할 가능성이 없지 않으나, 이는 검찰 내부에서 조정·극복하여야 할 문제일 뿐, 이를 준사법기관인 검사에 대한 위법한 면직처분을 취소할 필요성을 부정할 만큼 현저히 공공복리에 반하는 사태에 해당한다고 볼 수는 없으므로, 이 사건은 사정판결을 할 경우에 해당하지 않는다고 판단하였다. 기록에 비추어 살펴보니, 원심의 위와 같은 판단은 앞서 본 법리에 따른 것으로서 정당하고 …."

4) 사정판결의 심판

(1) 절차

당사자의 주장이 없더라도 법원은 직권으로 사정판결을 할 수 있습니다. 즉, 사정판결을 할 사정에 관한 주장·증명책임은 피고 처분청에 있지만, 당사자의 명백한 주장이 없는 경우에도 변론에 나타난 사실을 기초로 하여 법원이 직권으로 석명권을 행사하거나 증거조사를 하여 사정판결을 할 수 있습니다. 전술한 바와 같이, 처분의 위법 여부에 대한 판단은 처분시를 기준으로 하지만, 사정판결을 하여야 할 공익성의 판단 기준시는 처분 후의 사정이 고려되어야 할 것이므로 변론종결시입니다.

* **대판 2006.9.22, 2005두2506** : "행정처분이 위법한 경우에는 이를 취소하는 것이 원칙이고, 예외적으로 그 위법한 처분을 취소·변경하는 것이 도리어 현저히 공공복리에 적합하지 아니하는 경우에는 그 취소를 허용하지 아니하는 사정판결을 할 수 있고, 이러한 사정판결에 관하여는 당사자의 명백한 주장이 없는 경우에도 기록에 나타난 여러 사정을 기초로 직권으로 판단할 수 있는 것이나, 그 요건인 현저히 공공복리에 적합하지 아니한지 여부는 위법한 행정처분을 취소·변경하여야 할 필요와 그 취소·변경으로 인하여 발생할 수 있는 공공복리에 반하는 사태 등을 비교·교량하여 판단하여야 할 것이다. 원심은 그 채용 증거들을 종합하여 판시와 같은 사실을 인정한 다음, 이 사건 고시 중 이 사건 약제의 상한금액 부분의 취소로 인하여 이 사건 약제와 관련된 건강보험가입자의 본인부담금 정산문제로 불편이 생길 가능성 등이 있으나, 건강보험재정에 직접적으로 중대한 영향을 미치거나 건강보험제도의 운용상 막대한 지장을 초래한다고 보기 어려우므로, 이 사건 고시 중 이 사건 약제의 상한금액 부분을 취소하는 것이 현저히 공공의 복리에 적합하지 않은 경우에 해당한다고 할 수 없다고 판단하였다. 앞서 본 법리를 기록에 비추어 살펴보면, 원심의 위와 같은 판단은 정당한 것으로 수긍이 가고, 거기에 상고이유로 주장하는 채증법칙 위배, 사정판결의 요건에 관한 법리오해의 위법이 없다."

* **대판 1970.3.24, 69누29** : "원판결에 의하면 원심은 원고 등이 건축허가 신청을 한 건축부지인 진주시 교문동 (지번 생략) 토지가 수도법 제3조, 같은법 시행령 제4조, 제5조에 정한 상수도 보호구역이라는 사유로 피고가 원고에 대하여 한 본건 건축불허가처분은 위법이라는 취지로 위 처분을 취소하였는 바 기록을 조사하여 보면 이 사건의 문제로 된 토지는 본건 구두변론 종결 이전인 1968.5.27 건설부고시 제331호에 의하여 진주시 도시계획을 재정비 결정하여 녹지지역으로 지정고시되었고 위 토지상에 건립될 본건 건물은 도시계획법 제21조 및 건축법 제32조 제5항에 해당되는 건축을 허가할 대상건물이 아님을 쉽사리 알 수 있다. 그렇다면 피고가 위 건축불허가 처분당시에 위 처분이 위법하다고 하더라도 본건 구두변론 종결당시에는 이미 진주시 도시계획 재정비 결정으로 도시계획법 제21조에 의한 녹지지역으로 지정고시 되었는만큼 동조의 규정에 의하면 녹지지역내에서는 보건위생 또는 보안에 필요한 시설 및 녹지지역으로서의 효용을 해할 우려가 없는 용도에 공하는 건축물이 아니면 건축을 할 수 없다고 규정한 위 법조의 취지로 보아 본건 건축불허가 처분을 취소하는 것은 현저히 공공의 복리에 적합하지 아니하다고 인정되는 것인데도 불구하고 원심이 원고의 청구를 인용하였음은 행정소송법 제12조의 법리를 오해한 위법을 면치 못할 것이니 ⋯."

사정판결에 앞서 법원은 원고가 그로 인하여 입게 될 손해의 정도와 배상방법 그 밖의 사정을 조사하여야 하는데(제28조 제2항), 이는 후술하는 행정소송법 제28조 제3항의 구제방법으로서의 부수조치를 위한 심리과정에 해당합니다. 사정판결을 하는 경우에는 처분이 위법함을 판결주문에 명시하여야 하는데(제28조 제1항 후문), 이는 사정판결 이후 후소로 제기한 국가배상청구소송에서 판결의 기판력에 따라 원고의 권리구제를 용이하게 하는 기능을 합니다. 사정판결은 원고의 청구를 기각하는 경우(기각판결)이지만 처분의 위법을 전제로 하므로 소송비용은 피고가 부담합니다(제32조).

* **대판 2016.7.14, 2015두4167** : "사정판결은 처분이 위법하나 공익상 필요 등을 고려하여 취소하지 아니하는 것일 뿐 처분이 적법하다고 인정하는 것은 아니므로, 사정판결의 요건을 갖추었다고 판단되는 경우 법원으로서는 행정소송법 제28조 제2항에 따라 원고가 입게 될 손해의 정도와 배상방법, 그 밖의 사정에 관하여 심리하여야 하고, 이 경우 원고는 행정소송법 제28조 제3항에 따라 손해배상, 제해시설의 설치 그 밖에 적당한 구제방법의 청구를 병합하여 제기할 수 있으므로, 당사자가 이를 간과하였음이 분명하다면 적절하게 석명권을 행사하여 그에 관한 의견을 진술할 수 있는 기회를 주어야 한다."

(2) 구제방법청구

사정판결로 처분이 적법한 것으로 되지 않고, 여전히 해당 처분은 위법합니다. 따라서 원고는 피고 행정청이 속한 국가 또는 공공단체를 상대로 손해배상, 제해시설의 설치 그밖에 적당한 구제방법의 청구를 당해 취소소송이 계속된 법원에 병합하여 제기할 수 있습니다(제28조 제3항). 구체적으로는 피고가 소 계속 중 사정판결을 구하는 항변을 하는 경우에 만일의 경우를 대비하여 처분이 취소되지 않음을 전제로 예비적으로 손해배상, 제해시설의 설치 청구를 추가하게 되는데, 이 경우에는 예비적 청구의 피고가 행정청이 아닌 국가 또는 공공단체가 되므로 주관적·예비적 청구의 형태가 됩니다. 물론, 이 경우 손해배상 등의 청구를 취소소송에 병합하여 제기하지 않고 사정판결 이후 별소로 제기할 수도 있습니다.

(3) 불복

사정판결에 대해서는 원고와 피고 모두가 상소할 수 있습니다. 원고 입장에서는 사정판결의 사유가 없음에도 사정판결을 하여 원고의 청구가 기각되었음을 이유로 다툴 것이고, 피고는 원고의 청구를 기각한 점에 대해서는 다투지 않겠지만 처분이 적법함에도 위법하다고 판단하였다는 점을 이유로 다툴 수 있을 것입니다.

제39강

판결의 효력

제39강

판결의 효력

판결의 효력은 판결이 확정되었음을 전제로 하는 경우에만 성립하는 논의입니다. 이런 점에서 확정판결의 효력이라고 칭하는 것이 정확한 표현입니다. 통상 사실관계에서 상고심에서의 확정, 원고의 상소포기, 상소기간의 도과 등 판결의 확정을 의미하는 표현이 나타나지만, 그렇지 않더라도 판결의 효력을 논하는 경우 항상 판결이 확정되었음을 전제로 합니다.

1. 형성력

1) 의의

취소소송은 형성소송입니다. 취소소송에서 계쟁처분의 취소판결이 확정되면 처분청의 취소를 기다릴 필요 없이 당해 처분은 효력을 상실하여 처음부터 처분이 없었던 것과 같은 상태로 됩니다. 이를 판결의 형성력이라고 합니다. 이를테면, 과세처분 취소판결이 확정되면 해당 과세처분은 소멸하므로, 판결 확정 후 과세관청은 해당 과세처분의 존재를 전제로 하는 경정처분을 할 수 없고 당해 경정처분은 당연무효입니다(대판 1989.5.9, 88다카16096). 행정소송법상 형성력에 관한 명문의 규정은 없지만, 일반적으로 승인되는 판결의 효력입니다. 판결의 형성력은 기속력과 함께 인용판결에만 인정되는 효력입니다.

2) 형성력의 소급효(ex tunc)

어업면허취소처분에 대한 취소판결이 확정되면, 해당 취소판결로 면허취소처분이 취소되기까지 사이에 행한 어로행위는 무면허 어로행위가 아닙니다(대판 1991.5.14, 91도

627). 이러한 점은 취소판결의 확정을 통해 계쟁처분은 처분 당시부터 당연히 효력이 없었던 것으로 되는 형성력의 소급효로써 설명 가능합니다.

그러나 이때의 소급효가 행정청 이외의 제3자에 대해서도 아무런 제한 없이 미치는가에 대해서는 논란의 여지가 있습니다. 예컨대, 시내버스 운전기사에 대해 운전면허취소처분이 있었음을 이유로 그 소속회사가 취업규칙에 따라 그를 해고하였는데 그 후 운전면허취소처분이 행정소송에서 재량권 남용 등을 이유로 취소된 경우 해당 해고의 효력 유무가 문제될 수 있습니다. 판례는 이와 유사한 사안에서 취업규칙상 운전면허취소를 당연 퇴직사유로 정한 취지에 비추어 소속회사가 행한 해고가 무효로 되는 것은 아니라고 하였습니다. 다만, 아래 판결에서는 원고의 운전면허가 취소된 것이 피고 회사가 원고를 공소시효가 지난 공문서 변조 등의 혐의로 수사기관에 고소함에 기인한 것이라고 하더라도 원고가 공문서를 변조하여 운전면허를 발급받은 것이 사실인 이상 결과적으로 원고의 운전면허가 취소되었음을 이유로 퇴직처분한 것이 신의칙에 위반된 것이라고 할 수 없음을 고려하였습니다. 이는 형성력의 또 다른 측면으로서 판결의 제3자효로 논의되는데, 관련 내용을 목차를 달리하여 아래에서 상세히 살펴봅니다.

* **대판 1993.12.21, 93다43866** : "취업규칙상의 당연퇴직규정의 취지는 달리 특별한 사정이 없는 한 운수회사라는 특성상 회사로서는 운전면허가 취소된 운전기사를 계속 고용할 수 없을 것이라는 고려에서 일단 근로자의 운전면허가 취소되면 그 근로자의 면허가 취소되었다는 사실만으로 당연퇴직사유에 해당하는 것이라는 데 있는 것으로 해석되고, 따라서 이를 이유로 회사에서 당연퇴직처분을 한 이상 설사 이후 위 운전면허취소처분이 행정심판절차에 의하여 다시 취소되어 소급하여 무효로 돌아간다고 하여도 퇴직처분 당시 위와 같은 당연퇴직사유가 있었던 것이므로 그 퇴직처분이 무효로 되는 것은 아니다."

3) 제3자효(대세적 효력)

(1) 의의

오늘날 행정처분이 사회 내 이익조정에 임하는 경우가 증대함에 따라 취소판결의 효력(형성력)이 소외 제3자에게 미치는지의 문제가 중요한 쟁점으로 대두됩니다. 예컨대, 甲이 환지계획변경처분에 의해 취득한 토지를 乙에게 양도한 후 해당 환지계획변경처분 취소소송에서 취소판결이 행해진 경우, 취소소송을 제기한 丙이 취소판결을 근거로 乙에 대한 소유권이전등기말소를 소송상 청구할 수 있는지, 즉 이 경우 乙이 丙의 소유권이전등기말소청구소송에서 위 환지계획변경처분의 취소판결에도 불구하고 그 효력은 자신에게 미치지 않으므로 자신은 해당 부동산을 적법하게 취득하였다고 주장할 수 있는가의 문제입니다. 이 문제는 판결의 제3자효와 연관한 쟁점인데, 관련 행정소송법 규정으로는 다음이 있습니다. 행정소송법 제29조 제1항은 처분 등을 취소하는 판결은 제3자에 대하여도 효력이 있다고 규정함으로써 원고청구인용판결의 효력이 제3자에게까지 미치는가의 문제를 일응 입법적으로 해결하였습니다. 동 규정은 다른 소송유형과 제도에 준용되는데, 무효등확인소송과 부작위위법확인소송, 집행정지의 결정, 집행정지결정의 취소결정 등이 그에 해당합니다(행정소송법 제38조, 제29조 제2항[1]).

(2) 제3자효의 내용

취소판결의 대세적 효력을 인정하는 것은 소송당사자와 제3자의 관계에서 취소판결의 효력이 상이해지는 것을 방지하고, 관련 법률관계를 획일적·통일적으로 규율하려는 데 그 취지가 있습니다. 그러나 제3자효의 인정을 통해 소외 제3자(복효적 행정처분의 상대방)의 권리가 부당하게 침해될 우려가 있으므로 행정소송법은 제3자의 소송참가(제16조) 및 제3자의 재심청구(제31조)에 대하여도 규정을 두고 있습니다.

취소판결의 제3자효의 내용과 관련하여, 제3자가 판결에 의한 취소의 효력을 부인할 수 없음은 소송참가제도를 통해서도 명확합니다. 문제는 제3자가 취소판결의 효력을 적극적으로 원용할 수 있는가에 있습니다. 견해에 따라서는 소송당사자가 아닌 제3자에게는 취소판결의 형성력이 미치지 않는다는 상대적 효력설을 주장합니다. 상대적 효력설에서는 행정처분에 대한 취소판결의 형성력은 재판에 의한 위법성 판단에 따라 생기는 기판력에 기하는 것이고, 기판력의 주관적 범위는 소송수행 당사자와 이와 동일시할 수 있는 자에 한하며 소송에 불참가한 제3자에게는 미치지 않음을 고려할 때, 예컨대 공매처분의 취소판결 후 소송당사자가 아닌 경락인에 대해서도 별도의 소송을 제기하여야 한다고 합니다. 그러나 판결에 의하여 처분을 취소한 결과가 소송당사자와 제3자 사이에 상이하게 되는 것은 법질서의 안정을 위하여 바람직하지 않으므로, 행정상 법률관계의 통일적 규율 차원에서 취소판결의 제3자효를 인정하고 경우에 따라 소송 외 이해관계인에게 불리한 방향으로 판결의 형성력이 미치는 불합리는 제3자의 소송참가와 재심의 소로써 조정하는 것으로 이해하여, 취소판결의 '절대적 대세효'를 인정하고(절대적 효력설)

1) 이하 이 강에서 법률명을 표기하지 않은 경우 행정소송법을 의미합니다.

제3자도 그 효력을 적극적으로 원용·향수할 수 있다고 해석하는 것이 타당합니다.

위 문제를 일반처분의 예를 들어 상론해 봅시다. 원래 판결의 제3자효는 복효적 행정행위를 염두에 두고 제기되었는데, 최근에는 그 논의의 범위를 넓혀 일반처분에까지 미칩니다. 구체적으로는 취소판결에 의한 일반처분의 취소의 효력이 소송당사자가 아닌 자에 대해서도 미쳐 소외 제3자도 원용할 수 있는가의 문제인데, 이를테면 5인 이상 집합금지명령에 대한 취소판결을 받은 甲 이외의 다른 자도 동 취소판결을 적극적으로 원용하여 집합금지명령이 소급적으로 실효되었음을 전제로 5인 이상의 사적 모임을 적법하게 행할 수 있는지가 쟁점으로 부각됩니다. 주관적 소송으로서의 취소소송을 강조하는 상대적 효력설에 의할 때 제3자효 규정의 취지는 원고에 대한 관계에서 행정청의 처분이 취소된다는 점에 그치고 - 행위의 성질상 인적인 측면에서 불가분의 경우 및 판결의 실체법적 효과(기속력)는 별론으로 하더라도 - 그것 이상으로 취소판결의 효과를 제3자가 향수하고 취소판결로 인해 모든 사항에 대한 관계에서 취소된 것으로 되는 것, 즉 누구도 이후 당해 처분의 내용적 적용을 받지 않게 되는 것을 의미하는 것은 아니라고 합니다.

그러나 불특정 다수 내지 특정 가능한 범위의 다수의 수범자에 대한 불가분적 성격을 갖는 일반처분의 위법 판정에 따라 통일적 분쟁해결이 필요한 점 및 인적 범위에 따라 행정법관계의 상이로 초래되는 혼란을 방지하는 측면을 고려할 때 절대적 대세효를 인정하는 것이 법리적으로 타당합니다. 이러한 해석은 복수의 수범자를 수범자로 하는 일반처분을 취소소송의 대상인 처분에 해당하는 것으로 해석하는 일반처분의 본질론과도 조화롭습니다. 또한, 일반처분의 취소판결에 의해 거의 모든 경우에 있어 행정청이 해당 일반처분을 취소하는 행정실무도 고려의 대상입니다. 현저한 공익을 고려하는 사정판결 제도 역시 따지고 보면 취소판결의 절대적 대세효를 전제로 하고 있다고 보아야 합니다. 생각건대, 취소판결은 일반처분을 '일반적으로' 실효시키는 형성력을 가진 것으로서, 소외 제3자인 국민에게 미치는 것으로 해석하는 것이 타당합니다.

다만, 위 제3자효가 대세적 성격이라고 하더라도 - 계쟁처분을 바탕으로 형성된 새로운 법률관계의 제3자 보호를 위해 - 그 범위를 한정하여 형성력이 미치는 제3자의 범위를 확정하는 데에는 어려움이 일부 존재합니다. 일반처분에서 소를 제기하지 않은 수범자로서의 제3자는 여기에서의 형성력이 미치는 범위에 포함시키더라도 문제가 제기되지 않습니다. 그러나 앞에서 든 사례에서 보듯이 취소된 행정처분을 매개로 하여 새로이 형성된 법률관계의 당사자인 계쟁 행정처분 관련 제3자에게도 미치는가에 대하여 판례는 아래 논거와 함께 이를 부인하는 듯한 입장을 표한 바 있습니다. 결국, 이 문제는 부분적으로 명확하게 정리되지 않은, 그래서 관련 학설과 판례의 논의를 좀 더 기다려야 할 사항입니다.

* **대판 1986.8.19, 83다카2022** : "행정처분을 취소하는 확정판결이 제3자에 대하여도 효력이 있다고 하더라도 일반적으로 판결의 효력은 주문에 포함한 것에 한하여 미치는 것이니 그 취소판결 자체의 효력으로써 그 행정처분을 기초로 하여 새로 형성된 제3자의 권리까지 당연히 그 행정처분 전의 상태로 환원되는 것이라고는 할 수 없고, 단지 취소판결의 존재와 취소판결에 의하여 형성되는 법률관계를 소송당사자가 아니었던 제3자라 할지라도 이를 용인하지 않으면 아니된다는 것을 의미하는 것에 불과하다 할 것이며, 따라서 취소판결의 확정으로 인하여 당해 행정처분을 기초로 새로 형성된 제3자의 권리관계에 변동을 초래하는 경우가 있다 하더라도 이는 취소판결 자체의 형성력에 기한 것이 아니라 취소판결의 위와 같은 의미에서의 제3자에 대한 효력의 반사적 효과로서 그 취소판결이 제3자의 권리관계에 대하여 그 변동을 초래할 수 있는 새로운 법률요건이 되는 까닭이라 할 것이다. 그러므로 이 사건에 있어서 위 환지계획변경처분을 취소하는 판결이 확정됨으로써 이 사건 토지들에 대한 원고들 명의의 소유권이전등기가 그 원인없는 것으로 환원되는 결과가 초래되었다 하더라도 동 소유권이전등기는 위 취소판결 자체의 효력에 의하여 당연히 말소되는 것이 아니라 소외 1이 위 취소판결의 존재를 법률요건으로 주장하여 원고들에게 그 말소를 구하는 소송을 제기하여 승소의 확정판결을 얻어야 비로소 말소될 수 있는 것이며, 위 말소청구 소송에서의 승패 또한 위 취소판결의 존재가 주장되었다는 한가지 사실만으로 미처 판가름 나 있는 것이라 할 수 없고 당사자의 주장 입증 내용에 따라 달라질 여지가 있는 것이라 할 것이므로 원고등은 소외 1이 원고등을 상대로 한 위 말소청구의 소장부본을 송달받은 때가 아니라 위 말소청구의 소에서 원고들의 패소가 확정됨으로써 비로소 그 손해를 알게 되었다고 봄이 상당하다."

2. 기판력

1) 의의

판결의 기판력은 판결이 확정되면 동일한 소송물에 대하여 다시 소를 제기할 수 없고 다시 제기하는 경우에도 상대방은 기판사항이라는 항변을 할 수 있으며, 법원도 확정판결과 모순된 판단을 할 수 없는 소송법상 효력을 말합니다. 행정사건에서의 판결의 기초는 민사소송에 비하여 다변적인 성격을 띠므로 이른바 사건의 동일성의 범위에 대하여 문제가 발생하는 경우가 많은 바, 행정사건에 대한 국가의 재판권의 행사에 따르는 공적 판단의 법적 안정성을 도모하는 측면에서 판결의 기판력은 행정소송에서도 중요한 위치를 점합니다. 기판력은 기속력 및 형성력과는 달리 인용판결뿐만 아니라 기각판결, 각하판결에도 인정됩니다. 행정소송법상 기판력 관련 명문의 규정은 없지만, 동법상의 민사소송법 준용 규정(제8조 제2항)에 따라 이를 인정할 수 있습니다.

2) 기판력의 범위

(1) 주관적 범위

기판력이 미치는 주관적 범위는 당사자 및 이와 동일시할 수 있는 그 승계인이며, 행정소송법 제16조에 의하여 소송참가한 제3자도 여기에 포함됩니다. 그러나 전술한 형성력의 제3자효에서의 논의는 기판력의 주관적 범위에 관한 사항이 아님에 주의해야 합니다. 또한, 기판력의 주관적 범위는 관계 행정청을 포함하고, 취소소송의 피고는 권리주체가 아니라 처분청이므로(제13조) 행정청을 피고로 하는 취소소송의 판결의 기판력은 당해 처분의 효력이 귀속하는 국가 또는 공공단체에 미칩니다. 따라서 세무서장을 피고로 하는 과세처분취소소송에서 패소한 자가 국가를 피고로 하여 과세처분의 무효를 들어 조세과오납금반환청구소송 내지 조세채무부존재확인소송을 제기하면 앞선 취소소송에서의 판결의 기판력에 반합니다.

* **대판 1992.12.8, 92누6891** : "원심판결 이유에 의하면 원심은, 원고가 피고를 상대로 광주고등법원 89구274호로 이 소에서의 주장과 동일한 주장을 하면서 이 사건 의원면직처분에 대한 취소청구의 소를 제기하여 1989.10.17. 패소판결을 받고 상고를 제기하였으나 1990.7.24. 원고의 상고를 기각하는 판결이 선고됨으로써 위 판결이 확정된 사실을 인정하고서 행정처분취소청구를 기각하는 판결이 확정되면 그 처분이 적법하다는 점에 관하여 기판력이 생기고 이는 그 소의 원고뿐만 아니라 관계 행정기관도 이에 기속된다 할 것인즉, 위 면직처분이 위 판결에서 위법하지 아니하다는 점이 확정된 이상 원고가 다시 이를 무효라 하여 그 무효확인을 소구할 수는 없다할 것이라고 판단하였다. 기록에 대조하여 살펴보면 원심의 위 인정 판단은 정당한 것으로 수긍할 수 있고 …."
* **대판 1998.7.24, 98다10854** : "과세처분의 취소소송은 과세처분의 실체적, 절차적 위법을 그 취소원인으로 하는 것으로서 그 심리의 대상은 과세관청의 과세처분에 의하여 인정된 조세채무인 과세표준 및 세액의 객관적 존부, 즉 당해 과세처분의 적부가 심리의 대상이 되는 것이며, 과세처분 취소청구를 기각하는 판결이 확정되면 그 처분이 적법하다는 점에 관하여 기판력이 생기고 그 후 원고가 이를 무효라 하여 무효확인을 소구할 수 없는 것이어서 과세처분의 취소소송에서 청구가 기각된 확정판결의 기판력은 그 과세처분의 무효확인을 구하는 소송에도 미친다. 한편, 취소소송의 피고는 처분청이므로 행정청을 피고로 하는 취소소송에 있어서의 기판력은 당해 처분이 귀속하는 국가 또는 공공단체에 미친다고 할 것이다."

(2) 객관적 범위

취소소송은 계쟁 행정처분을 대상으로 전체로서 그 위법성(소송물)을 다투는 불복소송이므로 구체적으로 어느 점이 위법한가는 소송 과정에서의 공격방법에 불과합니다. 또한, 기판력은 소송물에 관한 판단에만 미치고 취소소송의 소송물은 처분의 '위법성 일반(처분의 주체, 내용, 절차, 형식 등 모든 면에서의 위법)'이므로, 결국 기판력은 개개의 위법사유에 생기는 것이 아니라 행정처분이 적법하다는 것 또는 위법하다는 점에 관하여 발생합니다. 기판력과 관련하여 처분에 대한 개개 위법사유는 판결에 이르기까지의 전제사항이라 할 수 있는 공격방어방법에 지나지 않습니다. 같은 맥락에서 각하판결의 기판력은 해당 판결에서 확정한 소송요건의 흠결에 관하여 미칩니다.

소송물에 관한 판단은 판결주문에 표시되기 때문에 판결주문에 대해서만 기판력이 생기고 판결이유에서는 기판력이 발생하지 않습니다. 또한, 판결의 기속력과는 달리 기판력에 있어서는 처분의 상대방은 당해 처분이 위법하다고 하는 사유가 다수 있더라도 이전의 소송에서 주장하지 않고 소송이 종료되어 버리면 기판력에 의하여 그 처분이 위법하다는 다른 사유는 동일성 여부를 불문하고 소송상 더 이상 주장할 수 없습니다.

* **대판 1992.2.25, 91누6108** : "과세처분무효확인소송의 경우 소송물은 권리 또는 법률관계의 존부 확인을 구하는 것이며, 이는 청구취지만으로 소송물의 동일성이 특정된다고 할 것이고 따라서 당사자가 청구원인에서 무효사유로 내세운 개개의 주장은 공격방어방법에 불과하다고 볼 것이며, 한편 확정된 종국판결은 그 기판력으로서 당사자가 사실심의 변론종결시를 기준으로 그때까지 제출하지 않은 공격방어방법은 그 뒤 다시 동일한 소송을 제기하여 이를 주장할 수 없다."

위 논의에 의할 때 처분을 취소하는 판결이나 무효확인판결이 확정되면, 원고나 피고 행정청 모두 해당 처분이 유효하다는 주장을 할 수 없습니다. 그러나 행정청이 새로운 처분을 하게 되면, 그 새로운 처분은 종전 처분과는 다른 별개의 처분으로 종전 취소판결의 기판력이 새로운 처분에는 미치지 않습니다. 그러나 이때 취소판결의 기속력에 따라 처분청은 취소판결의 취지에 저촉되는 처분을 할 수 없고 그러한 처분을 하였다면 그것이 무효로 되는 것은 기판력과는 별개의 사안입니다. 한편, 기판력은 전·후소의 소송물이 동일한 경우뿐만 아니라, 후소의 소송물이 전소의 소송물과 동일하지 않더라도 전소의 소송물에 관한 판단이 후소의 선결문제가 되거나 모순관계에 있을 때에는 후소에서 전소판결의 판단과 저촉되는 주장을 할 수 없는 기능을 담당합니다.

* **대판 1998.6.12, 97누16084** : "직위해제 및 면직처분의 무효확인판결의 기판력은 판결 주문에 포함된 위 각 처분의 무효 여부에 관한 법률적 판단의 내용에 미치는 것으로, 지방의료공사가 위 판결의 확정 후에 직위해제 등 처분의 사유와 동일한 사유를 들어 다시 당해 정직처분을 하였다고 하여 위 확정판결의 기판력에 저촉된다고 할 수 없다."

* **대판 2001.1.16, 2000다41349** : "기판력이라 함은 기판력 있는 전소판결의 소송물과 동일한 후소를 허용하지 않는 것임은 물론, 후소의 소송물이 전소의 소송물과 동일하지 않다고 하더라도 전소의 소송물에 관한 판단이 후소의 선결문제가 되거나 모순관계에 있을 때에는 후소에서 전소판결의 판단과 다른 주장을 하는 것을 허용하지 않는 작용을 하는 것인데(대법원 1995. 3. 24. 선고 94다46114 판결, 1999. 12. 10. 선고 99다25785 판결, 2000. 6. 9. 선고 98다18155 판결 등 참조), 전소인 대법원 96다8802 판결은 소송판결로서 그 기판력은 소송요건의 존부에 관하여만 미친다 할 것이나, 그 소송요건에 관련하여 피고의 소외 1에 대한 피보전채권이 없음이 확정된 이상 이 사건에서 피고가 소외 1에 대하여 피보전채권이 있음을 전제로 다시 위와 같은 주장을 하는 것은 전소의 사실심 변론종결 전에 주장하였던 사유임이 명백할 뿐만 아니라, 피고의 이러한 주장을 허용한다면 피고에게 소외 1에 대한 피보전채권의 존재를 인정하는 것이 되어 전소판결의 판단과 서로 모순관계에 있다고 하지 않을 수 없으므로 이 사건에서 피고가 이러한 주장을 하는 것은 전소판결의 기판력에 저촉되어 허용될 수 없다고 할 것이다."

(3) 시간적 범위

기판력은 사실심 변론종결시를 기준으로 발생합니다. 당사자는 사실심 변론종결시까지 발생한 처분의 위법 내지 적법과 관련한 사실자료를 동 시점까지 제출할 수 있고 종국판결도 그때까지 제출한 자료를 기준으로 판단한 결과이므로, 사실심 변론종결시가 기판력의 시간적 범위가 됩니다. 처분시를 시간적 범위로 하는 판결의 기속력과 상이한 점입니다.

3) 기판력의 적용

취소소송이나 무효확인소송의 기각판결이 확정되면 각각 그 처분이 적법하다는 점이나 무효가 아니라는 점에 대하여 기판력이 발생하므로, 예컨대 원고가 전소 취소소송에서 주장한 바와 다른 사유를 들어 처분의 위법을 주장하더라도 이는 기판력에 반하여 허용되지 않습니다. 또한, 무효확인소송의 기각판결이 확정되더라도 취소소송과 관련해서는 기판력이 미치지 않으므로(중대·명백한 하자가 없다는 점에 기판력이 발생하는 것이므로 계쟁 처분에 단순 위법, 즉 취소사유의 하자가 있음을 배제하는 것이 아니기 때문입니다) 다른 제소요건을 구비하는 한 취소소송의 제기를 방해하지 않지만, 취소소송의 확정 기각판결을 통해서는 처분에 하자가 없음, 즉 처분의 적법이 확정된 것이므로 그 기판력이 무효확인소송은 물론 처분이 무효임을 전제로 하는 부당이득반환청구소송에까지 미칩니다.

기판력의 객관적 범위를 논의할 때는 항상 다음의 문제가 따라옵니다. 항고소송의 본안판결 확정 후 국가배상청구소송이 제기된 경우, 항고소송 판결의 기판력이 후소인 국가배상청구소송에 미치는지가 그것입니다. 이 문제는 항고소송에서 처분의 위법성과 국가배상청구소송에서 불법행위의 구성요건으로서의 위법성이 동일한 개념인가라는 문제와 맞물려 있는데, 이들에 대해서는 이미 국가배상제도 논의에서 설명한 바 있습니다. 여기에서는 취소소송 판결의 기판력은 소송물로서의 처분의 위법성에 한정되어 후소 국가배상청구소송에서의 법령위반 인정 여부에 미치고, 국가배상책임의 성립요건으로서의 고의·과실에는 미치지 않음을 지적하는 정도에 그칩니다. 또한 국가배상청구소송의 기판력은 후소로서의 취소소송에 미치지 않습니다. 국가배상청구소송의 소송물은 처분의 위법이 아니라 국가배상청구권의 존부이므로 양 소송의 소송물이 상이하기 때문입니다. 해당 부분을 참고하기 바랍니다.

3. 기속력

1) 의의

판결의 기속력이란 행정소송에서 처분이나 재결을 취소 또는 변경하는 인용판결이 확정되면 소송당사자인 행정청과 관계행정청이 그 내용에 따라 행동할 실체법적 의무를 지게 되는데 이러한 행정청 등에 대한 실체법상의 구속력을 말합니다(제30조 제1항).[1] 행정소송법은 취소소송에서 판결의 기속력을 규정한 후 이를 무효등확인소송, 부작위위법

---

1) 민사소송에서는 판결의 기속력을 판결 선고 후 판결을 행한 법원 자신도 이에 구속되어 스스로 판결을 철회하거나 변경할 수 없는 자박력(自縛力)의 의미로 사용합니다. 이러한 의미의 자박력이 행정소송에서도 인정됨은 의문의 여지가 없으나, 그러나 행정소송에서 판결의 기속력을 말할 때에는 이러한 의미의 자박력을 뜻하는 것이 아님에 주의해야 합니다.

확인소송 및 당사자소송에 준용합니다(제38조, 제44조 제1항).

취소소송의 인용판결은 우선 그 형성력만으로도 위법한 행정처분의 공정력이 소멸하고 이에 따라 처분의 내용적 구속력이 상실됨으로 인해 국민의 권리 회복을 기할 수 있습니다. 그러나 취소판결로써 법적·관념적으로 처분의 효력은 제거되더라도 행정청이 판결의 의도나 취지를 무시한 채 동일한 과오에 해당하는 위법한 처분을 반복한다면 원고는 이전의 취소소송에서 승소하더라도 현실적으로 구제받을 수 없습니다. 다시 말해 민사소송은 그 확정판결로 판결의 집행 문제만을 남기고 분쟁이 종료하지만, 취소소송은 원칙적으로 집행력을 전제로 하지 않는 소송유형이고 인용판결에 의해서도 사건이 완전히 종식되지 않는 측면이 강하다고 할 것입니다. 예컨대, 허가 신청에 대한 불허가처분이 판결에 의하여 취소된 경우에도 불허가처분의 효력이 형성력에 의해 소멸하는 데 그치고, - 기속력(재처분의무)이 인정되지 않는다면 - 취소판결로부터 신청에 대해 어떠한 처분을 행하여야 하는 의무가 법리적으로 당연히 도출되는 것은 아닙니다. 따라서 처분의 위법에 대한 사법판단의 결과인 판결이 구체적으로 실천되어 원고의 권리구제가 결과적으로 가능하기 위해서는 취소판결의 취지가 어떠한 형태로든지 그 사건에 관하여 행정실무에 반영되도록 하여야 합니다. 이러한 행정청의 취소소송 인용판결에 대한 존중의무가 곧 취소판결의 기속력이고,[1] 위 불허가처분 사례에서는 재처분의무(제30조 제2항)로 구체화되어 나타납니다.

2) 성질

판결의 기속력은 취소판결의 실효성 제고를 위해 행정소송법이 인정한 실체법상의 특수한 효력이라 성질지을 수 있습니다. 이러한 기속력을 기판력의 속성으로 보고, 과거 일부 판례가 그러하였듯이 기속력과 기판력을 구별하지 않고 사용한 경우도 있었습니다. 즉, 원래 소송법적 효력인 기판력의 효과가 관계 행정청에 실체법적으로도 확장되어 미치는 것을 명시하는 의미에서 굳이 이를 기속력으로 별도 규정하는 데 지나지 않는 것이라는 것이 기속력의 법적 성질에 관한 '기판력설'의 입장입니다.

그러나 기판력은 인용판결, 기각판결을 가리지 않고 판결이 확정되면 당사자는 동일한 사항이 문제되는 후소에서 전소와 모순되는 주장을 할 수 없고 법원도 이에 저촉되는 판단을 할 수 없는 소송법상 효력임에 비해, 기속력은 인용판결에만 인정되는 효력으로

---

1) 이런 의미에서 문헌에 따라서는 판결의 기속력을 '판결의 형성력의 보좌역'이라고 칭합니다.

서(따라서 소 각하판결이나 기각판결에는 인정되지 않습니다) 행정청을 대상으로 실체법적으로 그의 장래 행위를 제약하는 힘이므로 기판력과는 질적으로 다른 행정소송 판결의 특수한 효력으로 보아야 합니다(특수효력설). 아래에 기속력을 기판력과 혼용하던 구법시대의 판례 두 가지를 소개합니다. 아래 판례에서 '기판력'은 '기속력'이어야 옳습니다. 92누2912 판결에서는 기속력과 기판력을 동일 쟁점에서 혼용하여 사용하는데, 이 역시 잘못된 용례입니다.

* **대판 1992.9.25, 92누794** : "앞의 소송에서 원고가 과세가액평가방법이 잘못되어 부과된 세액이 정당한 세액을 초과한 것이라고 주장하자 법원이 이를 받아들여 초과 세액부분만이 아닌 전체 부과처분의 취소를 명하였는바, 이는 과세관청으로서 판시취지에 따라 정당한 세액을 산정하여 다시 부과할 수 있음을 당연한 전제로 하고 있는 것이고, 따라서 과세관청이 동일한 과세원인에 근거하여 전의 판결에서 적시된 위법사유를 보완하여 정당한 세액을 산출한 다음 다시 부과처분을 한 것은 전의 확정판결의 **기판력**에 저촉되지 아니한다."
* **대판 1992.7.14, 92누2912** : "징계처분의 취소를 구하는 소에서 징계사유가 될 수 없다고 판결한 사유와 동일한 사유를 내세워 행정청이 다시 징계처분을 한 것은 확정판결에 저촉되는 행정처분을 한 것으로서, 위 취소판결의 기속력이나 확정판결의 **기판력**에 저촉되어 허용될 수 없다."

최근 판례는 판결의 기속력과 기판력의 구별하에, 판결의 기속력을 '특수효력설'에 입각하여 판시합니다.

* **대판 2016.3.24, 2015두48235** : "행정소송법 제30조 제1항은 "처분 등을 취소하는 확정판결은 그 사건에 관하여 당사자인 행정청과 그 밖의 관계행정청을 기속한다."라고 규정하고 있다. 이러한 취소 확정판결의 '기속력'은 취소 청구가 인용된 판결에서 인정되는 것으로서 당사자인 행정청과 그 밖의 관계행정청에게 확정판결의 취지에 따라 행동하여야 할 의무를 지우는 작용을 한다. 이에 비하여 행정소송법 제8조 제2항에 의하여 행정소송에 준용되는 민사소송법 제216조, 제218조가 규정하고 있는 '기판력'이란 기판력 있는 전소 판결의 소송물과 동일한 후소를 허용하지 않음과 동시에, 후소의 소송물이 전소의 소송물과 동일하지는 않더라도 전소의 소송물에 관한 판단이 후소의 선결문제가 되거나 모순관계에 있을 때에는 후소에서 전소 판결의 판단과 다른 주장을 하는 것을 허용하지 않는 작용을 한다. 취소 확정판결의 기속력은 판결의 주문 및 전제가 되는 처분 등의 구체적 위법사유에 관한 판단에도 미치나, 종전 처분이 판결에 의하여 취소되었더라도 종전 처분과 다른 사유를 들어서 새로이 처분을 하는 것은 기속력에 저촉되지 않는다. 여기에서 동일 사유인지 다른 사유인지

는 확정판결에서 위법한 것으로 판단된 종전 처분사유와 기본적 사실관계에서 동일성이 인정되는지 여부에 따라 판단되어야 하고, 기본적 사실관계의 동일성 유무는 처분사유를 법률적으로 평가하기 이전의 구체적인 사실에 착안하여 그 기초인 사회적 사실관계가 기본적인 점에서 동일한지에 따라 결정된다. 또한 행정처분의 위법 여부는 행정처분이 행하여진 때의 법령과 사실을 기준으로 판단하므로, 확정판결의 당사자인 처분 행정청은 종전 처분 후에 발생한 새로운 사유를 내세워 다시 처분을 할 수 있고, 새로운 처분의 처분사유가 종전 처분의 처분사유와 기본적 사실관계에서 동일하지 않은 다른 사유에 해당하는 이상, 처분사유가 종전 처분 당시 이미 존재하고 있었고 당사자가 이를 알고 있었더라도 이를 내세워 새로이 처분을 하는 것은 확정판결의 기속력에 저촉되지 않는다."

판결의 기속력과 기판력의 비교를 아래 〈표〉로 요약합니다.

	기속력	기판력
성질	• 실체법적 효력 • 행정청이 전소의 인용판결과 관련하여 새로운 처분을 행하거나 동일한 내용의 처분을 하는 경우의 문제	• 소송법상 효력 • 원고가 종전과 다른 위법사유를 주장하며 제소한 경우의 문제
대상 판결	인용판결	인용판결, 기각판결 및 각하판결
대상 처분	판결 후 행하는 새로운 처분	전소에서 계쟁되었던 처분
주관적 범위	당사자인 행정청 및 관계 행정청	당사자(처분의 상대방 및 처분 행정청) 및 당사자와 동일시할 수 있는 자(당해 처분의 효력이 귀속하는 국가 및 자치단체, 관계 행정기관)
객관적 범위	• 판결주문 및 판결이유에서 '위법한 것으로 판단된 개개의 위법사유' • 원고는 처분시 존재했던 사유 중 원처분사유와 기본적 사실관계의 동일성이 인정되지 않는 다른 사유를 들어 재차 동일 내용의 처분을 하더라도 기속력 위반 아님	• 판결 주문에 표현된 계쟁처분이 위법하거나 적법하다는 사실 일반 • 패소한 소송당사자는 이전 소송에서 주장하지 않은 다른 사유를 들어 후소에서 처분의 취소 등을 구할 수 없음
시간적 범위	• 처분시(취소소송의 위법판단시점과 동일) • 처분시 이후에 생긴 새로운 사유나 사실관계를 이유로 동일한 내용의 처분을 하더라도 기속력 위반 아님 • 처분 이후의 법령개정으로 위법한 거부사유가 적법하게 전환되었더라도 법원의 위법판단시점이 처분시이기 때문에 원고승소판결을 하겠지만, 행정청은 개정 법령상의 거부사유를 들어 재차 거부처분을 할 수 있음	• 사실심 변론종결시(당사자는 사실심 변론종결시까지 동 시점을 기준으로 발생한 소송자료를 제출할 수 있고, 종국판결도 그때까지 제출한 자료로 판단) • 청구기각판결이 확정되면 당사자나 법원은 사실심 변론종결시 이전에 생긴 사유를 내세워 후소에서 당해 처분의 위법성을 주장·판단할 수 없음

3) 기속력의 내용

기속력의 내용은 행정소송법 제30조 제1항과 제2항을 근거로 도출하는데, 보통의 경우 조항의 순서를 기준으로 제1항에 의한 반복금지효와 결과제거의무, 제2항에 따른 재처분의무로 구분하지만, 그 성질을 기준으로, 즉 소극적 효력인 반복금지효와 적극적 효력에 해당하는 결과제거의무 및 재처분의무로 분류할 수도 있습니다.

(1) 반복금지효

취소소송에서 인용판결이 확정되면 행정청은 동일한 사실관계에서 동일한 이유로 동일한 당사자에게 동일한 내용의 처분을 할 수 없습니다. 즉, 행정청은 취소판결의 취지에 반하는 처분을 하는 경우 이는 기속력 위반에 해당하는데, 판결의 취지는 판결주문과 판결이유를 기준으로 판단하므로 후술하는 기속력의 객관적 범위는 판결이유상의 개개 위법사유에까지 미치는 것입니다. 이처럼 기속력은 판결 이유에 제시된 개개의 위법사유에 미치므로 판결이유에 적시된 위법사유를 들어 동일한 내용의 처분을 하는 경우는 물론, 해당 사유를 바탕으로 하는 한 동일한 내용의 처분이 아닌 경우에도 기속력 위반에 해당합니다.

'판결의 취지에 반하는 동일 처분의 반복'에 대한 판단기준은 처분사유의 추가·변경에서 논의한 '원처분사유와 기본적 사실관계의 동일성 여부'와 동일합니다. 판결이유상의 위법사유는 원처분사유와 기본적 사실관계의 동일성이 인정되므로 이를 들어 동일 내용의 적극적인 침익처분을 행하는 것은 기속력, 특히 반복금지효 위반입니다. 또한, 취소된 최초의 처분과 동일한 처분을 하는 경우뿐만 아니라 최초 처분을 기초로 하는 일체의 후속처분도 기속력 위반에 해당합니다.

이상의 논의에 의할 때 다음의 명제는 타당합니다. 법규위반을 처분사유로 하는 영업허가취소처분의 취소소송의 심리 결과, 해당 법규위반이 영업허가의 취소사유에는 해당하지 않지만 영업허가취소처분이 비례원칙 위반을 이유로 판결로 취소된 경우, 처분청이 동일 법규위반을 들어 영업정지처분을 행하는 것은 반복금지효에 위반하지 않습니다. 이때 반복금지효 위반이 아니라는 것은 기속력 위반이 아니라는 점을 의미함에 그치는 것이지, 법리적으로 볼 때 동 영업정지처분의 실체적 적법성까지 담보하는 것은 아닙니다. 법원은 영업허가취소처분의 비례원칙 위반에 따라 해당 영업허가취소처분의 취소를 판결로써 선언한 것에 불과하고, 행정청의 1차적 판단권 존중 이념에 비추어 처분의 구체적인 작량까지 한 것은 아니기 때문입니다. 위 영업정지처분의 비례원칙 위반 등 또한 번의 실체적 위법 여부는 별소로써 다툴 수 있습니다. 그러나 법규위반 사실이 부재함을 이유로 영업허가취소처분을 취소판결 하였음에도 동일한 법규위반을 들어 영업정지처분을 행하는 것은 반복금지효 위반에 해당합니다.

예컨대, 유흥주점 영업허가를 받아 주점을 경영하는 甲이 청소년 乙을 유흥접객원으로 고용하여 유흥행위를 하게 하였다는 이유로 관할 구청장 A로부터 유흥주점 영업허가 취소처분을 받았고, 甲은 이에 불복하여 행정소송을 제기하여 乙이 청소년임을 인정할 증거가 없다는 이유로 위 취소처분을 취소하는 판결을 선고받아 그 판결이 확정되었으나, A가 乙이 청소년임을 인정할 만한 증거가 새로이 발견되었다는 이유로 다시 甲에 대하여 업허가취소처분을 발령하는 것은 기속력 위반입니다. 새로운 증거의 발견은 동일한 내용의 후속처분을 위한 새로운 처분사유가 아니기 때문입니다. 즉, A의 후속처분 사유도 법원이 인정하지 아니한 '청소년 乙의 유흥접객원 고용'으로, 최초 처분사유와 동일하기 때문에 반복금지효 위반에 해당합니다. 그러나 법원이 乙을 유흥접객원으로 고용하였다는 점을 인정할 증거가 없다는 이유로 영업허가취소처분을 취소하였다면, A가 甲이 다른 청소년 丙을 유흥접객원으로 고용하여 유흥행위를 하게 한 사실이 있었다는 이유로 거듭 영업허가취소처분을 하더라도 기속력 위반이 아닙니다. 또한, 영업허가취소처분이 甲에게는 지나치게 가혹하여 재량권을 일탈·남용하였다는 이유로 취소판결을 행한 것이라면, A가 판결 확정 후 재량권을 행사하여 새로이 甲에게 영업정지 3개월의 처분을 하더라도 기속력 위반은 아니라 할 것입니다.

(2) 결과제거의무(원상회복의무)

압류처분취소소송의 인용판결에 따라 처분청은 압류재산을 반환해야 하며, 파면처분이 소송상 취소되면 원고를 복직시켜야 합니다. 이처럼 취소판결이 확정되면 행정청은 취소된 처분에 의하여 초래된 위법상태를 제거하여 원상회복할 의무를 부담합니다. 이를 결과제거의무 내지 원상회복의무라고 하는데, 행정소송법이 명시적으로 규정하지는 않지만, 결과제거의무를 동법 제30조 제1항에서 도출하는 점에 이론이 없습니다. 판례는 처분상대방이 집행정지결정을 받지 못했으나 본안소송에서 해당 제재처분이 위법하다는 것이 확인되어 취소하는 판결이 확정되면, 처분청은 그 제재처분으로 처분상대방에게 초래된 불이익한 결과를 제거하기 위하여 필요한 조치를 취하여야 한다고 판시하였습니다.

* **대판 2019.10.17, 2018두104** : "어떤 행정처분을 위법하다고 판단하여 취소하는 판결이 확정되면 행정청은 취소판결의 기속력에 따라 그 판결에서 확인된 위법사유를 배제한 상태에서 다시 처분을 하거나 그 밖에 위법한 결과를 제거하는 조치를 할 의무가 있다(행정소송법 제30조). 그리고 행정처분이 불복기간의 경과로 인하여 확정될 경우 그 확정력은, 처분으로 인하여 법률상 이익을 침해받은 자가 해당 처분이나 재결의 효력을 더 이상 다툴 수 없다는 의미일 뿐, 더 나아가 판결에 있어서와 같은 기판력이 인정되는 것은 아니어서 처분의 기초가 된 사실관계나 법률적 판단이 확정되고 당사자들이나 법원이 이에 기속되어 모순되는 주장이나 판단을 할 수 없게 되는 것은 아니다."

* **대판 2020.9.3, 2020두34070** : "집행정지결정의 효력은 결정 주문에서 정한 기간까지 존속하다가 그 기간이 만료되면 장래에 향하여 소멸한다. 집행정지결정은 처분의 집행으로 회복하기 어려운 손해를 예방하기 위하여 긴급한 필요가 있고 달리 공공복리에 중대한 영향을 미치지 않을 것을 요건으로 하여 본안판결이 있을 때까지 해당 처분의 집행을 잠정적으로 정지함으로써 위와 같은 손해를 예방하는 데 취지가 있으므로, 항고소송을 제기한 원고가 본안소송에서 패소확정판결을 받았더라도 집행정지결정의 효력이 소급하여 소멸하지 않는다. 그러나 제재처분에 대한 행정쟁송절차에서 처분에 대해 집행정지결정이 이루어졌더라도 본안에서 해당 처분이 최종적으로 적법한 것으로 확정되어 집행정지결정이 실효되고 제재처분을 다시 집행할 수 있게 되면, 처분청으로서는 당초 집행정지결정이 없었던 경우와 동등한 수준으로 해당 제재처분이 집행되도록 필요한 조치를 취하여야 한다. 집행정지는 행정쟁송절차에서 실효적 권리구제를 확보하기 위한 잠정적 조치일 뿐이므로, 본안 확정판결로 해당 제재처분이 적법하다는 점이 확인되었다면 제재처분의 상대방이 잠정적 집행정지를 통해 집행정지가 이루어지지 않은 경우와 비교하여 제재를 덜 받게 되는 결과가 초래되도록 해서는 안 된다. 반대로, 처분상대방이 집행정지결정을 받지 못했으나 본안소송에서 해당 제재처분이 위법하다는 것이 확인되어 취소하는 판결이 확정되면, 처분청은 그 제재처분으로 처분상대방에게 초래된 불이익한 결과를 제거하기 위하여 필요한 조치를 취하여야 한다."

(3) 재처분의무

거부처분의 취소판결이나 무효확인판결 또는 부작위를 대상으로 부작위위법확인판결이 확정되면 당해 거부처분을 행한 행정청이나 부작위 행정청은 판결의 취지에 따라 이전의 신청에 대한 처분을 하여야 하고, 이는 신청에 따른 처분이 절차의 위법을 이유로 취소되는 경우에도 마찬가지입니다(제30조 제2항, 제3항, 제38조). 신청에 의한 거부처분이 취소되면 해당 처분은 취소되고 다시 거부처분이 있기 전의 상태로 돌아가 원래의 신청만이 계속 유지되는 상태가 되지만, 이것만으로는 거부처분취소판결에 따른 원고의 권리구제가 만족스럽지 않음은 다언을 요하지 않습니다. 의무이행소송의 필요성을 엿볼 수 있는 대목입니다.

이런 점을 고려하여 행정소송법은 이 경우 행정청에게 판결의 취지에 따라 원래의 신청에 대하여 새로운 처분을 행하여야 할 적극적 작위의무를 지우고, 부작위위법확인소송의 경우에는 부작위가 위법이라는 확정판결과 함께 그 판결의 취지에 따라 종전의 신청에 대한 일정 처분을 할 - 그것이 거부처분이더라도 - 적극적 의무를 부과한 것입니다. 이때 재처분의무의 실현을 위해 원고가 원래의 신청과 별개의 신청을 다시 행할 필요가 없음에 주의합시다. 중요한 사항은 재처분의무의 내용입니다. 즉, 재처분의무는 법문의 표현처럼 '판결의 취지'를 존중하는 것으로 족하지, 반드시 원고의 신청 내용대로의 처분을 의미하는 것은 아닙니다. 이에 대해서는 후술합니다.

한편, 행정청이 거부처분취소소송에서 패소하더라도 예컨대, 처분 당시 존재했던 원처분 사유와 기본적 사실관계에서 동일성이 미치지 않는 사유와 처분 이후 변화된 법령 등을 이유로 또다시 거부처분을 할 수 있음은 판결에 대한 신뢰를 해칠 뿐만 아니라 국민에게 부당히 불리한 것이 아닌가라는 의문이 제기될 수 있습니다. 그러나 소 계속 중의 행정청에 의한 처분사유의 추가·변경이 기본적 사실관계의 동일성이 인정되는 범위 내에서만 가능함을 고려하건대, 만약 재차 거부처분의 가능성을 원천적으로 봉쇄하여 외관상 국민의 권익보호를 꾀하더라도 이는 역설적으로 처분사유의 무제한적 추가·변경을 용인한다는 의미이므로 소송단계에서의 원고의 공격방어를 어렵게 만들어 원고에게 지나친 부담을 주는 결과임에 유의하여야 합니다.

기속력의 내용으로서 재처분의무는 거부처분취소판결 등의 실효성 제고를 위해 인정되는 효력입니다. 외관상 재처분의무 위반인 동일한 거부처분은 반복금지효 위반과 유사하지만, 반복금지효는 침익적 내용의 적극적 처분에서의 문제임에 비하여, 재처분의무는 그 대상이 거부처분의 경우에 한정됩니다.

4) 기속력의 범위

(1) 시적 범위

행정처분의 위법 여부는 처분시를 기준으로, 즉 행정처분이 행해진 때의 법령과 사실을 기준으로 판단하는 것이므로 처분 행정청은 확정 인용판결 후 종전 처분 후에 발생한 새로운 사유를 내세워 다시 거부처분을 할 수 있습니다(물론, 당해 소송의 계속 중 그 새로운 사유를 처분사유로 추가·변경할 수는 없습니다). 해당 새로운 사유에는 판결의 기속력이 미치지 아니하므로 그 사유를 이유로 하는 거부처분은 행정소송법 제30조 제2항과 관련하여 판결의 취지에 반하는 거부처분이 아니기 때문입니다. 이처럼 처분 당시의 법령이나 사실관계의 변동이 있을 때에는 그 사유에는 판결의 기속력이 미치지 아니하여, 행정청은 그 사유를 들어 확정판결에 의하여 취소된 처분과 동일한 내용의 처분을 할 수 있습니다. 이는 곧 기속력의 시적 범위가 처분시임을 의미합니다.

한편, 청구인용판결이 확정된 후 그 기판력은 계쟁 처분을 대상으로 하여 미치는 것이므로 행정청이 사실심 변론종결시 이전에 발생한(정확히는 처분시에 존재했으며 원처분 사유와 기본적 사실관계가 동일한) 다른 사유를 들어 동일 내용의 새로운 처분을 하더라도 그 처분은 종전의 처분과는 처분 일시를 달리하는 별개의 처분이므로 - 기판력이 후소에서의 모순된 주장을 금지하는 것과 관련한 소송법상 효력이라는 점을 고려하지 않더라도 - 종전 처분에 대한 기판력 위반 여부는 논의의 대상이 아닙니다. 다만, 위 새로운 처분은 취소판결의 기속력에 반하는 무효의 처분인바, 이러한 결과가 기판력과 무관함은 재언의 여지가 없습니다.

판례 중에는 기속력의 시적 범위를 사실심 변론종결시를 기준으로 그 이후 사실관계나 사유의 변동은 기속력을 받지 않는 것처럼 설시한 예도 있지만(예컨대, 대결 1997.2.4, 96두70), 그 사안들은 모두 처분시와 변론종결시 사이에 사실상태의 변경이 없고 변론종결시 이후에 생긴 사유의 변동이 문제된 사안이기 때문에 '처분시'와 '변론종결시'를 구분할 실익이 적은 경우였음을 고려해야 합니다. 이후의 판결에서는 이런 오해를 불식하고 기속력의 시적 범위를 처분시로 명확히 설시합니다.

* **대결 1997.2.4, 96두70** : "행정소송법 제30조 제2항의 규정에 의하면 행정청의 거부처분을 취소하는 판결이 확정된 경우에는 그 처분을 행한 행정청이 판결의 취지에 따라 이전의 신청에 대하여 재처분할 의무가 있으나, 이 때 확정판결의 당사자인 처분 행정청은 그 행정소송의 사실심 변론종결 이후 발생한 새로운 사유를 내세워 다시 이전의 신청에 대한 거부처분을 할 수 있고 그러한 처분도 위 조항에 규정된 재처분에 해당된다."
* **대판 1998.1.7, 97두22** : "행정소송법 제30조 제2항의 규정에 의하면 행정청의 거부처분을 취소하는 판결이 확정된 때에는 그 처분을 행한 행정청이 판결의 취지에 따라 이전의 신청에 대하여 재처분할 의무가 있으나, 이 때 확정판결의 당사자인 처분 행정청은 그 확정판결에서 적시된 위법사유를 보완하여 새로운 처분을 할 수 있다. 행정처분의 적법 여부는 그 행정처분이 행하여 진 때의 법령과 사실을 기준으로 하여 판단하는 것이므로 거부처분 후에 법령이 개정·시행된 경우에는 개정된 법령 및 허가기준을 새로운 사유로 들어 다시 이전의 신청에 대한 거부처분을 할 수 있으며 그러한 처분도 행정소송법 제30조 제2항에 규정된 재처분에 해당된다. 건축불허가처분을 취소하는 판결이 확

정된 후 국토이용관리법시행령이 준농림지역 안에서의 행위제한에 관하여 지방자치단체의 조례로써 일정 지역에서 숙박업을 영위하기 위한 시설의 설치를 제한할 수 있도록 개정된 경우, 당해 지방자치단체장이 위 처분 후에 개정된 신법령에서 정한 사유를 들어 새로운 거부처분을 한 것이 행정소송법 제30조 제2항 소정의 확정판결의 취지에 따라 이전의 신청에 대한 처분을 한 경우에 해당한다."

* **대판 2016.3.24, 2015두48235** : "나. 원심판결 이유 및 원심이 채택한 증거들에 의하면, 다음과 같은 사실을 알 수 있다.

(1) 원고 신미운수 주식회사(이하 '원고 신미운수'라고 한다)는 별지 1 목록 기재 차량 70대를 포함하여 101대의 택시를, 원고 주호교통 주식회사(이하 '원고 주호교통'이라고 한다)는 별지 2 목록 기재 차량 23대를 포함하여 101대의 택시를 각 보유하여 일반택시운송사업을 하고 있다.

(2) 피고는 2008. 5. 22. '원고들이 2007. 11. 합계 48대(원고 신미운수 25대, 원고 주호교통 23대)의 택시를 도급제 형태로 운영하여 다른 사람으로 하여금 여객자동차 운송사업을 경영하게 하였다'는 사유로, 원고들에게 구 여객자동차 운수사업법(2008. 3. 21. 법률 제8980호로 전부 개정되기 전의 것) 제13조 제1항, 제76조 제1항 제13호 등에 의해 위 각 택시에 대하여 감차명령(이하 '종전 처분'이라고 한다)을 하였다.

(3) 원고들은 서울행정법원 2008구합22549호로 종전 처분의 취소를 구하는 소를 제기하였고, 위 법원은 2009. 7. 9. 원고들의 택시 48대 운영행위가 명의이용행위에 해당한다고 보기 어렵다는 사유로 종전 처분을 취소하는 내용의 원고들 승소판결을 선고하였다. 이에 피고가 불복하여 서울고등법원 2009누22623호로 항소하였으나, 항소심 법원은 2010. 1. 27. 그 변론을 종결하여 같은 해 2. 10. 항소기각 판결을 선고하였다. 피고가 이에 상고하였으나 2010. 5. 27. 상고기각되어 그 무렵 위 원고들 승소판결이 확정되었다(이하 확정된 위 원고들 승소판결을 '이 사건 확정판결'이라고 한다).

(4) 그 후 피고는 2013. 3. 22. 원고들에 대하여 "원고들이 2006. 7. 3.부터 2010. 9. 14.까지 소외 1에게 차량 1대당 일정 임대료를 매월 지급받는 방법으로 총 263회에 걸쳐 원고들의 차량을 임대하고, 원고 신미운수는 같은 방법으로 2007. 3.경부터 2010. 9. 30.까지 소외 2에게 총 233회, 2007. 4.경부터 2010. 9. 30.까지 소외 3에게 총 294회, 2007. 7.경부터 2008. 12. 31.까지 소외 4에게 79회에 걸쳐 원고 신미운수의 차량을 임대하여 소외 1과 소외 2, 소외 3, 소외 4(이하 '소외 2 등'이라고 한다)로 하여금 여객자동차 운송사업을 경영하게 하였다"는 이유로, 여객자동차 운수사업법 제12조 제1항, 제85조 제1항 제13호 등에 의하여 별지 1, 2 목록 기재 각 차량에 대하여 감차명령(이하 '이 사건 처분'이라고 한다)을 하였다.

다. 원심은 위와 같은 사실관계를 토대로, ① 기판력이 미치는 동일한 소송물인지 여부는 제재처분의 대상이 된 위반사실의 기본적 사실관계를 기본으로 하되 규범적 요소도 아울러 고려하여 판단해야 하고, 기판력의 시적 범위는 행정소송의 사실심 변론종결시로 보아야 한다고 전제한 후, ② 여객자동차 운수사업법 제12조 제1항에서 금지된 명의이용행위는 그 구성요건의 성질상 동종행위의 반복이 예상되는 이상, 운송사업자가 일정기간 동일 차량에 관하여 계속적으로 명의이용행위를 하게 한 경우 이는 포괄적으로 1개의 위반행위를 구성하므로, 종전 처분과 이 사건 처분 중 동일한 차량에 관한 명의이용행위를 사유로 한 부분은 그 기본적 사실관계가 동일하다고 보아야 하는데, ③ 별지 3 목록 1, 2항 기재 각 차량(이하 '이 사건 중복차량'이라고 한다)은 종전 처분에서도 감차대상이었고, 이 사건 처분에서 이 사건 확정판결의 항소심 변론종결시인 2010. 1. 27. 이전의 명의이용행위를 처분사유로 하고 있으므로, 이 사건 처분 중 이 사건 중복차량 관련 부분은 이 사건 확정판결의 기속력이나 기판력에 저촉되어 위법하다고 판단하였다.

라. 그러나 앞서 본 법리 및 원심판결 이유와 원심이 인용한 제1심판결 이유에 의하여 알 수 있는 다음과 같은 사정에 비추어 볼 때, 원심의 판단은 이를 그대로 수긍할 수 없다.

(1) 피고는 이 사건 처분 당시 이 사건 중복차량에 관하여 별지 3 목록 제1, 2항의 해당 차량별 '명의이용기간'란 기재와 같이 위반행위 기간을 특정하였다. 그런데 해당 차량 중 별지 3 목록 제1항 순번 2, 4, 7, 9번 및 제2항 순번 3, 5, 6, 7번 기재 차량의 경우 그 처분의 대상인 위반행위에 종전 처분의 대상인 2007. 11.에 있었던 명의이용행위도 포함되어 있고, 이 사건 처분사유 가운데 종전 처분의 대상이었던 이 사건 중복차량 중 일부 차량의 위 기간 동안의 명의이용행위 부분은 종전 처분사유와 그 기본적 사실관계가 동일하다고 보아야 하므로, 피고가 이 사건 처분을 하면서 이 부분까지도 위반행위에 포함시킨 것은 이 사건 확정판결의 기속력에 저촉된다 할 것이다.

(2) 그러나 이 사건 처분사유 가운데 종전 처분의 대상이었던 위 기간 동안의 명의이용행위를 제외한 나머지 부분은 법률적으로 평가하기 이전의 구체적인 사실에 착안하여 볼 때, 종전 처분사유와 그 기간을 달리함으로써 기본적 사실관계에 있어 동일성이 인정되지 않는다고 봄이 타당하므로, 피고가 위 부분 위반행위를 이 사건 처분의 처분사유로 삼았다 하더라도 이 사건 확정판결의 기속력에 저촉되는 것은 아니다.

(3) 그리고 이 사건 확정판결의 기판력은 그 소송물이었던 종전 처분의 위법성 존부에 관한 판단 그 자체에만 미치는 것이고, 이 사건 처분을 대상으로 하여 그 소송물을 달리하는 이 사건 소에는 미치지 않는다."

(2) 주관적 범위

취소판결은 당사자인 행정청과 기타의 관계 행정청을 기속합니다(제30조 제1항). '관계 행정청'이란 피고 행정청과 동일한 법인격의 행정주체에 속하는 행정청이나 동일한 사무관계 내의 상하관계에 있는 행정청에 한정하지 않고, 취소한 행정처분을 전제로 하여 이와 관련한 처분 또는 이에 부수하는 행위를 할 수 있는 모든 행정청을 포함합니다.

사립학교 교원에 대한 학교법인 등의 징계처분은 처분이 아니고 그에 대한 소청심사청구에 따른 소청결정이 처분이며 해당 교원이나 학교법인 등은 소청심사위원회를 피고로 하여 그의 소청결정을 대상으로 항고소송을 제기하는 구조이므로, 항고소송의 심판대상은 징계처분이 아니라 소청심사위원회 결정의 위법 여부가 됩니다. 따라서 법원이 소청결정을 취소한 판결이 확정되더라도 소청심사위원회가 다시 이전의 소청심사청구사건을 재심사하게 될 뿐, 학교법인 등이 곧바로 위 판결의 취지에 따라 재징계 등을 하여야 할 의무를 부담하는 것은 아닙니다. 결국, 이 경우 학교법인 등은 판결의 기속력의 주관적 범위 내에 있지 않습니다.

(3) 객관적 범위

기속력은 판결주문뿐만 아니라 그 전제가 된 요건사실의 인정과 효력의 판단에도 미칩니다. 이로부터 처분의 위법성 일반을 그 객관적 범위로 하는 기판력과는 달리, 기속력은 처분에 대한 개개의 위법사유에 대한 판단에 미침을 알 수 있습니다. 그러나 판결의 결론과 직접 관계없는 방론이나 간접사실, 가정판단에는 기속력이 미치지 않습니다.

기속력은 법원이 위법하다고 판단한 동일한 사유를 들어 동일한 내용의 처분을 하는 것을 금지할 뿐, 종전 처분과는 다른 새로운 사유에 기하여 동일한 내용의 처분을 하는 것까지 불허하는 것은 아니고, 여기에서 새로운 사유인지 여부는 인용판결이 종전 처분에 관하여 위법한 것으로 판단한 사유와 기본적 사실관계의 동일성이 인정되는 사유인지를 기준으로 판단하며, 기본적 사실관계의 동일성 유무는 처분사유를 법률적으로 평가하기 이전의 구체적인 사실에 착안하여 그 기초인 사회적 사실관계가 기본적인 점에서 동일한지에 따라 결정됩니다. 이때 추가 또는 변경되는 사유가 처분 당시에 그 사유를 명기하지 않았을 뿐 이미 존재하고 있었고 당사자가 그 사실을 알고 있었다고 하여 당초 처분사유와 동일성이 있는 것이라고는 할 수 없습니다. 그렇다면 기속력의 객관적 범위를 - 처분사유가 복수인 경우 - '당초의 처분 당시 존재했던 개개의 위법사유 중 원처분 사유와 기본적 사실관계의 동일성이 인정되는 사유'로 그 범위를 한정하는 것이 보다 정확한 표현이라는 결론에 이르게 됩니다.

위에서 논의한 바에 기초하면, 형질변경신청불허가처분취소소송에서 행정청이 내세운 사유가 불허가사유에 해당하지 않는다는 이유로 불허가처분을 취소하는 판결이 확정된 후 그 사유와 기본적 사실관계가 동일한 사유로 형질변경신청을 불허할 수 없고(대판 1990.12.11, 90누3560), 징계처분취소소송에서 징계사유가 될 수 없다고 판단한 사유에 대해서는 더 이상 이를 징계사유로 삼을 수 없습니다(대판 1992.7.14, 92누2912). 또한, 양도소득이 비과세소득이라는 이유로 양도소득세 및 방위세부과처분의 취소판결이 확정된 후 그 취소판결에 비과세소득에 대한 방위세부과의 법리를 오해한 허물이 있다 하여 동일한 양도사실에 기하여 한 방위세부과처분은 취소판결의 기속력에 저촉됩니다(대판 1989.2.28, 88누6177). 이와는 달리, 과세가액 평가방법이 잘못되었다거나 추계조사결정의 필요성 및 그 방법의 합리성 내지 타당성에 잘못이 있다고 하는 경우에는 다시 위법 사유를 보완하여 새로운 과세처분을 할 수 있습니다(대판 1992.9.25, 92누794).

> * **대판 1989.2.28, 88누6177** : "원심이 확정한 사실 및 기록에 의하면, 원고가 1981.7.22. 이 사건 부동산을 금 720,000,000원에 양도하자 피고는 위 양도로 인한 소득에 대하여 1984.2.1. 원고에게 법인세(토지등 양도에 대한 특별부가세) 금 158,355,857원 및 동 방위세 금 21,223,770원의 부과처분을 하였으나, 원고가 서울고등법원 84구1040호로서 위 부과처분의 취소를 구하여 같은법원이 1985.8.27. 원고의 이 사건 부동산의 양도소득이 구 법인세법(1978.12.5. 법률 제3099호로 개정된 것) 제59조의 3 제 1 항 제12호의 규정에 의하여 비과세소득에 해당한다는 이유로 위 법인세 및 방위세의 부과처분을 모두 취소하는 판결을 선고하였고, 위 판결은 피고의 상고기간도과로 1985.9.22. 경 확정되었음을 알 수 있는 바, 사실이 위와 같다면 위 취소판결이 확정됨으로써 원고에게는 이 사건 부동산의 양도라는 사실관계에 따른 법인세 및 방위세의 납세의무가 없음이 확정되었으므로 피고가 동일한 사실관계에 기하여 재차 원고에게 이 사건 방위세의 부과처분을 한 것은 위 확정판결에 저촉되어 허용될 수 없다 할 것이고 이는 위 취소판결에 비과세소득에 대한 방위세부과의 법리를 오해한 허물이 있다하여 그 결론을 달리하지 아니하며 동일 사실에 기한 방위세부과처분 자체가 취소 확정된 이상 과세소득과 비과세소득에 대한 세율이 다르다는 것만으로 이 사건 과세처분이 위 취소판결의 기판력[1]에 저촉되지 아니한다고 할 수도 없는 것이다."

행정심판 재결의 성격을 가지는 교원소청심사위원회의 결정은 처분청에 대하여 기속력을 가지고, 이는 결정의 주문에 포함된 사항뿐만 아니라 그 전제가 된 요건사실의 인정과 판단, 즉 처분 등의 구체적 위법사유에 관한 판단에까지 미칩니다. 따라서 소청심사위원회가 사립학교 교원의 소청심사청구를 인용하여 징계처분을 취소한데 대하여 행정소송이 제기되지 아니하거나 그에 대하여 학교법인 등이 제기한 행정소송에서 법원이 동 위원회 결정의 취소를 구하는 청구를 기각하여 동 위원회 결정이 그대로 확정되면, 인용재결의 기속력에 따라 동 위원회 결정의 주문과 그 전제가 되는 이유에 관한 판단만이 학교법인 등 처분청을 기속하게 되고, 설령 판결이유에서 동 위원회의 소청결정과 달리 판단된 부분이 있더라도 거기에는 기속력이 미치지 않습니다(대판 2013.7.25, 2012두12297).

---

1) 여기에서의 기판력은 내용적으로 볼 때 기속력으로 표현함이 옳습니다.

5) 재처분의무의 구체적 내용

재처분의무의 근거 규정인 행정소송법 제30조 제2항에 의하면 거부처분취소판결이 확정되면 처분청은 판결의 취지에 따라 이전의 신청에 대해 처분하여야 하므로, 재처분의무의 구체적 내용은 결국 '판결의 취지'의 해석에 좌우됩니다. 일반적으로 볼 때, 거부처분취소판결에도 불구하고 일정 경우 행정청이 재처분으로서 또다시 거부처분을 행하더라도 판결의 기속력 위반이 아니라는 규범적 평가를 받는데, 우리의 관심은 그 경우를 구체화하는 데에 있습니다. 아래 네 가지 경우는 적극적 처분을 전제로 하는 반복금지효의 경우에도 그에 상응하는 내용으로 타당한 설명입니다.

① 신청 대상이 재량행위인 경우, 처분발령 신청에 대한 거부처분의 취소판결에도 불구하고 행정청이 적법한 재량권을 행사한 결과, 또다시 거부하는 것이 여전히 적법하다고 판단하여 이전의 신청에 대해 행한 2차 거부처분은 기속력(재처분의무) 위반이 아닙니다. 기속력은 개개의 위법사유에 미치고 취소판결은 최초 거부 당사의 거부사유가 재량하자라는 규범적 평가를 받았기 때문에 계쟁 거부처분을 취소하는 것이므로, 이때의 판결취지는 취소판결을 존중하여 적법한 재량행사를 바탕으로 어떠한 처분을 하라는 것이며, 거기에는 적법한 재량행사에 따른 거부처분의 가능성을 배제하지 않습니다.

> * **대판 2020.6.25, 2019두56135** : "취소 확정판결의 기속력의 범위에 관한 법리 및 도시관리계획의 입안·결정에 관하여 행정청에 부여된 재량을 고려하면, 주민 등의 도시관리계획 입안 제안을 거부한 처분을 이익형량에 하자가 있어 위법하다고 판단하여 취소하는 판결이 확정되었더라도 행정청에 그 입안 제안을 그대로 수용하는 내용의 도시관리계획을 수립할 의무가 있다고는 볼 수 없고, 행정청이 다시 새로운 이익형량을 하여 적극적으로 도시관리계획을 수립하였다면 취소판결의 기속력에 따른 재처분의무를 이행한 것이라고 보아야 한다. 다만 취소판결의 기속력 위배 여부와 계획재량의 한계 일탈 여부는 별개의 문제이므로, 행정청이 적극적으로 수립한 도시관리계획의 내용이 취소판결의 기속력에 위배되지는 않는다고 하더라도 계획재량의 한계를 일탈한 것인지의 여부는 별도로 심리·판단하여야 한다."

② 거부처분 취소판결이 절차상 하자를 이유로 하였으나 그 하자를 치유한 후 재차 행한 거부처분은 기속력에 저촉되지 않습니다. 이 경우 인용판결의 취지는 곧 〈절차하자로 인한 위법 → 거부처분 취소〉입니다. 따라서 행정청은 재처분의무를 이행함에 있어 절차를 준수한 후(절차하자를 치유한 후) 다시 거부처분을 행하더라도 판결의 기속력에 반

하지 않습니다. 이 경우의 판결의 취지는 "절차하자를 이유로 거부처분을 취소하는 판결을 선고하는 것이므로 절차하자를 치유하여 절차하자 없는 전제하에서 처분을 다시 행하라"라는 의미와 같습니다.

한편, 행정소송법 제30조 제3항은 거부처분의 경우뿐만 아니라, 절차상 위법을 이유로 신청에 따른 인용처분이 취소된 경우의 재처분의무를 포함하고 있습니다. 그 적용예는 다음의 경우를 통해 이해 가능한데, 제3자효 행정처분에 의하여 권리가 침해되는 자가 제기한 취소소송에 있어서, 당해 처분이 절차상의 위법을 이유로 판결에 의하여 취소된 경우 행정청의 재처분의무가 문제되는 경우입니다. 삼면적 법률관계에 있어서 처분이 절차상 하자를 이유로 취소된 경우는 적법한 절차에 따라 처분을 하여도 다시 원래의 신청이 인용될 소지가 있으므로 신청인, 즉 처분의 상대방에게는 재처분의 이익이 있음을 명문화한 것입니다.

③ 법령개정 등으로 처분의 법적 외연이 변경된 경우입니다. 거부처분취소판결에도 불구하고 최초 처분 이후 법령개정 등에 따라 추가된 사유를 들어 다시 거부처분을 하더라도 재처분의무 위반이 아닙니다. 법령개정 등으로 추가된 거부사유는 최초 취소소송에서 위법성 판단시점인 처분시 이후의 사항으로서 본안판단 과정에서 법원의 판단이 미치지 않은 사유이므로 기속력이 미치지 않고, 따라서 이를 들어 재거부하더라도 기속력 위반이 문제되지 않습니다. 요컨대, 최초 거부처분이 처분시의 근거 법령에 의할 때 위법한 거부사유에 따른 것으로서 취소판결이 행해지더라도, 처분발령 이후 법령이 개정되어 거부사유가 새로이 추가된 경우에는 행정청은 거부처분취소판결에도 불구하고 개정 법령을 적용하여 다시 거부처분을 행할 수 있습니다.

④ 거부사유가 복수이고 거부처분취소소송에서 확정 인용판결이 행해진 경우, 사실관계에 비추어 원처분사유와 기본적 사실관계의 동일성이 긍정되는 사유(이 사유는 처분사유의 추가·변경이 허용되는 범위 내에 있습니다)를 들어 다시 거부처분을 행하는 것은 판결의 기속력 위반(재처분의무 위반)에 해당합니다. 그러나 원처분 사유와 기본적 사실관계의 동일성이 인정되지 않는 사유를 들어 재차 거부처분을 행하는 때에는 판결의 기속력 내지 재처분의무 위반이 아닙니다.

한편, 원처분 사유와 기본적 사실관계의 동일성이 인정되지 않는 사유로 행한 2차 거부처분은 기속력 위반이 아니라는 의미도 논의의 대상입니다. 이 경우 기속력 위반이 아니라 함은 2차 거부처분이 항상 적법하다는 뜻이 아니라, 2차 거부처분 사유에 판결의 기속력이 미치지 않는다는, 즉 원처분사유와 기본적 사실관계의 동일성이 인정되지 않는다는 점에 그칩니다. 해당 사유에 의한 2차 거부처분이 기속력 위반이 아니라 하더라도 당해 처분의 실체적 적법 여부는 담보되지 않습니다. 따라서 원고가 2차 거부처분 사유에 의한 거부처분을 다투고자 한다면, 2차 거부처분을 대상으로 재차 취소소송을 제기해야만 합니다. 이 경우 원고는 취소소송의 제기에 갈음하여 간접강제를 신청할 수는 없습니다. 왜일까요? 간접강제는 거부처분취소판결에도 불구하고 피고 처분청이 부작위 상태에 머물러 있거나 판결의 취지에 어긋나는 재처분을 행한 경우, 즉 통칭하면 재처분의무에 위반한 경우에 신청 가능합니다. 그런데 2차 거부처분 사유에 의한 거부처분은 판결의 취지에 반하지 않는 재처분이므로 재처분의무 위반이 아니라 할 것입니다. 따라서 이 때 간접강제 신청에 대해 제1심 수소법원은 기각결정을 하게 됩니다.

6) 기속력 위반행위의 효력

취소판결이 확정된 후에 그 기속력에 위반하여 행한 동일 내용의 처분은 그 하자가 중대·명백하여 당연무효에 해당합니다. 판례도 대법원 1982.5.11. 선고 80누104 판결 이래 일관하여 같은 입장입니다.

> * **대판 1990.12.11, 90누3560** : "확정판결의 당사자인 처분행정청이 그 행정소송의 사실심 변론종결 이전의 사유를 내세워 다시 확정판결과 저촉되는 행정처분을 하는 것은 허용되지 않는 것으로서 이러한 행정처분은 그 하자가 중대하고도 명백한 것이어서 당연무효라 할 것이다."

7) 부작위위법확인소송의 심리범위와 인용판결에 따른 재처분의무의 내용

부작위위법확인판결에도 취소판결의 제3자효(제29조)와 기속력(제30조) 및 거부처분취소판결의 간접강제(제34조)에 관한 규정이 준용됩니다(제38조 제2항). 부작위위법확인소송의 인용판결에도 불구하고 행정청이 계속 부작위로 일관하여 원고의 신청을 방치하는 것은 재처분의무 위반이고, 원고는 이에 대한 간접강제 신청을 통해 권리구제의 실현을 도모할 수 있음에 이견이 없습니다. 특별히 문제되는 경우는 부작위위법확인소송의 인용판결이 확정되고 행정청이 재처분의무의 이행으로 거부처분을 행하였을 때 재처분의무 위반에 해당하는지 여부입니다. 학설상으로는 재처분의무의 내용이 응답의무인가 아니면 특정처분의무인가의 논의로 표현됩니다. 이는 또한, '부작위위법확인소송의 인용판결의 취지'의 해석에 관한 문제인데, 구체적으로는 부작위위법확인소송의 심리범위와 직결된 쟁점입니다. 판결의 취지는 법원의 심리범위를 통해 구체화되기 때문입니다.

학설에 따라서는 법원은 부작위위법확인소송의 심리에 있어 단순히 행정청의 방치상태의 적부에 관한 절차적 내지 형식적 심리에 그치지 않고 신청의 실체적 내용이 이유 있는 것인지도 심리하여 그에 관한 적정한 처리방향에 관한 법률적 판단을 행하여야 한다는 입장(실체적 심리설)을 전제로, 부작위위법확인소송의 인용판결에 따른 재처분의무는 특정처분을 발령하는 것이라고 합니다(특정처분의무설). 이 견해는 국민의 권리구제 이념에는 충실할 수 있지만, 부작위위법확인소송의 본질과 관련하여 수긍하기 힘듭니다. 또한 의무이행소송이 인정되지 않는 법 현실과도 괴리가 있습니다. 부작위위법확인소송의 본질은 행정청의 부작위가 위법한 것임을 확인하는 소송으로서 그 소송물 또는 법원의 심판대상은 부작위의 위법성입니다. 법원으로서는 행정청의 부작위의 위법을 확인하는데 그치고(절차적 심리설), 그 이상으로 행정청이 행하여야 할 실체적 처분의 내용까지 심리·판단할 수 없다고 보아야 합니다.

* **대판 1990.9.25, 89누4758** : "부작위위법확인의 소는 행정청이 국민의 법규상 또는 조리상의 권리에 기한 신청에 대하여 상당한 기간 내에 그 신청을 인용하는 적극적 처분 또는 각하하거나 기각하는 등의 소극적 처분을 하여야 할 법률상의 응답의무가 있음에도 불구하고 이를 하지 아니하는 경우, 판결(사실심의 구두변론 종결)시를 기준으로 그 부작위의 위법을 확인함으로써 행정청의 응답을 신속하게 하여 부작위 내지 무응답이라고 하는 소극적인 위법상태를 제거하는 것을 목적으로 하는 것이고, 나아가 당해 판결의 구속력에 의하여 행정청에게 처분 등을 하게 하고 다시 당해 처분 등에 대하여 불복이 있는 때에는 그 처분 등을 다투게 함으로써 최종적으로는 국민의 권리이익을 보호하려는 제도이므로, 소제기의 전후를 통하여 판결시까지 행정청이 그 신청에 대하여 적극 또는 소극의 처분을 함으로써 부작위상태가 해소된 때에는 소의 이익을 상실하게 되어 당해 소는 각하를 면할 수가 없는 것이다."

이에 의할 때 부작위위법확인소송의 인용판결의 취지는 "원고에게는 법령상·조리상 신청권이 인정되고 이에 따라 일정한 처분을 하여야 할 법률상 의무를 다하지 않은 피고 행정청의 부작위는 위법이므로, 행정청은 재처분의무의 이행으로서 일정처분, 즉 인용처분 내지 거부처분을 행하라"를 내용으로 합니다(응답의무설). 따라서 부작위위법확인소송의 인용판결에도 불구하고 행정청은 거부처분을 행할 수 있고, 이는 재처분의무 위반이 아닙니다. 그리고 재처분으로서 거부처분이 행해진 경우, 원고는 별소로 거부처분취소소송을 제기할 수 있음에 그칠 뿐, 해당 거부처분은 간접강제의 대상은 아닙니다. 해당 거부처분은 기속력 위반은 아니지만 그 실체적 적법 여부는 전소인 부작위위법확인소송의 심리대상이 아니었으므로 별개의 판단대상입니다. 물론, 인용판결에도 불구하고 행정청이 계속 부작위 상태를 방치하면 제1심 수소법원은 간접강제 규정에 따라 일정한 배상을 명할 수 있습니다.

* **대결 2010.2.5, 2009무153** : "재항고이유를 살펴본다. 원심은 제1심결정을 인용하여 다음과 같이 판단하였다. 즉 신청인이 피신청인을 상대로 제기한 부작위위법확인소송에서 신청인의 제2 예비적 청구를 받아들이는 내용의 확정판결을 받았다. 그 판결의 취지는 피신청인이 신청인의 광주광역시 지방부이사관 승진임용신청에 대하여 아무런 조치를 취하지 아니하는 것 자체가 위법함을 확인하는 것일 뿐이다. 따라서 피신청인이 신청인을 승진임용하는 처분을 하는 경우는 물론이고, 승진임용을 거부하는 처분을 하는 경우에도 위 확정판결의 취지에 따른 처분을 하였다고 볼 것이다. 그런데 위 확정판결이 있은 후에 피신청인은 신청인의 승진임용을 거부하는 처분을 하였다. 따라서 결국 신청인의 이 사건 간접강제신청은 그에 필요한 요건을 갖추지 못하였다는 것이다. 관련 법리와 기록에 비추어 살펴보면, 원심의 위와 같은 판단은 정당한 것으로 수긍할 수 있고, 거기에 재항고이유의 주장과 같이 부작위위법확인판결의 내용을 오해하거나 부작위위법확인소송에 관한 법리를 오해한 위법이 있다고 할 수 없다. 그러므로 재항고를 기각하고 …."

4. 재처분의무의 실효성 확보 수단으로서의 간접강제

1) 의의

현행 행정소송제도가 행정청의 거부처분이나 부작위에 대한 소송유형으로 거부처분취소소송·무효확인소송과 부작위위법확인소송이라는 우회적 형태의 구제방법만을 인정함으로 인해, 각 소송의 인용판결이 있을 경우 그 실효성 확보를 위해 판결에 대한 특수한 효력을 인정할 필요가 있고 행정소송법은 우선 이를 판결의 기속력 규정을 통해 실현하려는 입장입니다. 그러나 판결의 기속력에 의하여 처분청에게 판결의 취지에 따른 재처분을 할 의무가 부과되더라도, 처분청이 이를 이행하지 않을 때 강제로 집행할 수 있는 제도적 장치가 필요합니다.

이에 따라 행정소송법은 행정청이 거부처분취소판결에도 불구하고 행정청이 인용판결의 취지에 따라 처분을 하지 아니하는 때에는 제1심 수소법원은 당사자의 신청에 의하여 결정으로서 상당한 기간을 정하고 행정청이 그 기간 내에 이를 이행하지 아니하는 때에는 그 지연기간에 따라 일정한 배상을 할 것을 명하거나 즉시 손해배상을 할 것을 명할 수 있는데, 이를 간접강제결정이라고 합니다(제34조 제1항). 취소소송의 인용판결의 실효성 확보는 판결의 기속력을 통해, 재처분의무의 실효성 확보를 위한 행정소송법상 제도는 간접강제입니다.

2) 적용범위

취소소송에서의 간접강제제도는 부작위위법확인소송에 준용되지만(제38조 제2항), 무효확인소송에의 준용 여부와 관련하여서는 명문의 준용규정이 없습니다(제38조 제1항 참조). 이를 두고 판례는 거부처분무효확인판결에는 간접강제가 허용되지 않는다고 합니다. 그러나 거부처분무효확인판결에도 재처분의무가 인정되고 그 불이행 시 강제할 필요성이 있음은 거부처분취소판결의 경우와 다를 바 없으므로 거부처분 무효확인판결에 대해서도 간접강제가 가능하다고 보아야 합니다. 위법한 거부처분에 이른 것이 단순 위법인 하자에 기한 경우보다 중대·명백한 하자에 따른 경우가 상대적으로 비난의 정도가 큰 것이므로 이를 입법적 흠결로 보아야 할 것입니다.

＊ **대결 1998.12.24, 98무37** : "행정소송법 제34조는 취소판결의 간접강제에 관하여 규정하면서 제1항에서 행정청이 같은 법 제30조 제2항의 규정에 의한 처분을 하지 아니한 때에 간접강제를 할 수 있도록 규정하고 있고, 같은 법 제30조 제2항은 "판결에 의하여 취소되는 처분이 당사자의 신청을 거부하는 것을 내용으로 하는 경우에는 그 처분을 행한 행정청은 판결의 취지에 따라 다시 이전의 신청에 대한 처분을 하여야 한다."라고 규정함으로써 취소판결에 따라 취소된 행정처분이 거부처분인 경우에 행정청에 다시 처분을 할 의무가 있음을 명시하고 있으므로, 결국 같은 법상 간접강제가 허용되는 것은 취소판결에 의하여 취소된 행정처분이 거부처분인 경우라야 할 것이다. 행정소송법 제38조 제1항이 무효확인 판결에 관하여 취소판결에 관한 규정을 준용함에 있어서 같은 법 제30조 제2항을 준용한다고 규정하면서도 같은 법 제34조는 이를 준용한다는 규정을 두지 않고 있으므로, 행정처분에 대하여 무효확인 판결이 내려진 경우에는 그 행정처분이 거부처분인 경우에도 행정청에 판결의 취지에 따른 재처분의무가 인정될 뿐 그에 대하여 간접강제까지 허용되는 것은 아니라고 할 것이다."

이와 관련하여 행정심판에서는 재결에 의하여 취소되거나 무효 또는 부존재로 확인되는 처분이 당사자의 신청을 거부하는 것을 내용으로 하는 경우에는 그 처분을 한 행정청은 재결의 취지에 따라 다시 이전의 신청에 대한 처분을 하여야 하며(재처분의무, 행정심판법 제49조 제2항), 행정심판위원회는 피청구인이 위 재처분을 하지 아니하면 청구인의 신청에 의하여 결정으로 상당한 기간을 정하고 피청구인이 그 기간 내에 이행하지 아니하는 경우에는 그 지연기간에 따라 일정한 배상을 하도록 명하거나 즉시 배상을 할 것을 명할 수 있다고 하여(간접강제, 행정심판법 제50조의2 제1항) 거부처분무효확인재결의 재처분의무와 함께 그 실효성 확보를 위한 간접강제를 명문으로 규정합니다.

3) 간접강제의 요건으로서의 재처분의무의 불이행

처분청이 거부처분취소판결의 취지에 따른 재처분을 하지 않을 것을 간접강제의 요건으로 합니다. 우선, 재처분의 기간에 대해서는 규정한 바 없지만 특별한 사정이 없는 한 판결확정시부터 새로운 처분을 하는 데 필요한 상당한 기간 내에 새로운 처분을 하여야 하며, 그 기간 내에 처분이 없을 경우(후술하는 바와 같이 판결의 취지에 따르지 않은 재처분이 있는 경우를 포함합니다) 간접강제가 가능하다 할 것입니다. 주의할 사항은 판결확정시부터 상당한 기간 내에 새로운 처분(재처분)을 하지 아니하였다는 것만으로 간접강제의 요건을 충족한 것이 아니라, 재처분의무의 불이행 상태에서 다시 상당한 기간을 부여해야 합니다(제34조 제1항 참조).

내용적으로 판결의 취지에 반하는 재처분의 해석이 중요합니다. 거부처분취소판결의 확정에도 불구하고 처분청이 부작위에 그친다면 이는 당연히 간접강제의 대상입니다. 처분청이 재처분으로서 인용처분을 한 경우에는 간접강제를 신청할 이유가 없습니다. 문제는 거부처분취소소송의 인용판결 이후 새로운 거부처분을 한 경우입니다. 앞선 논의에 의할 때 거부처분취소판결의 취지가 반드시 원고의 이전 신청을 인용해야 하는 것은 아님을 알 수 있습니다. 따라서 확정판결의 기속력 위반이 아닌 거부처분은 재처분의무 위반이 아니므로 이에 대해서는 간접강제를 할 수 없습니다. 구체적으로 볼 때 재처분으로서의 거부처분이 간접강제의 대상이 되는 경우는 재처분의무의 내용을 설명한 네 가지 경우를 기준으로 그 범위를 설정할 수 있습니다. 취소판결에도 재처분으로서 다시 거부처분을 행한 경우, 그것이 판결의 기속력에 반하는 무효인 거부이면 간접강제의 대상이 됩니다. 요컨대, 거부처분취소소송에서 간접강제가 가능한 경우는 취소판결에도 행정청이 부작위하는 경우 및 거부처분취소판결의 기속력에 반하는 무효인 거부처분을 한 경우로 요약 가능합니다. 같은 맥락에서 부작위위법확인소송의 인용판결에 따라 처분청이 거부처분을 행한 경우에는 간접강제가 허용되지 않습니다.

* **대결 2002.12.11, 2002무22** : "거부처분에 대한 취소의 확정판결이 있음에도 행정청이 아무런 재처분을 하지 아니하거나, 재처분을 하였다 하더라도 그것이 종전 거부처분에 대한 취소의 확정판결의 기속력에 반하는 등으로 당연무효라면 이는 아무런 재처분을 하지 아니한 때와 마찬가지라 할 것이므로 이러한 경우에는 행정소송법 제30조 제2항, 제34조 제1항 등에 의한 간접강제신청에 필요한 요건을 갖춘 것으로 보아야 한다. 주택건설사업 승인신청 거부처분의 취소를 명하는 판결이 확정되었음에도 행정청이 그에 따른 재처분을 하지 않은 채 위 취소소송 계속중에 도시계획법령이 개정되었다는 이유를 들어 다시 거부처분을 한 사안에서, 개정된 도시계획법령에 그 시행 당시 이미 개발행위허가를 신청중인 경우에는 종전 규정에 따른다는 경과규정을 두고 있으므로 위 사업승인신청에 대하여는 종전 규정에 따른 재처분을 하여야 함에도 불구하고 개정 법령을 적용하여 새로운 거부처분을 한 것은 확정된 종전 거부처분 취소판결의 기속력에 저촉되어 당연무효이다."

4) 간접강제 결정

간접강제의 신청과 결정의 관할은 제1심 수소법원입니다. 간접강제결정은 변론 없이 할 수 있지만, 이 경우에도 처분의무 행정청을 심문할 것을 요합니다(제34조 제2항, 민사집행법 제262조). 당사자의 신청이 이유 있다고 인정되면 제1심 수소법원은 상당한 기간을 정하고 행정청이 그 기간 내에 이행하지 않을 때에는 그 지연기간에 따라 일정한 배상을 명하거나 즉시 손해배상할 것을 명할 수 있는데,[1] 이처럼 간접강제결정은 소송비용 부담재판과 마찬가지로 금전지급의무의 주체가 될 수 없는 행정청에게 금전배상을 명하는 점에서 결국 그 배상의무는 당해 행정청이 속한 국가나 지방자치단체가 부담합니다. 이때의 배상금은 신청인의 손해배상금이 아니라, 재처분의무의 이행을 위한 심리적 강제수단의 성질을 띱니다. 따라서 간접강제결정에서 정한 의무이행기간이 지나 배상금이 발생한 후라도 확정판결의 취지에 따른 재처분의 이행이 있으면 특별한 사정이 없는 한 배상금을 추심할 수 없습니다. 한편, 간접강제신청에 대한 기각결정이나 인용결정에 대해서는 즉시항고를 할 수 있습니다(민사집행법 제261조 제2항).

---

1) 간접강제를 인용하는 주문례를 아래에 소개합니다.

"피신청인은 이 결정의 정본을 받은 날부터 O일 이내에 신청인에 대하여 이 법원 2020구합12△ OO거부처분취소사건의 확정판결의 취지에 따른 처분을 하지 않을 때에는 신청인에 대하여 위 기간이 마치는 다음날부터 처분시까지 1일 OOO원의 비율로 계산한 금액을 지급하라."

* **대판 2010.12.23, 2009다37725** : "행정소송법 제34조 소정의 간접강제결정에 기한 배상금은 확정판결의 취지에 따른 재처분의 지연에 대한 제재나 손해배상이 아니고 재처분의 이행에 관한 심리적 강제수단에 불과한 것으로 보아야 하므로, 간접강제결정에서 정한 의무이행기한이 경과한 후에라도 확정판결의 취지에 따른 재처분이 행하여지면 배상금을 추심함으로써 심리적 강제를 꾀한다는 당초의 목적이 소멸하여 처분상대방이 더 이상 배상금을 추심하는 것이 허용되지 않는다."

제40강
당사자소송

제40강

당사자소송

1. 의의

당사자소송(Parteistreitigkeit)은 행정청의 처분 등을 원인으로 하는 법률관계에 관한 소송 그 밖에 공법상의 법률관계에 관한 소송으로서 그 법률관계의 한쪽 당사자를 피고로 하는 소송(행정소송법 제3조 제2호), 즉 서로 대립하는 대등한 당사자 사이의 공법상 법률관계의 형성·존부에 관한 소송이라고 할 수 있습니다. 당사자소송의 개념으로부터 항고소송과의 차이점을 도출할 수 있습니다. 당사자소송에서는 행정청의 처분 등을 원인으로 하더라도 처분 자체가 소송의 대상이 아니라 그로 인한 법률관계가 소송의 대상이 되고, 처분을 행한 행정청이 아닌 법률관계의 귀속주체인 한쪽 당사자를 피고로 하는 점에서 항고소송과 일견 다릅니다. 행정의 행위형식의 다양화 추세에도 불구하고 당사자소송은 과거 취소소송 중심의 소송실무에 가려져 활성화되지 못하였습니다. 아래에서 과거 당사자소송이 활성화되지 못한 이유를 살펴봅니다. 이는 우리의 행정소송 체계의 대강과 그 문제점을 개관할 수 있음에 논의의 실익이 있습니다.

먼저 민사소송과의 관계에서, 행정소송법상 당사자소송 관련 규정이 극히 간단하고 불충분하여 대부분의 규율을 민사소송법의 준용에 의할 수밖에 없는 상황에서 법원으로서는 양자의 구별이 용이하지 않다고 보아 과거 당사자소송의 독자적 의의를 인정하기에 주저할 수밖에 없었고, 이에 따라 당사자소송 사항을 민사소송으로 판단하는 경우가 다수였습니다. 다음은 항고소송과의 관계 설정입니다. 관련 사항을 직접 규율하는 조문 수에 잘 나타나듯이 행정소송법은 항고소송을 행정소송제도의 중심으로 하는 외형을 취함으로써 실무상 항고소송 중심주의 사고가 팽배하였습니다. 또한, 독일의 일반이행소송의 경우 등 행정의 각 행위형식에 대한 다양한 소송유형의 가능성을 행정소송법이나 판례가 인정하지 않음으로 인해 행정소송이 항고소송 중심으로 운영될 수밖에 없었고, 쟁송법적 처분설로 대표되는 처분개념의 확대 현상은 항고소송 대상의 확대 및 당사자소송 영역의 축소를 가속화하는 요인으로 작용하였습니다. 나아가 당사자소송 사항인 공법상 법률관계 자체를 다투지 않고 처분의 발령을 기다려 그에 대한 항고소송의 방법을 선택하는 경우도 빈번하였습니다. 이러한 항고소송 중심의 소송 현실은 또한 처분을 대상으로 하는 항고심판만을 규정하는 행정심판법의 체계와 함께 행정심판의 과대 평가 내지 비대화로 이어져 행정소송에 대한 국민의 신뢰 제고에 부정적인 결과를 초래하였습니다.

최근 판례가 손실보상청구소송, 도시 및 주거환경정비법상 주택재건축정비사업조합을 상대로 사업시행계획안 및 관리처분계획안에 대한 조합총회결의의 효력을 다투는 소송 등을 당사자소송으로 파악함으로써 당사자소송의 범위를 확대하는 판결을 잇달아 내놓은 것은 바람직합니다. 그러나 국가배상청구소송 등 여전히 그 당사자소송으로서의 성격을 인정받지 못하는 소송들이 많고, 항고소송에 비해 당사자소송의 법리에 관한 충분한 규명이 이루어지지 않은 점은 향후 입법과 학설, 그리고 판례의 과제라 할 것입니다. 이와 관련하여 행정소송규칙은 당사자소송에 포함되는 소송유형을 예시적 방법으로 제시합니다.[1] 학설상 당사자소송으로 파악하는 국가배상청구소송 등을 망라적으로 포괄하지 못한 점은 아쉬움으로 남지만, 당사자소송의 대상을 일응 명확히 하여 해석상 논란의 여

---

1) 제19조(당사자소송의 대상) 당사자소송은 다음 각 호의 소송을 포함한다.
  1. 다음 각 목의 손실보상금에 관한 소송
    가. 「공익사업을 위한 토지 등의 취득 및 보상에 관한 법률」 제78조제1항 및 제6항에 따른 이주정착금, 주거이전비 등에 관한 소송
    나. 「공익사업을 위한 토지 등의 취득 및 보상에 관한 법률」 제85조제2항에 따른 보상금의 증감(증감)에 관한 소송
    다. 「하천편입토지 보상 등에 관한 특별조치법」 제2조에 따른 보상금에 관한 소송
  2. 그 존부 또는 범위가 구체적으로 확정된 공법상 법률관계 그 자체에 관한 다음 각 목의 소송
    가. 납세의무 존부의 확인
    나. 「부가가치세법」 제59조에 따른 환급청구
    다. 「석탄산업법」 제39조의3제1항 및 같은 법 시행령 제41조제4항제5호에 따른 재해위로금 지급청구
    라. 「5·18민주화운동 관련자 보상 등에 관한 법률」 제5조, 제6조 및 제7조에 따른 관련자 또는 유족의 보상금 등 지급청구
    마. 공무원의 보수·퇴직금·연금 등 지급청구
    바. 공법상 신분·지위의 확인
  3. 처분에 이르는 절차적 요건의 존부나 효력 유무에 관한 다음 각 목의 소송
    가. 「도시 및 주거환경정비법」 제35조제5항에 따른 인가 이전 조합설립변경에 대한 총회결의의 효력 등을 다투는 소송
    나. 「도시 및 주거환경정비법」 제50조제1항에 따른 인가 이전 사업시행계획에 대한 총회결의의 효력 등을 다투는 소송
    다. 「도시 및 주거환경정비법」 제74조제1항에 따른 인가 이전 관리처분계획에 대한 총회결의의 효력 등을 다투는 소송
  4. 공법상 계약에 따른 권리·의무의 확인 또는 이행청구 소송

지를 상당 부분 해소한 점에서 그 의의를 찾을 수 있습니다. 당사자소송은 행정법원의 전속관할에 속하므로(더욱이 전속관할 위반은 절대적 상고이유가 됩니다) 관할의 확인을 위해서도 당사자소송과 민사소송의 구분이 필요합니다. 이러한 구분의 불명확성은 전속관할 위반의 소 제기를 유발하고, 이에 따라 절차의 낭비, 국민의 재판청구권 실현의 지연 문제를 초래합니다. 이런 점에서 동조는 행정소송법 제3조 제2호의 당사자소송의 대상이 되는 사례와 기준을 예시적으로 제시함으로써 당사자소송과 민사소송 구분의 불명확으로 인하여 발생하는 문제를 최소화하고, 소송절차의 안정화에 기여할 것으로 기대합니다.

2. 당사자소송의 특성

1) 포괄성

당사자소송은 처분 등이나 부작위 이외의 공법상 법률관계 일반을 대상으로 하는 점에서 포괄소송(Auffangsklage)의 특성을 가집니다. 즉, 당사자소송은 행정소송 중 항고소송을 제외한 모든 소송을 가리키는 일종의 잔여개념으로서 포괄적 개념이며, 새로운 소송유형을 창출할 수 있는 시원적인 소송유형입니다. 이처럼 당사자소송은 항고소송에서 열거하는 구체적 소송유형의 틀에 얽매이지 않고 사안에 따라 이행소송이나 확인소송 등 다양한 소송유형을 내놓을 수 있는 점에서 사실행위에 대한 의무화소송의 성격에 한정되어 운영되는 독일 행정소송상 일반이행소송(allgemeine Leistungsklage)보다 오히려 광범위한 활용 가능성을 내포합니다. 더구나, 행정작용의 비중이 침익적 행정으로부터 급부·계획·조성행정으로 옮겨감에 따라 행정의 행위형식이 더욱 다양화되는 상황을 고려한다면 당사자소송의 포괄소송적 기능은 더욱 확대될 것으로 예상합니다.

2) 보충성 여부

당사자소송의 보충성을 전제하는 견해는 처분을 대상으로 하는 경우 등 정형적 법률관계에 대해서는 항고소송에 의하고, 당사자소송은 그러한 소송유형에 의하여 처리할 수 없는 경우에 한하여 보충적으로 적용되는 것으로 간주하는 입장입니다. 예컨대, 과세처분의 위법을 다투는 경우에는 원칙적으로 취소소송 내지 무효확인소송만이 허용되고 조세채무부존재확인소송은 불허되는 것으로 보고 이를 당사자소송의 보충성의 틀 안에서 이해하는 것입니다.

그러나 이러한 입장은 원고의 소송유형 선택권 보장 등을 고려할 때 오늘날 일반적으로 수용할 수 없는 견해입니다. 물론, 공무원에 대한 파면처분에 취소사유의 하자가 있는 경우 해당 공무원은 파면처분취소소송에 갈음하여 바로 당사자소송인 공무원지위확인소송을 제기할 수 없습니다. 그러나 이러한 결과는 취소소송의 배타성 내지 당사자소송의 보충성에서 비롯하는 선험적인 것이 아니라, 행정행위의 공정력에 비추어 공무원지위확인소송의 수소법원이 선결문제로서 파면처분의 효력을 제거할 수 없기 때문입니다. 그리고 조세를 납부한 후 그 과세처분의 무효 여부가 문제될 경우 처분의 상대방은 납부한 금액을 돌려받기 위해 곧바로 당사자소송 형태의 부당이득반환청구소송을 제기하여 과세처분의 무효를 선결문제로 판단받거나 이에 갈음하여 과세처분무효확인소송을 선택적으로 제기할 수 있음은 주지의 사실인바, 이런 입론은 무효확인소송의 보충성을 부인한 소치이지, 이를 두고 무효확인소송의 배타성이나 당사자소송의 보충성에 의한 결과라고 설명할 수는 없습니다. 따라서 일반적으로 볼 때 공무원 파면처분이 무효인 경우 항고소송으로서 파면처분무효확인소송이 가능할 뿐만 아니라, 당사자소송으로서 그 파면처분이 무효임을 전제로 한 공무원지위확인소송도 선택적으로 허용된다고 보아야 합니다.

당사자소송의 포괄성을 들어 그 보충성을 주장하는 입장도 발견됩니다. 이 역시 타당하지 않습니다. 행정심판법 제31조에 따라 임시처분의 집행정지에 대한 보충성이 인정되는 것처럼 보충성은 원칙적으로 명문의 규정을 전제로 해야 합니다. 그렇지 않은 입법상황에서 당사자소송의 항고소송에 대한 보충성을 인정하는 것은 취소소송 중심주의를 강화하여 당사자소송을 형해화하는 법제적 문제뿐만 아니라, 행정상 법률관계의 다양화에 따른 국민의 권리구제의 실질화·다변화에 역행하는 것입니다. 요컨대, 오늘날 당사자소송의 보충성을 일반적으로 인정할 수는 없으며, 보충적 관계의 외양을 띠는 경우에도 이는 행정행위의 공정력 등 다른 법리에 의한 결과로 이해해야 합니다.

3) 항고소송·민사소송과의 구별

처분 등을 통해 표현된 행정청의 우월한 지위를 전제로 한 항고소송에 비해 당사자소송은 기본적으로 대등한 당사자 간의 소송이라는 점에서 구별됩니다. 이는 행정소송법이 처분 등이나 부작위에 대해서는 항고소송을, 그 밖의 공법상 법률관계에 대해서는 당사자소송을 인정함으로써 일종의 소송유형별 분업체계를 취하는 것으로 이해할 수 있습니다. 물론, 당사자소송이 최적화된 상태로 널리 활용되지 않은 상황에서 항고소송 중심의 소송체계는 불가피한 면이 있습니다. 그러나 소송유형별 분업체계의 틀 안에서, 지나치게 처분개념을 확대하여 스스로 당사자소송의 여지를 축소하는 것은 바람직하지 않습니다. 국민이 행정소송을 통해 달성하려는 공법상 법률관계의 구체적 양태를 처분의 취소·무효확인, 부작위의 위법 확인이라는 정형의 틀 속에 가두려는 시도는 그리 환영할 일이 아닙니다. 행정의 행위형식별로 다양한 소송유형을 법률이 개별적으로 규정하거나 판례상 인정하는 독일식의 방법을 택할 수 없다면, 행정소송법이 규정한 당사자소송에 대해 그 포괄성을 바탕으로 적용영역 내지 활용 범위를 대폭 확대할 것을 제안합니다. 다만, 이런 논의가 설득력을 얻기 위해서는 기존의 민사소송법 규정의 준용 방식이 아니라, 행정소송으로서 민사소송과 구별되는 당사자소송의 공법적 특성을 반영한 규정들을 행정소송법 개정을 통해 대폭 신설하는 것을 전제로 해야 할 것입니다.

다음은 민사소송과의 구별 문제입니다. 당사자소송과 민사소송은 재판관할을 비롯하여 행정소송법의 적용 여부에 따라 소송절차에 차이가 있고, 행정소송의 적정한 해결을 위해 당사자소송에 행정청의 소송참가(행정소송법 제17조)를 인정하는 등의 특례를 인정하므로 양자를 구별할 필요성과 실익이 있습니다. 이념적으로 볼 때에도 민사소송은 민법, 기타 사법원리를 적용하여 분쟁을 해결하지만, 행정소송인 당사자소송은 공법 및 공법원리가 지도이념이 되는 점에서도 양자 간 차이를 긍정해야 합니다.

〈소송제도 측면에서 당사자소송과 민사소송의 비교〉

	당사자소송	민사소송
소의 변경	당사자소송과 항고소송 간 소 변경의 명시적 규정 있음 : 가능	민사소송과 항고소송 간 소 변경의 명시적 규정 없음 : 불가능 견해 있음
소송참가	행정청의 소송참가 허용(제17조)	불가
심리의 원칙	직권심리(탐지)주의 적용	직권심리(탐지)주의 미적용
기속력 내지 구속력(민사소송)의 주관적 범위	관계 행정청 및 해당 행정주체 내 산하 행정청에 미침	소송당사자에게만 미침
관련청구의 병합	당사자소송에 민사소송 병합 가능	민사소송에 당사자소송 병합 불가

판례상 당사자소송과 민사소송의 분류체계 내지 그 실례를 정확하게 파악하려면 당사자소송과 민사소송의 구별기준에 관한 학설의 이해가 전제되어야 합니다.[1] 우선, 소송물을 기준으로 구분하는 견해입니다. 일설은 법원의 심리대상이 공법상 권리와 관련한 때에는 당사자소송, 사법상 권리이면 민사소송으로 취급하여, 예컨대 공무원의 지위확인소송이나 봉급지급청구소송은 당사자소송으로, 민사상 소유권확인소송이나 부당이득반환청구소송은 민사사건이라고 합니다. 다른 견해는 소송물의 전제가 되는 법률관계를 기준으로, 소송물이 사법상의 것이더라도 그 전제인 법률관계가 공법상 법률관계이면 행정사건이고 사법상의 그것이면 민사소송이라는 입장입니다. 이를테면, 동일한 소유권확인소송이라도 농지매수처분의 무효를 이유로 할 때에는 당사자소송이고, 매매계약의 무효를 원인으로 할 때에는 민사소송입니다.

소는 원칙적으로 소송물로 구별합니다. 그리고 행정소송법상 '공법상의 법률관계에 관한 소송'은 소송상 청구의 대상이 되는 권리 내지 법률관계가 공법에 속하는 소송, 즉 공권의 주장을 소송물로 하는 소송 내지 공법법규의 적용을 통해서 해결할 수 있는 법률관계에 관한 소송을 의미합니다. 이런 점에서 소송물을 기준으로 당사자소송과 민사소송을 구분하는 전통적인 견해는 일응의 타당성이 인정되며, 이는 판례의 입장이기도 합니다. 그러나 소송물을 기준으로 부당이득반환청구소송을 민사소송으로 취급하는 판례 입장은 부당이득반환의 법률관계가 예외 없이 사법 영역에서만 발생하는 것으로 간주하는 바, 이렇게 보아야 할 하등의 이유가 없습니다. 부당이득반환청구권은 사권으로서, 그리고 공권으로서도 성립 가능합니다. 나아가 부당이득반환청구소송의 소송물이 사법관계에 상응하는 것이라 하더라도 그 소송물의 전제가 되는 법률관계가 처분 등 공법상 법률관계에 해당한다면 이는 당사자소송의 영역이라고 해석 못할 바 아닙니다. 생각건대, 학설의 다수가 지지하는 것처럼, 원인되는 법률관계가 공법의 범주에 속하면 그로 인한 법률관계가 사법적 혹은 공법적 성격인지를 불문하고 이를 당사자소송으로 취급하는 것이 변화한 법제도적 현실에 부합하는 법 해석입니다.

한편, 당사자소송과 민사소송을 소송물에 따라 구별하는 입장을 견지하더라도, 소송상 보호대상이 되는 권리가 공법상 혹은 사법상 권리인가의 여부는 결국 공법과 사법의 구별이라는 보다 관념적인 법철학의 범주에 속하는 점을 감안하여야 합니다. 또한, 소송물을 기준으로 하더라도 거기에는 '당사자소송 활성화론'의 법정책적 고려가 가미되어야

1) 이하의 논의는 이론적으로 볼 때 민사소송과 행정소송의 구별기준이라고 하는 것이 더 정확합니다. 따라서 행정소송 중 당사자소송과 항고소송 간 구별은 앞서 설명한 양자의 차이점에 착안하여 판단하면 되는데, 그 구체적 예는 뒤에서 보는 바와 같습니다.

하는데, 이는 당사자소송과 민사소송의 구별에 기능론적 접근을 시도하는 것과 맥락을 같이합니다. 행정소송법이 당사자소송에 대하여 취소소송의 직권증거조사, 판결의 기속력 등의 규정을 준용토록 한 것은 공법관계에서의 분쟁을 합리적으로 해결함으로써 행정운영의 적정성과 국민의 권리구제를 제고하는 데 있으므로 당사자소송과 민사소송의 구별은 행정소송법의 그와 같은 규정을 적용하는 것이 당해 쟁송을 합리적으로 처리할 수 있는지 여부에 따라 결정함이 타당합니다. 그러나 유감스럽게도 현행의 행정소송법하에서의 당사자소송 규정이 지극히 빈약한 점은 기능론적 접근을 어렵게 만드는 요인입니다. 프랑스법제에 정통한 학자는 당사자소송을 취소소송을 포함한 보다 넓은 개념으로 이해하여 프랑스 소송법제에서의 '완전심리소송'[1]의 형태로 운영하여야 함을 주장하는바, 이는 지나치게 급진적이라 할 것입니다.

당사자소송의 필요성·실익을 인정하고 그 활용의 폭을 넓히려는 시도는 행정소송제도의 공익목적 실현이라는 기능을 잃지 않으면서도 국민의 신속하고 최대한의 권리구제 이념을 염두에 두며 논의되어야 합니다. 당사자소송은 현대 행정의 발전 동향에 따른 권리보호·권리구제의 수요 변화에 부응할 수 있는 수단으로서 행정사건의 해결 기재의 지위에서 항고소송과 상호 보완적인 관계에 있습니다. 당사자소송을 규율하는 행정소송법 규정을 보완하여 현재의 그것보다 그 적용영역을 확대하여야 하는 이유가 바로 여기에 있습니다.

1) 프랑스 행정소송의 양대 축은 월권소송(越權訴訟/recours pour excès de pouvoir)과 완전심리소송(contentieux de pleine jurisdiction)입니다. 월권소송은 우리나라의 취소소송과 비슷한 소송(다만, 월권소송은 우리의 취소소송과는 달리 객관적 소송이라는 것이 일반적인 견해입니다)으로 행정청의 처분이나 공공서비스의 영역에서 활동하는 사적 기관의 행위에 있어 그러한 행위에 하자가 있으면 이를 취소하는 소송입니다. 완전심리소송은 주로 행정기관에게 금전급부의 의무를 부과하기 위한 소송으로서, 예컨대 원고가 판사에게 자신의 권리의 존재를 확인하고 행정기관의 행위로 인해 원고의 권리가 침해되면 행정기관에 대해 손해배상 판결을 해 줄 것을 청구하는 소송을 들 수 있습니다. 이 소송의 예로는 행정상 손해배상청구소송, 선거소송, 행정계약 관련 소송 등을 들 수 있는데, 거기에는 주관적 소송뿐만 아니라 선거소송 등 객관적 소송을 포함합니다. 완전심리소송에서는 행정법원이 행정청의 위법한 결정을 적극적으로 변경하거나 새로운 결정으로 대체할 수 있으며, 의무 있음을 확인하거나 금전적 배상을 명하기도 합니다. 이에 그치지 않고 완전심리소송 담당 판사는 위법한 행정처분을 취소할 수도 있습니다. 예를 들어, 선거에 관한 소송에서 규칙을 지키지 않을 경우 판사는 선거를 취소할 수 있고 투표소에서 계산한 결과를 수정할 수 있으며, 당선된 후보자라고 직접 선포할 수도 있습니다.

3. 형식적 당사자소송[1)]

형식적 당사자소송이란 처분이나 재결을 원인으로 하는 법률관계에 관한 소송으로서 그 원인이 되는 처분 등에 불복하여 소송을 제기함에 있어 처분청을 피고로 하는 것이 아니라 법률관계의 일방 당사자를 피고로 하는 소송을 말합니다. 당사자가 직접 다투고자 하는 바가 처분이나 재결 그 자체가 아니라 그들에 근거하여 형성된 법률관계인 경우에는 처분이나 재결의 발령 주체가 아니라 실질적인 이해관계자를 직접 소송당사자로 하는 것이 소송의 진행이나 분쟁의 해결에 실효적이라는 고려에 바탕하는 소송유형입니다. 실질에 있어 처분 등의 효력을 다투는 점에서 항고소송의 성격을 띠지만, 형식적으로는 행정청을 피고로 하지 않고 실질적 이해당사자인 법률관계의 타방 당사자를 피고로 하는 점에서 '형식적' 당사자소송으로 칭합니다.

형식적 당사자소송의 허용범위와 관련하여, 처분에 불복하는 실질임에도 공정력 등 처분의 효력 제거를 직접 청구취지로 하지 않는 점에서, 이를 행정소송법상의 당사자소송 규정(제3조 제2호)을 들어 일반적으로 허용할 수는 없고 개별법상의 명문 규정에 의해서만 인정된다고 보아야 합니다. 형식적 당사자소송이 행정소송법상 당사자소송 규정에 의해 일반적으로 허용된다는 해석은 해당 소송의 결과에 비추어, 공정력이 제거되지 않은 행정행위와 이를 원인으로 하는 법률관계의 내용이 상호 불일치하여 행정행위에 공정력을 부여하는 취지를 잠탈할 수 있습니다. 그뿐만 아니라 형식적 당사자소송을 일반적으로 인정할 경우 현행 행정소송법 규정의 불비로 인하여 개별법 규정이 없으면 해당 형식적 당사자소송의 소송요건 등 적용법규상의 불명확성이 초래되는 점도 문제입니다. 따라서 다툼의 실질이 처분에 대한 불복일 때에는 취소소송 등 항고소송의 방법에 의하고, 형식적 당사자소송은 개별법의 근거규정이 있는 경우에만 예외적으로 허용되는 것으로 해석함이 마땅합니다.

형식적 당사자소송의 예로는 토지보상법상의 보상금증감청구소송(토지보상법 제85조 제2항) 및 특허무효심판청구에 관한 심결취소소송 등의 당사자계 특허소송(특허법 제190조, 제191조 제1호, 제2호) 등을 들 수 있습니다. 위 보상금증감청구소송의 경우 당해 소송의 성질은 형성소송이 아니라 이행소송 내지 확인소송이며, 소송의 대상은 수용재결이나 이의재결(이의재결 고유의 위법이 있는 경우에도)이 아니라 보상금 관련 법률관계입니다.

---

1) 형식적 당사자소송에 대한 상세 내용은 보상금증감청구소송 부분을 참고하기 바랍니다.

4. 실질적 당사자소송

실질적 당사자소송은 대립하는 대등 당사자 간의 공법상의 권리 또는 법률관계 그 자체를 소송물로 하는 소송유형을 말합니다. 보상금증감청구소송도 처분 내지 재결에 해당하는 수용재결 혹은 이의재결을 원인으로 하는 법률관계에 관한 소송이지만 실질은 처분 등에 불복하는 점에서 개별법에 의한 형식적 당사자소송으로 분류됩니다. 따라서 '처분 등을 원인으로 하는 법률관계'에 관한 소송도 형식적 당사자소송으로 인정되는 것을 제외하고는 실질적 당사자소송에 속합니다. 형식적 당사자소송과 특별히 대비하여 논의하는 경우가 아닌 한, 실질적 당사자소송은 통상 '당사자소송'으로 표현합니다.

1) 처분 등을 원인으로 하는 법률관계에 관한 소송

과세처분의 무효를 원인으로 하는 조세과오납금반환(환급)청구소송을 그 예로 들 수 있습니다. 그러나 판례는 처분 등을 원인으로 하는 법률관계에 관한 소송이라도 동 소송의 소송물이 사법상의 법률관계로 보아 민사사건으로 처리합니다. 전술한 바와 같이 이를 전형적인 당사자소송이라고 보는 것이 타당하며, 이런 점에서 과거 행정소송법 개정안에서는 부당이득반환청구소송을 국가배상청구소송, 손실보상청구소송 등과 함께 당사자소송의 종류로 열거하였습니다.

한편, 종래 대법원은 부가가치세 환급세액 지급청구를 민사사건으로 보았으나 최근의 판례 변경을 통해 이를 행정소송법 제3조 제2호에 규정된 당사자소송의 절차를 따라야 한다고 판시하였습니다. 나아가, 신고납세방식의 조세로서 신고를 하였으나 신고가 무효인 경우에 세금을 납부하지 않았다면 조세채무부존재확인소송을 제기할 수밖에 없는데, 이때의 소송도 판례에 의할 때 공법상의 법률관계 자체를 다투는 소송으로서 당사자소송에 해당합니다.

> * **대판 2013.3.21, 2011다95564(전합)** : "부가가치세법령이 환급세액의 정의 규정, 그 지급시기와 산출방법에 관한 구체적인 규정과 함께 부가가치세 납세의무를 부담하는 사업자(이하 '납세의무자'라 한다)에 대한 국가의 환급세액 지급의무를 규정한 이유는, 입법자가 과세 및 징수의 편의를 도모하고 중복과세를 방지하는 등의 조세 정책적 목적을 달성하기 위한 입법적 결단을 통하여, 최종 소비자에 이르기 전의 각 거래단계에서 재화 또는 용역을 공급하는 사업자가 그 공급을 받는 사업자로부

터 매출세액을 징수하여 국가에 납부하고, 그 세액을 징수당한 사업자는 이를 국가로부터 매입세액으로 공제·환급받는 과정을 통하여 그 세액의 부담을 다음 단계의 사업자에게 차례로 전가하여 궁극적으로 최종 소비자에게 이를 부담시키는 것을 근간으로 하는 전단계세액공제 제도를 채택한 결과, 어느 과세기간에 거래징수된 세액이 거래징수를 한 세액보다 많은 경우에는 그 납세의무자가 창출한 부가가치에 상응하는 세액보다 많은 세액이 거래징수되게 되므로 이를 조정하기 위한 과세기술상, 조세 정책적인 요청에 따라 특별히 인정한 것이라고 할 수 있다. 따라서 이와 같은 부가가치세법령의 내용, 형식 및 입법 취지 등에 비추어 보면, 납세의무자에 대한 국가의 부가가치세 환급세액 지급의무는 그 납세의무자로부터 어느 과세기간에 과다하게 거래징수된 세액 상당을 국가가 실제로 납부받았는지와 관계없이 부가가치세법령의 규정에 의하여 직접 발생하는 것으로서, 그 법적 성질은 정의와 공평의 관념에서 수익자와 손실자 사이의 재산상태 조정을 위해 인정되는 부당이득 반환의무가 아니라 부가가치세법령에 의하여 그 존부나 범위가 구체적으로 확정되고 조세 정책적 관점에서 특별히 인정되는 공법상 의무라고 봄이 타당하다. 그렇다면 납세의무자에 대한 국가의 부가가치세 환급세액 지급의무에 대응하는 국가에 대한 납세의무자의 부가가치세 환급세액 지급청구는 민사소송이 아니라 행정소송법 제3조 제2호에 규정된 당사자소송의 절차에 따라야 한다."

* **대판 2000.9.8, 99두2765** : "기록에 의하니, 원고는 이 사건 소로서, 이 사건 부동산의 취득으로 인한 취득세 86,400,000원 및 농어촌특별세 7,920,000원의 납세의무부존재확인을 구하고 있음을 알 수 있는바, 이와 같은 납세의무부존재확인의 소는 공법상의 법률관계 그 자체를 다투는 소송으로서 당사자소송이라 할 것이므로 행정소송법 제3조 제2호, 제39조에 의하여 그 법률관계의 한쪽 당사자인 국가·공공단체 그 밖의 권리주체가 피고적격을 가진다 할 것이다."

그러나 판례는 전기한 경우 외의 부당이득금 반환청구에 대해 소송물이 사법상의 금전청구권임을 들어 여전히 민사사건으로 취급합니다. 그러나 행정청의 처분을 원인으로 하는 경우는 물론, 그렇지 않은 경우에도 공법상의 원인으로 발생한 부당이득금과 관련한 반환청구소송은 당사자소송으로 보는 것이 타당합니다.

* **대판 2014.7.16, 2011다76402(전합)** : "국유재산의 무단점유자에 대한 변상금 부과는 공권력을 가진 우월적 지위에서 행하는 행정처분이고, 그 부과처분에 의한 변상금 징수권은 공법상의 권리인 반면, 민사상 부당이득반환청구권은 국유재산의 소유자로서 가지는 사법상의 채권이다. 또한 변상금은 부당이득 산정의 기초가 되는 대부료나 사용료의 120%에 상당하는 금액으로서 부당이득금과 액수가 다르고, 이와 같이 할증된 금액의 변상금을 부과·징수하는 목적은 국유재산의 사용·수익으로 인한 이익의 환수를 넘어 국유재산의 효율적인 보존·관리라는 공익을 실현하는 데 있다. 그리고 대

부 또는 사용·수익허가 없이 국유재산을 점유하거나 사용·수익하였지만 변상금 부과처분은 할 수 없는 때에도 민사상 부당이득반환청구권은 성립하는 경우가 있으므로, 변상금 부과·징수의 요건과 민사상 부당이득반환청구권의 성립 요건이 일치하는 것도 아니다. 이처럼 구 국유재산법(2009. 1. 30. 법률 제9401호로 전부 개정되기 전의 것, 이하 같다) 제51조 제1항, 제4항, 제5항에 의한 변상금 부과·징수권은 민사상 부당이득반환청구권과 법적 성질을 달리하므로, 국가는 무단점유자를 상대로 변상금 부과·징수권의 행사와 별도로 국유재산의 소유자로서 민사상 부당이득반환청구의 소를 제기할 수 있다."

2) 그 밖의 공법상의 법률관계에 관한 소송

(1) 공법상 신분이나 지위 등의 확인을 구하는 소송

징계처분 등이 매개되지 않은 상태에서 공무원이나 국·공립학교 학생의 신분 등 공법상 지위의 확인을 구하는 소송이 당사자소송임은 이론이 없습니다. 예컨대, 공무원에 대한 정년의 도래 여부에 다툼이 있는 경우의 소송상 구제를 위해서는 - 처분이 매개되지 않은 경우에 해당하여 항고소송의 제기는 불가능하므로 - 공무원지위확인소송이 적실한 방법입니다. 한편, 면직처분, 제적처분 등의 효력 여하에 따라 지위의 유무가 결정되는 경우의 지위확인소송이 당사자소송임은 의문의 여지가 없지만, 해당 소송의 본안승소 가능성은 경우를 나누어 판단해야 합니다. 면직처분에 취소사유의 위법이 있는 경우 면직처분취소소송을 선행하지 않고 곧바로 공무원지위확인소송을 제기하면 기각판결이 행해집니다. 공무원지위확인소송을 인용하기 위해서는 공정력이 발생한 면직처분의 효력을 해당 수소법원이 제거해야 하지만, 이는 공정력의 본질에 비추어 불가능하고 따라서 해당 면직처분이 유효한 상황하에서 수소법원은 원고의 청구를 기각할 수밖에 없습니다. 그러나 무효인 면적처분에 대하여 원고는 면직처분무효확인소송과 공무원지위확인소송을 선택적으로 제기할 수 있습니다.

판례에 의할 때 사업주가 당연가입자가 되는 고용보험 및 산재보험에서 보험료납입의무의 부존재확인은 당사자소송의 방법에 의합니다. 조합을 상대로 한 쟁송에 있어서 강제가입제를 특색으로 한 조합원의 자격 인정 여부에 관하여 다툼이 있는 경우, 그 단계에서는 아직 관리처분계획 등 조합의 어떠한 처분 등이 개입될 여지는 없으므로 공법상의 당사자소송에 의하여 그 조합원 자격의 확인을 구할 수 있습니다. 그러나 재개발조합과 조합장 또는 조합임원 사이의 선임·해임 등을 둘러싼 법률관계의 다툼은 사법상의 법률관계로 보고 민사사건으로 간주합니다. 국토계획법 제130조 제3항 관련 토지의 일시사용에 대한 동의의 의사표시의 존부를 다투는 소송도 당사자소송입니다.

* **대판 2016.10.13, 2016다221658** : "고용산재보험료징수법 제4조, 제16조의2, 제17조, 제19조, 제23조의 각 규정에 의하면, 사업주가 당연가입자가 되는 고용보험 및 산재보험에서 보험료 납부의무 부존재확인의 소는 공법상의 법률관계 그 자체를 다투는 소송으로서 공법상 당사자소송이라 할 것이므로(대법원 2000. 9. 8. 선고 99두2765 판결 참조), 행정소송법 제3조 제2호, 제39조에 의하여 근로복지공단이 피고적격을 가진다. 그럼에도 불구하고 제1심인 인천지방법원 단독판사가 이 사건 소를 부당이득반환을 구하는 이행의 소로서 민사소송으로만 보아 보험료 납부의무의 부존재확인을 구하는 부분에 대하여 판단을 누락한 것은 잘못이다. 이 사건 소는 행정소송인 공법상 당사자소송과 행정소송법 제10조 제2항, 제44조 제2항에 규정된 관련청구소송으로서 부당이득반환을 구하는 민사소송이 병합하여 제기된 경우에 해당하므로, 인천지방법원 합의부는 항소심으로서 민사소송법 제34조 제1항, 법원조직법 제28조 제1호에 의하여 이 사건을 관할법원인 서울고등법원에 이송했어야 옳다. 따라서 원심판결에는 행정사건의 관할에 관한 법리를 오해하여 판결에 영향을 미친 잘못이 있다."
* **대판 1996.2.15, 94다31235(전합)** : "… 조합을 상대로 한 쟁송에 있어서 강제가입제를 특색으로 한 조합원의 자격 인정 여부에 관하여 다툼이 있는 경우에는 … 공법상의 당사자소송에 의하여 그 조합원 자격의 확인을 구할 수 있고, 한편 분양신청 후에 정하여진 관리처분계획의 내용에 관하여 다툼이 있는 경우에는 … 항고소송에 의하여 관리처분계획 또는 그 내용인 분양거부처분 등의 취소를 구할 수 있으나, 설령 조합원의 자격이 인정된다 하더라도 분양신청을 하지 아니하거나 분양을 희망하지 아니할 때에는 금전으로 청산하게 되므로(같은 법 제44조), 대지 또는 건축시설에 대한 수분양권의 취득을 희망하는 토지 등의 소유자가 한 분양신청에 대하여 조합이 분양대상자가 아니라고 하여 관리처분계획에 의하여 이를 제외시키거나 원하는 내용의 분양대상자로 결정하지 아니한 경우, 토지 등의 소유자에게 원하는 내용의 구체적인 수분양권이 직접 발생한 것이라고는 볼 수 없어서 곧바로 조합을 상대로 하여 민사소송이나 공법상 당사자소송으로 수분양권의 확인을 구하는 것은 허용될 수 없다."
* **대결 2009.9.24, 2009마168,169** : "구 도시 및 주거환경정비법(2007. 12. 21. 법률 제8785호로 개정되기 전의 것)상 재개발조합이 공법인이라는 사정만으로 재개발조합과 조합장 또는 조합임원 사이의 선임·해임 등을 둘러싼 법률관계가 공법상의 법률관계에 해당한다거나 그 조합장 또는 조합임원의 지위를 다투는 소송이 당연히 공법상 당사자소송에 해당한다고 볼 수는 없고, 구 도시 및 주거환경정비법의 규정들이 재개발조합과 조합장 및 조합임원과의 관계를 특별히 공법상의 근무관계로 설정하고 있다고 볼 수도 없으므로, 재개발조합과 조합장 또는 조합임원 사이의 선임·해임 등을 둘러싼 법률관계는 사법상의 법률관계로서 그 조합장 또는 조합임원의 지위를 다투는 소송은 민사소송

에 의하여야 할 것이다."

* **대판 2019.9.9, 2016다262550** : "국토의 계획 및 이용에 관한 법률 제130조 제3항에서 정한 토지의 소유자·점유자 또는 관리인(이하 '소유자 등'이라 한다)이 사업시행자의 일시 사용에 대하여 정당한 사유 없이 동의를 거부하는 경우, 사업시행자는 해당 토지의 소유자 등을 상대로 동의의 의사표시를 구하는 소를 제기할 수 있다. 이와 같은 토지의 일시 사용에 대한 동의의 의사표시를 할 의무는 '국토의 계획 및 이용에 관한 법률'에서 특별히 인정한 공법상의 의무이므로, 그 의무의 존부를 다투는 소송은 '공법상의 법률관계에 관한 소송으로서 그 법률관계의 한쪽 당사자를 피고로 하는 소송', 즉 행정소송법 제3조 제2호에서 규정한 당사자소송이라고 보아야 한다. 행정소송법 제39조는, "당사자소송은 국가·공공단체 그 밖의 권리주체를 피고로 한다."라고 규정하고 있다. 이것은 당사자소송의 경우 항고소송과 달리 '행정청'이 아닌 '권리주체'에게 피고적격이 있음을 규정하는 것일 뿐, 피고적격이 인정되는 권리주체를 행정주체로 한정한다는 취지가 아니므로, 이 규정을 들어 사인을 피고로 하는 당사자소송을 제기할 수 없다고 볼 것은 아니다. 그리고 당사자소송에 대하여는 행정소송법 제8조 제2항에 따라 민사집행법상 가처분에 관한 규정이 준용되므로, 사업시행자는 민사집행법 제300조 제2항에 따라 현저한 손해를 피하기 위해 필요한 경우 '임시의 지위를 정하기 위한 가처분'을 통하여 공익사업을 신속하고 원활하게 수행할 수 있다."

(2) 공법상 각종 급부를 청구하는 소송

사회보장급부행정 분야에서 사인의 금전급부청구권의 존부나 범위가 법률 규정 자체에 의해 정해지지만 행정청이 그 법률의 해석과 요건 충족 여부에 관한 결정을 하는 경우에는 그 결정은 공권력의 행사로서 처분에 해당합니다. 이에 따라 학설·판례는 산업재해보상보험법, 공무원연금법 등 각종 사회보장관계 법률에 따른 급여를 받기 위해서는 법상 당사자의 신청에 따라 행해진 행정청의 인용결정에 의하도록 규정하고 있으므로, 법령상 요건 충족 여부만으로 바로 구체적인 청구권이 발생하는 것이 아니라 행정청의 인용결정에 의하여 비로소 구체적 청구권이 발생하는 것으로 봅니다. 따라서 급부의 지급을 구하려면 곧바로 금전급부청구소송을 당사자소송으로 제기할 수 없고, 지급신청 후 행정청이 거부처분을 행하면 그 거부결정을 대상으로 항고소송을 제기해야 합니다. 이때 원고는 그 항고소송 인용판결의 기속력에 따라 행정청에게 부여된 급여결정의무 및 지급의무에 의거하여 급전급부를 제공받게 되는 구조를 취합니다. 다만, 인용판결에 의해 급전지급의무가 확정되었음에도 이를 이행하지 않는 경우에는 당사자소송 형태의 급부지급청구소송을 제기할 수 있습니다.

거부결정을 다투는 항고소송 형태를 취해야 하는 것으로 판시한 예로는 공무원연금법·군인연금법·산업재해보상보험법·국민연금법·고용보험법·국가유공자 등 예우 및 지원에 관한 법률·민주화운동 관련자 명예회복 및 보상 등에 관한 법률 등에 의한 각종 급여나 보상금 지급청구, (구)의료보험법에 따른 진료기관의 보호기관에 대한 진료비지급청구(대판 1999.11.26, 97다42250), 토지보상법에 따른 잔여지손실보상·영업손실보상·농업손실보상, 공무원연금법령상 급여지급청구, 육아휴직급여의 지급청구 등 사회보장급여의 지급청구(사회보장수급권) 등이 있습니다.

* **대판 2008.4.17, 2005두16185(전합)** : "'민주화운동관련자 명예회복 및 보상 등에 관한 법률' 제2조 제1호, 제2호 본문, 제4조, 제10조, 제11조, 제13조 규정들의 취지와 내용에 비추어 보면, 같은 법 제2조 제2호 각 목은 민주화운동과 관련한 피해 유형을 추상적으로 규정한 것에 불과하여 제2조 제1호에서 정의하고 있는 민주화운동의 내용을 함께 고려하더라도 그 규정들만으로는 바로 법상의 보상금 등의 지급 대상자가 확정된다고 볼 수 없고, '민주화운동관련자 명예회복 및 보상 심의위원회'에서 심의·결정을 받아야만 비로소 보상금 등의 지급 대상자로 확정될 수 있다. 따라서 그와 같은 심의위원회의 결정은 국민의 권리의무에 직접 영향을 미치는 행정처분에 해당하므로, 관련자 등으로서 보상금 등을 지급받고자 하는 신청에 대하여 심의위원회가 관련자 해당 요건의 전부 또는 일부를 인정하지 아니하여 보상금 등의 지급을 기각하는 결정을 한 경우에는 신청인은 심의위원회를 상대로 그 결정의 취소를 구하는 소송을 제기하여 보상금 등의 지급대상자가 될 수 있다."
* **대판 2008.7.10, 2006두19495** : "공익사업을 위한 토지 등의 취득 및 보상에 관한 법률(2007. 10. 17. 법률 제8665호로 개정되기 전의 것, 이하 '공익사업법'이라 한다) 제73조에서는 "사업시행자는 동일한 토지소유자에 속하는 일단의 토지의 일부가 취득 또는 사용됨으로 인하여 잔여지의 가격이 감소하거나 그 밖의 손실이 있는 때 또는 잔여지에 통로·도랑·담장 등의 신설 그 밖의 공사가 필요한 때에는 건설교통부령이 정하는 바에 따라 그 손실이나 공사의 비용을 보상하여야 한다"고 규정하고 있는바, 공익사업법 제34조, 제50조, 제61조, 제73조, 제83조 내지 제85조의 규정 내용 및 입법 취지 등을 종합하여 보면, 토지소유자가 사업시행자로부터 공익사업법 제73조에 따른 잔여지 가격감소 등으로 인한 손실보상을 받기 위해서는 공익사업법 제34조, 제50조 등에 규정된 재결절차를 거친 다음 그 재결에 대하여 불복이 있는 때에 비로소 공익사업법 제83조 내지 제85조에 따라 권리구제를 받을 수 있을 뿐, 이러한 재결절차를 거치지 않은 채 곧바로 사업시행자를 상대로 손실보상을 청구하는 것은 허용되지 않는다."
* **대판 2011.10.13, 2009다43461** "구 공익사업을 위한 토지 등의 취득 및 보상에 관한 법률(2007. 10. 17. 법률 제8665호로 개정되기 전의 것, 이하 '구 공익사업법'이라 한다) 제77조 제2항은 "농업의 손실에 대하여는 농지의 단위면적당 소득 등을 참작하여 보상하여야 한다."고 규정하고, 같은 조 제4항은 "제1항 내지 제3항의 규정에 의한 보상액의 구체적인 산정 및 평가방법과 보상기준은 건설교통부령으로 정한다."고 규정하고 있으며, 이에 따라 구 공익사업을 위한 토지 등의 취득

및 보상에 관한 법률 시행규칙(2007. 4. 12. 건설교통부령 제556호로 개정되기 전의 것)은 농업의 손실에 대한 보상(제48조), 축산업의 손실에 대한 평가(제49조), 잠업의 손실에 대한 평가(제50조)에 관하여 규정하고 있다. 위 규정들에 따른 농업손실보상청구권은 공익사업의 시행 등 적법한 공권력의 행사에 의한 재산상의 특별한 희생에 대하여 전체적인 공평부담의 견지에서 공익사업의 주체가 그 손해를 보상하여 주는 손실보상의 일종으로 공법상의 권리임이 분명하므로 그에 관한 쟁송은 민사소송이 아닌 행정소송절차에 의하여야 할 것이고, 위 규정들과 구 공익사업법 제26조, 제28조, 제30조, 제34조, 제50조, 제61조, 제83조 내지 제85조의 규정 내용 및 입법 취지 등을 종합하여 보면, 공익사업으로 인하여 농업의 손실을 입게 된 자가 사업시행자로부터 구 공익사업법 제77조 제2항에 따라 농업손실에 대한 보상을 받기 위해서는 구 공익사업법 제34조, 제50조 등에 규정된 재결절차를 거친 다음 그 재결에 대하여 불복이 있는 때에 비로소 구 공익사업법 제83조 내지 제85조에 따라 권리구제를 받을 수 있다."

* **대판 2017.2.9, 2014두43264** : "공무원연금법령상 급여를 받으려고 하는 자는 우선 관계 법령에 따라 공무원연금공단에 급여지급을 신청하여 공무원연금공단이 이를 거부하거나 일부 금액만 인정하는 급여지급결정을 하는 경우 그 결정을 대상으로 항고소송을 제기하는 등으로 구체적 권리를 인정받아야 하고, 구체적인 권리가 발생하지 않은 상태에서 곧바로 공무원연금공단을 상대로 한 당사자소송으로 권리의 확인이나 급여의 지급을 소구하는 것은 허용되지 아니한다. 이러한 법리는 구체적인 급여를 받을 권리의 확인을 구하기 위하여 소를 제기하는 경우뿐만 아니라, 구체적인 급여수급권의 전제가 되는 지위의 확인을 구하는 경우에도 마찬가지로 적용된다."

* **대판 2010.5.27, 2008두5636** : "구 공무원연금법 제26조 제1항, 제3항, 제83조 제1항, 구 공무원연금법 시행령 제19조의3 등의 각 규정을 종합하면, 구 공무원연금법에 의한 퇴직수당 등의 급여를 받을 권리는 법령의 규정에 의하여 직접 발생하는 것이 아니라 위와 같은 급여를 받으려고 하는 자가 소속하였던 기관장의 확인을 얻어 신청함에 따라 공무원연금관리공단이 그 지급결정을 함으로써 구체적인 권리가 발생한다. 여기서 공무원연금관리공단이 하는 급여지급결정의 의미는 단순히 급여수급 대상자를 확인·결정하는 것에 그치는 것이 아니라 구체적인 급여수급액을 확인·결정하는 것까지 포함한다. 따라서 구 공무원연금법령상 급여를 받으려고 하는 자는 우선 관계 법령에 따라 공단에 급여지급을 신청하여 공무원연금관리공단이 이를 거부하거나 일부 금액만 인정하는 급여지급결정을 하는 경우 그 결정을 대상으로 항고소송을 제기하는 등으로 구체적 권리를 인정받은 다음 비로소 당사자소송으로 그 급여의 지급을 구하여야 하고, 구체적인 권리가 발생하지 않은 상태에서 곧바로 공무원연금관리공단 등을 상대로 한 당사자소송으로 급여의 지급을 소구하는 것은 허용되지 않는다."

* **대판 2021.3.18, 2018두47264(전합)** : "사회보장수급권은 관계 법령에서 정한 실체법적 요건을 충족시키는 객관적 사정이 발생하면 추상적인 급부청구권의 형태로 발생하고, 관계 법령에서 정한 절차 · 방법 · 기준에 따라 관할 행정청에 지급 신청을 하여 관할 행정청이 지급결정을 하면 그때 비로소 구체적인 수급권으로 전환된다(대법원 2019. 12. 27. 선고 2018두46780 판결 등 참조). 급부를 받으려고 하는 사람은 우선 관계 법령에 따라 행정청에 그 지급을 신청하여 행정청이 거부하거나

일부 금액만 지급하는 결정을 하는 경우 그 결정에 대하여 항고소송을 제기하여 취소 또는 무효확인 판결을 받아 그 기속력에 따른 재처분을 통하여 구체적인 권리를 인정받아야 한다. 따라서 사회보장 수급권의 경우 구체적인 권리가 발생하지 않은 상태에서 곧바로 행정청이 속한 국가나 지방자치단체 등을 상대로 한 당사자소송이나 민사소송으로 급부의 지급을 소구하는 것은 허용되지 않는다(대법원 2019. 6. 13. 선고 2017다277986, 277993 판결 등 참조)."

이와는 달리, 일정한 공법상의 급부청구권이 행정청의 1차적 판단 없이 근거 법령에 의해 구체적 청구권 형태로 곧바로 발생하는 것으로 해석되는 경우에는 행정청의 인용결정을 기다릴 필요 없이 바로 당사자소송으로 그 이행을 구할 수 있습니다. (구)광주민주화운동관련보상등에관한법률에 의한 보상금청구, 공무원의 연가보상비지급청구, 지방소방공무원의 초과근무수당 지급청구(대판 2013.3.28, 2012다102629), 토지보상법 시행규칙에 의한 세입자의 주거이전비 보상청구 및 공무원의 명예퇴직수당차액청구 등이 이에 해당합니다.

* **대판 1992.12.24, 92누3335** : "광주민주화운동관련자보상등에관한법률(이하 '광주보상법'이라 한다)은 광주민주화운동과 관련하여 사망하거나 행방불명된 자 또는 상이를 입은 자(이하 '관련자'라 한다)와 그 유족에게 국가가 명예를 회복시켜 주고 실질적인 보상을 함을 목적으로 하고(제1조), 관련자 및 그 유족에 대한 사실심사 기타 보상 등의 심의·결정을 위하여 광주민주화운동관련자보상심의위원회(이하 보상심의위원회라 한다)를 두어 관련자 또는 그 유족에 해당하는지 여부의 심사·결정과 관련자 등에 대한 보상금 등의 심의·결정 및 지급 등의 기능을 수행하도록 하며(제4조), 관련자 등에 대하여는 동법이 정하는 바에 따라 보상금, 의료지원금, 생활지원금 등을 지급하되(제5, 6, 7조), 관련자 등은 동법의 시행일로부터 30일 이내에 보상금 등의 지급신청을 하여야 하고(제8조), 보상심의위원회는 위 지급신청을 받은 날로부터 90일 내에 그 지급여부와 금액을 결정하여야 하며(제9조), 동법에 의한 보상금 등의 지급에 관한 소송은 보상금 등의 지급 또는 기각의 결정이 있는 경우에는 결정서 정본의 송달을 받은 날로부터 60일 이내에 제기하여야 하되 다만 지급신청이 있는 날로부터 90일을 경과한 때에는 위 결정이 없더라도 소송을 제기할 수 있도록(제15조) 각 규정하고 있다. 위 각 규정에서 보는 바와 같이 광주보상법은 광주민주화운동과 관련하여 생명 또는 신체에 관하여 피해를 입은 자 등에 대한 보상원칙을 선언하고 그 보상의 대상과 범위를 정한 다음 보상금 등의 지급을 위한 절차로서 보상심의위원회를 설치하고 동 위원회가 관련자 등의 신청을 받아 보상여부 및 지급금액을 심의결정한 후 이를 지급하도록 하고 있는바, 위 보상금 등의 지급에 관한 소송은 위 결정을 받은 후에 제기함을 원칙으로 하고 있기는 하나 신청 후 일정기간 내에 지급에 관한

결정을 하지 않는 경우에는 바로 소송을 제기할 수 있도록 하고 있는 점에 비추어 위 소송을 제기함에 있어 지급신청을 반드시 하여야 함은 별론으로 하고 보상심의위원회의 보상에 관한 결정을 필수적 요건으로 하고 있다고 보여지지 아니하며, 동 법률의 다른 조항을 살펴보아도 보상심의위원회의 보상에 관한 결정에 불복하여 행정심판을 제기할 수 있다거나 동 결정에 불복하여 그 취소 등을 구하는 소송의 제기를 예상하고 있는 조항을 찾아 볼 수 없으니, 위 법률 제15조 본문의 규정에서 말하는 보상심의위원회의 결정을 거치는 것은 보상금 지급에 관한 소송을 제기하기 위한 전치요건에 불과하다고 할 것이므로 위 보상심의위원회의 결정은 항고소송의 대상이 되는 행정처분이라고 할 수 없다. 그렇다면 위 법에 따라 보상금 등의 지급을 신청한 자는 보상심의위원회의 결정에 대하여 그 위법을 이유로 취소 등을 구하는 항고소송을 제기할 수는 없다고 할 것이므로 위 보상금지급에 관한 소송은 항고소송 이외의 소송형태가 될 수밖에 없다 할 것인바, 광주보상법에 의거하여 관련자 및 그 유족들이 갖게 되는 보상 등에 관한 권리는 헌법 제23조 제3항에 따른 재산권침해에 대한 손실보상청구나 국가배상법에 따른 손해배상청구와는 그 성질을 달리하는 것으로서 동법이 특별히 인정하고 있는 공법상의 권리라고 하여야 할 것이므로 그에 관한 소송은 행정소송법 제3조 제2호 소정의 당사자소송에 의하여야 할 것이다."

* **대판 1999.7.23, 97누10857** : "국가공무원법 제67조, 구 공무원복무규정 제15조, 제16조 제5항, 제17조 등의 각 규정에 비추어 보면, 공무원의 연가보상비청구권은 공무원이 연가를 실시하지 아니하는 등 법령상 정해진 요건이 충족되면 그 자체만으로 지급기준일 또는 보수지급기관의 장이 정한 지급일에 구체적으로 발생하고 행정청의 지급결정에 의하여 비로소 발생하는 것은 아니라고 할 것이다. 이 사건의 경우 원고가 위 1일분의 연가보상비청구권을 가지는지 여부는 위 법령상 정해진 요건의 충족 여부에 따라 결정된다고 할 것이고, 피고가 원고에게 위 1일분의 연가보상비를 지급하지 아니한 행위로 인하여 원고의 연가보상비청구권 등 법률상 지위에 아무런 영향을 미친다고 할 수는 없으므로 피고의 위 행위는 항고소송의 대상이 되는 처분이라고 볼 수 없다."
* **대판 2008.5.29, 2007다8129** : "구 공익사업을 위한 토지 등의 취득 및 보상에 관한 법률(2007. 10. 17. 법률 제8665호로 개정되기 전의 것) 제2조, 제78조에 의하면, 세입자는 사업시행자가 취득 또는 사용할 토지에 관하여 임대차 등에 의한 권리를 가진 관계인으로서, 같은 법 시행규칙 제54조 제2항 본문에 해당하는 경우에는 주거이전에 필요한 비용을 보상받을 권리가 있다. 그런데 이러한 주거이전비는 당해 공익사업 시행지구 안에 거주하는 세입자들의 조기이주를 장려하여 사업추진을 원활하게 하려는 정책적인 목적과 주거이전으로 인하여 특별한 어려움을 겪게 될 세입자들을 대상으로 하는 사회보장적인 차원에서 지급되는 금원의 성격을 가지므로, 적법하게 시행된 공익사업으로 인하여 이주하게 된 주거용 건축물 세입자의 주거이전비 보상청구권은 공법상의 권리이고, 따라서 그 보상을 둘러싼 쟁송은 민사소송이 아니라 공법상의 법률관계를 대상으로 하는 행정소송에 의하여야 한다. 구 공익사업을 위한 토지 등의 취득 및 보상에 관한 법률(2007. 10. 17. 법률 제8665호로 개정되기 전의 것) 제78조 제5항, 제7항, 같은 법 시행규칙 제54조 제2항 본문, 제3항의 각 조문을 종합하여 보면, 세입자의 주거이전비 보상청구권은 그 요건을 충족하는 경우에 당연히 발

생하는 것이므로, 주거이전비 보상청구소송은 행정소송법 제3조 제2호에 규정된 당사자소송에 의하여야 한다. 다만, 구 도시 및 주거환경정비법(2007. 12. 21. 법률 제8785호로 개정되기 전의 것) 제40조 제1항에 의하여 준용되는 구 공익사업을 위한 토지 등의 취득 및 보상에 관한 법률 제2조, 제50조, 제78조, 제85조 등의 각 조문을 종합하여 보면, 세입자의 주거이전비 보상에 관하여 재결이 이루어진 다음 세입자가 보상금의 증감 부분을 다투는 경우에는 같은 법 제85조 제2항에 규정된 행정소송에 따라, 보상금의 증감 이외의 부분을 다투는 경우에는 같은 조 제1항에 규정된 행정소송에 따라 권리구제를 받을 수 있다."

* **대판 2016.5.24, 2013두14863** : "명예퇴직수당 지급대상자의 결정과 수당액 산정 등에 관한 구 국가공무원법(2012. 10. 22. 법률 제11489호로 개정되기 전의 것) 제74조의2 제1항, 제4항, 구 법관 및 법원공무원 명예퇴직수당 등 지급규칙(2011. 1. 31. 대법원규칙 제2320호로 개정되기 전의 것, 이하 '명예퇴직수당규칙'이라 한다) 제3조 제1항, 제2항, 제7조, 제4조 [별표 1]의 내용과 취지 등에 비추어 보면, 명예퇴직수당은 명예퇴직수당 지급신청자 중에서 일정한 심사를 거쳐 피고가 명예퇴직수당 지급대상자로 결정한 경우에 비로소 지급될 수 있지만, 명예퇴직수당 지급대상자로 결정된 법관에 대하여 지급할 수당액은 명예퇴직수당규칙 제4조 [별표 1]에 산정 기준이 정해져 있으므로, 위 법관은 위 규정에서 정한 정당한 산정 기준에 따라 산정된 명예퇴직수당액을 수령할 구체적인 권리를 가진다. 따라서 위 법관이 이미 수령한 수당액이 위 규정에서 정한 정당한 명예퇴직수당액에 미치지 못한다고 주장하며 차액의 지급을 신청함에 대하여 법원행정처장이 거부하는 의사를 표시했더라도, 그 의사표시는 명예퇴직수당액을 형성·확정하는 행정처분이 아니라 공법상의 법률관계의 한쪽 당사자로서 지급의무의 존부 및 범위에 관하여 자신의 의견을 밝힌 것에 불과하므로 행정처분으로 볼 수 없다. 결국 명예퇴직한 법관이 미지급 명예퇴직수당액에 대하여 가지는 권리는 명예퇴직수당 지급대상자 결정 절차를 거쳐 명예퇴직수당규칙에 의하여 확정된 공법상 법률관계에 관한 권리로서, 그 지급을 구하는 소송은 행정소송법의 당사자소송에 해당하며, 그 법률관계의 당사자인 국가를 상대로 제기하여야 한다."

* **대판 2004.7.8, 2004두244** : "[1] 공무원으로 재직하다가 퇴직하여 구 공무원연금법(2000. 12. 30. 법률 제6328호로 개정되기 전의 것)에 따라 퇴직연금을 받고 있던 사람이 철차산업 직원으로 다시 임용되어 철차산업으로부터는 급여를 받고 공무원연금관리공단으로부터는 여전히 퇴직연금을 지급받고 있다가, 구 공무원연금법시행규칙(2001. 2. 28. 행정자치부령 제126호로 개정되기 전의 것)이 개정되면서 철차산업이 구 공무원연금법 제47조 제2호 소정의 퇴직연금 중 일부의 금액에 대한 지급정지기관으로 지정된 경우, 공무원연금관리공단의 지급정지처분 여부에 관계없이 개정된 구 공무원연금법시행규칙이 시행된 때로부터 그 법 규정에 의하여 당연히 퇴직연금 중 일부 금액의 지급이 정지되는 것이므로, 공무원연금관리공단이 위와 같은 법령의 개정사실과 퇴직연금 수급자가 퇴직연금 중 일부 금액의 지급정지대상자가 되었다는 사실을 통보한 것은 단지 위와 같이 법령에서 정한 사유의 발생으로 퇴직연금 중 일부 금액의 지급이 정지된다는 점을 알려주는 관념의 통지에 불과하고, 그로 인하여 비로소 지급이 정지되는 것은 아니므로 항고소송의 대상이 되는 행정처분으로 볼

수 없다.
[2] 구 공무원연금법(2000. 12. 30. 법률 제6328호로 개정되기 전의 것) 소정의 퇴직연금 등의 급여는 급여를 받을 권리를 가진 자가 당해 공무원이 소속하였던 기관장의 확인을 얻어 신청하는 바에 따라 공무원연금관리공단이 그 지급결정을 함으로써 그 구체적인 권리가 발생하는 것이므로, 공무원연금관리공단의 급여에 관한 결정은 국민의 권리에 직접 영향을 미치는 것이어서 행정처분에 해당할 것이지만, 공무원연금관리공단의 인정에 의하여 퇴직연금을 지급받아 오던 중 구 공무원연금법령의 개정 등으로 퇴직연금 중 일부 금액의 지급이 정지된 경우에는 당연히 개정된 법령에 따라 퇴직연금이 확정되는 것이지 같은 법 제26조 제1항에 정해진 공무원연금관리공단의 퇴직연금 결정과 통지에 의하여 비로소 그 금액이 확정되는 것이 아니므로, 공무원연금관리공단이 퇴직연금 중 일부 금액에 대하여 지급거부의 의사표시를 하였다고 하더라도 그 의사표시는 퇴직연금 청구권을 형성·확정하는 행정처분이 아니라 공법상의 법률관계의 한쪽 당사자로서 그 지급의무의 존부 및 범위에 관하여 나름대로의 사실상·법률상 의견을 밝힌 것일 뿐이어서, 이를 행정처분이라고 볼 수는 없고, 이 경우 미지급퇴직연금에 대한 지급청구권은 공법상 권리로서 그의 지급을 구하는 소송은 공법상의 법률관계에 관한 소송인 공법상 당사자소송에 해당한다."

(3) 각종 손실보상금 지급청구소송

현행법상 손실보상금의 결정과 불복절차는 크게 보아 다음 네 가지로 구분할 수 있습니다.

① 개별법에서 보상 관련 법조를 토지보상법 제40조, 제83조 내지 제87조 등의 절차·방법 규정에 의하도록 준용하는 경우에는 토지수용위원회의 보상금 결정을 담은 수용재결 등을 대상으로 보상금을 지급할 자인 사업시행자를 피고로 하여 형식적 당사자소송인 보상금증액청구소송을 제기하면 됩니다(국토의계획및이용에관한법률 제131조 제4항, 도시개발법 제65조 제5항, 공유수면관리및매립에관한법률 제32조 제4항, 하천법 제76조 제4항).

② 당사자 간 협의 불성립 시 토지수용위원회가 재결하는 경우를 포함하여, 사업주체로서의 행정청 또는 토지수용위원회 등 제3의 행정청이 일방적으로 보상금액을 결정하도록 하면서 그 결정(재결)에 대한 불복방법을 규정하지 않은 때에는 당해 행정청(토지수용위원회)의 보상금 결정(재결)에 대해 항고소송을 제기해야 합니다(항만법 제93조 내지 제95조). 해당 항고소송의 인용판결에도 불구하고 행정청이 보상금을 지급하지 않는 경우에는 당사자소송으로 그 지급을 구할 수 있습니다.

③ 징발법 제24조의2의 예에서 보듯이 전심절차를 거쳐(필수전치주의) 보상금지급청구의 소를 제기하도록 규정하는 경우가 있습니다. 이때의 보상금지급청구소송은 토지보

상법상의 형식적 당사자소송인 보상금증감청구소송이 아니라, 금전급부의 청구를 구하는 통상의 (실질적) 당사자소송에 해당합니다. 그러나 판례는 이를 민사소송으로 간주합니다.

④ 법률에서 공용침해와 그에 따른 보상의무만을 규정하고 불복절차를 규정하지 않는 경우입니다(문화재보호법 제46조, 수산업법 제88조, 광업법 제34조 제3항).[1] 이 경우의 불복방법은 - 판례는 민사소송으로 보지만 - 통상의 당사자소송인 보상금지급청구소송을 제기하면 됩니다. 토지보상법에 의한 보상금증감청구소송은 이와 관련이 없습니다.

판례는 제외지(堤外地) 안의 토지가 국유로 됨으로써 하천법(1984.12.31.) 부칙 제2조 제1항에 의해 발생하는 손실보상청구권에 따른 손실보상금의 지급을 구하거나 손실보상청구권의 확인을 구하는 소송을 공법상 당사자소송이라고 판시함으로써 종래 손실보상청구와 관련한 소송을 민사소송으로 간주하던 입장을 부분적으로 변경하였습니다. 해당 판례를 두고 모든 손실보상금지급청구소송을 당사자소송에 해당하는 것으로 대법원이 자신의 입장을 변경한 것으로는 볼 수 없지만, 향후의 판례 전개 양상을 추측할 수 있는 점에서 그 의의가 큽니다.

* **대판 2006.5.18, 2004다6207** : "[1] 법률 제3782호 하천법 중 개정법률(이하 '개정 하천법'이라 한다)은 그 부칙 제2조 제1항에서 개정 하천법의 시행일인 1984. 12. 31. 전에 유수지에 해당되어

---

1) 문화재보호법 제46조 제2항과 수산업법 제88조 제4항은 각각 '손실보상의 구체적인 대상 및 절차 등에 관하여 필요한 사항'과 '보상의 기준, 지급방법, 그 밖에 보상에 필요한 사항'을 대통령령에 위임하고, 이에 따라 그들 사항을 각 시행령이 규정합니다. 즉, 시행령상 불복절차 규정은 없지만, 보상 관련 규정은 존재합니다. 한편, 대법원은 이들 시행령 규정에 대해 - 특단의 논거 제시도 없이 - 손실보상금지급의무의 이행을 위한 내부의 사무처리절차를 규정한 것으로 해석하지만, 이러한 판례 입장은 부당합니다. 시행령은 법규명령입니다.

대판 1996.7.26, 94누13848 : "내수면어업개발촉진법 제16조에 의하여 준용되는 수산업법(이하 법이라고 한다) 제81조 제1항 제1호는 법 제34조 제1항 제1호 내지 제5호의 소정의 공익상 필요에 의한 사유로 인하여 면허어업을 제한하는 등의 처분을 받았거나 어업면허 유효기간의 연장이 허가되지 아니함으로써 손실을 입은 자는 행정관청에 대하여 보상을 청구할 수 있다고 규정하고 있는바, 이러한 어업면허에 대한 처분 등이 행정처분에 해당된다 하여도 이로 인한 손실은 사법상의 권리인 어업권에 대한 손실을 본질적 내용으로 하고 있는 것으로서 그 보상청구권은 공법상의 권리가 아니라 사법상의 권리이고, 따라서 법 제81조 제1항 제1호 소정의 요건에 해당한다고 하여 보상을 청구하려는 자는 행정관청이 그 보상청구를 거부하거나 보상금액을 결정한 경우라도 이에 대한 행정소송을 제기할 것이 아니라 면허어업에 대한 처분을 한 행정관청(또는 그 처분을 요청한 행정관청)이 속한 권리주체인 지방자치단체(또는 국가)를 상대로 민사소송으로 직접 손실보상금지급청구를 하여야 할 것이다. 그리고 법 제81조 제4항의 위임에 따른 법 시행령 제61조, 제63조에서 보상금 청구절차, 보상금 지급결정 및 통지 등을 규정하고 있더라도 그 규정의 취지는 행정관청이 법 제81조 제1항에 따라 부담하게 된 손실보상금 지급의무의 이행을 위하여 내부적 사무처리절차를 규정한 것에 불과하고 소송의 제기를 위한 필요적 전치절차를 규정한 것으로 볼 수 없다."

> 하천구역으로 된 토지 및 구 하천법(1971. 1. 19. 법률 제2292호로 전문 개정된 것)의 시행으로 국유로 된 제외지 안의 토지에 대하여는 관리청이 그 손실을 보상하도록 규정하였고, '법률 제3782호 하천법 중 개정법률 부칙 제2조의 규정에 의한 보상청구권의 소멸시효가 만료된 하천구역 편입토지 보상에 관한 특별조치법' 제2조는 개정 하천법 부칙 제2조 제1항에 해당하는 토지로서 개정 하천법 부칙 제2조 제2항에서 규정하고 있는 소멸시효의 만료로 보상청구권이 소멸되어 보상을 받지 못한 토지에 대하여는 시·도지사가 그 손실을 보상하도록 규정하고 있는바, 위 각 규정들에 의한 손실보상청구권은 모두 종전의 하천법 규정 자체에 의하여 하천구역으로 편입되어 국유로 되었으나 그에 대한 보상규정이 없었거나 보상청구권이 시효로 소멸되어 보상을 받지 못한 토지들에 대하여, 국가가 반성적 고려와 국민의 권리구제 차원에서 그 손실을 보상하기 위하여 규정한 것으로서, 그 법적 성질은 하천법 본칙(본칙)이 원래부터 규정하고 있던 하천구역에의 편입에 의한 손실보상청구권과 하등 다를 바가 없는 것이어서 공법상의 권리임이 분명하므로 그에 관한 쟁송도 행정소송절차에 의하여야 한다.
>
> [2] 하천법 부칙(1984. 12. 31.) 제2조와 '법률 제3782호 하천법 중 개정법률 부칙 제2조의 규정에 의한 보상청구권의 소멸시효가 만료된 하천구역 편입토지 보상에 관한 특별조치법' 제2조, 제6조의 각 규정들을 종합하면, 위 규정들에 의한 손실보상청구권은 1984. 12. 31. 전에 토지가 하천구역으로 된 경우에는 당연히 발생되는 것이지, 관리청의 보상금지급결정에 의하여 비로소 발생하는 것은 아니므로, 위 규정들에 의한 손실보상금의 지급을 구하거나 손실보상청구권의 확인을 구하는 소송은 행정소송법 제3조 제2호 소정의 당사자소송에 의하여야 한다."

(4) 공법상 계약에 관한 소송

공법적 법률관계를 바탕으로 대등한 당사자 간의 다툼인 공법상 계약에 관한 소송은 당사자소송입니다. 국가 또는 지방자치단체와의 채용계약에 의하여 일정기간 연구업무 등에 종사하는 계약직공무원이 행정청의 일방적 채용계약 해지통고의 효력을 다투는 소송을 비롯하여 서울특별시립무용단원의 해촉을 다투는 소송(대판 1995.12.22, 95누4636), 공중보건의사채용계약 해지에 관한 소송(대판 1996.5.31, 95누10617), 시립합창단원의 재위촉 거부를 다투는 소송, 읍·면장에 의한 이장의 임명 및 면직(대판 2012.10.25, 2010두18963) 등이 이에 속합니다. 그런데, 이들 판례가 해당 판결을 통해 당사자소송으로 인정한 소송 형태가 공무원의 지위확인을 구하는 소송 등 공법상 지위 등의 권리관계 내지 법률관계의 확인을 구하는 것이 아니라, 공법상 계약과 관련한 계약해지 의사표시의 무효확인을 당사자소송으로 인정한 점에 주의해야 합니다.[1] 환언하면, 법률관계가 아니

---

1) 물론, 해당 판례가 공무원지위확인소송 등을 당사자소송이 아니라고 판시했다는 의미는 아닙니다. 공무원

라 법률요건에 관하여 당사자소송으로서 다투는 것을 허용하는 것인데, 이는 고용기간이나 임용기간이 도과한 경우 현재의 지위확인을 구할 수 없는 점에서 이해 가능하고 타당합니다.

* **대판 2002.11.26, 2002두5948** : "계약직공무원에 관한 현행 법령의 규정에 비추어 볼 때, 계약직공무원 채용계약해지의 의사표시는 일반공무원에 대한 징계처분과는 달라서 항고소송의 대상이 되는 처분 등의 성격을 가진 것으로 인정되지 아니하고, 일정한 사유가 있을 때에 국가 또는 지방자치단체가 채용계약 관계의 한쪽 당사자로서 대등한 지위에서 행하는 의사표시로 취급되는 것으로 이해되므로, 이를 징계해고 등에서와 같이 그 징계사유에 한하여 효력 유무를 판단하여야 하거나, 행정처분과 같이 행정절차법에 의하여 근거와 이유를 제시하여야 하는 것은 아니다."
* **대판 2001.12.11, 2001두7794** : "지방자치법 제9조 제2항 제5호 (라)목 및 (마)목 등의 규정에 의하면, 광주광역시립합창단의 활동은 지방문화 및 예술을 진흥시키고자 하는 광주광역시의 공공적 업무수행의 일환으로 이루어진다고 해석될 뿐 아니라, 그 단원으로 위촉되기 위하여는 공개전형을 거쳐야 하고 지방공무원법 제31조의 규정에 해당하는 자는 단원의 직에서 해촉될 수 있는 등 단원은 일정한 능력요건과 자격요건을 갖추어야 하며, 상임단원은 일반공무원에 준하여 매일 상근하고 단원의 복무규율이 정하여져 있으며, 일정한 해촉사유가 있는 경우에만 해촉되고, 단원의 보수에 대하여 지방공무원의 보수에 관한 규정을 준용하는 점 등에서는 단원의 지위가 지방공무원과 유사한 면이 있으나, 한편 단원의 위촉기간이 정하여져 있고 재위촉이 보장되지 아니하며, 단원에 대하여는 지방공무원의 보수에 관한 규정을 준용하는 이외에는 지방공무원법 기타 관계 법령상의 지방공무원의 자격, 임용, 복무, 신분보장, 권익의 보장, 징계 기타 불이익처분에 대한 행정심판 등의 불복절차에 관한 규정이 준용되지도 아니하는 점 등을 종합하여 보면, 광주광역시문화예술회관장의 단원 위촉은 광주광역시문화예술회관장이 행정청으로서 공권력을 행사하여 행하는 행정처분이 아니라 공법상의 근무관계의 설정을 목적으로 하여 광주광역시와 단원이 되고자 하는 자 사이에 대등한 지위에서 의사가 합치되어 성립하는 공법상 근로계약에 해당한다고 보아야 할 것이므로, 광주광역시립합창단원으로서 위촉기간이 만료되는 자들의 재위촉 신청에 대하여 광주광역시문화예술회관장이 실기와 근무성적에 대한 평정을 실시하여 재위촉을 하지 아니한 것을 항고소송의 대상이 되는 불합격처분이라고 할 수는 없다."
* **대판 2015.8.27, 2015두41449** : "행정청이 자신과 상대방 사이의 법률관계를 일방적인 의사표시로 종료시켰다고 하더라도 곧바로 의사표시가 행정청으로서 공권력을 행사하여 행하는 행정처분이라고 단정할 수는 없고, 관계 법령이 상대방의 법률관계에 관하여 구체적으로 어떻게 규정하고 있는지에 따라 의사표시가 항고소송의 대상이 되는 행정처분에 해당하는지 아니면 공법상 계약관계의 일방 당사자로서 대등한 지위에서 행하는 의사표시인지를 개별적으로 판단하여야 한다. 중소기업기술

지위확인소송의 제기도 가능하고, 그 소송은 의문의 여지없이 당사자소송입니다.

정보진흥원장이 갑 주식회사와 중소기업 정보화지원사업 지원대상인 사업의 지원에 관한 협약을 체결하였는데, 협약이 갑 회사에 책임이 있는 사업실패로 해지되었다는 이유로 협약에서 정한 대로 지급받은 정부지원금을 반환할 것을 통보한 사안에서, 중소기업 정보화지원사업에 따른 지원금 출연을 위하여 중소기업청장이 체결하는 협약은 공법상 대등한 당사자 사이의 의사표시의 합치로 성립하는 공법상 계약에 해당하는 점, 구 중소기업 기술혁신 촉진법(2010. 3. 31. 법률 제10220호로 개정되기 전의 것) 제32조 제1항은 제10조가 정한 기술혁신사업과 제11조가 정한 산학협력 지원사업에 관하여 출연한 사업비의 환수에 적용될 수 있을 뿐 이와 근거 규정을 달리하는 중소기업 정보화지원사업에 관하여 출연한 지원금에 대하여는 적용될 수 없고 달리 지원금 환수에 관한 구체적인 법령상 근거가 없는 점 등을 종합하면, 협약의 해지 및 그에 따른 환수통보는 공법상 계약에 따라 행정청이 대등한 당사자의 지위에서 하는 의사표시로 보아야 하고, 이를 행정청이 우월한 지위에서 행하는 공권력의 행사로서 행정처분에 해당한다고 볼 수는 없다."

* **대판 2019.1.31, 2017두46455** : "민간투자사업 실시협약을 체결한 당사자가 공법상 당사자소송에 의하여 그 실시협약에 따른 재정지원금의 지급을 구하는 경우에, 수소법원은 단순히 주무관청이 재정지원금액을 산정한 절차 등에 위법이 있는지 여부를 심사하는 데 그쳐서는 아니 되고, 실시협약에 따른 적정한 재정지원금액이 얼마인지를 구체적으로 심리·판단하여야 한다."

이에 비해, 국·공립병원의 수련의는 전문직공무원이 아니라는 이유로(대판 1994.12.2, 94누8778), 보조사업자인 A주식회사가 보조금수령자인 피고를 상대로 피고의 부정수급을 이유로 청년인턴지원협약에 따라 청년인턴지원금의 반환을 구하는 소는 민사소송으로 보았습니다.

* **대판 2019.8.30, 2018다242451** : "원고는 고용보험법에 근거하여 서울지방고용노동청으로부터 중소기업 청년인턴제 사업에 관한 업무를 위탁받은 법인으로서 보조금법상 보조사업자이고, 피고는 보조사업자로부터 보조금을 지급받는 보조금수령자에 해당한다. 이 사건 협약은 보조금 지원에 관하여 보조사업자인 원고와 보조금수령자인 피고 사이에 체결한 계약으로서 공법적 요소가 일부 포함되어 있다. 그러나 구 보조금법 제33조의2 제3항이 보조사업자가 중앙관서의 장 또는 지방자치단체의 장인 경우에만 반환명령의 대상이 된 보조금을 강제징수할 수 있도록 유보하고 있기 때문에, 원고가 보조금수령자에 대하여 보조금을 반환하도록 요구하더라도 보조금수령자가 이를 따르지 않을 때에는 이를 강제징수할 수 없다. 따라서 원고가 이 사건 지침 또는 구 보조금법 제33조의2 제1항 제1호에 따라 보조금수령자에 대하여 거짓 신청이나 그 밖의 부정한 방법으로 지급받은 보조금을 반환하도록 요구하는 의사표시는 우월한 지위에서 하는 공권력의 행사로서의 '반환명령'이 아니라, 대등한 당사

> 자의 지위에서 계약에 근거하여 하는 의사표시라고 보아야 한다. 또한 원고의 피고에 대한 이 사건 협약에 따른 지원금 반환청구는 협약에서 정한 의무의 위반을 이유로 채무불이행 책임을 구하는 것에 불과하고, 그 채무의 존부 및 범위에 관한 다툼이 이 사건 협약에 포함된 공법적 요소에 어떤 영향을 받는다고 볼 수도 없으므로 민사소송의 대상이라고 보아야 한다."

한편, 같은 공법상 법률관계에 해당하더라도 〈처분 혹은 공법상 계약, 이에 따른 항고소송 혹은 당사자소송〉의 구분은 쉽지 않습니다. 이 쟁점은 또한, 항고소송의 대상으로서 처분의 인정 범위와 직결됩니다. 이와 관련하여 학설·판례가 실무상 예외 없이 원용할 수 있는 명쾌한 구분기준을 제시하지 못하지만, 일응 공법상 계약의 체결 여부의 결정이나 제재적 성격의 결정 등은 처분으로 보고 항고소송의 방법에 의하는 것으로 이해할 수 있습니다. 이에 따라 지방계약직공무원 보수의 삭감조치(대판 2008.6.12, 2006두16328), 재활용자원화시설의 민간위탁대상자 선정행위(대판 2007.9.21, 2006두7973), 한국환경산업기술원장이 (구)국가연구개발사업의 관리 등에 관한 규정(대통령령) 및 환경기술개발사업 운영규정(환경부 훈령)에 따라 주관연구기관에 대하여 행한 연구개발 중단조치 및 집행중지조치, 한국연구재단이 대학총장에게 연구개발비의 부당집행을 이유로 2단계 BK21사업 협약을 해지하고 연구팀장인 교수에게 국가연구개발사업의 3년간 참여제한 등을 명하는 통보 및 산업단지관리공단이 (구)산업집적활성화 및 공장설립에 관한 법률에 따라 행한 입주변경계약취소 등은 공법상 계약에 따른 법률관계가 아니라 행정처분에 해당하므로 각각에 대한 불복은 항고소송에 의합니다.

> * **대판 2015.12.24, 2015두264** : "한국환경산업기술원장이 환경기술개발사업 협약을 체결한 갑 주식회사 등에게 연차평가 실시 결과 절대평가 60점 미만으로 평가되었다는 이유로 연구개발 중단 조치 및 연구비 집행중지 조치(이하 '각 조치'라 한다)를 한 사안에서, 각 조치는 갑 회사 등에게 연구개발을 중단하고 이미 지급된 연구비를 더 이상 사용하지 말아야 할 공법상 의무를 부과하는 것이고, 연구개발 중단 조치는 협약의 해약 요건에도 해당하며, 조치가 있은 후에는 주관연구기관이 연구개발을 계속하더라도 그에 사용된 연구비는 환수 또는 반환 대상이 되므로, 각 조치는 갑 회사 등의 권리·의무에 직접적인 영향을 미치는 행위로서 항고소송의 대상이 되는 행정처분에 해당한다."
>
> * **대판 2014.12.11, 2012두28704** : "학술진흥법 등과 과학기술기본법령의 입법 취지 및 규정 내용 등과 아울러 ① 학술진흥법 등과 과학기술기본법령의 해석상 국가가 두뇌한국(BK)21 사업의 주관연구기관인 대학에 연구개발비를 출연하는 것은, '연구 중심 대학'의 육성은 물론 그와 별도로 대

학에 소속된 연구인력의 역량 강화에도 그 목적이 있다고 보이는 점, ② 기본적으로 국가연구개발사업에 대한 연구개발비의 지원은 대학에 소속된 일정한 연구단위(이하 '연구팀'이라고 한다)별로 신청한 연구개발과제에 대한 것이지, 그 소속 대학을 기준으로 한 것은 아닌 점, ③ 대학은 학술진흥법 등에 정한 연구개발비의 공식적 지원 대상이자 그 관리·집행의 대외적 주체로서 협약 당사자로 되어 있을 뿐, 협약으로 인한 실질적 이해관계는 해당 연구개발과제의 수행주체인 연구팀에 귀속된다고 볼 수 있는 점, ④ 나아가 과학기술기본법령상 사업 협약의 해지 통보는 단순히 대등 당사자의 지위에서 형성된 공법상계약을 계약당사자의 지위에서 종료시키는 의사표시에 불과한 것이 아니라 행정청이 우월적 지위에서 연구개발비의 회수 및 관련자에 대한 국가연구개발사업 참여제한 등의 법률상 효과를 발생시키는 행정처분에 해당하므로(대법원 2011. 6. 30. 선고 2010두23859 판결 참조), 이로 인하여 자신의 법률상 지위에 영향을 받는 연구자 등은 적어도 그 이해관계를 대변하는 연구팀장을 통해서 협약 해지 통보의 효력을 다툴 개별적·직접적·구체적 이해관계가 있다고 보이는 점 등 제반 사정을 앞서 본 법리에 비추어 살펴보면, 이 사건 사업의 연구팀장인 원고는 이 사건 사업에 관한 협약의 해지 통보의 효력을 다툴 법률상 이익이 있다."

* **대판 2017.6.15, 2014두46843** : "구 산업집적활성화 및 공장설립에 관한 법률(2013. 3. 23. 법률 제11690호로 개정되기 전의 것) 제13조 제1항, 제2항 제2호, 제30조 제1항 제2호, 제2항 제3호, 제38조 제1항, 제2항, 제40조, 제40조의2, 제42조 제1항 제4호, 제5호, 제2항, 제5항, 제43조, 제43조의3, 제52조 제2항 제5호, 제6호, 제53조 제4호, 제55조 제1항 제4호, 제2항 제9호 규정들에서 알 수 있는 산업단지관리공단의 지위, 입주계약 및 변경계약의 효과, 입주계약 및 변경계약 체결 의무와 그 의무를 불이행한 경우의 형사적 내지 행정적 제재, 입주계약해지의 절차, 해지통보에 수반되는 법적 의무 및 그 의무를 불이행한 경우의 형사적 내지 행정적 제재 등을 종합적으로 고려하면, 입주변경계약 취소는 행정청인 관리권자로부터 관리업무를 위탁받은 산업단지관리공단이 우월적 지위에서 입주기업체들에게 일정한 법률상 효과를 발생하게 하는 것으로서 항고소송의 대상이 되는 행정처분에 해당한다."

(5) 국가배상청구소송

과거 행정소송법 개정안에서 국가배상청구소송이 당사자소송임을 명시하였듯이, 국가배상청구의 기초가 되는 직무상 불법행위는 공법적 직무를 전제로 하므로 그로 인해 발생한 손해배상청구권은 공법적 성질입니다. 국가배상청구소송은 당사자소송의 방법에 의하여야 합니다. 판례상 민사소송으로 취급하였다거나 민사법원에서도 손해배상에 관한 전담부를 구성하였다는 점은 국가배상청구소송을 민사소송으로 보아야 할 상당한 이유라고 할 수 없습니다.

(6) 기타

① 비관리청이 공물의 특허사용으로 항만시설을 무상사용하면서 그 권리 범위의 확인을 구하려면 당사자소송의 방법에 의합니다.

> * **대판 2001.9.4, 99두10148** : "구 항만법(1995. 1. 5. 법률 제4925호로 개정되기 전의 것) 제17조 제1, 3항, 같은법시행령(1995. 12. 29. 대통령령 제14853호로 개정되기 전의 것) 제19조 제2, 3항의 각 규정에 의하면 비관리청이 설치한 항만시설은 비관리청의 의사와 관계없이 법의 규정에 의하여 당연히 국가 또는 지방자치단체에 귀속하고 그 대신 비관리청은 20년의 범위 안에서 사용료의 총액이 총사업비에 달할 때까지 당해 항만시설에 대한 무상사용권을 취득하며 그 무상사용기간은 총사업비에 의하여 결정되므로, 지방청장이 법령에 의한 기준에 미달하게 총사업비를 부당 산정하였다면, 그 금액과 적법한 기준에 의한 총사업비와의 차액에 따른 기간만큼 무상사용기간이 단축되어 그 차액에 해당하는 기간에 관하여는 비관리청이 무상사용할 수 없게 된다는 법적 불안·위험이 현존한다고 보아야 하고, 따라서 이를 제거하기 위하여 공법상 당사자소송으로써 권리범위의 확인을 구할 필요나 이익이 있으며, 그러한 확인의 소를 제기하는 방법이 가장 유효·적절한 수단이고, 한편 사용료는 그 자체가 변동가능할 뿐만 아니라 사용 형태와 정도에 따라 달라질 수 있어, 총사업비에 따른 무상사용기간이 20년을 초과하는지 여부가 총사업비 산정 당시에 확정적으로 정하여지는 것은 아니므로 위의 확인소송에 있어서 비관리청이 지방청장에 의하여 산정된 총사업비에 따른 무상사용기간이 20년에 미달한다는 점을 입증하여야만 확인의 이익이 있다고 할 수 있게 되는 것은 아니다."

② 법령에 의하여 관리주체와 비용부담주체가 다르게 정해져 있는 경우 관리주체가 비용을 청구하는 소송 및 비용부담자가 공무원의 선임·감독자에 대하여 행하는 구상금청구소송(국가배상법 제6조) 등은 공법상 법률관계에 관한 소송으로 당사자소송에 해당하지만, 판례는 이에 대해서도 민사소송 사항으로 취급합니다(대판 1998.7.10, 96다42819 참조).

③ 주택재건축정비사업조합을 상대로 관리처분계획안에 대한 조합총회결의의 효력을 다투는 소송 등 공법상 합동행위의 무효확인을 구하는 소송은 당사자소송입니다.

> * **대판 2009.9.17, 2007다2428** : "도시 및 주거환경정비법(이하 '도시정비법'이라고 한다)에 따른 주택재건축정비사업조합(이하 '재건축조합'이라고 한다)은 관할 행정청의 감독 아래 도시정비법상의 주택재건축사업을 시행하는 공법인(도시정비법 제18조)으로서, 그 목적 범위 내에서 법령이 정하는

바에 따라 일정한 행정작용을 행하는 행정주체의 지위를 갖는다. 그리고 재건축조합이 행정주체의 지위에서 도시정비법 제48조에 따라 수립하는 관리처분계획은 정비사업의 시행 결과 조성되는 대지 또는 건축물의 권리귀속에 관한 사항과 조합원의 비용 분담에 관한 사항 등을 정함으로써 조합원의 재산상 권리·의무 등에 구체적이고 직접적인 영향을 미치게 되므로, 이는 구속적 행정계획으로서 재건축조합이 행하는 독립된 행정처분에 해당한다(대법원 1996. 2. 15. 선고 94다31235 전원합의체 판결, 대법원 2007. 9. 6. 선고 2005두11951 판결 등 참조). 그런데 관리처분계획은 재건축조합이 조합원의 분양신청 현황을 기초로 관리처분계획안을 마련하여 그에 대한 조합 총회결의와 토지 등 소유자의 공람절차를 거친 후 관할 행정청의 인가·고시를 통해 비로소 그 효력이 발생하게 되므로(도시정비법 제24조 제3항 제10호, 제48조 제1항, 제49조), 관리처분계획안에 대한 조합 총회결의는 관리처분계획이라는 행정처분에 이르는 절차적 요건 중 하나로, 그것이 위법하여 효력이 없다면 관리처분계획은 하자가 있는 것으로 된다. 따라서 행정주체인 재건축조합을 상대로 관리처분계획안에 대한 조합 총회결의의 효력 등을 다투는 소송은 행정처분에 이르는 절차적 요건의 존부나 효력 유무에 관한 소송으로서 그 소송결과에 따라 행정처분의 위법 여부에 직접 영향을 미치는 공법상 법률관계에 관한 것이므로, 이는 행정소송법상의 당사자소송에 해당한다. 그리고 이러한 소송은, 관리처분계획이 인가·고시되기 전이라면 위법한 총회결의에 대해 무효확인 판결을 받아 이를 관할 행정청에 자료로 제출하거나 재건축조합으로 하여금 새로이 적법한 관리처분계획안을 마련하여 다시 총회결의를 거치도록 함으로써 하자 있는 관리처분계획이 인가·고시되어 행정처분으로서 효력이 발생하는 단계에까지 나아가지 못하도록 저지할 수 있고, 또 총회결의에 대한 무효확인판결에도 불구하고 관리처분계획이 인가·고시되는 경우에도 관리처분계획의 효력을 다투는 항고소송에서 총회결의 무효확인소송의 판결과 증거들을 소송자료로 활용함으로써 신속하게 분쟁을 해결할 수 있으므로, 관리처분계획에 대한 인가·고시가 있기 전에는 허용할 필요가 있다. 그러나 나아가 관리처분계획에 대한 관할 행정청의 인가·고시까지 있게 되면 관리처분계획은 행정처분으로서 효력이 발생하게 되므로, 총회결의의 하자를 이유로 하여 행정처분의 효력을 다투는 항고소송의 방법으로 관리처분계획의 취소 또는 무효확인을 구하여야 하고, 그와 별도로 행정처분에 이르는 절차적 요건 중 하나에 불과한 총회결의 부분만을 따로 떼어내어 효력 유무를 다투는 확인의 소를 제기하는 것은 특별한 사정이 없는 한 허용되지 않는다고 보아야 한다."

* **대결 2015.8.21, 2015무26** : "도시 및 주거환경정비법(이하 '도시정비법'이라 한다)상 행정주체인 주택재건축정비사업조합을 상대로 관리처분계획안에 대한 조합 총회결의의 효력을 다투는 소송은 행정처분에 이르는 절차적 요건의 존부나 효력 유무에 관한 소송으로서 소송결과에 따라 행정처분의 위법 여부에 직접 영향을 미치는 공법상 법률관계에 관한 것이므로, 이는 행정소송법상 당사자소송에 해당한다. 그리고 이러한 당사자소송에 대하여는 행정소송법 제23조 제2항의 집행정지에 관한 규정이 준용되지 아니하므로(행정소송법 제44조 제1항 참조), 이를 본안으로 하는 가처분에 대하여는 행정소송법 제8조 제2항에 따라 민사집행법상 가처분에 관한 규정이 준용되어야 한다."

5. 당사자소송에 적용되는 규율의 특수성

1) 당사자소송의 당사자

당사자소송의 당사자는 ① 공무원의 보수지급청구소송 등 국가·공공단체와 사인 간, ② 피수용자인 토지소유자와 사업시행자인 민간기업 사이의 보상금증감청구소송 등 사인과 사인 간, ③ 지방자치단체가 국가에 대하여 지방교부세 등 공법상 채권지급을 소송상 구하는 등 국가와 공공단체 간, ④ 시·군 간의 초등학교 위탁경영협약에 따라 위탁받은 시·군이 위탁한 시·군을 상대로 위탁료 지급을 소송상 구하는 등 공공단체 상호 간 등 다양한 형태로 전개될 수 있습니다. 당사자소송의 원고와 피고는 계쟁 법률관계에 있어 대등한 당사자이므로 처분을 소송의 대상으로 하는 항고소송의 원고적격 관련 규정은 적용의 여지가 없습니다. 또한 당사자소송의 원고적격에 관한 명문의 규정도 존재하지 않습니다. 이에 갈음하여 통상의 민사소송에서의 규율 내용이 원용되는데, 공법상 법률관계에 있어서 권리보호의 이익 또는 권리보호의 필요성이 있는 자, 즉 소의 이익을 가지는 당사자가 원고적격을 가집니다. 당사자소송이 확인소송의 성격을 가지는 경우 확인의 이익을 요함은 민사소송의 경우와 동일합니다. 따라서 계약직공무원에 대한 채용계약해지와 관련하여 그 해지가 무효라 하더라도 이미 계약기간이 만료되었다면 계약해지 무효확인소송을 제기할 소의 이익이 없습니다.

* **대판 2002.11.26, 2002두1496** : "지방자치단체와 채용계약에 의하여 채용된 계약직공무원이 그 계약기간 만료 이전에 채용계약 해지 등의 불이익을 받은 후 그 계약기간이 만료된 때에는 그 채용계약 해지의 의사표시가 무효라고 하더라도, 지방공무원법이나 지방계약직공무원규정 등에서 계약기간이 만료되는 계약직공무원에 대한 재계약의무를 부여하는 근거규정이 없으므로 계약기간의 만료로 당연히 계약직공무원의 신분을 상실하고 계약직공무원의 신분을 회복할 수 없는 것이므로, 그 해지의사표시의 무효확인청구는 과거의 법률관계의 확인청구에 지나지 않는다 할 것이고, 한편 과거의 법률관계라 할지라도 현재의 권리 또는 법률상 지위에 영향을 미치고 있고 현재의 권리 또는 법률상 지위에 대한 위험이나 불안을 제거하기 위하여 그 법률관계에 관한 확인판결을 받는 것이 유효 적절한 수단이라고 인정될 때에는 그 법률관계의 확인소송은 즉시확정의 이익이 있다고 보아야 할 것이나, 계약직공무원에 대한 채용계약이 해지된 경우에는 공무원 등으로 임용되는 데에 있어서 법령상의 아무런 제약사유가 되지 않을 뿐만 아니라, 계약기간 만료 전에 채용계약이 해지된 전력이 있는 사람이 공무원 등으로 임용되는 데에 있어서 그러한 전력이 없는 사람보다 사실상 불이익한 장애사유로 작용한다

> 고 하더라도 그것만으로는 법률상의 이익이 침해되었다고 볼 수는 없으므로 그 무효확인을 구할 이익이 없다."

행정청을 피고로 하는 항고소송과 달리(행정소송법 제13조), 당사자소송은 국가·공공단체 그 밖의 권리주체를 피고로 합니다(행정소송법 제39조). 이에 따라 국세채무부존재확인소송의 피고는 관할 세무서장이 아니라 국가가 되고, 지방공무원지위확인의 소는 해당 지방자치단체가 피고이며, 지방의회의원의 신분확인소송의 피고적격자는 지방의회가 아니라 지방자치단체입니다. 지방의회의원에 대한 징계의결의 취소나 무효확인을 구하는 소송의 피고가 해당 지방의회가 되는 것과 구별해야 합니다. 형식적 당사자소송의 피고는 해당 소송을 규정한 그 개별법 규정이 정하는 바에 의합니다. 피고경정에 관한 행정소송법 제14조의 규정이 당사자소송에도 준용되므로, 예컨대 행정청을 피고로 하였다가 국가나 지방자치단체로 피고를 경정할 수 있습니다.

2) 당사자소송의 제기와 심리

행정심판의 필수전치 규정은 당사자소송에 적용의 여지가 없습니다. 취소소송의 제소기간 규정도 적용되지 않지만, 당사자소송에 관하여 법령에 제소기간이 정해져 있는 경우 그 기간은 불변기간으로 합니다(행정소송법 제41조). 법원은 당사자소송을 당해 처분에 관계되는 사무가 귀속하는 국가 또는 공공단체에 대한 항고소송으로 변경하는 것이 상당하다고 인정할 때에는 청구의 기초에 변경이 없음을 전제로 사실심 변론종결시까지 원고의 신청에 의하여 결정으로써 소의 변경을 허가할 수 있으며(동법 제42조, 제21조 제1항), 처분변경으로 인한 소의 변경도 허용됩니다(동법 제44조 제1항, 제22조). 당사자소송과 관련청구소송이 각각 다른 법원에 계속된 경우 법원은 당사자의 신청 또는 직권에 의하여 이를 당사자소송이 계속된 법원으로 이송할 수 있습니다(동법 제44조 제2항, 제10조 제1항). 또한, 당사자소송에는 사실심 변론종결시까지 관련청구소송을 병합하거나 피고 외의 자를 상대로 한 관련청구소송을 당사자소송이 계속된 법원에 병합하여 제기할 수 있습니다(동법 제44조 제2항, 제10조 제2항). 취소소송의 소송참가 규정은 당사자소송에도 준용되므로 제3자의 소송참가(동법 제16조)와 행정청의 소송참가(동법 제17조) 모두 허용됩니다.

> * **대판 2016.5.24, 2013두14863** : "공법상의 법률관계에 관한 당사자소송에서는 그 법률관계의 한쪽 당사자를 피고로 하여 소송을 제기하여야 한다(행정소송법 제3조 제2호, 제39조). 다만 원고가 고의 또는 중대한 과실 없이 당사자소송으로 제기하여야 할 것을 항고소송으로 잘못 제기한 경우에, 당사자소송으로서의 소송요건을 결하고 있음이 명백하여 당사자소송으로 제기되었더라도 어차피 부적법하게 되는 경우가 아닌 이상, 법원으로서는 원고가 당사자소송으로 소 변경을 하도록 하여 심리·판단하여야 한다."
> * **대판 2011.9.29, 2009두10963** : "행정소송법 제10조에 의하면, 취소소송에는 사실심의 변론종결시까지 관련청구소송, 즉 당해 처분 등과 관련되는 손해배상·부당이득반환·원상회복 등 청구소송 및 당해 처분과 관련되는 취소소송을 병합하여 제기할 수 있고, 같은 법 제44조는 위 제10조를 당사자소송에도 준용하고 있다. 한편 행정소송법 제44조, 제10조에 의한 관련청구소송의 병합은 본래의 당사자소송이 적법할 것을 요건으로 하는 것이어서 본래의 당사자소송이 부적법하여 각하되면 그에 병합된 관련청구도 소송요건을 흠결한 부적합한 것으로 각하되어야 한다(대법원 1980. 4. 22. 선고 78누90 판결, 대법원 2001. 11. 27. 선고 2000두697 판결 등 참조). 원심은, 원고들이 원심 계속 중에 제출한 2008. 11. 4.자 청구취지 및 원인변경신청서에 의하여 주위적으로 '피고가 2008. 10. 20. 원고들에 대하여 한 각 생활대책용지 수급대상자 선정신청 거부처분을 각 취소한다', 제1예비적으로 '피고가 원고들을 성남시 분당구 삼평동에서 시행하는 택지개발사업의 생활대책대상자로 선정하지 않고 있는 것이 위법임을 확인한다', 제2예비적으로 '원고들은 피고가 성남시 분당구 삼평동에서 시행하는 택지개발사업의 생활대책대상자임을 확인한다'는 취지의 생활대책대상자 선정 관련 청구를 주된 청구인 영업손실보상금 청구에 관련청구소송으로서 병합하여 제기한 것으로 본 후, 본안 판단에 나아가 원고들의 위 주위적 청구를 인용하였다. 그러나 위 법리에 따르면, 주된 청구인 영업손실보상금 청구의 소가 재결절차를 거치지 아니하여 부적법한 것으로 각하될 것인 이상, 이에 병합된 관련청구소송인 위 생활대책대상자 선정 관련청구 부분의 소 역시 소송요건을 흠결하여 부적합한 것으로서 각하를 면할 수 없다."

취소소송의 경우와 마찬가지로 당사자소송의 심리에도 변론주의가 적용되므로 법원은 당사자의 청구나 주장의 범위를 넘어서 심리·재판하지 못함이 원칙이지만, 당사자소송이라고 해서 행정소송에 공통되는 공익적 성격을 부인할 수 없으므로 민사소송의 심리원칙을 그대로 적용할 수는 없습니다. 직권증거조사주의 등 직권심리주의가 보충적으로 작용됨을 의미합니다. 당사자소송에서는 취소소송의 집행정지규정이 준용되지 않지만, 민사집행법상의 가처분 규정은 적용됩니다(대결 2015.8.21, 2015무26).

3) 당사자소송의 판결

당사자소송에 있어 국가 측이 패소한 경우에 그것이 금전채권의 집행에 관한 것이 아닌 한 재판의 집행은 어떤 형태이건 행정주체의 활동에 영향을 미칩니다. 즉, 당사자소송 판결의 효율성 제고를 위해 행정청의 일정한 작위의무를 설정하는 것이 바람직하므로 판결의 기속력 규정은 당사자소송에도 준용됩니다(행정소송법 제44조 제1항, 제30조 제1항). 그러나 취소판결의 제3자효(동법 제29조), 재처분의무(동법 제30조 제2항), 간접강제(동법 제34조)는 당사자소송에서 적용의 여지가 없습니다.

처분의 취소·변경을 구하는 취소소송은 그 판결이 확정되어야 형성력이 생기므로 법원이 종국판결 확정 전에 집행을 허용하는 내용을 선고하는 가집행선고를 할 수 없으며, 이는 무효등확인소송 및 부작위위법확인소송의 경우에도 다르지 않습니다. 그러나 당사자소송 또는 행정사건에 병합된 민사사건에 대해서는 민사소송법 제213조 제1항이 적용되어, 재산상의 청구에 관한 이행판결인 한 상당한 이유가 있는 경우를 제외하고는 가집행선고가 가능하다고 보아야 합니다. 이런 점을 고려하여, "국가를 상대로 하는 재산권의 청구에 관하여는 가집행의 선고를 할 수 없다"는 소송촉진 등에 관한 특례법 제6조 제1항 단서 조항은 헌법재판소에 의해 위헌으로 결정된 바 있습니다. 국가를 상대로 하는 당사자소송에는 가집행선고를 할 수 없도록 규정한 행정소송법 제43조가 여전히 존재하지만, 조속한 시일 내에 이를 삭제하는 것이 타당합니다.

* **헌재결 1989.1.25, 88헌가7** : "소송촉진등에관한특례법 제6조 제1항 중 단서 부분은 재산권과 신속한 재판을 받을 권리의 보장에 있어서 합리적 이유없이 소송당사자를 차별하여 국가를 우대하고 있는 것이므로 헌법 제11조 제1항에 위반된다."
* **대판 2000.11.28, 99두3416** : "행정소송법 제8조 제2항에 의하면 행정소송에도 민사소송법의 규정이 일반적으로 준용되므로 법원으로서는 공법상 당사자소송에서 재산권의 청구를 인용하는 판결을 하는 경우 가집행선고를 할 수 있다."

아래에 행정소송법상 취소소송 규정의 다른 소송유형에의 준용 여부를 〈표〉로 요약합니다(행정소송법 제38조, 제44조, 제37조, 제40조, 제42조 참조).

취소소송	무효등확인소송	부작위위법확인소송	당사자소송
재판관할(제9조)	○	○	○
사건의 이송(제10조)	○	○	○
피고적격(제13조)	○	○	×
피고경정(제14조)	○	○	○
공동소송(제15조)	○	○	○
소송참가(제16조, 제17조)	○	○	○
행정심판전치주의(제18조)	×	○	×
취소소송의 대상(제19조)	○	○	×
제소기간의 제한(제20조)	×	△	×
소의 변경(제21조, 제22조)	○	△	○
집행부정지원칙 집행정지제도(제23조)	○	×	× 가처분 ○
행정심판기록제출명령(제25조)	○	○	○
직권심리(제26조)	○	○	○
사정판결(제28조)	×	×	×
확정판결의 대세효(제29조)	○	○	×
판결의 기속력(제30조)	○	○	○
제3자의 재심청구(제34조)	○	○	×
간접강제(제34조)	×	○	×

제41강

교원의 징계처분에 대한 불복쟁송

제41강
교원의 징계처분에 대한 불복쟁송

1. 문제의 제기

교원이 자신에 대한 징계처분과 그 밖에 그 의사에 반하는 불리한 처분에 대하여 불복할 때에는 그 처분이 있었던 것을 안 날부터 30일 이내에 교육부에 설치된 교원소청심사위원회(이하 '교원소청위')에 소청심사를 청구할 수 있습니다(교원의지위향상및교육활동보호를위한특별법(이하 '교원지위법') 제9조 제1항). 그러나 후속하는 행정소송의 전개 양상은 원고가 사립학교 혹은 국·공립학교 교원인지에 따라 사뭇 다르게 진행됩니다. 교원소청위가 소청심사청구에 대해 기각결정을 하는 경우 국·공립학교 교원은 소청결정 고유의 하자가 없는 한 징계권자를 피고로 하여 원처분인 징계처분 등을 대상으로, 사립학교 교원은 교원소청위를 피고로 하여 소청결정을 대상으로 각각 행정소송을 제기할 수 있습니다. 한편, 교원소청위가 인용결정을 하는 경우 징계권자는 이에 기속되는데(소청결정의 기속력), 국·공립학교 교원이 제기한 소청심사청구인 경우 징계권자는 인용결정에 소송상 불복할 수 없는 것으로 해석되지만, 징계처분이 사립학교 교원에 대한 것이면 그 징계권자인 학교법인 등은 교원소청위의 인용결정에 불복하여 항고소송을 제기할 수 있습니다.

이러한 차이점들은 비록 법에서 교원이면 누구나 소청심사청구를 할 수 있다고 규정하지만, 학설과 판례가 사립학교와 국·공립학교 교원의 근무관계를 서로 다른 법적 성격으로 이해하는 데에서 비롯합니다. 즉, 국·공립학교 교원에 대한 징계처분은 그 자체로 행정처분이므로 그를 대상으로 하는 소청결정은 특별행정심판 재결임에 의문이 없습니다.[1] 반면, 사립학교 교원에 대한 징계처분은 원칙적으로 행정처분이 아니고 그에 대한 간이 민사분쟁조정절차로서의 소청심사의 결정이 행정처분이므로 교원이나 학교법인 등은 최

1) 국·공립학교 교원의 징계에 대한 소청심사는 통상의 공무원의 경우와 마찬가지로 행정소송의 제기에 앞서 반드시 거쳐야 하는 필수적 전치사항입니다(교육공무원법 제53조 제1항, 국가공무원법 제16조 제1항). 사립학교 교원의 경우에도 민사소송으로 징계처분무효확인의 소 내지 교원지위확인의 소를 제기하는 것에 갈음하여 행정소송의 방법으로 징계처분을 다투려면 반드시 소청심사를 거쳐야 합니다.

초의 행정처분에 해당하는 소청결정을 대상으로 행정소송을 제기하는 구조가 형성됩니다. 이처럼 판례가 내세우는 교원소청심사제도의 이중적 성격과 소청결정의 법적 성격에 관한 명확하지 않은 입장은 재고의 여지가 있습니다.

2. 불복쟁송절차의 내용

교원은 징계처분과 그 밖에 그 의사에 반하는 불리한 처분에 대하여 불복할 경우 그 처분이 있었던 것을 안 날부터 30일 이내에 교원소청위에 소청심사를 청구할 수 있습니다(교원지위법 제9조 제1항). 교원소청위는 소청심사청구가 이유 없다고 인정하는 때에는 그 청구를 기각하고, 이유 있다고 인정하는 때에는 처분을 취소 또는 변경하거나 처분권자에게 그 처분의 취소 또는 변경을 명하는데[1](동법 제10조 제2항), 교원소청위의 결정은 처분권자를 기속하므로(동법 제10조의2) 처분권자는 교원소청위의 결정서를 송달받은 날부터 30일 이내에 소청결정의 취지에 따라 조치를 하여야 하고, 그 결과를 심사위원회에 제출하여야 합니다(동법 제10조 제3항). 교원소청위의 결정에 대하여 교원, 사립학교 학교법인 또는 사립학교 경영자 등 당사자는 그 결정서를 송달받은 날부터 30일 이내에 행정소송을 제기할 수 있습니다(동법 제10조 제4항).

위 규정들에 비추어, 각급학교 교원이 징계처분을 받은 때에는 교원소청위에 소청심사를 청구할 수 있고, 교원소청위가 심사청구를 기각하거나 징계처분을 변경하는 결정을 한 때에는 해당 교원은 법원에 행정소송을 제기할 수 있습니다. 또한, 교원소청위가 교원의 심사청구를 인용하거나 징계처분을 변경하는 결정을 한 때에는 처분권자는 이에 기속되고, 징계처분이 국·공립학교 교원에 대한 것이면 처분청은 불복할 수 없지만, 사립학교 교원에 대한 것이면 그 학교법인 등은 교원소청위 결정에 불복하여 법원에 행정소송을 제기할 수 있습니다. 다만, 행정청의 처분에 대한 불복소송이라는 항고소송의 본질적 성격상, 교원소청위의 심사대상인 징계처분이 국·공립학교 교원에 대한 것인지 사립학교 교원에 대한 것인지에 따라 위와 같이 교원소청위의 결정에 불복하여 제기되는 항고소송의 소송당사자와 심판대상 및 사후절차 등이 달라집니다.

우선, 국·공립학교 교원에 대한 징계처분의 경우에는 징계처분 자체가 행정처분이므로 그에 대하여 해당 교원이 교원소청위에 소청심사를 청구하고 교원소청위의 기각결

---

1) 행정심판법상의 취소재결과 달리, 교원지위법 제10조 제2항 제3호에 의할 때 교원소청위는 징계 등에 대한 취소명령결정도 가능합니다.

정이 있은 후 그에 불복하는 행정소송이 제기되더라도 그 심판대상은 징계처분이 되는 것이 원칙이고, 교원소청위의 심사절차에 위법사유가 있는 등 고유의 위법이 있는 경우에 한하여 교원소청위의 결정이 소송의 대상이 됩니다(행정소송법 제19조). 따라서 그 행정소송의 피고도 결정 고유의 위법이 존재하지 아니하는 한 징계처분을 행한 처분청이지 교원소청위가 되는 것이 아닙니다. 또한, 법원에서도 교원소청위 결정의 당부가 아니라 원처분의 위법 여부가 판단의 대상으로 하므로 교원소청위 결정의 결론과 상관없이 원처분에 적법한 처분사유가 있는지, 그 징계양정이 적정한지를 판단하여,[1] 거기에 위법사유가 있다고 인정되면 교원소청위의 결정이 아니라 징계처분을 취소하며, 그에 따라 후속절차는 징계처분을 했던 처분청이 판결의 기속력에 따라 징계를 하지 않거나 재징계를 하는 구조로 운영됩니다.

반면, 사립학교 교원에 대한 징계처분의 경우 학교법인 등의 징계처분은 행정처분이 아니고 소청심사청구에 따라 교원소청위가 한 결정이 행정처분이 되므로, 교원이나 학교법인 등은 교원소청위 기각결정 내지 인용결정에 대하여 항고소송으로 다투는 구조가 됩니다. 따라서 예컨대 교원소청위의 기각결정에 불복하여 교원이 제기하는 취소소송의 심판대상은 학교법인 등의 징계처분이 아니라 교원소청위의 결정이 되고 피고도 행정청인 교원소청위이며, 교원소청위 결정을 취소하는 인용판결이 확정되더라도 판결의 기속력 논의에 비추어 교원소청위가 다시 그 소청심사청구사건을 재심사하게 될 뿐 학교법인 등이 곧바로 위 판결의 취지에 따라 재징계 등을 하여야 할 의무를 부담하는 것은 아닙니다.

3. 사립학교 교원의 근무관계 및 교원소청심사의 법적 성격

과거 대법원은 일련의 판결을 통해 사립학교와 그 교원의 법률관계에 대하여 교원지위법 제정 전후를 불문하고 일관된 태도를 보였던바,[2] 판결에 담겨있는 대법원의 생

---

1) 이때 교원소청위에서 원처분의 징계양정을 변경한 경우에는 그 내용에 따라 원처분이 유지되면서 내용적으로만 변경된 것으로 간주하여, 변경된 원처분이 심판대상이 됩니다(예컨대, 대판 1993.8.24, 93누5673). 그러나 견해에 따라서는 파면을 해임으로 변경하는 등 징계의 종류가 달라지는 징계처분(질적 변경)은 정직 3월을 정직 1월로 감경하는 것처럼 동일 종류의 징계처분 내에서 변경하는 것(양적 변경)과 달리 새로운 처분으로 보기도 합니다.

2) 대판 1995.7.14, 94누9689; 대판 1995.6.13, 93누23046; 대판 1993.2.12, 92누13707; 대결 1995.6.13, 93부39; 대결 1995.7.12, 95부15. 이들 사건의 주된 쟁점은 징계처분을 받은 사립학교 교원이 그 징계처분이 위법·부당하다고 하여 교원지위법에 의한 교원소청위에서 구제를 받은 경우, 교원소청위의 결정에 불복하는 사립학교가 같은 법이 정하고 있는 '행정소송법이 정한 소송'을 제기할 원고적격을 가지느냐에 관한 것

각은 대체로 다음과 같습니다.1)

> ① 사립학교 교원은 학교법인 또는 사립학교 경영자에 의하여 임면되는 것으로 사립학교 교원과 학교법인의 관계는 공법상의 권력관계라고는 볼 수 없고 사법상의 고용관계라고 볼 수밖에 없다.
> ② 사립학교 교원에 대한 학교법인의 징계처분과 그 밖의 불이익처분은 행정청의 처분으로 볼 수 없다.
> ③ 사립학교 교원에 대한 징계처분 등에 대한 불복은 원칙적으로 민사소송절차에 의하되, 교원지위법이 제정된 후부터는 민사소송에 의하는 방법 이외에 교육부 내에 설치된 교원소청위에 소청심사청구를 하고, 소청결정에 불복하는 경우에는 행정소송을 제기할 수 있다.
> ④ 사립학교 교원이 청구한 소청심사에 대한 교원소청위의 결정은 행정심판 재결이 아니므로 교원소청위의 결정에 대하여 불복하여 교원이 행정소송을 제기하는 경우 소송의 대상은 교원에 대한 징계처분 등이 아니고 교원소청위 결정이어야 한다.
> ⑤ 교원지위법이 정하고 있는 교원소청위의 결정에 대한 행정소송의 제기는 그 결정에 불복하는 교원만이 원고적격을 가질 뿐 결정에 불복하는 사립학교는 원고적격을 가지지 않는다.2)

그러나 이러한 판례 입장은 다음의 이유로 문제의 소지가 있습니다. 공무원 신분인 국·공립학교 교원에 대한 징계 등 불리한 처분은 '행정청의 구체적 사실에 관한 법집행으로서의 공권력 행사'에 해당하므로 행정처분이며, 이에 대한 불복쟁송 수단인 교원소청심사가 행정심판의 성격임에는 이론의 여지가 없습니다. 또한, 교원소청심사를 이원적

이었습니다.

1) 그러나 판결문상의 표현에 따라서는 이전의 판례 입장과 다소간의 차이를 엿볼 수 있는 것들도 발견됩니다(대판 1995.11.24, 95누12934; 대판 1995.6.13, 93누23046).

> ⓐ 사립학교 교원은 학교법인 또는 사립학교 경영자에 의하여 임면되는 것으로서 사립학교 교원과 학교법인의 관계를 공법상의 권력관계라고 볼 수는 없다고 하더라도, 사립학교가 국가 공교육의 일익을 담당하는 교육기관으로서 교육법과 사립학교법 등에 의하여 그 설립과 운영 및 교원의 임면 등에 있어서 국가나 지방자치단체의 지도 감독과 지원 및 규제를 받고 사립학교 교원의 자격과 복무, 임면 및 신분보장 등에 있어서 국·공립학교 교원에 준하는 대우를 받도록 규정되어 있다.
> ⓑ 교원지위법의 취지를 고려하건대, 교원징계재심위원회의 결정은 실질적으로는 행정처분에 대한 행정심판으로서의 재결에 유사한 것으로 기능한다.
> ⓒ 따라서 사립학교 법인 등 징계처분권자가 교원징계재심위원회의 결정에 대하여 불복할 수 없도록 한 것은 합리적 근거가 있다.

2) 이 항목은 사립학교법인 등이 교원소청위의 인용결정을 대상으로 행정소송을 제기할 수 있음을 명문으로 규정한 교원지위법 제10조 제4항의 규정에 따라 더 이상 견지할 수 없습니다.

으로 이해하는 전통적 입장에서는 사립학교 교원이 제기하는 소청심사를 '간이민사분쟁조정절차'라 함으로써 이를 법률관계의 형성·존부에 관한 대등한 당사자 간의 시심적(始審的) 쟁송으로서의 당사자심판으로 이해합니다. 여기에서는 사립학교 법인의 징계처분 등은 행정처분이 아니며, 그에 대한 소청결정이 비로소 행정처분이므로 소청결정을 대상으로 교원과 학교법인 양 당사자가 항고소송을 제기하는 데 이론적 난점이 없습니다. 그러나 공교육의 담당자로서의 사립학교 교원의 복무에 대해 사립학교법은 교육공무원법상 국·공립학교 교원의 복무규정을 준용하며(사립학교법 제55조 제1항), 사립학교 교원에 대한 징계 등의 불이익처분도 복무에 있어서 그 직무상 의무를 이행하지 못한 것에 대한 제재로서 이루어지는 것이므로 그 한도 내에서는 국·공립학교 교원에 대한 징계와 근본적으로 다를 바 없습니다. 사립학교 교원에 대한 징계의 경우 징계권자가 사립학교라고 하여 행정처분이 아닌 사법상의 행위라고 할 수만은 없는 이유가 여기에 있습니다. 동일하게 공교육의 담당자이고 임용자격에 있어서도 유의미한 차이가 없으며, 복무에 있어서 동일한 내용의 법 규정이 적용된다면 교원지위법의 적용에 있어 사립학교 교원이라고 하여 징계처분 등의 법적 성질을 단순히 사법상의 법률행위라고 해석할 수는 없습니다.

한편, 사법상 법률관계를 전제하는 기존의 견해는 징계 등에 대한 쟁송수단과 관련하여서도 간과할 수 없는 문제를 노정합니다. 현행 교원지위법이 국·공립학교와 사립학교 교원을 막론하고 교원소청위의 소청심사청구와 행정소송을 통한 구제를 규정하고 있음에도, 학설과 판례는 사립학교 교원에 대한 징계처분 등에 대해서는 징계처분무효확인소송, 교원지위확인소송 등 민사소송에 의한 구제를 허용하고 있습니다. 사립학교 교원이 교원소청위의 결정에 불복하여 소청결정을 대상으로 항고소송을 제기하면서 동시에 민사소송을 제기한다면, 내용적으로 균질한 두 개의 소송에 있어 원고가 동일함에도 피고가 달라지는 문제[1]는 별론으로 하더라도 본질적으로 동일한 사건에 대해 서로 다른 소송의 대상 및 소송물임은 물론, 각각 공법원리 내지 사법원리가 적용됨으로 인해 법원의 판결내용이 상이할 수 있음으로부터 자유로울 수 없습니다. 이러한 입론은 또한, 국·공립학교 교원과 사립학교 교원이 제기하는 교원소청심사의 법적 성격의 차이도 야기하는데, 전자에 의한 소청심사청구는 특별행정심판으로, 후자의 그것은 일종의 간이민사분쟁조정절차이고 그 결정은 행정심판의 재결이 아니라 사립학교가 행한 징계조치 등에 관한 최초의 행정처분으로 이해할 수밖에 없습니다. 같은 법이 정하고 있는 교원소청심사의 기능과 적용 법 원리 등을 청구인이 누군가에 따라 달리 보아야 하는 현실을 법리적

1) 소청결정취소소송 등 항고소송의 피고는 교원소청위가, 징계처분무효확인소송 등 민사소송에 있어서는 학교법인이 피고가 됩니다.

으로 어떻게 해석해야 할지 난감합니다.

교원지위법이 사립학교 교원에 대한 불이익처분을 다투는 절차로 국·공립학교 교원에 대한 소청심사절차를 이용하게 한 것은 사립학교 교원의 신분보장을 국·공립학교 교원의 그것에 상응하는 정도로 강화하기 위한 것입니다. 이는 곧 사립학교 교원에 대한 징계처분 등을 행정처분과 동일하게 취급하려는 취지의 표현입니다. 소청결정이 처분권자로서의 학교법인을 기속하는것도 교원의 신분보장의 목적에서 학교법인의 지위를 규율한 것이며, 그러한 기속력의 법적 근거가 관할 행정청의 감독권에서 비롯하는 점 역시 국·공립학교의 경우와 다르지 않습니다. 따라서 사립학교 교원이 제기하는 교원소청심사도 특별행정심판절차로, 이에 대한 교원소청위의 결정은 행정심판 재결의 성질을 갖는 것으로 보는 것이 타당할 것입니다.

한편, 하급심 판결에 따라서는 사립초등학교 학생의 재학관계(학교폭력에 대한 조치에 따른 징계처분)를 공법관계로 보아 징계조치의 처분성을 인정한 경우가 있어 주목의 대상입니다. 즉, 학교법인 甲이 운영하는 乙초등학교에 재학하던 丙이 학교 폭력을 행사하였다는 이유로 乙초등학교의 학교폭력대책자치위원회가 학교폭력예방 및 대책에 관한 법률(이하 '학교폭력예방법') 제17조 제1항 소정의 '학내외 전문가에 의한 특별 교육이수 또는 심리치료' 6시간(제5호), '학급교체'(제7호)의 조치를 의결하여 乙초등학교장이 丙에게 통지하였는데, 丙이 위와 같은 징계가 행정처분이 아니라 사법상의 행위라고 주장하며 무효확인을 구하는 민사소송을 제기한 사안에서, 관계 법령에 의하여 인정되는 초등학교 의무교육의 위탁관계, 학교폭력예방법상의 조치를 받은 학생과 학부모가 부담하는 의무, 위 조치에 대한 학생과 학부모의 불복절차, 학부모가 위 조치를 불이행할 경우에 받는 행정벌 등을 종합적으로 고려하면, 甲은 지방자치단체로부터 의무교육인 초등교육 사무를 위탁받아 甲이 임명한 乙초등학교의 교장에게 교육사무를 위임하여 교육사무를 수행하였으며, 위 징계는 甲의 위임을 받은 乙초등학교의 교장이 교육사무를 수행하는 과정에서 우월적 지위에서 丙에 대하여 구체적 사실에 관한 법집행으로 공권력을 행사한 것이어서 위 징계가 행정소송법 제2조 제2항 소정의 공무수탁사인인 甲이 행한 같은 조 제1항 제1호 소정의 행정처분에 해당하므로, 징계의 무효확인을 구하는 소송은 행정소송이고, 따라서 제1심 전속관할법원으로 이송하여야 한다고 판시하였습니다.[1)]

1) 대구고법 2017.11.10. 선고 2017나22439 판결(사립학교처분무효확인).

4. 학교법인의 제소권

1) 인용재결에 대한 지방자치단체의 항고소송상 불복 가능성

행정심판 인용재결에 불복하여 처분청이 항고소송을 제기할 수 있는가의 문제가 특히, 지방자치단체의 자치권 보장과 관련하여 논의됩니다. 이에 대해 판례는 국법질서의 통일성 차원에서 지방자치단체도 국가의 지도·감독하에 놓일 수밖에 없고, 국가통제수단의 일환인 행정심판재결에 대해 제소를 허용하는 것은 행정통제 체계 전반을 흔드는 것이며, 이러한 점이 행정심판법상 재결의 기속력으로 표현되었다는 등의 이유를 들어 그 제소 가능성을 부인합니다(대판 1998.5.8, 97누15432).

그러나 국가적 차원의 지방분권 추진으로 지방자치권 확대가 다양하게 모색되는 상황에 비추어 볼 때, 국민의 권익구제라는 주관적 법치주의를 중심으로 전개되어 온 행정심판제도가 객관적 법치주의의 중요한 요소인 지방자치권 보장과의 체계정합성을 견지하지 못한다는 비판을 겸허히 수용할 필요가 있습니다. 일련의 행정심판법 개정을 통한 처분청으로부터 독립된 행정심판위원회의 의결 및 재결기구화, 심리구조의 사법절차화 강화 등은 행정심판제도의 외관상 권리구제적 기능의 무한 확대를 의미하였음에 반하여, 지방자치와 관련하여서는 지방자치단체의 자기책임성 보장과 자치권 침해 가능성을 높이는 부정적 측면을 노정하게 되었습니다. 현행 행정심판법은 심판대상인 처분이 지방자치단체의 자치사무 영역에 해당하는 경우에도 해당 사무의 성질(자치사무 혹은 위임사무)에 상관없이 모든 사무에 관한 처분에 대한 위법·부당성 심사라는 단일의 심리·재결절차를 채택하고 있습니다. 이런 제도적 상황하에서 행정심판을 통한 자치사무 관여의 한계 설정, 재결에 대한 처분청의 불복 제소의 인정 등 자치권의 보장을 위한 방어 장치가 마련되어 있지 않음을 쉽게 알 수 있습니다. 지방자치법이 이원적 구분체계를 바탕으로 지방자치단체의 사무를 파악하고 있는 한 모든 법령상의 단위사무를 명확히 분석하여 자치사무와 위임사무에 대한 행정심판절차의 이원화라는 방향 전환을 시도할 필요가 있습니다.

한편, 자치사무 관련 처분에 대한 취소심판에서 인용재결이 있고 나면 그 인용재결의 당부 여하와 상관없이 - 설령, 해석상 처분청의 제소 가능성은 별론으로 하더라도 - 행정실무상 처분의 효력은 소멸하고 사실상 당해 분쟁은 종결됩니다. 그러나 법에 관한 최종적 유권해석기관이 아닐 뿐더러 정치적·행정적 책임을 부담하지 않는 행정심판위원회의 재결이 분쟁을 종식시키는 종국적 결정이 되는 형상은 법치주의적 관점에서 결코 권장할 만한 일이 아닙니다. 물론, 지방자치법 제188조 제6항이 자치사무 영역에서 지방자치단체장의 제소권을 인정하고 있지만, 동 규정은 행정심판재결의 경우를 반드시 고려한 것으로 볼 수 없으며 15일이라는 단기 제소기간하에 대법원에 제소하여야만 하는 필연성도 발견하기 어렵습니다. 즉, 동조를 자치권 보장을 위해 재결에 대한 처분청의 제소를 규정한 일반규정으로 볼 수 없으며, 결과적으로 재결에 의한 자치권 침해를 구제하기 위한 필요충분한 제도적 장치라고도 할 수 없습니다. 요컨대, 자치사무 관련 처분에 대한 행정심판의 인용재결에 대하여 피청구인인 처분청이 불복 제소할 수 있는 명문의 규정을 두는 것이 바람직하며, 이는 강화된 대심구조하에서 행정심판절차의 사법절차화에 박차를 가하려는 행정심판법의 최근 경향도 부합하는 일입니다.

2) 교원소청위의 인용결정에 대한 학교법인의 제소

사립학교법은 학교법인의 설립허가(사립학교법 제10조)부터 해산명령(동법 제47조)에 이르기까지 관할 행정청의 광범위한 지휘·감독권을 규정하고 있는데, 이는 공교육을 수행하는 사적 주체로서의 학교법인이 교육의 공공성을 유지할 수 있도록 하기 위함에 그 취지가 있습니다. 사립학교 교원에 대해 국·공립학교 교원, 즉 교육공무원의 복무에 관한 규정을 준용하고 있는 것도 궤를 같이합니다. 나아가 사립학교 교원에 대한 교원소청심사제도도 교원의 신분보장과 함께 일종의 학교법인의 감독을 위한 제도적 장치로 기능하는 면이 있습니다. 따라서 학교법인의 설립목적이 법률에서 직접 정한 공공성을 지향하고 그 목적달성을 위해 국가의 광범위한 지도·감독하에 놓이도록 한 교육관계 법령의 취지를 고려한다면 학교법인을 단순한 사인의 지위와 동일시할 수는 없습니다. 이와 함께 '자주성 확보와 공공성 앙양'을 강조하는 사립학교법 제1조에 비추어 학교법인의 자율성도 간과해서는 안 됩니다. 이는 마치 국가사무를 단순히 위임받아 수행하는 내부관계(기관위임사무)의 경우에는 그 포괄적 지시권에 비추어 관할 행정청(시·도지사 내지 주무부장관)의 명령이나 감독처분을 소송을 다툴 수 없지만, 자치사무 영역에서는 위법한 처분에 대해 지방자치단체의 장이 소송상 다툴 수 있도록 규정한 지방자치법 제188조 제6항의 구조와 유사합니다.

학교법인의 제소권 인정 여부는 교원소청심사가 항고심판인지 당사자심판인지, 혹은 교원소청위의 결정이 행정심판 재결인지 아니면 최초의 행정처분인지 여하에 따라 기계적으로 결정할 성질의 것이 아닙니다. 오히려 교원소청위 또는 감독청과 학교법인의 관계 및 학교법인의 지위를 종합적으로 고려하여 판단할 대상입니다. 따라서 학교법인은 교원소청위의 결정에 대하여 행정소송으로 다툴 만한 법적 지위에 있으며, 이를 인정한다고 하여 교원의 신분보장을 해하는 것도 아닙니다. 이러한 점은 학교법인의 제소권을 부인하던 (구)교원지위법 제10조 제3항을 위헌이라 설시한 헌법재판소의 결정에 반영되어, 현행의 교원지위법 제10조 제3항은 교원소청위의 결정에 대하여 교원, 사립학교법 제2조에 따른 학교법인 또는 사립학교 경영자 등 당사자가 행정소송으로 다툴 수 있음을 규정하고 있습니다. 다만, 헌법재판소가 동 결정에서 학교법인의 제소권을 인정하는 결론에 이른 논거의 하나로서 사립학교교원의 근무관계를 사법관계로 간주한 것은 여전히 논란의 대상입니다.

* **헌재결 2006.2.23, 2005헌가7** : "학교법인에게 재심결정에 불복할 제소권한을 부여한다고 하여 이 사건 법률조항이 추구하는 사립학교 교원의 신분보장에 특별한 장애사유가 생긴다든가 그 권리구제에 공백이 발생하는 것도 아니다. 즉, 학교법인이 재심결정을 다투는 행정소송을 제기하더라도 행정소송법 제23조 제1항에 따라 집행부정지원칙이 적용될 것이므로 재심결정의 효력에는 아무런 영향이 없고, 법원의 재판절차에 의한 교원의 신분보장이 재심위원회의 재심절차를 통하는 경우보다 교원에게 더 불리하다고 단정할 수도 없기 때문이다. 오히려 법원의 재판절차를 통하여 징계 등 불리한 처분을 둘러싼 법적 분쟁을 확정적·종국적으로 해결하고, 학교법인의 재판청구권을 보장함으로써 그 판결의 절차적 정당성을 확보하며, 이를 통하여 재심결정의 이행을 강제할 방법을 모색하고 판결의 집행력을 강화하는 것이 교원의 신분보장과 지위향상을 도모할 수 있는 유효적절한 권리구제 수단이 될 것이다. … 그러나 위에서 살핀 바와 같이 사립학교 교원에 대한 불리한 처분을 둘러싼 법률상 분쟁의 당사자로서 학교법인은 재심절차에서 피청구인의 지위에 있고, 이로 인하여 재심결정의 기속력을 직접 받게 되므로 교원과 마찬가지로 학교법인도 재심결정의 기속력에서 벗어날 수 있는 권리구제절차가 필연적으로 요청된다. 물론 그동안 열악한 상태에 놓여있던 사립학교 교원의 신분보장과 그 지위향상을 위하여 필요한 범위에서 재심결정에 대한 학교법인의 재판청구권을 제한할 필요성을 부인할 수는 없지만, 그러한 경우에도 권리 구제를 위한 학교법인의 법원에의 접근을 완전히 배제하는 것은 이를 정당화할 특별한 사정이 없는 한 허용되지 아니한다. … 따라서 이 사건 법률조항은 사립학교 교원의 징계 등 불리한 처분에 대한 권리구제절차를 형성하면서 분쟁의 당사자이자 재심절차의 피청구인인 학교법인에게는 효율적인 권리구제절차를 제공하지 아니하므로 학교법인의 재판청구권을 침해한다. … 또한 학교법인은 그 소속 교원과 사법상의 고용계약관계에 있고 재심절차에서 그 결정의 효력을 받는 일방 당사자의 지위에 있음에도 불구하고 이 사건 법률조항은 합리적인 이유 없이 학교법인의 제소권한을 부인함으로써 헌법 제11조의 평등원칙에 위배되고, 사립학교 교원에 대한 징계 등 불리한 처분의 적법 여부에 관하여 재심위원회의 재심결정이 최종적인 것이 되는 결과 일체의 법률적 쟁송에 대한 재판권능을 법원에 부여한 헌법 제101조 제1항에도 위배될 뿐 아니라, 행정처분인 재심결정의 적법 여부에 관하여 대법원을 최종심으로 하는 법원의 심사를 박탈함으로써 헌법 제107조 제2항에도 아울러 위배된다고 할 것이다."

5. 판결에 의한 교원소청심사위원회 결정의 취소와 판결·재결의 기속력

아래 설명은 '사립학교 교원에 대한 학교법인 등의 징계처분 → 교원의 소청심사청구 → 교원소청위의 인용결정을 대상으로 한 학교법인의 소청결정취소소송 제기'의 쟁송구조를 전제로 합니다.

사립학교 교원의 소청심사청구에 대하여 교원소청위가 징계사유 자체가 인정되지 않는다는 이유로 징계처분을 취소하는 결정을 한 경우, 그에 대하여 학교법인 등이 제기한 행정소송 절차에서의 심리 결과, 징계사유 중 일부 사유는 인정된다고 판단되면 법원으로서는 설령 인정된 징계사유를 기준으로 볼 때 당초의 징계양정이 과중한 것이어서 그 징계처분을 취소한 소청결정이 결론에 있어서는 타당하더라도 그 소청결정을 취소하는 것이 타당하며, 이에 대해서는 판례도 같은 입장입니다(대판 2013.7.25, 2012두12297).[1] 만약 법원이 소청결정의 결론이 타당하다고 하여 학교법인의 청구를 기각하게 되면 결국 소송의 대상이었던 소청결정이 유효한 것으로 확정되어 그 형성력에 의해 징계처분은 취소되며 학교법인은 소청결정에 기속되므로, 그 결정의 잘못을 바로잡을 길이 없게 되고 학교법인도 해당 교원에 대하여 적절한 재처분을 할 수 없게 되기 때문입니다.

위 2012두12297 판결은 교원에 대한 "징계사유가 인정되지 않는다"는 이유로 학교법인의 해임처분을 취소하는 소청결정에 대해, 징계사유 중 일부는 인정됨에도 피고 교원소청위가 징계사유 전부가 인정되지 않는다고 하면서 해임처분을 취소한 것은 위법하므로 소청결정을 취소하였습니다. 즉, 원고청구에 대한 인용판결을 통해 "일부 징계사유가 인정된다"는 판결 이유와 함께, "징계사유는 인정되지만 해임처분은 과중하다"는 판단에 따라 해당 교원에 대한 적정한 징계양정이 구현되도록 하려는 점을 판결에 반영한 것으로 해석할 수 있습니다. 만약 이 경우 해임처분을 취소한 소청결정이 결론에 있어

---

1) 동 판결 관련 사안의 개요는 다음과 같습니다. 학교법인은 소속 교원에 대하여 "재학생, 조교, 교수 등 8명을 허위사실로 고소함으로써 학교의 명예와 교원으로서의 품위를 손상시켰다"는 징계사유로 해당 교원을 해임하였으나, 해당 교원은 해임처분에 불복하여 교원소청위에 소청심사를 청구하였고, 교원소청위는 "징계사유가 인정되지 않는다(교원이 고소한 내용 중 일부는 허위사실이 아니고, 고소하였다가 무혐의로 된 부분에 있어서도 해당 교원이 자신을 방어하기 위한 행위이므로 교원으로서의 품위를 손상시킨 것으로 볼 수 없음)"는 이유로 해임처분을 취소하는 결정을 하였습니다. 이에 대하여 학교법인은 교원소청위를 피고로 하여 소청결정의 취소를 구하는 소송을 제기하였는데, 제1심은 원고의 청구를 기각하였으나, 원심은 위 징계사유 중 일부(재학생 4인 및 조교 1인에 관한 부분)는 인정되는데도 피고가 징계사유 전부가 인정되지 않는다고 하면서 해임처분을 취소한 것은 위법하므로 소청결정은 취소되어야 한다("이러한 판단이 확정되면, 피고는 이를 전제로 다시 해임처분의 징계양정이 적정한지를 심사하여야 할 것이다")는 이유로 원고의 청구를 인용하였고, 대법원도 원심의 판결을 유지하였습니다.

타당하다고 하여 법원이 원고 학교법인의 청구를 기각하면 판결의 기속력의 적용 여지가 없으므로 당해 소청결정은 유효한 것으로 확정되고, 따라서 청구인(교원)의 소청심사청구에 대한 인용결정으로서의 소청결정의 기속력에 의해 학교법인은 일부 징계사유가 존재하는 해당 교원에 대해 이제는 더 이상 적절한 재징계를 할 수 없는 불합리한 결과에 이르는 점을 고려한 판결입니다.

그러나 대법원은 바로 위의 경우와는 달리, 징계 근거규정의 위법을 근거로 한 소청결정(징계처분취소결정)에 대해 - '징계사유의 부분적 인정 및 양정 과다'를 이유로 결론에 있어서 소청결정과 동일한 것이 아니라 - 원천적으로 징계사유 자체가 부인되는 경우에는, 교원소청위가 내린 결정의 전제가 되는 이유와 판결 이유가 다르다고 하더라도 법원은 교원소청위의 결정을 취소할 필요 없이 학교법인 등의 청구를 기각하는 것이 타당하다고 판시하였습니다(대판 2018.7.12, 2017두65821).[1] 이러한 결론은 해당 사안에서의 판

---

1) 동 판결의 사안의 개요는 다음과 같습니다.

(1) 피고보조참가인(이하 '참가인'이라고 한다)은 ○○대학교 의과대학 교수로서 1995년부터 ○○대학교 △△병원 정형외과에 겸임·겸무명령을 받아 임상 전임교수로 근무하였다.

(2) ○○대학교 의료원 겸임·겸무 시행세칙(2015. 2. 5. 개정된 것, 이하 '이 사건 시행세칙'이라고 한다) 제6조 제3항에 의하면, 의료원장은 병원장으로부터 겸임·겸무 해지 심사를 요청받은 경우 의료원 교원인사위원회의 심의를 거쳐 해지 여부를 결정하여야 하는데, 진료부서 교원의 경우 '최근 3년간 진료실적 평균 취득점수가 50점에 미달하거나, 소속병원 진료과 전체 교원 평균 취득점수의 50%에 미달하는 자'(제5조 제1항 제1호), '병원의 명예와 경영에 심대한 악영향을 끼친 자'(제5조 제1항 제2호) 등을 겸임·겸무 해지 심사대상으로 규정하고 있다. 진료실적 평가기준에 의하면, 진료실적은 100점 만점으로 평가하되, 세부기준으로 '순매출(50점), 순매출 증가율(15점), 환자수(20점), 타병원과 매출비교(15점)'를 들고 있다(제4조 및 별표 제1호).

(3) ○○대학교 △△병원장은 2016. 1. 11. 참가인에 대한 겸임·겸무 해지를 위한 심사를 요청하였고, 원고 ○○대학교 총장은 의료원 교원인사위원회의 심의 결과에 따라 2016. 2. 25. 참가인에게 임상전임교원 겸임·겸무를 2016. 2. 29.자로 해지한다고 통보하였다. 그 이유의 요지는 다음과 같다. ① 이 사건 시행세칙 제5조 제1항 제1호: 최근 1년간(2015. 1. 1. ~ 2015. 12. 31.)의 진료실적은 32점이고, 최근 2년간(2014. 1. 1. ~ 2015. 12. 31.)의 진료실적은 32.8점이며, 2회에 걸쳐 진료실적 향상의 기회를 부여하였음에도 불구하고, 오히려 2015년 후반기 진료 실적은 28점으로 진료실적 향상을 위한 자구노력이 없었다. ② 이 사건 시행세칙 제5조 제1항 제2호: 환자들로부터 제기된 민원(2007년 ~ 2014년)과 진료 및 임상교육 등에서의 비윤리적 행위 등으로 병원의 명예와 경영에 심대한 악영향을 끼쳤다.

참가인은 2016. 3. 22. 피고 교원소청심사위원회에 해지 취소를 구하는 소청심사를 청구하였고, 피고는 2016. 6. 1. '이 사건 시행세칙 제5조 제1항 제1호, 제2호는 교원의 지위를 불합리하게 제한하는 것이고, 이에 따른 이 사건 해지는 합리적 기준과 수단에 근거하여 이루어지지 못한 것으로, 이로 인하여 발생하는 참가인의 불이익이 중대하다고 할 것이므로 해지의 정당성을 인정하기 어렵다'는 이유로 이 사건 해지를 취소하는 결정을 하였다. 이에 대하여 원고는 이 사건 결정의 취소를 구하는 교원소청심사위원회결정 취소소송을 제기하였다.

결의 기속력 및 그에 따른 후속조치의 실익, 소청결정의 기속력 등을 종합적으로 고려한 것으로서 법리적으로는 물론, 합목적성 견지에서도 그 타당성이 인정됩니다.

위 2017두65821 판결의 사실관계를 고려하건대, 소청결정과는 달리 동 시행세칙 제5조 제1항 제2호상의 겸임·겸무해지사유의 내용적 적법성은 인정되지만 해당 교원이 동 시행세칙을 위반하여 제2호에 따른 해지사유의 구성요건을 충족하지 않는 경우에는, 비록 소청결정의 이유와 판결 이유가 다르다고 하더라도 소청결정을 취소하지 않고 원고인 학교법인의 청구를 기각할 수 있다고 판시하였습니다. 이 경우 소청결정은 유효한 것으로 확정되므로 소청결정 주문과 그 전제가 되는 이유에 관한 판단은 소청결정의 기속력에 의해 학교법인을 기속하지만, 결과에 있어 원고의 청구를 배척하는 기각판결이라는 점에서 판결 이유에서 소청결정과 달리 판단한 부분, 즉 동 '제2호의 적법성과 해지사유의 부재' 사유에는 판결의 기속력이 발생하지 않습니다.

이러한 판결에 대해서는 학교법인의 입장에서 실질적으로 부당한 결과를 감내해야 하는 상황이 초래될 수 있다는 비판이 제기될 여지가 있지만, 법원은 이 점에 대해서도 조화로운 결론에 이르렀다고 평가할 수 있습니다. 즉, 위 판결에 있어서는 동 시행세칙 제5조 제1항 제2호가 적법하다는 전제하에 이를 해지처분의 준거로 삼을 여지가 있더라도 해지사유를 인정할 증거가 없는 이상, 해당 해지처분의 정당성을 인정하기 어렵다고 본 소청결정의 결론은 정당하므로 소청결정의 취소를 구하는 원고의 청구를 결론에 있어 기각한 것입니다. 결국, 해당 교원의 동 시행세칙 위반사실이 인정되지 않는 이상 징계권자가 해당 교원에 대해 다시 불리한 처분을 하지 못하게 되더라도 이는 소청결정의 기속력에 따른 결과이며, 해지사유가 부존재하는 이상 내용적으로도 부당한 결과라고도 할 수 없습니다.

한편, 소청결정의 기속력이 미치는 사항인 동 시행세칙 제5조 제1항 제2호의 위법에 대해 원고청구 기각판결에도 불구하고 법원이 판결이유에서 소청결정의 이유와는 달리 내용적으로 위법하지 않다는 판단을 하였더라도, 결론에 있어 기각판결인 이상 동 제

이에 대해 제1심은 동 시행세칙 제5조 제1항 제1호의 규정은 목적의 정당성 측면에서 비례원칙 위반을 인정하여 위법하다고 판단하였으나 동 제2호에 대해서는 목적의 정당성과 수단의 적합성이 인정되어 적법함에도 불구하고 교원소청심사위원회가 이 역시 위법하다는 전제하에 해당 해지사유의 당부에 관하여는 아무런 판단을 하지 아니한 결정의 위법을 들어 소청결정을 취소하였습니다. 원심도 제1심과 마찬가지로 동 시행세칙 제5조 제1항 제1호는 위법하고 동 제2호는 적법하다고 판단하였으나, 참가인에게 동 제2호에 해당하는 사유를 인정할 증거가 없는 이상 피고가 이 사건 해지의 정당성을 인정하기 어렵다고 본 결론은 정당하므로 결국 소청결정은 위법하지 않다고 판단하였습니다. 그리고 이를 이유로 제1심 판결을 취소하고, 원고의 청구를 기각하였습니다.

2호가 적법하다는 점에 대한 판결의 기속력은 발생하지 않습니다. 이에 따라 동 제2호가 위법하므로 무효라고 본 소청결정 이유에 재결의 기속력이 여전히 유지되어 해당 학교법인으로서는 향후 동 규정을 해지사유로 삼을 수 없는 것은 아닌가라는 의문이 제기됩니다. 해당 판결은 소청결정에서 판단한 사항과 다른 이유, 즉 동 제2호는 적법하지만 해지사유의 부존재를 들어 원고의 청구를 기각하였으므로 원칙적으로 동 제2호의 적법성에 대해서는 판결의 기속력이 미치지 아니 합니다. 그러나 동 제2호가 위법하다는 전제하에, 이전에 행해진 교원소청위의 결정이 유효하다는 점을 실질적 내용으로 하는 해당 소청결정의 기속력은 당해 사건에 한하여 미칠 뿐 다른 사건에는 미치지 않고, 따라서 학교법인 등은 다른 사건에서 이 사건 시행세칙을 적용할 수 있기 때문에 이 점을 들어 소청결정을 취소하여야 하는 것도 아니라고 한 것입니다.

* **대판 2018.7.12, 2017두65821** : "교원소청심사위원회가 한 결정의 취소를 구하는 소송에서 그 결정의 적부는 결정이 이루어진 시점을 기준으로 판단하여야 하지만, 그렇다고 하여 소청심사 단계에서 이미 주장된 사유만을 행정소송의 판단대상으로 삼을 것은 아니다. 따라서 소청심사 결정 후에 생긴 사유가 아닌 이상 소청심사 단계에서 주장하지 아니한 사유도 행정소송에서 주장할 수 있고, 법원도 이에 대하여 심리·판단할 수 있다. … 교원소청심사위원회가 학교법인 등이 교원에 대하여 불리한 처분을 한 근거인 내부규칙이 위법하여 효력이 없다는 이유로 학교법인 등의 처분을 취소하는 결정을 하였고 그에 대하여 학교법인 등이 제기한 행정소송 절차에서 심리한 결과 내부규칙은 적법하지만 교원이 그 내부규칙을 위반하였다고 볼 증거가 없다고 판단한 경우에는, 비록 교원소청심사위원회가 내린 결정의 전제가 되는 이유와 판결 이유가 다르다고 하더라도 법원은 교원소청심사위원회의 결정을 취소할 필요 없이 학교법인 등의 청구를 기각할 수 있다고 보아야 한다. 왜냐하면 교원의 내부규칙 위반사실이 인정되지 않는 이상 학교법인 등이 해당 교원에 대하여 다시 불리한 처분을 하지 못하게 되더라도 이것이 교원소청심사위원회 결정의 기속력으로 인한 부당한 결과라고 볼 수 없기 때문이다. 그리고 행정소송의 대상이 된 교원소청심사위원회의 결정이 유효한 것으로 확정되어 학교법인 등이 이에 기속되더라도 그 기속력은 당해 사건에 관하여 미칠 뿐 다른 사건에 미치지 않으므로, 학교법인 등은 다른 사건에서 문제가 된 내부규칙을 적용할 수 있기 때문에 법원으로서는 이를 이유로 취소할 필요도 없다."

제42강

지방자치법상 행정소송

제42강

지방자치법상 행정소송

1. 주민감사청구

1) 청구주체 및 상대방

주민의 지방행정에 대한 통제·감시 수단으로서 주민감사청구제도가 인정되는데, 시·도는 300명, 인구 50만 이상 대도시는 200명, 그 밖의 시·군·자치구는 150명 이내에서 그 지방자치단체의 조례로 정하는 수 이상의 18세 이상의 주민이 감사청구의 주체가 됩니다(지방자치법 제21조 제1항[1]). 출입국관리법 제10조에 따른 영주할 수 있는 체류자격 취득일 후 3년이 경과하고 해당 지방자치단체의 외국인등록대장에 올라 있는 외국인도 감사청구의 주체가 될 수 있습니다. 감사청구의 상대방은 해당 지방자치단체장이 아니라 감독청이어서, 시·도에 대하여는 주무부장관, 시·군·자치구에서는 시·도지사입니다(제21조 제1항).

2) 청구대상과 기간

주민참여를 확대하여 지방행정의 책임성을 제고하기 위한 주민감사청구는 지방자치단체와 그 장의 권한에 속하는 사무의 처리가 법령에 위반되거나 공익을 현저히 해한다고 인정되는 경우를 그 대상으로 합니다. 이때 감사청구인의 주관적 권리를 직접 침해할 필요는 없습니다. 다만, ① 수사나 재판에 관여하게 되는 사항, ② 개인의 사생활을 침해할 우려가 있는 사항, ③ 다른 기관에서 감사하였거나 감사 중인 사항(다만, 다른 기관에서 감사한 사항이라도 새로운 사항이 발견되거나 중요 사항이 감사에서 누락된 경우와 제22조 제1항에 따라 주민소송의 대상이 되는 경우에는 제외), ④ 동일한 사항에 대하여 제22조 제2항 각 호

1) 이하 이 강에서 법률명을 표기하지 않은 경우 지방자치법을 의미합니다.

의 어느 하나에 해당하는 소송이 진행 중이거나 그 판결이 확정된 사항은 주민감사청구의 대상에서 제외됩니다(제21조 제2항). 감사청구는 사무처리가 있었던 날이나 끝난 날부터 3년이 지나면 제기할 수 없습니다(제21조 제3항).

> ＊ **대판 2020.6.25, 2018두67251** : "… '해당 사무의 처리가 법령에 위반되거나 공익을 현저히 해친다고 인정되면'이란 감사기관이 감사를 실시한 결과 피감기관에 대하여 시정요구 등의 조치를 하기 위한 요건 및 주민소송에서 법원이 본안에서 청구를 인용하기 위한 요건일 뿐이고, 주민들이 주민감사를 청구하거나 주민소송을 제기하는 단계에서는 '해당 사무의 처리가 법령에 반하거나 공익을 현저히 해친다고 인정될 가능성'을 주장하는 것으로 족하며, '해당 사무의 처리가 법령에 반하거나 공익을 현저히 해친다고 인정될 것'이 주민감사청구 또는 주민소송의 적법요건이라고 볼 수는 없다. 왜냐하면 '해당 사무의 처리가 법령에 위반되거나 공익을 현저히 해친다고 인정되는지 여부'는 감사기관이나 주민소송의 법원이 구체적인 사실관계를 조사·심리해 보아야지 비로소 판단할 수 있는 사항이기 때문이다. 만약 이를 주민감사청구의 적법요건이라고 볼 경우 본안의 문제가 본안 전 단계에서 먼저 다루어지게 되는 모순이 발생할 뿐만 아니라, 주민감사를 청구하는 주민들로 하여금 주민감사청구의 적법요건으로서 '해당 사무의 처리가 법령에 위반되거나 공익을 현저히 해친다고 인정될 것'을 증명할 것까지 요구하는 불합리한 결과가 야기될 수 있다."

3) 감사절차

① 감사실시 : 주무부장관이나 시·도지사는 감사청구를 수리한 날부터 60일 이내에 감사청구된 사항에 대하여 감사를 끝내야 하며, 감사결과를 청구인의 대표자와 해당 지방자치단체장에게 서면으로 알리고, 공표하여야 합니다. 다만, 그 기간에 감사를 끝내기가 어려운 정당한 사유가 있으면 기간을 연장할 수 있으며, 기간을 연장할 때에는 미리 청구인의 대표자와 해당 지방자치단체장에게 알리고, 공표하여야 합니다(제21조 제9항).

② 중복감사의 방지 : 주무부장관이나 시·도지사는 주민이 감사를 청구한 사항이 다른 기관에서 이미 감사한 사항이거나 감사 중인 사항이면 그 기관에서 한 감사 결과 또는 감사 중인 사실과 감사가 끝난 후 그 결과를 알리겠다는 사실을 청구인의 대표자와 해당 기관에 지체없이 알려야 합니다(제21조 제10항).

③ 의견진술 : 주무부장관이나 시·도지사는 주민감사청구를 처리(각하할 경우를 포함)할 때 청구인의 대표자에게 반드시 증거제출 및 의견진술의 기회를 주어야 합니다(제21조 제11항).

④ 감사결과의 이행 : 주무부장관이나 시·도지사는 감사결과에 따라 해당 지방자치단체장에게 필요한 조치를 요구할 수 있고, 이 경우 그 지방자치단체장은 이를 성실히 이행하여야 하며, 그 조치결과를 지방의회와 주무부장관 또는 시·도지사에게 보고하여야 합니다(제21조 제12항). 주무부장관이나 시·도지사는 위 조치요구 내용과 지방자치단체장의 조치결과를 청구인의 대표자에게 서면으로 알리고, 공표하여야 합니다(제21조 제13항).

2. 주민소송

1) 의의

지방자치법 제21조 제1항에 따라 공금의 지출에 관한 사항, 재산의 취득·관리·처분에 관한 사항, 해당 지방자치단체를 당사자로 하는 매매·임차·도급 계약이나 그 밖의 계약의 체결·이행에 관한 사항 또는 지방세·사용료·수수료·과태료 등 공금의 부과·징수를 게을리한 사항을 감사청구한 주민은 그 감사청구한 사항과 관련이 있는 위법한 행위나 업무를 게을리한 사실에 대하여 해당 지방자치단체장을 상대방으로 하여 소송을 제기할 수 있습니다(제22조 제1항). 지방자치단체의 기관 또는 소속 공무원이 위법하게 재산을 관리함으로써 지방자치단체에게 손해를 끼친 경우에 주민이 이를 시정할 법적 수단이 필요합니다. 이에 따라 주민이 그가 속한 지방자치단체의 기관 등의 위법한 재무회계행위의 방지 또는 시정을 구하거나 그로 인한 손해의 회복 등을 구하는 소송을 통하여 지방자치단체 재무행정의 적법성과 지방재정의 건전하고 적정한 운영을 확보함에 주민소송의 제도적 취지가 있습니다. 주민소송은 지방자치단체의 재무회계행위에 대해서만 제기할 수 있고, 주민소송을 제기하기 위해서는 필수적 전치절차로서 주민감사청구를 거쳐야 합니다. 이때 감사청구에 대한 위법한 각하결정에 대해서는 별도의 항고소송을 제기하지 않고 곧바로 주민소송을 제기할 수 있습니다.

* **대판 2020.6.25, 2018두67251** : "지방자치법 제17조 제1항에 따른 주민소송은 주민들이 해당 지방자치단체의 장을 상대방으로 하여 감사청구한 사항과 관련이 있는 해당 지방자치단체의 조치나 부작위의 당부를 다투어 위법한 조치나 부작위를 시정하거나 또는 이와 관련하여 해당 지방자치단체에 손해를 야기한 행위자들을 상대로 손해배상청구 등을 할 것을 요구하는 소송이지, 감사기관이 한

> 감사결과의 당부를 다투는 소송이 아니다. … 지방자치법 제17조 제1항 제2호에 정한 '감사결과'에는 감사기관이 주민감사청구를 수리하여 일정한 조사를 거친 후 주민감사청구사항의 실체에 관하여 본안판단을 하는 내용의 결정을 하는 경우뿐만 아니라, 감사기관이 주민감사청구가 부적법하다고 오인하여 위법한 각하결정을 하는 경우까지 포함한다. 주민감사청구가 지방자치법에서 정한 적법요건을 모두 갖추었음에도, 감사기관이 해당 주민감사청구가 부적법하다고 오인하여 더 나아가 구체적인 조사·판단을 하지 않은 채 각하하는 결정을 한 경우에는, 감사청구한 주민은 위법한 각하결정 자체를 별도의 항고소송으로 다툴 필요 없이, 지방자치법이 규정한 다음 단계의 권리구제절차인 주민소송을 제기할 수 있다고 보아야 한다."

2) 주민소송의 당사자

(1) 원고적격

지방자치법 제21조 제1항에 따라 공금의 지출에 관한 사항 등을 감사청구한 주민만이 원고가 됩니다. 주민감사청구에 연서한 주민이면 1인이라도 주민소송을 제기할 수 있지만, 법인 및 법인격 없는 주민단체는 원고가 될 수 없습니다. 주민소송이 진행 중이면 다른 주민은 같은 사항에 대하여 별도의 소송을 제기할 수 없는데(제22조 제5항), 이는 판결 사이의 모순을 방지하고 소송경제를 도모하는 데에 의의가 있습니다.

주민소송의 계속 중 소송을 제기한 주민이 사망하거나 제16조에 따른 주민의 자격을 잃으면 소송절차는 중단되며, 이는 소송대리인이 있는 경우에도 마찬가지입니다(제22조 제6항). 감사청구에 연서한 다른 주민은 위 사유가 발생한 사실을 안 날부터 6개월 이내에 소송절차를 수계할 수 있는데, 이 기간에 수계절차가 이루어지지 아니할 경우 그 소송절차는 종료됩니다(제22조 제7항). 법원은 위와 같이 소송이 중단되면 감사청구에 연서한 다른 주민에게 소송절차를 중단한 사유와 소송절차 수계방법을 지체 없이 알려야 합니다(제22조 제8항).

(2) 피고적격

주민소송의 피고는 해당 지방자치단체장이 되는데, 해당 사항의 사무처리에 관한 권한을 소속기관의 장에게 위임한 경우에는 그 소속기관의 장이 피고적격자입니다(제22조 제1항). 내부위임자나 전결권자는 피고가 될 수 없습니다. 지방교육 자치에 관한 법률상 주민소송에 관한 규정이 없으므로 교육감은 주민소송의 피고가 아니며, 지방의회의 위법한 재무회계행위에 대하여도 지방자치단체장이 피고입니다.

3) 주민소송의 대상 : 재무회계행위

주민소송의 목적은 지방행정 전반의 적법한 운영의 확보에 있는 것이 아니라, 지방자치단체의 재무회계행정의 적법성을 보장하는 데에 있습니다. 이에 따라 주민소송은 주민이 감사청구한 사항 중 공금의 지출에 관한 사항, 재산의 취득·관리·처분에 관한 사항, 해당 지방자치단체를 당사자로 하는 매매·임차·도급 계약이나 그 밖의 계약의 체결·이행에 관한 사항 또는 지방세·사용료·수수료·과태료 등 공금의 부과·징수를 게을리한 사항 등 재무회계행위만을 대상으로 합니다(제22조 제1항). 이때 주민소송은 주민감사청구와 청구내용과 대상이 동일하여야 하지만, 감사청구에 관한 행위 또는 사실로부터 파생하거나 이를 전제로 발생한 후속행위 및 사실도 해석상 포함됩니다. 주민소송의 대상과 관련한 주요 판례를 아래에 요약합니다.

* **대판 2011.12.22, 2009두14309** : "주민소송의 대상인 '공금의 지출에 관한 사항'에는 지출원인행위에 선행하는 당해 지방자치단체의 장 및 직원, 지방의회 의원의 결정 등과 같은 행위가 포함되지 않으므로 선행행위에 위법사유가 존재하더라도 이는 주민소송의 대상이 되지 않는다. 그러나 지출원인행위 등을 하는 행정기관이 선행행위의 행정기관과 동일하거나 선행행위에 대한 취소·정지권을 갖는 경우 지출원인행위 등을 하는 행정기관은 지방자치단체에 직접적으로 지출의무를 부담하게 하는 지출원인행위 단계에서 선행행위의 타당성 또는 재정상 합리성을 다시 심사할 의무가 있는 점, 이러한 심사를 통하여 선행행위가 현저하게 합리성을 결하고 있다는 것을 확인하여 이를 시정할 수 있었음에도 그에 따른 지출원인행위 등을 그대로 진행하는 것은 부당한 공금 지출이 되어 지방재정의 건전하고 적정한 운용에 반하는 점, 지출원인행위 자체에 고유한 위법이 있는 경우뿐만 아니라 선행행위에 간과할 수 없는 하자가 존재하고 있음에도 이에 따른 지출원인행위 등 단계에서 심사 및 시정의무를 소홀히 한 경우에도 당해 지출원인행위를 위법하다고 보아야 하는 점 등에 비추어 보면, 선행행위가 현저하게 합리성을 결하여 그 때문에 지방재정의 적정성 확보라는 관점에서 지나칠 수 없는 하자가 존재하는 경우에는 지출원인행위 단계에서 선행행위를 심사하여 이를 시정해야 할 회계관계 법규상 의무가 있다고 보아야 한다. 따라서 이러한 하자를 간과하여 그대로 지출원인행위 및 그에 따른 지급명령·지출 등 행위에 나아간 경우에는 그러한 지출원인행위 등 자체가 회계관계 법규에 반하여 위법하다고 보아야 하고, 이러한 위법사유가 존재하는지를 판단할 때에는 선행행위와 지출원인행위의 관계, 지출원인행위 당시 선행행위가 위법하여 직권으로 취소하여야 할 사정이 있었는지 여부, 지출원인행위 등을 한 당해 지방자치단체의 장 및 직원 등이 선행행위의 위법성을 명백

히 인식하였거나 이를 인식할 만한 충분한 객관적인 사정이 존재하여 선행행위를 시정할 수 있었는지 등을 종합적으로 고려해야 한다."

☞ 위 판결은 주민소송에서의 위법성 승계를 인정한 것으로서, 일정 요건하에 재무회계행위가 아닌 선행행위의 위법이 재무회계행위인 지출원인행위에 승계됨을 인정한 것입니다.

* **대판 2016.5.27, 2014두8490** : "주민소송 제도는 지방자치단체 주민이 지방자치단체의 위법한 재무회계행위의 방지 또는 시정을 구하거나 그로 인한 손해의 회복 청구를 요구할 수 있도록 함으로써 지방자치단체의 재무행정의 적법성과 지방재정의 건전하고 적정한 운영을 확보하려는 데 목적이 있다. 그러므로 주민소송은 원칙적으로 지방자치단체의 재무회계에 관한 사항의 처리를 직접 목적으로 하는 행위에 대하여 제기할 수 있고, 지방자치법 제17조 제1항에서 주민소송의 대상으로 규정한 '재산의 취득·관리·처분에 관한 사항'에 해당하는지도 그 기준에 의하여 판단하여야 한다. 특히 도로 등 공물이나 공공용물을 특정 사인이 배타적으로 사용하도록 하는 점용허가가 도로 등의 본래 기능 및 목적과 무관하게 그 사용가치를 실현·활용하기 위한 것으로 평가되는 경우에는 주민소송의 대상이 되는 재산의 관리·처분에 해당한다."

* **대판 2015.9.10, 2013두16746** : "이행강제금은 지방자치단체의 재정수입을 구성하는 재원 중 하나로서 '지방세외수입금의 징수 등에 관한 법률'에서 이행강제금의 효율적인 징수 등에 필요한 사항을 특별히 규정하는 등 그 부과·징수를 재무회계 관점에서도 규율하고 있으므로, 이행강제금의 부과·징수를 게을리한 행위는 주민소송의 대상이 되는 공금의 부과·징수를 게을리한 사항에 해당한다."

4) 주민소송의 유형

(1) 중지소송(제22조 제2항 제1호)

지방자치단체의 주민은 지방자치법 제22조 제1항에 따른 위법한 재무회계행위를 계속하면 회복하기 어려운 손해를 발생시킬 우려가 있는 경우에 그 행위의 전부나 일부를 중지할 것을 소구할 수 있습니다. 중지청구의 대상이 되는 행위에는 제한이 없어서, 처분뿐만 아니라 비권력적 사실행위를 포함합니다. 또한, 중지소송은 위법한 재무회계행위를 대상으로 하므로 여기에서의 손해는 논리귀결적으로 해당 지방자치단체의 구체적인 재산상 손해에 한정하고 추상적이거나 비재산적인 것은 포함되지 않습니다. 이때의 중지청구소송은 해당 행위를 중지할 경우 생명이나 신체에 중대한 위해가 생길 우려가 없고 그 밖에 공공복리를 현저하게 해칠 우려가 없을 것을 요건으로 합니다(제22조 제3항).

원고의 청구가 이유 있으면 위법한 재무회계행위의 전부 또는 일부를 중지할 것을 명하는 판결을 행하는데, 이로써 해당 지방자치단체나 그 소속기관은 중지소송의 대상인 재무회계행위의 전부 또는 일부에 대한 부작위의무가 확정됩니다. 한편, 중지소송의 제기만으로는 당해 행위에 대한 집행정지의 효력이 발생하지 않으므로, 당사자소송의 경우와 마찬가지로 임시구제절차로 가처분을 신청할 실익이 있습니다(제22조 제18항, 행정소송법 제46조).

(2) 취소소송 또는 무효등확인소송(제22조 제2항 제2호)

위법한 재무회계행위가 행정소송법상 처분에 해당할 경우 그 취소·변경청구 또는 처분의 효력 유무나 존재 여부의 확인을 구하는 소송유형입니다. 행정소송법상의 무효등확인소송과는 달리 이때의 무효등확인소송에는 지방자치법 제22조 제4항이 정한 제소기간의 제한이 있으며, 그 제소기간 규정은 취소소송 성격의 주민소송인 경우에도 적용됩니다. 판례에 의할 때 행정처분의 취소를 구하는 주민소송에서 그 위법성 심사는 특별한 사정이 없는 한 취소소송에서의 위법성 심사와 동일한 방식이 적용됩니다. 여기에서의 취소소송 등에는 지방자치법 제22조 제2항 제4호에 의한 손해배상청구소송 등을 병합하여 제기할 수 있습니다.

* **대판 2019.10.17, 2018두104** : "주민소송 제도의 입법 취지와 법적 성질 등을 종합하면, 주민소송에서 다툼의 대상이 된 처분의 위법성은 행정소송법상 항고소송에서와 마찬가지로 헌법, 법률, 그 하위의 법규명령, 법의 일반원칙 등 객관적 법질서를 구성하는 모든 법규범에 위반되는지 여부를 기준으로 판단하여야 하는 것이지, 해당 처분으로 인하여 지방자치단체의 재정에 손실이 발생하였는지만을 기준으로 판단할 것은 아니다. … 지방자치법 제17조 제17항은 주민소송에 관하여 지방자치법에 특별히 규정된 것 외에는 행정소송법을 따르도록 규정하고 있고, 행정소송법 제46조 제1항은 민중소송으로서 처분의 취소를 구하는 소송에는 그 성질에 반하지 아니하는 한 취소소송에 관한 규정을 준용하도록 규정하고 있다. 따라서 주민소송의 대상, 제소기간, 원고적격 등에 관하여 지방자치법에서 달리 규정하지 않는 한 주민소송과 취소소송을 다르게 취급할 것은 아니므로, 행정처분의 취소를 요구하는 주민소송에서 위법성 심사는 특별한 사정이 없는 한 취소소송에서의 위법성 심사와 같은 방식으로 이루어져야 한다. 취소소송의 소송물은 '처분의 위법성 일반'이라는 것이 대법원의 확립된 견해이다. 취소소송에서 법원은 해당 처분이 헌법, 법률, 그 하위의 법규명령, 법의 일반원칙 등 객관적 법질서를 구성하는 모든 법규범에 위반되는지 여부를 기준으로 처분의 위법성을 판단하여야 하고, 이는 주민소송에서도 마찬가지이다."

한편, 지방자치단체장의 도로점용허가처분에 대하여 해당 지방자치단체의 주민이 주민소송으로서 그 취소를 소구한 사건에서 판례는, "(도로점용허가에 대한) 취소판결의 직접적인 효과로 이 사건 건축허가가 취소되거나 그 효력이 소멸되는 것은 아니지만, 이 사건 도로점용허가가 유효하게 존재함을 전제로 이루어진 이 사건 건축허가는 그 법적·사실적 기초를 일부 상실하게 되므로, 피고는 수익적 행정행위의 직권취소 제한에 관한 법리를 준수하는 범위 내에서 일정한 요건하에 직권으로 그 일부를 취소하거나 변경하는 등의 조치를 할 의무가 있다. 따라서 이 사건 주민소송에서 원고들이 이 사건 건축허가의 효력을 직접 다툴 수 없다고 하더라도, 원고들이 이 사건 도로점용허가의 취소를 구할 소의 이익을 부정하는 근거는 될 수 없다"고 판시하였습니다(대판 2019.10.17, 2018두104).

(3) 해태사실 위법확인소송(제22조 제2항 제3호)

위법하게 공금의 부과·징수를 해태하는 등 지방자치단체의 집행기관이 법령에 따른 재무회계상의 작위의무에도 불구하고 이를 게을리한 경우, 게을리한 사실의 위법 확인을 구하는 소송입니다. 행정소송법상의 부작위위법확인소송에서는 그 대상이 처분의 부작위로 한정되지만, 주민소송으로서의 해태사실 위법확인소송은 사실행위에 대한 부작위 등을 포함합니다. 위법하게 공금의 부과·징수를 게을리한 사실이 인정되기 위해서는 그 전제로서 관련 법령상의 요건이 갖추어져 지방자치단체 집행기관 등의 공금에 대한 부과·징수가 가능하여야 합니다(대판 2015.9.10, 2013두16746).

(4) 손해배상청구 또는 부당이득반환청구를 할 것을 요구하는 소송(제22조 제2항 제4호)

주민이 원고가 되어 지방자치단체장 또는 소속기관의 장을 피고로 하여 위법한 행위로 지방자치단체에 재무회계상 손해를 입힌 해당 지방자치단체장 및 직원, 지방의회의원, 해당 행위와 관련이 있는 상대방에게 손해배상청구 또는 부당이득반환청구를 할 것을 요구하는 소송입니다. 이때 손해배상청구 등의 상대방이 지방자치단체장인 경우에도 위 주민소송의 피고적격자는 해당 지방자치단체장입니다. 만약 그 지방자치단체 직원이 회계관계직원 등의 책임에 관한 법률 제4조에 따른 변상책임을 져야 하는 경우에는 변상명령을 할 것을 요구하는 소송을 제기할 수 있습니다. 내용적으로 볼 때 해당 행위와 관련이 있는 직원에는 위법한 행위를 직접 행한 담당 직원뿐만 아니라 위법하게 공금의 부과·징수, 재산의 관리 등을 게을리한 직원을 포함합니다. 또한 이때의 직원은 본래 해당 재무회계행위를 할 권한을 보유한 자뿐만 아니라 권한을 위임(내부위임 포함)받거나 대리한 직원을 포함합니다. 주민의 청구가 이유 있는 경우 법원은 피고인 지방자치단체장 등에게 책임 있는 직원 등을 상대로 손해배상 또는 부당이득반환을 청구하라는 이행판결을 하여야 하고, 그 직원이 회계관계 공무원인 경우에는 그에게 변상명령을 하라는 이행판결을 하여야 합니다.

손해배상청구나 부당이득반환청구를 명하는 판결이 확정되면 지방자치단체장 또는 소속기관의 장은 판결이 확정된 날부터 60일 이내를 기한으로 하여 당사자에게 그 판결에 따라 결정된 손해배상금이나 부당이득반환금의 지급을 청구하여야 하는데, 손해배상금이나 부당이득반환금을 지급하여야 할 당사자가 지방자치단체장이면 지방의회의 의장이 지급을 청구하여야 합니다(제23조 제1항). 그리고 지방자치단체는 위의 지급청구를 받은 자가 해당 기한까지 손해배상금이나 부당이득반환금을 지급하지 아니하면 손해배상·부당이득반환의 청구를 목적으로 하는 소송을 제기하여야 하는데, 이 경우 그 소송의 상대방이 지방자치단체장이면 그 지방의회의 의장이 그 지방자치단체를 대표하도록 규정합니다(제23조 제2항). 한편, 지방자치단체장은 회계관계 공무원에 대하여 변상할 것을 명하는 판결이 확정되면 그 판결이 확정된 날부터 60일 이내를 기한으로 하여 당사자에게 그 판결에 따라 결정된 금액을 변상할 것을 명령하여야 합니다(제24조 제1항). 변상명령을 받은 자가 해당 기한까지 변상금을 지급하지 아니하면 지방세 체납처분의 예에 따라 징수할 수 있으며, 회계관계 공무원이 변상명령에 불복하는 경우 행정소송을 제기할 수 있지만 이때 행정심판법에 따른 행정심판청구는 제기할 수 없습니다(제24조 제2항, 제3항).

5) 주민소송의 절차

(1) 관할법원

주민소송은 해당 지방자치단체의 사무소 소재지를 관할하는 행정법원의 관할로 하되, 행정법원이 설치되지 아니한 지역에서는 행정법원의 권한에 속하는 사건을 관할하는 지방법원 본원을 관할법원으로 합니다(제22조 제9항).

(2) 제소기간

지방자치법은 감사청구전치주의를 고려하여 주민소송의 제기기간을 주민감사청구 및 감사결과에 따른 조치요구 등과 관련하여 규정합니다. 즉, ① 주무부장관이나 시·도지사가 감사청구를 수리한 날부터 60일(제21조 제9항 단서에 따른 감사기간 연장의 경우에는 연장 기간이 끝난 날)이 지나도 감사를 끝내지 아니한 경우에는 해당 60일이 끝난 날, ②

감사결과 또는 그에 따른 조치요구에 불복하는 경우 해당 감사결과나 조치요구 내용에 대한 통지를 받은 날, ③ 주무부장관이나 시·도지사의 조치요구를 지방자치단체장이 이행하지 아니한 경우 해당 조치를 요구할 때에 지정한 처리기간이 끝난 날, ④ 조치요구에 따른 지방자치단체장의 이행조치에 불복하는 경우 해당 이행조치 결과에 대한 통지를 받은 날부터 각각 90일 이내에 제기하여야 합니다(제22조 제1항, 제4항).

(3) 소송고지 및 소송참가

해당 지방자치단체장은 중지소송, 취소소송 등이나 해태사실 위법확인소송이 제기된 경우 그 소송 결과에 따라 권리나 이익의 침해를 받을 제3자가 있으면 그 제3자에 대하여, 손해배상청구 등을 할 것을 요구하는 소송이 제기된 경우 그 직원, 지방의회의원 또는 상대방에 대하여 소송고지를 해 줄 것을 법원에 신청하여야 합니다(제22조 제10항). 손해배상 등 요구소송이 제기된 경우에 지방자치단체장이 한 소송고지신청은 그 소송에 관한 손해배상청구권 또는 부당이득반환청구권의 시효중단에 관하여 민법 제168조 제1호에 따른 청구로 간주하며, 이때 시효중단의 효력은 그 소송이 끝난 날부터 6개월 이내에 재판상 청구, 파산절차참가, 압류 또는 가압류, 가처분을 하지 아니하면 효력이 생기지 아니합니다(제22조 제11항, 제12항). 한편, 국가, 상급 지방자치단체 및 감사청구에 연서한 다른 주민과 소송고지를 받은 자는 법원에서 계속 중인 소송에 참가할 수 있습니다(제22조 제13항).

(4) 주민소송의 취하 등 허가

주민소송에서 당사자는 법원의 허가를 받지 아니하고는 소의 취하, 소송의 화해 또는 청구의 포기를 할 수 없습니다(제22조 제14항). 이 경우 법원은 허가를 하기 전에 감사청구에 연서한 다른 주민에게 그 사실을 알려야 하며, 알린 때부터 1개월 이내에 허가 여부를 결정하여야 합니다(제22조 제15항).

(5) 소송비용

주민소송에서 원고승소판결(일부승소판결 포함)이 행해진 경우 해당 주민은 그 지방자치단체에 대하여 변호사 보수 등의 소송비용, 감사청구절차의 진행 등을 위하여 사용된 여비, 그 밖에 실제로 든 비용을 보상할 것을 청구할 수 있으며, 이 경우 지방자치단체는 청구된 금액의 범위에서 그 소송을 진행하는 데 객관적으로 사용된 것으로 인정되는 금액을 지급하여야 합니다(제22조 제17항).

(6) 행정소송법의 준용

주민소송에 관하여 지방자치법에 규정된 것 외에는 행정소송법에 따릅니다(제22조 제18항). 주민소송의 법적 성격을 고려하건대 구체적으로 준용되는 행정소송법 규정은 민중소송에 관한 제46조입니다. 위법한 재무회계행위의 중지소송은 부작위(청구)소송의 형태이므로 현행 행정소송법상 허용되지 않는 소송유형입니다. 논란의 여지가 없는 것은 아니지만, 중지의 대상이 처분 또는 사실행위인지에 따라 그 성질에 반하지 아니하는 한 각각 행정소송법상 항고소송 또는 당사자소송의 규정이 보충적으로 준용된다고 해석할 수 있습니다. 처분에 대한 취소소송 또는 무효등확인소송에는 행정소송법상 각각 취소소송 또는 무효등확인소송의 규정을 준용함에 이론의 여지가 없습니다. 같은 맥락에서, 처분의 부작위로 인한 해태사실 위법확인소송은 부작위위법확인소송의 규정이, 비권력적 사실행위의 부작위로 인한 해태사실 위법확인소송은 이론적으로 당사자소송의 규정이 준용될 것입니다. 마지막으로 손해배상청구 등을 할 것을 요구하는 소송에 대해서는 당사자소송의 규정이 준용됩니다.

3. 조례에 대한 재의요구와 대법원 제소

1) 조례에 대한 재의요구

(1) 지방자치단체장의 재의요구

지방자치단체장은 지방의회로부터 이송받은 조례안에 대하여 이의가 있으면 20일 이내에 이유를 붙여 지방의회로 환부하고 재의를 요구할 수 있는데, 이 경우 지방자치단체의 장은 조례안의 일부에 대하여 또는 조례안을 수정하여 재의를 요구할 수 없습니다(제32조 제3항). 재의요구제도는 대통령의 법률안거부권에 상응하여 지방자치 차원에서 입법기관과 집행기관 간 견제와 균형을 구현하는 제도적 장치입니다. 다만, 법률안거부권의 경우 국회에서 이송된 후 15일 이내에 이를 국회에 환부하고 재의를 요구할 수 있음에 비해(헌법 제53조 제2항), 조례안은 이송된 후 20일 이내에 재의요구를 할 수 있는데 이는 조례제정을 위한 5일의 보고기간(제35조)을 고려한 것으로 이해됩니다. 지방의회의 의결 일반에 대한 지방자치단체장의 재의요구를 규정한 제120조 제1항이 재의요구사유를 월권, 법령위반 및 현저한 공익침해로 한정함에 비하여 조례안에 대한 제32조 제3항은 이의가 있으면 재의요구가 가능하도록 규정하는바, 후자를 조례안을 위한 특칙으로 간주하여 지방자치단체장은 지방의회 의결 중 조례안 의결에 대해서는 사유의 제한 없이 재의요구를 할 수 있다고 보아야 합니다.

> * **대판 1999.4.27, 99추23** : "지방자치법 제19조 제3항은 지방의회의 의결사항 중 하나인 조례안에 대하여 지방자치단체의 장에게 재의요구권을 폭넓게 인정한 것으로서 지방자치단체의 장의 재의요구권을 일반적으로 인정한 지방자치법 제98조 제1항에 대한 특별규정이라고 할 것이므로, 지방자치단체의 장의 재의요구에도 불구하고 조례안이 원안대로 재의결되었을 때에는 지방자치단체의 장은 지방자치법 제98조 제3항에 따라 그 재의결에 법령위반이 있음을 내세워 대법원에 제소할 수 있는 것이다."

(2) 주무부장관 등(감독청)의 재의요구지시

① 직근 상급감독청의 재의요구지시 : 지방의회의 의결이 법령에 위반되거나 공익을 현저히 해친다고 판단되면 시·도에 대해서는 주무부장관이, 시·군·자치구에 대해서는 시·도지사가 해당 지방자치단체의 장에게 재의요구지시를 할 수 있는데, 그 재의요구지시를 받은 지방자치단체장은 의결사항을 이송받은 날부터 20일 이내에 지방의회에 이유를 붙여 재의를 요구하여야 합니다(제192조 제1항). 주무부장관 등의 재의요구지시 대상에는 지방의회의 의결로서의 조례안이 포함되지만, 해당 지방자치단체장의 자발적 재의요구와는 달리 그 사유가 법령위반 및 현저한 공익침해에 한정됩니다(월권의 조례안인 경우에는 재의요구지시를 할 수 없고, 해당 지방자치단체장만이 재의요구를 할 수 있습니다). 자치사무 영역에서의 조례의 경우 주무부장관 등의 재의요구지시는 일종의 외부법 관계에 영향을 미치므로 행정소송법상의 처분으로 이해할 수 있고, 따라서 해당 지방자치단체장은 재의요구지시를 대상으로 항고소송을 제기할 수 있을 것입니다.

② 시장·군수·자치구청장에 대한 주무부장관의 재의요구지시 : 2021년의 지방자치법 개정으로 광역자치단체와 기초자치단체 간 조례에 대한 재의요구가 문제되는 경우 주무부장관이 기초자치단체의 조례에 관여할 수 있는 규정이 신설되었습니다. 즉, 시·군 및 자치구의회의 의결이 법령에 위반된다고 판단됨에도 불구하고(월권 및 현저한 공익침해는 제외) 시·도지사가 재의요구지시를 하지 아니하면 주무부장관이 직접 시장·군수·자치구청장에게 재의를 요구하게 할 수 있는데, 재의요구지시를 받은 시장·군수·자치구청

장은 의결사항의 이송 후 20일 이내에 재의를 요구하여야 합니다(제192조 제2항). 그러나 위 ①의 경우를 포함하여 어떤 경우에도 주무부장관 등은 해당 조례안을 의결한 지방의회에 대하여 직접 재의를 요구할 수는 없습니다. 그들 간에는 '견제와 균형 법리'가 직접적으로 기능하는 것이 아니기 때문입니다.

③ 행정안전부장관의 재의요구지시 : 지방의회의 의결이 둘 이상의 부처와 관련되거나 주무부장관이 불명확한 경우 행정안전부장관은 해당 지방자치단체장에게 재의요구를 지시할 수 있습니다(제192조 제9항).

2) 대법원 제소

(1) 지방자치단체장의 제소

① 지방의회의 재의결에 대한 지방자치단체장의 제소 : 지방자치단체장의 재의요구에 대하여 지방의회가 재적의원 과반수의 출석과 출석의원 3분의 2 이상의 찬성으로 재의결을 하면 당해 조례안은 조례로서 일응 확정되는데, 이때 해당 지방자치단체장은 재의결된 사항이 법령에 위반된다고 인정되면 대법원에 제소할 수 있으며,[1] 이와 함께 재의결의 집행을 정지하게 하는 집행정지를 신청할 수 있습니다(제120조 제3항, 제192조 제4항). 이때 대법원에의 제소 사유는 재의요구와는 달리 법령위반에 한정합니다. 대법원이 지방자치단체의 사무를 대상으로 하는 조례에 대하여 합목적성 심사를 행하는 것은 권력분립원칙상 인정할 수 없기 때문입니다. 한편, 재의결에 대한 집행정지는 소송의 대상이 조례안에 대한 재의결 또는 의결이고 그에 대한 제소만으로는 재의결의 효력이 정지되지 않으므로, 결국 재의결 등에 대한 제소에도 불구하고 집행정지결정이 없는 한 해당 조례안이 조례로서 확정되어 공포될 수 있음을 고려한 것입니다.

② 주무부장관 등의 제소지시에 따른 지방자치단체장의 제소 : 지방자치단체장은 후술하는 주무부장관 등이 제소를 지시한 경우(제192조 제5항) 제소를 지시받은 날부터 7일 이내에 대법원에 제소하여야 합니다(제192조 제6항).

---

1) 비록 지방자치법 제32조가 지방자치단체장의 대법원 제소에 관한 명문의 규정을 두고 있지 않지만, 제120조에 의한 의결 대상에 조례안이 포함되는 점에서 재의결된 조례를 제120조 제3항에 근거하여 대법원에 제소할 수 있다고 보아야 합니다.

(2) 주무부장관 등(감독청)의 제소지시 내지 제소

① 재의요구지시에 불응한 경우 주무부장관 등의 제소 : 주무부장관 등의 재의요구지시(제192조 제1항, 제2항)에도 불구하고 해당 지방자치단체장이 재의요구를 하지 않거나, 조례안에 대한 재의요구지시 전에 지방자치단체장이 그 조례안을 공포한 경우에는 주무부장관 등이 대법원에 직접 제소 및 집행정지결정을 신청할 수 있습니다(제192조 제8항). 이때의 주무부장관 등은 지방자치단체장의 재의요구기간의 경과 후 7일 이내(의결사항의 이송 후 20일부터 7일 이내)에 제소하여야 합니다(제192조 제8항).

② 재의결에 대해 해당 지방자치단체장이 미제소한 경우 주무부장관 등의 제소지시와 제소 : 주무부장관이나 시·도지사는 재의결된 사항이 법령에 위반된다고 판단됨에도 불구하고 해당 지방자치단체장이 소를 제기하지 아니하면 시·도에 대해서는 주무부장관이, 시·군·자치구에 대해서는 시·도지사(제192조 제2항에 따라 주무부장관이 직접 재의 요구지시를 한 경우에는 주무부장관을 말함)가 그 지방자치단체장에게 제소를 지시하거나 직접 제소 및 집행정지결정을 신청할 수 있습니다(제192조 제5항). 이때 제소의 지시는 해당 지방자치단체장의 대법원 제소기간의 경과 후 7일 이내(재의결 후 20일부터 7일 이내)에 하여야 하고(제192조 제6항), 해당 지방자치단체장이 제소지시에 따른 제소기간(제소지시를 받은 날부터 7일 이내) 내에 제소하지 않으면 주무부장관 등은 그 제소기간 경과 후 7일 이내에 직접 제소 및 집행정지결정을 신청할 수 있습니다(제192조 제7항).

이처럼 주무부장관 등은 지방의회를 상대로 직접 대법원에 제소할 수 있을 뿐, 해당 지방자치단체장을 상대로 조례안 의결의 효력 등을 다투는 소를 제기할 수는 없습니다. 후자의 소송은 성질상 기관소송의 일종으로 볼 수 있지만, 이를 지방자치법이 허용하지 않으므로 기관소송법정주의하에서 부적법한 제소라 할 것입니다.

* **대판 1999.10.22, 99추54** : "행정소송법 제3조 제4호와 제45조에 의하면 국가 또는 공공단체의 기관 상호간에 권한의 존부 또는 그 행사에 관한 다툼이 있을 때에 이에 대하여 제기하는 기관소송은 법률이 정한 경우에 법률이 정한 자에 한하여 제기할 수 있다고 규정하여 이른바 기관소송 법정주의를 취하고 있는바, 지방자치법 제159조는 시·도지사가 자치구의 장에게 그 자치구의 지방의회 의결에 대한 재의 요구를 지시하였음에도 자치구의 장이 그에 따르지 아니하였다 하여, 바로 지방의회 의결이나 그에 의한 조례의 효력을 다투는 소를 자치구의 장을 상대로 제기할 수 있는 것으로 규정하고 있지는 아니하고, 달리 지방자치법상 이러한 소의 제기를 허용하고 있는 근거 규정을 찾아

볼 수 없으므로, 시·도지사가 바로 자치구의 장을 상대로 조례안 의결의 효력 혹은 그에 의한 조례의 존재나 효력을 다투는 소를 제기하는 것은 지방자치법상 허용되지 아니하는 것이라고 볼 수밖에 없다."

③ 행정안전부장관의 제소지시와 제소 : 제192조 제3항에 따라 지방의회에서 재의결된 사항이 둘 이상의 부처와 관련되거나 주무부장관이 불분명하면 행정안전부장관이 제소를 지시하거나 직접 제소 및 집행정지 결정을 신청할 수 있습니다(제192조 제9항).

(3) 대법원 제소의 대상과 법적 성격

앞서 살펴본 바와 같이 지방자치법은 구체적 사건성을 전제로 하지 않으면서, 지방의회의 재의결에 의하여 조례가 확정된 경우 해당 지방자치단체장이나 주무부장관 등이 당해 조례안 의결에 대하여 그 무효선언을 대법원에 소구하는 것을 허용합니다. 이때의 피고적격자는 지방의회입니다. 지방자치법 제120조 제3항, 제192조 제4항 및 제8항의 규정에 비추어 볼 때 소송의 대상은 지방의회의 재의결 또는 의결(제192조 제8항의 경우)이므로 조례안을 의결사항으로 하는 경우에도 소송의 대상은 조례나 조례안이 아니라 조례안에 대한 재의결 또는 의결이 됩니다.[1] 그러나 재의결 등을 대상으로 하는 소송일지라도 실질적으로는 확정된 조례에 대한 소송과 다를 바 없기 때문에 구체적 규범통제의 예외로서 조례에 대한 추상적 규범통제로 파악합니다(물론 주민은 조례에 따른 처분을 항고소송으로 다투면서 위법한 조례의 무효선언을 통하여 그 적용을 배제하는 구체적 규범통제를 원용할 수 있고, 처분적 조례일 경우에는 직접 해당 조례를 대상으로 항고소송을 제기할 수 있습니다).

조례안 재의결 무효확인소송에서의 심리대상은 지방자치단체의 장이 지방의회에 재의를 요구할 당시 이의사항으로 지적하여 재의결에서 심의의 대상이 된 것에 한정되며, 이는 주무부장관 등이 지방자치법 제192조 제8항에 따라 지방의회 의결에 대하여 직접 제소하는 경우에도 마찬가지로 적용됩니다. 재의결 또는 의결된 조례안의 일부 조항만이 위법한 경우에도 대법원은 그 일부에 대한 무효판결을 할 수 없고, 재의결 또는 의결 전부의 효력을 부인하여야 합니다. 판결에 의하여 재의결 또는 의결의 효력이 부인되면, 재의결이나 재의요구기간 경과로 확정·공포되었던 조례는 소급하여 효력을 상실합니다.

1) 따라서 대법원에서 원고승소판결을 할 경우 그 주문은 이를테면 "피고가 2023. 2. 2.에 한 조례안에 대한 재의결(또는 의결)은 효력이 없다"입니다.

* **대판 2015.5.14, 2013추98** : "조례안재의결 무효확인소송에서의 심리대상은 지방자치단체의 장이 지방의회에 재의를 요구할 당시 이의사항으로 지적하여 재의결에서 심의의 대상이 된 것에 국한된다. 이러한 법리는 주무부장관이 지방자치법 제172조 제7항에 따라 지방의회의 의결에 대하여 직접 제소함에 따른 조례안의결 무효확인소송에도 마찬가지로 적용되므로, 조례안의결 무효확인소송의 심리대상은 주무부장관이 재의요구 요청에서 이의사항으로 지적한 것에 한정된다."
* **대판 2000.12.12, 99추61** : "조례안의 일부 규정이 법령에 위반된 이상, 그 나머지 규정이 법령에 위반되지 아니한다고 하더라도 조례안에 대한 재의결은 그 전체의 효력을 부정할 수밖에 없다."

지방의회의 재의결에 대해 해당 지방자치단체장이 자발적으로 대법원에 제소한 경우 이는 동일한 지방자치단체, 즉 동일 법주체 내 기관(지방의회와 지방자치단체장) 간의 권한의 존부나 행사에 관한 분쟁으로서 지방자치법이 특별히 인정하는(기관소송법정주의) 소송유형이므로 전형적인 기관소송에 해당합니다. 또한, 처분 등 구체적 사건성을 전제로 하지 않는 점에서 추상적 규범통제이고, 주민이나 지방자치단체장의 주관적 권익의 침해를 소송요건으로 하지 않고 객관적 법질서 유지를 목적으로 하는 객관소송에 속합니다. 주무부장관 등의 제소지시에 따라 지방자치단체장이 제소하는 경우에도 그 제소가 비록 주무부장관 등의 제소지시에 따른 것이지만 직접 제소한 자가 해당 지방자치단체장인 점에서 기관소송에 해당한다고 보아야 합니다. 한편, 기관소송으로서의 조례안재의결무효확인소송에 준용할 절차규정은 항고소송에 관한 규정이 아니라 당사자소송에 관한 규정입니다(이설 있음 : 무효확인소송규정준용설). 왜냐하면, 이때의 대법원 제소는 처분 등의 취소나 무효확인을 구하는 소송이 아니기 때문입니다(행정소송법 제46조).

지방자치법 제192조 제5항 및 제8항에 따라 주무부장관 등(감독청)이 대법원에 직접 제기한 소송의 법적 성질에 대해서는 학설이 대립합니다. 이는 기관소송을 동일한 법 주체 내의 법인격 없는 기관 사이의 법적 다툼으로 한정할 것인가, 아니면 상이한 법 주체에 속하더라도 법인격 없는 기관 간의 다툼이면 이를 기관소송의 범주에 포함할 것인가의 문제입니다. 전자에 의할 때 감독청에 의한 직접 제소를 지방자치법상의 특별행정소송으로, 후자의 입장에서는 기관소송의 일 유형으로 파악할 것입니다. 한편, 지방자치법 제192조에 따른 제반 소송의 피고적격자는 지방의회이지만, 동조 제8항에 따라 재의요구지시 전에 해당 조례안을 공포한 경우에 제기하는 소송의 피고는 조례에 대한 원칙적 공포권자로서의 해당 지방자치단체장이 되어야 할 것입니다. 그러나 판례는 이와 유사한 사안에서, 즉 주무부장관의 재의요구지시에 불응한 지방자치단체장이 해당 조례안을 그

대로 공포한 경우 주무부장관이 제기한 소송의 피고를 지방의회라고 하였습니다(대판 2013.5.23, 2012추176 참조).

3) 헌법소원

기본권을 직접 침해하는 조례에 대하여 주민은 헌법소원의 제기를 통하여 다툴 수 있지만, 지방자치단체장은 기본권 향유의 주체가 아니므로 헌법소원을 제기할 수 없습니다.

4. 감독청의 취소·정지에 대한 대법원 제소

1) 시정명령

(1) 내용

지방자치단체의 사무에 관한 지방자치단체장의 명령이나 처분이 법령에 위반되거나 현저히 부당하여 공익을 해친다고 인정되면 시·도에 대해서는 주무부장관이, 시·군·자치구에 대해서는 시·도지사가 기간을 정하여 서면으로 시정할 것을 명할 수 있습니다(지방자치법 제188조 제1항). 또한, 주무부장관은 지방자치단체의 사무에 관한 시장·군수·자치구청장의 명령이나 처분이 법령에 위반되거나 현저히 부당하여 공익을 해침에도 불구하고 시·도지사가 시정명령을 하지 아니하면 시·도지사에게 기간을 정하여 시정명령을 하도록 명할 수 있습니다(제188조 제2항). 제188조 제2항에 따른 주무부장관의 시정명령 발령지시는 지방자치단체에 대한 강화된 행정적 통제의 표현으로서, 기초지방의회 의결에 대한 주무부장관의 직접적 관여권을 인정한 제192조 제2항과 큰 틀에서 같은 맥락이라 할 수 있습니다.

시정명령의 대상은 지방자치단체의 자치사무와 단체위임사무이며, 기관위임사무는 그 대상이 아닙니다. 그리고 자치사무 영역에서의 주무부장관 등의 시정명령, 취소 또는 정지는 해당 지방자치단체장의 명령·처분이 법령을 위반한 경우에 한정됩니다(제188조 제5항). 한편, 지방자치법은 시정명령의 대상을 명령·처분으로 규정하므로 지방자치단체장의 의사결정의 부작위는 시정명령의 대상이 아닙니다.

(2) 시정명령에 대한 소송상 불복 가능성

단체위임사무와는 달리 자치사무에 대한 시정명령은 외부법 관계에서의 행위이므로 이론적으로 처분성을 긍정할 수 있지만, 판례는 자치사무에 관한 시정명령의 경우에도 그 취소를 구하는 소송이 허용되지 않는다고 하여 처분성을 부인합니다. 판례는 지방자치법 제188조 제6항이 자치사무에 관한 명령·처분의 취소 또는 정지를 대상으로 하는 대법원 제소를 규정할 뿐 시정명령 자체에 대한 소송상 불복 규정을 두지 않았음을 그 논거로 합니다. 그리고 지방자치법이 대법원 제소의 제소기간을 '취소처분 또는 정지처분을 통보받은 날부터 15일 이내'로 규정한 점도 이를 뒷받침합니다.

> ＊ **대판 2017.10.12, 2016추5148** : "지방자치법 제169조 제1항은 "지방자치단체의 사무에 관한 그 장의 명령이나 처분이 법령에 위반되거나 현저히 부당하여 공익을 해친다고 인정되면 시·도에 대하여는 주무부장관이, 시·군 및 자치구에 대하여는 시·도지사가 기간을 정하여 서면으로 시정할 것을 명하고, 그 기간에 이행하지 아니하면 이를 취소하거나 정지할 수 있다. 이 경우 자치사무에 관한 명령이나 처분에 대하여는 법령을 위반하는 것에 한한다."라고 규정하고, 제2항은 "지방자치단체의 장은 제1항에 따른 자치사무에 관한 명령이나 처분의 취소 또는 정지에 대하여 이의가 있으면 그 취소처분 또는 정지처분을 통보받은 날부터 15일 이내에 대법원에 소를 제기할 수 있다."라고 규정하고 있다. 이와 같이 지방자치법 제169조 제2항은 '시·군 및 자치구의 자치사무에 관한 지방자치단체의 장의 명령이나 처분에 대하여 시·도지사가 행한 취소 또는 정지'에 대하여 해당 지방자치단체의 장이 대법원에 소를 제기할 수 있다고 규정하고 있을 뿐 '시·도지사가 지방자치법 제169조 제1항에 따라 시·군 및 자치구에 대하여 행한 시정명령'에 대하여도 대법원에 소를 제기할 수 있다고 규정하고 있지 않으므로, 이러한 시정명령의 취소를 구하는 소송은 허용되지 않는다."

2) 명령·처분에 대한 취소·정지

(1) 내용

① 주무부장관 등(감독청)의 취소·정지 : 지방자치단체장이 시정명령을 정해진 기간 내에 이행하지 아니하면 주무부장관 또는 시·도지사는 시정명령의 대상이었던 명령·처분을 취소하거나 정지할 수 있습니다(제188조 제1항). 판례는 자치사무에 관한 명령이나 처분에 대한 취소·정지의 대상을 항고소송의 대상으로서의 처분에 한정하지 않습니다.

또한, 제188조 제1항, 제3항 및 제4항에 의한 주무부장관 등의 취소·정지처분을 재량행위로 이해합니다.

* **대판 2017.3.30, 2016추5087** : "행정소송법상 항고소송은 행정청이 행하는 구체적 사실에 관한 법집행으로서의 공권력의 행사 또는 거부와 그 밖에 이에 준하는 행정작용을 대상으로 하여 위법상태를 배제함으로써 국민의 권익을 구제함을 목적으로 하는 것과 달리, 지방자치법 제169조 제1항은 지방자치단체의 자치행정 사무처리가 법령 및 공익의 범위 내에서 행해지도록 감독하기 위한 규정이므로 적용대상을 항고소송의 대상이 되는 행정처분으로 제한할 이유가 없다."
* **대판 2007.3.22, 2005추62(전합)** : "지방공무원법에서 정한 공무원의 집단행위금지의무 등에 위반하여 전국공무원노동조합의 불법 총파업에 참가한 지방자치단체 소속 공무원들의 행위는 임용권자의 징계의결요구 의무가 인정될 정도의 징계사유에 해당함이 명백하므로, 임용권자인 하급 지방자치단체장으로서는 위 공무원들에 대하여 지체 없이 관할 인사위원회에 징계의결의 요구를 하여야 함에도 불구하고 상급 지방자치단체장의 여러 차례에 걸친 징계의결요구 지시를 이행하지 않고 오히려 그들을 승진임용시키기에 이른 경우, 하급 지방자치단체장의 위 승진처분은 법률이 임용권자에게 부여한 승진임용에 관한 재량권의 범위를 현저하게 일탈한 것으로서 위법한 처분이라 할 것이다. 따라서 상급 지방자치단체장이 하급 지방자치단체장에게 기간을 정하여 그 시정을 명하였음에도 이를 이행하지 아니하자 지방자치법 제157조 제1항에 따라 위 승진처분을 취소한 것은 적법하고, 그 취소권 행사에 재량권 일탈·남용의 위법이 있다고 할 수 없다."

② 시·도지사의 시정명령 미발령의 경우 : 제188조 제2항에 따른 주무부장관의 시정명령 발령지시에도 불구하고 시·도지사가 시정명령을 하지 아니하면 주무부장관은 시장·군수·자치구청장에게 시정명령을 발령할 수 있고, 정해진 기간 내에 이를 이행하지 아니하면 시장·군수·자치구청장의 명령·처분을 직접 취소하거나 정지할 수 있습니다(제188조 제3항).

③ 시·도지사의 시정명령을 시장·군수·자치구청장이 불이행함에도 시·도지사가 취소·정지를 하지 않는 경우 : 주무부장관은 시·도지사가 시장·군수·자치구청장에게 시정명령을 하였으나 이를 이행하지 아니한 데 따른 취소·정지를 하지 아니하는 경우에는 시·도지사에게 기간을 정하여 시장·군수·자치구청장의 명령이나 처분을 취소하거나 정지할 것을 명하고, 그 기간에 이행하지 아니하면 주무부장관이 이를 직접 취소하거나 정지할 수 있습니다(제188조 제4항). 시정명령의 경우와 마찬가지로 자치사무 영역의 명령·처분에 대해서는 그 법령위반에 한하여 주무부장관 등이 취소·정지를 할 수 있습니다.

(2) 법령위반과 현저한 공익침해의 관계 : 법령위반에 재량의 일탈·남용이 포함되는지 여부

지방자치법 제188조에 따라 주무부장관 등이 자치단체장의 명령·처분에 대해 시정명령을 발령하거나 취소·정지를 행하는 사유는 '명령이나 처분이 법령에 위반되거나 현저히 부당하여 공익을 해친다고 인정되는 경우'입니다. 그리고 일반적으로 재량행위 영역에서 재량의 일탈·남용에 해당하는 처분은 위법(법령위반)한 처분으로, 재량의 일탈·남용에 해당하지 않아 재량 수권의 범위 내에 있지만 최적의 처분이 아닌 경우는 적법하지만 부당한 처분으로 파악합니다. 그렇다면 "재량행위 영역에서 '현저히 부당하여 공익을 해치는 명령·처분'은 통상의 부당한 처분과 달리 재량의 일탈·남용에 해당하므로 동조에서의 법령위반에는 재량의 일탈·남용이 포함되지 않으며, 오히려 이를 현저히 부당하여 공익을 해치는 처분과 동일 개념으로 이해해야 하지 않는가"라는 의문이 제기됩니다. 이 논의의 실익은 자치사무에 대한 시정명령과 취소·정지는 법령위반에 한정하므로, 만약 이런 입론에 입각할 경우 재량행위인 자치사무에서의 재량의 일탈·남용에 대해서는 시정명령이나 취소·정지를 규정한 제188조가 적용되지 않는 결과에 이르는 점에 있습니다.

이와 관련하여 판례는 지방자치단체장의 명령·처분이 법령에 위반되는 경우라 함은 명령이나 처분이 현저히 부당하여 공익을 해하는 경우, 즉 합목적성을 현저히 결하는 경우와 대비되는 개념으로서 법령의 규정을 명시적으로 위반한 경우뿐만 아니라 재량권을 일탈·남용하여 위법하게 되는 경우를 포함한다고 보아, 자치사무의 일종인 해당 지방자치단체 소속 공무원에 대한 승진처분이 재량권을 일탈·남용하여 위법하게 된 경우 감독청은 승진처분에 대한 시정명령이나 취소 또는 정지를 할 수 있다고 판시하였습니다. 자치사무 영역에서 재량의 일탈·남용에 해당하는 명령·처분에 대한 감독청의 통제가 흠결되는 경우를 고려한 판례의 입장을 이해 못 할 바 아니지만, 재량의 일탈·남용과 현저히 부당하여 공익을 해치는 경우를 구분함으로써 결과적으로 현저한 공익침해와 통상의 부당한 처분을 동일하게 취급한 것은 논란의 여지가 있습니다. 환언하면, 재량행위 영역에서 명령이나 처분이 현저히 부당하여 공익을 해하지만 재량의 일탈·남용에는 해당하지 않는 구체적인 경우를 상정할 수 있는지 의문입니다. 이런 문제점은 법령위반의 개념 속에 재량의 일탈·남용이 포함되지 않는 것으로 해석한 해당 판례의 반대의견에도 나타납니다. 근본적으로 입법에 의한 문제 해결이 요청되는 쟁점이라 할 것입니다.

> * **대판 2007.3.22, 2005추62(전합)** : "[다수의견] 지방자치법 제157조 제1항 전문은 "지방자치단체의 사무에 관한 그 장의 명령이나 처분이 법령에 위반되거나 현저히 부당하여 공익을 해한다고 인정될 때에는 시·도에 대하여는 주무부장관이, 시·군 및 자치구에 대하여는 시·도지사가 기간을 정하여 서면으로 시정을 명하고 그 기간 내에 이행하지 아니할 때에는 이를 취소하거나 정지할 수 있다"고 규정하고 있고, 같은 항 후문은 "이 경우 자치사무에 관한 명령이나 처분에 있어서는 법령에 위반하는 것에 한한다"고 규정하고 있는바, 지방자치법 제157조 제1항 전문 및 후문에서 규정하고 있는 지방자치단체의 사무에 관한 그 장의 명령이나 처분이 법령에 위반되는 경우라 함은 명령이나 처분이 현저히 부당하여 공익을 해하는 경우, 즉 합목적성을 현저히 결하는 경우와 대비되는 개념으로, 시·군·구의 장의 사무의 집행이 명시적인 법령의 규정을 구체적으로 위반한 경우뿐만 아니라 그러한 사무의 집행이 재량권을 일탈·남용하여 위법하게 되는 경우를 포함한다고 할 것이므로, 시·군·구의 장의 자치사무의 일종인 당해 지방자치단체 소속 공무원에 대한 승진처분이 재량권을 일탈·남용하여 위법하게 된 경우 시·도지사는 지방자치법 제157조 제1항 후문에 따라 그에 대한 시정명령이나 취소 또는 정지를 할 수 있다.
> [반대의견] 헌법이 보장하는 지방자치제도의 본질상 재량판단의 영역에서는 국가나 상급 지방자치단체가 하급 지방자치단체의 자치사무 처리에 개입하는 것을 엄격히 금지하여야 할 필요성이 있으므로, 지방자치법 제157조 제1항 후문은 지방자치제도의 본질적 내용이 침해되지 않도록 헌법합치적으로 조화롭게 해석하여야 하는바, 일반적으로 '법령위반'의 개념에 '재량권의 일탈·남용'도 포함된다고 보고 있기는 하나, 지방자치법 제157조 제1항에서 정한 취소권의 행사요건은 위임사무에 관하여는 '법령에 위반되거나 현저히 부당하여 공익을 해한다고 인정될 때', 자치사무에 관하여는 '법령에 위반하는 때'라고 규정되어 있어, 여기에서의 '법령위반'이라는 문구는 '현저히 부당하여 공익을 해한다고 인정될 때'와 대비적으로 쓰이고 있고, 재량권의 한계 위반 여부를 판단할 때에 통상적으로는 '현저히 부당하여 공익을 해하는' 경우를 바로 '재량권이 일탈·남용된 경우'로 보는 견해가 일반적이므로, 위 법조항에서 '현저히 부당하여 공익을 해하는 경우'와 대비되어 규정된 '법령에 위반하는 때'의 개념 속에는 일반적인 '법령위반'의 개념과는 다르게 '재량권의 일탈·남용'은 포함되지 않는 것으로 해석하여야 한다. 가사 이론적으로는 합목적성과 합법성의 심사가 명확히 구분된다고 하더라도 '현저히 부당하여 공익을 해한다는 것'과 '재량권의 한계를 일탈하였다는 것'을 실무적으로 구별하기 매우 어렵다는 점까지 보태어 보면, 지방자치법 제157조 제1항 후문의 '법령위반'에 '재량권의 일탈·남용'이 포함된다고 보는 다수의견의 해석은 잘못된 것이다."

3) 지방자치단체장의 대법원 제소(취소·정지에 대한 이의소송)

지방자치단체장은 자치사무에 관한 주무부장관 등의 명령·처분의 취소 또는 정지에 대하여 이의가 있으면 그 취소처분 또는 정지처분을 통보받은 날부터 15일 이내에 대법원에 소를 제기할 수 있습니다(제188조 제6항). 동 조항의 법문에 의할 때 해당 대법원 제소의 원고는 해당 지방자치단체장이고, 피고는 제188조 각 항에 따라 주무부장관 또는 시 · 도지사가 됩니다.

기관소송의 범위를 상이한 법주체에 속한 각 기관 간의 법적 분쟁에 이르기까지 확대하여 파악하는 입장에서는 제188조 제6항에 따른 소송을 기관소송이라 합니다. 그러나 동조에 의한 소송이 그 대상 영역을 자치사무에 한정함으로써 외부법 관계인 자치권 침해에 대한 소송상 불복을 의미하는 점에서 항고소송이라는 견해가 타당합니다. 일부 견해에서는 이를 헌법상 권한쟁의심판의 성질이라고 주장하지만(동 견해에서는 입법론적으로 제188조 제6항의 삭제를 주장합니다), 지방자치단체장의 명령 · 처분의 시정조치의 일환으로서 행해진 감독청의 취소 · 정지에 대한 쟁송상 불복을 헌법사항이라고 이해하는 것에는 동의할 수 없습니다.

한편, 지방자치법 제188조 제6항에 의한 소송은, 자치사무 영역에서 발령된 처분에 대한 취소심판에서 인용재결이 행해진 경우 피청구인인 해당 지방자치단체가 인용재결을 대상으로 행정소송법상의 항고소송을 제기할 수 없다는 기존 판례의 부당함을 뒷받침하는 논거라고 할 수 있습니다. 판례가 이러한 형태의 소송을 불허하는 주요 이유는 재결의 기속력 위반에 있습니다. 그러나 기속력은 실체법적 효력임에 비해 항고소송상 불복하는 것은 소송법상 행위입니다. 기속력의 주관적 범위는 처분청 기타 관계 행정청이지만, 인용재결에 대한 항고소송의 원고는 법인격 주체로서의 지방자치단체이므로 기속력이 미치는 주관적 범위 밖에 있습니다. 또한, 지방자치법 제188조 제6항을 행정심판 영역에서 파악하면 그 항고소송 제기 가능성을 전제로 하는 것으로 이해할 수 있습니다. 다만, 제188조 제6항이 지방자치단체장을 원고로 하고 대법원을 관할법원으로 하며 15일의 초단기 제소기간을 규정한 이유를 설명하기 어렵습니다. 따라서 행정심판 인용재결에 불복하는 경우를 포함하여 자치사무 영역에서 감독청의 취소처분 등에 대하여 지방자치단체가 일반적으로 항고소송의 방법으로 불복할 수 있음을 해석상 혹은 판례상 인정하는 것이 바람직하며, 이런 점에서 동조 제6항을 삭제하는 것도 고려할 수 있습니다.

5. 감독청의 직무이행명령에 대한 대법원 제소

1) 직무이행명령

① 주무부장관 등(감독청)의 직무이행명령 : 행정권한의 위임과 관련하여, 위임 및 위탁기관은 수임 및 수탁기관의 수임 및 수탁사무 처리에 대하여 지휘·감독하고, 그 처리가 위법하거나 부당하다고 인정될 때에는 이를 취소하거나 정지시킬 수 있습니다(행정권한의 위임 및 위탁에 관한 규정 제6조). 이에 따라 지방자치단체장이 위임받아 처리하는 기관위임사무에 대한 지도·감독 권한의 일환으로서, 지방자치단체장이 기관위임사무의 집행 등을 게을리 하는 경우에 그 이행을 명하는 등 불이행에 따른 후속조치를 할 권한을 주무부장관 등에게 부여함으로써 기관위임사무 집행의 실효성을 확보하고 적법한 법 집행을 보장하는 제도적 장치를 마련할 필요가 있습니다.

직무이행명령이란 지방자치단체의 장이 법령에 따라 그 의무에 속하는 국가위임사무나 시·도위임사무의 관리와 집행을 명백히 게을리하고 있다고 인정되면 시·도에 대해서는 주무부장관이, 시·군·자치구에 대해서는 시·도지사가 기간을 정하여 서면으로 이행할 사항을 명령하는 제도입니다(제189조 제1항). 여기에서의 위임사무는 지방자치단체장이 국가나 상급지방자치단체의 하급 행정기관으로서 행하는 기관위임사무를 말하는데, 기관위임사무로서 행하는 사무의 구체적 내용은 제한이 없어서 법규정립행위(규칙발령행위), 개별·구체적 처분이나 사실행위 발령행위를 모두 포함합니다. '법령에 따라 지방자치단체장에게 특정 기관위임사무를 관리·집행할 의무가 있는지' 여부의 판단대상은 그 법령상 의무의 존부 자체이고, 해당 의무의 존부는 직무이행명령 이후의 정황도 고려하되 원칙적으로는 직무이행명령 당시의 사실관계에 관한 법령을 해석·적용하여 판단하는 것이 판례의 입장입니다.

* **대판 2013.6.27, 2009추206** : "직무이행명령의 요건 중 '법령의 규정에 따라 지방자치단체의 장에게 특정 국가위임사무를 관리·집행할 의무가 있는지' 여부의 판단대상은 문언대로 그 법령상 의무의 존부이지, 지방자치단체의 장이 그 사무의 관리·집행을 하지 아니한 데 합리적 이유가 있는지 여부가 아니다. 그 법령상 의무의 존부는 원칙적으로 직무이행명령 당시의 사실관계에 관련 법령을 해석·적용하여 판단하되, 직무이행명령 이후의 정황도 고려할 수 있다. … '국가위임사무의 관리와 집행을 명백히 게을리하고 있다'는 요건은 국가위임사무를 관리·집행할 의무가 성립함을 전제로 하는

> 데, 지방자치단체의 장은 그 의무에 속한 국가위임사무를 이행하는 것이 원칙이므로, 지방자치단체의 장이 특별한 사정이 없이 그 의무를 이행하지 아니한 때에는 이를 충족한다고 해석하여야 한다. 여기서 특별한 사정이란, 국가위임사무를 관리·집행할 수 없는 법령상 장애사유 또는 지방자치단체의 재정상 능력이나 여건의 미비, 인력의 부족 등 사실상의 장애사유를 뜻한다고 보아야 하고, 지방자치단체의 장이 특정 국가위임사무를 관리·집행할 의무가 있는지 여부에 관하여 주무부장관과 다른 견해를 취하여 이를 이행하고 있지 아니한 사정은 이에 해당한다고 볼 것이 아니다. 왜냐하면, 직무이행명령에 대한 이의소송은 그와 같은 견해의 대립을 전제로 지방자치단체의 장에게 제소권을 부여하여 성립하는 것이므로, 그 소송의 본안판단에서 그 사정은 더는 고려할 필요가 없기 때문이다."

주무부장관 등은 해당 지방자치단체장이 제189조 제1항의 기간에 이행명령을 이행하지 아니하면 그 지방자치단체의 비용부담으로 대집행 또는 행정상·재정상 필요한 조치를 할 수 있으며, 이 경우 행정대집행에 관하여는 '행정대집행법'을 준용합니다(제189조 제2항).

② 시·도지사가 이행명령을 미발령하는 경우 주무부장관의 직무이행명령 : 주무부장관은 시장·군수·자치구청장이 법령에 따라 그 의무에 속하는 국가위임사무의 관리와 집행을 명백히 게을리하고 있다고 인정됨에도 불구하고 시·도지사가 이행명령을 하지 아니하는 경우 시·도지사에게 기간을 정하여 이행명령을 하도록 명할 수 있습니다(제189조 제3항). 또한, 주무부장관은 시·도지사가 이행명령 발령 지시에도 불구하고 이행명령을 하지 아니하면 제189조 제3항에 따른 기간이 지난 날부터 7일 이내에 직접 시장·군수·자치구청장에게 기간을 정하여 이행명령을 하고, 그 기간에 이행하지 아니하면 주무부장관이 직접 대집행 등을 할 수 있습니다(제189조 제4항).

③ 시장·군수·자치구청장이 시·도지사의 이행명령을 불이행함에도 시·도지사가 대집행 등을 하지 않는 경우 : 주무부장관은 시·도지사가 시장·군수·자치구청장에게 이행명령을 하였으나 이를 이행하지 아니한 데 따른 대집행 등을 하지 아니하는 경우에는 시·도지사에게 기간을 정하여 대집행 등을 하도록 명하고, 그 기간에 대집행 등을 하지 아니하면 주무부장관이 직접 대집행 등을 할 수 있습니다(제189조 제5항).

2) 지방자치단체장의 대법원 제소(직무이행명령에 대한 이의소송)

지방자치단체장은 기관위임사무의 수행에 있어 국가 등의 하급 행정기관의 지위에 있습니다. 그러나 국가와 상이한 법인격 주체로서의 지방자치단체의 집행기관인 지방자치단체장은 주민의 직접선거에 의하여 선출된 독립적 기관이고, 위임받은 국가사무에 있어서도 자신의 권한과 책임하에 처리합니다(행정권한의 위임 및 위탁에 관한 규정 제2조 제1호). 이런 점을 고려하여 지방자치단체장에게 직무이행명령에 대한 이의의 소를 제기할 수 있도록 함으로써 기관위임사무의 관리·집행 관련 감독청과 해당 지방자치단체장의 분쟁을 소송상 합리적으로 해결할 필요성이 제기됩니다. 지방자치법 제189조 제6항은 지방자치단체장은 동조 제1항 또는 제4항에 따른 이행명령에 이의가 있으면 이행명령서를 접수한 날부터 15일 이내에 대법원에 소를 제기할 수 있으며, 이 경우 지방자치단체장은 이행명령의 집행을 정지하게 하는 집행정지결정을 신청할 수 있도록 규정합니다.

직무이행명령에 대한 이의소송의 법적 성질과 관련하여 기관소송으로 보는 견해, 항고소송이라는 견해 및 권한쟁의심판의 일종으로 파악하는 견해 등 학설 대립이 있습니다. 기관위임사무 영역에서 발령한 주무부장관 등의 직무이행명령은 - 자치사무 영역에서의 취소·정지와는 달리 - 내부법 관계의 문제라 할 것이므로 해당 대법원 제소는 위임기간과 수임기관 간 기관위임사무의 관리·집행에 관한 권한 행사의 다툼을 해결하기 위한 기관소송이라 함이 타당합니다. 다만, 이때의 대법원 제소는 감독청으로서의 주무부장관 등이 우월한 지위에서 하급 행정기관인 지방자치단체장에게 발령한 이행명령에 불복하는 것이므로 행정소송법상 항고소송에 관한 규정이 준용된다 할 것입니다(행정소송법 제46조 제1항).

제43강

행정조직법 · 공무원법의 주요 쟁점

제43강

행정조직법 · 공무원법의 주요 쟁점

1. 행정조직법과 법치행정원칙

행정조직법은 행정기관의 설치·폐지·구성, 권한 및 행정기관 상호 간의 관계를 규율하는 법제를 말합니다. 행정조직법에서 법치행정원칙은 "행정권의 구성·발생 및 행사는 반드시 법에 근거해야 하며, 법의 테두리 안에서 이루어져야 한다"는 민주주의의 핵심 원리로 작용합니다. 이 원칙에는 법률유보원칙, 법률우위원칙과 더불어 행정조직법정주의가 담겨 있는데, 헌법 제96조("행정각부의 설치·조직과 직무범위는 법률로 정한다")와 이에 따른 정부조직법 제2조("중앙행정기관의 설치와 직무범위는 법률로 정한다")에서 그 법적 근거를 찾을 수 있습니다. 행정조직은 국가사무를 수행하기 위한 '몸집'이고, 법치행정원칙은 그 몸집이 움직이는 '규칙'인 셈입니다. 정부가 특정 중앙부처를 신설·폐지하거나 통합하려는 경우, 행정부 수반의 의지만으로 가능한 것이 아니라 반드시 정부조직법의 개정을 거쳐야 합니다. 법치행정원칙 및 행정조직법정주의에 따라 국가 행정사무를 수행하는 최상위 조직의 설치와 폐지 등은 국회에서 통과된 법률로 정해야 하기 때문입니다. 만약 법적 근거나 절차 없이 행정부가 임의로 부처를 폐지할 수 있다면, 정부에 따라 국가 기능이 수시로 흔들려 행정의 안정성이 깨지고 국민 권익이 침해될 가능성이 커지게 됩니다.

나아가 법치행정원칙은 행정조직이 법을 위반하였을 때 이를 바로잡는 장치를 포함합니다. 이를테면 특정 행정조직이 법을 어겨 국민에게 피해를 주었다면, 법원은 행정소송을 통해 그 행위를 취소할 수 있고 국가가 배상하도록 명할 수 있습니다. 이는 행정조직이 법의 테두리 안에서만 움직이도록 강제하는 법치행정원칙의 최종 관문입니다. 결국, 행정조직법과 법치행정원칙은 '행정조직은 법에 의하여 만들어지고(Created by Law), 법에 따라 움직이며(Governed by Law), 법에 의하여 통제(Controlled by Law)받는 관계'라고 정리할 수 있습니다.

2. 행정청의 권한

1) 행정주체, 행정기관과 행정청

행정주체(Verwaltungsträger)란 자신의 이름으로 행정을 행할 권리와 의무를 가진 행정법관계의 당사자를 의미하는데, 국가·지방자치단체·영조물법인·공공단체 등 법인격 주체를 말하는 법적 개념입니다. 행정기관(Verwaltungsorgan)은 국가나 지방자치단체 등의 행정주체를 위해 일하는 모든 조직 단위를 총칭하는 개념으로서, 권한의 행사 방법 측면에서 행정청·보조기관(예: 법무부 ○○국장)·보좌기관(예: 감사담당관)·의결기관(예: 중앙행정심판위원회, 공무원 징계위원회, 토지수용위원회)·자문기관·집행기관 등으로, 행정기관 구성원의 수에 따라 독임제 행정기관과 합의제 행정기관으로 구분합니다. 행정기관의 구분 기준은 성질상 중첩될 수 있어서, 합의제 행정기관 그 자체로 행정청의 지위를 갖기도 하지만(예: 공정거래위원회), 때로는 의결기관·심의기관(예: 중앙도시계획위원회) 또는 자문기관으로서의 성격에 머물기도 합니다.

행정청(Behörde)은 행정주체의 의사를 결정하고 이를 외부에 표시하는 행정기관이라 정의할 수 있습니다. 행정기본법은 행정청을 '행정에 관한 의사를 결정하여 표시하는 국가 또는 지방자치단체의 기관과 그 밖에 법령 등에 따라 행정에 관한 의사를 결정하여 표시하는 권한을 가지고 있거나 그 권한을 위임 또는 위탁받은 공공단체 또는 그 기관이나 사인'이라 정의하는데(제2조 제2호), 이는 행정절차법(제2조 제1호)·행정심판법(제2조 제4호)·행정소송법(제2조 제2항) 규정들과 내용적으로 동일합니다.[1] 행정기관과 행정청은 서로 겹치면서도 명확히 구분되는 개념입니다. 행정기관이 행정청보다 광의의 개념이며, 행정청은 행정기관 중에서 특별한 권한(의사결정과 대외적 표시 권한)을 가진 기관을 의미합니다. 행정청은 항고소송에서 피고의 지위를 가지므로(행정소송법 제13조), 예컨대 동작구청장의 처분에 대한 취소소송의 피고는 법인격 주체로서의 '동작구'가 아니라 행정청인 '동작구청장'입니다.

1) 독일 연방행정절차법(VwVfG) 제1조 제4항에 따르면, '행정청이란 공행정 과제를 수행하기 위해 설치된 기구'라고 정의하는데, 거기에는 '대외적으로 독립하여 행동할 권한을 가진' 의미의 문구를 포함한 것으로 해석합니다.

구분	행정주체	행정기관	행정청
정의	행정을 행하는 권리·의무의 귀속 주체 : 누가 법적 책임을 지는가?	행정주체를 위해 사무를 담당하는 모든 조직 단위 : 조직의 구성요소는 무엇인가?	행정주체의 의사를 결정하고 외부에 표시하는 기관 : 누가 실제로 의사를 결정·표명하는가?
법적 성격	법인	행정조직의 구성 부분	행정주체의 소속기관
행정소송에서의 지위	당사자소송의 원고·피고	당사자적격 없음 (행정청은 제외)	항고소송의 피고·원고(대판 2018.8.1, 2014두35379)

2) 권한의 대리

행정청의 권한의 대리(Vertretung)란 행정청 권한의 전부 또는 일부를 다른 행정기관이 피대리청을 위한 것임을 표시하여 자기의 이름으로 행하고, 그 행위의 효과가 피대리청에게 귀속되는 것을 말합니다. 실무에서 '권한의 대행'이란 용어가 흔히 사용되는데, 이는 '대통령 권한대행'의 경우처럼 법정대리를 의미하는 경우가 많습니다. 권한의 대행은 행정청의 권한을 다른 기관이 자신의 명의와 책임으로 실무를 처리하는 점(권한행사의 효과도 대행기관에게 귀속)에서 권한의 대리와 상이하며, 오히려 권한의 위임과 유사합니다. 그러나 권한위임이 행정기관 상호 간의 관계(상급기관 → 하급기관)임에 반해 권한대행은 주로 행정기관과 공공단체 간의 관계(행정청 → 공사·공단)[1]에서 많이 활용됩니다.

〈법정대리와 임의대리〉

구분	법정대리	임의대리
발생 원인	법령의 규정(궐위, 사고 등)	행정청의 수권행위
법적 근거	반드시 필요 (「직무대리규정」: 대통령령)	학설 대립
범위	원칙적으로 권한의 전부에 미침	권한의 일부만 가능
복대리	대리청의 책임하에 가능	피대리청의 동의 없이는 불가능

1) 이를테면, 구청장의 임무인 건물 정밀안전진단을 전문기관인 한국시설안전공단이 직접 실시하는 것은 권한의 대행입니다.

대리의 방식에는 현명주의(顯名主義)가 적용되므로 대리기관은 피대리기관과의 대리관계를 표시하여 대리권을 행사하여야 합니다(○○부 장관 대리인 ○○부 차관). 대리권 행사의 법적 효과는 피대리관청이 속하는 행정주체에게 귀속됩니다. 이때 대외적인 처분청은 여전히 피대리관청이므로 대리행위에 대한 항고소송의 피고는 피대리관청이 됩니다. 만약 대리관청이 현명하지 않고 자신의 이름으로 처분을 행한 경우, 원칙적으로 처분명의자인 대리관청이 처분청이 되며, 항고소송의 피고적격 또한 대리관청에 있습니다. 국민(상대방) 입장에서는 처분명의자가 표시된 처분서 등을 바탕으로 소송을 준비할 수밖에 없으므로, 국민의 신뢰를 보호하기 위해 외관상 표시된 행정청을 처분청으로 인정하는 것입니다. 다만, 상대방이 대리관계를 알았거나 알 수 있었을 경우에는 예외적으로 피대리관청이 항고소송의 피고가 됩니다.

* **대결 2006.2.23, 2005부4** : "[2] 대리권을 수여받은 데 불과하여 그 자신의 명의로는 행정처분을 할 권한이 없는 행정청의 경우 대리관계를 밝힘이 없이 그 자신의 명의로 행정처분을 하였다면 그에 대하여는 처분명의자인 당해 행정청이 항고소송의 피고가 되어야 하는 것이 원칙이지만, 비록 <u>대리관계를 명시적으로 밝히지는 아니하였다 하더라도 처분명의자가 피대리 행정청 산하의 행정기관으로서 실제로 피대리 행정청으로부터 대리권한을 수여받아 피대리 행정청을 대리한다는 의사로 행정처분을 하였고 처분명의자는 물론 그 상대방도 그 행정처분이 피대리 행정청을 대리하여 한 것임을 알고서 이를 받아들인 예외적인 경우에는 피대리 행정청이 피고가 되어야 한다.</u>
[3] 근로복지공단의 이사장으로부터 보험료의 부과 등에 관한 대리권을 수여받은 지역본부장이 대리의 취지를 명시적으로 표시하지 않고서 산재보험료 부과처분을 한 경우, 그러한 관행이 약 10년간 계속되어 왔고, 실무상 근로복지공단을 상대로 산재보험료 부과처분에 대한 항고소송을 제기하여 온 점 등에 비추어 지역본부장은 물론 그 상대방 등도 근로복지공단과 지역본부장의 대리관계를 알고 받아들였다는 이유로, 위 부과처분에 대한 항고소송의 피고적격이 근로복지공단에 있다고 한 사례."

3) 권한의 위임

(1) 의의와 법적 근거 등

권한의 위임(Delegation)은 행정청이 자신의 권한 중 일부를 하급 행정청이나 보조기관 등에 이전하여, 수임기관이 자신의 명의와 책임으로 권한을 행사하게 하는 것을 말합니다. 행정청 권한의 전부 위임은 권한의 내용과 범위를 정한 근거 규정을 폐지하는 것과 다름없으므로, 행정청은 권한의 일부에 한하여 위임할 수 있습니다.

행정권한은 법령에 의해 정해진 것이므로(행정권한법정주의) 이를 변경하는 권한위임은 반드시 법령의 근거가 있어야 합니다. 정부조직법 제6조와 행정권한의 위임 및 위탁에 관한 규정(이하 '위임위탁규정')이 위임의 근거법령에 해당하며, 지방자치 차원에서는 지방자치법 제117조를 들 수 있습니다. 개별법에 위임의 근거가 없더라도 정부조직법 제6조 제1항과 위임위탁규정에 따라 권한의 위임이 가능한지 여부가 한때 문제되었으나, 판례는 이를 긍정하였습니다. 판례는 "정부조직법 제6조 제1항의 규정은 법문상 행정권한의 위임 및 재위임의 근거 규정임이 명백하고 정부조직법이 국가행정기관의 설치·조직과 직무범위의 대강을 정하는 데 목적이 있다고 하여 그 이유만으로 같은 법의 권한위임 및 재위임에 관한 규정마저 권한위임 및 재위임 등에 관한 대강을 정한 것에 불과할 뿐 권한위임 및 재위임의 근거 규정이 아니라고 할 수 없다"라고 판시하였습니다(대판 1990.6.26, 88누12158; 대판 1995.7.11, 94누4615). 즉, 정부조직법 제6조는 단순히 위임의 예시가 아니라, 그 자체로 위임을 가능하게 하는 일반적 근거라고 해석한 것입니다. 한편, 위임은 그 본질에 비추어 위임의 해제 또는 위임기간의 도래 등에 의해 종료되며, 해당 권한은 위임청의 권한으로 환원됩니다. 이때 환원 과정에는 별도의 법적 근거를 요하지 않습니다.

(2) 위임 방식의 하자와 위임에 따른 처분의 명의

자치권한의 위임은 조례에 의하여야 하므로 이를 규칙으로 위임한 경우 해당 규칙은 무효이며, 그에 기한 처분은 취소할 수 있는 처분에 해당합니다. 법령상 기관위임사무는 규칙으로 재위임해야 함에도 이를 조례로 위임한 경우 해당 조례는 무효이지만, 그에 따른 처분을 당연무효라고 볼 수는 없습니다.

* **대판 1997.6.19, 95누8669** : "사립학교법 제4조 제1항, 제20조의2 제1항에 규정된 교육감의 학교법인 임원취임의 승인취소권은 교육감이 지방자치단체의 교육·학예에 관한 사무의 특별집행기관으로서 가지는 권한이고 정부조직법상의 국가행정기관의 일부로서 가지는 권한이라고 할 수 없으므로 … 교육감의 학교법인 임원취임의 승인취소권을 교육장에게 위임함을 규정한 대전직할시교육감소관행정권한의위임에관한규칙 제6조 제4호는 조례로 정하여야 할 사항을 규칙으로 정한 것이어서 무효이다. … 현행법상 교육감은 지방자치단체의 교육·학예에 관한 사무의 특별집행기관임과 동시에 국가의 기관위임사무를 처리하는 범위 내에서 국가행정기관으로서의 지위를 아울러 가지고 지방자치

단체의 사무와 기관위임사무를 함께 관장하고 있어 행위의 외관상 양자의 구분이 쉽지 아니하고, 사립학교법 제4조에는 사립학교를 설치·운영하는 학교법인 등에 대한 관할청으로서 교육부장관이 교육감과 함께 규정되어 있을 뿐만 아니라 학교법인 임원취임의 승인 및 그 취소권은 교육감의 관장사무를 규정한 지방교육자치에관한법률 제27조에 규정되어 있지 아니하고 사립학교법 제20조, 제20조의2에서 '관할청'의 권한으로 규정되어 있는 관계로 교육감의 학교법인 임원취임의 승인 및 그 취소권은 본래 교육부장관의 권한으로서 교육감에게 기관위임된 것으로 오인할 여지가 없지 아니하며, 또한 헌법 제107조 제2항의 '규칙'에는 지방자치단체의 조례와 규칙이 모두 포함되는 등 이른바 규칙의 개념이 경우에 따라 상이하게 해석되는 점 등에 비추어, 임원취임의 승인취소처분에 관한 권한위임 과정의 하자가 객관적으로 명백하다고 할 수는 없다."

* **대판 1995.7.11, 94누4615** : "'가'항의 영업정지 등 처분에 관한 사무는 국가사무로서 지방자치단체의 장에게 위임된 이른바 기관위임사무에 해당하므로 시·도지사가 지방자치단체의 조례에 의하여 이를 구청장 등에게 재위임할 수는 없고 행정권한의위임및위탁에관한규정 제4조에 의하여 위임기관의 장의 승인을 얻은 후 지방자치단체의 장이 제정한 규칙이 정하는 바에 따라 재위임하는 것만이 가능하다. … 이 사건에서, 서울특별시장은 건설부장관으로부터 위임받은 위 처분권한을 위 행정권한의위임및위탁에관한규정 제4조에 의하여 규칙을 제정해서 구청장에게 재위임하지 아니하고 서울특별시행정권한위임조례(1990.10.8. 조례 제2654호로 개정된 것) 제5조 제1항[별표]에 의하여 구청장에게 재위임하였는 바, 위 서울특별시행정권한위임조례 중 위 처분권한의 재위임에 관한 부분은 조례제정권의 범위를 벗어난 국가사무(기관위임사무)를 대상으로 한 것이어서 무효라고 하지 않을 수 없다. … 조례 제정권의 범위를 벗어나 국가사무를 대상으로 한 무효인 서울특별시행정권한위임조례의 규정에 근거하여 구청장이 건설업영업정지처분을 한 경우, 그 처분은 결과적으로 적법한 위임 없이 권한 없는 자에 의하여 행하여진 것과 마찬가지가 되어 그 하자가 중대하나, 지방자치단체의 사무에 관한 조례와 규칙은 조례가 보다 상위규범이라고 할 수 있고, 또한 헌법 제107조 제2항의 "규칙"에는 지방자치단체의 조례와 규칙이 모두 포함되는 등 이른바 규칙의 개념이 경우에 따라 상이하게 해석되는 점 등에 비추어 보면 위 처분의 위임 과정의 하자가 객관적으로 명백한 것이라고 할 수 없으므로 이로 인한 하자는 결국 당연무효사유는 아니라고 봄이 상당하다."

위임은 위임청의 권한 일부가 수임청에게 이전되는 것이므로 수임청은 자신의 명의로 처분을 행합니다. 다만 권한이 위임된 경우에도 위임청은 수임청의 수임사무 처리에 대하여 지휘·감독권을 가지며, 그 처리가 위법하거나 부당하다고 인정될 때에는 이를 취소하거나 정지시킬 수 있습니다(위임위탁규정 제6조). 그러나 수임사무의 처리에 관하여 위임청이 수임청에게 사전승인을 받도록 하거나 협의할 것을 요구할 수는 없습니다(동 규정 제7조).

(3) 재위임

행정권한의 재위임이란 위임청으로부터 권한을 부여받은 수임청이 그 권한의 일부를 다시 하급 행정기관이나 보조기관에게 위임하는 것을 말합니다. '위임의 위임'인 셈이어서 법적 안정성과 책임 소재를 위해 일반적인 위임보다 더 엄격한 요건을 필요로 합니다. 수임청이 임의로 재위임할 수는 없으며, 반드시 법적 근거가 있어야 합니다. 이와 관련하여 위임위탁규정 제4조는 "특별시장 · 광역시장 · 특별자치시장 · 도지사 또는 특별자치도지사(특별시 · 광역시 · 특별자치시 · 도 또는 특별자치도의 교육감을 포함한다)나 시장 · 군수 또는 구청장(자치구의 구청장을 말한다)은 행정의 능률향상과 주민의 편의를 위하여 필요하다고 인정될 때에는 수임사무의 일부를 그 위임기관의 승인을 받아 규칙으로 정하는 바에 따라 시장·군수·구청장(교육장을 포함한다) 또는 읍 · 면 · 동장, 그 밖의 소속기관의 장에게 다시 위임할 수 있다"고 규정합니다. 위임위탁규정 제4조가 재위임의 방식을 '규칙'으로 정하도록 규정하고 있음에도 불구하고 이를 조례로써 재위임하도록 규정한 경우 해당 조례는 상위 법령에 위반되는 것으로서 무효에 해당합니다(위 94누4615 판결 참조). 이는 행정권한의 재위임이 집행기관(지방자치단체장)의 고유한 권한의 배분 문제임에도, 의결기관인 지방의회(조례)가 관여하여 지방자치단체장의 집행 권한을 침해하기 때문입니다. 한편, 권한 일부의 재위임은 권한 귀속 자체의 재이동을 의미하므로 최종 수임청의 명의로 처분합니다. 반면 복대리의 경우에는 대리인이 다시 대리인을 선임하는 것이지만, 그 법적 효과는 여전히 본래의 피대리관청에게 귀속되며 처분 또한 본래의 피대리관청 명의로 행합니다.

(4) 항고소송에서의 피고적격

이는 위임과 대리를 구분하는 가장 실무적인 포인트입니다. 권한의 위임이 이루어지면 권한 자체가 수임청으로 이전되므로 수임청이 처분청이 됩니다. 같은 맥락에서 항고소송의 피고도 위임청이 아니라 수임청이어야 합니다.

(5) 권한의 위탁 및 권한의 이양과의 비교

권한의 위탁(Belehnung, Auftrag)은 권한의 위임과 법적 성질 및 운영 원리가 유사합니다. 따라서 건축법 제82조(권한의 위임과 위탁) 등 개별법뿐만 아니라 권한의 위임과 위탁에 관한 일반 규정인 위임위탁규정 제3조 등에서도 양자를 같은 조항에서 묶어 규정하곤 합니다. 권한의 위탁은 대외적 명의 행사와 책임이 이전된다는 점에서 권한의 위임과 법적 성질을 공유합니다. 즉, 권한을 부여받은 수임·수탁기관이 자신의 명의로 대외적 권한을 행사함에 따라 해당 처분에 대한 항고소송의 피고가 됩니다. 또한, 위임·위탁기관이 수임·수탁기관에 대해 여전히 지휘·감독권을 행사할 수 있는 점(위임위탁규정 제6조)도 공통점입니다. 다만, 위임이 주로 하급 행정기관을 대상으로 하는 것과 달리, 위탁은 다른 행정주체(지방자치단체, 공공단체) 또는 민간을 대상으로 합니다. 특히 민간이 수탁할 경우 공무수탁사인으로서의 지위가 부여되며, 위임에 비해 주로 전문적·기술적 집행 사무를 처리한다는 점에서 실무상 차이를 보입니다. 등기사무를 위탁할 경우에는 특별히 촉탁이라 칭합니다(부동산등기법 제22조).

권한의 이양(Übertragung)은 상급 행정기관의 사무 중 일부가 하급 행정기관이나 지방자치단체 등으로 옮겨가 수행된다는 점에서 권한의 위임과 외형상 유사합니다. 두 제도 모두 행정권한법정주의 원칙에 따라 반드시 법령상의 근거가 필요하며, 권한을 이전받은 기관이 자신의 명의로 처분을 수행하고 항고소송의 피고가 된다는 공통점이 있습니다. 그러나 권한의 실질적인 귀속 측면에서는 명확히 구분됩니다. 권한의 위임은 법적인 권한이 여전히 상급기관에 머물러 있는 일시적 · 기능적 이전에 불과하여 위임기관은 수임기관에 대해 여전히 지휘 · 감독권을 행사하며, 사무처리가 부당할 경우 이를 취소하거나 정지시킬 수 있는 통제권을 보유합니다. 반면, 권한의 이양은 법령 개정을 통해 권한의 주체 자체를 바꾸는 영구적 · 실질적 이전입니다. 이양된 사무는 수임기관의 고유사무가 되며, 권한을 이양한 기관은 해당 업무에 대한 권한을 원칙적으로 상실합니다. 이에 따라 상급기관의 지휘 · 감독권은 소멸하며, 수임기관은 독자적인 책임하에 자율적으로 권한을 행사하게 된다는 점에서 위임과 차이를 보입니다.

4) 권한의 내부위임

행정권한의 내부위임(Mandat, Übertragung der Zuständigkeitsausübung)은 행정청이 내부적인 업무 효율을 위해 결정권만 하급기관에 넘기고, 대외적인 명의와 책임은 자신이 그대로 보유하는 권한 행사의 유형입니다. 권한의 위임과 달리 내부위임은 법적 권한의 귀속이 변경되지 않는 행정청 내부의 사무 처리 방식에 불과하므로 법률의 근거를 반드시 요하는 것은 아니지만, 행정규칙(전결규정, 내부지침)에 근거를 두는 경우가 많습니다. 내부위임을 받은 수임기관은 위임청의 명의로 처분을 해야 하므로 항고소송의 피고는 위임청이 됩니다. 만약 내부위임의 수임기관이 자신의 명의로 처분을 했다면, 이는 권한 없는 자가 자신의 이름으로 처분을 행한 것이므로 주체에 하자가 있는 무효인 처분입니다.[1] 다만, 이때 내부위임의 명의를 위반한(수임기관이 자신의 명의로 행한) 처분에 대한 항고소송의 피고는 수임기관이 됩니다. 항고소송의 피고는 '처분을 행한 행정청'인데(행정소송법 제13조), 이는 처분서상에 처분권자로 표시된 자를 의미하기 때문입니다. 즉, 항고소송의 피고적격은 실질적 권한의 귀속 여부가 아니라 '외부적으로 누구의 명의로 처분이 발령되었는가'라는 외관을 기준으로 결정됩니다.

〈내부위임과 항고소송의 피고〉

구분	통상의 내부위임	처분 명의 위반이 있는 내부위임
처분 명의	위임기관	수임기관
법적 성격	적법한 권한 행사	권한 없는 자의 행위 : 무효
피고적격	위임기관	수임기관

한편, 실무상 내부위임과 위임전결의 구별이 문제되는 경우가 있습니다. 업무 현장에서는 '전결(專決)'이 흔히 사용되지만, '위임전결'이 제도적 개념에 보다 충실한 용례입니다. 굳이 양자를 구별하자면, 전결은 '의사결정 행위' 자체에 집중한 표현인 반면, 위임전결은 '권한의 분배'라는 제도적 근거를 포함한 용례입니다. 내부위임과 위임전결은 권한이 내부적으로만 이전되어 외부적 권한 행사는 여전히 위임기관 명의로 하는 점에서 본질적으로 동일합니다. 다만, 내부위임이 하급 행정기관 혹은 보조기관에 '사무처리'를 맡기는 데 주안점을 둔다면, 위임전결은 위임기관의 업무 부담 경감을 위해 내부 보조기관에게 '결재권'을 부여하는 점에서 제도적 의의를 일부 달리합니다.[2] 대개 위임전결에는 내부위임이 수반되지만, 내부위임이 있다고 하여 반드시 위임전결 권한이 부여되는 것은 아닙니다. 결과적으로 위임전결은 행정조직 내부의 의사결정 단계를 간소화하기 위한 내부위임의 한 형태라 할 수 있습니다. 이에 따라 실무상으로는 사무처리의 내부위임과 결재권의 부여라는 의미가 결합되어 혼용되는 것이 일반적이며, 대법원 판례 또한 내부위임된 사항에 대하여 전결권자가 결재한 경우를 '내부위임에 의한 전결'이라 표현하기도 합니다. 결국 내부위임과 위임전결은 모두 권한의 법적 귀속을 변경하지 않는다는

1) 이러한 판례 입장과는 달리 견해에 따라서는 내부위임의 수임기관이 보조기관인 경우라면 그 위법은 무효사유이지만, 행정청의 지위를 갖는 기관인 경우에는 취소할 수 있는 행위라는 예외적 취소설이 있는바, 경청할 만한 견해입니다.

2) 이를테면, 내부위임은 서울시장이 구청장에게 특정 인허가 업무를 처리하도록 내부적으로 위임하는 경우이고, 서울시 ○○과장이 결재하면 서울시장이 결재한 것과 동일한 효력을 갖도록 시스템화한 경우는 위임전결이라고 이해하면 됩니다.

법리적 본질을 공유하며 내부적인 집행 편의를 도모하는 행정적 장치인 점에서 양자의 개념적 차이를 강조할 실익은 크지 않습니다. 나아가 판례는 행정청 내부의 사무처리규정에 불과한 전결규정을 위반하여 원래의 전결권자 아닌 보조기관 등이 처분권자인 행정관청의 명의로 행정처분을 한 경우, 그 처분의 하자는 무효사유가 아닌 취소사유에 불과하다고 판시하였습니다. 이는 전결권의 배분이 어디까지나 조직 내부의 효율을 위한 것일 뿐, 대외적인 처분의 효력을 좌우하는 법정 요건은 아님을 시사합니다.

* **대판 1995.11.28, 94누6475** : "행정권한의 위임은 행정관청이 법률에 따라 특정한 권한을 다른 행정관청에 이전하여 수임관청의 권한으로 행사하도록 하는 것이어서 권한의 법적인 귀속을 변경하는 것이므로 법률이 위임을 허용하고 있는 경우에 한하여 인정된다 할 것이고, 이에 반하여 행정권한의 내부위임은 법률이 위임을 허용하고 있지 아니한 경우에도 행정관청의 내부적인 사무처리의 편의를 도모하기 위하여 그의 보조기관 또는 하급행정관청으로 하여금 그의 권한을 사실상 행사하게 하는 것이므로, 권한위임의 경우에는 수임관청이 자기의 이름으로 그 권한행사를 할 수 있지만 내부위임의 경우에는 수임관청은 위임관청의 이름으로만 그 권한을 행사할 수 있을 뿐 자기의 이름으로는 그 권한을 행사할 수 없는 것이므로, 원심이 같은 취지에서 피고의 이 사건 처분이 권한 없는 자에 의하여 행하여진 위법무효의 처분이라고 판시한 것은 정당하고, 논지는 이유 없다."
* **대판 1991.10.8, 91누520** : "행정관청이 특정한 권한을 법률에 따라 다른 행정관청에 이관한 경우와 달리 내부적인 사무처리의 편의를 도모하기 위하여 그의 보조기관 또는 하급행정관청으로 하여금 그의 권한을 사실상 행하도록 하는 내부위임의 경우에는 수임관청이 그 위임된 바에 따라 위임관청의 이름으로 권한을 행사하였다면 그 처분청은 위임관청이므로 그 처분의 취소나 무효확인을 구하는 소송의 피고는 위임관청으로 삼아야 한다."
* **대판 1998.2.27, 97누1105** : "전결과 같은 행정권한의 내부위임은 법령상 처분권자인 행정관청이 내부적인 사무처리의 편의를 도모하기 위하여 그의 보조기관 또는 하급 행정관청으로 하여금 그의 권한을 사실상 행사하게 하는 것으로서 법률이 위임을 허용하지 않는 경우에도 인정되는 것이므로, 설사 행정관청 내부의 사무처리규정에 불과한 전결규정에 위반하여 원래의 전결권자 아닌 보조기관 등이 처분권자인 행정관청의 이름으로 행정처분을 하였다고 하더라도 그 처분이 권한 없는 자에 의하여 행하여진 무효의 처분이라고는 할 수 없다."

〈행정권한의 행사 방식 비교〉

구분	권한의 위임	권한의 대리	권한의 위탁	내부위임 · 전결
개념	하급 행정기관 등에 권한 일부를 이전	행정청 권한의 전부 또는 일부를 다른 행정기관이 대리하여 행사	공공단체나 민간에 권한 일부를 이전	보조기관이나 하급 행정기관에 사무의 결정권만을 부여하는 것
법적 근거	반드시 필요(권한의 주체가 변경되므로)	법정대리는 필요, 임의대리는 견해 대립	반드시 필요(정부조직법 제6조 제3항, 위임위탁규정 제3조 및 제11조, 지방자치법 117조)	불요(내부규정으로 가능)
권한 이전	수임기관으로 권한 이전	이전되지 않음(피대리관청이 권한 보유	수탁기관으로 권한 이전	이전되지 않음(위임기관이 권한 보유
처분 명의	수임기관	피대리관청	수탁기관	위임기관
항고소송 피고	수임기관	피대리관청	수탁기관	위임기관

3. 공무원 관계의 발생 · 변경 · 소멸

1) 공무원 관계의 발생

공무원 관계의 발생(임용)은 국가와 공무원 지망자 사이에 공법상 근무관계가 성립하는 것을 의미합니다. 공무원 임용은 임용권자의 일방적인 결정만으로 성립하지 않으며, 상대방의 신청 또는 동의를 필수 요건으로 하는 쌍방적 행정행위입니다. 따라서 상대방의 신청이나 동의가 없는 임용은 원칙적으로 무효입니다. 공무원 임용의 주요 쟁점을 아래에서 정리합니다.

① 공무원 임용의 결격사유(국가공무원법 제33조)는 공무원으로 임용되기 위한 절대적·소극적 요건입니다. 결격사유가 있는 자를 임용하는 것은 당연무효이며, 재직 중 결격사유에 해당하게 되면 당연퇴직 사유가 됩니다(동법 제69조 제1호). 이러한 법리에 따라 임용 당시 결격사유를 발견하지 못하고 임용하였다가 사후에 이를 발견하여 행하는 '임용취소 통지' 내지 '당연퇴직 통보'는 법률상 당연히 발생하는 신분 상실의 결과를 확인

하여 알려주는 관념의 통지에 불과하므로 처분성이 부인됩니다. 비록 임용권자가 임용취소 통지 등에서 형식적으로 임용취소라는 표현을 사용하더라도, 이는 새로운 법적 효과를 창출하여 신분을 박탈하는 형성적 행위가 아니므로 항고소송의 대상이 되는 행정처분이 아닙니다. 이 경우 상대방은 당사자소송으로서 공무원지위확인의 소를 제기하여 다투어야 합니다(행정소송규칙 제19조 제2호 바목). 한편, 공무원 임용의 결격사유는 채용후보자 명부에 등록한 때가 아니라 공무원 관계가 설정되는 임용 당시 시행되던 법률을 기준으로 판단한다는 것이 판례의 입장입니다.

② 임용 당시 국가의 과실에 의하여 임용결격자임을 밝혀내지 못하였더라도 무효인 임용이 유효로 전환되지 않습니다. 결격사유가 사후에 발견되면 임용행위는 소급하여 효력을 잃으며, 그간의 공무원 신분은 인정되지 않습니다. "장기간 공무원으로 근무했는데 뒤늦게 결격사유를 이유로 임용을 무효화하는 것은 신뢰보호원칙이나 신의칙에 반하지 않는가"라는 반론이 제기될 수 있지만, 대법원은 국가의 중대한 공익상 요청을 근거로 결격사유에 대해 완고한 입장입니다. 다만, 결격사유가 있던 자에 대하여 경력을 고려하여 별도의 특별임용행위가 있었고 해당 특별임용행위 당시에는 결격사유가 해소되었다면, 그 별도의 임용행위는 결격사유가 있는 무효인 임용이 아니라 특별임용의 경력요건이 결여된 취소할 수 있는 행위에 해당합니다.

③ 비록 임용이 무효라 하더라도, 그동안 수행한 행정처분의 효력은 국민의 신뢰 보호를 위해 유효하게 취급될 수 있습니다(사실상 공무원 이론). 또한 결격사유로 임용행위가 당연무효라 하더라도 그 공무원이 사실상 근무하여 국가에 노무를 제공하였고 이미 지급된 봉급은 노동에 대한 등가물로 볼 수 있으므로, 국가가 해당 공무원을 상대로 이미 지급한 봉급의 반환을 청구하는 것은 허용되지 않습니다. 같은 맥락에서 임용이 무효인 공무원이라 할지라도 실질적인 근로를 제공했다는 점에서, 국가는 근로기준법에 따른 퇴직금을 지급할 의무가 있습니다.

④ 반면, 공무원연금법에 따른 퇴직급여 등은 적법한 공무원 신분을 취득하여 근무하다가 퇴직하는 경우에 지급되는 것이므로, 임용 당시 결격사유가 있어 그 임용행위가 당연무효인 경우에는 사실상 공무원으로 근무하였더라도 법률상 공무원 신분을 취득한 것으로 볼 수 없습니다. 따라서 이러한 임용결격자는 적법한 지위를 갖추지 못한 자로서 공무원연금법 소정의 퇴직급여 등을 청구할 수 없으며, 이는 재직 중 당연퇴직 사유가 발생하여 신분을 상실한 자가 사후에 사실상 계속 근무한 경우에도 마찬가지입니다. 즉, 당연퇴직 이후의 사실상 근무 기간은 법령상 공무원으로서의 정당한 근무기간이 아니므로 공무원연금법상의 재직기간에 합산될 수 없습니다(대판 2003.5.16, 2001다61012).

* **대판 1987.4.14, 86누459** : "가. 국가공무원법에 규정되어 있는 공무원임용결격사유는 공무원으로 임용되기 위한 절대적인 소극적 요건으로서 공무원관계는 국가공무원법 제38조, 공무원임용령 제11조의 규정에 의한 채용후보자 명부에 등록한 때가 아니라 국가의 임용이 있는 때에 설정되는 것이므로 공무원임용결격사유가 있는지의 여부는 채용후보자 명부에 등록한 때가 아닌 임용당시에 시행되던 법률을 기준으로 하여 판단하여야 한다.
나. 임용당시 공무원임용결격사유가 있었다면 비록 국가의 과실에 의하여 임용결격자임을 밝혀내지 못하였다 하더라도 그 임용행위는 당연무효로 보아야 한다.
다. 국가가 공무원임용결격사유가 있는 자에 대하여 결격사유가 있는 것을 알지 못하고 공무원으로 임용하였다가 사후에 결격사유가 있는 자임을 발견하고 공무원 임용행위를 취소하는 것은 당사자에게 원래의 임용행위가 당초부터 당연무효이었음을 통지하여 확인시켜 주는 행위에 지나지 아니하는 것이므로, 그러한 의미에서 당초의 임용처분을 취소함에 있어서는 신의칙 내지 신뢰의 원칙을 적용할 수 없고 또 그러한 의미의 취소권은 시효로 소멸하는 것도 아니다."
* **대판 1996.2.27, 95누9617** : "공무원연금법에 의한 퇴직급여 등은 적법한 공무원으로서의 신분을 취득하여 근무하다가 퇴직하는 경우에 지급되는 것이고, 당연무효인 임용결격자에 대한 임용행위에 의하여 공무원의 신분을 취득할 수는 없으므로, 임용결격자가 공무원으로 임용되어 사실상 근무하여 왔다고 하더라도 적법한 공무원으로서의 신분을 취득하지 못한 자로서는 공무원연금법 소정의 퇴직급여 등을 청구할 수 없으며, 나아가 임용결격사유가 소멸된 후에 계속 근무하여 왔다고 하더라도 그때부터 무효인 임용행위가 유효로 되어 적법한 공무원의 신분을 회복하고 퇴직급여 등을 청구할 수 있다고 볼 수는 없다."
* **대판 1998.10.23, 98두12932** : "당초 임용 이래 공무원으로 근무하여 온 경력에 바탕을 두고 구 지방공무원법(1991. 5. 31. 법률 제4370호로 개정되기 전의 것) 제27조 제2항 제3호 등을 근거로 하여 특별임용 방식으로 임용이 이루어졌다면 이는 당초 임용과는 별도로 그 자체가 하나의 신규임용이라고 할 것이므로, 그 효력도 특별임용이 이루어질 당시를 기준으로 판단하여야 할 것인데, 당초 임용 당시에는 집행유예 기간중에 있었으나 특별임용 당시 이미 집행유예 기간 만료일로부터 2년이 경과하였다면 같은 법 제31조 제4호에서 정하는 공무원 결격사유에 해당할 수 없고, 다만 당초 임용과의 관계에서는 공무원 결격사유에 해당하여 당초 처분 이후 공무원으로 근무하였다고 하더라도 그것이 적법한 공무원 경력으로 되지 아니하는 점에서 특별임용의 효력에 영향을 미친다고 할 수 있으나, 위 특별임용의 하자는 결국 소정의 경력을 갖추지 못한 자에 대하여 특별임용시험의 방식으로 신규임용을 한 하자에 불과하여 취소사유가 된다고 함은 별론으로 하고, 그 하자가 중대·명백하여 특별임용이 당연무효로 된다고 할 수는 없다."
* **대판 2004.7.22, 2004다10350** : "임용행위가 구 국가공무원법에 위배되어 당연무효임에도 계속 근무하여 온 경우, 임용시부터 퇴직시까지의 근로는 법률상 원인 없이 제공된 부당이득이므로 임금을 목적으로 계속하여 근로를 제공하여 온 퇴직자에 대하여 퇴직급여 중 적어도 근로기준법상 퇴직금에 상당하는 금액은 그가 재직기간 중 제공한 근로에 대한 대가로서 지급되어야 한다고 한 사례"

2) 공무원 관계의 변경

이하에서는 공무원 관계의 변경 사유 중 승진, 전보 및 직위해제를 중심으로 관련 판례에 나타난 주요 쟁점을 정리합니다.

(1) 승진

① 공무원이 기존의 하위직급에서 상위직급으로 임용되는 것을 승진이라고 합니다. 승진과 관련하여 우선, 공무원에게 승진임용 신청권이 인정되어 그 거부에 대해 거부처분취소소송으로 다툴 수 있는지 문제됩니다. 공무원법령에 공무원이 임용권자에게 승진을 요구할 수 있다는 명문의 규정이 없고, 승진은 조직의 인력 수급과 예산 등을 고려해야 하는 고도의 재량 판단 사항이므로 원칙적으로 공무원의 승진임용 신청권은 인정되지 않습니다. 그러나 판례는 교육공무원의 승진과 관련하여, 승진후보자명부에 포함되어 승진 대상 범위 내에 있는 자에게는 승진임용 여부에 대해 심사를 받을 조리상 신청권이 인정된다고 보아 그 후보자를 승진임용 인사발령에서 제외하는 행위의 처분성을 긍정하였습니다.

② 다만, 시험승진후보자명부에 등재되어 있던 자가 그 명부에서 삭제됨으로써 승진임용 대상에서 제외되었다 하더라도, 그와 같은 시험승진후보자명부에서의 삭제행위는 결국 명부에 등재된 자에 대한 승진 여부를 결정하기 위한 행정청 내부의 준비과정에 불과합니다. 이는 그 자체로 어떠한 권리나 의무를 설정하거나 법률상 이익에 직접적인 변동을 초래하는 것이 아니므로 판례는 해당 삭제행위의 처분성을 부정하였습니다(대판 1997.11.14, 97누7325).

③ 승진행위는 임용권자의 광범위한 재량이 인정되는 영역이므로 인사위원회의 심의·의결 결과와 다른 내용으로 승진대상자를 결정하여 승진임용을 하더라도 위법한 것은 아니라고 하였습니다.

* **대판 2018.3.27, 2015두47492** : "임용권자는 3배수의 범위 안에 들어간 후보자들을 대상으로 승진임용 여부를 심사하여야 하고, 이에 따라 승진후보자 명부에 포함된 후보자는 임용권자로부터 정당한 심사를 받게 될 것에 관한 절차적 기대를 하게 된다. 그런데 임용권자 등이 자의적인 이유로 승진후보자 명부에 포함된 후보자를 승진임용에서 제외하는 처분을 한 경우에, 이러한 승진임용제외 처분을 항고소송의 대상이 되는 처분으로 보지 않는다면, 달리 이에 대하여는 불복하여 침해된 권리

또는 법률상 이익을 구제받을 방법이 없다. 따라서 교육공무원법상 승진후보자 명부에 의한 승진심사 방식으로 행해지는 승진임용에서 승진후보자 명부에 포함되어 있던 후보자를 승진임용인사발령에서 제외하는 행위는 불이익처분으로서 항고소송의 대상인 처분에 해당한다고 보아야 한다."

* **대판 2009.7.23, 2008두10560** : "4급 공무원이 당해 지방자치단체 인사위원회의 심의를 거쳐 3급 승진대상자로 결정되고 임용권자가 그 사실을 대내외에 공표까지 하였다면, 그 공무원은 승진임용에 관한 법률상 이익을 가진 자로서 임용권자에 대하여 3급 승진임용을 신청할 조리상의 권리가 있고, 이러한 공무원으로부터 소청심사청구를 통해 승진임용신청을 받은 행정청으로서는 상당한 기간 내에 그 신청을 인용하는 적극적 처분을 하거나 각하 또는 기각하는 등의 소극적 처분을 하여야 할 법률상의 응답의무가 있다. 그럼에도, 행정청이 위와 같은 권리자의 신청에 대해 아무런 적극적 또는 소극적 처분을 하지 않고 있다면 그러한 행정청의 부작위는 그 자체로 위법하다."
* **대판 2022.2.11, 2021도13197** : "징계에 관해서는 인사위원회의 징계의결 결과에 따라 징계처분을 하여야 한다고 분명하게 규정하고 있는 반면(지방공무원법 제69조 제1항), 승진임용에 관해서는 인사위원회의 사전심의를 거치도록 규정하였을 뿐 그 심의·의결 결과에 따라야 한다고 규정하고 있지 않으므로, 임용권자는 인사위원회의 심의·의결 결과와는 다른 내용으로 승진대상자를 결정하여 승진임용을 할 수 있다. '지방공무원 임용령' 제38조의5가 '임용권자는 특별한 사유가 없으면 소속 공무원의 승진임용을 위한 인사위원회의 사전심의 또는 승진의결 결과에 따라야 한다.'라고 규정하고 있으나 위 규정은 지방공무원법의 구체적인 위임에 따른 것이 아니므로 그로써 임용권자의 인사재량을 배제한다고 볼 수 없으며, 문언 자체로도 특별한 사유가 있으면 임용권자가 인사위원회의 심의·의결 결과를 따르지 않을 수 있음을 전제하고 있으므로 임용권자로 하여금 가급적 인사위원회의 심의·의결 결과를 존중하라는 취지로 이해하여야 한다."

(2) 전보

전보(轉補)라 함은 같은 직급 내에서의 보직 변경 또는 고위공무원단 직위 간의 보직 변경을 말합니다(국가공무원법 제5조 제6호). 전보명령은 특별권력관계 내의 내부관계(경영수행관계)에 해당하므로 원칙적으로 처분이 아니지만, 정당한 사유 없이 공무원의 직무집행권을 침해하거나 실질이 징벌적 처분에 해당하는 경우(좌천성 전보)에는 예외적으로 처분성을 인정하는 것이 타당합니다.

* **대판 2009.5.28, 2006다16215** : "공무원에 대한 전보인사가 법령이 정한 기준과 원칙에 위배되거나 인사권을 다소 부적절하게 행사한 것으로 볼 여지가 있다 하더라도 그러한 사유만으로 그 전보인사가 당연히 불법행위를 구성한다고 볼 수는 없고, 인사권자가 당해 공무원에 대한 보복감정 등

다른 의도를 가지고 인사재량권을 일탈·남용하여 객관적 정당성을 상실하였음이 명백한 경우 등 전보인사가 우리의 건전한 사회통념이나 사회상규상 도저히 용인될 수 없음이 분명한 경우에, 그 전보인사는 위법하게 상대방에게 정신적 고통을 가하는 것이 되어 당해 공무원에 대한 관계에서 불법행위를 구성한다. 그리고 이러한 법리는 구 부패방지법(2001. 7. 24. 법률 제6494호)에 따라 다른 공직자의 부패행위를 부패방지위원회에 신고한 공무원에 대하여 위 신고행위를 이유로 불이익한 전보인사가 행하여진 경우에도 마찬가지이다."

☞ 비록 위 판결이 본안판단 사항으로 전보의 위법성을 심사하였으나, 그 실질이 손해배상청구 사건이라는 점을 고려할 때 전보명령의 처분성을 정면으로 긍정한 판례로 단정하기에는 한계가 따릅니다. 그러나 하급심 판례 중에는 "형평에 반하거나 특정인에게 특별히 불리한 결과를 가져오는 등 재량권의 범위를 벗어난 전보발령에 대해서는 그 당사자가 소송을 통하여 이를 시정받을 수 있는 길을 열어 줄 실제적인 필요성이 있다"는 점을 들어 전보명령의 처분성을 긍정한 사례가 존재합니다(서울고판 1994.9.6, 94구1496).

(3) 직위해제

가. 의의 : 징계 이외의 공무원에 대한 신분상 불이익 조치

직위해제란 공무원으로서의 신분은 유지시키되 직무 담임만을 일시적으로 해제하는 보직의 해제를 뜻합니다. 직위해제는 일반적으로 공무원이 직무수행능력이 부족하거나 근무성적이 극히 불량한 경우, 공무원에 대한 중징계 의결이 요구된 경우, 공무원이 형사사건으로 기소된 경우 등에 행해집니다. 이는 당해 공무원이 계속 직무를 담당하게 될 경우 예상되는 업무상의 장애 등을 예방하기 위하여 일시적으로 당해 공무원에게 직위를 부여하지 않는 것이므로, 과거 비위행위에 대하여 질서유지를 목적으로 행하는 징벌적 제재인 징계와는 그 성질이 다릅니다(대판 2003.10.10, 2003두5945). 따라서 동일한 사유로 직위해제를 하고 다시 징계를 하더라도 일사부재리 원칙에 어긋나지 않습니다. 이처럼 직위해제는 파면, 해임, 강등 등의 징계처분이 아닌 인사상 가처분으로서의 잠정적 조치라는 성격을 가집니다.

나. 직위해제 사유와 효력

직위해제 사유에 대해서는 국가공무원법 제73조의3 제1항 각호에서 규정합니다. '직무수행능력이 부족하거나 근무성적이 극히 나쁜 경우(제2호)'와 '파면·해임·강등 또는 정직에 해당하는 징계 의결이 요구 중인 경우(제3호), 약식명령을 제외하고 형사사건으로 기소된 경우(제4호) 및 금품비위, 성범죄 등으로 인하여 감사원 및 검찰·경찰 등 수사기관에서 조사나 수사 중인 자로서 비위의 정도가 중대하고 이로 인하여 정상적인 업무수행을 기대하기 현저히 어려운 경우(제6호)'가 경합할 때에는 후자의 각 사유로 직위해제처분을 하여야 합니다(동법 제73조의3 제5항). 한편, 판례는 형사사건으로 기소되었다는 이유만으로 별도의 구체적 고려 없이 직위해제처분을 하는 것은 재량권의 범위를 일탈·남용한 것으로 보았습니다.

> * **대판 1999.9.17, 98두15412** : "구 국가공무원법 제73조의2 제1항 제4호에 의한 직위해제 제도는 유죄의 확정판결을 받아 당연퇴직되기 전단계에서 형사소추를 받은 공무원이 계속 직위를 보유하고 직무를 수행한다면 공무집행의 공정성과 그에 대한 국민의 신뢰를 저해할 구체적인 위험이 생길 우려가 있으므로 이를 사전에 방지하고자 하는 데 그 목적이 있는바, 헌법상의 무죄추정의 원칙이나 위와 같은 직위해제제도의 목적에 비추어 볼 때, 형사사건으로 기소되었다는 이유만으로 직위해제처분을 하는 것은 정당화될 수 없고, 당사자가 당연퇴직 사유인 국가공무원법 제33조 제1항 제3호 내지 제6호에 해당하는 유죄판결을 받을 고도의 개연성이 있는지 여부, 당사자가 계속 직무를 수행함으로 인하여 공정한 공무집행에 위험을 초래하는지 여부 등 구체적인 사정을 고려하여 그 위법 여부를 판단하여야 할 것이다."

직위해제된 공무원은 직무에 종사할 수 없어 출근을 할 수 없으므로 봉급의 일부만 지급받습니다(공무원보수규정 제29조). 임용권자는 국가공무원법 제73조의3 제1항 제2호의 사유로 직위해제된 자에게 3개월의 범위에서 대기를 명하며(동조 제3항), 직무수행능력 부족으로 직위해제된 공무원이 3개월의 대기발령 기간 내에 능력을 회복하지 못하면 직권면직이 가능합니다. 동법 제73조의3 제1항 각호의 사유가 소멸되면 임용권자는 지체 없이 직위를 부여하여야 합니다(동조 제2항).

직위해제처분은 '행정작용의 성질상 행정절차를 거치기 곤란하거나 거칠 필요가 없다고 인정되는 사항 또는 행정절차에 준하는 절차를 거친 사항'에 해당하므로(행정절차법 제3조 제2항 제9호 및 동법 시행령 제2조 제3호), 처분의 사전통지 및 의견청취 등에 관한 행정절차법 규정이 적용되지 않음은 제21강에서 이미 살펴본 바와 같습니다(대판 2014.5.16, 2012두26180).

다. 직위해제처분의 항고소송상 쟁점

① 직권면직처분과의 하자의 승계 : 판례상 직위해제처분의 취소사유인 하자는 독립

된 별개의 효과를 목적으로 하는 직권면직처분에 승계되지 않습니다. 다만, 직무수행능력 부족을 이유로 한 직위해제의 경우 대기기간 동안 지위가 불안정한 공무원에게 제소기간 내에 제소를 기대하기는 현실적으로 어렵습니다. 따라서 국민의 권리구제 기회 확대라는 측면에서 직위해제와 직권면직 간 예외적으로 하자의 승계를 긍정하여 직위해제처분의 하자를 직권면직처분 취소소송에서 다툴 수 있도록 하자는 견해에 찬성합니다.

② 복수의 직위해제처분과 협의의 소익 : 직위해제는 특정 공무원으로부터 현재의 직위를 박탈하는 조치이므로 법리상 복수의 직위해제가 동시에 존재할 수는 없습니다. 따라서 서로 다른 사유로 두 개의 직위해제처분이 연속하여 행해진 경우, 후행하는 2차 처분에 의해 선행 1차 처분은 묵시적으로 철회된 것으로 해석함이 타당합니다. 따라서 1차 직위해제처분에 대한 취소소송 계속 중 2차 직위해제처분이 발령되었다면, 1차 처분은 효력을 상실하여 더 이상 다툴 소의 이익이 없으므로 법원은 각하판결을 하게 됩니다. 다만, 1차 처분으로 인해 이미 입은 급여 감액 등의 구체적인 불이익은 원칙적으로 2차 처분을 다툼으로써 구제되는 것이 상례이지만, 이와 달리 2차 처분을 다투어도 해당 불이익을 해소할 수 없거나 위법한 처분의 반복 가능성이 있어 법률적 해명이 필요한 예외적인 경우에는 협의의 소익이 인정될 여지도 있습니다.

③ 후속 징계처분과 협의의 소익 : 직위해제처분 후 동일한 사유로 해임 등 징계처분이 이루어지면 선행 직위해제처분은 그 효력을 상실합니다. 직위해제는 징계절차의 진행 등 일정한 사유가 있을 때 당해 공무원이 직무를 수행하지 못하도록 하는 잠정적 조치이므로, 종국적 처분인 징계처분이 행해지면 선행 직위해제처분은 징계처분에 흡수되거나 그에 의하여 묵시적으로 철회(실효)된 것으로 보아야 하기 때문입니다(물론 양자 간 하자의 승계도 부정됩니다). 따라서 원칙적으로 선행 직위해제처분의 취소를 구할 협의의 소익이 부정되어 각하 대상이 됩니다. 그러나 직위해제처분의 효력이 상실되었다 하더라도 그 취소로 인하여 회복되는 법률상 이익이 잔존하는 경우에는 예외적으로 소의 이익이 인정됩니다. 공무원보수규정 등 관련 법령에 따라 직위해제처분이 무효이거나 취소될 경우 처분 기간 중 미지급된 봉급 등을 소급하여 지급받을 수 있는 권리가 발생하는 등의 구체적인 법률효과가 기대되는 상황이라면, 이미 실효된 처분이라 할지라도 그 위법성을 확인받아 부수적인 불이익을 제거할 필요가 있으므로 취소소송을 계속할 소의 이익이 긍정됩니다. 대법원은 근로자의 직위해제 사건에서 동일한 취지의 판결을 행한 바 있습니다.

* **대판 2003.10.10, 2003두5945** : "행정청이 공무원에 대하여 새로운 직위해제사유에 기한 직위해제처분을 한 경우 그 이전에 한 직위해제처분은 이를 묵시적으로 철회하였다고 봄이 상당하다 할 것이므로(대법원 1996. 10. 15. 선고 95누8119 판결 참조), 이와 같은 취지에서 원심이, 피고가 위 원고들에 대하여 2001. 2. 1.자로 국가공무원법 제73조의2 제1항 제2호에 의거하여 직위를 해제하였다가 2001. 4. 16. 위 원고들이 징계의결 요구되자 같은 날짜로 국가공무원법 제73조의2 제1항 제3호에 의거하여 새로이 직위해제처분을 하였으므로, 위 원고들의 이 사건 소 중 2001. 2. 1.자 직위해제처분의 취소를 구하는 부분은 존재하지 않는 행정처분을 대상으로 한 것으로서 그 소의 이익이 없어 부적법하다고 판단한 것은 정당한 것으로 수긍이 가고 …"
* **대판 2010.7.29, 2007두18406** : "직위해제처분은 근로자로서의 지위를 그대로 존속시키면서 다만 그 직위만을 부여하지 아니하는 처분이므로 만일 어떤 사유에 기하여 근로자를 직위해제한 후 그 직위해제 사유와 동일한 사유를 이유로 징계처분을 하였다면 뒤에 이루어진 징계처분에 의하여 그 전에 있었던 직위해제처분은 그 효력을 상실한다. 여기서 직위해제처분이 효력을 상실한다는 것은 직위해제처분이 소급적으로 소멸하여 처음부터 직위해제처분이 없었던 것과 같은 상태로 되는 것이 아니라 사후적으로 그 효력이 소멸한다는 의미이다. 따라서 직위해제처분에 기하여 발생한 효과는 당해 직위해제처분이 실효되더라도 소급하여 소멸하는 것이 아니므로, 인사규정 등에서 직위해제처분에 따른 효과로 승진·승급에 제한을 가하는 등의 법률상 불이익을 규정하고 있는 경우에는 직위해제처분을 받은 근로자는 이러한 법률상 불이익을 제거하기 위하여 그 실효된 직위해제처분에 대한 구제를 신청할 이익이 있다."

3) 공무원 관계의 소멸

공무원 관계는 당연퇴직과 면직을 원인으로 소멸합니다. 당연퇴직 사유는 국가공무원법 제69조와 지방공무원법 제61조에서 규정하고 있습니다. 당연퇴직은 사유 발생과 동시에 법률상 당연히 퇴직의 효력이 발생하므로, 사후적으로 그 사유가 소멸하더라도 퇴직의 효력에는 영향을 미치지 않습니다. 예를 들어 공무원이 선고유예를 받아 당연퇴직된 후 유예기간이 지나 면소된 것으로 간주되더라도, 이미 발생한 당연퇴직의 효력은 유지됩니다(대판 2002.7.26, 2001두205). 한편, 파면처분취소소송 계속 중 정년에 도달하여 당연퇴직 사유가 발생했더라도, 인용판결을 통해 파면 시점부터 정년까지의 봉급 등을 지급받을 수 있으므로 파면처분의 취소를 구할 협의의 소익이 인정됩니다. 또한 당연퇴직은 임용권자의 별도 처분 없이도 효력이 발생하므로 퇴직발령 통지는 항고소송의 대상이 되지 않는 관념의 통지(사실상의 통지)에 불과합니다.

면직은 의원면직(依願免職)과 직권면직으로 구분됩니다. 의원면직은 공무원의 사직원

제출과 임용권자의 수리(면직처분)를 요건으로 하는 쌍방적 행정행위입니다. 사직원의 제출은 '사인의 공법행위'이며, 사직원의 수리는 준법률행위적 행정행위인 '수리'에 해당합니다. 공무원의 사직 의사표시(사직원의 제출)는 그에 따른 면직처분(사직원의 수리)이 확정적으로 행해진 후에는 더 이상 철회하거나 취소할 수 없습니다.

* **대판 2001.8.24, 99두9971** : "[1] 일괄사표의 제출과 선별수리의 형식으로 공무원에 대한 의원면직처분이 이루어진 경우, 사직원 제출행위가 강압에 의하여 의사결정의 자유를 박탈당한 상태에서 이루어진 것이라고 할 수 없고 민법상 비진의 의사표시의 무효에 관한 규정은 사인의 공법행위에 적용되지 않는다는 등의 이유로 그 의원면직처분을 당연무효라고 할 수 없다고 한 사례.
[2] 공무원이 한 사직 의사표시의 철회나 취소는 그에 터잡은 의원면직처분이 있을 때까지 할 수 있는 것이고, 일단 면직처분이 있고 난 이후에는 철회나 취소할 여지가 없다."

4. 공무원의 보수청구권·연금청구권 행사를 위한 행정소송 유형

보수청구권은 공무원의 재산상 권리의 일종으로서 공권에 해당합니다. 공무원 보수의 지급 여부나 그 구체적 금액 등은 국가공무원법 및 공무원보수규정에 의해 법령상 명확히 확정되어 있습니다. 따라서 공무원이 미지급 보수의 지급을 청구할 경우, 별도의 행정처분을 기다릴 필요 없이 곧바로 공법상 당사자소송을 제기할 수 있습니다.

반면, 공무원연금법상 퇴직수당 등의 급여를 받을 권리는 법령의 규정만으로 직접 발생하는 것이 아니라, 급여를 받을 권리를 가진 자가 소속 기관장의 확인을 얻어 신청함에 따라 공무원연금관리공단이 그 지급결정을 함으로써 비로소 구체적인 권리가 발생합니다. 이때 공무원연금공단의 급여지급결정은 단순히 수급대상자의 확인뿐만 아니라 구체적인 급여액을 결정하는 행정처분의 성격을 갖습니다. 따라서 급여를 받으려고 하는 자는 우선 공단에 급여지급을 신청하여야 하며, 공단이 이를 거부하거나 일부 금액만 인정하는 결정을 하는 경우 그 결정을 대상으로 항고소송을 제기하여 구체적 권리를 인정받아야 합니다. 이러한 절차 없이 곧바로 공단을 상대로 급여지급을 구하는 당사자소송을 제기하는 것은 허용되지 않습니다(대판 2010.5.27, 2008두5636).

다만, 이미 퇴직연금을 지급받아 오던 중 법령의 개정으로 인해 퇴직연금 중 일부 금액의 지급이 정지된 경우에는 소구(訴求) 방법을 달리해야 합니다. 이때는 최초 급여지급결정 시 확인된 요건사실을 바탕으로 개정 법령에 따라 퇴직연금이 산정·확정되는 것이지, 공단의 퇴직연금 결정·통지에 의하여 비로소 그 금액이 확정되는 것이 아니기 때문입니다. 즉, 퇴직연금 중 일부 금액에 대한 공단의 지급거부결정은 퇴직연금청구권을 형성·확정하는 행정처분이 아니라, 그 지급의무의 존부 및 범위에 관하여 사실상·법률상 의견을 밝힌 관념의 통지에 불과합니다. 이 경우 미지급 퇴직연금의 지급을 구하는 소송은 공법상의 법률관계에 관한 소송인 당사자소송에 의하여야 합니다(대판 2004.12.24, 2003두15195).

5. 공무원에 대한 징계와 권리구제

1) 공무원의 징계책임

징계란 공무원의 의무 위반에 대해 공무원 관계의 질서유지를 위하여 가하는 행정적 제재를 말합니다.[1] 징계는 고도의 정책적 결정 사항이므로 징계 여부, 징계의 종류 및 구체적 양정에는 재량이 인정됩니다. 징계가 특별권력관계에 바탕을 두고 내부 질서유지를 목적으로 하는 데 반해, 형벌은 일반통치권에 기하여 사회 법질서 유지를 위하여 부과되는 것이므로 양자는 그 권력적 기초와 행사 목적을 달리합니다. 따라서 형사사건에서 유죄가 확정되기 전이라도 징계처분을 할 수 있으며, 동일한 행위에 대해 형벌과 징계를 병과하더라도 원칙적으로 일사부재리의 원칙에 위반되지 않습니다(상호 독립의 관계). 또한, 면소판결이 있었더라도 징계처분은 가능하며, 형사재판에서 합리적 의심을 배제할 정도로 범죄사실을 확신하기 어렵다는 이유로 무죄가 선고되었더라도(무죄추정의 원칙) 그러한 사정만으로 행정소송에서 징계사유의 존재를 부정할 것은 아닙니다(대판 2018.4.12, 2017두74702). 이는 행정소송과 형사소송의 증명 정도가 각각 '고도의 개연성 입증'과 '합리적 의심의 여지가 없는 입증'으로 상이하기 때문입니다.

다만, 양자 모두 공무원의 법규 위반에 대한 제재라는 점에서는 상호 일정한 관련성

---

1) 국가공무원법 제78조(징계 사유) ① 공무원이 다음 각 호의 어느 하나에 해당하면 징계 의결을 요구하여야 하고 그 징계 의결의 결과에 따라 징계처분을 하여야 한다.
   1. 이 법 및 이 법에 따른 명령을 위반한 경우
   2. 직무상의 의무(다른 법령에서 공무원의 신분으로 인하여 부과된 의무를 포함한다)를 위반하거나 직무를 태만히 한 때
   3. 직무의 내외를 불문하고 그 체면 또는 위신을 손상하는 행위를 한 때

하에 있습니다. 수사 중인 사건에 대하여 수사개시 통보를 받은 경우 징계절차를 진행하지 않을 수 있으며(국가공무원법 제83조 제2항), 징계사유의 존재를 기초로 유죄판결이 확정되었다면 이에 근거하여 징계책임을 물을 수 있습니다.

2) 징계 절차와 징계의 종류

징계는 〈직무감찰 등 징계조사 → 징계의결 요구(국가공무원법 제78조 제1항) → 징계위원회 의결(동법 제82조 제1항)[1] → 징계처분〉의 절차를 거칩니다. 징계대상자의 방어권 보장을 위해 충분한 절차적 권리가 담보되어야 하므로, 징계위원회의 의결 절차에서 징계대상자의 방어권 행사에 실질적인 지장이 초래된 경우에는 특별한 사정이 없는 한 후속 징계처분은 위법합니다. 징계처분은 파면·해임의 경우 임용권자가(또는 임용권을 위임한 상급 감독기관의 장이), 그 외 징계처분은 징계위원회가 설치된 소속기관의 장이 행합니다(동법 제82조 제1항). 한편, 징계처분권자는 징계위원회 의결에 구속되지만(동법 제82조 제1항), 징계의결 요구권자가 징계위원회의 의결이 가볍다고 인정하면 직근 상급기관 징계위원회에 심사 또는 재심사를 청구할 수 있습니다(단, 직근 상급기관이 없는 경우에는 해당 징계위원회에 청구함)(제2항). 공무원이 적극행정을 추진한 결과에 대하여(행정기본법 제4조 참조) 해당 공무원의 행위에 고의 또는 중대한 과실이 없다고 인정되는 경우에는 징계책임이 면제될 수 있습니다(국가공무원법 제50조의2 제3항).

* **대판 2012.6.28, 2011두20505** : "공무원징계령 제7조 제6항 제3호에 의하면, 공무원에 대한 징계의결을 요구할 때는 징계사유의 증명에 필요한 관계 자료뿐 아니라 '감경대상 공적 유무' 등이 기재된 확인서를 징계위원회에 함께 제출하여야 하고, 경찰 공무원 징계양정 등에 관한 규칙 제9조 제1항 제2호 및 [별표 10]에 의하면 경찰청장의 표창을 받은 공적은 징계양정에서 감경할 수 있는 사유의 하나로 규정되어 있다. 위와 같은 관계 법령의 규정 및 기록에 비추어 보면, <u>징계위원회의 심의 과정에 반드시 제출되어야 하는 공적 사항이 제시되지 않은 상태에서 결정한 징계처분은 징계양정이 결과적으로 적정한지 그렇지 않은지와 상관없이 법령이 정한 징계절차를 지키지 않은 것으로서 위법하다.</u>"
* **대판 2018.3.13, 2016두33339** : "[2] … <u>행정절차법의 적용이 제외되는 공무원 인사관계 법령에 의한 처분에 관한 사항</u>이란 성질상 행정절차를 거치기 곤란하거나 불필요하다고 인정되는 처분이나

1) 지방공무원에 대해서는 인사위원회의 의결을 거쳐 임용권자가 징계처분을 합니다(지방공무원법 제72조 제1항).

행정절차에 준하는 절차를 거치도록 하고 있는 처분에 관한 사항만을 말하는 것으로 보아야 한다. 이러한 법리는 '공무원 인사관계 법령에 의한 처분'에 해당하는 육군3사관학교 생도에 대한 퇴학처분에도 마찬가지로 적용된다. 그리고 행정절차법 시행령 제2조 제8호는 '학교·연수원 등에서 교육·훈련의 목적을 달성하기 위하여 학생·연수생들을 대상으로 하는 사항'을 행정절차법의 적용이 제외되는 경우로 규정하고 있으나, 이는 교육과정과 내용의 구체적 결정, 과제의 부과, 성적의 평가, 공식적 징계에 이르지 아니한 질책·훈계 등과 같이 교육·훈련의 목적을 직접 달성하기 위하여 행하는 사항을 말하는 것으로 보아야 하고, 생도에 대한 퇴학처분과 같이 신분을 박탈하는 징계처분은 여기에 해당한다고 볼 수 없다.

[3] 육군3사관학교의 사관생도에 대한 징계절차에서 징계심의대상자가 대리인으로 선임한 변호사가 징계위원회 심의에 출석하여 진술하려고 하였음에도, 징계권자나 그 소속 직원이 변호사가 징계위원회의 심의에 출석하는 것을 막았다면 징계위원회 심의·의결의 절차적 정당성이 상실되어 그 징계의결에 따른 징계처분은 위법하여 원칙적으로 취소되어야 한다. 다만 징계심의대상자의 대리인이 관련된 행정절차나 소송절차에서 이미 실질적인 증거조사를 하고 의견을 진술하는 절차를 거쳐서 징계심의대상자의 방어권 행사에 실질적으로 지장이 초래되었다고 볼 수 없는 특별한 사정이 있는 경우에는, 징계권자가 징계심의대상자의 대리인에게 징계위원회에 출석하여 의견을 진술할 기회를 주지 아니하였더라도 그로 인하여 징계위원회 심의에 절차적 정당성이 상실되었다고 볼 수 없으므로 징계처분을 취소할 것은 아니다."

징계는 파면·해임·강등·정직의 중징계와 감봉·견책의 경징계로 구분합니다(공무원 징계령 제1조의3). 파면과 해임은 공무원의 신분을 박탈하는 점은 같지만, 공직 취임 제한 기간(5년 vs 3년)과 퇴직급여 및 퇴직수당의 지급 범위에서 차이가 있습니다(국가공무원법 제33조 제7호·제8호, 공무원연금법 시행령 제61조). 강등·정직·감봉·견책의 효력은 국가공무원법 제80조에 규정되어 있습니다. 법령상 징계는 아니지만 신분상 불이익을 주는 '불문경고' 또한 판례에 의해 항고소송의 대상인 처분으로 인정됩니다. 즉, 불문경고가 공무원의 인사상 불이익(승진, 표창 제외)과 법률상 지위의 약화(징계 감경권 소멸)를 직접 초래하는 경우에는 이를 항고소송으로 다툴 수 있습니다.

이러한 신분상 징계처분과 더불어, 국가공무원법은 금전적 비위에 대한 강력한 경제적 책임을 묻기 위해 징계부가금 제도를 운영하고 있습니다. 징계부가금이란 징계위원회에서 징계 의결을 할 때, 금품·향응 수수, 공금 횡령·유용 등의 비위 행위가 있는 경우 부과하는 금전적 제재를 말합니다(동법 제78조의2). 비위 정도에 따라 수수액 혹은 횡령액의 최대 5배까지 부과되며, 납부기간 내에 납부하지 않으면 국세 강제징수의 예에 따라 징수할 수 있습니다(동조 제4항).

* **대판 2002.7.26, 2001두3532** : "[1] 항고소송의 대상이 되는 행정처분이라 함은 원칙적으로 행정청의 공법상 행위로서 특정 사항에 대하여 법규에 의한 권리의 설정 또는 의무의 부담을 명하거나 기타 법률상 효과를 발생하게 하는 등으로 일반 국민의 권리 의무에 직접 영향을 미치는 행위를 가리키는 것이지만, 어떠한 처분의 근거나 법적인 효과가 행정규칙에 규정되어 있다고 하더라도, 그 처분이 행정규칙의 내부적 구속력에 의하여 상대방에게 권리의 설정 또는 의무의 부담을 명하거나 기타 법적인 효과를 발생하게 하는 등으로 그 상대방의 권리 의무에 직접 영향을 미치는 행위라면, 이 경우에도 항고소송의 대상이 되는 행정처분에 해당한다.
[2] 행정규칙에 의한 '불문경고조치'가 비록 법률상의 징계처분은 아니지만 위 처분을 받지 아니하였다면 차후 다른 징계처분이나 경고를 받게 될 경우 징계감경사유로 사용될 수 있었던 표창공적의 사용가능성을 소멸시키는 효과와 1년 동안 인사기록카드에 등재됨으로써 그 동안은 장관표창이나 도지사표창 대상자에서 제외시키는 효과 등이 있다는 이유로 항고소송의 대상이 되는 행정처분에 해당한다고 한 사례."

한편, 법관과 검사에 대한 징계의 종류는 높은 수준의 신분보장을 고려하여 일반 행정공무원의 경우와 다릅니다. 법관은 탄핵 또는 금고 이상의 형의 선고에 의하지 아니하고는 파면되지 않으므로 법관에 대한 징계에 파면과 해임은 포함되지 않습니다(헌법 제106조 제1항, 법관징계법 제3조). 검사 또한 탄핵이나 금고 이상의 형의 선고를 제외하고는 파면되지 않으나, 법률에 따라 해임·면직 등을 포함한 징계처분이나 적격심사의 대상이 됩니다(검찰청법 제37조). 나아가 법관과 검사는 법령상 직급의 구분이 존재하지 않으므로 직급의 하락을 의미하는 강등처분의 대상이 될 수 없습니다. 불복절차와 관련하여서도 법관과 검사는 일반 공무원과 달리 징계처분에 대한 소청심사 청구가 허용되지 않습니다. 이는 법관징계법 제27조가 소청절차 없이 대법원을 통한 단심재판만을 불복절차로 규정하고 있으며, 검사의 징계는 국가공무원법보다 우선하여 적용되는 특별법 성격의 검사징계법을 따르는데, 검찰청법과 검사징계법이 소청심사위원회 설치나 소청심사 청구에 관한 별도 규정을 두고 있지 않아 일반적인 소청전치주의가 적용되지 않기 때문입니다.

3) 징계에 대한 쟁송상 불복[1)]

공무원은 징계처분, 직위해제 등 본인의 의사에 반하는 불리한 처분 또는 부작위에 대하여 행정소송을 제기하려면 반드시 소청심사위원회의 심사와 결정을 먼저 거쳐야 합니다(소청전치주의, 국가공무원법 제16조 제1항, 제76조 제1항). 이때 행정부 소속 공무원은 인사혁신처 소청심사위원회에, 국회 · 법원 · 헌법재판소 및 선거관리위원회 소속 공무원은 각 사무처(행정처)에 설치된 소청심사위원회에 소청을 청구하여야 합니다(동법 제9조 제1항 · 제2항). 소청심사위원회가 사건을 심사할 때에는 소청인 또는 대리인에게 반드시 진술 기회를 주어야 하며, 이러한 절차를 거치지 아니한 결정은 무효가 됩니다(동법 제13조). 소청심사위원회의 취소명령 또는 변경명령 결정은 후속처분이 있을 때까지 종전처분의 효력에 영향을 미치지 아니하며, 심사 시 소청인에게 원처분보다 무거운 처분을 내리는 불이익변경 결정 또한 할 수 없습니다(동법 제14조 제7항 · 제8항).

이와는 달리, 소청심사위원회가 강요에 의한 사의표시 등 절차상 하자를 이유로 의원면직처분을 취소하여 해당 공무원의 신분을 회복시킨 경우, 이후 별도의 징계절차를 통하여 이루어진 해임처분은 의원면직처분 취소결정과는 별개의 절차입니다. 따라서 이때 해임의 징계절차에는 불이익변경금지 원칙이 적용되지 않으므로, 설령 의원면직처분보다 실질적으로 불리한 해임처분이 행해졌다 하더라도 이를 불이익변경금지원칙 위반으로 볼 수 없습니다. 한편, 감사원의 파면 요구에 따른 소청심사위원회의 결정에 대하여 감사원은 결과를 통보받은 날부터 1개월 이내에 징계처분권자를 거쳐 해당 소청심사위원회에 재심을 요구할 수 있습니다(감사원법 제32조 제5항 · 제6항).

* **대판 2008.10.9, 2008두11853,11860** : "국가공무원법 제14조 제6항은 "소청심사위원회가 징계처분을 받은 자의 청구에 의하여 소청을 심사할 경우에는 원징계처분에서 부과한 징계보다 무거운 징계를 부과하는 결정을 하지 못한다"고 규정하고 있는바, 이는 소청심사결정에 있어서 당초의 원처분청의 징계처분보다 청구인에게 불리한 결정을 할 수 없다는 의미라고 할 것인데, 의원면직처분에 대하여 소청심사청구를 한 결과, <u>소청심사위원회가 의원면직처분의 전제가 된 사의표시에 절차상 하자가 있다는 이유로 의원면직처분을 취소하는 결정을 하였다고 하더라도, 그 효력은 의원면직처분을 취소하여 당해 공무원으로 하여금 공무원으로서의 신분을 유지하게 하는 것에 그치는 것이고, 이때</u>

1) '공무원 인사 관계 법령에 따른 징계 등 처분에 관한 사항'은 이의신청 대상에서 제외되므로(행정기본법 제36조 제8항) 징계처분을 받은 공무원은 소청심사 청구에 앞서 행정기본법에 따른 이의신청 절차를 밟을 수 없습니다.

> 당해 공무원이 국가공무원법 제78조 제1항 각 호 소정의 징계사유에 해당하는 이상 같은 항에 따라 징계권자로서는 반드시 징계절차를 열어 징계처분을 하여야 하는 것이므로, 이러한 징계절차는 소청심사위원회의 의원면직처분 취소결정과는 별개의 절차로서, 여기에 국가공무원법 제14조 제6항 소정의 불이익변경금지의 원칙이 적용될 여지는 없다고 할 것이다."

불복 기간과 관련하여, 공무원은 국가공무원법 제75조에 따른 처분사유 설명서를 받은 경우에는 그 받은 날부터 30일 이내에 소청을 청구하여야 하며, 그 외 처분사유 설명서가 교부되지 아니하는 본인의 의사에 반하는 불리한 처분을 받은 경우에는 그 처분이 있음을 안 날부터 30일 이내에 청구하여야 합니다(국가공무원법 제76조 제1항). 소청결정에 불복하여 행정소송을 제기할 경우에는 결정서 정본을 송달받은 날부터 90일 이내에 소를 제기하여야 합니다(행정소송법 제20조 제1항 단서). 또한 소청심사위원회의 결정은 처분청을 구속하는 기속력을 가지므로(국가공무원법 제15조), 예컨대 절차상 하자 등을 이유로 징계처분이 취소된 경우 처분청은 결정의 취지에 따라 다시 징계절차를 밟아야 할 의무를 부담합니다.

소청심사위원회의 기각결정에 불복하여 항고소송을 제기할 경우에도 원처분주의가 적용되므로 원칙적으로 최초 징계처분을 대상으로 항고소송을 제기하여야 하지만, 소청심사위원회의 위원 구성이 위법했거나 심사 과정에서 진술 기회를 주지 않은 점 등 재결 자체에 고유한 주체·절차·형식상의 하자가 있다면 원처분이 아닌 소청결정 자체를 대상으로 취소소송을 제기할 수 있습니다(행정소송법 제19조), 일부취소결정이나 적극적 변경결정의 경우 소의 대상은 변경된 내용대로 존재하는 원처분이 됩니다. 이는 통상의 행정심판에서의 법리와 동일합니다(이 책 제34강 2. 참조).

판례색인

사항색인

[ㅁ]

[ㅂ]

[ㅈ]

[ㅊ]

[ㅌ]

김 병 기 (金 炳 圻)
서울대학교 법과대학 법학사
서울대학교 대학원 법학과 법학석사
서울대학교 대학원 법학과 박사과정 수료
독일 뷔르츠부르크(Würzburg)대학교 법과대학 법학박사(Dr. jur.)
현재 중앙대학교 법학전문대학원 교수
변호사시험, 행정고시, 입법고시, 공인노무사시험, 감정평가사시험, 세무사시험 등 출제위원
E-mail: kimbk@cau.ac.kr

제3판
쟁점 행정법특강

초판발행 2023년 3월 24일
제3판발행 2026년 2월 10일

지은이 김병기
펴낸이 안종만·안상준

편 집 김선민
기획/마케팅 김민규
표지디자인 이수빈
제 작 고철민·김원표

펴낸곳 (주) 박영사
서울특별시 금천구 가산디지털2로 53, 210호(가산동, 한라시그마밸리)
등록 1959. 3. 11. 제300-1959-1호(倫)
전 화 02)733-6771
f a x 02)736-4818
e-mail pys@pybook.co.kr
homepage www.pybook.co.kr
ISBN 979-11-303-9972-0 93360

정 가 76,000원